脈動新趨勢法律工具書系列

解說式 警察法典

Interpretative Police Code

（2020年9月版）

掌握修法及草案之脈動

洞悉實務與學說新趨勢

林朝雲、寶寅編著

五南圖書出版公司 印行

推薦序

朝雲老師，平常積極寫作，勤於整理資料，是一位用功且勤奮的老師。本次所編撰的警察法典，是他經過仔細工夫所整理出來的，本法典足以提供給警察工作者以及對警察法學有興趣之人參考之重要法典。

朝雲老師平日治學嚴謹，勤於寫作，編輯本書提供給有志於警察法學織人參考，用意可嘉，本人對此極力推薦。

蔡震榮

玄奘大學法律學系系主任

2020 年 9 月 15 日

三版序

民主法治國家警察依法行政是天職，隨時了解法令最新脈動是從事警察工作不可迴避的義務，方能保障人民受憲法保障的各種權益。因此警察應隨時汲取新知，以精進執法品質。警察唯有展現其執法的專業，正確適用法條，方能贏得社會的肯定。假如誤用法條或適用不當，而遭法院判決違法，必將損及民眾對警察的信賴。本書結合警察行政法及警察刑事法兩大領域，契合警察實務之需要。此次改版亦秉持初衷，將最新修正以及實務上常用的警察相關法令予以收錄如：警察偵查犯罪手冊、刑事鑑識手冊、警察勤務區訪查作業規定等，並增錄實務上處理交通事故、酒駕事件常用的標準作業程序，且於警察職權行使法的常用條文亦多所闡釋、釋義。此外，民法為萬法之母，對於警察處理民眾糾紛必有裨益，故本版予以增列。本書另附有法學概念、簡明圖表，為與單純蒐錄法條的法典做區隔，自本版起更名為《解說式－警察法典》，同時併附有索引，裨益實務工作者或是考生準備警察類科考試查閱之便，節省時間，以達事半功倍之效。

本書收錄相關法令均已更新至出版前的最新狀態，並增錄重要法令如下：

㈠憲法類：

・司法院大法官解釋至 794 號。

・憲法訴訟法（108.1.4，公布後三年施行）。

㈡行政法類：

・治安顧慮人口查訪作業規定（107.12.6）。

・槍砲彈藥刀械許可及管理辦法（107.8.16）。

・警察人員進修及深造教育實施辦法第 6 條附表（107.7.20）。

・警察機關受理報案 e 化平臺作業要點（103.11.19）。

・警察勤務區訪查作業規定（108.10.28）。

・警察勤務區訪查辦法（107.4.11）。

・道路交通管理處罰條例（108.6.19）。

・違反道路交通管理事件統一裁罰基準及處理細則（109.2.27）。

・違反道路交通管理事件統一裁罰基準表（109.2.27）。

・道路交通安全規則（109.9.4）。

・道路交通事故處理辦法（104.11.11）。

・內政部警政署交通違規稽查與輕微違規勸導作業注意事項（95.6.6）。

・取締一般交通違規作業程序（104.6.1）。

・取締酒後駕車作業程序（108.6.27）。

・取締酒駕拒測處理程序。

㈢刑事法類：

・警察偵查犯罪手冊（108.10.4）。

・偵查不公開作業辦法（108.3.15）。

・治平專案實施規定（107.3.16）。

・被告或犯罪嫌疑人候詢期間使用警銬注意要點（104.11.2）。

・檢察機關與司法警察機關勘驗屍傷應行注意事項（105.8.31）。

・警察機關實施指認犯罪嫌疑人注意事項（107.8.10）。

・刑事案件確定後去氧核醣核酸鑑定條例（105.11.16）。

・去氧核醣核核酸樣本採集準則（101.7.4）。

・少年法院（庭）與司法警察機關處理少年事件聯繫辦法（92.1.22）。

本書除能幫助讀者學習考試之用外，並結合時事與時俱進，警察執法的正確性攸關人民權益至鉅，不僅著重形式上的程序正當性，更應踐行實質上正當法律程序。作者由衷企盼本版所蒐集的警察法學新資訊，能儘量滿足各界讀者的需求，尚祈各界舊雨新知持續給與支持與愛護。感謝五南圖書出版公司及其團隊的細心與耐心，促使這本書得以再版。

編者謹識

2020年9月

二版序

民主法治國家警察依法行政是天職，隨時了解法令最新脈動是從事警察工作不可迴避的義務，方能保障人民受憲法保障的各種權益。本法典此次改版亦秉持初衷，將最新修正的警察相關法令予以收錄，且於警察職權行使法、警察法的常用條文亦有闡釋，裨益實務工作者或是考生準備警察類科考試查閱之便，節省時間，以達事半功倍之效。

本次重要修正與增錄如下：

*1.*憲法類：

新增最新司法院大法官解釋至737號。

*2.*刑事法類：

除將105年最新通過刑法、刑事訴訟法條文收錄外，亦將警政署頒訂的「各級警察機關處理刑案逐級報告紀律規定」（民國105年3月24日），收錄本書中。此一規定變更「警察偵查犯罪手冊」部分內容，重要性不可言喻。

*3.*行政法類：

警察勤務區家戶訪查作業規定（民國105年3月30日），並新增「警察人員使用警械規範」。

編者謹識

謹識於臺灣警察專科學校刑事警察科教師研究室

2016年8月

序

本法典之編撰主要係在協助欲參加警察相關類科的考試所設計，包括警特三四等、警大二技或升官等考試等。有鑑於坊間的基本小六法包含民商法部分就警察相關考試而言較不適用；雖亦有專門針對警察考試設計的法典，然而包括太多細節性的勤務規定或標準作業程序，除了實務運作上時常更新變動外，在考試上的參考價值亦屬冷僻。本法典編撰宗旨在於僅針對警察相關考試的核心法條，除了警察三四等特考所明定的母法法規外，更涵蓋考試上有關聯且重要的相關子法（如各級警察機關處理刑案逐級報告紀律規定、警察勤務區家戶訪查作業規定）、最新大法官釋字（至釋字739號）以及重要實務見解（最高行政法院決議）做為參考，節省考生自行再去查閱的時間浪費。

體例上主要可分為三部分：憲法、警察刑事法與警察行政法，相關的大法官釋字與重要實務見解，就考試上具參考價值之部分均予以摘錄，對應到警察相關考試所需準備的法規範面而言應屬足夠。考試上應顧及於時間成本與準備效率，不可能面面俱到、滴水不漏，策略上應該將重心放在考古題反覆出現的相關核心條文，而非去追尋許太多細節性、技術性的規定而在考試上卻較不重要的部分，否則將顧此失彼，影響成效。須記住的是，國家考試的目的在於通過，而非爭第一，時間應該花在刀口上才是。

最後，本法典的問世希望可以協助徘徊在警察類相關考試的考生順利準備，免除不必要付出的時間、勞力與費用，最後金榜題名，完成人生階段的自我期許，筆者編撰本法典之目的即告矣！

編者謹識

2015年8月於臺北市文山區

目錄

貳、警察刑事法暨其相關法規

參、警察行政法暨其相關法規

肆、司法院大法官解釋文彙編

伍、附錄—實務常用表格

陸、索引

寫在前面——

警察特考重要法規準備方式與重點提示概說（附）犯罪偵查與刑訴法交錯領域整理

警察特考重要法規準備方式與重點提示概說

壹、憲法

一、準備方式

憲法考試以選擇題爲主，題型大抵就兩類：單純條文題（包括本文與憲法增修條文）與大法官釋字題。憲法是國家考試必考科目之一，坊間已有許多關於憲法的考用書，讀者可以選擇適合自己的書籍加以購買。體例編排上最好在適當章節處均有相關的大法官解釋附註於旁，並在章節之後都有相關的考題可以練習。不過要注意的是在練習完各章題目後還回歸一般國家考試的正式考題加以練習，畢竟跨章節的考試題目才能測驗出實力，也能避免在某章節後所附的題目在作答時心中大概也知道是屬於某章節的答案，對於作答能力的培養將有所減損。

二、學習重點

整部憲法主要精神在說明「人民基本權利保障」與「國家組織運作」兩大部分。前者主要規定在第 7 條至第 22 條部分，後者則散見在各章節，包括總統、以及五院的相關規定等。學習憲法必須要有的基本前提是：憲法是用來保障人民的，是站在避免國家濫權、對抗國家的角度來思考建構而成的基本規範。

像是前述基本權保障條款，就是在說明憲法承認的這些基本權利若要加以限制必須通過憲法第 23 條比例原則的檢驗方得爲之，否則國家不可以恣意地去限制人民權利。而後者國家組織運作部分，所要掌握的內涵就是權力分立與制衡，將權力分爲行政、立法與司法（我國是多了考試與監察），避免國家權力過度集中於一隅，形成如同古代王權般招致對於人民權利的損傷，其目的最終也是在保障人民權利。

當然憲法本文在制定完之後要繼續保持其內涵與時俱進，形成具有生命般的有機體必須靠憲法解釋繼續擴充其內涵與精神，所以準備考試上相關的司法院大法官解釋就不可缺少。除了解釋本文要了解外，理由書在行有餘力也必須參看。而大法官解釋除了以往在第一次政黨輪替的時候政府體制動盪有較多關於國家組織運作的解釋文外（像是釋字 613、645 等），大多數以基本權解釋爲大宗（例如：人身自由：釋字第 588、708、710 號；平等權：釋字第 485、649 號；集會自由：釋字第 445、718 號等）。

貳、犯罪偵查

雖然於 104 年三四等警察特考並未將刑法與刑事訴訟法列爲考試範圍，但考選部有研擬在犯罪偵查一科加考此二科目之可能。況且，雖然目前不考，但是犯罪偵查考試上仍會有機會考出基本刑法與刑訴的基本概念，在警大二技考試中也是考試科目之一，故在法規範的準備介紹上仍將刑法與刑訴列入，以爲完足。文後附有整理與署頒「警察偵查犯罪手冊」高度相關、重疊的刑事法領域的範圍（共 17 個主題），主要以刑訴法爲主，將來若列入考試範圍應也僅以此範圍爲主，以減輕準備上的負擔，酌供各位讀者參閱。

一、刑法與刑事訴訟法

㈠準備方式

刑法部分筆者推薦林東茂老師的「刑法綜覽」，該書行文簡潔優美，內容包括總則與分則，亦有題目演練，適合做爲入門與考試之準備。刑訴法部分由於 92 年修法改採「改良式當事人進行主義」，傳統職權主義色彩大幅下降，故而在教材準備上建議選擇美、日學者所著教科書較爲合適，例如：台大王兆鵬老師等三人合著的刑事訴訟法論，或是警大黃朝義老師的刑事訴訟法論。另外，警專老師陳宏毅與林朝雲合著的新書刑事訴訟法新理論與實務也是可考量的新選擇，本書應係目前市面上內容最新的教科書，有範題可供演練，品質亦佳，兼顧教科書與考用書的特性，值得推薦。

然而，教科書之熟讀只是一部分，更重要的是題目的演練，在國家考試上刑法與刑事訴訟法均有考過選擇題與申論題題型，強烈建議必須在讀完書後前往考選部下載相關的考古題進行練習，畢竟「有讀書」跟「會考試」還是有差距。

㈡學習重點

1. 刑法：刑法分爲總則與分則，前者在講述犯罪構成的一般性的原理原則，後者則是犯罪類型的目錄。在案例事實檢驗上通常會先分則再總則。例如：某甲持水果刀殺其父乙。此時涉及的刑法第272條的殺直系血親尊親屬罪，雖然也同時該當第271條的普通殺人罪，但基於特別關係優先適用，直接檢討第272條即可。這是先分則的思考，去看一下分則裡面跟案例事實最相關的條文是何者。接著，再思考乙的死亡與賈有無因果關係或客觀可歸責性？甲知不知道他殺的是他父親（故意與罪責的問題）？乙有沒有被殺死（第25條至第27條未遂犯的問題）？除甲以外有沒有其他人幫忙（第28條至第30條正犯與共犯的問題，以及同法第31條身分犯之共犯論罪問題）？這些關於總則的問題，這是再總則的部分。當然，以上只是大略的思考過程，有沒有需要思考到以上提問的必要性還要看案例事實給的線索是否夠具體明確再決定。

學習的經驗上，分則較注重構成要件與實務見解的記憶，需要你能夠正確地去記憶相關內容；總則則是需要大量抽象的思考，重視理解面，學說的論理脈絡不可少，否則無法推動整體刑法思考體系的運作。總則與分則兩者運作不可偏廢，缺一就無法正確思考與定位。

2. 刑訴：刑事訴訟法（下稱「刑訴法」）的學習要了解主要法規範目的在實現國家刑罰權。何謂國家刑罰權？意旨當有人構成刑法上的犯罪時，國家對於這個行爲人就享有刑罰權。而進一步的實現必須有賴屬於程序法性質的刑訴法發動，賦予司法警察人員有權力去蒐集犯罪證據（拘提、逮捕、羈押、通訊監察等），並交由檢察官認定是否足以達到起訴門檻，而向法院起訴犯罪事實，於法庭上舉證被告犯罪與被告和律師來回攻防，最後由管轄權法院作出裁判的過程。

然而在實際教學上與同學的學習過程通常會覺得刑訴法甚爲抽象，按照條文順序的教學是由管轄權、迴避、強制處分、偵查篇、證據、審判、救濟、再審與非常上訴等順序進行。然而實務上與警察人員執法相關的主要集中在強制處分與證據兩章節，所以同學們應該以此兩章節爲準備重心，再旁及其他，也許效果會比較好。

二、警察偵查犯罪手冊

警政署所頒定的「警察偵查犯罪手冊」性質上相當於行政規則，統一內部警察人員關於刑事案件的標準做法，蓋雖然刑訴法已經有所規定，然法律面的母法還是太過於抽象，故有賴於行政機關進一步規定更爲具體的規範俾所遵循。犯罪偵查手冊也是準備犯罪偵查必須熟悉研讀的內容，相關考題直接命題的紀錄更是不勝枚舉。

三、刑事鑑識手冊

刑事鑑識方面的法規範，署頒「刑事鑑識手冊」是必定要熟讀的基本規範，算是考試基本門檻。

除了法制面的基本考題外，刑事鑑識的基本觀念，包括：刑案現場處理與保全、各種跡證處理原則或保存、屍體死亡時間判斷、刑事攝影或一般性鑑識原理原則等，必須再去參看其他專書補足。例如：李昌鈺老師曾著有刑事鑑識書籍，或駱宜安老師所著「刑事鑑識概要與蒐證」一書，以及其他相關考試用書。

準備態度方面，關於刑事鑑識而言應該有許多讀者會覺得甚爲困難，畢竟從考古題來看有些命題甚爲「理組」，像是刑事攝影或鑑識實驗方面的考題，牽涉到許多計算或數字。其實這樣的題目從考古題去掌握就夠了，重點還是集中在既有的法規範面與基本觀念的記憶與背誦，畢竟大家都不是正統鑑識背景出身，無須爲了部分過於專業背景的題目因小失大。

四、其他法令

除上述法令外，於犯罪偵查考試上所涉及的法制面其實包羅萬象，只要是刑事案件所涉法令都可能入題，例如：通訊保障及監察法、毒品危害防制條例、少年事件處理法、兒少條例、證人保護法、家庭暴力防治法等，不一而足。

參、警察法規

警察法規的學習基礎如同行政法學習一樣，分爲四大塊，警察組織（警察法、警察法施行細則、警察人員人事條例等）、警察作用（警察職權行使法、警械使用條例、社會秩序維護法、行政執行法等）、警察救濟（訴願法、行政訴訟法）、警察責任（國家賠償法、警械使用條例中的賠償或是補償規定等）。然而其實每塊領域的學習內容其實大同小異，只是偏重在警察法制而已，最上位的思考概念其實完全相同。所以，行政法學得好，警察法規必然也會學得不錯，這兩者可謂後者是前者的分則關係，而前者是總論性質。所以，學習態度上只要掌握行政法的學習精神與要領，在警察法規上也是共通的。

以下就筆者編輯本法典的思維體系，分別就相關考選部所明文的法規重點以及相關實務見解進行說明。另外，此部分所稱之「考古題」，範圍不限於警察特考三、四等，尚包括警察大學二技入學考試或警察升官等考試。透過這些考古題的大量練習才能訓練答題的感覺，請讀者務必親自練習、實做，方有相輔相成效果。

一、警察基本法規（通用、基本法與組織法）

此部分最主要係以「警察法」為母法所開展出去眾多龐大的法體系，包括：警察勤務條例、警察教育條例或警察人員人事條例等。規範重心在於警察的組織與人事，不及於警察作用，從而不可以組織法作為限制人民權利之依據的基本觀念是大家必須知道的。實務見解方面有關於戶警分立時代對於公務人員轉任的釋字第 575 號必須注意。

除了上述法規外，若有志參加三等或警大二技考試的讀者在中央法規標準法、中央行政機關組織基本法、公務人員保障法與懲戒法等一般行政法解題上常出現的法規亦必須熟讀。常用的大法官釋字有：關於層級化法律保留原則的釋字第 443 號、公務人員遭免職可否救濟的經典釋字第 243 號與另一號補充解釋放寬救濟標準採取「重大影響說」的釋字第 298 號、闡釋獨立機關的憲法地位之釋字第 613 號等，都值得讀者進一步閱讀與記憶。

平心而論，雖然考選部明文考「警察法」，但從歷屆考古題可以發現其實「警察法」是交錯最多行政法基本法理考題，包括：行政機關的定義、公務人員的保障與救濟以及法律保留原則等基本觀念，若想要拿高分，行政法基本知識是不可或缺的。

二、警察作用法相關

警察作用法方面當然是考試的核心，畢竟直接涉及人民權利的限制，以下分別介紹之：

㈠警察職權行使法

本法在實務上是每天都在使用的重要法規，具有重要地位，更係準備警察法規考試中關鍵中的關鍵（尤其是第 6、7、8 條關於查證身分、攔停盤查等職權行使規定）。從歷屆考古題觀之，本法除選擇題外申論題亦以此為考試重心。相關的釋字第 535 號旨在闡明警察勤務條例的性質以及攔檢盤查的發動門檻要件，也是不可言喻的重要，讀者務必費心準備。

㈡社會秩序維護法

從有警察特考開始就是重點法規，傳統考點自然必須有所掌握，除了總則外，分則的重要條文，尤其涉及僅處罰鍰或申誡而由警察管轄的部分，會影響後續救濟程序的認定，亦必須一併注意。當然，社維法的相關子法也不少（諸如：沒入物品處分規則、拘留所設置管理辦法、特種工商業範圍表等），考試上也要留心。另外，最近關於社維法的釋字也不少，如：罰娼不罰嫖的爭議（釋字第 666 號）、新聞記者跟追他人採訪遭罰（釋字第 689 號）也是考點所在。

㈢警械使用條例

由於本法條文數根本不多（總計才 15 條），應該是要近乎每條都要熟記的程度才是，當然其中也有核心條文，像是第 4 條得以使用警械的時機。大抵來說警械使用條例準備上算是簡易，包括幾個重點：第一、使用主體（包括其他準用人員，如：第 1 條與第 13 條還有「駐衛警察使用警械管理辦法」）；第二、警械種類（棍、刀、槍與其他，要注意行政院頒訂的「警察機關配備警械種類及規格表」）；第三、使用時機與程序（第 4 條至第 10 條）；第四、賠償或補償責任（須注意「醫療費慰撫金補償金喪葬費支給標準」中關於受傷程度與賠償額度），基本上就可以掌握 90%以上的考點。

㈣行政執行法

本法考試上也具有重要性，大抵而言本法考試上需注意以下觀念：第一，本法採「廣義行政執行」概念，包括未違反義務的「即時強制」；第二、所稱行政執行人員係指憲法上第 8 條「功能意義警察」，凡得以實施強制力限制人民權利之公務員均屬之（釋字第 588 號意旨參照）第三、間接強制的種類與發動要件：怠金與代履行；第四、直接強制的種類與發動要件；第五、即時強制的種類與發動要件；第六、救濟面：過往實務見解認為僅能依照第 9 條聲明異議，係特別規定。然而最高行政法院於 97 年 12 月份決議認為基於保障人民訴訟權，可以視行政執行之性質提起分別訴願或一般給付之訴。

㈤集會遊行法

本法考試上的重點集中在：第一、人民的申請程序與例外不用之情形；第二、警察機關的核准、限制與否准情形；第三、對於警察機關否准的救濟；第四、負責人資格的限制；第五、禁制區種類；第六、罰則。立法論上到底要採「核准制」或「報備制」的爭議由於尚未明文應不致於成為考題。但是，從釋字第 445 到 718 號解釋不斷放寬對於人民集會遊行表意基本權的保障，應可知釋憲態度是傾向放寬管制的。

當然，兩號釋字意旨亦常成為考題，像是：雙軌理論、禁制區的合憲性或是緊急性與偶發性集會遊行在申請方面科與人民難以期待遵守的法律上義務遭宣告違憲，都是考試上除了選擇題外也適合做為申論題加以命題的部分，讀者在釋字第 718 號剛公布的近 1、2 年值得特別注意。

㈥其他相關法令

主要有行政罰法與行政程序法，雖非警察法規的命題範圍，但仍屬準備上的重要法規，很多時候會與警察法規產生連動。像是行政罰法第 24 條旨在闡釋「一事不二罰」的法治國基本原則，第 3 項則說明若同一行爲同時違反社維法與其他行政法義務，已受社維法拘留之處罰，則不再受罰鍰處罰。考試上也具有相當重要性，讀者不可不慎。另外，行政罰方面行爲人須具備「故意過失」要件的經典大法官解釋第 275 號，以及「一事不二罰」的釋字第 503、604 號解釋，準備考試也需一併注意。

而行政程序法主要關於行政處分、法規命令與行政規則等章節最爲重要，必須熟悉條文的規範內容。本法典也附上最高行政法院關於行政罰法的重要決議，一個是關於「行爲責任優於狀態責任」的闡釋（95 年 1 月份決議）；另一是關於人民違反行政法上義務是否可類推民法第 224 條法理將使用人的故意過失視爲行爲人的故意過失的決議，決議意見最後採取區分看法，於行政程序法實施前肯定之、實施後則不宜超過第 7 條意旨，僅能推定有故意過失（100 年 8 月份決議）。

三、警察救濟與責任

對於國家公權力救濟向來採取「第一次權利保護優先原則」的看法，換言之，人民不能坐令國家違法行爲直至損害發生或擴大，必須在公權力造成損害前即提起救濟。此等想法反應在我國法制上就是須先提起訴願與行政訴訟，將違法國家行爲排除，若造成損害才能進而提起國家賠償，此即「第二次權利保障」。

訴願法、行政訴訟法以及國家賠償法並非警察法規的考試範圍，惟亦是行政法上重要的考試範圍，對於整體學習應有所幫助，在學習上建議不應偏廢。實務見解方面可以注意釋字第 469 號解釋，主要關於公務員不作爲國賠責任、裁量收縮至零與保護規範理論的概念闡釋。

四、其他

公務人員行政中立法係明定考試範圍，準備上仍然注重考古題練習以及條文背誦，應沒有問題。

肆、結論（附論「警察情境」之準備）

筆者以爲其他過於繁瑣的各種警察實務執勤規定、標準作業程序，由於不若法律位階的規範或大法官釋字穩定，變動性大，在警察法規或是犯罪偵查的考試上的參考價值不高，本法典未與收錄。當然，或有論者會認爲在警察情境的考題上仍然有可考性。但論實質，警察情境其實是一門綜合型的考科，只要能夠將警察法規與犯罪偵查所涉及的重要法規讀熟，曾經在校受訓期間有去實習過，自然有足夠的法感可以去應對，從歷屆三四等警察特考的出題模式應可得證。否則，實務上各種執行規定或標準作業程序多如牛毛，而且常常更新，絕對不可能一一細讀，收錄過多對於讀者並不會有太大的助益。

考試能錄取的主要關鍵仍然在於「掌握 20%最重要的基礎核心法規就可以應付 80%以上的題目」，此準備原則從反覆出現的歷屆考古題即爲明證。千萬不要試圖去一網打盡枝微末節的零碎考點，否則將不符合投資報酬率，畢竟考國家考試的目的在於通過、任官，而非拿第一名，筆者如此私心、務實地覺得。

（附）犯罪偵查與刑訴法交錯領域整理

壹、前言

從民國 100 年警察四等特考分流以來，內軌制的「犯罪偵查」主要係以《警察偵查犯罪手冊》爲命題範圍，必須熟讀該規定方足以應試，該手冊除了一些訓示規定、作業程序、偵查技巧外，有諸多規定與刑訴法高度重疊，茲舉例如下（以 102 年 11 月 19 日公布版本爲準）：

一、與刑訴法公訴章相關

五、偵查刑案，應嚴守偵查不公開之規定。

十六、司法警察人員知有犯罪嫌疑者，應即開始調查且將調查情形報告直屬長官，並視案情報請檢察官主持偵辦。

十七、司法警察機關辦理刑案與檢察機關有聯繫必要時，應依檢察官與司法警察機關執行職務聯繫辦法辦理。

二、與刑訴第 228 條開始偵查以下相關者

五十二、警察人員受理告訴、告發或自首等案件，不論以書面或言詞爲之，均應詳予記錄後即報告直屬長官，並注意是否有誣告、謊報等情事。

受理告訴並應詢問有告訴權人是否提出告訴，記明於筆錄，以維護當事人權益。

五十三、不論何人，知有犯罪嫌疑者，得爲告發，告發只需申告犯罪事實，不需知悉犯罪嫌疑人，亦不需請求處罰犯罪嫌疑人。

五十四、受理言詞告訴、告發時，應即時反應處置，並當場製作筆錄，詳載證據及線索，以利進行偵查。

五十五、受理告訴乃論案件，應注意下列事項：

㈠告訴人應有告訴權。

㈡由代理人代爲告訴者，應出具委任書狀。

㈢未逾越六個月之告訴期間。但得爲告訴之人有數人者，其一人遲誤期間者，效力不及於他人。

㈣未曾撤回告訴或未曾經調解委員會調解成立。

㈤撤回告訴，應於第一審辯論終結前。

㈥犯罪被害人已死亡者，依刑事訴訟法第二百三十三條第二項規定，得爲告訴之人行使告訴權，不得與被害人明示之意思相反。

㈦告訴人或其代理人之意見。

㈧委任代理代行告訴之案件，警察人員認爲必要時，得命告訴權人本人到場。

㈨告訴人係外國法人時，告訴代理人所提出之委任書狀應經公證程序及我國駐外單位驗證。但依現有資料可推定其委任爲眞實，且對造當事人亦未爭執者，不在此限。

五十六、告訴乃論之罪，對於共犯之一人告訴或撤回告訴者，其效力及於其他共犯。但通姦罪，對配偶撤回告訴者，其效力不及於相姦人。

五十七、受理告訴乃論案件後，爲減輕人民訟累，得疏導和解或轉介鄉（鎭、市、區）調解委員會聲請調解。

前項案件於處理完畢後，仍應移送檢察官核辦。

五十八、受理之告訴乃論案件，如有被害人死亡、無得爲告訴之人、得爲告訴之人不能行使告訴權或撤回告訴等情形之一者，均應移送檢察官核辦。

五十九、犯罪行爲人對未被發覺之犯罪，親自或委託他人，向檢察官或警察機關申告犯罪事實，並表明願受法律裁判者，爲自首。

前項所謂未被發覺之犯罪，係指有偵查權之公務員未知犯罪事實，或雖知犯罪事實，但尚不知犯罪嫌疑人眞實身分者。如該管有偵查權之公務員有任何一人已知悉犯罪嫌疑人時，即不生自首之效力。

六十、受理自首時，應詢明犯罪嫌疑人欲主動告知之犯罪行爲；如犯罪嫌疑人係對已被發覺之犯罪坦誠供述者，屬自白非自首。

六十一、自首案件應注意是否爲他人頂替，或有無不正當之企圖，及其身心是否正常，以防疏誤。

三、與刑訴法證據能力相關

九十一、偵查人員，應審愼勘察刑案現場，詳細採取指紋、體液、痕跡等證物，以確認犯罪嫌疑人。如必須實施被害人、檢舉人或目擊證人指認犯罪嫌疑人，應依下

列要領爲之：

㈠指認前應由指認人先陳述犯罪嫌疑人特徵。

㈡指認前不得有任何可能暗示、誘導之安排出現。

㈢指認前必須告訴指認人，犯罪嫌疑人並不一定存在於被指認人之中。

㈣實施指認，應於偵訊室或適當處所爲之。

㈤應爲非一對一之成列指認（選擇式指認）。

㈥被指認之數人在外形上不得有重大差異。

㈦實施指認應拍攝被指認人照片，並製作紀錄表附於筆錄（格式如附件二）。

㈧實施照片指認，不得以單一相片提供指認，並避免提供老舊照片指認。

四、與刑訴法強制處分相關

九十二、爲偵查犯罪掌握證據，及因涉及刑案不能或難以其他方法調查證據發現眞實，得實施通訊監察；其要領及程序，應依通訊保障及監察法及其施行細則有關規定辦理。

五、與刑訴法通知、訊問的規定相關

一〇〇、警察爲調查犯罪嫌疑人犯罪情形及蒐集證據，得使用通知書（格式如附件三），通知其到場接受詢問，惟案件未經調查且非有必要，不得任意通知犯罪嫌疑人到場。

前項通知書，應記載下列事項，由地區警察分局長或其相當職務以上長官簽章，以派員或郵寄方式送達犯罪嫌疑人：

㈠犯罪嫌疑人之姓名、性別、年齡、出生地及住所、或居所。

㈡涉嫌之罪名。

㈢應到之日、時、處所。

㈣特別事項，例如應攜帶物品等，得於注意欄內註明。

前項送達，除由郵務人員爲之者外，應於非例假日之日間行之。但應受送達人不拒絕收領者或因案情需要經簽報其主管長官核准者，不在此限。

一〇一、送達人應製作送達證書（格式如附件四），交應受送達人簽名、蓋章或按指印；如未獲會晤應受送達人者，得將文書交予有辨別事理能力之同居人或受僱人代收。但同居人或受僱人爲他造當事人者，不得將文書交予之。

如未獲會晤本人或其同居人或受僱人者，得將文書寄存於送達地之自治或警察機關，另製作送達通知書二份，一份粘貼於應受送達人住所居所門首，另一份置於該送達處所信箱或其他適當位置，以爲送達。

應受送達人拒絕收領而無法律上理由者，得將通知書留置於送達處所，將送達情形於送達證書記明後附卷。

郵寄送達者，應將回執附卷備查。

一〇二、通知犯罪嫌疑人應到之日、時及處所時，應顧及被通知人之身分、職業等。

對前項通知到場者，應依原定時間及處所即時詢問，不得拖延；其選任之辯護人於指定時、地未到場者，仍得即時詢問。

一〇三、經通知到場之犯罪嫌疑人，於詢問完畢後囑其返回，必要時由其家屬帶回或派員送返。但如有刑事訴訟法第八十八條之一第一項各款之一，且情況急迫不及報告檢察官者，得逕行拘提之，於執行後，應即報請檢察官簽發拘票。如檢察官不簽發拘票時，應即將被拘提人釋放。

一〇四、犯罪嫌疑人受合法通知，無正當理由不到場，警察機關主管長官得派員攜同拘票聲請書（格式如附件五），敘明犯罪嫌疑人涉嫌犯罪事實要旨及應予拘提之事由，連同送達證書及卷宗、證物，報請檢察官核發拘票。

一〇五、爲調查犯罪情形及蒐集證據之必要，警察機關得使用通知書通知被害人（親屬）、告訴人、告發人或證人、關係人到場說明。

通知證人之通知書（格式如附件六）應於應到時間之二十四小時前送達之。但情形急迫者或案情單純者，得以電話、傳眞或口頭等方式通知之。

證人經通知到場者，應依原定時間及處所即時詢問，不得拖延。

一〇六、司法警察或司法警察官詢問證人時，如證人有下列情形之一者，應告知得拒絕證言：

㈠現爲或曾爲犯罪嫌疑人之配偶、直系血親、三親等內之血親、二親等內之姻親或家長、家屬者。

㈡與犯罪嫌疑人訂有婚約者。

㈢現爲或曾爲犯罪嫌疑人之法定代理人

或現由或曾由犯罪嫌疑人爲其法定代理人者。

一二〇、詢問二人以上可疑爲共同實施犯罪行爲之犯罪嫌疑人者，應決定其先後順序，隔離詢問，其未經詢問者不得在場。但爲發現眞實，得命其對質。

犯罪嫌疑人亦得請求對質，除顯無必要者外，不得拒絕。（對質筆錄範例如附件八）

一二一、實施詢問，應當場製作調查筆錄（格式如附件九及九之一）。

一二三、實施詢問，應採問答方式，除依規定詢問其是否選任辯護人（律師）並記載於調查筆錄外，當場製作之調查筆錄其要點如下：

㈠姓名：以身分證記載者爲準，並應記載身分證統一號碼、化名、別名、筆名、綽號，同時注意身分證之眞僞。如欄內不敷記載，應另以問答寫明。

㈡年齡：應記載其出生年月日。尤對十二歲、十八歲、八十歲之年齡（按周年計算非依曆年計算），更應愼重記載。

㈢職業：除記載其職業及稱謂外，必要時應詢明記載其所負職責，不得僅記工、商、公等。

㈣住址：應記載其現住地之街、路、巷、弄名稱、門牌號碼及聯絡電話，如戶籍地與現住地不同時，應分別記載。軍人應記明其駐地及信箱號碼。

㈤教育程度：應記載其最高學歷、學校名稱、畢業或肄業。

㈥家庭狀況：應記載其家庭人數、稱謂、生活、經濟狀況以及與案情有關之親屬等。

㈦前科：應記載其曾受有罪判決確定之判決時間、判決法院、刑罰種類及執行情形。

㈧犯意：係指犯罪之原因、目的、動機、精神狀態、故意或過失等。包括刑法上之正當防衛、緊急避難、激於義憤等。

㈨關於人的部分：包括正犯（直接正犯、間接正犯、共同正犯）、共犯（如教唆犯、幫助犯）及與犯罪行爲有關之人。

㈩關於時的部分：應詳記預備、實施、發現、報案、被害人死亡時間與在犯罪發生時間內涉嫌人行蹤等，儘量詳細記載。

⑪關於地的部分：係指犯罪起、止、經過及其他有關之處所、區域。

⑫關於事的部分：係指犯罪全部經過及犯罪方式、方法、與被害人之關係、違反義務之程度等。

⑬關於物的部分：係指犯罪交通工具、贓、證物、違禁物等。

⑭受詢問人之意見及犯罪後之表示。

⑮詢問所供是否實在。

⑯辯護人陳述之意見；如其有因刑事訴訟法第二百四十五條第二項但書受限制或禁止在場之事實或有足以影響偵查秩序之不當行爲者，亦應記載之。

六、與刑訴法辯護制度相關

十八、司法警察機關對於其移送案件之被告受羈押者，認爲有帶同被告外出繼續追查贓證、其他正犯或共犯之必要時，得報請檢察官核發偵查指揮書，交警察機關帶同被告繼續查證，惟應於當日下午十一時前解交檢察官。

前項情形，警察機關應即通知被告之選任辯護人。

一〇九、犯罪嫌疑人受司法警察官或司法警察調查者，得隨時選任辯護人；選任辯護人，於起訴前應提出委任書狀於檢察官或司法警察官。

犯罪嫌人表示已選任辯護人者，得以電話將詢問時間、處所通知其辯護人。但犯罪嫌疑人係因拘提或逮捕到場者，等候其辯護人到場之時間，自通知時起，不得逾四小時。

一五〇、偵查中選任辯護人應以律師爲限；每一犯罪嫌疑人選任之辯護人不得逾三人。

犯罪嫌疑人選任辯護人應提出委任書狀，不以司法狀紙爲限，司法警察（官）接受其委任書狀後，應即查對律師登錄名簿，合於規定者，應將詢問之日、時及處所通知辯護人。但情形急迫者，不在此限。如詢問證人時犯罪嫌疑人在場，亦同。

前項通知以電話爲之者，應將通知人及受通知人之姓名、電話號碼及通知之時間，記載於公務電話紀錄表（格式如附件十三）陳送警察機關主管長官核閱後附卷；以書面爲之者，應將送達證書（格式如附十四）或收據附卷。

檢察官發交繼續追查贓證或共犯之被告，如已委任辯護人者，於詢問時亦應通知該辯護人到場。

一五一、偵查中辯護人之權限如下：

㈠依刑事訴訟法第三十四條前段規定，接見犯罪嫌疑人，並互通書信，且不得禁止之，惟應受同條但書規定之限制。

㈡依刑事訴訟法第二百四十五條第二項前段規定，得於司法警察官或司法警察詢問犯罪嫌疑人時在場，並得陳述意見，在不違反偵查不公開之原則，得許辯護人以手寫方式札記詢問要點，惟應受同條但書規定之限制或禁止。

一五二、辯護人請求調查證據或陳述意見時，應附記於該案犯罪嫌疑人之詢問筆錄，由其於筆錄內簽名。

一五三、司法警察官或司法警察依刑事訴訟法第三十四條但書之規定，限制辯護人接見通信及依同法第二百四十五條第二項規定，限制或禁止辯護人到場，務須審慎認定，並應將其據以對辯護人限制或禁止之事實記明於卷內，並通知辯護人。

一五四、辯護人有無於司法警察官或司法警察詢問犯罪嫌疑人時在場，應於詢問筆錄內記明。

一五五、辯護人在警察機關不得檢閱卷宗、證物或抄錄、攝影，亦不得於執行搜索、扣押、勘驗或勘察時在場。

一五六、辯護人接見犯罪嫌疑人時，司法警察人員應在場，防止發生湮滅、偽造、變造證據或勾串共犯或證人。

一五七、詢問證人非有必要時，犯罪嫌疑人及辯護人不得在場；證人指證犯罪嫌疑人時，該犯罪嫌疑人之辯護人得在場。

七、與刑訴連續錄音、錄影相關

一一二、詢問被告或犯罪嫌疑人時應全程連續錄音，必要時應全程連續錄影。不得筆錄製作完成後，始重新詢問並要求受詢問人照筆錄朗讀再予以錄音。

八、與刑訴第 93 條之 1 第 1 項相關

一一三、刑事訴訟法第九十三條之一第一項所列各款法定障礙事由之經過時間內，不得詢問犯罪嫌疑人。

九、與刑訴夜間詢問禁止規定相關

詢問犯罪嫌疑人，不得於夜間行之。但有刑事訴訟法第一百條之三第一項所列各款或第二項之情形者，不在此限。

十、與刑訴人別訊問規定相關

一一六、詢問犯罪嫌疑人，應先詢其姓名、年齡、出生地、職業、住、居所，以查驗其人有無錯誤，如係錯誤，應即釋放。

依法拘提、逮捕之犯罪嫌疑人或被告及通緝犯，經令其出示相關身分證明文件時，仍無法查驗身分，或無法出示相關證明文件，必要時，得循下列方式加強身分驗證：

㈠比對到案被告、犯罪嫌疑人或受刑人於警察、偵查及審判卷內之簽名及照片是否相符，其未帶國民身分證或其他身分證明文件者，並得命其立即設法通知其親友補送，或命其於指定之期日補送。

㈡採取指紋，循個人身分識別系統(PID)查驗。

㈢拍攝相片影像，調取口卡片、戶役政電子閘門系統之相片影像資料核對。

㈣傳喚被害人、告訴人、告發人、證人、其他正犯或共犯，或通知被告、犯罪嫌疑人之家屬前來指認。

案件於移送時應將犯罪嫌疑人提出身分證明文件影存附卷。

十一、與刑訴權利告知規定相關

詢問犯罪嫌疑人，應先給與權利告知書（如附件七），或告知下列事項且記明於筆錄：

㈠犯罪嫌疑及所犯所有罪名。告知後，認為應變更者，應再告知。

㈡得保持緘默，無須違背自己之意思而為陳述。

㈢得選任辯護人。低收入戶、中低收入戶、原住民或其他依法令得請求法律扶助者，得請求之。

㈣得請求調查有利之證據。

無辯護人之被告表示已選任辯護人時，應即停止訊問。但被告同意續行訊問者，不在此限。

十二、與刑訴法第 96 條規定相關

一一七、詢問犯罪嫌疑人時，應給予辯明犯罪嫌疑之機會；如有辯明，應命其就始末連續陳述，其陳述有利之事實者，應命其指出證明之方法。

十三、與刑訴法辯護人、輔佐人規定相關

一一八、犯罪嫌疑人因智能障礙無法為完全之陳

述者，應通知其法定代理人、配偶、直系或三親等內旁系血親或家長、家屬等得為犯罪嫌疑人選任辯護人。

但不能通知者，不在此限。

犯罪嫌疑人因智能障礙無法為完全之陳述或具有原住民身分者，於偵查中未經選任辯護人，應通知依法設立之法律扶助機構指派律師到場為其辯護。但經被告或犯罪嫌疑人主動請求立即訊問或詢問，或等候律師逾四小時未到場者，得逕行訊問或詢問。

犯罪嫌疑人因智能障礙無法為完全之陳述者，應有第一項之人或其委託之人或主管機關指派之社工人員為輔佐人陪同在場。但經合法通知無正當理由不到場者，不在此限。

前三項所稱智能障礙，係指依身心障礙者保護法規定，經鑑定符合衛生主管機關所訂等級之智能障礙，並領有身心障礙手冊之情形。

一一九、詢問被害人時，得由其法定代理人、配偶、直系或三親等內旁系血親或家長、家屬、醫師或社工人員陪同在場，並得陳述意見。

十四、與刑訴文書章規定相關

一二四、筆錄不得竄改、挖補或留空行，如有增刪更改，應由製作人及受詢問人在其上蓋章或按指印，其刪除處應留存原字跡，並應於眉欄處記明更改字數。繕妥後應先交受詢問人閱覽或向其朗讀，並詢其有無錯誤及補充意見，如受詢問人請求記載增刪、變更者，應將其陳述附記於筆錄。

一二五、筆錄經受詢問人確認無誤後，應由受詢人於緊接其記載之末行簽名、蓋章或按指印（左拇指），再於次行由詢問人、記錄人及通譯、在場人等簽章（用職名章，如僅簽名應記載職稱）。

一二八、詢問犯罪嫌疑人筆錄之製作，應採一人詢問，另一人記錄之方式製作。但因情況急迫或事實上之原因不能為之，而有全程錄音或錄影者，不在此限，惟應將情況急迫或事實上之原因等具體事由記明於筆錄。

一二九、法官、檢察官行訊問、搜索、扣押、勘驗時，如無書記官在場，得指定在場執行公務之警察人員製作筆錄。

一三〇、警察機關與其他司法警察機關共同偵辦案件，對於在同一場所之檢察事務官、司法警察、司法警察官間，如因人手不足，經彼此同意互相協力製作筆錄，對於同一犯罪嫌疑人之筆錄詢問與製作，可分由不同機關人員詢問、記錄之。

一三四、詢問犯罪嫌疑人，應在警察機關之偵詢室或其他適當辦公處所為之，並嚴密監護，以防止脫逃、施暴、自殺等意外情事。但遇犯罪嫌疑人不能到場或有其他必要情形，亦得就其所在詢問。

一三五、詢問犯罪嫌疑人，如有他人取得犯罪嫌疑人非任意性自白之情形，或詢問違背刑事訴訟法第九十三條之一障礙時間詢問、第九十五條有關緘默及選任辯護人權利告知及第一百條之三夜間詢問，但符合第一百五八條之二第一項但書，違背非出於惡意，且該自白係出於自由意志者，應併載明於筆錄。

十五、與刑訴法拘捕規定相關

一三六、警察人員依下列規定執行拘提：

㈠法官或檢察官主動交付拘票執行者。

㈡依照刑事訴訟法第七十一條之一第一項規定，經合法通知無正當理由不到場，聲請檢察官核發拘票執行者。

㈢依照刑事訴訟法第七十六條規定，犯罪嫌疑重大得不經通知，報請檢察官簽發拘票執行者。

㈣依照刑事訴訟法第八十八條之一第一項各款，因急迫情況不及報告檢察官而逕行拘提者，但於執行後應即報請檢察官簽發拘票。

一三七、犯罪嫌疑重大而有下列情形之一者，依刑事訴訟法第七十六條，得不經通知逕向檢察官聲請簽發拘票，予以拘提到場：

㈠無一定之住所或居所者。

㈡逃亡或有事實足認為有逃亡之虞者。

㈢有事實足認為有湮滅、偽造、變造證據或勾串共犯或證人之虞者。

㈣所犯為死刑、無期徒刑或最輕本刑為五年以上有期徒刑之罪者。

前項聲請應派員持聲請書連同案卷向檢察官說明之（聲請書格式如附件五）。

一三八、拘票得聲請數通，分交數人分別執行，並得於轄區外執行，惟應會同當地警察單位，如情況緊急不及會知時，亦應於事後會知。

一三九、拘票有二聯，執行拘提時，應一聯交被拘提人或其家屬，另一聯由執行人於執行完畢後，記載執行之處所及年、月、日、時繳交法官或檢察官；如不能執行者，記載其事由，由執行人簽名繳交法官或檢察官。

一四〇、拘提有公務員或軍人身分之犯罪嫌疑人，應知照該管機關長官協助執行。

一四一、逮捕現行犯、準現行犯、通緝犯或拘提人犯，應將逮捕拘禁之原因，以書面告知其本人及其指定之親友（通知格式如附件十及附件十之一），至遲不得逾二十四小時。

本人或其親友為前項告知之請求時亦同。

執行第一項逮捕拘禁之機關，如接到提審票後，應於二十四小時內將被逮捕拘禁人解交，如在接到提審票前已將被逮捕拘禁人移送他機關者，除即聲復外，應即將該提審票轉送受移送之機關，由該機關於二十四小時逕行解交，如法院自行移提，應立即交出。如在接到提審票前，已將被逮捕拘禁人釋放者，應將釋放事由及時日，速即聲復。

一四二、偵查犯罪有下列情形之一，情況急迫，不及報告檢察官者，依刑事訴訟法第八十八條之一，得逕行拘提之：

㈠因現行犯之供述，且有事實足認為正犯或共犯嫌疑重大者。

㈡在執行或在押中之脫逃者。

㈢有事實足認為犯罪嫌疑重大，經被盤查而逃逸者，但所犯顯係最重本刑為一年以下有期徒刑、拘役或專科罰金之罪者，不在此限。

㈣所犯為死刑、無期徒刑或最輕本刑為五年以上有期徒刑之罪，嫌疑重大，有事實足認為有逃亡之虞者。

依前項規定拘提犯罪嫌疑人時，應出示身分證件，並即告知其本人及其指定之家屬（通知格式如附件十及附件十之一），得選任辯護人到場，並應告知事由，記明筆錄，交被拘提人簽名、蓋章或按指印後附卷。

一四三、司法警察官或司法警察執行逕行拘提後，應即將執行經過情形陳報所屬司法警察機關主管長官，其執行後不陳報者，應查究其責任。

前項司法警察機關對於逕行拘提之案件應即以書面連同有關資料（格式如附件十一），報請拘提執行地方之該管檢察官簽發拘票，不得於移送時始一併聲請補發。

司法警察機關依前項規定，報請檢察官簽發拘票之案件，如經檢察官批駁者，應即將被拘提人釋放，並將釋放之時間記明筆錄，交被拘提人簽名、蓋章或按指印後附卷。

一四六、執行拘提、逕行拘提及逮捕應注意事項如下：

㈠應顧及本身安全，講求團隊合作默契，切忌躁進、退縮或擅離職守。

㈡制伏歹徒應以智取，對付頑抗對象採取組合警力強攻外，亦應視情況運用策略俟機誘捕或策動投案。

㈢執行拘捕時，應顧及被拘捕人之身體名譽，抗拒拘捕或脫逃者，得用強制力及依法使用警械，但不得逾必要之程度。

㈣執行拘捕，雖以人犯為主，但亦應同時搜索扣押有關犯罪贓（證）物，防止其湮滅證據。

㈤拘捕到場之犯罪嫌疑人，應立即搜身注意戒護，防止其脫逃、自殺或其他意外事端。

㈥對脫逃歹徒應迅速通報其特徵、逃逸方向、交通工具及注意事項等，請求相關單位支援攔截圍捕。

一四七、司法警察官或司法警察因調查犯罪情形及蒐集證據之必要，對於經拘提或逮捕到案之犯罪嫌疑人，得違反犯罪嫌疑人之意思，採取其指紋、掌紋、腳印，予以照相、測量身高或類似之行為；有相當理由認為採取毛髮、唾液、尿液、聲調或吐氣得作為犯罪之證據時，並得採取之。

自行到場或經通知到案之犯罪嫌疑人，不接受前項之採證行為，有採證必要者，得報請該管檢察官勘驗或請求核發鑑定許可書，強制採取。

前項請求檢察官核發鑑定許可書時，應以書面為之（鑑定聲請書格式如附件十二），但如案件已有檢察官指揮者，得以言詞為之

一四九、逮捕到場之現行犯，其所犯最重本刑為一年以下有期徒刑、拘役或專科罰金之罪或告訴乃論或請求乃論之罪，其告訴或請求已經撤回或已逾告訴期間者，得報經檢察官准許免予解送。

犯罪嫌疑人未經拘提或逮捕者，不得解送。

十六、與搜索扣押程序相關

一五八、搜索係為發現被告或犯罪嫌疑人或犯罪證據物件及可得沒收之物，而對人身、物件、電磁紀錄、住宅或其他處所所實施之強制檢查處分。

一五九、司法警察人員執行搜索，應遵守下列程序：

㈠法官親自主持或檢察官依刑事訴訟法第一百三十一條第二項規定指揮執行者。

㈡依刑事訴訟法第一百二十八條及第一百二十八條之一規定，經該管法院核發搜索票者（格式如附件十四）。

㈢有刑事訴訟法第一百三十條之情形，雖無搜索票，得逕行搜索被告或犯罪嫌疑人之身體、隨身攜帶之物件、所使用之交通工具及立即可觸及之處所。

㈣有刑事訴訟法第一百三十一條第一項各款情形之一，雖無搜索票，得逕行搜索被告、犯罪嫌疑人之住宅或其他處所，但應於執行後三日內報告該管檢察官及法院。

㈤依照刑事訴訟法第八十八條之一第三項規定，因情況急迫及逕行拘提犯罪嫌疑人到場，雖無搜索票，得準用同法第一百三十條及第一百三十一條逕行搜索之。但應於執行後即報告該管檢察官及法院。

㈥依刑事訴訟法第一百三十一條之一之規定，經受搜索人出於自願性同意者，得不使用搜索票。但執行人員應出示證件，並將其同意之意旨記載於筆錄。

一六〇、在有人住居或看守之住宅或其他處所內行搜索或扣押者，應命住居人、看守人或可為其代表之人在場，如無此人在場時，得請鄰居或就近自治團體之職員在場，並出示搜索票。

前項搜索執行完畢，應迅將搜索票連同搜索結果報告，繳還法院。

一六一、搜索應保守秘密，並應注意受搜索人之名譽。

一六二、搜索婦女之身體，應由婦女行之。但不能由婦女行之者，不在此限。

一六三、受搜索人抗拒搜索者，得用強制力搜索之。但不得逾必要之程度。

一六四、執行搜索及扣押得開啟鎖扃、封緘或為其他必要之處分，搜索中止者，於必要時應將該處閉鎖，並派人看守。

執行搜索及扣押時，得封鎖現場，禁止在場人員離去，或禁止刑事訴訟法第一百四十三條所定之被告、犯罪嫌疑人或第三人以外之人進入該處所。

對於違反前項禁止命令者，得命其離開或交由適當之人看守至執行終了。

一六五、搜索政府機關、軍事處所，應通知該管長官或可為其代表之人在場。搜索軍事處所，應以會同該管憲兵單位執行為原則。

一六六、有人住居或看守之住宅，或其他處所，不得於夜間入內搜索。但經住居人、看守人或可為其代表之人承諾或有急迫情形時，不在此限。執行夜間搜索時，應記明其事由於搜索扣押證明筆錄。

日間已開始搜索者，得繼續至夜間。

一六七、下列處所，夜間亦得入內搜索：

㈠假釋人住居或使用者。

㈡旅店、飲食店或其他於夜間公眾可以出入之處所，仍在公開時間內者。

㈢常用為賭博、妨害性自主或妨害風化之行為者。

一六八、執行搜索、扣押後，應製作筆錄（格式如附件十五），將搜索、扣押過程、執行方法、在場之人及所扣押之物記明於筆錄附卷移送檢察官或法官，並應製作扣押物品收據或無應扣押之物證明書（格式如附件十六及十六之一），付與扣押物所有人、持有人、保管人或受搜索人。

搜索執行完畢後，如有扣押之物，應將搜索票正本與搜索扣押筆錄影本連同扣押物品目錄表影本，以密件封緘註明法院核發搜索票之日期、文號後，儘速函報核發搜索票之法院，不得無故延宕。

如未查獲應扣押之物，應於搜索扣押筆錄內敘明，連同搜索票正本，一併函報核發搜索票之法院（格式如附件十六之二）。其因故未能執行者，應以函文敘明未能執行之事由（格式如附件十六之三），並將搜索票繳還核發之法院。

警察人員依刑事訴訟法第一百三十一條第一項之規定執行逕行搜索，或第一百三十七條第一項之規定執行附帶扣押，應於執行後三日內，將搜索扣押筆錄（如有扣押物須連同扣押物品目錄表）影本，以密件封緘註明「逕行搜索」字樣，同時分別函報該管檢察署檢察官及法院（格式如附件十六之四）。但第八十八條之一第三項之規定逕行搜索住宅及其他處所，應即陳報該管檢察署檢察官及法院。

檢察官自行聲請搜索票交付警察人員執行搜索或依刑事訴訟法第一百三十一條第二項後段之規定指揮執行逕行搜索，警察人員於執行完畢後，應於十二小時內以密件封緘回報，俾檢察官陳報法院。

一六九、執行搜索時，除有不得已之情形外，不得損毀房屋及器物，搜索完畢後，應儘可能恢復原狀。

一七〇、搜索，應注意下列事項：

㈠實施搜索前對搜索之目的、標的之基本資料、特性應有充分之瞭解，妥爲計劃部署，備妥文書、器材、車輛、破門或突入工具等，並注意安全防護措施及行動保密。

㈡執行搜索人，須愼重選派，於出發前實施勤教及分工，並指定帶班人員。

㈢執行搜索、扣押時，應攜帶搜索扣押筆錄、相關文件表格及照相機等蒐證器材。

㈣執行搜索、扣押時，應戴手套執行，避免將自身跡證遺留應扣押物品上。

㈤爲防範湮滅標的物，應依現場時空因素，運用偵查技巧，合法進入搜索場所。但不得逾必要程度。

㈥執行搜索時，應迅速把握現場情形，確實辨識身分、專人警戒，防止犯罪嫌疑人脫逃、串供及湮滅證據。

㈦搜索進行時，應注意被搜索人之表情，並觀察其心理反應、目光注視方向，配合適度偵訊以便發現其贓證可能藏匿處所。

㈧搜索以智取非力取，並應具空間概念，依順序進行，注意場所內外、物件表徵，任何可疑表徵、僞裝，鉅細靡遺。

㈨扣押物品收據（無應扣押之物證明書）及扣押物品目錄表，當場製作二份。

㈩搜索或扣押暫時中止者，於必要時，應該處所閉鎖，並命人看守。

⑪數位證物之搜索、扣押應確實依刑案現場數位證物蒐證手冊之規定辦理。

一七一、搜索發現可爲證據或得沒收之物，得扣押之。

發現本案應扣押之物爲搜索票所未記載者，亦得扣押之，惟應於執行扣押後三日內報告該管檢察官及法院。

前項扣押，經法院撤銷者，應將扣押物發還所有人、持有人或保管人。

一七二、執行搜索時，得命所有人、持有人或保管人提出或交付應扣押之物，如無正當理由拒絕提出交付或抗拒扣押者，得用強制力扣押之。但扣押物係政府機關、公務員或曾爲公務員之人所持有或保管，且爲職務上應守秘密者，非經該管監督機關或公務員允許不得扣押。

被告、犯罪嫌疑人或第三人遺留在犯罪現場之物或所有人、持有人或保管人任意提出或交付之物，經留存者，應依刑事訴訟法第一百三十九條至第一百四十二條之規定處理。

一七三、扣押物應加封緘或其他標識，由扣押執行人簽證，並由在場人、受搜索人會同簽證或加蓋印章、指紋，扣押物如係貴重物品（如金飾、珠寶），應記明其重量、特徵（如美鈔號碼或其他牌名等），必要時照相或錄影備查。

一七四、扣押物，應以防其喪失或毀損之方式，爲適當之保管，如不便搬運或保管者，得命人看守或交所有人或其他適當人保管，將保管單一併移送檢察官或法官。

一七五、扣押物爲危險物品，無法保管時，得照相或錄影後毀棄之。又得沒收之扣押物，有喪失毀損之虞或不便保管者得照相後拍賣之，保管其價金，但均應先報告檢察官或法官。

一七六、實施搜索、扣押時，如須被害人、告訴人、告發人或證人辨識指認者，得許其在場。

一七七、犯罪事實應依證據認定之，無證據不得認定其犯罪事實。

追查贓、證物應把握時機，均應認眞澈底，詳加查證，蒐集及保全證據，並防止湮滅、毀損或藏匿。發現贓物時，應依法予以扣押。

一八五、扣押物應隨案移送檢察官處理，如係笨重不便搬運或保管者，得命人看守或命所有人或其他適當人員保管，並應將保管單隨案移送，有關扣押物移送及暫保管處理原則如下：

㈠扣押物應立即隨案移送地檢署。其無法立即隨案移送之扣押物，應置放贓證物室暫保管，並應儘速移送地檢署（法院）贓物庫。

㈡對於無法立即隨案移送之扣押物暫保管問題，應隨時請示承辦檢察官，以儘速處理。

㈢如係大型機械、農機具、電玩機台等無法立即隨案移送，應由移送單位簽陳該單位主官，另覓暫保管扣押物之妥適處所，指定保管人並造冊列管。

㈣如經被害人請求，得視情節認無保管之必要者，應報經檢察官核可後，依刑事訴訟法第一百四十二條第二項規定，始得將贓物先行發交被害人保管，並應注意下列情形：

1.經查確係被害人所有者。

2.無他人主張權利者。

3.經被害人說明贓物之品名、規格、特徵等相符，並指認確定者。

4.被害人應填具贓物認領保管單（格式如附件十七），詳記贓物品名、規格、數量、特徵等一式二份(正本隨案附送檢察官，副本存卷備查)，經簽報機關主官（管）批准後發交被害人保管。

十七、與羈押制度相關

一九〇、移送竊盜、贓物案件應注意事項：

㈠習慣犯合於宣告保安處分者，應於移送（報告）書對本案意見欄內註明擬請依法從重求刑並聲請宣告保安處分等意見。

㈡有刑事訴訟法第一百零一條第一項或第一百零一條之一第一項各款情形之一，而有羈押之必要者，應將其具體事實記明於移送（報告）書。

一九二、拘提逮捕到案之犯罪嫌疑人，除符合刑事訴訟法第九十二條規定，經填具免予解送報告書（如附件二十一）傳真檢察官核准免予解送者，應將核准免予解送報告書附卷移送外，均應隨案解送。經檢察官核准免予解送之犯罪嫌疑人，仍應依刑事訴訟法第二百零五條之二規定對其強制拍照及按捺指紋。

貳、結論與建議

從該手冊之規定可知，與刑訴法重疊相關者，有通知、訊問、文書、強制處分、證據、辯護、公訴等。此外，自訴也不能忽略，因為檢察官知有自訴在先或告訴乃論罪被害人嗣後提自訴者，應停止偵查，則警察人員自應知何謂「自訴」。而警察偵查犯罪手冊第 190 點規定，移送竊盜、贓物案件，有刑事訴訟法第一百零一條第一項或第一百零一條之一第一項各款 情形之一，而有羈押之必要者，應將其具體事實記明於移送（報告）書。所以警察人員也必須了解羈押制度，知道法官審查標準，以免警察抓人，法官放人。

至於題型方面，自 100 年至 103 年都是考 50 題選擇，主要是法條背誦題。而今科目名稱變更，若仍維持不變，恐遭質疑換湯不換藥。因此建議應至少考一題實例題，以契合警察實務工作需要。畢竟警察人員面臨實際案例時，並不會出現四種答案供其選擇，唯有透過實例的方式方能測驗考生有無處理能力。

壹、憲法暨其他法規

中華民國憲法

中華民國 36 年 1 月 1 日國民政府制度公布全文 175 條；
並自 36 年 12 月 25 日施行

第一章　總　綱

第 1 條（國體）
中華民國基於三民主義，爲民有民治民享之民主共和國。
第 2 條（主權在民）
中華民國之主權屬於國民全體。
第 3 條（國民）
具有中華民國國籍者爲中華民國國民。
第 4 條（國土）
中華民國領土，依其固有之疆域，非經國民大會之決議，不得變更之。
第 5 條（民族平等）
中華民國各民族一律平等。
第 6 條（國旗）
中華民國國旗定爲紅地，左上角青天白日。

第二章　人民之權利義務

第 7 條（平等權）
中華民國人民，無分男女、宗教、種族、階級、黨派，在法律上一律平等。
第 8 條（人身自由）
Ⅰ人民身體之自由應予保障。除現行犯之逮捕由法律另定外，非經司法或警察機關依法定程序，不得逮捕拘禁。非由法院依法定程序，不得審問處罰。非依法定程序之逮捕、拘禁、審問、處罰，得拒絕之。
Ⅱ人民因犯罪嫌疑被逮捕拘禁時，其逮捕拘禁機關應將逮捕拘禁原因，以書面告知本人及其本人指定之親友，並至遲於二十四小時內移送該管法院審問。本人或他人亦得聲請該管法院，於二十四小時內向逮捕之機關提審。
Ⅲ法院對於前項聲請，不得拒絕，並不得先令逮捕拘禁之機關查覆。逮捕拘禁之機關，對於法院之提審，不得拒絕或遲延。
Ⅳ人民遭受任何機關非法逮捕拘禁時，其本人或他人得向法院聲請追究，法院不得拒絕，並應於二十四小時內向逮捕拘禁之機關追究，依法處理。
第 9 條（人民不受軍審原則）
人民除現役軍人外，不受軍事審判。
第 10 條（居住遷徙自由）
人民有居住及遷徙之自由。
第 11 條（表現自由）
人民有言論、講學、著作及出版之自由。
第 12 條（秘密通訊自由）
人民有秘密通訊之自由。
第 13 條（信教自由）
人民有信仰宗教之自由。
第 14 條（集會結社自由）
人民有集會及結社之自由。
第 15 條（生存權、工作權及財產權）
人民之生存權、工作權及財產權，應予保障。
第 16 條（請願、訴願及訴訟權）
人民有請願、訴願及訴訟之權。
第 17 條（參政權）
人民有選舉、罷免、創制及複決之權。
第 18 條（應考試服公職權）
人民有應考試服公職之權。
第 19 條（納稅義務）
人民有依法律納稅之義務。
第 20 條（兵役義務）
人民有依法律服兵役之義務。
第 21 條（受教育之權義）
人民有受國民教育之權利與義務。
第 22 條（基本人權保障）
凡人民之其他自由及權利，不妨害社會秩序公共利益者，均受憲法之保障。
第 23 條（基本人權之限制）
以上各條列舉之自由權利，除爲防止妨礙他人自由、避免緊急危難、維持社會秩序，或增進公共利益所必要者外，不得以法律限制之。
第 24 條（公務員責任及國家賠償責任）
凡公務員違法侵害人民之自由或權利者，除依法律受懲戒外，應負刑事及民事責任。被害人民就其所受損害，並得依法律向國家請求賠償。

第三章　國民大會

第 25 條（地位）
國民大會依本憲法之規定，代表全國國民行使政權。
第 26 條（國大代表之名額）
國民大會以左列代表組織之：
一　每縣市及其同等區域各選出代表一人，但其人口逾五十萬人者，每增加五十萬人，增選代表一人。縣市同等區域以法律定之。
二　蒙古選出代表，每盟四人，每特別旗一人。
三　西藏選出代表，其名額以法律定之。
四　各民族在邊疆地區選出代表，其名額以法律定之。
五　僑居國外之國民選出代表，其名額以法律定之。
六　職業團體選出代表，其名額以法律定之。
七　婦女團體選出代表，其名額以法律定之。

第 27 條（國大職權）
Ⅰ國民大會之職權如左：
一　選舉總統、副總統。
二　罷免總統、副總統。
三　修改憲法。
四　複決立法院所提之憲法修正案。
Ⅱ關於創制複決兩權，除前項第三、第四兩款規定外，俟全國有半數之縣市曾經行使創制複決兩項政權時，由國民大會制定辦法並行使之。

第 28 條（國大代表任期、資格之限制）
Ⅰ國民大會代表每六年改選一次。
Ⅱ每屆國民大會代表之任期，至次屆國民大會開會之日爲止。
Ⅲ現任官吏不得於其任所所在地之選舉區當選爲國民大會代表。

第 29 條（國大常會之召集）
國民大會於每屆總統任滿前九十日集會，由總統召集之。

第 30 條（國大臨時會之召集）
Ⅰ國民大會遇有左列情形之一時，召集臨時會：
一　依本憲法第四十九條之規定，應補選總統、副總統時。
二　依監察院之決議，對於總統、副總統提出彈劾案時。
三　依立法院之決議，提出憲法修正案時。
四　國民大會代表五分之二以上請求召集時。
Ⅱ國民大會臨時會，如依前項第一款或第二款應召集時，由立法院院長通告集會。依第三款或第四款應召集時，由總統召集之。

第 31 條（國大開會地點）
國民大會之開會地點在中央政府所在地。

第 32 條（言論免責權）
國民大會代表在會議時所爲之言論及表決，對會外不負責任。

第 33 條（不逮捕特權）
國民大會代表，除現行犯外，在會期中，非經國民大會許可，不得逮捕或拘禁。

第 34 條（組織、選舉、罷免及行使職權程序之法律）
國民大會之組織，國民大會代表之選舉罷免，及國民大會行使職權之程序，以法律定之。

第四章　總　統

第 35 條（總統地位）
總統爲國家元首，對外代表中華民國。

第 36 條（總統統率權）
總統統率全國陸海空軍。

第 37 條（總統公布法令權）
總統依法公布法律，發布命令，須經行政院院長之副署，或行政院院長及有關部會首長之副署。

第 38 條（總統締約宣戰媾和權）
總統依本憲法之規定，行使締結條約及宣戰、媾和之權。

第 39 條（總統宣布戒嚴權）
總統依法宣布戒嚴，但須經立法院之通過或追認。立法院認爲必要時，得決議移請總統解嚴。

第 40 條（總統赦免權）
總統依法行使大赦、特赦、減刑及復權之權。

第 41 條（總統任免官員權）
總統依法任免文武官員。

第 42 條（總統授與榮典權）
總統依法授與榮典。

第 43 條（總統發布緊急命令權）
國家遇有天然災害、癘疫，或國家財政經濟上有重大變故，須爲急速處分時，總統於立法院休會期間，得經行政院會議之決議，依緊急命令法，發布緊急命令，爲必要之處置。但須於發布命令後一個月內提交立法院追認。如立法院不同意時，該緊急命令立即失效。

第 44 條（權限爭議處理權）
總統對於院與院間之爭執，除本憲法有規定者外，得召集有關各院院長會商解決之。

第 45 條（被選舉資格）
中華民國國民年滿四十歲者，得被選爲總統、副總統。

第 46 條（選舉方法）
總統、副總統之選舉，以法律定之。

第 47 條（總統副總統任期）
總統、副總統之任期爲六年，連選得連任一次。

第 48 條（總統就職宣誓）
Ⅰ總統應於就職時宣誓，誓詞如左：
Ⅱ「余謹以至誠，向全國人民宣誓，余必遵守憲法，盡忠職務，增進人民福利，保衛國家，無負國民付託。如違誓言，願受國家嚴厲之制裁。謹誓。」

第 49 條（繼任及代行總統職權）
Ⅰ總統缺位時，由副總統繼任，至總統任期屆滿爲止。總統、副總統均缺位時，由行政院院長代行其職權，並依本憲法第三十條之規定，召集國民大會臨時會，補選總統、副總統，其任期以補足原任總統未滿之任期爲止。
Ⅱ總統因故不能視事時，由副總統代行其職權。總統、副總統均不能視事時，由行政院院長代行其職權。

第 50 條（代行總統職權）

總統於任滿之日解職，如屆期次任總統尚未選出，或選出後總統、副總統均未就職時，由行政院院長代行總統職權。

第 51 條（行政院長代行職權之期限）

行政院院長代行總統職權時，其期限不得逾三個月。

第 52 條（刑事豁免權）

總統除犯內亂或外患罪外，非經罷免或解職，不受刑事上之訴究。

第五章　行　政

第 53 條（最高行政）

行政院爲國家最高行政機關。

第 54 條（行政院組織）

行政院設院長、副院長各一人，各部會首長若干人，及不管部會之政務委員若干人。

第 55 條（行政院院長之任命及代理）

Ⅰ行政院院長由總統提名，經立法院同意任命之。

Ⅱ立法院休會期間，行政院院長辭職或出缺時，由行政院副院長代理其職務，但總統須於四十日內咨請立法院召集會議，提出行政院院長人選，徵求同意。行政院院長職務，在總統所提行政院院長人選未經立法院同意前，由行政院副院長暫行代理。

第 56 條（副院長、部會首長及政務委員之任命）

行政院副院長，各部會首長及不管部會之政務委員，由行政院院長提請總統任命之。

第 57 條（行政院對立法院負責）

行政院依左列規定，對立法院負責：

一　行政院有向立法院提出施政方針及施政報告之責。立法委員在開會時，有向行政院院長及行政院各部會首長質詢之權。

二　立法院對於行政院之重要政策不贊同時，得以決議移請行政院變更之。行政院對於立法院之決議，得經總統之核可，移請立法院覆議。覆議時，如經出席立法委員三分之二維持原決議，行政院院長應即接受該決議或辭職。

三　行政院對於立法院決議之法律案、預算案、條約案，如認爲有窒礙難行時，得經總統之核可，於該決議案送達行政院十日內，移請立法院覆議。覆議時，如經出席立法委員三分之二維持原案，行政院院長應即接受該決議或辭職。

第 58 條（行政院會議）

Ⅰ行政院設行政院會議，由行政院院長、副院長、各部會首長及不管部會之政務委員組織之，以院長爲主席。

Ⅱ行政院院長、各部會首長，須將應行提出於立法院之法律案、預算案、戒嚴案、大赦案、宣戰案、媾和案、條約案及其他重要事項，或涉及各部會共同關係之事項，提出於行政院會議議決之。

第 59 條（預算案之提出）

行政院於會計年度開始三個月前，應將下年度預算案提出於立法院。

第 60 條（決算之提出）

行政院於會計年度結束後四個月內，應提出決算於監察院。

第 61 條（行政院組織法之制定）

行政院之組織，以法律定之。

第六章　立　法

第 62 條（最高立法機關）

立法院爲國家最高立法機關，由人民選舉之立法委員組織之，代表人民行使立法權。

第 63 條（職權）

立法院有議決法律案、預算案、戒嚴案、大赦案、宣戰案、媾和案、條約案及國家其他重要事項之權。

第 64 條（立委選舉）

Ⅰ立法院立法委員，依左列規定選出之：

一　各省、各直轄市選出者，其人口在三百萬以下者五人，其人口超過三百萬者，每滿一百萬人增選一人。

二　蒙古各盟旗選出者。

三　西藏選出者。

四　各民族在邊疆地區選出者。

五　僑居國外之國民選出者。

六　職業團體選出者。

Ⅱ立法委員之選舉及前項第二款至第六款立法委員名額之分配，以法律定之。婦女在第一項各款之名額，以法律定之。

第 65 條（立委任期）

立法委員之任期爲三年，連選得連任，其選舉於每屆任滿前三個月內完成之。

第 66 條（正副院長之選舉）

立法院設院長、副院長各一人，由立法委員互選之。

第 67 條（委員會之設置）

Ⅰ立法院得設各種委員會。

Ⅱ各種委員會得邀請政府人員及社會上有關係人員到會備詢。

第 68 條（常會）

立法院會期，每年兩次，自行集會，第一次自二月至五月底，第二次自九月至十二月底，必要時得延長之。

第 69 條（臨時會）

立法院遇有左列情事之一時，得開臨時會：

一　總統之咨請。

二　立法委員四分之一以上之請求。

第 70 條（增加支出預算提議之限制）

立法院對於行政院所提預算案，不得為增加支出之提議。

第 71 條（關係院首長列席）

立法院開會時，關係院院長及各部會首長得列席陳述意見。

第 72 條（公布法律）

立法院法律案通過後，移送總統及行政院，總統應於收到後十日內公布之，但總統得依照本憲法第五十七條之規定辦理。

第 73 條（言論免責權）

立法委員在院內所為之言論及表決，對院外不負責任。

第 74 條（不逮捕特權）

立法委員，除現行犯外，非經立法院許可，不得逮捕或拘禁。

第 75 條（立委兼任官吏之禁止）

立法委員不得兼任官吏。

第 76 條（立法院組織法之制定）

立法院之組織，以法律定之。

第七章　司　法

第 77 條（司法院之地位及職權）

司法院為國家最高司法機關，掌理民事、刑事、行政訴訟之審判及公務員之懲戒。

第 78 條（司法院之法律解釋權）

司法院解釋憲法，並有統一解釋法律及命令之權。

第 79 條（正副院長及大法官之任命）

Ⅰ司法院設院長、副院長各一人，由總統提名，經監察院同意任命之。

Ⅱ司法院設大法官若干人，掌理本憲法第七十八條規定事項，由總統提名，經監察院同意任命之。

第 80 條（法官依法獨立審判）

法官須超出黨派以外，依據法律獨立審判，不受任何干涉。

第 81 條（法官之保障）

法官為終身職，非受刑事或懲戒處分，或禁治產之宣告，不得免職。非依法律，不得停職、轉任或減俸。

第 82 條（法院組織法之制定）

司法院及各級法院之組織，以法律定之。

第八章　考　試

第 83 條（考試院之地位及職權）

考試院為國家最高考試機關，掌理考試、任用、銓敘、考績、級俸、陞遷、保障、褒獎、撫卹、退休、養老等事項。

第 84 條（正副院長及考試委員之任命）

考試院設院長、副院長各一人，考試委員若干人，由總統提名，經監察院同意任命之。

第 85 條（公務員之考選）

公務人員之選拔，應實行公開競爭之考試制度，並應按省區分別規定名額，分區舉行考試。非經考試及格者，不得任用。

第 86 條（應受考銓之資格）

左列資格，應經考試院依法考選銓定之：

一　公務人員任用資格。

二　專門職業及技術人員執業資格。

第 87 條（法律案之提出）

考試院關於所掌事項，得向立法院提出法律案。

第 88 條（依法獨立行使職權）

考試委員須超出黨派以外，依據法律獨立行使職權。

第 89 條（考試院組織法之制定）

考試院之組織，以法律定之。

第九章　監　察

第 90 條（監察院之地位及職權）

監察院為國家最高監察機關，行使同意、彈劾、糾舉及審計權。

第 91 條（監委之選舉）

監察院設監察委員，由各省市議會，蒙古西藏地方議會及華僑團體選舉之。其名額分配，依左列之規定：

一　每省五人。

二　每直轄市二人。

三　蒙古各盟旗共八人。

四　西藏八人。

五　僑居國外之國民八人。

第 92 條（正副院長之選舉）

監察院設院長、副院長各一人，由監察委員互選之。

第 93 條（監委任期）

監察委員之任期為六年，連選得連任。

第 94 條（同意權之行使）

監察院依本憲法行使同意權時，由出席委員過半數之議決行之。

第 95 條（調查權之行使）

監察院為行使監察權，得向行政院及其各部會調閱其所發布之命令及各種有關文件。

第 96 條（委員會之設置）

監察院得按行政院及其各部會之工作，分設若干委員會，調查一切設施，注意其是否違法或失職。

第 97 條（糾正權、糾舉權、及彈劾權之行使）

Ⅰ監察院經各該委員會之審查及決議，得提出糾正案，移送行政院及其有關部會，促其注意改善。

Ⅱ監察院對於中央及地方公務人員，認為有失職或違法情事，得提出糾舉案或彈劾案，如涉及刑事，應移送法院辦理。

第98條(彈劾案之提出)
監察院對於中央及地方公務人員之彈劾案,須經監察委員一人以上之提議,九人以上之審查及決定,始得提出。
第99條(司法考試人員之彈劾)
監察院對於司法院或考試院人員失職或違法之彈劾,適用本憲法第九十五條、第九十七條及第九十八條之規定。
第100條(總統、副總統之彈劾)
監察院對於總統、副總統之彈劾案,須有全體監察委員四分之一以上之提議,全體監察委員過半數之審查及決議,向國民大會提出之。
第101條(言論免責權)
監察委員在院內所爲之言論及表決,對院外不負責任。
第102條(不逮捕特權)
監察委員,除現行犯外,非經監察院許可,不得逮捕或拘禁。
第103條(監委兼職之禁止)
監察委員不得兼任其他公職或執行業務。
第104條(審計長之任命)
監察院設審計長,由總統提名,經立法院同意任命之。
第105條(決算之審核及報告)
審計長應於行政院提出決算後三個月內,依法完成其審核,並提出審核報告於立法院。
第106條(監察院組織法之制定)
監察院之組織,以法律定之。

第十章　中央與地方之權限

第107條(中央立法並執行事項)
左列事項,由中央立法並執行之:
一　外交。
二　國防與國防軍事。
三　國籍法及刑事、民事、商事之法律。
四　司法制度。
五　航空、國道、國有鐵路、航政、郵政及電政。
六　中央財政與國稅。
七　國稅與省稅、縣稅之劃分。
八　國營經濟事業。
九　幣制及國家銀行。
十　度量衡。
十一　國際貿易政策。
十二　涉外之財政經濟事項。
十三　其他依本憲法所定關於中央之事項。
第108條(中央立法事項)
I左列事項,由中央立法並執行之,或交由省縣執行之:
一　省縣自治通則。
二　行政區劃。
三　森林、工礦及商業。
四　教育制度。
五　銀行及交易所制度。
六　航業及海洋漁業。
七　公用事業。
八　合作事業。
九　二省以上之水陸交通運輸。
十　二省以上之水利、河道及農牧事業。
十一　中央及地方官吏之銓敘、任用、糾察及保障。
十二　土地法。
十三　勞動法及其他社會立法。
十四　公用徵收。
十五　全國戶口調查及統計。
十六　移民及墾殖。
十七　警察制度。
十八　公共衛生。
十九　振濟、撫卹及失業救濟。
二十　有關文化之古籍、古物及古蹟之保存。
II前項各款,省於不牴觸國家法律內,得制定單行法規。
第109條(省立法事項)
I左列事項,由省立法並執行之,或交由縣執行之:
一　省教育、衛生、實業及交通。
二　省財產之經營及處分。
三　省市政。
四　省公營事業。
五　省合作事業。
六　省農林、水利、漁牧及工程。
七　省財政及省稅。
八　省債。
九　省銀行。
十　省警政之實施。
十一　省慈善及公益事項。
十二　其他依國家法律賦予之事項。
II前項各款,有涉及二省以上者,除法律別有規定外,得由有關各省共同辦理。
III各省辦理第一項各款事務,其經費不足時,經立法院議決,由國庫補助之。
第110條(縣立法並執行事項)
I左列事項,由縣立法並執行之:
一　縣教育、衛生、實業及交通。
二　縣財產之經營及處分。
三　縣公營事業。
四　縣合作事業。
五　縣農林、水利、漁牧及工程。
六　縣財政及縣稅。
七　縣債。
八　縣銀行。

九　縣警衛之實施。
十　縣慈善及公益事項。
十一　其他依國家法律及省自治法賦予之事項。
II前項各款，有涉及二縣以上者，除法律別有規定外，得由有關各縣共同辦理。
第 111 條（中央與地方權限分配）
除第一百零七條、第一百零八條、第一百零九條及第一百十條列舉事項外，如有未列舉事項發生時，其事務有全國一致之性質者屬於中央，有全省一致之性質者屬於省，有一縣之性質者屬於縣。遇有爭議時，由立法院解決之。

第十一章　地方制度

第一節　省

第 112 條（省民代表大會之組織與權限）
I省得召集省民代表大會，依據省縣自治通則，制定省自治法，但不得與憲法牴觸。
II省民代表大會之組織及選舉，以法律定之。
第 113 條（省自治法與立法權）
I省自治法應包含左列各款：
一　省設省議會，省議會議員由省民選舉之。
二　省設省政府，置省長一人。省長由省民選舉之。
三　省與縣之關係。
II屬於省之立法權，由省議會行之。
第 114 條（省自治法之司法審查）
省自治法制定後，須即送司法院。司法院如認爲有違憲之處，應將違憲條文宣布無效。
第 115 條（自治法施行中障礙之解決）
省自治法施行中，如因其中某條發生重大障礙，經司法院召集有關方面陳述意見後，由行政院院長、立法院院長、司法院院長、考試院院長與監察院院長組織委員會，以司法院院長爲主席，提出方案解決之。
第 116 條（省法規與國家法律之關係）
省法規與國家法律牴觸者無效。
第 117 條（省法規牴觸法律之解釋）
省法規與國家法律有無牴觸發生疑義時，由司法院解釋之。
第 118 條（直轄市之自治）
直轄市之自治，以法律定之。
第 119 條（蒙古盟旗之自治）
蒙古各盟旗地方自治制度，以法律定之。
第 120 條（西藏自治之保障）
西藏自治制度，應予以保障。

第二節　縣

第 121 條（縣自治）
縣實行縣自治。
第 122 條（縣民代大會與縣自治法之制定）
縣得召集縣民代表大會，依據省縣自治通則，制定縣自治法，但不得與憲法及省自治法牴觸。
第 123 條（縣民參政權）
縣民關於縣自治事項，依法律行使創制、複決之權，對於縣長及其他縣自治人員，依法律行使選舉、罷免之權。
第 124 條（縣議會組成及職權）
I縣設縣議會，縣議會議員由縣民選舉之。
II屬於縣之立法權，由縣議會行之。
第 125 條（縣規章與法律或省法規之關係）
縣單行規章，與國家法律或省法規牴觸者無效。
第 126 條（縣長之選舉）
縣設縣政府，置縣長一人。縣長由縣民選舉之。
第 127 條（縣長之職權）
縣長辦理縣自治，並執行中央及省委辦事項。
第 128 條（市自治）
市準用縣之規定。

第十二章　選舉、罷免、創制、複決

第 129 條（選舉之方法）
本憲法所規定之各種選舉，除本憲法別有規定外，以普通、平等、直接及無記名投票之方法行之。
第 130 條（選舉及被選舉年齡）
中華民國國民年滿二十歲者，有依法選舉之權，除本憲法及法律別有規定者外，年滿二十三歲者，有依法被選舉之權。
第 131 條（競選公開原則）
本憲法所規定各種選舉之候選人，一律公開競選。
第 132 條（選舉公正之維護）
選舉應嚴禁威脅利誘。選舉訴訟，由法院審判之。
第 133 條（罷免權）
被選舉人得由原選舉區依法罷免之。
第 134 條（婦女名額保障）
各種選舉，應規定婦女當選名額，其辦法以法律定之。
第 135 條（內地生活習慣特殊國代之選舉）
內地生活習慣特殊之國民代表名額及選舉，其辦法以法律定之。
第 136 條（創制複決權之行使）
創制複決兩權之行使，以法律定之。

第十三章　基本國策

第一節　國　防

第 137 條（國防目的及組織）
I中華民國之國防，以保衛國家安全，維護世界和平爲目的。
II國防之組織，以法律定之。
第 138 條（軍隊國家化—軍人超然）

全國陸海空軍，須超出個人、地域及黨派關係以外，效忠國家，愛護人民。

第 139 條（軍隊國家化—軍人不干政）
任何黨派及個人不得以武裝力量為政爭之工具。

第 140 條（軍人兼任文官之禁止）
現役軍人不得兼任文官。

第二節　外　交

第 141 條（外交宗旨）
中華民國之外交，應本獨立自主之精神，平等互惠之原則，敦睦邦交，尊重條約及聯合國憲章，以保護僑民權益，促進國際合作，提倡國際正義，確保世界和平。

第三節　國民經濟

第 142 條（國民經濟基本原則）
國民經濟應以民生主義為基本原則，實施平均地權，節制資本，以謀國計民生之均足。

第 143 條（土地政策）
Ⅰ中華民國領土內之土地屬於國民全體。人民依法取得之土地所有權，應受法律之保障與限制。私有土地應照價納稅，政府並得照價收買。
Ⅱ附著於土地之礦，及經濟上可供公眾利用之天然力，屬於國家所有，不因人民取得土地所有權而受影響。
Ⅲ土地價值非因施以勞力資本而增加者，應由國家徵收土地增值稅，歸人民共享之。
Ⅳ國家對於土地之分配與整理，應以扶植自耕農及自行使用土地人為原則，並規定其適當經營之面積。

第 144 條（獨佔性企業公營原則）
公用事業及其他有獨佔性之企業，以公營為原則，其經法律許可者，得由國民經營之。

第 145 條（私人資本之節制與扶助）
Ⅰ國家對於私人財富及私營事業，認為有妨害國計民生之平衡發展者，應以法律限制之。
Ⅱ合作事業應受國家之獎勵與扶助。
Ⅲ國民生產事業及對外貿易，應受國家之獎勵、指導及保護。

第 146 條（發展農業）
國家應運用科學技術，以興修水利，增進地力，改善農業環境，規劃土地利用，開發農業資源，促成農業之工業化。

第 147 條（地方經濟之平衡發展）
Ⅰ中央為謀省與省間之經濟平衡發展，對於貧瘠之省，應酌予補助。
Ⅱ省為謀縣與縣間之經濟平衡發展，對於貧瘠之縣，應酌予補助。

第 148 條（貨暢其流）
中華民國領域內，一切貨物應許自由流通。

第 149 條（金融機構之管理）
金融機構，應依法受國家之管理。

第 150 條（普設平民金融機構）
國家應普設平民金融機構，以救濟失業。

第 151 條（發展僑民經濟事業）
國家對於僑居國外之國民，應扶助並保護其經濟事業之發展。

第四節　社會安全

第 152 條（人盡其才）
人民具有工作能力者，國家應予以適當之工作機會。

第 153 條（勞工及農民之保護）
Ⅰ國家為改良勞工及農民之生活，增進其生產技能，應制定保護勞工及農民之法律，實施保護勞工及農民之政策。
Ⅱ婦女兒童從事勞動者，應按其年齡及身體狀態，予以特別之保護。

第 154 條（勞資關係）
勞資雙方應本協調合作原則，發展生產事業。勞資糾紛之調解與仲裁，以法律定之。

第 155 條（社會保險與救助之實施）
國家為謀社會福利，應實施社會保險制度。人民之老弱殘廢，無力生活，及受非常災害者，國家應予以適當之扶助與救濟。

第 156 條（婦幼福利政策之實施）
國家為奠定民族生存發展之基礎，應保護母性，並實施婦女兒童福利政策。

第 157 條（衛生保健事業之推行）
國家為增進民族健康，應普遍推行衛生保健事業及公醫制度。

第五節　教育文化

第 158 條（教育文化之目標）
教育文化，應發展國民之民族精神、自治精神、國民道德、健全體格、科學及生活智能。

第 159 條（教育機會平等原則）
國民受教育之機會，一律平等。

第 160 條（基本教育與補習教育）
Ⅰ六歲至十二歲之學齡兒童，一律受基本教育，免納學費。其貧苦者，由政府供給書籍。
Ⅱ已逾學齡未受基本教育之國民，一律受補習教育，免納學費，其書籍亦由政府供給。

第 161 條（獎學金之設置）
各級政府應廣設獎學金名額，以扶助學行俱優無力升學之學生。

第 162 條（教育文化機關之監督）
全國公私立之教育文化機關，依法律受國家之監督。

第 163 條（教育文化事業之推動）

國家應注重各地區教育之均衡發展，並推行社會教育，以提高一般國民之文化水準，邊遠及貧瘠地區之教育文化經費，由國庫補助之。其重要之教育文化事業，得由中央辦理或補助之。

第 164 條（教育文化經費之比例與專款之保障）

教育、科學、文化之經費，在中央不得少於其預算總額百分之十五，在省不得少於其預算總額百分之二十五，在市縣不得少於其預算總額百分之三十五。其依法設置之教育文化基金及產業，應予以保障。

第 165 條（教育文化工作者之保障）

國家應保障教育、科學、藝術工作者之生活，並依國民經濟之進展，隨時提高其待遇。

第 166 條（科學發明與創造之保障、古蹟、古物之保護）

國家應獎勵科學之發明與創造，並保護有關歷史、文化、藝術之古蹟、古物。

第 167 條（教育文化事業之獎助）

國家對於左列事業或個人，予以獎勵或補助：

一　國內私人經營之教育事業成績優良者。
二　僑居國外國民之教育事業成績優良者。
三　於學術或技術有發明者。
四　從事教育久於其職而成績優良者。

第六節　邊疆地區

第 168 條（邊疆民族地位之保障）

國家對於邊疆地區各民族之地位，應予以合法之保障，並於其地方自治事業，特別予以扶植。

第 169 條（邊疆事業之扶助）

國家對於邊疆地區各民族之教育、文化、交通、水利、衛生及其他經濟、社會事業，應積極舉辦，並扶助其發展，對於土地使用，應依其氣候、土壤性質，及人民生活習慣之所宜，予以保障及發展。

第十四章　憲法之施行及修改

第 170 條（法律之意義）

本憲法所稱之法律，謂經立法院通過，總統公布之法律。

第 171 條（法律之位階性）

I 法律與憲法牴觸者無效。

II 法律與憲法有無牴觸發生疑義時，由司法院解釋之。

第 172 條（法律之位階性）

命令與憲法或法律牴觸者無效。

第 173 條（憲法之解釋）

憲法之解釋，由司法院為之。

第 174 條（修憲程序）

憲法之修改，應依左列程序之一為之：

一　由國民大會代表總額五分之一之提議，三分之二之出席，及出席代表四分之三之決議，得修改之。
二　由立法院立法委員四分之一之提議，四分之三之出席，及出席委員四分之三之決議，擬定憲法修正案，提請國民大會複決。此項憲法修正案，應於國民大會開會前半年公告之。

第 175 條（憲法實施程序與施行程序之制定）

I 本憲法規定事項，有另定實施程序之必要者，以法律定之。

II 本憲法施行之準備程序，由制定憲法之國民大會議定之。

中華民國憲法增修條文

1.中華民國 80 年 5 月 1 日總統令制定公布全文 10 條
2.中華民國 81 年 5 月 28 日總統令增訂公布第 11～18 條條文
3.中華民國 83 年 8 月 1 日總統令修正公布全文 10 條
4.中華民國 86 年 7 月 21 日總統令修正公布全文 11 條
5.中華民國 88 年 9 月 15 日總統令修正公布第 1、4、9、10 條條文
中華民國 89 年 3 月 24 日大法官釋字第 499 號解釋該次修正條文因違背修憲正當程序，故應自本解釋公布之日起失其效力，原 86 年 7 月 21 日之增修條文繼續適用
6.中華民國 89 年 4 月 25 日總統令修正公布全文 11 條
7.中華民國 94 年 6 月 10 日總統令修正公布第 1、2、4、5、8 條條文；並增訂第 12 條條文

第 1 條（人民行使直接民權）

Ⅰ中華民國自由地區選舉人於立法院提出憲法修正案、領土變更案，經公告半年，應於三個月內投票複決，不適用憲法第四條、第一百七十四條之規定。

Ⅱ憲法第二十五條至第三十四條及第一百三十五條之規定，停止適用。

第 2 條（總統、副總統）

Ⅰ總統、副總統由中華民國自由地區全體人民直接選舉之，自中華民國八十五年第九任總統、副總統選舉實施。總統、副總統候選人應聯名登記，在選票上同列一組圈選，以得票最多之一組為當選。在國外之中華民國自由地區人民返國行使選舉權，以法律定之。

Ⅱ總統發布行政院院長與依憲法經立法院同意任命人員之任免命令及解散立法院之命令，無須行政院院長之副署，不適用憲法第三十七條之規定。

Ⅲ總統為避免國家或人民遭遇緊急危難或應付財政經濟上重大變故，得經行政院會議之決議發布緊急命令，為必要之處置，不受憲法第四十三條之限制。但須於發布命令後十日內提交立法院追認，如立法院不同意時，該緊急命令立即失效。

Ⅳ總統為決定國家安全有關大政方針，得設國家安全會議及所屬國家安全局，其組織以法律定之。

Ⅴ總統於立法院通過對行政院院長之不信任案後十日內，經諮詢立法院院長後，得宣告解散立法院。但總統於戒嚴或緊急命令生效期間，不得解散立法院。立法院解散後，應於六十日內舉行立法委員選舉，並於選舉結果確認後十日內自行集會，其任期重新起算。

Ⅵ總統、副總統之任期為四年，連選得連任一次，不適用憲法第四十七條之規定。

Ⅶ副總統缺位時，總統應於三個月內提名候選人，由立法院補選，繼任至原任期屆滿為止。

Ⅷ總統、副總統均缺位時，由行政院院長代行其職權，並依本條第一項規定補選總統、副總統，繼任至原任期屆滿為止，不適用憲法第四十九條之有關規定。

Ⅸ總統、副總統之罷免案，須經全體立法委員四分之一之提議，全體立法委員三分之二之同意後提出，並經中華民國自由地區選舉人總額過半數之投票，有效票過半數同意罷免時，即為通過。

Ⅹ立法院提出總統、副總統彈劾案，聲請司法院大法官審理，經憲法法庭判決成立時，被彈劾人應即解職。

第 3 條（行政院）

Ⅰ行政院院長由總統任命之。行政院院長辭職或出缺時，在總統未任命行政院院長前，由行政院副院長暫行代理。憲法第五十五條之規定，停止適用。

Ⅱ行政院依左列規定，對立法院負責，憲法第五十七條之規定，停止適用：

一　行政院有向立法院提出施政方針及施政報告之責。立法委員在開會時，有向行政院院長及行政院各部會首長質詢之權。

二　行政院對於立法院決議之法律案、預算案、條約案，如認為有窒礙難行時，得經總統之核可，於該決議案送達行政院十日內，移請立法院覆議。立法院對於行政院移請覆議案，應於送達十五日內作成決議。如為休會期間，立法院應於七日內自行集會，並於開議十五日內作成決議。覆議案逾期未議決者，原決議失效。覆議時，如經全體立法委員二分之一以上決議維持原案，行政院院長應即接受該決議。

三　立法院得經全體立法委員三分之一以上連署，對行政院院長提出不信任案。不信任案提出七十二小時後，應於四十八小時內以記名投票表決之。如經全體立法委員二分之一以上贊成，行政院院長應於十日內提出辭職，並得同時呈請總統解散立法院；不信任案如未獲通過，一年內不得對同一行政院院長再提不信任案。

Ⅲ國家機關之職權、設立程序及總員額，得以法律為準則性之規定。

Ⅳ各機關之組織、編制及員額，應依前項法律，基於政策或業務需要決定之。

第 4 條（立法委員之選舉）

Ⅰ立法院立法委員自第七屆起一百一十三人，任期

四年，連選得連任，於每屆任滿前三個月內，依左列規定選出之，不受憲法第六十四條及第六十五條之限制：

一　自由地區直轄市、縣市七十三人。每縣市至少一人。

二　自由地區平地原住民及山地原住民各三人。

三　全國不分區及僑居國外國民共三十四人。

Ⅱ前項第一款依各直轄市、縣市人口比例分配，並按應選名額劃分同額選舉區選出之。第三款依政黨名單投票選舉之，由得票百分之五以上政黨選舉票之政黨依得票比率選出之，各政黨當選名單中，婦女不得低於二分之一。

Ⅲ立法院於每年集會時，得聽取總統國情報告。

Ⅳ立法院經總統解散後，在新選出之立法委員就職前，視同休會。

Ⅴ中華民國領土，依其固有疆域，非經全體立法委員四分之一之提議，全體立法委員四分之三之出席，及出席委員四分之三之決議，提出領土變更案，並於公告半年後，經中華民國自由地區選舉人投票複決，有效同意票過選舉人總額之半數，不得變更之。

Ⅵ總統於立法院解散後發布緊急命令，立法院應於三日內自行集會，並於開議七日內追認之。但於新任立法委員選舉投票日後發布者，應由新任立法委員於就職後追認之。如立法院不同意時，該緊急命令立即失效。

Ⅶ立法院對於總統、副總統之彈劾案，須經全體立法委員二分之一以上之提議，全體立法委員三分之二以上之決議，聲請司法院大法官審理，不適用憲法第九十條、第一百條及增修條文第七條第一項有關規定。

Ⅷ立法委員除現行犯外，在會期中，非經立法院許可，不得逮捕或拘禁。憲法第七十四條之規定，停止適用。

第５條（司法院）

Ⅰ司法院設大法官十五人，並以其中一人為院長、一人為副院長，由總統提名，經立法院同意任命之，自中華民國九十二年起實施，不適用憲法第七十九條之規定。司法院大法官除法官轉任者外，不適用憲法第八十一條及有關法官終身職待遇之規定。

Ⅱ司法院大法官任期八年，不分屆次，個別計算，並不得連任。但並為院長、副院長之大法官，不受任期之保障。

Ⅲ中華民國九十二年總統提名之大法官，其中八位大法官，含院長、副院長，任期四年，其餘大法官任期為八年，不適用前項任期之規定。

Ⅳ司法院大法官，除依憲法第七十八條之規定外，並組成憲法法庭審理總統、副總統之彈劾及政黨違憲之解散事項。

Ⅴ政黨之目的或其行為，危害中華民國之存在或自由民主之憲政秩序者為違憲。

Ⅵ司法院所提出之年度司法概算，行政院不得刪減，但得加註意見，編入中央政府總預算案，送立法院審議。

第６條（考試院）

Ⅰ考試院為國家最高考試機關，掌理左列事項，不適用憲法第八十三條之規定：

一　考試。

二　公務人員之銓敘、保障、撫卹、退休。

三　公務人員任免、考績、級俸、陞遷、褒獎之法制事項。

Ⅱ考試院設院長、副院長各一人，考試委員若干人，由總統提名，經立法院同意任命之，不適用憲法第八十四條之規定。

Ⅲ憲法第八十五條有關按省區分別規定名額，分區舉行考試之規定，停止適用。

第７條（監察院）

Ⅰ監察院為國家最高監察機關，行使彈劾、糾舉及審計權，不適用憲法第九十條及第九十四條有關同意權之規定。

Ⅱ監察院設監察委員二十九人，並以其中一人為院長、一人為副院長，任期六年，由總統提名，經立法院同意任命之。憲法第九十一條至第九十三條之規定停止適用。

Ⅲ監察院對於中央、地方公務人員及司法院、考試院人員之彈劾案，須經監察委員二人以上之提議，九人以上之審查及決定，始得提出，不受憲法第九十八條之限制。

Ⅳ監察院對於監察院人員失職或違法之彈劾，適用憲法第九十五條、第九十七條第二項及前項之規定。

Ⅴ監察委員須超出黨派以外，依據法律獨立行使職權。

Ⅵ憲法第一百零一條及第一百零二條之規定，停止適用。

第８條（待遇調整）

立法委員之報酬或待遇，應以法律定之。除年度通案調整者外，單獨增加報酬或待遇之規定，應自次屆起實施。

第９條（省縣自治）

Ⅰ省、縣地方制度，應包括左列各款，以法律定之，不受憲法第一百零八條第一項第一款、第一百零九條、第一百十二條至第一百十五條及第一百二十二條之限制：

一　省設省政府，置委員九人，其中一人為主席，均由行政院院長提請總統任命之。

二　省設省諮議會，置省諮議會議員若干人，由行政院院長提請總統任命之。

三　縣設縣議會，縣議會議員由縣民選舉之。

四　屬於縣之立法權，由縣議會行之。
五　縣設縣政府，置縣長一人，由縣民選舉之。
六　中央與省、縣之關係。
七　省承行政院之命，監督縣自治事項。

II台灣省政府之功能、業務與組織之調整，得以法律為特別之規定。

第 10 條（基本國策）

I 國家應獎勵科學技術發展及投資，促進產業升級，推動農漁業現代化，重視水資源之開發利用，加強國際經濟合作。

II經濟及科學技術發展，應與環境及生態保護兼籌並顧。

III國家對於人民興辦之中小型經濟事業，應扶助並保護其生存與發展。

IV國家對於公營金融機構之管理，應本企業化經營之原則；其管理、人事、預算、決算及審計，得以法律為特別之規定。

V國家應推行全民健康保險，並促進現代和傳統醫藥之研究發展。

VI國家應維護婦女之人格尊嚴，保障婦女之人身安全，消除性別歧視，促進兩性地位之實質平等。

VII國家對於身心障礙者之保險與就醫、無障礙環境之建構、教育訓練與就業輔導及生活維護與救助，應予保障，並扶助其自立與發展。

VIII國家應重視社會救助、福利服務、國民就業、社會保險及醫療保健等社會福利工作，對於社會救助和國民就業等救濟性支出應優先編列。

IX國家應尊重軍人對社會之貢獻，並對其退役後之就學、就業、就醫、就養予以保障。

X教育、科學、文化之經費，尤其國民教育之經費應優先編列，不受憲法第一百六十四條規定之限制。

XI國家肯定多元文化，並積極維護發展原住民族語言及文化。

XII國家應依民族意願，保障原住民族之地位及政治參與，並對其教育文化、交通水利、衛生醫療、經濟土地及社會福利事業予以保障扶助並促其發展，其辦法另以法律定之。對於澎湖、金門及馬祖地區人民亦同。

XIII國家對於僑居國外國民之政治參與，應予保障。

第 11 條（兩岸關係）

自由地區與大陸地區間人民權利義務關係及其他事務之處理，得以法律為特別之規定。

第 12 條（憲法修正案之提出）

憲法之修改，須經立法院立法委員四分之一之提議，四分之三之出席，及出席委員四分之三之決議，提出憲法修正案，並於公告半年後，經中華民國自由地區選舉人投票複決，有效同意票過選舉人總額之半數，即通過之，不適用憲法第一百七十四條之規定。

憲法訴訟法

1.中華民國47年7月21日總統令制定公布全文20條
2.中華民國82年2月3日總統令修正公布名稱及全文35條（原名稱：司法院大法官會議法）
3.中華民國108年1月4日總統令修正公布名稱及全文95條；並自公布後三年施行（原名稱：司法院大法官審理案件法）

第一章　總　則

第1條（憲法法庭之組成及審理之案件）
Ⅰ司法院大法官組成憲法法庭，依本法之規定審理下列案件：
一　法規範憲法審查及裁判憲法審查案件。
二　機關爭議案件。
三　總統、副總統彈劾案件。
四　政黨違憲解散案件。
五　地方自治保障案件。
六　統一解釋法律及命令案件。
Ⅱ其他法律規定得聲請司法院解釋者，其聲請程序應依其性質，分別適用解釋憲法或統一解釋法律及命令之規定。

第2條（憲法法庭之審判長）
憲法法庭審理案件，以並任司法院院長之大法官擔任審判長；其因故不能擔任時，由並任司法院副院長之大法官任之。二人均不能擔任時，由參與案件審理之資深大法官任之；資同由年長者任之。

第3條（憲法法庭得設數審查庭及其組成）
Ⅰ憲法法庭得設數審查庭，由大法官三人組成之，依本法之規定行使職權。
Ⅱ審查庭審判長除由並任司法院院長、副院長之大法官擔任外，餘由資深大法官任之；資同由年長者任之。
Ⅲ各審查庭大法官之組成，每二年調整一次。

第4條（憲法法庭審理規則訂定）
Ⅰ憲法法庭審理規則，由司法院定之。
Ⅱ前項規則，由全體大法官議決之。

第5條（憲法法庭審理案件之相關事務及審理規則等準用規定）
憲法法庭審理案件之司法年度、事務分配、法庭秩序、法庭用語及裁判書公開，除本法或憲法法庭審理規則別有規定外，準用法院組織法規定。

第二章　一般程序規定

第一節　當事人及訴訟代理人

第6條（本法所稱當事人之定義）
Ⅰ本法所稱當事人，係指下列案件之聲請人及相對人：
一　第三章案件：指聲請之國家最高機關、立法委員、法院及人民。
二　第四章案件：指聲請之國家最高機關，及與其發生爭議之機關。
三　第五章案件：指聲請機關及被彈劾人。
四　第六章案件：指聲請機關及被聲請解散之政黨。
五　第七章案件：指聲請之地方自治團體或其立法、行政機關。
六　第八章案件：指聲請之人民。
Ⅱ受審查法規範之主管機關或憲法法庭指定之相關機關，視為前項之相對人。

第7條（憲法訴訟案件之聲請人有多數人時之任意及強制選定當事人規定）
Ⅰ共同聲請人得由其中選定一人至三人為全體聲請。但撤回聲請案件，應經全體聲請人同意。
Ⅱ共同聲請人逾十人者，未依前項規定選定當事人者，審查庭得限期命為選定；逾期未選定者，審查庭得依職權指定之。
Ⅲ被選定或被指定之人中，有因死亡或其他事由喪失其資格者，其他被選定或被指定之人得為全體為訴訟行為。無其他被選定或被指定之人時，準用前項規定。
Ⅳ案件繫屬後經選定或指定當事人者，其他聲請人脫離訴訟。

第8條（當事人得委任律師為訴訟代理人；行言詞辯論案件則採強制代理制度）
Ⅰ當事人得委任律師為訴訟代理人；除有下列情形之一者外，言詞辯論期日，應委任律師為訴訟代理人：
一　當事人或其代表人、法定代理人具有法官、律師或第三項第一款得為訴訟代理人之資格。
二　第六條第二項所稱相對人。
三　被彈劾人已選任辯護人。
Ⅱ每一當事人委任之訴訟代理人，不得逾三人。
Ⅲ非律師具有下列情形之一者，亦得為訴訟代理人：
一　法學教授、副教授或助理教授。
二　當事人為公法人、機關、公法上之非法人團體時，其所屬辦理法制或法務相關業務之專任人員。

Ⅳ委任前項非律師為訴訟代理人者，應經憲法法庭審判長許可。

Ⅴ第一項第一款情形，應提出資格證明文件；委任訴訟代理人，應提出委任書及受任人之資格證明文件。

Ⅵ訴訟代理人不得委任複代理人。

第二節　迴　避

第9條（大法官應自行迴避之情形）

大法官有下列情形之一者，應自行迴避，不得執行職務：

一　大法官或其配偶、前配偶或訂有婚約者，為聲請案件當事人。

二　大法官現為或曾為聲請案件當事人之法定代理人、代表人、家長、家屬、三親等內之血親或二親等內之姻親。

三　大法官曾為聲請案件之證人或鑑定人。

四　大法官曾參與原因案件之裁判或仲裁判斷。

五　大法官曾因執行職務而參與該案件之聲請。

六　大法官曾為聲請案件之訴訟代理人或辯護人。

七　大法官於執行律師業務期間，其同事務所律師為該聲請案件之訴訟代理人或辯護人。

第10條（當事人得向憲法法庭聲請大法官迴避之情形）

Ⅰ有下列情形之一者，當事人得向憲法法庭聲請大法官迴避：

一　大法官有前條所定情形之一而不自行迴避。

二　大法官有前條所定以外之情形，足認其執行職務有偏頗之虞。

Ⅱ當事人如已就案件有所聲明或陳述後，不得依前項第二款規定聲請大法官迴避。但其迴避原因發生在後或知悉在後者，不在此限。

Ⅲ第一項聲請，應以書面附具理由為之。

Ⅳ憲法法庭關於聲請迴避之裁定，被聲請迴避之大法官不得參與。

第11條（大法官認有自行迴避之必要者，得經其他大法官過半數同意迴避）

因前二條以外之其他事由，大法官認有自行迴避之必要者，得經其他大法官過半數同意迴避之。

第12條（依本法迴避之大法官不計入現有總額之人數）

依本法迴避之大法官，不計入現有總額之人數。

第13條（書記官及通譯準用大法官迴避之規定）

大法官迴避之規定，於書記官及通譯準用之。

第三節　書狀及聲請

第14條（提出法庭之書狀應記載事項及其簽名或蓋章）

Ⅰ書狀，除本法別有規定外，應記載下列各款事項：

一　當事人姓名、身分證明文件字號及住所或居所；當事人為法人、機關或其他團體者，其名稱及所在地、事務所或營業所。

二　有法定代理人、代表人或管理人者，其姓名、住所或居所，及其與法人、機關或團體之關係。

三　有訴訟代理人或辯護人者，其姓名、職業、住所或居所。

四　應為之聲明。

五　事實上及法律上之陳述。

六　供證明或釋明用之證據。

七　附屬文件之名稱及其件數。

八　憲法法庭。

九　年、月、日。

Ⅱ當事人、法定代理人、代表人、管理人或訴訟代理人應於書狀內簽名或蓋章。

Ⅲ書狀之格式及其記載方法，由司法院定之。

Ⅳ書狀不合程式或有其他欠缺者，審判長應定期間命其補正。

Ⅴ當事人得以科技設備將書狀傳送於憲法法庭；其適用範圍、程序、效力及其他應遵循事項之辦法，由司法院定之。

Ⅵ當事人以科技設備傳送之書狀未依前項辦法為之者，不生書狀提出之效力。

第15條（審查庭就聲請欠缺程式要件及其他不合法事由，得以一致決裁定不受理及審判長得命補正之情形）

Ⅰ聲請憲法法庭裁判，應以聲請書記載本法規定之應記載事項，並附具相關佐證資料提出於憲法法庭。

Ⅱ前項聲請，有下列各款情形之一者，審查庭得以一致決裁定不受理。但其情形可以補正者，審判長應定期間命其補正：

一　聲請人無當事人能力。

二　聲請人未由合法之法定代理人、代表人或管理人為訴訟行為。

三　由訴訟代理人聲請，而其代理權有欠缺。

四　聲請逾越法定期限。

五　本法明定不得聲請或不得更行聲請之事項。

六　對憲法法庭或審查庭之裁判聲明不服。

七　聲請不合程式或不備其他要件。

Ⅲ聲請書未表明聲請裁判之理由者，毋庸命其補正，審查庭得以一致決裁定不受理。

第16條（當事人在途期間之扣除）

Ⅰ當事人不在憲法法庭所在地住居者，計算法定期間，應扣除其在途期間。但有訴訟代理人住居憲法法庭所在地，得為期間內應為之訴訟行為者，不在此限。

Ⅱ前項應扣除之在途期間，由司法院定之。

第17條（憲法法庭應將聲請書送達相對人，並得限期提出答辯書陳述意見）

除裁定不受理者外，憲法法庭應將聲請書送達於相對人，並得限期命相對人以答辯書陳述意見。

第18條（決議受理之聲請案件聲請書及答辯書之公開）

Ⅰ憲法法庭應於受理聲請案件後，於憲法法庭網站公開聲請書及答辯書。

Ⅱ聲請書或答辯書含有應予限制公開之事項者，得僅就其他部分公開之。

Ⅲ聲請書及答辯書公開之方式及限制公開之事項，由司法院定之。

第19條（審理案件認有必要時，得通知當事人或關係人到庭說明、陳述意見）

Ⅰ憲法法庭審理案件認有必要時，得依職權或依聲請，通知當事人或關係人到庭說明、陳述意見，並得指定專家學者、機關或團體就相關問題提供專業意見或資料。

Ⅱ前項通知或指定，應以通知書送達。

Ⅲ當事人、關係人以外之人民或團體，依第一項指定提出專業意見或資料時，應揭露以下資訊：

一　相關專業意見或資料之準備或提出，是否與當事人、關係人或其代理人有分工或合作關係。

二　相關專業意見或資料之準備或提出，是否受當事人、關係人或其代理人之金錢報酬或資助及其金額或價值。

三　其他提供金錢報酬或資助者之身分及其金額或價值。

第20條（專業意見或資料之徵集，供憲法法庭之參考）

Ⅰ當事人以外之人民、機關或團體，認其與憲法法庭審理之案件有關聯性，得聲請憲法法庭裁定許可，於所定期間內提出具參考價值之專業意見或資料，以供憲法法庭參考。

Ⅱ前項聲請，應以書面敘明關聯性為之。

Ⅲ當事人以外之人民或團體，依裁定許可提出專業意見或資料時，準用前條第三項之規定。

Ⅳ當事人以外之人民、機關或團體依裁定許可提出專業意見或資料時，應委任代理人；其資格及人數依第八條之規定。

Ⅴ憲法法庭審理案件認有必要通知其裁定許可之當事人以外之人民、機關或團體到庭說明、陳述意見時，應以通知書送達。

Ⅵ第一項人民、機關或團體提出專業意見或資料，經當事人引用者，視為該當事人之陳述。

第21條（聲請之撤回及其限制）

Ⅰ聲請人於裁判宣示或公告前得撤回其聲請之全部或一部。但聲請案件於憲法上具原則之重要性，憲法法庭得不准許其撤回。

Ⅱ前項撤回，有相對人且經言詞辯論者，應得其同意。

Ⅲ聲請之撤回，應以書面為之。但於言詞辯論期日，得以言詞為之，並記載於筆錄。

Ⅳ前項以言詞所為之聲請撤回，如相對人不在場，應將筆錄送達。

Ⅴ聲請之撤回，相對人於言詞辯論到場，未為同意與否之表示者，自該期日起；其未於言詞辯論到場或係以書面撤回者，自筆錄或撤回書繕本送達之日起，十日內未提出異議者，視為同意撤回。

Ⅵ案件經撤回者，聲請人不得更行聲請。

第22條（審理案件不徵收裁判費）

憲法法庭審理案件，不徵收裁判費。

第23條（卷宗閱覽之聲請要件、程序及收費規定）

Ⅰ當事人、訴訟代理人及辯護人得聲請閱覽、抄錄、影印或攝影卷內文書，或預納費用請求付與複本。

Ⅱ第三人經當事人同意或釋明有法律上之利害關係者，亦得為前項之聲請。

Ⅲ前二項聲請，應經審查庭裁定許可。

Ⅳ閱卷規則及收費標準，由司法院定之。

第四節　言詞辯論

第24條（案件合併或分離審理）

Ⅰ分別提起之數宗聲請，憲法法庭得合併審理，並得合併裁判。但其聲請審查之法規範或爭議同一者，憲法法庭應就已受理之聲請案件合併審理。

Ⅱ聲請人以同一聲請書聲請數事項，憲法法庭得分別審理，並得分別裁判。

第25條（審理第五章總統、副總統彈劾案件及第六章政黨違憲解散案件，應本於言詞辯論為判決）

Ⅰ第五章及第六章案件，其判決應本於言詞辯論為之。

Ⅱ除前項所列案件外，判決得不經言詞辯論為之。

第26條（行言詞辯論應有大法官現有總額出席比例；經言詞辯論案件之審理期限）

Ⅰ憲法法庭行言詞辯論應有大法官現有總額三分之二以上出席參與。未參與言詞辯論之大法官不得參與評議及裁判。

Ⅱ經言詞辯論之案件，其裁判應於言詞辯論終結後三個月內宣示之；必要時，得延長二個月。

第27條（行言詞辯論應於公開法庭行之，必要時得以適當方式公開播送）

Ⅰ言詞辯論應於公開法庭行之，並應以適當方式實施公開播送。但有妨害國家安全、公共秩序、善良風俗，或造成個人生命、身體、隱私或營業秘密重大損害之虞者，得不予公開或播送。

II憲法法庭之旁聽、錄音、錄影及其利用保存之辦法，由司法院定之。

第28條（行言詞辯論程序，應通知當事人或關係人到庭；當事人無正當理由不到庭之效果）

I言詞辯論期日應通知當事人、訴訟代理人或關係人到庭。

II訴訟代理人或依第八條毋庸委任訴訟代理人到庭辯論之當事人無正當理由不到庭者，除本法別有規定外，憲法法庭得逕爲裁判。

第29條（行言詞辯論應製作筆錄）

憲法法庭行言詞辯論時，應製作筆錄。

第五節　裁　判

第30條（判決，其參與評議及同意之大法官人數比例）

判決，除本法別有規定外，應經大法官現有總額三分之二以上參與評議，大法官現有總額過半數同意。

第31條（裁定，其參與評議及同意之大法官人數比例）

I裁定，除本法別有規定外，應經大法官現有總額過半數參與評議，參與大法官過半數同意。

II審查庭所爲之裁定，除本法別有規定外，應以大法官過半數之意見決定之。

第32條（聲請不合法或顯無理由者，憲法法庭應為不受理裁定）

I聲請不合法或顯無理由者，憲法法庭應裁定不受理。

II聲請案件之受理，除本法別有規定外，應經大法官現有總額三分之二以上參與評議，參與大法官過半數同意；未達同意人數者，應裁定不受理。

III不受理之裁定應附理由，並應記載參與裁定之大法官姓名及其同意與不同意之意見。

第33條（判決書之應記載事項；並應載明同意與不同意主文之大法官人數，及標示主筆大法官之姓名）

I判決應作判決書，記載下列事項：

一　當事人姓名、住所或居所；當事人爲法人、機關或其他團體者，其名稱及所在地、事務所或營業所。

二　有法定代理人、代表人、管理人者，其姓名、住所或居所及其與法人、機關或團體之關係。

三　有訴訟代理人或辯護人者，其姓名、住所或居所。

四　案由。

五　經言詞辯論者，其言詞辯論終結日期。

六　主文。

七　當事人陳述之要旨。

八　理由。

九　年、月、日。

十　憲法法庭。

II判決書應記載參與判決之大法官姓名及其同意與不同意主文之意見，並標示主筆大法官。

III判決得於主文諭知執行機關、執行種類及方法。

IV理由項下，應記載受理依據，及形成判決主文之法律上意見。

第34條（裁定準用前條第一項及第三項規定，得不附理由）

I前條第一項及第三項規定，於裁定準用之。

II裁定，除本法別有規定外，得不附理由。

第35條（大法官對裁判主文協同意見書或不同意見書之提出）

I大法官贊成裁判之主文，而對其理由有補充或不同意見者，得提出協同意見書。

II大法官對於裁判之主文，曾於評議時表示部分或全部不同意見者，得提出部分或全部之不同意見書。

第36條（裁判之宣示、公告及送達）

I經言詞辯論之判決，應宣示之；不經言詞辯論之判決，應公告之。

II經言詞辯論之裁定，應宣示之；終結訴訟之裁定，應公告之。

III裁判，應以正本送達當事人及指定之執行機關。但不受理裁定，僅送達聲請人。

IV各大法官之協同意見書或不同意見書，由憲法法庭隨同裁判一併公告及送達。

第37條（裁判發生效力之起算點）

I裁判，自宣示或公告之日起發生效力。

II未經宣示或公告之裁定，自送達之日起發生效力。

第38條（判決之效力）

I判決，有拘束各機關及人民之效力；各機關並有實現判決內容之義務。

II前項規定，於憲法法庭所爲之實體裁定準用之。

第39條（憲法法庭及審查庭所為裁判，不得聲明不服）

對於憲法法庭及審查庭之裁判，不得聲明不服。

第40條（案件經憲法法庭為判決或實體裁定者，聲請人不得更行聲請）

案件經憲法法庭爲判決或實體裁定者，聲請人不得更行聲請。

第41條（裁定之評決）

I憲法法庭就第三章、第四章、第七章及第八章聲請案件之判決，應以裁定宣告判決效力及於其他以同一法規範或爭議聲請而未及併案審理之案件。但該其他聲請案件，以於判決宣示或公告前已向憲法法庭聲請，且符合受理要件者爲限。

II前項裁定之評決，依案件性質準用第三十二條或

第八十七條關於受理之規定，並應附具理由。

Ⅲ前二項規定於第五十九條及第八十三條案件，不適用之。

第 42 條（聲請憲法法庭為變更之判決）

Ⅰ法規範審查案件或機關爭議案件，經司法院解釋或憲法法庭判決宣告不違憲或作成其他憲法判斷者，除有本條第二項或第三項之情形外，任何人均不得就相同法規範或爭議聲請判決。

Ⅱ各法院、人民或地方自治團體之立法或行政機關，對於經司法院解釋或憲法法庭判決宣告未違憲之法規範，因憲法或相關法規範修正，或相關社會情事有重大變更，認有重行認定與判斷之必要者，得分別依第三章或第七章所定程序，聲請憲法法庭爲變更之判決。

Ⅲ國家最高機關就機關爭議事項，有前項情形者，得依第四章所定程序，聲請憲法法庭爲變更之判決。

第 43 條（憲法法庭就繫屬案件為暫時處分裁定之要件及評決門檻）

Ⅰ聲請案件繫屬中，憲法法庭爲避免憲法所保障之權利或公益遭受難以回復之重大損害，且有急迫必要性，而無其他手段可資防免時，得依聲請或依職權，就案件相關之爭議、法規範之適用或原因案件裁判之執行等事項，爲暫時處分之裁定。

Ⅱ憲法法庭爲前項裁定前，得命當事人或關係人陳述意見或爲必要之調查。

Ⅲ暫時處分之裁定，應經大法官現有總額三分之二以上參與評議，大法官現有總額過半數同意，並應附具理由。

Ⅳ暫時處分有下列情形之一者，失其效力：

一　聲請案件業經裁判。

二　裁定後已逾六個月。

三　因情事變更或其他特殊原因，經憲法法庭依前項之評決程序裁定撤銷。

第 44 條（憲法法庭審理案件評議之過程應嚴守秘密）

憲法法庭審理案件評議之過程應嚴守秘密。

第六節　準用規定

第 45 條（審理總統、副總統彈劾案件及政黨違憲解散案件之搜索或扣押程序）

Ⅰ憲法法庭審理第五章及第六章案件，必要時得爲搜索或扣押，並得囑託地方法院或調度司法警察爲之。

Ⅱ前項程序準用刑事訴訟法及調度司法警察條例有關之規定。

第 46 條（行政訴訟法之規定，除本法或審理規則別有規定外，與本法性質不相牴觸者，準用之）

行政訴訟法之規定，除本法或審理規則別有規定外，與本法性質不相牴觸者，準用之。

第三章　法規範憲法審查及裁判憲法審查案件

第一節　國家機關、立法委員聲請法規範憲法審查

第 47 條（國家最高機關聲請憲法法庭為宣告法規範違憲判決之要件）

Ⅰ國家最高機關，因本身或下級機關行使職權，就所適用之法規範，認有牴觸憲法者，得聲請憲法法庭爲宣告違憲之判決。

Ⅱ下級機關，因行使職權，就所適用之法規範，認有牴觸憲法者，得報請上級機關爲前項之聲請。

Ⅲ中央行政機關組織基準法所定相當二級機關之獨立機關，於其獨立行使職權，自主運作範圍內，準用第一項規定。

第 48 條（有法規範牴觸憲法疑義，各機關於職權範圍內得自行排除者，不得聲請）

前條之法規範牴觸憲法疑義，各機關於其職權範圍內得自行排除者，不得聲請。

第 49 條（立法委員得聲請為宣告違憲判決之門檻）

立法委員現有總額四分之一以上，就其行使職權，認法律位階法規範牴觸憲法者，得聲請憲法法庭爲宣告違憲之判決。

第 50 條（聲請書應記載之事項）

本節聲請，應以聲請書記載下列事項：

一　聲請機關名稱、代表人及機關所在地，或聲請人姓名、住所或居所及應爲送達之處所。

二　有訴訟代理人者，其姓名、職業、住所或居所。

三　應受判決事項之聲明。

四　法規範違憲之情形及所涉憲法條文或憲法上權利。

五　聲請判決之理由及聲請人對本案所持之法律見解。

六　關係文件之名稱及件數。

第 51 條（法規範牴觸憲法者，應於判決主文宣告違憲）

憲法法庭認法規範牴觸憲法者，應於判決主文宣告法規範違憲。

第 52 條（判決宣告法規範違憲且失效者，自判決生效日起失效）

Ⅰ判決宣告法規範違憲且應失效者，該法規範自判決生效日起失效。但主文另有諭知溯及失效或定期失效者，依其諭知。

Ⅱ判決宣告法規範定期失效，其所定期間，法律位階法規範不得逾二年，命令位階法規範不得逾一

年。

第53條（判決宣告法規範立即失效者，各級法院審理中案件之適用規定）

Ⅰ判決宣告法規範立即失效者，於判決前已繫屬於各法院而尚未終結之案件，各法院應依判決意旨爲裁判。

Ⅱ判決前已適用前項法規範作成之刑事確定裁判，檢察總長得依職權或被告之聲請，提起非常上訴。

Ⅲ前項以外之確定裁判，其效力除法律另有規定外，不受影響。但尚未執行或執行未完畢者，於違憲範圍內，不得再予執行。

第54條（判決宣告法律位階法規範定期失效者，各級法院審理中案件之適用規定）

Ⅰ判決宣告法律位階法規範定期失效者，除主文另有諭知外，於期限屆至前，各法院審理案件，仍應適用該法規範。但各法院應審酌人權保障及公共利益之均衡維護，於必要時得依職權或當事人之聲請，裁定停止審理程序，俟該法規範修正後，依新法續行審理。

Ⅱ駁回前項聲請之裁定，得爲抗告。

第二節　法院聲請法規範憲法審查

第55條（法院聲請憲法法庭為宣告法規範違憲判決之要件）

各法院就其審理之案件，對裁判上所應適用之法律位階法規範，依其合理確信，認有牴觸憲法，且於該案件之裁判結果有直接影響者，得聲請憲法法庭爲宣告違憲之判決。

第56條（聲請書應記載之事項）

本節聲請，應以聲請書記載下列事項：

一　聲請法院及其法官姓名。

二　應受判決事項之聲明。

三　應受審查法律位階法規範違憲之情形及所涉憲法條文或憲法上權利。

四　聲請判決之理由、應受審查法律位階法規範在裁判上適用之必要性及客觀上形成確信其違憲之法律見解。

五　關係文件之名稱及件數。

第57條（法院就其審理之原因案件為聲請而裁定停止程序時，應附以聲請書作為裁定之一部）

各法院就其審理之原因案件，以本節聲請爲由而裁定停止程序時，應附以前條聲請書爲裁定之一部。如有急迫情形，並得爲必要之處分。

第58條（第五十一條至第五十四條規定，於本節案件準用之）

第五十一條至第五十四條規定，於本節案件準用之。

第三節　人民聲請法規範憲法審查及裁判憲法審查

第59條（人民聲請憲法法庭為宣告法規範或裁判違憲判決之要件，及聲請人應遵守不變期間之規定）

Ⅰ人民就其依法定程序用盡審級救濟之案件，對於受不利確定終局裁判所適用之法規範或該裁判，認有牴觸憲法者，得聲請憲法法庭爲宣告違憲之判決。

Ⅱ前項聲請，應於不利確定終局裁判送達後六個月之不變期間內爲之。

第60條（聲請書應記載之事項）

本節聲請，應以聲請書記載下列事項：

一　聲請人姓名、身分證明文件字號、住所或居所及應爲送達之處所；聲請人爲法人或其他團體者，其名稱及所在地、事務所或營業所。

二　有法定代理人、代表人或管理人者，其姓名、身分證明文件字號、住所或居所。

三　有訴訟代理人者，其姓名、職業、住所或居所。

四　應受判決事項之聲明。

五　確定終局裁判所適用之法規範或該裁判違憲之情形，及所涉憲法條文或憲法上權利。

六　聲請判決之理由及聲請人對本案所持之法律見解。

七　確定終局裁判及遵守不變期間之證據。

八　關係文件之名稱及件數。

第61條（憲法法庭就人民聲請審查案件，為貫徹聲請人基本權利所必要者，受理之；審查庭得以一致決裁定不受理，並應附理由）

Ⅰ本節案件於具憲法重要性，或爲貫徹聲請人基本權利所必要者，受理之。

Ⅱ審查庭就承辦大法官分受之聲請案件，得以一致決爲不受理之裁定，並應附理由；不能達成一致決之不受理者，由憲法法庭評決受理與否。

Ⅲ前項一致決裁定作成後十五日內，有大法官三人以上認應受理者，由憲法法庭評決受理與否；未達三人者，審查庭應速將裁定公告並送達聲請人。

第62條（憲法法庭審查案件認人民之聲請有理由者，應宣告該確定終局裁判違憲，並廢棄發回管轄法院；如認該確定終局裁判所適用之法規範違憲，並為法規範違憲之宣告）

Ⅰ憲法法庭認人民之聲請有理由者，應於判決主文宣告該確定終局裁判違憲，並廢棄之，發回管轄法院；如認該確定終局裁判所適用之法規範違憲，並爲法規範違憲之宣告。

II 第五十一條及第五十二條規定，於前項判決準用之。

第 63 條（判決宣告法規範立即失效者準用之規定）

本節案件判決宣告法規範立即失效者，準用第五十三條規定。

第 64 條（判決宣告法規範定期失效者準用之規定）

I 判決宣告法規範定期失效者，於期限屆至前，審理原因案件之法院應依判決宣告法規範違憲之意旨為裁判，不受該定期失效期限之拘束。但判決主文另有諭知者，依其諭知。

II 前項法規範定期失效之情形，各法院於審理其他案件時，準用第五十四條規定。

第四章　機關爭議案件

第 65 條（國家最高機關聲請憲法法庭為機關爭議判決之要件，及聲請機關應遵守不變期間之規定）

I 國家最高機關，因行使職權，與其他國家最高機關發生憲法上權限之爭議，經爭議之機關協商未果者，得聲請憲法法庭為機關爭議之判決。

II 前項聲請，應於爭議機關協商未果之日起六個月之不變期間內為之。

III 第一項爭議機關協商未果之事實，聲請機關應釋明之。

第 66 條（聲請書應記載之事項）

前條聲請，應以聲請書記載下列事項：

一　聲請機關名稱、代表人及機關所在地。

二　發生爭議之相對機關名稱、代表人及機關所在地。

三　有訴訟代理人者，其姓名、職業、住所或居所。

四　應受判決事項之聲明。

五　爭議之性質與發生爭議機關間之協商經過及所涉憲法條文或憲法上權限。

六　聲請判決之理由及聲請機關對本案所持之見解。

七　遵守不變期間之證據。

八　關係文件之名稱及件數。

第 67 條（憲法法庭應於機關爭議判決主文確認相關機關之權限；亦得視案件情形，另於主文為其他適當之諭知）

本章案件，憲法法庭應於判決主文確認相關機關之權限；亦得視案件情形，另於主文為其他適當之諭知。

第五章　總統、副總統彈劾案件

第 68 條（立法院就總統、副總統提出彈劾案聲請憲法法庭為宣告彈劾成立之判決；及聲請書應記載之事項）

I 立法院得依憲法增修條文第四條第七項規定，就總統、副總統提出彈劾案聲請憲法法庭為宣告彈劾成立之判決。

II 前項聲請，應以聲請書記載下列事項：

一　聲請機關名稱、代表人及機關所在地。

二　有訴訟代理人者，其姓名、職業、住所或居所。

三　被彈劾人之姓名、住所或居所。

四　彈劾案決議作成之程序。

五　彈劾之原因事實、證據及應予解職之理由。

六　關係文書之名稱及件數。

第 69 條（程序之進行，不因被彈劾人卸任、立法院之解散或該屆立法委員任期屆滿而受影響）

本章案件程序之進行，不因被彈劾人卸任、立法院之解散或該屆立法委員任期屆滿而受影響。但被彈劾人於判決宣示前辭職、去職或死亡者，憲法法庭應裁定不受理。

第 70 條（聲請之撤回）

I 案件之聲請，得於宣示判決前，經立法院全體委員三分之二以上之決議撤回。

II 聲請之撤回應以書面為之，並附具前項決議文正本。

III 經撤回者，聲請機關就同一原因事實不得更行聲請。

第 71 條（言詞辯論）

I 審判長認已適於為言詞辯論時，應速定言詞辯論期日。

II 前項言詞辯論期日，距聲請書之送達，至少應有二十日為就審期間。

第 72 條（被彈劾人得選任辯護人為其辯護，及辯護人之資格、人數）

I 被彈劾人得選任辯護人為其辯護。

II 辯護人應由律師充之。但經審判長許可者，亦得選任非律師為辯護人。

III 辯護人有數人者，送達文書應分別為之。

IV 本法關於訴訟代理人之規定，於辯護人準用之。

第 73 條（言詞辯論期日當事人一造未到庭之再定期日規定，及再定期日未到庭之法律效果）

I 言詞辯論期日，如有當事人一造未到庭者，應再定期日。

II 前項再定期日，聲請機關或被彈劾人未到庭者，得逕為裁判。

第 74 條（言詞辯論期日之程序規定）

I 言詞辯論期日，聲請機關及被彈劾人應依序陳述彈劾意旨及就彈劾事實為答辯。

II 被彈劾人答辯後，審判長應調查證據，並應命依下列次序，就事實及法律辯論之：

一　聲請機關。

二　被彈劾人。

三　辯護人。

III已辯論者，得再為辯論；審判長亦得命再行辯論。

IV審判長於宣示辯論終結前，最後應訊問被彈劾人有無陳述。

第75條（宣告彈劾成立之判決，其評決應有大法官比例人數之同意；評決未達同意人數者，應為彈劾不成立之判決）

I宣告彈劾成立之判決，其評決應經大法官現有總額三分之二以上同意；主文並應諭知被彈劾人解除職務。

II評決未達前項同意人數者，應為彈劾不成立之判決。

第76條（憲法法庭審理總統、副總統彈劾案件之期限）

憲法法庭應於收受彈劾案件聲請之日起六個月內為裁判。

第六章　政黨違憲解散案件

第77條（主管機關得聲請憲法法庭為宣告政黨解散之判決）

政黨之目的或行為，危害中華民國之存在或自由民主之憲政秩序者，主管機關得聲請憲法法庭為宣告政黨解散之判決。

第78條（聲請書應記載之事項）

前條聲請，應以聲請書記載下列事項：

一　聲請機關名稱、代表人及機關所在地。

二　被聲請解散政黨之名稱及所在地，其代表人之姓名、住所或居所。

三　聲請解散政黨之意旨。

四　政黨應予解散之原因事實及證據。

五　關係文件及件數。

第79條（聲請機關就政黨應予解散之原因事實應檢附證據）

I聲請機關就政黨應予解散之原因事實應檢附證據。

II憲法法庭於言詞辯論期日前，認為聲請機關所舉事證顯有不足時，應定期間命其補正；逾期未補正者，得裁定不受理。

III聲請機關就前項經裁定不受理之同一原因事實案件，不得更行聲請。

第80條（宣告政黨解散之判決，其評決應有大法官比例人數之同意；評決未達同意人數時，應為不予解散之判決）

I宣告政黨解散之判決，其評決應經大法官現有總額三分之二以上同意。

II評決未達前項同意人數時，應為不予解散之判決。

第81條（政黨違憲解散案件準用之規定）

本章案件，準用第七十一條及第七十四條規定。

第七章　地方自治保障案件

第82條（地方自治團體之立法或行政機關，因行使職權，認所適用之中央法規範牴觸憲法，得聲請憲法法庭為宣告違憲之判決）

I地方自治團體之立法或行政機關，因行使職權，認所應適用之中央法規範牴觸憲法，對其受憲法所保障之地方自治權有造成損害之虞者，得聲請憲法法庭為宣告違憲之判決。

II前項案件，準用第五十條至第五十四條規定。

第83條（地方自治團體就自治法規或事項受監督機關為不利處分，依法定程序救濟而受之不利確定終局裁判，認損害其地方自治權者，得聲請憲法法庭為宣告違憲之判決）

I地方自治團體，就下列各款事項，依法定程序用盡審級救濟而受之不利確定終局裁判，認為損害其受憲法所保障之地方自治權者，得聲請憲法法庭為宣告違憲之判決：

一　自治法規，經監督機關函告無效或函告不予核定。

二　其立法機關議決之自治事項，經監督機關函告無效。

三　其行政機關辦理之自治事項，經監督機關撤銷、變更、廢止或停止其執行。

II前項聲請，應於確定終局裁判送達後六個月之不變期間內為之。

III第一項案件，準用第六十條、第六十一條及第六十二條第一項前段規定。

第八章　統一解釋法律及命令案件

第84條（人民聲請憲法法庭為統一見解判決之要件，及聲請人應遵守不變期間之規定）

I人民就其依法定程序用盡審級救濟之案件，對於受不利確定終局裁判適用法規範所表示之見解，認與不同審判權終審法院之確定終局裁判適用同一法規範已表示之見解有異，得聲請憲法法庭為統一見解之判決。

II前項情形，如人民得依法定程序聲明不服，或後裁判已變更前裁判之見解者，不得聲請。

III第一項聲請，應於該不利確定終局裁判送達後三個月之不變期間內為之。

第85條（聲請書應記載之事項）

前條聲請，應以聲請書記載下列事項：

一　聲請人姓名、身分證明文件字號、住所或居所及應為送達之處所；聲請人為法人或其他團體者，其名稱及所在地、事務所或營業所。
二　有法定代理人、代表人或管理人者，其姓名、身分證明文件字號、住所或居所。
三　有訴訟代理人者，其姓名、職業、住所或居所。
四　應受判決事項之聲明。
五　見解發生歧異之經過及所涉法規範。
六　聲請判決之理由及聲請人對本案所持之法律見解。
七　遵守不變期間之證據。
八　關係文件之名稱及件數。

第86條（憲法法庭得函請適用法規範發生歧異見解之不同審判權之終審法院，說明其法律意見）
憲法法庭審理本章案件時，就不同審判權之終審法院，對於確定終局裁判適用同一法規範所生之歧異見解，得函請各該終審法院說明。

第87條（審理統一解釋案件，受理及評決應有大法官參與評議之人數；未達同意受理人數者，應裁定不受理）
本章案件之受理及其評決，應有大法官現有總額過半數參與評議，參與評議大法官過半數同意。未達同意受理人數者，應裁定不受理。

第88條（受不利確定終局裁判之聲請人得請求救濟）
憲法法庭判決就法規範所表示之見解與原因案件確定終局裁判有異時，聲請人得依法定程序或判決意旨請求救濟。原因案件為刑事確定裁判者，檢察總長亦得據以提起非常上訴。

第89條（憲法法庭統一解釋法律及命令判決之效力，各法院應依判決意旨為裁判）
Ⅰ憲法法庭就法規範見解所為之統一解釋判決，各法院應依判決意旨為裁判。
Ⅱ前項判決不影響各法院已確定裁判之效力。

第九章　附　則

第90條（因應本法修正施行前後案件處理研訂之過渡條款）
Ⅰ本法修正施行前已繫屬而尚未終結之案件，除本法別有規定外，適用修正施行後之規定。但案件得否受理，依修正施行前之規定。
Ⅱ本法修正施行前已繫屬而尚未終結之原第五條第一項第一款前段、第三款前段及第七條第一項第一款案件，其審理程序分別準用修正施行後第三章第一節及第八章之規定。

第91條（因應本法修正施行前後案件處理研訂之過渡條款）
Ⅰ本法修正施行前已繫屬而尚未終結之人民聲請法規範憲法審查案件，不適用第六十二條第一項前段關於宣告確定終局裁判違憲並廢棄發回管轄法院之規定。
Ⅱ前項聲請案件，判決宣告法規範違憲且應失效者，就已確定之原因案件，聲請人得依法定程序或判決意旨請求救濟；原因案件為刑事確定裁判者，檢察總長亦得據以提起非常上訴。
Ⅲ第一項聲請案件，自聲請案件繫屬之日起至判決送達聲請人之日止，不計入法律規定原因案件再審之最長期間。

第92條（因應本法修正施行前後案件處理研訂之過渡條款）
Ⅰ第五十九條第一項之裁判憲法審查案件，聲請人所受之確定終局裁判於本法修正施行前已送達者，不得聲請。但在本法修正施行前已援用大法庭之法律見解之裁判，得於本法修正施行後六個月內聲請。
Ⅱ第五十九條第一項之法規範憲法審查案件或第八十三條第一項之案件，聲請人所受之確定終局裁判於本法修正施行前已送達者，六個月之聲請期間，自本法修正施行日起算；其案件之審理，準用第九十條第一項但書及第九十一條之規定。
Ⅲ前項案件，除刑事確定終局裁判外，自送達時起已逾五年者，不得聲請。
Ⅳ依第六十五條第一項聲請之案件，其爭議發生於本法修正施行前者，六個月之聲請期間，自本法修正施行日起算。

第93條（大法官、律師及書記官於憲法法庭執行職務服制、法庭之席位布置，授權由司法院訂定）
Ⅰ大法官、律師及書記官於憲法法庭執行職務時，應服制服。
Ⅱ前項人員之服制及法庭之席位布置，由司法院定之。

第94條（大法官審理案件之訴訟卷宗保管、歸檔及其保存規定，授權由司法院訂定）
Ⅰ大法官審理案件之訴訟卷宗保管、歸檔及其保存規定，由司法院定之。
Ⅱ卷宗滅失事件之處理，準用民刑事訴訟卷宗滅失案件處理法之規定。

第95條（施行日）
本法自公布後三年施行。

臺灣地區與大陸地區人民關係條例

1.中華民國 81 年 7 月 31 日總統令制定公布全文 96 條
中華民國 81 年 9 月 16 日行政院令發布定自 81 年 9 月 18 日起施行
2.中華民國 82 年 2 月 3 日總統令修正公布第 18 條條文；並自 82 年 9 月 18 日起施行
3.中華民國 93 年 9 月 16 日總統令修正公布第 66 條條文；並自 83 年 9 月 18 日起施行
4.中華民國 84 年 7 月 19 日總統令修正公布第 66 條條文
中華民國 84 年 7 月 19 日行政院令定自 84 年 7 月 21 日施行
5.中華民國 85 年 7 月 30 日總統令修正公布第 68 條條文
中華民國 85 年 8 月 19 日行政院令定自 85 年 9 月 18 日起施行
6.中華民國 86 年 5 月 14 日總統令修正公布第 5、10、11、15～18、20、27、32、35、67、74、79、80、83、85、86、88、96 條條文；並增訂第 26-1、28-1、67-1、75-1、95-1 條條文
中華民國 86 年 6 月 30 日行政院令發布定於 86 年 7 月 1 日起施行
7.中華民國 89 年 12 月 20 日總統令修正公布第 2、16、21 條條文；並增訂第 17-1 條條文
中華民國 90 年 2 月 16 日行政院令發布定自 90 年 2 月 22 日起施行
8.中華民國 91 年 4 月 24 日總統令修正公布第 24、35、69 條條文
中華民國 91 年 6 月 21 日行政院令發布自 91 年 7 月 1 日施行
9.中華民國 92 年 10 月 29 日總統令修正公布全文 96 條
中華民國 92 年 12 月 29 日行政院令發布第 1、3、6～8、12、16、18、21、22-1、24、28-1、31、34、41～62、64、66、67、71、74、75、75-1、76～79、84、85、87～89、93、95 條定自 92 年 12 月 31 日施行；餘自 93 年 3 月 1 日施行
10.中華民國 95 年 7 月 19 日總統令修正公布第 9 條條文
中華民國 95 年 10 月 17 日行政院令發布定自 95 年 10 月 19 日施行
11.中華民國 97 年 6 月 25 日總統令修正公布第 38、92 條條文
中華民國 97 年 6 月 26 日行政院令發布定自 97 年 6 月 26 日施行
12.中華民國 98 年 7 月 1 日總統令修正公布第 17、17-1、18、57、67 條條文；並刪除第 12 條條文
中華民國 98 年 8 月 11 日行政院發布定自 98 年 8 月 14 日施行
13.中華民國 99 年 6 月 15 日總統令增訂公布第 29-1 條條文
中華民國 99 年 6 月 18 日行政院令發布定自 99 年 6 月 18 日施行
14.中華民國 88 年 9 月 1 日總統令修正公布第 22 條條文；並刪除第 22-1 條條文
中華民國 99 年 9 月 3 日行政院令發布定自 99 年 9 月 3 日施行
15.中華民國 100 年 12 月 21 日總統令增訂公布第 80-1 條條文
中華民國 101 年 3 月 3 日行政院令發布定自 101 年 3 月 21 日施行
中華民國 101 年 5 月 15 日行政院公告第 37 條第 2 項所列屬「行政院新聞局」之權責事項，自 101 年 5 月 20 日起改由「文化部」管轄
中華民國 101 年 6 月 25 日行政院公告第 36 條第 1～4 項、第 81 條第 2 項所列屬「財政部」之權責事項，經行政院公告自 93 年 7 月 1 日起變更為「行政院金融監督管理委員會」管轄，自 101 年 7 月 1 日起改由「金融監督管理委員會」管轄；第 38 條第 1、2、4、5 項所列屬「行政院金融監督管理委員會」之權責事項，自 101 年 7 月 1 日起改由「金融監督管理委員會」管轄
中華民國 101 年 12 月 25 日行政院公告第 67-1 條第 1 項所列屬財政部「國有財產局」之權責事項，自 102 年 1 月 1 日起改由財政部「國有財產署」管轄
中華民國 102 年 10 月 25 日行政院公告第 27 條第 1、3 項、第 68 條第 3、6 項所列屬「行政院國軍退除役官兵輔導委員會」之權責事項，自 102 年 11 月 1 日起改由「國軍退除役官兵輔導委員會」管轄
中華民國 103 年 2 月 14 日行政院公告第 11 條第 4、6、7 項、第 13 條第 1、2 項所列屬「行政院勞工委員會」之權責事項，自 103 年 2 月 17 日起改由「勞動部」管轄
中華民國 103 年 12 月 26 日行政院公告第 18 條第 2 項所列屬「內政部入出國及移民署」之權責事項，自 104 年 1 月 2 日起改由「內政部移民署」管轄
16.中華民國 104 年 5 月 6 日總統令修正公布第 80-1 條條文
中華民國 104 年 6 月 1 日行政院令發布定自 104 年 6 月 15 日施行
17.中華民國 104 年 6 月 17 日總統令修正公布第 18 條條文；並增訂第 18-1、18-2、87-1 條條文
中華民國 104 年 7 月 1 日行政院令發布定自 104 年 7 月 3 日施行
中華民國 107 年 4 月 27 日行政院公告第 80-1 條第 2 項所列屬「海岸巡防機關」之權責事項原由「行政院海岸巡防署及所屬機關」管轄，自 107 年 4 月 28 日起改由「海洋委員會海巡署及所屬機關（構）」管轄
中華民國 107 年 6 月 28 日行政院公告第 3-1 條、第 4 條第 2 項序文、第 2 款、第 3 項、第 4-1 條第 2 項、第 4-2 條第 1、2 項、第 5-1、5-2 條、第 9 條第 4 項、第 33 條第 2 項、第 3 項第 2 款、第 5、6 項、第 33-2 條第 1 項、第 34 條第 3、4 項所列屬「行政院大陸委員會」之權責事項，自 107 年 7 月 2 日起改由「大陸委員會」管轄
18.中華民國 108 年 4 月 24 日總統令修正公布第 93-1 條條文
中華民國 108 年 5 月 2 日行政院令發布定自 108 年 6 月 1 日施行
19.中華民國 108 年 6 月 21 日總統令修正公布第 27 條條文；並增訂第 5-3 條條文
中華民國 108 年 6 月 21 日行政院令發布定自 108 年 6 月 23 日施行
20.中華民國 108 年 7 月 24 日總統令修正公布第 9、91 條條文；並增訂第 9-3 條條文

第一章　總　則

第 1 條（立法目的）

國家統一前，爲確保臺灣地區安全與民眾福祉，規範臺灣地區與大陸地區人民之往來，並處理衍生之法律事件，特制定本條例。本條例未規定者，適用其他有關法令之規定。

第2條（用詞定義）

本條例用詞，定義如下：

一　臺灣地區：指臺灣、澎湖、金門、馬祖及政府統治權所及之其他地區。

二　大陸地區：指臺灣地區以外之中華民國領土。

三　臺灣地區人民：指在臺灣地區設有戶籍之人民。

四　大陸地區人民：指在大陸地區設有戶籍之人民。

第3條（旅居國外大陸地區人民之適用）

本條例關於大陸地區人民之規定，於大陸地區人民旅居國外者，適用之。

第3條之1（主管機關）

行政院大陸委員會統籌處理有關大陸事務，爲本條例之主管機關。

第4條（處理兩岸地區事務之機構）

Ⅰ行政院得設立或指定機構，處理臺灣地區與大陸地區人民往來有關之事務。

Ⅱ行政院大陸委員會處理臺灣地區與大陸地區人民往來有關事務，得委託前項之機構或符合下列要件之民間團體爲之：

一　設立時，政府捐助財產總額逾二分之一。

二　設立目的爲處理臺灣地區與大陸地區人民往來有關事務，並以行政院大陸委員會爲中央主管機關或目的事業主管機關。

Ⅲ行政院大陸委員會或第四條之二第一項經行政院同意之各該主管機關，得依所處理事務之性質及需要，逐案委託前二項規定以外，具有公信力、專業能力及經驗之其他具公益性質之法人，協助處理臺灣地區與大陸地區人民往來有關之事務；必要時，並得委託其代爲簽署協議。

Ⅳ第一項及第二項之機構或民間團體，經委託機關同意，得複委託前項之其他具公益性質之法人，協助處理臺灣地區與大陸地區人民往來有關之事務。

第4條之1（公務員轉任、回任、年資採計等相關權益保障事項）

Ⅰ公務員轉任前條之機構或民間團體者，其回任公職之權益應予保障，在該機構或團體服務之年資，於回任公職時，得予採計爲公務員年資；本條例施行或修正前已轉任者，亦同。

Ⅱ公務員轉任前條之機構或民間團體未回任者，於該機構或民間團體辦理退休、資遣或撫卹時，其於公務員退撫新制施行前、後任公務員年資之退離給與，由行政院大陸委員會編列預算，比照其轉任前原適用之公務員退撫相關法令所定一次給與標準，予以給付。

Ⅲ公務員轉任前條之機構或民間團體回任公職，或於該機構或民間團體辦理退休、資遣或撫卹時，已依相關規定請領退離給與之年資，不得再予併計。

Ⅳ第一項之轉任方式、回任、年資採計方式、職等核敘及其他應遵行事項之辦法，由考試院會同行政院定之。

Ⅴ第二項之比照方式、計算標準及經費編列等事項之辦法，由行政院定之。

第4條之2（統籌辦理兩岸訂定協議事項機關及程序）

Ⅰ行政院大陸委員會統籌辦理臺灣地區與大陸地區訂定協議事項；協議內容具有專門性、技術性，以各該主管機關訂定爲宜者，得經行政院同意，由其會同行政院大陸委員會辦理。

Ⅱ行政院大陸委員會或前項經行政院同意之各該主管機關，得委託第四條所定機構或民間團體，以受託人自己之名義，與大陸地區相關機關或經其授權之法人、團體或其他機構協商簽署協議。

Ⅲ本條例所稱協議，係指臺灣地區與大陸地區間就涉及行使公權力或政治議題事項所簽署之文書；協議之附加議定書、附加條款、簽字議定書、同意紀錄、附錄及其他附加文件，均屬構成協議之一部分。

第4條之3（受託法人應受委託機關或民間團體之指揮監督）

第四條第三項之其他具公益性質之法人，於受委託協助處理事務或簽署協議，應受委託機關、第四條第一項或第二項所定機構或民間團體之指揮監督。

第4條之4（受託法人、機構或民間團體應遵守之規定）

依第四條第一項或第二項規定受委託之機構或民間團體，應遵守下列規定；第四條第三項其他具公益性質之法人於受託期間，亦同：

一　派員赴大陸地區或其他地區處理受託事務或相關重要業務，應報請委託機關、第四條第一項或第二項所定之機構或民間團體同意，及接受其指揮，並隨時報告處理情形；因其他事務須派員赴大陸地區者，應先通知委託機關、第四條第一項或第二項所定之機構或民間團體。

二　其代表人及處理受託事務之人員，負有與公務員相同之保密義務；離職後，亦同。

三　其代表人及處理受託事務之人員，於受託處理事務時，負有與公務員相同之利益迴避義務。

四　其代表人及處理受託事務之人員，未經委託機關同意，不得與大陸地區相關機關或經其授權之法人、團體或其他機構協商簽署協議。

第5條（簽署協議之程序及協議生效要件）

Ⅰ依第四條第三項或第四條之二第二項，受委託簽署協議之機構、民間團體或其他具公益性質之法人，應將協議草案報經委託機關陳報行政院同意，始得簽署。

II協議之內容涉及法律之修正或應以法律定之者，協議辦理機關應於協議簽署後三十日內報請行政院核轉立法院審議；其內容未涉及法律之修正或無須另以法律定之者，協議辦理機關應於協議簽署後三十日內報請行政院核定，並送立法院備查，其程序，必要時以機密方式處理。

第 5 條之 1（簽署協議）

I 臺灣地區各級地方政府機關（構），非經行政院大陸委員會授權，不得與大陸地區人民、法人、團體或其他機關（構），以任何形式協商簽署協議。臺灣地區之公務人員、各級公職人員或各級地方民意代表機關，亦同。

II臺灣地區人民、法人、團體或其他機構，除依本條例規定，經行政院大陸委員會或各該主管機關授權，不得與大陸地區人民、法人、團體或其他機關（構）簽署涉及臺灣地區公權力或政治議題之協議。

第 5 條之 2（相關辦法之擬訂）

依第四條第三項、第四項或第四條之二第二項規定，委託、複委託處理事務或協商簽署協議，及監督受委託機構、民間團體或其他具公益性質之法人之相關辦法，由行政院大陸委員會擬訂，報請行政院核定之。

第 5 條之 3（政治議題協商之監督機制）

I 涉及政治議題之協議，行政院應於協商開始九十日前，向立法院提出協議締結計畫及憲政或重大政治衝擊影響評估報告。締結計畫經全體立法委員四分之三之出席，及出席委員四分之三之同意，始得開啓簽署協議之協商。

II前項涉及政治議題之協議，係指具憲政或重大政治影響性之協議。

III負責協議之機關應依締結計畫進行談判協商，並適時向立法院報告；立法院或相關委員會亦得邀請負責協議之機關進行報告。

IV立法院依據前項報告判斷雙方談判協商已無法依照締結計畫進行時，得經全體立法委員二分之一以上之決議，要求負責協議之機關終止協商；行政院判斷雙方談判協商已無法依照締結計畫進行時，應終止協商，並向立法院報告。

V負責協議之機關依締結計畫完成協議草案之談判後，應於十五日內經行政院院會決議報請總統核定。總統核定後十五日內，行政院應主動公開協議草案之完整內容，函送立法院審議，並向立法院報告協議過程及憲政或重大政治衝擊影響評估。

VI立法院全院委員會應於院會審查前，就協議草案內容及憲政或重大政治衝擊影響評估舉行聽證。

VII立法院院會審查協議草案經全體立法委員四分之三之出席，及出席委員四分之三之同意，再由行政院將協議草案，連同公民投票主文、理由書交由中央選舉委員會辦理全國性公民投票，其獲有效同意票超過投票權人總額之半數者，即爲協議草案通過，經負責協議之機關簽署及換文後，呈請總統公布生效。

VIII關於政治議題協議之公民投票，不適用公民投票法第九條至第十六條、第十七條第一項關於期間與同條項第三款、第十九條、第二十三條及第二十六條至第二十九條之規定。其餘公民投票事項，本條例未規定者，適用公民投票法之規定。

IX主權國家地位與自由民主憲政秩序之毀棄或變更，不得作爲政治議題談判及協議之項目。

X違反本條規定所爲之政治議題協商或約定，無效。

第 6 條（在臺設立分支機構）

I 爲處理臺灣地區與大陸地區人民往來有關之事務，行政院得依對等原則，許可大陸地區之法人、團體或其他機構在臺灣地區設立分支機構。

II前項設立許可事項，以法律定之。

第 7 條（文書驗證）

在大陸地區製作之文書，經行政院設立或指定之機構或委託之民間團體驗證者，推定爲眞正。

第 8 條（司法文書之送達與司法調查）

應於大陸地區送達司法文書或爲必要之調查者，司法機關得囑託或委託第四條之機構或民間團體爲之。

第二章　行　政

第 9 條（臺灣地區人民進入大陸地區之申請許可）

I 臺灣地區人民進入大陸地區，應經一般出境查驗程序。

II主管機關得要求航空公司或旅行相關業者辦理前項出境申報程序。

III臺灣地區公務員，國家安全局、國防部、法務部調查局及其所屬各級機關未具公務員身分之人員，應向內政部申請許可，始得進入大陸地區。但簡任第十職等及警監四階以下未涉及國家安全、利益或機密之公務員及警察人員赴大陸地區，不在此限；其作業要點，於本法修正後三個月內，由內政部會同相關機關擬訂，報請行政院核定之。

IV臺灣地區人民具有下列身分者，進入大陸地區應經申請，並經內政部會同國家安全局、法務部及大陸委員會組成之審查會審查許可：

一　政務人員、直轄市長。

二　於國防、外交、科技、情報、大陸事務或其他相關機關從事涉及國家安全、利益或機密業務之人員。

三　受前款機關委託從事涉及國家安全、利益或機密公務之個人或民間團體、機構成員。

四　前三款退離職未滿三年之人員。

五　縣（市）長。

Ⅴ前二項所列人員，進入大陸地區返臺後，應向（原）服務機關或委託機關通報。但直轄市長應向行政院、縣（市）長應向內政部、其餘機關首長應向上一級機關通報。

Ⅵ第四項第二款至第四款所列人員，其涉及國家安全、利益或機密之認定，由（原）服務機關、委託機關或受託團體、機構依相關規定及業務性質辦理。

Ⅶ第四項第四款所定退離職人員退離職後，應經審查會審查許可，始得進入大陸地區之期間，原服務機關、委託機關或受託團體、機構得依其所涉及國家安全、利益、機密及業務性質增加之。

Ⅷ曾任第四項第二款人員從事涉及重要國家安全、利益或機密業務者，於前項應經審查會審查許可之期間屆滿後，（原）服務機關得限其在進入大陸地區前及返臺後，仍應向（原）服務機關申報。

Ⅸ遇有重大突發事件、影響臺灣地區重大利益或於兩岸互動有重大危害情形者，得經立法院議決由行政院公告於一定期間內，對臺灣地區人民進入大陸地區，採行禁止、限制或其他必要之處置，立法院如於會期內一個月未為決議，視為同意；但情況急迫者，得於事後追認之。

Ⅹ臺灣地區人民進入大陸地區者，不得從事妨害國家安全或利益之活動。

Ⅺ第二項申報程序、第三項、第四項許可辦法及第五項通報程序，由內政部擬訂，報請行政院核定之。

Ⅻ第八項申報對象、期間、程序及其他應遵行事項之辦法，由內政部定之。

第9條之1（臺灣地區人民不得在大陸地區設籍或領用其護照）

Ⅰ臺灣地區人民不得在大陸地區設有戶籍或領用大陸地區護照。

Ⅱ違反前項規定在大陸地區設有戶籍或領用大陸地區護照者，除經有關機關認有特殊考量必要外，喪失臺灣地區人民身分及其在臺灣地區選舉、罷免、創制、複決、擔任軍職、公職及其他以在臺灣地區設有戶籍所衍生相關權利，並由戶政機關註銷其臺灣地區之戶籍登記；但其因臺灣地區人民身分所負之責任及義務，不因而喪失或免除。

Ⅲ本條例修正施行前，臺灣地區人民已在大陸地區設籍或領用大陸地區護照者，其在本條例修正施行之日起六個月內，註銷大陸地區戶籍或放棄領用大陸地區護照並向內政部提出相關證明者，不喪失臺灣地區人民身分。

第9條之2（回復臺灣地區人民身分許可辦法之擬訂）

Ⅰ依前條規定喪失臺灣地區人民身分者，嗣後註銷大陸地區戶籍或放棄持用大陸地區護照，得向內政部申請許可回復臺灣地區人民身分，並返回臺灣地區定居。

Ⅱ前項許可條件、程序、方式、限制、撤銷或廢止許可及其他應遵行事項之辦法，由內政部擬訂，報請行政院核定之。

第9條之3（特定身分退離職人員參與大陸地區政治活動之限制）

Ⅰ曾任國防、外交、大陸事務或與國家安全相關機關之政務副首長或少將以上人員，或情報機關首長，不得參與大陸地區黨務、軍事、行政或具政治性機關（構）、團體所舉辦之慶典或活動，而有妨害國家尊嚴之行為。

Ⅱ前項妨害國家尊嚴之行為，指向象徵大陸地區政權之旗、徽、歌等行禮、唱頌或其他類似之行為。

第 10 條（大陸地區人民進入臺灣地區之許可）

Ⅰ大陸地區人民非經主管機關許可，不得進入臺灣地區。

Ⅱ經許可進入臺灣地區之大陸地區人民，不得從事與許可目的不符之活動。

Ⅲ前二項許可辦法，由有關主管機關擬訂，報請行政院核定之。

第 10 條之 1（大陸地區人民進入臺灣地區團聚、居留或定居之申請）

大陸地區人民申請進入臺灣地區團聚、居留或定居者，應接受面談、按捺指紋並建檔管理之；未接受面談、按捺指紋者，不予許可其團聚、居留或定居之申請。其管理辦法，由主管機關定之。

第11條（僱用大陸地區人民在臺工作之申請許可）

Ⅰ僱用大陸地區人民在臺灣地區工作，應向主管機關申請許可。

Ⅱ經許可受僱在臺灣地區工作之大陸地區人民，其受僱期間不得逾一年，並不得轉換雇主及工作。但因雇主關廠、歇業或其他特殊事故，致僱用關係無法繼續時，經主管機關許可者，得轉換雇主及工作。

Ⅲ大陸地區人民因前項但書情形轉換雇主及工作時，其轉換後之受僱期間，與原受僱期間併計。

Ⅳ雇主向行政院勞工委員會申請僱用大陸地區人民工作，應先以合理勞動條件在臺灣地區辦理公開招募，並向公立就業服務機構申請求才登記，無法滿足其需要時，始得就該不足人數提出申請。但應於招募時，將招募內容全文通知其事業單位之工會或勞工，並於大陸地區人民預定工作場所公告之。

Ⅴ僱用大陸地區人民工作時，其勞動契約應以定期契約爲之。

Ⅵ第一項許可及其管理辦法，由行政院勞工委員會會同有關機關擬訂，報請行政院核定之。

Ⅶ依國際協定開放服務業項目所衍生僱用需求，及跨國企業、在臺營業達一定規模之臺灣地區企業，得經主管機關許可，僱用大陸地區人民，不受前六項及第九十五條相關規定之限制；其許可、管理、企業營業規模、僱用條件及其他應遵行事項之辦法，由行政院勞工委員會會同有關機關擬訂，報請行政院核定之。

第 12 條（刪除）

第 13 條（就業安定費）

Ⅰ僱用大陸地區人民者，應向行政院勞工委員會所設專戶繳納就業安定費。

Ⅱ前項收費標準及管理運用辦法，由行政院勞工委員會會同財政部擬訂，報請行政院核定之。

第 14 條（限期離境與強制出境）

Ⅰ經許可受僱在臺灣地區工作之大陸地區人民，違反本條例或其他法令之規定者，主管機關得撤銷或廢止其許可。

Ⅱ前項經撤銷或廢止許可之大陸地區人民，應限期離境，逾期不離境者，依第十八條規定強制其出境。

Ⅲ前項規定，於中止或終止勞動契約時，適用之。

第 15 條（禁止行為）

下列行爲不得爲之：

一　使大陸地區人民非法進入臺灣地區。

二　明知臺灣地區人民未經許可，而招攬使之進入大陸地區。

三　使大陸地區人民在臺灣地區從事未經許可或與許可目的不符之活動。

四　僱用或留用大陸地區人民在臺灣地區從事未經許可或與許可範圍不符之工作。

五　居間介紹他人爲前款之行爲。

第 16 條（申請定居）

Ⅰ大陸地區人民得申請來臺從事商務或觀光活動，其辦法，由主管機關定之。

Ⅱ大陸地區人民有下列情形之一者，得申請在臺灣地區定居：

一　臺灣地區人民之直系血親及配偶，年齡在七十歲以上、十二歲以下者。

二　其臺灣地區之配偶死亡，須在臺灣地區照顧未成年之親生子女者。

三　民國三十四年後，因兵役關係滯留大陸地區之臺籍軍人及其配偶。

四　民國三十八年政府遷臺後，因作戰或執行特種任務被俘之前國軍官兵及其配偶。

五　民國三十八年政府遷臺前，以公費派赴大陸地區求學人員及其配偶。

六　民國七十六年十一月一日前，因船舶故障、海難或其他不可抗力之事由滯留大陸地區，且在臺灣地區原有戶籍之漁民或船員。

Ⅲ大陸地區人民依前項第一款規定，每年申請在臺灣地區定居之數額，得予限制。

Ⅳ依第二項第三款至第六款規定申請者，其大陸地區配偶得隨同本人申請在臺灣地區定居；未隨同申請者，得由本人在臺灣地區定居後代爲申請。

第 17 條（申請居留）

Ⅰ大陸地區人民爲臺灣地區人民配偶，得依法令申請進入臺灣地區團聚，經許可入境後，得申請在臺灣地區依親居留。

Ⅱ前項以外之大陸地區人民，得依法令申請在臺灣地區停留；有下列情形之一者，得申請在臺灣地區商務或工作居留，居留期間最長爲三年，期滿得申請延期：

一　符合第十一條受僱在臺灣地區工作之大陸地區人民。

二　符合第十條或第十六條第一項來臺從事商務相關活動之大陸地區人民。

Ⅲ經依第一項規定許可在臺灣地區依親居留滿四年，且每年在臺灣地區合法居留期間逾一百八十三日者，得申請長期居留。

Ⅳ內政部得基於政治、經濟、社會、教育、科技或文化之考量，專案許可大陸地區人民在臺灣地區長期居留，申請居留之類別及數額，得予限制；其類別及數額，由內政部擬訂，報請行政院核定後公告之。

Ⅴ經依前二項規定許可在臺灣地區長期居留者，居留期間無限制；長期居留符合下列規定者，得申請在臺灣地區定居：

一　在臺灣地區合法居留連續二年且每年居住逾一百八十三日。

二　品行端正，無犯罪紀錄。

三　提出喪失原籍證明。

四　符合國家利益。

Ⅵ內政部得訂定依親居留、長期居留及定居之數額及類別，報請行政院核定後公告之。

Ⅶ第一項人員經許可依親居留、長期居留或定居，有事實足認係通謀而爲虛僞結婚者，撤銷其依親居留、長期居留、定居許可及戶籍登記，並強制出境。

Ⅷ大陸地區人民在臺灣地區逾期停留、居留或未經許可入境者，在臺灣地區停留、居留期間，不適用前條及第一項至第四項規定。

Ⅸ前條及第一項至第五項有關居留、長期居留、或定居條件、程序、方式、限制、撤銷或廢止許可及其他應遵行事項之辦法，由內政部會同有關機關擬訂，報請行政院核定之。

Ⅹ本條例中華民國九十八年六月九日修正之條文施行前，經許可在臺團聚者，其每年在臺合法團聚期間逾一百八十三日者，得轉換爲依親居留期間；其已在臺依親居留或長期居留者，每年在臺合法團聚期間逾一百八十三日者，其團聚期間得分別轉換併計爲依親居留或長期居留期間；經轉換併計後，在臺依親居留滿四年，符合第三項規定，得申請轉換爲長期居留期間；經轉換併計後，在臺連續長期居留滿二年，並符合第五項規定，得申請定居。

第17條之1（合法居留之工作權）

經依前條第一項、第三項或第四項規定許可在臺灣地區依親居留或長期居留者，居留期間得在臺灣地區工作。

第18條（強制出境之事由）

Ⅰ進入臺灣地區之大陸地區人民，有下列情形之一者，內政部移民署得逕行強制出境，或限令其於十日內出境，逾限令出境期限仍未出境，內政部移民署得強制出境：

一　未經許可入境。

二　經許可入境，已逾停留、居留期限，或經撤銷、廢止停留、居留、定居許可。

三　從事與許可目的不符之活動或工作。

四　有事實足認爲有犯罪行爲。

五　有事實足認爲有危害國家安全或社會安定之虞。

六　非經許可與臺灣地區之公務人員以任何形式進行涉及公權力或政治議題之協商。

Ⅱ內政部移民署於知悉前項大陸地區人民涉有刑事案件已進入司法程序者，於強制出境十日前，應通知司法機關。該等大陸地區人民除經依法羈押、拘提、管收或限制出境者外，內政部移民署得強制出境或限令出境。

Ⅲ內政部移民署於強制大陸地區人民出境前，應給予陳述意見之機會；強制已取得居留或定居許可之大陸地區人民出境前，並應召開審查會。但當事人有下列情形之一者，得不經審查會審查，逕行強制出境：

一　以書面聲明放棄陳述意見或自願出境。

二　依其他法律規定限令出境。

三　有危害國家利益、公共安全、公共秩序或從事恐怖活動之虞，且情況急迫應即時處分。

Ⅳ第一項所定強制出境之處理方式、程序、管理及其他應遵行事項之辦法，由內政部定之。

Ⅴ第三項審查會由內政部遴聘有關機關代表、社會公正人士及學者專家共同組成，其中單一性別不得少於三分之一，且社會公正人士及學者專家之人數不得少於二分之一。

第18條之1（暫予收容之事由及期間）

Ⅰ前條第一項受強制出境處分者，有下列情形之一，且非予收容顯難強制出境，內政部移民署得暫予收容，期間自暫予收容時起最長不得逾十五日，且應於暫予收容處分作成前，給予當事人陳述意見機會：

一　無相關旅行證件，或其旅行證件仍待查核，不能依規定執行。

二　有事實足認有行方不明、逃逸或不願自行出境之虞。

三　於境外遭通緝。

Ⅱ暫予收容期間屆滿前，內政部移民署認有續予收容之必要者，應於期間屆滿五日前附具理由，向法院聲請裁定續予收容。續予收容之期間，自暫予收容期間屆滿時起，最長不得逾四十五日。

Ⅲ續予收容期間屆滿前，有第一項各款情形之一，內政部移民署認有延長收容之必要者，應於期間屆滿五日前附具理由，向法院聲請裁定延長收容。延長收容之期間，自續予收容期間屆滿時起，最長不得逾四十日。

Ⅳ前項收容期間屆滿前，有第一項各款情形之一，內政部移民署認有延長收容之必要者，應於期間屆滿五日前附具理由，再向法院聲請延長收容一次。延長收容之期間，自前次延長收容期間屆滿時起，最長不得逾五十日。

Ⅴ受收容人有得不暫予收容之情形、收容原因消滅，或無收容之必要，內政部移民署得依職權，視其情形分別爲廢止暫予收容處分、停止收容，或爲收容替代處分後，釋放受收容人。如於法院裁定准予續予收容或延長收容後，內政部移民署停止收容時，應即時通知原裁定法院。

Ⅵ受收容人涉及刑事案件已進入司法程序者，內政部移民署於知悉後執行強制出境十日前，應通知司法機關；如經司法機關認爲有羈押或限制出境之必要，而移由其處理者，不得執行強制出境。

Ⅶ本條例中華民國一百零四年六月二日修正之條文施行前，大陸地區人民如經司法機關責付而收容，並經法院判決有罪確定者，其於修正施行前之收容日數，仍適用修正施行前折抵刑期或罰金數額之規定。

Ⅷ本條例中華民國一百零四年六月二日修正之條文施行前，已經收容之大陸地區人民，其於修正施行時收容期間未逾十五日者，內政部移民署應告知其得提出收容異 議，十五日期間屆滿認有續予收容之必要，應於期間屆滿前附具理由，向法院聲請續予收容；已逾十五日至六十日或逾六十日者，內政部移民署如認有續予收容或延 長收容之必要，應附具理由，於修正施行當日，向法院聲請續予收容或延長收容。

Ⅸ同一事件之收容期間應合併計算，且最長不得逾一百五十日；本條例中華民國一百零四年六月二日修正之條文施行前後收容之期間合併計算，最長不得逾一百五十日。

X受收容人之收容替代處分、得不暫予收容之事由、異議程序、法定障礙事由、暫予收容處分、收容替代處分與強制出境處分之作成方式、廢（停）止收容之程序、 再暫予收容之規定、遠距審理及其他應遵行事項，準用入出國及移民法第三十八條第二項、第三項、第三十八條之一至第三十八條之三、第三十八條之六、第三十八 條之七第二項、第三十八條之八第一項及第三十八條之九規定辦理。

XI有關收容處理方式、程序、管理及其他應遵行事項之辦法，由內政部定之。

XII前條及前十一項規定，於本條例施行前進入臺灣地區之大陸地區人民，適用之。

第18條之2（逾期居留未滿三十日，重新申請居留）

I大陸地區人民逾期居留未滿三十日，原申請居留原因仍繼續存在者，經依第八十七條之一規定處罰後，得向內政部移民署重新申請居留，不適用第十七條第八項規定。

II前項大陸地區人民申請長期居留或定居者，核算在臺灣地區居留期間，應扣除一年。

第19條（強制出境之事由）

I臺灣地區人民依規定保證大陸地區人民入境者，於被保證人屆期不離境時，應協助有關機關強制其出境，並負擔因強制出境所支出之費用。

II前項費用，得由強制出境機關檢具單據影本及計算書，通知保證人限期繳納，屆期不繳納者，依法移送強制執行。

第20條（強制出境之事由）

I臺灣地區人民有下列情形之一者，應負擔強制出境所需之費用：

一　使大陸地區人民非法入境者。

二　非法僱用大陸地區人民工作者。

三　僱用之大陸地區人民依第十四條第二項或第三項規定強制出境者。

II前項費用有數人應負擔者，應負連帶責任。

III第一項費用，由強制出境機關檢具單據影本及計算書，通知應負擔人限期繳納；屆期不繳納者，依法移送強制執行。

第21條（公權之取得）

I大陸地區人民經許可進入臺灣地區者，除法律另有規定外，非在臺灣地區設有戶籍滿十年，不得登記為公職候選人、擔任公教或公營事業機關（構）人員及組織政黨；非在臺灣地區設有戶籍滿二十年，不得擔任情報機關（構）人員，或國防機關（構）之下列人員：

一　志願役軍官、士官及士兵。

二　義務役軍官及士官。

三　文職、教職及國軍聘雇人員。

II大陸地區人民經許可進入臺灣地區設有戶籍者，得依法令規定擔任大學教職、學術研究機構研究人員或社會教育機構專業人員，不受前項在臺灣地區設有戶籍滿十年之限制。

III前項人員，不得擔任涉及國家安全或機密科技研究之職務。

第22條（學歷採認及考試）

I在大陸地區接受教育之學歷，除屬醫療法所稱醫事人員相關之高等學校學歷外，得予採認；其適用對象、採認原則、認定程序及其他應遵行事項之辦法，由教育部擬訂，報請行政院核定之。

II大陸地區人民非經許可在臺灣地區設有戶籍者，不得參加公務人員考試、專門職業及技術人員考試之資格。

III大陸地區人民經許可得來臺就學，其適用對象、申請程序、許可條件、停留期間及其他應遵行事項之辦法，由教育部擬訂，報請行政院核定之。

第22條之1（刪除）

第23條（招生或居間介紹之許可）

I臺灣地區、大陸地區及其他地區人民、法人、團體或其他機構，經許可得為大陸地區之教育機構在臺灣地區辦理招生事宜或從事居間介紹之行為。

II其許可辦法由教育部擬訂，報請行政院核定之。

第24條（課徵所得稅）

I臺灣地區人民、法人、團體或其他機構有大陸地區來源所得者，應併同臺灣地區來源所得課徵所得稅。但其在大陸地區已繳納之稅額，得自應納稅額中扣抵。

II臺灣地區法人、團體或其他機構，依第三十五條規定經主管機關許可，經由其在第三地區投資設立之公司或事業在大陸地區從事投資者，於依所得稅法規定列報第三地區公司或事業之投資收益時，其屬源自轉投資大陸地區公司或事業分配之投資收益部分，視為大陸地區來源所得，依前項規定課徵所得稅。但該部分大陸地區投資收益在大陸地區及第三地區已繳納之所得稅，得自應納稅額中扣抵。

III前二項扣抵數額之合計數，不得超過因加計其大陸地區來源所得，而依臺灣地區適用稅率計算增加之應納稅額。

第25條（課徵所得稅）

I大陸地區人民、法人、團體或其他機構有臺灣地區來源所得者，應就其臺灣地區來源所得，課徵所得稅。

II大陸地區人民於一課稅年度內在臺灣地區居留、停留合計滿一百八十三日者，應就其臺灣地區來源所得，準用臺灣地區人民適用之課稅規定，課徵綜合所得稅。

III大陸地區法人、團體或其他機構在臺灣地區有固定營業場所或營業代理人者，應就其臺灣地區來源所得，準用臺灣地區營利事業適用之課稅規定，課徵營利事業所得稅；其在臺灣地區無固定營業場所而有營業代理人者，其應納之營利事業所得稅，應由營業代理人負責，向該管稽徵機關申報納稅。但大陸地區法人、團體或其他機構在臺灣地區因從事投資，所獲配之股利淨額或盈餘淨額，應由扣繳義務人於給付時，按規定之扣繳率扣繳，不計入營利事業所得額。

Ⅳ大陸地區人民於一課稅年度內在臺灣地區居留、停留合計未滿一百八十三日者，及大陸地區法人、團體或其他機構在臺灣地區無固定營業場所及營業代理人者，其臺灣地區來源所得之應納稅額，應由扣繳義務人於給付時，按規定之扣繳率扣繳，免辦理結算申報；如有非屬扣繳範圍之所得，應由納稅義務人依規定稅率申報納稅，其無法自行辦理申報者，應委託臺灣地區人民或在臺灣地區有固定營業場所之營利事業為代理人，負責代理申報納稅。

Ⅴ前二項之扣繳事項，適用所得稅法之相關規定。

Ⅵ大陸地區人民、法人、團體或其他機構取得臺灣地區來源所得應適用之扣繳率，其標準由財政部擬訂，報請行政院核定之。

第25條之1（課徵所得稅）

Ⅰ大陸地區人民、法人、團體、其他機構或其於第三地區投資之公司，依第七十三條規定申請在臺灣地區投資經許可者，其取得臺灣地區之公司所分配股利或合夥人應分配盈餘應納之所得稅，由所得稅法規定之扣繳義務人於給付時，按給付額或應分配額扣繳百分之二十，不適用所得稅法結算申報之規定。但大陸地區人民於一課稅年度內在臺灣地區居留、停留合計滿一百八十三日者，應依前條第二項規定課徵綜合所得稅。

Ⅱ依第七十三條規定申請在臺灣地區投資經許可之法人、團體或其他機構，其董事、經理人及所派之技術人員，因辦理投資、建廠或從事市場調查等臨時性工作，於一課稅年度內在臺灣地區居留、停留期間合計不超過一百八十三日者，其由該法人、團體或其他機構非在臺灣地區給與之薪資所得，不視為臺灣地區來源所得。

第26條（長期居住大陸地區者退休給與之領取）

Ⅰ支領各種月退休（職、伍）給與之退休（職、伍）軍公教及公營事業機關（構）人員擬赴大陸地區長期居住者，應向主管機關申請改領一次退休（職、伍）給與，並由主管機關就其原核定退休（職、伍）年資及其申領當月同職等或同官階之現職人員月俸額，計算其應領之一次退休（職、伍）給與為標準，扣除已領之月退休（職、伍）給與，一次發給其餘額；無餘額或餘額未達其應領之一次退休（職、伍）給與半數者，一律發給其應領一次退休（職、伍）給與之半數。

Ⅱ前項人員在臺灣地區有受其扶養之人者，申請前應經該受扶養人同意。

Ⅲ第一項人員未依規定申請辦理改領一次退休（職、伍）給與，而在大陸地區設有戶籍或領用大陸地區護照者，停止領受退休（職、伍）給與之權利，俟其經依第九條之二規定許可回復臺灣地區人民身分後恢復。

Ⅳ第一項人員如有以詐術或其他不正當方法領取一次退休（職、伍）給與，由原退休（職、伍）機關追回其所領金額，如涉及刑事責任者，移送司法機關辦理。

Ⅴ第一項改領及第三項停止領受及恢復退休（職、伍）給與相關事項之辦法，由各主管機關定之。

第26條之1（保險死亡給付、一次撫卹、撫慰金、餘額退伍金之辦理申領）

Ⅰ軍公教及公營事業機關（構）人員，在任職（服役）期間死亡，或支領月退休（職、伍）給與人員，在支領期間死亡，而在臺灣地區無遺族或法定受益人者，其居住大陸地區之遺族或法定受益人，得於各該支領給付人死亡之日起五年內，經許可進入臺灣地區，以書面向主管機關申請領受公務人員或軍人保險死亡給付、一次撫卹金、餘額退伍金或一次撫慰金，不得請領年撫卹金或月撫慰金。逾期未申請領受者，喪失其權利。

Ⅱ前項保險死亡給付、一次撫卹金、餘額退伍金或一次撫慰金總額，不得逾新臺幣二百萬元。

Ⅲ本條例中華民國八十六年七月一日修正生效前，依法核定保留保險死亡給付、一次撫卹金、餘額退伍金或一次撫慰金者，其居住大陸地區之遺族或法定受益人，應於中華民國八十六年七月一日起五年內，依第一項規定辦理申領，逾期喪失其權利。

Ⅳ申請領受第一項或前項規定之給付者，有因受傷或疾病致行動困難或領受之給付與來臺旅費顯不相當等特殊情事，經主管機關核定者，得免進入臺灣地區。

Ⅴ民國三十八年以前在大陸地區依法令核定應發給之各項公法給付，其權利人尚未領受或領受中斷者，於國家統一前，不予處理。

第27條（定居大陸地區榮民就養給付之發給）

Ⅰ國軍退除役官兵輔導委員會安置就養之榮民經核准赴大陸地區長期居住者，其原有之就養給付、身心障礙撫卹金，仍應發給；本條中華民國九十三年三月一日修正生效前經許可赴大陸地區定居者，亦同。

Ⅱ就養榮民未依前項規定經核准，而在大陸地區設有戶籍或領用大陸地區護照者，停止領受就養給付、身心障礙撫卹金之權利，俟其經依第九條之二規定許可回復臺灣地區人民身分後恢復。

Ⅲ前二項所定就養給付、身心障礙撫卹金之發給、停止領受及恢復給付相關事項之辦法，由國軍退除役官兵輔導委員會擬訂，報請行政院核定之。

第 28 條（航行大陸地區之許可）

中華民國船舶、航空器及其他運輸工具，經主管機關許可，得航行至大陸地區。其許可及管理辦法，於本條例修正通過後十八個月內，由交通部會同有關機關擬訂，報請行政院核定之；於必要時，經向立法院報告備查後，得延長之。

第 28 條之 1（船舶、航空器及其他運輸工具不得私運大陸地區人民）

Ⅰ中華民國船舶、航空器及其他運輸工具，不得私行運送大陸地區人民前往臺灣地區及大陸地區以外之國家或地區。

Ⅱ臺灣地區人民不得利用非中華民國船舶、航空器或其他運輸工具，私行運送大陸地區人民前往臺灣地區及大陸地區以外之國家或地區。

第 29 條（限制區域）

Ⅰ大陸船舶、民用航空器及其他運輸工具，非經主管機關許可，不得進入臺灣地區限制或禁止水域、臺北飛航情報區限制區域。

Ⅱ前項限制或禁止水域及限制區域，由國防部公告之。

Ⅲ第一項許可辦法，由交通部會同有關機關擬訂，報請行政院核定之。

第 29 條之 1（營業稅及所得稅之減免）

Ⅰ臺灣地區及大陸地區之海運、空運公司，參與兩岸船舶運輸及航空運輸，在對方取得之運輸收入，得依第四條之二規定訂定之臺灣地區與大陸地區協議事項，於互惠原則下，相互減免應納之營業稅及所得稅。

Ⅱ前項減免稅捐之範圍、方法、適用程序及其他相關事項之辦法，由財政部擬訂，報請行政院核定。

第 30 條（外國運輸工具禁止直航）

Ⅰ外國船舶、民用航空器及其他運輸工具，不得直接航行於臺灣地區與大陸地區港口、機場間；亦不得利用外國船舶、民用航空器及其他運輸工具，經營經第三地區航行於包括臺灣地區與大陸地區港口、機場間之定期航線業務。

Ⅱ前項船舶、民用航空器及其他運輸工具為大陸地區人民、法人、團體或其他機構所租用、投資或經營者，交通部得限制或禁止其進入臺灣地區港口、機場。

Ⅲ第一項之禁止規定，交通部於必要時得報經行政院核定為全部或一部之解除。其解除後之管理、運輸作業及其他應遵行事項，準用現行航政法規辦理，並得視需要由交通部會商有關機關訂定管理辦法。

第 31 條（防衛處置）

大陸民用航空器未經許可進入臺北飛航情報區限制進入之區域，執行空防任務機關得警告飛離或採必要之防衛處置。

第 32 條（船舶物品之扣留及處分）

Ⅰ大陸船舶未經許可進入臺灣地區限制或禁止水域，主管機關得逕行驅離或扣留其船舶、物品，留置其人員或為必要之防衛處置。

Ⅱ前項扣留之船舶、物品，或留置之人員，主管機關應於三個月內為下列之處分：

一　扣留之船舶、物品未涉及違法情事，得發還；若違法情節重大者，得沒入。

二　留置之人員經調查後移送有關機關依本條例第十八條收容遣返或強制其出境。

Ⅱ本條例實施前，扣留之大陸船舶、物品及留置之人員，已由主管機關處理者，依其處理。

第 33 條（任職之許可）

Ⅰ臺灣地區人民、法人、團體或其他機構，除法律另有規定外，得擔任大陸地區法人、團體或其他機構之職務或為其成員。

Ⅱ臺灣地區人民、法人、團體或其他機構，不得擔任經行政院大陸委員會會商各該主管機關公告禁止之大陸地區黨務、軍事、行政或具政治性機關（構）、團體之職務或為其成員。

Ⅲ臺灣地區人民、法人、團體或其他機構，擔任大陸地區之職務或為其成員，有下列情形之一者，應經許可：

一　所擔任大陸地區黨務、軍事、行政或具政治性機關（構）、團體之職務或為成員，未經依前項規定公告禁止者。

二　有影響國家安全、利益之虞或基於政策需要，經各該主管機關會商行政院大陸委員會公告者。

Ⅳ臺灣地區人民擔任大陸地區法人、團體或其他機構之職務或為其成員，不得從事妨害國家安全或利益之行為。

Ⅴ第二項及第三項職務或成員之認定，由各該主管機關為之；如有疑義，得由行政院大陸委員會會同相關機關及學者專家組成審議委員會審議決定。

Ⅵ第二項及第三項之公告事項、許可條件、申請程序、審查方式、管理及其他應遵行事項之辦法，由行政院大陸委員會會商各該主管機關擬訂，報請行政院核定之。

Ⅶ本條例修正施行前，已擔任大陸地區法人、團體或其他機構之職務或為其成員者，應自前項辦法施行之日起六個月內向主管機關申請許可；屆期未申請或申請未核准者，以未經許可論。

第33條之1（臺灣地區人民、法人、團體機構禁止行為）

Ⅰ臺灣地區人民、法人、團體或其他機構，非經各該主管機關許可，不得為下列行為：

一 與大陸地區黨務、軍事、行政、具政治性機關（構）、團體或涉及對臺政治工作、影響國家安全或利益之機關（構）、團體為任何形式之合作行為。

二 與大陸地區人民、法人、團體或其他機構，為涉及政治性內容之合作行為。

三 與大陸地區人民、法人、團體或其他機構聯合設立政治性法人、團體或其他機構。

Ⅱ臺灣地區非營利法人、團體或其他機構，與大陸地區人民、法人、團體或其他機構之合作行為，不得違反法令規定或涉有政治性內容；如依其他法令規定，應將預算、決算報告報主管機關者，並應同時將其合作行為向主管機關申報。

Ⅲ本條例修正施行前，已從事第一項所定之行為，且於本條例修正施行後仍持續進行者，應自本條例修正施行之日起三個月內向主管機關申請許可；已從事第二項所定之行為者，應自本條例修正施行之日起一年內申報；屆期未申請許可、申報或申請未經許可者，以未經許可或申報論。

第33條之2（締結聯盟之同意）

Ⅰ臺灣地區各級地方政府機關（構）或各級地方立法機關，非經內政部會商行政院大陸委員會報請行政院同意，不得與大陸地區地方機關締結聯盟。

Ⅱ本條例修正施行前，已從事前項之行為，且於本條例修正施行後仍持續進行者，應自本條例修正施行之日起三個月內報請行政院同意；屆期未報請同意或行政院不同意者，以未報請同意論。

第33條之3（締結聯盟或書面約定合作之申報）

Ⅰ臺灣地區各級學校與大陸地區學校締結聯盟或為書面約定之合作行為，應先向教育部申報，於教育部受理其提出完整申報之日起三十日內，不得為該締結聯盟或書面約定之合作行為；教育部未於三十日內決定者，視為同意。

Ⅱ前項締結聯盟或書面約定之合作內容，不得違反法令規定或涉有政治性內容。

Ⅲ本條例修正施行前，已從事第一項之行為，且於本條例修正施行後仍持續進行者，應自本條例修正施行之日起三個月內向主管機關申報；屆期未申報或申報未經同意者，以未經申報論。

第34條（大陸地區物品勞務在台廣告之許可及禁止行為）

Ⅰ依本條例許可之大陸地區物品、勞務、服務或其他事項，得在臺灣地區從事廣告之播映、刊登或其他促銷推廣活動。

Ⅱ前項廣告活動內容，不得有下列情形：

一 為中共從事具有任何政治性目的之宣傳。

二 違背現行大陸政策或政府法令。

三 妨害公共秩序或善良風俗。

Ⅲ第一項廣告活動及前項廣告活動內容，由各有關機關認定處理，如有疑義，得由行政院大陸委員會會同相關機關及學者專家組成審議委員會審議決定。

Ⅳ第一項廣告活動之管理，除依其他廣告相關法令規定辦理外，得由行政院大陸委員會會商有關機關擬訂管理辦法，報請行政院核定之。

第35條（投資技術合作等之許可）

Ⅰ臺灣地區人民、法人、團體或其他機構，經經濟部許可，得在大陸地區從事投資或技術合作；其投資或技術合作之產品或經營項目，依據國家安全及產業發展之考慮，區分為禁止類及一般類，由經濟部會商有關機關訂定項目清單及個案審查原則，並公告之。但一定金額以下之投資，得以申報方式為之；其限額由經濟部以命令公告之。

Ⅱ臺灣地區人民、法人、團體或其他機構，得與大陸地區人民、法人、團體或其他機構從事商業行為。但由經濟部會商有關機關公告應經許可或禁止之項目，應依規定辦理。

Ⅲ臺灣地區人民、法人、團體或其他機構，經主管機關許可，得從事臺灣地區與大陸地區間貿易；其許可、輸出入物品項目與規定、開放條件與程序、停止輸出入之規定及其他輸出入管理應遵行事項之辦法，由有關主管機關擬訂，報請行政院核定之。

Ⅳ第一項及第二項之許可條件、程序、方式、限制及其他應遵行事項之辦法，由有關主管機關擬訂，報請行政院核定之。

Ⅴ本條例中華民國九十一年七月一日修正生效前，未經核准從事第一項之投資或技術合作者，應自中華民國九十一年七月一日起六個月內向經濟部申請許可；屆期未申請或申請未核准者，以未經許可論。

第36條（金融保險業務往來之許可）

Ⅰ臺灣地區金融保險證券期貨機構及其在臺灣地區以外之國家或地區設立之分支機構，經財政部許可，得與大陸地區人民、法人、團體、其他機構或其在大陸地區以外國家或地區設立之分支機構有業務上之直接往來。

Ⅱ臺灣地區金融保險證券期貨機構在大陸地區設立分支機構，應報經財政部許可；其相關投資事項，應依前條規定辦理。

Ⅲ前二項之許可條件、業務範圍、程序、管理、限制及其他應遵行事項之辦法，由財政部擬訂，報請行政院核定之。

IV為維持金融市場穩定，必要時，財政部得報請行政院核定後，限制或禁止第一項所定業務之直接往來。

第36條之1（大陸地區資金進出臺灣地區之管理及處罰）

大陸地區資金進出臺灣地區之管理及處罰，準用管理外匯條例第六條之一、第二十條、第二十二條、第二十四條及第二十六條規定；對於臺灣地區之金融市場或外匯市場有重大影響情事時，並得由中央銀行會同有關機關予以其他必要之限制或禁止。

第37條（出版品電影片等進口發行製作播映之許可）

I大陸地區出版品、電影片、錄影節目及廣播電視節目，經主管機關許可，得進入臺灣地區，或在臺灣地區發行、銷售、製作、播映、展覽或觀摩。

II前項許可辦法，由行政院新聞局擬訂，報請行政院核定之。

第38條（幣券攜帶之許可）

I大陸地區發行之幣券，除其數額在行政院金融監督管理委員會所定限額以下外，不得進出入臺灣地區。但其數額逾所定限額部分，旅客應主動向海關申報，並由旅客自行封存於海關，出境時准予攜出。

II行政院金融監督管理委員會得會同中央銀行訂定辦法，許可大陸地區發行之幣券，進出入臺灣地區。

III大陸地區發行之幣券，於臺灣地區與大陸地區簽訂雙邊貨幣清算協定或建立雙邊貨幣清算機制後，其在臺灣地區之管理，準用管理外匯條例有關之規定。

IV前項雙邊貨幣清算協定簽訂或機制建立前，大陸地區發行之幣券，在臺灣地區之管理及貨幣清算，由中央銀行會同行政院金融監督管理委員會訂定辦法。

V第一項限額，由行政院金融監督管理委員會以命令定之。

第39條（中華古物及藝術品等陳列展覽之許可）

I大陸地區之中華古物，經主管機關許可運入臺灣地區公開陳列、展覽者，得予運出。

II前項以外之大陸地區文物、藝術品，違反法令、妨害公共秩序或善良風俗者，主管機關得限制或禁止其在臺灣地區公開陳列、展覽。

III第一項許可辦法，由有關主管機關擬訂，報請行政院核定之。

第40條（進出口物品之檢疫管理稅捐徵收）

I輸入或攜帶進入臺灣地區之大陸地區物品，以進口論；其檢驗、檢疫、管理、關稅等稅捐之徵收及處理等，依輸入物品有關法令之規定辦理。

II輸往或攜帶進入大陸地區之物品，以出口論；其檢驗、檢疫、管理、通關及處理，依輸出物品有關法令之規定辦理。

第40條之1（大陸地區營利事業在臺從事業務活動之許可）

I大陸地區之營利事業，非經主管機關許可，並在臺灣地區設立分公司或辦事處，不得在臺從事業務活動；其分公司在臺營業，準用公司法第九條、第十條、第十二條至第二十五條、第二十八條之一、第三百八十八條、第三百九十一條至第三百九十三條、第三百九十七條、第四百三十八條及第四百四十八條規定。

II前項業務活動範圍、許可條件、申請程序、申報事項、應備文件、撤回、撤銷或廢止許可及其他應遵行事項之辦法，由經濟部擬訂，報請行政院核定之。

第40條之2（大陸地區非營利法人、團體或機構，在臺從事業務活動之許可）

I大陸地區之非營利法人、團體或其他機構，非經各該主管機關許可，不得在臺灣地區設立辦事處或分支機構，從事業務活動。

II經許可在臺從事業務活動之大陸地區非營利法人、團體或其他機構，不得從事與許可範圍不符之活動。

III第一項之許可範圍、許可條件、申請程序、申報事項、應備文件、審核方式、管理事項、限制及其他應遵行事項之辦法，由各該主管機關擬訂，報請行政院核定之。

第三章　民　事

第41條（民事事件適用法律）

I臺灣地區人民與大陸地區人民間之民事事件，除本條例另有規定外，適用臺灣地區之法律。

II大陸地區人民相互間及其與外國人間之民事事件，除本條例另有規定外，適用大陸地區之規定。

III本章所稱行為地、訂約地、發生地、履行地、所在地、訴訟地或仲裁地，指在臺灣地區或大陸地區。

第42條（各地方規定不同依當事人戶籍地）

依本條例規定應適用大陸地區之規定時，如該地區內各地方有不同規定者，依當事人戶籍地之規定。

第43條（適用法律）

依本條例規定應適用大陸地區之規定時，如大陸地區就該法律關係無明文規定或依其規定應適用臺灣地區之法律者，適用臺灣地區之法律。

第44條（適用法律）

依本條例規定應適用大陸地區之規定時，如其規定有背於臺灣地區之公共秩序或善良風俗者，適用臺灣地區之法律。

第 45 條（行為地或事實發生地）

民事法律關係之行爲地或事實發生地跨連臺灣地區與大陸地區者，以臺灣地區爲行爲地或事實發生地。

第 46 條（行為能力之準據法）

I 大陸地區人民之行爲能力，依該地區之規定。但未成年人已結婚者，就其在臺灣地區之法律行爲，視爲有行爲能力。

II 大陸地區之法人、團體或其他機構，其權利能力及行爲能力，依該地區之規定。

第 47 條（法律行為方式之準據法）

I 法律行爲之方式，依該行爲所應適用之規定。但依行爲地之規定所定之方式者，亦爲有效。

II 物權之法律行爲，其方式依物之所在地之規定。

III 行使或保全票據上權利之法律行爲，其方式依行爲地之規定。

第 48 條（債之準據法）

I 債之契約依訂約地之規定。但當事人另有約定者，從其約定。

II 前項訂約地不明而當事人又無約定者，依履行地之規定，履行地不明者，依訴訟地或仲裁地之規定。

第 49 條（因法律事實所生之債之準據法）

關於在大陸地區由無因管理、不當得利或其他法律事實而生之債，依大陸地區之規定。

第 50 條（侵權行為之準據法）

侵權行爲依損害發生地之規定。但臺灣地區之法律不認其爲侵權行爲者，不適用之。

第 51 條（物權之準據法）

I 物權依物之所在地之規定。

II 關於以權利爲標的之物權，依權利成立地之規定。

III 物之所在地如有變更，其物權之得喪，依其原因事實完成時之所在地之規定。

IV 船舶之物權，依船籍登記地之規定；航空器之物權，依航空器登記地之規定。

第 52 條（婚姻成立要件之準據法）

I 結婚或兩願離婚之方式及其他要件，依行爲地之規定。

II 判決離婚之事由，依臺灣地區之法律。

第 53 條（婚姻效力之準據法）

夫妻之一方爲臺灣地區人民，一方爲大陸地區人民者，其結婚或離婚之效力，依臺灣地區之法律。

第 54 條（夫妻財產制之準據法）

臺灣地區人民與大陸地區人民在大陸地區結婚，其夫妻財產制，依該地區之規定。但在臺灣地區之財產，適用臺灣地區之法律。

第 55 條（非婚生子女認領之準據法）

I 非婚生子女認領之成立要件，依各該認領人被認領人認領時設籍地區之規定。

II 認領之效力，依認領人設籍地區之規定。

第 56 條（收養之準據法）

I 收養之成立及終止，依各該收養者被收養者設籍地區之規定。

II 收養之效力，依收養者設籍地區之規定。

第 57 條（父母子女法律關係之準據法）

父母之一方爲臺灣地區人民，一方爲大陸地區人民者，其與子女間之法律關係，依子女設籍地區之規定。

第 58 條（監護之準據法）

受監護人爲大陸地區人民者，關於監護，依該地區之規定。但受監護人在臺灣地區有居所者，依臺灣地區之法律。

第 59 條（扶養之準據法）

扶養之義務，依扶養義務人設籍地區之規定。

第 60 條（繼承之準據法）

被繼承人爲大陸地區人民者，關於繼承，依該地區之規定。但在臺灣地區之遺產，適用臺灣地區之法律。

第 61 條（遺囑之準據法）

大陸地區人民之遺囑，其成立或撤回之要件及效力，依該地區之規定。但以遺囑就其在臺灣地區之財產爲贈與者，適用臺灣地區之法律。

第 62 條（捐助之準據法）

大陸地區人民之捐助行爲，其成立或撤回之要件及效力，依該地區之規定。但捐助財產在臺灣地區者，適用臺灣地區之法律。

第 63 條（大陸地區權利之行使或移轉）

I 本條例施行前，臺灣地區人民與大陸地區人民間、大陸地區人民相互間及其與外國人間，在大陸地區成立之民事法律關係及因此取得之權利、負擔之義務，以不違背臺灣地區公共秩序或善良風俗者爲限，承認其效力。

II 前項規定，於本條例施行前已另有法令限制其權利之行使或移轉者，不適用之。

III 國家統一前，下列債務不予處理：

一 民國三十八年以前在大陸發行尚未清償之外幣債券及民國三十八年黃金短期公債。

二 國家行局及收受存款之金融機構在大陸撤退前所有各項債務。

第 64 條（限制撤銷權及後婚之效）

I 夫妻因一方在臺灣地區，一方在大陸地區，不能同居，而一方於民國七十四年六月四日以前重婚者，利害關係人不得聲請撤銷；其於七十四年六月五日以後七十六年十一月一日以前重婚者，該後婚視爲有效。

II 前項情形，如夫妻雙方均重婚者，於後婚者重婚之日起，原婚姻關係消滅。

第 65 條（收養之方法）

臺灣地區人民收養大陸地區人民爲養子女，除依民法第一千零七十九條第五項規定外，有下列情形之一者，法院亦應不予認可：

一　已有子女或養子女者。

二　同時收養二人以上爲養子女者。

三　未經行政院設立或指定之機構或委託之民間團體驗證收養之事實者。

第 66 條（繼承權之拋棄）

Ｉ大陸地區人民繼承臺灣地區人民之遺產，應於繼承開始起三年內以書面向被繼承人住所地之法院爲繼承之表示；逾期視爲拋棄其繼承權。

II大陸地區人民繼承本條例施行前已由主管機關處理，且在臺灣地區無繼承人之現役軍人或退除役官兵遺產者，前項繼承表示之期間爲四年。

III繼承在本條例施行前開始者，前二項期間自本條例施行之日起算。

第 67 條（遺產繼承總額之規定及限制）

Ｉ被繼承人在臺灣地區之遺產，由大陸地區人民依法繼承者，其所得財產總額，每人不得逾新臺幣二百萬元。超過部分，歸屬臺灣地區同爲繼承之人；臺灣地區無同爲繼承之人者，歸屬臺灣地區後順序之繼承人；臺灣地區無繼承人者，歸屬國庫。

II前項遺產，在本條例施行前已依法歸屬國庫者，不適用本條例之規定。其依法令以保管款專戶暫爲存儲者，仍依本條例之規定辦理。

III遺囑人以其在臺灣地區之財產遺贈大陸地區人民、法人、團體或其他機構者，其總額不得逾新臺幣二百萬元。

IV第一項遺產中，有以不動產爲標的者，應將大陸地區繼承人之繼承權利折算爲價額。但其爲臺灣地區繼承人賴以居住之不動產者，大陸地區繼承人不得繼承之，於定大陸地區繼承人應得部分時，其價額不計入遺產總額。

Ｖ大陸地區人民爲臺灣地區人民配偶，其繼承在臺灣地區之遺產或受遺贈者，依下列規定辦理：

一　不適用第一項及第三項總額不得逾新臺幣二百萬元之限制規定。

二　其經許可長期居留者，得繼承以不動產爲標的之遺產，不適用前項有關繼承權利應折算爲價額之規定。但不動產爲臺灣地區繼承人賴以居住者，不得繼承之，於定大陸地區繼承人應得部分時，其價額不計入遺產總額。

三　前款繼承之不動產，如爲土地法第十七條第一項各款所列土地，準用同條第二項但書規定辦理。

第 67 條之 1（遺產管理辦法）

Ｉ前條第一項之遺產事件，其繼承人全部爲大陸地區人民者，除應適用第六十八條之情形者外，由繼承人、利害關係人或檢察官聲請法院指定財政部國有財產局爲遺產管理人，管理其遺產。

II被繼承人之遺產依法應登記者，遺產管理人應向該管登記機關登記。

III第一項遺產管理辦法，由財政部擬訂，報請行政院核定之。

第 68 條（現役軍人或退除役官兵遺產之管理）

Ｉ現役軍人或退除役官兵死亡而無繼承人、繼承人之有無不明或繼承人因故不能管理遺產者，由主管機關管理其遺產。

II前項遺產事件，在本條例施行前，已由主管機關處理者，依其處理。

III第一項遺產管理辦法，由國防部及行政院國軍退除役官兵輔導委員會分別擬訂，報請行政院核定之。

IV本條例中華民國八十五年九月十八日修正生效前，大陸地區人民未於第六十六條所定期限內完成繼承之第一項及第二項遺產，由主管機關逕行捐助設置財團法人榮民榮眷基金會，辦理下列業務，不受第六十七條第一項歸屬國庫規定之限制：

一　亡故現役軍人或退除役官兵在大陸地區繼承人申請遺產之核發事項。

二　榮民重大災害救助事項。

三　清寒榮民子女教育獎助學金及教育補助事項。

四　其他有關榮民、榮眷福利及服務事項。

Ｖ依前項第一款申請遺產核發者，以其亡故現役軍人或退除役官兵遺產，已納入財團法人榮民榮眷基金會者爲限。

VI財團法人榮民榮眷基金會章程，由行政院國軍退除役官兵輔導委員會擬訂，報請行政院核定之。

第 69 條（不得取得、設定或移轉不動產物權與不得取得、設定或承租之土地）

Ｉ大陸地區人民、法人、團體或其他機構，或其於第三地區投資之公司，非經主管機關許可，不得在臺灣地區取得、設定或移轉不動產物權。但土地法第十七條第一項所列各款土地，不得取得、設定負擔或承租。

II前項申請人資格、許可條件及用途、申請程序、申報事項、應備文件、審核方式、未依許可用途使用之處理及其他應遵行事項之辦法，由主管機關擬訂，報請行政院核定之。

第 70 條（刪除）

第 71 條（為法律行為之連帶責任）

未經許可之大陸地區法人、團體或其他機構，以其名義在臺灣地區與他人爲法律行爲者，其行爲人就該法律行爲，應與該大陸地區法人、團體或其他機構，負連帶責任。

第72條（大陸地區人民法人團體等在台任職之許可）

Ⅰ大陸地區人民、法人、團體或其他機構，非經主管機關許可，不得為臺灣地區法人、團體或其他機構之成員或擔任其任何職務。

Ⅱ前項許可辦法，由有關主管機關擬訂，報請行政院核定之。

第73條（大陸地區人民法人團體等在台從事投資之許可）

Ⅰ大陸地區人民、法人、團體、其他機構或其於第三地區投資之公司，非經主管機關許可，不得在臺灣地區從事投資行為。

Ⅱ依前項規定投資之事業依公司法設立公司者，投資人不受同法第二百十六條第一項關於國內住所之限制。

Ⅲ第一項所定投資人之資格、許可條件、程序、投資之方式、業別項目與限額、投資比率、結匯、審定、轉投資、申報事項與程序、申請書格式及其他應遵行事項之辦法，由有關主管機關擬訂，報請行政院核定之。

Ⅳ依第一項規定投資之事業，應依前項所定辦法規定或主管機關命令申報財務報表、股東持股變化或其他指定之資料；主管機關得派員前往檢查，投資事業不得規避、妨礙或拒絕。

Ⅴ投資人轉讓其投資時，轉讓人及受讓人應會同向主管機關申請許可。

第74條（法院裁定認可）

Ⅰ在大陸地區作成之民事確定裁判、民事仲裁判斷，不違背臺灣地區公共秩序或善良風俗者，得聲請法院裁定認可。

Ⅱ前項經法院裁定認可之裁判或判斷，以給付為內容者，得為執行名義。

Ⅲ前二項規定，以在臺灣地區作成之民事確定裁判、民事仲裁判斷，得聲請大陸地區法院裁定認可或為執行名義者，始適用之。

第四章　刑　事

第75條（大陸地區或船艦航空器內犯罪之處罰）

在大陸地區或在大陸船艦、航空器內犯罪，雖在大陸地區曾受處罰，仍得依法處斷。但得免其刑之全部或一部之執行。

第75條之1（逕行判決）

大陸地區人民於犯罪後出境，致不能到庭者，法院得於其能到庭以前停止審判。但顯有應諭知無罪或免刑判決之情形者，得不待其到庭，逕行判決。

第76條（重婚之追訴或處罰）

配偶之一方在臺灣地區，一方在大陸地區，而於民國七十六年十一月一日以前重為婚姻或與非配偶以共同生活為目的而同居者，免予追訴、處罰；其相婚或與同居者，亦同。

第77條（據實申報不予追訴處罰）

大陸地區人民在臺灣地區以外之地區，犯內亂罪、外患罪，經許可進入臺灣地區，而於申請時據實申報者，免予追訴、處罰；其進入臺灣地區參加主管機關核准舉辦之會議或活動，經專案許可免予申報者，亦同。

第78條（公平互惠之訴訟權）

大陸地區人民之著作權或其他權利在臺灣地區受侵害者，其告訴或自訴之權利，以臺灣地區人民得在大陸地區享有同等訴訟權利者為限。

第五章　罰　則

第79條（罰則）

Ⅰ違反第十五條第一款規定者，處一年以上七年以下有期徒刑，得併科新臺幣一百萬元以下罰金。

Ⅱ意圖營利而犯前項之罪者，處三年以上十年以下有期徒刑，得併科新臺幣五百萬元以下罰金。

Ⅲ前二項之首謀者，處五年以上有期徒刑，得併科新臺幣一千萬元以下罰金。

Ⅳ前三項之未遂犯罰之。

Ⅴ中華民國船舶、航空器或其他運輸工具所有人、營運人或船長、機長、其他運輸工具駕駛人違反第十五條第一款規定者，主管機關得處該中華民國船舶、航空器或其他運輸工具一定期間之停航，或廢止其有關證照，並得停止或廢止該船長、機長或駕駛人之職業證照或資格。

Ⅵ中華民國船舶、航空器或其他運輸工具所有人，有第一項至第四項之行為或因其故意、重大過失致使第三人以其船舶、航空器或其他運輸工具從事第一項至第四項之行為，且該行為係以運送大陸地區人民非法進入臺灣地區為主要目的者，主管機關得沒入該船舶、航空器或其他運輸工具。所有人明知該船舶、航空器或其他運輸工具得沒入，為規避沒入之裁處而取得所有權者，亦同。

Ⅶ前項情形，如該船舶、航空器或其他運輸工具無相關主管機關得予沒入時，得由查獲機關沒入之。

第79條之1（罰則）

Ⅰ受託處理臺灣地區與大陸地區人民往來有關之事務或協商簽署協議，逾越委託範圍，致生損害於國家安全或利益者，處行為負責人五年以下有期徒刑、拘役或科或併科新臺幣五十萬元以下罰金。

Ⅱ前項情形，除處罰行為負責人外，對該法人、團體或其他機構，並科以前項所定之罰金。

第79條之2（罰鍰）

違反第四條之四第一款規定，未經同意赴大陸地區者，處新臺幣三十萬元以上一百五十萬元以下罰鍰。

第 79 條之 3（罰則）
Ⅰ違反第四條之四第四款規定者，處新臺幣二十萬元以上二百萬元以下罰鍰。
Ⅱ違反第五條之一規定者，處新臺幣二十萬元以上二百萬元以下罰鍰；其情節嚴重或再為相同、類似之違反行為者，處五年以下有期徒刑、拘役或科或併科新臺幣五十萬元以下罰金。
Ⅲ前項情形，如行為人為法人、團體或其他機構，處罰其行為負責人；對該法人、團體或其他機構，並科以前項所定之罰金。

第 80 條（罰則）
Ⅰ中華民國船舶、航空器或其他運輸工具所有人、營運人或船長、機長、其他運輸工具駕駛人違反第二十八條規定或違反第二十八條之一第一項規定或臺灣地區人民違反第二十八條之一第二項規定者，處三年以下有期徒刑、拘役或科或併科新臺幣一百萬元以上一千五百萬元以下罰金。但行為係出於中華民國船舶、航空器或其他運輸工具之船長或機長或駕駛人自行決定者，處罰船長或機長或駕駛人。
Ⅱ前項中華民國船舶、航空器或其他運輸工具之所有人或營運人為法人者，除處罰行為人外，對該法人並科以前項所定之罰金。但法人之代表人對於違反之發生，已盡力為防止之行為者，不在此限。
Ⅲ刑法第七條之規定，對於第一項臺灣地區人民在中華民國領域外私行運送大陸地區人民前往臺灣地區及大陸地區以外之國家或地區者，不適用之。
Ⅳ第一項情形，主管機關得處該中華民國船舶、航空器或其他運輸工具一定期間之停航，或廢止其有關證照，並得停止或廢止該船長、機長或駕駛人之執業證照或資格。

第 80 條之 1（罰則）
Ⅰ大陸船舶違反第三十二條第一項規定，經扣留者，得處該船舶所有人、營運人或船長、駕駛人新臺幣三十萬元以上一千萬元以下罰鍰。
Ⅱ前項所定之罰鍰，由海岸巡防機關訂定裁罰標準，並執行之。

第 81 條（罰則）
Ⅰ違反第三十六條第一項或第二項規定者，處新臺幣二百萬元以上一千萬元以下罰鍰，並得限期命其停止或改正；屆期不停止或改正，或停止後再為相同違反行為者，處行為負責人三年以下有期徒刑、拘役或科或併科新臺幣一千五百萬元以下罰金。
Ⅱ臺灣地區金融保險證券期貨機構及其在臺灣地區以外之國家或地區設立之分支機構，違反財政部依第三十六條第四項規定報請行政院核定之限制或禁止命令者，處行為負責人三年以下有期徒刑、拘役或科或併科新臺幣一百萬元以上一千五百萬元以下罰金。
Ⅲ前二項情形，除處罰其行為負責人外，對該金融保險證券期貨機構，並科以前二項所定之罰金。
Ⅳ第一項及第二項之規定，於在中華民國領域外犯罪者，適用之。

第 82 條（罰則）
違反第二十三條規定從事招生或居間介紹行為者，處一年以下有期徒刑、拘役或科或併科新臺幣一百萬元以下罰金。

第 83 條（罰則）
Ⅰ違反第十五條第四款或第五款規定者，處二年以下有期徒刑、拘役或科或併科新臺幣三十萬元以下罰金。
Ⅱ意圖營利而違反第十五條第五款規定者，處三年以下有期徒刑、拘役或科或併科新臺幣六十萬元以下罰金。
Ⅲ法人之代表人、法人或自然人之代理人、受僱人或其他從業人員，因執行業務犯前二項之罪者，除處罰行為人外，對該法人或自然人並科以前二項所定之罰金。但法人之代表人或自然人對於違反之發生，已盡力為防止行為者，不在此限。

第 84 條（罰則）
Ⅰ違反第十五條第二款規定者，處六月以下有期徒刑、拘役或科或併科新臺幣十萬元以下罰金。
Ⅱ法人之代表人、法人或自然人之代理人、受僱人或其他從業人員，因執行業務犯前項之罪者，除處罰行為人外，對該法人或自然人並科以前項所定之罰金。但法人之代表人或自然人對於違反之發生，已盡力為防止行為者，不在此限。

第 85 條（罰則）
Ⅰ違反第三十條第一項規定者，處新臺幣三百萬元以上一千五百萬元以下罰鍰，並得禁止該船舶、民用航空器或其他運輸工具所有人、營運人之所屬船舶、民用航空器或其他運輸工具，於一定期間內進入臺灣地區港口、機場。
Ⅱ前項所有人或營運人，如在臺灣地區未設立分公司者，於處分確定後，主管機關得限制其所屬船舶、民用航空器或其他運輸工具駛離臺灣地區港口、機場，至繳清罰鍰為止。但提供與罰鍰同額擔保者，不在此限。

第 85 條之 1（罰則）
違反依第三十六條之一所發布之限制或禁止命令者，處新臺幣三百萬元以上一千五百萬元以下罰鍰。中央銀行指定辦理外匯業務銀行違反者，並得由中央銀行按其情節輕重，停止其一定期間經營全部或一部外匯之業務。

第 86 條（罰則）
Ⅰ違反第三十五條第一項規定從事一般類項目之投資或技術合作者，處新臺幣五萬元以上二千五百萬元以下罰鍰，並得限期命其停止或改正；屆期不停止或改正者，得連續處罰。

Ⅱ違反第三十五條第一項規定從事禁止類項目之投資或技術合作者，處新臺幣五萬元以上二千五百萬元以下罰鍰，並得限期命其停止；屆期不停止，或停止後再為相同違反行為者，處行為人二年以下有期徒刑、拘役或科或併科新臺幣二千五百萬元以下罰金。

Ⅲ法人、團體或其他機構犯前項之罪者，處罰其行為負責人。

Ⅳ違反第三十五條第二項但書規定從事商業行為者，處新臺幣五萬元以上五百萬元以下罰鍰，並得限期命其停止或改正；屆期不停止或改正者，得連續處罰。

Ⅴ違反第三十五條第三項規定從事貿易行為者，除依其他法律規定處罰外，主管機關得停止其二個月以上一年以下輸出入貨品或廢止其出進口廠商登記。

第 87 條（罰鍰）

違反第十五條第三款規定者，處新臺幣二十萬元以上一百萬元以下罰鍰。

第 87 條之 1 （罰鍰）

大陸地區人民逾期停留或居留者，由內政部移民署處新臺幣二千元以上一萬元以下罰鍰。

第 88 條（罰則）

Ⅰ違反第三十七條規定者，處新臺幣四萬元以上二十萬元以下罰鍰。

Ⅱ前項出版品、電影片、錄影節目或廣播電視節目，不問屬於何人所有，沒入之。

第 89 條（罰則）

Ⅰ委託、受託或自行於臺灣地區從事第三十四條第一項以外大陸地區物品、勞務、服務或其他事項之廣告播映、刊登或其他促銷推廣活動者，或違反第三十四條第二項、或依第四項所定管理辦法之強制或禁止規定者，處新臺幣十萬元以上五十萬元以下罰鍰。

Ⅱ前項廣告，不問屬於何人所有或持有，得沒入之。

第 90 條（罰則）

Ⅰ具有第九條第四項身分之臺灣地區人民，違反第三十三條第二項規定者，處三年以下有期徒刑、拘役或科或併科新臺幣五十萬元以下罰金；未經許可擔任其他職務者，處一年以下有期徒刑、拘役或科或併科新臺幣三十萬元以下罰金。

Ⅱ前項以外之現職及退離職未滿三年之公務員，違反第三十三條第二項規定者，處一年以下有期徒刑、拘役或科或併科新臺幣三十萬元以下罰金。

Ⅲ不具備前二項情形，違反第三十三條第二項或第三項規定者，處新臺幣十萬元以上五十萬元以下罰鍰。

Ⅳ違反第三十三條第四項規定者，處三年以下有期徒刑、拘役，得併科新臺幣五十萬元以下罰金。

第 90 條之 1（罰則）

Ⅰ具有第九條第四項第一款、第二款或第五款身分，退離職未滿三年之公務員，違反第三十三條第二項規定者，喪失領受退休（職、伍）金及相關給與之權利。

Ⅱ前項人員違反第三十三條第三項規定，其領取月退休（職、伍）金者，停止領受月退休（職、伍）金及相關給與之權利，至其原因消滅時恢復。

Ⅲ第九條第四項第一款、第二款或第五款身分以外退離職未滿三年之公務員，違反第三十三條第二項規定者，其領取月退休（職、伍）金者，停止領受月退休（職、伍）金及相關給與之權利，至其原因消滅時恢復。

Ⅳ臺灣地區公務員，違反第三十三條第四項規定者，喪失領受退休（職、伍）金及相關給與之權利。

第 90 條之 2（罰則）

Ⅰ違反第三十三條之一第一項或第三十三條之二第一項規定者，處新臺幣十萬元以上五十萬元以下罰鍰，並得按次連續處罰。

Ⅱ違反第三十三條之一第二項、第三十三條之三第一項或第二項規定者，處新臺幣一萬元以上五十萬元以下罰鍰，主管機關並得限期令其申報或改正；屆期未申報或改正者，並得按次連續處罰至申報或改正為止。

第 91 條（罰鍰）

Ⅰ違反第九條第二項規定者，處新臺幣一萬元以下罰鍰。

Ⅱ違反第九條第三項或第九項行政院公告之處置規定者，處新臺幣二萬元以上十萬元以下罰鍰。

Ⅲ違反第九條第四項規定者，處新臺幣二百萬元以上一千萬元以下罰鍰。

Ⅳ具有第九條第四項第四款身分之臺灣地區人民，違反第九條第五項規定者，（原）服務機關或委託機關得處新臺幣二萬元以上十萬元以下罰鍰。

Ⅴ違反第九條第八項規定，應申報而未申報者，（原）服務機關得處新臺幣一萬元以上五萬元以下罰鍰。

Ⅵ違反第九條之三規定者，得由（原）服務機關視情節，自其行為時起停止領受五年之月退休（職、伍）給與之百分之五十至百分之百，情節重大者，得剝奪其月退休（職、伍）給與；已支領者，並應追回之。其無月退休（職、伍）給與者，（原）服務機關得處新臺幣二百萬元以上一千萬元以下罰鍰。

Ⅶ前項處罰，應經（原）服務機關會同國家安全局、內政部、法務部、大陸委員會及相關機關組成之審查會審認。

Ⅷ違反第九條之三規定者，其領取之獎、勳（勛）章及其執照、證書，應予追繳註銷。但服務獎章、忠勤勳章及其證書，不在此限。

Ⅸ違反第九條之三規定者，如觸犯內亂罪、外患罪、洩密罪或其他犯罪行爲，應依刑法、國家安全法、國家機密保護法及其他法律之規定處罰。

第 92 條（罰則）

Ⅰ違反第三十八條第一項或第二項規定，未經許可或申報之幣券，由海關沒入之；申報不實者，其超過部分沒入之。

Ⅱ違反第三十八條第四項所定辦法而爲兌換、買賣或其他交易者，其大陸地區發行之幣券及價金沒入之；臺灣地區金融機構及外幣收兌處違反者，得處或併處新臺幣三十萬元以上一百五十萬元以下罰鍰。

Ⅲ主管機關或海關執行前二項規定時，得洽警察機關協助。

第 93 條（罰則）

違反依第三十九條第二項規定所發之限制或禁止命令者，其文物或藝術品，由主管機關沒入之。

第 93 條之 1（罰則）

Ⅰ違反第七十三條第一項規定從事投資者，由主管機關處新臺幣十二萬元以上二千五百萬元以下罰鍰，並得限期命其停止、撤回投資或改正，必要時得停止其股東權利；屆期仍未停止、撤回投資或改正者，得按次處罰至其停止、撤回投資或改正爲止；必要時得通知登記主管機關撤銷或廢止其認許或登記。

Ⅱ違反第七十三條第四項規定，應申報而未申報或申報不實或不完整，或規避、妨礙、拒絕檢查者，主管機關得處新臺幣六萬元以上二百五十萬元以下罰鍰，並限期命其申報、改正或接受檢查；屆期仍未申報、改正或接受檢查者，並得按次處罰至其申報、改正或接受檢查爲止。

Ⅲ依第七十三條第一項規定經許可投資之事業，違反依第七十三條第三項所定辦法有關轉投資之規定者，主管機關得處新臺幣六萬元以上二百五十萬元以下罰鍰，並限期命其改正；屆期仍未改正者，並得按次處罰至其改正爲止。

Ⅳ投資人或投資事業違反依第七十三條第三項所定辦法規定，應辦理審定、申報而未辦理或申報不實或不完整者，主管機關得處新臺幣六萬元以上二百五十萬元以下罰鍰，並得限期命其辦理審定、申報或改正；屆期仍未辦理審定、申報或改正者，並得按次處罰至其辦理審定、申報或改正爲止。

Ⅴ投資人之代理人因故意或重大過失而申報不實者，主管機關得處新臺幣六萬元以上二百五十萬元以下罰鍰。

Ⅵ違反第一項至第四項規定，其情節輕微者，得依各該項規定先限期命其改善，已改善完成者，免予處罰。

Ⅶ主管機關依前六項規定對投資人爲處分時，得向投資人之代理人或投資事業爲送達；其爲罰鍰之處分者，得向投資事業執行之；投資事業於執行後對該投資人有求償權，並得按市價收回其股份抵償，不受公司法第一百六十七條第一項規定之限制；其收回股份，應依公司法第一百六十七條第二項規定辦理。

第 93 條之 2（罰則）

Ⅰ違反第四十條之一第一項規定未經許可而爲業務活動者，處行爲人一年以下有期徒刑、拘役或科或併科新臺幣十五萬元以下罰金，並自負民事責任；行爲人有二人以上者，連帶負民事責任，並由主管機關禁止其使用公司名稱。

Ⅱ違反依第四十條之一第二項所定辦法之強制或禁止規定者，處新臺幣二萬元以上十萬元以下罰鍰，並得限期命其停止或改正；屆期未停止或改正者，得連續處罰。

第 93 條之 3（罰則）

違反第四十條之二第一項或第二項規定者，處新臺幣五十萬元以下罰鍰，並得限期命其停止；屆期不停止，或停止後再爲相同違反行爲者，處行爲人二年以下有期徒刑、拘役或科或併科新臺幣五十萬元以下罰金。

第 94 條（強制執行）

本條例所定之罰鍰，由主管機關處罰；依本條例所處之罰鍰，經限期繳納，屆期不繳納者，依法移送強制執行。

第六章　附　則

第 95 條（通商通航及工作應經立法院決議）

主管機關於實施臺灣地區與大陸地區直接通商、通航及大陸地區人民進入臺灣地區工作前，應經立法院決議；立法院如於會期內一個月未爲決議，視爲同意。

第 95 條之 1（與大陸直接通商通航試辦實施區域之規定）

Ⅰ主管機關實施臺灣地區與大陸地區直接通商、通航前，得先行試辦金門、馬祖、澎湖與大陸地區之通商、通航。

Ⅱ前項試辦與大陸地區直接通商、通航之實施區域、試辦期間，及其有關航運往來許可、人員入出許可、物品輸出入管理、金融往來、通關、檢驗、檢疫、查緝及其他往來相關事項，由行政院以實施辦法定之。

Ⅲ前項試辦實施區域與大陸地區通航之港口、機場或商埠，就通航事項，準用通商口岸規定。

Ⅳ輸入試辦實施區域之大陸地區物品，未經許可，不得運往其他臺灣地區；試辦實施區域以外之臺灣地區物品，未經許可，不得運往大陸地區。但少量自用之大陸地區物品，得以郵寄或旅客攜帶進入其他臺灣地區；其物品項目及數量限額，由行政院定之。

Ⅴ違反前項規定，未經許可者，依海關緝私條例第三十六條至第三十九條規定處罰；郵寄或旅客攜帶之大陸地區物品，其項目、數量超過前項限制範圍者，由海關依關稅法第七十七條規定處理。

Ⅵ本條試辦期間如有危害國家利益、安全之虞或其他重大事由時，得由行政院以命令終止一部或全部之實施。

第 95 條之 2（審查費、證照費之收費標準）

各主管機關依本條例規定受理申請許可、核發證照，得收取審查費、證照費；其收費標準，由各主管機關定之。

第 95 條之 3（除外規定）

依本條例處理臺灣地區與大陸地區人民往來有關之事務，不適用行政程序法之規定。

第 95 條之 4（施行細則）

本條例施行細則，由行政院定之。

第 96 條（施行日）

本條例施行日期，由行政院定之。

立法院職權行使法

1.中華民國 88 年 1 月 25 日總統令制定公布全文 77 條
2.中華民國 88 年 6 月 30 日總統令修正公布第 19 條條文
3.中華民國 89 年 5 月 24 日總統令修正公布第 18～24、28、75 條條文
4.中華民國 89 年 11 月 22 日總統令增訂公布第七章之一章名及第 44-1 條條文
5.中華民國 90 年 6 月 20 日總統令修正公布第 29、30 條條文
6.中華民國 90 年 11 月 14 日總統令修正公布第 13 條條文
7.中華民國 91 年 1 月 25 日總統令修正公布第 11、68、70、72、74 條條文；並增訂第 10-1、71-1 條條文
8.中華民國 96 年 12 月 19 日總統令修正公布第 5、8～10、11、17、20、29、60、67、68、72、77 條條文；並自立法院第七屆立法委員就職日（97 年 2 月 1 日）起施行
9.中華民國 97 年 5 月 14 日總統令修正公布第 70、71-1 條條文
10.中華民國 97 年 5 月 28 日總統令增訂公布第二章之一章名及第 15-1～15-5 條條文
11.中華民國 99 年 6 月 15 日總統令修正公布第 42、44、70 條條文
12.中華民國 107 年 11 月 21 日總統令增訂公布第 28-1、28-2 條條文

第一章　總　則

第 1 條（立法依據）
Ⅰ本法依立法院組織法第二條第二項制定之。
Ⅱ本法未規定者，適用其他法令之規定。

第 2 條（委員之報到及開議日之決定）
Ⅰ立法委員應分別於每年二月一日及九月一日起報到，開議日由各黨團協商決定之。但經總統解散時，由新任委員於選舉結果公告後第三日起報到，第十日開議。
Ⅱ前項報到及出席會議，應由委員親自爲之。

第 3 條（就職宣誓及院長、副院長選舉）
立法院每屆第一會期報到首日舉行預備會議，進行委員就職宣誓及院長、副院長之選舉。

第 4 條（開會額數及總額計算標準）
Ⅰ立法院會議，須有立法委員總額三分之一出席，始得開會。
Ⅱ前項立法委員總額，以每會期實際報到人數爲計算標準。但會期中辭職、去職或亡故者，應減除之。

第 5 條（會期延長之要件）
立法院每次會期屆至，必要時，得由院長或立法委員提議或行政院之請求延長會期，經院會議決行之；立法委員之提議，並應有二十人以上之連署或附議。

第 6 條（會議之決議）
立法院會議之決議，除法令另有規定外，以出席委員過半數之同意行之；可否同數時，取決於主席。

第二章　議案審議

第 7 條（議案之議決）
立法院依憲法第六十三條規定所議決之議案，除法律案、預算案應經三讀會議決外，其餘均經二讀會議決之。

第 8 條（第一讀會程序）
Ⅰ第一讀會，由主席將議案宣付朗讀行之。
Ⅱ政府機關提出之議案或立法委員提出之法律案，應先送程序委員會，提報院會朗讀標題後，即應交付有關委員會審查。但有出席委員提議，二十人以上連署或附議，經表決通過，得逕付二讀。
Ⅲ立法委員提出之其他議案，於朗讀標題後，得由提案人說明其旨趣，經大體討論，議決交付審查或逕付二讀，或不予審議。

第 9 條（第二讀會程序）
Ⅰ第二讀會，於討論各委員會審查之議案，或經院會議決不經審查逕付二讀之議案時行之。
Ⅱ第二讀會，應將議案朗讀，依次或逐條提付討論。
Ⅲ第二讀會，得就審查意見或原案要旨，先作廣泛討論。廣泛討論後，如有出席委員提議，十五人以上連署或附議，經表決通過，得重付審查或撤銷之。

第 10 條（對立法原旨有異議之補救程序）
法律案在第二讀會逐條討論，有一部分已經通過，其餘仍在進行中時，如對本案立法之原旨有異議，由出席委員提議，二十五人以上連署或附議，經表決通過，得將全案重付審查。但以一次爲限。

第 10 條之 1（第二讀會不須協商之議案處理）
第二讀會討論各委員會議決不須黨團協商之議案，得經院會同意，不須討論，逕依審查意見處理。

第 11 條（第三讀會之程序）
Ⅰ第三讀會，應於第二讀會之下次會議行之。但如有出席委員提議，十五人以上連署或附議，經表決通過，得於二讀後繼續進行三讀。
Ⅱ第三讀會，除發現議案內容有互相牴觸，或與憲法、其他法律相牴觸者外，祇得爲文字之修正。
Ⅲ第三讀會，應將議案全案付表決。

第 12 條（議案之撤回及法律案之併案審查）
Ⅰ議案於完成二讀前，原提案者得經院會同意後撤回原案。
Ⅱ法律案交付審查後，性質相同者，得爲併案審查。

Ⅲ法律案付委經逐條討論後，院會再為併案審查之交付時，審查會對已通過之條文，不再討論。

第 13 條（屆滿不予繼續審議之議案）

每屆立法委員任期屆滿時，除預（決）算案及人民請願案外，尚未議決之議案，下屆不予繼續審議。

第 14 條（憲法修正案審議程序準用之規定）

立法委員提出之憲法修正案，除依憲法第一百七十四條第二款之規定處理外，審議之程序準用法律案之規定。

第 15 條（總統發布緊急命令之追認程序）

Ⅰ總統依憲法增修條文第二條第三項之規定發布緊急命令，提交立法院追認時，不經討論，交全院委員會審查；審查後提出院會以無記名投票表決。未獲同意者，該緊急命令立即失效。

Ⅱ總統於立法院休會期間發布緊急命令提交追認時，立法院應即召開臨時會，依前項規定處理。

Ⅲ總統於立法院解散後發布緊急命令，提交立法院追認時，立法院應於三日內召開臨時會，並於開議七日內議決，如未獲同意，該緊急命令立即失效。但於新任立法委員選舉投票日後發布者，由新任立法委員於就職後依第一項規定處理。

第二章之一　聽取總統國情報告

第 15 條之 1（立法院每年集會聽取總統國情報告）

依中華民國憲法增修條文第四條第三項規定，立法院得於每年集會時，聽取總統國情報告。

第 15 條之 2（總統赴立法院做國情報告之要件）

Ⅰ立法院得經全體立法委員四分之一以上提議，院會決議後，由程序委員會排定議程，就國家安全大政方針，聽取總統國情報告。

Ⅱ總統就其職權相關之國家大政方針，得咨請立法院同意後，至立法院進行國情報告。

第 15 條之 3（印送書面報告之期限）

總統應於立法院聽取國情報告日前三日，將書面報告印送全體委員。

第 15 條之 4（立法委員就國情報告不明瞭處提出問題之相關程序）

Ⅰ立法委員於總統國情報告完畢後，得就報告不明瞭處，提出問題；其發言時間、人數、順序、政黨比例等事項，由黨團協商決定。

Ⅱ就前項委員發言，經總統同意時，得綜合再做補充報告。

第 15 條之 5（立法委員對國情報告所提問題送請總統參考）

立法委員對國情報告所提問題之發言紀錄，於彙整後送請總統參考。

第三章　聽取報告與質詢

第 16 條（提出施政報告與質詢之規定）

Ⅰ行政院依憲法增修條文第三條第二項第一款向立法院提出施政方針及施政報告，依下列之規定：

一　行政院應於每年二月一日以前，將該年施政方針及上年七月至十二月之施政報告印送全體立法委員，並由行政院院長於二月底前提出報告。

二　行政院應於每年九月一日以前，將該年一月至六月之施政報告印送全體立法委員，並由行政院院長於九月底前提出報告。

三　新任行政院院長應於就職後兩週內，向立法院提出施政方針之報告，並於報告日前三日將書面報告印送全體立法委員。

Ⅱ立法院依前項規定向行政院院長及行政院各部會首長提出口頭質詢之會議次數，由程序委員會定之。

第 17 條（施政方針變更時之報告與質詢）

Ⅰ行政院遇有重要事項發生，或施政方針變更時，行政院院長或有關部會首長應向立法院院會提出報告，並備質詢。

Ⅱ前項情事發生時，如有立法委員提議，十五人以上連署或附議，經院會議決，亦得邀請行政院院長或有關部會首長向立法院院會報告，並備質詢。

第 18 條（質詢之種類）

Ⅰ立法委員對於行政院院長及各部會首長之施政方針、施政報告及其他事項，得提出口頭或書面質詢。

Ⅱ前項口頭質詢分為政黨質詢及立法委員個人質詢，均以即問即答方式為之，並得採用聯合質詢。但其人數不得超過三人。

Ⅲ政黨質詢先於個人質詢進行。

第 19 條（政黨質詢）

Ⅰ每一政黨詢答時間，以各政黨黨團提出人數乘以三十分鐘行之。但其人數不得逾該黨團人數二分之一。

Ⅱ前項參加政黨質詢之委員名單，由各政黨於行政院院長施政報告前一日向秘書長提出。

Ⅲ代表政黨質詢之立法委員，不得提出個人質詢。

Ⅳ政黨質詢時，行政院院長及各部會首長皆應列席備詢。

第 20 條（個人質詢）

Ⅰ立法委員個人質詢應依各委員會之種類，以議題分組方式進行，行政院院長及與議題相關之部會首長應列席備詢。

Ⅱ議題分組進行質詢，依立法院組織法第十條第一項各款順序。但有委員十五人連署，經議決後得變更議題順序。

Ⅲ立法委員個人質詢，以二議題為限，詢答時間合計不得逾三十分鐘。如以二議題進行時，各議題不得逾十五分鐘。

第 21 條（質詢之登記及書面要旨之送交）

I 施政方針及施政報告之質詢，於每會期集會委員報到日起至開議後七日內登記之。

II 立法委員為前項之質詢時，得將其質詢要旨以書面於質詢日前二日送交議事處，轉知行政院。但遇有重大突發事件，得於質詢前二小時提出。委員如採用聯合質詢，應併附親自簽名之同意書面。

III 已質詢委員，不得再登記口頭質詢。

第 22 條（質詢與答復）

依第十七條及第十八條提出之口頭質詢，應由行政院院長或質詢委員指定之有關部會首長答復；未及答復部分，應於二十日內以書面答復。但質詢事項牽涉過廣者，得延長五日。

第 23 條（質詢與答復應列入議事日程）

I 立法委員行使憲法增修條文第三條第二項第一款之質詢權，除依第十六條至第二十一條規定處理外，應列入議事日程質詢事項，並由立法院送交行政院。

II 行政院應於收到前項質詢後二十日內，將書面答復送由立法院轉知質詢委員，並列入議事日程質詢事項。但如質詢內容牽涉過廣者，答復時間得延長五日。

第 24 條（質詢提出之規定）

I 質詢之提出，以說明其所質詢之主旨為限。

II 質詢委員違反前項規定者，主席得予制止。

第 25 條（質詢答復之規定）

I 質詢之答復，不得超過質詢範圍之外。

II 被質詢人除為避免國防、外交明顯立即之危害或依法應秘密之事項者外，不得拒絕答復。

III 被質詢人違反第一項規定者，主席得予制止。

第 26 條（行政院及各首長應親自出席備詢）

行政院院長、副院長及各部會首長應親自出席立法院院會，並備質詢。因故不能出席者，應於開會前檢送必須請假之理由及行政院院長批准之請假書。

第 27 條（質詢事項不得為討論議題）

質詢事項，不得作為討論之議題。

第 28 條（預決算案報告之答詢程序）

I 行政院向立法院提出預算案編製經過報告之質詢，應於報告首日登記，詢答時間不得逾十五分鐘。

II 前項質詢以即問即答方式為之。但經質詢委員同意，得採綜合答復。

III 審計長所提總決算審核報告之諮詢，應於報告日中午前登記；其詢答時間及答復方式，依前二項規定處理。

IV 行政院或審計部對於質詢或諮詢未及答復部分，應於二十日內以書面答復。但內容牽涉過廣者，得延長五日。

第 28 條之 1（機密預算之審議原則）

立法院對於行政院或審計長向立法院提出預算案編製經過報告及總決算審核報告，其涉及國家機密者，以秘密會議行之。

第 28 條之 2（追加預算案及特別預算案之適用）

I 追加預算案及特別預算案，其審查程序與總預算案同。但必要時，經院會聽取編製經過報告並質詢後，逕交財政委員會會同有關委員會審查，並提報院會處理。

II 前項審查會議由財政委員會召集委員擔任主席。

第四章　同意權之行使

第 29 條（同意權行使程序及表決）

立法院依憲法第一百零四條或憲法增修條文第五條第一項、第六條第二項、第七條第二項行使同意權時，不經討論，交付全院委員會審查，審查後提出院會以無記名投票表決，經超過全體立法委員二分之一之同意為通過。

第 30 條（審查範圍及被提名人列席說明）

I 全院委員會就被提名人之資格及是否適任之相關事項進行審查與詢問，由立法院咨請總統通知被提名人列席說明與答詢。

II 全院委員會於必要時，得就司法院院長副院長、考試院院長副院長及監察院院長副院長與其他被提名人分開審查。

第 31 條（同意權行使結果之咨復）

同意權行使之結果，由立法院咨復總統。如被提名人未獲同意，總統應另提他人咨請立法院同意。

第五章　覆議案之處理

第 32 條（覆議）

行政院得就立法院決議之法律案、預算案、條約案之全部或一部，經總統核可後，移請立法院覆議。

第 33 條（覆議案之審查）

I 覆議案不經討論，即交全院委員會，就是否維持原決議予以審查。

II 全院委員會審查時，得由立法院邀請行政院院長列席說明。

第 34 條（覆議案之表決）

覆議案審查後，應於行政院送達十五日內提出院會以記名投票表決。如贊成維持原決議者，超過全體立法委員二分之一，即維持原決議；如未達全體立法委員二分之一，即不維持原決議；逾期未作成決議者，原決議失效。

第 35 條（休會期間覆議案之處理）

立法院休會期間，行政院移請覆議案，應於送達七日內舉行臨時會，並於開議十五日內，依前二條規定處理之。

第六章　不信任案之處理

第 36 條（不信任案提出之要件）
立法院依憲法增修條文第三條第二項第三款之規定，得經全體立法委員三分之一以上連署，對行政院院長提出不信任案。

第 37 條（不信任案之審查及表決）
Ⅰ不信任案應於院會報告事項進行前提出，主席收受後應即報告院會，並不經討論，交付全院委員會審查。
Ⅱ全院委員會應自不信任案提報院會七十二小時後，立即召開審查，審查後提報院會表決。
Ⅲ前項全院委員會審查及提報院會表決時間，應於四十八小時內完成，未於時限完成者，視爲不通過。

第 38 條（不信任案連署之撤回及參加）
Ⅰ不信任案於審查前，連署人得撤回連署，未連署人亦得參加連署；提案人撤回原提案須經連署人同意。
Ⅱ前項不信任案經主席宣告審查後，提案人及連署人均不得撤回提案或連署。
Ⅲ審查時如不足全體立法委員三分之一以上連署者，該不信任案視爲撤回。

第 39 條（不信任案之表決方式）
不信任案之表決，以記名投票表決之。如經全體立法委員二分之一以上贊成，方爲通過。

第 40 條（不信任結果之咨送）
立法院處理不信任案之結果，應咨送總統。

第 41 條（再提不信任案之限制）
不信任案未獲通過，一年內不得對同一行政院院長再提不信任案。

第七章　彈劾案之提出

第 42 條（彈劾案）
立法院依憲法增修條文第四條第七項之規定，對總統、副總統得提出彈劾案。

第 43 條（提議彈劾案之程序）
Ⅰ依前條規定彈劾總統或副總統，須經全體立法委員二分之一以上提議，以書面詳列彈劾事由，交由程序委員會編列議程提報院會，並不經討論，交付全院委員會審查。
Ⅱ全院委員會審查時，得由立法院邀請被彈劾人列席說明。

第 44 條（提出彈劾案之表決）
全院委員會審查後，提出院會以無記名投票表決，如經全體立法委員三分之二以上贊成，向司法院大法官提出彈劾案。

第七章之一　罷免案之提出及審議

第 44 條之 1（罷免案之提出及審議）
Ⅰ立法院依憲法增修條文第二條第九項規定提出罷免總統或副總統案，經全體立法委員四分之一之提議，附具罷免理由，交由程序委員會編列議程提報院會，並不經討論，交付全院委員會於十五日內完成審查。
Ⅱ全院委員會審查前，立法院應通知被提議罷免人於審查前七日內提出答辯書。
Ⅲ前項答辯書，立法院於收到後，應即分送全體立法委員。
Ⅳ被提議罷免人不提出答辯書時，全院委員會仍得逕行審查。
Ⅴ全院委員會審查後，即提出院會以記名投票表決，經全體立法委員三分之二同意，罷免案成立，當即宣告並咨復被提議罷免人。

第八章　文件調閱之處理

第 45 條（立法院得調閱文件）
Ⅰ立法院經院會決議，得設調閱委員會，或經委員會之決議，得設調閱專案小組，要求有關機關就特定議案涉及事項提供參考資料。
Ⅱ調閱委員會或調閱專案小組於必要時，得經院會之決議，向有關機關調閱前項議案涉及事項之文件原本。

第 46 條（調閱委員會設立之限制）
調閱委員會或調閱專案小組之設立，均應於立法院會期中爲之。但調閱文件之時間不在此限。

第 47 條（受要求調閱文件機關之處理方式）
Ⅰ受要求調閱文件之機關，除依法律或其他正當理由得拒絕外，應於五日內提供之。但相關資料或文件原本業經司法機關或監察機關先爲調取時，應敘明理由，並提供複本。如有正當理由，無法提供複本者，應提出已被他機關調取之證明。
Ⅱ被調閱文件之機關在調閱期間，應指派專人將調閱之文件送達立法院指定場所，以供查閱，並負保管責任。

第 48 條（機關或人員違反調閱規定之處理）
政府機關或公務人員違反本法規定，於立法院調閱文件時拒絕、拖延或隱匿不提供者，得經立法院院會之決議，將其移送監察院依法提出糾正、糾舉或彈劾。

第 49 條（調閱委員會所需工作人員之指派）
Ⅰ調閱委員會所需之工作人員，由秘書長指派之。
Ⅱ調閱專案小組所需之工作人員，由立法院各委員會或主辦委員會就各該委員會人員中指派之。
Ⅲ調閱委員會及調閱專案小組於必要時，得請求院長指派專業人員協助之。

第 50 條（查閱人員之限制及應遵守事項）
Ⅰ立法院所調取之文件，限由各該調閱委員會、調閱專案小組之委員或院長指派之專業人員親自查閱之。

II前項查閱人員，對機密文件不得抄錄、攝影、影印、誦讀、錄音或為其他複製行為，亦不得將文件攜離查閱場所。

第 51 條（文件調閱終結後應提出報告）

調閱委員會或調閱專案小組應於文件調閱處理終結後二十日內，分向院會或委員會提出調閱報告書及處理意見，作為處理該特定議案之依據。

第 52 條（保密）

文件調閱之調閱報告書及處理意見未提出前，其工作人員、專業人員、保管人員或查閱人員負有保密之義務，不得對文件內容或處理情形予以揭露。但涉及外交、國防或其他依法令應秘密事項者，於調閱報告及處理意見提出後，仍應依相關法令規定保密，並依秘密會議處理之。

第 53 條（不得為最後決議之情形及例外）

I調閱委員會或調閱專案小組未提出調閱報告書及處理意見前，院會或委員會對該特定議案不得為最後之決議。但已逾院會或各該委員會議決之時限者，不在此限。

II前項調閱專案小組之調閱報告書及處理意見，應經該委員會議決後提報院會處理。

第九章　委員會公聽會之舉行

第 54 條（公聽會之舉行及秘密會議）

各委員會為審查院會交付之議案，得依憲法第六十七條第二項之規定舉行公聽會。如涉及外交、國防或其他依法令應秘密事項者，以秘密會議行之。

第 55 條（舉行公聽會之要件）

公聽會須經各委員會輪值之召集委員同意，或經各委員會全體委員三分之一以上之連署或附議，並經議決，方得舉行。

第 56 條（公聽會之主席及出席人員）

I公聽會以各委員會召集委員為主席，並得邀請政府人員及社會上有關係人員出席表達意見。

II前項出席人員，應依正反意見之相當比例邀請，並以不超過十五人為原則；其人選由各委員會決定之。

III應邀出席人員非有正當理由，不得拒絕出席。

第 57 條（公聽會前之準備）

I舉行公聽會之委員會，應於開會日五日前，將開會通知、議程等相關資料，以書面送達出席人員，並請其提供口頭或書面意見。

II同一議案舉行多次公聽會時，得由公聽會主席於會中宣告下次舉行日期，不受五日之限制，但仍應發出書面通知。

III立法院對應邀出席人員，得酌發出席費。

第 58 條（公聽會報告之提出）

委員會應於公聽會終結後十日內，依出席者所提供之正、反意見提出公聽會報告，送交本院全體委員及出席者。

第 59 條（公聽會報告之效力）

公聽會報告作為審查該特定議案之參考。

第十章　行政命令之審查

第 60 條（各機關訂定之命令應提報會議）

I各機關依其法定職權或基於法律授權訂定之命令送達立法院後，應提報立法院會議。

II出席委員對於前項命令，認為有違反、變更或牴觸法律者，或應以法律規定事項而以命令定之者，如有十五人以上連署或附議，即交付有關委員會審查。

第 61 條（行政命令審查之期限）

I各委員會審查行政命令，應於院會交付審查後三個月內完成之；逾期未完成者，視為已經審查。但有特殊情形者，得經院會同意後展延；展延以一次為限。

II前項期間，應扣除休會期日。

第 62 條（行政命令違法之救濟程序）

I行政命令經審查後，發現有違反、變更或牴觸法律者，或應以法律規定事項而以命令定之者，應提報院會，經議決後，通知原訂頒之機關更正或廢止之。

II前條第一項視為已經審查或經審查無前項情形之行政命令，由委員會報請院會存查。

III第一項經通知更正或廢止之命令，原訂頒機關應於二個月內更正或廢止；逾期未為更正或廢止者，該命令失效。

第 63 條（行政命令審查得準用之規定）

各委員會審查行政命令，本章未規定者，得準用法律案之審查規定。

第十一章　請願文書之審查

第 64 條（請願文書之處理方式）

I立法院於收受請願文書，應依下列規定辦理：

一　秘書處收受請願文書後，應即送程序委員會。

二　各委員會收受請願文書後，應即送秘書處收文。

三　立法院會議時，請願人面遞請願文書，由有關委員會召集委員代表接受，並於接見後，交秘書處收文。

四　請願人向立法院集體請願，面遞請願文書有所陳述時，由院長指定之人員接見其代表。

II前項請願人，包括經我國認許之外國法人。

第 65 條（請願文書之處理程序）

I立法院收受請願文書後，應先由程序委員會審核其形式是否符合請願法規定，其有不符或文字意思表示無法瞭解者，通知其補正。

II請願文書之內容明顯非屬立法職權事項，程序委員會應逕行移送權責機關處理；其屬單純之行政事項，得不交審查而逕行函復，或委託相關委員會函復。如顯有請願法第三條、第四條規定情事，依法不得請願者，由程序委員會通知請願人。

第 66 條（請願文書之審查及查復）

I 請願文書應否成爲議案，由有關委員會審查；審查時得先函請相關部會於一個月內查復。必要時得派員先行瞭解，或通知請願人到會說明，說明後應即退席。

II 請願文書在審查未有結果前，請願人得撤回之。

第 67 條（成為或不成為議案之處理方式）

I 請願文書經審查結果成爲議案者，由程序委員會列入討論事項，經大體討論後，議決交付審查或逕付二讀或不予審議。

II 請願文書經審查結果不成爲議案者，應敘明理由及處理經過，送由程序委員會報請院會存查，並通知請願人。但有出席委員提議，十五人以上連署或附議，經表決通過，仍得成爲議案。

第十二章　黨團協商

第 68 條（黨團協商）

I 爲協商議案或解決爭議事項，得由院長或各黨團向院長請求進行黨團協商。

II 立法院院會於審議不須黨團協商之議案時，如有出席委員提出異議，十人以上連署或附議，該議案即交黨團協商。

III 各委員會審查議案遇有爭議時，主席得裁決進行協商。

第 69 條（黨團協商參加者及舉行時間）

I 黨團協商會議，由院長、副院長及各黨團負責人或黨鞭出席參加；並由院長主持，院長因故不能主持時，由副院長主持。

II 前項會議原則上於每週星期三舉行，在休會或停會期間，如有必要時，亦得舉行，其協商日期由主席通知。

第 70 條（指派參加黨團協商代表）

I 議案交由黨團協商時，由該議案之院會說明人所屬黨團負責召集，通知各黨團書面簽名指派代表二人參加，該院會說明人爲當然代表，並由其擔任協商主席。但院會說明人更換黨團時，則由原所屬黨團另指派協商主席。

II 各黨團指派之代表，其中一人應爲審查會委員。但黨團所屬委員均非審查會委員時，不在此限。

III 依第六十八條第二項提出異議之委員，得向負責召集之黨團，以書面簽名推派二人列席協商說明。

IV 議案進行協商時，由秘書長派員支援，全程錄影、錄音、記錄，併同協商結論，刊登公報。

V 協商結論如與審查會之決議或原提案條文有明顯差異時，應由提出修正之黨團或提案委員，以書面附具條文及立法理由，併同協商結論，刊登公報。

第 71 條（協商結論）

黨團協商經各黨團代表達成共識後，應即簽名，作成協商結論，並經各黨團負責人簽名，於院會宣讀後，列入紀錄，刊登公報。

第 71 條之 1（黨團協商之期限）

議案自交黨團協商逾一個月無法達成共識者，由院會定期處理。

第 72 條（協商結論之效力）

I 黨團協商結論於院會宣讀後，如有出席委員提議，八人以上之連署或附議，得對其全部或一部提出異議，並由院會就異議部分表決。

II 黨團協商結論經院會宣讀通過，或依前項異議議決結果，出席委員不得再提出異議；逐條宣讀時，亦不得反對。

第 73 條（經協商議案及待表決條文之派員發言）

I 經協商之議案於廣泛討論時，除經黨團要求依政黨比例派員發言外，其他委員不得請求發言。

II 經協商留待院會表決之條文，得依政黨比例派員發言後，逕行處理。

III 前二項議案在逐條討論時，出席委員不得請求發言。

第 74 條（議案分發協商之順序及數量）

I 程序委員會應依各委員會提出審查報告及經院會議決交由黨團協商之順序，依序將議案交由黨團協商。

II 議案有時效性者，負責召集之黨團及該議案之院會說明人應優先處理。

第十三章　附　則

第 75 條（連署或附議人數限制之例外）

符合立法院組織法第三十三條規定之黨團，除憲法另有規定外，得以黨團名義提案，不受本法有關連署或附議人數之限制。

第 76 條（議事規則之訂定）

立法院議事規則另定之。

第 77 條（施行日）

I 本法自公布日施行。

II 本法中華民國九十六年十一月三十日修正之條文，自立法院第七屆立法委員就職日起施行。

法院組織法

1.中華民國21年10月28日國民政府制定公布全文91條；並自24年7月1日施行。
2.中華民國24年7月22日國民政府修正公布第33、37、38條條文
3.中華民國27年9月21日國民政府修正公布第55條條文
4.中華民國34年4月17日國民政府修正公布第33、35、48、51、54、91條條文
5.中華民國35年1月17日國民政府修正公布第16、19、34、36、45及50條條文
6.中華民國57年12月19日總統令修正公布第63條條文
7.中華民國58年4月10日總統令修正公布第34、35條條文
8.中華民國69年6月29日總統令修正公布第21、26、27、34、35、45、49至51、56、63、87條條文及第五章章名
9.中華民國78年12月22日總統令修正公布全文115條
10.中華民國88年2月3日總統令修正公布第11、12、33、34、49、51、73至75條條文；並增訂第66-1～66-4條條文
11.中華民國90年1月17日總統令修正公布第15、34、103及106條條文
12.中華民國90年5月23日總統令修正公布第66、79條條文
13.中華民國94年6月15日總統令修正公布第11、22、23、33、38、39、49、52、53、69、70、71、73～75條條文；並增訂第114-1條條文
14.中華民國95年2月3日總統令修正公布第12、62、66條條文；並增訂第59-1、63-1條條文
15.中華民國95年12月27日總統令修正公布第34條條文
16.中華民國96年7月11日總統令修正公布第11、16、17、37條條文；並增訂第17-1、17-2條條文
17.中華民國97年6月11日總統令修正公布第17-2條條文
18.中華民國99年11月24日總統令修正公布第34、66及83條條文
19.中華民國100年11月23日總統令修正公布第14、15、32、79條條文
20.中華民國103年1月29日總統令修正公布第17及37條條文
21.中華民國104年2月4日總統令修正公布第18、23、39、53、98、99條條文及第11條之附表
22.中華民國104年7月1日總統令修正公布第90、93、95條條文；並增訂第90-1～90-4條條文
23.中華民國105年6月22日總統令增訂公布第14-1條條文；並自106年1月1日施行。
24.中華民國105年12月7日總統令修正公布第63-1條條文；並自106年1月1日施行
25.中華民國106年6月14日總統令修正公布第66-2、66-4、67條條文
26.中華民國107年5月23日總統令修正公布第73條條文之附表；並增訂第114-2條條文
27.中華民國107年6月13日總統令修正公布第83條條文
28.中華民國108年1月4日總統令修正公布第3、115條條文；增訂第51-1～51-11、57-1條條文；刪除第57條條文；並自公布後六個月施行

第一章　總　則

第1條（法院之審級）
本法所稱法院，分左列三級：
一　地方法院。
二　高等法院。
三　最高法院。

第2條（法院之權限）
法院審判民事、刑事及其他法律規定訴訟案件，並依法管轄非訟事件。

第3條（法院審判案件之獨任制與合議制）
Ⅰ地方法院審判案件，以法官一人獨任或三人合議行之。
Ⅱ高等法院審判案件，以法官三人合議行之。
Ⅲ最高法院審判案件，除法律另有規定外，以法官五人合議行之。

第4條（審判長）
Ⅰ合議審判，以庭長充審判長；無庭長或庭長有事故時，以庭員中資深者充之，資同以年長者充之。
Ⅱ獨任審判，即以該法官行審判長之職權。

第5條（不合法事務分配之效力）
Ⅰ法官審判訴訟案件，其事務分配及代理次序，雖有未合本法所定者，審判仍屬有效。
Ⅱ前項規定，於非訟事件之處理準用之。

第6條（分院準用本院之規定）
高等法院分院及地方法院分院審判訴訟案件及處理非訟事件，適用關於各該本院之規定。

第7條（法院之劃分與變更）
地方法院及其分院、高等法院及其分院管轄區域之劃分或變更，由司法院定之。

第二章　地方法院

第8條（地方法院之設置）
Ⅰ直轄市或縣（市）各設地方法院。但得視其地理環境及案件多寡，增設地方法院分院；或合設地方法院；或將其轄區之一部劃歸其他地方法院或其分院，不受行政區劃限制。
Ⅱ在特定地區，因業務需要，得設專業地方法院；其組織及管轄等事項，以法律定之。

第9條（地方法院之管轄事件）
地方法院管轄事件如下：
一　民事、刑事第一審訴訟案件。但法律別有規定者，不在此限。
二　其他法律規定之訴訟案件。
三　法律規定之非訟事件。

第10條（簡易庭）
地方法院得設簡易庭，其管轄事件依法律之規定。

第11條（地方法院之類別及員額）
Ⅰ地方法院或其分院之類別及員額，依附表之規定。
Ⅱ各地方法院或其分院應適用之類別及其變更，由司法院定之。

第12條（地方法院法官職等及法官助理之設置）
Ⅰ地方法院置法官，薦任第八職等至第九職等或簡任第十職等至第十一職等；試署法官，薦任第七職等至第九職等；候補法官，薦任第六職等至第八職等。
Ⅱ實任法官繼續服務十年以上，成績優良，經審查合格者，得晉敘至簡任第十二職等至第十三職等；繼續服務十五年以上，成績優良，經審查合格者，得晉敘至簡任第十二職等至第十四職等。
Ⅲ前項簡任第十四職等法官員額，不得逾地方法院實任法官總額三分之一。
Ⅳ第二項晉敘法官之資格、審查委員會之組成、審查程序及限制不得申請晉敘情形等事項之審查辦法，由司法院定之。
Ⅴ司法院因應地方法院業務需要，得調候補法官至地方法院辦事，承法官之命，辦理訴訟案件程序及實體之審查、法律問題之分析、資料之蒐集、裁判書之草擬等事務。
Ⅵ地方法院於必要時，得置法官助理，依聘用人員聘用條例聘用各種專業人員充任之；承法官之命，辦理訴訟案件程序之審查、法律問題之分析、資料之蒐集等事務。
Ⅶ候補法官調地方法院辦事期間，計入其候補法官年資。
Ⅷ具律師執業資格者，經聘用充任法官助理期間，計入其律師執業年資。
Ⅸ法官助理之遴聘、訓練、業務、管理及考核等相關事項，由司法院以命令定之。

第13條（院長）
地方法院置院長一人，由法官兼任，簡任第十職等至第十二職等，綜理全院行政事務。但直轄市地方法院兼任院長之法官，簡任第十一職等至第十三職等。

第14條（民庭、刑庭及行政訴訟庭之設置）
地方法院分設民事庭、刑事庭、行政訴訟庭，其庭數視事務之繁簡定之；必要時得設專業法庭。

第14條之1（刑事強制處分庭之設置）
Ⅰ地方法院與高等法院分設刑事強制處分庭，辦理偵查中強制處分聲請案件之審核。但司法院得視法院員額及事務繁簡，指定不設刑事強制處分庭之法院。
Ⅱ承辦前項案件之法官，不得辦理同一案件之審判事務。
Ⅲ前二項之規定，自中華民國一百零六年一月一日施行。

第15條（庭長）
Ⅰ民事庭、刑事庭、行政訴訟庭、專業法庭及簡易庭之庭長，除由兼任院長之法官兼任者外，餘由其他法官兼任，簡任第十職等至第十一職等或薦任第九職等，監督各該庭事務。
Ⅱ曾任高等法院或其分院法官二年以上，調地方法院或其分院兼任院長或庭長之法官、法官者，得晉敘至簡任第十二職等至第十四職等。

第16條（民事執行處）
地方法院設民事執行處，由法官或司法事務官辦理其事務；其法官在二人以上者，由一人兼任庭長，簡任第十職等至第十一職等或薦任第九職等，監督該處事務。

第17條（公設辯護人室）
Ⅰ地方法院設公設辯護人室，置公設辯護人，薦任第七職等至第九職等或簡任第十職等至第十一職等；其公設辯護人在二人以上者，置主任公設辯護人，薦任第九職等或簡任第十職等至第十二職等。
Ⅱ實任公設辯護人服務滿十五年以上，成績優良，經審查合格者，得晉敘至簡任第十二職等。
Ⅲ曾任高等法院或其分院、智慧財產法院公設辯護人四年以上，調地方法院或其分院之公設辯護人，成績優良，經審查合格者，得晉敘至簡任第十二職等。
Ⅳ曾任高等法院或其分院、智慧財產法院公設辯護人之服務年資，合併計算。
Ⅴ第二項、第三項之審查辦法，由司法院定之。
Ⅵ具律師資格者於擔任公設辯護人期間，計入其律師執業期間。

第17條之1（司法事務官室）
Ⅰ地方法院設司法事務官室，置司法事務官，薦任第七職等至第九職等；司法事務官在二人以上者，置主任司法事務官，薦任第九職等至簡任第十職等。
Ⅱ具律師執業資格者，擔任司法事務官期間，計入其律師執業年資。

第17條之2（司法事務官辦理事務）
Ⅰ司法事務官辦理下列事務：
一　返還擔保金事件、調解程序事件、督促程序事件、保全程序事件、公示催告程序裁定事件、確定訴訟費用額事件。
二　拘提、管收以外之強制執行事件。
三　非訟事件法及其他法律所定之非訟事件。
四　其他法律所定之事務。
Ⅱ司法事務官得承法官之命，彙整起訴及答辯要旨，分析卷證資料，整理事實及法律疑義，並製作報告書。

Ⅲ司法事務官辦理第一項各款事件之範圍及日期，由司法院定之。

第 18 條（調查保護室人員及職等之設置）

Ⅰ地方法院設調查保護室，置少年調查官、少年保護官、家事調查官、心理測驗員、心理輔導員及佐理員。少年調查官、少年保護官及家事調查官合計二人以上者，置主任調查保護官一人；合計六人以上者，得分組辦事，組長由少年調查官、少年保護官或家事調查官兼任，不另列等。

Ⅱ少年調查官、少年保護官及家事調查官，薦任第七職等至第九職等；主任調查保護官，薦任第九職等至簡任第十職等；心理測驗員及心理輔導員，薦任第六職等至第八職等；佐理員，委任第四職等至第五職等，其中二分之一得列薦任第六職等。

第 19 條（公證處）

地方法院設公證處，置公證人及佐理員；公證人在二人以上者，置主任公證人。公證人，薦任第七職等至第九職等；主任公證人，薦任第九職等或簡任第十職等；佐理員，委任第三職等至第五職等。

第 20 條（提存所）

Ⅰ地方法院設提存所，置主任及佐理員。主任，薦任第九職等或簡任第十職等；佐理員，委任第三職等至第五職等或薦任第六職等至第八職等。

Ⅱ前項薦任佐理員員額，不得逾同一法院佐理員總額二分之一。

第 21 條（登記處）

Ⅰ地方法院設登記處，置主任及佐理員。主任，薦任第九職等或簡任第十職等；佐理員，委任第三職等至第五職等或薦任第六職等至第八職等。

Ⅱ前項薦任佐理員員額，不得逾同一法院佐理員總額二分之一。

第 22 條（書記處）

Ⅰ地方法院設書記處，置書記官長一人，薦任第九職等至簡任第十職等，承院長之命處理行政事務；一等書記官，薦任第八職等至第九職等；二等書記官，薦任第六職等至第七職等；三等書記官，委任第四職等至第五職等，分掌紀錄、文書、研究考核、總務、資料及訴訟輔導等事務，並得分科、分股辦事，科長由一等書記官兼任，股長由一等書記官或二等書記官兼任，均不另列等。

Ⅱ前項一等書記官、二等書記官總額，不得逾同一法院一等書記官、二等書記官、三等書記官總額二分之一。

第 23 條（地方法院通譯、技士、執達員及法警等人員職等之設置）

Ⅰ地方法院置一等通譯，薦任第七職等至第八職等；二等通譯，薦任第六職等至第七職等；三等通譯，委任第四職等至第五職等；技士，委任第五職等或薦任第六職等至第七職等；執達員，委任第三職等至第五職等；錄事、庭務員，均委任第一職等至第三職等。

Ⅱ前項一等通譯、二等通譯總額，不得逾同一法院一等通譯、二等通譯、三等通譯總額二分之一。

Ⅲ地方法院為辦理值庭、執行、警衛、解送人犯及有關司法警察事務，置法警；法警長，委任第五職等或薦任第六職等至第七職等；副法警長，委任第四職等至第五職等或薦任第六職等；法警，委任第三職等至第五職等；其管理辦法，由司法院會同行政院定之。

Ⅳ地方法院因傳譯需要，應逐案約聘原住民族或其他各種語言之特約通譯；其約聘辦法，由司法院定之。

第 24 條（人事編制）

Ⅰ地方法院設人事室，置主任一人，薦任第八職等至第九職等，副主任一人，薦任第七職等至第九職等；必要時得依法置佐理人員，依法律規定辦理人事管理、人事查核等事項。

Ⅱ直轄市地方法院人事室，必要時得分股辦事，由佐理人員兼任之，不另列等。事務較簡之地方法院，得僅置人事管理員，委任第五職等至薦任第七職等。

第 25 條（會計編制）

Ⅰ地方法院設會計室、統計室，各置主任一人，均薦任第八職等至第九職等，必要時得依法各置佐理人員，依法律規定分別辦理歲計、會計、統計等事項。

Ⅱ直轄市地方法院會計室、統計室，必要時得分股辦事，均由佐理人員兼任，不另列等。事務較簡之地方法院，得僅置會計員、統計員，均委任第五職等至薦任第七職等。

第 26 條（資訊編制）

地方法院設資訊室，置主任一人，薦任第七職等至第九職等，承院長之命處理資訊室之行政事項；資訊管理師，薦任第六職等至第七職等，操作員，委任第三職等至第五職等；必要時得置設計師，薦任第六職等至等八職等，以處理資訊事項。

第 27 條（分院之編制）

地方法院分院設置院長一人，由法官兼任，簡任第十職等至第十二職等，綜理該分院行政事務。

第 28 條（院長之權限）

地方法院院長，得派本院法官兼行分院法官之職務。

第 29 條（分院之管轄）

地方法院分院管轄事件，與地方法院同。

第 30 條（分院之準用）

第十一條至第二十六條規定，於地方法院分院準用之。

第三章　高等法院

第 31 條（高等法院之設置）

省、直轄市或特別區域各設高等法院。但得視其地理環境及案件多寡，增設高等法院分院；或合設高等法院；或將其轄區之一部劃歸其他高等法院或其分院，不受行政區劃之限制。

第 32 條（高等法院之管轄事件）

高等法院管轄事件如下：

一　關於內亂、外患及妨害國交之刑事第一審訴訟案件。

二　不服地方法院及其分院第一審判決而上訴之民事、刑事訴訟案件。但法律另有規定者，從其規定。

三　不服地方法院及其分院裁定而抗告之案件。但法律另有規定者，從其規定。

四　其他法律規定之訴訟案件。

第 33 條（高等法院之類別及員額）

Ⅰ高等法院或其分院之類別及員額，依附表之規定。

Ⅱ高等法院或其分院應適用之類別及其變更，由司法院定之。

第 34 條（高院法官職等及法官助理）

Ⅰ高等法院置法官，簡任第十職等至第十一職等或薦任第九職等；試署法官，薦任第七職等至第九職等。

Ⅱ高等法院法官繼續服務二年以上，得晉敘至簡任第十二職等至第十四職等；依第十二條第二項規定晉敘有案者，得敘至簡任第十二職等至第十三職等或簡任第十二職等至第十四職等。

Ⅲ司法院因應高等法院業務需要，得調地方法院或其分院試署法官或候補法官至高等法院辦事，承法官之命，辦理訴訟案件程序及實體之審查、法律問題之分析、資料之蒐集、裁判書之草擬等事務。

Ⅳ高等法院於必要時得置法官助理，依聘用人員聘用條例聘用各種專業人員充任之，承法官之命，辦理訴訟案件程序之審查、法律問題之分析、資料之蒐集等事務。

Ⅴ試署法官或候補法官調高等法院辦事期間，計入其試署法官或候補法官年資。

Ⅵ具律師執業資格者，經聘用充任法官助理期間，計入其律師執業年資。

Ⅶ第十二條第九項規定，於高等法院準用之。

第 35 條（院長）

高等法院置院長一人，由法官兼任，簡任第十三職等至第十四職等，綜理全院行政事務。

第 36 條（民庭、刑庭之設置）

高等法院分設民事庭、刑事庭，其庭數視事務之繁簡定之；必要時得設專業法庭。各庭庭長，除由兼任院長之法官兼任者外，餘由其他法官兼任，簡任第十一職等至第十三職等，監督各該庭事務。

第 37 條（公設辯護人室）

Ⅰ高等法院設公設辯護人室，置公設辯護人，簡任第十職等至第十一職等或薦任第九職等；其公設辯護人在二人以上者，置主任公設辯護人，簡任第十職等至第十二職等。

Ⅱ前項公設辯護人繼續服務四年以上，成績優良，經審查合格者，得晉敘至簡任第十二職等；已依第十七條第二項、第三項、少年及家事法院組織法第十一條第二項、第三項規定晉敘有案者，得敘至簡任第十二職等。

Ⅲ前項公設辯護人之服務年資與曾任高等法院分院、智慧財產法院公設辯護人之服務年資，合併計算。

Ⅳ第二項之審查辦法，由司法院定之。

第 38 條（書記處）

Ⅰ高等法院設書記處，置書記官長一人，薦任第九職等至簡任第十一職等，承院長之命處理行政事務；一等書記官，薦任第八職等至第九職等；二等書記官，薦任第六職等至第七職等；三等書記官，委任第四職等至第五職等，分掌紀錄、文書、研究考核、總務、資料及訴訟輔導事務，並得分科、分股辦事，科長由一等書記官兼任；股長由一等書記官或二等書記官兼任，均不另列等。

Ⅱ前項一等書記官、二等書記官總額，不得逾同一法院一等書記官、二等書記官、三等書記官總額二分之一。

第 39 條（高等法院通譯、技士及執達員等人員職等之設置）

Ⅰ高等法院置一等通譯，薦任第八職等至第九職等；二等通譯，薦任第六職等至第七職等；三等通譯，委任第四職等至第五職等；技士，委任第五職等或薦任第六職等至第七職等；執達員，委任第三職等至第五職等；錄事、庭務員，均委任第一職等至第三職等。

Ⅱ前項一等通譯、二等通譯總額，不得逾同一法院一等通譯、二等通譯、三等通譯總額二分之一。

Ⅲ第二十三條第三項、第四項規定，於高等法院或其分院準用之。

第 40 條（人事室）

高等法院設人事室，置主任一人，簡任第十職等，副主任一人，薦任第九職等或簡任第十職等；科員，委任第四職等至第五職等或薦任第六職等至第七職等，其中薦任科員不得逾同一法院科員總額三分之一，依法律規定辦理人事管理、人事查核等事項，並得分科辦事；科長，薦任第九職等。

第 41 條（會計室、統計室）

高等法院設會計室、統計室，各置主任一人，均簡任第十職等；必要時得依法各置佐理人員，依法律規定分別辦理歲計、會計、統計等事項，並得分科辦事；科長，薦任第九職等。

第42條（資訊室）
高等法院設資訊室，置主任一人，簡任第十職等，承院長之命處理資訊室之行政事項；資訊管理師，薦任第六職等至第七職等，操作員，委任第三職等至第五職等；必要時得置科長、設計師，科長，薦任第九職等，設計師，薦任第六職等至第八職等，處理資訊事項。

第43條（分院院長）
高等法院分院置院長一人，由法官兼任，簡任第十二職等至第十四職等，綜理該分院行政事務。

第44條（院長之權限）
高等法院院長得派本院法官兼行分院法官職務。

第45條（分院之管轄）
高等法院分院管轄事件，與高等法院同。

第46條（分院之準用）
第三十四條至第四十二條之規定，於高等法院分院準用之。

第四章　最高法院

第47條（最高法院之設置）
最高法院設於中央政府所在地。

第48條（最高法院之管轄事件）
最高法院管轄案件如左：
一　不服高等法院及其分院第一審判決而上訴之刑事訴訟案件。
二　不服高等法院及其分院第二審判決而上訴之民事、刑事訴訟案件。
三　不服高等法院及其分院裁定而抗告之案件。
四　非常上訴案件。
五　其他法律規定之訴訟案件。

第49條（最高法院員額）
最高法院員額，依附表之規定。

第50條（院長）
最高法院置院長一人，特任，綜理全院行政事務，並任法官。

第51條（最高法院法官職等及法官助理之設置）
Ⅰ最高法院置法官，簡任第十三職等至第十四職等；分設民事庭、刑事庭，其庭數視事務之繁簡定之；各庭置庭長一人，除由院長兼任者外，餘由法官兼任，簡任第十四職等，監督各該庭事務。
Ⅱ司法院得調高等法院以下各級法院及其分院法官或候補法官至最高法院辦事，承法官之命，辦理訴訟案件程序及實體之審查、法律問題之分析、資料之蒐集、裁判書之草擬等事務。
Ⅲ最高法院於必要時得置法官助理，依聘用人員聘用條例聘用各種專業人員充任之；承法官之命，辦理訴訟案件程序之審查、法律問題之分析、資料之蒐集等事務。
Ⅳ法官或候補法官調最高法院辦事期間，計入其法官或候補法官年資。
Ⅴ具律師執業資格者經聘用充任法官助理期間，計入其律師執業年資。

第51條之1（大法庭制度）
最高法院之民事庭、刑事庭為數庭者，應設民事大法庭、刑事大法庭，裁判法律爭議。

第51條之2（歧異提案及徵詢程序）
Ⅰ最高法院民事庭、刑事庭各庭審理案件，經評議後認採為裁判基礎之法律見解，與先前裁判之法律見解歧異者，應以裁定敘明理由，依下列方式處理：
一　民事庭提案予民事大法庭裁判。
二　刑事庭提案予刑事大法庭裁判。
Ⅱ最高法院民事庭、刑事庭各庭為前項裁定前，應先以徵詢書徵詢其他各庭之意見。受徵詢庭應於三十日內以回復書回復之，逾期未回復，視為主張維持先前裁判之法律見解。經任一受徵詢庭主張維持先前裁判之法律見解時，始得為前項裁定。

第51條之3（原則重要性法律見解之提案）
最高法院民事庭、刑事庭各庭審理案件，經評議後認採為裁判基礎之法律見解具有原則重要性，得以裁定敘明理由，提案予民事大法庭、刑事大法庭裁判。

第51條之4（當事人提案聲請）
Ⅰ最高法院民事庭、刑事庭各庭審理案件期間，當事人認為足以影響裁判結果之法律見解，民事庭、刑事庭先前裁判之見解已產生歧異，或具有原則重要性，得以書狀表明下列各款事項，向受理案件之民事庭、刑事庭聲請以裁定提案予民事大法庭、刑事大法庭裁判：
一　所涉及之法令。
二　法律見解歧異之裁判，或法律見解具有原則重要性之具體內容。
三　該歧異見解或具有原則重要性見解對於裁判結果之影響。
四　聲請人所持法律見解。
Ⅱ前項聲請，檢察官以外之當事人應委任律師為代理人或辯護人為之。但民事事件之聲請人釋明有民事訴訟法第四百六十六條之一第一項但書、第二項情形，不在此限。
Ⅲ最高法院民事庭、刑事庭各庭受理第一項之聲請，認為聲請不合法律上之程式或法律上不應准許，應以裁定駁回之。

第51條之5（提案庭得撤銷提案）
提案庭於大法庭言詞辯論終結前，因涉及之法律爭議已無提案之必要，得以裁定敘明理由，撤銷提案。

第 51 條之 6（大法庭之組織）

Ⅰ民事大法庭、刑事大法庭裁判法律爭議，各以法官十一人合議行之，並分別由最高法院院長及其指定之庭長，擔任民事大法庭或刑事大法庭之審判長。

Ⅱ民事大法庭、刑事大法庭之庭員，由提案庭指定庭員一人及票選之民事庭、刑事庭法官九人擔任。

Ⅲ前項由票選產生之大法庭庭員，每庭至少應有一人，且兼任庭長者不得逾總人數二分之一。

第 51 條之 7（大法庭成員產生程序）

Ⅰ前條第一項由院長指定之大法庭審判長、第二項之票選大法庭庭員任期均為二年。票選庭員之人選、遞補人選，由法官會議以無記名投票，分別自民事庭、刑事庭全體法官中依得票數較高，且符合前條第三項規定之方式選舉產生。遞補人選之任期至原任期屆滿為止。

Ⅱ院長或其指定之大法庭審判長出缺或有事故不能擔任審判長時，由前項遞補人選遞補之，並以大法庭庭員中資深庭長充審判長，無庭長者，以其他資深庭員充之，資同以年長者充之。票選之大法庭庭員出缺或有事故，不能擔任民事大法庭、刑事大法庭庭員時，由前項遞補人選遞補之。

Ⅲ前條第二項提案庭指定之庭員出缺、有事故不能擔任民事大法庭、刑事大法庭庭員時，由提案庭另行指定庭員出任。

Ⅳ民事大法庭、刑事大法庭審理中之法律爭議，遇民事大法庭、刑事大法庭庭員因改選而更易時，仍由原審理該法律爭議之民事大法庭、刑事大法庭繼續審理至終結止；其庭員出缺或有事故不能擔任民事大法庭、刑事大法庭庭員時，亦按該法律爭議提交民事大法庭、刑事大法庭時之預定遞補人選遞補之。

第 51 條之 8（大法庭程序）

Ⅰ民事大法庭、刑事大法庭裁判法律爭議，應行言詞辯論。

Ⅱ前項辯論，檢察官以外之當事人應委任律師為代理人或辯護人為之。於民事事件委任訴訟代理人，準用民事訴訟法第四百七十四條第三項之規定；於刑事案件被告未選任辯護人者，審判長應指定公設辯護人或律師為被告行言詞辯論。

Ⅲ第一項之辯論期日，民事事件被上訴人未委任訴訟代理人或當事人一造之訴訟代理人未到場者，由他造之訴訟代理人陳述後為裁定；兩造之訴訟代理人均未到場者，得不行辯論。刑事案件被告之辯護人、自訴代理人中一造或兩造未到場者，亦同。

Ⅳ民事大法庭、刑事大法庭認有必要時，得依職權或依當事人、其代理人或辯護人之聲請，就專業法律問題選任專家學者，以書面或於言詞辯論時到場陳述其法律上意見。

Ⅴ前項陳述意見之人，應揭露下列資訊，並準用民事訴訟法或刑事訴訟法關於鑑定人之規定：

一　相關專業意見或資料之準備或提出，是否與當事人、關係人或其代理人或辯護人有分工或合作關係。

二　相關專業意見或資料之準備或提出，是否受當事人、關係人或其代理人或辯護人之金錢報酬或資助及其金額或價值。

三　其他提供金錢報酬或資助者之身分及其金額或價值。

第 51 條之 9（大法庭裁定及不同意見書）

Ⅰ民事大法庭、刑事大法庭裁判法律爭議，應以裁定記載主文與理由行之，並自辯論終結之日起三十日內宣示。

Ⅱ法官於評議時所持法律上之意見與多數意見不同，經記明於評議簿，並於裁定宣示前補具不同意見書者，應與裁定一併公布。

第 51 條之 10（大法庭裁定之拘束力）

民事大法庭、刑事大法庭之裁定，對提案庭提交之案件有拘束力。

第 51 條之 11（大法庭程序準用相關法律之規定）

除本法另有規定外，民事訴訟法、刑事訴訟法及其他相關法律之規定與大法庭規範性質不相牴觸者，亦準用之。

第 52 條（書記廳）

Ⅰ最高法院設書記廳，置書記官長一人，簡任第十一職等至第十三職等，承院長之命處理行政事務；一等書記官，薦任第八職等至第九職等；二等書記官，薦任第六職等至第七職等；三等書記官，委任第四職等至第五職等，分掌紀錄、文書、研究考核、總務、資料及訴訟輔導等事務，並得分科、分股辦事，科長由一等書記官兼任；股長由一等書記官或二等書記官兼任，均不另列等。

Ⅱ前項一等書記官、二等書記官總額，不得逾一等書記官、二等書記官、三等書記官總額二分之一。

第 53 條（最高法院通譯、技士及執達員等人員職等之設置）

Ⅰ最高法院置一等通譯，薦任第八職等至第九職等；二等通譯，薦任第六職等至第七職等；三等通譯，委任第四職等至第五職等；技士，委任第五職等或薦任第六職等至第七職等；執達員，委任第三職等至第五職等；錄事、庭務員，均委任第一職等至第三職等。

Ⅱ前項一等通譯、二等通譯總額，不得逾一等通譯、二等通譯、三等通譯總額二分之一。

Ⅲ第二十三條第三項、第四項之規定，於最高法院準用之。

第 54 條（人事室）

最高法院設人事室，置主任一人，簡任第十職等，副主任一人，薦任第九職等或簡任第十職等；科員，委任第四職等至第五職等或薦任第六職等至第七職等，其中薦任科員不得逾總額三分之一，依法律規定辦理人事管理、人事查核等事項，並得分股辦事；股長由科員兼任，不另列等。

第 55 條（會計室、統計室）

最高法院設會計室、統計室，各置主任一人，均簡任第十職等；必要時得依法各置佐理人員，依法律規定分別辦理歲計、會計、統計等事項，並得分股辦事；股長由佐理人員兼任，不另列等。

第 56 條（資訊室）

最高法院設資訊室，置主任一人，簡任第十職等，承院長之命處理資訊室之行政事項；設計師，薦任第六職等至第八職等；資訊管理師，薦任第六職等至第七職等；操作員，第三職等至第五職等，處理資訊事項。

第 57 條（刪除）

第 57 條之 1（判例之效力）

Ⅰ最高法院於中華民國一百零七年十二月七日本法修正施行前依法選編之判例，若無裁判全文可資查考者，應停止適用。

Ⅱ未經前項規定停止適用之判例，其效力與未經選編為判例之最高法院裁判相同。

Ⅲ於中華民國一百零七年十二月七日本法修正之條文施行後三年內，人民於上開條文施行後所受確定終局裁判援用之判例、決議，發生牴觸憲法之疑義者，得準用司法院大法官審理案件法第五條第一項第二款之規定聲請解釋憲法。

第五章　檢察機關

第 58 條（檢察署）

各級法院及分院各配置檢察署。

第 59 條（檢察機關之設置）

Ⅰ各級法院及分院檢察署置檢察官，最高法院檢察署以一人為檢察總長，其他法院及分院檢察署各以一人為檢察長，分別綜理各該署行政事務。

Ⅱ各級法院及分院檢察署檢察官員額在六人以上者，得分組辦事，每組以一人為主任檢察官，監督各該組事務。

第 59 條之 1（檢察官人事審議委員會之設置）

Ⅰ法務部設檢察官人事審議委員會，審議高等法院檢察署以下各級法院及其分院檢察署主任檢察官、檢察官之任免、轉任、遷調、考核及獎懲事項。

Ⅱ前項審議之決議，應報請法務部部長核定後公告之。

Ⅲ法務部部長遴任檢察長前，檢察官人事審議委員會應提出職缺二倍人選，由法務部部長圈選之。檢察長之遷調應送檢察官人事審議委員會徵詢意見。

Ⅳ檢察官人事審議委員會置委員十七人，由法務部部長指派代表四人、檢察總長及其指派之代表三人與全體檢察官所選出之代表九人組成之，由法務部部長指派具司法官身分之次長為主任委員。

Ⅴ前項選任委員之任期，均為一年，連選得連任一次。

Ⅵ全體檢察官代表，以全國為單一選區，以秘密、無記名及單記直接選舉產生，每一檢察署以一名代表為限。

Ⅶ檢察官人事審議委員會之組成方式、審議對象、程序、決議方式及相關事項之審議規則，由法務部徵詢檢察官人事審議委員會後定之。

第 60 條（檢察官之職權）

檢察官之職權如左：

一　實施偵查、提起公訴、實行公訴、協助自訴、擔當自訴及指揮刑事裁判之執行。

二　其他法令所定職務之執行。

第 61 條（檢察官與法院之關係）

檢察官對於法院，獨立行使職權。

第 62 條（檢察官執行職務之區域）

檢察官於其所屬檢察署管轄區域內執行職務，但遇有緊急情形或法律另有規定者，不在此限。

第 63 條（檢察總長之指揮監督權）

Ⅰ檢察總長依本法及其他法律之規定，指揮監督該署檢察官及高等法院以下各級法院及分院檢察署檢察官。

Ⅱ檢察長依本法及其他法律之規定，指揮監督該署檢察官及其所屬檢察署檢察官。

Ⅲ檢察官應服從前二項指揮監督長官之命令。

第 63 條之 1（高等法院以下各級法院及其分院檢察署如有需要借調相關機關專業人員協助偵查之權限）

Ⅰ高等法院以下各級法院及其分院檢察署為辦理重大貪瀆、經濟犯罪、嚴重危害社會秩序案件需要，得借調相關機關之專業人員協助偵查。

Ⅱ高等法院以下各級法院及其分院檢察署檢察官執行前項職務時，得經臺灣高等法院檢察署檢察長或檢察總長之指定，執行各該審級檢察官之職權，不受第六十二條之限制。

Ⅲ中華民國一百零五年十一月十八日修正之本條規定，自一百零六年一月一日施行。

第 64 條（檢察事務之移轉）

檢察總長、檢察長得親自處理其所指揮監督之檢察官之事務，並得將該事務移轉於其所指揮監督之其他檢察官處理之。

第65條（檢察長之職權）
高等法院及地方法院檢察署檢察長，得派本署檢察官兼行其分院檢察署檢察官之職務。
第66條（檢察官之職等）
I 最高法院檢察署檢察總長，特任；主任檢察官，簡任第十四職等；檢察官，簡任第十三職等至第十四職等。
II 高等法院檢察署檢察長，簡任第十三職等至第十四職等；其分院檢察署檢察長，簡任第十二職等至第十四職等。高等法院及分院檢察署主任檢察官，簡任第十一職等至第十三職等；檢察官，簡任第十職等至第十一職等或薦任第九職等；繼續服務二年以上者，得晉敘至簡任第十二職等至第十四職等。
III 地方法院及分院檢察署檢察長，簡任第十職等至第十二職等；主任檢察官，簡任第十職等至第十一職等或薦任第九職等；檢察官，薦任第八職等至第九職等或簡任第十職等至第十一職等；試署檢察官，薦任第七職等至第九職等；候補檢察官，薦任第六職等至第八職等。但直轄市地方法院檢察署檢察長，簡任第十一職等至第十三職等。
IV 曾任高等法院或其分院檢察署檢察官二年以上，調地方法院或其分院檢察署檢察長、主任檢察官、檢察官者，得晉敘至簡任第十二職等至第十四職等。
V 第三十四條第二項後段於高等法院及分院檢察署主任檢察官、檢察官準用之。
VI 第二項、第四項之規定，溯自中華民國九十年一月十九日生效。
VII 第十二條第二項至第四項於地方法院及分院檢察署主任檢察官、檢察官準用之；其審查辦法由法務部定之。
VIII 最高法院檢察署檢察總長由總統提名，經立法院同意任命之，任期四年，不得連任。
IX 總統應於前項規定生效後一個月內，向立法院提出最高法院檢察署檢察總長人選。
X 最高法院檢察署檢察總長除年度預算案及法律案外，無須至立法院列席備詢。
XI 最高法院檢察署檢察總長因故出缺或無法視事時，總統應於三個月內重新提出人選，經立法院同意任命之，其任期重行計算四年，不得連任。
XII 最高法院檢察署檢察總長於任命時具司法官身分者，於卸任時，得回任司法官。
XIII 最高法院檢察署檢察總長於任滿前一個月，總統應依第七項規定辦理。
第66條之1（各級檢察官受調協助檢察官）
I 法務部得調高等法院以下各級法院及其分院檢察署檢察官或候補檢察官至最高法院檢察署辦事，承檢察官之命，辦理訴訟案件程序之審查、法律問題之分析、資料之蒐集及書類之草擬等事項。
II 法務部得調地方法院及其分院檢察署試署檢察官或候補檢察官至高等法院或其分院檢察署辦事，承檢察官之命，協助檢察官辦理訴訟案件程序之審查、法律問題之分析、資料之蒐集及書類之草擬等事項。
III 法務部得調候補檢察官至地方法院或其分院檢察署辦事，承實任檢察官之命，協助檢察官辦理訴訟案件程序之審查、法律問題之分析、資料之蒐集及書類之草擬等事項。
IV 檢察官、試署檢察官或候補檢察官依前三項規定調辦事期間，計入其檢察官、試署檢察官或候補檢察官年資。
第66條之2（檢察事務官之設置及職等）
I 各級法院及其分院檢察署設檢察事務官室，置檢察事務官；檢察事務官在二人以上者，置主任檢察事務官；並得視業務需要分組辦事，各組組長由檢察事務官兼任，不另列等。
II 檢察事務官，薦任第七職等至第九職等，第七十三條第一項附表所定第一類地方法院及其分院檢察署之檢察事務官，其中二人得列簡任第十職等；主任檢察事務官，薦任第九職等或簡任第十職等。
第66條之3（檢察事務官處理事務）
I 檢察事務官受檢察官之指揮，處理下列事務：
一　實施搜索、扣押、勘驗或執行拘提。
二　詢問告訴人、告發人、被告、證人或鑑定人。
三　襄助檢察官執行其他第六十條所定之職權。
II 檢察事務官處理前項前二款事務，視爲刑事訴訟法第二百三十條第一項之司法警察官。
第66條之4（檢察事務官之任用資格）
I 檢察事務官，應就具有下列資格之一者任用之：
一　經公務人員高等考試或司法人員特種考試相當等級之檢察事務官考試及格者。
二　經律師考試及格，並具有薦任職任用資格者。
三　曾任警察官或法務部調查局調查人員三年以上，成績優良，並具有薦任職任用資格者。
四　具有公立或經立案之私立大學、獨立學院以上學歷，曾任法院或檢察署書記官，辦理民刑事紀錄三年以上，成績優良，具有薦任職任用資格者。
II 各級法院及其分院檢察署爲辦理陸海空軍刑法或其他涉及軍事、國家與社會安全及相關案件需要，得借調國防部所屬具軍法官資格三年以上之人員，辦理檢察事務官事務，並準用前條第二項規定。借調期間不得逾四年，其借調方式、年資、待遇、給與、考績、獎懲及相關事項之辦法，由法務部會同國防部定之。

Ⅲ主任檢察事務官，應就具有檢察事務官及擬任職等任用資格，並具有領導才能者遴任之。
Ⅳ具律師執業資格者任檢察事務官期間，計入其律師執業年資。

第 67 條（觀護人、臨床心理師及佐理員之設置及職等）

Ⅰ地方法院及分院檢察署設觀護人室，置觀護人、臨床心理師及佐理員。觀護人在二人以上者，置主任觀護人；在六人以上者，得分組辦事，組長由觀護人兼任，不另列等。
Ⅱ觀護人，薦任第七職等至第九職等，第七十三條第一項附表所定第一類地方法院及其分院檢察署之觀護人，其中二人得列簡任第十職等；主任觀護人，薦任第九職等或簡任第十職等；臨床心理師，列師（三）級；佐理員，委任第四職等至第五職等，其中二分之一得列薦任第六職等。

第 68 條（法醫師檢驗員）

Ⅰ高等法院以下各級法院及其分院檢察署，置法醫師，法醫師在二人以上者，置主任法醫師。法醫師，薦任第七職等至第九職等；主任法醫師，薦任第九職等或簡任第十職等。但地方法院及其分院檢察署法醫師得列委任第五職等。
Ⅱ高等法院以下各級法院及其分院檢察署，置檢驗員，委任第三職等至第五職等或薦任第六職等至第八職等。

第 69 條（準用）

Ⅰ第二十二條、第二十三條第三項、第三十八條、第五十二條之規定，於地方法院或其分院檢察署、高等法院或其分院檢察署、最高法院檢察署分別準用之。
Ⅱ高等法院以下各級法院及其分院檢察署，得設執行科，掌理關於刑事執行事務，並得分股辦事。科長由一等書記官兼任；股長由一等書記官或二等書記官兼任，均不另列等。
Ⅲ高等法院或其分院檢察署，得設所務科，掌理關於監督看守所及少年觀護所之行政事務，並得分股辦事。置科長一人，薦任第九職等；科員，委任第五職等或薦任第六職等至第七職等；書記，委任第一職等至第三職等；股長由薦任科員兼任，不另列等。

第 70 條（通譯技士之職等）

Ⅰ最高法院檢察署、高等法院及分院檢察署置一等通譯，薦任第八職等至第九職等；二等通譯，薦任第六職等至第七職等；三等通譯，委任第四職等至第五職等；技士，委任第五職等或薦任第六職等至第七職等。
Ⅱ地方法院及分院檢察署置一等通譯，薦任第七職等至第八職等；二等通譯，薦任第六職等至第七職等；三等通譯，委任第四職等至第五職等；技士，委任第五職等或薦任第六職等至第七職等。
Ⅲ前二項一等通譯、二等通譯總額，不得逾同一檢察署一等通譯、二等通譯、三等通譯總額二分之一。

第 71 條（各級法院檢察署錄事之設置）

各級法院及分院檢察署置錄事，委任第一職等至第三職等。

第 72 條（各級法院檢察署之準用）

第二十四條至第二十六條、第四十條至第四十二條、第五十四條至第五十六條之規定，於地方法院或其分院檢察署、高等法院或其分院檢察署、最高法院檢察署分別準用之。

第 73 條（地方法院檢察署之類別及員額）

Ⅰ地方法院或其分院檢察署之類別及員額，依附表之規定。
Ⅱ各地方法院或其分院檢察署應適用之類別及其變更，由行政院定之。

第 74 條（高等法院檢察署之類別及員額）

Ⅰ高等法院或其分院檢察署之類別及員額，依附表之規定。
Ⅱ高等法院或其分院檢察署應適用之類別及其變更，由行政院定之。

第 75 條（最高法院檢察署員額）

最高法院檢察署員額，依附表之規定。

第 76 條（司法警察之調度）

Ⅰ檢察官得調度司法警察，法官於辦理刑事案件時，亦同。
Ⅱ調度司法警察條例另定之。

第六章　司法年度及事務分配

第 77 條（司法年度）

司法年度，每年自一月一日起至十二月三十一日止。

第 78 條（處務規程）

各級法院及分院與各級法院及分院檢察署之處務規程，分別由司法院與法務部定之。

第 79 條（年度司法事務分配之預定）

Ⅰ各級法院及分院於每年度終結前，由院長、庭長、法官舉行會議，按照本法、處務規程及其他法令規定，預定次年度司法事務之分配及代理次序。
Ⅱ辦理民事、刑事、行政訴訟及其他特殊專業類型案件之法官，其年度司法事務分配辦法，由司法院另定之。
Ⅲ第一項會議並應預定次年度關於合議審判時法官之配置。

第 80 條（事務分配會議之主席）

前條會議，以院長為主席，其決議以過半數之意見定之，可否同數時，取決於主席。

第 81 條（事務分配變更之程序）

事務分配、代理次序及合議審判時法官之配置，經預定後，因案件或法官增減或他項事故，有變更之必要時，得由院長徵詢有關庭長、法官意見後定之。

第 82 條（推事之代理）

Ⅰ地方法院及其分院法官因事故不能執行職務時，得由地方法院院長命候補法官暫代其職務。

Ⅱ高等法院或地方法院法官因事故不能執行職務時，得由高等法院或地方法院院長調用其分院法官暫代其職務。

Ⅲ高等法院及其分院法官因事故不能執行職務時，得由高等法院院長調用地方法院或其分院法官暫代其職務。

Ⅳ最高法院法官因事故不能執行職務時，得由最高法院院長商調高等法院或其分院法官暫代其職務。

Ⅴ前二項暫代其職務之期間，不得逾六個月。

第 83 條（公報之出版）

Ⅰ各級法院及分院應定期出版公報或以其他適當方式，公開裁判書。但其他法律另有規定者，依其規定。

Ⅱ前項公開，除自然人之姓名外，得不含自然人之身分證統一編號及其他足資識別該個人之資料。

Ⅲ高等法院以下各級法院及其分院檢察署，應於第一審裁判書公開後，公開起訴書，並準用前二項規定。

第七章　法庭之開閉及秩序

第 84 條（開庭場所席位設置及法庭秩序）

Ⅰ法庭開庭，於法院內爲之。但法律別有規定者，不在此限。

Ⅱ法院內開庭時，在法庭實施訴訟程序之公務員及依法執行職務之人、訴訟當事人與訴訟關係人，均應設置席位，其席位布置，應依當事人平等之原則爲之。

Ⅲ除參與審判之法官或經審判長許可者外，在庭之人陳述時，起立，陳述後復坐。

Ⅳ審判長蒞庭及宣示判決時，在庭之人均應起立。

Ⅴ法庭席位布置及旁聽規則，由司法院定之。

第 85 條（臨時庭）

Ⅰ高等法院以下各級法院或分院於必要時，得在管轄區域內指定地方臨時開庭。

Ⅱ前項情形，其法官除就本院法官中指派者外，得以所屬分院或下級法院法官充之。

Ⅲ第一項臨時開庭辦法，由司法院定之。

第 86 條（法庭之公開）

訴訟之辯論及裁判之宣示，應公開法庭行之。但有妨害國家安全、公共秩序或善良風俗之虞時，法院得決定不予公開。

第 87 條（法庭不公開理由之宣示）

Ⅰ法庭不公開時，審判長應將不公開之理由宣示。

Ⅱ前項情形，審判長仍得允許無妨礙之人旁聽。

第 88 條（審判長之法庭指揮權）

審判長於法庭之開閉及審理訴訟，有指揮之權。

第 89 條（審判長之秩序維持權）

法庭開庭時，審判長有維持秩序之權。

第 90 條（法庭開庭之禁止行爲及錄音、錄影相關規定）

Ⅰ法庭開庭時，應保持肅靜，不得有大聲交談、鼓掌、攝影、吸煙、飲食物品及其他類似之行爲。

Ⅱ法庭開庭時，除法律另有規定外，應予錄音。必要時，得予錄影。

Ⅲ在庭之人非經審判長許可，不得自行錄音、錄影；未經許可錄音、錄影者，審判長得命其消除該錄音、錄影內容。

Ⅳ前項處分，不得聲明不服。

第 90 條之 1（聲請法院許可交付法庭錄音或錄影內容；法院得不予許可或限制交付）

Ⅰ當事人及依法得聲請閱覽卷宗之人，因主張或維護其法律上利益，得於開庭翌日起至裁判確定後六個月內，繳納費用聲請法院許可交付法庭錄音或錄影內容。但經判處死刑、無期徒刑或十年以上有期徒刑之案件，得於裁判確定後二年內聲請。

Ⅱ前項情形，依法令得不予許可或限制聲請閱覽、抄錄或攝影卷內文書者，法院得不予許可或限制交付法庭錄音或錄影內容。

Ⅲ第一項情形，涉及國家機密者，法院得不予許可或限制交付法庭錄音或錄影內容；涉及其他依法令應予保密之事項者，法院得限制交付法庭錄音或錄影內容。

Ⅳ前三項不予許可或限制交付內容之裁定，得爲抗告。

第 90 條之 2（法庭錄音或錄影內容之保存期限）

法庭錄音、錄影內容，應保存至裁判確定後二年，始得除去其錄音、錄影。但經判處死刑或無期徒刑確定之案件，其保存期限依檔案法之規定。

第 90 條之 3（法庭錄音、錄影及其保存利用等相關辦法由司法院訂定）

前三條所定法庭之錄音、錄影及其利用保存等相關事項之辦法，由司法院定之。

第 90 條之 4（持有法庭錄音、錄影內容之人，禁止散布、公開播送或不當使用；違反者之處罰）

Ⅰ持有法庭錄音、錄影內容之人，就所取得之錄音、錄影內容，不得散布、公開播送，或爲非正當目的之使用。

Ⅱ違反前項之規定者，由行爲人之住所、居所，或營業所、事務所所在地之地方法院處新臺幣三萬元以上三十萬元以下罰鍰。但其他法律另有特別規定者，依其規定。

Ⅲ前項處罰及救濟之程序，準用相關法令之規定。

第 91 條（妨害法庭之處分及效力）

Ⅰ有妨害法庭秩序或其他不當行爲者，審判長得禁止其進入法庭或命其退出法庭，必要時得命看管至閉庭時。

Ⅱ前項處分，不得聲明不服。

Ⅲ前二項之規定，於審判長在法庭外執行職務時準用之。

第 92 條（代理人、辯護人妨害法庭之處分）

律師在法庭代理訴訟或辯護案件，其言語行動如有不當，審判長得加以警告或禁止其開庭當日之代理或辯護。非律師而爲訴訟代理人或辯護人者，亦同。

第 93 條（審判長所爲維持法庭秩序之處分應於筆錄記明事由）

審判長爲第九十條第三項、第九十一條及第九十二條之處分時，應命記明其事由於筆錄。

第 94 條（受命及受託法官之準用）

第八十四條至第九十三條有關審判長之規定，於受命法官、受託法官執行職務時準用之。

第 95 條（違反法官維持法庭秩序命令之處罰）

違反審判長、受命法官、受託法官所發維持法庭秩序之命令，致妨害法院執行職務，經制止不聽者，處三月以下有期徒刑、拘役或新臺幣三萬元以下罰金。

第 96 條（法服）

Ⅰ法官及書記官在法庭執行職務時，應服制服，檢察官、公設辯護人及律師在法庭執行職務時，亦同。

Ⅱ前項人員之服制，由司法院會同行政院定之。

第八章　法院之用語

第 97 條（審判應用之語言）

法院爲審判時，應用國語。

第 98 條（通譯傳譯或選擇文字訊問）

訴訟當事人、證人、鑑定人及其他有關係之人，如有不通曉國語者，由通譯傳譯之；其爲聽覺或語言障礙者，除由通譯傳譯外，並得依其選擇以文字訊問，或命以文字陳述。

第 99 條（訴訟文書之文字）

訴訟文書應用我國文字。但有供參考之必要時，應附記所用之方言或外國語文。

第 100 條（檢察事務之準用）

前三項之規定，於辦理檢察事務時準用之。

第九章　裁判之評議

第 101 條（評議之人數）

合議裁判案件，應依本法所定法官人數評議決定之。

第 102 條（主席）

裁判之評議，以審判長爲主席。

第 103 條（評議不公開）

裁判之評議，於裁判確定前均不公開。

第 104 條（發表意見之次序）

評議時法官應各陳述意見，其次序以資淺者爲先，資同以年少者爲先，遞至審判長爲終。

第 105 條（評議之決定）

Ⅰ評議以過半數之意見決定之。

Ⅱ關於數額，如法官之意見分三說以上，各不達過半數時，以最多額之意見順次算入次多額之意見，至達過半數爲止。

Ⅲ關於刑事，如法官之意見分三說以上，各不達過半數時，以最不利於被告之意見順次算入次不利於被告之意見，至達過半數爲止。

第 106 條（評議之記載與守密）

Ⅰ評議時各法官之意見應記載於評議簿，並應於該案裁判確定前嚴守秘密。

Ⅱ案件之當事人、訴訟代理人、辯護人或曾爲輔佐人，得於裁判確定後聲請閱覽評議意見。不得抄錄、攝影或影印。

第十章　司法上之互助

第 107 條（法院之互助）

法院處理事務，應互相協助。

第 108 條（檢察官之互助）

檢察官執行職務，應互相協助。

第 109 條（書記官觀護人執達員及法警之互助）

書記官於權限內之事務，應互相協助，觀護人、執達員、法警，亦同。

第十一章　司法行政之監督

第 110 條（各級法院之行政監督）

各級法院行政之監督，依左列規定：

一　司法院院長監督各級法院及分院。

二　最高法院院長監督該法院。

三　高等法院院長監督該法院及其分院與所屬地方法院及其分院。

四　高等法院分院院長監督該分院與轄區內地方法院及其分院。

五　地方法院院長監督該法院及其分院。

六　地方法院分院院長監督該分院。

第 111 條（各級法院檢察署之行政監督）

各級法院檢察署行政之監督，依左列規定：

一　法務部部長監督各級法院及分院檢察署。

二　最高法院檢察署檢察總長監督該檢察署。

三　高等法院檢察署檢察長監督該檢察署及其分院檢察署與所屬地方法院及其分院檢察署。

四　高等法院分院檢察署檢察長監督該檢察署與轄

區內地方法院及其分院檢察署。
五　地方法院檢察署檢察長監督該檢察署及其分院檢察署。
六　地方法院分院檢察署檢察長監督該檢察署。

第 112 條（命令警告）
依前二條規定有監督權者，對於被監督之人員得為左列處分：
一　關於職務上之事項，得發命令使之注意。
二　有廢弛職務，侵越權限或行為不檢者，加以警告。

第 113 條（懲戒）
被監督之人員，如有前條第二款情事，而情節較重或經警告不悛者，監督長官得依公務員懲戒法辦理。

第 114 條（監督之限制）
本章之規定，不影響審判權之行使。

第 114 條之 1（現職人員之僱用）
各級法院及各級法院檢察署原依雇員管理規則進用之現職執達員、法警、錄事、庭務員、雇員，其未具公務人員任用資格者，得占用原職之職缺，繼續僱用至離職時為止。

第 114 條之 2（名稱改稱）
本法及其他法律所稱地方法院檢察署、高等法院檢察署、最高法院檢察署、高等法院及其分院檢察署、高等法院檢察署智慧財產分署、高等法院以下各級法院及其分院檢察署、地方法院及其分院檢察署、各級法院及分院檢察署，自本法中華民國一百零七年五月八日修正條文施行之日起，分別改稱為地方檢察署、高等檢察署、最高檢察署、高等檢察署及其檢察分署、高等檢察署智慧財產檢察分署、高等檢察署以下各級檢察署及其檢察分署、地方檢察署及其檢察分署、各級檢察署及檢察分署。

第十二章　附　則

第 115 條（施行日）
本法自公布日施行。

地方制度法

1.中華民國 88 年 1 月 25 日總統令制定公布全文 88 條
2.中華民國 94 年 6 月 22 日總統令修正公布第 57 條條文
3.中華民國 94 年 11 月 30 日總統令修正公布第 26 條條文
4.中華民國 94 年 12 月 14 日總統令修正公布第 56 條條文
5.中華民國 96 年 5 月 23 日總統令修正公布第 4、7 條條文
6.中華民國 96 年 7 月 11 日總統令修正公布第 56、62 條條文
中華民國 96 年 7 月 11 日總統令修正公布第 9、88 條條文；並自 96 年 1 月 1 日施行
7.中華民國 98 年 4 月 15 日總統令修正公布第 7 條條文；並增訂第 7-1、7-2、87-1～87-3 條條文
8.中華民國 98 年 5 月 27 日總統令修正公布第 79、88 條條文；並自 98 年 11 月 23 日施行
9.中華民國 99 年 2 月 3 日總統令修正公布第 21、33、48、55、58 條條文；並增訂第 7-3、24-1～24-3、40-1、58-1、83-1 條條文
10.中華民國 103 年 1 月 29 日總統令修正公布第 6、27、45、55～57、62、77、82、83、87、88 條條文；增訂第 83-2～83-8 條條文及第四章之一章名；並刪除第 22 條條文
中華民國 103 年 5 月 28 日行政院令發布第四章之一第 83-2～83-8 條及第 87 條自 103 年 5 月 28 日施行
11.中華民國 104 年 2 月 4 日總統令修正公布第 79 條條文
12.中華民國 104 年 6 月 17 日總統令修正公布第 4 條條文
13.中華民國 105 年 6 月 22 日總統令修正公布第 44、46 條條文

第一章 總 則

第 1 條（立法依據）

Ⅰ本法依中華民國憲法第一百十八條及中華民國憲法增修條文第九條第一項制定之。

Ⅱ地方制度依本法之規定，本法未規定者，適用其他法律之規定。

第 2 條（用詞定義）

本法用詞之定義如下：

一　地方自治團體：指依本法實施地方自治，具公法人地位之團體。省政府為行政院派出機關，省為非地方自治團體。

二　自治事項：指地方自治團體依憲法或本法規定，得自為立法並執行，或法律規定應由該團體辦理之事務，而負其政策規劃及行政執行責任之事項。

三　委辦事項：指地方自治團體依法律、上級法規或規章規定，在上級政府指揮監督下，執行上級政府交付辦理之非屬該團體事務，而負其行政執行責任之事項。

四　核定：指上級政府或主管機關，對於下級政府或機關所陳報之事項，加以審查，並作成決定，以完成該事項之法定效力之謂。

五　備查：指下級政府或機關間就其得全權處理之業務，依法完成法定效力後，陳報上級政府或主管機關知悉之謂。

六　去職：指依公務員懲戒法規定受撤職之懲戒處分、依公職人員選舉罷免法規定被罷免或依本法規定被解除職權或職務者。

第 3 條（地方組織體系）

Ⅰ地方劃分為省、直轄市。

Ⅱ省劃分為縣、市「以下稱縣（市）」；縣劃分為鄉、鎮、縣轄市「以下稱鄉（鎮、市）」。

Ⅲ直轄市及市均劃分為區。

Ⅳ鄉以內之編組為村；鎮、縣轄市及區以內之編組為里。村、里「以下稱村（里）」以內之編組為鄰。

第 4 條（直轄市、市及縣轄市設置標準）

Ⅰ人口聚居達一百二十五萬人以上，且在政治、經濟、文化及都會區域發展上，有特殊需要之地區得設直轄市。

Ⅱ縣人口聚居達二百萬人以上，未改制為直轄市前，於第三十四條、第五十四條、第五十五條、第六十二條、第六十六條、第六十七條及其他法律關於直轄市之規定，準用之。

Ⅲ人口聚居達五十萬人以上未滿一百二十五萬人，且在政治、經濟及文化上地位重要之地區，得設市。

Ⅳ人口聚居達十萬人以上未滿五十萬人，且工商發達、自治財源充裕、交通便利及公共設施完全之地區，得設縣轄市。

Ⅴ本法施行前已設之直轄市、市及縣轄市，得不適用第一項、第三項及第四項之規定。

第 5 條（各級行政區域之機關）

Ⅰ省設省政府、省諮議會。

Ⅱ直轄市設直轄市議會、直轄市政府；縣（市）設縣（市）議會、縣（市）政府；鄉（鎮、市）設鄉（鎮、市）民代表會、鄉（鎮、市）公所，分別為直轄市、縣（市）、鄉（鎮、市）之立法機關及行政機關。

Ⅲ直轄市、市之區設區公所。

Ⅳ村（里）設村（里）辦公處。

第 6 條（各級行政區域依原名稱及更名規定）

Ⅰ省、直轄市、縣（市）、鄉（鎮、市）、區及村（里）名稱，依原有之名稱。

Ⅱ前項名稱之變更，依下列規定辦理之：

一　省：由內政部報行政院核定。

二　直轄市：由直轄市政府提請直轄市議會通

過，報行政院核定。

三　縣（市）：由縣（市）政府提請縣（市）議會通過，由內政部轉報行政院核定。

四　鄉（鎮、市）及村（里）：由鄉（鎮、市）公所提請鄉（鎮、市）民代表會通過，報縣政府核定。

五　直轄市、市之區、里：由各該市政府提請市議會通過後辦理。

Ⅲ鄉（鎮）符合第四條第四項規定，改制爲縣轄市者，準用前項之規定。

第7條（行政區域之調整依法行之）

Ⅰ省、直轄市、縣（市）、鄉（鎮、市）及區〔以下簡稱鄉（鎮、市、區）〕之新設、廢止或調整，依法律規定行之。

Ⅱ縣（市）改制或與其他直轄市、縣（市）行政區域合併改制爲直轄市者，依本法之規定。

Ⅲ村（里）、鄰之編組及調整辦法，由直轄市、縣（市）另定之。

第7條之1（改制計畫之同意、核定與公告程序）

Ⅰ內政部基於全國國土合理規劃及區域均衡發展之需要，擬將縣（市）改制或與其他直轄市、縣（市）合併改制爲直轄市者，應擬訂改制計畫，徵詢相關直轄市政府、縣（市）政府意見後，報請行政院核定之。

Ⅱ縣（市）擬改制爲直轄市者，縣（市）政府得擬訂改制計畫，經縣（市）議會同意後，由內政部報請行政院核定之。

Ⅲ縣（市）擬與其他直轄市、縣（市）合併改制爲直轄市者，相關直轄市政府、縣（市）政府得共同擬訂改制計畫，經各該直轄市議會、縣（市）議會同意後，由內政部報請行政院核定之。

Ⅳ行政院收到內政部陳報改制計畫，應於六個月內決定之。

Ⅴ內政部應於收到行政院核定公文之次日起三十日內，將改制計畫發布，並公告改制日期。

第7條之2（改制計畫應載明事項）

前條改制計畫應載明下列事項：

一　改制後之名稱。

二　歷史沿革。

三　改制前、後行政區域範圍、人口及面積。

四　縣原轄鄉（鎮、市）及村改制爲區、里，其改制前、後之名稱及其人口、面積。

五　標註改制前、後行政界線之地形圖及界線會勘情形。

六　改制後對於地方政治、財政、經濟、文化、都會發展、交通之影響分析。

七　改制後之直轄市議會及直轄市政府所在地。

八　原直轄市、縣（市）、鄉（鎮、市、區）相關機關（構）、學校，於改制後組織變更、業務調整、人員移撥、財產移轉及自治法規處理之規劃。

九　原直轄市、縣（市）、鄉（鎮、市、區）相關機關（構）、學校，於改制後預算編製及執行等事項之規劃原則。

十　其他有關改制之事項。

第7條之3（直轄市區行政區域之整併）

依第七條之一改制之直轄市，其區之行政區域，應依相關法律規定整併之。

第二章　省政府與省諮議會

第8條（省政府功能與職掌）

省政府受行政院指揮監督，辦理下列事項：

一　監督縣（市）自治事項。

二　執行省政府行政事務。

三　其他法令授權或行政院交辦事項。

第9條（省政府之編制）

省政府置委員九人，組成省政府委員會議，行使職權，其中一人爲主席，由其他特任人員兼任，綜理省政業務，其餘委員爲無給職，均由行政院院長提請總統任命之。

第10條（省諮議會之職掌）

省諮議會對省政府業務提供諮詢及興革意見。

第11條（諮議長與諮議員）

省諮議會置諮議員，任期三年，爲無給職，其人數由行政院參酌轄區幅員大小、人口多寡及省政業務需要定之，至少五人，至多二十九人，並指定其中一人爲諮議長，綜理會務，均由行政院院長提請總統任命之。

第12條（省政府及省諮議會之預算）

省政府及省諮議會之預算，由行政院納入中央政府總預算，其預算編列、執行及財務收支事項，依預算法、決算法、國庫法及其他相關法令規定辦理。

第13條（組織規程之訂定）

省政府組織規程及省諮議會組織規程，均由行政院定之。

第三章　地方自治

第一節　地方自治團體及其居民之權利與義務

第14條（地方自治團體之種類及功能）

直轄市、縣（市）、鄉（鎮、市）爲地方自治團體，依本法辦理自治事項，並執行上級政府委辦事項。

第15條（居民之定義及要件）

中華民國國民，設籍在直轄市、縣（市）、鄉（鎮、市）地方自治區域內者，爲直轄市民、縣（市）民、鄉（鎮、市）民。

第16條（居民之權利）

直轄市民、縣（市）民、鄉（鎮、市）民之權利如下：
一　對於地方公職人員有依法選舉、罷免之權。
二　對於地方自治事項，有依法行使創制、複決之權。
三　對於地方公共設施有使用之權。
四　對於地方教育文化、社會福利、醫療衛生事項，有依法律及自治法規享受之權。
五　對於地方政府資訊，有依法請求公開之權。
六　其他依法律及自治法規賦予之權利。

第17條（居民之義務）

直轄市民、縣（市）民、鄉（鎮、市）民之義務如下：
一　遵守自治法規之義務。
二　繳納自治稅捐之義務。
三　其他依法律及自治法規所課之義務。

第二節　自治事項

第18條（直轄市自治事項）

下列各款爲直轄市自治事項：
一　關於組織及行政管理事項如下：
㈠直轄市公職人員選舉、罷免之實施。
㈡直轄市組織之設立及管理。
㈢直轄市戶籍行政。
㈣直轄市土地行政。
㈤直轄市新聞行政。
二　關於財政事項如下：
㈠直轄市財務收支及管理。
㈡直轄市稅捐。
㈢直轄市公共債務。
㈣直轄市財產之經營及處分。
三　關於社會服務事項如下：
㈠直轄市社會福利。
㈡直轄市公益慈善事業及社會救助。
㈢直轄市人民團體之輔導。
㈣直轄市宗教輔導。
㈤直轄市殯葬設施之設置及管理。
㈥直轄市調解業務。
四　關於教育文化及體育事項如下：
㈠直轄市學前教育、各級學校教育及社會教育之興辦及管理。
㈡直轄市藝文活動。
㈢直轄市體育活動。
㈣直轄市文化資產保存。
㈤直轄市禮儀民俗及文獻。
㈥直轄市社會教育、體育與文化機構之設置、營運及管理。
五　關於勞工行政事項如下：
㈠直轄市勞資關係。
㈡直轄市勞工安全衛生。
六　關於都市計畫及營建事項如下：
㈠直轄市都市計畫之擬定、審議及執行。
㈡直轄市建築管理。
㈢直轄市住宅業務。
㈣直轄市下水道建設及管理。
㈤直轄市公園綠地之設立及管理。
㈥直轄市營建廢棄土之處理。
七　關於經濟服務事項如下：
㈠直轄市農、林、漁、牧業之輔導及管理。
㈡直轄市自然保育。
㈢直轄市工商輔導及管理。
㈣直轄市消費者保護。
八　關於水利事項如下：
㈠直轄市河川整治及管理。
㈡直轄市集水區保育及管理。
㈢直轄市防洪排水設施興建管理。
㈣直轄市水資源基本資料調查。
九　關於衛生及環境保護事項如下：
㈠直轄市衛生管理。
㈡直轄市環境保護。
十　關於交通及觀光事項如下：
㈠直轄市道路之規劃、建設及管理。
㈡直轄市交通之規劃、營運及管理。
㈢直轄市觀光事業。
十一　關於公共安全事項如下：
㈠直轄市警政、警衛之實施。
㈡直轄市災害防救之規劃及執行。
㈢直轄市民防之實施。
十二　關於事業之經營及管理事項如下：
㈠直轄市合作事業。
㈡直轄市公用及公營事業。
㈢與其他地方自治團體合辦之事業。
十三　其他依法律賦予之事項。

第19條（縣（市）自治事項）

下列各款爲縣（市）自治事項；
一　關於組織及行政管理事項如下：
㈠縣（市）公職人員選舉、罷免之實施。
㈡縣（市）組織之設立及管理。
㈢縣（市）戶籍行政。
㈣縣（市）土地行政。
㈤縣（市）新聞行政。
二　關於財政事項如下：
㈠縣（市）財務收支及管理。
㈡縣（市）稅捐。
㈢縣（市）公共債務。
㈣縣（市）財產之經營及處分。
三　關於社會服務事項如下：
㈠縣（市）社會福利。
㈡縣（市）公益慈善事業及社會救助。
㈢縣（市）人民團體之輔導。

㈣縣（市）宗教輔導。
㈤縣（市）殯葬設施之設置及管理。
㈥市調解業務。
四　關於教育文化及體育事項如下：
㈠縣（市）學前教育、各級學校教育及社會教育之興辦及管理。
㈡縣（市）藝文活動。
㈢縣（市）體育活動。
㈣縣（市）文化資產保存。
㈤縣（市）禮儀民俗及文獻。
㈥縣（市）社會教育、體育與文化機構之設置、營運及管理。
五　關於勞工行政事項如下：
㈠縣（市）勞資關係。
㈡縣（市）勞工安全衛生。
六　關於都市計畫及營建事項如下：
㈠縣（市）都市計畫之擬定、審議及執行。
㈡縣（市）建築管理。
㈢縣（市）住宅業務。
㈣縣（市）下水道建設及管理。
㈤縣（市）公園綠地之設立及管理。
㈥縣（市）營建廢棄土之處理。
七　關於經濟服務事項如下：
㈠縣（市）農、林、漁、牧業之輔導及管理。
㈡縣（市）自然保育。
㈢縣（市）工商輔導及管理。
㈣縣（市）消費者保護。
八　關於水利事項如下：
㈠縣（市）河川整治及管理。
㈡縣（市）集水區保育及管理。
㈢縣（市）防洪排水設施興建管理。
㈣縣（市）水資源基本資料調查。
九　關於衛生及環境保護事項如下：
㈠縣（市）衛生管理。
㈡縣（市）環境保護。
十　關於交通及觀光事項如下：
㈠縣（市）管道路之規劃、建設及管理。
㈡縣（市）交通之規劃、營運及管理。
㈢縣（市）觀光事業。
十一　關於公共安全事項如下：
㈠縣（市）警衛之實施。
㈡縣（市）災害防救之規劃及執行。
㈢縣（市）民防之實施。
十二　關於事業之經營及管理事項如下：
㈠縣（市）合作事業。
㈡縣（市）公用及公營事業。
㈢縣（市）公共造產事業。
㈣與其他地方自治團體合辦之事業。
十三　其他依法律賦予之事項。

第 20 條（鄉（鎮、市）自治事項）

下列各款為鄉（鎮、市）自治事項：
一　關於組織及行政管理事項如下：
㈠鄉（鎮、市）公職人員選舉、罷免之實施。
㈡鄉（鎮、市）組織之設立及管理。
㈢鄉（鎮、市）新聞行政。
二　關於財政事項如下：
㈠鄉（鎮、市）財務收支及管理。
㈡鄉（鎮、市）稅捐。
㈢鄉（鎮、市）公共債務。
㈣鄉（鎮、市）財產之經營及處分。
三　關於社會服務事項如下：
㈠鄉（鎮、市）社會福利。
㈡鄉（鎮、市）公益慈善事業及社會救助。
㈢鄉（鎮、市）殯葬設施之設置及管理。
㈣鄉（鎮、市）調解業務。
四　關於教育文化及體育事項如下：
㈠鄉（鎮、市）社會教育之興辦及管理。
㈡鄉（鎮、市）藝文活動。
㈢鄉（鎮、市）體育活動。
㈣鄉（鎮、市）禮儀民俗及文獻。
㈤鄉（鎮、市）社會教育、體育與文化機構之設置、營運及管理。
五　關於環境衛生事項如下：
鄉（鎮、市）廢棄物清除及處理。
六　關於營建、交通及觀光事項如下：
㈠鄉（鎮、市）道路之建設及管理。
㈡鄉（鎮、市）公園綠地之設立及管理。
㈢鄉（鎮、市）交通之規劃、營運及管理。
㈣鄉（鎮、市）觀光事業。
七　關於公共安全事項如下：
㈠鄉（鎮、市）災害防救之規劃及執行。
㈡鄉（鎮、市）民防之實施。
八　關於事業之經營及管理事項如下：
㈠鄉（鎮、市）公用及公營事業。
㈡鄉（鎮、市）公共造產事業。
㈢與其他地方自治團體合辦之事業。
九　其他依法律賦予之事項。

第 21 條（跨區域事務之辦理）

地方自治事項涉及跨直轄市、縣（市）、鄉（鎮、市）區域時，由各該地方自治團體協商辦理；必要時，由共同上級業務主管機關協調各相關地方自治團體共同辦理或指定其中一地方自治團體限期辦理。

第 22 條（刪除）

第 23 條（執行自治事項並負責）

直轄市、縣（市）、鄉（鎮、市）對各該自治事項，應全力執行，並依法負其責任。

第 24 條（地方自治團體合辦事業之規範）

Ⅰ直轄市、縣（市）、鄉（鎮、市）與其他直轄市、縣（市）、鄉（鎮、市）合辦之事業，經有關直轄市議會、縣（市）議會、鄉（鎮、市）民代表會通過後，得設組織經營之。

II 前項合辦事業涉及直轄市議會、縣（市）議會、鄉（鎮、市）民代表會職權事項者，得由有關直轄市議會、縣（市）議會、鄉（鎮、市）民代表會約定之議會或代表會決定之。

第 24 條之 1（區域合作組織之成立）

I 直轄市、縣（市）、鄉（鎮、市）為處理跨區域自治事務、促進區域資源之利用或增進區域居民之福祉，得與其他直轄市、縣（市）、鄉（鎮、市）成立區域合作組織、訂定協議、行政契約或以其他方式合作，並報共同上級業務主管機關備查。

II 前項情形涉及直轄市議會、縣（市）議會、鄉（鎮、市）民代表會職權者，應經各該直轄市議會、縣（市）議會、鄉（鎮、市）民代表會同意。

III 第一項情形涉及管轄權限之移轉或調整者，直轄市、縣（市）、鄉（鎮、市）應制（訂）定、修正各該自治法規。

IV 共同上級業務主管機關對於直轄市、縣（市）、鄉（鎮、市）所提跨區域之建設計畫或第一項跨區域合作事項，應優先給予補助或其他必要之協助。

第 24 條之 2（訂定行政契約應記載之內容）

直轄市、縣（市）、鄉（鎮、市）與其他直轄市、縣（市）、鄉（鎮、市）依前條第一項規定訂定行政契約時，應視事務之性質，載明下列事項：

一　訂定行政契約之團體或機關。
二　合作之事項及方法。
三　費用之分攤原則。
四　合作之期間。
五　契約之生效要件及時點。
六　違約之處理方式。
七　其他涉及相互間權利義務之事項。

第 24 條之 3（依約定履行義務）

直轄市、縣（市）、鄉（鎮、市）應依約定履行其義務；遇有爭議時，得報請共同上級業務主管機關協調或依司法程序處理。

第三節　自治法規

第 25 條（自治法規）

直轄市、縣（市）、鄉（鎮、市）得就其自治事項或依法律及上級法規之授權，制定自治法規。自治法規經地方立法機關通過，並由各該行政機關公布者，稱自治條例；自治法規由地方行政機關訂定，並發布或下達者，稱自治規則。

第 26 條（自治條例）

I 自治條例應分別冠以各該地方自治團體之名稱，在直轄市稱直轄市法規，在縣（市）稱縣（市）規章，在鄉（鎮、市）稱鄉（鎮、市）規約。

II 直轄市法規、縣（市）規章就違反地方自治事項之行政業務者，得規定處以罰鍰或其他種類之行政罰。但法律另有規定者，不在此限。其為罰鍰之處罰，逾期不繳納者，得依相關法律移送強制執行。

III 前項罰鍰之處罰，最高以新臺幣十萬元為限；並得規定連續處罰之。其他行政罰之種類限於勒令停工、停止營業、吊扣執照或其他一定期限內限制或禁止為一定行為之不利處分。

IV 自治條例經各該地方立法機關議決後，如規定有罰則時，應分別報經行政院、中央各該主管機關核定後發布；其餘除法律或縣規章另有規定外，直轄市法規發布後，應報中央各該主管機關轉行政院備查；縣（市）規章發布後，應報中央各該主管機關備查；鄉（鎮、市）規約發布後，應報縣政府備查。

第 27 條（訂定自治規則）

I 直轄市政府、縣（市）政府、鄉（鎮、市）公所就其自治事項，得依其法定職權或法律、基於法律授權之法規、自治條例之授權，訂定自治規則。

II 前項自治規則應分別冠以各該地方自治團體之名稱，並得依其性質，定名為規程、規則、細則、辦法、綱要、標準或準則。

III 直轄市、縣（市）、鄉（鎮、市）自治規則，除法律或基於法律授權之法規另有規定外，應於發布後分別函報行政院、中央各該主管機關、縣政府備查，並函送各該地方立法機關查照。

第 28 條（以自治條例訂定之事項）

下列事項以自治條例定之：

一　法律或自治條例規定應經地方立法機關議決者。
二　創設、剝奪或限制地方自治團體居民之權利義務者。
三　關於地方自治團體及所營事業機構之組織者。
四　其他重要事項，經地方立法機關議決應以自治條例定之者。

第 29 條（委辦規則之訂定）

I 直轄市政府、縣（市）政府、鄉（鎮、市）公所為辦理上級機關委辦事項，得依其法定職權或基於法律、中央法規之授權，訂定委辦規則。

II 委辦規則應函報委辦機關核定後發布之；其名稱準用自治規則之規定。

第 30 條（地方行政規則之效力）

I 自治條例與憲法、法律或基於法律授權之法規或上級自治團體自治條例牴觸者，無效。

II 自治規則與憲法、法律、基於法律授權之法規、上級自治團體自治條例或該自治團體自治條例牴觸者，無效。

Ⅲ委辦規則與憲法、法律、中央法令牴觸者，無效。

Ⅳ第一項及第二項發生牴觸無效者，分別由行政院、中央各該主管機關、縣政府予以函告。第三項發生牴觸無效者，由委辦機關予以函告無效。

Ⅴ自治法規與憲法、法律、基於法律授權之法規、上級自治團體自治條例或該自治團體自治條例有無牴觸發生疑義時，得聲請司法院解釋之。

第31條（自律規則之訂定、發布及效力）

Ⅰ地方立法機關得訂定自律規則。

Ⅱ自律規則除法律或自治條例另有規定外，由各該立法機關發布，並報各該上級政府備查。

Ⅲ自律規則與憲法、法律、中央法規或上級自治法規牴觸者，無效。

第32條（地方行政規則之發布程序與生效條件）

Ⅰ自治條例經地方立法機關議決後，函送各該地方行政機關，地方行政機關收到後，除法律另有規定，或依第三十九條規定提起覆議、第四十三條規定報請上級政府予以函告無效或聲請司法院解釋者外，應於三十日內公布。

Ⅱ自治法規、委辦規則依規定應經其他機關核定者，應於核定文送達各該地方行政機關三十日內公布或發布。

Ⅲ自治法規、委辦規則須經上級政府或委辦機關核定者，核定機關應於一個月內爲核定與否之決定；逾期視爲核定，由函報機關逕行公布或發布。但因內容複雜、關係重大，須較長時間之審查，經核定機關具明理由函告延長核定期限者，不在此限。

Ⅳ自治法規、委辦規則自公布或發布之日起算至第三日起發生效力。但特定有施行日期者，自該特定日起發生效力。

Ⅴ第一項及第二項自治法規、委辦規則，地方行政機關未依規定期限公布或發布者，該自治法規、委辦規則自期限屆滿之日起算至第三日起發生效力，並由地方立法機關代爲發布。但經上級政府或委辦機關核定者，由核定機關代爲發布。

第四節　自治組織

第一款　地方立法機關

第33條（議員及代表之產生、任期、人數及就職規定）

Ⅰ直轄市議員、縣（市）議員、鄉（鎮、市）民代表分別由直轄市民、縣（市）民、鄉（鎮、市）民依法選舉之，任期四年，連選得連任。

Ⅱ直轄市議員、縣（市）議員、鄉（鎮、市）民代表名額，應參酌各該直轄市、縣（市）、鄉（鎮、市）財政、區域狀況，並依下列規定，於地方立法機關組織準則定之：

一　直轄市議員總額：

㈠區域議員名額：直轄市人口扣除原住民人口在二百萬人以下者，不得超過五十五人；超過二百萬人者，不得超過六十二人。

㈡原住民議員名額：有平地原住民人口在二千人以上者，應有平地原住民選出之議員名額；有山地原住民人口在二千人以上或改制前有山地鄉者，應有山地原住民選出之議員名額。

二　縣（市）議員總額：

㈠縣（市）人口在一萬人以下者，不得超過十一人；人口在二十萬人以下者，不得超過十九人；人口在四十萬人以下者，不得超過三十三人；人口在八十萬人以下者，不得超過四十三人；人口在一百六十萬人以下者，不得超過五十七人；人口超過一百六十萬人者，不得超過六十人。

㈡縣（市）有平地原住民人口在一千五百人以上者，於前目總額內應有平地原住民選出之縣（市）議員名額。有山地鄉者，於前目總額內應有山地原住民選出之縣議員名額。有離島鄉且該鄉人口在二千五百人以上者，於前目總額內應有該鄉選出之縣議員名額。

三　鄉（鎮、市）民代表總額：

㈠鄉（鎮、市）人口在一千人以下者，不得超過五人；人口在一萬人以下者，不得超過七人；人口在五萬人以下者，不得超過十一人；人口在十五萬人以下者，不得超過十九人；人口超過十五萬人者，不得超過三十一人。

㈡鄉（鎮、市）有平地原住民人口在一千五百人以上者，於前目總額內應有平地原住民選出之鄉（鎮、市）民代表名額。

直轄市議員由原住民選出者，以其行政區域內之原住民爲選舉區，並得按平地原住民、山地原住民或在其行政區域內劃分選舉區。

Ⅲ臺北市第十一屆議員選舉，其原住民選舉區之變更，應於第十屆議員任期屆滿之日六個月前公告，不受公職人員選舉罷免法第三十七條第一項但書規定之限制。

Ⅳ各選舉區選出之直轄市議員、縣（市）議員、鄉（鎮、市）民代表名額達四人者，應有婦女當選名額一人；超過四人者，每增加四人增一人。

Ⅴ直轄市、縣（市）選出之山地原住民、平地原住民名額在四人以上者，應有婦女當選名額；超過四人者，每增加四人增一人。鄉（鎮、市）選出之平地原住民名額在四人以上者，應有婦女當選名額；超過四人者，每增加四人增一人。

Ⅵ依第一項選出之直轄市議員、縣（市）議員、鄉（鎮、市）民代表，應於上屆任期屆滿之日宣誓就職。該宣誓就職典禮分別由行政院、內政部、縣政府召集，並由議員、代表當選人互推一人主持之。其推選會議由曾任議員、代表之資深者主持之；年資相同者，由年長者主持之。

第34條（議會及代表會開會日數）

I 直轄市議會、縣（市）議會、鄉（鎮、市）民代表會會議，除每屆成立大會外，定期會每六個月開會一次，由議長、主席召集之，議長、主席如未依法召集時，由副議長、副主席召集之；副議長、副主席亦不依法召集時，由過半數議員、代表互推一人召集之。每次會期包括例假日或停會在內，依下列規定：

一　直轄市議會不得超過七十日。

二　縣（市）議會議員總額四十人以下者，不得超過三十日；四十一人以上者不得超過四十日。

三　鄉（鎮、市）民代表會代表總額二十人以下者，不得超過十二日；二十一人以上者，不得超過十六日。

II 前項每年審議總預算之定期會，會期屆滿而議案尚未議畢或有其他必要時，得應直轄市長、縣（市）長、鄉（鎮、市）長之要求，或由議長、主席或議員、代表三分之一以上連署，提經大會決議延長會期。延長之會期，直轄市議會不得超過十日，縣（市）議會、鄉（鎮、市）民代表會不得超過五日，並不得作為質詢之用。

III 直轄市議會、縣（市）議會、鄉（鎮、市）民代表會遇有下列情事之一時，得召集臨時會：

一　直轄市長、縣（市）長、鄉（鎮、市）長之請求。

二　議長、主席請求或議員、代表三分之一以上之請求。

三　有第三十九條第四項之情事時。

IV 前項臨時會之召開，議長、主席應於十日內為之，其會期包括例假日或停會在內，直轄市議會每次不得超過十日，每十二個月不得多於八次；縣（市）議會每次不得超過五日，每十二個月不得多於六次；鄉（鎮、市）民代表會每次不得超過三日，每十二個月不得多於五次。但有第三十九條第四項之情事時，不在此限。

第35條（直轄市議會之職權）

直轄市議會之職權如下：

一　議決直轄市法規。

二　議決直轄市預算。

三　議決直轄市特別稅課、臨時稅課及附加稅課。

四　議決直轄市財產之處分。

五　議決直轄市政府組織自治條例及所屬事業機構組織自治條例。

六　議決直轄市政府提案事項。

七　審議直轄市決算之審核報告。

八　議決直轄市議員提案事項。

九　接受人民請願。

十　其他依法律賦予之職權。

第36條（縣（市）議會之職權）

縣（市）議會之職權如下：

一　議決縣（市）規章。

二　議決縣（市）預算。

三　議決縣（市）特別稅課、臨時稅課及附加稅課。

四　議決縣（市）財產之處分。

五　議決縣（市）政府組織自治條例及所屬事業機構組織自治條例。

六　議決縣（市）政府提案事項。

七　審議縣（市）決算之審核報告。

八　議決縣（市）議員提案事項。

九　接受人民請願。

十　其他依法律或上級法規賦予之職權。

第37條（鄉（鎮、市）民代表會之職權）

鄉（鎮、市）民代表會之職權如下：

一　議決鄉（鎮、市）規約。

二　議決鄉（鎮、市）預算。

三　議決鄉（鎮、市）臨時稅課。

四　議決鄉（鎮、市）財產之處分。

五　議決鄉（鎮、市）公所組織自治條例及所屬事業機構組織自治條例。

六　議決鄉（鎮、市）公所提案事項。

七　審議鄉（鎮、市）決算報告。

八　議決鄉（鎮、市）民代表提案事項。

九　接受人民請願。

十　其他依法律或上級法規、規章賦予之職權。

第38條（應執行議決及執行不當之處理）

直轄市政府、縣（市）政府、鄉（鎮、市）公所，對直轄市議會、縣（市）議會、鄉（鎮、市）民代表會之議決案應予執行，如延不執行或執行不當，直轄市議會、縣（市）議會、鄉（鎮、市）民代表會得請其說明理由，必要時得報請行政院、內政部、縣政府邀集各有關機關協商解決之。

第39條（議決案窒礙難行之處理及覆議時限、處理）

I 直轄市政府對第三十五條第一款至第六款及第十款之議決案，如認為窒礙難行時，應於該議決案送達直轄市政府三十日內，就窒礙難行部分敘明理由送請直轄市議會覆議。第八款及第九款之議決案，如執行有困難時，應敘明理由函復直轄市議會。

II 縣（市）政府對第三十六條第一款至第六款及第十款之議決案，如認為窒礙難行時，應於該議決案送達縣（市）政府三十日內，就窒礙難行部分敘明理由送請縣（市）議會覆議。第八款及第九款之議決案，如執行有困難時，應敘明理由函復縣（市）議會。

III鄉（鎮、市）公所對第三十七條第一款至第六款及第十款之議決案，如認為窒礙難行時，應於該議決案送達鄉（鎮、市）公所三十日內，就窒礙難行部分敘明理由送請鄉（鎮、市）民代表會覆議。第八款及第九款之議決案，如執行有困難時，應敘明理由函復鄉（鎮、市）民代表會。

IV直轄市議會、縣（市）議會、鄉（鎮、市）民代表會對於直轄市政府、縣（市）政府、鄉（鎮、市）公所移送之覆議案，應於送達十五日內作成決議。如為休會期間，應於七日內召集臨時會，並於開議三日內作成決議。

V覆議案逾期未議決者，原決議失效。覆議時，如有出席議員、代表三分之二維持原議決案，直轄市政府、縣（市）政府、鄉（鎮、市）公所應即接受該決議。但有第四十條第五項或第四十三條第一項至第三項規定之情事者，不在此限。

VI直轄市、縣（市）、鄉（鎮、市）預算案之覆議案，如原決議失效，直轄市議會、縣（市）議會、鄉（鎮、市）民代表會應就直轄市政府、縣（市）政府、鄉（鎮、市）公所原提案重行議決，並不得再為相同之決議，各該行政機關亦不得再提覆議。

第40條（總預算案）

I直轄市總預算案，直轄市政府應於會計年度開始三個月前送達直轄市議會；縣（市）、鄉（鎮、市）總預算案，縣（市）政府、鄉（鎮、市）公所應於會計年度開始二個月前送達縣（市）議會、鄉（鎮、市）民代表會。

II直轄市議會、縣（市）議會、鄉（鎮、市）民代表會應於會計年度開始一個月前審議完成，並於會計年度開始十五日前由直轄市政府、縣（市）政府、鄉（鎮、市）公所發布之。

III直轄市議會、縣（市）議會、鄉（鎮、市）民代表會對於直轄市政府、縣（市）政府、鄉（鎮、市）公所所提預算案不得為增加支出之提議。

IV直轄市、縣（市）、鄉（鎮、市）總預算案，如不能依第一項規定期限審議完成時，其預算之執行，依下列規定為之：

一　收入部分暫依上年度標準及實際發生數，覈實收入。

二　支出部分：

㈠新興資本支出及新增科目，須俟本年度預算完成審議程序後始得動支。

㈡前目以外之科目得依已獲授權之原訂計畫或上年度執行數，覈實動支。

三　履行其他法定義務之收支。

四　因應前三款收支調度需要之債務舉借，覈實辦理。

V直轄市、縣（市）、鄉（鎮、市）總預算案在年度開始後三個月內未完成審議，直轄市政府、縣（市）政府、鄉（鎮、市）公所得就原提總預算案未審議完成部分，報請行政院、內政部、縣政府邀集各有關機關協商，於一個月內決定之；逾期未決定者，由邀集協商之機關逕為決定之。

VI直轄市、縣（市）、鄉（鎮、市）總預算案經覆議後，仍維持原決議，或依前條第五項重行議決時，如對歲入、歲出之議決違反相關法律、基於法律授權之法規規定或逾越權限，或對維持政府施政所必須之經費、法律規定應負擔之經費及上年度已確定數額之繼續經費之刪除已造成窒礙難行時，準用前項之規定。

第40條之1（新直轄市首年度預算之編制審議及執行方式）

I改制後之首年度直轄市總預算案，應由改制後之直轄市政府於該年度一月三十一日之前送達改制後之直轄市議會，該直轄市議會應於送達後二個月內審議完成，並由該直轄市政府於審議完成日起十五日內發布之，不受前條第一項規定之限制。

II會計年度開始時，前項總預算案如未送達或審議通過，其預算之執行，依下列規定為之：

一　收入部分依規定標準及實際發生數，覈實收入。

二　支出部分，除新興資本支出外，其維持政府施政所必須之經費得按期分配後覈實動支。

三　履行其他法定及契約義務之收支，覈實辦理。

四　因應前三款收支調度需要之債務舉借，覈實辦理。

III前項收支，均應編入該首年度總預算案。

第41條（總預算案之審議）

I直轄市、縣（市）、鄉（鎮、市）總預算案之審議，應注重歲出規模、預算餘絀、計畫績效，優先順序，其中歲入以擬變更或擬設定之收入為主，審議時應就來源別分別決定之；歲出以擬變更或擬設定之支出為主，審議時應就機關別、政事別及基金別分別決定之。

II法定預算附加條件或期限者，從其所定。但該條件或期限為法律、自治法規所不許者，不在此限。

III直轄市議會、縣（市）議會、鄉（鎮、市）民代表會就預算案所為之附帶決議，應由直轄市政府、縣（市）政府、鄉（鎮、市）公所參照法令辦理。

第42條（決算案）

I直轄市、縣（市）決算案，應於會計年度結束後四個月內，提出於該管審計機關，審計機關應於決算送達後三個月內完成其審核，編造最終審定數額表，並提出決算審核報告於直轄市議會、縣（市）議會。總決算最終審定數額表，由審計機關送請直轄市、縣（市）政府公告。直轄市議會、縣（市）議會審議直轄市、縣（市）決算審核報告時，得邀請審計機關首長列席說明。

II 鄉（鎮、市）決算報告應於會計年度結束後六個月內送達鄉（鎮、市）民代表會審議，並由鄉（鎮、市）公所公告。

第 43 條（決議事項無效之情形及處理）

I 直轄市議會議決自治事項與憲法、法律或基於法律授權之法規牴觸者無效；議決委辦事項與憲法、法律、中央法令牴觸者無效。

II 縣（市）議會議決自治事項與憲法、法律或基於法律授權之法規牴觸者無效；議決委辦事項與憲法、法律、中央法令牴觸者無效。

III 鄉（鎮、市）民代表會議決自治事項與憲法、法律、中央法規、縣規章牴觸者無效；議決委辦事項與憲法、法律、中央法令、縣規章、縣自治規則牴觸者無效。

IV 前三項議決事項無效者，除總預算案應依第四十條第五項規定處理外，直轄市議會議決事項由行政院予以函告；縣（市）議會議決事項由中央各該主管機關予以函告；鄉（鎮、市）民代表會議決事項由縣政府予以函告。

V 第一項至第三項議決自治事項與憲法、法律、中央法規、縣規章有無牴觸發生疑義時，得聲請司法院解釋之。

第 44 條（議長、主席之選舉及職掌）

I 直轄市議會、縣（市）議會置議長、副議長各一人，鄉（鎮、市）民代表會置主席、副主席各一人，由直轄市議員、縣（市）議員、鄉（鎮、市）民代表以記名投票分別互選或罷免之。但就職未滿一年者，不得罷免。

II 議長、主席對外代表各該議會、代表會，對內綜理各該議會、代表會會務。

第 45 條（正副議長、鄉（鎮、市）民代表會正副主席之選舉規定）

I 直轄市議會、縣（市）議會議長、副議長，鄉（鎮、市）民代表會主席、副主席之選舉，應於議員、代表宣誓就職典禮後即時舉行，並應有議員、代表總額過半數之出席，以得票達出席總數之過半數者為當選。選舉結果無人當選時，應立即舉行第二次投票，以得票較多者為當選；得票相同者，以抽籤定之。補選時亦同。

II 前項選舉，出席議員、代表人數不足時，應即訂定下一次選舉時間，並通知議員、代表。第三次舉行時，出席議員、代表已達議員、代表總額三分之一以上者，得以實到人數進行選舉，並均以得票較多者為當選；得票相同者，以抽籤定之。第二次及第三次選舉，均應於議員、代表宣誓就職當日舉行。

III 議長、副議長、主席、副主席選出後，應即依宣誓條例規定宣誓就職。

IV 第一項選舉投票及前項宣誓就職，均由第三十三條第七項規定所推舉之主持人主持之。

第 46 條（議長、主席之罷免規定）

I 直轄市議會、縣（市）議會議長、副議長，鄉（鎮、市）民代表會主席、副主席之罷免，依下列之規定：

一　罷免案應敘述理由，並有議員、代表總額三分之一以上之簽署，備具正、副本，分別向行政院、內政部、縣政府提出。

二　行政院、內政部、縣政府應於收到前款罷免案後七日內將副本送達各該議會、代表會於五日內轉交被罷免人。被罷免人如有答辯，應於收到副本後七日內將答辯書送交行政院、內政部、縣政府，由其將罷免案及答辯書一併印送各議員、代表，逾期得將罷免案單獨印送。

三　行政院、內政部、縣政府應於收到罷免案二十五日內，召集罷免投票會議，由出席議員、代表就同意罷免或不同意罷免，以記名投票表決之。

四　罷免案應有議員、代表總額過半數之出席，及出席總數三分之二以上之同意罷免為通過。

五　罷免案如經否決，於該被罷免人之任期內，不得對其再為罷免案之提出。

II 前項第三款之罷免投票，罷免議長、主席時，由副議長、副主席擔任主席；罷免副議長、副主席時，由議長、主席擔任主席；議長、副議長、主席、副主席同時被罷免時，由出席議員、代表互推一人擔任主席。

III 第一項罷免案，在未提會議前，得由原簽署人三分之二以上同意撤回之。

IV 提出會議後，應經原簽署人全體同意，並由主席徵詢全體出席議員、代表無異議後，始得撤回。

第 47 條（議長、主席之選舉罷免應於組織準則中定之）

除依前三條規定外，直轄市議會、縣（市）議會議長、副議長及鄉（鎮、市）民代表會主席、副主席之選舉罷免，應於直轄市議會、縣（市）議會、鄉（鎮、市）民代表會組織準則定之。

第 48 條（施政報告與質詢）

I 直轄市議會、縣（市）議會、鄉（鎮、市）民代表會定期會開會時，直轄市長、縣（市）長、鄉（鎮、市）長應提出施政報告；直轄市政府各一級單位主管及所屬一級機關首長、縣（市）政府、鄉（鎮、市）公所各一級單位主管及所屬機關首長，均應就主管業務提出報告。

II 直轄市議員、縣（市）議員、鄉（鎮、市）民代表於議會、代表會定期會開會時，有向前項各該首長或單位主管，就其主管業務質詢之權；其質詢分為施政總質詢及業務質詢。業務質詢時，相關之業務主管應列席備詢。

第 49 條（邀請首長或主管列席說明）

Ⅰ直轄市議會、縣（市）議會、鄉（鎮、市）民代表會大會開會時，對特定事項有明瞭必要者，得邀請前條第一項各該首長或單位主管列席說明。

Ⅱ直轄市議會、縣（市）議會委員會或鄉（鎮、市）民代表會小組開會時，對特定事項有明瞭必要者，得邀請各該直轄市長、縣（市）長、鄉（鎮、市）長以外之有關業務機關首長或單位主管列席說明。

第 50 條（言論免責權及例外）

直轄市議會、縣（市）議會、鄉（鎮、市）民代表會開會時，直轄市議員、縣（市）議員、鄉（鎮、市）民代表對於有關會議事項所為之言論及表決，對外不負責任。但就無關會議事項所為顯然違法之言論，不在此限。

第 51 條（禁止逮捕或拘禁及例外）

直轄市議員、縣（市）議員、鄉（鎮、市）民代表除現行犯、通緝犯外，在會期內，非經直轄市議會、縣（市）議會、鄉（鎮、市）民代表會之同意，不得逮捕或拘禁。

第 52 條（費用支給項目及標準）

Ⅰ直轄市議員、縣（市）議員、鄉（鎮、市）民代表得支研究費等必要費用；在開會期間並得酌支出席費、交通費及膳食費。

Ⅱ違反第三十四條第四項規定召開之會議，不得依前項規定支領出席費、交通費及膳食費，或另訂項目名稱、標準支給費用。

Ⅲ第一項各費用支給項目及標準，另以法律定之；非依法律不得自行增加其費用。

第 53 條（議員、代表不得兼任之職務）

Ⅰ直轄市議員、縣（市）議員、鄉（鎮、市）民代表，不得兼任其他公務員、公私立各級學校專任教師或其他民選公職人員，亦不得兼任各該直轄市政府、縣（市）政府、鄉（鎮、市）公所及其所屬機關、事業機構任何職務或名義。但法律、中央法規另有規定者，不在此限。

Ⅱ直轄市議員、縣（市）議員、鄉（鎮、市）民代表當選人有前項不得任職情事者，應於就職前辭去原職，不辭去原職者，於就職時視同辭去原職，並由行政院、內政部、縣政府通知其服務機關解除其職務、職權或解聘。就職後有前項情事者，亦同。

第 54 條（組織準則之擬訂）

Ⅰ直轄市議會之組織，由內政部擬訂準則，報行政院核定；各直轄市議會應依準則擬訂組織自治條例，報行政院核定。

Ⅱ縣（市）議會之組織，由內政部擬訂準則，報行政院核定；各縣（市）議會應依準則擬訂組織自治條例，報內政部核定。

Ⅲ鄉（鎮、市）民代表會之組織，由內政部擬訂準則，報行政院核定；各鄉（鎮、市）民代表會應依準則擬訂組織自治條例，報縣政府核定。

Ⅳ新設之直轄市議會組織規程，由行政院定之；新設之縣（市）議會組織規程，由內政部定之；新設之鄉（鎮、市）民代表會組織規程，由縣政府定之。

Ⅴ直轄市議會、縣（市）議會、鄉（鎮、市）民代表會之組織準則、規程及組織自治條例，其有關考銓業務事項，不得牴觸中央考銓法規；各權責機關於核定後，應函送考試院備查。

第二款　地方行政機關

第 55 條（直轄市長任期；副市長、秘書長及一級主管之任免）

Ⅰ直轄市政府置市長一人，對外代表該市，綜理市政，由市民依法選舉之，每屆任期四年，連選得連任一屆。置副市長二人，襄助市長處理市政；人口在二百五十萬以上之直轄市，得增置副市長一人，職務均比照簡任第十四職等，由市長任命，並報請行政院備查。

Ⅱ直轄市政府置秘書長一人，由市長依公務人員任用法任免；其一級單位主管或所屬一級機關首長除主計、人事、警察及政風之主管或首長，依專屬人事管理法律任免外，其餘職務均比照簡任第十三職等，由市長任免之。

Ⅲ副市長及職務比照簡任第十三職等之主管或首長，於市長卸任、辭職、去職或死亡時，隨同離職。

Ⅳ依第一項選出之市長，應於上屆任期屆滿之日宣誓就職。

第 56 條（縣（市）政府首長、副首長及一級主管之任免）

Ⅰ縣（市）政府置縣（市）長一人，對外代表該縣（市），綜理縣（市）政，並指導監督所轄鄉（鎮、市）自治。縣（市）長由縣（市）民依法選舉之，每屆任期四年，連選得連任一屆。置副縣（市）長一人，襄助縣（市）長處理縣（市）政，職務比照簡任第十三職等；人口在一百二十五萬人以上之縣（市），得增置副縣（市）長一人，均由縣（市）長任命，並報請內政部備查。

Ⅱ縣（市）政府置秘書長一人，由縣（市）長依公務人員任用法任免；其一級單位主管及所屬一級機關首長，除主計、人事、警察、稅捐及政風之主管或首長，依專屬人事管理法律任免，其總數二分之一得列政務職，職務比照簡任第十二職等，其餘均由縣（市）長依法任免之。

Ⅲ副縣（市）長及職務比照簡任第十二職等之主管或首長，於縣（市）長卸任、辭職、去職或死亡時，隨同離職。
IV依第一項選出之縣（市）長，應於上屆任期屆滿之日宣誓就職。

第57條（鄉（鎮、市）公所首長之任期及一級主管之任免）

I鄉（鎮、市）公所置鄉（鎮、市）長一人，對外代表該鄉（鎮、市），綜理鄉（鎮、市）政，由鄉（鎮、市）民依法選舉之，每屆任期四年，連選得連任一屆；其中人口在三十萬人以上之縣轄市，得置副市長一人，襄助市長處理市政，以機要人員方式進用，或以簡任第十職等任用，以機要人員任用之副市長，於市長卸任、辭職、去職或死亡時，隨同離職。
II山地鄉鄉長以山地原住民爲限。
III鄉（鎮、市）公所除主計、人事、政風之主管，依專屬人事管理法律任免外，其餘一級單位主管均由鄉（鎮、市）長依法任免之。
IV依第一項選出之鄉（鎮、市）長，應於上屆任期屆滿之日宣誓就職。

第58條（區長之設置及其消極資格）

I直轄市、市之區公所，置區長一人，由市長依法任用，承市長之命綜理區政，並指揮監督所屬人員。
II直轄市之區由鄉（鎮、市）改制者，改制日前一日仍在職之鄉（鎮、市）長，由直轄市長以機要人員方式進用爲區長；其任期自改制日起，爲期四年。但有下列情事之一者，不得進用：
一　涉嫌犯第七十八條第一項第一款及第二款所列之罪，經起訴。
二　涉嫌犯總統副總統選舉罷免法、公職人員選舉罷免法、農會法或漁會法之賄選罪，經起訴。
三　已連任二屆。
四　依法代理。
III前項以機要人員方式進用之區長，有下列情事之一者，應予免職：
一　有前項第一款、第二款或第七十九條第一項各款所列情事。
二　依刑事訴訟程序被羈押或通緝。
IV直轄市之區由山地鄉改制者，其區長以山地原住民爲限。

第58條之1（鄉（鎮、市）改制後民代職權）

I鄉（鎮、市）改制爲區者，改制日前一日仍在職之鄉（鎮、市）民代表，除依法停止職權者外，由直轄市長聘任爲區政諮詢委員；其任期自改制日起，爲期四年，期滿不再聘任。
II區政諮詢委員職權如下：
一　關於區政業務之諮詢事項。
二　關於區政之興革建議事項。
三　關於區行政區劃之諮詢事項。
四　其他依法令賦予之事項。
III區長應定期邀集區政諮詢委員召開會議。
IV區政諮詢委員爲無給職，開會時得支出席費及交通費。
V區政諮詢委員有下列情事之一者，應予解聘：
一　依刑事訴訟程序被羈押或通緝。
二　有第七十九條第一項各款所列情事。

第59條（村（里）長之職掌及選舉）

I村（里）置村（里）長一人，受鄉（鎮、市、區）長之指揮監督，辦理村（里）公務及交辦事項。由村（里）民依法選舉之，任期四年，連選得連任。
II村（里）長選舉，經二次受理候選人登記，無人申請登記時，得由鄉（鎮、市、區）公所就該村（里）具村（里）長候選人資格之村（里）民遴聘之，其任期以本屆任期爲限。
III依第一項選出之村（里）長，應於上屆任期屆滿之日就職。

第60條（村（里）民大會之召集）

村（里）得召集村（里）民大會或基層建設座談會；其實施辦法，由直轄市、縣（市）定之。

第61條（薪給）

I直轄市長、縣（市）長、鄉（鎮、市）長，應支給薪給；退職應發給退職金；因公死亡或病故者，應給與遺族撫卹金。
II前項人員之薪給、退職金及撫卹金之支給，以法律定之。
III村（里）長，爲無給職，由鄉（鎮、市、區）公所編列村（里）長事務補助費，其補助項目及標準，以法律定之。

第62條（地方自治政府組織準則及自治條例之擬訂）

I直轄市政府之組織，由內政部擬訂準則，報行政院核定；各直轄市政府應依準則擬訂組織自治條例，經直轄市議會同意後，報行政院備查；直轄市政府所屬機關及學校之組織規程，由直轄市政府定之。
II縣（市）政府之組織，由內政部擬訂準則，報行政院核定；各縣（市）政府應依準則擬訂組織自治條例，經縣（市）議會同意後，報內政部備查；縣（市）政府所屬機關及學校之組織規程，由縣（市）政府定之。
III前項縣（市）政府一級單位定名爲處，所屬一級機關定名爲局，二級單位及所屬一級機關之一級單位除主計、人事及政風機構外，定名爲科。但因業務需要所設之派出單位與警察及消防機關之一級單位，得另定名稱。
IV鄉（鎮、市）公所之組織，由內政部擬訂準則，報行政院核定；各鄉（鎮、市）公所應依準則擬訂組織自治條例，經鄉（鎮、市）民代表會同意後，報縣政府備查。鄉（鎮、市）公所所屬機關之組織規程，由鄉（鎮、市）公所定之。

V 新設之直轄市政府組織規程，由行政院定之；新設之縣（市）政府組織規程，由內政部定之；新設之鄉（鎮、市）公所組織規程，由縣政府定之。

VI 直轄市政府、縣（市）政府、鄉（鎮、市）公所與其所屬機關及學校之組織準則、規程及組織自治條例，其有關考銓業務事項，不得牴觸中央考銓法規；各權責機關於核定或同意後，應函送考試院備查。

第五節　自治財政

第 63 條（直轄市收入）

下列各款爲直轄市收入：
一　稅課收入。
二　工程受益費收入。
三　罰款及賠償收入。
四　規費收入。
五　信託管理收入。
六　財產收入。
七　營業盈餘及事業收入。
八　補助收入。
九　捐獻及贈與收入。
十　自治稅捐收入。
十一　其他收入。

第 64 條（縣（市）收入）

下列各款爲縣（市）收入：
一　稅課收入。
二　工程受益費收入。
三　罰款及賠償收入。
四　規費收入。
五　信託管理收入。
六　財產收入。
七　營業盈餘及事業收入。
八　補助及協助收入。
九　捐獻及贈與收入。
十　自治稅捐收入。
十一　其他收入。

第 65 條（鄉（鎮、市）收入）

下列各款爲鄉（鎮、市）收入：
一　稅課收入。
二　工程受益費收入。
三　罰款及賠償收入。
四　規費收入。
五　信託管理收入。
六　財產收入。
七　營業盈餘及事業收入。
八　補助收入。
九　捐獻及贈與收入。
十　自治稅捐收入。
十一　其他收入。

第 66 條（國稅等之分配）

直轄市、縣（市）、鄉（鎮、市）應分配之國稅、直轄市及縣（市）稅，依財政收支劃分法規定辦理。

第 67 條（收入及支出）

I 直轄市、縣（市）、鄉（鎮、市）之收入及支出，應依本法及財政收支劃分法規定辦理。

II 地方稅之範圍及課徵，依地方稅法通則之規定。

III 地方政府規費之範圍及課徵原則，依規費法之規定；其未經法律規定者，須經各該立法機關之決議徵收之。

第 68 條（預算收支差短之處理）

I 直轄市、縣（市）預算收支之差短，得以發行公債、借款或移用以前年度歲計賸餘彌平；鄉（鎮、市）預算收支之差短，得以借款或移用以前年度歲計賸餘彌平。

II 前項直轄市、縣（市）公債及借款之未償餘額比例，鄉（鎮、市）借款之未償餘額比例，依公共債務法之規定。

第 69 條（對地方政府財力之補助或酌減）

I 各上級政府爲謀地方均衡發展，對於財力較差之地方政府應酌予補助；對財力較優之地方政府，得取得協助金。

II 各級地方政府有依法得徵收之財源而不徵收時，其上級政府得酌減其補助款；對於努力開闢財源具有績效者，其上級政府得酌增其補助款。

III 第一項補助須明定補助項目、補助對象、補助比率及處理原則；其補助辦法，分別由行政院或縣定之。

第 70 條（中央與地方費用之區分）

I 中央費用與地方費用之區分，應明定由中央全額負擔、中央與地方自治團體分擔以及地方自治團體全額負擔之項目。中央不得將應自行負擔之經費，轉嫁予地方自治團體。

II 直轄市、縣（市）、鄉（鎮、市）辦理其自治事項，應就其自有財源優先編列預算支應之。

III 第一項費用之區分標準，應於相關法律定之。

第 71 條（預算籌編原則）

I 直轄市、縣（市）、鄉（鎮、市）年度總預算、追加預算與特別預算收支之籌劃、編製及共同性費用標準，除其他法律另有規定外，應依行政院訂定之中央暨地方政府預算籌編原則辦理。

II 地方政府未依前項預算籌編原則辦理者，行政院或縣政府應視實際情形酌減補助款。

第 72 條（規劃替代財源）

直轄市、縣（市）、鄉（鎮、市）新訂或修正自治法規，如有減少收入者，應同時規劃替代財源；其需增加財政負擔者，並應事先籌妥經費或於法規內規定相對收入來源。

第 73 條（公共造產）

縣（市）、鄉（鎮、市）應致力於公共造產；其獎助及管理辦法，由內政部定之。

第 74 條（公庫之設置）

直轄市、縣（市）、鄉（鎮、市）應設置公庫，其代理機關由直轄市政府、縣（市）政府、鄉（鎮、市）公所擬定，經各該直轄市議會、縣（市）議會、鄉（鎮、市）民代表會同意後設置之。

第四章　中央與地方及地方間之關係

第 75 條（地方政府辦理自治事項違法之處理）

I 省政府辦理第八條事項違背憲法、法律、中央法令或逾越權限者，由中央各該主管機關報行政院予以撤銷、變更、廢止或停止其執行。

II 直轄市政府辦理自治事項違背憲法、法律或基於法律授權之法規者，由中央各該主管機關報行政院予以撤銷、變更、廢止或停止其執行。

III 直轄市政府辦理委辦事項違背憲法、法律、中央法令或逾越權限者，由中央各該主管機關報行政院予以撤銷、變更、廢止或停止其執行。

IV 縣（市）政府辦理自治事項違背憲法、法律或基於法律授權之法規者，由中央各該主管機關報行政院予以撤銷、變更、廢止或停止其執行。

V 縣（市）政府辦理委辦事項違背憲法、法律、中央法令或逾越權限者，由委辦機關予以撤銷、變更、廢止或停止其執行。

VI 鄉（鎮、市）公所辦理自治事項違背憲法、法律、中央法規或縣規章者，由縣政府予以撤銷、變更、廢止或停止其執行。

VII 鄉（鎮、市）公所辦理委辦事項違背憲法、法律、中央法令、縣規章、縣自治規則或逾越權限者，由委辦機關予以撤銷、變更、廢止或停止其執行。

VIII 第二項、第四項及第六項之自治事項有無違背憲法、法律、中央法規、縣規章發生疑義時，得聲請司法院解釋之；在司法院解釋前，不得予以撤銷、變更、廢止或停止其執行。

第 76 條（地方政府依法應作為而不作為之處理）

I 直轄市、縣（市）、鄉（鎮、市）依法應作爲而不作爲，致嚴重危害公益或妨礙地方政務正常運作，其適於代行處理者，得分別由行政院、中央各該主管機關、縣政府命其於一定期限內爲之；逾期仍不作爲者，得代行處理。但情況急迫時，得逕予代行處理。

II 直轄市、縣（市）、鄉（鎮、市）對前項處分如認爲窒礙難行時，應於期限屆滿前提出申訴。行政院、中央各該主管機關、縣政府得審酌事實變更或撤銷原處分。

III 行政院、中央各該主管機關、縣政府決定代行處理前，應函知被代行處理之機關及該自治團體相關機關，經權責機關通知代行處理後，該事項即轉移至代行處理機關，直至代行處理完竣。

IV 代行處理所支出之費用，應由被代行處理之機關負擔，各該地方機關如拒絕支付該項費用，上級政府得自以後年度之補助款中扣減抵充之。

V 直轄市、縣（市）、鄉（鎮、市）對於代行處理之處分，如認爲有違法時，依行政救濟程序辦理之。

第 77 條（中央地方權限爭議之解決）

I 中央與直轄市、縣（市）間，權限遇有爭議時，由立法院院會議決之；縣與鄉（鎮、市）間，自治事項遇有爭議時，由內政部會同中央各該主管機關解決之。

II 直轄市間、直轄市與縣（市）間，事權發生爭議時，由行政院解決之；縣（市）間，事權發生爭議時，由中央各該主管機關解決之；鄉（鎮、市）間，事權發生爭議時，由縣政府解決之。

第 78 條（地方首長停職之情事）

I 直轄市長、縣（市）長、鄉（鎮、市）長、村（里）長，有下列情事之一者，分別由行政院、內政部、縣政府、鄉（鎮、市、區）公所停止其職務，不適用公務員懲戒法第三條之規定：

一　涉嫌犯內亂、外患、貪污治罪條例或組織犯罪防制條例之罪，經第一審判處有期徒刑以上之刑者。但涉嫌貪污治罪條例上之圖利罪者，須經第二審判處有期徒刑以上之刑者。

二　涉嫌犯前款以外，法定刑爲死刑、無期徒刑或最輕本刑爲五年以上有期徒刑之罪，經第一審判處有罪者。

三　依刑事訴訟程序被羈押或通緝者。

四　依檢肅流氓條例規定被留置者。

II 依前項第一款或第二款停止職務之人員，如經改判無罪時，或依前項第三款或第四款停止職務之人員，經撤銷通緝或釋放時，於其任期屆滿前，得准其先行復職。

III 依第一項規定予以停止其職務之人員，經依法參選，再度當選原公職並就職者，不再適用該項之規定。

IV 依第一項規定予以停止其職務之人員，經刑事判決確定，非第七十九條應予解除職務者，於其任期屆滿前，均應准其復職。

V 直轄市長、縣（市）長、鄉（鎮、市）長，於本法公布施行前，非因第一項原因被停職者，於其任期屆滿前，應即准其復職。

第 79 條（地方首長及議員代表解除職權、職務之情形）

Ⅰ直轄市議員、直轄市長、縣（市）議員、縣（市）長、鄉（鎮、市）民代表、鄉（鎮、市）長及村（里）長有下列情事之一，直轄市議員、直轄市長由行政院分別解除其職權或職務；縣（市）議員、縣（市）長由內政部分別解除其職權或職務；鄉（鎮、市）民代表、鄉（鎮、市）長由縣政府分別解除其職權或職務，並通知各該直轄市議會、縣（市）議會、鄉（鎮、市）民代表會；村（里）長由鄉（鎮、市、區）公所解除其職務。應補選者，並依法補選：

一　經法院判決當選無效確定，或經法院判決選舉無效確定，致影響其當選資格者。

二　犯內亂、外患或貪污罪，經判刑確定者。

三　犯組織犯罪防制條例之罪，經判處有期徒刑以上之刑確定者。

四　犯前二款以外之罪，受有期徒刑以上刑之判決確定，而未受緩刑之宣告、未執行易科罰金或不得易服社會勞動者。

五　受保安處分或感訓處分之裁判確定者。但因緩刑而付保護管束者，不在此限。

六　戶籍遷出各該行政區域四個月以上者。

七　褫奪公權尚未復權者。

八　受監護或輔助宣告尚未撤銷者。

九　有本法所定應予解除職權或職務之情事者。

十　依其他法律應予解除職權或職務者。

Ⅱ有下列情事之一，其原職任期未滿，且尚未經選舉機關公告補選時，解除職權或職務之處分均應予撤銷：

一　因前項第二款至第四款情事而解除職權或職務，經再審或非常上訴判決無罪確定者。

二　因前項第五款情事而解除職權或職務，保安處分經依法撤銷，感訓處分經重新審理爲不付感訓處分之裁定確定者。

三　因前項第八款情事而解除職權或職務，經提起撤銷監護或輔助宣告之訴，爲法院判決撤銷宣告監護或輔助確定者。

第80條（地方首長及議員代表解除職務、職權之情形）

直轄市長、縣（市）長、鄉（鎮、市）長、村（里）長，因罹患重病，致不能執行職務繼續一年以上，或因故不執行職務連續達六個月以上者，應依前條第一項規定程序解除其職務；直轄市議員、縣（市）議員、鄉（鎮、市）民代表連續未出席定期會達二會期者，亦解除其職權。

第81條（地方議員、代表之補選）

Ⅰ直轄市議員、縣（市）議員、鄉（鎮、市）民代表辭職、去職或死亡，其缺額達總名額十分之三以上或同一選舉區缺額達二分之一以上時，均應補選。但其所遺任期不足二年，且缺額未達總名額二分之一時，不再補選。

Ⅱ前項補選之直轄市議員、縣（市）議員、鄉（鎮、市）民代表，以補足所遺任期爲限。

Ⅲ第一項直轄市議員、縣（市）議員、鄉（鎮、市）民代表之辭職，應以書面向直轄市議會、縣（市）議會、鄉（鎮、市）民代表會提出，於辭職書送達議會、代表會時，即行生效。

第82條（地方首長出缺之代理及補選）

Ⅰ直轄市長、縣（市）長、鄉（鎮、市）長及村（里）長辭職、去職、死亡者，直轄市長由行政院派員代理；縣（市）長由內政部報請行政院派員代理；鄉（鎮、市）長由縣政府派員代理；村（里）長由鄉（鎮、市、區）公所派員代理。

Ⅱ直轄市長停職者，由副市長代理，副市長出缺或不能代理者，由行政院派員代理。縣（市）長停職者，由副縣（市）長代理，副縣（市）長出缺或不能代理者，由內政部報請行政院派員代理。鄉（鎮、市）長停職者，由縣政府派員代理，置有副市長者，由副市長代理。村（里）長停職者，由鄉（鎮、市、區）公所派員代理。

Ⅲ直轄市長、縣（市）長、鄉（鎮、市）長及村（里）長辭職、去職或死亡者，應自事實發生之日起三個月內完成補選。但所遺任期不足二年者，不再補選，由代理人代理至該屆任期屆滿爲止。

Ⅳ前項補選之當選人應於公告當選後十日內宣誓就職，其任期以補足該屆所遺任期爲限，並視爲一屆。

Ⅴ第一項人員之辭職，應以書面爲之。直轄市長應向行政院提出並經核准；縣（市）長應向內政部提出，由內政部轉報行政院核准；鄉（鎮、市）長應向縣政府提出並經核准；村（里）長應向鄉（鎮、市、區）公所提出並經核准，均自核准辭職日生效。

第83條（改選或補選之延期辦理）

Ⅰ直轄市議員、直轄市長、縣（市）議員、縣（市）長、鄉（鎮、市）民代表、鄉（鎮、市）長及村（里）長任期屆滿或出缺應改選或補選時，如因特殊事故，得延期辦理改選或補選。

Ⅱ直轄市議員、直轄市長、縣（市）議員、縣（市）長依前項延期辦理改選或補選，分別由行政院、內政部核准後辦理。

Ⅲ鄉（鎮、市）民代表、鄉（鎮、市）長、村（里）長依第一項規定延期辦理改選或補選，由各該直轄市政府、縣（市）政府核准後辦理。

Ⅳ依前三項規定延期辦理改選時，其本屆任期依事實延長之。如於延長任期中出缺時，均不補選。

第83條之1（地方公職人員之任期調整）

下列地方公職人員，其任期調整至中華民國一百零三年十二月二十五日止：

一　應於一百零二年十二月二十日任期屆滿之縣

（市）長。
二　應於一百零三年三月一日任期屆滿之縣（市）議員及鄉（鎮、市）長。
三　應於一百零三年八月一日任期屆滿之鄉（鎮、市）民代表及村（里）長。
四　應於一百零四年一月十六日任期屆滿之臺北市里長。

第四章之一　直轄市山地原住民區

第 83 條之 2（直轄市山地原住民區為地方自治團體準用本法之相關規定）

Ｉ直轄市之區由山地鄉改制者，稱直轄市山地原住民區（以下簡稱山地原住民區），為地方自治團體，設區民代表會及區公所，分別為山地原住民區之立法機關及行政機關，依本法辦理自治事項，並執行上級政府委辦事項。

II山地原住民區之自治，除法律另有規定外，準用本法關於鄉（鎮、市）之規定；其與直轄市之關係，準用本法關於縣與鄉（鎮、市）關係之規定。

第 83 條之 3（山地原住民區自治事項）

下列各款為山地原住民區自治事項：
一　關於組織及行政管理事項如下：
㈠山地原住民區公職人員選舉、罷免之實施。
㈡山地原住民區組織之設立及管理。
㈢山地原住民區新聞行政。
二　關於財政事項如下：
㈠山地原住民區財務收支及管理。
㈡山地原住民區財產之經營及處分。
三　關於社會服務事項如下：
㈠山地原住民區社會福利。
㈡山地原住民區公益慈善事業及社會救助。
㈢山地原住民區殯葬設施之設置及管理。
㈣山地原住民區調解業務。
四　關於教育文化及體育事項如下：
㈠山地原住民區社會教育之興辦及管理。
㈡山地原住民區藝文活動。
㈢山地原住民區體育活動。
㈣山地原住民區禮儀民俗及文獻。
㈤山地原住民區社會教育、體育與文化機構之設置、營運及管理。
五　關於環境衛生事項如下：
山地原住民區廢棄物清除及處理。
六　關於營建、交通及觀光事項如下：
㈠山地原住民區道路之建設及管理。
㈡山地原住民區公園綠地之設立及管理。
㈢山地原住民區交通之規劃、營運及管理。
㈣山地原住民區觀光事業。
七　關於公共安全事項如下：
㈠山地原住民區災害防救之規劃及執行。
㈡山地原住民區民防之實施。
八　關於事業之經營及管理事項如下：
㈠山地原住民區公用及公營事業。
㈡山地原住民區公共造產事業。
㈢與其他地方自治團體合辦之事業。
九　其他依法律賦予之事項。

第 83 條之 4（山地原住民區之改制日；第一屆區長及區民代表之選舉）

山地原住民區以當屆直轄市長任期屆滿之日為改制日，並以改制前之區或鄉為其行政區域；其第一屆區民代表、區長之選舉以改制前區或鄉之行政區域為選舉區，於改制日十日前完成選舉投票，並準用第八十七條之一第三項選舉區劃分公告及第四項改制日就職之規定。

第 83 條之 5（自治法規未制定前，繼續適用原直轄市自治法規之規定）

Ｉ山地原住民區之自治法規未制（訂）定前，繼續適用原直轄市自治法規之規定。

II山地原住民區由山地鄉直接改制者，其自治法規有繼續適用之必要，得由山地原住民區公所公告後，繼續適用二年。

第 83 條之 6（山地原住民區之機關人員、資產及其他權利義務，應由直轄市移撥；首年度總預算之審議及執行相關規定）

Ｉ山地原住民區之機關（構）人員、資產及其他權利義務，應由直轄市制（訂）定自治法規移撥、移轉或調整之。但其由山地鄉直接改制者，維持其機關（構）人員、資產及其他權利義務。

II山地原住民區之財政收支劃分調整日期，由行政院洽商直轄市政府以命令定之。未調整前，相關機關（構）各項預算之執行，仍以直轄市原列預算繼續執行。

III山地原住民區首年度總預算，應由區公所於該年度一月三十一日之前送達區民代表會，該區民代表會應於送達後一個月內審議完成，並由該區公所於審議完成日起十五日內發布之。會計年度開始時，總預算案如未送達或審議通過，其預算之執行，準用第四十條之一第二項之規定。

IV依第一項移撥人員屬各項公務人員考試及格或依專門職業及技術人員轉任公務人員條例轉任之現職公務人員者，其轉調準用第八十七條之三第六項至第九項之規定。

V依第一項移撥人員屬各種考試錄取尚在實務訓練人員者，視同改分配其他機關繼續實務訓練，其受限制轉調之限制者，比照前項人員予以放寬。

第 83 條之 7（山地原住民區之財源補助）

Ｉ山地原住民區實施自治所需財源，由直轄市依下列因素予以設算補助，並維持改制前各該山地鄉統籌分配財源水準：

一　第八十三條之三所列山地原住民區之自治事項。
二　直轄市改制前各該山地鄉前三年度稅課收入平均數。
三　其他相關因素。

II 前項補助之項目、程序、方式及其他相關事項，由直轄市洽商山地原住民區定之。

第 83 條之 8（山地原住民區不適用本法之法條）

第五十八條及第五十八條之一規定，於山地原住民區不適用之。

第五章　附　則

第 84 條（地方行政首長適用之法律）

直轄市長、縣（市）長、鄉（鎮、市）長適用公務員服務法；其行爲有違法、廢弛職務或其他失職情事者，準用政務人員之懲戒規定。

第 85 條（員工給與事項之辦理）

省政府、省諮議會、直轄市議會、直轄市政府、縣（市）議會、縣（市）政府、鄉（鎮、市）民代表會、鄉（鎮、市）公所員工給與事項，應依公務人員俸給法及相關中央法令辦理。

第 86 條（承受或捐助財產之處理）

村（里）承受日據時期之財產，或人民捐助之財產，得以成立財團法人方式處理之。

第 87 條（相關法規未制頒及修正前，現行法規山地原住民區準用之）

本法公布施行後，相關法規應配合制（訂）定、修正。未制（訂）定、修正前，現行法規不牴觸本法規定部分，仍繼續適用；其關於鄉（鎮、市）之規定，山地原住民區準用之。

第 87 條之 1（改制日及選舉區）

I 縣（市）改制或與其他直轄市、縣（市）合併改制爲直轄市，應以當屆直轄市長任期屆滿之日爲改制日。縣（市）議員、縣（市）長、鄉（鎮、市）民代表、鄉（鎮、市）長及村（里）長之任期均調整至改制日止，不辦理改選。

II 改制後第一屆直轄市議員、直轄市長及里長之選舉，應依核定後改制計畫所定之行政區域爲選舉區，於改制日十日前完成選舉投票。

III 前項直轄市議員選舉，得在其行政區域內劃分選舉區；其由原住民選出者，以其行政區域內之原住民爲選舉區；直轄市議員選舉區之劃分，應於改制日六個月前公告，不受公職人員選舉罷免法第三十七條第一項但書規定之限制。

IV 改制後第一屆直轄市議員、直轄市長及里長，應於改制日就職。

第 87 條之 2（改制後自治法規之廢止及繼續適用）

縣（市）改制或與其他直轄市、縣（市）合併改制爲直轄市，原直轄市、縣（市）及鄉（鎮、市）自治法規應由改制後之直轄市政府廢止之；其有繼續適用之必要者，得經改制後之直轄市政府核定公告後，繼續適用二年。

第 87 條之 3（改制後移撥人員轉調規定）

I 縣（市）改制或與其他直轄市、縣（市）合併改制爲直轄市者，原直轄市、縣（市）及鄉（鎮、市）之機關（構）與學校人員、原有資產、負債及其他權利義務，由改制後之直轄市概括承受。

II 縣（市）改制或與其他直轄市、縣（市）合併改制爲直轄市之財政收支劃分調整日期，由行政院以命令定之。

III 縣（市）改制或與其他直轄市、縣（市）合併改制爲直轄市時，其他直轄市、縣（市）所受統籌分配稅款及補助款之總額不得少於該直轄市改制前。

IV 在第二項財政收支劃分未調整前，改制後之直轄市相關機關（構）、學校各項預算執行，仍以改制前原直轄市、縣（市）、鄉（鎮、市）原列預算繼續執行。

V 改制後之直轄市，於相關法律及中央法規未修正前，得暫時適用原直轄市、縣（市）之規定。

VI 依第一項改制而移撥人員屬各項公務人員考試及格之現職公務人員者，移撥至原分發任用之主管機關及其所屬機關、學校或原得分發之機關、原請辦考試機關及其所屬機關、學校以外之機關、學校服務時，得不受公務人員考試法、公務人員任用法及各項公務人員考試規則有關限制轉調規定之限制。

VII 前項人員日後之轉調，仍應以原考試及格人員得分發之機關、原請辦考試機關或移撥機關之主管機關及其所屬機關有關職務爲限。

VIII 各項公務人員考試法規定有限制轉調年限者，俟轉調年限屆滿後，得再轉調其他機關。

IX 依專門職業及技術人員轉任公務人員條例轉任，於限制轉調期間內移撥之人員，得不受該條例限制轉調機關規定之限制。但須於原轉任機關、移撥機關及所屬機關合計任職滿三年後，始得調任其他機關任職。

第 88 條（施行日）

I 本法自公布日施行。

II 本法中華民國九十六年六月十四日修正之條文，自九十六年一月一日施行；九十八年五月十二日修正之條文，自九十八年十一月二十三日施行；一百零三年一月十四日修正之第四章之一及第八十七條，其施行日期，由行政院定之。

公職人員選舉罷免法

1.中華民國69年5月14日總統令制定公布全文113條
2.中華民國72年7月8日總統令修正公布第3、4、7、8、12、15、32、34、36、38、41～46、49、51、52、55、56、61、62、79、81、88、89、92～98、100、101、103、110 條條文；增訂第 45-1～45-3、87-1、87-2、95-1、97-1、97-2、103-1條條文；並刪除第48、53條條文
3.中華民國78年2月3日總統令修正公布第3、4、8、15、20、31、32、34、35、37～39、42、45-1、45-2、46、50、51、52、55、56、59、66、86～88、95、97、103、108、109 條條文；增訂第 35-1、45-4、45-5、51-1、55-1、96-1條條文；並刪除第97-1條條文
4.中華民國80年8月2日總統令修正公布名稱及第1、3、8、11、15、16、20、23、25、31、34、36～38、41、42、45、45-2、45-4、45-5、47、49～52、55、55-1、57、60、65～67、69、70、74、87-2～89、91、93、94、95-1～97、100、103 條條文；刪除第 17～19、24、28、40條條文；並增訂第56-1、56-2、67-1、68-1條條文（原名稱：動員戡亂時期公職人員選舉罷免法）
5.中華民國81年11月6日總統令修正公布第31條條文
6.中華民國83年6月10日總統令修正公布第32條條文
7.中華民國83年7月23日總統令修正公布第2、3、7、14～16、20、21、31、32、38、39、45、45-1、45-5、46、49～51、51-1、52、55、57、61、62、64～67、68-1、70、74、79、83、86、87-2、88、89、91、93、94、97、103～109 條條文；增訂第 36-1、50-1、90-1、91-1、94-1、100-1 條條文；並刪除第 27、55-1、56、96、96-1條條文
8.中華民國83年10月18日總統令修正公布第80條條文
9.中華民國83年10月22日總統令修正公布第70、74、83條條文
10.中華民國86年6月18日總統令修正公布第45-5條條文
11.中華民國89年7月19日總統令修正公布第8、112條條文
12.中華民國89年11月1日總統令公布刪除第32條條文
13.中華民國91年1月25日總統令修正公布第67條條文
14.中華民國92年7月9日總統令修正公布第11、13、20、21、23、31、35、35-1、37、43、45-1、45-5、47、49、50、57、58、60、61、65～67、68-1、70、71、73、74、76、77、82、84 條條文；並增訂第 38-1、38-2、59-1、65-1、73-1條條文
15.中華民國93年4月7日總統令修正公布第63條條文；並增訂第93-1條條文
16.中華民國94年2月5日總統令修正公布第35條條文
17.中華民國94年6月22日總統令修正公布第38條條文
18.中華民國94年11月30日總統令修正公布第89、90-1、91、91-1條條文；並增訂第90-2條條文
19.中華民國95年2月3日總統令修正公布第42條條文；並增訂第68-2條條文
20.中華民國95年5月30日總統令修正公布第14、113條條文；並自95年7月1日施行
21.中華民國96年11月7日總統令修正公布全文134條；並自公布日施行
22.中華民國97年11月26日總統令修正公布第57條條文
23.中華民國98年5月27日總統令修正公布第14、26、134條條文；並自98年11月23日施行
24.中華民國99年9月1日總統令修正公布第35、37條條文
25.中華民國100年5月25日總統令修正公布第43條條文
26.中華民國103年5月28日總統令修正公布第2、7、13、24、34、36、37、38、40、41、46、68、70、71、80、83、100條條文；並增訂第37-1條條文
27.中華民國104年2月4日總統令修正公布第43條條文
28.中華民國105年4月13日總統令修正公布第47條條文
29.中華民國105年12月7日總統令修正公布第27條條文
30.中華民國105年12月14日總統令修正公布第11、40、42、45、49～56、59、76、79～81、83、86、87、90、94、102、104、110、124條條文及第三章章名、第六節節名、第九節第一款款名、第九節第二款款名、第九節第三款款名；增訂第86-1條條文及第九節節名；並刪除第四章章名
31.中華民國107年5月9日總統令修正公布第97、99～102、106條條文
32.中華民國108年1月9日總統令修正公布第61條條文
33.中華民國109年5月6日總統令修正公布第18、57、65條條文

第一章　總　則

第1條（*法律之適用*）
公職人員選舉、罷免，依本法之規定。

第2條（*公職人員之定義*）
本法所稱公職人員，指下列人員：
一　中央公職人員：立法院立法委員。
二　地方公職人員：直轄市議會議員、縣（市）議會議員、鄉（鎮、市）民代表會代表、直轄市山地原住民區（以下簡稱原住民區）民代表會代表、直轄市長、縣（市）長、鄉（鎮、市）長、原住民區長、村（里）長。

第3條（*選舉方法*）
Ⅰ公職人員選舉，以普通、平等、直接及無記名單記投票之方法行之。
Ⅱ全國不分區及僑居國外國民立法委員選舉，依政黨名單投票選出。
Ⅲ公職人員罷免，由原選舉區之選舉人以無記名投票之方法決定。

第4條（*年齡及居住期間之計算*）
Ⅰ選舉人、候選人年齡及居住期間之計算，均以算至投票日前一日為準，並以戶籍登記資料為依據。
Ⅱ前項居住期間之計算，自戶籍遷入登記之日起算。
Ⅲ重行投票者，仍依原投票日計算。

第5條（*選舉、罷免期間之計算*）

Ⅰ本法所定各種選舉、罷免期間之計算，除另有規定外，依行政程序法之規定。但期間之末日，除因天然災害政府機關停止上班外，其爲星期六、星期日、國定假日或其他休息日時，不予延長。

Ⅱ本法所定投票日前幾日，自投票日前一日起算，向前逆算至規定日數之當日；所定投票日後幾日，自投票日次日起算，向後算至規定日數之當日；所定投票日幾日前，其期限之最終期日之計算，自投票日前一日起算，向前逆算至規定日數之前一日，爲該期限之終止日。

Ⅲ選舉、罷免之各種申請，以郵寄方式向選舉機關提出者，以選舉機關收件日期爲準。

第二章　選舉罷免機關

第6條（選舉委員會之設立）

公職人員選舉，中央、直轄市、縣（市）各設選舉委員會辦理之。

第7條（各級選舉之主管機關與監督）

Ⅰ立法委員、直轄市議員、直轄市長、縣（市）議員及縣（市）長選舉，由中央選舉委員會主管，並指揮、監督直轄市、縣（市）選舉委員會辦理之。

Ⅱ原住民區民代表及區長選舉，由直轄市選舉委員會辦理之；鄉（鎮、市）民代表及鄉（鎮、市）長選舉，由縣選舉委員會辦理之。

Ⅲ村（里）長選舉，由各該直轄市、縣（市）選舉委員會辦理之。

Ⅳ直轄市、縣（市）選舉委員會辦理前二項之選舉，並受中央選舉委員會之監督。

Ⅴ辦理選舉期間，直轄市、縣（市）選舉委員會並於鄉（鎮、市、區）設辦理選務單位。

第8條（各級選舉委員會之組織）

Ⅰ中央選舉委員會隸屬行政院，置委員若干人，由行政院院長提請總統派充之，並指定一人爲主任委員；其組織另以法律定之。

Ⅱ直轄市、縣（市）選舉委員會隸屬中央選舉委員會，各置委員若干人，由中央選舉委員會提請行政院院長派充之，並指定一人爲主任委員。

Ⅲ直轄市、縣（市）選舉委員會組織規程，均由中央選舉委員會擬訂，報請行政院核定。

Ⅳ各選舉委員會委員，應有無黨籍人士；其具有同一黨籍者，在中央選舉委員會不得超過委員總額五分之二，在直轄市、縣（市）選舉委員會不得超過各該選舉委員會委員總額二分之一。

Ⅴ各級選舉委員會，應依據法令公正行使職權。

第9條（辦理罷免之機關）

公職人員罷免，由各級選舉委員會辦理，並準用第七條之規定。

第10條（各級政府職員之調用）

各級選舉委員會在辦理選舉、罷免期間，得調用各級政府職員辦理事務。

第11條（各級選舉委員會辦理事項）

Ⅰ各級選舉委員會分別辦理下列事項：

一　選舉、罷免公告事項。
二　選舉、罷免事務進行程序及計畫事項。
三　候選人資格之審定事項。
四　選舉、罷免宣導之策劃事項。
五　選舉、罷免之監察事項。
六　投票所、開票所之設置及管理事項。
七　選舉、罷免結果之審查事項。
八　當選證書之製發事項。
九　訂定政黨使用電視及其他大眾傳播工具從事競選宣傳活動之辦法。
十　其他有關選舉、罷免事項。

Ⅱ直轄市、縣（市）選舉委員會就下列各種公職人員選舉、罷免事務，指揮、監督鄉（鎮、市、區）公所辦理：

一　選舉人名冊公告閱覽之辦理事項。
二　投票所、開票所設置及管理之辦理事項。
三　投票所、開票所工作人員遴報事項。
四　選舉、罷免票之轉發事項。
五　選舉公報及投票通知單之分發事項。
六　選舉及罷免法令之宣導事項。
七　其他有關選舉、罷免事務之辦理事項。

第12條（巡迴監察員及監察小組之設置）

Ⅰ中央選舉委員會置巡迴監察員若干人，由中央選舉委員會，遴選具有選舉權之公正人士，報請行政院院長聘任，並指定一人爲召集人；直轄市、縣（市）選舉委員會各設監察小組，置小組委員若干人，由直轄市選舉委員會及縣（市）選舉委員會，分別遴選具有選舉權之公正人士，報請中央選舉委員會聘任，並各指定一人爲召集人，執行下列事項：

一　候選人、罷免案提議人、被罷免人違反選舉、罷免法規之監察事項。
二　選舉人、罷免案投票人違反選舉、罷免法規之監察事項。
三　辦理選舉、罷免事務人員違法之監察事項。
四　其他有關選舉、罷免監察事項。

Ⅱ前項巡迴監察員、監察小組委員，均爲無給職；其任期及人數於中央、直轄市、縣（市）選舉委員會組織規程規定之。

Ⅲ直轄市、縣（市）選舉委員會，得遴聘具有選舉權之公正人士爲政見發表會監察員，執行有關政見發表之監察事項。

Ⅳ各級選舉委員會執行監察職務準則，由中央選舉委員會定之。

第13條（選舉委員會預算之編列）

各級選舉委員會之經費預算，其年度經常費，由中央政府統籌編列。其辦理選舉、罷免所需經費，立法委員選舉、罷免由中央政府編列；直轄市議員、直轄市長選舉、罷免由直轄市政府編列；縣（市）議員、縣（市）長選舉、罷免由縣（市）政府編列；鄉（鎮、市）民代表、鄉（鎮、市）長、村（里）長選舉、罷免由鄉（鎮、市）公所編列；原住民區民代表、區長選舉、罷免由原住民區公所編列；直轄市、市之里長選舉、罷免由直轄市、市政府編列，但原住民區里長選舉、罷免由原住民區公所編列。

第三章　選舉及罷免

第一節　選舉人

第 14 條（選舉權之要件）
中華民國國民，年滿二十歲，除受監護宣告尚未撤銷者外，有選舉權。

第 15 條（選舉人之資格）
Ⅰ有選舉權人在各該選舉區繼續居住四個月以上者，為公職人員選舉各該選舉區之選舉人。
Ⅱ前項之居住期間，在其行政區域劃分選舉區者，仍以行政區域為範圍計算之。但於選舉公告發布後，遷入各該選舉區者，無選舉投票權。

第 16 條（原住民選舉人資格）
原住民公職人員選舉，以具有原住民身分並有前條資格之有選舉權人為選舉人。

第 17 條（投票地點）
Ⅰ選舉人，除另有規定外，應於戶籍地投票所投票。
Ⅱ投票所工作人員，得在戶籍地或工作地之投票所投票。但在工作地之投票所投票者，以戶籍地及工作地在同一選舉區，並在同一直轄市、縣（市）為限。

第 18 條（選舉票之領取）
Ⅰ選舉人投票時，應憑本人國民身分證領取選舉票。
Ⅱ選舉人領取選舉票時，應在選舉人名冊上簽名或蓋章或按指印，按指印者，並應有管理員及監察員各一人蓋章證明。選舉人名冊上無其姓名或姓名不符者，不得領取選舉票。但姓名顯係筆誤、因婚姻關係而冠姓或回復本姓致與國民身分證不符者，經主任管理員會同主任監察員辨明後，應准領取選舉票。
Ⅲ選舉人領得選舉票後應自行圈投。但因身心障礙不能自行圈投而能表示其意思者，得依其請求，由家屬或陪同之人一人在場，依據本人意思，眼同協助或代為圈投；其無家屬或陪同之人在場者，亦得依其請求，由投票所管理員及監察員各一人，依據本人意思，眼同協助或代為圈投。
Ⅳ為防止重複投票或冒領選舉票之情事，應訂定防範規定；其辦法由中央選舉委員會定之。

第 19 條（投票時間）
Ⅰ選舉人應於規定之投票時間內到投票所投票；逾時不得進入投票所。但已於規定時間內到達投票所尚未投票者，仍可投票。
Ⅱ二種以上公職人員選舉或公職人員選舉與公民投票同日於同一投票所舉行投票時，選舉人應一次進入投票所投票，離開投票所後不得再次進入投票所投票。

第二節　選舉人名冊

第 20 條（選舉人名冊之編造）
Ⅰ選舉人名冊，由鄉（鎮、市、區）戶政機關依據戶籍登記資料編造，應載明編號、姓名、性別、出生年月日及戶籍地址；投票日前二十日已登錄戶籍登記資料，依規定有選舉人資格者，一律編入名冊；投票日前二十日以後遷出之選舉人，仍應在原選舉區行使選舉權。
Ⅱ原住民選舉人名冊，其原住民身分之認定，以戶籍登記資料為準，由戶政機關依前項規定編造。
Ⅲ選舉人名冊編造後，除選舉委員會、鄉（鎮、市、區）公所、戶政機關依本法規定使用外，不得以抄寫、複印、攝影、錄音或其他任何方式對外提供。

第 21 條（選舉人名冊之分編或合編）
二種以上公職人員選舉同日舉行投票時，選舉人名冊得視實際需要分別或合併編造。

第 22 條（選舉人名冊之報備閱覽）
選舉人名冊編造後，戶政機關應送由鄉（鎮、市、區）公所函報直轄市、縣（市）選舉委員會備查，並由鄉（鎮、市、區）公所公開陳列、公告閱覽，選舉人發現錯誤或遺漏時，得於閱覽期間內申請更正。

第 23 條（選舉人名冊之更正確定）
Ⅰ選舉人名冊經公告閱覽期滿後，鄉（鎮、市、區）公所應將原冊及申請更正情形，送戶政機關查核更正。
Ⅱ選舉人名冊經公告、更正後即為確定，並由各直轄市、縣（市）選舉委員會公告選舉人人數。

第三節　候選人

第 24 條（候選人年齡及資格限制）
Ⅰ選舉人年滿二十三歲，得於其行使選舉權之選舉區登記為公職人員候選人。但直轄市長、縣（市）長候選人須年滿三十歲；鄉（鎮、市）長、原住民區長候選人須年滿二十六歲。
Ⅱ選舉人年滿二十三歲，得由依法設立之政黨登記為全國不分區及僑居國外國民立法委員選舉之全國不分區候選人。
Ⅲ僑居國外之中華民國國民年滿二十三歲，在國內未曾設有戶籍或已將戶籍遷出國外連續八年以上者，得由依法設立之政黨登記為全國不分區及僑居國外國民立法委員選舉之僑居國外國民候選人。

Ⅳ前二項政黨應符合下列規定之一：

一　於最近一次總統、副總統選舉，其所推薦候選人得票數之和，達該次選舉有效票總和百分之二以上。二個以上政黨共同推薦一組總統、副總統候選人者，各該政黨推薦候選人之得票數，以推薦政黨數除其推薦候選人得票數計算之。

二　於最近三次全國不分區及僑居國外國民立法委員選舉得票率，曾達百分之二以上。

三　現有立法委員五人以上，並於申請候選人登記時，備具名冊及立法委員出具之切結書。

四　該次區域及原住民立法委員選舉推薦候選人達十人以上，且經中央選舉委員會審查合格。

Ⅴ第三項所稱八年以上之計算，以算至投票日前一日為準，並自戶籍遷出登記之日起算。

Ⅵ政黨登記之全國不分區及僑居國外國民立法委員選舉候選人，應為該政黨黨員，並經各該候選人書面同意；其候選人名單應以書面為之，並排列順位。

Ⅶ回復中華民國國籍滿三年或因歸化取得中華民國國籍滿十年者，始得依第一項至第三項規定登記為候選人。

Ⅷ前項所稱滿三年或滿十年之計算，均以算至投票日前一日為準。

第25條（候選人登記種類之限制）

Ⅰ二種以上公職人員選舉同日舉行投票時，其申請登記之候選人，以登記一種為限。為二種以上候選人登記時，其登記均無效。

Ⅱ同種公職人員選舉具有二個以上之候選人資格者，以登記一個為限。為二個以上候選人登記時，其登記均無效。

第26條（候選人之消極資格）

有下列情事之一者，不得登記為候選人：

一　動員戡亂時期終止後，曾犯內亂、外患罪，經依刑法判刑確定。

二　曾犯貪污罪，經判刑確定。

三　曾犯刑法第一百四十二條、第一百四十四條之罪，經判刑確定。

四　犯前三款以外之罪，判處有期徒刑以上之刑確定，尚未執行或執行未畢。但受緩刑宣告者，不在此限。

五　受保安處分或感訓處分之裁判確定，尚未執行或執行未畢。

六　受破產宣告確定，尚未復權。

七　依法停止任用或受休職處分，尚未期滿。

八　褫奪公權，尚未復權。

九　受監護或輔助宣告，尚未撤銷。

第27條（候選人之消極資格）

Ⅰ下列人員不得登記為候選人：

一　現役軍人。

二　服替代役之現役役男。

三　軍事學校學生。

四　各級選舉委員會之委員、監察人員、職員、鄉（鎮、市、區）公所辦理選舉事務人員及投票所、開票所工作人員。

五　依其他法律規定不得登記為候選人者。

Ⅱ前項第一款之現役軍人，屬於後備軍人或補充兵應召者，在應召未入營前，或係受教育、勤務及點閱召集，均不受限制。第二款服替代役之現役役男，屬於服役期滿後受召集服勤者，亦同。

Ⅲ當選人就職後辭職或因第一百二十條第一項第二款、第三款情事之一，經法院判決當選無效確定者，不得申請登記為該次公職人員補選候選人。

第28條（政黨推薦候選人）

Ⅰ依法設立之政黨，得推薦候選人參加公職人員選舉，經政黨推薦之候選人，應為該政黨黨員，並檢附加蓋中央主管機關發給該政黨圖記之政黨推薦書，於候選人申請登記期間內，向選舉委員會辦理登記。

Ⅱ前項推薦書，應於申請登記候選人時繳送受理登記之選舉委員會，登記期間截止後補送者，不予受理。

第29條（候選人登記之撤銷、當選無效之訴之提起）

Ⅰ候選人名單公告後，經發現候選人在公告前或投票前有下列情事之一者，投票前由選舉委員會撤銷其候選人登記；當選後依第一百二十一條規定提起當選無效之訴：

一　候選人資格不合第二十四條第一項至第三項規定。

二　有第二十六條或第二十七條第一項、第三項之情事。

三　依第九十二條第一項規定不得登記為候選人。

Ⅱ全國不分區及僑居國外國民立法委員選舉候選人名單公告後，經發現登記政黨之資格在公告前或投票前不合第二十四條第四項規定，投票前由中央選舉委員會撤銷其政黨候選人名單登記；投票後依第一百二十一條規定提起當選無效之訴。

第30條（停止選舉活動之原因）

Ⅰ區域立法委員、直轄市長及縣（市）長選舉候選人於登記截止後至選舉投票日前死亡者，選舉委員會應即公告該選舉區停止該項選舉，並定期重行選舉。

Ⅱ其他公職人員選舉候選人登記截止後至選舉投票日前，因候選人死亡，致該選舉區之候選人數未超過或不足該選舉區應選出之名額時，應即公告停止選舉，並定期重行選舉。

第 31 條（撤回候選人之登記）

Ⅰ經登記為候選人者，不得撤回其候選人登記。

Ⅱ經政黨推薦之區域、原住民立法委員及地方公職人員選舉候選人，政黨得於登記期間截止前，備具加蓋中央主管機關發給該政黨圖記之政黨撤回推薦書，向原受理登記之選舉委員會撤回推薦，逾期不予受理。

Ⅲ經政黨登記之全國不分區及僑居國外國民立法委員選舉候選人名單，政黨得於登記期間截止前，備具加蓋中央主管機關發給該政黨圖記之政黨撤回或更換登記申請書，向原受理登記之選舉委員會撤回或更換，逾期不予受理。其候選人名單之更換，包括人數變更、人員異動、順位調整，其有新增之候選人者，政黨應依規定繳交表件及保證金。

Ⅳ經登記為候選人者，於登記後將戶籍遷出其選舉區者，不影響其候選人資格，並仍在原選舉區行使選舉權。

第 32 條（候選人保證金之繳納與發還）

Ⅰ登記為候選人時，應繳納保證金；其數額由選舉委員會先期公告。

Ⅱ全國不分區及僑居國外國民立法委員選舉候選人之保證金，依公告數額，由登記之政黨按登記人數繳納。

Ⅲ保證金之繳納，以現金、金融機構簽發之本票、保付支票或郵局之劃撥支票為限；繳納現金不得以硬幣為之。

Ⅳ保證金應於當選人名單公告日後三十日內發還。但有下列情事之一者，不予發還：

一　全國不分區及僑居國外國民立法委員選舉候選人未當選。

二　前款以外選舉未當選之候選人，得票不足各該選舉區應選出名額除該選舉區選舉人總數所得商數百分之十。

Ⅴ前項第二款所稱該選舉區選舉人總數，應先扣除依戶籍法第四十七條第四項及第五項規定戶籍逕為遷入該戶政事務所之選舉人人數。

Ⅵ第四項保證金發還前，依第一百三十條第二項規定應逕予扣除者，應先予以扣除，有餘額時，發還其餘額。

第 33 條（候選人應備具表件及保證金）

登記為候選人時，應備具選舉委員會規定之表件及保證金，於規定時間內，向受理登記之選舉委員會辦理。表件或保證金不合規定，或未於規定時間內辦理者，不予受理。

第 34 條（候選人資格審定及姓名號次抽籤）

Ⅰ各種公職人員選舉候選人資格，應由主管選舉委員會審定公告。

Ⅱ全國不分區及僑居國外國民立法委員選舉，政黨所提名單中之候選人，經中央選舉委員會審查有不合規定者，不准予登記，其名單所排列之順位由後依序遞補。

Ⅲ全國不分區及僑居國外國民立法委員選舉，申請登記之政黨，不符合第二十四條第四項之規定者，不准予登記。

Ⅳ區域、原住民立法委員及地方公職人員選舉，經審定之候選人名單，其姓名號次，由選舉委員會通知各候選人於候選人名單公告三日前公開抽籤決定之。但鄉（鎮、市）民代表、原住民區民代表、鄉（鎮、市）長、原住民區長、村（里）長候選人姓名號次之抽籤得指定鄉（鎮、市、區）公所辦理之。

Ⅴ前項候選人姓名號次之抽籤，應由監察人員在場監察。候選人未克親自到場參加抽籤者，得委託他人持候選人本人之委託書代為抽籤，候選人未親自參加或未委託他人代抽，或雖到場經唱名三次後仍不抽籤者，由辦理機關代為抽定。

Ⅵ全國不分區及僑居國外國民立法委員選舉候選人名單公告之政黨號次，由中央選舉委員會於候選人名單公告三日前公開抽籤決定其號次。

Ⅶ前項政黨號次之抽籤，由政黨指定之人員一人親自到場抽籤，政黨未指定或指定之人未親自到場參加抽籤或雖到場經唱名三次後仍不抽籤者，由中央選舉委員會代為抽定。

第四節　選舉區

第 35 條（立法委員選舉區）

Ⅰ立法委員選舉，其選舉區依下列規定：

一　直轄市、縣（市）選出者，應選名額一人之縣（市），以其行政區域為選舉區；應選名額二人以上之直轄市、縣（市），按應選名額在其行政區域內劃分同額之選舉區。

二　全國不分區及僑居國外國民選出者，以全國為選舉區。

三　平地原住民及山地原住民選出者，以平地原住民、山地原住民為選舉區。

Ⅱ前項第一款直轄市、縣（市）選舉區應選出名額之計算所依據之人口數，應扣除原住民人口數。

Ⅲ第一項第一款直轄市、縣（市）選出之立法委員，其名額分配及選舉區以第七屆立法委員為準，除本法或其他法律另有規定外，自該屆立法委員選舉區變更公告之日起，每十年重新檢討一次，如有變更之必要，應依第三十七條第三項至第五項規定辦理。

第 36 條（地方公職人員選舉區）

Ⅰ地方公職人員選舉，其選舉區依下列規定：

一　直轄市議員、縣（市）議員、鄉（鎮、市）民代表、原住民區民代表選舉，以其行政區域爲選舉區，並得在其行政區域內劃分選舉區；其由原住民選出者，以其行政區域內之原住民爲選舉區，並得按平地原住民、山地原住民或在其行政區域內劃分選舉區。
二　直轄市長、縣（市）長、鄉（鎮、市）長、原住民區長、村（里）長選舉，各依其行政區域爲選舉區。

II 前項第一款直轄市議員、縣（市）議員、鄉（鎮、市）民代表按行政區域劃分之選舉區，其應選名額之計算所依據之人口數，應扣除原住民人口數。

第 37 條（選舉區之劃分）

I 第三十五條之立法委員選舉區及前條第一項第一款之直轄市議員、縣（市）議員選舉區，由中央選舉委員會劃分；前條第一項第一款之原住民區民代表、鄉（鎮、市）民代表選舉區，由直轄市、縣選舉委員會劃分之；並應於發布選舉公告時公告。但選舉區有變更時，應於公職人員任期或規定之日期屆滿一年前發布之。

II 前項選舉區，應斟酌行政區域、人口分布、地理環境、交通狀況、歷史淵源及應選出名額劃分之。

III 第一項立法委員選舉區之變更，中央選舉委員會應於本屆立法委員任期屆滿前二年二個月月底戶籍統計之人口數爲準，於一年八個月前，將選舉區變更案送經立法院同意後發布。

IV 立法院對於前項選舉區變更案，應以直轄市、縣（市）爲單位行使同意或否決。如經否決，中央選舉委員會應就否決之直轄市、縣（市），參照立法院各黨團意見，修正選舉區變更案，並於否決之日起三十日內，重行提出。

V 立法院應於立法委員任期屆滿一年一個月前，對選舉區變更案完成同意，未能於期限內完成同意部分，由行政、立法兩院院長協商解決之。

第 37 條之 1（行政區域改制，選舉區劃分之規定）

I 縣（市）改制或與其他直轄市、縣（市）合併改制爲直轄市，改制後第一屆直轄市議員、直轄市長及里長之選舉，應依核定後改制計畫所定之行政區域爲選舉區，於改制日十日前完成選舉投票。

II 原住民區以改制前之區或鄉爲其行政區域，其第一屆區民代表、區長之選舉以改制前區或鄉之行政區域爲選舉區，於改制日十日前完成選舉投票。

III 前二項之直轄市議員、原住民區民代表選舉區之劃分，應於改制日六個月前公告，不受前條第一項但書規定之限制。

第五節　選舉公告

第 38 條（選舉公告）

I 選舉委員會應依下列規定期間，發布各種公告：
一　選舉公告，須載明選舉種類、名額、選舉區之劃分、投票日期及投票起、止時間，並應於公職人員任期或規定之日期屆滿四十日前發布之。但總統解散立法院辦理之立法委員選舉、重行選舉、重行投票或補選之公告日期，不在此限。
二　候選人登記，應於投票日二十日前公告，其登記期間不得少於五日。但鄉（鎮、市）民代表、原住民區民代表、鄉（鎮、市）長、原住民區長、村（里）長之選舉，不得少於三日。
三　選舉人名冊，應於投票日十五日前公告，其公告期間，不得少於三日。
四　候選人名單，應於競選活動開始前一日公告。
五　選舉人人數，應於投票日三日前公告。
六　當選人名單，應於投票日後七日內公告。

II 前項第一款之名額，其依人口數計算者，以選舉投票之月前第六個月月底戶籍統計之人口數爲準。

III 第一項第二款候選人登記期間截止後，如有選舉區無人登記時，得就無人登記之選舉區，公告辦理第二次候選人登記，其登記期間，不得少於二日。

IV 第一項各款之公告，有全國或全省一致之必要者，上級選舉委員會得逕行公告。

第 39 條（選舉投票完成日）

I 公職人員選舉，應於各該公職人員任期或規定之日期屆滿十日前完成選舉投票。但重行選舉、重行投票或補選之投票完成日期，不在此限。

II 總統解散立法院後辦理之立法委員選舉，應於總統宣告解散立法院之日起，六十日內完成選舉投票。

第六節　選舉及罷免活動

第 40 條（競選活動期間）

I 公職人員選舉競選及罷免活動期間依下列規定：
一　直轄市長爲十五日。
二　立法委員、直轄市議員、縣（市）議員、縣（市）長、鄉（鎮、市）長、原住民區長爲十日。
三　鄉（鎮、市）民代表、原住民區民代表、村（里）長爲五日。

II 前項期間，以投票日前一日向前推算；其每日競選及罷免活動時間，自上午七時起至下午十時止。

第 41 條（競選經費最高限額）

I 各種公職人員競選經費最高金額，除全國不分區及僑居國外國民立法委員選舉外，應由選舉委員會於發布選舉公告之日同時公告。

II前項競選經費最高金額，依下列規定計算：

一　立法委員、直轄市議員、縣（市）議員、鄉（鎮、市）民代表、原住民區民代表選舉為以各該選舉區之應選名額除選舉區人口總數百分之七十，乘以基本金額新臺幣三十元所得數額，加上一固定金額之和。

二　直轄市長、縣（市）長、鄉（鎮、市）長、原住民區長、村（里）長選舉為以各該選舉區人口總數百分之七十，乘以基本金額新臺幣二十元所得數額，加上一固定金額之和。

III前項所定固定金額，分別定為立法委員、直轄市議員新臺幣一千萬元、縣（市）議員新臺幣六百萬元、鄉（鎮、市）民代表、原住民區民代表新臺幣二百萬元、直轄市長新臺幣五千萬元、縣（市）長新臺幣三千萬元、鄉（鎮、市）長、原住民區長新臺幣六百萬元、村（里）長新臺幣二十萬元。

IV競選經費最高金額計算有未滿新臺幣一千元之尾數時，其尾數以新臺幣一千元計算之。

V第二項所稱選舉區人口總數，係指投票之月前第六個月之末日該選舉區戶籍統計之人口總數。

第42條（候選人競選經費之列入所得稅列舉扣除額）

I候選人競選經費之支出，於前條規定候選人競選經費最高金額內，減除政治獻金及依第四十三條規定之政府補貼競選經費之餘額，得於申報綜合所得稅時作為投票日年度列舉扣除額。

II各種公職人員罷免案，提議人之領銜人及被罷免人所為支出，於前條規定候選人競選經費最高金額內，得於申報綜合所得稅時作為罷免案宣告不成立之日或投票日年度列舉扣除額。

III前二項所稱之支出，指自選舉公告發布之日起至投票日後三十日內，或罷免案自領取連署人名冊格式之日起至宣告不成立之日止；已宣告成立者則延長至投票日後三十日內，以競選或罷免活動為目的，所支出之費用。

第43條（競選費用補助款與繳回）

I候選人除全國不分區及僑居國外國民立法委員選舉外，當選人在一人，得票數達各該選舉區當選票數三分之一以上者，當選人在二人以上，得票數達各該選舉區當選票數二分之一以上者，應補貼其競選費用，每票補貼新臺幣三十元。但其最高額，不得超過各該選舉區候選人競選經費最高金額。

II前項當選票數，當選人在二人以上者，以最低當選票數為準；其最低當選票數之當選人，以婦女保障名額當選，應以前一名當選人之得票數為最低當選票數。

III第一項對候選人競選費用之補貼，應於當選人名單公告日後三十日內，由選舉委員會核算補貼金額，並通知候選人於三個月內摯據，向選舉委員會領取。

IV前項競選費用之補貼，依第一百三十條第二項規定應逕予扣除者，應先予以扣除，有餘額時，發給其餘額。

V領取競選費用補貼之候選人犯第九十七條、第九十九條第一項、第一百零一條第一項、第一百零二條第一項第一款之罪經判刑確定者或因第一百二十條第一項第三款之情事經法院判決當選無效確定者，選舉委員會應於收到法院確定判決書後，以書面通知其於三十日內繳回已領取及依前項先予扣除之補貼金額，屆期不繳回者，依法移送強制執行。

VI國家應每年對政黨撥給競選費用補助金，其撥款標準以最近一次立法委員選舉為依據。全國不分區及僑居國外國民立法委員選舉政黨得票率達百分之三點五以上者，應補貼該政黨競選費用，每年每票補貼新臺幣五十元，按會計年度由中央選舉委員會核算補貼金額，並通知政黨於一個月內摯據，向中央選舉委員會領取，至該屆立法委員任期屆滿為止。

VII候選人未於規定期限內領取競選費用補貼者，選舉委員會應催告其於三個月內具領；屆期未領者，視為放棄領取。

VIII第一項、第六項所需補貼費用，依第十三條規定編列預算。

第44條（競選辦事處之設置）

I候選人於競選活動期間，得在其選舉區內設立競選辦事處；其設立競選辦事處二所以上者，除主辦事處以候選人為負責人外，其餘各辦事處，應由候選人指定專人負責，並應將各辦事處地址、負責人姓名，向受理登記之選舉委員會登記。

II候選人競選辦事處不得設於機關（構）、學校、依法設立之人民團體或經常定為投票所、開票所之處所及其他公共場所。但政黨之各級黨部辦公處，不在此限。

第45條（辦理選舉事務人員之禁止行為）

各級選舉委員會之委員、監察人員、職員、鄉（鎮、市、區）公所辦理選舉事務人員，於選舉公告發布或收到罷免案提議後，不得有下列行為：

一　公開演講或署名推薦為候選人宣傳或支持、反對罷免案。

二　為候選人或支持、反對罷免案站台或亮相造勢。

三　召開記者會或接受媒體採訪時為候選人或支持、反對罷免案宣傳。

四　印發、張貼宣傳品為候選人或支持、反對罷免案宣傳。

五　懸掛或豎立標語、看板、旗幟、布條等廣告物為候選人或支持、反對罷免案宣傳。

六　利用大眾傳播媒體為候選人或支持、反對罷免案宣傳。

七　參與競選或支持、反對罷免案遊行、拜票、募款活動。

第46條（政見發表會之舉辦）

Ⅰ公職人員選舉，除全國不分區及僑居國外國民立法委員選舉外，選舉委員會應於競選活動期間內舉辦公辦政見發表會，候選人應親自到場發表政見。但經選舉區內候選人全體同意不辦理者，應予免辦；鄉（鎮、市）民代表、原住民區民代表及村（里）長選舉，得視實際情形辦理或免辦。

Ⅱ前項公辦政見發表會，得透過電視或其他大眾傳播媒體辦理。

Ⅲ前二項公辦政見發表會中候選人發表政見時間，每場每人以不少於十五分鐘為原則；其舉辦之場數、時間、程序等事項之辦法，由中央選舉委員會定之。

第47條（選舉公報之編印及有聲選舉公報之錄製）

Ⅰ選舉委員會應彙集下列資料及選舉投票等有關規定，編印選舉公報，並得錄製有聲選舉公報：

一　區域、原住民立法委員及地方公職人員選舉，各候選人之號次、相片、姓名、出生年月日、性別、出生地、推薦之政黨、學歷、經歷及政見。

二　全國不分區及僑居國外國民立法委員選舉，各政黨之號次、名稱、政見及其登記候選人之姓名、出生年月日、性別、出生地、學歷及經歷。有政黨標章者，其標章。

Ⅱ前項第一款、第二款學歷，其為大學以上者，以經中央教育行政機關立案或認可之學校取得學位者為限。候選人並應於登記時檢附證明文件；未檢附證明文件者，不予刊登該學歷。

Ⅲ第一項第一款學歷、經歷合計以一百五十字為限，同項第二款學歷、經歷合計以七十五字為限。

Ⅳ第一項政見內容，得以文字、圖案為之，並應使所有候選人公平使用選舉公報版面；其辦法，由中央選舉委員會定之。

Ⅴ第一項候選人及政黨之資料，應於申請登記時，一併繳送選舉委員會。

Ⅵ第一項之政見內容，有違反第五十五條規定者，選舉委員會應通知限期自行修改；屆期不修改或修改後仍有未符規定者，對未符規定部分，不予刊登選舉公報。

Ⅶ候選人個人及政黨資料，由候選人及政黨自行負責。其為選舉委員會職務上所已知或經查明不實者，不予刊登選舉公報。推薦之政黨欄，經政黨推薦之候選人，應刊登其推薦政黨名稱；非經政黨推薦之候選人，刊登無。

Ⅷ第一項第二款之政黨標章，以經中央主管機關備案者為限；未經備案者不予刊登。

Ⅸ選舉公報應於投票日二日前送達選舉區內各戶，並分別張貼適當地點。

Ⅹ選舉委員會得視實際需要，選定公職人員選舉種類，透過電視或其他大眾傳播媒體，辦理選舉及政黨選舉活動；其舉辦之次數、時間、程序等事項之辦法，由中央選舉委員會定之。

第48條（電視政見發表會之舉辦）

全國不分區及僑居國外國民立法委員選舉，中央選舉委員會應以公費，在全國性無線電視頻道，供登記之政黨從事競選宣傳，每次時間不得少於一小時，受指定之電視台不得拒絕；其舉辦之次數、時間、程序等事項之辦法，由中央選舉委員會定之。

第49條（廣播電視之競選宣傳）

Ⅰ廣播電視事業得有償提供時段，供推薦或登記候選人之政黨、候選人從事競選宣傳；供提議人之領銜人或被罷免人從事支持或反對罷免案之宣傳，並應為公正、公平之對待。

Ⅱ公共廣播電視台及非營利之廣播電台、無線電視或有線電視台不得播送競選及支持或反對罷免案之宣傳廣告。

Ⅲ廣播電視事業從事選舉或罷免相關議題之論政、新聞報導或邀請候選人、提議人之領銜人或被罷免人參加節目，應為公正、公平之處理，不得為無正當理由之差別待遇。

Ⅳ廣播電視事業有違反前三項規定之情事者，任何人得於播出後一個月內，檢具錄影帶、錄音帶等具體事證，向選舉委員會舉發。

第50條（中央及地方政府禁止從事競選或罷免宣傳活動）

中央及地方政府各級機關於公職人員選舉競選或罷免活動期間，不得從事任何與競選或罷免宣傳有關之活動。

第51條（競選或罷免廣告應載明刊登者姓名）

報紙、雜誌及其他大眾傳播媒體所刊登或播送之競選或罷免廣告，應於該廣告中載明或敘明刊登者之姓名；其為法人或團體者，並應載明或敘明法人或團體之名稱及其代表人姓名。

第52條（宣傳品印發及競選廣告物之懸掛豎立注意事項）

Ⅰ政黨及任何人印發以文字、圖畫從事競選、罷免之宣傳品，應親自簽名；其為法人或團體者，並應載明法人或團體之名稱及其代表人姓名。宣傳品之張貼，以候選人競選辦事處、政黨辦公處、罷免辦事處及宣傳車輛為限。

Ⅱ政黨及任何人不得於道路、橋樑、公園、機關（構）、學校或其他公共設施及其用地，懸掛或豎立標語、看板、旗幟、布條等競選或罷免廣告物。但經直轄市、縣（市）政府公告指定之地點，不在此限。

Ⅲ前項直轄市、縣（市）政府公告之地點，應公平合理提供使用；其使用管理規則，由直轄市、縣（市）政府定之。

Ⅳ廣告物之懸掛或豎立，不得妨礙公共安全或交通秩序，並應於投票日後七日內自行清除；違反者，依有關法令規定處理。

Ⅴ違反第一項或第二項規定所張貼之宣傳品或懸掛、豎立之廣告物，並通知直轄市、縣（市）政府相關主管機關（單位）依規定處理。

第53條（候選人、被罷免人或選舉、罷免民意調查資料之發布）

Ⅰ政黨及任何人自選舉公告發布及罷免案成立宣告之日起至投票日十日前所為有關候選人、被罷免人或選舉、罷免民意調查資料之發布，應載明負責調查單位及主持人、辦理時間、抽樣方式、母體數、樣本數及誤差值、經費來源。

Ⅱ政黨及任何人於投票日前十日起至投票時間截止前，不得以任何方式，發布有關候選人、被罷免人或選舉、罷免之民意調查資料，亦不得加以報導、散布、評論或引述。

第54條（製造噪音之處理）

政黨及任何人從事競選或罷免活動使用擴音器，不得製造噪音。違反者，由環境保護主管機關或警察機關依有關法律規定處理。

第55條（競選言論及罷免言論之禁止）

候選人或為其助選之人之競選言論；提議人之領銜人、被罷免人及為罷免案助勢之人、罷免案辦事處負責人及辦事人員之罷免言論，不得有下列情事：

一　煽惑他人犯內亂罪或外患罪。
二　煽惑他人以暴動破壞社會秩序。
三　觸犯其他刑事法律規定之罪。

第56條（競選或罷免活動之禁止）

政黨及任何人，不得有下列情事：

一　於競選或罷免活動期間之每日上午七時前或下午十時後，從事公開競選、助選或罷免活動。但不妨礙居民生活或社會安寧之活動，不在此限。
二　於投票日從事競選、助選或罷免活動。
三　妨害其他政黨或候選人競選活動；妨害其他政黨或其他人從事罷免活動。
四　邀請外國人民、大陸地區人民或香港、澳門居民為第四十五條各款之行為。

第七節　投票及開票

第57條（投票所與開票所之設置及開票）

Ⅰ公職人員選舉，應視選舉區廣狹及選舉人分布情形，就機關（構）、學校、公共場所或其他適當處所，分設投票所。

Ⅱ前項之投票所應選擇具備無障礙設施之場地，若無符合規定之無障礙場地，應使用相關輔具或器材協助行動不便者完成投票。選舉委員會應視場所之無障礙程度，適度增加投票所之工作人力，主動協助行動不便者。

Ⅲ原住民公職人員選舉，選舉委員會得斟酌實際情形，單獨設置投票所或於區域選舉投票所內辦理投票。

Ⅳ投票所除選舉人及其照顧之六歲以下兒童、第十八條第三項規定之家屬或陪同之人外，未佩帶各級選舉委員會製發證件之人員不得進入。但檢察官依法執行職務者，不在此限。

Ⅴ投票所於投票完畢後，即改為開票所，當眾唱名開票。開票完畢，開票所主任管理員與主任監察員即依投開票報告表宣布開票結果，除於開票所門口張貼外，並應將同一內容之投開票報告表副本，當場簽名交付推薦候選人之政黨，及非經政黨推薦之候選人所指派之人員；其領取，以一份為限。

Ⅵ投開票完畢後，投開票所主任管理員應會同主任監察員，將選舉票按用餘票、有效票、無效票及選舉人名冊分別包封，並於封口處簽名或蓋章，一併送交鄉（鎮、市、區）公所轉送直轄市、縣（市）選舉委員會保管。

Ⅶ前項選舉票除檢察官或法院依法行使職權外，不得開拆；前項選舉人名冊自投票日後第二日起十日內，選舉人得憑本人國民身分證向直轄市、縣（市）選舉委員會申請查閱，查閱以選舉人所屬投票所選舉人名冊為限；候選人或其指派人員得查閱所屬選舉區選舉人名冊。

Ⅷ第六項選舉票及選舉人名冊，自開票完畢後，其保管期間如下：

一　用餘票為一個月。
二　有效票及無效票為六個月。
三　選舉人名冊為六個月。

Ⅸ前項保管期間，發生訴訟時，其與訴訟有關部分，應延長保管至裁判確定後三個月。

第58條（投、開票所之管理員）

Ⅰ投票所、開票所置主任管理員一人，管理員若干人，由選舉委員會派充，辦理投票、開票工作。

Ⅱ前項主任管理員須為現任公教人員，管理員須半數以上為現任公教人員，選舉委員會得洽請各級政府機關及公立學校推薦後遴派之，受洽請之政府機關、公立學校及受遴派之政府機關職員、學校教職員，均不得拒絕。

Ⅲ投票所、開票所置警衛人員，由直轄市、縣（市）選舉委員會洽請當地警察機關調派之。

第59條（投、開票所之監察員）

Ⅰ投票所、開票所置主任監察員一人，監察員若干人，監察投票、開票工作。除候選人僅一人時，置監察員一人外，每一投票所、開票所至少應置監察員二人。

II主任監察員須為現任公教人員，由選舉委員會洽請各級政府機關及公立學校推薦後遴派之；受洽請之政府機關、公立學校及受遴派之政府機關職員、學校教職員，均不得拒絕。

III監察員依下列方式推薦後，由選舉委員會審核派充之：

一　公職人員選舉，由候選人就所需人數平均推薦。但經政黨推薦之候選人，由其所屬政黨推薦。

二　公職人員選舉與總統、副總統選舉同日舉行投票時，依總統副總統選舉罷免法第五十五條第二項規定推薦。

三　立法委員、直轄市長、縣（市）長選舉與其他地方公職人員選舉同日舉行投票時，由立法委員、直轄市長、縣（市）長選舉之候選人依第一款規定推薦。

四　公職人員罷免由提議人之領銜人及被罷免人就所需人數平均推薦。

IV候選人、政黨、提議人之領銜人或被罷免人得就其所推薦之監察員，指定投票所、開票所，執行投票、開票監察工作。如指定之監察員超過該投票所、開票所規定名額時，以抽籤定之。但投、開票所監察員不得全屬同一政黨推薦。

V除候選人僅一人外，各投票所推薦不足二名之監察員時，由選舉委員會就下列人員遴派之：

一　地方公正人士。

二　各機關（構）、團體、學校人員。

三　大專校院成年學生。

VI監察員資格、推薦程序及服務之規則，由中央選舉委員會定之。

第60條（工作人員應參加講習）

投票所、開票所之工作人員，應參加選舉委員會舉辦之講習。

第61條（辦理選舉事務人員及工作人員因執行職務致死亡、失能或傷害者，慰問金之請領）

I各級選舉委員會之委員、監察人員、職員、鄉（鎮、市、區）公所辦理選舉事務人員及投票所、開票所工作人員因執行職務致死亡、失能或傷害者，依其本職身分有關規定請領慰問金。

II前項人員不能依其本職身分請領慰問金者，由選舉委員會發給慰問金；其發給之對象、數額基準、程序及其他相關事項之辦法，由中央選舉委員會定之。

第62條（選舉票印製、分發及應用之規定）

I選舉票由選舉委員會按選舉區，依下列各款規定印製、分發及應用：

一　區域、原住民立法委員及地方公職人員選舉，選舉票應刊印各候選人之號次、姓名及相片；經政黨推薦之立法委員選舉候選人，應同時刊印推薦該候選人之政黨名稱；非經政黨推薦之候選人，刊印無。

二　全國不分區及僑居國外國民立法委員選舉，選舉票應刊印政黨之號次、標章及名稱。

II前項第二款之政黨標章，以經中央主管機關備案者為限；未經備案者不予刊登。

III第一項選舉票，由直轄市、縣（市）選舉委員會依中央選舉委員會規定之式樣及顏色印製，並由監察小組委員到場監印，於投票日前一日交各該投票所主任管理員會同主任監察員當眾點清。

第63條（投票方式）

I選舉之投票，由選舉人於選舉票圈選欄上，以選舉委員會製備之圈選工具圈選一人。但全國不分區及僑居國外國民立法委員選舉，圈選一政黨。

II選舉人圈選後，不得將圈選內容出示他人。

III第一項圈選工具，由直轄市、縣（市）選舉委員會依中央選舉委員會規定之式樣製備。

第64條（選舉無效票之認定）

I選舉票有下列情事之一者，無效：

一　圈選二政黨或二人以上。

二　不用選舉委員會製發之選舉票。

三　所圈位置不能辨別為何政黨或何人。

四　圈後加以塗改。

五　簽名、蓋章、按指印、加入任何文字或符號。

六　將選舉票撕破致不完整。

七　將選舉票污染致不能辨別所圈選為何政黨或何人。

八　不加圈完全空白。

九　不用選舉委員會製備之圈選工具。

II前項無效票，應由開票所主任管理員會同主任監察員認定；認定有爭議時，由全體監察員表決之。表決結果正反意見同數者，該選舉票應為有效。

第65條（投、開票所秩序之維持）

I在投票所或開票所有下列情事之一者，主任管理員應會同主任監察員令其退出：

一　在場喧嚷或干擾勸誘他人投票或不投票，不服制止。

二　攜帶武器或危險物品入場。

三　投票進行期間，穿戴或標示政黨、政治團體、候選人之旗幟、徽章、物品或服飾，不服制止。

四　干擾開票或妨礙他人參觀開票，不服制止。

五　有其他不正當行為，不服制止。

II選舉人有前項情事之一者，令其退出時，應將所持選舉票收回，並將事實附記於選舉人名冊內該選舉人姓名下；其情節重大者，並應專案函報各該選舉委員會。
III除執行公務外，任何人不得攜帶行動電話或具攝影功能之器材進入投票所。但已關閉電源之行動裝置，不在此限。
IV任何人不得於投票所以攝影器材刺探選舉人圈選選舉票內容。

第66條（投票開票日期或場所之改定）
I選舉投票日前或投開票當日，發生或可預見將發生天災或其他不可抗力情事，致個別投開票所，不能投票或開票時，投票日前應由直轄市、縣（市）選舉委員會報中央選舉委員會核准，改定投開票日期或場所；投開票當日，應由各該投、開票所主任管理員報經直轄市、縣（市）選舉委員會核准，改定投開票日期或場所，縣（市）級以上選舉，並報中央選舉委員會備查。
II前項不能投票或開票之投開票所，已達或可預見其將達各該選舉區三分之一以上投開票所不能投票或開票時，主管選舉委員會應逕行改定該選舉區投開票日期。
III改定之投開票日期，應於改定之投票日三日前公告。
IV選舉投票日前或投開票當日發生天災或其他不可抗力情事處理辦法，由中央選舉委員會定之。
V選舉委員會於候選人競選活動期間公告改定投票日期時，該選舉之競選活動期間順延至新定之投票日前一日。但改定投票日期公告日距新定之投票日前一日之期間，長於原定之競選活動期間者，依新定之投票日前一日，重新計算競選活動期間。

第八節　選舉結果

第67條（當選及婦女保障名額之計算方法）
I公職人員選舉，除另有規定外，按各選舉區應選出之名額，以候選人得票比較多數者爲當選；票數相同時，以抽籤決定之。
II全國不分區及僑居國外國民立法委員選舉當選名額之分配，依下列規定：
一　以各政黨得票數相加之和，除各該政黨得票數，求得各該政黨得票比率。
二　以應選名額乘前款得票比率所得積數之整數，即爲各政黨分配之當選名額；按政黨名單順位依序當選。
三　依前款規定分配當選名額後，如有剩餘名額，應按各政黨分配當選名額後之剩餘數大小，依序分配剩餘名額。剩餘數相同時，以抽籤決定之。
四　政黨登記之候選人名單人數少於應分配之當選名額時，視同缺額。
五　各該政黨之得票比率未達百分之五以上者，不予分配當選名額；其得票數不列入第一款計算。
六　第一款至第三款及前款小數點均算至小數點第四位，第五位以下四捨五入。
III前項各政黨當選之名額，婦女不得低於二分之一。
IV各政黨分配之婦女當選名額，按各政黨登記之候選人名單順位依序分配當選名額；婦女當選人少於應行當選名額時，由名單在後之婦女優先分配當選。婦女候選人少於應分配之婦女當選名額時，視同缺額。

第68條（婦女當選名額之計票方式及分配）
地方公職人員選舉，其婦女當選人少於應行當選名額時，應將婦女候選人所得選舉票單獨計算，以得票比較多數者爲當選；其計算方式，依下列規定。但無婦女候選人者，不在此限：
一　直轄市議員、縣（市）議員、鄉（鎮、市）民代表、原住民區民代表選舉，在各該直轄市、縣（市）、鄉（鎮、市、區）劃分選舉區時，各該選舉區開票結果，婦女當選人不足各該選舉區規定名額時，應將該選舉區未當選婦女候選人所得票數，單獨計算，以得票較多之婦女候選人，依序當選。
二　平地原住民、山地原住民直轄市議員、平地原住民、山地原住民縣（市）議員、平地原住民鄉（鎮、市）民代表選舉，婦女當選人不足規定名額時，應將各直轄市、縣（市）、鄉（鎮、市）選舉區未當選婦女候選人所得票數單獨計算，相互比較，以得票數較多之婦女候選人於其選舉區之當選名額中依序當選。

第69條（重新計票之申請）
I區域立法委員、直轄市長、縣（市）長選舉結果，得票數最高與次高之候選人得票數差距，或原住民立法委員選舉結果得票數第三高與第四高之候選人得票數差距，在有效票數千分之三以內時，次高票或得票數第四高之候選人得於投票日後七日內，向第一百二十六條規定之管轄法院聲請查封全部或一部分投票所之選舉人名冊及選舉票，就查封之投票所於二十日內完成重新計票，並將重新計票結果通知各主管選舉委員會。各主管選舉委員會應於七日內依管轄法院重新計票結果，重行審定選舉結果。審定結果，有不應當選而已公告當選之情形，應予撤銷；有應當選而未予公告之情形，應重行公告。
II前項重新計票之申請，於得票數最高或原住民立法委員選舉得票數第三高之候選人有二人以上票數相同時，得由經抽籤而未抽中之候選人爲之。
III第一項聲請，應以書面載明重新計票之投票所，並繳納一定金額之保證金；其數額以投票所之投票數每票新臺幣三元計。
IV重新計票由管轄法院於直轄市、縣（市）分別選定地點，就查封之投票所選舉人名冊及選舉票逐張認定。

V管轄法院辦理重新計票，應通知各候選人或其指定人員到場，並得指揮直轄市、縣（市）選舉委員會、鄉（鎮、市、區）公所及投票所工作人員協助。

VI重新計票結果未改變當選或落選時，第三項保證金不予發還；重新計票結果改變當選或落選時，保證金應予發還。

VII任何人提起選舉訴訟時，依第一項規定查封之投票所選舉人名冊及選舉票，不得聲請重新計票。

VIII第一項辦理重新計票所需費用，由第十三條規定編列預算之機關負擔。

第 70 條（最低當選票數）

I候選人數未超過或不足各該選舉區應選出之名額時，以所得票數達下列規定以上者，始爲當選。但村（里）長選舉不在此限：

一　區域立法委員、直轄市長、縣（市）長、鄉（鎮、市）長、原住民區長選舉，爲各該選舉區選舉人總數百分之二十。

二　原住民立法委員、直轄市議員、縣（市）議員、鄉（鎮、市）民代表、原住民區民代表選舉，爲各該選舉區應選出之名額除該選舉區選舉人總數所得商數百分之十。

II前項選舉結果未能當選或當選不足應選出之名額時，區域立法委員、直轄市長、縣（市）長、鄉（鎮、市）長、原住民區長，應自投票之日起三個月內完成重行選舉投票；原住民立法委員、直轄市議員、縣（市）議員、鄉（鎮、市）民代表、原住民區民代表視同缺額。同一選舉區內缺額達二分之一時，應自事實發生之日起三個月內完成補選投票。

第 71 條（當選人就職前死亡或判決當選無效之處理）

I當選人於就職前死亡或於就職前經判決當選無效確定者，依下列規定辦理：

一　區域立法委員、直轄市長、縣（市）長、鄉（鎮、市）長、原住民區長、村（里）長，應自死亡之日或選舉委員會收到法院確定判決證明書之日起三個月內完成重行選舉投票。

二　原住民立法委員、直轄市議員、縣（市）議員、鄉（鎮、市）民代表、原住民區民代表，視同缺額；同一選舉區內缺額達二分之一時，應自死亡之日或選舉委員會收到法院確定判決證明書之日起三個月內完成補選投票。

三　全國不分區及僑居國外國民立法委員，除以書面聲明放棄遞補者外，由該政黨登記之候選人名單按順位依序遞補；該政黨登記之候選人名單無人遞補時，視同缺額。

II全國不分區及僑居國外國民立法委員選舉當選人，在就職前喪失其所屬政黨黨籍者，自喪失黨籍之日起，喪失其當選資格；其所遺缺額，除以書面聲明放棄遞補者外，由該政黨登記之候選人名單按順位依序遞補；如該政黨登記之候選人名單無人遞補時，視同缺額。

III全國不分區及僑居國外國民立法委員選舉婦女當選人，在就職前死亡、就職前經判決當選無效確定或喪失其所屬政黨黨籍而出缺，致該政黨婦女當選人不足婦女應當選名額時，其所遺缺額，除以書面聲明放棄遞補者外，由該政黨登記之候選人名單中之婦女候選人順位依序遞補；該政黨登記之候選人名單無婦女候選人遞補時，視同缺額。

IV前二項政黨黨籍之喪失，應由所屬政黨檢附黨籍喪失證明書，向中央選舉委員會備案。

V第一項第三款、第二項及第三項所定立法委員之遞補，應自死亡之日、選舉委員會收到法院確定判決證明書或黨籍喪失證明書送達選舉委員會之日起十五日內，由中央選舉委員會公告遞補當選人名單。

第 72 條（就職日）

I當選人應於規定之日就職，重行選舉或重行投票之當選人未能於規定之日就職者，其任期仍應自該規定之日起算。

II前項當選人因徵集入營服役，尚未就職者，不得就職；已就職者，視同辭職。

第 73 條（出缺補選之處理）

I立法委員於就職後因死亡、辭職、經判決當選無效確定或其他事由出缺時，依下列規定辦理：

一　區域選出者，應自死亡之日、辭職之日或選舉委員會收到法院確定判決證明書之日或其他出缺事由發生之日起三個月內完成補選投票。但其所遺任期不足一年時，不予補選。

二　原住民選出者，同一選舉區內缺額達二分之一時，應自死亡之日、辭職之日或選舉委員會收到法院確定判決證明書之日或其他出缺事由發生之日起三個月內完成補選投票。但其所遺任期不足一年時，不予補選。

三　全國不分區及僑居國外國民選出者，其所遺缺額，除以書面聲明放棄遞補者外，由該政黨登記之候選人名單按順位依序遞補；如該政黨登記之候選人名單無人遞補時，視同缺額。

II全國不分區及僑居國外國民立法委員，在就職後喪失其所屬政黨黨籍者，自喪失黨籍之日起，喪失其資格，由中央選舉委員會函請立法院予以註銷，其所遺缺額，除以書面聲明放棄遞補者外，由該政黨登記之候選人名單按順位依序遞補；如該政黨登記之候選人名單無人遞補時，視同缺額。

III全國不分區及僑居國外國民立法委員選舉婦女當選人，於就職後因死亡、辭職、經判決當選無效確定、喪失其所屬政黨黨籍或其他事由出缺，致該政黨婦女當選人不足婦女應當選名額時，其所遺缺額，除以書面聲明放棄遞補者外，由該政黨登記之候選人名單中之婦女候選人順位依序遞補；如該政黨登記之候選人名單無婦女候選人遞補時，視同缺額。

IV前二項政黨黨籍之喪失，應由所屬政黨檢附黨籍喪失證明書，向中央選舉委員會備案。

V第一項第三款、第二項及第三項所定立法委員之遞補，應自立法院註銷名籍公函送達之日起十五日內，由中央選舉委員會公告遞補名單。

第74條（當選人經判決當選無效之處理）

I當選人經判決當選無效確定，依法院確定判決認定之事實，候選人得票數有變動致影響當選或落選時，主管選舉委員會應依法院確定判決認定之事實，重行審定。審定結果，有不應當選而已公告當選之情形，應予撤銷；有應當選而未予公告之情形，應重行公告，不適用重行選舉或缺額補選之規定。

II地方民意代表當選人因第一百二十條第一項第三款之情事，經法院判決當選無效確定者或當選人有褫奪公權尚未復權之情形時，其缺額由落選人依得票數之高低順序遞補，不適用重行選舉或缺額補選之規定。但遞補人員之得票數不得低於選舉委員會原公告該選舉區得票數最低之當選人得票數二分之一。

第九節　罷　免

第一款　罷免案之提出

第75條（罷免案之提出）

I公職人員之罷免，得由原選舉區選舉人向選舉委員會提出罷免案。但就職未滿一年者，不得罷免。

II全國不分區及僑居國外國民立法委員選舉之當選人，不適用罷免之規定。

第76條（罷免案之提議人）

I罷免案以被罷免人原選舉區選舉人為提議人，由提議人之領銜人一人，塡具罷免提議書一份，檢附罷免理由書正、副本各一份，提議人正本、影本名冊各一份，向選舉委員會提出。

II前項提議人人數應為原選舉區選舉人總數百分之一以上，其計算數值尾數如為小數者，該小數即以整數一計算。

III第一項提議人名冊，應依規定格式逐欄詳實塡寫，並塡具提議人國民身分證統一編號及戶籍地址分村（里）裝訂成冊。罷免理由書以不超過五千字為限。

IV罷免案，一案不得為二人以上之提議。但有二個以上罷免案時，得同時投票。

V罷免案表件不合第一項、第三項、前項規定或提議人名冊不足第二項規定之提議人數者，選舉委員會應不予受理。

VI中央選舉委員會應建置電子系統，提供提議人之領銜人徵求提議及連署；其適用罷免種類、提議及連署方式、查對作業等事項之辦法及實施日期，由中央選舉委員會定之。

VII採電子提議及連署者，其文件以電磁紀錄之方式提供。

第77條（罷免案提議人之限制）

I現役軍人、服替代役之現役役男或公務人員，不得為罷免案提議人。

II前項所稱公務人員，為公務員服務法第二十四條規定之公務員。

第78條（罷免案之撤回）

罷免案於未徵求連署前，經提議人總數三分之二以上同意，得以書面向選舉委員會撤回之。

第二款　罷免案之成立

第79條（提議人名冊之查對）

I選舉委員會收到罷免案提議後，應於二十五日內，查對提議人名冊，有下列情事之一者，應予刪除：

一　提議人不合第七十六條第一項規定。
二　提議人有第七十七條第一項之身分。
三　提議人姓名、國民身分證統一編號或戶籍地址書寫錯誤或不明。
四　提議人名冊未經提議人簽名或蓋章。
五　提議人提議，有偽造情事。

II提議人名冊，經依前項規定刪除後，如不足規定人數，由選舉委員會將刪除之提議人及其個別事由列冊通知提議人之領銜人於十日內補提，屆期不補提或補提仍不足規定人數者，均不予受理。符合規定人數，即函告提議人之領銜人自收到通知之次日起十日內領取連署人名冊格式，並於一定期間內徵求連署，未依限領取連署人名冊格式者，視為放棄提議。

III前項補提，以一次為限。補提之提議人名冊，應依第一項規定處理。如刪除後，不足規定人數，應不予受理。選舉委員會應將刪除之提議人及其個別事由列冊通知提議人之領銜人。

第80條（提議人之連署期間）

I前條第二項所定徵求連署之期間如下：

一　立法委員、直轄市議員、直轄市長、縣（市）長之罷免為六十日。
二　縣（市）議員、鄉（鎮、市）長、原住民區長之罷免為四十日。
三　鄉（鎮、市）民代表、原住民區民代表、村

（里）長之罷免為二十日。

II 前項期間之計算，自領得連署人名冊格式之次日起算。

III 罷免案提議人之領銜人，應將連署人名冊正、影本各一份，於第一項規定期間內向選舉委員會一次提出，逾期不予受理。

IV 前項連署人名冊，應依規定格式逐欄詳實填寫，並填具連署人國民身分證統一編號及戶籍地址，分村（里）裝訂成冊，連署人名冊未依規定格式提出者，選舉委員會應不予受理。

第 81 條（罷免案之連署人）

I 罷免案之連署人，以被罷免人原選舉區選舉人為連署人，其人數應為原選舉區選舉人總數百分之十以上。

II 前項罷免案連署人人數，其計算數值尾數如為小數者，該小數即以整數一計算。

III 同一罷免案之提議人不得為連署人。提議人及連署人之人數應分別計算。

第 82 條（選舉人總數及選舉人之認定）

第七十六條及前條所稱選舉人總數，以被罷免人當選時原選舉區之選舉人總數為準；所稱選舉人，其年齡及居住期間之計算，以罷免案提出日為準。

第 83 條（罷免案之宣告）

I 選舉委員會收到罷免案連署人名冊後，立法委員、直轄市議員、直轄市長、縣（市）長之罷免應於四十日內，縣（市）議員、鄉（鎮、市）長、原住民區長之罷免應於二十日內，鄉（鎮、市）民代表、原住民區民代表、村（里）長之罷免應於十五日內，查對連署人名冊，有下列各款情事之一者，應予刪除。但連署人名冊不足第八十一條第一項規定之連署人數者，選舉委員會應逕為不成立之宣告：

一 連署人不合第八十一條第一項規定。
二 連署人有第八十一條第三項規定情事。
三 連署人姓名、國民身分證統一編號或戶籍地址書寫錯誤或不明。
四 連署人名冊未經連署人簽名或蓋章。
五 連署人連署，有偽造情事。

II 前項連署人名冊，經查對後，如不足規定人數，由選舉委員會通知提議人之領銜人於十日內補提，屆期不補提或補提仍不足第八十一條第一項規定人數，選舉委員會應為罷免案不成立之宣告，並應將刪除之連署人及其個別事由列冊通知提議人之領銜人；連署人數符合規定者，選舉委員會應為罷免案成立之宣告。

III 前項補提，以一次為限。補提之連署人名冊，應依第一項規定處理。

IV 罷免案有下列情事之一者，原提議人對同一被罷免人，一年內不得再為罷免案之提案：

一 罷免案經宣告不成立。
二 未於第七十九條第二項規定期限內領取連署人名冊格式，視為放棄提議。
三 未於第八十條第一項規定期限內提出連署人名冊。

V 罷免案提議人名冊及連署人名冊查對作業辦法，由中央選舉委員會定之。

第 84 條（罷免理由書副本之送達）

I 罷免案宣告成立後，應將罷免理由書副本送交被罷免人，於十日內提出答辯書。

II 前項答辯書內容，以不超過一萬字為限。

第 85 條（公告）

選舉委員會應於被罷免人提出答辯書期間屆滿後五日內，就下列事項公告之：

一 罷免投票日期及投票起、止時間。
二 罷免理由書。
三 答辯書。但被罷免人未於規定期間內提出答辯書者，不予公告。答辯書內容，超過前條第二項規定字數者，其超過部分，亦同。

第 86 條（罷免辦事處之設置）

I 罷免案提議人、被罷免人，於罷免案提議後，得於罷免區內設立支持與反對罷免案之辦事處，置辦事人員。

II 前項罷免辦事處不得設於機關（構）、學校、依法設立之團體、經常定為投票所、開票所之處所及其他公共場所。但政黨之各級黨部及依人民團體法設立之社會團體、職業團體及政治團體辦公處，不在此限。

III 罷免辦事處與辦事人員之設置及徵求連署之辦法，由中央選舉委員會定之。

IV 立法委員、直轄市議員、直轄市長及縣（市）長罷免活動期間，選舉委員會應舉辦公辦電視罷免說明會，提議人之領銜人及被罷免人，應親自到場發表。但經提議人之領銜人及被罷免人雙方同意不辦理者，應予免辦。

V 前項公辦電視罷免說明會舉辦之場數、時間、程序等事項之辦法，由中央選舉委員會定之。

第 86 條之 1（罷免案提議人、連署人名冊之保管期間）

I 罷免案宣告成立者，其提議人名冊、連署人名冊應保管至開票後三個月。宣告不成立者，應保管至宣告不成立之日後一年二個月。

II 罷免案不予受理者，其提議人名冊或連署人名冊應保管至不予受理之日後一年二個月。

III 罷免案視為放棄提議或逾期未提出連署人名冊者，其提議人名冊應保管至視為放棄提議或連署期間屆滿之日後一年二個月。

IV 前三項保管期間，如有罷免訴訟，應延長保管至裁判確定後三個月。

第三款 罷免之投票及開票

第 87 條（罷免案之投票）

Ⅰ罷免案之投票，應於罷免案宣告成立後二十日起至六十日內爲之，該期間內有其他各類選舉時，應同時舉行投票。但被罷免人同時爲候選人時，應於罷免案宣告成立後六十日內單獨舉行罷免投票。

Ⅱ被罷免人於投票日前死亡、去職或辭職者，選舉委員會應即公告停止該項罷免。

第 88 條（罷免票之刊印、圈定）

Ⅰ罷免票應在票上刊印同意罷免、不同意罷免二欄，由投票人以選舉委員會製備之圈選工具圈定。

Ⅱ投票人圈定後，不得將圈定內容出示他人。

第 89 條（投票人及投、開票規定之準用）

罷免案之投票人、投票人名冊及投票、開票，準用本法有關選舉人、選舉人名冊及投票、開票之規定。

第 90 條（罷免之最低投票人數）

Ⅰ罷免案投票結果，有效同意票數多於不同意票數，且同意票數達原選舉區選舉人總數四分之一以上，即爲通過。

Ⅱ有效罷免票數中，不同意票數多於同意票數或同意票數不足前項規定數額者，均爲否決。

第 91 條（罷免投票結果之公告）

Ⅰ罷免案經投票後，選舉委員會應於投票完畢七日內公告罷免投票結果。罷免案通過者，被罷免人應自公告之日起，解除職務。

Ⅱ前項罷免案通過後，依規定應辦理補選者，應自罷免投票結果公告之日起三個月內完成補選投票。但經提起罷免訴訟者，在訴訟程序終結前，不予補選。

第 92 條（通過或否決之效果）

Ⅰ罷免案通過者，被罷免人自解除職務之日起，四年內不得爲同一公職人員候選人；其於罷免案進行程序中辭職者，亦同。

Ⅱ罷免案否決者，在該被罷免人之任期內，不得對其再爲罷免案之提議。

第五章　妨害選舉罷免之處罰

第 93 條（違反競選言論之處罰）

違反第五十五條第一款規定者，處七年以上有期徒刑；違反第二款規定者，處五年以上有期徒刑；違反第三款規定者，依各該有關處罰之法律處斷。

第 94 條（公然聚眾暴動之處罰）

Ⅰ利用競選、助選或罷免機會，公然聚眾，以暴動破壞社會秩序者，處七年以上有期徒刑；首謀者，處無期徒刑或十年以上有期徒刑。

Ⅱ前項之未遂犯罰之。

第 95 條（公然聚眾對公務員施強暴脅迫之處罰）

Ⅰ意圖妨害選舉或罷免，對於公務員依法執行職務時，施強暴脅迫者，處五年以下有期徒刑。

Ⅱ犯前項之罪，因而致公務員於死者，處無期徒刑或七年以上有期徒刑；致重傷者，處三年以上十年以下有期徒刑。

第 96 條（公然聚眾對公務員施強暴脅迫之處罰）

Ⅰ公然聚眾，犯前條之罪者，在場助勢之人，處三年以下有期徒刑、拘役或科新臺幣三十萬元以下罰金；首謀及下手實施強暴脅迫者，處三年以上十年以下有期徒刑。

Ⅱ犯前項之罪，因而致公務員於死者，首謀及下手實施強暴脅迫者，處無期徒刑或七年以上有期徒刑；致重傷者，處五年以上十二年以下有期徒刑。

第 97 條（賄選之處罰）

Ⅰ對於候選人或具有候選人資格者，行求期約或交付賄賂或其他不正利益，而約其放棄競選或爲一定之競選活動者，處三年以上十年以下有期徒刑，併科新臺幣二百萬元以上二千萬元以下罰金。

Ⅱ候選人或具有候選人資格者，要求期約或收受賄賂或其他不正利益，而許以放棄競選或爲一定之競選活動者，亦同。

Ⅲ預備犯前二項之罪者，處一年以下有期徒刑。

Ⅳ預備或用以行求期約或交付之賄賂，不問屬於犯罪行爲人與否，沒收之。

第 98 條（妨害他人選罷之處罰）

Ⅰ以強暴、脅迫或其他非法之方法爲下列行爲之一者，處五年以下有期徒刑：

一　妨害他人競選或使他人放棄競選。

二　妨害他人爲罷免案之提議、連署或使他人爲罷免案之提議、連署。

Ⅱ前項之未遂犯罰之。

第 99 條（賄選之處罰）

Ⅰ對於有投票權之人，行求期約或交付賄賂或其他不正利益，而約其不行使投票權或爲一定之行使者，處三年以上十年以下有期徒刑，得併科新臺幣一百萬元以上一千萬元以下罰金。

Ⅱ預備犯前項之罪者，處一年以下有期徒刑。

Ⅲ預備或用以行求期約或交付之賄賂，不問屬於犯罪行爲人與否，沒收之。

Ⅳ犯第一項或第二項之罪，於犯罪後六個月內自首者，減輕或免除其刑；因而查獲候選人爲正犯或共犯者，免除其刑。

Ⅴ犯第一項或第二項之罪，在偵查中自白者，減輕其刑；因而查獲候選人爲正犯或共犯者，減輕或免除其刑。

第 100 條（賄選之處罰）

Ⅰ直轄市、縣（市）議會議長、副議長、鄉（鎮、市）民代表會、原住民區民代表會主席及副主席之選舉，對於有投票權之人，行求期約或交付賄賂或其他不正利益，而約其不行使投票權或爲一定之行使者，處三年以上十年以下有期徒刑，得併科新臺幣二百萬元以上二千萬元以下罰金。

II前項之選舉，有投票權之人，要求期約或收受賄賂或其他不正利益，而許以不行使其投票權或爲一定之行使者，亦同。

III預備犯前二項之罪者，處一年以下有期徒刑。

IV預備或用以行求期約或交付之賄賂，不問屬於犯罪行爲人與否，沒收之。

V犯第一項、第二項之罪，於犯罪後六個月內自首者，減輕或免除其刑；因而查獲候選人爲正犯或共犯者，免除其刑。在偵查中自白者，減輕其刑；因而查獲候選人爲正犯或共犯者，減輕或免除其刑。

第 101 條（黨內提名）

I政黨辦理第二條各種公職人員候選人黨內提名，自公告其提名作業之日起，於提名作業期間，對於黨內候選人有第九十七條第一項、第二項之行爲者，依第九十七條第一項、第二項規定處斷；對於有投票資格之人，有第九十九條第一項之行爲者，依第九十九條第一項規定處斷。

II預備犯前項之罪者，處一年以下有期徒刑。

III犯前二項之罪者，預備或用以行求期約、交付或收受之賄賂，不問屬於犯罪行爲人與否，沒收之。

IV犯第一項或第二項之罪，於犯罪後六個月內自首者，減輕或免除其刑；因而查獲正犯或共犯者，免除其刑。

V犯第一項或第二項之罪，在偵查中自白者，減輕其刑；因而查獲正犯或共犯者，免除其刑。

VI意圖漁利，包攬第一項之事務者，依第一百零三條規定處斷。

VII前項之未遂犯罰之。

VIII第一百十五條規定，於政黨辦理公職人員黨內提名時，準用之。

IX政黨依第一項規定辦理黨內提名作業，應公告其提名作業相關事宜，並載明起止時間、作業流程、黨內候選人及有投票資格之人之認定等事項；各政黨於提名作業公告後，應於五日內報請內政部備查。

第 102 條（對選舉團體及罷免案提議人連署人行賄之處罰）

I有下列行爲之一者，處一年以上七年以下有期徒刑，併科新臺幣一百萬元以上一千萬元以下罰金：

一　對於該選舉區內之團體或機構，假借捐助名義，行求期約或交付財物或其他不正利益，使其團體或機構之構成員，不行使投票權或爲一定之行使。

二　以財物或其他不正利益，行求期約或交付罷免案有提議權人或有連署權人，使其不爲提議或連署，或爲一定之提議或連署。

II預備犯前項之罪者，處一年以下有期徒刑。

III預備或用以行求期約或交付之賄賂，不問屬於犯罪行爲人與否，沒收之。

第 103 條（賄選之處罰）

I意圖漁利，包攬第九十七條第一項、第二項、第九十九條第一項、第一百條第一項、第二項或第一百零二條第一項各款之事務者，處三年以上十年以下有期徒刑，得併科新臺幣一百萬元以上一千萬元以下罰金。

II前項之未遂犯罰之。

第 104 條（誹謗之處罰）

意圖使候選人當選或不當選，或意圖使被罷免人罷免案通過或否決者，以文字、圖畫、錄音、錄影、演講或他法，散布謠言或傳播不實之事，足以生損害於公眾或他人者，處五年以下有期徒刑。

第 105 條（妨害投開票所秩序之處罰）

違反第六十三條第二項或第八十八條第二項規定或有第六十五條第一項各款情事之一，經令其退出而不退出者，處二年以下有期徒刑、拘役或科新臺幣二十萬元以下罰金。

第 106 條（攜帶手機及攝影器材進入投票所之處罰）

I違反第六十五條第三項規定者，處新臺幣三萬元以上三十萬元以下罰鍰。

II違反第六十五條第四項規定者，處五年以下有期徒刑，併科新臺幣五十萬元以下罰金。

第 107 條（妨害選舉罷免進行之處罰）

選舉、罷免之進行，有下列情事之一者，在場助勢之人，處一年以下有期徒刑、拘役或科新臺幣十萬元以下罰金；首謀及下手實施者，處五年以下有期徒刑：

一　聚眾包圍候選人、被罷免人、罷免案提議人、連署人或其辦事人員之服務機關、辦事處或住、居所。

二　聚眾以強暴、脅迫或其他非法之方法，妨害候選人從事競選活動、被罷免人執行職務或罷免案提議人、連署人或其辦事人員對罷免案之進行。

第 108 條（選舉票或罷免票攜出場外之處罰）

I將領得之選舉票或罷免票攜出場外者，處一年以下有期徒刑、拘役或科新臺幣一萬五千元以下罰金。

II在投票所四周三十公尺內，喧嚷或干擾勸誘他人投票或不投票，經警衛人員制止後仍繼續爲之者，處一年以下有期徒刑、拘役或科新臺幣一萬五千元以下罰金。

第 109 條（抑留毀壞奪取投票匭等之處罰）

意圖妨害或擾亂投票、開票而抑留、毀壞、隱匿、調換或奪取投票匭、選舉票、罷免票、選舉人名冊、投票報告表、開票報告表、開票統計或圈選工具者，處五年以下有期徒刑。

第110條（違反競選活動限制之處罰）

Ⅰ違反第四十四條、第四十五條、第五十二條第一項、第二項、第八十六條第二項、第三項所定辦法中關於登記設立及設立數量限制規定者，處新臺幣十萬元以上一百萬元以下罰鍰。

Ⅱ廣播電視事業違反第四十九條第一項、第二項或第三項規定者，處新臺幣二十萬元以上二百萬元以下罰鍰。

Ⅲ中央及地方政府各級機關首長或相關人員違反第五十條規定者，處三年以下有期徒刑；並得就該機關所支之費用，予以追償。

Ⅳ報紙、雜誌或其他大眾傳播媒體未依第五十一條規定於廣告中載明或敘明刊播者之姓名，法人或團體之名稱及其代表人姓名者，處報紙、雜誌事業新臺幣二十萬元以上二百萬元以下或該廣告費二倍之罰鍰。

Ⅴ違反第五十三條或第五十六條規定者，處新臺幣五十萬元以上五百萬元以下罰鍰；違反第五十六條規定，經制止不聽者，按次連續處罰。

Ⅵ政黨、法人或非法人團體違反第五十二條第一項、第二項規定者，依第一項規定，併處罰其代表人及行為人；違反第五十三條或第五十六條規定者，依前項規定，併處罰其代表人及行為人。

Ⅶ委託大眾傳播媒體，刊播競選、罷免廣告或委託夾報散發宣傳品，違反第五十六條第二款規定者，依第五項規定，處罰委託人及受託人。委託人或受託人為政黨、法人或非法人團體者，併處罰其代表人及行為人。

Ⅷ將選舉票或罷免票以外之物投入票匭，或故意撕毀領得之選舉票或罷免票者，處新臺幣五千元以上五萬元以下罰鍰。

第111條（自首）

Ⅰ犯第九十七條第二項之罪或刑法第一百四十三條第一項之罪，於犯罪後三個月內自首者，免除其刑；逾三個月者，減輕或免除其刑；在偵查或審判中自白者，減輕其刑。

Ⅱ意圖他人受刑事處分，虛構事實，而為前項之自首者，依刑法誣告罪之規定處斷。

第112條（政黨推薦之候選人犯罪之處罰）

Ⅰ政黨推薦之候選人犯第九十四條至第九十六條、第九十七條第一項、第二項、第九十八條第一項第一款或其未遂犯、第九十九條、第一百零二條第一項第一款或其預備犯、第一百零九條、刑法第一百四十二條或第一百四十五條至第一百四十七條之罪，經判刑確定者，按其確定人數，各處推薦之政黨新臺幣五十萬元以上五百萬元以下罰鍰。

Ⅱ政黨推薦之候選人，對於其他候選人犯刑法第二百七十一條、第二百七十七條、第二百七十八條、第三百零二條、第三百零四條、第三百零五條、第三百四十六條至第三百四十八條或其特別法之罪，經判刑確定者，依前項規定處罰。

第113條（從重主義）

Ⅰ犯本章之罪，其他法律有較重處罰之規定者，從其規定。

Ⅱ辦理選舉、罷免事務人員，假借職務上之權力、機會或方法，以故意犯本章之罪者，加重其刑至二分之一。

Ⅲ犯本章之罪或刑法分則第六章之妨害投票罪，宣告有期徒刑以上之刑者，並宣告褫奪公權。

第114條（公務員候選人違法之處理）

已登記為候選人之現任公務人員，有下列情形之一者，經選舉委員會查明屬實後，通知各該人員之主管機關先行停止其職務，並依法處理：

一　無正當理由拒絕選舉委員會請協辦事項或請派人員。
二　干涉選舉委員會人事或業務。
三　藉名動用或挪用公款作競選之費用。
四　要求有部屬或有指揮、監督關係之團體暨各該團體負責人作競選之支持。
五　利用職權無故調動人員，對競選預作人事之安排。

第115條（偵查）

Ⅰ中央公職人員選舉，由最高法院檢察署檢察總長督率各級檢察官；地方公職人員選舉，由該管法院檢察署檢察長督率所屬檢察官，分區查察，自動檢舉有關妨害選舉、罷免之刑事案件，並接受機關、團體或人民是類案件之告發、告訴、自首，即時開始偵查，為必要之處理。

Ⅱ前項案件之偵查，檢察官得依刑事訴訟法及調度司法警察條例等規定，指揮司法警察人員為之。

第116條（妨害選舉罷免案件之審結）

犯本章之罪或刑法第六章妨害投票罪之案件，各審受理法院應於六個月內審結。

第117條（當選人賄賂之處罰）

Ⅰ當選人犯第九十七條第一項至第三項、第九十九條第一項、第二項、第一百條第一項至第三項、第一百零二條第一項第一款或其預備犯或第一百零三條之罪，經法院判處有期徒刑以上之刑而未受緩刑之宣告者，自判決之日起，當然停止其職務或職權。

Ⅱ依前項停止職務或職權之人員，經改判無罪時，於其任期屆滿前復職。

第六章　選舉罷免訴訟

第118條（選舉或罷免無效之訴之提起）

I選舉委員會辦理選舉、罷免違法，足以影響選舉或罷免結果，檢察官、候選人、被罷免人或罷免案提議人，得自當選人名單或罷免投票結果公告之日起十五日內，以各該選舉委員會爲被告，向管轄法院提起選舉或罷免無效之訴。

II選舉委員會辦理全國不分區及僑居國外國民立法委員選舉違法，足以影響選舉結果，申請登記之政黨，得依前項規定提起選舉無效之訴。

第119條（選舉或罷免無效之效果）

選舉或罷免無效之訴，經法院判決無效確定者，其選舉或罷免無效，並定期重行選舉或罷免。其違法屬選舉或罷免之局部者，局部之選舉或罷免無效，並就該局部無效部分，定期重行投票。

第120條（當選無效之訴之提起）

I當選人有下列情事之一者，選舉委員會、檢察官或同一選舉區之候選人得以當選人爲被告，自公告當選人名單之日起三十日內，向該管轄法院提起當選無效之訴：

一　當選票數不實，足認有影響選舉結果之虞。

二　對於候選人、有投票權人或選務人員，以強暴、脅迫或其他非法之方法，妨害他人競選、自由行使投票權或執行職務。

三　有第九十七條、第九十九條第一項、第一百零一條第一項、第一百零二條第一項第一款、刑法第一百四十六條第一項、第二項之行爲。

II全國不分區及僑居國外國民立法委員選舉之當選人，因政黨得票數不實，而足認有影響選舉結果之虞，或有前項第二款、第三款所列情事之一者，其他申請登記之政黨得依前項規定提起當選無效之訴。

III前二項當選無效之訴經判決確定者，不因同一事由經刑事判決無罪而受影響。

第121條（資格不合當選無效之訴）

I當選人有第二十九條第一項所列各款之一或第二項規定情事者，選舉委員會、檢察官或同一選舉區之候選人得以當選人爲被告，於其任期或規定之日期屆滿前，向該管轄法院提起當選無效之訴。

II全國不分區及僑居國外國民立法委員選舉之當選人，有前項情事時，其他申請登記之政黨亦得依前項規定提起當選無效之訴。

第122條（當選無效）

當選無效之訴經判決無效確定者，當選人之當選，無效；已就職者，並應自判決確定之日起，解除職務。

第123條（選舉無效或當選無效之效果）

選舉無效或當選無效之判決，不影響當選人就職後職務上之行爲。

第124條（罷免案通過或否決無效之訴）

I罷免案之通過或否決，有下列情事之一者，選舉委員會、檢察官、被罷免人或罷免案提議人之領銜人，得於罷免投票結果公告之日起三十日內，以罷免案提議人之領銜人或被罷免人爲被告，向管轄法院提起罷免案通過或否決無效之訴：

一　罷免案通過或否決之票數不實，足認有影響投票結果之虞。

二　被罷免人、罷免案提議人之領銜人或其各該辦事處負責人、辦事人員，對於有投票權人或選務人員，以強暴、脅迫或其他非法之方法，妨害他人自由行使投票權或執行職務。

三　被罷免人、罷免案提議人之領銜人或其各該辦事處負責人、辦事人員，有第九十九條第一項、刑法第一百四十六條第一項之行爲。

四　被罷免人有第一百零二條第一項第二款之行爲。

II罷免案否決無效之訴，經法院判決無效確定者，其罷免案之否決無效，並定期重行投票。

III罷免案之通過經判決無效者，被罷免人之職務應予恢復。但無法恢復者，不在此限。

第125條（舉發）

選舉人發覺有構成選舉無效、當選無效或罷免無效、罷免案通過或否決無效之情事時，得於當選人名單或罷免投票結果公告之日起七日內，檢具事證，向檢察官或選舉委員會舉發之。

第126條（管轄法院）

選舉、罷免訴訟之管轄法院，依下列之規定：

一　第一審選舉、罷免訴訟，由選舉、罷免行爲地之該管地方法院或其分院管轄，其行爲地跨連或散在數地方法院或分院管轄區域內者，各該管地方法院或分院俱有管轄權。

二　不服地方法院或分院第一審判決而上訴之選舉、罷免訴訟事件，由該管高等法院或其分院管轄。

第127條（選舉法庭與再審）

I選舉、罷免訴訟，設選舉法庭，採合議制審理，並應先於其他訴訟審判之，以二審終結，並不得提起再審之訴。各審受理之法院應於六個月內審結。

II法院審理選舉、罷免訴訟時，應依職權調查必要之事證。

第128條（民事訴訟法之準用）

選舉、罷免訴訟程序，除本法規定者外，準用民事訴訟法之規定。但關於捨棄、認諾、訴訟上自認或不爭執事實效力之規定，不在準用之列。

第129條（選舉票或選舉人名冊之查閱影印）

選舉訴訟程序中，訴訟當事人或其訴訟代理人得查閱、影印選舉票或選舉人名冊。

第七章　附　則

第 130 條（罰鍰之處罰、扣除）

Ⅰ本法及組織犯罪防制條例第十四條第一項所定罰鍰，由選舉委員會處罰之。

Ⅱ前項之罰鍰，候選人或政黨經通知後屆期不繳納者，選舉委員會並得於第三十二條候選人或政黨繳納之保證金或第四十三條所定應撥給候選人之競選費用補助金款項內逕予扣除。

第 131 條（本法修正前之選舉、罷免案適用規定）

本法修正施行前已發布選舉公告之選舉，或已向主管選舉委員會提出之罷免案，仍適用修正前之規定。

第 132 條（相關條文不適用期限）

本法第六條、第八條及第十二條第一項至第三項規定，自中央選舉委員會組織法施行之日起不再適用。

第 133 條（施行細則）

本法施行細則，由內政部會同中央選舉委員會定之。

第 134 條（施行日）

Ⅰ本法自公布日施行。

Ⅱ本法中華民國九十八年五月十二日修正之條文，自九十八年十一月二十三日施行。

總統副總統選舉罷免法

1.中華民國 84 年 8 月 9 日總統令制定公布全文 107 條
2.中華民國 92 年 10 月 29 日總統令修正公布全文 117 條；並自公布日施行
3.中華民國 93 年 4 月 7 日總統令修正公布第 61 條條文；並增訂第 93-1 條條文
4.中華民國 95 年 5 月 30 日總統令修正公布第 11、86、89、117 條條文；並自 95 年 7 月 1 日施行
5.中華民國 96 年 8 月 8 日總統令修正公布第 5 條條文
6.中華民國 97 年 1 月 16 日總統令修正公布第 60 條條文；增訂第 63-1 條條文；並自公布日施行
7.中華民國 98 年 5 月 27 日總統令修正公布第 11、26、117 條條文；並自 98 年 11 月 23 日施行
8.中華民國 106 年 4 月 19 日總統令修正公布第 40、84、86、87、89、93-1 條條文；並刪除第 37、39、83、95 條條文
9.中華民國 107 年 12 月 5 日總統令修正公布第 57、116 條條文
10. 中華民國 109 年 5 月 6 日總統令修正公布第 14、53、61 條條文

第一章　總　則

第 1 條（立法依據及適用範圍）

Ⅰ本法依憲法第四十六條及憲法增修條文第二條第一項制定之。

Ⅱ總統、副總統選舉、罷免，依本法之規定，本法未規定者，依其他有關法令之規定。

第 2 條（投票方法）

總統、副總統選舉、罷免，除另有規定外，以普通、平等、直接及無記名投票之方法行之。

第 3 條（選舉區）

總統、副總統選舉，以中華民國自由地區為選舉區。

第 4 條（年齡及居住期間之計算）

Ⅰ選舉人、候選人年齡及居住期間之計算，除另有規定外，均以算至投票日前一日為準，並以戶籍登記資料為依據。

Ⅱ前項居住期間之計算，自戶籍遷入登記之日起算。

Ⅲ重行投票者，仍依原投票日計算。

第 5 條（各種期間之計算）

Ⅰ選舉、罷免各種期間之計算，依行政程序法之規定。但期間之末日，除因天然災害行政機關停止上班外，其為星期六、星期日、國定假日或其他休息日時，不予延長。

Ⅱ本法所定投票日前幾日，應自投票日前一日起算，向前逆算至規定日數之當日；所定投票日後幾日，應自投票日次日起算，向後算至規定日數之當日；所定投票日幾日前，其期限之最終期日之計算，應自投票日前一日起算，向前逆算至規定日數之前一日，為該期限之終止日。

Ⅲ選舉、罷免之各種申請，以郵寄方式向選舉機關提出者，以選舉機關收件日期為準。

第二章　選舉罷免機關

第 6 條（選舉罷免機關）

Ⅰ總統、副總統選舉、罷免，由中央選舉委員會主管，並指揮、監督省（市）、縣（市）選舉委員會辦理之。但總統、副總統罷免案之提議、提出及副總統之缺位補選，由立法院辦理之。

Ⅱ各級選舉委員會應依據法令公正行使職權。

第 7 條（中選會辦理事項）

中央選舉委員會辦理下列事項：

一　選舉、罷免之公告事項。
二　選舉、罷免事務進行程序及計畫事項。
三　候選人申請登記事項。
四　候選人資格之審定事項。
五　選舉宣導之策劃事項。
六　候選人電視政見發表會之辦理事項。
七　選舉、罷免之監察事項。
八　選舉、罷免結果之審定事項。
九　當選證書之製發事項。
十　候選人競選費用之補貼事項。
十一　其他有關選舉、罷免事項。

第 8 條（省選委會之職權）

省選舉委員會指揮、監督縣（市）選舉委員會辦理本法所規定之事項。

第 9 條（直轄市縣市選委會辦理事項）

Ⅰ直轄市、縣（市）選舉委員會分別辦理下列事項：

一　投票所、開票所之設置及管理事項。
二　選舉、罷免票之印製事項。
三　選舉人名冊公告閱覽之督導事項。
四　選舉公報之印製事項。
五　選舉宣導之執行事項。
六　選舉、罷免之監察事項。
七　其他有關選舉、罷免事項。

Ⅱ直轄市、縣（市）選舉委員會就下列選舉、罷免事務，指揮、監督鄉（鎮、市、區）公所辦理：

一　選舉人名冊公告閱覽之辦理事項。
二　投票所、開票所設置及管理之辦理事項。
三　投票所、開票所工作人員之遴報事項。
四　選舉、罷免票之轉發事項。

五　選舉公報及投票通知單之分發事項。
六　選舉法令之宣導事項。
七　其他有關選舉、罷免事務之辦理事項。

第 10 條（選舉罷免期間各級政府職員之調用）

各級選舉委員會在辦理選舉、罷免期間，得調用各級政府職員辦理事務。

第三章　選　舉

第一節　選舉人

第 11 條（選舉權之要件）

中華民國自由地區人民，年滿二十歲，除受監護宣告尚未撤銷者外，有選舉權。

第 12 條（選舉人之要件）

Ⅰ前條有選舉權人具下列條件之一者，為選舉人：
一　現在中華民國自由地區繼續居住六個月以上者。
二　曾在中華民國自由地區繼續居住六個月以上，現在國外，持有效中華民國護照，並在規定期間內向其最後遷出國外時之原戶籍地戶政機關辦理選舉人登記者。

Ⅱ前項第二款在國外之中華民國自由地區人民申請返國行使選舉權登記查核辦法，由中央選舉委員會會同外交部、僑務委員會另定之。

第 13 條（選舉人投票地點）

Ⅰ選舉人，除另有規定外，應於戶籍地投票所投票。

Ⅱ返國行使選舉權之選舉人，應於最後遷出國外時之原戶籍地投票所投票。

Ⅲ投票所工作人員，得在戶籍地或工作地之投票所投票。但在工作地之投票所投票者，以戶籍地及工作地在同一直轄市、縣（市）為限。總統、副總統選舉與他種公職人員選舉同日舉行投票時，並應在該選舉人行使他種公職人員選舉權之選舉區內。

第 14 條（領取選票所需證件及代為圈投情形）

Ⅰ選舉人投票時，除另有規定外，應憑本人國民身分證領取選舉票。

Ⅱ返國行使選舉權之選舉人應憑本人有效之中華民國護照領取選舉票。

Ⅲ選舉人領取選舉票時，應在選舉人名冊上簽名或蓋章或按指印，按指印者，並應有管理員及監察員各一人蓋章證明。選舉人名冊上無其姓名或姓名不符者，不得領取選舉票。但姓名顯係筆誤、因婚姻關係而冠姓或回復本姓致與國民身分證不符者，經主任管理員會同主任監察員辨明後，應准領取選舉票。

Ⅳ選舉人領得選舉票後，應自行圈投。但因身心障礙不能自行圈投而能表示其意思者，得依其請求，由家屬或陪同之人一人在場，依據本人意思，眼同協助或代為圈投；其無家屬或陪同之人在場者，亦得依其請求，由投票所管理員及監察員各一人，依據本人意思，眼同協助或代為圈投。

Ⅴ為防止重複投票或冒領選舉票之情事，應訂定防範規定；其辦法由中央選舉委員會定之。

第 15 條（投票權）

選舉人應於規定之投票時間內到投票所投票；逾時不得進入投票所。但已於規定時間內到達投票所尚未投票者，仍可投票。

第二節　選舉人名冊

第 16 條（選舉人名冊之編造）

Ⅰ選舉人名冊，除另有規定外，由鄉（鎮、市、區）戶政機關依據戶籍登記資料編造，應載明編號、姓名、性別、出生年月日及戶籍地址；凡投票日前二十日已登錄戶籍登記資料，依規定有選舉人資格者，應一律編入名冊；投票日前二十日以後遷出之選舉人，仍應在原戶籍地行使選舉權。

Ⅱ返國行使選舉權之選舉人名冊，應由最後遷出國外時之原戶籍地戶政機關編造，並註記僑居地。

Ⅲ選舉人名冊編造後，除選舉委員會、鄉（鎮、市、區）公所、戶政機關依本法規定使用外，不得以抄寫、複印、攝影、錄音或其他任何方式對外提供。

第 17 條（與他種公職人員選舉同時辦理時，選舉人名冊得合併編造）

總統、副總統選舉與他種公職人員選舉同日舉行投票時，選舉人名冊得合併編造。

第 18 條（選舉人名冊之公告閱覽及申請更正）

選舉人名冊編造後，戶政機關應送由鄉（鎮、市、區）公所函報直轄市、縣（市）選舉委員會備查，並由鄉（鎮、市、區）公所公開陳列、公告閱覽，選舉人發現錯誤或遺漏時，得於閱覽期間內申請更正。

第 19 條（選舉人名冊之更正、確定及人數之公告）

Ⅰ選舉人名冊經公告閱覽期滿後，鄉（鎮、市、區）公所應將原冊及申請更正情形，送戶政機關查核更正。

Ⅱ選舉人名冊經公告、更正後即為確定，並由各直轄市、縣（市）選舉委員會公告選舉人人數。

第三節　候選人

第 20 條（候選人資格）

Ⅰ在中華民國自由地區繼續居住六個月以上且曾設籍十五年以上之選舉人，年滿四十歲，得申請登記爲總統、副總統候選人。

II回復中華民國國籍、因歸化取得中華民國國籍、大陸地區人民或香港、澳門居民經許可進入臺灣地區者，不得登記爲總統、副總統候選人。

第21條（聯名登記）

I總統、副總統候選人，應備具中央選舉委員會規定之表件及保證金，於規定時間內，向該會聯名申請登記。未聯名申請登記、表件或保證金不合規定，或未於規定時間內辦理者，不予受理。

II前項候選人，應經由政黨推薦或連署人連署。

III同一組總統、副總統候選人，如經審定一人或二人資格不符規定，則該組候選人，應不准予登記。

第22條（政黨推薦方式申請登記）

I依政黨推薦方式向中央選舉委員會申請登記爲總統、副總統候選人者，應檢附加蓋內政部發給該政黨圖記之政黨推薦書；二個以上政黨共同推薦一組候選人時，應檢附一份政黨推薦書，排列推薦政黨之順序，並分別蓋用圖記。同一政黨，不得推薦二組以上候選人，推薦二組以上候選人者，其後登記者，不予受理。

II前項之政黨，於最近任何一次總統、副總統或立法委員選舉，其所推薦候選人得票數之和，應達該次選舉有效票總和百分之五以上。二個以上政黨共同推薦一組總統、副總統候選人者，各該政黨推薦候選人之得票數，以推薦政黨數除其推薦候選人得票數計算之。

第23條（申請連署繳納保證金）

I依連署方式申請登記爲總統、副總統候選人者，應於選舉公告發布後五日內，向中央選舉委員會申請爲被連署人，申領連署人名冊格式，並繳交連署保證金新臺幣一百萬元。

II中央選舉委員會受理前項申請後，應定期公告申請人爲被連署人，並函請直轄市、縣（市）選舉委員會於公告之次日起四十五日內，受理被連署人或其代理人提出連署書件。但補選或重行選舉時，應於公告之次日起二十五日內爲之。

III中華民國自由地區人民，於選舉公告日，年滿二十歲者，得爲前項之連署人。

IV連署人數，於第二項規定期間內，已達最近一次立法委員選舉選舉人總數百分之一點五者，中央選舉委員會應定期爲完成連署之公告，發給被連署人完成連署證明書，並發還保證金。連署人數不足規定人數二分之一者，保證金不予發還。

V被連署人或其代理人應依中央選舉委員會規定之連署人名冊及切結書格式，依式印製，徵求連署。連署人連署時，並應附本人之國民身分證影本。

VI同一連署人，以連署一組被連署人爲限，同時爲二組以上之連署時，其連署均無效。

VII直轄市、縣（市）選舉委員會受理前項連署書件後，應予抽查，並應於抽查後，將受理及抽查結果層報中央選舉委員會。連署人之連署有下列情事之一者，應予刪除：

一　連署人不合第三項或第五項規定者。

二　連署人之國民身分證影本記載資料不明或影印不清晰，致不能辨認連署人之姓名、出生年月日或國民身分證統一編號者。

三　連署人名冊未經連署人簽名或蓋章者。

四　連署人連署，有僞造情事者。

VIII前項連署書件，應保管至開票後三個月。但保管期間，如有選舉訴訟者，應延長保管至裁判確定後三個月。

IX連署及查核辦法，由中央選舉委員會定之。

第24條（檢附連署證明書）

依連署方式向中央選舉委員會申請登記爲總統、副總統候選人者，應檢附完成連署證明書。

第25條（同時為二種以上候選人登記者，他種公職候選人之登記無效）

總統、副總統選舉與他種公職人員選舉同日舉行投票時，同時爲二種以上候選人登記者，他種公職候選人之登記無效。

第26條（候選人之消極資格）

有下列情事之一，不得登記爲總統、副總統候選人：

一　動員戡亂時期終止後，曾犯內亂、外患罪，經判刑確定者。

二　曾犯貪污罪，經判刑確定者。

三　曾犯第八十四條第一項、第二項、第八十五條第一項第一款及其未遂犯、第八十六條第一項、第八十七條第一項第一款、第八十八條第一項、第八十九條第一項、公職人員選舉罷免法第八十九條第一項、第二項、第九十條第一項第一款及其未遂犯、第九十條之一第一項、第九十一條第一項第一款、第九十一條之一第一項、刑法第一百四十二條或第一百四十四條之罪，經判刑確定者。

四　曾犯組織犯罪防制條例之罪，經判刑確定者。

五　犯前四款以外之罪，判處有期徒刑以上之刑確定，尚未執行、執行未畢或於緩刑期間者。

六　受死刑、無期徒刑或十年以上有期徒刑之判決尚未確定者。

七　受宣告強制工作之保安處分或流氓感訓處分之裁判確定，尚未執行、執行未畢或執行完畢未滿十年者。

八　受其他保安處分之裁判確定，尚未執行或執行未畢者。

九　受破產宣告確定，尚未復權者。

十　依法停止任用或受休職處分，尚未期滿者。

十一　褫奪公權，尚未復權者。

十二　受監護或輔助宣告，尚未撤銷者。

第 27 條（不得為候選人之人員）

Ⅰ下列人員不得申請登記爲總統、副總統候選人：

一　現役軍人。

二　辦理選舉事務人員。

三　具有外國國籍者。

Ⅱ前項第一款之現役軍人，屬於後備軍人應召者，在應召未入營前，或係受教育、勤務及點閱召集，均不受限制。

Ⅲ當選人因第一百零四條第一項第二款至第四款所定情事之一，經法院判決當選無效確定者，不得申請登記爲該次總統、副總統補選候選人。

第 28 條（撤銷登記或提起當選無效之訴）

總統、副總統候選人名單公告後，經發現候選人在公告前或投票前有下列情事之一者，投票前由中央選舉委員會撤銷其候選人登記；當選後依第一百零五條規定提起當選無效之訴：

一　候選人資格不合第二十條規定者。

二　有第二十六條各款情事之一者。

三　依前條第一項、第三項規定不得登記爲候選人者。

四　依第七十八條第一項規定不得登記爲候選人者。

第 29 條（重行選舉）

Ⅰ總統候選人之一於登記截止後至選舉投票日前死亡，中央選舉委員會應即公告停止選舉，並定期重行選舉。

Ⅱ依前項規定辦理之重行選舉，於公告停止選舉前取得之總統、副總統候選人完成連署證明書，於重行選舉仍適用之。

第 30 條（經登記或推薦者，不得撤回其登記或推薦）

Ⅰ經登記爲總統、副總統候選人者，不得撤回其總統、副總統候選人登記。

Ⅱ經政黨推薦爲總統、副總統候選人者，其推薦之政黨，不得撤回其推薦。

第 31 條（候選人應繳納保證金之金額）

Ⅰ登記爲總統、副總統候選人時，各組應繳納保證金新臺幣一千五百萬元。

Ⅱ前項保證金，應於公告當選人名單後十日內發還。但得票數不足選舉人總數百分之五者，不予發還。

第 32 條（保證金繳納之限制）

第二十三條第一項及前條第一項保證金之繳納，以現金、金融機構簽發之本票、保付支票或郵局之劃撥支票爲限。

第 33 條（候選人資格審定及姓名號次之抽籤）

Ⅰ候選人資格，由中央選舉委員會審定公告，不合規定者，不准予登記。審定之候選人名單，其姓名號次，由中央選舉委員會，通知各組候選人於候選人名單公告三日前公開抽籤決定之。

Ⅱ前項候選人姓名號次之抽籤，於候選人僅一組時，其號次爲一號，免辦抽籤。

Ⅲ候選人姓名號次之抽籤，應由監察人員在場監察。各組候選人應由其中一人到場親自抽籤，各組候選人無人親自到場參加抽籤時，得委託他人持各組候選人之委託書代爲抽籤，該組候選人均未親自參加或未委託他人代抽或雖到場經唱名三次後仍不抽籤者，由中央選舉委員會代爲抽定。

第四節　選舉公告

第 34 條（各種公告之發布期間）

選舉委員會應依下列規定期間，發布各種公告：

一　選舉公告，須載明選舉種類、選舉區、投票日期及投票起、止時間，並應於總統、副總統任期屆滿一百二十日前發布之。但重行選舉、重行投票或補選之公告日期，不在此限。

二　候選人登記，應於投票日五十日前公告，其登記期間，不得少於五日。但補選或重行選舉之候選人登記，應於投票日三十五日前公告，其登記期間，不得少於三日。

三　選舉人名冊，應於投票日十五日前公告，其公告期間，不得少於三日。

四　候選人名單，應於競選活動開始前一日公告。

五　選舉人人數，應於投票日三日前公告。

六　當選人名單，應於投票日後七日內公告。

第 35 條（正副總統選舉投票日期）

總統、副總統選舉，應於總統、副總統任期屆滿三十日前完成選舉投票。但重行選舉、重行投票或補選之投票完成日期，不在此限。

第五節　選舉活動

第 36 條（競選活動期間）

Ⅰ總統、副總統選舉，候選人競選活動期間爲二十八日。

Ⅱ前項期間，以投票日前一日向前推算；其每日競選活動時間，自上午七時起至下午十時止。

第 37 條（刪除）

第 38 條（候選人競選經費最高金額）

Ⅰ同一組候選人競選經費最高金額，由中央選舉委員會訂定，並於發布選舉公告之日同時公告之。

Ⅱ前項競選經費最高金額，應以中華民國自由地區人口總數百分之七十，乘以基本金額新臺幣二十元所得數額，加上新臺幣一億元之和。

Ⅲ競選經費最高金額計算有未滿新臺幣一千元之尾數時，其尾數以新臺幣一千元計算之。

Ⅳ第二項所稱中華民國自由地區人口總數，係指投票之月前第六個月月底戶籍統計之人口總數。

第 39 條（刪除）

第40條（競選經費得於申報所得稅列舉扣除）
自選舉公告之日起，至投票日後三十日內，同一組候選人所支付與競選活動有關之競選經費，於第三十八條規定候選人競選經費最高金額內，減除接受捐贈，得於申報所得稅時合併作爲當年度列舉扣除額。

第41條（候選人競選經費之補貼）
Ⅰ各組候選人選舉得票數達當選票數三分之一以上者，應補貼其競選費用，每票補貼新臺幣三十元。但其最高額，不得超過候選人競選經費最高金額。
Ⅱ政黨推薦之候選人其補貼費用，應由該推薦之政黨領取；二個以上政黨共同推薦一組候選人時，應共同具名領取。
Ⅲ第一項候選人競選費用之補貼，應於當選人名單公告之次日起二十日內，由中央選舉委員會核算補貼金額，並通知依連署方式登記之同組候選人，或推薦候選人之政黨，於三個月內掣據，向中央選舉委員會領取。
Ⅳ候選人或政黨未於規定期限內領取競選費用補貼者，中央選舉委員會應催告其於三個月內具領；屆期未領者，視爲放棄領取。

第42條（候選人設置競選辦事處）
Ⅰ同一組候選人於競選活動期間，得設立競選辦事處；其設立競選辦事處二所以上者，除主辦事處以候選人爲負責人外，其餘各辦事處，應由候選人指定專人負責，並應將辦事處地址、負責人姓名，向中央選舉委員會登記。
Ⅱ候選人競選辦事處不得設於機關（構）、學校、依法設立之人民團體或經常定爲投票所、開票所之處所及其他公共場所。但政黨之各級黨部辦公處，不在此限。

第43條（辦理選舉事務人員，於選舉公告發布後之禁止行為）
各級選舉委員會之委員、監察人員、職員、鄉（鎮、市、區）公所辦理選舉事務人員，於選舉公告發布後，不得有下列行爲：
一　公開演講爲候選人宣傳。
二　爲候選人站台或亮相造勢。
三　召開記者會或接受媒體採訪時爲候選人宣傳。
四　印發、張貼宣傳品爲候選人宣傳。
五　懸掛或豎立標語、看板、旗幟、布條等廣告物爲候選人宣傳。
六　利用大眾傳播媒體爲候選人宣傳。
七　參與候選人遊行、拜票、募款活動。

第44條（選舉公報之編印及錄製）
Ⅰ中央選舉委員會應彙集各組候選人之號次、相片、姓名、出生年月日、性別、出生地、登記方式、住址、學歷、經歷及選舉投票等有關規定，編印選舉公報，並得錄製有聲選舉公報。
Ⅱ前項所定學歷、經歷，合計以三百字爲限；其爲大學以上學歷，以經主管教育行政機關立案或認可之學校取得學位者爲限。候選人並應於登記時檢附證明文件，未檢附證明文件者，不予刊登該學歷。
Ⅲ第一項候選人資料，應於申請登記時，一併繳送中央選舉委員會。
Ⅳ候選人個人資料，由候選人自行負責。其個人資料爲中央選舉委員會職務上所已知或經查明不實者，不予刊登選舉公報。候選人登記方式欄，依政黨推薦方式登記之候選人應刊登推薦之政黨名稱加推薦二字，二個以上政黨共同推薦一組總統、副總統候選人時，政黨名稱次序，依其政黨推薦書填列之順位；依連署方式登記之候選人，刊登連署。
Ⅴ選舉公報應於投票日二日前送達選舉區內各戶，並分別張貼適當地點。

第45條（以公費提供候選人電視時段發表政見）
Ⅰ總統、副總統選舉，中央選舉委員會應以公費，在全國性無線電視頻道提供時段，供候選人發表政見，同一組候選人每次時間不得少於三十分鐘，受指定之電視台，不得拒絕；其實施辦法，由中央選舉委員會定之。
Ⅱ經二組以上候選人同意，個人或團體得舉辦全國性無線電視辯論會，電視台應予受理，並得向中央選舉委員會申請經費補助；其補助辦法，由中央選舉委員會定之。
Ⅲ前項總統電視辯論會以三場爲限，每場每人限三十分鐘。副總統候選人電視辯論得比照辦理。但以一場爲限。
Ⅳ第一項、第二項候選人發表政見或辯論內容，應由候選人自行負責。

第46條（廣播電視事業有償提供時段，供候選人從事競選宣傳）
Ⅰ廣播電視事業得有償提供時段，供推薦候選人之政黨或候選人從事競選宣傳，並應爲公正、公平之對待。
Ⅱ廣播電視事業從事選舉相關議題之論政、新聞報導或邀請候選人參加節目，應爲公正、公平之處理，不得爲無正當理由之差別待遇。
Ⅲ廣播電視事業有違反前二項規定之情事者，任何人得於播出後一個月內，檢具錄影帶、錄音帶等具體事證，向中央選舉委員會舉發。

第47條（競選廣告應載明政黨名稱或候選人姓名）
報紙、雜誌所刊登之競選廣告，應於該廣告中載明政黨名稱或候選人姓名。

第48條（候選人及政黨印發及張貼宣傳品）
Ⅰ候選人印發以文字、圖畫從事競選之宣傳品，應親自簽名；政黨於競選活動期間，得為其所推薦之候選人印發以文字、圖畫從事競選之宣傳品，並應載明政黨名稱，二個以上政黨共同推薦一組候選人者，應同時載明共同推薦之所有政黨名稱。宣傳品之張貼，以候選人競選辦事處、政黨辦公處及宣傳車輛為限。

Ⅱ政黨及任何人不得於道路、橋樑、公園、機關（構）、學校或其他公共設施及其用地，懸掛或豎立標語、看板、旗幟、布條等競選廣告物。但經直轄市、縣（市）政府公告指定之地點，不在此限。

Ⅲ前項直轄市、縣（市）政府公告指定之地點，各政黨或候選人應公平合理使用；其使用管理規則，由直轄市、縣（市）政府定之。

Ⅳ競選廣告物之懸掛或豎立，不得妨礙公共安全或交通秩序，並應於投票日後七日內自行清除；違反者，依有關法令規定處理。

第 49 條（競選言論之禁止事項）

候選人或為其助選之人之競選言論，不得有下列情事：

一　煽惑他人犯內亂罪或外患罪。
二　煽惑他人以暴動破壞社會秩序。
三　觸犯其他刑事法律規定之罪。

第 50 條（政黨及任何人，不得違反之事項）

政黨及任何人，不得有下列情事：

一　於競選活動期間之每日上午七時前或下午十時後，從事公開競選或助選活動。但不妨礙居民生活或社會安寧之活動，不在此限。
二　於投票日從事競選或助選活動。
三　妨害其他政黨或候選人競選活動。
四　邀請外國人民、大陸地區人民或香港、澳門居民為第四十三條各款之行為。

第 51 條（競選活動擴音器之使用）

政黨及候選人從事競選活動使用擴音器，不得製造噪音。違反者，由環境保護主管機關或警察機關依有關法律規定處理。

第 52 條（民意調查資料之發布時間及應載明事項）

Ⅰ政黨及任何人自選舉公告發布之日起至投票日十日前所為有關候選人或選舉民意調查資料之發布，應載明負責調查單位或主持人、抽樣方式、母體及樣本數、經費來源及誤差值。

Ⅱ政黨及任何人於投票日前十日起至投票時間截止前，不得以任何方式，發布有關候選人或選舉之民意調查資料，亦不得加以報導、散布、評論或引述。

第六節　投票及開票

第 53 條（投票所、開票所之設置及開票）

Ⅰ總統、副總統選舉，應視選舉人分布情形，就機關（構）、學校、公共場所或其他適當處所，分設投票所。

Ⅱ前項之投票所應選擇具備無障礙設施之場地，若無符合規定之無障礙場地，應使用相關輔具或器材協助行動不便者完成投票。選舉委員會應視場所之無障礙程度，適度增加投票所之工作人力，主動協助行動不便者。

Ⅲ投票所除選舉人及其照顧之六歲以下兒童、第十四條第四項規定之家屬或陪同之人外，未佩帶各級選舉委員會製發證件之人員，不得進入投票所。但檢察官依法執行職務者，不在此限。

Ⅳ投票所於投票完畢後，即改為開票所，當眾唱名開票。開票完畢，開票所主任管理員及主任監察員即依投開票報告表宣布開票結果，於開票所門口張貼，並應將同一內容之投開票報告表副本，當場簽名交付推薦候選人之政黨或依連署方式登記之候選人所指派之人員；其領取，以一份為限。

Ⅴ投開票完畢後，投開票所主任管理員應會同主任監察員，將選舉票按用餘票、有效票、無效票及選舉人名冊分別包封，並於封口處簽名或蓋章，一併送交鄉（鎮、市、區）公所轉送直轄市、縣（市）選舉委員會保管。

Ⅵ前項選舉票除檢察官或法院依法行使職權外，不得開拆；選舉人名冊自投票日後第二日起十日內，選舉人或候選人得向直轄市、縣（市）選舉委員會申請查閱，候選人得委託他人持委託書到場查閱，選舉人、候選人或受託人到場查閱時，均應持本人國民身分證。但選舉人查閱，以其所屬投票所選舉人名冊為限。

Ⅶ第五項選舉票及選舉人名冊，自開票完畢後，其保管期間如下：

一　用餘票為一個月。
二　有效票及無效票為六個月。
三　選舉人名冊為六個月。

Ⅷ前項保管期間，發生訴訟時，其與訴訟有關部分，應延長保管至裁判確定後三個月。

第 54 條（投、開票所管理人員之設置）

Ⅰ投票所、開票所置主任管理員一人，管理員若干人，由直轄市、縣（市）選舉委員會派充，辦理投票、開票工作。

Ⅱ前項主任管理員、管理員，得洽請各級政府機關及公立學校推薦後遴派之；受遴派之政府機關職員及學校教職員，不得拒絕。

Ⅲ投票所、開票所置警衛人員，由直轄市、縣（市）選舉委員會洽請當地警察機關調派之。

第 55 條（投、開票所監察人員之設置）

Ⅰ投票所、開票所置主任監察員一人，監察員若干人，監察投票、開票工作。

Ⅱ前項監察員之產生每一投票所，由各組候選人各自推薦一人，送由選舉委員會審核派充之。但經政黨推薦之候選人，由其所屬政黨推薦，二個以上政黨共同推薦一組候選人者，以一政黨計，並由政黨推薦書所填順序首位之政黨負責處理推薦事宜。

Ⅲ主任監察員由選舉委員會就下列人員遴派之：

一　地方公正人士。

二　各機關、團體、學校人員。

三　大專校院成年學生。

Ⅳ監察員資格、推薦程序及服務規則，由中央選舉委員會定之。

第 56 條（投、開票所工作人員應參加講習）

投票所、開票所之工作人員，應參加選舉委員會舉辦之講習。

第 57 條（工作人員因公傷殘死亡請領慰問金辦法）

Ⅰ各級選舉委員會之委員、監察人員、職員、鄉（鎮、市、區）公所辦理選舉事務人員及投票所、開票所工作人員因執行職務致死亡、失能或傷害者，依其本職身分有關規定請領慰問金。

Ⅱ前項人員不能依其本職身分請領慰問金者，由中央選舉委員會發給慰問金；其發給之對象、數額基準、程序及其他相關事項之辦法，由中央選舉委員會定之。

第 58 條（選舉票之印製與點清）

Ⅰ選舉票應由各直轄市、縣（市）選舉委員會印製、分發及應用。選舉票上應刊印各組總統、副總統候選人之號次、姓名、登記方式及相片；依政黨推薦方式登記之候選人應刊印推薦該組候選人之政黨名稱加推薦二字，二個以上政黨共同推薦一組候選人時，政黨名稱次序，依其政黨推薦書填列之順位；依連署方式登記之候選人，刊印連署。

Ⅱ前項選舉票，由直轄市、縣（市）選舉委員會依中央選舉委員會規定之式樣印製，並由監察小組委員到場監印，於投票日前一日交各該投票所主任管理員會同主任監察員當眾點清。

第 59 條（投票方法）

Ⅰ選舉之投票，由選舉人於選舉票圈選欄上，以選舉委員會製備之圈選工具圈選一組。

Ⅱ選舉人圈選後，不得將圈選內容出示他人。

Ⅲ第一項圈選工具，由直轄市、縣（市）選舉委員會依中央選舉委員會規定之式樣製備。

第 60 條（選舉票無效之情形）

Ⅰ選舉票有下列情事之一者，無效：

一　不用選舉委員會製發之選舉票。

二　未依前條第一項規定圈選一組。

三　所圈位置不能辨別為何組。

四　圈後加以塗改。

五　簽名、蓋章、按指印、加入任何文字或符號。

六　將選舉票撕破致不完整。

七　將選舉票污染致不能辨別所圈選為何組。

八　不用選舉委員會製備之圈選工具。

Ⅱ前項無效票，應由開票所主任管理員會同主任監察員認定；認定有爭議時，由全體監察員表決之。表決結果正反意見同數者，該選舉票應為有效。

Ⅲ本條文九十六年十二月二十日修正條文，自公布日施行，不適用第一百十五條之規定。

第 61 條（違反投、開票所秩序之處理）

Ⅰ在投票所或開票所有下列情事之一者，主任管理員應會同主任監察員令其退出：

一　在場喧嚷或干擾勸誘他人投票或不投票，不服制止。

二　攜帶武器或危險物品入場。

三　投票進行期間，穿戴或標示政黨、政治團體、候選人之旗幟、徽章、物品或服飾，不服制止。

四　干擾開票或妨礙他人參觀開票，不服制止。

五　有其他不正當行為，不服制止。

Ⅱ選舉人有前項情事之一者，令其退出時，應將所持選舉票收回，並將事實附記於選舉人名冊內該選舉人姓名下。其情節重大者，並應專案函報各該選舉委員會。

Ⅲ除執行公務外，任何人不得攜帶行動電話或具攝影功能之器材進入投票所。但已關閉電源之行動裝置，不在此限。

Ⅳ任何人不得於投票所以攝影器材刺探選舉人圈選選舉票內容。

第 62 條（投、開票遇有天災或其他情事之處理方式）

選舉投票或開票，遇有天災或其他不可抗力情事，致不能投票或開票時，應由投、開票所主任管理員報經直轄市、縣（市）選舉委員會層報中央選舉委員會核准，改定投票或開票日期或場所。

第七節　選舉結果

第 63 條（當選及最低得票數）

Ⅰ選舉結果以候選人得票最多之一組為當選；得票相同時，應自投票之日起三十日內重行投票。

Ⅱ候選人僅有一組時，其得票數須達選舉人總數百分之二十以上，始為當選。選舉結果未能當選時，應自投票之日起三個月內，完成重行選舉投票。

第 63 條之 1（重新計票）

Ⅰ選舉結果得票數最高與次高之候選人得票數差距，在有效票數千分之三以內時，次高票之候選人得於投票日後七日內，向第一百十條規定之管轄法院聲請查封全部或一部分投票所之選舉人名冊及選舉票，就查封之投票所於四十日內完成重新計票，並將重新計票結果通知中央選舉委員會。中央選舉委員會應於七日內依管轄法院重新計票結果，重行審定選舉結果。審定結果，有不應當選而已公告當選之情形，應予撤銷；有應當選而未予公告之情形，應重行公告。

II 前項聲請，應以書面載明重新計票之投票所，並繳納一定金額之保證金；其數額以投票所之投票數每票新臺幣三元計。

III 重新計票由管轄法院選定地點，就查封之投票所選舉人名冊及選舉票逐張認定。

IV 管轄法院辦理重新計票，應通知各候選人或其指定人員到場，並得指揮直轄市、縣（市）選舉委員會、鄉（鎮、市、區）公所及投票所工作人員協助。

V 重新計票結果未改變當選或落選時，第二項保證金不予發還；重新計票結果改變當選或落選時，保證金應予發還。

VI 任何人提起選舉訴訟時，依第一項規定查封之投票所選舉人名冊及選舉票，不得聲請重新計票。

VII 第一項辦理重新計票所需費用，由中央選舉委員會編列預算負擔之。

VIII 本條文九十六年十二月二十日修正條文，自公布日施行，不適用第一百十五條之規定。

第 64 條（正、副總統候選人或當選人就職前死亡或經判決當選無效之處理）

I 同一組副總統候選人死亡，該組總統候選人仍當選為總統時，其副總統視同缺位。

II 總統或副總統當選人之一在就職前死亡或就職前經判決當選無效確定者，視同缺位。

III 總統、副總統當選人在就職前死亡或就職前經判決當選無效確定，致同時視同缺位時，應自死亡之日或中央選舉委員會收到法院判決書之日起三個月內，完成重行選舉投票。

第 65 條（當選人就職日期）

總統、副總統當選人應於現任總統、副總統任滿之日就職，重行選舉或重行投票之當選人，未能於現任總統、副總統任滿之日就職者，其任期仍應自該日起算。

第 66 條（當選證書之製發機關）

總統、副總統之當選證書，由中央選舉委員會製發。副總統缺位時之補選當選證書，由立法院製發。

第 67 條（法院審定結果之撤銷、重行公告）

I 當選人經判決當選無效確定，依法院確定判決認定之事實，候選人得票數有變動致影響當選或落選時，中央選舉委員會應依法院確定判決認定之事實，重行審定。審定結果，有不應當選而已公告當選之情形，應予撤銷；如有應當選而未予公告之情形，應重行公告，不適用重行選舉之規定。

II 前項重行公告之當選人，其任期至原任總統、副總統任期屆滿日止。

第八節　副總統之缺位補選

第 68 條（副總統缺位時補選之程序及機關）

副總統缺位時，總統應於三個月內提名候選人，由立法院補選之。

第 69 條（補選之副總統就任日期）

立法院補選之副總統，應於當選後二十日內就任。

第四章　罷　免

第 70 條（正、副總統罷免案之程序）

I 總統、副總統之罷免案，經全體立法委員四分之一之提議，全體立法委員三分之二之同意提出後，立法院應為罷免案成立之宣告。但就職未滿一年者，不得罷免。

II 前項罷免案宣告成立後十日內，立法院應將罷免案連同罷免理由書及被罷免人答辯書移送中央選舉委員會。

第 71 條（公告事項）

中央選舉委員會應於收到立法院移送之罷免理由書及答辯書次日起二十日內，就下列事項公告之：

一　罷免投票日期及投票起、止時間。

二　罷免理由書。

三　答辯書。

第 72 條（罷免案宣告成立後，不得有罷免或阻止罷免之宣傳活動）

罷免案宣告成立之日起，任何人不得有罷免或阻止罷免之宣傳活動。

第 73 條（罷免案之投票日期）

罷免案之投票，中央選舉委員會應於收到立法院移送之罷免理由書及答辯書次日起六十日內為之。但不得與各類選舉之投票同時舉行。

第 74 條（罷免案之印製及投票方法）

I 總統、副總統罷免票，應分別印製。但立法院移送之罷免案，同案罷免總統、副總統時，罷免票應將總統、副總統聯名同列一組印製。

II 罷免票應在票上刊印同意罷免、不同意罷免二欄，由投票人以選舉委員會製備之工具圈定之。

III 投票人圈定後，不得將圈定內容出示他人。

第 75 條（罷免案之投、開票）

罷免案之投票人、投票人名冊及投票、開票，準用本法有關選舉人、選舉人名冊及投票、開票之規定。

第 76 條（罷免案通過之標準）

罷免案經中華民國自由地區選舉人總額過半數之投票，有效票過半數同意罷免時，即為通過。

第 77 條（罷免案投票結果之公告）

罷免案經投票後，中央選舉委員會應於投票完畢七日內公告罷免投票結果。罷免案通過者，被罷免人應自公告之日起，解除職務。

第 78 條（罷免案通過後，被罷免人之限制）

Ⅰ罷免案通過者，被罷免人自解除職務之日起，四年內不得為總統、副總統候選人；其於罷免案宣告成立後辭職者，亦同。

Ⅱ罷免案否決者，在該被罷免人之任期內，不得對其再為罷免案之提議。

第五章　妨害選舉罷免之處罰

第 79 條（違法之處罰）

違反第四十九條第一款規定者，處七年以上有期徒刑；違反第二款規定者，處五年以上有期徒刑；違反第三款規定者，依各該有關處罰之法律處斷。

第 80 條（公然聚眾以暴動破壞社會秩序之處罰）

Ⅰ利用競選、助選或連署機會，公然聚眾，以暴動破壞社會秩序者，處七年以上有期徒刑；首謀者，處無期徒刑或十年以上有期徒刑。

Ⅱ前項之未遂犯罰之。

第 81 條（以暴力妨害選舉或罷免之處罰）

Ⅰ意圖妨害選舉或罷免，對於公務員依法執行職務時，施強暴脅迫者，處五年以下有期徒刑。

Ⅱ犯前項之罪，因而致公務員於死者，處無期徒刑或七年以上有期徒刑；致重傷者，處三年以上十年以下有期徒刑。

第 82 條（公然聚眾，以暴力妨害選舉之處罰）

Ⅰ公然聚眾，犯前條之罪者，在場助勢之人，處三年以下有期徒刑、拘役或科新臺幣三十萬元以下罰金；首謀及下手實施強暴脅迫者，處三年以上十年以下有期徒刑。

Ⅱ犯前項之罪，因而致公務員於死者，首謀及下手實施強暴脅迫者，處無期徒刑或七年以上有期徒刑；致重傷者，處五年以上十二年以下有期徒刑。

第 83 條（刪除）

第 84 條（對於候選人或具有候選人資格者賄選行為之處罰）

Ⅰ對於候選人或具有候選人資格者，行求期約或交付賄賂或其他不正利益，而約其放棄競選或為一定之競選活動者，處三年以上十年以下有期徒刑，併科新臺幣二百萬元以上二千萬元以下罰金。

Ⅱ候選人或具有候選人資格者，要求期約或收受賄賂或其他不正利益，而許以放棄競選或為一定之競選活動者，亦同。

Ⅲ預備犯前二項之罪者，處一年以下有期徒刑。

Ⅳ犯第一項、前項之罪者，預備或用以行求期約或交付之賄賂，不問屬於犯罪行為人與否，沒收之。

第 85 條（妨害他人選舉、罷免或連署之處罰）

Ⅰ以強暴、脅迫或其他非法之方法為下列行為之一者，處五年以下有期徒刑：

一　妨害他人競選或使他人放棄競選者。

二　妨害他人依法為被連署人連署者。

三　妨害他人為罷免案之提議、同意或使他人為罷免案之提議、同意者。

Ⅱ前項之未遂犯罰之。

第 86 條（對於有投票權之人賄賂之處罰）

Ⅰ對於有投票權之人，行求期約或交付賄賂或其他不正利益，而約其不行使投票權或為一定之行使者，處三年以上十年以下有期徒刑，得併科新臺幣一百萬元以上一千萬元以下罰金。

Ⅱ預備犯前項之罪者，處一年以下有期徒刑。

Ⅲ預備或用以行求期約或交付之賄賂，不問屬於犯罪行為人與否，沒收之。

Ⅳ犯第一項或第二項之罪，於犯罪後六個月內自首者，減輕或免除其刑；因而查獲候選人為正犯或共犯者，免除其刑。

Ⅴ犯第一項或第二項之罪，在偵查中自白者，減輕其刑；因而查獲候選人為正犯或共犯者，減輕或免除其刑。

第 87 條（賄選行為之處罰）

Ⅰ有下列行為之一者，處一年以上七年以下有期徒刑，併科新臺幣一百萬元以上一千萬元以下罰金：

一　對於團體或機構，假借捐助名義，行求期約或交付財物或其他不正利益，使其團體或機構之構成員，不行使投票權或為一定之行使。

二　對連署人行求期約或交付賄賂或其他不正利益，使其為特定被連署人連署或不為連署。

三　對罷免案提議人或同意人行求期約或交付賄賂或其他不正利益，使其不為提議或同意，或為一定之提議或同意。

Ⅱ預備犯前項之罪者，處一年以下有期徒刑。

Ⅲ預備或用以行求期約或交付之賄賂，不問屬於犯罪行為人與否，沒收之。

第 88 條（包攬賄選之處罰）

Ⅰ意圖漁利，包攬第八十四條第一項、第二項、第八十六條第一項或前條第一項各款之事務者，處三年以上十年以下有期徒刑，得併科新臺幣一百萬元以上一千萬元以下罰金。

Ⅱ前項之未遂犯罰之。

第 89 條（賄選賄賂之處罰）

Ⅰ政黨辦理總統、副總統候選人黨內提名，自公告其提名作業之日起，於提名作業期間，對於黨內候選人有第八十四條第一項、第二項之行為者，依第八十四條第一項、第二項規定處斷；對於有投票資格之人，有第八十六條第一項之行為者，依第八十六條第一項規定處斷。
II預備犯前項之罪者，處一年以下有期徒刑。
III犯前二項之罪者，預備或用以行求期約、交付或收受之賄賂，不問屬於犯罪行為人與否，沒收之。
IV犯第一項或第二項之罪，於犯罪後六個月內自首者，減輕或免除其刑；因而查獲正犯或共犯者，免除其刑。
V犯第一項或第二項之罪，在偵查中自白者，減輕其刑；因而查獲正犯或共犯者，免除其刑。
VI意圖漁利，包攬第一項之事務者，依前條之規定處斷。
VII前項之未遂犯罰之。
VIII第一百條規定，於政黨辦理總統、副總統候選人黨內提名時，準用之。
IX政黨依第一項規定辦理黨內提名作業，應公告其提名作業相關事宜，並載明起止時間、作業流程、黨內候選人及有投票資格之人之認定等事項；各政黨於提名作業公告後，應於五日內報請內政部備查。

第 90 條（散布謠言之處罰）
意圖使候選人當選或不當選，以文字、圖畫、錄音、錄影、演講或他法，散布謠言或傳播不實之事，足以生損害於公眾或他人者，處五年以下有期徒刑。

第 91 條（違法之處罰）
違反第五十九條第二項或第七十四條第三項規定者或有第六十一條第一項各款情事之一經令其退出而不退出者，處二年以下有期徒刑、拘役或科新臺幣二十萬元以下罰金。

第 92 條（違反罷免活動之行為及處罰）
選舉、罷免之進行，有下列情事之一者，在場助勢之人，處一年以下有期徒刑、拘役或科新臺幣十萬元以下罰金；首謀及下手實施者，處五年以下有期徒刑：
一　聚眾包圍被連署人、連署人、候選人、被罷免人、罷免案提議人、同意人之服務機關或住、居所者。
二　聚眾以強暴、脅迫或其他非法之方法，妨害被連署人、連署人、候選人、被罷免人執行職務或罷免案提議人、同意人對罷免案之進行者。

第 93 條（將選舉票及罷免票攜出場外之處罰）
I將領得之選舉票或罷免票攜出場外者，處一年以下有期徒刑、拘役或科新臺幣一萬五千元以下罰金。
II在投票所四周三十公尺內，喧嚷、干擾或勸誘他人投票或不投票，經警衛人員制止後仍繼續為之者，處一年以下有期徒刑、拘役或科新臺幣一萬五千元以下罰金。

第 93 條之 1（攜帶手機及攝影器材進入投票所之處罰）
I違反第六十一條第三項規定者，處一年以下有期徒刑、拘役或科新臺幣三萬元以下罰金。
II違反第六十一條第四項規定者，處五年以下有期徒刑，併科新臺幣五十萬元以下罰金。

第 94 條（妨害選舉結果之各種行為之處罰）
意圖妨害或擾亂投票、開票而抑留、毀壞、隱匿、調換或奪取投票匭、選舉票、罷免票、選舉人名冊、投票報告表、開票報告表、開票統計或圈選工具者，處五年以下有期徒刑。

第 95 條（刪除）

第 96 條（違法之處罰）
I違反第四十二條、第四十三條、第四十八條第一項、第二項或第七十二條規定者，處新臺幣十萬元以上一百萬元以下罰鍰。
II廣播電視事業違反第四十六條第一項或第二項規定者，處新臺幣二十萬元以上二百萬元以下罰鍰。
III報紙、雜誌未依第四十七條規定於廣告中載明政黨名稱或候選人姓名者，處新臺幣二十萬元以上二百萬元以下或該廣告費二倍之罰鍰。
IV違反第五十條或第五十二條規定者，處新臺幣五十萬元以上五百萬元以下罰鍰；違反第五十條之規定，經制止不聽者，按次連續處罰。
V政黨、法人或非法人團體違反第四十八條第一項或第二項規定者，依第一項規定，併處罰其代表人及行為人；違反第五十條或第五十二條規定者，依前項規定，併處罰其代表人及行為人。
VI違反第四十八條第一項或第二項規定所張貼之競選宣傳品或懸掛、豎立之競選廣告物，並通知環境保護主管機關依廢棄物處理。
VII委託大眾傳播媒體，刊播競選廣告或委託夾報散發宣傳品，違反第五十條第二款規定者，依第五項規定，處罰委託人及受託人。
VIII將選舉票或罷免票以外之物投入票匭，或故意撕毀領得之選舉票或罷免票者，處新臺幣五千元以上五萬元以下罰鍰。

第 97 條（自首或自白者減免其刑）
I犯第八十四條第二項之罪或刑法第一百四十三條第一項之罪，於犯罪後三個月內自首者，免除其刑；逾三個月者，減輕或免除其刑；在偵查或審判中自白者，減輕其刑。
II意圖他人受刑事處分，虛構事實，而為前項之自首者，依刑法誣告罪之規定處罰之。

第 98 條（政黨推薦候選人犯罪之處罰）
I政黨推薦之候選人犯第八十條至第八十二條、第八十四條第一項、第二項、第八十五條第一項第一款或其未遂犯、第八十六條第一項、第八十七條第一項第一款、第九十四條、刑法第一百四十二條或第一百四十五條至第一百四十七條之罪，經判刑確定者，處推薦之政黨新臺幣五百萬元以上五千萬元以下罰鍰。

II 政黨推薦之候選人，對於其他候選人犯刑法第二百七十一條、第二百七十七條、第二百七十八條、第三百零二條、第三百零四條、第三百零五條、第三百四十六條至第三百四十八條或其特別法之罪，經判決確定者，依前項規定處罰。

第 99 條（從重處罰）

I 犯本章之罪，其他法律有較重處罰之規定者，從其規定。

II 辦理選舉、罷免事務人員，假借職務上之權力、機會或方法，以故意犯本章之罪者，加重其刑至二分之一。

III 犯本章之罪或刑法分則第六章之妨害投票罪，宣告有期徒刑以上之刑者，並宣告褫奪公權。

第 100 條（選舉罷免期間檢察官之司法監察）

I 總統、副總統選舉、罷免，由最高法院檢察署檢察總長督率各級檢察官分區查察，自動檢舉有關妨害選舉、罷免之刑事案件，並接受機關、團體或人民是類案件之告發、告訴、自首，即時開始偵查，為必要之處理。

II 前項案件之偵查，檢察官得依刑事訴訟法及調度司法警察條例等規定，指揮司法警察人員為之。

第 101 條（選舉之犯罪速審速結）

犯本章之罪或刑法第六章妨害投票罪之案件，各審受理法院應於六個月內審結。

第六章　選舉罷免訴訟

第 102 條（選舉或罷免無效之訴提起要件及程序）

選舉罷免機關辦理選舉、罷免違法，足以影響選舉或罷免結果，檢察官、候選人、被罷免人或罷免案提議人，得自當選人名單或罷免投票結果公告之日起十五日內，以各該選舉罷免機關為被告，向管轄法院提起選舉或罷免無效之訴。

第 103 條（選舉或罷免無效之效果）

選舉或罷免無效之訴，經法院判決無效確定者，其選舉或罷免無效，並定期重行選舉或罷免。其違法屬選舉或罷免之局部者，局部之選舉或罷免無效，並就該局部無效部分，定期重行投票。

第 104 條（當選無效之訴提起要件及程序）

I 當選人有下列情事之一者，選舉罷免機關、檢察官或候選人得以當選人為被告，自公告當選之日起三十日內，向管轄法院提起當選無效之訴：

一　當選票數不實，足認有影響選舉結果之虞者。

二　對於候選人、有投票權人或選務人員，以強暴、脅迫或其他非法之方法，妨害他人競選、自由行使投票權或執行職務者。

三　有第八十四條、第八十七條第一項第一款、第八十九條第一項或刑法第一百四十六條第一項之行為者。

四　有第八十六條第一項之行為，足認有影響選舉結果之虞者。

II 前項各款情事，經判決當選無效確定者，不因同一事由經刑事判決無罪而受影響。

第 105 條（當選人資格不合之取消）

當選人有第二十八條各款規定情事之一者，選舉罷免機關、檢察官或候選人得以當選人為被告，於其任期屆滿前，向管轄法院提起當選無效之訴。

第 106 條（選舉或罷免無效之效果）

當選無效之訴經判決無效確定者，原當選人之當選，無效；如已就職，並應自判決確定之日起，解除職務。

第 107 條（選舉無效或當選無效之判決）

選舉無效或當選無效之判決，不影響原當選人就職後職務上之行為。

第 108 條（罷免案通過或否決無效之訴之提起要件與程序）

I 罷免案之通過或否決，有下列情事之一者，選舉委員會、檢察官、被罷免人或罷免案提議人，得於罷免投票結果公告之日起十五日內，以罷免案提議人或被罷免人為被告，向管轄法院提起罷免案通過或否決無效之訴：

一　罷免案通過或否決之票數不實，足認有影響投票結果之虞者。

二　被罷免人或罷免案提議人對於有投票權人或選務人員，以強暴、脅迫或其他非法之方法，妨害他人自由行使投票權或執行職務者。

三　被罷免人或罷免案提議人有刑法第一百四十六條第一項之行為者。

四　被罷免人或罷免案提議人有第八十六條第一項之行為，足認有影響選舉結果之虞者。

五　被罷免人有第八十七條第一項第三款之行為者。

II 罷免案否決無效之訴，經法院判決無效確定者，其罷免案之否決無效，並定期重行投票。

III 罷免案之通過經判決無效者，被罷免人之職務應予恢復。

第 109 條（選舉人舉發選舉無效等之程序）

選舉人發覺有構成選舉無效、當選無效或罷免無效、罷免案通過或否決無效之情事時，得於當選人名單或罷免投票結果公告之日起七日內，檢具事證，向檢察官或選舉委員會舉發之。

第 110 條（選舉、罷免訴訟之管轄法院）

選舉、罷免訴訟，專屬中央政府所在地之高等法院管轄。

第 111 條（二審終結）

選舉、罷免訴訟，設選舉法庭，採合議制審理，並應先於其他訴訟審判之，以二審終結，並不得提起再審之訴。各審受理之法院應於六個月內審結。

第112條（選舉、罷免訴訟程序之準用規定）

選舉、罷免訴訟程序，除本法規定者外，準用民事訴訟法之規定。但關於捨棄、認諾、訴訟上自認或不爭執事實效力之規定，不在準用之列。

第七章　附　則

第113條（罰鍰之裁定機關）

本法及組織犯罪防制條例第十四條第一項所定罰鍰，由中央選舉委員會處罰之；經通知限期繳納，屆期不繳納者，依法移送強制執行。

第114條（候選人之安全維護機關）

自候選人完成登記日起，至選舉投票日之翌日止，國家安全局應協同有關機關掌理總統、副總統候選人在中華民國自由地區之安全維護事項；其安全維護實施辦法，由國家安全局定之。

第115條（本法修正施行前之罷免案，仍適用修正前之規定）

本法修正施行前已發布選舉公告之選舉或已移送中央選舉委員會之罷免案，仍適用修正前之規定。

第116條（施行細則）

本法施行細則，由內政部會同中央選舉委員會定之。

第117條（施行日）

Ⅰ本法自公布日施行。

Ⅱ本法中華民國九十五年五月五日修正之條文，自九十五年七月一日施行；九十八年五月十二日修正之條文，自九十八年十一月二十三日施行。

民法第一編總則

1.中華民國18年5月23日國民政府制定公布全文第1～152條；並自18年10月10日施行
2.中華民國71年1月4日總統令修正公布第8、14、18、20、24、27、28、30、32～36、38、42～44、46～48、50～53、56、58～65、85、118、129、131～134、136、137、148、151、152條條文；並自72年1月1日施行
3.中華民國97年5月23日總統令修正公布第14、15、22條條文；並增訂第15-1、15-2條條文；第14～15-2條自公布後一年六個月施行；第22條定自98年1月1日施行
4.中華民國104年6月10日總統令修正公布第10條條文
5.中華民國108年6月19日總統令修正公布第14條條文

第一章　法　例

第1條（法源）
民事，法律所未規定者，依習慣；無習慣者，依法理。

第2條（適用習慣之限制）
民事所適用之習慣，以不背於公共秩序或善良風俗者爲限。

第3條（使用文字之原則）
Ⅰ依法律之規定，有使用文字之必要者，得不由本人自寫，但必須親自簽名。
Ⅱ如有用印章代簽名者，其蓋章與簽名生同等之效力。
Ⅲ如以指印、十字或其他符號代簽名者，在文件上，經二人簽名證明，亦與簽名生同等之效力。

第4條（以文字為準）
關於一定之數量，同時以文字及其號碼表示者，其文字與號碼有不符合時，如法院不能決定何者爲當事人之原意，應以文字爲準。

第5條（以最低額為準）
關於一定之數量，以文字或號碼爲數次之表示者，其表示有不符合時，如法院不能決定何者爲當事人之原意，應以最低額爲準。

第二章　人

第一節　自然人

第6條（自然人之權利能力）
人之權利能力，始於出生，終於死亡。

第7條（胎兒之權利能力）
胎兒以將來非死產者爲限，關於其個人利益之保護，視爲既已出生。

第8條（死亡宣告）
Ⅰ失蹤人失蹤滿七年後，法院得因利害關係人或檢察官之聲請，爲死亡之宣告。
Ⅱ失蹤人爲八十歲以上者，得於失蹤滿三年後，爲死亡之宣告。
Ⅲ失蹤人爲遭遇特別災難者，得於特別災難終了滿一年後，爲死亡之宣告。

第9條（死亡時間之推定）
Ⅰ受死亡宣告者，以判決內所確定死亡之時，推定其爲死亡。
Ⅱ前項死亡之時，應爲前條各項所定期間最後日終止之時。但有反證者，不在此限。

第10條（失蹤人財產之管理）
失蹤人失蹤後，未受死亡宣告前，其財產之管理，除其他法律另有規定者外，依家事事件法之規定。

第11條（同死推定）
二人以上同時遇難，不能證明其死亡之先後時，推定其爲同時死亡。

第12條（成年時期）
滿二十歲爲成年。

第13條（未成年人及其行為能力）
Ⅰ未滿七歲之未成年人，無行爲能力。
Ⅱ滿七歲以上之未成年人，有限制行爲能力。
Ⅲ未成年人已結婚者，有行爲能力。

第14條（監護之宣告及撤銷）
Ⅰ對於因精神障礙或其他心智缺陷，致不能爲意思表示或受意思表示，或不能辨識其意思表示之效果者，法院得因本人、配偶、四親等內之親屬、最近一年有同居事實之其他親屬、檢察官、主管機關、社會福利機構、輔助人、意定監護受任人或其他利害關係人之聲請，爲監護之宣告。
Ⅱ受監護之原因消滅時，法院應依前項聲請權人之聲請，撤銷其宣告。
Ⅲ法院對於監護之聲請，認爲未達第一項之程度者，得依第十五條之一第一項規定，爲輔助之宣告。
Ⅳ受監護之原因消滅，而仍有輔助之必要者，法院得依第十五條之一第一項規定，變更爲輔助之宣告。

第15條（受監護宣告人之能力）
受監護宣告之人，無行爲能力。

第15條之1（輔助之宣告）
Ⅰ對於因精神障礙或其他心智缺陷，致其爲意思表示或受意思表示，或辨識其意思表示效果之能力，顯有不足者，法院得因本人、配偶、四親等內之親屬、最近一年有同居事實之其他親屬、檢察官、主管機關或社會福利機構之聲請，爲輔助之宣告。

II受輔助之原因消滅時，法院應依前項聲請權人之聲請，撤銷其宣告。

III受輔助宣告之人有受監護之必要者，法院得依第十四條第一項規定，變更爲監護之宣告。

第 15 條之 2（受輔助宣告之人應經輔助人同意之行為）

I 受輔助宣告之人爲下列行爲時，應經輔助人同意。但純獲法律上利益，或依其年齡及身分、日常生活所必需者，不在此限：

一　爲獨資、合夥營業或爲法人之負責人。
二　爲消費借貸、消費寄託、保證、贈與或信託。
三　爲訴訟行爲。
四　爲和解、調解、調處或簽訂仲裁契約。
五　爲不動產、船舶、航空器、汽車或其他重要財產之處分、設定負擔、買賣、租賃或借貸。
六　爲遺產分割、遺贈、拋棄繼承權或其他相關權利。
七　法院依前條聲請權人或輔助人之聲請，所指定之其他行爲。

II第七十八條至第八十三條規定，於未依前項規定得輔助人同意之情形，準用之。

III第八十五條規定，於輔助人同意受輔助宣告之人爲第一項第一款行爲時，準用之。

IV第一項所列應經同意之行爲，無損害受輔助宣告之人利益之虞，而輔助人仍不爲同意時，受輔助宣告之人得逕行聲請法院許可後爲之。

第 16 條（能力之保護）

權利能力及行爲能力，不得拋棄。

第 17 條（自由之保護）

I 自由不得拋棄。

II自由之限制，以不背於公共秩序或善良風俗者爲限。

第 18 條（人格權之保護）

I 人格權受侵害時，得請求法院除去其侵害；有受侵害之虞時，得請求防止之。

II前項情形，以法律有特別規定者爲限，得請求損害賠償或慰撫金。

第 19 條（姓名權之保護）

姓名權受侵害者，得請求法院除去其侵害，並得請求損害賠償。

第 20 條（住所之設定）

I 依一定事實，足認以久住之意思，住於一定之地域者，即爲設定其住所於該地。

II一人同時不得有兩住所。

第 21 條（無行為能力人及限制行為能力人之住所）

無行爲能力人及限制行爲能力人，以其法定代理人之住所爲住所。

第 22 條（居所視為住所）

遇有下列情形之一，其居所視爲住所：

一　住所無可考者。
二　在我國無住所者。但依法須依住所地法者，不在此限。

第 23 條（居住視為住所）

因特定行爲選定居所者，關於其行爲，視爲住所。

第 24 條（住所之廢止）

依一定事實，足認以廢止之意思離去其住所者，即爲廢止其住所。

第二節　法　人

第一款　通　則

第 25 條（法人成立法定原則）

法人非依本法或其他法律之規定，不得成立。

第 26 條（法人權利能力）

法人於法令限制內，有享受權利負擔義務之能力。但專屬於自然人之權利義務，不在此限。

第 27 條（法人之機關）

I 法人應設董事。董事有數人者，法人事務之執行，除章程另有規定外，取決於全體董事過半數之同意。

II董事就法人一切事務，對外代表法人。董事有數人者，除章程另有規定外，各董事均得代表法人。

III對於董事代表權所加之限制，不得對抗善意第三人。

IV法人得設監察人，監察法人事務之執行。監察人有數人者，除章程另有規定外，各監察人均得單獨行使監察權。

第 28 條（法人侵權責任）

法人對於其董事或其他有代表權之人因執行職務所加於他人之損害，與該行爲人連帶負賠償之責任。

第 29 條（法人住所）

法人以其主事務所之所在地爲住所。

第 30 條（法人設立登記）

法人非經向主管機關登記，不得成立。

第 31 條（登記之效力）

法人登記後，有應登記之事項而不登記，或已登記之事項有變更而不爲變更之登記者，不得以其事項對抗第三人。

第 32 條（法人業務監督）

受設立許可之法人，其業務屬於主管機關監督，主管機關得檢查其財產狀況及其有無違反許可條件與其他法律之規定。

第 33 條（妨礙監督權行使之處罰）

I 受設立許可法人之董事或監察人，不遵主管機關監督之命令，或妨礙其檢查者，得處以五千元以下之罰鍰。

II前項董事或監察人違反法令或章程，足以危害公益或法人之利益者，主管機關得請求法院解除其職務，並爲其他必要之處置。

第 34 條（撤銷法人許可）

法人違反設立許可之條件者，主管機關得撤銷其許可。

第 35 條（法人之破產及其聲請）

Ⅰ法人之財產不能清償債務時，董事應即向法院聲請破產。

Ⅱ不爲前項聲請，致法人之債權人受損害時，有過失之董事，應負賠償責任，其有二人以上時，應連帶負責。

第 36 條（法人宣告解散）

法人之目的或其行爲，有違反法律、公共秩序或善良風俗者，法院得因主管機關、檢察官或利害關係人之請求，宣告解散。

第 37 條（法定清算人）

法人解散後，其財產之清算，由董事爲之。但其章程有特別規定，或總會另有決議者，不在此限。

第 38 條（選任清算人）

不能依前條規定，定其清算人時，法院得因主管機關、檢察官或利害關係人之聲請，或依職權，選任清算人。

第 39 條（清算人之解任）

清算人，法院認爲有必要時，得解除其任務。

第 40 條（清算人之職務及法人存續之擬制）

Ⅰ清算人之職務如左：

一　了結現務。

二　收取債權，清償債務。

三　移交賸餘財產於應得者。

Ⅱ法人至清算終結止，在清算之必要範圍內，視爲存續。

第 41 條（清算之程序）

清算之程序，除本通則有規定外，準用股份有限公司清算之規定。

第 42 條（清算之監督機關及方法）

Ⅰ法人之清算，屬於法院監督。法院得隨時爲監督上必要之檢查及處分。

Ⅱ法人經主管機關撤銷許可或命令解散者，主管機關應同時通知法院。

Ⅲ法人經依章程規定或總會決議解散者，董事應於十五日內報告法院。

第 43 條（妨礙之處罰）

清算人不遵法院監督命令，或妨礙檢查者，得處以五千元以下之罰鍰。董事違反前條第三項之規定者亦同。

第 44 條（賸餘財產之歸屬）

Ⅰ法人解散後，除法律另有規定外，於清償債務後，其賸餘財產之歸屬，應依其章程之規定，或總會之決議。但以公益爲目的之法人解散時，其賸餘財產不得歸屬於自然人或以營利爲目的之團體。

Ⅱ如無前項法律或章程之規定或總會之決議時，其賸餘財產歸屬於法人住所所在地之地方自治團體。

第二款　社　團

第 45 條（營利法人之登記）

以營利爲目的之社團，其取得法人資格，依特別法之規定。

第 46 條（公益法人之設立）

以公益爲目的之社團，於登記前，應得主管機關之許可。

第 47 條（章程應載事項）

設立社團者，應訂定章程，其應記載之事項如左：

一　目的。

二　名稱。

三　董事之人數、任期及任免。設有監察人者，其人數、任期及任免。

四　總會召集之條件、程序及其決議證明之方法。

五　社員之出資。

六　社員資格之取得與喪失。

七　訂定章程之年、月、日。

第 48 條（社團設立登記事項）

Ⅰ社團設立時，應登記之事項如左：

一　目的。

二　名稱。

三　主事務所及分事務所。

四　董事之姓名及住所。設有監察人者，其姓名及住所。

五　財產之總額。

六　應受設立許可者，其許可之年、月、日。

七　定有出資方法者，其方法。

八　定有代表法人之董事者，其姓名。

九　定有存立時期者，其時期。

Ⅱ社團之登記，由董事向其主事務所及分事務所所在地之主管機關行之，並應附具章程備案。

第 49 條（章程得載事項）

社團之組織及社團與社員之關係，以不違反第五十條至第五十八條之規定爲限，得以章程定之。

第 50 條（社團總會之權限）

Ⅰ社團以總會爲最高機關。

Ⅱ左列事項應經總會之決議：

一　變更章程。

二　任免董事及監察人。

三　監督董事及監察人職務之執行。

四　開除社員。但以有正當理由時爲限。

第 51 條（社團總會之召集）

Ⅰ總會由董事召集之，每年至少召集一次。董事不爲召集時，監察人得召集之。

Ⅱ如有全體社員十分一以上之請求，表明會議目的及召集理由，請求召集時，董事應召集之。

Ⅲ董事受前項之請求後，一個月內不爲召集者，得由請求之社員，經法院之許可召集之。
Ⅳ總會之召集，除章程另有規定外，應於三十日前對各社員發出通知。通知內應載明會議目的事項。

第 52 條（總會之通常決議）
Ⅰ總會決議，除本法有特別規定外，以出席社員過半數決之。
Ⅱ社員有平等之表決權。
Ⅲ社員表決權之行使，除章程另有限制外，得以書面授權他人代理爲之。但一人僅得代理社員一人。
Ⅳ社員對於總會決議事項，因自身利害關係而有損害社團利益之虞時，該社員不得加入表決，亦不得代理他人行使表決權。

第 53 條（社團章程之變更）
Ⅰ社團變更章程之決議，應有全體社員過半數之出席，出席社員四分三以上之同意，或有全體社員三分二以上書面之同意。
Ⅱ受設立許可之社團，變更章程時，並應得主管機關之許可。

第 54 條（社員退社自由原則）
Ⅰ社員得隨時退社。但章程限定於事務年度終，或經過預告期間後，始准退社者，不在此限。
Ⅱ前項預告期間，不得超過六個月。

第 55 條（退社或開除後之權利義務）
Ⅰ已退社或開除之社員，對於社團之財產無請求權。但非公益法人，其章程另有規定者，不在此限。
Ⅱ前項社員，對於其退社或開除以前應分擔之出資，仍負清償之義務。

第 56 條（總會之無效及撤銷）
Ⅰ總會之召集程序或決議方法，違反法令或章程時，社員得於決議後三個月內請求法院撤銷其決議。但出席社員，對召集程序或決議方法，未當場表示異議者，不在此限。
Ⅱ總會決議之內容違反法令或章程者，無效。

第 57 條（社團決議解散）
社團得隨時以全體社員三分二以上之可決解散之。

第 58 條（法院宣告解散）
社團之事務，無從依章程所定進行時，法院得因主管機關、檢察官或利害關係人之聲請解散之。

第三款　財　團

第 59 條（設立許可）
財團於登記前，應得主管機關之許可。

第 60 條（捐助章程之訂定）
Ⅰ設立財團者，應訂立捐助章程。但以遺囑捐助者，不在此限。
Ⅱ捐助章程，應訂明法人目的及所捐財產。
Ⅲ以遺囑捐助設立財團法人者，如無遺囑執行人時，法院得依主管機關、檢察官或利害關係人之聲請，指定遺囑執行人。

第 61 條（財團設立登記事項）
Ⅰ財團設立時，應登記之事項如左：
一　目的。
二　名稱。
三　主事務所及分事務所。
四　財產之總額。
五　受許可之年、月、日。
六　董事之姓名及住所。設有監察人者，其姓名及住所。
七　定有代表法人之董事者，其姓名。
八　定有存立時期者，其時期。
Ⅱ財團之登記，由董事向其主事務所及分事務所所在地之主管機關行之。並應附具捐助章程或遺囑備案。

第 62 條（財團組織及管理方法）
財團之組織及其管理方法，由捐助人以捐助章程或遺囑定之。捐助章程或遺囑所定之組織不完全，或重要之管理方法不具備者，法院得因主管機關、檢察官或利害關係人之聲請，爲必要之處分。

第 63 條（財團變更組織）
爲維持財團之目的或保存其財產，法院得因捐助人、董事、主管機關、檢察官或利害關係人之聲請，變更其組織。

第 64 條（財團董事行為無效之宣告）
財團董事，有違反捐助章程之行爲時，法院得因主管機關、檢察官或利害關係人之聲請，宣告其行爲爲無效。

第 65 條（財團目的不達時之保護）
因情事變更，致財團之目的不能達到時，主管機關得斟酌捐助人之意思，變更其目的及其必要之組織，或解散之。

第三章　物

第 66 條（物之意義—不動產）
稱不動產者，謂土地及其定著物。
不動產之出產物，尚未分離者，爲該不動產之部分。

第 67 條（物之意義—動產）
稱動產者，爲前條所稱不動產以外之物。

第 68 條（主物與從物）
Ⅰ非主物之成分，常助主物之效用，而同屬於一人者，爲從物。但交易上有特別習慣者，依其習慣。
Ⅱ主物之處分，及於從物。

第 69 條（天然孳息與法定孳息）
Ⅰ稱天然孳息者，謂果實、動物之產物及其他依物之用法所收穫之出產物。
Ⅱ稱法定孳息者，謂利息、租金及其他因法律關係所得之收益。

第 70 條（孳息之歸屬）

I 有收取天然孳息權利之人，其權利存續期間內，取得與原物分離之孳息。

II 有收取法定孳息權利之人，按其權利存續期間內之日數，取得其孳息。

第四章 法律行為

第一節 通 則

第 71 條（違反強行法之效力）

法律行爲，違反強制或禁止之規定者，無效。但其規定並不以之爲無效者，不在此限。

第 72 條（違背公序良俗之效力）

法律行爲，有背於公共秩序或善良風俗者，無效。

第 73 條（不依法定方式之效力）

法律行爲，不依法定方式者，無效。但法律另有規定者，不在此限。

第 74 條（暴利行為）

I 法律行爲，係乘他人之急迫、輕率或無經驗，使其爲財產上之給付或爲給付之約定，依當時情形顯失公平者，法院得因利害關係人之聲請，撤銷其法律行爲或減輕其給付。

II 前項聲請，應於法律行爲後一年內爲之。

第二節 行爲能力

第 75 條（無行為能力人及無意識能力人之意思表示）

無行爲能力人之意思表示，無效；雖非無行爲能力人，而其意思表示，係在無意識或精神錯亂中所爲者亦同。

第 76 條（無行為能力人之代理）

無行爲能力人由法定代理人代爲意思表示，並代受意思表示。

第 77 條（限制行為能力人之意思表示）

限制行爲能力人爲意思表示及受意思表示，應得法定代理人之允許。但純獲法律上利益，或依其年齡及身份、日常生活所必需者，不在此限。

第 78 條（限制行為能力人為單獨行為之效力）

限制行爲能力人未得法定代理人之允許，所爲之單獨行爲，無效。

第 79 條（限制行為能力人訂立契約之效力）

限制行爲能力人未得法定代理人之允許，所訂立之契約，須經法定代理人之承認，始生效力。

第 80 條（相對人之催告權）

I 前條契約相對人，得定一個月以上之期限，催告法定代理人，確答是否承認。

II 於前項期限內，法定代理人不爲確答者，視爲拒絕承認。

第 81 條（限制原因消滅後之承認）

I 限制行爲能力人於限制原因消滅後，承認其所訂立之契約者，其承認與法定代理人之承認有同一效力。

II 前條規定，於前項情形準用之。

第 82 條（相對人之撤回權）

限制行爲能力人所訂立之契約，未經承認前，相對人得撤回之。但訂立契約時，知其未得有允許者，不在此限。

第 83 條（強制有效行為）

限制行爲能力人用詐術使人信其爲有行爲能力人或已得法定代理人之允許者，其法律行爲爲有效。

第 84 條（特定財產處分之允許）

法定代理人允許限制行爲能力人處分之財產，限制行爲能力人就該財產有處分之能力。

第 85 條（獨立營業之允許）

I 法定代理人允許限制行爲能力人獨立營業者，限制行爲能力人，關於其營業，有行爲能力。

II 限制行爲能力人，就其營業有不勝任之情形時，法定代理人得將其允許撤銷或限制之。但不得對抗善意第三人。

第三節 意思表示

第 86 條（真意保留或單獨虛偽意思表示）

表意人無欲爲其意思表示所拘束之意，而爲意思表示者，其意思表示，不因之無效。但其情形爲相對人所明知者，不在此限。

第 87 條（虛偽意思表示）

I 表意人與相對人通謀而爲虛僞意思表示者，其意思表示無效。但不得以其無效對抗善意第三人。

II 虛僞意思表示，隱藏他項法律行爲者，適用關於該項法律行爲之規定。

第 88 條（錯誤之意思表示）

I 意思表示之內容有錯誤或表意人若知其事情即不爲意思表示者，表意人得將其意思表示撤銷之。但以其錯誤或不知事情，非由表意人自己之過失者爲限。

II 當事人之資格或物之性質，若交易上認爲重要者，其錯誤，視爲意思表示內容之錯誤。

第 89 條（傳達錯誤）

意思表示，因傳達人或傳達機關傳達不實者，得比照前條之規定撤銷之。

第 90 條（錯誤表示撤銷之除斥期間）

前二條之撤銷權，自意思表示後，經過一年而消滅。

第 91 條（錯誤表意人之賠償責任）

依第八十八條及第八十九條之規定撤銷意思表示時，表意人對於信其意思表示爲有效而受損害之相對人或第三人，應負賠償責任。但其撤銷之原因，受害人明知或可得而知者，不在此限。

第 92 條（意思表示之不自由）

I 因被詐欺或被脅迫而爲意思表示者，表意人得撤銷其意思表示。但詐欺係由第三人所爲者，以相對人明知其事實或可得而知者爲限，始得撤銷之。

II 被詐欺而爲之意思表示，其撤銷不得以之對抗善意第三人。

第 93 條（撤銷不自由意思表示之除斥期間）

前條之撤銷，應於發見詐欺或脅迫終止後，一年內爲之。但自意思表示後，經過十年，不得撤銷。

第 94 條（對話意思表示之生效時期）

對話人爲意思表示者，其意思表示，以相對人了解時，發生效力。

第 95 條（非對話意思表示之生效時期）

I 非對話而爲意思表示者，其意思表示，以通知達到相對人時，發生效力。但撤回之通知，同時或先時到達者，不在此限。

II 表意人於發出通知後死亡或喪失行爲能力或其行爲能力受限制者，其意思表示，不因之失其效力。

第 96 條（向無行爲能力人或限制行爲能力人爲意思表示之生效時期）

向無行爲能力人或限制行爲能力人爲意思表示者，以其通知達到其法定代理人時，發生效力。

第 97 條（公示送達）

表意人非因自己之過失，不知相對人之姓名、居所者，得依民事訴訟法公示送達之規定，以公示送達爲意思表示之通知。

第 98 條（意思表示之解釋）

解釋意思表示，應探求當事人之眞意，不得拘泥於所用之辭句。

第四節　條件及期限

第 99 條（停止條件與解除條件）

I 附停止條件之法律行爲，於條件成就時，發生效力。

II 附解除條件之法律行爲，於條件成就時，失其效力。

III 依當事人之特約，使條件成就之效果，不於條件成就之時發生者，依其特約。

第 100 條（附條件利益之保護）

附條件之法律行爲當事人，於條件成否未定前，若有損害相對人因條件成就所應得利益之行爲者，負賠償損害之責任。

第 101 條（條件成就或不成就之擬制）

I 因條件成就而受不利益之當事人，如以不正當行爲阻其條件之成就者，視爲條件已成就。

II 因條件成就而受利益之當事人，如以不正當行爲促其條件之成就者，視爲條件不成就。

第 102 條（附期限法律行爲之要件及效力）

I 附始期之法律行爲，於期限屆至時，發生效力。

II 附終期之法律行爲，於期限屆滿時，失其效力。

III 第一百條之規定，於前二項情形準用之。

第五節　代　理

第 103 條（代理行爲之要件及效力）

I 代理人於代理權限內，以本人名義所爲之意思表示，直接對本人發生效力。

II 前項規定，於應向本人爲意思表示，而向其代理人爲之者準用之。

第 104 條（代理人之能力）

代理人所爲或所受意思表示之效力，不因其爲限制行爲能力人而受影響。

第 105 條（代理行爲之瑕疵）

代理人之意思表示，因其意思欠缺、被詐欺、被脅迫，或明知其事情或可得而知其事情，致其效力受影響時，其事實之有無，應就代理人決之。但代理人之代理權係以法律行爲授與者，其意思表示，如依照本人所指示之意思而爲時，其事實之有無，應就本人決之。

第 106 條（自己代理與雙方代理之禁止）

代理人非經本人之許諾，不得爲本人與自己之法律行爲，亦不得既爲第三人之代理人，而爲本人與第三人之法律行爲。但其法律行爲，係專履行債務者，不在此限。

第 107 條（代理權之限制及撤回）

代理權之限制及撤回，不得以之對抗善意第三人。但第三人因過失而不知其事實者，不在此限。

第 108 條（代理權之消滅與撤回）

I 代理權之消滅，依其所由授與之法律關係定之。

II 代理權，得於其所由授與之法律關係存續中撤回之。但依該法律關係之性質不得撤回者，不在此限。

第 109 條（授權書交還義務）

代理權消滅或撤回時，代理人須將授權書交還於授權者，不得留置。

第 110 條（無權代理之責任）

無代理權人，以他人之代理人名義所爲之法律行爲，對於善意之相對人，負損害賠償之責。

第六節　無效及撤銷

第 111 條（一部無效之效力）

法律行爲之一部分無效者，全部皆爲無效。但除去該部分亦可成立者，則其他部分，仍爲有效。

第 112 條（無效行爲之轉換）

無效之法律行爲，若具備他法律行爲之要件，並因其情形，可認當事人若知其無效，即欲爲他法律行爲者，其他法律行爲，仍爲有效。

第 113 條（無效行爲當事人之責任）

無效法律行爲之當事人，於行爲當時知其無效，或可得而知者，應負回復原狀或損害賠償之責任。

第 114 條（撤銷之自始無效）

Ⅰ法律行爲經撤銷者，視爲自始無效。

Ⅱ當事人知其得撤銷或可得而知者，其法律行爲撤銷時，準用前條之規定。

第 115 條（承認之溯及效力）

經承認之法律行爲，如無特別訂定，溯及爲法律行爲時發生效力。

第 116 條（撤銷及承認之方法）

Ⅰ撤銷及承認，應以意思表示爲之。

Ⅱ如相對人確定者，前項意思表示，應向相對人爲之。

第 117 條（同意或拒絕之方法）

法律行爲須得第三人之同意始生效力者，其同意或拒絕，得向當事人之一方爲之。

第 118 條（無權處分）

Ⅰ無權利人就權利標的物所爲之處分，經有權利人之承認始生效力。

Ⅱ無權利人就權利標的物爲處分後，取得其權利者，其處分自始有效。但原權利人或第三人已取得之利益，不因此而受影響。

Ⅲ前項情形，若數處分相牴觸時，以其最初之處分爲有效。

第五章　期日及期間

第 119 條（本章規定之適用範圍）

法令、審判或法律行爲所定之期日及期間，除有特別訂定外，其計算依本章之規定。

第 120 條（期間之起算）

Ⅰ以時定期間者，即時起算。

Ⅱ以日、星期、月或年定期間者，其始日不算入。

第 121 條（期間之終止）

Ⅰ以日、星期、月或年定期間者，以期間末日之終止，爲期間之終止。

Ⅱ期間不以星期、月或年之始日起算者，以最後之星期、月或年與起算日相當日之前一日，爲期間之末日。但以月或年定期間，於最後之月，無相當日者，以其月之末日，爲期間之末日。

第 122 條（期間終止之延長）

於一定期日或期間內，應爲意思表示或給付者，其期日或其期間之末日，爲星期日、紀念日或其他休息日時，以其休息日之次日代之。

第 123 條（連續或非連續期間之計算法）

Ⅰ稱月或年者，依曆計算。

Ⅱ月或年非連續計算者，每月爲三十日，每年爲三百六十五日。

第 124 條（年齡之計算）

Ⅰ年齡自出生之日起算。

Ⅱ出生之月、日無從確定時，推定其爲七月一日出生。知其出生之月，而不知出生之日者，推定其爲該月十五日出生。

第六章　消滅時效

第 125 條（一般時效期間）

請求權，因十五年間不行使而消滅。但法律所定期間較短者，依其規定。

第 126 條（五年之短期時效期間）

利息、紅利、租金、贍養費、退職金及其他一年或不及一年之定期給付債權，其各期給付請求權，因五年間不行使而消滅。

第 127 條（二年之短期時效期間）

左列各款請求權，因二年間不行使而消滅：

一　旅店、飲食店及娛樂場之住宿費、飲食費、座費、消費物之代價及其墊款。

二　運送費及運送人所墊之款。

三　以租賃動產爲營業者之租價。

四　醫生、藥師、看護生之診費、藥費、報酬及其墊款。

五　律師、會計師、公證人之報酬及其墊款。

六　律師、會計師、公證人所收當事人物件之交還。

七　技師、承攬人之報酬及其墊款。

八　商人、製造人、手工業人所供給之商品及產物之代價。

第 128 條（消滅時效之起算）

消滅時效，自請求權可行使時起算。以不行爲爲目的之請求權，自爲行爲時起算。

第 129 條（消滅時效中斷之事由）

Ⅰ消滅時效，因左列事由而中斷：

一　請求。

二　承認。

三　起訴。

Ⅱ左列事項，與起訴有同一效力：

一　依督促程序，聲請發支付命令。

二　聲請調解或提付仲裁。

三　申報和解債權或破產債權。

四　告知訴訟。

五　開始執行行爲或聲請強制執行。

第 130 條（不起訴視為不中斷）

時效因請求而中斷者，若於請求後六個月內不起訴，視爲不中斷。

第 131 條（因訴之撤回或駁回而視為不中斷）

時效因起訴而中斷者，若撤回其訴，或因不合法而受駁回之裁判，其裁判確定，視爲不中斷。

第 132 條（因送達支付命令而中斷時效之限制）

時效因聲請發支付命令而中斷者，若撤回聲請，或受駁回之裁判，或支付命令失其效力時，視爲不中斷。

第 133 條（因聲請調解提付仲裁而中斷時效之限制）

時效因聲請調解或提付仲裁而中斷者，若調解之聲請經撤回、被駁回、調解不成立或仲裁之請求經撤回、仲裁不能達成判斷時，視爲不中斷。

第 134 條（因申報和解或破產債權而中斷時效之限制）

時效因申報和解債權或破產債權而中斷者，若債權人撤回其申報時，視爲不中斷。

第 135 條（因告知訴訟而中斷時效之限制）

時效因告知訴訟而中斷者，若於訴訟終結後，六個月內不起訴，視爲不中斷。

第 136 條（因執行而中斷時效之限制）

I 時效因開始執行行爲而中斷者，若因權利人之聲請，或法律上要件之欠缺而撤銷其執行處分時，視爲不中斷。

II 時效因聲請強制執行而中斷者，若撤回其聲請，或其聲請被駁回時，視爲不中斷。

第 137 條（時效中斷及於時之效力）

I 時效中斷者，自中斷之事由終止時，重行起算。

II 因起訴而中斷之時效，自受確定判決，或因其他方法訴訟終結時，重行起算。

III 經確定判決或其他與確定判決有同一效力之執行名義所確定之請求權，其原有消滅時效期間不滿五年者，因中斷而重行起算之時效期間爲五年。

第 138 條（時效中斷及於人之效力）

時效中斷，以當事人、繼承人、受讓人之間爲限，始有效力。

第 139 條（時效因事變而不完成）

時效之期間終止時，因天災或其他不可避之事變，致不能中斷其時效者，自其妨礙事由消滅時起，一個月內，其時效不完成。

第 140 條（時效因繼承人、管理人未確定而不完成）

屬於繼承財產之權利或對於繼承財產之權利，自繼承人確定或管理人選定或破產之宣告時起，六個月內，其時效不完成。

第 141 條（時效因欠缺法定代理人而不完成）

無行爲能力人或限制行爲能力人之權利，於時效期間終止前六個月內，若無法定代理人者，自其成爲行爲能力人或其法定代理人就職時起，六個月內，其時效不完成。

第 142 條（因法定代理關係存在而不完成）

無行爲能力人或限制行爲能力人，對於其法定代理人之權利，以代理關係消滅後一年內，其時效不完成。

第 143 條（因夫妻關係存在而不完成）

夫對於妻或妻對於夫之權利，於婚姻關係消滅後一年內，其時效不完成。

第 144 條（時效完成之效力—發生抗辯權）

I 時效完成後，債務人得拒絕給付。

II 請求權已經時效消滅，債務人仍爲履行之給付者，不得以不知時效爲理由，請求返還；其以契約承認該債務或提出擔保者亦同。

第 145 條（附有擔保物權之請求權時效完成之效力）

I 以抵押權、質權或留置權擔保之請求權，雖經時效消滅，債權人仍得就其抵押物、質物或留置物取償。

II 前項規定，於利息及其他定期給付之各期給付請求權，經時效消滅者，不適用之。

第 146 條（主權利時效完成效力所及範圍）

主權利因時效消滅者，其效力及於從權利。但法律有特別規定者，不在此限。

第 147 條（伸縮時效期間及拋棄時效利益之禁止）

時效期間，不得以法律行爲加長或減短之，並不得預先拋棄時效之利益。

第七章　權利之行使

第 148 條（權利行使之界限）

I 權利之行使，不得違反公共利益，或以損害他人爲主要目的。

II 行使權利，履行義務，應依誠實及信用方法。

第 149 條（正當防衛）

對於現時不法之侵害，爲防衛自己或他人之權利所爲之行爲，不負損害賠償之責。但已逾越必要程度者，仍應負相當賠償之責。

第 150 條（緊急避難）

I 因避免自己或他人生命、身體、自由或財產上急迫之危險所爲之行爲，不負損害賠償之責。但以避免危險所必要，並未逾越危險所能致之損害程度者爲限。

II 前項情形，其危險之發生，如行爲人有責任者，應負損害賠償之責。

第 151 條（自助行為）

爲保護自己權利，對於他人之自由或財產施以拘束、押收或毀損者，不負損害賠償之責。但以不及受法院或其他有關機關援助，並非於其時爲之，則請求權不得實行或其實行顯有困難者爲限。

第 152 條（自助行為人之義務及責任）

I 依前條之規定，拘束他人自由或押收他人財產者，應即時向法院聲請處理。

II 前項聲請被駁回或其聲請遲延者，行爲人應負損害賠償之責。

民法總則施行法

1.中華民國 18 年 9 月 24 日國民政府制定公布全文 19 條；並自 18 年 10 月 10 日施行
2.中華民國 71 年 1 月 4 日總統令修正公布第 1、3～7、10、19 條條文；並自 72 年 1 月 1 日施行
3.中華民國九 97 年 5 月 23 日總統令修正公布第 4、12、13、19 條條文；並增訂第 4-1、4-2 條條文
中華民國 97 年 10 月 22 日總統令發布定自 98 年 1 月 1 日施行
4.中華民國 104 年 6 月 10 日總統令修正公布第 19 條條文；並自公布日施行

第 1 條（不溯既往原則）
民事在民法總則施行前發生者，除本施行法有特別規定外，不適用民法總則之規定；其在修正前發生者，除本施行法有特別規定外，亦不適用修正後之規定。

第 2 條（外國人之權利能力）
外國人於法令限制內，有權利能力。

第 3 條（不溯既往之例外）
Ⅰ民法總則第八條、第九條及第十一條之規定，於民法總則施行前失蹤者，亦適用之。
Ⅱ民法總則施行前已經過民法總則第八條所定失蹤期間者，得即為死亡之宣告，並應以民法總則施行之日為失蹤人死亡之時。
Ⅲ修正之民法總則第八條之規定，於民法總則施行後修正前失蹤者，亦適用之。但於民法總則修正前，其情形已合於修正前民法總則第八條之規定者，不在此限。

第 4 條（施行前經立案之禁治產者）
Ⅰ民法總則施行前，有民法總則第十四條所定之原因，經聲請有關機關立案者，如於民法總則施行後三個月內向法院聲請宣告禁治產者，自立案之日起，視為禁治產人。
Ⅱ民法總則中華民國九十七年五月二日修正之條文施行前，已為禁治產宣告者，視為已為監護宣告；繫屬於法院之禁治產事件，其聲請禁治產宣告者，視為聲請監護宣告；聲請撤銷禁治產宣告者，視為聲請撤銷監護宣告；並均於修正施行後，適用修正後之規定。

第 4 條之 1（監護或受監護宣告之人）
民法規定之禁治產或禁治產人，自民法總則中華民國九十七年五月二日修正之條文施行後，一律改稱為監護或受監護宣告之人。

第 4 條之 2（修正條文之施行日）
中華民國九十七年五月二日修正之民法總則第十四條至第十五條之二之規定，自公布後一年六個月施行。

第 5 條（施行前已許可設立之法人）
依民法總則之規定，設立法人須經許可者，如在民法總則施行前已得主管機關之許可，得於民法總則施行後三個月內聲請登記為法人。

第 6 條（施行前具有公益法人性質而有獨立財產者視為法人及其審核）
Ⅰ民法總則施行前具有財團及以公益為目的社團之性質而有獨立財產者，視為法人，其代表人應依民法總則第四十七條或第六十條之規定作成書狀，自民法總則施行後六個月內聲請主管機關審核。
Ⅱ前項書狀所記載之事項，若主管機關認其有違背法令或為公益上之必要，應命其變更。
Ⅲ依第一項規定經核定之書狀，與章程有同一效力。

第 7 條（視為法人者經核定後登記之聲請）
依前條規定經主管機關核定者，其法人之代表人，應於核定後二十日內，依民法總則第四十八條或第六十一條之規定，聲請登記。

第 8 條（視為法人者財產目錄編造之義務）
第六條所定之法人，如未備置財產目錄、社員名簿者，應於民法總則施行後速行編造。

第 9 條（祠堂、寺廟等不視為法人）
第六條至第八條之規定，於祠堂，寺廟及以養贍家族為目的之獨立財產，不適用之。

第 10 條（法人登記之主管機關）
Ⅰ依民法總則規定法人之登記，其主管機關為該法人事務所所在地之法院。
Ⅱ法院對於已登記之事項，應速行公告，並許第三人抄錄或閱覽。

第 11 條（外國法人成立之認許）
外國法人，除依法律規定外，不認許其成立。

第 12 條（經認許之外國法人之權利能力）
Ⅰ經認許之外國法人，於法令限制內，與同種類之我國法人有同一之權利能力。
Ⅱ前項外國法人，其服從我國法律之義務，與我國法人同。

第 13 條（外國法人在中國設事務所者準用本國法人有關設立及登記等規定）
外國法人在我國設事務所者，準用民法總則第三十條、第三十一條、第四十五條、第四十六條、第四十八條、第五十九條、第六十一條及前條之規定。

第 14 條（外國法人事務所之撤銷）
依前條所設之外國法人事務所，如有民法總則第三十六條所定情事，法院得撤銷之。

第15條（未經認許成立之外國法人為法律行為之責任）

未經認許其成立之外國法人，以其名義與他人爲法律行爲者，其行爲人就該法律行爲應與該外國法人負連帶責任。

第16條（施行前消滅時效已完成或將完成之請求權之行使）

民法總則施行前，依民法總則之規定，消滅時效業已完成，或其時效期間尚有殘餘不足一年者，得於施行之日起，一年內行使請求權。但自其時效完成後，至民法總則施行時，已逾民法總則所定時效期間二分之一者，不在此限。

第17條（施行前之撤銷權之除斥期間）

民法總則第七十四條第二項、第九十條、第九十三條之撤銷權，準用前條之規定。

第18條（施行前消滅時效之比較適用）

Ⅰ民法總則施行前之法定消滅時效已完成者，其時效爲完成。

Ⅱ民法總則施行前之法定消滅時效，其期間較民法總則所定爲長者，適用舊法。但其殘餘期間，自民法總則施行日起算較民法總則所定時效期間爲長者，應自施行日起，適用民法總則。

第19條（施行日）

Ⅰ本施行法自民法總則施行之日施行。

Ⅱ民法總則修正條文及本施行法修正條文之施行日期，除另定施行日期者外，自公布日施行。

民 法 第二編 債

1.中華民國 18 年 11 月 22 日國民政府制定公布第 153～756 條條文；並自 19 年 5 月 5 日施行
2.中華民國 88 年 4 月 21 日總統令修正公布第 159、160、162、164、165、174、177、178、184、186、187、191、192、195、196、213、217、227、229、244、247、248、250、281、292、293、312～315、318、327、330、331、334、358、365、374、389、397、406、408～410、412、416、425、426、440、449、458、459、464、469、473、474、481、490、495、502、503、507、513～521、523～527、531、534、544、546、553～555、563、567、572、573、580、595、602、603、606～608、612、615、618、620、623、625、637、641、642、650、654、656、658、661、666、667、670、671、672、673、674、679、685、686、687、697、722、743、749 條條文及第二章第十六節節名；增訂第 164-1、165-1～165-4、166-1、191-1～191-3、216-1、218-1、227-1、227-2、245-1、247-1、422-1、425-1、426-1、426-2、457-1、460-1、461-1、463-1、465-1、475-1、483-1、487-1、501-1、514-1、514-2、514-3、514-4、514-5、514-6、514-7、514-8、514-9、514-10、514-11、514-12、515-1、601-1、601-2、603-1、618-1、629-1、709-1～709-9、720-1、739-1、742-1、756-1～756-9 條條文及第二章第八節之一、第十九節之一、第二十四節之一節名；刪除第 219、228、407、465、475、522、604、605、636 條條文；並自 89 年 5 月 5 日施行
3.中華民國 89 年 4 月 26 日總統令修正公布第 248 條條文
4.中華民國 98 年 12 月 30 日總統令修正公布第 687、708 條條文；並自 98 年 11 月 23 日施行
5.中華民國 99 年 5 月 26 日總統令修正公布第 746 條條文；並增訂第 753-1 條條文

第一章 通 則

第一節 債之發生

第一款 契 約

第 153 條（契約之成立）

Ⅰ當事人互相表示意思一致者，無論其為明示或默示，契約即為成立。

Ⅱ當事人對於必要之點，意思一致，而對於非必要之點，未經表示意思者，推定其契約為成立，關於該非必要之點，當事人意思不一致時，法院應依其事件之性質定之。

第 154 條（要約之拘束力、要約引誘）

Ⅰ契約之要約人，因要約而受拘束。但要約當時預先聲明不受拘束，或依其情形或事件之性質，可認當事人無受其拘束之意思者，不在此限。

Ⅱ貨物標定賣價陳列者，視為要約。但價目表之寄送，不視為要約。

第 155 條（要約之失效─拒絕要約）

要約經拒絕者，失其拘束力。

第 156 條（要約之失效─非即承諾）

對話為要約者，非立時承諾，即失其拘束力。

第 157 條（要約之失效─不為承諾）

非對話為要約者，依通常情形可期待承諾之達到時期內，相對人不為承諾時，其要約失其拘束力。

第 158 條（要約之失效─非依限承諾）

要約定有承諾期限者，非於其期限內為承諾，失其拘束力。

第 159 條（承諾通知之遲到及遲到之通知）

Ⅰ承諾之通知，按其傳達方法，通常在相當時期內可達到而遲到，其情形為要約人可得而知者，應向相對人即發遲到之通知。

Ⅱ要約人怠於為前項通知者，其承諾視為未遲到。

第 160 條（遲到之承諾）

Ⅰ遲到之承諾，除前條情形外，視為新要約。

Ⅱ將要約擴張、限制或為其他變更而承諾者，視為拒絕原要約而為新要約。

第 161 條（意思實現）

Ⅰ依習慣或依其事件之性質，承諾無須通知者，在相當時期內，有可認為承諾之事實時，其契約為成立。

Ⅱ前項規定，於要約人要約當時預先聲明承諾無須通知者準用之。

第 162 條（撤回要約通知之遲到）

Ⅰ撤回要約之通知，其到達在要約到達之後，而按其傳達方法，通常在相當時期內應先時或同時到達，其情形為相對人可得而知者，相對人應向要約人即發遲到之通知。

Ⅱ相對人怠於為前項通知者，其要約撤回之通知，視為未遲到。

第 163 條（撤回承諾通知之遲到及遲到之通知）

前條之規定，於承諾之撤回準用之。

第 164 條（懸賞廣告之效力）

Ⅰ以廣告聲明對完成一定行為之人給與報酬者，為懸賞廣告。廣告人對於完成該行為之人，負給付報酬之義務。

Ⅱ數人先後分別完成前項行為時，由最先完成該行為之人，取得報酬請求權；數人共同或同時分別完成行為時，由行為人共同取得報酬請求權。

Ⅲ前項情形，廣告人善意給付報酬於最先通知之人時，其給付報酬之義務，即為消滅。

Ⅳ前三項規定，於不知有廣告而完成廣告所定行為

之人，準用之。

第 164 條之 1（懸賞廣告權利之歸屬）

因完成前條之行爲而可取得一定之權利者，其權利屬於行爲人。但廣告另有聲明者，不在此限。

第 165 條（懸賞廣告之撤銷）

I 預定報酬之廣告，如於行爲完成前撤回時，除廣告人證明行爲人不能完成其行爲外，對於行爲人因該廣告善意所受之損害，應負賠償之責。但以不超過預定報酬額爲限。

II 廣告定有完成行爲之期間者，推定廣告人拋棄其撤回權。

第 165 條之 1（優等懸賞廣告之定義）

以廣告聲明對完成一定行爲，於一定期間內爲通知，而經評定爲優等之人給與報酬者，爲優等懸賞廣告。廣告人於評定完成時，負給付報酬之義務。

第 165 條之 2（優等懸賞廣告之評定）

I 前條優等之評定，由廣告中指定之人爲之。廣告中未指定者，由廣告人決定方法評定之。

II 依前項規定所爲之評定，對於廣告人及應徵人有拘束力。

第 165 條之 3（共同取得報酬請求權）

被評定爲優等之人有數人同等時，除廣告另有聲明外，共同取得報酬請求權。

第 165 條之 4（優等懸賞廣告權利之歸屬）

第一百六十四條之一之規定，於優等懸賞廣告準用之。

第 166 條（契約方式之約定）

契約當事人約定其契約須用一定方式者，在該方式未完成前，推定其契約不成立。

第 166 條之 1（公證之概括規定）

I 契約以負擔不動產物權之移轉、設定或變更之義務爲標的者，應由公證人作成公證書。

II 未依前項規定公證之契約，如當事人已合意爲不動產物權之移轉、設定或變更而完成登記者，仍爲有效。

第二款　代理權之授與

第 167 條（意定代理權之授與）

代理權係以法律行爲授與者，其授與應向代理人或向代理人對之爲代理行爲之第三人，以意思表示爲之。

第 168 條（共同代理）

代理人有數人者，其代理行爲應共同爲之。但法律另有規定或本人另有意思表示者，不在此限。

第 169 條（表見代理）

由自己之行爲表示以代理權授與他人，或知他人表示爲其代理人而不爲反對之表示者，對於第三人應負授權人之責任。但第三人明知其無代理權或可得而知者，不在此限。

第 170 條（無權代理）

I 無代理權人以代理人之名義所爲之法律行爲，非經本人承認，對於本人不生效力。

II 前項情形，法律行爲之相對人，得定相當期限，催告本人確答是否承認，如本人逾期未爲確答者，視爲拒絕承認。

第 171 條（無權代理相對人之撤回權）

無代理權人所爲之法律行爲，其相對人於本人未承認前，得撤回之。但爲法律行爲時，明知其無代理權者，不在此限。

第三款　無因管理

第 172 條（無因管理人之管理義務）

未受委任，並無義務，而爲他人管理事務者，其管理應依本人明示或可得推知之意思，以有利於本人之方法爲之。

第 173 條（管理人之通知與計算義務）

I 管理人開始管理時，以能通知爲限，應即通知本人，如無急迫之情事，應俟本人之指示。

II 第五百四十條至第五百四十二條關於委任之規定，於無因管理準用之。

第 174 條（管理人之無過失責任）

I 管理人違反本人明示或可得推知之意思，而爲事務之管理者，對於因其管理所生之損害，雖無過失，亦應負賠償之責。

II 前項之規定，如其管理係爲本人盡公益上之義務，或爲其履行法定扶養義務，或本人之意思違反公共秩序善良風俗者，不適用之。

第 175 條（因急迫危險而為管理之免責）

管理人爲免除本人之生命、身體或財產上之急迫危險，而爲事務之管理者，對於因其管理所生之損害，除有惡意或重大過失者外，不負賠償之責。

第 176 條（適法管理時管理人之權利）

I 管理事務，利於本人，並不違反本人明示或可得推知之意思者，管理人爲本人支出必要或有益之費用，或負擔債務，或受損害時，得請求本人償還其費用及自支出時起之利息，或清償其所負擔之債務，或賠償其損害。

II 第一百七十四條第二項規定之情形，管理人管理事務，雖違反本人之意思，仍有前項之請求權。

第 177 條（非適法管理本人之權利義務）

I 管理事務不合於前條之規定時，本人仍得享有因管理所得之利益，而本人所負前條第一項對於管理人之義務，以其所得之利益爲限。

II 前項規定，於管理人明知爲他人之事務，而爲自己之利益管理之者，準用之。

第 178 條（無因管理經承認之效果）

管理事務經本人承認者，除當事人有特別意思表示外，溯及管理事務開始時，適用關於委任之規定。

第四款　不當得利

第 179 條（不當得利之效力）

無法律上之原因而受利益，致他人受損害者，應返還其利益；雖有法律上之原因，而其後已不存在者亦同。

第 180 條（不得請求返還之不當得利）

給付，有左列情形之一者，不得請求返還：

一 給付係履行道德上之義務者。

二 債務人於未到期之債務因清償而爲給付者。

三 因清償債務而爲給付，於給付時明知無給付之義務者。

四 因不法之原因而爲給付者。但不法之原因僅於受領人一方存在時，不在此限。

第 181 條（不當得利返還標的物）

不當得利之受領人，除返還其所受之利益外，如本於該利益更有所取得者，並應返還。但依其利益之性質或其他情形不能返還者，應償還其價額。

第 182 條（不當得利受領人之返還範圍）

I 不當得利之受領人，不知無法律上之原因，而其所受之利益已不存在者，免負返還或償還價額之責任。

II 受領人於受領時，知無法律上之原因或其後知之者，應將受領時所得之利益，或知無法律上之原因時所現存之利益，附加利息，一併償還；如有損害，並應賠償。

第 183 條（第三人之返還責任）

不當得利之受領人，以其所受者，無償讓與第三人，而受領人因此免返還義務者，第三人於其所免返還義務之限度內，負返還責任。

第五款 侵權行為

第 184 條（獨立侵權行為之責任）

I 因故意或過失，不法侵害他人之權利者，負損害賠償責任。故意以背於善良風俗之方法，加損害於他人者亦同。

II 違反保護他人之法律，致生損害於他人者，負賠償責任。但能證明其行爲無過失者，不在此限。

第 185 條（共同侵權行為責任）

I 數人共同不法侵害他人之權利者，連帶負損害賠償責任；不能知其中孰爲加害人者亦同。

II 造意人及幫助人，視爲共同行爲人。

第 186 條（公務員之侵權責任）

I 公務員因故意違背對於第三人應執行之職務，致第三人受損害者，負賠償責任。其因過失者，以被害人不能依他項方法受賠償時爲限，負其責任。

II 前項情形，如被害人得依法律上之救濟方法，除去其損害，而因故意或過失不爲之者，公務員不負賠償責任。

第 187 條（法定代理人之責任）

I 無行爲能力人或限制行爲能力人，不法侵害他人權利者，以行爲時有識別能力爲限，與其法定代理人連帶負損害賠償責任。行爲時無識別能力者，由法定代理人負損害賠償責任。

II 前項情形，法定代理人如其監督並未疏懈，或縱加以相當之監督，而仍不免發生損害者，不負賠償責任。

III 如不能依前二項規定受損害賠償時，法院因被害人之聲請，得斟酌行爲人及其法定代理人與被害人之經濟狀況，令行爲人或其法定代理人爲全部或一部之損害賠償。

IV 前項規定，於其他之人，在無意識或精神錯亂中所爲之行爲致第三人受損害時，準用之。

第 188 條（僱用人之責任）

I 受僱人因執行職務，不法侵害他人之權利者，由僱用人與行爲人連帶負損害賠償責任。但選任受僱人及監督其職務之執行，已盡相當之注意或縱加以相當之注意而仍不免發生損害者，僱用人不負賠償責任。

II 如被害人依前項但書之規定，不能受損害賠償時，法院因其聲請，得斟酌僱用人與被害人之經濟狀況，令僱用人爲全部或一部之損害賠償。

III 僱用人賠償損害時，對於爲侵權行爲之受僱人，有求償權。

第 189 條（定作人之責任）

承攬人因執行承攬事項，不法侵害他人之權利者，定作人不負損害賠償責任。但定作人於定作或指示有過失者，不在此限。

第 190 條（動物占有人之責任）

I 動物加損害於他人者，由其占有人負損害賠償責任。但依動物之種類及性質已爲相當注意之管束，或縱爲相當注意之管束而仍不免發生損害者，不在此限。

II 動物係由第三人或他動物之挑動，致加損害於他人者，其占有人對於該第三人或該他動物之占有人，有求償權。

第 191 條（工作物所有人之責任）

I 土地上之建築物或其他工作物所致他人權利之損害，由工作物之所有人負賠償責任。但其對於設置或保管並無欠缺，或損害非因設置或保管有欠缺，或於防止損害之發生，已盡相當之注意者，不在此限。

II 前項損害之發生，如別有應負責任之人時，賠償損害之所有人，對於該應負責者，有求償權。

第 191 條之 1（商品製造人之責任）

I 商品製造人因其商品之通常使用或消費所致他人之損害，負賠償責任。但其對於商品之生產、製造或加工、設計並無欠缺或其損害非因該項欠缺所致或於防止損害之發生，已盡相當之注意者，不在此限。

II 前項所稱商品製造人，謂商品之生產、製造、加工業者。其在商品上附加標章或其他文字、符號，足以表彰係其自己所生產、製造、加工者，視爲商品製造人。

III 商品之生產、製造或加工、設計，與其說明書或廣告內容不符者，視爲有欠缺。
Ⅳ商品輸入業者，應與商品製造人負同一之責任。

第191條之2（動力車輛駕駛人之責任）
汽車、機車或其他非依軌道行駛之動力車輛，在使用中加損害於他人者，駕駛人應賠償因此所生之損害。但於防止損害之發生，已盡相當之注意者，不在此限。

第191條之3（一般危險之責任）
經營一定事業或從事其他工作或活動之人，其工作或活動之性質或其使用之工具或方法有生損害於他人之危險者，對他人之損害應負賠償責任。但損害非由於其工作或活動或其使用之工具或方法所致，或於防止損害之發生已盡相當之注意者，不在此限。

第192條（侵害生命權之損害賠償）
Ⅰ不法侵害他人致死者，對於支出醫療及增加生活上需要之費用或殯葬費之人，亦應負損害賠償責任。
Ⅱ被害人對於第三人負有法定扶養義務者，加害人對於該第三人亦應負損害賠償責任。
Ⅲ第一百九十三條第二項之規定，於前項損害賠償適用之。

第193條（侵害身體、健康之財產上損害賠償）
Ⅰ不法侵害他人之身體或健康者，對於被害人因此喪失或減少勞動能力或增加生活上之需要時，應負損害賠償責任。
Ⅱ前項損害賠償，法院得因當事人之聲請，定爲支付定期金。但須命加害人提出擔保。

第194條（侵害生命權之非財產上損害賠償）
不法侵害他人致死者，被害人之父、母、子、女及配偶，雖非財產上之損害，亦得請求賠償相當之金額。

第195條（侵害身體健康名譽或自由之非財產上損害賠償）
Ⅰ不法侵害他人之身體、健康、名譽、自由、信用、隱私、貞操，或不法侵害其他人格法益而情節重大者，被害人雖非財產上之損害，亦得請求賠償相當之金額。其名譽被侵害者，並得請求回復名譽之適當處分。
Ⅱ前項請求權，不得讓與或繼承。但以金額賠償之請求權已依契約承諾，或已起訴者，不在此限。
Ⅲ前二項規定，於不法侵害他人基於父、母、子、女或配偶關係之身分法益而情節重大者，準用之。

第196條（物之毀損之賠償方法）
不法毀損他人之物者，被害人得請求賠償其物因毀損所減少之價額。

第197條（損害賠償請求權之消滅時效與不當得利之返還）
Ⅰ因侵權行爲所生之損害賠償請求權，自請求權人知有損害及賠償義務人時起，二年間不行使而消滅；自有侵權行爲時起，逾十年者亦同。
Ⅱ損害賠償之義務人，因侵權行爲受利益，致被害人受損害者，於前項時效完成後，仍應依關於不當得利之規定，返還其所受之利益於被害人。

第198條（債務履行之拒絕）
因侵權行爲對於被害人取得債權者，被害人對該債權之廢止請求權，雖因時效而消滅，仍得拒絕履行。

第二節　債之標的

第199條（債權人之權利、給付之範圍）
Ⅰ債權人基於債之關係，得向債務人請求給付。
Ⅱ給付，不以有財產價格者爲限。
Ⅲ不作爲亦得給付。

第200條（種類之債）
Ⅰ給付物僅以種類指示者，依法律行爲之性質或當事人之意思不能定其品質時，債務人應給以中等品質之物。
Ⅱ前項情形，債務人交付其物之必要行爲完結後，或經債權人之同意指定其應交付之物時，其物即爲特定給付物。

第201條（特種通用貨幣之債）
以特種通用貨幣之給付爲債之標的者，如其貨幣至給付期失通用效力時，應給以他種通用貨幣。

第202條（外國貨幣之債）
以外國通用貨幣定給付額者，債務人得按給付時、給付地之市價，以中華民國通用貨幣給付之。但訂明應以外國通用貨幣爲給付者，不在此限。

第203條（法定利率）
應付利息之債務，其利率未經約定，亦無法律可據者，週年利率爲百分之五。

第204條（債務人之提前還本權）
Ⅰ約定利率逾週年百分之十二者，經一年後，債務人得隨時清償原本。但須於一個月前預告債權人。
Ⅱ前項清償之權利，不得以契約除去或限制之。

第205條（最高利率之限制）
約定利率，超過週年百分之二十者，債權人對於超過部分之利息，無請求權。

第206條（巧取利益之禁止）
債權人除前條限定之利息外，不得以折扣或其他方法，巧取利益。

第207條（複利）
Ⅰ利息不得滾入原本再生利息。但當事人以書面約定，利息遲付逾一年後，經催告而不償還時，債權人得將遲付之利息滾入原本者，依其約定。
Ⅱ前項規定，如商業上另有習慣者，不適用之。

第208條（選擇之債）

於數宗給付中得選定其一者，其選擇權屬於債務人。但法律另有規定或契約另有訂定者，不在此限。

第 209 條（選擇權之行使）

I 債權人或債務人有選擇權者，應向他方當事人以意思表示爲之。

II 由第三人爲選擇者，應向債權人及債務人以意思表示爲之。

第 210 條（選擇權之行使期間與移轉）

I 選擇權定有行使期間者，如於該期間內不行使時，其選擇權移屬於他方當事人。

II 選擇權未定有行使期間者，債權至清償期時，無選擇權之當事人，得定相當期限催告他方當事人行使其選擇權，如他方當事人不於所定期限內行使選擇權者，其選擇權移屬於爲催告之當事人。

III 由第三人爲選擇者，如第三人不能或不欲選擇時，選擇權屬於債務人。

第 211 條（選擇之債之給付不能）

數宗給付中，有自始不能或嗣後不能給付者，債之關係僅存在於餘存之給付。但其不能之事由，應由無選擇權之當事人負責者，不在此限。

第 212 條（選擇之溯及效力）

選擇之效力，溯及於債之發生時。

第 213 條（損害賠償之方法—回復原狀）

I 負損害賠償責任者，除法律另有規定或契約另有訂定外，應回復他方損害發生前之原狀。

II 因回復原狀而應給付金錢者，自損害發生時起，加給利息。

III 第一項情形，債權人得請求支付回復原狀所必要之費用，以代回復原狀。

第 214 條（損害賠償之方法—金錢賠償）

應回復原狀者，如經債權人定相當期限催告後，逾期不爲回復時，債權人得請求以金錢賠償其損害。

第 215 條（損害賠償之方法—金錢賠償）

不能回復原狀或回復顯有重大困難者，應以金錢賠償其損害。

第 216 條（法定損害賠償範圍）

I 損害賠償，除法律另有規定或契約另有訂定外，應以填補債權人所受損害及所失利益爲限。

II 依通常情形，或依已定之計劃、設備或其他特別情事，可得預期之利益，視爲所失利益。

第 216 條之 1（損害賠償應損益相抵）

基於同一原因事實受有損害並受有利益者，其請求之賠償金額，應扣除所受之利益。

第 217 條（過失相抵）

I 損害之發生或擴大，被害人與有過失者，法院得減輕賠償金額，或免除之。

II 重大之損害原因，爲債務人所不及知，而被害人不預促其注意或怠於避免或減少損害者，爲與有過失。

III 前二項之規定，於被害人之代理人或使用人與有過失者，準用之。

第 218 條（因賠償義務人生計關係之酌減）

損害非因故意或重大過失所致者，如其賠償致賠償義務人之生計有重大影響時，法院得減輕其賠償金額。

第 218 條之 1（賠償義務人之權利讓與請求權）

I 關於物或權利之喪失或損害，負賠償責任之人，得向損害賠償請求權人，請求讓與基於其物之所有權或基於其權利對於第三人之請求權。

II 第二百六十四條之規定，於前項情形準用之。

第三節　債之效力

第一款　給　付

第 219 條（刪除）

第 220 條（債務人責任之酌定）

I 債務人就其故意或過失之行爲，應負責任。

II 過失之責任，依事件之特性而有輕重，如其事件非予債務人以利益者，應從輕酌定。

第 221 條（行為能力欠缺人之責任）

債務人爲無行爲能力人或限制行爲能力人者，其責任依第一百八十七條之規定定之。

第 222 條（故意或重大過失責任之強制性）

故意或重大過失之責任，不得預先免除。

第 223 條（具體輕過失之最低責任）

應與處理自己事務爲同一注意者，如有重大過失，仍應負責。

第 224 條（履行輔助人之故意過失）

債務人之代理人或使用人，關於債之履行有故意或過失時，債務人應與自己之故意或過失負同一責任。但當事人另有訂定者，不在此限。

第 225 條（給付不能之效力—免給付義務與代償請求權之發生）

I 因不可歸責於債務人之事由，致給付不能者，債務人免給付義務。

II 債務人因前項給付不能之事由，對第三人有損害賠償請求權者，債權人得向債務人請求讓與其損害賠償請求權，或交付其所受領之賠償物。

第 226 條（給付不能之效力—損害賠償與一部履行之拒絕）

I 因可歸責於債務人之事由，致給付不能者，債權人得請求賠償損害。

II 前項情形，給付一部不能者，若其他部分之履行，於債權人無利益時，債權人得拒絕該部之給付，請求全部不履行之損害賠償。

第 227 條（不完全給付之效果）

I 因可歸責於債務人之事由，致爲不完全給付者，債權人得依關於給付遲延或給付不能之規定行使其權利。

II 因不完全給付而生前項以外之損害者，債權人並得請求賠償。

第 227 條之 1（債務不履行侵害人格權之賠償）

債務人因債務不履行，致債權人之人格權受侵害者，準用第一百九十二條至第一百九十五條及第一百九十七條之規定，負損害賠償責任。

第 227 條之 2（情事變更之原則）

I 契約成立後，情事變更，非當時所得預料，而依其原有效果顯失公平者，當事人得聲請法院增、減其給付或變更其他原有之效果。

II 前項規定，於非因契約所發生之債，準用之。

第 228 條（刪除）

第二款　遲　延

第 229 條（給付期限與債務人之給付遲延）

I 給付有確定期限者，債務人自期限屆滿時起，負遲延責任。

II 給付無確定期限者，債務人於債權人得請求給付時，經其催告而未為給付，自受催告時起，負遲延責任。其經債權人起訴而送達訴狀，或依督促程序送達支付命令，或為其他相類之行為者，與催告有同一之效力。

III 前項催告定有期限者，債務人自期限屆滿時起負遲延責任。

第 230 條（給付遲延之阻卻成立事由）

因不可歸責於債務人之事由，致未為給付者，債務人不負遲延責任。

第 231 條（遲延賠償—非常事變責任）

I 債務人遲延者，債權人得請求其賠償因遲延而生之損害。

II 前項債務人，在遲延中，對於因不可抗力而生之損害，亦應負責。但債務人證明縱不遲延給付，而仍不免發生損害者，不在此限。

第 232 條（替補賠償—拒絕受領給付而請求賠償）

遲延後之給付，於債權人無利益者，債權人得拒絕其給付，並得請求賠償因不履行而生之損害。

第 233 條（遲延利息與其他損害之賠償）

I 遲延之債務，以支付金錢為標的者，債權人得請求依法定利率計算之遲延利息。但約定利率較高者，仍從其約定利率。

II 對於利息，無須支付遲延利息。

III 前二項情形，債權人證明有其他損害者，並得請求賠償。

第 234 條（受領遲延）

債權人對於已提出之給付，拒絕受領或不能受領者，自提出時起，負遲延責任。

第 235 條（現實與言詞提出）

債務人非依債務本旨實行提出給付者，不生提出之效力。但債權人預示拒絕受領之意思，或給付兼需債權人之行為者，債務人得以準備給付之事情，通知債權人，以代提出。

第 236 條（一時受領遲延）

給付無確定期限，或債務人於清償期前得為給付者，債權人就一時不能受領之情事，不負遲延責任。但其提出給付，由於債權人之催告，或債務人已於相當期間前預告債權人者，不在此限。

第 237 條（受領遲延時債務人責任）

在債權人遲延中，債務人僅就故意或重大過失，負其責任。

第 238 條（受領遲延利息支付之停止）

在債權人遲延中，債務人無須支付利息。

第 239 條（孳息返還範圍之縮小）

債務人應返還由標的物所生之孳息或償還其價金者，在債權人遲延中，以已收取之孳息為限，負返還責任。

第 240 條（受領遲延費用賠償之請求）

債權人遲延者，債務人得請求其賠償提出及保管給付物之必要費用。

第 241 條（拋棄占有）

I 有交付不動產義務之債務人，於債權人遲延後，得拋棄其占有。

II 前項拋棄，應預先通知債權人。但不能通知者，不在此限。

第三款　保　全

第 242 條（債權人代位權）

債務人怠於行使其權利時，債權人因保全債權，得以自己之名義，行使其權利。但專屬於債務人本身者，不在此限。

第 243 條（代位權行使時期）

前條債權人之權利，非於債務人負遲延責任時，不得行使。但專為保存債務人權利之行為，不在此限。

第 244 條（債權人撤銷權）

I 債務人所為之無償行為，有害及債權者，債權人得聲請法院撤銷之。

II 債務人所為之有償行為，於行為時明知有損害於債權人之權利者，以受益人於受益時亦知其情事者為限，債權人得聲請法院撤銷之。

III 債務人之行為非以財產為標的，或僅有害於以給付特定物為標的之債權者，不適用前二項之規定。

IV 債權人依第一項或第二項之規定聲請法院撤銷時，得並聲請命受益人或轉得人回復原狀。但轉得人於轉得時不知有撤銷原因者，不在此限。

第 245 條（撤銷權之除斥期間）

前條撤銷權，自債權人知有撤銷原因時起，一年間不行使，或自行為時起，經過十年而消滅。

第四款　契　約

第 245 條之 1（締約過失之責任）

I 契約未成立時，當事人為準備或商議訂立契約而有左列情形之一者，對於非因過失而信契約能成立致受損害之他方當事人，負賠償責任：

一 就訂約有重要關係之事項，對他方之詢問，惡意隱匿或為不實之說明者。

二 知悉或持有他方之秘密，經他方明示應予保密，而因故意或重大過失洩漏之者。

三 其他顯然違反誠實及信用方法者。

II前項損害賠償請求權，因二年間不行使而消滅。

第 246 條（契約標的給付不能之效力）

I以不能之給付為契約標的者，其契約為無效。但其不能情形可以除去，而當事人訂約時並預期於不能之情形除去後為給付者，其契約仍為有效。

II附停止條件或始期之契約，於條件成就或期限屆至前，不能之情形已除去者，其契約為有效。

第 247 條（因契約標的給付不能之賠償及時效）

I契約因以不能之給付為標的而無效者，當事人於訂約時知其不能或可得而知者，對於非因過失而信契約為有效致受損害之他方當事人，負賠償責任。

II給付一部不能，而契約就其他部分仍為有效者，或依選擇而定之數宗給付中有一宗給付不能者，準用前項之規定。

III前二項損害賠償請求權，因二年間不行使而消滅。

第 247 條之 1（附合契約）

依照當事人一方預定用於同類契約之條款而訂定之契約，為左列各款之約定，按其情形顯失公平者，該部分約定無效：

一 免除或減輕預定契約條款之當事人之責任者。

二 加重他方當事人之責任者。

三 使他方當事人拋棄權利或限制其行使權利者。

四 其他於他方當事人有重大不利益者。

第 248 條（收受訂金之效力）

訂約當事人之一方，由他方受有定金時，推定其契約成立。

第 249 條（定金之效力）

定金，除當事人另有訂定外，適用左列之規定：

一 契約履行時，定金應返還或作為給付之一部。

二 契約因可歸責於付定金當事人之事由，致不能履行時，定金不得請求返還。

三 契約因可歸責於受定金當事人之事由，致不能履行時，該當事人應加倍返還其所受之定金。

四 契約因不可歸責於雙方當事人之事由，致不能履行時，定金應返還之。

第 250 條（約定違約金之性質）

I當事人得約定債務人於債務不履行時，應支付違約金。

II違約金，除當事人另有訂定外，視為因不履行而生損害之賠償總額。其約定如債務人不於適當時期或不依適當方法履行債務時，即須支付違約金者，債權人除得請求履行債務外，違約金視為因不於適當時期或不依適當方法履行債務所生損害之賠償總額。

第 251 條（一部履行之酌減）

債務已為一部履行者，法院得比照債權人因一部履行所受之利益，減少違約金。

第 252 條（違約金額過高之酌減）

約定之違約金額過高者，法院得減至相當之數額。

第 253 條（準違約金）

前三條之規定，於約定違約時應為金錢以外之給付者準用之。

第 254 條（非定期行為給付遲延之解除契約）

契約當事人之一方遲延給付者，他方當事人得定相當期限催告其履行，如於期限內不履行時，得解除其契約。

第 255 條（定期行為給付遲延之解除契約）

依契約之性質或當事人之意思表示，非於一定時期為給付不能達其契約之目的，而契約當事人之一方不按照時期給付者，他方當事人得不為前條之催告，解除其契約。

第 256 條（因給付不能之解除契約）

債權人於有第二百二十六條之情形時，得解除其契約。

第 257 條（解除權之消滅—未於期限內行使解除權）

解除權之行使，未定有期間者，他方當事人得定相當期限，催告解除權人於期限內確答是否解除；如逾期未受解除之通知，解除權即消滅。

第 258 條（解除權之行使方法）

I解除權之行使，應向他方當事人以意思表示為之。

II契約當事人之一方有數人者，前項意思表示，應由其全體或向其全體為之。

III解除契約之意思表示，不得撤銷。

第 259 條（契約解除後之回復原狀）

契約解除時，當事人雙方回復原狀之義務，除法律另有規定或契約另有訂定外，依左列之規定：

一 由他方所受領之給付物，應返還之。

二 受領之給付為金錢者，應附加自受領時起之利息償還之。

三 受領之給付為勞務或為物之使用者，應照受領時之價額，以金錢償還之。

四 受領之給付物生有孳息者，應返還之。

五 就返還之物，已支出必要或有益之費用，得於他方受返還時所得利益之限度內，請求其返還。

六 應返還之物有毀損、滅失或因其他事由，致不能返還者，應償還其價額。

第 260 條（損害賠償之請求）

解除權之行使，不妨礙損害賠償之請求。

第 261 條（雙務契約規定之準用）
當事人因契約解除而生之相互義務，準用第二百六十四條至第二百六十七條之規定。
第 262 條（解除權之消滅—受領物不能返還或種類變更）
有解除權人，因可歸責於自己之事由，致其所受領之給付物有毀損、滅失或其他情形不能返還者，解除權消滅；因加工或改造，將所受領之給付物變其種類者亦同。
第 263 條（終止權之行使方法及效力—準用解除權之規定）
第二百五十八條及第二百六十條之規定，於當事人依法律之規定終止契約者準用之。
第 264 條（同時履行抗辯）
I 因契約互負債務者，於他方當事人未為對待給付前，得拒絕自己之給付。但自己有先為給付之義務者，不在此限。
II 他方當事人已為部分之給付時，依其情形，如拒絕自己之給付有違背誠實及信用方法者，不得拒絕自己之給付。
第 265 條（不安抗辯權）
當事人之一方，應向他方先為給付者，如他方之財產，於訂約後顯形減少，有難為對待給付之虞時，如他方未為對待給付或提出擔保前，得拒絕自己之給付。
第 266 條（危險負擔—債務人負擔主義）
I 因不可歸責於雙方當事人之事由，致一方之給付全部不能者，他方免為對待給付之義務；如僅一部不能者，應按其比例減少對待給付。
II 前項情形，已為全部或一部之對待給付者，得依關於不當得利之規定，請求返還。
第 267 條（因可歸責於當事人一方之給付不能）
當事人之一方因可歸責於他方之事由，致不能給付者，得請求對待給付。但其因免給付義務所得之利益或應得之利益，均應由其所得請求之對待給付中扣除之。
第 268 條（第三人負擔契約）
契約當事人之一方，約定由第三人對於他方為給付者，於第三人不為給付時，應負損害賠償責任。
第 269 條（利益第三人契約）
I 以契約訂定向第三人為給付者，要約人得請求債務人向第三人為給付，其第三人對於債務人，亦有直接請求給付之權。
II 第三人對於前項契約，未表示享受其利益之意思前，當事人得變更其契約或撤銷之。
III 第三人對於當事人之一方表示不欲享受其契約之利益者，視為自始未取得其權利。
第 270 條（債務人對第三人之抗辯）
前條債務人，得以由契約所生之一切抗辯，對抗受益之第三人。

第四節　多數債務人及債權人

第 271 條（可分之債）
數人負同一債務或有同一債權，而其給付可分者，除法律另有規定或契約另有訂定外，應各平均分擔或分受之；其給付本不可分而變為可分者亦同。
第 272 條（連帶債務）
I 數人負同一債務，明示對於債權人各負全部給付之責任者，為連帶債務。
II 無前項之明示時，連帶債務之成立，以法律有規定者為限。
第 273 條（債權人之權利—對連帶債務人之請求）
I 連帶債務之債權人，得對於債務人中之一人或數人或其全體，同時或先後請求全部或一部之給付。
II 連帶債務未全部履行前，全體債務人仍負連帶責任。
第 274 條（清償等發生絕對效力）
因連帶債務人中之一人為清償、代物清償、提存、抵銷或混同而債務消滅者，他債務人亦同免其責任。
第 275 條（確定判決之限制絕對效力）
連帶債務人中之一人受確定判決，而其判決非基於該債務人之個人關係者，為他債務人之利益，亦生效力。
第276條（免除與時效完成之限制絕對效力）
I 債權人向連帶債務中之一人免除債務，而無消滅全部債務之意思表示者，除該債務人應分擔之部分外，他債務人仍不免其責任。
II 前項規定，於連帶債務人中之一人消滅時效已完成者準用之。
第 277 條（抵銷之限制絕對效力）
連帶債務人中之一人，對於債權人有債權者，他債務人以該債務人應分擔之部分為限，得主張抵銷。
第 278 條（受領遲延之限制絕對效力）
債權人對於連帶債務人中之一人有遲延時，為他債務人之利益，亦生效力。
第 279 條（效力相對性原則）
就連帶債務人中之一人所生之事項，除前五條規定或契約另有訂定者外，其利益或不利益，對他債務人不生效力。
第 280 條（連帶債務人相互間之分擔義務）
連帶債務人相互間，除法律另有規定或契約另有訂定外，應平均分擔義務。但因債務人中之一人應單獨負責之事由所致之損害及支付之費用，由該債務人負擔。
第 281 條（連帶債務人同免責任之範圍）
I 連帶債務人中之一人，因清償、代物清償、提存、抵銷或混同致他債務人同免責任者，得向他債務人請求償還各自分擔之部分，並自免責時起之利息。

II前項情形，求償權人於求償範圍內，承受債權人之權利。但不得有害於債權人之利益。

第 282 條（無償還資力人負擔部分之分擔）

I連帶債務人中之一人，不能償還其分擔額者，其不能償還之部分，由求償權人與他債務人按照比例分擔之。但其不能償還，係由求償權人之過失所致者，不得對於他債務人請求其分擔。

II前項情形，他債務人中之一人應分擔之部分已免責者，仍應依前項比例分擔之規定，負其責任。

第 283 條（連帶債權）

數人依法律或法律行為，有同一債權，而各得向債務人為全部給付之請求者，為連帶債權。

第 284 條（債務人之權利—對連帶債權人之給付）

連帶債權之債務人，得向債權人中之一人，為全部之給付。

第 285 條（請求之絕對效力）

連帶債權人中之一人為給付之請求者，為他債權人之利益，亦生效力。

第 286 條（受領清償等發生絕對效力）

因連帶債權人中之一人，已受領清償、代物清償，或經提存、抵銷、混同而債權消滅者，他債權人之權利，亦同消滅。

第 287 條（確定判決之限制絕對效力）

I連帶債權人中之一人，受有利益之確定判決者，為他債權人之利益，亦生效力。

II連帶債權人中之一人，受不利益之確定判決者，如其判決非基於該債權人之個人關係時，對於他債權人，亦生效力。

第288條（免除與時效完成之限制絕對效力）

I連帶債權人中之一人，向債務人免除債務者，除該債權人應享有之部分外，他債權人之權利，仍不消滅。

II前項規定，於連帶債權人中之一人消滅時效已完成者準用之。

第 289 條（受領遲延之絕對效力）

連帶債權人中之一人有遲延者，他債權人亦負其責任。

第 290 條（效力相對性原則）

就連帶債權人中之一人所生之事項，除前五條規定或契約另有訂定者外，其利益或不利益，對他債權人不生效力。

第 291 條（連帶債權人之均受利益）

連帶債權人相互間，除法律另有規定或契約另有訂定外，應平均分受其利益。

第 292 條（不可分之債）

數人負同一債務，而其給付不可分者，準用關於連帶債務之規定。

第 293 條（不可分債權之效力）

I數人有同一債權，而其給付不可分者，各債權人僅得請求向債權人全體為給付，債務人亦僅得向債權人全體為給付。

II除前項規定外，債權人中之一人與債務人間所生之事項，其利益或不利益，對他債權人不生效力。

III債權人相互間，準用第二百九十一條之規定。

第五節　債之移轉

第 294 條（債權之讓與性）

I債權人得將債權讓與於第三人。但左列債權，不在此限：

一　依債權之性質，不得讓與者。

二　依當事人之特約，不得讓與者。

三　債權禁止扣押者。

II前項第二款不得讓與之特約，不得以之對抗善意第三人。

第 295 條（從權利之隨同移轉）

I讓與債權時，該債權之擔保及其他從屬之權利，隨同移轉於受讓人。但與讓與人有不可分離之關係者，不在此限。

II未支付之利息，推定其隨同原本移轉於受讓人。

第 296 條（證明文件之交付與必要情形之告知）

讓與人應將證明債權之文件，交付受讓人，並應告以關於主張該債權所必要之一切情形。

第 297 條（債權讓與之通知）

I債權之讓與，非經讓與人或受讓人通知債務人，對於債務人不生效力。但法律另有規定者，不在此限。

II受讓人將讓與人所立之讓與字據提示於債務人者，與通知有同一之效力。

第 298 條（表見讓與）

I讓與人已將債權之讓與通知債務人者，縱未為讓與或讓與無效，債務人仍得以其對抗受讓人之事由，對抗讓與人。

II前項通知，非經受讓人之同意，不得撤銷。

第 299 條（對於受讓人抗辯之援用與抵銷之主張）

I債務人於受通知時，所得對抗讓與人之事由，皆得以之對抗受讓人。

II債務人於受通知時，對於讓與人有債權者，如其債權之清償期，先於所讓與之債權或同時屆至者，債務人得對於受讓人主張抵銷。

第 300 條（免責的債務承擔—與債權人訂立契約）

第三人與債權人訂立契約承擔債務人之債務者，其債務於契約成立時，移轉於該第三人。

第 301 條（免責的債務承擔──與債務人訂立契約）

第三人與債務人訂立契約承擔其債務者，非經債權人承認，對於債權人不生效力。

第 302 條（債務人或承擔人之定期催告）

I 前條債務人或承擔人，得定相當期限，催告債權人於該期限內確答是否承認，如逾期不為確答者，視為拒絕承認。

II 債權人拒絕承認時，債務人或承擔人得撤銷其承擔之契約。

第 303 條（債務人抗辯權之援用及其限制）

I 債務人因其法律關係所得對抗債權人之事由，承擔人亦得以之對抗債權人。但不得以屬於債務人之債權為抵銷。

II 承擔人因其承擔債務之法律關係所得對抗債務人之事由，不得以之對抗債權人。

第 304 條（從權利之存續及其例外）

I 從屬於債權之權利，不因債務之承擔而妨礙其存在。但與債務人有不可分離之關係者，不在此限。

II 由第三人就債權所為之擔保，除該第三人對於債務之承擔已為承認外，因債務之承擔而消滅。

第 305 條（併存的債務承擔──概括承受）

I 就他人之財產或營業，概括承受其資產及負債者，因對於債權人為承受之通知或公告，而生承擔債務之效力。

II 前項情形，債務人關於到期之債權，自通知或公告時起，未到期之債權，自到期時起，二年以內，與承擔人連帶負其責任。

第 306 條（併存的債務承擔──營業合併）

營業與他營業合併，而互相承受其資產及負債者，與前條之概括承受同，其合併之新營業，對於各營業之債務，負其責任。

第六節　債之消滅

第一款　通　則

第 307 條（從權利之隨同消滅）

債之關係消滅者，其債權之擔保及其他從屬之權利亦同時消滅。

第 308 條（負債字據之返還及塗銷）

I 債之全部消滅者，債務人得請求返還或塗銷負債之字據，其僅一部消滅或負債字據上載有債權人他項權利者，債務人得請求將消滅事由，記入字據。

II 負債字據，如債權人主張有不能返還或有不能記入之事情者，債務人得請求給與債務消滅之公認證書。

第二款　清　償

第 309 條（清償之效力及受領清償人）

I 依債務本旨，向債權人或其他有受領權人為清償，經其受領者，債之關係消滅。

II 持有債權人簽名之收據者，視為有受領權人。但債務人已知或因過失而不知其無權受領者，不在此限。

第 310 條（向第三人為清償之效力）

向第三人為清償，經其受領者，其效力依左列各款之規定：

一　經債權人承認或受領人於受領後取得其債權者，有清償之效力。

二　受領人係債權之準占有人者，以債務人不知其非債權人者為限，有清償之效力。

三　除前二款情形外，於債權人因而受利益之限度內，有清償之效力。

第 311 條（第三人之清償）

I 債之清償，得由第三人為之。但當事人另有訂定或依債之性質不得由第三人清償者，不在此限。

II 第三人之清償，債務人有異議時，債權人得拒絕其清償。但第三人就債之履行有利害關係者，債權人不得拒絕。

第 312 條（第三人清償之權利）

就債之履行有利害關係之第三人為清償者，於其清償之限度內承受債權人之權利，但不得有害於債權人之利益。

第 313 條（代位之通知抗辯抵銷準用債權讓與）

第二百九十七條及第二百九十九條之規定，於前條之承受權利準用之。

第 314 條（清償地）

清償地，除法律另有規定或契約另有訂定，或另有習慣，或得依債之性質或其他情形決定者外，應依左列各款之規定：

一　以給付特定物為標的者，於訂約時，其物所在地為之。

二　其他之債，於債權人之住所地為之。

第 315 條（清償期）

清償期，除法律另有規定或契約另有訂定，或得依債之性質或其他情形決定者外，債權人得隨時請求清償，債務人亦得隨時為清償。

第 316 條（期前清償）

定有清償期者，債權人不得於期前請求清償，如無反對之意思表示時，債務人得於期前為清償。

第 317 條（清償費用之負擔）

清償債務之費用，除法律另有規定或契約另有訂定外，由債務人負擔。但因債權人變更住所或其他行為，致增加清償費用者，其增加之費用，由債權人負擔。

第 318 條（一部或緩期清償）

I 債務人無為一部清償之權利。但法院得斟酌債務人之境況，許其於無甚害於債權人利益之相當期限內，分期給付，或緩期清償。

II法院許爲分期給付者，債務人一期遲延給付時，債權人得請求全部清償。

III給付不可分者，法院得比照第一項但書之規定，許其緩期清償。

第 319 條（代物清償）

債權人受領他種給付以代原定之給付者，其債之關係消滅。

第 320 條（間接給付—新債清償）

因清償債務而對於債權人負擔新債務者，除當事人另有意思表示外，若新債務不履行時，其舊債務仍不消滅。

第 321 條（清償之抵充—當事人指定）

對於一人負擔數宗債務而其給付之種類相同者，如清償人所提出之給付，不足清償全部債額時，由清償人於清償時，指定其應抵充之債務。

第 322 條（清償之抵充—法定抵充）

清償人不爲前條之指定者，依左列之規定，定其應抵充之債務：

一　債務已屆清償期者，儘先抵充。

二　債務均已屆清償期或均未屆清償期者，以債務之擔保最少者，儘先抵充；擔保相等者，以債務人因清償而獲益最多者，儘先抵充；獲益相等者，以先到期之債務，儘先抵充。

三　獲益及清償期均相等者，各按比例，抵充其一部。

第 323 條（不同種類債務之抵充順序）

清償人所提出之給付，應先抵充費用，次充利息，次充原本；其依前二條之規定抵充債務者亦同。

第 324 條（受領證書給與請求權）

清償人對於受領清償人，得請求給與受領證書。

第 325 條（給與受領證書或返還債權證書之效力）

I關於利息或其他定期給付，如債權人給與受領一期給付之證書，未爲他期之保留者，推定其以前各期之給付已爲清償。

II如債權人給與受領原本之證書者，推定其利息亦已受領。

III債權證書已返還者，推定其債之關係消滅。

第三款　提　存

第 326 條（提存之要件）

債權人受領遲延，或不能確知孰爲債權人而難爲給付者，清償人得將其給付物，爲債權人提存之。

第 327 條（提存之處所）

提存應於清償地之法院提存所爲之。

第 328 條（危險負擔之移轉）

提存後，給付物毀損、滅失之危險，由債權人負擔，債務人亦無須支付利息，或賠償其孳息未收取之損害。

第 329 條（提存物之受取及受取之阻止）

債權人得隨時受取提存物，如債務人之清償，係對債權人之給付而爲之者，在債權人未爲對待給付或提出相當擔保前，得阻止其受取提存物。

第 330 條（受取權之消滅）

債權人關於提存物之權利，應於提存後十年內行使之，逾期其提存物歸屬國庫。

第 331 條（提存價金—拍賣給付物）

給付物不適於提存，或有毀損滅失之虞，或提存需費過鉅者，清償人得聲請清償地之法院拍賣，而提存其價金。

第 332 條（提存價金—變賣）

前條給付物有市價者，該管法院得許可清償人照市價出賣，而提存其價金。

第 333 條（提存等費用之負擔）

提存拍賣及出賣之費用，由債權人負擔。

第四款　抵　銷

第 334 條（抵銷之要件）

I二人互負債務，而其給付種類相同，並均屆清償期者，各得以其債務，與他方之債務，互爲抵銷。但依債之性質不能抵銷或依當事人之特約不得抵銷者，不在此限。

II前項特約，不得對抗善意第三人。

第 335 條（抵銷之方法與效力）

I抵銷，應以意思表示，向他方爲之。其相互間債之關係，溯及最初得爲抵銷時，按照抵銷數額而消滅。

II前項意思表示，附有條件或期限者，無效。

第 336 條（清償地不同之債務之抵銷）

清償地不同之債務，亦得爲抵銷。但爲抵銷之人，應賠償他方因抵銷而生之損害。

第 337 條（時效消滅債務之抵銷）

債之請求權雖經時效而消滅，如在時效未完成前，其債務已適於抵銷者，亦得爲抵銷。

第 338 條（禁止抵銷之債—禁止扣押之債）

禁止扣押之債，其債務人不得主張抵銷。

第 339 條（禁止抵銷之債—因侵權行為而負擔之債）

因故意侵權行爲而負擔之債，其債務人不得主張抵銷。

第 340 條（禁止抵銷之債—受扣押之債權）

受債權扣押命令之第三債務人，於扣押後，始對其債權人取得債權者，不得以其所取得之債權與受扣押之債權爲抵銷。

第 341 條（禁止抵銷之債—向第三人為給付之債）

約定應向第三人爲給付之債務人，不得以其債務，與他方當事人對於自己之債務爲抵銷。

第 342 條（準用清償之抵充）

第三百二十一條至第三百二十三條之規定，於抵銷準用之。

第五款　免　除

第 343 條（免除之效力）
債權人向債務人表示免除其債務之意思者，債之關係消滅。

第六款　混　同

第 344 條（混同之效力）
債權與其債務同歸一人時，債之關係消滅。但其債權爲他人權利之標的或法律另有規定者，不在此限。

第二章　各種之債

第一節　買　賣

第一款　通　則

第 345 條（買賣之意義及成立）
I 稱買賣者，謂當事人約定一方移轉財產權於他方，他方支付價金之契約。
II 當事人就標的物及其價金互相同意時，買賣契約即爲成立。

第 346 條（買賣價金）
I 價金雖未具體約定，而依情形可得而定者，視爲定有價金。
II 價金約定依市價者，視爲標的物清償時，清償地之市價。但契約另有訂定者，不在此限。

第 347 條（有償契約準用買賣規定）
本節規定，於買賣契約以外之有償契約準用之。但爲其契約性質所不許者，不在此限。

第二款　效　力

第 348 條（出賣人之移轉財產權及交付標的物之義務）
I 物之出賣人，負交付其物於買受人，並使其取得該物所有權之義務。
II 權利之出賣人，負使買受人取得其權利之義務，如因其權利而得占有一定之物者，並負交付其物之義務。

第 349 條（權利瑕疵擔保—權利無缺）
出賣人應擔保第三人就買賣之標的物，對於買受人不得主張任何權利。

第 350 條（權利瑕疵擔保—權利存在）
債權或其他權利之出賣人，應擔保其權利確係存在，有價證券之出賣人，並應擔保其證券未因公示催告而宣示無效。

第 351 條（權利瑕疵擔保之免除）
買受人於契約成立時，知有權利之瑕疵者，出賣人不負擔保之責。但契約另有訂定者，不在此限。

第 352 條（債務人支付能力之擔保責任）
債權之出賣人，對於債務人之支付能力，除契約另有訂定外，不負擔保責任，出賣人就債務人之支付能力，負擔保責任者，推定其擔保債權移轉時債務人之支付能力。

第 353 條（權利瑕疵擔保之效果）
出賣人不履行第三百四十八條至第三百五十一條所定之義務者，買受人得依關於債務不履行之規定，行使其權利。

第 354 條（物之瑕疵擔保責任與效果）
I 物之出賣人對於買受人，應擔保其物依第三百七十三條之規定危險移轉於買受人時無滅失或減少其價值之瑕疵，亦無滅失或減少其通常效用或契約預定效用之瑕疵。但減少之程度，無關重要者，不得視爲瑕疵。
II 出賣人並應擔保其物於危險移轉時，具有其所保證之品質。

第 355 條（物之瑕疵擔保責任之免除）
I 買受人於契約成立時，知其物有前條第一項所稱之瑕疵者，出賣人不負擔保之責。
II 買受人因重大過失，而不知有前條第一項所稱之瑕疵者，出賣人如未保證其無瑕疵時，不負擔保之責。但故意不告知其瑕疵者，不在此限。

第 356 條（買受人之檢查通知義務）
I 買受人應按物之性質，依通常程序從速檢查其所受領之物，如發見有應由出賣人負擔保責任之瑕疵時，應即通知出賣人。
II 買受人怠於爲前項之通知者，除依通常之檢查不能發見之瑕疵外，視爲承認其所受領之物。
III 不能即知之瑕疵，至日後發見者，應即通知出賣人，怠於爲通知者，視爲承認其所受領之物。

第 357 條（檢查通知義務之排除）
前條規定，於出賣人故意不告知瑕疵於買受人者，不適用之。

第 358 條（異地送到之物之保管、通知、變賣義務）
I 買受人對於由他地送到之物，主張有瑕疵，不願受領者，如出賣人於受領地無代理人，買受人有暫爲保管之責。
II 前項情形，如買受人不即依相當方法證明其瑕疵之存在者，推定於受領時爲無瑕疵。
III 送到之物易於敗壞者，買受人經依相當方法之證明，得照市價變賣之。如爲出賣人之利益，有必要時，並有變賣之義務。
IV 買受人依前項規定爲變賣者，應即通知出賣人。如怠於通知，應負損害賠償之責。

第 359 條（物之瑕疵擔保效力—解約或減少價金）
買賣因物有瑕疵，而出賣人依前五條之規定，應負擔保之責者，買受人得解除其契約或請求減少其價金。但依情形，解除契約顯失公平者，買受人僅得請求減少價金。

第 360 條（物之瑕疵擔保效力—請求不履行之損害賠償）
買賣之物，缺少出賣人所保證之品質者，買受人得不解除契約或請求減少價金，而請求不履行之損害賠償；出賣人故意不告知物之瑕疵者亦同。

第 361 條（解約催告）

I 買受人主張物有瑕疵者，出賣人得定相當期限，催告買受人於其期限內是否解除契約。

II 買受人於前項期限內不解除契約者，喪失其解除權。

第 362 條（解約與從物）

I 因主物有瑕疵而解除契約者，其效力及於從物。

II 從物有瑕疵者，買受人僅得就從物之部分為解除。

第 363 條（數物併同出賣時之解除契約）

I 為買賣標的之數物中，一物有瑕疵者，買受人僅得就有瑕疵之物為解除，其以總價金將數物同時賣出者，買受人並得請求減少與瑕疵物相當之價額。

II 前項情形，當事人之任何一方，如因有瑕疵之物，與他物分離而顯受損害者，得解除全部契約。

第 364 條（瑕疵擔保之效力—另行交付無瑕疵之物）

I 買賣之物，僅指定種類者，如其物有瑕疵，買受人得不解除契約或請求減少價金，而即時請求另行交付無瑕疵之物。

II 出賣人就前項另行交付之物，仍負擔保責任。

第 365 條（解除權或請求權之消滅）

I 買受人因物有瑕疵，而得解除契約或請求減少價金者，其解除權或請求權，於買受人依第三百五十六條規定為通知後六個月間不行使或自物之交付時起經過五年而消滅。

II 前項關於六個月期間之規定，於出賣人故意不告知瑕疵者，不適用之。

第 366 條（免除或限制擔保義務之特約）

以特約免除或限制出賣人關於權利或物之瑕疵擔保義務者，如出賣人故意不告知其瑕疵，其特約為無效。

第 367 條（買受人之義務）

買受人對於出賣人，有交付約定價金及受領標的物之義務。

第 368 條（價金支付拒絕權）

I 買受人有正當理由，恐第三人主張權利，致失其因買賣契約所得權利之全部或一部者，得拒絕支付價金之全部或一部。但出賣人已提出相當擔保者，不在此限。

II 前項情形，出賣人得請求買受人提存價金。

第 369 條（標的物與價金交付時期）

買賣標的物與其價金之交付，除法律另有規定或契約另有訂定或另有習慣外，應同時為之。

第 370 條（價金交付期限之推定）

標的物交付定有期限者，其期限，推定其為價金交付之期限。

第 371 條（價金交付之處所）

標的物與價金應同時交付者，其價金應於標的物之交付處所交付之。

第 372 條（依重量計算價金之方法）

價金依物之重量計算者，應除去其包皮之重量。但契約另有訂定或另有習慣者，從其訂定或習慣。

第 373 條（標的物利益與危險之承受負擔）

買賣標的物之利益及危險，自交付時起，均由買受人承受負擔。但契約另有訂定者，不在此限。

第 374 條（送交清償地以外處所之標的物危險之負擔）

買受人請求將標的物送交清償地以外之處所者，自出賣人交付其標的物於為運送之人或承攬運送人時起，標的物之危險，由買受人負擔。

第 375 條（交付前負擔危險之買受人費用返還義務）

I 標的物之危險，於交付前已應由買受人負擔者，出賣人於危險移轉後，標的物之交付前，所支出之必要費用，買受人應依關於委任之規定，負償還責任。

II 前項情形，出賣人所支出之費用，如非必要者，買受人應依關於無因管理之規定，負償還責任。

第 376 條（出賣人違反關於送交方法特別指示之損害賠償）

買受人關於標的物之送交方法，有特別指示，而出賣人無緊急之原因，違其指示者，對於買受人因此所受之損害，應負賠償責任。

第 377 條（以權利為買賣標的之利益與危險之承受負擔）

以權利為買賣之標的，如出賣人因其權利而得占有一定之物者，準用前四條之規定。

第 378 條（買賣費用之負擔）

買賣費用之負擔，除法律另有規定或契約另有訂定或另有習慣外，依左列之規定：

一　買賣契約之費用，由當事人雙方平均負擔。

二　移轉權利之費用，運送標的物至清償地之費用及交付之費用，由出賣人負擔。

三　受領標的物之費用，登記之費用及送交清償地以外處所之費用，由買受人負擔。

第三款　買　回

第 379 條（買回之要件）

I 出賣人於買賣契約保留買回之權利者，得返還其所受領之價金，而買回其標的物。

II 前項買回之價金，另有特約者，從其特約。

III 原價金之利息，與買受人就標的物所得之利益，視為互相抵銷。

第 380 條（買回之期限）

買回之期限，不得超過五年，如約定之期限較長者，縮短為五年。

第 381 條（買賣費用之償還與買回費用之負擔）
I 買賣費用由買受人支出者，買回人應與買回價金連同償還之。
II 買回之費用，由買回人負擔。
第 382 條（改良及有益費用之償還）
買受人爲改良標的物所支出之費用及其他有益費用，而增加價値者，買回人應償還之。但以現存之增價額爲限。
第 383 條（原買受人之義務及責任）
I 買受人對於買回人，負交付標的物及其附屬物之義務。
II 買受人因可歸責於自己之事由，致不能交付標的物或標的物顯有變更者，應賠償因此所生之損害。

第四款　特種買賣

第 384 條（試驗買賣之意義）
試驗買賣，爲以買受人之承認標的物爲停止條件而訂立之契約。
第 385 條（容許試驗義務）
試驗買賣之出賣人，有許買受人試驗其標的物之義務。
第 386 條（視為拒絕承認標的物）
標的物經試驗而未交付者，買受人於約定期限內，未就標的物爲承認之表示，視爲拒絕；其無約定期限，而於出賣人所定之相當期限內，未爲承認之表示者亦同。
第 387 條（視為承認標的物）
I 標的物因試驗已交付於買受人，而買受人不交還其物，或於約定期限或出賣人所定之相當期限內不爲拒絕之表示者，視爲承認。
II 買受人已支付價金之全部或一部，或就標的物爲非試驗所必要之行爲者，視爲承認。
第 388 條（貨樣買賣）
按照貨樣約定買賣者，視爲出賣人擔保其交付之標的物與貨樣有同一之品質。
第 389 條（分期付價買賣期限利益喪失約款之限制）
分期付價之買賣，如約定買受人有遲延時，出賣人得即請求支付全部價金者，除買受人遲付之價額已達全部價金五分之一外，出賣人仍不得請求支付全部價金。
第 390 條（解約扣價約款之限制）
分期付價之買賣，如約定出賣人於解除契約時，得扣留其所受領價金者，其扣留之數額，不得超過標的物使用之代價，及標的物受有損害時之賠償額。
第 391 條（拍賣之成立）
拍賣，因拍賣人拍板或依其他慣用之方法爲賣定之表示而成立。
第 392 條（拍賣人應買之禁止）
拍賣人對於其所經管之拍賣，不得應買，亦不得使他人爲其應買。
第 393 條（拍賣物之拍定）
拍賣人除拍賣之委任人有反對之意思表示外，得將拍賣物拍歸出價最高之應買人。
第 394 條（拍定之撤回）
拍賣人對於應買人所出最高之價，認爲不足者，得不爲賣定之表示而撤回其物。
第 395 條（應買表示之效力）
應買人所爲應買之表示，自有出價較高之應買或拍賣物經撤回時，失其拘束力。
第 396 條（以現金支付買價及支付時期）
拍賣之買受人，應於拍賣成立時或拍賣公告內所定之時，以現金支付買價。
第 397 條（不按時支付價金之效力—解約再拍賣及賠償差額）
I 拍賣之買受人如不按時支付價金者，拍賣人得解除契約，將其物再爲拍賣。
II 再行拍賣所得之價金，如少於原拍賣之價金及再行拍賣之費用者，原買受人應負賠償其差額之責任。

第二節　互　易

第 398 條（交互準用買賣之規定）
當事人雙方約定互相移轉金錢以外之財產權者，準用關於買賣之規定。
第 399 條（附有補足金之互易準用買賣之規定）
當事人之一方，約定移轉前條所定之財產權，並應交付金錢者，其金錢部分，準用關於買賣價金之規定。

第三節　交互計算

第 400 條（交互計算之意義）
稱交互計算者，謂當事人約定，以其相互間之交易所生之債權、債務爲定期計算，互相抵銷，而僅支付其差額之契約。
第 401 條（票據及證券等記入交互計算項目之除去）
匯票、本票、支票及其他流通證券，記入交互計算者，如證券之債務人不爲清償時，當事人得將該記入之項目除去之。
第 402 條（交互計算之計算期）
交互計算之計算期，如無特別訂定，每六個月計算一次。
第 403 條（交互計算之終止）
當事人之一方，得隨時終止交互計算契約而爲計算。但契約另有訂定者，不在此限。
第 404 條（利息之附加）
I 記入交互計算之項目，得約定自記入之時起，附加利息。
II 由計算而生之差額，得請求自計算時起，支付利息。

第405條（記入交互計算項目之除去或改正）
記入交互計算之項目，自計算後，經過一年，不得請求除去或改正。

第四節　贈　與

第406條（贈與之意義及成立）
稱贈與者，謂當事人約定，一方以自己之財產無償給與他方，他方允受之契約。

第407條（刪除）

第408條（贈與之任意撤銷及其例外）
I 贈與物之權利未移轉前，贈與人得撤銷其贈與。其一部已移轉者，得就其未移轉之部分撤銷之。
II 前項規定，於經公證之贈與，或爲履行道德上義務而爲贈與者，不適用之。

第409條（受贈人之權利）
I 贈與人就前條第二項所定之贈與給付遲延時，受贈人得請求交付贈與物；其因可歸責於自己之事由致給付不能時，受贈人得請求賠償贈與物之價額。
II 前項情形，受贈人不得請求遲延利息或其他不履行之損害賠償。

第410條（贈與人之責任）
贈與人僅就其故意或重大過失，對於受贈人負給付不能之責任。

第411條（瑕疵擔保責任）
贈與之物或權利如有瑕疵，贈與人不負擔保責任。但贈與人故意不告知其瑕疵或保證其無瑕疵者，對於受贈人因瑕疵所生之損害，負賠償之義務。

第412條（附負擔之贈與）
I 贈與附有負擔者，如贈與人已爲給付而受贈人不履行其負擔時，贈與人得請求受贈人履行其負擔，或撤銷贈與。
II 負擔以公益爲目的者，於贈與人死亡後，主管機關或檢察官得請求受贈人履行其負擔。

第413條（受贈人履行負擔責任之限度）
附有負擔之贈與，其贈與不足償其負擔者，受贈人僅於贈與之價值限度內，有履行其負擔之責任。

第414條（附負擔贈與之瑕疵擔保責任）
附有負擔之贈與，其贈與之物或權利如有瑕疵，贈與人於受贈人負擔之限度內，負與出賣人同一之擔保責任。

第415條（定期贈與當事人之死亡）
定期給付之贈與，因贈與人或受贈人之死亡，失其效力。但贈與人有反對之意思表示者，不在此限。

第416條（贈與人之撤銷權）
I 受贈人對於贈與人，有左列情事之一者，贈與人得撤銷其贈與：
　一　對於贈與人、其配偶、直系血親、三親等內旁系血親或二親等內姻親，有故意侵害之行爲，依刑法有處罰之明文者。
　二　對於贈與人有扶養義務而不履行者。
II 前項撤銷權，自贈與人知有撤銷原因之時起，一年內不行使而消滅。贈與人對於受贈人已爲宥恕之表示者，亦同。

第417條（繼承人之撤銷權）
受贈人因故意不法之行爲，致贈與人死亡或妨礙其爲贈與之撤銷者，贈與人之繼承人，得撤銷其贈與。但其撤銷權自知有撤銷原因之時起，六個月間不行使而消滅。

第418條（贈與人之窮困抗辯—贈與履行之拒絕）
贈與人於贈與約定後，其經濟狀況顯有變更，如因贈與致其生計有重大之影響，或妨礙其扶養義務之履行者，得拒絕贈與之履行。

第419條（撤銷贈與之方法及效果）
I 贈與之撤銷，應向受贈人以意思表示爲之。
II 贈與撤銷後，贈與人得依關於不當得利之規定，請求返還贈與物。

第420條（撤銷權之消滅）
贈與之撤銷權，因受贈人之死亡而消滅。

第五節　租　賃

第421條（租賃之定義）
I 稱租賃者，謂當事人約定，一方以物租與他方使用、收益，他方支付租金之契約。
II 前項租金，得以金錢或租賃物之孳息充之。

第422條（不動產租賃契約之方式）
不動產之租賃契約，其期限逾一年者，應以字據訂立之，未以字據訂立者，視爲不定期限之租賃。

第422條之1（地上權登記之請求）
租用基地建築房屋者，承租人於契約成立後，得請求出租人爲地上權之登記。

第423條（租賃物之交付及保持義務）
出租人應以合於所約定使用、收益之租賃物，交付承租人，並應於租賃關係存續中，保持其合於約定使用、收益之狀態。

第424條（承租人之契約終止權）
租賃物爲房屋或其他供居住之處所者，如有瑕疵，危及承租人或其同居人之安全或健康時，承租人雖於訂約時已知其瑕疵，或已拋棄其終止契約之權利，仍得終止契約。

第425條（租賃物所有權之讓與）
I 出租人於租賃物交付後，承租人占有中，縱將其所有權讓與第三人，其租賃契約，對於受讓人仍繼續存在。
II 前項規定，於未經公證之不動產租賃契約，其期限逾五年或未定期限者，不適用之。

第425條之1（土地所有人與房屋所有人之租賃關係）

I 土地及其土地上之房屋同屬一人所有，而僅將土地或僅將房屋所有權讓與他人，或將土地及房屋同時或先後讓與相異之人時，土地受讓人或房屋受讓人與讓與人間或房屋受讓人與土地受讓人間，推定在房屋得使用期限內，有租賃關係。其期限不受第四百四十九條第一項規定之限制。

II 前項情形，其租金數額當事人不能協議時，得請求法院定之。

第426條（就租賃物設定物權之效力）

出租人就租賃物設定物權，致妨礙承租人之使用收益者，準用第四百二十五條之規定。

第426條之1（房屋所有權移轉時承租人之效力）

租用基地建築房屋，承租人房屋所有權移轉時，其基地租賃契約，對於房屋受讓人，仍繼續存在。

第426條之2（租用基地建築房屋之優先購買權）

I 租用基地建築房屋，出租人出賣基地時，承租人有依同樣條件優先承買之權。承租人出賣房屋時，基地所有人有依同樣條件優先承買之權。

II 前項情形，出賣人應將出賣條件以書面通知優先承買權人。優先承買權人於通知達到後十日內未以書面表示承買者，視爲放棄。

III 出賣人未以書面通知優先承買權人而爲所有權之移轉登記者，不得對抗優先承買權人。

第427條（租賃物稅捐之負擔）

就租賃物應納之一切稅捐，由出租人負擔。

第428條（動物租賃飼養費之負擔）

租賃物爲動物者，其飼養費由承租人負擔。

第429條（出租人之修繕義務）

I 租賃物之修繕，除契約另有訂定或另有習慣外，由出租人負擔。

II 出租人爲保存租賃物所爲之必要行爲，承租人不得拒絕。

第430條（修繕義務不履行之效力）

租賃關係存續中，租賃物如有修繕之必要，應由出租人負擔者，承租人得定相當期限，催告出租人修繕，如出租人於其期限內不爲修繕者，承租人得終止契約或自行修繕而請求出租人償還其費用或於租金中扣除之。

第431條（有益費用之償還及工作物之取回）

I 承租人就租賃物支出有益費用，因而增加該物之價值者，如出租人知其情事而不爲反對之表示，於租賃關係終止時，應償還其費用。但以其現存之增價額爲限。

II 承租人就租賃物所增設之工作物，得取回之。但應回復租賃物之原狀。

第432條（承租人之保管義務）

I 承租人應以善良管理人之注意，保管租賃物，租賃物有生產力者，並應保持其生產力。

II 承租人違反前項義務，致租賃物毀損、滅失者，負損害賠償責任。但依約定之方法或依物之性質而定之方法爲使用、收益，致有變更或毀損者，不在此限。

第433條（對於第三人行為之責任）

因承租人之同居人或因承租人允許爲租賃物之使用、收益之第三人應負責之事由，致租賃物毀損、滅失者，承租人負損害賠償責任。

第434條（失火責任）

租賃物因承租人之重大過失，致失火而毀損、滅失者，承租人對於出租人負損害賠償責任。

第435條（租賃物一部滅失之效果）

I 租賃關係存續中，因不可歸責於承租人之事由，致租賃物之一部滅失者，承租人得按滅失之部分，請求減少租金。

II 前項情形，承租人就其存餘部分不能達租賃之目的者，得終止契約。

第436條（權利瑕疵之效果）

前條規定，於承租人因第三人就租賃物主張權利，致不能爲約定之使用、收益者準用之。

第437條（承租人之通知義務）

I 租賃關係存續中，租賃物如有修繕之必要，應由出租人負擔者，或因防止危害有設備之必要，或第三人就租賃物主張權利者，承租人應即通知出租人。但爲出租人所已知者，不在此限。

II 承租人怠於爲前項通知，致出租人不能及時救濟者，應賠償出租人因此所生之損害。

第438條（承租人使用收益租賃物之方法及違反之效果）

I 承租人應依約定方法，爲租賃物之使用、收益；無約定方法者，應以依租賃物之性質而定之方法爲之。

II 承租人違反前項之規定爲租賃物之使用、收益，經出租人阻止而仍繼續爲之者，出租人得終止契約。

第439條（支付租金之時期）

承租人應依約定日期，支付租金；無約定者，依習慣；無約定亦無習慣者，應於租賃期滿時支付之。如租金分期支付者，於每期屆滿時支付之。如租賃物之收益有季節者，於收益季節終了時支付之。

第440條（租金支付遲延之效力）

I 承租人租金支付有遲延者，出租人得定相當期限，催告承租人支付租金，如承租人於其期限內不爲支付，出租人得終止契約。

II 租賃物爲房屋者，遲付租金之總額，非達二個月之租額，不得依前項之規定，終止契約。其租金約定於每期開始時支付者，並應於遲延給付逾二個月時，始得終止契約。

III租用建築房屋之基地，遲付租金之總額，達二年之租額時，適用前項之規定。

第441條（租金之續付）

承租人因自己之事由，致不能為租賃物全部或一部之使用、收益者，不得免其支付租金之義務。

第442條（不動產租賃租金增減請求權）

租賃物為不動產者，因其價值之昇降，當事人得聲請法院增減其租金。但其租賃定有期限者，不在此限。

第443條（轉租之效力）

I承租人非經出租人承諾，不得將租賃物轉租於他人。但租賃物為房屋者，除有反對之約定外，承租人得將其一部分轉租於他人。

II承租人違反前項規定，將租賃物轉租於他人者，出租人得終止契約。

第444條（轉租之效力）

I承租人依前條之規定，將租賃物轉租於他人者，其與出租人間之租賃關係，仍為繼續。

II因次承租人應負責之事由所生之損害，承租人負賠償責任。

第445條（不動產出租人之留置權）

I不動產之出租人，就租賃契約所生之債權，對於承租人之物置於該不動產者，有留置權。但禁止扣押之物，不在此限。

II前項情形，僅於已得請求之損害賠償及本期與以前未交之租金之限度內，得就留置物取償。

第446條（留置權之消滅與出租人之異議）

I承租人將前條留置物取去者，出租人之留置權消滅。但其取去係乘出租人之不知，或出租人曾提出異議者，不在此限。

II承租人如因執行業務取去其物，或其取去適於通常之生活關係，或所留之物足以擔保租金之支付者，出租人不得提出異議。

第447條（出租人之自助權）

I出租人有提出異議權者，得不聲請法院，逕行阻止承租人取去其留置物；如承租人離去租賃之不動產者，並得占有其物。

II承租人乘出租人之不知或不顧出租人提出異議而取去其物者，出租人得終止契約。

第448條（留置權之消滅—提供擔保）

承租人得提出擔保，以免出租人行使留置權，並得提出與各個留置物價值相當之擔保，以消滅對於該物之留置權。

第449條（租賃之最長期限）

I租賃契約之期限，不得逾二十年。逾二十年者，縮短為二十年。

II前項期限，當事人得更新之。

III租用基地建築房屋者，不適用第一項之規定。

第450條（租賃契約之消滅）

I租賃定有期限者，其租賃關係，於期限屆滿時消滅。

II未定期限者，各當事人得隨時終止契約。但有利於承租人之習慣者，從其習慣。

III前項終止契約，應依習慣先期通知。但不動產之租金，以星期、半個月或一個月定其支付之期限者，出租人應以曆定星期、半個月或一個月之末日為契約終止期，並應至少於一星期、半個月或一個月前通知之。

第451條（租賃契約之默示更新）

租賃期限屆滿後，承租人仍為租賃物之使用收益，而出租人不即表示反對之意思者，視為以不定期限繼續契約。

第452條（因承租人死亡而終止租約）

承租人死亡者，租賃契約雖定有期限，其繼承人仍得終止契約。但應依第四百五十條第三項之規定，先期通知。

第453條（定期租約之終止）

定有期限之租賃契約，如約定當事人之一方於期限屆滿前，得終止契約者，其終止契約，應依第四百五十條第三項之規定，先期通知。

第454條（預收租金之返還）

租賃契約，依前二條之規定終止時，如終止後始到期之租金，出租人已預先受領者，應返還之。

第455條（租賃物之返還）

承租人於租賃關係終止後，應返還租賃物；租賃物有生產力者，並應保持其生產狀態，返還出租人。

第456條（消滅時效期間及其起算點）

I出租人就租賃物所受損害對於承租人之賠償請求權，承租人之償還費用請求權及工作物取回權，均因二年間不行使而消滅。

II前項期間，於出租人，自受租賃物返還時起算；於承租人，自租賃關係終止時起算。

第457條（耕地租賃之租金減免請求權）

I耕作地之承租人，因不可抗力，致其收益減少或全無者，得請求減少或免除租金。

II前項租金減免請求權，不得預先拋棄。

第457條之1（耕作地預收地租之禁止與承租人得為部分租金之支付）

I耕作地之出租人不得預收租金。

II承租人不能按期支付應交租金之全部，而以一部支付時，出租人不得拒絕收受。

第458條（耕地租約之終止）

耕作地租賃於租期屆滿前，有左列情形之一時，出租人得終止契約：

一　承租人死亡而無繼承人或繼承人無耕作能力者。

二　承租人非因不可抗力不為耕作繼續一年以上者。

三　承租人將耕作地全部或一部轉租於他人者。

四　租金積欠達兩年之總額者。

五　耕作地依法編定或變更爲非耕作地使用者。

第 459 條（耕地租約之終止）

未定期限之耕作地租賃，出租人除收回自耕外，僅於有前條各款之情形或承租人違反第四百三十二條或第四百六十二條第二項之規定時，得終止契約。

第 460 條（耕地租約之終止期）

耕作地之出租人終止契約者，應以收益季節後，次期作業開始前之時日，爲契約之終止期。

第 460 條之 1（耕作地之優先承買或承典權）

I 耕作地出租人出賣或出典耕作地時，承租人有依同樣條件優先承買或承典之權。

II 第四百二十六條之二第二項及第三項之規定，於前項承買或承典準用之。

第 461 條（耕作費用之償還）

耕作地之承租人，因租賃關係終止時未及收穫之孳息所支出之耕作費用，得請求出租人償還之。但其請求額不得超過孳息之價額。

第 461 條之 1（承租人對耕作地之特別改良）

I 耕作地承租人於保持耕作地之原有性質及效能外，得爲增加耕作地生產力或耕作便利之改良。但應將改良事項及費用數額，以書面通知出租人。

II 前項費用，承租人返還耕作地時，得請求出租人返還。但以其未失效能部分之價額爲限。

第 462 條（耕作地附屬物之範圍及其補充）

I 耕作地之租賃，附有農具，牲畜或其他附屬物者，當事人應於訂約時，評定其價值，並繕具清單，由雙方簽名，各執一份。

II 清單所載之附屬物，如因可歸責於承租人之事由而滅失者，由承租人負補充之責任。

III 附屬物如因不可歸責於承租人之事由而滅失者，由出租人負補充之責任。

第 463 條（耕作地附屬物之返還）

耕作地之承租人依清單所受領之附屬物，應於租賃關係終止時，返還於出租人；如不能返還者，應賠償其依清單所定之價值。但因使用所生之通常折耗，應扣除之。

第 463 條之 1（權利租賃之準用）

本節規定，於權利之租賃準用之。

第六節　借　貸

第一款　使用借貸

第 464 條（使用借貸之定義）

稱使用借貸者，謂當事人一方以物交付他方，而約定他方於無償使用後返還其物之契約。

第 465 條（刪除）

第 465 條之 1（使用借貸之預約）

使用借貸預約成立後，預約貸與人得撤銷其約定。但預約借用人已請求履行預約而預約貸與人未即時撤銷者，不在此限。

第 466 條（貸與人之責任）

貸與人故意不告知借用物之瑕疵，致借用人受損害者，負賠償責任。

第 467 條（依約定方法使用借用物義務）

I 借用人應依約定方法，使用借用物；無約定方法者，應以依借用物之性質而定之方法使用之。

II 借用人非經貸與人之同意，不得允許第三人使用借用物。

第 468 條（借用人之保管義務）

I 借用人應以善良管理人之注意，保管借用物。

II 借用人違反前項義務，致借用物毀損、滅失者，負損害賠償責任。但依約定之方法或依物之性質而定之方法使用借用物，致有變更或毀損者，不負責任。

第 469 條（通常保管費之負擔及工作物之取回）

I 借用物之通常保管費用，由借用人負擔。借用物爲動物者，其飼養費亦同。

II 借用人就借用物支出有益費用，因而增加該物之價值者，準用第四百三十一條第一項之規定。

III 借用人就借用物所增加之工作物，得取回之。但應回復借用物之原狀。

第 470 條（借用人返還借用物義務）

I 借用人應於契約所定期限屆滿時，返還借用物；未定期限者，應於依借貸之目的使用完畢時返還之。但經過相當時期，可推定借用人已使用完畢者，貸與人亦得爲返還之請求。

II 借貸未定期限，亦不能依借貸之目的而定其期限者，貸與人得隨時請求返還借用物。

第 471 條（借用人之連帶責任）

數人共借一物者，對於貸與人，連帶負責。

第 472 條（貸與人之終止契約權）

有左列各款情形之一者，貸與人得終止契約：

一　貸與人因不可預知之情事，自己需用借用物者。

二　借用人違反約定或依物之性質而定之方法使用借用物，或未經貸與人同意允許第三人使用者。

三　因借用人怠於注意，致借用物毀損或有毀損之虞者。

四　借用人死亡者。

第 473 條（消滅時效期間及其起算）

I 貸與人就借用物所受損害，對於借用人之賠償請求權、借用人依第四百六十六條所定之賠償請求權、第四百六十九條所定有益費用償還請求權及其工作物之取回權，均因六個月間不行使而消滅。

II 前項期間，於貸與人，自受借用物返還時起算。於借用人，自借貸關係終止時起算。

第二款　消費借貸

第474條（消費借貸之定義）

I稱消費借貸者，謂當事人一方移轉金錢或其他代替物之所有權於他方，而約定他方以種類、品質、數量相同之物返還之契約。

II當事人之一方對他方負金錢或其他代替物之給付義務而約定以之作爲消費借貸之標的者，亦成立消費借貸。

第475條（刪除）

第475條之1（消費借貸之預約）

I消費借貸之預約，其約定之消費借貸有利息或其他報償，當事人之一方於預約成立後，成爲無支付能力者，預約貸與人得撤銷其預約。

II消費借貸之預約，其約定之消費借貸爲無報償者，準用第四百六十五條之一之規定。

第476條（物之瑕疵擔保責任）

I消費借貸，約定有利息或其他報償者，如借用物有瑕疵時，貸與人應另易以無瑕疵之物。但借用人仍得請求損害賠償。

II消費借貸爲無報償者，如借用物有瑕疵時，借用人得照有瑕疵原物之價值，返還貸與人。

III前項情形，貸與人如故意不告知其瑕疵者，借用人得請求損害賠償。

第477條（消費借貸報償之支付時期）

利息或其他報償，應於契約所定期限支付之；未定期限者，應於借貸關係終止時支付之。但其借貸期限逾一年者，應於每年終支付之。

第478條（借用人返還借用物義務）

借用人應於約定期限內，返還與借用物種類、品質、數量相同之物，未定返還期限者，借用人得隨時返還，貸與人亦得定一個月以上之相當期限，催告返還。

第479條（返還不能之補償）

I借用人不能以種類、品質、數量相同之物返還者，應以其物在返還時、返還地所應有之價值償還之。

II返還時或返還地未約定者，以其物在訂約時或訂約地之價值償還之。

第480條（金錢借貸之返還）

金錢借貸之返還，除契約另有訂定外，應依左列之規定：

一　以通用貨幣爲借貸者，如於返還時已失其通用效力，應以返還時有通用效力之貨幣償還之。

二　金錢借貸，約定折合通用貨幣計算者，不問借用人所受領貨幣價格之增減，均應以返還時有通用效力之貨幣償還之。

三　金錢借貸，約定以特種貨幣爲計算者，應以該特種貨幣，或按返還時、返還地之市價，以通用貨幣償還之。

第481條（貨物折算金錢之消費借貸）

以貨物或有價證券折算金錢而爲借貸者，縱有反對之約定，仍應以該貨物或有價證券按照交付時交付地之市價所應有之價值，爲其借貸金額。

第七節　僱　傭

第482條（僱傭之定義）

稱僱傭者，謂當事人約定，一方於一定或不定之期限內爲他方服勞務，他方給付報酬之契約。

第483條（報酬及報酬額）

I如依情形，非受報酬即不服勞務者，視爲允與報酬。

II未定報酬額者，按照價目表所定給付之；無價目表者，按照習慣給付。

第483條之1（僱用人對受僱人之保護義務）

受僱人服勞務，其生命、身體、健康有受危害之虞者，僱用人應按其情形爲必要之預防。

第484條（勞務之專屬性）

I僱用人非經受僱人同意，不得將其勞務請求權讓與第三人，受僱人非經僱用人同意，不得使第三人代服勞務。

II當事人之一方違反前項規定時，他方得終止契約。

第485條（特種技能之保證）

受僱人明示或默示保證其有特種技能時，如無此種技能時，僱用人得終止契約。

第486條（報酬給付之時期）

報酬應依約定之期限給付之；無約定者，依習慣；無約定亦無習慣者，依左列之規定：

一　報酬分期計算者，應於每期屆滿時給付之。

二　報酬非分期計算者，應於勞務完畢時給付之。

第487條（受領遲延之報酬請求）

僱用人受領勞務遲延者，受僱人無補服勞務之義務，仍得請求報酬。但受僱人因不服勞務所減省之費用，或轉向他處服勞務所取得，或故意怠於取得之利益，僱用人得由報酬額內扣除之。

第487條之1（受僱人之請求賠償）

I受僱人服勞務，因非可歸責於自己之事由，致受損害者，得向僱用人請求賠償。

II前項損害之發生，如別有應負責任之人時，僱用人對於該應負責者，有求償權。

第488條（僱傭關係之消滅—屆期與終止契約）

I僱傭定有期限者，其僱傭關係，於期限屆滿時消滅。

II僱傭未定期限，亦不能依勞務之性質或目的定其期限者，各當事人得隨時終止契約。但有利於受僱人之習慣者，從其習慣。

第489條（僱傭關係之消滅—遇重大事由之終止）

I當事人之一方，遇有重大事由，其僱傭契約，縱定有期限，仍得於期限屆滿前終止之。

II前項事由，如因當事人一方之過失而生者，他方得向其請求損害賠償。

第八節　承　攬

第490條（承攬之定義）

I稱承攬者，謂當事人約定，一方爲他方完成一定之工作，他方俟工作完成，給付報酬之契約。

II約定由承攬人供給材料者，其材料之價額，推定爲報酬之一部。

第491條（承攬之報酬）

I如依情形，非受報酬即不爲完成其工作者，視爲允與報酬。

II未定報酬額者，按照價目表所定給付之；無價目表者，按照習慣給付。

第492條（物之瑕疵擔保責任）

承攬人完成工作，應使其具備約定之品質及無減少或滅失價值或不適於通常或約定使用之瑕疵。

第493條（瑕疵擔保之效力—瑕疵修補）

I工作有瑕疵者，定作人得定相當期限，請求承攬人修補之。

II承攬人不於前項期限內修補者，定作人得自行修補，並得向承攬人請求償還修補必要之費用。

III如修補所需費用過鉅者，承攬人得拒絕修補，前項規定，不適用之。

第494條（瑕疵擔保之效力—解約或減少報酬）

承攬人不於前條第一項所定期限內修補瑕疵，或依前條第三項之規定拒絕修補或其瑕疵不能修補者，定作人得解除契約或請求減少報酬。但瑕疵非重要，或所承攬之工作爲建築物或其他土地上之工作物者，定作人不得解除契約。

第495條（瑕疵擔保之效力—損害賠償）

I因可歸責於承攬人之事由，致工作發生瑕疵者，定作人除依前二條之規定，請求修補或解除契約，或請求減少報酬外，並得請求損害賠償。

II前項情形，所承攬之工作爲建築物或其他土地上之工作物，而其瑕疵重大致不能達使用之目的者，定作人得解除契約。

第496條（瑕疵擔保責任之免除）

工作之瑕疵，因定作人所供給材料之性質或依定作人之指示而生者，定作人無前三條所規定之權利。但承攬人明知其材料之性質或指示不適當，而不告知定作人者，不在此限。

第497條（瑕疵預防請求權）

I工作進行中，因承攬人之過失，顯可預見工作有瑕疵或有其他違反契約之情事者，定作人得定相當期限，請求承攬人改善其工作或依約履行。

II承攬人不於前項期限內，依照改善或履行者，定作人得使第三人改善或繼續其工作，其危險及費用，均由承攬人負擔。

第498條（一般瑕疵發見期間—瑕疵擔保期間）

I第四百九十三條至第四百九十五條所規定定作人之權利，如其瑕疵自工作交付後經過一年始發見者，不得主張。

II工作依其性質無須交付者，前項一年之期間，自工作完成時起算。

第499條（土地上工作物瑕疵發見期間—瑕疵擔保期間）

工作爲建築物或其他土地上之工作物或爲此等工作物之重大之修繕者，前條所定之期限，延爲五年。

第500條（瑕疵發見期間之延長）

承攬人故意不告知其工作之瑕疵者，第四百九十八條所定之期限，延爲五年，第四百九十九條所定之期限，延爲十年。

第501條（瑕疵發見期間之強制性）

第四百九十八條及第四百九十九條所定之期限，得以契約加長。但不得減短。

第501條之1（特約免除承攬人瑕疵擔保義務之例外）

以特約免除或限制承攬人關於工作之瑕疵擔保義務者，如承攬人故意不告知其瑕疵，其特約爲無效。

第502條（完成工作延遲之效果）

I因可歸責於承攬人之事由，致工作逾約定期限始完成，或未定期限而逾相當時期始完成者，定作人得請求減少報酬或請求賠償因遲延而生之損害。

II前項情形，如以工作於特定期限完成或交付爲契約之要素者，定作人得解除契約，並得請求賠償因不履行而生之損害。

第503條（期前遲延之解除契約）

因可歸責於承攬人之事由，遲延工作，顯可預見其不能於限期內完成而其遲延可爲工作完成後解除契約之原因者，定作人得依前條第二項之規定解除契約，並請求損害賠償。

第504條（遲延責任之免除）

工作遲延後，定作人受領工作時不爲保留者，承攬人對於遲延之結果，不負責任。

第505條（報酬給付之時期）

I報酬應於工作交付時給付之，無須交付者，應於工作完成時給付之。

II工作係分部交付，而報酬係就各部分定之者，應於每部分交付時，給付該部分之報酬。

第506條（實際報酬超過預估概數甚鉅時之處理）

I訂立契約時，僅估計報酬之概數者，如其報酬，因非可歸責於定作人之事由，超過概數甚鉅者，定作人得於工作進行中或完成後，解除契約。

II前項情形，工作如爲建築物或其他土地上之工作物或爲此等工作物之重大修繕者，定作人僅得請求相當減少報酬，如工作物尚未完成者，定作人得通知承攬人停止工作，並得解除契約。

Ⅲ定作人依前二項之規定解除契約時，對於承攬人，應賠償相當之損害。

第 507 條（定作人之協力義務）

Ⅰ工作需定作人之行為始能完成者，而定作人不為其行為時，承攬人得定相當期限，催告定作人為之。

Ⅱ定作人不於前項期限內為其行為者，承攬人得解除契約，並得請求賠償因契約解除而生之損害。

第 508 條（危險負擔）

Ⅰ工作毀損、滅失之危險，於定作人受領前，由承攬人負擔，如定作人受領遲延者，其危險由定作人負擔。

Ⅱ定作人所供給之材料，因不可抗力而毀損、滅失者，承攬人不負其責。

第 509 條（可歸責於定作人之履行不能）

於定作人受領工作前，因其所供給材料之瑕疵或其指示不適當，致工作毀損、滅失或不能完成者，承攬人如及時將材料之瑕疵或指示不適當之情事通知定作人時，得請求其已服勞務之報酬及墊款之償還，定作人有過失者，並得請求損害賠償。

第 510 條（視為受領工作）

前二條所定之受領，如依工作之性質，無須交付者，以工作完成時視為受領。

第 511 條（定作人之終止契約）

工作未完成前，定作人得隨時終止契約。但應賠償承攬人因契約終止而生之損害。

第 512 條（承攬契約之當然終止）

Ⅰ承攬之工作，以承攬人個人之技能為契約之要素者，如承攬人死亡或非因其過失致不能完成其約定之工作時，其契約為終止。

Ⅱ工作已完成之部分，於定作人為有用者，定作人有受領及給付相當報酬之義務。

第 513 條（承攬人之法定抵押權）

Ⅰ承攬之工作為建築物或其他土地上之工作物，或為此等工作物之重大修繕者，承攬人得就承攬關係報酬額，對於其工作所附之定作人之不動產，請求定作人為抵押權之登記；或對於將來完成之定作人之不動產，請求預為抵押權之登記。

Ⅱ前項請求，承攬人於開始工作前亦得為之。

Ⅲ前二項之抵押權登記，如承攬契約已經公證者，承攬人得單獨申請之。

Ⅳ第一項及第二項就修繕報酬所登記之抵押權，於工作物因修繕所增加之價值限度內，優先於成立在先之抵押權。

第 514 條（權利行使之期間）

Ⅰ定作人之瑕疵修補請求權、修補費用償還請求權、減少報酬請求權、損害賠償請求權或契約解除權，均因瑕疵發見後一年間不行使而消滅。

Ⅱ承攬人之損害賠償請求權或契約解除權，因其原因發生後，一年間不行使而消滅。

第八節之一　旅　遊

第 514 條之 1（旅遊營業人之定義）

Ⅰ稱旅遊營業人者，謂以提供旅客旅遊服務為營業而收取旅遊費用之人。

Ⅱ前項旅遊服務，係指安排旅程及提供交通、膳宿、導遊或其他有關之服務。

第 514 條之 2（旅遊書面之規定）

旅遊營業人因旅客之請求，應以書面記載左列事項，交付旅客：

一　旅遊營業人之名稱及地址。
二　旅客名單。
三　旅遊地區及旅程。
四　旅遊營業人提供之交通、膳宿、導遊或其他有關服務及其品質。
五　旅遊保險之種類及其金額。
六　其他有關事項。
七　填發之年月日。

第 514 條之 3（旅客之協力義務）

Ⅰ旅遊需旅客之行為始能完成，而旅客不為其行為者，旅遊營業人得定相當期限，催告旅客為之。

Ⅱ旅客不於前項期限內為其行為者，旅遊營業人得終止契約，並得請求賠償因契約終止而生之損害。

Ⅲ旅遊開始後，旅遊營業人依前項規定終止契約時，旅客得請求旅遊營業人墊付費用將其送回原出發地。於到達後，由旅客附加利息償還之。

第 514 條之 4（第三人參加旅遊）

Ⅰ旅遊開始前，旅客得變更由第三人參加旅遊。旅遊營業人非有正當理由，不得拒絕。

Ⅱ第三人依前項規定為旅客時，如因而增加費用，旅遊營業人得請求其給付。如減少費用，旅客不得請求退還。

第 514 條之 5（變更旅遊內容）

Ⅰ旅遊營業人非有不得已之事由，不得變更旅遊內容。

Ⅱ旅遊營業人依前項規定變更旅遊內容時，其因此所減少之費用，應退還於旅客；所增加之費用，不得向旅客收取。

Ⅲ旅遊營業人依第一項規定變更旅程時，旅客不同意者，得終止契約。

Ⅳ旅客依前項規定終止契約時，得請求旅遊營業人墊付費用將其送回原出發地。於到達後，由旅客附加利息償還之。

第 514 條之 6（旅遊服務之品質）

旅遊營業人提供旅遊服務，應使其具備通常之價值及約定之品質。

第 514 條之 7（旅遊營業人之瑕疵擔保責任）

I 旅遊服務不具備前條之價值或品質者，旅客得請求旅遊營業人改善之。旅遊營業人不爲改善或不能改善時，旅客得請求減少費用。其有難於達預期目的之情形者，並得終止契約。

II 因可歸責於旅遊營業人之事由致旅遊服務不具備前條之價值或品質者，旅客除請求減少費用或並終止契約外，並得請求損害賠償。

III 旅客依前二項規定終止契約時，旅遊營業人應將旅客送回原出發地。其所生之費用，由旅遊營業人負擔。

第 514 條之 8（旅遊時間浪費之求償）

因可歸責於旅遊營業人之事由，致旅遊未依約定之旅程進行者，旅客就其時間之浪費，得按日請求賠償相當之金額。但其每日賠償金額，不得超過旅遊營業人所收旅遊費用總額每日平均之數額。

第 514 條之 9（旅客隨時終止契約之規定）

I 旅遊未完成前，旅客得隨時終止契約。但應賠償旅遊營業人因契約終止而生之損害。

II 第五百十四條之五第四項之規定，於前項情形準用之。

第 514 條之 10（旅客在旅遊途中發生身體或財產上事故之處置）

I 旅客在旅遊中發生身體或財產上之事故時，旅遊營業人應爲必要之協助及處理。

II 前項之事故，係因非可歸責於旅遊營業人之事由所致者，其所生之費用，由旅客負擔。

第 514 條之 11（旅遊營業人協助旅客處理購物瑕疵）

旅遊營業人安排旅客在特定場所購物，其所購物品有瑕疵者，旅客得於受領所購物品後一個月內，請求旅遊營業人協助其處理。

第 514 條之 12（短期之時效）

本節規定之增加、減少或退還費用請求權，損害賠償請求權及墊付費用償還請求權，均自旅遊終了或應終了時起，一年間不行使而消滅。

第九節　出　版

第 515 條（出版之定義）

I 稱出版者，謂當事人約定，一方以文學、科學、藝術或其他之著作，爲出版而交付於他方，他方擔任印刷或以其他方法重製及發行之契約。

II 投稿於新聞紙或雜誌經刊登者，推定成立出版契約。

第 515 條之 1（出版權之授與及消滅）

I 出版權於出版權授與人依出版契約將著作交付於出版人時，授與出版人。

II 依前項規定授與出版人之出版權，於出版契約終了時消滅。

第 516 條（出版權之移轉與權利瑕疵擔保）

I 著作財產權人之權利，於合法授權實行之必要範圍內，由出版人行使之。

II 出版權授與人，應擔保其於契約成立時，有出版授與之權利，如著作受法律上之保護者，並應擔保該著作有著作權。

III 出版權授與人，已將著作之全部或一部，交付第三人出版，或經第三人公開發表，爲其所明知者，應於契約成立前將其情事告知出版人。

第 517 條（出版權授與人為不利於出版人處分之禁止及例外）

出版權授與人於出版人得重製發行之出版物未賣完時，不得就其著作之全部或一部，爲不利於出版人之處分。但契約另有訂定者，不在此限。

第 518 條（版數與續版義務）

I 版數未約定者，出版人僅得出一版。

II 出版人依約得出數版或永遠出版者，如於前版之出版物賣完後，怠於新版之重製時，出版權授與人得聲請法院令出版人於一定期限內，再出新版。逾期不遵行者，喪失其出版權。

第 519 條（出版人之發行義務）

I 出版人對於著作，不得增減或變更。

II 出版人應以適當之格式重製著作。並應爲必要之廣告及用通常之方法推銷出版物。

III 出版物之賣價，由出版人定之。但不得過高，致礙出版物之銷行。

第 520 條（著作物之訂正或修改）

I 著作人於不妨害出版人出版之利益，或增加其責任之範圍內，得訂正或修改著作。但對於出版人因此所生不可預見之費用，應負賠償責任。

II 出版人於重製新版前，應予著作人以訂正或修改著作之機會。

第 521 條（著作物出版之分合）

I 同一著作人之數著作，爲各別出版而交付於出版人者，出版人不得將其數著作，併合出版。

II 出版權授與人就同一著作人或數著作人之數著作爲併合出版，而交付於出版人者，出版人不得將著作，各別出版。

第 522 條（刪除）

第 523 條（著作物之報酬）

I 如依情形非受報酬，即不爲著作之交付者，視爲允與報酬。

II 出版人有出數版之權者，其次版之報酬，及其他出版之條件，推定與前版相同。

第 524 條（給付報酬之時效及銷行證明之提出）

I 著作全部出版者，於其全部重製完畢時，分部出版者，於其各部分重製完畢時應給付報酬。

II 報酬之全部或一部，依銷行之多寡而定者，出版人應依習慣計算，支付報酬，並應提出銷行之證明。

第525條（著作物之危險負擔—著作物滅失）

Ⅰ著作交付出版人後，因不可抗力致滅失者，出版人仍負給付報酬之義務。
Ⅱ滅失之著作，如出版權授與人另存有稿本者，有將該稿本交付於出版人之義務。無稿本時，如出版權授與人係著作人，且不多費勞力，即可重作者，應重作之。
Ⅲ前項情形，出版權授與人得請求相當之賠償。

第 526 條（著作物之危險負擔—出版物滅失）
重製完畢之出版物，於發行前，因不可抗力，致全部或一部滅失者，出版人得以自己費用，就滅失之出版物，補行出版，對於出版權授與人，無須補給報酬。

第 527 條（出版關係之消滅）
Ⅰ著作未完成前，如著作人死亡，或喪失能力，或非因其過失致不能完成其著作者，其出版契約關係消滅。
Ⅱ前項情形，如出版契約關係之全部或一部之繼續，為可能且公平者，法院得許其繼續，並命為必要之處置。

第十節　委　任

第 528 條（委任之定義）
稱委任者，謂當事人約定，一方委託他方處理事務，他方允為處理之契約。

第 529 條（勞務給付契約之適用）
關於勞務給付之契約，不屬於法律所定其他契約之種類者，適用關於委任之規定。

第 530 條（視為允受委託）
有承受委託處理一定事務之公然表示者，如對於該事務之委託，不即為拒絕之通知時，視為允受委託。

第 531 條（委任事務處理權之授與）
為委任事務之處理，須為法律行為，而該法律行為，依法應以文字為之者，其處理權之授與，亦應以文字為之。其授與代理權者，代理權之授與亦同。

第 532 條（受任人之權限—特別委任或概括委任）
受任人之權限，依委任契約之訂定；未訂定者，依其委任事務之性質定之。委任人得指定一項或數項事務而為特別委任，或就一切事務而為概括委任。

第 533 條（特別委任）
受任人受特別委任者，就委任事務之處理，得為委任人為一切必要之行為。

第 534 條（概括委任）
受任人受概括委任者，得為委任人為一切行為。但為左列行為，須有特別之授權：
一　不動產之出賣或設定負擔。
二　不動產之租賃其期限逾二年者。
三　贈與。
四　和解。
五　起訴。
六　提付仲裁。

第 535 條（受任人之依從指示及注意義務）
受任人處理委任事務，應依委任人之指示，並與處理自己事務為同一之注意，其受有報酬者，應以善良管理人之注意為之。

第 536 條（變更指示）
受任人非有急迫之情事，並可推定委任人若知有此情事亦允許變更其指示者，不得變更委任人之指示。

第 537 條（處理事務之專屬性與複委任）
受任人應自己處理委任事務。但經委任人之同意或另有習慣或有不得已之事由者，得使第三人代為處理。

第 538 條（複委任之效力）
Ⅰ受任人違反前條之規定，使第三人代為處理委任事務者，就該第三人之行為，與就自己之行為，負同一責任。
Ⅱ受任人依前條之規定，使第三人代為處理委任事務者，僅就第三人之選任及其對於第三人所為之指示，負其責任。

第 539 條（複委任之效力—委任人對第三人之直接請求權）
受任人使第三人代為處理委任事務者，委任人對於該第三人關於委任事務之履行，有直接請求權。

第 540 條（受任人之報告義務）
受任人應將委任事務進行之狀況，報告委任人，委任關係終止時，應明確報告其顛末。

第 541 條（交付金錢物品孳息及移轉權利之義務）
Ⅰ受任人因處理委任事務，所收取之金錢、物品及孳息，應交付於委任人。
Ⅱ受任人以自己之名義，為委任人取得之權利，應移轉於委任人。

第 542 條（交付利息與損害賠償）
受任人為自己之利益，使用應交付於委任人之金錢或使用應為委任人利益而使用之金錢者，應自使用之日起，支付利息；如有損害，並應賠償。

第 543 條（處理委任事務請求權讓與之禁止）
委任人非經受任人之同意，不得將處理委任事務之請求權，讓與第三人。

第 544 條（受任人之損害賠償責任）
受任人因處理委任事務有過失，或因逾越權限之行為所生之損害，對於委任人應負賠償之責。

第 545 條（必要費用之預付）
委任人因受任人之請求，應預付處理委任事務之必要費用。

第 546 條（委任人之償還費用代償債務及損害賠償義務）

Ⅰ受任人因處理委任事務，支出之必要費用，委任人應償還之。並付自支出時起之利息。

Ⅱ受任人因處理委任事務，負擔必要債務者，得請求委任人代其清償，未至清償期者，得請求委任人提出相當擔保。

Ⅲ受任人處理委任事務，因非可歸責於自己之事由，致受損害者，得向委任人請求賠償。

Ⅳ前項損害之發生，如別有應負責任之人時，委任人對於該應負責者，有求償權。

第 547 條（委任報酬之支付）

報酬縱未約定，如依習慣或依委任事務之性質，應給與報酬者，受任人得請求報酬。

第 548 條（請求報酬之時期）

Ⅰ受任人應受報酬者，除契約另有訂定外，非於委任關係終止及為明確報告顛末後，不得請求給付。

Ⅱ委任關係，因非可歸責於受任人之事由，於事務處理未完畢前已終止者，受任人得就其已處理之部份，請求報酬。

第 549 條（委任契約之終止—任意終止）

Ⅰ當事人之任何一方，得隨時終止委任契約。

Ⅱ當事人之一方，於不利於他方之時期終止契約者，應負損害賠償責任。但因非可歸責於該當事人之事由，致不得不終止契約者，不在此限。

第 550 條（委任關係之消滅—當事人死亡、破產或喪失行為能力）

委任關係，因當事人一方死亡、破產或喪失行為能力而消滅。但契約另有訂定或因委任事務之性質不能消滅者，不在此限。

第 551 條（委任事務之繼續處理）

前條情形，如委任關係之消滅，有害於委任人利益之虞時，受任人或其繼承人或其法定代理人，於委任人或其繼承人或其法定代理人能接受委任事務前，應繼續處理其事務。

第 552 條（委任關係之視為存續）

委任關係消滅之事由，係由當事人之一方發生者，於他方知其事由或可得而知其事由前，委任關係視為存續。

第十一節　經理人及代辦商

第 553 條（經理人之定義及經理權之授與）

Ⅰ稱經理人者，謂由商號之授權，為其管理事務及簽名之人。

Ⅱ前項經理權之授與，得以明示或默示為之。

Ⅲ經理權得限於管理商號事務之一部或商號之一分號或數分號。

第 554 條（經理權—管理行為）

Ⅰ經理人對於第三人之關係，就商號或其分號，或其事務之一部，視為其有為管理上之一切必要行為之權。

Ⅱ經理人，除有書面之授權外，對於不動產，不得買賣，或設定負擔。

Ⅲ前項關於不動產買賣之限制，於以買賣不動產為營業之商號經理人，不適用之。

第 555 條（經理權—訴訟行為）

經理人，就所任之事務，視為有代理商號為原告或被告或其他一切訴訟上行為之權。

第 556 條（共同經理人）

商號得授權於數經理人。但經理人中有二人之簽名者，對於商號，即生效力。

第 557 條（經理權之限制）

經理權之限制，除第五百五十三條第三項、第五百五十四條第二項及第五百五十六條所規定外，不得以之對抗善意第三人。

第 558 條（代辦商之意義及其權限）

Ⅰ稱代辦商者，謂非經理人而受商號之委託，於一定處所或一定區域內，以該商號之名義，辦理其事務之全部或一部之人。

Ⅱ代辦商對於第三人之關係，就其所代辦之事務，視為其有為一切必要行為之權。

Ⅲ代辦商除有書面之授權外，不得負擔票據上之義務或為消費借貸或為訴訟。

第 559 條（代辦商報告義務）

代辦商就其代辦之事務，應隨時報告其處所或區域之商業狀況於其商號，並應將其所為之交易，即時報告之。

第 560 條（報酬及費用償還請求權）

代辦商得依契約所定，請求報酬或請求償還其費用；無約定者，依習慣；無約定亦無習慣者，依其代辦事務之重要程度及多寡，定其報酬。

第 561 條（代辦權終止）

Ⅰ代辦權未定期限者，當事人之任何一方得隨時終止契約。但應於三個月前通知他方。

Ⅱ當事人之一方，因非可歸責於自己之事由，致不得不終止契約者，得不先期通知而終止之。

第 562 條（競業禁止）

經理人或代辦商，非得其商號之允許，不得為自己或第三人經營與其所辦理之同類事業，亦不得為同類事業公司無限責任之股東。

第 563 條（違反競業禁止之效力—商號之介入權及時效）

Ⅰ經理人或代辦商，有違反前條規定之行為時，其商號得請求因其行為所得之利益，作為損害賠償。

Ⅱ前項請求權，自商號知有違反行為時起，經過二個月或自行為時起，經過一年不行使而消滅。

第 564 條（經理權或代辦權消滅之限制）

經理權或代辦權，不因商號所有人之死亡、破產或喪失行為能力而消滅。

第十二節　居　間

第565條（居間之定義）
稱居間者，謂當事人約定，一方爲他方報告訂約之機會或爲訂約之媒介，他方給付報酬之契約。

第566條（報酬及報酬額）
I 如依情形，非受報酬即不爲報告訂約機會或媒介者，視爲允與報酬。
II 未定報酬額者，按照價目表所定給付之；無價目表者，按照習慣給付。

第567條（居間人據實報告及妥為媒介義務）
I 居間人關於訂約事項，應就其所知，據實報告於各當事人。對於顯無履行能力之人，或知其無訂立該約能力之人，不得爲其媒介。
II 以居間爲營業者，關於訂約事項及當事人之履行能力或訂立該約之能力，有調查之義務。

第568條（報酬請求之時期）
I 居間人以契約因其報告或媒介而成立者爲限，得請求報酬。
II 契約附有停止條件者，於該條件成就前，居間人不得請求報酬。

第569條（費用償還請求之限制）
I 居間人支出之費用，非經約定，不得請求償還。
II 前項規定，於居間人已爲報告或媒介而契約不成立者適用之。

第570條（報酬之給付義務人）
居間人因媒介應得之報酬，除契約另有訂定或另有習慣外，由契約當事人雙方平均負擔。

第571條（違反忠實辦理義務之效力—報酬及費用償還請求權之喪失）
居間人違反其對於委託人之義務，而爲利於委託人之相對人之行爲，或違反誠實及信用方法，由相對人收受利益者，不得向委託人請求報酬及償還費用。

第572條（報酬之酌減）
約定之報酬，較居間人所任勞務之價值，爲數過鉅失其公平者，法院得因報酬給付義務人之請求酌減之。但報酬已給付者，不得請求返還。

第573條（婚姻居間之報酬無請求權）
因婚姻居間而約定報酬者，就其報酬無請求權。

第574條（居間人無為給付或受領給付之權）
居間人就其媒介所成立之契約，無爲當事人給付或受領給付之權。

第575條（隱名居間之不告知與履行義務）
I 當事人之一方，指定居間人不得以其姓名或商號告知相對人者，居間人有不告知之義務。
II 居間人不以當事人一方之姓名或商號告知相對人時，應就該方當事人由契約所生之義務，自己負履行之責，並得爲其受領給付。

第十三節　行　紀

第576條（行紀之意義）
稱行紀者，謂以自己之名義，爲他人之計算，爲動產之買賣或其他商業上之交易，而受報酬之營業。

第577條（委任規定之準用）
行紀，除本節有規定者外，適用關於委任之規定。

第578條（行紀人與相對人之權義）
行紀人爲委託人之計算所爲之交易，對於交易之相對人，自得權利並自負義務。

第579條（行紀人之直接履行義務）
行紀人爲委託人之計算所訂立之契約，其契約之他方當事人不履行債務時，對於委託人，應由行紀人負直接履行契約之義務。但契約另有訂定或另有習慣者，不在此限。

第580條（差額之補償）
行紀人以低於委託人所指定之價額賣出，或以高於委託人所指定之價額買入者，應補償其差額。

第581條（高價出賣或低價買入利益之歸屬）
行紀人以高於委託人所指定之價額賣出，或以低於委託人所指定之價額買入者，其利益均歸屬於委託人。

第582條（報酬及費用償還之請求）
行紀人得依約定或習慣請求報酬、寄存費及運送費，並得請求償還其爲委託人之利益而支出之費用及其利息。

第583條（行紀人保管義務）
I 行紀人爲委託人之計算所買入或賣出之物，爲其占有時，適用寄託之規定。
II 前項占有之物，除委託人另有指示外，行紀人不負付保險之義務。

第584條（行紀人委託物處置義務）
委託出賣之物，於達到行紀人時有瑕疵，或依其物之性質易於敗壞者，行紀人爲保護委託人之利益，應與保護自己之利益爲同一之處置。

第585條（買入物之拍賣提存權）
I 委託人拒絕受領行紀人依其指示所買之物時，行紀人得定相當期限，催告委託人受領，逾期不受領者，行紀人得拍賣其物，並得就其對於委託人因委託關係所生債權之數額，於拍賣價金中取償之，如有賸餘，並得提存。
II 如爲易於敗壞之物，行紀人得不爲前項之催告。

第586條（委託物之拍賣提存權）
委託行紀人出賣之物不能賣出或委託人撤回其出賣之委託者，如委託人不於相當期間取回或處分其物時，行紀人得依前條之規定，行使其權利。

第587條（行紀人之介入權）
I 行紀人受託出賣或買入貨幣、股票或其他市場定有市價之物者，除有反對之約定外，行紀人得自爲買受人或出賣人，其價值以依委託人指示而爲出賣或買入時市場之市價定之。

II前項情形，行紀人仍得行使第五百八十二條所定之請求權。

第588條（介入之擬制）

行紀人得自爲買受人或出賣人時，如僅將訂立契約之情事通知委託人，而不以他方當事人之姓名告知者，視爲自己負擔該方當事人之義務。

第十四節　寄　託

第589條（寄託之定義及報酬）

I稱寄託者，謂當事人一方以物交付他方，他方允爲保管之契約。

II受寄人除契約另有訂定或依情形非受報酬即不爲保管者外，不得請求報酬。

第590條（受寄人之注意義務）

受寄人保管寄託物，應與處理自己事務爲同一之注意，其受有報酬者，應以善良管理人之注意爲之。

第591條（受寄人使用寄託物之禁止）

I受寄人非經寄託人之同意，不得自己使用或使第三人使用寄託物。

II受寄人違反前項之規定者，對於寄託人，應給付相當報償，如有損害，並應賠償。但能證明縱不使用寄託物，仍不免發生損害者，不在此限。

第592條（寄託之專屬性）

受寄人應自己保管寄託物。但經寄託人之同意或另有習慣或有不得已之事由者，得使第三人代爲保管。

第593條（受寄人使第三人保管之效力）

I受寄人違反前條之規定，使第三人代爲保管寄託物者，對於寄託物因此所受之損害，應負賠償責任。但能證明縱不使第三人代爲保管，仍不免發生損害者，不在此限。

II受寄人依前條之規定，使第三人代爲保管者，僅就第三人之選任及其對於第三人所爲之指示，負其責任。

第594條（保管方法之變更）

寄託物保管之方法經約定者，非有急迫之情事，並可推定寄託人若知有此情事，亦允許變更其約定方法時，受寄人不得變更之。

第595條（必要費用之償還）

受寄人因保管寄託物而支出之必要費用，寄託人應償還之，並付自支出時起之利息。但契約另有訂定者，依其訂定。

第596條（寄託人損害賠償責任）

受寄人因寄託物之性質或瑕疵所受之損害，寄託人應負賠償責任。但寄託人於寄託時，非因過失而不知寄託物有發生危險之性質或瑕疵或爲受寄人所已知者，不在此限。

第597條（寄託物返還請求權）

寄託物返還之期限，雖經約定，寄託人仍得隨時請求返還。

第598條（受寄人之返還寄託物）

I未定返還期限者，受寄人得隨時返還寄託物。

II定有返還期限者，受寄人非有不得已之事由，不得於期限屆滿前返還寄託物。

第599條（孳息一併返還）

受寄人返還寄託物時，應將該物之孳息一併返還。

第600條（寄託物返還之處所）

I寄託物之返還，於該物應爲保管之地行之。

II受寄人依第五百九十二條或依第五百九十四條之規定，將寄託物轉置他處者，得於物之現在地返還之。

第601條（寄託報酬給付之時期）

I寄託約定報酬者，應於寄託關係終止時給付之；分期定報酬者，應於每期屆滿時給付之。

II寄託物之保管，因非可歸責於受寄人之事由而終止者，除契約另有訂定外，受寄人得就其已爲保管之部分，請求報酬。

第601條之1（第三人主張權利時之返還及危險通知義務）

I第三人就寄託物主張權利者，除對於受寄人提起訴訟或爲扣押外，受寄人仍有返還寄託物於寄託人之義務。

II第三人提起訴訟或扣押時，受寄人應即通知寄託人。

第601條之2（短期消滅時效）

關於寄託契約之報酬請求權、費用償還請求權或損害賠償請求權，自寄託關係終止時起，一年間不行使而消滅。

第602條（消費寄託）

I寄託物爲代替物時，如約定寄託物之所有權移轉於受寄人，並由受寄人以種類、品質、數量相同之物返還者，爲消費寄託。自受寄人受領該物時起，準用關於消費借貸之規定。

II消費寄託，如寄託物之返還，定有期限者，寄託人非有不得已之事由，不得於期限屆滿前請求返還。

III前項規定，如商業上另有習慣者，不適用之。

第603條（法定消費寄託—金錢寄託）

寄託物爲金錢時，推定其爲消費寄託。

第603條之1（混藏寄託）

I寄託物爲代替物，如未約定其所有權移轉於受寄人者，受寄人得經寄託人同意，就其所受寄託之物與其自己或他寄託人同一種類、品質之寄託物混合保管，各寄託人依其所寄託之數量與混合保管數量之比例，共有混合保管物。

II受寄人依前項規定爲混合保管者，得以同一種類、品質、數量之混合保管物返還於寄託人。

第604條（刪除）

第605條（刪除）

第606條（場所主人之責任）
旅店或其他供客人住宿爲目的之場所主人，對於客人所攜帶物品之毀損、喪失，應負責任。但因不可抗力或因物之性質或因客人自己或其伴侶、隨從或來賓之故意或過失所致者，不在此限。
第607條（飲食店浴堂主人之責任）
飲食店、浴堂或其他相類場所之主人，對於客人所攜帶通常物品之毀損、喪失，負其責任。但有前條但書規定之情形時，不在此限。
第608條（貴重物品之責任）
Ⅰ客人之金錢、有價證券、珠寶或其他貴重物品，非經報明其物之性質及數量交付保管者，主人不負責任。
Ⅱ主人無正當理由拒絕爲客人保管前項物品者，對於其毀損、喪失，應負責任。其物品因主人或其使用人之故意或過失而致毀損、喪失者，亦同。
第609條（減免責任揭示之效力）
以揭示限制或免除前三條所定主人之責任者，其揭示無效。
第610條（客人之通知義務）
客人知其物品毀損、喪失後，應即通知主人，怠於通知者，喪失其損害賠償請求權。
第611條（短期消滅時效）
依第六百零六條至第六百零八條之規定所生之損害賠償請求權，自發見喪失或毀損之時起，六個月間不行使而消滅；自客人離去場所後，經過六個月者亦同。
第612條（主人之留置權）
Ⅰ主人就住宿、飲食、沐浴或其他服務及墊款所生之債權，於未受清償前，對於客人所攜帶之行李及其他物品，有留置權。
Ⅱ第四百四十五條至第四百四十八條之規定，於前項留置權準用之。

第十五節　倉　庫

第613條（倉庫營業人之定義）
稱倉庫營業人者，謂以受報酬而爲他人堆藏及保管物品爲營業之人。
第614條（寄託規定之準用）
倉庫，除本節有規定者外，準用關於寄託之規定。
第615條（倉單之填發）
倉庫營業人於收受寄託物後，因寄託人之請求，應填發倉單。
第616條（倉單之法定記載事項）
Ⅰ倉單應記載左列事項，並由倉庫營業人簽名：
一　寄託人之姓名及住址。
二　保管之場所。
三　受寄物之種類、品質、數量及其包皮之種類、個數及記號。
四　倉單填發地及填發之年、月、日。
五　定有保管期間者，其期間。
六　保管費。
七　受寄物已付保險者，其保險金額、保險期間及保險人之名號。
Ⅱ倉庫營業人應將前列各款事項，記載於倉單簿之存根。
第617條（寄託物之分割與新倉單之填發）
Ⅰ倉單持有人，得請求倉庫營業人將寄託物分割爲數部分，並填發各該部分之倉單。但持有人應將原倉單交還。
Ⅱ前項分割及填發新倉單之費用，由持有人負擔。
第618條（倉單之背書及其效力）
倉單所載之貨物，非由寄託人或倉單持有人於倉單背書，並經倉庫營業人簽名，不生所有權移轉之效力。
第618條之1（倉單遺失或被盜之救濟程序）
倉單遺失、被盜或滅失者，倉單持有人得於公示催告程序開始後，向倉庫營業人提供相當之擔保，請求補發新倉單。
第619條（寄託物之保管期間）
Ⅰ倉庫營業人於約定保管期間屆滿前，不得請求移去寄託物。
Ⅱ未約定保管期間者，自爲保管時起經過六個月，倉庫營業人得隨時請求移去寄託物。但應於一個月前通知。
第620條（檢點寄託物或摘取樣本之允許）
倉庫營業人，因寄託人或倉單持有人之請求，應許其檢點寄託物、摘取樣本，或爲必要之保存行爲。
第621條（拒絕或不能移去寄託物之處理）
倉庫契約終止後，寄託人或倉單持有人，拒絕或不能移去寄託物者，倉庫營業人得定相當期限，請求於期限內移去寄託物。逾期不移去者，倉庫營業人得拍賣寄託物，由拍賣代價中扣去拍賣費用及保管費用，並應以其餘額交付於應得之人。

第十六節　運　送

第一款　通　則

第622條（運送人之定義）
稱運送人者，謂以運送物品或旅客爲營業而受運費之人。
第623條（短期時效）
Ⅰ關於物品之運送，因喪失、毀損或遲到而生之賠償請求權，自運送終了，或應終了之時起，一年間不行使而消滅。
Ⅱ關於旅客之運送，因傷害或遲到而生之賠償請求權，自運送終了，或應終了之時起，二年間不行使而消滅。

第二款　物品運送

第624條（託運單之填發及應載事項）
Ⅰ託運人因運送人之請求，應填給託運單。

II託運單應記載左列事項，並由託運人簽名：
一　託運人之姓名及住址。
二　運送物之種類、品質、數量及其包皮之種類、個數及記號。
三　目的地。
四　受貨人之名號及住址。
五　託運單之填給地，及填給之年、月、日。

第625條（提單之填發）
I運送人於收受運送物後，因託運人之請求，應填發提單。
II提單應記載左列事項，並由運送人簽名：
一　前條第二項所列第一款至第四款事項。
二　運費之數額及其支付人為託運人或為受貨人。
三　提單之填發地及填發之年月日。

第626條（必要文件之交付及說明義務）
託運人對於運送人，應交付運送上及關於稅捐、警察所必要之文件，並應為必要之說明。

第627條（提單之文義性）
提單填發後，運送人與提單持有人間，關於運送事項，依其提單之記載。

第628條（提單之背書性）
提單縱為記名式，仍得以背書移轉於他人。但提單上有禁止背書之記載者，不在此限。

第629條（提單之物權證券性）
交付提單於有受領物品權利之人時，其交付就物品所有權移轉之關係，與物品之交付有同一之效力。

第629條之1（提單準用倉單遺失或被盜之救濟程序）
第六百十八條之一之規定，於提單適用之。

第630條（託運人之告知義務）
受貨人請求交付運送物時，應將提單交還。

第631條（託運人之告知義務）
運送物依其性質，對於人或財產有致損害之虞者，託運人於訂立契約前，應將其性質告知運送人，怠於告知者，對於因此所致之損害，應負賠償之責。

第632條（運送人之按時運送義務）
I託運物品，應於約定期間內運送之；無約定者，依習慣；無約定亦無習慣者，應於相當期間內運送之。
II前項所稱相當期間之決定，應顧及各該運送之特殊情形。

第633條（變更指示之限制）
運送人非有急迫之情事，並可推定託運人若知有此情事亦允許變更其指示者，不得變更託運人之指示。

第634條（運送人之責任）
運送人對於運送物之喪失、毀損或遲到，應負責任。但運送人能證明其喪失、毀損或遲到，係因不可抗力或因運送物之性質或因託運人或受貨人之過失而致者，不在此限。

第635條（運送物有易見瑕疵時運送人責任）
運送物因包皮有易見之瑕疵而喪失或毀損時，運送人如於接收該物時，不為保留者，應負責任。

第636條（刪除）

第637條（相繼運送人之連帶責任）
運送物由數運送人相繼運送者，除其中有能證明無第六百三十五條所規定之責任者外，對於運送物之喪失、毀損或遲到，應連帶負責。

第638條（損害賠償之範圍）
I運送物有喪失、毀損或遲到者，其損害賠償額，應依其應交付時目的地之價值計算之。
II運費及其他費用，因運送物之喪失、毀損無須支付者，應由前項賠償額中扣除之。
III運送物之喪失、毀損或遲到，係因運送人之故意或重大過失所致者，如有其他損害，託運人並得請求賠償。

第639條（貴重物品之賠償責任）
I金錢、有價證券、珠寶或其他貴重物品，除託運人於託運時報明其性質及價值者外，運送人對於其喪失或毀損，不負責任。
II價值經報明者，運送人以所報價額為限，負其責任。

第640條（遲到之損害賠償）
因遲到之損害賠償額，不得超過因其運送物全部喪失可得請求之賠償額。

第641條（運送人之必要注意及處置義務）
I如有第六百三十三條、第六百五十條、第六百五十一條之情形，或其他情形足以妨礙或遲延運送，或危害運送物之安全者，運送人應為必要之注意及處置。
II運送人怠於前項之注意及處置者，對於因此所致之損害應負責任。

第642條（運送人之中止運送之返還運送物或為其他處分）
I運送人未將運送物之達到通知受貨人前，或受貨人於運送物達到後，尚未請求交付運送物前，託運人對於運送人，如已填發提單者，其持有人對於運送人，得請求中止運送，返還運送物，或為其他之處置。
II前項情形，運送人得按照比例，就其已為運送之部分，請求運費，及償還因中止、返還或為其他處置所支出之費用，並得請求相當之損害賠償。

第643條（運送人通知義務）
運送人於運送物達到目的地時，應即通知受貨人。

第644條（受貨人請求交付之效力）
運送物到達目的地，並經受貨人請求交付後，受貨人取得託運人因運送契約所生之權利。

第645條（運送物喪失時之運送費）
運送物於運送中，因不可抗力而喪失者，運送人不得請求運費，其因運送而已受領之數額，應返還之。

第 646 條（最後運送人之責任）

運送人於受領運費及其他費用前交付運送物者，對於其所有前運送人應得之運費及其他費用，負其責任。

第 647 條（運送人之留置權與受貨人之提存權）

I 運送人為保全其運費及其他費用得受清償之必要，按其比例，對於運送物有留置權。

II 運費及其他費用之數額有爭執時，受貨人得將有爭執之數額提存，請求運送物之交付。

第 648 條（運送人責任之消滅及其例外）

I 受貨人受領運送物並支付運費及其他費用不為保留者，運送人之責任消滅。

II 運送物內部有喪失或毀損不易發見者，以受貨人於受領運送物後，十日內將其喪失或毀損通知於運送人為限，不適用前項之規定。

III 運送物之喪失或毀損，如運送人以詐術隱蔽或因其故意或重大過失所致者，運送人不得主張前二項規定之利益。

第 649 條（減免責任約款之效力）

運送人交與託運人之提單或其他文件上，有免除或限制運送人責任之記載者，除能證明託運人對於其責任之免除或限制明示同意外，不生效力。

第 650 條（運送人之通知並請求指示義務及運送物之寄存拍賣權）

I 受貨人所在不明或對運送物受領遲延或有其他交付上之障礙時，運送人應即通知託運人，並請求其指示。

II 如託運人未即為指示，或其指示事實上不能實行，或運送人不能繼續保管運送物時，運送人得以託運人之費用，寄存運送物於倉庫。

III 運送物如有不能寄存於倉庫之情形，或有易於腐壞之性質或顯見其價值不足抵償運費及其他費用時，運送人得拍賣之。

IV 運送人於可能之範圍內，應將寄存倉庫或拍賣之事情，通知託運人及受貨人。

第 651 條（有關通知義務及寄存拍賣權之適用）

前條之規定，於受領權之歸屬有訴訟，致交付遲延者適用之。

第 652 條（拍賣代價之處理）

運送人得就拍賣代價中，扣除拍賣費用、運費及其他費用，並應將其餘額交付於應得之人，如應得之人所在不明者，應為其利益提存之。

第 653 條（相繼運送－最後運送人之代理權）

運送物由數運送人相繼運送者，其最後之運送人，就運送人全體應得之運費及其他費用，得行使第六百四十七條、第六百五十條及第六百五十二條所定之權利。

第三款　旅客運送

第 654 條（旅客運送人之責任）

I 旅客運送人對於旅客因運送所受之傷害及運送之遲到應負責任。但因旅客之過失，或其傷害係因不可抗力所致者，不在此限。

II 運送之遲到係因不可抗力所致者，旅客運送人之責任，除另有交易習慣者外，以旅客因遲到而增加支出之必要費用為限。

第 655 條（行李返還義務）

行李及時交付運送人者，應於旅客達到時返還之。

第 656 條（行李之拍賣）

I 旅客於行李到達後一個月內不取回行李時，運送人得定相當期間催告旅客取回，逾期不取回者，運送人得拍賣之。旅客所在不明者，得不經催告逕予拍賣。

II 行李有易於腐壞之性質者，運送人得於到達後，經過二十四小時，拍賣之。

III 第六百五十二條之規定，於前二項情形準用之。

第 657 條（交託之行李適用物品運送之規定）

運送人對於旅客所交託之行李，縱不另收運費，其權利義務，除本款另有規定外，適用關於物品運送之規定。

第 658 條（對未交託行李之責任）

運送人對於旅客所未交託之行李，如因自己或其受僱人之過失，致有喪失或毀損者，仍負責任。

第 659 條（減免責任約款之效力）

運送人交與旅客之票、收據或其他文件上，有免除或限制運送人責任之記載者，除能證明旅客對於其責任之免除或限制明示同意外，不生效力。

第十七節　承攬運送

第 660 條（承攬運送人之意義及行紀規定之準用）

I 稱承攬運送人者，謂以自己之名義，為他人之計算，使運送人運送物品而受報酬為營業之人。

II 承攬運送，除本節有規定外，準用關於行紀之規定。

第 661 條（承攬運送人之損害賠償責任）

承攬運送人，對於託運物品之喪失、毀損或遲到，應負責任。但能證明其於物品之接收保管、運送人之選定、在目的地之交付，及其他與承攬運送有關之事項，未怠於注意者，不在此限。

第 662 條（留置權之發生）

承攬運送人為保全其報酬及墊款得受清償之必要，按其比例，對於運送物有留置權。

第 663 條（介入權－自行運送）

承攬運送人除契約另有訂定外，得自行運送物品；如自行運送，其權利義務，與運送人同。

第 664 條（介入之擬制）

就運送全部約定價額，或承攬運送人填發提單於委託人者，視爲承攬人自己運送，不得另行請求報酬。

第665條（物品運送規定之準用）

第六百三十一條、第六百三十五條及第六百三十八條至第六百四十條之規定，於承攬運送準用之。

第666條（短期消滅時效）

對於承攬運送人因運送物之喪失、毀損或遲到所生之損害賠償請求權，自運送物交付或應交付之時起，一年間不行使而消滅。

第十八節　合　夥

第667條（合夥之意義及合夥人之出資）

I 稱合夥者，謂二人以上互約出資以經營共同事業之契約。

II 前項出資，得爲金錢或其他財產權，或以勞務、信用或其他利益代之。

III 金錢以外之出資，應估定價額爲其出資額。未經估定者，以他合夥人之平均出資額視爲其出資額。

第668條（合夥財產之公同共有）

各合夥人之出資及其他合夥財產，爲合夥人全體之公同共有。

第669條（合夥人不增資權利）

合夥人除有特別訂定外，無於約定出資之外增加出資之義務。因損失而致資本減少者，合夥人無補充之義務。

第670條（合夥契約或事業種類之變更）

I 合夥之決議，應以合夥人全體之同意爲之。

II 前項決議，合夥契約約定得由合夥人全體或一部之過半數決定者，從其約定。但關於合夥契約或其事業種類之變更，非經合夥人全體三分之二以上之同意，不得爲之。

第671條（合夥事務之執行人及其執行）

I 合夥之事務，除契約另有訂定或另有決議外，由合夥人全體共同執行之。

II 合夥之事務，如約定或決議由合夥人中數人執行者，由該數人共同執行之。

III 合夥之通常事務，得由有執行權之各合夥人單獨執行之。但其他有執行權之合夥人中任何一人，對於該合夥人之行爲有異議時，應停止該事務之執行。

第672條（合夥人之注意義務）

合夥人執行合夥之事務，應與處理自己事務爲同一注意。其受有報酬者，應以善良管理人之注意爲之。

第673條（合夥人之表決權）

合夥之決議，其有表決權之合夥人，無論其出資之多寡，推定每人僅有一表決權。

第674條（合夥事務執行人之辭任與解任）

I 合夥人中之一人或數人，依約定或決議執行合夥事務者，非有正當事由不得辭任。

II 前項執行合夥事務之合夥人，非經其他合夥人全體之同意，不得將其解任。

第675條（合夥人之事務檢查權）

無執行合夥事務權利之合夥人，縱契約有反對之訂定，仍得隨時檢查合夥之事務及其財產狀況，並得查閱賬簿。

第676條（決算及損益分配之時期）

合夥之決算及分配利益，除契約另有訂定外，應於每屆事務年度終爲之。

第677條（損益分配之成數）

I 分配損益之成數，未經約定者，按照各合夥人出資額之比例定之。

II 僅就利益或僅就損失所定之分配成數，視爲損益共通之分配成數。

III 以勞務爲出資之合夥人，除契約另有訂定外，不受損失之分配。

第678條（費用及報酬請求權）

I 合夥人因合夥事務所支出之費用，得請求償還。

II 合夥人執行合夥事務，除契約另有訂定外，不得請求報酬。

第679條（執行事業合夥人之對外代表權）

合夥人依約定或決議執行合夥事務者，於執行合夥事務之範圍內，對於第三人，爲他合夥人之代表。

第680條（委任規定之準用）

第五百三十七條至第五百四十六條關於委任之規定，於合夥人之執行合夥事務準用之。

第681條（合夥人之補充連帶責任）

合夥財產不足清償合夥之債務時，各合夥人對於不足之額，連帶負其責任。

第682條（合夥財產分析與抵銷之禁止）

I 合夥人於合夥清算前，不得請求合夥財產之分析。

II 對於合夥負有債務者，不得以其對於任何合夥人之債權與其所負之債務抵銷。

第683條（股分轉讓之限制）

合夥人非經他合夥人全體之同意，不得將自己之股分轉讓於第三人。但轉讓於他合夥人者，不在此限。

第684條（債權人代位權行使之限制）

合夥人之債權人，於合夥存續期間內，就該合夥人對於合夥之權利，不得代位行使。但利益分配請求權，不在此限。

第685條（合夥人股份之扣押及其效力）

I 合夥人之債權人，就該合夥人之股份，得聲請扣押。

II 前項扣押實施後兩個月內，如該合夥人未對於債權人清償或提供相當之擔保者，自扣押時起，對該合夥人發生退夥之效力。

第686條（合夥人之聲明退夥）

Ⅰ合夥未定有存續期間，或經訂明以合夥人中一人之終身，為其存續期間者，各合夥人得聲明退夥，但應於兩個月前通知他合夥人。
Ⅱ前項退夥，不得於退夥有不利於合夥事務之時期為之。
Ⅲ合夥縱定有存續期間，如合夥人有非可歸責於自己之重大事由，仍得聲明退夥，不受前二項規定之限制。

第 687 條（法定退夥事由）

合夥人除依前二條規定退夥外，因下列事項之一而退夥：

一　合夥人死亡者。但契約訂明其繼承人得繼承者，不在此限。
二　合夥人受破產或監護之宣告者。
三　合夥人經開除者。

第 688 條（合夥人之開除）

Ⅰ合夥人之開除，以有正當理由為限。
Ⅱ前項開除，應以他合夥人全體之同意為之，並應通知被開除之合夥人。

第 689 條（退夥之結算與股分之抵還）

Ⅰ退夥人與他合夥人間之結算，應以退夥時合夥財產之狀況為準。
Ⅱ退夥人之股分，不問其出資之種類，得由合夥以金錢抵還之。
Ⅲ合夥事務，於退夥時尚未了結者，於了結後計算，並分配其損益。

第 690 條（退夥人之責任）

合夥人退夥後，對於其退夥前合夥所負之債務，仍應負責。

第 691 條（入夥）

Ⅰ合夥成立後，非經合夥人全體之同意，不得允許他人加入為合夥人。
Ⅱ加入為合夥人者，對於其加入前合夥所負之債務，與他合夥人負同一之責任。

第 692 條（合夥之解散）

合夥因左列事項之一而解散：

一　合夥存續期限屆滿者。
二　合夥人全體同意解散者。
三　合夥之目的事業已完成或不能完成者。

第 693 條（不定期繼續合夥契約）

合夥所定期限屆滿後，合夥人仍繼續其事務者，視為以不定期限繼續合夥契約。

第 694 條（清算人之選任）

Ⅰ合夥解散後，其清算由合夥人全體或由其所選任之清算人為之。
Ⅱ前項清算人之選任，以合夥人全體之過半數決之。

第 695 條（清算之執行及決議）

數人為清算人時，關於清算之決議，應以過半數行之。

第 696 條（清算人之辭任與解任）

以合夥契約，選任合夥人中一人或數人為清算人者，適用第六百七十四條之規定。

第 697 條（清償債務與返還出資）

Ⅰ合夥財產，應先清償合夥之債務。其債務未至清償期，或在訴訟中者，應將其清償所必需之數額，由合夥財產中劃出保留之。
Ⅱ依前項清償債務，或劃出必需之數額後，其賸餘財產應返還各合夥人金錢或其他財產權之出資。
Ⅲ金錢以外財產權之出資，應以出資時之價額返還之。
Ⅳ為清償債務及返還合夥人之出資，應於必要限度內，將合夥財產變為金錢。

第 698 條（出資額之比例返還）

合夥財產不足返還各合夥人之出資者，按照各合夥人出資額之比例返還之。

第 699 條（賸餘財產之分配）

合夥財產於清償合夥債務及返還各合夥人出資後，尚有賸餘者，按各合夥人應受分配利益之成數分配之。

第十九節　隱名合夥

第 700 條（隱名合夥）

稱隱名合夥者，謂當事人約定，一方對於他方所經營之事業出資，而分受其營業所生之利益，及分擔其所生損失之契約。

第 701 條（合夥規定之準用）

隱名合夥，除本節有規定者外，準用關於合夥之規定。

第 702 條（隱名合夥人之出資）

隱名合夥人之出資，其財產權移屬於出名營業人。

第 703 條（隱名合夥人之責任）

隱名合夥人，僅於其出資之限度內，負分擔損失之責任。

第 704 條（隱名合夥事務之執行）

Ⅰ隱名合夥之事務，專由出名營業人執行之。
Ⅱ隱名合夥人就出名營業人所為之行為，對於第三人，不生權利義務之關係。

第 705 條（隱名合夥人參與業務執行—表見出名營業人）

隱名合夥人如參與合夥事務之執行，或為參與執行之表示，或知他人表示其參與執行而不否認者，縱有反對之約定，對於第三人，仍應負出名營業人之責任。

第 706 條（隱名合夥人之監督權）

Ⅰ隱名合夥人，縱有反對之約定，仍得於每屆事務年度終，查閱合夥之賬簿，並檢查其事務及財產之狀況。
Ⅱ如有重大事由，法院因隱名合夥人之聲請，得許其隨時為前項之查閱及檢查。

第 707 條（損益之計算及其分配）

Ⅰ出名營業人，除契約另有訂定外，應於每屆事務年度終，計算營業之損益，其應歸隱名合夥人之利益，應即支付之。
Ⅱ應歸隱名合夥人之利益而未支取者，除另有約定外，不得認為出資之增加。

第 708 條（隱名合夥契約終止事由）
除依第六百八十六條之規定得聲明退夥外，隱名合夥契約，因下列事項之一而終止：
一 存續期限屆滿者。
二 當事人同意者。
三 目的事業已完成或不能完成者。
四 出名營業人死亡或受監護之宣告者。
五 出名營業人或隱名合夥人受破產之宣告者。
六 營業之廢止或轉讓者。

第 709 條（隱名合夥出資及餘額之返還）
隱名合夥契約終止時，出名營業人，應返還隱名合夥人之出資及給與其應得之利益。但出資因損失而減少者，僅返還其餘存額。

第十九節之一　合　會

第 709 條之 1（合會、合會金、會款之定義）
Ⅰ稱合會者，謂由會首邀集二人以上為會員，互約交付會款及標取合會金之契約。其僅由會首與會員為約定者，亦成立合會。
Ⅱ前項合會金，係指會首及會員應交付之全部會款。
Ⅲ會款得為金錢或其他代替物。

第 709 條之 2（會首及會員之資格限制）
Ⅰ會首及會員，以自然人為限。
Ⅱ會首不得兼為同一合會之會員。
Ⅲ無行為能力人及限制行為能力人不得為會首，亦不得參加其法定代理人為會首之合會。

第 709 條之 3（會單之訂立、記載事項及保存方式）
Ⅰ合會應訂立會單，記載左列事項：
一 會首之姓名、住址及電話號碼。
二 全體會員之姓名、住址及電話號碼。
三 每一會份會款之種類及基本數額。
四 起會日期。
五 標會期日。
六 標會方法。
七 出標金額有約定其最高額或最低額之限制者，其約定。
Ⅱ前項會單，應由會首及全體會員簽名，記明年月日，由會首保存並製作繕本，簽名後交每一會員各執一份。
Ⅲ會員已交付首期會款者，雖未依前二項規定訂立會單，其合會契約視為已成立。

第 709 條之 4（標會之方法）
Ⅰ標會由會首主持，依約定之期日及方法為之。其場所由會首決定並應先期通知會員。
Ⅱ會首因故不能主持標會時，由會首指定或到場會員推選之會員主持之。

第 709 條之 5（合會金之歸屬）
首期合會金不經投標，由會首取得，其餘各期由得標會員取得。

第 709 條之 6（標會之方法）
Ⅰ每期標會，每一會員僅得出標一次，以出標金額最高者為得標。最高金額相同者，以抽籤定之。但另有約定者，依其約定。
Ⅱ無人出標時，除另有約定外，以抽籤定其得標人。
Ⅲ每一會份限得標一次

第 709 條之 7（會首及會員交付會款之期限）
Ⅰ會員應於每期標會後三日內交付會款。
Ⅱ會首應於前項期限內，代得標會員收取會款，連同自己之會款，於期滿之翌日前交付得標會員。逾期未收取之會款，會首應代為給付。
Ⅲ會首依前項規定收取會款，在未交付得標會員前，對其喪失、毀損，應負責任。但因可歸責於得標會員之事由致喪失、毀損者，不在此限。
Ⅳ會首依第二項規定代為給付後，得請求未給付之會員附加利息償還之。

第 709 條之 8（會首及會員轉讓權利之限制）
Ⅰ會首非經會員全體之同意，不得將其權利及義務移轉於他人。
Ⅱ會員非經會首及會員全體之同意，不得退會，亦不得將自己之會份轉讓於他人。

第 709 條之 9（合會不能繼續進行之處理）
Ⅰ因會首破產、逃匿或有其他事由致合會不能繼續進行時，會首及已得標會員應給付之各期會款，應於每屆標會期日平均交付於未得標之會員。但另有約定者依其約定。
Ⅱ會首就已得標會員依前項規定應給付之各期會款，負連帶責任。
Ⅲ會首或已得標會員依第一項規定應平均交付於未得標會員之會款遲延給付，其遲付之數額已達兩期之總額時，該未得標會員得請求其給付全部會款。
Ⅳ第一項情形，得由未得標之會員共同推選一人或數人處理相關事宜。

第二十節　指示證券

第 710 條（指示證券及其關係人之意義）
Ⅰ稱指示證券者，謂指示他人將金錢、有價證券或其他代替物給付第三人之證券。
Ⅱ前項為指示之人，稱為指示人，被指示之他人，稱為被指示人，受給付之第三人，稱為領取人。

第 711 條（指示證券之承擔及被指示人之抗辯權）
Ⅰ被指示人向領取人承擔所指示之給付者，有依證券內容而為給付之義務。

II 前項情形，被指示人僅得以本於指示證券之內容，或其與領取人間之法律關係所得對抗領取人之事由，對抗領取人。

第 712 條（指示證券發行之效力）

I 指示人為清償其對於領取人之債務而交付指示證券者，其債務於被指示人為給付時消滅。

II 前項情形，債權人受領指示證券者，不得請求指示人就原有債務為給付。但於指示證券所定期限內，其未定期限者於相當期限內，不能由被指示人領取給付者，不在此限。

III 債權人不願由其債務人受領指示證券者，應即時通知債務人。

第 713 條（指示證券與其基礎關係）

被指示人雖對於指示人負有債務，無承擔其所指示給付或為給付之義務。已向領取人為給付者，就其給付之數額，對於指示人，免其債務。

第 714 條（拒絕承擔或給付之通知義務）

被指示人對於指示證券拒絕承擔或拒絕給付者，領取人應即通知指示人。

第 715 條（指示證券之撤回）

I 指示人於被指示人未向領取人承擔所指示之給付或為給付前，得撤回其指示證券，其撤回應向被指示人以意思表示為之。

II 指示人於被指示人未承擔或給付前受破產宣告者，其指示證券，視為撤回。

第 716 條（指示證券之讓與）

I 領取人得將指示證券讓與第三人。但指示人於指示證券有禁止讓與之記載者，不在此限。

II 前項讓與，應以背書為之。

III 被指示人對於指示證券之受讓人已為承擔者，不得以自己與領取人間之法律關係所生之事由，與受讓人對抗。

第 717 條（短期消滅時效）

指示證券領取人或受讓人，對於被指示人因承擔所生之請求權，自承擔之時起，三年間不行使而消滅。

第 718 條（指示證券喪失）

指示證券遺失、被盜或滅失者，法院得因持有人之聲請，依公示催告之程序，宣告無效。

第二十一節　無記名證券

第 719 條（無記名證券之定義）

稱無記名證券者，謂持有人對於發行人，得請求其依所記載之內容為給付之證券。

第 720 條（無記名證券發行人之義務）

I 無記名證券發行人於持有人提示證券時，有為給付之義務。但知持有人就證券無處分之權利，或受有遺失、被盜或滅失之通知者，不得為給付。

II 發行人依前項規定已為給付者，雖持有人就證券無處分之權利，亦免其債務。

第 720 條之 1（無記名證券持有人為證券遺失被盜或滅失之通知應為已聲請公示催告證明）

I 無記名證券持有人向發行人為遺失、被盜或滅失之通知後，未於五日內提出已為聲請公示催告之證明者，其通知失其效力。

II 前項持有人於公示催告程序中，經法院通知有第三人申報權利而未於十日內向發行人提出已為起訴之證明者，亦同。

第 721 條（無記名證券發行人之責任）

I 無記名證券發行人，其證券雖因遺失、被盜或其他非因自己之意思而流通者，對於善意持有人，仍應負責。

II 無記名證券，不因發行在發行人死亡或喪失能力後，失其效力。

第 722 條（無記名證券發行人之抗辯權）

無記名證券發行人，僅得以本於證券之無效、證券之內容或其與持有人間之法律關係所得對抗持有人之事由，對抗持有人。但持有人取得證券出於惡意者，發行人並得以對持有人前手間所存抗辯之事由對抗之。

第 723 條（無記名證券之交還義務）

I 無記名證券持有人請求給付時，應將證券交還發行人。

II 發行人依前項規定收回證券時，雖持有人就該證券無處分之權利，仍取得其證券之所有權。

第 724 條（無記名證券之換發）

I 無記名證券，因毀損或變形不適於流通，而其重要內容及識別、記號仍可辨認者，持有人得請求發行人，換給新無記名證券。

II 前項換給證券之費用，應由持有人負擔。但證券為銀行兌換券或其他金錢兌換券者，其費用應由發行人負擔。

第 725 條（無記名證券喪失）

I 無記名證券遺失、被盜或滅失者，法院得因持有人之聲請，依公示催告之程序，宣告無效。

II 前項情形，發行人對於持有人，應告知關於實施公示催告之必要事項，並供給其證明所必要之材料。

第 726 條（無記名證券提示期間之停止進行）

I 無記名證券定有提示期間者，如法院因公示催告聲請人之聲請，對於發行人為禁止給付之命令時，停止其提示期間之進行。

II 前項停止，自聲請發前項命令時起，至公示催告程序終止時止。

第 727 條（定期給付證券喪失時之通知）

I 利息、年金及分配利益之無記名證券，有遺失、被盜或滅失而通知於發行人者，如於法定關於定期給付之時效期間屆滿前未有提示，為通知之持有人，得向發行人請求給付該證券所記載之利息、年金或應分配之利益。但自時效期間屆滿後，經過一年者，其請求權消滅。

II如於時效期間屆滿前，由第三人提示該項證券者，發行人應將不為給付之情事，告知該第三人，並於該第三人與為通知之人合意前，或於法院為確定判決前，應不為給付。

第 728 條（無利息見票即付無記名證券喪失時之例外）

無利息見票即付之無記名證券，除利息、年金及分配利益之證券外，不適用第七百二十條第一項但書及第七百二十五條之規定。

第二十二節　終身定期金

第 729 條（終身定期金契約之意義）

稱終身定期金契約者，謂當事人約定，一方於自己或他方或第三人生存期內，定期以金錢給付他方或第三人之契約。

第 730 條（終身定期金契約之訂定）

終身定期金契約之訂立，應以書面為之。

第 731 條（終身定期金契約之存續期間及應給付金額）

I終身定期金契約，關於期間有疑義時，推定其為於債權人生存期內，按期給付。

II契約所定之金額有疑義時，推定其為每年應給付之金額。

第 732 條（終身定期金之給付時期）

I終身定期金，除契約另有訂定外，應按季預行支付。

II依其生存期間而定終身定期金之人，如在定期金預付後，該期屆滿前死亡者，定期金債權人取得該期金額之全部。

第 733 條（終身定期金契約仍為存續之宣言）

因死亡而終止定期金契約者，如其死亡之事由，應歸責於定期金債務人時，法院因債權人或其繼承人之聲請，得宣告其債權在相當期限內仍為存續。

第 734 條（終身定期金權利之移轉）

終身定期金之權利，除契約另有訂定外，不得移轉。

第 735 條（遺贈之準用）

本節之規定，於終身定期金之遺贈準用之。

第二十三節　和　解

第 736 條（和解之定義）

稱和解者，謂當事人約定，互相讓步，以終止爭執或防止爭執發生之契約。

第 737 條（和解之效力）

和解有使當事人所拋棄之權利消滅，及使當事人取得和解契約所訂明權利之效力。

第 738 條（和解之撤銷—和解與錯誤之關係）

和解不得以錯誤為理由撤銷之。但有左列事項之一者，不在此限：

一　和解所依據之文件，事後發見為偽造或變造，而和解當事人若知其為偽造或變造，即不為和解者。

二　和解事件，經法院確定判決，而為當事人雙方或一方於和解當時所不知者。

三　當事人之一方，對於他方當事人之資格或對於重要之爭點有錯誤，而為和解者。

第二十四節　保　證

第 739 條（保證之定義）

稱保證者，謂當事人約定，一方於他方之債務人不履行債務時，由其代負履行責任之契約。

第 739 條之 1（保證人之權利，不得預先拋棄）

本節所規定保證人之權利，除法律另有規定外，不得預先拋棄。

第 740 條（保證債務之範圍）

保證債務，除契約另有訂定外，包含主債務之利息、違約金、損害賠償及其他從屬於主債務之負擔。

第 741 條（保證債務負擔之從屬性）

保證人之負擔，較主債務人為重者，應縮減至主債務之限度。

第 742 條（保證人之抗辯權）

I主債務人所有之抗辯，保證人得主張之。

II主債務人拋棄其抗辯者，保證人仍得主張之。

第 742 條之 1（保證人之抵銷權）

保證人得以主債務人對於債權人之債權，主張抵銷。

第 743 條（無效債務之保證）

保證人對於因行為能力之欠缺而無效之債務，如知其情事而為保證者，其保證仍為有效。

第 744 條（保證人之拒絕清償權）

主債務人就其債之發生原因之法律行為有撤銷權者，保證人對於債權人，得拒絕清償。

第 745 條（先訴抗辯權）

保證人於債權人未就主債務人之財產強制執行而無效果前，對於債權人，得拒絕清償。

第 746 條（先訴抗辯權之喪失）

有下列各款情形之一者，保證人不得主張前條之權利：

一　保證人拋棄前條之權利。

二　主債務人受破產宣告。

三　主債務人之財產不足清償其債務。

第 747 條（請求履行及中斷時效之效力）

向主債務人請求履行及為其他中斷時效之行為，對於保證人亦生效力。

第 748 條（共同保證）

數人保證同一債務者，除契約另有訂定外，應連帶負保證責任。

第 749 條（保證人之代位權）

保證人向債權人為清償後，於其清償之限度內，承受債權人對於主債務人之債權。但不得有害於債權人之利益。

第 750 條（保證責任除去請求權）

I 保證人受主債務人之委任而為保證者，有左列各款情形之一時，得向主債務人請求除去其保證責任：

一　主債務人之財產顯形減少者。

二　保證契約成立後，主債務人之住所、營業所或居所有變更，致向其請求清償發生困難者。

三　主債務人履行債務遲延者。

四　債權人依確定判決得令保證人清償者。

II 主債務未屆清償期者，主債務人得提出相當擔保於保證人，以代保證責任之除去。

第 751 條（保證責任之免除—拋棄擔保物權）

債權人拋棄為其債權擔保之物權者，保證人就債權人所拋棄權利之限度內，免其責任。

第 752 條（定期保證責任之免除—不為審判上之請求）

約定保證人僅於一定期間內為保證者，如債權人於其期間內，對於保證人不為審判上之請求，保證人免其責任。

第 753 條（未定期保證責任之免除—不為審判上之請求）

I 保證未定期間者，保證人於主債務清償期屆滿後，得定一個月以上之相當期限，催告債權人於其期限內，向主債務人為審判上之請求。

II 債權人不於前項期限內向主債務人為審判上之請求者，保證人免其責任。

第 753 條之 1（董監改選後免除其保證責任）

因擔任法人董事、監察人或其他有代表權之人而為該法人擔任保證人者，僅就任職期間法人所生之債務負保證責任。

第 754 條（連續發生債務保證之終止）

I 就連續發生之債務為保證，而未定有期間者，保證人得隨時通知債權人終止保證契約。

II 前項情形，保證人對於通知到達債權人後所發生主債務人之債務，不負保證責任。

第 755 條（定期債務保證責任之免除－延期清償）

就定有期限之債務為保證者，如債權人允許主債務人延期清償時，保證人除對於其延期已為同意外，不負保證責任。

第 756 條（信用委任）

委任他人以該他人之名義及其計算，供給信用於第三人者，就該第三人因受領信用所負之債務，對於受任人，負保證責任。

第二十四節之一　人事保證

第 756 條之 1（人事保證之定義）

I 稱人事保證者，謂當事人約定，一方於他方之受僱人將來因職務上之行為而應對他方為損害賠償時，由其代負賠償責任之契約。

II 前項契約，應以書面為之。

第 756 條之 2（保證人之賠償責任）

I 人事保證之保證人，以僱用人不能依他項方法受賠償者為限，負其責任。

II 保證人依前項規定負賠償責任時，除法律另有規定或契約另有訂定外，其賠償金額以賠償事故發生時，受僱人當年可得報酬之總額為限。

第 756 條之 3（人事保證之期間）

I 人事保證約定之期間，不得逾三年。逾三年者，縮短為三年。

II 前項期間，當事人得更新之。

III 人事保證未定期間者，自成立之日起有效期間為三年。

第 756 條之 4（保證人之終止權）

I 人事保證未定期間者，保證人得隨時終止契約。

II 前項終止契約，應於三個月前通知僱用人。但當事人約定較短之期間者，從其約定。

第 756 條之 5（僱用人負通知義務之特殊事由）

I 有左列情形之一者，僱用人應即通知保證人：

一　僱用人依法得終止僱傭契約，而其終止事由有發生保證人責任之虞者。

二　受僱人因職務上之行為而應對僱用人負損害賠償責任，並經僱用人向受僱人行使權利者。

三　僱用人變更受僱人之職務或任職時間、地點，致加重保證人責任或使其難於注意者。

II 保證人受前項通知者，得終止契約。保證人知有前項各款情形者，亦同。

第 756 條之 6（減免保證人賠償金額）

有左列情形之一者，法院得減輕保證人之賠償金額或免除之：

一　有前條第一項各款之情形而僱用人不即通知保證人者。

二　僱用人對受僱人之選任或監督有疏懈者。

第 756 條之 7（人事保證契約之消滅）

人事保證關係因左列事由而消滅：

一　保證之期間屆滿。

二　保證人死亡、破產或喪失行為能力。

三　受僱人死亡、破產或喪失行為能力。

四　受僱人之僱傭關係消滅。

第 756 條之 8（請求權之時效）

僱用人對保證人之請求權，因二年間不行使而消滅。

第 756 條之 9（人事保證之準用）

人事保證，除本節有規定者外，準用關於保證之規定。

民法債編施行法

1.中華民國 19 年 2 月 10 日國民政府制定公布全文 15 條；並自中華民國 19 年 5 月 5 日施行
2.中華民國 88 年 4 月 21 日總統令修正公布全文 36 條；並自中華民國 89 年 5 月 5 日施行
3.中華民國 89 年 5 月 5 日總統令修正公布第 36 條條文
4.中華民國 98 年 12 月 30 日總統令修正公布第 36 條條文

第 1 條（不溯既往原則）
民法債編施行前發生之債，除本施行法有特別規定外，不適用民法債編之規定；其在修正施行前發生者，除本施行法有特別規定外，亦不適用修正施行後之規定。

第 2 條（消滅時效已完成請求權之行使期間）
I 民法債編施行前，依民法債編之規定，消滅時效業已完成，或其時效期間尚有殘餘不足一年者，得於施行之日起，一年內行使請求權。但自其時效完成後，至民法債編施行時，已逾民法債編所定時效期間二分之一者，不在此限。
II 依民法債編之規定，消滅時效，不滿一年者，如在施行時，尚未完成，其時效自施行日起算。

第 3 條（法定消滅時效）
I 民法債編修正施行前之法定消滅時效已完成者，其時效為完成。
II 民法債編修正施行前之法定消滅時效，其期間較民法債編修正施行後所定為長者，適用修正施行前之規定。但其殘餘期間自民法債編修正施行日起算，較民法債編修正施行後所定期間為長者，應自施行日起，適用民法債編修正施行後之規定。

第 4 條（無時效性質法定期間之準用）
前二條之規定，於民法債編所定，無時效性質之法定期間，準用之。

第 5 條（懸賞廣告之適用）
修正之民法第一百六十四條之規定，於民法債編修正施行前成立之懸賞廣告，亦適用之。

第 6 條（廣告之適用）
修正之民法第一百六十五條第二項之規定，於民法債編修正施行前所為之廣告定有完成行為之期間者，亦適用之。

第 7 條（優等懸賞廣告之適用）
修正之民法第一百六十五條之一至第一百六十五條之四之規定，於民法債編修正施行前成立之優等懸賞廣告，亦適用之。

第 8 條（法定代理人之適用）
修正之民法第一百八十七條第三項之規定，於民法債編修正施行前無行為能力人或限制行為能力人不法侵害他人之權利者，亦適用之。

第 9 條（侵害身體健康名譽等賠償之適用）
修正之民法第一百九十五條之規定，於民法債編修正施行前，不法侵害他人信用、隱私、貞操，或不法侵害其他人格法益或基於父、母、子、女、配偶關係之身分法益而情節重大者，亦適用之。

第 10 條（債務人提前還本權之適用）
民法第二百零四條之規定，於民法債編施行前，所約定之利率，逾週年百分之十二者，亦適用之。

第 11 條（利息債務之適用）
民法債編施行前，發生之利息債務，於施行時尚未履行者，亦依民法債編之規定，定其數額。但施行時未付之利息總額已超過原本者，仍不得過一本一利。

第 12 條（回復原狀之適用）
修正之民法第二百十三條第三項之規定，於民法債編修正施行前因負損害賠償責任而應回復原狀者，亦適用之。

第 13 條（法定損害賠償範圍之適用）
修正之民法第二百十六條之一之規定，於民法債編修正施行前發生之債，亦適用之。

第 14 條（過失相抵與義務人生計關係酌減規定之適用）
I 民法第二百十七條第一項、第二項及第二百十八條之規定，於民法債編施行前，負損害賠償義務者，亦適用之。
II 修正之民法第二百十七條第三項之規定，於民法債編修正施行前被害人之代理人或使用人與有過失者，亦適用之。

第 15 條（情事變更之適用）
修正之民法第二百二十七條之二之規定，於民法債編修正施行前發生之債，亦適用之。

第 16 條（債務不履行責任之適用）
I 民法債編施行前發生之債務，至施行後不履行時，依民法債編之規定，負不履行之責任。
II 前項規定，於債權人拒絕受領或不能受領時，準用之。

第 17 條（因契約標的給付不能賠償之適用）
修正之民法第二百四十七條之一之規定，於民法債編修正施行前訂定之契約，亦適用之。

第 18 條（違約金之適用）
民法第二百五十條至第二百五十三條之規定，於民法債編施行前約定之違約金，亦適用之。

第 19 條（債務清償公認證書之作成）
民法第三百零八條之公認證書，由債權人作成，聲請債務履行地之公證人、警察機關、商業團體或自治機關蓋印簽名。

第 20 條（一部清償之適用）

I 民法第三百十八條之規定，於民法債編施行前所負債務，亦適用之。

II 修正之民法第三百十八條第二項之規定，於民法債編修正施行前所負債務，並適用之。

第 21 條（抵銷之適用）

民法債編施行前之債務，亦得依民法債編之規定爲抵銷。

第 22 條（買回期限之限制）

民法債編施行前，所定買回契約定有期限者，依其期限，但其殘餘期限，自施行日起算，較民法第三百八十條所定期限爲長者，應自施行日起，適用民法第三百八十條之規定，如買回契約未定期限者，自施行日起，不得逾五年。

第 23 條（出租人地上權登記之適用）

修正之民法第四百二十二條之一之規定，於民法債編修正施行前租用基地建築房屋者，亦適用之。

第 24 條（租賃之效力及期限）

I 民法債編施行前所定之租賃契約，於施行後其效力依民法債編之規定。

II 前項契約，訂有期限者，依其期限，但其殘餘期限，自施行日起算，較民法第四百四十九條所規定之期限爲長者，應自施行日起，適用民法第四百四十九條之規定。

第 25 條（使用借貸預約之適用）

修正之民法第四百六十五條之一之規定，於民法債編修正施行前成立之使用借貸預約，亦適用之。

第 26 條（消費借貸預約之適用）

修正之民法第四百七十五條之一之規定，於民法債編修正施行前成立之消費借貸預約，亦適用之。

第 27 條（承攬契約之適用）

修正之民法第四百九十五條第二項之規定，於民法債編修正施行前成立之承攬契約，亦適用之。

第 28 條（拍賣之方法及程序）

民法債編所定之拍賣，在拍賣法未公布施行前，得照市價變賣，但應經公證人、警察機關、商業團體或自治機關之證明。

第 29 條（旅遊之適用）

民法債編修正施行前成立之旅遊，其未終了部分自修正施行之日起，適用修正之民法債編關於旅遊之規定。

第 30 條（遺失被盜或滅失倉單之適用）

修正之民法第六百十八條之一之規定，於民法債編修正施行前遺失、被盜或滅失之倉單，亦適用之。

第 31 條（遺失被盜或滅失提單之適用）

修正之民法第六百二十九條之一之規定，於民法債編修正施行前遺失、被盜或滅失之提單，亦適用之。

第 32 條（無記名證券發行人抗辯權之適用）

修正之民法第七百二十二條之規定，於民法債編修正施行前取得證券出於惡意之無記名證券持有人，亦適用之。

第 33 條（保證人之權利不得預先拋棄之適用）

修正之民法第七百三十九條之一之規定，於民法債編修正施行前成立之保證，亦適用之。

第 34 條（保證人抵銷權之適用）

修正之民法第七百四十二條之一之規定，於民法債編修正施行前成立之保證，亦適用之。

第 35 條（人事保證之適用）

新增第二十四節之一之規定，除第七百五十六條之二第二項外，於民法債編修正施行前成立之人事保證，亦適用之。

第 36 條（施行日）

I 本施行法自民法債編施行之日施行。

II 中華民國八十八年四月二十一日修正公布之民法債編修正條文及本施行法修正條文，自八十九年五月五日施行。但民法第一百六十六條之一施行日期，由行政院會同司法院另定之。

III 中華民國九十八年十二月十五日修正之民法第六百八十七條及第七百零八條，自九十八年十一月二十三日施行。

民 法 第三編 物 權

1.中華民國 18 年 11 月 30 日國民政府制定公布第 756～966 條條文；並自 19 年 5 月 5 日施行
2.中華民國 84 年 1 月 16 日總統令修正公布第 942 條條文
3.中華民國 96 年 3 月 28 日總統令修正公布第 860～863、866、869、871～874、876、877、879、881、883～890、892、893、897～900、902、904～906、908～910、928～930、932、933、936、937、939 條條文；增訂第 862-1、870-1、870-2、873-1、873-2、875-1～875-4、877-1、879-1、881-1～881-17、899-1、899-2、906-1～906-4、907-1、932-1 條條文及第六章第一～三節節名；刪除第 935、938 條；並自公布後六個月施行
4.中華民國 98 年 1 月 23 日總統令修正公布第 757～759、764、767～772、774、775、777～782、784～790、792～794、796～800、802～807、810、816、818、820、822～824、827、828、830 條條文；增訂第 759-1、768-1、796-1、796-2、799-1、799-2、800-1、805-1、807-1、824-1、826-1 條條文；刪除第 760 條條文；並自公布後六個月施行
5.中華民國 99 年 2 月 3 日總統令修正公布第 800-1、832、834～836、838～841、851～857、859、882、911、913、915、917～921、925、927、941～945、948～954、956、959、965 條條文及第五章章名；增訂第 833-1、833-2、835-1、836-1～836-3、838-1、841-1～841-6、850-1～850-9、851-1、855-1、859-1～859-5、917-1、922-1、924-1、924-2、951-1、963-1 條條文及第三章第一、二節節名、第四章之一章名；刪除第 833、842～850、858、914 條條文及第四章章名；並自公布後六個月施行
6.中華民國 101 年 6 月 13 日總統令修正公布第 805、805-1 條條文

第一章 通 則

第 757 條（物權法定主義）
物權除依法律或習慣外，不得創設。

第 758 條（設權登記—登記生效要件主義）
Ⅰ不動產物權，依法律行為而取得、設定、喪失及變更者，非經登記，不生效力。
Ⅱ前項行為，應以書面為之。

第 759 條（宣示登記—相對登記主義）
因繼承、強制執行、徵收、法院之判決或其他非因法律行為，於登記前已取得不動產物權者，應經登記，始得處分其物權。

第 759 條之 1（不動產物權登記之變動效力）
Ⅰ不動產物權經登記者，推定登記權利人適法有此權利。
Ⅱ因信賴不動產登記之善意第三人，已依法律行為為物權變動之登記者，其變動之效力，不因原登記物權之不實而受影響。

第 760 條（刪除）

第 761 條（動產物權之讓與方法—交付、簡易交付、占有改定、指示交付）
Ⅰ動產物權之讓與，非將動產交付，不生效力。但受讓人已占有動產者，於讓與合意時，即生效力。
Ⅱ讓與動產物權，而讓與人仍繼續占有動產者，讓與人與受讓人間，得訂立契約，使受讓人因此取得間接占有，以代交付。
Ⅲ讓與動產物權，如其動產由第三人占有時，讓與人得以對於第三人之返還請求權，讓與於受讓人，以代交付。

第 762 條（物權之消滅—所有權與他物權混同）
同一物之所有權及其他物權，歸屬於一人者，其他物權因混同而消滅。但其他物權之存續，於所有人或第三人有法律上之利益者，不在此限。

第 763 條（物權之消滅—所有權以外物權之混同）
Ⅰ所有權以外之物權及以該物權為標的物之權利，歸屬於一人者，其權利因混同而消滅。
Ⅱ前條但書之規定，於前項情形準用之。

第 764 條（物權之消滅—拋棄）
Ⅰ物權除法律另有規定外，因拋棄而消滅。
Ⅱ前項拋棄，第三人有以該物權為標的物之其他物權或於該物權有其他法律上之利益者，非經該第三人同意，不得為之。
Ⅲ拋棄動產物權者，並應拋棄動產之占有。

第二章 所有權

第一節 通 則

第 765 條（所有權之權能）
所有人於法令限制之範圍內，得自由使用、收益、處分其所有物，並排除他人之干涉。

第 766 條（所有人之收益權）
物之成分及其天然孳息，於分離後，除法律另有規定外，仍屬於其物之所有人。

第 767 條（所有權之保護—物上請求權）
Ⅰ所有人對於無權占有或侵奪其所有物者，得請求返還之。對於妨害其所有權者，得請求除去之。有妨害其所有權之虞者，得請求防止之。
Ⅱ前項規定，於所有權以外之物權，準用之。

第 768 條（動產所有權之取得時效）
以所有之意思，十年間和平、公然、繼續占有他人之動產者，取得其所有權。

第 768 條之 1（動產所有權之占有時效）
以所有之意思，五年間和平、公然、繼續占有他人之動產，而其占有之始爲善意並無過失者，取得其所有權。
第 769 條（不動產之一般取得時效）
以所有之意思，二十年間和平、公然、繼續占有他人未登記之不動產者，得請求登記爲所有人。
第 770 條（不動產之特別取得時效）
以所有之意思，十年間和平、公然、繼續占有他人未登記之不動產，而其占有之始爲善意並無過失者，得請求登記爲所有人。
第 771 條（取得時效之中斷）
Ⅰ占有人有下列情形之一者，其所有權之取得時效中斷：
一 變爲不以所有之意思而占有。
二 變爲非和平或非公然占有。
三 自行中止占有。
四 非基於自己之意思而喪失其占有。但依第九百四十九條或第九百六十二條規定，回復其占有者，不在此限。
Ⅱ依第七百六十七條規定起訴請求占有人返還占有物者，占有人之所有權取得時效亦因而中斷。
第 772 條（所有權以外財產權取得時效之準用）
前五條之規定，於所有權以外財產權之取得，準用之。於已登記之不動產，亦同。

第二節 不動產所有權

第 773 條（土地所有權之範圍）
土地所有權，除法令有限制外，於其行使有利益之範圍內，及於土地之上下，如他人之干涉，無礙其所有權之行使者，不得排除之。
第 774 條（鄰地損害之防免）
土地所有人經營事業或行使其所有權，應注意防免鄰地之損害。
第 775 條（自然流水之排水權及承水義務）
Ⅰ土地所有人不得妨阻由鄰地自然流至之水。
Ⅱ自然流至之水爲鄰地所必需者，土地所有人縱因其土地利用之必要，不得妨阻其全部。
第 776 條（蓄水等工作物破潰阻塞之修繕疏通或預防）
土地因蓄水、排水或引水所設之工作物破潰、阻塞，致損害及於他人之土地或有致損害之虞者，土地所有人應以自己之費用，爲必要之修繕、疏通或預防。但其費用之負擔，另有習慣者，從其習慣。
第 777 條（使雨水直注相鄰不動產之禁止）
土地所有人不得設置屋簷、工作物或其他設備，使雨水或其他液體直注於相鄰之不動產。
第 778 條（土地所有人之疏水權）
Ⅰ水流如因事變在鄰地阻塞，土地所有人得以自己之費用，爲必要疏通之工事。但鄰地所有人受有利益者，應按其受益之程度，負擔相當之費用。
Ⅱ前項費用之負擔，另有習慣者，從其習慣。
第 779 條（土地所有人之過水權—人工排水）
Ⅰ土地所有人因使浸水之地乾涸，或排泄家用或其他用水，以至河渠或溝道，得使其水通過鄰地。但應擇於鄰地損害最少之處所及方法爲之。
Ⅱ前項情形，有通過權之人對於鄰地所受之損害，應支付償金。
Ⅲ前二項情形，法令另有規定或另有習慣者，從其規定或習慣。
Ⅳ第一項但書之情形，鄰地所有人有異議時，有通過權之人或異議人得請求法院以判決定之。
第 780 條（他人過水工作物使用權）
土地所有人因使其土地之水通過，得使用鄰地所有人所設置之工作物。但應按其受益之程度，負擔該工作物設置及保存之費用。
第 781 條（水流地所有人之自由用水權）
水源地、井、溝渠及其他水流地之所有人得自由使用其水。但法令另有規定或另有習慣者，不在此限。
第 782 條（用水權人之物上請求權）
Ⅰ水源地或井之所有人對於他人因工事杜絕、減少或污染其水者，得請求損害賠償。如其水爲飲用或利用土地所必要者，並得請求回復原狀；其不能爲全部回復者，仍應於可能範圍內回復之。
Ⅱ前項情形，損害非因故意或過失所致，或被害人有過失者，法院得減輕賠償金額或免除之。
第 783 條（使用鄰地餘水之用水權）
土地所有人因其家用或利用土地所必要，非以過鉅之費用及勞力不能得水者，得支付償金，對鄰地所有人，請求給與有餘之水。
第 784 條（水流地所有人變更水流或寬度之限制）
Ⅰ水流地對岸之土地屬於他人時，水流地所有人不得變更其水流或寬度。
Ⅱ兩岸之土地均屬於水流地所有人者，其所有人得變更其水流或寬度。但應留下游自然之水路。
Ⅲ前二項情形，法令另有規定或另有習慣者，從其規定或習慣。
第 785 條（堰之設置與利用）
Ⅰ水流地所有人有設堰之必要者，得使其堰附著於對岸。但對於因此所生之損害，應支付償金。
Ⅱ對岸地所有人於水流地之一部屬於其所有者，得使用前項之堰。但應按其受益之程度，負擔該堰設置及保存之費用。
Ⅲ前二項情形，法令另有規定或另有習慣者，從其規定或習慣。
第 786 條（管線安設權）
Ⅰ土地所有人非通過他人之土地，不能設置電線、水管、瓦斯管或其他管線，或雖能設置而需費過鉅者，得通過他人土地之上下而設置之。但應擇其損害最少之處所及方法為之，並應支付償金。

II依前項之規定，設置電線、水管、瓦斯管或其他管線後，如情事有變更時，他土地所有人得請求變更其設置。

III前項變更設置之費用，由土地所有人負擔。但法令另有規定或另有習慣者，從其規定或習慣。

IV第七百七十九條第四項規定，於第一項但書之情形準用之。

第 787 條（袋地所有人之必要通行權）

I土地因與公路無適宜之聯絡，致不能為通常使用時，除因土地所有人之任意行為所生者外，土地所有人得通行周圍地以至公路。

II前項情形，有通行權人應於通行必要之範圍內，擇其周圍地損害最少之處所及方法為之；對於通行地因此所受之損害，並應支付償金。

III第七百七十九條第四項規定，於前項情形準用之。

第 788 條（開路通行權）

I有通行權人於必要時，得開設道路。但對於通行地因此所受之損害，應支付償金。

II前項情形，如致通行地損害過鉅者，通行地所有人得請求有通行權人以相當之價額購買通行地及因此形成之畸零地，其價額由當事人協議定之；不能協議者，得請求法院以判決定之。

第 789 條（通行權之限制）

I因土地一部之讓與或分割，而與公路無適宜之聯絡，致不能為通常使用者，土地所有人因至公路，僅得通行受讓人或讓與人或他分割人之所有地。數宗土地同屬於一人所有，讓與其一部或同時分別讓與數人，而與公路無適宜之聯絡，致不能為通常使用者，亦同。

II前項情形，有通行權人，無須支付償金。

第 790 條（土地之禁止侵入與例外）

土地所有人得禁止他人侵入其地內。但有下列情形之一，不在此限：

一　他人有通行權者。

二　依地方習慣，任他人入其未設圍障之田地、牧場、山林刈取雜草，採取枯枝枯幹，或採集野生物，或放牧牲畜者。

第 791 條（因尋查取回物品或動物之允許侵入）

I土地所有人遇他人之物品或動物偶至其地內者，應許該物品或動物之占有人或所有人入其地內，尋查取回。

II前項情形，土地所有人受有損害者，得請求賠償。於未受賠償前，得留置其物品或動物。

第 792 條（鄰地使用權）

土地所有人因鄰地所有人在其地界或近旁，營造或修繕建築物或其他工作物有使用其土地之必要，應許鄰地所有人使用其土地。但因而受損害者，得請求償金。

第 793 條（氣響侵入之禁止）

土地所有人於他人之土地、建築物或其他工作物有瓦斯、蒸氣、臭氣、煙氣、熱氣、灰屑、喧囂、振動及其他與此相類者侵入時，得禁止之。但其侵入輕微，或按土地形狀、地方習慣，認為相當者，不在此限。

第 794 條（損害鄰地地基或工作物危險之預防義務）

土地所有人開掘土地或為建築時，不得因此使鄰地之地基動搖或發生危險，或使鄰地之建築物或其他工作物受其損害。

第 795 條（工作物傾倒危險之預防）

建築物或其他工作物之全部或一部有傾倒之危險，致鄰地有受損害之虞者，鄰地所有人得請求為必要之預防。

第 796 條（越界建屋之異議）

I土地所有人建築房屋非因故意或重大過失逾越地界者，鄰地所有人如知其越界而不即提出異議，不得請求移去或變更其房屋。但土地所有人對於鄰地因此所受之損害，應支付償金。

II前項情形，鄰地所有人得請求土地所有人，以相當之價額購買越界部分之土地及因此形成之畸零地，其價額由當事人協議定之；不能協議者，得請求法院以判決定之。

第 796 條之 1（越界建屋之移去或變更）

I土地所有人建築房屋逾越地界，鄰地所有人請求移去或變更時，法院得斟酌公共利益及當事人利益，免為全部或一部之移去或變更。但土地所有人故意逾越地界者，不適用之。

II前條第一項但書及第二項規定，於前項情形準用之。

第 796 條之 2（等值建物之準用範圍）

前二條規定，於具有與房屋價值相當之其他建築物準用之。

第 797 條（植物枝根越界之刈除）

I土地所有人遇鄰地植物之枝根有逾越地界者，得向植物所有人，請求於相當期間內刈除之。

II植物所有人不於前項期間內刈除者，土地所有人得刈取越界之枝根，並得請求償還因此所生之費用。

III越界植物之枝根，如於土地之利用無妨害者，不適用前二項之規定。

第 798 條（鄰地之果實獲得權）

果實自落於鄰地者，視為屬於鄰地所有人。但鄰地為公用地者，不在此限。

第 799 條（建築物之區分所有）

I稱區分所有建築物者，謂數人區分一建築物而各專有其一部，就專有部分有單獨所有權，並就該建築物及其附屬物之共同部分共有之建築物。

II前項專有部分，指區分所有建築物在構造上及使用上可獨立，且得單獨為所有權之標的者。共有部分，指區分所有建築物專有部分以外之其他部分及不屬於專有部分之附屬物。

III專有部分得經其所有人之同意，依規約之約定供區分所有建築物之所有人共同使用；共有部分除法律另有規定外，得經規約之約定供區分所有建築物之特定所有人使用。

IV區分所有人就區分所有建築物共有部分及基地之應有部分，依其專有部分面積與專有部分總面積之比例定之。但另有約定者，從其約定。

V專有部分與其所屬之共有部分及其基地之權利，不得分離而為移轉或設定負擔。

第 799 條之 1（建築物之費用分擔）

I區分所有建築物共有部分之修繕費及其他負擔，由各所有人按其應有部分分擔之。但規約另有約定者，不在此限。

II前項規定，於專有部分經依前條第三項之約定供區分所有建築物之所有人共同使用者，準用之。

III規約之內容依區分所有建築物之專有部分、共有部分及其基地之位置、面積、使用目的、利用狀況、區分所有人已否支付對價及其他情事，按其情形顯失公平者，不同意之區分所有人得於規約成立後三個月內，請求法院撤銷之。

IV區分所有人間依規約所生之權利義務，繼受人應受拘束；其依其他約定所生之權利義務，特定繼受人對於約定之內容明知或可得而知者，亦同。

第 799 條之 2（同一建築物之所有人區分）

同一建築物屬於同一人所有，經區分為數專有部分登記所有權者，準用第七百九十九條規定。

第 800 條（他人正中宅門之使用）

I第七百九十九條情形，其專有部分之所有人，有使用他專有部分所有人正中宅門之必要者，得使用之。但另有特約或另有習慣者，從其特約或習慣。

II因前項使用，致他專有部分之所有人受損害者，應支付償金。

第 800 之 1（準用範圍）

第七百七十四條至前條規定，於地上權人、農育權人、不動產役權人、典權人、承租人、其他土地、建築物或其他工作物利用人準用之。

第三節　動產所有權

第 801 條（善意受讓）

動產之受讓人占有動產，而受關於占有規定之保護者，縱讓與人無移轉所有權之權利，受讓人仍取得其所有權。

第 802 條（無主物之先占）

以所有之意思，占有無主之動產者，除法令另有規定外，取得其所有權。

第 803 條（遺失物拾得者之招領報告義務）

I拾得遺失物者應從速通知遺失人、所有人、其他有受領權之人或報告警察、自治機關。報告時，應將其物一併交存。但於機關、學校、團體或其他公共場所拾得者，亦得報告於各該場所之管理機關、團體或其負責人、管理人，並將其物交存。

II前項受報告者，應從速於遺失物拾得地或其他適當處所，以公告、廣播或其他適當方法招領之。

第 804 條（招領後無人認領之處置—交存遺失物）

I依前條第一項為通知或依第二項由公共場所之管理機關、團體或其負責人、管理人為招領後，有受領權之人未於相當期間認領時，拾得人或招領人應將拾得物交存於警察或自治機關。

II警察或自治機關認原招領之處所或方法不適當時，得再為招領之。

第 805 條（認領期限、費用及報酬之請求）

I遺失物自通知或最後招領之日起六個月內，有受領權之人認領時，拾得人、招領人、警察或自治機關，於通知、招領及保管之費用受償後，應將其物返還之。

II有受領權之人認領遺失物時，拾得人得請求報酬。但不得超過其物財產上價值十分之一；其不具有財產上價值者，拾得人亦得請求相當之報酬。

III有受領權人依前項規定給付報酬顯失公平者，得請求法院減少或免除其報酬。

IV第二項報酬請求權，因六個月間不行使而消滅。

V第一項費用之支出者或得請求報酬之拾得人，在其費用或報酬未受清償前，就該遺失物有留置權；其權利人有數人時，遺失物占有人視為為全體權利人占有。

第 805 條之 1（認領報酬之例外）

有下列情形之一者，不得請求前條第二項之報酬：

一　在公眾得出入之場所或供公眾往來之交通設備內，由其管理人或受僱人拾得遺失物。

二　拾得人未於七日內通知、報告或交存拾得物，或經查詢仍隱匿其拾得遺失物之事實。

三　有受領權之人為特殊境遇家庭、低收入戶、中低收入戶、依法接受急難救助、災害救助，或有其他急迫情事者。

第 806 條（遺失物之拍賣及變賣）

拾得物易於腐壞或其保管需費過鉅者，招領人、警察或自治機關得為拍賣或逕以市價變賣之，保管其價金。

第 807 條（逾期未認領之遺失物之歸屬—拾得人取得所有權）

Ⅰ遺失物自通知或最後招領之日起逾六個月，未經有受領權之人認領者，由拾得人取得其所有權。警察或自治機關並應通知其領取遺失物或賣得之價金；其不能通知者，應公告之。

Ⅱ拾得人於受前項通知或公告後三個月內未領取者，其物或賣得之價金歸屬於保管地之地方自治團體。

第 807 條之 1（五百元以下遺失物之歸屬）

Ⅰ遺失物價值在新臺幣五百元以下者，拾得人應從速通知遺失人、所有人或其他有受領權之人。其有第八百零三條第一項但書之情形者，亦得依該條第一項但書及第二項規定辦理。

Ⅱ前項遺失物於下列期間未經有受領權之人認領者，由拾得人取得其所有權或變賣之價金：

一　自通知或招領之日起逾十五日。

二　不能依前項規定辦理，自拾得日起逾一個月。

Ⅲ第八百零五條至前條規定，於前二項情形準用之。

第 808 條（埋藏物之發現）

發見埋藏物而占有者，取得其所有權。但埋藏物係在他人所有之動產或不動產中發見者，該動產或不動產之所有人與發見人，各取得埋藏物之半。

第 809 條（有學術價值埋藏物之歸屬）

發見之埋藏物，足供學術、藝術、考古或歷史之資料者，其所有權之歸屬，依特別法之規定。

第 810 條（漂流物或沈沒物之拾得）

拾得漂流物、沈沒物或其他因自然力而脫離他人占有之物者，準用關於拾得遺失物之規定。

第 811 條（不動產之附合）

動產因附合而為不動產之重要成分者，不動產所有人，取得動產所有權。

第 812 條（動產之附合）

Ⅰ動產與他人之動產附合，非毀損不能分離，或分離需費過鉅者，各動產所有人，按其動產附合時之價值，共有合成物。

Ⅱ前項附合之動產，有可視為主物者，該主物所有人，取得合成物之所有權。

第 813 條（混合）

動產與他人之動產混合，不能識別或識別需費過鉅者，準用前條之規定。

第 814 條（加工）

加工於他人之動產者，其加工物之所有權，屬於材料所有人。但因加工所增之價值顯逾材料之價值者，其加工物之所有權，屬於加工人。

第815條（添附之效果—其他權利之同消滅）

依前四條之規定，動產之所有權消滅者，該動產上之其他權利，亦同消滅。

第 816 條（添附之效果—補償請求）

因前五條之規定而受損害者，得依關於不當得利之規定，請求償還價額。

第四節　共　有

第 817 條（分別共有—共有人及應有部分）

Ⅰ數人按其應有部分，對於一物有所有權者，為共有人。

Ⅱ各共有人之應有部分不明者，推定其為均等。

第 818 條（共有人之使用收益權）

各共有人，除契約另有約定外，按其應有部分，對於共有物之全部，有使用收益之權。

第 819 條（應有部分及共有物之處分）

Ⅰ各共有人得自由處分其應有部分。

Ⅱ共有物之處分、變更及設定負擔，應得共有人全體之同意。

第 820 條（共有物之管理）

Ⅰ共有物之管理，除契約另有約定外，應以共有人過半數及其應有部分合計過半數之同意行之。但其應有部分合計逾三分之二者，其人數不予計算。

Ⅱ依前項規定之管理顯失公平者，不同意之共有人得聲請法院以裁定變更之。

Ⅲ前二項所定之管理，因情事變更難以繼續時，法院得因任何共有人之聲請，以裁定變更之。

Ⅳ共有人依第一項規定為管理之決定，有故意或重大過失，致共有人受損害者，對不同意之共有人連帶負賠償責任。

Ⅴ共有物之簡易修繕及其他保存行為，得由各共有人單獨為之。

第 821 條（共有人對第三人之權利）

各共有人對於第三人，得就共有物之全部為本於所有權之請求。但回復共有物之請求，僅得為共有人全體之利益為之。

第 822 條（共有物費用之分擔）

Ⅰ共有物之管理費及其他負擔，除契約另有約定外，應由各共有人按其應有部分分擔之。

Ⅱ共有人中之一人，就共有物之負擔為支付，而逾其所應分擔之部分者，對於其他共有人得按其各應分擔之部分，請求償還。

第 823 條（共有物之分割與限制）

Ⅰ各共有人，除法令另有規定外，得隨時請求分割共有物。但因物之使用目的不能分割或契約訂有不分割之期限者，不在此限。

Ⅱ前項約定不分割之期限，不得逾五年；逾五年者，縮短為五年。但共有之不動產，其契約訂有管理之約定時，約定不分割之期限，不得逾三十年；逾三十年者，縮短為三十年。

Ⅲ前項情形，如有重大事由，共有人仍得隨時請求分割。

第 824 條（共有物分割之方法）

Ⅰ共有物之分割，依共有人協議之方法行之。

II分割之方法不能協議決定，或於協議決定後因消滅時效完成經共有人拒絕履行者，法院得因任何共有人之請求，命為下列之分配：

一 以原物分配於各共有人。但各共有人均受原物之分配顯有困難者，得將原物分配於部分共有人。

二 原物分配顯有困難時，得變賣共有物，以價金分配於各共有人；或以原物之一部分分配於各共有人，他部分變賣，以價金分配於各共有人。

III以原物為分配時，如共有人中有未受分配，或不能按其應有部分受分配者，得以金錢補償之。

IV以原物為分配時，因共有人之利益或其他必要情形，得就共有物之一部分仍維持共有。

V共有人相同之數不動產，除法令另有規定外，共有人得請求合併分割。

VI共有人部分相同之相鄰數不動產，各該不動產均具應有部分之共有人，經各不動產應有部分過半數共有人之同意，得適用前項規定，請求合併分割。但法院認合併分割為不適當者，仍分別分割之。

VII變賣共有物時，除買受人為共有人外，共有人有依相同條件優先承買之權，有二人以上願優先承買者，以抽籤定之。

第 824 條之 1（共有物分割之效力）

I共有人自共有物分割之效力發生時起，取得分得部分之所有權。

II應有部分有抵押權或質權者，其權利不因共有物之分割而受影響。但有下列情形之一者，其權利移存於抵押人或出質人所分得之部分：

一 權利人同意分割。

二 權利人已參加共有物分割訴訟。

三 權利人經共有人告知訴訟而未參加。

III前項但書情形，於以價金分配或以金錢補償者，準用第八百八十一條第一項、第二項或第八百九十九條第一項規定。

IV前條第三項之情形，如為不動產分割者，應受補償之共有人，就其補償金額，對於補償義務人所分得之不動產，有抵押權。

V前項抵押權應於辦理共有物分割登記時，一併登記，其次序優先於第二項但書之抵押權。

第 825 條（分得物之擔保責任）

各共有人對於他共有人因分割而得之物，按其應有部分，負與出賣人同一之擔保責任。

第 826 條（所得物與共有物證書之保管）

I共有物分割後，各分割人應保存其所得物之證書。

II共有物分割後，關於共有物之證書，歸取得最大部分之人保存之；無取得最大部分者，由分割人協議定之；不能協議決定者，得聲請法院指定之。

III各分割人，得請求使用他分割人所保存之證書。

第 826 條之 1（共有物讓與之責任）

I不動產共有人間關於共有物使用、管理、分割或禁止分割之約定或依第八百二十條第一項規定所為之決定，於登記後，對於應有部分之受讓人或取得物權之人，具有效力。其由法院裁定所定之管理，經登記後，亦同。

II動產共有人間就共有物為前項之約定、決定或法院所為之裁定，對於應有部分之受讓人或取得物權之人，以受讓或取得時知悉其情事或可得而知者為限，亦具有效力。

III共有物應有部分讓與時，受讓人對讓與人就共有物因使用、管理或其他情形所生之負擔連帶負清償責任。

第 827 條（公同共有人及其權利）

I依法律規定、習慣或法律行為，成一公同關係之數人，基於其公同關係，而共有一物者，為公同共有人。

II前項依法律行為成立之公同關係，以有法律規定或習慣者為限。

III各公同共有人之權利，及於公同共有物之全部。

第 828 條（公同共有人之權利義務與公同共有物之處分）

I公同共有人之權利義務，依其公同關係所由成立之法律、法律行為或習慣定之。

II第八百二十條、第八百二十一條及第八百二十六條之一規定，於公同共有準用之。

III公同共有物之處分及其他之權利行使，除法律另有規定外，應得公同共有人全體之同意。

第 829 條（公同共有物分割之限制）

公同關係存續中，各公同共有人，不得請求分割其公同共有物。

第 830 條（公同共有關係之消滅與公同共有物之分割方法）

I公同共有之關係，自公同關係終止，或因公同共有物之讓與而消滅。

II公同共有物之分割，除法律另有規定外，準用關於共有物分割之規定。

第 831 條（準共有）

本節規定，於所有權以外之財產權，由數人共有或公同共有者準用之。

第三章 地上權

第一節 普通地上權

第 832 條（普通地上權之定義）

稱普通地上權者，謂以在他人土地之上下有建築物或其他工作物為目的而使用其土地之權。

第 833 條（刪除）

第833條之1（地上權之存續期間與終止）
地上權未定有期限者，存續期間逾二十年或地上權成立之目的已不存在時，法院得因當事人之請求，斟酌地上權成立之目的、建築物或工作物之種類、性質及利用狀況等情形，定其存續期間或終止其地上權。

第833條之2（公共建設之地上權存續期限）
以公共建設爲目的而成立之地上權，未定有期限者，以該建設使用目的完畢時，視爲地上權之存續期限。

第834條（地上權人之拋棄權利）
地上權無支付地租之約定者，地上權人得隨時拋棄其權利。

第835條（地上權拋棄時應盡之義務及保障）
Ⅰ地上權定有期限，而有支付地租之約定者，地上權人得支付未到期之三年分地租後，拋棄其權利。
Ⅱ地上權未定有期限，而有支付地租之約定者，地上權人拋棄權利時，應於一年前通知土地所有人，或支付未到期之一年分地租。
Ⅲ因不可歸責於地上權人之事由，致土地不能達原來使用之目的時，地上權人於支付前二項地租二分之一後，得拋棄其權利；其因可歸責於土地所有人之事由，致土地不能達原來使用之目的時，地上權人亦得拋棄其權利，並免支付地租。

第835條之1（地租給付之公平原則）
Ⅰ地上權設定後，因土地價值之昇降，依原定地租給付顯失公平者，當事人得請求法院增減之。
Ⅱ未定有地租之地上權，如因土地之負擔增加，非當時所得預料，仍無償使用顯失公平者，土地所有人得請求法院酌定其地租。

第836條（終止地上權之使用）
Ⅰ地上權人積欠地租達二年之總額，除另有習慣外，土地所有人得定相當期限催告地上權人支付地租，如地上權人於期限內不爲支付，土地所有人得終止地上權。地上權經設定抵押權者，並應同時將該催告之事實通知抵押權人。
Ⅱ地租之約定經登記者，地上權讓與時，前地上權人積欠之地租應併同計算。受讓人就前地上權人積欠之地租，應與讓與人連帶負清償責任。
Ⅲ第一項終止，應向地上權人以意思表示爲之。

第836條之1（土地所有權之讓與）
土地所有權讓與時，已預付之地租，非經登記，不得對抗第三人。

第836條之2（土地之用益權）
Ⅰ地上權人應依設定之目的及約定之使用方法，爲土地之使用收益；未約定使用方法者，應依土地之性質爲之，並均應保持其得永續利用。
Ⅱ前項約定之使用方法，非經登記，不得對抗第三人。

第836條之3（土地用益權之終止）
地上權人違反前條第一項規定，經土地所有人阻止而仍繼續爲之者，土地所有人得終止地上權。地上權經設定抵押權者，並應同時將該阻止之事實通知抵押權人。

第837條（租金減免請求之限制）
地上權人縱因不可抗力，妨礙其土地之使用，不得請求免除或減少租金。

第838條（權利之讓與）
Ⅰ地上權人得將其權利讓與他人或設定抵押權。但契約另有約定或另有習慣者，不在此限。
Ⅱ前項約定，非經登記，不得對抗第三人。
Ⅲ地上權與其建築物或其他工作物，不得分離而爲讓與或設定其他權利。

第838條之1（強制執行拍賣之協定）
Ⅰ土地及其土地上之建築物，同屬於一人所有，因強制執行之拍賣，其土地與建築物之拍定人各異時，視爲已有地上權之設定，其地租、期間及範圍由當事人協議定之；不能協議者，得請求法院以判決定之。其僅以土地或建築物爲拍賣時，亦同。
Ⅱ前項地上權，因建築物之滅失而消滅。

第839條（工作物之取回權及期限）
Ⅰ地上權消滅時，地上權人得取回其工作物。但應回復土地原狀。
Ⅱ地上權人不於地上權消滅後一個月內取回其工作物者，工作物歸屬於土地所有人。其有礙於土地之利用者，土地所有人得請求回復原狀。
Ⅲ地上權人取回其工作物前，應通知土地所有人。土地所有人願以時價購買者，地上權人非有正當理由，不得拒絕。

第840條（建築物之補償及期限）
Ⅰ地上權人之工作物爲建築物者，如地上權因存續期間屆滿而消滅，地上權人得於期間屆滿前，定一個月以上之期間，請求土地所有人按該建築物之時價爲補償。但契約另有約定者，從其約定。
Ⅱ土地所有人拒絕地上權人前項補償之請求或於期間內不爲確答者，地上權之期間應酌量延長之。地上權人不願延長者，不得請求前項之補償。
Ⅲ第一項之時價不能協議者，地上權人或土地所有人得聲請法院裁定之。土地所有人不願依裁定之時價補償者，適用前項規定。
Ⅳ依第二項規定延長期間者，其期間由土地所有人與地上權人協議定之；不能協議者，得請求法院斟酌建築物與土地使用之利益，以判決定之。
Ⅴ前項期間屆滿後，除經土地所有人與地上權人協議者外，不適用第一項及第二項規定。

第841條（地上權之永續性）
地上權不因建築物或其他工作物之滅失而消滅。

第二節　區分地上權

第841條之1（區分地上權之定義）
稱區分地上權者，謂以在他人土地上下之一定空間範圍內設定之地上權。

第841條之2（使用收益之權益限制）
Ⅰ區分地上權人得與其設定之土地上下有使用、收益權利之人，約定相互間使用收益之限制。其約定未經土地所有人同意者，於使用收益權消滅時，土地所有人不受該約定之拘束。
Ⅱ前項約定，非經登記，不得對抗第三人。

第841條之3（區分地上權期間之第三人權益）
法院依第八百四十條第四項定區分地上權之期間，足以影響第三人之權利者，應併斟酌該第三人之利益。

第841條之4（第三人之權益補償）
區分地上權依第八百四十條規定，以時價補償或延長期間，足以影響第三人之權利時，應對該第三人爲相當之補償。補償之數額以協議定之；不能協議時，得聲請法院裁定之。

第841條之5（權利行使之設定）
同一土地有區分地上權與以使用收益爲目的之物權同時存在者，其後設定物權之權利行使，不得妨害先設定之物權。

第841條之6（準用地上權之規定）
區分地上權，除本節另有規定外，準用關於普通地上權之規定。

第四章　（刪除）

第842條至第850條（刪除）

第四章之一　農育權

第850條之1（農育權之定義）
Ⅰ稱農育權者，謂在他人土地爲農作、森林、養殖、畜牧、種植竹木或保育之權。
Ⅱ農育權之期限，不得逾二十年；逾二十年者，縮短爲二十年。但以造林、保育爲目的或法令另有規定者，不在此限。

第850條之2（農育權之終止）
Ⅰ農育權未定有期限時，除以造林、保育爲目的者外，當事人得隨時終止之。
Ⅱ前項終止，應於六個月前通知他方當事人。
Ⅲ第八百三十三條之一規定，於農育權以造林、保育爲目的而未定有期限者準用之。

第850條之3（農育權之讓與）
Ⅰ農育權人得將其權利讓與他人或設定抵押權。但契約另有約定或另有習慣者，不在此限。
Ⅱ前項約定，非經登記不得對抗第三人。
Ⅲ農育權與其農育工作物不得分離而爲讓與或設定其他權利。

第850條之4（地租減免或變更土地使用目的）
Ⅰ農育權有支付地租之約定者，農育權人因不可抗力致收益減少或全無時，得請求減免其地租或變更原約定土地使用之目的。
Ⅱ前項情形，農育權人不能依原約定目的使用者，當事人得終止之。
Ⅲ前項關於土地所有人得行使終止權之規定，於農育權無支付地租之約定者，準用之。

第850條之5（土地或工作物之出租限制）
Ⅰ農育權人不得將土地或農育工作物出租於他人。但農育工作物之出租另有習慣者，從其習慣。
Ⅱ農育權人違反前項規定者，土地所有人得終止農育權。

第850條之6（土地用益權）
Ⅰ農育權人應依設定之目的及約定之方法，爲土地之使用收益；未約定使用方法者，應依土地之性質爲之，並均應保持其生產力或得永續利用。
Ⅱ農育權人違反前項規定，經土地所有人阻止而仍繼續爲之者，土地所有人得終止農育權。農育權經設定抵押權者，並應同時將該阻止之事實通知抵押權人。

第850條之7（出產物及工作物之取回權）
Ⅰ農育權消滅時，農育權人得取回其土地上之出產物及農育工作物。
Ⅱ第八百三十九條規定，於前項情形準用之。
Ⅲ第一項之出產物未及收穫而土地所有人又不願以時價購買者，農育權人得請求延長農育權期間至出產物可收穫時爲止，土地所有人不得拒絕。但延長之期限，不得逾六個月。

第850條之8（土地特別改良權）
Ⅰ農育權人得爲增加土地生產力或使用便利之特別改良。
Ⅱ農育權人將前項特別改良事項及費用數額，以書面通知土地所有人，土地所有人於收受通知後不即爲反對之表示者，農育權人於農育權消滅時，得請求土地所有人返還特別改良費用。但以其現存之增價額爲限。
Ⅲ前項請求權，因二年間不行使而消滅。

第850條之9（農育權之準用）
第八百三十四條、第八百三十五條第一項、第二項、第八百三十五條之一至第八百三十六條之一、第八百三十六條之二第二項規定，於農育權準用之。

第五章　不動產役權

第851條（不動產役權之定義）
稱不動產役權者，謂以他人不動產供自己不動產通行、汲水、採光、眺望、電信或其他以特定便宜之用爲目的之權。

第851條之1（權利行使之設定）

同一不動產上有不動產役權與以使用收益爲目的之物權同時存在者，其後設定物權之權利行使，不得妨害先設定之物權。

第 852 條（取得時效）

I 不動產役權因時效而取得者，以繼續並表見者爲限。

II 前項情形，需役不動產爲共有者，共有人中一人之行爲，或對於共有人中一人之行爲，爲他共有人之利益，亦生效力。

III 向行使不動產役權取得時效之各共有人爲中斷時效之行爲者，對全體共有人發生效力。

第 853 條（不動產役權之從屬性）

不動產役權不得由需役不動產分離而爲讓與，或爲其他權利之標的物。

第 854 條（不動產役權人必要之附隨行為權）

不動產役權人因行使或維持其權利，得爲必要之附隨行爲。但應擇於供役不動產損害最少之處所及方法爲之。

第 855 條（設置之維持及使用）

I 不動產役權人因行使權利而爲設置者，有維持其設置之義務；其設置由供役不動產所有人提供者，亦同。

II 供役不動產所有人於無礙不動產役權行使之範圍內，得使用前項之設置，並應按其受益之程度，分擔維持其設置之費用。

第 855 條之 1（不動產役權處所或方法之變更）

供役不動產所有人或不動產役權人因行使不動產役權之處所或方法有變更之必要，而不甚妨礙不動產役權人或供役不動產所有人權利之行使者，得以自己之費用，請求變更之。

第 856 條（不動產役權之不可分性—需役不動產之分割）

需役不動產經分割者，其不動產役權爲各部分之利益仍爲存續。但不動產役權之行使，依其性質祗關於需役不動產之一部分者，僅就該部分仍爲存續。

第 857 條（不動產役權之不可分性—供役不動產之分割）

供役不動產經分割者，不動產役權就其各部分仍爲存續。但不動產役權之行使，依其性質祗關於供役不動產之一部分者，僅對於該部分仍爲存續。

第 858 條（刪除）

第 859 條（不動產役權之宣告消滅）

I 不動產役權之全部或一部無存續之必要時，法院因供役不動產所有人之請求，得就其無存續必要之部分，宣告不動產役權消滅。

II 不動產役權因需役不動產滅失或不堪使用而消滅。

第 859 條之 1（不動產役權消滅之取回權及期限）

不動產役權消滅時，不動產役權人所爲之設置，準用第八百三十九條規定。

第 859 條之 2（準用不動產役權之規定）

第八百三十四條至第八百三十六條之三規定，於不動產役權準用之。

第 859 條之 3（不動產役權之設定）

I 基於以使用收益爲目的之物權或租賃關係而使用需役不動產者，亦得爲該不動產設定不動產役權。

II 前項不動產役權，因以使用收益爲目的之物權或租賃關係之消滅而消滅。

第 859 條之 4（就自己不動產之設定）

不動產役權，亦得就自己之不動產設定之。

第 859 條之 5（準用不動產役權之規定）

第八百五十一條至第八百五十九條之二規定，於前二條準用之。

第六章　抵押權

第一節　普通抵押權

第 860 條（抵押權之定義）

稱普通抵押權者，謂債權人對於債務人或第三人不移轉占有而供其債權擔保之不動產，得就該不動產賣得價金優先受償之權。

第 861 條（抵押權之擔保範圍）

I 抵押權所擔保者爲原債權、利息、遲延利息、違約金及實行抵押權之費用。但契約另有約定者，不在此限。

II 得優先受償之利息、遲延利息、一年或不及一年定期給付之違約金債權，以於抵押權人實行抵押權聲請強制執行前五年內發生及於強制執行程序中發生者爲限。

第 862 條（抵押權效力及於標的物之範圍—從物及從權利）

I 抵押權之效力，及於抵押物之從物與從權利。

II 第三人於抵押權設定前，就從物取得之權利，不受前項規定之影響。

III 以建築物爲抵押者，其附加於該建築物而不具獨立性之部分，亦爲抵押權效力所及。但其附加部分爲獨立之物，如係於抵押權設定後附加者，準用第八百七十七條之規定。

第 862 條之 1（抵押權效力之範圍）

I 抵押物滅失之殘餘物，仍爲抵押權效力所及。抵押物之成分非依物之通常用法而分離成爲獨立之動產者，亦同。

II 前項情形，抵押權人得請求占有該殘餘物或動產，並依質權之規定，行使其權利。

第 863 條（抵押權效力及於標的物之範圍—天然孳息）

抵押權之效力，及於抵押物扣押後自抵押物分離，而得由抵押人收取之天然孳息。

第 864 條（抵押權效力及於標的物之範圍—法定孳息）
抵押權之效力，及於抵押物扣押後抵押人就抵押物得收取之法定孳息。但抵押權人非以扣押抵押物之事情，通知應清償法定孳息之義務人，不得與之對抗。
第 865 條（抵押權之順位）
不動產所有人因擔保數債權，就同一不動產設定數抵押權者，其次序依登記之先後定之。
第 866 條（地上權或其他物權之設定）
I 不動產所有人設定抵押權後，於同一不動產上，得設定地上權或其他以使用收益爲目的之物權，或成立租賃關係。但其抵押權不因此而受影響。
II 前項情形，抵押權人實行抵押權受有影響者，法院得除去該權利或終止該租賃關係後拍賣之。
III 不動產所有人設定抵押權後，於同一不動產上，成立第一項以外之權利者，準用前項之規定。
第 867 條（抵押不動產之讓與及其效力）
不動產所有人設定抵押權後，得將不動產讓與他人。但其抵押權不因此而受影響。
第 868 條（不可分性—抵押物分割）
抵押之不動產，如經分割或讓與其一部，或擔保一債權之數不動產而以其一讓與他人者，其抵押權不因此而受影響。
第 869 條（不可分性—債權分割）
I 以抵押權擔保之債權，如經分割或讓與其一部者，其抵押權不因此而受影響。
II 前項規定，於債務分割或承擔其一部時適用之。
第 870 條（抵押權之從屬性）
抵押權，不得由債權分離而爲讓與，或爲其他債權之擔保。
第 870 條之 1（抵押權次序之調整）
I 同一抵押物有多數抵押權者，抵押權人得以下列方法調整其可優先受償之分配額。但他抵押權人之利益不受影響：
一　爲特定抵押權人之利益，讓與其抵押權之次序。
二　爲特定後次序抵押權人之利益，拋棄其抵押權之次序。
三　爲全體後次序抵押權人之利益，拋棄其抵押權之次序。
II 前項抵押權次序之讓與或拋棄，非經登記，不生效力。並應於登記前，通知債務人、抵押人及共同抵押人。
III 因第一項調整而受利益之抵押權人，亦得實行調整前次序在先之抵押權。
IV 調整優先受償分配額時，其次序在先之抵押權所擔保之債權，如有第三人之不動產爲同一債權之擔保者，在因調整後增加負擔之限度內，以該不動產爲標的物之抵押權消滅。但經該第三人同意者，不在此限。
第 870 條之 2（抵押權次序之調整）
調整可優先受償分配額時，其次序在先之抵押權所擔保之債權有保證人者，於因調整後所失優先受償之利益限度內，保證人免其責任。但經該保證人同意調整者，不在此限。
第 871 條（抵押權之保全—抵押物價值減少之防止）
I 抵押人之行爲，足使抵押物之價值減少者，抵押權人得請求停止其行爲。如有急迫之情事，抵押權人得自爲必要之保全處分。
II 因前項請求或處分所生之費用，由抵押人負擔。其受償次序優先於各抵押權所擔保之債權。
第 872 條（抵押權之保全—抵押物價值減少之補救）
I 抵押物之價值因可歸責於抵押人之事由致減少時，抵押權人得定相當期限，請求抵押人回復抵押物之原狀，或提出與減少價額相當之擔保。
II 抵押人不於前項所定期限內，履行抵押權人之請求時，抵押權人得定相當期限請求債務人提出與減少價額相當之擔保。屆期不提出者，抵押權人得請求清償其債權。
III 抵押人爲債務人時，抵押權人得不再爲前項請求，逕行請求清償其債權。
IV 抵押物之價值因不可歸責於抵押人之事由致減少者，抵押權人僅於抵押人因此所受利益之限度內，請求提出擔保。
第 873 條（抵押權之實行）
抵押權人，於債權已屆清償期，而未受清償者，得聲請法院，拍賣抵押物，就其賣得價金而受清償。
第 873 條之 1（流押契約禁止）
I 約定於債權已屆清償期而未爲清償時，抵押物之所有權移屬於抵押權人者，非經登記，不得對抗第三人。
II 抵押權人請求抵押人爲抵押物所有權之移轉時，抵押物價值超過擔保債權部分，應返還抵押人；不足清償擔保債權者，仍得請求債務人清償。
III 抵押人在抵押物所有權移轉於抵押權人前，得清償抵押權擔保之債權，以消滅該抵押權。
第 873 條之 2（實行抵押權之效果）
I 抵押權人實行抵押權者，該不動產上之抵押權，因抵押物之拍賣而消滅。
II 前項情形，抵押權所擔保之債權有未屆清償期者，於抵押物拍賣得受清償之範圍內，視爲到期。
III 抵押權所擔保之債權未定清償期或清償期尚未屆至，而拍定人或承受抵押物之債權人聲明願在拍定或承受之抵押物價額範圍內清償債務，經抵押權人同意者，不適用前二項之規定。
第 874 條（抵押物賣得價金之分配次序）

抵押物賣得之價金，除法律另有規定外，按各抵押權成立之次序分配之。其次序相同者，依債權額比例分配之。

第 875 條（共同抵押）

爲同一債權之擔保，於數不動產上設定抵押權，而未限定各個不動產所負擔之金額者，抵押權人得就各個不動產賣得之價金，受債權全部或一部之清償。

第 875 條之 1（共同抵押）

爲同一債權之擔保，於數不動產上設定抵押權，抵押物全部或部分同時拍賣時，拍賣之抵押物中有爲債務人所有者，抵押權人應先就該抵押物賣得之價金受償。

第 875 條之 2（共同抵押）

I 爲同一債權之擔保，於數不動產上設定抵押權者，各抵押物對債權分擔之金額，依下列規定計算之：

一　未限定各個不動產所負擔之金額時，依各抵押物價值之比例。

二　已限定各個不動產所負擔之金額時，依各抵押物所限定負擔金額之比例。

三　僅限定部分不動產所負擔之金額時，依各抵押物所限定負擔金額與未限定負擔金額之各抵押物價值之比例。

II 計算前項第二款、第三款分擔金額時，各抵押物所限定負擔金額較抵押物價值爲高者，以抵押物之價值爲準。

第 875 條之 3（共同抵押）

爲同一債權之擔保，於數不動產上設定抵押權者，在抵押物全部或部分同時拍賣，而其賣得價金超過所擔保之債權額時，經拍賣之各抵押物對債權分擔金額之計算，準用前條之規定。

第 875 條之 4（共同抵押）

爲同一債權之擔保，於數不動產上設定抵押權者，在各抵押物分別拍賣時，適用下列規定：

一　經拍賣之抵押物爲債務人以外之第三人所有，而抵押權人就該抵押物賣得價金受償之債權額超過其分擔額時，該抵押物所有人就超過分擔額之範圍內，得請求其餘未拍賣之其他第三人償還其供擔保抵押物應分擔之部分，並對該第三人之抵押物，以其分擔額爲限，承受抵押權人之權利。但不得有害於該抵押權人之利益。

二　經拍賣之抵押物爲同一人所有，而抵押權人就該抵押物賣得價金受償之債權額超過其分擔額時，該抵押物之後次序抵押權人就超過分擔額之範圍內，對其餘未拍賣之同一人供擔保之抵押物，承受實行抵押權人之權利。但不得有害於該抵押權人之利益。

第 876 條（法定地上權）

I 設定抵押權時，土地及其土地上之建築物，同屬於一人所有，而僅以土地或僅以建築物爲抵押者，於抵押物拍賣時，視爲已有地上權之設定，其地租、期間及範圍由當事人協議定之。不能協議者，得聲請法院以判決定之。

II 設定抵押權時，土地及其土地上之建築物，同屬於一人所有，而以土地及建築物爲抵押者，如經拍賣，其土地與建築物之拍定人各異時，適用前項之規定。

第 877 條（營造建築物之併付拍賣權）

I 土地所有人於設定抵押權後，在抵押之土地上營造建築物者，抵押權人於必要時，得於強制執行程序中聲請法院將其建築物與土地併付拍賣。但對於建築物之價金，無優先受清償之權。

II 前項規定，於第八百六十六條第二項及第三項之情形，如抵押之不動產上，有該權利人或經其同意使用之人之建築物者，準用之。

第 877 條之 1（抵押物存在必要權利併付拍賣）

以建築物設定抵押權者，於法院拍賣抵押物時，其抵押物存在所必要之權利得讓與者，應併付拍賣。但抵押權人對於該權利賣得之價金，無優先受清償之權。

第 878 條（拍賣以外其他方法處分抵押物）

抵押權人於債權清償期屆滿後，爲受清償，得訂立契約，取得抵押物之所有權，或用拍賣以外之方法處分抵押物。但有害於其他抵押權人之利益者，不在此限。

第 879 條（物上保證人之求償權）

I 爲債務人設定抵押權之第三人，代爲清償債務，或因抵押權人實行抵押權致失抵押物之所有權時，該第三人於其清償之限度內，承受債權人對於債務人之債權。但不得有害於債權人之利益。

II 債務人如有保證人時，保證人應分擔之部分，依保證人應負之履行責任與抵押物之價值或限定之金額比例定之。抵押物之擔保債權額少於抵押物之價值者，應以該債權額爲準。

III 前項情形，抵押人就超過其分擔額之範圍，得請求保證人償還其應分擔部分。

第 879 條之 1（物上保證人之免除責任）

第三人爲債務人設定抵押權時，如債權人免除保證人之保證責任者，於前條第二項保證人應分擔部分之限度內，該部分抵押權消滅。

第 880 條（時效完成後抵押權之實行）

以抵押權擔保之債權，其請求權已因時效而消滅，如抵押權人於消滅時效完成後，五年間不實行其抵押權者，其抵押權消滅。

第 881 條（抵押權之消滅）

I 抵押權除法律另有規定外，因抵押物滅失而消滅。但抵押人因滅失得受賠償或其他利益者，不在此限。

II 抵押權人對於前項抵押人所得行使之賠償或其他

請求權有權利質權，其次序與原抵押權同。

III給付義務人因故意或重大過失向抵押人為給付者，對於抵押權人不生效力。

IV抵押物因毀損而得受之賠償或其他利益，準用前三項之規定。

第二節　最高限額抵押權

第881條之1（最高限額抵押權）

I稱最高限額抵押權者，謂債務人或第三人提供其不動產為擔保，就債權人對債務人一定範圍內之不特定債權，在最高限額內設定之抵押權。

II最高限額抵押權所擔保之債權，以由一定法律關係所生之債權或基於票據所生之權利為限。

III基於票據所生之權利，除本於與債務人間依前項一定法律關係取得者外，如抵押權人係於債務人已停止支付、開始清算程序，或依破產法有和解、破產之聲請或有公司重整之聲請，而仍受讓票據者，不屬最高限額抵押權所擔保之債權。但抵押權人不知其情事而受讓者，不在此限。

第881條之2（最高限額約定額度）

I最高限額抵押權人就已確定之原債權，僅得於其約定之最高限額範圍內，行使其權利。

II前項債權之利息、遲延利息、違約金，與前項債權合計不逾最高限額範圍者，亦同。

第881條之3（最高限額抵押權之抵押權人與抵押人變更債權範圍或其債務人）

I原債權確定前，抵押權人與抵押人得約定變更第八百八十一條之一第二項所定債權之範圍或其債務人。

II前項變更無須得後次序抵押權人或其他利害關係人同意。

第881條之4（最高限額抵押權所擔保之原債權—確定期日）

I最高限額抵押權得約定其所擔保原債權應確定之期日，並得於確定之期日前，約定變更之。

II前項確定之期日，自抵押權設定時起，不得逾三十年。逾三十年者，縮短為三十年。

III前項期限，當事人得更新之。

第881條之5（最高限額抵押權所擔保之原債權—未約定確定期日）

I最高限額抵押權所擔保之原債權，未約定確定之期日者，抵押人或抵押權人得隨時請求確定其所擔保之原債權。

II前項情形，除抵押人與抵押權人另有約定外，自請求之日起，經十五日為其確定期日。

第881條之6（最高限額抵押權所擔保債權移轉之效力）

I最高限額抵押權所擔保之債權，於原債權確定前讓與他人者，其最高限額抵押權不隨同移轉。第三人為債務人清償債務者，亦同。

II最高限額抵押權所擔保之債權，於原債權確定前經第三人承擔其債務，而債務人免其責任者，抵押權人就該承擔之部分，不得行使最高限額抵押權。

第881條之7（最高限額抵押權之抵押權人或債務人為法人之合併）

I原債權確定前，最高限額抵押權之抵押權人或債務人為法人而有合併之情形者，抵押人得自知悉合併之日起十五日內，請求確定原債權。但自合併登記之日起已逾三十日，或抵押人為合併之當事人者，不在此限。

II有前項之請求者，原債權於合併時確定。

III合併後之法人，應於合併之日起十五日內通知抵押人，其未為通知致抵押人受損害者，應負賠償責任。

IV前三項之規定，於第三百零六條或法人分割之情形，準用之。

第881條之8（單獨讓與最高限額抵押權之方式）

I原債權確定前，抵押權人經抵押人之同意，得將最高限額抵押權之全部或分割其一部讓與他人。

II原債權確定前，抵押權人經抵押人之同意，得使他人成為最高限額抵押權之共有人。

第881條之9（最高限額抵押權之共有）

I最高限額抵押權為數人共有者，各共有人按其債權額比例分配其得優先受償之價金。但共有人於原債權確定前，另有約定者，從其約定。

II共有人得依前項按債權額比例分配之權利，非經共有人全體之同意，不得處分。但已有應有部分之約定者，不在此限。

第881條之10（共同最高限額抵押權原債權均歸於確定）

為同一債權之擔保，於數不動產上設定最高限額抵押權者，如其擔保之原債權，僅其中一不動產發生確定事由時，各最高限額抵押權所擔保之原債權均歸於確定。

第881條之11（最高限額抵押權所擔保之原債權確定事由）

最高限額抵押權不因抵押權人、抵押人或債務人死亡而受影響。但經約定為原債權確定之事由者，不在此限。

第881條之12（最高限額抵押權所擔保之原債權確定事由）

I最高限額抵押權所擔保之原債權，除本節另有規定外，因下列事由之一而確定：

一　約定之原債權確定期日屆至者。

二　擔保債權之範圍變更或因其他事由，致原債權不繼續發生者。

三　擔保債權所由發生之法律關係經終止或因其

者，如向出質人或質權人一方爲清償時，應得他方之同意，他方不同意時，債務人應提存其爲清償之給付物。
第 907 條之 1（債務人不得主張抵銷）
爲質權標的物之債權，其債務人於受質權設定之通知後，對出質人取得債權者，不得以該債權與爲質權標的物之債權主張抵銷。
第 908 條（有價證券債權質之設定）
I 質權以未記載權利人之有價證券爲標的物者，因交付其證券於質權人，而生設定質權之效力。以其他之有價證券爲標的物者，並應依背書方法爲之。
II 前項背書，得記載設定質權之意旨。
第 909 條（有價證券債權質之實行）
I 質權以未記載權利人之有價證券、票據、或其他依背書而讓與之有價證券爲標的物者，其所擔保之債權，縱未屆清償期，質權人仍得收取證券上應受之給付。如有使證券清償期屆至之必要者，並有爲通知或依其他方法使其屆至之權利。債務人亦僅得向質權人爲給付。
II 前項收取之給付，適用第九百零五條第一項或第九百零六條之規定。
III 第九百零六條之二及第九百零六條之三之規定，於以證券爲標的物之質權，準用之。
第 910 條（有價證券債權質之標的物範圍）
I 質權以有價證券爲標的物者，其附屬於該證券之利息證券、定期金證券或其他附屬證券，以已交付於質權人者爲限，亦爲質權效力所及。
II 附屬之證券，係於質權設定後發行者，除另有約定外，質權人得請求發行人或出質人交付之。

第八章　典　權

第 911 條（典權之定義）
稱典權者，謂支付典價在他人之不動產爲使用、收益，於他人不回贖時，取得該不動產所有權之權。
第 912 條（典權之期限）
典權約定期限，不得逾三十年；逾三十年者，縮短爲三十年。
第 913 條（絕賣之限制）
I 典權之約定期限不滿十五年者，不得附有到期不贖即作絕賣之條款。
II 典權附有絕賣條款者，出典人於典期屆滿不以原典價回贖時，典權人即取得典物所有權。
III 絕賣條款非經登記，不得對抗第三人。
第 914 條（刪除）
第 915 條（典物之轉典或出租）
I 典權存續中，典權人得將典物轉典或出租於他人。但另有約定或另有習慣者，依其約定或習慣。
II 典權定有期限者，其轉典或租賃之期限，不得逾原典權之期限，未定期限者，其轉典或租賃，不得定有期限。
III 轉典之典價，不得超過原典價。
IV 土地及其土地上之建築物同屬一人所有，而爲同一人設定典權者，典權人就該典物不得分離而爲轉典或就其典權分離而爲處分。
第 916 條（轉典或出租之責任）
典權人對於典物因轉典或出租所受之損害，負賠償責任。
第 917 條（典權之讓與或抵押權之設定）
I 典權人得將典權讓與他人或設定抵押權。
II 典物爲土地，典權人在其上有建築物者，其典權與建築物，不得分離而爲讓與或其他處分。
第 917 條之 1（典物之使用收益）
I 典權人應依典物之性質爲使用收益，並應保持其得永續利用。
II 典權人違反前項規定，經出典人阻止而仍繼續爲之者，出典人得回贖其典物。典權經設定抵押權者，並應同時將該阻止之事實通知抵押權人。
第 918 條（典權之讓與）
出典人設定典權後，得將典物讓與他人。但典權不因此而受影響。
第 919 條（典權人之留買權）
I 出典人將典物出賣於他人時，典權人有以相同條件留買之權。
II 前項情形，出典人應以書面通知典權人。典權人於收受出賣通知後十日內不以書面表示依相同條件留買者，其留買權視爲拋棄。
III 出典人違反前項通知之規定而將所有權移轉者，其移轉不得對抗典權人。
第 920 條（危險分擔—非常事變責任）
I 典權存續中，典物因不可抗力致全部或一部滅失者，就其滅失之部分，典權與回贖權，均歸消滅。
II 前項情形，出典人就典物之餘存部分，爲回贖時，得由原典價扣除滅失部分之典價。其滅失部分之典價，依滅失時滅失部分之價值與滅失時典物之價值比例計算之。
第 921 條（典權人之重建修繕權）
典權存續中，典物因不可抗力致全部或一部滅失者，除經出典人同意外，典權人僅得於滅失時滅失部分之價值限度內爲重建或修繕。原典權對於重建之物，視爲繼續存在。
第 922 條（典權人保管典物責任）
典權存續中，因典權人之過失，致典物全部或一部滅失者，典權人於典價額限度內，負其責任。但因故意或重大過失致滅失者，除將典價抵償損害外，如有不足，仍應賠償。
第 922 條之 1（重建之物原典權）
因典物滅失受賠償而重建者，原典權對於重建之物，視為繼續存在。

第 923 條（定期典權之回贖）

Ⅰ典權定有期限者，於期限屆滿後，出典人得以原典價回贖典物。

Ⅱ出典人於典期屆滿後，經過二年，不以原典價回贖者，典權人即取得典物所有權。

第 924 條（未定期典權之回贖）

典權未定期限者，出典人得隨時以原典價回贖典物。但自出典後經過三十年不回贖者，典權人即取得典物所有權。

第 924 條之 1（轉典之典物回贖）

Ⅰ經轉典之典物，出典人向典權人為回贖之意思表示時，典權人不於相當期間向轉典權人回贖並塗銷轉典權登記者，出典人得於原典價範圍內，以最後轉典價逕向最後轉典權人回贖典物。

Ⅱ前項情形，轉典價低於原典價者，典權人或轉典權人得向出典人請求原典價與轉典價間之差額。出典人並得為各該請求權人提存其差額。

Ⅲ前二項規定，於下列情形亦適用之：

一　典權人預示拒絕塗銷轉典權登記。

二　典權人行蹤不明或有其他情形致出典人不能為回贖之意思表示。

第 924 條之 2（典權存續之租賃關係）

Ⅰ土地及其土地上之建築物同屬一人所有，而僅以土地設定典權者，典權人與建築物所有人間，推定在典權或建築物存續中，有租賃關係存在；其僅以建築物設定典權者，典權人與土地所有人間，推定在典權存續中，有租賃關係存在；其分別設定典權者，典權人相互間，推定在典權均存續中，有租賃關係存在。

Ⅱ前項情形，其租金數額當事人不能協議時，得請求法院以判決定之。

Ⅲ依第一項設定典權者，於典權人依第九百十三條第二項、第九百二十三條第二項、第九百二十四條規定取得典物所有權，致土地與建築物各異其所有人時，準用第八百三十八條之一規定。

第 925 條（回贖之通知時期）

出典人之回贖，應於六個月前通知典權人。

第 926 條（找貼與其次數）

Ⅰ出典人於典權存續中，表示讓與其典物之所有權於典權人者，典權人得按時價找貼，取得典物所有權。

Ⅱ前項找貼，以一次為限。

第 927 條（有益費用之求償權）

Ⅰ典權人因支付有益費用，使典物價值增加，或依第九百二十一條規定，重建或修繕者，於典物回贖時，得於現存利益之限度內，請求償還。

Ⅱ第八百三十九條規定，於典物回贖時準用之。

Ⅲ典物為土地，出典人同意典權人在其上營造建築物者，除另有約定外，於典物回贖時，應按該建築物之時價補償之。出典人不願補償者，於回贖時視為已有地上權之設定。

Ⅳ出典人願依前項規定為補償而就時價不能協議時，得聲請法院裁定之；其不願依裁定之時價補償者，於回贖時亦視為已有地上權之設定。

Ⅴ前二項視為已有地上權設定之情形，其地租、期間及範圍，當事人不能協議時，得請求法院以判決定之。

第九章　留置權

第 928 條（留置權之發生）

Ⅰ稱留置權者，謂債權人占有他人之動產，而其債權之發生與該動產有牽連關係，於債權已屆清償期未受清償時，得留置該動產之權。

Ⅱ債權人因侵權行為或其他不法之原因而占有動產者，不適用前項之規定。其占有之始明知或因重大過失而不知該動產非為債務人所有者，亦同。

第 929 條（牽連關係之擬制）

商人間因營業關係而占有之動產，與其因營業關係所生之債權，視為有前條所定之牽連關係。

第 930 條（留置權發生之限制）

動產之留置，違反公共秩序或善良風俗者，不得為之。其與債權人應負擔之義務或與債權人債務人間之約定相牴觸者，亦同。

第 931 條（留置權之擴張）

Ⅰ債務人無支付能力時，債權人縱於其債權未屆清償期前，亦有留置權。

Ⅱ債務人於動產交付後，成為無支付能力，或其無支付能力於交付後始為債權人所知者，其動產之留置，縱有前條所定之牴觸情形，債權人仍得行使留置權。

第 932 條（留置權之不可分性）

債權人於其債權未受全部清償前，得就留置物之全部，行使其留置權。但留置物為可分者，僅得依其債權與留置物價值之比例行使之。

第 932 條之 1（留置物存有所有權以外之物權之效力）

留置物存有所有權以外之物權者，該物權人不得以之對抗善意之留置權人。

第 933 條（準用規定）

第八百八十八條至第八百九十條及第八百九十二條之規定，於留置權準用之。

第 934 條（必要費用償還請求權）

債權人因保管留置物所支出之必要費用，得向其物之所有人，請求償還。

第 935 條（刪除）

第 936 條（留置權之實行）

Ⅰ債權人於其債權已屆清償期而未受清償者，得定一個月以上之相當期限，通知債務人，聲明如不於其期限內為清償時，即就其留置物取償；留置物為第三人所有或存有其他物權而為債權人所知者，應併通知之。
II債務人或留置物所有人不於前項期限內為清償者，債權人得準用關於實行質權之規定，就留置物賣得之價金優先受償，或取得其所有權。
III不能為第一項之通知者，於債權清償期屆至後，經過六個月仍未受清償時，債權人亦得行使前項所定之權利。

第 937 條（留置權之消滅—提出相當擔保）
I債務人或留置物所有人為債務之清償，已提出相當之擔保者，債權人之留置權消滅。
II第八百九十七條至第八百九十九條之規定，於留置權準用之。

第 938 條（刪除）

第 939 條（留置權之準用）
本章留置權之規定，於其他留置權準用之。但其他留置權另有規定者，從其規定。

第十章　占有

第 940 條（占有人之意義）
對於物有事實上管領之力者，為占有人。

第 941 條（間接占有人）
地上權人、農育權人、典權人、質權人、承租人、受寄人，或基於其他類似之法律關係，對於他人之物為占有者，該他人為間接占有人。

第 942 條（占有輔助人）
受僱人、學徒、家屬或基於其他類似之關係，受他人之指示，而對於物有管領之力者，僅該他人為占有人。

第 943 條（占有權利之推定與排除）
I占有人於占有物上行使之權利，推定其適法有此權利。
II前項推定，於下列情形不適用之：
一　占有已登記之不動產而行使物權。
二　行使所有權以外之權利者，對使其占有之人。

第 944 條（占有態樣之推定）
I占有人推定其為以所有之意思，善意、和平、公然及無過失占有。
II經證明前後兩時為占有者，推定前後兩時之間，繼續占有。

第 945 條（占有之變更）
I占有依其所由發生之事實之性質，無所有之意思者，其占有人對於使其占有之人表示所有之意思時起，為以所有之意思而占有。其因新事實變為以所有之意思占有者，亦同。
II使其占有之人非所有人，而占有人於為前項表示時已知占有物之所有人者，其表示並應向該所有人為之。
III前二項規定，於占有人以所有之意思占有變為以其他意思而占有，或以其他意思之占有變為以不同之其他意思而占有者，準用之。

第 946 條（占有之移轉）
I占有之移轉，因占有物之交付而生效力。
II前項移轉，準用第七百六十一條之規定。

第 947 條（占有之合併）
I占有之繼承人或受讓人，得就自己之占有或將自己之占有與其前占有人之占有合併，而為主張。
II合併前占有人之占有而為主張者，並應承繼其瑕疵。

第 948 條（善意受讓）
I以動產所有權，或其他物權之移轉或設定為目的，而善意受讓該動產之占有者，縱其讓與人無讓與之權利，其占有仍受法律之保護。但受讓人明知或因重大過失而不知讓與人無讓與之權利者，不在此限。
II動產占有之受讓，係依第七百六十一條第二項規定為之者，以受讓人受現實交付且交付時善意為限，始受前項規定之保護。

第 949 條（善意受讓之例外—盜贓遺失物或非因己意喪失占有之回復請求）
I占有物如係盜贓、遺失物或其他非基於原占有人之意思而喪失其占有者，原占有人自喪失占有之時起二年以內，得向善意受讓之現占有人請求回復其物。
II依前項規定回復其物者，自喪失其占有時起，回復其原來之權利。

第 950 條（善意受讓之例外—盜贓遺失物或非因己意喪失占有回復請求之限制）
盜贓、遺失物或其他非基於原占有人之意思而喪失其占有之物，如現占有人由公開交易場所，或由販賣與其物同種之物之商人，以善意買得者，非償還其支出之價金，不得回復其物。

第 951 條（盜贓遺失物或非因己意喪失占有回復請求之禁止）
盜贓、遺失物或其他非基於原占有人之意思而喪失其占有之物，如係金錢或未記載權利人之有價證券，不得向其善意受讓之現占有人請求回復。

第 951 條之 1（排除惡意占有之適用）
第九百四十九條及第九百五十條規定，於原占有人為惡意占有者，不適用之。

第 952 條（善意占有人之權利）
善意占有人於推定其為適法所有之權利範圍內，得為占有物之使用、收益。

第 953 條（善意占有人之責任）
善意占有人就占有物之滅失或毀損，如係因可歸責於自己之事由所致者，對於回復請求人僅以滅失或毀損所受之利益為限，負賠償之責。

第 954 條（善意占有人之必要費用求償權）

善意占有人因保存占有物所支出之必要費用，得向回復請求人請求償還。但已就占有物取得孳息者，不得請求償還通常必要費用。

第 955 條（善意占有人之有益費用求償權）

善意占有人，因改良占有物所支出之有益費用，於其占有物現存之增加價值限度內，得向回復請求人，請求償還。

第 956 條（惡意占有人之責任）

惡意占有人或無所有意思之占有人，就占有物之滅失或毀損，如係因可歸責於自己之事由所致者，對於回復請求人，負賠償之責。

第 957 條（惡意占有人之必要費用求償權）

惡意占有人，因保存占有物所支出之必要費用，對於回復請求人，得依關於無因管理之規定，請求償還。

第 958 條（惡意占有人之返還孳息義務）

惡意占有人，負返還孳息之義務。其孳息如已消費，或因其過失而毀損，或怠於收取者，負償還其孳息價金之義務。

第 959 條（視為惡意占有人）

Ⅰ善意占有人自確知其無占有本權時起，爲惡意占有人。

Ⅱ善意占有人於本權訴訟敗訴時，自訴狀送達之日起，視爲惡意占有人。

第 960 條（占有人之自力救濟）

Ⅰ占有人，對於侵奪或妨害其占有之行爲，得以己力防禦之。

Ⅱ占有物被侵奪者，如係不動產，占有人得於侵奪後，即時排除加害人而取回之；如係動產，占有人得就地或追蹤向加害人取回之。

第 961 條（占有輔助人之自力救濟）

依第九百四十二條所定對於物有管領力之人，亦得行使前條所定占有人之權利。

第 962 條（占有人之物上請求權）

占有人，其占有被侵奪者，得請求返還其占有物；占有被妨害者，得請求除去其妨害；占有有被妨害之虞者，得請求防止其妨害。

第 963 條（占有人物上請求權之消滅時效）

前條請求權，自侵奪或妨害占有或危險發生後，一年間不行使而消滅。

第 963 條之 1（共同占有人之自力救濟及物上請求權）

Ⅰ數人共同占有一物時，各占有人得就占有物之全部，行使第九百六十條或第九百六十二條之權利。

Ⅱ依前項規定，取回或返還之占有物，仍爲占有人全體占有。

第 964 條（占有之消滅）

占有，因占有人喪失其對於物之事實上管領力而消滅。但其管領力僅一時不能實行者，不在此限。

第 965 條（共同占有）

數人共同占有一物時，各占有人就其占有物使用之範圍，不得互相請求占有之保護。

第 966 條（準占有）

Ⅰ財產權，不因物之占有而成立者，行使其財產權之人，爲準占有人。

Ⅱ本章關於占有之規定，於前項準占有準用之。

民法物權編施行法

1.中華民國 19 年 2 月 10 日國民政府制定公布全文 16 條；並自 19 年 5 月 5 日施行
2.中華民國 96 年 3 月 28 日總統令修正公布全文 24 條；並自公布後六個月施行
3.中華民國 98 年 1 月 23 日總統令修正公布第 4、11、13 條條文；增訂第 8-1～8-5 條條文；並自公布後六個月施行
4.中華民國 99 年 2 月 3 日總統令增訂公布第 13-1、13-2 條條文；並自公布後六個月施行

第 1 條（不溯既往原則）
物權在民法物權編施行前發生者，除本施行法有特別規定外，不適用民法物權編之規定；其在修正施行前發生者，除本施行法有特別規定外，亦不適用修正施行後之規定。

第 2 條（物權效力之適用）
民法物權編所定之物權，在施行前發生者，其效力自施行之日起，依民法物權編之規定。

第 3 條（物權之登記）
Ⅰ民法物權編所規定之登記，另以法律定之。
Ⅱ物權於未能依前項法律登記前，不適用民法物權編關於登記之規定。

第 4 條（消滅時效已完成請求權之行使）
Ⅰ民法物權編施行前，依民法物權編之規定，消滅時效業已完成，或其時效期間尚有殘餘不足一年者，得於施行之日起，一年內行使請求權。但自其時效完成後，至民法物權編施行時，已逾民法物權編所定時效期間二分之一者，不在此限。
Ⅱ前項規定，於依民法物權編修正施行後規定之消滅時效業已完成，或其時效期間尚有殘餘不足一年者，準用之。

第 5 條（無時效性質法定期間之準用）
Ⅰ民法物權編施行前，無時效性質之法定期間已屆滿者，其期間為屆滿。
Ⅱ民法物權編施行前已進行之期間，依民法物權編所定之無時效性質之法定期間，於施行時尚未完成者，其已經過之期間與施行後之期間，合併計算。
Ⅲ前項規定，於取得時效準用之。

第 6 條（無時效性質法定期間之準用）
前條規定，於民法物權編修正施行後所定無時效性質之法定期間準用之。但其法定期間不滿一年者，如在修正施行時尚未屆滿，其期間自修正施行之日起算。

第 7 條（動產所有權之取得時效）
民法物權編施行前占有動產而具備民法第七百六十八條之條件者，於施行之日取得其所有權。

第 8 條（不動產之取得時效）
民法物權編施行前占有不動產而具備民法第七百六十九條或第七百七十條之條件者，自施行之日起，得請求登記為所有人。

第 8 條之 1（用水權人之物上請求權之適用）
修正之民法第七百八十二條規定，於民法物權編修正施行前水源地或井之所有人，對於他人因工事杜絕、減少或污染其水，而得請求損害賠償或並得請求回復原狀者，亦適用之。

第 8 條之 2（開路通行權之損害適用）
修正之民法第七百八十八條第二項規定，於民法物權編修正施行前有通行權人開設道路，致通行地損害過鉅者，亦適用之。但以未依修正前之規定支付償金者為限。

第 8 條之 3（越界建屋之移去或變更之請求）
修正之民法第七百九十六條及第七百九十六條之一規定，於民法物權編修正施行前土地所有人建築房屋逾越地界，鄰地所有人請求移去或變更其房屋時，亦適用之。

第 8 條之 4（等值建物之適用）
修正之民法第七百九十六條之二規定，於民法物權編修正施行前具有與房屋價值相當之其他建築物，亦適用之。

第 8 條之 5（建物基地或專有部分之所有區分）
Ⅰ同一區分所有建築物之區分所有人間為使其共有部分或基地之應有部分符合修正之民法第七百九十九條第四項規定之比例而為移轉者，不受修正之民法同條第五項規定之限制。
Ⅱ民法物權編修正施行前，區分所有建築物之專有部分與其所屬之共有部分及其基地之權利，已分屬不同一人所有或已分別設定負擔者，其物權之移轉或設定負擔，不受修正之民法第七百九十九條第五項規定之限制。
Ⅲ區分所有建築物之基地，依前項規定有分離出賣之情形時，其專有部分之所有人無基地應有部分或應有部分不足者，於按其專有部分面積比例計算其基地之應有部分範圍內，有依相同條件優先承買之權利，其權利並優先於其他共有人。
Ⅳ前項情形，有數人表示優先承買時，應按專有部分比例買受之。但另有約定者，從其約定。
Ⅴ區分所有建築物之專有部分，依第二項規定有分離出賣之情形時，其基地之所有人無專有部分者，有依相同條件優先承買之權利。
Ⅵ前項情形，有數人表示優先承買時，以抽籤定之。但另有約定者，從其約定。
Ⅶ區分所有建築物之基地或專有部分之所有人依第

三項或第五項規定出賣基地或專有部分時，應在該建築物之公告處或其他相當處所公告五日。優先承買權人不於最後公告日起十五日內表示優先承買者，視爲拋棄其優先承買權。

第 9 條（視為所有人）

依法得請求登記爲所有人者，如第三條第一項所定之登記機關尚未設立，於得請求登記之日，視爲所有人。

第 10 條（動產所有權或質權之善意取得）

民法物權編施行前，占有動產，而具備民法第八百零一條或第八百八十六條之條件者，於施行之日，取得其所有權或質權。

第 11 條（拾得遺失物等規定之適用）

民法物權編施行前，拾得遺失物、漂流物或沈沒物，而具備民法第八百零三條及第八百零七條之條件者，於施行之日，取得民法第八百零七條所定之權利。

第 12 條（埋藏物與添附規定之適用）

民法物權編施行前，依民法第八百零八條或第八百十一條至第八百十四條之規定，取得所有權者，於施行之日，取得其所有權。

第 13 條（共同物分割期限之適用）

Ⅰ民法物權編施行前，以契約訂有共有物不分割之期限者，如其殘餘期限，自施行日起算，較民法第八百二十三條第二項所定之期限爲短者，依其期限，較長者，應自施行之日起，適用民法第八百二十三條第二項規定。

Ⅱ修正之民法第八百二十三條第三項規定，於民法物權編修正施行前契約訂有不分割期限者，亦適用之。

第 13 條之 1（地上權期限）

修正之民法第八百三十三條之一規定，於民法物權編中華民國九十九年一月五日修正之條文施行前未定有期限之地上權，亦適用之。

第 13 條之 2（永佃權存續期限）

Ⅰ民法物權編中華民國九十九年一月五日修正之條文施行前發生之永佃權，其存續期限縮短爲自修正施行日起二十年。

Ⅱ前項永佃權仍適用修正前之規定。

Ⅲ第一項永佃權存續期限屆滿時，永佃權人得請求變更登記爲農育權。

第 14 條（抵押物為債務人以外之第三人所有之適用）

Ⅰ修正之民法第八百七十五條之一至第八百七十五條之四之規定，於抵押物爲債務人以外之第三人所有，而其上之抵押權成立於民法物權編修正施行前者，亦適用之。

Ⅱ修正之民法第八百七十五條之四第二款之規定，於其後次序抵押權成立於民法物權編修正施行前者，亦同。

第 15 條（保證情形之適用）

修正之民法第八百七十九條關於爲債務人設定抵押權之第三人對保證人行使權利之規定，於民法物權編修正施行前已成立保證之情形，亦適用之。

第 16 條（時效完成後抵押權之實行）

民法物權編施行前，以抵押權擔保之債權，依民法之規定，其請求權消滅時效已完成者，民法第八百八十條所規定抵押權之消滅期間，自施行日起算。但自請求權消滅時效完成後，至施行之日已逾十年者，不得行使抵押權。

第 17 條（設定最高限額抵押權之適用）

修正之民法第八百八十一條之一至第八百八十一條之十七之規定，除第八百八十一條之一第二項、第八百八十一條之四第二項、第八百八十一條之七之規定外，於民法物權編修正施行前設定之最高限額抵押權，亦適用之。

第 18 條（以地上權或典權為標的物之抵押權及其他抵押權之適用）

修正之民法第八百八十三條之規定，於民法物權編修正施行前以地上權或典權爲標的物之抵押權及其他抵押權，亦適用之。

第 19 條（拍賣質物之證明）

民法第八百九十二條第一項及第八百九十三條第一項所定之拍賣質物，除聲請法院拍賣者外，在拍賣法未公布施行前，得照市價變賣，並應經公證人或商業團體之證明。

第 20 條（當舖等不適用質權之規定）

民法物權編修正前關於質權之規定，於當舖或其他以受質爲營業者，不適用之。

第 21 條（質權標的物之債權清償期已屆至者之適用）

修正之民法第九百零六條之一之規定，於民法物權編修正施行前爲質權標的物之債權，其清償期已屆至者，亦適用之。

第 22 條（定期典權之依舊法回贖）

民法物權編施行前，定有期限之典權，依舊法規得回贖者，仍適用舊法規。

第 23 條（留置物存有所有權以外之物權者之適用）

修正之民法第九百三十二條之一之規定，於民法物權編修正施行前留置物存有所有權以外之物權者，亦適用之。

第 24 條（施行日）

Ⅰ本施行法自民法物權編施行之日施行。

Ⅱ民法物權編修正條文及本施行法修正條文，自公布後六個月施行。

民 法 第四編 親 屬

1.中華民國 19 年 12 月 26 日國民政府制定公布第 967～1137 條條文；並自 20 年 5 月 5 日施行
2.中華民國 74 年 6 月 3 日總統令修正公布第 971、977、982、983、985、988、1002、1010、1013、1016～1019、1021、1024、1050、1052、1058～1060、1063、1067、1074、1078～1080、1084、1088、1105、1113、1118、1131、1132 條條文；增訂第 979-1、979-2、999-1、1008-1、1030-1、1073-1、1079-1、1079-2、1103-1、1116-1 條條文；刪除第 992、1042、1043、1071 條條文及第二章第四節第三款第二目目名
3.中華民國 85 年 9 月 25 日總統令修正公布第 999-1、1055、1089 條條文；增訂第 1055-1、1055-2、1069-1、1116-2 條條文；並刪除第 1051 條條文
4.中華民國 87 年 6 月 17 日總統令修正公布第 983、1000、1002 條條文；並刪除第 986、987、993、994 條條文
5.中華民國 88 年 4 月 21 日總統令修正公布第 1067 條條文
6.中華民國 89 年 1 月 19 日總統令修正公布第 1094 條條文
7.中華民國 91 年 6 月 26 日總統令修正公布第 1007、1008、1008-1、1010、1017、1018、1022、1023、1030-1、1031～1034、1038、1040、1041、1044、1046、1058 條條文；增訂第 1003-1、1018-1、1020-1、1020-2、1030-2～1030-4、1031-1 條條文；刪除第 1006、1013～1016、1019～1021、1024～1030、1035～1037、1045、1047、1048 條條文
8.中華民國 96 年 5 月 23 日總統令修正公布第 982、988、1030-1、1052、1059、1062、1063、1067、1070、1073～1083、1086、1090 條條文；增訂第 988-1、1059-1、1076-1、1076-2、1079-3～1079-5、1080-1～1080-3、1083-1、1089-1 條條文；並刪除第 1068 條條文；除第 982 條自公布後一年施行，餘自公布日施行
9.中華民國 97 年 1 月 9 日總統令修正公布第 1052 條條文
10.中華民國 97 年 1 月 9 日總統令修正公布第 1120 條條文
11.中華民國 97 年 5 月 23 日總統令修正公布第 1092～1101、1103、1104、1106～1109、1110～1113 條條文；增訂第 1094-1、1099-1、1106-1、1109-1、1109-2、1111-1、1111-2、1112-1、1112-2、1113-1 條條文；刪除第 1103-1、1105 條條文；並自公布後一年六個月施行
12.中華民國 98 年 4 月 29 日總統令增訂公布第 1052-1 條條文
13.中華民國 98 年 12 月 30 日總統令修正公布第 1131、1133 條條文；並自 98 年 11 月 23 日施行
14.中華民國 99 年 1 月 27 日總統令增訂公布第 1118-1 條條文
15.中華民國 99 年 5 月 19 日總統令修正公布第 1059、1059-1 條條文
16.中華民國 101 年 12 月 26 日總統令修正公布第 1030-1 條條文；並刪除第 1009、1011 條條文
17.中華民國 102 年 12 月 11 日總統令修正公布第 1055-1 條條文
18.中華民國 103 年 1 月 29 日總統令修正公布第 1132 條條文
19.中華民國 104 年 1 月 14 日總統令修正公布第 1111-2 條條文
20.中華民國 108 年 4 月 24 日總統令修正公布第 976 條條文
21 中華民國 108 年 6 月 19 日總統令增訂公布第 1113-2～1113-10 條條文及第四章第三節節名

第一章　通　則

第 967 條（直系與旁系血親）

I 稱直系血親者，謂己身所從出或從己身所出之血親。

II 稱旁系血親者，謂非直系血親，而與己身出於同源之血親。

第 968 條（親等之計算）

血親親等之計算，直系血親，從己身上下數，以一世為一親等；旁系血親，從己身數至同源之直系血親，再由同源之直系血親，數至與之計算親等之血親，以其總世數為親等之數。

第 969 條（姻親之定義）

稱姻親者，謂血親之配偶、配偶之血親及配偶之血親之配偶。

第 970 條（姻親之親系及親等）

姻親之親系及親等之計算如左：

一　血親之配偶，從其配偶之親系及親等。
二　配偶之血親，從其與配偶之親系及親等。
三　配偶之血親之配偶，從其與配偶之親系及親等。

第 971 條（姻親關係之消滅）

姻親關係，因離婚而消滅；結婚經撤銷者亦同。

第二章　婚　姻

第一節　婚　約

第 972 條（婚約之要件）

婚約，應由男女當事人自行訂定。

第 973 條（婚約之要件）

男未滿十七歲，女未滿十五歲者，不得訂定婚約。

第 974 條（婚約之要件）

未成年人訂定婚約，應得法定代理人之同意。

第 975 條（婚約之效力）

婚約，不得請求強迫履行。

第 976 條（婚約解除之事由及方法）

I 婚約當事人之一方，有下列情形之一者，他方得解除婚約：

一　婚約訂定後，再與他人訂定婚約或結婚。
二　故違結婚期約。
三　生死不明已滿一年。
四　有重大不治之病。
五　婚約訂定後與他人合意性交。
六　婚約訂定後受徒刑之宣告。
七　有其他重大事由。

II 依前項規定解除婚約者，如事實上不能向他方為

解除之意思表示時，無須爲意思表示，自得爲解除時起，不受婚約之拘束。

第 977 條（解除婚約之賠償）

I 依前條之規定，婚約解除時，無過失之一方，得向有過失之他方，請求賠償其因此所受之損害。

II 前項情形，雖非財產上之損害，受害人亦得請求賠償相當之金額。

III 前項請求權不得讓與或繼承。但已依契約承諾，或已起訴者，不在此限。

第 978 條（違反婚約之損害賠償）

婚約當事人之一方，無第九百七十六條之理由而違反婚約者，對於他方因此所受之損害，應負賠償之責。

第 979 條（違反婚約之損害賠償）

I 前條情形，雖非財產上之損害，受害人亦得請求賠償相當之金額。但以受害人無過失者爲限。

II 前項請求權，不得讓與或繼承。但已依契約承諾或已起訴者，不在此限。

第 979 條之 1（贈與物之返還）

因訂定婚約而爲贈與者，婚約無效、解除或撤銷時，當事人之一方，得請求他方返還贈與物。

第 979 條之 2（贈與物返還請求權之消滅時效）

第九百七十七條至第九百七十九條之一所規定之請求權，因二年間不行使而消滅。

第二節　結　婚

第 980 條（結婚之實質要件—結婚年齡）

男未滿十八歲，女未滿十六歲者，不得結婚。

第 981 條（結婚之實質要件—未成年人結婚之同意）

未成年人結婚，應得法定代理人之同意。

第 982 條（結婚之形式要件）

結婚應以書面爲之，有二人以上證人之簽名，並應由雙方當事人向戶政機關爲結婚之登記。

第 983 條（結婚之實質要件—須非一定之親屬）

I 與左列親屬，不得結婚：

一　直系血親及直系姻親。

二　旁系血親在六親等以內者。但因收養而成立之四親等及六親等旁系血親，輩分相同者，不在此限。

三　旁系姻親在五親等以內，輩分不相同者。

II 前項直系姻親結婚之限制，於姻親關係消滅後，亦適用之。

III 第一項直系血親及直系姻親結婚之限制，於因收養而成立之直系親屬間，在收養關係終止後，亦適用之。

第 984 條（結婚之實質要件—須無監護關係）

監護人與受監護人，於監護關係存續中，不得結婚。但經受監護人父母之同意者，不在此限。

第 985 條（結婚之實質要件—須非重婚）

I 有配偶者，不得重婚。

II 一人不得同時與二人以上結婚。

第 986 條（刪除）

第 987 條（刪除）

第 988 條（結婚之無效）

結婚有下列情形之一者，無效：

一　不具備第九百八十二條之方式。

二　違反第九百八十三條規定。

三　違反第九百八十五條規定。但重婚之雙方當事人因善意且無過失信賴一方前婚姻消滅之兩願離婚登記或離婚確定判決而結婚者，不在此限。

第 988 條之 1（前婚姻視為消滅之效力、賠償及相關規定）

I 前條第三款但書之情形，前婚姻自後婚姻成立之日起視爲消滅。

II 前婚姻視爲消滅之效力，除法律另有規定外，準用離婚之效力。但剩餘財產已爲分配或協議者，仍依原分配或協議定之，不得另行主張。

III 依第一項規定前婚姻視爲消滅者，其剩餘財產差額之分配請求權，自請求權人知有剩餘財產之差額時起，二年間不行使而消滅。自撤銷兩願離婚登記或廢棄離婚判決確定時起，逾五年者，亦同。

IV 前婚姻依第一項規定視爲消滅者，無過失之前婚配偶得向他方請求賠償。

V 前項情形，雖非財產上之損害，前婚配偶亦得請求賠償相當之金額。

VI 前項請求權，不得讓與或繼承。但已依契約承諾或已起訴者，不在此限。

第 989 條（結婚之撤銷—未達結婚年齡）

結婚違反第九百八十條之規定者，當事人或其法定代理人得向法院請求撤銷之。但當事人已達該條所定年齡或已懷胎者，不得請求撤銷。

第 990 條（結婚之撤銷—未得同意）

結婚違反第九百八十一條之規定者，法定代理人得向法院請求撤銷之。但自知悉其事實之日起，已逾六個月或結婚後已逾一年，或已懷胎者，不得請求撤銷。

第 991 條（結婚之撤銷—有監護關係）

結婚違反第九百八十四條之規定者，受監護人或其最近親屬得向法院請求撤銷之。但結婚已逾一年者，不得請求撤銷。

第 992 條至第 994 條（刪除）

第 995 條（結婚之撤銷—不能人道）

當事人之一方，於結婚時不能人道而不能治者，他方得向法院請求撤銷之。但自知悉其不能治之時起已逾三年者，不得請求撤銷。

第 996 條（結婚之撤銷—精神不健全）

當事人之一方，於結婚時係在無意識或精神錯亂中者，得於常態回復後六個月內向法院請求撤銷之。

第 997 條（結婚之撤銷—因被詐欺或脅迫）

因被詐欺或被脅迫而結婚者，得於發見詐欺或脅迫終止後，六個月內向法院請求撤銷之。

第 998 條（撤銷之不溯及效力）

結婚撤銷之效力，不溯及既往。

第 999 條（婚姻無效或撤銷之損害賠償）

Ｉ當事人之一方，因結婚無效或被撤銷而受有損害者，得向他方請求賠償。但他方無過失者，不在此限。

II前項情形，雖非財產上之損害，受害人亦得請求賠償相當之金額。但以受害人無過失者爲限。

III前項請求權，不得讓與或繼承。但已依契約承諾或已起訴者，不在此限。

第 999 條之 1（結婚無效或經撤銷準用規定）

Ｉ第一千零五十七條及第一千零五十八條之規定，於結婚無效時準用之。

II第一千零五十五條、第一千零五十五條之一、第一千零五十五條之二、第一千零五十七條及第一千零五十八條之規定，於結婚經撤銷時準用之。

第三節　婚姻之普通效力

第 1000 條（夫妻之冠姓）

Ｉ夫妻各保有其本姓。但得書面約定以其本姓冠以配偶之姓，並向戶政機關登記。

II冠姓之一方得隨時回復其本姓。但於同一婚姻關係存續中以一次爲限。

第 1001 條（夫妻之同居義務）

夫妻互負同居之義務。但有不能同居之正當理由者，不在此限。

第 1002 條（夫妻之住所）

Ｉ夫妻之住所，由雙方共同協議之；未爲協議或協議不成時，得聲請法院定之。

II法院爲前項裁定前，以夫妻共同戶籍地推定爲其住所。

第 1003 條（日常家務代理權）

Ｉ夫妻於日常家務，互爲代理人。

II夫妻之一方濫用前項代理權時，他方得限制之。但不得對抗善意第三人。

第 1003 條之 1（家庭生活費用之分擔方式）

Ｉ家庭生活費用，除法律或契約另有約定外，由夫妻各依其經濟能力、家事勞動或其他情事分擔之。

II因前項費用所生之債務，由夫妻負連帶責任。

第四節　夫妻財產制

第一款　通　則

第 1004 條（夫妻財產制契約之訂立—約定財產制之選擇）

夫妻得於結婚前或結婚後，以契約就本法所定之約定財產制中，選擇其一，爲其夫妻財產制。

第 1005 條（法定財產制之適用）

夫妻未以契約訂立夫妻財產制者，除本法另有規定外，以法定財產制，爲其夫妻財產制。

第 1006 條（刪除）

第 1007 條（夫妻財產制契約之要件－要式契約）

夫妻財產制契約之訂立、變更或廢止，應以書面爲之。

第 1008 條（夫妻財產制契約之要件－契約之登記）

Ｉ夫妻財產制契約之訂立、變更或廢止，非經登記，不得以之對抗第三人。

II前項夫妻財產制契約之登記，不影響依其他法律所爲財產權登記之效力。

III第一項之登記，另以法律定之。

第 1008 條之 1（除夫妻財產制外，其他約定之方法）

前二條之規定，於有關夫妻財產之其他約定準用之。

第 1009 條（刪除）

第 1010 條（分別財產制之原因—法院應夫妻一方之聲請而為宣告）

Ｉ夫妻之一方有左列各款情形之一時，法院因他方之請求，得宣告改用分別財產制：

一　依法應給付家庭生活費用而不給付時。

二　夫或妻之財產不足清償其債務時。

三　依法應得他方同意所爲之財產處分，他方無正當理由拒絕同意時。

四　有管理權之一方對於共同財產之管理顯有不當，經他方請求改善而不改善時。

五　因不當減少其婚後財產，而對他方剩餘財產分配請求權有侵害之虞時。

六　有其他重大事由時。

II夫妻之總財產不足清償總債務或夫妻難於維持共同生活，不同居已達六個月以上時，前項規定於夫妻均適用之。

第 1011 條（刪除）

第 1012 條（夫妻財產制之變更廢止）

夫妻於婚姻關係存續中，得以契約廢止其財產契約，或改用他種約定財產制。

第 1013 條至第 1015 條（刪除）

第二款　法定財產制

第 1016 條（刪除）

第 1017 條（婚前財產與婚後財產）

Ｉ夫或妻之財產分爲婚前財產與婚後財產，由夫妻各自所有。不能證明爲婚前或婚後財產者，推定爲婚後財產；不能證明爲夫或妻所有之財產，推定爲夫妻共有。

II夫或妻婚前財產，於婚姻關係存續中所生之孳息，視為婚後財產。

III夫妻以契約訂立夫妻財產制後，於婚姻關係存續中改用法定財產制者，其改用前之財產視為婚前財產。

第 1018 條（各自管理財產）

夫或妻各自管理、使用、收益及處分其財產。

第 1018 條之 1（自由處分生活費用外金錢）

夫妻於家庭生活費用外，得協議一定數額之金錢，供夫或妻自由處分。

第 1019 條（刪除）

第 1020 條（刪除）

第 1020 條之 1（婚後剩餘財產之分配）

I夫或妻於婚姻關係存續中就其婚後財產所為之無償行為，有害及法定財產制關係消滅後他方之剩餘財產分配請求權者，他方得聲請法院撤銷之。但為履行道德上義務所為之相當贈與，不在此限。

II夫或妻於婚姻關係存續中就其婚後財產所為之有償行為，於行為時明知有損於法定財產制關係消滅後他方之剩餘財產分配請求權者，以受益人受益時亦知其情事者為限，他方得聲請法院撤銷之。

第 1020 條之 2（婚後剩餘財產分配撤銷權之除斥期間）

前條撤銷權，自夫或妻之一方知有撤銷原因時起，六個月間不行使，或自行為時起經過一年而消滅。

第 1021 條（刪除）

第 1022 條（婚後財產之報告義務）

夫妻就其婚後財產，互負報告之義務。

第 1023 條（各自清償債務）

I夫妻各自對其債務負清償之責。

II夫妻之一方以自己財產清償他方之債務時，雖於婚姻關係存續中，亦得請求償還。

第 1024 條至第 1030 條（刪除）

第 1030 條之 1（法定財產制關係消滅時剩餘財產之分配、除外規定及請求權行使之時效）

I法定財產制關係消滅時，夫或妻現存之婚後財產，扣除婚姻關係存續所負債務後，如有剩餘，其雙方剩餘財產之差額，應平均分配。但下列財產不在此限：

一　因繼承或其他無償取得之財產。

二　慰撫金。

II依前項規定，平均分配顯失公平者，法院得調整或免除其分配額。

III第一項請求權，不得讓與或繼承。但已依契約承諾，或已起訴者，不在此限。

IV第一項剩餘財產差額之分配請求權，自請求權人知有剩餘財產之差額時起，二年間不行使而消滅。自法定財產制關係消滅時起，逾五年者，亦同。

第 1030 條之 2（法定財產制關係消滅時債務之計算）

I夫或妻之一方以其婚後財產清償其婚前所負債務，或以其婚前財產清償婚姻關係存續中所負債務，除已補償者外，於法定財產制關係消滅時，應分別納入現存之婚後財產或婚姻關係存續中所負債務計算。

II夫或妻之一方以其前條第一項但書之財產清償婚姻關係存續中其所負債務者，適用前項之規定。

第 1030 條之 3（法定財產制關係消滅時財產之追加計算）

I夫或妻為減少他方對於剩餘財產之分配，而於法定財產制關係消滅前五年內處分其婚後財產者，應將該財產追加計算，視為現存之婚後財產。但為履行道德上義務所為之相當贈與，不在此限。

II前項情形，分配權利人於義務人不足清償其應得之分配額時，得就其不足額，對受領之第三人於其所受利益內請求返還。但受領為有償者，以顯不相當對價取得者為限。

III前項對第三人之請求權，於知悉其分配權利受侵害時起二年間不行使而消滅。自法定財產制關係消滅時起，逾五年者，亦同。

第 1030 條之 4（婚後財產與追加計算財算之計價基準）

I夫妻現存之婚後財產，其價值計算以法定財產制關係消滅時為準。但夫妻因判決而離婚者，以起訴時為準。

II依前條應追加計算之婚後財產，其價值計算以處分時為準。

第三款　約定財產制

第一目 共同財產制

第 1031 條（共同財產之定義）

夫妻之財產及所得，除特有財產外，合併為共同財產，屬於夫妻公同共有。

第 1031 條之 1（特有財產之範圍及準用規定）

I左列財產為特有財產：

一　專供夫或妻個人使用之物。

二　夫或妻職業上必需之物。

三　夫或妻所受之贈物，經贈與人以書面聲明為其特有財產者。

II前項所定之特有財產，適用關於分別財產制之規定。

第 1032 條（共同財產之管理）

I共同財產，由夫妻共同管理。但約定由一方管理者，從其約定。

II共同財產之管理費用，由共同財產負擔。

第 1033 條（共同財產之處分）

I夫妻之一方，對於共同財產為處分時，應得他方之同意。

II 前項同意之欠缺，不得對抗第三人。但第三人已知或可得而知其欠缺，或依情形，可認爲該財產屬於共同財產者，不在此限。

第 1034 條（結婚前或婚關係存續中債務之清償責任）

夫或妻結婚前或婚姻關係存續中所負之債務，應由共同財產，並各就其特有財產負清償責任。

第 1035 條至第 1037 條（刪除）

第 1038 條（共同財產制之補償請求權）

I 共同財產所負之債務，而以共同財產清償者，不生補償請求權。

II 共同財產之債務，而以特有財產清償，或特有財產之債務，而以共同財產清償者，有補償請求權，雖於婚姻關係存續中，亦得請求。

第 1039 條（共同財產制之消滅—因其他原因之消滅）

I 夫妻之一方死亡時，共同財產之半數，歸屬於死亡者之繼承人，其他半數，歸屬於生存之他方。

II 前項財產之分劃，其數額另有約定者，從其約定。

III 第一項情形，如該生存之他方，依法不得爲繼承人時，其對於共同財產得請求之數額，不得超過於離婚時所應得之數額。

第 1040 條（共有財產制之消滅時財產之取回）

I 共同財產制關係消滅時，除法律另有規定外，夫妻各取回其訂立共同財產制契約時之財產。

II 共同財產制關係存續中取得之共同財產，由夫妻各得其半數。但另有約定者，從其約定。

第 1041 條（勞力所得共同財產制）

I 夫妻得以契約訂定僅以勞力所得爲限爲共同財產。

II 前項勞力所得，指夫或妻於婚姻關係存續中取得之薪資、工資、紅利、獎金及其他與勞力所得有關之財產收入。勞力所得之孳息及代替利益，亦同。

III 不能證明爲勞力所得或勞力所得以外財產者，推定爲勞力所得。

IV 夫或妻勞力所得以外之財產，適用關於分別財產制之規定。

V 第一千零三十四條、第一千零三十八條及第一千零四十條之規定，於第一項情形準用之。

第二目　（刪除）

第 1042 條（刪除）

第 1043 條（刪除）

第三目　分別財產制

第 1044 條（分別財產制之意義）

分別財產，夫妻各保有其財產之所有權，各自管理、使用、收益及處分。

第 1045 條（刪除）

第 1046 條（分別財產制債務之清償）

分別財產制有關夫妻債務之清償，適用第一千零二十三條之規定。

第 1047 條（刪除）

第 1048 條（刪除）

第五節　離　婚

第 1049 條（兩願離婚）

夫妻兩願離婚者，得自行離婚。但未成年人，應得法定代理人之同意。

第 1050 條（離婚之要式性）

兩願離婚，應以書面爲之，有二人以上證人之簽名並應向戶政機關爲離婚之登記。

第 1051 條（刪除）

第 1052 條（裁判離婚之原因）

I 夫妻之一方，有下列情形之一者，他方得向法院請求離婚：

一　重婚。
二　與配偶以外之人合意性交。
三　夫妻之一方對他方爲不堪同居之虐待。
四　夫妻之一方對他方之直系親屬爲虐待，或夫妻一方之直系親屬對他方爲虐待，致不堪爲共同生活。
五　夫妻之一方以惡意遺棄他方在繼續狀態中。
六　夫妻之一方意圖殺害他方。
七　有不治之惡疾。
八　有重大不治之精神病。
九　生死不明已逾三年。
十　因故意犯罪，經判處有期徒刑逾六個月確定。

II 有前項以外之重大事由，難以維持婚姻者，夫妻之一方得請求離婚。但其事由應由夫妻之一方負責者，僅他方得請求離婚。

第 1052 條之 1（法院調解或和解離婚之效力）

離婚經法院調解或法院和解成立者，婚姻關係消滅。法院應依職權通知該管戶政機關。

第 1053 條（裁判離婚之限制）

對於前條第一款、第二款之情事，有請求權之一方，於事前同意或事後宥恕，或知悉後已逾六個月，或自其情事發生後已逾二年者，不得請求離婚。

第 1054 條（裁判離婚之限制）

對於第一千零五十二條第六款及第十款之情事，有請求權之一方，自知悉後已逾一年，或自其情事發生後已逾五年者，不得請求離婚。

第 1055 條（離婚未成年子女保護教養之權義及變更）

I 夫妻離婚者，對於未成年子女權利義務之行使或負擔，依協議由一方或雙方共同任之。未爲協議或協議不成者，法院得依夫妻之一方、主管機關、社會福利機構或其他利害關係人之請求或依職權酌定之。

II 前項協議不利子女者，法院得依主管機關、社會福利機構或其他利害關係人之請求或依職權為子女之利益改定之。

III 行使、負擔權利義務之一方未盡保護教養之義務或對未成年子女有不利之情事者，他方、未成年子女、主管機關、社會福利機構或其他利害關係人得為子女之利益，請求法院改定之。

IV 前三項情形，法院得依請求或依職權，為子女之利益酌定權利義務行使負擔之內容及方法。

V 法院得依請求或依職權，為未行使或負擔權利義務之一方酌定其與未成年子女會面交往之方式及期間。但其會面交往有妨害子女之利益者，法院得依請求或依職權變更之。

第 1055 條之 1（裁判離婚子女之監護㈠）

I 法院為前條裁判時，應依子女之最佳利益，審酌一切情狀，尤應注意下列事項：

一　子女之年齡、性別、人數及健康情形。
二　子女之意願及人格發展之需要。
三　父母之年齡、職業、品行、健康情形、經濟能力及生活狀況。
四　父母保護教養子女之意願及態度。
五　父母子女間或未成年子女與其他共同生活之人間之感情狀況。
六　父母之一方是否有妨礙他方對未成年子女權利義務行使負擔之行為。
七　各族群之傳統習俗、文化及價值觀。

II 前項子女最佳利益之審酌，法院除得參考社工人員之訪視報告或家事調查官之調查報告外，並得依囑託警察機關、稅捐機關、金融機構、學校及其他有關機關、團體或具有相關專業知識之適當人士就特定事項調查之結果認定之。

第 1055 條之 2（裁判離婚子女之監護㈡）

父母均不適合行使權利時，法院應依子女之最佳利益並審酌前條各款事項，選定適當之人為子女之監護人，並指定監護之方法、命其父母負擔扶養費用及其方式。

第 1056 條（損害賠償）

I 夫妻之一方，因判決離婚而受有損害者，得向有過失之他方，請求賠償。

II 前項情形，雖非財產上之損害，受害人亦得請求賠償相當之金額。但以受害人無過失者為限。

III 前項請求權，不得讓與或繼承。但已依契約承諾或已起訴者，不在此限。

第 1057 條（贍養費）

夫妻無過失之一方，因判決離婚而陷於生活困難者，他方縱無過失，亦應給與相當之贍養費。

第 1058 條（財產之取回）

夫妻離婚時，除採用分別財產制者外，各自取回其結婚或變更夫妻財產制時之財產。如有剩餘，各依其夫妻財產制之規定分配之。

第三章　父母子女

第 1059 條（子女之姓）

I 父母於子女出生登記前，應以書面約定子女從父姓或母姓。未約定或約定不成者，於戶政事務所抽籤決定之。

II 子女經出生登記後，於未成年前，得由父母以書面約定變更為父姓或母姓。

III 子女已成年者，得變更為父姓或母姓。

IV 前二項之變更，各以一次為限。

V 有下列各款情形之一，法院得依父母之一方或子女之請求，為子女之利益，宣告變更子女之姓氏為父姓或母姓：

一　父母離婚者。
二　父母之一方或雙方死亡者。
三　父母之一方或雙方生死不明滿三年者。
四　父母之一方顯有未盡保護或教養義務之情事者。

第 1059 條之 1（非婚生子女之姓）

I 非婚生子女從母姓。經生父認領者，適用前條第二項至第四項之規定。

II 非婚生子女經生父認領，而有下列各款情形之一，法院得依父母之一方或子女之請求，為子女之利益，宣告變更子女之姓氏為父姓或母姓：

一　父母之一方或雙方死亡者。
二　父母之一方或雙方生死不明滿三年者。
三　子女之姓氏與任權利義務行使或負擔之父或母不一致者。
四　父母之一方顯有未盡保護或教養義務之情事者。

第 1060 條（未成年子女之住所）

未成年之子女，以其父母之住所為住所。

第 1061 條（婚生子女之定義）

稱婚生子女者，謂由婚姻關係受胎而生之子女。

第 1062 條（受胎期間）

I 從子女出生日回溯第一百八十一日起至第三百零二日止，為受胎期間。

II 能證明受胎回溯在前項第一百八十一日以內或第三百零二日以前者，以其期間為受胎期間。

第 1063 條（婚生子女之推定及否認）

I 妻之受胎，係在婚姻關係存續中者，推定其所生子女為婚生子女。

II 前項推定，夫妻之一方或子女能證明子女非為婚生子女者，得提起否認之訴。

III 前項否認之訴，夫妻之一方自知悉該子女非為婚生子女，或子女自知悉其非為婚生子女之時起二年內為之。但子女於未成年時知悉者，仍得於成年後二年內為之。

第 1064 條（準正）
非婚生子女，其生父與生母結婚者，視爲婚生子女。
第 1065 條（認領之效力及認領之擬制及非婚生子女與生母之關係）
I 非婚生子女經生父認領者，視爲婚生子女。其經生父撫育者，視爲認領。
II 非婚生子女與其生母之關係，視爲婚生子女，無須認領。
第 1066 條（認領之否認）
非婚生子女或其生母，對於生父之認領，得否認之。
第 1067 條（認領之請求）
I 有事實足認其爲非婚生子女之生父者，非婚生子女或其生母或其他法定代理人，得向生父提起認領之訴。
II 前項認領之訴，於生父死亡後，得向生父之繼承人爲之。生父無繼承人者，得向社會福利主管機關爲之。
第 1068 條（刪除）
第 1069 條（認領之效力—溯及效力）
非婚生子女認領之效力，溯及於出生時。但第三人已得之權利，不因此而受影響。
第 1069 條之 1（認領非婚生未成年子女權義之準用規定）
非婚生子女經認領者，關於未成年子女權利義務之行使或負擔，準用第一千零五十五條、第一千零五十五條之一及第一千零五十五條之二之規定。
第 1070 條（認領之效力—絕對效力）
生父認領非婚生子女後，不得撤銷其認領。但有事實足認其非生父者，不在此限。
第 1071 條（刪除）
第 1072 條（收養之定義）
收養他人之子女爲子女時，其收養者爲養父或養母，被收養者爲養子或養女。
第 1073 條（收養要件—年齡）
I 收養者之年齡，應長於被收養者二十歲以上。但夫妻共同收養時，夫妻之一方長於被收養者二十歲以上，而他方僅長於被收養者十六歲以上，亦得收養。
II 夫妻之一方收養他方之子女時，應長於被收養者十六歲以上。
第 1073 條之 1（不得收養為養子女之親屬）
下列親屬不得收養爲養子女：
一 直系血親。
二 直系姻親。但夫妻之一方，收養他方之子女者，不在此限。
三 旁系血親在六親等以內及旁系姻親在五親等以內，輩分不相當者。
第 1074 條（夫妻應為共同收養）
夫妻收養子女時，應共同爲之。但有下列各款情形之一者，得單獨收養：
一 夫妻之一方收養他方之子女。
二 夫妻之一方不能爲意思表示或生死不明已逾三年。
第 1075 條（同時為二人養子女之禁止）
除夫妻共同收養外，一人不得同時爲二人之養子女。
第 1076 條（被收養人配偶之同意）
夫妻之一方被收養時，應得他方之同意。但他方不能爲意思表示或生死不明已逾三年者，不在此限。
第 1076 條之 1（子女被收養應得父母之同意）
I 子女被收養時，應得其父母之同意。但有下列各款情形之一者，不在此限：
一 父母之一方或雙方對子女未盡保護教養義務或有其他顯然不利子女之情事而拒絕同意。
二 父母之一方或雙方事實上不能爲意思表示。
II 前項同意應作成書面並經公證。但已向法院聲請收養認可者，得以言詞向法院表示並記明筆錄代之。
III 第一項之同意，不得附條件或期限。
第 1076 條之 2（未滿七歲及滿七歲之被收養者應得其法定代理人之同意）
I 被收養者未滿七歲時，應由其法定代理人代爲並代受意思表示。
II 滿七歲以上之未成年人被收養時，應得其法定代理人之同意。
III 被收養者之父母已依前二項規定以法定代理人之身分代爲並代受意思表示或爲同意時，得免依前條規定爲同意。
第 1077 條（收養之效力—養父母子女之關係）
I 養子女與養父母及其親屬間之關係，除法律另有規定外，與婚生子女同。
II 養子女與本生父母及其親屬間之權利義務，於收養關係存續中停止之。但夫妻之一方收養他方之子女時，他方與其子女之權利義務，不因收養而受影響。
III 收養者收養子女後，與養子女之本生父或母結婚時，養子女回復與本生父或母及其親屬間之權利義務。但第三人已取得之權利，不受影響。
IV 養子女於收養認可時已有直系血親卑親屬者，收養之效力僅及於其未成年且未結婚之直系血親卑親屬。但收養認可前，其已成年或已結婚之直系血親卑親屬表示同意者，不在此限。
V 前項同意，準用第一千零七十六條之一第二項及第三項之規定。
第 1078 條（收養之效力—養子女之姓氏）
I 養子女從收養者之姓或維持原來之姓。
II 夫妻共同收養子女時，於收養登記前，應以書面約定養子女從養父姓、養母姓或維持原來之姓。

Ⅲ第一千零五十九條第二項至第五項之規定，於收養之情形準用之。

第 1079 條（收養之方法）

Ⅰ收養應以書面爲之，並向法院聲請認可。

Ⅱ收養有無效、得撤銷之原因或違反其他法律規定者，法院應不予認可。

第 1079 條之 1（未成年收養之認可）

法院爲未成年人被收養之認可時，應依養子女最佳利益爲之。

第 1079 條之 2（不認可成年收養之情形）

被收養者爲成年人而有下列各款情形之一者，法院應不予收養之認可：

一 意圖以收養免除法定義務。

二 依其情形，足認收養於其本生父母不利。

三 有其他重大事由，足認違反收養目的。

第 1079 條之 3（收養之生效時點）

收養自法院認可裁定確定時，溯及於收養契約成立時發生效力。但第三人已取得之權利，不受影響。

第 1079 條之 4（收養之無效）

收養子女，違反第一千零七十三條、第一千零七十三條之一、第一千零七十五條、第一千零七十六條之一、第一千零七十六條之二第一項或第一千零七十九條第一項之規定者，無效。

第 1079 條之 5（收養之撤銷及其行使期間）

Ⅰ收養子女，違反第一千零七十四條之規定者，收養者之配偶得請求法院撤銷之。但自知悉其事實之日起，已逾六個月，或自法院認可之日起已逾一年者，不得請求撤銷。

Ⅱ收養子女，違反第一千零七十六條或第一千零七十六條之二第二項之規定者，被收養者之配偶或法定代理人得請求法院撤銷之。但自知悉其事實之日起，已逾六個月，或自法院認可之日起已逾一年者，不得請求撤銷。

Ⅲ依前二項之規定，經法院判決撤銷收養者，準用第一千零八十二條及第一千零八十三條之規定。

第 1080 條（收養之終止—合意終止）

Ⅰ養父母與養子女之關係，得由雙方合意終止之。

Ⅱ前項終止，應以書面爲之。養子女爲未成年人者，並應向法院聲請認可。

Ⅲ法院依前項規定爲認可時，應依養子女最佳利益爲之。

Ⅳ養子女爲未成年人者，終止收養自法院認可裁定確定時發生效力。

Ⅴ養子女未滿七歲者，其終止收養關係之意思表示，由收養終止後爲其法定代理人之人爲之。

Ⅵ養子女爲滿七歲以上之未成年人者，其終止收養關係，應得收養終止後爲其法定代理人之人之同意。

Ⅶ夫妻共同收養子女者，其合意終止收養應共同爲之。但有下列情形之一者，得單獨終止：

一 夫妻之一方不能爲意思表示或生死不明已逾三年。

二 夫妻之一方於收養後死亡。

三 夫妻離婚。

Ⅷ夫妻之一方依前項但書規定單獨終止收養者，其效力不及於他方。

第 1080 條之 1（收養之終止—聲請法院許可）

Ⅰ養父母死亡後，養子女得聲請法院許可終止收養。

Ⅱ養子女未滿七歲者，由收養終止後爲其法定代理人之人向法院聲請許可。

Ⅲ養子女爲滿七歲以上之未成年人者，其終止收養之聲請，應得收養終止後爲其法定代理人之人之同意。

Ⅳ法院認終止收養顯失公平者，得不許可之。

第 1080 條之 2（收養之終止—無效）

終止收養，違反第一千零八十條第二項、第五項或第一千零八十條之一第二項規定者，無效。

第 1080 條之 3（收養之終止—撤銷）

Ⅰ終止收養，違反第一千零八十條第七項之規定者，終止收養者之配偶得請求法院撤銷之。但自知悉其事實之日起，已逾六個月，或自法院認可之日起已逾一年者，不得請求撤銷。

Ⅱ終止收養，違反第一千零八十條第六項或第一千零八十條之一第三項之規定者，終止收養後被收養者之法定代理人得請求法院撤銷之。但自知悉其事實之日起，已逾六個月，或自法院許可之日起已逾一年者，不得請求撤銷。

第 1081 條（收養之終止—判決終止）

Ⅰ養父母、養子女之一方，有下列各款情形之一者，法院得依他方、主管機關或利害關係人之請求，宣告終止其收養關係：

一 對於他方爲虐待或重大侮辱。

二 遺棄他方。

三 因故意犯罪，受二年有期徒刑以上之刑之裁判確定而未受緩刑宣告。

四 有其他重大事由難以維持收養關係。

Ⅱ養子女爲未成年人者，法院宣告終止收養關係時，應依養子女最佳利益爲之。

第 1082 條（終止之效果—給與金額之請求）

因收養關係終止而生活陷於困難者，得請求他方給與相當之金額。但其請求顯失公平者，得減輕或免除之。

第 1083 條（終止之效果—復姓）

養子女及收養效力所及之直系血親卑親屬，自收養關係終止時起，回復其本姓，並回復其與本生父母及其親屬間之權利義務。但第三人已取得之權利，不受影響。

第 1083 條之 1（準用規定）

法院依第一千零五十九條第五項、第一千零五十九條之一第二項、第一千零七十八條第三項、第一千零七十九條之一　第一千零八十條第三項或第一千零八十一條第二項規定爲裁判時，準用第一千零五十五條之一之規定。

第 1084 條（親權—孝親、保護及教養）

Ⅰ子女應孝敬父母。

Ⅱ父母對於未成年之子女，有保護及教養之權利義務。

第 1085 條（親權—懲戒）

父母得於必要範圍內懲戒其子女。

第 1086 條（親權—代理）

Ⅰ父母爲其未成年子女之法定代理人。

Ⅱ父母之行爲與未成年子女之利益相反，依法不得代理時，法院得依父母、未成年子女、主管機關、社會福利機構或其他利害關係人之聲請或依職權，爲子女選任特別代理人。

第 1087 條（子女之特有財產）

未成年子女，因繼承、贈與或其他無償取得之財產，爲其特有財產。

第 1088 條（親權—子女特有財產之管理）

Ⅰ未成年子女之特有財產，由父母共同管理。

Ⅱ父母對於未成年子女之特有財產，有使用、收益之權。但非爲子女之利益，不得處分之。

第 1089 條（裁判未成年子女權義之行使及變更）

Ⅰ對於未成年子女之權利義務，除法律另有規定外，由父母共同行使或負擔之。父母之一方不能行使權利時，由他方行使之。父母不能共同負擔義務時，由有能力者負擔之。

Ⅱ父母對於未成年子女重大事項權利之行使意思不一致時，得請求法院依子女之最佳利益酌定之。

Ⅲ法院爲前項裁判前，應聽取未成年子女、主管機關或社會福利機構之意見。

第 1089 條之 1（未成年子女權義之行使或負擔準用規定）

父母不繼續共同生活達六個月以上時，關於未成年子女權利義務之行使或負擔，準用第一千零五十五條、第一千零五十五條之一及第一千零五十五條之二之規定。但父母有不能同居之正當理由或法律另有規定者，不在此限。

第 1090 條（親權濫用之禁止）

父母之一方濫用其對於子女之權利時，法院得依他方、未成年子女、主管機關、社會福利機構或其他利害關係人之請求或依職權，爲子女之利益，宣告停止其權利之全部或一部。

第四章　監　護

第一節　未成年人之監護

第 1091 條（監護人之設置）

未成年人無父母，或父母均不能行使、負擔對於其未成年子女之權利、義務時，應置監護人。但未成年人已結婚者，不在此限。

第 1092 條（委託監護人）

父母對其未成年之子女，得因特定事項，於一定期限內，以書面委託他人行使監護之職務。

第 1093 條（遺囑指定監護人）

Ⅰ最後行使、負擔對於未成年子女之權利、義務之父或母，得以遺囑指定監護人。

Ⅱ前項遺囑指定之監護人，應於知悉其爲監護人後十五日內，將姓名、住所報告法院；其遺囑未指定會同開具財產清冊之人者，並應申請當地直轄市、縣（市）政府指派人員會同開具財產清冊。

Ⅲ於前項期限內，監護人未向法院報告者，視爲拒絕就職。

第 1094 條（法定監護人）

Ⅰ父母均不能行使、負擔對於未成年子女之權利義務或父母死亡而無遺囑指定監護人，或遺囑指定之監護人拒絕就職時，依下列順序定其監護人：

一　與未成年人同居之祖父母。

二　與未成年人同居之兄姊。

三　不與未成年人同居之祖父母。

Ⅱ前項監護人，應於知悉其爲監護人後十五日內，將姓名、住所報告法院，並應申請當地直轄市、縣（市）政府指派人員會同開具財產清冊。

Ⅲ未能依第一項之順序定其監護人時，法院得依未成年子女、四親等內之親屬、檢察官、主管機關或其他利害關係人之聲請，爲未成年子女之最佳利益，就其三親等旁系血親尊親屬、主管機關、社會福利機構或其他適當之人選定爲監護人，並得指定監護之方法。

Ⅳ法院依前項選定監護人或依第一千一百零六條及第一千一百零六條之一另行選定或改定監護人時，應同時指定會同開具財產清冊之人。

Ⅴ未成年人無第一項之監護人，於法院依第三項爲其選定確定前，由當地社會福利主管機關爲其監護人。

第 1094 條之 1（法院選定或改定監護人應注意事項）

法院選定或改定監護人時，應依受監護人之最佳利益，審酌一切情狀，尤應注意下列事項：

一　受監護人之年齡、性別、意願、健康情形及人格發展需要。

二　監護人之年齡、職業、品行、意願、態度、健康情形、經濟能力、生活狀況及有無犯罪前科紀錄。

三　監護人與受監護人間或受監護人與其他共同生活之人間之情感及利害關係。

四　法人爲監護人時，其事業之種類與內容，法人及其代表人與受監護人之利害關係。

第 1095 條（監護人之辭職）

監護人有正當理由，經法院許可者，得辭任其職務。

第 1096 條（監護人資格之限制）

有下列情形之一者，不得為監護人：

一　未成年。

二　受監護或輔助宣告尚未撤銷。

三　受破產宣告尚未復權。

四　失蹤。

第 1097 條（監護人之職務）

I 除另有規定外，監護人於保護、增進受監護人利益之範圍內，行使、負擔父母對於未成年子女之權利、義務。但由父母暫時委託者，以所委託之職務為限。

II 監護人有數人，對於受監護人重大事項權利之行使意思不一致時，得聲請法院依受監護人之最佳利益，酌定由其中一監護人行使之。

III 法院為前項裁判前，應聽取受監護人、主管機關或社會福利機構之意見。

第 1098 條（監護人之法定代理權）

I 監護人於監護權限內，為受監護人之法定代理人。

II 監護人之行為與受監護人之利益相反或依法不得代理時，法院得因監護人、受監護人、主管機關、社會福利機構或其他利害關係人之聲請或依職權，為受監護人選任特別代理人。

第 1099 條（監護人對受監護人財產之權義——開具財產清冊）

I 監護開始時，監護人對於受監護人之財產，應依規定會同遺囑指定、當地直轄市、縣（市）政府指派或法院指定之人，於二個月內開具財產清冊，並陳報法院。

II 前項期間，法院得依監護人之聲請，於必要時延長之。

第 1099 條之 1（監護人對受監護人之財產僅得為管理上必要行為）

於前條之財產清冊開具完成並陳報法院前，監護人對於受監護人之財產，僅得為管理上必要之行為。

第 1100 條（監護人對受監護人財產之權義——管理權及注意義務）

監護人應以善良管理人之注意，執行監護職務。

第 1101 條（監護人對受監護人財產之權義——限制）

I 監護人對於受監護人之財產，非為受監護人之利益，不得使用、代為或同意處分。

II 監護人為下列行為，非經法院許可，不生效力：

一　代理受監護人購置或處分不動產。

二　代理受監護人，就供其居住之建築物或其基地出租、供他人使用或終止租賃。

III 監護人不得以受監護人之財產為投資。但購買公債、國庫券、中央銀行儲蓄券、金融債券、可轉讓定期存單、金融機構承兌匯票或保證商業本票，不在此限。

第 1102 條（監護人對受監護人財產之權義——受讓之禁止）

監護人不得受讓受監護人之財產。

第 1103 條（監護人對受監護人財產之權義——財產狀況之報告）

I 受監護人之財產，由監護人管理。執行監護職務之必要費用，由受監護人之財產負擔。

II 法院於必要時，得命監護人提出監護事務之報告、財產清冊或結算書，檢查監護事務或受監護人之財產狀況。

第 1103 條之 1（刪除）

第 1104 條（監護人之報酬請求權）

監護人得請求報酬，其數額由法院按其勞力及受監護人之資力酌定之。

第 1105 條（刪除）

第 1106 條（監護人之撤退）

I 監護人有下列情形之一，且受監護人無第一千零九十四條第一項之監護人者，法院得依受監護人、第一千零九十四條第三項聲請權人之聲請或依職權，另行選定適當之監護人：

一　死亡。

二　經法院許可辭任。

三　有第一千零九十六條各款情形之一。

II 法院另行選定監護人確定前，由當地社會福利主管機關為其監護人。

第 1106 條之 1（改定監護人之聲請）

I 有事實足認監護人不符受監護人之最佳利益，或有顯不適任之情事者，法院得依前條第一項聲請權人之聲請，改定適當之監護人，不受第一千零九十四條第一項規定之限制。

II 法院於改定監護人確定前，得先行宣告停止原監護人之監護權，並由當地社會福利主管機關為其監護人。

第 1107 條（監護終止時受監護人財產之清算）

I 監護人變更時，原監護人應即將受監護人之財產移交於新監護人。

II 受監護之原因消滅時，原監護人應即將受監護人之財產交還於受監護人；如受監護人死亡時，交還於其繼承人。

III 前二項情形，原監護人應於監護關係終止時起二個月內，為受監護人財產之結算，作成結算書，送交新監護人、受監護人或其繼承人。

IV 新監護人、受監護人或其繼承人對於前項結算書未為承認前，原監護人不得免其責任。

第 1108 條（清算義務之繼承）

監護人死亡時，前條移交及結算，由其繼承人為之；其無繼承人或繼承人有無不明者，由新監護人逕行辦理結算，連同依第一千零九十九條規定開具之財產清冊陳報法院。

第 1109 條（監護人賠償責任之短期時效）

I 監護人於執行監護職務時，因故意或過失，致生損害於受監護人者，應負賠償之責。

II 前項賠償請求權，自監護關係消滅之日起，五年間不行使而消滅；如有新監護人者，其期間自新監護人就職之日起算。

第 1109 條之 1（監護事件依職權囑託戶政機關登記）

法院於選定監護人、許可監護人辭任及另行選定或改定監護人時，應依職權囑託該管戶政機關登記。

第 1109 條之 2（未成年人受監護宣告之適用規定）

未成年人依第十四條受監護之宣告者，適用本章第二節成年人監護之規定。

第二節　成年人之監護及輔助

第 1110 條（監護人之設置）

受監護宣告之人應置監護人。

第 1111 條（監護人之順序及選定）

I 法院爲監護之宣告時，應依職權就配偶、四親等內之親屬、最近一年有同居事實之其他親屬、主管機關、社會福利機構或其他適當之人選定一人或數人爲監護人，並同時指定會同開具財產清冊之人。

II 法院爲前項選定及指定前，得命主管機關或社會福利機構進行訪視，提出調查報告及建議。監護之聲請人或利害關係人亦得提出相關資料或證據，供法院斟酌。

第 1111 條之 1（選定監護人之注意事項）

法院選定監護人時，應依受監護宣告之人之最佳利益，優先考量受監護宣告之人之意見，審酌一切情狀，並注意下列事項：

一　受監護宣告之人之身心狀態與生活及財產狀況。

二　受監護宣告之人與其配偶、子女或其他共同生活之人間之情感狀況。

三　監護人之職業、經歷、意見及其與受監護宣告之人之利害關係。

四　法人爲監護人時，其事業之種類與內容，法人及其代表人與受監護宣告之人之利害關係。

第 1111 條之 2（監護人之資格限制）

照護受監護宣告之人之法人或機構及其代表人、負責人，或與該法人或機構有僱傭、委任或其他類似關係之人，不得爲該受監護宣告之人之監護人。但爲該受監護宣告之人之配偶、四親等內之血親或二親等內之姻親者，不在此限。

第 1112 條（監護人之職務）

監護人於執行有關受監護人之生活、護養療治及財產管理之職務時，應尊重受監護人之意思，並考量其身心狀態與生活狀況。

第 1112 條之 1（成年監護之監護人為數人時執行監護職務之方式）

I 法院選定數人爲監護人時，得依職權指定其共同或分別執行職務之範圍。

II 法院得因監護人、受監護人、第十四條第一項聲請權人之聲請，撤銷或變更前項之指定。

第 1112 條之 2（監護事件依職權囑託戶政機關登記）

法院爲監護之宣告、撤銷監護之宣告、選定監護人、許可監護人辭任及另行選定或改定監護人時，應依職權囑託該管戶政機關登記。

第 1113 條（未成年人監護規定之準用）

成年人之監護，除本節有規定者外，準用關於未成年人監護之規定。

第 1113 條之 1（輔助人之設置）

I 受輔助宣告之人，應置輔助人。

II 輔助人及有關輔助之職務，準用第一千零九十五條、第一千零九十六條、第一千零九十八條第二項、第一千一百條、第一千一百零二條、第一千一百零三條第二項、第一千一百零四條、第一千一百零六條、第一千一百零六條之一、第一千一百零九條、第一千一百十一條至第一千一百十一條之二、第一千一百十二條之一及第一千一百十二條之二之規定。

第三節　成年人之意定監護

第 1113 條之 2（意定監護契約之定義）

I 稱意定監護者，謂本人與受任人約定，於本人受監護宣告時，受任人允爲擔任監護人之契約。

II 前項受任人得爲一人或數人；其爲數人者，除約定爲分別執行職務外，應共同執行職務。

第 1113 條之 3（意定監護契約之成立及發生效力）

I 意定監護契約之訂立或變更，應由公證人作成公證書始爲成立。公證人作成公證書後七日內，以書面通知本人住所地之法院。

II 前項公證，應有本人及受任人在場，向公證人表明其合意，始得爲之。

III 意定監護契約於本人受監護宣告時，發生效力。

第 1113 條之 4（法院為監護宣告時，於本人事前定有意定監護契約約定，應以意定監護優先為原則）

I 法院爲監護之宣告時，受監護宣告之人已訂有意定監護契約者，應以意定監護契約所定之受任人爲監護人，同時指定會同開具財產清冊之人。其意定監護契約已載明會同開具財產清冊之人者，法院應依契約所定者指定之，但意定監護契約未載明會同開具財產清冊之人或所載明之人顯不利本人利益者，法院得依職權指定之。

II法院為前項監護之宣告時，有事實足認意定監護受任人不利於本人或有顯不適任之情事者，法院得依職權就第一千一百十一條第一項所列之人選定為監護人。

第1113條之5（意定監護契約之撤回或終止）

I法院為監護之宣告前，意定監護契約之本人或受任人得隨時撤回之。

II意定監護契約之撤回，應以書面先向他方為之，並由公證人作成公證書後，始生撤回之效力。公證人作成公證書後七日內，以書面通知本人住所地之法院。契約經一部撤回者，視為全部撤回。

III法院為監護之宣告後，本人有正當理由者，得聲請法院許可終止意定監護契約。受任人有正當理由者，得聲請法院許可辭任其職務。

IV法院依前項許可終止意定監護契約時，應依職權就第一千一百十一條第一項所列之人選定為監護人。

第1113條之6（監護宣告後法院得另行選定或改定監護人）

I法院為監護之宣告後，監護人共同執行職務時，監護人全體有第一千一百零六條第一項或第一千一百零六條之一第一項之情形者，法院得依第十四條第一項所定聲請權人之聲請或依職權，就第一千一百十一條第一項所列之人另行選定或改定為監護人。

II法院為監護之宣告後，意定監護契約約定監護人數人分別執行職務時，執行同一職務之監護人全體有第一千一百零六條第一項或第一千一百零六條之一第一項之情形者，法院得依前項規定另行選定或改定全體監護人。但執行其他職務之監護人無不適任之情形者，法院應優先選定或改定其為監護人。

III法院為監護之宣告後，前二項所定執行職務之監護人中之一人或數人有第一千一百零六條第一項之情形者，由其他監護人執行職務。

IV法院為監護之宣告後，第一項及第二項所定執行職務之監護人中之一人或數人有第一千一百零六條之一第一項之情形者，法院得依第十四條第一項所定聲請權人之聲請或依職權解任之，由其他監護人執行職務。

第1113條之7（意定監護人之報酬）

意定監護契約已約定報酬或約定不給付報酬者，從其約定；未約定者，監護人得請求法院按其勞力及受監護人之資力酌定之。

第1113條之8（前後意定監護契約有相牴觸者，視為本人撤回前意定監護契約）

前後意定監護契約有相牴觸者，視為本人撤回前意定監護契約。

第1113條之9（意定監護契約約定受任人代理受監護人購置、處分不動產或得以受監護人財產為投資者，應優先落實當事人意思自主原則）

意定監護契約約定受任人執行監護職務不受第一千一百零一條第二項、第三項規定限制者，從其約定。

第1113條之10（意定監護契約準用成年人監護之規定）

意定監護，除本節有規定者外，準用關於成年人監護之規定。

第五章　扶　養

第1114條（互負扶養義務之親屬）

左列親屬，互負扶養之義務：

一　直系血親相互間。

二　夫妻之一方與他方之父母同居者、其相互間。

三　兄弟姊妹相互間。

四　家長家屬相互間。

第1115條（扶養義務人之順序）

I負扶養義務者有數人時，應依左列順序定其履行義務之人：

一　直系血親卑親屬。

二　直系血親尊親屬。

三　家長。

四　兄弟姊妹。

五　家屬。

六　子婦女婿。

七　夫妻之父母。

II同係直系尊親屬或直系卑親屬者，以親等近者為先。

III負扶養義務者有數人而其親等同一時，應各依其經濟能力，分擔義務。

第1116條（扶養權利人之順序）

I受扶養權利者有數人，而負扶養義務者之經濟能力，不足扶養其全體時，依左列順序，定其受扶養之人：

一　直系血親尊親屬。

二　直系血親卑親屬。

三　家屬。

四　兄弟姊妹。

五　家長。

六　夫妻之父母。

七　子婦女婿。

II同係直系尊親屬或直系卑親屬者，以親等近者為先。

III受扶養權利者有數人而其親等同一人時，應按其需要之狀況，酌爲扶養。

第 1116 條之 1（夫妻與其他人扶養權利義務之順位）

夫妻互負扶養之義務，其負扶養義務之順序與直系血親卑親屬同，其受扶養權利之順序與直系血親尊親屬同。

第 1116 條之 2（結婚經撤銷或離婚子女之扶養義務）

父母對於未成年子女之扶養義務，不因結婚經撤銷或離婚而受影響。

第 1117 條（受扶養之要件）

Ⅰ受扶養權利者，以不能維持生活而無謀生能力者爲限。

Ⅱ前項無謀生能力之限制，於直系血親尊親屬，不適用之。

第 1118 條（扶養義務之免除）

因負擔扶養義務而不能維持自己生活者，免除其義務，但受扶養權利者爲直系血親尊親屬或配偶時，減輕其義務。

第 1118 條之 1（減輕或免除扶養義務之情形）

Ⅰ受扶養權利者有下列情形之一，由負扶養義務者負擔扶養義務顯失公平，負扶養義務者得請求法院減輕其扶養義務：

一　對負扶養義務者、其配偶或直系血親故意爲虐待、重大侮辱或其他身體、精神上之不法侵害行爲。

二　對負扶養義務者無正當理由未盡扶養義務。

Ⅱ受扶養權利者對負扶養義務者有前項各款行爲之一，且情節重大者，法院得免除其扶養義務。

Ⅲ前二項規定，受扶養權利者爲負扶養義務者之未成年直系血親卑親屬者，不適用之。

第 1119 條（扶養程序）

扶養之程度，應按受扶養權利者之需要、與負扶養義務者之經濟能力及身分定之。

第 1120 條（扶養方法之決定）

扶養之方法，由當事人協議定之；不能協議時，由親屬會議定之。但扶養費之給付，當事人不能協議時，由法院定之。

第 1121 條（扶養程度及方法之變更）

扶養之程度及方法，當事人得因情事之變更，請求變更之。

第六章　家

第 1122 條（家之定義）

稱家者，謂以永久共同生活爲目的而同居之親屬團體。

第 1123 條（家長與家屬）

Ⅰ家置家長。

Ⅱ同家之人，除家長外，均爲家屬。

Ⅲ雖非親屬，而以永久共同生活爲目的同居一家者，視爲家屬。

第 1124 條（家長之選定）

家長由親屬團體中推定之；無推定時，以家中之最尊輩者爲之；尊輩同者，以年長者爲之；最尊或最長者不能或不願管理家務時，由其指定家屬一人代理之。

第 1125 條（管理家務之注意義務）

家務由家長管理。但家長得以家務之一部，委託家屬處理。

第 1126 條（管理家務之注意義務）

家長管理家務，應注意於家屬全體之利益。

第 1127 條（家屬之分離—請求分離）

家屬已成年或雖未成年而已結婚者，得請求由家分離。

第 1128 條（家屬之分離—命令分離）

家長對於已成年或雖未成年而已結婚之家屬，得令其由家分離。但以有正當理由時爲限。

第七章　親屬會議

第 1129 條（召集人）

依本法之規定應開親屬會議時，由當事人、法定代理人或其他利害關係人召集之。

第 1130 條（親屬會議組織）

親屬會議，以會員五人組織之。

第 1131 條（親屬會議會員之選定順序）

Ⅰ親屬會議會員，應就未成年人、受監護宣告之人或被繼承人之下列親屬與順序定之：

一　直系血親尊親屬。

二　三親等內旁系血親尊親屬。

三　四親等內之同輩血親。

Ⅱ前項同一順序之人，以親等近者爲先；親等同者，以同居親屬爲先，無同居親屬者，以年長者爲先。

Ⅲ依前二項順序所定之親屬會議會員，不能出席會議或難於出席時，由次順序之親屬充任之。

第 1132 條（得由有召集權人或利害關係人聲請法院處理之事由）

依法應經親屬會議處理之事項，而有下列情形之一者，得由有召集權人或利害關係人聲請法院處理之：

一　無前條規定之親屬或親屬不足法定人數。

二　親屬會議不能或難以召開。

三　親屬會議經召開而不爲或不能決議。

第 1133 條（會員資格之限制）

監護人、未成年人及受監護宣告之人，不得爲親屬會議會員。

第 1134 條（會員辭職之限制）

依法應爲親屬會議會員之人，非有正當理由，不得辭其職務。

第 1135 條（會議之召開及決議）

親屬會議，非有三人以上之出席，不得開會；非有出席會員過半數之同意，不得為決議。

第 1136 條（決議之限制）

親屬會議會員，於所議事件有個人利害關係者，不得加入決議。

第 1137 條（不服決議之聲訴）

第一千一百二十九條所定有召集權之人，對於親屬會議之決議有不服者，得於三個月內向法院聲訴。

民法親屬編施行法

1.中華民國 20 年 2 月 24 日國民政府制定公布全文 15 條；並自 20 年 5 月 5 日施行
2.中華民國 74 年 6 月 3 日總統令修正公布第 1～4、6、8、10、12～15 條條文
3.中華民國 85 年 9 月 25 日總統令增訂公布第 6-1 條條文
4.中華民國 89 年 2 月 2 日總統令增訂公布第 14-1 條條文
5.中華民國 91 年 6 月 26 日總統令增訂公布第 6-2 條條文
6.中華民國 96 年 5 月 23 日總統令增訂公布第 4-1、8-1 條條文
7.中華民國 97 年 5 月 23 日總統令修正公布第 15 條條文；並增訂第 14-2、14-3 條條文
8.中華民國 98 年 12 月 30 日總統令修正公布第 15 條條文
9.中華民國 101 年 12 月 26 日總統令增訂公布第 6-3 條條文

第 1 條（不溯既往原則）

關於親屬之事件，在民法親屬編施行前發生者，除本施行法有特別規定外，不適用民法親屬編之規定；其在修正前發生者，除本施行法有特別規定外，亦不適用修正後之規定。

第 2 條（消滅時效之特別規定）

Ⅰ民法親屬編施行前，依民法親屬編之規定消滅時效業已完成，或其時效期間尚有殘餘不足一年者，得於施行之日起一年內行使請求權。但自其時效完成後，至民法親屬編施行時，已逾民法親屬編所定時效期間二分之一者，不在此限。

Ⅱ前項規定，於依民法親屬編修正後規定之消滅時效業已完成，或其時效期間尚有殘餘不足一年者，準用之。

第 3 條（無時效性質之法定期間之準用）

前條之規定，於民法親屬編修正前或修正後所定無時效性質之法定期間準用之。但其法定期間不滿一年者，如在施行時或修正時尚未屆滿，其期間自施行或修正之日起算。

第 4 條（婚約規定之適用）

Ⅰ民法親屬編關於婚約之規定，除第九百七十三條外，於民法親屬編施行前所訂之婚約亦適用之。

Ⅱ修正之民法第九百七十七條第二項及第三項之規定，於民法親屬編修正前所訂之婚約並適用之。

第 4 條之 1（重婚規定之適用）

Ⅰ中華民國九十六年五月四日修正之民法第九百八十二條之規定，自公布後一年施行。

Ⅱ修正之民法第九百八十八條之規定，於民法修正前重婚者，仍有適用。

第 5 條（再婚期間計算之特別規定）

民法第九百八十七條所規定之再婚期間，雖其婚姻關係在民法親屬編施行前消滅者，亦自婚姻關係消滅時起算。

第 6 條（夫妻財產制之適用）

Ⅰ民法親屬編施行前已結婚者，除得適用民法第一千零零四條之規定外，並得以民法親屬編所定之法定財產制為其約定財產制。

Ⅱ修正之民法第一千零十條之規定，於民法親屬編施行後修正前已結婚者，亦適用之。其第五款所定之期間，在修正前已屆滿者，其期間為屆滿，未屆滿者，以修正前已經過之期間與修正後之期間合併計算。

第 6 條之 1（夫妻聯合財產制之適用）

中華民國七十四年六月四日以前結婚，並適用聯合財產制之夫妻，於婚姻關係存續中以妻之名義在同日以前取得不動產，而有左列情形之一者，於本施行法中華民國八十五年九月六日修正生效一年後，適用中華民國七十四年民法親屬編修正後之第一千零十七條規定：

一　婚姻關係尚存續中且該不動產仍以妻之名義登記者。

二　夫妻已離婚而該不動產仍以妻之名義登記者。

第 6 條之 2（婚前財產與婚後財產之適用）

中華民國九十一年民法親屬編修正前適用聯合財產制之夫妻，其特有財產或結婚時之原有財產，於修正施行後視為夫或妻之婚前財產；婚姻關係存續中取得之原有財產，於修正施行後視為夫或妻之婚後財產。

第 6 條之 3（債務人夫妻財產制未判決確定時適用新法之規定）

本法中華民國一百零一年十二月七日修正施行前，經債權人向法院聲請宣告債務人改用分別財產制或已代位債務人起訴請求分配剩餘財產而尚未確定之事件，適用修正後之規定。

第 7 條（裁判離婚規定之適用）

民法親屬編施行前所發生之事實，而依民法親屬編之規定得為離婚之原因者，得請求離婚。但已逾民法第一千零五十三條或第一千零五十四條所定之期間者，不在此限。

第 8 條（婚生子女之推定及否認規定之適用）

Ⅰ民法親屬編關於婚生子女之推定及否認，於施行前受胎之子女亦適用之。

Ⅱ民法親屬編修正前結婚，並有修正之民法第一千零五十九條第一項但書之約定而從母姓者，得於修正後一年內，聲請改姓母姓，但子女已成年或已結婚者，不在此限。

Ⅲ修正之民法第一千零六十三條第二項之規定，於

民法親屬編修正前受胎或出生之子女亦適用之。

第 8 條之 1（否認婚生子女提訴期限）

夫妻已逾中華民國九十六年五月四日修正前之民法第一千零六十三條第二項規定所定期間，而不得提起否認之訴者，得於修正施行後二年內提起之。

第 9 條（立嗣子女與其所後父母之關係）

民法親屬編施行前所立之嗣子女，與其所後父母之關係，與婚生子女同。

第 10 條（非婚生子女規定之適用）

Ⅰ非婚生子女在民法親屬編施行前出生者，自施行之日起適用民法親屬編關於非婚生子女之規定。

Ⅱ非婚生子女在民法親屬編修正前出生者，修正之民法第一千零六十七條之規定，亦適用之。

第 11 條（收養效力規定之適用）

收養關係雖在民法親屬編施行前發生者，自施行之日起有民法親屬編所定之效力。

第 12 條（得請求宣告終止收養關係之規定之適用）

Ⅰ民法親屬編施行前所發生之事實，依民法親屬編之規定得爲終止收養關係之原因者，得請求宣告終止收養關係。

Ⅱ民法親屬編施行後修正前所發生之事實，依修正之民法第一千零八十條第五項之規定得爲終止收養關係之原因者，得聲請許可終止收養關係。

第 13 條（父母子女權義規定之適用）

父母子女間之權利義務，自民法親屬編施行之日起，依民法親屬編之規定。其有修正者，適用修正後之規定。

第 14 條（監護人權義規定之適用）

民法親屬編施行前所設置之監護人，其權利義務自施行之日起，適用民法親屬編之規定。其有修正者，適用修正後之規定。

第 14 條之 1（法定監護人）

本法於民國八十九年一月十四日修正前已依民法第一千零九十四條任監護人者，於修正公布後，仍適用修正後同條第二項至第四項之規定。

第 14 條之 2（修法後監護人適用規定）

中華民國九十七年五月二日修正之民法親屬編第四章條文施行前所設置之監護人，於修正施行後，適用修正後之規定。

第 14 條之 3（施行日）

中華民國九十七年五月二日修正之民法親屬編第四章之規定，自公布後一年六個月施行。

第 15 條（施行日）

Ⅰ本施行法自民法親屬編施行之日施行。

Ⅱ民法親屬編修正條文及本施行法修正條文，除另定施行日期，及中華民國九十八年十二月十五日修正之民法第一千一百三十一條及第一千一百三十三條自九十八年十一月二十三日施行者外，自公布日施行。

民 法 第五編 繼 承

1.中華民國 19 年 12 月 26 日國民政府制定公布第 1138～1225 條條文；並自 20 年 5 月 5 日施行
2.中華民國 74 年 6 月 3 日總統令修正公布第 1145、1165、1174、1176～1178、1181、1195、1196、1213、1219～1222 條條文及第三章第五節節名；增訂第 1176-1、1178-1 條條文；並刪除第 1142、1143、1167 條條文
3.中華民國 97 年 1 月 2 日總統令修正公布第 1148、1153、1154、1156、1157、1163、1174、1176 條條文
4.中華民國 98 年 6 月 10 日總統令修正公布第 1148、1153、1154、1156、1157、1159、1161、1163、1176 條條文；增訂第 1148-1、1156-1、1162-1、1162-2 條條文；並刪除第 1155 條條文及第二章第二節節名
5.中華民國 98 年 12 月 30 日總統令修正公布第 1198、1210 條條文；並自 98 年 11 月 23 日施行
6.中華民國 103 年 1 月 29 日總統令修正公布第 1212 條條文
7.中華民國 104 年 1 月 14 日總統令修正公布第 1183 條條文；並增訂第 1211-1 條條文

第一章 遺產繼承人

第 1138 條（法定繼承人及其順序）
遺產繼承人，除配偶外，依左列順序定之：
一 直系血親卑親屬。
二 父母。
三 兄弟姊妹。
四 祖父母。

第 1139 條（第一順序繼承人之決定）
前條所定第一順序之繼承人，以親等近者為先。

第 1140 條（代位繼承）
第一千一百三十八條所定第一順序之繼承人，有於繼承開始前死亡或喪失繼承權者，由其直系血親卑親屬代位繼承其應繼分。

第 1141 條（同順序繼承人之應繼分）
同一順序之繼承人有數人時，按人數平均繼承。但法律另有規定者，不在此限。

第 1142 條（刪除）

第 1143 條（刪除）

第 1144 條（配偶之應繼分）
配偶有相互繼承遺產之權，其應繼分，依左列各款定之：
一 與第一千一百三十八條所定第一順序之繼承人同為繼承時，其應繼分與他繼承人平均。
二 與第一千一百三十八條所定第二順序或第三順序之繼承人同為繼承時，其應繼分為遺產二分之一。
三 與第一千一百三十八條所定第四順序之繼承人同為繼承時，其應繼分為遺產三分之二。
四 無第一千一百三十八條所定第一順序至第四順序之繼承人時，其應繼分為遺產全部。

第 1145 條（繼承權喪失之事由）
Ⅰ有左列各款情事之一者，喪失其繼承權：
一 故意致被繼承人或應繼承人於死或雖未致死因而受刑之宣告者。
二 以詐欺或脅迫使被繼承人為關於繼承之遺囑，或使其撤回或變更之者。
三 以詐欺或脅迫妨害被繼承人為關於繼承之遺囑，或妨害其撤回或變更之者。
四 偽造、變造、隱匿或湮滅被繼承人關於繼承之遺囑者。
五 對於被繼承人有重大之虐待或侮辱情事，經被繼承人表示其不得繼承者。
Ⅱ前項第二款至第四款之規定，如經被繼承人宥恕者，其繼承權不喪失。

第 1146 條（繼承回復請求權）
Ⅰ繼承權被侵害者，被害人或其法定代理人得請求回復之。
Ⅱ前項回復請求權，自知悉被侵害之時起，二年間不行使而消滅；自繼承開始時起逾十年者亦同。

第二章 遺產之繼承

第一節 效 力

第 1147 條（繼承之開始）
繼承，因被繼承人死亡而開始。

第 1148 條（限定繼承之有限責任）
Ⅰ繼承人自繼承開始時，除本法另有規定外，承受被繼承人財產上之一切權利、義務。但權利、義務專屬於被繼承人本身者，不在此限。
Ⅱ繼承人對於被繼承人之債務，以因繼承所得遺產為限，負清償責任。

第 1148 條之 1（財產贈與視同所得遺產之計算期限）
Ⅰ繼承人在繼承開始前二年內，從被繼承人受有財產之贈與者，該財產視為其所得遺產。
Ⅱ前項財產如已移轉或滅失，其價額，依贈與時之價值計算。

第 1149 條（遺產酌給請求權）
被繼承人生前繼續扶養之人，應由親屬會議依其所受扶養之程度及其他關係，酌給遺產。

第 1150 條（繼承費用之支付）
關於遺產管理、分割及執行遺囑之費用，由遺產中支付之。但因繼承人之過失而支付者，不在此限。

第 1151 條（遺產之公同共有）
繼承人有數人時，在分割遺產前，各繼承人對於遺產全部為公同共有。

第 1152 條（公同共有遺產之管理）
前條公同共有之遺產，得由繼承人中互推一人管理之。

第 1153 條（債務之連帶責任）
Ⅰ繼承人對於被繼承人之債務，以因繼承所得遺產為限，負連帶責任。
Ⅱ繼承人相互間對於被繼承人之債務，除法律另有規定或另有約定外，按其應繼分比例負擔之。

第二節 （刪除）

第 1154 條（繼承人之權義）
繼承人對於被繼承人之權利、義務，不因繼承而消滅。

第 1155 條（刪除）

第 1156 條（繼承人開具遺產清冊之呈報）
Ⅰ繼承人於知悉其得繼承之時起三個月內開具遺產清冊陳報法院。
Ⅱ前項三個月期間，法院因繼承人之聲請，認為必要時，得延展之。
Ⅲ繼承人有數人時，其中一人已依第一項開具遺產清冊陳報法院者，其他繼承人視為已陳報。

第 1156 條之 1（債權人遺產清冊之提出）
Ⅰ債權人得向法院聲請命繼承人於三個月內提出遺產清冊。
Ⅱ法院於知悉債權人以訴訟程序或非訟程序向繼承人請求清償繼承債務時，得依職權命繼承人於三個月內提出遺產清冊。
Ⅲ前條第二項及第三項規定，於第一項及第二項情形，準用之。

第 1157 條（報明債權之公示催告及其期限）
Ⅰ繼承人依前二條規定陳報法院時，法院應依公示催告程序公告，命被繼承人之債權人於一定期限內報明其債權。
Ⅱ前項一定期限，不得在三個月以下。

第 1158 條（償還債務之限制）
繼承人在前條所定之一定期限內，不得對於被繼承人之任何債權人償還債務。

第 1159 條（依期報明債權之償還）
Ⅰ在第一千一百五十七條所定之一定期限屆滿後，繼承人對於在該一定期限內報明之債權及繼承人所已知之債權，均應按其數額，比例計算，以遺產分別償還。但不得害及有優先權人之利益。
Ⅱ繼承人對於繼承開始時未屆清償期之債權，亦應依第一項規定予以清償。
Ⅲ前項未屆清償期之債權，於繼承開始時，視為已到期。其無利息者，其債權額應扣除自第一千一百五十七條所定之一定期限屆滿時起至到期時止之法定利息。

第 1160 條（交付遺贈之限制）
繼承人非依前條規定償還債務後，不得對受遺贈人交付遺贈。

第 1161 條（繼承人之賠償責任及受害人之返還請求權）
Ⅰ繼承人違反第一千一百五十八條至第一千一百六十條之規定，致被繼承人之債權人受有損害者，應負賠償之責。
Ⅱ前項受有損害之人，對於不當受領之債權人或受遺贈人，得請求返還其不當受領之數額。
Ⅲ繼承人對於不當受領之債權人或受遺贈人，不得請求返還其不當受領之數額。

第 1162 條（未依期報明債權之償還）
被繼承人之債權人，不於第一千一百五十七條所定之一定期限內報明其債權，而又為繼承人所不知者，僅得就賸餘遺產，行使其權利。

第 1162 條之 1（繼承人之清償債權責任）
Ⅰ繼承人未依第一千一百五十六條、第一千一百五十六條之一開具遺產清冊陳報法院者，對於被繼承人債權人之全部債權，仍應按其數額，比例計算，以遺產分別償還。但不得害及有優先權人之利益。
Ⅱ前項繼承人，非依前項規定償還債務後，不得對受遺贈人交付遺贈。
Ⅲ繼承人對於繼承開始時未屆清償期之債權，亦應依第一項規定予以清償。
Ⅳ前項未屆清償期之債權，於繼承開始時，視為已到期。其無利息者，其債權額應扣除自清償時起至到期時止之法定利息。

第 1162 條之 2（限定繼承之例外原則）
Ⅰ繼承人違反第一千一百六十二條之一規定者，被繼承人之債權人得就應受清償而未受償之部分，對該繼承人行使權利。
Ⅱ繼承人對於前項債權人應受清償而未受償部分之清償責任，不以所得遺產為限。但繼承人為無行為能力人或限制行為能力人，不在此限。
Ⅲ繼承人違反第一千一百六十二條之一規定，致被繼承人之債權人受有損害者，亦應負賠償之責。
Ⅳ前項受有損害之人，對於不當受領之債權人或受遺贈人，得請求返還其不當受領之數額。
Ⅴ繼承人對於不當受領之債權人或受遺贈人，不得請求返還其不當受領之數額。

第 1163 條（限定繼承利益之喪失）
繼承人中有下列各款情事之一者，不得主張第一千一百四十八條第二項所定之利益：
一　隱匿遺產情節重大。
二　在遺產清冊為虛偽之記載情節重大。
三　意圖詐害被繼承人之債權人之權利而為遺產之處分。

第三節　遺產之分割

第 1164 條（遺產分割自由原則）
繼承人得隨時請求分割遺產。但法律另有規定或契約另有訂定者，不在此限。

第 1165 條（分割遺產之方法）
Ⅰ被繼承人之遺囑，定有分割遺產之方法，或託他人代定者，從其所定。
Ⅱ遺囑禁止遺產之分割者，其禁止之效力以十年爲限。

第 1166 條（胎兒應繼分之保留）
Ⅰ胎兒爲繼承人時，非保留其應繼分，他繼承人不得分割遺產。
Ⅱ胎兒關於遺產之分割，以其母爲代理人。

第 1167 條（刪除）

第 1168 條（分割之效力─繼承人互相擔保責任）
遺產分割後，各繼承人按其所得部分，對於他繼承人因分割而得之遺產，負與出賣人同一之擔保責任。

第 1169 條（分割之效力─債務人資力之擔保責任）
Ⅰ遺產分割後，各繼承人按其所得部分，對於他繼承人因分割而得之債權，就遺產分割時債務人之支付能力，負擔保之責。
Ⅱ前項債權，附有停止條件或未屆清償期者，各繼承人就應清償時債務人之支付能力，負擔保之責。

第 1170 條（分割之效力─擔保責任人無資力時之分擔）
依前二條規定負擔保責任之繼承人中，有無支付能力不能償還其分擔額者，其不能償還之部份，由有請求權之繼承人與他繼承人，按其所得部分比例分擔之。但其不能償還，係由有請求權人之過失所致者，不得對於他繼承人請求分擔。

第 1171 條（分割之效力─連帶債務之免除）
Ⅰ遺產分割後，其未清償之被繼承人之債務，移歸一定之人承受，或劃歸各繼承人分擔，如經債權人同意者，各繼承人免除連帶責任。
Ⅱ繼承人之連帶責任，自遺產分割時起，如債權清償期在遺產分割後者，自清償期屆滿時起，過五年而免除。

第 1172 條（分割之計算─債務之扣還）
繼承人中如對於被繼承人負有債務者，於遺產分割時，應按其債務數額，由該繼承人之應繼分內扣還。

第 1173 條（分割之計算─贈與之歸扣）
Ⅰ繼承人中有在繼承開始前因結婚、分居或營業，已從被繼承人受有財產之贈與者，應將該贈與價額加入繼承開始時被繼承人所有之財產中，爲應繼遺產。但被繼承人於贈與時有反對之意思表示者，不在此限。
Ⅱ前項贈與價額，應於遺產分割時，由該繼承人之應繼分中扣除。
Ⅲ贈與價額，依贈與時之價值計算。

第四節　繼承之拋棄

第 1174 條（繼承權拋棄之自由及方法）
Ⅰ繼承人得拋棄其繼承權。
Ⅱ前項拋棄，應於知悉其得繼承之時起三個月內，以書面向法院爲之。
Ⅲ拋棄繼承後，應以書面通知因其拋棄而應爲繼承之人。但不能通知者，不在此限。

第 1175 條（繼承拋棄之效力）
繼承之拋棄，溯及於繼承開始時發生效力。

第 1176 條（拋棄繼承權人應繼分之歸屬）
Ⅰ第一千一百三十八條所定第一順序之繼承人中有拋棄繼承權者，其應繼分歸屬於其他同爲繼承之人。
Ⅱ第二順序至第四順序之繼承人中，有拋棄繼承權者，其應繼分歸屬於其他同一順序之繼承人。
Ⅲ與配偶同爲繼承之同一順序繼承人均拋棄繼承權，而無後順序之繼承人時，其應繼分歸屬於配偶。
Ⅳ配偶拋棄繼承權者，其應繼分歸屬於與其同爲繼承之人。
Ⅴ第一順序之繼承人，其親等近者均拋棄繼承權時，由次親等之直系血親卑親屬繼承。
Ⅵ先順序繼承人均拋棄其繼承權時，由次順序之繼承人繼承。其次順序繼承人有無不明或第四順序之繼承人均拋棄其繼承權者，準用關於無人承認繼承之規定。
Ⅶ因他人拋棄繼承而應爲繼承之人，爲拋棄繼承時，應於知悉其得繼承之日起三個月內爲之。

第 1176 條之 1（拋棄繼承權者繼續管理遺產之義務）
拋棄繼承權者，就其所管理之遺產，於其他繼承人或遺產管理人開始管理前，應與處理自己事務爲同一之注意，繼續管理之。

第五節　無人承認之繼承

第 1177 條（遺產管理人之選定及報明）
繼承開始時，繼承人之有無不明者，由親屬會議於一個月內選定遺產管理人，並將繼承開始及選定遺產管理人之事由，向法院報明。

第 1178 條（搜索繼承人之公示催告與選任遺產管理人）
Ⅰ親屬會議依前條規定爲報明後，法院應依公示催告程序，定六個月以上之期限，公告繼承人，命其於期限內承認繼承。

II無親屬會議或親屬會議未於前條所定期限內選定遺產管理人者，利害關係人或檢察官，得聲請法院選任遺產管理人，並由法院依前項規定爲公示催告。

第1178條之1（法院為保存遺產之必要處置）
繼承開始時繼承人之有無不明者，在遺產管理人選定前，法院得因利害關係人或檢察官之聲請，爲保存遺產之必要處置。

第1179條（遺產管理人之職務）
I遺產管理人之職務如左：
一　編製遺產清冊。
二　爲保存遺產必要之處置。
三　聲請法院依公示催告程序，限定一年以上之期間，公告被繼承人之債權人及受遺贈人，命其於該期間內報明債權及爲願受遺贈與否之聲明，被繼承人之債權人及受遺贈人爲管理人所已知者，應分別通知之。
四　清償債權或交付遺贈物。
五　有繼承人承認繼承或遺產歸屬國庫時，爲遺產之移交。
II前項第一款所定之遺產清冊，管理人應於就職後三個月內編製之；第四款所定債權之清償，應先於遺贈物之交付。爲清償債權或交付遺贈物之必要，管理人經親屬會議之同意，得變賣遺產。

第1180條（遺產管理人之報告義務）
遺產管理人，因親屬會議，被繼承人之債權人或受遺贈人之請求，應報告或說明遺產之狀況。

第1181條（清償債務與交付遺贈物之限制）
遺產管理人非於第一千一百七十九條第一項第三款所定期間屆滿後，不得對被繼承人之任何債權人或受遺贈人，償還債務或交付遺贈物。

第1182條（未依期限報明債權及聲明受遺贈之償還）
被繼承人之債權人或受遺贈人，不於第一千一百七十九條第一項第三款所定期間內爲報明或聲明者，僅得就賸餘遺產，行使其權利。

第1183條（遺產管理人之報酬）
遺產管理人得請求報酬，其數額由法院按其與被繼承人之關係、管理事務之繁簡及其他情形，就遺產酌定之，必要時，得命聲請人先爲墊付。

第1184條（遺產管理人行為效果之擬制）
第一千一百七十八條所定之期限內，有繼承人承認繼承時，遺產管理人在繼承人承認繼承前所爲之職務上行爲，視爲繼承人之代理。

第1185條（賸餘遺產之歸屬）
第一千一百七十八條所定之期限屆滿，無繼承人承認繼承時，其遺產於清償債權並交付遺贈物後，如有賸餘，歸屬國庫。

第三章　遺　囑

第一節　通　則

第1186條（遺囑能力）
I無行爲能力人，不得爲遺囑。
II限制行爲能力人，無須經法定代理人之允許，得爲遺囑。但未滿十六歲者，不得爲遺囑。

第1187條（遺產之自由處分）
遺囑人於不違反關於特留分規定之範圍內，得以遺囑自由處分遺產。

第1188條（受遺贈權之喪失）
第一千一百四十五條喪失繼承權之規定，於受遺贈人準用之。

第二節　方　式

第1189條（遺囑方式之種類）
遺囑應依左列方式之一爲之：
一　自書遺囑。
二　公證遺囑。
三　密封遺囑。
四　代筆遺囑。
五　口授遺囑。

第1190條（自書遺囑）
自書遺囑者，應自書遺囑全文，記明年、月、日，並親自簽名；如有增減、塗改，應註明增減、塗改之處所及字數，另行簽名。

第1191條（公證遺囑）
I公證遺囑，應指定二人以上之見證人，在公證人前口述遺囑意旨，由公證人筆記、宣讀、講解，經遺囑人認可後，記明年、月、日，由公證人、見證人及遺囑人同行簽名，遺囑人不能簽名者，由公證人將其事由記明，使按指印代之。
II前項所定公證人之職務，在無公證人之地，得由法院書記官行之，僑民在中華民國領事駐在地爲遺囑時，得由領事行之。

第1192條（密封遺囑）
I密封遺囑，應於遺囑上簽名後，將其密封，於封縫處簽名，指定二人以上之見證人，向公證人提出，陳述其爲自己之遺囑，如非本人自寫，並陳述繕寫人之姓名、住所，由公證人於封面記明該遺囑提出之年、月、日及遺囑人所爲之陳述，與遺囑人及見證人同行簽名。
II前條第二項之規定，於前項情形準用之。

第1193條（密封遺囑之轉換）
密封遺囑，不具備前條所定之方式，而具備第一千一百九十條所定自書遺囑之方式者，有自書遺囑之效力。

第1194條（代筆遺囑）
代筆遺囑，由遺囑人指定三人以上之見證人，由遺囑人口述遺囑意旨，使見證人中之一人筆記、宣讀、講解，經遺囑人認可後，記明年、月、日及代筆人之姓名，由見證人全體及遺囑人同行簽名，遺囑人不能簽名者，應按指印代之。

第 1195 條（口授遺囑之方法）
遺囑人因生命危急或其他特殊情形，不能依其他方式爲遺囑者，得依左列方式之一爲口授遺囑：

一 由遺囑人指定二人以上之見證人，並口授遺囑意旨，由見證人中之一人，將該遺囑意旨，據實作成筆記，並記明年、月、日，與其他見證人同行簽名。

二 由遺囑人指定二人以上之見證人，並口述遺囑意旨、遺囑人姓名及年、月、日，由見證人全體口述遺囑之爲眞正及見證人姓名，全部予以錄音，將錄音帶當場密封，並記明年、月、日，由見證人全體在封縫處同行簽名。

第 1196 條（口授遺囑之失效）
口授遺囑，自遺囑人能依其他方式爲遺囑之時起，經過三個月而失其效力。

第 1197 條（口授遺囑之鑑定）
口授遺囑，應由見證人中之一人或利害關係人，於爲遺囑人死亡後三個月內，提經親屬會議認定其眞僞，對於親屬會議之認定如有異議，得聲請法院判定之。

第 1198 條（遺囑見證人資格之限制）
下列之人，不得爲遺囑見證人：

一 未成年人。

二 受監護或輔助宣告之人。

三 繼承人及其配偶或其直系血親。

四 受遺贈人及其配偶或其直系血親。

五 爲公證人或代行公證職務人之同居人助理人或受僱人。

第三節　效　力

第 1199 條（遺囑生效期）
遺囑自遺囑人死亡時發生效力。

第 1200 條（附停止條件遺贈之生效期）
遺囑所定遺贈，附有停止條件者，自條件成就時，發生效力。

第 1201 條（遺贈之失效）
受遺贈人於遺囑發生效力前死亡者，其遺贈不生效力。

第 1202 條（遺贈之無效）
遺囑人以一定之財產爲遺贈，而其財產在繼承開始時，有一部分不屬於遺產者，其一部分遺贈爲無效；全部不屬於遺產者，其全部遺贈爲無效。但遺囑另有意思表示者，從其意思。

第 1203 條（遺贈標的物之推定）
遺囑人因遺贈物滅失、毀損、變造或喪失物之占有，而對於他人取得權利時，推定以其權利爲遺贈；因遺贈物與他物附合或混合而對於所附合或混合之物取得權利時亦同。

第 1204 條（用益權之遺贈及其期限）
以遺產之使用、收益爲遺贈，而遺囑未定返還期限，並不能依遺贈之性質定其期限者，以受遺贈人之終身爲其期限。

第 1205 條（附負擔之遺贈）
遺贈附有義務者，受遺贈人以其所受利益爲限，負履行之責。

第 1206 條（遺贈之拋棄及其效力）
受遺贈人在遺囑人死亡後，得拋棄遺贈。
遺贈之拋棄，溯及遺囑人死亡時發生效力。

第 1207 條（承認遺贈之催告及擬制）
繼承人或其他利害關係人，得定相當期限，請求受遺贈人於期限內爲承認遺贈與否之表示；期限屆滿，尙無表示者，視爲承認遺贈。

第 1208 條（遺贈無效或拋棄之效果）
遺贈無效或拋棄時，其遺贈之財產，仍屬於遺產。

第四節　執　行

第 1209 條（遺囑執行人之產生—遺囑指定）
I 遺囑人得以遺囑指定遺囑執行人，或委託他人指定之。
II 受前項委託者，應即指定遺囑執行人，並通知繼承人。

第 1210 條（遺囑執行人資格之限制）
未成年人、受監護或輔助宣告之人，不得爲遺囑執行人。

第 1211 條（遺囑執行人之產生—親屬會議法院之選任）
遺囑未指定遺囑執行人，並未委託他人指定者，得由親屬會議選定之；不能由親屬會議選定時，得由利害關係人聲請法院指定之。

第 1211 條之 1（遺囑執行人之報酬）
除遺囑人另有指定外，遺囑執行人就其職務之執行，得請求相當之報酬，其數額由繼承人與遺囑執行人協議定之；不能協議時，由法院酌定之。

第 1212 條（遺囑保管人將遺囑交付遺囑執行人，並以適當方法通知已知繼承人）
遺囑保管人知有繼承開始之事實時，應即將遺囑交付遺囑執行人，並以適當方法通知已知之繼承人；無遺囑執行人者，應通知已知之繼承人、債權人、受遺贈人及其他利害關係人。無保管人而由繼承人發現遺囑者，亦同。

第 1213 條（密封遺囑之開視）
I 有封緘之遺囑，非在親屬會議當場或法院公證處，不得開視。
II 前項遺囑開視時，應製作紀錄，記明遺囑之封緘有無毀損情形，或其他特別情事，並由在場之人同行簽名。

第 1214 條（遺囑執行人之執行職務—編製遺產清冊）
遺囑執行人就職後，於遺囑有關之財產，如有編製清冊之必要時，應即編製遺產清冊，交付繼承人。
第 1215 條（遺囑執行人之執行職務—遺產管理及必要行為）
I 遺囑執行人有管理遺產，並爲執行上必要行爲之職務。
II 遺囑執行人因前項職務所爲之行爲，視爲繼承人之代理。
第 1216 條（遺囑執行人之執行職務—繼承人妨害之排除）
繼承人於遺囑執行人執行職務中，不得處分與遺囑有關之遺產，並不得妨礙其職務之執行。
第 1217 條（遺囑執行人之執行職務—數執行人執行職務之方法）
遺囑執行人有數人時，其執行職務，以過半數決之。但遺囑另有意思表示者，從其意思。
第 1218 條（遺囑執行人之解任）
遺囑執行人怠於執行職務，或有其他重大事由時，利害關係人，得請求親屬會議改選他人；其由法院指定者，得聲請法院另行指定。

第五節　撤　回

第 1219 條（遺囑撤回之自由及其方式）
遺囑人得隨時依遺囑之方式，撤回遺囑之全部或一部。
第 1220 條（視為撤回—前後遺囑牴觸）
前後遺囑有相牴觸者，其牴觸之部分，前遺囑視爲撤回。
第 1221 條（視為撤回—遺囑與行為牴觸）
遺囑人於爲遺囑後所爲之行爲與遺囑有相牴觸者，其牴觸部分，遺囑視爲撤回。
第 1222 條（視為撤回—遺囑之廢棄）
遺囑人故意破毀或塗銷遺囑，或在遺囑上記明廢棄之意思者，其遺囑視爲撤回。

第六節　特留分

第 1223 條（特留分之決定）
繼承人之特留分，依左列各款之規定：
一　直系血親卑親屬之特留分，爲其應繼分二分之一。
二　父母之特留分，爲其應繼分二分之一。
三　配偶之特留分，爲其應繼分二分之一。
四　兄弟姊妹之特留分，爲其應繼分三分之一。
五　祖父母之特留分，爲其應繼分三分之一。
第 1224 條（特留分之算定）
特留分，由依第一千一百七十三條算定之應繼財產中，除去債務額算定之。
第 1225 條（遺贈之扣減）
應得特留分之人，如因被繼承人所爲之遺贈，致其應得之數不足者，得按其不足之數由遺贈財產扣減之。受遺贈人有數人時，應按其所得遺贈價額，比例扣減。

民法繼承編施行法

1.中華民國 20 年 1 月 24 日國民政府制定公布全文 11 條；並自 20 年 5 月 5 日施行
2.中華民國 74 年 6 月 3 日總統令修正公布全文 11 條
3.中華民國 97 年 1 月 2 日總統令增訂公布第 1-1 條條文
4.中華民國 97 年 5 月 7 日總統令增訂公布第 1-2 條條文
5.中華民國 98 年 6 月 10 日總統令修正公布第 1-1 條條文；並增訂第 1-3 條條文
6.中華民國 98 年 12 月 30 日總統令修正公布第 11 條條文
7.中華民國 101 年 12 月 26 日總統令修正公布第 1-3 條條文
8.中華民國 102 年 1 月 30 日總統令修正公布第 1-1、1-2 條條文

第 1 條（不溯既往原則）
繼承在民法繼承編施行前開始者，除本施行法有特別規定外，不適用民法繼承編之規定；其在修正前開始者，除本施行法有特別規定外，亦不適用修正後之規定。

第 1 條之 1（法律適用範圍）
Ⅰ繼承在民法繼承編中華民國九十六年十二月十四日修正施行前開始且未逾修正施行前為拋棄繼承之法定期間者，自修正施行之日起，適用修正後拋棄繼承之規定。
Ⅱ繼承在民法繼承編中華民國九十六年十二月十四日修正施行前開始，繼承人於繼承開始時為無行為能力人或限制行為能力人，未能於修正施行前之法定期間為限定或拋棄繼承，以所得遺產為限，負清償責任。但債權人證明顯失公平者，不在此限。
Ⅲ前項繼承人依修正施行前之規定已清償之債務，不得請求返還。

第 1 條之 2（法律適用範圍）
Ⅰ繼承在民法繼承編中華民國九十七年一月四日前開始，繼承人對於繼承開始後，始發生代負履行責任之保證契約債務，以所得遺產為限，負清償責任。但債權人證明顯失公平者，不在此限。
Ⅱ前項繼承人依中華民國九十七年四月二十二日修正施行前之規定已清償之保證契約債務，不得請求返還。

第 1 條之 3（法律適用範圍）
Ⅰ繼承在民法繼承編中華民國九十八年五月二十二日修正施行前開始，繼承人未逾修正施行前為限定繼承之法定期間且未為概括繼承之表示或拋棄繼承者，自修正施行之日起，適用修正後民法第一千一百四十八條、第一千一百五十三條至第一千一百六十三條之規定。
Ⅱ繼承在民法繼承編中華民國九十八年五月二十二日修正施行前開始，繼承人對於繼承開始以前已發生代負履行責任之保證契約債務，以所得遺產為限，負清償責任。但債權人證明顯失公平者，不在此限。
Ⅲ繼承在民法繼承編中華民國九十八年五月二十二日修正施行前開始，繼承人已依民法第一千一百四十條之規定代位繼承，以所得遺產為限，負清償責任。但債權人證明顯失公平者，不在此限。
Ⅳ繼承在民法繼承編中華民國九十八年五月二十二日修正施行前開始，繼承人因不可歸責於己之事由或未同居共財者，於繼承開始時無法知悉繼承債務之存在，致未能於修正施行前之法定期間為限定或拋棄繼承，以所得遺產為限，負清償責任。但債權人證明顯失公平者，不在此限。
Ⅴ前三項繼承人依修正施行前之規定已清償之債務，不得請求返還。

第 2 條（消滅時效之特別規定）
民法繼承編施行前，依民法繼承編之規定，消滅時效業已完成，或其時效期間尚有殘餘不足一年者，得於施行之日起，一年內行使請求權。但自其時效完成後，至民法繼承編施行時，已逾民法繼承編所定時效期間二分之一者，不在此限。

第 3 條（無時效性質之法定期間之準用）
前條之規定於民法繼承編所定無時效性質之法定期間準用之。但其法定期間不滿一年者，如在施行時尚未屆滿，其期間自施行之日起算。

第 4 條（禁止分割遺產之遺囑與新舊法之適用）
禁止分割遺產之遺囑，在民法繼承編修正前生效者，民法第一千一百六十五條第二項所定之期間，仍適用修正前之規定，但其殘餘期間自修正施行日起算超過十年者，縮短為十年。

第 5 條（口授遺囑與新舊法之適用）
民法繼承編修正前生效之口授遺囑，於修正施行時尚未屆滿一個月者，適用修正之民法第一千一百九十六條之規定，其已經過之期間，與修正後之期間合併計算。

第 6 條（喪失繼承權規定之溯及既往效力）
民法繼承編，關於喪失繼承權之規定，於施行前所發生之事實，亦適用之。

第 7 條（立嗣子女之繼承順序及應繼分）
民法繼承編施行前，所立之嗣子女，對於施行後開始之繼承，其繼承順序及應繼分與婚生子女同。

第 8 條（繼承人規定之適用）
繼承開始在民法繼承編施行前，被繼承人無直系血親卑親屬，依當時之法律亦無其他繼承人者，自施

行之日起，依民法繼承編之規定定其繼承人。

第9條（遺產管理人權義規定之適用）

民法繼承編施行前所設置之遺產管理人，其權利義務自施行之日起，適用民法繼承編之規定。

第10條（特留分規定之適用）

民法繼承編關於特留分之規定，於施行前所立之遺囑，而發生效力在施行後者，亦適用之。

第11條（施行日）

Ⅰ本施行法自民法繼承編施行之日施行。

Ⅱ民法繼承編修正條文及本施行法修正條文，除中華民國九十八年十二月十五日修正之民法第一千一百九十八條及第一千二百十條自九十八年十一月二十三日施行者外，自公布日施行。

貳、警察刑事法暨其相關法規

中華民國刑法

1.中華民國 24 年 1 月 1 日國民政府制定公布全文 357 條；並自 24 年 7 月 1 日起施行
2.中華民國 37 年 11 月 7 日總統令修正公布第 5 條條文
3.中華民國 43 年 7 月 21 日總統令修正公布第 77 條條文
4.中華民國 43 年 10 月 23 日總統令修正公布第 160 條條文
5.中華民國 58 年 12 月 26 日總統令修正公布第 235 條條文
6.中華民國 81 年 5 月 16 日總統令修正公布第 100 條條文
7.中華民國 83 年 1 月 28 日總統令修正公布第 77～79 條條文；並增訂第 79-1 條條文
8.中華民國 86 年 10 月 8 日總統令修正公布第 220、315、323、352 條條文；並增訂第 318-1、318-2、339-1～339-3 條條文
9.中華民國 86 年 11 月 26 日總統令修正公布第 77、79、79-1 條條文
10.中華民國 88 年 2 月 3 日總統令修正公布第 340、343 條條文
11.中華民國 88 年 4 月 21 日總統令修正公布第 10、77、221、222、224～236、240、241、243、298、300、319、332、334、348 條條文及第十六章章名；增訂第 91-1、185-1～185-4、186-1、187-1～187-3、189-1、189-2、190-1、191-1、224-1、226-1、227-1、229-1、231-1、296-1、315-1～315-3 條條文及第十六章之一章名；並刪除第 223 條條文
12.中華民國 90 年 1 月 10 日總統令修正公布第 41 條條文
13.中華民國 90 年 6 月 20 日總統令修正公布第 204、205 條條文；並增訂第 201-1 條條文
14.中華民國 90 年 11 月 7 日總統令修正公布第 131 條條文
15.中華民國 91 年 1 月 30 日總統令修正公布第 328、330～332、347、348 條條文；並增訂第 334-1、348-1 條條文
16.中華民國 92 年 6 月 25 日總統令修正公布第 323、352 條條文；並增訂第三十六章章名及第 358～363 條條文
17.中華民國 94 年 2 月 2 日總統令修正公布第 1～3、5、10、11、15、16、19、25～27、第四章章名、28～31、33～38、40～42、46、47、49、51、55、57～59、61～65、67、68、74～80、83～90、91-1、93、96、98、99、157、182、220、222、225、229-1、231、231-1、296-1、297、315-1、315-2、316、341、343 條條文；增訂第 40-1、75-1 條條文；刪除第 56、81、94、97、267、322、327、331、340、345、350 條條文；並自 95 年 7 月 1 日施行
18.中華民國 95 年 5 月 17 日總統令修正公布第 333、334 條條文
19.中華民國 96 年 1 月 24 日總統令修正公布第 146 條條文
20.中華民國 97 年 1 月 2 日總統令修正公布第 185-3 條條文
21.中華民國 98 年 1 月 21 日總統令修正公布第 41 條條文；並自 98 年 9 月 1 日施行
22.中華民國 98 年 6 月 10 日總統令修正公布第 42、44、74～75-1 條條文；並增訂第 42-1 條條文；其中第 42 條自公布日施行；第 42-1、44、74～75-1 條自 98 年 9 月 1 日施行
23.中華民國 98 年 12 月 30 日總統令修正公布第 41、42-1 條條文；並自公布日施行
24.中華民國 99 年 1 月 27 日總統令修正公布第 295 條條文；增訂第 294-1 條條文；並自公布日施行
25.中華民國 100 年 1 月 26 日總統令修正公布第 321 條條文；並自公布日施行
26.中華民國 100 年 11 月 30 日總統令修正公布第 185-3 條條文；並自公布日施行
27.中華民國 101 年 12 月 5 日總統令修正公布第 286 條條文；並自公布日施行
28.中華民國 102 年 1 月 23 日總統令修正公布第 50 條條文；並自公布日施行
29.中華民國 102 年 6 月 11 日總統令修正公布第 185-3、185-4 條條文；並自公布日施行
30.中華民國 103 年 1 月 15 日總統令修正公布第 315-1 條條文
31.中華民國 103 年 6 月 18 日總統令修正公布第 251、285、339～339-3、341～344、347、349 條條文；增訂第 339-4、344-1 條條文；並自公布日施行
32.中華民國 104 年 12 月 30 日總統令修正公布第 2、11、36、38、40、51、74、84 條條文；增訂第 37-1、37-2、38-1～38-3、40-2 條條文及第五章之一章名、第五章之二章名；刪除第 34、39、40-1、45、46 條條文；並自 105 年 7 月 1 日施行
33.中華民國 105 年 6 月 22 日總統令修正公布第 38-3 條條文；並自 105 年 7 月 1 日施行
34.中華民國 105 年 11 月 30 日總統令修正公布第 5 條條文
35.中華民國 107 年 5 月 23 日總統令修正公布第 121、122、131、143 條條文
36.中華民國 107 年 6 月 13 日總統令修正公布第 190-1 條條文
37.中華民國 108 年 5 月 10 日總統令修正公布第 113 條條文；並增訂第 115-1 條條文
38.中華民國 108 年 5 月 29 日總統令修正公布第 10、61、80、98、139、183、184、189、272、274～279、281～284、286、287、315-2、320、321 條條文；並刪除第 91、285 條條文
39.中華民國 108 年 6 月 19 日總統令修正公布第 185-3 條條文
40.民國 108 年 12 月 25 日總統令修正公布第 108、110、117、118、127、129、132、133、135～137、140、141、144、147、148、149、150、153、154、158～160、163、164、165、171、173～175、177～181、185、185-2、186、186-1、187-2、188、189-1、190、191、192～194、195～199、201～204、206～208、212、214、215、233～235、240、241、243、246、252～255、256～260、262、263、266、268、269、288、290、292、293、298、300、302、304～307、309、310、312、313、315、317～318-1、328、335～337、346、352、354～356、358～360、362 條條文
41.中華民國 108 年 12 月 31 日總統令修正公布第 83、85 條條文
42.中華民國 109 年 1 月 15 日總統令修正公布第 149、150、251、313 條條文

第一編　總　則

第一章　法　例

第1條（罪刑法定主義）
行為之處罰，以行為時之法律有明文規定者為限。拘束人身自由之保安處分，亦同。

❑ 實務見解

▶ 釋字第792號（109.06.19）

最高法院二十五年非字第一二三號刑事判例稱：「……販賣鴉片罪，……以營利為目的將鴉片購入……其犯罪即經完成……」及六十七年台上字第二五○○號刑事判例稱：「所謂販賣行為，……祇要以營利為目的，將禁藥購入……，其犯罪即為完成……屬犯罪既遂。」部分，與毒品危害防制條例第四條第一項至第四項所定販賣毒品既遂罪，僅限於「銷售賣出」之行為已完成始足該當之意旨不符，於此範圍內，均有違憲法罪刑法定原則，牴觸憲法第八條及第十五條保障人民人身自由、生命權及財產權之意旨。

▶ 69台上413（判例）

懲治走私條例於六十七年一月二十三日修正公布，新增第二條之一，對運送銷售或藏匿逾公告數額之走私物品者及其常業犯，為科罰之規定，並罰其未遂犯，在此項修正以前法律並無類似規定，上訴人犯罪在六十四年十月間，依法律不溯既往之原則，自不能適用該新增條文予以科罰。原判決竟引用該條文科處上訴人罪刑，自屬適用法則不當。

第2條（從舊從輕主義）
Ⅰ行為後法律有變更者，適用行為時之法律。但行為後之法律有利於行為人者，適用最有利於行為人之法律。
Ⅱ沒收、非拘束人身自由之保安處分適用裁判時之法律。
Ⅲ處罰或保安處分之裁判確定後，未執行或執行未完畢，而法律有變更，不處罰其行為或不施以保安處分者，免其刑或保安處分之執行。

❑ 實務見解

▶ 97年度第2次刑事庭會議決議（97.04.22）

依最高法院九十五年度第八次及九十五年度第二十一次刑事庭會議決議意旨，甲受有期徒刑之執行完畢，於五年內之九十五年一月間故意再犯有期徒刑以上之罪，無論依修正前刑法第四十七條或修正後第四十七條第一項之規定均構成累犯，即無有利或不利之情形，於刑法修正施行後法院為裁判時，無庸為新、舊法之比較。個案如有其他應依刑法第二條第一項之規定為新、舊法之比較情形時，依綜其全部罪刑之結果而為比較後，整體適用法律。

▶ 96年度第9次刑事庭會議決議（96.08.21）

決議：採丁說。
依刑法第五十六條修正理由之說明，謂「對繼續犯同一罪名之罪者，均適用連續犯之規定論處，不無鼓勵犯罪之嫌，亦使國家刑罰權之行使發生不合理之現象。」「基於連續犯原為數罪之本質及刑罰公平原則之考量，爰刪除有關連續犯之規定」等語，即係將本應各自獨立評價之數罪，回歸本來就應賦予複數法律效果之原貌。因此，就刑法修正施行後多次施用毒品之犯行，採一罪一罰，始符合立法本旨。**本則法律問題，某甲於刑法修正施行前連續施用毒品部分，應依刑法第二條第一項之規定，適用修正前連續犯之規定論以一罪；刑法修正施行後之多次施用犯行，除符合接續犯例外之要件外，則應一罪一罰原則，再就刑法修正施行後之數罪，與修正前依連續犯規定所論之一罪，數罪併罰，合併定其應執行之刑。**

▶ 96年度第3次刑事庭會議決議（96.02.06）

一、採乙說。
民國九十五年七月一日起施行之刑法第九十一條之一有關強制治療規定，雖將刑前治療改為刑後治療，但治療期間未予限制，且治療處分之日數，復不能折抵有期徒刑、拘役或同法第四十二條第六項裁判所定之罰金額數，較修正前規定不利於被告。
二、採甲說。
被告於施用第一級毒品或第二級毒品經觀察、勒戒釋放後，五年內再犯第十條之罪，依現行毒品危害防制條例第二十三條第二項之規定，應由檢察官依法追訴處罰。乃原審不察，依檢察官之聲請裁定令被告勒戒處所施以觀察、勒戒，顯有適用法則不當之違背法令。案經確定，且不利於被告，非常上訴意旨執以指摘，洵有理由，應由本院將原裁定撤銷，並自為判決駁回第一審檢察官之聲請，以資救濟。
決議：採乙說。
文字修正如下：民國九十五年七月一日起施行之刑法第九十一條之一**有關強制治療規定，雖將刑前治療改為刑後治療，但治療期間未予限制，且治療處分之日數，復不能折抵有期徒刑、拘役或同法第四十二條第六項裁判所定之罰金額數**，較修正前規定不利於被告。

▶ 95年度第21次刑事庭會議決議（95.11.07）

法律問題：行為後刑法條文經修正，惟無有利、不利情形（如刑法第十五條、第三十條之文字修略誘罪為繼續犯，當被誘人未回復自由以前，仍在其犯罪行為繼續實施之中其間法律縱有變更，**但其行為既繼續實施至新法施行以後，自無行為後法律變更之可言**。

▶108 台上 397○（判決）

行為後因法律有變更，致裁判時之法律與裁判前之法律涉及其得否上訴於第三審法院之限制規定不同時，應以裁判時應適用之法律，依刑法第二條第一項規定，就最有利於行為人之法律規定以定之。如依舊法之規定得上訴於第三審，新法之規定不得上訴，而依刑法第二條第一項規定為比較之適用，應適用新法之規定處罰者；或如依舊法之規定不得上訴於第三審，新法之規定得上訴，而依刑法第二條第一項規定為比較之適用，應適用舊法之規定處罰者，自均不得上訴於第三審法院。

▶107 台上 4319（判決）

刑法於九十四年二月二日修正時，於第十條第四項關於重傷之規定，增列「嚴重減損」視能、聽能、語能、味能、嗅能、一肢以上與生殖機能之情形，使嚴重減損機能與完全喪失效用之毀敗機能並列，均屬重傷態樣。所謂「嚴重減損」，乃對於身體、健康法益侵害之程度，與同條項第六款之重大不治或難治，應同其解釋；減損機能程度應達若干，始能認為係「嚴重減損」，法無明文，自應依醫師之專業意見，參酌被害人治療回復狀況及一般社會觀念認定之。

第 3 條（屬地主義）

本法於在中華民國領域內犯罪者，適用之。在中華民國領域外之中華民國船艦或航空器內犯罪者，以在中華民國領域內犯罪論。

❑ 實務見解

▶58 年度第 1 次民刑庭總會會議決議(二)（58.08.25）

決議：採丙說。

刑法第三條所稱中華民國之領域，依國際法上之觀念，固有眞實的領域與想像的（即擬制的）領域之分，前者如我國之領土、領海、領空等是，後者如在我國領域外之我國船艦及航空機與夫我國駐外外交使節之辦公處所等是，但同條後段僅規定在我國領域外船艦及航空機內犯罪者，以在我國領域內犯罪論，對於在我國駐外使領館內犯罪者，是否亦屬以在我國領域內犯罪論，則無規定。按國際法上對於任何國家行使的管轄權，並無嚴格之限制，在慣例上本國對於本國駐外使領館內之犯罪者，能否實施其刑事管轄權，常以駐在國是否同意放棄其管轄權為斷。**是以對於在我國駐外使領館內犯罪者，若有明顯之事證，足認該駐在國已同意放棄其管轄權，自得以在我國領域內犯罪論**。

第 4 條（隔地犯）

犯罪之行為或結果，有一在中華民國領域內者，為在中華民國領域內犯罪。

❑ 實務見解

▶70 台上 5753（判例）

上訴人辯稱其犯罪地點在美國，依刑法第六條、第七條規定，不適用刑法第二百四十一條第三項第一項規定處罰，經查上訴人違反監護權人即自訴人之意思，擅將陳某帶回臺灣定居，**所犯和誘罪為繼續犯，其侵害自訴人監護權之犯罪行為至提起自訴時仍在繼續中，依刑法第四條規定犯罪之行為或結果有一在中華民國領域內者，為在中華民國領域內犯罪**，上訴人犯罪行為既在中華民國領域內，自得依刑法規定追訴處罰。

▶108 台上 334○（判決）

臺灣地區與大陸地區人民關係條例第二條第二款指明：「大陸地區：指臺灣地 區以外之中華民國領土。」仍揭示大陸地區係屬我中華民國之固有領土；同條例第七十五條又規定：「在大陸地區或在大陸船艦、航空器內犯罪，雖在大陸地區曾受處罰，仍得依法處斷。但得免其刑之全部或一部之執行。」據此，大陸地區現在雖因事實上之障礙，為我國主權（統治權）所不及，但在大陸地區犯罪，仍應受我國法律之處罰，揭明大陸地區猶屬我國之領域，且未放棄對此地區之主權。基此，苟「行為地」與「結果地」有其一在大陸地區者，自應受我國法律之處罰，向為本院之見解。原判決本諸前旨，於理由欄壹一二內，就我國法院何以 對本案有（審判）管轄權之理由，詳為剖析，並載敘：上訴人等所參與之詐騙集團，其成員固係在印尼境內，以電腦操作網路，發送詐騙語音封包，**對大陸地區被害人實施電話詐騙，但其受詐騙地點及匯款的帳戶，均在大陸地區，則其等犯罪地即在我國固有疆域內，為我國刑法適用所及，第一審及原審法院於本案，當然有管轄權**。經核於法並無不合。

第 5 條（保護主義、世界主義─國外犯罪之適用）

本法於凡在中華民國領域外犯下列各罪者，適用之：

一　內亂罪。
二　外患罪。
三　第一百三十五條、第一百三十六條及第一百三十八條之妨害公務罪。
四　第一百八十五條之一及第一百八十五條之二之公共危險罪。
五　偽造貨幣罪。

六　第二百零一條至第二百零二條之僞造有價證券罪。
七　第二百十一條、第二百十四條、第二百十八條及第二百十六條行使第二百十一條、第二百十三條、第二百十四條文書之僞造文書罪。
八　毒品罪。但施用毒品及持有毒品、種子、施用毒品器具罪，不在此限。
九　第二百九十六條及第二百九十六條之一之妨害自由罪。
十　第三百三十三條及第三百三十四條之海盜罪。
十一　第三百三十九條之四之加重詐欺罪。

□ 實務見解

▶95年度第21次刑事庭會議決議（95.11.07）

決議：採甲說，應適用裁判時法。

一、本院九十五年五月二十三日刑事庭第八次會議就「刑法九十四年修正施行後之法律比較適用決議」一、之1.即明載新法第二條第一項之規定，係規範行爲後「法律變更」所生新舊法比較適用之準據法……。故如新舊法處罰之輕重相同，即無比較適用之問題，非此條所指之法律有變更，即無本條之適用，應依一般法律適用原則，適用裁判時法。本院同決議五、之2.想像競合犯認新法第五十五條但書係科刑之限制，爲法理之明文化，非屬法律之變更；六、之1.謂新法第五十九條之規定，爲法院就酌減審認標準見解之明文化，非屬法律之變更，均同此見解。其爲純文字修正者，更應同此。

二、如逕行適用行爲時法，因結果並無不同，對判決不生影響，上訴審毋庸撤銷改判。

▶72台上5872（判例）

刑法爲國內法，採屬地主義；刑法第五條第一款至第五款之規定，雖兼採保護主義，但以我國國家、社會、人民之法益爲保護之對象；故刑法第五條第四款所稱有價證券，不包括在外國發行流通之有價證券在內。

▶69台上2685（判例）

刑法第五條第五款所指犯刑法第二百十四條、第二百十六條之罪，其所謂公務員職務上所掌之公文書，係指我國公務員（如駐外使、領館人員）職務上所掌管之我國公文書而言。至於在我國境外使外國公務員在其職務上所掌之外國公文書爲不實之登載，自不在我刑法保護範圍之內。

第6條（屬人主義—公務員國外犯罪之適用）
本法於中華民國公務員在中華民國領域外犯左列各罪者，適用之：
一　第一百二十一條至第一百二十三條、第一百二十五條、第一百二十六條、第一百二十九條、第一百三十一條、第一百三十二條及第一百三十四條之瀆職罪。
二　第一百六十三條之脫逃罪。
三　第二百十三條之僞造文書罪。
四　第三百三十六條第一項之侵占罪。

第7條（屬人主義—國民國外犯罪之適用）
本法於中華民國人民在中華民國領域外犯前二條以外之罪，而其最輕本刑爲三年以上有期徒刑者，適用之。但依犯罪地之法律不罰者，不在此限。

□ 實務見解

▶69台上156（判例）

被告所犯殺人罪犯罪地在英、法兩國共管屬地「三托」島，依刑法第七條前段規定，應適用刑法處罰。

第8條（國外對國人犯罪之適用）
前條之規定，於在中華民國領域外對於中華民國人民犯罪之外國人，準用之。

第9條（外國裁判服刑之效力）
同一行爲雖經外國確定裁判，仍得依本法處斷。但在外國已受刑之全部或一部執行者，得免其刑之全部或一部之執行。

第10條（名詞定義）
Ⅰ稱以上、以下、以內者，俱連本數或本刑計算。
Ⅱ稱公務員者，謂下列人員：
一　依法令服務於國家、地方自治團體所屬機關而具有法定職務權限，以及其他依法令從事於公共事務，而具有法定職務權限者。
二　受國家、地方自治團體所屬機關依法委託，從事與委託機關權限有關之公共事務者。
Ⅲ稱公文書者，謂公務員職務上製作之文書。
Ⅳ稱重傷者，謂下列傷害：
一　毀敗或嚴重減損一目或二目之視能。
二　毀敗或嚴重減損一耳或二耳之聽能。
三　毀敗或嚴重減損語能、味能或嗅能。
四　毀敗或嚴重減損一肢以上之機能。
五　毀敗或嚴重減損生殖之機能。
六　其他於身體或健康，有重大不治或難治之傷害。
Ⅴ稱性交者，謂非基於正當目的所爲之下列性侵入行爲：

一　以性器進入他人之性器、肛門或口腔，或使之接合之行爲。
二　以性器以外之其他身體部位或器物進入他人之性器、肛門，或使之接合之行爲。

Ⅵ稱電磁紀錄者，謂以電子、磁性、光學或其他相類之方式所製成，而供電腦處理之紀錄。

Ⅶ稱凌虐者，謂以強暴、脅迫或其他違反人道之方法，對他人施以凌辱虐待行爲。

❖ 法學概念

刑法上之公務員

依新修正刑法第10條之規定，學說上將本法公務員之定義區分爲以下三種類型：

一、身分公務員

係指依法令服務於國家或地方自治團體所屬機關而具有法定職務權限之人員（刑法第10條第2項第1款前段）。就國家或地方自治團體組織成員而論，國家或地方自治團體所屬機關組織內，**具有法定職務權限且有法令上任用資格之人，因係代表或代理國家或地方機關處理公共事務，自當負有特別服從之義務，認其爲刑法上之公務員，應無疑義**。於觀念上與行政法上之公務員概念相近，更符合一般國民之法感情或認知。

就任用方式言，只須有法定之任用方式即足，而不問其究爲考選或民選所產生。而所謂國家或地方自治團體所屬機關，學說上認宜予限縮解釋，**係指執行「國家或地方自治團體『公權力』之行政機關」及「其他公務機關」而言。且行政法上之概念亦可援用予以補充。**

故此類型的公務員，在觀念上與行政法上的公務員概念相近，且與實務上大多數的解釋或判例通說均以出身公務機關或由政府任命或委派即認其爲公務員的見解相仿。

茲有疑義的是：法定職務權限的認定。依學說意見可知：所謂法定職務權限，係指在國家或地方自治團體所屬機關服務之人員從事之事務，須有法令規定權限。**故若約聘人員如未具備「法定職務權限」，則不屬於刑法上之公務員。**

所謂「法定」，不以法律明文規定爲限，其他如具有法規性質之命令、職權命令或職務命令及機關內部之行政規章等亦包括在內。

至於所謂職務權限，或簡稱職權，或逕稱職務，依實務向來見解，均認係指公務員在其職權範圍內所應爲或得爲之事務。凡公務員於其職務範圍內所應爲或得爲之事務，**不以涉及「公權力」行使之事項爲限，即無關權力之公行政作用行爲及其他私經濟行爲，均包括在內。**蓋此類型公務員著重服務於國家或地方自治團體所屬機關之身分，縱未涉及公權力行使之事項，法秩序亦有高度要求其特別服從之義務。倘無法定之職務權限，縱服務於國家或地方自治團體所屬機關，**而僅單純從事「機械性、肉體性」之工作者，如：工友、清潔人員，則不包括在內。**

【甘添貴，〈與談意見㈠刑法上公務員身分規定之檢討〉，《檢察新論》，第17期，2015.01，27頁以下。】

二、授權公務員

係指依法令授權而從事於公共事務且具有法定職務權限之人員。雖非服務於國家或地方自治團體所屬機關之人員，惟「法令」上特別規定將公共事務處理之權限，直接交由特定團體之成員爲之，而使其「享有法定之職務權限」者，既依法令負有一定公共事務之處理權限，自應負有特別服從之義務，亦應認其爲刑法上之公務員。**此種類型的公務員，係採職務公務員的概念，**以其所執行的職務爲準，視其具體的職務行爲是否屬於行使國家統治權作用的行爲，而決定其是否爲刑法上的公務員。所稱「公共事務」，指已涉及公權力行使者爲限（私經濟作用之私法行爲以外，均宜認爲屬於公權力之範圍）**包括給付行政，非權力作用之公益目的在內。例如公法社團法人（農田水利會）、公法財團法人（工研院）。**

【甘添貴，〈與談意見㈠刑法上公務員身分規定之檢討〉，《檢察新論》，第17期，2015.01，29頁。】

三、委託公務員

係指受國家或地方自治團體所屬機關依法委託，從事與委託機關權限有關公共事務之人員。此等法令受委託行使行政機關之權限或公權力之人，法秩序亦有高度要求其服從之特別義務，故應視爲刑法上之公務員（行程法第16條第1項、國賠法第4條第1項參照，即符合行政法上「行政委託」之情形）。**此處之「公共事務」，係指例如釋字第382、462號的情形、海基會職務上製作之文書者是；**至於檢察署之採尿人員、民間拖吊業者，皆不屬於刑法第10條第2項第2款之委託公務員類型。

【甘添貴，〈刑法新修正之公務員概念〉，收錄於《刑法總則修正重點之理論與實務》，台灣刑事法學會主編，元照，初版，2005.09，138頁以下。】

針對前揭否定民間拖吊業者爲刑法上之公務員之論述，學者有不同看法，認爲拖吊、保管違規車輛等業務，原屬警察依法應執行之職務，只不過由拖吊業者代爲執行，假設行爲人攻擊拖吊、保管違規車輛業者，其目的本在妨礙公務之執行，故應認有刑法第135條妨害公務罪之適用。因爲本罪保護客體爲國家公權力之行使作用，與行爲客體自有所不同，故行爲人施強暴脅迫之對象即使不是公務員本身，非謂無法成立妨害公務罪。

【曾淑瑜，〈妨害公務罪之保護客體是「公務員」？還是「公務」？〉，《台灣本土法學》，第91期，2007.02，91

頁以下。】

❖ 法學概念

法定職務權限

有學者質疑，事實上，以具有法定職務權限限縮公務員處罰範圍，固能避免刑罰不正擴張，但一概排除不具法定職務權限者成立犯罪，卻反而有可能產生刑討罰不當限縮之副作用。舉例而言，由於只有警察人員具有法定職務權限開罰單，倘若有副市長向違規設攤者索取金錢利益，並稱此舉得免除業者於一定期限內被警察開單，但事實上其並未與警察單位達成此種默契。由於副市長並不具有開罰單之「法定」職務權限，就此事而言，無法以貪污治罪條例處罰，由於不具特定法定職務權限者亦可能因其職務或地位令人相信其具有特定之法定職務權限而侵害人民財產權並違反廉潔義務，故以是否具法定職務權限限縮刑罰權之範圍，將因過度限縮處罰而造成法益保護不足的現象。

【張明偉，《學習刑法—總則編》，五南，三版，2013.09，83 頁以下。】

本書認為，公務員的職務權限不僅限於本身職務上所職掌的「具體職務權限」（職務分派之內容），尚應包含應照相關法令具有一般抽象的職務權限即為已足。例如：員警在管轄區外收賄，雖然不符合本身職務上所職掌的「具體職務權限」，但是依警察法第 9 條，警察有如下的一般職務權限：「一、發佈警察命令。二、違警處分。三、協助偵查犯罪。四、執行搜索、扣押、拘提及逮捕。五、行政執行。六、使用警械。七、有關警察業務之保安、正俗、交通、衛生、消防、救災、營業建築、市容整理、戶口查察、外事處理等事項。八、其他應執行法令事項。」**換言之，只要員警係因警察這個特殊地位而受賄，即可成立受賄罪，至於其職務內容分派（具體職務權限）為何，並不重要。因此，本書認為，是否為刑法上「公務員」，關鍵仍在於個案中有無具備以權力主體之「地位」運用職務權限。**

❖ 法學概念

毀敗或嚴重減損

所謂「毀敗」係指視覺、聽覺、發聲、味覺、嗅覺、生殖等器官或身軀之肢體受到重大傷害，完全而且永遠喪失機能而言，故機能若僅減衰，或僅一時喪失者，即非毀敗（100 年度台上字第 4495 號判決）。**因此，刑法上所謂毀敗機能及於身體健康有重大不治之傷害，乃指傷害之結果確係機能毀敗或身體健康確有終身不治之傷害者而言，若僅一時不能動作，不過受傷後之狀態，能否認為已達重傷程度，自非專門學識之人詳予鑑定，不足以資核斷（20 年上字第 547 號判例）。**

所謂「嚴重減損」，觀其 2005 年之修法理由，係基於刑法保護人體機能之考量，並兼顧刑罰體系之平衡，自宜將嚴重減損機能納入重傷範圍等語。是舉凡對各項機能有重大影響，且不能治療或難於治療之情形，應認均構成重傷，以與各該機能以外關於身體或健康之普通傷害與重傷區分標準之寬嚴一致，並使傷害行為得各依其損害之輕重，罪當其罰，俾實現刑罰應報犯罪惡性之倫理性目的而發揮其維護社稷安全之功能。從而，傷害雖屬不治或難治，如於上開機能無重大影響，仍非重傷。而減損視能之程度應達若干，始能認為係「嚴重減損」，法無明文，自應依醫師之專業意見，參酌被害人治療回復狀況及一般社會觀念認定之（101 年度台上字第 6044 號判決）。

❖ 法學概念

重大不治或難治

所謂「重大不治」，是指終身無法治癒恢復。至於「難治」，係指難以治療，一時之間無法痊癒，與重大不治相同，均為重傷。刑法第 10 條第 4 項關於重傷之定義，除其第 1 款至第 5 款所定，毀敗或嚴重減損視能、聽能、嗅能、一肢以上機能或生殖之機能外，尚包括第 6 款之「其他於身體或健康，有重大不治或難治之傷害」。**例如人之五官外形，均與容貌有關，容貌上顯有缺陷，而又不能回復原狀，自與上開「其他於身體或健康，有重大不治或難治之傷害」**之規定相符（103 年度台上字第 568 號判決）。又如被害人之鼻準被人以刀削去一截，後雖治癒，然已成缺形，不能回復原狀，實務上也認為係刑法第 10 條第 4 項第 6 款所稱「重大不治」之傷害（25.02.22 決議）。

❖ 法學概念

性交

性交之定義，是於 1999 年因妨害性自主罪章之修正而加以增訂。2005 年修法又將性交定義增列「正當目的」與「或使之接合」。現行刑法第 10 條第 5 項性交定義為：「謂非基於正當目的所為之下列性侵入行為：一、以性器進入他人之性器、肛門或口腔，或使之接合之行為。二、以性器以外之其他身體部位或器物進入他人之性器、肛門，或使之接合之行為。」性交定義增訂後，刑法妨害性自主罪章及刑法妨害風化罪章多將原條文中「姦淫」修正為「性交」。惟通姦罪之用語並未修正，實務一貫見解認為刑法第 239 條所謂之相姦，係指與有配偶之人互相合意，而為姦淫行為。而所謂姦淫，則係指男女之交媾行為，**即男子之性器陰莖進入女子之性器陰道之行為，此與修正後刑法將某些條文修正為內涵較為廣泛之性交之情形尚有差異。**是檢察官就此類型案件，其所舉出之直接證據或間接證據，即須達通常一般人均不致懷疑行爲人間確有交媾之姦淫行爲，而得確信其爲眞實之程度者，始得據爲有罪之認定，倘其證明尚未達到此一程度，而有合理之懷疑存在時，即難遽採爲不利被告之認定（102年度上易字第1088號、101年度上易字第2847號、101年度上易字第2643號、100年度上易字第2844號、99年度上易字第175號判決）。但有學者認爲，性交定義增訂後，應做體系性解釋，通姦行爲也應包含「性交」行爲。

近來高雄高分院有判決認爲「口交」也可成立通姦罪，媒體報導此推翻「台灣高等法院91年度一、二審法院法律座談會」結論，即通姦以性器接合爲前提，而「口交」算是姦淫以外，足以興奮或滿足性慾的色情行爲，不構成通姦罪。

但本書持保留態度，蓋法學方法當以「文義解釋」爲優先，對照歷次修法，立法者將妨害性自主罪章及妨害性風化罪章之條文由「姦淫」改成「性交」，但通姦罪卻從未修正，若認爲刑法第10條之修正，即代表通姦罪之構成要件也擴大，則之前立法者又何必將妨害性自主罪章及妨害性風化罪章由「姦淫」改成「性交」？顯見，立法者認爲「姦淫」與「性交」爲不同概念，除非修法，將通姦改成「與有配偶之人合意性交」，否則法官若刻意變更立法條文文義，乃違反權力分立原則，而有違憲之虞。

❑ 實務見解

▶108年度第5次刑事庭會議決議（108.04.09）

院長提議：甲公營事業機構依政府採購法規定，辦理某項與民生有關之公共工程採購案，乙爲該機構員工，負責該採購案之監工及驗收事務，乙是否爲刑法上公務員，有下列二說：

一、肯定說

公營事業依政府採購法辦理採購，就階段區分，可分爲招標、審標、決標、履約及驗收等行爲。此各階段之事務，均屬完成採購作業之各階段行爲，具有連貫性，悉與公共利益攸關。雖該法現行規定就有關採購爭議之救濟，依其性質係採取所謂之雙階理論，即就招標、審標、決標等訂約前之作爲，以異議、申訴程序救濟；申訴審議判斷視同訴願決定。訂約後之履約、驗收等爭議，則以調解或仲裁程序解決（民國九十一年二月六日修正政府採購法第七十四條、第七十五條第一項第一款、第七十六條、第八十三條、第八十五條之一至四等規定參照）。關於招標、審標、決標等階段爭議之申訴審議判斷視同訴願決定，固應認均係執行公權力之行爲；然衡諸九十一年該法就採購爭議救濟而爲之修正，僅在於使救濟制度單純化，並避免原規定履約或驗收之爭議，得由得標廠商自由選擇適用申訴程序或仲裁、起訴，將造成救濟體系積極衝突，實有不宜，爰予刪除等旨（見第七十四條修正理由）；則此之修正，乃立法者基於晚近行政事務態樣日益複雜，對於某類行政事項處理結果，應如何定其爭訟途徑，而單純從簡化救濟程序上之考量所爲之技術性規定而已。又參諸刑法修正說明，**依政府採購法規定之公營事業之承辦、監辦採購等人員，既均屬刑法第十條第二項第一款後段之「授權公務員」，亦無僅因上開處理爭議之救濟程序上之便宜規定，即進而強行區分其承辦、監辦前階段之招標、審標、決標等人員，始屬刑法上之公務員，而後階段之履約、驗收等承辦、監辦人員，則否定其爲刑法上公務員**，而致原本同以依法令從事公共利益爲前提之群體事務（即公共事務）定其主體屬性之體系，因此割裂而異其適用之理。題旨情形，**乙負責系爭公共工程採購案之監工及驗收事務，自屬刑法上之公務員。**

二、否定說

公立學校及公營事業之員工，如依政府採購法之規定承辦、監辦採購之行爲，其採購內容，縱僅涉及私權或私經濟行爲之事項，惟因公權力介入甚深，仍宜解爲有關公權力之公共事務。其所謂公共事務，係指公權力事務，其具體及形式化之表徵，就是行政程序法第九十二條所規定之「行政處分」。換言之，其所爲之意思表示足以成爲訴願及行政訴訟審判之標的者，即爲從事於公共事務。進一步言之，政府機關依政府採購法規定進行採購之行爲，究爲政府機關執行公權力之行爲，抑爲立於私法地位所爲之私經濟行爲，未可一概而論。依該法第七十四條、第七十五條、第七十六條、第八十三條、第八十五條之一至四規定，僅於政府機關採購招標、審標、決標等訂約前之作爲，得以異議、申訴程序救濟，申訴審議判斷視同訴願決定。訂約後之履約、驗收等爭議，則以調解或仲裁程序解決。則關於招標、審標、決標爭議之審議判斷既視同訴願決定，自應認政府機關之招標、審標、決標行爲始爲執行公權力之行爲，亦即就公法上具體事件所爲之決定或其他公權力措施而對外直接發生法律效果之單方行政行爲，始屬行政處分，而許其依行政訴訟法規定救濟。**是刑法第十條第二項第一款後段所稱之公共事務，乃指與國家公權力作用有關而具有國家公權力性質之事項爲限，即所授權者須爲該機關權力範圍內的事務，受授權人因而享有公務上的職權及權力主體的身分，於其受授權範圍內行使公權力主體的權力，若僅受公務機關私經濟行爲的民事上委任或其他民事契約所發生私法上的權益關係，所授權者並非法定職務權限範圍內之公務，受授權人並未因而享有公權力，不能認爲是授權公務員。題旨情形，乙負責系爭公共**

工程採購案之監工及驗收事務，並非從事於公共事務而具有公權力之行爲，當非屬刑法上之公務員。

決議：採肯定說。

▶ 103 年度第 13 次刑事庭會議決議(一)（103.08.12）

決議：採乙說（否定說）。

一、現行刑法已採限縮舊法公務員之定義，刻意將公立醫院、公立學校、公營事業機構人員，排除在身分公務員之外。

二、雖然立法理由中，又將依政府採購法規定之各公立學校、公營事業之承辦、監辦採購等人員，列爲刑法第十條第二項第一款後段之「其他依法令從事於公共事務，而具有法定職務權限者」（授權公務員），然則較諸身分公務員，其性質上既屬次要、補充之規範，解釋上自應從嚴限縮。此觀諸政府採購法第九十五條規定，是類採購人員，宜以專業人員爲之，並特別設有一定之資格、考試、訓練、發證及管理，作爲配套規範甚明，益見所謂承辦、監辦採購等人員，係以上揭醫院、學校、事業機構之總務、會計等專業人員爲主；至於非專業之人員，仍須以採購行爲所繫本身之事務，攸關國計民生之事項者爲限。

三、再由修法理由對非身分公務員之職能性公務員（授權公務員、委託公務員），所指「從事法定之公共事務」、「公務上之權力」等字詞，並參照國家賠償法有關行政委託之界定，本於刑法謙抑思想，作爲最後手段性之刑法，其涵攝自應較諸行政法愈爲嚴格。易言之，所稱公共事務或公務權力，除所從事者爲公權力行政（高權行政）外，雖有包括部分之給付行政在內，惟應以學說上之通說，亦即以攸關國計民生等民眾依賴者爲限，此從刑法學界對公共事務之看法，認爲必須兼備對內性與對外性二種要件，亦可印證。

四、題示從事科學研究計畫之公立大學教授（下稱主持教授），既非總務、會計人員，採購物品，並非其法定職務權限，實際上，其任務主要係在於提出學術研究之成果，政府或公立研究機關（構）對於主持教授，並無上下從屬或監督之對內性關係，人民對於主持教授學術研究之成果，亦毫無直接、實質的依賴性及順從性，遑論照料義務。是主持教授雖有辦理採購，仍不符合公務員有關公共事務、法定職務權限等要件，自非刑法上之公務員。具體而言，請購物品（非採購）固勿論；縱有直接辦理採購事務，依政府採購法規定意旨及法律解釋之原則，因非專業之人員，且所涉亦非攸關國計民生之事項，同非在授權公務員之列。況其後修正通過之科學技術基本法，爲杜爭議，已經直接在第六條第四項明文規定，上揭各情形，不適用政府採購法之規定，排除授權公務員之適用；至於科學技術基本法雖有子法即科學技術研究發展採購監督管理辦法之設，僅爲內部管理之便，不能超越該母法及政府採購法規定意旨，採取更爲寬鬆之解釋，不應因此被視成委託公務員。

五、倘主持教授有詐領或溢領補助經費等情形，則視具體案情，依刑事法相關之規定論處，自不待言。

▶ 103 年度第 13 次刑事庭會議決議(二)（103.08.12）

決議：採乙說（否定說）。

公立大學教授受民間委託或補助，負責執行科學技術研究發展計畫，由學校與委託或提供補助者簽約，受託或補助之研究經費撥入學校帳戶，該教授爲執行此項科學技術研究發展計畫而參與相關採購事務，因經費既係來自民間，即不涉及國家資源之分配使用，而與公共事務無涉，非屬授權或委託公務員，自不能認爲具有刑法上之公務員身分。

▶ 103 年度第 10 次刑事庭會議決議（103.06.24）

公立大學教授並非刑法第十條第二項第一款前段所稱「依法令服務於**國家、地方自治團體所屬機關而具有法定職務權限之人」，非「身分公務員」。公立大學教授受政府或公立研究機關（構）委託，負責科學技術研究發展計畫（下稱科研計畫），性質上仍屬學術研究，並未經由法令授權而取得任何法定職務權限。其爲完成該項科研計畫而參與相關之採購事務，僅屬執行該項科研計畫之附隨事項，無涉公權力行使，亦非攸關國計民生之事項，非屬公共事務，核與刑法第十條第二項第一款後段規定「依法令從事於公共事務而具有法定職務權限」之要件不符，並非「授權公務員」**。縱該項採購係所屬公立大學依政府採購法之規定辦理，因該教授並非公立大學之「承辦或監辦採購人員」而具有辦理採購事務之法定職務權限，亦非立法理由例示之授權公務員。**因此教授爲執行科研計畫所參與之相關採購事務，既非行使公權力或從事公共事務，復與委託或補助之政府或公立研究機關（構）之權限無關**，且與刑法第十條第二項第二款所規定「受國家、地方自治團體所屬機關依法委託，從事與委託機關權限有關之公共事務」之要件不合，亦非「委託公務員」。總結，公立大學教授受政府或公立研究機關（構）委託，負責執行科研計畫，於辦理相關採購事務，**並不具有刑法公務員身分。若有違背相關監督、管理之規定而營私或舞弊情事者，應回歸普通刑法予以評價或處罰，無貪污治罪條例之適用**。

▶25 年度決議（25.02.22）

被害人之鼻準被人以刀削去一截，後雖治癒，然已成缺形，不能回復原狀，應認爲刑法第十條第四項第六款重大不治之傷害。

▶62 台上 3454（判例）

被害人左膝蓋關節組織主要之伸出迴轉機能，既經完全喪失，不能回復而殘廢，無法上下樓梯，且該關節屈時受阻，伸時呈無力並發抖，自難自由行走並保持身體重心之平衡，殊不能謂非達於毀敗一肢機能之程度。上訴人既因其傷害行爲，發生重傷之結果，自應構成傷害致人重傷罪。

▶105 台上 1244（判決）

服務於隸屬行政院國防部以下各軍營之現役軍人中之「士兵 」，究竟是否刑法上之公務員，司法院院字第一〇六三號解釋雖曰「士兵不能離軍隊獨立執行職務。故現役士兵，不得視爲刑法上之公務員」，然同院院字第二三四三號已補充解釋「本院二十三年五月二十五日院字第一〇六三號復軍政部公函。係就不能離軍隊獨立執行職務之一般士兵而爲解釋。若別有法令依據而從事於一定公務之士兵。自當別論。如憲兵依法執行司法警察之職務時。當然係刑法上之公務員。至於押運兵及汽車駕駛兵等。倘係依法令派充執行公務者。亦同上開解釋。與此並無牴觸。毋庸予以變更。」據此，服務於國防部所屬各軍營之士兵，並非於任何情況下皆不可能成爲刑法上公務員，倘該士兵係依據法令執行公務，於符合刑法第十條第二項各款規定之要件時，自仍可能爲刑法上之公務員。

第 11 條（本總則對於其他刑罰法規之適用）
本法總則於其他法律有刑罰、保安處分或沒收之規定者，亦適用之。但其他法律有特別規定者，不在此限。

第二章　刑事責任

第 12 條（犯罪之責任要件—故意、過失）
Ⅰ行爲非出於故意或過失者，不罰。
Ⅱ過失行爲之處罰，以有特別規定者，爲限。

□ 實務見解

▶74 台上 4225（判例）

行爲雖適合於犯罪構成要件之規定，但如無實質之違法性時，仍難成立犯罪。本件上訴人擅用他人之空白信紙一張，雖其行爲適合刑法第三百三十五條第一項之侵占罪構成要件，但該信紙一張所值無幾，其侵害之法益及行爲均極輕微，在一般社會倫理觀念上尚難認有科以刑罰之必要。且此項行爲，不予追訴處罰，亦不違反社會共同生活之法律秩序，自得視爲無實質之違法性，而不應繩之以法。

▶29 上 2857（判例）

上訴人係蘇俄人民，依其本國法律，夫妻之一方已向僑寓地之領事館聲請離婚登記者，既有離婚效力，則其主觀上以爲前之婚姻關係已因聲請離婚登記而消滅，係屬無配偶之人，遂與另一俄女舉行結婚，即爲犯罪構成事實之認識錯誤，不能謂有犯罪之故意，無論其後之婚姻在法律上效力如何，均不負重婚罪責。

第 13 條（直接故意與間接故意）
Ⅰ行爲人對於構成犯罪之事實，明知並有意使其發生者，爲故意。
Ⅱ行爲人對於構成犯罪之事實，預見其發生而其發生並不違背其本意者，以故意論。

□ 實務見解

▶50 台上 1690（判例）

刑法上所謂過失，指無犯罪故意因欠缺注意致生犯罪事實者而言。故**是否過失，應以對於其行爲之結果有無認識爲標準**，若明知有此結果而悍然爲之，自不得謂係過失。

▶28 上 1008（判例）

㈠打擊錯誤，係指行爲人對於特定之人或物加以打擊，誤中他人等之情形而言。若對於並非爲匪之人，誤認爲匪而開槍射擊，自屬認識錯誤，而非打擊錯誤。

㈡殺人罪之客體爲人，苟認識其爲人而實施殺害，則其人之爲甲爲乙，並不因之而有歧異。

▶20 非 94（判例）

被告因聽聞村犬亂吠，疑有匪警，並於隱約中見有三人，遂取手槍開放，意圖禦匪，以致某甲中槍殞命。是該被告雖原無殺死某甲之認識，但當時既誤認爲匪，開槍射擊，**其足以發生死亡之結果，究爲本人所預見，而此種結果之發生，亦與其開槍之本意初無違背**，按照上開規定，即仍不得謂非故意殺人。

▶107 台上 847〇（判決）

行爲與結果間，是否有相當因果關係，**不僅須具備「若無該行爲，則無該結果」之條件關係，更須具有依據一般日常生活經驗，有該行爲，通常皆足以造成該結果之相當性，始足當之**。若行爲經評價爲結果發生之相當原因，則不論有無他事實介入，對該因果關係皆不生影響；結果之發生如出於偶然，固不能將結果歸咎於危險行爲，但行為與結果間如**未產生重大因果偏離**，結果之發生與**最初**行為人之行為**仍具「常態關連性」時，最初**行為人自應負**既遂**之責。原判決認上訴人等在留置被害人於陳屍處離去時，主觀上應係認被害人已經死亡，而以被害人發生死亡結果（死因）雖非直接遭上訴人等以刀砍背部、石頭砸頭所致，而係之前於德惠街處遭上訴人等傷害後，被害人腿部受傷已不良於行、身體虛弱，上訴人等不將之送醫，反基於殺人犯意將之載往偏僻山區，以刀砍致滾落山谷，再以石砸頭，認被害人已死亡，再以樹枝、樹葉等物覆蓋後離去，被害人縱非因此當場死亡，衡情亦難期待其可自行爬出山谷或得到他人適時援救，上訴人等難諉為不知，嗣導致被害人橫紋肌溶解症、急性腎衰竭，終因代謝性休克、循環衰竭而死亡，**縱與上訴人等主觀上所認識的因果流程未盡一致，因其偏離仍未超出一般生活經驗所能預見之範圍**，應屬殺人既遂。

第14條（有認識過失與無認識過失）

Ⅰ行為人雖非故意。但按其情節應注意，並能注意，而不注意者，為過失。

Ⅱ行為人對於構成犯罪之事實，雖預見其能發生而確信其不發生者，以過失論。

❖ 法學概念

過失犯因果關係之判斷

對於過失犯因果關係的判斷，實務向採相當因果關係理論（最高法院76年台上字第192號判例），但這並無法完整過濾犯罪的功能，只能配合背後的條件因果關係的思考做循環論證。依照相當因果關係說，一般經驗確定引起何種結果的條件是結果發生的原因，然而所提供的標準和價值判斷依據仍然模糊不清，並不嚴謹，甚至有將產生降低風險的行為也是結果發生的條件的盲點。詳言之，**因果關係的評價上，若純採條件說，將會使得因果關係的認定過於浮濫；若僅依相當因果關係說，要解決複雜的因果歷程時，仍然無法得到全面的解決**。有鑑於此，德國慕尼黑大學教授 Claus Roxin 在 1970 年提出「客觀歸責（咎）理論」（objektive Zurechnunglehre）後，由於說理上比較清晰，檢驗的過程比較詳盡，成?評價結果犯的客觀構成要件不可或缺的要素。時至今日，德國大多數學者已採納區別因果與歸責的基本看法，只不過採納的程度有些區別而已。在台灣，有越來越多的學者學說主張以「客觀歸責（咎）理論」來檢討評價上的因果關係，大陸和日本亦有學者對此理論做介紹，就連國內留日的學者亦不乏肯定「客觀歸責（咎）理論」的論者。在日本雖未成為通說，但亦對原來的相當因果關係說產生影響，算是有力說。依據「客觀歸責（咎）理論」，雖然因果關係不能被中斷（Abbruchs der Kausalkette），但客觀歸責（咎）卻是可以被阻斷或排除。這個理論的操作原則，首先須依照條件說檢驗，行為人的行為是否為引起結果的條件，必須依「如果無前者（行為）即無後者（結果）的觀念判斷。如果是不作為犯，學說上把條件說稍作修改，即為「假設的因果關係」，亦即若法所期待的行為不被忽視，構成要件結果就不至於發生。

【張麗卿，〈客觀歸責理論對實務判斷因果關係的影響—兼評最高法院九十六年度台上字第五九九二號判決〉，《法學新論》，第 13 期，2009.08，7 頁；林鈺雄，〈第三人行為介入之因果關係及客觀歸責（上）—從北城醫院打錯針及蘆洲大火事件出發〉，《台灣本土法學》，第 79 期，2006.02，22 頁；林東茂，《刑法總則》，一品，二版，2019.11，100 頁以下；林山田，《刑法各罪論（下）》，自刊，五版二修，2006.11，228 頁；張麗卿，〈廢弛職務致釀災害的客觀歸責〉，收於氏著《新刑法探索》，元照，六版，2018.01，12 頁；林鈺雄，《新刑法總則》，元照，七版，2019 年 9 月，164 頁以下；最高法院 103 年度台上字第 4543 號判決；周光權，《刑法總論》，中国人民大学出版社，三版六刷，2019.03，131 頁以下；小林 憲太郎，《因果関係と客観的帰属》，弘文堂，初版，2003 年 12 月，150 頁以下；陳子平，《刑法總論》，元照，四版，2017 年 9 月，177 頁；蔡蕙芳，〈因果關係之條件理論與客觀歸責理論〉，《台灣本土法學》，第 70 期，2005 年 5 月，165 頁；張麗卿，《刑法總則理論與運用》，五南，六版，2018.09，154 頁。】

換言之，法所期待的行為如被實施，構成要件結果就不至於發生，那麼不作為與結果有評價上的關係。接著再分以下三個層次檢驗：

㈠「行為是否製造不被容許的危險」，此是指行為人藉由侵害行為，其創造不被容許的風險。縱有因果關係，但是該行為仍在法所容許的界限，行為人並未製造出法律上具有重要性之風險，即便是發生結果，亦不可歸責於行為人。例如：誘勸某人到危險地去觀光，結果真的遇害。**這部分主要思考的重點是信賴原則與降低風險。**

信賴原則主要適用於交通領域上，也適用於其他需要分工合作的職業活動上。最普遍的意義是指「在交通上，合乎規定行車的人，可以信賴其他人也會同樣的合乎規定。行為人製造法律所不容許的風險，也可以反面推論，行為人所製造的危險是社會所允許的，就是「容許風險」（erlaubtes Risiko）。信賴原則就是容許風險概念的運用。例如：醫療行為上的手術分工，亦是此原則的展現。就「容許風險」的概念來說，在任何情況下都不可能禁止任何輕微但可識別的危險行為，否則經濟和社會生活將完全癱瘓。此外，**「降低風險」（Risikoverringerung）也不是製造法律所不容許危險的行為。例如：救援人員將小孩從火中拋出窗外，是保護他免於火災的安全死**

亡，並跌倒而受傷，這是修正既存的風險，降低危險的行爲。反面來說，風險升高就是製造法不容許的風險。不過，風險升高理論可能違反罪疑唯輕原則，無異將過失實害犯轉化爲過失危險犯之弊。

【林東茂，〈不純正不作爲犯〉，收錄於《甘添貴教授七秩華誕祝壽論文集下冊》，承法，初版，2012.04，116頁；林東茂，〈從客觀歸責理論判斷交通事故的刑法責任〉，收錄於《危險犯與經濟刑法》，五南，初版三刷，2002.11，310 頁以下；Fischer, StGB, 66. Aufl., 2019, § 222 Rn. 10；Erb, MüKoStGB, 3. Aufl., 2016, § 34 Rn. 132；Eisele, in：Schönke /Schröde, StGB, 30. Aufl., 2019, § 13 Rn. 94；許恒達，〈合法替代行爲與過失犯的結果歸責：假設容許風險實現理論的提出與應用〉，《臺大法學論叢》，第 40 卷第 2 期，2011.06，740 頁。】

㈡「危險行爲是否導致結果發生」，也就是如果行爲人使風險實現或升高不被容許的風險，則結果之發生即可歸咎於行爲人；若實現法所不容許的風險，即不可歸咎之，此爲第二個層次。首先，因果流程如果不是常態，而是反常，那麼結果的發生即是偶然或是反常，是一種意外。不能歸咎於製造危險的行爲人。但是如果明顯升高危險，幾乎可以肯定行爲與結果的因果流程屬於常態。這裡還要思考的重點之一是，「保護目的關聯性」（Schutzzweckzusammenhang）之審查。保護目的關聯性之審查目標，主要判斷結果之出現是否屬於注意義務的規範保護範圍內之風險實現。只有結果是該注意義務保護規範目的而應避免者，始具有「保護目的關聯性」，其結果始可歸責於行爲人。再來還要審查「義務違反關聯性」（Pflichtwidrigkeitszusammenhang）的問題。如果犯罪行爲人當時已斷然採取了合乎義務的行爲，而犯罪結果是否仍然發生？例如在後的汽車駕駛人即使在及時煞車停止的情況下，是否也會以同樣的方式發生致命的事故？如果否定，就不具客觀歸責，因爲結果之發生不具迴避可能性。亦即，行爲人就算製造了法所不容許的風險，但實際上所發生的結果，既然本屬不可避免，仍應認其並未實現該不法風險，客觀上不能加以歸責，無以過失犯罪責，相繩餘地。接下來還要檢討所謂的「異常之因果關係」（atypische Kausalverlaufe），乃指如果根據事情之正常發展或一般人之生活經驗來看，結果並不會發生。結果之所以發生，乃是根據一個不尋常之因果歷程而來，此時，即可排除客觀歸責。這個「異常之因果關係」，也稱爲「偏離常軌之因果歷程」。然而，如果是微不足道的因果歷程偏離並不影響行爲人故意，因爲這仍然在一般生活經驗所能預見的限度範圍內，客觀上仍可歸責於行爲人。

【林東茂，《刑法總則》，一品，二版，2019.12，106頁以下；王皇玉，《刑法總則》，新學林，五版，2019.08，202 頁以下；Duttge, MuKoStGB, 3. Aufl., 2017, § 15 Rn. 165；最高法院 105 年度台上字第 182 號判決；Kuhl, in：Lackner/Kuhl, StGB, 29. Aufl., 2018, § 15 Rn. 11.】

㈢「因果歷程是否在構成要件的效力範疇內」。在這個層次要思考「自我負責原則」及「屬於專業人員負責的範疇」的問題。

所謂的「自我負責原則」（Prinzip der Eigenverantwortlichkeit），係指依據刑法的法秩序每一個人原則上只爲自己的行爲負責，此同時代表任何人均無須爲其他人自我負責之行爲負責，在這樣的思考基礎上，如果是屬於他人應負責任的範疇，則歸責關聯性就會中斷。也就是說，當他人行爲介入整個事件發生的歷程時，該構成要件結果是否仍可視爲是最初行爲人之行爲成果而歸由其負責，還是屬於被害人或第三人應自我負責的範疇。例如：對於知道火災情況卻仍進入該建築物的者，即屬「自我負責原則」的範疇。在任何情況下，死亡是有意識，自由選擇和實現的自我危害的後果的案件，均不屬放火行爲人的責任範圍。可以再細分「被害人自我負責」與「第三人行爲介入」來討論。

在「被害人自我負責」方面，例如：藥房賣安眠藥給顧客，而顧客吞藥自殺，藥房無須負責，因爲被害人是出於自己的自由意志，所做的危險行爲；再如，乘客要求司機超速肇事，結果造成意外，造成乘客受傷。乘客受傷不可歸責於司機，因屬同意他人的危害的風險行爲。

而「第三人行爲介入」，則係思考行爲人於完成行爲後，若有第三人行爲介入，則行爲結果要如何歸咎的問題。若第三人行爲的介入已經足以排除最初行爲人與結果間的因果關係時，即無庸再討論是否阻斷歸責關聯性的問題。若行爲實施後，中間有第三人故意犯罪行爲的介入而直接導致構成要件結果的發生時，由於第三人的故意犯罪行爲已創造了一個全新、足以導致結果發生的獨立危險，原則上足以阻斷先前行爲與結果發生的歸責關聯性。

接下來探討是否屬於「專業人員負責的範疇」。也就是當風險行爲被實行之後，負責處理這些行爲的專業人員，如果在處理時發生不幸，是否可以把這些不幸，也歸咎到風險製造者？例如：2019 年 10 月 3 日台中市大雅區一間從事烘焙原料、南北雜貨、清潔用品及免洗餐具的物流中心工廠凌晨發生大火，因廠內存放大量紙類原料，造成火勢猛烈全面燃燒，操作熱顯像儀的消防員進入火場搜尋火點不幸罹難，那麼失火罪的行爲人對於罹難的消防隊員，應否負過失致死罪之責？由於人員於其執行任務範圍內，有監督危險源，並且加以排除的責任，這些人是基於自由的意思決定，去從事危險行業（且危險行業多有危險津貼）：如果製造危險的人（如失火者或發生山難者），考慮到救難者萬一發生意外，而此意外要歸責到自己的危險行爲，那麼他可能會寧用已力排除危難，這應該不是法秩序所期許的，因此「專業人員負責的範疇」，亦排除客觀歸責。

【Kargl, in：Kindhauser/Neumann/Paeffgen(Hrsg.), StGB, 5. Aufl., 2017, § 306c Rn. 4；林書楷，《刑法總則》，五南，四版，2018.09，94 頁以下；張麗卿，《刑法總則理論與運用》，五南，六版，2018.09，158 頁；蔡蕙芳，〈因果關係之條件理論與客觀歸責理論〉，《台灣本土法學》，第 70 期，2005.05，162 頁；林書楷，〈因果關係中斷與客觀歸責-論醫療過誤行爲介入對歸責關聯性之影響〉，收錄於《甘添貴教授七秩華誕祝壽論文集上冊》，承法，初版，2012.04，280 頁以下；林東茂，〈從客觀歸責理論判斷交通事故的刑法責任〉，收錄於《危險犯與經濟刑法》，五南，初版三刷，2002.11，323 頁以下。】

依照客觀歸責（咎）的檢驗結果，如果在客觀構成要件上可以歸責者，至少應該成立過失犯罪。依客觀歸責（咎）的判斷步驟，在通常的情況下，判斷到第二個步驟，就可以回答有無過失。只有針對很少部分的案例，才會進入第三個步驟的判斷。

【林東茂，〈刑事醫療過失探微—從一個案例說起〉，《月旦法學雜誌》，第 176 期，2009.12，268 頁。】

因此，所謂「注意義務的違反」、「預見可能性」以及「可避免性」的判斷，都可被包含在之中，已經能夠處理過失犯罪的所有問題。台灣近幾年實務判決受學說的影響，如 96 年度台上字第 5992 號判決謂：「被害人因車禍出院時意識清楚，其後跌倒二次、發燒數次，並非被告製造並實現了危及生命之風險，自非其負責之領域，無客觀歸責可言。」已開始援用採納「客觀歸責（咎）理論」。

而之後的最高法院 102 年度台上字第 310 號判決認爲：「實務上於因果關係之判斷，雖多採『相當因果關係說』，但因因果關係之『相當』與否，概念含糊，在判斷上不免流於主觀，而有因人而異之疑慮，乃有引進『客觀歸責理論』之學說。至於因果關係是否因第三人行爲之介入而中斷，就採『相當因果關係說』者而言，其行爲既經評價爲結果發生之相當原因，則不論有無他事實介入，對該因果關係皆不生影響；而就『主客觀歸責理論』者以觀，必也該第三人創造並單獨實現一個足以導致結果發生之獨立危險，始足以中斷最初行爲人與結果間之因果關係。」；最高法院 106 年度台上字第 3118 號判決更指出：「在現實上已發生的結果與行爲人之行爲間進行因果關係或客觀歸責判斷時，發現有第三人行爲介入在行爲人已完成的前行爲與最終結果其中。倘結果之發生因第三人行爲之介入，因而創造並單獨實現一個足以導致結果發生之獨立危險，始足以中斷最初行爲人與結果間之因果關係，如該第三人行爲之介入，未使最初行爲人之行爲與結果間產生重大因果偏離，結果之發生與最初行爲人之行爲仍具常態關聯性時，最初行爲人自仍負既遂之責。」；又最高法院 107 年度台上字第 1094 號判決謂：「行爲人對其幫助之行爲與被幫助犯罪侵害法益之結果間有因果關係之認知，仍屬意爲之，即得認有幫助犯罪之故意，要不因其所爲非以助益犯罪之實行爲唯一或主要目的而異其結果；且其所爲之幫助行爲，基於行爲與侵害法益結果間之連帶關聯乃刑事客觀歸責之基本要件，固須與犯罪結果間有因果關聯，但不以具備直接因果關係爲必要。」（此號判決被最高法院列爲具參考價值的判決）；新近的最高法院 108 年度台上字第 1808 號判決認爲：「客觀歸責理論認爲除應具備條件上之因果關係外，尚須審酌該結果發生是否可歸責於行爲人之『客觀可歸責性』，只有在行爲人之行爲對行爲客體製造法所不容許之風險，而該風險在具體結果中實現（即結果與行爲之間具有常態關聯性，且結果之發生在規範之保護目的範圍內並且具有可避免性），且結果存在於構成要件效力範圍內，該結果始歸由行爲人負責。因之，爲使法律解釋能與時俱進，提升因果關係判斷之可預測性，乃藉由『客觀歸責理論』之運用，彌補往昔實務所採『相當因果關係說』之缺失。」

其中最高法院 102 年度台上字第 310 號判決與最高法院 108 年度台上字第 1808 號判決均言明「客觀歸責理論」，較往昔實務所採「相當因果關係說」，「對於因果關係之判斷更趨細緻精確」等語。可以想見不久的未來，客觀歸責理論必成爲實務判斷因果關係之主流，而廢職釀災罪的因果關係以此判斷也必更精確而完備。

客觀歸責（咎）理論檢驗流程簡表

- (一)行爲是否製造不被容許的危險
  - 本層次要思考重點：
    - 1. 降低風險的行爲
    - 2. 假想因果關係
    - 3. 法律所容許的風險
      - (1)容許信賴
      - (2)行爲得到被害人同意或承諾
      - (3)行爲合乎禮俗或屬於正常的經濟活動
- (二)危險行爲是否導致結果發生
  - 本層次要思考重點：
    - 1. 因果流程是否合乎常態（反常因果歷程與風險升高的問題）
    - 2. 規範目的是否相關
    - 3. 風（危）險升高原則
- (三)因果歷程是否在構成要件的效力範疇內

本層次要思考重點：

1. 參與他人故意的危險行爲
2. 屬於專業人員的負責範疇

【林東茂，《刑法綜覽》，一品，初版，2018.04，87頁以下；併參照張麗卿，〈醫療糾紛鑑定與刑事責任認定—以戒毒致死案爲例〉，《月旦法學雜誌》，第157期，2008.06，71頁以下。】

❖ 法學概念

醫療過失刑責之認定

學界多不贊成將醫療行爲視爲刑法上的業務概念，進而做爲加重醫事人員刑責的事由，蓋不但在理論上有爭議，且無助於改善醫病關係及醫療事件的紛爭解決，學者紛紛提出以下看法：

一、柯耀程教授

醫生爲醫療行爲時，依不同的規範，對於其有義務的要求，例如醫療法第81條中有醫師爲告知的義務，或者是爲特定之醫療行爲時，必須先得到受醫療人本人或特定家屬的同意（如醫療法第63至65條），而當此種義務有違反時，乃僅是告知或同意義務的違反。然而，若因此而造成具體醫療行爲的危險並進而有侵害發生時，即認定違反具有民事法或是刑事法上的注意義務，這樣的推論，恐怕太過於跳躍。

易言之，違背醫療法所定的義務，**尚「無法直接」推定醫療行爲在民事法或刑事法上，具有過失的責任關係，欲判斷刑事法或民事上的責任關係，僅能從具體的醫療行爲本身來觀察**。反過來說，即使遵守著醫療法所定的前提義務，但在具體的醫療行爲本身卻有注意義務的違反時，此時所形成的侵害關係，仍舊無法以遵守前提義務來作爲免責的藉口。

具體而言，醫生爲病人手術之前，即使已善盡詳細告知的義務，同時也得到病人或其家屬的同意，並簽署同意書，但卻在手術的醫療過程中，出現手術行爲的失誤，而造成病人產生超出控制範圍的侵害時，醫療行爲仍舊屬於有瑕疵，而必須承擔一定的法律責任。故而，在醫學所既已存在的風險交雜觀念下，對於醫療行爲的過失認定，必須更爲謹慎，**或許應將醫療過失行爲的認定，除輕率的重大過失之外，如屬於違反醫療的注意義務情形，必須審慎且更爲嚴謹地限縮刑罰權發動的範圍**，否則將使得醫師動輒得咎。

蓋在醫學的專業領域，確實有太多未知的事項，如遽然以單純處理一般類型的過失概念加以涵蓋，恐怕對於醫療行爲的判斷上，會出現嚴重於事實的弊端。

【柯耀程，〈過失醫療行爲與刑事責任關係之學理探討〉，收錄於《過失醫療與刑事責任》，台灣刑事法學會，2009.06，204頁以下。】

二、盧映潔教授

在醫學領域中所形成的醫療準則，可説是一種具有職業特殊性的客觀類型化注意義務標準，其具有一種憑徵作用。吾人可以説醫療準則係爲容許風險作出了説明，醫師們就是爲了阻止存在於醫療行爲射程之內的危險而採取醫療防護措施，因而吾人原則上可以相信，醫師遵照醫療準則所從事的醫療行爲將不會爲病患帶來具體的危害。

但若是違反醫療準則本身並不立即代表就有醫療疏失，這只是顯現出一種憑徵而已，至於是不是成立醫療疏失，則還需要有個案的醫學上説明。因此，在醫療領域中，醫師所進行的醫療行爲是否具有過失要件中的注意義務違反性，原則上應採取個人的主觀基準爲認定標準，倘若醫師有個人能力的特殊狀況，也就是當醫師個人的能力超過相同條件之人的平均能力，應以個人的高度基準爲判斷標準，雖然這是對高能力之醫師較嚴苛的要求，但是若以維護病患生命法益的角度視之，則無可厚非。惟，如果醫師個人的能力劣於相同條件之人的平均能力，仍然必須以平均能力之專業醫師的基準爲過失判斷標準，此乃爲維護醫療品質以及病患權益所必要。

【盧映潔等，〈由刑事過失責任概念論醫療行爲之注意義務〉，收錄於《醫療行爲與刑事過失責任》，新學林，初版，2013.05，10頁以下。】

三、王皇玉教授

近年來，臺灣醫療糾紛或醫療事故的處理模式，已經向「刑罰化」或「刑事化」方向傾斜。當然，這對病人或家屬而言，選擇以刑事訴訟程序來解決醫療糾紛，病人除了可以減免舉證上的困難，而且從訴訟費用來看，以刑事案件方式追究醫療糾紛問題，顯然較提起民事訴訟來得便宜。但這使得醫師視外科手術如畏途也是間接造成了醫療環境惡化的原因之一。因此晚近，醫師團體不斷倡議「醫師刑事責任合理化」，亦即**醫師應僅限「重大過失」（亦有稱爲「嚴重偏離醫療常規或嚴重違反注意義務」）或「故意」時，始能處以刑罰**。但反對者認爲，刑法與民法體系不同，「重大過失」是一種破壞刑法責任結構的立法方式，是不瞭解刑法理論的錯誤看法。

在德國一樣會用刑法對付醫師，但醫療糾紛刑罰化的趨勢也沒有臺灣如此嚴重。因爲德國法院認定醫療過失十分嚴謹，在臺灣會被起訴的醫療事故，若在德國幾乎不會被起訴。足見，雖然德國與臺灣的刑法法制相同，但是對於醫療過失的認定嚴謹程度，我國與德國司法者的見解差別很大。氏主張在我國醫療糾紛刑事化嚴重的今日，以及我國與德國雖然都是大陸法系國家，但對於醫療過失犯解釋的嚴謹程度差別如此之大的情況下，採取「重大過失」責任之立法，或許是一個可以避免濫訴的途徑，也是一個可以解除醫師心理負擔的方法。

【王皇玉，〈論醫療刑責合理化〉，《月旦法學雜誌》，第213期，2013.02，73頁以下。】

四、張明偉教授

在醫療爭議事件中，有將近70%的病人或家屬感覺沒有被給予充分告知說明病情，無法充分瞭解醫療行爲的發展，以致於當有損害發生時，無可避免地無法接受醫療結果而有爭議。**長久以來，我國學説與實務有關刑事過失之判斷，均以一般輕過失爲標準，因此只要行爲人之行爲違反了相關的注意義務，不論注意義務違反的情節輕重，一概認爲其行爲該當刑事過失之評價。氏認爲，輕微的注意義務違反，在過失侵權行爲法具有塡補損害的功能與刑法謙抑性的要求下，尚無必要將之認定爲犯罪行爲。是以，僅在注意義務違反已達明顯或重大的程度時，才有必要動用具最後手段性質的刑事制裁，予以處罰，並實現刑**法一般預防與特別預防之目的。當然，如何判斷是否爲輕微的偏離注意義務或重大的偏離注意義務，需視事件的類型而定，在特別需專門知識經驗的領域中（例如複雜的醫療行爲），仍有待專家進一步進行專業的評估判斷。

【張明偉，〈美國對於過失醫療行爲與刑事責任關係之探討〉，收錄於《過失醫療與刑事責任》，台灣刑事法學會，2009.06，110頁以下。】

❑ 實務見解

▶93台非94（判例）

「屋外供電線路裝置規則」係經濟部依電業法第三十四條訂定發布，其有關架空電線與地面垂直間隔之規定，已有安全上之專業考量，在一般正常情況下，符合該規則設置之電線，應足確保安全無虞。本件架空屋外高壓供電導線之高度，符合該規則所定之基本垂直間隔，爲原判決確認之事實，則設置機關或負有安全監督責任之被告，於不違反其客觀上防止危險結果發生之注意義務下，在通常情形一般人俱應予以容認，而作適切之相應行爲，不致高舉導電物品行經電線下方，期能共維安全，自有正當之信賴；故被害人垂直持魚竿行經上開高壓供電導線下方，要屬其自身之危險行爲，不能令被告負過失責任。

▶84台上5360（判例）

汽車駕駛人對於防止危險發生之相關交通法令之規定，**業已遵守，並盡相當之注意義務，以防止危險發生，始可信賴他人亦能遵守交通規則並盡同等注意義務**。若因此而發生交通事故，方得以信賴原則爲由免除過失責任。

▶76台上192（判例）

刑法上之過失，其過失行爲與結果間，在客觀上有相當因果關係始得成立。**所謂相當因果關係，係指依經驗法則，綜合行爲當時所存在之一切事實，爲客觀之事後審查，認爲在一般情形下，有此環境、有此行爲之同一條件，均可發生同一之結果者，則該條件即爲發生結果之相當條件，行爲與結果即有相當之因果關係**。反之，若在一般情形下，有此同一條件存在，而依客觀之審查，認爲不必皆發生此結果者，則該條件與結果不相當，不過爲偶然之事實而已，其行爲與結果間即無相當因果關係。

▶74台上4219（判例）

汽車駕駛人雖可信賴其他參與交通之對方亦能遵守交通規則，同時爲必要之注意，謹愼採取適當之行動，而對於不可知之對方違規行爲並無預防之義務，然因對於違規行爲所導致之危險，若屬已可預見，且依法律、契約、習慣、法理及日常生活經驗等，在不超越社會相當性之範圍應有注意之義務者，自仍有以一定之行爲避免結果發生之義務。因此，**關於他人之違規事實已極明顯，同時有充足之時間可採取適當之措施以避免發生交通事故之結果時，即不得以信賴他方定能遵守交通規則爲由，以免除自己之責任**。

▶65台上3696（判例）

夜間在照明不清之道路，將車輛停放於路邊，應顯示停車燈光，或其他標識，爲道路交通安全規則第一百十二條第一項第十二款所明定，上訴人執業司機，對此不能諉稱不知，且按諸當時情形，又非不能注意，乃竟怠於注意，遽將大貨車停於右側慢車道上，既不顯示停車燈光，亦未作其他之標識，即在車內睡覺，以致被害人駕駛機車，途經該處，不能及時發現大貨車之存在，而自後撞上，不治死亡，則其過失行爲與被害人之死亡，顯有相當之因果關係。

▶107台上4587〇（判決）

爲確保醫師執行業務順遂，導正緊繃的醫病關係，一〇七年一月二十四日公布施行之醫療法第八十二條新增第三、四項，分別規定：「醫事人員執行醫療業務因過失致病人死傷，以違反醫療上必要之注意義務且逾越合理臨床專業裁量所致者爲限，負刑事責任。」、「前二項注意義務之違反及臨床專業裁量之範圍，應以該醫療領域當時當地之醫療常規、醫療水準、醫療設施、工作條件及緊急迫切等客觀情況爲斷。」其目的在於限縮醫師過失責任範圍，減少其因執行業務而受刑事訴追風險，並朝向醫師過失責任判斷要件的精緻與明確化。**所謂「違反醫療上必要之注意義務」係以醫療行爲是否符合「醫療常規」爲判斷，是一種平均醫師的注意義務程度。即凡任何一個具有良知與理智而小心謹愼的醫師，在相同條件下，均會採取與保持之注意程度，其他醫師立於相同情況，皆會爲同樣判斷與處置**。具體而

言，所謂「醫療常規」係臨床醫療上由醫療習慣、條理或經驗等形成的常規，是作爲正當業務行爲之治療適法性要件。通常違反醫療常規，雖可初步判斷醫療行爲具有疏失，惟尚須進一步確認此疏失是否爲病人非預期死傷的關鍵因素。換言之，醫療行爲縱使違反醫療常規，惟此疏失行爲與結果間仍須具有相當的因果關係，始能認定爲醫療過失行爲。至所稱「合理臨床專業裁量」即允許醫師對於臨床醫療行爲，保有一定的「治療自由」、「臨床的專業裁量權限」，以決定治療方針。尤其對於罕見疾病、遇首例或對於末期病人充滿不確定性的治療，在無具體常規可遵循時，即須仰賴醫師合理的臨床裁量。其裁量判斷，**除前述「醫療常規」外，另須考量醫療法第八十二條第四項所列之「醫療水準」、「醫療設施」、「工作條件」及「緊急迫切」等合理臨床的重要基準**。

因人、事、時、地、物之不同，醫療水準、設施及工作條件並非一成不變。在醫學中心、區域醫院、地區醫院或一般診所，因醫療設備、醫護人員等差異乃具浮動性，且寬、嚴亦有別。**從而，對於不同等級的醫療機構，所要求於醫護人員的注意義務或裁量標準，應有所差別，對次級的醫療院所，自不能同以高級醫療院所的醫療水準、設備或工作條件，作爲判斷依據**。又因醫療具有不確定性，病徵顯示亦相當多元，處置上也有輕重緩急，尤其在緊急情況下，更難期醫師運用常規處理問題，**關於「緊急迫切」基準，務須立於醫師立場加以判斷，若確實情況緊急，縱醫師處置不符醫療常規，於合理「臨床的專業裁量權限」上，應朝是否並無疏失方向予以斟酌。是修正後醫療法第八十二條第三項對於過失責任的認定標準既界定爲「違反醫療上必要之注意義務且逾越合理臨床專業裁量」，並於同條第四項揭櫫多元判斷標準，顯係爲降低醫師過失責任，有利於醫療行爲人，爾後無論修法前後關於醫療刑事過失責任的認定，自應以此作爲判斷準據**。

關於醫療紛爭事件，由於醫療行爲介入前病人已罹患疾病，疾病的自然因果歷程已進行中，病人在既有疾病影響下，原本就有相當機率造成死傷，對於最後死傷結果是否可歸責之後介入的醫療行爲，在於如何判斷最後死傷結果與後行的醫療行爲具有主要並相當關連，而非病人先前的疾病原因所致。此又可分爲二個層次判斷，首先爲醫療行爲介入時，病人已存在疾病種類與該疾病發展狀況，及使病人演變成死傷結果的可能性程度如何；其次則爲正確醫療行爲介入時間點對疾病的影響如何，亦即改變疾病發展以及阻止疾病而導致病人演變成傷亡的可能性有多少。換言之，**以醫學實證上經驗累積所形成的「醫療常規」爲依據，在考量疾病對傷亡的危險增加比例以及正確醫療行爲對傷亡的危險減少比例之相互作用下，倘醫療行爲可以將該疾病的死傷危險機率降低至具有顯著性的效果，則未採取正確醫療行爲可認定與病人的傷亡間有相當因果關係存在**。

反之，**即使進行正確的醫療行爲，病人發生死傷的機率仍然過高，即表示不論有無醫療行爲介入，均不致使醫療行爲成爲病人死傷與否的主要因素，則病人死傷與否其實係其原本疾病所主導，此時醫療行爲與病人的傷亡間即無相當因果關係存在**。再因醫療行爲介入病人病程的時期（潛伏期、疾病初期、高峰期、最後則爲「痊癒或不可逆」期）不同，可以治療或攔截的效果亦有差異，故尚須考慮疾病的進程是否已進入不可逆期，或雖然處於可逆期，但是否可以有效攔截結果發生，及治療與否或不同時期的治療對於疾病傷亡機率降低是否沒有顯著差異等因素，如上述因素皆屬肯定，則可認沒有相當的因果關係。

第 15 條（不作爲犯）

I 對於犯罪結果之發生，法律上有防止之義務，能防止而不防止者，與因積極行爲發生結果者同。

II 因自己爲致有發生犯罪結果之危險者，負防止其發生之義務。

❖ 法學概念

「純正不作為犯」與「不純正不作為犯」之比較

	純正不作為犯	不純正不作為犯
定義	指行為人不符法律期待之行為規範的要求，實現構成要件內容者，不問是否導致一定結果發生，即成立犯罪	指以不作為方式實現通常得以作為的手段所規定的犯罪行為。該不作為得以成為刑法評價的客體，與純正不作為犯完全相同。所不同者，在於不純正不作為犯必須具有保證人地位
規範違反	違反命令規範	違反禁止規範
舉例說明	戰時不履行軍需罪（§108）、「滯留」要塞（§112）廢弛職務釀成災害罪中應為預防或阻止之作為義務（§130）、「不解散」（§149）、「有義務」的遺棄罪之「不為」生存所必要	肇事逃逸罪之「逃逸」（§185-4）、生母殺嬰罪之「不哺乳」（§274 Ⅰ）、「有義務」的遺棄罪之「消極之棄置」行為（§294 Ⅰ）

舉例說明	之扶助、養育或保護(§294 Ⅰ)、「留滯」而不退去(§306Ⅱ)	

【陳宏毅、林朝雲,《刑法總則新理論與實務》,五南,初版,2015.09,322頁。】

❒ 實務見解

▸105 台上 88○(判決)

以消極之不作爲方法,實現犯罪構成要件之不作爲犯,有純正不作爲犯(如刑法第一四九條聚眾不解散罪、第二九四條第一項消極遺棄罪等)及不純正不作爲犯之分,應予區別。不純正不作爲犯,依刑法第十五條第一項規定:「對於犯罪結果之發生,法律上有防止之義務,能防止而不防止者,與因積極行爲發生結果者同。」**係以人之行爲發生一定之結果,有因積極行爲引起,有因消極之不作爲引起,無論作爲或不作爲,法律上之效果相同,但犯罪之成立,除在客觀上,應有積極作爲或消極不作爲之犯罪行爲外,並應在主觀上有故意過失,始足當之**,故該條項乃意指消極行爲之犯罪與積極行爲之犯罪,在法律上有同一之效果,並非對於犯罪行爲之意思要件,特設例外規定(本院二十九年上字第二七七六號判例意旨參照),**是被告之行爲縱令客觀上係違反法律上之防止義務,仍應視其主觀上犯意之有無及其內容爲何,定其應負之刑責**。

第16條(法律之不知與減刑)
除有正當理由而無法避免者外,不得因不知法律而免除刑事責任。但按其情節,得減輕其刑。

❖ 法學概念

正當理由之內涵

學者認爲,構成本條所稱「正當理由」的原因,可能有以下幾種情形:

一、不知法律

原則上得認爲具有違法性認識的可能性;例如大地震發生後的居民對外聯絡困難,否定其具有違法性認識的可能性。

二、對法規的信賴

原則上得否定其具有違法性認識的可能性。

三、對判決的信賴

原則上得否定其具有違法性認識的可能性。不過,同一事例的法院判決,前後不同,或各法院態度不一時,則仍有肯定其具有違法性認識可能性的餘地。

四、對公家機關見解的信賴

原則上得否定其具有違法性認識的可能性。

五、對專家見解的信賴

原則上不能否定其具有違法性認識的可能性,例如私人專家團體如具有準公家機關的性質時。

【甘添貴、謝庭晃,《捷徑刑法總論》,瑞興,修訂版,2006.09,216頁以下。】

❖ 法學概念

本條所稱「無法避免」應如何詮釋?

一、黃榮堅教授

本條判斷之重點應在於是否「無法避免」,至於所謂「正當理由」其實與「無法避免」是同義詞。大致上如果行爲人對於其行爲是否合法有所疑慮時,卻怠於查詢而不知其不法,即非無法避免。事實上,當行爲人已經對於他的行爲的合法性有所存疑的時候,就是行爲人有法禁止的或然認知,即具有不法意識。

【黃榮堅,《基礎刑法學(下)》,元照,四版,2012.03,660頁以下。】

二、張麗卿教授

應依具體個案的個別情形來判斷能否避免錯誤,其標準如下:

㈠依行爲人個人的社會地位及能力在可以期待的範圍內,判斷其是否能意識到行爲的違法。

㈡當行爲人對於自己的行爲是否有涉及不法有疑慮時,負有查詢的義務,即應努力尋求答案。亦即,查詢相關資訊澄清誤解,不能恣意的以不確定的猜測,擅斷主張自己的行爲屬無法避免的禁止錯誤,嘗試阻卻罪責。必要之時,必須向專業的人士(例如:律師)或是機關(例如:主管機關)加以查詢,行爲人若信賴此專業查詢,雖然法院不予接受,仍可主張不可避免之禁止錯誤。

最高法院103年度台上字第1452號判決,亦同此見解。

【張麗卿,〈新修正刑法之要點與評析〉,收錄於氏著,《新刑法探索》,元照,六版,2018.01,409頁。】

❖ 法學概念

包攝錯誤

所謂行爲人對於屬於構成要件要素之構成犯罪事實並未錯誤,只是因爲對於法律規定在刑法解釋上之錯誤。換言之,即行爲人對於構成要件要素的理解錯誤,誤認構成要件的效力範疇,或誤認規範的效力,例如,行爲人不認爲在他人的名畫塗鴉也算是毀損行爲。其處理方式,應視「一般人是否可能也會有這種錯誤之發生」來判斷。如果一般人也可能有此種錯誤時,就比照禁止錯誤的法理來解決,而非以能否阻卻故意的構成要件錯誤法理來解決。

【張麗卿,《刑法總則理論與運用》,五南,七版,2018.09,298頁以下。】

❒ 實務見解

▸107 台上 1289○(判決)

依「法律秩序不可破壞性」原則，刑法規範乃以「不知法律亦不能免除責任」爲原則。只有在行爲人於規範層面未認識其行爲係刑法禁止，且其錯誤係無法避免而期待不可能之情形，始可謂其不具罪責之可非難性，而構成排除罪責事由。從而除綜合行爲人社會地位、個人能力、才智等項，在可期待之範圍內，運用其認識能力及價值判斷，於客觀上足認有刑法第十六條 所定無法避免之正當理由外，仍不能以不知法律免除罪責。是從事特定職業之人，對於該職業應遵守之法 規或準則，只要透過進修或職業管道就可知悉，其錯誤即屬可避免，不能謂有無法避免之正當理由，尤爲當然。

第17條（加重結果犯）
因犯罪致發生一定之結果，而有加重其刑之規定者，如行爲人不能預見其發生時，不適用之。

❖ 法學概念

結果加重犯（erfolgsqualifizierte Delikte）

一、定義

所謂結果加重犯，亦有稱加重結果犯，乃基本犯罪（故意）與重結果（過失）所組合的特別犯罪類型，乃指行爲人出於基本構成要件故意，而實行基本構成要件該當之行爲，竟生超出基本構成要件之加重結果，致該當加重構成要件成立之犯罪。如傷害致死罪（§277）、遺棄致死罪（§293）等，行爲人以違犯基本構成要件之故意，卻過失導致加重結果之實現，故結果加重犯之本質，係綜合故意與過失構成要件的特別犯罪類型。

二、要件（§17）

㈠以犯輕罪之故意，卻導致發生重罪之結果

刑法上之加重結果犯，係對實施基本犯罪後，另發生加重結果者，加重其處罰之規定。

㈡須行爲與加重結果之發生，有因果關係

行爲人之所以須對該項加重結果負其加重處罰責任者，乃因該項加重結果之發生，係行爲人所實施之犯罪行爲所導致。有學者參考德國學說認爲，此因果關係係指「**直接關係**」，亦即加重結果必是直接由基礎犯罪行爲所造成，如有被害人或第三人行爲之介入，則不具有直接關係。我國實務也有類似之概念，認爲「**倘行爲人所實行之傷害行爲本身與被害人發生死亡結果之間，並無『相當因果關係』存在，而係中途介入他人臨時起意之殺害行爲而導致死亡結果者**，實行傷害犯行之行爲人對於他人臨時起意之殺害行爲，事先既無共同之犯意存在，亦無防止其發生加重結果之義務，自難令行爲人對此項加重結果負責。」

【王皇玉，《刑法總則》，新學林，三版，2017.09，158頁；林鈺雄，《新刑法總則》，元照，六版，2018.09，98頁；最高法院101年度台上字第865號判決。】

㈢須行爲人對於加重結果之發生能夠「預見」。

㈣須法律有加重結果之明文

若無結合犯或加重結果犯的規定，兩個以上的犯罪行爲，必須分別宣告刑罰，再合併執行（§51）惡化行爲人法律地位之目的，是爲了嚇阻潛在的犯罪人，此乃基於一般預防的考量。例如：如傷害致死或致重傷（§277Ⅱ）；如無明文，如放火現供人使用之住宅因而致人於死，因無加重結果之明文，且由於侵害法益不同（分別是社會法益及個人法益）應論以放火罪（§173Ⅰ）與過失致死罪（§276）之想像競合犯。

【林東茂，《刑法總則》，一品，初版，2018.04，62頁以下。】

❑ 實務見解

▶**91台上50（判例）**

共同正犯在犯意聯絡範圍內之行爲，應同負全部責任。**惟加重結果犯，以行爲人能預見其結果之發生爲要件，所謂能預見乃指客觀情形而言，與主觀上有無預見之情形不同，若主觀上有預見，而結果之發生又不違背其本意時，則屬故意範圍；是以，加重結果犯對於加重結果之發生，並無主觀上之犯意可言**。從而共同正犯中之一人所引起之加重結果，其他之人應否同負加重結果之全部刑責，端視其就此加重結果之發生，**於客觀情形能否預見**；而非以各共同正犯之間，主觀上對於加重結果之發生，**有無犯意之聯絡爲斷**。

▶**61台上289（判例）**

刑法上之加重結果犯，**以行爲人對於加重結果之發生有預見之可能爲已足**。如傷害他人，而有使其受重傷之故意，即應成立刑法第二百七十八條第一項使人受重傷罪，無論以同法第二百七十七條第二項，傷害人之身體因而致重傷罪之餘地。

▶**48台上860（判例）**

被害人顱部破瓶毆傷，割斷動脈，流血過多，乃至逃入山間，因休克跌落崖下溪中身死，不得謂非與上訴人等之行毆，有因果關係，其結果亦非不能預見之事，至被害人所受致命之傷雖僅一處，爲上訴人以外之其他共犯所爲，然其傷害既在犯罪共同意思範圍，自應同負正犯責任。

▶**47台上920（判例）**

加重結果犯，以行爲人能預見其結果之發生爲要件，所謂能預見乃指客觀情形而言，與主觀上有無預見之情形不同，若主觀上有預見，而結果之發生又不違背其本意時，則屬故意範圍。

▶**107台上1836○（判決）**

刑法第十七條之加重結果犯，係指行爲人就其故意實行之基本犯罪行爲，於一般客觀情況下，可能預見將發生一定之結果，但行爲人因過失而主觀上未預見該結果之發生，乃就行爲人主觀上意欲實行之基本犯罪行爲，及客觀上可能預見其結果之發生，二者間因有相當因果關係存在，予以加重其刑之法律評價。同法第二七七條第二項之傷害致人於死罪及第二九三條或第二九四條第二項之遺棄致人於死罪，均以行爲人之傷害行爲或遺棄行爲是否與被害人之死亡結果有相當因果關係爲斷。傷害行爲後，因果關係進行中，如因其後之遺棄行爲獨立發生死亡之結果者，前之傷害行爲與死亡結果，其因果關係已中斷，僅能分別論以傷害罪與遺棄致人於死罪；倘被害人之傷勢嚴重縱及時醫治，仍無法救活者，縱有遺棄行爲，被害人之死亡即與遺棄行爲無相當因果關係可言，自難成立遺棄致人於死罪，應論以傷害致人於死罪並與遺棄罪併合處罰；惟若行爲人之傷害行爲及遺棄行爲結合而與被害人之死亡結果，並具因果關係，即應視其實際情形如何，分別論以各該罪加重結果犯之想像競合犯或爲其他處斷。

第18條（未成年人及滿八十歲人之責任能力）

I 未滿十四歲人之行爲，不罰。

II 十四歲以上未滿十八歲人之行爲，得減輕其刑。

III 滿八十歲人之行爲，得減輕其刑。

❑ 實務見解

▶66 台非 139（判例）

少年事件處理法第二條明定：「本法稱少年者，謂十二歲以上未滿十八歲之人」，乃規定少年之範圍，刑法第十八條第一項，則係規定刑事責任之年齡，是以涉及刑事責任之年齡，仍應依刑法之規定，而不得適用少年事件處理法第二條之最低年齡，此觀乎同法第二十七條第三項所載：「前二項情形，於少年犯罪時未滿十四歲者不適用之」之規定甚明。原判決對於犯罪時未滿十四歲之被告未依刑法第十八條第一項之規定不予處罰，顯屬判決不適用法則。

▶49 台上 1052（判例）

刑法第十八條所規定之年齡，係用周年法計算，而非用歷年法計算，換言之，即以其出生之日起經過一年，始爲滿一歲之方法計算之。

第19條（責任能力及─精神狀態）

I 行爲時因精神障礙或其他心智缺陷，致不能辨識其行爲違法或欠缺依其辨識而行爲之能力者，不罰。

II 行爲時因前項之原因，致其辨識行爲違法或依其辨識而行爲之能力，顯著減低者，得減輕其刑。

III 前二項規定，於因故意或過失自行招致者，不適用之。

❖ 法學概念

麻醉狀態下之違法行為

2005年修正之刑法第19條已算是相當程度進步的立法，可惜仍有缺漏之處，即立法者將原因自由行爲明文化於同條第3項，**但此一規定並不能完全掌握「麻醉狀態之違法行爲」**。例如，甲在餐館盡情飲酒，直至迷醉的時候，服務生前來收帳，甲突以酒瓶襲擊服務生頭部，服務生因傷致死。**此一情況，某甲在飲酒前並無蓄意傷人之故意，也未預見竟會傷人，因此無法依原因自由行爲的法理加以處罰。但是某甲傷害致人於死的行爲竟可不罰，與社會大眾的法情感實難相合。**德國立法者於是在刑法第323條a創設了處罰麻醉犯罪行爲的規定（Vollrausch）。依德國刑法第323條a的規定，前述甲的行爲，仍可科處五年以下有期徒刑，因此學者建議，我國可參酌德國立法例增列於刑法公共危險罪章。

【張麗卿，《司法精神醫學─刑事法學與精神醫學之整合》，元照，三版，2011.04，355頁以下。】

❑ 實務見解

▶26 渝上 237（判例）

刑法上之心神喪失與精神耗弱，應依行爲時精神障礙程度之強弱而定，如行爲時之精神，對於外界事務全然缺乏知覺理會及判斷作用，而無自由決定意思之能力者，爲心神喪失，如此項能力並非完全喪失，僅較普通人之平均程度顯然減退者，則爲精神耗弱。

▶109 台抗 91△（裁定）

按爲受判決人之利益聲請再審者，固僅限於有罪確定判決，始得爲之。惟如因有刑法第十九條第一項所定因精神障礙或其他心智缺陷，致不能辨識行爲違法，或欠缺依其辨識而行爲之能力而不罰，而應諭知無罪之判決，並依刑法第八十七條規定令入相當處所，施以監護者，因該監護處分，乃出於防衛社會與預防再犯之目的，對受處分人施加治療之措施，以期回歸社會，具有替代刑罰之作用，並有拘束身體、自由等處置，屬於對被告不利之處分。是以，此類保安處分與其前提之無罪諭知，具有不可分離關係，必須整體觀察。**倘被告因欠缺責任能力之行爲不罰而受無罪諭知，同時附加施以保安處分之判決，形式上雖爲無罪確定判決，實質上仍具備犯罪行爲之構成要件該當與違法性，此部分與受有罪確定判決無異**，受判決人爲除去監護處分，主張此無罪確定判決肯認之犯罪事實有錯誤，並有刑事訴訟法第四二○條、第四二一條規定之再審事由，爲其利益而聲請再審，自非法所不許。

▶108 台上 1292（◎判決）

所謂「原因自由行爲」，係指行爲人因爲故意或過失使自己陷於無責任或限制責任能力之狀態，並在此一狀態下實行該當構成要件之違法行爲。刑法第十九條第三項並將原因自由行爲予以明文化，其類型可分爲「故意之原因自由 行爲」與「過失之原因自由行爲」兩大類，再細分爲本具有犯罪故意，因故意或過失使自己陷於精神障礙之狀態，而實行犯罪之情形，及原不具犯罪故意，因故意或過失使自己陷於精神障礙之狀態後，於主觀上有預見法益遭侵害之可能，卻違反客觀注意義務，致發生犯罪結果等。是原因自由行爲之行爲人，於精神、心智狀態正常之原因行爲階段，對犯罪事實具有故意或應注意並能注意或可得預見，即符合犯罪行爲人於行爲時具有責任能力而須加以處罰；而行爲人雖因己身之飲酒、用藥等，致於爲法益侵害行爲時有精神障礙之情形，苟無證據足資證明其於飲酒、用藥之初，尚未陷入精神障礙狀態前，即對嗣後精神障礙狀態中之侵害法益行爲有故意或預見可能，其嗣後侵害法益 之行爲即非原因自由行爲，仍有刑法第十九條第一項、第二項之減免其刑規定適用。又雖無論何種類型之原因自由行爲，均不適用同條第一、二項減免其刑之規定，但不同類 型對於行爲人責任非難及刑罰評價上仍有程度上之差異，仍可於量刑時予以審酌，而有區分之實益。尤其是情節最重大之罪（死刑），於卷內資料已顯現行爲人有服用過量酒類之證據時，縱當事人並未聲請調查，法院基於公平正義之維護或對被告有此重大關係利益事項之發現，亦應依職權調查行爲人有無上開刑法第十九條第一項、第二項之適用，如屬同條第三項之情形，亦應調查究係何類型之原因自由行爲，並將之列爲量刑因子之一。

第 20 條（責任能力—身理狀態）

瘖啞人之行爲，得減輕其刑。

第 21 條（依法令之行爲）

I 依法令之行爲，不罰。

II 依所屬上級公務員命令之職務上行爲，不罰。但明知命令違法者，不在此限。

❖ 法學概念

依法令之行為

依刑法第 21 條第 1 項規定，依法令之行爲，不罰。所謂「法令」不以刑法爲限，不論行政法規以及民法均包括在內，不問中央或地方，也不問規定爲實體或程序事項，凡對於一定行爲之實施，予以命令或容許者均屬之。此命令是指法規性命令，不包括單純的行政命令，如爲單純行政命令是屬本法第 21 條第 2 項「依所屬上級公務員命令」的規範範圍。其他法律所允許的妨害他人權利之行爲甚多，分述如後：

一、民事自力救濟的行爲

在急迫或特殊情形下，請求公權力保護緩不濟急，人民得以自力救濟的方式來捍衛自身的權利。這些規定有民法第 151 條、第 445 條（不動產出租人之留置權）、第 612 條（旅館主人之留置權）：「主人就住宿、飲食或墊款所生之債權，於未受清償前，對於客人所攜帶之行李及其他物品，有留置權。」、第 797 條第 2 項（土地所有人之留置權）及第 960 條（占有人之自力救濟權）。

二、父母對子女之懲戒行爲

民法第 1085 條：「父母得於必要範圍內懲戒其子女。」父母基於親權、監護權的立場，且'對於子女有保護、養育的權利義務，故出於此意思，且在此必要的限度內，懲戒其子女的行爲，自係依法令的行爲，而阻卻違法。反之，如父母非出於此意思而行使親權或監護權，或雖出於保護、養育的意思，懲戒其子女，但逾越必要程度行使，自非依法令的懲戒行爲，而不能阻卻違法，有可能構成「家庭暴力罪」（指家庭成員間故意實施家庭暴力行爲而成立其他法律所規定之犯罪）。若父母意圖營利與他人共同使其未成年子女爲猥褻或性交，則父母與他人共犯刑法第 241 條第 2 項之略誘罪，此爲父母濫用親權之行爲，已經於踰越行使權利之範圍，而構成違法。

【余振華，《刑法總論》，三民，二版，2013.10，241 頁。】

三、現行犯之逮捕

刑事訴訟法第 88 條第 1 項規定：「現行犯，不問任何人得逕行逮捕之。」所謂現行犯，指犯罪在實施中或實施後及時被發現。被追呼爲犯人者；因持有凶器、贓物或其他物件或於身體、衣服等處露有犯罪痕跡，顯可疑爲犯罪人者，以現行犯論（準現行犯）。依法逮捕使用強制力時，必然發生傷害或妨害自由等情形，但皆不違法。故任何人逕行逮捕現行犯或準現行犯的行爲，自係依法令的行爲，得阻卻違法。但須注意者，依刑事訴訟法第 92 條第 1 項：「無偵查犯罪權限之人逮捕現行犯者，應即送交檢察官、司法警察官或司法警察。」是以，若依刑事訴訟法第 88 條第 1 項所規定逮捕現行犯後，未依同法第 92 條第 1 項「隨即」送交檢察官、司法警察官或司法警察，可能構成本法第 302 條之私行拘禁罪。

【最高法院 28 年上字第 2974 號判例、30 年上字第 2393 號判例。】

四、公務員依法執行職務之行爲

所稱「依法」執行職務行爲，是指依法律或行政命令規定，屬於公務員職務權限範圍內所應爲或得爲的行爲。這裡所謂的行政命令係指「抽象的法規範」。

【甘添貴、謝庭晃，《捷徑刑法總論》，瑞興，修訂版，2006.06，141頁。】

五、安寧緩和醫療之行爲

所謂「安寧緩和醫療」，指爲減輕或免除末期病人之生理、心理及靈性痛苦，施予緩解性、支持性之醫療照護，以增進其生活品質。學理上稱爲「消極的安樂死」（自然死）或「尊嚴死」。須注意者，安寧緩和醫療不能與「放棄急救」畫上等號，而只是增加末期醫療選擇的多元彈性。換言之，安寧緩和醫療與維生醫療之抉擇是可以被末期病人分開選擇的多元選項。

【邱忠義，〈新修正「安寧緩和醫療條例」之安樂死與尊嚴死評析〉，《軍法專刊》，第57卷第2期，2011.04，103頁；甘添貴、謝庭晃，《捷徑刑法總論》，瑞興，修訂版，2006.06，146頁。】

❖ 法學概念

上級公務員命令之職務上行為

依刑法第21條第2項：「依所屬上級公務員命令之職務上行爲，不罰。但明知命令違法者，不在此限。」這裡所稱的「命令」是專指長官對屬官所下達的「具體指示」，即學理所稱的「職務命令」（Amtsordnung）。又依照公務員服務法第2條規定，下級公務員對於上級公務員的命令，依法本有服從的義務。上級所命令者既屬職務上之行爲，下級公務員由應確切執行。依法執行職務，原爲公務員之職權，有時且爲義務，自應阻卻違法。惟如下級公務員明知其命令違法，而仍予以遵行，同惡相濟，擴大實害，不得藉口遵行上令，脱卸罪責。足見上級公務員的職務命令，並非一概無條件遵守得以阻卻違法。

一、發布命令者須爲上級公務員、執行命令者須具備公務員身分，且發布或接受命令之上下級公務員須有直接隸屬關係。

二、公務員對於兩級長官同時所發命令，以上級長官之命令爲準

主管長官與兼管長官同時所發命令，以主管長官命令爲準。發令者須爲受令者之直接上級，否則不適用本條。

三、命令內容須爲上下級公務員之職權事項

即長官須就其監督範圍內之事項發布命令，其內容且爲受命之下級公務員職權內之事項。職務乃指公務員在其所居之地位上所得實施之行爲，不以法律有明文規定者爲限，凡基於有關法令精神所得爲者均屬之。

四、採相對服從說

依公務員服務法第2條：「長官就其監督範圍以內所發命令，屬官有服從之義務。但屬官對於長官所發命令，如有意見，得隨時陳述。」又公務人員保障法第17條規定：「公務人員對於長官監督範圍內所發之命令有服從義務，如認爲該命令違法，應負報告之義務；該管長官如認其命令並未違法，而以書面下達時，公務人員即應服從；其因此所生之責任，由該長官負之。但其命令有違反刑事法律者，公務人員無服從之義務。前項情形，該管長官非以書面下達命令者，公務人員得請求其以書面爲之，該管長官拒絕時，視爲撤回其命令。」可見下級屬官對於上級長官之形式合法性之命令有絕對服從之義務，但下級屬官對於級的實質違法命令有提出質疑並陳述意見，但上級長官仍以書面下達命令者，事後刑事責任的訴究，下級屬官得主張阻卻違法。

五、執行命令者須非明知命令爲違法

上級公務員之違法命令，下級公務員即無須服從。然所謂違法，有形式違法與實質違法之義。前者謂命令之發布，有違法定之方式與程序，後者謂命令之內容違背法律或其他命令之規定，或逾越上下級公務員職務之範圍。公務員服從長官職務上之命令，而爲特定行爲，雖爲法律所課予之義務；然如對命令有意見時，仍得隨時向長官陳述，尚難謂爲不可抗力。基於上級公務員命令之職務上行爲之所以阻卻違法，其實質理由在於不悖法律秩序之全體精神，而非徒賴法律之形式規定也。以苟明知上級命令之爲違法，而仍予奉行者，則同惡共濟，自不能其阻卻違法性。

若下級公務員誤認長官違法的命令爲合法，乃「誤認阻卻違法事由的客觀情狀」，應認爲係容許構成要件錯誤，而依過失犯處理。

【林東茂，《刑法總則》，一品，初版，2018.04，132頁。】

六、執行命令者不得逾越命令範圍

下級公務員必須在命令的範圍內，執行命令，才能阻卻違法。否則，假如下級公務員逾越上級公務員命令的範圍而爲執行，自不能以執行上級公務員的命令而阻卻違法。

❑ 實務見解

▸30上1070（判例）

依法逮捕犯罪嫌疑人之公務員，遇有抵抗時，雖得以武力排除之，但其程度以能達逮捕之目的爲止，如超過其程度，即非法之所許，不得認爲依法令之行爲。

▸29上721（判例）

依上級公務員命令之行爲，限於爲其職務上行爲，且非明知命令違法者，始在不罰之列，刑法第二十一條第二項規定甚明。上訴人等將捕獲之匪犯某甲，立即槍決，固係奉有聯保主任之命令，但聯保主任對於捕獲之匪犯，並無槍決之權，既非上訴人所不知，此項槍殺之命令，亦顯非屬於上訴人職務上之行爲，乃明知命令違法，任意槍殺，自不能援據刑法第二十一條第二項之規定，而主張免責。

▸29 上 348（判例）

上訴人充任聯保主任，挾嫌將某甲捕送區署，其妨害自由之罪名即已成立，無論厥後繼續羈押至十餘日之久，是否參入區長之命令，要不能阻卻犯罪之成立。

第 22 條（業務上正當行爲）
業務上之正當行爲，不罰。

❖ 法學概念

業務上之正當行為

刑法第 22 條規定，業務上之正當行爲，不罰。乃指從事特定業務之人，基於業務所爲之行爲而言，此種行爲雖非直接依據法令，但依其職業範圍內而採取之必要行爲，即屬被容許之行爲，可阻卻其違法性。例如醫師之治療行爲、新聞記者的採訪行爲等。其法理的根據乃基於「優越利益原則」，亦即某些業務行爲會造成法益侵害或危險，但經由利益衡量取捨，有利於社會活動具有正當性，在刑法評價上是被容許的風險，自阻卻其違法性。

業務上之正當行爲，得阻卻違法，須具下列要件：

一、合法化（正當化）要件

㈠客觀要件

1. 業務性質爲法律所容許者

所謂業務，指合法之業務而言。無論何種業務，只須爲法律所容許者，均爲合法之業務。有關業務之涵義，可分二說：其一，事實業務說，謂持續的從事特定之業務，而不違背公序良俗者即是，不以主管機關核准者爲限。其二，許可業務說，謂從事之業務，須經主管機關許可執業者，始屬合法業務。業務行爲在法令上或社會風俗習慣上所容許。但如走私槍械、毒品本身是刑法所禁止之業務，爲其運輸，則不得謂爲正當業務。我國「業務」兩字採事實業務說，以事實上執行業務爲標準，不以曾經官廳許可之業務爲限（最高法院 24 年度總會決議㈨）。

2. 行爲須在業務範圍內

凡屬業務，必有其一定範圍，若逾此範圍，則非屬其業務上之行爲。所謂業務之正當範圍，必須依照客觀事實及一般社會通念，並參酌專門執業知識、技術與經驗，以及參考相關法令之規定綜合判斷。

3. 須爲正當、必要之業務行爲

本條之業務正當行爲，其正當性之判斷，應以比例原則及社會相當性加以衡量。

4. 從事之人須有持續性及固定性

業務雖係合法，若從事之人僅偶而爲之，即非其業務。必其從事業務，有持續性及固定性，始有阻卻違法之可言。

㈡主觀要件

行爲主體不問有無執照，主觀上須具有執行業務之認識。

❖ 法學概念

專斷醫療

所謂「專斷醫療行爲」，係指醫師在未善盡說明義務，並取得病患之同意下，即對患者施以侵襲性醫療行爲。在醫療刑法上，主要在探討醫師未善盡說明義務，並取得病患之同意時，「專斷醫療行爲」能否阻卻傷害罪之成立。對此，日本通說雖有持肯定之立場，惟實務上似未見有相關起訴之事例。日本學者對於專斷性醫療行爲，亦有持否定侵襲性醫療之傷害類型性，並基於嚴格故意說之立場，將不甚明確的病患自己決定之界限與醫師說明義務基準，整合民事過失予以處理，而反對將違反說明義務者即予以犯罪化。

【靳宗立，〈日本醫療過誤行爲與刑事責任關係之探討〉，收錄於《過失醫療與刑事責任》，台灣刑事法學會，2009.06，50 頁以下。】

而國內學者對於醫師未盡「告知後同意」法則，得否阻卻違法意見亦頗爲分歧。

有認爲，「告知後同意」表示醫師已經善盡醫療倫理上的責任，足以支撐「業務上正當行爲」的合理性。換言之，告知後同意，不是獨立的阻卻違法事由，而是業務上正當行爲的重要內容。但是若沒有告知後同意的情形，醫師並不一定成立犯罪。蓋一切降低危險的行爲，都是被容許的，等於沒有製造危險。不可將結果的發生，歸咎於沒有製造危險的行爲。假設，醫師的摘除卵巢手術，是爲避免病人的急迫生命危難，而且別無選擇，基於利益的衡量，犧牲比較輕微的身體利益，方得保全更重要的生命。所以摘除卵巢的手術是緊急避難，醫師不違法。再者，醫師基於治療的目的，依照專業醫療的判斷，摘除卵巢才能保住病人生命，乃是提供病人最大利益的處置，醫師的手術屬於業務上正當行爲，並不違法。而在通常的情況下，病人若知道摘除卵巢可以挽救生命，會答應摘除的手術。醫師推想病人很可能承諾，所以逕自摘除卵巢，符合法理上的「推測承諾」，從這點來看，亦不違法。

【林東茂，〈專斷醫療的刑法問題〉，《2011 年月旦法學教室別冊—刑事法學篇》，2011.05，27 頁以下。】

此外，有文獻主張，如果持續允許以「業務上之正當行爲」作爲醫療行爲之阻卻違法事由，則醫療行爲之「業務上正當行爲」，其內涵應該隨著目前醫療倫理的趨勢，含納病人同意的要素。換言之，其內涵應至少包含四個要件，亦即：㈠**出於醫療目的；㈡需得病人的同意；㈢需以醫學上一般所承認之方法進行；㈣需具有醫學上的適應性。其並肯認實務見解，將「告知後同意」視爲業務上正當行爲的重要內涵**。假如，對於死亡結果之產生，醫師本有以透過告知病人風險的方式，迴避損害結果發生之可能，但醫師卻沒有盡到迴避結果發生之義務，因此，醫師的行爲可論以未盡注意義務而有過失。

【王皇玉，〈論醫療行爲與業務上之正當行爲〉，收錄於《刑法上的生命、死亡與醫療》，承法，初版，2011.12，182 頁；同氏著，〈醫師的說明與親自診察義務—從最高法院 94 年度台上字第 2676 號判決談起〉，278 頁。】

但有論者謂，若認爲：「將醫師之說明告知認定位爲刑事過失責任中的注意義務，並且主張醫師對醫療行爲的風險有預見可能性，所以要透過說明告知來迴避此一風險，若沒有說明告知，醫師應負刑事過失責任。」的說法並不贊同。蓋所謂醫師迴避病患死亡或重傷結果的義務內容，是指醫師應該採取能夠改變疾病引致病患走向死亡或重傷結果的醫療措施，而倘若某醫療措施可以改變疾病的影響，但同時也伴隨其風險，凡進行該醫療行爲，風險即無從避免。所以，**其實醫師的說明告知並不能改變疾病對病人的影響，也不能改變醫療行爲本來就存在的風險。因此，其並不是刑事過失責任中爲了反映結果預見可能以及結果可避免性而來的注意義務**。

【盧映潔等，〈醫療紛爭事件中民事、刑事過失責任適用之區別比較〉，收錄於《醫療行爲與刑事過失責任》，新學林，初版，2013.05，238 頁以下。】

本書較贊同肯定說的看法，理由除了前述雖無法主張業務上正當行爲但仍得主張超法規阻卻違法事由的「推測承諾」外，事實上即使說明告知並不能改變疾病對病人的影響，也不能改變醫療行爲本來就存在的風險。因此，「告知義務之違反」不代表刑法上注意義務違反，其與「不幸的結果」間，若無相當因果關係，醫師應不成立過失犯，換言之，醫師之「專斷醫療行爲」在個案中仍有阻卻違法之可能。

【張麗卿，〈刑事醫療判決關於告知義務變遷之研究〉，《東海大學法學研究》，第 39 期，2013.04，145 頁。】

第 23 條（正當防衛）
對於現在不法之侵害，而出於防衛自己或他人權利之行爲，不罰。但防衛行爲過當者，得減輕或免除其刑。

正當防衛之要件
- 客觀要件
  - 正當防衛之情狀：現在不法之侵害
  - 正當防衛之行為：必要性與相當性
- 主觀要件—防衛意思：出於防衛自己或他人的權利

【陳宏毅、林朝雲，《刑法總則新理論與實務》，五南，初版，2015.09，161 頁。】

❖ 法學概念

誤想防衛

「誤想防衛」是行爲人誤認正當防衛的事實要件（客觀情狀）。即行爲人誤以爲，出現了不法的侵害，出於防衛的意思而反擊。

我國實務見解曾有前後不一致立場，如最高法院 20 年非字第 94 號判例，**認爲誤想防衛的行爲人具有未必故意，所以是故意殺人**。但最高法院 29 年上字第 509 號判例則主張，**誤想防衛係由於行爲人違反注意義務，應成立過失致死罪**。

至於學說上看待此一問題亦立場不一，有故意理論、嚴格責任理論、一般限制罪責理論、負面構成要件要素理論（二階理論）、法律效果之限制罪責理論及獨立的錯誤理論等諸說。

其中以法律效果之限制罪責理論爲多數說。因採此說，可以有效掌握惡意的共犯（幫助犯或教唆犯）。至於採取其他理論，則有可能會有處罰上之漏洞，因爲其他理論都在「行爲不法」的層面認爲成立過失，而對於過失的不法行爲，是不能幫助或教唆的。

依照國內通說的看法，**對於故意、過失的判斷，在構成要件該當性的層次，作第一次的評價；在罪責的層次，作第二次的評價**。絕大多數的案例類型，構成要件故意（故意行爲），罪責亦爲故意；構成要件過失（過失行爲），罪責亦爲過失，唯有在「容許構成要件錯誤」的情形，並採「法律效果的限制責任論」的前提下，故意、過失才出現雙重評價的功能，**簡言之，構成要件判斷爲故意（行爲故意），罪責判斷爲過失**。

【林東茂，《刑法總則》，一品，初版，2018.04，305 頁；林山田，《刑法通論（下）》，元照，十版，2008.01，442 頁；林鈺雄，《新刑法總則》，元照，六版，2018.09，351 頁；張麗卿，《刑法總則理論與運用》，五南，七版，2018.09，294 頁；陳子平，〈正當防衛、誤想防衛與緊急避難〉，《月旦法學教室》，第 104 期，2011.06，102 頁。】

❑ 實務見解

▶63 台上 2104（判例）

刑法上之防衛行爲，祇以基於排除現在不法之侵害爲已足，防衛過當，指防衛行爲超越必要之程度而言，防衛行爲是否超越必要之程度，須就實施之情節而爲判斷，即應就不法侵害者之攻擊方法與其緩急情勢，由客觀上審察防衛權利者之反擊行爲，是否出於必要以定之。

▶29 上 509（判例）

防衛是否過當，應以防衛權存在爲前提，若其行爲與正當防衛之要件不合，僅係錯覺防衛，當然不生是否過當之問題。被告充當聯保處壯丁，奉命緝捕盜匪，正向被人誣指爲匪之某甲盤問，因見其伸手撈衣，疑爲取搶抗拒，遂向之開槍射擊，當時某甲既未對被告加以如何不法之侵害，則被告之防衛權，根本無從成立，自無防衛行爲過當之可言。至被告因見某甲伸手撈衣，疑其取槍抗拒，誤爲具有正當防衛權，向其槍擊，固係出於錯覺防衛，而難認爲有犯罪之故意，**惟被告目睹某甲伸手撈衣，究竟是否取槍抗拒，自應加以注意，又非不能注意之事，乃竟貿然開槍，致某甲受傷身死，核其所爲，仍與過失致人於死之情形相當**，原審竟認爲防衛過當之傷人致死，於法殊有違誤。

▶20 非 94（判例）

被告因聽聞村犬亂吠，疑有匪警，並於隱約中見有三人，遂取手槍開放，意圖禦匪，以致某甲中槍殞命，是該被告雖原無殺死某甲之認識，但當時既誤認爲匪，開槍射擊，**其足以發生死亡之結果，究爲本人所預見，而此種結果之發生，亦與其開槍之本意初無違背，按照上開規定，即仍不得謂非故意殺人**。

▶107 台上 2968○（判決）

正當防衛係屬遭受他人現在不法侵害時所得主張之權利行爲，此等權利之行使亦受到「權利不得濫用」之一般法律原則所限制。若行爲人所遭受之現在不法侵害係因可歸咎於行爲人自身之行爲所導致，且行爲人本即能預見自身行爲可能導致侵害之發生時，爲免濫用正當防衛權，暨基於所防衛的法秩序必要性較低之考量，其防衛權自應受到相當程度之限制。亦即此時行爲人應優先選擇迴避所面臨之侵害，僅在侵害無迴避可能性時始得對之主張正當防衛。

第 24 條（緊急避難）

I 因避免自己或他人生命、身體、自由、財產之緊急危難而出於不得已之行爲，不罰。但避難行爲過當者，得減輕或免除其刑。

II 前項關於避免自己危難之規定，於公務上或業務上有特別義務者，不適用之。

❖ 法學概念

「正當防衛」與「緊急避難」之比較

	正當防衛（§23）	緊急避難（§24）
保護客體存在情狀	「現時」且「不法」之侵害	緊急危難之狀況
侵害來源	限於「自然人」	「自然人」、動物或自然力
得否對合法行為主張	1.以「正」對「不正」，故不得對抗合法行為 2.不得對第三人主張	1.以「正」對「正」，故得對抗合法行為 2.得對抗第三人主張
保護客體	本人或第三人之一切法益	本人或第三人生命、身體、自由及財產四種法益，因為是列舉規定
法益權衡	無此問題	須兼顧權衡法則與補充性原則
除外事由	1.無責任者之攻擊 2.最近親屬 3.挑撥行為 4.互毆 5.因反制所侵害的法益顯然不成比例的侵害	1.於公務上或業務上負有特別義務者 2.自招危難

【陳宏毅、林朝雲，《刑法總則新理論與實務》，五南，初版，2015.09，177 頁。】

❖ 法學概念

無期待可能性

十九世紀末，德國的帝國法院在劣馬脫韁案中認爲，馬車伕實現了過失傷害的構成要件，沒有任何正當的事由，所以是不法傷害。馬車伕無法主張緊急避難。但是任何人處在車伕的立場，即使預見可能有傷害路人的結局，在別無謀生能力與謀生的情況下，恐怕都會如同車伕屈從雇主。**這是法律不能強人所難的基本思想，也是「無期待可能性」的濫觴。**

除避難過當與防衛過當的規定之外，學界尚認爲，刑法第 165 條「湮滅刑事證據罪」及第 167 條「藏匿犯人罪及湮滅證事據罪之親屬間之特例」，若行爲主體爲犯人或被告之親屬，則因期待可能性較低，故減輕或免除其刑；又如第 196 條第 2 項「收受後方知僞幣仍行使罪」，僅處以五百元以下罰金，皆是無期待可能性的概念運用。

另須注意者，**期待可能性之適用並不限於法律明文的規定，若具體情形中不見可期待性的明文，亦可適用期待可能性法理來阻卻或減免責任。**

【張麗卿，〈無期待可能性〉，《月旦法學教室》，第 68 期，2008.06，18 頁以下。】

❑ 實務見解

▶33 非 17（判例）

㈠被告雖係依法拘禁之人，於敵軍侵入城內情勢緊急之際，爲避免自己之生命危難，而將看守所之械具毀壞，自由行動，核與緊急避難之行爲並無不合，其毀壞械具，亦難認爲過當，自不應成立刑法第一百六十一條第二項之脫逃罪。

㈡刑法第一百六十一條之脫逃罪，以不法脫離公之拘禁力爲構成要件，若公之拘禁力已不存在，縱使自由行動而脫離拘禁處所，亦不應成立本罪。

▶105 台上 383（判決）

刑法上之緊急避難行爲，須以災難之發生非出於行爲人之故意或過失所致爲前提，若災難之發生係由於行爲人之故意或過失所致，**則其故意或過失之行爲自應依法處罰，殊無主張緊急避難之餘地。即所謂「自招危難行爲」不得主張緊急避難**。原判決已說明，上訴人等躲藏在「牛頭」住處庭院，被劉○○發覺，上訴人等非但未選擇逃離現場，反而持槍向前並示意劉○○下車，劉○○因正當防衛而駕車衝撞等情如前。按諸前開說明，上訴人等自不得主張緊急避難，更遑論上訴人等持槍朝自小客車駕駛人位置開槍射擊，射擊之部位均集中駕駛人位置，且高達七槍，顯然係基於殺人犯意而爲，其非出於救助或避難意思，甚爲明確，所辯開槍行爲係緊急避難云云，亦無可採。

第三章　未遂犯

第 25 條（普通未遂犯）

I 已著手於犯罪行爲之實行而不遂者，爲未遂犯。

II 未遂犯之處罰，以有特別規定者爲限，並得按既遂犯之刑減輕之。

❖ 法學概念

既未遂認定時點

我國早期實務界對於「著手」（預備與著手之區別）之認定，係採「形式客觀說」，其後認爲「於行爲人以行竊之意思接近財物，並進而物色財物，即可認爲竊盜行爲著手」，足見已開始採實質客觀說見解。但近來亦有開始接受主客刑法理論之見解稱：「對於未遂犯之認定，係從原本之客觀理論，演變到主客觀混合理論，即以行爲人主觀上在心中所盤算擬具的犯罪階段計畫爲基礎，再具體觀察行爲人在客觀上是否已經依其犯罪階段計畫直接啓動與該當犯罪構成要件行爲直接密切的行爲而定。而所謂直接密接行爲的判斷則包含行爲人對行爲客體的空間密接性、對於行爲結果的時間密接性以及行爲對於法益侵害結果的危害可能性等。」又有謂：「所稱著手，指犯人對於犯罪構成事實主觀上有此認識，客觀上並有開始實行此一構成事實之行爲，而所實行者乃犯罪行爲之開端，且與犯罪行爲之實行已達到相當密接之程度。」

【最高法院 27 年滬上字第 54 號判例、28 年滬上字第 8 號判例、42 年台上字第 40 號判例、48 年台上字第 1006 號判例；最高法院 101 年度台上字第 771 號判決、100 年度台上字第 7208 號判決、100 年度台上字第 3909 號判決。】

❖ 法學概念

正犯與共犯的既未遂認定時點

一、共同正犯之既未遂認定

共同正犯中的各個行爲人在共同行爲「決意」下所參與共同實施的行爲，**並非必須全部既遂或全部未遂，全體行爲人始負擔既遂或未遂的刑事責任**。只要共同正犯中的任何一個行爲人所實行的行爲業已使共同的犯罪既遂或未遂者，雖其他行爲人的行爲尚未完成或仍屬未遂階段，甚或仍未達著手實行的行爲階段，但全體共同正犯仍均成立既遂犯或未遂犯。

【林山田，《刑法通論（下）》，自刊，增訂十版，2008.01，95 頁。】

二、間接正犯之既未遂認定

關於此一問題，有兩種看法：

㈠以「被利用者之行爲」爲準

此說有一個前提是，**必須和利用行爲有較密切之關連**。例如行爲人把毒藥交給不知情的人，謊稱是有益健康的天然食品，讓不知情的人交給仇家食用。並非交出毒藥的那一刻，行爲人即已著手殺人應該是被利用的人將毒藥交給仇家，行爲人才算是著手殺人。**因爲只有在這一刻（不知情的人已展開攻擊），被害人的生命才出現立即而顯然的危險**。但是，例外如個案中，對於法益的侵害已經進入直接的危險，即利用者已經放任犯罪的進行時，應可視爲著手。

【林東茂，《刑法總則》，一品，初版，2018.04，257 頁；張麗卿，《刑法總則理論與運用》，五南，七版，2018.09，368 頁。】

㈡以「利用者之行爲」做判斷

本說認爲前說將間接正犯的犯罪行爲，視爲幕後利用者與被利用者相互結合的整體犯罪行爲，有違間接正犯的利用他人爲工具的本質，由於間接正犯的著手實行有可能先於行爲工具的開始實行，而且認定間接正犯的著手實行時點，應就操縱支配犯罪全局的利用者的行爲爲準。**因此，判斷間接正犯的著手實行的時點，應以幕後利用者本身的利用行爲做爲判斷標準，而非取決於被利用的行爲工具**。

【林山田，《刑法通論（下）》，自刊，增訂十版，2008.01，67 頁。】

三、教唆犯之既未遂認定

犯罪行爲有不同的階段。在教唆犯情形，由於分爲教唆行爲與本罪實行行爲兩個部分，因此，犯罪階段的認定及其處罰較爲複雜。所教唆的本罪正犯已經既遂者，此時最無疑問，教唆人成立本罪既遂的教唆犯。

若教唆者產生實行犯罪的決意，而且已經著手實行犯罪行爲，但未達到既遂狀態，此即狹義的教唆未遂，刑法第29條第2項來處罰。由於新法已經將第29條第3項刪除，只留下狹義的教唆未遂，因此在這裡就不討論舊法時期狹義的教唆未遂。

【林鈺雄，《新刑法總則》，元照，六版，2018.09，467頁以下；余振華，《刑法總論》，三民，修訂二版，2013.10，422頁。】

四、幫助犯之既未遂認定

幫助行爲與教唆行爲不同的是，未必有明確的前後階段可言。此外，依照限制的從屬性説，幫助犯的處罰是從屬於正犯的「構成要件該當性與違法性」。據此，若正犯所犯乃本罪既遂之違法犯行，即應論以本罪既遂之幫助犯，亦有稱「幫助既遂犯」。至於事後的幫助行爲，能否成立幫助犯？例如：竊盜（既遂）後，被害人追趕之際，甲伸腳絆倒被害人，小偷因而逃脱。學説上認爲，基於罪刑法定原則，甲無法成立竊盜的幫助犯。

但若本罪未遂亦可罰，且正犯所犯乃本罪未遂之違法犯行，則應論以本罪未遂之幫助犯，亦有稱「幫助未遂犯」。反之，若正犯未至著手階段，無論原因爲何，因無可罰的正犯，故無可罰的幫助犯可言，此種情形可謂幫助行爲本身未完成的未遂，屬於「不罰的未遂幫助犯」(versuchte Beihilfe)。

【林東茂，《刑法總則》，一品，初版，2018.04，257頁；林鈺雄，《新刑法總則》，元照，六版，2018.09，484頁。】

五、結合犯之既未遂認定

由於結合犯，僅須結合之二罪係相互利用其時機，在時間上有銜接性，在地點上有關連性，亦即二行爲間具有密切之關連，事實之認識，即可與結合犯之意義相當；至行爲人究係先犯基本罪，抑或先犯結合罪，並非所問，亦不以行爲之初具有相結合各罪之包括犯意爲必要，是他罪之意思究係出於實行基本行爲之初，而爲預定之計畫或具有概括之犯意，抑或出於實行基本行爲之際，而新生之犯意，均不生影響。如刑法第332條第1項規定，犯強盜罪而有故意殺人之行爲者，處死刑或無期徒刑。顯係認爲行爲人利用強劫之犯罪時機，而故意殺人者，因該兩個行爲互有關連，對社會之危害極大，故將該兩個犯罪行爲，結合成爲一個獨立之強盜故意殺人罪，處以重刑。至於行爲人於實施人兩個行爲時，其前後行爲之間是否有犯意聯絡關係，法律條文既未有所規定，自難認係該罪之構成要件。又如準強盜罪之基本罪雖屬未遂，但結合罪已成立既遂，客觀上已符合結合犯成立之要件。是以，學説及實務見解，即使基礎犯罪未遂，但只要相結合之罪爲既遂，即應成立結合犯之既遂。

但於結合犯未處罰未遂犯者，即無法依結合犯未遂犯處罰，此時只能依基礎之罪與相結合之罪，故仍得分別加以論處，數罪併罰。

【最高法院99年度台上字第5941號判決；最高法院85年度第2次刑事庭會議決議；高金桂，〈實質結合犯之未遂問題—兼評最高法院101台上3380號判決〉，《軍法專刊》，第58卷第6期，2012.12，159頁以下。】

❑ 實務見解

▶52 台上 1436（判例）

上訴人既有殺人之犯意，又有放置含有毒素之陸角牌乳劑於食物內之行爲，雖因其放置毒品後即被發現，尚未發生有人死亡之結果，亦係已著手於犯罪行爲之實行而不遂，應構成殺人未遂罪，而非預備殺人。

▶39 台上 315（判例）

刑法上之預備犯與未遂犯，應以已否著手於犯罪行爲之實行爲區別，被告某甲因挾警員某乙勸告帶所補領自行車牌照之恨，於途中等候，俟某乙行抵其前，自懷中取刀著手刺殺，經某乙呼喊，某丙奔到，始行他去，是被告既已著手實施殺害行爲，縱因意外障礙未達到目的，亦應依殺人未遂犯處斷，不能論以預備殺人。

▶30 上 2671（判例）

犯罪之故意，祇須對於犯罪事實有所認識而仍實施爲已足，不以犯人主觀之認識與客觀事實不生齟齬爲必要。上訴人率人向被害人屋內開槍射擊，雖因被害人事先走避未遭殺害，然上訴人既認其尚在屋內而開槍，不能謂無殺人事實之認識及發生死亡結果之希望，而其犯罪結果之不能發生，既係由於被害人事先走避之意外障礙，則上訴人對此應負故意殺人未遂之責，自屬毫無疑義。

▶30 上 684（判例）

刑法第二十五條所謂已著手於犯罪行爲之實行，係指對於構成犯罪要件之行爲，已開始實行者而言，若於著手此項要件行爲以前之準備行動，係屬預備行爲，除法文有處罰預備犯之明文，應依法處罰外，不能遽以未遂犯罪論擬。

▶109 台上 1041〇（判決）

出於故意之不法行爲，或歷經決意、計畫（陰謀）、準備（預備）、著手（實行）、既遂及終了等過程，或僅處於上開歷程之特定階段，而犯罪之既遂，以犯罪構成要件要素全部實現爲必要，倘行爲人尚未實現犯罪全部構成要件要素，又無處罰陰謀犯、預備犯或未遂犯之特別規定者，則不爲罪。是處罰犯罪既遂前之陰謀、預備或未遂等階段，係刑罰擴張規定，以法律有特別規定者為限。而刑法第二十五條第一項「已著手於犯罪行為之實行而不遂者，為未遂犯」之定義性規定，揭明犯罪行為之著手（實行），乃犯罪預備與犯罪未遂之分界，著手於犯罪行為實行之後，不待結果發生或行為終了，即成立未遂犯。**又犯罪之著手，係指行為人基於犯罪之決意 而開始實行密接或合於該罪構成要件之行為而言**。毒品危害防制條例明文處罰販賣第二級毒品未遂犯，無非係因行為人已著手於販賣第二級毒品犯罪行為之實行，縱未能（排除不能犯）或尚未滿足販賣第二級毒品犯罪全部構成要件行為之實行，或其犯罪結果之實現，然客觀上已足對該罪所保護之法益造成現實危險之故，其可罰 性立基於行為不法（行為非價），祇不過因欠缺結果不法（結果非價），故得減輕其刑而已。為遏抑販毒營利意圖驅使下，為害尤烈之毒害蔓延，販賣毒品之入罪，更擴及處罰其未遂犯，以為前置性之法益保護，此乃「販賣（毒品）未遂」之釋義指引與依歸。故而，**販賣毒品之著手，或為意圖營利而販入；或基於販入以外之其他原因持有，嗣另行起意營利販賣，而初有向外兜售或推銷之行為即足當之；舉凡所販毒品交付與買受人而既遂之前，包括供買方看貨、議價、買賣要項意思合致、履行方式之磋商或其他實行犯意冀以遂行犯罪之行為，概皆屬之；而具體個案之實際著手時點，則不盡相同，非必起始於上揭最初步驟**。

㈡原判決既認被告已有向辜○○兜售推銷甲基安非他命之行為，則不論辜○○是否回應或回應之內容為何，更不問雙方就買賣甲基安非他命之數（重）量暨品質或價格已否達成共識，被告所為似已著手實行販賣第二級毒品之行為，乃原判決認為必須至販毒者與購毒者就重要交易內容意思合致時，始係該罪之著手實行，依前揭說明，其見解非無可議。

第26條（不能犯）
行為不能發生犯罪之結果，又無危險者，不罰。

❑ 實務見解

▶59台上2861（判例）

上訴人既有殺人之犯意，又有放置含有毒素之陸角牌乳劑於食物內之行為，雖因其放置毒品後即被發現，尚未發生有人死亡之結果，亦係已著手於犯罪行為之實行而不遂，應構成殺人未遂罪，而非預備殺人。

▶48台上1348（判例）

刑法第二十六條前段僅為未遂犯之處罰得按既遂犯之刑減輕之原則規定，至於應否減輕，尚有待於審判上之衡情斟酌，並非必須減輕，縱予減輕，仍應依刑法第五十七條審酌一切情狀以為科刑輕重之標準，並應依刑事訴訟法第三百零二條第二款之規定，於判決理由內記明其審酌之情形，並非一經減輕即須處以最低度之刑。

第27條（中止犯）
Ⅰ已著手於犯罪行為之實行，而因己意中止或防止其結果之發生者，減輕或免除其刑。結果之不發生，非防止行為所致，而行為人已盡力為防止行為者，亦同。
Ⅱ前項規定，於正犯或共犯中之一人或數人，因己意防止犯罪結果之發生，或結果之不發生，非防止行為所致，而行為人已盡力為防止行為者，亦適用之。

❖ 法學概念

中止犯

中止犯之成立，須已著手於犯罪之實行而因己意中止，預備（或陰謀）行為因僅係著手以前之階段行為，尚未達於著手階段，與中止犯之法定要件不合，自無從成立中止犯。然而預備（或陰謀）行為，對於犯罪之完成，不僅較未遂更為遙遠，其危險性亦較低；且中間仍可能存有許多障礙，使其無法著手實現犯罪。倘行為人以己意中止著手實行，但因礙於法定要件，致無法適用中止犯之規定減免其刑，在刑罰之權衡上，實有失公平。

【靳宗立，《刑法總論Ⅰ—刑法基礎理論暨犯罪論》，集義閣，初版，2010.09，389頁。】

❖ 法學概念

準中止犯

2005年刑法修正後，於本法第27條第1項後段新增「準中止犯」之規定。即行為人著手後，為避免結果發生就須採取積極的手段防止，惟基於某些客觀因素，造成「結果未發生與行為人防果行為間欠缺因果關係」，這些客觀因素大致是：被害人或第三人行為介入之準中止犯，或結果自始不發生之準中止犯以及自然事實介入之準中止犯。只是防止行為雖然無效，立法政策上為鼓勵行為人已盡眞摯努力來防免結果發生，仍賦予減輕或免除其刑的寬典。

所稱「盡力防果行為」，是指行為人眞摯努力實踐的積極作為，須依具體個案情狀判斷，是一種有效並足以防止結果發生的適當行為。亦即，行為人必須「積極地」實行足以防止結果發生的作為；且客觀的積極作為，須表現出行為人防止結果發生的「眞摯性」。尤其，行為人採取的中止行為，依社會普遍理性的角度觀察，是一個適當有效的防果行為；因為即使如無「偶然外力因素的介入來切斷防果行為與未遂的因果關係」，仍然可以阻止既遂結果發生，就是一種適當有效的盡力防果行為。

例如行為人乙裝置炸彈欲炸死甲，但由於未

裝妥，所以自始就無法引爆。不過由於行為人主觀上並非出於重大無知且裝置炸彈的危險性是眾所皆知的，自無不能犯成立的空間；不過若事後乙的防果行為已達均衡未遂的不法非價，自仍可成立準中止犯，適用中止犯法律效果的寬典。

【張麗卿，〈不能犯或自始不能發生結果之準中止犯〉，《台灣法學雜誌》，第 180 期，2011.07，110 頁以下。】

☐ 實務見解

▶73 年度第 5 次刑事庭會議決定㈠(73.05.15)

殺害（或傷害）特定人之殺人）或傷害）罪行，已著手於殺人（或傷害）行為之實行，於未達可生結果之程度時，因發見對象之人有所錯誤而停止者，其停止之行為，經驗上乃可預期之結果，為通常之現象，就主觀之行為人立場論，仍屬意外之障礙，非中止未遂。

▶66 台上 662（判例）

依原判決所記載之事實，認定上訴人著手實施殺人行為後，乃中止殺意，並囑案外人某甲將被害人送醫急救，防止死亡結果之發生，依此情形，自屬中止未遂，第一審誤認為障礙未遂，適用刑法第二十六條前段，顯係用法錯誤。

▶32 上 2180（判例）

殺人之幫助犯，欲為有效之中止行為，非使以前之幫助全然失效或為防止犯罪完成之積極行為不可，如屬預備犯，則其行為之階段，尚在著手以前，縱因己意中止進行，仍與刑法第二十七條所定已著手之條件不合，自應仍以殺人預備罪論科。

▶108 台上 2649○（判決）

按所謂中止犯，依刑法第二十七條第一項前段之規定，係指「已著手於犯罪行為之實行，而因己意中止或防止其結果之發生者」而言；亦即，除了具備一般未遂犯的成立要件之外，必須行為人主觀上出於自願之意思，客觀上因而中止實行犯罪（未了未遂之中止）或防止其結果之發生（既了未遂之中止），結果之不發生，乃出於自願之中止行為，而非因外在非預期之障礙事由；主觀自願性之要件，是指「縱使我能，我也不要」，此乃與障礙未遂之區別。否則，著手犯罪後，因非預期之外界因素影響，**依一般社會通念，可預期犯罪之結果無法遂行，或行為人認知，當時可資運用或替代之實行手段，無法或難以達到犯罪結果（包括行為人繼續實行將會招致過大風險，例如事跡敗露之風險），因而消極放棄犯罪實行之情形，即非因己意而中止未遂**，應屬障礙未遂之範疇。

第四章　正犯與共犯

> 第28條（共同正犯）
> 二人以上共同實行犯罪之行為者，皆為正犯。

❖ 法學概念

正犯與共犯（參與犯）的區分標準

關於正犯與共犯（參與犯）的區分，一般分為「客觀說」、「主觀說」與「犯罪支配說」。客觀說，係以行為外觀為判準。主觀說，則以行為人的想法為判準。而犯罪支配說係指犯罪過程中，居於主控支配地位的人，才是正犯。犯罪支配說（Tatherrschaftslehre）為目前國內學說主流，又衍生出：「行為支配論」（Handlungsherrschaft），用以定義「直接單獨正犯」；「意志支配論」（Willensherrschaft），用以界定間接正犯；「功能支配論」（funktionelle Tatherrschaft），用以區分共同正犯與共犯（參與犯）。本書亦採犯罪支配說做為正犯與共犯（參與犯）的區分標準。

【林東茂，《刑法總則》，一品，初版，2018.04，281 頁。】

❖ 法學概念

共謀共同正犯

一、理論基礎

㈠共同意思主體說

二個以上的行為人，本來是屬於「異心別體」的個人，為了實現一定犯罪的共同目的，互相謀議，形成「同心一體」，而成立一個共同意思的主體。其中任何一個人基於共同目的而實行犯罪時，其所實行的行為即為共同意思主體全體的活動，實行犯罪者的行為亦視為其他共同謀議者的行為。

㈡目的行為支配說

在共謀共同正犯的情形，因為共謀者對於實際實行犯罪的行為人，在功能上亦得加以目的行為支配，自得肯定共謀共同正犯的概念。

㈢間接正犯類似說

此說認為在共謀者間，於成立實現犯罪的合意時，已蘊含互相利用而實現結果的意義，實與間接正犯的利用行為，本質上並無差別。

以上諸說，甘教授傾向支持「共同意思主體說」。蓋間接正犯類似說，雖有其一面的道理，但是間接正犯是利用他人作為道具而實現一定的犯罪，被利用人或無故意或欠缺責任能力等而不成立犯罪。共謀共同正犯的共謀者，僅係參與謀議，雖不無利用的意思存在，但實際實行犯罪的行為人，不但故意實行犯罪，且具有責任能力等，共謀者與實際實行犯罪者間，並無利用道具的關係存在。至於，目的行為支配理論，雖為目前德國學界的通說，在我國亦獲得不少的支持。惟，犯罪支配是一個開放性概念，因各人價值觀念的差異，何者有犯罪支配？何者無犯罪支配？在作規範評價時，即可能發生見仁見智的不同結果。

由於共同正犯的犯罪結構，是二個以上的行爲人整體地形成一個犯罪共同體，各共同行爲人間在主觀上因具有意思的聯絡，彼此相互提供、強化促進行爲的動機，形成一個同心一體的利益主體，對於法益的侵害或危險，具有直接的心理因果性；在客觀上，各共同行爲人各別分擔犯罪行爲的一部分或其中某一階段的行爲，彼此將他人的行爲視爲自己的行爲，並相互利用與補充，以致造成法益侵害或危險，亦具有直接的物理因果性。所以得將其共謀者亦視爲共同正犯，其理論基礎與實行共同正犯，並無任何不同，故氏主張此說較可採。

二、與共犯之區別

依向來之實務見解，教唆犯僅止於引起他人的犯意；幫助犯亦純在於協助他人犯罪的實現。倘行爲人於教唆或幫助行爲外，如於他人實施犯罪行爲之際，當場有所指揮，且就其犯罪實施的方法，以及實施的順序，有所計畫，以促成犯罪的實現，亦即曾參與謀議犯罪的實現者，即視其爲共謀共同正犯，不能再論以教唆犯或幫助犯。

【甘添貴，〈共謀共同正犯與共犯的區別—最高法院 98 年度台上字第 877 號刑事判決評釋〉，《法令月刊》，第 61 卷第 2 期，2010.02，55 頁以下。】

□ 實務見解

▶102 年度第 14 次刑事庭會議決議㈠（102.10.01）

決議：採丙說。

文字修正如下：事中共同正犯，即學說所謂之「相續的共同正犯」或「承繼的共同正犯」，**乃指前行爲人已著手於犯罪之實行後，後行爲人中途與前行爲人取得意思聯絡而參與實行行爲而言**。事中共同正犯是否亦須對於參與前之他共同正犯之行爲負擔責任，學理上固有犯罪共同說（肯定）、行爲共同說（否定）之爭議，**但共同正犯之所以適用「一部行爲全部責任」，即在於共同正犯間之「相互利用、補充關係」，若他共同正犯之前行爲，對加入之事中共同正犯於構成要件之實現上，具有重要影響力，即他共同正犯與事中共同正犯對於前行爲與後行爲皆存在相互利用、補充關係，自應對他共同正犯之前行爲負責；否則，事中共同正犯對他共同正犯之前行爲，既未參與，亦無形成共同行爲之決意，即難謂有行爲共同之存在，自無須對其參與前之犯罪行爲負責**。準此，行爲人於參與共同非法經營銀行業務前，對先前他共同正犯已實現構成要件之犯罪行爲，因不在其合同意思範圍之內，且此部分之法益侵害已經結束，其無從再參與該先前之全部或一部犯罪行爲，此部分違法吸金所取得之財物或利益等，既非其犯罪所得，即不應計入。**惟在他共同正犯犯罪既遂後而行爲尚未終了之前加入，且前行爲之效果仍在持續中，如事中共同正犯利用該尚持續存在之前行爲之效果，則其對前行爲所生之結果亦具因果性，即須負責**。故行爲人加入時，其他共同正犯先前之違法吸金行爲雖已完成，但如被害人僅繳交原約定之部分存款或投資款項，其餘部分係在行爲人加入後始給付或由行爲人收取完畢。因行爲人係利用其他共同正犯之行爲，使非銀行經營收受存款等業務罪之不法構成要件完全實現，此時即該當非銀行經營收受存款等業務罪構成要件之不法行爲，就犯罪所得自應合併計算。

▶101 年度第 11 次刑事庭會議決議（101.11.27）

共同正犯在主觀上須有共同犯罪之意思，客觀上須爲共同犯罪行爲之實行。**所謂共同犯罪之意思，係指基於共同犯罪之認識，互相利用他方之行爲以遂行犯罪目的之意思；共同正犯因有此意思之聯絡，其行爲在法律上應作合一的觀察而爲責任之共擔。至於共同正犯之意思聯絡，不以彼此間犯罪故意之態樣相同爲必要**，蓋刑法第十三條第一項、第二項雖分別規定行爲人對於構成犯罪之事實，明知並有意使其發生者，爲故意；行爲人對於構成犯罪之事實，預見其發生而其發生不違背其本意者，以故意論。前者爲直接故意，後者爲間接故意，惟不論「明知」或「預見」，僅認識程度之差別，間接故意應具備構成犯罪事實之認識，與直接故意並無不同。除犯罪構成事實以「明知」爲要件，**行爲人須具有直接故意外，共同正犯對於構成犯罪事實既已「明知」或「預見」，其認識完全無缺，進而基此共同之認識「使其發生」或「容認其發生（不違背其本意）」，彼此間在意思上自得合而爲一，形成犯罪意思之聯絡。故行爲人分別基於直接故意與間接故意實行犯罪行爲，自可成立共同正犯。**

▶76 年度第 7 次刑事庭會議決定（76.04.07）

刑法分則或刑法特別法中規定之結夥二人或三人以上犯罪，應以在場共同實施或在場參與分擔實施犯罪之人爲限。不包括同謀共同正犯在內。司法院大法官會議釋字第一〇九號解釋「以自己共同犯罪之意思，事先同謀，而由其中一部分之人實施犯罪之行爲者，均爲共同犯」之意旨，雖明示將「同謀共同正犯」與「實施共同正犯」併包括於刑法總則第二十八條之「正犯」之中，但此與規定於刑法分則或刑法特別法中之結夥犯罪，其態樣並非一致。

▶67年度第10次刑庭庭推總會議決議㈠（67.09.19）

結婚爲男女當事人二人之行爲，不容第三人分擔實施。父母同意其子女重婚，並爲主婚，既非分擔實施重婚行爲，亦非以自己共同重婚之意思而參與（重婚行爲除當事人外非第三人所能參與犯罪），祇是對其子女之重婚行爲，事前事中予以精神上之助力，僅能構成重婚罪之幫助犯，如子女原無婚之意思，則父母之造意可構成重婚之教唆犯，而不成立共同正犯。

▶77台上2135（判例）

共同正犯之意思聯絡，原不以數人間直接發生者爲限，即有間接之聯絡者，亦包括在內。如甲分別邀約乙、丙犯罪，雖乙、丙間彼此並無直接之聯絡，亦無礙於其爲共同正犯之成立。

▶106台上3352○（判決）

複數行爲人以共同正犯型態實施特定犯罪時，除自己行爲外，亦同時利用他人之行爲，以遂行自己之犯罪，**共同正犯行爲階段如已推進至「著手實施犯行之後」，脫離者爲解消共同正犯關係，不僅須停止放棄自己之行爲，向未脫離者表明脫離意思，使其瞭解認知該情外，更由於脫離前以共同正犯型態所實施之行爲，係立於未脫離者得延續利用之以遂行自己犯罪之關係，存在著未脫離者得基於先前行爲，以延續遂行自己犯罪之危險性，脫離者自須排除該危險，或阻止未脫離者利用該危險以續行犯罪行爲時，始得解消共同正犯關係**，不負共同正犯責任。易言之，複數行爲人遂行犯罪時，較諸於單獨犯型態，由於複數行爲人相互協力，心理上較容易受到鼓舞，在物理上實行行爲亦更易於強化堅實，對於結果之發生具有較高危險性，脫離者個人如僅單獨表示撤回加功或參與，一般多認爲難以除去該危險性，準此，立於共同正犯關係之行爲，複數行爲人間之各別行爲既然具有相互補充、利用關係，於脫離之後仍殘存有物理因果關係時固毋待贅言，甚於殘存心理因果關係時，單憑脫離共同正犯關係之表示，應尚難足以迴避共同正犯責任，**基於因果關係遮斷觀點，脫離者除須表明脫離共同正犯關係之意思，並使未脫離者認知明瞭該情外，更須除去自己先前所爲對於犯罪實現之影響力，切斷自己先前所創造之因果關係**（即須消滅犯行危險性，解消脫離者先前所創造出朝向犯罪實現之危險性或物理、心理因果關係效果，如進行充分說服，於心理面向上，解消未脫離共犯之攻擊意思，或撤去犯罪工具等，除去物理的因果性等），**以解消共同正犯關係本身，始毋庸就犯罪最終結果（既遂）負責**。

▶105台上88○（判決）

刑法上之幫助犯，固以幫助他人犯罪之意思而參與犯罪構成要件以外之行爲而成立，惟所謂以幫助他人犯罪之意思而參與者，指其參與之原因，僅在助成他人犯罪之實現者而言，倘以合同之意思而參加犯罪，即係以自己犯罪之意思而參與，縱其所參 與者爲犯罪構成要件以外之行爲，仍屬共同正犯，又所謂參與犯罪構成要件以外之行爲者，指其所參與者非直接構成某種犯罪事 實之內容，而僅係助成其犯罪事實實現之行爲而言，苟已參與構成某種犯罪事實之一部，即屬分擔實行犯罪之行爲，雖僅以幫助他人犯罪之意思而參與，亦仍屬共同正犯。此爲現行實務上一致之見解。是就共同正犯與從犯之區別，係採主觀（是否以合同之意思即以自己共同犯罪之意思而參與）、客觀（是否參與構成要件行爲）擇一標準說（參見民國九十四年二月二日修正公布之刑法第二十八條之修正立法理由）。而就他人故意積極作爲之犯罪所侵害法益具體結果之發生，負有法律上防止義務之人（即立於保證人地位者，下以此稱之），若對該他人之犯罪有所參與，其究竟應負共同正犯或從犯之責，原則上仍應依上開共同正犯、從犯之區別標準決定之。其中立於保證人地位者，縱僅消極不爲阻止或防止行爲，惟其與故意作爲之正犯間，若於事前或事中已有以自己犯罪意思之共同正犯之犯意聯絡，其即係利用作爲正犯之行爲以達成其等共同犯罪之目的，即便其參與之方式，在形式上係以消極不阻止或防止之不作爲使故意作爲犯之構成要件行爲（作爲）易於實現，而未參與作爲之構成要件行爲，亦係共同正犯。若於保證人地位者，對他人故意積極作爲之犯罪，與該他人間並無共同正犯之犯意聯絡，而僅能認有幫助之犯意，且其僅有上述使故意作爲犯之構成要件行爲（作爲）易於實現之消極不阻止或 防止之不作爲時，應成立該故意作爲犯之幫助犯；若其主觀上亦難認有幫助之犯意（如對故意作爲犯之作爲無認識等），則在有過失犯處罰明文規定情形下，視其對故意作爲犯之犯罪所造成之結果，是否符合應注意、能注意而不注意之過失要件，論以過失犯。

第29條（教唆犯及其處罰）

Ⅰ教唆他人使之實行犯罪行爲者，爲教唆犯。

Ⅱ教唆犯之處罰，依其所教唆之罪處罰之。

❑實務見解

▶73台上2616（判例）

教唆犯並非共同正犯，上訴人夫妻如屬共同教唆僞證，應就教唆行爲共同負責，無適用刑法第二十八條規定之餘地，原判決主文揭示上訴人共同教唆僞證字樣，並於結論欄引用刑法第二十八條，殊嫌錯誤。

▶30上597（判例）

教唆犯以須實施者之犯罪在其教唆範圍以內者，始負責任，如實施者之犯罪越出教唆範圍之外，則教唆者對於越出部分之犯罪行爲，不負教唆責任。

▶25 上 4445（判例）

刑法第一六五條所謂湮滅關係「**他人**」刑事被告案件之證據，必以所湮滅者「非其本人」犯罪之證據爲要件，否則縱與其他共犯有關，亦難律以該項罪名。

第 30 條（幫助犯及其處罰）
I 幫助他人實行犯罪行爲者，爲幫助犯。雖他人不知幫助之情者，亦同。
II 幫助犯之處罰，得按正犯之刑減輕之。

❖ 法學概念

幫助犯

所謂幫助犯，學理上亦稱爲從犯，因行爲人事前或事中幫助正犯，助益其犯罪之進行或完成，而從屬於正犯，予以非難，課以刑責，是若正犯已經完成其犯罪，除法律另有規定外，並不能成立事後幫助犯。幫助者自己並無實行犯罪構成要件之意思與行爲，而於他人犯罪時，認識自己之幫助行爲，而且對於正犯之犯行有構成要件故意之存在，導致可使正犯之犯罪容易實現。所謂幫助故意，必須具有雙重故意，其一是幫助他人實行特定犯罪的故意，以及幫助既遂故意。於正犯實行犯罪行爲時，給予幫助的行爲無論是物質或是精神的鼓勵皆屬之，而使正犯得以或易於實現構成要件。至於幫助犯與正犯有無意思聯絡，並非必要，**片面的幫助**（即使被幫助者不知情）亦得成立幫助犯，現行刑法規定「幫助他人實行犯罪行爲者，爲幫助犯。雖他人不知幫助之情者，亦同」（§30 I）。

【最高法院103年度台非字第236號判決；柯耀程，《刑法總則》，三民，初版，2014.08，299 頁；余振華，《刑法總論》，三民，二版，2013.10，429 頁；甘添貴、謝庭晃，《捷徑刑法總論》，瑞興，修訂版，2006.06，266 頁。】

❖ 法學概念

是否承認幫助的預備犯或陰謀犯？

所謂「幫助預備或陰謀預備」，是指幫助預備罪或是陰謀預備罪的行爲，結果正犯僅止於預備或陰謀階段而言。

若採共犯獨立性說之立場，得肯定幫助犯之成立。但我國係採共犯從屬性說之「限制從屬形式」，所謂實行犯罪是指著手構成要件的「實行」，不包括預備階段，故本書認爲不應承認幫助的預備犯或是陰謀犯。

【最高法院27年台上字第2766號判例；陳子平，《刑法總論》，元照，三版，2015.09，606 頁；林東茂，《刑法總則》，一品，初版，2018.04，283 頁。】

❖ 法學概念

中性幫助行為

在幫助犯的討論中，有一極爲重要的問題，在於中性幫助行爲的可罰性，亦即，中性的、日常生活的舉止方式，如果對正犯犯行有所助益的話，能否視爲幫助行爲，而依幫助犯處罰？

我國早期實務認爲：「上訴人在製造嗎啡機關內，如僅係受僱洗滌器具等一切雜事，對於製造嗎啡並無加工行爲，縱係知情，尚難論以幫助製造嗎啡罪（最高法院 25 年上字第 2387 號判例）係採否定之見解。但近期判決則認爲，提供餐點給正犯等人食用，待人質逃離後，並到派出所查看情況，顯出於幫助正犯等人擄人勒贖之犯意，於事中予以助力，其以幫助之意思參與犯罪構成要件以外之行爲，應係擄人勒贖罪之幫助犯（96 年台上字第 388 號）。

至於我國學者則較傾向折衷的看法，如黃惠婷教授認爲，**並非只要對正犯提供助益，皆成立幫助犯，除非幫助行爲與正犯犯罪具因果關係，且提高被害人的風險。日常的中性行爲雖然與他人犯罪具因果關係，但欠缺犯罪的意義關聯性，且依信賴原則能排除結果的客觀歸責時，也不成立幫助犯**。林鈺雄教授亦謂，在通常情形，提供者無論是賣麵包、賣菜刀或租房子，這些「日常生活舉止」根本沒有製造任何具有刑法意義的風險，或者所製造的僅是「可容許之風險」而已，無法以刑法相繩；但是若正犯擺明了就是要以該提供物來實現違法犯行，而提供者也完全知悉正犯的打算，此時，提供者對於犯罪的貢獻就已經失去了「日常生活舉止」的特徵，提供者就是以幫助故意來資助並貢獻正犯故意犯行之人，構成幫助犯。

【黃惠婷，《刑法案例研習㈢》，新學林，初版，2011.12，161 頁；林鈺雄，《新刑法總則》，元照，六版，2018.09，481 頁以下。】

☐ 實務見解

▶60 台上 2159（判例）

刑法上之幫助犯，以正犯已經犯罪爲構成要件，故幫助犯無獨立性，如無他人犯罪行爲之存在，幫助犯即無由成立。

▶107 台上 1094○（判決）

刑法上所謂幫助他人犯罪，係指對他人決意實行之犯罪有認識，而基於幫助之意思，於他人犯罪實行之前或進行中施以助力，給予實行上之便利，使犯罪易於實行，而助成其結果發生者。是行爲人對其幫助之行爲與被幫助犯罪侵害法益之結果間有因果關係之認知，仍屬意爲之，即得認有幫助犯罪之故意，要不因其所爲非以助益犯罪之實行爲唯一或主要目的而異其結果；且其所爲之幫助行爲，基於行爲與侵害法益結果間之連帶關聯乃刑事客觀歸責之基本要件，固須與犯罪結果間有因果關聯，但不以具備直接因果關係爲必要。故凡意圖幫助犯罪而以言語或動作從旁助勢，直接或間接予以犯罪之便利，足以增加正犯犯罪之力量者，即屬幫助行爲，縱其於犯罪之進行並非不可或缺，或所提供之助益未具關鍵性影響，亦屬幫助犯罪之行爲。

▶105 台上 88〇（判決）

刑法上之幫助犯，固以幫助他人犯罪之意思而參與犯罪構成要件以外之行爲而成立，惟所謂以幫助他人犯罪之意思而參與者，**指其參與之原因，僅在助成他人犯罪之實現者而言，倘以合同之意思而參加犯罪，即係以自己犯罪之意思而參與，縱其所參與者爲犯罪構成要件以外之行爲，仍屬共同正犯**，又所謂參與犯罪構成要件以外之行爲者，指其所參與者非直接構成某種犯罪事實之內容，而僅係助成其犯罪事實實現之行爲而言，**苟已參與構成某種犯罪事實之一部，即屬分擔實行犯罪之行爲，雖僅以幫助他人犯罪之意思而參與，亦仍屬共同正犯**。此爲現行實務上一致之見解。是就共同正犯與從犯之區別，係採主觀（是否以合同之意思即以自己共同犯罪之意思而參與）、客觀（是否參與構成要件行爲）擇一標準說（參見民國九十四年二月二日修正公布之刑法第二十八條之修正立法理由）。而就他人故意積極作爲之犯罪所侵害法益具體結果之發生，負有法律上防止義務之人（即立於保證人地位者，下以此稱之），若對該他人之犯罪有所參與，其究竟應負共同正犯或從犯之責，原則上仍應依上開共同正犯、從犯之區別標準決定之。**其中立於保證人地位者，縱僅消極不爲阻止或防止行爲，惟其與故意作爲之正犯間，若於事前或事中已有以自己犯罪意思之共同正犯之犯意聯絡，其即係利用作爲正犯之行爲以達成其等共同犯罪之目的，即便其參與之方式，在形式上係以消極不阻止或防止之不作爲使故意作爲犯之構成要件行爲（作爲）易於實現，而未參與作爲之構成要件行爲，亦係共同正犯**。**若立於保證人地位者，對他人故意積極作爲之犯罪，與該他人間並無共同正犯之犯意聯絡，而僅能認有幫助之犯意，且其僅有上述使故意作爲犯之構成要件行爲（作爲）易於實現之消極不阻止或防止之不作爲時，應成立該故意作爲犯之幫助犯；若其主觀上亦難認有幫助之犯意（如對故意作爲犯之作爲無認識等），則在有過失犯處罰明文規定情形下，視其對故意作爲犯之犯罪所造成之結果，是否符合應注意、能注意而不注意之過失要件，論以過失犯**。

至於本院二十七年上字第二七六六號判例意旨所稱：「…若於他人實施犯罪之際，僅以消極態度不加阻止，並無助成正犯犯罪之意思，及便利其實施犯罪之行爲者，即不能以從犯論擬。」係指對他人犯罪侵害法益之結果，法律上無防止其結果發生義務者之情形而言，對有刑法第十五條規定適用而立於保證人地位者，無援用之餘地。

第 31 條（正犯或共犯與身分）

I 因身分或其他特定關係成立之罪，其共同實行、教唆或幫助者，雖無特定關係，仍以正犯或共犯論。但得減輕其刑。

II 因身分或其他特定關係致刑有重輕或免除者，其無特定關係之人，科以通常之刑。

❖ 法學概念

本條所稱「身分」之涵義

就刑法第 31 條第 1 項（因身分或其他特定關係成立之罪）之文義以觀，因對於犯罪之成立要件，在採構成要件、違法、責任之三階層體系之立場下，解釋上可包含：

一、構成要件階層之「構成身分」（例如，第 335 條之自己持有）及「加減身分」。

二、違法階層之「減輕違法身分」（例如，第 273 條之當場激於義憤）。

三、責任階層之「減輕責任身分」（例如，第 275 條之受囑託或得承諾）等積極身分。

至於「阻卻構成要件身分」（例如，第 306 條之得被害人同意）、「阻卻違法身分」（例如，第 23 條之正當防衛）及「阻卻責任身分」（例如，第 18 條第 1 項之未滿 14 歲之人）等消極身分，則不包括在內。

【靳宗立，《刑法總論 I─刑法基礎理論暨犯罪論》，集義閣，初版，2010.09，432 頁以下。】

❐ 實務見解

▶70 台上 2481（判例）

共犯中之林某乃味〇公司倉庫之庫務人員，該被盜之醬油，乃其所經管之物品，亦即基於業務上關係所持有之物，竟串通上訴人等乘載運醬油及味精之機會，予以竊取，此項監守自盜之行爲，實應構成業務上侵占之罪，雖此罪係以身分關係而成立，但其共同實施者，雖無此特定關係，依刑法第三十一條第一項規定，仍應以共犯論。

▶70 台上 1082（判例）

李某乃被害人李女唯一因親屬關係有監督權之人，竟將該未滿十六歲之被害人賣與陳婦爲娼，同時觸犯刑法第二百三十二條、第二百三十三條罪名，因係法規競合，應論以較重之刑法第二百三十二條之罪。陳婦雖無該身分關係，但與李某共同引誘李女賣淫，依刑法第三十一條第二項規定，因身分或其他特定關係致刑有重輕或免除者，其無特定關係之人，科以通常之刑，故陳某應依較輕之刑法第二百三十三條論處。

▶28 上 3441（判例）

刑法第三百三十六條第二項之罪，以侵占業務上所持有之物爲其構成要件，即係因其業務上持有之身分關係而成立之罪，與僅因身分關係或其他特定關係而致刑有重輕之情形有別。因而無業務關係之人，與有業務關係者共同侵占，依同法第三十一條第一項規定，仍應以業務上侵占之共犯論。

▶28 上 2536（判例）

刑法第三百三十六條第二項之罪，以侵占業務上所持有之物爲其構成要件，即係因其業務上持有之身分關係而成立之罪，與僅因身分關係或其他特定關係而致刑有重輕之情形有別。因而無業務關係之人，與有業務關係者共同侵占，依同法第三十一條第一項規定，仍應以業務上侵占之共犯論。

第五章　刑

第 32 條（刑罰之種類）

刑分爲主刑及從刑。

第 33 條（主刑之種類）

主刑之種類如下：

一　死刑。

二　無期徒刑。

三　有期徒刑：二月以上十五年以下。但遇有加減時，得減至二月未滿，或加至二十年。

四　拘役：一日以上，六十日未滿。但遇有加重時，得加至一百二十日。

五　罰金：新臺幣一千元以上，以百元計算之。

第 34 條（刪除）

第 35 條（主刑之重輕標準）

Ⅰ主刑之重輕，依第三十三條規定之次序定之。

Ⅱ同種之刑，以最高度之較長或較多者爲重。最高度相等者，以最低度之較長或較多者爲重。

Ⅲ刑之重輕，以最重主刑爲準，依前二項標準定之。最重主刑相同者，參酌下列各款標準定其輕重：

一　有選科主刑者與無選科主刑者，以無選科主刑者爲重。

二　有併科主刑者與無併科主刑者，以有併科主刑者爲重。

三　次重主刑同爲選科刑或併科刑者，以次重主刑爲準，依前二項標準定之。

第 36 條（褫奪公權之內容）

Ⅰ從刑爲褫奪公權。

Ⅱ褫奪公權者，褫奪下列資格：

一　爲公務員之資格。

二　爲公職候選人之資格。

第 37 條（褫奪公權之宣告）

Ⅰ宣告死刑或無期徒刑者，宣告褫奪公權終身。

Ⅱ宣告一年以上有期徒刑，依犯罪之性質認爲有褫奪公權之必要者，宣告一年以上十年以下褫奪公權。

Ⅲ褫奪公權，於裁判時併宣告之。

Ⅳ褫奪公權之宣告，自裁判確定時發生效力。

Ⅴ依第二項宣告褫奪公權者，其期間自主刑執行完畢或赦免之日起算。但同時宣告緩刑者，其期間自裁判確定時起算之。

第 37 條之 1（刑期起算日）

Ⅰ刑期自裁判確定之日起算。

Ⅱ裁判雖經確定，其尚未受拘禁之日數，不算入刑期內。

第 37 條之 2（羈押之日數）

Ⅰ裁判確定前羈押之日數，以一日抵有期徒刑或拘役一日，或第四十二條第六項裁判所定之罰金額數。

Ⅱ羈押之日數，無前項刑罰可抵，如經宣告拘束人身自由之保安處分者，得以一日抵保安處分一日。

第五章之一　沒　收

❖ 法學概念

沒收新制概述

修法前沒收本來是從刑的一種，然而沒收本身不應該定位爲「刑」。因爲如果是（狹義）刑罰，刑罰僅止於一身，必然受到「無罪責即無刑罰」的「個人罪責」原則之拘束。此外，就第三人沒收而言，舊法除欠缺章法（擴張至第三人與否，立法標準不明）及自相矛盾（一方面定性沒收是「從刑」；另一方面卻容許第三人沒收特例之缺失）外，可謂過猶不及：「不及」係指欠缺第三人利得沒收之一般性規定，坐視犯罪而得利之第三人繼續保有不法利得，徹底悖離利得沒收制度本意；「過」是指第三人沒收特例率皆欠缺實體要件可言。**由於舊法並無基準性的第三人不法利得沒收規定，因此學者早有增訂第三人利得沒收之倡議，亦即，收受不法利益之第三人，不以自然人爲限且任何有權享有財產權之主體，均足以當之。**

【林鈺雄，〈綜覽沒收新舊法（上）〉，《月旦法學教室》，第 162 期，2016.04，57、62 頁；陳重言，〈第三人利得沒收之立法必要及其基礎輪廓─源自德國法規範與實務之啓發〉，《月旦法學雜誌》，第 238 期，2015.03，87 頁以

下。】

此次修法，大抵乃是學者版與官方版的折衷，唯一的例外是關於沒收應採從輕或從新原則。亦即，三讀條文既不採官方版，亦不採學者版條文，而是於協商後另創「折衷式從新原則」之新條文，原則上皆從裁判時新法，但個案適用新法有過苛之虞時，爲兼顧比例原則，得依過苛條款予以調節適用。

【林鈺雄，〈綜覽沒收新舊法（下）〉，《月旦法學教室》，第163期，2016.05，54頁以下。】

修法後，**沒收不再是從刑，而是一種對抗犯罪行爲的獨立法律效果**。特別是行爲如果獲判無罪，主刑即無從宣告，沒收也就跟著不能宣告。沒收改爲獨立的法律效果之後，即使犯罪不成立，或證據不足而判決無罪，犯罪所得也可以沒收。這樣，對於犯罪所得的剝奪，便可以沒有阻礙。因此修法後依新法第36條，從刑僅有一種，那就是褫奪公權。

【林東茂，《刑法綜覽》，一品，八版增補篇，2016.04，1頁。】

以下簡述此次修法之要點：

一、修法後的沒收之分類

㈠利得沒收

1. 屬於犯罪行爲人者：依新修正刑法第38條之1第1項的規定，犯罪所得，屬於犯罪行爲人者，沒收之。但有特別規定者，依其規定。
2. 屬於第三人者：依新修正刑法第38條之1第2項的規定，犯罪行爲人以外之自然人、法人或非法人團體，因下列情形之一取得犯罪所得者，亦同：
   ⑴明知他人違法行爲而取得。
   ⑵因他人違法行爲而無償或以顯不相當之對價取得。
   ⑶犯罪行爲人爲他人實行違法行爲，他人因而取得。

前二項之沒收，於全部或一部不能沒收或不宜執行沒收時，追徵其價額。

第1項及第2項之犯罪所得，包括違法行爲所得、其變得之物或財產上利益及其孳息。

犯罪所得已實際合法發還被害人者，不予宣告沒收或追徵。

㈡違禁物及犯罪物之沒收

依新修正刑法第38條的規定：

1. 違禁物，不問屬於犯罪行爲人與否，沒收之（應沒收）。
2. 供犯罪所用、犯罪預備之物或犯罪所生之物，屬於犯罪行爲人者，得沒收之。但有特別規定者，依其規定。所謂犯罪物沒收，自包含犯罪所生之物（例如僞造文書的文書）與犯罪工具（或供犯罪預備之物），則因此等物品與犯罪所得有密切關聯，基於消滅犯罪工具與防止犯罪的預防理論，應予沒收。但由於此類沒收的法源基礎，**主要是考量犯罪物與行爲人的特定連結，所衍生防止危害的公共利益維護，並據以剝奪私人財產權，自應與利得沒收所強調的衡平原則遠隔**。然而當可沒收之物具有公共危險性質，或行爲人爲了脫免該應沒收之標的物受沒收處分，以可非難的不正當手段轉移或由第三人提供時，可考量在犯罪預防之目的前提下，由個別法官斟酌對第三人的沒收宣告。

【李聖傑，〈沒不沒收有關係〉，《月旦法學教室》，第160期，2016.02，29頁。】

二、犯罪所得的範圍

依新法第38條之1第4項，包括：「違法行爲所得、其變得之物或財產上利益及其孳息」。這項規定推翻之前實務的見解。實務向來認爲，犯罪所得是指因犯罪「直接」取得之物。依照新法，犯罪所得即使經過轉換，依然是犯罪所得。犯罪所得也包括財產利益，例如：公務員接受性招待的利益、占用他人房屋的使用利益、接受免除債務的利益等等。變得的孳息，例如：利息、租金。將犯罪所得存放銀行而取得利息，或購屋之後取得租金，都屬於犯罪所得。新法將犯罪所得的定義改寫，擴大適用範圍。此外，犯罪所得來自於「違法行爲」，即可沒收。縱使行爲不能被證明爲犯罪，其所得亦可沒收。不以定罪爲必要。新增第38條之2，授權法官可以估算犯罪所得，如果個案特殊，法官可以不宣告沒收。

【林東茂，《刑法綜覽》，一品，八版增補篇，2016.04，3頁。】

三、返還被害人條款

依新法第38條之1第5項，係爲了優先保障被害人犯罪所生之求償權，若犯罪所得已經發還被害人者。自應構成不予宣告沒收或追徵之例外。然而，爲避免既不發還、又不沒收之實務弊端，同時限定發還排除沒收的要件，未予發還者即應予以沒收，以免兩頭落空。

【林鈺雄，〈綜覽沒收新舊法（下）〉，《月旦法學教室》，第163期，2016.05，55頁。】

四、犯罪所得及追徵之範圍與價額以估算認定及防過苛條款

依新法第38條之2第1項，授權法官依個案情形，認定顯有困難時，得以估算認定之。又本條第2項規定，如果沒收或追徵有過苛之虞、欠缺刑法上的重要性、犯罪所得價值低微，或爲維持受宣告人的必要生活條件，法官可以不宣告沒收，使得沒收制度的嚴厲性受到調節。

【林東茂，《刑法綜覽》，一品，八版增補篇，2016.04，4頁。】

五、沒收裁判確定時移轉爲國家所有

依新法第38條之3規定，第38條之物及第

38條之1犯罪所得的所有權或其他權利，於沒收裁判確定時移轉爲國家所有，且第三人對沒收標的的權利或因犯罪而得行使之債權不受影響。2016年6月爲了配合刑訴部分條文修正中的沒收程序，將可在必要時扣押犯嫌、被告或第三人的財產、債權，同條第2項並規定，第1項之沒收裁判，於確定前，具有禁止處分的效力。

六、單獨宣告沒收

沒收既已修正爲獨立之法律效果，不必附隨於裁判爲之，故過去裁判時併宣告沒收原則之規定不再適用，新法增訂第38條第2項、第3項之物、第38條之1第1項、第2項之犯罪所得，因事實上或法律上原因未能追訴犯罪行爲人之犯罪或判決有罪者，得單獨宣告沒收（第40條第3項）。

七、得沒收之物宣告多數沒收者一併執行（第40條之2第1項）

沒收係獨立之法律效果，宣告多數沒收者，並非數罪併罰，故新法增訂，宣告多數沒收者，併執行之。

八、沒收之時效（第40條之2第2、3、4項）

沒收既已修正爲具獨立性之法律效果，已無刑法一般追訴權時效之適用，惟沒收仍實質影響財產關係與交易安全，故明定專屬沒收規定之時效。

第38條（沒收物）

I 違禁物，不問屬於犯罪行爲人與否，沒收之。

II 供犯罪所用、犯罪預備之物或犯罪所生之物，屬於犯罪行爲人者，得沒收之。但有特別規定者，依其規定。

III 前項之物屬於犯罪行爲人以外之自然人、法人或非法人團體，而無正當理由提供或取得者，得沒收之。但有特別規定者，依其規定。

IV 前二項之沒收，於全部或一部不能沒收或不宜執行沒收時，追徵其價額。

❑ 實務見解

▶71台上754（判例）

違禁物固不問屬於犯人與否，**均應沒收，但該物苟係屬於第三人所有，則其是否違禁，即應視該第三人有無違禁情形爲斷**。故犯人雖係違禁持有，而所有之第三人如係經合法允許持有者，仍不在應行沒收之列。本件上訴人所竊得之雷管雖屬違禁物，但原所有人係經允准持有供其砍伐林班之用，並非未受允准亦無正當理由持有。依照上開說明自不在沒收之列，原判決遽行諭知沒收，顯屬於法有違。

▶107台上1602○（判決）

修正後刑法所規定之沒收，係屬刑罰及保安處分以外之獨立法律效果，已非屬刑罰（從刑）。而依法得予沒收之犯罪工具物，固應受憲法財產權之保障，惟因行爲人持以供犯罪或預備犯罪所用，致生危害，爲預防並遏止犯罪，刑法第三十八條第二項乃規定，除有特別規定者外，法官得就屬於犯罪行爲人之工具物宣告沒收之。而共同正犯供犯罪或預備犯罪所用之物，雖實務上有認爲本於責任共同原則，已於共犯中之一人確定判決諭知沒收，對於其他共犯之判決仍應宣告沒收，或就各共同正犯間採連帶沒收主義，以避免執行時予以重複沒收。**然所謂「責任共同原則」，係指行爲人對於犯罪共同加工所發生之結果，相互歸責，因責任共同，須成立相同罪名，至於犯罪成立後應如何沒收，仍須以各行爲人對工具物有無所有權或共同處分權爲基礎，並非因共同正犯責任共同，即謂其共同效力應及於各共同正犯之沒收範疇，即需對各共同正犯重複諭知沒收。亦即「共同責任原則」僅在處理共同犯罪參與關係中責任之認定，與犯罪工具物之沒收重在犯罪預防並遏止犯罪係屬兩事，不得混爲一談。此觀目前實務認爲，共同正犯之犯罪所得如採連帶沒收，即與罪刑法定主義、罪責原則齟齬，必須依各共同正犯間實際犯罪利得分別沒收，始爲適法等情甚明**。又供犯罪或預備犯罪所用之物如已扣案，即無重複沒收之疑慮，尚無對各共同正犯諭知連帶沒收之必要；而犯罪工具物如未扣案，因刑法第三十八條第四項有追徵之規定，則對未提供犯罪工具物之共同正犯追徵沒收，是否科以超過其罪責之不利責任，亦非無疑。**且爲避免執行時發生重複沒收之違誤，祇須檢察官本於不重複沒收之原則妥爲執行即可，尚無於判決內諭知連帶沒收之必要**。而重複對各共同正犯宣告犯罪所用之物連帶沒收，除非事後追徵，否則對非所有權人或無共同處分權之共同正犯宣告沒收，並未使其承擔財產損失，亦無從發揮任何預防並遏止犯罪之功能。尤以對未經審理之共同正犯諭知連帶沒收，剝奪該共同正犯受審之權利，更屬違法。**從而犯罪工具物須屬被告所有，或被告有事實上之處分權時，始得在該被告罪刑項下諭知沒收；至於非所有權人，又無共同處分權之共同正犯，自無庸在其罪刑項下諭知沒收**（本院二十六年滬上字第八十六號判例及六十二年度第一次刑庭庭推總會議決議㈥、六十五年度第五次刑庭庭推總會議決議㈡所稱共同正犯罪刑項下均應宣告沒收之相關見解，均已經本院一〇七年七月十七日第五次刑事庭會議決議停止援用或不再供參考）。故而原審依「連帶沒收原則」，就附表編號4扣案之林建宏所有之牛肉刀一支，於林立晟之主文欄下諭知沒收，容有適用法律不當之違法。

編按：此號判決明白表示現已不採過去實務共同

正犯之犯罪所得必須連帶沒收的見解。

▶107 台上 2697○（判決）

按刑法之沒收，乃獨立於刑罰及保安處分以外之法律效果，非屬刑罰之從刑。不論係違禁物、供犯罪所用、犯罪預備之物、犯罪所生之物及犯罪所得，均可爲沒收之標的。沒收之作用，乃存於犯罪事實或不法事實中禁制物之剝奪，不以有刑事責任爲必要，而以應剝奪之標的（物或不法利益）爲對象，應剝奪標的之所在，即爲沒收之所在。於數人共同犯罪時，上開違禁物、供犯罪所用、犯罪預備之物或犯罪所生之物，究應如何論知沒收，已不能依共同正犯責任共同原則，附屬於刑罰而爲相同之論知，而應依立法目的、沒收標的之性質及其存在狀態，爲下列不同之處理：㈠沒收標的爲違禁物時，因違禁物本身具社會危害性，重在除去。故刑法第三十八條第一項規定，不問屬於犯罪行爲人與否，沒收之。則於數人共同犯罪時，除非違禁物已滅失或不存在，均應對各共同正犯論知沒收。㈡沒收標的爲供犯罪所用、犯罪預備之物或犯罪所生之物時，依刑法第三十八條第二項前段規定，以屬於犯罪行爲人者，得沒收之。係藉由剝奪犯罪行爲人之所有（包含事實上處分權），以預防並遏止犯罪。其既規定屬於犯罪行爲人者，得沒收之，則於數人共同犯罪時，因共同正犯皆爲犯罪行爲人，故不問屬於共同正犯中何人所有，法院均得斟酌個案情節，不予沒收，或僅對共同正犯之所有者，或對部分或全部共同正犯，論知沒收及依刑法第三十八條第四項規定追徵其價額。㈢刑法第三十八條之一第一項前段犯罪所得沒收之規定，同以「屬於犯罪行爲人者」，爲沒收要件。**則於數人共同犯罪時，因共同正犯皆爲犯罪行爲人，所得屬全體共同正犯，本亦應對各共同正犯論知沒收。然因犯罪所得之沒收，在於避免被告因犯罪而坐享利得，基於有所得始有沒收之公平原則，如犯罪所得已經分配，自應僅就各共同正犯分得部分，各別論知沒收。如尚未分配或無法分配時，該犯罪所得既屬於犯罪行爲人，仍應對各共同正犯論知沒收**。與上開刑法第三十八條第二項前段，就「屬於犯罪行爲人者」之解釋，並無不同。

▶107 台上 1109○（判決）

犯罪工具物之沒收，固已跳脫刑罰或保安處分之性質歸屬，而爲刑罰或保安處分以外之獨立法律效果。但依法得予沒收之犯罪工具物，本質上仍受憲法財產權之保障，祇因行爲人濫用憲法所賦予之財產權保障，持以供犯罪或預備犯罪所用，造成社會秩序之危害，爲預防並遏止犯罪，現行刑法乃規定，除有其他特別規定者外，法官得就屬於犯罪行爲人者之工具物宣告沒收之（第三十八條第二項參照）。而共同正犯供犯罪或預備犯罪所用之物，法無必須論知連帶沒收之明文，雖實務上有認爲本於責任共同之原則，已於共犯中之一人確定判決論知沒收，對於其他共犯之判決仍應宣告沒收，或就各共同正犯間採連帶沒收主義，以避免執行時發生重複沒收之問題。然所謂「責任共同原則」，係指行爲人對於犯罪共同加工所發生之結果，相互歸責，因責任共同，須成立相同之罪名，至於犯罪成立後應如何沒收，仍須以各行爲人對工具物有無所有權或共同處分權爲基礎，並非因共同正犯責任共同，即應對各共同正犯重複論知（連帶）沒收。亦即「共同責任原則」僅在處理共同犯罪參與關係中責任之認定，與犯罪工具物之沒收重在犯罪預防並遏止犯罪係屬兩事，不得混爲一談。目前實務認爲，共同正犯之犯罪所得如採連帶沒收，即與罪刑法定主義、罪責原則均相齟齬，必須依各共同正犯間實際犯罪利得分別沒收，始爲適法等情益明。又供犯罪或預備犯罪所用之物如已扣案，即無重複沒收之疑慮，尙無對各共同正犯論知連帶沒收之必要；而犯罪工具物如未扣案，因法律又有追徵之規定（刑法第三十八條第四項），則對未提供犯罪工具物之共同正犯追徵沒收，是否科以超過其罪責之不利責任，亦非無疑。且爲避免執行時發生重複沒收之違誤，祇須檢察官本於不重複沒收之原則妥爲執行即可，亦無於判決內論知連帶沒收之必要。而重複對各共同正犯宣告犯罪所用之物連帶沒收，除非事後追徵，否則對非所有權人或無共同處分權之共同正犯宣告沒收，並未使其承擔財產損失，亦無從發揮任何預防並遏止犯罪之功能。尤以對未經審理之共同正犯論知連帶沒收，剝奪該共同正犯受審之權利，更屬違法。從而，除有其他特別規定者外，犯罪工具物必須屬於被告所有，或被告有事實上之處分權時，始得在該被告罪刑項下論知沒收；至於非所有權人，又無共同處分權之共同正犯，自無庸在其罪刑項下論知沒收。

▶106 台上 1374○（判決）

刑法第三十八條第二項規定：「供犯罪所用、犯罪預備之物或犯罪所生之物，屬於犯罪行爲人者，得沒收之。但有特別規定者，依其規定。」旨在藉由剝奪犯罪行爲人所有以預防並遏止犯罪，而由法官審酌個案情節決定有無沒收必要。所謂「供犯罪所用之物」，乃指對於犯罪具有促成、推進或減少阻礙的效果，而於犯罪之實行有直接關係之物而言。由於供犯罪所用之物與犯罪本身有密切關係，透過剝奪所有權的沒收宣示，除能預防再以相同工具易地反覆非法使用之外，亦能向社會大眾傳達國家實現刑罰決心的訊息，對物之所有權人濫用其使用權利也產生更強烈的懲戒作用，寓有一般預防與特別預防之目的。在主觀要件上，本法雖未明文限制故意犯或過失犯，但過失行為人欠缺將物品納入犯罪實行媒介之主觀利用認識，並未背離其使用財產的合理限度或有濫權使用財產之情形，故無剝奪其財產權之必要，自應將犯罪工具 沒收適用範圍限縮為故意犯，方符合目的性解釋。另在客觀要件上，應區分該供犯罪所用之物，是否為實現犯罪構成要件的事實前提，即欠缺該物品則無由成立犯罪，此類物品又稱為關聯客體，該關聯客體本身並不具促成、推進構成要件實現的輔助功能，故非供犯罪所用之物，其沒收必須有特別規定方得為之。例如不能安全駕駛罪，行為人所駕駛之汽車或機車即為構成該罪之事實前提，僅屬該罪之關聯客體，而不具促成、推進犯罪實現的效用，即非屬供犯罪所用而得行沒收之。至於犯罪加重構成要件中若有特別工具，例如攜帶兇器竊盜罪、利用駕駛供不特定人運輸之交通工具之機會犯強制性交罪，該兇器、交通工具屬於犯罪行為人者，分別對於基本構成要件之普通竊盜罪、強制性交罪而言，仍具有促成、推進功能，即屬於供犯罪所用之物，而在得沒收之列。

第 38 條之 1（犯罪所得之沒收）

Ⅰ犯罪所得，屬於犯罪行為人者，沒收之。但有特別規定者，依其規定。

Ⅱ犯罪行為人以外之自然人、法人或非法人團體，因下列情形之一取得犯罪所得者，亦同：

一　明知他人違法行為而取得。

二　因他人違法行為而無償或以顯不相當之對價取得。

三　犯罪行為人為他人實行違法行為，他人因而取得。

Ⅲ前二項之沒收，於全部或一部不能沒收或不宜執行沒收時，追徵其價額。

Ⅳ第一項及第二項之犯罪所得，包括違法行為所得、其變得之物或財產上利益及其孳息。

Ⅴ犯罪所得已實際合法發還被害人者，不予宣告沒收或追徵。

□ 實務見解

▶108 台上 3908○（判決）

刑法第三十八條之一第一項及第二項雖就取得犯罪所得者分別為**「犯罪行為人」**或**「其他自然人、法人或非法人團體（下稱第三人）」**，定其沒收之條件；惟參諸該修訂理由係謂修正前刑法關於犯罪所得之沒收，以屬於犯罪行為人者為限，則犯罪行為人若將其犯罪所得轉予第三人情形，犯罪行為人或第三人因而坐享犯罪所得，顯失公平正義。故擴大沒收之主體範圍，除沒收犯罪行為人取得之犯罪所得外，第三人若非出於善意之情形，而取得犯罪所得時，仍均應予沒收，避免該第三人因此而獲利益，藉此防止脫法並填補制裁漏洞，以澈底追討犯罪所得，俾符合公平正義等旨。**是若犯罪行為人已取得對犯罪所得之實質支配管領，第三人事實上並無犯罪所得，且事實審法院復就上情調查明確，自無依刑事訴訟法第七編之二沒收特別程序，由該第三人參與沒收程序之必要。**

▶108 台上 954○（判決）

刑法有關沒收規定於民國一〇四年十二月三十日、一〇五年六月二十二日迭經修正公布，依刑法施行法第十條之三第一項規定，自一〇五年七月一日施行。修正後刑法第二條第二項規定：「沒收、非拘束人身自由之保安處分適用裁 判時之法律。」已明確規範修正後有關沒收之法律適用，應適用裁判時法，自無庸比較新舊法。為避免被告因犯罪而坐享犯罪所得，顯失公平正義，而無法預防犯罪，且為遏阻犯罪誘因，並落實「任何人都不得保有犯罪所得」之普世基本法律原則，修正後刑法第三十八條之一明文規範犯罪利得之沒收，期澈底剝奪不法利得，以杜絕犯罪誘因。惟由於國家剝奪犯罪所得之結果，可能影響被害人權益，基於利得沒收本質為準不當得利之衡平措施，應將犯罪所得返還被害人，為優先保障被害人因犯罪所生之求償權，並避免國家與民爭利，修正後刑法第三十八條之一第五項規定：「犯罪所得已實際合法發還 被害人者，不予宣告沒收或追徵」，以不法利得實際合法發還被害人，作為封鎖沒收或追徵之條件，此亦能避免被告一方面遭國家剝奪不法利得，另一方面須償還被害人而受雙重負擔之不利結果。反之，倘利得未實際合法發還被害人，縱被害人放棄求償，法院仍應為沒收之宣告，藉以避免修法前不法利得既不發還被害人，亦未經法院宣告沒收，而使犯罪行為人繼續保有不法利得之不合理現象。

▶107 台上 4009○（判決）

賄賂罪所侵害者為國家之官箴及公務員執行公務之純正，縱行賄人對公務員之職務上行為交付賄賂，其行為時為法所不罰，但行賄者本質屬對合犯，並非被害人，公務員收受之賄賂，應予沒收追徵，不得發還行賄者，縱公務員事後自行將賄賂返還行賄者，依刑法第三十八條之一第二項、第三項規定，雖得對該第三人（行賄者）沒收（追徵），而發生犯罪行為人沒收（追徵）與第三人沒收（追徵）之競合關係，兩者係併存或排斥關係，法無明文規定。依修正刑法增訂第三人沒收規定之立法理由：「現行犯罪所得之沒收，以屬於犯罪行為人者為限，則犯罪行為人將其犯罪所得轉予第三人情形，犯罪行為人或第三人因而坐享犯罪所得，現行規定無法沒收，而顯失公平正義，故擴大沒收之主體範圍，『除』沒收 犯罪行為人取得之犯罪所得『外』，**第三人若非出於善意之情形，包括：明知他人違法行為而取得、因他人違法行為而無償或以顯不相當對價取得、或犯罪行為人為他人實行違法行為，而他人因而取得犯罪所得時，均得沒收之，避免該第三人因此而獲利益**。至該違法行為不以具有可責性，不以被起訴或證明有罪為必要，爰增訂第二項，以防止脫法並填補制裁漏洞。」並無於有第三人介入時，祇得對該第三人沒收。申言之，**修正刑法「擴大」沒收之主體範圍，除得沒收（追徵）犯罪行為人取得之犯罪所得外，亦得對該第三人沒收（追徵）其非出於善意而取得之犯罪所得**。再者，依修正刑法第三十八條之一第二項規定之**第三人沒收類型**，其第一、二款（即明知他人違法行為而取得、因他人違法行為而無償或以顯不相當對價取得）學說上稱挪移型；第三款（即犯罪行為人為他人實行違法行為，而他人因而取得犯罪所得）**學說上稱代理型**。前者挪移型之犯罪所得係自犯罪行為人挪移至該第三人，為避免重複沒收，倘對犯罪行為人及第三人均諭知沒收（追徵），因其等原均負同一給付內容，其中一人為給付者，他人自免其責任。後者視犯罪行為人有無分受犯罪所得，再依前開方式處理。

▸107 台上 2101○（判決）

沒收犯罪所得，本質上為國家對人民財產權的干預，對於未參與犯罪之第三人沒收犯罪所得，尤應合理兼顧交易安全及財產權益之信賴保護，刑法第三十八條之一第二項乃明定於下列三種情形，始沒收犯罪行為人以外之第三人取得之犯罪所得：一、明知他人違法行為而取得。二、因他人違法行為而無償或以顯不相當之對價取得。三、犯罪行為人為他人實行違法行為，他人因而取得。第一、二款係行為人出於逃避追索、掩飾犯罪或自利目的之移轉型第三人不法利得，為消除犯罪誘因、預防犯罪，兼衡交易安全之信賴，予以沒收。第三款之代理型第三人利得，係第三人直接獲取不法利得，為衡平第三人財產權益與追討該犯罪所得、實現公平正義之公益，**必該第三人利得係源於行為人之違法行為，而具因果關聯性，始足支持剝奪沒收該第三人財產之正當性**，否則縱行為人因違法行為取得合約之「形式與方式」不法，然該合約執行本身既無不法，其中性履約部分，就構成要件規範目的而言，即非源於違法行為之利得，而與違法行為無利得關聯性，難認屬應沒收之「犯罪所得」。從而廠商若因行為人對公務員交付賄賂，因而獲取標案承做資格，並完工受領工程款價金，該行、收賄犯罪衍生的相關聯後果，乃廠商「獲標案承做資格」，故僅所獲「承做標案利潤」，方為源自行、收賄違法行為之犯罪所得，而為應沒收之對象。至其中性履約行為（進料、施工）所獲對價，則非廠商因行為人行、收賄犯罪獲承做資格之預期利益，自非刑法第三十八條之一第二項第三款之犯罪所得範疇。

▸107 台上 2049○（判決）

刑法第三十八條第三項及第三十八條之一第二項規定之第三人，應係指犯罪行為人以外之人，與犯罪行為人所得之主體殊有不同，且參與沒收程序，因準用被告訴訟上權利，就沒收財產事項，享有與被告相同之訴訟上權利。**故如係對於第三人之沒收，自應踐行相關之開啓第三人參與沒收程序，以保障其程序上有參與之權限及請求救濟之機會**。

▸107 台上 1831○（判決）

刑法第三十八條之一第一項及第二項雖就犯罪所得之取得者為「犯罪行為人」或「其他自然人、法人或非法人團體（下稱第三人）」，分別明定其沒收之條件，惟實際上未必截然可分。蓋所謂犯罪所得，除違法行為所得本身外，亦包含其變得之物或「財產上利益」及其孳息，倘若犯罪行為人係為自己及第三人之不法利益，先使非善意之第三人取得其違法行為之犯罪所得，再由該第三人配合處分該犯罪所得，而使犯罪行為人取得一定「財產上利益」時，此一「財產上利益」固亦屬前述犯罪所得之範疇，惟究係在同一為自己及第三人不法利益之犯罪計畫下，由犯罪行為人及第三人兼得之，**自應參酌民法不眞正連帶之法理，由犯罪行為人及第三人就其犯罪所得競合部分同負其責**，倘已對其中一人為全部或一部之沒收或追徵，則另一人於該沒收或追徵範圍內免除其責，以免被害人或國家重複利得。

▸107 台上 1572○（判決）

共同正犯犯罪所得之沒收或追徵，應就各人所分得之數為之。倘若共同正犯內部間，**對於不法利得分配明確時，應依各人實際分配所得宣告沒收**；若共同正犯成員對不法所得並無處分權限，與其他成員亦無事實上之共同處分權限者，自不予諭知沒收；**然若共同正犯各成員對於不法利得享有共同處分權限，惟彼此間分配狀況未臻具體或明確，自應負共同沒收之責，所謂負共同沒收之責**，參照民法第二七一條「數人負同一債務，而其給付可分者，除法律另有規定或契約另有訂定外，應各平均分擔之」，民事訴訟法第八十五條第 一項前段「共同訴訟人，按其人數，平均分擔訴訟費用」等規定之法理，**即係平均分擔之意**，且不因部分共同正犯已死亡，而影響、增加其他共同正犯所應負擔之沒收責任範圍（即已死亡之共同正犯，亦應列入共同、平均分擔之人數計算），**至於已死亡之共同正犯應沒收之犯罪所**

得（即平均後其應負之數額），已因繼承發生而歸屬於繼承人所有，於事實審言詞辯論終結前，或由檢察官依法向法院聲請對繼承人宣告沒收，或於法院認有必要時，依職權裁定命繼承人參與沒收程序；或若無可包含或附隨之本案訴訟裁判，而有沒收之必要時，亦可由檢察官向法院聲請對繼承人單獨宣告沒收，要屬另一問題。

▶106 台上 3464◯（判決）

沒收新制下犯罪所得之計算，**應分兩層次思考，於前階段先界定「利得存否」，於後階段再判斷「利得範圍」**。申言之，在前階段利得之存否，係基於直接性原則審查，以利得與犯罪之間是否具有直接關聯性為利得存否之認定。而利得究否與犯罪有直接關聯，則視該犯罪與利得間是否具有直接因果關係為斷，若無直接關聯，僅於符合刑法第三十八條之一第四項所規定之利用及替代品之間接利得，得予沒收外，即應認非本案之利得，而排除於沒收之列。此階段係在確定利得與犯罪之關聯性，故就必要成本（如工程之工資、進料）、稅捐費用等中性支出，則不計入直接利得；於後階段利得範圍之審查，依刑法第三十八條之一之立法意旨，係以總額原則為審查，凡犯罪所得均應全部沒收，無庸扣除犯罪成本。如向公務員行賄之賄款或性招待之支出，因屬犯罪之支出，依總額原則，當不能扣除此「犯罪成本之支出」。

▶106 台上 3111◯（判決）

共同正犯犯罪所得之沒收、追徵，應就各人所分得之數為之。**所謂各人「所分得」之數，係指各人「對犯罪所得有事實上之處分權限」而言**。因此，若共同正犯各成員內部間，對於犯罪所得分配明確時，應依各人實際所得宣告沒收；若共同正犯對犯罪所得無處分權限，與其他成員亦無事實上之共同處分權限者，自不予諭知沒收；然若共同正犯對於犯罪所得享有共同處分權限時，如彼此間分配狀況未臻具體或明確，自應負共同沒收之責。所稱負共同沒收之責，參照民法第二七一條「數人負同一債務，而其給付可分者，除法律另有規定或契約另有訂定外，應各平均分擔之」，民事訴訟法第八十五條第一項前段「共同訴訟人，按其人數，平均分擔訴訟費用」等規定之法理，即係平均分擔之意。

▶106 台上 1131◯（判決）

犯罪所得，屬於犯罪行為人者，沒收之。於全部或一部不能沒收，或不宜執行沒收時，追徵其價額；犯罪所得，包括違法行為所得、其變得之物或財產上利益及其孳息；犯罪所得已實際合法發還被害人者，不予宣告沒收或追徵，刑法第三十八條之一第一項前段、第三項、第四項及第五項分別定有明文。上述規定旨在澈底剝奪犯罪行為人因犯罪而直接、間接所得，或因犯罪所生之財物及相關利益，以貫徹任何人都不能坐享或保有犯罪所得或犯罪所生利益之理念，藉以杜絕犯罪誘因，而遏阻犯罪。並為優先保障被害人因犯罪所生之求償權，限於個案已實際合法發還被害人時，始無庸沒收。故如犯罪所得已實際合法發還被害人，或被害人已因犯罪行為人和解賠償而完全填補其損害者，自不得再對犯罪行為人之犯罪所得宣告沒收，以免犯罪行為人遭受雙重剝奪。**反之，若犯罪行為人雖已與被害人達成和解而賠償其部分損害，但若其犯罪直接、間接所得或所變得之物或所生之利益，尚超過其賠償被害人之金額者，法院為貫徹前揭新修正刑法之理念（即任何人都不能坐享或保有犯罪所得或所生利益），仍應就其犯罪所得或所生利益超過其已實際賠償被害人部分予以宣告沒收**。

▶106 台上 1009（判決）

刑法沒收新制，係引進德國施行之利得沒收（Verfall）制度，此一制度乃基於「任何人都不得保有犯罪所得」之思維所設計之剝奪不法利得之機制，而關於犯罪所得之沒收，乃為避免任何人坐享犯罪所得，並為遏阻犯罪誘因及回復合法財產秩序之準不當得利衡平措施，是以新修正刑法第三十八條之一，即以「依實務多數見解，基於徹底剝奪犯罪所得，以根絕犯罪誘因之意旨，不問成本、利潤，均應沒收。」**明白揭示採取總額沒收原則**。

▶108 台聲 108△（裁定）

相對總額原則或稱兩階段計算法，係指於前階段有無利得之審查時，只要與行為人犯罪有**因果關連性**者，無論是為了犯罪而獲取之報酬、對價或經由犯罪而獲得之利潤、利益，皆為此階段所稱直接利得，而直接利得的數額判斷標準在於沾染不法的範圍，**若其交易自身就是法所禁止的行為，沾染不法範圍已及於全部所得，反之若是交易本身並非法所禁止，僅其取得的方式違法，沾染不法的部分則僅止於因其不法取得方式所產生的獲利部分，而非全部的利益；嗣於後階段利得範圍之審查時，始依總額原則的立法規定及出於不法原因給付不得請求返還之不當得利法理，不予扣除犯罪支出之成本**，兼顧理論與個案情節，緩和絕對總額原則不分情節一律沒收而有侵害財產權之虞。

▶108 台抗 458△（裁定）

依刑法第三十八條之一第四項規定，犯罪所得包括違法行為所得、其變得之物或財產上利益及其孳息，則違法行為所得、其變得之物或財產上利益所生之孳息，同屬犯罪所得。所稱孳息，依其立法理由說明，係指利息、租金收入等。參酌民法第六十九條規定「稱天然孳息者，謂果實、動物之產物及其他依物之用法所收穫之出產物。稱法定孳息者，謂利息、租金及其他因法律關係所得之收益」，**從而，應沒收之犯罪所得所稱孳息，當有其特定涵義及範圍，允宜辨明並認定、載敘。至於犯罪所得與違法行爲間，必須具有「直接關聯性」，始得宣告沒收，乃屬當然法理；倘彼此欠缺「直接關聯性」，即無犯罪所得可言，應不得宣告沒收**。故沒收違法行爲犯罪所得之孳息，必須明確認定該孳息之屬性（係利息、租金或其他因法律關係所得之收益），以及違法行爲與孳息具有「直接關聯性」

第 38 條之 2（犯罪所得及追徵之範圍與價額以估算認定）

Ⅰ前條犯罪所得及追徵之範圍與價額，認定顯有困難時，得以估算認定之。第三十八條之追徵，亦同。

Ⅱ宣告前二條之沒收或追徵，有過苛之虞、欠缺刑法上之重要性、犯罪所得價值低微，或爲維持受宣告人生活條件之必要者，得不宣告或酌減之。

❖ 法學概念

沒收之過苛調節條款

一、概述

我國刑法沒收新制，引進過苛調節條款，即有過苛之虞、欠缺刑法上之重要性、犯罪所得價值低微，或爲維持受宣告人生活條件之必要者端視個案情節而定，但應注意義務沒收才是原則，減免沒收屬於例外情形。過苛條款之對象包含犯罪物沒收及其追徵（刑§38），以及利得沒收及其追徵（刑§38-1）

㈠犯罪物沒收／追徵：犯罪物雖採裁量沒收而非義務沒收，但過苛條款所列減免事項亦可作爲行使裁量的具體基準。畢竟，過苛條款所列事由還是比「得」沒收的裁量規定，更爲具體、明確。就結論言，於個案過苛而不宜沒收犯罪物之情形，法院裁判形式上引用刑法第 38 條第 2 項或第 38 條之 2 第 2 項，均無不同，**重點是實質上應於判決理由交代其具體個案的裁量基準**。但是，**犯罪物雖採裁量沒收，仍有其前提要件，如果系爭個案根本連要件都不符合者，例如不符合第三人犯罪物沒收要件者，在先前審查時既然已經否定，自不生最後階段的裁量沒收或過苛條款問題**。不過，犯罪物亦有義務沒收之特例，包含刑法總則（違禁物、刑法分則（如刑§200 僞造、變造之通用貨幣、紙幣、銀行券等犯罪所生之物）及附屬刑法（如毒品危害防制條例、森林法）之義務沒收特例等。

㈡利得沒收／追徵：利得沒收皆採義務沒收／追徵，故亦是過苛條款之典型運用，但應特別注意其於利得沒收審查體系順序 *1.* 前提審查→ *2.* 有無利得審查→ *3.* 利得人審查→ *4.* 利得範圍審查→ *5.* 排除審查：發還條款→ *6.* 法律效果：義務沒收及過苛條款。

二、過苛調節事由

㈠實體上：「爲維持受宣告人生活條件之必要者」是常見的實體事由，例如：犯罪行爲人係中低收入戶、在台謀生不易的外籍移工、疾病纏身醫療費用支出龐大。另應注意，犯罪工具價值不斐且係犯罪行爲人賴以維生之物（如挖土機、大貨車、計程車等），雖係得考量之具體因素，但仍應審酌其與系爭犯罪關連性強弱與再投入犯罪之可能性高低，而一併考量，尤其不宜以犯罪物價值過高作爲不予宣告沒收的主要或唯一因素。

㈡訴訟上：例如「欠缺刑法上之重要性」（及兼具實體、程序性質的「犯罪所得價值低微」）。在「犯罪所得價值低微」情形，實體上宣告利得沒收，不痛不癢，難以達成徹底剝奪不法利得所欲達成之預防效果，且程序上爲小錢而大費周章，耗費成本顯不值得，故亦有訴訟經濟之性質。

三、過苛適用之結果:全免、酌減及變通方式

適用過苛條款的結果是「得不宣告或酌減之」，亦即減免沒收，包含全部免除、酌減價額（尤見於追徵），以及法所未明示的各種變通方式，例如分五個會計年度而分期繳交；同時，爲了保全分期執行，亦應有程序法上的保全扣押措施，在全數繳交前維持相當額度的公司財產扣押效力。以大統混油案爲例，一次沒收全部利得反而會導致公司立即倒閉，不但國庫實際上沒收不到這筆進帳，還會進而衍生被害人或通路商未來求償無門或公司員工失業等問題。可能的替代作法，除了個案酌減其沒收額度外，亦可能維持原沒收額度但准予變通執行方式。

總而言之，過苛條款是比例原則的體現，也是義務沒收的法定例外，故運用時應負加重說理義務。實務若是濫用，過苛條款可能成爲「義務沒收之掘墓人」。

【林鈺雄，〈沒收講座 V 過苛條款〉，《月旦法學教室》，第 211 期，2020.05，9 頁以下。】

❒ 實務見解

▸108 台上 2421〇（判決）

刑法第三十八條之二增訂過苛調節條款，於宣告沒收或追徵有過苛之虞、欠缺刑法上之重要性或犯罪所得價值低微之情形，及考量義務沒收對於被沒收人之最低限度生活產生影響，允由事實審法院就個案具體情形，依職權裁量不予宣告或酌減，以調節沒收之嚴苛性，並兼顧訴訟經濟，節省法院不必要之勞費。此項過苛調節條款，乃憲

法上比例原則之具體展現，自不分實體規範爲刑法或特別刑法中之義務沒收、亦不論沒收主體爲犯罪行爲人或第三人之沒收、也不管沒收標的爲原客體或追徵其替代價額，同有其適用。而森林法第五十二條第五項規定「犯本條之罪者，其供犯罪所用、犯罪預備之物或犯罪所生之物，不問屬於犯罪行爲人與否，沒收之」，係立法者爲使國有森林資源受到保護，避免供犯罪所用之工具，不予沒收而須發還，致使相同工具易地反覆使用，有礙法律成效，乃採絕對義務沒收主義，以預防並遏止犯罪，爲刑法第三十八條第二項前段關於職權沒收之特別規定，固應優先適用，但法律縱有「不問屬於犯罪行爲人與否」之沒收條款，也不能凌駕於憲法上正當法律程序及比例原則之要求。換言之，就踐行正當法律程序以觀，所稱「不問屬於犯罪行爲人與否」，仍應區別可能沒收主體爲「犯罪行爲人」或「犯罪行爲人以外之第三人」，而踐行相應之刑事沒收程序，彼此互斥，不容混淆；就運用比例原則而言，不論可能沒收之物係犯罪行爲人所有或第三人所有、不分沒收標的爲原客體或追徵其替代價額，均有刑法第三十八條之二第二項過苛條款之調節適用，始合乎沒收新制之立法體例及立法精神。

▸106 台非 164（判決）

刑法第三十八條之二第一項前段規定：「前條犯罪所得的範圍與數額，認定顯有困難時，得以估算認定之。」依其立法理由說明，有關犯罪所得之沒收與追徵，其範圍及於違法行爲所得、變得之物或財產上利益及其孳息，考量其範圍及價額並不具有特定性，爰參考德國刑法第七十三 b 條之規定，明定在認定顯有困難時，得估算之，以符實務需求。另因犯罪所得之沒收，性質上屬類似不當得利之衡平措施，非屬刑罰，自不適用嚴格證明法則，僅需自由證明爲已足，以表明合理之證明負擔。而所謂認定（非）顯有困難，指沒收之範圍與價額之相關事實已臻明確，無庸另行估算認定者而言。申言之，估算是在欠缺更好的調查可能性下的應急手段，只有在不法所得之範圍與價額認定顯有困難時，始得以估算。相對的，若是在認定上非顯有困難時，法院就必須履行通常的調查義務，原則上，法院必須先善盡顯而易見的調查可能性與證據方法，之後仍無法確定沒收的範圍與價額時，才能援用估算的規定，否則，法院若未盡合理調查及依憑相當證據，即遽採單方、片面說法，進而認定沒收的範圍與價額，顯然未依職權調查、審認，並非適法。

第 38 條之 3（沒收裁判確定時移轉爲國家所有）

I 第三十八條之物及第三十八條之一之犯罪所得之所有權或其他權利，於沒收裁判確定時移轉爲國家所有。

II 前項情形，第三人對沒收標的之權利或因犯罪而得行使之債權均不受影響。

III 第一項之沒收裁判，於確定前，具有禁止處分之效力。

☐ 實務見解

▸107 台抗 445△（裁定）

對於國家沒收或追徵財產之執行，「交易安全維護」及「犯罪被害人保護」，均優先於「澈底剝奪犯罪不法所得」原則。刑法第三十八條之三第二項所謂「第三人對沒收標的之權利或因犯罪而得行使之債權均不受影響」，解釋上當然包括第三人於沒收標的或爲追徵目的而扣押之財產上，原已存在權利之存續及行使，或被害人因犯罪而得行使之債權，均不因沒收裁判確定或扣押而生任何障礙。方符交易安全維護及犯罪被害人保護優先之立法目的，以及憲法第十五條所定人民之財產權應予保障之本旨。抵押物經扣押後，依上開說明，抵押權人仍得行使抵押權，聲請拍賣抵押物。若經拍定，執行法院於核發權利移轉證書時，其刑事扣押之效力，當自動移轉至抵押物之拍賣所得，於法律所定不受影響之各項權利依法行使後，仍有餘額時，在該餘額限度內，繼續發生禁止原所有人領取、處分之效力。執行法院應函請爲扣押之機關、刑事案件繫屬之檢察署或法院，或由上開機關等依職權或拍定人之聲請，通知地政機關塗銷禁止處分登記，俾利拍定後辦理移轉登記，以達保全沒收、追徵同時兼顧交易安全維護之目的。

第 39 條（刪除）

第 40 條（沒收之宣告）

I 沒收，除有特別規定者外，於裁判時併宣告之。

II 違禁物或專科沒收之物得單獨宣告沒收。

III 第三十八條第二項、第三項之物、第三十八條之一第一項、第二項之犯罪所得，因事實上或法律上原因未能追訴犯罪行爲人之犯罪或判決有罪者，得單獨宣告沒收。

☐ 實務見解

▸108 台抗 1089（△裁定）

就已死亡之被告或犯罪嫌疑人、行爲人應沒收之犯罪所得，雖因繼承發生而歸屬於其等繼承人所有，然於事實審言詞辯論終結前，仍得由**檢察官**依法向法院**聲請**對繼承人宣告沒收，或**法院**於認有必要時，依**職權**裁定命繼承人參與沒收程序；或若無從一併或附隨於本案訴訟裁判，而有沒收之必要時，亦可由檢察官依刑事訴訟法第四五五條之三四、第四五五條之三五、第四五五 條之三七等規定，準用第七編之二關於第三人參與沒收程序，向法院聲請對繼承人單獨宣告沒收，以避免第三人因他人違法行爲而無償或以顯不相當對價取得犯罪行爲人之犯罪所得而坐收獲利。而該沒收程序，既係法律明文規定由檢察官向法院聲請之獨立程序，所適用裁判時之法律，當指各級法院所受理聲請案件裁判當時所依據應適用之法律，要非前案訴訟裁判時之法律，自屬當然。

第 40 條之 1（刪除）

第 40 條之 2（宣告多數沒收者一併執行）

Ⅰ宣告多數沒收者，併執行之。

Ⅱ沒收，除違禁物及有特別規定者外，逾第八十條規定之時效期間，不得爲之。

Ⅲ沒收標的在中華民國領域外，而逾前項之時效完成後五年者，亦同。

Ⅳ沒收之宣告，自裁判確定之日起，逾十年未開始或繼續執行者，不得執行。

第五章之二　易　刑

第 41 條（易科罰金）

Ⅰ犯最重本刑爲五年以下有期徒刑以下之刑之罪，而受六月以下有期徒刑或拘役之宣告者，得以新臺幣一千元、二千元或三千元折算一日，易科罰金。但易科罰金，難收矯正之效或難以維持法秩序者，不在此限。

Ⅱ依前項規定得易科罰金而未聲請易科罰金者，得以提供社會勞動六小時折算一日，易服社會勞動。

Ⅲ受六月以下有期徒刑或拘役之宣告，不符第一項易科罰金之規定者，得依前項折算規定，易服社會勞動。

Ⅳ前二項之規定，因身心健康之關係，執行顯有困難者，或易服社會勞動，難收矯正之效或難以維持法秩序者，不適用之。

Ⅴ第二項及第三項之易服社會勞動履行期間，不得逾一年。

Ⅵ無正當理由不履行社會勞動，情節重大，或履行期間屆滿仍未履行完畢者，於第二項之情形應執行原宣告刑或易科罰金；於第三項之情形應執行原宣告刑。

Ⅶ已繳納之罰金或已履行之社會勞動時數依所定之標準折算日數，未滿一日者，以一日論。

Ⅷ第一項至第四項及第七項之規定，於數罪併罰之數罪均得易科罰金或易服社會勞動，其應執行之刑逾六月者，亦適用之。

Ⅸ數罪併罰應執行之刑易服社會勞動者，其履行期間不得逾三年。但其應執行之刑未逾六月者，履行期間不得逾一年。

Ⅹ數罪併罰應執行之刑易服社會勞動有第六項之情形者，應執行所定之執行刑，於數罪均得易科罰金者，另得易科罰金。

□ 實務見解

▶108 台抗 536（△裁定）

易科罰金制度係對於違犯輕罪之行爲人，本受徒刑或拘役之判決，若依宣告刑而執行，可能產生不良之影響，故於刑罰執行時變更本所宣告之刑，改以罰金替代徒刑 或拘役之易刑處分，以避免執行短期自由刑所產生之流弊。刑法第四十一條第一項規定：「犯最重本刑爲五年以下有期徒刑以下之刑之罪，而受六月以下有期徒刑或拘役之宣告者，得以新台幣一千元、二千元或三千 元折算一日，易科罰金。但易科罰金，難收矯正之效或難以維持法秩序者，不在此限。」依其立法理由說明，個別受刑人如有不宜易科罰金之情形，在刑事執行程序中，檢察官得依該項但書規定，審酌受刑人是否具有「確因不執行所宣告之刑，難收矯正之效，或難以維持法秩序」等事由決定之。**是以，於法院判決確定後，受刑人僅取得得聲請易科罰金之資格，檢察官對於得易科罰金案件之指揮執行，仍應依具體個案，考量犯罪特性、情節及受刑人個人特殊事由等因素，如認受刑人確有因不執行所宣告之刑，難收矯正之效，或難以維持法秩序者，自得不准予易科罰金，此乃檢察官指揮執行時得依職權裁量之事項，倘其未濫用權限，本不得任意指摘爲違法。**惟因刑法第四十一條第二項規定：「依前項規定得易科罰金而未聲請易科罰金者，得以提供社會勞動六小時折算一日，易服社會勞動。」**並未排除受刑人於檢察官否准易科罰金時，得請求易服社會勞動，是檢察官認受刑人不宜易科罰金時，非不得准許其得易服社會勞動**。雖刑事訴訟法並無執行檢察官於刑之執行指揮時，應當場告知不准易科罰金之規定，但此重大剝奪受刑人人身自由之強制處分，如能賦予受刑人對於不准易科罰金之理由有陳述意見之機會，或許受刑人能及時提供一定之答辯或舉出相當證據，得就對其不利之理由進行防禦，或改聲請易服社會勞動，或能使檢察官改變准否易刑處分之決定，無待受刑人日後始得依刑事訴訟法第四八四條對檢察官之指揮聲明異議。尤其在現行實務上，檢察官指揮執行，係以准予科罰金爲原則，於例外認受刑人有難收矯治之效或難以維持法秩序始不准易科罰金，則於否准易科罰金時，因與受刑人所受裁判主文諭知得以易科罰金之內容有異，對受刑人而言，無異係一種突襲性處分，參酌行政程序法第一〇二條及行政罰法第四十二條分別規定：行政機關作成限制或剝奪人民自由或權利之行政處分前，應給予該處分相對人陳述意見之機會，暨行政機關於裁處前，應給予受處罰者陳述意見之機會之同一法理，倘能予受刑人就己身是否有難收矯正之效或難以維持法秩序之情形**有陳述意見之機會**，再由檢察官爲准駁易刑處分之定奪，自與憲法保障人權及訴訟權之宗旨無違。

第 42 條（易服勞役）

Ⅰ罰金應於裁判確定後二個月內完納。期滿而不完納者，強制執行。其無力完納者，易服勞役。但依其經濟或信用狀況，不能於二個月內完納者，得許期滿後一年內分期繳納。遲延一期不繳或未繳足者，其餘未完納之罰金，強制執行或易服勞役。

Ⅱ依前項規定應強制執行者，如已查明確無財產可供執行時，得逕予易服勞役。

Ⅲ易服勞役以新臺幣一千元、二千元或三千元折算一日。但勞役期限不得逾一年。

Ⅳ依第五十一條第七款所定之金額，其易服勞役之折算標準不同者，從勞役期限較長者定之。

Ⅴ罰金總額折算逾一年之日數者，以罰金總額與一年之日數比例折算。依前項所定之期限，亦同。

Ⅵ科罰金之裁判，應依前三項之規定，載明折算一日之額數。

Ⅶ易服勞役不滿一日之零數，不算。

Ⅷ易服勞役期內納罰金者，以所納之數，依裁判所定之標準折算，扣除勞役之日期。

☐ 實務見解

▶107 年度第 7 次刑事庭會議決議㈠（107.08.21）

決議：採甲說。

一、科罰金之裁判，應載明折算一日之額數，爲刑法第四十二條第六項所明定。又數罪併罰定其應執行刑之裁定，並非重新判決，因之定罰金刑之易刑處分標準時，即應受原確定判決拘束，縱所宣告易刑處分之折算標準或有不同，亦應依原論知之標準定之。

二、刑法第四十二條第四項、第五項之規定，乃關於數罪併罰中罰金易服勞役折算標準之比較適用，以及罰金總額（含單一宣告罰金刑及數罪併罰執行刑之情形）折算勞役期限逾一年之折算標準。題旨 3 罪經法院就併科罰金部分，定應執行刑爲新臺幣七十八萬元。如罰金無力繳納時，因其易服勞役之折算標準不同，依上開規定，應從勞役期限較長之乙罪所論知之標準以新臺幣一千元折算一日，次因所定之罰金總額以所定之折算標準換算，已逾一年之日數，故以罰金總額與一年之日數比例折算。

▶109 台抗 58（△裁定）

罰金無力完納者，其刑罰之執行方式，依刑法第四十二條第一項、第三項之規定，採以一千元、二千元或三千元折算一日之標準易服勞役。罰金易服勞役，乃變更執行原罰金刑之處分爲具拘束人身自由內容之易服勞役，屬不利於受刑人之易刑處分。如數罪併罰，宣告多數罰金，定其應執行之金額，雖符合刑法第五十一條第七款「於各刑中之最多額以上，各刑合併之金額以下」之規定，**惟其論知易服勞役之日數，卻逾原數罪論知易服勞役之總和，自屬惡化受刑人之地位，與數罪併罰定應執行刑應防止罪責失衡及不使受刑人更爲不利之恤刑目的不符**，且違反受刑人對於先前確定裁判宣告罰金如易服勞役折算期限之信賴利益保護，並使無資力完納罰金者，必須服較長期間之勞役刑，無異懲罰經濟上弱勢之受刑人，使其處於更不利之地位，自有違公平正義及罪刑相當之原則。

▶107 台抗 891（裁定）

按數罪併罰，應按分別宣告之罪刑爲基礎，然後依法定標準定其應執行之刑。因此數罪併罰，有二裁判以上，而依刑法第五十一條第七款之規定定其應執行刑時，關於易服勞役，應以原確定裁判論知之折算標準爲基礎，依法定其折算一日之額數。若原確定裁判論知易服勞役折算一日之額數違背法令，即無從依刑法第四十二條第六項規定，就所定應執行之罰金刑併論知易服勞役折算標準。必其違法部分，先經非常上訴程序糾正改判，始得據爲數罰金刑定其應執行刑及易服勞役標準之基礎。又刑法第四十二條第五項前段係規定罰金總額縱以三千元最高額數折算勞役一日，其易服勞役期限仍逾一年，而不能依同條第三項前段定折算標準時之辦法。是倘所科罰金以一千元、二千元或三千元折算一日易服勞役，尚可不逾一年，即無依第五項前段之比例方法折算易服勞役額數之必要。易言之，**第四十二條第五項前段所謂「罰金總額折算逾一年之日數者，以罰金總額與一年之日數比例折算」，必其裁判所科 罰金總額，依刑法第四十二條第三項前段之標準**（即一千元、二千元或三千元）折算結果，其易服勞役期限均逾一年者，始得以罰金總額與一年之日數比例折算，俾符合上開易服勞役期限上限規定之法制本旨。

第 42 條之 1（罰金易服勞役得易服社會勞動之適用）

Ⅰ罰金易服勞役，除有下列情形之一者外，得以提供社會勞動六小時折算一日，易服社會勞動：

一　易服勞役期間逾一年。
二　入監執行逾六月有期徒刑併科或併執行之罰金。
三　因身心健康之關係，執行社會勞動顯有困難。

II前項社會勞動之履行期間不得逾二年。
III無正當理由不履行社會勞動，情節重大，或履行期間屆滿仍未履行完畢者，執行勞役。
IV社會勞動已履行之時數折算勞役日數，未滿一日者，以一日論。
V社會勞動履行期間內繳納罰金者，以所納之數，依裁判所定罰金易服勞役之標準折算，扣除社會勞動之日數。
VI依第三項執行勞役，於勞役期內納罰金者，以所納之數，依裁判所定罰金易服勞役之標準折算，扣除社會勞動與勞役之日數。

第43條（易以訓誡）
受拘役或罰金之宣告，而犯罪動機在公益或道義上顯可宥恕者，得易以訓誡。

第44條（易刑之效力）
易科罰金、易服社會勞動、易服勞役或易以訓誡執行完畢者，其所受宣告之刑，以已執行論。

第45條（刪除）

第46條（刪除）

第六章　累　犯

第47條（累犯）
I受徒刑之執行完畢，或一部之執行而赦免後，五年以內故意再犯有期徒刑以上之罪者，為累犯，加重本刑至二分之一。
II第九十八條第二項關於因強制工作而免其刑之執行者，於受強制工作處分之執行完畢或一部之執行而免除後，五年以內故意再犯有期徒刑以上之罪者，以累犯論。

❑ 實務見解

▶釋字第775號（108.02.22）

刑法第四十七條第一項規定：「受徒刑之執行完畢，或一部之執行而赦免後，五年以內故意再犯有期徒刑以上之罪者，為累犯，加重本刑至二分之一。」**有關累犯加重本刑部分，不生違反憲法一行為不二罰原則之問題。惟其不分情節，基於累犯者有其特別惡性及對刑罰反應力薄弱等立法理由，一律加重最低本刑，於不符合刑法第五十九條所定要件之情形下，致生行為人所受之刑罰超過其所應負擔罪責之個案，其人身自由因此遭受過苛之侵害部分，對人民受憲法第八條保障之人身自由所為限制，不符憲法罪刑相當原則，牴觸憲法第二十三條比例原則**。於此範圍內，有關機關應自本解釋公布之日起二年內，依本解釋意旨修正之。於修正前，為避免發生上述罪刑不相當之情形，法院就該個案應依本解釋意旨，裁量是否加重最低本刑。
刑法第四十八條前段規定：「裁判確定後，發覺為累犯者，依前條之規定更定其刑。」與憲法一事不再理原則有違，應自本解釋公布之日起失其效力。刑法第四十八條前段規定既經本解釋宣告失其效力，刑事訴訟法第四百七十七條第一項規定：「依刑法第四十八條應更定其刑者……由該案犯罪事實最後判決之法院之檢察官，聲請該法院裁定之。」應即併同失效。

▶104年度第6次刑事庭會議決議（104.04.07）

刑三庭提案：**被告於民國九十九年間因施用第二級毒品案件，經法院判處有期徒刑七月確定，於一〇〇年二月一日執行完畢，惟其於九十八年間因販賣第二級毒品案件，經法院於一〇二年四月三日判處有期徒刑四年確定。上開二案再據法院於一〇三年三月三日裁定定應執行有期徒刑四年四月確定，刻正執行中。則被告於一〇〇年十一月一日另犯施用第一級毒品罪，是否構成累犯？**
決議：採乙說（肯定說）。
刑法第四十七條所規定累犯之加重，以受徒刑之執行完畢，或一部之執行而赦免後，五年以內故意再犯有期徒刑以上之罪者，為其要件。良以累犯之人，既曾犯罪受罰，當知改悔向上，竟又重蹈前愆，足見其刑罰感應力薄弱，基於特別預防之法理，非加重其刑不足使其覺悟，並兼顧社會防衛之效果。職是，應依累犯規定加重其刑者，主要在於行為人是否曾受徒刑之執行完畢後，猶無法達到刑罰矯正之目的為要。而數罪併罰之案件，雖應依刑法第五十條、第五十一條規定就數罪所宣告之刑定其應執行之刑，然此僅屬就數罪之刑，如何定其應執行者之問題，**本於數宣告刑，應有數刑罰權，此項執行方法之規定，並不能推翻被告所犯係數罪之本質，若其中一罪之刑已執行完畢，自不因嗣後定其執行刑而影響先前一罪已執行完畢之事實，謂無累犯規定之適用**。題示情形，被告故意再犯施用第一級毒品罪之日期，係在所犯施用第二級毒品罪執行完畢五年以內，應構成累犯。刑事訴訟法第一百五十九條之五立法意旨，在於確認當事人對於傳聞證據有處分權，得放棄反對詰問權，同意或擬制同意傳聞證據可作為證據，屬於證據傳聞性之解除行為，如法院認為適當，不論該傳聞證據是否具備刑事訴訟法第一百五十九條之一至第一百五十九條之四所定情形，均容許作為證據，不以未具備刑事訴訟法第一百五十九條之一至第一百五十九條之四所定情形為前提。此揆諸「若當事人於審判程序表明同意該等傳聞證據可作為證據，基於證據資料愈豐富，愈有助於真實發見之理念，此時，法院自可承認該傳聞證據之證據能力」立法意旨，係採擴大適用之立場。蓋不論是否第一百五十九條之一至第一百五十九條之四所定情形，抑當事人之同意，均係傳聞之例外，俱得為證據，僅因我國尚非採澈底之當事人進行主義，故而附加「適當性」之限制而已，可知其適用並不以「不符前四條之規定」為要件。惟如符合第一百五十九條之一第一項規定之要件而已得為證據者，不宜贅依第一百五十九條之五之規定認定有證據能力。

▶75 台上 635（判例）

緩刑期滿而緩刑之宣告未經撤銷者，其刑之宣告，失其效力，與以已執行論之效果，並不相同，嗣後縱然再犯，不發生累犯之問題。

▶47 台上 1027（判例）

刑法第四十七條所謂加重本刑至二分之一，祇為最高度之規定，並無最低度之限制，法院於本刑二分之一以下範圍內，如何加重，本有自由裁量之權，自不能以原判決僅加重其本刑十分之一，並未加重至二分之一，而再予減輕二分之一為不當。

▶25 非 101（判例）

假釋中更犯罪，受有期徒刑以上刑之宣告，只得為撤銷假釋之原因，不適用累犯之規定，被告前犯強盜罪，經判處罪刑，於假釋中，復犯竊盜罪，既非執行完畢或執行一部而赦免後再犯罪，自與累犯不符。

▶104 台非 97（判決）

刑法第四十七條所規定累犯之加重，以受徒刑之執行完畢，或一部之執行而赦免後，五年以內故意再犯有期徒刑以上之罪者，為其要件。良以累犯之人，既曾犯罪受罰，當知改悔向上，竟又重蹈前愆，足見其刑罰感應力薄弱，基於特別預防之法理，非加重其刑不足使其覺悟，並兼顧社會防衛之效果。職是，應依累犯規定加重其刑者，主要在於行為人是否曾受徒刑之執行完畢後，猶無法達到刑罰矯正之目的為要。

第 48 條（裁判確定後發覺累犯之處置）

裁判確定後，發覺為累犯者，依前條之規定更定其刑。但刑之執行完畢或赦免後發覺者，不在此限。

□ 實務見解

▶106 年度第 16 次刑事庭會議決議（106.10.31）

決議：採甲說（否定說）。

一、**刑法第四十八條前段所稱「更定其刑」，必其累犯之發覺，係在裁判確定之後，始足當之；苟於裁判確定之前，已足以發覺有累犯之情事者，即無適用之餘地**。又被告之前科資料，與認定被告是否屬於累犯，及應否依累犯之規定加重其刑之待證事實至有關係，自屬事實審法院應於審判期日調查之證據。事實審法院於審理時，如依卷內證據及訴訟資料已足以發覺被告有累犯之事實，自應加以調查，及於判決內論以累犯並依法加重其刑；倘依卷內證據及訴訟資料已足以發覺為累犯，而於審判期日就該累犯之事實漏未調查審酌，並於判決時漏論累犯並加重其刑，即與刑法第四十八條前段所稱「裁判確定後，發覺為累犯」之情形不同，自不得於裁判確定後以發覺為累犯為由聲請裁定累犯更定其刑。況我國刑事訴訟程序關於判決確定後裁判之救濟，其中如非常上訴程序既採被告人權保護說，以原判決於被告尚無不利者，其撤銷違背法令部分效力不及於被告，則何以於更定其刑案件即得更為不利於被告之裁定，是刑法第四十八條前段自應予目的性限縮適用。

二、本院九十二年度台非字第一四九號判決雖表示：刑法第四十八條前段所謂「發覺」，應指該案犯罪事實最後判決法院實際上發見而言，若被告實際上已符合累犯條件，依卷內所附被告前科資料或被告已供稱前科情形，事實審原可得發覺其為累犯，然事實審法院於審判時，疏予注意，致實際上並未發覺而未依累犯規定論處，仍不能謂事實審「已經發覺」等旨。惟該案所示事實，乃因被告身分證編號重編，原審卷內所附之錯誤身分證編號紀錄表內並無前案判決紀錄等原因，致事實審原得依卷內所附被告前科資料或被告已供稱前科發覺為累犯，卻於審判時，疏予注意，致實際上並未發覺而未依累犯規定論處，核與本例所討論者，案情顯然不同，自難援引。

▶106 台抗 226△（裁定）

「受徒刑之執行完畢，或一部之執行而赦免後，五年以內故意再犯有期徒刑以上之罪者，為累犯，加重本刑至二分之一。」而「裁判確定後，發覺為累犯者，依前條之規定更定其刑。但刑之執行完畢或赦免後發覺者，不在此限。」刑法第四十七條第一項、第四十八條分別定有明文。前揭規定所稱「更定其刑」，必其累犯之發覺，係期徒刑三年六月，較之意圖販賣而持有第二級毒品罪之最低度刑五年以上有期徒刑爲輕，不無重罪輕罰之失衡情形。另第三級毒品部分，亦然。此際若採法條競合說，則在個案上即可斟酌採取德國實務及學說上所承認之法條競合仍有輕罪最低度刑封鎖作用之法律效果上之地位，以免科刑偏失（註）。

㈥司法院院解字第四〇七七號解釋，僅在說明以營利爲目的將鴉片購入，尚未及賣出之情形，不能單純認爲成立意圖販賣而持有鴉片罪，參酌二十七年滬上字第五〇號判例㈡意旨，與採法條競合並無齟齬之處。至於意圖販賣而持有部分既係不另論罪，則事實審法院判決如有漏未敘明者，自不構成撤銷理由，要屬當然，附此說明。

註：刑法第五十五條但書，係仿採德國刑法第五十二條而增訂。此種輕罪最低度刑在量刑上所具有之封鎖作用，於法條競合有無適用，德國刑法未有明文，但該國實務及學說均予承認。相關見解請參考黃榮堅，刑法問題與利益思考，第三七六頁。蘇俊雄，刑法總論III，第一二三至一二四頁。

▶90 年度第 8 次刑事庭會議決議 (90.10.09)

按八十八年四月二十一日修正前刑法第二百三十一條第三項所規定之常業圖利引誘或容留良家婦女與他人姦淫罪，及常業圖利使人爲猥褻之行爲罪，性質上屬集合犯，乃集合多數犯罪行爲而成立之獨立犯罪型態。祇須行爲人基於常業之意思，意圖營利，反覆引誘或容留良家婦女與他人姦淫，或使人爲猥褻之行爲，而有其中之一者，即足成立；其反覆之數行爲間，不生連續犯、牽連犯或想像競合犯之問題。倘兩者兼而有之，後者之低度行爲應爲前者之高度行爲所吸收，應僅論以常業圖利引誘或容留良家婦女與他人姦淫一罪。

▶87 年度第 6 次刑事庭會議決議 (87.06.16)

刑法上所謂法規競合，**係指一個犯罪行爲，因法規之錯綜關係，致同時有數符合該犯罪構成要件之法條可以適用，爰依法理擇一適用者而言**。公職人員選舉競選期間，意圖使某候選人不當選，以文字、圖畫、錄音、錄影、演講或他法，散布謠言或傳播不實之事，足以生損害於該候選人之名譽時，雖同時符合刑法第三百一十條第一項或第二項之誹謗罪與選罷法第九十二條之意圖使候選人不當選散布虛構事實罪之犯罪構成要件，因係法規之錯綜關係，致一個犯罪行爲，同時有數符合該犯罪構成要件之法條可以適用，應依法規競合法理，擇一適用選罷法第九十二條規定論處。

▶71 台上 2837 (判例)

一行爲觸犯數罪名之想像上競合犯，係指行爲人以一個意思決定發爲一個行爲，而侵害數個相同或不同之法益，具備數個犯罪構成要件，成立數個罪名之謂，乃處斷上之一罪；此與行爲人就同一犯罪構成事實，以單一行爲之數個舉動接續進行，以實現一個犯罪構成要件，侵害同一法益，成立一個罪名之接續犯不同，雖接續犯於犯罪行爲完畢之前，其各個舉動與該罪之構成要件相符，但行爲人主觀上係以其各個舉動僅爲全部犯罪行爲之一部，而客觀上，亦認係實施一個犯罪，是以僅成立一個罪名。

▶108 台上大 2306 (大法庭裁定)

主文

行爲人以一行爲觸犯組織犯罪防制條例第三條第一項後段之參與犯罪組織罪，及刑法第三三九條之四第一項第二款之加重詐欺取財罪，依刑法第五十五條前段規定從一重之加重詐欺取財罪處斷而爲科刑時，於有預防矯治其社會危險性之必要，且符合比例原則之範圍內，由法院依組織犯罪防制條例第三條第三項規定，一併宣告刑前強制工作。

理由

一、本案基礎事實

被告參與由他人所發起、主持具有持續性、牟利性之詐欺集團犯罪組織，在該集團擔任「車手」，並依集團成員之指示，提領被害人遭集團其他成員詐騙之款項，因而論斷被告所爲係一行爲觸犯組織犯罪防制條例第三條第一項後段之參與犯罪組織罪，及刑法第三三九條之四第一項第二款之加重詐欺取財罪，並依想像競合犯關係從一重論被告以加重詐欺取財罪。

二、本案法律爭議

被告以一行爲觸犯組織犯罪防制條例第三條第一項後段之參與犯罪組織罪，及刑法第三三九條之四第一項第二款之加重詐欺取財罪，如依想像競合犯從一重之加重詐欺取財罪處斷，應否依較輕之參與犯罪組織罪所適用之組織犯罪防制條例第三條第三項規定，一併宣告刑前強制工作？三、本大法庭之見解㈠法律係理性、客觀、公正且合乎目的性之規定，因此，法律之解釋除須顧及法律之安定性外，更應考慮解釋之妥當性、現在性、創造性及社會性，始能與社會脈動同步，以符合民眾之期待。而法官闡釋法律時，在文義射程範圍內，如有複數解釋之可能性時，應依論理解釋方法，在法律規定文義範圍內，闡明法律之眞意，以期正確妥當之適用。

㈡刑法第五十五條想像競合犯之規定，既列在刑法總則編第七章「數罪併罰」內，且法文稱「一行爲而觸犯數罪名」，則依體系及文義解釋，可知行爲人所犯數罪係成立實質競合，自應對行爲人所犯各罪，均予評價，始屬適當。此與法規競合僅選擇其中最適宜之罪名，爲實質上一罪，明顯有別。換言之，想像競合犯本質上爲數罪，各罪所規定之刑罰、沒收及保安處分等相關法律效果，自應一併適用，否則將導致成立數罪之想像競合與成立一罪之法規競合，二者法律效果無分軒輊之失衡情形，尙非立法者於制定刑法第五十五條時，所作之價值判斷及所欲實現之目的。

㈢刑罰評價對象，乃行爲本身；想像競合犯係一行爲觸犯數罪名，爲避免對同一行爲過度及重複評價，刑法第五十五條前段規定「從一重處斷」。又刑法第三十三條及第三十五條僅就刑罰之主刑，定有輕重比較標準，因此上揭「從一重處斷」，僅限於「主刑」，法院應於較重罪名之法定刑度內，量處適當刑罰。至於輕罪罪名所規定之沒收及保安處分，因非屬「主刑」，故與刑法第五十五條從一重處斷之規定無關，自得一併宣告。

㈣罪刑法定原則，指法律就個別犯罪之成立要件及法律效果，均應明確規定，俾使人民能事先預知其犯罪行爲之處遇。參與犯罪組織罪和加重詐欺取財罪之構成要件與刑罰，均分別在組織犯罪防制條例及刑法中，定有明文。行爲人以一行爲觸犯組織犯罪防制條例第 3 條第 1 項後段之參與犯罪組織罪，及刑法第三三九條之四第一項第二款之加重詐欺取財罪，於從一重之加重詐欺取財罪處斷而爲科刑時，因所犯輕罪（參與犯罪組織罪）之刑罰以外之法律效果，即組織犯罪防制條例第三條第三項強制工作之規定，並未被重罪所吸收，仍應一併適用。因此，上開對刑法第五十五條前段規定，在文義射程範圍內，依體系及目的性解釋方法所爲之闡釋，屬法律解釋範疇，並非對同條但書所爲擴張解釋或類推適用，亦與不利類推禁止之罪刑法定原則或罪刑明確性原則無違。

㈤修正前組織犯罪防制條例，對發起、主持、操縱、指揮或參與集團性、常習性及脅迫性或暴力性犯罪組織者，應於刑後強制工作之規定，經司法院釋字第五二八號解釋尙不違憲；嗣該條例第二條第一項所稱之犯罪組織，經二次修正，已排除原有之「常習性」要件，另將實施詐欺手段之具有持續性或牟利性之有結構性組織，納入本條例適用範圍，並對參與犯罪組織之行爲人，於第三條第一項後段但書規定「參與情節輕微者，得減輕或免除其刑」。惟同條第三項仍規定「應於刑之執行前，令入勞動場所，強制工作，其期間爲三年」，而未依個案情節，區分行爲人是否具有反社會的危險性及受教化矯治的必要性，一律宣付刑前強制工作三年。然則，衡諸該條例所規定之強制工作，性質上原係對於有犯罪習慣，或因遊蕩、懶惰成習而犯罪者，所爲之處修正後該條例既已排除常習性要件，**從而，本於法律合憲性解釋原則，依司法院釋字第四七一號關於行爲人有無預防矯治其社會危險性之必要，及比例原則等與解釋意旨不相衝突之解釋方法，爲目的性限縮，對犯該條例第三條第一項之參與犯罪組織罪者，視其行爲之嚴重性、表現之危險性、對於未來行爲之期待性，以及所採措施與預防矯治目的所需程度，於有預防矯治其社會危險性之必要，且符合比例原則之範圍內**，由法院依該條例第三條第三項規定，一併宣告刑前強制工作。

編按：

最高法院刑事大法庭認爲，被告既參加集團性犯罪組織，又參與其集團「車手」之詐欺犯行，觸犯組織犯罪防制條例第三條第一項後段之參與犯罪組織罪，及刑法第三三九條之四第一項第二款之加重詐欺取財罪，依想像競合犯論以後罪科刑時，於有預防矯治其社會危險之必要，且符合比例原則之範圍內，由法院依組織犯罪防制條例相關規定，一併宣告刑前強制工作。本法律爭議是因最高法院有二種不同見解，一是立於刑法第五十五條想像競合犯封鎖作用意旨之肯定說，認爲可以逕依組織犯罪防制條例宣告強制工作；另一是否定說，認爲依刑法第一條罪刑法定原則規定，不能依上述條例爲強制工作之宣告，因爲參與犯罪組織罪之罪刑較輕，已經被刑法加重詐欺取財罪所吸收。本裁定則採修正的肯定說，從文義及體系解釋出發，來解釋刑法第五十五條前段規定，並依循司法院釋字第四七一號解釋意旨，採合憲性解釋。

▸108 台上 1467〇（判決）

刑法第五十五條關於想像競合犯之規定，係將「論罪」與「科刑」予以分別規範。就「論罪」而言，想像競合犯 侵害數法益皆成立犯罪，犯罪宣告時必須同時宣告數罪名，但爲防免一行爲受二罰之過度評價，本條前段規定爲「從一重處斷」，乃選擇法定刑較重之一罪論處，實質上係連結數個評價上一罪而合併爲科刑上一罪，非謂對於其餘各罪名可置而不論。**是法院於決定想像競合犯之處斷刑時，雖以其中最重罪名之法定刑，作爲裁量之準據，惟具體形成宣告刑時，仍應將輕罪之刑罰合併評價在內，否則在終局評價上，無異使想像競合犯等同於單純一罪。**

第 56 條（刪除）

❖ 法學概念

包括一罪

包括一罪係指行爲人基於一個意思決定，實施同一構成要件且有密接關連性的數行爲，亦即自然意義（或物理意義）的數個行爲，侵害同一之法益，而法律評價上爲一個罪。其類型有接續犯和集合犯。其可能發生法條競合的現象；單純一罪則不會出現法條競合的現象。關於罪數的判斷，行爲概念的理解，不要被物理意義的行爲所侷限，應該依照法律評價去思考。這一點，對於法條競合的處理，深具意義。另須注意的是，依照修法理由，接續犯和集合犯應僅係包括一罪的例示類型之一，不排除有新型態的包括一罪類型出現之空間。

【張麗卿，〈牽連轉想像與連續轉包括〉，《月旦法學教室》，第 59 期，2007.09，16 頁以下。】

第八章　量刑之酌科及加減

第 57 條（刑罰之酌量）

科刑時應以行爲人之責任爲基礎，並審酌一切情狀，尤應注意下列事項，爲科刑輕重之標準：

一　犯罪之動機、目的。

二　犯罪時所受之刺激。

三　犯罪之手段。

四　犯罪行爲人之生活狀況。

五　犯罪行爲人之品行。

六　犯罪行爲人之智識程度。

七　犯罪行爲人與被害人之關係。

八　犯罪行爲人違反義務之程度。

九　犯罪所生之危險或損害。

十　犯罪後之態度。

❑ 實務見解

▶92 年度第 1 次刑事庭會議決議（92.01.07）

刑法總則之加重，係概括性之規定，所有罪名均一體適用；刑法分則之加重，係就犯罪類型變更之個別犯罪行爲予以加重，成爲另一獨立之罪名。兒童福利法第四十三條第一項前段，其中利用兒童犯罪爲間接正犯，其加重係概括性之規定，對一切犯罪皆有其適用，自屬刑法總則加重之性質；至對兒童犯罪之加重，係對被害人爲兒童之特殊要件予以加重處罰，乃就犯罪類型變更之個別犯罪行爲予以加重，自屬刑法分則加重之性質。

▶62 年度第 1 次刑庭庭長會議決議㈣（62.02.20）

刑法第五十七條規定科刑時應審酌犯罪之一切情狀，並例示應注意之事項，以爲科刑輕重之準據；第五十九條規定係犯罪情狀顯可憫恕，賦予法院以酌減之權。故前者爲量刑之標準，後者爲酌減之依據，兩者有別，不能混淆。

▶55 台上 2853（判例）

有期徒刑之減輕，應就其最高度及最低度同減輕之，然後於減輕之最高度與最低度範圍內，審酌一切情狀爲科刑輕重之標準，並非一經減輕，即須處以減輕後之最低度刑。

▶47 台上 1249（判例）

刑法上之共同正犯，雖應就全部犯罪結果負其責任，但科刑時仍應審酌刑法第五十七條各款情狀，爲各被告量刑輕重之標準，並非必須科以同一之刑。

▶108 台上 3728○（判決）

犯罪乃行爲人之不法有責行爲，責任由來於不法行爲之全部，且係刑罰之裁量基礎與上限，責任之程度，量化爲刑罰之幅度，故與責任對應之刑罰，並非唯一之定點，而係具有寬嚴界限之一定區間，在責任範圍內具均衡對應關係之刑罰，存在數種不同刑罰及刑度選擇之空間。法律授權事實審法院得視個案情節，在責任應報之限度下，兼衡威懾、教育、保安等預防目的而爲刑罰之裁量，俾平等原則下個別化分配正義之實現，此乃審判之核心事項，不受其他個案之拘束。故事實審法院在法定刑度內裁量之宣告刑，倘其取向責任與預防之刑罰功能，符合刑罰規範體系及目的，於裁量權之行使無所逾越 或濫用，即屬適法妥當，不得任意指摘爲違法。**罪刑相當與否，係以反應責任之不法內涵本體爲判斷準據，而非求諸與他案量刑之相比較**，尤以他案之刑度裁量與本案不法內涵之衡量無關，亦即並非犯罪行爲人責任之所由，自不得資爲個案本身量刑輕重之依據。

▶108 台上 2686○（判決）

所謂「刑罰裁量」係指法官對於被告的犯罪事實，針對各個量刑因素加以審酌，考量其對社會的一般影響性，以及對行爲人處遇是否適當，並參酌刑罰之目的與作用，力求合法、合理、合情之裁量，以實現公平與正義。至就各種量刑事由，應該遵循何種法則與程序，以爲裁量之依據，而不至濫用其裁量權，各國有不同之法制，有大陸法系之如德、日諸國之「自由裁量基準」及屬如英、美等國之「法定量化基準」之分。而繼受德國法及日本法爲主之我國，基於法官獨立判案而不允許受到任何不當之外在干預，量刑乃屬於法官固有之職權，而由法官依其經驗與論理方式，依據證據而自由地進行裁量，故係採所謂「自由裁量基準」。刑法第五十七條規定：「科刑時應以行爲人之責任爲基礎，並審酌一切情狀，……，爲科刑輕重之標準……」，刑事訴訟法第二條亦規定：「實施刑事訴訟程序之公務員，就該管案件，應於被告有利及不利之情形，一律注意。」勾勒出我國量刑基準的法律底線。惟爲防止法官權力濫用之可能，故而有以統計學上之「多元迴歸模式」，嘗試建立公式化的量刑基準，即以電腦套裝統計軟體，用以模擬法官量刑之思考過程及其脈絡，此量刑模式之優點 在於：1.統一量刑之標準；2.具體落實個別化刑罰理念；3.公開法官量刑之過程；4.表現法官量刑標準性；5.達成法官自律之初步目標；6.可累積量刑資料庫，建構具學習能力之專家系統。但亦有下述亟需解決之缺點：1.量刑缺乏彈性；2.若干特殊犯罪行爲與量刑因素之資料不常發生，其代表性難以建立；3.電腦目前仍無法模擬、甚至取代人腦之思考複雜程度等。上述「多元迴歸模式」之優缺點正與「自由裁量基準」互爲良窳。司法院建置之「量刑資訊系統」即係以「多元迴歸模式」分析實務判決資料後，依焦點團體建議及調整量刑因子暨影響力大小製作而成（見司法院網站「量刑趨勢系統建議」說明），因其尚未對各種犯罪類型作全面統計，並囿於部分資料無法數值化或取樣不足，且有上述尚無法克服之缺點，僅能供法官量刑之參考，不能據此即剝奪或限制法官審酌個案情節適切量刑之自由裁量權限。是除無任何理由明顯偏移司法院「量刑資訊系統」刑度範圍外，只要法官係以被告之責任爲基礎，避免受到法律外之量刑因素（如輿論壓力、人情關說等）干擾，說明審酌刑法第五十七條所列事項而爲刑之量定，若未逾越法定刑度，亦未濫用其權限，即無違法。

▶108 台上 2191○（判決）

現代進步的刑事司法理念，已從傳統的以刑罰作爲中心之措施，轉變成修復式司法，亦即對於加害人、被害人 及其等家屬，甚至包含社區成員或代表者，提供各式各樣之對話與解決問題之機會，使加害人認知其犯罪行爲所帶來之影響，而反省其自身應負的刑責，並藉此契機，修復被害人等方面之情感創傷和塡補其實質所受的損害。易言之，現代刑事司法的功能，當賦予司法更爲積極的正面方向，自傳統的懲罰、報復，擴大至尋求眞相、道歉、撫慰、負責及修復，正義因此得以更完美彰顯。

▶107 台上 2797○（判決）

刑罰法規除依不同犯罪構成要件要素，所涵攝相異之可罰性，而賦與相應之法定刑外，立法者基於刑罰目的及刑事政策之需要，亦常明文規範加重、減輕、免除法定刑之具體事由，據以調整原始法定刑，而形成刑罰裁量的處斷範圍，即爲處斷刑。法院於具體案件之量刑過程，就是從法定刑、處斷刑之範圍內確定其刑罰種類及欲予科處之刑度而爲宣告，具體形成宣告刑。**是法定刑、處斷刑俱爲量刑之外部性界限，該當於各種犯罪構成要件與法定加重、減輕、免除事由之具體事實，既共同形成刑罰裁量範圍，故法院於量刑過程中，自不得再執爲裁量刑罰輕重之標準。否則即違反重複評價之禁止。又刑法上之共同正犯，應就全部犯罪結果負其責任，乃基於共同犯罪行爲，應由正犯各負其全部責任之理論，至於爲刑之量定時，則仍應審酌刑法第五十七條所列各款情狀，分別情節，爲各被告量刑輕重之標準；共同正犯間並非必須科以同一之刑，且於個案裁量權之行使時，仍應受比例原則、平等原則之拘束，俾符合罪刑相當，使罰當其罪，輕重得宜。**如共同正犯間情節輕重明顯不同，應本乎正義理念，分別適度量處，倘一律科以同一之刑，即於平等原則有悖，當非持法之平，即難謂爲適法。毒品危害防制條例第四條第一項規範運輸第一級毒品之法定刑爲死刑或無期徒刑（得併科罰金），遇有法定減輕事由者，死刑減爲無期徒刑；無期徒刑減爲二十年以下十五年以上有期徒刑，此即屬處斷刑。

第 58 條（罰金之酌加）

科罰金時，除依前條規定外，並應審酌犯罪行爲人之資力及犯罪所得之利益。如所得之利益超過罰金最多額時，得於所得利益之範圍內酌量加重。

第 59 條（酌量減輕）

犯罪之情狀顯可憫恕，認科以最低度刑仍嫌過重者，得酌量減輕其刑。

❐ 實務見解

▶51 台上 899（判例）

刑法第五十九條之酌量減輕其刑，必於犯罪之情狀，在客觀上足以引起一般同情，認爲即予宣告法定低度刑期，猶嫌過重者，始有其適用，至於被告無前科，素行端正，子女眾多等情狀，僅可爲法定刑內從輕科刑之標準，不得據爲酌量減輕之理由。

第 60 條（酌量減輕）
依法律加重或減輕者，仍得依前條之規定酌量減輕其刑。

第 61 條（裁判免除）
犯下列各罪之一，情節輕微，顯可憫恕，認為依第五十九條規定減輕其刑仍嫌過重者，得免除其刑：
一 最重本刑為三年以下有期徒刑、拘役或專科罰金之罪。但第一百三十二條第一項、第一百四十三條、第一百四十五條、第一百八十六條及對於直系血親尊親屬犯第二百七十一條第三項之罪，不在此限。
二 第三百二十條、第三百二十一條之竊盜罪。
三 第三百三十五條、第三百三十六條第二項之侵占罪。
四 第三百三十九條、第三百四十一條之詐欺罪。
五 第三百四十二條之背信罪。
六 第三百四十六條之恐嚇罪。
七 第三百四十九條第二項之贓物罪。

第 62 條（自首得減）
對於未發覺之罪自首而受裁判者，得減輕其刑。但有特別規定者，依其規定。

□ 實務見解

▶101 年度第 4 次刑事庭會議決議㈡ (101.04.24)

決議：採甲說。
文字修正如下：刑法第六十二條所謂自首，祇以犯人在犯罪未發覺之前，向該管公務員申告犯罪事實，並受裁判為已足。目的在促使行為人於偵查機關發覺前，主動揭露其犯行，俾由偵查機關儘速著手調查，於嗣後之偵查、審理程序，自首者仍得本於其訴訟權之適法行使，對所涉犯罪事實為有利於己之主張或抗辯，不以始終均自白犯罪為必要。至毒品危害防制條例第十七條第二項規定：「犯第四條至第八條之罪於偵查及審判中均自白者，減輕其刑。」則旨在使刑事案件儘速確定，鼓勵被告認罪，並節省司法資源，行為人須於偵查及審判中均自白者，始符合減輕其刑之要件。上揭法定減輕其刑之規定，前者，重在鼓勵行為人自行揭露尚未發覺之犯罪；後者，則重在憑藉行為人於偵查、審判程序之自白，使案件儘速確定。二者之立法目的不同，適用要件亦異，且前者為得減其刑，後者為應減其刑，乃個別獨立減輕其刑之規定。法院若認行為人同時存在此二情形，除應適用毒品危害防制條例第十七條第二項減輕其刑外，尚得依刑法第六十二條自首之規定遞減其刑。

▶75 台上 1634（判例）

刑法第六十二條之所謂發覺，係指有偵查犯罪職權之公務員已知悉犯罪事實與犯罪之人而言，而所謂知悉，固不以確知其為犯罪之人為必要，但必其犯罪事實，確實存在，且為該管公務員所確知，始屬相當。如犯罪事實並不存在而懷疑其已發生，或雖已發生，而為該管公務員所不知，僅係推測其已發生而與事實巧合，均與已發覺之情形有別。

▶108 台上大 3563（大法庭裁定）

主文
行為人以一行為而觸犯普通侵占罪及販賣第三級毒品罪，其普通侵占罪雖經發覺，而不合自首之規定，但販賣第三級毒品罪，如於未發覺前自首而受裁判，仍有刑法第六十二條前段減輕其刑規定之適用。
理由
一、本案基礎事實
上訴人明知所持有之第三級毒品愷他命，乃綽號「水哥」所有，為籌款營救因他案遭逮捕之友人，竟將上開毒品據為己有，並同時販賣予他人，因而以上訴人係一行為觸犯刑法第三三五條第一項之普通侵占罪，及毒品危害防制條例第四條第三項之販賣第三級毒品罪，依想像競合犯之規定，從一重論處販賣第三級毒品罪刑。本案查獲之經過，乃警方先發覺上訴人前述普通侵占罪嫌，拘提到案後，上訴人主動供出前開販賣毒品之事實，警方始一併偵辦。
二、本案法律爭議
上訴人以一行為觸犯普通侵占罪及販賣第三級毒品罪；其中普通侵占罪部分，雖為偵查犯罪職權之公務員或機關（下稱偵查機關）所發覺，不符刑法第六十二條自首之規定；然就其所犯之販賣第三級毒品罪部分，則係上訴人於偵查機關知悉前，主動供出，而接受裁判。於此情形，上訴人自動供承之販賣第三級毒品犯罪部分，有無刑法第六十二條自首規定之適用？
三、本大法庭之見解
㈠一行為而觸犯數罪名之想像競合犯，係指行為人以一行為，而侵害數個相同或不同之法益，具備數個犯罪構成要件，為充分保護被害法益，避免評價不足，乃就行為所該當之數個構成要件分別加以評價，而論以數罪。但因行為人祇有單一行為，較諸數個犯罪行為之侵害性為輕，揆諸「一行為不二罰」之原則，法律乃規定「從一重處斷」即為已足，為科刑上或裁判上一罪。由於想像競合犯在本質上為數罪，行為所該當之多數不法構成要件，均有其獨立之不法及罪責內涵，因此法院於判決內，仍應將其所犯數罪之罪名，不論輕重，同時並列，不得僅論以重罪，置輕罪於不顧；而於決定處斷刑時，各罪之不法及罪責內涵，亦應一併評價，並在最重罪名之法定刑度內，量處適當之刑，且不得科以較輕罪名所定最輕本刑以下之刑，觀諸刑法第五十五條規定即明。於刑事立法上，針對特定犯罪行為刑事制裁依據之刑法（含特別刑法）條款，乃是就具體之犯罪事實，經過類型化、抽象化與條文化而成。是刑法（含特別刑法）所規定之各種犯罪，均有符合其構成要件之犯罪事實。想像競合犯，於本質上既係數罪，則不論行為人係以完全或局部重疊之一行為所犯，其所成立數罪之犯罪事實，仍各自獨立存在，並非不能分割。即使是行為人同時販賣第一級及第二級毒品予同一人，亦有兩個截然可分之販賣犯罪事實。

㈡對於未發覺之罪自首而受裁判者，得減輕其刑，刑法第六十二條前段定有明文。所謂「發覺」，乃指偵查機關知悉或有相當之依據合理懷疑犯罪行為人及犯罪事實而言。是自首之成立，須行為人在偵查機關發覺其犯罪事實前，主動向偵查機關申告，並接受裁判為要件。此主動申告未經發覺之罪，而受裁判之法律效果，在德、美兩國係列為量刑參考因子，予以處理，我國則因襲傳統文化，自刑法第五十七條抽離，單獨制定第六十二條，成為法定減輕其刑要件。嗣後再參酌日本法例，於民國九十四年二月二日修正公布、九十五年七月一日施行之刑法，將自首由必減輕，修正為得減輕，依其修正理由所載：因自首之動機不一而足，為使真誠悔悟者可得減刑自新之機，而狡黠陰暴之徒亦無所遁飾，以符公平等旨，堪認自首規定之立法目的，兼具獎勵行為人悔改認過，及使偵查機關易於偵明犯罪之事實真相，以節省司法資源，並避免株連疑似，累及無辜。

㈢法官適用法律，首應從法條之字面意義為解釋（文義解釋），如解釋結果，有多種涵義之可能性時，則應依法條在立法總體系中之地位和意義（體系解釋）、立法者真意（歷史解釋）、法條規範之目的及倫理價值（目的性解釋），抑或合乎憲法規定或其所宣告基本價值（合憲性解釋）等解釋方法，在法條文義所及之範圍內，闡明法律之真義，以期正確妥當之適用。而想像競合犯，在犯罪評價上為數罪，僅在科刑上從一重處斷，就此以觀，該未為偵查機關發覺之部分犯罪事實，自屬前開條文所稱「未發覺之罪」文義射程之範圍；再者，如行為人於偵查機關發覺前，主動供出，偵查機關即因行為人之供述，得悉整個犯罪之全貌，進而依法偵辦，自有助益偵查；且其主動申告尚未被發覺部分之罪，擴大犯罪之不法及罪責內涵，依社會通念，多有悔改認過之心。是依文義、體系、歷史及目的性等解釋方法，裁判上一罪之想像競合犯，行為人就未發覺之重罪部分之犯罪事實，主動供出，接受裁判，於從該重罪處斷時，應認有自首減輕其刑規定之適用，始合乎該法條之文義及立法意旨，並符事理之平及國民之法律感情。況法律之所以將想像競合犯規定為科刑上一罪，乃為避免對同一行為過度或重複評價，以符合罪刑相當原則，自無因科刑上從一重處斷之結果，而剝奪行為人享有自首減刑寬典之理。從而，若輕罪部分之犯罪事實先被發覺，重罪部分之犯罪事實自首於後，法院從一重罪處斷時，自得依自首之規定減輕其刑；反之，重罪之犯罪事實發覺於前，輕罪部分自首於後，從一重罪處斷時，因重罪部分非屬自首，固不得依自首規定減輕其刑，但因行為人主動供述輕罪部分之犯罪事實，倘認其確有悔改認過之心，自得資為犯後態度良好、從輕量刑之依據。至於實質上一罪，如接續犯、繼續犯、加重結果犯、結合犯、吸收犯、常業犯或集合犯等，既非裁判上一罪，倘部分犯罪事實已先被發覺，即難認其主動供出其他部分事實仍有自首減輕其刑規定之適用，自不待言。

㈣在控訴原則下，法院裁判權限之範圍，僅限於檢察官起訴之被告及其犯罪事實；裁判上一罪之想像競合犯，因國家僅有一個刑罰權，訴訟上祇能以一次之程序追訴處罰，故在訴訟法上作為一個訴訟客體予以處理，無從分割，其法律上之事實關係，具有不可分性，為訴訟法上之單一案件。因此，檢察官如僅就其中一部分犯罪事實起訴，其效力自及於全部，法院仍應就全部之犯罪事實審判，而有起訴不可分、審判不可分及上訴不可分等原則之適用。惟自首，係賦予就偵查機關未發覺之罪，主動申告並接受裁判之行為人，得以減刑之優惠，屬刑之減輕事由，乃犯罪處斷之實體法上效果；而單一案件，係起訴效力擴張或一事不再理原則之問題，與偵查無關。是於偵查程序，並無所謂案件單一性，更無所謂偵查不可分可言。從而，刑法第六十二條向偵查機關自首之「犯罪事實」，與訴訟法上起訴或認定之「犯罪事實」，乃不同之概念。前者，行為人所供述者，為過去發生之單純社會事實，至是否成立自首，由法院依法認定之；而後者，檢察官所起訴者，乃已經賦予法律評價之法律事實，評價之對象為實體法上應予非難之行為。故而想像競合犯自首事實之認定，尚無程序法上起訴及審判不可分法理之適用。

㈤綜上，裁判上一罪之想像競合犯，其部分犯罪事實有無為偵查機關發覺，是否成立自首，無論從想像競合犯之本質、自首之立法意旨、法條編列之體系解釋，抑或實體法上自首及訴訟法上案件單一性中，關於「犯罪事實」之概念等各個面向以觀，均應就想像競合犯之各個罪名，分別觀察認定，方符合法規範之意旨。本案上訴人所犯普通侵占罪之事實，因業經偵查機關發覺，固不能獲自首減輕其刑之寬典，惟就其從一重處斷之販賣第三級毒品罪部分，既在偵查機關發覺前，主動供出而接受裁判，自有自首減輕其刑規定之適用。

第 63 條（老幼處刑之限制）

未滿十八歲人或滿八十歲人犯罪者，不得處死刑或無期徒刑，本刑為死刑或無期徒刑者，減輕其刑。

□ 實務見解

▶49 台上 1052（判例）

未滿十八歲人犯罪，而其本刑為死刑或無期徒刑者，依刑法第六十三條第一項規定，必須減輕其刑，審判上並無裁量之餘地，因而同法第十八條第二項之規定於此亦無其適用。上訴人所犯之罪，其本刑既係惟一死刑，而其時上訴人又尚未滿十八歲，自應先依刑法第六十三條第一項、第六十四條第二項減輕後，再適用同法第五十九條遞減其刑方為適法。乃原判決不依此項規定，竟引用同法第十八條第二項為遞減其刑之根據，不無違誤。

第 64 條（死刑加重之限制與減輕）

I 死刑不得加重。

II 死刑減輕者，為無期徒刑。

第 65 條（無期徒刑加重之限制與減輕）

I 無期徒刑不得加重。

II 無期徒刑減輕者，為二十年以下十五年以上有期徒刑。

第 66 條（有期徒刑、拘役、罰金之減輕方法）

有期徒刑、拘役、罰金減輕者，減輕其刑至二分之一。但同時有免除其刑之規定者，其減輕得減至三分之二。

第 67 條（有期徒刑之加減例）

有期徒刑加減者，其最高度及最低度同加減之。

第 68 條（拘役之加減例）

拘役加減者，僅加減其最高度。

第 69 條（二種主刑以上併加減例）

有二種以上之主刑者，加減時併加減之。

第 70 條（遞加遞減例）

有二種以上刑之加重或減輕者，遞加或遞減之。

第 71 條（主刑加減之順序）

I 刑有加重及減輕者，先加後減。

II 有二種以上之減輕者，先依較少之數減輕之。

第 72 條（零數不算）

因刑之加重、減輕，而有不滿一日之時間或不滿一元之額數者，不算。

第 73 條（酌量減輕之準用）

酌量減輕其刑者，準用減輕其刑之規定。

第九章 緩刑

第 74 條（緩刑要件）

I 受二年以下有期徒刑、拘役或罰金之宣告，而有下列情形之一，認以暫不執行為適當者，得宣告二年以上五年以下之緩刑，其期間自裁判確定之日起算：

一 未曾因故意犯罪受有期徒刑以上刑之宣告者。

二 前因故意犯罪受有期徒刑以上刑之宣告，執行完畢或赦免後，五年以內未曾因故意犯罪受有期徒刑以上刑之宣告者。

II 緩刑宣告，得斟酌情形，命犯罪行為人為下列各款事項：

一 向被害人道歉。

二 立悔過書。

三 向被害人支付相當數額之財產或非財產上

之損害賠償。
四　向公庫支付一定之金額。
五　向指定之政府機關、政府機構、行政法人、社區或其他符合公益目的之機構或團體，提供四十小時以上二百四十小時以下之義務勞務。
六　完成戒癮治療、精神治療、心理輔導或其他適當之處遇措施。
七　保護被害人安全之必要命令。
八　預防再犯所為之必要命令。

III前項情形，應附記於判決書內。

IV第二項第三款、第四款得為民事強制執行名義。

V緩刑之效力不及於從刑、保安處分及沒收之宣告。

□ 實務見解

▸92 年度第 18 次刑事庭會議決議（92.11.25）

決議：採甲說。

文字修正如下：按刑法第七十四條第二款所稱「五年以內」未曾受有期徒刑以上刑之宣告，應以後案宣示判決之時，而非以後案犯罪之時，為其認定之基準；即後案「宣示判決時」既已逾前案有期徒刑執行完畢或赦免後五年以上，雖後案為累犯，但累犯成立之要件與宣告緩刑之前提要件（即刑法第七十四條第一款、第二款所示之情形）本不相同，且法律亦無限制累犯不得宣告緩刑之規定。故成立累犯者，若符合緩刑之前提要件，經審酌後，認其所宣告之刑以暫不執行為適當者，仍非不得宣告緩刑。

第 75 條（緩刑宣告之應撤銷）

I受緩刑之宣告，而有下列情形之一者，撤銷其宣告：
一　緩刑期內因故意犯他罪，而在緩刑期內受逾六月有期徒刑之宣告確定者。
二　緩刑前因故意犯他罪，而在緩刑期內受逾六月有期徒刑之宣告確定者。

II前項撤銷之聲請，於判決確定後六月以內為之。

第 75 條之 1（緩刑宣告之得撤銷）

I受緩刑之宣告而有下列情形之一，足認原宣告之緩刑難收其預期效果，而有執行刑罰之必要者，得撤銷其宣告：
一　緩刑前因故意犯他罪，而在緩刑期內受六月以下有期徒刑、拘役或罰金之宣告確定者。
二　緩刑期內因故意犯他罪，而在緩刑期內受六月以下有期徒刑、拘役或罰金之宣告確定者。
三　緩刑期內因過失更犯罪，而在緩刑期內受有期徒刑之宣告確定者。
四　違反第七十四條第二項第一款至第八款所定負擔情節重大者。

II前條第二項之規定，於前項第一款至第三款情形亦適用之。

第 76 條（緩刑之效力）

緩刑期滿，而緩刑之宣告未經撤銷者，其刑之宣告失其效力。但依第七十五條第二項、第七十五條之一第二項撤銷緩刑宣告者，不在此限。

第十章　假　釋

第 77 條（假釋之要件）

I受徒刑之執行而有悛悔實據者，無期徒刑逾二十五年，有期徒刑逾二分之一、累犯逾三分之二，由監獄報請法務部，得許假釋出獄。

II前項關於有期徒刑假釋之規定，於下列情形，不適用之：
一　有期徒刑執行未滿六個月者。
二　犯最輕本刑五年以上有期徒刑之罪之累犯，於假釋期間、受徒刑之執行完畢，或一部之執行而赦免後，五年以內故意再犯最輕本刑為五年以上有期徒刑之罪者。
三　犯本法第九十一條之一所列之罪，於徒刑執行期間接受輔導或治療後，經鑑定、評估其再犯危險未顯著降低者。

III無期徒刑裁判確定前逾一年部分之羈押日數算入第一項已執行之期間內。

第 78 條（假釋之撤銷）

I假釋中因故意更犯罪，受有期徒刑以上刑之宣告者，於判決確定後六月以內，撤銷其假釋。但假釋期滿逾三年者，不在此限。

II假釋撤銷後，其出獄日數不算入刑期內。

第 79 條（假釋之效力）

I在無期徒刑假釋後滿二十年或在有期徒刑所餘刑期內未經撤銷假釋者，其未執行之刑，以已執行論。但依第七十八條第一項撤銷其假釋者，不在此限。

II假釋中另受刑之執行、羈押或其他依法拘束人身自由之期間，不算入假釋期內。但不起訴處分或無罪判決確定前曾受之羈押或其他依法拘束人身自由之期間，不在此限。

第 79 條之 1（合併刑期）

I二以上徒刑併執行者，第七十七條所定最低應執行之期間，合併計算之。

II前項情形，併執行無期徒刑者，適用無期徒刑假釋之規定；二以上有期徒刑合併刑期逾四十年，而接續執行逾二十年者，亦得許假釋。但有第七十七條第二項第二款之情形者，不在此限。

III依第一項規定合併計算執行期間而假釋者，前條第一項規定之期間，亦合併計算之。

IV前項合併計算後之期間逾二十年者，準用前條第一項無期徒刑假釋之規定。

V經撤銷假釋執行殘餘刑期者，無期徒刑於執行滿二十五年，有期徒刑於全部執行完畢後，再接續執行他刑，第一項有關合併計算執行期間之規定不適用之。

❑ 實務見解

▶103年度第1次刑事庭會議決議(103.01.07)

最高法院八十八年七月二十日八十八年度第四次刑事庭會議決議，本則決議不合時宜，改採原提案之肯定說。

㈠二以上徒刑之執行，除數罪併罰，在所裁定之執行刑尚未全部執行完畢以前，各罪之宣告刑均不發生執行完畢之問題外（四十七年度台抗字第二號判例），似宜以核准開始假釋之時間爲基準，限於原各得獨立執行之刑，均尚未執行期滿，始有依刑法七十九條之一第一、二項規定，合併計算其最低應執行期間，同時合併計算其假釋後殘餘刑期之必要。倘假釋時，其中甲罪徒刑已執行期滿，則假釋之範圍應僅限於尚殘餘刑期之乙罪徒刑，其效力不及於甲罪徒刑。縱監獄將已執行期滿之甲罪徒刑與尚在執行之乙罪徒刑合併計算其假釋最低執行期間，亦不影響甲罪業已執行完畢之效力。

㈡裁判確定後犯數罪，受二以上徒刑之執行，（非屬合併處罰範圍）者，其假釋有關期間如何計算，有兩種不同見解：其一爲就各刑分別執行，分別假釋，另一則爲依分別執行，合併計算之原則，合併計算假釋有關之期間。爲貫徹監獄行刑理論及假釋制度之趣旨，並維護受刑人之利益，自以後者爲可取，固爲刑法第七十九條之一增訂之立法意旨（錄自立法院公報八十三卷第一四六、一四七頁「刑法假釋規定條文對照表」修正說明㈠）。惟上開放寬假釋應具備「最低執行期間」條件之權宜規定，應與累犯之規定，分別觀察與適用。併執行之徒刑，本係得各別獨立執行之刑，對同法第四十七條累犯之規定，尚不得以前開規定另作例外之解釋，倘其中甲罪徒刑已執行期滿，縱因合併計算最低應執行期間而在乙罪徒刑執行中假釋者，於距甲罪徒刑期滿後之假釋期間再犯罪，即與累犯之構成要件相符，仍應以累犯論。

第十一章　時　效

第80條（追訴權之時效期間）

I追訴權，因下列期間內未起訴而消滅：

一　犯最重本刑爲死刑、無期徒刑或十年以上有期徒刑之罪者，三十年。但發生死亡結果者，不在此限。

二　犯最重本刑爲三年以上十年未滿有期徒刑之罪者，二十年。

三　犯最重本刑爲一年以上三年未滿有期徒刑之罪者，十年。

四　犯最重本刑爲一年未滿有期徒刑、拘役或罰金之罪者，五年。

II前項期間自犯罪成立之日起算。但犯罪行爲有繼續之狀態者，自行爲終了之日起算。

第81條（刪除）

第82條（本刑應加減時追訴權時效期間之計算）

本刑應加重或減輕者，追訴權之時效期間，仍依本刑計算。

第83條（追訴權時效之停止）

I追訴權之時效，因起訴而停止進行。依法應停止偵查或因犯罪行爲人逃匿而通緝者，亦同。

II前項時效之停止進行，有下列情形之一者，其停止原因視爲消滅：

一　受理判決確定，或因程序上理由終結自訴確定者。

二　法律之規定或因被告逃匿而通緝，不能開始或繼續，而其期間已達第八十條第一項各款所定期間三分之一者。

三　段規定停止偵查或通緝，而其期間已達第八十條第一項各款所定期間三分之一者。

III前二項之時效，自停止原因消滅之日起，與停止前已經過之期間，一併計算。

第84條（行刑權之時效期間）

I行刑權因下列期間內未執行而消滅：

一　宣告死刑、無期徒刑或十年以上有期徒刑者，四十年。

二　宣告三年以上十年未滿有期徒刑者，三十年。

三　宣告一年以上三年未滿有期徒刑者，十五年。

四　宣告一年未滿有期徒刑、拘役或罰金者，七年。

II 前項期間，自裁判確定之日起算。但因保安處分先於刑罰執行者，自保安處分執行完畢之日起算。

第 85 條（行刑權時效之停止）

I 行刑權之時效，因刑之執行而停止進行。有下列情形之一而不能開始或繼續執行時，亦同：
一　依法應停止執行者。
二　因受刑人逃匿而通緝或執行期間脫逃未能繼續執行者。
三　受刑人依法另受拘束自由者。

II 停止原因繼續存在之期間，如達於第八十四條第一項各款所定期間三分之一者，其停止原因視為消滅。

III 第一項之時效，自停止原因消滅之日起，與停止前已經過之期間，一併計算。

第十二章　保安處分

第 86 條（感化教育處分）

I 因未滿十四歲而不罰者，得令入感化教育處所，施以感化教育。

II 因未滿十八歲而減輕其刑者，得於刑之執行完畢或赦免後，令入感化教育處所，施以感化教育。但宣告三年以下有期徒刑、拘役或罰金者，得於執行前為之。

III 感化教育之期間為三年以下。但執行已逾六月，認無繼續執行之必要者，法院得免其處分之執行。

第 87 條（監護處分）

I 因第十九條第一項之原因而不罰者，其情狀足認有再犯或危害公共安全之虞時，令入相當處所，施以監護。

II 有第十九條第二項及第二十條之原因，其情狀足認有再犯或有危害公共安全之虞時，於刑之執行完畢或赦免後，令入相當處所，施以監護。但必要時，得於刑之執行前為之。

III 前二項之期間為五年以下。但執行中認無繼續執行之必要者，法院得免其處分之執行。

第 88 條（禁戒處分）

I 施用毒品成癮者，於刑之執行前令入相當處所，施以禁戒。

II 前項禁戒期間為一年以下。但執行中認無繼續執行之必要者，法院得免其處分之執行。

第 89 條（禁戒處分）

I 因酗酒而犯罪，足認其已酗酒成癮並有再犯之虞者，於刑之執行前，令入相當處所，施以禁戒。

II 前項禁戒期間為一年以下。但執行中認無繼續執行之必要者，法院得免其處分之執行。

第 90 條（強制工作處分）

I 有犯罪之習慣或以犯罪為常業或因遊蕩或懶惰成習而犯罪者，得於刑之執行完畢或赦免後，令入勞動場所，強制工作。

II 前項處分期間為三年以下。

III 執行期間屆滿前，認為有延長之必要者，法院得許可延長之，其延長之期間不得逾一年六月，並以一次為限。

☐ 實務見解

▶108 台上 3460〇（判決）

保安處分係針對受處分人**將來之危險性**所為之處置，以達教化、治療之目的，為刑罰之補充制度。我國現行刑法採刑罰與保安處分雙軌制，係在維持行為責任之刑罰原則下，為強化其協助行為人再社會化之功能，以及改善行為人潛在之危險性格，期能達成根治犯罪原因、預防犯罪之特別目的。**是保安處分之強制工作，旨在對嚴重職業性犯罪及欠缺正確工作觀念或無正常工作因而習慣犯罪者，強制其從事勞動，學習一技之長及正確之謀生觀念，使其日後重返社會，能適應社會生活。基於「刑罰個別化」，對於「有犯罪之習慣或因遊蕩或懶惰成習而犯罪」之行為人，因其已具有將來之危險性，即得宣告刑前強制工作**，使其得以自食其力，不再遊蕩、懶惰再次犯罪，並符合保安處分應受比例原則之規範。**所謂「有犯罪之習慣」係指對於犯罪已成為日常之慣性行為，乃一種犯罪之習性**。至所犯之罪名為何，是否同一，則非所問。

第 91 條（刪除）

第 91 條之 1（性侵害犯罪之強制治療）

I 犯第二百二十一條至第二百二十七條、第二百二十八條、第二百二十九條、第二百三十條、第二百三十四條、第三百三十二條第二項第二款、第三百三十四條第二款、第三百四十八條第二項第一款及其特別法之罪，而有下列情形之一者，得令入相當處所，施以強制治療：
一　徒刑執行期滿前，於接受輔導或治療後，經鑑定、評估，認有再犯之危險者。
二　依其他法律規定，於接受身心治療或輔導教育後，經鑑定、評估，認有再犯之危險者。

II 前項處分期間至其再犯危險顯著降低為止，執行期間應每年鑑定、評估有無停止治療之必要。

□ 實務見解

▶96年度第3次刑事庭會議決議(96.02.06)

壹、採乙說。

民國九十五年七月一日起施行之刑法第九十一條之一有關強制治療規定，雖將刑前治療改為刑後治療，但治療期間未予限制，且治療處分之日數，復不能折抵有期徒刑、拘役或同法第四十二條第六項裁判所定之罰金額數，較修正前規定不利於被告。

貳、採甲說。

被告於施用第一級毒品或第二級毒品經觀察、勒戒釋放後，五年內再犯第十條之罪，依現行毒品危害防制條例第二十三條第二項之規定，應由檢察官依法追訴處罰。乃原審不察，依檢察官之聲請裁定令被告入勒戒處所施以觀察、勒戒，顯有適用法則不當之違背法令。案經確定，且不利於被告，非常上訴意旨執以指摘，洵有理由，應由本院將原裁定撤銷，並自為判決駁回第一審檢察官之聲請，以資救濟。

▶90台非165(判例)

性犯罪之身心障礙者，非短時期所能痊癒者，應以「治癒為止」，不必預定其期間。

第92條(代替保安處分之保護管束)

I 第八十六條至第九十條之處分，按其情形得以保護管束代之。

II 前項保護管束期間為三年以下。其不能收效者，得隨時撤銷之，仍執行原處分。

第93條(緩刑與假釋之保護管束)

I 受緩刑之宣告者，除有下列情形之一，應於緩刑期間付保護管束外，得於緩刑期間付保護管束：

一　犯第九十一條之一所列之罪者。

二　執行第七十四條第二項第五款至第八款所定之事項者。

II 假釋出獄者，在假釋中付保護管束。

第94條(刪除)

第95條(驅逐出境處分)

外國人受有期徒刑以上刑之宣告者，得於刑之執行完畢或赦免後，驅逐出境。

□ 實務見解

▶84台非195(判例)

刑法第九十五條規定外國人受有期徒刑以上刑之宣告，得於刑之執行完畢或赦免後，驅逐出境者，應僅限於外國人始有其適用。倘具有中華民國國籍者，縱同時具有外國國籍，即俗稱擁有雙重國籍之人，若未依國籍法第十一條之規定，經內政部許可喪失中華民國國籍時，則其仍不失為本國人民，與一般所謂「外國人」之含義不符，自無刑法第九十五條規定之適用。

第96條(保安處分之宣告及其特別規定)

保安處分於裁判時併宣告之。但本法或其他法律另有規定者，不在此限。

第97條(刪除)

第98條(保安處分執行之免除)

I 依第八十六條第二項、第八十七條第二項規定宣告之保安處分，其先執行徒刑者，於刑之執行完畢或赦免後，認為無執行之必要者，法院得免其處分之執行；其先執行保安處分者，於處分執行完畢或一部執行而免除後，認為無執行刑之必要者，法院得免其刑之全部或一部執行。

II 依第八十八條第一項、第八十九條第一項、第九十條第一項規定宣告之保安處分，於處分執行完畢或一部執行而免除後，認為無執行刑之必要者，法院得免其刑之全部或一部執行。

III 前二項免其刑之執行，以有期徒刑或拘役為限。

第99條(保安處分之執行時效)

保安處分自應執行之日起逾三年未開始或繼續執行者，非經法院認為原宣告保安處分之原因仍繼續存在時，不得許可執行；逾七年未開始或繼續執行者，不得執行。

第二編　分　則

第一章　內亂罪

第100條(普通內亂罪)

I 意圖破壞國體，竊據國土，或以非法之方法變更國憲，顛覆政府，而以強暴或脅迫著手實行者，處七年以上有期徒刑；首謀者，處無期徒刑。

II 預備犯前項之罪者，處六月以上五年以下有期徒刑。

第101條(暴動內亂罪)

I 以暴動犯前條第一項之罪者，處無期徒刑或七年以上有期徒刑。首謀者，處死刑或無期徒刑。

II 預備或陰謀犯前項之罪者，處一年以上七年以下有期徒刑。

第 102 條（內亂罪自首之減刑）
犯第一百條第二項或第一百零一條第二項之罪而自首者，減輕或免除其刑。

第二章　外患罪

第 103 條（通謀開戰端罪）
I 通謀外國人或其派遣之人，意圖使該國或他國對於中華民國開戰端者，處死刑或無期徒刑。
II 前項之未遂犯罰之。
III 預備或陰謀犯第一項之罪者，處三年以上十年以下有期徒刑。

第 104 條（通謀喪失領域罪）
I 通謀外國或其派遣之人，意圖使中華民國領域屬於該國或他國者，處死刑或無期徒刑。
II 前項之未遂犯罰之。
III 預備或陰謀犯第一項之罪者，處三年以上十年以下有期徒刑。

第 105 條（械抗民國罪）
I 中華民國人民在敵軍執役，或與敵國械抗中華民國或其同盟國者，處死刑或無期徒刑。
II 前項之未遂犯罰之。
III 預備或陰謀犯第一項之罪者，處三年以上十年以下有期徒刑。

第 106 條（單純助敵罪）
I 在與外國開戰或將開戰期內，以軍事上之利益供敵國，或以軍事上之不利益害中華民國或其同盟國者，處無期徒刑或七年以上有期徒刑。
II 前項之未遂犯罰之。
III 預備或陰謀犯第一項之罪者，處五年以下有期徒刑。

第 107 條（加重助敵罪）
I 犯前條第一項之罪而有左列情形之一者，處死刑或無期徒刑：
一　將軍隊交付敵國，或將要塞、軍港、軍營、軍用船艦、航空機及其他軍用處所建築物，與供中華民國軍用之軍械、彈藥、錢糧及其他軍需品，或橋樑、鐵路、車輛、電線、電機、電局及其他供轉運之器物，交付敵國或毀壞或致令不堪用者。
二　代敵國招募軍隊，或煽惑軍人使其降敵者。
三　煽惑軍人不執行職務，或不守紀律或逃叛者。
四　以關於要塞、軍港、軍營、軍用船艦、航空機及其他軍用處所建築物或軍略之秘密文書、圖畫、消息或物品，洩漏或交付於敵國者。
五　為敵國之間諜，或幫助敵國之間諜者。
II 前項之未遂犯罰之。
III 預備或陰謀犯第一項之罪者，處三年以上十年以下有期徒刑。

第 108 條（戰時不履行軍需契約罪）
I 在與外國開戰或將開戰期內，不履行供給軍需之契約或不照契約履行者，處一年以上七年以下有期徒刑，得併科十五萬元以下罰金。
II 因過失犯前項之罪者，處二年以下有期徒刑、拘役或三萬元以下罰金。

第 109 條（洩漏交付國防秘密罪）
I 洩漏或交付關於中華民國國防應秘密之文書、圖畫、消息或物品者，處一年以上七年以下有期徒刑。
II 洩漏或交付前項之文書、圖畫、消息或物品於外國或其他派遣之人者，處三年以上十年以下有期徒刑。
III 前二項之未遂犯罰之。
IV 預備或陰謀犯第一項或第二項之罪者，處二年以下有期徒刑。

第 110 條（公務員過失洩漏交付國防秘密罪）
公務員對於職務上知悉或持有前條第一項之文書、圖畫、消息或物品，因過失而洩漏或交付者，處二年以下有期徒刑、拘役或三萬元以下罰金。

第 111 條（刺探搜集國防秘密罪）
I 刺探或收集第一百零九條第一項之文書、圖畫、消息或物品者，處五年以下有期徒刑。
II 前項之未遂犯罰之。
III 預備或陰謀犯第一項之罪者，處一年以下有期徒刑。

第 112 條（不法侵入或留滯軍用處所罪）
意圖刺探或收集第一百零九條第一項之文書、圖畫、消息或物品，未受允准而入要塞、軍港、軍艦及其他軍用處所建築物，或留滯其內者，處一年以下有期徒刑。

第 113 條（私與外國訂約罪）
應經政府授權之事項，未獲授權，私與外國政府或其派遣之人為約定，處五年以下有期徒刑、拘役或科或併科五十萬元以下罰金；足以生損害於中華民國者，處無期徒刑或七年以上有期徒刑。

第 114 條（違背對外事務委任罪）
受政府之委任，處理對於外國政府之事務，而違背其委任，致生損害於中華民國者，處無期徒刑或七年以上有期徒刑。

第 115 條（毀匿國權證據罪）
僞造、變造、毀棄或隱匿可以證明中華民國對於外國所享權利之文書、圖畫或其他證據者，處五年以上十二年以下有期徒刑。

第 115 條之 1（外患罪亦適用之地域或對象違反規定之處斷）
本章之罪，亦適用於地域或對象爲大陸地區、香港、澳門、境外敵對勢力或其派遣之人，行爲人違反各條規定者，依各該條規定處斷之。

第三章　妨害國交罪

第 116 條（侵害友邦元首或外國代表罪）
對於友邦元首或派至中華民國之外國代表，犯故意傷害罪、妨害自由罪或妨害名譽罪者，得加重其刑至三分之一。

第 117 條（違背中立命令罪）
於外國交戰之際，違背政府局外中立之命令者，處一年以下有期徒刑、拘役或九萬元以下罰金。

第 118 條（侮辱外國旗章罪）
意圖侮辱外國，而公然損壞、除去或污辱外國之國旗、國章者，處一年以下有期徒刑、拘役或九千元以下罰金。

第 119 條（請求乃論）
第一百十六條之妨害名譽罪及第一百十八條之罪，須外國政府之請求乃論。

第四章　瀆職罪

第 120 條（委棄守地罪）
公務員不盡其應盡之責，而委棄守地者，處死刑、無期徒刑或十年以上有期徒刑。

第 121 條（不違背職務之受賄罪）
公務員或仲裁人對於職務上之行爲，要求、期約或收受賄賂或其他不正利益者，處七年以下有期徒刑，得併科七十萬元以下罰金。

❖ 法學概念

「賄賂」與「不正利益」之區分

所謂「賄賂」者，乃指得以作爲對公務員職務特定目的行爲，可以金錢計算其價格的所有財物，包括直接對其職務行爲所交付或給予的金錢、財物，以及以各種得以確認職務相關性的變相給付，例如假借人情義理的餽贈，或是假借各種婚喪喜慶的禮儀，其只要是涉及對於公務員職務行爲之特定目的者，均屬之。但如無法確認與「職務行爲」相關，縱有對於公務員所爲之特定財物或金錢之給付，則不與焉。

至於所稱之「不正利益」，係指金錢或得以金錢計算之財物「以外」，一切足以滿足需求或慾望之有形或無形之利益而言，此種利益並不以具有經濟上之利益者爲限，亦不以物質上的利益爲限，舉凡非物質上之權利，諸如所謂插乾股、給予特定之債權、債務之免除，給予超出範圍之無息或低利的貸款，或是允諾給予特定之地位、提供性招待或一切滿足特定慾望的條件皆屬之。

【柯耀程，〈職務行賄罪的法律適用檢討〉，《月旦法學雜誌》，第 217 期，2013.06，9 頁。】

❖ 法學概念

不違背職務之行賄罪

刑法有關賄賂罪的行賄規範，僅處罰使公務員「違背」職務的行賄行爲，爲彌補此一處罰上之漏洞，2011 年 6 月於貪污治罪條例第 11 條第 2 項增訂「不違背職務行賄罪」規定，使對於公務員不論「違背」職務或「不違背」職務的行賄，均納入處罰的規範。

然而，貪污治罪條例第 11 條第 2 項之增訂是否包括「不違背職務交付回扣」的行爲仍非無疑問。現行法僅將回扣罪規定於貪污治罪條例第 4 條第 1 項第 3 款，其規範的層級，等同於「違背」職務的收受賄賂罪，就該條款的規定，回扣罪的屬性，類似違背職務的關係，該規定內容的對照，有浮報、收取回扣及舞弊等情事觀之，本就屬於「違背」職務的行爲，對於交付回扣之人的行爲，自然得以第 11 條第 1 項的對應規定作規範適用。但若完全合於法令的關係，卻有收取回扣之行爲時，貪污治罪條例並未於第 5 條作相等於「不違背」職務賄賂罪的規範，固然收取回扣的行爲與收受賄賂的行爲，其概念的性質，本屬相同（編按：不過實務向來認爲「賄賂」與「回扣」是不同的概念），但基於罪刑法定原則的嚴格拘束，對於未爲職務違背的「收取回扣」行爲，似乎無法逕行認定爲第 5 條第 1 項第 3 款的不違背職務之收賄行爲。而貪污治罪條例既未規定不違背職務的收取回扣罪，自然對於交付回扣之人的行爲，難以依據第 11 條第 2 項規定相繩。

因此，對於不違職務的交付回扣行爲，學者

認爲恐成爲法律規範上的漏網之魚，如此必將減損增訂不違背職務行賄罪的初衷。

【柯耀程，〈職務行賄罪的法律適用檢討〉，《月旦法學雜誌》，第217期，2013.06，6頁以下。】

❐ 實務見解

▶70台上1186（判例）

刑法上之收受賄賂罪，以他人有行求賄賂之事實爲前提，**若他人所交付之物並非基於行賄意思，則其物即非賄賂，自無收受賄賂之可言**。故賄賂之不法報酬必須與公務員之職務行爲或違背職務行爲具有一定之對價關係，**苟非關於職務行爲或違背職務行爲之報酬，即不得謂爲賄賂**。

▶69台上1414（判例）

要求期約或收受賄賂罪所侵害之法益爲國家公務執行之公正，雖同時向數人爲之，其所侵害之法益仍屬一個，祇成立單純一罪，原判決認上訴人同時與林某等三人期約賄賂，係一行爲觸犯數罪名，應從一重處斷，自屬違誤。

▶58台上884（判例）

刑法上之賄賂罪所謂職務上之行爲，係指公務員在其職務範圍內所應爲或得爲之行爲。所謂違背職務之行爲，係指在其職務範圍內不應爲而爲，或應爲而不爲者而言。

第122條（違背職務受賄罪及行賄罪）

Ⅰ公務員或仲裁人對於違背職務之行爲，要求、期約或收受賄賂或其他不正利益者，處三年以上十年以下有期徒刑，得併科二百萬元以下罰金。

Ⅱ因而爲違背職務之行爲者，處無期徒刑或五年以上有期徒刑，得併科四百萬元以下罰金。

Ⅲ對於公務員或仲裁人關於違背職務之行爲，行求、期約或交付賄賂或其他不正利益者，處三年以下有期徒刑，得併科三十萬元以下罰金。但自首者減輕或免除其刑。在偵查或審判中自白者，得減輕其刑。

❖ 法學概念

賄賂階段之論罪

依實務及通說之見解，要求賄賂罪、期約賄賂罪與收受賄賂罪，因係侵害同一法益，而具有先後發展關係之三種犯罪類型，故即使在收受賄賂之階段，若行爲人尚未取得賄賂或不正利益，則不能逕以收受賄賂罪之既遂犯論處。

惟倘行爲人之前階要求賄賂或期約賂賄行爲已經實行完成，**則得就前階段行爲，論以要求賄賂罪或期約賄賂罪之既遂犯**。蓋所謂期約賄賂，係指雙方相互約定交付賄賂，其意思既已合致，惟尚待屆期交付者而言；如雙方意思尚未合致，即難謂其期約已屬完成；惟行爲人**如已著手於要求賄賂，並完成實行行爲者，仍得論以要求賄賂**既遂。

【新宗立，〈我國懲治貪污之法制演進與檢討〉，《檢察新論》，第12期，2012.07，68頁以下。】

❖ 法學概念

「政治獻金」與「賄賂」之界分

所謂政治獻金，乃指對政黨、政治團體或政治人物提供政治活動所必要之資金，亦即贈與政黨或政治人物以作爲政治活動經費之用的捐獻；至於所謂賄賂是指關於職務之不法報酬，亦即是作爲職務行爲之對價的不法利益。對於賄賂之判斷，即使是政治人物涉及賄賂案件，也與一般公務員之情形同，並無二致。

學者認爲，兩者之區別並非取決於給予的金錢是否爲政治獻金，而應取決於其與政治人物之職務行爲間有無對價關係，並應以有無違法性爲基準來做判斷。若有對價關係，即使認爲其已依政治獻金法之規定提出申報，也不足以當然否定賄賂罪成立，而應依「請託之有無」、「在職務上有無給予好處或優惠」、「和贈與者歷來之關係」、「贈受財物時之狀況」、「公然性、時期」及「所收受財物之用途」等判準具體認定。

【李錫棟，〈賄賂罪之賄賂及不正利益—借鑑日本法上之見解〉，收錄於《甘添貴教授七秩華誕祝壽論文集下冊》，承法，初版，2012.04，208頁以下。】

第123條（準受賄罪）

於未爲公務員或仲裁人時，預以職務上之行爲，要求期約或收受賄賂或其他不正利益，而於爲公務員或仲裁人後履行者，以公務員或仲裁人要求期約或收受賄賂或其他不正利益論。

第124條（枉法裁判或仲裁罪）

有審判職務之公務員或仲裁人，爲枉法之裁判或仲裁者，處一年以上七年以下有期徒刑。

❐ 實務見解

▶54台上246（判例）

刑法第一百二十四條之枉法裁判罪，係侵害國家法益之罪，縱裁判結果於個人權益不無影響，但該罪既爲維護司法權之正當行使而設，是其直接受害者究爲國家，並非個人，個人即非因犯罪而同時被害者，自不得提起自訴。

第125條（濫權追訴處罰罪）

Ⅰ有追訴或處罰犯罪職務之公務員，爲左列行爲之一者，處一年以上七年以下有期徒刑：

一　濫用職權爲逮捕或羈押者。

二　意圖取供而施強暴脅迫者。

三　明知爲無罪之人，而使其受追訴或處罰，或明知爲有罪之人，而無故不使其受追訴或處罰者。

Ⅱ因而致人於死者，處無期徒刑或七年以上有期徒刑。致重傷者，處三年以上十年以下有期徒刑。

❑ 實務見解

▶32 上 2051（判例）

刑法第一百二十五條第一項第三款所獲明知為無罪之人而使受追訴，**係指有追訴犯罪職務之公務員，明知刑事被告並無犯罪行為，而仍向審判機關訴求科刑者而言**，如其主觀上誤認刑事被告有犯罪嫌疑，據以提起公訴，即不能執行開條款以相繩。

▶30 上 2084（判例）

刑法第一百二十五條第一項第一款所獲濫用職權為逮捕或羈押，**係指有追訴或處罰犯罪職務之公務員，對於法律賦與之逮捕或羈押職權，故意為不正當之行使者而言**，若於法定職權犯圍內酌量為逮捕或羈押，而無故意為不當行使之情形，即不得謂為濫用職權，自不成立該條款之罪。

第 126 條（凌虐人犯罪）

I 有管收、解送或拘禁人犯職務之公務員，對於人犯施以凌虐者，處一年以上七年以下有期徒刑。

II 因而致人於死者，處無期徒刑或七年以上有期徒刑。致重傷者，處三年以上十年以下有期徒刑。

❑ 實務見解

▶31 上 2204（判例）

刑法第一百二十六條之凌虐人犯罪，以有管收、解送、拘禁人犯職務之公務員，於行使管收、解送、拘禁職務之際，對於被管收、解送、拘禁之人犯，施以凌虐為構成要件，上訴人充當警佐，雖有解送人犯之職務，而因某甲追毆某乙闖入警所，對之訊問時並非行使解送職務之際，某甲之受訊問，亦非在被解送中之人犯，上訴人於訊問後加以棍責保釋，除其他法令對該行為設有處罰規定，應依各該規定辦理外，殊與凌虐人犯罪構成之要件不合。

第 127 條（違法行刑罪）

I 有執行刑罰職務之公務員，違法執行或不執行刑罰者，處五年以下有期徒刑。

II 因過失而執行不應執行之刑罰者，處一年以下有期徒刑、拘役或九千元以下罰金。

第 128 條（越權受理罪）

公務員對於訴訟事件，明知不應受理而受理者，處三年以下有期徒刑。

第 129 條（違法徵收罪、抑留或剋扣款物罪）

I 公務員對於租稅或其他入款，明知不應徵收而徵收者，處一年以上七年以下有期徒刑，得併科二十一萬元以下罰金。

II 公務員對於職務上發給之款項、物品，明知應發給而抑留不發或剋扣者，亦同。

III 前二項之未遂犯罰之。

❑ 實務見解

▶30 上 2562（判例）

刑法第一百二十九條第二項之抑留或剋扣罪，係就公務員對於職務上應發給之款項、物品，故意抑留不發或剋扣時所設之處罰規定，至辦公費之開支不實，侵蝕入己，則屬侵佔問題，與上列條項無涉。

第 130 條（廢弛職務釀成災害罪）

公務員廢弛職務釀成災害者，處三年以上十年以下有期徒刑。

❖ 法學概念

本罪之主體

包含組織上或身分上的公務員皆屬之，如警察、消防隊員，工務局或建設局或衛生局的官員、林務局的官員，都可能是廢弛職務致釀災害罪的主體。例如：農委會林務局的官員，知道上游山坡地遭到濫墾，卻刻意放任不管，結果引發土石流，沖刷淘空下游河岸，屋毀人亡，這應該可以成立本罪的。又例如：衛生局官員知道某食品製造業者違法添加有害人體的物質（如三聚氰胺），卻刻意不取締，結果發生食物中毒事件，多人死傷，這也應該成立廢弛職務致釀災害罪。因此，不僅是負責興修水利的公務員，還包括「依法應阻止災害發生的公務員」。蓋公務員依法行政，如果職掌是相關災害的防止，這個公務員即可能成為本罪的主體。

至於公立醫院的醫師或行政主管（如院長或科主任），當他們執掌疫情監控之公共任務時，已非單純的醫療事務，不是私經濟行為，而是攸關社會大眾的生命與身體安危，是國家任務的執行。當發現院內有病患疑似感染傳染病，卻刻意不做相應的處理，以至於病患把傳染病帶出醫院，疫情因此擴大，就應該成立廢弛職務致釀災害罪。

【林東茂，〈廢弛職務致釀災害罪〉，《猶爭造化功—追憶山田師》，一品，2013.11，276 頁以下。】

❖ 法學概念

本罪所稱之「廢弛職務」

實務上多以「法定職務」的廢弛職務當作基準。如果公務員的職掌，很清楚就是「災害防止有關的事務」，那麼刻意不防止，無疑就是廢弛職務。再如，消防單位職司餐廳消防設備的檢查，明知餐廳的安檢不合格，卻不作相應的處理，當然是廢弛職務。

然而，職務除了有事務上的分配之外，也有其時間的限制。既然是「法定職務」，下班的警察在時間上就沒有職務要去執行，公務有其責任劃分，非責任區域的公務員，對於災害的防止並不站在管控的位置，就沒有相應的職務。

須注意者，法定職務其實還包括行政慣例上的工作內容。警察受理報案，對於不屬於自己職責的事務，應該轉知有責的單位。這一方面是舉手之勞，另一方面是局外人根本不知道正確的權責單位。更重要的理由，行政慣例上，排除掉落物已是交通警察的協助職責。所以，受理通知的警察不作任何反應，也是廢弛職務。

【林東茂，〈廢弛職務致釀災害罪〉，《猶爭造化功—追憶山田師》，一品，2013.11，280 頁以下。】

❖ 法學概念

本罪所稱之「釀成災害」

本條所稱之「災害」，係指災難之發生，使多數之公眾生命、財產、身體遭受損害，如僅使少數人遭受損害，則非此之所謂災害，尚不能成立本罪。如係單純個人之停車場遭受損害，並無證據足資證明係因被告廢弛職務，而釀成災害，使多數之公眾遭受損害，尚難以釀成災害罪。依本罪之性質，乃以危及「公眾安全」爲必要，屬危險犯，則釀成災害不以當然發生人員或傷害之結果爲其內涵。

又，災害須得以預防或遏止，而公務員之職務與防止、遏止有直接關係，而由於其廢弛職務致釀成災害者，始與本罪之構成要件相符，反之如公務員已竭盡其職責，而仍不免於災害之發生，固不得謂之廢弛職務，即或廢弛其職務，然係由於其他原因致成災害者，亦非此所謂之「釀成災害」。

【臺灣高等法院臺南分院 90 年度上字第 192 號判決；臺灣屏東地方法院 89 年度訴字第 535 號判決；曾淑瑜，《刑法分則實例研習—國家、社會法益之保護》，三民，修訂二版，2013.09，35 頁。】

❑ 實務見解

▶ 院字第 2095 號（29.11.25）

某縣舊監任聽犯人在監獄炊爨。中有死刑人犯。乘無人時用吸煙紙焆點燃編織草鞋稻草。焚燒監房。因門窄小未及盡行趨避。致燒斃監犯多人。不得謂非災害。該監管獄員看守廢弛職務。與其災害之發生如具有相當因果關係。即應成立刑法第一百三十條之罪。

▶ 30 上 2898（判例）

刑法第一百三十條之釀成災害罪，以對於某災害有預防或遏止職務之公務員，廢弛其職務，不爲預防或遏止，以致釀成災害，爲其成立要件，若不合於所列要件，即難謂爲應構成該條罪名。

第 131 條（公務員圖利罪）

公務員對於主管或監督之事務，明知違背法令，直接或間接圖自己或其他私人不法利益，因而獲得利益者，處一年以上七年以下有期徒刑，得併科一百萬元以下罰金。

❖ 法學概念

明知違背法令

本條所稱「明知違背法令」，應屬於主觀構成要件。質言之，所謂「明知違背法令」，係指行爲人主觀上對於違反法令規定（包括法律、法律授權之法規命令、職權命令、自治條例、自治規則、委辦規則等，對多數不特定人民就一般事項所作對外發生法律效果之規定），已有確實之認識而言；故倘若行爲人對於客觀上違反法令規定之事實，僅有預見，但尚未確實認識者，即無法成立本罪。舉例來說，某機關公務員發放敬老津貼時，對於人民申請資格之要件，並不完全明瞭，而對於客觀上根本不符申請資格者，雖預見有誤發之可能，卻仍予以造冊發放者，即屬非明知違背法令之情形，自不得成立本罪。

【靳宗立，〈我國懲治貪污之法制演進與檢討〉，《檢察新論》，第 12 期，2012.07，67 頁。】

❑ 實務見解

▶ 102 年度第 3 次刑事庭會議決議（102.03.26）

決議：採甲說。

貪污治罪條例第六條第一項第四款圖利罪，除公務員對於主管或監督之事務，明知違背法律、法律授權之法規命令、職權命令、自治條例、自治規則、委辦規則或其他對多數不特定人民就一般事項所作對外法律效果之規定，直接或間接圖自己或其他私人不法利益外，尚須該公務員圖利之對象因而獲得利益，始克成立；而此所謂「利益」，依立法理由說明，係指一切足使圖利對象（本人或第三人）之財產，增加經濟價值之現實財物及其他一切財產利益，不論有形或無形、消極或積極者均屬之；又公務員圖利對象收回成本、稅捐及費用部分，原來即爲其所支出，並非無償取得之不法利益，自不在所謂圖利範圍。從而，乙所得不法利益乃其可領得之工程款，於扣除成本、稅捐及其他費用後之餘額。

▶ 51 台上 750（判例）

刑法第一百三十一條之罪，係關於公務員職務上圖利之概括規定，必其圖利行爲不合刑法各條例特別規定者，始受本條之支配，若其圖利行爲合於其他條文之特別規定，即應依該特定條文論擬，不得適用本條。

▶ 45 台上 922（判例）

刑法第一百三十一條之圖利罪，係以於主管或監督之事務而圖利，爲構成要件，故其縱屬公務員，而又圖得利益，苟非基於主管或監督之事務而爲之，仍難構成本罪。

第 132 條（洩漏國防以外之秘密罪）

I 公務員洩漏或交付關於中華民國國防以外應秘密之文書、圖畫、消息或物品者，處三年以下有期徒刑。

II 因過失犯前項之罪者，處一年以下有期徒刑、拘役或九千元以下罰金。

III 非公務員因職務或業務知悉或持有第一項之文書、圖畫、消息或物品，而洩漏或交付之者，處一年以下有期徒刑、拘役或九千元以下罰金。

❖ 法學概念

應秘密

此係指與公共利益或個人秘密，只有特定人可以知悉者事項。行爲人如果使不應該知道這些消息或物品的人知悉，就是洩漏。因此其秘密性不在於行爲人是從外部知悉，還是因行爲人在職務範圍內自行決定的結果。只要本罪的客體在行爲時對相對人而言，屬應保密的秘密，至於秘密性事項來自何人，均非所問。

【黃惠婷，〈洩漏國防以外之秘密罪〉，《警察法學》，第 14 期，2015.07，234 頁以下。】

❒ 實務見解

▶104 年度第 14 次刑事庭會議決議㈡（104.09.01）

刑十庭提案：直轄市、縣（市）議會議員，於投票選舉議長、副議長時，故意將其選票上所圈選之內容，以公開揭露之方式出示於他人（下或稱「亮票行爲」），是否構成刑法第一百三十二條第一項之公務員洩漏國防以外之秘密文書罪？

決議：採否定說，文字修正如下：

一、刑法第一百三十二條第一項之公務員洩漏國防以外之秘密罪，係列於公務員瀆職罪章內；該罪所保護之法益爲國家法益。而上開條項所稱「中華民國國防以外應秘密之文書、圖畫、消息或物品」，其「秘密」係指國防以外與國家政務或事務具有重要利害關係，而由國家所保有不得洩漏之公務秘密（下稱公務秘密）而言。又直轄市、縣（市）議會議員於投票選舉議長、副議長時，其在選票上所圈選之內容，係議員依規定以「無記名投票」之方法自由行使其投票權所形成之秘密，並非國家基於政務或事務所形成之秘密。且議員投票時究竟圈選何人擔任議長、副議長，或故意投廢票，僅涉及議員個人政治意向與理念，屬於議員自由行使其投票權之內涵，與議長、副議長當選後所具有之職權功能，係屬不同層次之事項，自不得混爲一談。故直轄市、縣（市）議會議員於投票選舉議長、副議長時，其在選票上所圈選之內容，**僅屬議員本身所保有之秘密，既非國家所保有之秘密，亦與國家政務或事務無關，自非屬上開公務秘密。若認係屬於上開公務秘密，則議員不僅於投票時不得有「亮票行爲」，於投票後亦不得私下將其投票圈選之內容告訴家人、朋友或所屬政黨同志，否則亦觸犯該項公務員洩漏國防以外之秘密文書罪，顯屬過苛**，益徵直轄市、縣（市）議會議員於投票選舉議長、副議長時，其在選票上所圈選之內容，應非屬上開公務秘密。**從而，直轄市、縣（市）議會議員於投票選舉議長、副議長時之「亮票行爲」，自不構成刑法第一百三十二條第一項之公務員洩漏國防以外之秘密文書罪。**

二、總統副總統選舉罷免法第五十九條第二項、第九十一條，及公職人員選舉罷免法第六十三條第二項、第一百零五條，暨公民投票法第二十二條第二項、第四十九條，對於投票人之「亮票行爲」，雖均有處罰之規定，但刑法之妨害投票罪章以及其他現行法令，**對於直轄市、縣（市）議會議員於投票選舉議長、副議長之「亮票行爲」，既均無科處刑罰之規定，本於「罪刑法定主義」原則，自不得任意將議員投票選舉議長、副議長時，在選票上所圈選之內容，擴張解釋屬上開公務秘密，進而對其「亮票行爲」加以處罰。**

三、憲法第一百二十九條及地方制度法第四十四條第一項前段規定「無記名投票」之目的，係在維護選舉程序之公正與結果之正確性，其作用在於保護投票人行使投票權之自由，賦予投票人秘密投票之保障，並非課以其對於投票圈選內容保密之義務。若投票權人於投票時自願將其所圈選之內容以公開揭露之方式出示於他人，此應屬其自願放棄秘密投票自由之行爲，除刑法對此項「亮票行爲」有特別處罰之規定外，不能將此項行爲視爲「洩密行爲」而加以處罰。又直轄市、縣（市）議員應對選民及所屬政黨負責，**故該等議員於投票選舉議長、副議長時若有故意「亮票行爲」，其動機有可能係爲迎合選民監督或出於政黨之要求所致，未必與金錢或暴力介入有關。**至於議員「亮票行爲」是否適當，雖有爭議，然在未有刑法明文規範之前，宜由議會內部紀律加以處理，司法權不應介入。

▶**31 上 288（判例）**

刑法第一百三十二條第一項之罪，係以應祕密之文書、圖畫、消息或物品爲其客體，故如某特定人對於該項文書有請求公務員朗讀或令其閱覽之權利，則此項文書對於某特定人即無祕密之可言，因而公務員縱使有將此項文書洩漏或交付於該特定人情事，亦難以該條項之罪責相繩。

第133條（郵電人員妨害郵電秘密罪）
在郵務或電報機關執行職務之公務員，開拆或隱匿投寄之郵件或電報者，處三年以下有期徒刑、拘役或一萬五千元以下罰金。

☐ 實務見解

▶47 台上 270（判例）

上訴人係在郵務機關執行職務之公務員，對於經辦之郵件，竟與人共同違背職務收受賄賂，而將職務上掌管之郵包開拆代人掉換私貨，應成立刑法第一百三十三條、第一百二十二條第二項之罪，其相互間有方法結果之關係，應從一重處斷。

第134條（公務員犯罪加重處罰之規定）
公務員假借職務上之權力、機會或方法，以故意犯本章以外各罪者，加重其刑至二分之一。但因公務員之身分已特別規定其刑者，不在此限。

☐ 實務見解

▶52 台上 2437（判例）

刑法第二百十三條之罪，係因身分而成立，與同法第一百三十四條但書所謂因公務有關之身分已特別規定其刑之情形相當，故犯公務員登載不實之罪時，因有上開但書規定，不得再依同條前段加重其刑。

▶27 上 1554（判例）

依刑法第一百三十四條規定，凡公務員故意犯瀆職罪章以外之罪，除有該條但書所載情形外，苟於職務上之權利、機會或方法一有假借，即應加重其刑，並非須就其權力、機會或方法同時假借，方得予以加重。

第五章　妨害公務罪

第135條（妨害公務執行及職務強制罪）
I 對於公務員依法執行職務時，施強暴脅迫者，處三年以下有期徒刑、拘役或九千元以下罰金。
II 意圖使公務員執行一定之職務或妨害其依法執行一定之職務或使公務員辭職，而施強暴脅迫者，亦同。
III 犯前二項之罪，因而致公務員於死者，處無期徒刑或七年以上有期徒刑；致重傷者，處三年以上十年以下有期徒刑。

❖ 法學概念

本罪所稱之「強暴脅迫」

本罪實行行爲之態樣有二，即強暴及脅迫。所稱「強暴」，乃對於公務員爲形力之行使，不以直接對公務員身體實施爲必要，即對物施以暴力，致對公務員之身體在物理上產生強烈影響者，亦屬之。例如，將公務員搭乘車輛之輪胎刺破，使其無法繼續行進者是。

至於「脅迫」者，乃以使人心生恐怖爲目的，而通知他人惡害之一切行爲，其惡害之內容、性質以及通知之方法如何，均非所問。亦不以直接對公務員實施爲必要，縱對第三人爲脅迫，倘足以妨害公務員之執行職務者，亦屬之。

尤應注意者，無論係強暴或脅迫，在性質上，須達足以妨害公務員執行職務之程度，本罪始能成立。茍達此程度，則不問其係一次或瞬間實施，抑或繼續或反覆實施，一有強暴脅迫，犯罪即屬既遂，蓋本罪爲舉動犯及危險犯。

【甘添貴，《刑法各論（下）》，三民，修訂四版，2015.05，424頁。】

學說上有認爲，若行爲人對訓練有素的鎮暴警察，以手壓迫肩頸部數秒、拉扯盾牌、以鞋子揮擊盾牌，並不足以使鎮暴任務因此受阻，我國既已有刑法第140條侮辱公務員罪可資應用，因此輕微的違警「暴行」不應被評價爲本罪的「強暴」。

【王乃彥，〈政治抗爭與妨害公務罪〉，《東吳大學法學院「政治抗爭與刑事法」研討會》，2014.06，21頁。】

❖ 法學概念

「妨害公務」之內涵

本罪旨在確保公務員在依法執行職務時，免於被施暴、受脅迫，並非厚待公務員，使其享有一般人民所沒有的刑法保護，其最終目的是爲了讓公務的執行能夠不受妨害的順利遂行。

因此，本罪的實行行爲，僅限於對公務員施暴、脅迫，而「使用詐術」妨害公務執行、對於公務員依法執行職務時「單純抵制」，皆不在處罰範圍內。

【王乃彥，〈論妨害公務罪內涵的職務執行合法性概念〉，收錄於《甘添貴教授七秩華誕祝壽論文集下冊》，承法，初版，2012.04，176頁以下。】

☐ 實務見解

▶49 台上 517（判例）

上述人所犯刑法第一百六十一條第二項以強暴脅迫脫逃之罪，爲同法第一百三十五條妨害公務罪之特別規定，自應逕依第一百六十一條第二項論科，無再比較適用第一百三十五條之餘地。

▶30 上 955（判例）

刑法第一百三十五條第一項之妨害公務罪，**以公務員依法執行職務時加以妨害爲要件，若超越職**

務範圍以外之行爲，即不得謂爲依法執行職務，縱令對之有所妨阻，要無妨害公務之可言。本件告訴人以硝礦分局長身分，率領緝私員赴上訴人家查緝私京，固難謂非法依執行職務，但於查獲私硝後，因上訴人向其有所爭執，竟令毆打，實已軼出執行職務範圍之外，因此引起上訴人之反擊，自難據妨害公務之律以相繩。

第136條（聚眾妨害公務罪）

I 公然聚眾犯前條之罪者，在場助勢之人，處一年以下有期徒刑、拘役或九千元以下罰金；首謀及下手實施強暴、脅迫者，處一年以上七年以下有期徒刑。

II 因而致公務員於死或重傷者，首謀及下手實施強暴脅迫之人，依前條第三項之規定處斷。

❖ 法學概念

本罪所稱之「聚衆」

本罪之聚眾，係指由首謀者集合不特定之多數人，與群眾自動聚合之情形不同。**日本實例及學者多謂聚合之多眾，並無組織化之必要，故首謀之存在，即非絕對要件。惟我實務則以有首謀之存在爲前提。**因此，倘無首謀，僅係群眾自動集合者，**則其共同下手實施強脅行爲者，即不能成立本罪，僅能依妨害執行職務罪或職務強制罪之共同正犯論處。**

【甘添貴，《刑法各論（下）》，三民，修訂四版，2015.05，432頁；最高法院92年度台上字第5192號判決。】

此種聚眾犯的規定其實多是爲避免實務上舉證困難的考量。因爲當群眾行爲惡化成脫序甚至暴動的混亂狀態時，由於在現場之群眾已經失控，眾人混雜其間、甚至到處流竄攻擊，因果關係與責任歸屬勢將難以認定。**也因此，在聚眾犯的構成要件中的強暴脅迫行爲之實施往往被定位爲「客觀處罰條件」。**亦即，只要群眾確實集體實施了強暴脅迫行爲，則身處該群眾當中的行爲人就應構成犯罪。但這樣的立法模式，亦引來違反「罪責原則」與「法定原則」之質疑。

【林書楷，〈集會遊行與與聚眾施強暴脅迫罪〉，《東吳大學法學院「政治抗爭與刑事法」研討會》，2014.06，50頁以下。】

❑ 實務見解

▶96台上1436（判例）

刑事法上所稱之「首謀」者，係指在人群之中，爲首倡議，主謀其事，或首先提議，主導謀劃之人，**其特徵在於動口倡議、指揮他人動手，而與學理上所稱親手犯之下手實施強暴、脅迫者之間，不以商議同謀爲必要，**此觀刑法第一百三十六條第一項後段，將「首謀」及「下手實施強暴、脅迫者」分別規範，列爲不同類型之犯罪構成要件自明。**又刑法理論上，固有所謂社會相當性原則，然此係指該行爲本身，自形式上觀察，要與犯罪構成要件相合致，行爲人復無法定之阻卻違法及責任事由，但從實質上評價，依行爲當時之社會倫理通念，乃屬相當而得受容許者，或所侵害之法益極其微小，不足破壞社會倫理秩序或影響社會生活之正當或正常運作，無予非難處罰之必要性者，實質仍均得阻卻違法，不應令負刑事責任之情形而言。**依原判決所確認上訴人首謀公然聚眾，鼓動情緒，指揮駕車，衝撞法院大門，而妨害警員依法執行維護秩序之公務等事實，**本質上即嚴重破壞國家、社會秩序，殊難謂有何社會相當性可言。難謂有何社會相當性可言。**

第137條（妨害考試罪）

I 對於依考試法舉行之考試，以詐術或其他非法之方法，使其發生不正確之結果者，處一年以下有期徒刑、拘役或九千元以下罰金。

II 前項之未遂犯罰之。

第138條（妨害職務上掌管之文書物品罪）

毀棄、損壞或隱匿公務員職務上掌管或委託第三人掌管之文書、圖畫、物品，或致令不堪用者，處五年以下有期徒刑。

❑ 實務見解

▶64台上422（判例）

警員依規定制作之談話筆錄，即屬公務員職務上掌管之文書，上訴人於氣忿中故予撕壞，致不能辨認其全部內容，顯不堪用，對其所爲，自應按刑法第一百三十八條論罪。

▶25上312（判例）

法院依法飭吏執行查封之封條，本屬文書之一種，**當其已實施封禁之後，固屬於刑法第一百三十九條所定之封印，而在尚未實施封禁之執持中，要不得謂非公務員職務上所掌管之文書，**上訴意旨以封條僅得謂爲刑法第一百三十九條之封印，而非同法第一百三十八條之文書，係屬誤會。

第139條（污損封印、查封標示或違背其效力罪）

I 損壞、除去或污穢公務員依法所施之封印或查封之標示，或爲違背其效力之行爲者，處二年以下有期徒刑、拘役或二十萬元以下罰金。

II 爲違背公務員依法所發具扣押效力命令之行爲者，亦同。

❑ 實務見解

▶43台非28（判例）

債務人於將受強制執行之際，意圖損害債權人之債權，而毀壞處分或隱匿其財產者，始應依刑法

第三百五十六條處斷，若在強制執行實施後，僅將公務員所施之封印或查封之標示予以損壞除去或污穢，並無毀壞處分或隱匿其自己財產之可能，即應構成同法第一百三十九條之妨害公務罪，無同法第三百五十六條適用之餘地。

第 140 條（侮辱公務員公署罪）
Ⅰ於公務員依法執行職務時，當場侮辱或對於其依法執行之職務公然侮辱者，處六月以下有期徒刑、拘役或三千元以下罰金。
Ⅱ對於公署公然侮辱者，亦同。

第 141 條（侵害文告罪）
意圖侮辱公務員或公署，而損壞、除去或污穢實貼公共場所之文告者，處拘役或三千元以下罰金。

第六章　妨害投票罪

第 142 條（妨害投票自由罪）
Ⅰ以強暴脅迫或其他非法之方法，妨害他人自由行使法定之政治上選舉或其他投票權者，處五年以下有期徒刑。
Ⅱ前項之未遂犯罰之。

□ 實務見解

▶25 上 2257（判例）

刑法第一百四十二條至第一百四十八條所謂投票權，於第一百四十二條第一項定其範圍，**選舉權固為投票權之一種，但以法定之政治上選舉權為限，商會職員之選舉，並非政治上之選舉，自不包含在內**，至同條項所謂其他投票權，係指選舉以外之政治上投票權，非指政治以外之選舉權而言。

第 143 條（投票受賄罪）
有投票權之人，要求、期約或收受賄賂或其他不正利益，而許以不行使其投票權或為一定之行使者，處三年以下有期徒刑，得併科三十萬元以下罰金。

□ 實務見解

▶90 年度第 6 次刑事庭會議決議（90.07.03）

法律問題：關於縣市議會正副議長選舉之賄選，為選舉人之縣市議員，究於何時成為刑法第一百四十三條、第一百四十四條所謂之「有投票權之人」？

決議：採庚說。

查刑法第一百四十三條、第一百四十四條有關投票行賄、受賄處罰之規定，旨在防止金錢之介入選舉，以維護選舉之公平與純正。惟近年來選風惡化，候選人為求當選，乃競相提早賄選活動，尤其縣市議會正副議長之選舉，正副議長候選人每提前於縣市議員選舉之前，即對於有意參選之人預為賄賂或資助競選經費，並均約定於其等當選後投票選其為正副議長，甚為常見。類此提前賄選行徑，敗壞選風尤甚，亟待依刑法相關之規定加以規範。若猶拘泥於狹隘之字義解釋，謂刑法第一百四十三條、第一百四十四條所謂之「有投票權之人」，須一律以行賄、受賄時已現實具有「有投票權人」之資格者為限，而排除其中於行賄、受賄當時尚未取得投票權，惟事後已取得投票權之人於其外，則類此提前賄選之行為，法律即無從予以約制處罰，無異鼓勵賄選者提前為之，以為脫法，顯非立法本意。**而上述正副議長選舉之賄選情形，其提前賄選之雙方，於行賄、受賄當時，均預期以行賄之對象或受賄之主體將來當選縣市議員取得投票權時，再履行投票選舉行賄者（或特定之人）為正副議長，始達成雙方約定之條件，而完成其犯罪行為。故於行賄、受賄時，雖尚未當選議員，非屬現實的「有投票權之人」，惟此係著手賄選之實施，待日後果當選縣市議員而取得投票權時，犯罪構成要件即屬成就，而成為現實的「有投票權之人」。此原在賄選者之預期及其犯意之範圍內，均為其犯罪行為內容之一部，並不以其賄選在先，當選在後，而影響其犯之成立**。準此，縣市議會正副議長之選舉，於行賄受賄當時，其行賄之對象或受賄之主體，雖尚未當選縣市議員，但於事後選舉揭曉結果，其已當選為縣市議會議員而取得投票權者即與刑法第一百四十三條、第一百四十四條規定「有投票權之人」之要件該當。

第 144 條（投票行賄罪）
對於有投票權之人，行求、期約或交付賄賂或其他不正利益，而約其不行使投票權或為一定之行使者，處五年以下有期徒刑，得併科二十一萬元以下罰金。

□ 實務見解

▶99 年度第 5 次刑事庭會議決議㈠（99.06.29）

院長提議：被告先後多次向有投票權之人，行求、期約或交付賄賂或其他不正利益，而約其不行使投票權或為一定之行使，而犯公職人員選舉罷免法第九十九條第一項（民國九十六年十一月七日修正公布施行前為第九十條之一第一項）之投票行賄罪，應如何論罪？

決議：採甲說。

文字修正如下：刑法於民國九十四年二月二日修正公布（九十五年七月一日施行）刪除連續犯規定之同時，對於合乎接續犯或包括的一罪之情形，為避免刑罰之過度評價，已於立法理由說明委由實務以補充解釋之方式，發展接續犯之概念，以限縮數罪併罰之範圍。而多次投票行賄行為，在刑法刪除連續犯規定之前，通說係論以連續犯。鑑於公職人員選舉，其前、後屆及不同公職之間，均相區隔，選舉區亦已特定，以候選人實行賄選為例，通常係以該次選舉當選為目的。是於刪除連續犯規定後，苟行為人主觀上基於單一之犯意，以數個舉動接續進行，而侵害同一法益，在時間、空間上有密切關係，依一般社會健全觀念，難以強行分開，在刑法評價上，以視為數個舉動之接續實行，合為包括之一行為予以評價，較為合理，於此情形，即得依接續犯論以包括之一罪。否則，如係分別起意，則仍依數罪併合處罰，方符立法本旨。

▶92 台上 893（判例）

公職人員選舉罷免法第九十條之一第一項之賄選罪係以對於有投票權之人，行求期約或交付賄賂或其他不正利益，而約其不行使投票權或為一定之行使為構成要件。亦即須視行為人主觀上是否具有行賄之犯意，而約使有投票權人為投票權一定之行使或不行使；客觀上行為人所行求期約或交付之賄賂或不正利益是否可認係約使投票權人為投票權之一定行使或不行使之對價；以及所行求、期約、交付之對象是否為有投票權人而定。上開對價關係，在於行賄者之一方，係認知其所行求、期約或交付之意思表示，乃為約使有投票權人為投票權一定之行使或不行使；在受賄者之一方，亦應認知行賄者對其所行求、期約或交付之意思表示，乃為約使其為投票權一定之行使或不行使。且對有投票權人交付之財物或不正利益，並不以金錢之多寡為絕對標準，而應綜合社會價值觀念、授受雙方之認知及其他客觀情事而為判斷。

▶106 台上 1395〇（判決）

公職人員選舉罷免法第一百條第一項投票行賄罪所指**「其他不正利益」，係指賄賂以外足以供人需要或滿足人慾望之一切有形、或無形之利益而言，且不以經濟上之利益為限**。是否成立該罪，除行為人主觀上需具有行賄之犯意，而約使有投票權人為投票權一定之行使或不行使外，客觀上行為人所行求、期約或交付之不正利益，可認係約使投票權人為投票權之一定行使或不行使之對價，始足當之。至候選人於競選期間，為贏得勝選，就選民所關切之公共政策、福利政策等公共事務提出其主張或藍圖願景，以作為當選後施政方針之**「競選政見」，其與行求、期約賄選之分野，除以此標準加以辨別外，應審酌候選人所提利益之應允或給與，如尚須受行政程序之制約或其他機關之監督，依法為授益之處分或形成政策予以實施，無論所圖得利益人數多寡，應屬政見之提出。反之，如利益之給與或應允具立即性，無需任何法律程序制約或其他機關之監督，而具有對價關係，即為不法利益之行求、期約。**

第 145 條（利誘投票罪）
以生計上之利害，誘惑投票人不行使其投票權或為一定之行使者，處三年以下有期徒刑。

第 146 條（妨害投票正確罪）
Ⅰ以詐術或其他非法之方法，使投票發生不正確之結果或變造投票之結果者，處五年以下有期徒刑。
Ⅱ意圖使特定候選人當選，以虛偽遷徙戶籍取得投票權而為投票者，亦同。
Ⅲ前二項之未遂犯罰之。

第 147 條（妨害投票秩序罪）
妨害或擾亂投票者，處二年以下有期徒刑、拘役或一萬五千元以下罰金。

第 148 條（妨害投票秘密罪）
於無記名之投票，刺探票載之內容者，處九千元以下罰金。

第七章　妨害秩序罪

第 149 條（公然聚眾不遵令解散罪）
在公共場所或公眾得出入之場所聚集三人以上，意圖為強暴脅迫，已受該管公務員解散命令三次以上而不解散者，在場助勢之人處六月以下有期徒刑、拘役或八萬元以下罰金；首謀者，處三年以下有期徒刑。

❖ 法學概念

解散命令

本條所謂解散「命令」，乃使參與聚眾之人離開及分散之命令。其形式為文書或口頭，雖非所問，惟須為合法之命令，始足當之。又此項命令，須對於所聚之多眾發布，且使構成多眾之各人處於得予認識之狀態始可。至該公務員係直接傳達，抑或透過他人代為告知，則非所問。

【甘添貴，《刑法各論（下）》，三民，修訂四版，2015.05，458 頁。】

而所謂「解散」，須參與聚眾之人有解散之意思，若為公權力驅散或為避免逮捕而逃走者，並非解散，自無礙於本罪之罪責。茲有疑義者，若「解散命令」發布三次後，首謀已遵令解散，但助勢者仍不解散，首謀之人是否仍成立本罪？學說上認為，首謀僅係公然聚眾首倡謀議之人，在場聚眾助勢之人，其參與聚眾，仍出於自由之意思，且首謀在場助勢爲二種不同之型態，首謀之人應無命令全部聚眾者解散之義務，首謀既已解散應不成立犯罪。

【甘添貴，《刑法各論（下）》，三民，修訂四版，2015.05，459 頁；盧映潔，《刑法分則新論》，新學林，七版，2013.09，127 頁。】

第 150 條（公然聚眾施強暴脅迫罪）

I 在公共場所或公眾得出入之場所聚集三人以上，施強暴脅迫者，在場助勢之人，處一年以下有期徒刑、拘役或十萬元以下罰金；首謀及下手實施者，處六月以上五年以下有期徒刑。

II 犯前項之罪，而有下列情形之一者，得加重其刑至二分之一：

一　意圖供行使之用而攜帶兇器或其他危險物品犯之。

二　因而致生公眾或交通往來之危險。

❖ 法學概念

本罪之成罪要件

單一個人施用強暴或脅迫擾亂公共秩序，透過保護個人法益的傷害罪、強制罪等規定制裁，即已對法益提供足夠保護。但如果聚眾施強暴或脅迫，或意圖施強暴或脅迫而聚眾的行爲，則因個體在群體遮掩下容易產生妄爲或罪惡感低落的心理，且有發生群體失控風險，這是本條之立法目的。因此，本罪的強暴或脅迫須要達到一定的程度，始足以超越對個人安全的威脅而達到危害公眾安全的程度。參考德國法，對於本罪的實行手段應要求高於強制罪，對人或對物須使用具有某種程度的攻擊性暴力（Gewlttatigkeit），始能成立。本罪以保護公眾安全的前提，對於特定個人的危害，須有超出私人爭執的涵義，而足以讓公眾產生不再免於暴力恐懼的安寧破壞。假如兩派人馬聚集鬥毆，**但尚未臻於引起社會騷亂程度**，則應屬無關本罪的私人衝突；如發生死亡或重傷，則應該適用刑法第 283 條的聚眾鬥毆罪。

過去有實務見解認爲，刑法第 150 條既屬妨害秩序之一種犯罪，則在實施強暴脅迫之人，自須具有妨害秩序之故意，始與該條之罪質相符。（最高法院 28 年上字第 3428 號判例參照，修法後本則判例仍保留）。依修法理由，本罪的主觀構成要件在於行爲人對本罪構成要件有所認識而仍爲本罪構成要件之行爲。詳言之，本罪的故意應指行爲人對於在公共場所或公眾得出入之場所聚集三人以上之事實情狀有所認識，而決意爲強暴脅迫的心態。

【許澤天，《刑法分則（下）》，新學林，初版，2019.09，627 頁以下；盧映潔，《刑法分則新論》，新學林，修訂十五版，2020.02，136 頁以下。】

雖然，新法將原條文所謂的「聚眾」放寬爲聚集三人以上，不以舊實務所認定的以「參與之多數人有隨時可以增加之狀況」爲限，但本書認爲解釋上仍應注意，不是三人以上在公共場所或公眾得出入之場所就是本罪的「聚集」，本罪既然置於妨害秩序罪章，則「聚集」的目的須有妨害公共秩序及社會安寧之主觀構成要件爲前提。所謂的「聚集三人以上」，並非客觀處罰條件，因爲客觀處罰條件的功能在限縮處罰範圍，而非擴大罪名之適用。修法後，有部分新聞報導，只要「三人以上」在公共場所互相鬥毆者，不問前因，即遭警方以本罪移送。本書認爲，若這是立法原意，本罪應該是類如社會秩序維護法第 87 條的文義：「有左列各款行爲之一者，處三日以下拘留或新臺幣一萬八千元以下罰鍰：一、加暴行於人者。二、互相鬥毆者。三、意圖鬥毆而聚眾者。」的立法，**把「聚集」二字拿掉，改成「三人以上加暴行於人者或互相鬥毆」即可**。然而，立法者沒有這麼做，足見「聚集」二字仍有限縮本罪成立的作用，本罪與社會秩序維護法第 87 條在結構上仍有顯著的不同。例如，甲、乙、丙三人聚餐，甲與鄰座的客人丁發生口角，丁先動手挑釁，乙、丙二人見甲不敵，前去幫忙，則甲、乙、丙三人雖該當本罪之客觀構成要件，但本書認爲不該當本罪之主觀構成要件，因爲甲、乙、丙三人「聚集」之目的本在私人聯誼，而非在妨害公共秩序及社會安寧，行爲當下亦只是爲維護同伴，根本談不上對本罪構成要件的認識；客觀上亦未引起社會騷亂的程度，應不成立本罪。若不如此解釋，將造成先動手的一方，不成立本罪；而還手（可能是出於正當防衛）的另一方，僅因人數湊齊「三人」，而可能成立本罪的不衡平現象。依本書之見，本例甲、乙、丙三人在主觀要件上即不該當本罪，而非在違法性層次以正當防衛爲由阻卻本罪之成立。這種偶然「互毆」的情形，若雙方皆無防衛意思，論以普通傷害罪或第 283 條的聚眾鬥毆罪即可，不應以其中一方「三人」以上而異其處罰。

再如，A、B、C 三位好姊妹相約逛百貨公司，於上手扶梯之際突遇痴漢 D 以手機偷拍 A 得裙底被發現，於是 A、B、C 三人氣不過，聯手對 D 拍打狠踹，由於 A、B、C 三人相約逛百貨公司是合法正當的社交活動，並無妨害公共秩序及社會安寧「聚集三人以上」之故意，客觀上這種一時氣憤的舉動亦不足引起社會騷亂，甚至社會通念會認爲這是合理的情緒宣洩。至於是否構成正當防衛，那是檢討普通傷害罪之成立與否，才須探討的問題。

本罪較適切案例應是，某人在特種營業場所鬧事被趕出來，而後聚集三人以上尋仇報復；或如在公共場所或公眾得出入之場所，相約談判並決鬥（約定互毆），若任一方人馬在三人以上，則三人以上的一方，即得成立本罪。總之，本罪的修法，雖在人數上放寬。但仍存有受規範者難以理解的文義，究竟「聚集」是否要以妨害公共秩序及社會安寧的故意爲前提，還是只要剛好三人以上在公共場所聚會、聚餐或逛街，與他人發生肢體衝突，即足成立本罪，條文文義模糊不明確，涵蓋過廣易遭濫用，行爲人到底有無修法理由所説的對本罪構成要件有所認識而仍爲本罪構成要件之行爲，須在不同的個案上仔細審酌。

❖ 法學概念

意圖供行使之用攜帶兇器或其他危險物品

本罪之兇器，應該與刑法第 321 條加重竊盜罪之第 1 項第 3 款所規定的攜帶兇器做同一解釋，原則上兇器的種類並無限制，**主要指依一般社會觀念，足以對人之生命、安全構成威脅，而具有危險性之器械**。因此器械是否危險，除一般用途之外，仍須在特定脈絡底下，做綜合評價。例如剪刀的一般用途不是殺傷人，而一般人對剪刀的驚懼也很有限，至於持螺絲起子、鉗子、萬能鑰匙行竊，無論如何不能視爲攜帶兇器。至於所謂危險物品，修法理由中係指諸如易燃性、腐蝕性液體等，似乎也不包括剪刀、螺絲起子、鉗子或萬能鑰匙這種普通的日常用品。

【盧映潔，《刑法分則新論》，新學林，修訂十五版，2020.02，136 頁；林東茂，《刑法分則》，一品，二版，2020.02，277 頁以下】

蓋如果要擴張解釋，西裝外套上插一枝鋼筆也算「攜帶」兇器，因爲鋼筆亦是足以傷人的。本書認爲，如果要將剪刀、螺絲起子、鉗子、萬能鑰匙甚或鋼筆等一般日常用品規範進來，法條文義宜修成「利用足以傷人的金屬物品而犯之」，而非「攜帶」兇器這種模糊不明確的不確定法律概念，方符合罪刑法定原則，否則有不利行爲人類推適用之疑慮。

☐ 實務見解

▶28 上 3428（判例）

刑法第一百五十條既屬妨害秩序之一種犯罪，**則在實施強暴脅迫之人，自須具有妨害秩序之故意，始與該條之罪質相符**，如實施強暴脅迫，僅係對於特定之某人或其家族爲之，縱令此種行爲足以影響於地方上之公共秩序，仍以缺乏主觀的犯意，不能論以上述罪名。

編按：條法後本則判例仍保留。

第 151 條（恐嚇公眾罪）

以加害生命、身體、財產之事恐嚇公眾，致生危害於公安者，處二年以下有期徒刑。

❖ 法學概念

恐嚇公眾

本罪乃是以加害生命、身體、財產之事公告週知於眾，使公眾中有人心生畏懼，公安秩序因之受到騷擾而不安，這須 與條文規定的「致生危害於公安」相當，而足以構成本罪；否則，行爲人縱有恐嚇行爲，然公眾中並無人心生畏懼，公安秩序毫無受到影響而有任何不安，自無成立本罪的餘地。

因此，行爲人的恐嚇公眾行爲，只要能對於社會大眾的安全造成社會的恐慌或不安，即爲已足，而不以果眞發生公共安全上的實害爲必要。當然，若果已發生實害，亦構成本罪。故本罪兼有危險犯與實害犯的雙重性質。

此外，行爲人所爲的恐嚇內容，須以加害「生命」、「身體」與「財產」等事項爲限，倘若行爲人以加害這三項以外的事項，例如以妨害自由或名譽等事項，公告週知於眾，則無構成本罪的餘地。

【林山田，《刑法各罪論（下）》，自刊，修訂五版，2006.11，187 頁以下。】

第 152 條（妨害合法集會罪）

以強暴脅迫或詐術，阻止或擾亂合法之集會者，處二年以下有期徒刑。

第 153 條（煽惑他人犯罪或違背法令罪）

以文字、圖畫、演說或他法，公然爲下列行爲之一者，處二年以下有期徒刑、拘役或三萬元以下罰金：

一　煽惑他人犯罪者。

二　煽惑他人違背法令，或抗拒合法之命令者。

❖ 法學概念

煽惑

所謂「煽惑」，乃係爲煽動蠱惑之意，亦即爲使被煽惑者產生實行犯罪之決意，或爲助長其已生之犯罪決意，而予以刺激慫恿之行爲。因此，被煽惑者於被煽惑前是否已生犯罪之決意，被煽惑後是否因此而生犯罪之決意或實行犯罪，均非所問。就其使被煽惑者產生實行犯罪之決意而言，固與教唆相似；就其對於被煽惑者已生之犯罪決意予以助長而言，則又與幫助相同。故煽惑之概念，實具有教唆與幫助雙重性質。

因此，煽惑之對象包含：㈠特定之人與特定之罪；㈡特定之人與不特定之罪；㈢不特定之人與特定之罪；㈣不特定之人與不特定之罪。

【甘添貴，《刑法各論（下）》，三民，修訂四版，2015.05，465 頁以下。】

另須注意者，本罪的「煽惑」，係行爲犯，因此不論被煽惑者是否果眞「犯罪」、「違背法令」或「抗拒合法命令」，則均不影響本罪的成立。

【林山田，《刑法各罪論（下）》，自刊，修訂五版，2006.11，19頁以下。】

第154條（參與犯罪結社罪）
Ⅰ參與以犯罪爲宗旨之結社者，處三年以下有期徒刑、拘役或一萬五千元以下罰金；首謀者，處一年以上七年以下有期徒刑。
Ⅱ犯前項之罪而自首者，減輕或免除其刑。

第155條（煽惑軍人背叛罪）
煽惑軍人不執行職務，或不守紀律，或逃叛者，處六月以上五年以下有期徒刑。

❑ 實務見解

▶院字第2067號（29.09.27）

非軍人煽惑現役軍人逃亡，應由普通法院受理，適用刑法第一百五十五條處斷。

第156條（私招軍隊罪）
未受允准，召集軍隊，發給軍需或率帶軍隊者，處五年以下有期徒刑。

第157條（挑唆或包攬訴訟罪）
意圖漁利，挑唆或包攬他人訴訟者，處一年以下有期徒刑、拘役或五萬元以下罰金。

❑ 實務見解

▶24年度總會決議㈢（24.07）

本條（按指刑法第一百五十七條）所謂漁利及包攬訴訟之意義如左：
一、「漁利」即取利之義。
二、「包攬訴訟」，律師有包攬情形時，包括在內。

第158條（僭行公務員職權罪）
Ⅰ冒充公務員而行使其職權者，處三年以下有期徒刑、拘役或一萬五千元以下罰金。
Ⅱ冒充外國公務員而行使其職權者，亦同。

第159條（冒充公務員服章官銜罪）
公然冒用公務員服飾、徽章或官銜者，處一萬五千元以下罰金。

第160條（侮辱國旗國徽及國父遺像罪）
Ⅰ意圖侮辱中華民國，而公然損壞、除去或污辱中華民國之國徽、國旗者，處一年以下有期徒刑、拘役或九千元以下罰金。
Ⅱ意圖侮辱創立中華民國之孫先生，而公然損壞、除去或污辱其遺像者，亦同。

第八章　脫逃罪

第161條（脫逃罪）
Ⅰ依法逮捕、拘禁之人脫逃者，處一年以下有期徒刑。
Ⅱ損壞拘禁處所械具或以強暴脅迫犯前項之罪者，處五年以下有期徒刑。
Ⅲ聚眾以強暴脅迫犯第一項之罪者，在場助勢之人，處三年以上十年以下有期徒刑。首謀及下手實施強暴脅迫者，處五年以上有期徒刑。
Ⅳ前三項之未遂犯，罰之。

❑ 實務見解

▶49台上517（判例）

上訴人所犯刑第一百六十一條第二項以強暴脅迫脫逃之罪，爲同法第一百三十五條妨害公務罪之特別規定，自應逕依第一百六十一條第二項論科，無再比較適用第一百三十五條之餘地。

▶44台上400（判例）

刑法第一百六十一條之脫逃罪，以依法拘禁之人而不法脫離公之拘禁力爲構成要件，若公之拘禁力已不存在，縱使自由行動脫離拘禁處所，亦不成立本罪，被告於民國四十三年一月十八日被捕拘禁後，雖經警察局於二十四小時聲請延長羈押期間十日，但檢察官既僅批准延長羈押七日，自一月十九日起至二十五日止，此後並未再延長羈押期間之聲請，亦不移送檢察官處置，而仍繼續非法拘禁，則該被告縱於一月二十八日毀壞拘禁處所木柵脫逃，亦難成立脫逃罪。

▶41台非19（判例）

保安處分之性質雖與刑法不同，但依刑法第九十條宣示之強制工作，既於刑法之執行完畢後令入勞動場所強制工作，其自由即仍在公力監督之下，要不失爲依法拘禁之人，如在此期間內以非法方法乘隙脫離，自仍應成立刑法第一百六十一條第一項之罪。

第162條（縱放或便利脫逃罪）
Ⅰ縱放依法逮捕拘禁之人或便利其脫逃者，處三年以下有期徒刑。
Ⅱ損壞拘禁處所械具或以強暴脅迫犯前項之罪者，處六月以上五年以下有期徒刑。
Ⅲ聚眾以強暴脅迫犯第一項之罪者，在場助勢之人，處五年以上十二年以下有期徒刑；首謀及下手實施強暴脅迫者，處無期徒刑或七年以上有期徒刑。
Ⅳ前三項之未遂犯罰之。
Ⅴ配偶、五親等內之血親或三親等內之姻親，犯第一項之便利脫逃罪者，得減輕其刑。

❖ 法學概念

公務員縱放人犯罪

本罪係爲保障公權力的監督而設，對象限於

依法逮捕或拘禁之人，其保障法益不在於自由的剝奪，而是對逮捕或拘禁之人依法剝奪自由的狀態。現行法雖將幫助性質的便利脫逃與縱放行爲等同處罰，卻獨漏唆使行爲，形成教唆脫逃與幫助脫逃的刑罰不符不法內涵，是刑事政策的缺失。

此外，縱放或便利必須與具有因果關係，區別二者原則上以逮捕或拘禁之人的脫逃是由誰積極主動促成而定。二者不僅能以不作爲實現，同時也有刑法總則共犯規定之適用，爲了避免不當限縮幫助犯之得減規定、刑罰及於不處罰的未遂幫助以及逾越「便利」之文義，便利脫逃行爲限於直接提供實質利益的幫助行爲。

【黃惠婷，〈教唆故意與縱放人犯〉，《月旦法學雜誌》，第196期，2011.09，211頁以下。】

❑ 實務見解

▶42 台上 124（判例）

上訴人對於公務員依法執行職務時，施以強暴脅迫，便利依法逮捕人脫逃，雖同時有妨害公務，而其妨害公務之行爲，已包括於便利脫逃中，不得謂其方法上又犯妨害公務之罪。原判決以其妨害公務與便利脫逃有牽連關係，除適用刑法第一百六十二條第二項外，並援引同法第一百三十五條第一項、第五十五條，從一重處斷，殊有未合。

▶28 上 1093（判例）

縱放依法逮捕拘禁人罪，所侵害之法益，係公之拘禁力，故所縱放者，無論爲一人或數人，其被害法益祇有一個，不能以其所縱放人數之多寡，爲計算犯罪個數之標準。

第163條（公務員縱放或便利脫逃罪）

I 公務員縱放職務上依法逮捕、拘禁之人或便利其脫逃者，處一年以上七年以下有期徒刑。

II 因過失致前項之人脫逃者，處六月以下有期徒刑、拘役或九千元以下罰金。

III 第一項之未遂犯罰之。

❑ 實務見解

▶31 上 2550（判例）

刑法第一百六十三條第一項所定公務員縱放職務上依法逮捕拘禁人之罪，係指公務員對於職務上依法逮捕拘禁之人，於其逮捕拘禁中，故意縱放者而言，若其所縱放者非在其職務上逮捕拘禁之中，則其人縱係依法逮捕拘禁之人，仍與該罪之構成要件不符，祇能論以同法第一百六十二條之罪。

第九章　藏匿人犯及湮滅證據罪

第164條（藏匿人犯或使之隱避、頂替罪）

I 藏匿犯人或依法逮捕、拘禁之脫逃人或使之隱避者，處二年以下有期徒刑、拘役或一萬五千元以下罰金。

II 意圖犯前項之罪而頂替者，亦同。

❖ 法學概念

藏匿

實務認爲，所謂「藏匿」係指行爲人以積極之作爲將犯人收容於隱密處所，而使他人難以發現而言；所謂「使之隱避」則指以「藏匿」以外之方法，使其隱蔽逃避而言，除行爲人有積極之藏匿或使之隱避之行爲外，行爲人主觀上亦基於藏匿犯人或使之隱避之意思，始足當之（臺灣高等法院臺中分院 101 年度上易字第 920 號判決）。學者則進一步指出，藏匿是以直接、積極的方式讓犯人不受刑事追訴，屬直接正犯；與包含間接正犯以及將教唆與幫助行爲的使之「隱避」予以正犯化，有所不同。

【黃惠婷，〈藏匿人犯罪的適用疑義〉，《警察法學》，第13期，228頁以下。】

❖ 法學概念

使之「隱避」

使犯人隱避罪以明知其爲犯人而使之隱避爲條件，所謂使之隱避，必須有指使或指示隱避之意旨始屬相當，若對其是否確爲犯人尚在疑似之間，因不注意其行動，致被乘機隱避者，尚不能繩以使犯人隱避之罪（最高法院24年上字第3518號判例）。

❖ 法學概念

本罪所稱之「犯人」

藏匿犯人或使之隱蔽，係在他人犯罪行爲完成之後，妨害國家之搜查權者之犯罪，其所侵害之法益，乃國家司法權之行使，因而謂「犯人」不以起訴後之人爲限；故凡觸犯刑罰法規所規定之罪名者，不問其觸犯者係普通法或特別法、實質刑法或形式刑法，只須其爲實施犯罪行爲之人，且所犯之罪不問已否發覺或起訴或判處罪刑，均屬之（臺灣高等法院臺中分院 101 年度上易字第 1287 號判決）。

❖ 法學概念

本罪所稱之「頂替」

頂替係指行爲人冒認犯人或依法逮捕拘禁之脫逃人而出面代替，不問係以犯人或自己之名義爲之，皆成立頂替罪。其構成要件既爲隱避眞正犯人之犯行而且以頂替，本質上即含有藏匿人犯之罪質，自無庸再論以刑法第 164 條第 1 項之藏匿人犯罪。其時點必須是他人已經犯罪，至於是否確實已經影響偵查機關的偵辦方向，與成立的頂替罪無關。

【黃惠婷，〈藏匿人犯罪的適用疑義〉，《警察法學》，第13期，234頁以下。】

❑ 實務見解

▶25 年度決議㈠（25.04.21）

犯罪人教唆他人藏匿自己或使他人頂替，不成立刑法第一百六十四條之教唆罪。

第 165 條（湮滅刑事證據罪）
偽造、變造、湮滅或隱匿關係他人刑事被告案件之證據，或使用偽造、變造之證據者，處二年以下有期徒刑、拘役或一萬五千元以下罰金。

第 166 條（犯湮滅證據罪自白之減免）
犯前條之罪，於他人刑事被告案件裁判確定前自白者，減輕或免除其刑。

第 167 條（親屬間犯本章罪之減免）
配偶、五親等內之血親或三親等內之姻親圖利犯人或依法逮捕拘禁之脫逃人，而犯第一百六十四或第一百六十五條之罪者，減輕或免除其刑。

第十章　偽證及誣告罪

第 168 條（偽證罪）
於執行審判職務之公署審判時或於檢察官偵查時，證人、鑑定人、通譯於案情有重要關係之事項，供前或供後具結，而為虛偽陳述者，處七年以下有期徒刑。

❑ 實務見解

▶72 台上 3311（判例）

刑法第一百七十二條偽證罪自白減輕或免除其刑之規定，**所謂於虛偽陳述之案件裁判確定前自白者，係指於案情有重要關係之事項，為虛偽陳述後，而自白其陳述係屬虛偽**者而言，上訴人嗣後變更以往之陳述內容，並未自白前二次之陳述係屬虛偽，尚不能解免裁判權陷於誤用或濫用之虞，即與該條規定不相符合，不能減免其刑。又上訴人所為應成立偽證罪，該罪為侵害國家法益之犯罪，其罪數應以訴訟之件數為準，上訴人雖先後二度偽證，然僅一件訴訟，應論以單純一罪，無連續犯罪之可言。

▶71 台上 8127（判例）

按刑法上之偽證罪，不以結果之發生為要件，一有偽證行為，無論當事人是否因而受有利或不利之判決，均不影響其犯罪之成立。而該罪所謂於案情有重要關係之事項，則指該事項之有無，足以影響於裁判之結果者而言。

▶69 台上 2427（判例）

偽證罪之構成，以於執行審判職務之公署或於檢察官偵查時對於案情有重要關係之事項，供前或供後具結，而為虛偽之陳述為要件，**所謂虛偽之陳述，係指與案件之真正事實相悖，而足以陷偵查或審判於錯誤之危險者而言**，若在此案之供證為屬真實，縱其後於其他案件所供與前此之供述不符，除在後案件所供述合於偽證罪之要件得另行依法辦理外，究不得遽指在前與實情相符之供證為偽證。

▶69 台上 1506（判例）

所謂偽證，係指證人對於所知實情故作虛偽之陳述而言，**不包括證人根據自己之意見所作之判斷在內**。

第 169 條（誣告罪）
Ⅰ意圖他人受刑事或懲戒處分，向該管公務員誣告者，處七年以下有期徒刑。
Ⅱ意圖他人受刑事或懲戒處分，而偽造、變造證據，或使用偽造、變造之證據者，亦同。

❑ 實務見解

▶院字第 2306 號（31.03.20）

某甲以一狀誣告乙丙丁三人，祇犯一個誣告罪，既係同一案件，經乙丙對甲提起自訴，無論曾否判決確定，丁均不得再行告訴，如檢察官就該案件予以不起訴處分後，丁復聲請再議，上級法院首席檢察官應認為無理由而駁回之。

▶47 台上 919（判例）

上訴人使用偽造之私文書誣告他人犯罪，該項文書如不具備刑法第二百一十條之犯罪構成要件，則祇屬同法第一百六十九條第二項所稱證據之一種，上訴人使用偽造之證據誣告他人犯罪，其使用偽造證據之行為，為誣告行為所吸收，祇應成立第一百六十九條第一項之罪，如尚具備刑法第二百一十條之犯罪構成要件，則上訴人偽造文書並進而行使，除應構成誣告罪外，尚不能置行使偽造文書行為於不論。

▶44 台上 892（判例）

誣告罪之成立，以告訴人所訴被訴人之事實必須完全出於虛構為要件，若有出於誤會或懷疑有此事實而為申告，以致不能證明其所訴之事實為真實，縱被訴人不負刑責，而告訴人本缺乏誣告之故意，亦難成立誣告罪名。

▶30 上 3608（判例）

刑法上之誣告罪，以虛偽之申告達到於該管公務員時，即為成立，**嗣後變更其陳述之內容，與已成立之誣告罪並無影響**。

▶26 渝上 893（判例）

刑事訴訟法第三百十一條所定得提起自訴之人，係限於因犯罪而直接被害之人，必其人之法益由於犯罪行為直接所加害，若須待乎他人之另一行為而其人始受損害者，即非因犯罪直接所受之損害，不得提起自訴。至個人與國家或社會，因犯罪而同時被害者，該被害之個人，固亦得提起自訴，但所謂同時被害，自須個人之被害與國家或社會之被害由於同一之犯罪行為所致，若犯罪行為雖足加國家或社會以損害，而個人之受害與否，尚須視他人之行為而定者，即不能謂係同時被害，仍難認其有提起自訴之權。**刑法上之誣告罪，得由被誣告人提起自訴，係以誣告行為一經實施，既足使國家司法上之審判權或偵查權妄為開始，而同時又至少必使被誣告者受有名譽上之損害，縱使審判或偵查結果不能達到誣告者欲使其受懲戒處分或刑事處分之目的，而被誣告人在名義上已一度成為行政上或刑事上之被告，其所受名譽之損害，自係誣告行為直接且同時所加害**。至於他人刑事被告案內為證人、鑑定人、通譯之人，在審判或偵查時，依法具結而為虛偽之陳述，固足使採證錯誤，判斷失平，致司法喪失威信，然此種虛偽之陳述，在他人是否因此被害，尚繫於執行審判或偵查職務之公務員採信其陳述與否而定，並非因偽證行為直接或同時受有損害，即與刑事訴訟法第三百十一條所稱之被害人並不相當，其無提起自訴之權，自不待言。

第 170 條（加重誣告罪）
意圖陷害直系血親尊親屬，而犯前條之罪者，加重其刑至二分之一。

第 171 條（未指定犯人誣告罪）
I 未指定犯人，而向該管公務員誣告犯罪者，處一年以下有期徒刑、拘役或九千元以下罰金。
II 未指定犯人，而偽造、變造犯罪證據，或使用偽造、變造之犯罪證據，致開始刑事訴訟程序者，亦同。

第 172 條（偽證、誣告自白減免）
犯第一百六十八條至第一百七十一條之罪，於所虛偽陳述或所誣告之案件，裁判或懲戒處分確定前自白者，減輕或免除其刑。

❑ 實務見解

▶72 台上 3311（判例）

刑法第一百七十二條偽證罪自白減輕或免除其刑之規定，**所謂於虛偽陳述之案件裁判確定前自白者，係指於案情有重要關係之事項，為虛偽陳述後，而自白其陳述係屬虛偽者而言，上訴人嗣後變更以往之陳述內容，並未自白前二次之陳述係屬虛偽，尚不能解免裁判權陷於誤用或濫用之虞**，即與該條規定不相符合，不能減免其刑。又上訴人所為應成立偽證罪，該罪為侵害國家法益之犯罪，其罪數應以訴訟之件數為準，上訴人雖先後二度偽證，然僅一件訴訟，應論以單純一罪，無連續犯罪之可言。

▶30 上 2606（判例）

一次虛構事實而誣告數人，其誣告行為仍屬一個，因之對於所告數人中之一部分，自白為係屬誣告，而對於其餘之人仍有使受刑事處分之意圖，未經自白為誣告者，僅屬縮小其誣告行為之範圍，仍不能邀減免之寬典。

第十一章　公共危險罪

❖ 法學概念

「具體危險犯」與「抽象危險犯」

刑事法上所謂「危險犯」與「實害犯」乃相對應之概念，即以對法益之實際侵害作為處罰根據之犯罪，謂之「實害犯」，而以對法益發生侵害的危險作為處罰根據的犯罪，謂之「危險犯」。「危險犯」之規定中，又有「具體危險犯」與「抽象危險犯」之區分，兩者之含義及判斷標準均異。「具體危險犯」中之具體危險，使法益侵害之可能具體地達到現實化之程度，此種危險屬於構成要件之內容，須行為具有發生侵害結果之可能性（危險之結果），始足當之。因屬於構成要件事實，具體危險是否存在，需要加以證明與確認，不能以某種程度的假定或抽象為已足，對具體危險之證明和判斷，事實審法院應以行為當時之各種具體情況以及已經判明的因果關係為根據，用以認定行為是否具有發生侵害法益的可能性。故具體危險犯中之具體危險，是「作為結果的危險」，學理上稱為「司法認定之危險」。一般而言，具體危險犯在刑法分則中以諸如「危害公共安全」、「足以發生……危險」、「引起……危險」等字樣明示之。

而「抽象危險犯」是指行為本身含有侵害法益之可能性而被禁止之態樣，重視行為本身之危險性。此種抽象危險不屬於構成要件之內容，只要認定事先預定之某種行為具有可罰的實質違法根據（如有害於公共安全），不問事實上是否果真發生危險，凡一有該行為，罪即成立，亦即只要證明行為存在，而危險不是想像的或臆斷的（迷信犯），即可認有抽象危險，該當構成要件的行為，具備可罰的實質違法性。**立法者所擬制或立法上推定的危險，其危險及程度是立法者之判斷。抽象的危險在重視行為本身的危險性，故抽象危險犯中之抽象危險，是「行為的危險」，學理上稱為「立法上推定之危險」**。雖抽象危險是立法上推定之危險，但對抽象危險是否存在之判斷仍有必要，即以行為本身之一般情況或一般之社會生活經驗為根據，判斷行為是否存在抽象的危險（具有發生侵害結果的危險），始能確定有無立法者推定之危險（最高法院97年度台上字第731號判決）。

第173條（放火或失火燒燬現住建築物及交通工具罪）

Ⅰ放火燒燬現供人使用之住宅或現有人所在之建築物、礦坑、火車、電車或其他供水、陸、空公眾運輸之舟、車、航空機者，處無期徒刑或七年以上有期徒刑。

Ⅱ失火燒燬前項之物者，處一年以下有期徒刑、拘役或一萬五千元以下罰金。

Ⅲ第一項之未遂犯罰之。

Ⅳ預備犯第一項之罪者，處一年以下有期徒刑、拘役或九千元以下罰金。

❖ 法學概念

本罪之行為主體

依通說及實務見解，本罪現供人使用或現有人所在之「人」須作限縮解釋，乃指行爲人「以外」之自然人而言。若住宅等如係行爲人所單獨使用則爲第174條放火罪之客體，不成立本罪。

【甘添貴，《刑法各論（下）》，三民，修訂四版，2015.05，12頁；盧映潔，《刑法分則新論》，新學林，修訂十版，2015.07，197頁；蔡聖偉，〈廟不可炎—論失火罪客體的屬性認定〉，《月旦法學教室》，第85期，2009.11，31頁以下；最高法院28年上字第3218號判例。】

❖ 法學概念

放火

所謂「放火」乃本罪的實行行爲，係指「對於目的物的燒燬賦予原因力的行爲」，或稱「惹起各條所定物體的火災而縱放火力」而言，此與單純之「點火」不同。此係指故意而言，若非故意，則屬失火之範疇。而一般人故意放火燒燬上述住宅、建築物或交通工具，通常應有其動機或原因，否則，即無從萌生放火之故意。故此項動機與原因，與判斷行爲人有無放火之故意有重要關係。

【陳子平，《刑法各論（下）》，元照，初版，2014.11，119頁；最高法院98年度台上字第2950號判決。】

❖ 法學概念

燒燬

關於「燒燬」的定義有以下諸說：

一、獨立燃燒說

以火力離開引燃媒介物，而目的物已能獨立繼續發生燃燒之作用者，因已發生公共危險，即應認爲燒燬，不以其效用喪失爲必要。

二、效用喪失說

當以火力而使目的物之重要部分燒失，致其物喪失本來之效用時，即爲條文中燒燬。

三、重要部分開始燃燒說

此說基本上採獨立燃燒說，惟認僅係獨立燃燒，尚有未足，須物之重要部分開始燃燒時，始爲燒燬。

四、一部損壞說

此說基本上採效用喪失說，惟稍緩其概念，認爲不必達於效用喪失之程度，僅須物之一部損壞，即爲已足。

【甘添貴，《刑法各論（下）》，三民，修訂四版，2015.05，16頁。】

以上諸說我國司法實務採效用喪失說（最高法院101年度台上字第2251號判決、95年度台上字第7018號判決、95年度台上字第2901號判決）。

❖ 法學概念

現供人使用之住宅或現有人所在之建築物等

所謂「現供人使用之住宅」或「現有人所在之建築物」等，並不以現有人確實存在爲必要。林東茂教授認爲係自己的住宅現供人使用或自己的建築物現有人所在，即使沒有左鄰右舍，縱火燒之，火勢毫無延燒可能，也構成刑法第173條第1項的放火罪，理由是行爲人有權利毀壞屬於自己的所有物，不成立毀損罪；但是，如果以放火的方式毀壞住宅、建築物與大眾交通工具，勢將引起公共危險，所以遭到嚴厲處罰。

但多數學說及實務見解持否定說，如行爲人縱火燒燬的標的物，係僅供行爲人單獨使用或僅有行爲人單獨在內者，則這種標的物，即不能成立放火罪，蓋本罪之所以加重處罰，其根據在於行爲可能造成行爲人以外之他人的生命、身體的危險。

【林東茂，《刑法分則》，一品，初版，2018.09，257頁以下；盧映潔，《刑法分則新論》，新學林，修訂十版，2015.07，196頁；陳子平，《刑法各論（下）》，元照，初版，2014.11，16頁；甘添貴，《刑法各論（下）》，三民，修訂四版，2015.05，12頁；最高法院28年上字第3218號判例。】

❑ 實務見解

▶79台上1471（判例）

刑法第一百七十三條第一項放火燒燬現有人使用之住宅罪，其直接被害法益，爲一般社會之公共安全，雖同時侵害私人之財產法益，但仍以保護社會公安法益爲重，況放火行爲原含有毀損性質，而放火燒燬現供人使用之住宅罪，自係指供人居住房屋之整體而言，應包括牆垣及該住宅內所有設備、傢俱、日常生活上之一切用品。**故一個放火行爲，若同時燒燬住宅與該住宅內所有其他物品，無論該其他物品爲他人或自己所有，與同時燒燬數犯罪客體者之情形不同，均不另成立刑法第一百七十五條第一項或第二項放火燒燬住宅以外他人或自己所有物罪。**

▶29上2388（判例）

放火罪原含有毀損性質在內，放火燒燬他人住宅損及牆垣，自無兼論毀損罪之餘地。

▶29 上 66（判例）

刑法第一百七十三條第一項所謂現供人使用之住宅，係指現時供人住居使用之房宅而言，如果住宅業已他遷，其原來住宅，縱尚有雜物在內，爲原來住戶所保管，但該住宅既非現時供人居住之使用，即難謂係該條項所稱之住宅。

▶105 台上 142〇（判決）

刑法公共危險罪章，以有害公共安全之行爲爲對象。其中抽象危險犯，係指特定行爲依一般經驗法則衡量，對公共安全有引發實害或具體危險之可能性。例如放火燒燬現供人使用住宅或現有人所在建築物之行爲，依火之蔓延性及難以控制性，通常情形會密接發生行爲人無法控制之不特定人生命、身體、財產受侵害之具體危險或實害，係典型引起公共安全危害之危險行爲，屬抽象危險犯。只要行爲人認知其係放火燒燬系爭住宅或建築物，即有該抽象危險犯罪之故意，不問有無發生具體之公共危險或實害結果，均成立犯罪。惟若行爲時確定排除法律預設之抽象危險存在，亦即確定無發生具體危險或實害之可能性時，因無危險即不具刑罰正當性，自不構成該抽象危險罪。

第 174 條（放火失火燒燬非現住建築物及交通工具罪）

I 放火燒燬現非供人使用之他人所有住宅或現未有人所在之他人所有建築物、礦坑、火車、電車或其他供水、陸、空公眾運輸之舟、車、航空機者，處三年以上十年以下有期徒刑。

II 放火燒燬前項之自己所有物，致生公共危險者，處六月以上五年以下有期徒刑。

III 失火燒燬第一項之物者，處六月以下有期徒刑、拘役或九千元以下罰金；失火燒燬前項之物，致生公共危險者，亦同。

IV 第一項之未遂犯罰之。

第 175 條（放火失火燒燬住宅等以外之物罪）

I 放火燒燬前二條以外之他人所有物，致生公共危險者，處一年以上七年以下有期徒刑。

II 放火燒燬前二條以外之自己所有物，致生公共危險者，處三年以下有期徒刑。

III 失火燒燬前二條以外之物，致生公共危險者，處拘役或九千元以下罰金。

第 176 條（準放火罪）

故意或因過失，以火藥、蒸氣、電氣、煤氣或其他爆裂物，炸燬前三條之物者，準用各該條放火、失火之規定。

□ 實務見解

▶84 台上 1134（判例）

刑法第一百七十六條之準放火罪，以其燒燬之原因係由於爆炸所致，亦即藉其爆風、高熱等急烈膨脹力，致其物毀壞或焚燬之義，如單純之以火藥或煤氣等爲放火之方法，並非利用其膨脹力使之炸燬者，應逕依放火罪論處，不成立該條之罪。

第 177 條（漏逸或間隔氣體罪）

I 漏逸或間隔蒸氣、電氣、煤氣或其他氣體，致生公共危險者，處三年以下有期徒刑、拘役或九千元以下罰金。

II 因而致人於死者，處無期徒刑或七年以上有期徒刑；致重傷者，處三年以上十年以下有期徒刑。

❖ 法學概念

本罪所指之「氣體」

刑法第 177 條所規定的「氣體」包含一切具有爆裂性、燃燒性或「有毒性」之氣體均屬之。本罪所謂之蒸氣、電氣及煤氣，爲本罪行爲客體之例示規定，其他一切具有爆裂性、燃燒性或「有毒性」之氣體均屬之。

【甘添貴，《刑法各論（下）》，三民，修訂四版，2015.05，31 頁。】

例如高雄氣爆事件之「丙烯」即是。它是一種常溫下無色、無臭、略帶甜味的氣體，屬易燃危險等級，因丙烯與空氣混合，就能生成易爆性混合物。此外，丙烯外洩亦會對環境造成危害，空氣、土壤、水源等均有可能遭受污染。當丙烯擴散至空氣中，對於呼吸道、支氣管等較爲敏感的人來說，容易誘發氣喘，若超過一般標準值，短時吸入過多或濃度過高的丙烯，不僅會對人體造成神經毒性，更會導致頭暈、乏力、呼吸急促、噁心想吐、缺氧、意識喪失，嚴重甚至是死亡。因此，丙烯應屬本罪所稱之「其他氣體」。

❖ 法學概念

本罪所稱之「漏逸」或「間隔」

刑法第 177 條漏逸或間隔氣體罪雖非抽象危險犯，尚非只要一有漏逸或間隔蒸氣、電氣、煤氣或其他氣體，即透過因果關係必然性的推定，認定其行爲對於法益具一定的危險性，而不論客觀情況爲何，逕以此法益危險關係作爲規範的基礎，即行成立刑法第 177 條之罪。惟所謂「致生公共危險」之具體危險犯，並不以已發生實害爲必要，只須個案中有瀕於發生具體實害發生之虞，即得認定已發生具體危險（最高法院 100 年度台上字第 5619 號、94 年度台上字第 6173 號判決參照）。本罪的行爲乃「漏逸」與「間隔」。

所謂「漏逸」，係指使氣體洩於貯藏器或輸送器外之行爲而言。所謂「間隔」，係指妨害氣體流通的行爲而言。

【盧映潔，《刑法分則論》，新學林，修訂十版，2015.07，209頁。】

例如高雄氣爆事件管線洩漏之氣體為易燃易爆之「丙烯」，一點燃即有發生氣爆之公共危險，且該氣體依其化學特性對人體吸入後亦足危害身體健康，故本件既已漏逸大量可能對人產生危險之丙烯氣體，實已瀕於具體實害發生的具體危險狀態，而該當本罪「致生公共危險」之構成要件。

第178條（決水浸害現供人使用之住宅或現有人所在之建築物及交通工具罪）

I 決水浸害現供人使用之住宅或現有人所在之建築物、礦坑或火車、電車者，處無期徒刑或五年以上有期徒刑。

II 因過失決水浸害前項之物者，處一年以下有期徒刑、拘役或一萬五千元以下罰金。

III 第一項之未遂犯罰之。

第179條（決水浸害現非供人使用之住宅或現未有人在之建築物罪）

I 決水浸害現非供人使用之他人所有住宅或現未有人所在之他人所有建築物或礦坑者，處一年以上七年以下有期徒刑。

II 決水浸害前項之自己所有物，致生公共危險者，處六月以上五年以下有期徒刑。

III 因過失決水浸害第一項之物者，處六月以下有期徒刑、拘役或九千元以下罰金。

IV 因過失決水浸害前項之物，致生公共危險者，亦同。

V 第一項之未遂犯罰之。

第180條（決水浸害住宅等以外之物罪）

I 決水浸害前二條以外之他人所有物，致生公共危險者，處五年以下有期徒刑。

II 決水浸害前二條以外之自己所有物，致生公共危險者，處二年以下有期徒刑。

III 因過失決水浸害前二條以外之物，致生公共危險者，處拘役或九千元以下罰金。

第181條（破壞防水蓄水設備罪）

I 決潰隄防、破壞水閘或損壞自來水池，致生公共危險者，處五年以下有期徒刑。

II 因過失犯前項之罪者，處拘役或九千元以下罰金。

III 第一項之未遂犯罰之。

第182條（妨害救災罪）

於火災、水災、風災、震災、爆炸或其他相類災害發生之際，隱匿或損壞防禦之器械或以他法妨害救災者，處三年以下有期徒刑、拘役或三萬元以下罰金。

第183條（傾覆或破壞現有人所在之交通工具罪）

I 傾覆或破壞現有人所在之火車、電車或其他供水、陸、空公眾運輸之舟、車、航空機者，處無期徒刑或五年以上有期徒刑。

II 因過失犯前項之罪者，處三年以下有期徒刑、拘役或三十萬元以下罰金。

III 第一項之未遂犯罰之。

第184條（妨害舟車及航空機行駛安全罪）

I 損壞軌道、燈塔、標識或以他法致生火車、電車或其他供水、陸、空公眾運輸之舟、車、航空機往來之危險者，處三年以上十年以下有期徒刑。

II 因而致前項之舟、車、航空機傾覆或破壞者，依前條第一項之規定處斷。

III 因過失犯第一項之罪者，處二年以下有期徒刑、拘役或二十萬元以下罰金。

IV 第一項之未遂犯罰之。

第185條（妨害公眾往來安全罪）

I 損壞或壅塞陸路、水路、橋樑或其他公眾往來之設備或以他法致生往來之危險者，處五年以下有期徒刑、拘役或一萬五千元以下罰金。

II 因而致人於死者，處無期徒刑或七年以上有期徒刑；致重傷者，處三年以上十年以下有期徒刑。

III 第一項之未遂犯罰之。

❖ 法學概念

妨害公眾往來安全罪

刑法第185條第1項之罪為具體危險犯，又所謂「以他法致生往來之危險」，其中「他法」，乃係指除損壞、壅塞以外，凡足以妨害公眾往來通行之方法，皆屬之。行為客體有陸路、水路、橋樑或其他公眾往來之設備。前者屬例示規定，其他設備則必須是供公眾往來，例如行為人阻擋從他人房屋大門及車庫入口，僅留空隙供人進出，造成他人無法自由使用大門庫。本條第2項為結果加重犯，學者認為傷害與死亡結果間應具有直接關聯性（有稱為保護目的關聯）；亦即結果必須來自基本罪的危險，而不能係其他因素所造成，若死亡結果係被害人自己或第三者的行為所造成，則不成立結果加重犯。

【黃惠婷，〈妨害公眾往來安全罪〉，《台灣法學雜誌》，第277期，2015.08，134頁以下；最高法院104年度台上字第1101號判決。】

❐ 實務見解

▶79 台上 2250（判例）

刑法第一百八十五條第一項損壞或壅塞陸路致生往來之危險罪，採具體危險制，祇須損壞、壅塞之行為，**造成公眾往來危險之狀態為已足，不以全部損壞、壅塞或發生實害為必要。**

第 185 條之 1（劫持交通工具之罪）

Ⅰ以強暴、脅迫或其他非法方法劫持使用中之航空器或控制其飛航者，處死刑、無期徒刑或七年以上有期徒刑。其情節輕微者，處七年以下有期徒刑。

Ⅱ因而致人於死者，處死刑或無期徒刑；致重傷者，處死刑、無期徒刑或十年以上有期徒刑。

Ⅲ以第一項之方法劫持使用中供公眾運輸之舟、車或控制其行駛者，處五年以上有期徒刑。其情節輕微者，處三年以下有期徒刑。

Ⅳ因而致人於死者，處無期徒刑或十年以上有期徒刑；致重傷者，處七年以上有期徒刑。

Ⅴ第一項、第三項之未遂犯罰之。

Ⅵ預備犯第一項之罪者，處三年以下有期徒刑。

第 185 條之 2（危害飛航安全或其設施罪）

Ⅰ以強暴、脅迫或其他非法方法危害飛航安全或其設施者，處七年以下有期徒刑、拘役或九十萬元以下罰金。

Ⅱ因而致航空器或其他設施毀損者，處三年以上十年以下有期徒刑。

Ⅲ因而致人於死者，處死刑、無期徒刑或十年以上有期徒刑；致重傷者，處五年以上十二年以下有期徒刑。

Ⅳ第一項之未遂犯罰之。

第 185 條之 3（不能安全駕駛罪）

Ⅰ駕駛動力交通工具而有下列情形之一者，處二年以下有期徒刑，得併科二十萬元以下罰金：

一　吐氣所含酒精濃度達每公升零點二五毫克或血液中酒精濃度達百分之零點零五以上。

二　有前款以外之其他情事足認服用酒類或其他相類之物，致不能安全駕駛。

三　服用毒品、麻醉藥品或其他相類之物，致不能安全駕駛。

Ⅱ因而致人於死者，處三年以上十年以下有期徒刑；致重傷者，處一年以上七年以下有期徒刑。

Ⅲ曾犯本條或陸海空軍刑法第五十四條之罪，經有罪判決確定或經緩起訴處分確定，於五年內再犯第一項之罪因而致人於死者，處無期徒刑或五年以上有期徒刑；致重傷者，處三年以上十年以下有期徒刑。

❖ 法學概念

醉態駕駛的主體

本條之構成要件，可以看出，「醉態駕車構成要件」屬「身分犯構成要件」，即行為人必須具有因服用毒品、麻醉藥品，酒類或其他相類之物而欠缺安全駕駛能力的身分。

【鄭逸哲，〈基於同一事實的「醉態駕車行為」和「原因自由行為」〉，《月旦法學教室》，第 111 期，2012.01，39 頁以下。】

❖ 法學概念

不能安全駕駛

舊條文所稱之「不能安全駕駛」，乃指因服用酒類藥物後而在因應道路及交通狀況時處於駕駛操作上的身心困難的狀態而言，例如因服用酒類等導致對於前方的注視發生困難，在操作方向盤、油門、發動煞車時無法充分依自己的意思進行等等，現實上在駕駛的操作上處於身心困難的狀態。

由於酒醉駕車罪的保護法益為公共安全，因酒醉等不能安全駕駛機動車而駕駛時，在通常的情形下皆會對於不特定或多數人的生命、身體等產生即刻的危險，因此將此等行為以抽象危險犯加以規範。

2013 年修法後，將「不能安全駕駛」刪除，「酒測值」成為刑法第 185 條之 3 第 1 項第 1 款絕對、唯一的證據，無須任何其他情況證據佐證。第 1 項第 2 款之立法目的是為了補充第 1 款規範不足之處。所謂「不足之處」，是指酒駕者昏迷、受傷、死亡等情況而無法進行呼氣檢測、抽血檢驗，或是酒測值未達每公升 0.25 毫克這兩種情況是否構成不能安全駕駛，必須實質認定，以確認是否符合本罪之構成要件。

【陳子平，〈妨害公務罪、公共危險罪與妨害自由罪等〉，《月旦法學教室》，第 124 期，2013.02，62 頁以下；相類見解：張麗卿，〈交通犯罪之法律規範與實證分析〉，《中原財經法學》，第 28 期，2012.06，147 頁以下；王皇玉，〈不能安全駕駛罪之「駕駛」〉，《月旦法學教室》，第 153 期，2015.07，64 頁以下。】

2013 年修法後之酒醉駕車依條文結構應區分：

一、絕對不能安全駕駛

刑法第 185 條之 3 第 1 項第 1 款於修法後「為吐氣所含酒精濃度達每公升 0.25 毫克或血液中酒精濃度達百分之 0.05 以上的酒測值」作為抽象危險程度的擬定標準，由於修法理由已明確說明本款：「**屬抽象危險犯，不以發生具體危險為必要。**」因此判定酒測值為「不能安全駕駛情狀」的唯一證據，不得舉反證推翻。

二、相對不能安全駕駛

刑法第 185 條之 3 第 1 項第 2 款於 2013 年修法時增訂「**有前款以外之其他情事足認服用酒類**

或其他相類之物，致不能安全駕駛。」參照增訂說明謂：「行為人未接受酒精濃度測試或測試後酒精濃度未達前揭標準，惟有其他客觀情事認為確實不能安全駕駛動力交通工具時，仍構成本罪。」因此包含酒駕拒測及酒測值未達刑法第185條之3第1項第1款標準的情形。

至於酒測值須達何標準，始構成「相對不能安全駕駛」？本書認為，可以參考道路交通管理處罰條例第35條將「不得駕駛」酒測值標準授權給道路交通安全規則第114條第3款之規定，「汽車駕駛人有下列情形之一者不得駕車：三、職業駕駛人駕駛車輛時，飲用酒類或其他類似物後其吐氣所含酒精濃度達每公升0.15毫克或血液中酒精濃度達百分之0.03以上。」**這可能同時構成刑法第185條之3第1項第2款的「有前款以外之其他情事足認服用酒類或其他相類之物，致不能安全駕駛」**。

由於這種情況飲酒量尚未普遍性的超乎駕駛者生理適應程度，是「相對無駕駛能力」。此時，駕駛人是否無駕駛能力，須個案認定，考量駕駛者本身是否確實存有不能安全駕駛的具體危險，以免犧牲個案正義。也就是說，駕駛人是否須受刑罰（即構成刑法第185條之3第1項第2款），除了酒測標準（吐氣所含酒精濃度達每公升0.15毫克或血液中酒精濃度達百分之0.03以上）外，**應參考其他客觀事實，輔助測驗，如單腳直立、直線步行、接物或畫同心圓等，並作成書面報告附卷等證據，供法院判定。**

❖ 法學概念

本罪加重結果犯的適用界限

本條於2011年11月增訂加重結果犯之規定，日本學者齋野彥彌教授認為，**必須要超越一般的因果關係，也就是說要到達一個特殊的因果關係**，此一觀點亦被我國學者接納。蓋按照目前的加重結果犯適用上，因為刑度非常重，所以一定要進行某種程度的限縮解釋。在加重結果犯的因果關係這裡，必須是要基本行為所蘊藏的類型化危險性直接導致的結果，才能成立加重結果犯。質言之，吾人必須要從規範目的去解釋此一加重結果犯的行為類型危險性為何，它的射程範圍在哪裡，然後死傷結果必須要落在哪一射程範圍裡面，**才能夠適用加重結果犯的規定，否則的話就只能夠用一般的競合危險犯加上過失致死或致重傷來解決**，這可以說是加重危險犯的「直接性理論」、「危險性理論」在危險犯領域的應用。

承上所述，本罪既然具有公共危險犯的性質，其實所保護的範圍是外部其他道路交通參與者用路人的人身安全。所以像葉少爺酒駕撞死路人的部分，當然屬於類型化危險性的實現，然而在致同車乘客死亡的部分，就不能涵括於刑法第185條之3所保護的射程範圍裡面，應該要回到一般的競合理論來處理，否則就逸脫刑法第185條之3所要保護的射程範圍之外。

【謝煜偉，〈從德日台三方觀點論不能安全駕駛罪之本質—從台灣法之角度(二)〉，《台灣法學雜誌》，第211期，2012.11，117頁以下。】

❐ 實務見解

▶109台上1665○（判決）

刑法第一八五條之四之肇事逃逸罪，係以駕駛動力交通工具，因故意或過失肇事，致人死傷而逃逸，為構成要件。自需行為人主觀上基於逃逸之犯意，而離開現場始足當之。**倘行為人認為業與被害人達成和解，因而離開，其主觀上應無逃逸之犯意**，自難以該罪相繩。

> 第185條之4（肇事遺棄罪）
> 駕駛動力交通工具肇事，致人死傷而逃逸者，處一年以上七年以下有期徒刑。

❐ 實務見解

▶釋字第777號（108.05.31）

中華民國八十八年四月二十一日增訂公布之刑法第一百八十五條之四規定：「駕駛動力交通工具肇事，致人死傷而逃逸者，處六月以上五年以下有期徒刑。」（一〇二年六月十一日修正公布同條規定，提高刑度為一年以上七年以下有期徒刑，構成要件均相同）其中有關「肇事」部分，可能語意所及之範圍，包括「因駕駛人之故意或過失」或「非因駕駛人之故意或過失」（因不可抗力、被害人或第三人之故意或過失）所致之事故，除因駕駛人之故意或過失所致之事故為該條所涵蓋，而無不明確外，**其餘非因駕駛人之故意或過失所致事故之情形是否構成「肇事」，尚非一般受規範者所得理解或預見，於此範圍內，其文義有違法律明確性原則，此違反部分，應自本解釋公布之日起失其效力。八十八年上開規定有關刑度部分，與憲法罪刑相當原則尚無不符，未違反比例原則**。一〇二年修正公布之上開規定，一律以一年以上七年以下有期徒刑為其法定刑，致對犯罪情節輕微者無從為易科罰金之宣告，對此等情節輕微個案構成顯然過苛之處罰，於此範圍內，不符憲法罪刑相當原則，與憲法第二十三條比例原則有違。此違反部分，應自本解釋公布之日起，至遲於屆滿二年時，失其效力。

> 第186條（單純危險物罪）
> 未受允准，而製造、販賣、運輸或持有炸藥、棉花藥、雷汞或其他相類之爆裂物或軍用槍砲、子彈而無正當理由者，處二年以下有期徒刑、拘役或一萬五千元以下罰金。

❐ 實務見解

▸47 台上 28（判例）

上訴人因買受盜賣品，而持有子彈又無正當理由，自屬觸犯刑法第一百八十六條之罪，唯此持有子彈，爲買受盜賣品罪之結果行爲，依同法第五十五條之規定，仍應從較重之買受盜賣械彈罪處斷。

第 186 條之 1（不法使用爆裂物及其加重結果犯）

I 無正當理由使用炸藥、棉花藥、雷汞或其他相類之爆裂物爆炸，致生公共危險者，處一年以上七年以下有期徒刑。

II 因而致人於死者，處無期徒刑或七年以上有期徒刑；致重傷者，處三年以上十年以下有期徒刑。

III 因過失致炸藥、棉花藥、雷汞或其他相類之爆裂物爆炸而生公共危險者，處二年以下有期徒刑、拘役或一萬五千元以下罰金。

IV 第一項之未遂犯罰之。

第 187 條（加重危險物罪）

意圖供自己或他人犯罪之用，而製造、販賣、運輸或持有炸藥、棉花藥、雷汞或其他相類之爆裂物或軍用槍砲、子彈者，處五年以下有期徒刑。

❑ 實務見解

▸45 台上 1296（判例）

上訴人既於信內附子彈一顆，寄給某甲施以恐嚇，則是以子彈爲實施恐嚇之手段，於刑法第三百零五條之罪外，又已觸犯同法第一百八十七條之罪，其間顯有牽連關係，應依同法第五十五條從一重處斷。

第 187 條之 1（不法使用核子原料等物之處罰）

不依法令製造、販賣、運輸或持有核子原料、燃料、反應器、放射性物質或其原料者，處五年以下有期徒刑。

第 187 條之 2（放逸核能、放射線致生公共危險罪）

I 放逸核能、放射線，致生公共危險者，處五年以下有期徒刑。

II 因而致人於死者，處無期徒刑或十年以上有期徒刑；致重傷者，處五年以上有期徒刑。

III 因過失犯第一項之罪者，處二年以下有期徒刑、拘役或一萬五千元以下罰金。

IV 第一項之未遂犯罰之。

第 187 條之 3（無正當理由使用放射線之處罰）

I 無正當理由使用放射線，致傷害人之身體或健康者，處三年以上十年以下有期徒刑。

II 因而致人於死者，處無期徒刑或十年以上有期徒刑；致重傷者，處五年以上有期徒刑。

III 第一項之未遂犯罰之。

第 188 條（妨害公用事業罪）

妨害鐵路、郵務、電報、電話或供公眾之用水、電氣、煤氣事業者，處五年以下有期徒刑、拘役或一萬五千元以下罰金。

❑ 實務見解

▸88 台上 6831（判例）

刑法第一百八十八條之妨害公用事業罪，以妨害鐵路、郵務、電報、電話，或供公眾之用水、電氣、煤氣事業爲要件，**此所稱之「妨害」，指以不當方法妨礙侵害使變更其正常狀態之行爲而言；考其立法目的，係爲保障公衆使用上開列舉公用事業之利益而設，用以維護公共之安全，故於刑法公共危險罪章立此規定**。從而其妨害行爲，必足以危害不特定或特定多數之公眾使用上揭公用事業利益，始足當之，倘未達此程度而僅妨害特定少數人，除另該當其他犯罪構成要件，應依他罪論處外，尚難成立本罪。

第 189 條（損壞保護生命設備罪）

I 損壞礦坑、工廠或其他相類之場所內關於保護生命之設備，致生危險於他人生命者，處一年以上七年以下有期徒刑。

II 因而致人於死者，處無期徒刑或七年以上有期徒刑；致重傷者，處三年以上十年以下有期徒刑。

III 因過失犯第一項之罪者，處二年以下有期徒刑、拘役或二十萬元以下罰金。

IV 第一項之未遂犯罰之。

第 189 條之 1（損壞保護生命設備致生危險於他人身體健康罪）

I 損壞礦場、工廠或其他相類之場所內關於保護生命之設備或致令不堪用，致生危險於他人之身體健康者，處一年以下有期徒刑、拘役或九千元以下罰金。

II 損壞前項以外之公共場所內關於保護生命之設備或致令不堪用，致生危險於他人之身體健康者，亦同。

第 189 條之 2（阻塞逃生通道之處罰）

I 阻塞戲院、商場、餐廳、旅店或其他公眾得出入之場所或公共場所之逃生通道，致生危險於他人生命、身體或健康者，處三年以下有期徒刑。阻塞集合住宅或共同使用大廈之逃生通道，致生危險於他人生命、身體或健康者，亦同。
II因而致人於死者，處七年以下有期徒刑；致重傷者，處五年以下有期徒刑。

第190條（妨害公眾飲水罪）
I投放毒物或混入妨害衛生物品於供公眾所飲之水源、水道或自來水池者，處一年以上七年以下有期徒刑。
II因而致人於死者，處無期徒刑或七年以上有期徒刑；致重傷者，處三年以上十年以下有期徒刑。
III因過失犯第一項之罪者，處六月以下有期徒刑、拘役或九千元以下罰金。
IV第一項之未遂犯罰之。

第190條之1（流放毒物罪及結果加重犯）
I投棄、放流、排出、放逸或以他法使毒物或其他有害健康之物污染空氣、土壤、河川或其他水體者，處五年以下有期徒刑、拘役或科或併科一千萬元以下罰金。
II廠商或事業場所之負責人、監督策劃人員、代理人、受僱人或其他從業人員，因事業活動而犯前項之罪者，處七年以下有期徒刑，得併科一千五百萬元以下罰金。
III犯第一項之罪，因而致人於死者，處三年以上十年以下有期徒刑；致重傷者，處一年以上七年以下有期徒刑。
IV犯第二項之罪，因而致人於死者，處無期徒刑或七年以上有期徒刑；致重傷者，處三年以上十年以下有期徒刑。
V因過失犯第一項之罪者，處一年以下有期徒刑、拘役或科或併科二百萬元以下罰金。
VI因過失犯第二項之罪者，處三年以下有期徒刑、拘役或科或併科六百萬元以下罰金。
VII第一項或第二項之未遂犯罰之。
VIII犯第一項、第五項或第一項未遂犯之罪，其情節顯著輕微者，不罰。

❖ 法學概念

本罪之競合

本罪乃具體的公共危險犯，以「致生公共危險」之具體危險爲成立要件。所謂「具體的公共危險（致生公共危險）」，係指在該當具體情況下，一般人感受到對於不特定或多數人的生命、身體或重要財產已經造成現實的危險者而言。而所謂「其他有害健康之物」，則係指毒性化學物質以外之其他一切足以危害人體健康或污染環境的物質而言。例如，高雄氣爆事件之丙烯。

【林山田，《刑法各罪論（下）》，自版，修訂五版，2006.11，344頁；陳子平，《刑法各論（下）》，元照，初版，2014.11，162頁。】

第191條（製造販賣陳列妨害衛生物品罪）
製造、販賣或意圖販賣而陳列妨害衛生之飲食物品或其他物品者，處六月以下有期徒刑、拘役或科或併科三萬元以下罰金。

❖ 法學概念

本罪「妨害衛生」之認定

本條中所謂「妨害衛生」的意義，學說上有認爲，是指對於健康的威脅較低，不至於導致食用或使用者死亡或重傷之情況。

不過，亦有論者謂，「妨害衛生」是指一切有礙人體健康者，如有輻射、農藥污染的食物等。

若採後者的看法，則「妨害衛生」與「有害人體健康」之間的界限模糊，不過，縱然採前者的見解，依據舉輕以明重的法理，既然製造、販賣或意圖販賣陳列「妨害衛生」的食品或物品是法律所禁止，則製造、販賣或意圖販賣而陳列「有害人體健康」的食品或物品當然亦是法律所不許，故在結論上並無二致。

【張麗卿，〈海峽兩岸有關毒奶事件的法律關照〉，《東海大學法學研究》，第31期，2009.12，121頁。】

❖ 法學概念

本罪之競合

本條是故意犯，並不處罰過失，所以社會上常見餐館攤販不慎使用不潔或不新鮮的食材所造成的糾紛，只有民事或行政責任，並不構成刑事責任。假如因食用或使用行爲人製造、販賣或陳列妨害衛生食品物品而致死亡或受傷，則應成立刑法第276條的過失致死罪或第284條的過失傷害罪。另外，本條爲抽象危險犯，是立法上已推測危險，只要特定行爲出現時，法益危險就產生，犯罪就成立。

若行爲人製造、販賣或意圖販賣而陳列妨礙衛生的食品物品，未達到致生人體健康危害的程度時，將不被認爲成立犯罪，僅依食品安全衛生管理法第31條（2013年5月31日移列至第44條）處以行政罰。倘若達到致生人體健康危害的程度時，方可能構成食品安全衛生管理法第34條（2013年5月31日移列至第49條）之罪。

【張麗卿，〈海峽兩岸有關毒奶事件的法律關照〉，《東海大學法學研究》，第31期，2009.12，121頁以下。】

編按：

食品安全衛生管理法自1975年立法後，屢因發生重大食品衛生安全事件，有過多次修法。最近的一次是因2013年爆發了毒澱粉事件後因應修法。值得一提的是，其第49條之規定：「有第十五條第一項第七款、第十款行爲者，處三年以下有期徒刑、拘役或科或併科新臺幣八百萬元以下罰金（第1項）。有第四十四條至前條行爲，致危害人體健康者，處七年以下有期徒刑、拘役或科或併科新臺幣一千萬元以下罰金（第2項）。犯前項之罪，因而致人於死者，處無期徒刑或七年以上有期徒刑，得併科新臺幣二千萬元以下罰金；致重傷者，處三年以上十年以下有期徒刑，得併科新臺幣一千五百萬元以下罰金（第3項）。因過失犯第一項、第二項之罪者，處一年以下有期徒刑、拘役或科新臺幣六百萬元以下罰金。法人之代表人、法人或自然人之代理人、受僱人或其他從業人員，因執行業務犯第一項至第三項之罪者，除處罰其行爲人外，對該法人或自然人科以各該項之罰金（第4項）。」本條第1項爲「抽象危險犯」之規定、第2項爲「具體危險犯」之規定、第3項爲「加重結果犯」之規定，而第4項則爲「過失犯」之規定。此次增訂「抽象危險犯」及「加重結果犯」之規定，乃舊法所無，係因應2013年發生的「毒澱粉事件」，填補處罰上之漏洞。此外，此次修法尚增訂「吹哨者條款」，即第50條之規定：「雇主不得因勞工向主管機關或司法機關揭露違反本法之行爲、擔任訴訟程序之證人或拒絕參與違反本法之行爲而予解僱、調職或其他不利之處分。雇主或代表雇主行使管理權之人，爲前項規定所爲之解僱、降調或減薪者，無效。勞工曾參與依本法應負刑事責任之行爲，而向主管機關或司法機關揭露，因而破獲雇主違反本法之行爲者，減輕或免除其刑。」理由是，違反本法之行爲如屬故意行爲，則因爲食品製造通常需要多人合意共謀，爰參考國外對於吹哨者（whistle blower）及污點證人保護之立法例。

第191條之1（製造販賣陳列妨害衛生物品罪）

I 對他人公開陳列、販賣之飲食物品或其他物品滲入、添加或塗抹毒物或其他有害人體健康之物質者，處七年以下有期徒刑。

II 將已滲入、添加或塗抹毒物或其他有害人體健康之飲食物品或其他物品混雜於公開陳列、販賣之飲食物品或其他物品者，亦同。

III 犯前二項之罪而致人於死者，處無期徒刑或七年以上有期徒刑；致重傷者，處三年以上十年以下有期徒刑。

IV 第一項及第二項之未遂犯罰之。

第192條（違背預防傳染病法令罪及散布傳染病菌罪）

I 違背關於預防傳染病所公布之檢查或進口之法令者，處二年以下有期徒刑、拘役或三萬元以下罰金。

II 暴露有傳染病菌之屍體，或以他法散布病菌，致生公共危險者，亦同。

第193條（違背建築術成規罪）

承攬工程人或監工人於營造或拆卸建築物時，違背建築術成規，致生公共危險者，處三年以下有期徒刑、拘役或九萬元以下罰金。

第194條（不履行賑災契約罪）

於災害之際，關於與公務員或慈善團體締結供給糧食或其他必需品之契約，而不履行或不照契約履行，致生公共危險者，處五年以下有期徒刑，得併科九萬元以下罰金。

第十二章　僞造貨幣罪

第195條（僞造變造通貨、幣券罪）

I 意圖供行使之用，而僞造、變造通用之貨幣、紙幣、銀行券者，處五年以上有期徒刑，得併科十五萬元以下罰金。

II 前項之未遂犯罰之。

□ 實務見解

▶44台上147（判例）

上訴人等雖已著手於犯罪行爲之實行，然僅印有銀行券票面模樣，尚未完成僞造銀行券之行爲，仍屬未遂，原判決依刑法第一百九十五條第二項論以共同意圖供行使之用而僞造銀行券未遂罪，尚無不合。

▶28上896（判例）

刑法上所謂紙幣，係指政府發行之紙質貨幣，具有強制通用力，而不與硬幣兌換者而言，現僅中央、中國、交通、農民四行之鈔票足以當之，廣東省銀行鈔票不過經政府許可而發行之銀行券，無論是否停止兌現，不能以紙幣論。

第196條（行使收集或交付僞造變造通貨、幣券罪）

I 行使僞造、變造之通用貨幣、紙幣、銀行券，或意圖供行使之用而收集或交付於人者，處三年以上十年以下有期徒刑，得併科十五萬元以下罰金。

II 收受後方知爲僞造、變造之通用貨幣、紙幣、銀行券而仍行使，或意圖供行使之用而交付於人者，處一萬五千元以下罰金。

III 第一項之未遂犯罰之。

□ 實務見解

▶29上2155（判例）

意圖供行使之用而收集僞造銀行券之罪，其收集二字，本含有反覆爲同一行爲之意義，被告甲先後收集僞券，交與乙、丙販賣，其收集行爲並無連續犯之可言，原判決竟以連續犯論罪，顯屬錯誤。

▶29 上 1648（判例）

行使僞造紙幣，本含有詐欺性質，苟其行使之僞幣，在形式上與眞幣相同，足以使一般人誤認爲眞幣而矇混使用者，即屬行使僞造紙幣而不應以詐欺罪論擬。本件搜獲之僞造中央銀行十元紙幣，及中國農民銀行一元紙幣，其式樣色澤文字數額之主要部分，表面上極與眞鈔相似，其中央之十元紙幣，僅背面號碼之左方三字，於右方作爲二字，苟非詳加辨認，不易察知眞僞，而農民銀行一元紙幣之水印，如非與眞幣細加比較，尤難發見其瑕疵所在，何能以此等易使一般人忽略部分之不同，即謂與行使僞幣罪之要件不符，上訴意旨主張應依詐欺罪處斷，自難成立。

▶27 上 429（判例）

刑法第一百九十六條第一項所謂意圖供行使之用而收集僞造銀行券之罪，衹以供行使之意思將僞券收集到手後，即屬既遂，至嗣後之行使與否，於其犯罪之成立無關。

第 197 條（減損通用貨幣罪）

I 意圖供行使之用而減損通用貨幣之分量者，處五年以下有期徒刑，得併科九萬元以下罰金。

II 前項之未遂犯罰之。

第 198 條（行使減損通用貨幣罪）

I 行使減損分量之通用貨幣，或意圖供行使之用而收集或交付於人者，處三年以下有期徒刑，得併科三萬元以下罰金。

II 收受後方知爲減損分量之通用貨幣而仍行使，或意圖供行使之用而交付於人者，處三千元以下罰金。

III 第一項之未遂犯罰之。

第 199 條（預備僞造變造幣券或減損貨幣罪）

意圖供僞造、變造通用之貨幣、紙幣、銀行券或意圖供減損通用貨幣分量之用，而製造、交付或收受各項器械、原料者，處五年以下有期徒刑，得併科三萬元以下罰金。

❐ 實務見解

▶46 台上 947（判例）

刑法第一百九十九條所定意圖供僞造通用銀行券之用而收受器械原料罪，必須所收受者，確係能供僞造銀行券之器械原料，方足成立，否則僅被告主觀上有惡性之表現，而實際收受者並非僞造銀行券之器械原料，即不成立該條之罪。

第 200 條（沒收物之特例）

僞造、變造之通用貨幣、紙幣、銀行券，減損分量之通用貨幣及前條之器械原料，不問屬於犯人與否，沒收之。

第十三章　僞造有價證券罪

第 201 條（有價證券之僞造變造與行使罪）

I 意圖供行使之用，而僞造、變造公債票、公司股票或其他有價證券者，處三年以上十年以下有期徒刑，得併科九萬元以下罰金。

II 行使僞造、變造之公債票、公司股票或其他有價證券，或意圖供行使之用而收集或交付於人者，處一年以上七年以下有期徒刑，得併科九萬元以下罰金。

❐ 實務見解

▶53 台上 1810（判例）

刑法上所謂僞造有價證券，以無權簽發之人冒用他人名義簽發爲要件，如果行爲人基於本人之授權，或其他原因有權簽發者，則與無權之僞造行爲不同。

▶52 台上 232（判例）

有價證券之僞造與行使，本屬兩事，僞造而又行使，其低度之行使行爲固爲高度之僞造行爲所吸收，如不能證明有僞造行爲，縱係由其行使，亦不能遽按刑法第二百零一條第一項論科。

▶107 台上 1155〇（判決）

刑法所定僞造本票之僞造有價證券罪，係指無製作權而擅以他人名義發行本票者而言。行爲人是否係以他人名義發行本票，原則上，固可依據本票上發票人所簽署之姓名作判斷；但票據法並未規定發票人必須簽署其戶籍登記之姓名，因此，倘若行爲人僅簽署其字或號，或藝名、別名、偏名等，祇須能證明其主體之同一性，得以辨別表示係行爲人者，即不得認係以他人名義發行本票。而由於本票之發票人負有無條件擔任支付票載金額與受款人或執票人之責，且執票人向本票發票人行使追索權時，得聲請法院裁定後強制執行，則爲確保日後追索之正確性，以維社會秩序之安定及交易之安全，如果行爲人以其偏名簽發本票，則必須其偏名係行之有年，且爲社會上多數人所共知， 無礙於其主體同一性之辨別者，始足認爲適法。

第 201 條之 1（支付工具電磁紀錄物之僞造變造與行使罪）

I 意圖供行使之用，而僞造、變造信用卡、金融卡、儲值卡或其他相類作爲簽帳、提款、轉帳或支付工具之電磁紀錄物者，處一年以上七年以下有期徒刑，得併科九萬元以下罰金。

II 行使前項僞造、變造之信用卡、金融卡、儲值卡或其他相類作爲簽帳、提款、轉帳或支付工具之電磁紀錄物，或意圖供行使之用，而收受或交付於人者，處五年以下有期徒刑，得併科九萬元以下罰金。

❖ 法學概念

金融卡、儲值卡或其他相類作為簽帳、提款、轉帳或支付工具

由於此三者均係表彰特定經濟交易價值或現金價值，用以代替現金做爲簽帳、提款、轉帳或支付工具的憑證，大多係塑膠的有體物，附加電磁紀錄，在今日的經濟交易活動中較貨幣或支票更具普遍性。信用卡、金融卡、儲值卡僅是例示規定，重要的是僞造或變造之對象並不是卡的本身，而是可以有簽帳、提款、轉帳或支付功能的磁條（電磁紀錄）才能稱爲支付工具。

【盧映潔，《刑法分則新論》，新學林，修訂十版，2015.07，305頁。】

例如，悠遊卡即係本罪的客體，由於悠遊卡的相關資料（包含儲存的金額）等，儲存在該卡的電子晶片裡透過電腦處理方式，得以顯現該卡裡儲存的相關資料，可該當於刑法第10條第6項的「電磁紀錄」。其次，因爲悠遊卡儲存的相關資料中包含儲存的金額，並用以作爲支付車資的工具，屬於刑法第201條之1的「儲值卡」。

【陳子平，〈僞造支付工具電磁紀錄物罪與相關犯罪〉，《月旦法學教室》，第111期，2012.01，82頁。】

第202條（郵票印花稅票之僞造變造與行使塗抹罪）

I 意圖供行使之用，而僞造、變造郵票或印花稅票者，處六月以上五年以下有期徒刑，得併科三萬元以下罰金。

II 行使僞造、變造之郵票或印花稅票，或意圖供行使之用而收集或交付於人者，處三年以下有期徒刑，得併科三萬元以下罰金。

III 意圖供行使之用，而塗抹郵票或印花稅票上之註銷符號者，處一年以下有期徒刑、拘役或九千元以下罰金；其行使之者，亦同。

第203條（僞造變造及行使往來客票罪）

意圖供行使之用，而僞造、變造船票、火車、電車票或其他往來客票者，處一年以下有期徒刑、拘役或九千元以下罰金；其行使之者，亦同。

第204條（預備僞造變造有價證券罪）

I 意圖供僞造、變造有價證券、郵票、印花稅票、信用卡、金融卡、儲值卡或其他相類作爲簽帳、提款、轉帳或支付工具之電磁紀錄物之用，而製造、交付或收受各項器械、原料、或電磁紀錄者，處二年以下有期徒刑，得併科一萬五千元以下罰金。

II 從事業務之人利用職務上機會犯前項之罪者，加重其刑至二分之一。

第205條（沒收物）

僞造、變造之有價證券、郵票、印花稅票、信用卡、金融卡、儲值卡或其他相類作爲提款、簽帳、轉帳或支付工具之電磁紀錄物及前條之器械原料及電磁紀錄，不問屬於犯人與否，沒收之。

❑ 實務見解

▶84台上1550（判例）

票據之僞造或票據上簽名之僞造，不影響於眞正簽名之效力，票據法第十五條定有明文。依原判決之認定，以上訴人及王某爲共同發票人之本票，僅王某爲發票人部分係屬僞造，上訴人之簽名既爲眞正，其爲發票人部分則仍屬有效之票據，不在應依法沒收之列，原判決併予宣告沒收，自非適法。

第十四章　偽造度量衡罪

第206條（僞造變造度量衡定程罪）

意圖供行使之用，而製造違背定程之度量衡，或變更度量衡之定程者，處一年以下有期徒刑、拘役或九千元以下罰金。

第207條（販賣違背定程之度量衡罪）

意圖供行使之用，而販賣違背定程之度量衡者，處六月以下有期徒刑、拘役或九千元以下罰金。

第208條（行使違背定程之度量衡罪）

I 行使違背定程之度量衡者，處九千元以下罰金。

II 從事業務之人，關於其業務犯前項之罪者，處六月以下有期徒刑、拘役或一萬五千元以下罰金。

第209條（沒收物）

違背定程之度量衡，不問屬於犯人與否，沒收之。

第十五章　偽造文書印文罪

第210條（僞造變造私文書罪）

僞造、變造私文書，足以生損害於公眾或他人者，處五年以下有期徒刑。

❖ 法學概念

本罪「文書」之認定

本罪所稱之「文書」，乃指以文字或發音符

號，表示一定意思或觀念之有體物。一般認其應具有五項要件：㈠文字性；㈡意思性；㈢名義性；㈣有體性；㈤持續性。

【靳宗立，《刑法各論Ⅰ—國家、社會法益之保護與規制》，集義閣，2011.09，588頁。】

□ 實務見解

▶95年度第19次刑事庭會議決議（95.09.26）

刑法上所謂偽造有價證券或偽造私文書，係以無權製作之人冒用他人名義而製作，為其構成要件之一。若基於本人之授權，或其他原因有權製作有價證券或私文書者，固與無權製作之偽造行為不同，而不成立偽造有價證券罪或偽造私文書罪。但若無代理權，竟假冒本人之代理人名義，而製作虛偽之有價證券或私文書者，因其所製作者為本人名義之有價證券或私文書，使該被偽冒之本人在形式上成為虛偽有價證券之發票人，或虛偽私文書之製作人，對於該被偽冒之本人權益暨有價證券或私文書之公共信用造成危害，與直接冒用他人名義偽造有價證券或私文書無異，自應分別構成偽造有價證券罪或偽造私文書罪。

▶93年度第2次刑事庭會議決議（93.04.13）

決議：採乙說。文字修正如下：按在信用卡背面簽名欄簽名，自形式上整體觀察，即足以知悉係表示信用卡之簽名者於信用卡有效期限內有權使用該信用卡之辨識及證明，並非依習慣或特約表示一定用意之證明，性質上係屬刑法第二百十條之私文書，某甲應成立刑法第二百十條之偽造私文書罪。

▶63年度第4次刑庭庭推總會議決議㈦（63.11.05）

汽車引擎上之號碼，係表示製造工廠及出廠時期之標誌，依刑法第二百二十條規定，以私文書論，且偽刻引擎號碼，足以生損害於公路主管機關之管理及製造廠商之信譽，自應論以刑法第二百十條之偽造私文書罪（某甲行為如構成行政犯行，應依道路交通管理處罰條例規定處以罰鍰者，亦不妨礙其刑事責任之成立）。

▶84台上1426（判例）

支票為有價證券，支票上權利之移轉及行使，與其占有支票有不可分離之關係，一旦喪失占有，非依法定程序，不得享有支票上之權利，因而支票原本，有不可替代性。上訴人既無變造本件支票，僅以剪貼影印方式，將支票影本之金額壹萬零柒佰玖拾肆元，改為柒佰玖拾肆萬元，而支票影本不能據以移轉或行使支票上之權利，顯與一般文書之影本與原本有相同之效果者不同，故難認係變造支票之行為。**惟該具有支票外觀之影本，不失為表示債權之一種文書，其內容俱係虛構，自屬偽造之私文書。**

▶66台上1961（判例）

機車引擎號碼，係機車製造廠商出廠之標誌，乃表示一定用意之證明，依刑法第二百二十條規定，應以私文書論。上訴人將原有舊機車上之引擎號碼鋸下，用強力膠粘貼於另一機車引擎上，乃具有創設性，應屬偽造而非變造。

▶59台上2588（判例）

支票上之背書，係發票後之另一票據行為，上訴人在其偽造之支票背面，偽造某甲署押為背書並達行使之程度，自足以生損害於某甲，顯屬另一行使偽造私文書之行為，乃原判決及第一審判決均以偽造上項背書，為偽造有價證券之一部，自難謂無違誤。

▶50台上1268（判例）

刑法上之偽造文書罪，須以足生損害於公眾或他人為成立要件，而所謂足生損害，係指他人有可受法律保護之利益，因此遭受損害或有受損害之虞而言，若他人對行為人原負有制作某種文書之義務而不履行，由行為人代為制作，既無損於他人之合法利益，自與偽造文書罪之構成要件不合。

▶30上465（判例）

刑法上之偽造文書罪，須以足生損害於公眾或他人為成立要件，故行為人向某甲追索債款，所提出之債券，雖係偽造，但某甲對於行為人確負有此項債務，即不足生損害於他人，自與上開犯罪之要件不合。

▶107台上3038〇（判決）

刑法上所稱之文書，**係指使用文字、記號或其他符號記載一定思想或意思表示之有體物，除屬刑法第二二〇條之準文書外，祇要該有體物以目視即足明瞭其思想或意思表示之內容，而該內容復能持久且可證明法律關係或社會活動之重要事實，復具有明示或可得而知之作成名義人者，即足當之**。又所謂名義人，並非指文書之製作人或書寫人，而是指在文書之形式上為思想或意思表示之表意人且須為文書內容負責之人；從而，自文書本身或由該文書之附隨情況觀察，而得以推知須為文書之內容負責者，該須負責之特定名義人，即為文書之名義人，至該名義人是否實際存在，並非所問。易言之，**祇要文書具備「有體性」、「持久性」、「名義性」及足以瞭解其內容之「文字或符號性」之特徵，並具有「證明性」之功能，即為刑法上偽造或變造私文書罪之客體**。而就偽造或變造行為之結果必須足以生損害於公眾或他人之構成要件觀之，此之文書乃係以法律關係或社會活動之重要事實為思想內容者為限，未記載名義人之學術論著或文藝創作固不與焉，但所稱之足生損害，係指他人有可受法律保護之利益，因此遭受損害或有受損害之虞，不以實際發生損害者爲必要；而所謂損害，亦不以經濟上之損害爲限，即民事、刑事或行政上之損害亦皆屬之。系爭維修估價單，除得以表彰係由上訴人收取顧客款項外，亦同時表彰郭○○爲負責修護車輛之維修人，及其維修之項目、零件、數量及價額，是其作成名義人當然包含維修人「郭○○」，而上開估價單既非未記載名義人之學術論著或文藝創作，其因此論斷維修估價單爲刑法上僞造文書罪所稱之文書，於法自無違誤。

▶107 台上 1753○（判決）

刑法之僞造文書罪，係著重於保護公共信用之法益，即使該僞造文書所載之作成名義人業已死亡，而社會一般人仍有誤認其爲眞正文書之危險，自難因其死亡阻卻犯罪之成立；**刑法上處罰行使僞造私文書之主旨，重在保護文書之公共信用，故所僞造之文書既足 以生損害於公衆或他人，其犯罪即應成立，縱製作名義人業已死亡，亦無妨於本罪之成立**。但反面而言，如果行爲人非基於他人之授權委託，卻私自以他人之名義製作文書，當屬無權製作而僞造。從而，行爲人在他人之生前，獲得口頭或簽立文書以代爲處理事務之授權，一旦該他人死亡，因其權利主體已不存在，原授權關係即當然歸於消滅，自不得再以該他人名義製作文書，縱然獲授權之人爲享有遺產繼承權之人，仍無不同；否則，足使社會一般人，誤認死者猶然生存在世，而有損害於公共信用、遺產繼承及稅捐課徵正確性等之虞，應屬無權製作之僞造行爲。是若父母在世之時，授權或委任子女代辦帳戶提、存款事宜，死亡之後，子女即不得再以父母名義製作提款文書領取款項（只能在全體繼承權人同意下，以全體繼承人名義爲之），至於所提領之款項是否使用於支付被繼承人醫藥費、喪葬費之用，要屬行爲人有無不法所有意圖之問題，與行使僞造私文書罪該當與否不生影響。

第 211 條（僞造變造公文書罪）
僞造、變造公文書，足以生損害於公眾或他人者，處一年以上七年以下有期徒刑。

❑ 實務見解

▶73 台上 3885（判例）

影本與原本可有相同之效果，如將原本予以影印後，將影本之部分內容竄改，重加影印，其與無制作權人將其原本竄改，作另一表示其意思者無異，應成立變造文書罪。

▶72 台上 4709（判例）

所謂行使僞造之文書，乃依文書之用法，以之充作眞正文書而加以使用之意，故必須行爲人就所僞造文書之內容向他方有所主張，始足當之；**若行爲人雖已將該文書提出，而尚未達於他方可得瞭解之狀態者，則仍不得謂爲行使之既遂**。查上訴人既係僱用何某爲其裝載私宰並加蓋僞造稅戳之毛豬屠體，欲運往三重市交肉商售賣，但於尚未到達目的地前，即在途中之新莊市爲警查獲，是該私宰之毛豬，仍在上訴人占有之中，並未向他方提出作任何主張，顯未達到行使既遂之程度，殊爲明顯，自不能依刑法第二百十六條之規定對之處罰。原判決按行使僞造公文書論處上訴人之罪刑，顯有適用法則不當之違法。

▶54 台上 1404（判例）

刑法上僞造文書罪，係著重於保護公共信用之法益，即使該僞造文書所載名義制作人實無其人，而社會上一般人仍有誤信其爲眞正文書之危險，仍難阻卻犯罪之成立，況上訴人所僞造之機關現仍存在，其足生損害於該機關及被害人，了無疑義。原判決以其僞造後持以行使詐財，從一重論處行使僞造公文書罪刑，於法尚無違誤。

▶51 台上 1111（判例）

刑法處罰僞造文書罪之主旨，所以保護文書之實質的眞正，雖尚以足生損害於公眾或他人爲要件之一，亦祇以有損害之虞爲已足，**有無實受損害，在所不問，且此所謂損害，亦不以經濟價值爲限**。

▶43 台上 337（判例）

刑法第二百十三條，公務員明知爲不實之事項而登載於職務上所掌之公文書，係以登載此種不實之事項，爲其制作公文書之手段，**若公文書既已依法制作完成，則縱爲原制作之人，倘屬無權更改，而其擅予更改，亦應構成刑法第二百十一條之變造公文書罪**，與同法第二百十三條之罪，顯不相當。

第 212 條（僞造變造特種文書罪）
僞造、變造護照、旅券、免許證、特許證及關於品行、能力、服務或其他相類之證書、介紹書，足以生損害於公眾或他人者，處一年以下有期徒刑、拘役或九千元以下罰金。

❑ 實務見解

▶75 台上 5498（判例）

將僞造證書複印或影印，與抄寫或打字不同，其於吾人實際生活上可替代原本使用，被認爲具有與原本相同之信用性。故在一般情況下可予以通用，應認其爲與原本作成名義人直接所表示意思之文書無異。自非不得爲犯刑法上僞造證書罪之客體。

第 213 條（公文書不實登載罪）
公務員明知爲不實之事項，而登載於職務上所掌之公文書，足以生損害於公眾或他人者，處一年以上七年以下有期徒刑。

❖ 法學概念

本罪所稱之「偽造文書」

刑法第213條僞造文書罪，除客觀上公務員在其職務上所掌公文書，有爲虛僞不實登載行爲足以生損害於公眾或他人外，以該公務員所登載不實之事項，主觀上出於明知爲前提要件。所謂明知，係指直接故意而言，不及於間接故意或過失（參照最高法院46年台上字第377號判例及69年台上字第595號判例）。

❑ 實務見解

▸69台上595（判例）

刑法第二百十三條不實登載公文書罪之成立，除客觀上公務員在其職務上所掌公文書，有爲虛僞不實之登載行爲，且足生損害於公眾或他人外，其在主觀上須明知爲不實。所**謂明知係指直接之故意而言**。

▸52台上2437（判例）

刑法第二百十三條之罪，係因身分而成立，與同法第一百三十四條但書所謂因公務有關之身分已特別規定其刑之情形相當，故犯公務員登載不實之罪時，因有上開但書規定，不得再依同條前段加重其刑。

▸46台上377（判例）

刑法第二百十三條之登載不實罪，以公務員所登載不實之事項出於明知爲前提要件，**所謂明知，係指直接故意而言，若爲間接故意或過失，均難繩以該條之罪**。

▸106台上3479（◎判決）

刑法第二一三條之公務員登載不實文書罪，係以公務員明知不實，故於其職務上所掌公文書予以登載而言，其犯罪主體爲職掌製作公文書之公務員。又各機關製作函文之流程，一般係由承辦人擬稿，經由主管、相關人員核稿，送請機關首長或其授權之人決行後，發文。參與**函文製作之各該公務員，如共同基於職務上登載不實之犯意聯絡，明知爲不實之事項，於其職務上所掌公文書爲擬稿、核稿、決行之行爲分擔，均應成立刑法第二一三條之罪的共同正犯**。依原判決事實之認定及其理由之說明，係以上訴人就核發內容不實之九十六年四月三十日○○建字第○○○○○○○○○號函（記載本件工程乃提供社區民眾增加道路使用面積，供公眾通行及排水使用設施之不實事項），如何有犯意聯絡、行爲分擔，因認上訴人共同犯公務員登載不實文書罪。所爲判斷於法無違。

第214條（使公務員登載不實罪）

明知爲不實之事項，而使公務員登載於職務上所掌之公文書，足以生損害於公眾或他人者，處三年以下有期徒刑、拘役或一萬五千元以下罰金。

❑ 實務見解

▸96年度第5次刑事庭會議決議（96.06.12）

修正後公司法第三百八十八條雖仍規定「主管機關對於公司登記之申請，認爲有違反本法或不合法定程式者，應令其改正，非俟改正合法後，不予登記。」然僅**形式上審查其是否「違反本法」或「不合法定程式」而已，倘其申請形式上合法，即應准予登記，不再爲實質之審查**。且公司之設立或其他登記事項如涉及僞造、變造文書時，須經裁判確定後，始撤銷或廢止其登記。則行爲人於公司法修正後辦理公司登記事項，如有明知爲不實之事項，而使公務員登載於職務上所掌之公文書，足以生損害於公眾或他人者，即有刑法第二百十四條之適用。

▸91年度第17次刑事庭會議決議（91.11.26）

按刑法第二百十四條所謂使公務員登載不實事項於公文書罪，**須一經他人聲明或申報，公務員即有登載之義務，並依其所爲之聲明或申報予以登載，而其登載之內容又屬不實之事項，始足構成。若其所爲聲明或申報，公務員尚須爲實質之審查以判斷其眞實與否，始得爲一定之記載者，即非本罪所稱之使公務員登載不實**，自無成立刑法第二百十四條罪責之可能。戶籍法第二十五條、五十四條、五十六條規定：戶籍登記事項自始不存在或自始無效時，應爲撤銷之登記，故意爲不實之申請者，由戶政事務所處罰之；次依同法第四十七條第三、四、五項、同法施行細則第十三條第一項第九款、第二項、第十五條之規定，戶籍遷徙登記之申請，應於事件發生或確定後三十日內爲之，申請人應於申請時提出證明遷徙事實之文件，由戶政機關查驗核實後爲之。足徵戶籍法所謂之遷出及遷入登記，並非僅指戶籍上之異動而已，實應包括居住處所遷移之事實行爲在內，故如僅將戶籍遷出或遷入，而實際居住所未隨之遷移，本質上即屬不實，戶政事務所除可依上開規定科以行政罰鍰外，並得以其實際上無遷徙之事實，而逕行撤銷其遷入登記。綜合上開規定意旨觀之，設題爲選舉將戶籍遷入之登記，該管公務員顯有查核之義務，縱爲選舉而爲不實之戶籍遷入，應無刑法第二百十四條之適用（至於是否成立刑法第一百四十六條之罪係另一問題）。

▸73台上1710（判例）

刑法第二百十四條所謂使公務員登載不實事項於公文書罪，須一經他人之聲明或申報，公務員即

有登載之義務，並依其所爲之聲明或申報予以登載，而屬不實之事項者，始足構成，若其所爲聲明或申報，公務員尙須爲實質之審查，以判斷其眞實與否，始得爲一定之記載者，即非本罪所稱之使公務員登載不實。上訴人等以僞造之杜賣證書提出法院，不過以此提供爲有利於己之證據資料，至其採信與否，尙有待於法院之判斷，殊不能將之與「使公務員登載不實」同視。

▸69 台上 2982（判例）

參加有官股百分之五十以上之商業銀行，其服務之職員，雖可視爲刑法上之公務員，但人民向其申請開立支票存款帳戶，銀行爲之核准，尙非執行政府公務，純屬私法上之行爲，縱使銀行職員爲不實之登載，亦難繩以刑法第二百十四條之罪。

第 215 條（業務上文書登載不實罪）

從事業務之人，明知爲不實之事項，而登載於其業務上作成之文書，足以生損害於公眾或他人者，處三年以下有期徒刑、拘役或一萬五千元以下罰金。

❑ 實務見解

▸92 台上 3677（判例）

會計憑證，依其記載之內容及其製作之目的，亦屬文書之一種，凡商業負責人、主辦及經辦會計人員或依法受託代他人處理會計事務之人員，以明知爲不實事項而塡製會計憑證或記入帳冊者，即該當商業會計法第七十一條第一款之罪，**本罪乃刑法第二百十五條業務上文書登載不實罪之特別規定，自應優先適用**。良以商業會計法第三十三條明定：「非根據眞實事項，不得造具任何會計憑證，並不得在帳簿表冊作任何記錄。」倘明知尙未發生之事項，不實塡製會計憑證或記入帳冊，即符合本法第七十一條第一款之犯罪構成要件，立法認上開行爲當然足生損害於他人或公眾，不待就具體個案審認其損害之有無，故毋庸明文規定，否則不足達成促使商業會計制度步入正軌，商業財務公開，以取信於大眾，促進企業資本形成之立法目的，反足以阻滯商業及社會經濟之發展。從而商業會計人員等主體，就明知尙未發生之事項，一有塡製會計憑證或記入帳冊之行爲，犯罪即已成立，不因事後該事項之發生或成就，而得解免罪責。

▸47 台上 515（判例）

刑法第二百十五條所謂業務上作成之文書，係指從事業務之人，本於業務上作成之文書者而言。

▸107 台上 1862◯（判決）

統一發票乃證明會計事項之經過而爲造具記帳憑證所根據之原始憑證，商業負責人、主辦及經辦會計人員或依法受託代他人處理會計事務之人員如明知爲不實之事項，而開立不實之統一發票，**依目前實務見解，此項行爲除與刑法第二一五條之業務上登載不實文書罪之構成要件該當外，亦成立商業會計法第七十一條第一款之塡製不實會計憑證罪，屬法規競合之情形，惟後者（即塡製不實會計憑證罪）係前者（即業務上登載不實文書罪）之特別規定，依特別法優於普通法之原則，應優先適用後者之規定處斷**。倘法院審理結果，認爲被告所爲尙不成立塡製不實會計憑證罪，仍應調查及審酌其所爲是否符合業務上登載不實文書罪之構成要件，並就其審酌結果加以論斷說明，不得未加以審酌及說明即逕行諭知無罪。

第 216 條（行使僞造變造或登載不實之文書罪）

行使第二百十條至第二百十五條之文書者，依僞造、變造文書或登載不實事項或使登載不實事項之規定處斷。

❖ 法學概念

本罪與詐欺罪之競合

行使僞造私文書罪與普通詐欺罪的競合關係：行使僞造文書罪的保護法益，爲社會的公共信用；詐欺罪的保護法益，爲個人的財產。因此，二罪間不具保護法益的同一性，自應分別論罪。然而，行使僞造文書的行爲，同時也爲詐欺罪的欺罔行爲，屬於一行爲，雖然得以成立行使僞造文書罪與普通詐欺罪二罪，但所評價之自然行爲事實，爲同一行爲，即行使行爲即爲詐欺行爲，故成立想像競合犯，應從其一重處斷。

【陳子平，〈行使僞造文書罪與詐欺取財罪〉，《月旦法學教室》，第 114 期，2012.04，63 頁。】

❑ 實務見解

▸70 台上 1107（判例）

行使影本，作用與原本相同，僞造私文書後，持以行使其影本，僞造之低度行爲爲高度之行使行爲所吸收，應論以行使僞造私文書罪。

▸33 上 483（判例）

刑法第二百十六條行使僞造私文書之罪，必其所行使之私文書，具備僞造罪之要件，始可成立，如係串令他人冒用自己名義作成文書，縱使所載不實，仍屬虛僞行爲，不能構成僞造私文書罪，從而行使之，亦即不能以本罪相繩。

第 217 條（僞造盜用印章印文或署押罪）

I 僞造印章、印文或署押，足以生損害於公眾或他人者，處三年以下有期徒刑。

II 盜用印章、印文或署押，足以生損害於公眾或他人者，亦同。

❑ 實務見解

▶86 台上 3295（判例）

盜用印章與盜用印文為不同之犯罪態樣，盜取他人之印章持以蓋用，當然產生該印章之印文，祇成立盜用印章罪，不應再論以盜用印文罪，亦非盜用印章行為為盜用印文行為所吸收。

▶43 台非 157（判例）

刑法第二百十七條第一項之偽造印章罪，係以足生損害於公眾或他人為構成要件，如能證明制作當時僅係以供鑑賞或習藝，自始即於公眾或他人不致發生損害之虞者，即應因犯罪構成要件欠缺，而無本條之適用。

▶107 台上 719○（判決）

刑法上所謂署押，應係指自然人所簽署之姓名或畫押，或其他代表姓名之符號而言。若係政府機關、學校、醫院及其內部單位或一般公司、行號之名稱，則不在刑法上所謂署押之列。蓋因「署押」係由自然人親手簽押，具有筆劃特徵之個別性質，足以辨別其眞偽，始具有署押之意義。而政府機關或公司、行號本身，係虛擬之人格，而非自然人，並無親手簽押其名稱之能力（實務上多以蓋印之方式為之），**必須委由自然人以機關或公司、行號代表人或代理人之名義，簽押該自然人之姓名為之。故機關、學校、醫院及其內部單位或一般公司、行號之名稱，在性質上並非刑法上之署押。**

第 218 條（偽造盜用公印或公印文罪）

I 偽造公印或公印文者，處五年以下有期徒刑。

II 盜用公印或公印文足以生損害於公眾或他人者，亦同。

❑ 實務見解

▶71 台上 1831（判例）

刑法第二百十八條第一項所稱之公印，**指表示公務機關或機關長官資格及其職務之印信而言，即俗稱大印與小官章**，若僅為證明稅款已經繳納之稅戳，其效用顯然不同，自難以公印論。

▶40 台非 22（判例）

刑法第二百十八條第二項之盜用公印或公印文罪，必以盜取後，兼有使用之行為，足以生損害於公眾或他人為構成要件，被告攜帶某處蓋有公印之空白公文紙，僅備作塡寫證明之用，與上述情形並不相合，自難遽令負刑事罪責。

第 219 條（沒收之特例）

偽造之印章、印文或署押，不問屬於犯人與否，沒收之。

❑ 實務見解

▶107 年度第 3 次刑事庭會議決議（107.04.17）

某甲將某乙於A文書上之署名影印後，黏貼於B文書中某乙簽名欄上，而偽造以某乙名義製作之B文書，再將B文書對外提出行使，足生損害於某乙。

試問：該黏貼於B文書上某乙遭影印之署名，應屬遭某甲「偽造」，抑係遭某甲「盜用」，倘認定某甲觸犯刑法第二百十六條、第二百十條行使偽造私文書罪，而B文書又未予宣告沒收時，上開黏貼於B文書上某乙遭影印之簽名是否應依刑法第二百十九條規定宣告沒收？

決議：採甲說。

一、刑法第二百十七條第一項所謂「偽造印文或署押」，係指擅自虛偽製作他人之印文或署押而言。而同條第二項所謂「盜用印文或署押」，則係指擅自擷取他人在紙上或物品上眞正之印文或署押而加以使用者而言。「偽造之印文或署押」與「盜用之印文或署押」，其區分標準，應以該印文或署押是否為他人眞正之印文或署押為斷。若擅自利用他人在紙上或物品上眞正之印文或署押，以照相、影印、描摹套繪或其他方式，製作他人之印文或署押，因該印文或署押已非眞正，而係擅自製作而產生，足以使人誤信為眞，應屬偽造之印文或署押。反之，若擅自將他人在紙上或物品上之眞正印文或署押，直接以剪貼或其他方法移置於其他紙上或物品上，以虛偽表示他人在該紙上或物品上蓋印或簽名者，因該印文或署押係眞正，則屬盜用。

二、題示某甲利用某乙在A文書上之眞正署名（即署押），擅自以影印之方法製作某乙之署押影像，然後再將其所製作某乙署押影像之影印紙張（剪下）黏貼於 B 文書中某乙之簽名欄上。而某甲以上述影印方式所製作某乙之署押，雖與某乙在A文書上之眞正署押在外觀上完全相同，但實質上已非某乙眞正之署押，而係某甲擅自製作之另一虛偽署押，依上述說明，應屬偽造。從而，某甲擅自以偽造某乙署押之方式製作不實之 B 文書，並持以行使，足以生損害於某乙，自應成立刑法第二百十六條、第二百十條之行使偽造私文書罪。又上開黏貼於 B 文書上影印而製作之某乙署名，既係某甲偽造，而非盜用，若 B 文書未經宣告沒收，則該偽造之署押即應依刑法第二百十九條規定宣告沒收。

第 220 條（準文書）

I 在紙上或物品上之文字、符號、圖畫、照像，依習慣或特約，足以為表示其用意之證明者，關於本章及本章以外各罪，以文書論。

II 錄音、錄影或電磁紀錄，藉機器或電腦之處理所顯示之聲音、影像或符號，足以為表示其用意之證明者，亦同。

□ 實務見解

▶66 台上 1961（判例）

機車引擎號碼，**係機車製造廠商出廠之標誌，乃表示一定用意之證明，依刑法第二百二十條規定，應以私文書論**。上訴人將原有舊機車上之引擎號碼鋸下，用強力膠粘貼於另一機車引擎上，乃具有創設性，應屬僞造而非變造。

▶49 台上 1473（判例）

上訴人將僞造之稅戳蓋於私宰之豬皮上，用以證明業經繳納稅款，係以詐欺之方法圖得財產上不法之利益，而僞造刑法第二百二十條以文書論之公文書，且足以生損害於公眾或他人，自屬觸犯同法第二百十一條、第三百三十九條第二項之罪，應依同法第五十五條從一重處斷。

▶49 台上 678（判例）

僞造屠宰稅驗印戳，並非表示機關或團體之印信，衹不過爲在物品上之文字、符號，用以表示完稅之證明而已，屬於刑法第二百二十條以文書論之文書，非但與純正之公文書有別，即與同法第二百十九條所定之印章、印文亦不同，其以之供犯罪之用，應依同法第三十八條第一項第二款上段沒收，而不得適用同法第二百十九條作爲沒收之依據。

▶107 台上 927○ （判決）

立法者鑒於電腦網路之使用，已逐漸取代傳統之生活方式，而所有電腦資料皆係經由電磁紀錄之方式呈現，電磁紀錄有足以表徵一定事項之作用（諸如身分或財產紀錄），則僞造或變造電磁紀錄，即可能同時造成身分或財產上之侵害，嚴重影響電腦網路使用之社會信賴、電子商務交易及民眾之日常生活。乃修正刑法相關條文，將「電磁紀錄」增列亦視爲文書之規定，並予以定義。其中，八十六年十月八日刑法增訂第二二○條第二項規定：「錄音、錄影或電磁紀錄，藉機器或電腦之處理所顯示之聲音、影像或符號，足以爲表示其用意之證明者，以文書論。」而所稱電磁紀錄者，謂以電子、磁性、光學或其他相類之方式所製成，而供電腦處理之紀錄，同法第十條第六項亦有明定。

本件附表一相關之行爲，上訴人係利用家中電腦網路進入證券公司網頁，於「登入」欄內擅自輸入洪○○之帳號及密碼，而後進入股票買賣區內，輸入欲賣出之股票名稱、金額及股數等資料，僞造係洪○○就特定股票、一定之金額及股數欲「下單」出售，證券公司「交易系統」接受到此「洪○○於附表一所示之時間，以附表一所示之金額賣出如附表一所示之股票及股數」等不實內容之「網路下單」，如於交易時間內，則送至證券交易所搓合，若非交易時間則將其送至預約單項；附表二之相關行爲，上訴人係利用家中電腦網路設備連結網路至銀行網頁內，於「登入」欄內擅自輸入洪○○之「使用者代號」、「密碼」及「身分證統一編號」等資料，進入該銀行網路銀行帳戶之網路銀行會員操作介面後，再輸入轉出之金額及轉出之帳號等資料，僞造係洪○○欲將某款項轉入他帳戶，銀行交易系統」接受到此「洪○○於附表二所示之時間，分別將其帳戶內之如附表二所示之金額轉入洪○霞名下帳戶內」等不實內容之「轉帳」指令而輸入執行。**此等輸入之網路銀行使用者代號、密碼及身分證統一編號等資料經驗證後，接受其後續之指令，該等「下單」、「轉帳」之指令（含 IP 位置、輸入時間、指示出售股票種類、交易金額、股數或轉帳金額、轉入帳戶等），即在磁碟或硬碟上儲存，而留有紀錄以供日後憑查、對帳，自屬上開之電磁紀錄即準私文書無疑。**

第十六章 妨害性自主罪

第 221 條（強制性交罪）

Ｉ對於男女以強暴、脅迫、恐嚇、催眠術或其他違反其意願之方法而爲性交者，處三年以上十年以下有期徒刑。

II 前項之未遂犯罰之。

□ 實務見解

▶68 台上 198（判例）

強姦婦女而剝奪該婦女之行動自由時，是否於強姦罪外，另成立妨害自由罪，須就犯罪行爲實施經過之全部情形加以觀察，除該妨害自由之行爲已可認爲強姦行爲之著手開始，應成立單一之強姦罪外，應認係妨害自由罪及強姦罪之牽連犯。本件原判決既認定上訴人係以機車將被害人載至大社鄉後，不允其下車，而加速駛往現場，然後下手行姦，則其強載被害人顯尚未達於著手強姦之程度，自難以單一之強姦罪論處。

▶62 台上 2090（判例）

所謂兩性生殖器接合構成姦淫既遂一節，**係以兩性生殖器官已否接合爲準，不以滿足性慾爲必要**，申言之，即男性陰莖一部已插入女陰，縱未全部插入或未射精，亦應成立姦淫既遂，否則雙方生殖器官僅接觸而未插入，即未達於接合程度，應爲未遂犯。

▶51 台上 588（判例）

判決事實既認定告訴人頸項成傷，係因上訴人扼勒所致，內褲撕破係被扯脫所致，自屬強暴行爲當然發生之結果，殊難推定上訴人另有傷害毀損之故意，**事實上上訴人意在姦淫尋歡，何致尚有傷害毀損心情，既非出於故意，毀損罪且不罰及**

過失犯，則除強姦一罪外，自未便論以傷害毀損罪名。

107 台上 3348○（判決）

刑罰制裁妨害性自主行爲，係**爲保障他人關於性意思形成與決定之自由**，因性侵害犯罪係侵犯他人之性自主權，即任何他人在法律範圍內，得自主決定其是否及如何實施性行爲而不受他人強迫及干涉之權利，屬人格權之範疇。關於性自主權之內容，至少包含拒絕權（指對於他人無論善意或惡意的性要求，均可拒絕，無須任何理由）、自衛權（指任何人對於指向自己之性侵害皆有防衛之權利）、選擇權（指任何人均享有是否進行以及選擇如何進行性行爲之權利）、承諾權（指任何有承諾能力之人對於他人提出之性要求，有不受干涉而得完全按自己意願作出是否同意之意思表示）等內涵。我國刑法第二二一條及同法第二二四條之罪，係以對於男女以強暴、脅迫、恐嚇、催眠術或其他違反其意願之方法，而爲性交或猥褻之行爲者，爲構成要件。**所謂「其他違反其意願之方法」，係指該條所列舉之強暴、脅迫、恐嚇、催眠術以外，其他一切違反被害人意願之方法而言**。其違反意願之程度，並不以類似於所列舉之強暴、脅迫、恐嚇、催眠術等相當之其他強制方法，足以壓抑被害人之性自主決定權爲必要，祇要達於妨害被害人之意思自由，即侵犯被害人之性自主權者，即可認符合「違反其意願」之要件。**故如被害人對於性行爲之拒絕、自衛、選擇及承諾等性自主權遭壓抑或破壞時，即應認係「違反其意願」**。

第 222 條（加重強制性交罪）

I 犯前條之罪而有下列情形之一者，處七年以上有期徒刑：

一 二人以上共同犯之者。
二 對未滿十四歲之男女犯之者。
三 對精神、身體障礙或其他心智缺陷之人犯之者。
四 以藥劑犯之者。
五 對被害人施以凌虐者。
六 利用駕駛供公眾或不特定人運輸之交通工具之機會犯之者。
七 侵入住宅或有人居住之建築物、船艦或隱匿其內犯之者。
八 攜帶兇器犯之者。

II 前項之未遂犯罰之。

❖ 法學概念

妨害性自主罪章之犯罪類型

學者指出，關於本罪章之犯罪類型，應可分爲以下四大類型：

一、違反意願類型

如刑法第 221 條之「強制性交罪」、第 222 條之「加重強制性交罪」、第 224 條之「強制猥褻罪」及第 224 條之 1 的「加重強制猥褻罪」。

此類「違反意願類型」之構造，爲行爲人採取使被害人不得不屈從的強制手段→被害人自主意願遭壓制→在違反被害人意願情形下→對被害人爲性交或猥褻行爲。換言之，**本類型的重點在於壓制被害人自主意願，乃典型侵害個人性自主權的情形**。

二、意願不明類型

即刑法第 225 條之「乘機性交、猥褻罪」。**指被害人處於「無法或難以擷取意願的狀態」而這種狀態的造成可能來自被害人本身因素**，例如癲癇發作倒地不起，或自己飲酒到爛醉如泥等；亦有可能來自於行爲人之外的其他外力，例如被害人遭他人棒打昏迷。此類型的重點在於，凡是有人處於這種狀態，其他任何人就不能趁人之危而有不軌的舉動，這也是宣示維護個人性自主權的一種展現。

三、意願受干擾類型

即刑法第 228 條的「利用權勢機會性交、猥褻罪」。**本類型係針對權力不對等而居於劣勢者所爲的保障規定**。簡言之，雖然本類型之被害人不像「違反意願類型」般地處於明顯立即被壓制意願的狀況，但是由於行爲人居於權力上的優勢地位，可以對被害人所希冀的事項（例如工作、考績、成績、醫療照護等）有所掌握，**故被害人係居於權力結構不平等的地位之下，而自願屈服於行爲人性交或猥褻的要求，顯示其自主選擇的空間已遭壓縮，仍可認爲是侵害個人性自主權的情形**。

四、意願無意義類型

即刑法第 227 條「與幼年人性交、猥褻罪」。其特徵是行爲人性交或猥褻的對象是幼年人（未滿十六歲），而行爲人並沒有採取強制手段，或者說行爲人不需要採取強制手段。**此乃由於刑法第 227 條乃以客體年齡因素爲考量，這是爲保障幼年人身心健全所做的規定，故幼年人是否同意行爲人的性交或猥褻，根本不具有刑法上的評價重要性，刑法第 227 條在適用上也不需要以幼年人的意願作爲要件之一，所以將刑法第 227 條稱之爲「意願無意義類型」**。

【盧映潔，〈「意不意願」很重要嗎？—評高雄地方法院九十九年訴字第四二二號判決暨最高法院九十九年第七次刑庭決議〉，《月旦法學雜誌》，第 186 期，2010.10，165 頁以下。】

❐ 實務見解

▶ 99 年度第 7 次刑事庭會議決議 (99.09.07)

決議：採丙說。

倘乙係七歲以上未滿十四歲者，甲與乙合意而爲性交，甲應論以刑法第二百二十七條第一項之對於未滿十四歲之男女爲性交罪。如甲對七歲以上未滿十四歲之乙非合意而爲性交，或乙係未滿七歲者，甲均應論以刑法第二百二十二條第一項第二款之加重違反意願性交罪。理由：

一、刑法第十六章妨害性自主罪章於民國八十八年四月二十一日修正公布，其立法目的，係考量該章所定性交、猥褻行爲侵害之法益，乃是個人性自主決定權及身體控制權；倘將之列於妨害風化罪章，不但使被害人身心飽受傷害，且難以超脫傳統名節之桎梏，復使人誤解性犯罪行爲之本質及所侵害之法益，故將之與妨害風化罪章分列，自成一章而爲規範。揆諸其中第二百二十七條立法理由一之說明：「現行法（指該次修正前之刑法，下同）第二百二十一條第二項『準強姦罪』，改列本條第一項；第二百二十四條第二項『準強制猥褻罪』改列本條第二項」，以及該次修正之立法過程中，於審查會通過修正第二百二十一條之理由說明：「 現行法第二百二十一條第二項準強姦罪係針對未滿十四歲女子『合意』爲性交之處罰，與『強姦行爲』本質不同，故將此部分與猥褻幼兒罪一併改列在第三百零八條之八（即修正後之第二百二十七條第一項及第二項）」等情，足見刑法第二百二十七條第一項之對於未滿十四歲之男女爲性交罪，係以「行爲人與未滿十四歲之男女『合意』爲性交」爲構成要件，倘與未滿十四歲之男女非合意而爲性交者，自不得論以該項之罪。

二、刑法第二百二十七條第一項之對於未滿十四歲之男女爲性交罪，**既須行爲人與未滿十四歲之男女有性交之「合意」，則必須該未滿十四歲之男女有意思能力，且經其同意與行爲人爲性交者，始足當之**。至意思能力之有無，本應就個案審查以判定其行爲是否有效，始符實際。未滿七歲之幼童，雖不得謂爲全無意思能力，然確有意思能力與否，實際上頗不易證明，故民法第十三條第一項規定「未滿七歲之未成年人，無行爲能力」，以防無益之爭論；此觀諸該條之立法理由自明。未滿七歲之男女，依民法第十三條第一項之規定，既無行爲能力，即將之概作無意思能力處理，則應認未滿七歲之男女並無與行爲人爲性交合意之意思能力。至於七歲以上未滿十四歲之男女，應係民法第十三條第二項所定之限制行爲能力人，並非無行爲能力之人；自應認其有表達合意爲性交與否之意思能力。本院六十三年台上字第三八二七號判例意旨雖謂：「（修正前）刑法第二百二十七條之規定，係因年稚之男女對於性行爲欠缺同意能力，故特設處罰明文以資保護」；然若認未滿十四歲之男女概無爲性交合意之意思能力，勢將使刑法第二百二十七條第一項形同具文，故不宜援引該判例意旨以否定七歲以上未滿十四歲之男女具有爲性交與否之意思能力。故而，倘行爲人對於未滿七歲之男女爲性交，因該未滿七歲之男女並無意思能力，自無從論以刑法第二百二十七條第一項之對於未滿十四歲之男女爲性交罪；至若行爲人係與七歲以上未滿十四歲之男女合意而爲性交，則應論以刑法第二百二十七條第一項之對於未滿十四歲之男女爲性交罪。

三、刑法第二百二十一條所稱之「其他違反其（被害人）意願之方法」，參諸本院九十七年度第五次刑事庭會議決議一之意旨，應係指該條所列舉之強暴、脅迫、恐嚇、催眠術以外，其他一切違反被害人意願之方法，妨害被害人之意思自由者而言。於被害人未滿十四歲之情形，參照聯合國「兒童權利公約」（西元一九九〇年九月二日生效）第十九條第一項所定：「簽約國應採取一切立法、行政、社會與教育措施，防止兒童（該公約所稱『兒童』係指未滿十八歲之人）……遭受身心脅迫、傷害或虐待、遺棄或疏忽之對待以及包括性強暴之不當待遇或剝削」之意旨，以及「公民與政治權利國際公約」第二十四條第一項：「每一兒童應有權享受家庭、社會和國家爲其未成年地位給予的必要保護措施……」、「經濟社會文化權利國際公約」第十條第三項：「應爲一切兒童和少年採取特殊的保護和協助措施……」等規定（按：公民與政治權利國際公約及經濟社會文化權利國際公約施行法第二條明定：「兩公約所揭示保障人權之規定，具有國內法律效力」），自應由保護該未滿十四歲之被害人角度解釋「違反被害人意願之方法」之意涵，不必拘泥於行爲人必須有實行具體之違反被害人意願之方法行爲。否則，於被害人未滿七歲之情形，該未滿七歲之被害人（例如：未滿一歲之嬰兒）既不可能有與行爲人爲性交之合意，行爲人往往亦不必實行任何具體之「違反被害人意願之方法行爲」，即得對該被害人爲性交。類此，是否無從成立妨害性自主之罪？縱或如甲說之意見，亦祗論以刑法第二百二十七條第一項之對於未滿十四歲之男女爲性交罪。但如此一來，倘被害人係七歲以上未滿十四歲之男女，尚得因其已表達「不同意」與行爲人爲性交之意，行爲人不得不實行違反其意願之方法行爲，而須負刑法第二百二十二條第一項第二款之加重違反意願性交罪責；而被害人未滿七歲者，因其無從表達「不同意」之意思，竟令行爲人僅須負刑法第二百二十七條第一項之對於未滿十四歲之男女爲性交罪責，法律之適用顯然失衡。

四、綜上，倘乙係七歲以上未滿十四歲者，而甲與乙係合意而爲性交，固應論以刑法第二百二十七條第一項之對於未滿十四歲之男女爲性交罪；惟若甲與七歲以上未滿十四歲之乙非合意而爲性交，或乙係未滿七歲者，則基於對未滿十四歲男女之保護，應認甲對於乙爲性交，所爲已妨害乙「性自主決定」之意思自由，均屬「以違反乙意願之方法」而爲，應論以刑法第二百二十二條第一項第二款之加重違反意願性交罪。

第223條（刪除）

第224條（強制猥褻罪）
對於男女以強暴、脅迫、恐嚇、催眠術或其他違反其意願之方法，而爲猥褻之行爲者，處六月以上五年以下有期徒刑。

□實務見解

▶17年度決議㈠（17.10.13）

猥褻云者，其行爲在客觀上足以誘起他人性慾，在主觀上足以滿足自己性慾之謂。

▶71台上1562（判例）

刑法第二百二十一條第一項強姦罪、第二百二十四條第一項強制猥褻罪與第二百二十五條第一項乘機姦淫罪、同條第二項乘機猥褻罪，其主要區別在於犯人是否施用強制力及被害人不能抗拒之原因如何造成爲其判別之標準。如被害人不能抗拒之原因，爲犯人所故意造成者，應成立強姦罪或強制猥褻罪。如被害人不能抗拒之原因，非出於犯人所爲，且無共犯關係之情形，僅於被害人心神喪失或其他相類之情形不能抗拒時，犯人乘此時機以行姦淫或猥褻行爲者，則應依乘機姦淫或乘機猥褻罪論處。

▶108台上1800◯（判決）

刑法第二二四條之強制猥褻罪和性騷擾防治法第二十五條第一項之強制觸摸罪，雖然都與性事有關，隱含違反被害人之意願，而侵害、剝奪或不尊重他人性意思自主權法益。但兩者既規範於不同法律，構成要件、罪名及刑度並不相同，尤其前者逕將「違反其（按指被害人）意願之方法」，作爲犯罪構成要件，依其立法理由，更可看出係指強暴、脅迫、恐嚇、催眠術等傳統方式以外之手段，凡是悖離被害人的意願情形，皆可該當，態樣很廣，包含製造使人無知、無助、難逃、不能或難抗情境，學理上乃以「低度強制手段」稱之。從大體上觀察，兩罪有其程度上的差別，前者較重，後者輕，而實際上又可能發生犯情提升，由後者演變成前者情形。從而，其間界限，不免產生模糊現象，自當依行爲時、地的社會倫理規範，及一般健全常識概念，就對立雙方的主、客觀因素，予以理解、區辨。具體以言：*1.* **從行爲人主觀目的分析**：強制猥褻罪，係以被害人作行爲人自己洩慾的工具，藉以滿足行爲人自己的性慾，屬標準的性侵害犯罪方式之一種；強制觸摸罪，則係以騷擾、調戲被害人爲目的，卻不一定藉此就能完全滿足 行爲人之性慾，俗稱「吃豆腐」、「占便宜」、「毛手毛腳」、「鹹濕手」即是。*2.* **自行爲手法觀察**：雖然通常都會有肢體接觸，但於強制猥褻罪，縱然無碰觸，例如強拍被害人裸照、強令被害人自慰供賞，亦可成立；強制觸摸罪，則必須雙方身體接觸，例如對於被害人爲親吻、擁抱、撫摸臀部、胸部或其他身體隱私處，但不包含將被害人之手，拉來碰觸行爲人自己的性器官。*3.* **自行爲所需時間判斷**：強制猥褻罪之行爲人，在加害行爲實施中，通常必須耗費一定的時間，具有延時性特徵，無非壓制對方、滿足己方性慾行動進展所必然；強制觸摸罪則因構成要件中，有「不及抗拒」一語，故特重短暫性、偷襲性，事情必在短短數秒（甚至僅有一、二秒）發生並結束，被害人根本來不及或無餘暇予以抗拒或反對。*4.* **自行爲結果評價**：強制猥褻罪之行爲人所造成的結果，必須在使被害人行無義務之事過程中，達至剝奪被害人性意思自主權程度，否則祇能視實際情狀論擬他罪；強制觸摸罪之行爲所造成的結果，則尚未達至被害人性意思自由之行使，遭受壓制之程度，但其所應享有關於性、性別等，與性有關之寧靜、和平狀態，仍已受干擾、破壞。*5.* **自被害人主觀感受考量**：強制猥褻罪之被害人，因受逼被性侵害，通常事中知情，事後憤恨，受害嚴重者，甚至出現創傷後壓力症候群現象；強制觸摸罪之被害人，通常是在事後，才感受到被屈辱，而有不舒服感，但縱然如此，仍不若前者嚴重，時有自認倒楣、懊惱而已。*6.* **自行爲之客觀影響區別**：強制猥褻罪，因本質上具有猥褻屬性，客觀上亦能引起他人之性慾；強制觸摸罪則因行爲瞬間即逝，情節相對輕微，通常不會牽動外人的性慾。誠然，無論強制猥褻或強制觸摸，就被害人而言，皆事涉個人隱私，不願聲張，不違常情（後者係屬告訴乃論罪），犯罪黑數，其實不少，卻不容因此輕縱不追究或任其避重就輕。尤其，對於被害人有明示反對、口頭推辭、言語制止或肢體排拒等情形，或「閃躲、撥開、推拒」的動作，行爲人猶然進行，即非「合意」，而已該當於強制猥褻，絕非強制觸摸而已。

▸107 台上 1075 號（判決）

刑法所處罰之強制猥褻罪，**係指性交以外，基於滿足性慾之主觀犯意，以違反被害人意願之方法所爲，揆其外觀，依一般社會通念，咸認足以誘起、滿足、發洩人之性慾，而使被害人感到嫌惡或恐懼之一切行爲而言。所稱「其他違反其意願之方法」，並不以類似同條項所列舉之強暴、脅迫、恐嚇或催眠術等方法爲必要，祇要行爲人主觀上具備侵害被害人性自主之行使、維護，以足使被害人性自主決定意願受妨害之任何手段，均屬之**。而人之智能本有差異，於遭逢身體、健康等問題，處於徬徨求助之際，其意思決定之自主能力顯屬薄弱而易受影響，若又以聽診、治療爲手段（例如醫療必要等），由該行爲之外觀，依通常智識能力判斷其方法、目的，未必欠缺合理性，且係趁人求醫治療之心理狀態，以卸除其原本理性防禦之思考空間，使之無法如通常一般人立即拒絕而離去之性自主決定，自屬一種違反意願之方法。

第 224 條之 1（加重強制猥褻罪）

犯前條之罪而有第二百二十二條第一項各款情形之一者，處三年以上十年以下有期徒刑。

第 225 條（乘機性交猥褻罪）

I 對於男女利用其精神、身體障礙、心智缺陷或其他相類之情形，不能或不知抗拒而爲性交者，處三年以上十年以下有期徒刑。

II 對於男女利用其精神、身體障礙、心智缺陷或其他相類之情形，不能或不知抗拒而爲猥褻之行爲者，處六月以上五年以下有期徒刑。

III 第一項之未遂犯罰之。

❑ 實務見解

▸79 台上 342（判例）

刑法第二百二十四條第二項之準強制猥褻罪，祇以被害人之年齡爲其特別要件，苟被害人年齡未滿十四歲，縱被告係乘其熟睡中予以猥褻，亦應認爲被吸收於準強制猥褻罪之內，無適用刑法第二百二十五條第二項論罪之餘地。

▸48 台上 910（判例）

上訴人深夜侵入室內，乘被害人熟睡，登床伏身摸乳及褪褲腰，其目的非在猥褻，而係圖姦，因被害人驚醒呼叫，未達目的，應負對於婦女乘其與心神喪失相類之情形，不能抗拒而姦淫未遂罪責，與其無故侵入住宅，又有方法結果之關係，應從較重之妨害風化未遂罪處斷。

第 226 條（強制性交猥褻罪之加重結果犯）

I 犯第二百二十一條、第二百二十二條、第二百二十四條、第二百二十四條之一或第二百二十五條之罪，因而致被害人於死者，處無期徒刑或十年以上有期徒刑；致重傷者，處十年以上有期徒刑。

II 因而致被害人羞忿自殺或意圖自殺而致重傷者，處十年以上有期徒刑。

第 226 條之 1（強制性交猥褻罪之結合犯）

犯第二百二十一條、第二百二十二條、第二百二十四條、第二百二十四條之一或第二百二十五條之罪，而故意殺害被害人者，處死刑或無期徒刑；使被害人受重傷者，處無期徒刑或十年以上有期徒刑。

第 227 條（對未成年人之強制性交及猥褻）

I 對於未滿十四歲之男女爲性交者，處三年以上十年以下有期徒刑。

II 對於未滿十四歲之男女爲猥褻之行爲者，處六個月以上五年以下有期徒刑。

III 對於十四歲以上未滿十六歲之男女爲性交者，處七年以下有期徒刑。

IV 對於十四歲以上未滿十六歲之男女爲猥褻之行爲者，處三年以下有期徒刑。

V 第一項、第三項之未遂犯罰之。

❖ 法學概念

本條中被害人的年齡是否應為行為人所認識？

早期實務見解，主要採取「客觀說」的看法，認爲只要被害人的年齡在行爲時屬未滿 14 歲之客觀事實存在，不管行爲人對此客觀事實是否有所認識或預見，均可論罪。

然而，學說上認爲此等看法，實與刑法第 12、13 條規定不符。此一「未滿 14 歲」乃本罪之犯罪構成要件，必須行爲人主觀上有此與被害人年齡有關的加重構成要件要素，同時也對加重罪責要素有所認識。倘行爲人主觀上對於此一年齡的加重要件無所知悉，即不能要求行爲人就此加重犯罪構成要件的犯罪型態負故意罪責。

而相較於第 227 條第 1 項，第 227 條第 3 項對未滿 16 歲之人爲性交行爲則屬本罪之「基本犯罪構成要件」，行爲人對此等基本犯罪構成要件之實現，主觀上須有所認識與意欲，故僅能在行爲人主觀上所認識的範圍內論罪。

因此後期的實務見解，如最高法院 62 年度第 1 次刑庭庭推總會議決議、最高法院 100 年度台上字第 903 號判決之見解較爲正確。

【王皇玉，〈誤認援交對象年齡〉，《台灣法學雜誌》，第 221 期，2013.04，152 頁以下。】

□ **實務見解**

▶73年度第12次刑事庭會議決定(一)(73.12.11)

姦淫未滿十四歲之女子之準強姦罪與姦淫十四歲以上未滿十六歲之女子之姦淫幼女罪，如係基於概括之犯意反覆為之，雖因被害人年齡不同，而異其處罰（刑法第二百二十一條第二項第一項、第二百二十七條第一項），但其姦淫之基本事實，則完全相同，仍應依連續犯論以較重之準強姦罪。

▶62年度第1次刑庭庭推總會議決議(三)(62.07.24)

刑法第二百二十一條第二項之準強姦罪，不以行為人明知被害人未滿十四歲為必要，其有姦淫未滿十四歲女子之不確定故意者，亦應成立本罪。

第227條之1（未成年人之減刑或免除）
十八歲以下之人犯前條之罪者，減輕或免除其刑。

第228條（利用權勢性交或猥褻罪）
I 對於因親屬、監護、教養、教育、訓練、救濟、醫療、公務、業務或其他相類關係受自己監督、扶助、照護之人，利用權勢或機會為性交者，處六個月以上五年以下有期徒刑。
II 因前項情形而為猥褻之行為者，處三年以下有期徒刑。
III 第一項之未遂犯罰之。

□ **實務見解**

▶43台上487（判例）

刑法第二百二十八條犯罪之成立，須**以因業務關係服從自己監督之人，利用權勢而姦淫之為要件**。被告甲男，雖有教舞之事實，但其對於來學之人，既屬一任自由，並無法律上或規則上支配與考核勤惰之權，自不同於學校學生，廠店藝徒，有支配服從之關係，雖乙女慕於甲男之舞技，對其要求曲意順從，於日記上有「怕他生氣」之記載，仍屬於情感之範圍，不足以說明甲男有利用權勢加以威脅之事實。

▶25上7119（判例）

對於因教養關係服從自己監督之人，利用權勢而姦淫之罪，係指因教養關係立於監督地位之人，**在教養關係存續中，對於現正服從自己監督之人，利用其監督之權勢，而實施姦淫，始克成立**，若被姦淫者從前曾因教養關係服從實施姦淫者之監督，而於姦淫時已脫離此種關係者，即無所謂利用監督權勢而姦淫，自不能成立該罪。

▶107台上1447號（判決）

刑法第二二八條第一項之利用權勢性交罪，係因加害之行為人與被害人間具有親屬、監護、教養、教育、訓練、救濟、醫療、公務、業務或其他類似之關係，而利用此權勢或機會，進行性交，**被害人雖同意該行為，無非礙於上揭某程度之服從關係而屈從，性自主意思決定仍受一定程度之壓抑，故獨立列為另一性侵害犯罪類型**，如係利用權勢、機會對於未滿十四歲之人為之，則依吸收理論，應論以同法第二二七條第一項之對於未滿十四歲之女子為性交罪。

第229條（詐術性交罪）
I 以詐術使男女誤信為自己配偶，而聽從其為性交者，處三年以上十年以下有期徒刑。
II 前項之未遂犯罰之。

第229條之1（告訴乃論）
對配偶犯第二百二十一條、二百二十四條之罪者，或未滿十八歲之人犯第二百二十七條之罪者，須告訴乃論。

第十六章之一　妨害風化罪

第230條（與血親性交罪）
與直系或三親等內旁系血親為性交者，處五年以下有期徒刑。

第231條（圖利使人為性交或猥褻罪）
I 意圖使男女與他人為性交或猥褻之行為，而引誘、容留或媒介以營利者，處五年以下有期徒刑，得併科十萬元以下罰金。以詐術犯之者，亦同。
II 公務員包庇他人犯前項之罪者，依前項之規定加重其刑至二分之一。

□ **實務見解**

▶82年度第1次刑事庭會議決議(三)(82.03.16)

刑法第二百三十一條第二項所稱之「使」，係指「指使」、「引誘」或「容留」之意；所稱之「人」既未明定「良家婦女」，自包括男女兩性，如屬女性亦不以「良家」為限，**且「使人為猥褻之行為」並不限於人與人同性間或異性間之猥褻，即使人獸相交，亦包括在內，故只須意圖營利使人為猥褻之行為，即構成本罪**，不問其被「使」為猥褻者是否良家婦女，此乃文義解釋所當然，何況為遏阻目下諸多傷風敗俗行為之發生，基於刑事政策上之考慮，尤應為如上之解釋，始合乎吾人社會之「法的感情」。本問題之甲乙所為，自應成立刑法第二百三十一條第三項（第二項）之罪。

▶28上4020（判例）

刑法第二百三十一條所謂引誘良家婦女與人姦淫，係指婦女初無與人姦淫之意，因犯人之勸導誘惑，始決意為之者而言。倘婦女自願為娼，並非由其勸導誘惑，即與引誘之條件不合。

▶106 台上 2695 號（判決）

刑法第二三一條第一項前段之罪，係以行為人主觀上有營利及使男女與他人為性交或猥褻行為之犯意，客觀上有引誘、容留或媒介行為，為其犯罪構成要件，當行為人一有「引誘、容留或媒介以營利」行為時，犯罪固即成立。惟一般應召站之經營模式，通常設有主持人、掮客、保鑣及接送應召女子前往性交易之人（俗稱馬伕）等成員，從應召站業者散發性交易之訊息，不特定之男客得悉後，依該訊息，與應召站業者聯絡，並就性交易態樣、價碼、地點、時間，甚至應召女子類型達成合意後，應召站業者派馬伕送應召女子，按時前往與男客約定性交易之地點，於應召女子與男客完成性交易，收取對價後，馬伕再將應召女子接回，應召女子就該次性 交易所得與應召站業者拆帳，應召站業者媒介之性交易整個過程始告完結，犯罪始為終了。應召站業者既以應召女子完成性交易，並取得性交易對價為其犯罪之目的，應召站業者於掮客媒介之後，為促成性交易之順利完成，保鑣、馬伕等人員，續為犯罪之分工，此雖不影響於媒介行為既遂之認定，**但就全部犯罪行為之完竣而言，實有待應召女子與男客為性交易，並取得對價，方為終了，以符應召站業者媒介性交以營利之犯罪目的。是在應召女子完成性交易並取得對價，犯罪尚未完結前，如有不具共同犯罪意思亦未參與媒介行為之人，基於幫助之犯意，參與構成要件以外之接送應召女子的協力行為，仍應依幫助犯論處**，核其所為，並非犯罪完成之事後幫助，其理至明。

第 231 條之 1（圖利強制使人為性交猥褻罪）

I 意圖營利，以強暴、脅迫、恐嚇、監控、藥劑、催眠術或其他違反本人意願之方法使男女與他人為性交或猥褻之行為者，處七年以上有期徒刑，得併科三十萬元以下罰金。

II 媒介、收受、藏匿前項之人或使之隱避者，處一年以上七年以下有期徒刑。

III 公務員包庇他人犯前二項之罪者，依各該項之規定加重其刑至二分之一。

IV 第一項之未遂犯罰之。

第 232 條（利用權勢或圖利使人性交之加重其刑）

對於第二百二十八條所定受自己監督、扶助、照護之人，或夫對於妻，犯第二百三十一條第一項、第二百三十一條之一第一項、第二項之罪者，依各該條項之規定加重其刑至二分之一。

❒ 實務見解

▶70 台上 1081（判例）

李某乃被害人李女唯一因親屬關係有監督權之人，竟將該未滿十六歲之被害人賣與陳婦為娼，同時觸犯刑法第二百三十二條、第二百三十三條罪名，因係法規競合，應論以較重之刑法第二百三十二條之罪。陳婦雖無該身分關係，但與李某共同引誘李女賣淫，依刑法第三十一條第二項規定，因身分或其他特定關係致刑有重輕或免除者，其無特定關係之人，科以通常之刑，故陳某應依較輕之刑法第二百三十三條論處。

▶57 台上 1846（判例）

刑法第二百三十二條之犯罪對象，雖包括同法第二百二十八條**所謂業務關係，但以犯罪行為人因業務上之關係，對被害人處於監督地位**，而被害人亦因業務上之關係，有服從之義務者而言，如係普通僱傭關係，尚難謂有監督及服從之必要。

第 233 條（使未滿十六歲之男女為性交或猥褻罪）

I 意圖使未滿十六歲之男女與他人為性交或猥褻之行為，而引誘、容留或媒介之者，處五年以下有期徒刑、拘役或一萬五千元以下罰金。以詐術犯之者，亦同。

II 意圖營利犯前項之罪者，處一年以上七年以下有期徒刑，得併科十五萬元以下罰金。

❒ 實務見解

▶51 台上 1718（判例）

刑法上所謂引誘未滿十六歲之男女與他人為猥褻之行為或姦淫者，必其未滿十六歲之男，本無與他人為猥褻之行為或姦淫之意思，因被其勾引誘惑，始決意與他人為猥褻之行為或姦淫，方足當之。

第 234 條（公然猥褻罪）

I 意圖供人觀覽，公然為猥褻之行為者，處一年以下有期徒刑、拘役或九千元以下罰金。

II 意圖營利犯前項之罪者，處二年以下有期徒刑、拘役或科或併科三萬元以下罰金。

第 235 條（散布、販賣猥褻物品及製造持有罪）

I 散布、播送或販賣猥褻之文字、圖畫、聲音、影像或其他物品，或公然陳列，或以他法供人觀覽、聽聞者，處二年以下有期徒刑、拘役或科或併科九萬元以下罰金。

II 意圖散布、播送、販賣而製造、持有前項文字、圖畫、聲音、影像及其附著物或其他物品者，亦同。
III前二項之文字、圖畫、聲音或影像之附著物及物品，不問屬於犯人與否，沒收之。

☐ 實務見解

▶84 台上 6294（判例）

刑法第二百三十五條第一項之供人觀覽猥褻物品罪，乃屬侵害社會法益之罪，係以散布或販賣或公然陳列或以他法供人觀覽猥褻物品爲要件，其中散布、販賣、公然陳列，乃例示規定，均屬圖供他人觀覽方法之一，但供人觀覽之方法，實不以上開三種爲限，故又以他法供人觀覽之補充概括規定加以規範。所謂公然陳列者，指陳列於不特定人或特定多數人得以共見共聞之公然狀態；而散布者，乃散發傳布於公眾之意；販賣行爲，亦足以流傳於眾，多係對不特定人或特定多數人爲之。考其立法目的，以此等行爲，使猥褻物品流傳於社會公眾，足以助長淫風，破壞社會善良風俗，其可罰性甚爲顯著，此與猥褻物品僅供己或僅供極少數特定人觀覽，未達危害社會秩序而屬個人自由權限範疇之情形有別，故設刑罰規定，以資禁制。從而本罪所稱以他法供人觀覽之補充概括規定，雖未明定爲公然，實與上開例示規定相同而含有公然之意，必係置於不特定人或特定多數人可得觀賞、瀏覽之狀態下，始足當之。

第 236 條（告訴乃論）
第二百三十條之罪，須告訴乃論。

第十七章　妨害婚姻及家庭罪

第 237 條（重婚罪）
有配偶而重爲婚姻或同時與二人以上結婚者，處五年以下有期徒刑。相婚者亦同。

☐ 實務見解

▶67 年度第 10 次刑庭庭推總會議決議（67.09.19）

結婚爲男女當事人二人之行爲，不容第三人分擔實施。父母同意其子女重婚，並爲主婚，既非分擔實施重婚行爲，亦非以自己共同重婚之意思而參與（重婚行爲除當事人外非第三人所能參與犯罪），衹是對其子女之重婚行爲，事前事中予以精神上之助力，僅能構成重婚罪之幫助犯，如子女原無婚之意思，則父母之造意可構成重婚之教唆犯，而不成立共同正犯。

第 238 條（詐術結婚罪）
以詐術締結無效或得撤銷之婚姻，因而致婚姻無效之裁判或撤銷婚姻之裁判確定者，處三年以下有期徒刑。

❖ 法學概念

本罪與重婚罪之競合

若有配偶之行爲人佯稱單身或隱匿已結婚之事實，致被害人同意與其結婚，行爲人同時構成重婚罪與詐術結婚罪。

然而，重婚罪與詐術結婚罪雖同屬妨害家庭罪，也同屬侵害社會法益之犯罪，但因重婚罪之直接被害人是配偶，詐術結婚罪之直接被害人則是無故意之相婚人之第三人，故爲一行爲侵害數法益，侵害數客體，觸犯數罪名，應依想像競合加以處理。

【高金桂，〈重婚罪構成要件之探討〉，《月旦法學雜誌》，第 212 期，2013.01，78～81 頁。】

第 239 條（通姦罪）
有配偶而與人通姦者，處一年以下有期徒刑。其相姦者亦同。

❖ 法學概念

本罪與重婚罪之競合

重婚罪與通姦罪在立法體例因同屬於妨害婚姻及家庭罪章，所保護之法益應具有同質性或共通性，蓋兩罪都有侵害到單一配偶制度的價值。**而行爲人不論重婚前或重婚後與重婚之對象通姦，其所侵害之法益，皆未逾越重婚罪所保護法益之範圍，通姦之不法形同已經由重婚罪包括的處罰在內，故採不罰的前行爲或後行爲加以處理即可。**

【高金桂，〈重婚罪構成要件之探討〉，《月旦法學雜誌》，第 212 期，2013.01，78 頁以下。】

☐ 實務見解

▶釋字第 791 號解釋理由書節錄（109.05.29）

按婚姻制度具有維護人倫秩序、性別平等、養育子女等社會性功能，且因婚姻而生之永久結合關係，亦具有使配偶雙方在精神上、感情上與物質上互相扶持依存之功能。故國家爲維護婚姻，非不得制定相關規範，以約束配偶雙方忠誠義務之履行。查系爭規定一以刑罰制裁通姦及相姦行爲，究其目的，應在約束配偶雙方履行互負之婚姻忠誠義務，以維護婚姻制度及個別婚姻之存續，核其目的應屬正當。**首就系爭規定一維護婚姻忠誠義務之目的言，其主要內容應在於維護配偶間親密關係之排他性，不許有配偶者與第三人間發生性行爲而破壞婚姻關係。基於刑罰之一般犯罪預防功能，系爭規定一就通姦與相姦行爲施以刑罰制裁，自有一定程度嚇阻該等行爲之作用。又配偶雙方忠誠義務之履行固爲婚姻關係中重要之環節，然婚姻忠誠義務尚不等同於婚姻關係本身。配偶一方違反婚姻忠誠義務，雖可能危害或破壞配偶間之親密關係，但尚不當然妨害婚**

姻關係之存續。因此，系爭規定一以刑罰規範制裁通姦與相姦行為，即便有助於嚇阻此等行為，然就維護婚姻制度或個別婚姻關係之目的而言，其手段之適合性較低。惟整體而言，系爭規定一尚非完全無助於其立法目的之達成。**惟基於刑罰之一般預防犯罪功能，國家固得就特定行為為違法評價，並採取刑罰手段予以制裁，以收遏阻之效。然基於刑法謙抑性原則，國家以刑罰制裁之違法行為，原則上應以侵害公益、具有反社會性之行為為限，而不應將損及個人感情且主要係私人間權利義務爭議之行為亦一概納入刑罰制裁範圍**。婚姻制度固具有各種社會功能，而為憲法所肯認與維護，惟如前述，婚姻制度之社會功能已逐漸相對化，且憲法保障人民享有不受國家恣意干預之婚姻自由，包括個人自主決定「是否結婚」、「與何人結婚」、「兩願離婚」，以及與配偶共同形成與經營其婚姻關係（如配偶間親密關係、經濟關係、生活方式等）之權利，日益受到重視。又婚姻之成立以雙方感情為基礎，是否能維持和諧、圓滿，則有賴婚姻雙方之努力與承諾。婚姻中配偶一方違背其婚姻之承諾，而有通姦行為，固已損及婚姻關係中原應信守之忠誠義務，並有害對方之感情與對婚姻之期待，但尚不致明顯損及公益。**故國家是否有必要以刑法處罰通姦行為，尚非無疑**。系爭規定一雖尚非完全無助於立法目的之達成，但其透過刑事處罰嚇阻通姦行為，得以實現之公益尚屬不大。反之，系爭規定一作為刑罰規範，不僅直接限制人民之性自主權，且其追訴審判程序亦必然干預人民之隱私。**按個人之性自主權，與其人格自由及人性尊嚴密切相關。系爭規定一處罰通姦及相姦行為，直接干預個人性自主權核心範圍之程度，堪認嚴重。再者，通姦及相姦行為多發生於個人之私密空間內，不具公開性。其發現、追訴、審判過程必然侵擾個人生活私密領域及個人資料之自主控制，致國家公權力長驅直入人民極私密之領域，而嚴重干預個人之隱私（本院釋字第603號解釋參照）。是系爭規定一對行為人性自主權、隱私之干預程度及所致之不利益，整體而言，實屬重大。況國家以刑罰制裁手段處罰違反婚姻承諾之通姦配偶，雖不無「懲罰」違反婚姻忠誠義務配偶之作用，然因國家權力介入婚姻關係，反而可能會對婚姻關係產生負面影響**。是系爭規定一之限制所致之損害顯然大於其目的所欲維護之利益，而有失均衡。綜上，系爭規定一對憲法第二十二條所保障性自主權之限制，與憲法第二十三條比例原則不符，應自本解釋公布之日起失其效力；於此範圍內，系爭解釋應予變更。

第240條（和誘罪）
Ⅰ和誘未滿二十歲之男女，脫離家庭或其他有監督權之人者，處三年以下有期徒刑。
Ⅱ和誘有配偶之人脫離家庭者，亦同。
Ⅲ意圖營利，或意圖使被誘人為猥褻之行為或性交，而犯前二項之罪者，處六月以上五年以下有期徒刑，得併科三萬元以下罰金。
Ⅳ前三項之未遂犯罰之。

❖ 法學概念

準略誘罪加重處罰的理由

本條第3項將「和誘未滿16歲之男女」以略誘論，主要係考量到未滿16歲之男女，其生理發育與心理發展均尚未成熟，縱行為人所使用之手段僅係和誘方法，而非強脅手段之略誘手段，對於被誘人之傷害更甚，故認其與略誘罪有作相同處罰之必要。

另須注意者，係在犯罪性質上，本罪仍屬準罪而非正罪，其所準用正犯者，僅能係正罪之法律效果。

【靳宗立，《刑法各論Ⅰ—國家社會法益之保護與規制》，集義閣，2011.09，666頁以下。】

❒ 實務見解

▶ 院字第3859號（37.02.20）

刑法第二百四十條、第二百四十一條及第二百九十八條之和略誘罪，**在被誘人未脫離犯罪者實力支配前，仍應認為在犯罪行為繼續中**。

▶ 73年度第12次刑事庭會議決定㈡（73.12.11）

意圖姦淫和誘未滿十六歲之女子脫離家庭之加重準略誘罪，與意圖姦淫和誘未滿二十歲之女子脫離家庭之加重和誘罪，雖係分別觸犯刑法第二百四十一條第三項、第二項之罪及第二百四十條第三項之罪，惟準略誘罪本質上仍為和誘，祗因被害人年齡不同，而異其處罰，如係以概括之犯意反覆為之，仍應依連續犯論以較重之加重準略誘罪。

▶ 62台上2820（判例）

上訴人意圖姦淫和誘未滿二十歲之女子脫離家庭，先在台北縣三重市租屋姘居，嗣又轉至基隆市七堵區繼續同居，顯係以單一行為，繼續進行，為繼續犯，僅應論以一罪。

第241條（略誘罪）
Ⅰ略誘未滿二十歲之男女，脫離家庭或其他有監督權之人者，處一年以上七年以下有期徒刑。
Ⅱ意圖營利，或意圖使被誘人為猥褻之行為或性交，而犯前項之罪者，處三年以上十年以下有期徒刑，得併科三萬元以下罰金。
Ⅲ和誘未滿十六歲之男女，以略誘論。
Ⅳ前三項之未遂犯罰之。

❖ 法學概念

「略誘」與「和誘」之區別

依實務與通說之見解，刑法上略誘罪與和誘罪之區別，係以行爲人是否以強暴、脅迫或詐術等不正手段，如所用之手段出於強暴、脅迫或詐術等不正方式，違反被誘人之眞正意思，而置於自己實力支配下者，爲略誘罪。反之，則爲和誘罪。又略誘之本質原即包含剝奪被誘人之行動自由，不能再依刑法第302條論處。

惟學說上有認爲，略誘罪與和誘罪二者之區別應重在違反被誘人之眞正意思，而非行爲手段是否和平。蓋略誘行爲之不法存在於違背被誘人之眞正意思，行爲人必須違背被誘人之眞正意思或未得被誘人之同意，始足以實現構成要件，反之和誘行爲則係得被誘人之同意，並未違背被誘人之意思。又略誘概念既包含剝奪被誘人行動自由在內，只要行爲人客觀上使被誘人處於無法任意移動其身體自由時即成立，被誘人主觀上縱未認識其行動自由已受拘束之事實，亦不影響略誘罪責之成立。

【彭美英，〈略誘、和誘與買賣質押人口〉，《台灣法學雜誌》，第148期，2010.03，83頁以下。】

❑ 實務見解

▸51台上2272（判例）

刑法上之和誘，係指被誘人知拐誘之目的而予同意者而言，如施行詐術等不正當手段，反乎被誘人之意思，而將其置於自己實力支配之下，則爲略誘，而非和誘。

▸51台上2128（判例）

刑法第二百四十一條第三項和誘未滿十六歲之女子以略誘論之規定，係指行爲人誘拐之手段本係和而非略者而言，若意圖營利施用略誘之手段犯之者，即屬略誘行爲，雖被害人年齡未滿十六歲，仍應適用該條第二項處斷，無再適用同條第三項之餘地。

▸45台上1489（判例）

被誘人年雖未滿二十歲，但曾經結婚已有行爲能力，就令其婚姻關係現已不存在，因其曾經結婚即已自立脫離監督，不能爲妨害家庭之客體。以較重之加重準略誘罪。

第242條（移送被誘人出國罪）

I 移送前二條之被誘人出中華民國領域外者，處無期徒刑或七年以上有期徒刑。

II 前項之未遂犯罰之。

第243條（收受藏匿被誘人或使之隱避罪）

I 意圖營利、或意圖使第二百四十條或第二百四十一條之被誘人爲猥褻之行爲或性交，而收受、藏匿被誘人或使之隱避者，處六月以上五年以下有期徒刑，得併科一萬五千元以下罰金。

II 前項之未遂犯罰之。

❑ 實務見解

▸87台上1568（判例）

刑法第二百四十三條第一項之收受被誘人罪，所謂「收受」係指對於他人所誘出之人，予以收受，置於自己實力支配之下而言。故在被誘人未脫離犯罪者實力支配前，仍應認爲在犯罪行爲繼續中，即爲繼續犯，而非即成犯。

▸50台上49（判例）

刑法第二百四十三條第一項之收受罪，以知係被誘之人而收受之爲構成要件。

第244條（減刑之特例）

犯第二百四十條至第二百四十三條之罪，於裁判宣告前送回被誘人或指明所在地因而尋獲者，得減輕其刑。

第245條（告訴乃論與不得告訴）

I 第二百三十八條、第二百三十九條之罪及第二百四十條第二項之罪，須告訴乃論。

II 第二百三十九條之罪配偶縱容或宥恕者，不得告訴。

❑ 實務見解

▸ 院字第1605號（25.12.25）

縱容配偶與人通姦，告訴權即已喪失，不能因嗣後翻悔而回復。**又所謂縱容，但有容許其配偶與人通姦之行爲即足**。至相姦之人，原不必經其容許，故原舉兩問，均不得再行告訴。

第十八章　褻瀆祀典及侵害墳墓屍體罪

第246條（侮辱宗教建築物或紀念場所罪、妨害祭禮罪）

I 對於壇廟、寺觀、教堂、墳墓或公眾紀念處所公然侮辱者，處六月以下有期徒刑、拘役或九千元以下罰金。

II 妨害喪、葬、祭禮、說教、禮拜者，亦同。

第247條（侵害屍體罪、侵害遺骨遺髮殮物遺灰罪）

I 損壞、遺棄、污辱或盜取屍體者，處六月以上五年以下有期徒刑。

II 損壞、遺棄或盜取遺骨、遺髮、殮物或火葬之遺灰者，處五年以下有期徒刑。

III 前二項之未遂犯罰之。

❑ 實務見解

▸27上2826（判例）

殺人後之損壞屍體，**除係湮滅犯罪證據或出於殺人之包括的犯意外，不能認爲係犯殺人罪之結果，或即係殺人行爲之一部**。本案被害人鼻梁上之死後刀傷一處，假定確係出於上訴人之所砍，既與湮滅罪證無涉，亦未經原審認係出於包括的殺人犯意之內，依法自應併合處罰。

第 248 條（發掘墳墓罪）
I 發掘墳墓者，處六月以上五年以下有期徒刑。
II 前項之未遂犯罰之。

❑ 實務見解

▶70 台上 3333（判例）

發掘墳墓罪，乃係保護社會敬重墳墓之善良風俗，而非保護墳墓之本身或死者之遺族，故無主之墳墓，亦在保護之列。原判決所稱之王某，雖不知埋骨罈之墳墓係江某之祖墳，但對其所挖掘者爲墳墓，當有認識，其予以挖掘之行爲，仍應成立本罪。

▶108 台上 2719◯（判決）

刑法第二四八條第一項之發掘墳墓罪，係因墳墓乃人類大歸後資爲永久安息之處所，爲社會普遍所敬重，對於墳墓無故予以發掘，破壞對於死者之崇敬感情及社會之善良習俗，刑法因此設立處罰之規定。又發掘墳墓而於法律保護墳墓之本旨不相違背者，雖不構成刑法第二四八條第一項之罪，**但所謂不違背保護之本旨，係指其發掘墳墓本無不法侵害之故意，徒因有處理權限者，因遷葬或改建等工程上之需要，基於正當事由而起掘墳棺之情形而言。而土地所有權與墳墓之處理權限，既非相同之權利，倘土地所有權人 未經得墳墓後代子孫同意或未經法院判決許可等途徑以取得處分墳墓之權限，卻爲土地開發而逕自開挖，難謂與本 罪保護本旨無違**，仍應成立本罪。

第 249 條（發掘墳墓結合罪）
I 發掘墳墓而損壞、遺棄、污辱或盜取屍體者，處三年以上十年以下有期徒刑。
II 發掘墳墓而損壞、遺棄、或盜取遺骨、遺髮、殮物或火葬之遺灰者，處一年以上七年以下有期徒刑。

❑ 實務見解

▶24 上 1295（判例）

刑法第二百六十四條第二項之罪，其處罰較同法第二百六十二條第二項之單純損壞、遺棄或盜取遺骨、遺髮、殮物或火葬遺灰罪，及第二百六十三條第一項之單純發掘墳墓罪特別加重，並已將發掘墳墓而有盜取殮物或遺棄遺骨等之情狀，歸納於一項之內，因其惡性較深，予以嚴厲之制裁，**故發掘墳墓而有遺棄遺骨與盜取殮物兩種情狀者，亦不過一個行爲所包含之多種態樣，祇應構成一罪**，無適用第七十四條之餘地。

第 250 條（侵害直系血親尊親屬屍體墳墓罪）
對於直系血親尊親屬犯第二百四十七條至第二百四十九條之罪者，加重其刑至二分之一。

第十九章　妨害農工商罪

第 251 條（不法囤積物品哄抬價格牟利罪）
I 意圖抬高交易價格，囤積下列物品之一，無正當理由不應市銷售者，處三年以下有期徒刑、拘役或科或併科三十萬元以下罰金：
一　糧食、農產品或其他民生必需之飲食物品。
二　種苗、肥料、原料或其他農業、工業必需之物品。
三　前二款以外，經行政院公告之生活必需用品。
II 以強暴、脅迫妨害前項物品之販運者，處五年以下有期徒刑、拘役或科或併科五十萬元以下罰金。
III 意圖影響第一項物品之交易價格，而散布不實資訊者，處二年以下有期徒刑、拘役或科或併科二十萬元以下罰金。
IV 以廣播電視、電子通訊、網際網路或其他傳播工具犯前項之罪者，得加重其刑至二分之一。
V 第二項之未遂犯罰之。

第 252 條（妨害農事水利罪）
意圖加損害於他人而妨害其農事上之水利者，處二年以下有期徒刑、拘役或九千元以下罰金。

第 253 條（僞造仿造商標商號罪）
意圖欺騙他人而僞造或仿造已登記之商標、商號者，處二年以下有期徒刑、拘役或科或併科九萬元以下罰金。

❑ 實務見解

▶ 院字第 678 號（21.02.20）

所謂仿造商標，指製造類似之商標足以使一般人誤認爲眞正商標者而言。

▶41 台非 21（判例）

臺灣省菸酒公賣局，係菸酒專賣機關，該局出售各種酒類所用標紙，應視爲具有特許性質之專賣憑證，與普通商標不同。其持有或意圖供行使之用而收集此類特許憑證者，法律上無處罰明文。被告持有該局米酒芬芳酒標紙，既係向他人買來，而非自己或與他人所共同僞造，亦未曾予以使用，自難構成刑法第二百五十三條之犯罪。

▶25 上 7249（判例）

仿造商標，祇以製造類似之商標可使一般人誤認爲眞正商標爲已足。上訴人等鈐用之三金錢商標，雖無圈帶，然其金錢之個數平排之形狀等，均與某號之三金錢嘜商標相類似，實足以使一般人誤認爲即係該號之出品，自不得謂非仿造。

第254條（販賣陳列輸入僞造仿造商標商號之貨物罪）
明知爲僞造或仿造之商標、商號之貨物而販賣，或意圖販賣而陳列，或自外國輸入者，處六萬元以下罰金。

第255條（對商品爲虛僞標記與販賣陳列輸入該商品罪）
I 意圖欺騙他人，而就商品之原產國或品質，爲虛僞之標記或其他表示者，處一年以下有期徒刑、拘役或三萬元以下罰金。
II 明知爲前項商品而販賣，或意圖販賣而陳列，或自外國輸入者，亦同。

第二十章 鴉片罪

第256條（製造鴉片、毒品罪）
I 製造鴉片者，處七年以下有期徒刑，得併科九萬元以下罰金。
II 製造嗎啡、高根、海洛因或其化合質料者，處無期徒刑或五年以上有期徒刑，得併科十五萬元以下罰金。
III 前二項之未遂犯罰之。

第257條（販賣運輸鴉片、毒品罪）
I 販賣或運輸鴉片者，處七年以下有期徒刑，得併科九萬元以下罰金。
II 販賣或運輸嗎啡、高根、海洛因或其化合質料者，處三年以上十年以下有期徒刑，得併科十五萬元以下罰金。
III 自外國輸入前二項之物者，處無期徒刑或五年以上有期徒刑，得併科三十萬元以下罰金。
IV 前三項之未遂犯罰之。

❑ 實務見解

▶85年度第4次刑事庭會議決議（85.03.12）

某乙第二次僞稱欲購買毒品，雖無實際購毒之眞意，但某甲既有販毒之故意，且依約攜帶毒品前往交付，即已著手實施販毒之行爲；惟某乙原無買受毒品之意思，其虛與某甲買賣毒品，意在協助警察辦案，以求人贓俱獲，故形式上某甲、某乙縱已互爲交付毒品及價金，但因警察埋伏在側，伺機逮捕，事實上其二人不能眞正完成買賣毒品之行爲。因此，某甲應僅論以販賣毒品未遂罪。

第258條（製造販運吸食鴉片器具罪）
I 製造、販賣或運輸專供吸食鴉片之器具者，處三年以下有期徒刑，得併科一萬五千元以下罰金。
II 前項之未遂犯罰之。

第259條（爲人施打嗎啡或以館舍供人吸食鴉片罪）
I 意圖營利，爲人施打嗎啡或以館舍供人吸食鴉片或其化合質料者，處一年以上七年以下有期徒刑，得併科三萬元以下罰金。
II 前項之未遂犯罰之。

第260條（栽種與販運罌粟種子罪）
I 意圖供製造鴉片、嗎啡之用而栽種罌粟者，處五年以下有期徒刑，得併科九萬元以下罰金。
II 意圖供製造鴉片、嗎啡之用而販賣或運輸罌粟種子者，處三年以下有期徒刑，得併科九萬元以下罰金。
III 前二項之未遂犯罰之。

第261條（公務員強迫他人栽種或販運罌粟種子罪）
公務員利用權力強迫他人犯前條之罪者，處死刑或無期徒刑。

第262條（吸用煙毒罪）
吸食鴉片或施打嗎啡或使用高根、海洛因或其化合質料者，處六月以下有期徒刑、拘役或一萬五千元以下罰金。

第263條（持有煙毒或吸食鴉片器具罪）
意圖供犯本章各罪之用，而持有鴉片、嗎啡、高根、海洛因或其化合質料，或專供吸食鴉片之器具者，處拘役或一萬五千元以下罰金。

第264條（公務員包庇煙毒罪）
公務員包庇他人犯本章各條之罪者，依各該條之規定，加重其刑至二分之一。

第265條（沒收物）
犯本章各條之罪者，其鴉片、嗎啡、高根、海洛因或其化合質料，或種子或專供吸食鴉片之器具，不問屬於犯人與否，沒收之。

第二十一章 賭博罪

第266條（普通賭博罪與沒收物）
I 在公共場所或公眾得出入之場所賭博財物者，

處三萬元以下罰金。但以供人暫時娛樂之物為賭者，不在此限。
II 當場賭博之器具與在賭檯或兌換籌碼處之財物，不問屬於犯人與否，沒收之。

☐ 實務見解

▶ 院字第 1637 號（26.02.24）

私人家宅，自非公共場所，亦非當然為公眾得出入之場所，其集人賭博，如並無意圖營利或以為常業者，自不構成犯罪。

▶ 院字第 1491 號（25.04.30）

在自己住宅或家室內賭博財物，非公共場所或公眾得出入之場所，不成立刑法第二百六十六條之罪。以營利為目的，將自己居住家宅抽頭供賭者，其家主戶主如有犯意聯絡，自應共負刑責，至其他在場與賭之人，既非在公共或公眾得出入之場所，即不成立犯罪。

▶ 81 台非 233（判例）

共犯在學理上，有「任意共犯」與「必要共犯」之分，前者指一般原得由一人單獨完成犯罪而由二人以上共同實施之情形，當然有刑法總則共犯規定之適用；後者係指須有二人以上之參與實施始能成立之犯罪而言。且「必要共犯」依犯罪之性質，尚可分為「聚合犯」與「對向犯」，其二人以上朝同一目標共同參與犯罪之實施者，謂之「聚合犯」，如刑法分則之公然聚眾施強暴、脅迫罪、參與犯罪結社罪、輪姦罪等是，因其本質上即屬共同正犯，故除法律依其首謀、下手實施或在場助勢等參與犯罪程度之不同，而異其刑罰之規定時，各參與不同程度犯罪行為者之間，不能適用刑法總則共犯之規定外，其餘均應引用刑法第二十八條共同正犯之規定。而「對向犯」則係二個或二個以上之行為者，彼此相互對立之意思經合致而成立之犯罪，如賄賂、賭博、重婚等罪均屬之，因行為者各有其目的，各就其行為負責，彼此間無所謂犯意之聯絡，苟法律上僅處罰其中部分行為者，其餘對向行為縱然對之不無教唆或幫助等助力，仍不能成立該處罰行為之教唆、幫助犯或共同正犯，若對向之二個以上行為，法律上均有處罰之明文，當亦無適用刑法第二十八條共同正犯之餘地。

▶ 108 台非 148（〇判決）

刑法第二六六條第一項規定「在公共場所或公眾得出入之場所賭博財物者，處一千元以下罰金。但以供人暫時娛樂之物為賭者，不在此限。」立法者係考量賭博犯罪 若在公共場合或公眾得出入之場所進行，民眾可輕易見聞，恐造成群眾仿效跟進而參與賭博，終至群眾均心存僥倖、圖不勞而獲，因之敗壞風氣，需加以處罰，反之，在非公共場所或非公眾得出入之場所賭博財物，其貽害社會尚輕，故家庭間偶然賭博，不包括於本條之內。**惟此所謂之「公共場所或公衆得出入之場所」，並不以法令所容許或社會所公認者為限，如供給賭博用之會場、輪盤賭場及其他各種賭場，縱設於私人之住宅，倘依當時實際情形，可認係屬公衆得出入之場所者，亦足當之；又如賭博者雖未親自赴場賭博，而由他人轉送押賭，但既係基於自己犯罪之意思，仍應依本罪之正犯斷**，有司法院院字第一三七一、一九二一、四〇〇三號解釋意旨可資參照。**是以私人住宅如供不特定之人得以出入賭博者，該場所仍屬公衆得出入之場所，至於賭客係到場下注賭博，或以電話、傳眞、電腦網路、或行動電話之通訊軟體等方法傳遞訊息，下注賭博，均非所問。**

▶ 107 台非 174〇（判決）

關於賭博行為，刑法第二六六條第一項規定：「在公共場所或公眾得出入之場所賭博財物者，處一千元以下罰金。但以供人暫時娛樂之物為賭者，不在此限。」為普通賭博罪。第二六八條規定：「意圖營利，供給賭博場所或聚眾賭博者，處三年以下有期徒刑，得併科三千元以下罰金。」為圖利賭博罪或聚眾賭博罪。上開罰金部分，依刑法施行法第一條之一規定，其單位為新臺幣，並提高為三十倍。而社會秩序維護法第八十四條規定：「於非公共場所或非公眾得出入之職業賭博場所，賭博財物者，處新臺幣九千元以下罰鍰。」則為對賭博行為不合於刑法賭博罪之行政處罰規定。以上三種處罰賭博行為之規定，其情形並不相同。刑法第二六六條第一項之普通賭博罪，係以在公共場所或公眾得出入之場所賭博財物為其成立要件。而社會秩序維護法第八十四條所定之賭博行為，則不以在公共場所或公眾得出入之場所為之為要件。至刑法第二六八條之圖利賭博罪或聚眾賭博罪，亦不以在公共場所或公眾得出入之場所為之為要件。依上開規定，**在非公共場所或非公衆得出入之場所賭博財物，並不構成刑法第二六六條第一項之賭博罪。所謂之「賭博場所」，只要有一定之所在可供人賭博財物即可，非謂須有可供人前往之一定空間之場地始足為之。以現今科技之精進，電話、傳眞、網路均可為傳達賭博訊息之工具。電腦網路係可供公共資訊傳輸園地，雖其為虛擬空間，然既可供不特定之多數人於該虛擬之空間為彼此相關聯之行為，而藉電腦主機、相關設備達成其傳輸之功能，在性質上並非純屬思想之概念空間，亦非物理上絕對不存在之事物，在電腦網站開設投注簽賭網站，供不特定人藉由網際網路連線登入下注賭博財物，該網站仍屬賭博場所。透過通訊或電子設備簽注賭博財物，與親自到場賭博財物，僅係行為方式之差異而已，並不影響其在一定場所**

爲賭博犯罪行爲之認定，此爲擴張解釋，非法之所禁。惟如前所述，刑法第二六六條第一項之普通賭博罪在成立上，係以「在公共場所或公眾得出入之場所」作爲要件。**所謂「公共場所」，係指特定多數人或不特定之人得以出入、集合之場所；所謂「公衆得出入場所」，係指非屬公共場所，而特定多數人或不特定之人於一定時段得進出之場所**。是網際網路通訊賭博行爲，究應論以刑法第二六六條第一項之普通賭博罪，抑應依社會秩序維護法第八十四條處罰，則以個案事實之認定是否符合於「公共場所」或「公眾得出入之場所」賭博財物之要件而定。於電腦網路賭博而個人經由私下設定特定之密碼帳號，與電腦連線上線至該網站，**其賭博活動及內容具有一定封閉性，僅爲對向參與賭博之人私下聯繫，其他民衆無從知悉其等對賭之事，對於其他人而言，形同一個封閉、隱密之空間，在正常情況下，以此種方式交換之訊息具有隱私性，故利用上開方式向他人下注，因該簽注內容或活動並非他人可得知悉，尚不具公開性，即難認係在「公共場所」或「公衆得出入之場所」賭博，不能論以刑法第二六六條第一項之賭博罪，惟如合於社會秩序維護法第八十四條規定之要件，則依該法予以處罰。對此因科技之精進新興賭博之行爲，如認其可責性不亞於刑法第二六六條第一項之普通賭博罪，**於刑事政策上認有依刑法處罰之必要，則應循立法途徑修法明定，以杜爭議，並符罪刑法定之原則。

第 267 條（刪除）

第 268 條（圖利供給賭場或聚眾賭博罪）
意圖營利，供給賭博場所或聚眾賭博者，處三年以下有期徒刑，得併科九萬元以下罰金。

□ 實務見解

▸ 院字第 1479 號（25.04.18）

在公共或公眾得出入之場所賭博，僅係刑法第二六六條之犯罪成立要件若同法第二六七條及第二六八條之罪，並不以在公共或公眾得出入之場所爲限。

▸106 台上 2862（判決）

刑法明文處罰公務員各種包庇他人犯罪之行爲，**所指「包庇」，即包攬庇護之意，固與單純不舉發之消極 縱容有別，而須有積極掩蔽庇護之行爲，始能成立，其本質上仍屬他人犯罪之幫助犯，僅因法律明文處罰始獨立成罪，是舉凡一切藉其勢力，提供庇護，以利他人犯罪進行或使犯罪不易被人發覺，而助益他人犯罪完成之積極行爲，概皆屬之。又依警察勤務條例第十一條規定，警察執行勤務，其方式包括勤區查察、巡邏、臨檢、守望、值班與備勤，其目的係爲達成取締、檢肅、查緝等法定任務，維護社會治安，是各級勤務機構因應治安之需求所規劃之勤務內容，包括如何指派人員、運用與組合警力、積極採取甚或消極不採取上開任一勤務執行方式等，均攸關上開任務目的能否圓滿達成，故透露警察之勤務計畫，不論其既定內容係積極作爲或消極不作爲，均足以影響取締效果**。爲使他人得以規避查緝，趁隙進行犯罪，而告知警察勤務，既已爲告知之積極行爲，且有助益他人犯罪之完成，即屬包庇，要不因其所告知之內容係積極作爲或消極不作爲，而有不同。又公務員藉其勢力，利用職權機會或身分，提供庇護，以利他人犯罪進行或使犯罪不易被人發覺，而助益他人犯罪完成之積極行爲即屬包庇行爲，**不以其包庇對象爲其主管或監督之事務權責範圍內爲限**。

第 269 條（辦理有獎蓄儲或發行彩票罪、經營或媒介之罪）
Ⅰ意圖營利，辦理有獎儲蓄或未經政府允准而發行彩票者，處一年以下有期徒刑或拘役，得併科九萬元以下罰金。
Ⅱ經營前項有獎儲蓄或爲買賣前項彩票之媒介者，處六月以下有期徒刑、拘役或科或併科三萬元以下罰金。

第 270 條（公務員包庇賭博罪）
公務員包庇他人犯本章各條之罪者，依各該條之規定，加重其刑至二分之一。

□ 實務見解

▸106 台上 2862○（判決）

刑法明文處罰公務員各種包庇他人犯罪之行爲，**所指「包庇」，即包攬庇護之意，固與單純不舉發之消極縱容有別，而須有積極掩蔽庇護之行爲，始能成立，其本質上仍屬他人犯罪之幫助犯，僅因法律明文處罰始獨立成罪，是舉凡一切藉其勢力，提供庇護，以利他人犯罪進行或使犯罪不易被人發覺，而助益他人犯罪完成之積極行爲，概皆屬之**。又依警察勤務條例第十一條規定，警察執行勤務，其方式包括勤區查察、巡邏、臨檢、守望、值班與備勤，其目的係爲達成取締、檢肅、查緝等法定任務，維護社會治安，是各級勤務機構因應治安之需求所規劃之勤務內容，包括如何指派人員、運用與組合警力、積極採取甚或消極不採取上開任一勤務執行方式等，均攸關上開任務目的能否圓滿達成，故透露警察之勤務計畫，不論其既定內容係積極作爲或消極不作爲，均足以影響取締效果。從而爲使他人得以規避查緝，趁隙進行犯罪，而告知警察勤務，既已爲告知之積極行爲，且有助益他人犯罪之完成，即屬包庇，要不因其所告知之內容係積極作爲或消極不作爲，而有不同。又公務員藉其勢力，利用職權機會或身分，提供庇護，以利他人犯罪進行或使犯罪不易被人發覺，而助益他人犯罪完成之積極行爲即屬包庇行爲，不以其包庇對象爲其主管或監督之事務權責範圍內爲限。

本件上訴人於一〇〇年二月間行爲時，擔任桃園縣政府（現改制爲桃園市政府）警察局八德分局警備隊隊員，**明知勤務內容、執行時間，均與國家事務或公共利益有深切之利害關係，均屬應維護之秘密，不得洩漏，以免助長犯罪，竟將員警即將出勤之訊息告知賭場業者呂〇〇，使之得以預先防範，所爲業已實際提供庇護而助益他人犯罪之完成，自屬積極之包庇行爲**。縱上訴人非主管排定或執行該等勤務計畫內容之人，亦未必實際知悉勤務計畫及內容，**惟員警何時外出執行勤務，本非一般人均可輕易知悉之消息，仍屬於應秘密之消息，不得洩漏**。上訴人將員警集結、即將進行非例行性專案勤務之訊息洩漏予呂〇〇，使之得以事先知悉而有所防備、規避查緝，顯係以積極行爲排除犯罪阻力，使呂〇〇就其犯行防免事跡敗露，自當屬積極包庇賭博之行爲。

第二十二章　殺人罪

第 271 條（普通殺人罪）
Ⅰ殺人者，處死刑、無期徒刑或十年以上有期徒刑。
Ⅱ前項之未遂犯罰之。
Ⅲ預備犯第一項之罪者，處二年以下有期徒刑。

☐ 實務見解

▶51 台上 1291（判例）

殺人與傷害人致死之區別，**應以加害人有無殺意爲斷**，不能因與被害人素不相識，原無宿怨，即認爲無殺人之故意。

▶48 台上 33（判例）

殺人罪之成立，須於實施殺害時，即具有使其喪失生命之故意，倘缺乏此種故意，僅在使其成爲重傷，而結果致重傷者，祇與使人受重傷之規定相當，要難遽以殺人未遂論處。

▶37 上 2318（判例）

上訴人槍擊之目的，既在甲而不在乙、丙，則其槍擊甲未中，應構成殺人未遂罪，其誤將乙打傷丙打死，應分別構成過失傷害人及過失致人於死罪，依刑法第五十五條從一重論以殺人未遂罪，原判遽以殺人罪處斷，自屬違誤。

▶28 上 3069（判例）

殺人行爲對於被害人之行動自由不能無所妨害，**如果妨害自由即屬於殺人行爲之一部分時，自不應更論以妨害自由之罪**。被告與某甲共將某乙綑勒，用斧頭砍斃，其綑勒舉動，係殺人行爲之一部分，衹能包括的論以殺人一罪，不得援引刑法第三百零二條第一項與殺人罪比較，從一重處斷。

第 272 條（殺直系血親尊親屬罪）
對於直系血親尊親屬，犯前條之罪者，加重其刑至二分之一。

☐ 實務見解

▶73 年度第 5 次刑事庭會議決定㈢（73.05.15）

犯刑法第二百七十一條之普通殺人罪，與犯同法第二百七十二條之殺害直系血親尊親屬罪，其犯罪之基本構成要件相同，如係基於概括之犯意而連續爲之，依司法院大法官會議釋字第一五二號解釋，應適用刑法第五十六條規定，按連續犯以一罪論處。

▶26 年度決議㈠（26.01.05）

養父母應認爲直系血親尊親屬。

▶37 上 2192（判例）

被告某乙殺死養父某甲，依民法第一千零七十七條之規定，某甲自係某乙之直系血親尊親屬，應依刑法第二百七十二條第一項處斷。原判按照同法第二百七十一條第一項普通殺人罪論科，殊有違誤。

▶33 上 1666（判例）

刑法第二百七十二條第一項之殺直系血親尊親屬，其罪質本與殺人相同，僅以所殺者係犯人直系血親尊親屬之故，致有此加重其刑之規定，故常人與之共犯，在常人仍應科通常之刑。上訴人某乙係被害人某甲之子，與其叔父某丙毆殺某甲，固應成立上開條項之罪，至某丙對於某甲並無該條項所定身分關係，原審論某丙以幫助殺直系血親尊親屬罪，自屬錯誤。

第 273 條（義憤殺人罪）
Ⅰ當場激於義憤而殺人者，處七年以下有期徒刑。
Ⅱ前項之未遂犯罰之。

❖ 法學概念

當場激於義憤

所謂當場，乃被害人實施不義行爲之當時當地，其性質兼含「時間」與「場所」二種情形在內。換言之，須具有「**時間之密接性**」與「**場所之密接性**」二個要件。

所謂義憤，乃道義之憤慨，亦即乍睹他人實施不義行爲之際，因猝然遇合，而激憤難忍之謂。義憤，不僅以被害人先有「不義」行爲爲已足，且須該行爲在客觀上令人無可容忍，而足以引起公憤，例如，目睹他人強制性交婦女，氣憤難忍，而將其殺害之情形是。此外，是否屬於義憤，應依社會上一般人之客觀標準加以判斷。若客觀上尚不足引起公憤者，例如，遭對方毆辱欺凌時憤怒者，非屬義憤。

【甘添貴，《刑法各論（上）》，三民，修訂三版，2013.09，29頁以下。】

然而國內有文獻參酌我國立法理由與德國立法例指出，**此一義憤之意義，並非僅指被害人之行為悖於公理正義而引發公憤，毋寧是指行為人的憤怒乃因被害人無端挑起所激發，衡諸因此所受之刺激，只要此憤怒係其來有自，並非無理取鬧、借題發揮，而是有正當理由的憤怒**（berechtiger Zorn）即屬之。因此，本條之適用重點並不在於被害人之行為是否不公不義，當然也不在於能否激起公眾之憤慨，端看行為人是否因受情緒刺激而失控。

【徐育安，〈當場激於義憤〉，《月旦法學教室》，第122期，2012.12，30～31頁。】

❒ 實務見解

▶ 院解字第3406號（36.03.14）

本夫或第三人於姦夫姦婦行姦之際殺死姦夫，是否可應認為當場激於義憤而殺人，應依實際情形定之，但不得認為正當防衛。

▶ 33上1732（判例）

刑法第二百七十三條之規定，祇須義憤激起於當場而立時殺人者，即有其適用，不以所殺之人尚未離去現場為限。被告撞見某甲與其妻某氏行姦，激起憤怒，因姦夫姦婦逃走，追至丈外始行將其槍殺，亦不得謂非當場激於義憤而殺人。

▶ 31上1156（判例）

刑法第二百七十三條所謂當場激於義憤而殺人，**係指他人所實施之不義行為，在客觀上足以引起公憤，猝然遇合，憤激難忍，因而將其殺害者而**言。若於他人實施不義之行為以前，預定計劃而於其實施之際或事後將其殺害，即與當場激於義憤之情形不同，不在本條適用範圍之內。

第274條（母殺嬰兒罪）

I 母因不得已之事由，於生產時或甫生產後，殺其子女者，處六月以上五年以下有期徒刑。

II 前項之未遂犯罰之。

❒ 實務見解

▶ 28上2240（判例）

上訴人扼死其所生女孩，已在出生後之第五日，自與刑法所定母於甫生產後，殺其子女之情形不合。

第275條（加工自殺罪）

I 受他人囑託或得其承諾而殺之者，處一年以上七年以下有期徒刑。

II 教唆或幫助他人使之自殺者，處五年以下有期徒刑。

III 前二項之未遂犯罰之。

IV 謀為同死而犯前三項之罪者，得免除其刑。

❖ 法學概念

死亡協助與加工自殺

「直接的死亡協助（直接安樂死）」是指用積極而直接的手段，以縮短生命為目的之死亡協助。例如：施打毒藥或氰化鉀，解除病患疼痛，同時提早斷氣。這種死亡協助除荷蘭及比利時外，為大多數國家法律所不許，蓋法律上允許積極的死亡協助，將使得老人與病人以為自己是家屬的負擔。健康保險的成本，過半給付於生命的後半段，如果允許受請求殺人，病人會認為依法律規定去實現死亡是合理的，將使得生命末期的疼痛治療成為多餘。如果得到病患嚴肅的請求而實施，成立受囑託殺人罪；如果未得請求，即為一般殺人罪。「間接的死亡協助（間接安樂死）」則是為了減輕病患痛苦，行為人知道使用藥劑可能縮短生命，在使用藥劑後病患果眞死亡。使用藥劑的主要目的，在於減緩疼痛，不在結束生命，並非幫助自殺。因為病患並無自殺的意思，醫師也沒有幫助自殺的意思。間接的死亡協助可依「業務上正當行為」將其合法化或在構成要件判斷上加以解決。至於「消極的死亡協助（消極安樂死）」，是指病患主動請求放棄醫療，則醫師不再有保證人之地位，無不作為幫助殺人之問題。同理，呼應病患的請求，並以積極作為的方式而中斷醫療，亦非受囑託殺人。

刑法所規定的加工自殺罪，除了教唆自殺與幫助自殺之外，還包括受囑託或得承諾而殺人。幫助自殺，是死亡協助的邊緣行為、參與他人自殺的行為；受囑託殺人則是死亡協助的核心行為，必須事先得到死者的嚴肅、明示的請求，其本質上仍是殺人，只不過這種殺人行為受到死者的嚴肅請求，所以不法內涵較低。由於自殺者無罪的理由係憲法所保障的個人自主權，所以德國刑法不處罰教唆自殺與幫助自殺之行為。基於同樣的理由，任由病人安寧去世、積極的中斷醫療、消極的死亡協助、間接的死亡協助不處罰，都是病人自主權的尊重。因此，學說上主張幫助自殺應該適度的合法化，這不僅是對於病人自主權的尊重，也可解決老人大病纏身堅決辭世的問題。故我國刑法第275條的加工自殺罪，將參與自殺的行為（教唆或幫助自殺）以及受請求殺人的行為（受囑託或得承諾而殺人），統一規定在第1項，非常不恰當，有修正必要。蓋幫助自殺與教唆自殺，都是參與自殺，不能跟殺人正犯相提並論。所以，受囑託殺人與得承諾殺人的規定，必須與幫助自殺及教唆自殺分項規定。

【林東茂，〈死亡協助的刑法問題〉，《高大法學論叢》，第10卷第2期，2015.03，100頁以下。】

❑ 實務見解

▶29 上 2014（判例）

教唆他人自殺罪，係指被教唆人於受教唆後願否自殺，仍由自己之意思決定者而言。如被教唆人之自殺，係受教唆人之威脅所致，並非由於自由考慮之結果，即與教唆他人自殺之情形不同，其教唆者自應以殺人罪論處。

第276條（過失致死罪）
因過失致人於死者，處五年以下有期徒刑、拘役或五十萬元以下罰金。

❑ 實務見解

▶84 台上 5360（判例）

汽車駕駛人對於防止危險發生之相關交通法令之規定，業已遵守，並盡相當之注意義務，以防止危險發生，始可信賴他人亦能遵守交通規則並盡同等注意義務。若因此而發生交通事故，方得以信賴原則為由免除過失責任。

▶75 台上 1685（判例）

汽車駕駛人之駕駛工作，**乃隨時可致他人身體生命於危險之行為，並係具有將該行為繼續，反覆行使之地位之人。因此應有經常注意俾免他人於危險之特別注意義務**。上訴人所駕駛之客貨兩用車，係以之為販賣錄音帶所用，其本人並以販賣錄音帶為業，故其駕駛該車本屬其社會活動之一，在社會上有其特殊之屬性（地位），其本於此項屬性（地位）而駕車，自屬基於社會生活上之地位而反覆執行事務，因之，在此地位之駕車，不問其目的為何，均應認其係業務之範圍。上訴人徒以其時非用以運載錄音帶，即謂非業務行為，難認有理由。

▶30 上 1148（判例）

因自己行為致有發生一定結果之危險者，應負防止其發生之義務，刑法第十五條第二項定有明文。設置電網既足使人發生觸電之危險，不能謂非與該項法條所載之情形相當。上訴人為綜理某廠事務之人，就該廠設置之電網，本應隨時注意防止其危險之發生，乃於其電門之損壞，漫不注意修理，以致發生觸電致死情形，顯係於防止危險之義務有所懈怠，自難辭過失致人於死之罪責。

第二十三章　傷害罪

第277條（普通傷害罪）
I 傷害人之身體或健康者，處五年以下有期徒刑、拘役或五十萬元以下罰金。
II 犯前項之罪，因而致人於死者，處無期徒刑或七年以上有期徒刑；致重傷者，處三年以上十年以下有期徒刑。

❑ 實務見解

▶59 台上 1746（判例）

重傷罪之成立，**必須行為人原具有使人受重傷之故意始為相當**，若其僅以普通傷害之意思而毆打被害人，雖發生重傷之結果，亦係刑法第二百七十七條第二項後段普通傷害罪之加重結果犯，祇應成立傷害人致重傷罪，不能以刑法第二百七十八條第一項之重傷罪論科。

▶22 上 674（判例）

刑法上傷害致人於死之罪，祇須傷害行為，與死亡之發生，具有因果聯絡之關係，即屬成立，並非以被害人因傷直接致死為限，即如傷害後，因被追毆情急落水致生死亡之結果，其追毆行為，即實施傷害之一種暴行，被害人之情急落水，既為該項暴行所促成，自不得不認為因果關係之存在。

第278條（重傷罪）
I 使人受重傷者，處五年以上十二年以下有期徒刑。
II 犯前項之罪因而致人於死者，處無期徒刑或十年以上有期徒刑。
III 第一項之未遂犯罰之。

❑ 實務見解

▶61 台上 289（判例）

刑法上之加重結果犯，**以行為人對於加重結果之發生有預見之可能為已足**。如傷害他人，而有使其受重傷之故意，即應成立刑法第二百七十八條第一項使人受重傷罪，無論以同法第二百七十七條第二項，傷害人之身體因而致重傷罪之餘地。

▶55 台上 1703（判例）

使人受重傷未遂與普通傷害之區別，**應以加害時有無致人重傷之故意為斷**。至於被害人受傷之部位以及加害人所用之兇器，有時雖可藉為認定有無重傷故意之心證，究不能據為絕對之標準。

▶51 台上 600（判例）

用硫酸潑灑被害人之面部，顯有使其受重傷之故意，雖被害人及時逃避，僅面部胸部灼傷，疤痕不能消失，雙目未致失明，自亦無解於使人受重傷未遂之罪責。

第279條（義憤傷害罪）
當場激於義憤犯前二條之罪者，處二年以下有期徒刑、拘役或二十萬元以下罰金。但致人於死者，處五年以下有期徒刑。

❑ **實務見解**

▶33 上 99（判例）

刑法第二百七十九條所謂當場激於義憤，**必須此項義憤係在犯罪之現場所激起者，始足以當之**。某甲聞知某乙坐在某氏床上，攜帶多人共往毆擊，其行爲縱可認爲係屬於義憤，但既非在現場所激起，而與該條所定之條件不合。

▶24 上 2246（判例）

刑法上所謂當場激於義憤而傷害人，係指被害人之行爲違反正義，在客觀上足以激起一般人無可容忍之憤怒，而當場實施傷害者而言。

第 280 條（傷害直系血親尊親屬罪）

對於直系血親尊親屬，犯第二百七十七條或第二百七十八條之罪者，加重其刑至二分之一。

第 281 條（加暴行於直系血親尊親屬罪）

施強暴於直系血親尊親屬，未成傷者，處一年以下有期徒刑、拘役或十萬元以下罰金。

❑ **實務見解**

▶48 台上 715（判例）

刑法第二百八十一條之罪，係以施強暴於直系血親尊親屬未成傷爲構成要件，原判決竟以未成傷爲不構成該條之罪之理由，顯有瑕疵。

第 282 條（加工自傷罪）

I 受他人囑託或得其承諾而傷害之，因而致死者，處六月以上五年以下有期徒刑；致重傷者，處三年以下有期徒刑。

II 教唆或幫助他人使之自傷，因而致死者，處五年以下有期徒刑；致重傷者，處二年以下有期徒刑。

第 283 條（聚眾鬥毆罪）

聚眾鬥毆致人於死或重傷者，在場助勢之人，處五年以下有期徒刑。

❑ **實務見解**

▶28 上 621（判例）

刑法第二百八十三條所謂聚眾鬥毆，係指參與鬥毆之多數人，有隨時可以增加之狀況者而言。上訴人等與被告等雙方械鬥時，其參與鬥毆之人均係事前約定，並無隨時可以增加之狀況，自與聚眾鬥毆之情形不合。

編按：修法後，本則判例仍保留。

第 284 條（過失傷害罪）

因過失傷害人者，處一年以下有期徒刑、拘役或十萬元以下罰金；致重傷者，處三年以下有期徒刑、拘役或三十萬元以下罰金。

❑ **實務見解**

▶37 上 2318（判例）

上訴人槍擊之目的，既在甲而不在乙、丙，則其槍擊甲未中，應構成殺人未遂罪，其誤將乙打傷丙打死，應分別構成過失傷害人及過失致人於死罪，依刑法第五十五條從一重論以殺人未遂罪，原判遽以殺人罪處斷，自屬違誤。

第 285 條（刪除）

第 286 條（妨害幼童發育罪）

I 對於未滿十八歲之人，施以凌虐或以他法足以妨害其身心之健全或發育者，處六月以上五年以下有期徒刑。

II 意圖營利，而犯前項之罪者，處五年以上有期徒刑，得併科三百萬元以下罰金。

III 犯第一項之罪，因而致人於死者，處無期徒刑或十年以上有期徒刑；致重傷者，處五年以上十二年以下有期徒刑。

IV 犯第二項之罪，因而致人於死者，處無期徒刑或十二年以上有期徒刑；致重傷者，處十年以上有期徒刑。

❑ **實務見解**

▶30 上 1787（判例）

刑法第二百八十六條第一項之凌虐，係凌辱虐待之意，若偶有毆傷，而非通常社會觀念上所謂凌辱虐待之情形，祇能構成傷害人身體之罪。

第 287 條（告訴乃論）

第二百七十七條第一項、第二百八十一條及第二百八十四條之罪，須告訴乃論。但公務員於執行職務時，犯第二百七十七條第一項之罪者，不在此限。

❖ **法學概念**

醫療暴力屬非告訴乃論罪

依本條之規定，刑法第 277 條第 1 項之普通傷害罪爲告訴乃論之罪。但在醫療暴力的案例中，無論是基於醫病關係、醫院管理、恐遭報復、畏於纏訟或是一念之仁等因素，事實上的確有許多醫療暴力之受害人未爲告訴或撤回告訴，以致相關之肢體暴力未能獲得處罰。長此以往，恐將令整體醫療環境安全之維護更形惡化。這不免造成施暴者僥倖的心理，使得這類事件一再發生。

有鑑於此，2014 年 1 月醫療法第 24 條修正爲「醫療機構應保持環境整潔、秩序安寧，不得妨礙公共衛生及安全。爲保障病人就醫安全，任何人不得以強暴、脅迫、恐嚇或其他非法之方法，妨礙醫療業務之執行，致生危害醫療安全或其設施。醫療機構應採必要措施，以確保醫事人員執行醫療業務時之安全。違反第二項規定者，警察機關應協助排除或制止之；如涉及刑事責任者，應移送該管檢察官偵辦。」由此可知，這次修法已將此類行為改為非告訴乃論罪。

【張麗卿，〈護理站中的醫療暴力〉，《台灣法學雜誌》，第244期，2014.03，128頁以下。】

第二十四章　墮胎罪

第288條（自行或聽從墮胎罪）

Ⅰ懷胎婦女服藥或以他法墮胎者，處六月以下有期徒刑、拘役或三千元以下罰金。

Ⅱ懷胎婦女聽從他人墮胎者，亦同。

Ⅲ因疾病或其他防止生命上危險之必要，而犯前二項之罪者，免除其刑。

第289條（加工墮胎罪）

Ⅰ受懷胎婦女之囑託或得其承諾，而使之墮胎者，處二年以下有期徒刑。

Ⅱ因而致婦女於死者，處六月以上五年以下有期徒刑。致重傷者，處三年以下有期徒刑。

第290條（意圖營利加工墮胎罪）

Ⅰ意圖營利而犯前條第一項之罪者，處六月以上五年以下有期徒刑，得併科一萬五千元以下罰金。

Ⅱ因而致婦女於死者，處三年以上十年以下有期徒刑，得併科一萬五千元以下罰金；致重傷者，處一年以上七年以下有期徒刑，得併科一萬五千元以下罰金。

第291條（未得孕婦同意使之墮胎罪）

Ⅰ未受懷胎婦女之囑託或未得其承諾，而使之墮胎者，處一年以上七年以下有期徒刑。

Ⅱ因而致婦女於死者，處無期徒刑或七年以上有期徒刑。致重傷者，處三年以上十年以下有期徒刑。

Ⅲ第一項之未遂犯罰之。

❖ 法學概念

本罪與他罪之競合

可分三種情形討論：

一、本罪乃未得懷孕婦女之承諾而為墮胎行為，行為之不法內涵已包含對於懷胎婦女意思自由的保護，故成立本罪後，無須再論以成立強制罪。

二、由於本罪所要保護的法益為胎兒生命與懷孕婦女之身體健康，因此本罪之不法內涵也帶有傷害罪之性質，故成立本罪後，不再另論傷害罪。惟墮胎行為如造成被害人死亡或重傷害之結果發生，則應論以本條第2項之加重結果犯。

三、行為人若故意殺害懷孕婦女或故意使之成重傷害，則屬一行為同時觸犯殺人罪與本罪，係想像競合。

【王皇玉，〈論墮胎罪〉，收錄於《刑法上的生命、死亡與醫療》，承法，初版，2011.12，27頁。】

☐ 實務見解

▶30上1930（判例）

刑法第二百九十一第二項之墮胎致死罪，以加害人有使懷胎婦女墮胎之故意為必要。如無此故意，僅因毆傷懷胎婦女之結果，致其胎兒墮落，該婦女且因之而死亡者，即與該罪應具之要件不符。

▶29上3120（判例）

刑法第二百九十一條第一項之使婦女墮胎罪，以有直接或間接之墮胎故意為必要。**倘無使之墮胎之故意，而由另一原因發生墮胎之結果者，則祇成立他罪，而不能論以本罪**，即因墮胎致死，亦不能以同條第二項前段之罪論擬。

第292條（介紹墮胎罪）

以文字、圖畫或他法，公然介紹墮胎之方法或物品，或公然介紹自己或他人為墮胎之行為者，處一年以下有期徒刑、拘役或科或併科三萬元以下罰金。

❖ 法學概念

本罪與婦女墮胎罪之關係

本罪僅須有公然介紹之行為，即足成立；至行為人有否進而提供墮胎之方法或物品，對於本罪之成立並無影響。

惟假設行為人進而提供墮胎之方法或物品，而由婦女自行為墮胎者，固得成立懷胎婦女墮胎罪之幫助犯；惟因前者為正犯，後者為幫助犯，二者犯罪性質有別，其法定刑亦復輕重有異，前者較重，後者較輕，倘認其僅成立自行墮胎罪之幫助犯，無異鼓勵行為人避重就輕，逃避重罪之制裁。故在此應視具體情形，認其成立本罪與懷胎婦女墮胎罪之幫助犯，數罪併罰。

【甘添貴，《刑法各論（上）》，三民，修訂二版，2010.11，87頁。】

第二十五章　遺棄罪

第293條（無義務者之遺棄罪）

Ⅰ遺棄無自救力之人者，處六月以下有期徒刑、拘役或三千元以下罰金。

Ⅱ因而致人於死者，處五年以下有期徒刑；致重傷者，處三年以下有期徒刑。

☐ 實務見解

▶17年度決議㈠（17.10.17）

本條（按指刑法第二百九十三條）係指雖無扶助養育保護之義務，而遇無自救力之人故意遺棄之者言。

▸23 非 71（判例）

被告於被害人受傷倒地後，著人將其抬至墟門以外，隨即因傷斃命，即為原判決認定之事實，是被害人受傷倒地，已失卻生存上所必要之自救力，被告雖無扶助保護之義務，乃著人將其抬至墟門以外，究難謂無教唆遺棄之行為。

第 294 條（違背義務遺棄罪）

Ⅰ對於無自救力之人，依法令或契約應扶助、養育或保護而遺棄之，或不為其生存所必要之扶助、養育或保護者，處六月以上、五年以下有期徒刑。

Ⅱ因而致人於死者，處無期徒刑或七年以上有期徒刑；致重傷者，處三年以上十年以下有期徒刑。

❖ 法學概念

本罪保護義務的範圍

本罪雖然明文保護的義務是「依法令或契約」，**但是一般認為刑法上作為義務的根據，除了法令、契約之外，尚有無因管理、習慣或法理在內**。惟，一般規範的習慣或法理的範圍雖非明確，不過現實上確實存在必須根據一般規範始得認定作為義務或保護義務存在之情況，例如一同參加登山的同伴之間或者同居於一室的室友之間（分租而非同室，並不包括在內）等等，因此有以一般規範作為義務或保護義務根據的理由，然而在認定是否果眞因為一般規範而具備作為義務或保護義務，仍須就個別具體判斷之。

【陳子平，《刑法各論（上）》，元照，二版，2015.09，72 頁以下。】

但文獻上亦有認為，在法律沒有明文好友、同居人的救助或保護義務的前提下，如貿然擴大承認國民感情的保護義務，將有違反罪刑法定原則之虞，故不宜擴大解釋。

【王皇玉，〈遺棄同居人〉，《月旦法學教室》，第 111 期，2012.01，43 頁。】

❒ 實務見解

▸87 台上 2395（判例）

刑法第二百九十四條第一項後段之遺棄罪，以負有扶助、養育或保護義務者，對於無自救力之人，不為其生存所必要之扶助、養育或保護為要件。**所謂「生存所必要之扶助、養育或保護」，係指義務人不履行其義務，於無自救力人之生存有危險者而言**。是本院二十九年上字第三七七七號判例所稱：「若負有此項義務之人，不盡其義務，而事實上尚有他人為之養育或保護，對於該無自救力人之生命，並不發生危險者，即難成立該條之罪」，**應以於該義務人不履行其義務之際，業已另有其他義務人為之扶助、養育或保護者為限；否則該義務人一旦不履行其義務，對於無自救力人之生存自有危險，仍無解於該罪責**。

▸29 上 3777（判例）

刑法第二百九十四條第一項後段之遺棄罪，必以對於無自救力之人，不盡扶養或保護義務，而致其有不能生存之虞者，始克成立。若負有此項義務之人，不盡其義務，而事實上尚有他人為之養育或保護，對於該無自救力人之生命，並不發生危險者，即難成立該條之罪。

▸27 上 1765（判例）

刑法上所謂無自救力之人，係指其人無維持生存所必要之能力而言。若年力健全之婦女，儘有謀生之途，不能僅以無資金、技能或未受教育，為無自救力之原因。被告對於某氏固有扶養義務，但該氏正在中年，又未病廢，即其本身非無維持生存所必要之能力，被告如違反扶養義務，祇可由某氏依民事法規請求救濟，要不能謂已構成遺棄之罪。

▸107 台上 1362◯（判決）

刑法第二九四條第一項之違背義務遺棄罪，以負有扶助、養育或保護義務者，對於無自救力之人，不為其生存所必要之扶助、養育或保護為其要件。此所謂生存所必要之扶助、養育或保護，係指義務人不履行其義務，**對於無自救力人之生存有發生危險之虞者而言，係抽象危險犯，故不以果已發生危險為必要。又負有此項義務之人，不盡其義務時，縱有其他無照護義務之人為之照護，因該非出於義務之照護（類似無因管理）隨時可能停止，對無自救力之人之生命既仍處於有可能發生危險之不確定狀態，自不影響該依法令負有此義務之人遺棄罪之成立**。本件上訴人將甫出生四日且有海洛因戒斷症候群之 A 童棄置在敏盛醫院新生兒中重度病房後，該醫院雖因全民健康保險制度對 A 童有治療之義務，並在 A 童住院期間附帶照料 A 童之飲食及睡眠等基本需要，惟該附帶之照料行為，既無法律與契約之明確保障，並不相當或等同於上訴人對 A 童所應負之扶助、養育及保護義務。敏盛醫院是否有為 A 童治療之義務暨是否對 A 童為附帶之照料，以及該治療及附帶照料行為之長短，並不影響上訴人違背義務遺棄罪之成立。

▸104 台上 2837（判決）

刑法第二百九十四條第一項之違背義務遺棄罪，構成要件為「對於無自救力之人，依法令或契約應扶助、養育或保護，而遺棄之，或不為其生存所必要之扶助、養育或保護」，屬身分犯之一種，所欲保護的法益，係維持生命繼續存在的生存權，而以法令有規範或契約所約明，負擔扶養、保護義務之人，作爲犯罪的行爲主體；以其所需負責扶養、保護的對象，作爲犯罪的客體。**又依其法律文字結構（無具體危險犯所表明的「致生損害」、「致生公共危險」、「足以生損害於公衆或他人」等用詞）以觀，可知屬於學理上所稱的抽象危險犯**，行爲人一旦不履行其義務，對於無自救力人之生存，已產生抽象危險現象，罪即成立，不以發生具體危險情形爲必要。

第 294 條之 1（阻卻遺棄罪成立之事由）
對於無自救力之人，依民法親屬編應扶助、養育或保護，因有下列情形之一，而不爲無自救力之人生存所必要之扶助、養育或保護者，不罰：
一　無自救力之人前爲最輕本刑六月以上有期徒刑之罪之行爲，而侵害其生命、身體或自由者。
二　無自救力之人前對其爲第二百二十七條第三項、第二百二十八條第二項、第二百三十一條第一項、第二百八十六條之行爲或人口販運防制法第三十二條、第三十三條之行爲者。
三　無自救力之人前侵害其生命、身體、自由，而故意犯前二款以外之罪，經判處逾六月有期徒刑確定者。
四　無自救力之人前對其無正當理由未盡扶養義務持續逾二年，且情節重大者。

第 295 條（遺棄直系血親尊親屬罪）
對於直系血親尊親屬犯第二百九十四條之罪者，加重其刑至二分之一。

□ 實務見解

▶26 上 2919（判例）
刑法第二百九十五條之遺棄罪，仍以被遺棄之直系血親尊親屬，係無自救力之人爲必要。上訴人年甫四十八歲，體力尚健，平日在某姓家傭工自給，不得謂無自營生活之能力，被告等不爲扶養，尚與該條之構成要件不合。

第二十六章　妨害自由罪

第 296 條（使人爲奴隸罪）
I 使人爲奴隸或使人居於類似奴隸之不自由地位者，處一年以上七年以下有期徒刑。
II 前項之未遂犯罰之。

□ 實務見解

▶31 上 1664（判例）
刑法第二百九十六條所謂使人居於類似奴隸之不自由地位，係指雖非使人爲奴隸，而不以人道相待，使之不能自由，有似於奴隸者而言。

第 296 條之 1（買賣人口爲性交或猥褻罪）
I 買賣、質押人口者，處五年以上有期徒刑，得併科五十萬元以下罰金。
II 意圖使人爲性交或猥褻之行爲而犯前項之罪者，處七年以上有期徒刑，得併科五十萬元以下罰金。
III 以強暴、脅迫、恐嚇、監控、藥劑、催眠術或其他違反本人意願之方法犯前二項之罪者，加重其刑至二分之一。
IV 媒介、收受、藏匿前三項被買賣、質押之人或使之隱避者，處一年以上七年以下有期徒刑，得併科三十萬元以下罰金。
V 公務員包庇他人犯前四項之罪者，依各該項之規定加重其刑至二分之一。
VI 第一項至第三項之未遂犯罰之。

第 297 條（意圖營利以詐術使人出國罪）
I 意圖營利，以詐術使人出中華民國領域外者，處三年以上十年以下有期徒刑，得併科三十萬元以下罰金。
II 前項之未遂犯罰之。

第 298 條（略誘婦女結婚罪、加重略誘罪）
I 意圖使婦女與自己或他人結婚而略誘之者，處五年以下有期徒刑。
II 意圖營利、或意圖使婦女爲猥褻之行爲或性交而略誘之者，處一年以上七年以下有期徒刑，得併科三萬元以下罰金。
III 前二項之未遂犯罰之。

❖ 法學概念

本罪之行為客體

依照法條文義雖只有「婦女」二字，然而，基於與刑法第 241 條（略誘未滿二十歲之男女脫離家庭或其他有監督權之人）的適用區別，本罪客體應限縮解釋：㈠已滿二十歲之婦女、㈡未滿二十歲，但已結婚之婦女、㈢未滿二十歲亦未婚，但並無家庭或其他監督權人保護的女子、㈣未滿二十歲亦未婚且有家長監督權之女子，但得該監督權人之同意，卻違反被誘人之意思的情形。

【盧映潔，《刑法分則新論》，新學林，修訂十版，2015.07，554 頁。】

□ 實務見解

▶30 年度刑庭庭長決議（30.03.18）
刑法上之和誘、略誘罪爲即成犯抑爲繼續犯？判例學說不一，嗣後一律採繼續犯說，凡被誘人在誘拐犯支配關係存續中，均認爲誘之繼續行爲。

▶29 上 2305（判例）
略誘罪原包括詐誘與掠取人身之行爲，故妨害被誘人之行動爲自由，已構成略誘之內容，無另行論罪之餘地。被告等將某女誘至店內關禁，其關禁即屬略誘行爲之繼續，不應於略誘罪外，更論以私行拘禁之牽連罪名。

第 299 條（移送被略誘人出國罪）
I 移送前條被略誘人出中華民國領域外者，處五年以上有期徒刑。
II 前項之未遂犯罰之。

第 300 條（收藏隱避被略誘人罪）
I 意圖營利，或意圖使被略誘人爲猥褻之行爲或性交，而收受、藏匿被略誘人或使之隱避者，處六月以上五年以下有期徒刑，得併科一萬五千元以下罰金。
II 前項之未遂犯罰之。

第 301 條（減刑之特例）
犯第二百九十八條至第三百條之罪，於裁判宣告前，送回被誘人或指明所在地因而尋獲者，得減輕其刑。

第 302 條（剝奪他人行動自由罪）
I 私行拘禁或以其他非法方法，剝奪人之行動自由者，處五年以下有期徒刑、拘役或九千元以下罰金。
II 因而致人於死者，處無期徒刑或七年以上有期徒刑；致重傷者，處三年以上十年以下有期徒刑。
III 第一項之未遂犯罰之。

❒ 實務見解

▶67 年度第 3 次刑庭庭推總會議決定(二)(67.03.13)
爲強姦婦女而剝奪該婦女之行動自由時，是否於強姦罪外另成立妨害自由罪，須就犯罪行爲實施經過之全部情形加以觀察，如該妨害自由之行爲已可認爲強姦行爲之著手開始，則應成立單一之強姦罪，否則應認係妨害自由罪及強姦罪之牽連犯。

編按：
本決議嗣後經最高法院 95 年度第 16 次刑事庭會議決議保留，並加註：應注意刑法已刪除牽連犯之規定。

▶71 台上 280（判例）
刑法第三百零二條妨害他人行動自由，係妨害自由罪之概括規定，若有合於其他特別較重規定者，如刑法第二百九十八條之略誘婦女罪，因其本質上已將剝奪人行動自由之觀念包含在內，即應逕依該條處罰，不能再依第三百零二條論處。

▶68 台上 198（判例）
強姦婦女而剝奪婦女之行動自由時，是否於強姦罪外，另成立妨害自由罪，須就犯罪行爲實施經過之全部情形加以觀察，除該妨害自由之行爲已可認爲強姦行爲之著手開始，應成立單一之強姦罪外，應認係妨害自由罪及強姦罪之牽連犯。本件原判決既認定上訴人係以機車將被害人載至大社鄉後，不允其下車，而加速另路馳往現場，然後下手行姦，則其強載被害人顯尚未達於著手強姦之程度，自難以單一之強姦罪論處。

▶30 上 2293（判例）
現行犯不問何人，得逕行逮捕之，固爲刑事訴訟法第八十八條第一項所規定。但逮捕現行犯，應即送交檢察官、司法警察官或司法警察，同法第九十二條第一項亦著有明文。若逮捕之後，不送官究辦，仍難免卻妨害自由之罪責。上訴人甲，因乙與其弟婦通姦，幫同其弟在姦所將乙捕獲綑縛，雖係逮捕現行犯，然上訴人並不將乙即行送官，而任令其弟加以刺害，以圖洩憤，按之上開說明，自應仍依妨害自由論罪，不能藉口鄉村習慣，而妄冀脫卸罪責。

▶29 上 2553（判例）
某甲於某日將某氏私禁於室後，又遷入場園屋內，派人輪流把守，禁至某日，始行放出，其私禁地點，雖有分別，而私禁行爲並未間斷，仍爲包括的一個實行行爲之繼續，祇應論以單純一罪。

▶28 上 2974（判例）
某氏當眾辱罵某甲，不得謂非公然侮辱人之現行犯，無論何人皆有逮捕之權。則上訴人徇某甲之請，當場將其逮捕，本爲法令所許，除於逮捕後不即送官究辦，另有單純私禁之故意外，要不成立妨害自由罪。

第 303 條（剝奪直系血親尊親屬行動自由罪）
對於直系血親尊親屬犯前條第一項或第二項之罪者，加重其刑至二分之一。

❒ 實務見解

▶28 上 2382（判例）
繼母之身分，依民法規定，不過爲血親之配偶，並非直系血親尊親屬，以非法方法剝奪其行動自由，自不能依刑法第三百零三條加重其刑。

第 304 條（強制罪）
I 以強暴、脅迫使人行無義務之事或妨害人行使權利者，處三年以下有期徒刑、拘役或九千元以下罰金。
II 前項之未遂犯罰之。

❒ 實務見解

▶院字第1435號（25.02.22）
債權人意圖促債務之履行，以強暴脅迫方法，將債務人所有物搶去，妨害其行使所有權，應成立刑法第三零四條第一項之罪，但須注意同法第五十七條及第五十九條。

▶28上3650（判例）
刑法第三百零四條之強暴、脅迫，**祇以所用之強脅手段足以妨害他人行使權利，或足使他人行無義務之事爲已足，並非以被害人之自由完全受其壓制爲必要**。如果上訴人雇工挑取積沙，所使用之工具確爲被告強行取走，縱令雙方並無爭吵，而其攜走工具，既足以妨害他人工作之進行，要亦不得謂非該條之強暴、脅迫行爲。

第305條（恐嚇危害安全罪）
以加害生命、身體、自由、名譽、財產之事恐嚇他人，致生危害於安全者，處二年以下有期徒刑、拘役或九千元以下罰金。

❑ 實務見解

▶52台上751（判例）
刑法第三百零五條之恐嚇罪，所稱以加害生命、身體、自由、名譽、財產之事，恐嚇他人者，係指以使人生畏怖心爲目的，而通知將加惡害之旨於被害人而言。若僅在外揚言加害，並未對於被害人爲惡害之通知，尚難構成本罪。

▶45台上1296（判例）
上訴人既於信內附子彈一顆，寄給某甲施以恐嚇，則是以子彈爲實施恐嚇之手段，於刑法第三百零五條之罪外，又已觸犯同法第一百八十七條之罪，其間顯有牽連關係，應依同法第五十五條從一重處斷。

▶26渝非15（判例）
刑法第三百零五條所謂致生危害於安全，係指受惡害之通知者，因其恐嚇，生安全上之危險與實害而言。被告因與甲欠款涉訟，竟以槍打死等詞，向甲恐嚇。甲因畏懼向法院告訴，是其生命深感不安，顯而易見，即難謂未達於危害安全之程度。

第306條（侵入住居罪）
I 無故侵入他人住宅、建築物或附連圍繞之土地或船艦者，處一年以下有期徒刑、拘役或九千元以下罰金。
II 無故隱匿其內，或受退去之要求而仍留滯者，亦同。

❑ 實務見解

▶48台上910（判例）
上訴人深夜侵入室內，乘被害人熟睡，登床伏身摸乳及褪褲腰，其目的非在猥褻而係圖姦，因被害人驚醒呼叫未達目的，應負對於婦女乘其與心神喪失相類之情形，不能抗拒而姦淫未遂罪責，與其無故侵入住宅，又有方法結果之關係，應從較重之妨害風化未遂罪處斷。

▶25上492（判例）
被告等以強盜目的，侵入某甲舖內，既在夜間，自係犯強盜罪而有刑法第三百二十一條第一項第一款之加重情形，不能於強盜罪外，復論以普通侵入罪。

第307條（違法搜索罪）
不依法令搜索他人身體、住宅、建築物、舟、車或航空機者，處二年以下有期徒刑、拘役或九千元以下罰金。

第308條（告訴乃論）
I 第二百九十八條及第三百零六條之罪，須告訴乃論。
II 第二百九十八條第一項之罪，其告訴以不違反被略誘人之意思爲限。

❑ 實務見解

▶26渝上341（判例）
意圖營利而略誘婦女，應構成刑法第二百九十八條第二項之罪，依同法第三百零八條第一項規定，須告訴乃論，被告之略誘行爲，既無合法告訴，即應不予受理，至其對被誘人施以強暴、脅迫，原係構成略誘之內容，自難專就該項行爲論處罪刑。

第二十七章　妨害名譽及信用罪

第309條（公然侮辱罪）
I 公然侮辱人者，處拘役或九千元以下罰金。
II 以強暴犯前項之罪者，處一年以下有期徒刑、拘役或一萬五千元以下罰金。

❖ 法學概念

本罪所稱之「公然」

本罪的構成要件之一是在「公然」情狀。所謂「公然」，係指不特定人或多數人得以共見共聞的狀況，不以侮辱時被害人在場聞見爲要件（29年院解字第2033號）。釋字第145號進一步指出，「**刑法分則中公然二字之意義，祇以不特定人或多數人得以共見共聞之狀況爲已足，則自不以實際上果已共見共聞爲必要，但必在事實上有與不特定人或多數人得以共見或共聞之狀況方足認爲達於公然之程度。**」

❖ 法學概念

本罪所稱之「侮辱」

本罪所稱之「侮辱」，係指不以指摘具體事實的方式，而從事可能貶損他人社會評價的一切輕蔑之行爲。易言之，使人難堪爲目的之一切輕蔑之行爲皆屬之。舉凡是言語、文字、圖畫、舉動皆可。若指摘具體事實者，則屬於誹謗罪，而非侮辱罪。

刑法第 213 條僞造文書罪，除客觀上公務員在其職務上所掌公文書，有爲虛僞不實登載行爲足以生損害於公眾或他人外，以該公務員所登載不實之事項，主觀上出於明知爲前提要件。所謂明知，自指直接故意而言，不及於間接故意或過失（最高法院 46 年台上字第 377 號及 69 年台上字第 595 號判例參照）。

至於侮辱內容方面，並無限制，不問係對他人之能力、德行、身分、地位、容貌、學歷、身體或婚姻狀況等，加以嘲笑、謾罵或揶揄者，均足當之。例如以最粗鄙之語言在公共場所向特定之人辱罵時，倘爲其他不特定人可以聞見之情形。而其語言之含義，足以減損該特定人之聲譽者，自應成立刑法第 309 條第 1 項之罪。

【甘添貴，《刑法各論（上）》，三民，修訂三版，2013.09，162 頁；28 年院解字第 1863 號解釋。】

❖ 法學概念

加重公然侮辱

若以強暴手段犯刑法第 309 條第 1 項之罪者，即係「加重公然侮辱」罪。所稱「強暴手段」，乃指一切有形力或物理力之不法行使而言。故強暴侮辱行爲，有直接對人之身體實施者，例如，摑人耳光、潑人污水或撕人衣褲等情形是。若係對物實施，只要是對人在物理上或心理上產生強烈影響者，亦屬之。

【甘添貴，《刑法各論（上）》，三民，修訂三版，2013.09，162 頁。】

❐ 實務見解

▶ 院字第 2179 號（30.05.05）

刑法上之公然侮辱罪，祇須侮辱行爲足使不特定人或多數人得以共見共聞，即行成立（參照院字第二〇三三號解釋），不以侮辱時被害人在場聞見爲要件，又某甲對多數人罵乙女爲娼，如係意圖散布於眾而指摘或傳述其爲娼之具體事實，自應成立刑法第三百十條第一項之誹謗罪，倘僅漫罵爲娼，並未指有具體事實，仍屬公然侮辱，應依同法第三百零九條第一項論科。

▶ 院字第 1863 號（28.03.17）

以最粗鄙之語言在公共場所向特定之人辱罵時，倘爲其他不特定人可以聞見之情形，而其語言之含義，又足以減損該特定人之聲譽者，自應成立刑法第三百零九條第一項之罪。

▶ 院字第 534 號（20.08.07）

刑法第三百二十四條、第三百二十五條、第三百三十條所謂人與他人，應包括法人在內，如妨害普通商號之名譽，自與該商號股東或經理人之名譽有關。

第 310 條（誹謗罪）

Ⅰ意圖散布於眾，而指摘或傳述足以毀損他人名譽之事者，爲誹謗罪，處一年以下有期徒刑、拘役或一萬五千元以下罰金。

Ⅱ散布文字、圖畫犯前項之罪者，處二年以下有期徒刑、拘役或三萬元以下罰金。

Ⅲ對於所誹謗之事，能證明其爲眞實者，不罰。但涉於私德而與公共利益無關者，不在此限。

❐ 實務見解

▶ 院字第 2179 號（30.05.05）

刑法上之公然侮辱罪，**祇須侮辱行爲足使不特定人或多數人得以共見共聞，即行成立**（參照院字第二〇三三號解釋），不以侮辱時被害人在場聞見爲要件，又某甲對多數人罵乙女爲娼，如係意圖散布於眾而指摘或傳述其爲娼之具體事實，自應成立刑法第三百十條第一項之誹謗罪，倘僅漫罵爲娼，並未指有具體事實，仍屬公然侮辱，應依同法第三百零九條第一項論科。

第 311 條（言論免責事由）

以善意發表言論，而有左列情形之一者，不罰：

一　因自衛、自辯或保護合法之利益者。
二　公務員因職務而報告者。
三　對於可受公評之事，而爲適當之評論者。
四　對於中央及地方之會議或法院或公眾集會之記事，而爲適當之載述者。

第 312 條（侮辱誹謗死者罪）

Ⅰ對於已死之人公然侮辱者，處拘役或九千元以下罰金。

Ⅱ對於已死之人犯誹謗罪者，處一年以下有期徒刑、拘役或三萬元以下罰金。

第 313 條（妨害信用罪）

Ⅰ散布流言或以詐術損害他人之信用者，處二年以下有期徒刑、拘役或科或併科二十萬元以下罰金。

Ⅱ以廣播電視、電子通訊、網際網路或其他傳播工具犯前項之罪者，得加重其刑至二分之一。

第 314 條（告訴乃論）

本章之罪，須告訴乃論。

第二十八章　妨害秘密罪

第 315 條（妨害書信秘密罪）

無故開拆或隱匿他人之封緘信函、文書或圖畫者，處拘役或九千元以下罰金。無故以開拆以外之方法，窺視其內容者，亦同。

第315條之1（妨害秘密罪）
有下列行為之一者，處三年以下有期徒刑、拘役或三十萬元以下罰金：
一 無故利用工具或設備窺視、竊聽他人非公開之活動、言論、談話或身體隱私部位者。
二 無故以錄音、照相、錄影或電磁紀錄竊錄他人非公開之活動、言論、談話或身體隱私部位者。

❖ 法學概念

本罪所稱之「非公開」所指為何？

學說上見解不一，應以活動者的主觀意思為準；亦有認為應視活動發生的場所空間為斷（例如在浴室、廁所、溫泉會館的大眾浴池及KTV為非公開）；亦有主張除場所外，尚應再以活動的內容來加以限縮之論者。

【蕭宏宜，〈「看得到聽不到－不法竊錄罪與違法監聽罪」〉，《台灣法學雜誌》，第266期，2015.02，98頁以下。類似見解：薛智仁，〈基於取證目的之私人竊聽〉，《台灣法學雜誌》，第183期，2011.09，170頁以下。】

☐ 實務見解

▶106台上3788○（判決）

刑法第三一五條之一第二款妨害秘密罪之立法目的，係對於無故竊錄他人非公開活動、言論、談話或身體隱私部位之行為，予以限制，以保障人民秘密通訊自由及隱私權。**所謂「非公開之活動」，固指該活動並非處於不特定或多數人得以共見共聞之狀態而言，倘處於不特定或多數人得以共見共聞之狀態，即為公開之活動**。惟在認定是否為「非公開」之前，須先行確定究係針對行為人之何種活動而定。以行為人駕駛小貨車行駛於公共道路上為例，就該行駛於道路上之車輛本體外觀言，因車體本身無任何隔絕，固為公開之活動；然由小貨車須由駕駛人操作，該車始得移動，且經由車輛移動之信息，即得掌握車輛使用人之所在及其活動狀況，足見車輛移動及其位置之信息，應評價為等同車輛使用人之行動信息，**故如就「車內之人物及其言行舉止」而言，因車輛使用人經由車體之隔絕，得以確保不欲人知之隱私，即難謂不屬於「非公開之活動」**。又偵查機關為偵查犯罪而非法在他人車輛下方底盤裝設GPS追蹤器，由於使用GPS追蹤器，偵查機關可以連續多日、全天候持續而精確地掌握該車輛及其使用人之位置、移動方向、速度及停留時間等活動行蹤，且追蹤範圍不受時空限制，亦不侷限於公共道路上，即使車輛進入私人場域，仍能取得車輛及其使用人之位置資訊，且經由所蒐集長期而大量之位置資訊進行分析比對，自可窺知車輛使用人之日常作息及行為模式，難謂非屬對於車輛使用者隱私權之重大侵害。**而使用GPS追蹤器較之現實跟監追蹤，除取得之資訊量較多以外，就其取得資料可以長期記錄、保留，且可全面而任意地監控，並無跟丟可能等情觀之，二者仍有本質上之差異，難謂上述資訊亦可經由跟監方式蒐集，即謂無隱密性可言**。刑法第三一五條之一所謂之「電磁紀錄」，係指以電子、磁性、光學或其他相類之方式所製成，而供電腦處理之紀錄；而所謂「竊錄」，則指暗中錄取之意，亦即行為人以某種設備置於被錄者難以查覺之暗處，暗中錄取被錄者之聲音、影像或其他不欲人知之資訊而言，不以錄取者須為聲音或影像為限。**查GPS追蹤器之追蹤方法，係將自人造衛星所接收之資料透過通訊系統傳至接受端電腦，顯示被追蹤對象之定位資訊，透過通訊網路傳輸，結合地理資訊系統對於個人所在位置進行比對分析，而獲取被追蹤對象之所在位置、移動方向、移動速度以及滯留時間之電磁紀錄，固非為捕捉個人之聲音、影像，但仍屬本條所規範之「竊錄」行為無疑**。

▶103台上3893（判決）

刑法第三百十五條之一妨害秘密罪規定，其所謂「無故」，係指欠缺法律上正當理由者而言，縱一般人有伸張或保護自己或他人法律上權利之主觀上原因，亦應考量法律規範之目的，兼衡侵害手段與法益保障間之適當性、必要性及比例原則，避免流於恣意。現行法就人民隱私權之保障，既定有通訊保障及監察法等相關法律，以確保人民秘密通訊自由不受非法侵害，而以有事實足認該他人對其言論及談話內容有隱私或秘密之合理期待者，依該法第三條第一項第三款、第二項之規定進行通訊監察之必要，固得由職司犯罪偵查職務之公務員，基於偵查犯罪、維護國家安全及社會秩序之目的，並符合法律所明定之嚴重危害國家、社會犯罪類型，依照法定程序，方得在法院之監督審核下進行通訊監察，相較於一般具利害關係之當事人間，是否得僅憑一己之判斷或臆測，藉口保障個人私權或蒐證為由，自行發動監聽、跟蹤蒐證，殊非無疑。質言之，**夫妻雙方固互負忠貞以保障婚姻純潔之道德上或法律上之義務，以維持夫妻間幸福圓滿之生活，然非任配偶之一方因而須被迫接受他方全盤監控自己日常生活及社交活動之義務**，自不待言。故不得藉口懷疑或有調查配偶外遇之必要，即認有恣意窺視、竊聽他方，甚至周遭相關人士非公開活動、言論、談話或身體隱私部位之舉措，率謂其具有法律上之正當理由。

第315條之2（圖利為妨害秘密罪）
Ⅰ意圖營利供給場所、工具或設備，便利他人為前條之行爲者，處五年以下有期徒刑、拘役或科或併科五十萬元以下罰金。
II意圖散布、播送、販賣而有前條第二款之行爲者，亦同。
III製造、散布、播送或販賣前二項或前條第二款竊錄之內容者，依第一項之規定處斷。
IV前三項之未遂犯罰之。

第315條之3（竊錄產品沒收）
前二條竊錄內容之附著物及物品，不問屬於犯人與否，沒收之。

第316條（洩漏業務上知悉他人秘密罪）
醫師、藥師、藥商、助產士、心理師、宗教師、律師、辯護人、公證人、會計師或其業務上佐理人，或曾任此等職務之人，無故洩漏因業務知悉或持有之他人秘密者，處一年以下有期徒刑、拘役或五萬元以下罰金。

第317條（洩漏業務上知悉工商秘密罪）
依法令或契約有守因業務知悉或持有工商秘密之義務而無故洩漏之者，處一年以下有期徒刑、拘役或三萬元以下罰金。

第318條（洩漏職務上知悉工商秘密罪）
公務員或曾任公務員之人，無故洩漏因職務知悉或持有他人之工商秘密者，處二年以下有期徒刑、拘役或六萬元以下罰金。

第318條之1（洩漏電腦取得秘密罪）
無故洩漏因利用電腦或其他相關設備知悉或持有他人之秘密者，處二年以下有期徒刑、拘役或一萬五千元以下罰金。

第318條之2（加重其刑）
利用電腦或其相關設備犯第三百十六條至第三百十八條之罪者，加重其刑至二分之一。

第319條（告訴乃論）
第三百十五條、第三百十五條之一及第三百十六條至第三百十八條之二之罪，須告訴乃論。

第二十九章　竊盜罪

第320條（普通竊盜罪、竊佔罪）
I意圖爲自己或第三人不法之所有，而竊取他人之動產者，爲竊盜罪，處五年以下有期徒刑、拘役或五十萬元以下罰金。
II意圖爲自己或第三人不法之利益，而竊佔他人之不動產者，依前項之規定處斷。
III前二項之未遂犯罰之。

❑ 實務見解

▸33上1134（判例）

刑法上之詐欺罪與竊盜罪，雖同係意圖爲自己或第三人不法之所有而取得他人之財物，但詐欺罪以施行詐術使人將物交付爲其成立要件，而竊盜罪則無使人交付財物之必要，所謂交付，係指對於財物之處分而言，故詐欺罪之行爲人，其取得財物，必須由於被詐欺人對於該財物之處分而來，否則被詐欺人提交財物，雖係由於行爲人施用詐術之所致，但其提交既非處分之行爲，則行爲人因其對於該財物之支配力一時弛緩，乘機取得，即與詐欺罪應具之條件不符，自應論以竊盜罪。

▸31上1038（判例）

侵占罪以自己原已持有他人之物爲前提，竊佔罪則以他人之物原不在自己持有中，其持有純由於犯罪之結果而來，兩罪之構成要件相異，決非可同時成立。

▸25上7374（判例）

刑法第三百二十條第二項之竊佔罪，既係以意圖爲自己或第三人不法之利益，而竊佔他人之不動產爲其構成要件，則已完成竊佔之行爲時，犯罪即屬成立。蓋竊佔行爲應以己力支配他人不動產時而完成，與一般動產竊盜罪係將他人支配下之動產，移置於自己支配下而完成者，固無二致也。

▸20上1183（判例）

殺人之後，臨時起意行竊，當時縱有攜帶兇器、毀越門閂、於夜間侵入住宅情事，均不過爲其殺人所用之手段，與竊盜行爲無關，仍應認爲普通竊盜。

第321條（加重竊盜罪）
I犯前條第一項、第二項之罪而有下列情形之一者，處六月以上五年以下有期徒刑，得併科五十萬元以下罰金：
一　侵入住宅或有人居住之建築物、船艦或隱匿其內而犯之。
二　毀越門窗、牆垣或其他安全設備而犯之。
三　攜帶兇器而犯之。
四　結夥三人以上而犯之。
五　乘火災、水災或其他災害之際而犯之。
六　在車站、港埠、航空站或其他供水、陸、空公眾運輸之舟、車、航空機內而犯之。
II前項之未遂犯罰之。

❖ 法學概念

結夥三人竊盜的實體認定與程序處理

刑法第321條第1項第4款，對於結夥人數

警察刑事

的要求，必須三人以上方得以成立。就該款項之規定而言，所以得以成立結夥者，乃全部共同正犯均須於行爲時在場，其他不屬於實行正犯者，僅得視之爲基本構要件的共同正犯，而不得適用結夥規定的共同正犯。

此外，若行爲人中有涉及追訴條件及特別刑罰減輕規定的適用，其犯罪成立與程序處理關係，有所不同。例如甲、乙、丙三人共同竊盜的行爲，假設甲與被害人因具有直系血親關係，依刑法第 321 條第 1 項第 4 款規定，得以減輕或免除其刑。而此種結夥關係的成立，並不因甲具有個人之刑法減免事由，有所變更。亦即甲、乙、丙三人該當刑法第 321 條加重竊盜罪，但甲因具有個人刑罰減免事由，仍得適用刑罰減免之依據。

就程序處理之效應而言，假定被害人對甲撤回告訴，則乙、丙二人所犯之罪並不因此而生影響。雖然刑法第 321 條第 1 項第 4 款規定，必須符合結夥三人以上犯竊盜罪，方屬加重竊盜罪規定之適用，但甲因欠缺訴訟條件，而無法加以追訴，其所涉及的法律關係，僅限於程序性追訴的效應，並不影響原本三人的實體成罪關係，此分屬於參與關係的行爲人欠缺問題，故乙、丙二人仍應論以加重竊盜罪，蓋雖對甲撤回告訴，惟其告訴之效力仍存在於乙、丙，不影響實體法犯罪成立之判斷，法院仍應爲實體裁判。

【柯耀程，〈結夥「三缺一」？〉，《月旦法學教室》，第 113 期，2012.03，69 頁以下。】

☐ 實務見解

▶82 年度第 2 次刑事庭會議決議(二)（82.04.13）

決議：請柯法官斟酌出（列）席庭長、法官意見，修正研究報告後，以研究報告覆司法院。

修正後研究報告：五、犯罪行爲有犯罪之決意、陰謀、預備及實行等四個階段，在預備與實行之間，有一「著手」之點予以區隔，已經著手即爲實行，尚未著手則爲預備。一般學說上對於著手之闡述，主要者計有主觀說、客觀說及折衷說三說。**實務上，本院判例對於一般犯罪之著手，認爲係指犯人對於犯罪構成要件之行爲（或稱構成犯罪之事實）開始實行者而言**（參閱本院二十一年非字第九十七號、二十五年非字第一六四號、三十年上字第六八四號判例），當係採取客觀說；對於竊盜行爲之著手時點，究應從何時段開始起算，則尚無專則判例可循。考諸鄰近日本判例，對於竊盜罪著手時點之認定，見解亦不一致。或謂：「以竊盜爲目的而侵入住宅，且爲與侵犯他人財物有關之密接行爲，例如爲了物色錢財而有接近衣櫥之情形時，即爲竊盜著手」（大審院昭和九年十月十九日、昭和九年一〇六五號刑四庭判決）；或謂：「以竊盜爲目的而侵入他人屋內，使用手電筒物色食物等財物時，即爲竊盜之著手」；或謂：「犯人在被害人店舖內，以其所攜帶之手電筒照明黑暗之店內，雖知店內有堆積之電氣器具類，但因想盜取現金而有走向店內香煙販賣處所之事實者，應認與竊盜之著手行爲相當」。**今後我國在司法審判實務上，對於竊盜罪之著手時點，除應就衆多學說斟酌損益，並參酌各國之立法例及判例演變趨勢，於行爲人以行竊之意思接近財物，並進而物色財物，即可認爲竊盜行爲之著手外**，實務上似不妨從個案詳加審認，另創竊盜著手時點之新見解，以期符合現代社會環境之實際需要，始爲上策。

▶79 台上 5253（判例）

刑法第三百二十一條第一項第三款之攜帶兇器竊盜罪，係以行爲人攜帶兇器竊盜爲其加重條件，此所謂兇器，其種類並無限制，凡客觀上足對人之生命、身體、安全構成威脅，具有危險性之兇器均屬之，且祇須行竊時攜帶此種具有危險性之兇器爲已足，並不以攜帶之初有行兇之意圖爲必要。螺絲起子爲足以殺傷人生命、身體之器械，顯爲具有危險性之兇器。

▶76 台上 7210（判例）

刑法分則或刑法特別法中規定之結夥二人或三人以上之犯罪，**應以在場共同實施或在場參與分擔實施犯罪之人爲限，不包括同謀共同正犯在內**。司法院大法官會議釋字第一〇九號解釋「以自己共同犯罪之意思，事先同謀，而由其中一部分之人實施犯罪之行爲者，均爲共同正犯」之意旨，雖明示將「同謀共同正犯」與「實施共同正犯」併包括於**刑法總則第二十八條之「正犯」之中，但此與規定於刑法分則或刑法特別法中之結夥犯罪，其態樣並非一致**。

▶76 台上 2972（判例）

刑法第三百二十一條第一項第一款之夜間侵入住宅竊盜罪，其所謂「住宅」，乃指人類日常居住之場所而言，公寓亦屬之。至公寓樓下之「樓梯間」，**雖僅供各住戶出入通行，然就公寓之整體而言，該樓梯間爲該公寓之一部分，而與該公寓有密切不可分之關係**，故於夜間侵入公寓樓下之樓梯間竊盜，難謂無同時妨害居住安全之情形，自應成立刑法第三百二十一條第一項第一款於夜間侵入住宅竊盜罪。

▶69 台上 3945（判例）

刑法第三百二十一條第一項所列各款爲竊盜之加重條件，如犯竊盜罪兼具數款加重情形時，因**竊盜行爲祇有一個，仍祇成立一罪，不能認爲法律競合或犯罪競合，但判決主文應將各種加重情形順序揭明，理由並應引用各款，俾相適應**。又所謂有人居住之建築物，不以行竊時有人居住其內爲必要，其居住人宿於樓上，或大樓管理員居住另室，而乘隙侵入其他房間行竊者，均不失爲侵入有人居住之建築物行竊。

▶62 台上 3539（判例）

刑法第三百二十一條第一項第六款之加重竊盜罪，係因犯罪場所而設之加重處罰規定，車站或埠頭爲供旅客上下或聚集之地，當以車船停靠旅客上落停留及必經之地爲限，而非泛指整個車站或埠頭地區而言。

▶46 台上 366（判例）

刑法第三百二十一條第一項第四款所稱之結夥三人，**係以結夥犯之全體俱有犯意之人爲構成要件，若其中一人缺乏犯意，則雖加入實施之行爲，仍不能算入結夥三人之內**。上訴人等二人脅迫另一人同往行竊，如其脅迫行爲已足令該另一人喪失自由意思，則其隨同行竊，即非本意，上訴人亦難成立結夥三人以上之竊盜罪。

▶41 台非 38（判例）

被告於夜間至某姓住宅，推窗伸手入室，竊取衣物，雖其身體未侵入住宅，尚難論以於夜間侵入住宅竊盜罪名，但其竊盜之手段，既已越進窗門，安使他人窗門至之設備失其防閑之效用，自應構成刑法第三百二十一條第一項第二款之罪。

▶37 上 2454（判例）

刑法第三百二十一條第一項第四款所稱結夥三人，係以結夥犯全體俱有責任能力爲構成要件，若其中一人缺乏責任能力，則雖有加入實施之行爲，仍不能算入結夥三人之內。

▶31 上 1372（判例）

刑法第三百二十一條第一項第五款所謂災害之際，係指當時在客觀上確有災害事實之發生而言。乘他人主觀上之危懼，先事逃避之際，竊取其所存財物，而其時在客觀上災害既尚未發生，自難謂爲與該條款之規定相符。

▶29 上 1403（判例）

上訴人夜間侵入人家，將甲之衣物及晒在院內之某乙衣服一併竊去，其所竊取者，雖屬兩人之財物，但非上訴人所能知悉，應成立一個夜間侵入住宅竊盜之罪，不發生數罪問題。

▶27 上 1887（判例）

毀越門扇而入室行竊，其越入行爲即屬侵入住宅，已結合於所犯加重竊盜之罪質中，無更行構成侵入住宅罪之理。

第 322 條（刪除）

第 323 條（竊能量以竊取動產論）

電能、熱能及其他能量，關於本章之罪，以動產論。

□ 實務見解

▶84 台非 214（判例）

按電業法第一百零六條之規定，係在保護經營供給電能之事業，並非一般之用電戶，此觀該條各款、同法第二條及處理竊電規則之規定自明。故私接電線，若係通過電力公司允許供電之鄰人電錶所設之線路內，因用電已有電錶控制計算，該通過電錶控制計算後之電氣，即屬該鄰人所有之動產，如予竊取，即應視其犯罪形態，依刑法之竊盜罪章論處。

第 324 條（親屬相盜免刑與告訴乃論）

I 於直系血親、配偶或同財共居親屬之間，犯本章之罪者，得免除其刑。

II 前項親屬或其他五親等內血親或三親等內姻親之間，犯本章之罪者，須告訴乃論。

第三十章　搶奪強盜及海盜罪

第 325 條（普通搶奪罪）

I 意圖爲自己或第三人不法之所有，而搶奪他人之動產者，處六月以上五年以下有期徒刑。

II 因而致人於死者，處無期徒刑或七年以上有期徒刑，致重傷者，處三年以上十年以下有期徒刑。

III 第一項之未遂犯罰之。

❖ 法學概念

「竊盜」與「搶奪」之界分

竊盜罪之構成要件行爲，係以和平而非暴力之手段，對他人之動產移轉支配關係，並未行使對被害人之生命或身體具有危險性之暴力行爲，故立法上未有加重結果犯之規定。

反之，搶奪罪則有加重結果犯之規定，表示立法者已推定搶奪對生命或身體有進一步的風險；而同是移轉動產支配關係，搶奪之所以有發生加重結果之可能，必然是因被害人之「身體與動產具有緊密的連結關係」（包括直接或間接之連結關係），或被害人之「身體對動產存在緊密的支配關係」。

【高金桂，〈竊盜或搶奪？〉，《月旦法學教室》，第 119 期，2012.09，29 頁。】

□ 實務見解

▶64 台上 1165（判例）

搶奪與強盜雖同具不法得財之意思，然搶奪係乘人不備，公然掠取他人之財物，如施用強暴脅迫，至使不能抗拒而取其財物或令其交付者，則爲強盜罪。

▶28 上 2782（判例）

被告因上訴人欠債未償，隱匿財產，遂搬取其財物，聲請假扣押，完全爲保全債權之行爲，並無不法所有之意圖，即使形式上類似掠奪，要與刑法第三百二十五條第一項之意思要件，顯然不符。

第326條（加重搶奪罪）

I 犯前條第一項之罪，而有第三百二十一條第一項各款情形之一者，處一年以上七年以下有期徒刑。

II 前項之未遂犯罰之。

第327條（刪除）

第328條（普通強盜罪）

I 意圖為自己或第三人不法之所有，以強暴、脅迫、藥劑、催眠術或他法，至使不能抗拒，而取他人之物或使其交付者，為強盜罪，處五年以上有期徒刑。

II 以前項方法得財產上不法之利益或使第三人得之者，亦同。

III 犯強盜罪因而致人於死者，處死刑、無期徒刑或十年以上有期徒刑；致重傷者，處無期徒刑或七年以上有期徒刑。

IV 第一項及第二項之未遂犯罰之。

V 預備犯強盜罪者，處一年以下有期徒刑、拘役或九千元以下罰金。

❑ 實務見解

▶30上3023（判例）

強盜罪所施用之強暴、脅迫手段，**祇須足以壓抑被害人之抗拒，使其喪失意思自由為已足**，縱令被害人實際無抗拒行為，仍於強盜罪之成立，不生影響。

▶30上668（判例）

以威嚇方法使人交付財物之強盜罪，與恐嚇罪之區別，**係以對於被害人施用威嚇程度為標準。如其程度足以抑壓被害人之意思自由，至使不能抵抗而為財物之交付者，即屬強盜罪**。否則，被害人之交付財物與否，儘有自由斟酌之餘地者，即應成立恐嚇罪。

▶27上1722（判例）

強盜罪之強暴、脅迫，以在客觀上對於人之身體及自由確有侵害行為為必要，若犯人並未實施此項行為，僅因他人主觀上之畏懼，不敢出而抵抗，任其取物以去者，尚不能謂與強盜罪之要件相符。

▶24上2868（判例）

刑法上之強盜罪，以施用強暴、脅迫等手段而奪取或使人交付財物為構成要件，在場把風，固非實施強盜罪構成要件之行為，但其夥同行劫，如係為自己犯罪之意思而參與，則雖僅擔任把風而未實行劫取財物，仍應依共同正犯論科。

第329條（準強盜罪）

竊盜或搶奪，因防護贓物、脫免逮捕或湮滅罪證，而當場施以強暴脅迫者，以強盜論。

❖ 法學概念

脫免逮捕及湮滅罪證的意圖

學者認為，此兩種意圖其實比較接近侵害國家司法權，因此其於財產犯罪中納入，實不無疑義。基於財產法益保護的一貫性，此兩種意圖不能單獨構成準強盜罪，而必須同時具備防護贓物之意圖，始足當之。

【許恒達，〈準強盜罪的犯行結構與既遂標準〉，《台灣法學雜誌》，第204期，2012.07，167頁以下。類似見解：薛智仁，〈準強盜罪的立法改革方向（上）〉，《台灣法學雜誌》，第109期，2008.08，36頁以下；許澤天，〈論準強盜罪—德國法比較與我國修法建議〉，《檢察新論》，第7期，2010.01，176頁以下。】

❑ 實務見解

▶68台上2772（判例）

刑法準強盜罪，係以竊盜或搶奪為前提，在脫免逮捕之情形，**其竊盜或搶奪既遂者，即以強盜既遂論，如竊盜或搶奪為未遂，即以強盜未遂論**，但竊盜或搶奪不成立時，雖有脫免逮捕而當場施以強暴、脅迫之情形，除可能成立他罪外，不能以準強盜罪論。

▶57台上1017（判例）

刑法第三百二十九條所定之竊盜以強盜論，係指已著手搜取財物行為，足構成竊盜罪名，為湮滅罪證，當場施以強暴、脅迫者而言，**若尚未著手於竊盜行為之實行，則根本不能成立竊盜罪名**，從而其為湮滅罪證，實施強暴殺人，亦即難以準強盜殺人罪論擬。

▶28上1984（判例）

刑法第三百二十九條所謂當場，固不以實施竊盜或搶奪者尚未離去現場為限，即已離盜所而尚在他人跟蹤追躡中者，仍不失為當場。**惟於竊盜或搶奪者離去盜所後，行至中途始被撞遇，則該中途，不得謂為當場**，此時如因彼此爭執，犯人予以抵抗，實施強暴或脅迫，除可另成其他罪名外，不生以強盜論之問題。

▶28非43（判例）

刑法第三百二十九條之強暴脅迫，以當場實施者為限，**如在脫離犯罪場所或追捕者之視線以後，基於別種事實而實施時，則雖意在防護贓物或脫免逮捕，亦不過為另犯他罪之原因，與前之竊盜或搶奪行為無關，自不能適用該條以強盜論**。被告竊得某甲之驢，在某處出售，為甲之岳父某乙撞遇，向前盤詰，被告偽稱買自客人，納有畜稅，邀乙到畜稅代徵所查問，行至附近崖下，即將乙殺害，牽驢逃去。是被告事後之犯罪意思，雖在防護贓物或脫免逮捕，要不過爲殺害乙之原因，與竊盜臨時行強兩不相涉，於法應以殺人與竊盜併合論科。

▶106 台上 2790〇（判決）

竊盜或搶奪，因防護贓物、脫免逮捕或湮滅罪證，而當場施以強暴脅迫者，依刑法第三二九條之規定，應以強盜論。**其所謂之「當場」應包括行爲人於犯罪實行中，或甫結束但仍處於未能確定全部犯罪成員已然脫免逮捕，其因而接續施以強暴脅迫之行爲仍與其原先犯行及盜所現場緊接，有時空之密接不可分之情形而言；再所謂「脫免逮捕」，非僅指脫免逮捕施行強暴脅迫之行爲人本身，亦指爲避免共犯之遭受逮捕之情事。**

第 330 條（加重強盜罪）

I 犯強盜罪而有第三百二十一條第一項各款情形之一者，處七年以上有期徒刑。

II 前項之未遂犯罰之。

□ 實務見解

▶48 台上 166（判例）

攜帶兇器犯竊盜罪，而因脫免逮捕，當場施以強暴脅迫者，係屬刑法第三百二十九條之準強盜，已具有同法第三百二十一條第一項第三款之情形，自有同法第三百三十條之適用，原判決引用第三百二十一條第一項第三款論科，殊有未合。

▶25 上 7340（判例）

刑法第二百二十八條第三項及第三百三十條第一項之規定，均爲強盜罪之加重法條，苟其一個強盜行爲合於上開兩條項之情形時，即屬法條競合，祇應擇其中較重之一法條，予以適用。上訴人攜帶兇器強盜致人於死，其致人於死之行爲，即已構成第三百二十八條第三項之罪名，對於其攜帶兇器，即第三百三十條第一項之情形，自不應再行論處。

第 331 條（刪除）

第 332 條（強盜結合罪）

I 犯強盜罪而故意殺人者，處死刑或無期徒刑。

II 犯強盜罪而有下列行爲之一者，處死刑、無期徒刑或十年以上有期徒刑：

一　放火者。

二　強制性交者。

三　擄人勒贖者。

四　使人受重傷者。

❖ 法學概念

結合犯

刑法上之結合犯，此乃立法者將原本獨立的兩種犯罪結合成一個新的犯罪類型，並賦予一個新的法定刑。結合犯之基礎犯罪爲既遂或未遂犯皆可；但所結合之殺人罪必須爲既遂，否則不能成立結合犯，應數罪併罰。例如：刑法第 332 條第 1 項規定之強盜結合罪，因「強盜」（基礎犯罪）而「殺人」（相結合之罪），此處之「殺人」限於既遂情形；若殺人行爲僅達未遂程度，故應將強盜未遂罪與殺人未遂罪分別處斷，數罪併罰。

一、結合之時間點

理論上，應該是行爲人主觀上最初即有意違反兩個獨立之罪之犯意而著手，始足當之。但實務卻認爲，刑法第 332 條第 1 項之強盜而故意殺人罪，其強盜行爲爲基本犯罪，凡利用強盜犯罪之時機，而起意殺人，即可成立結合犯，至殺人之意思，不論爲預定之計畫或具有概括之犯意，抑或於實行基本行爲之際新生之犯意，亦不問其動機如何，祇須二者在時間上有銜接性，地點上有關聯性，均可成立結合犯。因之，先強盜後殺人或先殺人後強盜，均可成立強盜而故意殺人罪之結合犯。

二、既遂之認定－以相結合之罪是否既遂爲準

以本法第 348 條第 1 項之擄人勒贖而故意殺人罪，是將擄人勒贖與殺人二個獨立犯罪行爲，依法律規定結合成一罪，並加重其處罰，其是否既遂，應以其所結合之殺人罪是否既遂爲標準，故祇須相結合之殺人行爲係既遂，即屬相當，至其基礎犯之擄人勒贖行爲，不論是既遂或未遂，均得與之成立結合犯。

【王皇玉，〈強盜罪之結合犯〉，《月旦法學教室》，第 151 期，2015.05，33 頁；最高法院 104 年度台上字第 483 號判決、99 年度台上字第 7137 號判決、99 年度台上字第 5197 號判決、98 年度台上字第 7112 號判決、96 年度台上字第 1156 號判決、91 年度台上字第 7119 號判決同旨。】

□ 實務見解

▶85 年度第 2 次刑事庭會議決議（85.01.23）

變更判例提案：強盜殺人罪，並不以出於預定之計畫爲必要，祇須行爲人以殺人爲實施強盜之方法，或在行劫之際故意殺人，亦即凡係利用實施強盜之時機，而故意殺人，兩者有所關聯者，即應依本罪處罰。至於兩者之間是否有犯意聯絡關係，並非所問。本院三十年上字第二五五九號判例應予變更。

理由：

一、刑法第三百三十二條規定，犯強盜罪而有故意殺人之行爲者，處死刑或無期徒刑。懲治盜罪條例第二條第一項第八款亦規定強劫而故意殺人者，處死刑。立法原意，顯係認爲行爲人利用強劫之犯罪時機，而故意殺人者，因該兩個行爲互有關連，對社會之危害極大，故將該兩個犯罪行爲，結合成爲一個獨立之強盜故意殺人罪，處以重刑。至於行爲人於實施人兩個行爲時，其前後行爲之間是否有犯意聯絡關係，法律條文既未有所規定，自難認係該罪之構成要件。

二、本院三十年上字第二五五九號判例，認強盜殺人罪，須以強盜與殺人被殺之人已死，在死無對證之情況下，行爲人爲規避其強盜殺人之重刑，對其殺人之動機，必提出種種飾卸之詞，法院欲證明行爲人於實施強盜及殺人行爲時，其兩者之間有犯意聯絡關係，至爲困難。採用上述判例，將使甚多強盜殺人之結合犯無法成立，致使上述法律條文之規定，難以發揮防衛社會之功能。兩者之間有犯意聯絡關係爲其成立要件，既與法律條文之規定不合，又缺乏學理上之依據，無採用之價值。

三、被殺之人已死，在死無對證之情況下，行爲人爲規避其強盜殺人之重刑，對其殺人之動機，必提出種種飾卸之詞，法院欲證明行爲人於實施強盜及殺人行爲時，其兩者之間有犯意聯絡關係，至爲困難。採用上述判例，將使甚多強盜殺人之結合犯無法成立，致使上述法律條文之規定，難以發揮防衛社會之功能。

四、本院二十七年上字第二四八〇號判例明示：「強盜殺人罪，祇須行爲人一面強盜，一面復故意殺人，即行構成，至其殺人之動機是否爲便利行劫，抑係恐其他日報復，原非所問。」符合法文原意，向爲實務上所採取。三十年上字第二五五九號判例與上述判要旨相反，徒生適用上之困難，宜予變更。

▶68 年度第 2 次刑庭庭推總會議決議（68.02.20）

某甲侵入住宅行竊，爲事主某乙發覺而逃，某乙之子某丙先下樓追捕，某乙繼之追捕，某甲爲脫免逮捕，當場持刀對相繼追捕之某丙及某乙實施強暴，係犯一個準強盜罪，而當場實施強暴時，將某丙殺死，某乙則被殺未死，又屬一行爲而觸犯殺人既遂及殺人未遂二罪名，應從一重之殺人既遂處斷，其殺人既遂之行爲因與所犯準強盜有結合犯關係，應適用刑法第三百三十二條第四款，以犯強盜罪而故意殺人論科。

▶105 台上 383（判決）

按刑法第三三二條第一項之強盜而故意殺人罪，**是將強盜與殺人二個獨立犯罪行爲，依法律規定結合成一罪，並加重其處罰，祇須相結合之殺人行爲係既遂，即屬相當，其基礎犯之強盜行爲，不論是既遂或未遂，均得與之成立結合犯**，僅於殺人行爲係屬未遂時，縱令強盜行爲既遂，因該罪並無處罰未遂犯規定，始不生結合犯關係，應予分別論罪。原判決就上訴人等係分別有強盜、殺人之犯意及行爲。

第 333 條（海盜罪及準海盜罪）

Ⅰ未受交戰國之允准或不屬於各國之海軍，而駕駛船艦，意圖施強暴、脅迫於他船或他船之人或物者，爲海盜罪，處死刑、無期徒刑或七年以上有期徒刑。

Ⅱ船員或乘客意圖掠奪財物，施強暴、脅迫於其他船員或乘客，而駕駛或指揮船艦者，以海盜論。

Ⅲ因而致人於死者，處死刑、無期徒刑或十二年以上有期徒刑；致重傷者，處死刑、無期徒刑或十年以上有期徒刑。

☐ 實務見解

▶ 院字第 634 號（20.12.03）

刑法第三百五十二條第一項之海盜罪，其主旨在維持海上之安寧，凡在海上駕駛船艦意圖施強暴脅迫於他船或他船之人或物而有具體的表現之行爲，即能成立，不必有搶掠財物之動機。

第 334 條（海盜罪之結合犯）

Ⅰ犯海盜罪而故意殺人者，處死刑或無期徒刑。

Ⅱ犯海盜罪而有下列行爲之一，處死刑、無期徒刑或十二年以上有期徒刑：

一　放火者。

二　強制性交者。

三　擄人勒贖者。

四　使人受重傷者。

第 334 條之 1（竊能量罪之準用）

第三百二十三條之規定，於本章之罪準用之。

第三十一章　侵占罪

第 335 條（普通侵占罪）

Ⅰ意圖爲自己或第三人不法之所有，而侵占自己持有他人之物者，處五年以下有期徒刑、拘役或科或併科三萬元以下罰金。

Ⅱ前項之未遂犯罰之。

☐ 實務見解

▶71 台上 2304（判例）

刑法上之侵占罪，係以侵占自己持有他人之物爲要件，所謂他人之物，乃指有形之動產、不動產而言，並不包括無形之權利在內，單純之權利不得爲侵占之客體。

▶67 台上 2662（判例）

侵占罪爲即成犯，於持有人將持有他人之物變易爲所有之意思時，即行成立，苟非事前共謀，則其後參與處分贓物之人，無論是否成立其他罪名，要難論以共同侵占。

▶52 台上 1418（判例）

刑法上所謂侵占罪，以被侵占之物先有法律或契約上之原因在其持有中者為限，否則不能成立侵占罪。

▶43 台上 675（判例）

侵占罪係即成犯，凡對自己持有之他人所有物，有變易持有為所有之意思時，即應構成犯罪，縱事後將侵占之物設法歸還，亦無解於罪名之成立。

第 336 條（公務公益侵占罪、業務侵占罪）

I 對於公務上或因公益所持有之物，犯前條第一項之罪者，處一年以上七年以下有期徒刑，得併科十五萬元以下罰金。

II 對於業務上所持有之物，犯前條第一項之罪者，處六月以上五年以下有期徒刑，得併科九萬元以下罰金。

III 前二項之未遂犯罰之。

❒ 實務見解

▶70 台上 2481（判例）

共犯中之林某乃味全公司倉庫之庫務人員，該被盜之醬油，乃其所經管之物品，亦即基於業務上關係所持有之物，竟串通上訴人等乘載運醬油及味精之機會，予以竊取，此項監守自盜之行為，實應構成業務上侵占之罪，雖此罪係以身分關係而成立，但其共同實施者，雖無此特定關係，依刑法第三十一條第一項規定，仍應以共犯論。

▶53 台上 2910（判例）

刑法第三百三十六條第一項所謂侵占公務上所持有之物，**必須其物因公務上之原因歸其持有，從而侵占之，方與該罪構成要件相合**。如原無公務上持有關係，其持有乃由其詐欺之結果，則根本上無侵占之可言，自難以公務侵占罪論擬。

▶28 上 2536（判例）

刑法第三百三十六條第二項之罪，以侵占業務上所持有之物為其構成要件，即係因其業務上持有之身分關係而成立之罪，與僅因身分關係或其他特定關係而致刑有重輕之情形有別。**因而無業務關係之人，與有業務關係者共同侵占，依同法第三十一條第一項規定，仍應以業務上侵占之共犯論**。

第 337 條（侵占遺失物罪）

意圖為自己或第三人不法之所有，而侵占遺失物、漂流物或其他離本人所持有之物者，處一萬五千元以下罰金。

❒ 實務見解

▶50 台上 2031（判例）

刑法第三百三十七條所謂離本人所持有之物，**係指物之離其持有，非出於本人之意思者而言**。如本人因事故，將其物暫留置於某處而他往，或託請他人代為照管，則與該條規定之意義不符。

第 338 條（侵占電氣與親屬間犯侵占罪者準用竊盜罪之規定）

第三百二十三條及第三百二十四條之規定，於本章之罪準用之。

第三十二章　詐欺背信及重利罪

第 339 條（普通詐欺罪）

I 意圖為自己或第三人不法之所有，以詐術使人將本人或第三人之物交付者，處五年以下有期徒刑、拘役或科或併科五十萬元以下罰金。

II 以前項方法得財產上不法之利益或使第三人得之者，亦同。

III 前二項之未遂犯罰之。

❒ 實務見解

▶29 上 1156（判例）

上訴人既以詐術使人將財物交付，則被害人縱未滿二十歲，亦屬刑法第三百三十九條之犯罪，與同法第三百四十一條僅係消極的乘被害人精神上之缺陷，使之交付財物，而非積極的由於加害人之施用詐術者不同。原判決既認上訴人行詐屬實，徒以被害人未滿二十歲，竟依刑法第三百四十一條第一項論擬，殊嫌未洽。

▶108 台上 4127○（判決）

刑法第三三九條第一、二項分別規定詐欺取財罪及詐欺得利罪，前者之行為客體係指可具體指明之財物，後者則指前開財物以外之其他財產上之不法利益，無法以具體之物估量者而言（如取得債權、免除債務、延期履行債務或提供勞務等）。**而詐欺罪之規範目的，並非處理私權之得喪變更，而係在保障人民財產安全之和平秩序。以詐欺手段使人交付財物或令其為他人得利行為，被害人主觀上多無使財產標的發生權利得喪變更之法效意思存在**。故刑法第三三九條第一項詐欺取財罪所謂之「以詐術使人將本人或第三人之物『交付』」者，**不限於移轉、登記或拋棄所有權等處分行為，縱僅將財物之事實上支配關係（如占有、使用）移交行為人，亦成立本罪**。簡言之，其與詐欺得利罪最大之區別，在於詐欺得利罪原則上不涉及「**實體物之交付**」。而動產擔保交易法上所謂「附條件買賣」制度，主要係讓買受人分期支付價金，先行占有使用標的物，而許出賣人仍保留所有權，以擔保價金之受清償，直至買受人付清價金，或完成特定條件，足使出賣人放心滿足為止，一旦買受人陷於給付不能，出賣人隨即得以所有人之身分，行使權利以取回動產。是附條件買賣契約，本質上仍屬買賣之一種，只不過在制度上，以出賣人「保留所有權」的方式，來擔保出賣人之價金請求權，事實上出賣人享有的只是「以擔保為目的」的法定所有權，買受人始為眞正想要終極地擁有該標的物所有權，且出賣人交付買賣標的物後，買受人即擔負保管或使用標的物之善良管理人注意義務，並承受其利益及危險（參照動產擔保交易法第十二條、第十三條）。換言之，**附條件買賣之買受人於出賣人交付標的物後即實際占有使用該物，並非僅享受分期付款之期限利益**，是若買受人以詐術使出賣人陷於錯誤而簽訂附條件買賣契約並交付該標的物，自成立詐欺取財而非詐欺得利罪。

第 339 條之 1（違法由收費設備取得他人之物之處罰）

I 意圖為自己或第三人不法之所有，以不正方法由收費設備取得他人之物者，處一年以下有期徒刑、拘役或十萬元以下罰金。

II 以前項方法得財產上不法之利益或使第三人得之者，亦同。

III 前二項之未遂犯罰之。

□ 實務見解

▶107 台上 1066（判決）

罪責原則為刑法之大原則。其含義有二，一為無責任即無刑罰原則（刑法第十二條第一項規定：行為非出於故意或過失者不罰，即寓此旨）；另者為自己責任原則，即行為人祇就自己之行為負責，不能因他人之違法行為而負擔刑責。前者其主要內涵並有罪刑相當原則，即刑罰對人身自由之限制與所欲維護之法益，須合乎比例原則。不唯立法上，法定刑之高低應與行為人所生之危害、行為人責任之輕重相符；在刑事審判上既在實現刑罰權之分配正義，自亦應罪刑相當，罰當其罪。基於前述第一原則，責任之評價與法益之維護息息相關，對同一法益侵害為雙重評價，為過度評價；對法益之侵害未予評價，則評價不足，均為所禁。刑罰要求適度之評價，俾對法益之侵害為正當之護。因此，**加重詐欺罪係侵害個人財產法益之犯罪，其罪數計算，以被害人數、被害次數之多寡，決定其犯罪之罪數；核與參與犯罪組織罪之侵害社會法益，因應以行為人所侵害之社會全體利益為準據，認定係成立一個犯罪行為，有所不同**。是以倘若行為人於參與犯罪組織之繼續中，先後加重詐欺數人財物，因行為人僅為一參與組織行為，侵害一社會法益，應僅就首次犯行論以參與犯罪組織罪及加重詐欺罪之想像競合犯，而其後之犯行，乃為其參與組織之繼續行為，為避免重複評價，當無從將一參與犯罪組織行為割裂再另論一參與犯罪組織罪，而與其後所犯加重詐欺罪從一重論處之餘地。

第 339 條之 2（違法由自動付款設備取得他人之物之處罰）

I 意圖為自己或第三人不法之所有，以不正方法由自動付款設備取得他人之物者，處三年以下有期徒刑、拘役或三十萬元以下罰金。

II 以前項方法得財產上不法之利益或使第三人得之者，亦同。

III 前二項之未遂犯罰之。

第 339 條之 3（違法製作財產權之處罰）

I 意圖為自己或第三人不法之所有，以不正方法將虛偽資料或不正指令輸入電腦或其相關設備，製作財產權之得喪、變更紀錄，而取得他人之財產者，處七年以下有期徒刑，得併科七十萬元以下罰金。

II 以前項方法得財產上不法之利益或使第三人得之者，亦同。

III 前二項之未遂犯罰之。

❖ 法學概念

本罪所指之「電腦或其相關設備」

所謂電腦、電子計算機，係指得以執行程式命令，處理輸入、輸出、算術以及邏輯運算之電子裝置。其主要結構，係由輸入裝置（如鍵盤、麥克風、滑鼠）、處理器（CPU）、輸出裝置（如螢幕、喇叭或印表機）以及儲存裝置（如軟碟、硬碟、光碟等）等四個基本元件所組成。

而所稱相關設備，係指雖非電腦之主要結構裝置，惟得透過連線而將其指令輸入電腦之輔助設備而言。例如，終端機是；但悠遊卡、信用卡或金融卡等支付工具等皆不屬之。至電腦或其相關設備，係由何人所有或持有，並非所問。

【甘添貴，《刑法各論（上）》，三民，修訂四版，2014.08，340 頁；陳子平，〈偽造支付工具電磁紀錄物罪與相關犯罪〉，《月旦法學教室》，第 111 期，2012.01，84 頁。】

第 339 條之 4（加重詐欺罪）

I 犯第三百三十九條詐欺罪而有下列情形之一者，處一年以上七年以下有期徒刑，得併科一百萬元以下罰金：

一　冒用政府機關或公務員名義犯之。

二　三人以上共同犯之。

三　以廣播電視、電子通訊、網際網路或其他媒體等傳播工具，對公眾散布而犯之。

II 前項之未遂犯罰之。

❖ 法學概念

加重詐欺罪

刑法第339條之4犯罪行爲的處罰係以成立第339條詐欺罪爲前提，因爲第339條之4所規定的只是刑罰加重處罰的範例規定，相關涉及犯罪行爲是否存在有客觀不法的詐欺罪質、主觀不法的詐欺故意，甚而是既、未遂與正、共犯的判斷，都應該以基本構成要件之刑法第339條的詐欺罪，涵攝具體案例事實判斷之。舊行爲罪質而言，可以解釋成結合犯。蓋行爲不僅侵害財產法益，也侵害公眾對於公權力行使的信賴，所以是普通詐欺罪不法加重類型。

☐ 實務見解

▶108台上大2306（裁定）（109.02.13）

主文：行爲人以一行爲觸犯組織犯罪防制條例第三條第一項後段之參與犯罪組織罪，及刑法第三百三十九條之四第一項第二款之加重詐欺取財罪，依刑法第五十五條前段規定從一重之加重詐欺取財罪處斷而爲科刑時，於有預防矯治其社會危險性之必要，且符合比例原則之範圍內，由法院依組織犯罪防制條例第三條第三項規定，一併宣告刑前強制工作。

理由：

一、本案基礎事實

被告參與由他人所發起、主持具有持續性、牟利性之詐欺集團犯罪組織，在該集團擔任「車手」，並依集團成員之指示，提領被害人遭集團其他成員詐騙之款項，因而論斷被告所爲係一行爲觸犯組織犯罪防制條例第三條第一項後段之參與犯罪組織罪，及刑法第三百三十九條之四第一項第二款之加重詐欺取財罪，並依想像競合犯關係從一重論被告以加重詐欺取財罪。

二、本案法律爭議

被告以一行爲觸犯組織犯罪防制條例第三條第一項後段之參與犯罪組織罪，及刑法第三百三十九條之四第一項第二款之加重詐欺取財罪，如依想像競合犯從一重之加重詐欺取財罪處斷，應否依較輕之參與犯罪組織罪所適用之組織犯罪防制條例第三條第三項規定，一併宣告刑前強制工作？

三、本大法庭之見解

㈠法律係理性、客觀、公正且合乎目的性之規定，因此，法律之解釋，除須顧及法律之安定性外，更應考慮解釋之妥當性、現在性、創造性及社會性，始能與社會脈動同步，以符合民眾之期待。而法官闡釋法律時，在文義射程範圍內，如有複數解釋之可能性時，應依論理解釋方法，在法律規定文義範圍內，闡明法律之眞意，以期正確妥當之適用。

㈡刑法第五十五條想像競合犯之規定，既列在刑法總則編第七章「數罪併罰」內，且法文稱「一行爲而觸犯數罪名」，則依體系及文義解釋，可知行爲人所犯數罪係成立實質競合，自應對行爲人所犯各罪，均予評價，始屬適當。此與法規競合僅選擇其中最適宜之罪名，爲實質上一罪，明顯有別。換言之，想像競合犯本質上爲數罪，各罪所規定之刑罰、沒收及保安處分等相關法律效果，自應一併適用，否則將導致成立數罪之想像競合與成立一罪之法規競合，二者法律效果無分軒輊之失衡情形，尙非立法者於制定刑法第五十五條時，所作之價值判斷及所欲實現之目的。

㈢刑罰評價對象，乃行爲本身；想像競合犯係一行爲觸犯數罪名，爲避免對同一行爲過度及重複評價，刑法第五十五條前段規定「從一重處斷」。又刑法第三十三條及第三十五條僅就刑罰之主刑，定有輕重比較標準，因此上揭「從一重處斷」，僅限於「主刑」，法院應於較重罪名之法定刑度內，量處適當刑罰。至於輕罪罪名所規定之沒收及保安處分，因非屬「主刑」，故與刑法第五十五條從一重處斷之規定無關，自得一併宣告。

㈣罪刑法定原則，指法律就個別犯罪之成立要件及法律效果，均應明確規定，俾使人民能事先預知其犯罪行爲之處遇。參與犯罪組織罪和加重詐欺取財罪之構成要件與刑罰，均分別在組織犯罪防制條例及刑法中，定有明文。**行爲人以一行爲觸犯組織犯罪防制條例第三條第一項後段之參與犯罪組織罪，及刑法第三百三十九條之四第一項第二款之加重詐欺取財罪，於從一重之加重詐欺取財罪處斷而爲科刑時，因所犯輕罪（參與犯罪組織罪）之刑罰以外之法律效果，即組織犯罪防制條例第三條第三項強制工作之規定，並未被重罪所吸收，仍應一併適用**。因此，上開對刑法第五十五條前段規定，在文義射程範圍內，依體系及目的性解釋方法所爲之闡釋，屬法律解釋範疇，並非對同條但書所爲擴張解釋或類推適用，亦與不利類推禁止之罪刑法定原則或罪刑明確性原則無違。

㈤修正前組織犯罪防制條例，對發起、主持、操縱、指揮或參與集團性、常習性及脅迫性或暴力性犯罪組織者，應於刑後強制工作之規定，經司法院釋字第五二八號解釋尙不違憲；嗣該條例第二條第一項所稱之犯罪組織，經二次修正，已排除原有之「常習性」要件，另將實施詐欺手段之具有持續性或牟利性之有結構性組織，納入本條例適用範圍，並對參與犯罪組織之行爲人，於第三條第一項後段但書規定「參與情節輕微者，得減輕或免除其刑」。惟同條第三項仍規定「應於刑之執行前，令入勞動場所，強制工作，其期間爲三年」，而未依個案情節，區分行爲人是否具有反社會的危險性及受教化矯治的必要性，一律宣付刑前強制工作三年。然則，衡諸該條例所規定之強制工作，性質上原係對於有犯罪習慣，或因遊蕩、懶惰成習而犯罪者，所爲之處置，修正後該條例既已排除常習性要件，從而，本於法律合憲性解釋原則，依司法院釋字第四七一號關於行爲人有無預防矯治其社會危險性之必要，及比例原則等與解釋意旨不相衝突之解釋方法，爲目的性限縮，對犯該條例第三條第一項之參與犯罪組織罪者，視其行爲之嚴重性、表現之危險性、對於未來行爲之期待性，以及所採措施與預防矯治目的所需程度，於有預防矯治其社會危險性之必要，且符合比例原則之範圍內，由法院依該條例第三條第三項規定，一併宣告刑前強制工作。

▸107 台上 1096（判決）

刑法第三三九條之四加重詐欺罪，關於第一項第三款「以廣播電視、電子通訊、網際網路或其他媒體等傳播工具，對公眾散布而犯之。」之加重事由，其立法理由已敘明：「考量現今以電信、網路等傳播方式，同時或長期對社會不特定多數之公眾發送訊息施以詐術，往往造成廣大民眾受騙，此一不特定、多數性詐欺行爲類型，其侵害社會程度及影響層面均較普通詐欺 行爲嚴重，有加重處罰之必要，爰定爲第三款之加重處罰事由。」**是刑法第三三九條之四第一項第三款之加重詐欺罪，須以對不特定多數之公衆散布詐欺訊息爲要件**。行爲人雖利用廣播電視、電子通訊、網際網路或其他媒體等傳播工具犯罪，倘未向公眾散布詐欺訊息，而係針對特定個人發送詐欺訊息，僅屬普通詐欺 罪範疇。行爲人若係基於詐欺不特定民眾之犯意，利 用網際網路等傳播工具，刊登虛僞不實之廣告，以招徠民眾，遂行詐騙。縱行爲人尚須對受廣告引誘而來之被害人，續行施用詐術，始能使之交付財物，仍係直接以網際網路等傳播工具向公眾散布詐欺訊息，無疑成立加重詐欺罪。

▸107 台上 907（判決）

刑法第三三九條之四加重詐欺罪，關於第一項第三款「以廣播電視、電子通訊、網際網路或其他媒體等傳播工具，對公眾散布而犯之。」之加重事由，其立法理由已敘明：「考量現今以電信、網路等傳播方式，同時或長期對社會不特定多數之公眾發送訊息施以詐術，往往造成廣大民眾受騙，此一不特定、多數性詐欺行爲類型，其侵害社會程度及影響層面均較普通詐欺行爲嚴重，有加重處罰之必要，爰定爲第三款之加重處罰事由。」是**刑法第三三九條之四第一項第三款之加重詐欺罪，須以對不特定多數之公衆散布詐欺訊息爲要件。行爲人雖利用廣播電視、電子通訊、網際網路或其他媒體等傳播工具犯罪，倘未向公衆散布詐欺訊息，而係針對特定個人發送詐欺訊息，僅屬普通詐欺罪範疇**。行爲人若係基於詐欺不特定民眾之犯意，利用網際網路等傳播工具，刊登虛僞不實之廣告，以招徠民眾，遂行詐騙。縱行爲人尚須對受廣告引誘而來之被害人，續行施用詐術，始能使之交付財物，仍係直接以網際網路等傳播工具向公眾散布詐欺訊息，無礙成立加重詐欺罪。

第 340 條（刪除）

第 341 條（準詐欺罪）

I 意圖爲自己或第三人不法之所有，乘未滿十八歲人之知慮淺薄，或乘人精神障礙、心智缺陷而致其辨識能力顯有不足或其他相類之情形，使之將本人或第三人之物交付者，處五年以下有期徒刑、拘役或科或併科五十萬元以下罰金。

II 以前項方法得財產上不法之利益或使第三人得之者，亦同。

III 前二項之未遂犯罰之。

第 342 條（背信罪）

I 爲他人處理事務，意圖爲自己或第三人不法之利益，或損害本人之利益，而爲違背其任務之行爲，致生損害於本人之財產或其他利益者，處五年以下有期徒刑、拘役或科或併科五十萬元以下罰金。

II 前項之未遂犯罰之。

❖ 法學概念

背信罪

一、本罪之主觀要件

本罪爲故意犯，行爲人須故意爲違背其任務之行爲，始能成罪；如僅因處理事務怠於注意，致其事務生不良之影響，則爲處理事務之過失問題，既非故意違背任務之行爲，自不負任何罪責。

【甘添貴，《刑法各論（上）》，三民，修訂四版，2014.08，356 頁。】

本罪另外的主觀要件乃得利意圖及損害利益意圖。所謂得利意圖係指行爲人具有使自己或第三人獲得財產上利益之目的。損害利益之意圖則係指行爲人以造成他人損害爲目的。

【盧映潔，《刑法分則新論》，新學林，修訂七版，2013.09，720頁。】

二、本罪之競合

㈠與賄賂罪之關係

有判例認爲，關於公務員職務行爲，並無礙於成立本罪，惟此種見解，學說上似不贊同，有商榷之餘地。

【甘添貴，《刑法各論（上）》，三民，修訂四版，2014.08，358頁。】

㈡與竊盜、侵占罪之關係

依實務見解，刑法上之背信罪，爲一般的違背任務之犯罪，如果其違背任務係圖爲自己不法之所有，已達於竊盜或侵占之程度，應從竊盜或侵占罪處斷。

惟學說上認爲，此乃法條競合的擇一關係，蓋侵占並非背信之特別類型，背信亦非侵占之補充類型，兩者實處於交叉關係。侵占行爲，如有違背任務之情形，因含有背信之罪質在內，此際在其交叉部分，應選擇較適合之侵占罪處斷。

【甘添貴，《刑法各論（上）》，三民，修訂四版，2014.08，348頁。】

□ 實務見解

▶63 台上 292（判例）

刑法上之背信罪爲一般的違背任務之犯罪，若爲他人處理事務，意圖爲自己或第三人不法之所有，以詐術使他人交付財物者，應成立詐欺罪，不能論以背信罪。

▶51 台上 58（判例）

刑法上之背信罪，爲一般的違背任務之犯罪，如果其違背任務係圖爲自己不法之所有，**已達於竊盜或侵占之程度，縱另有以舊抵新之彌縫行爲、仍應從竊盜或侵占罪處斷，不能援用背信之法條相繩**。

▶49 台上 1530（判例）

刑法第三百四二條之背信罪，須以爲他人處理事務爲前提，所謂爲他人云者，係指受他人委任，而爲其處理事務而言。

▶28 上 2464（判例）

公務員關於職務上之行爲，有時雖亦足以構成背信罪，然以不合於瀆職罪之構成要件爲限，如其犯罪行爲已足成立瀆職罪名，即不能以其違背職務而認爲構成背信罪。

第 343 條（準用之規定）

第三百二十三條及第三百二十四條之規定，於第三百三十九條至前條之罪準用之。

第 344 條（重利罪）

I 乘他人急迫、輕率、無經驗或難以求助之處境，貸以金錢或其他物品，而取得與原本顯不相當之重利者，處三年以下有期徒刑、拘役或科或併科三十萬元以下罰金。

II 前項重利，包括手續費、保管費、違約金及其他與借貸相關之費用。

第 344 條之 1（加重重利罪）

I 以強暴、脅迫、恐嚇、侵入住宅、傷害、毀損、監控或其他足以使人心生畏懼之方法取得前條第一項之重利者，處六月以上五年以下有期徒刑，得併科五十萬元以下罰金。

II 前項之未遂犯罰之。

第 345 條（刪除）

第三十三章　恐嚇及擄人勒贖罪

第 346 條（單純恐嚇罪）

I 意圖爲自己或第三人不法之所有，以恐嚇使人將本人或第三人之物交付者，處六月以上五年以下有期徒刑，得併科三萬元以下罰金。

II 以前項方法得財產上不法之利益或使第三人得之者，亦同。

III 前二項之未遂犯罰之。

□ 實務見解

▶80 年度第 4 次刑事庭會議決議（80.08.06）

恐嚇行爲不以將來之惡害通知爲限，即以強暴脅迫爲手段，而被害人未達於不能抗拒程度者，亦屬之。本院四十五年台上字第一五八三號、四十八年台上字第九八六號、四十九年台上字第二六六號等判例，與上述意旨不符部分，應不再援用。

▶45 台上 1450（判例）

刑法第三百四十六條第一項恐嚇取財罪之構成，以犯人所爲不法之惡害通知達到於被害人，並足使其心生畏懼而交付財物爲要件。

第 347 條（擄人勒贖罪）

I 意圖勒贖而擄人者，處無期徒刑或七年以上有期徒刑。

II 因而致人於死者，處死刑、無期徒刑或十二年以上有期徒刑；致重傷者，處無期徒刑或十年以上有期徒刑。

III 第一項之未遂犯罰之。

IV 預備犯第一項之罪者，處二年以下有期徒刑。

V 犯第一項之罪，未經取贖而釋放被害人者，減輕其刑；取贖後而釋放被害人者，得減輕其刑。

□ 實務見解

▶106年度第13次刑事庭會議決議（106.09.12）

刑三庭提案：意圖勒贖而擄人，在未取得贖金前，因經談妥條件（尚未履行），而釋放被害人，有無刑法第三百四十七條第五項前段減輕其刑？

決議：採甲說（否定說）。

刑法第三百四十七條第五項前段所謂未經取贖而釋放被害人，**係指犯擄人勒贖之罪，未經取贖，自動終止勒贖之意思，或無取贖之犯意，而釋放被害人而言**，應具有自動釋放人質之心意及實際釋放人質之事實，始得寬減其刑。如經談妥條件或擔保後，始將被害人釋放，其釋放既非出於自動終止勒贖之意思，而在於取贖，自與該條項前段規定不合，不得減輕其刑。

▶65台上3356（判例）

擄人勒贖罪，須行為人自始有使被害人以財物取贖人身之意思，如使被害人交付財物，別有原因，為達其取得財物之目的，而剝奪被害人之自由者，除應成立其他財產上之犯罪或牽連犯妨害自由罪外，要無成立擄人勒贖罪之餘地。

第348條（擄人勒贖之結合罪）

I 犯前條第一項之罪而故意殺人者，處死刑或無期徒刑。

II 犯前條第一項之罪而有下列行為之一者，處死刑、無期徒刑或十二年以上有期徒刑：

一　強制性交者。

二　使人受重傷者。

□ 實務見解

▶79台上4769（判例）

擄人勒贖而故意殺被害人，係將擄人勒贖與殺人兩個獨立之罪名相結合成一新罪名，而加重其刑罰，此種結合型態之犯罪，自較單一擄人勒贖之犯罪情節為重，刑法第三百四十八條第一項與懲治盜匪條例第二條第一項第九款法定刑相同，依全部法優於一部法之原則，自應適用刑法第三百四十八條第一項處斷。

第348條之1（準擄人勒贖罪）

擄人後意圖勒贖者，以意圖勒贖而擄人論。

第三十四章　贓物罪

第349條（普通贓物罪）

I 收受、搬運、寄藏、故買贓物或媒介者，處五年以下有期徒刑、拘役或科或併科五十萬元以下罰金。

II 因贓物變得之財物，以贓物論。

□ 實務見解

▶51台上87（判例）

刑法上之寄藏贓物，係指受寄他人之贓物，為之隱藏而言，必須先有他人犯財產上之罪，而後始有受寄代藏贓物之行為，否則即難以該項罪名相繩。

▶41台非36（判例）

刑法上之贓物罪，原在防止因竊盜、詐欺，侵占各罪被奪取或侵占之物難於追及或回復，故其前提要件，必須犯前開各罪所得之物，始得稱為贓物。

▶30非57（判例）

刑法第三百四十九條第二項之寄藏贓物，**係指受寄他人之贓物，為之隱藏者而言**。若代他人將贓物持交第三人寄藏者，自屬同條項之搬運贓物，不能謂為寄藏。

▶24上3283（判例）

竊盜搬運贓物，為竊盜罪之當然結果，在論處被告以竊盜罪外，不能再依贓物罪論科。對於竊盜正犯，既不另成贓物罪，則竊盜幫助犯，因從屬關係之結果，自亦不能再依贓物論罪。

第350條（刪除）

第351條（親屬贓物罪）

於直系血親、配偶或同財共居親屬之間，犯本章之罪者，得免除其刑。

第三十五章　毀棄損壞罪

第352條（毀損文書罪）

毀棄、損壞他人文書或致令不堪用，足以生損害於公眾或他人者，處三年以下有期徒刑、拘役或三萬元以下罰金。

□ 實務見解

▶66年度第6次刑庭庭推總會議決議㈡（66.08.09）

支票上之背書，為法律所定對支票負擔保責任之文書。被告將別人簽發之支票背書後，持以向人調借現款，嗣因支票不獲兌現，經執票人追償，乃為免除背書責任，將其自己之背書塗去**（尚有他人之背書），即屬使該背書之效用完全喪失，而該背書，既因被告人向人調借現款，連同支票，交付與人，已為他人之文書，則被告予以塗去，使之完全喪失效用，自應成立刑法第三百五十二條之毀損他人之文書罪**。至於同支票背面另外之背書，係另外獨立之文書，既非與被告之背書合組為一個文書，則被告塗去自己之背書，亦與變更文書內容之情形不同，不能成立同法第二百十條之罪。

第353條（毀壞建築物、礦坑、船艦罪）
I 毀壞他人建築物、礦坑、船艦或致令不堪用者，處六月以上五年以下有期徒刑。
II 因而致人於死者，處無期徒刑或七年以上有期徒刑，致重傷者，處三年以上十年以下有期徒刑。
III 第一項之未遂犯罰之。

❑ 實務見解

▶**56台上622（判例）**
牆壁既係共用，並非被告單獨所有，倘有無端毀損之行為，而影響他人房屋之安全，乃難謂非毀損他人建築物。

▶**30上463（判例）**
刑法第三百五十三條第一項之毀壞他人建築物罪，必須毀壞建築物之重要部分，足致該建築物之全部或一部失其效用，始能成立，若僅毀損其附屬之門窗等物，而該建築物尚可照舊居住使用者，祇能依同法第三百五十四條毀損他人之物論處。

第354條（毀損器物罪）
毀棄、損壞前二條以外之他人之物或致令不堪用，足以生損害於公眾或他人者，處二年以下有期徒刑、拘役或一萬五千元以下罰金。

❑ 實務見解

▶**48台上1072（判例）**
被告所毀損之房屋，既經原審勘明其毀損部分僅屬伸出屋外之瓦簷，於該房屋並未失其效用，因認不成立刑法第三百五十三條第一項毀損建築物之罪，而依同法第三百五十四條毀損他人之物罪論科，並無不合。

▶**47台非34（判例）**
刑法第三百五十四條之毀損罪，**以使所毀損之物，失其全部或一部之效用為構成要件**。被告潛至他人豬舍，投以殺鼠毒藥，企圖毒殺之豬，既經獸醫救治，得免於死，則其效用尚無全部或一部喪失情事，而本條之罪，又無處罰未遂之規定，自應為無罪之諭知。

第355條（間接毀損罪）
意圖損害他人，以詐術使本人或第三人為財產上之處分，致生財產上之損害者，處三年以下有期徒刑、拘役或一萬五千元以下罰金。

第356條（損害債權罪）
債務人於將受強制執行之際，意圖損害債權人之債權，而毀壞、處分或隱匿其財產者，處二年以下有期徒刑、拘役或一萬五千元以下罰金。

❑ 實務見解

▶**30年度刑庭庭長決議㈡（30.06.10）**
刑法第三百五十六條所謂將受強制執行之際，凡在強制執行終結前之查封拍賣均包括在內。

第357條（告訴乃論）
第三百五十二條、第三百五十四條至第三百五十六條之罪，須告訴乃論。

第三十六章　妨害電腦使用罪

第358條（入侵電腦或其相關設備罪）
無故輸入他人帳號密碼、破解使用電腦之保護措施或利用電腦系統之漏洞，而入侵他人之電腦或其相關設備者，處三年以下有期徒刑、拘役或科或併科三十萬元以下罰金。

❖ 法學概念

本罪的性質

曾有學者認為，由於本罪並不以非法入侵行為發生損害結果為必要，因此屬於行為犯。

【林山田，《刑法各罪論（上）》，元照，增訂五版，2005.12，553頁以下。】

但另有文獻指出，本罪究竟為行為犯或結果犯，取決於行為過程。如果行為與結果本身是在時間與空間上是可以被區分出來，可以視為結果犯。亦即，入侵行為本身是可以分成行為方法實施與結果實現兩個階段，當行為人實行「無故輸入他人帳號密碼」、「破解使用電腦之保護措施」或「利用電腦系統之漏洞」各行為時，在直接操作或透過釋放惡意電腦程式當時，心中所追求的目標是「進入」，當「入侵他人之電腦或其相關設備」時，目的即實現，入侵行為之結果亦發生。而入侵狀態既已實現，電腦系統所涉之各種法益即陷於危險，因此是具體危險犯，性質上屬於結果犯。

【蔡蕙芳，〈妨害電腦使用罪章：第一講—保護法益與規範功能〉，《月旦法學教室》，第126期，2013.04，65頁。】

❖ 法學概念

本罪之罪數認定與他罪之競合

本罪之保護法益，以保護社會大眾資訊之安全為主，而以保護個人之秘密與財產安全為輔。因此，若行為人以變更密碼之方式，使得他人無法登入遊戲系統，並使其無法存取與使用遊戲帳號內之資料，藉以持有虛擬寶物，則由於修改他人密碼行為，雖屬於超出授權之資料使用行為，但對本章所保護之系統私密性、完整性等法益屬於輕微之干擾，應認為不成立本罪或第359條之處罰。但取得虛擬寶物行爲，則應肯定其財產地位而受到刑法財產犯罪之保護。蓋事實上，網路遊戲內之寶物，雖然常以「虛擬」一詞描述，但其並非現實中之不存在之物，只是其存在型態爲電子型態，故可依刑法第 359 條無故取得電磁紀錄罪論處。至於，本罪罪數之認定標準，**應以妨害社會大眾資訊安全之次數爲準**。妨害一次社會大眾資訊之安全者，爲一罪；妨害數次社會大眾資訊之安全者，爲數罪。

其與刑法第 315 條之妨害書信秘密罪競合時，因本罪所保護的法益除爲社會大眾之資訊安全外，亦兼及個人秘密與財產安全，與妨害書信秘密罪所保護之法益，具有同一性。是以，**本罪與妨害書信秘密罪間，具有吸收關係，本罪爲吸收規定**，妨害書信秘密罪則爲被吸收規定，成立法條競合時，**應優先適用本罪**。

【甘添貴，《刑法各論（上）》，三民，修訂四版，2014.08，430 頁以下。】

第 359 條（破壞電磁紀錄罪）
無故取得、刪除或變更他人電腦或其相關設備之電磁紀錄，致生損害於公眾或他人者，處五年以下有期徒刑、拘役或科或併科六十萬元以下罰金。

❖ 法學概念

本罪所保護的法益

本罪除保護「資訊與資料的私密性、完整性、使用性」外，同時還包含「實害」。因爲，如僅保護「資訊與資料的私密性、完整性、可使用性」，則凡未經授權而取得他人持有的未公開電磁紀錄，即已侵害資訊隱私權。但立法者在該條文中添加「致生損害於公眾或他人」的構成要件，即有意藉此限制本條的適用範圍，以符合刑法謙抑的要求，防止過度處罰。

【林孟皇，〈妨害電腦的無故電磁紀錄—評最高法院一百年度台上字第三三七五號刑事判決〉，《月旦裁判時報》，第 12 期，2011.12，87 頁；蔡蕙芳，〈電磁紀錄無權取得行爲之刑法規範〉，《中正法學集刊》，第 13 期，2003.10，109 頁；李茂生，〈刑法新修妨害電腦使用罪章芻議（上）〉，《台灣本土法學》，第 54 期，2004.01，243 頁。】

❖ 法學概念

本罪所稱的「無故」

本罪中「無故」構成要件之內涵應放在電腦或網路安全概念下之瞭解，**應是指違反資料存取權限之「未獲授權」或「超越授權」**，此即行爲不法內涵所在。一旦資料被無故取得、刪除、變更，使得電腦資料無法被使用，電腦資料之私密性、完整性（正確性）、可使用性（當需要使用時）之利益即受到侵害。換言之，是否「無故」取得、刪除或變更，**首先依據是否受到加密或存取控制作爲判斷**。雖然電腦或網路安全逐漸受到重視，但受限於資源，並非所有電腦內之資料都會受到加密防護，每份資料背後應有一套存取權限之設定，這是資訊安全之基礎。若在客觀上未有加密等保護措施時，「無故」與否則應依據資料所有權人、持有人或資料主體之明示或默示之主觀意願來判斷。

【蔡蕙芳，〈妨害電腦使用罪章：第一講—保護法益與規範功能〉，《月旦法學教室》，第 126 期，2013.04，66 頁以下。】

❖ 法學概念

單純瀏覽他人電腦檔案是否構成本罪？

由於使用他人電腦，並瀏覽其中檔案內容之行爲，並未刪除變更電腦檔案（電磁紀錄）之內容，若亦未藉此儲存媒體複製檔案內容（取得），應不構成本條之取得刪除變更電磁紀錄罪。

不過，如果內容涉及我國國防秘密時，則應考慮刑法第 111 條刺探收集國防秘密罪之適用；或如文件、照片係處於「封緘」之狀態時，則有可能構成刑法第 315 條妨害書信秘密罪。

然而，若僅是朋友間的照片與信件，通常並非有關法律關係、權利義務之證明，亦無關社會活動中重要事實之證明，所以並非「足以爲表示其用意之證明」，無法依據刑法第 220 條第 2 項之規定，擬制爲刑法分則之「文書」，即無妨害書信秘密罪之適用。

【謝開平，〈擅自使用他人電腦並瀏覽其檔案〉，《月旦法學教室》，第 127 期，2013.05，28 頁以下。】

❖ 法學概念

本罪與他罪之競合

倘若行爲人無故入侵他人電腦，而取得他人之電腦紀錄，則該當刑法第 358 條無故入侵電腦罪與本罪，蓋兩罪之保護法益同爲電腦使用安全，若行爲人（包含所有權人或使用權人）係以同一行爲侵入他人電腦而取得他人之電腦紀錄，此時刑法第 358 條無故入侵電腦罪即成爲本罪，無故更動電磁紀錄罪之必經階段，則本罪與無故入侵電腦罪，應係法條競合之補充關係而論以較重之本罪。

【盧映潔，《刑法分則新論》，新學林，修訂七版，2013.09，771 頁；相同意見：蔡蕙芳，〈妨害電腦使用罪章：第二講—本章各罪與他罪之關係〉，《月旦法學教室》，第 129 期，2013.07，68 頁。】

惟如行爲人所刪除的電磁紀錄，乃具有證明功能之電磁紀錄即所謂的準文書（例如提款卡），則本罪與刑法第 352 條之毀損文書罪產生競合關係。**由於毀損文書罪之保護法益爲文書（準文書）的存在價值與公共信用，兩罪保護法益並不相同，應依想像競合之規定論較重之本罪**處斷。

【盧映潔，《刑法分則新論》，新學林，修訂七版，2013.09，771 頁；相同意見：蔡蕙芳，〈妨害電腦使用罪章：第二講—本章各罪與他罪之關係〉，《月旦法學教室》，第 129 期，2013.07，76 頁。】

❑ 實務見解

▶107 台上 1096〇（判決）

刑法第三十六章妨害電腦使用罪，多以「無故」，作爲犯罪構成行爲態樣之一項。**此所謂「無故」，係指欠缺法律上正當理由者而言；至於理由正當與否，則須綜合考量行爲的目的、行爲當時的人、事、時、地、物等情況、他方受干擾、侵害的程度等因素，合理判斷其行爲所構成的妨害，是否逾越社會通念所能容忍的範圍，並非其行爲目的或動機單純，即得謂有正當理由。**夫妻雙方，爲維持幸福圓滿的生活，縱然互負忠貞、婚姻純潔的道德上或法律上義務，婚姻外的通、相姦行爲，依一般社會通念，當予非難、譴責，但人格各自獨立，非謂必使配偶之一方放棄自己的隱私權利，被迫地接受他方可以隨時、隨地、隨意全盤監控自己日常生活或社交活動的義務；申言之，倘藉口懷疑或有調查配偶外遇的必要，即恣意窺探、取得他方非公開活動、言論、談話等隱私領域，尚難肯認具有法律上的正當理由。同法第三五九條（破壞電磁紀錄罪）所規範之行爲態樣之一，係以「無故取得」，而非財產犯罪之「竊取」用語，即有意區隔兩者之不同。**上揭所稱「取得」他人電磁紀錄，乃指透過電腦的使用，以包括複製在內的方法，將他人的電磁紀錄，移轉爲自己所有的情形。**故在「**無故取得」電磁紀錄的行爲態樣中，縱使原所有人仍繼續保有電磁紀錄的支配占有狀態，然如行爲人藉由電腦設備的複製技術，使自己同時獲取檔案內容完全相同、訊號毫無減損的電磁紀錄，仍該當此罪的成立。因電磁紀錄具有記載錄製使用者發送、接收、輸入、觀察、處理電子訊號過程的功能，並不具公示性，亦非在他人監督下所爲，應專屬於使用者個人所獨有的 擬制空間，無論其以文字或影音方式呈現，均足以顯示使用者在特定期間內所見所聞、所思所欲，具有排他性的價值感，自應受隱私權、財產權的保護。**參諸上揭妨害電腦使用罪章的立法理由，係謂：「按電腦使用安全，已成爲目前刑法上應予保障之重要法益，社會上發生妨害他人電腦使用案件日益頻繁，造成個人生活上之損失益趨擴大，實有妥善立法之必要，... 本章所定之罪，其保護之法益兼及於個人法益及社會安全法益（如修正條文第三五九條、第三六〇條）」，可見係爲適應現代社會生活而新創的保護法益規範。就另方面言，刑法第三五九條之破壞電磁紀錄罪，法定刑是五年以下有期徒刑、拘役或科或併科二十萬元以下罰金；而同法第二三九條之通、相姦罪，法定刑是一年以下有期徒刑，兩相比較，顯然前者法益，應該受更重地位的保護。

▶104 台上 3392（判決）

刑法第三百五十九條之破壞電磁紀錄罪，係指行爲人無故取得、刪除或變更他人電腦或其相關設備之電磁紀錄，致生損害於公眾或他人。**所稱「刪除」，固係指反於電磁紀錄製成之方法，將電磁紀錄完全或部分消除之謂，惟是否必使之永久消除而無法回復，始得謂爲「刪除」，在學理上非無爭議；然就該「刪除」係刑事法上之「構成要件」觀之，自應基於當代共通之學理，或本乎相關之法規，而爲合乎立法本旨之闡釋。**電磁紀錄有足以表徵一定事項之作用（諸如身分或財產紀錄），則對電磁紀錄之侵害，亦可能同時造成身分或財產上之侵害關係，嚴重影響網路電腦使用之社會信賴及民眾之日常生活。參諸對電腦及網路之侵害行爲採刑事處罰已是世界立法之趨勢，乃增訂該罪，對行爲人科以刑事罰。故而本罪規範應係重在維持網路電腦使用之社會安全秩序，並避免對公眾或他人產生具體之損害。**不論行爲人所使用之破壞方式爲何，祇要無故刪除他人電腦或其相關設備之電磁紀錄，即該當於刪除之構成要件。**復因電磁紀錄本身具有可複製性，又不具有損耗性，縱被複製亦不致因此而消失，而依現行之科技設備，若要回復被刪除之電磁紀錄，亦非難事，故解釋上，**應認電磁紀錄遭受無故刪除時，即已產生網路電腦使用之社會安全秩序遭受破壞之危險，至於該電磁紀錄事後得否回復，均無礙於「刪除」之成立。倘其刪除行爲，又已致生損害於公衆或他人，本罪即已該當。**

第 360 條（干擾電腦或其相關設備罪）
無故以電腦程式或其他電磁方式干擾他人電腦或其相關設備，致生損害於公眾或他人者，處三年以下有期徒刑、拘役或科或併科三十萬元以下罰金。

❖ 法學概念

本罪所稱的「干擾」

本罪構成要件使用「干擾」一詞是指**非實體性侵害，有別於傳統刑法「毀損」之概念。**此種干擾電腦行爲是以電腦與電腦程式作爲犯罪工具之電子攻擊型態。透過操作電腦登入下達指令而由網路遠方入侵電腦後，刪除或變更其內部資料或程式，使它們無法被使用，或者透過施放有害程式直接進入電腦內部之暫時性記憶體，不停複製占據記憶容量，耗盡電腦儲存或處理空間與資源，最後影響電腦系統正常資料與資訊處理工作。另一種的情形是，內部電腦資料仍完整，但因忙於處理如洪水般而來之處理請求，資訊處理系統無法負荷而中斷或停止處理原應進行之工作，使得合法用户無法完整使用電腦系統所提供的服務。

【蔡蕙芳，〈妨害電腦使用罪章：第一講—保護法益與規範功能〉，《月旦法學教室》，第 126 期，2013.04，68 頁。】

第 361 條（加重其刑）
對於公務機關之電腦或其相關設備犯前三條之罪者，加重其刑至二分之一。

第 362 條（製作犯罪電腦程式罪）
製作專供犯本章之罪之電腦程式，而供自己或他人犯本章之罪，致生損害於公眾或他人者，處五年以下有期徒刑、拘役或科或併科六十萬元以下罰金。

❖ 法學概念

本罪與其他電腦犯罪之競合

本罪與入侵電腦罪、侵害電磁紀錄罪或干擾電腦罪間具有特別關係。後者係屬一般規定，本罪爲特別規定。成立法條競合時，應優先適用特別規定之本罪，排斥適用一般規定之入侵電腦罪、侵害電磁紀錄罪或干擾電腦罪。

【甘添貴，《刑法各論（上）》，三民，修訂四版，2014.08，440 頁。】

第 363 條（告訴乃論）
第三百五十八條至第三百六十條之罪，須告訴乃論。

中華民國刑法施行法

1.中華民國 24 年 4 月 1 日國民政府制定公布全文 10 條；並自 24 年 7 月 1 日施行
2.中華民國 86 年 11 月 26 日總統令增訂公布第 7-1 條條文
3.中華民國 88 年 4 月 21 日總統令增訂公布第 9-1、9-2 條條文
4.中華民國 90 年 1 月 10 日總統令增訂公布第 3-1 條條文
5.中華民國 94 年 2 月 2 日總統令修正公布第 3-1 條條文；增訂第 6-1、7-2、8-1、9-3、10-1 條條文；並自 95 年 7 月 1 日施行
6.中華民國 95 年 6 月 14 日總統令增訂公布第 1-1 條條文
7.中華民國 98 年 1 月 21 日總統令增訂公布第 10-2 條條文
8.中華民國 98 年 6 月 10 日總統令修正公布第 6-1、10-2 條條文；並增訂第 3-2 條條文
9.中華民國 98 年 12 月 30 日總統令修正公布第 10 條條文；增訂第 3-3 條條文；並自公布日施行
10.中華民國 104 年 12 月 30 日總統令增訂公布第 10-3 條條文
11.中華民國 105 年 6 月 22 日總統令修正公布第 10-3 條條文
12.中華民國 108 年 5 月 29 日總統令增訂公布第 8-2 條條文
13.中華民國 108 年 12 月 31 日總統令修正公布第 8-1 條條文

第 1 條（舊刑法、刑律、其他法令之定義）
本法稱舊刑法者，謂中華民國十七年九月一日施行之刑法；稱刑律者，謂中華民國元年三月十日頒行之暫行新刑律；稱其他法令者，謂刑法施行前與法律有同一效力之刑事法令。

第 1 條之 1（罰金貨幣單位與罰鍰倍數）
Ⅰ中華民國九十四年一月七日刑法修正施行後，刑法分則編所定罰金之貨幣單位為新臺幣。
Ⅱ九十四年一月七日刑法修正時，刑法分則編未修正之條文定有罰金者，自九十四年一月七日刑法修正施行後，就其所定數額提高為三十倍。但七十二年六月二十六日至九十四年一月七日新增或修正之條文，就其所定數額提高為三倍。

第 2 條（褫奪公權從新主義）
依刑法第二條第一項但書，適用舊刑法、刑律或其他法令時，其褫奪公權所褫奪之資格，應依刑法第三十六條之規定。

第 3 條（易科監禁之期限與易科罰金折算之抵充）
Ⅰ依舊刑法易科監禁者，其監禁期限，自刑法施行之日起，不得逾六個月。
Ⅱ其在刑法施行後，易科監禁期限內納罰金者，以所納之數，仍依裁判所定之標準扣除監禁日期。

第 3 條之 1（易科罰金之適用範圍）
Ⅰ刑法第四十一條之規定，中華民國九十年一月四日刑法修正施行前已裁判確定之處罰，未執行或執行未完畢者，亦適用之。
Ⅱ未諭知得易科罰金之處罰者，亦同。
Ⅲ於九十四年一月七日刑法修正施行前犯併合處罰數罪中之一罪，且該數罪均符合第四十一條第一項得易科罰金之規定者，適用九十年一月四日修正之刑法第四十一條第二項規定。

第 3 條之 2（易服社會勞動制度之適用範圍）
刑法第四十一條及第四十二條之一之規定，於中華民國九十八年九月一日刑法修正施行前已裁判確定之處罰，未執行或執行未完畢者，亦適用之。

第 3 條之 3（新舊法律之適用規定）
刑法第四十一條及第四十二條之一之規定，於中華民國九十八年十二月十五日刑法修正施行前已裁判確定之處罰，未執行或執行未完畢者，亦適用之。

第 4 條（累犯加重之限制）
Ⅰ刑法施行前，累犯舊刑法第六十六條第一項所定不同一之罪或不同款之罪一次者，其加重本刑，不得逾三分之一。
Ⅱ依刑法第四十八條更定其刑者，準用前項之規定。

第 5 條（老幼人減刑之方法與例外）
刑法施行前，未滿十八歲人或滿八十歲人犯罪，經裁判確定處死刑或無期徒刑者，應報由司法行政最高官署，呈請司法院提請國民政府減刑。但有刑法第六十三條第二項情形者，不在此限。

第 6 條（緩刑假釋之保護管束）
刑法施行前，受緩刑之宣告或假釋出獄者，刑法施行後，於其緩刑期內得付保護管束，假釋中，付保護管束。

第 6 條之 1（刑法修正前受緩刑宣告之適用規定）
Ⅰ於中華民國九十四年一月七日刑法修正施行前，受緩刑之宣告，九十四年一月七日修正刑法施行後，仍在緩刑期內者，適用九十四年一月七日修正施行之刑法第七十五條、第七十五條之一及第七十六條規定。
Ⅱ於中華民國九十八年五月十九日刑法修正施行前，受緩刑之宣告，九十八年五月十九日修正刑法施行後，仍在緩刑期內者，適用九十八年五月十九日修正施行之刑法第七十五條及第七十五條之一規定。

第 7 條（緩刑假釋之撤銷）
刑法施行前，宣告緩刑或准許假釋者，在刑法施行後撤銷時，應依刑法之規定。

第 7 條之 1（假釋之撤錯規定）
Ⅰ於中華民國八十六年刑法第七十七條修正施行前犯罪者，其假釋適用八十三年一月二十八日修正

公布之刑法第七十七條規定。但其行爲終了或犯罪結果之發生在八十六年刑法第七十七條修正施行後者，不在此限。

II因撤銷假釋執行殘餘刑期，其撤銷之原因事實發生在八十六年刑法第七十九條之一修正施行前者，依修正前之刑法第七十九條之一規定合併計算其殘餘刑期與他刑應執行之期間。但其原因事實行爲終了或犯罪結果之發生在八十六年刑法第七十七條修正施行後者，不在此限。

第7條之2（撤銷假釋之殘餘刑期計算）

I於中華民國八十六年十一月二十六日刑法修正公布後，九十四年一月七日刑法修正施行前犯罪者，其假釋適用八十六年十一月二十六日修正公布之刑法第七十七條規定。但其行爲終了或犯罪結果之發生在九十四年一月七日刑法修正施行後者，其假釋適用九十四年一月七日修正施行之刑法第七十七條規定。

II因撤銷假釋執行殘餘刑期，其撤銷之原因事實發生在八十六年十一月二十六日刑法修正公布後，九十四年一月七日刑法修正施行前者，依八十六年十一月二十六日修正公布之刑法第七十九條之一規定合併計算其殘餘刑期與他刑應執行之期間。但其原因事實行爲終了或犯罪結果之發生在九十四年一月七日刑法修正施行後者，依九十四年一月七日修正施行之刑法第七十九條之一規定合併計算其殘餘刑期與他刑應執行之期間。

第8條（行刑權時效停止之起算）

刑法施行前，行刑權之時效停止原因繼續存在者，適用刑法第八十五條第三項之規定，其期間自刑法施行之日起算。

第8條之1（刑法修正前其追訴權或行刑權時效已進行而未完成者適用最有利之規定）

於中華民國九十四年一月七日刑法修正施行前，其追訴權或行刑權時效已進行而未完成者，比較修正前後之條文，適用最有利於行爲人之規定。於一百零八年十二月六日刑法修正施行前，其追訴權或行刑權時效已進行而未完成者，亦同。

第8條之2（刑法修正施行前其追訴權時效已進行而未完成者適用修正後之規定，不適用前條之規定）

於中華民國一百零八年五月十日修正之刑法第八十條第一項第一款但書施行前，其追訴權時效已進行而未完成者，適用修正後之規定，不適用前條之規定。

第9條（刑法施行前非配偶而同居者不適用通姦罪）

刑法第二百三十九條之規定，於刑法施行前，非配偶而以永久共同生活爲目的有同居之關係者，不適用之。

第9條之1（圖利使人爲性交猥褻罪之例外）

刑法第二百三十一條之規定，於中華民國八十八年三月三十日刑法修正施行前依法令規定經營妓女戶者，不適用之。

第9條之2（強制性交及猥褻罪之緩衝期）

刑法第二百二十一條、第二百二十四條之罪，於中華民國八十九年十二月三十一日前仍適用八十八年三月三十日修正施行前之刑法第二百三十六條告訴乃論之規定。

第9條之3（刑法修正前受強制治療宣告之適用規定）

於中華民國九十四年一月七日刑法修正施行前，受強制治療之宣告，九十四年一月七日修正刑法施行後，仍在執行期間內者，適用八十八年四月二十一日修正公布之刑法第九十一條之一規定。

第10條（施行日）

I本法自刑法施行之日施行。

II刑法修正條文及本法修正條文，除另定施行日期者外，自公布日施行。

第10條之1（施行日）

中華民國九十四年一月七日修正公布之刑法，自九十五年七月一日施行。

第10條之2（施行日）

I中華民國九十七年十二月三十日修正之刑法第四十一條，自九十八年九月一日施行。

II中華民國九十八年五月十九日修正之刑法第四十二條之一、第四十四條、第七十四條、第七十五條、第七十五條之一，自九十八年九月一日施行。

第10條之3（施行日）

I中華民國一百零四年十二月十七日及一百零五年五月二十七日修正之刑法，自一百零五年七月一日施行。

II一百零五年七月一日前施行之其他法律關於沒收、追徵、追繳、抵償之規定，不再適用。

貪污治罪條例

1.中華民國 52 年 7 月 15 日總統令制定公布全文 20 條
2.中華民國 62 年 8 月 17 日總統令修正公布全文 20 條
3.中華民國 81 年 7 月 17 日總統令修正公布名稱及全文 18 條（原名稱：戡亂時期貪污治罪條例）
4.中華民國 85 年 10 月 23 日總統令修正公布全文 20 條
5.中華民國 90 年 11 月 7 日總統令修正公布第 6 條條文
6.中華民國 92 年 2 月 6 日總統令修正公布第 11 條條文；並增訂第 12-1 條條文
7.中華民國 95 年 5 月 30 日總統令修正公布第 2、8、20 條條文；並自 95 年 7 月 1 日施行
8.中華民國 98 年 4 月 22 日總統令修正公布第 6、10 條條文；並增訂第 6-1 條條文
9.中華民國 100 年 6 月 29 日總統令修正公布第 5、11、12、16 條條文；並刪除第 12-1 條條文
10.中華民國 100 年 11 月 23 日總統令修正公布第 6-1 條條文
11.中華民國 105 年 4 月 13 日總統令修正公布第 6-1、20 條條文
中華民國 105 年 12 月 14 日行政院令發布定自 106 年 1 月 1 日施行
12.中華民國 105 年 6 月 22 日總統令修正公布第 10、20 條條文；並自 105 年 7 月 1 日施行

第 1 條（立法目的）
為嚴懲貪污，澄清吏治，特制定本條例。

第 2 條（犯罪主體）
公務員犯本條例之罪者，依本條例處斷。

第 3 條（共犯之適用）
與前條人員共犯本條例之罪者，亦依本條例處斷。

第 4 條（罰則）
I 有下列行為之一者，處無期徒刑或十年以上有期徒刑，得併科新臺幣一億元以下罰金：
一　竊取或侵占公用或公有器材、財物者。
二　藉勢或藉端勒索、勒徵、強占或強募財物者。
三　建築或經辦公用工程或購辦公用器材、物品，浮報價額、數量、收取回扣或有其他舞弊情事者。
四　以公用運輸工具裝運違禁物品或漏稅物品者。
五　對於違背職務之行為，要求、期約或收受賄賂或其他不正利益者。
II 前項第一款至第四款之未遂犯罰之。

❖ 法學概念

重度貪污罪

本條例第 4 條為「重度貪污罪」，第 1 項第 1 款公務員竊取或侵占公用公有器材或財物的行為處罰，與刑法第 134、320、336 條重疊；第 2 款公務員藉勢或藉端強取財物罪，或可依刑法第 328、346 條，再依刑法第 134 條處理；第 3 款公務員經辦公用工程或採購公用器材物品時，浮報價額或數量、收取回扣或其他舞弊等行為，則與刑法第 121、131 條重疊；第 4 款關於利用公用運輸工具運輸違禁品或漏稅物的規定，建議刪除，因為其性質上為犯罪行為的方法手段，欠缺保護法益；第 5 款則與刑法第 122 條第 1 項相同。

若依刑度輕重區分，犯本條例第 4 條第 1 項各款罪名者，分別可處無期徒刑或十年以上有期徒刑，並得併科一億元以下罰金。本條第 1 項各款行為與刑法構成要件重疊者，比較二者的刑度，可發現明顯有輕重失衡的情況。例如本條例第 1 款行為分別與刑法第 134、320、336 條重疊，惟適用刑法的結果，依本條例可處無期徒刑；最重依刑法第 336 條（一年以上，七年以下有期徒刑）論處，再透過刑法第 134 條加重其本刑的二分之一，刑度仍遠比本條例輕。另外，第 3 款與刑法第 121、122、131 條重疊，其中最重者是，刑法第 122 條第 1 項的違背職務受賄罪，最高得處十年以下的有期徒刑，其與本條例的刑度相較，差距仍大。

【張麗卿，〈台灣貪污犯罪與法律適用之疑難〉，收錄於《新刑法探索》，元照，五版，2014.09，139 頁。】

☐ 實務見解

▶103 年度第 8 次刑事庭會議決議（103.05.13）

院長提議：某市政府警察局之警員 A 發覺轄區外之他市有大型職業賭場，惟因收受賭場經營者給付之金錢而不予調查或通報。該警員應否成立對於違背職務之行為收受賄賂罪？

甲說（肯定說）：

一、刑事訴訟法第二百三十一條第二項規定：「司法警察知有犯罪嫌疑者，應即開始調查，並將調查之情形報告該管檢察官及前條之司法警察官。」並無管轄區域之限制。又警察任務為依法維持公共秩序，保護社會治安，防止一切危害，促進人民福利；其職權包括依法協助偵查犯罪。警察法第二條、第九條第三款分別定有明文。內政部警政署亦

頒訂「警察機關通報越區辦案應行注意事項」，其第一點即揭示：「為提升打擊犯罪能力，發揮各級警察機關整體偵防力量，避免於越區辦案時因配合不當，致生不良後果，特訂定本注意事項。」又於「各級警察機關處理刑案逐級報告紀律規定」第二點第一款明定：「各級警察機關或員警個人發現犯罪或受理報案，不論其為特殊刑案、重大刑案或普通刑案，均應立即處置迅速報告分局勤務指揮中心，按照規定層級列管，不得隱匿、延誤或作虛偽陳報擅自結案。」足見警察機關雖有轄區之劃分，然此僅為便利警察勤務之派定、規劃、指揮、督導及考核而已，非指警察僅能於自己所屬管轄區域內協助偵查犯罪。

二、依題旨，A 雖任職於某市政府警察局，惟既發覺他市有經營職業賭場之犯罪行為，仍有依法調查或通報等協助偵查犯罪之職責，其違背此項職務而收取對價，自應成立對於違背職務之行為收受賄賂罪。

乙說（否定說）：

一、法院組織法第六十二條規定，檢察官於其所屬檢察署管轄區域內執行職務，但遇有緊急情形或法律另有規定者，不在此限。足見除非有但書情形外，否則檢察官僅於其所屬檢察署管轄區域內，始有行使偵查犯罪之職權。而刑事訴訟法第二百二十九條第一項第一款規定，警政署署長、警察局局長或警察總隊總隊長於其管轄區域內為司法警察官，有協助檢察官偵查犯罪之職權。可見該款司法警察官，於管轄區域內，才有協助檢察官偵查犯罪之職權。又同法第二百三十條第一項第一款、第二項、第二百三十一條第一項第一款、第二項，雖僅規定警察官長、警察知有犯罪嫌疑者，應即開始調查。但既規定警察官長應將犯罪嫌疑調查之情形報告該管檢察官及協助偵查犯罪之司法警察官；警察應將犯罪嫌疑調查之情形報告該管檢察官及司法警察官；警察官長應受檢察官之指揮，偵查犯罪；警察應受檢察官及司法警察官之命令，偵查犯罪。顯見上開警察官長、警察知有犯罪嫌疑者，應即開始調查之職權，亦應限於管轄區域內，始得為之。再者，警察勤務條例第三條規定，警察勤務之實施，應晝夜執行，普及轄區。警察機關通報越區辦案應行注意事項第一點規定，為提升打擊犯罪能力，發揮各級警察機關整體偵防力量，避免於越區辦案時因配合不當，致生不良後果，特訂定本注意事項。第二點第一項第一款前段規定，於管轄區外執行搜索、逮捕、拘提等行動時，應依第三點所定程序通報當地警察機關會同辦理。均可見警察官長、警察原各有管轄區域，於管轄區域內始有調查犯罪之職權，因調查犯罪，如欲於管轄區外執行搜索、逮捕、拘提等行動時，應通報當地警察機關會同辦理。而於搜獲他轄犯罪確切情報，則可通報當地警察機關偵處。並非得於管轄區域外調查犯罪。否則，無異較檢察官與協助偵查犯罪之司法警察官，擁有更廣泛不受轄區限制之調查犯罪權限，顯非適宜。又貪污治罪條例第四條第一項第五款所謂「職務」，係指公務員法定職務權限範圍內，並有具體影響可能之事務。

二、依題旨，A 係某市政府警察局警員，縱發覺他市有經營職業賭場之犯罪行為，並收取賭場經營者之金錢，然因其無在自己所屬管轄區域外調查犯罪之職權，自無成立對於違背職務之行為收受賄賂罪之餘地。

以上二說，以何者為當，提請　公決

決議：採甲說。

編按：

本書認為，此決議應係採取日本實務見解（最決平成 17.3.11 刑集 59 卷 2 號 1 頁），「在警視廳某警察局地域課工作的警官收受現金，即使非關於本身職務權限的行為，但日本最高裁判所認為同廳的警察仍具有對東京都全域有犯罪偵查的權限，依「一般職務權限理論」，該警官仍成立受賄罪。足見，我國最高法院不但接受了日本「職務密切關聯理論」（以最高法院 99 年度台上字第 7078 號判決為代表），從此決議也可看出也採納了「一般職務權限理論」。

【林朝雲，〈論「法定」職務權限與賄賂罪中「職務行為」的關聯性〉，《中央警察大學法學論集》，第 29 期，2015.10，181 頁。】

▶107 台上 1568○（判決）

貪污治罪條例第四條第一項第三款就公務員建築或經辦公用工程或購辦公用器材、物品，浮報價額、數量，收取回扣或有其他舞弊情事者，特別嚴予規範，列為本條例處以最重刑度之貪污類型之一，考其立法意旨，係在於「公用」工程及「公用」器材、物品，係供公眾或多數人使用，與公眾安全、公共利益密切相關，對於建築、經辦或購辦公務員之廉潔，自應為高度之要求，嚴防其有貪污舞弊之行為，並將浮報價額、數量，收取回扣等承辦公用工程或公用器物採購常見之舞弊手法，列明於本款，一方面以杜爭議，一方面資為認定其舞弊內涵之參考。至其是否以違背職務之行為為對價，究係公務員或對方主動，就上開立法意旨觀之，均非所問。**而所謂「回扣」，於公務員建築或經辦公用工程之情形，係**

指該公務員與對方約定，就應給付之建築材料費或工程價款中，提取一定比率或扣取其中一部分，圖爲自己或其他第三人不法利益之謂。其構成固限於建築或經辦公用工程，並以上開計算方式收取之，然本質上仍屬「賄賂」之一種。且公務員收取回扣本不必然出於其主動；收受賄賂亦不必然係被動爲之。又交付回扣者，縱係被動同意，然如因此得以承作該工程或出售該器材、物品，亦未必即屬合法行爲而不可課以相當之罪名。是收取回扣與違背職務收受賄賂，二罪之間容有發生競合關係之可能性存在。從而，於發生競合關係之情形時，對於因違背職務或不違背職務而收取回扣之公務員行賄者，仍應依同條例第十一條相關規定論處。

第5條（罰則）

I 有下列行爲之一者，處七年以上有期徒刑，得併科新臺幣六千萬元以下罰金：

一　意圖得利，擅提或截留公款或違背法令收募稅捐或公債者。

二　利用職務上之機會，以詐術使人將本人之物或第三人之物交付者。

三　對於職務上之行爲，要求、期約或收受賄賂或其他不正利益者。

II 前項第一款及第二款之未遂犯罰之。

❖ 法學概念

中度貪污罪

本條例第5條爲「中度貪污罪」，第1項各款規定亦均與刑法重疊。第1款與刑法第129條第1項違法徵收罪、第131條違背職務圖利罪重疊；第2款職務詐取罪，得以刑法第134、339條普通詐欺罪與公務員加重處罰規定處理；第3款與刑法第122條不違背職務收賄罪規定一致，亦可直接回歸適用。

然而，就刑度而言，犯本條例第5條第1項之罪，可處七年以上有期徒刑，並得併科六千萬元以下罰金，若以此與刑法相衡：第1款與刑法第129、131條，二者的刑度比較，可發現前者最低本刑七年，後者的最低本刑則爲一年，上限爲七年，法律效果顯不相當。

【張麗卿，〈台灣貪污犯罪與法律適用之疑難〉，收錄於《新刑法探索》，元照，五版，2014.09，140頁。】

❖ 法學概念

「職務密切關聯行為」與「功能性關聯」理論

而所謂「職務密切關聯行爲」理論，有兩點內涵：一是，本來不是固有的職務行爲，但在習慣上由該公務員負責的場合；二是根據自己的職務，能夠產生實質上影響力的情形。這些在事實上屬於公務員職務權限的行爲，和不正利益掛鉤的時候，就會使職務的公正性以及社會對它的信賴受到侵害，所以這些行爲也應看作爲職務行爲。日本學說及實務認爲，「職務」是指「附隨公務員之職位所應爲處理一切公務者」。德國的學說認爲，而行使職務的範圍不僅包括具有直接外部影響官員的行爲，而且還包括準備性和支援性之公務活動，例如向其他官員提供諮詢意見或討論商議等。但職務行爲也不是漫無邊際，蓋職務行爲，乃係具有公共任務的活動，更爲妥當的說法是公務人員的活動與其任務間的「功能性關聯」（der funktionale Zusammenhang）。也就是說，職務行爲與公務員所承擔的職務範圍至少須具有一種「功能性」的關聯。

【最判昭和28・10・27刑集7卷10號1971頁；松原久利，〈「職務に関し」の意義(2)—大学設置審事件〉，收錄於西田典之・山口　厚・佐伯仁志編，《刑法判例百選II》，有斐閣，2014.08，215頁。北野通世，〈「職務に関し」の意義〉，收錄於西田典之・山口　厚・佐伯仁志編，《刑法判例百選 II》，有斐閣，2014.08，212頁；周慶東，〈貪瀆罪中的職務行爲意義－德國刑法上的觀點〉，《法學叢刊》，第121期，2011.07，5頁；Hoven, Der Wechsel von Amtsträgern in die Privatwirtschaft — Gedanken zur Vorteilsannahme nach § 331 StGB am Beispiel Eckart von Klaedens, NStZ 2013, S. 619.】

近年最高法院106年度台上字第3122號判決、最高法院107年度台上字第2545號判決及部分學說業已接納日本學說及實務的看法，**認定賄賂罪的職務範圍，包含本來固有之與職務權限具有密切關聯之行爲、因行政慣例、習慣上所衍生公認爲其所擁有之職權或事實上所掌管之職務。**

又，參酌德國的「功能關聯性理論」，職務行爲認定也不以抽象法規範者爲限。再者，賄賂罪的職務上行爲亦未要求限於法律所規定者。就事物本質而言，實現「職務」目的所必要的行爲本來就是多樣且非定型性的，而這些的行爲在實質上也可以認爲屬於職務權限。惟，即使這樣理解，也很難完整描繪屬於公務員職務權限的職務行爲。基於以上的論點，有必要承認「職務密切關聯性」也屬於職務行爲的一種型態，如果對其進行賄賂，就應該肯定賄賂罪的成立。

☐ 實務見解

▸107台上2545○（判決）

貪污治罪條例第五條第一項第三款之罪（下稱賄賂罪）其所稱職務上之行爲，係指公務員在其職務權責範圍內所應爲或得爲之行爲而言。**而其職務範圍，除公務員之具體職務權限、一般職務權限外，即或雖非法律所明定，但與其職務權限具有密切關連之行爲，亦應認屬職務行爲之範疇，包括由行政慣例所形成，爲習慣上所公認爲其擁有之職權或事實上所掌管之職務亦屬之。**地方各級民意代表（直轄市或縣市議員及鄉鎮市民代表）有議決預算、監督其執行、審核決算報告之權，分為地方制度法第三十五條第二款、第七款，第三十六條第二款、第七款，第三十七條第二款、第七款所明定。此亦為地方民意代表之最重要「職務」。長期以來，各級地方政府為求府會和諧、良性互動，每賦予地方民意代表對部分預算（尤其建設補助款）有建議動支之權，多成慣例。則此由行政機關執行法定預算權限所衍生之地方民意代表預算動支建議權，自與地方民意代表固有之審查預算、監督執行權限有密切關連性，而亦屬其「職務」範圍。從而，地方民意代表如對其建議之預算，從中對他方（如得標廠商）要求期約或收受賄賂，其既屬刑法第十條第二項第一款前段之身分公務員；所為亦構成賄賂罪不法內涵之核心－特別義務之違反；並侵害賄賂罪之保護法益－執行職務之公正性及廉潔性，自成立公務員賄賂罪。**此既在本罪構成要件「職務」之可能文義射程範圍內，並非類推解釋，更與罪刑法定主義無違**。

▶107 台上 2052◯（判決）

貪污治罪條例第五條第一項第三款之對於職務上之行為之收受賄賂罪，其中職務上之行為，係指公務員在其職務範圍內所應為或得為之行為。而其職務範圍，除公務員之具體職務權限、一般職務權限外，即或雖非法律所明定，但與其職務權限具有密切關聯之行為，亦應認屬職務行為之範疇。**至所謂與其職務權限有密切關聯之行為，包括由行政慣例所形成，為習慣上所公認為其擁有之職權或事實上所掌管之職務，以及因自己之法定職務關係或因之所生之必要輔助性權力，經由指揮、監督、干預、或請託之方式，足以形成一定之影響，使特定之公務機關或公務員為職務上積極之行為或消極不為行為之情形**。

▶106 台上 3122◯（判決）

貪污治罪條例第五條第一項第三款之公務員對於職務上之行為收受賄賂罪，此之**所謂「職務上之行為」，應依上開立法旨趣從廣義解釋，係指公務員在其職務權責範圍內所應為或得為之行為而言。而其職務範圍，除公務員之具體職務權限及一般職務權限外，即或雖非法律所明定，但與其固有職務權限具有密切關聯之行為，亦應認屬其職務行為之範疇，包括由行政慣例所形成，及習慣上所公認為其所擁有之職權或事實上所掌管之職務，以及其附隨之準備工作與輔助事務均屬之，始符合上開條例設立之宗旨**。依憲法第六十三條及立法院職權行使法規定，立法院除議決法律案、預算案、戒嚴案、大赦案、宣戰案、媾和案、條約案及國家其他重要事項之權外，亦包括議案審議、聽取總統國情報告、聽取報告與質詢、同意權之行使、覆議案之處理、不信任案之處理、彈劾案之提出、罷免案之提出及審議、文件調閱之處理、委員會公聽會之舉行、行政命令之審查、請願文書之審查、黨團協商等職權。而憲法第六十七條第二條及憲法增修條文第三條第二項第一款亦規定立法院所設各種委員會得邀請政府人員與社會上有關係人員到會備詢，及立法委員在開會時有向行政院院長及行政院各部會首長質詢之權。再依立法院組織法第七條、立法院各委員會組織法第二條及立法院程序委員會組織規程第五條第一項第 三款規定，立法院所設各種委員會除審查該院交付各委員會之議案及人民請願書，並得於每會期開始時，邀請相關部會作業務報告，並備質詢，於審查議案後提報院會決定。**是立法委員在立法院各委員會內對行政機關提案，係基於憲法賦予之職權範圍內之行為，本屬立法委員職務上應為之行為**。而立法院內雖設各種委員會處理不同之事務，此僅係立法院為有效處理議事所為之分配，不得僅因立法委員分屬於不同委員會而否定其仍可藉由透過其他委員會委員名義代為提案之權力。**因此立法委員在立法院院會、各委員會、委員會公聽會及黨團協商所為提案、連署、審議、質詢等議事活動，均屬憲法賦予立法委員之固有職權**。惟一般人民請願，除依立法院各委員會組織法之規定向立法院提出請願書外，亦有以向立法委員提出陳情書之方式為之。立法委員就人民向其陳情之事項，以立法委員國會辦公室名義召開協調會之方式，邀請與其所掌理法律、預算等議案及質詢與備詢有關之行政機關派員出席者，受邀之行政機關依行政慣例及習慣，原則上均會予以尊重而派員出席參與立法委員主持之協調會，**該以立法委員國會辦公室名義，邀請相關行政機關派員出席協調會之行為，除已具有公務行為之外觀外，且與憲法賦予立法委員議決、審查、質詢及備詢等主要職務有密切關聯性，亦屬其職務範圍內得為之行為**，此均在貪污治罪條例第五條第一項第三款收受賄賂罪之構成要件「職務上之行為」之文義涵攝範圍內。

▶104 台上 76（判決）

某警員雖任職於某市政府警察局，惟既發覺他市有經營職業賭場之犯罪行為，雖非屬其管區、亦未經主管之命令，因其仍有依法調查或通報等協助偵查犯罪之職責，其違背此項職務而收取對價，自應成立對於違背職務之行為收受賄賂罪，此為本院最近一致之見解（按此之見解，與日本最高裁判所平成十七年三月十一日裁定「東京都警視廳調布警察署地域課所屬之警察官（即被告）偵查犯罪之一般職務權限，及於由同廳多摩中央警察署刑事課擔任告發之案件的偵查」，正是一致）。亦即，關於職務上之行為，我國實務近亦係採取只要在法令上係屬於該公務員之一般職務權限，即該當於賄賂罪之「職務性」要件，並不以該公務員實際上所具體擔負之事務爲限。

第 6 條（罰則）

Ⅰ有下列行爲之一，處五年以上有期徒刑，得併科新臺幣三千萬元以下罰金：

一　意圖得利，抑留不發職務上應發之財物者。

二　募集款項或徵用土地、財物，從中舞弊者。

三　竊取或侵占職務上持有之非公用私有器材、財物者。

四　對於主管或監督之事務，明知違背法律、法律授權之法規命令、職權命令、自治條例、自治規則、委辦規則或其他對多數不特定人民就一般事項所作對外發生法律效果之規定，直接或間接圖自己或其他私人不法利益，因而獲得利益者。

五　對於非主管或監督之事務，明知違背法律、法律授權之法規命令、職權命令、自治條例、自治規則、委辦規則或其他對多數不特定人民就一般事項所作對外發生法律效果之規定，利用職權機會或身分圖自己或其他私人不法利益，因而獲得利益者。

Ⅱ前項第一款至第三款之未遂犯罰之。

❖ 法學概念

輕度貪污罪

本條例第 6 條爲「輕度貪污罪」，第 1 項各款之中，除第 5 款外，皆與刑法有高度重疊。第 1、2 款規定與刑法第 129、131 條相同；第 3 款的侵占行爲與刑法第 336 條的規範相同，至於本款的竊取行爲實無規範必要，因爲竊取自己持有之物實難想像；至於第 4 款規定，對於主管或監督之事務，明知違背具有對外效力的法令，直接或間接獲取不法利益的行爲，則與刑法第 131 條違背法令圖利罪重疊。

就刑度言，犯本條第 1 項各款罪名，可處五年以上有期徒刑，得併科三千萬元以下罰金，雖然比本條例第 4、5 條的刑度爲輕，但是比刑法的刑度高上許多。以本條項第 1、2、4 款爲例，其與刑法第 129、131 條不法構成要件所涵攝的範圍高度相同，但比較二者的刑度，可發現刑法第 129、131 條最重僅得處七年以下的有期徒刑，可是本條項第 1、2、4 款的罪名，基本刑度就從五年開始累加；另外，本條第 1 項第 3 款的竊取或侵占行爲，如同前述，可構成刑法第 320 或 336 條之罪，再依刑法第 134 條規定加重其刑，但是兩相比較，刑度差距仍大。

【張麗卿，〈台灣貪污犯罪與法律適用之疑難〉，收錄於《新刑法探索》，元照，五版，2014.09，140 頁。】

☐ 實務見解

▶103 台上 3611（判決）

貪污治罪條例第六條第一項第四款所稱之圖利罪，以行爲人於行爲時有爲自己或第三人圖取不法利益之犯意而表現於外，始爲相當；至有無此項圖取不法利益之犯意，應依積極證據認定之。公務員爲防止山坡地、河川、海岸等地質脆弱國土因天然災害導致土石流、崩塌（陷）、侵蝕、氾濫，事前採取興建擋土牆、堤防、蓄洪池等具體防堵、疏導、貯存設施行爲，其目的倘在防止災害之發生或減輕災害之影響，以防衛人民之生命、財產安全，不論其興建處所係在公有或私人土地上，其主觀上既出自於維護公共安全之全般考量，縱因而附隨使特定之人民獲得利益，仍不得以圖利罪相繩。又人民對於行政興革之建議、行政法令之查詢、行政違失之舉發或行政上權益之維護，得向主管機關陳情。受理機關認爲人民之陳情有理由者，應採取適當之措施；認爲無理由者，應通知陳情人，並說明其意旨（行政程序法第一百六十八條、第一百七十一條第一項）。公務員對於人民關於其權益維護之陳情事項，依法既有處理之義務，亦不能僅因其處理之結果有利或興利於特定之人民，從事後結果之觀察，據以推定公務員自始即有圖利他人之犯意。

▶103 台上 757（判決）

貪污治罪條例第六條第一項第二款規定之徵用土地，從中舞弊罪。所謂「舞弊」，係指玩弄、操作違法或不當之手段，刻意製造外人難以得悉實情之外觀假象，而從中獲取私人之不法財產上利益而言。而該條例第六條第一項第四、五款之公務員圖利罪，均係關於公務員職務上圖利之概括規定，必其圖利之該行爲不合貪污治罪條例其他特別規定者，始依概括規定之圖利罪論處。而上開概括規定之圖利罪，條文既規定須「明知違背法律、法律授權之法規命令、職權命令、自治條例、自治規則、委辦規則或其他對多數不特定人民就一般事項所作對外發生法律效果之規定，直接或間接圖自己或其他私人不法利益，因而獲得利益。」則爲特別規定之貪污治罪條例第六條第一項第二款徵用土地從中舞弊罪，其舞弊行爲，自亦必須有「明知違背法律、法律授權之法規命令、職權命令、自治條例、自治規則、委辦規則或其他對多數不特定人民就一般事項所作對外發生法律效果之規定」之情形，始有其適用。

第 6 條之 1（公務員財產來源不明罪之認定與罰則）

公務員犯下列各款所列罪嫌之一，檢察官於偵查中，發現公務員本人及其配偶、未成年子女自公務員涉嫌犯罪時及其後三年內，有財產增加與收入顯不相當時，得命本人就來源可疑之財產提出說明，無正當理由未為說明、無法提出合理說明或說明不實者，處五年以下有期徒刑、拘役或科或併科不明來源財產額度以下之罰金：

一　第四條至前條之罪。

二　刑法第一百二十一條第一項、第一百二十二條第一項至第三項、第一百二十三條至第一百二十五條、第一百二十七條第一項、第一百二十八條至第一百三十條、第一百三十一條第一項、第一百三十二條第一項、第一百三十三條、第二百三十一條第二項、第二百三十一條之一第三項、第二百七十條、第二百九十六條之一第五項之罪。

三　組織犯罪防制條例第九條之罪。

四　懲治走私條例第十條第一項之罪。

五　毒品危害防制條例第十五條之罪。

六　人口販運防制法第三十六條之罪。

七　槍砲彈藥刀械管制條例第十六條之罪。

八　藥事法第八十九條之罪。

九　包庇他人犯兒童及少年性交易防制條例之罪。

十　其他假借職務上之權力、機會或方法所犯之罪。

❖ 法學概念

公務員財產來源不明罪

本條例第 6 條之 1 為「公務員財產來源不明罪」，為 2009 年 4 月所新增，規定犯本條例第 4 至 6 條的被告，在檢察官偵查期間，發現公務員本人及其配偶、未成年子女，自涉嫌犯罪時及其後三年內任一年間，增加的財產總額超過其最近一年度合併申報的綜合所得總額時，得命被告就來源可疑的財產提出說明，若無正當理由未為說明、無法提出合理說明或說明不實者，則構成犯罪。

此一立法，主要考量貪污犯罪本身極強烈的「隱密性」，因此犯罪偵查往往遭受嚴重阻礙。若偵查機關無法在短期內成功蒐集相關貪瀆證據，則基於公務員職務的便利，不法證據可能會隨時湮滅。因此，為有效防制公務員貪瀆犯罪，在刑事追訴方式上採取更強烈的措施，解決實務所面臨的困境。

但本條之增訂亦引發諸多爭議，例如本條的構成要件解釋上就有三種不同的看法：「持有說」認為，構成的重心是持有不明來源的財產，後階段不能履行說明義務，只是一種訴訟條件而已，而非構成要件要素；「不作為說」則強調，當涉嫌貪污的公務員被告或其近親名下有不明財產時，檢察官即可要求該公務員說明財產來源，這個說明意義是刑法條文科予該公務員的作為義務，只要公務員未能提出可信的來源依據，即可成立刑責，因此認為本罪屬於純正不作為犯；「複合行為說」則是較折衷的見解，認為應該合併觀察持有與不作為，僅當行為人持有不明財產，而又不能說明其來源時，才會構成刑責。另外，是否牴觸無罪推定原則，被告緘默權的保障是否不足，以及檢察官負擔舉證責任的原則產生改變。不過，對於上述爭議，立法理由表示：無罪推定原則不具絕對性；緘默權亦非絕對權；為維護政府清廉形象以及公眾的法益，應容許舉證責任的轉換；且在港、澳、新加坡等地，皆有此類規範，加上政府積極落實聯合國反腐敗公約的精神，故將「財產來源不明的說明義務」入罪化。

其實，公務員財產來源不明罪的立法目的在於，希望破解貪瀆犯罪的隱密及不易偵查與追訴的特性。基於刑事政策目的上的成本考量，要求犯嫌必須清楚說明可疑財產的來源；是以舉證責任轉換的方式，限制犯嫌緘默權來紓解貪污犯罪偵查的主要困境。犯嫌在未經起訴前，就提前承擔遭受刑事制裁的風險。

不過，也有認為本罪不是舉證責任轉換的規定。蓋本罪的行為主體是，依公職人員財產申報法具有申報財產義務的公務員，其對為何未申報或所申報之財產或支出與合法收入差額巨大有「說明義務」，而非舉證義務。本罪並非有罪推定，而是「事實推定」；亦即，根據某事實，推斷與之具有某種聯繫關係的另一事實存在或是否眞實，若基礎事實與推定事實之間存有密切合理聯繫，只要這些事實及證據能夠證明一定程度之危害事實，就可認定犯嫌違反說明義務，並持有來源不法之財產。申言之，本罪認定過程包括：㈠檢察官發現公務員擁有鉅額財產，或其支出顯然超過合法收入；㈡經調查後，排除財產來源合法；㈢公務員無法證明（說明）該財產來源合法，就成立財產來源不明罪。

然而，無論採取何解釋，都可能違反刑事訴訟上的無罪推定的原則、被告緘默權的保障，以及讓舉證責任的原則產生改變。貪污犯罪的追訴，萬不可僅因檢察官的舉證困難，而推翻刑事訴訟法的根本精神。

但反向思考，若僵硬的固守原則，亦可能無法將狡猾的貪污公務員繩之以法，面對此種兩難境地，基於刑事政策上的不得不然，可以思考在合理的範圍內，些許放鬆；這個合理的範圍是：檢察官仍應負實質的舉證責任，在財產來源不明罪中，當檢察官無法提出證據直接證明犯罪時，亦應提出證據證明，推定事實與已知事實間存有高度合理關聯性；此外，被告的舉證無庸達到使法院確信其沒有犯罪的程度，只要能夠使法院對於檢察官的推定事實產生懷疑便足，因為控訴犯罪是檢察官的職責。

【張麗卿，〈台灣貪污犯罪與法律適用之疑難〉，收錄於《新刑法探索》，元照，五版，2014.09，142 頁以下；邱忠義，〈財產來源不明罪與貪污所得擬制之評析〉，《月旦法學雜誌》，第 164 期，2009.01，77 頁以下；曾淑瑜，〈又見「因人設事，因事立法」罪名（下）—評析財產來源不明罪〉，《月旦法學雜誌》，第 142 期，2007.03，268 頁；林鈺雄，〈不自證己罪之射程距離—最高法院相關裁判之回顧與評釋〉，《台灣本土法學》，第 93 期，2007.04，269 頁以下。】

第 7 條（司法人員之加重）

有調查、追訴或審判職務之人員，犯第四條第一項第五款或第五條第一項第三款之罪者，加重其刑至二分之一。

第 8 條（自首自白之減刑）

I 犯第四條至第六條之罪，於犯罪後自首，如有所得並自動繳交全部所得財物者，減輕或免除其刑；因而查獲其他正犯或共犯者，免除其刑。

II 犯第四條至第六條之罪，在偵查中自白，如有所得並自動繳交全部所得財物者，減輕其刑；因而查獲其他正犯或共犯者，減輕或免除其刑。

❑ 實務見解

▶108 台上 2875○（判決）

按貪污治罪條例第八條第二項前段「犯第四條至第六條之罪，在偵查中自白，如有所得並自動繳交全部所得財物者，減輕其刑」之規定，旨在鼓勵被告於犯罪後勇於自新，並防止證據滅失以兼顧證據保全，便於犯罪偵查。此規定係對被告所予之寬典，**是有無符合自白要件，應就其所述之實質內容是否涉及「自己之犯罪事實全部 或主要部分的承認或肯定」而有助於犯罪之偵查為判斷**。至其動機、詳簡、次數，嗣後有無翻異，皆非所問。再因犯罪事實乃犯罪之全部活動及其結果，於有相當歷程時，本難期被告能作全面之供述，**故於判斷何為「犯罪事實主要部分」時，自應綜合考量其已交代之犯罪事實與未交代之犯罪事實之危害程度、是否為不同構成要件之犯罪、係事實之抗辯或僅主張有阻卻事由、對犯罪發現有無助益等各種相關因素**。尤其被告對自己之犯罪事實全部或主要部分是否肯認，前後供述有所反覆時，仍應依前揭標準而為判斷，不能以其後翻異其詞或隱瞞犯罪事實之重要部分，即否認其之前已成立自白之效力。

第 9 條（犯罪自首之處理）

本條例修正施行前，犯第四條至第六條之罪，於修正施行後一年內自首者，準用前條第一項之規定。

第 10 條（犯罪所得財物之處理）

犯第四條至第六條之罪，本人及其配偶、未成年子女自犯罪時及其後三年內取得之來源可疑財產，經檢察官或法院於偵查、審判程序中命本人證明來源合法而未能證明者，視為其犯罪所得。

第 11 條（行賄之處罰）

I 對於第二條人員，關於違背職務之行為，行求、期約或交付賄賂或其他不正利益者，處一年以上七年以下有期徒刑，得併科新臺幣三百萬元以下罰金。

II 對於第二條人員，關於不違背職務之行為，行求、期約或交付賄賂或其他不正利益者，處三年以下有期徒刑、拘役或科或併科新臺幣五十萬元以下罰金。

III 對於外國、大陸地區、香港或澳門之公務員，就跨區貿易、投資或其他商業活動有關事項，為前二項行為者，依前二項規定處斷。

IV 不具第二條人員之身分而犯前三項之罪者，亦同。

V 犯前四項之罪而自首者，免除其刑；在偵查或審判中自白者，減輕或免除其刑。

VI 在中華民國領域外犯第一項至第三項之罪者，不問犯罪地之法律有無處罰規定，均依本條例處罰。

第 12 條（輕微案件之處罰）

I 犯第四條至第六條之罪，情節輕微，而其所得或所圖得財物或不正利益在新臺幣五萬元以下者，減輕其刑。

II 犯前條第一項至第四項之罪，情節輕微，而其行求、期約或交付之財物或不正利益在新臺幣五萬元以下者，亦同。

第 12 條之 1（刪除）

第 13 條（長官之包庇罪）

I 直屬主管長官對於所屬人員，明知貪污有據，而予以庇護或不為舉發者，處一年以上七年以下有期徒刑。

II 公務機關主管長官對於受其委託承辦公務之人，明知貪污有據，而予以庇護或不為舉發者，處六月以上五年以下有期徒刑。

第 14 條（相關人員不為舉發罪）

辦理監察、會計、審計、犯罪調查、督察、政風人員，因執行職務，明知貪污有據之人員，不為舉發者，處一年以上七年以下有期徒刑。

第15條（藏匿代管贓物罪）
明知因犯第四條至第六條之罪所得之財物，故為收受、搬運、隱匿、寄藏或故買者，處一年以上七年以下有期徒刑，得併科新臺幣三百萬元以下罰金。

□ 實務見解

▶107年度第7次刑事庭會議決議㈡（107.08.21）

決議：採乙說（否定說）。

貪污治罪條例所規範之對象，除有特別規定外（例如第十一條第四項、第十六條第三項），以該條例第二條、第三條所規定之公務員及與公務員共犯本條例之罪者為限。該條例第十五條規定：「明知因犯第四條至第六條之罪所得之財物，故為收受、搬運、隱匿、寄藏或故買者，處……」，並未若同條例第十一條第四項、第十六條第三項規定「不具第二條人員之身分而犯前二項之罪者（指行賄罪、誣告他人犯貪污罪者）亦同（或亦依前二項規定處斷）」。則第十五條之罪，除公務員或與公務員共犯之者，得依該法條處罰外，無該身分關係者，並無適用之餘地。

第16條（誣告之處罰）
I 誣告他人犯本條例之罪者，依刑法規定加重其刑至二分之一。
II 意圖他人受刑事處分，虛構事實，而為第十一條第五項之自首者，處三年以上十年以下有期徒刑。
III 不具第二條人員之身分而犯前二項之罪者，亦依前二項規定處斷。

第17條（褫奪公權）
犯本條例之罪，宣告有期徒刑以上之刑者，並宣告褫奪公權。

第18條（獎勵辦法）
I 貪污瀆職案件之檢舉人應予獎勵及保護；其辦法由行政院定之。
II 各機關應採取具體措施防治貪污；其辦法由行政院定之。

第19條（補充法）
本條例未規定者，適用其他法律之規定。

第20條（施行日）
本條例施行日期，除中華民國九十五年五月五日修正之條文，自九十五年七月一日施行，及一百零五年三月二十五日修正之條文，由行政院定之；一百零五年五月二十七日修正之條文，自一百零五年七月一日施行外，自公布日施行。

毒品危害防制條例

1.中華民國44年6月3日總統令制定公布全文22條
2.中華民國62年6月21日總統令修正公布第4、9條條文
3.中華民國81年7月21日總統令修正公布名稱及第1、4、5、7〜12、14 條條文（原名稱：戡亂時期肅清煙毒條例）
4.中華民國87年5月20日總統令修正公布名稱及全文36條（原名稱：肅清煙毒條例）
5.中華民國92年7月9日總統令修正公布全文36條；並自公布後六個月施行
6.中華民國97年4月30日總統令修正公布第24條條文；並自公布後六個月施行
7.中華民國98年5月20日總統令修正公布第4、11、11-1、17、20、25條條文；並自公布後六個月施行
8.中華民國99年11月24日總統令修正公布第2、27、28、36條條文；增訂第2-1條條文；除第2條自公布後六個月施行外，其餘自公布日施行
中華民國101年12月25日行政院公告第33-1條第1項第3款所列屬「國防部憲兵司令部」之權責事項，自102年1月1日起改由「國防部憲兵指揮部」管轄
中華民國102年7月19日行政院公告第2條第3項、第11條之1第4項、第18條第2項、第21條第1項、第27條第1、3、5項、第28條第1項、第33條之1第1項第1、2款、第2、3項、第34條所列屬「行政院衛生署」之權責事項，自102年7月23日起改由「衛生福利部」管轄
中華民國102年10月25日行政院公告第27條第1、3、5項、第28條第1項所列屬「行政院國軍退除役官兵輔導委員會」之權責事項，自102年11月1日起改由「國軍退除役官兵輔導委員會」管轄
9.中華民國104年2月4日總統令修正公布第4、9、36條條文；並自公布日施行
10.中華民國105年6月22日總統令修正公布第18、19、36條條文；並自105年7月1日施行
11.中華民國106年6月14日總統令修正公布第36條條文；增訂第2-2、31-1 條條文；並自公布日施行
12.中華民國109年1月15日總統令修正公布第2、4、9、11、15、17〜20、21、23、24、27、28、32-1、33-1、34、36條條文；並增訂第35-1條條文；除第18、24、33-1條施行日期由行政院定之外，自公布後六個月施行

第1條（立法目的）
為防制毒品危害，維護國民身心健康，制定本條例。

第2條（毒品之定義、分級及品項）
Ⅰ本條例所稱毒品，指具有成癮性、濫用性、對社會危害性之麻醉藥品與其製品及影響精神物質與其製品。
Ⅱ毒品依其成癮性、濫用性及對社會危害性，分為四級，其品項如下：
一　第一級海洛因、嗎啡、鴉片、古柯鹼及其相類製品（如附表一）。
二　第二級罌粟、古柯、大麻、安非他命、配西汀、潘他唑新及其相類製品（如附表二）。
三　第三級西可巴比妥、異戊巴比妥、納洛芬及其相類製品（如附表三）。
四　第四級二丙烯基巴比妥、阿普唑他及其相類製品（如附表四）。
Ⅲ前項毒品之分級及品項，由法務部會同衛生福利部組成審議委員會，每三個月定期檢討，審議委員會並得將具有成癮性、濫用性、對社會危害性之虞之麻醉藥品與其製品、影響精神物質與其製品及與該等藥品、物質或製品具有類似化學結構之物質進行審議，並經審議通過後，報由行政院公告調整、增減之，並送請立法院查照。
Ⅳ醫藥及科學上需用之麻醉藥品與其製品及影響精神物質與其製品之管理，另以法律定之。

第2條之1（毒品防制專責組織之成立及應辦事項）
Ⅰ直轄市、縣（市）政府為執行毒品防制工作，應由專責組織辦理下列事項：
一　毒品防制教育宣導。
二　提供施用毒品者家庭重整及心理輔導等關懷訪視輔導。
三　提供或轉介施用毒品者各項社會救助、法律服務、就學服務、保護安置、危機處理服務、職業訓練及就業服務。
四　提供或轉介施用毒品者接受戒癮治療及追蹤輔導。
五　依法採驗尿液及訪查施用毒品者。
六　追蹤及管理轉介服務案件。
七　其他毒品防制有關之事項。
Ⅱ直轄市、縣（市）政府應編列預算辦理前項事宜；必要時，得由各中央目的事業主管機關視實際情形酌予補助。

第2條之2（毒品防制業務基金來源及用途）
Ⅰ法務部為推動毒品防制業務，應設基金，其來源如下：
一　循預算程序之撥款。
二　犯本條例之罪所科罰金及沒收、追徵所得款項之部分提撥。
三　違反本條例所處罰鍰之部分提撥。
四　基金孳息收入。
五　捐贈收入。
六　其他有關收入。
Ⅱ前項基金之用途如下：
一　補助直轄市、縣（市）政府辦理前條第一項所列事項。

二　辦理或補助毒品檢驗、戒癮治療及研究等相關業務。
三　辦理或補助毒品防制宣導。
四　提供或補助施用毒品者安置、就醫、就學、就業及家庭扶助等輔導與協助。
五　辦理或補助與其他國家或地區間毒品防制工作之合作及交流事項。
六　辦理或補助其他毒品防制相關業務。
七　管理及總務支出。
八　其他相關支出。

第3條（適用範圍）
本條例有關法院、檢察官、看守所、監獄之規定，於軍事法院、軍事檢察官、軍事看守所及軍事監獄之規定亦適用之。

第4條（販運製造毒品罪）
I 製造、運輸、販賣第一級毒品者，處死刑或無期徒刑；處無期徒刑者，得併科新臺幣三千萬元以下罰金。
II 製造、運輸、販賣第二級毒品者，處無期徒刑或十年以上有期徒刑，得併科新臺幣一千五百萬元以下罰金。
III 製造、運輸、販賣第三級毒品者，處七年以上有期徒刑，得併科新臺幣一千萬元以下罰金。
IV 製造、運輸、販賣第四級毒品者，處五年以上十二年以下有期徒刑，得併科新臺幣五百萬元以下罰金。
V 製造、運輸、販賣專供製造或施用毒品之器具者，處一年以上七年以下有期徒刑，得併科新臺幣一百五十萬元以下罰金。
VI 前五項之未遂犯罰之。

第5條（意圖販賣而持有毒品罪）
I 意圖販賣而持有第一級毒品者，處無期徒刑或十年以上有期徒刑，得併科新臺幣七百萬元以下罰金。
II 意圖販賣而持有第二級毒品者，處五年以上有期徒刑，得併科新臺幣五百萬元以下罰金。
III 意圖販賣而持有第三級毒品者，處三年以上十年以下有期徒刑，得併科新臺幣三百萬元以下罰金。
IV 意圖販賣而持有第四級毒品或專供製造、施用毒品之器具者，處一年以上七年以下有期徒刑，得併科新臺幣一百萬元以下罰金。

第6條（強迫或欺瞞使人施用毒品罪）
I 以強暴、脅迫、欺瞞或其他非法之方法使人施用第一級毒品者，處死刑、無期徒刑或十年以上有期徒刑；處無期徒刑或十年以上有期徒刑者，得併科新臺幣一千萬元以下罰金。
II 以前項方法使人施用第二級毒品者，處無期徒刑或七年以上有期徒刑，得併科新臺幣七百萬元以下罰金。
III 以第一項方法使人施用第三級毒品者，處五年以上有期徒刑，得併科新臺幣五百萬元以下罰金。
IV 以第一項方法使人施用第四級毒品者，處三年以上十年以下有期徒刑，得併科新臺幣三百萬元以下罰金。
V 前四項之未遂犯罰之。

第7條（引誘他人施用毒品罪）
I 引誘他人施用第一級毒品者，處三年以上十年以下有期徒刑，得併科新臺幣三百萬元以下罰金。
II 引誘他人施用第二級毒品者，處一年以上七年以下有期徒刑，得併科新臺幣一百萬元以下罰金。
III 引誘他人施用第三級毒品者，處六月以上五年以下有期徒刑，得併科新臺幣七十萬元以下罰金。
IV 引誘他人施用第四級毒品者，處三年以下有期徒刑，得併科新臺幣五十萬元以下罰金。
前四項之未遂犯罰之。

第8條（轉讓毒品罪）
I 轉讓第一級毒品者，處一年以上七年以下有期徒刑，得併科新臺幣一百萬元以下罰金。
II 轉讓第二級毒品者，處六月以上五年以下有期徒刑，得併科新臺幣七十萬元以下罰金。
III 轉讓第三級毒品者，處三年以下有期徒刑，得併科新臺幣三十萬元以下罰金。
IV 轉讓第四級毒品者，處一年以下有期徒刑，得併科新臺幣十萬元以下罰金。
V 前四項之未遂犯罰之。
VI 轉讓毒品達一定數量者，加重其刑至二分之一，其標準由行政院定之。

第9條（加重其刑）
I 成年人對未成年人販賣毒品或犯前三條之罪者，依各該條項規定加重其刑至二分之一。
II 明知為懷胎婦女而對之販賣毒品或犯前三條之罪者，亦同。
III 犯前五條之罪而混合二種以上之毒品者，適用其中最高級別毒品之法定刑，並加重其刑至二分之一。

第10條（施用毒品罪）
I 施用第一級毒品者，處六月以上五年以下有期徒刑。
II 施用第二級毒品者，處三年以下有期徒刑。

第11條（持有毒品罪）
I 持有第一級毒品者，處三年以下有期徒刑、拘役或新臺幣三十萬元以下罰金。
II 持有第二級毒品者，處二年以下有期徒刑、拘役或新臺幣二十萬元以下罰金。
III 持有第一級毒品純質淨重十公克以上者，處一年以上七年以下有期徒刑，得併科新臺幣一百萬元以下罰金。
IV 持有第二級毒品純質淨重二十公克以上者，處六月以上五年以下有期徒刑，得併科新臺幣七十萬元以下罰金。

V持有第三級毒品純質淨重五公克以上者，處二年以下有期徒刑，得併科新臺幣二十萬元以下罰金。

VI持有第四級毒品純質淨重五公克以上者，處一年以下有期徒刑，得併科新臺幣十萬元以下罰金。

VII持有專供製造或施用第一級、第二級毒品之器具者，處一年以下有期徒刑、拘役或新臺幣十萬元以下罰金。

第11條之1（不得擅自持有毒品及器具）

I第三級、第四級毒品及製造或施用毒品之器具，無正當理由，不得擅自持有。

II無正當理由持有或施用第三級或第四級毒品者，處新臺幣一萬元以上五萬元以下罰鍰，並應限期令其接受四小時以上八小時以下之毒品危害講習。

III少年施用第三級或第四級毒品者，應依少年事件處理法處理，不適用前項規定。

IV第二項裁罰之基準及毒品危害講習之方式、內容、時機、時數、執行單位等事項之辦法，由法務部會同內政部、行政院衛生署定之。

第12條（栽種罌粟、古柯、大麻罪）

I意圖供製造毒品之用，而栽種罌粟或古柯者，處無期徒刑或七年以上有期徒刑，得併科新臺幣七百萬元以下罰金。

II意圖供製造毒品之用，而栽種大麻者，處五年以上有期徒刑，得併科新臺幣五百萬元以下罰金。

III前二項之未遂犯罰之。

第13條（販運罌粟、古柯、大麻種子罪）

I意圖供栽種之用，而運輸或販賣罌粟種子或古柯種子者，處五年以下有期徒刑，得併科新臺幣五十萬元以下罰金。

II意圖供栽種之用，而運輸或販賣大麻種子者，處二年以下有期徒刑，得併科新臺幣二十萬元以下罰金。

第14條（持有或轉讓罌粟、古柯、大麻種子罪）

I意圖販賣而持有或轉讓罌粟種子、古柯種子者，處三年以下有期徒刑。

II意圖販賣而持有或轉讓大麻種子者，處二年以下有期徒刑。

III持有罌粟種子、古柯種子者，處二年以下有期徒刑、拘役或新臺幣三萬元以下罰金。

IV持有大麻種子者，處一年以下有期徒刑、拘役或新臺幣一萬元以下罰金。

第15條（公務員加重其刑）

I公務員假借職務上之權力、機會或方法犯第四條第二項或第六條第一項之罪者，處死刑或無期徒刑；處無期徒刑者，得併科新臺幣三千萬元以下罰金。犯第四條第三項至第五項、第五條、第六條第二項至第四項、第七條第一項至第四項、第八條第一項至第四項、第九條至第十四條之罪者，依各該條項規定加重其刑至二分之一。

II公務員明知他人犯第四條至第十四條之罪而予以庇護者，處一年以上七年以下有期徒刑。

第16條（刪除）

第17條（減輕或免除其刑）

I犯第四條至第八條、第十條或第十一條之罪，供出毒品來源，因而查獲其他正犯或共犯者，減輕或免除其刑。

II犯第四條至第八條之罪於偵查及歷次審判中均自白者，減輕其刑。

III被告因供自己施用而犯第四條之運輸毒品罪，且情節輕微者，得減輕其刑。

❑ 實務見解

▶108台上1409◯（判決）

毒品危害防制條例第十七條第二項規定，犯第四條至第八條之罪於偵查及審判中均自白者，減輕其刑。係為鼓勵是類犯罪嫌疑人或被告自白、悔過，並期訴訟經濟、節約司法資源而設。除司法警察調查犯罪於製作警詢筆錄時，就該犯罪事實未曾詢問，且檢察事務官或檢察官於該案起訴前亦未就該犯罪事實進行偵訊，致有剝奪被告罪嫌辯明權之情形，始得例外承認僅以審判中自白亦得獲邀減刑之寬典外，一般而言，均須於偵查及審判中皆行自白，始有適用，缺一不可。故**如犯罪事實未經司法警察予以詢問，惟檢察官訊問時已否認犯罪，或犯罪嫌疑人或被告在司法警察、檢察事務官詢問時已否認犯罪，檢察官其後未再訊問，即令嗣後於審判中自白，均無上開減刑規定之適用，此為本院最近一致之見解。然若被告於司法警察詢問或檢察官訊問初始，雖均否認犯罪，惟嗣又表明願意認罪之意，則若檢察官於起訴前「未再」或「漏未」探究被告是否確欲自白犯罪，致其無從獲得減刑寬典之機會，無異剝奪被告之訴訟防禦權；於此情形，倘被告於嗣後之審判又自白犯罪，應再例外認仍有毒品危害防制條例第十七條第二項減刑寬典之適用，俾符合該條項規定之規範目的**。

第18條（查獲毒品或器具之銷燬）

I查獲之第一級、第二級毒品及專供製造或施用第一級、第二級毒品之器具，不問屬於犯罪行為人與否，均沒收銷燬之；查獲之第三級、第四級毒品及製造或施用第三級、第四級毒品之器具，無正當理由而擅自持有者，均沒入銷燬之。但合於醫藥、研究或訓練之用者，得不予銷燬。

II查獲易生危險、有喪失毀損之虞、不便保管或保管需費過鉅之毒品，經取樣後於判決確定前得銷燬之；其取樣之數量、方式、程序及其他相關事項之辦法，由法務部定之。

III毒品檢驗機構檢驗出含有新興毒品或成分而有製

成標準品之需者，得由衛生福利部或其他政府機關依法設置之檢驗機關（構）領用部分檢體，製成標準品使用或供其他檢驗機構使用。

IV第一項但書與前項合於醫藥、研究或訓練用毒品或器具、檢驗機關（構）領用檢體之要件、程序、管理及其他相關事項之辦法，由法務部會同衛生福利部定之。

第 19 條（供犯罪所用物或交通工具之沒收及擴大沒收制度）

I 犯第四條至第九條、第十二條、第十三條或第十四條第一項、第二項之罪者，其供犯罪所用之物，不問屬於犯罪行為人與否，均沒收之。

II 犯第四條之罪所使用之水、陸、空交通工具，沒收之。

III犯第四條至第九條、第十二條、第十三條或第十四條第一項、第二項之罪，有事實足以證明行為人所得支配之前二項規定以外之財物或財產上利益，係取自其他違法行為所得者，沒收之。

❑ 實務見解

▸108 年度第 7 次刑事庭會議決議（108.03.26）

決議：採乙說

毒品危害防制條例第十九條第二項規定「犯第四條之罪所使用之水、陸、空交通工具，沒收之」。依九十二年七月九日修正本條例，就第十九條之立法說明：「第三項（一〇五年六月二十二日修正移為第二項）所定應沒收之水、陸、空交通工具，依據實務上向來之見解，係指專供犯第四條之罪所使用之交通工具並無疑義，故本項不需再予修正。」足見依本項規定沒收之交通工具，以專供犯第四條之罪所使用者為限，且屬於犯罪行為人者，始得沒收。**所謂「專供」犯第四條之罪，係指該水、陸、空交通工具之使用與行為人犯第四條之罪有直接關聯性，並依社會通念具有促使該次犯罪行為實現該構成要件者而言，若只是前往犯罪現場之交通工具，即不屬之。**題旨張三交易之毒品二包，可隨身攜帶，縱駕車前往，僅作為其代步之工具，尚非專供犯第四條之罪之交通工具，不得依上開規定沒收。

第 20 條（施用毒品者之觀察、勒戒或強制戒治）

I 犯第十條之罪者，檢察官應聲請法院裁定，或少年法院（地方法院少年法庭）應先裁定，令被告或少年入勒戒處所觀察、勒戒，其期間不得逾二月。

II 觀察、勒戒後，檢察官或少年法院（地方法院少年法庭）依據勒戒處所之陳報，認受觀察、勒戒人無繼續施用毒品傾向者，應即釋放，並為不起訴之處分或不付審理之裁定；認受觀察、勒戒人有繼續施用毒品傾向者，檢察官應聲請法院裁定或由少年法院（地方法院少年法庭）裁定令入戒治處所強制戒治，其期間為六個月以上，至無繼續強制戒治之必要為止。但最長不得逾一年。

III依前項規定為觀察、勒戒或強制戒治執行完畢釋放後，三年後再犯第十條之罪者，適用前二項之規定。

IV受觀察、勒戒或強制戒治處分之人，於觀察、勒戒或強制戒治期滿後，由公立就業輔導機構輔導就業。

第 20 條之 1（重新審理之聲請）

I 觀察、勒戒及強制戒治之裁定確定後，有下列情形之一，認為應不施以觀察、勒戒或強制戒治者，受觀察、勒戒或強制戒治處分之人，或其法定代理人、配偶，或檢察官得以書狀敘述理由，聲請原裁定確定法院重新審理：

一　適用法規顯有錯誤，並足以影響裁定之結果者。

二　原裁定所憑之證物已證明為偽造或變造者。

三　原裁定所憑之證言、鑑定或通譯已證明其為虛偽者。

四　參與原裁定之法官，或參與聲請之檢察官，因該案件犯職務上之罪，已經證明者。

五　因發現確實之新證據足認受觀察、勒戒或強制戒治處分之人，應不施以觀察、勒戒或強制戒治者。

六　受觀察、勒戒或強制戒治處分之人，已證明其係被誣告者。

II 聲請重新審理，應於裁定確定後三十日內提起。但聲請之事由，知悉在後者，自知悉之日起算。

III聲請重新審理，無停止觀察、勒戒或強制戒治執行之效力。但原裁定確定法院認為有停止執行之必要者，得依職權或依聲請人之聲請，停止執行之。

IV法院認為無重新審理之理由，或程序不合法者，應以裁定駁回之；認為有理由者，應重新審理，更為裁定。法院認為無理由裁定駁回聲請者，不得更以同一原因，聲請重新審理。

V 重新審理之聲請，於裁定前得撤回之。撤回重新審理之人，不得更以同一原因，聲請重新審理。

第 21 條（施用毒品者之自動請求治療）

I 犯第十條之罪者，於犯罪未發覺前，自動向衛生福利部指定之醫療機構請求治療，醫療機構免將請求治療者送法院或檢察機關。

II 依前項規定治療中經查獲之被告或少年，應由檢察官為不起訴之處分或由少年法院（地方法院少年法庭）為不付審理之裁定。但以一次為限。

第 22 條（刪除）

第 23 條（強制戒治期滿之法律豁免及再犯之刑事處遇）

I 依第二十條第二項強制戒治期滿，應即釋放，由檢察官爲不起訴之處分或少年法院（地方法院少年法庭）爲不付審理之裁定。

II 觀察、勒戒或強制戒治執行完畢釋放後，三年內再犯第十條之罪者，檢察官或少年法院（地方法院少年法庭）應依法追訴或裁定交付審理。

第 23 條之 1（拘提逮捕者之裁定觀察、勒戒）

I 被告因拘提或逮捕到場者，檢察官依第二十條第一項規定聲請法院裁定觀察、勒戒，應自拘提或逮捕之時起二十四小時內爲之，並將被告移送該管法院訊問；被告因傳喚、自首或自行到場，經檢察官予以逮捕者，亦同。

II 刑事訴訟法第九十三條之一之規定，於前項情形準用之。

第 23 條之 2（觀察、勒戒或強制戒治者之裁定處分）

I 少年經裁定觀察、勒戒或強制戒治者，不適用少年事件處理法第四十五條第二項規定。

II 少年法院（地方法院少年法庭）依第二十條第二項、第二十三條第一項規定爲不付審理之裁定，或依第三十五條第一項第四款規定爲不付保護處分之裁定者，得並爲下列處分：

一　轉介少年福利或教養機構爲適當之輔導。

二　交付少年之法定代理人或現在保護少年之人嚴加管教。

三　告誡。

III 前項處分，均交由少年調查官執行之。

第 24 條（緩起訴處分之多元處遇）

I 第二十條第一項及第二十三條第二項之程序，於檢察官先依刑事訴訟法第二百五十三條之一第一項、第二百五十三條之二第一項第四款至第六款或第八款規定，爲附條件之緩起訴處分時，或於少年法院（地方法院少年法庭）認以依少年事件處理法程序處理爲適當時，不適用之。

II 前項緩起訴處分，經撤銷者，檢察官應繼續偵查或起訴。

III 檢察官依刑事訴訟法第二百五十三條之二第一項第六款規定爲緩起訴處分前，應徵詢醫療機構之意見；必要時，並得徵詢其他相關機關（構）之意見。

IV 刑事訴訟法第二百五十三條之二第一項第六款規定之緩起訴處分，其適用戒癮治療之種類、實施對象、內容、方式、執行醫療機構或其他機構與其他相關事項之辦法及完成戒癮治療之認定標準，由行政院定之。

第 24 條之 1（觀察、勒戒或強制戒治處分之執行時效）

觀察、勒戒或強制戒治處分於受處分人施用毒品罪之追訴權消滅時，不得執行。

第 25 條（強制採驗尿液）

I 犯第十條之罪而付保護管束者，或因施用第一級或第二級毒品經裁定交付保護管束之少年，於保護管束期間，警察機關或執行保護管束者應定期或於其有事實可疑爲施用毒品時，通知其於指定之時間到場採驗尿液，無正當理由不到場，得報請檢察官或少年法院（地方法院少年法庭）許可，強制採驗。到場而拒絕採驗者，得違反其意思強制採驗，於採驗後，應即時報請檢察官或少年法院（地方法院少年法庭）補發許可書。

II 依第二十條第二項前段、第二十一條第二項、第二十三條第一項規定爲不起訴之處分或不付審理之裁定，或依第三十五條第一項第四款規定爲免刑之判決或不付保護處分之裁定，或犯第十條之罪經執行刑罰或保護處分完畢後二年內，警察機關得適用前項之規定採驗尿液。

III 前二項人員採驗尿液實施辦法，由行政院定之。

IV 警察機關或執行保護管束者依第一項規定通知少年到場採驗尿液時，應併爲通知少年之法定代理人。

第 26 條（行刑權時效）

犯第十條之罪者，於送觀察、勒戒或強制戒治期間，其所犯他罪之行刑權時效，停止進行。

第 27 條（勒戒處所之設立）

I 勒戒處所，由法務部、國防部於所屬戒治處所、看守所、少年觀護所或所屬醫院內附設，或委託國軍退除役官兵輔導委員會、衛生福利部、直轄市或縣（市）政府指定之醫院內附設。

II 受觀察、勒戒人另因他案依法應予羈押、留置或收容者，其觀察、勒戒應於看守所或少年觀護所附設之勒戒處所執行。

III 戒治處所、看守所或少年觀護所附設之勒戒處所，由國防部、國軍退除役官兵輔導委員會、衛生福利部或直轄市或縣（市）政府指定之醫療機構負責其醫療業務。

IV 第一項受委託醫院附設之勒戒處所，其戒護業務由法務部及國防部負責，所需相關戒護及醫療經費，由法務部及國防部編列預算支應。

V 第一項之委託辦法，由法務部會同國防部、國軍退除役官兵輔導委員會、衛生福利部定之。

第 28 條（戒治處所之設立）

戒治處所，由法務部及國防部設立。未設立前，得先於監獄或少年矯正機構內設立，並由國防部、衛生福利部、國軍退除役官兵輔導委員會、直轄市或縣（市）政府指定之醫療機構負責其醫療業務；其所需員額及經費，由法務部及國防部編列預算支應。

第 29 條（觀察、勒戒及強制戒治執行之規定）

觀察、勒戒及強制戒治之執行，另以法律定之。

第 30 條（觀察、勒戒及強制戒治費用）

I 觀察、勒戒及強制戒治之費用，由勒戒處所及戒治處所塡發繳費通知單向受觀察、勒戒或強制戒治處分人或上開受處分少年之扶養義務人收取並解繳國庫。但自首或貧困無力負擔者，得免予繳納。

II前項費用經限期繳納，屆期未繳納者，由勒戒處所及戒治處所，依法移送強制執行。

第 30 條之 1（請求返還已繳納之觀察、勒戒或強制戒費用）

I受觀察、勒戒或強制戒治處分人其原受觀察、勒戒或強制戒治處分之裁定經撤銷確定者，得請求返還原已繳納之觀察、勒戒或強制戒治費用；尚未繳納者，不予以繳納。

II受觀察、勒戒或強制戒治處分人其原受觀察、勒戒或強制戒治處分之裁定經撤銷確定者，其觀察、勒戒或強制戒治處分之執行，得準用冤獄賠償法之規定請求賠償。

第 31 條（工業原料之種類及申報、檢查）

I經濟部爲防制先驅化學品之工業原料流供製造毒品，得命廠商申報該項工業原料之種類及輸出入、生產、銷售、使用、貯存之流程、數量，並得檢查其簿冊及場所；廠商不得規避、妨礙或拒絕。

II前項工業原料之種類及申報、檢查辦法，由經濟部定之。

III違反第一項之規定不爲申報者，處新臺幣三萬元以上三十萬元以下罰鍰，並通知限期補報，屆期仍未補報者，按日連續處罰。

IV規避、妨礙或拒絕第一項之檢查者，處新臺幣三萬元以上三十萬元以下罰鍰，並得按次處罰及強制檢查。

V依前二項所處之罰鍰，經限期繳納，屆期未繳納者，依法移送強制執行。

第 31 條之 1（特定營業場所之防制措施）

I爲防制毒品危害，特定營業場所應執行下列防制措施：

一　於入口明顯處標示毒品防制資訊，其中應載明持有毒品之人不得進入。

二　指派一定比例從業人員參與毒品危害防制訓練。

三　備置負責人及從業人員名冊。

四　發現疑似施用或持有毒品之人，通報警察機關處理。

II特定營業場所未執行前項各款所列防制措施之一者，由直轄市、縣（市）政府令負責人限期改善；屆期未改善者，處負責人新臺幣五萬元以上五十萬元以下罰鍰，並得按次處罰；其屬法人或合夥組織經營者，併同處罰之。

III特定營業場所人員知悉有人在內施用或持有毒品，未通報警察機關處理者，由直轄市、縣（市）政府處負責人新臺幣十萬元以上一百萬元以下罰鍰；其屬法人或合夥組織經營者，併同處罰之。其情節重大者，各目的事業主管機關得令其停止營業六個月以上一年六個月以下或勒令歇業。

IV直轄市、縣（市）政府應定期公布最近一年查獲前項所定情節重大之特定營業場所名單。

V第一項特定營業場所之種類、毒品防制資訊之內容與標示方式、負責人及從業人員名冊之格式、毒品危害防制訓練、執行機關與執行程序之辦法，由法務部會商相關機關定之。

第 32 條（獎懲辦法）

防制毒品危害有功人員或檢舉人，應予獎勵，防制不力者，應予懲處；其獎懲辦法，由行政院定之。

第 32 條之 1（控制下交付之實施）

I爲偵辦跨國性毒品犯罪，檢察官或刑事訴訟法第二百二十九條之司法警察官，得由其檢察長或其最上級機關首長向最高檢察署提出偵查計畫書，並檢附相關文件資料，經最高檢察署檢察總長核可後，核發偵查指揮書，由入、出境管制相關機關許可毒品及人員入、出境。

II前項毒品、人員及其相關人、貨之入、出境之協調管制作業辦法，由行政院定之。

第 32 條之 2（偵查計畫書應載事項）

前條之偵查計畫書，應記載下列事項：

一　犯罪嫌疑人或被告之年籍資料。

二　所犯罪名。

三　所涉犯罪事實。

四　使用控制下交付調查犯罪之必要性。

五　毒品數量及起迄處所。

六　毒品及犯罪嫌疑人入境航次、時間及方式。

七　毒品及犯罪嫌疑人入境後，防制毒品散逸及犯罪嫌疑人逃逸之監督作爲。

八　偵查犯罪所需期間、方法及其他作爲。

九　國際合作情形。

第 33 條（特定人員及採驗尿液實施辦法）

I爲防制毒品氾濫，主管機關對於所屬或監督之特定人員於必要時，得要求其接受採驗尿液，受要求之人不得拒絕；拒絕接受採驗者，並得拘束其身體行之。

II前項特定人員之範圍及採驗尿液實施辦法，由行政院定之。

第 33 條之 1（尿液之檢驗機關（構）及驗餘檢體之處理）

I尿液之檢驗，應由下列機關（構）爲之：

一　衛生福利部認證之檢驗及醫療機構。

二　衛生福利部指定之衛生機關。

三　法務部調查局、內政部警政署刑事警察局、國防部憲兵指揮部或其他政府機關依法設置之檢驗機關（構）。

II檢驗機構對於前項驗餘尿液檢體之處理，應依相關規定或與委驗機構之約定為之。但合於人體代謝物研究供開發檢驗方法或試劑之用者，於不起訴處分、緩起訴處分或判決確定，經去識別化方式後，得供醫藥或研究機構領用。

III第一項第一款檢驗及醫療機構之認證標準、認證與認證之撤銷或廢止及管理等事項之辦法；第二款、第三款檢驗機關（構）之檢驗設置標準，由衛生福利部定之。

IV第一項各類機關（構）尿液檢驗之方式、判定基準、作業程序、檢體保管，與第二項驗餘檢體之處理、領用及其他相關事項之準則，由衛生福利部定之。

第 34 條（施行細則）

本條例施行細則，由法務部會同內政部、衛生福利部擬訂，報請行政院核定之。

第 35 條（本條例繫屬施用毒品案件之處理）

I於中華民國九十二年六月六日本條例修正施行前繫屬之施用毒品案件，於修正施行後，適用修正後之規定，並依下列方式處理：

一　觀察、勒戒及強制戒治中之案件，適用修正後觀察、勒戒及強制戒治之規定。

二　偵查中之案件，由檢察官依修正後規定處理之。

三　審判中之案件，由法院或少年法院（地方法院少年法庭）依修正後規定處理之。

四　審判中之案件，依修正後之規定應為不起訴之處分或不付審理之裁定者，法院或少年法院（地方法院少年法庭）應為免刑之判決或不付保護處分之裁定。

II前項情形，依修正前之規定有利於行為人者，適用最有利於行為人之法律。

第 35 條之 1（過渡規定）

本條例中華民國一百零八年十二月十七日修正之條文施行前犯第十條之罪之案件，於修正施行後，依下列規定處理：

一　偵查中之案件，由檢察官依修正後規定處理。

二　審判中之案件，由法院或少年法院（地方法院少年法庭）依修正後規定處理；依修正後規定應為不起訴處分或不付審理之裁定者，法院或少年法院（地方法院少年法庭）應為免刑之判決或不付審理之裁定。

三　判決確定尚未執行或執行中之案件，適用修正前之規定。

第 36 條（施行日）

本條例除中華民國九十九年十一月五日修正之第二條之一、第二十七條及第二十八條，一百零四年一月二十三日、一百零六年五月二十六日修正之條文，自公布日施行；一百零五年五月二十七日修正之條文，自一百零五年七月一日施行；一百零八年十二月十七日修正之第十八條、第二十四條及第三十三條之一之施行日期，由行政院定之外，自公布後六個月施行。

槍砲彈藥刀械管制條例

1.中華民國 72 年 6 月 27 日總統令制定公布全文 15 條
2.中華民國 74 年 1 月 18 日總統令修正公布第 7 條；並增訂第 13-1 條條文
3.中華民國 79 年 7 月 16 日總統令增訂公布第 13-2、13-3 條條文
4.中華民國 85 年 9 月 25 日總統令修正公布第 4、6、13-2、14 條條文；並增訂第 9-1 條條文
5.中華民國 86 年 11 月 24 日總統令修正公布全文 25 條；並自公布日施行
6.中華民國 89 年 7 月 5 日總統令修正公布第 3、6、11 條條文
7.中華民國 90 年 11 月 14 日總統令修正公布第 6、10、20 條條文；增訂第 5-1、6-1 條條文；並刪除第 19、23、24 條條文
8.中華民國 93 年 6 月 2 日總統令修正公布第 6-1、20 條條文；並增訂第 5-2 條條文
9.中華民國 94 年 1 月 26 日總統令修正公布第 4、8、16、20 條條文；增訂第 20-1 條條文；並刪除第 10、11、17 條條文
10.中華民國 97 年 11 月 26 日總統令修正公布第 7 條條文
11.中華民國 98 年 5 月 27 日總統令修正公布第 5-2、25 條條文；並自 98 年 11 月 23 日施行
12.中華民國 100 年 1 月 5 日總統令修正公布第 8、20 條條文
13.中華民國 100 年 11 月 23 日總統令修正公布第 7 條條文
14.中華民國 106 年 6 月 14 日總統令修正公布第 5-2 條條文
15.中華民國 109 年 6 月 10 日總統令修正公布第 4、7～9、20、20-1、25 條條文；除第 20 條第 3 項之施行日期，由行政院另定外，自公布日施行

第 1 條（立法目的）
爲管制槍砲、彈藥、刀械，維護社會秩序、保障人民生命財產安全，特制定本條例。

第 2 條（適用範圍）
槍砲、彈藥、刀械，除依法令規定配用者外，悉依本條例之規定。

第 3 條（主管機關）
槍砲、彈藥、刀械管制之主管機關：中央爲內政部；直轄市爲直轄市政府；縣（市）爲縣（市）政府。

第 4 條（槍砲、彈藥、刀械之意義）
I 本條例所稱槍砲、彈藥、刀械如下：
　一　槍砲：指制式或非制式之火砲、肩射武器、機關槍、衝鋒槍、卡柄槍、自動步槍、普通步槍、馬槍、手槍、鋼筆槍、瓦斯槍、麻醉槍、獵槍、空氣槍、魚槍及其他可發射金屬或子彈具有殺傷力之各式槍砲。
　二　彈藥：指前款各式槍砲所使用之砲彈、子彈及其他具有殺傷力或破壞性之各類炸彈、爆裂物。
　三　刀械：指武士刀、手杖刀、鴛鴦刀、手指虎、鋼（鐵）鞭、扁鑽、匕首（各如附圖例式）及其他經中央主管機關公告查禁，非供正當使用具有殺傷力之刀械。
II 前項第一款、第二款槍砲、彈藥，包括其主要組成零件。但無法供組成槍砲、彈藥之用者，不在此限。
III 槍砲、彈藥主要組成零件種類，由中央主管機關公告之。

第 5 條（槍砲、彈藥之禁止事項）
前條所列槍砲、彈藥，非經中央主管機關許可，不得製造、販賣、運輸、轉讓、出租、出借、持有、寄藏或陳列。

第 5 條之 1（槍砲彈藥之禁止事項）
手槍、空氣槍、獵槍及其他槍砲、彈藥專供射擊運動使用者，非經中央主管機關許可，不得製造、販賣、運輸、轉讓、出租、出借、持有、寄藏或陳列。

第 5 條之 2（槍砲彈藥刀械送交銷毀、留用及經許可持有之原住民適用規定）
I 依本條例許可之槍砲、彈藥、刀械，有下列情形之一，撤銷或廢止其許可；其持有之槍砲、彈藥、刀械，由中央主管機關給價收購。但政府機關（構）購置使用之槍砲、彈藥、刀械或違反本條例之罪者，不予給價收購：
　一　許可原因消滅者。
　二　不需置用或毀損致不堪使用者。
　三　持有人喪失原住民或漁民身分者。
　四　持有人規避、妨礙或拒絕檢查者。
　五　持有人死亡者。
　六　持有人受判處有期徒刑以上之刑確定者。
　七　持有人受監護或輔助宣告，尚未撤銷者。
　八　持有槍砲、彈藥、刀械之團體解散者。
　九　其他違反應遵行事項之規定者。
II 刀械持有人死亡、團體解散，重新申請許可持有者，或自製獵槍持有人死亡，其繼用人申請繼續持有者，經許可後，不予給價收購。
III 前項自製獵槍繼用人，以享有法定繼承權人之一人爲限。但未成年人或無行爲能力人者，不得申請繼續持有。
IV 第一項給價收購經費由中央主管機關逐年編列預算支應；其價格標準由中央主管機關定之，並委由直轄市、縣（市）政府執行。
V 第一項收購之槍砲、彈藥、刀械及收繳之證照，由中央主管機關送交內政部警政署銷毀。但經留用者，不予銷毀。

Ⅵ第一項第六款規定，於經許可持有自製獵槍或魚槍之原住民，以其故意犯最輕本刑為三年以上有期徒刑之罪或犯下列規定之一之罪為限，適用之：

一　刑法第一百八十五條之二第一項、第四項、第一百八十六條、第一百八十六條之一第一項、第四項、第一百八十七條、第二百二十四條、第二百三十一條之一第二項、第二百七十一條第三項、第二百七十二條第三項、第二百七十三條、第二百七十四條、第二百七十五條、第二百七十七條第一項、第二百七十九條、第二百八十一條、第二百八十二條、第二百九十六條、第二百九十八條、第三百零二條第一項、第三項、第三百零三條、第三百零四條、第三百零五條、第三百二十一條、第三百二十五條第一項、第三項、第三百二十六條、第三百二十八條第五項、第三百四十六條或第三百四十七條第四項。

二　森林法第五十一條第二項、第五十二條、第五十三條第二項或第五十四條。

三　野生動物保育法第四十條、第四十一條或第四十二條。但於本條文修正前，基於原住民族之傳統文化、祭儀或非營利自用而犯野生動物保育法第四十一條之罪者，不在此限。

四　本條例第九條、第十二條第一項、第二項、第四項、第五項、第十三條第二項、第四項、第五項、第十四條或第十五條。

五　懲治走私條例第二條、第三條或第七條。

六　組織犯罪防制條例第三條第一項後段或第六條。

七　毒品危害防制條例第四條第五項、第六項、第五條第四項、第七條第二項、第三項、第四項、第五項、第八條、第十條、第十一條、第十三條、第十四條或第十五條。

Ⅶ本條例中華民國一百零六年五月二十六日修正之本條文施行前，原住民犯前項規定以外之罪，經直轄市、縣（市）主管機關依第一項第六款規定撤銷或廢止其自製獵槍或魚槍之許可，尚未給價收購者，直轄市、縣（市）主管機關應通知其於三個月內重新申請許可；屆期未申請許可或其申請未經許可者，仍依規定給價收購。

第6條（刀械之禁止事項）

第四條第一項第三款所列之各式刀械，非經主管機關許可，不得製造、販賣、運輸、轉讓、出租、出借、持有。

第6條之1（槍砲彈藥之許可申請）

Ⅰ第五條及第六條所定槍砲、彈藥、刀械之許可申請、條件、廢止、檢查及其他應遵行事項之管理辦法，由中央主管機關定之。

Ⅱ第五條之一所定槍砲、彈藥之許可申請、條件、期限、廢止、檢查及其他應遵行事項之管理辦法，由中央目的事業主管機關會同中央主管機關定之。

Ⅲ違反前項所定之管理辦法者，處新臺幣五萬元以下之罰鍰。但違反第五條之一，或意圖供自己或他人犯罪而使用經許可之槍砲、彈藥者，不適用之。

第7條（製造販賣或運輸重型槍砲罪）

Ⅰ未經許可，製造、販賣或運輸制式或非制式火砲、肩射武器、機關槍、衝鋒槍、卡柄槍、自動步槍、普通步槍、馬槍、手槍或各類砲彈、炸彈、爆裂物者，處無期徒刑或七年以上有期徒刑，併科新臺幣三千萬元以下罰金。

Ⅱ未經許可，轉讓、出租或出借前項所列槍砲、彈藥者，處無期徒刑或五年以上有期徒刑，併科新臺幣一千萬元以下罰金。

Ⅲ意圖供自己或他人犯罪之用，而犯前二項之罪者，處死刑或無期徒刑；處徒刑者，併科新臺幣五千萬元以下罰金。

Ⅳ未經許可，持有、寄藏或意圖販賣而陳列第一項所列槍砲、彈藥者，處五年以上有期徒刑，併科新臺幣一千萬元以下罰金。

Ⅴ意圖供自己或他人犯罪之用，以強盜、搶奪、竊盜或其他非法方法，持有依法執行公務之人所持有之第一項所列槍砲、彈藥者，得加重其刑至二分之一。

Ⅵ第一項至第三項之未遂犯罰之。

第8條（製造販賣或運輸輕型槍砲罪）

Ⅰ未經許可，製造、販賣或運輸制式或非制式鋼筆槍、瓦斯槍、麻醉槍、獵槍、空氣槍或第四條第一項第一款所定其他可發射金屬或子彈具有殺傷力之各式槍砲者，處無期徒刑或五年以上有期徒刑，併科新臺幣一千萬元以下罰金。

Ⅱ未經許可，轉讓、出租或出借前項所列槍砲者，處五年以上有期徒刑，併科新臺幣一千萬元以下罰金。

Ⅲ意圖供自己或他人犯罪之用，而犯前二項之罪者，處無期徒刑或七年以上有期徒刑，併科新臺幣一千萬元以下罰金。

Ⅳ未經許可，持有、寄藏或意圖販賣而陳列第一項所列槍砲者，處三年以上十年以下有期徒刑，併科新臺幣七百萬元以下罰金。

Ⅴ第一項至第三項之未遂犯罰之。

Ⅵ犯第一項、第二項或第四項有關空氣槍之罪，其情節輕微者，得減輕其刑。

第9條（製造販賣魚槍罪）

Ⅰ未經許可，製造、販賣、轉讓、出租或出借制式或非制式魚槍者，處一年以下有期徒刑、拘役或新臺幣五十萬元以下罰金。

Ⅱ意圖供自己或他人犯罪之用，而犯前項之罪者，處二年以下有期徒刑、拘役或新臺幣一百萬元以下罰金。
Ⅲ未經許可，持有、寄藏或意圖販賣而陳列制式或非制式魚槍者，處六月以下有期徒刑、拘役或新臺幣五十萬元以下罰金。
第一項及第二項之未遂犯罰之。

第10條（刪除）

第11條（刪除）

第12條（製造、販賣或運輸子彈罪）

Ⅰ未經計可，製造、販賣或運輸子彈者，處一年以上七年以下有期徒刑，併科新臺幣五百萬元以下罰金。
Ⅱ未經許可，轉讓、出租或出借子彈者，處六月以上五年以下有期徒刑，併科新臺幣三百萬元以下罰金。
Ⅲ意圖供自己或他人犯罪之用，而犯前二項之罪者，處三年以上十年以下有期徒刑，併科新臺幣七百萬元以下罰金。
Ⅳ未經許可，持有、寄藏或意圖販賣而陳列子彈者，處五年以下有期徒刑，併科新臺幣三百萬元以下罰金。
Ⅴ第一項至第三項之未遂犯罰之。

第13條（製造、販賣或運輸槍砲、彈藥組成零件罪）

Ⅰ未經許可，製造、販賣或運輸槍砲、彈藥之主要組成零件者，處三年以上十年以下有期徒刑，併科新臺幣七百萬元以下罰金。
Ⅱ未經許可，轉讓、出租或出借前項零件者，處一年以上七年以下有期徒刑，併科新臺幣五百萬元以下罰金。
Ⅲ意圖供自己或他人犯罪之用，而犯前二項之罪者，處五年以上有期徒刑，併科新臺幣一千萬元以下罰金。
Ⅳ未經許可，持有、寄藏或意圖販賣而陳列第一項所列零件者，處六月以上五年以下有期徒刑，併科新臺幣三百萬元以下罰金。
Ⅴ第一項至第三項之未遂犯罰之。

第14條（製造、販賣或運輸刀械罪）

Ⅰ未經許可，製造、販賣或運輸刀械者，處三年以下有期徒刑，併科新臺幣一百萬元以下罰金。
Ⅱ意圖供自己或他人犯罪之用，而犯前項之罪者，處六月以上五年以下有期徒刑，併科新臺幣三百萬元以下罰金。
Ⅲ未經許可，持有或意圖販賣而陳列刀械者，處一年以下有期徒刑、拘役或新臺幣五十萬元以下罰金。
Ⅳ第一項及第二項之未遂犯罰之。

第15條（加重攜帶刀械罪）

未經許可攜帶刀械而有下列情形之一者，處二年以下有期徒刑：
一　於夜間犯之者。
二　於車站、埠頭、航空站、公共場所或公眾得出入之場所犯之者。
三　結夥犯之者。

第16條（公務員或公職人員予以包庇者加重其刑）

公務員或經選舉產生之公職人員明知犯第七條、第八條或第十二條之罪有據予以包庇者，依各該條之規定加重其刑至二分之一。

第17條（刪除）

第18條（減輕或免除其刑）

Ⅰ犯本條例之罪自首，並報繳其持有之全部槍砲、彈藥、刀械者，減輕或免除其刑；其已移轉持有而據實供述全部槍砲、彈藥、刀械之來源或去向，因而查獲者，亦同。
Ⅱ前項情形，於中央主管機關報經行政院核定辦理公告期間自首者，免除其刑。
Ⅲ前二項情形，其報繳不實者，不實部分仍依本條例所定之罪論處。
Ⅳ犯本條例之罪，於偵查或審判中自白，並供述全部槍砲、彈藥、刀械之來源及去向，因而查獲或因而防止重大危害治安事件之發生者，減輕或免除其刑。拒絕供述或供述不實者，得加重其刑至三分之一。

第19條（刪除）

第20條（原住民、漁民製造運輸或持有自製獵槍、漁槍之處罰）

Ⅰ原住民未經許可，製造、運輸或持有自製獵槍、其主要組成零件或彈藥；或原民、漁民未經許可，製造、運輸或持有自製魚槍，供作生活工具之用者，處新臺幣二千元以上二萬元以下罰鍰，本條例有關刑罰之規定，不適用之。
Ⅱ原住民相互間或漁民相互間未經許可，販賣、轉讓、出租、出借或寄藏自製獵槍、其主要組成零件或彈藥、自製魚槍，供作生活工具之用者，處新臺幣二千元以上二萬元以下罰鍰，本條例有關刑罰之規定，不適用之。
Ⅲ第一項之自製獵槍、魚槍之構造、自製獵槍彈藥，及前二項之許可申請、條件、期限、廢止、檢查及其他應遵行事項之管理辦法，由中央主管機關會同中央原住民族主管機關及國防部定之。
Ⅳ於中華民國九十年十一月十四日本條例修正施行前，原住民單純僅犯未經許可造、運輸、持有及相互間販賣、轉讓、出租、出借或寄藏自製獵槍、魚槍之罪，受判處有期徒刑以上之刑確定者，仍得申請自製獵槍、魚槍之許可。
Ⅴ主管機關應輔導原住民及漁民依法申請自製獵槍、魚槍。
Ⅵ第一項、第二項情形，於中央主管機關報經行政院核定辦理公告期間自動報繳者，免除其處罰。

第 20 條之 1（模擬槍之公告查禁及處罰）

I 具類似眞槍之外型、構造、材質及火藥式擊發機構裝置，且足以改造成具有殺傷力者，爲模擬槍，由中央主管機關會同中央目的事業主管機關公告查禁。

II 製造、販賣、運輸或轉讓前項公告查禁之模擬槍者，處新臺幣二百五十萬元以下罰鍰；其情節重大者，得併命其停止營業或勒令歇業。但專供外銷及研發並經警察機關許可，且列冊以備稽核者，不在此限。

III 出租、出借、持有、寄藏或意圖販賣而陳列第一項公告查禁之模擬槍者，處新臺幣二十萬元以下罰鍰。

IV 改造第一項公告查禁之模擬槍可供發射金屬或子彈，未具殺傷力者，處新臺幣三十萬元以下罰鍰。

V 警察機關爲查察第一項公告查禁之模擬槍，得依法派員進入模擬槍製造、儲存或販賣場所，並應會同目的事業主管機關就其零組件、成品、半成品、各種簿冊及其他必要之物件實施檢查，並得詢問關係人及命提供必要之資料。

VI 前項規定之檢查人員於執行檢查任務時，應主動出示執行職務之證明文件，並不得妨礙該場所正常業務之進行。

VII 規避、妨礙或拒絕第五項之檢查、詢問或提供資料者，處新臺幣二十萬元以上五十萬元以下罰鍰，並得按次處罰及強制執行檢查。

VIII 公告查禁前已持有第一項模擬槍之人民或團體，應自公告查禁之日起六個月內，向警察機關報備。於期限內完成報備者，其持有之行爲不罰。

IX 第一項公告查禁之模擬槍，不問屬於何人所有，沒入之。但有第二項但書或前項情形者，不在此限。

X 第二項但書許可之申請程序、應備文件、條件、期限、廢止與第五項檢查之程序及其他應遵行事項之辦法，由中央主管機關會同中央目的事業主管機關定之。

第 21 條（從重處罰）

犯本條例之罪，其他法律有較重處罰之規定者，從其規定。

第 22 條（檢舉破案獎金）

I 因檢舉而破獲違反本條例之案件，應給與檢舉人獎金。

II 前項獎金給獎辦法，由行政院定之。

第 23 條（刪除）

第 24 條（刪除）

第 25 條（施行日）

I 本條例自公布日施行。

II 本條例中華民國九十八年五月十二日修正之條文，自九十八年十一月二十三日施行；一百零九年五月二十二日修正之條文，除第二十條第三項之施行日期，由行政院另定外，自公布日施行。

槍砲彈藥刀械許可及管理辦法

1.中華民國 91 年 10 月 2 日內政部令訂定發布全文 35 條；並自發布日施行
2.中華民國 93 年 11 月 30 日內政部令修正發布第 3～8、10、15、17～19、21、26、28、31、32 條條文
3.中華民國 94 年 4 月 22 日內政部令修正發布第 3、15～19 條條文
4.中華民國 98 年 11 月 23 日內政部令修正發布第 8、35 條條文；並自 98 年 11 月 23 日施行
5.中華民國 100 年 11 月 7 日內政部令修正發布全文 36 條；並自發布日施行
中華民國 101 年 12 月 25 日行政院公告第 9 條、第 23 條第 1 項所列屬財政部「關稅總局」及「關稅局」之權責事項，自 102 年 1 月 1 日起分別改由財政部「關務署」及「海關」管轄
6.中華民國 103 年 6 月 10 日內政部令修正發布第 2、11、15 條條文
7.中華民國 107 年 8 月 16 日內政部令修正發布第 15、19 條條文

第一章 總 則

第 1 條

本辦法依槍砲彈藥刀械管制條例（以下簡稱本條例）第六條之一第一項及第二十條第三項規定訂定之。

第 2 條

本辦法用詞定義如下：

一 原住民：指原住民身分法第二條所定之原住民。

二 漁民：指實際從事沿岸採捕水產動物並持有漁船船員手冊之國民。

三 自製獵槍：指原住民為傳統習俗文化，由申請人自行獨力或與非以營利為目的之原住民協力，在警察分局核准之地點，並依下列規定製造完成，供作生活所用之工具：

㈠填充物之射出，須逐次由槍口裝填黑色火藥於槍管內，以打擊底火或他法引爆，或使用口徑為零點二七英吋以下打擊打釘槍用邊緣底火之空包彈引爆。

㈡填充物，須填充於自製獵槍槍管內發射，小於槍管內徑之玻璃片、鉛質彈丸固體物；其不具制式子彈及其他類似具發射體、彈殼、底火及火藥之定裝彈。

㈢槍身總長（含槍管）須三十八英吋（約九十六點五公分）以上。

四 自製魚槍：指專供作原住民或漁民生活工具之用，由申請人自行獨力或與非以營利為目的之漁民或原住民協力，在警察分局核准之報備地點製造完成，藉橡皮之拉力發射以鋼鐵、硬塑膠或木質作成攻擊魚類之尖銳物，非以火藥等爆裂物發射者。

第 3 條

Ⅰ機關（構）、學校、團體、人民或廠商，依本辦法規定購置使用、製造、販賣、運輸、轉讓、出租、出借、持有、寄藏或陳列本條例第四條第一項第一款、第二款所定槍砲、彈藥，應向中央主管機關申請許可。

Ⅱ前項許可，得委任內政部警政署（以下簡稱警政署）辦理。

Ⅲ人民、團體或廠商，依本辦法規定製造、販賣、運輸、轉讓、出租、出借或持有本條例第四條第一項第三款所定刀械；原住民或漁民申請製造、運輸、持有自製之獵槍或魚槍；原住民相互間或漁民相互間販賣、轉讓、出租、出借或寄藏自製之獵槍或魚槍，應向直轄市、縣（市）主管機關申請許可。

Ⅳ前項許可，得委任直轄市、縣（市）警察局辦理。

第二章 槍砲彈藥之許可及管理

第 4 條

Ⅰ政府機關（構）依法令規定配用者，得申請購置使用、運輸、轉讓、出租、出借、持有、寄藏或陳列槍砲、彈藥。

Ⅱ前項機關（構）於購置、運輸、轉讓、出租、出借、持有、寄藏或陳列槍砲、彈藥前，應檢附槍砲、彈藥型號、型錄、數量及用途等資料，向中央主管機關申請許可；轉讓者，應於許可之翌日起七日內，連同執照持向原發照所在地之直轄市、縣（市）警察局辦理異動登記。

第 5 條

Ⅰ學術研究機關（構）因研究發展需要，得申請購置使用、運輸、轉讓、出租、出借、持有、寄藏或陳列槍砲、彈藥。

Ⅱ前項機關（構）於購置、運輸、轉讓、出租、出借、持有、寄藏或陳列槍砲、彈藥前，應檢附中央目的事業主管機關同意文件及槍砲、彈藥型號、型錄、數量、用途等資料，向中央主管機關申請許可；轉讓者，應於許可之翌日起七日內，連同執照持向原發照所在地之直轄市、縣（市）警察局辦理異動登記。

第 6 條

Ⅰ各級學校因軍訓教學需要，得申請購置使用、運

輸、轉讓、出租、出借、持有、寄藏或陳列軍訓用槍枝、彈藥。

II 前項學校於購置、運輸、轉讓、出租、出借、持有、寄藏或陳列槍枝、彈藥前，應檢附中央目的事業主管機關同意文件及槍枝、彈藥型號、型錄、數量、用途等資料，向中央主管機關申請許可；轉讓者，應於許可之翌日起七日內，連同執照持向原發照之直轄市、縣（市）警察局辦理異動登記。

第7條

I 動物保育機關（構）、團體因動物保育安全需要，得申請購置使用、運輸、轉讓、出租、出借、持有、寄藏或陳列麻醉槍。

II 前項機關（構）、團體於購置、運輸、轉讓、出租、出借、持有、寄藏或陳列麻醉槍前，應檢附中央目的事業主管機關同意文件及麻醉槍型號、型錄、數量、用途等資料，向中央主管機關申請許可；轉讓者，應於許可之翌日起七日內，連同執照持向原發照之直轄市、縣（市）警察局辦理異動登記。

第8條

I 人民得購置使用魚槍，每人以二枝為限。但有下列情形之一者，不得購置使用：

一　未滿二十歲。

二　判處有期徒刑以上之刑，經確定。

三　受監護或輔助宣告，尚未撤銷。

II 持有人攜帶經許可之魚槍外出者，應隨身攜帶執照。

III 持有人之戶籍所在地變更時，應於變更之翌日起一個月內連同執照、異動申報書，分別報請變更前、後之警察分駐（派出）所層轉直轄市、縣（市）警察局辦理異動登記。

第9條

經許可進出口槍砲、彈藥者，應於進出口前向中央主管機關申請同意文件，並持向財政部關稅總局各關稅局申請查驗通關。遺失或毀損時，應申請補發。

第10條

I 經許可購置槍砲、彈藥者，應於購置持有之翌日起七日內，由機關（構）、學校、團體代表人、負責人或持有人持向機關（構）、學校所在地、主事務所所在地、戶籍所在地之直轄市、縣（市）警察局申請查驗給照，並列冊管理。

II 前項槍砲、彈藥有本條例第五條之二第一項各款規定情形之一者，機關（構）、學校、團體代表人、負責人或持有人應於撤銷或廢止其許可翌日起十五日內，連同執照報由機關（構）、學校所在地、主事務所所在地、戶籍所在地之直轄市、縣（市）政府給價收購或收繳；無報繳人者，由所在地之直轄市、縣（市）政府收繳。

III 第一項之槍砲、彈藥遺失者，機關（構）、學校、團體代表人、負責人或持有人應連同執照向機關（構）、學校所在地、主事務所所在地、戶籍所在地之直轄市、縣（市）警察局報繳執照。

第11條

I 機關（構）、團體經許可購置之槍砲、彈藥，應於其內部之適當場所，設置鐵櫃儲存。槍砲、彈藥分開儲存、集中保管。鐵櫃必須牢固，兼具防盜、防火及通風設備。

II 原住民經許可持有之自製獵槍、彈藥，於其住居所之儲存、保管，亦同。

第12條

各級學校經許可購置之槍枝、彈藥，應設置庫房集中保管。其設置基準如下：

一　庫房地點應設於學校或代屯部隊內之安全處所。

二　槍枝、彈藥應分別設置庫房儲存，並指定專人二十四小時負責看管。

三　庫房以鋼筋水泥構築為原則，並加裝鐵門、鐵窗及加鎖。

四　庫房應裝置錄影監視設施及交流、直流兩用警鈴。

五　庫房應置有消防砂、水、滅火器等防火設備。

六　槍枝庫房內應設置槍櫃及加鎖。

七　彈藥庫房應設置通氣孔，並裝置溫度計、濕度計。

第13條

廠商經營槍砲、彈藥輸出入貿易、主要組成零件製造外銷或製造魚槍內銷、外銷及槍枝保養營業項目者，應檢具申請書向中央主管機關申請許可；公司申請時，應另檢附經濟部核准之公司名稱及所營事業登記預查核定證明文件正本或影本；檢附影本者，應加蓋公司圖章及負責人章。

第14條

I 前條規定許可之廠商得申請經營槍砲、彈藥輸出入貿易、主要組成零件製造外銷或製造魚槍內銷、外銷或槍枝保養業務，申請時應檢附下列文件逐案向中央主管機關申請許可：

一　申請書。

二　供外銷者，應檢附外商訂單或足資證明其製造外銷之文件，並附中文譯本；進口者，應檢附契約書或委託書。

三　槍砲、彈藥型號、型錄一式六份及數量明細表。

四　公司或工廠登記證明文件之正本或影本；檢附影本者，應加蓋公司、工廠圖章及負責人章。

II 製造供外銷之槍砲、彈藥主要組成零件，製造完成應經公司或工廠所在地之直轄市、縣（市）警察局查驗後，始得出口。並於出口之翌日起二十日內，檢附出口報單副本（出口證明聯）報查驗之警察局備查。

III進口、製造魚槍完成後，應向公司或工廠所在地之直轄市、縣（市）警察局申請核發查驗證，始得於經合法營業登記經營相關營業項目之體育用品社、魚具店及潛水器材社等商店陳列、販賣。

第 15 條

I 原住民因傳統習俗文化，供作生活工具之用，符合下列規定者，得申請製造、運輸或持有自製之獵槍或魚槍：

一　年滿二十歲。

二　未受監護或輔助宣告。

三　未經判決犯本條例第五條之二第六項規定之罪確定，或有本條例第二十條第四項規定情形。

II 漁民因實際從事沿岸採捕水產動物需要，未有第八條第一項各款規定情形者，得申請製造、運輸或持有自製之魚槍。

第 16 條

I 原住民或漁民申請製造、運輸、持有自製獵槍或魚槍，應以書面經戶籍所在地警察（所）分駐（派出）所層轉直轄市、縣（市）主管機關提出申請。主管機關應於收到申請書之翌日起十五日內核復；經許可者，申請人應於收到許可函之翌日起一個月內自製完成或持有，並向戶籍所在地之直轄市、縣（市）警察局申請查驗烙印給照及列冊管理；逾期者，原許可失其效力。

II 持有人攜帶許可之自製獵槍、魚槍外出者，應隨身攜帶執照。

III持有人之戶籍所在地變更時，應於變更之翌日起一個月內連同執照、異動申報書，分別報請變更前、後之警察分駐（派出）所層轉直轄市、縣（市）警察局辦理異動登記。

第 17 條

I 原住民申請持有自製之獵槍或魚槍，每人以各二枝爲限，每戶不得超過各六枝。

II 漁民申請持有自製之魚槍，每人以二枝爲限，每戶不得超過六枝。

第 18 條

I 自製獵槍、魚槍有本條例第五條之二第一項各款規定情形之一者，持有人或其繼承人應於撤銷或廢止其許可翌日起十五日內，連同執照報由戶籍所在地之直轄市、縣（市）政府給價收購；無報繳人者，由戶籍所在地之直轄市、縣（市）政府收繳。

II 自製獵槍、魚槍遺失時，應即向戶籍所在地之直轄市、縣（市）警察局報繳執照。

第 19 條

原住民相互間或漁民相互間販賣、轉讓、出租、出借或寄藏自製之獵槍或魚槍，供作生活工具之用者，應向戶籍所在地之直轄市、縣（市）主管機關申請許可；原住民或漁民不符合第十五條規定者，不予許可；販賣或轉讓者，應於許可之翌日起七日內，連同執照親自持向戶籍所在地之直轄市、縣（市）警察局辦理異動登記。

第 20 條

I 依本辦法許可之槍砲、彈藥，其查驗完竣後，應於一個月內發給執照，如爲臨時請領補換執照者，其執照使用年限，仍塡至該期期滿爲止。

II 機關團體請領執照時，應檢同核准文件，備具申請書、槍枝經歷及管理槍彈員工名冊，逕送直轄市、縣（市）警察局審查給照。

III請領執照費用及支用規定準用自衛槍枝管理條例第十條之規定。

第三章　管制刀械之許可及管理

第 21 條

人民或團體因紀念、裝飾、健身表演練習或正當休閒娛樂之用，得申請持有刀械。但人民或團體負責人有第八條第一項各款情形之一者，不予許可。

第 22 條

I 人民或團體申請持有刀械，應檢附下列文件，向戶籍所在地或主事務所所在地之直轄市、縣（市）主管機關申請許可：

一　申請書。

二　申請人國民身分證影本或人民團體立案證書影本。

三　刀械彩色圖例一式六份，並詳述刀械數量、用途、刀柄、刀刃長度及有無開鋒等特徵。

四　相關辦理或製造之公司或工廠登記證明文件之正本或影本；檢附影本者，應加蓋公司、工廠圖章及負責人章。

II 前項申請經戶籍所在地之直轄市、縣（市）警察局查驗刀械後發給許可證，並列冊管理。

第 23 條

I 人民或團體申請進出口刀械前，應檢附刀械型錄、型號、數量及用途等資料，向戶籍所在地、主事務所所在地之直轄市、縣（市）主管機關申請同意文件，並持向財政部關稅總局各關稅局申請查驗通關；同意文件遺失或毀損時，應申請補發。

II 於國內購置刀械前，應檢附刀械型錄、型號、數量及用途等資料，向戶籍所在地、主事務所所在地之直轄市、縣（市）主管機關申請同意文件。

III前二項刀械於進口或購置持有之翌日起七日內，應依前條規定，持向戶籍所在地之直轄市、縣（市）警察局申請查驗及核發許可證。

第 24 條

持有人攜帶經許可之刀械外出者，應隨身攜帶許可證。刀械遺失時，持有人應向戶籍所在地之直轄市、縣（市）警察局報繳許可證。

第 25 條

持有人之戶籍所在地或團體之主事務所變更時，應於變更翌日起一個月內連同許可證、異動申報書，分別報請變更前、後之警察分駐（派出）所層轉直轄市、縣（市）警察局辦理異動登記。

第 26 條

人民或團體有本條例第五條之二第一項各款規定情形之一者，其刀械及許可證準用第十八條第一項規定給價收購或收繳。

第 27 條

人民或團體販賣、轉讓、出租或出借持有之刀械時，應向戶籍所在地或主事務所所在地之直轄市、縣（市）主管機關申請許可，其有第八條第一項各款情形之一者，不予許可；販賣、轉讓者，應於許可之翌日起七日內，連同許可證親自持向戶籍所在地或主事務所所在地之直轄市、縣（市）警察局辦理異動登記。

第 28 條

廠商經營刀械輸出入貿易或製造、販賣營業項目者，應檢具申請書向主事務所所在地之直轄市、縣（市）主管機關申請許可；公司申請時，應另檢附經濟部核准之公司名稱及所營事業登記預查核定證明文件正本或影本；檢附影本者，應加蓋公司圖章及負責人章。

第 29 條

I 經依前條規定許可之廠商得申請經營輸出入貿易或製造、販賣刀械業務，申請時應檢附下列文件逐案向主事務所所在地之直轄市、縣（市）主管機關申請許可：

一 申請書。

二 公司或工廠登記證明文件正本或影本；檢附影本者，應加蓋公司、工廠圖章及負責人章。

三 刀械彩色圖例一式六份，並詳述刀械數量、用途、刀柄、刀刃長度及有無開鋒等特徵。

四 供外銷者應檢附外商訂單或足資證明其製造外銷之文件，並附中文譯本。

五 供國內人民或團體持有者，應檢附人民或團體戶籍所在地或主事務所所在地之直轄市、縣（市）主管機關同意文件。

II 製造供外銷之刀械，製造完成應經製造公司或工廠所在地之直轄市、縣（市）警察局查驗後，始得出口。並於出口之翌日起二十日內，檢附出口報單副本（出口證明聯）報查驗之警察局備查。

第四章 附 則

第 30 條

經許可之槍砲、彈藥、刀械，中央主管機關每年應舉行總檢查一次。但為維護治安必要，得實施臨時總檢查。

第 31 條

依本辦法許可之槍砲、彈藥、刀械，其執照或許可證遺失或毀損時，機關（構）、學校、團體代表人、負責人或持有人應向機關（構）、學校所在地、主事務所所在地、戶籍所在地之直轄市、縣（市）警察局申請補發證照。

第 32 條

I 持有人因故攜帶經許可之槍砲、彈藥、刀械離開戶籍所在地十五日以上或攜回者，應書面載明型式、數量、住居所及停留時間，通知戶籍所在地之直轄市、縣（市）警察局。

II 戶籍所在地之直轄市、縣（市）警察局應通報住居所所在地警察局，其有資料不符或未到之情形者，應相互聯繫，共同處理。

第 33 條

I 依本條例第五條之二第一項規定收購或收繳之槍砲、彈藥、刀械，送交警政署警察機械修理廠銷毀。銷毀之費用，由警政署逐年編列預算支應。

II 刀械持有人死亡、團體解散，重新申請許可持有者，或自製獵槍持有人死亡，繼用人申請繼續持有者，應於事實發生之翌日起三個月內重新申請。

第 34 條

I 槍砲、彈藥執照及魚槍查驗證由中央主管機關印製；刀械許可證，由直轄市、縣（市）警察局印製。

II 槍砲、彈藥之查驗給照，每二年為一期，第一年一月一日開始。執照限用二年，期滿應即繳銷，換領新照。

第 35 條

本辦法所需書表格式，由中央主管機關定之。

第 36 條

本辦法自發布日施行。

洗錢防制法

1.中華民國85年10月23日總統令制定公布全文15條；並自公布後六個月起施行
2.中華民國92年2月6日總統令修正公布全文15條；並自公布後六個月施行
3.中華民國95年5月30日總統令修正公布第3、9、15條條文；並自95年7月1日施行
4.中華民國96年7月11日總統令修正公布全文17條；並自公布日施行
5.中華民國97年6月11日總統令修正公布第3條條文
6.中華民國98年6月10日總統令修正公布第3、7～11、13條條文
中華民國101年6月25日行政院公告第10條第2項所列屬「行政院金融監督管理委員會」之權責事項，自101年7月1日起改由「金融監督管理委員會」管轄
7.中華民國105年4月13日總統令修正公布第3、17條條文
中華民國105年12月14日行政院令發布定自106年1月1日施行
8.中華民國105年12月28日總統令修正公布全文23條；並自公布日後六個月施行
9.中華民國107年11月7日總統令修正發布第5、6、9～11、16、17、22、23條條文；並自公布日施行

第1條（立法目的）

為防制洗錢，打擊犯罪，健全防制洗錢體系，穩定金融秩序，促進金流之透明，強化國際合作，特制定本法。

第2條（洗錢之定義）

本法所稱洗錢，指下列行為：

一　意圖掩飾或隱匿特定犯罪所得來源，或使他人逃避刑事追訴，而移轉或變更特定犯罪所得。
二　掩飾或隱匿特定犯罪所得之本質、來源、去向、所在、所有權、處分權或其他權益者。
三　收受、持有或使用他人之特定犯罪所得。

第3條（特定犯罪）

本法所稱特定犯罪，指下列各款之罪：

一　最輕本刑為六月以上有期徒刑以上之刑之罪。
二　刑法第一百二十一條第一項、第一百二十三條、第二百零一條之一第二項、第二百六十八條、第三百三十九條、第三百三十九條之三、第三百四十二條、第三百四十四條、第三百四十九條之罪。
三　懲治走私條例第二條第一項、第三條第一項之罪。
四　破產法第一百五十四條、第一百五十五條之罪。
五　商標法第九十五條、第九十六條之罪。
六　廢棄物清理法第四十五條第一項後段、第四十七條之罪。
七　稅捐稽徵法第四十一條、第四十二條及第四十三條第一項、第二項之罪。
八　政府採購法第八十七條第三項、第五項、第六項、第八十九條、第九十一條第一項、第三項之罪。
九　電子支付機構管理條例第四十四條第二項、第三項、第四十五條之罪。
十　證券交易法第一百七十二條第一項、第二項之罪。
十一　期貨交易法第一百十三條第一項、第二項之罪。
十二　資恐防制法第八條、第九條之罪。
十三　本法第十四條之罪。

第4條（特定犯罪所得）

Ⅰ本法所稱特定犯罪所得，指犯第三條所列之特定犯罪而取得或變得之財物或財產上利益及其孳息。

Ⅱ前項特定犯罪所得之認定，不以其所犯特定犯罪經有罪判決為必要。

第5條（金融機構；指定之非金融事業或人員）

Ⅰ本法所稱金融機構，包括下列機構：

一　銀行。
二　信託投資公司。
三　信用合作社。
四　農會信用部。
五　漁會信用部。
六　全國農業金庫。
七　辦理儲金匯兌、簡易人壽保險業務之郵政機構。
八　票券金融公司。
九　信用卡公司。
十　保險公司。
十一　證券商。
十二　證券投資信託事業。
十三　證券金融事業。
十四　證券投資顧問事業。
十五　證券集中保管事業。
十六　期貨商。
十七　信託業。
十八　其他經目的事業主管機關指定之金融機構。

Ⅱ辦理融資性租賃、虛擬通貨平台及交易業務之事業，適用本法關於金融機構之規定。

Ⅲ本法所稱指定之非金融事業或人員，指從事下列交易之事業或人員：

一　銀樓業。
二　地政士及不動產經紀業從事與不動產買賣交

易有關之行為。
三　律師、公證人、會計師為客戶準備或進行下列交易時：
㈠買賣不動產。
㈡管理客戶金錢、證券或其他資產。
㈢管理銀行、儲蓄或證券帳戶。
㈣有關提供公司設立、營運或管理之資金籌劃。
㈤法人或法律協議之設立、營運或管理以及買賣事業體。
四　信託及公司服務提供業為客戶準備或進行下列交易時：
㈠關於法人之籌備或設立事項。
㈡擔任或安排他人擔任公司董事或秘書、合夥之合夥人或在其他法人組織之類似職位。
㈢提供公司、合夥、信託、其他法人或協議註冊之辦公室、營業地址、居住所、通訊或管理地址。
㈣擔任或安排他人擔任信託或其他類似契約性質之受託人或其他相同角色。
㈤擔任或安排他人擔任實質持股股東。
五　其他業務特性或交易型態易為洗錢犯罪利用之事業或從業人員。

Ⅳ第二項辦理融資性租賃、虛擬通貨平台及交易業務事業之範圍、第三項第五款指定之非金融事業或人員，其適用之交易型態，及得不適用第九條第一項申報規定之前項各款事業或人員，由法務部會同中央目的事業主管機關報請行政院指定。

Ⅴ第一項金融機構、第二項辦理融資性租賃業務事業及第三項指定之非金融事業或人員所從事之交易，必要時，得由法務部會同中央目的事業主管機關指定其使用現金以外之支付工具。

Ⅵ第一項、第二項及前二項之中央目的事業主管機關認定有疑義者，由行政院指定目的事業主管機關。

Ⅶ前三項之指定，其事務涉司法院者，由行政院會同司法院指定之。

第6條（*建立洗錢防制內部控制與稽核制度*）

Ⅰ金融機構及指定之非金融事業或人員應依洗錢與資恐風險及業務規模，建立洗錢防制內部控制與稽核制度；其內容應包括下列事項：
一　防制洗錢及打擊資恐之作業及控制程序。
二　定期舉辦或參加防制洗錢之在職訓練。
三　指派專責人員負責協調監督第一款事項之執行。
四　備置並定期更新防制洗錢及打擊資恐風險評估報告。
五　稽核程序。
六　其他經中央目的事業主管機關指定之事項。

Ⅱ前項制度之執行，中央目的事業主管機關應定期查核，並得委託其他機關（構）、法人或團體辦理。

Ⅲ第一項制度之實施內容、作業程序、執行措施，前項查核之方式、受委託之資格條件及其他應遵行事項之辦法，由中央目的事業主管機關會商法務部及相關機關定之；於訂定前應徵詢相關公會之意見。

Ⅳ違反第一項規定未建立制度，或前項辦法中有關制度之實施內容、作業程序、執行措施之規定者，由中央目的事業主管機關限期令其改善，屆期未改善者，處金融機構新臺幣五十萬元以上一千萬元以下罰鍰；處指定之非金融事業或人員新臺幣五萬元以上一百萬元以下罰鍰。

Ⅴ金融機構及指定之非金融事業或人員規避、拒絕或妨礙現地或非現地查核者，由中央目的事業主管機關處金融機構新臺幣五十萬元以上五百萬元以下罰鍰；處指定之非金融事業或人員新臺幣五萬元以上五十萬元以下罰鍰。

第7條（*確認客戶身分程序及留存所得資料*）

Ⅰ金融機構及指定之非金融事業或人員應進行確認客戶身分程序，並留存其確認客戶身分程序所得資料；其確認客戶身分程序應以風險為基礎，並應包括實質受益人之審查。

Ⅱ前項確認客戶身分程序所得資料，應自業務關係終止時起至少保存五年；臨時性交易者，應自臨時性交易終止時起至少保存五年。但法律另有較長保存期間規定者，從其規定。

Ⅲ金融機構及指定之非金融事業或人員對現任或曾任國內外政府或國際組織重要政治性職務之客戶或受益人與其家庭成員及有密切關係之人，應以風險為基礎，執行加強客戶審查程序。

Ⅳ第一項確認客戶身分範圍、留存確認資料之範圍、程序、方式及前項加強客戶審查之範圍、程序、方式之辦法，由中央目的事業主管機關會商法務部及相關機關定之；於訂定前應徵詢相關公會之意見。前項重要政治性職務之人與其家庭成員及有密切關係之人之範圍，由法務部定之。

Ⅴ違反第一項至第三項規定及前項所定辦法者，由中央目的事業主管機關處金融機構新臺幣五十萬元以上一千萬元以下罰鍰、處指定之非金融事業或人員新臺幣五萬元以上一百萬元以下罰鍰。

第8條（*辦理國內外交易留存交易紀錄*）

Ⅰ金融機構及指定之非金融事業或人員因執行業務而辦理國內外交易，應留存必要交易紀錄。

Ⅱ前項交易紀錄之保存，自交易完成時起，應至少保存五年。但法律另有較長保存期間規定者，從其規定。

Ⅲ第一項留存交易紀錄之適用交易範圍、程序、方式之辦法，由中央目的事業主管機關會商法務部及相關機關定之；於訂定前應徵詢相關公會之意見。

IV違反第一項、第二項規定及前項所定辦法者，由中央目的事業主管機關處金融機構新臺幣五十萬元以上一千萬元以下罰鍰、處指定之非金融事業或人員新臺幣五萬元以上一百萬元以下罰鍰。

第9條（一定金額以上通貨交易之申報）

I金融機構及指定之非金融事業或人員對於達一定金額以上之通貨交易，除本法另有規定外，應向法務部調查局申報。

II金融機構及指定之非金融事業或人員依前項規定爲申報者，免除其業務上應保守秘密之義務。該機構或事業之負責人、董事、經理人及職員，亦同。

III第一項一定金額、通貨交易之範圍、種類、申報之範圍、方式、程序及其他應遵行事項之辦法，由中央目的事業主管機關會商法務部及相關機關定之；於訂定前應徵詢相關公會之意見。

IV違反第一項規定或前項所定辦法中有關申報之範圍、方式、程序之規定者，由中央目的事業主管機關處金融機構新臺幣五十萬元以上一千萬元以下罰鍰；處指定之非金融事業或人員新臺幣五萬元以上一百萬元以下罰鍰。

第10條（金融機構及指定之非金融事業或人員之申報義務）

I金融機構及指定之非金融事業或人員對疑似犯第十四條、第十五條之罪之交易，應向法務部調查局申報；其交易未完成者，亦同。

II金融機構及指定之非金融事業或人員依前項規定爲申報者，免除其業務上應保守秘密之義務。該機構或事業之負責人、董事、經理人及職員，亦同。

III第一項之申報範圍、方式、程序及其他應遵行事項之辦法，由中央目的事業主管機關會商法務部及相關機關定之；於訂定前應徵詢相關公會之意見。

IV前項、第六條第三項、第七條第四項、第八條第三項及前條第三項之辦法，其事務涉司法院者，由司法院會商行政院定之。

V違反第一項規定或第三項所定辦法中有關申報之範圍、方式、程序之規定者，由中央目的事業主管機關處金融機構新臺幣五十萬元以上一千萬元以下罰鍰；處指定之非金融事業或人員新臺幣五萬元以上一百萬元以下罰鍰。

第11條（對洗錢或資恐高風險國家或地區得採相關防制措施）

I爲配合防制洗錢及打擊資恐之國際合作，金融目的事業主管機關及指定之非金融事業或人員之中央目的事業主管機關得自行或經法務部調查局通報，對洗錢或資恐高風險國家或地區，爲下列措施：

一　令金融機構、指定之非金融事業或人員強化相關交易之確認客戶身分措施。

二　限制或禁止金融機構、指定之非金融事業或人員與洗錢或資恐高風險國家或地區爲匯款或其他交易。

三　採取其他與風險相當且有效之必要防制措施。

II前項所稱洗錢或資恐高風險國家或地區，指下列之一者：

一　經國際防制洗錢組織公告防制洗錢及打擊資恐有嚴重缺失之國家或地區。

二　經國際防制洗錢組織公告未遵循或未充分遵循國際防制洗錢組織建議之國家或地區。

三　其他有具體事證認有洗錢及資恐高風險之國家或地區。

第12條（一定金額、有價證券、黃金及物品之申報義務）

I旅客或隨交通工具服務之人員出入境攜帶下列之物，應向海關申報；海關受理申報後，應向法務部調查局通報：

一　總價值達一定金額以上之外幣、香港或澳門發行之貨幣及新臺幣現鈔。

二　總面額達一定金額以上之有價證券。

三　總價值達一定金額以上之黃金。

四　其他總價值達一定金額以上，且有被利用進行洗錢之虞之物品。

II以貨物運送、快遞、郵寄或其他相類之方法運送前項各款物品出入境者，亦同。

III前二項之一定金額、有價證券、黃金、物品、受理申報與通報之範圍、程序及其他應遵行事項之辦法，由財政部會商法務部、中央銀行、金融監督管理委員會定之。

IV外幣、香港或澳門發行之貨幣未依第一項、第二項規定申報者，由海關沒入之；申報不實者，其超過申報部分由海關沒入之；有價證券、黃金、物品未依第一項、第二項規定申報或申報不實者，由海關處以相當於未申報或申報不實之有價證券、黃金、物品價額之罰鍰。

V新臺幣依第一項、第二項規定申報者，超過中央銀行依中央銀行法第十八條之一第一項所定限額部分，應予退運。未依第一項、第二項規定申報者，由海關沒入之；申報不實者，其超過申報部分由海關沒入之，均不適用中央銀行法第十八條之一第二項規定。

VI大陸地區發行之貨幣依第一項、第二項所定方式出入境，應依臺灣地區與大陸地區人民關係條例相關規定辦理，總價值超過同條例第三十八條第五項所定限額時，海關應向法務部調查局通報。

第13條（禁止處分）

Ⅰ檢察官於偵查中，有事實足認被告利用帳戶、匯款、通貨或其他支付工具犯第十四條及第十五條之罪者，得聲請該管法院指定六個月以內之期間，對該筆交易之財產為禁止提款、轉帳、付款、交付、轉讓或其他必要處分之命令。其情況急迫，有相當理由足認非立即為上開命令，不能保全得沒收之財產或證據者，檢察官得逕命執行之。但應於執行後三日內，聲請法院補發命令。法院如不於三日內補發或檢察官未於執行後三日內聲請法院補發命令者，應即停止執行。

Ⅱ前項禁止提款、轉帳、付款、交付、轉讓或其他必要處分之命令，法官於審判中得依職權為之。

Ⅲ前二項命令，應以書面為之，並準用刑事訴訟法第一百二十八條規定。

Ⅳ第一項之指定期間如有繼續延長之必要者，檢察官應檢附具體理由，至遲於期間屆滿之前五日聲請該管法院裁定。但延長期間不得逾六個月，並以延長一次為限。

Ⅴ對於外國政府、機構或國際組織依第二十一條所簽訂之條約或協定或基於互惠原則請求我國協助之案件，如所涉之犯罪行為符合第三條所列之罪，雖非在我國偵查或審判中者，亦得準用前四項規定。

Ⅵ對第一項、第二項之命令、第四項之裁定不服者，準用刑事訴訟法第四編抗告之規定。

第 14 條（洗錢行為之處罰）

Ⅰ有第二條各款所列洗錢行為者，處七年以下有期徒刑，併科新臺幣五百萬元以下罰金。

Ⅱ前項之未遂犯罰之。

Ⅲ前二項情形，不得科以超過其特定犯罪所定最重本刑之刑。

第 15 條（罰則）

Ⅰ收受、持有或使用之財物或財產上利益，有下列情形之一，而無合理來源且與收入顯不相當者，處六月以上五年以下有期徒刑，得併科新臺幣五百萬元以下罰金：

一　冒名或以假名向金融機構申請開立帳戶。

二　以不正方法取得他人向金融機構申請開立之帳戶。

三　規避第七條至第十條所定洗錢防制程序。

Ⅱ前項之未遂犯罰之。

第 16 條（洗錢犯罪之成立不以特定犯罪之行為發生在中華民國領域內為必要）

Ⅰ法人之代表人、代理人、受雇人或其他從業人員，因執行業務犯前二條之罪者，除處罰行為人外，對該法人並科以各該條所定之罰金。

Ⅱ犯前二條之罪，在偵查或審判中自白者，減輕其刑。

Ⅲ前二條之罪，於中華民國人民在中華民國領域外犯罪者，適用之。

Ⅳ第十四條之罪，不以本法所定特定犯罪之行為或結果在中華民國領域內為必要。但該特定犯罪依行為地之法律不罰者，不在此限。

第 17 條（洩漏或交付罪責）

Ⅰ公務員洩漏或交付關於申報疑似犯第十四條、第十五條之罪之交易或犯第十四條、第十五條之罪嫌疑之文書、圖畫、消息或物品者，處三年以下有期徒刑。

Ⅱ第五條第一項至第三項不具公務員身分之人洩漏或交付關於申報疑似犯第十四條、第十五條之罪之交易或犯第十四條、第十五條之罪嫌疑之文書、圖畫、消息或物品者，處二年以下有期徒刑、拘役或新臺幣五十萬元以下罰金。

第 18 條（洗錢犯罪所得之沒收範圍）

Ⅰ犯第十四條之罪，其所移轉、變更、掩飾、隱匿、收受、取得、持有、使用之財物或財產上利益，沒收之；犯第十五條之罪，其所收受、持有、使用之財物或財產上利益，亦同。

Ⅱ以集團性或常習性方式犯第十四條或第十五條之罪，有事實足以證明行為人所得支配之前項規定以外之財物或財產上利益，係取自其他違法行為所得者，沒收之。

Ⅲ對於外國政府、機構或國際組織依第二十一條所簽訂之條約或協定或基於互惠原則，請求我國協助執行扣押或沒收之案件，如所涉之犯罪行為符合第三條所列之罪，不以在我國偵查或審判中者為限。

第 19 條（沒收財產）

Ⅰ犯本法之罪沒收之犯罪所得為現金或有價證券以外之財物者，得由法務部撥交檢察機關、司法警察機關或其他協助查緝洗錢犯罪之機關作公務上使用。

Ⅱ我國與外國政府、機構或國際組織依第二十一條所簽訂之條約或協定或基於互惠原則協助執行沒收犯罪所得或其他追討犯罪所得作為者，法務部得依條約、協定或互惠原則將該沒收財產之全部或一部撥交該外國政府、機構或國際組織，或請求撥交沒收財產之全部或一部款項。

Ⅲ前二項沒收財產之撥交辦法，由行政院定之。

第 20 條（設置基金）

法務部辦理防制洗錢業務，得設置基金。

第 21 條（國際合作條約或協定之簽訂）

Ⅰ為防制洗錢，政府依互惠原則，得與外國政府、機構或國際組織簽訂防制洗錢之條約或協定。

Ⅱ對於外國政府、機構或國際組織請求我國協助之案件，除條約或協定另有規定者外，得基於互惠原則，提供第九條、第十條、第十二條受理申報或通報之資料及其調查結果。

Ⅲ臺灣地區與大陸地區、香港及澳門間之洗錢防制，準用前二項規定。

第 22 條（定期陳報查核成效）
第六條第二項之查核，第六條第四項、第五項、第七條第五項、第八條第四項、第九條第四項、第十條第五項之裁處及其調查，中央目的事業主管機關得委辦直轄市、縣（市）政府辦理，並由直轄市、縣（市）政府定期陳報查核成效。
第 23 條（施行日）
Ⅰ本法自公布日後六個月施行。
Ⅱ本法修正條文自公布日施行。

兒童及少年性剝削防制條例

1.中華民國84年8月11日總統令制定公布全文39條；並自公布日施行
2.中華民國88年4月21日總統令修正公布第2、27條條文；並刪除第37條條文
3.中華民國88年6月2日總統令修正公布第9、22、29、33、34條條文
4.中華民國89年11月8日總統令修正公布第3、13～16、33條條文；並增訂第36-1條條文
5.中華民國94年2月5日總統令修正公布第14、20、23～26、28、31條條文；並增訂第36-2條條文
6.中華民國95年5月30日總統令修正公布第23～25、27、39條條文；並自95年7月1日施行
7.中華民國96年7月4日總統令修正公布第9、28條條文
中華民國102年7月19日行政院公告第3條第1項、第6條、第8條、第14條第1項所列屬「內政部」之權責事項，自102年7月23日起改由「衛生福利部」管轄
8.中華民國104年2月4日總統令修正公布名稱及全文55條（原名稱：兒童及少年性交易防制條例）
中華民國105年11月17日行政院令發布定自106年1月1日施行
9.中華民國106年11月29日總統令修正公布第36、38、39、51條條文
中華民國107年3月19日行政院令發布定自107年7月1日施行
10.中華民國107年1月3日總統令修正公布第2、7、8、15、19、21、23、30、44、45、49、51條條文
中華民國107年3月19日行政院令發布定自107年7月1日施行

第一章　總　則

第1條（立法目的）
為防制兒童及少年遭受任何形式之性剝削，保護其身心健全發展，特制定本條例。

第2條（兒童或少年性剝削之定義）
Ⅰ本條例所稱兒童或少年性剝削，係指下列行為之一：
一　使兒童或少年為有對價之性交或猥褻行為。
二　利用兒童或少年為性交、猥褻之行為，以供人觀覽。
三　拍攝、製造兒童或少年為性交或猥褻行為之圖畫、照片、影片、影帶、光碟、電子訊號或其他物品。
四　使兒童或少年坐檯陪酒或涉及色情之伴遊、伴唱、伴舞等行為。
Ⅱ本條例所稱被害人，係指遭受性剝削或疑似遭受性剝削之兒童或少年。

第3條（主管機關）
Ⅰ本條例所稱主管機關：在中央為衛生福利部；在直轄市為直轄市政府；在縣（市）為縣（市）政府。主管機關應獨立編列預算，並置專職人員辦理兒童及少年性剝削防制業務。
Ⅱ內政、法務、教育、國防、文化、經濟、勞動、交通及通訊傳播等相關目的事業主管機關涉及兒童及少年性剝削防制業務時，應全力配合並辦理防制教育宣導。
Ⅲ主管機關應會同前項相關機關定期公布並檢討教育宣導、救援及保護、加害者處罰、安置及服務等工作成效。
Ⅳ主管機關應邀集相關學者或專家、民間相關機構、團體代表及目的事業主管機關代表，協調、研究、審議、諮詢及推動兒童及少年性剝削防制政策。
Ⅴ前項學者、專家及民間相關機構、團體代表不得少於二分之一，任一性別不得少於三分之一。

第4條（高中以下學校應辦理兒童及少年性剝削防制教育課程或宣導之內容）
Ⅰ高級中等以下學校每學年應辦理兒童及少年性剝削防制教育課程或教育宣導。
Ⅱ前項兒童及少年性剝削教育課程或教育宣導內容如下：
一　性不得作為交易對象之宣導。
二　性剝削犯罪之認識。
三　遭受性剝削之處境。
四　網路安全及正確使用網路之知識。
五　其他有關性剝削防制事項。

第二章　救援及保護

第5條（檢警專責指揮督導辦理）
中央法務主管機關及內政主管機關應指定所屬機關專責指揮督導各地方法院檢察署、警察機關辦理有關本條例犯罪偵查工作；各地方法院檢察署及警察機關應指定經專業訓練之專責人員辦理本條例事件。

第6條（主管機關應提供緊急庇護等其他必要之服務）
為預防兒童及少年遭受性剝削，直轄市、縣（市）主管機關對於脫離家庭之兒童及少年應提供緊急庇護、諮詢、關懷、連繫或其他必要服務。

第7條（相關從業人員之通報義務）
Ⅰ醫事人員、社會工作人員、教育人員、保育人員、移民管理人員、移民業務機構從業人員、戶政人員、村里幹事、警察、司法人員、觀光業從業人員、電子遊戲場業從業人員、資訊休閒業從業人員、就業服務人員及其他執行兒童福利或少

年福利業務人員，知有本條例應保護之兒童或少年，或知有第四章之犯罪嫌疑人，應即向當地直轄市、縣（市）主管機關或第五條所定機關或人員報告。

II本條例報告人及告發人之身分資料，應予保密。

第 8 條（網際網路平臺提供者、網際網路應用服務提供者及電信事業協助調查之義務）

I網際網路平臺提供者、網際網路應用服務提供者及電信事業知悉或透過網路內容防護機構、其他機關、主管機關而知有第四章之犯罪嫌疑情事，應先行移除該資訊，並通知警察機關且保留相關資料至少九十天，提供司法及警察機關調查。

II前項相關資料至少應包括本條例第四章犯罪網頁資料、嫌疑人之個人資料及網路使用紀錄。

第 9 條（偵查或審判時應通知社工人員之陪同）

I警察及司法人員於調查、偵查或審判時，詢（訊）問被害人，應通知直轄市、縣（市）主管機關指派社會工作人員陪同在場，並得陳述意見。

II被害人於前項案件偵查、審判中，已經合法訊問，其陳述明確別無訊問之必要者，不得再行傳喚。

第 10 條（偵查或審理中被害人受詢問或詰問時，得陪同在場之相關人員）

I被害人於偵查或審理中受詢（訊）問或詰問時，其法定代理人、直系或三親等內旁系血親、配偶、家長、家屬、醫師、心理師、輔導人員或社會工作人員得陪同在場，並陳述意見。於司法警察官或司法警察調查時，亦同。

II前項規定，於得陪同在場之人為本條例所定犯罪嫌疑人或被告時，不適用之。

第 11 條（對證人、被害人、檢舉人、告發人或告訴人之保護）

性剝削案件之證人、被害人、檢舉人、告發人或告訴人，除依本條例規定保護外，經檢察官或法官認有必要者，得準用證人保護法第四條至第十四條、第十五條第二項、第二十條及第二十一條規定。

第 12 條（偵查審理時，訊問兒童或少年時應注意其人身安全，並提供安全環境與措施）

I偵查及審理中訊問兒童或少年時，應注意其人身安全，並提供確保其安全之環境與措施，必要時，應採取適當隔離方式為之，另得依聲請或依職權於法庭外為之。

II於司法警察官、司法警察調查時，亦同。

第 13 條（兒童或少年於審理中對檢警調查中所為陳述，具有可信之特別情況，且為證明犯罪事實存否所必要者，得為證據之情形）

兒童或少年於審理中有下列情形之一者，其於檢察事務官、司法警察官、司法警察調查中所為之陳述，經證明具有可信之特別情況，且為證明犯罪事實存否所必要者，得為證據：

一　因身心創傷無法陳述。

二　到庭後因身心壓力，於訊問或詰問時，無法為完全之陳述或拒絕陳述。

三　非在臺灣地區或所在不明，而無法傳喚或傳喚不到。

第 14 條（兒童及少年被害人身分資訊之保護規定）

I宣傳品、出版品、廣播、電視、網際網路或其他媒體不得報導或記載有被害人之姓名或其他足以識別身分之資訊。

II行政及司法機關所製作必須公開之文書，不得揭露足以識別前項被害人身分之資訊。但法律另有規定者，不在此限。

III前二項以外之任何人不得以媒體或其他方法公開或揭露第一項被害人之姓名及其他足以識別身分之資訊。

第三章　安置及服務

第 15 條（查獲及救援之被害人或自行求助者之處置）

I檢察官、司法警察官及司法警察查獲及救援被害人後，應於二十四小時內將被害人交由當地直轄市、縣（市）主管機關處理。

II前項直轄市、縣（市）主管機關應即評估被害人就學、就業、生活適應、人身安全及其家庭保護教養功能，經列為保護個案者，為下列處置：

一　通知父母、監護人或親屬帶回，並為適當之保護及教養。

二　送交適當場所緊急安置、保護及提供服務。

三　其他必要之保護及協助。

III前項被害人未列為保護個案者，直轄市、縣（市）主管機關得視其需求，轉介相關服務資源協助。

IV前二項規定於直轄市、縣（市）主管機關接獲報告、自行發現或被害人自行求助者，亦同。

第 16 條（繼續安置之評估及採取之措施）

I直轄市、縣（市）主管機關依前條緊急安置被害人，應於安置起七十二小時內，評估有無繼續安置之必要，經評估無繼續安置必要者，應不付安置，將被害人交付其父母、監護人或其他適當之人；經評估有安置必要者，應提出報告，聲請法院裁定。

II法院受理前項聲請後，認無繼續安置必要者，應裁定不付安置，並將被害人交付其父母、監護人或其他適當之人；認有繼續安置必要者，應交由直轄市、縣（市）主管機關安置於兒童及少年福利機構、寄養家庭或其他適當之醫療、教育機構，期間不得逾三個月。

III安置期間，法院得依職權或依直轄市、縣（市）主管機關、被害人、父母、監護人或其他適當之人之聲請，裁定停止安置，並交由被害人之父母、監護人或其他適當之人保護及教養。

IV直轄市、縣（市）主管機關收到第二項裁定前，得繼續安置。

第17條（緊急安置時限之計算及不予計入之時間）

前條第一項所定七十二小時，自依第十五條第二項第二款規定緊急安置被害人之時起，即時起算。但下列時間不予計入：

一　在途護送時間。

二　交通障礙時間。

三　依其他法律規定致無法就是否有安置必要進行評估之時間。

四　其他不可抗力之事由所生之遲滯時間。

第18條（主管機關審前報告之提出及其內容項目）

I直轄市、縣（市）主管機關應於被害人安置後四十五日內，向法院提出審前報告，並聲請法院裁定。審前報告如有不完備者，法院得命於七日內補正。

II前項審前報告應包括安置評估及處遇方式之建議，其報告內容、項目及格式，由中央主管機關定之。

第19條（審前報告之裁定）

I法院依前條之聲請，於相關事證調查完竣後七日內對被害人為下列裁定：

一　認無安置必要者應不付安置，並交付父母、監護人或其他適當之人。其為無合法有效之停（居）留許可之外國人、大陸地區人民、香港、澳門居民或臺灣地區無戶籍國民，亦同。

二　認有安置之必要者，應裁定安置於直轄市、縣（市）主管機關自行設立或委託之兒童及少年福利機構、寄養家庭、中途學校或其他適當之醫療、教育機構，期間不得逾二年。

三　其他適當之處遇方式。

II前項第一款後段不付安置之被害人，於遣返前，直轄市、縣（市）主管機關應委託或補助民間團體續予輔導，移民主管機關應儘速安排遣返事宜，並安全遣返。

第20條（不服法院裁定得提起抗告之期限）

I直轄市、縣（市）主管機關、檢察官、父母、監護人、被害人或其他適當之人對於法院裁定有不服者，得於裁定送達後十日內提起抗告。

II對於抗告法院之裁定，不得再抗告。

III抗告期間，不停止原裁定之執行。

第21條（定期評估、聲請繼續安置及停止安置之規定）

I被害人經依第十九條安置後，主管機關應每三個月進行評估。經評估無繼續安置、有變更安置處所或為其他更適當處遇方式之必要者，得聲請法院為停止安置、變更處所或其他適當處遇之裁定。

II經法院依第十九條第一項第二款裁定安置期滿前，直轄市、縣（市）主管機關認有繼續安置之必要者，應於安置期滿四十五日前，向法院提出評估報告，聲請法院裁定延長安置，其每次延長之期間不得逾一年。但以延長至被害人年滿二十歲為止。

III被害人於安置期間年滿十八歲，經評估有繼續安置之必要者，得繼續安置至期滿或年滿二十歲。

IV因免除、不付或停止安置者，直轄市、縣（市）主管機關應協助該被害人及其家庭預為必要之返家準備。

第22條（中途學校之設置、員額編制、經費來源及課程等相關規定）

I中央教育主管機關及中央主管機關應聯合協調直轄市、縣（市）主管機關設置安置被害人之中途學校。

II中途學校之設立，準用少年矯正學校設置及教育實施通則規定辦理；中途學校之員額編制準則，由中央教育主管機關會同中央主管機關定之。

III中途學校應聘請社會工作、心理、輔導及教育等專業人員，並結合民間資源，提供選替教育及輔導。

IV中途學校學生之學籍應分散設於普通學校，畢業證書應由該普通學校發給。

V前二項之課程、教材及教法之實施、學籍管理及其他相關事項之辦法，由中央教育主管機關定之。

VI安置對象逾國民教育階段者，中途學校得提供其繼續教育。

VII中途學校所需經費來源如下：

一　各級政府按年編列之預算。

二　社會福利基金。

三　私人或團體捐款。

四　其他收入。

VIII中途學校之設置及辦理，涉及其他機關業務權責者，各該機關應予配合及協助。

第23條（指派社工人員進行輔導處遇及輔導期限）

I經法院依第十九條第一項第一款前段、第三款裁定之被害人，直轄市、縣（市）主管機關應指派社會工作人員進行輔導處遇，期間至少一年或至其年滿十八歲止。
II前項輔導期間，直轄市、縣（市）主管機關或父母、監護人或其他適當之人認爲難收輔導成效者或認仍有安置必要者，得檢具事證及敘明理由，由直轄市、縣（市）主管機關自行或接受父母、監護人或其他適當之人之請求，聲請法院爲第十九條第一項第二款之裁定。

第24條（受指派社會工作人員對交付者之輔導義務）
經法院依第十六條第二項或第十九條第一項裁定之受交付者，應協助直轄市、縣（市）主管機關指派之社會工作人員對被害人爲輔導。

第25條（對免除、停止或結束安置無法返家者之處遇）
直轄市、縣（市）主管機關對於免除、停止或結束安置，無法返家之被害人，應依兒童及少年福利與權益保障法爲適當之處理。

第26條（有無另犯其他罪之處理）
I兒童或少年遭受性剝削或有遭受性剝削之虞者，如無另犯其他之罪，不適用少年事件處理法及社會秩序維護法規定。
II前項之兒童或少年如另犯其他之罪，應先依第十五條規定移送直轄市、縣（市）主管機關處理後，再依少年事件處理法移送少年法院（庭）處理。

第27條（受交付安置之機構，在保護教養被害人範圍內，行使負擔父母對未成年子女之權利義務）
安置或保護教養期間，直轄市、縣（市）主管機關或受其交付或經法院裁定交付之機構、學校、寄養家庭或其他適當之人，在安置或保護教養被害人之範圍內，行使、負擔父母對於未成年子女之權利義務。

第28條（父母、養父母或監護人之另行選定）
I父母、養父母或監護人對未滿十八歲之子女、養子女或受監護人犯第三十二條至第三十八條、第三十九條第二項之罪者，被害人、檢察官、被害人最近尊親屬、直轄市、縣（市）主管機關、兒童及少年福利機構或其他利害關係人，得向法院聲請停止其行使、負擔父母對於被害人之權利義務，另行選定監護人。對於養父母，並得請求法院宣告終止其收養關係。
II法院依前項規定選定或改定監護人時，得指定直轄市、縣（市）主管機關、兒童及少年福利機構或其他適當之人爲被害人之監護人，並得指定監護方法、命其父母、原監護人或其他扶養義務人交付子女、支付選定或改定監護人相當之扶養費用及報酬、命爲其他必要處分或訂定必要事項。
III前項裁定，得爲執行名義。

第29條（加強親職教育輔導，並實施家庭處遇計畫）
直轄市、縣（市）主管機關得令被害人之父母、監護人或其他實際照顧之人接受八小時以上五十小時以下之親職教育輔導，並得實施家庭處遇計畫。

第30條（對被害人進行輔導處遇及追蹤之情形）
I直轄市、縣（市）主管機關應對有下列情形之一之被害人進行輔導處遇及追蹤，並提供就學、就業、自立生活或其他必要之協助，其期間至少一年或至其年滿二十歲止：
一　經依第十五條第二項第一款及第三款規定處遇者。
二　經依第十六條第一項、第二項規定不付安置之處遇者。
三　經依第十六條第二項規定安置於兒童及少年福利機構、寄養家庭或其他適當之醫療、教育機構，屆期返家者。
四　經依第十六條第三項規定裁定停止安置，並交由被害人之父母、監護人或其他適當之人保護及教養者。
五　經依第十九條第一項第二款規定之安置期滿。
六　經依第二十一條規定裁定安置期滿或停止安置。
II前項輔導處遇及追蹤，教育、勞動、衛生、警察等單位，應全力配合。

第四章　罰　則

第31條（與未滿十六歲之人爲有對價之性交或猥褻行爲等之處罰）
I與未滿十六歲之人爲有對價之性交或猥褻行爲者，依刑法之規定處罰之。
II十八歲以上之人與十六歲以上未滿十八歲之人爲有對價之性交或猥褻行爲者，處三年以下有期徒刑、拘役或新臺幣十萬元以下罰金。
III中華民國人民在中華民國領域外犯前二項之罪者，不問犯罪地之法律有無處罰規定，均依本條例處罰。

第32條（罰則）
I引誘、容留、招募、媒介、協助或以他法，使兒童或少年爲有對價之性交或猥褻行爲者，處一年以上七年以下有期徒刑，得併科新臺幣三百萬元以下罰金。以詐術犯之者，亦同。
II意圖營利而犯前項之罪者，處三年以上十年以下有期徒刑，併科新臺幣五百萬元以下罰金。
III媒介、交付、收受、運送、藏匿前二項被害人或使之隱避者，處一年以上七年以下有期徒刑，得併科新臺幣三百萬元以下罰金。

Ⅳ前項交付、收受、運送、藏匿行爲之媒介者，亦同。

Ⅴ前四項之未遂犯罰之。

第 33 條（罰則）

Ⅰ以強暴、脅迫、恐嚇、監控、藥劑、催眠術或其他違反本人意願之方法，使兒童或少年爲有對價之性交或猥褻行爲者，處七年以上有期徒刑，得併科新臺幣七百萬元以下罰金。

Ⅱ意圖營利而犯前項之罪者，處十年以上有期徒刑，併科新臺幣一千萬元以下罰金。

Ⅲ媒介、交付、收受、運送、藏匿前二項被害人或使之隱避者，處三年以上十年以下有期徒刑，得併科新臺幣五百萬元以下罰金。

Ⅳ前項交付、收受、運送、藏匿行爲之媒介者，亦同。

Ⅴ前四項之未遂犯罰之。

第 34 條（罰則）

Ⅰ意圖使兒童或少年爲有對價之性交或猥褻行爲，而買賣、質押或以他法，爲他人人身之交付或收受者，處七年以上有期徒刑，併科新臺幣七百萬元以下罰金。以詐術犯之者，亦同。

Ⅱ以強暴、脅迫、恐嚇、監控、藥劑、催眠術或其他違反本人意願之方法，犯前項之罪者，加重其刑至二分之一。

Ⅲ媒介、交付、收受、運送、藏匿前二項被害人或使之隱避者，處三年以上十年以下有期徒刑，併科新臺幣五百萬元以下罰金。

Ⅳ前項交付、收受、運送、藏匿行爲之媒介者，亦同。

Ⅴ前四項未遂犯罰之。

Ⅵ預備犯第一項、第二項之罪者，處二年以下有期徒刑。

第 35 條（罰則）

Ⅰ招募、引誘、容留、媒介、協助、利用或以他法，使兒童或少年爲性交、猥褻之行爲以供人觀覽，處一年以上七年以下有期徒刑，得併科新臺幣五十萬元以下罰金。

Ⅱ以強暴、脅迫、藥劑、詐術、催眠術或其他違反本人意願之方法，使兒童或少年爲性交、猥褻之行爲以供人觀覽者，處七年以上有期徒刑，得併科新臺幣三百萬元以下罰金。

Ⅲ意圖營利犯前二項之罪者，依各該條項之規定，加重其刑至二分之一。

Ⅳ前三項之未遂犯罰之。

第 36 條（罰則）

Ⅰ拍攝、製造兒童或少年爲性交或猥褻行爲之圖畫、照片、影片、影帶、光碟、電子訊號或其他物品，處一年以上七年以下有期徒刑，得併科新臺幣一百萬元以下罰金。

Ⅱ招募、引誘、容留、媒介、協助或以他法，使兒童或少年被拍攝、製造性交或猥褻行爲之圖畫、照片、影片、影帶、光碟、電子訊號或其他物品，處三年以上七年以下有期徒刑，得併科新臺幣三百萬元以下罰金。

Ⅲ以強暴、脅迫、藥劑、詐術、催眠術或其他違反本人意願之方法，使兒童或少年被拍攝、製造性交或猥褻行爲之圖畫、照片、影片、影帶、光碟、電子訊號或其他物品者，處七年以上有期徒刑，得併科新臺幣五百萬元以下罰金。

Ⅳ意圖營利犯前三項之罪者，依各該條項之規定，加重其刑至二分之一。

Ⅴ前四項之未遂犯罰之。

Ⅵ第一項至第四項之物品，不問屬於犯罪行爲人與否，沒收之。

第 37 條（罰則）

Ⅰ犯第三十三條第一項、第二項、第三十四條第二項、第三十五條第二項或第三十六條第三項之罪，而故意殺害被害人者，處死刑或無期徒刑；使被害人受重傷者，處無期徒刑或十二年以上有期徒刑。

Ⅱ犯第三十三條第一項、第二項、第三十四條第二項、第三十五條第二項或第三十六條第三項之罪，因而致被害人於死者，處無期徒刑或十二年以上有期徒刑；致重傷者，處十二年以上有期徒刑。

第 38 條（罰則）

Ⅰ散布、播送或販賣兒童或少年爲性交、猥褻行爲之圖畫、照片、影片、影帶、光碟、電子訊號或其他物品，或公然陳列，或以他法供人觀覽、聽聞者，處三年以下有期徒刑，得併科新臺幣五百萬元以下罰金。

Ⅱ意圖散布、播送、販賣或公然陳列而持有前項物品者，處二年以下有期徒刑，得併科新臺幣二百萬元以下罰金。

Ⅲ查獲之前二項物品，不問屬於犯罪行爲人與否，沒收之。

第 39 條（罰則）

Ⅰ無正當理由持有前條第一項物品，第一次被查獲者，處新臺幣一萬元以上十萬元以下罰鍰，並得令其接受二小時以上十小時以下之輔導教育，其物品不問屬於持有人與否，沒入之。

Ⅱ無正當理由持有前條第一項物品第二次以上被查獲者，處新臺幣二萬元以上二十萬元以下罰金，其物品不問屬於犯罪行爲人與否，沒收之。

第 40 條（罰則）

Ⅰ以宣傳品、出版品、廣播、電視、電信、網際網路或其他方法，散布、傳送、刊登或張貼足以引誘、媒介、暗示或其他使兒童或少年有遭受第二條第一項第一款至第三款之虞之訊息者，處三年以下有期徒刑，得併科新臺幣一百萬元以下罰金。
II意圖營利而犯前項之罪者，處五年以下有期徒刑，得併科新臺幣一百萬元以下罰金。
第41條（公務員或經選舉產生之公職人員違反本條例之罪，加重處罰）
公務員或經選舉產生之公職人員犯本條例之罪，或包庇他人犯本條例之罪者，依各該條項之規定，加重其刑至二分之一。
第42條（父母對其子女違反本條例之罪，因自白或自首之罰則）
I意圖犯第三十二條至第三十六條或第三十七條第一項後段之罪，而移送被害人入出臺灣地區者，依各該條項之規定，加重其刑至二分之一。
II前項之未遂犯罰之。
第43條（罰則）
I父母對其子女犯本條例之罪，因自白或自首，而查獲第三十二條至第三十八條、第三十九條第二項之犯罪者，減輕或免除其刑。
II犯第三十一條之罪自白或自首，因而查獲第三十二條至第三十八條、第三十九條第二項之犯罪者，減輕或免除其刑。
第44條（觀覽兒童或少年爲性交、猥褻之行爲而支付對價之處罰）
觀覽兒童或少年爲性交、猥褻之行爲而支付對價者，處新臺幣一萬元以上十萬元以下罰鍰，並得令其接受二小時以上十小時以下之輔導教育。
第45條（利用兒童或少年從事陪酒或涉及色情之侍應工作者之處罰）
I利用兒童或少年從事坐檯陪酒或涉及色情之伴遊、伴唱、伴舞等侍應工作者，處新臺幣六萬元以上三十萬元以下罰鍰，並命其限期改善；屆期未改善者，由直轄市、縣（市）主管機關移請目的事業主管機關命其停業一個月以上一年以下。
II招募、引誘、容留、媒介、協助、利用或以他法，使兒童或少年坐檯陪酒或涉及色情之伴遊、伴唱、伴舞等行爲，處一年以下有期徒刑，得併科新臺幣三十萬元以下罰金。以詐術犯之者，亦同。
III以強暴、脅迫、藥劑、詐術、催眠術或其他違反本人意願之方法，使兒童或少年坐檯陪酒或涉及色情之伴遊、伴唱、伴舞等行爲，處三年以上五年以下有期徒刑，得併科新臺幣一百五十萬元以下罰金。
IV意圖營利犯前二項之罪者，依各該條項之規定，加重其刑至二分之一。
V前三項之未遂犯罰之。
第46條（違反通報義務者之罰鍰）
違反第七條第一項規定者，處新臺幣六千元以上三萬元以下罰鍰。
第47條（違反網路、電信業者協助調查義務之處罰）
違反第八條規定者，由目的事業主管機關處新臺幣六萬元以上三十萬元以下罰鍰，並命其限期改善，屆期未改善者，得按次處罰。
第48條（被害人身分資訊違反保護規定之罰則）
I廣播、電視事業違反第十四條第一項規定者，由目的事業主管機關處新臺幣三萬元以上三十萬元以下罰鍰，並命其限期改正；屆期未改正者，得按次處罰。
II前項以外之宣傳品、出版品、網際網路或其他媒體之負責人違反第十四條第一項規定者，由目的事業主管機關處新臺幣三萬元以上三十萬元以下罰鍰，並得沒入第十四條第一項規定之物品、命其限期移除內容、下架或其他必要之處置；屆期不履行者，得按次處罰至履行爲止。
III宣傳品、出版品、網際網路或其他媒體無負責人或負責人對行爲人之行爲不具監督關係者，第二項所定之罰鍰，處罰行爲人。
第49條（不接受親職教育輔導等之處罰）
I不接受第二十九條規定之親職教育輔導或拒不完成其時數者，處新臺幣三千元以上一萬五千元以下罰鍰，並得按次處罰。
II父母、監護人或其他實際照顧之人，因未善盡督促配合之責，致兒童或少年不接受第二十三條第一項及第三十條規定之輔導處遇及追蹤者，處新臺幣一千二百元以上六千元以下罰鍰。
第50條（罰則）
I宣傳品、出版品、廣播、電視、網際網路或其他媒體，爲他人散布、傳送、刊登或張貼足以引誘、媒介、暗示或其他使兒童或少年有遭受第二條第一項第一款至第三款之虞之訊息者，由各目的事業主管機關處新臺幣五萬元以上六十萬元以下罰鍰。
II各目的事業主管機關對於違反前項規定之媒體，應發布新聞並公開之。
III第一項網際網路或其他媒體若已善盡防止任何人散布、傳送、刊登或張貼使兒童或少年有遭受第二條第一項第一款至第三款之虞之訊息者，經各目的事業主管機關邀集兒童及少年福利團體與專家學者代表審議同意後，得減輕或免除其罰鍰。
第51條（不接受輔導教育等之處罰）
I犯第三十一條第二項、第三十二條至第三十八條、第三十九條第二項、第四十條或第四十五條之罪，經判決或緩起訴處分確定者，直轄市、縣（市）主管機關應對其實施四小時以上五十小時以下之輔導教育。
II前項輔導教育之執行，主管機關得協調矯正機關於犯罪行爲人服刑期間辦理，矯正機關應提供場地及必要之協助。

III無正當理由不接受第一項或第三十九條第一項之輔導教育，或拒不完成其時數者，處新臺幣六千元以上三萬元以下罰鍰，並得按次處罰。

第 52 條（從重處罰；軍人犯罪之準用）

I 違反本條例之行爲，其他法律有較重處罰之規定者，從其規定。

II 軍事審判機關於偵查、審理現役軍人犯罪時，準用本條例之規定。

第五章 附 則

第 53 條（行爲人服刑期間執行輔導教育相關辦法之訂定）

第三十九條第一項及第五十一條第一項之輔導教育對象、方式、內容及其他應遵行事項之辦法，由中央主管機關會同法務主管機關定之。

第 54 條（施行細則）

本條例施行細則，由中央主管機關定之。

第 55 條（施行日）

本條例施行日期，由行政院定之。

性侵害犯罪防治法

1.中華民國 86 年 1 月 22 日總統令制定公布全文 20 條；並自公布日施行
2.中華民國 91 年 5 月 15 日總統令修正公布第 3 條條文
3.中華民國 91 年 6 月 12 日總統令增訂公布第 6-1、6-2 條條文
4.中華民國 94 年 2 月 5 日總統令修正公布全文 25 條；並自公布後六個月施行
5.中華民國 99 年 1 月 13 日總統令修正公布第 11、25 條條文；並自 98 年 11 月 23 日施行
6.中華民國 100 年 11 月 9 日總統令修正公布第 4、7～9、12～14、20、21、23、25 條條文；增訂第 22-1、23-1 條條文；刪除第 5 條條文；並自 101 年 1 月 1 日施行
中華民國 102 年 7 月 19 日行政院公告第 3 條、第 20 條第 7 項、第 22 條之 1 第 5 項所列屬「內政部」及「行政院衛生署」之權責事項，自 102 年 7 月 23 日起改由「衛生福利部」管轄
7.中華民國 104 年 12 月 23 日總統令修正公布第 2、3、8、13、17、20、22-1、25 條條文；並增訂第 13-1、15-1、16-1、16-2 條條文；除第 15-1 條自 106 年 1 月 1 日施行外，其餘自公布日施行

第 1 條（立法目的）
爲防治性侵害犯罪及保護被害人權益，特制定本法。

第 2 條（名詞定義）
Ⅰ本法所稱性侵害犯罪，係指觸犯刑法第二百二十一條至第二百二十七條、第二百二十八條、第二百二十九條、第三百三十二條第二項第二款、第三百三十四條第二項第二款、第三百四十八條第二項第一款及其特別法之罪。
Ⅱ本法所稱加害人，係指觸犯前項各罪經判決有罪確定之人。
Ⅲ犯第一項各罪經緩起訴處分確定者及犯性騷擾防治法第二十五條判決有罪確定者，除第九條、第二十二條、第二十二條之一及第二十三條規定外，適用本法關於加害人之規定。

第 3 條（主管機關及其權責範圍）
Ⅰ本法所稱主管機關：在中央爲衛生福利部；在直轄市爲直轄市政府；在縣（市）爲縣（市）政府。
Ⅱ本法所定事項，主管機關及目的事業主管機關應就其權責範圍，針對性侵害防治之需要，尊重多元文化差異，主動規劃所需保護、預防及宣導措施，對涉及相關機關之防治業務，並應全力配合之，其權責事項如下：
一　社政主管機關：性侵害被害人保護扶助工作、性侵害防治政策之規劃、推動、監督及定期公布性侵害相關統計等相關事宜。
二　衛生主管機關：性侵害被害人驗傷、採證、身心治療及加害人身心治療、輔導教育等相關事宜。
三　教育主管機關：各級學校性侵害防治教育、性侵害被害人及其子女就學權益之維護等相關事宜。
四　勞工主管機關：性侵害被害人職業訓練及就業服務等相關事宜。
五　警政主管機關：性侵害被害人人身安全之維護、性侵害犯罪偵查、資料統計、加害人登記報到、查訪、查閱等相關事宜。
六　法務主管機關：性侵害犯罪之偵查、矯正、獄中治療等刑事司法相關事宜。
七　移民主管機關：外籍人士、大陸地區人民或港澳居民因遭受性侵害致逾期停留、居留及協助其在臺居留或定居權益維護與加害人爲外籍人士、大陸地區人民或港澳居民，配合協助辦理後續遣返事宜。
八　文化主管機關：出版品違反本法規定之處理等相關事宜。
九　通訊傳播主管機關：廣播、電視及其他由該機關依法管理之媒體違反本法規定之處理等相關事宜。
十　戶政主管機關：性侵害被害人及其未成年子女身分資料及戶籍等相關事宜。
十一　其他性侵害防治措施，由相關目的事業主管機關依職權辦理。

第 4 條（中央主管機關辦理事項）
Ⅰ中央主管機關應辦理下列事項：
一　研擬性侵害防治政策及法規。
二　協調及監督有關性侵害防治事項之執行。
三　監督各級政府建立性侵害事件處理程序、防治及醫療網絡。
四　督導及推展性侵害防治教育。
五　性侵害事件各項資料之建立、彙整、統計及管理。
六　性侵害防治有關問題之研議。
七　其他性侵害防治有關事項。
Ⅱ中央主管機關辦理前項事項，應遴聘（派）學者專家、民間團體及相關機關代表提供諮詢；其中任一性別代表人數不得少於三分之一，學者專家、民間團體代表之人數不得少於二分之一。

第 5 條（刪除）

第 6 條（地方政府性侵害防治中心之設置及措施）
Ⅰ直轄市、縣（市）主管機關應設性侵害防治中

心，辦理下列事項：
一　提供二十四小時電話專線服務。
二　提供被害人二十四小時緊急救援。
三　協助被害人就醫診療、驗傷及取得證據。
四　協助被害人心理治療、輔導、緊急安置及提供法律服務。
五　協調醫院成立專門處理性侵害事件之醫療小組。
六　加害人之追蹤輔導及身心治療。
七　推廣性侵害防治教育、訓練及宣導。
八　其他有關性侵害防治及保護事項。

II 前項中心應配置社工、警察、醫療及其他相關專業人員；其組織由直轄市、縣（市）主管機關定之。

III 地方政府應編列預算辦理前二項事宜，不足由中央主管機關編列專款補助。

第 7 條（性侵害防治教育課程）

I 各級中小學每學年應至少有四小時以上之性侵害防治教育課程。

II 前項所稱性侵害防治教育課程應包括：
一　兩性性器官構造與功能。
二　安全性行為與自我保護性知識。
三　性別平等之教育。
四　正確性心理之建立。
五　對他人性自由之尊重。
六　性侵害犯罪之認識。
七　性侵害危機之處理。
八　性侵害防範之技巧。
九　其他與性侵害有關之教育。

III 第一項教育課程，學校應運用多元方式進行教學。

IV 機關、部隊、學校、機構或僱用人之組織成員、受僱人或受服務人數達三十人以上，應定期舉辦或鼓勵所屬人員參與性侵害防治教育訓練。

第 8 條（通報義務）

I 醫事人員、社工人員、教育人員、保育人員、警察人員、勞政人員、司法人員、移民業務人員、矯正人員、村（里）幹事人員，於執行職務時知有疑似性侵害犯罪情事者，應立即向當地直轄市、縣（市）主管機關通報，至遲不得超過二十四小時。

II 前項通報內容、通報人之姓名、住居所及其他足資識別其身分之資訊，除法律另有規定外，應予保密。

III 直轄市、縣（市）主管機關於知悉或接獲第一項通報時，應立即進行分級分類處理，至遲不得超過二十四小時。

IV 前項通報及分級分類處理辦法，由中央主管機關定之。

第 9 條（性侵害加害人檔案資料之建立及保密）

I 中央主管機關應建立全國性侵害加害人之檔案資料；其內容應包含姓名、性別、出生年月日、國民身分證統一編號、住居所、相片、犯罪資料、指紋、去氧核醣核酸紀錄等資料。

II 前項檔案資料應予保密，非依法律規定，不得提供；其內容管理及使用等事項之辦法，由中央主管機關定之。

第 10 條（醫療單位不得拒診或拒開驗傷診斷書）

I 醫院、診所對於被害人，不得無故拒絕診療及開立驗傷診斷書。

II 醫院、診所對被害人診療時，應有護理人員陪同，並應保護被害人之隱私，提供安全及合適之就醫環境。

III 第一項驗傷診斷書之格式，由中央衛生主管機關會商有關機關定之。

IV 違反第一項規定者，由衛生主管機關處新臺幣一萬元以上五萬元以下罰鍰。

第 11 條（驗傷取證、保全證物及鑑驗）

I 對於被害人之驗傷及取證，除依刑事訴訟法、軍事審判法之規定或被害人無意識或無法表意者外，應經被害人之同意。被害人為受監護宣告或未滿十二歲之人時，應經其監護人或法定代理人之同意。但監護人或法定代理人之有無不明、通知顯有困難或為該性侵害犯罪之嫌疑人時，得逕行驗傷及取證。

II 取得證據後，應保全證物於證物袋內，司法、軍法警察並應即送請內政部警政署鑑驗，證物鑑驗報告並應依法保存。

III 性侵害犯罪案件屬告訴乃論者，尚未提出告訴或自訴時，內政部警政署應將證物移送犯罪發生地之直轄市、縣（市）主管機關保管，除未能知悉犯罪嫌疑人外，證物保管六個月後得逕行銷毀。

第 12 條（被害人資料之保密）

I 因職務或業務知悉或持有性侵害被害人姓名、出生年月日、住居所及其他足資識別其身分之資料者，除法律另有規定外，應予保密。警察人員必要時應採取保護被害人之安全措施。

II 行政機關、司法機關及軍法機關所製作必須公示之文書，不得揭露被害人之姓名、出生年月日、住居所及其他足資識別被害人身分之資訊。

第 13 條（禁止媒體或其他方法公開揭露被害人身分之資訊）

I 宣傳品、出版品、廣播、電視、網際網路或其他媒體不得報導或記載有被害人之姓名或其他足資辨別身分之資訊。但經有行為能力之被害人同意、檢察官或法院依法認為有必要者，不在此限。

II 前項以外之任何人不得以媒體或其他方法公開或揭露第一項被害人之姓名及其他足資識別身分之資訊。

III 第一項但書規定，於被害人死亡經目的事業主管機關權衡社會公益，認有報導或揭露必要者，亦同。

第 13 條之 1（被害人身分資訊違反保護規定之罰則）

I 廣播、電視事業違反前條第一項規定者，由目的事業主管機關處新臺幣六萬元以上六十萬元以下罰鍰，並命其限期改正；屆期未改正者，得按次處罰。

II 前項以外之宣傳品、出版品、網際網路或其他媒體違反前條第一項規定者，由目的事業主管機關處負責人新臺幣六萬元以上六十萬元以下罰鍰，並得沒入前條規定之物品、命其限期移除內容、下架或其他必要之處置；屆期不履行者，得按次處罰至履行為止。

III 前二項以外之任何人違反前條第二項規定而無正當理由者，處新臺幣二萬元以上十萬元以下罰鍰。

IV 宣傳品、出版品、網際網路或其他媒體無負責人或負責人對行為人之行為不具監督關係者，第二項所定之罰鍰，處罰行為人。

第 14 條（性侵害事件應由經專業訓練之專人處理）

I 法院、檢察署、軍事法院、軍事法院檢察署、司法、軍法警察機關及醫療機構，應由經專業訓練之專人處理性侵害事件。

II 前項專責人員，每年應至少接受性侵害防治專業訓練課程六小時以上。

III 第一項醫療機構，係指由中央衛生主管機關指定設置處理性侵害事件醫療小組之醫療機構。

第 15 條（被害人之一定親屬及社工人員得陪同出庭）

I 被害人之法定代理人、配偶、直系或三親等內旁系血親、家長、家屬、醫師、心理師、輔導人員或社工人員得於偵查或審判中，陪同被害人在場，並得陳述意見。

II 前項規定，於得陪同在場之人為性侵害犯罪嫌疑人或被告時，不適用之。

III 被害人為兒童或少年時，除顯無必要者外，直轄市、縣（市）主管機關應指派社工人員於偵查或審判中陪同在場，並得陳述意見。

第 15 條之 1（專業人士在場協助詢問）

I 兒童或心智障礙之性侵害被害人於偵查或審判階段，經司法警察、司法警察官、檢察事務官、檢察官或法官認有必要時，應由具相關專業人士在場協助詢（訊）問。但司法警察、司法警察官、檢察事務官、檢察官或法官受有相關訓練者，不在此限。

II 前項專業人士於協助詢（訊）問時，司法警察、司法警察官、檢察事務官、檢察官或法官，得透過單面鏡、聲音影像相互傳送之科技設備，或適當隔離措施為之。

III 當事人、代理人或辯護人詰問兒童或心智障礙之性侵害被害人時，準用前二項之規定。

第 16 條（心智障礙或身心創傷被害人審判保護措施）

I 對被害人之訊問或詰問，得依聲請或依職權在法庭外為之，或利用聲音、影像傳送之科技設備或其他適當隔離措施，將被害人與被告或法官隔離。

II 被害人經傳喚到庭作證時，如因心智障礙或身心創傷，認當庭詰問有致其不能自由陳述或完全陳述之虞者，法官、軍事審判官應採取前項隔離詰問之措施。

III 審判長因當事人或辯護人詰問被害人不當而禁止其詰問者，得以訊問代之。

IV 性侵害犯罪之被告或其辯護人不得詰問或提出有關被害人與被告以外之人之性經驗證據。但法官、軍事審判官認有必要者，不在此限。

第 16 條之 1（專家證人之指定或選任）

I 於偵查或審判中，檢察官或法院得依職權或依聲請指定或選任相關領域之專家證人，提供專業意見，經傳喚到庭陳述，得為證據。

II 前項規定，準用刑事訴訟法第一百六十三條至第一百七十一條、第一百七十五條及第一百九十九條。

第 16 條之 2（審判中任何性別歧視之陳述與舉止應予制止）

性侵害犯罪之被告或其辯護人於審判中對被害人有任何性別歧視之陳述與舉止，法官應予即時制止。

第 17 條（調查中之陳述得為證據之情形）

被害人於審判中有下列情形之一，其於檢察事務官、司法警察官或司法警察調查中所為之陳述，經證明具有可信之特別情況，且為證明犯罪事實之存否所必要者，得為證據：

一　因性侵害致身心創傷無法陳述。

二　到庭後因身心壓力於訊問或詰問時無法為完全之陳述或拒絕陳述。

三　依第十五條之一之受詢問者。

第 18 條（審判不公開）

性侵害犯罪之案件，審判不得公開。但有下列情形之一，經法官或軍事審判官認有必要者，不在此限：

一　被害人同意。

二　被害人為無行為能力或限制行為能力者，經本人及其法定代理人同意。

第 19 條（被害人補償原則）

I 直轄市、縣（市）主管機關得依被害人之申請，核發下列補助：
一　非屬全民健康保險給付範圍之醫療費用及心理復健費用。
二　訴訟費用及律師費用。
三　其他費用。
II 前項補助對象、條件及金額等事項之規定，由直轄市、縣（市）主管機關定之。

第 20 條（加害人經評估應接受身心治療或輔導教育之情形）

I 加害人有下列情形之一，經評估認有施以治療、輔導之必要者，直轄市、縣（市）主管機關應命其接受身心治療或輔導教育：
一　有期徒刑或保安處分執行完畢。但有期徒刑經易服社會勞動者，於准易服社會勞動時起執行之。
二　假釋。
三　緩刑。
四　免刑。
五　赦免。
六　經法院、軍事法院依第二十二條之一第三項裁定停止強制治療。
II 前項規定對於有觸犯第二條第一項行爲，經依少年事件處理法裁定保護處分確定而法院認有必要者，得準用之。
III 觀護人對於付保護管束之加害人，得採取下列一款或數款之處遇方式：
一　實施約談、訪視，並得進行團體活動或問卷等輔助行爲。
二　有事實足認其有再犯罪之虞或需加強輔導及管束者，得密集實施約談、訪視；必要時，並得請警察機關派員定期或不定期查訪之。
三　有事實可疑爲施用毒品時，得命其接受採驗尿液。
四　無一定之居住處所，或其居住處所不利保護管束之執行者，得報請檢察官、軍事檢察官許可，命其居住於指定之處所。
五　有於特定時間犯罪之習性，或有事實足認其有再犯罪之虞時，得報請檢察官、軍事檢察官，命於監控時段內，未經許可，不得外出。
六　得報請檢察官、軍事檢察官許可，對其實施測謊。
七　得報請檢察官、軍事檢察官許可，對其實施科技設備監控。
八　有固定犯罪模式，或有事實足認其有再犯罪之虞時，得報請檢察官、軍事檢察官許可，禁止其接近特定場所或對象。
九　轉介適當機構或團體。
十　其他必要處遇。
IV 第一項之執行期間爲三年以下。但經評估認有繼續執行之必要者，直轄市、縣（市）主管機關得延長之，最長不得逾一年；其無繼續執行之必要者，得免其處分之執行。
V 第一項之評估，除徒刑之受刑人由監獄或軍事監獄、受感化教育少年由感化教育機關辦理外，由直轄市、縣（市）主管機關辦理。
VI 第一項評估之內容、基準、程序與身心治療或輔導教育之內容、程序、成效評估等事項之辦法，由中央主管機關會同法務主管機關及國防主管機關定之。
VII 第三項第三款採驗尿液之執行方式、程序、期間、次數、檢驗機構及項目等，由法務主管機關會商相關機關定之。
VIII 第三項第六款之測謊及第七款之科技設備監控，其實施機關（構）、人員、方式及程序等事項之辦法，由法務主管機關會商相關機關定之。

第 21 條（處罰）

I 前條加害人有下列情形之一者，得處新臺幣一萬元以上五萬元以下罰鍰，並限期命其履行：
一　經直轄市、縣（市）主管機關通知，無正當理由不到場或拒絕接受評估、身心治療或輔導教育者。
二　經直轄市、縣（市）主管機關通知，無正當理由不按時到場接受身心治療或輔導教育或接受之時數不足者。
三　未依第二十三條第一項、第二項及第四項規定定期辦理登記、報到、資料異動或接受查訪者。
II 前項加害人屆期仍不履行者，處一年以下有期徒刑、拘役或科或併科新臺幣五萬元以下罰金。
III 直轄市、縣（市）主管機關對於假釋、緩刑、受緩起訴處分或有期徒刑經易服社會勞動之加害人爲第一項之處分後，應即通知該管地方法院檢察署檢察官、軍事法院檢察署檢察官。
IV 地方法院檢察署檢察官、軍事法院檢察署檢察官接獲前項通知後，得通知原執行監獄典獄長報請法務部、國防部撤銷假釋或向法院、軍事法院聲請撤銷緩刑或依職權撤銷緩起訴處分及易服社會勞動。

第 22 條（強制治療）

加害人依第二十條第一項規定接受身心治療或輔導教育，經鑑定、評估其自我控制再犯預防仍無成效者，直轄市、縣（市）主管機關得檢具相關評估報告，送請該管地方法院檢察署檢察官、軍事檢察署檢察官依法聲請強制治療。

第 22 條之 1（強制治療）

I 加害人於徒刑執行期滿前，接受輔導或治療後，經鑑定、評估，認有再犯之危險，而不適用刑法第九十一條之一者，監獄、軍事監獄得檢具相關評估報告，送請該管地方法院檢察署檢察官、軍事法院檢察署檢察官聲請法院、軍事法院裁定命其進入醫療機構或其他指定處所，施以強制治療。

Ⅱ加害人依第二十條接受身心治療或輔導教育後，經鑑定、評估其自我控制再犯預防仍無成效，而不適用刑法第九十一條之一者，該管地方法院檢察署檢察官、軍事法院檢察署檢察官或直轄市、縣（市）主管機關得檢具相關評估報告聲請法院、軍事法院裁定命其進入醫療機構或其他指定處所，施以強制治療。

Ⅲ前二項之強制治療期間至其再犯危險顯著降低爲止，執行期間應每年至少一次鑑定、評估有無停止治療之必要。其經鑑定、評估認無繼續強制治療必要者，加害人、該管地方法院檢察署檢察官、軍事法院檢察署檢察官或直轄市、縣（市）主管機關得聲請法院、軍事法院裁定停止強制治療。

Ⅳ第二項之加害人經通知依指定期日到場接受強制治療而未按時到場者，處一年以下有期徒刑、拘役、科或併科新臺幣五萬元以下罰金。

Ⅴ第一項、第二項之聲請程序、強制治療之執行機關（構）、處所、執行程序、方式、經費來源及第三項停止強制治療之聲請程序、方式、鑑定及評估審議會之組成等，由法務主管機關會同中央主管機關及國防主管機關定之。

第 23 條（定期向警察機關辦理資料登記及報到）

Ⅰ犯刑法第二百二十一條、第二百二十二條、第二百二十四條之一、第二百二十五條第一項、第二百二十六條、第二百二十六條之一、第三百三十二條第二項第二款、第三百三十四條第二款、第三百四十八條第二項第一款或其特別法之罪之加害人，有第二十條第一項各款情形之一者，應定期向警察機關辦理身分、就學、工作、車籍及其異動等資料之登記及報到；其登記、報到之期間爲七年。

Ⅱ犯刑法第二百二十四條、第二百二十五條第二項、第二百二十八條之罪，或曾犯刑法第二百二十七條之罪再犯同條之罪之加害人，有第二十條第一項各款情形之一者，亦適用前項之規定；其登記、報到之期間爲五年。

Ⅲ前二項規定於犯罪時未滿十八歲者，不適用之。

Ⅳ第一項、第二項之加害人於登記報到期間應定期或不定期接受警察機關查訪及於登記內容變更之七日內辦理資料異動。

Ⅴ登記期間之事項，爲維護公共利益及社會安全之目的，於登記期間得供特定人員查閱。

Ⅵ登記、報到、查訪之期間、次數、程序與前項供查閱事項之範圍、內容、執行機關、查閱人員之資格、條件、查閱程序及其他應遵行事項之辦法，由中央警政主管機關定之。

第 23 條之 1（加害人逃亡或藏匿通緝公告）

Ⅰ第二十一條第二項之被告或判決有罪確定之加害人逃亡或藏匿經通緝者，該管警察機關得將其身分資訊登載於報紙或以其他方法公告之；其經拘提、逮捕或已死亡或顯無必要時，該管警察機關應即停止公告。

Ⅱ前項規定於犯罪時未滿十八歲者，不適用之。

第 24 條（施行細則）

本法施行細則，由中央主管機關定之。

第 25 條（施行日）

Ⅰ本法自公布後六個月施行。

Ⅱ本法中華民國九十八年十二月二十二日修正之條文，自九十八年十一月二十三日施行。

Ⅲ本法中華民國一百年十月二十五日修正之條文，自一百零一年一月一日施行。

Ⅳ本法中華民國一百零四年十二月八日修正之條文，除第十五條之一自一百零六年一月一日施行外，自公布日施行。

性騷擾防治法

1.中華民國94年2月5日總統令制定公布全文28條；並自公布後一年施行
2.中華民國95年1月18日總統令修正公布第18、26條條文
3.中華民國98年1月23日總統令修正公布第1條條文
中華民國102年7月19日行政院公告第4條所列屬「內政部」之權責事項，自102年7月23日起改由「衛生福利部」管轄

第一章　總　則

第1條（立法目的及適用範圍）

I 爲防治性騷擾及保護被害人之權益，特制定本法。

II 有關性騷擾之定義及性騷擾事件之處理及防治，依本法之規定，本法未規定者，適用其他法律。但適用性別工作平等法及性別平等教育法者，除第十二條、第二十四條及第二十五條外，不適用本法之規定。

第2條（性騷擾）

本法所稱性騷擾，係指性侵害犯罪以外，對他人實施違反其意願而與性或性別有關之行爲，且有下列情形之一者：

一　以該他人順服或拒絕該行爲，作爲其獲得、喪失或減損與工作、教育、訓練、服務、計畫、活動有關權益之條件。

二　以展示或播送文字、圖畫、聲音、影像或其他物品之方式，或以歧視、侮辱之言行，或以他法，而有損害他人人格尊嚴，或造成使人心生畏怖、感受敵意或冒犯之情境，或不當影響其工作、教育、訓練、服務、計畫、活動或正常生活之進行。

第3條（名詞定義）

I 本法所稱公務員者，指依法令從事於公務之人員。

II 本法所稱機關者，指政府機關。

III 本法所稱部隊者，指國防部所屬軍隊及學校。

IV 本法所稱學校者，指公私立各級學校。

V 本法所稱機構者，指法人、合夥、設有代表人或管理人之非法人團體及其他組織。

第4條（主管機關）

本法所稱主管機關：在中央爲內政部；在直轄市爲直轄市政府；在縣（市）爲縣（市）政府。

第5條（中央主管機關掌理事項）

中央主管機關辦理下列事項。但涉及各中央目的事業主管機關職掌者，由各中央目的事業主管機關辦理：

一　關於性騷擾防治政策、法規之研擬及審議事項。

二　關於協調、督導及考核各級政府性騷擾防治之執行事項。

三　關於地方主管機關設立性騷擾事件處理程序、諮詢、醫療及服務網絡之督導事項。

四　關於推展性騷擾防治教育及宣導事項。

五　關於性騷擾防治績效優良之機關、學校、機構、僱用人、團體或個人之獎勵事項。

六　關於性騷擾事件各項資料之彙整及統計事項。

七　關於性騷擾防治趨勢及有關問題研究之事項。

八　關於性騷擾防治之其他事項。

第6條（性騷擾防治委員會之設立及職掌）

I 直轄市、縣（市）政府應設性騷擾防治委員會，辦理下列事項。但涉及各直轄市、縣（市）目的事業主管機關職掌者，由各直轄市、縣（市）目的事業主管機關辦理：

一　關於性騷擾防治政策及法規之擬定事項。

二　關於協調、督導及執行性騷擾防治事項。

三　關於性騷擾爭議案件之調查、調解及移送有關機關事項。

四　關於推展性騷擾防治教育訓練及宣導事項。

五　關於性騷擾事件各項資料之彙整及統計事項。

六　關於性騷擾防治之其他事項。

II 前項性騷擾防治委員會置主任委員一人，由直轄市市長、縣（市）長或副首長兼任；有關機關高級職員、社會公正人士、民間團體代表、學者、專家爲委員；其中社會公正人士、民間團體代表、學者、專家人數不得少於二分之一；其中女性代表不得少於二分之一；其組織由地方主管機關定之。

第二章　性騷擾之防治與責任

第7條（相關措施之訂定）

I 機關、部隊、學校、機構或僱用人，應防治性騷擾行爲之發生。於知悉有性騷擾之情形時，應採取立即有效之糾正及補救措施。

II 前項組織成員、受僱人或受服務人員人數達十人以上者，應設立申訴管道協調處理；其人數達三十人以上者，應訂定性騷擾防治措施，並公開揭示之。

III 爲預防與處理性騷擾事件，中央主管機關應訂定性騷擾防治之準則；其內容應包括性騷擾防治原則、申訴管道、懲處辦法、教育訓練方案及其他

相關措施。

第8條（定期舉辦或參與相關教育訓練）

前條所定機關、部隊、學校、機構或僱用人應定期舉辦或鼓勵所屬人員參與防治性騷擾之相關教育訓練。

第9條（故意或過失者之損害賠償責任）

I 對他人爲性騷擾者，負損害賠償責任。

II 前項情形，雖非財產上之損害，亦得請求賠償相當之金額，其名譽被侵害者，並得請求回復名譽之適當處分。

第10條（差別待遇者之損害賠償責任）

I 機關、部隊、學校、機構、僱用人對於在性騷擾事件申訴、調查、偵查或審理程序中，爲申訴、告訴、告發、提起訴訟、作證、提供協助或其他參與行爲之人，不得爲不當之差別待遇。

II 違反前項規定者，負損害賠償責任。

第11條（請求回復名譽提供適當協助）

I 受僱人、機構負責人利用執行職務之便，對他人爲性騷擾，依第九條第二項對被害人爲回復名譽之適當處分時，雇主、機構應提供適當之協助。

II 學生、接受教育或訓練之人員於學校、教育或訓練機構接受教育或訓練時，對他人爲性騷擾，依第九條第二項對被害人爲回復名譽之適當處分時，學校或教育訓練機構應提供適當之協助。

III 前二項之規定於機關不適用之。

第12條（大眾傳播媒體不得報導或記載被害人身分之資訊）

廣告物、出版品、廣播、電視、電子訊號、電腦網路或其他媒體，不得報導或記載被害人之姓名或其他足資識別被害人身分之資訊。但經有行爲能力之被害人同意或犯罪偵查機關依法認爲有必要者，不在此限。

第三章　申訴及調查程序

第13條（提出申訴、再申訴）

I 性騷擾事件被害人除可依相關法律請求協助外，並得於事件發生後一年內，向加害人所屬機關、部隊、學校、機構、僱用人或直轄市、縣（市）主管機關提出申訴。

II 前項直轄市、縣（市）主管機關受理申訴後，應即將該案件移送加害人所屬機關、部隊、學校、機構或僱用人調查，並予錄案列管；加害人不明或不知有無所屬機關、部隊、學校、機構或僱用人時，應移請事件發生地警察機關調查。

III 機關、部隊、學校、機構或僱用人，應於申訴或移送到達之日起七日內開始調查，並應於二個月內調查完成；必要時，得延長一個月，並應通知當事人。

IV 前項調查結果應以書面通知當事人及直轄市、縣（市）主管機關。

V 機關、部隊、學校、機構或僱用人逾期未完成調查或當事人不服其調查結果者，當事人得於期限屆滿或調查結果通知到達之次日起三十日內，向直轄市、縣（市）主管機關提出再申訴。

VI 當事人逾期提出申訴或再申訴時，直轄市、縣（市）主管機關得不予受理。

第14條（組成調查小組）

直轄市、縣（市）主管機關受理性騷擾再申訴案件後，性騷擾防治委員會主任委員應於七日內指派委員三人至五人組成調查小組，並推選一人爲小組召集人，進行調查。並依前條第三項及第四項規定辦理。

第15條（停止偵查或審判程序）

性騷擾事件已進入偵查或審判程序者，直轄市或縣（市）性騷擾防治委員會認有必要時，得議決於該程序終結前，停止該事件之處理。

第四章　調解程序

第16條（申請調解）

I 性騷擾事件雙方當事人得以書面或言詞向直轄市、縣（市）主管機關申請調解；其以言詞申請者，應製作筆錄。

II 前項申請應表明調解事由及爭議情形。

III 有關第一項調解案件之管轄、調解案件保密、規定期日不到場之效力、請求有關機關協助等事項，由中央主管機關另以辦法定之。

第17條（勘驗費）

調解除勘驗費，應由當事人核實支付外，不得收取任何費用或報酬。

第18條（調解書）

I 調解成立者，應作成調解書。

II 前項調解書之作成及效力，準用鄉鎮市調解條例第二十五條至第二十九條之規定。

第19條（調解不成移送司法機關）

調解不成立者，當事人得向該管地方政府性騷擾防治委員會申請將調解事件移送該管司法機關；其第一審裁判費暫免徵收。

第五章　罰　則

第20條（罰則）

對他人爲性騷擾者，由直轄市、縣（市）主管機關處新臺幣一萬元以上十萬元以下罰鍰。

第21條（罰則）

對於因教育、訓練、醫療、公務、業務、求職或其他相類關係受自己監督、照護之人，利用權勢或機會爲性騷擾者，得加重科處罰鍰至二分之一。

第22條（罰則）

違反第七條第一項後段、第二項規定者，由直轄市、縣（市）主管機關處新臺幣一萬元以上十萬元以下罰鍰。經通知限期改正仍不改正者，得按次連續處罰。

第 23 條（罰則）

機關、部隊、學校、機構或僱用人為第十條第一項規定者，由直轄市、縣（市）主管機關處新臺幣一萬元以上十萬元以下罰鍰。經通知限期改正仍不改正者，得按次連續處罰。

第 24 條（罰則）

違反第十二條規定者，由各該目的事業主管機關處新臺幣六萬元以上三十萬元以下罰鍰，並得沒入第十二條之物品或採行其他必要之處置。其經通知限期改正，屆期不改正者，得按次連續處罰。

第 25 條（罰則）

Ⅰ意圖性騷擾，乘人不及抗拒而為親吻、擁抱或觸摸其臀部、胸部或其他身體隱私處之行為者，處二年以下有期徒刑、拘役或科或併科新臺幣十萬元以下罰金。

Ⅱ前項之罪，須告訴乃論。

第六章　附　則

第 26 條（性侵害犯罪準用規定）

Ⅰ第七條至第十一條、第二十二條及第二十三條之規定，於性侵害犯罪準用之。

Ⅱ前項行政罰鍰之科處，由性侵害犯罪防治主管機關為之。

第 27 條（施行細則）

本法施行細則，由中央主管機關定之。

第 28 條（施行日）

本法自公布後一年施行。

家庭暴力防治法

1.中華民國 87 年 6 月 24 日總統令制定公布全文 54 條；並自公布日施行，第二章至第四章、第五章第 40 條、第 41 條、第六章自公布後一年施行
2.中華民國 96 年 3 月 28 日總統令修正公布全文 66 條；並自公布日施行
3.中華民國 97 年 1 月 9 日總統令修正公布第 10 條條文
4.中華民國 98 年 4 月 22 日總統令修正公布第 50 條條文
5.中華民國 98 年 4 月 29 日總統令修正公布第 58 條條文
中華民國 102 年 7 月 19 日行政院公告第 4 條所列屬「內政部」之權責事項，自 102 年 7 月 23 日起改由「衛生福利部」管轄
6.中華民國 104 年 2 月 4 日總統令修正公布第 2、4～6、8、11、14～17、19、20、31、32、34、36、37、38、42、48～50、58、59、60 條條文；並增訂第 30-1、34-1、36-1、36-2、50-1、58-1、61-1、63-1 條條文；除第 63-1 條自公布後一年施行外，其餘自公布日施行

第一章　通　則

第 1 條（立法宗旨）
爲防治家庭暴力行爲及保護被害人權益，特制定本法。

第 2 條（用詞定義）
本法用詞定義如下：
一　家庭暴力：指家庭成員間實施身體、精神或經濟上之騷擾、控制、脅迫或其他不法侵害之行爲。
二　家庭暴力罪：指家庭成員間故意實施家庭暴力行爲而成立其他法律所規定之犯罪。
三　目睹家庭暴力：指看見或直接聽聞家庭暴力。
四　騷擾：指任何打擾、警告、嘲弄或辱罵他人之言語、動作或製造使人心生畏怖情境之行爲。
五　跟蹤：指任何以人員、車輛、工具、設備、電子通訊或其他方法持續性監視、跟追或掌控他人行蹤及活動之行爲。
六　加害人處遇計畫：指對於加害人實施之認知教育輔導、親職教育輔導、心理輔導、精神治療、戒癮治療或其他輔導、治療。

第 3 條（家庭成員定義）
本法所定家庭成員，包括下列各員及其未成年子女：
一　配偶或前配偶。
二　現有或曾有同居關係、家長家屬或家屬間關係者。
三　現爲或曾爲直系血親或直系姻親。
四　現爲或曾爲四親等以內之旁系血親或旁系姻親。

第 4 條（主管機關）
I 本法所稱主管機關：在中央爲衛生福利部；在直轄市爲直轄市政府；在縣（市）爲縣（市）政府。
II 本法所定事項，主管機關及目的事業主管機關應就其權責範圍，針對家庭暴力防治之需要，尊重多元文化差異，主動規劃所需保護、預防及宣導措施，對涉及相關機關之防治業務，並應全力配合之，其權責事項如下：
一　主管機關：家庭暴力防治政策之規劃、推動、監督、訂定跨機關（構）合作規範及定期公布家庭暴力相關統計等事宜。
二　衛生主管機關：家庭暴力被害人驗傷、採證、身心治療、諮商及加害人處遇等相關事宜。
三　教育主管機關：各級學校家庭暴力防治教育、目睹家庭暴力兒童及少年之輔導措施、家庭暴力被害人及其子女就學權益之維護等相關事宜。
四　勞工主管機關：家庭暴力被害人職業訓練及就業服務等相關事宜。
五　警政主管機關：家庭暴力被害人及其未成年子女人身安全之維護及緊急處理、家庭暴力犯罪偵查與刑事案件資料統計等相關事宜。
六　法務主管機關：家庭暴力犯罪之偵查、矯正及再犯預防等刑事司法相關事宜。
七　移民主管機關：設籍前之外籍、大陸或港澳配偶因家庭暴力造成逾期停留、居留及協助其在臺居留或定居權益維護等相關事宜。
八　文化主管機關：出版品違反本法規定之處理等相關事宜。
九　通訊傳播主管機關：廣播、電視及其他通訊傳播媒體違反本法規定之處理等相關事宜。
十　戶政主管機關：家庭暴力被害人與其未成年子女身分資料及戶籍等相關事宜。
十一　其他家庭暴力防治措施，由相關目的事業主管機關依職權辦理。

第 5 條（中央主管機關辦理事項）
I 中央主管機關應辦理下列事項：
一　研擬家庭暴力防治法規及政策。
二　協調、督導有關機關家庭暴力防治事項之執行。
三　提高家庭暴力防治有關機構之服務效能。
四　督導及推展家庭暴力防治教育。
五　協調被害人保護計畫及加害人處遇計畫。
六　協助公立、私立機構建立家庭暴力處理程

序。
七　統籌建立、管理家庭暴力電子資料庫，供法官、檢察官、警察、醫師、護理人員、心理師、社會工作人員及其他政府機關使用，並對被害人之身分予以保密。
八　協助地方政府推動家庭暴力防治業務，並提供輔導及補助。
九　每四年對家庭暴力問題、防治現況成效與需求進行調查分析，並定期公布家庭暴力致死人數、各項補助及醫療救護支出等相關之統計分析資料。各相關單位應配合調查，提供統計及分析資料。
十　其他家庭暴力防治有關事項。

II中央主管機關辦理前項事項，應遴聘（派）學者專家、民間團體及相關機關代表提供諮詢，其中學者專家、民間團體代表之人數，不得少於總數二分之一；且任一性別人數不得少於總數三分之一。

III第一項第七款規定電子資料庫之建立、管理及使用辦法，由中央主管機關定之。

第6條（家庭暴力及性侵害防治基金之設置）

I中央主管機關為加強推動家庭暴力及性侵害相關工作，應設置基金；其收支保管及運用辦法，由行政院定之。

II前項基金來源如下：
一　政府預算撥充。
二　緩起訴處分金。
三　認罪協商金。
四　本基金之孳息收入。
五　受贈收入。
六　依本法所處之罰鍰。
七　其他相關收入。

第7條（家庭暴力防治委員會之設置）

直轄市、縣（市）主管機關為協調、研究、審議、諮詢、督導、考核及推動家庭暴力防治工作，應設家庭暴力防治委員會；其組織及會議事項，由直轄市、縣（市）主管機關定之。

第8條（家庭暴力防治中心辦理事項）

I直轄市、縣（市）主管機關應整合所屬警政、教育、衛生、社政、民政、戶政、勞工、新聞等機關、單位業務及人力，設立家庭暴力防治中心，並協調司法、移民相關機關，辦理下列事項：
一　提供二十四小時電話專線服務。
二　提供被害人二十四小時緊急救援、協助診療、驗傷、採證及緊急安置。
三　提供或轉介被害人經濟扶助、法律服務、就學服務、住宅輔導，並以階段性、支持性及多元性提供職業訓練與就業服務。
四　提供被害人及其未成年子女短、中、長期庇護安置。
五　提供或轉介被害人、經評估有需要之目睹家庭暴力兒童及少年或家庭成員身心治療、諮商、社會與心理評估及處置。
六　轉介加害人處遇及追蹤輔導。
七　追蹤及管理轉介服務案件。
八　推廣家庭暴力防治教育、訓練及宣導。
九　辦理危險評估，並召開跨機構網絡會議。
十　其他家庭暴力防治有關之事項。

II前項中心得與性侵害防治中心合併設立，並應配置社會工作、警察、衛生及其他相關專業人員；其組織，由直轄市、縣（市）主管機關定之。

第二章　民事保護令

第一節　聲請及審理

第9條（保護令）

民事保護令（以下簡稱保護令）分為通常保護令、暫時保護令及緊急保護令。

第10條（保護令之聲請）

I被害人得向法院聲請通常保護令、暫時保護令；被害人為未成年人、身心障礙者或因故難以委任代理人者，其法定代理人、三親等以內之血親或姻親，得為其向法院聲請之。

II檢察官、警察機關或直轄市、縣（市）主管機關得向法院聲請保護令。

III保護令之聲請、撤銷、變更、延長及抗告，均免徵裁判費，並準用民事訴訟法第七十七條之二十三第四項規定。

第11條（保護令聲請之管轄）

I保護令之聲請，由被害人之住居所地、相對人之住居所地或家庭暴力發生地之地方法院管轄。

II前項地方法院，於設有少年及家事法院地區，指少年及家事法院。

第12條（保護令之聲請）

I保護令之聲請，應以書面為之。但被害人有受家庭暴力之急迫危險者，檢察官、警察機關或直轄市、縣（市）主管機關，得以言詞、電信傳真或其他科技設備傳送之方式聲請緊急保護令，並得於夜間或休息日為之。

II前項聲請得不記載聲請人或被害人之住居所，僅記載其送達處所。

III法院為定管轄權，得調查被害人之住居所。經聲請人或被害人要求保密被害人之住居所，法院應以秘密方式訊問，將該筆錄及相關資料密封，並禁止閱覽。

第13條（保護令事件之審理）

I聲請保護令之程式或要件有欠缺者，法院應以裁定駁回之。但其情形可以補正者，應定期間先命補正。

II法院得依職權調查證據，必要時得隔別訊問。

Ⅲ前項隔別訊問，必要時得依聲請或依職權在法庭外為之，或採有聲音及影像相互傳送之科技設備或其他適當隔離措施。
Ⅳ被害人得於審理時，聲請其親屬或個案輔導之社工人員、心理師陪同被害人在場，並得陳述意見。
Ⅴ保護令事件之審理不公開。
Ⅵ法院於審理終結前，得聽取直轄市、縣（市）主管機關或社會福利機構之意見。保護令事件不得進行調解或和解。
Ⅶ法院受理保護令之聲請後，應即行審理程序，不得以當事人間有其他案件偵查或訴訟繫屬為由，延緩核發保護令。

第14條（通常保護令之核發）
Ⅰ法院於審理終結後，認有家庭暴力之事實且有必要者，應依聲請或依職權核發包括下列一款或數款之通常保護令：
一 禁止相對人對於被害人、目睹家庭暴力兒童及少年或其特定家庭成員實施家庭暴力。
二 禁止相對人對於被害人、目睹家庭暴力兒童及少年或其特定家庭成員為騷擾、接觸、跟蹤、通話、通信或其他非必要之聯絡行為。
三 命相對人遷出被害人、目睹家庭暴力兒童及少年或其特定家庭成員之住居所；必要時，並得禁止相對人就該不動產為使用、收益或處分行為。
四 命相對人遠離下列場所特定距離：被害人、目睹家庭暴力兒童及少年或其特定家庭成員之住居所、學校、工作場所或其他經常出入之特定場所。
五 定汽車、機車及其他個人生活上、職業上或教育上必需品之使用權；必要時，並得命交付之。
六 定暫時對未成年子女權利義務之行使或負擔，由當事人之一方或雙方共同任之、行使或負擔之內容及方法；必要時，並得命交付子女。
七 定相對人對未成年子女會面交往之時間、地點及方式；必要時，並得禁止會面交往。
八 命相對人給付被害人住居所之租金或被害人及其未成年子女之扶養費。
九 命相對人交付被害人或特定家庭成員之醫療、輔導、庇護所或財物損害等費用。
十 命相對人完成加害人處遇計畫。
十一 命相對人負擔相當之律師費用。
十二 禁止相對人查閱被害人及受其暫時監護之未成年子女戶籍、學籍、所得來源相關資訊。
十三 命其他保護被害人、目睹家庭暴力兒童及少年或其特定家庭成員之必要命令。
Ⅱ法院為前項第六款、第七款裁定前，應考量未成年子女之最佳利益，必要時並得徵詢未成年子女或社會工作人員之意見。
Ⅲ第一項第十款之加害人處遇計畫，法院得逕命相對人接受認知教育輔導、親職教育輔導及其他輔導，並得命相對人接受有無必要施以其他處遇計畫之鑑定；直轄市、縣（市）主管機關得於法院裁定前，對處遇計畫之實施方式提出建議。
Ⅳ第一項第十款之裁定應載明處遇計畫完成期限。

第15條（通常保護令之效力）
Ⅰ通常保護令之有效期間為二年以下，自核發時起生效。
Ⅱ通常保護令失效前，法院得依當事人或被害人之聲請撤銷、變更或延長之。延長保護令之聲請，每次延長期間為二年以下。
Ⅲ檢察官、警察機關或直轄市、縣（市）主管機關得為前項延長保護令之聲請。
Ⅳ通常保護令所定之命令，於期間屆滿前經法院另為裁判確定者，該命令失其效力。

第16條（暫時保護令或緊急保護令之核發）
Ⅰ法院核發暫時保護令或緊急保護令，得不經審理程序。
Ⅱ法院為保護被害人，得於通常保護令審理終結前，依聲請或依職權核發暫時保護令。
Ⅲ法院核發暫時保護令或緊急保護令時，得依聲請或依職權核發第十四條第一項第一款至第六款、第十二款及第十三款之命令。
Ⅳ法院於受理緊急保護令之聲請後，依聲請人到庭或電話陳述家庭暴力之事實，足認被害人有受家庭暴力之急迫危險者，應於四小時內以書面核發緊急保護令，並得以電信傳真或其他科技設備傳送緊急保護令予警察機關。
Ⅴ聲請人於聲請通常保護令前聲請暫時保護令或緊急保護令，其經法院准許核發者，視為已有通常保護令之聲請。
Ⅵ暫時保護令、緊急保護令自核發時起生效，於聲請人撤回通常保護令之聲請、法院審理終結核發通常保護令或駁回聲請時失其效力。
Ⅶ暫時保護令、緊急保護令失效前，法院得依當事人或被害人之聲請或依職權撤銷或變更之。

第17條（命遠離被害人保護令之效力）
法院對相對人核發第十四條第一項第三款及第四款之保護令，不因被害人、目睹家庭暴力兒童及少年或其特定家庭成員同意相對人不遷出或不遠離而失其效力。

第18條（保護令送達當事人之時限）
Ⅰ保護令除緊急保護令外，應於核發後二十四小時內發送當事人、被害人、警察機關及直轄市、縣（市）主管機關。
Ⅱ直轄市、縣（市）主管機關應登錄法院所核發之保護令，並供司法及其他執行保護令之機關查閱。

第 19 條（提供安全出庭之環境與措施）

I 法院應提供被害人或證人安全出庭之環境與措施。

II 直轄市、縣（市）主管機關應於所在地地方法院自行或委託民間團體設置家庭暴力事件服務處所，法院應提供場所、必要之軟硬體設備及其他相關協助。但離島法院有礙難情形者，不在此限。

III 前項地方法院，於設有少年及家事法院地區，指少年及家事法院。

第 20 條（保護令之程序及裁定）

I 保護令之程序，除本章別有規定外，適用家事事件法有關規定。

II 關於保護令之裁定，除有特別規定者外，得為抗告；抗告中不停止執行。

第二節　執　行

第 21 條（保護令之執行）

I 保護令核發後，當事人及相關機關應確實遵守，並依下列規定辦理：

一　不動產之禁止使用、收益或處分行為及金錢給付之保護令，得為強制執行名義，由被害人依強制執行法聲請法院強制執行，並暫免徵收執行費。

二　於直轄市、縣（市）主管機關所設處所為未成年子女會面交往，及由直轄市、縣（市）主管機關或其所屬人員監督未成年子女會面交往之保護令，由相對人向直轄市、縣（市）主管機關申請執行。

三　完成加害人處遇計畫之保護令，由直轄市、縣（市）主管機關執行之。

四　禁止查閱相關資訊之保護令，由被害人向相關機關申請執行。

五　其他保護令之執行，由警察機關為之。

II 前項第二款及第三款之執行，必要時得請求警察機關協助之。

第 22 條（保護被害人或相對人之住居所）

I 警察機關應依保護令，保護被害人至被害人或相對人之住居所，確保其安全占有住居所、汽車、機車或其他個人生活上、職業上或教育上必需品。

II 前項汽車、機車或其他個人生活上、職業上或教育上必需品，相對人應依保護令交付而未交付者，警察機關得依被害人之請求，進入住宅、建築物或其他標的物所在處所解除相對人之占有或扣留取交被害人。

第 23 條（必需品相對人應交付有關憑證）

I 前條所定必需品，相對人應一併交付有關證照、書據、印章或其他憑證而未交付者，警察機關得將之取交被害人。

II 前項憑證取交無著時，其屬被害人所有者，被害人得向相關主管機關申請變更、註銷或補行發給；其屬相對人所有而為行政機關製發者，被害人得請求原核發機關發給保護令有效期間之代用憑證。

第 24 條（強制執行）

義務人不依保護令交付未成年子女時，權利人得聲請警察機關限期命義務人交付，屆期未交付者，命交付未成年子女之保護令得為強制執行名義，由權利人聲請法院強制執行，並暫免徵收執行費。

第 25 條（執行機關或權利人得聲請變更保護令）

義務人不依保護令之內容辦理未成年子女之會面交往時，執行機關或權利人得依前條規定辦理，並得向法院聲請變更保護令。

第 26 條（未成年子女戶籍遷徙登記之申請）

當事人之一方依第十四條第一項第六款規定取得暫時對未成年子女權利義務之行使或負擔者，得持保護令逕向戶政機關申請未成年子女戶籍遷徙登記。

第 27 條（聲明異議）

I 當事人或利害關係人對於執行保護令之方法、應遵行之程序或其他侵害利益之情事，得於執行程序終結前，向執行機關聲明異議。

II 前項聲明異議，執行機關認其有理由者，應即停止執行並撤銷或更正已為之執行行為；認其無理由者，應於十日內加具意見，送原核發保護令之法院裁定之。

III 對於前項法院之裁定，不得抗告。

第 28 條（外國法院保護令聲請之執行或駁回）

I 外國法院關於家庭暴力之保護令，經聲請中華民國法院裁定承認後，得執行之。

II 當事人聲請法院承認之外國法院關於家庭暴力之保護令，有民事訴訟法第四百零二條第一項第一款至第三款所列情形之一者，法院應駁回其聲請。

III 外國法院關於家庭暴力之保護令，其核發地國對於中華民國法院之保護令不予承認者，法院得駁回其聲請。

第三章　刑事程序

第 29 條（家庭暴力罪現行犯或嫌疑重大者應逕行逮捕或拘提）

I 警察人員發現家庭暴力罪之現行犯時，應逕行逮捕之，並依刑事訴訟法第九十二條規定處理。

II 檢察官、司法警察官或司法警察偵查犯罪認被告或犯罪嫌疑人犯家庭暴力罪或違反保護令罪嫌疑重大，且有繼續侵害家庭成員生命、身體或自由之危險，而情況急迫者，得逕行拘提之。

Ⅲ前項拘提，由檢察官親自執行時，得不用拘票；由司法警察官或司法警察執行時，以其急迫情形不及報請檢察官者爲限，於執行後，應即報請檢察官簽發拘票。如檢察官不簽發拘票時，應即將被拘提人釋放。

第 30 條（逕行拘提或簽發拘票時應注意事項）

檢察官、司法警察官或司法警察依前條第二項、第三項規定逕行拘提或簽發拘票時，應審酌一切情狀，尤應注意下列事項：

一　被告或犯罪嫌疑人之暴力行爲已造成被害人身體或精神上傷害或騷擾，不立即隔離者，被害人或其家庭成員生命、身體或自由有遭受侵害之危險。

二　被告或犯罪嫌疑人有長期連續實施家庭暴力或有違反保護令之行爲、酗酒、施用毒品或濫用藥物之習慣。

三　被告或犯罪嫌疑人有利用兇器或其他危險物品恐嚇或施暴行於被害人之紀錄，被害人有再度遭受侵害之虞者。

四　被害人爲兒童、少年、老人、身心障礙或具有其他無法保護自身安全之情形。

第 30 條之 1（犯違反保護令者有反覆實行犯罪之虞，必要時得羈押之）

被告經法官訊問後，認爲犯違反保護令者、家庭成員間故意實施家庭暴力行爲而成立之罪，其嫌疑重大，有事實足認爲有反覆實行前開犯罪之虞，而有羈押之必要者，得羈押之。

第 31 條（無羈押必要之被告得附條件命其遵守）

Ⅰ家庭暴力罪或違反保護令罪之被告經檢察官或法院訊問後，認無羈押之必要，而命具保、責付、限制住居或釋放者，對被害人、目睹家庭暴力兒童及少年或其特定家庭成員得附下列一款或數款條件命被告遵守：

一　禁止實施家庭暴力。

二　禁止爲騷擾、接觸、跟蹤、通話、通信或其他非必要之聯絡行爲。

三　遷出住居所。

四　命相對人遠離其住居所、學校、工作場所或其他經常出入之特定場所特定距離。

五　其他保護安全之事項。

Ⅱ前項所附條件有效期間自具保、責付、限制住居或釋放時起生效，至刑事訴訟終結時爲止，最長不得逾一年。

Ⅲ檢察官或法院得依當事人之聲請或依職權撤銷或變更依第一項規定所附之條件。

第 32 條（被告違反條件，檢查官或法院得爲之行爲）

Ⅰ被告違反檢察官或法院依前條第一項規定所附之條件者，檢察官或法院得撤銷原處分，另爲適當之處分；如有繳納保證金者，並得沒入其保證金。

Ⅱ被告違反檢察官或法院依前條第一項第一款所定應遵守之條件，犯罪嫌疑重大，且有事實足認被告有反覆實施家庭暴力行爲之虞，而有羈押之必要者，偵查中檢察官得聲請法院羈押之；審判中法院得命羈押之。

第 33 條（得命停止羈押之被告遵守條件）

Ⅰ第三十一條及前條第一項規定，於羈押中之被告，經法院裁定停止羈押者，準用之。

Ⅱ停止羈押之被告違反法院依前項規定所附之條件者，法院於認有羈押必要時，得命再執行羈押。

第 34 條（附條件處分或裁定應以書面爲之）

檢察官或法院爲第三十一條第一項及前條第一項之附條件處分或裁定時，應以書面爲之，並送達於被告、被害人及被害人住居所所在地之警察機關。

第 34 條之 1（法院或檢察官應即時通報被害人所在地之警察機關及家庭暴力防治中心之情形）

Ⅰ法院或檢察署有下列情形之一，應即時通知被害人所在地之警察機關及家庭暴力防治中心：

一　家庭暴力罪或違反保護令罪之被告解送法院或檢察署經檢察官或法官訊問後，認無羈押之必要，而命具保、責付、限制住居或釋放者。

二　羈押中之被告，經法院撤銷或停止羈押者。

Ⅱ警察機關及家庭暴力防治中心於接獲通知後，應立即通知被害人或其家庭成員。

Ⅲ前二項通知應於被告釋放前通知，且得以言詞、電信傳眞或其他科技設備傳送之方式通知。但被害人或其家庭成員所在不明或通知顯有困難者，不在此限。

第 35 條（警員發現被告違反條件應即報告）

警察人員發現被告違反檢察官或法院依第三十一條第一項、第三十三條第一項規定所附之條件者，應即報告檢察官或法院。第二十九條規定，於本條情形，準用之。

第 36 條（訊問或詰問採取適當隔離措施）

Ⅰ對被害人之訊問或詰問，得依聲請或依職權在法庭外爲之，或採取適當隔離措施。

Ⅱ警察機關於詢問被害人時，得採取適當之保護及隔離措施。

第 36 條之 1（被害人於偵察訊問時，得自行指定其陪同人員，該陪同人並得陳述意見）

Ⅰ被害人於偵查中受訊問時，得自行指定其親屬、醫師、心理師、輔導人員或社工人員陪同在場，該陪同人並得陳述意見。

Ⅱ被害人前項之請求，檢察官除認其在場有妨礙偵查之虞者，不得拒絕之。陪同人之席位應設於被害人旁。

第 36 條之 2（被害人受訊問前，檢察官應告知得自行選任符合資格之人陪同在場）

被害人受訊問前，檢察官應告知被害人得自行選任符合第三十六條之一資格之人陪同在場。

第 37 條（起訴書、裁定書或判決書等應送達於被害人）

對於家庭暴力罪或違反保護令罪案件所為之起訴書、聲請簡易判決處刑書、不起訴處分書、緩起訴處分書、撤銷緩起訴處分書、裁定書或判決書，應送達於被害人。

第 38 條（緩刑期內付保護管束者應遵守之事項）

I 犯家庭暴力罪或違反保護令罪而受緩刑之宣告者，在緩刑期內應付保護管束。

II 法院為前項緩刑宣告時，除顯無必要者外，應命被告於付緩刑保護管束期間內，遵守下列一款或數款事項：

一 禁止實施家庭暴力。

二 禁止對被害人、目睹家庭暴力兒童及少年或其特定家庭成員為騷擾、接觸、跟蹤、通話、通信或其他非必要之聯絡行為。

三 遷出被害人、目睹家庭暴力兒童及少年或其特定家庭成員之住居所。

四 命相對人遠離下列場所特定距離：被害人、目睹家庭暴力兒童及少年或其特定家庭成員之住居所、學校、工作場所或其他經常出入之特定場所。

五 完成加害人處遇計畫。

六 其他保護被害人、目睹家庭暴力兒童及少年或其特定家庭成員安全之事項。

III 法院依前項第五款規定，命被告完成加害人處遇計畫前，得準用第十四條第三項規定。

IV 法院為第一項之緩刑宣告時，應即通知被害人及其住居所所在地之警察機關。

V 受保護管束人違反第二項保護管束事項情節重大者，撤銷其緩刑之宣告。

第 39 條（假釋付保護管束者應遵守事項）

前條規定，於受刑人經假釋出獄付保護管束者，準用之。

第 40 條（直轄市、縣（市）主管機關或警察機關執行）

檢察官或法院依第三十一條第一項、第三十三條第一項、第三十八條第二項或前條規定所附之條件，得通知直轄市、縣（市）主管機關或警察機關執行之。

第 41 條（受刑人之處遇計畫）

I 法務部應訂定並執行家庭暴力罪或違反保護令罪受刑人之處遇計畫。

II 前項計畫之訂定及執行之相關人員，應接受家庭暴力防治教育及訓練。

第 42 條（受刑人出獄日期或脫逃應通知被害人）

I 矯正機關應將家庭暴力罪或違反保護令罪受刑人預定出獄之日期通知被害人、其住居所所在地之警察機關及家庭暴力防治中心。但被害人之所在不明者，不在此限。

II 受刑人如有脫逃之事實，矯正機關應立即為前項之通知。

第四章　父母子女

第 43 條（推定加害人不適負擔子女之權利義務）

法院依法為未成年子女酌定或改定權利義務之行使或負擔之人時，對已發生家庭暴力者，推定由加害人行使或負擔權利義務不利於該子女。

第 44 條（為子女之最佳利益改定裁判）

法院依法為未成年子女酌定或改定權利義務之行使或負擔之人或會面交往之裁判後，發生家庭暴力者，法院得依被害人、未成年子女、直轄市、縣（市）主管機關、社會福利機構或其他利害關係人之請求，為子女之最佳利益改定之。

第 45 條（加害人會面其子女時得為之命令）

I 法院依法准許家庭暴力加害人會面交往其未成年子女時，應審酌子女及被害人之安全，並得為下列一款或數款命令：

一 於特定安全場所交付子女。

二 由第三人或機關、團體監督會面交往，並得定會面交往時應遵守之事項。

三 完成加害人處遇計畫或其他特定輔導為會面交往條件。

四 負擔監督會面交往費用。

五 禁止過夜會面交往。

六 準時、安全交還子女，並繳納保證金。

七 其他保護子女、被害人或其他家庭成員安全之條件。

II 法院如認有違背前項命令之情形，或准許會面交往無法確保被害人或其子女之安全者，得依聲請或依職權禁止之。如違背前項第六款命令，並得沒入保證金。

III 法院於必要時，得命有關機關或有關人員保密被害人或子女住居所。

第 46 條（會面交往處所或委託其他機關、團體辦理）

I 直轄市、縣（市）主管機關應設未成年子女會面交往處所或委託其他機關（構）、團體辦理。

II 前項處所，應有受過家庭暴力安全及防制訓練之人員；其設置、監督會面交往與交付子女之執行及收費規定，由直轄市、縣（市）主管機關定之。

第 47 條（得進行和解或調解之情形）

法院於訴訟或調解程序中如認爲有家庭暴力之情事時，不得進行和解或調解。但有下列情形之一者，不在此限：

一　行和解或調解之人曾受家庭暴力防治之訓練並以確保被害人安全之方式進行和解或調解。

二　准許被害人選定輔助人參與和解或調解。

三　其他行和解或調解之人認爲能使被害人免受加害人脅迫之程序。

第五章　預防及處遇

第 48 條（警員處理家庭暴力案件可採取之方法）

I 警察人員處理家庭暴力案件，必要時應採取下列方法保護被害人及防止家庭暴力之發生：

一　於法院核發緊急保護令前，在被害人住居所守護或採取其他保護被害人或其家庭成員之必要安全措施。

二　保護被害人及其子女至庇護所或醫療機構。

三　告知被害人其得行使之權利、救濟途徑及服務措施。

四　查訪並告誡相對人。

五　訪查被害人及其家庭成員，並提供必要之安全措施。

II 警察人員處理家庭暴力案件，應製作書面紀錄；其格式，由中央警政主管機關定之。

第 49 條（請求警察機關提供必要之協助）

醫事人員、社會工作人員、教育人員及保育人員爲防治家庭暴力行爲或保護家庭暴力被害人之權益，有受到身體或精神上不法侵害之虞者，得請求警察機關提供必要之協助。

第 50 條（執行人員知有疑似家庭暴力情事者應予通報）

I 醫事人員、社會工作人員、教育人員、保育人員、警察人員、移民業務人員及其他執行家庭暴力防治人員，在執行職務時知有疑似家庭暴力，應立即通報當地主管機關，至遲不得逾二十四小時。

II 前項通報之方式及內容，由中央主管機關定之；通報人之身分資料，應予保密。

III 主管機關接獲通報後，應即行處理，並評估有無兒童及少年目睹家庭暴力之情事；必要時得自行或委請其他機關（構）、團體進行訪視、調查。

IV 主管機關或受其委請之機關（構）或團體進行訪視、調查時，得請求警察機關、醫療（事）機構、學校、公寓大廈管理委員會或其他相關機關（構）協助，被請求者應予配合。

第 50 條之 1（被害人及其未成年子女身分資訊之保護）

宣傳品、出版品、廣播、電視、網際網路或其他媒體，不得報導或記載被害人及其未成年子女之姓名，或其他足以識別被害人及其未成年子女身分之資訊。但經有行爲能力之被害人同意、犯罪偵查機關或司法機關依法認爲有必要者，不在此限。

第 51 條（撥打專線得追查其電話號碼及地址之情形）

直轄市、縣（市）主管機關對於撥打依第八條第一項第一款設置之二十四小時電話專線者，於有下列情形之一時，得追查其電話號碼及地址：

一　爲免除當事人之生命、身體、自由或財產上之急迫危險。

二　爲防止他人權益遭受重大危害而有必要。

三　無正當理由撥打專線電話，致妨害公務執行。

四　其他爲增進公共利益或防止危害發生。

第 52 條（不得無故拒絕診療及開立驗傷診斷書）

醫療機構對於家庭暴力之被害人，不得無故拒絕診療及開立驗傷診斷書。

第 53 條（擬訂及推廣家庭暴力防治宣導計畫）

衛生主管機關應擬訂及推廣有關家庭暴力防治之衛生教育宣導計畫。

第 54 條（加害人處遇計畫規範內容）

I 中央衛生主管機關應訂定家庭暴力加害人處遇計畫規範；其內容包括下列各款：

一　處遇計畫之評估標準。

二　司法機關、家庭暴力被害人保護計畫之執行機關（構）、加害人處遇計畫之執行機關（構）間之連繫及評估制度。

三　執行機關（構）之資格。

II 中央衛生主管機關應會同相關機關負責家庭暴力加害人處遇計畫之推動、發展、協調、督導及其他相關事宜。

第 55 條（執行加害人處遇計畫之機關得爲事項）

I 加害人處遇計畫之執行機關（構）得爲下列事項：

一　將加害人接受處遇情事告知司法機關、被害人及其辯護人。

二　調閱加害人在其他機構之處遇資料。

三　將加害人之資料告知司法機關、監獄監務委員會、家庭暴力防治中心及其他有關機構。

II 加害人有不接受處遇計畫、接受時數不足或不遵守處遇計畫內容及恐嚇、施暴等行爲時，加害人處遇計畫之執行機關（構）應告知直轄市、縣（市）主管機關；必要時並得通知直轄市、縣（市）主管機關協調處理。

第 56 條（製作救濟服務之書面資料）

I直轄市、縣（市）主管機關應製作家庭暴力被害人權益、救濟及服務之書面資料，供被害人取閱，並提供醫療機構及警察機關使用。

II醫事人員執行業務時，知悉其病人為家庭暴力被害人時，應將前項資料交付病人。

III第一項資料，不得記明庇護所之地址。

第57條（家庭暴力防治資料之提供）

I直轄市、縣（市）主管機關應提供醫療機構、公、私立國民小學及戶政機關家庭暴力防治之相關資料，俾醫療機構、公、私立國民小學及戶政機關將該相關資料提供新生兒之父母、辦理小學新生註冊之父母、辦理結婚登記之新婚夫妻及辦理出生登記之人。

II前項資料內容應包括家庭暴力對於子女及家庭之影響及家庭暴力之防治服務。

第58條（核發家庭暴力被害人之補助）

I直轄市、縣（市）主管機關得核發家庭暴力被害人下列補助：

一　緊急生活扶助費用。

二　非屬全民健康保險給付範圍之醫療費用及身心治療、諮商與輔導費用。

三　訴訟費用及律師費用。

四　安置費用、房屋租金費用。

五　子女教育、生活費用及兒童托育費用。

六　其他必要費用。

II第一項第一款、第二款規定，於目睹家庭暴力兒童及少年，準用之。

III第一項補助對象、條件及金額等事項規定，由直轄市、縣（市）主管機關定之。

IV家庭暴力被害人年滿二十歲者，得申請創業貸款；其申請資格、程序、利息補助金額、名額及期限等，由中央目的事業主管機關定之。

V為辦理第一項及第四項補助業務所需之必要資料，主管機關得洽請相關機關（構）、團體、法人或個人提供之，受請求者不得拒絕。

VI主管機關依前項規定所取得之資料，應盡善良管理人之注意義務，確實辦理資訊安全稽核作業；其保有、處理及利用，並應遵循個人資料保護法之規定。

第58條之1（有就業願而就業能力不足之家庭暴力被害人，勞工主管機關應提供預備性或支持性就業服務）

I對於具就業意願而就業能力不足之家庭暴力被害人，勞工主管機關應提供預備性就業或支持性就業服務。

II前項預備性就業或支持性就業服務相關辦法，由勞工主管機關定之。

第59條（辦理防治家庭暴力之在職教育）

I社會行政主管機關應辦理社會工作人員、居家式托育服務提供者、托育人員、保育人員及其他相關社會行政人員防治家庭暴力在職教育。

II警政主管機關應辦理警察人員防治家庭暴力在職教育。

III司法院及法務部應辦理相關司法人員防治家庭暴力在職教育。

IV衛生主管機關應辦理或督促相關醫療團體辦理醫護人員防治家庭暴力在職教育。

V教育主管機關應辦理學校、幼兒園之輔導人員、行政人員、教師、教保服務人員及學生防治家庭暴力在職教育及學校教育。

VI移民主管機關應辦理移民業務人員防治家庭暴力在職教育。

第60條（家庭暴力防治課程）

高級中等以下學校每學年應有四小時以上之家庭暴力防治課程。但得於總時數不變下，彈性安排於各學年實施。

第六章　罰　則

第61條（違反保護令罪之處罰）

違反法院依第十四條第一項、第十六條第三項所為之下列裁定者，為本法所稱違反保護令罪，處三年以下有期徒刑、拘役或科或併科新臺幣十萬元以下罰金：

一　禁止實施家庭暴力。

二　禁止騷擾、接觸、跟蹤、通話、通信或其他非必要之聯絡行為。

三　遷出住居所。

四　遠離住居所、工作場所、學校或其他特定場所。

五　完成加害人處遇計畫。

第61條之1（違反被害人及其未成年子女身分資訊保護之處罰）

I廣播、電視事業違反第五十條之一規定者，由目的事業主管機關處新臺幣三萬元以上十五萬元以下罰鍰，並命其限期改正；屆期未改正者，得按次處罰。

II前項以外之宣傳品、出版品、網際網路或其他媒體之負責人違反第五十條之一規定者，由目的事業主管機關處新臺幣三萬元以上十五萬元以下罰鍰，並得沒入第五十條之一規定之物品、命其限期移除內容、下架或其他必要之處置；屆期不履行者，得按次處罰至履行為止。但被害人死亡，經目的事業主管機關權衡社會公益，認有報導之必要者，不罰。

III宣傳品、出版品、網際網路或其他媒體無負責人或負責人對行為人之行為不具監督關係者，第二項所定之罰鍰，處罰行為人。

第62條（處罰）

I違反第五十條第一項規定者，由直轄市、縣

（市）主管機關處新臺幣六千元以上三萬元以下罰鍰。但醫事人員為避免被害人身體緊急危難而違反者，不罰。

II違反第五十二條規定者，由直轄市、縣（市）主管機關處新臺幣六千元以上三萬元以下罰鍰。

第63條（處罰）

違反第五十一條第三款規定，經勸阻不聽者，直轄市、縣（市）主管機關得處新臺幣三千元以上一萬五千元以下罰鍰。

第63條之1（被害人年滿16歲，遭現有或曾有親密關係之未同居伴侶施以身體或精神上不法侵害情事之處罰）

I被害人年滿十六歲，遭受現有或曾有親密關係之未同居伴侶施以身體或精神上不法侵害之情事者，準用第九條至第十三條、第十四條第一項第一款、第二款、第四款、第九款至第十三款、第三項、第四項、第十五條至第二十條、第二十一條第一項第一款、第三款至第五款、第二項、第二十七條、第二十八條、第四十八條、第五十條之一、第五十二條、第五十四條、第五十五條及第六十一條之規定。

II前項所稱親密關係伴侶，指雙方以情感或性行為為基礎，發展親密之社會互動關係。

III本條自公布後一年施行。

第七章　附　則

第64條（執行辦法之訂定）

行政機關執行保護令及處理家庭暴力案件辦法，由中央主管機關定之。

第65條（施行細則）

本法施行細則，由中央主管機關定之。

第66條（施行日）

本法自公布日施行。

組織犯罪防制條例

1.中華民國 85 年 12 月 11 日總統令制定公布全文 19 條；並自公布日施行
2.中華民國 105 年 7 月 20 日總統令修正公布第 7 條條文
3.中華民國 106 年 4 月 19 日總統令修正公布第 2～4、8 條條文；增訂第 7-1 條條文；並刪除第 5、17、18 條條文
4.中華民國 107 年 1 月 3 日總統令修正公布第 2、3、12 條條文

第 1 條（立法目的）

Ⅰ為防制組織犯罪，以維護社會秩序，保障人民權益，特制定本條例。

Ⅱ本條例未規定者，適用其他法律之規定。

第 2 條（犯罪組織之定義）

Ⅰ本條例所稱犯罪組織，指三人以上，以實施強暴、脅迫、詐術、恐嚇為手段或最重本刑逾五年有期徒刑之刑之罪，所組成具有持續性或牟利性之有結構性組織。

Ⅱ前項有結構性組織，指非為立即實施犯罪而隨意組成，不以具有名稱、規約、儀式、固定處所、成員持續參與或分工明確為必要。

第 3 條（犯罪組織行為之處罰）

Ⅰ發起、主持、操縱或指揮犯罪組織者，處三年以上十年以下有期徒刑，得併科新臺幣一億元以下罰金；參與者，處六月以上五年以下有期徒刑，得併科新臺幣一千萬元以下罰金。但參與情節輕微者，得減輕或免除其刑。

Ⅱ具公務員或經選舉產生之公職人員之身分，犯前項之罪者，加重其刑至二分之一。

Ⅲ犯第一項之罪者，應於刑之執行前，令入勞動場所，強制工作，其期間為三年。

Ⅳ前項之強制工作，準用刑法第九十條第二項但書、第三項及第九十八條第二項、第三項規定。

Ⅴ以言語、舉動、文字或其他方法，明示或暗示其為犯罪組織之成員，或與犯罪組織或其成員有關聯，而要求他人為下列行為之一者，處三年以下有期徒刑，得併科新臺幣三百萬元以下罰金：

一　出售財產、商業組織之出資或股份或放棄經營權。

二　配合辦理都市更新重建之處理程序。

三　購買商品或支付勞務報酬。

四　履行債務或接受債務協商之內容。

Ⅵ前項犯罪組織，不以現存者為必要。

Ⅶ以第五項之行為，使人行無義務之事或妨害其行使權利者，亦同。

Ⅷ第五項、第七項之未遂犯罰之。

❑ 實務見解

▶108 台上大 2306（大法庭裁定）

主文：行為人以一行為觸犯組織犯罪防制條例第三條第一項後段之參與犯罪組織罪，及刑法第三百三十九條之四第一項第二款之加重詐欺取財罪，依刑法第五十五條前段規定從一重之加重詐欺取財罪處斷而為科刑時，於有預防矯治其社會危險性之必要，且符合比例原則之範圍內，由法院依組織犯罪防制條例第三條第三項規定，一併宣告刑前強制工作。

理由：

一、本案基礎事實

被告參與由他人所發起、主持具有持續性、牟利性之詐欺集團犯罪組織，在該集團擔任「車手」，並依集團成員之指示，提領被害人遭集團其他成員詐騙之款項，因而論斷被告所為係一行為觸犯組織犯罪防制條例第三條第一項後段之參與犯罪組織罪，及刑法第三百三十九條之四第一項第二款之加重詐欺取財罪，並依想像競合犯關係從一重論被告以加重詐欺取財罪。

二、本案法律爭議

被告以一行為觸犯組織犯罪防制條例第三條第一項後段之參與犯罪組織罪，及刑法第三百三十九條之四第一項第二款之加重詐欺取財罪，如依想像競合犯從一重之加重詐欺取財罪處斷，應否依較輕之參與犯罪組織罪所適用之組織犯罪防制條例第三條第三項規定，一併宣告刑前強制工作？

三、本大法庭之見解

㈠法律係理性、客觀、公正且合乎目的性之規定，因此，法律之解釋，除須顧及法律之安定性外，更應考慮解釋之妥當性、現在性、創造性及社會性，始能與社會脈動同步，以符合民眾之期待。而法官闡釋法律時，在文義射程範圍內，如有複數解釋之可能性時，應依論理解釋方法，在法律規定文義範圍內，闡明法律之真意，以期正確妥當之適用。

㈡刑法第五十五條想像競合犯之規定，既列在刑法總則編第七章「數罪併罰」內，且法文稱「一行為而觸犯數罪名」，則依體系及文義解釋，可知行為人所犯數罪係成立實質競合，自應對行為人所犯各罪，均予評價，始屬適當。此與法規競合僅選擇其中最適宜之罪名，為實質上一罪，明顯有別。換言之，想像競合犯本質上為數罪，各罪所規定之刑罰、沒收及保安處分等相關法律效果，自應一併適用，否則將導致成立數罪之想像競合與成立一罪之

法規競合，二者法律效果無分軒輊之失衡情形，尚非立法者於制定刑法第五十五條時，所作之價值判斷及所欲實現之目的。

㈢刑罰評價對象，乃行為本身；想像競合犯係一行為觸犯數罪名，為避免對同一行為過度及重複評價，刑法第五十五條前段規定「從一重處斷」。又刑法第三十三條及第三十五條僅就刑罰之主刑，定有輕重比較標準，因此上揭「從一重處斷」，僅限於「主刑」，法院應於較重罪名之法定刑度內，量處適當刑罰。至於輕罪罪名所規定之沒收及保安處分，因非屬「主刑」，故與刑法第五十五條從一重處斷之規定無關，自得一併宣告。

㈣罪刑法定原則，指法律就個別犯罪之成立要件及法律效果，均應明確規定，俾使人民能事先預知其犯罪行為之處遇。參與犯罪組織罪和加重詐欺取財罪之構成要件與刑罰，均分別在組織犯罪防制條例及刑法中，定有明文。**行為人以一行為觸犯組織犯罪防制條例第三條第一項後段之參與犯罪組織罪，及刑法第三百三十九條之四第一項第二款之加重詐欺取財罪，於從一重之加重詐欺取財罪處斷而為科刑時，因所犯輕罪（參與犯罪組織罪）之刑罰以外之法律效果，即組織犯罪防制條例第三條第三項強制工作之規定，並未被重罪所吸收，仍應一併適用**。因此，上開對刑法第五十五條前段規定，在文義射程範圍內，依體系及目的性解釋方法所為之闡釋，屬法律解釋範疇，並非對同條但書所為擴張解釋或類推適用，亦與不利類推禁止之罪刑法定原則或罪刑明確性原則無違。

㈤修正前組織犯罪防制條例，對發起、主持、操縱、指揮或參與集團性、常習性及脅迫性或暴力性犯罪組織者，應於刑後強制工作之規定，經司法院釋字第五二八號解釋尚不違憲；嗣該條例第二條第一項所稱之犯罪組織，經二次修正，已排除原有之「常習性」要件，另將實施詐欺手段之具有持續性或牟利性之有結構性組織，納入本條例適用範圍，並對參與犯罪組織之行為人，於第三條第一項後段但書規定「參與情節輕微者，得減輕或免除其刑」。惟同條第三項仍規定「應於刑之執行前，令入勞動場所，強制工作，其期間為三年」，而未依個案情節，區分行為人是否具有反社會的危險性及受教化矯治的必要性，一律宣付刑前強制工作三年。然則，衡諸該條例所規定之強制工作，性質上原係對於有犯罪習慣，或因遊蕩、懶惰成習而犯罪者，所為之處置，修正後該條例既已排除常習性要件，從而，本於法律合憲性解釋原則，依司法院釋字第四七一號關於行為人有無預防矯治其社會危險性之必要，及比例原則等與解釋意旨不相衝突之解釋方法，為目的性限縮，對犯該條例第三條第一項之參與犯罪組織罪者，視其行為之嚴重性、表現之危險性、對於未來行為之期待性，以及所採措施與預防矯治目的所需程度，於有預防矯治其社會危險性之必要，且符合比例原則之範圍內，由法院依該條例第三條第三項規定，一併宣告刑前強制工作。

▶107 台上 3589〇（判決）

組織犯罪防制條例第三條第一項前段與後段，分別就「發起、主持、操縱或指揮」犯罪組織之人，和單純「參與」犯罪組織之人，所為不同層次之犯行，分別予以規範，並異其刑度，前者較重，後者較輕，係依其情節不同而為處遇。其中有關「指揮」與「參與」間之分際，乃在「指揮」係為某特定任務之實現，可下達行動指令、統籌該行動之行止，而居於核心角色，即足以當之；而「參與」則指一般之聽取號令，實際參與行動之一般成員。又詐欺集團之分工細緻，不論電信詐欺機房（電信流）、網路系統商（網路流）或領款車手集團及水房（資金流），各流別如有三人以上，通常即有各該流別之負責人，以指揮各該流別分工之進行及目的之達成，使各流別各自分擔犯罪行為之一部，相互利用其他流別之行為，以達整體詐欺集團犯罪目的之實現，則各流別之負責人，尤其是電信流之負責人，縱有接受詐欺集團中之發起、主持或操縱者之指示而為、所轄人員非其招募、薪資非其決定，甚至本身亦參與該流別之工作等情事，然其於整體詐欺犯罪集團中，係居 於指揮該流別行止之核心地位，且為串起各流別分工之重要節點，自屬組織犯罪防制條例第三條第一項所指「指揮」犯罪組織之人，與僅聽取號令，而為行動之一般成員有別。

第 4 條（招募他人加入犯罪組織者之處罰）

Ⅰ招募他人加入犯罪組織者，處六月以上五年以下有期徒刑，得併科新臺幣一千萬元以下罰金。

Ⅱ成年人招募未滿十八歲之人加入犯罪組織者，依前項規定加重其刑至二分之一。

Ⅲ以強暴、脅迫或其他非法之方法，使他人加入犯罪組織或妨害其成員脫離者，處一年以上七年以下有期徒刑，得併科新臺幣二千萬元以下罰金。

Ⅳ前項之未遂犯罰之。

第 5 條（刪除）

第 6 條（資助犯罪組織之處罰）

非犯罪組織之成員而資助犯罪組織者，處六月以上五年以下有期徒刑，得併科新臺幣一千萬元以下罰金。

第 7 條（犯罪財產之追繳、沒收）

Ⅰ犯第三條之罪者，其參加之組織所有之財產，除應發還被害人者外，應予沒收。

Ⅱ犯第三條之罪者，對於參加組織後取得之財產，未能證明合法來源者，亦同。

第 7 條之 1（法人及僱用人等因執行業務，犯本條例相關犯罪之處罰）

法人之代表人、法人或自然人之代理人、受僱人或其他從業人員，因執行業務，犯第三條至第六條之罪者，除處罰其行爲人外，並對該法人或自然人科以各該條之罰金。但法人或自然人爲被害人或對於犯罪之發生，已盡監督責任或爲防止行爲者，不在此限。

第 8 條（自首之減刑）

I 犯第三條之罪自首，並自動解散或脫離其所屬之犯罪組織者，減輕或免除其刑；因其提供資料，而查獲該犯罪組織者，亦同；偵查及審判中均自白者，減輕其刑。

II 犯第四條、第六條之罪自首，並因其提供資料，而查獲各該條之犯罪組織者，減輕或免除其刑；偵查及審判中均自白者，減輕其刑。

第 9 條（包庇之處罰）

公務員或經選舉產生之公職人員明知爲犯罪組織有據予以包庇者，處五年以上十二年以下有期徒刑。

第 10 條（檢舉獎金辦法）

檢舉人於本條例所定之犯罪未發覺前檢舉，其所檢舉之犯罪，經法院判決有罪者，給與檢舉人檢舉獎金。其辦法由行政院定之。

第 11 條（檢舉人之保護）

I 前條檢舉人之身分資料應予保密。

II 檢察機關、司法警察機關爲保護檢舉人，對於檢舉人之身分資料，應另行封存，不得附入移送法院審理之文書內。

III 公務員洩漏或交付前項檢舉人之消息、身分資料或足資辨別檢舉人之物品者，處一年以上七年以下有期徒刑。

第 12 條（檢舉人、被害人及證人之保護）

I 關於本條例之罪，證人之姓名、性別、年齡、出生地、職業、身分證字號、住所或居所或其他足資辨別之特徵等資料，應由檢察官或法官另行封存，不得閱卷。訊問證人之筆錄，以在檢察官或法官面前作成，並經踐行刑事訴訟法所定訊問證人之程序者爲限，始得採爲證據。但有事實足認被害人或證人有受強暴、脅迫、恐嚇或其他報復行爲之虞者，法院、檢察機關得依被害人或證人之聲請或依職權拒絕被告與之對質、詰問或其選任辯護人檢閱、抄錄、攝影可供指出被害人或證人眞實姓名、身分之文書及詰問。法官、檢察官應將作爲證據之筆錄或文書向被告告以要旨，訊問其有無意見陳述。

II 於偵查或審判中對組織犯罪之被害人或證人爲訊問、詰問或對質，得依聲請或依職權在法庭外爲之，或利用聲音、影像傳眞之科技設備或其他適當隔離方式將被害人或證人與被告隔離。

III 組織犯罪之被害人或證人於境外時，得於我國駐外使領館或代表處內，利用聲音、影像傳眞之科技設備爲訊問、詰問。

IV 檢舉人、被害人及證人之保護，另以法律定之。

第 13 條（參選之限制）

犯本條例之罪，經判處有期徒刑以上之刑確定者，不得登記爲公職人員候選人。

第 14 條（政黨之連帶責任）

I 本條例施行後辦理之各類公職人員選舉，政黨所推薦之候選人，於登記爲候選人之日起五年內，經法院判決犯本條例之罪確定者，每有一名，處該政黨新臺幣一千萬元以上五千萬元以下之罰鍰。

II 前項情形，如該類選舉應選名額中有政黨比例代表者，該屆其缺額不予遞補。

III 前二項處分，由辦理該類選舉之選務主管機關爲之。

第 15 條（簽訂防制組織犯罪協定）

爲防制國際性之組織犯罪活動，政府或其授權之機構依互惠原則，得與外國政府、機構或國際組織簽訂防制組織犯罪之合作條約或其他國際協定。

第 16 條（準用軍事審判機關偵查、審判之規定）

第十條至第十二條之規定，於軍事審判機關偵查、審判組織犯罪時，準用之。

第 17 條（刪除）

第 18 條（刪除）

第 19 條（施行日）

本條例自公布日施行。

治平專案實施規定

中華民國107年3月16日內政部警政署函發布

一、內政部警政署（以下簡稱本署）爲針對幫派組合或暴力犯罪集團之首要、成員、犯罪所得及幫派組合處所，依法實施偵查、蒐證、檢肅、搜索扣押，及運用第三方警政策略採取行政干預措施，加強執行系統性掃黑作爲，以維護社會治安，特訂定本規定。

二、本規定用詞，定義如下：

(一)幫派組合：指經本署註記之三人以上，以實施強暴、脅迫或恐嚇爲手段，所組成具有持續性或牟利性之有結構性組織。

(二)暴力犯罪集團：指三人以上非本署註記之幫派組合，以實施強暴、脅迫或恐嚇爲手段，所組成具有持續性之有結構性組織。

(三)首要：指發起、主持、操縱或指揮幫派組合或暴力犯罪集團者。

(四)成員：指受首要操縱、指揮或參與幫派組合或暴力犯罪集團者。

(五)牟利性：指直接或間接獲得金錢或其他物質利益。

(六)幫派組合處所：指經本署註記幫派組合經常活動堂口、據點及投資、經營或圍事處所。

(七)第三方警政行政干預措施：指警察機關針對幫派組合處所，透過聯合稽查或由目的事業主管機關依法裁罰之作爲。

三、直轄市、縣（市）政府警察局應督屬主動發掘治平專案檢肅目標對象或線索，進行管制、偵查及蒐證，除情況急迫經本署同意者外，應於陳報本署核定爲治平專案檢肅目標前新增組織概況情資。報請核定時應填具治平專案檢肅目標選定調查表，並就案內所涉犯罪所得與犯罪嫌疑人及涉及洗錢之第三人財產進行調查，預作搜索及扣押之準備，隨案檢附相關犯罪事證，陳報本署核定。

本署得依相關情資逕行核定治平專案檢肅目標，主動交付管轄警察局執行偵查及蒐證。

符合下列情形之一，本署得核定爲治平專案檢肅目標：

(一)幫派組合或暴力犯罪集團之首要。

(二)三人以上，以實施詐術或最重本刑逾五年有期徒刑之刑之罪，所組成具有持續性或牟利性之有結構性組織，其中一人須爲本署註記之幫派組合成員，並於該犯罪組織中位處相當層級且具實質影響力者。

本署核定治平專案檢肅目標類別如下：

(一)符合下列情形之一，得核定爲A類治平專案檢肅目標：

1. 本署註記之竹聯幫、天道盟、四海幫現任、前任幫（盟）主；或於前述幫派組合或其發展之分支組織內，位處相當層級具實質影響力，危害社會治安風險程度甚鉅且有實據者。
2. 具幫派組合背景之鄉（鎮、市）長；鄉（鎮、市）民代表會副主席以上之民選公職人員；或農漁會總幹事、理事長；或其他具有相同地位者。
3. 其他公眾周知或於直轄市、縣（市）轄內，危害社會治安風險程度甚鉅且有實據之幫派組合或暴力犯罪集團之首要。

(二)未符合前款各目之幫派組合首要並經本署註記者，得核定爲B類治平專案檢肅目標。

(三)未符合第一款各目及第二款之暴力犯罪集團首要，得核定爲C類治平專案檢肅目標。

經本署核定治平專案檢肅目標類別後，核給專案績效前，符合下列情形之一者，得檢附足資證明之卷證，報請或由本署逕行改定治平專案檢肅目標及類別：

(一)因執行偵查及蒐證程序追查實際指揮、操縱幫派組合之首要。

(二)符合本署所訂之治平專案檢肅目標類別面向要求者。

四、每一治平專案檢肅目標以核定一代號爲原則。但案件繫屬不同檢察機關指揮時，不在此限。

直轄市、縣（市）政府警察局對所選定經本署核定或經本署逕行核定主動交付執行之治平專案檢肅目標，應以每一目標組成一蒐證小組方式，專責執行偵查及蒐證。蒐證小組應指定刑事警察大隊副大隊長或分局副分局長以上人員（直轄市爲偵查隊隊長以上人員）爲小組長。

前項之蒐證小組編組名冊應含職稱、原單位職別、姓名、任務分工及備考等項目，並應於陳報本署列爲治平專案檢肅目標時併案陳報，以作爲辦理獎懲之依據。

五、爲有效管制蒐證進度，直轄市、縣（市）政府警察局對於治平專案檢肅目標之偵查蒐證情形，應要求蒐證小組小組長召集小組人員定期進行檢討。屬本署逕行核定之治平專案檢肅目標者，應於每月五日前填具治平專案檢肅目標執行蒐證進度管制表及檢附前一月所蒐集之相關卷證影本陳報本署備查。直轄市、縣（市）政府警察局對經報請核定之治平專案檢肅目標，經執行偵查及蒐證逾三個月後，應填具治平專案檢肅目標執行蒐證進度管制表，並就所採偵查及蒐證作為深入檢討，提出專案檢討報告，陳報本署核定。治平專案檢肅目標有下列各款情形之一者，應予撤銷管制停止蒐證：

㈠經確實運作執行蒐證逾六個月以上，確認該目標無犯罪行為或因目標死亡、行方不明或滯留境外，經陳報本署核准撤銷管制停止蒐證。

㈡經陳報列管蒐證逾六個月以上，未依規定陳報治平專案檢肅目標執行蒐證進度管制表及專案檢討報告，經本署逕行撤銷管制停止蒐證。

六、治平專案檢肅目標於完成偵查及蒐證，經報請檢察官認核符拘提或聲請裁定羈押要件得採取行動後，應填具治平專案檢肅目標預定行動報告表陳報本署備查。

七、治平專案檢肅行動，應依本署或直轄市、縣（市）政府警察局規劃，於實施同步掃黑行動期間執行之。但情況急迫或具特殊情況者，得經陳報本署同意後執行。

八、治平專案檢肅行動，應由參與偵查及蒐證之單位執行；須由非參與偵查及蒐證之單位參與執行者，除應有特殊正當理由，並須敘明於治平專案檢肅目標預定行動報告表，併案陳報本署備查。

九、治平專案檢肅行動，應依下列規定辦理：

㈠於行動結束後，應即就執行經過、查獲共犯人數、人犯拘提、逮捕、羈押與否、羈押處所、所獲相關槍砲、彈藥、刀械、搜索扣押犯罪所得及法院裁定扣押數額等證物數量、運用第三方警政行政干預措施之卷資，填載治平專案檢肅目標執行到案報告表，傳送本署備查；並於移送檢察機關偵辦後一個月內，將出力單位及出力比率詳填治平專案檢肅目標執行到案報告表，陳報本署審核。

㈡陳報本署審核之治平專案檢肅目標執行到案報告表，應由刑事警察大隊大隊長核章，並檢附下列資料報署審核，未檢附齊全者，本署得函復不予核給專案績效：

1.移送書。

2.涉案事實清單。

3.搜索扣押犯罪所得或法院扣押裁定。

4.行動通訊載具或扣案電腦之數位鑑識分析情資。

5.其他本署函請檢附之資料。

㈢治平專案檢肅目標執行到案報告表出力比率之分配，應區分蒐證及到案各占百分之五十；參與執行蒐證或到案單位，應核實陳報不得任意刪改。

㈣治平專案檢肅目標屬二個單位以上共同執行者，應就其出力比率，由出力單位相同層級人員共同核章認可，並填具出力比率分配表附陳。但出力比率之分配有爭議時，得免經不同意之單位核章，由陳報單位檢附出力比率分配表，於函文中敘明爭議點逕報本署審核，並副知不同意之單位；不同意之單位應於文到五日內就爭議點敘明理由陳報本署，屆期未報者，視同無意見。

㈤治平專案檢肅目標執行到案報告表中之出力單位及出力比率欄位，應填至警察局所屬分局或刑事警察大隊各偵查隊，並分別敘明所占出力比率；出力比率分配表中之出力具體事實欄位，應依出力單位實際出力事實詳予填載。出力事實欠具體，且檢附卷證亦無法顯示者，視同無出力事實；所載具體事實、憑證及卷證等顯示之出力事實與所報出力比率顯不相當者，由本署核定出力比率。

㈥對外發布新聞時，應遵守偵查不公開作業辦法及檢察、警察暨調查機關偵查刑事案件新聞處理注意要點辦理。

十、治平專案檢肅目標經撤銷管制後，再有發現犯罪行為，認符治平專案檢肅目標要件者，應依規定程序重新陳報本署核定。

十一、直轄市、縣（市）政府警察局執行治平專案偵查、蒐證及檢肅情形，由本署另訂計畫實施績效評核。

十二、治平專案檢肅目標檢肅到案並移送檢察機關偵辦後，由本署就所報治平專案檢肅目標執行到案報告表及相關卷證，依下列原則核處函復：

㈠有下列情形之一者，核給專案績效及相關獎勵事項：

1.治平專案檢肅目標涉及以強暴、脅迫、恐嚇為手段之二以上犯罪行為，且相關成員到案達三人以上。但治平專案檢肅目標因所犯影響社會秩序甚鉅或犯罪情節重大，有立即檢肅之必要，且報經本署同意者，不在此限。

2.治平專案檢肅目標以違反組織犯罪防制條例罪名移送檢察機關偵辦，並經檢察官以同條例第三條第一項前段起訴，或以其他罪名起訴且符合前目之情形。

㈡治平專案檢肅目標符合前款情形，除現行犯或通緝逮捕到案外，未經檢察官核發拘票拘提，而以傳喚、通知到案或至監所提訊者，減半核給專案績效及相關獎勵事項。但傳喚或通知到案後經檢察官當庭逮捕，並向法院聲請羈押者，不在此限。

㈢有下列情形之一者，不予核給專案績效及相關獎勵事項：

1.治平專案檢肅目標未符合本署函頒應達成之面向要求者。

2.治平專案檢肅目標未到案。

3.治平專案檢肅目標非幫派組合或暴力犯罪集團首要。

4.治平專案檢肅目標執行到案報告表、犯罪事實清單或移送書表等卷證資料填載不實。

5.列有到案之出力單位經查證未參與偵查及蒐證。

十三、A類治平專案檢肅目標經本署核給專案績效者，執行偵查、蒐證、檢肅及相關督導出力人員，依下列各款基準獎勵：

㈠相關成員到案三人以上未達六人者，核予獎勵總額度嘉獎四十五次，首功人員以記功二次為限。經以組織犯罪防制條例第三條第一項前段起訴者，獎勵總額度加倍，首功人員得記一大功。

㈡相關成員到案六人以上未達九人；或配合本署規劃於同步掃黑行動期間內到案及相關成員到案三人以上未達六人者，核予獎勵總額度嘉獎五十七次，首功人員得記一大功。經以組織犯罪防制條例第三條第一項前段起訴者，獎勵總額度加倍，首功人員得記一大功二人。

㈢相關成員到案九人以上，或配合本署規劃於同步掃黑行動期間內到案及到案六人以上未達九人者，核予獎勵總額度嘉獎六十八次，首功人員得記一大功二人。經以組織犯罪防制條例第三條第一項前段起訴者，獎勵總額度加倍，首功人員得記一大功三人；對治安具特殊貢獻者，首功人員得一次記二大功一人、記一大功二人。

十四、B類治平專案檢肅目標經本署核給專案績效者，執行偵查、蒐證、檢肅及相關督導出力人員，依下列各款基準獎勵：

㈠相關成員到案三人以上未達六人者，核予獎勵總額度嘉獎三十次，首功人員以記功一次為限。經以組織犯罪防制條例第三條第一項前段起訴者，獎勵總額度加倍，首功人員得記功二次。

㈡相關成員到案六人以上未達九人，或配合本署規劃於同步掃黑行動期間內到案及相關成員到案三人以上未達六人者，核予獎勵總額度嘉獎三十八次，首功人員以記功二次為限。經以組織犯罪防制條例第三條第一項前段起訴者，獎勵總額度加倍，首功人員得記一大功。

㈢相關成員到案九人以上，或配合本署規劃於同步掃黑行動期間內到案及到案六人以上未達九人者，核予獎勵總額度嘉獎四十五次，首功人員得記一大功。經以組織犯罪防制條例第三條第一項前段起訴者，獎勵總額度加倍，首功人員得記一大功二人。C類治平專案檢肅目標經本署核給專案績效者，執行偵查、蒐證、檢肅及相關督導出力人員之獎勵，依前項各款基準獎勵總額度減半核給。

十五、依第十三點或第十四點基準核予獎勵之治平專案檢肅目標為本署註記者，獎勵總額度增加核予嘉獎三次；成員為本署註記者，獎勵總額度每一成員增核予嘉獎一次。

十六、治平專案檢肅目標有下列情形之一，獎勵總額度減半，首功人員降一等辦理：

㈠經本署減半核給專案績效者。

㈡同一案件（含部分犯罪事實相同）蒐證檢肅到案治平專案檢肅目標二名或二次以上，其第二名或第二次後核給專案績效者。

十七、經本署依第三點、第五點、第十二點、第二十點及第二十一點規定之審轉或核處人員，依下列基準獎勵：

㈠直轄市、縣（市）政府警察局由本署每半年累計，治平專案檢肅目標（以下同）每三名，承辦人員嘉獎一次；業務主管每六名嘉獎一次。

㈡本署刑事警察局每半年累計，承辦人員每六名嘉獎一次；業務主管每十二名嘉獎一次。

前項人數計算，以本署發文日期為準；每年度累積達嘉獎九次後，再有相同成果敘獎者，其績效以倍數增加核計，依此類推。同一年度上半年未計入敘獎者，得併入下半年計算，不得跨年累計。

十八、蒐證檢肅本署遴行選定交付之治平專案檢肅目標到案，經依第十二點第一款及第二款規定核給專案績效者，承辦人員嘉獎二次、業務主管嘉獎一次。

十九、執行治平專案工作不力者，懲處規定如下：

㈠對於幫派組合或暴力犯罪集團於轄區內涉有集團性、公開性或持續性之暴力犯罪行為，受交辦、已接獲情資、檢舉或受理報案未依規定處理或不注意偵查致生不良影響者，視疏失部分核予警勤區或刑責區或受理報案員警申誡二次；派出所主管或分局偵查隊隊長核予申誡一次。

㈡對核定之治平專案檢肅目標未依規定成立

蒐證小組；或雖有編組但未實際運作執行者，視情節核予蒐證小組小組長、監督、主要偵查人員申誡一次。

㈢對核定之治平專案檢肅目標執行偵查及蒐證情形，未依規定陳報本署治平專案檢肅目標執行蒐證進度管制表或專案檢討報告，無正當理由者，每次核予疏失人員申誡二次、蒐證小組小組長申誡一次。

㈣治平專案檢肅目標執行到案報告表未依實際執行情形填載，有虛報績效情事者；或無出力事實之單位填載出力比率者，視情節核予虛報人員申誡二次以上懲處。其他未依本規定辦理致生重大缺失，或經本署糾正後，仍未改善者，疏失人員視情節核予申誡以上懲處。

二十、蒐證檢肅到案治平專案檢肅目標之行政獎勵，應於經本署核給專案績效後翌月月底前，依規定之獎勵額度及按原報治平專案檢肅目標執行到案報告表中之出力比率狀況，擬議獎勵建議名冊陳報本署審核；陳報獎勵建議名冊時，應檢附下列相關資料：

㈠案件移送書或報告書。

㈡首功人員之偵破專報及具體事蹟表。

㈢敘獎協調會會議紀錄。

㈣共同偵辦機關針對獎勵建議名冊及敘獎協調會議紀錄同意之確認函。

敘獎協調會議應由第六序列主管或副主管職務以上人員率同承辦人員列席，就出力比率、首功、人數、獎度及排序擬議獎勵建議名冊，並由各單位主官核章函復確認。

偵破專報內容應載明下列審查要項：

㈠偵查分析檢討：包含案源之獲取、偵破之關鍵因素或突破技巧及策略等。

㈡偵蒐情資內容：包含移送書內容以外之重要情資訊息之提供。

㈢前項人數計具體意見及建議。

偵破專報應避免誇大、頌揚或新聞性文字，經審認具運用價值者，核予記功一次以下之獎勵。

二一、對核定之治平專案檢肅目標，於蒐證檢肅到案經本署核給專案績效，並依警察機關核發工作獎勵金支給表及警察機關核發工作獎勵金作業規定核發獎勵金，其基準如下：

㈠A類治平專案檢肅目標經本署核給專案績效，核發新臺幣（以下同）六萬元；相關成員到案六人以上未達九人者，核發八萬元；九人以上者，核發十萬元。

㈡A類治平專案檢肅目標依違反組織犯罪防制條例移送檢察機關偵辦，並以同條例第三條第一項前段起訴，經本署核給專案績效核發十二萬元；相關成員到案六人以上未達九人者，核發十六萬元；九人以上者，核發二十萬元。

㈢B類治平專案檢肅目標經本署核給專案績效，核發三萬元；相關成員到案六人以上未達九人者，核發四萬元；九人以上者，核發五萬元。

㈣B類治平專案檢肅目標依違反組織犯罪防制條例移送檢察機關偵辦，並以同條例第三條第一項前段起訴，經本署核給專案績效，核發六萬元；相關成員到案六人以上未達九人者，核發八萬元；九人以上者，核發十萬。

㈤C類治平專案檢肅目標經本署核給專案績效，核發一萬五仟元；相關成員到案六人以上未達九人者，核發二萬元；九人以上者，核發二萬五仟元。

㈥C類治平專案檢肅目標依違反組織犯罪防制條例移送檢察機關偵辦，並以同條例第三條第一項前段起訴，經本署核給專案績效，核發三萬元；相關成員到案六人以上未達九人者，核發四萬元；九人以上者，核發五萬元。

治平專案檢肅目標經本署減半核給專案績效者，獎勵金依前項核發基準減半核發。

二二、直轄市、縣（市）政府警察局應視狀況需要適時召開專案會議，就專案工作執行情形及管制中之治平專案檢肅目標執行偵查及蒐證困境，確實檢討，並督導執行。刑事警察大隊對於各蒐證小組所報執行偵查及蒐證情形，應於會議前加強審核下列各款事項，並於會議中提出檢討，以提升督導功能及蒐證成效：

㈠內容是否屬實。

㈡有無執行怠惰或敷衍。

㈢無其他可採之偵查作爲。

二三、直轄市、縣（市）政府警察局於執行偵查、蒐證及檢肅過程中，發現執行困擾，得敘明理由陳報本署交刑事警察局統合執行，原蒐報警察局仍應選派專責人員支援執行，因而執行到案者，仍列計該警察局績效。

二四、直轄市、縣（市）政府警察局於執行偵查、蒐證及檢肅過程中，發現治平專案檢肅目標曾於或轉往其他轄警察機關轄區活動，得自行協調他轄警察機關派員支援。

二五、執行本規定所生治平專案檢肅目標代號之核定函及選定調查表等文書，無須附卷移送檢察機關偵辦或填載於移送書。

二六、治平專案檢肅目標選定陳報、蒐證、提會研討及檢肅過程均屬公務機密，直轄市、縣

（市）政府警察局應研訂保密作為，並依下列規定辦理：

㈠選定陳報作業：

1. 陳報函應列為密件。
2. 陳報函文中不得顯示治平專案檢肅目標姓名、所屬幫派組合或其他足資辨識身分背景之文字，得以姓氏及○○或自訂代號為之。
3. 陳報函文內容並應力求精簡，無須陳述具體犯罪事實或所涉罪名，案附資料僅須達合理懷疑治平專案檢肅目標為特定犯罪組織首要之程度，無須完整敘述案情細節。
4. 治平專案檢肅目標選定調查表及相關附件卷證資料，應由承辦人員另以封套密封，並於彌封處簽章後隨函附送或由專人持送。

㈡審核陳報作業：

1. 簽、函（稿）應列為密件。
2. 核復函（稿）文中，不得顯示治平專案檢肅目標姓名並依規定核予代號，無需陳述具體犯罪事實。必要時，應僅概要陳述，不得顯示足資辨識身分背景之文字。
3. 會辦或陳核（判）時，應使用黃色機密公文卷宗夾，必要時應由專人持送；會辦時，涉及足資辨識身分背景之資料，應另以封套密封。
4. 隨函附送相關單位之情蒐或其他重要附件資料，以及送存歸檔之案卷資料，均應先由承辦人員使用封套密封，並於彌封處簽章，交由收發人員連同簽、函（稿）再次密封後發文及歸檔；相關封套均應以編號或代號代替姓名；函（稿）載明附件名稱時，應以代號加資料名稱方式為之。

㈢蒐證檢肅作業：

1. 召開蒐證小組檢討會議時，應儘量減少不必要人員參與；相關會議資料或會議紀錄，不得顯示治平專案檢肅目標姓名、所屬幫派組合或其他足資辨識身分背景之文字，並應列為密件，於會後收回。
2. 報請檢察官指揮偵查、聲請通訊監察、搜索票或核發拘票等事宜，應由專人持送辦理。
3. 增加人員參與執行時，應審慎挑選並考量有無洩密之虞；規劃檢肅行動時，相關行動任務及勤前教育，宜採個別交付，並以交付小組長為原則，儘量減少非必要人員事先知情。
4. 申請偵辦經費、車輛或其他行政支援事宜，相關公文及附件資料，應一律使用治平專案檢肅目標代號，嚴禁有姓名或其他足資辨識身分背景之文字。
5. 陳報治平專案檢肅目標蒐證進度管制表或預定行動報告表，除一律以治平專案檢肅目標代號代替姓名外，因逐級陳報有洩密之虞者，得敘明理由逕行或由共同偵辦機關傳送本署。
6. 召開檢討會議時，涉及個案偵查蒐證進度及策進作為研討者，應依不同個案分別進行，避免同時為之。

㈣其他作業：

1. 對密封之治平專案檢肅目標相關卷證資料，除承辦、審核人員外，其他收發人員或無關人員，均不得拆封。
2. 對治平專案檢肅目標相關卷證資料，應裝訂專卷妥慎保管，並設專櫃密存，不得任意置放。
3. 偵辦人員於研商、協調治平專案檢肅目標執行情形時，不論當面、電話聯繫、電子郵件或書面通報，應以治平專案檢肅目標代號代替姓名，並嚴禁對無關人員談論。
4. 警察人員對於治平專案檢肅目標到案前之執行情形及相關卷證資料，不論是否參與執行，均負有保密義務。
5. 直轄市、縣（市）政府警察局針對多次行動未能到案之治平專案檢肅目標，應調查有無洩密情事，並檢討分析原因，研採適當因應作為。
6. 各警察機關對治平專案檢肅目標相關陳報公文及偵查卷證資料應從嚴審核，以落實保密規定。違反規定，致影響案件偵辦者，應追究疏失人員行政責任；未影響案件偵辦者，應以函文具體指摘缺失，要求偵辦機關檢討改進；涉嫌洩密罪者，應立即要求偵辦機關調查後，就調查結果擬具專案檢討報告，敘明事實經過、原因分析、處置作為及未來策進，逐級轉報所屬機關及本署備查，並依相關法律追究洩密人員刑事責任。
7. 治平專案相關密件文書之簽辦、審核及陳報，應依警察機關公務機密維護實施規定辦理。

二七、直轄市、縣（市）政府警察局對經本署核定之治平專案檢肅目標，應責由專人以一人一卷方式建立治平專案個人卷宗並設櫃密存；相關筆錄、證物、檢察官之處分書及各級法院之裁判書等司法文書資料應併案完整保存，並陳報本署備查。

二八、各專業警察機關得自行規劃執行治平專案，有具體績效者，比照本規定相關獎勵基準辦理獎勵。

二九、本規定獎懲依警察人員獎懲標準相關規定辦理。

監獄行刑法

1.中華民國35年1月19日國民政府制定公布全文98條
2.中華民國43年12月25日總統令修正公布全文94條
3.中華民國46年1月7日總統令修正公布第27、32及33條條文
4.中華民國63年12月12日總統令修正發布第11、14、15、18、24、26、30、33、34、58、70、71、75、76、81、82、84、88、90條條文；並增訂第26-1、93-1條條文
5.中華民國69年12月1日總統令修正公布第5、26-1、27、32、33、75、81、90、93-1條條文
6.中華民國81年4月6日總統令修正公布第75條條文
7.中華民國82年7月28日總統令修正公布第24、25、26-1、31、34、44、47、51、66、69、87、90條條文；並增訂第93-2條條文
8.中華民國83年6月6日總統令修正公布第19、20條條文
9.中華民國86年5月14日總統令修正公布第3、32、33、35、36、81、93條條文；並增訂第26-2條條文
10.中華民國91年6月12日總統令修正公布第58條條文
11.中華民國92年1月22日總統令修正公布第81條條文
12.中華民國94年6月1日總統令修正公布第81、83、94條條文；增訂第82-1條條文；並自95年7月1日施行
13.中華民國99年5月26日總統令修正公布第11、17、26-2、58條條文
14.中華民國109年1月15日總統令修正公布全文156條；並自公布日後六個月施行

第一章　總　則

第1條（立法目的）
爲達監獄行刑矯治處遇之目的，促使受刑人改悔向上，培養其適應社會生活之能力，特制定本法。

第2條（主管機關、監督機關及少年矯正學校或監獄之訪視）
Ⅰ本法之主管機關爲法務部。
Ⅱ監獄之監督機關爲法務部矯正署。
Ⅲ監督機關應派員視察監獄，每季至少一次。
Ⅳ少年法院法官、檢察官執行刑罰有關事項，得隨時訪視少年矯正學校、監獄。

第3條（徒刑、拘役與罰金易服勞役之執行處所及分別監禁）
Ⅰ處徒刑、拘役及罰金易服勞役之受刑人，除法律另有規定外，於監獄內執行之。
Ⅱ處拘役及罰金易服勞役者，應與處徒刑者分別監禁。

第4條（少年受刑人矯正教育之實施）
Ⅰ未滿十八歲之少年受刑人，應收容於少年矯正學校，並按其性別分別收容。
Ⅱ收容中滿十八歲而殘餘刑期未滿三個月者，得繼續收容於少年矯正學校。
Ⅲ滿十八歲之少年受刑人，得依其教育需要，收容於少年矯正學校至滿二十三歲爲止。
Ⅳ前三項受刑人滿二十三歲而未完成該級教育階段者，得由少年矯正學校報請監督機關同意，收容至完成該級教育階段爲止。
Ⅴ本法所稱少年受刑人，指犯罪行爲時未滿十八歲之受刑人。
Ⅵ第一項至第四項所定少年受刑人矯正教育之實施，其他法律另有規定者，從其規定。

第5條（監獄收容應按性別分界）
監獄對收容之受刑人，應按其性別嚴爲分界。

第6條（受刑人之人權保障）
Ⅰ監獄人員執行職務應尊重受刑人之尊嚴及維護其人權，不得逾越所欲達成矯治處遇目的之必要限度。
Ⅱ監獄對受刑人不得因人種、膚色、性別、語言、宗教、政治立場、國籍、種族、社會階級、財產、出生、身心障礙或其他身分而有歧視。
Ⅲ監獄應保障身心障礙受刑人在監獄內之無障礙權益，並採取適當措施爲合理調整。
Ⅳ監獄應以積極適當之方式及措施，使受刑人瞭解其所受處遇及刑罰執行之目的。
Ⅴ監獄不得對受刑人施以逾十五日之單獨監禁。監獄因對受刑人依法執行職務，而附隨有單獨監禁之狀態時，應定期報監督機關備查，並由醫事人員持續評估受刑人身心狀況。經醫事人員認爲不適宜繼續單獨監禁者，應停止之。

第7條（外部視察小組之設置及報告提出）
Ⅰ爲落實透明化原則，保障受刑人權益，監獄應設獨立之外部視察小組，置委員三人至七人，任期二年，均爲無給職，由監督機關陳報法務部核定後遴聘之。
Ⅱ前項委員應就法律、醫學、公共衛生、心理、犯罪防治或人權領域之專家學者遴選之。其中任一性別委員不得少於三分之一。
Ⅲ視察小組應就監獄運作及受刑人權益等相關事項，進行視察並每季提出報告，由監獄經監督機關陳報法務部備查，並以適當方式公開，由相關權責機關回應處理之。
Ⅳ前三項視察小組之委員資格、遴（解）聘、視察方式、權限、視察報告之製作、提出與公開期間等事項及其他相關事項之辦法，由法務部定之。

第8條（監獄得同意媒體採訪或民眾參觀）
監獄得依媒體之請求，同意其進入適當處所採訪或參觀；並得依民眾之請求，同意其進入適當處所參

觀。

第9條（受刑人有關資料之調查）

Ⅰ為達到矯治處遇之目的，監獄應調查與受刑人有關之資料。

Ⅱ為實施前項調查，得於必要範圍內蒐集、處理或利用受刑人之個人資料，並得請求機關（構）、法人、團體或個人提供相關資料，機關（構）、法人、團體或個人無正當理由不得拒絕。

Ⅲ第一項與受刑人有關資料調查之範圍、期間、程序、方法、審議及其他應遵行事項之辦法，由法務部定之。

第二章　入　監

第10條（入監應備文件之送交）

Ⅰ受刑人入監時，指揮執行之檢察署應將指揮書附具裁判書及其他應備文件，以書面、電子傳輸或其他適當方式送交監獄。

Ⅱ前項文件不具備時，得拒絕收監，或通知補送。

Ⅲ第一項之應備文件，於少年受刑人入少年矯正學校或監獄時，應包括其犯罪原因、動機、境遇、學歷、經歷、身心狀況及可供處遇之參考事項。

第11條（新入監者相關事項之調查及個別處遇計畫之訂定）

Ⅰ對於新入監者，應就其個性、身心狀況、經歷、教育程度及其他相關事項，加以調查。

Ⅱ前項調查期間，不得逾二個月。

Ⅲ監獄應於受刑人入監後三個月內，依第一項之調查資料，訂定其個別處遇計畫，並適時修正。

第12條（入監或在監婦女請求攜帶子女之准許及相關安置規定）

Ⅰ殘餘刑期在二個月以下之入監或在監婦女請求攜帶未滿三歲之子女，監獄得准許之。

Ⅱ殘餘刑期逾二個月之入監或在監婦女請求攜帶未滿三歲之子女，經監獄檢具相關資料通知子女戶籍所在地直轄市、縣（市）社會福利主管機關評估認符合子女最佳利益者，監獄得准許之。

Ⅲ前項直轄市、縣（市）社會福利主管機關評估期間以二個月為限，並應將評估報告送交監獄。

Ⅳ在前項評估期間，監獄得於監內暫時安置入監或在監婦女攜入之子女。

Ⅴ子女隨母入監最多至滿三歲為止。但經第二項社會福利主管機關評估，認在監符合子女最佳利益者，最多得延長在監安置期間至子女滿三歲六個月為止。

Ⅵ安置在監之子女有下列情形之一，監獄應通知子女戶籍所在地直轄市、縣（市）社會福利主管機關進行訪視評估，辦理轉介安置或為其他必要處置：

一　子女出現畏懼、退縮或其他顯不適於在監安置之狀況。

二　滿三歲或前項但書安置期間屆滿。

三　經第二項評估認在監安置不符合子女最佳利益。

四　因情事變更須離開監獄。

Ⅶ受刑人於監獄內生產之子女，適用前六項規定；其出生證明書不得記載與監獄有關之事項。

Ⅷ為照顧安置在監子女，監獄應規劃活動空間及提供必要之設施或設備，並得洽請社會福利及相關機關（構）、法人、團體或個人協助受刑人育兒相關教育與指導。子女戶籍所在地直轄市、縣（市）社會福利主管機關對於在監子女照顧安置事項，應提供必要之協助。

Ⅸ子女戶籍所在地直轄市、縣（市）社會福利主管機關於必要時得委託其他直轄市、縣（市）社會福利主管機關辦理第二項、第三項、第五項、第六項及前項所定事項。

第13條（入監之健康檢查與拒絕收監之情形、處置及救濟準用規定）

Ⅰ受刑人入監時，應行健康檢查，受刑人不得拒絕；有下列情形之一者，應拒絕收監：

一　有客觀事實足認其身心狀況欠缺辨識能力，致不能處理自己事務。

二　現罹患疾病，因執行而不能保其生命。

三　懷胎五月以上，或生產未滿二月。

四　罹患法定傳染病，因執行有引起群聚感染之虞。

五　衰老、身心障礙，不能於監獄自理生活。

Ⅱ施行前項檢查時，應由醫師進行，並得為醫學上必要處置。經檢查後認有必要時，監獄得委請其他專業人士協助之。

Ⅲ第一項之檢查，在監獄內不能實施者，得戒送醫院為之。

Ⅳ前三項之檢查未能於當日完成者，監獄得同意暫時收容。但收容檢查期間不得逾十日。

Ⅴ收容檢查結果符合第一項所列各款拒絕收監之情形者，其收容檢查之日數，以一日抵有期徒刑或拘役一日，或刑法第四十二條第六項裁判所定之罰金額數。

Ⅵ第一項被拒絕收監者，應送交檢察官斟酌情形為具保、責付、限制住居、限制出境、出海或為其他適當之處置，並準用刑事訴訟法第九十三條之二第二項至第四項、第九十三條之五第一項前段及第三項前段、第一百十一條之命提出保證書、指定保證金額、限制住居、第一百十五條、第一百十六條、第一百十八條第一項之沒入保證金、第一百十九條第二項、第三項之退保、第一百二十一條第四項准其退保及第四百十六條第一項第一款、第三項、第四項、第四百十七條、第四百十八條第一項本文聲請救濟之規定。

第14條（入監身體衣物之檢查及相關人權維護；受刑人身分辨識之機制）

Ⅰ為維護監獄秩序及安全，防止違禁物品流入，受刑人入監時，應檢查其身體、衣類及攜帶之物品，必要時，得採集其尿液檢驗，並得運用科技設備輔助之。

Ⅱ前項檢查身體，如須脫衣檢查時，應於有遮蔽之處所為之，並注意維護受刑人隱私及尊嚴。男性受刑人應由男性職員執行，女性受刑人應由女性職員執行。

Ⅲ非有事實足認受刑人有夾藏違禁物品或有其他危害監獄秩序及安全之虞，不得為侵入性檢查；如須為侵入性檢查，應經監獄長官核准，並由醫事人員為之。

Ⅳ為辨識受刑人身分，應照相、採取指紋或記錄其他身體特徵，並得運用科技設備輔助之。

第15條（入監講習應告知之事項及對身障等受刑人之適當協助；在監服刑權利義務之適當公開）

Ⅰ受刑人入監講習時，應告知下列事項，並製作手冊交付其使用：

一　在監應遵守事項。

二　接見及通信事項。

三　獎懲事項。

四　編級及累進處遇事項。

五　報請假釋應備條件及相關救濟事項。

六　陳情、申訴及訴訟救濟之規定。

七　衛生保健及醫療事項。

八　金錢及物品保管之規定。

九　法律扶助事項之宣導。

十　其他應注意事項。

Ⅱ受刑人為身心障礙者、不通中華民國語言或有其他理由，致其難以瞭解前項各款所涉內容之意涵者，監獄應提供適當之協助。

Ⅲ與受刑人在監服刑權利義務相關之重要法規、行政規則及函釋等，宜以適當方式公開，使受刑人得以知悉

第三章　監　禁

第16條（監禁舍房之種類及分配原則）

Ⅰ監禁之舍房分為單人舍房及多人舍房。

Ⅱ受刑人入監後，以分配於多人舍房為原則。監獄得依其管理需要配房。

第17條（受刑人移監之要件及程序）

Ⅰ監獄受刑人人數嚴重超額時，監督機關視各監獄收容之實際狀況，必要時得機動調整移監。

Ⅱ有下列情形之一者，監獄得報請監督機關核准移送指定之監獄：

一　受刑人有特殊且必要之處遇需求，而本監無法提供相應之資源。

二　監獄依據受刑人調查分類之結果，認須加強教化。

三　受刑人對於其他受刑人有顯著之不良影響，有離開本監之必要。

四　因不可抗力，致本監須為重大之施工、修繕；或有急迫之安全或衛生危險。

五　出於其他獄政管理上之正當且必要之理由。

六　經受刑人主動提出申請，經監獄認為有正當且必要之理由。

Ⅲ前二項移監之程序與條件、受刑人審查條件、移送之審查程序、辦理方式、對受刑人本人、家屬或最近親屬之告知、前項第六款得提出申請之資格條件及其他相關事項之辦法，由法務部定之。

第18條（累進處遇之適用）

Ⅰ對於刑期六月以上之受刑人，為促使其改悔向上，培養其適應社會生活之能力，其處遇應分為數個階段，以累進方法為之。但因身心狀況或其他事由認為不適宜者，得暫緩適用累進處遇。

Ⅱ累進處遇事項及方法，另以法律定之。

第19條（給予和緩處遇之情形及程序）

Ⅰ前條適用累進處遇之受刑人有下列情形之一者，監獄得給予和緩處遇：

一　患有疾病經醫師證明需長期療養。

二　有客觀事實足認其身心狀況欠缺辨識能力，致不能處理自己事務，或其辨識能力顯著減低。

三　衰老、身心障礙、行動不便或不能自理生活。

四　懷胎期間或生產未滿二月。

五　依其他事實認為有必要。

Ⅱ依前項給予和緩處遇之受刑人，應報請監督機關核定之。

Ⅲ和緩處遇原因消滅後，回復依累進處遇規定辦理。

第20條（和緩處遇之方法及準用對象）

Ⅰ前條受刑人之和緩處遇，依下列方法為之：

一　教化：以個別教誨及有益其身心之方法行之。

二　作業：依其志趣，並斟酌其身心健康狀況參加輕便作業，每月所得之勞作金並得自由使用。

三　監禁：視其個別情況定之。為維護其身心健康，並得與其他受刑人分別監禁。

四　接見及通信：因患病或於管理教化上之必要，得許其與最近親屬、家屬或其他人接見及發受書信，並得於適當處所辦理接見。

五　給養：罹患疾病者之飲食，得依醫師醫療行為需要換發適當之飲食。

六　編級：適用累進處遇者，依行刑累進處遇條例之規定予以編級，編級後之責任分數，依

同條例第十九條之標準八成計算。

II 刑期未滿六個月之受刑人，有前條第一項各款情形之一者，得準用前項第一款至第五款之規定。

第四章　戒　護

第21條（監獄得運用科技設備輔助嚴密戒護）

I 監獄應嚴密戒護，並得運用科技設備輔助之。

II 監獄認有必要時，得對受刑人居住之舍房及其他處所實施搜檢，並準用第十四條有關檢查身體及辨識身分之規定。

III 為戒護安全目的，監獄得於必要範圍內，運用第一項科技設備蒐集、處理、利用受刑人或進出人員之個人資料。

IV 監獄為維護安全，得檢查出入者之衣類及攜帶物品，並得運用科技設備輔助之。

V 第一項、第二項與前項之戒護、搜檢及檢查，不得逾必要之程度。

VI 第一項至第四項科技設備之種類、設置、管理、運用、資料保存及其他應遵行事項之辦法，由法務部定之。

第22條（隔離保護之要件及相關程序）

I 有下列情形之一者，監獄得施以隔離保護：

一　受刑人有危害監獄安全之虞。

二　受刑人之安全有受到危害之虞。

II 前項隔離保護應經監獄長官核准。但情況緊急時，得先行為之，並立即報告監獄長官。

III 監獄應將第一項措施之決定定期報監督機關備查。監獄施以隔離保護後，除應以書面告知受刑人外，應通知其家屬或最近親屬，並安排醫事人員持續評估其身心狀況。醫事人員認為不適宜繼續隔離保護者，應停止之。家屬或最近親屬有數人者，得僅通知其中一人。

IV 第一項隔離保護不得逾必要之程度，於原因消滅時應即解除之，最長不得逾十五日。

V 第一項施以隔離保護之生活作息、處遇、限制、禁止、第三項之通知及其他應遵行事項之辦法，由法務部定之。

第23條（對受刑人施用戒具、施以固定保護或收容於保護室之要件、程序、期限及身心健康維護）

I 受刑人有下列情形之一，監獄得單獨或合併施用戒具、施以固定保護或收容於保護室：

一　有脫逃、自殘、暴行、其他擾亂秩序行為之虞。

二　有救護必要，非管束不能預防危害。

II 前項施用戒具、施以固定保護或收容於保護室，監獄不得作為懲罰受刑人之方法。施以固定保護，每次最長不得逾四小時；收容於保護室，每次最長不得逾二十四小時。監獄除應以書面告知受刑人外，並應通知其家屬或最近親屬。家屬或最近親屬有數人者，得僅通知其中一人。

III 戒具以腳鐐、手銬、聯鎖、束繩及其他經法務部核定之戒具為限，施用戒具逾四小時者，監獄應製作紀錄使受刑人簽名，並交付繕本；每次施用戒具最長不得逾四十八小時，並應記明起訖時間，但受刑人有暴行或其他擾亂秩序行為致發生騷動、暴動事故，監獄認為仍有繼續施用之必要者，不在此限。

IV 第一項措施應經監獄長官核准。但情況緊急時，得先行為之，並立即報請監獄長官核准之。監獄應定期將第一項措施實施情形，陳報監督機關備查。

V 受刑人有第一項情形者，監獄應儘速安排醫事人員評估其身心狀況，並提供適當之協助。如認有必要終止或變更措施，應即報告監獄長官，監獄長官應為適當之處理。

VI 第一項施用戒具、固定保護及收容於保護室之程序、方式、規格、第二項之通知及其他應遵行事項之辦法，由法務部定之。

第24條（戒護受刑人外出得施用戒具或施以電子監控措施）

I 監獄戒護受刑人外出，認其有脫逃、自殘、暴行之虞時，得經監獄長官核准後施用戒具。但不得逾必要之程度。

II 受刑人外出或於監獄外從事活動時，監獄得運用科技設備，施以電子監控措施。

第25條（得使用核定器械為必要處置之情形及限制）

I 有下列情形之一，監獄人員得使用法務部核定之棍、刀、槍及其他器械為必要處置：

一　受刑人對於他人之生命、身體、自由為強暴、脅迫或有事實足認為將施強暴、脅迫時。

二　受刑人持有足供施強暴、脅迫之物，經命其放棄而不遵從時。

三　受刑人聚眾騷動或為其他擾亂秩序之行為，經命其停止而不遵從時。

四　受刑人脫逃，或圖謀脫逃不服制止時。

五　監獄之裝備、設施遭受劫奪、破壞或有事實足認為有受危害之虞時。

II 監獄人員使用槍械，以自己或他人生命遭受緊急危害為限，並不得逾必要之程度。

III 前二項棍、刀、槍及器械之種類、使用時機、方法及其他應遵行事項之辦法，由法務部定之。

第26條（遇重大特殊情形得請求警察或相關機關之協助；遇天災事變得由受刑人分任災害防救工作）

I 監獄遇有重大特殊情形，為加強安全戒備及受刑人之戒護，必要時得請求警察機關或其他相關機關協助。

II遇有天災、事變，爲防護監獄設施及受刑人安全時，得由受刑人分任災害防救工作。

第27條（遇天災事變得將受刑人護送於相當處所或暫行釋放）

I遇有天災、事變在監獄內無法防避時，得將受刑人護送於相當處所；不及護送時，得暫行釋放。

II前項暫行釋放之受刑人，由離監時起限四十八小時內，至該監或警察機關報到。其按時報到者，在外期間予以計算刑期；屆期不報到者，以脫逃罪論處。

第28條（受刑人返家探視之規定）

I受刑人之祖父母、父母、配偶之父母、配偶、子女或兄弟姊妹喪亡時，得經監獄長官核准戒護返家探視，並於二十四小時內回監；其在外期間，予以計算刑期。

II受刑人因重大或特殊事故，有返家探視之必要者，經報請監督機關核准後，準用前項之規定。

III受刑人返家探視條件、對象、次數、期間、費用、實施方式、核准程序、審查基準、核准後之變更或取消及其他應遵行事項之辦法，由法務部定之。

第29條（受刑人外出制度）

I受刑人在監執行逾三月，行狀善良，得報請監督機關核准其於一定期間內外出。但受刑人有不適宜外出之情事者，不在此限。

II經核准外出之受刑人，應於指定時間內回監，必要時得向指定處所報到。

III受刑人外出期間，違反外出應遵守規定或發現有不符合第五項所定辦法有關資格、條件之規定者，得變更或取消其外出之核准；外出核准經取消者，其在外期間不算入執行刑期。外出期間表現良好者，得予以獎勵。

IV受刑人外出，無正當理由未於指定時間內回監或向指定處所報到者，其在外期間不算入執行刑期，並以脫逃罪論處。

V受刑人外出之資格、條件、實施方式與期間、安全管理方式、應遵守規定、核准程序、變更、取消及其他相關事項之辦法，由法務部定之。

第30條（受刑人戒護外出參加有助教化活動之規定）

監獄得遴選具有特殊才藝或技能之受刑人，於徵得其同意後，報請監督機關核准，戒護外出參加公益活動、藝文展演、技職檢定、才藝競賽或其他有助於教化之活動。

第五章　作　業

第31條（受刑人參加作業之義務及作業項目之訂定）

I受刑人除罹患疾病、入監調查期間、戒護安全或法規別有規定者外，應參加作業。爲落實復歸社會目的，監督機關得商洽勞動部協助各監獄發展作業項目，提升作業效能。

II監獄對作業應斟酌衛生、教化、經濟效益與受刑人之刑期、健康、知識、技能及出獄後之生計定之，並按作業性質，使受刑人在監內、外工場或其他特定場所爲之。監獄應與受刑人晤談後，於個別處遇計畫中訂定適當作業項目，並得依職權適時調整之。

III受刑人從事炊事、打掃、營繕、看護及其他由監獄指定之事務，視同作業。

IV受刑人在監外作業，應於指定時間內回監，必要時得向指定處所報到。其無正當理由未於指定時間內回監或向指定處所報到者，在外期間不算入執行刑期，並以脫逃罪論處。

V第二項在監內、外作業項目、遴選條件、編組作業、契約要項、安全管理方式及其他應遵行事項之辦法，由法務部定之。

VI監督機關得商洽勞動部協助各監獄發展職業訓練項目，提升訓練效能。

第32條（作業時間上限及給與超時勞作金之規定）

I作業時間應斟酌教化、數量、作業之種類、設備之狀況及其他情形定之，每日不得逾八小時。但有特殊情形，得將作業時間延長之，延長之作業時間連同正常作業時間，一日不得超過十二小時。

II前項延長受刑人作業時間，應經本人同意後實施，並應給與超時勞作金。

第33條（作業課程之訂定及作業之協同指導）

I受刑人之作業以勞動能率或作業時間作爲課程；其勞動能率應依一般人平均工作產能酌定。

II監獄得延聘具有專業之人員協同指導受刑人之作業。

第34條（作業之方式及核准）

I監獄作業方式，以自營、委託加工、承攬、指定監外作業或其他作業爲之。

II前項作業之開辦計畫及相關契約，應報經監督機關核准。

第35條（停止作業之情形）

I有下列情形之一者，得停止受刑人之作業：

一　國定例假日。

二　受刑人之配偶、直系親屬或三親等內旁系親屬喪亡。但停止作業期間最長以七日爲限。

三　因其他情事，監獄認爲必要時。

II就炊事、打掃及其他需急速之作業者，除前項第二款外，不停止作業。

III第一項之情形，經受刑人請求繼續作業，且符合監獄管理需求者，從其意願。

第36條（勞作金之給與及計算方式）

I參加作業者應給與勞作金。

II前項勞作金之計算及給與，應將勞作金總額依比率分別提撥，並依受刑人實際作業時間及勞動能率合併計算給與金額。其提撥比率設定及給與分配等相關事項之辦法，由法務部定之。

第37條（作業賸餘之分配項目及比例）

I作業收入扣除作業支出後稱作業賸餘，分配如下：

一　提百分之六十充前條勞作金。

二　提百分之十充犯罪被害人補償費用。

三　提百分之十充受刑人飲食補助費用。

四　其餘充受刑人職業訓練、改善生活設施及照顧受刑人與其家屬之補助費用。

五　如有賸餘，撥充法務部矯正機關作業基金（以下簡稱作業基金）循環應用。

II前項第二款提撥犯罪被害人補償費用，應專戶存儲，並依犯罪被害人保護法規定支付。

第38條（補償金之發給）

I受刑人因作業或職業訓練致受傷、罹病、重傷、失能或死亡者，應發給補償金。

II前項補償金由作業基金項下支付；其受傷、罹病、重傷、失能認定基準、發給金額、申請程序、領受人資格及其他應遵行事項之辦法，由法務部定之。

第39條（死亡時勞作金、補償金依法處理未領回或申請發還者歸入作業基金）

受刑人死亡時，其勞作金或補償金，經依第八十一條及第八十二條第一項第四款規定處理而未領回或申請發還者，歸入作業基金。

第六章　教化及文康

第40條（對受刑人之教化施以適當輔導及教育）

I對於受刑人，應施以教化。

II前項教化，應參酌受刑人之入監調查結果及個別處遇計畫，施以適當之輔導與教育。

III前項輔導內容，得委由心理學、社會工作、醫療、教育學、犯罪學或法律學等相關領域專家設計、規劃，並得以集體、類別及個別輔導等方式為之。

IV第二項之教育，監獄得自行或與學校合作辦理補習教育、進修教育或推廣教育；其辦理方式、協調支援、師資、課程與教材、學習評量、修業期限、學籍管理、證書之頒發、撤銷、廢止及其他相關事項之辦法，由法務部會同教育部定之。

第41條（宗教信仰自由及宗教活動之舉行）

I受刑人有信仰宗教之自由，不得限制或禁止之。但宗教活動有妨害監獄秩序或安全者，不在此限。

II監獄得依受刑人請求安排適當之宗教師，實施教誨。

III監獄得邀請宗教人士舉行有助於受刑人之宗教活動。

IV受刑人得持有與其宗教信仰有關之物品或典籍。但有妨害監獄秩序、安全及管理之情形，得限制或禁止之。

第42條（受刑人與被害人進行調解及修復事宜之安排協助）

監獄得安排專人或轉介機關（構）、法人、團體協助受刑人與被害人進行調解及修復事宜。

第43條（運用社會人力資源協助教化活動之推展）

I監獄得聘請或邀請具矯治處遇相關知識或熱誠之社會人士，協助教化活動，並得延聘熱心公益社會人士為志工，協助教化工作。

II前項志工，由監獄報請監督機關核定後延聘之。

第44條（知識自由及各種文化及康樂活動之辦理）

I監獄得設置圖書設施、提供圖書資訊服務或發行出版物，供受刑人閱讀。

II受刑人得自備書籍、報紙、點字讀物或請求使用紙筆及其他必要之用品。但有礙監獄作息、管理、教化或安全之虞者，得限制或禁止之。

III監獄得辦理圖書展示，供受刑人購買優良圖書，以達教化目的。

IV監獄得提供適當之資訊設備予受刑人使用。

V為增進受刑人之身心健康，監獄應適時辦理各種文化及康樂活動。

第45條（得提供廣電視聽器材或資訊設備實施教化及收聽、收看權益之保護）

I監獄得提供廣播、電視設施、資訊設備或視聽器材實施教化。

II受刑人經監獄許可，得持有個人之收音機、電視機或視聽器材為收聽、收看。

III監獄對身心障礙受刑人應考量收容特性、現有設施狀況及身心障礙者特殊需求，提供視、聽、語等無障礙輔助措施。

IV前二項收聽、收看，於有礙受刑人生活作息，或監獄管理、教化、安全之虞時，得限制或禁止之。

第七章　給　養

第46條（飲食及必要衣物器具之提供）

I為維護受刑人之身體健康，監獄應供給飲食，並提供必要之衣類、寢具、物品及其他器具。

II受刑人得因宗教信仰或其他因素，請求監獄提供適當之飲食。

第47條（攜帶入監或在監生產子女必需用品之自備或提供）

攜帶入監或在監生產之受刑人子女，其食物、衣類及必需用品，均應由受刑人自備；無力自備者，得由監獄提供之。

第48條（酒類檳榔之禁用；吸菸管理、菸害防制教育宣導及戒菸獎勵）

Ⅰ受刑人禁用酒類、檳榔。

Ⅱ監獄得許受刑人於指定之時間、處所吸菸，並應對受刑人施以菸害防制教育、宣導，對戒菸之受刑人給予適當之獎勵。

Ⅲ前項受刑人吸菸之資格、時間、地點、設施、數量、菸害防制教育與宣導、戒菸計畫、獎勵及其他應遵行事項之辦法，由法務部定之。

第八章　衛生及醫療

第49條（疾病醫療、預防保健等事項之辦理及相關醫事人員之備置）

Ⅰ監獄應掌握受刑人身心狀況，辦理受刑人疾病醫療、預防保健、篩檢、傳染病防治及飲食衛生等事項。

Ⅱ監獄依其規模及收容對象、特性，得在資源可及範圍內備置相關醫事人員，於夜間及假日為戒護外醫之諮詢判斷。

Ⅲ前二項業務，監獄得委由醫療機構或其他專業機構辦理。

Ⅳ衛生福利部、教育部、國防部、國軍退除役官兵輔導委員會、直轄市或縣（市）政府所屬之醫療機構，應協助監獄辦理第一項及第二項業務。

Ⅴ衛生主管機關應定期督導、協調、協助改善前四項業務，監獄並應協調所在地之衛生主管機關辦理之。

第50條（醫療監獄之設置及業務事項）

Ⅰ為維護受刑人在監獄內醫療品質，並提供住院或療養服務，監督機關得設置醫療監獄；必要時，得於監獄附設之。

Ⅱ醫療監獄辦理受刑人疾病醫療、預防保健、篩檢、傳染病防治及飲食衛生等業務，得委由醫療機構或其他專業機構辦理。

第51條（清潔維護及衛生檢查）

監獄內應保持清潔，定期舉行環境衛生檢查，並適時使受刑人從事打掃、洗濯及整理衣被、器具等必要事務。

第52條（舍房、作業場所等空間、光線及通風之維持；衛浴設施之充足；物品衛生安全需求之符合）

Ⅰ受刑人舍房、作業場所及其他處所，應維持保健上必要之空間、光線及通風，且有足供生活所需之衛浴設施。

Ⅱ監獄提供予受刑人使用之物品，須符合衛生安全需求。

第53條（用水供應、沐浴及理剃鬚髮之規定）

為維護受刑人之健康及衛生，應依季節供應冷熱水及清潔所需之用水，並要求其沐浴及理剃鬚髮。

第54條（運動場地、器材設備之提供及運動之時間）

Ⅰ監獄應提供受刑人適當之運動場地、器材及設備。

Ⅱ監獄除國定例假日、休息日或有特殊事由外，應給予受刑人每日運動一小時。

Ⅲ為維持受刑人健康，運動處所以安排於戶外為原則；必要時，得使其於室內適當處所從事運動或其他舒展身心之活動。

第55條（健康評估、健康檢查及自主健康管理措施）

Ⅰ監獄對於受刑人應定期為健康評估，並視實際需要施行健康檢查及推動自主健康管理措施。

Ⅱ施行前項健康檢查時，得為醫學上之必要處置。

Ⅲ受刑人或其最近親屬及家屬，在不妨礙監獄秩序及經醫師評估有必要之情形下，得請求監獄准許自費延請醫事人員於監獄內實施健康檢查。

Ⅳ第一項健康檢查結果，監獄得應受刑人之請求提供之。

Ⅴ受刑人因健康需求，在不妨害監獄安全及秩序之情形下，經醫師評估可行性後，得請求自費購入或送入低風險性醫療器材或衛生保健物品。

Ⅵ前項購入或送入物品之退回或領回，準用第七十八條、第八十條至第八十二條規定。

第56條（病歷、醫療及個人資料之蒐集、處理或利用）

Ⅰ為維護受刑人健康或掌握其身心狀況，監獄得蒐集、處理或利用受刑人之病歷、醫療及前條第一項之個人資料，以作適當之處置。

Ⅱ前項情形，監獄得請求機關（構）、法人、團體或個人提供相關資料，機關（構）、法人、團體或個人無正當理由不得拒絕。

Ⅲ第一項與受刑人健康有關資料調查之範圍、期間、程序、方法、審議及其他應遵行事項之辦法，由法務部定之。

第57條（傳染病之防治及處理方式）

Ⅰ經監獄通報有疑似傳染病病人時，地方衛生主管機關應協助監獄預防及處理。必要時，得請求中央衛生主管機關協助之。

Ⅱ監獄收容來自傳染病流行地或經過其地之受刑人，得為一定期間之隔離；其攜帶物品，應為必要之處置。

Ⅲ監獄收容經醫師診斷疑似或確診罹患傳染病之受刑人，得由醫師評估為一定期間之隔離，並給予妥適治療，治療期間之長短或方式應遵循醫師之醫囑或衛生主管機關之處分或指導，且應對於其攜帶物品，施行必要之處置。

Ⅳ經衛生機關依傳染病防治法規定，通知罹患傳染病之受刑人於指定隔離治療機構施行治療者，監獄應即與治療機構協調戒送及戒護之作業，並陳報監督機關。接受隔離治療之受刑人視為在監執行。

第 58 條（得於病舍或病監收容之情形）

罹患疾病經醫師評估認需密切觀察及處置之受刑人，得於監獄病舍或附設之病監收容之。

第 59 條（依全民健康保險法規定應納保者應以全民健康保險保險對象身分就醫）

I 依全民健康保險法規定應納保之受刑人或其攜帶入監或在監生產之子女罹患疾病時，除已獲准自費醫療者外，應以全民健康保險保險對象身分就醫；其無全民健康保險憑證者，得由監獄逕行代為申請。

II 受刑人為全民健康保險保險對象，經暫行停止保險給付者，其罹患疾病時之醫療費用由受刑人自行負擔。

III 受刑人應繳納下列各項費用時，監獄得由受刑人保管金或勞作金中扣除：

一　接受第一項全民健康保險醫療衍生之費用。

二　換發、補發、代為申請全民健康保險憑證衍生之費用。

三　前項應自行負擔之醫療費用。

IV 受刑人或其攜帶入監或在監生產子女如不具全民健康保險之保險資格，或受刑人因經濟困難無力繳納前項第一款之費用，其於收容或安置期間罹患疾病時，由監獄委請醫療機構或醫師診治。

V 前項經濟困難資格之認定、申請程序及其他應遵行事項之辦法，由法務部定之。

第 60 條（受傷或患病拒不就醫致有生命危險之虞之處理）

I 受刑人因受傷或罹患疾病，拒不就醫，致有生命危險之虞，監獄應即請醫師逕行救治或將受刑人逕送醫療機構治療。

II 前項逕送醫療機構治療之醫療及交通費用，由受刑人自行負擔。

III 第一項逕送醫療機構治療期間，視為在監執行。

第 61 條（自費延醫之請求）

I 受傷或罹患疾病之受刑人接受全民健康保險提供之醫療服務或經監獄委請之醫師醫治後，有正當理由認需由其他醫師診治，而請求自費於監獄內延醫診治時，監獄得予准許。

II 前項自費延醫之申請程序、要件、實施方式、時間、地點、費用支付及其他應遵行事項之辦法，由法務部定之。

第 62 條（戒送醫療機構或病監醫治之要件）

I 受刑人受傷或罹患疾病，有醫療急迫情形，或經醫師診治後認有必要，監獄得戒送醫療機構或病監醫治。

II 前項經醫師診治後認有必要戒送醫療機構醫治之交通費用，應由受刑人自行負擔。但受刑人經濟困難無力負擔者，不在此限。

III 第一項戒送醫療機構醫治期間，視為在監執行。

第 63 條（保外醫治之核准及準用規定）

I 經採行前條第一項醫治方式後，仍不能或無法為適當之醫治者，監獄得報請監督機關參酌醫囑後核准保外醫治；其有緊急情形時，監獄得先行准予保外醫治，再報請監督機關備查。

II 前項保外醫治期間，不算入刑期。

III 依第一項核准保外醫治者，監獄應即報由檢察官命具保、責付、限制住居或限制出境、出海後釋放之。

IV 前項命具保、責付、限制住居或限制出境、出海者，準用刑事訴訟法第九十三條之二第二項至第四項、第九十三條之五第一項前段及第三項前段、第一百十一條之命提出保證書、指定保證金額、限制住居、第一百十五條、第一百十六條、第一百十八條第一項之沒入保證金、第一百十九條第二項、第三項之退保、第一百二十一條第四項准其退保及第四百十六條第一項第一款、第三項、第四項、第四百十七條、第四百十八條第一項本文聲請救濟之規定。

V 保外醫治受刑人違反保外醫治應遵守事項者，監督機關或監獄得廢止保外醫治之核准。

VI 第一項核准保外醫治之基準，及前項保外醫治受刑人應遵守事項、廢止核准之要件、程序及其他應遵行事項之辦法，由法務部定之。

VII 懷胎五月以上或生產未滿二月者，得準用前條及第一項前段、第二項至前項之規定。

第 64 條（保外醫治轉介安置之辦理）

依前條報請保外醫治受刑人，無法辦理具保、責付、限制住居時，監獄應檢具相關資料通知監獄所在地直轄市、縣（市）社會福利主管機關辦理轉介安置或為其他必要之處置。

第 65 條（強制營養或醫療上強制措施之實施）

受刑人因拒絕飲食或未依醫囑服藥而有危及生命之虞時，監獄應即請醫師進行診療，並得由醫師施以強制營養或採取醫療上必要之強制措施。

第 66 條（有損健康之醫學或科學試驗之禁止；取得血液或其他檢體為目的外利用之禁止）

I 任何可能有損健康之醫學或科學試驗，除法律另有規定外，縱經受刑人同意，亦不得為之。

II 因診療或健康檢查而取得之受刑人血液或其他檢體，除法律另有規定外，不得為目的外之利用。

第九章　接見及通信

第 67 條（接見及通信權之保障）

I 受刑人之接見或通信對象，除法規另有規定或依受刑人意願拒絕外，監獄不得限制或禁止。

II 監獄依受刑人之請求，應協助其與所屬國或地區之外交、領事人員或可代表其國家或地區之人員接見及通信。

第68條（接見時間、次數及時限）

I 監獄應於平日辦理接見；國定例假日或其他休息日之接見，得由監獄斟酌情形辦理之。

II 受刑人之接見，除法規另有規定外，每星期一次，接見時間以三十分鐘爲限。但監獄長官認有必要時，得增加或延長之。

第69條（接見之程序、限制、處所及人數）

I 請求接見者，應繳驗身分證明文件，登記其姓名、職業、年齡、住居所、受刑人姓名及與受刑人之關係。

II 監獄對於請求接見者認爲有妨害監獄秩序、安全或受刑人利益時，得拒絕之。

III 接見應於接見室爲之。但因患病或於管理教化上之必要，得准於適當處所行之。

IV 接見，每次不得逾三人。但本法或其他法規另有規定，或經監獄長官許可者，不在此限。

V 被許可接見者，得攜帶未滿十二歲之兒童，不計入前項人數限制。

第70條（接見例外之彈性處理）

監獄基於管理、教化輔導、受刑人個人重大事故或其他事由，認爲必要時，監獄長官得准受刑人於監獄內指定處所辦理接見，並酌予調整第六十八條及前條第三項、第四項有關接見場所、時間、次數及人數之限制。

第71條（接見之監看及影音記錄、中止事由；接見使用通訊影音器材之禁止）

I 監獄對受刑人之接見，除法律另有規定外，應監看並以錄影、錄音方式記錄之，其內容不得違法利用。

II 有事實足認有妨害監獄秩序或安全之虞者，監獄得於受刑人接見時聽聞或於接見後檢視錄影、錄音內容。

III 接見過程中發現有妨害監獄秩序或安全時，戒護人員得中止其接見，並以書面載明事由。

IV 與受刑人接見者不得使用通訊、錄影或錄音器材；違者，得依前項規定辦理。

第72條（與律師、辯護人接見之法律協助權益保障及準用規定）

I 受刑人與其律師、辯護人接見時，除法律另有規定外，監獄人員僅得監看而不與聞，不予錄影、錄音；除有事實上困難外，不限制接見次數及時間。

II 爲維護監獄秩序及安全，除法律另有規定外，監獄人員對受刑人與其律師、辯護人接見時往來之文書，僅得檢查有無夾藏違禁物品。

III 第一項之接見，於監獄指定之處所爲之。

IV 第六十七條第一項、第六十八條第一項、第六十九條第一項及前條第三項、第四項規定，於律師、辯護人接見時準用之。

V 前四項規定於未受委任之律師請求接見受刑人洽談委任事宜時，準用之。

第73條（電話或其他通訊方式接見之使用）

I 監獄認受刑人或請求接見者有相當理由時，得准其使用電話或其他通訊方式接見。

II 前項通訊費用，由受刑人或請求接見者自付。但受刑人無力負擔且監獄認爲適當時，得由監獄支付之。

III 前二項接見之條件、對象、次數之限制、通訊方式、通訊申請程序、時間、監看、聽聞、收費及其他應遵行事項之辦法，由法務部定之。

第74條（檢查書信之方式；得閱讀或刪除書信之情形及處理方式；投稿權益之保障）

I 受刑人寄發及收受之書信，監獄人員得開拆或以其他適當方式檢查有無夾藏違禁物品。

II 前項情形，除法律另有規定外，有下列各款情形之一者，監獄人員得閱讀其書信內容。但屬受刑人與其律師、辯護人或公務機關互通之書信，不在此限：

一　受刑人有妨害監獄秩序或安全之行爲，尚在調查中。
二　受刑人於受懲罰期間內。
三　有事實而合理懷疑受刑人有脫逃之虞。
四　有事實而合理懷疑有意圖加害或騷擾他人之虞。
五　矯正機關收容人間互通之書信。
六　有事實而合理懷疑有危害監獄安全或秩序之虞。

III 監獄閱讀受刑人書信後，有下列各款情形之一者，得敘明理由刪除之：

一　顯有危害監獄之安全或秩序。
二　教唆、煽惑他人犯罪或違背法規。
三　使用符號、暗語或其他方法，使檢查人員無法瞭解書信內容。
四　涉及脫逃情事。
五　敘述矯正機關之警備狀況、舍房、工場位置，足以影響戒護安全。

IV 前項書信之刪除，依下列方式處理：

一　受刑人係發信者，監獄應敘明理由，退還受刑人保管或要求其修改後再行寄發，如拒絕修改，監獄得逕予刪除後寄發。
二　受刑人係受信者，監獄應敘明理由，逕予刪除再行交付。

V 前項刪除之書信，應影印原文由監獄保管，並於受刑人出監時發還之。受刑人於出監前死亡者，依第八十一條及第八十二條第一項第四款規定處理。

VI 受刑人發送之文件，屬文稿性質者，得准其投寄報章雜誌或媒體，並準用前五項之規定。

Ⅶ發信郵資，由受刑人自付。但受刑人無力負擔且監獄認為適當時，得由監獄支付之。

第75條（公務請求或送達文書之速為轉送）

受刑人以書面向法院、檢察官或其他公務機關有所請求，或公務機關送達受刑人之文書，監獄應速為轉送。

第十章　保　管

第76條（攜帶或送入財物之檢查、保管、處理及孳息運用）

Ⅰ受刑人攜帶、在監取得或外界送入之金錢及物品，經檢查後，由監獄代為保管。但認有必要且無妨害監獄秩序或安全之虞者，得准許受刑人在監使用，或依受刑人之請求交由他人領回。

Ⅱ前項物品屬易腐敗、有危險性、有害或不適於保管者，監獄得通知受刑人後予以毀棄或為其他適當之處理。

Ⅲ監獄代為保管之金錢，除酌留一定金額作為週轉金外，應設專戶管理。

Ⅳ前項專戶管理之金錢，其所孳生之利息統籌運用於增進受刑人生活福利事項。

Ⅴ前四項受刑人之金錢與物品送入、檢查、登記、保管、使用、毀棄、處理、領回、查核、孳息運用、週轉金保留額度及其他應遵行事項之辦法，由法務部定之。

第77條（財物之送入、檢查、限制或禁止）

Ⅰ外界得對受刑人送入金錢、飲食、必需物品或其他經監獄長官許可之財物。

Ⅱ監獄對於前項外界送入之金錢、飲食、必需物品及其他財物，所實施之檢查不得逾必要之程度。

Ⅲ經前項檢查認有妨害監獄秩序或安全時，得限制或禁止送入。

Ⅳ前三項金錢、飲食、必需物品及其他財物之送入方式、時間、次數、種類、數額、數量、限制或禁止方式及其他應遵行事項之辦法，由法務部定之。

第78條（送入財物之退回、歸屬國庫或毀棄）

Ⅰ監獄對前條外界送入之金錢、飲食及物品，因送入人或其居住處所不明，或為受刑人拒絕收受者，應退回之；無法退回者，經公告六個月後仍無人領取時，歸屬國庫或毀棄。

Ⅱ於前項待領回或公告期間，監獄得將易腐敗、有危險性、有害或不適於保管之物品毀棄之。

第79條（未經許可持有財物之歸屬國庫、毀棄或另為適當處理）

經檢查發現受刑人未經許可持有之金錢或物品，監獄得視情節予以歸屬國庫、毀棄或另為其他適當之處理；其金錢或物品持有人不明者，亦同。

第80條（保管財物之交還或限期通知領回）

受刑人經釋放者，監獄應將代為保管之金錢及物品交還之；其未領回者，應限期通知其領回。

第81條（死亡後遺留財物之通知或公告限期領回）

Ⅰ受刑人死亡後遺留之金錢及物品，應限期通知其繼承人領回。

Ⅱ前項繼承人有數人者，監獄得僅通知其中一人或由其中一人領回。

Ⅲ前二項情形，因其繼承人有無或居住處所不明無法通知，應予公告並限期領回。

第82條（所留財物歸屬國庫、毀棄或另為適當處理之情形）

Ⅰ受刑人有下列各款情形之一，自各款規定之日起算，經六個月後，未申請發還者，其所留之金錢及物品，予以歸屬國庫、毀棄或另為其他適當處理：

一　釋放者，依第八十條限期通知期滿之日起算。

二　脫逃者，自脫逃之日起算。

三　依第二十七條第一項規定暫行釋放，未遵守同條第二項報到規定，自最後應報到之日起算。

四　受刑人死亡者，依前條第一項、第三項通知或公告限期領回期滿之日起算。

Ⅱ於前項待領回、通知或公告期間，監獄得將易腐敗、有危險性、有害或不適於保管之物品予以毀棄或另為其他適當處理。

第十一章　獎懲及賠償

第83條（獎勵事由）

受刑人除依法規規定應予獎勵外，有下列各款行為之一者，得予以獎勵：

一　舉發受刑人圖謀脫逃、暴行或將為脫逃、暴行。

二　救護人命或捕獲脫逃。

三　於天災、事變或傳染病流行時，充任應急事務有勞績。

四　作業成績優良。

五　有特殊貢獻，足以增進監獄榮譽。

六　對作業技術、產品、機器、設備、衛生、醫藥等有特殊設計，足資利用。

七　對監內外管理之改進，有卓越建議。

八　其他優良行為確有獎勵必要。

第84條（獎勵方式）

Ⅰ前條情形，得給予下列一款或數款之獎勵：

一　公開表揚。

二　增給成績分數。

三　給與書籍或其他獎品。

四　增加接見或通信次數。

五　發給獎狀。

六　給與相當數額之獎金。
七　其他特別獎勵。
II 前項獎勵之基準、第七款特別獎勵之種類、對象、實施方式、程序及其他應遵行事項之辦法，由法務部定之。

第 85 條（懲罰原則及限制）
監獄非依本法或其他法律規定，對於受刑人不得加以懲罰，同一事件不得重複懲罰。

第 86 條（妨害秩序或安全行為施以懲罰之種類及期間）
I 受刑人有妨害監獄秩序或安全之行為時，得施以下列一款或數款之懲罰：
一　警告。
二　停止接受送入飲食三日至七日。
三　停止使用自費購買之非日常生活必需品七日至十四日。
四　移入違規舍十四日至六十日。
II 前項妨害監獄秩序或安全之行為態樣與應施予懲罰之種類、期間、違規舍之生活管理、限制、禁止及其他應遵行事項之辦法，由法務部定之。

第 87 條（陳述意見、懲罰原因內容之告知；免、緩罰或停止執行之情形；違規之區隔調查）
I 監獄依本法或其他法律懲罰前，應給予受刑人陳述意見之機會，並告知其違規之原因事實及科處之懲罰。
II 受刑人違規情節輕微或顯堪憫恕者，得免其懲罰之執行或緩予執行。
III 受刑人罹患疾病或有其他特別事由者，得停止執行。
IV 監獄為調查受刑人違規事項，得對相關受刑人施以必要之區隔，期間不得逾二十日。

第 88 條（懲罰廢止、不再或終止執行之情形）
I 依前條第二項規定免予執行或緩予執行後，如受懲罰者已保持一月以上之改悔情狀，得廢止其懲罰。
II 依前條第三項規定停止執行者，於其停止原因消滅後繼續執行。但停止執行逾六個月不再執行。
III 受懲罰者，在執行中有改悔情狀時，得終止其執行。

第 89 條（損害器具物品之賠償事宜）
I 受刑人因故意或重大過失，致損害器具、成品、材料或其他物品時，應賠償之。
II 前項賠償之金額，受刑人未為給付者，得自其保管金或勞作金內扣還之。

第十二章　陳情、申訴及起訴

第 90 條（處分或管理措施執行不因提起陳情或申訴而停止）
監獄對受刑人處分或管理措施之執行，不因提起陳情或申訴而停止。但監獄於必要時，得停止其執行。

第 91 條（因陳情、申訴或訴訟救濟提出而施以歧視或藉故懲罰之禁止）
監獄對於受刑人，不得因陳情、申訴或訴訟救濟之提出，而施以歧視待遇或藉故懲罰。

第 92 條（陳情之方式、對象、意見箱設置及適當處理）
I 受刑人得以書面或言詞向監獄、視察小組或其他視察人員提出陳情。
II 監獄應於適當處所設意見箱，供受刑人提出陳情或提供意見使用。
III 監獄對於受刑人之陳情或提供意見，應為適當之處理。

第 93 條（申訴之類型及不變期間；申訴有理由之處理方式）
I 受刑人因監獄行刑有下列情形之一者，得以書面或言詞向監獄提起申訴：
一　不服監獄所為影響其個人權益之處分或管理措施。
二　因監獄對其依本法請求之事件，拒絕其請求或於二個月內不依其請求作成決定，認為其權利或法律上利益受損害。
三　因監獄行刑之公法上原因發生之財產給付爭議。
II 前項第一款處分或管理措施、第二款、第三款拒絕請求之申訴，應自受刑人收受或知悉處分或管理措施之次日起，十日不變期間內為之。前項第二款、第三款不依請求作成決定之申訴，應自受刑人提出請求屆滿二個月之次日起，十日不變期間內為之。
III 監獄認為受刑人之申訴有理由者，應逕為立即停止、撤銷或變更原處分、管理措施之決定或執行，或依其請求或申訴作成決定。
IV 以書面以外方式所為之處分或管理措施，其相對人有正當理由請求作成書面時，監獄不得拒絕。
V 前項書面應附記理由，並表明救濟方法、期間及受理機關。

第 94 條（申訴及訴訟救濟得委任律師為代理人；輔佐人之相關規定）
I 受刑人提起前條申訴及第一百十一條第二項之訴訟救濟，得委任律師為代理人行之，並應向監獄或法院提出委任狀。
II 受刑人或代理人經監獄或法院之許可，得偕同輔佐人到場。
III 監獄或法院認為必要時，得命受刑人或代理人偕同輔佐人到場。
IV 前二項之輔佐人，監獄或法院認為不適當時，得撤銷其許可或禁止其陳述。
V 輔佐人所為之陳述，受刑人或代理人未立即提出異議者，視為其所自為。

第 95 條（申訴審議小組之設置）

監獄為處理申訴事件，應設申訴審議小組（以下簡稱審議小組），置委員九人，經監督機關核定後，由典獄長指派之代表三人及學者專家或社會公正人士六人組成之，並由典獄長指定之委員為主席。其中任一性別委員不得少於三分之一。

第 96 條（申訴書之應載事項及以言詞申訴之辦理方式）

I 以書面提起申訴者，應填具申訴書，載明下列事項，由申訴人簽名或捺印：

一　申訴人之姓名。有委任代理人或輔佐人者，其姓名、住居所。

二　申訴事實及發生時間。

三　申訴理由。

四　申訴年、月、日。

II 以言詞提起申訴者，由監獄人員代為填具申訴書，經向申訴人朗讀或使其閱覽，確認內容無誤後，交其簽名或捺印。

第 97 條（申訴書補正之期限）

審議小組認為申訴書不合法定程式，而其情形可補正者，應通知申訴人於五日內補正。

第 98 條（審議小組開會之出席人數、會議程序及表決方式）

I 審議小組須有全體委員過半數之出席，始得開會；其決議以出席人數過半數同意行之，可否同數時，取決於主席。

II 審議小組決議時，迴避之委員不計入出席委員人數。

第 99 條（審議小組委員自行迴避、申請迴避與職權迴避之要件及程序事項）

I 審議小組委員於申訴事件有下列情形之一者，應自行迴避，不得參與決議：

一　審議小組委員現為或曾為申訴人之配偶、四親等內之血親、三親等內之姻親或家長、家屬。

二　審議小組委員現為或曾為申訴人之代理人、辯護人、輔佐人。

三　審議小組委員現為申訴人、其申訴對象、或申訴人曾提起申訴之對象。

II 有具體事實足認審議小組委員就申訴事件有偏頗之虞者，申訴人得舉其原因及事實，向審議小組申請迴避。

III 前項申請，由審議小組決議之。不服審議小組之駁回決定者，得於五日內提請監督機關覆決，監督機關除有正當理由外，應於十日內為適當之處置。

IV 申訴人不服監督機關所為覆決決定，僅得於對實體決定提起行政訴訟時一併聲明不服。

V 審議小組委員有第一項情形不自行迴避，而未經申訴人申請迴避者，應由監獄依職權命其迴避。

第 100 條（申訴之撤回）

提起申訴後，於決定書送達申訴人前，申訴人得撤回之。申訴經撤回者，不得就同一原因事實重行提起申訴。

第 101 條（審議小組作成決定之期限及屆期不為決定之效果）

I 審議小組應自受理申訴之次日起三十日內作成決定，必要時得延長十日，並通知申訴人。

II 前項期間，於依第九十七條通知補正情形，自補正之次日起算。

III 審議小組屆期不為決定者，視為撤銷原處分。

第 102 條（申訴審議之陳述意見）

I 審議小組進行審議時，應通知申訴人、委任代理人及輔佐人列席陳述意見。

II 申訴人因案收容於其他處所者，其陳述意見得以書面、影音、視訊、電話或其他方式為之。

III 前項以書面以外方式陳述意見者，監獄應作成紀錄，經向陳述人朗讀或使閱覽確認其內容無誤後，由陳述人簽名或捺印；其拒絕簽名或捺印者，應記明其事由。陳述人對紀錄有異議者，應更正之。

第 103 條（審議資料含與申訴事項無關資料之禁止）

申訴審議資料，不得含與申訴事項無關之罪名、刑期、犯次或之前違規紀錄等資料。

第 104 條（審議小組應依職權調查證據）

審議小組應依職權調查證據，不受申訴人主張之拘束，對申訴人有利及不利事項一律注意。

第 105 條（申訴程序中事實及證據調查之申請）

申訴人於申訴程序中，得申請審議小組調查事實及證據。審議小組認無調查必要者，應於申訴決定中敘明不為調查之理由。

第 106 條（會議紀錄之製作及應載事項）

I 審議小組應製作會議紀錄。

II 前項會議紀錄應載明到場人所為陳述之要旨及其提出之文書、證據。委員於審議中所持與決議不同之意見，經其請求者，亦應列入紀錄。

第 107 條（申訴應為不受理決定之情形）

審議小組認申訴有下列情形之一者，監獄應為不受理之決定：

一　申訴內容非屬第九十三條第一項之事項。

二　提起申訴已逾第九十三條第二項所定期間。

三　申訴書不合法定程式不能補正，或經依第九十七條規定通知補正，屆期不補正。

四　對於已決定或已撤回之申訴事件，就同一原因事實重行提起申訴。

五　申訴人非受第九十三條第一項第一款處分或管理措施之相對人，或非第九十三條第一項第二款、第三款之請求人。

六　監獄已依第九十三條第三項為停止、撤銷或變更原處分、管理措施之決定或執行，或已依其請求或申訴作成決定。

第108條（申訴有無理由應為之決定及不利益變更禁止原則）

I 審議小組認申訴有理由者，監獄應為停止、撤銷或變更原處分、管理措施之決定或執行，或依受刑人之請求或申訴作成決定。但不得為更不利益之變更、處分或管理措施。

II 審議小組認申訴無理由者，監獄應為駁回之決定。

III 原處分或管理措施所憑理由雖屬不當，但依其他理由認為正當者，應以申訴為無理由。

第109條（申訴決定書之製作義務、應載事項及送達等規定）

I 審議小組依前二條所為之決定，監獄應作成決定書。

II 申訴決定書，應載明下列事項：

一　申訴人姓名、出生年月日、住居所、身分證明文件字號。

二　有委任代理人或輔佐人者，其姓名、住居所。

三　主文、事實及理由。其係不受理決定者，得不記載事實。

四　附記如依本法規定得向法院起訴者，其救濟方法、期間及其受理機關。

五　決定機關及其首長。

六　年、月、日。

III 前項決定書應送達申訴人及委任代理人，並副知監督機關。

IV 監督機關收受前項決定書後，應詳閱其內容，如認監獄之原處分或管理措施有缺失情事者，應督促其改善。

V 申訴決定書附記提起行政訴訟期間錯誤時，應由監獄以通知更正之，並自更正通知送達之日起，計算法定期間。

VI 申訴決定書未依第二項第四款規定為附記，或附記錯誤而未依前項規定通知更正，致受刑人遲誤行政訴訟期間者，如自申訴決定書送達之日起三個月內提起行政訴訟，視為於法定期間內提起。

第110條（對監督機關提起申訴或訴訟救濟之規範及準用規定）

I 受刑人與監督機關間，因監獄行刑有第九十三條第一項各款情事，得以書面向監督機關提起申訴，並準用第九十條、第九十三條第二項至第五項、第九十四條第一項、第九十五條、第九十六條第一項、第九十七條至第一百零一條、第一百零二條第二項、第三項、第一百零五條至第一百零八條及前條第一項至第三項、第五項、第六項規定。

II 受刑人依前項規定提起申訴而不服其決定，或提起申訴逾三十日不為決定或延長申訴決定期間逾三十日不為決定者，準用第一百十一條至第一百十四條之規定。

第111條（行政訴訟之救濟程序）

I 受刑人因監獄行刑所生之公法爭議，除法律另有規定外，應依本法提起行政訴訟。

II 受刑人依本法提起申訴而不服其決定者，應向監獄所在地之地方法院行政訴訟庭提起下列各款訴訟：

一　認為監獄處分逾越達成監獄行刑目的所必要之範圍，而不法侵害其憲法所保障之基本權利且非顯屬輕微者，得提起撤銷訴訟。

二　認為前款處分違法，因已執行而無回復原狀可能或已消滅，有即受確認判決之法律上利益者，得提起確認處分違法之訴訟。其認為前款處分無效，有即受確認判決之法律上利益者，得提起確認處分無效之訴訟。

三　因監獄對其依本法請求之事件，拒絕其請求或未於二個月內依其請求作成決定，認為其權利或法律上利益受損害，或因監獄行刑之公法上原因發生財產上給付之爭議，得提起給付訴訟。就監獄之管理措施認為逾越達成監獄行刑目的所必要之範圍，而不法侵害其憲法所保障之基本權利且非顯屬輕微者，亦同。

III 前項各款訴訟之提起，應以書狀為之。

第112條（與其他訴訟合併提起及請求損害賠償之禁止；起訴不變期間及申訴不為決定逕提訴訟）

I 前條訴訟，不得與其他訴訟合併提起，且不得合併請求損害賠償。

II 前條訴訟之提起，應於申訴決定書送達後三十日之不變期間內為之。

III 審議小組逾三十日不為決定或延長申訴決定期間逾十日不為決定者，受刑人自該應為決定期限屆滿後，得逕提起前條第二項第二款、第三款之訴訟。但自該應為決定期限屆滿後逾六個月者，不得提起。

第113條（提出起訴狀或撤回書狀之規定）

I 受刑人於起訴期間內向監獄長官提出起訴狀，或於法院裁判確定前向監獄長官提出撤回書狀者，分別視為起訴期間內之起訴或法院裁判確定前之撤回。

II 受刑人不能自作起訴狀者，監獄人員應為之代作。

III 監獄長官接受起訴狀或撤回書狀後，應附記接受之年、月、日、時，儘速送交法院。

IV 受刑人之起訴狀或撤回書狀，非經監獄長官提出者，法院之書記官於接受起訴狀或撤回書狀後，應即通知監獄長官。

V監獄應依職權或依法院之通知，將與申訴案件有關之卷宗及證物送交法院。

第 114 條（依法適用簡易訴訟程序事件、裁判費用減徵及得不經言詞辯論等規定）

I依第一百十一條規定提起之訴訟，為簡易訴訟程序事件，除本法或其他法律另有規定外，適用行政訴訟法簡易訴訟程序之規定，其裁判費用減徵二分之一。

II前項裁判得不經言詞辯論為之，並得引用申訴決定書所記載之事實、證據及理由，對案情重要事項申訴決定書未予論述，或不採受刑人之主張、有利於受刑人之證據，應補充記載其理由。

第十三章 假釋

第 115 條（陳報假釋之程序）

I監獄對於受刑人符合假釋要件者，應提報其假釋審查會決議後，報請法務部審查。

II依刑法第七十七條第二項第三款接受強制身心治療或輔導教育之受刑人，應附具曾受治療或輔導之紀錄及個案自我控制再犯預防成效評估報告，如顯有再犯之虞，不得報請假釋。

III前項強制身心治療或輔導教育之處理程序、評估機制及其他相關事項之辦法，由法務部定之。

第 116 條（假釋審查應參酌之事項及假釋審查參考基準之訂定公開）

I假釋審查應參酌受刑人之犯行情節、在監行狀、犯罪紀錄、教化矯治處遇成效、更生計畫及其他有關事項，綜合判斷其悛悔情形。

II法務部應依前項規定內容訂定假釋審查參考基準，並以適當方式公開之。

第 117 條（陳述意見及請求假釋審查相關資料）

I監獄召開假釋審查會前，應以適當之方式給予受刑人陳述意見之機會。

II受刑人得向監獄請求閱覽、抄錄、複製假釋審查相關資料。但所涉資料屬政府資訊公開法第十八條第一項或檔案法第十八條所定情形者，不在此限。

第 118 條（對陳報假釋決議之處分及再行陳報之提出時間）

I法務部參酌監獄依第一百十五條第一項陳報假釋之決議，應為許可假釋或不予許可假釋之處分；如認原決議所載理由或所憑資料未臻完備，得通知監獄再行補正，其不能補正者，得予退回。

II經法務部不予許可假釋之處分案，除進級者外，監獄應逾四月始得再行陳報。但該受刑人嗣後獲第八十四條第一項第五款至第七款所列之獎勵者，監獄得提前一個月陳報。

第 119 條（假釋審查會之設置）

I監獄應設假釋審查會，置委員七人至十一人，除典獄長及其指派監獄代表二人為當然委員外，其餘委員由各監獄遴選具有心理、教育、法律、犯罪、監獄學、觀護、社會工作或相關專門學識之人士，報請監督機關核准後聘任之。其中任一性別委員不得少於三分之一。

II監獄得將所設分監受刑人假釋案件審查之事項，委託該分監所在之矯正機關辦理。

III第一百十五條陳報假釋之程序、文件資料，與第一項假釋審查會委員任期、召開方式、審議要項、委員迴避、釋放程序及其他相關事項之辦法，由法務部定之。

第 120 條（維持或廢止假釋）

I假釋出監受刑人刑期變更者，監獄於接獲相關執行指揮書後，應依刑法第七十七條規定重新核算，並提報其假釋審查會決議後，報請法務部辦理維持或廢止假釋。

II前項經維持假釋者，監督機關應通知該假釋案犯罪事實最後裁判法院相對應檢察署向法院聲請裁定假釋中付保護管束；經廢止假釋者，由監獄通知原指揮執行檢察署辦理後續執行事宜。

III第一項情形，假釋期間已屆滿且假釋未經撤銷者，已執行保護管束日數全部計入刑期；假釋尚未期滿者，已執行保護管束日數，應於日後再假釋時，折抵假釋及保護管束期間。

IV受刑人於假釋核准後，未出監前，發生重大違背紀律情事，監獄應立即報請法務部停止其假釋處分之執行，並即提報假釋審查會決議後，再報請法務部廢止假釋，如法務部不同意廢止，停止假釋之處分即失其效力。

V受刑人不服停止假釋處分時，僅得於對廢止假釋處分聲明不服時一併聲明之。

第 121 條（不服處分之救濟及可提起復審之對象及期間）

I受刑人對於前條廢止假釋及第一百十八條不予許可假釋之處分，如有不服，得於收受處分書之翌日起十日內向法務部提起復審。假釋出監之受刑人以其假釋之撤銷為不當者，亦同。

II前項復審無停止執行之效力。

III在監之復審人於第一項所定期間向監獄提起復審者，視為已在復審期間內提起復審。

第 122 條（復審及訴訟救濟得委任律師為代理人；輔佐人之相關規定）

I受刑人提起前條復審及第一百三十四條第一項之訴訟救濟，得委任律師為代理人行之，並應向法院或法務部提出委任狀。

II受刑人或代理人經法務部或法院之許可，得偕同輔佐人到場。

III法務部或法院認為必要時，得命受刑人或代理人偕同輔佐人到場。

Ⅳ前二項之輔佐人，法務部或法院認爲不適當時，得撤銷其許可或禁止其陳述。

Ⅴ輔佐人所爲之陳述，受刑人或代理人未立即提出異議者，視爲其所自爲。

第 123 條（復審審議小組之設置）

法務部爲處理復審事件，應設復審審議小組，置委員九人，由法務部或所屬機關代表四人、學者專家或社會公正人士五人組成之，由部長指定之委員爲主席。其中任一性別委員不得少於三分之一。

第 124 條（復審書之應載事項）

復審應塡具復審書，並載明下列事項，由復審人簽名或捺印：

一　復審人之姓名。有委任代理人或輔佐人者，其姓名、住居所。

二　復審事實。

三　復審理由。

四　復審年、月、日。

第 125 條（復審書補正之期限）

復審審議小組認爲復審書不合法定程式，而其情形可補正者，應通知復審人於五日內補正。

第 126 條（復審審議小組開會之出席人數、會議程序及表決方式）

Ⅰ復審審議小組須有全體委員過半數之出席，始得開會；其決議以出席人數過半數同意行之，可否同數時，取決於主席。

Ⅱ復審審議小組會議決議時，迴避之委員不計入出席委員人數。

第 127 條（復審審議小組委員自行迴避、申請迴避與依職權命其迴避之要件及程序事項）

Ⅰ復審審議小組委員於復審事件有下列情形之一者，應自行迴避，不得參與決議：

一　復審審議小組委員現爲或曾爲復審人之配偶、四親等內血親、三親等內姻親或家長、家屬。

二　復審審議小組委員現爲或曾爲復審人之代理人、辯護人、輔佐人。

三　復審審議小組委員現爲復審人、其申訴對象、或復審人曾提起申訴之對象。

Ⅱ有具體事實足認復審審議小組委員就復審事件有偏頗之虞者，復審人應舉其原因及事實，向復審審議小組申請迴避。

Ⅲ前項申請，由復審審議小組決議之。

Ⅳ不服復審審議小組之駁回決定者，得於五日內提請法務部覆決，法務部除有正當理由外，應於十日內爲適當之處置。

Ⅴ復審人不服法務部所爲覆決決定，僅得於對實體決定提起行政訴訟時，一併聲明不服。

Ⅵ復審審議小組委員有第一項情形不自行迴避，而未經復審人申請迴避者，應由法務部依職權命其迴避。

第 128 條（復審之撤回）

提起復審後，於決定書送達復審人前，復審人得撤回之。復審經撤回者，不得就同一原因事實重行提起復審。

第 129 條（復審審議小組作成決定之期限及得提起行政訴訟救濟之規定）

Ⅰ復審審議小組之決定，應自受理復審之次日起二個月內爲之。

Ⅱ前項期間，於依第一百二十五條通知補正情形，自補正之次日起算。未爲補正者，自補正期間屆滿之次日起算。

Ⅲ復審事件不能於第一項期間內決定者，得予延長，並通知復審人。延長以一次爲限，最長不得逾二個月。

Ⅳ受刑人不服復審決定，或提起復審逾二個月不爲決定，或延長復審決定期間逾二個月不爲決定者，得依本法規定提起行政訴訟。

第 130 條（復審審議之陳述意見）

Ⅰ復審審議小組審議時，應通知復審人、委任代理人及輔佐人陳述意見，其陳述意見得以書面、影音、視訊、電話或其他方式爲之。

Ⅱ前項以書面以外方式陳述意見者，應作成紀錄，經向陳述人朗讀或使閱覽確認其內容無誤後，由陳述人簽名或捺印；其拒絕簽名或捺印者，應記明其事由。陳述人對紀錄有異議者，應更正之。

第 131 條（復審應爲不受理決定之情形）

復審有下列情形之一者，應爲不受理之決定：

一　復審內容非屬第一百二十一條之事項。

二　提起復審已逾第一百二十一條所定期間。

三　復審書不合法定程式不能補正，或經依第一百二十五條規定通知補正，屆期不補正。

四　對於已決定或已撤回之復審事件，就同一原因事實重行提起復審。

五　復審人非受第一百二十一條處分之當事人。

六　原處分已撤銷或變更。

第 132 條（復審有理由及無理由應爲之決定）

Ⅰ復審有理由者，應爲撤銷或變更原處分。

Ⅱ復審無理由者，應爲駁回之決定。

Ⅲ原處分所憑理由雖屬不當，但依其他理由認爲正當者，應以復審爲無理由。

第 133 條（復審決定書之應載事項及送達等規定）

Ⅰ復審決定書，應載明下列事項：

一　復審人姓名、出生年月日、住居所、身分證明文件字號。

二　有委任代理人或輔佐人者，其姓名、住居所。

三　主文、事實及理由。其係不受理決定者，得不記載事實。

四　附記如依本法規定得向法院起訴，其救濟方法、期間及其受理機關。

五　決定機關及其首長。

六　年、月、日。

II前項決定書應送達復審人及委任代理人。

III復審決定書附記提起行政訴訟期間錯誤時，應由法務部以通知更正之，並自更正通知送達之日起，計算法定期間。

IV復審決定書未依第一項第四款規定爲附記，或附記錯誤而未依前項規定通知更正，致受刑人遲誤行政訴訟期間者，如自復審決定書送達之日起三個月內提起行政訴訟，視爲於法定期間內提起。

第 134 條（行政訴訟之救濟程序）

I受刑人對於廢止假釋、不予許可假釋或撤銷假釋之處分不服，經依本法提起復審而不服其決定，或提起復審逾二個月不爲決定或延長復審決定期間逾二個月不爲決定者，應向監獄所在地或執行保護管束地之地方法院行政訴訟庭提起撤銷訴訟。

II前項處分因已執行而無回復原狀可能或已消滅，有即受確認判決之法律上利益者，得提起確認處分違法之訴訟。其認爲前項處分無效，有即受確認判決之法律上利益者，得提起確認處分無效之訴訟。

III前二項訴訟之提起，應以書狀爲之。

第 135 條（與其他訴訟合併提起及請求損害賠償之禁止；起訴不變期間及申訴不爲決定得提起訴訟）

I前條訴訟，不得與其他訴訟合併提起，且不得合併請求損害賠償。

II前條訴訟之提起，應於復審決定書送達後三十日之不變期間內爲之。

III復審逾二個月不爲決定或延長復審決定期間逾二個月不爲決定者，前條訴訟自該應爲決定期限屆滿後始得提起。但自該應爲決定期限屆滿後逾六個月者，不得提起。

第 136 條（對假釋處分所提訴訟之準用規定）

第一百十一條第一項、第一百十三條、第一百十四條之規定，於第一百三十四條之訴訟準用之。

第 137 條（假釋相關事項權限之委任辦理）

法務部得將假釋之審查、維持、停止、廢止、撤銷、本章有關復審審議及其相關事項之權限，委任所屬矯正署辦理。

第十四章　釋放及保護

第 138 條（釋放及其時間限制）

I執行期滿者，應於其刑期終了之當日午前釋放之。

II核准假釋者，應於保護管束命令送交監獄後二十四小時內釋放之。但有移交、接管、護送、安置、交通、銜接保護管束措施或其他安全顧慮特殊事由者，得於指定日期辦理釋放。

III前項釋放時，由監獄給與假釋證書，並告知如不於特定時間內向執行保護管束檢察署檢察官報到，得撤銷假釋之規定，並將出監日期通知執行保護管束之機關。

IV受赦免者，應於公文到達後至遲二十四小時內釋放之。

第 139 條（保護扶助事項之調查及覆查）

釋放後之保護扶助事項，除法規另有規定外，應於受刑人執行期滿出監前或提報假釋前先行調查，必要時，得於釋放前再予覆查。

第 140 條（出監後強制治療宣告之聲請）

I受刑人依刑法第九十一條之一或性侵害犯罪防治法第二十二條之一規定，經鑑定、評估，認有再犯之危險，而有施以強制治療之必要者，監獄應於刑期屆滿前四月，將受刑人應接受強制治療之鑑定、評估報告等相關資料，送請該管檢察署檢察官，檢察官至遲應於受刑人刑期屆滿前二月，向法院聲請出監後強制治療之宣告。

II前項強制治療宣告之執行，應於監獄以外之適當醫療機構爲之。

III第一項受刑人實際入監執行之刑期不足六月，無法進行評估者，監獄應檢具相關資料通知其戶籍所在地之直轄市、縣（市）主管機關，於受刑人出監後依性侵害犯罪防治法第二十條規定辦理。

第 141 條（釋放時衣類及旅費之準備或給與）

I釋放時，應斟酌被釋放者之健康，並按時令使其準備相當之衣類及出獄旅費。

II前項衣類、旅費不敷時，監獄應通知當地更生保護團體或相關團體斟酌給與之。

第 142 條（釋放衰老、重病、身障受刑人之通知義務及其他依法通知之辦理）

I釋放衰老、重病、身心障礙不能自理生活之受刑人前，應通知家屬或受刑人認爲適當之人來監接回。無法通知或經通知後拒絕接回者，監獄應檢具相關資料通知受刑人戶籍所在地直轄市、縣（市）社會福利主管機關辦理轉介安置或爲其他必要之處置。

II依其他法規規定於受刑人釋放前應通知相關個人、法人、團體或機關（構）者，監獄應依規定辦理。

第十五章　死　亡

第 143 條（執行中死亡之相驗及通知等事宜）

I受刑人於執行中死亡，監獄應即通知家屬或最近親屬，並逕報檢察署指派檢察官相驗。家屬或最近親屬有數人者，得僅通知其中一人。

II監獄如知前項受刑人有委任律師，且其委任事務尚未處理完畢，亦應通知之。
III第一項情形，監獄應檢附相關資料，陳報監督機關。

第144條（屍體無人請領或無法通知之處理）
死亡者之屍體，經依前條相驗並通知後七日內無人請領或無法通知者，得火化之，並存放於骨灰存放設施。

第十六章　死刑之執行

第145條（執行死刑之場所）
I死刑在監獄特定場所執行之。
II執行死刑之方式、限制、程序及相關事項之規則，由法務部定之。

第146條（執行死刑之告知）
執行死刑，應於當日告知本人

第147條（執行死刑屍體之準用規定）
第一百四十四條之規定，於執行死刑之屍體準用之。

第148條（死刑定讞待執行者之收容程序及準用規定）
I死刑定讞待執行者，應由檢察官簽發死刑確定待執行指揮書，交由監獄收容。
II死刑定讞待執行者，得準用本法有關戒護、作業、教化與文康、給養、衛生及醫療、接見及通信、保管、陳情、申訴及訴訟救濟等規定。
III監獄得適度放寬第一項之待執行者接見、通信，並依其意願提供作業及教化輔導之機會。

第十七章　附　則

第149條（外役監之設置）
為使受刑人從事生產事業、服務業、公共建設或其他特定作業，並實施階段性處遇，使其逐步適應社會生活，得設外役監；其管理及處遇之實施另以法律定之。

第150條（先行支付之交通費用得由保管金或勞作金扣除款項、命限期償還及移送行政執行）
依第六十條第二項及第六十二條第二項規定，應由受刑人自行負擔之交通費用，由監獄先行支付者，監獄得由受刑人保管金或勞作金中扣除，無可供扣除之款項，由監獄以書面行政處分命受刑人於三十日內償還；屆期未償還者，得移送行政執行。

第151條（申訴及訴訟救濟之新舊法制銜接規定）
I本法中華民國一百零八年十二月十七日修正之條文施行前已受理之申訴事件，尚未作成決定者，適用修正施行後之規定。
II本法中華民國一百零八年十二月十七日修正之條文施行前得提起申訴之事件，於修正施行日尚未逾法定救濟期間者，得於修正施行日之次日起算十日內，依本法規定提起申訴。
III本法中華民國一百零八年十二月十七日修正之條文施行前，有第九十三條第一項第二款、第三款之情形，其按第九十三條第二項計算之申訴期間於修正施行日尚未屆滿者，其申訴自修正施行日之次日起算十日不變期間。

第152條（尚未繫屬法院假釋相關救濟事件之銜接規定）
I本法中華民國一百零八年十二月十七日修正之條文施行前，已受理之假釋訴願事件，尚未作成決定者，於修正施行後仍由原受理訴願機關依訴願法之規定決定之。訴願人不服其決定，或提起訴願逾三個月不為決定，或延長訴願決定期間逾二個月不為決定者，得依本法規定向管轄地方法院行政訴訟庭提起訴訟。
II本法中華民國一百零八年十二月十七日修正之條文施行前得提起假釋訴願之事件，於修正施行日尚未逾法定救濟期間者，得於修正施行日之次日起算十日內，依本法規定提起復審。
III本法中華民國一百零八年十二月十七日修正之條文施行前得提起假釋行政訴訟之事件，於修正施行日尚未逾法定救濟期間者，得於修正施行日之次日起算十日內，依本法規定向管轄地方法院行政訴訟庭提起訴訟。

第153條（已繫屬法院假釋相關救濟事件之銜接規定）
I本法中華民國一百零八年十二月十七日修正之條文施行前，因撤銷假釋已繫屬於法院之聲明異議案件，尚未終結者，於修正施行後，仍由原法院依司法院釋字第六八一號解釋意旨，依刑事訴訟法之規定審理。
II前項裁定之抗告、再抗告及本法中華民國一百零八年十二月十七日修正之條文施行前已由地方法院或高等法院終結之聲明異議案件之抗告、再抗告案件，尚未終結者，於修正施行後由高等法院或最高法院依司法院釋字第六八一號解釋意旨，依刑事訴訟法之規定審理。
III本法中華民國一百零八年十二月十七日修正之條文施行前，因撤銷假釋得聲明異議之案件，得於修正施行日之次日起算三十日內，依本法規定向管轄地方法院行政訴訟庭提起訴訟。
IV本法中華民國一百零八年十二月十七日修正之條文施行前，因不予許可假釋而依司法院釋字第六九一號解釋已繫屬於高等行政法院之行政訴訟事件，於修正施行後，依下列規定辦理：
一　尚未終結者：由高等行政法院裁定移送管轄之地方法院行政訴訟庭，依本法規定審理；其上訴、抗告，亦同。
二　已終結者：其上訴、抗告，仍依原訴訟程序規定辦理，不適用修正施行後之規定。

Ⅴ本法中華民國一百零八年十二月十七日修正之條文施行前，因不予許可假釋而依司法院釋字第六九一號解釋已繫屬於最高行政法院，而於修正施行時，尚未終結之前項事件，仍依原訴訟程序規定辦理，不適用修正施行後之規定。如認上訴或抗告不合法或無理由者，應予駁回；有理由者，應爲上訴人或抗告人勝訴之裁判；必要時，發交管轄之地方法院行政訴訟庭依修正施行後之條文審判之。

Ⅵ本法中華民國一百零八年十二月十七日修正之條文施行前確定之不予許可假釋行政訴訟事件裁判，其再審之提起或聲請，由高等行政法院、最高行政法院依原訴訟程序規定辦理，不適用修正施行後之規定。

第 154 條（軍事受刑人之準用規定）

依軍事審判法執行之軍事受刑人準用本法之規定。

第 155 條（施行細則）

本法施行細則，由法務部定之。

第 156 條（施行日）

本法自公布日後六個月施行。

陸海空軍刑法

1.中華民國 18 年 9 月 25 日國民政府制定公布全文 119 條
2.中華民國 26 年 7 月 2 日國民政府修正公布第 2、112～122 條條文
3.中華民國 88 年 4 月 21 日總統令修正公布第十一章章名及第 87 條條文
4.中華民國 90 年 9 月 28 日總統令修正公布全文 79 條；並自 90 年 10 月 2 日起施行
5.中華民國 96 年 1 月 10 日總統令修正公布第 27、66 條條文
6.中華民國 96 年 12 月 12 日總統令修正公布第 79 條條文
7.中華民國 97 年 1 月 2 日總統令修正公布第 54 條條文
8.中華民國 100 年 11 月 30 日總統令修正公布第 54 條條文
9.中華民國 102 年 5 月 22 日總統令修正公布第 54 條條文
10.中華民國 103 年 1 月 15 日總統令修正公布第 44 條條文
11.中華民國 106 年 4 月 19 日總統令修正公布第 75 條條文
12.中華民國 108 年 11 月 20 日總統令修正公布第 54、72 條條文

第一編　總　則

第 1 條（現役軍人之適用）
現役軍人犯本法之罪者，依本法處罰。

第 2 條（非現役軍人之適用）
Ｉ非現役軍人於戰時有下列情形之一者，亦適用本法之規定處罰：
一　犯第十六條之罪。
二　犯第十七條第一項、第十八條第一項第一款、第二款之罪。
三　犯第五十三條第一項、第五十八條第一項、第五十九條第一項、第六十三條第一項之罪。
四　犯第六十七條第一項、第二項、第六十八條第二項之罪。
五　犯第七十二條之罪，致生軍事上之不利益。
II前項第十七條第一項、第十八條第一項第一款、第二款、第五十三條第一項、第五十八條第一項、第五十九條第一項及第六十七條第一項、第二項之未遂犯，亦同。

第 3 條（喪失軍人身分之適用）
現役軍人犯本法之罪後，喪失現役軍人身分者，仍適用本法處罰。

第 4 條（國外犯）
現役軍人在中華民國領域外犯本法之罪者，仍適用本法；非現役軍人於戰時在中華民國領域外犯第二條之罪者，亦同。

第 5 條（屬地主義）
現役軍人在中華民國軍隊占領地域內犯中華民國刑法或其他法律之罪者，以在中華民國領域內犯罪論。

第 6 條（現役軍人）
本法所稱現役軍人，謂依兵役法或其他法律服現役之軍官、士官、士兵。

第 7 條（準現役軍人）
依法成立之武裝團隊，戰時納入作戰序列者，視同現役軍人。

第 8 條（長官上官之定義）
Ｉ本法所稱長官，謂有命令權或職務在上之軍官、士官。
II本法所稱上官，謂前項以外，而官階在上之軍官、士官。

第 9 條（部隊之定義）
本法所稱部隊，謂國防部及所屬軍隊、機關、學校。

第 10 條（敵人之定義）
本法所稱敵人，謂與中華民國交戰或武力對峙之國家或團體。

第 11 條（戰時規定之適用）
Ｉ本法關於戰時之規定，適用於總統依憲法宣戰之期間及地域。其因戰爭或叛亂發生而宣告戒嚴之期間及地域者，亦同。但宣戰或戒嚴未經立法院同意或追認者，不在此限。
II戰時犯本法之罪，縱經媾和、全部或局部有停火之事實或協定，仍依戰時之規定處罰。但按其情節顯然過重者，得減輕或免除其刑。

第 12 條（阻卻違法事由）
戰時為維護國防或軍事上之重大利益，當事機急迫而出於不得已之行為，不罰。但其行為過當者，得減輕或免除其刑。

第 13 條（刑法總則之適用）
刑法總則之規定，與本法不相牴觸者，適用之。

第二編　分　則

第一章　違反效忠國家職責罪

第 14 條（強暴脅迫叛亂罪）
Ｉ意圖破壞國體、竊據國土，或以非法之方法變更國憲、顛覆政府，而以強暴或脅迫著手實行者，處十年以上有期徒刑；首謀者，處死刑、無期徒刑或十年以上有期徒刑。
II預備犯前項之罪者，處一年以上七年以下有期徒刑。

第 15 條（暴動勾結外力叛亂罪）
Ｉ以暴動或勾結外力犯前條第一項之罪者，處無期徒刑或七年以上有期徒刑；首謀者，處死刑或無

期徒刑。

II預備或陰謀犯前項之罪者，處三年以上十年以下有期徒刑。

第16條（煽惑軍人暴動罪）

意圖犯第十四條第一項之罪，而以文字、圖畫、演說或他法煽惑現役軍人暴動者，處七年以上有期徒刑。

第17條（直接利敵罪）

I有下列行爲之一者，處死刑或無期徒刑：

一　將部隊或第五十八條第一項或第五十九條第一項之軍用設施、物品交付敵人者。

二　爲敵人從事間諜活動，或幫助敵人之間諜從事活動者。

三　擅打旗號或發送、傳輸電信授意於敵人者。

四　使敵人侵入軍用港口、機場、要塞或其他軍用設施、建築物，或爲敵人作嚮導或指示地理者。

五　強暴、脅迫或恐嚇長官或上官投降敵人者。

六　爲敵人奪取或縱放捕獲之艦艇、航空器或俘虜者。

II前項之未遂犯，罰之。

III預備或陰謀犯第一項之罪者，處一年以上七年以下有期徒刑。

IV犯前三項之罪，情節輕微者，得減輕其刑。

第18條（間接利敵罪）

I意圖利敵，而有下列行爲之一者，處死刑、無期徒刑或十年以上有期徒刑：

一　毀壞第五十八條第一項或第五十九條第一項之軍用設施、物品，或致令不堪用者。

二　損壞或壅塞水陸通路、橋樑、燈塔、標記，或以他法妨害軍事交通者。

三　長官率部隊不就指定守地或擅離配置地者。

四　解散部隊或誘使潰走、混亂，或妨害其聯絡、集合者。

五　使部隊缺乏兵器、彈藥、糧食、被服或其他重要軍用物品者。

六　犯第六十六條第一項或第四項之罪者。

II前項之未遂犯，罰之。

III預備或陰謀犯第一項之罪者，處六月以上五年以下有期徒刑。

IV犯前三項之罪，情節輕微者，得減輕其刑。

第19條（補充利敵罪）

I以前二條以外之方法供敵人軍事上之利益，或以軍事上之不利益害中華民國或其同盟國者，處死刑、無期徒刑或十年以上有期徒刑。

II前項之未遂犯，罰之。

III預備或陰謀犯第一項之罪者，處六月以上五年以下有期徒刑。

IV犯前三項之罪，情節輕微者，得減輕其刑。

第20條（洩漏軍事機密罪）

I洩漏或交付關於中華民國軍事上應秘密之文書、圖畫、消息、電磁紀錄或物品者，處三年以上十年以下有期徒刑。戰時犯之者，處無期徒刑或七年以上有期徒刑。

II洩漏或交付前項之軍事機密於敵人者，處死刑或無期徒刑。

III前二項之未遂犯，罰之。

IV因過失犯第一項前段之罪者，處三年以下有期徒刑、拘役或新臺幣三十萬元以下罰金。戰時犯之者，處一年以上七年以下有期徒刑。

V預備或陰謀犯第一項或第二項之罪者，處五年以下有期徒刑。

第21條（洩漏職務上軍事機密罪）

洩漏或交付職務上所持有或知悉之前條第一項軍事機密者，加重其刑至二分之一。

第22條（刺探軍事機密罪）

I刺探或收集第二十條第一項之軍事機密者，處一年以上七年以下有期徒刑。戰時犯之者，處三年以上十年以下有期徒刑。

II爲敵人刺探或收集第二十條第一項之軍事機密者，處五年以上十二年以下有期徒刑。戰時犯之者，處無期徒刑或七年以上有期徒刑。

III前二項之未遂犯，罰之。

IV預備或陰謀犯第一項或第二項之罪者，處二年以下有期徒刑、拘役或新臺幣二十萬元以下罰金。

第23條（侵入軍事處所罪）

I意圖刺探或收集第二十條第一項之軍事機密，未受允准而侵入軍事要塞、堡壘、港口、航空站、軍營、軍用艦船、航空器、械彈廠庫或其他軍事處所、建築物，或留滯其內者，處三年以上十年以下有期徒刑。戰時犯之者，加重其刑至二分之一。

II前項之未遂犯，罰之。

III預備或陰謀犯第一項之罪者，處二年以下有期徒刑、拘役或新臺幣二十萬元以下罰金。

第24條（投敵罪）

I投敵者，處死刑、無期徒刑或十年以上有期徒刑。

II不盡其應盡之責而降敵者，處一年以上七年以下有期徒刑。

III前二項之未遂犯，罰之。

IV預備或陰謀犯第一項之罪者，處六月以上五年以下有期徒刑。

第25條（自首）

犯本章之罪自首而受裁判者，減輕或免除其刑；在偵查或審判中自白者，減輕其刑。

第二章　違反職役職責罪

第26條（無故開啓戰端罪）

指揮官無故開啓戰端者，處死刑、無期徒刑或十年以上有期徒刑。

第 27 條（違抗作戰命令罪）

I 敵前違抗作戰命令者，處死刑或無期徒刑。

II 前項之未遂犯罰之。

第 28 條（遺棄傷病俘虜罪）

I 戰時有救護、醫療職務之人，無故遺棄傷病軍人或俘虜者，處一年以上七年以下有期徒刑。

II 因而致人於死者，處無期徒刑或七年以上有期徒刑；致重傷者，處三年以上十年以下有期徒刑。

第 29 條（未盡維修義務罪）

I 有維修軍用艦艇、航空器、戰車、砲車、裝甲車、武器、彈藥或其他重要軍用設施、物品職務之人，未盡維修義務，或明知機件損壞匿不報告，致乘駕或使用人員陷於危險者，處五年以下有期徒刑。

II 因而致前項人員於死者，處無期徒刑或七年以上有期徒刑；致重傷者，處三年以上十年以下有期徒刑。

第 30 條（妨害健康罪）

I 有補給或食勤職務之人，供給部隊有害身體或健康之飲食品或其他物品者，處七年以下有期徒刑。

II 因而致人於死者，處無期徒刑或七年以上有期徒刑；致重傷者，處三年以上十年以下有期徒刑。

III 第一項之未遂犯，罰之。

第 31 條（委棄軍機罪）

I 委棄軍事上應秘密之文書、圖畫、電磁紀錄或其他物品者，處三年以下有期徒刑、拘役或新臺幣三十萬元以下罰金。

II 棄置前項物品於敵者，處七年以下有期徒刑。

III 因過失犯前二項之罪，致生軍事上之不利益者，處二年以下有期徒刑、拘役或新臺幣二十萬元以下罰金。

IV 戰時犯第一項或第二項之罪者，處無期徒刑或七年以上有期徒刑；致生軍事上之不利益者，處死刑、無期徒刑或十年以上有期徒刑；犯第三項之罪者，處一年以上七年以下有期徒刑。

第 32 條（無故使軍用物品缺乏罪）

I 有補給或運輸武器、彈藥、糧秣、被服或其他重要軍用物品職務之人，無故使之缺乏或遲誤，致生軍事上之不利益者，處一年以上七年以下有期徒刑。

II 因過失犯前項之罪者，處三年以下有期徒刑、拘役或新臺幣三十萬元以下罰金。

III 戰時犯第一項之罪者，處無期徒刑或七年以上有期徒刑；犯第二項之罪者，處三年以上十年以下有期徒刑。

第 33 條（縱放俘虜脫逃罪）

I 有看守或管理俘虜職務之人，縱放俘虜或便利其脫逃者，處一年以上七年以下有期徒刑。

II 因過失犯前項之罪者，處一年以下有期徒刑、拘役或新臺幣十萬元以下罰金。

III 第一項以外之人，縱放俘虜或便利其脫逃者，處三年以下有期徒刑、拘役或新臺幣三十萬元以下罰金。

IV 第一項之未遂犯，罰之。

第 34 條（衛兵哨兵廢弛職務罪）

I 衛兵、哨兵或其他擔任警戒職務之人，因睡眠、酒醉或其他相類之情形，而廢弛職務，足以生軍事上之不利益者，處五年以下有期徒刑。

II 戰時犯前項之罪者，處一年以上七年以下有期徒刑；致生軍事上之不利益者，處無期徒刑或七年以上有期徒刑。

III 戰時因過失犯第一項之罪者，處三年以下有期徒刑、拘役或新臺幣三十萬元以下罰金。

第 35 條（衛兵哨兵擅離勤務所在地罪）

I 衛兵、哨兵或其他擔任警戒、傳令職務之人，不到或擅離勤務所在地者，處一年以下有期徒刑、拘役或新臺幣十萬元以下罰金；致生軍事上之不利益者，處一年以上七年以下有期徒刑。

II 因過失犯前項前段之罪，致生軍事上之不利益者，處六月以下有期徒刑、拘役或新臺幣五萬元以下罰金。

III 戰時犯第一項前段之罪者，處五年以下有期徒刑；致生軍事上之不利益者，處無期徒刑或七年以上有期徒刑。

IV 戰時因過失犯第一項前段之罪者，處三年以下有期徒刑、拘役或新臺幣三十萬元以下罰金。

第 36 條（違規使衛兵哨兵交接罪）

I 無故不依規定使衛兵、哨兵或其他擔任警戒、傳令職務之人交接者，處一年以下有期徒刑、拘役或新臺幣十萬元以下罰金；致生軍事上之不利益者，處一年以上七年以下有期徒刑。

II 使違反其他勤務規定者，亦同。

第 37 條（避免職役之詐偽罪）

I 意圖免除職役，偽為疾病、毀傷身體或為其他詐偽之行為者，處一年以上七年以下有期徒刑。

II 前項之未遂犯，罰之。

第 38 條（詐術免除勤務罪）

I 以詐術或其他不正方法，而免除全部或一部之重要軍事勤務者，處三年以下有期徒刑、拘役或新臺幣三十萬元以下罰金。

II 前項之未遂犯，罰之。

第 39 條（單純逃亡罪）

I 意圖長期脫免職役而離去或不就職役者，處五年以下有期徒刑。但於六日內自動歸隊者，減輕其刑。

II 戰時犯前項前段之罪者，處無期徒刑或十年以上有期徒刑。

III 前二項之未遂犯，罰之。

第40條（擅自缺職罪）

I 無故離去或不就職役逾六日者，處三年以下有期徒刑、拘役或新臺幣三十萬元以下罰金。

II 戰時無故離去或不就職役者，處三年以上十年以下有期徒刑。

III 無故離去或不就職役逾三十日，或戰時逾六日者，依前條之規定處罰。

第41條（攜械逃亡罪）

I 無故離去或不就職役而攜帶軍用武器、彈藥或其他直接供作戰之軍用物品者，處七年以上有期徒刑。戰時犯之者，處死刑、無期徒刑或十年以上有期徒刑。

II 犯前項前段之罪，於七十二小時內自首，並繳交所攜帶之物品者，減輕或免除其刑；其於偵查或審判中自白，並繳交所攜帶之物品者，減輕其刑。

III 第一項之未遂犯，罰之。

第三章　違反長官職責罪

第42條（擅離部屬罪）

I 長官擅離部屬、配置地或擅自遷移部隊駐地者，處一年以上七年以下有期徒刑。

II 戰時犯前項之罪者，處無期徒刑或七年以上有期徒刑；致生軍事上之不利益者，處死刑或無期徒刑。

第43條（遺棄傷病部屬罪）

I 戰時長官無故遺棄傷病部屬者，處一年以上七年以下有期徒刑。

II 因而致人於死者，處無期徒刑或七年以上有期徒刑；致重傷者，處三年以上十年以下有期徒刑。

第44條（凌虐部屬罪）

I 長官凌虐部屬者，處三年以上十年以下有期徒刑。致人於死者，處無期徒刑或七年以上有期徒刑；致重傷者，處五年以上十二年以下有期徒刑。

II 上官或資深士兵藉勢或藉端凌虐軍人者，處五年以下有期徒刑。致人於死者，處無期徒刑或七年以上有期徒刑；致重傷者，處三年以上十年以下有期徒刑。

III 前二項所稱凌虐，指逾越教育、訓練、勤務、作戰或其他軍事之必要，使軍人受凌辱虐待之非人道待遇行為。

IV 前項教育、訓練、勤務、作戰或其他軍事必要之實施範圍及應遵行事項，由國防部以準則定之。

V 長官明知軍人犯第一項、第二項之罪，而包庇、縱容或不為舉發者，處三年以下有期徒刑、拘役或新臺幣三十萬元以下罰金。

第45條（不應懲罰而懲罰罪）

I 長官對於部屬明知依法不應懲罰而懲罰者，處三年以下有期徒刑、拘役或新臺幣三十萬元以下罰金。

II 對部屬施以法定種類、限度以外之懲罰者，處一年以下有期徒刑、拘役或新臺幣十萬元以下罰金。

第46條（阻撓部屬陳情罪）

I 長官以強暴、脅迫、恐嚇、利誘或其他不正方法阻撓部屬請願、訴願、訴訟、陳情或申訴者，處三年以下有期徒刑、拘役或新臺幣三十萬元以下罰金。

II 有審查或轉呈之職責而犯前項之罪者，亦同。

第四章　違反部屬職責罪

第47條（違抗命令罪）

I 違抗上級機關或長官職權範圍內所下達或發布與軍事有關之命令者，處五年以下有期徒刑。

II 戰時犯前項之罪者，處死刑或無期徒刑。

III 戰時因過失未執行第一項之命令，致生軍事上之不利益者，處五年以上十二年以下有期徒刑。

IV 犯第一項之罪，而命令不須立即執行，行為人適時且自願履行者，減輕或免除其刑。

第48條（聚眾抗命罪）

I 聚眾犯前條第一項之罪，首謀者，處三年以上十年以下有期徒刑；在場助勢之人，處一年以上七年以下有期徒刑。

II 戰時犯前項之罪，首謀者，處死刑或無期徒刑；在場助勢之人，處死刑、無期徒刑或十年以上有期徒刑。

第49條（對長官施暴脅迫罪）

I 對於長官施強暴、脅迫或恐嚇者，處一年以上七年以下有期徒刑。

II 戰時犯前項之罪者，處死刑、無期徒刑或十年以上有期徒刑。

III 對上官犯第一項之罪者，處三年以下有期徒刑、拘役或新臺幣三十萬元以下罰金。戰時犯之者，處一年以上七年以下有期徒刑。

IV 前三項之未遂犯，罰之。

第50條（聚眾對長官施暴脅迫罪）

I 聚眾犯前條第一項之罪，首謀者，處七年以上有期徒刑；下手實施者，處五年以上有期徒刑；在場助勢之人，處一年以上七年以下有期徒刑。

II 戰時犯前項之罪，首謀者，處死刑或無期徒刑；下手實施者，處死刑、無期徒刑或十年以上有期徒刑；在場助勢之人，處三年以上十年以下有期徒刑。

III 前二項之未遂犯，罰之。

第51條（減刑）

犯前二條之罪，其情狀可憫恕者，減輕其刑。

第52條（侮辱長官上官罪）

I 公然侮辱長官者，處二年以下有期徒刑、拘役或新臺幣二十萬元以下罰金。

II公然侮辱上官者，處一年以下有期徒刑，拘役或新臺幣十萬元以下罰金。
III以文字、圖畫、演說或他法，犯前二項之罪者，加重其刑至二分之一。
IV前三項之罪，須告訴乃論。

第五章　其他軍事犯罪

第 53 條（劫持軍艦軍機罪）
I 以強暴、脅迫、恐嚇或他法劫持軍用艦艇、航空器，或控制其航行者，處死刑、無期徒刑或十年以上有期徒刑。
II前項之未遂犯，罰之。
III預備犯第一項之罪者，處六月以上五年以下有期徒刑。

第 54 條（不能安全駕駛罪）
I 駕駛動力交通工具而有下列情形之一者，處二年以下有期徒刑，得併科新臺幣三十萬元以下罰金：
一　吐氣所含酒精濃度達每公升零點二五毫克或血液中酒精濃度達百分之零點零五以上。
二　有前款以外之其他情事足認服用酒類或其他相類之物，致不能安全駕駛。
三　服用毒品、麻醉藥品或其他相類之物，致不能安全駕駛。
II因而致人於死者，處三年以上十年以下有期徒刑；致重傷者，處一年以上七年以下有期徒刑。
III曾犯本條或刑法第一百八十五條之三之罪，經有罪判決確定或經緩起訴處分確定，於五年內再犯第一項之罪因而致人於死者，處無期徒刑或五年以上有期徒刑；致重傷者，處三年以上十年以下有期徒刑。
IV駕駛公務或軍用動力交通工具犯本條之罪者，得加重其刑至二分之一。

第 55 條（無故攻擊醫療設施罪）
戰時無故攻擊醫院、醫療設施、醫療運輸工具或醫療救護人員者，處一年以上七年以下有期徒刑。攻擊談判代表或戰地新聞記者者，亦同。

第 56 條（攫取財物罪）
I 在戰地無故攫取傷病或死亡國軍、友軍或敵軍之財物者，處一年以上七年以下有期徒刑。
II前項之未遂犯，罰之。

第 57 條（違法徵用物資罪）
I 不依法令徵購、徵用物資、設施或民力者，處三年以上十年以下有期徒刑。
II前項之未遂犯，罰之。

第 58 條（毀壞直接供作戰軍用設施物品罪）
I 毀壞軍用機場、港口、坑道、碉堡、要塞、艦艇、航空器、車輛、武器、彈藥、雷達、通信、資訊設備、器材或其他直接供作戰之重要軍用設施、物品，或致令不堪用者，處無期徒刑或七年以上有期徒刑。情節輕微者，處五年以下有期徒刑。
II因過失犯前項之罪者，處三年以下有期徒刑、拘役或新臺幣三十萬元以下罰金。
III戰時犯第一項之罪者，處死刑或無期徒刑；犯第二項之罪者，加重其刑至二分之一。
IV第一項、第三項前段之未遂犯，罰之。
V 預備犯第一項之罪者，處三年以下有期徒刑、拘役或新臺幣三十萬元以下罰金。戰時犯之者，加重其刑至二分之一。
VI犯前四項之罪，情節輕微者，得減輕其刑。

第 59 條（毀壞重要軍用設施物品罪）
I 毀壞軍用工廠、倉庫、船塢、橋樑、水陸通路、油料、糧秣或製造武器、彈藥之原料或其他重要軍用設施、物品，或致令不堪用者，處三年以上十年以下有期徒刑。情節輕微者，處三年以下有期徒刑、拘役或新臺幣三十萬元以下罰金。
II因過失犯前項之罪者，處二年以下有期徒刑、拘役或新臺幣二十萬元以下罰金。
III戰時犯第一項之罪者，處無期徒刑或七年以上有期徒刑；犯第二項之罪者，加重其刑至二分之一。
IV第一項、第三項前段之未遂犯，罰之。
V 犯前三項之罪，情節輕微者，得減輕其刑。

第 60 條（毀壞一般軍用設施物品罪）
I 毀壞前二條以外之軍用設施、物品，或致令不堪用者，處三年以下有期徒刑、拘役或新臺幣三十萬元以下罰金。
II前項之罪，須告訴乃論。

第 61 條（遺失武器彈藥罪）
遺失武器、彈藥或其他直接供作戰之軍用物品，致生公眾或軍事之危險者，處三年以下有期徒刑、拘役或新臺幣三十萬元以下罰金。

第 62 條（毀損古蹟文物罪）
戰時無故毀損具有歷史價值之古蹟、文物者，處五年以下有期徒刑。情節重大者，處一年以上七年以下有期徒刑。

第 63 條（妨害軍事電磁紀錄正確罪）
I 意圖損害軍事利益，非法輸出、干擾、變更、刪除軍事電磁紀錄，或以他法妨害其正確性者，處一年以上七年以下有期徒刑。
II戰時犯前項之罪者，處三年以上十年以下有期徒刑；致生軍事上之不利益者，處無期徒刑或七年以上有期徒刑。

第 64 條（竊取或侵占械彈罪）
I 竊取或侵占軍用武器或彈藥者，處三年以上十年以下有期徒刑。
II意圖供自己或他人犯罪之用，而犯前項之罪者，處無期徒刑或十年以上有期徒刑。
III竊取或侵占第一項以外之軍用物品者，處一年以上七年以下有期徒刑。
Ⅳ前三項之未遂犯，罰之。
Ⅴ犯第一項或第三項之罪，情節輕微者，處五年以下有期徒刑。

第65條（違法製造販賣軍火罪）
Ⅰ未經許可，製造、販賣或運輸軍用武器或彈藥者，處死刑、無期徒刑或十年以上有期徒刑。
Ⅱ意圖供自己或他人犯罪之用，而犯前項之罪者，處死刑或無期徒刑。
Ⅲ未經許可，製造、販賣或運輸軍用武器或彈藥之主要組成零件者，處無期徒刑或七年以上有期徒刑。
Ⅳ前三項之未遂犯，罰之。

第66條（為虛偽命令通報罪）
Ⅰ為軍事上虛偽之命令、通報或報告者，處五年以下有期徒刑；致生軍事上之不利益者，處無期徒刑或七年以上有期徒刑。
Ⅱ戰時犯前項前段之罪者，處死刑、無期徒刑或十年以上有期徒刑；致生軍事上之不利益者，處死刑或無期徒刑。
Ⅲ因過失犯前項前段之罪者，處三年以上十年以下有期徒刑。
Ⅳ對於軍事上之命令、通報或報告，傳達不實、不為傳達或報告者，依前三項之規定處罰。

第67條（對衛兵哨兵施暴脅迫罪）
Ⅰ對於衛兵、哨兵或其他擔任警戒、傳令職務之人執行職務時，施強暴、脅迫或恐嚇者，處六月以上五年以下有期徒刑。
Ⅱ聚眾犯前項之罪，首謀者，處三年以上十年以下有期徒刑；下手實施者，處一年以上七年以下有期徒刑；在場助勢之人，處三年以下有期徒刑、拘役或新臺幣三十萬元以下罰金。
Ⅲ前二項之未遂犯，罰之。

第68條（多眾集合為施暴脅迫罪）
Ⅰ對於前條以外之軍人執行職務時，施強暴、脅迫或恐嚇者，處三年以下有期徒刑，拘役或新臺幣三十萬元以下罰金。
Ⅱ聚眾犯前項之罪，首謀者，處一年以上七年以下有期徒刑；下手實施者，處六月以上五年以下有期徒刑；在場助勢之人，處二年以下有期徒刑、拘役或新臺幣二十萬元以下罰金。
Ⅲ前二項之未遂犯，罰之。

第69條（結夥強佔場所罪）
Ⅰ結夥三人以上強佔公署、鐵道、公路、車站、埠頭、航空站、電台、電視台、電信站或其他相類之場所者，處三年以上十年以下有期徒刑。
Ⅱ前項之未遂犯，罰之。

第70條（對衛兵哨兵公然侮辱罪）
對於衛兵、哨兵或其他擔任警戒、傳令職務之人執行職務時，當場侮辱，或對於其執行之職務公然侮辱者，處一年以下有期徒刑、拘役或新臺幣十萬元以下罰金。

第71條（欺矇或不服衛兵哨兵罪）
欺矇衛兵、哨兵或其他擔任警戒職務之人，而通過其警戒之處所，或不服其禁止而通過者，處一年以下有期徒刑、拘役或新臺幣十萬元以下罰金。

第72條（捏造或傳述軍事謠言或不實訊息罪）
Ⅰ意圖散布於眾，捏造或傳述關於軍事上之謠言或不實訊息者，處三年以下有期徒刑、拘役或新臺幣三十萬元以下罰金。
Ⅱ以廣播電視、電子通訊、網際網路或其他傳播工具犯前項之罪者，得加重其刑至二分之一。

第73條（匿名或冒名發送訊息罪）
Ⅰ意圖影響有任命、建議、審議、核可或同意權人，關於任命、陞遷、降免職役之決定，而匿名或冒名發送不利於他人之虛偽訊息者，處一年以下有期徒刑、拘役或新臺幣十萬元以下罰金。
Ⅱ明知其為匿名或冒名之虛偽訊息，而提供有調查或人事權責之人參考者，處六月以下有期徒刑、拘役或新臺幣五萬元以下罰金。

第74條（公然冒用軍用服制罪）
Ⅰ公然冒用軍人服飾、徽章或官銜者，處一年以下有期徒刑、拘役或新臺幣十萬元以下罰金。
Ⅱ犯前項之罪而行使其職權者，處五年以下有期徒刑。

第75條（包庇賭博罪）
Ⅰ在營區、艦艇或其他軍事處所、建築物賭博財物者，處六月以下有期徒刑、拘役或科或併科新臺幣五萬元以下罰金。但以供人暫時娛樂之物為賭者，不在此限。
Ⅱ長官包庇或聚眾賭博者，處五年以下有期徒刑。
Ⅲ當場賭博之器具與在賭檯或兌換籌碼處之財物，不問屬於犯罪行為人與否，沒收之。

第三編　附　則

第76條（戰時從重處罰）
Ⅰ現役軍人犯刑法下列之罪者，除本法另有規定外，依各該規定處罰：
一　外患罪章第一百零九條至第一百十二條之罪。
二　瀆職罪章。
三　故意犯公共危險罪章第一百七十三條至第一百七十七條、第一百八十五條之一、第一百八十五條之二、第一百八十五條之四、第一百九十條之一或第一百九十一條之一之罪。
四　偽造文書印文罪章關於公文書、公印文之罪。
五　殺人罪章。
六　傷害罪章第二百七十七條第二項、第二百七十八條第二項之罪。

七　妨害性自主罪章。
八　在營區、艦艇或其他軍事處所、建築物所犯之竊盜罪。
九　搶奪強盜及海盜罪章。
十　恐嚇及擄人勒贖罪章。

II前項各罪，特別法另有規定者，從其規定。

III戰時犯前二項之罪者，得加重其刑至二分之一。

第 77 條（違反毒品危害防制規定之處理）

現役軍人違反毒品危害防制條例之規定者，依其規定處理之。

第 78 條（關於軍事國防秘密文書物品等之種類、範圍及等級）

關於中華民國軍事上及國防部主管之國防上應秘密之文書、圖畫、消息、電磁紀錄或物品之種類、範圍及等級，由國防部以命令定之。

第 79 條（施行日）

本法除中華民國九十年九月二十八日修正公布之條文自九十年十月二日施行者外，自公布日施行。

行刑累進處遇條例

1.中華民國35年3月6日國民政府制定公布全文77條；並自36年6月10日施行
2.中華民國46年1月7日總統令修正公布第1、10、11、14、16、29、31、35、38、39、41、45、56、65、66、68及74條條文
3.中華民國64年5月10日總統令修正公布第9、11、16、17、19、20、27、28、49、56、66、69、75～77 條條文及第七章章名；並增訂第28-1及76-1條條文
4.中華民國 69 年 12 月 1 日總統令修正公布第 11、28、28-1、64、76-1條條文
5.中華民國83年6月6日總統令修正公布第19條條文
6.中華民國86年5月14日總統令修正公布第28條條文
7.中華民國86年11月26日總統令修正公布第19條條文；並增訂第19-1條條文
8.中華民國95年6月14日總統令修正公布第19、19-1、77條條文；增訂第19-2條條文；並自95年7月1日施行

第一章　總　則

第1條（人之範圍）
依監獄行刑法第二十條受累進處遇者，適用本條例之規定。

第2條（監獄行刑法之適用）
關於累進處遇之事項，本條例未規定者，仍依監獄行刑法之規定。

第二章　受刑人之調查及分類

第3條（受刑人之調查）
Ⅰ對於新入監者，應就其個性，心身狀況、境遇、經歷、教育程度及其他本身關係事項，加以調查。
Ⅱ前項調查期間，不得逾二月。

第4條（調查之依據）
調查受刑人之個性及心身狀況，應依據醫學、心理學、教育學及社會學等判斷之。

第5條（調查資料之取得）
爲調查之必要，得向法院調閱訴訟卷宗，並得請自治團體、警察機關、學校或與有親屬、雇傭或保護關係者爲報告。

第6條（調查表之記載）
調查事項，應記載於調查表。

第7條（調查期間內受刑人之管理）
調查期間內之受刑人，除防止其脫逃、自殺、暴行或其他違反紀律之行爲外，應於不妨礙發見個性之範圍內施以管理。

第8條（分類調查之協力）
調查期間內，對於與受刑人接近之人，均應注意其語言、動作，如發見有影響受刑人個性或心身狀況之情形，應即報告主管人員。

第9條（作業之強制）
調查期間內之受刑人，應按其情形使從事作業，並考察其體力，忍耐、勤勉、技巧、效率，以定其適當之工作。

第10條（累進處遇適應之決定）
調查完竣後，關於受刑人應否適用累進處遇，由典獄長迅予決定。其適用累進處遇者，應將旨趣告知本人；不適宜於累進處遇者，應報告監務委員會議。

第11條（適用累進處遇受刑人之分類）
Ⅰ適用累進處遇之受刑人，應分別初犯、再犯、累犯，並依其年齡、罪質、刑期，及其他調查所得之結果爲適當之分類，分別處遇。
Ⅱ受刑人調查分類辦法，由法務部定之。

第12條（不爲分類之規定）
對於第一級、第二級之受刑人，得不爲前條之分類。

第三章　累進處遇

第13條（處遇之階級）
累進處遇分左列四級，自第四級依次漸進：
第四級。
第三級。
第二級。
第一級。

第14條（適當階級之進列）
受刑人如富有責任觀念，且有適於共同生活之情狀時，經監務委員會議之議決，得不拘前條規定，使進列適當之階級。

第15條（標籤佩帶）
各級受刑人應佩標識。

第16條（移入與階級）
受刑人由他監移入者，應照原級編列。

第17條（脫逃後再入監之階級）
因撤銷假釋或在執行中脫逃後又入監者，以新入監論。

第18條（移轉及文件之送交）
受刑人遇有移轉他監時，應將關於累進審查之一切文件，一併移轉。

第19條（責任分數）
Ⅰ累進處遇依受刑人之刑期及級別，定其責任分數如下：（見附表一）
Ⅱ前項表列責任分數，於少年受刑人減少三分之一計算。

III累犯受刑人之責任分數，按第一項表列標準，逐級增加其責任分數三分之一。

IV撤銷假釋受刑人之責任分數，按第一項表列標準，逐級增加其責任分數二分之一。

第19條之1（假釋之撤銷規定）

I於中華民國八十六年十一月二十八日刑法第七十七條修正生效前犯罪者，其累進處遇責任分數，適用八十三年六月八日修正生效之本條例第十九條規定。但其行爲終了或犯罪結果之發生在八十六年十一月二十八日後者，其累進處遇責任分數，適用八十六年十一月二十八日修正生效之本條例第十九條規定。

II因撤銷假釋執行殘餘刑期，其撤銷之原因事實發生在八十六年十一月二十八日刑法第七十九條之一修正生效前者，其累進處遇責任分數，適用八十三年六月八日修正生效之本條例第十九條規定。但其原因事實行爲終了或犯罪結果之發生在八十六年十一月二十八日後者，其累進處遇責任分數，適用八十六年十一月二十八日修正生效之本條例第十九條規定。

第19條之2（假釋之撤銷規定）

I於中華民國八十六年十一月二十八日刑法第七十七條修正生效後，九十五年七月一日刑法第七十七條修正生效前犯罪者，其累進處遇責任分數，適用八十六年十一月二十八日修正生效之本條例第十九條規定。但其行爲終了或犯罪結果之發生在九十五年七月一日後者，其累進處遇責任分數，適用九十五年七月一日修正生效之本條例第十九條規定。

II因撤銷假釋執行殘餘刑期，其撤銷之原因事實發生在八十六年十一月二十八日刑法第七十九條之一修正生效後，九十五年七月一日刑法第七十九條之一修正生效前者，其累進處遇責任分數，適用八十六年十一月二十八日修正生效之本條例第十九條規定。但其原因事實行爲終了或犯罪結果之發生在九十五年七月一日後者，其累進處遇責任分數，適用九十五年七月一日修正生效之本條例第十九條規定。

第20條（責任分數之分別記載）

各級受刑人每月之成績分數，按左列標準分別記載：

一　一般受刑人：
　㈠教化結果最高分數四分。
　㈡作業最高分數四分。
　㈢操行最高分數四分。

二　少年受刑人：
　㈠教化結果最高分數五分。
　㈡操行最高分數四分。
　㈢作業最高分數三分。

第21條（進級）

I各級受刑人之責任分數，以其所得成績分數抵銷之，抵銷淨盡者，令其進級。

II本級責任分數抵銷淨盡後，如成績分數有餘，併入所進之級計算。

第22條（進級決定之期日）

I進級之決定，至遲不得逾應進級之月之末日。

II前項決定，應即通知本人。

第23條（進級處遇之告知）

對於進級者，應告以所進之級之處遇，並令其對於應負之責任具結遵行。

第24條（假進級）

責任分數雖未抵銷淨盡，而其差數在十分之一以內，操作曾得最高分數者，典獄長如認爲必要時，得令其假進級，進級之月成績佳者，即爲確定，否則令復原級。

第25條（記分表之給與）

對於受刑人應給以定式之記分表，使本人記載其每月所得之分數。

第四章　監禁及戒護

第26條（三、四級者之獨居）

第四級及第三級之受刑人，應獨居監禁。但處遇上有必要時，不在此限。

第27條（二級以上者之夜間獨居）

第二級以上之受刑人，晝間應雜居監禁，夜間得獨居監禁。

第28條（一級者之收容場所及其處遇）

I一級受刑人，應收容於特定處所，並得爲左列之處遇：

一　住室不加鎖。

二　不加監視。

三　准與配偶及直系血親在指定處所及期間內同住。

II前項第三款實施辦法，由法務部定之。

第28條之1（刑期之縮短）

I累進處遇進至第三級以上之有期徒刑受刑人，每月成績總分在十分以上者，得依左列規定，分別縮短其應執行之刑期：

一　第三級受刑人，每執行一個月縮短刑期二日。

二　第二級受刑人，每執行一個月縮短刑期四日。

三　第一級受刑人，每執行一個月縮短刑期六日。

II前項縮短刑期，應經監務委員會決議後告知其本人，並報法務部核備。

III經縮短應執行之刑期者，其累進處遇及假釋，應依其縮短後之刑期計算。

IV受刑人經縮短刑期執行期滿釋放時，由典獄長將受刑人實際服刑執行完畢日期，函知指揮執行之檢察官。

第29條（一級少年受刑人離監之原因及許可）

I 第一級之少年受刑人，遇有直系血親尊親屬病危或其他事故時，得經監務委員會議決議，限定期間，許其離監。

II 前項許其離監之少年受刑人，在指定期間內未回監者，其在外日數不算入執行刑期。

第30條（工場整理者之選舉）

典獄長得使各工場之受刑人，於第二級受刑人中選舉有信望者若干人，由典獄長圈定，使其整理工場或從事其他必要任務。但每一工場不得超過二人。

第31條（二級受刑人之共同灑掃）

第二級受刑人至少每月一次從事於監內之洒掃、整理事務，不給勞作金。

第32條（一級受刑人身體住室搜檢之免除）

對於第一級受刑人，非有特別事由，不得爲身體及住室之搜檢。

第33條（一級受刑人散步之許可）

第一級受刑人於不違反監獄紀律範圍內許其交談，並在休息時間得自由散步於監獄內指定之處所。

第34條（一級受刑人代表制）

I 第一級受刑人爲維持全體之紀律及陳述其希望，得互選代表。

II 前項代表人數，至多不得逾三人，經受刑人加倍互選後，由典獄長圈定之。

第35條（一級受刑人之責任及優待停止）

I 第一級受刑人關於其本級全體受刑人住室之整理及秩序之維持，對典獄長連帶負責。

II 前項受刑人有不履行責任者，得經監務委員會議之決議，於一定期間，對於其全體或一部，停止本章所定優待之一種或數種。

第五章　作　業

第36條（作業之強制）

受刑人於調查完竣後，應即使其作業。

第37條（四級、三級轉業之禁止）

第四級及第三級之受刑人不許轉業。但因處遇上或其他有轉業之必要時，不在此限。

第38條（四級、三級勞作金自用數額）

第四級受刑人，得准其於每月所得作業勞作金五分之一範圍內，第三級受刑人於四分之一範圍內，自由使用。

第39條（二級受刑人自備作業用具之使用）

第二級受刑人，得使用自備之作業用具，並得以其所得之作業勞作金購用之。

第40條（二級受刑人之作業指導輔助）

I 第二級受刑人中，如有技能而作業成績優良者，得使其爲作業指導之輔助。

II 前項受刑人，得於作業時間外，爲自己之勞作。但其勞作時間，每日二小時爲限。

第41條（二級受刑人勞作金自用數額）

第二級受刑人，得准其於每月所得作業勞作金三分之一範圍內，自由使用。

第42條（二級受刑人轉業之許可）

第二級受刑人作業熟練者，得許其轉業。

第43條（一級受刑人之無監視作業）

第一級受刑人作業時，得不加監視。

第44條（一級受刑人作業之指導輔助）

第一級受刑人中，如有技能而作業成績優良者，得使爲作業之指導或監督之輔助。

第45條（一級受刑人勞作金自用數額）

第一級受刑人，得准其於每月所得作業勞作金二分之一範圍內，自由使用。

第46條（一級受刑人使用自備作業用具規定之準用）

第三十九條、第四十條第二項及第四十二條之規定，於第一級受刑人準用之。

第六章　教　化

第47條（個別教誨）

對於第一級及第四級之受刑人，應施以個別教誨。

第48條（三級受刑人收聽收音機留聲機之許可）

第三級以上之受刑人，得聽收音機及留聲機。

第49條（二級受刑人以上之集會）

I 第二級以上之受刑人得爲集會。但第二級每月以一次，第一級每月以二次爲限。

II 少年受刑人得不受前項限制。

III 集會時，典獄長及教化科職員均應到場。

第50條（一級受刑人之圖書閱讀）

I 第一級之受刑人，許其在圖書室閱覽圖書。

II 圖書室得備置適當之報紙及雜誌。

第51條（二級以上受刑人閱讀自備書籍之許可）

第二級以上之受刑人，於不違反監獄紀律範圍內，許其閱讀自備之書籍；對於第三級以下之受刑人，於教化上有必要時亦同。

第52條（二級受刑人以上之競技等）

I 第二級以上之受刑人，得使其競技、遊戲或開運動會。但第二級每月以一次，第一級每月以二次爲限。

II 少年受刑人，得不受前項之限制。

第53條（二級受刑人以上照片之配置）

第二級以上受刑人之獨居房內，得許其置家屬照片；如教化上認爲有必要時，得許其置家屬以外之照片。

第七章　接見及寄發書信

第54條（四級受刑人之接見、通信之範圍）

第四級受刑人，得准其與親屬接見及發受書信。

第 55 條（三級以上受刑人之接見及通信範圍）
第三級以上之受刑人，於不妨害教化之範圍內，得准其與非親屬接見，並發受書信。
第 56 條（接見、通信之次數）
各級受刑人接見及寄發書信次數如左：
一　第四級受刑人每星期一次。
二　第三級受刑人每星期一次或二次。
三　第二級受刑人每三日一次。
四　第一級受刑人不予限制。
第 57 條（接見之場所）
I 第二級以下之受刑人，於接見所接見。
II 第一級受刑人，得准其於適當場所接見。
第 58 條（二級以上受刑人之無監視接見）
第二級以上之受刑人，於接見時，得不加監視。
第 59 條（接見及寄發書信之特准）
典獄長於教化上或其他事由，認爲必要時，得准受刑人不受本章之限制。

第八章　給　養

第 60 條（基本食物）
受刑人之飲食及其他保持健康所必需之物品，不因級別而有差異。
第 61 條（一級受刑人普通衣服之著用）
第一級受刑人，得准其著用所定之普通衣服。
第 62 條（花卉書畫之備置）
第一級受刑人，得准其在住室內備置花草或書畫；對於第二級以下之少年受刑人亦同。
第 63 條（共同食器之供用）
對於第一級受刑人，得供用共同食器或其他器具；第二級以下之少年受刑人亦同。
第 64 條（自用物品之範圍）
I 依本條例所得自由使用之物品，以經法務部核定者爲限。
II 前項物品之種類及數量，由典獄長依其級別定之。

第九章　累進處遇之審查

第 65 條（累進處遇審查會之設置及審查事項）
I 監獄設累進處遇審查會，審查關於交付監務委員會會議之累進處遇事項。
II 累進處遇審查會審查受刑人之個性、心身狀況、境遇、經歷、教育程度、人格成績及其分類編級與進級、降級等事項，並得直接向受刑人考詢。
第 66 條（累進處遇審查會之組織）
累進處遇審查會以教化科、調查分類科、作業科、衛生科、戒護科及女監之主管人員組織之，由教化科科長擔任主席，並指定紀錄。
第 67 條（二級以上受刑人獨居之報請）
累進處遇審查會認爲第二級以上之受刑人有獨居之必要時，應聲敘理由，報請典獄長核准。但獨居期間不得逾一月。
第 68 條（開會及表決）
I 累進處遇審查會每月至少開會一次，其審查意見取決於多數。
II 前項審查意見，應速報告典獄長，提交監務委員會議。

第十章　留級及降級

第 69 條（停止進級及降級）
I 受刑人違反紀律時，得斟酌情形，於二個月內停止進級，並不計算分數；其再違反紀律者，得令降級。
II 前項停止進級期間，不得縮短刑期；受降級處分者，自當月起，六個月內不予縮短刑期。
第 70 條（停止進級之猶豫及宣告）
應停止進級之受刑人，典獄長認爲情有可恕，得於一定期間內，不爲停止進級之宣告。但在指定期間內再違反紀律者，仍應宣告之。
第 71 條（停止進級處分之撤銷）
I 被停止進級之受刑人，於停止期間有悛悔實據時，得撤銷停止進級之處分。
II 被降級之受刑人，有悛悔實據時，得不按分數，令復原級，並重新計算分數。
第 72 條（降級）
留級之受刑人有紊亂秩序之情事者，得予降級。
第 73 條（累進處遇之例外）
在最低之受刑人有紊亂秩序情事，認爲不適宜於累進處遇者，得不爲累進處遇。
第 74 條（處分之決定）
關於本章之處分，由監務委員會會議議決之。

第十一章　假　釋

第 75 條（一級受刑人之假釋）
第一級受刑人合於法定假釋之規定者，應速報請假釋。
第 76 條（二級受刑人之假釋）
第二級受刑人已適於社會生活，而合於法定假釋之規定者，得報請假釋。
第 76 條之 1（施行細則之訂定）
本條例施行細則，由法務部定之。

第十二章　附　則

第 77 條（施行日）
I 本條例自公布日施行。
II 本條例中華民國九十五年五月十九日修正之第十九條、第十九條之一及第十九條之二，自中華民國九十五年七月一日施行。

附表一

類別	刑名及刑期	第一級	第二級	第三級	第四級
一	有期徒刑六月以上一年六月未滿	三六分	三〇分	二四分	一八分
二	有期徒刑一年六月以上三年未滿	六〇分	四八分	三六分	二四分
三	有期徒刑三年以上六年未滿	一四四分	一〇八分	七二分	三六分
四	有期徒刑六年以上九年未滿	一八〇分	一四四分	一〇八分	七二分
五	有期徒刑九年以上十二年未滿	二一六分	一八〇分	一四四分	一〇八分
六	有期徒刑十二年以上十五年未滿	二五二分	二一六分	一八〇分	一四四分
七	有期徒刑十五年以上十八年未滿	二八八分	二五二分	二一六分	一八〇分
八	有期徒刑十八年以上二十一年未滿	三二四分	二八八分	二五二分	二一六分
九	有期徒刑二十一年以上二十四年未滿	三六〇分	三二四分	二八八分	二五二分
十	有期徒刑二十四年以上二十七年未滿	三九六分	三六〇分	三二四分	二八八分
十一	有期徒刑二十七年以上三十年未滿	四三二分	三九六分	三六〇分	三二四分
十二	有期徒刑三十年以上三十三年未滿	四六八分	四三二分	三九六分	三六〇分
十三	有期徒刑三十三年以上三十六年未滿	五〇四分	四六八分	四三二分	三九六分
十四	有期徒刑三十六年以上三十九年未滿	五四〇分	五〇四分	四六八分	四三二分
十五	有期徒刑三十九年以上	五七六分	五四〇分	五〇四分	四六八分
十六	無期徒刑	六一二分	五七六分	五四〇分	五〇四分

竊盜犯贓物犯保安處分條例

1.中華民國 44 年 12 月 30 日總統制定公布全文 14 條
2.中華民國 46 年 1 月 30 日總統修正公布全文 15 條
3.中華民國 56 年 8 月 1 日總統修正公布第 3 條
4.中華民國 58 年 11 月 19 日總統修正公布第 2、4 條
5.中華民國 62 年 11 月 5 日總統修正公布第 7 條條文
6.中華民國 81 年 7 月 29 日總統令修正公布名稱及全文 8 條（原名稱：戡亂時期竊盜犯贓物犯保安處分條例）
7.中華民國 95 年 5 月 30 日總統令修正公布第 3、8 條條文；並自 95 年 7 月 1 日施行

第 1 條（適用範圍）
竊盜犯及與竊盜案件有關之贓物犯，其保安處分之宣告及執行，依本條例之規定；本條例未規定者，適用刑法及其他法律之規定。

第 2 條（名詞定義）
Ⅰ本條例所稱竊盜犯，指意圖為自己或第三人不法之所有，而竊取他人之動產者而言。
Ⅱ本條例所稱贓物犯，指收受、搬運、寄藏、故買竊盜犯竊得之動產或為牙保者而言。
Ⅲ本條例所稱法院及檢察官，包括軍事法庭及軍事檢察官。
Ⅳ應執行之刑未達一年以上者，不適用本條例。

第 3 條（強制工作處分及行刑權時效期間計算）
Ⅰ十八歲以上之竊盜犯、贓物犯，有犯罪之習慣者，得於刑之執行前，令入勞動場所強制工作。
Ⅱ刑法第八十四條第一項之期間，自前項強制工作執行完畢之日起算。但強制工作自應執行之日起經過三年未執行者，自該三年之期間屆滿之日起算。

第 4 條（保安處分之決定）
依本條例所為之保安處分及其期間，由法院以判決諭知。

第 5 條（強制工作處分之期間）
Ⅰ依本條例宣告之強制工作處分，其執行以三年為期。但執行已滿一年六個月，而執行機關認為無繼續執行之必要者，得檢具事證，報請檢察官聲請法院免予繼續執行。
Ⅱ依本條例宣告之強制工作處分，執行已滿三年，而執行機關認為有延長之必要者，得檢具事證報經上級主管機關核准後，報請檢察官聲請法院許可延長之。但延長期間，最長不得逾一年六個月，並以一次為限，在延長期間內，執行機關認無繼續延長之必要者，得隨時檢具事證，報請檢察官聲請法院免予繼續延長執行。

第 6 條（強制工作處分與刑之替代主義）
依本條例執行強制工作之結果，執行機關認為無執行刑之必要者，得檢具事證，報請檢察官聲請法院免其刑之執行。

第 7 條（累犯）
依本條例免其刑之執行者，於受強制工作之執行完畢或一部之執行而免予繼續執行後，五年以內故意再犯有期徒刑以上之罪者，以累犯論。

第 8 條（施行日）
Ⅰ本條例自公布日施行。
Ⅱ本條例修正條文自中華民國九十五年七月一日施行。

刑事訴訟法

1.中華民國17年7月28日國民政府制定公布全文513條；並自同年9月1日施行
2.中華民國24年1月1日國民政府修正公布全文516條
3.中華民國34年12月26日國民政府修正公布第6、22、50、67、68、108、109、114、120、121、173、207、217、221、232、235、238、252、287、306、308、311、312、317、318、323、335、362、374～376、378、385、387、389、390、400、415、440、441、495、499、505、507、508、515條條文
4.中華民國56年1月28日總統令修正公布全文512條（原名稱：中華民國刑事訴訟法）
5.中華民國57年12月5日總統令修正公布第344、506條條文
6.中華民國71年8月4日總統令修正公布第27、29～31、33、34、150、245、255條條文；並增訂第71-1、88-1條條文
7.中華民國79年8月3日總統令修正公布第308、451、454條條文；並增訂第310-1、451-1、455-1條條文
8.中華民國82年7月30日總統令修正公布第61條條文
9.中華民國84年10月20日總統令修正公布第253、373、376、449、451、454條條文；並增訂第449-1條條文
10.中華民國86年12月19日總統令修正公布第27、31、35、91～93、95、98、101～103、105～108、110、111、114、117～119、121、146、226、228～230、259、271、311、379、449、451、451-1、452條條文；刪除第104、120條條文；並增訂第93-1、100-1、100-2、101-1、101-2、103-1、116-1、231-1條條文
11.中華民國87年1月21日總統令修正公布第55、100-1、100-2、420條條文；並增訂第100-3、248-1條條文
12.中華民國88年2月3日總統令修正公布第93-1、146條條文
13.中華民國88年4月21日總統令修正公布第101-1、147條條文
14.中華民國89年2月9日總統令修正公布第38、117、323、326、328、338、441、442條條文
15.中華民國89年7月19日總統令修正公布第245條條文；增訂第116-2、117-1條條文；並自90年7月1日施行
16.中華民國90年1月12日總統令修正公布第122、127、128、128-1、128-2、130、131、131-1、132-1、136、137、143、144、145、153、228、230、231、404、416；並刪除第129條條文
17.中華民國91年2月8日總統令修正公布第61、131、161、163、177、178、218、253、255～260、326條條文；並增訂第253-1～253-3、256-1、258-1～258-4、259-1條條文
18.中華民國91年6月5日總統令修正公布第101-1條條文
19.中華民國92年2月6日總統令修正公布第31、35、37、38、43、44、117-1、118、121、154～156、159、160、164、165～167、169～171、175、180、182～184、186、189、190、192、193、195、196、198、200、201、203～205、208、209、214、215、219、229、258-1、273、274、276、279、287、288、289、303、307、319、320、327、329、331、449、455條條文；增訂第43-1、44-1、158-1～158-4、159-1～159-5、161-1～161-3、163-1、163-2、165-1、166-1～166-7、167-1～167-7、168-1、176-1、176-2、181-1、196-1、203-1～203-4、204-1～204-3、205-1、205-2、206-1、第五節節名、219-1～219-8、236-1、236-2、271-1、273-1、273-2、284-1、287-1、287-2、288-1～288-3條條文；並刪除第162、172～174、191、340條條文
20.中華民國93年3月23日總統令增訂公布第455-2～455-11條條文暨第七編之一編名
21.中華民國93年6月23日總統令增訂公布第310-2、314-1條文；並修正308、309、310-1、326、454條條文
22.中華民國95年5月24日總統令修正公布第31條條文
23.中華民國95年6月14日總統令修正公布第101-1、301、470、481條條文；並自95年7月1日施行
24.中華民國96年3月21日總統令修正公布第284-1條條文
25.中華民國96年7月4日總統令修正公布第33、108、344、354、361、367、455-1條條文
26.中華民國96年12月12日總統令修正公布第121條條文
27.中華民國98年7月8日總統令修正公布第93、253-2、449、479、480條條文；其中第253-2、449、479、480條自98年9月1日施行；第93條自99年1月1日施行
28.中華民國99年6月23日總統令修正公布第34、404、416條條文；並增訂第34-1條條文
29.中華民國101年6月13日總統令修正公布第245條條文
30.中華民國102年1月23日總統令修正公布第31、95條條文
31.中華民國103年1月29日總統令修正公布第119、404、416條條文
32.中華民國103年6月4日總統令修正公布第253-2、370、455-2條條文
33.中華民國103年6月18日總統令增訂公布第119-1條條文；並自公布後六個月施行
34.中華民國103年12月24日總統令修正公布第376條條文
35.中華民國104年1月14日總統令修正公布第27、31、35、93-1條條文
36.中華民國104年2月4日總統令修正公布第420條條文
37.中華民國105年6月22日總統令修正公布第133、136、137、141、143、145、259-1、309、310、404、416、455-2、470、473、475條條文；增訂第3-1、133-1、133-2、142-1、310-3、455-12至455-37條條文及第七編之二編名；並自105年7月1日施行
38.中華民國106年4月26日總統令修正公布第93、101條條文；增訂第31-1、33-1條條文；除第31-1條條文自一百零七年一月一日施行外，其餘條文自公布日施行
39.中華民國106年11月16日總統令修正公布第253、284-1、376條條文
40.中華民國107年11月21日總統令修正公布第57、61條條文
41.中華民國107年11月28日總統令修正公布第311條條文
42.中華民國108年6月19日總統令修正公布第33、404、416條條文；增訂第93-2～93-6條條文及第八章之一章名；並自修正公布後六個月施行
43.中華民國108年7月17日總統令修正公布第116-2、117、121、456、469條條文
44.中華民國109年1月8日總統令修正公布第248-1、429、433、434條條文；並增訂第248-2、248-3、271-2～271-4、

429-1～429-3、455-38～455-47 條條文及第七編之三編名

45.中華民國 109 年 1 月 15 日總統令修正公布第 15、17～26、38、41、46、50、51、58、60、63、67、68、71、76、85、88-1、89、99、101-1、114、121、142、158-2、163、192、256、256-1、271-1、280、289、292、313、344、349、382、390、391、394、426、454、457 條條文；增訂公布第 38-1、89-1 條條文；除第 38-1 條、第 51 條第 1 項、第 71 條第 2 項、第 85 條第 2 項、第 89、99 條、第 142 條第 3 項、第 192、289 條自公布後六個月施行外，自公布日施行

第一編　總　則

第一章　法　例

第 1 條（追訴處罰之限制及適用）

Ⅰ犯罪，非依本法或其他法律所定之訴訟程序，不得追訴、處罰。

Ⅱ現役軍人之犯罪，除犯軍法應受軍事裁判者外，仍應依本法規定追訴、處罰。

Ⅲ因受時間或地域之限制，依特別法所為之訴訟程序，於其原因消滅後，尚未判決確定者，應依本法追訴、處罰。

第 2 條（有利不利一律注意）

Ⅰ實施刑事訴訟程序之公務員，就該管案件，應於被告有利及不利之情形，一律注意。

Ⅱ被告得請求前項公務員，為有利於己之必要處分。

❑ 實務見解

▶103 台上 900（判決）

法律是社會生活的產物，執法人員自須體察社會脈動，秉持立法精神和整體法律秩序理念，與時俱進，法律生命於焉豐富而有活力，司法裁判（含檢察官之處分）因此適於社會正義，符合人民法律感情，刑事訴訟法第二條第一項關於「實施刑事訴訟程序之公務員，就該管案件，應於被告有利及不利之情形，一律注意」之客觀性義務規定，亦得藉此具體展現。

第 3 條（刑事訴訟之當事人）

本法稱當事人者，謂檢察官、自訴人及被告。

第 3 條之 1（刑事訴訟之沒收）

本法所稱沒收，包括其替代手段。

第二章　法院之管轄

第 4 條（事物管轄）

地方法院於刑事案件，有第一審管轄權。但左列案件，第一審管轄權屬於高等法院：

一　內亂罪。

二　外患罪。

三　妨害國交罪。

第 5 條（土地管轄）

Ⅰ案件由犯罪地或被告之住所、居所或所在地之法院管轄。

Ⅱ在中華民國領域外之中華民國船艦或航空機內犯罪者，船艦本籍地、航空機出發地或犯罪後停泊地之法院，亦有管轄權。

❑ 實務見解

▶72 台上 5894（判例）

案件由犯罪地或被告之住所、居所或所在地之法院管轄，刑事訴訟法第五條第一項定有明文，**而所謂犯罪地，參照刑法第四條之規定，解釋上自應包括行為地與結果地兩者而言**。

第 6 條（牽連管轄）

Ⅰ數同級法院管轄之案件相牽連者，得合併由其中一法院管轄。

Ⅱ前項情形，如各案件已繫屬於數法院者，經各該法院之同意，得以裁定將其案移送於一法院合併審判之；有不同意者，由共同之直接上級法院裁定之。

Ⅲ不同級法院管轄之案件相牽連者，得合併由其上級法院管轄。已繫屬於下級法院者，其上級法院得以裁定命其移送上級法院合併審判。但第七條第三款之情形，不在此限。

❖ 法學概念

「牽連管轄」與「競合管轄」之比較

區別	牽連管轄（§6、§7）	競合管轄（§8）
形成原因	乃基於固有有管轄權之法院，如分別管轄或審判，有背訴訟經濟之要求，因而使雖無管轄之法院，依本法第 6 條，取得其管轄權，而合併管轄之。	同一案件的情形，因事物管轄或土地管轄之原因，而有數法院均可管轄該案件時，依本法第 8 條，只能由其中一法院，取得管轄權。
繫屬時間點	牽連管轄的案件在繫屬前、後皆可能成立。	競合管轄案件則只限於繫屬後。
立法目的	基於訴訟經濟、證據共通。	避免裁判矛盾。
案件個數	數案數訴	一案數訴。
應否併案	相牽連案件，「得」併案審理。其未繫屬者，若屬牽連案件已繫屬於同級法院且經各該法院同意者，得裁定移送，若不同意則由共同直接上級法院裁定。而若繫屬於不同級法院，其上級法院得以裁定命移送，但第 7 條第 3 款則不包含在內，蓋此等同時犯案件，本屬各別犯罪，自不宜輕言合併，以免剝奪其審級利益。	競合管轄案件則「應」併案審理。依本法第 8 條不得審判之法院，應諭知與第 303 條第 2 款或第 7 款之不受理判決。
法院判決	牽連案件因本質上爲數案件得合併審判，故必爲「數」判決。	競合管轄案件因本質上爲同一案件，故不能爲相歧異的裁判，必爲「一」判決。
繫屬關係轉變	牽連案件於合併時發生「移轉」訴訟繫屬。	競合管轄案件，由不得審判之法院「消滅」訴訟繫屬。

❑ 實務見解

▶109 台上 279○（判決）

合併審判屬於法院審理案件的便宜機制，通常對於不同的案件，刑罰請求權的關係均屬獨立，本須由獨立法院爲個別獨立之審判，以確定刑罰關係，惟相牽連案件（指刑事訴訟法第七條所示之各款情形），**基於訴訟經濟考量及裁判一致性之要求，法律規定得合併由其中一法院審判，爲法院審理時得爲裁量之職權事項，倘無權利濫用，即無違法可言**。是不論初分（指檢察官向法院起訴，案件繫屬法院後之最初分案）或是改分（指案件初次分配之後，因爲承辦法官調職、升遷、疾病、辭職、退休，或與其他案件相牽連、積案清理等原因，改由其他法官承辦）之法官（含獨任及合議庭），對於本案與該類案件應否合併，得視案件進行之程度，裁量合併是否確能達到上述之**訴訟經濟及裁判一致性**之最佳作法，此乃關於審判合併設計之規範，並不影響嗣後審判之公平與法官對於個案之判斷，自與保障人民訴訟權無違。

第 7 條（相牽連案件）

有左列情形之一者，爲相牽連之案件：

一　一人犯數罪者。

二　數人共犯一罪或數罪者。

三　數人同時在同一處所各別犯罪者。

四　犯與本罪有關係之藏匿人犯、湮滅證據、僞證、贓物各罪者。

❑ 實務見解

▶83 台抗 270（判例）

刑事訴訟法第二百六十五條第一項所謂「相牽連之犯罪」，係指同法第七條所列之相牽連之案件，且必爲可以獨立之新訴，並非指有方法與結果之牽連關係者而言。

第 8 條（競合管轄）

同一案件繫屬於有管轄權之數法院者，由繫屬在先之法院審判之。但經共同之直接上級法院裁定，亦得由繫屬在後之法院審判。

❖ 法學概念

同一性案件

一、概念

案件是否同一，應以被告及犯罪事實是否均屬相同，爲其認定之標準，即須在訴訟繫屬中，或已判決確定之兩個案件，經互相比較結果，彼此之被告同一，被訴的犯罪事實亦屬同一者，方爲同一案件。

二、判準

㈠被告同一

被告是否同一，應以原告起訴請求確定具體刑罰權之對象是否同一爲準，並不以起訴書所記載之被告姓名爲唯一標準；如同一案件之「兩案」起訴所指的被告，均爲同一刑罰權對象者，則其被告即爲同一。認定是否檢察官（或自訴人）起訴書所指爲「被告」之人，其主要標準有二：

1.表示説

以起訴書所記載之被告爲準，即從起訴書解釋其所表示之意思，必記載於起訴書上者，始爲被告。

2.行爲説（或稱行動説）

以司法機關實際上實施訴訟行爲之對象，即認定其爲被告；非以起訴書所記載之被告姓名爲標準。採此說不僅合於訴訟經濟之原則，且可避免對同一訴訟客體之甲，再進行二重之追訴、審判及處罰，此與釋字第43號解釋意旨符合。實務上亦酌採行爲說。

㈡犯罪事實上同一

1.事實上同一

事實上是否同一，學說上並無定論，但大致有「基本的事實關係同一説」、「構成要件共通説」及「指導形象類似説」等不同見解。

實務過去曾採基本的事實關係同一説，其基本的事實關係是否同一，以社會事實爲準，起訴的事實與判決事實的「社會事實關係相同」，就有同一性，如數訴起訴事實與判決事實，其社會事實關係相同，縱犯罪日時、處所、方法、被害物體、行爲人數、犯罪之形式（共犯態樣或既遂未遂）、被害法益、程序及罪名雖有差異但於事實之同一性並無影響，只要基本社會事實相同，即使細節有異，仍認爲同一。

近來，實務上轉變認定案件是否具事實上同一，應從「訴之目的及侵害性行爲之內容」是否同一來認定。詳言之，依⑴犯罪行爲地點、⑵犯罪行爲時間、⑶犯罪行爲之對象、⑷侵害之目的來判斷。這與「自然意義的行爲單數」（如：接續犯），認定其是否爲行爲單數的情形相似。

2.法律上同一

所謂法律上之事實同一，係指一個單一之刑事案件，經原告先後向同一或不同一之法院起訴，而爲數訴之標的者，縱其起訴之基本事實，彼此並不相同，但因此等不相同之基本事實，實體法之規定僅構成一罪時，仍爲法律上之事實同一。這與實體法上法的行爲一單數（如：複行爲犯、集合犯、繼續犯等）的概念相同。

【張麗卿，《刑事訴訟法理論與運用》，五南，十三版，2016.09，166頁以下。】

第9條（指定管轄）

Ⅰ有左列情形之一者，由直接上級法院以裁定指定該案件之管轄法院：

一　數法院於管轄權有爭議者。

二　有管轄權之法院經確定裁判爲無管轄權，而無他法院管轄該案件者。

三　因管轄區域境界不明，致不能辨別有管轄權之法院者。

Ⅱ案件不能依前項及第五條之規定，定其管轄法院者，由最高法院以裁定指定管轄法院。

❑ 實務見解

▶31聲29（判例）

刑事訴訟法第九條第二項所謂案件不能依前項及第五條之規定定其管轄法院者，由最高級法院以裁定指定管轄法院，係指關係之數法院各有其直接上級法院，不相統屬，不能由其中之一個直接上級法院予以指定及不能依第五條之規定定其管轄法院者而言。至最高級法院指定管轄，除該案件合於不能依第五條之規定定其管轄法院外，仍須以具有第九條第一項所列各款情形之一，爲其要件，此係當然之解釋。

第10條（移轉管轄）

Ⅰ有左列情形之一者，由直接上級法院，以裁定將案件移轉於其管轄區域內與原法院同級之他法院：

一　有管轄權之法院因法律或事實不能行使審判權者。

二　因特別情形由有管轄權之法院審判，恐影響公安或難期公平者。

Ⅱ直接上級法院不能行使審判權時，前項裁定由再上級法院爲之。

❑ 實務見解

▶106年度第5次刑事庭會議決議（106.05.09）

院長提議：

法院組織法第十四條之一規定：「地方法院與高等法院分設刑事強制處分庭，辦理偵查中強制處分聲請案件之審核。但司法院得視法院員額及事務繁簡，指定不設刑事強制處分庭之法院。」「承辦前項案件之法官，不得辦理同一案件之審判事務。」「前二項之規定，自中華民國一百零六年一月一日施行。」福建高等法院金門分院編制僅有一合議庭，現有法官如均曾參與案件偵查中羈押抗告之審理，依上開規定，不得辦理同一案件之審判事務，嗣該案件上訴於該院，則該院以其已無其他法官得以審理本案，乃以因法律之規定不能行使審判權爲由，請求本院裁定移轉管轄，應否准許？

決議：採甲說。

甲說：

有管轄權之法院因法律或事實不能行使審判權者，由直接上級法院，以裁定將案件移轉於其管轄區域內與原法院同級之他法院，刑事訴訟法第十條第一項第一款定有明文。又法院組織法第十四條之一規定：「地方法院與高等法院分設刑事強制處分庭，辦理偵查中強制處分聲請案件之審核。但司法院得視法院員額及事務繁簡，指定不設刑事強制處分庭之法院。」「承辦前項案件之法官，不得辦理同一案件之審判事務。」「前二項之規定，自中華民國一〇六年一月一日施行。」被告於偵查中經檢察官聲請福建金門地方法院羈押獲准，被告不服，抗告於福建高等法院金門分院，經該院裁定駁回其抗告。嗣該案件於提起公訴後，經福建金門地方法院判決，被告提起第二審上訴，繫屬於福建高等法院金門分院。**惟福建高等法院金門分院編制僅有一合議庭，現僅有二名法官，均曾參與本件偵查中羈押抗告之審理，依上開規定，不得辦理同一案件之審判事務**。從而該院已無其他法官得以審理本案，**該院以其因法律之規定不能行使審判權爲由，請求本院裁定移轉管轄，即無不合**。本院應裁定移轉管轄。

▶30 聲 31（判例）

移轉管轄，係直接上級法院，因有管轄權之法院具有法定情形，而將其所受理之案件移轉於原無管轄權之法院，使爲審判之救濟方法，若受理訴訟之法院，依法本無管轄權，即應爲管轄錯誤之裁判，要不發生移轉管轄之問題，當事人自不得爲移轉管轄之聲請。

▶30 聲 14（判例）

管轄之移轉，必其案件尙待審判者，始得爲之，若已經裁判確定之案件，自無尙待審判之情形，即無移轉管轄之餘地。

▶108 台聲 11△（裁定）

當事人聲請移轉管轄，應以書狀敘述理由向該管法院爲之，刑事訴訟法第十一條定有明文。**該條所謂該管法院，係指直接上級法院，如向最高法院聲請移轉管轄，須以移轉之法院，與有管轄權法院，不隸屬於同一高等法院或分院者，始得爲之**。關於移轉管轄，依刑事訴訟法第十條第一項、第二項規定，於有管轄權之法院因法律或事實不能行使審判權，或因特別情形由該法院審判，恐影響公安或難期公平者，得依職權或聲請由直接上級法院或再上級法院，以裁定將案件移轉於其管轄區域內與原法院同級之他法院。**該條第一項第一款所稱因法律或事實不能行使審判權，例如該法院之法官員額不足或有應自行迴避不得執行職務之事由，或因天災、人禍致該法院不能行使審判權等是。至同條第一項第二款所謂因特別情形，審判恐影響公安等移轉管轄原因，則係指該法院依其環境上之特殊關係，如進行審判，有足以危及公安之虞，或有具體事實，足認該法院之審判無法保持公平者而言**。聲請人就上開移轉管轄之原因，於聲請時須具體載明，不能空泛指摘，否則其聲請，難認爲有理由。

第 11 條（指定或移轉管轄之聲請）

指定或移轉管轄由當事人聲請者，應以書狀敘述理由向該管法院爲之。

第 12 條（無管轄權法院所爲訴訟程序之效力）

訴訟程序不因法院無管轄權而失效力。

第 13 條（轄區外行使職務）

法院因發見眞實之必要或遇有急迫情形時，得於管轄區域外行其職務。

第 14 條（無管轄權法院之必要處分）

法院雖無管轄權，如有急迫情形，應於其管轄區域內爲必要之處分。

第 15 條（牽連管轄之偵查與起訴）

第六條所規定之案件，得由一檢察官合併偵查或合併起訴；如該管他檢察官有不同意者，由共同之直接上級檢察署檢察長或檢察總長命令之。

□ 實務見解

▶107 台上 764〇（判決）

案件由犯罪地或被告之住所、居所或所在地之法院管轄，刑事訴訟法第五條定有明文，乃以土地區域定案件管轄之標準。蓋犯罪地與犯罪直接相關，易於調查證據，有助審判之進行，而被告之住所、居所或所在地則便利被告出庭，均適於作爲管轄之原因，並可客觀合理分配法院管轄之事務。而刑事訴訟法第六條規定就數同級法院管轄之相牽連案件，得合併由其中一法院管轄，重在避免多次調查事證之勞費及裁判之歧異，以符合訴訟經濟及裁判一致性之要求。同法第十五條規定上開第六條所規定之案件，得由一檢察官合併偵查或合併起訴，其理亦同。此雖不免影響被告出庭之便利性，**然相牽連案件之合併審判或合併偵查、起訴，須經各該法院或檢察官同意，否則須由直接上級法院裁定或上級檢察署檢察長命令行之**，同法第六條第二項、第十五條亦分別定有明文，並非恣意即可合併審判或偵查、起訴。又刑事訴訟法第七條各款規定之相牽連案件，不以直接相牽連為限。縱數案件彼此間並無直接相牽連關係，然如分別與他案件有相牽連關係，而分離審判，又可能發生重複調查或判決扞格之情形，依上開規定及說明，自應認各該案件均係相牽連案件，而得合併由一法院審判，始能達成相牽連案件合併管轄之立法目的。

第16條（檢察官必要處分之準用規定）
第十三條及第十四條之規定，於檢察官行偵查時準用之。

第三章　法院職員之迴避

第17條（法官自行迴避之事由）
法官於該管案件有下列情形之一者，應自行迴避，不得執行職務：
一　法官為被害人者。
二　法官現為或曾為被告或被害人之配偶、八親等內之血親、五親等內之姻親或家長、家屬者。
三　法官與被告或被害人訂有婚約者。
四　法官現為或曾為被告或被害人之法定代理人者。
五　法官曾為被告之代理人、辯護人、輔佐人或曾為自訴人、附帶民事訴訟當事人之代理人、輔佐人者。
六　法官曾為告訴人、告發人、證人或鑑定人者。
七　法官曾執行檢察官或司法警察官之職務者。
八　法官曾參與前審之裁判者。

☐ 實務見解

▶75年度第14次刑事庭會議決議(75.07.15)

刑事訴訟法第十七條第八款規定：推事曾參與前審之裁判者，應自行迴避，係指推事曾參與前審之裁判或判決者而言，如僅參與下級審言詞辯論而未參與裁定或判決，依法即毋庸迴避。

▶79台抗318（判例）

刑事訴訟法第十八條第二款規定，**得聲請法官迴避原因之所謂「足認其執行職務有偏頗之虞者」，係指以一般通常之人所具有之合理觀點，對於該承辦法官能否為公平之裁判，均足產生懷疑；且此種懷疑之發生，存有其安全客觀之原因，而非僅出諸當事人自己主觀之判斷者，始足當之**。至於訴訟上之指揮乃專屬於法院之職權，當事人之主張、聲請，在無礙於事實之確認以及法的解釋，適用之範圍下，法院固得斟酌其請求以為訴訟之進行，但仍不得以此對當事人之有利與否，作為其將有不公平裁判之依據，更不得以此訴訟之進行與否而謂有偏頗之虞聲請法官迴避。

▶29上3276（判例）

刑事訴訟法第十七條第八款所謂推事曾參與前審之裁判應自行迴避者，係指其對於當事人所聲明不服之裁判，曾經參與，按其性質，不得再就此項不服案件執行裁判職務而言，**至推事曾參與第二審之裁判，經上級審發回更審後，再行參與，其前後所參與者，均為第二審之裁判，與曾參與當事人所不服之第一審裁判，而再參與其不服之第二審裁判者不同**，自不在應自行迴避之列。

▶28聲10（判例）

推事於該案件曾參與前審之裁判者，依刑事訴訟法第十七條第八款規定，固應自行迴避，**但再審案件其參與原確定判決之推事，並不在該款應行迴避之列**。

▶109台抗157△（裁定）

人民得請求受公正而獨立之法院依正當程序予以審判之權利，乃憲法第十六條保障人民訴訟權之核心內容。而公平法院仰賴法官執行職務之客觀中立與公正，公民與政治權利國際公約第十四條第一項中段即訂明：「任何人受刑事控告或因其權利義務涉訟須予判定時，應有權受獨立無私之法定管轄法庭公正公開審問」。對訴訟當事人而言，法官裁判事務之分配，應按法院內部事務分配所事先預定之分案規則，機械的公平輪分案件，以符合法定法官原則，形成第一層次之公平法院的機制。**而法官迴避制度，是在隨機分案後，於具體個案中實質修正第一層次公平法院機制之不足，為法定法官原則之例外容許，據以構成第二層次之公平審判的防護網。至法院的分案迴避制度，則是為提升法官迴避機制的公開、透明，增進人民對公平法院的信任，於法院的分案規則，事先將法官曾參與相關裁判等應自行迴避或得聲請迴避的原因，訂定法官應否分案迴避的一般抽象規範標準，作為調和當事人無從或難以事先聲請迴避的客觀制度性之程序保障**。而刑事訴訟法迴避制度，於該法第十七條列舉法官當然應自行迴避之事由，同條第八款規定，法官曾參與前審之裁判者，應自行迴避，不得執行職務。且法官有應自行迴避以外情形，足認其執行職務有偏頗之虞者，當事人得聲請迴避，同法第十八條第二款另設有概括規定。**雖司法院釋字第一七**

八號解釋謂，刑事訴訟法第十七條第八款所稱法官「曾參與前審之裁判」，係指同一法官，就同一案件，曾參與下級審之裁判而言。故再審案件其參與原確定判決之法官，並不在該款應自行迴避之列。惟其後司法院釋字第二五六號解釋認，民事訴訟法第三十二條第七款所稱法官「曾參與該訴訟事件之前審裁判」，於再審程序，參與原確定判決之法官，亦應自行迴避（惟其迴避以一次爲限），使法官不得於其曾參與裁判之救濟程序執行職務，以維護審級之利益及裁判之公正。而行政訴訟法第十九條第六款，亦將法官「曾參與該訴訟事件再審前之裁判」列爲自行迴避事由（但其迴避以一次爲限）。因刑事再審程序雖屬同一審級更爲審判，但涉及推翻原確定判決安定性的救濟程序，非僅原審級訴訟程序之續行，**基於避免裁判預斷偏頗與維護公平法院的理念**，原審法院分案實施要點（下稱分案實施要點）第十二點第三款明訂法官迴避時的分案原則，該院民事、刑事及行政案件之分案，於再審案件，準用前二款規定，**參與前一次原確定裁判之法官應予迴避。亦即於分案時，即制度性確保參與原確定判決之法官應迴避再審案件，以維護刑事再審程序的正當及裁判的公正性。**

第 18 條（聲請法官迴避—事由）
當事人遇有下列情形之一者，得聲請法官迴避：
一　法官有前條情形而不自行迴避者。
二　法官有前條以外情形，足認其執行職務有偏頗之虞者。

❖ 法學概念

「法官自行迴避」與「聲請法官迴避」之比較

	自行迴避（§17）	聲請迴避（§18）
迴避原因	法官有本法第 17 條各款原因者。	1. 法官有本法第 17 條各款所列原因（§18①）。 2. 法官有本法第 17 條各款所列以外原因，足認其執行職務有偏頗之虞者（§18②）。
迴避時期	本法未明文，但法官知有自行迴避事由，應儘速主動迴避。	1. 有本法第 17 條各款所列原因，不問訴訟程度進行如何，當事人得隨時聲請該法官迴避（§19Ⅰ）。 2. 本法第 17 條各款以外情形，足認法官執行職務有偏頗之虞者。如當事人已就該案件有所聲明或陳述後，不得聲請推事迴避。但聲請迴避之原因發生在後或知悉在後者，不在此限（§19Ⅱ）。
須否釋明	因係法官自行迴避毋庸釋明。	被聲請迴避之法官得提出意見書。
應否停止訴訟程序之進行	應即停止訴訟程序，不得執行職務。	法官被聲請迴避者，除因急速處分或以第 18 條第 2 款爲理由者外，應即停止訴訟程序（§22）。
違反者得上訴至第三審	其所爲判決當然違背法令（§379②）。	其所爲判決當然違背法令（§379②）。

☐ 實務見解

▶108 台抗 921△（裁定）

爲確保人民受公平審判之權利，並維持司法公正不偏之形象，刑事訴訟法設有迴避制度，規範法官之個案退場機制，排除與案件有一定關係之法官於審判之外，期以達成裁判公平性並維護審級利益。是迴避制度乃是公平審判之基石，爲法定法官原則之例外容許，對於保障人民訴訟權影響重大。其中刑事訴訟法第十七條列舉法官當然應自行迴避之原因，同條第八款規定，法官曾參與前審之裁判者，應自行迴避，不得執行職務。且法官有應自行迴避以外情形，足認其執行職務有偏頗之虞者，當事人得聲請迴避，同法第十八條第二款另設有概括規定。**所謂足認其執行職務有偏頗之虞者，係指以一般通常之人所具有之合理觀點，對於該承辦法官能否爲公平之裁判，均足產生懷疑；且此種懷疑之發生，存有其完全客觀之原因，而非僅出諸當事人自己主觀之判斷者，始足當之。是如有客觀原因，就各種情形，作個別具體觀察，足令一般通常人對法官能否本於客觀中立與公正之立場參與審判，產生合理懷疑，顯然不當侵害被告受憲法保障公平審判之權利者**，即構成前開所稱執行職務有偏頗疑慮之要件。

第 19 條（聲請法官迴避—時期）

I 前條第一款情形，不問訴訟程度如何，當事人得隨時聲請法官迴避。
II 前條第二款情形，如當事人已就該案件有所聲明或陳述後，不得聲請法官迴避。但聲請迴避之原因發生在後或知悉在後者，不在此限。

第 20 條（聲請法官迴避─程序）
I 聲請法官迴避，應以書狀舉其原因向法官所屬法院爲之。但於審判期日或受訊問時，得以言詞爲之。
II 聲請迴避之原因及前條第二項但書之事實，應釋明之。
III 被聲請迴避之法官，得提出意見書。

□ 實務見解

▶85 台抗 278（判例）

刑事訴訟法係採職權主義，當事人主張之事實是否可信，應由法院依職權調查，且刑事訴訟法又無類似民事訴訟法第二百八十四條之規定，故刑事訴訟法第二十條第二項之釋明，僅需敘明其證明方法爲已足，毋庸提出能即時調查，可使法院信其主張爲眞實之證據。

第 21 條（聲請法官迴避─裁定）
I 法官迴避之聲請，由該法官所屬之法院以合議裁定之，其因不足法定人數不能合議者，由院長裁定之；如並不能由院長裁定者，由直接上級法院裁定之。
II 前項裁定，被聲請迴避之法官不得參與。
III 被聲請迴避之法官，以該聲請爲有理由者，毋庸裁定，即應迴避。

第 22 條（聲請法官迴避─效力）
法官被聲請迴避者，除因急速處分或以第十八條第二款爲理由者外，應即停止訴訟程序。

第 23 條（聲請法官迴避─裁定駁回之救濟）
聲請法官迴避經裁定駁回者，得提起抗告。

第 24 條（職權裁定迴避）
I 該管聲請迴避之法院或院長，如認法官有應自行迴避之原因者，應依職權爲迴避之裁定。
II 前項裁定，毋庸送達。

第 25 條（書記官及通譯迴避之準用）
I 本章關於法官迴避之規定，於法院書記官及通譯準用之。但不得以曾於下級法院執行書記官或通譯之職務，爲迴避之原因。
II 法院書記官及通譯之迴避，由所屬法院院長裁定之。

第 26 條（檢察官、檢察事務官及辦理檢察事務書記官迴避之準用）
I 第十七條至第二十條及第二十四條關於法官迴避之規定，於檢察官、檢察事務官及辦理檢察事務之書記官準用之。但不得以曾於下級檢察署執行檢察官、檢察事務官、書記官或通譯之職務，爲迴避之原因。
II 檢察官、檢察事務官及前項書記官之迴避，應聲請所屬檢察長或檢察總長核定之。
III 檢察長之迴避，應聲請直接上級檢察署檢察長或檢察總長核定之；其檢察官僅有一人者，亦同。

第四章　辯護人、輔佐人及代理人

第 27 條（辯護人之選任）
I 被告得隨時選任辯護人。犯罪嫌疑人受司法警察官或司法警察調查者，亦同。
II 被告或犯罪嫌疑人之法定代理人、配偶、直系或三親等內旁系血親或家長、家屬，得獨立爲被告或犯罪嫌疑人選任辯護人。
III 被告或犯罪嫌疑人因精神障礙或其他心智缺陷無法爲完全之陳述者，應通知前項之人得爲被告或犯罪嫌疑人選任辯護人。但不能通知者，不在此限。

❖ 法學概念

「法官自行迴避」與「聲請法官迴避」之比較

	自行迴避（§17）	聲請迴避（§18）
迴避原因	法官有本法第17條各款原因者。	1.法官有本法第17條各款所列原因（§18①）。 2.法官有本法第17條各款所列以外原因，足認其執行職務有偏頗之虞者（§18②）。
迴避時期	本法未明文，但法官知有自行迴避事由，應儘速主動迴避。	1.有本法第17條各款所列原因，不問訴訟程度進行如何，當事人得隨時聲請該法官迴避（§19Ⅰ）。 2.本法第17條各款以外情形，足認法官執行職務有偏頗之虞者。如當事人已就該案件有所聲明或陳述後，不得聲請推事迴避。但聲請迴避之原因發生在後或知悉在後者，不在此限（§19Ⅱ）。
須否釋明	因係法官自行迴避毋庸釋明。	被聲請迴避之法官得提出意見書。
應否停止訴訟程序之進行	應即停止訴訟程序，不得執行職務。	法官被聲請迴避者，除因急速處分或以第18條第2款爲理由者外，應即停止訴訟程序（§22）。
違反者得上訴至第三審	其所爲判決當然違背法令（§379②）。	其所爲判決當然違背法令（§379②）。

❖ 法學概念

實質有效的辯護

美國聯邦憲法增修條文第6條規定被告有受律師協助的權利，此種受律師協助的權利，在美國法上包括受「有效」的律師協助的權利，亦即「如辯護人不能提供有效的律師協助，與無辯護人無異。依前開美國法上所謂「被告有受有效律師協助的實質辯護權」的憲法權利，近年也爲我國大法官所接納。

我國釋憲實務認爲：「憲法第16條規定人民有訴訟權，旨在確保人民有受公平審判之權利，依正當法律程序之要求，刑事被告應享有充分之防禦權，包括選任信賴之辯護人，俾受公平審判之保障。而刑事被告受其辯護人協助之權利，須使其獲得確實有效之保護，始能發揮防禦權之功能。從而，刑事被告與辯護人能在不受干預下充分自由溝通，爲辯護人協助被告行使防禦權之重要內涵，應受憲法之保障。」換言之，我國大法官認爲透過憲法第16條，人民之訴訟權可導出「被告有受有效律師協助的實質辯護權」也是一種憲法上權利。我國實務上認爲，若依法應用辯護人之案件，按審判筆錄之記載僅有：義務辯護律師陳述「辯護意旨詳如辯護書所載」之字樣，但經查該律師並未提出任何辯護書狀，顯與辯護人未經到庭辯護而逕行審判者無異，辯護人即違反實質有效的辯護的義務。

【Amendment §6 (1791)；王兆鵬、張明偉、李榮耕，《刑事訴訟法（上）》，新學林，四版，2018.09，581頁；釋字第654號解釋；最高法院91年度第8次刑事庭會議決議；最高法院68年台上字第1046號判例。】

第28條（辯護人的人數上限）

每一被告選任辯護人，不得逾三人。

第29條（辯護人之資格）

辯護人應選任律師充之。但審判中經審判長許可者，亦得選任非律師爲辯護人。

第30條（選任辯護人之程序）

Ⅰ選任辯護人，應提出委任書狀。

Ⅱ前項委任書狀，於起訴前應提出於檢察官或司法警察官；起訴後應於每審級提出於法院。

□ 實務見解

▶ 院字第1755號（27.07.27）

依刑事訴訟法第三十條規定，選任辯護人，應於每審級爲之，經過一審級，其選任之效力，即不復存在。故案件發回同一法院更審時，在前次審判程序中所選任之辯護人，非另行提出委任狀，不得要求出庭辯護。

第31條（強制辯護案件與指定辯護人）

Ⅰ有下列情形之一，於審判中未經選任辯護人者，審判長應指定公設辯護人或律師為被告辯護：

一　最輕本刑為三年以上有期徒刑案件。

二　高等法院管轄第一審案件。

三　被告因精神障礙或其他心智缺陷無法為完全之陳述。

四　被告具原住民身分，經依通常程序起訴或審判者。

五　被告為低收入戶或中低收入戶而聲請指定者。

六　其他審判案件，審判長認有必要者。

Ⅱ前項案件選任辯護人於審判期日無正當理由而不到庭者，審判長得指定公設辯護人或律師。

Ⅲ被告有數人者，得指定一人辯護。但各被告之利害相反者，不在此限。

Ⅳ指定辯護人後，經選任律師為辯護人者，得將指定之辯護人撤銷。

Ⅴ被告或犯罪嫌疑人因精神障礙或其他心智缺陷無法為完全之陳述或具原住民身分者，於偵查中未經選任辯護人，檢察官、司法警察官或司法警察應通知依法設立之法律扶助機構指派律師到場為其辯護。但經被告或犯罪嫌疑人主動請求立即訊問或詢問，或等候律師逾四小時未到場者，得逕行訊問或詢問。

❖ 法學概念

強制辯護案件

一、意義

強制辯護案件，指的是以辯護人到場為被告或犯罪嫌疑人辯護執行職務為程序合法要件之案件。在強制辯護案件中，被告或犯罪嫌疑人若未選任辯護人（第27條第1項），國家即有義務為其指定辯護人，如辯護人未到場，不得進行訴訟程序，否則即屬判決違背法令。

二、適用情形

㈠最輕本刑為三年以上有期徒刑（§31Ⅰ①）。

㈡高等法院管轄第一審案件（§31Ⅰ②）。

㈢被告因智能障礙無法為完全之陳述（§31Ⅰ③）。

㈣被告具原住民身分，經依通常程序起訴或審判者（§31Ⅰ④）。

㈤被告為中、低收入戶被告未選任辯護人而聲請指定者（§31Ⅰ⑤）。

㈥協商之案件，被告表示所願受科之刑逾有期徒刑六月，且未受緩刑宣告，其未選任辯護人者，法院應指定公設辯護人或律師為辯護人，協助進行協商（§455-5Ⅰ）。

㈦被告或犯罪嫌疑人因精神障礙或其他心智缺陷無法為完全之陳述或具原住民身分者，於偵查中未經選任辯護人，檢察官、司法警察官或司法警察應通知依法設立之法律扶助機構指派律師到場為其辯護。但經被告或犯罪嫌疑人主動請求立即訊問或詢問，或等候律師逾四小時未到場者，得逕行訊問或詢問（§31Ⅴ）。

㈧偵查中之羈押審查程序未經選任辯護人者，審判長應指定公設辯護人或律師為被告辯護。但等候指定辯護人逾四小時未到場，經被告主動請求訊問者，不在此限（§31-1Ⅰ）。

三、違反效果

㈠依刑訴法第284條，強制辯護案件未經辯護人到庭辯護，不得審判。

㈡構成判決刑訴法第379條第7款當然違背法令之事由（即不必考慮是否顯然於判決無影響，皆得上訴至第三審）。

□ 實務見解

▶91年度第8次刑事庭會議決議（91.06.25）

最輕本刑為三年以上有期徒刑之案件，於審判中未經選任辯護人者，審判長應指定公設辯護人為其辯護；依法應用辯護人之案件或已經指定辯護人之案件，辯護人未經到庭辯護而逕行審判者，其判決當然違背法令。**刑事訴訟法第三十一條第一項、第三百七十九條第七款分別定有明文。依法應用辯護人之案件依審判筆錄之記載僅有：義務辯護律師陳述「辯護意旨詳如辯護書所載」之字樣，但經查該律師並未提出任何辯護書狀，顯與辯護人未經到庭辯護而逕行審判者無異**（本院六十八年台上字第一〇四六號判例）該案經上訴第三審，本院未予糾正，予以維持，以上訴無理由駁回被告之第三審上訴，而告確定，自屬於法有違。

刑事訴訟法第四百四十一條所謂「案件之審判係違背法令」，包括原判決違背法令及訴訟程序違背法令，後者係指判決本身以外之訴訟程序違背程序法之規定，非常上訴審就上開情形審查，如認其違法情形，本院本應為撤銷原判決之判決，竟予維持，致有違誤，顯然影響於判決者，應認本院判決違背法令，而依法判決之。

第31條之1（偵查中之羈押審查程序適用強制辯護制度）

Ⅰ偵查中之羈押審查程序未經選任辯護人者，審判長應指定公設辯護人或律師為被告辯護。但等候指定辯護人逾四小時未到場，經被告主動請求訊問者，不在此限。

Ⅱ前項選任辯護人無正當理由而不到庭者，審判長得指定公設辯護人或律師。

Ⅲ前條第三項、第四項之規定，於第一項情形準用之。

第 32 條（數辯護人送達文書之方法）
被告有數辯護人者，送達文書應分別爲之。

第 33 條（辯護人之閱卷、抄錄、重製或攝影）
Ⅰ辯護人於審判中得檢閱卷宗及證物並得抄錄、重製或攝影。
Ⅱ被告於審判中得預納費用請求付與卷宗及證物之影本。但卷宗及證物之內容與被告被訴事實無關或足以妨害另案之偵查，或涉及當事人或第三人之隱私或業務秘密者，法院得限制之。
Ⅲ被告於審判中經法院許可者，得在確保卷宗及證物安全之前提下檢閱之。但有前項但書情形，或非屬其有效行使防禦權之必要者，法院得限制之。
Ⅳ對於前二項之但書所爲限制，得提起抗告。
Ⅴ持有第一項及第二項卷宗及證物內容之人，不得就該內容爲非正當目的之使用。

❖ 法學概念

卷證資訊獲知權

一、原則上限於「審判中」

本法第 33 條第 1 項在賦予「起訴後」的卷證資訊獲知權，對辯護人爲準備審判、及確保所謂的武器對等，具有重要意義。若刑事案件經各級法院裁判後，如已合法提起上訴或抗告，而卷證在原審法院者，其在原審委任之辯護律師因研究爲被告之利益而上訴問題，向原審法院請求閱卷，或在上級審委任之辯護律師，在卷宗未送上級審法院前，向原審法院請求閱卷時，原審法院爲便民起見，均應准許其閱卷。由此可知，現行法第 33 條第 1 項僅規定辯護人於「審判中」得檢閱卷宗及證物並得抄錄或攝影。然而，不少學者主張辯護人的閱卷權，應擴大至「整個」偵查階段。

【張麗卿，《刑事訴訟法理論與運用》，五南，十四版，2018.09，134 頁；楊雲驊，〈我國羈押實務與人權保障〉，《台灣法學雜誌》，第 121 期，2009.02，91 頁；吳巡龍，〈辯護人是否有權複製偵訊光碟〉，《台灣法學雜誌》，第 119 期，2009.01，165 頁。李佳玟，〈羈押審查程序中的閱卷權〉，《月旦法學雜誌》，第 251 期，2016.04，218 頁以下。】

二、例外及於偵查中之羈押審查程序

釋字第 737 號解釋認爲，現行偵查階段之羈押審查程序是否滿足前揭憲法正當法律程序原則之要求，應綜合觀察刑事訴訟法相關條文而爲判斷，不得遽以個別條文爲之。大法官對於是否讓辯護人享有完整的閱卷權，並未明示，而交由立法者決定，但不得有礙於正當法律程序原則之要求。

2017 年 4 月立法院參酌司法院釋字第 737 號解釋，增訂第 33 條之 1 第 1、2 項，將上述意旨明文化。

三、無辯護人之被告之卷證資訊獲知權

至於無辯護人之被告，得於審判中預納費用請求付與卷宗及證物之影本。但卷宗及證物之內容與被告被訴事實無關或足以妨害另案之偵查，或涉及當事人或第三人之隱私或業務秘密者，法院得限制之（§33Ⅱ）（本條項係依司法院釋字第 762 號解釋意旨修正）。這裡所謂之「影本」，在解釋上應及於複本。如：翻拍證物之照片、複製電磁紀錄及電子卷證等。

蓋被告於審判中之卷證資訊獲知權，屬其受憲法訴訟權保障所應享有之防禦權，本來就可以親自直接行使而毋庸經由辯護人輾轉獲知，且不應因被告有無辯護人而有差別待遇。又，刑事案件之卷宗及證物，係據以進行審判程序之重要憑藉，基於憲法正當法律程序原則，除卷宗及證物之內容與被告被訴事實無關或足以妨害另案之偵查，或涉及當事人或第三人之隱私或業務秘密者，法院除得予以限制外，應使被告得以獲知其被訴案件卷宗及證物之全部內容，才能有效行使防禦權。再者，在現代科學技術日趨便利之情況下，透過電子卷證或影印、重製卷宗及證物之方式，已可更有效率提供被告卷證資料，以及減少提解在押被告至法院檢閱卷證之勞費。

此外，爲確保被告於審判中之訴訟主體地位，如法院認爲適當者，在確保卷證安全之前提下，自得許其親自檢閱卷證，惟倘有第 33 條第 2 項但書之情形，或檢閱卷證並非被告有效行使防禦權之必要方式者，法院自得予以限制，故 2019 年立法院於本法第 33 條增訂第 3 項：「被告於審判中經法院許可者，得在確保卷宗及證物安全之前提下檢閱之。但有前項但書情形，或非屬其有效行使防禦權之必要者，法院得限制之。」對於第 33 條第 2、3 項但書限制卷證獲知權如有不服者，自應賦予其得提起抗告之權利，俾周妥保障其防禦權（§33Ⅳ）。又，考量被告或第三人不受律師執行業務之倫理、忠誠、信譽義務及監督懲戒機制之規範，且依電子卷證等科技方式取得之卷證內容，具有便利複製、流通快速之特性，本法第 33 條增訂：「持有第一項及第二項卷宗及證物內容之人，不得就該內容爲非正當目的之使用。」限制上開卷證內容持有人爲非正當目的之使用（§33Ⅴ）。

❐ 實務見解

▶107 台上 1322〇（判決）

關於聲請人請求交付相關證據資料之影本部分：

刑事訴訟法第三十三條第二項前段雖僅限於卷內筆錄之影本，並不及於卷內相關證據資料之影本，然司法院釋字第七六二號解釋載：「刑事訴訟法第三十三條第二項前段規定：『無辯護人之被告於審判中得預納費用請求付與卷內筆錄之影本』，未賦予有辯護人之被告直接獲知卷證資訊之權利，且未賦予被告得請求付與卷內筆錄以外之卷宗及證物影本之權利，妨害被告防禦權之有效行使，於此範圍內，與憲法第十六條保障訴訟權之正當法律程序原則意旨不符。有關機關應於本解釋公布之日起一年內，依本解釋意旨妥爲修正。逾期未完成修正者，法院應依審判中被告之請求，於其預納費用後，付與全部卷宗及證物之影本。」爲使其訴訟防禦權之有效行使，且亦核無刑事訴訟法第三十三條第二項但書之情形，是本院認其關於請求交付相關證據資料之影本部分，參諸上開解釋意旨予以准許。

▶109台抗129△（裁定）

按憲法第十六條規定人民有訴訟權，旨在確保人民有受公平審判之權利，依正當法律程序之要求，刑事被告應享有充分之防禦權，包括被告卷證資訊獲知權，俾受公平審判之保障。民國一〇八年十二月十九日修正施行刑事訴訟法第三十三條規定：「辯護人於審判中得檢閱卷宗及證物並得抄錄、重製或攝影（第一項）。被告於審判中得預納費用請求付與卷宗及證物之影本。但卷宗及證物之內容與被告被訴事實無關或足以妨害另案之偵查，或涉及當事人或第三人之隱私或業務秘密者，法院得限制之（第二項）。被告於審判中經法院許可者，得在確保卷宗及證物安全之前提下檢閱之。但有前項但書情形，或非屬其有效行使防禦權之必要者，法院得限制之（第三項）。對於前二項之但書所爲限制，得提起抗告（第四項）。持有第一項及第二項卷宗及證物內容之人，不得就該內容爲非正當目的之使用（第五項）。」明文賦予被告得請求付與卷宗及證物之權利，以利其防禦權及各項訴訟權之行使，並於第二項但書針對特別列舉之事由，規定得由法院就閱卷範圍及方式爲合理之限制外，原則上即應允許之。而此規定於聲請再審之情形，準用之。而此規定於聲請再審之情形，準用之，一〇九年一月八日增訂公布，同年月十日施行之同法第四二九條之一第三項亦定有明文。參酌其立法理由說明「聲請再審無論基於何種事由，接觸並瞭解相關卷證資料，與聲請再審是否有理由，以及能否開啓再審程序，均至關重要。現行法並未明文規定聲請權人之卷證資訊獲知權，致生適用上之爭議，規範尚有未足，爰增訂本條第三項，俾聲請權人或代理人得以聲請再審爲理由以及在聲請再審程序中，準用第三十三條之規定，向法院聲請獲知卷證資訊。」**依此，刑事訴訟法第三十三條之卷證資訊獲知權自不應解爲限於「審判中」被告始得行使，尚及於判決確定後之被告。至於判決確定後之被告，固得依檔案法或政府資**訊公開法之相關規定，向檔案管理機關或政府資訊持有機關申請閱卷，如經該管機關否准，則循一般行政爭訟程序處理；惟因訴訟目的之需要，而向判決之原審法院聲請付與卷證影本，實無逕予否准之理，仍應個案審酌是否確有訴訟之正當需求及聲請付與卷證影本之範圍有無刑事訴訟法第三十三條第二項但書規定應予限制之情形，而爲准駁之決定。

▶108台抗1489（△裁定）

刑事訴訟法第三十三條第二項前段雖規定無辯護人之被告於審判中得預納費用請求付與卷內筆錄之影本。至於判決確定後，無辯護人之被告得否以聲請再審或非常上訴等理由，預納費用請求付與卷內筆錄之影本，法雖無明文，然刑事訴訟程序，與基於罪刑法定原則而禁止類推適用的實體法不同，在法無明文規定而存有法律漏洞的情形，如與現行明文規定的規範目的具備類似性時，尚非不得以類推解釋之方式擴張或減縮其適用範圍。且現行刑事訴訟法未賦予被告得請求付與卷內筆錄以外之卷宗及證物影本之權利（即卷證資訊獲知權），係妨害被告防禦權之有效行使，於此範圍內，與憲法第十六條保障訴訟權之正當法律程序原則意旨不符等旨，此業經司法院釋字第七六二號解釋在案。則判決確定後之被告，如有聲請再審或非常上訴等訴訟上之需求，依上開解釋意旨之規範目的予以類推，其卷證資訊獲知權亦應等同於審判中之被告，始符合憲法保障被告訴訟權之意旨。另參酌日本刑事訴訟法第五十三條第一項規定「任何人，在被告案件終結後，均得閱覽訴訟紀錄。但對訴訟紀錄之保存或對法院及檢察廳之事務有妨礙者，不在此限。」之立法例，以及我國實務上見解「聲請再審或抗告之刑事案件，如有當事人委任律師請求抄閱原卷及證物，現行法並無禁止之明文，爲符便民之旨及事實需要，自應從寬解釋，准其所請」之同一法理，對於判決確定後，**無辯護人之被告以聲請再審或非常上訴等理由，請求預納費用付與卷內筆錄之影本，既無禁止之明文，依上開解釋意旨之規範目的，應類推適用刑事訴訟法第三十三條第二項之規定，除另有保密限制規定或安全考量等情形外，仍應從寬賦予判決確定之被告，有上開請求交付卷內筆錄或證物等證據之權利，以保障其訴訟防禦權，並符合便民之旨。至於判決確定後之被告，固得依檔案法或政府資訊公開法等相關規定，向檔案管理機關或政府資訊持有機關申請閱卷，如經該管機關否准，則循**

一般行政爭訟程序處理；惟因訴訟目的之需要，而向判決確定之原審法院聲請付與卷證影本，實無逕予否准之理，仍應個案審酌是否確有訴訟之正當需求及聲請付與卷證影本之範圍有無刑事訴訟法第三十三 條第二項但書規定應予限制之情形，而為准駁之決定。本件抗告人因犯加重強制性交罪經判刑確定後，其以聲請再審所需，向原審法院請求付與該案件卷內筆錄影本，原裁定遽以該案件已判決確定，且檢察官並將抗告人發監執行，不符合前揭條文所規定「審判中」之要件，而駁回其聲請，依上述說明，尚非允洽。

▶108 台抗 1074△（裁定）

按刑事訴訟法第三十三條第二項前段雖規定無辯護人之被 告於「審判中」得預納費用請求付與卷內筆錄之影本，未及於卷內相關證據資料或書狀之影本（刑事訴訟法第三十三條第二項業經修正且經總統於一〇八年六月十九日公布，並將於一〇八年十二月十九日施行，規定「被告於審判中得預納費用請求付與卷宗及證物之影本。」已及於卷內相關證據資料或書狀影本），及審判後擬聲請再審或非常上訴之階段。然參酌司法院釋字第七六二號解釋已宣告 上開規定未賦予被告得請求付與卷宗筆錄以外之卷宗及證物影本之權利，妨害被告防禦權之有效行使，於此範圍內，與憲法第十六條保障訴訟權之正當法律程序原則意旨不符等旨，本諸合目的性解釋，判決確定後之被告，如因上揭訴訟之需要，請求法院付與卷證資料影本者，仍應予准許，以保障其獲悉卷內資訊之權利，並符便民之旨。至於判決確定後之刑事案件被告，固得依檔案法或政府資訊公開法之相關規定，向檔案管理機關或政府資訊持有機關申請閱卷，如經該管機關否准，則循一般行政爭訟程序處理；惟因訴訟目的之需要（如再審或非常上訴），而向判決之原審法院聲請付與卷證影本，實無逕予否准之理，仍應個案審酌是否確有訴訟之正當需求，聲請付與卷證影本之範圍有無刑事訴訟法第三十三條第二項應予限制閱卷等情形，而為准駁之決定。㈡本件抗告人因違反槍砲彈藥刀械管制條例等罪案件，以欲聲請非常上訴、再審為由，請求原審法院准予預納費用（由其服刑單位保管金中扣除）付與前開卷內相關證據資料，原裁定以該案件已判決確定，不符合條文所定之於審判中，及非管理或持有機關，因認其請求為不合法，予以駁回，揆諸上開說明，自有未洽。

第 33 條之 1（辯護人偵查中之羈押審查程序得檢閱卷宗及證物並得抄錄或攝影）

Ⅰ辯護人於偵查中之羈押審查程序，除法律另有規定外，得檢閱卷宗及證物並得抄錄或攝影。

Ⅱ辯護人持有或獲知之前項證據資料，不得公開、揭露或為非正當目的之使用。

Ⅲ無辯護人之被告於偵查中之羈押審查程序，法院應以適當之方式使其獲知卷證之內容。

❒ 實務見解

▶109 台抗 116△（裁定）

偵查中之羈押審查程序，係檢察官提出載明羈押理由之聲請書及有關證據，向法院聲請裁准之程序，檢察官為當事人之一方而與被告對立，本應開示聲請羈押之理由及證據，並檢附相關卷宗及證物移送法院，作為法院是否裁准羈押以剝奪被告人身自由之依據，基於憲法正當法律程序原則，**法院自應以適當方式及時使被告及其辯護人獲知檢察官認為可揭露之卷證，俾得有效行使防禦權**，具體規定見於刑事訴訟法第三十三條之一、第九十三條，此與交付審判程序之本質上係聲請人（告訴人）與被告（嫌疑人）之對立，要求予以提起公訴，檢察官並不具有當事人之地位，其持有、保管之偵查卷證係經法院調閱，均截然有別，是以二者之閱卷權規定不容類推或比附，不可不辨。

第 34 條（辯護人之接見通信權及限制）

Ⅰ辯護人得接見羈押之被告，並互通書信。非有事證足認其有湮滅、偽造、變造證據或勾串共犯或證人者，不得限制之。

Ⅱ辯護人與偵查中受拘提或逮捕之被告或犯罪嫌疑人接見或互通書信，不得限制之。但接見時間不得逾一小時，且以一次為限。接見經過之時間，同為第九十三條之一第一項所定不予計入二十四小時計算之事由。

Ⅲ前項接見，檢察官遇有急迫情形且具正當理由時，得暫緩之，並指定即時得為接見之時間及場所。該指定不得妨害被告或犯罪嫌疑人之正當防禦及辯護人依第二百四十五條第二項前段規定之權利。

❖ 法學概念

交通權（充分自由溝通權）

一、與受羈押之被告或犯嫌的交通權

本法第 34 條第 1 項規定，辯護人得接見犯罪嫌疑人及羈押之被告，並互通書信。亦即，辯護人有與被告充分自由溝通之權，此一權利係由被告之受有效律師協助憲法權利衍生出，**蓋刑事被告與辯護人須在不受干預下充分自由溝通，為辯護人協助被告行使防禦權的重要內涵**。因此，警詢前應予犯嫌和辯護人，至少有一次合理時間之接見晤談，蓋律師於警詢過程「接見交通」或「辯護晤談」，將有助於平復犯嫌、被告心理壓力情緒感受，惟重點仍是提供專業法律見解、訴訟建議，以面對未來訴訟進行，尋求有利證據蒐集等辯護之功能。

【林裕順，〈接見交通「應然」「實然」探討—「警詢辯護」實證分析研究〉，收錄於《人民參審與司法改革》，新學林，初版，2015.06，189頁以下。】

二、與受拘提或逮捕之被告或犯嫌人的交通權

若偵查中之被告或犯罪嫌疑人經拘提或逮捕到場者，爲保障其訴訟上之防禦權，對其與辯護人之接見或互通書信，不得限制之。惟偵查具有時效性，爲免接見時間過長，或多次接見，致妨礙偵查之進行，接見時間及次數可以限制（§34Ⅱ）。**因此，被告或犯罪嫌疑人經拘提或逮捕到場者（非受羈押之被告），其與辯護人之接見不得完全限制，惟在急迫情形，且有正當理由，例如，辯護人之接見將導致偵查行爲中斷顯然妨害偵查進行之情形時，例外允許檢察官爲必要之處置。**因此於第34條第3項前段明定，檢察官遇有急迫情形且具正當理由時，得暫緩辯護人之接見，並指定即時得爲接見之時間及場所，以兼顧偵查之必要及被告之辯護依賴權。又檢察官所爲之指定，應合理、妥適，不得妨害被告或犯罪嫌疑人正當防禦之權利，及辯護人依第245條第2項前段規定之權利，爰於第3項後段予以明定。至於司法警察（官），因調查犯罪及蒐集證據，如認有上開暫緩及指定之必要時，應報請檢察官爲之。**至於已受羈押之被告或犯罪嫌疑人，原則上可享有與辯護人充分自由溝通權，例外如有事證足認其有湮滅、僞造、變造證據或勾串共犯或證人者，得予限制之（§34I後），但必須取得限制書（§34-1）。**

第34條之1（限制書應載明之事項）

Ⅰ限制辯護人與羈押之被告接見或互通書信，應用限制書。

Ⅱ限制書，應記載下列事項：

一　被告之姓名、性別、年齡、住所或居所，及辯護人之姓名。

二　案由。

三　限制之具體理由及其所依據之事實。

四　具體之限制方法。

五　如不服限制處分之救濟方法。

Ⅲ第七十一條第三項規定，於限制書準用之。

Ⅳ限制書，由法官簽名後，分別送交檢察官、看守所、辯護人及被告。

Ⅴ偵查中檢察官認羈押中被告有限制之必要者，應以書面記載第二項第一款至第四款之事項，並檢附相關文件，聲請該管法院限制。但遇有急迫情形時，得先爲必要之處分，並應於二十四小時內聲請該管法院補發限制書；法院應於受理後四十八小時內核復。檢察官未於二十四小時內聲請，或其聲請經駁回者，應即停止限制。

Ⅵ前項聲請，經法院駁回者，不得聲明不服。

第35條（輔佐人之資格及權限）

Ⅰ被告或自訴人之配偶、直系或三親等內旁系血親或家長、家屬或被告之法定代理人於起訴後，得向法院以書狀或於審判期日以言詞陳明爲被告或自訴人之輔佐人。

Ⅱ輔佐人得爲本法所定之訴訟行爲，並得在法院陳述意見。但不得與被告或自訴人明示之意思相反。

Ⅲ被告或犯罪嫌疑人因精神障礙或其他心智缺陷無法爲完全之陳述者，應有第一項得爲輔佐人之人或其委任之人或主管機關指派之社工人員爲輔佐人陪同在場。但經合法通知無正當理由不到場者，不在此限。

第36條（輕罪案件之被告代理人）

最重本刑爲拘役或專科罰金之案件，被告於審判中或偵查中得委任代理人到場。但法院或檢察官認爲必要時，仍得命本人到場。

第37條（委任代理人自訴）

Ⅰ自訴人應委任代理人到場。但法院認爲必要時，得命本人到場。

Ⅱ前項代理人應選任律師充之。

第38條（被告或自訴人之代理人準用之規定）

第二十八條、第三十條、第三十二條及第三十三條第一項之規定，於被告或自訴人之代理人準用之；第二十九條之規定，於被告之代理人並準用之。

第38條之1（閱卷規則之訂定）

依本法於審判中得檢閱卷宗及證物或抄錄、重製或攝影之閱卷規則，由司法院會同行政院定之。

第五章　文　書

第39條（公文書應備程序）

文書，由公務員制作者，應記載制作之年、月、日及其所屬機關，由制作人簽名。

❐ 實務見解

▸**106台上2180○（判決）**

文書由公務員製作者，依刑事訴訟法第三十九條規定，除應記載製作之年、月、日及其所屬機關外，並應由製作人簽名。又依民法第三條第二項規定，如有用印章代簽名者，其蓋章與簽名生同等之效力。是檢察官以當事人資格提起上訴時，自應由該檢察官在其提出之上訴書狀簽名，始爲合於法定程式。然此項簽名或蓋章之作用，旨在證明文書之眞正，爲該項文書形式上之必備程式，如有欠缺，參照司法院院解字第三〇〇六號解釋意旨，尚非屬絕對不得命補正之事項。此項補正之目的既在除去書狀程式上之欠缺，**則其補正之法律效果自應溯及於其提出該書狀之時**。因此，倘檢察官已於法定期限內具狀提起上訴，雖漏未於書狀內簽名或蓋章，然如其已補正完畢，程式上之瑕疵即已除去，其補正之法律效果，溯及於其提出書狀聲明上訴之時。

第 40 條（公文書製作之程序）
公務員制作之文書，不得竄改或挖補；如有增加、刪除或附記者，應蓋章其上，並記明字數，其刪除處應留存字跡，俾得辨認。

☐ 實務見解

▶71 年度第 2 次刑事庭會議決議（71.02.09）

刑事裁判正本送達後，發現正本與原本不符時，如係正本記載之主文（包括主刑及從刑）與原本記載之主文不符，**而影響全案情節及判決之本旨者，不得以裁定更正，應重行繕印送達，上訴期限另行起算**。至若正本與原本不符之情形，如僅係文字誤寫而不影響於全案情節與判決本旨者，得以裁定更正之。

▶72 台抗 518（判例）

刑事判決正本送達後，發現原本錯誤，不得以裁定更正，如係正本記載之主文（包括主刑及從刑）與原本記載之主文不符，而影響全案情節及判決之本旨者，亦不得以裁定更正，應重行繕印送達，上訴期間另行起算。至若正本與原本不符之情形如僅「顯係文字誤寫，而不影響於全案情節與判決本旨」者，始得以裁定更正之。

第 41 條（訊問筆錄之制作）
I 訊問被告、自訴人、證人、鑑定人及通譯，應當場制作筆錄，記載下列事項：
一　對於受訊問人之訊問及其陳述。
二　證人、鑑定人或通譯如未具結者，其事由。
三　訊問之年、月、日及處所。
II 前項筆錄應向受訊問人朗讀或令其閱覽，詢以記載有無錯誤。受訊問人爲被告者，在場之辯護人得協助其閱覽，並得對筆錄記載有無錯誤表示意見。
III 受訊問人及在場之辯護人請求將記載增、刪、變更者，應將其陳述附記於筆錄。但附記辯護人之陳述，應使被告明瞭後爲之。
IV 筆錄應命受訊問人緊接其記載之末行簽名、蓋章或按指印。但受訊問人拒絕時，應附記其事由。

第 42 條（搜索扣押及勘驗筆錄之製作）
I 搜索、扣押及勘驗，應制作筆錄，記載實施之年、月、日及時間、處所並其他必要之事項。
II 扣押應於筆錄內詳記扣押物之名目，或制作目錄附後。
III 勘驗得制作圖畫或照片附於筆錄。
IV 筆錄應令依本法命其在場之人簽名、蓋章或按指印。

第 43 條（筆錄之製作）
前二條筆錄應由在場之書記官製作之。其行訊問或搜索、扣押、勘驗之公務員應在筆錄內簽名；如無書記官在場，得由行訊問或搜索、扣押、勘驗之公務員親自或指定其他在場執行公務之人員製作筆錄。

第 43 條之 1（筆錄製作程式之準用）
I 第四十一條、第四十二條之規定，於檢察事務官、司法警察官、司法警察行詢問、搜索、扣押時，準用之。
II 前項犯罪嫌疑人詢問筆錄之製作，應由行詢問以外之人爲之。但因情況急迫或事實上之原因不能爲之，而有全程錄音或錄影者，不在此限。

第 44 條（審判筆錄之製作）
I 審判期日應由書記官製作審判筆錄，記載下列事項及其他一切訴訟程序：
一　審判之法院及年、月、日。
二　法官、檢察官、書記官之官職、姓名及自訴人、被告或其代理人並辯護人、輔佐人、通譯之姓名。
三　被告不出庭者，其事由。
四　禁止公開者，其理由。
五　檢察官或自訴人關於起訴要旨之陳述。
六　辯論之要旨。
七　第四十一條第一項第一款及第二款所定之事項。但經審判長徵詢訴訟關係人之意見後，認爲適當者，得僅記載其要旨。
八　當庭曾向被告宣讀或告以要旨之文書。
九　當庭曾示被告之證物。
十　當庭實施之扣押及勘驗。
十一　審判長命令記載及依訴訟關係人聲請許可記載之事項。
十二　最後曾與被告陳述之機會。

十三　裁判之宣示。
II受訊問人就前項筆錄中關於其陳述之部分，得請求朗讀或交其閱覽，如請求將記載增、刪、變更者，應附記其陳述。

第44條之1（審判期日之全程錄音錄影之製作及使用）
I審判期日應全程錄音；必要時，並得全程錄影。
II當事人、代理人、辯護人或輔佐人如認為審判筆錄之記載有錯誤或遺漏者，得於次一期日前，其案件已辯論終結者，得於辯論終結後七日內，聲請法院定期播放審判期日錄音或錄影內容核對更正之。其經法院許可者，亦得於法院指定之期間內，依據審判期日之錄音或錄影內容，自行就有關被告、自訴人、證人、鑑定人或通譯之訊問及其陳述之事項轉譯為文書提出於法院。
III前項後段規定之文書，經書記官核對後，認為其記載適當者，得作為審判筆錄之附錄，並準用第四十八條之規定。

第45條（審判筆錄之整理）
審判筆錄，應於每次開庭後三日內整理之。

第46條（審判筆錄之簽名）
審判筆錄應由審判長簽名；審判長有事故時，由資深陪席法官簽名；獨任法官有事故時，僅由書記官簽名；書記官有事故時，僅由審判長或法官簽名；並分別附記其事由。

第47條（審判筆錄之效力）
審判期日之訴訟程序，專以審判筆錄為證。

第48條（審判筆錄內引用文件之效力）
審判筆錄內引用附卷之文書或表示將該文書作為附錄者，其文書所記載之事項，與記載筆錄者，有同一之效力。

第49條（辯護人攜同速記之許可）
辯護人經審判長許可，得於審判期日攜同速記到庭記錄。

第50條（裁判書之制作）
裁判應由法官制作裁判書。但不得抗告之裁定當庭宣示者，得僅命記載於筆錄。

第51條（裁判書之應載事項及簽名）
I裁判書除依特別規定外，應記載受裁判人之姓名、性別、出生年月日、身分證明文件編號、住、居所；如係判決書，並應記載檢察官或自訴人並代理人、辯護人之姓名。
II裁判書之原本，應由為裁判之法官簽名；審判長有事故不能簽名者，由資深法官附記其事由；法官有事故者，由審判長附記其事由。

第52條（裁判書或起訴書及不起訴處分書正本之製作）
I裁判書或記載裁判之筆錄之正本，應由書記官依原本制作之，蓋用法院之印，並附記證明與原本無異字樣。
II前項規定，於檢察官起訴書及不起訴處分書之正本準用之。

第53條（非公務員制作文書之程式）
文書由非公務員制作者，應記載年、月、日並簽名。其非自作者，應由本人簽名，不能簽名者，應使他人代書姓名，由本人蓋章或按指印。但代書之人，應附記其事由並簽名。

第54條（卷宗之編訂與滅失之處理）
I關於訴訟之文書，法院應保存者，由書記官編為卷宗。
II卷宗滅失案件之處理，另以法律定之。

第六章　送　達

第55條（應受送達人與送達處所陳明）
I被告、自訴人、告訴人、附帶民事訴訟當事人、代理人、辯護人、輔佐人或被害人為接受文書之送達，應將其住所、居所或事務所向法院或檢察官陳明。被害人死亡者，由其配偶、子女或父母陳明之。如在法院所在地無住所、居所或事務所者，應陳明以在該地有住所、居所或事務所之人為送達代收人。
II前項之陳明，其效力及於同地之各級法院。
III送達向送達代收人為之者，視為送達於本人。

❖ 法學概念

送達

所謂送達者，乃係法院或檢察官依照一定的程序，將應交付當事人或訴訟關係人之文書，交付其收受之訴訟行為。如傳票的送達，乃為通知其到庭應訊，裁判書的送達，乃告知其裁判情形，訴訟上的效力常因送達而發生，如聲請再議、上訴、抗告之期間，故訴訟對於送達，有嚴格的規定，必須依照一定之程序為之，方能認為合法。

【陳宏毅、林朝雲，《刑事訴訟法新理論與實務》，五南，初版，2015.02，81頁。】

第 56 條（囑託送達）

I 前條之規定，於在監獄或看守所之人，不適用之。

II 送達於在監獄或看守所之人，應囑託該監所長官為之。

❑ 實務見解

▶44 台抗 3（判例）

法院對於羈押監所之人送達文件，不過應囑託監所長官代為送達，而該項文件仍應由監所長官交與應受送達人收受，始生送達之效力。

第 57 條（文書送達）

應受送達人雖未為第五十五條之陳明，而其住、居所或事務所為書記官所知者，亦得向該處送達之。

第 58 條（對檢察官之送達）

對於檢察官之送達，應向承辦檢察官為之；承辦檢察官不在辦公處所時，向檢察長或檢察總長為之。

第 59 條（公示送達之事由）

被告、自訴人、告訴人或附帶民事訴訟當事人，有左列情形之一者，得為公示送達：

一　住、居所、事務所及所在地不明者。

二　掛號郵寄而不能達到者。

三　因住居於法權所不及之地，不能以其他方法送達者。

第 60 條（公示送達—程式及生效期日）

I 公示送達應由書記官分別經法院或檢察總長、檢察長或檢察官之許可，除將應送達之文書或其節本張貼於法院或檢察署牌示處外，並應以其繕本登載報紙，或以其他適當方法通知或公告之。

II 前項送達，自最後登載報紙或通知公告之日起，經三十日發生效力。

第 61 條（文書送達方式）

I 送達文書由司法警察或郵務機構行之。

II 前項文書為判決、裁定、不起訴或緩起訴處分書者，送達人應作收受證書、記載送達證書所列事項，並簽名交受領人。

III 拘提前之傳喚，如由郵務機構行送達者，以郵務人員為送達人，且應以掛號郵寄；其實施辦法由司法院會同行政院定之。

第 62 條（民事訴訟法送達規定之準用）

送達文書，除本章有特別規定外，準用民事訴訟法之規定。

❑ 實務見解

▶82 台上 2723（判例）

送達於住居所、事務所或營業所不獲會晤應受送達人者，得將文付與有辨別事理能力之同居人或受僱人，為民事訴訟法第一百三七條前段所明文規定；此項規定依刑事訴訟法第六十二條於刑事訴訟程序，亦在準用之列。至所稱之「同居人」云者，雖不必有親屬關係，亦毋庸嚴格解釋為須以永久共同生活為目的而同居一家；必係與應受送達人居住在一起，且繼續的為共同生活者，方為適當。

第七章　期日及期間

第 63 條（期日之傳喚或通知義務）

審判長、受命法官、受託法官或檢察官指定期日行訴訟程序者，應傳喚或通知訴訟關係人使其到場。但訴訟關係人在場或本法有特別規定者，不在此限。

❖ 法學概念

期日與期間

所謂期日者，乃係指法院審判長、受命法官、受託法官或檢察官傳喚或通知訴訟關係人，使會集於一定場所，為訴訟行為所指定之時間。如審判期日。

期間者，由法律所規定，或法院裁定所設定之期間，使訴訟主體或其他訴訟關係人，於此時間內，為或不為訴訟行為之限制。如上訴期間、傳訊之猶豫期間。

【陳宏毅、林朝雲，《刑事訴訟法新理論與實務》，五南，初版，2015.02，85 頁。】

第 64 條（期日之變更或延展及通知）

I 期日，除有特別規定外，非有重大理由，不得變更或延展之。

II 期日經變更或延展者，應通知訴訟關係人。

第 65 條（期間之計算）

期間之計算，依民法之規定。

第 66 條（在途期間之扣除）

I 應於法定期間內為訴訟行為之人，其住所、居所或事務所不在法院所在地者，計算該期間時，應扣除其在途之期間。

II 前項應扣除之在途期間，由司法行政最高機關定之。

❑ 實務見解

▶63 年度第 3 次刑事庭會議決議

（63.08.13）

應於法定期間內為訴訟行為之人，其住、居所或事務所不在法院所在地者，其期間末日之計算，應將應扣除之在途期間與不變期間聯接計算，以其最後一日為期間末日。

第 67 條（回復原狀—條件）

I 非因過失，遲誤上訴、抗告或聲請再審之期間，或聲請撤銷或變更審判長、受命法官、受託法官裁定或檢察官命令之期間者，於其原因消滅後五日內，得聲請回復原狀。

II 許用代理人之案件，代理人之過失，視為本人之過失。

□ 實務見解

▶29 上 3809（判例）

送達文件向送達代收人為之者，視為送達之人，刑事訴訟法第五十五條第三項既定有明文，**則送達代收人之過失，自應視為本人之過失**，本件為上訴人代收送達之某甲，收到判決書後不為注意轉交，致上訴人未能如期上訴，雖屬於某甲之過失，要亦應視為上訴人因過失而遲誤上訴期間，自不得執為聲請回復原狀之理由。

▶107 台抗 438△（裁定）

刑事訴訟法第六十七條第一項規定之聲請回復原狀，乃救濟非因過失而遲誤抗告、上訴等法定期間之程序，且為衡平及兼顧法安定性、眞實發現與法治程序之維護，明定應於其遲誤之原因消滅後五日內為之。又所謂非因過失，係指逾期之緣由非可歸責於當事人而言，苟其不能遵守期限非由於自誤，即不能謂因過失遲誤不變期間。至於聲請回復原狀之期間規定所指「原因消滅」，係不能遵守期間之原因完了之意，於上開情形抗告人至遲於知悉逾越不變期間之訴訟行為遭駁回確定時，已確知其抗告逾期為不合法，則其信賴法院裁判書註記錯誤抗告期間之遲誤原因已經消滅，自應於該遲誤原因消滅即收受駁回裁定正本後五日內聲請回復原狀，乃屬當然。

第 68 條（回復原狀—聲請之程序）

I 因遲誤上訴或抗告或聲請再審期間而聲請回復原狀者，應以書狀向原審法院為之。其遲誤聲請撤銷或變更審判長、受命法官、受託法官裁定或檢察官命令之期間者，向管轄該聲請之法院為之。

II 非因過失遲誤期間之原因及其消滅時期，應於書狀內釋明之。

III 聲請回復原狀，應同時補行期間內應為之訴訟行為。

□ 實務見解

▶30 聲 12（判例）

因遲誤上訴期間而聲請回復原狀者，應向原審法院為之，刑事訴訟法第六十八條第一項定有明文，此所謂原審法院，係指原判決之法院而言，換言之，即遲誤第二審上訴期間者，第一審法院為原審法院，遲誤第三審上訴期間者，第二審法院為原審法院，不因管轄上訴之法院對其上訴曾否加以裁判而有異，縱使管轄上訴之法院曾因其上訴逾期將其上訴駁回，而該上訴人以其逾期非因其本人或代理人之過失所致，聲請回復原狀，其原審法院仍係原為第一審或第二審判決之法院，而非因其上訴逾期予以駁回之上訴法院。

第 69 條（聲請回復原狀之裁判）

I 回復原狀之聲請，由受聲請之法院與補行之訴訟行為合併裁判之；如原審法院認其聲請應行許可者，應繕具意見書，將該上訴或抗告案件送由上級法院合併裁判。

II 受聲請之法院於裁判回復原狀之聲請前，得停止原裁判之執行。

第 70 條（回復聲請再議期間之準用）

遲誤聲請再議之期間者，得準用前三條之規定，由原檢察官准予回復原狀。

第八章　被告之傳喚及拘提

❖ 法學概念

強制處分

一、概念

所謂「強制處分」（Zwangsmaßnahmen），係繼受德國的外來語，「強制處分」在刑事程序的概念是指在刑事程序進行中，為了獲得、保全證據或確保被告到場，使用各種強制力，對犯罪嫌疑人、被告或其他訴訟關係人基本權所為的侵犯措施。其主要特徵多為，執法人員施以「強制力」、違反受處分人自由意志及侵害憲法所保障的基本權利。

「強制處分」的實施，在審判中可能根據法院的命令（如傳喚、拘提或羈押等）；在偵查程序中，檢察官或司法警察（官）亦得為之。「偵查中的強制處分」（Zwangsmasnahmen im Ermittlungsverfahren）係在於蒐集證據、提起公訴；「審判中的強制處分」重在調查證據、發現眞實。

【Kral/Eausch, Strafverfahrensrecht, 20. Aufl., 2013, S. 63.】

二、類型

㈠廣義與狹義的強制處分

前者指凡具有法律上強制要素之調查證據處分均屬之，如勘驗、檢查身體、鑑定留置、通訊監察等均是。後者，專指以強制調查爲目的，而直接對人或物爲排除事實上之可能的反抗或妨害行爲所實施的處分，如傳喚、拘提、逮捕、搜索及扣押者是。

㈡直接與間接的強制處分

依其處分的性質，可分爲：*1.*直接強制處分，是指其本身處分即具有強制效力，如拘提、逮捕、搜索、扣押等是。*2.*間接強制處分，僅指示其應負何種義務，如不履行即受強制處分，如傳喚、提出命令。

㈢強制處分依其處分的對象

可分爲：*1.*對人的強制處分，乃對人的強制處分，如傳喚、拘提、逮捕、羈押、搜索、強制採樣、鑑定留置及通訊監察等。*2.*對物的強制處分，乃對物所實施的強制處分，如提出命令、搜索、扣押。

三、強制處分應遵守之原則

㈠法律保留原則

由於強制處分往往會侵犯人民憲法上的基本權，爲避免憲法所保障的各項基本權淪爲具文，故強制處分的實施，必須有法律明文規定，由於這樣的法律是限制人民基本權，故須合乎憲法第23條所要求的「防止妨礙他人自由、避免緊急危難、維持社會秩序或增進公共利益所必要」等要件，否則即屬違憲。

㈡比例原則

憲法層次的比例原則，可自憲法第23條導出，主要是拘束立法者不得違反比例原則制定限制人民基本權的法律。而一般法律層次的比例原則，乃所有公權力行爲的決定與執行皆必須遵守的原則，不論實施行政程序或刑事程序的公務員皆應遵守。而強制處分中的比例原則，主要是一般法律層次的比例原則，其內涵可參照行政程序法第7條、警察行使職權法第3條之規定。故實施刑事程序的公務員，皆應注意「採取之方法應有助於目的之達成」（適合性原則）、「有多種同樣能達成目的之方法時，應選擇對人民權益損害最小者」（必要性原則）及「採取之方法所造成之損害不得與欲達成目的之利益顯失均衡」（狹義比例性原則）。例如，警察人員執行搜索、扣押時，應嚴格遵守偵查不公開規定，並依比例原則、最小損害原則，擇其適當方法，審慎執行之。

㈢令狀原則

由於強制處分的發動因會侵害到被處分者之自由與權益，故不宜把實施者與決定者劃歸爲同一人，應在實施前由中立之一方加以審查，藉此限制國家權力，人權保障才能落實。有的國家將令狀原則置於憲法位階，如美國憲法增修條文第4條規定，令狀之核發必須詳載搜索之地點、所拘捕之人或扣押之物。也就是禁止核發「概括令狀」，讓執法人員大肆搜括。二次大戰後的日本憲法第33條、第35條，也與美國聯邦憲法增修條文第4條有相類似的規定。而我國憲法第8條對於拘束人身自由的強制處分也有明確的規定，大法官作成釋字第384號以後，欲拘束犯罪嫌疑被逮捕拘禁之人民，不能再由檢察官簽發押票。

【警察機關執行搜索扣押應行注意要點第3點；黃朝義，《刑事訴訟法》，新學林，五版，2017.09，140頁。】

四、強制處分之決定機關

我國立法採以下混合的模式：

㈠法官保留原則

*1.*絕對法官保留：如羈押、鑑定留置（刑訴§102、§203Ⅲ、§203-1Ⅳ）、一般監聽（通訊保障及監察法§5）。

*2.*相對法官保留：原則上須由法官核發令狀，例外在急迫情形可由偵查機關先自行決定，事後再由法院審查合法性。例如搜索，以有令狀搜索爲原則（刑訴§128Ⅰ、§128-1），無令狀搜索（刑訴§130～§131-1）爲例外。此外，限制辯護人與羈押之被告接見或互通書信（刑訴§34-1）、

非附隨於搜索之扣押（刑訴§133-1、§133-2）、緊急監聽（通訊保障及監察法§6）、調取通信紀錄（通訊保障及監察法§11-1），亦採相對法官保留原則。

㈡偵審二分模式

即偵查中以檢察官爲決定機關；審判中以法官爲決定機關。如傳喚（§71Ⅳ）、拘提（§77Ⅲ）、通緝（§85Ⅲ）、身體檢查（§204-1、§205-1）等。

㈢完全由偵查機關決定

例如：經通知或公告後對通緝犯之逮捕（§87Ⅰ）、現行犯之逮捕（§88）、緊急拘提（§88-1）、強制採樣處分（§205-2）。

❖ 法學概念

臥底偵查

所謂「臥底偵查」其實就是司法警察隱藏自己眞正的身分，而長期地以假名、假證件至特定的犯罪集團、組織或圈子臥底，掌握犯罪資訊並協助破案者。據此，臥底警探與不具警察身分的線民，概念有所不同，立法政策的考量也不同，臥底警探引發的問題還不僅於此。由於臥底警探往往必須「幹一票」來「取信」幫派組織，這些臥底警探本身的犯罪如何評價（犯案時究竟係出於自由意志或迫於無奈很難查知），迄今仍無定論。此外，通常還會伴隨陷害教唆、是否能出庭作證等問題。

【林鈺雄，《刑事訴訟法（上）》，新學林，八版，2017.09，467頁。】

不過，基於國民有出庭作證的義務，出席審

判庭，具結並陳述意見。基本上，這個義務對於臥底警察也不例外。不過，為了保護臥底警察，在不妨害法院發現真實的情況下，臥底警察應該可以使用原來的化名，出庭陳述意見。學者建議，為偵查犯罪而安置臥底警探，應該緊守一些程序上的原則，才不至於造成臥底手段的濫用。一、對付重大犯罪；二、最後手段性，且有明確的偵查結果可資期待；三、臥底偵查的目標必須具體確定；四、由檢察官或法官授權臥底。**因為臥底警察所為者，是調查證據的工作。而調查證據是廣義的強制處分。**德國臥底警察的規定，就是安排在搜索扣押有關的章節裡（也就是在強制處分的體系），建議可以考慮在我國刑事訴訟法第153條之後。

【林東茂，〈臥底警探的程序法上問題〉，收錄於《一個知識論上的刑法學思考》，五南，三版，2007.10，316頁以下。】

強制處分
- 審判中：如傳喚、拘提、羈押、搜索
- 偵查中（即強制偵查）：如傳喚、拘提、逮捕、通訊監察、搜索、扣押、羈押、GPS定位偵查（106台上3788判決）

第71條（書面傳喚）

Ⅰ傳喚被告，應用傳票。

Ⅱ傳票，應記載下列事項：

一　被告之姓名、性別、出生年月日、身分證明文件編號及住、居所。

二　案由。

三　應到之日、時、處所。

四　無正當理由不到場者，得命拘提。

Ⅲ被告之姓名不明或因其他情形有必要時，應記載其足資辨別之特徵。被告之出生年月日、身分證明文件編號、住、居所不明者，得免記載。

Ⅳ傳票，於偵查中由檢察官簽名，審判中由審判長或受命法官簽名。

第71條之1（到場詢問之通知）

Ⅰ司法警察官或司法警察，因調查犯罪嫌疑人犯罪情形及蒐集證據之必要，得使用通知書，通知犯罪嫌疑人到場詢問。經合法通知，無正當理由不到場者，得報請檢察官核發拘票。

Ⅱ前項通知書，由司法警察機關主管長官簽名，其應記載事項，準用前條第二項第一款至第三款之規定。

❖ 法學概念

「傳喚」與司法警察（官）「通知」之比較

	傳　　喚	司法警察（官）通知（§71-1）
主體不同	由「法院」或「檢察官」為之。	司法警察（官）。
客體不同	包含自訴人、被告、證人、鑑定人、通譯。	犯罪嫌疑人、證人。
程式不同	原則上應用「傳票」；例外如被告經面告下次到場或被告以書面陳明屆期到場者不在此限。	通知書。
簽發機關	在偵查中由檢察官簽發；審判中由審判長或受命法官簽發。	地區分局長或相當其職務以上之長官。
拒不到場之效果	無正當理由不到場者，得簽發拘票拘提之（§75）。	約談通知書亦有間接強制處分的效果，經通知後無正當的理由不到場者，得向檢察官聲請核發拘票。司法警察人員認為有傳喚、拘提被告之必要，可聲請檢察官核發傳票或拘票。如經通知無故不到場者，司法警察人員自可衡情亦以先行聲請檢察官核發傳票為宜，再傳不到，始請發拘票，不得逕自拘提。

第 72 條（口頭傳喚）
對於到場之被告，經面告以下次應到之日、時、處所及如不到場得命拘提，並記明筆錄者，與已送達傳票有同一之效力；被告經以書狀陳明屆期到場者，亦同。

第 73 條（傳喚監所被告之程式）
傳喚在監獄或看守所之被告，應通知該監所長官。

第 74 條（傳喚之效力）
被告因傳喚到場者，除確有不得已之事故外，應按時訊問之。

第 75 條（抗傳即拘）
被告經合法傳喚，無正當理由不到場者，得拘提之。

第 76 條（不經傳喚逕行拘提事由）
被告犯罪嫌疑重大，而有下列情形之一者，必要時，得不經傳喚逕行拘提：
一　無一定之住、居所者。
二　逃亡或有事實足認爲有逃亡之虞者。
三　有事實足認爲有湮滅、僞造、變造證據或勾串共犯或證人之虞者。
四　所犯爲死刑、無期徒刑或最輕本刑爲五年以上有期徒刑之罪者。

❖ 法學概念
「一般拘提」、「逕行拘提」與「緊急拘提」之區別

	一般拘提、逕行拘提	緊急拘提
拘提前應否用拘票不同	1. 包含因被告經合法傳喚無正當理由不到場者之拘提（§75）及逕行拘提（§76），皆應用拘票（§71 I）。 2. 包含偵查及審判程序。	1.「檢察官」親自執行時，得不用拘票。 2. 司法警察（官）執行時，以其急迫情況不及報告檢察官者爲限，於執行後，應即報請檢察官簽發拘票。如檢察官不簽發拘票時，應即將被拘提人釋放（§88-1 II）。 3. 限於偵查程序。
執行主體不同	原則：司法警察（官）；例外：囑託拘提時被告所在地之檢察官。	檢察官、司法警察（官）；不含檢察事務官。
拘提原因不同	1. 因抗傳而拘提（一般拘提）。 2. 被告犯罪嫌疑重大，而有下列情形之一者，得不經傳喚逕行拘提： (1)無一定之住、居所者。 (2)逃亡或有事實足認爲有逃亡之虞者。 (3)有事實足認爲有湮滅、僞造、變造證據或勾串共犯或證人之虞者。 (4)所犯爲死刑、無期徒刑或最輕本刑爲五年以上有期徒刑之罪者。	有下列情形之一而情況急迫者，得逕行拘提之： (1)因「現行犯」之供述，且有事實足認爲共犯嫌疑重大者。 (2)在執行或在押中之脱逃者。 (3)有事實足認爲犯罪嫌疑重大，經被盤查而逃逸者。但所犯顯係最重本刑爲**一年以下有期徒刑、拘役或專科罰金之罪者**（如刑法第 266 條的賭博罪），不在此限。 (4)所犯爲死刑、無期徒刑或最輕本刑爲五年以上有期徒刑之罪，**嫌疑重大，有事實足認爲有逃亡之虞者**。

編按：

刑訴法第 88 條之 1 第 1 項第 4 款與同法第 76 條第 2 款之要件「有事實足認爲有逃亡之虞者」類似，但多了「其急迫情況不及報告檢察官」、「重罪」等前提要件，且須事後報請檢察官簽發拘票。

第 77 條（拘提之程式及拘票記載）

Ⅰ拘提被告，應用拘票。
Ⅱ拘票，應記載左列事項：
一　被告之姓名、性別、年齡、籍貫及住、居所。但年齡、籍貫、住、居所不明者，得免記載。
二　案由。
三　拘提之理由。
四　應解送之處所。
Ⅲ第七十一條第三項及第四項之規定，於拘票準用之。

第 78 條（拘提之執行）
Ⅰ拘提，由司法警察或司法警察官執行，並得限制其執行之期間。
Ⅱ拘票得作數通，分交數人各別執行。

第 79 條（拘提之執行）
拘票應備二聯，執行拘提時，應以一聯交被告或其家屬。

第 80 條（拘提之執行後續處置）
執行拘提後，應於拘票記載執行之處所及年、月、日、時；如不能執行者，記載其事由，由執行人簽名，提出於命拘提之公務員。

第 81 條（域外之拘提）
司法警察或司法警察官於必要時，得於管轄區域外執行拘提，或請求該地之司法警察官執行。

第 82 條（囑託拘提）
審判長或檢察官得開具拘票應記載之事項，囑託被告所在地之檢察官拘提被告；如被告不在該地者，受託檢察官得轉囑託其所在地之檢察官。

第 83 條（對現役軍人之拘提）
被告為現役軍人者，其拘提應以拘票知照該管長官協助執行。

第 84 條（通緝之法定原因）
被告逃亡或藏匿者，得通緝之。

第 85 條（通緝—通緝書）
Ⅰ通緝被告，應用通緝書。
Ⅱ通緝書，應記載下列事項：
一　被告之姓名、性別、出生年月日、身分證明文件編號、住、居所，及其他足資辨別之特徵。但出生年月日、住、居所不明者，得免記載。
二　被訴之事實。
三　通緝之理由。
四　犯罪之日、時、處所。但日、時、處所不明者，得免記載。
五　應解送之處所。
Ⅲ通緝書，於偵查中由檢察總長或檢察長簽名，審判中由法院院長簽名。

第 86 條（通緝方法）
通緝，應以通緝書通知附近或各處檢察官、司法警察機關；遇有必要時，並得登載報紙或以其他方法公告之。

第 87 條（通緝之效力及撤銷）
Ⅰ通緝經通知或公告後，檢察官、司法警察官得拘提被告或逕行逮捕之。
Ⅱ利害關係人，得逕行逮捕通緝之被告，送交檢察官、司法警察官或請求檢察官、司法警察官逮捕之。
Ⅲ通緝於其原因消滅或已顯無必要時，應即撤銷。
Ⅳ撤銷通緝之通知或公告，準用前條之規定。

第 88 條（現行犯與準現行犯）
Ⅰ現行犯，不問何人得逕行逮捕之。
Ⅱ犯罪在實施中或實施後即時發覺者，為現行犯。
Ⅲ有左列情形之一者，以現行犯論：
一　被追呼為犯罪人者。
二　因持有兇器、贓物或其他物件、或於身體、衣服等處露有犯罪痕跡，顯可疑為犯罪人者。

❖ 法學概念

現行犯之逮捕

所謂現行犯，意即犯罪現場作案之人。假使不允許發現現行犯之任何人立即採取「暫時逮捕」（vorläufige Festnahme）的行動，日後可能會喪失追緝犯罪線索的契機。須注意者，現行犯之逮捕只是一種作為公民所具有之權利而非義務。

本法第 88 條第 1 項規定現行犯，不問何人「得」逕行逮捕之，同條第 2 項為現行犯定義的規定，即「犯罪在實施中或實施後即時發覺者，為現行犯」。本法第 88 條所定情形，不問何人均得逕行逮捕之，不以有偵查權人未曾發覺之犯罪為限。此外，犯瀆職罪收受之賄賂，應認為本法第 88 條第 3 項第 2 款所稱之贓物。賄賂如為通貨，一般觀察可認為因犯罪所得，而其持有並顯可疑為犯罪人者，亦有適用。現行犯之逮捕必須具備**「犯罪行為正在進行或行為後即時發覺在時間點上相當密接」、「犯罪與行為人之間在客觀**

上明顯可辨」及「必要性」三大要件。是否爲逮捕必要性之判斷應依具體之逮捕時機予以區分。一般而言，發現有不必爲現行犯逮捕之情形，亦即無逮捕必要性之情形，應不得對之加以逮捕。例如：收受後方知爲僞造、變造之紙幣而仍加以行使之犯行，對之以現行犯加以逮捕，其逮捕會因肢體衝突所造成之傷害或許較不加以逮捕更爲嚴重。

【Radtke/Hohmann, StPO , 1. Aufl., 2011, §127, Rn. 2；津田隆好，《警察官のための刑事訴訟法講義》，東京法令出版株式會社，初版二刷，2009.10，78 頁以下；黃朝義，《犯罪偵查論》，漢興，初版，2003.03，97 頁；釋字第 90 號解釋。】

在 2018 年 2 月，彰化地院對一件性侵案嫌犯開羈押庭時，聲請羈押的彰化地檢署女檢察官與法官對犯罪法條和事證起了爭辯，雙方動了氣，女檢嗆法官：「你中午是不是沒吃飯，腦袋不清楚？」不料惹怒了法官，下令當庭逮捕女檢察官，但法警不敢動手，最後驚動院檢高層出面協調，女檢才由彰檢人員帶離。此事引發法界熱烈議論，有法官認爲，女檢侮辱執行公務的法官，是現行犯，「任何人都可逮捕現行犯」。但本書認爲，本案例縱使符合刑法上的侮辱公署罪，但仍欠缺當庭逮捕的「必要性」，蓋此案例中檢察官係蒞庭執行公務不會逃逸無蹤，並無若不立即採取逮捕，日後就喪失追緝犯罪線索的可能。

❖ 法學概念

逮捕與攔停、留置的關係

警察機關的核心任務在於公共安全之危害防止，在公眾安全的概念下，危害防止之於特定法益的威脅實屬緊密相連。

【Kueelmann, Polizei- und Ordnungsrecht, 2. Aufl., 2011, §5, Rn. 32.】

因此警察之任務並不侷限在「危害防止」，亦同時包含「刑事追緝」，兩者可能於盤查時轉換之，例如發現酒醉駕車達醉態駕駛罪標準值則轉成犯行追訴而採刑事訴訟手段，以現行犯逮捕。

【蔡震榮，《警察職權行使法概論》，五南，三版，2016.06，27 頁。】

在憲法比例原則下，當國家有充分理由時，得爲侵犯性較強之強制處分;反之，當國家之理由不夠充分時，僅得爲侵犯性較弱之強制處分，甚至不能爲任例強制處分。國家有「相當理由」相信某人犯罪，即達到發動拘捕之實質要件，得對人民爲比較長時間的拘束自由「合理的懷疑」而未達相當理由時，其所能爲之強制處分，限縮爲「短時間的留置」。亦即，如只有「合理懷疑」（指的是僅具備臨檢發動門檻），卻對人民爲拘捕之長時間拘束自由，構成違法行爲，將產生證據排除的效果。

逮捕與攔停的差別，應依一切情狀綜合判斷，如攔停留置的的手段、地點（現場或警察局）、時間（短暫或長時間）。例如警察以槍指著人民，要人民將手舉起，雖只有短短兩分鐘，應認爲警察行爲已構成逮捕，而非攔停或留置，若無相當理由，應認爲警察行爲違法;反之，若警察要人民暫時不要走開，讓其進行相關調查，在一段顯著的時間內，人民不斷問警察得否離去，警察皆言「不准走」，雖然警察未使用任何強制力，但人民因此「畏懼」地不敢離去，而又經過顯著的「長」時間，應認爲已構成逮捕，而非留置。而依照警職法第 7 條第 2 項的文義，似乎表示只要留置時間未超過 3 小時，都屬於合法之「留置」，而非「逮捕」。然學者指出，對照警職法第 3 條的比例原則中的禁止過度原則，即令在 3 個小時內，如已達成目的，或無法達成日的時，應不得再留置人民，也就是説超過 3 個小時的留置，即爲非法之留置。

【王兆鵬、張明偉、李榮耕，《刑事訴訟法（上）》，新學林，四版，2018.09，356 頁以下。】

❖ 法學概念

臨檢與身分查核

「臨檢」係危害或犯罪尚未發生之際，警察通常僅是處在「資料蒐集」的狀況，爲能有效蒐集資料，以防止將來危害或犯罪之發生，法律上應准許警察利用一些科技工具或相關之人來執行蒐集資料之工作。

【蔡震榮，《警察職權行使法概論》，五南，三版，2016.06，132 頁。】

我國警職法的「臨檢」，應定性爲「行政檢查」的行爲，行政檢查一詞源自英美法，美國稱之爲「Administrative Investigation」，日本則稱之爲「行政調查」，廣義的行政檢查，包含司法行政機關所爲之情資查詢或蒐集，其性質爲一種事實行爲（Verwaltungsrealakt），只有在義務人或利害關係人請求時，應將異議之理由製作紀錄交付時，才被認爲係行政處分。

【蔡震榮，《警察職權行使法概論》，五南，三版，2016.06，5 頁；李震山，《行政法導論》，三民，十版，2016.09，479 頁以下；吳志光，《行政法》，新學林，八版，2017.02，336 頁。】

由於刑事法與行政法在本質、目的、手段各有其不同，因此，從警察任務與作用中區別雙重功能，旨在避免警察利用行政手段爲犯罪偵查，或利用司法作用以防止行政上的危害，惟在實務運作上，往往無法截然劃分兩項作用。

【李震山，《警察行政法－自由與秩序之折衝》，元照，四版，2016.10，338 頁。】

警察在一般臨檢盤查時，僅得實施「目視檢查」，惟如有本條第 1 項第 4 款所定要件，即有明顯事實足認當事人有攜帶足以自殺、自傷或傷害他人生命或身體之物者，亦得實施「拍搜檢查」（Frisk），以符合比例原則。

【李修安，《警察情境實務》，一品，初版，2011.10，117頁。】

另外，警察在攔停人民時，常會查核身分，警察既有「查明身分」權，若人民拒不出示證件或身分不能辨明時，**釋字第535號似認爲警察得命令人民同行**。警察職權行使法第7條第2項亦規定，若無法查證身分時，警察得將該人民帶往勤務處查證。王兆鵬教授認爲，警察臨檢時將人民強行帶回，幾乎已等同於逮捕，實已逾越臨檢之權限，甚爲不妥。雖然警察在盤查時得詢問人民，**但學說上咸認爲人民無回答之義務，不得僅僅因爲人民拒絕回答而予以逮捕。基於人民對於政府之詢問，有「不自證己罪」的緘默權，刑事訴訟法第95條亦明文承認緘默權。**

【王兆鵬、張明偉、李榮耕，《刑事訴訟法（上）》，新學林，四版，2018.09，353頁；類似見解：陳運財，〈論緘默權之保障〉，《刑事訴訟與正當法律程序》，月旦，初版，1998.09，342頁以下。】

而我國行政上前階段之人別查證與後階段之刑事程序，其實相當緊密連結，難以分割。在學理上，既承認當事人在刑事偵查程序中之不自證己罪之權利，在行政上似亦應承認當事人對於警察之人別詢問時保持沉默，而享有行政上之緘默權，依現行警職法第7條第1項第2款及第2項之文義及體系解釋，人民對於警察查證身分時，似未享有「行政上之緘默權」，然而這是否符合憲法上之比例原則？是否過度侵害人民之隱私權？容有商榷之餘地！是以，**警職法第7條第2項「強制帶回警局」之要件應再行檢討，不宜變相成爲無令狀之「行政逮捕」**。

【林明鏘，〈警察行使職權與身分查證問題〉，收錄於《警察法學研究》，新學林，2011.07，359、362頁。】

而我國刑訴法學者即主張，對於警察盤查時的詢問，若拒絕回答，應不得加以處罰。否則與緘默權之法理完全違背。從而，我國社會秩序維護法第67條第1項第2款規定，有違憲（憲法第8條）之疑慮。

【陳運財，〈論緘默權之保障〉，收錄於《刑事訴訟與正當法律程序》，月旦，初版，1998.09，342頁以下。】

❖ 法學概念

刑事強制處分與警職法臨檢之界限為何？

一、以是否進入住宅爲界限

警察行使職權之場所依警職法之規定原則上應限於「公共場所或公眾得出入之場所」，不及於「住宅」，除非有警職法第26條規定之住宅內有「人民生命、身體、財產之迫切危害」之情事者，否則不得進入。因此，以「住宅」爲準，當做區分警察職權行使法及刑事訴訟法之適用分野，除非有警職法第26條「即時強制」的情形，否則不論警察找「人」或找「物」，皆應遵守刑事訴訟法有關搜索之規定。

二、以是否已達到「強制」程度爲界限

「臨檢」和「犯罪偵查」的第二個區別在於**「是否已達強制程度」**。警察實施臨檢乃積極、主動探求犯罪發生可能事跡，如同受理告訴、告發、自首消極被動間接被動接收犯罪發生訊息。即便遇緊急必要之情況，但相關臨檢盤查強力作爲仍應侷限於**「任意處分」**。**不過，若執勤過程另發現犯罪行爲，自可依刑訴法相關規定實施強制處分如搜索、勘驗等等保全證據等**。須注意者，不論臨檢盤查是否被賦予強制力，並不影響國家權力作用的保障，行爲人若妨害國家權力作用之行使，仍可構成刑法上的妨害公務罪。

由於「臨檢」既屬警察行政行爲的領域，則有關警察執法時的幾個基本原則，諸如比例原則、禁止不當連結原則等，仍可作爲臨檢權限是否超過其限度的抽象原則，然後再依個案去具體判斷。若以量化爲喻，依照警職法第6條、臨檢的發動門檻爲「合理的懷疑」（reasonable suspicion）：合理的懷疑最典型的警察作爲，就是盤查，其證據強度約30%以上；而刑訴法強制處分的發動門檻爲「相當理由」（probable cause）：在美國只要有probable cause，就可以逮捕、搜索或監聽、羈押等，其證據強度約45%以上。

又臨檢權既屬警察行政行爲的領域，則有關警察執法時的幾個基本原則，例如：比例原則、禁止不當連結原則等，仍可作爲臨檢權是否超過其限度的抽象原則，然後再依個案判斷。此外，社會通念原則亦屬重要，因爲，這一原則與警察的社會形象息息相關，兩者可謂成反比的狀況，若警察的社會形象佳，則社會通念的檢驗標準必低，反之則正好相反。故重視這一標準，理論上應可使警察爲提升自我形象，謹慎發動臨檢權，即使發動也應充分照顧被臨檢者的權利。

【釋字第535號解釋；洪文玲、蔡震榮、鄭善印，《警察法規》，國立空中大學印行，修訂再版，2011.08，306頁以下；內政部警政署印行，《警察職權行使法逐條釋義》，2003.8，第6條部分；林裕順，〈臨檢盤查「半推半就」〉，《月旦法學教室》，第148期，2015.02，24頁以下；羅傳賢，《警察法規概論》，五南，初版，2018.01，241頁。】

第88條之1（偵查犯罪逕行拘提事由）

Ⅰ檢察官、司法警察官或司法警察偵查犯罪，有下列情形之一而情況急迫者，得逕行拘提之：

一　因現行犯之供述，且有事實足認爲共犯嫌疑重大者。

二　在執行或在押中之脫逃者。

三　有事實足認爲犯罪嫌疑重大，經被盤查而逃逸者。但所犯顯係最重本刑爲一年以下有期徒刑、拘役或專科罰金之罪者，不在此限。

四　所犯為死刑、無期徒刑或最輕本刑為五年以上有期徒刑之罪，嫌疑重大，有事實足認為有逃亡之虞者。

II前項拘提，由檢察官親自執行時，得不用拘票；由司法警察官或司法警察執行時，以其急迫情況不及報告檢察官者為限，於執行後，應即報請檢察官簽發拘票。如檢察官不簽發拘票時，應即將被拘提人釋放。

III檢察官、司法警察官或司法警察，依第一項規定程序拘提犯罪嫌疑人，應即告知本人及其家屬，得選任辯護人到場。

❖ 法學概念

緊急拘提

本法第88條之1第1項規定，檢察官、檢察事務官、司法警察（官），因偵查犯罪在情況急迫且具有法定原因的前提下，得不用拘票「逕行拘提」，以防人犯脫逃之強制處分，第130條及第131條第1項之規定，於第1項情形準用之。但應即報告檢察官（§88Ⅲ）。這裡所說的「情況急迫」，係指如不及時拘提，人犯即有逃亡之虞或偵查犯罪顯有重大困難者而言。而第88條之1第2項之急迫情況不及報告檢察官者，係指檢察事務官、司法警察（官）「遇有上開情況急迫情事」不及報告檢察官簽發拘票者而言。

【檢察機關辦理刑事訴訟案件應行注意事項第14點；警察偵查犯罪手冊第142點。】

為與本法第76條之「逕行拘提」相區隔，學說上多稱本條為「緊急拘提」。

【蔡墩銘，《刑事訴訟法論》，五南，五版，2002.10，183頁；張麗卿，《刑事訴訟法理論與運用》，五南，十四版，2016.09，235頁；林俊益，《刑事訴訟法概論（上）》，新學林，十七版，2017.09，235頁；王兆鵬、張明偉、李榮耕，《刑事訴訟法（上）》，新學林，四版，2018.09，378頁；林俊寬，《刑事訴訟法：基礎理論與實務運用》，五南，初版，2013.07，94頁。】

惟亦有稱「緊急逮捕」；更有稱「緊急拘捕」之論者。

【林山田，《刑事程序法》，五南，五版，2004.09，289頁；黃朝義，《刑事訴訟法》，新學林，五版，2017.09，193頁；黃東熊、吳景芳，《刑事訴訟法（上）》，三民，七版，2010.02，143頁；林鈺雄，《刑事訴訟法（上）》，新學林，八版，2017.09，363頁。】

本書認為，由於條文用語是「拘提」，雖然由檢察官親自執行時，得不用拘票；但因司法警察（官）執行後，仍須報請檢察官簽發「拘票」，如檢察官不簽發拘票時，應即將被拘提人釋放（§88Ⅱ）。與無令狀之「逮捕」尚屬有間，故本條稱之為「緊急拘提」毋寧較妥。

一、因現行犯之供述，且有事實足認為共犯嫌疑重大者

本款所謂現行犯，係指本法第88條第2項之現行犯及同條第3項以現行犯論者而言。檢察官如認犯罪嫌疑人所犯之罪情節輕微或顯係最重本刑為拘役或專科罰金之罪者，即令因現行犯之供述，且有事實足認為共犯嫌疑重大，亦不得逕行拘提（檢察機關辦理刑事訴訟案件應行注意事項第15點）。

二、在執行或在押中之脫逃者

所謂在執行中脫逃者，係指經依刑事法律指揮在監獄、看守所、少年輔育院、少年矯正學校或其他保安處分處所執行中脫逃者而言。所謂在押中脫逃者，係指經依刑事法律逮捕、拘提、羈押或收容中脫逃者而言（檢察機關辦理刑事訴訟案件應行注意事項第16點）。

三、有事實足認為犯罪嫌疑重大，經被盤查而逃逸者。但所犯顯係最重本刑為一年以下有期徒刑、拘役或專科罰金之罪者，不在此限

所謂「有事實足認為」，應注意不得僅憑主觀認定其行跡可疑或未帶身分證，即遽予盤查及緊急拘提。而「盤查」係指警察於「危害防止」或「刑事追訴」之際，經常用以「查證身分」、「蒐集資料」等手段，行使盤查權之合法措施，包括攔停、詢問、令出示證件，符合一定條件下，甚至可以檢查其身體及所攜物、要求酒精測試及檢查交通工具等。「盤查」乃最典型的警察作為，其發動門檻為「合理的懷疑」（reasonable suspicion），其證據強度約30%以上。美國法院向來尊重警察本身「專業知識與多年經驗」。可參考：㈠警察本人之觀察（police observation）。㈡剛發生之犯罪現場附近（location near scene of recent crime）。㈢線民（informant）提供之情報。㈣警方通報（police channel）。㈤計畫性掃蕩犯罪（a plan）等原則。至於警方可否任意設置「管制站」盤查？依警察職權行使法第6條第1項第6款，警察機關主管長官指定公共場所、路段及管制站者，除必須有「防止犯罪，或處理重大公共安全或社會秩序事件」之要件合致外，尚須考慮比例原則之適用。因此，警察機關依據該法固可實施全面攔停進行治安檢查，但必須其決定地點之程序與要件均須受到本款之拘束，依釋字第535號解釋所無法肯認不得不問時間、地點、或對象之設置管制站作全面攔檢，或不加判斷其合理性要件之任意或隨機攔檢。

【洪文玲、蔡震榮、鄭善印，《警察法規》，國立空中大學印行，修訂再版，2011.08，303頁；內政部警政署印行，《警察職權行使法逐條釋義》，2003.08，第6條部分；蔡庭榕等編，《警察職權行使法逐條釋論》，五南，初版，2010.02，127頁。】

一般而言，依警職法「盤查」而查證身分固

爲警察職權發動的行政行爲，故本款因「盤查」而逃逸而得爲之「緊急拘提」，應以犯罪嫌疑重大（依本款但書之規定不適用於輕罪）、偵查犯罪目的爲限。換言之，若警察盤查攔停、詢問的結果是單純的行政不法，如：紅燈右轉、未滿十八歲駕車，不得援引本款「緊急拘提」。另依內政部警政署交通違規稽查與輕微違規勸導作業注意事項，汽車駕駛人之行爲有闖紅燈或平交道等行爲，「當場不能或不宜」攔截製單舉發者，得逕行舉發；經明確指揮制止攔檢不停車輛，應避免追車，依規定逕行舉發。總之，這些單純交通違規行爲，皆非緊急拘提（追車）要件，逕行舉發即可。

若駕駛人不聽制止或拒絕停車接受稽查而逃逸者，依道路交通管理處罰條例第60條第1項規定，處新臺幣三千元以上六千元以下罰鍰。須注意者，本條僅適用在已違反道路交通管理處罰條例之交通違規行爲者，若尚未構成違法情形，而拒絕稽查時，仍不得以該條加以處罰。例如，依警察職權行使法第6條第1項第6款規定「行經指定公共場所、路段及管制站者」。

【羅傳賢，《警察法規概論》，五南，初版，2018.01，245頁。】

四、所犯爲死刑、無期徒刑或最輕本刑爲五年以上有期徒刑之罪，嫌疑重大，有事實足認爲有逃亡之虞者

本款所謂「有事實足認爲」，係指必先有具體事實之存在，且據此事實客觀上顯可認爲犯罪嫌疑人，有逃亡之虞，有湮滅、僞造、變造證據或勾串共犯或證人之虞，或所犯之罪確有重大嫌疑等情形而言，檢察官應愼重認定，且應於卷內記明其認定之依據（檢察機關辦理刑事訴訟案件應行注意事項第17點）。

❖ 法學概念

盤查與強制處分的關係

所謂「盤查」係指警察於「危害防止」或「刑事追訴」之際，經常用以「查證身分」、「蒐集資料」之手段，行使盤查權之合法措施，包括攔停、詢問、令出示證件，符合一定條件下，甚至可以檢查其身體及所攜物、要求酒精測試及檢查交通工具等。

【洪文玲、蔡震榮、鄭善印，《警察法規》，國立空中大學印行，修訂再版，2011.08，303頁。】

日本警察官執行職務法有所謂的「職務質問」，概念即相當於我國攔停、盤查、查證身分的概念，其第2條規定，警察得依「異常之舉動」及「其他周圍情事」合理判斷，在特定的情況下認定其人有犯某罪或將犯某罪之嫌疑，或認爲其人對已發生之犯罪或即將發生之犯罪知悉，得將其人攔停、盤問。日本學說認爲，該國警職法第2條第1項警察對行駛中的車輛進行盤查，限於任意手段並在必要的限度內予以攔停。警方在適當地點實施車輛攔檢，取締、預防交通違規，對該處通行經過的車輛要求短暫的停留，就外觀上可疑之處進行盤問，在尋求對方自願配合的同時，不得過度不當限制車輛使用者的自由。

【酒巻匡，《刑事訴訟法》，有斐閣，初版，2015.11，48頁。】

所謂「異常之舉動」係指可疑人之行爲、態度、衣著、隨身攜帶物品不尋常。例如：潛伏在隱蔽的地方或穿著有血跡的衣服，至於行爲是否有些反常，這要視地點和時間而有所不同之認定。「其他周圍情事」則係指時間、地點、場所環境等，也包括警察事先取得的情資。至於「合理判斷」係指根據這些行爲情事綜合判斷並依社會通念作客觀性的合理認定，執勤員警不應主觀、恣意判斷，此皆可做爲我國臨檢、盤查發動門檻的參考。

【田村正博，《現場警察官權限解說（上卷）》，立花書房，二版，2009.09，25頁。】

此外，「盤查」的附隨行爲，尚包括個人隨身「所持有物品的檢查」，日本實務認爲，就職務質問的功能而言，此乃必要、有效的行爲，但不得行使類如搜索等強制力，蓋此屬於任意處分的範疇，非得到受檢人的同意及理解，不得爲之。而對受檢人「所持有物品的檢查」亦係臨檢盤查的附隨行爲，但必須根據「必要性」、「緊急性」及個人法益的保護與公共利益權衡後之「相當性」等原則下方得容許之。

【最判昭53.6.20刑集32卷4號，670頁（米子銀行強盜事件）；川端博，《刑事訴訟法講義》，成文堂，初版，2012.03，7頁。】

第89條（拘捕之告知及注意事項）

Ⅰ執行拘提或逮捕，應當場告知被告或犯罪嫌疑人拘提或逮捕之原因及第九十五條第一項所列事項，並注意其身體及名譽。

Ⅱ前項情形，應以書面將拘提或逮捕之原因通知被告或犯罪嫌疑人及其指定之親友。

第89條之1（戒具之使用）

Ⅰ執行拘提、逮捕或解送，得使用戒具。但不得逾必要之程度。

Ⅱ前項情形，應注意被告或犯罪嫌疑人之身體及名譽，避免公然暴露其戒具；認已無繼續使用之必要時，應即解除。

Ⅲ前二項使用戒具之範圍、方式、程序及其他應遵行事項之實施辦法，由行政院會同司法院定之。

第90條（強制拘捕）

被告抗拒拘提、逮捕或脫逃者，得用強制力拘提或逮捕之。但不得逾必要之程度。

第 91 條（拘捕被告之解送）
拘提或因通緝逮捕之被告，應即解送指定之處所；如二十四小時內不能達到指定之處所者，應分別其命拘提或通緝者為法院或檢察官，先行解送較近之法院或檢察機關，訊問其人有無錯誤。

第 92 條（逮捕現行犯之解送）
I 無偵查犯罪權限之人逮捕現行犯者，應即送交檢察官、司法警察官或司法警察。
II 司法警察官、司法警察逮捕或接受現行犯者，應即解送檢察官。但所犯最重本刑為一年以下有期徒刑、拘役或專科罰金之罪、告訴或請求乃論之罪，其告訴或請求已經撤回或已逾告訴期間者，得經檢察官之許可，不予解送。
III 對於第一項逮捕現行犯之人，應詢其姓名、住所或居所及逮捕之事由。

第 93 條（即時訊問及漏夜應訊之規定）
I 告或犯罪嫌疑人因拘提或逮捕到場者，應即時訊問。
II 偵查中經檢察官訊問後，認有羈押之必要者，應自拘提或逮捕之時起二十四小時內，以聲請書敘明犯罪事實並所犯法條及證據與羈押之理由，備具繕本並檢附卷宗及證物，聲請該管法院羈押之。但有事實足認有湮滅、偽造、變造證據或勾串共犯或證人等危害偵查目的或危害他人生命、身體之虞之卷證，應另行分卷敘明理由，請求法院以適當之方式限制或禁止被告及其辯護人獲知。
III 前項情形，未經聲請者，檢察官應即將被告釋放。但如認有第一百零一條第一項或第一百零一條之一第一項各款所定情形之一而無聲請羈押之必要者，得逕命具保、責付或限制住居；如不能具保、責付或限制住居，而有必要情形者，仍得聲請法院羈押之。
IV 前三項之規定，於檢察官接受法院依少年事件處理法或軍事審判機關依軍事審判法移送之被告時，準用之。
V 法院於受理前三項羈押之聲請，付予被告及其辯護人聲請書之繕本後，應即時訊問。但至深夜仍未訊問完畢，被告、辯護人及得為被告輔佐人之人得請求法院於翌日日間訊問，法院非有正當理由，不得拒絕。深夜始受理聲請者，應於翌日日間訊問。
VI 前項但書所稱深夜，指午後十一時至翌日午前八時。

❖ 法學概念

訊問與詢問

被告之訊問在偵查中由檢察官，在審判中由審判長或受命法官行之。於審判期日，陪席法官經告知審判長之後亦得訊問被告。訊問事項自以起訴之犯罪事實為主，包括犯罪之客觀事實與被告主觀之犯意。

【林山田，《刑事程序法》，五南，五版，2004.09，418頁。】

訊問被告，固重在辨別犯罪事實之有無，但與犯罪構成要件、量刑標準或加重、減免原因有關之事實，均應於訊問或詢問時深切注意，倘被告提出有利之事實，自應就其證明方法及調查途徑，逐層追求，不可漠然視之。遇有被告自白犯罪，仍應調查其他必要之證據，不得以被告或共犯之自白作為有罪判決之唯一證據。對於得為證據之被告自白之調查，除有特別規定外，應於有關犯罪事實之其他證據調查完畢後為之。訊問被告分為兩種，一為「人別訊問」，另一為「本案訊問」。前者在於查驗受訊問人有無錯誤，如係錯誤應即釋放。後者為法院或檢察官調查證據之方法，經由訊問的程序，使其陳述事實，藉以發現犯罪的眞相，及被告陳述有利事實。

本書認為，檢察官的訊問與司法警察（官）的詢問除主體不同，本質上應無太大差別，蓋均屬蒐集犯罪證據之必要手段，要求受（詢）問者陳述之行為。因此，本法於 1997 年修正時乃增訂「本章（被告之訊問）之規定，於司法警察（官）詢問犯罪嫌疑人時，準用之」（§100-2），使訊問被告之規定，亦均準用於司法警察（官）之詢問犯罪嫌疑人。但若是法官的訊問，側重在調查兩造當事人所提出的證據眞偽，即與司法警察（官）的詢問有別。

☐ 實務見解

▶ 106 台上 4085○（判決）

被告或犯罪嫌疑人因拘提或逮捕到場者，應即時訊問，刑事訴訟法第九十三條第一項定有明文。此所謂即時，係指依個案情節，考量被告人數多寡、情緒之安撫、案情是否繁雜、案件情資整理、偵查機關人員之調度、路程遠近、辯護人選任等諸多因素，不得為不必要之拖延，並應注意此時間之經過，是否會影響受訊問者陳述之任意性。實務上則以扣除刑事訴訟法第九十三條之一第一項各款事由後，以不逾二十四小時為度。

第 93 條之 1（法定障礙事由）
I 第九十一條及前條第二項所定之二十四小時，有下列情形之一者，其經過之時間不予計入。但不得有不必要之遲延：
一 因交通障礙或其他不可抗力事由所生不得

已之遲滯。
二 在途解送時間。
三 依第一百條之三第一項規定不得爲詢問者。
四 因被告或犯罪嫌疑人身體健康突發之事由，事實上不能訊問者。
五 被告或犯罪嫌疑人因表示選任辯護人之意思，而等候辯護人到場致未予訊問者。但等候時間不得逾四小時。其等候第三十一條第五項律師到場致未予訊問或因精神障礙或其他心智缺陷無法爲完全之陳述，因等候第三十五條第三項經通知陪同在場之人到場致未予訊問者，亦同。
六 被告或犯罪嫌疑人須由通譯傳譯，因等候其通譯到場致未予訊問者。但等候時間不得逾六小時。
七 經檢察官命具保或責付之被告，在候保或候責付中者。但候保或候責付時間不得逾四小時。
八 犯罪嫌疑人經法院提審之期間。

II前項各款情形之經過時間內不得訊問。

III因第一項之法定障礙事由致二十四小時內無法移送該管法院者，檢察官聲請羈押時，並應釋明其事由。

第八章之一　限制出境、出海

❖ 法學概念

限制住居與限制出境之關係

一、黃朝義教授

限制住居係指限制被告居、住處所之指令，並非命被告不得自由行動，而拘禁於住（居）所，就此而論，並非人身自由之拘束。此點在具體之運用上，僅代表被告住、居所受限制，用以確保偵、審機關傳票、判決書等裁判文書送達之合法性。就廣義而言，其包含執行羈押之前之獨立性處分，亦即：㈠檢察官訊問經拘捕或自行到場之被告，得不向法院屬聲請羈押，而給予限制住居；㈡檢察官聲請羈押之案件，或經起訴移審之案件，法院訊問後，認並無羈押之必要時，得予以限制住居。就狹義而言，亦即被告經羈押一段期間後，認爲並無繼續羈押之必要時（仍有羈押之原因），而以限制住居之命令替代。

從被告仍得自由活動之立場而論，有可能利用出境（海）之方式逃亡。因此，限制住居是否包含得限制被告出境，及非無疑問。實務見解並未嚴格區分兩者是否有所不同，幾乎認爲限制被告出境，係執行限制住居方法之一種，且刑訴法中，並沒有任何有關限制出境之規定。因而，限制出境常常廣泛應用到限制住居中，可謂爲確保被告到庭之重要手段。

過往實務一再強調限制住居包含限制出境之見解，可能忽略限制出境影響層面，其實大於限制住居。實務運作上，院檢雙方只見條文規定，得「限制住居」，率皆以此爲憑藉，不分起訴前後，幾近於濫用「限制住居」以鎖住犯罪嫌疑人或被告。然而，就限制出境而言，如果僅將焦點限縮在影響被告出國之權益上，此點影響可能較爲輕微，但出境之目的有時並非單純爲旅行，亦有可能有商務、探親之需求，此點，並非單純之居住及遷徙自由可以涵蓋，而有工作權、探視親人之權利，此應可從憲法第22條導出，過去刑訴法對於限制出境之相關程序要件、實體規範內容，並無相關之規定。換言之，目前刑事訴訟僅規定限制之主體（核發禁止命令之主體），但對於程序保障要件僅「訊問被告」而已，對於實體方面之要件，例如限制出境之要件、時間、救濟、程序等內容，並無特別之規定。是以，在程序及實體保障上，對於被告之保護較爲不周。

然限制住居與限制出境，並無依附之關係，而有其獨立之內涵，限制出境雖有實施之必要性，但應考量令狀原則之適用，由中立之法院進行審查，且在判斷上應屬於符合要件基準範圍內之對象，並有期限規定。但爲了符合現行偵查實務及審判，應區分成緊急限制、暫時限制與一般性限制，且給予相對應之救濟管道，如此方能保障被告之權益，且杜絕違憲之疑慮。

【黃朝義，〈刑事程序限制出境（海）之規範與實際問題〉，《月旦法學雜誌》，第215期，2013.04，106頁以下。】

二、謝志鴻教授

就入出國及移民法第6條第1至3款之屬性而言，蓋入出國及移民署係受司法、軍法機關通知後執行限制出境，與看守所執行羈押人犯性質類似，其屬性應屬於具有司法強制處分之性質。

而入出國及移民法第6條第4至6款，因司法、軍法機關、法務部調查局或內政部警政署基於偵辦刑案之急迫性，得對於具有第1項第4款至第6款情形者，爲緊急禁止出國處分，惟禁止出國涉及人民遷徙自由，應有一定時間限制，須於24小時內依刑事訴訟程序辦理相關事宜。既然認爲24小時內須依刑事訴訟程序辦理相關事宜，即代表入出國及移民法第6條第4、5款之內涵仍具有司法強制處分之性質。至於，第7至10款均屬於依各別行政法之規定所爲之限制出境，應屬於行政處分。

【謝志鴻，〈論刑事訴訟程序限制出境之合理性與公正性〉，《中央警察大學法學論集》，第24期，2013.04，143頁以下。】

三、王乃彥教授

以往的實務見解，認爲限制出境屬於限制住居，其係把前者當作後者的一種類型來看待。而實務見解將限制出境解釋爲限制住居之附屬處分，其目的在於保全審判之進行與刑罰之執行。

此種最高法院藉由裁判來塑造新型強制處分，雖並不違反令狀原則要求司法機關事前抑制強制處分行使的理念；另一方面又具有突破僵化法律以適應社會新發展的優勢。這種觀點，雖不乏論者給予支持，但這種見解，並不適宜我國。因爲，我國並非如同美國，最高法院負有創設普遍適用各邦的法律正當程序之職責，況且，我國憲法第23條對於限制人民自由權利的國家權力行使，採法律保留原則，若法院透過解釋創造出對人民自由權利具危害性的刑事程序規範，明顯牴觸法律保留原則。在偵查機關爲實現國家刑罰權而蒐集、保全犯罪證據的過程，是個人自由權利最易受侵犯的領域。與其消極要求偵查機關遵循立法者預定的強制處分法律要件，嚴守比例原則自我克制，不如將決定強制處分的權限，交給客觀中立的法院。由公正客觀的法院事先核可強制處分，相較於權利侵害後再給予救濟，毋寧更具合理性。

【王乃彥，〈論刑事程序之限制出境〉，《中央警察大學法學論集》，第24期，2013.04，160頁以下。】

第93條之2（被告犯罪嫌疑重大，檢察官或法官得逕行限制出境、出海之情形）

I 被告犯罪嫌疑重大，而有下列各款情形之一者，必要時檢察官或法官得逕行限制出境、出海。但所犯係最重本刑爲拘役或專科罰金之案件，不得逕行限制之：

一 無一定之住、居所者。

二 有相當理由足認有逃亡之虞者。

三 有相當理由足認有湮滅、僞造、變造證據或勾串共犯或證人之虞者。

II 限制出境、出海，應以書面記載下列事項：

一 被告之姓名、性別、出生年月日、住所或居所、身分證明文件編號或其他足資辨別之特徵。

二 案由及觸犯之法條。

三 限制出境、出海之理由及期間。

四 執行機關。

五 不服限制出境、出海處分之救濟方法。

III 除被告住、居所不明而不能通知者外，前項書面至遲應於爲限制出境、出海後六個月內通知。但於通知前已訊問被告者，應當庭告知，並付與前項之書面。

IV 前項前段情形，被告於收受書面通知前獲知經限制出境、出海者，亦得請求交付第二項之書面。

❑ 實務見解

▶109台抗249（裁定）

限制出境、出海之強制處分可分爲獨立型限制出境，及羈押替代型限制出境兩種類型。此兩種類型雖同須被告犯罪嫌疑重大，但初次處分時，獨立型限制出境由檢察官或法官於必要時得逕行爲之，及羈押替代型限制出境則必經訊問程序，始足爲之。刑事訴訟法施行法亦配合增訂第七條之十一，明定限制出境新制施行前，偵查或審判中經限制出境、出海者，應於生效施行之日起二個月內，依刑事訴訟法第八章之一規定重爲處分，逾期未重爲處分者，原處分失其效力（第二項）；重爲處分者，期間依刑事訴訟法第九十三條之三之規定重新起算，但犯最重本刑爲有期徒刑十年以下之罪者，審判中之限制出境、出海期間，連同原處分期間併計不得逾五年（第三項）。依其立法意旨，在限制出境新制施行前業經限制出境、出海，而在限制出境新制施行後重爲處分之情形下，僅犯最重本刑爲有期徒刑十年以下之罪者，始有連同原處分期間併計不得逾五年之適用，至於所犯非屬最重本刑爲有期徒刑十年以下之罪者，**重爲處分後之限制出境、出海期間乃重新起算，且不與原處分期間合併計算，乃屬當然。又此一重爲處分，乃限制出境新制之初次處分，並非延長處分，並無刑事訴訟法第九十三條之三第四項之適用，法院自得於審酌個案情節後依同法第九十三條之二第一項逕爲裁定，非必應給予被告及其辯護人陳述意見之機會，**以收及時保全被告之效，兼顧司法資源彈性運用。

編按：

本號裁定的主旨在於「**限制出境新制重爲處分。可以逕行限制出境、出海非必應給予被告及其辯護人陳述意見的機會**」，之前最高法院關於「依刑事訴訟法施行法第七條之十一第二項規定重爲處分，是否應給予被告及其辯護人陳述意見之機會」的裁判基礎法律問題，有採肯定說，也有採否定說的見解。**本號裁定雖在形式上非大法庭裁定**，然在做成前，已依法於民國一〇九年五月八日以徵詢書徵詢其他刑事庭的意見，於徵詢一個月期滿，該院其他刑事庭均同意採否定說。故本問題，經由徵詢程序，**已實質達成大法庭統一法律見解的功能**，故無須提案給大法庭裁判，即應依該見解就本案逕爲終局裁判。

▶109台抗204△（裁定）

按刑事訴訟法於一〇八年五月二十四日修正增訂第八章之一「限制出境、出海」即第九十三條之二至第九十三條之六（下稱限制出境新制），並於同年六月十九日經總統公布，刑事訴訟法施行法亦於同日公布增訂第七條之十一，第一項明定限制出境新制自修正公布後六個月即一〇八年十二月十九日起施行；第二項規定新制施行前，偵查或審判中經限制出境、出海者，應於生效施行之日起二個月內，依刑事訴訟法第八章之一規定重為處分，逾期未重為處分者，原處分失其效力；第三項則規定「依前項規定重為處分者，期間依刑事訴訟法第九十三條之三之規定重新起算。但犯最重本刑為有期徒刑十年以下之罪者，審判中之限制出境、出海期間，連同原處分期間併計不得逾五年」。是以刑事訴訟法第九十三條之三第二項後段有關「犯最重本刑為有期徒刑十年以下之罪者，審判中限制出境、出海累計不得逾五年，其餘之罪，累計不得逾十年」之規定，**在限制出境新制施行前，業經限制出境、出海而重為處分之情形下，僅犯最重本刑為有期徒刑十年以下之罪者，始有連同原處分期間併計不得逾五年之適用**，至於所犯最重本刑非有期徒刑十年以下之罪者，重為處分後之限制出境、出海期間乃重新起算，且未與原處分期間合併計算甚明。第九十三條之三第四項固規定：「法院延長限制出境、出海裁定前，應給予被告及其辯護人陳述意見之機會。」惟觀諸本條項增訂之立法理由：「延長限制出境、出海可事前審查，且不具有急迫性，則是否有延長之必要，法官除應視偵查及審判程序之實際需要，依職權審酌外，適度賦予被告及其辯護人意見陳述權，亦可避免偏斷，並符干涉人民基本權利前，原則上應給予相對人陳述意見機會之正當法律程序原則，爰增訂本條第四項。」**可見該規定，係針對延長限制出境、出海原則上應予被告及其辯護人陳述意見之機會而言，至於上開新法施行後法院對被告為第一次限制出境、出海處分，法院自得於審酌個案情節後依同法第九十三條之二第一項逕為裁定**。抗告意旨以原審裁定前，未依刑事訴訟法第九十三之三第四項規定，給抗告人等及辯護人陳述意見之機會，指摘原裁定不當，尚有誤會。

第 93 條之 3（偵查或審判中限制出境、出海之期限）

I 偵查中檢察官限制被告出境、出海，不得逾八月。但有繼續限制之必要者，應附具體理由，至遲於期間屆滿之二十日前，以書面記載前條第二項第一款至第四款所定之事項，聲請該管法院裁定之，並同時以聲請書繕本通知被告及其辯護人。

II 偵查中檢察官聲請延長限制出境、出海，第一次不得逾四月，第二次不得逾二月，以延長二次為限。審判中限制出境、出海每次不得逾八月，犯最重本刑為有期徒刑十年以下之罪者，累計不得逾五年；其餘之罪，累計不得逾十年。

III 偵查或審判中限制出境、出海之期間，因被告逃匿而通緝之期間，不予計入。

IV 法院延長限制出境、出海裁定前，應給予被告及其辯護人陳述意見之機會。

V 起訴或判決後案件繫屬法院或上訴審時，原限制出境、出海所餘期間未滿一月者，延長為一月。

VI 前項起訴後繫屬法院之法定延長期間及偵查中所餘限制出境、出海之期間，算入審判中之期間。

第 93 條之 4（視為撤銷限制出境、出海之情形）

被告受不起訴處分、緩起訴處分，或經諭知無罪、免訴、免刑、緩刑、罰金或易以訓誡或第三百零三條第三款、第四款不受理之判決者，視為撤銷限制出境、出海。但上訴期間內或上訴中，如有必要，得繼續限制出境、出海。

第 93 條之 5（被告及其辯護人得聲請撤銷或變更限制出境、出海）

I 被告及其辯護人得向檢察官或法院聲請撤銷或變更限制出境、出海。檢察官於偵查中亦得為撤銷之聲請，並得於聲請時先行通知入出境、出海之主管機關，解除限制出境、出海。

II 偵查中之撤銷限制出境、出海，除依檢察官聲請者外，應徵詢檢察官之意見。

III 偵查中檢察官所為限制出境、出海，得由檢察官依職權撤銷或變更之。但起訴後案件繫屬法院時，偵查中所餘限制出境、出海之期間，得由法院依職權或聲請為之。

IV 偵查及審判中法院所為之限制出境、出海，得由法院依職權撤銷或變更之。

第 93 條之 6（得命具保、責付或限制住居者亦得命限制出境、出海之準用規定）

依本章以外規定得命具保、責付或限制住居者，亦得命限制出境、出海，並準用第九十三條之二第二項及第九十三條之三至第九十三條之五之規定。

第九章　被告之訊問

第 94 條（人別訊問）

訊問被告，應先詢其姓名、年齡、籍貫、職業、住所或居所，以查驗其人有無錯誤，如係錯誤，應即釋放。

第 95 條（被告權利之告知義務）

I 訊問被告應先告知下列事項：

一　犯罪嫌疑及所犯所有罪名。罪名經告知後，認爲應變更者，應再告知。
二　得保持緘默，無須違背自己之意思而爲陳述。
三　得選任辯護人。如爲低收入戶、中低收入戶、原住民或其他依法令得請求法律扶助者，得請求之。
四　得請求調查有利之證據。

II 無辯護人之被告表示已選任辯護人時，應即停止訊問。但被告同意續行訊問者，不在此限。

❖ 法學概念

米蘭達告知（警告）義務

本條的規定之增修係受1966年美國聯邦最高法院一則判決的影響。本案判決要求警方在拘捕犯罪嫌疑人之同時就必須向其告知下列四點，否則其供述證據很可能在審判中不被採用：㈠有權保持緘默；㈡如果接受偵訊，其供述內容可能成爲將來起訴和審判的依據；㈢有權聘請律師協助受偵訊；㈣如果無資力自己聘請律師，將由法院指定律師爲其辯護。這四點就是著名的「米蘭達告知」（Miranda warnings）內容，我國實務則慣稱「米蘭達警告」。其主要目的在防止偵訊人員刑求逼供或不正詢問。

【Miranda v. Arizona, 384 U.S. 436.】

由於刑事程序上辯護權保障，並非犯嫌、被告單純選任或委任辯護人之「形式意義」而已，尚包含面對檢警偵查機關追訴過程，確保訴訟防禦準備上接受法律專家「實質有效」援助之權利。因此，辯護人的權利不僅止於偵訊前之法律諮商，更應包括偵訊過程辯護人在場之權利保障。若犯罪嫌疑人要求辯護人在場，偵查機關應於辯護人到場前停止相關偵訊，蓋辯護人之偵訊在場乃緘默權保障的重要方法。

又本法第95條規範條文，不能錯誤連結同法第245條第1項「偵查不公開原則」，以致劃地自限於「辯護權利」與「偵查秘密」之無關衡量。因此，若偵訊過程既有辯護人陪同在場，不僅在場辯護人可以閱覽筆錄，被告相關供述的任意性若無疑義，並可要求陪同的辯護人「簽名」，此可防止被告日後無端翻供提升司法警察警詢筆錄的信用性。然而，若司法警察以「偵查不公開原則」爲由拒絕辯護人陪同偵訊，不僅弱化同法第95條「權利告知」之規範目的，並且違背同法第158條之2，相關供述筆錄不得作爲證據。

【林裕順，〈陪偵辯護 並非門神〉，《月旦法學教室》，第142期，2014.08，34頁以下。】

☐ 實務見解

▸107台上1860○（判決）

刑事訴訟法第九十五條規定之罪名告知，**植基於保障被告防禦權而設，既係被告依法所享有基本訴訟權利之一**，亦係國家課予法院的闡明告知及訴訟上照料之義務，**縱使檢察官或被告向法院提出罪名變更之請求，皆不能免除法院告知與聽聞之義務。又所稱罪名變更者，除質的變更（罪名或起訴法條的變更）以外，自包含量的變更造成質的變更之情形（如包括的一罪或裁判上一罪變更爲數罪）**，事實審法院於罪名變更時，若違反上開義務，所踐行之訴訟程序即屬於法有違，得**否作爲上訴第三審之合法理由，端視對被告防禦權之行使有無妨礙而定。基此，第一審法院就數個具體之犯罪行爲論以包括的一罪（集合犯、接續犯），第二審法院審理之結果認係實質數罪，從形式上觀察，兩者適用之罪名相同，無須變更起訴法條，然實質上已從一罪名變更爲數罪名，自會增加被告之罪責，究其本質仍屬罪名之變更，故第二審法院應踐行罪名再告知程序，告知被告罪數之變更已被包攝入審判範圍，並給予其辯明及辯論之機會。**

第96條（訊問方法—罪嫌之辯明）
訊問被告，應與以辯明犯罪嫌疑之機會；如有辯明，應命就其始末連續陳述；其陳述有利之事實者，應命其指出證明之方法。

第97條（訊問方法—分別訊問與對質）
I 被告有數人時，應分別訊問之；其未經訊問者，不得在場。但因發見眞實之必要，得命其對質。被告亦得請求對質。
II 對於被告之請求對質，除顯無必要者外，不得拒絕。

第98條（訊問之態度）
訊問被告應出以懇切之態度，不得用強暴、脅迫、利誘、詐欺、疲勞訊問或其他不正之方法。

第99條（訊問方法—通譯之使用）
I 被告爲聽覺或語言障礙或語言不通者，應由通譯傳譯之；必要時，並得以文字訊問或命以文字陳述。
II 前項規定，於其他受訊問或詢問人準用之。但法律另有規定者，從其規定。

☐ 實務見解

▸108台上650○（判決）

被告聾或啞或語言不通者，得用通譯，刑事訴訟法第九十九條前段定有明文。所謂語言不通者得用通譯，就外國人而言，係爲避免其涉訟成爲被告，因未諳審判國當地之語言，所造成之語言隔閡，而剝奪其基於國民待遇原則所取得憲法上訴訟權之保障，故賦予詢（訊）問被告之司法人員，得視被告之國籍、教育程度、慣用語言或文字、在審判國居留時間、所處環境等一切客觀條件，確認被告對審判國所使用語言之瞭解程度後，裁量決定是否爲其選任通譯。而通譯係譯述言詞文字互通雙方意思之人，其功用係傳譯兩方語言或文字使彼此通曉，則所選任之通譯，當無須以被告國籍所使用之母語或文字爲限，應認僅須以被告所能明瞭之語言或文字翻譯轉述雙方之意思，即已完足我國司法機關對外國人涉訟語文方面之照護義務，此不僅可免於我國司法機關陷入難尋被告母語文通譯之困境，亦與我國憲法保障其訴訟權之意旨無違。

第 100 條（被告陳述之記載）
被告對於犯罪之自白及其他不利之陳述，並其所陳述有利之事實與指出證明之方法，應於筆錄內記載明確。

第 100 條之 1（連續錄音及錄影）
I 訊問被告，應全程連續錄音；必要時，並應全程連續錄影。但有急迫情況且經記明筆錄者，不在此限。
II 筆錄內所載之被告陳述與錄音或錄影之內容不符者，除有前項但書情形外，其不符之部分，不得作爲證據。
III 第一項錄音、錄影資料之保管方法，分別由司法院、行政院定之。

第 100 條之 2（偵輔機關詢問之準用）
本章之規定，於司法警察官或司法警察詢問犯罪嫌疑人時，準用之。

第 100 條之 3（夜間詢問之禁止及例外）
I 司法警察官或司法警察詢問犯罪嫌疑人，不得於夜間行之。但有左列情形之一者，不在此限：
一　經受詢問人明示同意者。
二　於夜間經拘提或逮捕到場而查驗其人有無錯誤者。
三　經檢察官或法官許可者。
四　有急迫之情形者。
II 犯罪嫌疑人請求立即詢問者，應即時爲之。
III 稱夜間者，爲日出前，日沒後。

❖ 法學概念

夜間詢問之禁止

學者認爲，刑訴法第 100 條之 3 的規範目的，不僅具有消極的防止疲勞訊問之意義，應同時具有積極的權利保護之內涵。一方面基於人道上之處遇，另一方面則承認犯罪嫌疑人有免於受夜間訊問之自由，且具有擔保緘默權之機制，同時亦屬於憲法第 8 條之正當法律程序保障之內涵。從而，本條目的既然在保障被告人權以及避免違法取供，其與緘默權之保障有相當重大之關聯，即非檢察官或法官同意後即可任意剝奪，因此原則上除「明示同意」或「急迫情形」外，不論有無檢察官抑或法官之許可，皆應不允許司法警察（官）夜間詢問。

【陳運財，〈禁止夜間詢問之原則〉，收錄於《偵查與人權》，元照，2014.04，130 頁以下；相同意見：黃朝義，《犯罪偵查論》，漢興，初版，2004.03，128 頁。】

論者有謂，本條第 1 項第 4 款，雖規定「有急迫之情形」得於夜間訊問，但是本款所指的「急迫」情形，應嚴格限縮，避免「例外變成原則」，而造成本條立法目的落空。首先，應考慮到被害法益，依理僅限於「重大犯罪」才得例外容許行使夜間訊問。其次，須存有「必要性及急迫性」之情形。亦即倘不於夜間訊問將導致重大之損害，或生立即之危險時才得例外容許，例如擄人勒贖案件，爲營救被控制之肉票。

【黃朝義，《刑事訴訟法》，新學林，五版，2017.09，585 頁。】

第十章　被告之羈押

第 101 條（羈押之要件）
I 被告經法官訊問後，認爲犯罪嫌疑重大，而有下列情形之一，非予羈押，顯難進行追訴、審判或執行者，得羈押之：
一　逃亡或有事實足認爲有逃亡之虞者。
二　有事實足認爲有湮滅、僞造、變造證據或勾串共犯或證人之虞者。
三　所犯爲死刑、無期徒刑或最輕本刑爲五年以上有期徒刑之罪，有相當理由認爲有逃亡、湮滅、僞造、變造證據或勾串共犯或證人之虞者。
II 法官爲前項之訊問時，檢察官得到場陳述聲請羈押之理由及提出必要之證據。但第九十三條第二項但書之情形，檢察官應到場敘明理由，並指明限制或禁止之範圍。
III 第一項各款所依據之事實、各項理由之具體內容及有關證據，應告知被告及其辯護人，並記載於筆錄。但依第九十三條第二項但書規定，經法院禁止被告及其辯護人獲知之卷證，不得作爲羈押審查之依據。
IV 被告、辯護人得於第一項訊問前，請求法官給予適當時間爲答辯之準備。

❖ 法學概念

羈押

羈押，是以確保偵查、審判（認知程序）與執行程序，被告能確實到場接受國家刑事程序追訴，而剝奪人身自由，以保全程序爲目的的強制處分；同時，防止被告於偵查階段與他人串供、湮滅事證，也是以保全證據爲目的的強制處分。

【張麗卿，《刑事訴訟法理論與運用》，五南，十四版，2018.09，247頁。】

有鑑於原刑訴法第101條第1項第3款「重罪羈押」之規定，迭經學界指摘違憲、違反無罪推定原則，故2017年4月修法，並配合司法院釋字第665號之意旨，修正第1項第3款之規定，即使被告涉嫌重罪亦須在國家刑罰權有難以實現之危險，而有相當理由認爲其有逃亡、湮滅、僞造、變造證據或勾串共犯或證人等之虞，**法院斟酌命該被告具保、責付或限制住居等侵害較小之手段，均不足以確保追訴、審判或執行程序之順利進行，非予羈押，顯難進行追訴、審判或執行**，方得予以羈押之。

此次修法亦將此實務見解明文化（請參照最高法院99年台抗字第218號裁定），簡單來說，當涉及第101條第1項第3款「重罪」的情形，羈押之門檻，由「有事實足認有……之虞」降低爲「相當理由」。

第101條之1（預防性羈押之適用範圍）

I 被告經法官訊問後，認爲犯下列各款之罪，其嫌疑重大，有事實足認爲有反覆實行同一犯罪之虞，而有羈押之必要者，得羈押之：

一　刑法第一百七十三條第一項、第三項、第一百七十四條第一項、第二項、第四項、第一百七十五條第一項、第二項之放火罪、第一百七十六條之準放火罪、第一百八十五條之一之劫持交通工具罪。

二　刑法第二百二十一條之強制性交罪、第二百二十二條之加重強制性交罪、第二百二十四條之強制猥褻罪、第二百二十四條之一之加重強制猥褻罪、第二百二十五條之乘機性交猥褻罪、第二百二十六條之一之強制性交猥褻之結合罪、第二百二十七條之與幼年男女性交或猥褻罪、第二百七十一條第一項、第二項之殺人罪、第二百七十二條之殺直系血親尊親屬罪、第二百七十七條第一項之傷害罪、第二百七十八條第一項之重傷罪、性騷擾防治法第二十五條第一項之罪。但其須告訴乃論，而未經告訴或其告訴已經撤回或已逾告訴期間者，不在此限。

三　刑法第二百九十六條之一之買賣人口罪、第二百九十九條之移送被略誘人出國罪、第三百零二條之妨害自由罪。

四　刑法第三百零四條之強制罪、第三百零五條之恐嚇危害安全罪。

五　刑法第三百二十條、第三百二十一條之竊盜罪。

六　刑法第三百二十五條、第三百二十六條之搶奪罪、第三百二十八條第一項、第二項、第四項之強盜罪、第三百三十條之加重強盜罪、第三百三十二條之強盜結合罪、第三百三十三條之海盜罪、第三百三十四條之海盜結合罪。

七　刑法第三百三十九條、第三百三十九條之三之詐欺罪、第三百三十九條之四之加重詐欺罪。

八　刑法第三百四十六條之恐嚇取財罪、第三百四十七條第一項、第三項之擄人勒贖罪、第三百四十八條之擄人勒贖結合罪、第三百四十八條之一之準擄人勒贖罪。

九　槍砲彈藥刀械管制條例第七條、第八條之罪。

十　毒品危害防制條例第四條第一項至第四項之罪。

十一　人口販運防制法第三十四條之罪。

II 前條第二項至第四項之規定，於前項情形準用之。

❖ 法學概念

預防性羈押

此種類型羈押，非如一般性羈押係針對已發生之犯罪以爲考量之羈押，而是基於預防再犯之目的而針對再犯率高之犯罪類型，所發動之羈押作爲。但這九款預防性羈押類型，不僅欠缺情況急迫或情節重大的限制，透過介入時點與其後的剝奪自由效果，形同透過程序法實質的改變了原本不罰預備犯的實體法決定。雖然，對於預防性羈押的實體要件在舉證程度上要求「犯嫌重大」高於搜索、扣押所要求的「相當理由」，也僅約略等同於「優勢證據」而已，相較於美國法制採取「明確可信」的標準，就未來危險性的證明（預測）而言，仍顯過低。其制度之運作關鍵在於「行爲人」的危險性特徵，而非行爲，可以說是將「前案科刑執行紀錄」的品格證據當作其「未來」犯罪動機與意圖的臆測之依據，無異於違反無罪推定原則。

是故，此種將刑事程序法上之強制處分，充當保安處分之措施，此種立法不甚妥當，與羈押之目的相違，因此所謂之「預防性羈押」恐有違憲之疑慮。

【黃朝義，《概說警察刑事訴訟法》，新學林，初版，2015.09，133頁以下；蕭宏宜，〈預防性羈押的實然與應然〉，《東吳法律學報》，第26卷第4期，2015.04，29頁以下。】

第101條之2（羈押之免除）

被告經法官訊問後，雖有第一百零一條第一項或

第一百零一條之一第一項各款所定情形之一而無羈押之必要者，得逕命具保、責付或限制住居。其有第一百十四條各款所定情形之一者，非有不能具保、責付或限制住居之情形，不得羈押。

第 102 條（羈押之令狀原則）

Ⅰ羈押被告，應用押票。

Ⅱ押票，應按被告指印，並記載左列事項：

一　被告之姓名、性別、年齡、出生地及住所或居所。

二　案由及觸犯之法條。

三　羈押之理由及其所依據之事實。

四　應羈押之處所。

五　羈押期間及其起算日。

六　如不服羈押處分之救濟方法。

Ⅲ第七十一條第三項之規定，於押票準用之。

Ⅳ押票，由法官簽名。

第 103 條（羈押之執行）

Ⅰ執行羈押，偵查中依檢察官之指揮；審判中依審判長或受命法官之指揮，由司法警察將被告解送指定之看守所，該所長官查驗人別無誤後，應於押票附記解到之年、月、日、時並簽名。

Ⅱ執行羈押時，押票應分別送交檢察官、看守所、辯護人、被告及其指定之親友。

Ⅲ第八十一條、第八十九條及第九十條之規定，於執行羈押準用之。

第 103 條之 1（羈押處所之變更）

Ⅰ偵查中檢察官、被告或其辯護人認有維護看守所及在押被告安全或其他正當事由者，得聲請法院變更在押被告之羈押處所。

Ⅱ法院依前項聲請變更被告之羈押處所時，應即通知檢察官、看守所、辯護人、被告及其指定之親友。

第 104 條（刪除）

第 105 條（羈押被告之管束及通信）

Ⅰ管束羈押之被告，應以維持羈押之目的及押所之秩序所必要者爲限。

Ⅱ被告得自備飲食及日用必需物品，並與外人接見、通信、受授書籍及其他物件。但押所得監視或檢閱之。

Ⅲ法院認被告爲前項之接見、通信及受授物件有足致其脫逃或湮滅、僞造、變造證據或勾串共犯或證人之虞者，得依檢察官之聲請或依職權命禁止或扣押之。但檢察官或押所遇有急迫情形時，得先爲必要之處分，並應即時陳報法院核准。

Ⅳ依前項所爲之禁止或扣押，其對象、範圍及期間等，偵查中由檢察官；審判中由審判長或受命法官指定並指揮看守所爲之。但不得限制被告正當防禦之權利。

Ⅴ被告非有事實足認爲有暴行或逃亡、自殺之虞者，不得束縛其身體。束縛身體之處分，以有急迫情形者爲限，由押所長官行之，並應即時陳報法院核准。

第 106 條（押所之視察）

羈押被告之處所，檢察官應勤加視察，按旬將視察情形陳報主管長官，並通知法院。

第 107 條（羈押原因消滅）

Ⅰ羈押於其原因消滅時，應即撤銷羈押，將被告釋放。

Ⅱ被告、辯護人及得爲被告輔佐人之人得聲請法院撤銷羈押。檢察官於偵查中亦得爲撤銷羈押之聲請。

Ⅲ法院對於前項之聲請得聽取被告、辯護人或得爲被告輔佐人之人陳述意見。

Ⅳ偵查中經檢察官聲請撤銷羈押者，法院應撤銷羈押，檢察官得於聲請時先行釋放被告。

Ⅴ偵查中之撤銷羈押，除依檢察官聲請者外，應徵詢檢察官之意見。

第 108 條（羈押期間及撤銷羈押）

Ⅰ羈押被告，偵查中不得逾二月，審判中不得逾三月。但有繼續羈押之必要者，得於期間未滿前，經法院依第一百零一條或第一百零一條之一之規定訊問被告後，以裁定延長之。在偵查中延長羈押期間，應由檢察官附具體理由，至遲於期間屆滿之五日前聲請法院裁定。

Ⅱ前項裁定，除當庭宣示者外，於期間未滿前以正本送達被告者，發生延長羈押之效力。羈押期滿，延長羈押之裁定未經合法送達者，視爲撤銷羈押。

Ⅲ審判中之羈押期間，自卷宗及證物送交法院之日起算。起訴或裁判後送交前之羈押期間算入偵查中或原審法院之羈押期間。

Ⅳ羈押期間自簽發押票之日起算。但羈押前之逮捕、拘提期間，以一日折算裁判確定前之羈押日數一日。

Ⅴ延長羈押期間，偵查中不得逾二月，以延長一次爲限。審判中每次不得逾二月，如所犯最重本刑爲十年以下有期徒刑以下之刑者，第一審、第二審以三次爲限，第三審以一次爲限。

Ⅵ案件經發回者，其延長羈押期間之次數，應更新計算。

Ⅶ羈押期間已滿未經起訴或裁判者，視為撤銷羈押，檢察官或法院應將被告釋放；由檢察官釋放被告者，並應即時通知法院。
Ⅷ依第二項及前項視為撤銷羈押者，於釋放前，偵查中，檢察官得聲請法院命被告具保、責付或限制住居。如認為不能具保、責付或限制住居，而有必要者，並得附具體理由一併聲請法院依第一百零一條或第一百零一條之一之規定訊問被告後繼續羈押之。審判中，法院得命具保、責付或限制住居；如不能具保、責付或限制住居，而有必要者，並得依第一百零一條或第一百零一條之一之規定訊問被告後繼續羈押之。但所犯為死刑、無期徒刑或最輕本刑為七年以上有期徒刑之罪者，法院就偵查中案件，得依檢察官之聲請；就審判中案件，得依職權，逕依第一百零一條之規定訊問被告後繼續羈押之。
Ⅸ前項繼續羈押之期間自視為撤銷羈押之日起算，以二月為限，不得延長。繼續羈押期間屆滿者，應即釋放被告。
Ⅹ第一百十一條、第一百十三條、第一百十五條、第一百十六條、第一百十六條之二、第一百十七條、第一百十八條第一項、第一百十九條之規定，於第八項之具保、責付或限制住居準用之。

❖ 法學概念

繼續羈押

依2007年刑訴法第108條第8項所增訂「得繼續羈押」的制度，可分為兩種類型：

一、以不能為附條件釋放為前提

得將被告繼續羈押，必須是偵查中被告不能具保、責付或限制住居，而有羈押之必要者，檢察官始得附具體理由聲請法院依第101條或第101條之1之規定訊問被告後繼續羈押之。審判中，亦必須是被告不能具保、責付或限制住居，而有羈押之必要者，法院始得依第101條或第101條之1之規定訊問被告後繼續羈押之。

二、非以不能為附條件釋放為前提（重罪案件）

若被告所犯為死刑、無期徒刑或最輕本刑為七年以上有期徒刑之罪者，法院就偵查中案件，得依檢察官之聲請；就審判中案件，得依職權，逕依第101條之規定訊問被告後繼續羈押之。

【王兆鵬、張明偉、李榮耕，《刑事訴訟法（上）》，新學林，四版，2018.09，431頁。】

☐ 實務見解

▶107台抗547（裁定）

羈押期間自簽發押票之日起算，但羈押前之逮捕、拘提期間，以一日折算裁判確定前之羈押日數一日；法院許可停止羈押時，得命被告應遵守下列事項：一、定期向法院或檢察官報到。……四、其他經法院認為適當之事項，刑事訴訟法第一〇八條第四項、第一一六條之二分別定有明文。再同法第六十五條規定，期間之計算，依民法之規定。民法第一二一條第一項規定，以日、星期、月或年定期間者，以期間末日之終止，為期間之終止。又羈押法第三十四條第一項、第三十五條第一項分別規定看守所非有法院或檢察官之通知書，不得將被告釋放；被告應釋放者，於接受前條通知書後，應立即釋放，釋放前應使其按捺指紋，與人相表比對明確。羈押法關於羈押被告之釋放既有特別規定，自無依同法第三十八條規定準用監獄行刑法第四章至第十一章、第十三章及第十四章規定之餘地。而司法院釋字第六七七號解釋理由書，受刑人應於刑期期滿當日之午前釋放，係基於對受刑人交通及人身安全之考量，所為之便宜措施，國家之刑罰權仍存至期滿當日午夜二十四時始消滅。

第109條（已逾刑期之羈押撤銷）

案件經上訴者，被告羈押期間如已逾原審判決之刑期者，應即撤銷羈押，將被告釋放。但檢察官為被告之不利益而上訴者，得命具保、責付或限制住居。

☐ 實務見解

▶67年度第6次刑事庭會議決議（67.06.13）

強制工作與刑罰不同，令強制工作之期間不能認為刑期。依刑事訴訟法第一百零九條之規定，「案件經上訴者，被告羈押期間如已逾原審判決之刑期者，應即撤銷羈押，將被告釋放」，該條所稱之刑期，乃專指有期徒刑或拘役之期間而言，並不包括強制工作之保安處分期間在內。羈押期間已逾原審判之刑期者，自不得因有強制工作之保安處分而予以繼續羈押。但如檢察官為被告之不利益而上訴者，得命具保、責付或限制住居。

第110條（具保聲請停止羈押）

Ⅰ被告及得為其輔佐人之人或辯護人，得隨時具保，向法院聲請停止羈押。
Ⅱ檢察官於偵查中得聲請法院命被告具保停止羈押。
Ⅲ前二項具保停止羈押之審查，準用第一百零七條第三項之規定。
Ⅳ偵查中法院為具保停止羈押之決定時，除有第一百十四條及本條第二項之情形者外，應徵詢檢察官之意見。

第111條（許可具保停止羈押之條件）

Ⅰ許可停止羈押之聲請者，應命提出保證書，並指定相當之保證金額。
Ⅱ保證書以該管區域內殷實之人所具者為限，並應記載保證金額及依法繳納之事由。
Ⅲ指定之保證金額，如聲請人願繳納或許由第三人繳納者，免提出保證書。
Ⅳ繳納保證金，得許以有價證券代之。
Ⅴ許可停止羈押之聲請者，得限制被告之住居。

❑ 實務見解

▶32 抗 69（判例）

法院於許可停止羈押時，所指定之保證金額是否相當，應由法院斟酌案內一切情節，自由衡定，並非以罪名輕重為保證金額多寡之標準，被告所犯雖係殺人罪，然其犯罪情狀甚輕，且有減輕之原因，原審判決僅處有期徒刑三年，其羈押期間又已與刑期相當，縱聲請人為該被告不利益而上訴，然將來審判結果所處之刑是否必較原刑為重，究不可知，原裁指定四百元金額之保證書，即不能謂為不當。

第 112 條（保證金之限制）
被告係犯專科罰金之罪者，指定之保證金額，不得逾罰金之最多額。

第 113 條（保釋之生效期）
許可停止羈押之聲請者，應於接受保證書或保證金後，停止羈押，將被告釋放。

第 114 條（駁回聲請停止羈押之限制）
羈押之被告，有下列情形之一者，如經具保聲請停止羈押，不得駁回：
一　所犯最重本刑為三年以下有期徒刑、拘役或專科罰金之罪者。但累犯、有犯罪之習慣、假釋中更犯罪或依第一百零一條之一第一項羈押者，不在此限。
二　懷胎五月以上或生產後二月未滿者。
三　現罹疾病，非保外治療顯難痊癒者。

第 115 條（責付停止羈押）
Ⅰ羈押之被告，得不命具保而責付於得為其輔佐人之人或該管區域內其他適當之人，停止羈押。
Ⅱ受責付者，應出具證書，載明如經傳喚應令被告隨時到場。

第 116 條（限制住居停止羈押）
羈押之被告，得不命具保而限制其住居，停止羈押。

❑ 實務見解

▶73 年度第 4 次刑事庭會議決定（73.08.25）

限制被告出境，係執行限制住居方法之一種，案件在第三審上訴期間內或上訴中之被告，有無限制出境或繼續限制出境之必要，參照刑事訴訟法第一百二十一條第二項後段之規定，應由第二審法院決定之。

第 116 條之 1（相關規定之準用）
第一百十條第二項至第四項之規定，於前二條之責付、限制住居準用之。

第 116 條之 2（許可停止羈押時應遵守之事項）
Ⅰ法院許可停止羈押時，經審酌人權保障及公共利益之均衡維護，認有必要者，得定相當期間，命被告應遵守下列事項：
一　定期向法院、檢察官或指定之機關報到。
二　不得對被害人、證人、鑑定人、辦理本案偵查、審判之公務員或其配偶、直系血親、三親等內之旁系血親、二親等內之姻親、家長、家屬之身體或財產實施危害、恐嚇、騷擾、接觸、跟蹤之行為。
三　因第一百十四條第三款之情形停止羈押者，除維持日常生活及職業所必需者外，未經法院或檢察官許可，不得從事與治療目的顯然無關之活動。
四　接受適當之科技設備監控。
五　未經法院或檢察官許可，不得離開住、居所或一定區域。
六　交付護照、旅行文件；法院亦得通知主管機關不予核發護照、旅行文件。
七　未經法院或檢察官許可，不得就特定財產為一定之處分。
八　其他經法院認為適當之事項。
Ⅱ前項各款規定，得依聲請或依職權變更、延長或撤銷之。
Ⅲ法院於審判中許可停止羈押者，得命被告於宣判期日到庭。
Ⅳ違背法院依第一項或第三項所定應遵守之事項者，得逕行拘提。
Ⅴ第一項第四款科技設備監控之實施機關（構）、人員、方式及程序等事項之執行辦法，由司法院會同行政院定之。

第 117 條（再執行羈押之事由）
Ⅰ停止羈押後有下列情形之一者，得命再執行羈押：
一　經合法傳喚無正當之理由不到場者。
二　受住居之限制而違背者。

三　本案新發生第一百零一條第一項、第一百零一條之一第一項各款所定情形之一者。
四　違背法院依前條所定應遵守之事項者。
五　依第一百零一條第一項第三款羈押之被告，因第一百十四條第三款之情形停止羈押後，其停止羈押之原因已消滅，而仍有羈押之必要者。

II偵查中有前項情形之一者，由檢察官聲請法院行之。

III再執行羈押之期間，應與停止羈押前已經過之期間合併計算。

IV法院依第一項之規定命再執行羈押時，準用第一百零三條第一項之規定。

第117條之1（逕命具保責付限制住居）

I前二條之規定，於檢察官依第九十三條第三項但書或第二百二十八條第四項逕命具保、責付、限制住居，或法院依第一百零一條之二逕命具保、責付、限制住居之情形，準用之。

II法院依前項規定羈押被告時，適用第一百零一條、第一百零一條之一之規定。檢察官聲請法院羈押被告時，適用第九十三條第二項之規定。

III因第一項之規定執行羈押者，免除具保之責任。

第118條（具保人責任）

I具保之被告逃匿者，應命具保人繳納指定之保證金額，並沒入之。不繳納者，強制執行。保證金已繳納者，沒入之。

II前項規定，於檢察官依第九十三條第三項但書及第二百二十八條第四項命具保者，準用之。

第119條（免除具保責任與退保）

I撤銷羈押、再執行羈押、受不起訴處分、有罪判決確定而入監執行或因裁判而致羈押之效力消滅者，免除具保之責任。

II被告及具保證書或繳納保證金之第三人，得聲請退保，法院或檢察官得准其退保。但另有規定者，依其規定。

III免除具保之責任或經退保者，應將保證書註銷或將未沒入之保證金發還。

IV前三項規定，於受責付者準用之。

第119條之1（刑事保證金之存管、計息及發還作業辦法）

I以現金繳納保證金具保者，保證金應給付利息，並於依前條第三項規定發還時，實收利息併發還之。其應受發還人所在不明，或因其他事故不能發還者，法院或檢察官應公告之；自公告之日起滿十年，無人聲請發還者，歸屬國庫。

II依第一百十八條規定沒入保證金時，實收利息併沒入之。

III刑事保證金存管、計息及發還作業辦法，由司法院會同行政院定之。

第120條（刪除）

第121條（有關羈押各項處分之裁定或命令機關）

I第一百零七條第一項之撤銷羈押、第一百零九條之命具保、責付或限制住居、第一百十條第一項、第一百十五條及第一百十六條之停止羈押、第一百十六條之二第二項之變更、延長或撤銷、第一百十八條第一項之沒入保證金、第一百十九條第二項之退保，以法院之裁定行之。

II案件在第三審上訴中，而卷宗及證物已送交該法院者，前項處分、羈押、其他關於羈押事項及第九十三條之二至第九十三條之五關於限制出境、出海之處分，由第二審法院裁定之。

III第二審法院於為前項裁定前，得向第三審法院調取卷宗及證物。

IV檢察官依第一百十七條之一第一項之變更、延長或撤銷被告應遵守事項、第一百十八條第二項之沒入保證金、第一百十九條第二項之退保及第九十三條第三項但書、第二百二十八條第四項命具保、責付或限制住居，於偵查中以檢察官之命令行之。

❑ 實務見解

▶95年度第3次刑事庭會議決議（95.03.14）

一、刑事訴訟法第一百零一條第一項規定：「被告經法官訊問後，認為犯罪嫌疑重大，而有左列情形之一，非予羈押，顯難進行追訴、審判或執行者，得羈押之」、第一百零一條之一第一項規定：「被告經法官訊問後，認為犯左列各款之罪，其嫌疑重大，有事實足認為有反覆實施同一犯罪之虞，而有羈押之必要者，得羈押之」。惟第三審為法律審，不為事實之調查。被告是否有羈押之原因及必要，自應由事實審調查審認。被告如經事實審調查訊問，認有羈押之原因及必要而予羈押。上訴第三審後，為免違背第三審為法律審之原則，並探究同法第一百二十一條第二項、第三項、第三百六十三條第二項、第三百八十五條之立法精神，第三審法院就第二審已羈押之被告接續羈押，應免經訊問之程序，此爲法律之當然解釋。

二、基於前項理由，刑事訴訟法第一百零八條第一項之延長羈押裁定，第三審僅依卷內資料而爲審酌，亦免經訊問程序。

三、刑事訴訟法第一百零八條第三項已明定審判中之羈押期間，自卷宗及證物送交法院之日起算。至於同條第四項所定「羈押期間自簽發押票之日起算」，係另一問題，第三審羈押期間之起算既已有起算基準之規定，雖同法第一百零二條與舊法同有「羈押被告，應用押票」之規定，惟第三審既不另爲訊問及調查是否有羈押之原因及必要，而係承接第二審之羈押而接續羈押，自可參照同法第一百二十一條第二項、第三項之立法精神，依舊法之例毋庸另發押票，由本院依往例自卷證收受後，以接續羈押函件函知原審法院、監所及羈押中之被告。

四、本院審判中，如被告羈押期間屆滿原審法院判決之刑期者，仍依舊法之例應於事前以函件或傳真通知原審法院屆時撤銷羈押。

五、關於被告另案在押，因羈押原因消滅，不能再執行羈押，而本案如已上訴，卷證並已送交第三審，按諸案件經第二審（或終審）判決後狹義之訴訟繫屬已脫離該審，固不得就該案件本身再作何裁判，但與該案件相關事項，在必要之範圍內，仍非不得爲必要之訊問或處分。此觀乎刑事訴訟法第一百零八條第三項、第一百二十一條第二項、第三項之規定自明。案件雖經原審判決，但廣義之訴訟繫屬仍未完全脫離，原審就該案件相關事項仍有必要之處分權。如被告另案在押，其羈押之原因消滅，不能再執行羈押，而本案欲予羈押，就本案而言，係屬第一次羈押，與被告原由原審羈押，上訴第三審後始由第三審接續羈押之情形不同。依法應先經訊問，以確認被告身分，並調查有無羈押之原因及必要。惟因第三審基於法律審之性質，無從爲訊問及事實之調查。參照刑事訴訟法第一百零八條第三項、第一百二十一條第二項、第三項之規定及前開說明，應由本院函知原審法院訊問調查有無羈押之原因及必要，如認爲應予羈押，即簽發押票羈押，同時函覆本院自同日起接押，並副知監所及被告。至於原在原審羈押中之被告，被借提執行，期滿解還時，其羈押之程序，亦同。

編按：

本則決議於民國 96 年 12 月 3 日嗣經最高法院 96 年度第 18 次刑事庭庭長會議決議與新法第 121 條第 2 項不符部分不再供參考。

第十一章　搜索及扣押

> 第 122 條（搜索之客體）
>
> Ⅰ對於被告或犯罪嫌疑人之身體、物件、電磁紀錄及住宅或其他處所，必要時得搜索之。
>
> Ⅱ對於第三人之身體、物件、電磁紀錄及住宅或其他處所，以有相當理由可信爲被告或犯罪嫌疑人或應扣押之物或電磁紀錄存在時爲限，得搜索之。

❖ 法學概念

搜索權發動之門檻

搜索不限於被告、犯罪嫌疑人，尚包括對於第三人之搜索。本法第 122 條第 1 項與第 2 項規定之對象有所不同。就法條文義觀之，第 1 項以「必要」爲要件之一，第 2 項則以有「相當理由」爲要件之一，兩者法院在審查核發搜索票時，在客觀證據的質與量應有程度上的不同，在此程序上自有不同的利益權衡之考量，應視具體個案而定之。

【陳宏毅、林朝雲，《刑事訴訟法新理論與實務》，五南，初版，2015.02，162 頁。】

❖ 法學概念

電磁紀錄的強制處分

有別於傳統的搜索扣押，電磁紀錄的搜索扣押應是以二階段搜索模式進行。亦即，當偵查機關所欲取得的是電磁紀錄時，整個程序會與傳統的搜索扣押不同，偵查機關會以二階段搜索模式執行強制處分。在此種搜索模式，第一階段爲進入特定處所搜尋並扣押電磁紀錄之載體（物理性搜索扣押），再於（第二階段）搜索現場以外之處，以偵查機關的設備，依電腦鑑識的程序，搜尋載體內有無所需之電磁紀錄兩個階段執行。

由於電腦鑑識已相對構成隱私權益的侵害，所以其應屬實質意義的搜索，而應與傳統搜索扣押受到相同密度的規範。學者建議，應由中立客觀的法院審查有無進行電腦鑑識的相當理由，再者，依據「特定明確原則」的要求，令狀上也應具體記載執法官員應取得資訊，以保障人民的隱私。

【李榮耕，〈電磁紀錄的搜索及扣押〉，《國立臺灣大學法學論叢》，第 41 卷第 3 期，2012.09，1060 頁以下。】

❖ 法學概念

線上搜索

德國學說上對此一定義迄今仍未有一致之見解。如依德國內政部官方說法，「線上搜索」係指國家隱密侵入他人網路通訊之資訊系統。德國聯邦政府亦曾如此描述「線上搜索」：即不必在電腦旁邊，亦可搜索遠處之電腦以探知其電腦內容。我國學者認為，「線上搜索」應該包含四個要素：㈠國家機關之行為；㈡秘密侵入私人資訊系統；㈢以科技方式侵入；㈣擷取得作為證據之資訊。

德國學說對此多否認其合法性，理由是該國刑事訴訟法並無授權「線上搜索」之合法依據，除非立法解決。而法院判決亦認定其無論依通訊監察處分規定或依搜索扣押處分規定皆屬不合法後，學說及實務對此大致已無異論。

【何賴傑，〈論德國刑事程序「線上搜索」與涉及電子郵件之強制處分〉，《月旦法學雜誌》，第208期，2012.09，231頁以下。】

第123條（對搜索婦女之限制）

搜索婦女之身體，應命婦女行之。但不能由婦女行之者，不在此限。

第124條（搜索之應注意事項）

搜索應保守秘密，並應注意受搜索人之名譽。

第125條（證明書之付與）

經搜索而未發見應扣押之物者，應付與證明書於受搜索人。

第126條（對公務員所持公文書之搜索）

政府機關或公務員所持有或保管之文書及其他物件應扣押者，應請求交付。但於必要時得搜索之。

第127條（對軍事處所之搜索限制）

Ⅰ軍事上應秘密之處所，非得該管長官之允許，不得搜索。

Ⅱ前項情形，除有妨害國家重大利益者外，不得拒絕。

第128條（搜索之程式）

Ⅰ搜索，應用搜索票。

Ⅱ搜索票，應記載下列事項：

一　案由。

二　應搜索之被告、犯罪嫌疑人或應扣押之物。但被告或犯罪嫌疑人不明時，得不予記載。

三　應加搜索之處所、身體、物件或電磁紀錄。

四　有效期間，逾期不得執行搜索及搜索後應將搜索票交還之意旨。

Ⅲ搜索票，由法官簽名。法官並得於搜索票上，對執行人員為適當之指示。

Ⅳ核發搜索票之程序，不公開之。

❖ 法學概念

附帶搜索

要式與不要式搜索之區別：

- 有令狀（要式）搜索（§§128、128-1），出示搜索票（§145）
- 無令狀（不要式）搜索
  - 附帶搜索（§130）
  - 逕行（緊急）搜索（§131）
    - 搜索犯嫌（§131Ⅰ）
    - 搜索證物（§131Ⅱ）

【陳宏毅、林朝雲，《刑事訴訟法新理論與實務》，五南，初版，2015.02，165頁。】

第128條之1（搜索票聲請之主體）

Ⅰ偵查中檢察官認有搜索之必要者，除第一百三十一條第二項所定情形外，應以書面記載前條第二項各款之事項，並敘述理由，聲請該管法院核發搜索票。

Ⅱ司法警察官因調查犯罪嫌疑人犯罪情形及蒐集證據，認有搜索之必要時，得依前項規定，報請檢察官許可後，向該管法院聲請核發搜索票。

Ⅲ前二項之聲請經法院駁回者，不得聲明不服。

❖ 法學概念

偵查法官

依法院組織法第14條之1：「地方法院與高等法院分設刑事強制處分庭，辦理偵查中強制處分聲請案件之審核。但司法院得視法院員額及事務繁簡，指定不設刑事強制處分庭之法院。承辦前項案件之法官，不得辦理同一案件之審判事務。前二項之規定，自中華民國一百零六年一月一日施行。」

本條第1項立法目的係為貫徹保全扣押及其他刑事訴訟上重大強制處分採取「法官保留原則」之趨勢與要求，兼顧審查之時效性（如通訊監察應於二十四小時內核復，保全扣押則更具急迫性）與專業性，刑事法院應由專業相當的法官組成強制處分審查專庭，以因應日益繁重且需即時核復的司法審查業務之需求。

本條第2項為維護法官之中立性要求，貫徹公平審判之法官迴避制度的本旨，強制處分審查法官不應同時或隨後擔任本案審理之法官。

所謂強制處分審查法官，乃係仿自德國「偵查法官」（Der Ermittlungsrichter）的制度而來，依德國刑事訴訟法第162、169條地區法院及聯邦高等法院皆有此職位之設置，專責審理「檢察官」（Die Staatsanwaltschaft）欲在偵查程序中行使原屬於法官保留的各項措施是否合法妥當（例如押票的核發、證人宣誓訊問等）。之所以要求其後不能參與本案審判，是因其已先一步接觸到卷證、犯嫌，恐已對本案預斷。

【Kral/Eausch, Strafverfahrensrecht, 20. Aufl., 2013, S. 22.】

第 128 條之 2（執行搜索之主體）

Ⅰ搜索，除由法官或檢察官親自實施外，由檢察事務官、司法警察官或司法警察執行。

Ⅱ檢察事務官為執行搜索，必要時，得請求司法警察官或司法警察輔助。

第 129 條（刪除）

第 130 條（附帶搜索）

檢察官、檢察事務官、司法警察官或司法警察逮捕被告、犯罪嫌疑人或執行拘提、羈押時，雖無搜索票，得逕行搜索其身體、隨身攜帶之物件、所使用之交通工具及其立即可觸及之處所。

❖ 法學概念

附帶搜索（拘捕等前提下之附帶搜索）

本法第 130 條規定之立法目的**在保護檢警的人身安全，防止被告或犯罪嫌疑人自殘，立即發現犯罪的證據或可供沒收之物**，此際其搜索的急迫性在程度上應強於要式搜索，亦即，附帶搜索與逮捕的行為，時間上要同時或接近，具有時間密接性，始為合法。反之，要是逾越了這個範圍，即構成違法搜索，應該依同法第 158 條之 4 判斷其證據能力。

換言之，應該在拘捕後即時為之。如果已經距離拘捕有一段時間，檢警就不得再為附帶搜索。蓋既已經過了拘捕後的一段時間，也就難以想像還存在有這樣的必要。此際，很可能根本不存有武器或證據（要不早就以該武器攻擊）檢警，或是證物早已湮滅殆盡了。例如，2009 年曾發生一名賴姓員警逮捕戴姓通緝犯，因其態度非常配合，竟未予搜身，即讓戴嫌坐進警車後座，且未將其雙手銬在後座橫式不鏽鋼鐵條上，另名鄭姓員警則騎機車在後方戒護。然而就在派出所前停妥警車之際，戴嫌突然拿出預藏的水果刀猛刺前座的賴姓員警 10 多刀致死。此事件員警雖然同時違反上銬及雙人押解等標準作業程序，但其最致命的因素仍在於員警未於逮捕之瞬間迅速附帶搜索，蓋上銬仍有解銬之時，即時附帶搜索方能保障執法人員生命安全。

至於其搜索之範圍界限並非無任何限制，學說上認為，附帶搜索之範圍可及於使用之交通工具部分，與附帶搜索隨身攜帶物件之情形相同，**倘無任何安全上之明顯的危險狀況存在，應不得對使用之交通工具為無令狀之附帶搜索**，否則有逃避應受司法審查之疑慮。本書認為，檢警的人身安全才是附帶搜索之主要目的，保全證據只是附隨效果，如此解釋才能避免附帶搜索被無限擴張，而使無令狀搜索的例外規定變相為原則。

【黃朝義，《犯罪偵查論》，漢興，初版，2004.03，185 頁；李榮耕，〈附帶搜索及其要件〉，《月旦法學雜誌》，第 243 期，2015.07，127 頁以下；黃朝義，《概說警察刑事訴訟法》，新學林，初版，2015.09，169 頁以下。】

本書認為，所謂「身體、隨身攜帶之物件、所使用之交通工具」係「**例示規定**」，執行人員應以被搜索人「立即可觸及」危險物之範圍為界限，若所使用之交通工具並非被搜索人「立即可觸及」者，則不得超過此範圍或任意使用強制力，以免侵害到基本人權。而目前實務上，適用本條之範圍也有限縮，如係針對受搜索人之住居所或所使用之公共交通工具為之者，不能對整棟樓房或整列火車、整架飛機、整艘輪船執行附帶搜索。

而何謂「立即可觸及」？可以參考學者提出的「臂長之距」法則，也就是以被拘提或逮捕之**人臂長之範圍**認定可觸及之處所。

【檢察機關實施搜索扣押應行注意事項第 16 點；王兆鵬、張明偉、李榮耕，《刑事訴訟法（上）》，新學林，四版，2018.09，233 頁。】

❖ 法學概念

保護性掃視（protective sweep）

依美國聯邦最高法院之見解，執法人員在嫌疑犯家中為逮捕時，執法人員立於嫌疑犯「勢力範圍」之劣勢，嫌疑犯之共犯、親人、朋友可能攻擊執法人員，**執法人員為保護自己免受攻擊，得查看是否有危險人物存在。而此種「查看」行為，稱之為「保護性掃視」。**

美國聯邦最高法院將得為保護性掃視的情形分為二：㈠**與逮捕場所「緊密相連」，執法人員不需要有「相當理由」或「合理懷疑」，得自動地為保護性掃視。**㈡**若在「緊密相連」範圍以外的地方，執法人員必須「合理懷疑」某處可能藏有危險人物時，始能為保護性掃視。**

至於所謂「緊密相連」的地方，係指其範圍應較「立即控制」的範圍為廣。執法人員只能作「掃視」的搜索，也就是只能以眼睛查看，且因為查看的目標為危險人物，執法人員只能查看能容納人的地方，對不可能藏有人的地方（如抽屜），不得為保護性掃視。

【王兆鵬、張明偉、李榮耕，《刑事訴訟法（上）》，新學林，四版，2018.09，265 頁以下。】

第 131 條（緊急搜索）

Ⅰ有左列情形之一者，檢察官、檢察事務官、司法警察官或司法警察，雖無搜索票，得逕行搜索住宅或其他處所：

一　因逮捕被告、犯罪嫌疑人或執行拘提、羈押，有事實足認被告或犯罪嫌疑人確實在內者。

二　因追躡現行犯或逮捕脫逃人，有事實足認現行犯或脫逃人確實在內者。

三　有明顯事實足信為有人在內犯罪而情形急迫者。

II檢察官於偵查中確有相當理由認為情況急迫，非迅速搜索，二十四小時內證據有偽造、變造、湮滅或隱匿之虞者，得逕行搜索，或指揮檢察事務官、司法警察官或司法警察執行搜索，並層報檢察長。

III前二項搜索，由檢察官為之者，應於實施後三日內陳報該管法院；由檢察事務官、司法警察官或司法警察為之者，應於執行後三日內報告該管檢察署檢察官及法院。法院認為不應准許者，應於五日內撤銷之。

IV第一項、第二項之搜索執行後未陳報該管法院或經法院撤銷者，審判時法院得宣告所扣得之物，不得作為證據。

❖ 法學概念

緊急搜索

本法第131條法條用語上稱為「逕行搜索」，惟學說上用語不一，多數說統稱本法第131條第1、2項為「緊急搜索」。惟亦有區分本法第131條第1項為「執行拘捕、羈押等情形下之附帶搜索」；而第131條第2項為「檢察官之緊急搜索」者。另亦有認為，本法第131條第1項為「逕行搜索」；而第131條第2項為「緊急搜索」之論者。由於第131條第1、2項皆有「得逕行搜索」之用語，同條第1項第3款及第2項為適用於「情況急迫」故毋待論，至於，同條第1項第1、2款則規定在執行拘提、逮捕或羈押之際，得進入特定的處所內搜索應拘捕或羈押之人，從條文文義而言，亦具有「緊急」之特性，此乃容許作為令狀主義的例外理由。此外第131條之立法理由亦稱第131條第1、2項為「緊急搜索」，故本書認為稱為第131條第1、2項為「緊急搜索」毋寧較妥。

【林山田，《刑事程序法》，五南，五版，2013.04，345頁；黃朝義，《概說警察刑事訴訟法》，新學林，初版，2015.09，168頁以下；王兆鵬、張明偉、李榮耕，《刑事訴訟法（上）》，新學林，四版，2018.09，267頁；張麗卿，《刑事訴訟法理論與運用》，五南，十四版，2018.09，283頁；林鈺雄，《刑事訴訟法（上）》，新學林，八版，2017.09，413頁。】

❖ 法學概念

拘提

本法第131條第1項第1款中的「拘提」，應係指第88條之1的「緊急拘提」，而不包括持拘票所進行的一般拘提。理由在於，為了有效保護被拘提人及第三人的隱私權益，以及提供檢警機關較為明確的執法準則，應認為，只要是進入到私人住所中，無論其係被拘提人或第三人所有，除非有緊急情狀或獲得有效同意，否則，都應該要取得法官所核發的搜索票，方得為之。

因為「搜索」係對個人隱私的侵害；而「拘提」限制的是相對人的人身自由。由於所涉及的權利不同，在發動時也自然有不同的正當化事由。又，依刑訴法第128條，只有法官才有簽發搜索票的權限。假如容許警察持有檢察官簽發的拘票就可進入私人處所中，等於完全逾越了檢察官（拘票）的權限恣意侵害人民隱私；持有法官所簽發的拘票時，也應獲致相同的結論，因此只有第88條之1的「緊急拘提」係存在著不能及時聲請令狀的急迫情況，才能夠正當化本法第131條第1項第1款中的「拘提」要件。

不過，亦有學者認為，第131條第1項第1款規定不應排除法官所簽發之拘票。執行拘提無須搜索票之理論基礎在於拘票與搜索票之簽發者為同一機關，依修正前後的規定，法官皆有簽發拘票與搜索票之權，當法官簽發拘票後，應視為法官亦已決定得搜索該「被拘提人」之住宅，以達到拘提之目的。

【李榮耕，〈拘提及緊急搜索〉，《東海大學法學研究》，第42期，2014.04，141頁以下；王兆鵬、張明偉、李榮耕，《刑事訴訟法（上）》，新學林，四版，2018.09，262頁以下。】

第131條之1（同意搜索）

搜索，經受搜索人出於自願性同意者，得不使用搜索票。但執行人員應出示證件，並將其同意之意旨記載於筆錄。

❖ 法學概念

同意搜索之自願性同意

學說與實務（最高法院94年度台上字第1361號判決）認為，在判斷「自願性」同意時，應「綜合一切情狀」判斷。如同自白任意性標準，必須考慮當時一切環境，如執法人員徵詢同意的方式是否有威脅性，同意者主觀意識強弱、教育程度、智商等綜合考慮。

至於第三人同意搜索是否合法，則視是否符合「共同權限」（判準為共同使用控制權及風險承擔理論）或「表現權限」之要件為斷（最高法院100年度台上字第4430號判決同旨）。須注意者，是否構成「表現權限」，應以客觀的標準判斷之，以一般具合理警覺之人為判斷標準。若第三人以「我住這裡」為由表明權限，以客觀判斷，應無「共同權限」，因一般具合理警覺之人，會懷疑其眞實性，若執法人員仍相信而爲搜索，爲非法之搜索。

【王兆鵬、張明偉、李榮耕，《刑事訴訟法（上）》，新學林，四版，2018.09，310 頁以下；王兆鵬，《刑事訴訟講義》，元照，五版，2010.09，196～202 頁。】

學說上多主張，爲擔保同意之「自願性」，同意權人自應充分理解放棄憲法上隱私權益保障之意義及同意之效果。基此，偵查機關於受搜索人爲同意前，應先告知其有拒絕接受同意搜索的權利。蓋如果「同意」是一個人自由意志與未受拘束下所爲的選擇，那麼確保其選擇自由的最佳方法，就是在取得同意前，先告知其擁有做出不同選擇的權利。是故，爲避免招致偵查機關便宜行事之疑慮，唯有偵查機關得以明確具體地證明同意者之權利放棄爲屬任意行爲之情形下，方認爲該同意搜索爲法所接受（有效放棄理論）。

【黃朝義，《概說警察刑事訴訟法》，新學林，初版，2015.09，173 頁以下；陳運財，〈無令狀之搜索〉，收錄於《偵查與人權》，元照，初版，2014.04，330 頁以下；蕭宏宜，〈同意搜索的自願性判斷標準－評最高法院100年度台上字第 376 號刑事判決〉，《法令月刊》，第 63 卷第 8 期，2012.08，36 頁。】

本書認爲，本條所謂的受搜索人之同意，法條雖未如本法規定夜間訊問要求須徵得被訊問人的同意，但在解釋上應以受搜索人須明示同意爲必要，如此嚴格的解釋，才能避免偵查人員藉此條文將搜索要式性的原則變成例外，以規避法院的審查，而大開違法搜索之門。因此偵查人員必須「告知」受搜索人並無同意之義務，否則受搜索人事後必然爭執在「審判中」是受到優勢警力「壓迫下」而「同意」，而非出於「自由意志」、「眞摯同意」，不但取得的證據無證據能力，偵查人員亦難逃違法搜索之罪名。

【陳宏毅、林朝雲，《刑事訴訟法新理論與實務》，五南，初版，2015.02，175 頁。】

□ 實務見解

▶109 台上 259〇（判決）

刑事訴訟法第一三一條之一前段規定：搜索，經受搜索人出於自願性同意者，得不使用搜索票。是同意搜索之合法性，**係立基於受搜索人明知有權拒絕搜索，卻仍本於自由意志，願意放棄憲法所保障之隱私權、財產權、居住權等基本權，接受搜索**。受搜索人之同意，既爲搜索合法之最重要前提，搜索之進行，自須於獲得受搜索人同意後，始得爲之，範圍及期間長短，亦取決於受搜索人之意思。因此，**受搜索人得隨時撤回其同意，固不待言；撤回之方式，明示及舉凡得使搜索人員瞭解、知悉其意思內容之一切非明示表示，皆無不可；撤回時，搜索應即停止**，縱因正發現可疑跡證，而有繼續搜索或即時扣押之必要，亦僅於有其他合法途徑，例如：緊急搜索、本案附帶扣押或另案扣押等可資遵循時，始得爲之。

▶108 台上 2817〇（判決）

司法警察官、司法警察之強制採取尿液，此又分爲：1.屬於依毒品危害防制條例第二十五條規定之應受尿液採驗人，經合法通知其於指定時間到場採驗尿液，無正當理由不到場，得報請檢察官許可，強制採驗；或到場而拒絕採驗者，得違反其意思強制採驗，於採驗後，**即時報請檢察官補發許可書**；2.對於經合法拘提或逮捕到案之犯罪嫌疑人或被告，因調查犯罪情形及蒐集證據之必要，祇須於有相當理由認爲得作爲犯罪之證據時，依刑事訴訟法第二〇五條之二之規定，**無須令狀或許可**，即得違反犯罪嫌疑人或被告之意思，強制採尿。惟除前開強制採尿之外，**另有法無明文之「自願性同意採尿」，以類推適用性質上相近之刑事訴訟法第一三一條之一受搜索人自願性同意搜索，及第一三三條之一受扣押標的權利人同意扣押之規定，經犯罪嫌疑人或被告出於自願性同意，由司法警察官或司法警察出示證件表明身分，告知得拒絕，無須違背自己之意思而爲同意，並於實施採尿前將同意之意旨記載於書面，作爲同意採尿之生效要件**。又此所謂之自願性同意，係以一般意識健全具有是非辨別能力之人，得以理解或意識採尿之意義、方式及效果，而有參與該訴訟程序及表達意見之機會，可以自我決定選擇同意或拒絕，非出於警方明示或暗示之強暴、脅迫或其他不正方法施壓所爲同意爲實質要件，尤應綜合徵求同意之地點及方式，是否自然而非具威脅性、同意者之主觀意識強弱、教育水準、年齡、智力程度、精神狀態及其自主意志是否已爲警方以不正方法所屈服等一切情狀，加以審酌判斷。若**不符合上揭強制採尿及自願性同意採尿，而取得尿液之情形，爲兼顧程序正義及發現實體眞實，則由法院依刑事訴訟法第一五八條之四規定**，就個人基本人權之保障及公共利益之均衡維護，依比例原則及法益權衡原則，予以客觀之判斷其證據能力。

▶107 台上 2850〇（判決）

搜索，**以有無搜索票爲基準**，可分爲「有令狀搜索」（有票搜索）與「無令狀搜索」（無票搜索）；而「有令狀搜索」係「原則」，「無令狀搜索」爲例外。於原則情形，搜索應用搜索票，搜索票由法官簽發，亦即以法院（官）爲決定機關，目的在保護人民免受非法之搜索、扣押。**惟因搜索本質上乃帶有急迫性、突襲性之處分，有時稍縱即逝，若均必待聲請搜索票之後始得行之，則時過境遷，勢難達其搜索之目的，故刑事訴訟法乃承認不用搜索票而搜索之例外情形，稱爲無令狀搜索或無票搜索**，依該法之規定，可分爲：第一三〇條附帶搜索、第一三一條第一項、第二項兩種不同之緊急搜索及第一三一條之一之同意搜索等共四種。此種搜索，也應遵守法定程式，否則仍屬違法搜索。上開附帶搜索之範圍，以被告或犯罪嫌疑人之身體、隨身攜帶之物件、所使用之交通工具及其立即可觸及之處所爲限。其中所謂「立即可觸及之處所」乙語，自與同法第一三一條之「住宅」、「其他處所」不同；前者必須是在逮捕、拘提或羈押被告或犯罪嫌疑人所在地附近，而可立即搜索之處所，至於後者，則無此限制。如逾此立即可觸及之範圍而逕行搜索，即係違法搜索。又上揭緊急搜索，其目的純在迅速拘捕被告、犯罪嫌疑人或發現現行犯，亦即得以逕行進入人民住宅或其他處所，搜索之對象，在於「人」，而非「物」；倘無搜索票，但卻以所謂緊急搜索方法，逕行在民宅等處所搜索「物」，同屬違法搜索。至同意搜索，必須經受搜索人「自願性」地同意，亦即該同意，必須出於受搜索人之自主性意願，非出自執行人員明示或暗示之強暴、脅迫、隱匿身分等不正方法，或因受搜索人欠缺搜索之認識所致，否則，仍非適法。又此同意權限之有無，**就「身體」之搜索而言，僅該本人始有同意之權；就物件、宅第而言，則以其就該搜索標的有無管領、支配之權力爲斷（如所有權人、占有或持有人、一般管理人等），故非指單純在場之無權人；其若由無同意權人擅自同意接受搜索，難謂合法**，更不待言。

第132條（強制搜索）

抗拒搜索者，得用強制力搜索之。但不得逾必要之程度。

第132條之1（搜索結果之陳報）

檢察官或司法警察官於聲請核發之搜索票執行後，應將執行結果陳報核發搜索票之法院，如未能執行者，應敘明其事由。

第133條（扣押之客體）

Ⅰ可爲證據或得沒收之物，得扣押之。

Ⅱ爲保全追徵，必要時得酌量扣押犯罪嫌疑人、被告或第三人之財產。

Ⅲ對於應扣押物之所有人、持有人或保管人，得命其提出或交付。

Ⅳ扣押不動產、船舶、航空器，得以通知主管機關爲扣押登記之方法爲之。

Ⅴ扣押債權得以發扣押命令禁止向債務人收取或爲其他處分，並禁止向被告或第三人清償之方法爲之。

Ⅵ依本法所爲之扣押，具有禁止處分之效力，不妨礙民事假扣押、假處分及終局執行之查封、扣押。

❖ 法學概念

對媒體搜索及扣押的限制

搜索媒體乃係搜索第三人的問題，由於可能牽連甚廣，所以發動的要件比起搜索嫌犯、被告更爲嚴格。對第三人的搜索，必須「有相當理由」（§122Ⅱ）。**相當理由，是指令人相信的程度高過「合理的懷疑」**。法制尚未做特殊規範，是立法上的疏漏。

參照德國刑事程序法，享有拒絕證言權的人所持有之物，不應該扣押。而屬於搜索第三人的「搜索媒體」情形，媒體是否有拒絕證言權，可分兩方面來看：

第一，如果媒體的消息來源得自特定人，此提供消息者信賴媒體不會揭露來源，那麼，**媒體工作者享有「拒絕證言權」，持有物不能扣押，所以也不能成爲搜索的對象**；媒體如果透露消息來源，將間接使提供消息者曝光，也享有拒絕證言權，這主要是德國聯邦最高法院的判決意見。

第二，**如果媒體持有的資訊是自己查訪所得，就沒有拒絕證言權**，在此情況下，媒體持有的文件資料就可以搜索扣押。然實際操作上，媒體可以主張任何消息來源曝光都將揭露提供者的身分，如此對於媒體搜索根本就難以進行，所以德國聯邦政府欲修法，將媒體自行取得的資訊也規定爲不得搜索。

此外，學說尚提出對於媒體取材來源物件的搜索，應限於扣押該物件以作爲證據使用的利益，顯然大於媒體的自由與國民知的利益才能搜索的見解。

【張麗卿，《刑事訴訟法理論與運用》，五南，十四版，2018.09，371頁。】

第133條之1（非附隨搜索之扣押及應記載事項）

Ⅰ非附隨於搜索之扣押，除以得爲證據之物而扣押或經受扣押標的權利人同意者外，應經法官裁定。

Ⅱ前項之同意，執行人員應出示證件，並先告知受扣押標的權利人得拒絕扣押，無須違背自己之意思而爲同意，並將其同意之意旨記載於筆錄。

Ⅲ第一項裁定，應記載下列事項：

一　案由。

二　應受扣押裁定之人及扣押標的。但應受扣押裁定之人不明時，得不予記載。

三　得執行之有效期間及逾期不得執行之意旨；法官並得於裁定中，對執行人員爲適當之指示。

Ⅳ核發第一項裁定之程序，不公開之。

❐ 實務見解

▶106 台非 259〇（判決）

通訊隱私權保護之主要緣由，乃通訊涉及兩個以上參與人，意欲以秘密之方式或狀態，透過介質或媒體，傳遞或交換不欲為他人所得知之訊息。因其已脫離參與人得控制之範圍，特別容易受國家或他人之干預與侵擾，有特別保護之必要，**故其保障重在通訊之過程。另上揭通訊之本質係涉及兩個以上參與人間之意思交換之旨，故通訊隱私權實有別於一般隱私權，一般隱私權並不當然涉及個人以外之他人，即便僅個人一人，亦能主張此一憲法權利，如個人在住家之活動、身體之私密部位、書寫之日記，均為一般隱私權所保護之對象，然此皆與通訊隱私權無涉**。秘密通訊自由所保護者，既係在於通訊參與人間之訊息得以不為他人知悉之方式往來或遞送之秘密通訊過程，其所保障之範圍，自應隨訊息送達接收方，傳遞過程結束而告終止，據此，通訊內容在傳遞過程中固為秘密通訊自由所保護之客體，如該通訊內容已處於接收方之支配範圍，接收方得對此已結束傳遞過程之通訊內容，自行決定留存或刪除等處理方式，則其秘密通訊自由之保障已經結束，換言之，**所謂「過去已結束」之通訊內容，已非秘密通訊自由保護之客體，應僅受一般隱私權即個人資料自主控制之資訊隱私權所保護。有主張（如本件非常上訴理由書）檢察官如認「過去已結束」之通訊內容，屬於本案證據，且為應扣押之物，即可依手段比例原則，分別命扣押物之所有人、持有人或保管人提出或交付，甚而進一步依非附隨搜索之扣押程序，逕以實行扣押之方式取得即可，均無庸向法院聲請扣押裁定（至於該「過去已結束」之通訊內容，如同時得為證據及得沒收之物，依第一三三條之一第一項之立法理由，仍應經法官裁定，對該通訊內容之一般隱私權之保障已足，故無就此贅述之必要），惟此對人民一般隱私權之保障實有未足**。蓋以現今資訊世界，大量仰賴通訊軟體，通訊服務，有大量之隱私儲存於此，如容許偵查機關未經法院之介入，逕行調閱，其侵害隱私至深且鉅，顯違比例原則。且若允許檢察官以提出或交付之方式，即可取得「過去已結束」之通訊內容，則該「過去已結束」之通訊內容之所有人、持有人或保管人如涉及外國網路通訊業者或行動電信業者，其等對於本國不採令狀之提出或交付法制，必先思考該提出或交付之程序是否符合該公司之本國法律（如 F0000000、G00000 業者適用美國法，L000 業者適用日本法），倘該國法律採令狀原則（如前所述之外國立法例均採令狀原則），而我國不採，則業者可能因此拒絕提供該等內容，將有礙檢方對使用通訊科技設備犯罪之偵辦。何況，現今資訊及通訊科技全球化，我國當無閉門造車，自外於先進國家法制之理。準此，修正後刑事訴訟法第一三三條第三項（或修正前第一三三條第二項）規定「應扣押物」及第一三三條之一第一項規定「得為證據之物」之扣押客體，基於維護人民一般隱私權、保障其訴訟權益及實現公平法院之憲法精神，**應依目的性限縮，而認不及於「過去已結束」**之通訊內容。是以，檢察官對於**「過去已結束」**之通訊內容**之非附隨搜索之扣押**，原則上應向法院聲請核發扣押裁定，不得逕以提出或交付命令之函調方式取得，方符上開保障人民一般隱私權之旨。

第 133 條之 2（扣押裁定之程序）

I 偵查中檢察官認有聲請前條扣押裁定之必要時，應以書面記載前條第三項第一款、第二款之事項，並敘述理由，聲請該管法院裁定。

II 司法警察官認有為扣押之必要時，得依前項規定報請檢察官許可後，向該管法院聲請核發扣押裁定。

III 檢察官、檢察事務官、司法警察官或司法警察於偵查中有相當理由認為情況急迫，有立即扣押之必要時，得逕行扣押；檢察官亦得指揮檢察事務官、司法警察官或司法警察執行。

IV 前項之扣押，由檢察官為之者，應於實施後三日內陳報該管法院；由檢察事務官、司法警察官或司法警察為之者，應於執行後三日內報告該管檢察署檢察官及法院。法院認為不應准許者，應於五日內撤銷之。

V 第一項及第二項之聲請經駁回者，不得聲明不服。

第 134 條（對公務員所持有或保管之文書扣押之限制）

I 政府機關、公務員或曾為公務員之人所持有或保管之文書及其他物件，如為其職務上應守秘密者，非經該管監督機關或公務員允許，不得扣押。

II 前項允許，除有妨害國家之利益者外，不得拒絕。

第 135 條（對郵件電報扣押之限制）

I 郵政或電信機關，或執行郵電事務之人員所持有或保管之郵件、電報，有左列情形之一者，得扣押之：

一 有相當理由可信其與本案有關係者。

二 為被告所發或寄交被告者。但與辯護人往來之郵件、電報，以可認為犯罪證據或有湮滅、偽造、變造證據或勾串共犯或證人之虞，或被告已逃亡者為限。

II 為前項扣押者，應即通知郵件、電報之發送人或收受人。但於訴訟程序有妨害者，不在此限。

第136條（扣押之執行機關）
I扣押，除由法官或檢察官親自實施外，得命檢察事務官、司法警察官或司法警察執行。
II命檢察事務官、司法警察官或司法警察執行扣押者，應於交與之搜索票或扣押裁定內，記載其事由。

第137條（附帶扣押）
I檢察官、檢察事務官、司法警察官或司法警察執行搜索或扣押時，發現本案應扣押之物爲搜索票或扣押裁定所未記載者，亦得扣押之。
II第一百三十一條第三項之規定，於前項情形準用之。

❖ 法學概念

附帶扣押

附帶扣押係指檢察官、檢察事務官、司法警察官或司法警察執行搜索或扣押時，發現本案應扣押之物爲搜索票所未記載者，亦得扣押之。其要件有三：㈠必須執法人員合法執行搜索扣押；㈡有本案應扣押之物而爲搜索票所未記載；㈢限於未發現搜索票所記載之物以前，所發現之本案應扣押之物，始得附帶扣押，以避免有破壞令狀原則之疑慮，防止警察以一張搜索票，而恣意大肆搜括人民財產，侵犯人民隱私、財產權，如此即與空白搜索票實際上並無差別。

【傅美惠，《偵查法學》，元照，初版，2012.01，253頁。】

❖ 法學概念

一目瞭然法則（plain view doctrine）

當執法人員在合法搜索或逮捕時，落入目視範圍內的證據或得沒收物，得無令狀扣押。而不論是無令狀或有令狀的搜索行爲，都得適用一目瞭然法則。即執法人員係持拘票或搜索票、經被搜索人同意、追躡現行犯而再進入人民的住宅，只要執法人員的進入行爲合法，即得適用此一法則。「附帶扣押」、「另案扣押」規定係亦源自於此，其要件有二：㈠因爲合法之搜索、拘提或其他行爲，而發現證據或得沒收物；㈡有相當理由相信證據或得沒收之物。

【王兆鵬、張明偉、李榮耕，《刑事訴訟法（上）》，新學林，四版，2018.09，325頁以下。】

此要件主要在防止類似空白搜索票之發生，因爲若無此要件，警察可能恣意翻箱倒櫃，翻動被搜索人之物品，期待證據出現，與憲法對隱私、財產權之保障有違。參考美國實務認爲在遇有「一嗅即知（聞到某物有大麻之氣味）」、「一聽即知（合法監聽，即偶然他案監聽）」、「一觸即知（合法盤查拍觸人民身體外部）」等情形，亦得類推適用「一目瞭然法則」。我國刑事訴訟法之附帶扣押、另案扣押之法理，事實上與美國之「一目瞭然法則」完全相同。

是以，爲同時兼顧人權保障、發現眞實與程序正義，美國聯邦最高法院之「一目瞭然法則」可做爲規制我國附帶扣押與另案扣押之參考。

【傅美惠，《偵查法學》，元照，初版，2012.01，256頁。】

第138條（強制扣押）
應扣押物之所有人、持有人或保管人無正當理由拒絕提出或交付或抗拒扣押者，得用強制力扣押之。

第139條（對收據封緘扣押後之處置）
I扣押，應制作收據，詳記扣押物之名目，付與所有人、持有人或保管人。
II扣押物，應加封緘或其他標識，由扣押之機關或公務員蓋印。

第140條（對扣押物之看守保管或毀棄）
I扣押物，因防其喪失或毀損，應爲適當之處置。
II不便搬運或保管之扣押物，得命人看守，或命所有人或其他適當之人保管。
III易生危險之扣押物，得毀棄之。

第141條（扣押物之變價）
I得沒收或追徵之扣押物，有喪失毀損、減低價值之虞或不便保管、保管需費過鉅者，得變價之，保管其價金。
II前項變價，偵查中由檢察官爲之，審理中法院得囑託地方法院民事執行處代爲執行。

第142條（扣押物之發還或付與影本）
I扣押物若無留存之必要者，不待案件終結，應以法院之裁定或檢察官命令發還之；其係贓物而無第三人主張權利者，應發還被害人。
II扣押物因所有人、持有人或保管人之請求，得命其負保管之責，暫行發還。
III扣押物之所有人、持有人或保管人，有正當理由者，於審判中得預納費用請求付與扣押物之影本。

❒ 實務見解

▶107年台非142（判決）

扣押物若無留存之必要者，不待案件終結，**應以法院之裁定或檢察官命令發還之；其係贓物而無第三人主張權利者，應發還被害人**。且扣押之贓物，依第一四二條第一項應發還被害人者，應不待其請求即行發還，刑事訴訟法第 一四二條第一項、第三一八條第一項亦有明定。是如犯罪所得之贓物扣案，而被害人明確，又無第三人主張權利時，自應適用刑事訴訟法第一四二條第一項、第三一八條第一項規定，不待請求即行發還被害人。

第 142 條之 1（扣押物之聲請撤銷扣押）

I 得沒收或追徵之扣押物，法院或檢察官依所有人或權利人之聲請，認為適當者，得以裁定或命令定相當之擔保金，於繳納後，撤銷扣押。

II 第一百十九條之一之規定，於擔保金之存管、計息、發還準用之。

第 143 條（留存物之準用規定）

被告、犯罪嫌疑人或第三人遺留在犯罪現場之物，或所有人、持有人或保管人任意提出或交付之物，經留存者，準用前五條之規定。

第 144 條（搜索或扣押之必要處分）

I 因搜索及扣押得開啓鎖扃、封緘或為其他必要之處分。

II 執行扣押或搜索時，得封鎖現場，禁止在場人員離去，或禁止前條所定之被告、犯罪嫌疑人或第三人以外之人進入該處所。

III 對於違反前項禁止命令者，得命其離開或交由適當之人看守至執行終了。

第 145 條（搜索票或扣押裁定之提示）

法官、檢察官、檢察事務官、司法警察官或司法警察執行搜索及扣押，除依法得不用搜索票或扣押裁定之情形外，應以搜索票或扣押裁定示第一百四十八條在場之人。

第 146 條（搜索或扣押時間之限制）

I 有人住居或看守之住宅或其他處所，不得於夜間入內搜索或扣押。但經住居人、看守人或可為其代表之人承諾或有急迫之情形者，不在此限。

II 於夜間搜索或扣押者，應記明其事由於筆錄。

III 日間已開始搜索或扣押者，得繼續至夜間。

IV 第一百條之三第三項之規定，於夜間搜索或扣押準用之。

❑ 實務見解

▶108 台上 2254○（判決）

有人住居或看守之住宅或其他處所，不得於夜間入內搜索或扣押。但經住居人、看守人或可為其代表之人承諾或有急迫之情形者，不在此限。於夜間搜索或扣押者，應記明其事由於筆錄，刑事訴訟法第一四六條第一項、第二項定有明文。則欲在上開處所行夜間搜索或扣押，自**以已取得「住居人、看守人或可為其代表之人承諾」或「有急迫之情形」者為限**。刑事訴訟法對夜間搜索之實施，既有意予以限制在特定情形下始可實施，基於憲法人身自由及居住自由、安寧等有關人權之保障，為避免偵查機關實施強制處分之搜索、扣押時，侵害個人之隱私權及財產權，就刑事訴訟法關於搜索、扣押之規定，自不容許任意為擴張解釋，以確保實施刑事訴訟程序之公務員不致違背法定程序實施搜索、扣押，否則對人權之保障自有不周。**是以該條第一項規定之「承諾」、「急迫情形」，均應為嚴格之解釋。而該項之「承諾」，亦應以當事人之自願且明示之同意為限，而不包括當事人未為反對表示之情形，亦**不得因當事人未為反對之表示即擬制謂當事人係默示同意，否則在受搜索、扣押之當事人因不諳相關法律規定不知可否為拒絕之表示，而執行之公務員復未主動、明確告知所得主張之權利時，偵查機關即可藉此進行並擴大夜間搜索，變相侵害當事人之隱私權及財產權，該規定之保護無異形同具文。

第 147 條（搜索或扣押之限制及其例外）

左列處所，夜間亦得入內搜索或扣押：

一　假釋人住居或使用者。

二　旅店、飲食店或其他於夜間公眾可以出入之處所，仍在公開時間內者。

三　常用為賭博、妨害性自主或妨害風化之行為者。

第 148 條（搜索或扣押時之在場權㈠）

在有人住居或看守之住宅或其他處所內行搜索或扣押者，應命住居人、看守人或可為其代表之人在場；如無此等人在場時，得命鄰居之人或就近自治團體之職員在場。

第 149 條（搜索或扣押時之在場權㈡）

在政府機關、軍營、軍艦或軍事上秘密處所內行搜索或扣押者，應通知該管長官或可為其代表之人在場。

第 150 條（搜索或扣押時之在場權㈢）

I 當事人及審判中之辯護人得於搜索或扣押時在場。但被告受拘禁，或認其在場於搜索或扣押有妨害者，不在此限。

II 搜索或扣押時，如認有必要，得命被告在場。

III 行搜索或扣押之日、時及處所，應通知前二項得在場之人。但有急迫情形時，不在此限。

❑ 實務見解

▶94 台上 4929（判例）

當事人及審判中之辯護人得於搜索或扣押時在

場。但被告受拘禁，或認其在場於搜索或扣押有妨害者，不在此限。刑事訴訟法第一百五十條第一項定有明文。此規定依同法第二百十九條，於審判中實施勘驗時準用之。**此即學理上所稱之「在場權」，屬被告在訴訟法上之基本權利之一，兼及其對辯護人之倚賴權同受保護。故事實審法院行勘驗時，倘無法定例外情形，而未依法通知當事人及辯護人，使其有到場之機會，所踐行之訴訟程序自有瑕疵**，此項勘驗筆錄，應認屬因違背法定程序取得之證據。

> 第 151 條（暫停搜索或扣押應為之處分）
> 搜索或扣押暫時中止者，於必要時應將該處所閉鎖，並命人看守。

> 第 152 條（另案扣押）
> 實施搜索或扣押時，發現另案應扣押之物亦得扣押之，分別送交該管法院或檢察官。

❖ 法學概念

另案扣押

執法人員於搜索時，可能發現與本案無關的證物，例如搜索命案的證物，卻意外發現行賄證據，也可以扣押，此稱為「另案扣押」。由於另案扣押不若附帶扣押具有事後審查機制，然而其與附帶扣押均屬「急迫性的暫時扣押」，並非本案搜索的標的及範圍，因此有文獻認為，應將另案扣押之物的處理程序，至少比照附帶扣押的處理才妥適。

【張麗卿，〈附帶扣押與另案扣押〉，收錄於《驗證刑訴改革脈動》，五南，四版，2017.09，133 頁。】

不過有學者認為，其實另案扣押與附帶扣押之區分並無太大實益。事實上附帶扣押與另案扣押之區分僅於法條適用上不同而已。就此而言，搜索既與扣押緊密連結，立法者容許搜索自無禁止扣押之理，此乃法理所當然。因此，**關鍵在於合理解釋刑訴法第 133 條第 1 項，可為證據或得沒收之物，得扣押之**。本條未明文規定扣押之決定機關，其理由為立法文字之簡潔與學理所當然。

【黃朝義，《刑事訴訟法》，新學林，五版，2017.09，285 頁。】

☐ 實務見解

▶ 109 台上 259〇（判決）

搜索為刑事訴訟蒐證之手段，常伴隨著對人民財產之扣押，因而涉及隱私權、財產權、居住權等基本權的干預。搜索與否，職司刑事偵查之公務員每須面臨蒐證必要性與上開基本權保障的兩難抉擇，考量委諸此等實施公權力人員自為決定，難以避免角色上之衝突，為杜絕球員兼裁判之疑慮，故刑事訴訟法第一二八條採「法官保留」原則，明定搜索須由法官簽發搜索票，並應載明搜索之對象、處所及應扣押物等，以監督、限制搜索範圍及扣押標的，其旨在藉助法院以第三人中立、公正之立場進行審查，俾節制濫權，以落實保障人民上開基本權。同法第一五二條雖為使執行搜索之公務員對於職權行使過程中所發現之他案證據，得掌握調查取得證據之先機，當場及時予以扣押，期有助於該他案發現眞實，而規定「實施搜索或扣押時，發見另案應扣押之物亦得扣押之」，即學理上所謂「**另案扣押**」；此等扣押，不須就該他案證據重新聲請法官審核、簽發搜索票，性質上屬無票搜索之一種，**乃「法官保留」原則之例外**。此規定就另案扣押，固僅設有須於合法之有票或無票搜索過程中執行之外部界限，然為符合上開保障人民基本權之精神，解釋上，所扣押之另案證據，一則必須係於合法搜索，**解釋上，所扣押之另案證據，一則必須係於合法搜索過程中，毋庸另啓搜索行為，即自然地為執行人員視線過程中，毋庸另啓搜索行為，即自然地為執行人員視線所及，而一目瞭然即可發現者，英美法謂之所及，而一目瞭然即可發現者，英美法謂之為「一目瞭然」法則，於未偏離原程序之常軌中併予扣押此等證據然」法則，於未偏離原程序之常軌中併予扣押此等證據，因較諸原搜索行為，並未擴大或加深對受搜索人隱私，因較諸原搜索行為，並未擴大或加深對受搜索人隱私之干預，自可毋庸重為司法審查；再者，該另案證據須之干預，自可毋庸重為司法審查**；再者，該另案證據須出乎執行人員之預期，而於合法搜索過程中，經執行人出乎執行人員之預期，而於合法搜索過程中，經執行人員無意間偶然意外發現者，對此等證據之扣押，因須臨員無意間偶然意外發現者，對此等證據之扣押，因須臨時應變、當場及時為之而具有急迫性，事實上即無聲請時應變、當場及時為之而具有急迫性，事實上即無聲請並等待法官另簽發搜索票之餘裕，容許其無票搜索，始並等待法官另簽發搜索票之餘裕，容許其無票搜索，始符合另案扣押制度設計之本旨。至於搜索人員原有預見符合另案扣押制度設計之本旨。至於搜索人員原有預見可能發現之另案證據，對之扣押，並不具有急迫性，自仍應先經法院審查，迨取得搜索票後，始據以扣押，以仍應先經法院審查，迨取得搜索票後，始據以扣押，以符合法官保留原則，防免符合法官保留原則，防免執法偵查人員得規避司法審查執法偵查人員得規避司法審查，持憑一張搜索票，即藉機濫行搜索、扣押，侵害人民，持憑一張搜索票，即藉機濫行搜索、扣押，侵害人民財產權。唯有如此理解，才能進一步落實憲法對干預人財產權。唯有如此理解，才能進一步落實憲法對干預人民基本權須踐行正當程序之要求。

第153條（囑託搜索或扣押）
I搜索或扣押，得由審判長或檢察官囑託應行搜索、扣押地之法官或檢察官行之。
II受託法官或檢察官發現應在他地行搜索、扣押者，該法官或檢察官得轉囑託該地之法官或檢察官。

第十二章　證　據

第一節　通　則

第154條（無罪推定主義）
I被告未經審判證明有罪確定前，推定其為無罪。
II犯罪事實應依證據認定之，無證據不得認定犯罪事實。

❖ 法學概念

無罪推定原則

「無罪推定原則」是刑事訴訟法的鐵則，也是落實保障人權的最根本原則。由於無罪推定原則是世界人權宣言，以及聯合國公民及政治權利公約所揭示的重要基本權之一，必須將之落實於法規範與實務。在無罪推定的原則下，法官才可能細心推敲案情，特別是對於被告有利的事實加以注意。

【張麗卿，《刑事訴訟法理論與運用》，五南，十四版，2018.09，331頁。】

惟，無罪推定的存在目的，只是為了讓犯罪嫌疑人在刑事程序中，能與國家壓倒性的力量抗衡，並非賦予個人「不得質疑其無罪」的特權。

【蕭宏宜，〈無罪推定的實有與流變〉，收錄於《法務部廖正豪前部長七秩華誕祝壽論文集：刑事訴訟法卷》，五南，初版，2016.07，47頁。】

❖ 法學概念

罪疑唯輕原則（有疑應利於被告原則）

此原則乃指實體事實的認定，若法院已經用盡法定證據方法與調查程序仍無法證明被告有罪者，則應該對被告為有利的認定。其概念上與無罪推定原則並不相同，罪疑唯輕原則僅於審判程序中有適用，而其範圍除實體事實之評價外，亦包含追訴權時效與曾否經判決確定的認定，至於程序事實原則上並無此原則的適用，例外在捨棄上訴與否的程序事實，因其涉及被告訴訟的權益，仍有適用。

【張麗卿，《刑事訴訟法理論與運用》，五南，十四版，2018.09，354頁。】

❑ 實務見解

▶76台上4986（判例）

認定犯罪事實所憑之證據，雖不以直接證據為限，間接證據亦包括在內；然而無論直接或間接證據，其為訴訟上之證明，須於通常一般之人均不致有所懷疑，而得確信其為眞實之程度者，始得據為有罪之認定，倘其證明未達此一程度，而有合理之懷疑存在時，事實審法院復已就其心證上理由予以闡述，敘明其如何無從為有罪之確信，因而為無罪之判決，尚不得任意指為違法。

第155條（自由心證主義）
I證據之證明力，由法院本於確信自由判斷。但不得違背經驗法則及論理法則。
II無證據能力、未經合法調查之證據，不得作為判斷之依據。

❖ 法學概念

證據能力與證據之證明力區別

前者乃指立證資料得為證據之法律上資格；後者則指其證據於證明某種事實，具有何等實質之價值。故證據能力乃資格之有無，證據證明力則為效力強弱之問題。亦即有證據能力，非必有證據證明力。被告以外之人於審判外之陳述，是否具有證據能力，應依刑事訴訟法有關傳聞法則例外規定之情形評斷之。倘認其有證據能力，其證明力如何，則由法院於不違背經驗法則及論理法則，本於確信自由判斷之。並非有證據能力，即當然認其證明力無疑，而就待證事實認均具有證明力，亦不能以證明力不足而否定其證據能力。又縱認證人於警詢之陳述，具有證據能力，亦不當然即排除其於審判中之陳述之證明力，而證人之陳述有部分前後不符，究竟何者可採，法院本得依其自由心證予以斟酌，若其基本事實之陳述與眞實性無礙時，仍非不得予以採信，非謂一有不符，即認其全部均為不可採納（最高法院102年度台上字第1062號判決參照）。

❖ 法學概念

證據能力與嚴格證明法則

「證據能力」，係指某項證據能否提到法庭上調查的問題，即證據有無「資格」或「容許性」的問題。質言之，具備「證據能力」是行合法調查程序的前提，兩者之間並非擇一，亦非包括關係。基於此項階段性的規範，要特別強調的是，無證據能力的證據，在第一階段審查後，即應予以排除，不容許再提出法庭中作為認定犯罪事實的證據予以調查，縱使無證據能力的證據，於法庭上踐行法定的調查程序，亦不會因此敗部復活，而溯及取得證據能力。

而「嚴格證明法則」，乃重在對某項證據是否得容許提出法庭調查，而非形式意義上的證據分類的問題。刑訴法有關人證、鑑定、通譯及勘驗等之調查規定，屬對於證據「調查方式」的規範，而並非直接對證據種類設以限制。概念上，必須要留意的是，刑訴法對於證據方法或證據資料有無證據能力，是設有法定限制或排除規定的，這是實質問題，惟對形式的證據種類或分類，則並無所謂法定之説。再者，以法定證據方法一語，易與現行法所排斥之「證據法定主義」的用語混淆。

【陳運財，〈嚴格證明法則〉，《月旦法學教室》，第23期，2004.09，133～136頁。】

另外，有學説認爲，雖然刑訴法第155條規定「證據能力」與「證據證明力」，但第1項與第2項順序顛倒，應當調整。更具體的説，該條第1條是自由心證的規定；第2項規定「無證據能力，未經合法調查，不得作爲判斷之依據。」是以，經由合法的蒐集證據程序，並且經過法定調查程序所獲得的證據，方具備裁判上的證據資格（證據能力），可以作爲判決的依據。在邏輯上，應先規定嚴格證明法則，再規定自由心證主義，比較合乎證據法則體系的法理。例如，被告經過合法傳喚，訊問機關踐行告知義務後，被告基於自由意願的供述，具備證據能力。合法搜索被告或第三人，並依法扣押的證物，具備證據能力。證人經過合法傳喚，在法庭上具結後的供述，才有證據能力。

【張麗卿，《刑事訴訟法理論與運用》，五南，十四版，2018.09，336頁以下。】

❖ 法學概念

供述證據與非供述證據

此乃依證據資料之性質所爲之區別。供述證據係以某人言詞陳述之內爲證據資料（如：被告之自白、證人之證言）；非供述證據，則指供述證據以外其他一切證據而言（如：物證）。兩者區別之實益在於供述證據中會涉及到自白之證據能力與傳聞證據上之證據能力問題（特別注重自由意志與眞實性之瑕疵）。供述證據之證據適格，以具備任意性爲必要；必具任意性之供述證據，始有進一步檢視傳聞證據是否符合傳聞法則例外規定之必要。然而非供述證據（物證），由於並不涉及人之自由陳述意志，亦無記憶、陳述與説謊等不可靠因素，如並非違法蒐集之證據須加以排除，原則上具有證據能力。

【朱石炎，《刑事訴訟法論》，三民，七版，2017.08，166頁；黃朝義，《刑事訴訟法》，新學林，五版，2017.09，532頁；最高法院105年度台上字第61號判決。】

❖ 法學概念

品格證據

品格證據是用以證明「被告」或「被害人」之品行或特定品格特徵的證據。被告與被害人的品格證據，通常固不能據以認定被告之罪行，但卻可能是被告的主要防禦方法。

採交互詰問制度國家（例如美國）爲防止檢察官舉證證明被告是前科累累、素行不良的壞人，或被害人是忠厚善良的好人，導致法官或陪審團心理產生好惡偏見，而不論檢察官是否已提出足夠證據證明被告之罪行，均判處被告有罪的結果，故原則上除非被告先提出有利於自己或不利被害人的品格證據，否則禁止檢察官（原告），提出品格證據攻擊被告或支持被害人。

提出品格證據的首要是該品格證據與待證事項需有關聯性，才可被容許（有證據能力）。是以，被告之前科紀錄及品格證據，應區別與犯罪事實是否有關，其與犯罪事實者，檢察官可以提出用以證明動機、知識、同一性等事項、就被告的品格證據而言，因爲一個人的品行及特定品格特徵會表現在行爲上，例如一個誠實的人，犯詐欺罪的可能性應該比較低；又如二人互控傷害罪，並均宣稱是對方先攻擊，自己爲防衛才出手抵抗，若有一方能提出證據證明他方有暴力傾向，自己性格溫和，該性格溫和者正當防衛的可能性當然較高。例如被告抗辯其不知道持有之物品爲海洛因，檢察官可以提出其施用海洛因的前科，證明被告對其所持有之物品爲毒品有充分之認識。再如，被告抗辯其不知被害人保險箱密碼，檢察官可以提出被告曾開啓他人保險箱行竊的前科，證明其有此方面之知識。至於與犯罪事實無關之前科及品格證據之調查，則應於審判長就被訴事實訊問被告後始得行之。

【吳巡龍，〈交互詰問制度下品格證據的提出方式〉，《法學叢刊》，第49卷第1期，2004.01，121頁以下；吳巡龍，〈被告品格證據〉，《台灣法學雜誌》，第195期，2012.03，127頁以下；最高法院106年度台上字第1043號判決。】

❖ 法學概念

嚴格證明與自由證明法則

證明依程度不同，可分爲嚴格的證明與自由的證明。對於犯罪事實之認定，應具有證據能力且經合法、有效之證據調查程序所取得之證據（有證據價値之證據）所爲的證明程序（即法官取得心證之證明），稱其爲嚴格的證明。相對地，不依據此等嚴格要件所爲之證明，亦即縱然未必依據具有證據能力之證據、或者未經合法之證據調查程序所得之證據，以認定犯罪事實以外之一定事實者，稱其爲自由的證明。

【黃朝義，《刑事訴訟法》，新學林，五版，2017.09，546頁。】

更進一步地説，嚴格的證明主要適用於審判程序，針對實體事項（如：本案犯罪事實有罪或無罪），其心證程度需臻於毫無合理懷疑的「確信」（最高法院76年台上字第986號判例參照）。自由的證明主要適用的領域則包含審判程序外之程序（如：聲請法官迴避、起訴審查、刑求抗辯、無關刑之量定事實、羈押裁定、簡式審判等），其心證要求僅需具證據優勢、使法院大致相信如此之釋明即爲已足。

❖ 法學概念

刑訴法第 155 條所謂無證據能力所指為何？

實務認爲，刑訴法第 155 條所謂無證據能力，係指不得作爲證據者而言，包含：

一、筆錄內所載之被告陳述與錄音或錄影之內容不符者，其不符之部分，原則上無證據能力（§100-1Ⅱ）。

二、被告因受強暴、脅迫、利誘、詐欺、疲勞訊問、違法羈押或其他不正方法所爲之自白，其自白不具證據能力（§156Ⅰ）。

三、實施刑事訴訟程序之公務員違背本法第 93 條之 1 第 2 項、第 100 條之 3 第 1 項之規定，或檢察事務官、司法警察（官）詢問受拘提、逮捕之被告或犯罪嫌疑人，違背本法第 95 條第 2 款、第 3 款之規定，所取得被告或犯罪嫌疑人之自白及其他不利之陳述，不具證據能力，但經證明其等違背上述規定，非出於惡意，且該自白或陳述係出於自由意志者，不在此限（§158-2）。

四、證人、鑑定人依法應具結而未具結，其證言或鑑定意見，無證據能力（§158-3）。

五、被告以外之人於審判外之言詞或書面陳述，除法律有規定者外，不具證據能力（§159）。

六、證人之個人意見或推測之詞，非以實際經驗爲基礎者，不具證據能力（§160）。

七、被告以外之人，包括共同被告、共犯及其他證人因受恫嚇、侮辱、利誘、詐欺或其他不正方法所爲不利於被告之陳述，不具證據能力（§166-7）。

八、關於組織犯罪防制條例之罪，訊問證人之筆錄非於檢察官、法官面前作成或未經踐行刑事訴訟法所定訊問證人之程序者，無證據能力（組織犯罪防制條例§12）。

（以上參照法院辦理刑事訴訟案件應行注意事項第 79 點。）

☐ 實務見解

▶53 台上 2067（判例）

證據之證明力如何，雖屬於事實審法院自由判斷職權，而其所爲判斷，乃應受經驗法則與論理法則之支配。

▶44 台上 702（判例）

認定犯罪事實所憑之證據，並不以直接證據爲限，即綜合各種間接證據，本於推理作用，爲認定犯罪事實之基礎，如無違背一般經驗法則，尚非法所不許。

▶108 台上 4091〇（判決）

刑事訴訟法規定，關於證人之適格要件，並無年齡或能力上之限制，故稚齡之幼童，雖無具結能力，其所爲證言非無證據能力。至其證詞之憑信性如何，因幼童心智仍在發展當中，其對事件之認知能力、邏輯思考能力、記憶能力及陳述能力等，則因幼童發展階段之不同而迥異於成年人，因此經過法定程序取得之幼童證言（警詢、偵訊筆錄，或審判中證詞），其憑信性如何，事實審法院固得囑託相關專家爲鑑定人，依其專業評估該幼童心智之發展程度，作爲法院判斷證詞證明力之輔助。**然相關專家之鑑定意見，於證據法上究屬間接證據，資以輔佐法院評估幼童證詞依其心智發展之證據評價，而非替代法院爲證據證明力之判斷，其前提自以本案存在幼童證言之證據方法，倘本案因幼童審判外陳述不符合刑事訴訟法及性侵害防治條例相關之傳聞例外規定，而無證據能力，原審法院復未傳喚到庭作證，致本案並未有何幼童（證人）證詞之證據方法，則法院囑託專家所爲「幼童證言憑信性」之鑑定意見，自失所附麗**，從而，事實審法院既未經嚴格證明程序調查幼童證詞之證據，遽將該證據證明力之判斷委由鑑定人行之，逕採納該鑑定意見爲認定犯罪之證據，已與嚴格證明及直接審理法則未合，難謂與證據法則無違。

▶108 台上 3388〇（判決）

按透過「被害人陳述」以外之證據，得證明被害人聲稱被 害事件時之言行舉止、情緒表現、心理狀態或處理反應等情景者（間接事實），係獨立於（即不同於）被害陳述之證據方法暨資料，屬具補強證據適格之情況證據，可藉其與待證事實有蓋然性之常態關聯，資爲被害人遭遇（直接事實）致生影響之推理素材，此並非傳聞自被害陳述之重複或累積，當容許由法院透過調查程序，勾稽被害陳述相互印證，進而產生事實認定之心證。

108 台上 559〇（判決）

按犯罪所得及追徵之範圍與價額，認定顯有困難者，得以估算認定之，刑法第三十八條之二第一項前段定有明文。**又該項「估算」依立法說明，固不適用嚴格證明法則，僅需自由證明爲已足。**惟估算是在欠缺更好的調查可能性下的應急手段，只有在不法所得之範圍與價額認定顯有困難時，始得以估算（至於有無犯罪所得，則不包括在內）。若是認定上非顯有困難時，法院就必須履行通常調查義務，**原則上，法院必須先善盡顯而易見的調查可能性與證據方法，之後仍無法確定沒收的範圍與價額時，才能援用估算的規定。**法院若未盡合理調查及依憑相當證據，即遽採單方、片面說法，進而認定沒收的範圍與價額，顯然未依職權調查、審認，即非適法。又以估算認定者，並應於判決說明其有如何認定顯有困難之情形及爲如何估算之理由。

▶107 台上 3724○（判決）

我國社會隨著電腦資訊及網際網路科技之快速發展，利用電腦、網路犯罪已屬常態，而對此形態之犯罪，相關數位證據之蒐集、處理及如何因應，已屬重要課題。**一般而言，數位證據具無限複製性、複製具無差異性、增刪修改具無痕跡性、製作人具不易確定性、內容非屬人類感官可直接理解（即須透過電腦設備呈現內容）。因有上開特性，數位證據之複製品與原件具眞實性及同一性，有相同之效果，惟複製過程仍屬人爲操作，且因複製之無差異性與無痕跡性，不能免於作僞、變造，原則上欲以之證明某待證事項，須提出原件供調查，或雖提出複製品，當事人不爭執或經與原件核對證明相符者，得作爲證據**。然如原件滅失或提出困難，當事人對複製品之眞實性有爭執時，非當然排除其證據能力。此時法院應審查證據取得之過程是否合法（即通過「證據使用禁止」之要求），及勘驗或鑑定複製品，苟未經過人爲作僞、變造，該複製品即係原件內容之重現，並未摻雜 任何人之作用，致影響內容所顯現之眞實性，如經合法調查，自有證據能力。至於能否藉由該複製品，證明確有與其具備同一性之原件存在，並作爲被告有無犯罪事實之判斷依據，則屬證據證明力之問題。

▶107 台上 3182○（判決）

㈠刑事訴訟法第一五四條第二項規定：「犯罪事實應依證據認定之，無證據不得認定犯罪事實。」係採證據裁判主義，故證據調查，當爲整個審判的重心之一。學理上，關於「供述證據」與「非供述證據」，作爲證據法上之類型區別，主要是以證據資料是否來自「人之陳述」作爲基準。具體以言，前者係以人的語言（含書面陳述）構成證據，後者則爲前者以外之各種其他證據。而「供述證據」於認定事實過程中的特徵，在於涉及犯罪事項相關內容情報資訊，因人的知覺感官留存記憶，並藉由敘述表達，方能傳達該訊息內容，例如：被告的自白、證人（含共犯、被害人）的指述；**「非供述證據」則係有關犯罪事實之物件或痕跡，留存於人的感官以外的物理世界，例如：指紋、血跡、僞造文件等犯罪跡證、兇器等犯罪工具等等（含氣味、顏色、聲音、情況跡象）**。**由於「人之陳述」，往往因各人主觀之觀察力、記憶力、陳述能力及性格等因素，影響其陳述內容之眞實性，甚至因無法盡情所言，或故爲誇大、偏袒，致其陳述之內容或其認識之事實，與眞相事實並不相符，何況翻供更是常有，遭不正取供，亦曾發生，正所謂：「曾參殺人」、「三人成虎」、「衆口鑠金」、「以訛傳訛」等日常成語，皆在說明人言並不完全可靠，不得盡信；至於「非供述證據」，則以物（包括一般之物及文書）之存在或狀態爲其證據，通常具有客觀性與長時間不會變易性及某程度之不可代替性，甚或係於不間斷、有規律之過程中所取得，並無預見日後可能會被提供作爲證據之僞造動機。是就認定事實所憑之證據以言，「非供述證據」（尤其具有現代化科技產品性質者）應屬優勢證據，其評價上之裁量，自較「供述證據」爲強**。倘經合法調查之供述及非供述證據，均存於訴訟案卷而可考見時，自不能僅重視採納「供述證據」，卻輕忽或疏略「非供述證據」，否則其證明力判斷之職權行使，即難認合於經驗法則、論理法則。

㈡**晚近司法實務上，偶見判刑確定的案件，再審結果，改判無罪的情形發生，檢討起來，多因原先過度重視供述證據，而忽略與之不完全相適合的非供述證據所致**。但話說回來，既然諸多供述證據先後、分別、一致、堅決指向同一被告的犯罪事實，除非刻意勾串誣陷，或遭不正取供，遽謂其完全無可採用，恐亦不切實際。其實，非供述證據同樣不能排除遭人有意、無意污染，甚或故意僞造、變造而失眞、不完整，何況其所能證明的事項，通常衹有部分，並非全部事實，證明力的廣度有限，尤其在證明有利被告的消極事實方面，如非強而有力，既不能完全排除其他足以證明有積極事實的供述和非供述證據，予以綜合觀察、判斷不利於被告的結果。

▶106 台上 3701（判決）

被告的反對詰問權，係屬憲法第十六條所保障訴訟防禦權之一種，存在於各個被訴的被告，縱然是同案的共同被告或相關另案的共犯（含共同正犯、教唆犯、幫助犯），**但因各人有時不免立場不同或利害關係對立（例如相互推諉卸責），故就同一證人所爲的證言，仍應賦予各被告皆有反對詰問的權利、機會**。雖然，法院認爲適當時，得依職權或當事人或辯護人之聲請，以裁定將共同被告之調查證據、辯論程序分離或合併，刑事訴訟法第二八七條之一第一項定有明文，且該分離程序所爲調查證據之結果，在充分保障其他共同被告訴訟防禦權的情況下，基於證據共通原則，可以用作證明其他共同被告之犯罪事實；如僅爲某一被告犯罪事實之證明，而聲請調查的證據，倘衹由該被告進行詰問（含反對詰問），或詢問聽取其意見，而未給予其他共同被告相同機會者，如經其他共同被告爭執、主張（即未捨棄詰問權），則此一證據，仍不得供為判斷其他共同被告犯罪事實之依據，亦即就其他共同被告而言，當屬同法第一五五條第二項所稱「未經合法調查的證據」，以確實保障各共同被告的訴訟防禦權，學理上稱為「立證趣旨的拘束力」，同法第二八七條之一第二項規定：「前項情形，因共同被告之利害相反，而有保護被告權利之必要者，應分離調查證據或辯論。」即寓此義。再者，此情尚與同法第一六三條之二第一項、第二項，所定無須為其他無益調查之情形有別，不應混淆。

第 156 條（自白之證據能力及其證明力）

Ⅰ被告之自白，非出於強暴、脅迫、利誘、詐欺、疲勞訊問、違法羈押或其他不正之方法，且與事實相符者，得為證據。

Ⅱ被告或共犯之自白，不得作為有罪判決之唯一證據，仍應調查其他必要之證據，以察其是否與事實相符。

Ⅲ被告陳述其自白係出於不正之方法者，應先於其他事證而為調查。該自白如係經檢察官提出者，法院應命檢察官就自白之出於自由意志，指出證明之方法。

Ⅳ被告未經自白，又無證據，不得僅因其拒絕陳述或保持緘默，而推斷其罪行。

❖ 法學概念

不正方法（詢）問之類型

一、王兆鵬教授

㈠威脅或脅迫：即使「合法」之威脅，但足以讓嫌疑犯產生恐懼，該自白亦具非任意性。例如警察告訴犯罪嫌疑人，若不承認強制性交，就必須接受強制採精程序，而此一過程頗為痛苦。

㈡心理壓力：如長時間密集隔離 36 小時或夜間訊問長達 8 小時。

㈢承諾優惠：警察承諾起訴或撤回起訴、請求法院減刑罰。

【王兆鵬、張明偉、李榮耕，《刑事訴訟法（上）》，瑞興，三版，2015.09，400 頁以下。】

二、林鈺雄教授

德國法制或實務認為，只要客觀上有影響犯罪嫌疑人自由意志之虞，都有可能導致證據禁止使用之效果。例如長時間持續訊（詢）問、欺騙犯罪嫌疑人已取得其他共犯或共同被告之自白。或將犯罪嫌疑人帶至被害之親生兒屍體前，皆屬不正訊問。

【林鈺雄，《刑事訴訟法（上）》，新學林，八版，2017.09，192 頁。】

三、我國實務

我國最高法院認為，若執法人員告知被告「你不能與體制對抗，會被羈押」，屬於脅迫；而執法人員告知被告「自白後你可以回家或減輕或免除其刑」，則屬於利誘（94 年度台上字第 5654 號判決）。若執法人員告知被告「若照實講，可免保飭回，否則還押」，亦屬不正方法（96 年度台上字第 3104 號判決）。又如，告知被告「給你機會坦白，不然還押」，則為利誘、恐嚇等非法方法（93 年度台上字第 5186 號判決）；承辦員警：「你不交代清楚，絕對將你收押。」亦為恐嚇之不正方法（97 年度台上字第 2957 號判決）；檢察官許被告以緩起訴，但被告認罪後卻予以起訴，即屬詐欺（98 年度台上字第 5665 號判決）。

❖ 法學概念

毒樹果實原則（fruits of the poisonous tree doctrine）及其例外

一、原則

違法取得的證據，依證據排除法則，應將之排除，不得作為證據；同樣地，先前基於違法取得的證據，即使再透過合法程序所取得的證據，亦不可作為證據，此即所謂「毒樹果實理論」。換言之，凡經由非法方式所取得的證據，即是「毒樹」；進而獲得的其他衍生證據，縱然是合法取得，亦為「毒果」。在我國法下，成為毒樹的對象包含：非任意性自白的供述證據，以及違法取得的非供述證據（如違法搜索扣押及勘驗所取得）；成為毒果的對象有：基於非任意性自白所取的衍生證據及違法搜索扣押及勘驗所取得的衍生證據。例如，自白與不正方法之間並沒有因果關係，則表示自白乃非因不正方法所取得，自然合於任意性。惟，若執法人員先以強暴脅迫取得自白，之後訊問時，被告所為的自白是否亦受前次不正方法的影響，而必須加以排除？一般而言，被告的自由意志受威脅的情況可能會持續一段時間，倘若偵訊的環境沒有重大改變的情況之下更是如此。被告於後次所為的自白或許有受前次不正方法的影響，但是如果認為僅一次的不正方法會擴散至所有的自白，將使得國家機關的訴追行為受到莫大的影響，是故此一不正方法的延伸效力應有所限制。因此，倘被告精神上有受壓迫，足證已經延伸至後次不正方法的時候，後次的自白應不具有證據能力（最高法院 95 年度台上字第 1365 號判決）。

在轟動一時之〈鄭性澤案〉中，法院在判決中雖未提及毒樹果實理論，但其論證過程已將其意涵表露無遺（臺灣高等法院臺中分院 105 年度再字第 3 號刑事判決）。

德國刑事訴訟法亦有類似本法第 156 條第 1 項絕對禁止使用的規定，第 136 條之 1 第 3 項第 2 段規定「違反禁止規定取得之自白，即使被告本人同意使用，亦不得作為證據」，即沒有證據能力，然而根據此禁止使用證據的規定，它的射程範圍如何不無爭議。但德國學說上亦肯認美國的毒樹果實理論的運用。例如，透過要脅手段使被告認罪後再循線找到更多其他犯罪證據，則衍生證據亦被禁用。

【Satzger/Schluckebier/Widmaier, StPO, 3. Aufl., 2018, §136a, Rn. 62ff; Beulke, Strafprozessrecht, 12. Aufl., 2012, §136a, Rn. 144.】

二、例外

毒樹果實理論有以下例外的規定，必須具體衡量衍生證據與違法取證行爲間的關聯，以決定是否排除：

㈠獨立來源法理（Independent Untamed Source）：如果衍生證據可以從獨立的來源獲得時，則該證據不需要加以排除。例如，員警無令狀進入倉庫，但等到取得搜索票後才開始搜索，由於法官核發搜索票之決定未受之前非法進入的行爲影響，美國聯邦最高法院認定之後搜索合法（Murray v. United States, 487 U.S. 533 (1988)）。

㈡稀釋法理（Purged Taint）：違法取得的證據與衍生證據之間，若有其他合法的偵查行爲介入，產生稀釋的現象，則衍生證據可以使用，以避免將會造成執法人員一旦違法取證，該證據即永久禁用，因此有承認例外的必要（Wong Sun v. United States, 371 U.S. 471 (1963)）。

㈢不可避免發現法理（Inevitable Discovery）：若該證據縱然不經違法行爲亦可發現，則無須加以排除。即執法人員雖不法取證，但即令無此等的不法行爲，該證據亦無可避免地會被發現（Nix v. Wlliams, 467 U.S. 431 (1984)）。

㈣誠實善意法理（Good Faith Exception）：偵查機關並非惡意違法取證（例如誤以爲無效的搜索票爲有效，進而爲搜索行爲），則其所取得的衍生證據無須排除（United States v. Leon, 468 U.S. 897 (1984)）。

【張麗卿，《刑事訴訟法理論與運用》，五南，十四版，2018.09，357 頁以下。】

三、具體說明

㈠當自白爲毒樹時

此時應區分執法人員取得自白是否違反刑事訴訟法第 156 條第 1 項的規定：

1. 當執法人員第一個行爲係違反第 156 條第 1 項規定，就該自白所衍生之證據，應適用毒樹果實原則而排除之。除非檢察官證明符合毒樹果實原則的例外（如稀釋法理），否則第二個行爲取得衍生證據無證據能力。
2. 如果執法人員第一個行爲係違反第 156 條第 1 項以外之規定（如第 95 條、第 93 條之 1、第 100 條之 3 等），就該自白所衍生之證據，原則上應適用毒樹果實原則而排除之。例外如檢察官能證明第一個自白具任意性時，則不適用毒樹果實原則，從而自白所衍生之證據當然有證據能力。若檢察官不能（不願）證明第一個自白具任意性時，仍得證明第二個證據符合毒樹果實原則的例外（如稀釋法理例外使衍生證據具證據能力）。

㈡當自白爲毒果時

1. 例如執法人員第一個行爲違反搜索、扣押、逮捕規定，第二個取得自白行爲合法，但不當然依自白法則排除自白。蓋因被告自白之「主觀」動機雖然複雜，未必直接受前次非法行爲的影響，但只要「客觀」上，自白是利用第一個非法行爲的產物，即應適用毒樹果實原則以否定自白之證據能力，否則不能達到嚇阻非法逮捕之目的。警察拘捕人民時，係將人民由一個其極爲熟悉的環境強制帶至另一個充滿敵意的陌生新環境，一般人在此情形下，通常會產生緊張、恐懼、無力而造成意志不自由。也就是被告在拘捕後受警察訊問時，應「推定」構成事實上的「強迫」。
2. 惟，倘若檢察官能證明第一個行爲的瑕疵已遭稀釋，自白仍得爲證據。例如，在拘捕後的警詢中，被告有律師在場，且被告已與律師會談溝通過，已舒緩拘捕後的強制狀態，能夠自由陳述的意思亦已恢復。但執法機關已採取積極相對之措施，使訊問環境不再具強迫性質。又如，被告在經法院交保釋放、數日後自願返回警察局而自白，這些事實應認爲足以稀釋非法逮捕的瑕疵，因爲非法逮捕與自白之間的關聯性已非常遙遠，因此該自白得爲證據。然而在美國 Taylor v. Alabama 案，此案警察無令狀且無相當理由對被告爲非法逮捕，雖然：⑴在非法逮捕與自白間已相隔 6 個小時；⑵在自白前，被告被告知米蘭達告知權利三次；⑶在自白前不久，被告與其未婚妻及朋友會面談話。不過，這些介入的事實，美國聯邦最高法院認爲，仍然並不足以稀釋非法逮捕之瑕疵，自白應該排除。

【王兆鵬、張明偉、李榮耕，《刑事訴訟法（上）》，新學林，四版，2018.09，537 頁以下。】

☐ 實務見解

▶108 年度第 7 次刑事庭會議決議（108.06.04）

採乙說：否定說。

㈠毒品危害防制條例第十七條第二項規定：「犯第四條至第八條之罪於偵查及審判中均自白者，減輕其刑」，**是一般而言，被告固須於偵查及審判中皆自白始有該減刑規定之適用**。但訊問被告應先告知犯罪嫌疑及所犯所有罪名，並予以辯明犯罪嫌疑之機會，刑事訴訟法第九十五條第一項第一款、第九十六條分別定有明文。而上開規定，依同法第一百條之二於司法警察官或司法警察詢問犯罪嫌疑人時，準用之。**從而，司法警察調查犯罪於製作警詢筆錄時，就該犯罪事實未曾詢問，檢察官於起訴前亦未就該犯罪事實進行偵訊，均形同未曾告知犯罪嫌疑及所犯罪名，即逕依其他證據資料提起公訴，致使被告無從於警詢及偵查中辯明犯罪嫌疑，甚或自白，以期獲得減刑寬典處遇之機會，難謂非違反上開程序規定**，剝奪被告之訴訟防禦權，違背實質正當之法律程序。故於承辦員警未行警詢及檢察官疏未偵訊，即行結案、起訴之特別狀況，被告祇要審判中自白，應仍有上揭減刑寬典之適用，俾符合該條項規定之規範目的。

㈡而司法警察既為偵查輔助機關，應依檢察官之命令偵查犯罪，於其製作被告之警詢筆錄時，既已就蒐證所知之犯罪事實詢問被告，使被告得以申辯、澄清其有無涉案，究難謂於偵查階段未予被告辯明犯罪嫌疑之機會。縱使其後檢察官認為事證已明且達起訴門檻，未待偵訊被告即提起公訴，亦屬檢察官調查證據職權之適法行使，符合刑事訴訟法第二五一條第一項之規定，尚無違法剝奪被告訴訟防禦權之可言。是以除司法警察調查犯罪於製作警詢筆錄時，就是否涉犯毒品危害防制條例第四條至第八條之犯罪事實未曾詢問被告，且檢察官於起訴前又未進行偵訊，二者條件兼備，致有剝奪被告罪嫌辯明權之情形，始得例外承認僅以審判中自白亦得獲邀減刑之寬典外，**一般言之，均須於偵查及審判中皆行自白，始有適用**毒品危害防制條例第十七條第二項之餘地。倘司法警察詢問時，被告業已否認犯罪，檢察官其後雖未再訊問，惟被告在偵查中既非全無辯明犯罪嫌疑、爭取自白減刑之機會，卻心存僥倖而在警詢時否認犯罪，冀圖脫免刑責，與毒品危害防制條例第十七條第二項鼓勵是類犯罪行為人自白、悔過，並期訴訟經濟、節約司法資源之立法目的明顯有違，即令被告嗣後於審判中自白，仍無上開減刑規定之適用。

㈢題示情形中，某甲既已於司法警察詢問犯罪事實時，明確否認曾有販賣海洛因予某丙之情事，應可認為某甲已有向職司偵查犯罪之公務員辯明其犯罪嫌疑之機會，**不因其後檢察官並未對其實施偵訊而異其認定。則某甲於偵查中並未自白上開販毒事實，即令於法院案件審理時坦承認罪，仍與毒品危害防制條例第 17 條第 2 項須於偵查及審判中皆行自白之要件不合**，自無從援引上開規定而減輕其刑。

▶91 台上 2908（判例）

被告供認犯罪之自白，如係出於強暴、脅迫、利誘、詐欺或其他不正方法，取得該項自白之偵訊人員，往往應擔負行政甚或刑事責任，**若被告已提出證據主張其自白非出於任意性，法院自應深入調查**，非可僅憑負責偵訊被告人員已證述未以不正方法取供，即駁回此項調查證據之聲請。

▶74 台覆 10（判例）

刑事訴訟法第一百五十六條第二項規定，被告雖經自白，仍應調查其必要之證據，以察其是否與事實相符。立法目的乃欲以補強證據擔保自白之眞實性；亦即以補強證據之存在，藉之限制自白在證據上之價值。而所謂補強證據，則指除該自白本身外，其他足資以證明自白之犯罪事實確具有相當程度眞實性之證據而言。雖其所補強者，非以事實之全部為必要，但亦須補強證據與自白之相互利用，而足使犯罪事實獲得確信者，始足當之。

▶46 台上 419（判例）

共同被告不利於己之陳述，固得採為其他共同被告犯罪之證據，惟此項不利之陳述，須無瑕疵可指，而就其他方面調查，又與事實相符，始得採為其他共同被告犯罪事實之認定。

▶31 上 2423（判例）

共同被告所為不利於已之供述，固得採為其他共同犯罪之證據，惟此項不利之供述，依刑事訴訟法第二百七十條第二項之規定，仍應調查其他必要之證據，以察其是否與事實相符，自難專憑此項供述，為其他共同被告犯罪事實之認定。

▶28 上 2530（判例）

依刑事訴訟法第二百七十條第一項規定，被告之自白雖與事實相符，仍須非出於強暴、脅迫、利誘、詐欺或其他不正之方法，始得為證據，此項限制，原以被告之自白必須本於自由意思之發動為具備證據能力之一種要件，故有訊問權人對於被告縱未施用強暴、脅迫等不正之方法，而被告因第三人向其施用此項不正之方法，致不能為自由陳述時，即其自白，仍不得採為證據。

▶108 台上 1409○（判決）

毒品危害防制條例第十七條第二項規定，犯第四條至第八條之罪於偵查及審判中均自白者，減輕其刑。係為鼓勵是類犯罪嫌疑人或被告自白、悔過，並期訴訟經濟、節約司法資源而設。除司法警察調查犯罪於製作警詢筆錄時，就該犯罪事實未曾詢問，且檢察事務官或檢察官於該案起訴前亦未就該犯罪事實進行偵訊，致有剝奪被告罪嫌辯明權之情形，始得例外承認僅以審判中自白亦得獲邀減刑之寬典外，一般而言，均須於偵查及審判中皆行自白，始有適用，缺一不可。故**如犯**

罪事實未經司法警察予以詢問，惟檢察官訊問時已否認犯罪，或犯罪嫌疑人或被告在司法警察、檢察事務官詢問時已否認犯罪，檢察官其後未再訊問，即令嗣後於審判中自白，均無上開減刑規定之適用，此為本院最近一致之見解。然若被告於司法警察詢問或檢察官訊問初始，雖均否認犯罪，惟嗣又表明願意認罪之意，則若檢察官於起訴前「未再」或「漏未」探究被告是否確欲自白犯罪，致其無從獲得減刑寬典之機會，無異剝奪被告之訴訟防禦權；於此情形，倘被告於嗣後之審判又自白犯罪，應再例外認仍有毒品危害防制條例第十七條第二項減刑寬典之適用，俾符合該條項規定之規範目的。

▶108 台上 3717○（判決）

待證之犯罪事實依其性質及內容可分為犯罪客觀面（如行為、客體、結果等外在事實）、犯罪主觀面（如故意、過失、知情、目的等被告內心狀態）以及犯罪主體面（犯人與被告為同一之事實），關於犯罪客觀面固需有補強證據，惟犯罪主觀面係以被告內心狀態為探討對象，通常除自白外，並無其他證據存在，若由客觀事實存在得推論其 主觀犯意時，尚無需要求有補強證據。至共犯被告自白關於犯罪主體面之證明，可分為對自己為犯人之自白（自白），以及對他人同為共犯之指訴（他白）二者，前者因反於人類自利天性，原則上可推斷為真實，僅需就犯罪客觀面為補強證明即可；至於後者，因難免嫁禍卸責之風險，除犯罪客觀事實之存在需有補強證據外，就對他人同為共犯之指訴，亦需有補強證據以證明與事實相符。

▶106 台上 2370○（判決）

刑事訴訟法第一五六條第一項將利誘列為自白取證規範禁止之不正方法之一，**此所謂之利誘，係指詢（訊）問者誘之以利，使受詢（訊）問者認為是一種條件交換之允諾而為自白，然並非任何有利之允諾，均屬禁止之利誘。刑事訴追機關於詢（訊）問前，曉諭自白減免其刑之規定，乃法定寬典之告知，或基於法律賦予對特定處分之裁量空間，在裁量權限內為技術性使用，以鼓勵被告或犯罪嫌疑人勇於自白自新，均屬合法之偵訊作為，而為法所不禁。但刑事追訴機關如對被告或犯罪嫌疑人許諾法律所未規定或非屬其裁量權限內之利益，使信以為真，或故意扭曲事實，影響被詢問者之意思決定及意思活動自由，誘使被詢問者為自白，則屬取證規範上所禁止之利誘，不問自白內容是否與事實相符，根本已失其證據能力，不得採為判決基礎。**依本件檢察官對陳○○之訊問方式及內容，不斷地許諾非裁量權限內之量刑減讓利益，對社經地位不高、亦非具有相關法律認知能力之陳○○（其於第一審時自述教育程度為國中畢業、職業為鐵工）而言，顯具有相當高的誘發性，足以影響其意思決定與意思活動自由，其因而為自白，已逸出取證規範可容許之偵訊技巧範圍，而屬禁止之利誘。

第 157 條（公知事實無庸舉證）
公眾週知之事實，無庸舉證。

❒ 實務見解

▶86 台上 6213（判例）

刑事訴訟法第一百五十七條所稱無庸舉證之「公眾週知之事實」，**係指具有通常知識經驗之一般人所通曉且無可置疑而顯著之事實而言，如該事實非一般人所知悉或並非顯著或尚有爭執**，即與公眾週知事實之性質，尚不相當，自仍應舉證證明，始可認定，否則即有違認定事實應憑證據之法則。

第 158 條（職務已知事實無庸舉證）
事實於法院已顯著，或為其職務上所已知者，無庸舉證。

第 158 條之 1（當事人之意見陳述）
前二條無庸舉證之事實，法院應予當事人就其事實有陳述意見之機會。

第 158 條之 2（不得作為證據之情事）
I 違背第九十三條之一第二項、第一百條之三第一項之規定，所取得被告或犯罪嫌疑人之自白及其他不利之陳述，不得作為證據。但經證明其違背非出於惡意，且該自白或陳述係出於自由意志者，不在此限。
II 檢察事務官、司法警察官或司法警察詢問受拘提、逮捕之被告或犯罪嫌疑人時，違反第九十五條第一項第二款、第三款或第二項之規定者，準用前項規定。

第 158 條之 3（未依法具結不得作為證據）
證人、鑑定人依法應具結而未具結者，其證言或鑑定意見，不得作為證據。

❖ 法學概念

審判外指認

有鑑於相片指認的瑕疵，現今學說及實務多認為應以「真人列隊指認」為原則。然而成列指認仍非無發生錯誤的可能，因此有學者建議在作指認時應特別踐行下列事項，以求指認的客觀性：㈠應告知證人，蓋嫌疑犯可能不在行列中，此相當於選擇題中，提供證人「以上皆非」的答案。㈡應以兩組「成列指認」進行，亦即安排兩列人群要證人指認。㈢嫌疑犯不應在行列中特別突出。㈣應由完全不認識嫌疑犯的另一警察主導進行，如此才不會無意識地影響證人。㈤爲避免「指認時」的嫌疑犯印象，取代當初「犯罪時」對嫌疑犯的記憶，因此若證人作出指認，警察不應立即接受，應問其確信程度，不應以如獎勵式地予以肯定，使其更確信其指認。

【王兆鵬、張明偉、李榮耕，《刑事訴訟法（下）》，新學林，四版，2018.09，373 頁以下。】

另須注意的是，我國學說及實務認爲，「單一指認」或「成列指認」非可做爲證據能力取捨之唯一判準（參照最高法院100年度台上字第925號判決及學者評釋的部分）。

☐ 實務見解

▶102 年度第 13 次刑事庭會議決議（102.09.03）

決議：採丁說。

文字修正如下：參酌刑事訴訟法第一百五十九條、第一百五十九條之一之立法理由，**無論共同被告、共犯、被害人、證人等，均屬被告以外之人，並無區分。本此前提，凡與待證事實有重要關係之事項，如欲以被告以外之人本於親身實際體驗之事實所爲之陳述，作爲被告論罪之依據時，本質上均屬於證人。而被告之對質詰問權，係憲法所保障之基本人權及基本訴訟權，被告以外之人於審判中，已依法定程序，到場具結陳述，並接受被告之詰問者，因其信用性已獲得保障，即得作爲認定被告犯罪事實之判斷依據**。然被告以外之人於檢察事務官、司法警察官、司法警察調查中（以下簡稱警詢等）或檢察官偵查中所爲之陳述，或因被告未在場，或雖在場而未能行使反對詰問，無從擔保其陳述之信用性，即不能與審判中之陳述同視。惟若貫徹僅審判中之陳述始得作爲證據，有事實上之困難，且實務上爲求發現眞實及本於訴訟資料越豐富越有助於事實認定之需要，該審判外之陳述，往往攸關證明犯罪存否之重要關鍵，如一概否定其證據能力，亦非所宜。**而檢驗該陳述之眞實性，除反對詰問外，如有足以取代審判中經反對詰問之信用性保障者，亦容許其得爲證據，即可彌補前揭不足，於是乃有傳聞法則例外之規定**。偵查中，檢察官通常能遵守法律程序規範，無不正取供之虞，且接受偵訊之該被告以外之人，已依法具結，以擔保其係據實陳述，如有僞證，應負刑事責任，有足以擔保筆錄製作過程可信之外在環境與條件，乃於刑事訴訟法第一百五十九條之一第二項規定「被告以外之人於偵查中向檢察官所爲之陳述，除顯有不可信之情況者外，得爲證據。」**另在警詢等所爲之陳述，則以「具有較可信之特別情況」（第一百五十九條之二之相對可信性）或「經證明具有可信之特別情況」（第一百五十九條之三之絕對可信性），且爲證明犯罪事實存否所「必要」者，得爲證據。係以具有「特信性」與「必要性」，已足以取代審判中經反對詰問之信用性保障，而例外賦予證據能力。至於被告以外之人於偵查中未經具結所爲之陳述，因欠缺「具結」，難認檢察官已恪遵法律程序規範，而與刑事訴訟法第一百五十九條之一第二項之規定有間**。細繹之，被告以外之人於偵查中，經檢察官非以證人身分傳喚，於取證時，除在法律上有不得令其具結之情形者外，亦應依人證之程序命其具結，方得作爲證據，此於本院九十三年台上字第六五七八號判例已就「被害人」部分，爲原則性闡釋；**惟是類被害人、共同被告、共同正犯等被告以外之人，在偵查中未經具結之陳述，依通常情形，其信用性仍遠高於在警詢等所爲之陳述，衡諸其等於警詢等所爲之陳述，均無須具結，卻於具有「特信性」、「必要性」時，即得爲證據，則若謂該偵查中未經具結之陳述，一概無證據能力，無異反而不如警詢等之陳述，顯然失衡。因此，**被告以外之人於偵查中未經具結所爲之陳述，如與警詢等陳述同具有「特信性」、「必要性」時，依「舉輕以明重」原則，本於刑事訴訟法第一百五十九條之二、第一百五十九條之三之同一法理，例外認爲有證據能力**，以彌補法律規定之不足，俾應實務需要，方符立法本旨。本院九十三年台上字第六五七八號判例，應予補充。

▶93 台上 6578（判例）

被害人乃被告以外之人，**本質上屬於證人，其陳述被害經過，亦應依人證之法定偵查**、審判程序具結，方得作爲證據。

第 158 條之 4（權衡法則）

除法律另有規定外，實施刑事訴訟程序之公務員因違背法定程序取得之證據，其有無證據能力之認定，應審酌人權保障及公共利益之均衡維護。

❖ 法學概論

自白法則與違法證據排除原則之區別

	自白法則	違法證據排除原則
概念	自白法則的誕生，原本是基於虛僞排除的想法，亦即，以脅迫或利誘等不正取供，類型上導出虛僞陳述之風險甚高，故一律予以排除。	相對的，非法搜索取得之物證，基本上對證據物之型態內容並不會造成改變，並無虛僞排除之問題，重點在嚇阻違法偵查。
權利侵害性不同（侵害源不同）	主要係排除對「人」之違法偵查，非任意性的自白供述，尤其是緘默權受到侵害。	主要係排除對「物」之違法偵查，因非法搜索不正方式取證之過程，侵害住居或通訊隱私權等。
適用對象不同	自白法則專以犯罪嫌疑人或被告之自白（供述證據）爲限。	證據排除法則並不以供述證據爲限，而重在規範證物的違法取得。
效果不同	自白法則乃絕對排除非任意性之自白，一旦認定自白之取得係出於威脅或利誘等不正方法，即無證據能力，並無例外。	證據排除法則（權衡理論），一般均認應視其違法情節是否重大，而設有例外個案中應視違反情節而爲不同之處理。

❒ 實務見解

▶93 台上 664（判例）

刑事訴訟，係以確定國家具體之刑罰權爲目的，爲保全證據並確保刑罰之執行，於訴訟程序之進行，固有許實施強制處分之必要，惟強制處分之搜索、扣押，足以侵害個人之隱私權及財產權，若爲達訴追之目的而漫無限制，許其不擇手段爲之，於人權之保障，自有未周。故基於維持正當法律程序、司法純潔性及抑止違法偵查之原則，實施刑事訴訟程序之公務員不得任意違背法定程序實施搜索、扣押；**至於違法搜索、扣押所取得之證據，若不分情節，一概以程序違法爲由，否定其證據能力，從究明事實眞相之角度而言，難謂適當**，且若僅因程序上之瑕疵，致使許多與事實相符之證據，無例外地被排除而不用，例如案情重大，然違背法定程序之情節輕微，若遽捨棄該證據不用，被告可能逍遙法外，此與國民感情相悖，難爲社會所接受，自有害於審判之公平正義。因此，對於違法搜索、扣押所取得之證據，除法律另有規定外，爲兼顧程序正義及發現實體眞實，應由法院於個案審理中，就個人基本人權之保障及公共利益之均衡維護，依比例原則及法益權衡原則，予以客觀之判斷，亦即宜就一、**違背法定程序之程度**。**二、違背法定程序時之主觀意圖（即實施搜索、扣押之公務員是否明知違法並故意爲之）**。三、**違背法定程序時之狀況（即程序之違反是否有緊急或不得已之情形）**。**四、侵害犯罪嫌疑人或被告權益之種類及輕重**。**五、犯罪所生之危險或實害**。六、**禁止使用證據對於預防將來違法取得證據之效果**。**七、偵審人員如依法定程序，有無發現該證據之必然性**。證據取得之違法對被告訴訟上防禦不利益之程度等情狀予以審酌，以決定應否賦予證據能力。

108 台上 4094◯（判決）

刑事訴訟法上證據排除法則等相關規定，係爲防止國家機關以違法侵害人民基本權方式取得證據，故其規範對象係以國家機關爲限，並不及於私人。**不可歸責於國家機關之私人違法錄音（影）所取得之證據，既非因國家機關對私人基本權之侵害，自無證據排除法則之適用或類推適用可能，如其內容具備任意性者，自可爲證據**。且刑事訴訟法與刑事實體法各有不同之功能，因私人違法錄音（影）而受法益侵害之私人，已因刑事實體法之設而受有保護，不能謂法院仍須片面犧牲發見眞實之功能，完全不能使用該錄音（影）內容作爲證據，始已完全履行國家保護基本權之義務或不致成爲私人違法取證之窩贓者。惟爲避免法院因調查該證據結果，過度限制他人之隱私權或資訊隱私權，應視該證據內容是否屬於隱私權之核心領域、法院調查該證據之手段造成隱私權或資訊隱私權受侵害之程度，與所欲達成發見眞實之公益目的，依適合性、必要性及相當性原則妥爲權衡審查。如非隱私權核心領域內容，法院爲達成發見眞實之公益目的要求，自得使用最小侵害之法定調查方式（例如，以不公開審理方式勘驗，並禁止勘驗結果對外公開，或裁判書遮隱直接或間接足資識別權利人之相關個資或隱私內容），在待證事實之必要範圍內，限制私人之隱私權或資訊隱私權。

▶108 台上 3886◯（判決）

被告不利於己之供述，有「自白」及「其他不利之陳述」之分（刑事訴訟法第一〇〇條、第一五八條之二第一項參照），自白係被告不利於己陳述之一種。狹義自白專指對自己犯罪事實全部或主要部分爲承認之肯定供述；而其他不利之陳述，則指狹義自白以外僅就犯罪事實一部或其間接事實爲明示或默示之承認，因與事實之立證相結合足以認定犯罪成立者而言，學理上稱之爲「自認」或「不完全自白」。被告（之陳述）爲法定證據方法之一，廣義之自白包括狹義自白及不利於己之陳述，從證據之性質而言，均係對被告不利之證據，兩者視合致構成要件所待證事實之不同，僅有證據價值程度之區別，然其實體證據屬性並無本質上之差異。「被告或共犯之自白或其他不利於己之陳述」、「告訴（人之）指訴」，均係以人爲證據方法使待證事項臻於明瞭之原因，皆屬適於證明犯罪事實之積極證據或實體證據，衹不過證據價值即證明力有所不同或受限而已。自白、其他不利於己之陳述或告訴（人之）指訴，於證據法則而言，均係證明力不完全之證據，其證據價值不悉委由法官自由心證判斷而不受限，仍須有其他補強證據相互印證，始得據以認定犯罪事實，斯乃證據法則從數量要求達到質量保證之設限。被告或共同正犯之供述，對於告訴指訴而言，係不同來源之別一獨立證據，反之亦然，意味著彼此可爲對方之補強證據。質言之，僅有被告或共同正犯之自白或其他不利於己之陳述，或者僅有片面之告訴指訴，固皆不足以單獨證明犯罪事實存在，然苟併依他項立證而得滿足嚴格證明之要求者，則得爲犯罪事實之認定。

▶107 台上 2819〇（判決）

刑事訴訟法第一三一條第四項關於無票搜索後未依法陳報法院者，審判時法院得宣告所扣得之物，不得作爲證據之規定，其立法理由係以對於逕行搜索後所取得之證據，如未陳報法院或經法院撤銷者，不應不分情節，一概強制排除其證據能力，應依比例原則及法益均衡原則加以權衡，以避免僅因程序上微小瑕疵，致使許多與事實相符之證據，無例外被排除。爰增訂該一三一條第四項之規定，賦與法院裁量之權限，使法院得斟酌人權保障及公共利益之均衡原則，以作爲認定證據能力有無之標準，俾兼顧理論及實際，而應需要，此與同法一五八條之四關於違背法定程序取得之證據，其有無證據能力之認定，應審酌人權保障及公共利益之均衡維護，同其趣旨。本件於司法警察逕行搜索查獲所示之第一級毒品海洛因及第二級毒品甲基安非他命後，未於 3 日內向法院 陳報而經撤銷，與刑事訴訟法第一三一條規定固有未合，但原判決已說明依據本案逕行搜索之緣由及事證，員警確有相當理由須執行無令狀之緊急搜索，且搜索結果，確因此查獲所示之毒品海洛因及相當數量之毒品甲基安非他命，經衡量防止因毒品流通對社會治安所肇致危害之公共利益及上訴人個人基本人權之保障，認本件搜索縱有程序上之瑕疵，仍不應排除所查扣毒品之證據能力，於法並無違誤。

▶107 台上 1700〇（判決）

刑事訴訟法第一八〇條、第一八一條、第一八五條、第一八六條第二項規定，訊問證人應先調查其與被告有無法定之特定身分關係，或證人有恐因陳述致具上開法定特定身分關係之人受刑事追訴或處罰之情形者，應告以得拒絕證言。**上開規定雖係爲保護證人而設，非被告所得主張**，且既命具結作證供述，當即與同法第一五八條之三「證人依法應具結而未具結，其證言不得作爲證據」之規定有間，**然命證人具結作證所踐行之告知義務倘有瑕疵，終究與正當程序未盡相符，應認係屬違背法定程序取得之證據，而適用同法第一五八條之四權衡人權保障及公共利益判斷其證據能力**。

本件檢察官以證人身分訊問劉〇〇、張〇〇，僅訊問其等與上訴人有無法定之特定身分關係，雖漏未及於刑事訴訟法第一八一條事項，**然該等告知義務之規範保護目的本非針對被告，難謂侵害被告權益，且可見檢察官意在依循法定證據方法且未刻意規避告知義務**，更係命劉〇〇、張〇〇具結後供證，上開瑕疵僅止於前行告知內容疏漏之程序未備，**尙非情節較鉅之「未以證人身分」或「以證人身分卻未命具結」取供**。又劉〇〇、張〇〇之於上訴人而言，實際上確無得拒絕證言之特定身分關係，倘檢察官踐行完備之告知，依卷存其二人始終一致之供述內容以觀，可預期其等自主性之證言不致有異，無任何心理受強制之情，就上訴人本件犯行之證明作用，有外部之信用擔保。原判決業於其理由壹之一，敘明各該證據資料之適格，並已依法踐行證據之調查程序，上訴人在事實審中就此證據資料之適格，並不爭執，原判決乃未詳加區分、說明，難謂違失，自無許在法律審始作指摘，憑爲適法之第三審上訴理由。

第 159 條（傳聞法則之適用及其例外）

I 被告以外之人於審判外之言詞或書面陳述，除法律有規定者外，不得作爲證據。

II 前項規定，於第一百六十一條第二項之情形及法院以簡式審判程序或簡易判決處刑者，不適用之。其關於羈押、搜索、鑑定留置、許可、證據保全及其他依法所爲強制處分之審查，亦同。

❖ 法學概念

「傳聞」之定義

就刑訴法第159條文義以觀，並未對「傳聞」做定義性之規定。國內有學者乃參酌美國聯邦刑事證據法§801(c)的規定，將其定義為：「『審判外』所為之『陳述或所發生之敘述性動作』，而提出於法庭用來證明該敘述事項真實性之證據。」

【王兆鵬、張明偉、李榮耕，《刑事訴訟法（下）》，瑞興，三版，2015.09，190頁；陳運財，〈傳聞法則之理論與實踐〉，收錄於《傳聞法則理論與實踐》，元照，2003.09，47頁。】

這個看法提出後，最高法院亦有相呼應之闡述：「傳聞法則須符合：㈠審判外陳述，㈡被告以外之人陳述，㈢舉證之一方引述該陳述之目的係用以證明該陳述所直接主張內容之真實性等三要件。」（最高法院93年台上字第3360號判決參照，93年台非字第117號判決同旨）。這個定義已與美日通說相近，此判決要旨也已獲得我國部分學者之認同。

【陳運財，〈傳聞法則及其例外之實務運作問題檢討〉，《台灣本土法學》，第94期，2007.05，130頁。】

一般而言，傳聞證據係指聽聞之證據，並非供述者本身親眼目睹之證據（含傳聞供述、代替供述之書面、錄音帶等）。以審判庭為基準考量證據之性質時，傳聞證據自屬於以「審判庭外」之「供述」為內容之證據。此種傳聞證據亦有別於一般非供述證據（物證）。

【黃朝義，《刑事訴訟法》，新學林，五版，2017.09，618頁以下。】

至於，電子通訊紀錄，大多具有陳述者甫於察覺後自願紀錄的真實性特徵，較無詐偽、傳述錯誤的風險，可為傳聞例外。不過，若其非在事件發生後立即作成之陳述，則仍然具有其供述特質，必須以對質詰問來檢驗其真實性，仍然應受傳聞法則拘束。

【張明偉，〈電子證據之傳聞疑義〉，《東吳法律學報》，第29卷第3期，2018.01，29頁以下。】

❖ 法學概念

對質詰問之權限制與其容許例外

傳聞法則主要之目的在於保障被告的對質詰問權，而傳聞例外可能與這個目的相衝突。換言之，即使形式上不違反傳聞的規定，但實質上卻有可能侵害了被告的質問權。質問權作為程序最低標準的核心內涵在於：刑事被告在整個程序，至少應享有一次面對面、全方位去挑戰、質疑及發問不利證人的機會。不過，質問權保障亦非毫無例外，干預質問權並非一概不許。關鍵在於，法院在何等情形下，能夠採納未經質問的例外容許？由於質問權屬於公平審判程序的基本要求，而採納未經質問的證詞應否例外容許，亦應回歸公平審判原則的角度，透過平衡與補償措施，確保整個程序的公平性，使其對被告的不利降到最低。學說上建議，具體應用到質問的容許例外，得以下列四大法則來檢驗。即，一、義務法則：法院採納未經質問的證詞之前，是否努力促成證人親自到庭，盡國家機關的傳訊、拘提之義務。二、歸責法則：是否無可歸責於國家的事由而導致無法質問。三、防禦法則：是否給予被告防禦機會來補償。四、佐證法則：系爭不利證詞是否作為判決唯一或主要證據。

【林鈺雄，《刑事訴訟法實例研習》，新學林，二版，2019.06，194頁以下；林鈺雄，〈對質詰問觀點的傳聞法則㈠／對質詰問例外與傳聞例外之衝突與出路－歐洲人權法院與我國最高法院裁判之比較評析〉，《台灣本土法學》，第119期，91頁以下。】

近年來實務有陸續採納前述四大法則的趨勢，如最高法院103年度台上字第2182號、103年度台上字第4086、104年度台上字第289號、105年度台上字第757號、108年度台上字第627號等判決及司法院釋字第789號解釋。

❒ 實務見解

▶ 釋字第789號解釋理由書節錄（109.02.27）

性侵害犯罪防治法第十七條第一款有關被害人警詢陳述，得為證據之規定，是否違憲？本於憲法第8條及第16條所保障之人身自由與訴訟權，刑**事被告應享有依正當法律程序之原則，受法院公平審判之權利，於訴訟上尤應保障其享有充分之防禦權（本院釋字第六五四號及第七六二號解釋參照），包含對證人之對質、詰問之權利（本院釋字第三八四號、第五八二號及第六三六號解釋參照）**。為落實憲法正當法律程序原則，刑事訴訟法所建構之刑事審判制度，應採取證據裁判原則與嚴格證明法則，法院就具證據能力之證據，經合法調查程序，形成足以顯示被告犯罪之確信心證，始能判決被告罪刑。

基於被告受憲法保障之訴訟上防禦權，其於審判中對證人對質、詰問之權利，應受最大可能之保障。基此，**被害人未到庭接受詰問之審判外陳述，原則上不得作為證據**。於性侵害案件，立法者為減少被害人受二度傷害等重要利益，**而以法律為例外規定**，承認被害人向司法警察所為陳述具證據能力，如其規定足以**確保**審判外陳述作為證據之**最後手段性**，且就被告因此可能蒙受之防禦權損失，**有適當之衡平補償**，使被告仍享有充分防禦權之保障，即與憲法第八條正當法律程序原則及第十六條訴訟權之保障意旨無違。

性侵害案件多發生於私密封閉而少有第三人在場之環境，被告於刑事訴訟程序上常需藉由對質、詰問以辯駁被害人證詞之可信性及真實性；**惟性**

侵害案件被害人卻可能因須面對被告、揭露個人私密資訊及重複陳述受害情節，而加劇其身心創傷。九十四年二月五日修正公布之性侵害犯罪防治法第十七條第一款規定：「被害人於審判中有下列情形之一，其於檢察事務官、司法警察官或司法警察調查中所為之陳述，經證明具有可信之特別情況，且為證明犯罪事實之存否所必要者，得為證據：一、因性侵害致身心創傷無法陳述者。」係考量性侵害案件之特性，以實現刑事訴訟發現真實，並兼保護性侵害犯罪被害人之目的，明定被害人因性侵害致身心創傷，無法於審判中陳述者，法院就被害人於檢察事務官、司法警察官或司法警察調查中所為之陳述（下稱警詢陳述），得於證明其具有可信之特別情況，且為證明犯罪事實之存否所必要之前提下，賦予該警詢陳述有證據能力，**乃刑事訴訟法第一五九條第一項之特別規定，具例外規定之性質，其解釋、適用，自應依循前揭憲法意旨，從嚴為之。依此，所謂「因性侵害致身心創傷無法陳述」，係指被害人因本案所涉性侵害爭議，致身心創傷而無法於審判中陳述。基於憲法保障刑事被告訴訟上防禦權之意旨，刑事被告詰問證人之機會應受到最大可能之保障，是系爭規定應僅限於被害人因其身心創傷狀況，客觀上已無法合理期待其就被害情形到庭再為陳述者，始有其適用**。有爭議時，法院應依檢察官之舉證為必要之調查（如經專業鑑定程序、函調相關身心狀況資料），被告亦得就調查方法、程序與結果等，行使陳述意見、辯論與詰問相關證人、鑑定人等防禦權，以確認被害人於開庭時確有因性侵害致身心創傷無法陳述之情狀。**被害人之具體情況尚未能確認者，法院仍應依聲請盡可能傳喚被害人到庭。於個案情形，如可採行適當之審判保護措施，例如採被害人法庭外訊問或詰問，或利用聲音、影像傳送之科技設備等隔離措施而為隔離訊問或詰問等**（性侵害犯罪防治法第十六條第一項參照），以兼顧有效保護被害人與刑事訴訟發現真實之需求者，系爭規定即尚無適用餘地。

其次，系爭規定**所謂「經證明具有可信之特別情況」，係指性侵害案件，經適當之調查程序，依被害人警詢陳述作成時之時空環境與相關因素綜合判斷，除足資證明該警詢陳述非出於強暴、脅迫、誘導、詐欺、疲勞訊問或其他不當外力干擾外，並應於避免受性別刻板印象影響之前提下，個案斟酌詢問者有無經專業訓練、有無採行陪同制、被害人陳述時點及其與案發時點之間距、陳述之神情態度及情緒反應、表達之方式及內容之詳盡程度等情況，足以證明縱未經對質詰問，該陳述亦具有信用性獲得確定保障之特別情況而言。檢察官對此應負舉證責任，指出證明之方法**。基於憲法保障刑事被告訴訟上防禦權之意旨，上開警詢陳述應經全程連續錄音或錄影，被告於此等證據能力有無之調查程序中，亦得對被害人警詢陳述之詢問者、筆錄製作者或與此相關之證人、鑑定人等行使詰問權，並得於勘驗警詢錄音、錄影時表示意見，以爭執、辯明被害人警詢陳述是否存在特別可信之情況。

刑事訴訟為發現真實，並保障人權，除法律另有規定者外，不問何人，於他人之案件，有為證人之義務（刑事訴訟法第一七六條之一參照），包括犯罪被害人在內。而為確保被告訴訟上之防禦權，經傳喚作證之證人，原則上應依法到場具結陳述，並接受被告之詰問，其陳述始得作為認定被告犯罪事實之判斷依據。證人經傳喚而未於審判時到場者，被告即無從對其對質、詰問，有不利於被告防禦權之虞。是性侵害案件，被害人無法到庭陳述並接受詰問，而例外依系爭規定以合於前述意旨之警詢陳述作為證據者，於後續訴訟程序，為避免被告訴訟上防禦權蒙受潛在不利益，法院基於憲法公平審判原則，**應採取有效之訴訟上補償措施**，以適當平衡被告無法詰問被害人之防禦權損失。包括在調查證據程序上，**強化被告對其他證人之對質、詰問權；在證據評價上，法院尤不得以被害人之警詢陳述為被告有罪判決之唯一或主要證據，並應有其他確實之補強證據**，以支持警詢陳述所涉犯罪事實之真實性。

綜上，**系爭規定旨在兼顧發現真實與有效保護性侵害犯罪被害人等重要利益，其目的核屬正當；**倘被害人之警詢陳述，於符合前開意旨之前提下，業經法院為必要之調查，被告得行使各種防禦權以充分爭執、辯明其法定要件之存否，並為訴訟上採為證據之例外與最後手段，且訴訟上就被告因此蒙受之詰問權損失，**已有適當之衡平補償，並非屬被告有罪判決之唯一或主要證據，則於此範圍內，系爭規定即與憲法第 8 條正當法律程序及第十六條訴訟權之保障意旨均尚無違背**。

性侵害案件之被害人於刑事訴訟程序上必須詳細陳述受害情節並揭露隱私，已須承受極大痛苦，若於程序中須一再重複陳述受害細節，往往對其身心形成鉅大煎熬與折磨。此於未成年被害人尤然。基於國家對犯罪被害人之保護義務，於性侵害案件，尤其涉及未成年被害人者，**檢察官應盡可能及早開始相關犯罪偵查程序，並以適當方式對其為第一次訊問，避免被害人於審判前即須反覆陳述受害情節**，併此指明。

▶**108 台上 627（判決）**

原判決關於其附表一編號 3 所示販賣第三級毒品部分，僅憑未具有可信性之證人於警詢及偵查中陳述，作為認定伊此部分犯罪之唯一證據，又未賦予伊充分辯明犯罪嫌疑之詰問或其他適當之防禦機會，亦無其他補強證據，核與佐證法則及防禦法則未盡相符，則證人於警詢及偵查中陳述即難認爲具有證據能力，原判決遽採證人欠缺適法證據能力之證述，據以認定伊有此部分犯行，顯有違誤。

▶108 台上 627（判決）

刑事訴訟法第一五九條之三規定，係爲補救傳聞法則在實務上所可能發生蒐證困難之問題，於本條所列各款原始陳述人於審判中無法到庭或雖到庭而無法陳述或無正當理由拒絕陳述之情形下，承認該等陳述人於審判外之陳述，於具備「絕對的特別可信情況」與「使用證據之必要性」要件時，具有適法之證據能力而得作爲證據之規定。此項未能供述或不能供述之原因，必須於審判中爲證據調查之際仍然存在，始足當之。**其第三款所稱「滯留國外或所在不明而無法傳喚或傳喚不到」，必須透過一切法定程序或通常可能之手段，仍不能使居留國外之原始陳述人到庭者，始能認爲係「滯留國外」；至「所在不明」，則指非因國家機關之疏失，於透過一定之法律程序或使用通常可能之方式爲調查，仍不能判明其所在之情形而言。又此之「絕對的特別可信情況」，係指陳述時之外部客觀情況值得信用保證者而言，解釋上可參考外國立法例上構成傳聞例外之規定，如出於當場印象之立即陳述（自然之發言）、相信自己即將死亡（即臨終前）所爲之陳述及違反己身利益之陳述等例爲之審酌判斷**，與同法第一五九條之二規定之「相對的特別可信情況」，須比較審判中與審判外調查時陳述之外部狀況，判斷何者較爲可信之情形不同。

▶105 台上 757○（判決）

爲確保被告對證人行使反對詰問權，證人於審判中，應依法定程序，到場具結陳述，並就其陳述被告不利之事項，接受被告之反對詰問，其陳述始得作爲認定被告犯罪事實之判斷依據。例外的情形，僅在被告未行使詰問權之不利益經由法院採取衡平之措施，其防禦權業經程序上獲得充分保障時，始容許援用未經被告詰問之證詞，採爲認定被告犯罪事實之證據。而被告之防禦權是否已獲程序保障，亦即有無「詰問權之容許例外」情形，**應審查：⑴事實審法院爲促成證人到庭接受詰問，是否已盡傳喚、拘提證人到庭之義務（即學理上所謂之義務法則）**。**⑵未能予被告對爲不利陳述之證人行使反對詰問權，是否非肇因於可歸責於國家機關之事由所造成，例如證人逃亡或死亡（歸責法則）**。**⑶被告雖不能行使詰問，惟法院已踐行現行之法定調查程序，給予被告充分辯明之防禦機會，以補償其不利益（防禦法則）**。**⑷系爭未經對質詰問之不利證詞，不得據以作爲認定被告犯罪事實之唯一證據或主要證據，仍應有其他補強證據佐證該不利證述之眞實性（佐證法則）**。在符合上揭要件時，被告雖未行使對不利證人之詰問權，應認合於「詰問權之容許例外」，法院採用該未經被告詰問之證言，即不得指爲違法。

> **第 159 條之 1**（於審判偵查外向審檢之陳述）
>
> I 被告以外之人於審判外向法官所爲之陳述，得爲證據。
>
> II 被告以外之人於偵查中向檢察官所爲之陳述，除顯有不可信之情況者外，得爲證據。

❖ 法學概念

法官面前所為之陳述

如果從第 159 條之 1 第 1 項的文義解讀，其適用條件似乎相當寬鬆。於法官面前依循法定程序所爲之書面或言詞陳述，不論係其他刑事案件之準備程序、審判期日或民事事件乃至其他訴訟程序之陳述，均得作爲證據，法院就被告以外之人接受審訊時所製成之訊問、審判筆錄或陳述之錄音或錄影紀錄，在踐行本法第 165 條或第 165 條之 1 所定調查程序後，得援爲判決之基礎。不過，第 159 條之 1 並非以保護刑事被告知對質詰問權爲核心，只是因應大陸法系職權主義模式對傳聞法則所爲之調整。

【張明偉，〈試探傳聞例外之法理基礎〉，收錄於《傳聞例外》，元照，初版，2016.04，141 頁以下。】

所以法官面前所爲的陳述並不等於可信度較高，更不表示詰問權獲得保障。有論者指出，我國這項規定，帶有迷信法官權威之瑕疵。是以，在現行法下，國內不少學者皆認爲於法官面前的訊問筆錄，縱然有經具結且有可信性，仍應賦予被告詰問機會，除非有不能供述的情形。因此，爲保障被告的反對詰問權，本條文字有修正之必要，在條文修正前，參酌釋字第 582 號解釋意旨，應限縮解釋，於先前之程序中並未行使反對詰問權詰問證人之被告，於適用本條項時，應加上「傳喚不能」（客觀不能）或「被告放棄」、「所在不明」等要件，否則仍應儘可能傳喚該陳述人到庭。

換言之，本條項規定限縮解釋結果，應僅限於被告在其他訴訟程序已經在法官面前對該證人踐行過詰問程序者，倘未賦予本案被告或其辯護人行使詰問之機會，當被告爭執而主張聲請傳訊該證人時，除非該證人有因死亡等傳喚不能之情事，應儘可能傳喚該證人到庭陳述。此外，如果證人主張其偵查中之陳述是出於警察誘導或脅迫等情形，即通常不具較審判中所強調的公開審理及具結所爲陳述之可信情況。

【王兆鵬、張明偉、李榮耕，《刑事訴訟法（下）》，瑞興，三版，2015.09，200 頁；張麗卿，〈傳聞與共同被告的調查〉，《月旦法學教室》，第 95 期，2010.09，18～19 頁；陳運財，《傳聞法則—理論與實踐》，元照，二版，2004.09，64 頁；黃朝義，《刑事訴訟法》，新學林，五版，2017.09，628 頁。】

❖ 法學概念

檢察官面前所為之陳述

刑訴法第 159 條之 1 第 2 項的條文有以下之瑕疵：㈠與迷信法官之權威相同，爲何對檢察官所爲之陳述，不論其是否具結、被告是否有機會交互詰問、是否有未能作證的情形，原則上皆得爲證據。㈡要被告證明顯有不可信之情況，極爲困難。㈢偵查訊問爲不公開，被告或其辯護人未必能參與。檢察官以秘密方式訊問證人，常有動機及能力使證人依照自己所期待的方式回答問題。在美國實務上，檢察官或執法人員常會在訊問的過程中威脅、恐嚇、利誘證人，或以非常技巧、有極度暗示性的方式誘導證人。

【王兆鵬、張明偉、李榮耕，《刑事訴訟法（下）》，瑞興，三版，2015.09，201 頁。】

是故，在解讀本條項時，應與第 1 項法理相同，限縮解釋，以「傳喚不能」（客觀不能）或「被告放棄」此權利爲適用之條件。

【黃朝義，《刑事訴訟法》，新學林，五版，2017.09，628 頁。】

前述所謂之客觀上不能接受詰問之事實不能的要件，有學者指出，**應以國家機關已善盡確保證人到庭之義務且無妨礙證人到庭或造成證人到庭困難之情形爲其前提**。要之，若非可歸責於國家之事由，被告詰問權的行使，則仍受到事實上的障礙。

依最新實務之一致見解，「在檢察官面前所爲之陳述」，要例外賦予其證據能力，**必須具有相對或絕對可信性之情況保障，及使用證據之必要性時**，始足當之。僅憑共同被告於審判中已具結陳述，並接受被告之詰問，或有不能傳喚之情形，都不得謂其先前（應具結而未具結）之陳述具有其證據能力。

【陳運財，〈第 159 條之 1 第 2 項檢訊筆錄實務爭議問題檢討〉，收錄於《刑事法學現代化動向—黃東熊教授八秩華誕祝壽論文集》，台灣法學，2012.11，143 頁註 10；最高法院 103 年度台上字第 4040 號判決。】

值得注意的是，有學者肯定新近的實務見解，謂「未經被告行使詰問權之被告以外之人於審判外向法官所爲之陳述，**定性上『應屬未經完足調查之證據』，非謂無證據能力**。此項詰問權之欠缺，得於審判中由被告行使以補正，而完足爲經合法調查之證據。至於被告是否要行使反對詰問，屬於被告之處分權範圍，法院應於準備程序期日訊問、曉諭被告或其辯護人是否聲請傳喚該被告以外之人以踐行之，使被告或其辯護人對之有補足行使反對詰問權之機會。於補正反對詰問權之後，法院應綜理該被告以外之人全部供述證據，斟酌卷內其他調查之證據資料，本於經驗法則及論理法則，作取捨、判斷。」（最高法院 95 年度台上字第 6675 號判決）。

【楊雲驊，〈眾裡尋他千百度—最高法院對於刑事訴訟法第一五九條之一解釋之評析〉，《台灣法學雜誌》，第 120 期，2009.01，83～84 頁。】

之後的最高法院判決大致遵循這個意見，如最高法院 97 年台上字第 1276 號判決稱：「於檢察官偵查中經具結陳述，本有證據能力，雖未經上訴人等於檢察官偵查程序爲詰問，但已於第一審審判中經補正詰問程序，而完足合法調查之證據。」最高法院 100 年台上字第 6685 號判決亦謂：「……其未經詰問者，**僅屬未經合法調查之證據，並非無證據能力，而禁止證據之使用。此項詰問權之欠缺，非不得於審判中由被告行使以資補正**，而完足爲經合法調查之證據。」可以預期的是，此一見解將在我國傳聞法則的理論發展中，扮演舉足輕重之地位。

不過，另有文獻持不同的觀點認爲，**偵查中檢察官訊問證人時，原則上被告既無與審判中相同之詰問證人權的保障**，而證人後來於審判期日經依法傳喚到庭調查，仍不改變其於審判外時所爲陳述爲傳聞證據的性質，除非經被告依第 159 條之 5 規定同意作爲證據，否則該檢訊筆錄仍無證據能力，**因此並無所謂審判中因被告行使詰問而補正偵查中詰問權欠缺的問題**。職故，實務一方面指摘偵查中檢察官訊問證人與審判中人證之調查程序性質有別，另一方面又認爲「該未經被告詰問之偵查中供述，亦非不得於審判中由被告行使以資補足」的見解，難謂允當。

【陳運財，〈第 159 條之 1 第 2 項檢訊筆錄實務爭議問題檢討〉，收錄於《刑事法學現代化動向—黃東熊教授八秩華誕祝壽論文集》，台灣法學，2012.11，146 頁以下。】

> **第 159 條之 2（先前不一致的陳述）**
> 被告以外之人於檢察事務官、司法警察官或司法警察調查中所爲之陳述，與審判中不符時，其先前之陳述具有較可信之特別情況，且爲證明犯罪事實存否所必要者，得爲證據。

❖ 法學概念

先前不一致的陳述

「先前不一致的陳述」，與一般傳聞陳述主要不同在於：㈠審判外陳述之人現正於法院作證。㈡該審判外的陳述與審判中的證詞相較，極具證據價值。該條文中所稱之「不符」，**包括證人於審判中拒絕證言（不論係合法或非法之拒絕）或答稱不記得，皆屬之**。

【王兆鵬、張明偉、李榮耕，《刑事訴訟法（下）》，瑞興，三版，2015.09，193 頁以下。】

新近的實務見解，如最高法院101年度台上字第1561號判決亦稱：「該陳述之重要待證事實部分，與審判中之陳述有所不符，包括審判中改稱忘記、不知道等雖非完全相異，但實質內容已有不符者在內，……。」屬本條所規範之情形。

此外，雖然條文所規定的是「被告以外之人於檢察事務官、司法警察官或司法警察調查中所爲之陳述」，但文獻上有謂，解釋上不必拘泥於司法警察人員或檢察事務官調查中所爲之陳述，而應包含到庭證人先前在審判外對法官、檢察官或第三人所爲之不一致的陳述。

【陳運財，〈共同被告於檢察官偵查訊問時所爲之陳述之證據能力—評九八年度台上字第四四三七號判決〉，《台灣法學雜誌》，第153期，2010.06，217頁以下；吳巡龍，〈我國傳聞例外範圍的擴大〉，《台灣法學雜誌》，第175期，2011.05，116頁。】

□ 實務見解

▶106台上287○（判決）

被告以外之人於我國司法警察官或司法警察調查時所爲之陳述經載明於筆錄，係司法警察機關針對具體個案之調查作爲，不具例行性之要件，亦難期待有高度之信用性，非屬刑事訴訟法第一五九條之四所定之特信性文書。司法警察官、司法警察調查被告以外之人之警詢筆錄，其證據能力之有無，應依刑事訴訟法第一五九條之二、第一五九條之三所定傳聞法則例外之要件爲判斷。又刑事訴訟法第一五九條之二、第一五九條之三警詢筆錄，因法律明文規定原則上爲無證據能力，必於符合條文所定之要件，始例外承認得爲證據，故被告以外之人除有第一五九條之三所列供述不能之情形，必須於審判中到庭具結陳述，並接受被告之詰問，而於符合審判中之陳述與審判外警詢陳述不符，及審判外之陳述具有「相對可信性」與「必要性」等要件時，該審判外警詢陳述始例外承認其得爲證據。於此，被告之詰問權已受保障，而且，此之警詢筆錄亦非祇要審判中一經被告詰問，即有證據能力。至第一五九條之三，係爲補救採納傳聞法則，實務上所可能發生蒐證困難之問題，於本條所列各款被告以外之人於審判中不能供述之情形，例外承認該等審判外警詢陳述爲有證據能力。此等例外，既以犧牲被告之反對詰問權，除應審究該審判外之陳述是否具有「絕對可信性」及「必要性」二要件外，關於不能供述之原因，自應以非可歸責於國家機關之事由所造成者，始有其適用，以確保被告之反對詰問權。在體例上，我國傳聞法則之例外，除特信性文書（刑事訴訟法第一五九條之四）及傳聞之同意（刑事訴訟法第一五九條之五）外，係視被告以外之人在何人面前所爲之陳述，而就其例外之要件設不同之規定（刑事訴訟法第一五九條之一至第一五九條之三）。此與日本刑事訴訟法第三二一條第一項分別就法官（第一款）、檢察官（第二款）與其他之人（第三款）規定不同程度的傳聞例外之要件不同。因是，依我國法之規定，被告以外之人於審判外向法官、檢察官、檢察事務官、司法警察官或司法警察等三種類型以外之人（即所謂第四類型之人）所爲之陳述，即無直接適用第一五九條之一至第一五九條之三規定之可能。惟被告以外之人在域外所爲之警詢陳述，性質上與我國警詢筆錄雷同，同屬傳聞證據，在法秩序上宜爲同一之規範，爲相同之處理。若法律就其中之一未設規範，自應援引類似規定，加以適用，始能適合社會通念。在被告詰問權應受保障之前提下，被告以外之人在域外所爲之警詢陳述，應類推適用刑事訴訟法第一五九條之二、第一五九條之三等規定，據以定其證據能力之有無。此爲本院最近一致之見解。

第159條之3（不能到庭之警詢陳述）

被告以外之人於審判中有下列情形之一，其於檢察事務官、司法警察官或司法警察調查中所爲之陳述，經證明具有可信之特別情況，且爲證明犯罪事實之存否所必要者，得爲證據：

一　死亡者。

二　身心障礙致記憶喪失或無法陳述者。

三　滯留國外或所在不明而無法傳喚或傳喚不到者。

四　到庭後無正當理由拒絕陳述者。

❖ 法學概念

不能到庭之警詢陳述

刑訴法第159條之3第1款至第3款情形，只因爲證人死亡無法記憶、無法傳喚，其先前未經對質詰問、未經具結之陳述，即得成爲證據，對於被告而言實有失公允，甚至違反被告之對質詰問權。是以，學者認爲應予嚴格解釋：**即，依當時的環境與陳述之情況判斷，得確信該陳述人之知覺、記憶、表達、眞誠性之全部或一部並無瑕疵而得認爲該審判外之陳述具有特別之可信性，始足當之。**

【王兆鵬、張明偉、李榮耕，《刑事訴訟法（下）》，瑞興，三版，2015.09，204頁。】

因此，所謂「傳喚不到」的情形，學說亦主張應做限縮解釋，即：「傳喚不到應係指『滯留國外或所在不明無法傳喚或傳喚不到』而言，並非謂『一經傳喚未到』，不問其是否『滯留國外或所在不明』，均得依該條款規定處理。亦即，**法院不得僅因證人經合法傳喚不到，即逕行認有符合第159條之3所謂傳喚不能之要件，**仍應調查究明證人有無因『滯留國外或所在不明』而無法傳喚或傳喚不到的情形，例如查詢入出境資料及出國原因等。」

【陳運財，〈傳聞法則及其例外之實務運作問題檢討〉，《台灣本土法學》，第 94 期，2007.05，139 頁。】

新近決議認為：「被害人、共同被告、共同正犯等被告以外之人，在偵查中未經具結之陳述，依通常情形，其信用性仍遠高於在警詢等所為之陳述，衡諸其於警詢等所為之陳述，均無須具結，卻於具有『特信性』、『必要性』時，即得為證據，則若謂該偵查中未經具結之陳述，一概無證據能力，無異反而不如警詢等之陳述，顯然失衡。因此，被告以外之人於偵查中未經具結所為之陳述，如與警詢等陳述同具有『特信性』、『必要性』時，依『舉輕以明重』原則，本於本法第 159 條之 2、第 159 條之 3 之同一法理，例外認為有證據能力。」（最高法院 102 年度第 13 次刑事庭會議決議）。

惟論者有謂，對於被告以外之第三人，檢察官非以證人身分傳喚取得之陳述筆錄，該決議應直接適用本法第 159 條之 1 第 2 項之規定以判斷其有無證據能力，不應違背立法本旨、法律適用原則，捨本逐末類推適用第 159 條之 2、第 159 條之 3 規定，蓋類推適用以法律未明文規定為前提。

【石木欽，〈刑事訴訟法第 159 條之 1 第 2 項適用之範圍〉，收錄於《法務部廖正豪前部長七秩華誕祝壽論文集：刑事訴訟法卷》，五南，初版，2016.07，263 頁以下。】

□實務見解

▶107 年度第 1 次刑事庭會議決議（107.01.23）

院長提議：除經立法院審議之司法互助協定（協議）另有規定者外，被告以外之人在外國警察機關警員詢問時所為陳述，能否依刑事訴訟法傳聞例外相關規定，判斷有無證據能力？

決議：採乙說（肯定說）。

一、被告以外之人於我國司法警察官或司法警察調查時所為之陳述經載明於筆錄，係司法警察機關針對具體個案之調查作為，不具例行性之要件，亦難期待有高度之信用性，非屬刑事訴訟法第一五九條之四所定之特信性文書。司法警察官、司法警察調查被告以外之人之警詢筆錄，其證據能力之有無，應依刑事訴訟法第一五九條之二、第一五九條之三所定傳聞法則例外之要件為判斷。

二、刑事訴訟法第一五九條之二、第一五九條之三警詢筆錄，因法律明文規定原則上為無證據能力，必於符合條文所定之要件，始例外承認得為證據，故被告以外之人除有同法第一五九條之三所列供述不能之情形，必須於審判中到庭具結陳述，並接受被告之詰問，而於符合㈠審判中之陳述與審判外警詢陳述不符，及㈡審判外之陳述具有「相對可信性」與「必要性」等要件時，該審判外警詢陳述始例外承認其得為證據。於此，被告之詰問權已受保障，而且，此之警詢筆錄亦非祇要審判中一經被告詰問，即有證據能力。至第一五九條之三，係為補救採納傳聞法則，實務上所可能發生蒐證困難之問題，於本條所列各款被告以外之人於審判中不能供述之情形，例外承認該等審判外警詢陳述為有證據能力。此等例外，既以犧牲被告之反對詰問權，除應審究該審判外之陳述是否具有「絕對可信性」及「必要性」二要件外，關於不能供述之原因，自應以非可歸責於國家機關之事由所造成者，始有其適用，以確保被告之反對詰問權。

三、在體例上，我國傳聞法則之例外，除特信性文書（刑事訴訟法第一五九條之四）及傳聞之同意（刑事訴訟法第一五九條之五）外，係視被告以外之人在何人面前所為之陳述，而就其例外之要件設不同之規定（刑事訴訟法第一五九條之一至第一五九條之三）。此與日本刑訴法第三二一條第一項分別就法官（第一款）、檢察官（第二款）與其他之人（第三款）規定不同程度的傳聞例外之要件不同。因是，依我國法之規定，被告以外之人於審判外向㈠法官、㈡檢察官、㈢檢察事務官、司法警察官或司法警察等三種類型以外之人（即所謂第四類型之人）所為之陳述，即無直接適用第一五九條之一至第一五九條之三規定之可能。惟被告以外之人在域外所為之警詢陳述，性質上與我國警詢筆錄雷同，同屬傳聞證據，在法秩序上宜為同一之規範，為相同之處理。若法律就其中之一未設規範，自應援引類似規定，加以適用，始能適合社會通念。在被告詰問權應受保障之前提下，被告以外之人在域外所為之警詢陳述，應類推適用刑事訴訟法第一五九條之二、第一五九條之三等規定，據以定其證據能力之有無。

四、本院一〇二年度第一三次刑事庭會議已決議基於法之續造、舉輕明重法理，被告以外之人於檢察官偵查中非以證人身分、未經具結之陳述，得類推適用刑事訴訟法第一五九條之二或第一五九條之三規定，定其有無證據能力，已有類推適用傳聞例外之先例。

編按：

本則決議的前提是未簽訂司法互助協議的域外警詢筆錄與大陸地區公安的警詢筆錄不同。

第 159 條之 4（特信性文書）

除前三條之情形外，下列文書亦得為證據：

一　除顯有不可信之情況外，公務員職務上製作之紀錄文書、證明文書。
二　除顯有不可信之情況外，從事業務之人於業務上或通常業務過程所須製作之紀錄文書、證明文書。
三　除前二款之情形外，其他於可信之特別情況下所製作之文書。

❖ 法學概念

特信性文書

本條所規範之文書，學說上稱爲「特信性文書」。倘參考本條之修法理由，可以得知，該類文書之所以可以成爲傳聞法則的例外，主要原因仍在於其「特信性」，該類文書正確性極高且欠缺説謊的動機，其作爲傳聞例外之正當性具有實質之基礎，因此，法文上雖無相關之要件，但應參照立法理由與傳聞法則之學理而爲解釋適用。

【黃朝義，《概説警察刑事訴訟法》，新學林，初版，2015.09，346頁。】

本條之特信性文書應以「隨時得受公開檢查之狀態，設有錯誤，甚易發現而予以及時糾正者」爲限。由於此類文書具有高度的客觀性、例行性以及公示性，所以成爲傳聞證據的例外。諸如：股東會或董事會的會議紀錄、專利證書、户口名簿、土地謄本等。

反之，若文書爲個案或是預料該文可能提出於刑事程序上而作，其便具有虛假可能性，則無證據能力，這點我國審判實務亦同此見解（參見最高法院101年度台上字第3397號判決）。例如醫院的診斷證明書，若因日常生活所生的病痛就診，再由醫師出具診斷證明書者，可爲本條適用之客體；但是，若是爲提告訴而向醫院請求出具的驗傷單，因爲具有個案性質，即非本條的例外。其他諸如：結婚證書、離婚證書、臨檢紀錄表、違反道路交通管理事件通知單等，因其具有「個案性」性質，而非特信性文書。此外，回憶錄也不符合特信性文書的要件，除了因爲回憶錄具有個案性外，作者主觀感受強烈，使撰述內容不具客觀性，又或因時間久遠產生記憶瑕疵，使其不具眞實性。

【張麗卿，〈傳聞與共同被告的調查〉，《月旦法學教室》，第95期，2010.09，18～19頁。】

然而有問題的是，我國實務的多數意見認爲，即便公文書不合於刑訴法第159條之4第1款，但只要其能合於其他例外規定，就可以作爲證據調查之用，即無須排除（最高法院99年度台上字第2730號判決參照）。此一見解，並不符合立法意旨。

有學者主張，當公文書不合於公文書的例外規定時，代表的是其不具備有立法者所要求的可信性或特信性，不適合作爲認定事實之用，如果還可以透過其他規定「敗部復活」，無異於又把使用該公文書可能會產生的危險全數帶回審判中。再者，若採行最高法院的立場，還會有架空公文書例外規定的疑慮。

【李榮耕，〈傳聞法則中公文書的例外〉，收錄於《刑事法學現代化動向—黃東熊教授八秩華誕祝壽論文集》，台灣法學，2012.11，206頁以下。】

此外，由於勘驗筆錄內容是針對具體個案而爲，不具備例行性要件，且製作當時即明確認知該內容將來會作爲證據使用，與第159條之4第1款傳聞例外情形亦不符合，其是否屬傳聞例外，非無疑義。國內有文獻指出，立法者既然將檢察官與法官並列爲法定勘驗主體，其實早有寓含檢察官與法官同樣具有中立客觀性，其等透過人之感官知覺，以視覺、聽覺、嗅覺、味覺或觸覺親自體驗勘驗標的，就其體察結果所得之認知，成爲證據資料，較其他人可靠與可信，乃屬5種法定證據方法之一。況且，刑事訴訟法第212條明文授權檢察官亦有勘驗之權，加上刑事訴訟法第十二章第四節勘驗自第212條以下至第219條準用之各規定，可説其規範之密度遠勝於新增之傳聞法則，因此，依法進行勘驗後所得結果，本身即應具有證據能力，已無須再透過「傳聞法則」並費盡心力再尋找傳聞例外以賦予其證據能力之必要。

【楊雲驊，〈檢察官依法勘驗製作勘驗筆錄與傳聞法則〉，《檢察新論》，第11期，2012.01，6頁以下。】

第159條之5（當事人同意的傳聞陳述）

Ⅰ被告以外之人於審判外之陳述，雖不符前四條之規定，而經當事人於審判程序同意作爲證據，法院審酌該言詞陳述或書面陳述作成時之情況，認爲適當者，亦得爲證據。

Ⅱ當事人、代理人或辯護人於法院調查證據時，知有第一百五十九條第一項不得爲證據之情形，而未於言詞辯論終結前聲明異議者，視爲有前項之同意。

❖ 法學概念

當事人同意的傳聞陳述

本條重點爲當事人同意或不爭執的情形下，傳聞陳述得爲證據。依第1項規定，當事人得明示同意傳聞陳述爲證據，但法官仍保有審查權（即審酌該審判外陳述作成時之情況）。依第2項規定，如當事人對於傳聞陳述之提出，未於言詞辯論終結前聲明異議，視爲同意，此爲當事人進行主義之重要原則，即不提出異議，視爲放棄。

【王兆鵬、張明偉、李榮耕，《刑事訴訟法（下）》，新學林，四版，2018.09，233頁。】

基於傳聞同意可能造成被告某種程度之不利

後果，就此可從兩方面作確保：㈠傳聞證據同意之前提，應建立在當事人充分明瞭同意之效果後始得為之。因此，法院應於準備程序時確實踐行該等權利告知之義務。㈡強化國選辯護制度，補充被告弱勢地位之不足，否則在卷證併送制度下，若無辯護人協助之被告非但無法知曉「當事人合意」之意義，且更無法就卷內證據提出不同意之意見。

【黄朝義，《刑事訴訟法》，新學林，五版，2017.09，636頁。】

❑ 實務見解

▶104 年度第 3 次刑事庭會議決議 (104.02.10)

刑事訴訟法第一百五十九條之五立法意旨，在於確認當事人對於傳聞證據有處分權，得放棄反對詰問權，同意或擬制同意傳聞證據可作為證據，屬於證據傳聞性之解除行為，如法院認為適當，不論該傳聞證據是否具備刑事訴訟法第一百五十九條之一至第一百五十九條之四所定情形，均容許作為證據，不以未具備刑事訴訟法第一百五十九條之一至第一百五十九條之四所定情形為前提。此揆諸「若當事人於審判程序表明同意該等傳聞證據可作為證據，基於證據資料愈豐富，愈有助於真實發見之理念，此時，法院自可承認該傳聞證據之證據能力」立法意旨，係採擴大適用之立場。蓋不論是否第一百五十九條之一至第一百五十九條之四所定情形，抑當事人之同意，均係傳聞之例外，俱得為證據，僅因我國尚非採澈底之當事人進行主義，故而附加「適當性」之限制而已，可知其適用並不以「不符前四條之規定」為要件。惟如符合第一百五十九條之一第一項規定之要件而已得為證據者，不宜贅依第一百五十九條之五之規定認定有證據能力。

第 160 條（意見不得作為證據）

證人之個人意見或推測之詞，除以實際經驗為基礎者外，不得作為證據。

第 161 條（檢察官之舉證責任）

I 檢察官就被告犯罪事實，應負舉證責任，並指出證明之方法。

II 法院於第一次審判期日前，認為檢察官指出之證明方法顯不足認定被告有成立犯罪之可能時，應以裁定定期通知檢察官補正；逾期未補正者，得以裁定駁回起訴。

III 駁回起訴之裁定已確定者，非有第二百六十條各款情形之一，不得對於同一案件再行起訴。

IV 違反前項規定，再行起訴者，應諭知不受理之判決。

❑ 實務見解

▶91 年度第 4 次刑事庭會議決議 (91.04.30)

一、為貫徹無罪推定原則，檢察官對於被告之犯罪事實，應負實質舉證責任。刑事訴訟法修正後第一百六十一條（下稱本法第一百六十一條）第一項規定「檢察官就被告犯罪事實，應負舉證責任，並指出證明之方法」，明訂檢察官舉證責任之內涵，除應盡「提出證據」之形式舉證責任（參照本法修正前增訂第一百六十三條之立法理由謂「如認檢察官有舉證責任，但其舉證，仍以使法院得有合理的可疑之程度為已足，如檢察官提出之證據，已足使法院得有合理的可疑，其形式的舉證責任已盡……」）外，尚應「指出其證明之方法」，用以說服法院，使法官「確信」被告犯罪構成事實之存在。**此「指出其證明之方法」，應包括指出調查之途徑，與待證事實之關聯及證據之證明力等事項**。同條第四項，乃新增法院對起訴之審查機制及裁定駁回起訴之效力，以有效督促檢察官善盡實質舉證責任，藉免濫行起訴。

二、刑事訴訟法修正後第一百六十三條（下稱本法第一百六十三條）釐訂法院與檢察官調查證據責任之分際，一方面揭櫫當事人調查證據主導權之大原則，並充分保障當事人於調查證據時，訊問證人、鑑定人或被告之權利（同條第一項）；另一方面例外規定法院「得」及「應」依職權調查證據之補充性，必待當事人舉證不足時，法院始自動依職權介入調查，以發見真實（同條第二項）；再增訂法院依職權調查證據前，應踐行令當事人陳述意見之程序（同條第三項），以貫徹尊重當事人查證之主導意見，確保法院補充介入之超然、中立。

三、本法第一百六十三條第二項但書，雖將修正前同條第一項規定「法院應依職權調查證據」之範圍，原則上減縮至「於公平正義之維護或對於被告之利益有重大關係事項」之特殊情形，用以淡化糾問主義色彩，但亦適足顯示：法院為發見真實，終究無以完全豁免其在必要時補充介入調查證據之職責。

四、本法第一百六十三條第一項增列「審判長除認為有不當者外，不得禁止之」之規定，係專為充分保障當事人、代理人、辯護人或輔佐人於調查證據時，訊問證人、鑑定人或被告之權利而設，此與同項規定當事人聲請調查證據之當否，應由法院逕依司法院大法官會議釋字第二三八號解釋暨相關判例見解判斷另予准駁者無關。

五、本法第一百六十一條、第一百六十三條規定內容，不涉證據「如何調查」應踐行之程序，自亦不影響調查證據程序規定（本法第一百六十四條至第一百七十三條規定參照）之繼續適用。

六、依本法第一百六十三條之規定，法院原則上不主動調查證據，僅於左列情形，始有調查證據之義務：㈠當事人、代理人、辯護人或輔佐人聲請調查而客觀上認為有必要。㈡本條第二項但書規定應依職權調查之證據。㈢本條第二項前段規定法院為發見眞實，經裁量後，在客觀上又為法院認定事實，適用法律之基礎者。

七、本法第一百六十三條第二項前段「法院得依職權調查證據」，係指法院於當事人主導之證據調查完畢後，認為事實未臻明白仍有待澄清時，得斟酌具體個案之情形，無待聲請，主動依職權調查之謂。從而，法院於當事人聲請調查之證據調查完畢後，除依同條規定應調查之證據外，其他凡經認為有助於發見眞實而足以影響判決結果之證據存在，且有調查之可能者，皆屬得依職權調查之證據。

八、審查修法前調查證據程序是否違法之法律依據，本法施行法，尚乏明文。惟本諸舊程序用舊法，新程序始用新法之一般法則，對於九十一年二月九日以前已踐行之訴訟程序，依舊法審查之。

九、本法第三百七十九條第十款規定「法院應於審判期日調查之證據」，綜合實務見解，原則上指該證據具有與待證事實之關聯性、調查之可能性，客觀上並確為法院認定事實適用法律之基礎，亦即具有通稱之有調查必要性者屬之（司法院大法官會議釋字第二三八號解釋；七十一年台上字第三六〇六號、七十二年台上字第七〇三五號、七十八年台非字第九〇號、八十年台上字第四四〇二號判例；七十七年八月九日七十七年度第十一次刑事庭會議貳之甲第十四項決議意旨參照），除依法無庸舉證外，並包括間接證據、有關證據憑信性之證據在內，但應擯除無證據能力之證據，且以踐行調查程序，經完足之調查為必要，否則仍不失其為本款調查未盡之違法，復不因其調查證據之發動，究竟出自當事人之聲請，抑或法院基於補充性之介入而有差異。**本法第一百六十三條第二項前段所定法院為發見眞實，「得」依職權調查之證據，原則上固不在「應」調查證據之範圍，惟如為發見眞實之必要，經裁量認應予調查之證據，仍屬之。**

十、法院於依職權調查證據前，經依本法第一百六十三條第三項之規定，踐行令當事人陳述意見之結果，倘遇檢察官、自訴人對有利或不利於被告之證據，表示不予調查，或被告對其有利之證據，陳述放棄調查，而法院竟不予調查，逕行判決者，如其係法院「應」依職權調查之證據，而有補充介入調查之義務時，此項義務，並不因檢察官、自訴人、被告或其他訴訟關係人陳述不予調查之意見，而得豁免不予調查之違誤。惟於法院「得」依職權調查證據之情形，法院既得參酌個案，而有決定是否補充介入調查之裁量空間，自不得徒以法院參照檢察官、自訴人、被告或其他訴訟關係人之查證意見後，不予調查，遽指即有應調查而不予調查之違法。

本法第一百六十一條、第一百六十三條規定係編列在本法第一編總則第十二章「證據」中，原則上於自訴程序亦同適用。除其中第一百六十一條第二項起訴審查之機制、同條第四項以裁定駁回起訴之效力，自訴程序已分別有第三百二十六條第三、四項及第三百三十四條之特別規定足資優先適用外，關於第一百六十一條第一項檢察官應負實質舉證責任之規定，亦於自訴程序之自訴人同有適用。**惟第一百六十一條第二項裁定定期通知檢察官補正逾期未補正者，得以裁定駁回起訴之規定，在自訴程序中，法院如認案件有同法第二百五十二條至第二百五十四條之情形，自得逕依同法第三百二十六條第三項規定，以裁定駁回自訴，無須先以裁定定期通知自訴人補正。**

編按：

本則決議嗣後經 101 年 1 月 17 日最高法院 101 年度第 2 次刑事庭會議決議㈢，修正第七點內容，請參照第 163 條實務見解部分。

▶92 台上 128（判例）

刑事訴訟法第一百六十一條已於民國九十一年二月八日修正公布，其第一項規定：檢察官就被告犯罪事實，應負舉證責任，並指出證明之方法。因此，檢察官對於起訴之犯罪事實，應負提出證據及說服之實質舉證責任。倘其所提出之證據，不足為被告有罪之積極證明，或其指出證明之方法，無從說服法院以形成被告有罪心證，基於無罪推定之原則，自應為被告無罪判決之諭知。

▶106 台上 3594〇（判決）

刑事案件，原則上係以一個被告和一個犯罪事實，作爲其構成內容（刑法的實質上或裁判上一罪，和刑事訴訟法第七條相牽連情形，關涉擴張問題，屬例外），其中，犯罪事實係指適合於法律所定犯罪構成要件的社會事實，雖不必爲精確的歷史事件，而祇要具備基本的社會事實同一性爲已足，但關於受追訴的對象「被告」之人別（非指身分基本資料，而係特定），則一定要完全精確。易言之，縱然確有某一構成犯罪的社會事件發生，但其行爲人究竟是否爲被告，控方（含檢察官、自訴人）負有積極的舉證責任，方足以判罪處刑，反之，法院仍應爲被告無罪諭知。

第 161 條之 1（被告之舉證責任）
被告得就被訴事實指出有利之證明方法。

第 161 條之 2（當事人進行主義）
Ⅰ當事人、代理人、辯護人或輔佐人應就調查證據之範圍、次序及方法提出意見。
Ⅱ法院應依前項所提意見而爲裁定；必要時，得因當事人、代理人、辯護人或輔佐人之聲請變更之。

第 161 條之 3（被告自白之調查）
法院對於得爲證據之被告自白，除有特別規定外，非於有關犯罪事實之其他證據調查完畢後，不得調查。

第 162 條（刪除）

第 163 條（聲請或職權調查證據）
Ⅰ當事人、代理人、辯護人或輔佐人得聲請調查證據，並得於調查證據時，詢問證人、鑑定人或被告。審判長除認爲有不當者外，不得禁止之。
Ⅱ法院爲發見眞實，得依職權調查證據。但於公平正義之維護或對被告之利益有重大關係事項，法院應依職權調查之。
Ⅲ法院爲前項調查證據前，應予當事人、代理人、辯護人或輔佐人陳述意見之機會。
Ⅳ告訴人得就證據調查事項向檢察官陳述意見，並請求檢察官向法院聲請調查證據。

☐ 實務見解

▸101 年度第 2 次刑事庭會議決議㈠（101.01.17）

院長提議：刑事訴訟法第一百六十三條第二項但書：但於公平正義之維護或對被告利益有重大關係事項，法院應依職權調查之。其中「公平正義之維護」所指爲何，有甲、乙二說：

甲說：並非專指有利被告之事項。

刑事訴訟法第一百六十三條（下稱本條）第二項但書所指法院應依職權調查之事項，後者顯於被告有利，前者語意並不明確，如何衡量及其具體範圍，立法理由揭明「委諸司法實務運作及判例累積形成」。案件攸關國家、社會或個人重大法益之保護，或牽涉整體法律目的之實現及國民法律感情之維繫者，均屬所稱「公平正義之維護」之重大事項。**法院就「公平正義」之規範性概念予以價值補充時，必須參酌法律精神、立法目的、依據社會之情形及實際需要，予以具體化，以求實質之妥當。刑事訴訟所欲追求的目的，不外乎公平正義之維護，亦即眞實發見，其應兼及被告利益及不利益之事項，原不待言，本條第二項但書將兩者併列，對照以觀，所謂公平正義之維護，自非專指有利被告之事項，否則，重複爲之規定豈非蛇足。故「於審理過程中，法院發現不利於被告之證據，足以影響判決之結果而檢察官未聲請調查，且有調查可能者，依此項但書之規定，基於『公平正義之維護』，法院應負職權調查義務。」**倘檢察官對不利於被告之證據，表示不予調查，而法院竟不予調查，逕行判決者，如其係法院「應」依職權調查之證據，而有補充介入調查之義務時，此項義務，並不因檢察官依本條第三項規定陳述不予調查之意見，而得豁免不予調查之違誤（九十一年四月三十日九十一年度第四次刑事庭會議決議－刑事訴訟法第一百六十一條、第一百六十三條修正後相關問題之決議第十點參照）。

乙說：應指對被告利益而攸關公平正義之事項。

受刑事控告者，**在未經依法公開審判證實有罪前，應被推定爲無罪**，此爲被告於刑事訴訟上應有之基本權利，聯合國大會於西元一九四八年十二月十日通過之世界人權宣言，即於第十一條第一項爲明白宣示，其後於一九六六年十二月十六日通過之公民與政治權利國際公約第十四條第二款規定：受刑事控告之人，未經依法確定有罪以前，應假定其無罪。」再次揭櫫同旨。爲彰顯此項人權保障之原則，我國刑事訴訟法於九十二年二月六日修正時，即於第一百五十四條第一項明定：「被告未經審判證明有罪確定前，推定其爲無罪。」並於九十八年四月二十二日制定公民與政治權利國際公約及經濟社會文化權利國際公約施行法，將兩公約所揭示人權保障之規定，明定具有國內法律之效力，更強化無罪推定在我國刑事訴訟上之地位，**又司法院大法官迭次於其解釋中，闡明無罪推定乃屬憲法原則，已超越法律之上，爲辦理刑事訴訟之公務員同該遵守之理念。**依此原則，證明被告有罪之責任，應由控訴之一方承擔，被告不負證明自己無罪之義務。從而，檢察官向法院提出對被告追究刑事責任之控訴和主張後，為證明被告有罪，以推翻無罪之推定，應負實質舉證責任即屬其無可迴避之義務。因此，刑事訴訟法第一百六十一條第一項乃明定：「檢察官就被告犯罪事實，應負舉證責任，並指出證明之方法。」故檢察官除應盡提出證據之形式舉證責任外，尚應指出其證明之方法，用以說服法院，使法官確信被告犯罪事實之存在。倘檢察官所提出之證據，不足為被告有罪之積極證明，或其指出證明之方法，無法說服法院以形成被告有罪之心證者，為貫徹無罪推定原則，即應為被告無罪之判決。法官基於公平法院之原則，僅立於客觀、公正、超然之地位而為審判，不負擔推翻被告無罪推定之責任，自無接續依職權調查證據之義務。故檢察官如未盡舉證責任，雖本法第一百六十三條第二項規定：「法院為發現真實，得依職權調查證據。但於公平正義之維護或對被告之利益有重大關係事項，法院應依職權調查之。」然所稱「法院得依職權調查證據」，係指法院於當事人主導之證據調查完畢後，認事實未臻明白，而有釐清之必要，且有調查之可能時，得斟酌具體個案之情形，依職權為補充性之證據調查而言，**非謂法院因此即負有主動調查之義務，關於證據之提出及說服之責任，始終仍應由檢察官負擔**；至但書中「公平正義之維護」雖與「對被告之利益有重大關係事項」併列，或有依體系解釋方法誤解「公平正義之維護」僅指對被告不利益之事項，然刑事訴訟規範之目的，除在實現國家刑罰權以維護社會秩序外，尚有貫徹法定程序以保障被告基本權利之機能，此乃公平法院為維護公平正義之審判原則，**就「公平正義之維護」之解釋，本即含括不利益及利益被告之事項。且但書為原則之例外，適用上必須嚴格界定，依證據裁判及無罪推定原則，檢察官之舉證責任不因該項但書規定而得以減免，所指公平正義之維護，既未明文排除利益被告之事項，基於法規範目的，仍應以有利被告之立場加以考量**，否則，於檢察官未盡實質舉證責任時，竟要求法院接續依職權調查不利被告之證據，豈非形同糾問，自與修法之目的有違。基此，**為避免牴觸無罪推定之憲法原則及違反檢察官實質舉證責任之規定，「公平正義之維護」依目的性限縮之解釋方法，自當以利益被告之事項為限**。至本法第二條第一項對於被告有利及不利之情形，**應一律注意，僅屬訓示規定**，就證據層面而言，乃提示法院於證據取捨判斷時應注意之作用，於舉證責任之歸屬不生影響。**檢察官如未於起訴時或審判中提出不利於被告之證據，以證明其起訴事實存在，或未指出調查之途徑，與待證事實之關聯及證據之證明力等事項，自不得以法院違背本法第一百六十三條第二項之規定，未依職權調查證據，有應於審判期日調查之證據未予調查之違法，執為提起第三審上訴之理由。**

決議：**刑事訴訟法第一百六十三條第二項但書所指法院應依職權調查之「公平正義之維護」事項，依目的性限縮之解釋，應以利益被告之事項為限，否則即與檢察官應負實質舉證責任之規定及無罪推定原則相牴觸**，無異回復糾問制度，而悖離整體法律秩序理念。（採乙說）

▸101 年度第 2 次刑事庭會議決議㈡（101.01.17）

七、本法第一百六十三條第二項前段所稱「法院得依職權調查證據」，係指法院於當事人主導之證據調查完畢後，認為事實未臻明白仍有待澄清，尤其在被告未獲實質辯護時（如無辯護人或辯護人未盡職責），得斟酌具體個案之情形，無待聲請，主動依職權調查之謂。但書所指「公平正義之維護」，專指利益被告而攸關公平正義者而言。至案內存在形式上不利於被告之證據，檢察官未聲請調查，然如不調查顯有影響判決結果之虞，且有調查之可能者，法院得依刑事訴訟法第二百七十三條第一項第五款之規定，**曉諭檢察官為證據調查之聲請，並藉由告訴人、被害人等之委任律師閱卷權、在場權、陳述意見權等各保障規定，強化檢察官之控訴功能**，法院並須確實依據卷內查得之各項直接、間接證據資料，本於經驗法則、論理法則而為正確判斷。因此，非但未減損被害人權益，亦顧及被告利益，於訴訟照料及澄清義務，兼容並具。

▸101 年度第 2 次刑事庭會議決議㈢（101.01.17）

十、法院於依職權調查證據前，經依本法第一百六十三條第三項之規定，踐行令當事人陳述意見之結果，倘遇檢察官或被告對有利之證據，陳述放棄調查，而法院竟不予調查，逕行判決者，如其係法院「應」依職權調查之證據，而有補充介入調查之義務時，此項義務，並不因檢察官、被告或其他訴訟關係人陳述不予調查之意見，而得豁免不予調查之違誤。**惟於法院「得」依職權調查證據之情形，法院既得參酌個案，而有決定是否補充介入調查之裁量空間，自不得徒以法院參照檢察官、被告或其他訴訟關係人之查證意見後，不予調查，遽指即有應調查而不予調查之違法。**

▸100 年度第 2 次刑事庭會議決議㈢（100.05.10）

一、為貫徹無罪推定原則，檢察官對於被告之犯罪事實，應負實質舉證責任。刑事訴訟法修正後第一百六十一條（下稱本法第一百六十一條）第一項規定「檢察官就被告犯罪事實，應負舉證責任，並指出證明之方法」，明訂檢察官舉證責任之內涵，除應盡「提出證據」之形式舉證責任（**參照本法修正前增訂第一百六十三條之立法理由謂「如認檢察官有舉證責任，但其舉證，仍以使法院得有合理的可疑之程度爲已足，如檢察官提出之證據，已足使法院得有合理的可疑，其形式的舉證責任已盡…，」）外，尚應「指出其證明之方法」，用以說服法院，使法官「確信」被告犯罪構成事實之存在。此「指出其證明之方法」，應包括指出調查之途徑，與待證事實之關聯及證據之證明力等事項。倘檢察官所提出之證據，不足爲被告有罪之積極證明，或其指出證明之方法，無法說服法院以形成被告有罪之心證者，應貫徹無罪推定原則，爲無罪之判決**。同條第二、三、四項，乃新增法院對起訴之審查機制及裁定駁回起訴之效力，以有效督促檢察官善盡實質舉證責任，藉免濫行起訴。

四、本法第一百六十三條第一項增列「審判長除認爲有不當者外，不得禁止之」之規定，係專爲充分保障當事人、代理人、辯護人或輔佐人於調查證據時，詢問證人、鑑定人或被告之權利而設，此與同項規定當事人聲請調查證據之當否，應由法院逕依本法第一百六十三條之二、司法院釋字第二三八號解釋暨相關判例見解判斷另予准駁者無關。

六、依本法第一百六十三條之規定，**法院原則上不主動調查證據，僅於下列情形，始有調查證據之義務：㈠當事人、代理人、辯護人或輔佐人聲請調查而客觀上認爲有必要**。**㈡本條第二項但書規定應依職權調查之證據**。

七、檢察官未盡舉證責任，除本法第一百六十三條第二項但書規定，爲維護公平正義之重大事項，法院應依職權調查證據外，法院無庸依同條項前段規定，裁量主動依職權調查證據。**是該項前段所稱「法院得依職權調查證據」，係指法院於當事人主導之證據調查完畢後，認爲事實未臻明白仍有待澄清，尤其在被告未獲實質辯護時（如無辯護人或辯護人未盡職責），得斟酌具體個案之情形，無待聲請，主動依職權調查之謂**。

九、本法第三百七十九條第十款規定「法院應於審判期日調查之證據」，**綜合實務見解，原則上指該證據具有與待證事實之關聯性、調查之可能性，客觀上並確爲法院認定事實適用法律之基礎，亦即具有通稱之有調查必要性者屬之**（司法院釋字第二三八號解釋；本院七十一年台上字第三六〇六號、七十二年台上字第七〇三五號、七十八年台非字第九〇號、八十年台上字第四四〇二號判例；七十七年八月九日七十七年度第十一次刑事庭會議貳之甲第十四項決議意旨參照），除依法無庸舉證外，並包括間接證據、有關證據憑信性之證據在內，但應摒除無證據能力之證據，且以踐行調查程序，經完足之調查爲必要，否則仍不失其爲本款調查未盡之違法，復不因其調查證據之發動，究竟出自當事人之聲請，抑或法院基於補充性之介入而有差異。**惟檢察官如未盡實質之舉證責任，不得以法院未依本法第一百六十三條第二項前段規定未主動調查某項證據，而指摘有本條款規定之違法**。

第 163 條之 1（調查證據之程式）

Ⅰ當事人、代理人、辯護人或輔佐人聲請調查證據，應以書狀分別具體記載下列事項：

一　聲請調查之證據及其與待證事實之關係。

二　聲請傳喚之證人、鑑定人、通譯之姓名、性別、住居所及預期詰問所需之時間。

三　聲請調查之證據文書或其他文書之目錄。若僅聲請調查證據文書或其他文書之一部分者，應將該部分明確標示。

Ⅱ調查證據聲請書狀，應按他造人數提出繕本。法院於接受繕本後，應速送達。

Ⅲ不能提出第一項之書狀而有正當理由或其情況急迫者，得以言詞爲之。

Ⅳ前項情形，聲請人應就第一項各款所列事項分別陳明，由書記官製作筆錄；如他造不在場者，應將筆錄送達。

第 163 條之 2（聲請調查證據之駁回）

Ⅰ當事人、代理人、辯護人或輔佐人聲請調查之證據，法院認爲不必要者，得以裁定駁回之。

Ⅱ下列情形，應認爲不必要：

一　不能調查者。

二　與待證事實無重要關係者。

三　待證事實已臻明瞭無再調查之必要者。

四　同一證據再行聲請者。

❐ 實務見解

▶77 年度 11 次刑事庭會議決議㈡（77.08.09）

十四、欠缺必要性之證據，不予調查，自可認於判決無影響，下列證據，爲欠缺必要性：

㈠無證據能力之證據，既無爲證據之資格，即不應作爲證據加以調查。

㈡無從調查之證據方法，譬如所有不明或逃匿國外無從傳訊之證人，或無從調取之證物之類是。

㈢證據與待證事實是否有重要關係，應以該證據所證明者，能否推翻原審判決所確認之事實，而得據以為不同之認定為斷。若其係枝節性之問題，或屬被害經過細節，既非待證實所關重要之點，即欠缺調查之必要性。
㈣顯與已調查之證據相重複。
㈤所證明之事項已臻明瞭，無再行調查必要之證據。
㈥意在延滯訴訟，故為無益之調查聲請。
㈦同一證據，再行聲請調查。
凡上述情形，應屬非應於審判期日調查之證據。

乙、關於判決理由不備及理由矛盾：

一、有罪之判決書既於理由內記載認定犯罪事實所憑之證據及認定之理由，對於被告否認犯罪所為有利之辯解，僅須將法律上阻卻犯罪成立及應為刑之減免等原因事實之主張，予以論列即可，其他單純犯罪構成事實之否認，原審判決縱未逐一予以判斷，亦非理由不備。
二、關於訴訟條件之事實，如告訴乃論之罪之告訴是否合法，犯罪行為是否重複起訴等訴訟條件欠缺之主張，即令原審判決未為判斷之說明，若依卷存資料，已足顯示並無此等主張事實之存在時，毋庸以理由不備之違法予以撤銷。
三、犯罪之動機及時、地，原則上毋庸為證據之證明，但動機、時、地若為構成要件之要素時，則應加以調查予以證明。如動機、詳細之時、地，確定已無從加以調查，不得發回仍命其調查，惟原判決應於理由內說明無從調查之原因。
四、原審判決理由矛盾，雖屬當然違背法令，但除去矛盾部分，若仍不影響於判決之主旨者，應予撤銷原判決，自為相同之判決，毋庸發回更審。

▶94 台上 1998（判例）

合議庭審判長之職權係存在於訴訟程序之進行或法庭活動之指揮事項，且以法律明文規定者為限，此外則屬法院之職權，依法院組織法第一百零一條規定，必須經由合議庭內部評議，始得形成法院之外部意思決定，並以判決或裁定行之，不得僅由審判長單獨決定。從而刑事訴訟法第一百六十三條之二第一項規定：「當事人、代理人、辯護人或輔佐人聲請調查之證據，法院認為不必要者，得以裁定駁回之。」即以證據是否應予調查，關乎待證事實是否於案情具有重要性，甚或影響相關證據之價值判斷，已非純屬審判長調查證據之執行方法或細節及法庭活動之指揮事項，故應由法院以裁定行之，並非審判長所得單獨決定處分。至同法第二百八十八條之三第一項規定：「當事人、代理人、辯護人或輔佐人對於審判長或受命法官有關證據調查或訴訟指揮之處分不服者，除有特別規定外，得向法院聲明異議。」其中所稱之「調查證據處分」，係專指調查證據之執行方法或細節（包括積極不當行為及消極不作為）而言，二者顯然有別，不容混淆。

第 164 條（普通物證之調查）

Ⅰ審判長應將證物提示當事人、代理人、辯護人或輔佐人，使其辨認。
Ⅱ前項證物如係文書而被告不解其意義者，應告以要旨。

第 165 條（書證之調查）

Ⅰ卷宗內之筆錄及其他文書可為證據者，審判長應向當事人、代理人、辯護人或輔佐人宣讀或告以要旨。
Ⅱ前項文書，有關風化、公安或有毀損他人名譽之虞者，應交當事人、代理人、辯護人或輔佐人閱覽，不得宣讀；如被告不解其意義者，應告以要旨。

第 165 條之 1（新型態證據之調查）

Ⅰ前條之規定，於文書外之證物有與文書相同之效用者，準用之。
Ⅱ錄音、錄影、電磁紀錄或其他相類之證物可為證據者，審判長應以適當之設備，顯示聲音、影像、符號或資料，使當事人、代理人、辯護人或輔佐人辨認或告以要旨。

第 166 條（對證人及鑑定人之詰問）

Ⅰ當事人、代理人、辯護人及輔佐人聲請傳喚之證人、鑑定人，於審判長為人別訊問後，由當事人、代理人或辯護人直接詰問之。被告如無辯護人，而不欲行詰問時，審判長仍應予詢問證人、鑑定人之適當機會。
Ⅱ前項證人或鑑定人之詰問，依下列次序：
　一　先由聲請傳喚之當事人、代理人或辯護人為主詰問。
　二　次由他造之當事人、代理人或辯護人為反詰問。
　三　再由聲請傳喚之當事人、代理人或辯護人為覆主詰問。
　四　再次由他造當事人、代理人或辯護人為覆反詰問。
Ⅲ前項詰問完畢後，當事人、代理人或辯護人，經審判長之許可，得更行詰問。
Ⅳ證人、鑑定人經當事人、代理人或辯護人詰問完畢後，審判長得為訊問。
Ⅴ同一被告、自訴人有二以上代理人、辯護人時，該被告、自訴人之代理人、辯護人對同一證人、鑑定人之詰問，應推由其中一人代表爲之。但經審判長許可者，不在此限。
VI兩造同時聲請傳喚之證人、鑑定人，其主詰問次序由兩造合意決定，如不能決定時，由審判長定之。

第166條之1（主詰問之範圍及誘導詰問之例外）
I主詰問應就待證事項及其相關事項行之。
II爲辯明證人、鑑定人陳述之證明力，得就必要之事項爲主詰問。
III行主詰問時，不得爲誘導詰問。但下列情形，不在此限：
一　未爲實體事項之詰問前，有關證人、鑑定人之身分、學歷、經歷、與其交游所關之必要準備事項。
二　當事人顯無爭執之事項。
三　關於證人、鑑定人記憶不清之事項，爲喚起其記憶所必要者。
四　證人、鑑定人對詰問者顯示敵意或反感者。
五　證人、鑑定人故爲規避之事項。
六　證人、鑑定人爲與先前不符之陳述時，其先前之陳述。
七　其他認有誘導詰問必要之特別情事者。

❖ 法學概念

詰問順序

詰問順序	①主詰問	②反詰問	③覆主詰問	④覆反詰問
詰問主體	聲請傳喚之當事人、代理人或辯護人（§166Ⅱ）。	他造之當事人、代理人或辯護人（§166Ⅱ）。	聲請傳喚之當事人、代理人或辯護人（§166Ⅱ）。	他造當事人、代理人或辯護人爲之（§166Ⅱ）。
證人性質	友性證人	敵性證人	友性證人	敵性證人
詰問目的	1.釐清待證事項及其相關事項（§166-1Ⅰ）。 2.爲辯明證人、鑑定人陳述之證明力的必要事項（§166-1Ⅱ）。	1.反詰問應就主詰問所顯現之事項及其相關事項或爲辯明證人、鑑定人之陳述證明力所必要之事項行之（§166-2）。 2.行反詰問時，就支持自己主張之新事項，經審判長許可，得爲詰問。依此所爲之詰問，就該新事項視爲主詰問（§166-3）。 3.行反詰問於必要時，得爲誘導詰問。反詰問之作用乃在「彈劾」證人、鑑定人供述之「憑信性」，及引出在主詰問時未揭露或被隱瞞之另一部分事實，而達發見眞實之目的。	1.覆主詰問應就反詰問所顯現之事項及其相關事項行之（§166-4）。 2.行覆主詰問時，就支持自己主張之新事項，經審判長許可，得爲詰問。 3.依此所爲之詰問，就該新事項視爲主詰問（§166-4Ⅲ準用§166-3）。	1.覆反詰問，應就辯明覆主詰問所顯現證據證明力必要之事項行之（§166-5）。 2.行覆反詰問，依反詰問之方式行之（§166-5）。

得否誘導詰問	1. 原則於行主詰問時，不得爲「誘導詰問。」有例外情形，得爲誘導詰問（§166-1Ⅲ）。 2. 例外有本法第166條之7第2項列舉十款不得詰問事項。但第5款至第8款之情形，於有正當理由時，不在此限。 3. 這是因爲誘導詰問乃指詰問者對供述者暗示其所希望之供述內容，而於「問話中含有答話」之詰問方式。就實務經驗而言，由當事人、代理人、辯護人或輔佐人聲請傳喚之證人、鑑定人，一般是有利於該造當事人之「友性證人」。因此，若行主詰問者爲誘導詰問，證人頗有可能迎合主詰問者之意思，而做非眞實之供述。故而，原則上在行主詰問時不得爲誘導詰問，惟爲發見眞實之必要或無導出虛僞供述之危險時（參照英美法之例外），則例外允許於行主詰問時，爲誘導詰問。	1. 行反詰問時，因證人、鑑定人通常非屬行反詰問一造之友性證人，較不易發生證人、鑑定人附和詰問者而爲非眞實供述之情形，故允許爲誘導詰問。再者，從另一角度觀察，經由反對詰問程序而發現證人、鑑定人於主詰問時之供述是否眞實，透過誘導詰問，更能發揮推敲眞實之效果。 2. 然而， 行反詰問時，證人、鑑定人亦有迎合或屈服於詰問者意思之可能或遭致羞辱之危險。因此，對於反詰問之誘導詰問亦應有適當之規範，故第166條之7第2項列舉十款不得詰問事項。但第5款至第8款之情形，於有正當理由時，不在此限。	1. 覆主詰問與主詰問同，依主詰問之方式爲之。故原則不得爲誘導詰問，例外有第166條之1第3項情形，得爲誘導詰問。 2. 例外有本法第166條之7第2項列舉十款不得詰問事項。但第5款至第8款之情形，於有正當理由時，不在此限。	1. 行覆反詰問時，依反詰問之方式行之。故於必要時，得爲誘導詰問，理由與反詰問同。 2. 例外有本法第166條之7第2項不得詰問事項。但第5款至第8款之情形，於有正當理由時，不在此限。
得否拒絕證言	被詰問者有第179條至第182條者，得拒絕證言。	被告以外之人於反詰問時，就主詰問所陳述有關被告本人之事項，不得拒絕證言（§181-1）。	被詰問者有第179條至第182者，得拒絕證言。	被告以外之人於覆反詰問時，就覆主詰問所陳述有關被告本人之事項，不得拒絕證言（§166-5、§181-1）。

第166條之2（反詰問之範圍）

Ⅰ反詰問應就主詰問所顯現之事項及其相關事項或為辯明證人、鑑定人之陳述證明力所必要之事項行之。

Ⅱ行反詰問於必要時，得為誘導詰問。

第166條之3（對新事項之詰問權）

Ⅰ行反詰問時，就支持自己主張之新事項，經審判長許可，得為詰問。

Ⅱ依前項所為之詰問，就該新事項視為主詰問。

第166條之4（覆主詰問之範圍及行覆主詰問之方式）

Ⅰ覆主詰問應就反詰問所顯現之事項及其相關事項行之。

Ⅱ行覆主詰問，依主詰問之方式為之。

Ⅲ前條之規定，於本條準用之。

第166條之5（覆反詰問之範圍及行覆反詰問之方式）

Ⅰ覆反詰問，應就辯明覆主詰問所顯現證據證明力必要之事項行之。

Ⅱ行覆反詰問，依反詰問之方式行之。

第166條之6（詰問次序及續行訊問）

Ⅰ法院依職權傳喚之證人或鑑定人，經審判長訊問後，當事人、代理人或辯護人得詰問之，其詰問之次序由審判長定之。

Ⅱ證人、鑑定人經當事人、代理人或辯護人詰問後，審判長得續行訊問。

第166條之7（詰問之限制）

Ⅰ詰問證人、鑑定人及證人、鑑定人之回答，均應就個別問題具體為之。

Ⅱ下列之詰問不得為之。但第五款至第八款之情形，於有正當理由時，不在此限：

一　與本案及因詰問所顯現之事項無關者。

二　以恫嚇、侮辱、利誘、詐欺或其他不正之方法者。

三　抽象不明確之詰問。

四　為不合法之誘導者。

五　對假設性事項或無證據支持之事實為之者。

六　重覆之詰問。

七　要求證人陳述個人意見或推測、評論者。

八　恐證言於證人或與其有第一百八十條第一項關係之人之名譽、信用或財產有重大損害者。

九　對證人未親身經歷事項或鑑定人未行鑑定事項為之者。

十　其他為法令禁止者。

第167條（限制或禁止詰問）

當事人、代理人或辯護人詰問證人、鑑定人時，審判長除認其有不當者外，不得限制或禁止之。

第167條之1（聲明異議權）

當事人、代理人或辯護人就證人、鑑定人之詰問及回答，得以違背法令或不當為由，聲明異議。

第167條之2（聲明異議之處理）

Ⅰ前條之異議，應就各個行為，立即以簡要理由為之。

Ⅱ審判長對於前項異議，應立即處分。

Ⅲ他造當事人、代理人或辯護人，得於審判長處分前，就該異議陳述意見。

Ⅳ證人、鑑定人於當事人、代理人或辯護人聲明異議後，審判長處分前，應停止陳述。

第167條之3（聲明異議之處理—駁回）

審判長認異議有遲誤時機、意圖延滯訴訟或其他不合法之情形者，應以處分駁回之。但遲誤時機所提出之異議事項與案情有重要關係者，不在此限。

第167條之4（聲明異議之處理—異議無理由）

審判長認異議無理由者，應以處分駁回之。

第167條之5（聲明異議之處理—異議有理由）

審判長認異議有理由者，應視其情形，立即分別為中止、撤回、撤銷、變更或其他必要之處分。

第167條之6（異議之處分不得聲明不服）

對於前三條之處分，不得聲明不服。

第167條之7（詢問之準用規定）

第一百六十六條之七第二項、第一百六十七條至第一百六十七條之六之規定，於行第一百六十三條第一項之詢問準用之。

第168條（證人及鑑定人之在庭義務）

證人、鑑定人雖經陳述完畢，非得審判長之許可，不得退庭。

第168條之1（當事人之在場權）

Ⅰ當事人、代理人、辯護人或輔佐人得於訊問證人、鑑定人或通譯時在場。

Ⅱ前項訊問之日、時及處所，法院應預行通知之。但事先陳明不願到場者，不在此限。

第 169 條（被告在庭權之限制）
審判長預料證人、鑑定人或共同被告於被告前不能自由陳述者，經聽取檢察官及辯護人之意見後，得於其陳述時，命被告退庭。但陳述完畢後，應再命被告入庭，告以陳述之要旨，並予詰問或對質之機會。

第 170 條（陪席法官之訊問）
參與合議審判之陪席法官，得於告知審判長後，訊問被告或準用第一百六十六條第四項及第一百六十六條之六第二項之規定，訊問證人、鑑定人。

第 171 條（審判期日前訊問之準用規定）
法院或受命法官於審判期日前為第二百七十三條第一項或第二百七十六條之訊問者，準用第一百六十四條至第一百七十條之規定。

第 172 條至第 174 條（刪除）

第二節　人　證

第 175 條（傳喚證人之傳票）
Ⅰ傳喚證人，應用傳票。
Ⅱ傳票，應記載下列事項：
一　證人之姓名、性別及住所、居所。
二　待證之事由。
三　應到之日、時、處所。
四　無正當理由不到場者，得處罰鍰及命拘提。
五　證人得請求日費及旅費。
Ⅲ傳票，於偵查中由檢察官簽名，審判中由審判長或受命法官簽名。
Ⅳ傳票至遲應於到場期日二十四小時前送達。但有急迫情形者，不在此限。

第 176 條（監所證人之傳喚與口頭傳喚）
第七十二條及第七十三條之規定，於證人之傳喚準用之。

第 176 條之 1（作證義務）
除法律另有規定者外，不問何人，於他人之案件，有為證人之義務。

第 176 條之 2（聲請調查證據人促使證人到場之責任）
法院因當事人、代理人、辯護人或輔佐人聲請調查證據，而有傳喚證人之必要者，為聲請之人應促使證人到場。

第 177 條（就訊證人）
Ⅰ證人不能到場或有其他必要情形，得於聽取當事人及辯護人之意見後，就其所在或於其所在地法院訊問之。
Ⅱ前項情形，證人所在與法院間有聲音及影像相互傳送之科技設備而得直接訊問，經法院認為適當者，得以該設備訊問之。
Ⅲ當事人、辯護人及代理人得於前二項訊問證人時在場並得詰問之；其訊問之日時及處所，應預行通知之。
Ⅳ第二項之情形，於偵查中準用之。

第 178 條（證人之到場義務及制裁）
Ⅰ證人經合法傳喚，無正當理由而不到場者，得科以新臺幣三萬元以下之罰鍰，並得拘提之；再傳不到者，亦同。
Ⅱ前項科罰鍰之處分，由法院裁定之。檢察官為傳喚者，應聲請該管法院裁定之。
Ⅲ對於前項裁定，得提起抗告。
Ⅳ拘提證人，準用第七十七條至第八十三條及第八十九條至第九十一條之規定。

第 179 條（拒絕證言權—公務員）
Ⅰ以公務員或曾為公務員之人為證人，而就其職務上應守秘密之事項訊問者，應得該管監督機關或公務員之允許。
Ⅱ前項允許，除有妨害國家之利益者外，不得拒絕。

第 180 條（拒絕證言權—身分關係）
Ⅰ證人有下列情形之一者，得拒絕證言：
一　現為或曾為被告或自訴人之配偶、直系血親、三親等內之旁系血親、二親等內之姻親或家長、家屬者。
二　與被告或自訴人訂有婚約者。
三　現為或曾為被告或自訴人之法定代理人或現由或曾由被告或自訴人為其法定代理人者。
Ⅱ對於共同被告或自訴人中一人或數人有前項關係，而就僅關於他共同被告或他共同自訴人之事項為證人者，不得拒絕證言。

第 181 條（拒絕證言權—身分與利害關係）
證人恐因陳述致自己或與其有前條第一項關係之人受刑事追訴或處罰者，得拒絕證言。

❖ **法學概念**

不自證己罪權利（Privilege Against Self-Incrimination）

不自證己罪權利源自於英國法。美國聯邦憲法修正案第5條：「任何人於任何刑事案件中，不得被迫成爲對己不利之證人。」此一權利已是法治國家刑事程序中之基本規定，亦常見於各人權條約或各國家之法律或判決中。至於何以賦予被告不自證己罪的權利，學理上有各種主張，不一而足。其中包括了：**避免法院對於被告形成偏見、保護無辜被告、防止偵查機關刑求或濫用權力、維持公眾對於政府之信任、發現眞實、維持政府及被告間實力之平衡，以及保護隱私等目的。**

【李榮耕，〈拒絕證言告知義務之違反及其法律效果—簡評最高法院九八年度台上字第五九五二號判決〉，《台灣法學雜誌》，第153期，2010.06，225頁。】

❑ 實務見解

▶109台上1309◯（判決）

刑事訴訟必須在致力發現眞實以正確行使國家刑罰權，及保障被告防禦權以維護其最重要訴訟基本權二者間，求其兩全，不可偏廢。而被告防禦權核心價值所在之不自證己罪權利，針對其關於本身犯罪事實之陳述而行使，爲緘默權；針對其就他人犯罪事實之供證而行使，即屬證人之拒絕證言權。爲落實保證與被告之緘默權出自同源，且同以不主動提供，亦不能受脅迫、利誘提供自己任何與犯罪有關之資訊爲內涵之拒絕證言權，刑事訴訟法第一八一條、第一八六條明定證人恐因陳述致自己或與其有親屬等一定身分關係之人受刑事追訴或處罰者，得拒絕證言，**俾證人得免自陷於罪或涉入僞證罪之兩難抉擇；且就此拒絕證言權，訊問之法官或檢察官，應提供與被告緘默權相同程度之確保，於命證人具結前，告知得拒絕履行作證之義務；如未踐行此告知義務，逕論知有具結之義務及僞證之處罰後，即命具結作證，無異強令證人提供自己犯罪之相關資訊，而侵害其拒絕證言權，證人於此情況下所爲之具結程序即有瑕疵，自應認其具結不生具結之效力，**於程序上之審查，無從透過刑事訴訟法第一五八條之四規定，賦予證據能力，於實體上之評價，縱其陳述不實，亦不能遽課以僞證罪責。誣告罪之告訴人，於其所誣告 之案件訴訟程序中到庭，如續爲其原虛構之不實犯罪事實之陳述，毋寧爲其立於誣告罪告訴人立場事所難免之本質，以誣告罪之規範約制已足，**如命其具結，勢將令受僞證罪之處罰，惟如其據實陳述，又無異自證己罪，其所面臨上開兩難困境，核與上開規定之情形相符，自得適用該等規定拒絕證言。**原判決固以上訴人於一〇五年十二月九日下午四時五十八分許，在偵查庭以證人身分作證之際，爲遂行誣告之接續行爲同時並基於僞證之犯意，於供前具結，並就於上開案情有重要關係之事項，爲同一之虛僞陳述，因認上訴人另犯僞證罪。惟依該次偵訊筆錄之記載，宜蘭地檢署檢察官諭知上訴人改列證人身分及具結之義務、僞證之處罰後，逕命其爲證言之陳述，似未曾踐行告知得拒絕證言之程序，有該訊問筆錄可按；而縱觀原審準備程序、審判程序，亦未就此拒絕證言之相關事項加以調查。上訴意旨執以指摘原判決就此部分遽論上訴人以僞證罪責，有證據調查職責未盡及理由不備之違法云云，尚非全然無據。

▶109台上598◯（判決）

證人之陳述是否因揭露犯行而有自陷入罪之虞，得以行使刑事訴訟法第一八一條之拒絕證言權，必須到場接受訊問後，針對所訊問之個別具體問題，逐一分別爲主張，不得以陳述可能致其受刑事訴追或處罰爲理由，而概括拒絕回答一切問題，以致妨害眞實之發現。證人於審判中針對個別問題主張行使拒絕證言權，除應依刑事訴訟法第一八三條第一項規定，將拒絕證言之原因釋明（依但書規定，得命具結以代釋明），其拒絕證言之許可或駁回，依同條第二項規定，應由審判長審酌後，予以准駁（處分），非證人所得自行恣意決定，**亦非謂證人一主張不自證己罪，審判長即應准許之。若審判長不察，許可證人概括行使免於自陷入罪之拒絕證言權，乃有關調查證據之處分違法，不因未異議而得視爲治癒。**

第181條之1（不得拒絕證言之事項） 被告以外之人於反詰問時，就主詰問所陳述有關被告本人之事項，不得拒絕證言。

第182條（拒絕證言權—業務關係） 證人爲醫師、藥師、助產士、宗教師、律師、辯護人、公證人、會計師或其業務上佐理人或曾任此等職務之人，就其因業務所知悉有關他人秘密之事項受訊問者，除經本人允許者外，得拒絕證言。

❖ 法學概念

新聞記者之拒絕證言權

新聞從業人員是否有拒絕證言權，可以分二方面來看。如果媒體的消息來源得自特定人，此提供消息者信賴媒體不會揭露來源，那麼，新聞從業人員應享有拒絕證言權；蓋媒體如果透露消息來源，將間接使提供消息者曝光，因此也享有此權。反之，媒體所持有的資訊若是自己查訪所得，就沒有拒絕證言權，在此情況下，媒體持有的文件資料就可以搜索扣押。但有例外，即若係自己所研析找出的事實與獲得的資訊有不可分的關係時，以致如果公布該項事實即可能使提供消息者曝光時，則此時應允以拒絕證言權。

【張麗卿，〈刑事程序中之拒絕證言權〉，收錄於《刑與思—林山田教授紀念論文集》，元照，初版，2008.11，453頁以下。】

另須注意者，有學者認為，新聞記者的拒絕證言權非屬絕對之權利。**亦即，如有更重大的社會利益時，則拒絕證言權應退讓。**蓋錯誤判決係刑事訴訟最大之惡，誤判造成無辜者冤獄、令有罪者逍遙法外，對於個人、社會、國家皆是極為重大之侵害。**如新聞記者掌握足以影響判決結果之重要資訊，卻仍容其拒絕證言，誤判之可能性即大為增加。**在此，避免誤判的重大社會利益與新聞媒體拒絕證言權的利益，即發生衝突。**假如新聞媒體所掌握者，確實為審判中不可或缺、足以改變判決結果之訊息（迫切需要之要件），且無法以其他方式得到此一訊息（侵害最小的要件時），應得強迫媒體陳述，以免法院誤判。**

【王兆鵬，〈論新聞記者的拒絕證言權〉，《月旦法學雜誌》，第134期，2006.01，211頁。】

❑ 實務見解

▶108台上4094○（判決）

刑事訴訟法第一八二條有關醫師秘匿特權，係就其業務上所知悉或持有他人病情或健康資訊等應秘密之事項，免除其為證人之作證義務，藉以保護病患秘密，避免因洩露而影響醫病信賴關係，或病患就醫權利。上揭所謂「應秘密之事項」，參照個人資料保護法施行細則第四條第一、二項規定，固係指醫療法第六十七條第二項所列之各款病歷資料及其他由醫師或其他之醫事人員，以治療、矯正、預防人體疾病、傷害、殘缺為目的，或其他醫學上之正當理由，所為之診察及治療；或基於以上之診察結果，所為處方、用藥、施術或處置所產生之個人資料（下稱醫療個資），且病患具有不願該醫療個資被公開的期待與利益，始得謂合。欠缺醫療必要性之整型美容行為，縱非以醫療為其目的，然既係醫師秉其醫學專業知識與技術，所為具有侵入性之處置行為，為提高醫療品質，保障病人權益，增進國民健康，仍應視為醫療法上之醫療行為。醫師因執行整型美容醫療業務，在業務上所知悉或持有他人關於整型美容目的所為之醫療個資，倘病患對之具有不願被公開的期待與利益者，解釋上仍屬本條應秘密之事項，除病患本人允許者外，得拒絕證言。**另病患本人依其自主原則，固具有免於醫療個資被任意揭露之資訊隱私權，倘病患明確拒絕醫師作證以揭露其醫療個資時，醫師原則上必須行使其拒絕證言權，而無自行裁量陳述與否之餘地。然法院詰問內容究竟是否屬於病患應秘密之醫療個資事項，依刑事訴訟法第一八三條第一項規定，醫師仍須就個別問題，逐一釋明主張拒絕陳述之原因，並無概括行使拒絕證言之權利。**法院為達成發見真實之公益目的，配合審判不公開、陳述內容不對外公開及裁判書遮隱等正當程序措施，在待證事實之必要範圍內，審判長或受命法官自得依刑事訴訟法第一八三條第二項規定，以裁定駁回醫師拒絕證言之方式與程序，要求醫師據實陳述，藉以調和法院發見真實之公益目的、病患醫療資訊隱私權之干預及醫師保密義務三者間之衝突。又病患醫療資訊隱私權並非絕對不能干預，病患本人亦得自行處分，並無類如醫師保密義務或洩密罪之禁止規範。則要求病患就其自己之醫療資訊隱私事項作證，本不生法律強人所難之困境。故刑事訴訟法並無病患本人得拒絕證言權規定之設計，自非法律漏洞，法官本無權類推適用醫師拒絕證言權規定而違法允許病患（概括）拒絕證言，以妨礙刑事訴訟發現真實之目的。然法院以證人身分調查病患本人關於其醫療資訊隱私事項，仍應於上述正當程序措施下，依適合性、必要性及相當性原則妥為權衡詰問內容（例如，刑事訴訟法第一六六條之七第八款規定，恐證言於病患之名譽有重大損害者，除有正當理由者外，不得詰問），自不待言。

第183條（拒絕證言原因之釋明）

Ⅰ證人拒絕證言者，應將拒絕之原因釋明之。但於第一百八十一條情形，得命具結以代釋明。

Ⅱ拒絕證言之許可或駁回，偵查中由檢察官命令之，審判中由審判長或受命法官裁定之。

第184條（證人之隔別訊問及對質）

Ⅰ證人有數人者，應分別訊問之；其未經訊問者，非經許可，不得在場。

Ⅱ因發見真實之必要，得命證人與他證人或被告對質，亦得依被告之聲請，命與證人對質。

第185條（證人之人別訊問）

Ⅰ訊問證人，應先調查其人有無錯誤及與被告或自訴人有無第一百八十條第一項之關係。

Ⅱ證人與被告或自訴人有第一百八十條第一項之關係者，應告以得拒絕證言。

第186條（具結義務與不得令具結事由）

Ⅰ證人應命具結。但有下列情形之一者，不得令其具結：

一　未滿十六歲者。

二　因精神障礙，不解具結意義及效果者。

Ⅱ證人有第一百八十一條之情形者，應告以得拒絕證言。

❑ 實務見解

▶30非24（判例）

所謂具結，係指依法有具結義務之人，履行其具結之義務而言，若在法律上不得令其具結之人，而誤命其具結者，即不發生具結之效力。

第187條（具結程序）

I 證人具結前，應告以具結之義務及僞證之處罰。

II 對於不令具結之證人，應告以當據實陳述，不得匿、飾、增、減。

第188條（具結時期）

具結應於訊問前爲之。但應否具結有疑義者，得命於訊問後爲之。

第189條（結文之作成）

I 具結應於結文內記載當據實陳述，決無匿、飾、增、減等語；其於訊問後具結者，結文內應記載係據實陳述，並無匿、飾、增、減等語。

II 結文應命證人朗讀；證人不能朗讀者，應命書記官朗讀，於必要時並說明其意義。

III 結文應命證人簽名、蓋章或按指印。

IV 證人係依第一百七十七條第二項以科技設備訊問者，經具結之結文得以電信傳真或其他科技設備傳送予法院或檢察署，再行補送原本。

V 第一百七十七條第二項證人訊問及前項結文傳送之辦法，由司法院會同行政院定之。

第190條（訊問證人之方式—連續陳述）

訊問證人，得命其就訊問事項之始末連續陳述。

第191條（刪除）

第192條（訊問證人之準用規定）

第七十四條、第九十八條、第九十九條、第一百條之一第一項、第二項之規定，於證人之訊問準用之。

第193條（拒絕具結或證言及不實具結之處罰）

I 證人無正當理由拒絕具結或證言者，得處以新臺幣三萬元以下之罰鍰，於第一百八十三條第一項但書情形爲不實之具結者，亦同。

II 第一百七十八條第二項及第三項之規定，於前項處分準用之。

第194條（證人請求日費及旅費之權利）

I 證人得請求法定之日費及旅費。但被拘提或無正當理由，拒絕具結或證言者，不在此限。

II 前項請求，應於訊問完畢後十日內，向法院爲之。但旅費得請求預行酌給。

第195條（囑託訊問證人）

I 審判長或檢察官得囑託證人所在地之法官或檢察官訊問證人；如證人不在該地者，該法官、檢察官得轉囑託其所在地之法官、檢察官。

II 第一百七十七條第三項之規定，於受託訊問證人時準用之。

III 受託法官或檢察官訊問證人者，與本案繫屬之法院審判長或檢察官有同一之權限。

第196條（再行傳訊之限制）

證人已由法官合法訊問，且於訊問時予當事人詰問之機會，其陳述明確別無訊問之必要者，不得再行傳喚。

第196條之1（證人通知及詢問之準用規定）

I 司法警察官或司法警察因調查犯罪嫌疑人犯罪情形及蒐集證據之必要，得使用通知書通知證人到場詢問。

II 第七十一條之一第二項、第七十三條、第七十四條、第一百七十五條第二項第一款至第三款、第四項、第一百七十七條第一項、第三項、第一百七十九條至第一百八十二條、第一百八十四條、第一百八十五條及第一百九十二條之規定，於前項證人之通知及詢問準用之。

第三節　鑑定及通譯

第197條（鑑定事項之準用規定）

鑑定，除本節有特別規定外，準用前節關於人證之規定。

第198條（鑑定人之選任）

鑑定人由審判長、受命法官或檢察官就下列之人選任一人或數人充之：

一　就鑑定事項有特別知識經驗者。

二　經政府機關委任有鑑定職務者。

❑ 實務見解

▶105台上4110（判決）

行政檢查（或稱行政調查），係指行政機關爲達成行政上之目的，依法令規定對人、處所或物件所爲之訪視、查詢、勘驗、查察或檢驗等行爲。倘行政機關所爲之行政檢查，具有法令上之依據，且其實施之過程及手段合於目的性與正當性，則其將行政檢查結果及所取得之相關資料，提供予偵查機關作爲偵辦之證據資料，該等證據資料自屬合法取得之證據。而行政機關得選定適當之人爲鑑定，爲行政程序法第四十一條第一項所明定，**因實施行政檢查之必要而爲之鑑定（或稱檢驗、鑑驗），核屬行政檢查之一環，殊無因**

係行政機關基於行政檢查而委託發動者即謂該鑑定報告無證據適格之理，此與刑事訴訟法第一百九十八條第一項鑑定人由審判長、受命法官或檢察官選任之規定並不扞格。倘事實審法院於審判程序中已賦予被告詰問權，對受行政機關委託而實際參與鑑定之人，就其專業資格、採取之鑑定方法、過程以及得結論之推理等情為充分之詰問，**則該鑑定意見乃經法院合法調查所得之證據，自得採為裁判之基礎**。

第 199 條（拘提之禁止）

鑑定人，不得拘提。

第 200 條（聲請拒卻鑑定人之原因及時期）

Ⅰ當事人得依聲請法官迴避之原因，拒卻鑑定人。但不得以鑑定人於該案件曾為證人或鑑定人為拒卻之原因。

Ⅱ鑑定人已就鑑定事項為陳述或報告後，不得拒卻。但拒卻之原因發生在後或知悉在後者，不在此限。

第 201 條（拒卻鑑定人之釋明及裁判）

Ⅰ拒卻鑑定人，應將拒卻之原因及前條第二項但書之事實釋明之。

Ⅱ拒卻鑑定人之許可或駁回，偵查中由檢察官命令之，審判中由審判長或受命法官裁定之。

第 202 條（鑑定人之具結義務）

鑑定人應於鑑定前具結，其結文內應記載必為公正誠實之鑑定等語。

第 203 條（於法院外為鑑定）

Ⅰ審判長、受命法官或檢察官於必要時，得使鑑定人於法院外為鑑定。

Ⅱ前項情形，得將關於鑑定之物，交付鑑定人。

Ⅲ因鑑定被告心神或身體之必要，得預定七日以下之期間，將被告送入醫院或其他適當之處所。

第 203 條之 1（鑑定留置票）

Ⅰ前條第三項情形，應用鑑定留置票。但經拘提、逮捕到場，其期間未逾二十四小時者，不在此限。

Ⅱ鑑定留置票，應記載下列事項：

一　被告之姓名、性別、年齡、出生地及住所或居所。

二　案由。

三　應鑑定事項。

四　應留置之處所及預定之期間。

五　如不服鑑定留置之救濟方法。

Ⅲ第七十一條第三項之規定，於鑑定留置票準用之。

Ⅳ鑑定留置票，由法官簽名。檢察官認有鑑定留置必要時，向法院聲請簽發之。

第 203 條之 2（鑑定留置之執行）

Ⅰ執行鑑定留置，由司法警察將被告送入留置處所，該處所管理人員查驗人別無誤後，應於鑑定留置票附記送入之年、月、日、時並簽名。

Ⅱ第八十九條、第九十條之規定，於執行鑑定留置準用之。

Ⅲ執行鑑定留置時，鑑定留置票應分別送交檢察官、鑑定人、辯護人、被告及其指定之親友。

Ⅳ因執行鑑定留置有必要時，法院或檢察官得依職權或依留置處所管理人員之聲請，命司法警察看守被告。

第 203 條之 3（鑑定留置之期間及處所）

Ⅰ鑑定留置之預定期間，法院得於審判中依職權或偵查中依檢察官之聲請裁定縮短或延長之。但延長之期間不得逾二月。

Ⅱ鑑定留置之處所，因安全或其他正當事由之必要，法院得於審判中依職權或偵查中依檢察官之聲請裁定變更之。

Ⅲ法院為前二項裁定，應通知檢察官、鑑定人、辯護人、被告及其指定之親友。

第 203 條之 4（鑑定留置期間日數視為羈押日數）

對被告執行第二百零三條第三項之鑑定者，其鑑定留置期間之日數，視為羈押之日數。

第 204 條（鑑定之必要處分）

Ⅰ鑑定人因鑑定之必要，得經審判長、受命法官或檢察官之許可，檢查身體、解剖屍體、毀壞物體或進入有人住居或看守之住宅或其他處所。

Ⅱ第一百二十七條、第一百四十六條至第一百四十九條、第二百十五條、第二百十六條第一項及第二百十七條之規定，於前項情形準用之。

❖ 法學概念

對第三人檢查身體之鑑定處分

有關第三人的強制鑑定處分，文獻上認為須遵守下列原則：

一、必要原則之遵守

必要性非僅指最後的手段性，因為當檢察官認為如果既有的證據資料，不足以澄清事實或不足以排除犯罪事實，亦得對第三人實施鑑定。

例如，既有的證據將會再度消滅（如行為人推翻之前的自白時），只要鑑定人基於鑑定之必要，即得爲之。

二、可預期爲證人之原則

第三人必須是可預期爲證人之人；例如能期待證人可爲陳述。不過，**第三人如享有拒絕證言權時，則應享有拒絕接受鑑定處分之權限**。因爲，該等受檢查之人將來都有可能被傳喚爲證人，故得依與拒絕證言之同一法理，加以拒絕。

三、跡證原則之要求

跡證原則，是指鑑定措施只能對犯罪後留下之跡證與遺留在證人身上的犯罪後果實施。「**犯罪後留下之跡證**」，係指身體上之變化得以推斷犯罪行爲人及犯罪行爲之實施；「**遺留在證人身上之犯罪後果**」，則是一切因犯罪而產生之身體變化。須注意者，**刑訴法第 204 條適用範圍只限制在身體表面的鑑定措施，包括自然身體狀態的開啓，例如張開嘴巴檢查牙齒，但不允許身體的入侵；或如抽取胃液或利用 X 光照射或探視內部**。

【張麗卿，〈檢查身體之鑑定處分〉，收錄於《驗證刑訴改革脈動》，五南，四版，2017.09，206～207 頁。】

第 204 條之 1（鑑定許可書）

I 前條第一項之許可，應用許可書。但於審判長、受命法官或檢察官前爲之者，不在此限。

II 許可書，應記載下列事項：

一　案由。

二　應檢查之身體、解剖之屍體、毀壞之物體或進入有人住居或看守之住宅或其他處所。

三　應鑑定事項。

四　鑑定人之姓名。

五　執行之期間。

III 許可書，於偵查中由檢察官簽名，審判中由審判長或受命法官簽名。

IV 檢查身體，得於第一項許可書內附加認爲適當之條件。

第 204 條之 2（出示許可書及證明文件）

I 鑑定人爲第二百零四條第一項之處分時，應出示前條第一項之許可書及可證明其身分之文件。

II 許可書於執行期間屆滿後不得執行，應即將許可書交還。

第 204 條之 3（無正當理由拒絕鑑定）

I 被告以外之人無正當理由拒絕第二百零四條第一項之檢查身體處分者，得處以新臺幣三萬元以下之罰鍰，並準用第一百七十八條第二項及第三項之規定。

II 無正當理由拒絕第二百零四條第一項之處分者，審判長、受命法官或檢察官得率同鑑定人實施之，並準用關於勘驗之規定。

第 205 條（鑑定之必要處分）

I 鑑定人因鑑定之必要，得經審判長、受命法官或檢察官之許可，檢閱卷宗及證物，並得請求蒐集或調取之。

II 鑑定人得請求訊問被告、自訴人或證人，並許其在場及直接發問。

❑ 實務見解

▶106 台上 1373〇（判決）

我國刑事訴訟法固不採強制鑑定，但對於待證事項有無送請具有特別知識經驗者，或政府機關委任有鑑定職務者爲鑑定之必要，事實審法院仍得取捨選擇後加以決定，非必受當事人聲請之拘束。且對於待證事項之認定，如必須運用在該領域受特別教育、訓練或經歷長時間從事該業務之經驗始可得知，法官無從依其法律專業素養或一般教育中學習，或自日常生活經驗得知時，此時即有運用鑑定以補充判斷時所須要特定專業知識之必要。又法院於依法囑託鑑定時，因其職務上不具有自行判斷之知識能力，係以選任具有特別知識經驗之人或機關，對於受託鑑定事項，予以鑑識、測驗、研判及判定，以輔助法院爲正確性判斷。是以被選任之鑑定人所執行者，係基於其本身之特別知識經驗，而爲鑑定事項之獨立判定，如過程未獲提供充實之資料，對於鑑定應有之證明力，不無影響。**刑事訴訟法於第二〇五條第一項明定「鑑定人因鑑定之必要，得經審判長、受命法官或檢察官之許可，檢閱卷宗及證物，並得請求蒐集或調取之」，其旨在於鑑定之範圍內，能蒐集廣泛資料，以利鑑定作業之實施，俾利鑑定人提出正當之鑑定報告。法院若就犯罪行爲人有無教化矯正之合理期待可能性，採取以囑託心理衡鑑進行實證之調查時，該項供以評估、判斷資料之取得，應非僅以犯罪行爲人「經臨床晤談時之片面供述」爲足，尤應考量其人格形成及其他相關成長背景等資訊，儘量蒐集可供鑑定人對犯罪行爲人充足瞭解之客觀資料，使鑑定人得經以綜合評價與分析以後，提出正當之專家判斷，以供法院參酌及採用**。是法院爲上揭事項之囑託鑑定時，有義務主動蒐集或調取與鑑定事項相關之資料，提供鑑定人爲完善鑑定之內容，以增強鑑定結果之有效性與正確性，俾能踐行犯罪行爲人有無教化矯正之合理期待可能，係以全人格形成因素爲評估，以期在正義報應、預防犯罪與協助受刑人復歸社會等多元刑罰目的間尋求平衡，而爲適當之裁量。

第 205 條之 1（鑑定之必要處分—採取分泌物等之許可）

Ⅰ鑑定人因鑑定之必要，得經審判長、受命法官或檢察官之許可，採取分泌物、排泄物、血液、毛髮或其他出自或附著身體之物，並得採取指紋、腳印、聲調、筆跡、照相或其他相類之行為。
Ⅱ前項處分，應於第二百零四條之一第二項許可書中載明。

❖ 法學概念

對嫌犯檢查身體之鑑定處分

刑訴法第 205 條之 1 目的在於鑑定，故須符合下列要件：

一、對嫌犯之強制鑑定措施

所指嫌犯，是指具有犯罪嫌疑之人。

二、必須具備鑑定措施許可書

鑑定人經檢察官許可，於許可書記載刑訴法第 204 條之 1 所應記載之事項。

三、沒有健康損害之危險

由於本項強制鑑定措施是身體的干預與入侵，故須無害於嫌犯的身體健康，如是持續性或是對嫌犯的身體或精神狀態有傷害時，就不能實施。危害健康的情形，無法以幾近確定的可能性加以排除，就應認為具有危險性。不能單純以干預種類判斷，應以嫌犯的健康狀況為基準。

四、符合強制鑑定措施之必要目的

鑑定措施的目的主要在確認訴訟中的重要事實，包括：間接證明犯罪參與嫌犯的罪責，或可能影響犯罪法律效果的判斷。尤其，這些事實可能是嫌犯的身體特徵。

【張麗卿，〈檢查身體之鑑定處分〉，收錄於《驗證刑訴改革脈動》，五南，四版，2017.09，230～231 頁。】

編按：

依警政署因應 2013 年刑法第 185 條之 3 的修法所制定的「取締酒駕拒測處理程序」如下：

一、完成酒駕拒測認定程序，並予舉發。
二、判斷不能安全駕駛（可能達 0.25mg/L 以上），以準現行犯逮捕（§88）。
三、命令其作吐氣檢測。（§205-2）。
四、檢附相關資料（時間、地點、情況及違規人個資）向檢察官聲請（抽血）鑑定許可書（§205-1、§204-1）。
五、強制抽血前會再勸其配合吐氣檢測，不配合者予強制抽血。
六、隨案移送檢察官偵查（結案）。

針對此一規定，有學者表示質疑。依行政院 6 月 17 日所舉行的跨部會決議以及警政署於 6 月 18 日所頒訂的「取締酒駕拒測處理程序」，係以刑事訴訟法第 205 條之 1 作為移送拒測駕駛人強制抽血法律依據，卻存有極大問題。蓋姑且不論警察根本不具刑事訴訟法第 205 條之 1 所稱之鑑定人資格，而且刑事訴訟法亦未授予檢察官所謂職權鑑定許可。

申言之，刑事訴訟法有關鑑定許可之規定皆係建構在「**鑑定人因鑑定之必要**」的前提，亦即鑑定人係本於其專業知識而決定有檢查身體、解剖屍體、採取血液等之必要時，始得向法院或檢察官提出聲請許可。然而遍查刑事訴訟法，並無授權檢察官基於犯罪偵查職權得直接作出鑑定許可之規定。或許法務部認為，檢察官既然有權許可鑑定人之聲請而使其採取被告血液，那麼檢察官本於職權，不待鑑定人之聲請而直接許可強制採取血液。然而，如此做法明顯與刑事訴訟法不符，**因為這根本不能稱為「許可」而是直接下命的強制處分；又侵入身體的強制處分，法律如未充分明白授權，即便是檢察官，也不得自行決定為之。簡言之，在目前法制下，只要酒駕的駕駛人沒有肇事，當其拒絕酒測時，警察完全無強制抽血之任何法律依據。**

正本清源之道，與其牽強附會地援引條文依據，不如徹底檢討修正現行規範酒駕之法制（當然也不應以刑事訴訟法為限），明確規定強制抽血之要件與作為程序。

【吳耀宗，〈檢察官依職權核發鑑定許可書強制抽血違法〉，《台灣法學雜誌》，第 228 期，2013.07，15 頁以下；吳耀宗，〈刑法防制酒駕新規定無漏洞惟執法誤解與立法謬錯〉，《月旦法學雜誌》，第 221 期，2013.10，203 頁。】

第 205 條之 2（調查及蒐證之必要處分—採取指紋等）

檢察事務官、司法警察官或司法警察因調查犯罪情形及蒐集證據之必要，對於經拘提或逮捕到案之犯罪嫌疑人或被告，得違反犯罪嫌疑人或被告之意思，採取其指紋、掌紋、腳印，予以照相、測量身高或類似之行為；有相當理由認為採取毛髮、唾液、尿液、聲調或吐氣得作為犯罪之證據時，並得採取之。

❖ 法學概念

強制採樣處分

依本條之規定，檢察事務官等人如認為有必要或具有相當理由時，亦得對於經拘提或逮捕到案之犯罪嫌疑人或被告，違反其意思，予以照相、測量身高或類似之行為，並採取其指紋、掌紋、毛髮、唾液、尿液、聲調或吐氣。精確地說，本條規定的目的應該只是讓檢察事務官等人，為了執行辨識職務所為的強制處分。本條身體採證的對象限縮於經拘捕之人，採證所造成的暫時性拘束自由屬於拘捕的結果，但違反犯罪嫌疑人或被告之意思為採證或進而鑑定，干預隱私權或資訊自決權，故不宜將其視為任意偵查方式，而應認為係一種強制處分，故對於比較嚴重的身體侵入的行為，如抽取血液或胃液等，不得爲之。與搜索相較，雖然同樣是尋找證據，司法警察之身體採證權的目的在於將來的鑑定，且通常需有專門知識；而身體搜索未必是爲了鑑定而爲，且稍後也有可能需要鑑定以確認涉嫌與否，例如鑑定兇器上的血跡或指紋等。就干預手段而言，身體搜索限於對人身體表面或自然開口狀態的搜查；司法警察的身體採證則大部分需要透過輔助器材鑑定或透過證人的辨認。析述本條之要件如下：

一、對拘捕之嫌犯或被告爲之

首先，須對於經拘提或逮捕到案之犯罪嫌疑人或被告，始得適用本條。例如，只是依刑訴法第 71 條通知到場詢問之犯罪嫌疑人，即不得強制實施採樣處分。

二、必要原則與相當理由之遵守

無論是體外或體內的強制採樣處分，如果有其他方法就可達執行辨識、調查犯罪及蒐集證據的目的時，即不應使用此等措施。**「有相當理由」與「必要性」的認定，解釋上，應以「情況急迫」加以限縮。**蓋這些比較嚴重的身體侵入行爲的檢查，如無遲疑之危險，應由法官決定。這個應與鑑定人於無情況急迫下，因鑑定之必要，需要採取分泌物、排泄物、血液、毛髮或其他出自或附著身體之物時，應得到審判長、受命法官或檢察官之許可（§205-1）應爲相同的解釋。亦即，**基於令狀原則，原則上，應經法院之許可始得爲之。**故「急迫性」的詮釋係指非於拘提或逮捕犯罪嫌疑人或被告到案之時，立即採取其毛髮、唾液、尿液、聲調或吐氣等行爲，即無從有效取得犯罪之證據時始得採取之。

【張麗卿，〈鑑定制度之改革〉，收錄於《驗證刑訴改革脈動》，五南，四版，2017.09，221～223 頁；黃惠婷，〈司法警察之身體採證權〉，《警察法學》，第 12 期，2013.06，162 頁以下。】

第 206 條（鑑定報告）

Ⅰ鑑定之經過及其結果，應命鑑定人以言詞或書面報告。

Ⅱ鑑定人有數人時，得使其共同報告之。但意見不同者，應使其各別報告。

Ⅲ以書面報告者，於必要時得使其以言詞說明。

第 206 條之 1（行鑑定時當事人在場權）

Ⅰ行鑑定時，如有必要，法院或檢察官得通知當事人、代理人或辯護人到場。

Ⅱ第一百六十八條之一第二項之規定，於前項情形準用之。

第 207 條（鑑定人之增加或變更）

鑑定有不完備者，得命增加人數或命他人繼續或另行鑑定。

第 208 條（機關鑑定）

Ⅰ法院或檢察官得囑託醫院、學校或其他相當之機關、團體爲鑑定，或審查他人之鑑定，並準用第二百零三條至第二百零六條之一之規定；其須以言詞報告或說明時，得命實施鑑定或審查之人爲之。

Ⅱ第一百六十三條第一項、第一百六十六條至第一百六十七條之七第二百零二條之規定，於前項由實施鑑定或審查之人爲言詞報告或說明之情形準用之。

❖ 法學概念

測謊鑑定

一、定義

測謊係利用科學儀器去測試是否有說謊，因爲人在下意識試圖說謊時，會因爲心理的變化而產生生理變化（諸如：呼吸、心跳等），透過生理的變化來判斷是否有說謊。雖目前我國法制並無測謊之法律具體授權，惟測謊仍須經過受測者之同意。在權益放棄之前提下（類似同意搜索之法理），國家機關始得在得受測者同意之情形下，實施測謊。

二、性質

學說上認爲，**測謊之性質爲心理鑑定，同時亦爲強制處分之類型之一。**惟測謊之特殊之處在於，必須得到受測者之同意、配合才有可能作成，並無強制力之行使，與傳統之強制處分有所差異，可謂爲「不使用強制力之強制處分」。

最高法院 95 年度台上字第 1797 號判決認爲：**「刑事程序上之測謊，屬於心理檢查，具有直接對人之內心實施測驗之本質，**涉及人格之侵害問題，基於正當法律程序之要求，實施測謊檢查應符合事先告知、說明程序、取得眞摯之同意等程序，未獲受測者眞摯之同意下所實施之測謊檢查，屬侵害人格權之違法處分，**即便有檢察官或法院之許可，亦不得強制實施；至於合法之測謊檢查結果，可信賴至何種程度，由法院以自由心證判斷之，**但因測謊係以人的內心作爲檢查對象，其結果之正確性擔保仍有困難，故不能使用檢查結果作爲證明犯罪事實存在之實質證據，而僅能作爲彈劾或增強證據證明力之用，法院仍應調查其他證據，以察受測謊人所述事實是否與事實相符。」

因此，本書認爲**絕不可僅憑「測謊未過」當作認定有罪的唯一偵辦方向。例如，轟動一時江國慶案，即是過度信賴測謊鑑定而造成的冤案。在 1996 年 10 月 1 日，調查局對空軍作戰司令部福利站的員工和支援士兵實施測謊檢測，結果只有江國慶一人未通過。**10 月 2 日晚間，江國慶被送到禁閉室，由專案人員的「反情報總隊」進行連續37小時的疲勞訊問和刑求逼供，迫使他自承犯案，並於10月4日寫下自白書。當時的空軍政戰主任取得自白書之後，就自行宣布破案。之所以會鎖定江國慶進行刑求，與他測謊未過有關，但之所以測謊未過，很可能係受測人緊張、害怕所致，未必代表說謊。

三、證據能力

綜合學說及實務的見解，對被告測謊必須要有以下的要件才具備證據能力：

㈠應「**事先告知**」受測者在法律上無接受測謊之義務。

㈡應向受測者說明測謊機器操作之原理及檢測進行之程序、目的、用途、效果；並且「**徵得受測者眞摯之同意**」。

㈢於測謊過程中，各個質問不能以「**強制或誘導方式**」爲之。亦即測謊鑑定，對被告而言具有「供述或溝通」，應受不自證己罪原則之保護。

㈣雙方當事人對於測謊「**結果**」表示同意。

㈤**測謊員須受良好之專業訓練與相當之經驗、測謊儀器品質良好且運作正常、受測人身心及意識狀態正常且測謊環境良好**。

總之，**測謊程序須具備上述前提要件，始賦予證據能力，非謂機關之測謊鑑定報告書當然具有證據能力**。且其鑑定結果僅能供爲審判上之參酌，其證明力如何，法院仍有自由判斷之權限。

【黃朝義，《刑事訴訟法》，新學林，五版，2017.09，640頁，最高法院103年度台上字第126號、最高法院98年度台上字第4790號判決。】

☐ 實務見解

▶75台上5555（判例）

囑託機關鑑定，並無必須命實際爲鑑定之人爲具結之明文，此觀同法第二百零八條第二項，已將該法第二百零二條之規定排除，未在準用之列，不難明瞭。原審綜合卷內相關證據爲判斷，縱未命該醫院實際爲鑑定之人簽名蓋章及具結，仍不得任意指爲採證違背法則。

> 第209條（鑑定人之費用請求權）
> 鑑定人於法定之日費、旅費外，得向法院請求相當之報酬及預行酌給或償還因鑑定所支出之費用。

> 第210條（鑑定證人）
> 訊問依特別知識得知已往事實之人者，適用關於人證之規定。

> 第211條（通譯準用本節規定）
> 本節之規定，於通譯準用之。

第四節　勘　驗

> 第212條（勘驗之機關及原因）
> 法院或檢察官因調查證據及犯罪情形，得實施勘驗。

❖ 法學概念

「鑑定」、「勘驗」與「相驗」之比較

一、概念區別

㈠「鑑定」係指僅依特別學識經驗方得以知悉之法則以及適用該法則所取得之意見判斷結果。

㈡「勘驗」係指透過**五官作用**，對於物（包含人之身體）之存在及其狀態所爲之認知過程。

㈢「相驗」則專指檢察官就轄區內遇有「**非病死或可疑爲非病死者**」的情形，因恐涉及犯罪，而必須加以檢驗。

二、發動依據不同

㈠鑑定與勘驗之區別差異，在於實施時「**實施者有無必要作判斷**」與「**實施者有無必要具備特別專業知識**」之程度上。以贓物車體號碼有無被變造爲例，警察依其經驗僅就外觀或簡單地檢驗即可判斷者，即屬廣義勘驗之範疇（警察之實質勘察行爲）；反之，倘需進一步強調專業技術與經驗方得以加以分辨者，例如屬於非解剖物體（車體）即無法得知部分，便屬於鑑定之範圍。

㈡檢察官遇有病死或可疑爲非病死事實發生時應儘速爲之，檢察官如發現有犯罪嫌疑時，應繼續爲必要之勘驗及調查（§218）。

三、主體不同

㈠「鑑定」係指僅依特別學識經驗方得以知悉之法則以及適用該法則所取得之意見判斷結果。

㈡法院或檢察官爲「**勘驗**」執行主體；而司法警察（官）調查犯罪有必要時，得封鎖犯罪現場，並爲「即時勘察」（§230Ⅲ、§231Ⅲ），**然而「即時勘察」本質上仍屬於「勘驗」，故學說上認爲，在解釋上「即時勘察」的發動，**應該僅限於犯罪發生後之即時勘察，且應事後受到司法審查。

㈢「相驗」係指檢察官得命檢察事務官會同法醫師、醫師或檢驗員執行，可以說是「**勘驗之先行程序**」。如案件顯無涉及犯罪嫌疑，則原則上檢察官無親自參與之必要，以節省有限之偵查犯罪資源。惟相驗完畢後，即應將相關之卷證陳報檢察官（§218Ⅲ），此時檢察官如發現有犯罪之嫌疑時，即應繼續爲必要之勘驗及調查。

四、客體不同

㈠「鑑定」係對於需要以專業知識或經驗，加以分析、實驗、臨床診斷刑事案件之特定事物，以其而做判斷，以作爲偵查或審判之參考。

㈡「勘驗」範圍則較廣，包含：履勘犯罪場所或其他與案情有關係之處所、檢查身體、檢驗屍體、解剖屍體、檢查與案情有關係之物件、其他必要之處分皆屬之（§213）。

㈢「相驗」則專指檢察官遇有「非病死或可疑爲非病死」者的情形，因恐涉及犯罪，而必須加以檢驗（可能爲偵查之開端）。

五、後續處理

㈠「鑑定」與「勘驗」同具有「偵查作爲」之屬性，採證後之「鑑定結果」或「勘驗結果」分別以「鑑定報告書」或「勘驗筆錄」等方式提出於法院。

㈡「相驗」完畢後，檢察官或檢察事務官應即將相關之卷證陳報檢察官。檢察官發現有犯罪嫌疑時，應繼續爲必要之勘驗及調查（§218Ⅲ）。

【黃朝義，《刑事訴訟法》，新學林，五版，2017.09，310 頁以下；林俊寬，《刑事訴訟法：基礎理論與實務運用》，五南，初版，2013.07，222 頁；朱石炎，《刑事訴訟法論》，三民，七版，2017.08，296 頁。】

第 213 條（勘驗之處分）
勘驗，得爲左列處分：
一　履勘犯罪場所或其他與案情有關係之處所。
二　檢查身體。
三　檢驗屍體。
四　解剖屍體。
五　檢查與案情有關係之物件。
六　其他必要之處分。

第 214 條（勘驗時之到場人）
Ⅰ行勘驗時，得命證人、鑑定人到場。
Ⅱ檢察官實施勘驗，如有必要，得通知當事人、代理人或辯護人到場。
Ⅲ前項勘驗之日、時及處所，應預行通知之。但事先陳明不願到場或有急迫情形者，不在此限。

第 215 條（檢查身體處分之限制）
Ⅰ檢查身體，如係對於被告以外之人，以有相當理由可認爲於調查犯罪情形有必要者爲限，始得爲之。
Ⅱ行前項檢查，得傳喚其人到場或指定之其他處所，並準用第七十二條、第七十三條、第一百七十五條及第一百七十八條之規定。
Ⅲ檢查婦女身體，應命醫師或婦女行之。

第 216 條（檢驗或解剖屍體處分）
Ⅰ檢驗或解剖屍體，應先查明屍體有無錯誤。
Ⅱ檢驗屍體，應命醫師或檢驗員行之。
Ⅲ解剖屍體，應命醫師行之。

第 217 條（檢驗或解剖屍體處分）
Ⅰ因檢驗或解剖屍體，得將該屍體或其一部暫行留存，並得開棺及發掘墳墓。
Ⅱ檢驗或解剖屍體及開棺發掘墳墓，應通知死者之配偶或其他同居或較近之親屬，許其在場。

第 218 條（相驗）
Ⅰ遇有非病死或可疑爲非病死者，該管檢察官應速相驗。
Ⅱ前項相驗，檢察官得命檢察事務官會同法醫師、醫師或檢驗員行之。但檢察官認顯無犯罪嫌疑者，得調度司法警察官會同法醫師、醫師或檢驗員行之。
Ⅲ依前項規定相驗完畢後，應即將相關之卷證陳報檢察官。檢察官如發現有犯罪嫌疑時，應繼續爲必要之勘驗及調查。

第 219 條（勘驗準用之規定）
第一百二十七條、第一百三十二條、第一百四十六條至第一百五十一條及第一百五十三條之規定，於勘驗準用之。

❏ 實務見解

▸94 台上 4929（判例）

當事人及審判中之辯護人得於搜索或扣押時在場。但被告受拘禁，或認其在場於搜索或扣押有妨害者，不在此限。刑事訴訟法第一百五十條第一項定有明文。此規定依同法第二百十九條，於審判中實施勘驗時準用之。此即學理上所稱之「在場權」，屬被告在訴訟法上之基本權利之一，兼及其對辯護人之倚賴權同受保護。故事實審法院行勘驗時，倘無法定例外情形，而未依法通知當事人及辯護人，使其有到場之機會，所踐行之訴訟程序自有瑕疵，此項勘驗筆錄，應認屬因違背法定程序取得之證據。

第五節　證據保全

❖ 法學概念

證據保全

一、定義

所謂證據保全係指預定提出供調查之證據有湮滅、僞造、變造、隱匿或礙難使用之虞時，基於發見眞實與保障被告防禦及答辯權之目的，按訴訟程式進行之階段，由告訴人、犯罪嫌疑人、被告或辯護人向檢察官，或由當事人、辯護人向法院提出聲請，使檢察官或法院爲搜索、扣押、鑑定、勘驗、訊問證人或其他必要之保全處分（§219-1）。證據保全爲防止證據滅失或發生礙難使用情形之預防措施，與調查證據之概念有別。在偵查中（§219-1Ⅰ）及審判中（須於第一審之第一次審判期日前，§219-4 I）皆可聲請。

二、聲請主體

在偵查中爲「告訴人、被告、犯罪嫌疑人、辯護人」（§219-1）；在審判中爲「被告或辯護人、檢察官或自訴人」（§219-4 I、II）。

三、受理機關

㈠偵查中

案件已經移送或報告檢察官者，應向偵查中之該管檢察官聲請（§219-3 前），但案件尚未移送或報告檢察官者，應向調查之司法警察或司法警察官所屬機關所在地之地方法院檢察署檢察官聲請（§219-3 但）。

㈡審判中（§219-4VI）

應向第一審法院或受命法官；但遇有急迫情形時，亦得向受訊問人住居地或證物所在地之地方法院聲請爲保全證據處分。

四、相關人之在場權

告訴人、犯罪嫌疑人、被告、辯護人或代理人於偵查中，除有妨害證據保全之虞者外，對於其聲請保全之證據，得於實施保全證據時在場（刑訴§219-6 I）。

五、限時處分

㈠偵查中（§219-1 II）

1. 聲請合法且有理由：檢察官應於五日內爲保全處分；
2. 聲請不合法或無理由：檢察官應予以駁回。

㈡審判中（§219-4IV、V）

1. 聲請不合法律上之程式或法律上不應准許或無理由者：法院應即以裁定駁回之，但其不合法律上之程式可以補正者，應定期間先命補正。
2. 聲請合法且有理由：法院應爲准許保全證據之裁定。

六、救濟方式

㈠偵查中（§219-1 II）

1. 檢察官駁回保全證據之聲請或未於受理聲請後五日內爲保全處分者，聲請人得逕向該管法院聲請保全證據（§219-1III）。
2. 法院對於該聲請，於裁定前應徵詢檢察官之意見：
 ⑴法院認爲聲請不合法律上之程式，或法律上不應准許或無理由者：應以裁定駁回之（本裁定依§219-2 不可抗告）。但其不合法律上之程式可以補正者，應定期間先命補正。
 ⑵法院認爲聲請有理由者：應爲准許保全證據之裁定（本裁定§219-2 依不可抗告）。

㈡審判中（§219-4III）

不論准、駁回裁定之裁定，均不得抗告。

七、保管機關

㈠偵查中（§219-7 I）

案件在司法警察官或司法警察調查中，經法院爲准許保全證據之裁定者，由該司法警察所屬機關所在地之地方法院檢察署檢察官保管之。

㈡審判中（§219-7II）

審判中保全之證據，由受命保全之法院保管。但案件繫屬他法院者，應送交該法院。

第219條之1（證據保全之聲請）

I 告訴人、犯罪嫌疑人、被告或辯護人於證據有湮滅、僞造、變造、隱匿或礙難使用之虞時，偵查中得聲請檢察官爲搜索、扣押、鑑定、勘驗、訊問證人或其他必要之保全處分。

II 檢察官受理前項聲請，除認其爲不合法或無理由予以駁回者外，應於五日內爲保全處分。

III 檢察官駁回前項聲請或未於前項期間內爲保全處分者，聲請人得逕向該管法院聲請保全證據。

第219條之2（聲請證據保全之裁定）

I 法院對於前條第三項之聲請，於裁定前應徵詢檢察官之意見，認爲不合法律上之程式或法律上不應准許或無理由者，應以裁定駁回之。但其不合法律上之程式可以補正者，應定期間先命補正。

II 法院認爲聲請有理由者，應爲准許保全證據之裁定。

III 前二項裁定，不得抗告。

第219條之3（聲請證據保全之管轄機關）

第二百十九條之一之保全證據聲請，應向偵查中之該管檢察官爲之。但案件尚未移送或報告檢察官者，應向調查之司法警察官或司法警察所屬機關所在地之地方法院檢察署檢察官聲請。

第219條之4（聲請證據保全之期日）

I 案件於第一審法院審判中，被告或辯護人認爲證據有保全之必要者，得在第一次審判期日前，聲請法院或受命法官爲保全證據處分。遇有急迫情形時，亦得向受訊問人住居地或證物所在地之地方法院聲請之。

II 檢察官或自訴人於起訴後，第一次審判期日前，認有保全證據之必要者，亦同。

III 第二百七十九條第二項之規定，於受命法官爲保全證據處分之情形準用之。

IV 法院認爲保全證據之聲請不合法律上之程式或法律上不應准許或無理由者，應即以裁定駁回之。但其不合法律上之程式可以補正者，應定期間先命補正。

V 法院或受命法官認爲聲請有理由者，應爲准許保全證據之裁定。

VI 前二項裁定，不得抗告。

第 219 條之 5（聲請保全證據書狀）

Ⅰ聲請保全證據，應以書狀為之。

Ⅱ聲請保全證據書狀，應記載下列事項：

一　案情概要。

二　應保全之證據及保全方法。

三　依該證據應證之事實。

四　應保全證據之理由。

Ⅲ前項第四款之理由，應釋明之。

第 219 條之 6（犯罪嫌疑人於實施保全證據時之在場權）

Ⅰ告訴人、犯罪嫌疑人、被告、辯護人或代理人於偵查中，除有妨害證據保全之虞者外，對於其聲請保全之證據，得於實施保全證據時在場。

Ⅱ保全證據之日、時及處所，應通知前項得在場之人。但有急迫情形致不能及時通知，或犯罪嫌疑人、被告受拘禁中者，不在此限。

第 219 條之 7（保全之證據之保管機關）

Ⅰ保全之證據於偵查中，由該管檢察官保管。但案件在司法警察官或司法警察調查中，經法院為准許保全證據之裁定者，由該司法警察官或司法警察所屬機關所在地之地方法院檢察署檢察官保管之。

Ⅱ審判中保全之證據，由命保全之法院保管。但案件繫屬他法院者，應送交該法院。

第 219 條之 8（證據保全之準用規定）

證據保全，除有特別規定外，準用本章、前章及第二百四十八條之規定。

第十三章　裁　判

第 220 條（法院意思表示之方式）

裁判，除依本法應以判決行之者外，以裁定行之。

□ 實務見解

▶80 台上 2007（判例）

訴訟程序中，於其應為訴訟行為而使訴訟狀態為一定之推移後，固發生一定之確定狀態；**然此一確定狀態是否應賦予絕對性之效力，其有錯誤是否亦不得更正，則須就法的安定性與具體的妥當性兩者予以適當之衡量而定之，非可一概而論。蓋刑事訴訟重在國家刑罰權之實現，訴訟程序係對於判決目的之手段，於某一程度上，其手段自應隸於目的。**以裁判之更正言，倘將更正之訴訟行為視為有效，反較視之為無效，更能符合訴訟整體之利益，且對被告亦不致發生不當之損害者，為求訴訟之合目的性，自不能僅因訴訟狀態之確定，即不許其為更正。司法院大法官會議釋字第四十三號解釋所謂，不影響於全案情節與判決之本旨云者，亦即此意。

▶72 台抗 518（判例）

刑事判決正本送達後，發現原本錯誤，不得以裁定更正，如係正本記載之主文（包如括主刑及從刑）與原本記載之主文不符，而影響全案情節及判決之本旨者，亦不得以裁定更正，應重行繕印送達，上訴期間另行起算。至若正本與原本不符之情形如僅「顯係文字誤寫，而不響於全案情節與判決本旨」者，始得以裁定更正之。

第 221 條（言詞辯論主義）

判決，除有特別規定外，應經當事人之言詞辯論為之。

第 222 條（裁定之審理）

Ⅰ裁定因當庭之聲明而為之者，應經訴訟關係人之言詞陳述。

Ⅱ為裁定前有必要時，得調查事實。

第 223 條（裁判之理由敘述）

判決應敘述理由，得為抗告或駁回聲明之裁定亦同。

第 224 條（應宣示之裁判）

Ⅰ判決應宣示之。但不經言詞辯論之判決，不在此限。

Ⅱ裁定以當庭所為者為限，應宣示之。

第 225 條（裁判之宣示方法）

Ⅰ宣示判決，應朗讀主文，說明其意義，並告以理由之要旨。

Ⅱ宣示裁定，應告以裁定之意旨；其敘述理由者，並告以理由。

Ⅲ前二項應宣示之判決或裁定，於宣示之翌日公告之，並通知當事人。

第 226 條（裁判書的製作）

Ⅰ裁判應制作裁判書者，應於裁判宣示後，當日將原本交付書記官。但於辯論終結之期日宣示判決者，應於五日內交付之。

Ⅱ書記官應於裁判原本記明接受之年、月、日並簽名。

第 227 條（裁判正本之送達）

Ⅰ裁判制作裁判書者，除有特別規定外，應以正本送達於當事人、代理人、辯護人及其他受裁判之人。

II前項送達，自接受裁判原本之日起，至遲不得逾七日。

第二編　第一審

第一章　公　訴

第一節　偵　查

第228條（偵查之發動）

I檢察官因告訴、告發、自首或其他情事知有犯罪嫌疑者，應即開始偵查。

II前項偵查，檢察官得限期命檢察事務官、第二百三十條之司法警察官或第二百三十一條之司法警察調查犯罪情形及蒐集證據，並提出報告。必要時，得將相關卷證一併發交。

III實施偵查非有必要，不得先行傳訊被告。

IV被告經傳喚、自首或自行到場者，檢察官於訊問後認有第一百零一條第一項各款或第一百零一條之一第一項各款所定情形之一而無聲請羈押之必要者，得命具保、責付或限制住居。但認有羈押之必要者，得予逮捕，並將逮捕所依據之事實告知被告後，聲請法院羈押之。第九十三條第二項、第三項、第五項之規定於本項之情形準用之。

❖ 法學概念

偵查發動之原因

偵查程序乃檢察官就具體案件為準備提起公訴之蒐證及保全證據之程序。所謂公訴，係指國家權力機關依職權向法院請求對被告犯罪事實的認定，以為刑罰權的宣示。

【柯耀程，《刑事程序法》，一品，初版，2019.02，339頁。】

一、告訴與告發

告訴與告發同為偵查發動之原因，兩者不同之處如下：

㈠提起者不同

告訴之提起者為有告訴權之人（包括被害人本人或其他有告訴權人）。而告發之提起者，法無明文限制，通常被害人或其他有告訴權人以外的第三人皆可提出，亦即兩者之不同，首先在於「提起者」係何人。

㈡法院處置不同

告訴乃論之罪未經告訴而起訴者，法院將予以不受理判決處理；然對於沒有告發行為之犯罪，檢警機關仍得其職權發動偵查，並對之加以起訴。

㈢是否為訴訟條件不同

告訴行為，對於告訴乃論罪而言，屬於一種訴訟條件，且其告訴有期間限制為六個月；告發行為並未具備此種性質，亦即告發並非為訴訟之條件，且其告訴有期間限制為六個月；告發行為並未具備此種性質，亦即告發並非為訴訟之條件，亦無期間之限制。惟不論告訴行為或告發行為皆須考慮刑法第80條以下追訴權時效之規定。

㈣得否委託他人代理不同

告訴行為得委託他人代理行使（§236-1），告發行為無所謂代理之情事。

㈤得否救濟不同

對於告訴之案件，檢察官所為之不起訴處分，僅告訴權人得表示不服，聲請再議，告發人並無表明不服之權利。

【黃朝義，《刑事訴訟法》，新學林，五版，2017.09，172頁以下。】

二、請求

專就請求乃論之罪，如侵害友邦元首或外國代表罪及侮辱外國國旗罪，外國政府得請求我國追訴機關追訴之，其請求得經外交部長函請司法行政最高長官令知該管檢察官，雖無請求之期間限制，與告訴不同，但準用告訴乃論之撤回以及主觀不可分原則之規定。檢察官因接受上開函請令，而知有犯罪嫌疑者，應即發動偵查。

三、自首

犯罪行為人對於「未發覺」之犯罪，自行向偵查機關報告自己犯罪事實而聽候裁判之謂。裁判上一罪，其一部分犯罪已因案被發覺，雖在檢察官或司法警察官訊問時，被告陳述其未被發現之部分犯罪行為，並不符合刑法第62條之規定，不應認有自首之效力。所謂「已發覺」，係指有偵查犯罪職權之公務員已知悉犯罪事實與犯罪之人而言，而所謂知悉，固不以確知其為犯罪之人為必要，但其犯罪事實，確實存在，且為該管公務員所確知，始屬相當。如犯罪事實並不存在而懷疑其已發生，或雖已發生，而為該管公務員所不知，僅係推測其已發生而與事實巧合，均與已發覺之情形有別。若於偵查機關已發覺犯罪之後，方自動到案者，應視為「投案」。受理自首時，應詢明犯罪嫌疑人欲主動告知之犯罪行為；如犯罪嫌疑人係對已被發覺之犯罪坦誠供述者，屬「自白」非「自首」。並應注意自首案件是否為他人頂替，或有無不正當之企圖，及其身心是否正常，以防疏誤。

【最高法院73年度第2次刑事庭會議決議；最高法院75年台上字第1634號判例；林山田，《刑法通論（下）》，自刊，十版，2008.01，510頁。】

四、其他情事

所稱其他情事，諸如其他機關之移送，例如監察院因行使職權而發現有刑事不法並移送者，縱使是檢察官因閱報紙、看電視而得知的犯罪嫌疑，例如報載某官員於某BOT決標案中可能收受不法回扣、某上市公司與股市大戶疑似從事內線交易等，只要不是毫無根據的杜撰之言，也有發動偵查之義務。至於管轄區域與事務分配，僅係分配問題，此情形通稱爲「檢察官之自動檢舉」。檢察官因移送而知有犯罪嫌疑者，應即開始偵查。此外，檢察官接受自訴案件不受理或管轄錯誤之判決書後，認爲應提起公訴者，亦應即開始或續行偵查。其他諸如：政風單位之函送、被害人報案檢舉、司法警察（官）之報告或移送、員警因臨檢盤查獲悉犯罪事實（警察臨檢、盤查係屬於偵查機關所掌握的事實尚不足以構成犯罪嫌疑開啓正式偵查的前階段，德國學說上稱爲「前偵查領域」（Vorfeldermittlungen），這些主要是以犯罪預防爲導向的警務工作，但是在發現犯罪嫌疑後，即轉爲犯罪偵查）、發現屍體後，做死因分類，經相驗的結果是因非自然死亡（非病死或可疑爲非病死）者，尤其是人之相貌於變成屍體後，變化會很大，有些就算近親亦常有認錯案例，必須採取指紋、毛髮比對鑑識，偵查人員只要因以上這些原因知有犯罪嫌疑者，皆可爲偵查之開端。

【林山田，《刑事程序法》，五南，五版，2004.09，522頁；黃朝義，《犯罪偵查論》，漢興，初版，2004.03，75頁以下；林鈺雄，《刑事訴訟法（下）》，新學林，八版，2017.09，85頁以下；Allgayer, StPO, 1. Aufl., 2016, §152, Rn. 62ff；白取祐司，《刑事訴訟法》，日本評論社，九版，2017.03，104頁；黃鈞隆，《犯罪偵查實務》，五南，增訂二版，2017.09，128頁。】

❖ 法學概念

強制偵查與任意偵查

「偵查中的強制處分」目的係在於蒐集證據、提起公訴；日本學者稱「偵查中的強制處分」爲「強制偵查」（強制搜查），例如逮捕、搜索和扣押，都是在特定條件下法律所賦予的偵查行爲。而「強制偵查」的相對概念是「任意偵查」（也就是不違反人民的意願及強制侵犯基本權的手段）。就偵查方式而言，應儘量使用任意偵查之方式；除非有必要，才不得已使用強制偵查的方式侵犯人民之身體、自由、隱私、財產等權利。由於「任意偵查」侵害人民基本權（如隱私權）較小，所以在沒有法律規定下，檢、警亦得爲之。但如果司法警察意圖以「任意」偵查之名，卻違反犯罪嫌疑人意志帶往警察局，在客觀上還是會被當成採取「強制」力，一般認爲這是實質上逮捕，仍屬於強制偵查的範疇。例如：日本法上的「任意同行」（にんいどうこう），檢、警得要求犯罪嫌疑人到場協助調查，如果該犯罪嫌疑人在不被強迫的情況下自願隨行，即屬不使用強制力的任意偵查之方式。日本的警察官職務執行法第2條第2項與刑事訴訟法第198條第1項都可爲任意同行的條文依據。所不同之處在於：就目的而言，警職法係基於犯罪預防；而刑訴法則是犯罪偵查。就客體而言，警職法是對受臨檢盤查、違反交通法令者；而刑訴法則是針對犯罪嫌疑人。共通之處在於，即使在不得已的情況下採取有形的腕力，但不得達「強制」的程度。

【白取祐司，《刑事訴訟法》，日本評論社，九版，2017.03，114頁；津田隆好，《警察官のための刑事訴訟法講義》，東京法令出版株式會社，初版二刷，2009.10，41頁。】

檢察機關於偵查中得爲強制處分、勘驗、請求其他機關爲必要的報告（§247）。簡言之，偵查而不發動強制處分，稱爲任意偵查，是強制偵查的對立概念。

【張麗卿，《刑事訴訟法理論與運用》，五南，十三版，2016.09，450頁。】

須注意者，即使採取任意偵查的方式，但所謂之「任意」，並非任何手段均可自由運用毫無限制，仍應受偵查比例原則及偵查不公開原則制約。

【陳運財，〈偵查之基本原則與任意偵查之界限〉，收錄於《偵查與人權》，元照，初版，2014.04，31頁。】

❖ 法學概念

目視跟監與GPS定位追蹤

目視「跟監」爲警方常用犯罪偵查手段，由於法無明文，是否合法，不無疑問。最高法院認爲，此係調查及蒐集犯罪證據方法之「任意偵查」活動，不具強制性，苟「跟監」後所爲利用行爲與其初始之目的相符，自無違法可言。

利用衛星定位系統（Global Positioning System，即GPS），能夠克服傳統單純目視觀察在距離與空間上的限制，甚至可以掌握被追蹤目標無所遺漏，警察機關認爲是一種犯罪偵查與預防強化跟監的利器。過去實務上常運用GPS作爲犯罪偵查與行政上風紀查察的方式，例如民國91年台北市政府警察局北投分局鄧姓組長（已婚），與該分局洪姓女巡官涉有不正常交往關係之傳聞，警政署督察室爲瞭解實情，經多次跟監均無所獲，於91年4月間裝設衛星定位追蹤器於鄧員座車底盤輔助跟監，終於掌握渠之具體事證。民國94年追捕槍擊要犯張○銘時，檢警專案小組特別在張○銘友人車輛裝上衛星定位系統，才有辦法追出張嫌躲到土城的落腳地點，進一步掌握張嫌上網帳號，最後透過網路IP位址，在台中攻堅逮捕張○銘。

【黃清德，〈警察利用衛星定位系統跟監追蹤與基本人權保障之研究〉，《中央警察大學法學論集》，第18期，2010.04，136頁以下。】

但近年來用於偵查犯罪，係「強制偵查」或「任意偵查」屢有爭議。參考外國的案例，如美國聯邦最高法院於 2012 年，九位大法官一致認爲，安裝 GPS 追蹤器在汽車偵查犯罪是一種「搜索」（search）的行爲，依照該國的聯邦憲法增修條文第 4 條，必須取得令狀，否則就是違法搜索。

日本關於此問題也是有長年的爭議，例如大阪府的岩切勝志，涉嫌夥同其他三名共犯，在大阪、兵庫等六府縣犯下多起竊盜案。大阪府警方在偵辦過程中，偷偷在岩切等竊嫌共 19 輛的汽車及機車上裝設 GPS，再利用手機監視竊嫌行蹤、取得犯罪證據。2017 年最高裁判所認爲，使用 GPS 衛星定位器是強制偵查手段，因爲全球定位系統的偵查是一種通過在未經用户同意的情況下，將 GPS 終端秘密附著到車輛上來檢測和掌握位置信息的偵查手段，警方秘密將侵犯個人隱私的設備隱藏在其所有物中，不符合理隱私的期待，這無疑是一種侵犯私人領域的犯罪調查方法，屬於偵查中的強制處分，依照該國憲法第 35 條、刑訴法第 197 條，沒有令狀不得爲之，認定以 GPS 蒐證若未聲請令狀則屬違法。此外，判決書也提及希望以立法手段解決其中的爭議。

我國最高法院於 2017 年 12 月，也首次對類似的 GPS 爭議案件，採美、日等國法院實務相同見解，大意是偵查機關非法安裝 GPS 追蹤器於他人車上，已違反他人意思，而屬於藉由公權力侵害私領域的偵查，且因必然持續而全面地掌握車輛使用人的行蹤，明顯已侵害憲法所保障的隱私權，自該當於「強制偵查」，故而倘無法律依據，自屬違法而不被允許。使用 GPS 追蹤器與現實跟監追蹤比較，除取得的資訊量較多以外，從取得資料可以長期記錄、保留，而且可全面任意地監控，並無跟監跟丢可能等情形，二者仍有本質上的差異，不能以上述資訊也可以經由跟監方式收集，即謂無隱密性可言。

由上述可知，我國近年的實務見解，大致與學說相同。儘管以刑事立法隨時規制新形態的強制處分並不容易，但是法院判決對於是否定位爲強制偵查，還是要隨著科技的發展，與時俱進，對新的偵查方式仍必須充分有效的對應尋求解決，亦即，**有無「強制力」的行使不再是唯一的判斷標準，尚須視偵查手段侵犯人民基本權的強度、是否重大綜合判斷之。**

【最高法院 106 年度台上字第 3788 號、102 年度台上字第 3522 號判決；United States v. Jones, 132 S.Ct. 945 (2012)；最高裁平成 28 年（あ）第 442 號大法廷判決（2017 年 3 月 15 日）；井上正仁，《強制捜查と任意捜查》，新版，2014.12，29 頁。】

美國在聯邦刑事訴訟規則已定有以追蹤器（tracking device）爲名之令狀（Federal Rules of Criminal Procedure, Rule 41(a)(2)(E) (2006)），該規則有關有權核發令狀授權認有相當理由得安裝及使用追蹤器。至於授權使用之期間及其延長、執行程序，令狀繳還、通知義務與事後救濟等亦均有相關規定。

【黃朝義，《刑事訴訟法》，新學林，五版，2017.09，361 頁。】

事實上，這樣的案例如果依照德國法模式來驗，也會得到相同的結論。蓋 GPS 資訊受憲法第 22 條保障之基本權（隱私秘密），警察對人民安裝追蹤器的秘密蒐集行爲，即爲國家權力對基本權構成干預行爲。警察對人民之車輛行蹤資訊不但全面掌控追蹤範圍不受時空限制，亦不侷限於公共道路上，也包含車輛進入私人場域且期間頗長，遠非短期目視跟監所能比擬，顯非微量干預。而我國法制上目前又無特別授權，針對現有干預處分的其他授權規定（如搜索、通訊監察等），不但皆相去太遠，硬套也不可能符合法律明確性原則之要求。

【林鈺雄，《刑事訴訟法實例解析》，新學林，初版，2019.03，109 頁以下。】

本書認爲，日本及我國實務都建議應以立法手段規制 GPS 定位追蹤的法律問題，我國立法者不應怠惰，應該儘速將 GPS 定位追蹤的條文增訂於刑事訴訟法，畢竟現行部分實務以通保法來核發 GPS 定位追蹤的令狀是有爭議的，因爲「位置資訊」與「通訊」（意指具有雙方主觀思想交換之內容）不相同。我們應師法德國，儘量將法條適用單純化，不需要太多的特別法，甚至一併將通保法整併於刑訴法中，亦不失爲明確之做法。

❖ 法學概念

知有犯罪嫌疑

所謂「知有犯罪嫌疑」，我國法並未有明文性之定義，然參考德國學理實務，應係指檢警不須確信某人犯罪，只要具備「初始懷疑」（Der Anfangsverdacht）的程度，偵查人員即應開始偵查。但此一犯罪嫌疑範圍不得過寬，仍須要有「充足事實的依據」（zureichende tatsächliche Anhaltspunkte）始可。參考德國刑事訴訟法第 152 條第 2 項「除有特別規定外，於具備『**充足事實的依據**』時，偵查人員即有義務啓動偵查程序。」此所謂「**充足事實的依據**」並非執法人員的主觀猜測，而是依其經驗推斷這些行爲通常可作爲犯罪的「**最初懷疑**」。司法警察（官）有接受檢察官之要求協助偵查之責，但當獲悉某人犯行時，亦可主動展開犯罪調查。

【Kral/Erich, Strafverfahrensrecht, 2013, S. 19; Radtke/Hohmann, StPO , 2011, §152, Rn. 16.】

刑事訴訟法第 228 條第 1 項規定，檢察官因告訴、告發、自首或其他情事知有犯罪嫌疑者，應即開始偵查。由本條項可知「偵查程序之開啓」，並非只有告訴、告發、自首等列舉事由，第 228 條第 1 項爲「例示規定」（即告訴、告發、自首只是舉例說明而已），檢警只要知有犯罪嫌疑情事者，皆應即開啓偵查程序。而前文所提到的「臨檢」程序，如「攔停」、「盤查」及「查證身分」等，雖是屬於一種行政檢查（警察機關蒐集及查詢資料的行爲），但這些方式常可發現犯罪嫌疑而開啓偵查的緒端。

【白取祐司，《刑事訴訟法》，日本評論社，九版，2017.03，98 頁。】

由前述可知，「知有犯罪嫌疑」不但是行政檢（調）查與犯罪偵查間的通關橋樑，區隔行政檢（調）查與犯罪偵查之明文依據，也可以說是「程序換軌的鎖鑰」。

【林朝雲，〈論取締酒駕與刑事程序〉，《東吳大學法研論集》，第 10 卷，2018.11，21 頁以下。】

❑ 實務見解

▶108 台上 3611○（判決）

依立法原意，對於「另案監聽」所衍生之證據，不得引用「毒樹果實理論」而認爲無證據能力，予以排除。從而，自亦不得復援引與「另案監聽」無關之第三項規定，作爲「另案監聽」所衍生證據當然無證據能力之理由。按偵查係指偵查機關知有犯罪嫌疑而開始調查，以發現及確定犯罪嫌疑人，並蒐集及保全犯罪證據之刑事程序。**而所謂「知有犯罪嫌疑」，係指主觀上認爲有刑罰權存在，足以引起偵查犯罪之動機者而言，包括告訴、告發、自首或其他情事知有犯罪嫌疑者，即應開始偵查（刑事訴訟法第二二八條第一項參照），不以客觀上果有犯罪事實爲必要**。是司法警察（官）知有犯罪嫌疑者，亦應進行調查，並將調查結果報告檢察官或其上級司法警察官。**此之謂「知有犯罪嫌疑」之依據，自不以「具有證據能力」之證據爲限，諸如地方風聞、新聞輿情及秘密證人之舉發，皆可資爲開始調查或偵查之證據資料**。

又「另案監聽」所得資料，倘非屬於通訊保障及監察法第五條第一項所列各款之罪，亦非屬與本案具有關連性之犯罪者，僅該監聽內容在該另案審判中不具證據能力而已，其於警察機關調查或檢察官偵查中，既因此而知有犯罪嫌疑，爲蒐集證據及調查犯罪情形，**自得依據「另案監聽」所得線索，發動搜索、扣押及逮捕或進行其他程序，難謂非屬合法之偵查作爲，其因此取得之衍生證據自具有證據能力**，並不受「另案監聽」之內容不得作爲證據之影響。

▶108 台上 3146○（判決）

刑法上所謂自首，乃犯人在犯罪未發覺前，向該管公務員自行申告犯罪事實而受裁判之謂。所謂「發覺」，固非以有偵查犯罪權限之機關或人員確知其人犯罪無誤爲必要，**而於對其發生嫌疑時，即得謂爲已發覺，但此項對犯人之嫌疑，仍須有確切之根據得合理之可疑者，始足當之，若單純主觀上之懷疑，要不得謂已發生嫌疑。至如何判斷「有確切之根據得合理之可疑」與「單純主觀上之懷疑」，主要區別在於有偵查犯罪權限之機關或人員能否依憑現有尤其是客觀性之證據，在行爲人與具體案件之間建立直接、明確及緊密之關聯，使行爲人犯案之可能性提高至被確定爲「犯罪嫌疑人」之程度**。換言之，有偵查犯罪權限之機關或人員尚未發現犯罪之任何線索或證據，僅憑其工作經驗或蛛絲馬跡（如見行爲人有不正常神態、舉止等）等情況直覺判斷行爲人可能存在違法行爲，即行爲人之可疑非具體且無客觀依據，無從與具體犯罪案件聯繫；或於犯罪發生後，前揭有偵查犯罪權限機關或人員雖根據已掌握 之線索發現行爲人之表現或反應異常，引人疑竇，惟尚不足通過現有證據確定其爲犯罪嫌疑人，即對行爲人可疑雖已有一定之針對性或能與具體案件聯繫，惟此關聯仍不夠明確，尚未達到將行爲人鎖定爲犯罪嫌疑人並進而採取必要作爲或強制處分之程度。此時，上開二種情況仍僅止於**「單純主觀上之懷疑」，尚不得謂爲「發覺」**。相反地，倘有偵查犯罪權限之機關或人員由各方得之現場跡證（如贓物、作案工具、血跡等檢體）、目擊證人等**客觀性證據** 已可直接指向特定行爲人犯案，**足以構建其與具體案件間直接、明確及緊密之關聯，使行爲人具有較其他排查對象具有更高之作案嫌疑**，此時即可認「有確切之根據得合理之可疑」將行爲人提升爲「犯罪嫌疑人」，即應認其犯罪已被「發覺」。

▶106 台上 3788○（判決）

偵查機關爲偵查犯罪而非法在他人車輛下方底盤裝設 GPS 追蹤器，由於使用 GPS 追蹤器，偵查機關可以連續多日、全天候持續而精確地掌握該車輛及其使用人之位置、移動方向、速度及停留時間等活動行蹤，且追蹤範圍不受時空限制，亦不侷限於公共道路上，即使車輛進入私人場域，仍能取得車輛及其使用人之位置資訊，且經由所蒐集長期而大量之位置資訊進行分析比對，自可窺知車輛使用人之日常作息及行爲模式，難謂非屬對於車輛使用者隱私權之重大侵害。而使用 GPS 追蹤器較之現實跟監追蹤，除取得之資訊量較多以外，就其取得資料可以長期記錄、保留，且可全面而任意地監控，並無跟丟可能等情觀之，二者仍有本質上之差異，難謂上述資訊亦可經由跟監方式收集，即謂無隱密性可言。刑法第三百十五條之一所謂之「電磁紀錄」，係指以電子、磁性、光學或其他相類之方式所製成，而供電腦處理之紀錄；而所謂「竊錄」，則指暗中錄取之意，亦即行爲人以某種設備置於被錄者難以查覺之暗處，暗中錄取被錄者之聲音、影像或其他不欲人知之資訊而言，不以錄取者須爲聲音或影像爲限。查 GPS **追蹤器之追蹤方法，係將自人造衛星所接收之資料透過通訊系統傳至接受端電腦，顯示被追蹤對象之定位資訊，透過通訊網路傳輸，結合地理資訊系統對於個人所在位置進行比對分析，而獲取被追蹤對象之所在位置、移動方向、移動速度以及滯留時間之電磁紀錄，固非爲捕捉個人之聲音、影像，但仍屬本條所規範之「竊錄」行爲無疑**。偵查係指偵查機關知有犯罪嫌疑而開始調查，以發現及確定犯罪嫌疑人，並蒐集及保全犯罪證據之刑事程序。而偵查既屬訴訟程序之一環，即須依照法律規定行之。**偵查機關所實施之偵查方法，固有「任意偵查」與「強制偵查」之分，其界限在於偵查手段是否有實質侵害或危害個人權利或利益之處分而定。倘有壓制或違反個人之意思，而侵害憲法所保障重要之法律利益時，即屬「強制偵查」，不以使用有形之強制力者爲限，亦即縱使無使用有形之強制手段，仍可能實質侵害或危害他人之權利或利益，而屬於強制偵查**。又依強制處分法定原則，強制偵查必須現行法律有明文規定者，始得爲之，倘若法無明文，自不得假借偵查之名，而行侵權之實。查偵查機關非法安裝 GPS 追蹤器於他人車上，已違反他人意思，而屬於藉由公權力侵害私領域之偵查，且因必然持續而全面地掌握車輛使用人之行蹤，明顯已侵害憲法所保障之隱私權，自該當於「強制偵查」，故而倘無法律依據，自屬違法而不被允許。

第229條（協助檢察官偵查之司法警察官）

I 下列各員，於其管轄區域內爲司法警察官，有協助檢察官偵查犯罪之職權：

一　警政署署長、警察局局長或警察總隊總隊長。

二　憲兵隊長官。

三　依法令關於特定事項，得行相當於前二款司法警察官之職權者。

II 前項司法警察官，應將調查之結果，移送該管檢察官；如接受被拘提或逮捕之犯罪嫌疑人，除有特別規定外，應解送該管檢察官。但檢察官命其解送者，應即解送。

III 被告或犯罪嫌疑人未經拘提或逮捕者，不得解送。

第230條（聽從檢察官指揮之司法警察官）

I 下列各員爲司法警察官，應受檢察官之指揮，偵查犯罪：

一　警察官長。

二　憲兵隊官長、士官。

三　依法令關於特定事項，得行司法警察官之職權者。

II 前項司法警察官知有犯罪嫌疑者，應即開始調查，並將調查之情形報告該管檢察官及前條之司法警察官。

III 實施前項調查有必要時，得封鎖犯罪現場，並爲即時之勘察。

❖ 法學概念

司法警察與行政警察

在海洋法系的國家，因爲法院體系屬於一元化，並不依警察職務劃分「行政警察」與「司法警察」，而係給予警察作用統稱的單一身分，再就警察執法之內容目的，判斷警察作用屬「行政目的活動」或「刑事目的活動」，例如美國。然而，或許是因爲令狀原則相當寬鬆、防止危害及預防犯罪目的之糾纏等種種原因，常造成警方肆無忌憚地假藉行政檢查名義，實際從事蒐集犯罪證據，因此可能導致警察利用行政檢查名義發動犯罪證據之搜索行爲，而與無罪推定原則相悖。

至於我國，因係繼受大陸法系國家，不應認爲「行政警察」與「司法警察」毫無區隔，試圖將刑事偵查法規全部運用到行政警察作用的階段，顯然不合國情。因此，在承認「行政警察」與「司法警察」區別存在的前提下，大致上來說，「犯罪發生後的偵查」與「犯罪嫌疑人的逮捕」可歸類於犯罪發生後司法警察的工作，至於維持社會秩序與預防犯罪之活動則屬行政警察之範疇。

【林朝雲，〈論取締酒駕與刑事程序〉，《東吳大學法研論集》，第 10 卷，2018.11，9 頁以下。】

❖ 法學概念

檢警關係

依條文結構來看，我國係仿德制，以「檢察官」爲「偵查程序的主要機關」（Herrin des Ermittlungsverfahrens），司法警察（官）爲其偵查輔助機關，原則上檢察官對於警察偵辦的案件有司法上指揮監督權。偵查機關包含檢察官和司法警察（官）。

【Joecks, StPO, 4. Aufl., 2015, §163, Rn. 4.】

依刑事訴訟法第 228 條至第 231 條之 1 之規定，儘管我國檢察官具有偵查程序主要機關的地位，有透過警察偵查犯罪之權力，但這並不妨礙司法警察（官）擁有本身初步犯罪調查的權限，只不過警方在犯罪偵查方面沒有最終決定權，司法警察（官）必須盡可能在毫無任何延遲狀況下，將所調查之卷證資料及犯嫌函送或移交該管檢察官。然而，當司法警察（官）產生對某人的犯罪嫌疑時，仍不影響其具有刑事程序發動的「最初行動權」（Erster Zugriff der Poliezei）。

【Göbel, Strafprozess , 8. Aufl., 2013, S. 1; Radtke/Hohmann, StPO, 1. Aufl., 2011, §163, Rn. 10.】

國內有學者指出所謂的「檢警關係」應非上命下從的關係，而是法律監督的屬性，就偵查階段而言，由司法警察機關應負主要的、第一線的調查職責，檢察官對於調查結果移送之案件，基本上僅做證據審查及篩選。以易受政治外力介入或須較高度之法律知識而不宜或不便由司法警察機關偵查的案件爲限。檢察官的權責應係爲篩選有無足以提起公訴之犯罪嫌疑，判定是否行使追訴權之必要範圍內爲限。若係爲制衡司法警察之濫權，應充分保障犯罪嫌疑人接受辯護人援助之機會，提升其防禦權益，並透過法院對強制處分之司法審查及積極適用違法證據排除法則，始爲正解，而非拘泥於所謂偵查主宰的意識型態，一味的強調檢察官「偵查主體」之角色，確立檢警之間的「將兵關係」。

從檢警機關之偵查活動考察，論者有謂，偵查應包括「證據蒐集」與「證據篩選」兩個層面」。證據蒐集面較重視「事實與合目的層面」；證據篩選面屬於偵查之「法律與規範的層面」。而理想之檢警關係應將「證據之蒐集面」全數交由警察機關負責，至於「證據篩選面」則交由檢察官負責，並以此爲起訴、不起訴或緩起訴處分之決定依據，方爲的論。

特別是因應改良式當事人進行主義的修法，檢察官於刑事程序中所負任務的重心應移往審判期日，其偵查任務也應該產生質變，儘量以事後之法律監督或證據能力之判斷爲核心。

【陳運財，〈檢警關係定位問題之研究〉，收錄於《偵查與人權》，元照，初版，2014.04，38～55 頁；黃朝義，《刑事訴訟法》，新學林，五版，2017.09，157 頁以下；江玉女，〈檢警關係之虛與實〉，收錄於《法務部廖正豪前部長七秩華誕祝壽論文集：刑事訴訟法卷》，五南，初版，2016.07，190 頁。】

❖ 法學概念

雙偵查主體

在日本，司法警察在犯罪偵查上爲初始、主要的偵查機關，得獨立行使偵查權，但畢竟檢察官較具有法律上的專門知識且在偵辦政治壓力的案件上有比較自由的空間，因此刑事訴訟法亦授予檢察官補充偵查權，在檢察官親自偵查的情形得指揮司法警察協助偵查。基於雙偵查主體的特性，日本警察有所謂「微罪處分」權，即檢察官授權警察就指定輕罪案件可自行處置而不移送。這類檢察官指定的案件固然因其地域而有所不同，但一般不外乎是一些犯罪情節、金額輕微的竊盜、詐欺、侵占賭博和贓物等犯罪等案件。

【川端 博，《刑事訴訟法講義》，成文堂，2012.03，49、50 頁；酒巻匡，《刑事訴訟法》，有斐閣，初版，2015.11，179 頁。】

在雙偵查主體制度下，司法警察（官）爲第一次偵查機關；而檢察官爲第二次偵查機關，雙方具有協力關係（第 192 條第 2 項）。例如，檢察官得對於司法警察（官）偵查中案件做必要之一般性指示；在涉及範圍廣大的公職選罷法違反的情況下，若各地警察機關的偵查方針各不相同，就不能進行有效的偵查。在這樣的情況下，檢察官有一般的指揮權（第 192 條第 2 項）。而在自己偵辦的案件對於協辦的司法警察（官）有具體指揮權（第 192 條第 3 項）。司法警察（官）對檢察官的指示、指揮，司法警察（官）有應服從之義務。

【白取祐司，《刑事訴訟法》，日本評論社，九版，2017.03，57 頁。】

本書認爲，從訴訟經濟、節省司法資源的角度，我國未來可賦予司法警察「微罪處分」權，但必須有配套。以交通裁罰來說，爲避免取締交通違規的警察行政裁量權過大，交通部訂有「道路交通管理事件統一裁罰基準及處理細則」、內政部警政署也訂頒「交通違規稽查與輕微違規勸導作業注意事項」，以防濫權裁量。因此在肯認司法警察「微罪處分」權的前提下，必須要有如何杜絕民代關說、提升員警法學素養、被害人之保護及防止司法裁量權濫用配套措施。

第 231 條（司法警察）

Ⅰ下列各員爲司法警察，應受檢察官及司法警察官之命令，偵查犯罪：

一　警察。

二　憲兵。

三　依法令關於特定事項，得行司法警察之職權者。

Ⅱ司法警察知有犯罪嫌疑者，應即開始調查，並將調查之情形報告該管檢察官及司法警察官。

Ⅲ實施前項調查有必要時，得封鎖犯罪現場，並爲即時之勘察。

第 231 條之 1（案件之補足或調查）

Ⅰ檢察官對於司法警察官或司法警察移送或報告之案件，認爲調查未完備者，得將卷證發回，命其補足，或發交其他司法警察官或司法警察調查。司法警察官或司法警察應於補足或調查後，再行移送或報告。

Ⅱ對於前項之補足或調查，檢察官得限定時間。

第 232 條（被害人之告訴權）

犯罪之被害人，得爲告訴。

❖ 法學概念

告訴乃論

告訴乃論之罪，可分爲絕對告訴乃論之罪與相對告訴乃論之罪。前者犯罪之告訴，除須「申告犯罪事實」外，尚須表示希望「訴追意思」，但並不以指明犯人為必要，縱令犯人全未指明，或誤指他人，其告訴仍為有效。此類犯罪重在申告「犯罪事實」，凡觸犯各該罪者，不問之間身分如何，均須告訴乃論。如傷害罪、侵入住宅罪、妨礙秘密罪等均是。後者犯罪之告訴，重在犯人必具備一定身分者，始得提出告訴。除向偵查機關申告犯罪事實及表示希望訴追之意思外，尚須指明犯人。如親屬間竊盜、侵占、詐欺等罪均是。又，**告訴乃論之罪，告訴人衹須表示訴究之意思為已足，不以明示其所告訴者為何項「罪名」為必要。**告訴人在偵查中已一再表示要告訴，雖未明示其所告訴之罪名，但依其所陳述之事實，仍無礙於告訴之效力。

【陳宏毅、林朝雲，《刑事訴訟法新理論與實務》，五南，四版，2018.02，338 頁以下。】

告訴乃論與非告訴乃論之區別：

- 非告訴乃論：申告犯罪事實即可（任何人）
- 告訴乃論（告訴權人）
  - 絕對
    - 申告犯罪事實
    - 表明希望訴追的意思
  - 相對
    - 申告犯罪事實
    - 表明希望訴追的意思
    - 指明特定犯罪行為人

❖ 法學概念

犯罪被害人之認定

一、個人法益

若為刑法第 271～363 條之罪，屬侵害個人法益，則個人得視為直接被害人。

二、國家或社會法益

若為國家社會法益被侵害，其被害者為國家社會，此類犯罪，個人得否同時為被害人，必須視法益性質而定，茲分述如下：

㈠單純性法益

此類犯罪單純保護國家社會法益，如偽證、湮滅證據等罪，個人並非犯罪直接被害人，不得提告訴。

㈡關聯性法益

此類犯罪行為，有數法益同時被侵害，且其中互相關聯，實體法上雖僅擇一保護，但在程序法上，仍得為犯罪被害人，個人得依第 319 條自訴或依第 232 條告訴。例如一把火燒數家，被害人可自訴或告訴。早期實務的意見（最高法院 18 年上字第 33 號判例）曾認為，**一狀誣告三人，誣告罪為妨害國家審判權之罪，僅能成立一誣告罪**，不過此號判例嗣後經最高法院 95 年度第 5 次刑事庭會議決議不再援用。因此，**依照最新實務意見，以一訴狀誣告數人，個人亦應得以提起公然侮辱罪或誹謗罪的自訴或告訴。**

【張麗卿，《刑事訴訟法理論與運用》，五南，十四版，2018.09，456 頁以下。】

❑ 實務見解

▶74 台上 1281（判例）

告訴乃論之罪，告訴人衹須表示訴究之意思為已足，不以明示其所告訴者為何項罪名為必要。告訴人在偵查中已一再表示要告訴，雖未明示其所告訴之罪名，但依其所陳述之事實，仍無礙於告訴之效力。

▶72 台上 629（判例）

犯罪之被害人得為告訴，刑事訴訟法第二百三十二條定有明文，依此規定被害人係未成年人，衹須有意思能力，即得告訴；而與同法第二百三十三條所規定之法定代理人之獨立告訴權，暨民法第七十六條，第七十八條所規定私法行為之法定代理，互不相涉。故原判決認被害人之法定代理人王枝華撤回告訴，與被害人之告訴，乃屬二事，即並不影響被害人之告訴。上訴人指屬違法，核與法律所定判決適用法則不當之情形，顯屬不相適合。

▶70 台上 6859（判例）

被害人之告訴權與被害人法定代理人之告訴權，各自獨立而存在。被害人提出告訴後，其法定代理人仍得獨立告訴，是以告訴乃論之罪，法定代理人撤回其獨立之告訴，於被害人已先提出之告訴，毫無影響，法院不得因被害人之法定代理人撤回其獨立告訴，而就被害人之告訴，併為不受理之判決。

第 233 條（獨立及代理告訴人）

Ⅰ被害人之法定代理人或配偶，得獨立告訴。

Ⅱ被害人已死亡者，得由其配偶、直系血親、三親等內之旁系血親、二親等內之姻親或家長、家屬告訴。但告訴乃論之罪，不得與被害人明示之意思相反。

❖ 法學概念

犯罪告訴權與被害告訴權

就告訴權取得原因不同，可分為犯罪告訴權與被害告訴權：

一、犯罪告訴權

犯罪告訴權係因犯罪嫌疑者犯罪而取得其告訴權，故其告訴權之有無，以「告訴時」的身分為準，此類告訴權並非犯罪直接被害而取得，例如：第 233 條（**此處所指之配偶為「被害人之配偶」**）、第 234 條第 4、5 項、第 235 條所規定的情形。

二、被害告訴權

被害告訴權係以被害人之地位，因而取得的告訴權，故其告訴權之有無，以「犯罪時」爲準。如第 232 條之被害人即屬之。而第 234 條第 1、2、3 項係因被害人之配偶犯妨害風化罪或婚姻家庭罪，因而本身成爲犯罪被害人而取得的告訴權，故第 234 條第 1、2、3 項所稱之「配偶」必是「犯罪人之配偶」。

【張麗卿，《刑事訴訟法理論與運用》，五南，十四版，2018.09，461 頁以下。】

第 234 條（專屬告訴人）

I 刑法第二百三十條之妨害風化罪，非左列之人不得告訴：

一　本人之直系血親尊親屬。

二　配偶或其直系血親尊親屬。

II 刑法第二百三十九條之妨害婚姻及家庭罪，非配偶不得告訴。

III 刑法第二百四十條第二項之妨害婚姻及家庭罪，非配偶不得告訴。

IV 刑法第二百九十八條之妨害自由罪，被略誘人之直系血親、三親等內之旁系血親、二親等內之姻親或家長、家屬亦得告訴。

V 刑法第三百十二條之妨害名譽及信用罪，已死者之配偶、直系血親、三親等內之旁系血親、二親等內之姻親或家長、家屬得爲告訴。

第 235 條（特定犯罪人之獨立告訴人）

被害人之法定代理人爲被告或該法定代理人之配偶或四親等內之血親、三親等內之姻親或家長、家屬爲被告者，被害人之直系血親、三親等內之旁系血親、二親等內之姻親或家長、家屬得獨立告訴。

第 236 條（代行告訴人）

I 告訴乃論之罪，無得爲告訴之人或得爲告訴之人不能行使告訴權者，該管檢察官得依利害關係人之聲請或依職權指定代行告訴人。

II 第二百三十三條第二項但書之規定，本條準用之。

第 236 條之 1（委任告訴代理人）

I 告訴，得委任代理人行之。但檢察官或司法警察官認爲必要時，得命本人到場。

II 前項委任應提出委任書狀於檢察官或司法警察官，並準用第二十八條及第三十二條之規定。

第 236 條之 2（代行告訴之人）

前條及第二百七十一條之一之規定，於指定代行告訴人不適用之。

第 237 條（告訴乃論之告訴期間）

I 告訴乃論之罪，其告訴應自得爲告訴之人知悉犯人之時起，於六個月內爲之。

II 得爲告訴人之有數人，其一人遲誤期間者，其效力不及於他人。

❑ 實務見解

▶ 28 上 919（判例）

刑事訴訟法第二百十六條第一項規定，告訴乃論之罪，應自知悉犯人之時起，於六個月內爲之，所稱知悉，係指確知犯人之犯罪行爲而言，如初意疑其有此犯行，而未得確實證據，及發見確實證據，始行告訴，則不得以告訴人前此之遲疑，未經申告，遂謂告訴爲逾越法定期間。

第 238 條（告訴乃論之撤回告訴）

I 告訴乃論之罪，告訴人於第一審辯論終結前，得撤回其告訴。

II 撤回告訴之人，不得再行告訴。

❑ 實務見解

▶ 院字第 1605 號（25.12.25）

縱容配偶與人通姦，告訴權即已喪失，不能因嗣後翻悔而回復。又所謂縱容，但有容許其配偶與人通姦之行爲即足。至相姦之人，原不必經其容許，故原舉兩問，均不得再行告訴。

▶ 70 台上 6859（判例）

被害人之告訴權對被害人法定代理人之告訴權，個獨立而存在，被害人提告訴後，其法定代理人仍得獨立告訴，是以告乃論之罪，法定代理人撤回其獨立之告訴，於被害人已先提出之告訴，無影響，法院不得因被害人之法定代理人撤回其獨立告訴，而就被害人告訴，併爲不受理之判決。

▶ 31 上 735（判例）

刑事訴訟法第二百十七條第一項所謂撤回告訴，係指合法之撤回而言，若無權撤回其撤回非出於自由之意思者，均不能發生撤回之效力。

▶ 26 渝上 1427（判例）

告訴人合法撤回其告訴後，固不得再行告訴，但有告訴權人爲數時，本得分別行使，其告訴權除撤回告訴人應受刑事訴訟法第二百十七條第二項之限制外，於其他有告訴權人之告訴，不生何種影響。

▶ 23 非 2（判例）

告訴乃論之罪經告訴人在第一審辯論終結前，將其告訴撤回者，法院始應諭知不受理之判決，若非告訴乃論之罪，雖告訴人回其告訴，法院並不受其拘束，仍應逕行審判。

第 239 條（告訴不可分原則）

告訴乃論之罪，對於共犯之一人告訴或撤回告訴者，其效力及於其他共犯。但刑法第二百三十九條之罪，對於配偶撤回告訴者，其效力不及於相姦人。

□ 實務見解

▶ 釋字第 791 號解釋理由書節錄（109.05.29）

憲法第七條保障人民之平等權，法規範所爲差別待遇，是否符合平等保障之要求，應視該差別待遇之目的是否合憲，及其所採取之分類與規範目的之達成間，是否存有一定程度之關聯性而定（本院釋字第六八二號、第七二二號、第七四五號及第七五〇號等解釋參照）。又法律爲貫徹立法目的，而設刑事追訴審判之規定時，如就必要共犯撤回告訴之效力形成差別待遇者，因攸關刑罰制裁，則須與立法目的間具有實質關聯，始與平等權保障無違。

系爭規定二明定：「刑法第二三九條之罪，對於配偶撤回告訴者，其效力不及於相姦人。」**所稱刑法第二三九條之罪，包括有配偶而與人通姦罪及相姦罪，性質上屬刑法必要共犯之犯罪，具犯罪成立之不可分關係**。系爭規定二**以撤回告訴之對象是否爲告訴人之配偶**爲分類標準，對通姦人撤回告訴之效力不及於相姦人；反之，對相姦人撤回告訴之效力則及於通姦人，亦即仍適用刑事訴訟法第二三九條前段規定，因而形成在必要共犯間，**僅相姦人受追訴處罰而通姦人不受追訴處罰之差別待遇**。是該差別待遇是否符合平等權保障，應視其與立法目的間是否具實質關聯而定。

爭規定二之立法考量，無非在於使爲顧全夫妻情義之被害配偶，得以經由對通姦配偶撤回告訴之方式，**促使其婚姻關係得以延續**。惟對通姦配偶撤回告訴之效力是否及於相姦人，與具體婚姻關係是否延續，並無實質關聯。**蓋被害配偶於決定是否對通姦配偶撤回告訴時，通常多已決定嗣後是否要延續其婚姻關係。後續之僅對相姦人追訴處罰，就被害配偶言，往往只具報復之效果，而與其婚姻關係之延續與否，欠缺實質關聯**。況在相姦人被追訴審判過程中，法院爲發現眞實之必要，向以證人身分傳喚通姦人到庭作證，進行交互詰問，以便法院對相姦人判處罪刑，相關事實並將詳載於刑事判決書，公諸於世。**此一追訴審判過程，可能加深配偶間婚姻關係之裂痕，對挽回配偶間婚姻關係亦未必有實質關聯。是系爭規定二對本應爲必要共犯之通姦人與相姦人，因其身分之不同而生是否追訴處罰之差異，致相姦人可能須最終單獨擔負罪責，而通姦人則毋須同時擔負罪責，此等差別待遇與上述立法目的間欠缺實質關聯，自與憲法第 7 條保障平等權之意旨有違**。

▶ 74 年度第 6 次刑事庭會議決議（74.06.11）

告訴乃論之罪，於第一審辯論終結前，得撤回其告訴，及告訴不可分之原則，均規定於刑事訴訟法第二編第一章第一節「偵查」之第二百三十八條及第二百三十九條，在審判中既得撤回其告訴，其及於共犯之效力，應無偵查中或審判中之分。況撤回告訴乃撤回所告訴之犯罪事實，祇對審判中之一人因撤回告訴諭知不受理，而仍就偵查中其他共犯追訴，情法亦難持平，自不能因其係在偵中或審判中撤回其告訴而異其效果。故在第一審辯論終結前撤回告訴者，其效力亦應及偵查中之其他共犯。

▶ 21 非 141（判例）

牽連犯之部分爲親告罪，而該部分因撤回告訴，欠缺訴追條件者，則僅就其餘部分爲實體上之裁判欠缺訴追條件者，則僅就其餘部分爲實體上之裁判爲已足，毋庸更就其親告罪部分爲不受理之判決，此乃牽連犯公訴單一之當然結果。

第 240 條（權利告發）
不問何人知有犯罪嫌疑者，得爲告發。

第 241 條（義務告發）
公務員因執行職務知有犯罪嫌疑者，應爲告發。

第 242 條（告訴之程式）

I 告訴、告發，應以書狀或言詞向檢察官或司法警察官爲之；其以言詞爲之者，應製作筆錄。爲便利言詞告訴、告發，得設置申告鈴。

II 檢察官或司法警察官實施偵查，發見犯罪事實之全部或一部係告訴乃論之罪而未經告訴者，於被害人或其他得爲告訴之人到案陳述時，應訊問其是否告訴，記明筆錄。

III 第四十一條第二項至第四項及第四十三條之規定，於前二項筆錄準用之。

□ 實務見解

▶ 73 台上 4314（判例）

告訴乃論之罪，被害人未向檢察官或司法警察官告訴，**在法院審理中，縱可補爲告訴，仍應向檢察官或司法警察官爲之，然後再由檢察官或司法警察官將該告訴狀或言詞告訴之筆錄補送法院，始得謂合法告訴。如果被害人不向檢察官或司法警察官提出告訴**，而逕向法院表示告訴，即非合法告訴。本件被害人於偵查中就上訴人過失傷害部分，迄未向檢察官或司法警察官提出告訴，迨第一審法院審理中，始當庭以言詞向該法院表示告訴，依前開說明，本件告訴自非合法。上訴人所犯過失傷害部分，尚欠缺訴追要件，即非法院所得受理審判。

第 243 條（請求之程序）

I 刑法第一百十六條及第一百十八條請求乃論之罪，外國政府之請求，得經外交部長函請司法行政最高長官令知該管檢察官。

II 第二百三十八條及第二百三十九條之規定，於外國政府之請求準用之。

第 244 條（自首準用告訴之程序）

自首向檢察官或司法警察官為之者，準用第二百四十二條之規定。

第 245 條（偵查不公開或揭露原則）

I 偵查，不公開之。

II 被告或犯罪嫌疑人之辯護人，得於檢察官、檢察事務官、司法警察官或司法警察訊問該被告或犯罪嫌疑人時在場，並得陳述意見。但有事實足認其在場有妨害國家機密或有湮滅、偽造、變造證據或勾串共犯或證人或妨害他人名譽之虞，或其行為不當足以影響偵查秩序者，得限制或禁止之。

III 檢察官、檢察事務官、司法警察官、司法警察、辯護人、告訴代理人或其他於偵查程序依法執行職務之人員，除依法令或為維護公共利益或保護合法權益有必要者外，偵查中因執行職務知悉之事項，不得公開或揭露予執行法定職務必要範圍以外之人員。

IV 偵查中訊問被告或犯罪嫌疑人時，應將訊問之日、時及處所通知辯護人。但情形急迫者，不在此限。

V 第一項偵查不公開作業辦法，由司法院會同行政院定之。

❖ 法學概念

偵查不公開原則

一、概念

此原則一方面在於維持偵查效率之考量，亦即防止因偵查內容之外洩而導致湮滅證據或勾串、偽證等，影響偵查進行之不利情事發生。另一方面，係基於當事人及關係人名譽之保護。蓋因犯罪嫌疑人在未經法院依證據認定有罪之前應受無罪推定（§154 I）。是故，偵查不公開之原則亦有將其稱為「名譽保護原則」（例如白曉燕案中，媒體之種種舉動驚動了綁匪，終將被害者撕票逃逸。嗣後，警方在偵辦此案時，媒體記者仍然不放過任何辦案訊息，並且將警方之辦案方向、警力佈署、計畫、查緝重點等一一透過媒體傳述、喊話、渲染。媒體諸如此類之犯罪報導對被害人而言，名譽之保護受傷頗鉅）。而刑事訴訟法第 245 條第 2 項但書所謂「行為不當足以影響偵查秩序」，在解釋上，最大盲點在於語意過於模糊，實務上容易因基於偵查不公開之原則，而限制辯護人在場權。然「影響偵查秩序」與偵查不公開無關，乃係指辯護人的行為足以影響偵查的進行，例如大聲吵鬧等行為。因此，在解釋上應予以限縮，偵查機關在適用上不能以辯護人在場就會影響對於犯罪嫌疑人的偵訊為由，而限制辯護人在場、陳述意見。尤其是事前限制更不應容許，蓋既尚未偵訊就無從產生其行為不當足以影響偵查秩序之可能。

二、目的

此原則包括四大目的：㈠防止被告逃亡，確保犯罪偵查程序之順利進行，以保護社會秩序；㈡保障犯罪嫌疑人之名譽與信用，避免嗣後獲不起訴處分之犯罪嫌疑人於犯罪偵查期間遭受名譽損害；㈢保障審判獨立，避免影響法官心證；㈣避免證人因於偵查中作證指控而遭受不必要的騷擾。

【黃朝義，《刑事訴訟法》，新學林，五版，2017.09，148 頁以下；王兆鵬、張明偉、李榮耕，《刑事訴訟法（上）》，新學林，四版，2018.09，647 頁。】

三、第 245 條第 3 項除外規定的解釋

由於偵查不公開原則旨在保障偵查之效能及案件當事人或關係人之權益，故其本質上並非絕對不受限制之原則。既然偵查不公開並不是絕對不可違反的義務，故於第 245 條第 3 項除外之情形中，縱有洩漏偵查資訊之情事，亦無受處罰之必要，在解釋上應分別就偵查人員、辯護人等不同角色定位及行使權利的性質不同，分別討論：

㈠ 偵查人員

偵查人員若擅自舉行記者會宣布案情的內容，如有屬於應秘密之事項，又無正當化事由者，自可成立刑法第 132 條第 1 項之洩漏公務秘密罪。

㈡ 辯護人

如司法警察偵破刑案，舉行記者會宣布案情的內容屬於應秘密之事項者，就辯護人而言，遇有下述情形為平衡報導、回復嫌疑人或被告合法權益得為自辯：***1.* 指摘或批評實施偵查違反法定程序之違法或不當者。*2.* 有利於被告之證據，經請求偵查機關調查未果，為行使被告防禦之必要，需公開揭露一定偵查資訊，以蒐集保全有利證據者。*3.* 因偵查機關先行公開揭露偵查資訊，致嫌疑人或被告有受不公平審判之虞。**亦即，辯護人為維護被告訴訟上之防禦權益或合法權益，在不涉及串證或湮滅、偽造或變造證據的界限範圍內，得適度公開揭露相關的偵查資訊。上開處理原則，至於起訴後辯護人透過閱卷取得相關的偵查卷證資料，得否公開揭露，應做同一解釋。

因此同條項但書規定之解釋，有關偵訊中限制辯護人在場提供法律援助之例外情形，應係指

當在場之辯護人提供法律援助的方式已達到干擾偵查人合法偵訊的情況下，例如律師代替犯嫌回答偵訊人員之問題等，即屬「行爲不當足以影響偵查秩序者」，始得例外地限制辯護人在場提供法律援助的權利。

【陳運財，〈辯護人偵訊在場權之理論與實際〉，收錄於《法務部廖正豪前部長七秩華誕祝壽論文集：刑事訴訟法卷》，五南，初版，2016.07，78 頁。】

㈢新聞媒體

新聞媒體從業人員採訪及報導犯罪事件，本**屬其表現自由的方式及滿足國民知的權利的保障範圍，並非刑事訴訟法第 245 條第 3 項所定守密義務之主體**。惟新聞從業人員對於偵查中應秘密之事項，關於新聞媒體報導偵查資訊是否適當的判斷標準，本項規定所列的除外事由，亦可作爲新聞媒體報導的權衡依據。倘有唆使或協助偵查人員洩漏或交付之行爲者，依刑法第 31 條第 1 項，仍有可能成立刑法第 132 條第 1 項之不具身分關係之共犯。

【陳運財，〈檢警關係定位問題之研究〉，收錄於《偵查與人權》，元照，初版，2014.04，88 頁以下。】

四、九月政爭

在 2013 年「九月政爭」中，檢察總長針對偵查中個案直接向總統報告案情，顯然逾越其作爲最高檢察機關首長的法定地位與職權。理由在於，一方面，檢察總長由總統提名經立法院同意任命，並受任期保障，具有獨立性，除了如同檢察官獨立於法院之外，也獨立於任何其他機關，檢察總長作爲最高檢察首長，針對個案的偵查與起訴，並不向任何其他機關負責，自無針對個案向總統報告之理。此外，根據通訊保障及監察法第 18 條的規定，**檢察總長不得將監察通訊所得資料提供給其他機關（構）、團體或個人，其他機關自然包含總統在內**，因此即使是監聽所得內容是屬於「行政調查」的資料，**檢察總長亦不得讓屬於「其他機關」的馬總統知悉**，否則將坐實總統指揮或是干涉偵查中案件的權力，而有違權力的分立與制衡。

【張嘉尹，〈誰跨過了憲政主義的邊界？—「九月政爭」的憲法學詮釋〉，《台灣法學雜誌》，第 234 期，2013.10，7 頁。】

至於檢察總長援引憲法第 44 條「總統之院際調解權」，做爲偵查不公開例外的依據，應屬風馬牛不相及的無稽之談。蓋，**所謂院與院間之爭執，應限於「政治性質」之爭議，職故，此一「院與院間之爭執」應係一種「政治層面」而非「法律層面」的爭執**，因爲後者屬於憲法上的爭議，應由司法院大法官予以處理。

【李惠宗，《憲法要義》，元照，七版，2015.09，540 頁；吳信華，《憲法釋論》，三民，二版，2018.09，573 頁。】

而檢察官的刑事偵查、起訴、實行公訴與執行，**應該從「法律」的角度來思考，而非依從上級的指示觀點**，即便在有裁量空間的便宜原則適用的問題，也應依法律所容許的目的範圍內思考其運用，絕對不能從政治鬥爭的幫手角度來思考問題，也不應考量與刑事法律之實現無所關連之政治目的。

【許澤天，〈政海浮沉中的檢察官定位危機與轉機〉，《台灣法學雜誌》，第 234 期，2013.10，22 頁。】

從司法院頒布的「偵查不公開作業辦法」，第 8 及 9 條來看，本書認爲，所謂「爲維護公共利益或保護合法權益有必要者」，應係指與「社會治安」密切相關的公共利益及必要性而言，至於「行政不法」、政治人物的道德瑕疵，應不構成偵查不公開原則的例外。

綜上所述，檢評會在 2013 年 12 月 14 日公布的新聞稿指出，檢察總長及特偵組就「違法公開監聽譯文」、「洩密」的部分成立，不得援引「爲維護公共利益或保護合法權益有必要者」之規定及憲法第 44 條阻卻違法的見解，值得肯定。

本案經起訴後，法院認爲：「**政治責任與行政不法責任不應混淆**，因行政不法責任之追究須依法定之程序，經調查相關證據甚而使被調查人有答辯之機會，始能予以認定、究責；而政治責任則屬總統、行政院長任免閣員之權限，因應社會情勢所爲者，乃政府機關因應社會之措施，至於究責有無行政不法責任，並非其決定考量政治責任之必要因素。另，上開所辯理由僅因法務部長涉案，即逕謂行政院亦有涉入本案，故必須逕向總統馬英九報告，該推論方式顯有偏頗，難以採認（臺北地院 102 年度矚易字第 1 號判決）。本書認爲，上開見解，符合憲法學理，立論正確。

第 246 條（就地訊問被告）
遇被告不能到場，或有其他必要情形，得就其所在訊問之。

第 247 條（偵查之輔助—該管機關）
關於偵查事項，檢察官得請該管機關爲必要之報告。

第 248 條（人證之訊問及詰問）
Ⅰ訊問證人、鑑定人時，如被告在場者，被告得親自詰問；詰問有不當者，檢察官得禁止之。
Ⅱ預料證人、鑑定人於審判時不能訊問者，應命被告在場。但恐證人、鑑定人於被告前不能自由陳述者，不在此限。

第 248 條之 1（偵查中被害人受訊問或詢問之陪同人在場及陳述意見）

Ⅰ被害人於偵查中受訊問或詢問時，其法定代理人、配偶、直系或三親等內旁系血親、家長、家屬、醫師、心理師、輔導人員、社工人員或其信賴之人，經被害人同意後，得陪同在場，並得陳述意見。

Ⅱ前項規定，於得陪同在場之人為被告，或檢察官、檢察事務官、司法警察官或司法警察認其在場，有礙偵查程序之進行時，不適用之。

第248條之2（偵查中之移付調解及轉介修復式司法程序）

Ⅰ檢察官於偵查中得將案件移付調解；或依被告及被害人之聲請，轉介適當機關、機構或團體進行修復。

Ⅱ前項修復之聲請，被害人無行為能力、限制行為能力或死亡者，得由其法定代理人、直系血親或配偶為之。

第248條之3（偵查中之隱私保護及隔離措施）

Ⅰ檢察官於偵查中應注意被害人及其家屬隱私之保護。

Ⅱ被害人於偵查中受訊問時，檢察官依被害人之聲請或依職權，審酌案件情節及被害人之身心狀況後，得利用遮蔽設備，將被害人與被告、第三人適當隔離。

Ⅲ前二項規定，於檢察事務官、司法警察官或司法警察調查時，準用之。

第249條（偵查之輔助—軍民）

實施偵查遇有急迫情形，得命在場或附近之人為相當之輔助。檢察官於必要時，並得請附近軍事官長派遣軍隊輔助。

第250條（無管轄權時之通知與移送）

檢察官知有犯罪嫌疑而不屬其管轄或於開始偵查後認為案件不屬其管轄者，應即分別通知或移送該管檢察官。但有急迫情形時，應為必要之處分。

第251條（公訴之提起）

Ⅰ檢察官依偵查所得之證據，足認被告有犯罪嫌疑者，應提起公訴。

Ⅱ被告之所在不明者，亦應提起公訴。

❖ 法學概念

公訴

所謂公訴者，乃檢察官依偵查所得之證據，足認為被告有犯罪嫌疑者，應提起之。以彈劾原則觀點，檢察官憑信其主觀的嫌疑認定，客觀的嫌疑證據顯現於起訴書中，向該管法院提起公訴，應說明起訴之犯罪事實範圍與對象為何。另一方面，同一案件，法院如要變更起訴法條起訴中限定被告的具體犯罪類型，法院同時亦受到起訴書的限制（§300）。

【陳宏毅、林朝雲，《刑事訴訟法新理論與實務》，五南，初版，2015.02，401頁。】

第252條（絕對不起訴處分）

案件有左列情形之一者，應為不起訴之處分：

一　曾經判決確定者。
二　時效已完成者。
三　曾經大赦者。
四　犯罪後之法律已廢止其刑罰者。
五　告訴或請求乃論之罪，其告訴或請求已經撤回或已逾告訴期間者。
六　被告死亡者。
七　法院對於被告無審判權者。
八　行為不罰者。
九　法律應免除其刑者。
十　犯罪嫌疑不足者。

第253條（相對不起訴案件）

第三百七十六條第一項各款所規定之案件，檢察官參酌刑法第五十七條所列事項，認為以不起訴為適當者，得為不起訴之處分。

❖ 法學概念

相對不起訴處分

蓋檢察官提起公訴不僅是依犯罪的嫌疑及所蒐集到的證據尚且參酌犯罪人格、年齡、境遇和犯行輕重、犯罪後的情形，來考量有無提起公訴之必要，此種檢察官起訴裁量權的方式一般稱為起訴便宜主義。此乃各國刑訴共通原則，德國刑事訴訟法第153條以下亦規定因犯行輕微或以不起訴為適當及領域犯罪的情形，基於便宜的相關機制，檢察官得不予追訴。

【三井 誠、酒巻 匡，《入門刑事手続法》，新學林，四版二刷，2007.01，86頁；Greco, Strafprozesstheorie und materielle Rechtskraft, 2015, S. 825 ff.】

第253條之1（緩起訴處分之適用範圍及期間）

Ⅰ被告所犯為死刑、無期徒刑或最輕本刑三年以上有期徒刑以外之罪，檢察官參酌刑法第五十七條所列事項及公共利益之維護，認以緩起訴為適當者，得定一年以上三年以下之緩起訴期間為緩起訴處分，其期間自緩起訴處分確定之日起算。

Ⅱ追訴權之時效，於緩起訴之期間內，停止進行。

Ⅲ刑法第八十三條第三項之規定，於前項之停止原因，不適用之。
IV第三百二十三條第一項但書之規定，於緩起訴期間，不適用之。

❖ 法學概念

緩起訴

一、概念

即檢察官暫緩起訴之處分，或者說是一種附條件的便宜不起訴處分，待「條件成就」之後處分才會確定，「處分確定」之後被告終局才能獲得不起訴之利益（§253-3、§260）。

二、類型

緩起訴之最大效用在有效疏解訟源。爲避免檢察官濫權，亦設計交付審判之監督機制（交付審判）。其類型有二：即「單純緩起訴」（§253-1）及「附條件之緩起訴」（§253-2）。

三、要件

緩起訴案件之範圍限於「死刑、無期徒刑、最輕本刑三年以上有期徒刑以外之罪／檢察官參酌刑法第57條所列事項及公共利益之維護」，得爲緩起訴處分。此外，並應參考刑法有關緩刑之規定，得定一至三年之緩起訴期間（§253-1Ⅰ）。

在導入緩起訴制度之同時，除考慮其監督機制外，併應顧及其他相關之制度。檢察官可以選擇多種之方式終結案件，如何避免相同案件做不同之處理即產生疑問。且所謂「參酌刑法第57條所列事項及公共利益之維護」似乎太過於抽象、模糊，欠缺一客觀之標準，檢察官如何操作恐係一大難題。針對於此，有學者指出，所稱「參酌刑法第57條」，即是檢察官考慮是否爲緩起訴時，應僅限於審酌各款後認爲被告罪責輕微之情形；否則，縱使屬於得爲緩起訴之案件，但若被告罪責重大，如犯罪動機卑劣且手段殘忍者，就不應爲緩起訴處分。而關於「公共利益的維護」係指有無起訴之公共利益，必須從政策的觀點去了解，非僅考慮特別預防的問題，尚須兼顧一般預防的觀點。例如，商店竊盜或交通事故所造成的輕微傷害，如果這些犯罪有顯著升高的跡象，可認爲有公共的起訴利益。更精確地說係指是否違反追訴之公共利益，主要是考慮一般民眾對該緩起訴處分之觀感。

四、期間

緩起訴期間有三個時點：㈠是檢察官爲緩起訴的決定時；㈡是緩起訴的確定時，因爲緩起訴後可能還有再議或交付審判程序後才能確定；㈢是緩起訴形式確定後，所課予的負擔或指示履行完成，在緩起訴期間經過前未被撤銷所有條件成就時才發生最終的實質確定力（§260）。

五、效力

㈠追訴權時效停止

追訴權之時效，於緩起訴之期間內，停止進行。刑法第83條第3項之規定，於前項之停止原因，不適用之（§253-1Ⅱ、Ⅲ）。

㈡排除自訴之效力

刑訴法第323條第1項但書之規定，於緩起訴期間，不適用之（§253-1Ⅳ）。蓋爲貫徹「緩起訴」制度之立法意旨及公訴優先之立法政策，緩起訴期間自宜排除自訴之效力。

另值得注意的是，所謂「緩起訴期間」，其起算點應指「檢察官爲緩起訴處分後」，而非「緩起訴處分確定後」。蓋因，如此一來始能完全貫徹「公訴優先」之立法意旨，且避免案件於再議期間久懸而未決。

【黃朝義，《刑事訴訟法》，新學林，五版，2017.09，389頁以下；張麗卿，《刑事訴訟法理論與運用》，五南，十四版，2018.09，481頁以下；林鈺雄，《刑事訴訟法（下）》，新學林，八版，2017.09，151頁以下。】

❖ 法學概念

「不起訴」與「緩起訴」處分之比較

一、就犯罪情節而言

犯罪情節較重者應處以緩起訴；較輕者則處以不起訴。

二、得否再訴的原因不同

緩起訴尚有可能因法定情形撤銷（§253-3）；而不起訴處分，除非發現新事證，或有刑訴法第420條第1項第1、2、4或5款所定得爲再審原因之情形者（§260），則不得再行起訴。

三、職權逕送再議之條件不同

職權逕送再議於不起訴處分僅限於死刑、無期徒刑或最輕本刑三年以上有期徒刑之案件，但限犯罪嫌疑不足者，方有適用（§256Ⅲ）；至於緩起訴則無此限制。

四、確定時點不同

不起訴處分的形式確定力與實質確定力發生的時點相同；但是緩起訴則否，因爲緩起訴處分確定之後，雖然具有形式確定力，但是須經一至三年的猶豫期間，若猶豫期間屆滿，緩起訴未被撤銷才有實質確定力。

【張麗卿，《刑事訴訟法理論與運用》，五南，十四版，2018.09，491頁以下。】

第253條之2（緩起訴得命被告履行規定）
Ⅰ檢察官爲緩起訴處分者，得命被告於一定期間內遵守或履行下列各款事項：
一　向被害人道歉。
二　立悔過書。
三　向被害人支付相當數額之財產或非財產上之損害賠償。
四　向公庫支付一定金額，並得由該管檢察署依規定提撥一定比率補助相關公益團體或地方自治團體。
五　向該管檢察署指定之政府機關、政府機構、行政法人、社區或其他符合公益目的之機構或團體提供四十小時以上二百四十小時以下之義務勞務。
六　完成戒癮治療、精神治療、心理輔導或其他適當之處遇措施。
七　保護被害人安全之必要命令。
八　預防再犯所為之必要命令。

II 檢察官命被告遵守或履行前項第三款至第六款之事項，應得被告之同意；第三款、第四款並得為民事強制執行名義。

III 第一項情形，應附記於緩起訴處分書內。

IV 第一項之期間，不得逾緩起訴期間。

V 第一項第四款提撥比率、收支運用及監督管理辦法，由行政院會同司法院另定之。

第 253 條之 3（緩起訴處分之撤銷）

I 被告於緩起訴期間內，有左列情形之一者，檢察官得依職權或依告訴人之聲請撤銷原處分，繼續偵查或起訴：
一　於期間內故意更犯有期徒刑以上刑之罪，經檢察官提起公訴者。
二　緩起訴前，因故意犯他罪，而在緩起訴期間內受有期徒刑以上刑之宣告者。
三　違背第二百五十三條之二第一項各款之應遵守或履行事項者。

II 檢察官撤銷緩起訴之處分時，被告已履行之部分，不得請求返還或賠償。

□ 實務見解

▶100 年度第 1 次刑事庭會議決議（100.03.15）

刑十一庭提案：檢察官對於「初犯」及「五年後再犯」施用毒品案件，依毒品危害防制條例第二十四條第一項規定為附命完成戒癮治療之緩起訴處分，嗣該緩起訴處分被撤銷確定，依同條第二項規定：「前項緩起訴處分，經撤銷者，檢察官應依法追訴」，究應直接予以起訴（或聲請簡易判決處刑）？抑或再聲請觀察勒戒？

決議：採甲說：**直接予以起訴**（或聲請簡易判決處刑）。

毒品危害防制條例對於施用第一、二級毒品者，認其係具有「病患性犯人」之特質，採行觀察、勒戒以戒除其身癮之措施。犯同條例第十條之罪者，依同條例第二十條、第二十三條之規定，將其刑事處遇程序，區分為「初犯」及「五年內再犯」、「五年後再犯」。依其立法理由之說明：「初犯」，始須經觀察、勒戒；經觀察、勒戒執行完畢釋放後，「五年內再犯」者，因其再犯率甚高，原實施之觀察、勒戒既已無法收其實效，應依法追訴。至於經觀察、勒戒執行完畢釋放後，「五年後再犯」者，前所實施之觀察、勒戒已足以遮斷其施用毒品之毒癮，為期自新及協助其斷除毒癮，仍適用「初犯」規定，先經觀察、勒戒之程序。於此，僅限於「初犯」及「五年後再犯」二種情形，始應先經觀察、勒戒程序。復按毒品危害防制條例第二十四條規定本法第二十條第一項及第二十三條第二項之程序，於檢察官先依刑事訴訟法第二百五十三條之一第一項、第二百五十三條之二之規定，為附命完成戒癮治療之緩起訴處分時，或於少年法院（地方法院少年法庭）認以依少年事件處理法程序處理時，不適用之（第一項）。前項緩起訴處分，經撤銷者，檢察官應依法追訴（第二項）。係一般刑事訴訟程序之例外規定，屬刑事訴訟法第一條第一項規定之「其他法律所定之訴訟程序」。該第二項既規定，**前項（第一項）緩起訴處分，經撤銷者，檢察官應依法追訴，即已明示施用毒品案件於撤銷緩起訴處分後之法律效果為「依法追訴」，而非適用刑事訴訟法第二百五十三條之三所定撤銷緩起訴處分後得「繼續偵查或起訴」規定，此乃因檢察官已依毒品危害防制條例第二十四條第一項為附命完成戒癮治療之緩起訴處分，被告事實上已接受等同「觀察、勒戒」之處遇，惟其竟未能履行該條件，自應於撤銷緩起訴處分後依法起訴，而無再次聲請法院裁定觀察、勒戒之必要。**

第 254 條（相對不起訴處分—於執行刑無實益）

被告犯數罪時，其一罪已受重刑之確定判決，檢察官認為他罪雖行起訴，於應執行之刑無重大關係者，得為不起訴之處分。

第 255 條（不起訴處分之程序）

I 檢察官依第二百五十二條、第二百五十三條、第二百五十三條之一、第二百五十三條之三、第二百五十四條規定為不起訴、緩起訴或撤銷緩起訴或因其他法定理由為不起訴處分者，應製作處分書敘述其處分之理由。但處分前經告訴人或告發人同意者，處分書得僅記載處分之要旨。

II 前項處分書，應以正本送達於告訴人、告發人、被告及辯護人。緩起訴處分書，並應送達與遵守或履行行為有關之被害人、機關、團體或社區。

III 前項送達，自書記官接受處分書原本之日起，不得逾五日。

□ 實務見解

▶ 院字第 2292 號（31.02.04）

告訴乃論之罪，經告訴人向司法警察官告訴後，旋復撤回，即應生效，按照刑事訴訟法第二百十七條第二項該告訴人不得再行告訴，嗣後如再向檢察官告訴，檢察官應依同法第二百三十四條第一項予以不起訴處分，本院院字第一三四五號關於該部分之解釋，應予變更。

第 256 條（再議之聲請及期間）

I 告訴人接受不起訴或緩起訴處分書後，得於十日內以書狀敘述不服之理由，經原檢察官向直接上級檢察署檢察長或檢察總長聲請再議。但第二百五十三條、第二百五十三條之一之處分曾經告訴人同意者，不得聲請再議。

II 不起訴或緩起訴處分得聲請再議者，其再議期間及聲請再議之直接上級檢察署檢察長或檢察總長，應記載於送達告訴人處分書正本。

III 死刑、無期徒刑或最輕本刑三年以上有期徒刑之案件，因犯罪嫌疑不足，經檢察官為不起訴之處分，或第二百五十三條之一之案件經檢察官為緩起訴之處分者，如無得聲請再議之人時，原檢察官應依職權逕送直接上級檢察署檢察長或檢察總長再議，並通知告發人。

❑ 實務見解

▶ 院字第 1576 號（25.11.17）

刑事訴訟法第二百五十六條第一項之告訴人，係指有告訴權人，且實行告訴之人，但告訴人係對於原檢察官認為其無告訴權，而予以不起訴處分，聲請再議時，原檢察官不宜以無聲請之權，逕予駁回。

第 256 條之 1（聲請再議—撤銷緩起訴處分）

I 被告接受撤銷緩起訴處分書後，得於十日內以書狀敘述不服之理由，經原檢察官向直接上級檢察署檢察長或檢察總長聲請再議。

II 前條第二項之規定，於送達被告之撤銷緩起訴處分書準用之。

第 257 條（聲請再議—原檢察官檢察長）

I 再議之聲請，原檢察官認為有理由者，應撤銷其處分，除前條情形外，應繼續偵查或起訴。

II 原檢察官認聲請為無理由者，應即將該案卷宗及證物送交上級法院檢察署檢察長或檢察總長。

III 聲請已逾前二條之期間者，應駁回之。

IV 原法院檢察署檢察長認為必要時，於依第二項之規定送交前，得親自或命令他檢察官再行偵查或審核，分別撤銷或維持原處分；其維持原處分者，應即送交。

第 258 條（聲請再議—上級檢察長）

上級法院檢察署檢察長或檢察總長認再議為無理由者，應駁回之；認為有理由者，第二百五十六條之一之情形應撤銷原處分，第二百五十六條之情形應分別為左列處分：

一 偵查未完備者，得親自或命令　他檢察官再行偵查，或命令原　法院檢察署檢察官續行偵查。

二 偵查已完備者，命令原法院檢察署檢察官起訴。

第 258 條之 1（不服駁回處分之聲請交付審判）

I 告訴人不服前條之駁回處分者，得於接受處分書後十日內委任律師提出理由狀，向該管第一審法院聲請交付審判。

II 律師受前項之委任，得檢閱偵查卷宗及證物並得抄錄或攝影。但涉及另案偵查不公開或其他依法應予保密之事項，得限制或禁止之。

III 第三十條第一項之規定，於前二項之情形準用之。

❑ 實務見解

▶ 109 台抗 116△（裁定）

刑事訴訟法於民國九十一年二月八日修正公布增訂第二五八條之一至第二五八條之四關於交付審判制度之規定，就檢察官駁回不起訴、緩起訴再議之處分，告訴人不服者，賦予其得委任律師向法院聲請交付審判之權，由法院介入審查檢察官不起訴、緩起訴處分之當否。法院受理交付審判之程序，除法律別有規定外，適用刑事訴訟法第二編第一章第三節有關審判程序之規定，**是以交付審判程序，是一種起訴前之外部監督程序，而阻斷檢察官不起訴處分、緩起訴處分之確定，固非延續檢察官之偵查，究其實質仍具有類似偵查之性格，為保障被告及關係人之隱私，並貫徹偵查不公開之原則，倘法無明文，告訴人委任之律師即無法透過閱卷瞭解案情及證據資料，難以提出理由狀**。從而，九十二年二月六日修正公布刑事訴訟法第二五八條之一增訂第二項規定：「律師受前項之委任，得檢閱偵查卷宗及證物並得抄錄或攝影。但涉及另案偵查不公開或其他依法應予保密之事項，得限制或禁止之。」採取原則容許告訴人委任之律師閱卷而例外禁止之規定。**固然，該條項法文並未明定由法院抑或檢察官為審核准駁、限制或禁止受任律師之偵查閱卷權，但檢察官係偵查主體，熟知卷證與偵查動態，由檢察官權衡是否涉及另案偵查不公開或有其他依法應予保密等情事，定其准駁或閱卷之範圍，自屬允當**。其立法理由即載明檢察官得予以限制或禁止受任律師之偵查閱卷權，立法者已隱約表示係由檢察官為准駁。再觀諸同條第三項增訂規定：「第三十條第一項之規定，於前二項之情形準用之。」亦即為律師受任聲請交付審判及檢閱偵查卷證，均須提出委任狀之程序規定，其立法理由更明白揭示：「委任律師聲請法院將案件交付審判，應向法院提出委任書狀，受委任之律師聲請檢閱偵查卷宗及證物，亦應向該管檢察署檢察官提出委任書狀，以便查考」，因提出委任書狀乃對法院、檢察署之訴訟行為，發生選任之效力，受委任之律師如欲行使偵查卷證之閱卷權，既應向該管檢察署檢察官提出委任書狀，顯係另一獨立之訴訟行為，自非附隨於交付審判之程序權，亦非對檢察官為事實上通知而已，由此可知，受**委任之律師聲請檢閱偵查卷證，應向該管檢察署檢察官為之，乃係無待法條明文規定之當然解釋**。酌以配合上開增訂條文而修正之司法院發布之法院辦理刑事訴訟案件應行注意事項第一三五點規定：「律師受告訴人委任聲請交付審判，如欲檢閱、抄錄或攝影偵查卷宗及證物，不論是否已向法院提出理由狀，均應向該管檢察署檢察官聲請之」，及法務部發布之檢察機關律師閱卷要點第二點亦配合修正：「律師因受委任聲請交付審判、再審或非常上訴，得就駁回處分、判決確定之刑事案件及相關聯之不起訴、緩起訴處分確定案件向保管該案卷之檢察機關聲請閱卷。但涉及另案偵查不公開或其他依法應予保密之事項，得限制或禁止之。」均同此意旨，係依循法律之當然結果，不待煩言。

第 258 條之 2（撤回交付審判之聲請）

Ⅰ交付審判之聲請，於法院裁定前，得撤回之，於裁定交付審判後第一審辯論終結前，亦同。

Ⅱ撤回交付審判之聲請，書記官應速通知被告。

Ⅲ撤回交付審判聲請之人，不得再行聲請交付審判。

第 258 條之 3（聲請交付審判之裁定）

Ⅰ聲請交付審判之裁定，法院應以合議行之。

Ⅱ法院認交付審判之聲請不合法或無理由者，應駁回之；認為有理由者，應為交付審判之裁定，並將正本送達於聲請人、檢察官及被告。

Ⅲ法院為前項裁定前，得為必要之調查。

Ⅳ法院為交付審判之裁定時，視為案件已提起公訴。

Ⅴ被告對於第二項交付審判之裁定，得提起抗告；駁回之裁定，不得抗告。

第 258 條之 4（交付審判程序之準用）

交付審判之程序，除法律別有規定外，適用第二編第一章第三節之規定。

第 259 條（不起訴處分對羈押之效力）

Ⅰ羈押之被告受不起訴或緩起訴之處分者，視為撤銷羈押，檢察官應將被告釋放，並應即時通知法院。

Ⅱ為不起訴或緩起訴之處分者，扣押物應即發還。但法律另有規定、再議期間內、聲請再議中或聲請法院交付審判中遇有必要情形，或應沒收或為偵查他罪或他被告之用應留存者，不在此限。

第 259 條之 1（宣告沒收之申請）

檢察官依第二百五十三條或第二百五十三條之一為不起訴或緩起訴之處分者，對刑法第三十八條第二項、第三項之物及第三十八條之一第一項、第二項之犯罪所得，得單獨聲請法院宣告沒收。

第 260 條（不起訴處分或緩起訴處分之效力—再行起訴）

不起訴處分已確定或緩起訴處分期滿未經撤銷者，非有左列情形之一，不得對於同一案件再行起訴：

一　發現新事實或新證據者。

二　有第四百二十條第一項第一款、第二款、第四款或第五款所定得為再審原因之情形者。

❖ 法學概念

認定同一案件之機能

一、定已否起訴及是否為起訴效力所及。

二、定可否變更起訴法條。

三、定禁止二重起訴之範圍。

四、定既判力範圍。

【林俊益，《刑事訴訟法概論（上）》，新學林，十八版，2018.09，162 頁以下。】

❑ 實務見解

▶94 台非 215（判例）

刑事訴訟法為配合由職權主義調整為改良式當事人進行主義，乃採行起訴猶豫制度，於同法增訂第二百五十三條之一，許由檢察官對於被告所犯為死刑、無期徒刑或最輕本刑三年以上有期徒刑以外之罪之案件，得參酌刑法第五十七條所列事項及公共利益之維護，認為適當者，予以緩起訴處分，期間為一年以上三年以下，以觀察犯罪行為人有無施以刑法所定刑事處罰之必要，為介於起訴及微罪職權不起訴間之緩衝制度設計。**其具體效力依同法第二百六十條規定，於緩起訴處分期滿未經撤銷者，非有同條第一款或第二款情形之一，不得對於同一案件再行起訴，即學理上所稱之實質確定力。足見在緩起訴期間內，尚無實質確定力可言**。且依第二百六十條第一款規定，於不起訴處分確定或緩起訴處分期滿未經撤銷者，仍得以發現新事實或新證據爲由，對於同一案件再行起訴。本於同一法理，在緩起訴期間內，倘發現新事實或新證據，而認已不宜緩起訴，又無同法第二百五十三條之三第一項所列得撤銷緩起訴處分之事由者，自得就同一案件逕行起訴，原緩起訴處分並因此失其效力。復因與同法第二百六十條所定應受實質確定力拘束情形不同，當無所謂起訴程序違背規定之可言。

▶69 台上 1139（判例）

按依刑事訴訟法第二百六十條第一款之規定，不起訴處分已確定者，非本件上訴人因過失致人於死案件，先經台中區汽車肇事鑑定委員會鑑定結果，認上訴人不負過失責任，經檢察官予以不起訴處分確定，**嗣經台灣省交通處汽車肇事鑑定案件覆議小組覆議結果，認上訴人應負過失責任，兩者所憑事證，完全相同，要不因前後確定意見之不同，即可視後之鑑定意見爲新事實或新證據之發見，而再行起訴**。

▶52 台上 1048（判例）

刑事訴訟法第二百三十九條所謂同一案件，指同一訴訟物體，即被告及犯罪事實均相同者而言，不以起訴或告訴時所引用之法條或罪名爲區分標準。

第 261 條（停止偵查—民訴終結前）

犯罪是否成立或刑罰應否免除，以民事法律關係爲斷者，檢察官應於民事訴訟終結前，停止偵查。

第 262 條（終結偵查之限制）

犯人不明者，於認有第二百五十二條所定之情形以前，不得終結偵查。

☐ 實務見解

▶ 院字第 2550 號（32.08.03）

檢察官之偵查程序，以就所偵查案件爲起訴或不起訴處分而終結，刑事訴訟法第三百十五條所謂之終結偵查，自係指該案件曾經檢察官爲起訴或不起訴之處分者而言，**不能僅以其在點名單內記載偵查終結字樣，即認爲終結偵查，但其所爲之起訴或不起訴處分，祇須對外表示，即屬有效**，該起訴書或不起訴處分書之制作與否，係屬程式問題，不影響終結偵查之效力。

第 263 條（起訴書之送達）

第二百五十五條第二項及第三項之規定，於檢察官之起訴書準用之。

第二節　起　訴

第 264 條（起訴之程式）

Ⅰ提起公訴，應由檢察官向管轄法院提出起訴書爲之。

Ⅱ起訴書，應記載左列事項：

一　被告之姓名、性別、年齡、籍貫、職業、住所或居所或其他足資辨別之特徵。

二　犯罪事實及證據並所犯法條。

Ⅲ起訴時，應將卷宗及證物一併送交法院。

❖ 法學概念

卷證併送制與起訴狀一本主義

由本法第 264 條第 2 項、第 3 項之規定可知，在我國起訴之方式不採起訴狀一本主義及訴因主義，而採書面及卷證併送制，起訴書須記載犯罪事實、證據並所犯法條，使法院以犯罪事實爲審判之對象；審判之認定事實適用法律。但是，由於檢察官於起訴之同時，已將一切用以證明被告有罪之證據移送於法院，是爲卷證併送制。倘提出公訴時只提出起訴狀，不要把有可能預先判斷有罪的事項記載在起訴狀中，並且禁止根據證據檔案的其他物品的附件。這就是所謂日本刑事訴訟法第 256 條第 6 項的起訴狀一本主義，這是落實對日本憲法第 37 條第 1 項所保障的「公平法院」理念具體化的原則。「公平法院」的中心思想是避免法院過早接觸控方提出的物證，排除法官的預斷。起訴狀一本主義制度的採行，使「審判」成爲整個刑事訴訟的核心。

【白取祐司，《刑事訴訟法》，日本評論社，九版，2017.03，261 頁。】

我國有學者認爲應採行起訴狀一本主義，如此一來，法院扮演著一仲裁者（聽訟者）角色，並以空白之心證蒞庭審判，而檢察官之主要角色扮演在於明確的立於訴訟當事人之地位，以實行公訴，亦即檢察官將親自持被告之相關卷證蒞庭，確實的負起實質的與全部的舉證責任，以證明被告之犯罪事實。對於被告所爲之無罪推定保障將較易於落實。

【黃朝義，《刑事訴訟法》，新學林，五版，2017.09，636 頁。】

不過亦有學說持懷疑的態度，以日本實施當事人進行原則當作借鏡，可以發現日本訴訟實務運作上，由於國民特性緣故，僅形式上有當事人進行原則的軀殼，實質上卻缺乏當事人進行原則的辯論精神，大多數的案件仍以書面證據作爲審判的對象，辯論只是行禮如儀；尤其，檢察官高達 99.8%的起訴有罪維持率，更是所謂可以防止法官先入爲主判斷的「起訴狀一本主義」的最大諷刺，故在清楚得知日本實施起訴狀一本主義的實情後，應該毋庸將起訴狀一本主義奉爲聖典。

【張麗卿，《刑事訴訟法理論與運用》，五南，十四版，2018.09，511 頁。】

編按：

司法院新近公布的「國民參與刑事審判法」（106.11）草案第43條擬採起訴狀一本主義。

第265條（追加起訴之期間限制及方式）
I於第一審辯論終結前，得就與本案相牽連之犯罪或本罪之誣告罪，追加起訴。
II追加起訴，得於審判期日以言詞爲之。

□ 實務見解

▶83台抗270（判例）

刑事訴訟法第一百六十五條第一項所謂「相牽連之犯罪」，係指同法第七條所列之相牽連之案件，且必爲可以獨立之新訴，並非指有方法與結果之牽連關係者而言。

▶108台上4365○（判決）

我國刑事訴訟制度近年來歷經重大變革，於民國九十二年九月一日施行之修正刑事訴訟法已採改良式當事人進行主義，於證據共通原則設有第二八七條之一、之二之分離調查證據或審判程序之嚴格限制，並於第一六一條、第一六三條第二項限制法院依職權調查證據之範圍；再於九十五年七月一日施行之修正刑法廢除連續犯與牽連犯，重新建構實體法上一罪及數罪概念；嗣於九十九年五月十九日制定並於一○三年六月六日、一○八年六月十九日修正公布之刑事妥速審判法，立法目的係維護刑事審判之公正、合法、迅速，保障人權及公共利益，以確保刑事被告之妥速審判權利，接軌公民與政治權利國際公約及經濟社會文化權利國際公約施行法（下稱兩公約施行法）所揭示健全我國人權保障體系。從而，在刑事訴訟法、刑法均已修正重構訴訟上同一案件新概念，爲落實刑事妥速審判法、兩公約施行法所揭示保障人權之立法趣旨，法院審核追加起訴是否符合相牽連案件之法定限制要件，及追加起訴是否符合訴訟經濟之目的，更應與時俱進，作目的性限縮解釋，以客觀上確能獲得訴訟經濟效益之前提下，核實審查檢察官認「宜」追加起訴案件是否妨害被告之訴訟防禦權，俾與公平法院理念相契合。因此，**得追加起訴之相牽連案件，限於與最初起訴之案件有訴訟資料之共通性，且應由受訴法院依訴訟程度決定是否准許。倘若檢察官之追加起訴，雖屬刑事訴訟法第七條所定之相牽連案件，然案情繁雜如併案審理難期訴訟經濟（例如一人另犯其他繁雜數罪、數人共犯其他繁雜數罪、數人同時在同一處所各別犯繁雜之罪），對於先前提起之案件及追加起訴案件之順利、迅速、妥善審結，客觀上顯然有影響，反而有害於本訴或追加起訴被告之訴訟防禦權及辯護依賴權有效行使；或法院已實質調查審理相當進度或時日，相牽連案件之事實高度重疊，足令一般通常人對法官能否本於客觀中立與公正之立場續行併案審判，產生合理懷疑，對追加起訴併案審理案件恐存預斷成見，有不當侵害被告受憲法保障公平審判權利之疑慮；或依訴訟進行程度實質上已無併案審理之實益或可能等情形，法院自可不受檢察官任意追加起訴之拘束。遇此情形，受理不當追加起訴之法院，當然可以控方之追加起訴，不適合制度設計本旨爲由**，依同法第三○三條第一款關於「起訴之程序違背規定」之禁制規範，就追加起訴部分，諭知不受理判決，實踐刑事妥速審判法第三條所揭示的誡命，方能滿足正當法律程序及實現公平法院之理念。

第266條（起訴對人的效力）
起訴之效力，不及於檢察官所指被告以外之人。

□ 實務見解

▶院字第1729號（27.05.30）

甲、乙二人共同犯罪，乙冒甲名頂替到案，檢察官偵查起訴及第一審判決，均誤認乙爲甲本人，乙且更冒甲名提起上訴，第二審審理中，發覺乙頂冒甲名，并將眞甲逮捕到案，此時第二審對於此種訴訟主體錯誤之判決，可參照院字第五六九號解釋，將原第一審判決撤銷，對眞甲另爲判決，以資救濟。至乙之犯罪部份，自應逕送該管檢察官另行偵查起訴。

▶院字第1098號（23.08.01）

檢察官根據某甲自認犯罪而起訴，經法院傳訊，發覺甲之自認係丁頂替，除丁應移送偵查外，某甲既經起訴，法院自應予以審判。

▶院字第569號（20.08.24）

丁、戊冒名甲、乙頂替到案，如係出於使甲、乙隱避之意思，應依刑法第一七四條第二項處斷，與同法第一四二條第二項成立要件不符，丁、戊犯罪未經起訴，**不能由第二審逕行判決，應移送偵查機關辦理**，甲、乙部分可由第二審將原判決撤銷另爲判決。

▶70台上101（判例）

起訴書所記載之被告姓名，一般固與審判中審理對象之被告姓名一致，惟如以僞名起訴，既係檢察官所指爲被告之人，縱在審判中始發現其眞名，法院亦得對之加以審判，並非未經起訴。

▶51台上594（判例）

被告冒用他人名義犯罪，既經第二審查明，即應將第一審判決撤銷改判，予以訂正，乃原判決徒以被告冒名仍不失爲犯罪主體之故，遽將檢察官本此理由之上訴駁回，殊難謂合。

第267條（起訴對事的效力—公訴不可分）
檢察官就犯罪事實一部起訴者，其效力及於全部。

□ 實務見解

▶99 年度第 5 次刑事庭會議決議(一)（99.06.29）

決議：採甲說。

文字修正如下：刑法於民國九十四年二月二日修正公布（九十五年七月一日施行）刪除連續犯規定之同時，對於合乎接續犯或包括的一罪之情形，為避免刑罰之過度評價，已於立法理由說明委由實務以補充解釋之方式，發展接續犯之概念，以限縮數罪併罰之範圍。而多次投票行賄行為，在刑法刪除連續犯規定之前，通說係論以連續犯。鑑於公職人員選舉，其前、後屆及不同公職之間，均相區隔，選舉區亦已特定，以候選人實行賄選為例，通常係以該次選舉當選為目的。是於刪除連續犯規定後，苟行為人主觀上基於單一之犯意，以數個舉動接續進行，而侵害同一法益，在時間、空間上有密切關係，依一般社會健全觀念，難以強行分開，在刑法評價上，以視為數個舉動之接續實行，合為**包括之一行為**予以評價，較為合理，於此情形，即得依接**續犯論以包括之一罪**。否則，**如係分別起意，則仍依數罪併合處罰**，方符立法本旨。

▶96 年度第 9 次刑事庭會議決議（99.08.21）

依刑法第五十六條修正理由之說明，謂「對繼續犯同一罪名之罪者，均適用連續犯之規定論處，不無鼓勵犯罪之嫌，亦使國家刑罰權之行使發生不合理之現象。」、「基於連續犯原為數罪之本質及刑罰公平原則之考量，爰刪除有關連續犯之規定」等語，即係將本應各自獨立評價之數罪，回歸本來就應賦予複數法律效果之原貌。**因此，就刑法修正施行後多次施用毒品之犯行，採一罪一罰，始符合立法本旨**。本則法律問題，某甲於刑法修正施行前連續施用毒品部分，應依刑法第二條第一項之規定，適用修正前連續犯之規定論以一罪；刑法修正施行後之多次施用犯行，除符合接續犯之要件外，則應一罪一罰，再就刑法修正施行後之數罪，與修正前依連續犯規定所論之一罪，數罪併罰，合併定其應執行之刑。（採丁說）

編按：

本決議認為多次施用毒品案件，原則上應一罪一罰，因此最新實務認為此類案件除符合接續犯之要件外，並非「法律上一罪」（單一案件）。

▶41 台上 113（判例）

傷害致死罪，係屬結果加重罪之一種，檢察官就其傷害罪起訴，依刑事訴訟法第二百四十六條規定，其效力及於全部，法院自得加以審判。

第 268 條（不告不理原則）
法院不得就未經起訴之犯罪審判。

□ 實務見解

▶87 台上 16（判例）

刑事訴訟之審判，採彈劾主義，法院就檢察官起訴之被告全部犯罪事實，有全部予以審判之義務，此觀弄事訴訟第二百六十七條、第二百六十八條等規定自明：法院如就其中之一部事實未予判決，是否構成違法，應視起訴所主張全部事實在裁判上罪數之單複而定，如起訴主張為具有可分性之數罪，而法院就其中之一部未予判決，則為漏判，僅生應予補判之問題，尚無判決違法之可言：如起訴主張為具有不可分性之事實上、實質上（實體法上一罪）或裁判上一罪，而法院就其中之一部未予判決，則構成刑事訴訟法第三百七十九條第十二款所稱「已受請求事項未予判決」之當然違法；惟法院對全部事實在裁判上究屬一罪或數罪，有自由認定之職權，並不受起訴主張之拘束。

▶83 台非 69（判例）

法院不得就未經起訴之犯罪審判：又法院諭知被告科刑之判決，得就起訴之犯罪事實為範圍，但法院於不妨害事實同一之範圍內，仍得自由認定事實，適用法律，科以刑罰（本院二十九年上字第四三號判例），而所謂事實同一，非謂罪名同一，即起訴書上所指之罪名，對於審判上無拘束之效力，祇須事實同一，即可將檢察官所認定之罪名予以變更，而事實同一，亦非指全部事實均須一致，祇須其基本事實相同，即無礙其犯罪事實之同一性。

第 269 條（撤回起訴之時期、原因及程式）
I 檢察官於第一審辯論終結前，發見有應不起訴或以不起訴為適當之情形者，得撤回起訴。
II 撤回起訴，應提出撤回書敘述理由。

第 270 條（撤回起訴之效力）
撤回起訴與不起訴處分有同一之效力，以其撤回書視為不起訴處分書，準用第二百五十五條至第二百六十條之規定。

第三節 審　判

第 271 條（審判期日之傳喚及通知）
I 審判期日，應傳喚被告或其代理人，並通知檢察官、辯護人、輔佐人。
II 審判期日，應傳喚被害人或其家屬並予陳述意見之機會。但經合法傳喚無正當理由不到場，或陳明不願到場，或法院認為不必要或不適宜者，不在此限。

☐ 實務見解

▶109 台上 2446（判決）

我國刑事訴訟制度，由職權進行主義變革為改良式當事人進行主義，並於「公民與政治權利國際公約」及「經濟社會文化權利國際公約」內國法化後，對於被告之人權極為重視，相對地，對於犯罪被害人之保護，並未受有同等關注。觀諸國際公約（如聯合國西元一九八五年犯罪被害人及權力濫用被害人之司法基本原則宣言）或外國立法（如美國一九八二年被害人及證人綜合保護法、一九八四年犯罪被害人法、法國一九八三年強化犯罪被害人保護法、德國一九八六年被害人保護法等），早已於刑事訴訟程序中對於「被害人參與」予以規範，賦與被害人訴訟主體的地位，除得以向檢察或審判機關陳述意見外，並積極賦與各種「主體性參與」的權限。**藉由被害人在刑事訴訟程序上的參與，使其等可以表達意見，並藉此與司法人員或加害者溝通，以求雙方有更進一步互為認同的機會，以消弭司法與人民法感情間的隔閡並提昇公信力。**有鑒於此，在我國除刑事訴訟法（下稱本法）原有對於被害人（或告訴人及委任之代理人）之檢閱、抄錄或攝影卷宗和證物（本法第二七一條之一第二項）、證據保全（本法第二一九條之一、第二一九條之六）、告訴（本法第二三二條）、陪同在場或陳述意見（本法第二四八條之一、第二七一條第二項、第二七一條之一第一項、第三一四條第二項）、受通知（本法第二五五條第二項、第二六三條）、聲請再議及聲請交付審判（本法第二五六條第一項、第二五八條之一）、請求檢察官上訴（本法第三四四條第三項）、受徵詢（本法第四五一條之一第二項）、協商程序的同意（本法第四五五條之二第二項）、自訴程序（本法第三一九至三四三條），暨散見於各個特別法（如證人保護法第四條、第十五條、組織犯罪防制條例第十二條、兒童及少年性剝削防制條例第九至十一條、第十五條、第十六條、家庭暴力防治法第十條、第二二條、第二三條、第三六至三八條、性侵害犯罪防治法第十五至十六條、入出國及移民法第四三條、人口販運防制法第十一條、第十五條、第二十條、第二三至二六條等）中有關保護被害人具體規定外，並於民國一〇八年十二月十日修正，一〇九年一月八日公布增訂本法第二四八條之二及第二七一條之四關於檢察官於偵查中或法院於言詞辯論終結前得將案件移付調解，或依被告及被害人的聲請，轉介適當機關、機構或團體進行修復，**即將「修復式司法」制度明文化；另增訂本法第二四八條之三關於被害人隱私保護、第二七一條之三陪同在場等規定，避免被害人受到「二度傷害」；復增訂第七編之三關於「被害人訴訟參與」制度（本法第四五五條之三八至四六），使被害人得以參與訴訟，讓被害人觀點可以適時反映給法官，減少隔離感，藉由被害人參與程序，瞭解訴訟之經過情形及維護其人性尊嚴，期能彌補其痛苦與不安。又於一〇八年十二月十七日修正，一〇九年一月十五日公布增訂本法第一六三條第四項關於告訴人得就證據調查事項向檢察官陳述意見，並請求檢察官向法院聲請調查證據之規定，使最接近犯罪事實之被害人，得以告訴人身分參與必要調查證據程序之機會，使檢察官適正達成追訴犯罪的目的，及修正本法第二八九條第二項規定，賦予審判期日到場之告訴人、被害人或其家屬或其他依法得陳述意見之人（下稱被害人等），於科刑辯論前就科刑範圍表示意見之機會。**在在顯示對於被害人等之保護已刻不容緩，俾提升被害人在刑事訴訟程序相對弱化的地位。**惟上開各該規定原則上均為保障被害人等權利而設，與被告訴訟權之行使無涉。尤以本法第二七一條第二項前段規定：「審判期日，應傳喚被害人或其家屬並予陳述意見之機會。」、第二八九條第二項後段規定：「於科刑辯論前，並應予到場之告訴人、被害人或其家屬或其他依法得陳述意見之人就科刑範圍表示意見之機會。」等學理上統稱為「被害人陳述制度」**，厥為被害人等對於案情的瞭解及其中利害關係，實質上最為深切，被告有罪與否及對其之量刑，除關乎國家刑罰權，亦與被害人及其家屬自身的利益息息相關，尤其關於辯方所為辯解是否符合實情，被害人等常有一定程度的了解或不同觀點，甚至可能優於公訴檢察官，是為保障被害人權益，並補強檢察官的控訴能力，給予被害人等充分表達意見之機會，可適度彌補其受創心靈，而得資為事實審法院量刑輕重妥適與否的參考。因此，除因被害人認原審量刑過輕而請求檢察官上訴，或被告已提出或釋明正在進行或已與被害人等和解、調解、修復，而法院有必要瞭解被告彌補過錯實踐情形或被害人等身心、財產等損害有無獲得撫平、回復情形，或法院裁定准許被害人聲請參與訴訟者，法院應斟酌傳喚被害人等到庭陳述意見外，若有被害人等經合法傳喚無正當理由不到場，或陳明不願到場，或法院認為不必要或不適宜傳喚其到庭時（如為避免性侵害被害人受二度傷害所為之減少陳述、被害人於先前作證、陳述時顯現身心創傷或受有壓力而無法為完全之陳述或拒絕陳述、有家庭暴力防治法第四十七條所定因被害人不具有對等的談判能力，**故於未確保被害人安全方式前不得進行和解或調解等）時，被告即不能以法院未通知被害人等或**

經通知而不到庭為由認法院所踐行程序違法或有損害其獲得公平量刑的機會。

第271條之1（委任告訴代理人之程式及準用規定）

Ⅰ告訴人得於審判中委任代理人到場陳述意見。但法院認為必要時，得命本人到場。

Ⅱ前項委任應提出委任書狀於法院，並準用第二十八條、第三十二條及第三十三條第一項之規定，但代理人為非律師者於審判中，對於卷宗及證物不得檢閱、抄錄或攝影。

第271條之2（審判中之隱私保護及隔離遮蔽）

Ⅰ法院於審判中應注意被害人及其家屬隱私之保護。

Ⅱ被害人依第二百七十一條第二項之規定到場者，法院依被害人之聲請或依職權，審酌案件情節及被害人之身心狀況，並聽取當事人及辯護人之意見後，得利用遮蔽設備，將被害人與被告、旁聽人適當隔離。

第271條之3（審判中之被害人陪同措施）

Ⅰ被害人之法定代理人、配偶、直系或三親等內旁系血親、家長、家屬、醫師、心理師、輔導人員、社工人員或其信賴之人，經被害人同意後，得於審判中陪同被害人在場。

Ⅱ前項規定，於得陪同在場之人為被告時，不適用之。

第271條之4（審判中之移付調解及轉介修復式司法程序）

Ⅰ法院於言詞辯論終結前，得將案件移付調解；或依被告及被害人之聲請，於聽取檢察官、代理人、辯護人及輔佐人之意見後，轉介適當機關、機構或團體進行修復。

Ⅱ前項修復之聲請，被害人無行為能力、限制行為能力或死亡者，得由其法定代理人、直系血親或配偶為之。

第272條（第一次審判期日傳票送達期間）

第一次審判期日之傳票，至遲應於七日前送達；刑法第六十一條所列各罪之案件至遲應於五日前送達。

❑ 實務見解

▶69台上2623（判例）

就審期間，以第一次審判期日之傳喚為限，刑事訴訟第二百七十二條規定甚明。原審第一次六十八年十一月二十日審判期日之傳票，早於同月九日送達上訴人收受，屆期上訴人未到庭，再傳同年十二月四日審判，已無就審期間之可言。

第273條（準備程序中應處理之事項及訴訟行為欠缺程式之定期補正）

Ⅰ法院得於第一次審判期日前，傳喚被告或其代理人，並通知檢察官、辯護人、輔佐人到庭，行準備程序，為下列各款事項之處理：

一　起訴效力所及之範圍與有無應變更檢察官所引應適用法條之情形。

二　訊問被告、代理人及辯護人對檢察官起訴事實是否為認罪之答辯，及決定可否適用簡式審判程序或簡易程序。

三　案件及證據之重要爭點。

四　有關證據能力之意見。

五　曉諭為證據調查之聲請。

六　證據調查之範圍、次序及方法。

七　命提出證物或可為證據之文書。

八　其他與審判有關之事項。

Ⅱ於前項第四款之情形，法院依本法之規定認定無證據能力者，該證據不得於審判期日主張之。

Ⅲ前條之規定，於行準備程序準用之。

Ⅳ第一項程序處理之事項，應由書記官製作筆錄，並由到庭之人緊接其記載之末行簽名、蓋章或按指印。

Ⅴ第一項之人經合法傳喚或通知，無正當理由不到庭者，法院得對到庭之人行準備程序。

Ⅵ起訴或其他訴訟行為，於法律上必備之程式有欠缺而其情形可補正者，法院應定期間，以裁定命其補正。

❖ 法學概念

準備程序之目的

刑事審判採集中審理制，須讓訴訟程序密集而不間斷地進行，是以開始審判前，應為相當之準備，始能使審判程序密集、順暢。我國刑事訴訟法關於「準備程序」之規定，主要目的在為「審判期日」之調查證據程序預作準備，此觀第273條第1項設有「行準備程序，為各款事項之處理」及第279條第1項設有「為準備審判起見……使行準備程序」規定自明。

為便於審判期日調查證據之程序得以順利、迅速及有效之進行，準備程序應就被告之「人別訊問」、「何種證據應予調查及其次序、範圍及方法如何」等事項，在審判期日之前預作安排妥適。故準備程序係為審判程序而作準備，審判程序才是刑事審判之重心而審判期日必須嚴格遵守直接審理原則與言詞審理原則，是以「準備程序」之進行，必須在無違審判期日採行直接審理原則與言詞審理原則之大前提下，而進行準備程序，始合目的。不能因進行準備程序，致使審判程序空洞化或破壞直接審理原則之精神。換言之，準備程序之行爲應僅有「準備性」而非「替代性」（替代審判期日之程序）。

【林俊益，〈準備程序與審判程序〉，收錄於《民刑事訴訟新制論文集》，司法院編印，初版，2003.12，213～214頁。】

第273條之1（進行簡式審判程序之裁定）

I 除被告所犯爲死刑、無期徒刑、最輕本刑爲三年以上有期徒刑之罪或高等法院管轄第一審案件者外，於前條第一項程序進行中，被告先就被訴事實爲有罪之陳述時，審判長得告知被告簡式審判程序之旨，並聽取當事人、代理人、辯護人及輔佐人之意見後，裁定進行簡式審判程序。

II 法院爲前項裁定後，認有不得或不宜者，應撤銷原裁定，依通常程序審判之。

III 前項情形，應更新審判程序。但當事人無異議者，不在此限。

第273條之2（簡式審判程序之證據調查）

簡式審判程序之證據調查，不受第一百五十九條第一項、第一百六十一條之二、第一百六十一條之三、第一百六十三條之一及第一百六十四條至第一百七十條規定之限制。

第274條（期前調取證物）

法院於審判期日前，得調取或命提出證物。

第275條（期日前之舉證權利）

當事人或辯護人，得於審判期日前，提出證據及聲請法院爲前條之處分。

第276條（期日前證人之訊問及命鑑定通譯）

I 法院預料證人不能於審判期日到場者，得於審判期日前訊問之。

II 法院得於審判期日前，命爲鑑定及通譯。

❑ 實務見解

▸93台上5185（判例）

刑事訴訟法第二百七十九條第一項、第二百七十六條第一項規定預料證人不能於審判期日到場，而受命法官得於審判期日前行準備程序時訊問證人之例外情形，**其所稱「預料證人不能於審判期日到場」之原因，須有一定之客觀事實，可認其於審判期日不能到場並不違背證人義務，例如因疾病即將住院手術治療，或行將出國，短期內無法返國，或路途遙遠，因故交通恐將阻絕，或其他特殊事故，於審判期日到場確有困難者，方足當之**。必以此從嚴之限制，始符合集中審理制度之立法本旨，不得僅以證人空泛陳稱：「審判期日不能到場」，甚或由受命法官逕行泛詞諭知「預料該證人不能於審判期日到庭」，即行訊問或詰問證人程序，爲實質之證據調查。

第277條（期日前物之強制處分）

法院得於審判期日前，爲搜索、扣押及勘驗。

第278條（期日前公署之報告）

法院得於審判期日前，就必要之事項，請求該管機關報告。

第279條（受命法官之指定及其權限）

I 行合議審判之案件，爲準備審判起見，得以庭員一人爲受命法官，於審判期日前，使行準備程序，以處理第二百七十三條第一項、第二百七十四條、第二百七十六條至第二百七十八條規定之事項。

II 受命法官行準備程序，與法院或審判長有同一之權限。但第一百二十一條之裁定，不在此限。

❑ 實務見解

▸93台上2033（判例）

依刑事訴訟法第二百七十九條第一項規定，準備程序處理之事項，原則上僅限於訴訟資料之聚集及彙整，旨在使審判程序能密集而順暢之進行預作準備，不得因此而取代審判期日應踐行之直接調查證據程序。調查證據乃刑事審判程序之核心，改良式當事人進行主義之精神所在；關於證人、鑑定人之調查、詰問，尤爲當事人間攻擊、防禦最重要之法庭活動，亦爲法院形成心證之所繫，除依同法第二百七十六條第一項規定，法院預料證人不能於審判期日到場之情形者外，不得於準備程序訊問證人，致使審判程序空洞化，破壞直接審理原則與言詞審理原則。

第280條（審判庭之組織）

審判期日，應由法官、檢察官及書記官出庭。

第281條（被告到庭之義務）

I 審判期日，除有特別規定外，被告不到庭者，不得審判。

II 許被告用代理人之案件，得由代理人到庭。

第282條（在庭之身體自由）

被告在庭時，不得拘束其身體。但得命人看守。

第283條（被告之在庭義務）

I 被告到庭後，非經審判長許可，不得退庭。

II 審判長因命被告在庭，得爲相當處分。

第 284 條（強制辯護案件辯護人之到庭）
第三十一條第一項所定之案件無辯護人到庭者，不得審判。但宣示判決，不在此限。

❒ 實務見解

▶43 台上 1356（判例）

審判期日應傳喚被告或其代理人，並通知檢察官、辯護人、輔佐人為刑事訴訟法第二百五十條之所明定，上訴人等在原審既曾委任律師為共同辯護人，乃原審並未於審判期日通知該辯護人到庭辯護，而逕行判決，其所踐行之訴訟程序，自屬於法有違。

第 284 條之 1（第一審合議審判之除外）
除簡式審判程序、簡易程序及第三百七十六條第一項第一款、第二款所列之罪之案件外，第一審應行合議審判。

第 285 條（審判開始—朗讀案由）
審判期日，以朗讀案由為始。

第 286 條（人別訊問與起訴要旨之陳述）
審判長依第九十四條訊問被告後，檢察官應陳述起訴之要旨。

第 287 條（訊問被告應先告知）
檢察官陳述起訴要旨後，審判長應告知被告第九十五條規定之事項。

第 287 條之 1（共同被告之調查證據、辯論程序之分離或合併）
I 法院認為適當時，得依職權或當事人或辯護人之聲請，以裁定將共同被告之調查證據或辯論程序分離或合併。
II 前項情形，因共同被告之利害相反，而有保護被告權利之必要者，應分離調查證據或辯論。

第 287 條之 2（共同被告之準用規定）
法院就被告本人之案件調查共同被告時，該共同被告準用有關人證之規定。

第 288 條（調查證據）
I 調查證據應於第二百八十七條程序完畢後行之。
II 審判長對於準備程序中當事人不爭執之被告以外之人之陳述，得僅以宣讀或告以要旨代之。但法院認有必要者，不在此限。
III 除簡式審判程序案件外，審判長就被告被訴事實為訊問者，應於調查證據程序之最後行之。
IV 審判長就被告科刑資料之調查，應於前項事實訊問後行之。

第 288 條之 1（陳述意見權及提出有利證據之告知）
I 審判長每調查一證據畢，應詢問當事人有無意見。
II 審判長應告知被告得提出有利之證據。

第 288 條之 2（證據證明力之辯論）
法院應予當事人、代理人、辯護人或輔佐人，以辯論證據證明力之適當機會。

第 288 條之 3（聲明異議權）
I 當事人、代理人、辯護人或輔佐人對於審判長或受命法官有關證據調查或訴訟指揮之處分不服者，除有特別規定外，得向法院聲明異議。
II 法院應就前項異議裁定之。

❒ 實務見解

▶108 台上 2670○（判決）

按審判長、受命法官得曉諭訴訟關係人為必要之陳述，並促其為必要之立證，此要求當事人為敘明之權利，即所謂闡明權。當事人之陳述有不完整、矛盾之情形時，應予指出，給予當事人更正、補充之機會，或於事實爭點未充分證明時，為使其能適當之證明，應促使當事人為證據調查之聲明。刑事訴訟法第九十六條、第二八八條之一第二項亦規定，被告陳述有利之事實者，應命其指出證明之方法；審判長應告知被告得提出有利之證據。又闡明權係審判長訴訟指揮之一種，本此意義，參諸同法第二七九條第二項前段規定，受命法官行準備程序時，與法院或審判長有同一之權限，受命法官於行準備程序時，自有與審判長相同之訴訟指揮權。從而，**受命法官於準備程序期日訊問被告行使闡明權時，如有不當之誘導訊問情形，依刑事訴訟法第二八八條之三規定，兩造當事人等得向法院聲明異議，法院應就前項異議裁定之。有關此不當訊問之異議，有其時效性，如未適時行使異議權，除其瑕疵係重大，有害訴訟程序之公正，而影響於判決結果者外，應認其異議權已喪失，瑕疵已被治癒，而不得執為上訴第三審之理由。**

第 289 條（言詞辯論）
I 調查證據完畢後，應命依下列次序就事實及法律分別辯論之：
一 檢察官。
二 被告。
三 辯護人。
II 前項辯論後，應命依同一次序，就科刑範圍辯論之。於科刑辯論前，並應予到場之告訴人、被害人或其家屬或其他依法得陳述意見之人就科刑範圍表示意見之機會。

III已依前二項辯論者，得再為辯論，審判長亦得命再行辯論。

第 290 條（被告最後陳述）

審判長於宣示辯論終結前，最後應詢問被告有無陳述。

第 291 條（再開辯論）

辯論終結後，遇有必要情形，法院得命再開辯論。

□ 實務見解

▶65 台上 1556（判例）

原審囑託臺灣屏東地方法院訊問證人某甲筆錄，既在原審辯論終結以後始行收到，嗣後未經再開辯論，即行判決，是此項筆錄，顯未經原審於審判期日踐行調查之程序，遽採為認定事實之證據，自屬違法。

▶41 台上 438（判例）

當事人聲請調查之證據，縱係於辯論終結後始行提出，如其所聲請調查之證據，確有調查之必要，未經再開辯論予以調查者，仍係於審判期日應行調查之證據未予調查，其判決即屬違背法令。

第 292 條（更新審判事由）

I 審判期日，應由參與之法官始終出庭；如有更易者，應更新審判程序。

II 參與審判期日前準備程序之法官有更易者，毋庸更新其程序。

□ 實務見解

▶29 上 1601（判例）

原審於再開辯論後之審判，其參與之推事雖已有更易，而審判筆錄內又無論知更新審理之記載，但查其所踐行之程序，既重新開始進行，即實際上已經更新審理，自不能因其未諭知更新審理之故，指為違法。

第 293 條（連續開庭與更新審判事由）

審判非一次期日所能終結者，除有特別情形外，應於次日連續開庭；如下次開庭因事故間隔至十五日以上者，應更新審判程序。

第 294 條（停止審判—心神喪失與一造缺席判決）

I 被告心神喪失者，應於其回復以前停止審判。

II 被告因疾病不能到庭者，應於其能到庭以前停止審判。

III前二項被告顯有應諭知無罪或免刑判決之情形者，得不待其到庭，逕行判決。

IV許用代理人案件委任有代理人者，不適用前三項之規定。

第 295 條（停止審判—相關之他罪判決）

犯罪是否成立以他罪為斷，而他罪已經起訴者，得於其判決確定前，停止本罪之審判。

第 296 條（停止審判—無關之他罪判決）

被告犯有他罪已經起訴應受重刑之判決，法院認為本罪科刑於應執行之刑無重大關係者，得於他罪判決確定前停止本罪之審判。

□ 實務見解

▶46 台上 772（判例）

刑事訴訟法第二百八十九條**所謂法院得於他罪判決確定前停止本罪之審判者，係指已經起訴之他罪與本罪各自獨立，他罪應受重刑之判決，本罪科刑於應執行之刑無重大關係者而言**，若被告係以概括之意思，犯同一罪質之罪名，縱令涉及數個法條，而其較輕之罪名在上已包含於重罪之內，既應就較重者以連續犯論，即無適用上開法條將輕非停止審判之餘地。

第 297 條（停止審判—民事判決）

犯罪是否成立或刑罰應否免除，以民事法律關係為斷，而民事已經起訴者，得於其程序終結前停止審判。

□ 實務見解

▶33 上 1355（判例）

犯罪是否成立或刑罰應否免除，以民事法律關係為斷，而民事已經起訴者，刑事審判應否停止，**刑事法院原有審酌之權**，如併就民事法律關係自行審認，以為刑事判決之基礎，不停止刑事審判之程序，亦為法之所許。

第 298 條（停止審判之回復）

第二百九十四條第一項、第二項及第二百九十五條至第二百九十七條停止審判之原因消滅時，法院應繼續審判，當事人亦得聲請法院繼續審判。

第 299 條（科刑或免刑判決）

I 被告犯罪已經證明者，應諭知科刑之判決。但免除其刑者，應諭知免刑之判決。

II 依刑法第六十一條規定，為前項免刑判決前，並得斟酌情形經告訴人或自訴人同意，命被告為左列各款事項：

一　向被害人道歉。

二　立悔過書。

三　向被害人支付相當數額之慰撫金。

III前項情形，應附記於判決書內。

IV第二項第三款並得為民事強制執行名義。

第 300 條（變更起訴法條）
前條之判決，得就起訴之犯罪事實，變更檢察官所引應適用之法條。

❖ 法學概念

起訴與法院認定事實同一性之判斷

關於案件同一性，我國實務界向以「基本事實同一說」為主流，主張比較前訴或起訴之基本社會事實，與後訴或法院所認定之基本事實，若基本事實相同，雖枝節有所差異，仍具有同一性。若採此說，犯罪為人多寡、被告是正犯、教唆犯或從犯、犯罪客體、犯罪時地點，法院認定與檢察官不同，仍不妨害是同一性，得變更檢察官所引應適用之法條。但此說的缺點是擴大法院審判範圍，與不告不理精神且不利被告防禦權行使。

基於權衡被告防禦權利益及訴訟經濟之觀點，近來學說上及部分實務判決傾向「訴之目的及侵害行為之內容同一說」，主張以侵害行為的時間、地點、行為客體、侵害目的是否相同來決定有無同一性。此說與「基本事實同一說」相較，限縮被告防禦範圍，即使仍不利被告行使防禦權，但此缺陷可由法院行使告知義務，使被告有充分防禦辯明機會來彌補，不至於形成突襲加裁判。且對被告而言，再次受追訴審判之不利益未必小於防禦範圍擴大之不利益。

【吳巡龍，〈同一案件變更法條〉，《月旦法學教室》，第 127 期，2013.05，30～32 頁。】

□ 實務見解

▶69 台上 1802（判例）

科刑或免刑之判決，**得就起訴之犯罪事實，變更檢察官所引應適用之法條者，係指法院得在事實同一之範圍內，亦即必不變更起訴之犯罪事實，始得自由認定事實，適用法律**。本案起訴書，係指上訴人有詐欺事實，並無一語涉及行求賄賂，且詐欺與行賄，乃截然不同之兩事，要無事實同一之可言，乃原審遽行變更檢察官對上訴人詐欺犯罪之起訴法條，論處上訴人行賄罪刑，殊屬違誤。

▶48 台上 228（判例）

法院不得就未經起訴之犯罪事實審判，而論知科刑之判決得變更檢察官所引應適用之法條者，亦應以起訴之事實為限，為刑訴訟法第二百四十七條，第二百九十二條之所明定，本件檢察官僅就被告共同走私之犯罪事實提起公訴，原審竟就其未起訴之竊盜事實，自行認定而加以審判，並變更起訴法條，論處被告以竊盜罪刑，於法顯有未合。

▶43 台上 62（判例）

有罪之判決，衹得就起訴之犯罪事實，變更起訴法條，為刑事訴訟法第二百九十二條所明定，本件起訴書認定之事實，為被告見被害人右手帶有金手鍊，意圖搶奪，拉其右手，同時取出剪刀，欲將金手鍊剪斷奪取等情，顯與原判決認定被告強制猥褻之犯罪事實兩歧，其因另行認定事實，而變更起訴書所引應適用之法條，自屬於法有違。

▶32 台上 2192（判例）

刑事判決得就起訴之犯罪事實變更檢察官所引應適用之法條者，以科刑或免刑之判決為限，論知被告無罪之判決，自無變更法條之可言。

▶108 台非 80○（判決）

若有就起訴之犯罪事實，變更檢察官所引應適用之法條者，其追訴權時效期間之計算，**應以起訴法條為準**，抑或以法院變更法條後判決所適用之法條為準。**此應視法院變更 法條後其判決所適用之法條究係較原起訴法條為輕或重之罪名及該罪名所適用追訴權時效期間之長短不同，而異其計算之依據**。如判決時因變更後之輕罪已罹於追訴權時效而消滅，即應依變更法條後之輕罪所適用之追訴權時效期間計算，論知免訴之判決；若係變更為較重之罪名，且適用之追訴權時效期間亦較長時，**如原起訴之法條於判決時其追訴權既已罹於時效消滅，自無再予變更法條之餘地**，應逕依起訴法條所適用之輕罪較短之追訴權時效期間計算，據而為免訴判決之論知，不得變更法條再為重罪之判決 。

第 301 條（無罪判決）
I 不能證明被告犯罪或其行為不罰者應論知無罪之判決。
II 依刑法第十八條第一項或第十九條第一項其行為不罰，認為有論知保安處分之必要者，並應論知其處分及期間。

第 302 條（免訴判決）
案件有左列情形之一者，應論知免訴之判決：
一　曾經判決確定者。
二　時效已完成者。
三　曾經大赦者。
四　犯罪後之法律已廢止其刑罰者。

□ 實務見解

▶82 年度第 4 次刑事庭會議決議(一)（82.05.11）

決議：採甲說：應至宣判之日。

按刑事訴訟法第三百零二條第一款規定，案件曾經判決確定都，應為免訴之判決，係以同一案件，已經法院為實體上之確定判決，該被告應否受刑事制裁，既因前次判決而確定，不能更為期他有罪或無罪之實體上裁判，此項原則，關於實質上一罪或裁判上一罪，其一部事實已經判決確定者，對於構成一罪之其他部分，固亦均應適用，但此種事實係因審判不可分之關係在審理事實之法院，就全部犯罪事實，**惟若在最後審理事實法院宣示判決後始行發生之事實，既非該法院所得審判，即為該案判決之既判力所不能及（最高法院卅三年上字第二五七八號判例參照），是既判力對於時間效力之範圍應以最後審理事實法院之宣示判決日為判斷之標準，而上開判例稱「最後審理事實法院」而非謂「最後事實審」，顯然不限於二審判決，因而在未經上訴於二審法院之判決，亦屬相同，**否則，如認判決在一審確定者，其既判力延伸至確定之時，則於第一審法院宣示判決後因被告逃匿無法送達延宕確定日期，在此期間，被告恣意以概括之犯意連續為同一罪名之犯行，而受免訴判決，其有違公平正義原則，實非確當。

▶88 台非 57（判例）

刑事訴訟法第三百零二條第一款規定，案件曾經判決確定者，應諭知免訴之判決，所謂曾經判決確定，係指曾經由法院為有罪、無罪、免刑或免訴之判決確定者而言，不包括檢察官之不起訴處分。

▶68 台非 50（判例）

對於已判決確定之各罪，已經裁定其應執行之刑者，如又重複裁定其應執行之刑。自係違反一事不再理之原則，即屬違背法令，對於後裁定，得提起非常上訴。

▶30 上 2747（判例）

被告前自訴之傷害行為，既與被害人之死已有因果關係，則傷害行為與因傷致死之結果，明係同一事實，其傷害部分既經判決確定，自不能再就傷害致人於死部分重行受理，原審諭知免訴之判決，於法委無不合。

▶28 上 3833（判例）

牽連犯之一部如曾經實體上判決而確定，則就其所牽連之全部事實發生既判力，故自訴人就該牽連事實之他部分重行起訴者，受訴法院即應依刑事訴訟法第三百三十五條準用第二百九十四條第一款諭知免訴，方為合法。第一審判決乃以該案既經判決確定，即已經過終結偵查為理由，依第三百二十六條論知不受理之判決，而置第二百九十四條第一款之規定於不顧，自係失當。

第 303 條（不受理判決）

案件有下列情形之一者，應諭知不受理之判決：

一　起訴之程序違背規定者。

二　已經提起公訴或自訴之案件，在同一法院重行起訴者。

三　告訴或請求乃論之罪，未經告訴、請求或其告訴、請求經撤回或已逾告訴期間者。

四　曾為不起訴處分、撤回起訴或緩起訴期滿未經撤銷，而違背第二百六十條之規定再行起訴者。

五　被告死亡或為被告之法人已不存續者。

六　對於被告無審判權者。

七　依第八條之規定不得為審判者。

❑ 實務見解

▶101 年度第 5 次刑事庭會議決議（101.07.24）

決議：採甲說：上訴駁回。

按刑事訴訟乃國家實行刑罰權所實施之訴訟程序，係以被告為訴訟之主體，如被告一旦死亡，其訴訟主體即失其存在，訴訟程序之效力不應發生。因之，被告死亡後，他造當事人提起上訴，應認為不合法予以駁回。

❑ 實務見解

▶107 台上 1646◯（判決）

起訴之程序違背規定者，法院應諭知不受理之判決，刑事訴訟法第三〇三條第一款固定有明文。惟此所稱「起訴之程序違背規定者」，係指起訴（包括公訴與自訴）之訴訟行為，在程序上違背法律之規定者而言；同條第二至七款所列，雖亦屬起訴程序違背規定之情形，**所稱「起訴之程序違背規定者」，係指同條第二至七款以外之其他程序違法情形而言。例如檢察官逕以公函對被告提起公訴，而未依規定附具起訴書，或起訴書未記載被告之姓名及犯罪事實，或所記載之內容不足以辨識其起訴之對象或犯罪之基本事實等均屬之。**上開條款僅係就「起訴之程序違背規定」之情形，規定其法律效果，並不包括起訴之被告或其犯罪事實，在實體法上應諭知無罪，或有應諭知免訴或免刑之情形在內。故法院就起訴事實審理結果，若認被告有應諭知無罪、免訴或免刑之情形者，仍應依法為無罪、免訴或免刑之判決，不能以此反推起訴之程序違背規定，而逕依上揭規定諭知不受理判決。

第 304 條（管轄錯誤判決）

無管轄權之案件，應諭知管轄錯誤之判決，並同時諭知移送於管轄法院。

第 305 條（一造缺席判決）

被告拒絕陳述者，得不待其陳述逕行判決；其未受許可而退庭者亦同。

第 306 條（一造缺席判決）

法院認為應科拘役、罰金或應諭知免刑或無罪之案件，被告經合法傳喚無正當理由不到庭者，得不待其陳述逕行判決。

☐ 實務見解

▶47 台上 778（判例）

被告經第二審法院合法傳喚，無正當理由而不到庭者，固可不待其陳述逕行判決，但仍須開庭經過調查證據，與到庭檢察官或自訴人一造之辯論終結程序為之，非謂不待被告陳述即可逕用書面審理，原審以被告經合法傳喚無正當理由於審判期日未到庭，即不踐行上述各程序，而以書面審理結案，顯與刑事訴訟法第三百七十一條第八款、第十款之規定相違背。

第 307 條（言詞審理之例外）
第一百六十一條第四項、第三百零二條至第三百零四條之判決，得不經言詞辯論為之。

☐ 實務見解

▶59 台上 2142（判例）

刑事訴訟法第三百零七條所定得不經言詞辯論而為之判決，既不以被告到庭陳述為必要，原不發生傳喚合法與否問題，上訴人指被告未經合法傳喚，原審不待其到庭陳述逕行判決為不當，殊難認為有理由。

▶30 上 2346（判例）

刑事訴訟法第三百零七條定得不經言詞辯論而為之判決，既不以被告到庭陳述為必要，原不發生傳喚合法與否問題，上訴人指被告未經合法傳喚，原審不待其到庭陳述逕行判決為不當，殊難認為有理由。

第 308 條（判決書之內容）
判決書應分別記載其裁判之主文與理由；有罪之判決書並應記載犯罪事實，且得與理由合併記載。

第 309 條（有罪判決書之主文應記載事項）
有罪之判決書，應於主文內載明所犯之罪，並分別情形，記載下列事項：
一　諭知之主刑、從刑、刑之免除或沒收。
二　諭知有期徒刑或拘役者，如易科罰金，其折算之標準。
三　諭知罰金者，如易服勞役，其折算之標準。
四　諭知易以訓誡者，其諭知。
五　諭知緩刑者，其緩刑之期間。
六　諭知保安處分者，其處分及期間。

☐ 實務見解

▶107 台上 3884〇（判決）

按依修正後之刑事訴訟法第三〇九條第一款之規定，**法院僅於案件認定被告有罪而應沒收時，始於判決主文諭知沒收，倘認不應宣告沒收時，因沒收之調查與認定，本屬法院依職權進行之事項，且非必以當事人聲請為必要，復無如同法第四五五條之二六第一項後段、第二項有對於參與人財產經認定不應沒收者，應諭知不予沒收之判決，並應記載其裁判主文及應否沒收之理由之規定**，自無須於被告有罪判決主文項下諭知不予沒收之旨，惟為方便上級法院審查，自宜於判決理由內說明不予沒收心證形成之理由。是下級法院若已於有罪判決就不予沒收之理由詳為記載，究與未經裁判之情形不同，檢察官或自訴人自得對於該諭知不予沒收部分聲明不服。

又刑法關於沒收，已於民國一〇四年十二月三十日修正公布，並於一〇五年七月一日施行，將沒收重新定性為「刑罰及保安處分以外之法律效果，具有獨立性，而非刑罰（從刑）」，且依修正後同法第二條第二項及刑法施行法第十條之三第二項規定，縱被告於刑法關於沒收之相關規定修正施行前行為，仍應逕適用裁判時法律，而無「不溯及既往」原則之適用，益見刑法沒收於修正後業已「去刑罰化」而具「獨立性」。再修正後之沒收雖具備獨立性，然沒收之發動，仍須以犯罪行為之存在為前提，故沒收原則上應於有罪判決時併宣告之（參見修正後刑事訴訟法第三〇九條第一款），但亦得由檢察官另聲請法院為單獨沒收之宣告（參見修正後刑法第四十條第三項、刑事訴訟法第 二五九條之一、修正後同法第四五五條之三四至三七）。故**「沒收」與「本案部分（即罪刑部分）」並非不能區分。若下級審判決僅係應否沒收部分有所違誤，而於本案部分認事或用法並無不當時，上級法院非不得僅就沒收部分予以撤銷**。另沒收之標的，依修正後刑法第三八條第一、二項、第三八條之一第一項前段規定，可分為違禁物、供犯罪所用、犯罪預備之物、犯罪所生之物及犯罪所得等項，**倘彼此間互無關連，僅因下級法院就其中各別標的應否沒收部分判決有誤，上級法院亦非不得單就該各別標的部分予以撤銷**。

第 310 條（有罪判決書之理由記載事項）
有罪之判決書，應於理由內分別情形記載下列事項：
一　認定犯罪事實所憑之證據及其認定之理由。
二　對於被告有利之證據不採納者，其理由。
三　科刑時就刑法第五十七條或第五十八條規定事項所審酌之情形。
四　刑罰有加重、減輕或免除者，其理由。
五　易以訓誡或緩刑者，其理由。
六　諭知沒收、保安處分者，其理由。
七　適用之法律。

第 310 條之 1（簡易判決書之記載）
Ⅰ有罪判決，諭知六月以下有期徒刑或拘役得易科罰金、罰金或免刑者，其判決書得僅記載判決主文、犯罪事實、證據名稱、對於被告有利證據不採納之理由及應適用之法條。
Ⅱ前項判決，法院認定之犯罪事實與起訴書之記載相同者，得引用之。

第 310 條之 2（適用簡式審判程序有罪判決書之製作）
適用簡式審判程序之有罪判決書之製作，準用第四百五十四條之規定。

第 310 條之 3（諭知沒收之判決）
除於有罪判決諭知沒收之情形外，諭知沒收之判決，應記載其裁判之主文、構成沒收之事實與理由。理由內應分別情形記載認定事實所憑之證據及其認定之理由、對於被告有利證據不採納之理由及應適用之法律。

第 311 條（宣示判決之時期）
行獨任審判之案件宣示判決，應自辯論終結之日起二星期內爲之；行合議審判者，應於三星期內爲之。但案情繁雜或有特殊情形者，不在此限。

第 312 條（宣示判決—被告不在庭）
宣示判決，被告雖不在庭亦應爲之。

第 313 條（宣示判決—主體）
宣示判決，不以參與審判之法官爲限。

第 314 條（得上訴判決之宣示及送達）
Ⅰ判決得爲上訴者，其上訴期間及提出上訴狀之法院，應於宣示時一併告知，並應記載於送達被告之判決正本。
Ⅱ前項判決正本，並應送達於告訴人及告發人，告訴人於上訴期間內，得向檢察官陳述意見。

第 314 條之 1（判決正本附錄論罪法條全文）
有罪判決之正本，應附記論罪之法條全文。

第 315 條（判決書之登報）
犯刑法僞證及誣告罪章或妨害名譽及信用罪章之罪者，因被害人或其他有告訴權人之聲請，得將判決書全部或一部登報，其費用由被告負擔。

第 316 條（判決對羈押之效力）
羈押之被告，經諭知無罪、免訴、免刑、緩刑、罰金或易以訓誡或第三百零三條第三款、第四款不受理之判決者，視爲撤銷羈押。但上訴期間內或上訴中，得命具保、責付或限制住居；如不能具保、責付或限制住居，而有必要情形者，並得繼續羈押之。

第 317 條（判決後扣押物之處分）
扣押物未經諭知沒收者，應即發還。但上訴期間內或上訴中遇有必要情形，得繼續扣押之。

第 318 條（贓物之處理）
Ⅰ扣押之贓物，依第一百四十二條第一項應發還被害人者，應不待其請求即行發還。
Ⅱ依第一百四十二條第二項暫行發還之物無他項諭知者，視爲已有發還之裁定。

第二章　自　訴

第 319 條（適格之自訴人及審判不可分原則）
Ⅰ犯罪之被害人得提起自訴。但無行爲能力或限制行爲能力或死亡者，得由其法定代理人、直系血親或配偶爲之。
Ⅱ前項自訴之提起，應委任律師行之。
Ⅲ犯罪事實之一部提起自訴者，他部雖不得自訴亦以得提起自訴論。但不得提起自訴部分係較重之罪，或其第一審屬於高等法院管轄，或第三百二十一條之情形者，不在此限。

❖ 法學概念

自訴

所謂自訴者，係指犯罪之直接被害人，逕向法院請求對於被告確定其刑罰權之有無及其範圍之訴訟行爲。在自訴程序中，自訴人取代檢察官於審判中原告地位，行使犯罪追訴權。我國刑事訴訟法原則上採檢察官代表國家實施公訴主義，例外情形始允許被害人得以自己名義爲原告逕向法院提起訴訟之權利，稱被害人訴追主義（又稱私人訴追主義）。

我國採強制委任律師代理之自訴制度，在於保護被害人權益，同時亦在限制自訴，避免自訴浮濫。本法第 329 條第 2 項規定，檢察官於審判期日所得爲之訴訟行爲，於自訴程序，由自訴代理人爲之（§329Ⅰ），以提高自訴人舉證之能力。自訴人未委任代理人，法院應定期間以裁定命其委任代理人，逾期仍不委任者，應諭知不受理判決。

【陳宏毅、林朝雲，《刑事訴訟法新理論與實務》，五南，初版，2015.02，419 頁。】

❐ 實務見解

▶94 年度第 6、7 次刑事庭會議決議

(94.04.26)

討論事項：刑事訴訟法自訴由律師代理制度之決議。

壹、自訴案件第二審應委任律師為代理人。

修正刑事訴訟法自民國九十二年九月一日施行後，採強制委任律師為代理人之自訴制度，為自訴制度之重大變革，旨在限制濫訴，提高自訴品質，當無分別各審級而異其適用之理。總則編第四章第三十七條第一項明定：自訴人應委任代理人「到場」，在事實審之第二審同應適用。第三百六十四條規定：第二審之審判，除本章有特別規定外，準用第一審審判之規定，自亦應準用第三百十九條第二項、第三百二十九條第一項規定，由律師為代理人，提起第二審上訴。**至自訴案件，被告不服第一審判決，提起第二審上訴，自訴人並未上訴，惟第二審為事實審，仍須由自訴代理人為訴訟行為。或認此有強迫自訴人選任律師為代理人之嫌，但自訴人既選擇自訴程序，即有忍受之義務，自應採肯定見解。**

貳、自訴人提起第三審上訴，應委任律師為代理人。

提起第三審上訴，上訴書狀應敘述上訴之理由（第三百八十二條第一項前段），上訴理由應依據卷內訴訟資料，具體指摘原判決不適用何種法則或如何適用不當，否則其上訴為違背法律上之程式。且第三百八十七條規定，第三審之審判，除本章有特別規定外，準用第一審審判之規定，故除所提之第三審上訴不合法，得不命補正委任律師為代理人外，當應準用自訴須委任律師為代理人之規定。

參、九十二年九月一日前提起自訴或上訴，其後於該審審理時無須委任律師為代理人。

自訴或上訴是否合法，係以提起時之法律規定為準，其提起時為法所准許者，既屬合法之自訴或上訴，自不因嗣後法律修正對自訴權有所限制而受影響。

肆、九十二年九月一日前提起自訴，經判決後，提起上訴時新法已施行，應委任律師為代理人。

刑事案件，一經提起公訴、自訴或上訴而繫屬於法院，訴在該審級法院繫屬中，訴訟主體相互間即發生訴訟上之權利義務關係，此訴訟關係，法院與當事人均應受其拘束，故訴訟繫屬繼續中，訴訟關係固然存在，該繫屬法院自應加以審判，但一經終局裁判，審級訴訟關係即已消滅。從而自訴案件倘經繫屬之第一審或第二審法院為終局判決，原有審級之訴訟關係即歸於消滅，當事人若提起第二審或第三審上訴，乃繫屬於另一審級之開始，與該上訴審發生另一審級之訴訟關係，自訴人應依修正後之規定委任律師為代理人。

伍、自訴代理人未經特別委任，不得為自訴之撤回、捨棄上訴或撤回上訴。

本法自訴章僅規定自訴之提起，應委任律師行之（第三百十九條第二項），檢察官於審判期日所得為之訴訟行為，於自訴程序，由自訴代理人為之（第三百二十九條第一項），及總則編規定「自訴人應委任代理人到場」（第三十七條第一項），可見自訴代理人之權限重在到庭為訴訟行為，實施攻擊、防禦，提出證據及陳述法律意見，以提高訴訟之品質。至攸關訴訟關係發生、消滅等訴訟權最重要事項，仍應由自訴人決定。此觀第三百二十五條第一項之撤回自訴、第三百二十六條第一項之曉諭撤回自訴，條文均明定應由自訴人或對自訴人為之甚明。參諸在委任人喪失行為能力或死亡時，民、刑事訴訟法雖均有停止訴訟或承受訴訟之規定，惟民事訴訟於有訴訟代理人時，不當然停止（民事訴訟法第一百七十三條前段），訴訟代理權不因本人死亡而消滅（同法第七十三條前段）；刑事訴訟則須由得為提起自訴之人，於一個月內承受訴訟，否則法院應逕行判決或通知檢察官擔當訴訟（刑事訴訟法第三百三十二條），自訴代理人無暫為訴訟之權。可見刑事訴訟對代理人之權限限制甚於民事訴訟，舉輕以明重，涉重大權限消滅之撤回行為，更應受有限制。故本法雖無如民事訴訟法第七十條第一項但書之規定，不宜視為明示其一排斥其他。本院二十五年九月二十二日民刑庭總會決議　應為補充決議：自訴代理人有自訴人之特別委任時，可代自訴人撤回上訴；自訴之撤回或捨棄上訴亦同。

陸、九十二年九月一日前提起第二審上訴之自訴案件，經本院發回更審時，新法已施行，應委任律師為自訴代理人。

案件經本院發回第二審更審，為另一審級訴訟程序之開始，新法既已施行，自應適用，並無刑事訴訟法施行法第七條之三但書之適用。參照刑事訴訟法第三十八條準用第三十條規定及司法院院字第一七五五號解釋，自訴人委任律師為代理人之委任狀，應於每一審級提出，第二審審級程序既已重新開始，自應委任律師為代理人。

柒、九十二年九月一日前提起第二審上訴之自訴案件，如自訴人經再行通知仍不到庭者，第二審法院應諭知不受理。

自訴人既不須委任律師為代理人，自為訴訟行為，即以自訴人兼自訴代理人地位，準用第一審程序，適用刑事訴訟法第三百三十一條規定，自訴人經合法通知無正當理由不到庭，應再行通知，如仍不到庭者，應為不受理之判決。

捌、自訴人提起自訴或上訴不合法時，得不命補正委任律師為代理人。
刑事訴訟法第三百十九條第二項規定，自訴之提起，應委任律師行之，第三百二十九條第二項規定：「自訴人未委任代理人，法院應定期間以裁定命其委任代理人；逾期仍不委任者，應諭知不受理之判決。」惟若所提起之自訴，係不得提起自訴而提起者，如非犯罪被害人，對配偶自訴等，或其上訴有第三百六十二條、第三百六十七條、第三百八十四條、第三百九十五條之情形，法院應以上訴不合法而駁回者，自訴人未委任代理人是否仍應先依第三百二十九條第二項規定，命其補正？法條雖未明定所提起之自訴或上訴以合法者為限，惟參照本院六十一年台上字第三八七號判例認：「刑事訴訟法第三百零三條第二款所謂已經提起公訴或自訴之案件在同一法院重行起訴者，必須先起訴之案件係合法者始足當之，若先起訴之案件係不合法，則後起訴之案件，自無適用本條款規定之餘地。」二十七年上字第七九二號判例謂：「刑事訴訟法第三百十六條（舊法）雖規定同一案件經提起自訴者，不得再行告訴。但該項自訴如因不合程序，經諭知不受理之判決而確定者，即回復未自訴前之狀態，仍得由被害人依法告訴。」二十九年上字第一三二八號判例稱：「本件被告之上訴係不合法，已在應行駁回之列，雖據被告之子狀稱，被告於上訴中在所身故，即使屬實，但第三審法院限於上訴有理由時，始應將原審判決撤銷，該被告死亡前之上訴，既非合法，即不得適用刑事訴訟法第三百八十九條（舊法）將其撤銷，自應仍以上訴不合法，予以駁回。」均認以合法之自訴或上訴為前提，適用有關之法律；在自訴未委任代理人時，亦應為相同之解釋。自訴或上訴不合法時，得不命補正委任律師為代理人。

玖、自訴人具有律師資格者，無須委任律師為代理人。

本法雖無如民事訴訟法第四百六十六條之一第一項於第三審上訴採強制律師代理制，但上訴人或其法定代理人具有律師資格者，不在此限之規定。據此法理，亦應為同一解釋。

拾、自訴代理人之性質及權限。

新法第三十七條第一項規定：「自訴人應委任代理人到場。」並應選任律師充之（同條第二項）。惟對自訴代理人之性質及權限，並無專條明定，除散見本法之規定，如第三十八條規定準用第二十八條（每一自訴人委任代理人不得逾三人）、第三十條（應提出委任書狀）、第三十二條（數代理人送達應分別為之）、第三十三條審判中得檢閱卷宗及證物並得抄錄或攝影、第四十四條之一審判期日轉譯文書核對更正權（第四十九條之辯護人經許可攜同速記到場並未準用）、第六十七條第二項（代理人過失視為本人之過失）、第十二章之調查證據聲請權、交互詰問權等、第二百二十七條之收受裁判正本權外，自訴章第三百十九條第二項規定自訴之提起應委任律師行之，第三百二十七條第一項規定，命自訴代理人到場應用通知，第三百二十九條第一項檢察官於審判期日所得為之訴訟行為，於自訴程序，由自訴代理人為之，此為自訴代理人最重要之權限，依第三百四十三條準用公訴章第三節審判之規定，舉凡該章檢察官得為之行為，解釋上自訴代理人自得為之，如第二百七十三條之參與準備程序、第二百七十三條之一之簡式審判程序意見表示、第二百七十五條之舉證權利等。惟關於提起上訴權，自訴代理人無如第三百四十六條規定，辯護人得為被告之利益提起上訴之權，自不應為同一解釋。其餘如聲請再審權更應為否定見解。抑有進者，提起自訴雖應由自訴代理人之律師為之，惟提起與否，決定權則在自訴人，亦不待言。

拾壹、反訴準用自訴部分之決議。

▶80年度第3次刑事庭會議決議（80.06.30）

刑事第九庭提案：甲提起自訴，謂其所有之建築物，被乙強行拆毀。但經法院調查結果，甲對該建築物並無所有權或管領權，應如何判決？
決議：採乙說。
按「犯罪之被害人得提起自訴。」刑事訴訟法第三百十九條第一項前段定有明文。故必須係因犯罪而被害之人，始得提起們訴；非因犯罪而被害之人，不得提起自訴，乃當然之解釋。該條項所稱犯罪之被害人，以因犯罪而直接被害之人為限，於財產法益被侵害時，必須其財產之所有權人，或對於該財產有事實上管領力之人，因他人之犯罪行為，而其管領權受有侵害時，始能認為直接被害之人（本院六十八年台上字第二一四號判例、三十二年非字第六八號判例參照）。甲自訴其建築物，被乙強行拆毀，法院既已查明甲並非該建築物之所有權人，亦非有管領權之人，應認其並非因犯罪而直接被害之人，逕予諭知不受理對判決。

▶65年度第5次刑庭庭推總會議決議（65.06.22）

決議：採甲說。
現行刑事訴訟法第三百十九條修正理由謂：「自訴案件，原僅限於被害人有行為能力都為限，關於無行為能力、限制行為能力或死亡者，則無明文予以救濟之規定，為本法一大缺漏，故本條修正將自訴案件擴大至其無行為能力、限制行為能力或死亡者之法定代理人、直系血親或配偶亦得提起自訴」，**足見無行為能力或限制行為能力之**

犯罪被害人，仍不得提起自訴，其法定代理人始得提起。

▶46 台上 1305（判例）

刑事訴訟法第三百十一條所稱之被害人，祇須自訴人所訴被告犯罪事實，在實體法上足認其爲被害之人爲已足，至該自訴人實際曾否被害及被告有無加害行爲，並非自訴成立之要件，上訴人訴稱被告強行拆毀其所建築之堤防，並搶奪材料等情，自係以被害人資格提起自訴，即難謂非合法。原審認其訴不實，縱令無訛，亦祇屬被當不成立犯罪，而竟謂上訴人非因犯罪而受損害之人，不得提起自訴，爲不受理之論知，顯就自訴是否合法與被告有罪無罪混爲一談，殊有未合。

▶26 渝上 893（判例）

刑事訴訟法第三百十一條所定得提起自訴之人，**係限於因犯罪而直接被害之人**，必其人之法益由於犯罪行爲直接所加害，若須待乎他人之另一行爲而其人始受損害者，即非因犯罪直接所受之損害，不得提起自訴。**至個人與國家或社會，因犯罪而同時被害者，該被害之個人，固亦得提起自訴，但所謂同時被害，自須個人之被害與或社會之被害由於同一之犯罪行爲所致，若犯罪行爲雖足加國家或社會以損害，而個人之受害與否，尚須視他人之行爲而定者，即不能謂係同時被害，仍難認其有提起自訴之權**。刑法上之誣告罪，得由被誣告人提起自訴，係以誣告行爲一經實施，既足使國家司法上之審判權或偵查權妄爲開始，而同時又至少必使被誣告者受有名譽上之損害，縱使審判或偵查結果不能達到誣告都欲使其受懲戒處分或刑事處分之目的，而被誣告人在名義上已二度成爲行政上或刑事上之被告，其所受名譽之損審，自係誣告行爲直接且同時所加害。至於他人刑事被告案內爲證人、鑑定人、通譯之人，在審判或偵查時，依法具結而爲虛僞之陳述，固足使採證錯誤，判斷失平，致司法喪失威信，然此種虛僞之陳述，在他人是否因此被害，尚繫於執行審判或偵查職務之以公務員採信其陳述與否而定，並非因僞證行爲直接或同時受有損害，即與刑事訴訟法第三百十一條所稱之被害人並不相當，其無提起自訴之權，自不待言。

第 320 條（自訴狀）

Ⅰ自訴，應向管轄法院提出自訴狀爲之。

Ⅱ自訴狀應記載下列事項：

一　被告之姓名、性別、年齡、住所或居所，或其他足資辨別之特徵。

二　犯罪事實及證據並所犯法條。

Ⅲ前項犯罪事實，應記載構成犯罪之具體事實及其犯罪之日、時、處所、方法。

Ⅳ自訴狀應按被告之人數，提出繕本。

第 321 條（自訴之限制—親屬）

對於直系尊親屬或配偶，不得提起自訴。

第 322 條（自訴之限制—不得告訴請求者）

告訴或請求乃論之罪，已不得爲告訴或請求者，不得再行自訴。

第 323 條（自訴之限制—偵查終結）

Ⅰ同一案件經檢察官依第二百二十八條規定開始偵查者，不得再行自訴。但告訴乃論之罪，經犯罪之直接被害人提起自訴者，不在此限。

Ⅱ於開始偵查後，檢察官知有自訴在先或前項但書之情形者，應即停止偵查，將案件移送法院。但遇有急迫情形，檢察官仍應爲必要之處分。

第 324 條（自訴之效力—不得再行告訴或請求）

同一案件經提起自訴者，不得再行告訴或爲第二百四十三條之請求。

□ 實務見解

▶ 院字第 2306 號（31.03.20）

某甲以一狀誣告乙丙丁三人，**祇犯一個誣告罪，既係同一案件，經乙丙對甲提起自訴，無論曾否判決確定，丁均不得再行告訴**，如檢察官就該案予以不起訴處分後，丁復聲請再議，上級法院首席檢察官應認爲無理由而駁回之。

第 325 條（自訴人之撤回自訴）

Ⅰ告訴或請求乃論之罪，自訴人於第一審辯論終結前，得撤回其自訴。

Ⅱ撤回自訴，應以書狀爲之。但於審判期日或受訊問時，得以言詞爲之。

Ⅲ書記官應速將撤回自訴之事由，通知被告。

Ⅳ撤回自訴之人，不得再行自訴或告訴或請求。

第 326 條（曉諭撤回自訴或裁定駁回自訴）

Ⅰ法院或受命法官，得於第一次審判期日前，訊問自訴人、被告及調查證據，於發見案件係民事或利用自訴程序恫嚇被告者，得曉諭自訴人撤回自訴。

Ⅱ前項訊問不公開之；非有必要，不得先行傳訊被告。

Ⅲ第一項訊問及調查結果，如認爲案件有第二百五十二條、第二百五十三條、第二百五十四條之情形者，得以裁定駁回自訴，並準用第二百五十三條之二第一項第一款至第四款、第二項及第三項之規定。

Ⅳ駁回自訴之裁定已確定者，非有第二百六十條各款情形之一，不得對於同一案件再行自訴。

第 327 條（自訴人之傳喚）
I 命自訴代理人到場，應通知之；如有必要命自訴人本人到場者，應傳喚之。
II 第七十一條、第七十二條及第七十三條之規定，於自訴人之傳喚準用之。

第 328 條（自訴狀繕本之送達）
法院於接受自訴狀後，應速將其繕本送達於被告。

第 329 條（諭知不受理判決─未委任代理人）
檢察官於審判期日所得為之訴訟行為，於自訴程序，由自訴代理人為之。自訴人未委任代理人，法院應定期間以裁定命其委任代理人；逾期仍不委任者，應諭知不受理之判決。

第 330 條（檢察官之協助）
I 法院應將自訴案件之審判期日通知檢察官。
II 檢察官對於自訴案件，得於審判期日出庭陳述意見。

第 331 條（諭知不受理判決─代理人無正當理由不到庭）
自訴代理人經合法通知無正當理由不到庭，應再行通知，並告知自訴人。自訴代理人無正當理由仍不到庭者，應諭知不受理之判決。

第 332 條（承受或擔當訴訟與一造缺席判決）
自訴人於辯論終結前，喪失行為能力或死亡者，得由第三百十九條第一項所列得為提起自訴之人，於一個月內聲請法院承受訴訟；如無承受訴訟之人或逾期不為承受者，法院應分別情形，逕行判決或通知檢察官擔當訴訟。

第 333 條（停止審判─民事判決）
犯罪是否成立或刑罰應否免除，以民事法律關係為斷，而民事未起訴者，停止審判，並限期命自訴人提起民事訴訟，逾期不提起者，應以裁定駁回其自訴。

第 334 條（不受理判決）
不得提起自訴而提起者，應諭知不受理之判決。

第 335 條（管轄錯誤判決）
諭知管轄錯誤之判決者，非經自訴人聲明，毋庸移送案件於管轄法院。

第 336 條（自訴判決書之送達與檢察官之處分）
I 自訴案件之判決書，並應送達於該管檢察官。
II 檢察官接受不受理或管轄錯誤之判決書後，認為應提起公訴者，應即開始或續行偵查。

第 337 條（得上訴判決宣示方法之準用）
第三百十四條第一項之規定，於自訴人準用之。

第 338 條（提起反訴之要件）
提起自訴之被害人犯罪，與自訴事實直接相關，而被告為其被害人者，被告得於第一審辯論終結前，提起反訴。

□ 實務見解

▶73 台上 1107（判例）

提起自訴之被害人犯罪，而被告為其被害人者，被告固得於第一審辯論終結前，提起反訴，但提起反訴，應以自訴之被告為限，自訴人除得提起自訴外，不得對於反訴復行提起反訴。

第 339 條（反訴準用自訴程序）
反訴，準用自訴之規定。

第 340 條（刪除）

第 341 條（反訴與自訴之判決時期）
反訴應與自訴同時判決。但有必要時，得於自訴判決後判決之。

第 342 條（反訴之獨立性）
自訴之撤回，不影響於反訴。

第 343 條（自訴準用公訴程序）
自訴程序，除本章有特別規定外，準用第二百四十六條、第二百四十九條及前章第二節、第三節關於公訴之規定。

□ 實務見解

▶87 台上 540（判例）

追加自訴係就與已經自訴之案件無單一性不可分關係之相牽連犯罪（指刑事訴訟法第七條所列案件），在原自訴案件第一審辯論終結前，加提獨立之新訴，俾與原自訴案件合併審判，以收訴訟經濟之效，此觀刑事訴訟法第三百四十三條準用第二百六十五條自明；如追加自訴之犯罪，經法院審理結果，認定與原自訴案件之犯罪有實質上或裁判上一罪之單一性不可分關係，依同法第三百四十三條準用第二百六十七條，即為原自訴效力所及，對該追加之訴，自應認係就已經提起自訴之案件，在同一法院重行起訴，依同法第三百四十三條準用第三百零三條第二款，應於判決主文另為不受理之諭知，始足使該追加之新訴所發生之訴訟關係歸於消滅，而符訟訟主義之法理。

第三編 上 訴

第一章 通 則

第 344 條（上訴權人—當事人）

Ⅰ當事人對於下級法院之判決有不服者，得上訴於上級法院。

Ⅱ自訴人於辯論終結後喪失行為能力或死亡者，得由第三百十九條第一項所列得為提起自訴之人上訴。

Ⅲ告訴人或被害人對於下級法院之判決有不服者，亦得具備理由，請求檢察官上訴。

Ⅳ檢察官為被告之利益，亦得上訴。

Ⅴ宣告死刑之案件，原審法院應不待上訴依職權逕送該管上級法院審判，並通知當事人。

Ⅵ前項情形，視為被告已提起上訴。

❑ 實務見解

▶76 台上 4079（判例）

檢察官得於所配置之管轄區域以外執行職務，但配置各級法院之檢察官其執行職務或行使職權，仍屬獨立並應依法院之管轄定其分際。**故下級法院檢察官對於上級法院之判決，均不得提起上訴。同級法院之檢察官，對於非其配置之法院之判決亦無聲明不服提起上訴之權**。甲法院檢察官移轉乙法院檢察官偵查後逕向甲法院起訴之案件，引法院審理時，例由配置同院之檢察官到庭執行職務，則第一審判決後，自應向同院到庭檢察官送達，如有不服，亦應由同院檢察官提起上訴。

第 345 條（上訴權人—獨立上訴）

被告之法定代理人或配偶，得為被告之利益獨立上訴。

❑ 實務見解

▶62 台上 1286（判例）

不服下級法院判決得上向上級報院提起上訴者，原以當事人或被告之法定代理人或配偶，或被告在原審依報委任之代理人或辯護人為限，自訴人之配偶為自訴人提起上訴者，則非以自訴人於辯論終結後喪失行為能力或死亡者不得為之，刑事訴訟法第三百四十四條至第三百四十六條分別定有明文。本件上訴人僅為自訴人之配偶，雖經自訴人在原審委任其為代理人，但既非首開法條所列得以獨立或代為提上訴之人，又無得為自訴人提起上訴之情形，既不得提起上訴，茲竟以其自己名義提起上訴，自屬不應准許。

第 346 條（上訴權人—代理上訴）

原審之代理人或辯護人，得為被告之利益而上訴。但不得與被告明示之意思相反。

❑ 實務見解

▶71 台上 7884（判例）

刑事訴訟法第三百四十六條規定原審之代理人或辯護人，得為被告之利益而上訴，此項規定，非可類推解釋，而認自訴人之代理人亦得為自訴人之利益而代自訴人提起上訴。

第 347 條（上訴權人—自訴案件檢察官）

檢察官對於自訴案之判決，得獨立上訴。

第 348 條（上訴範圍）

Ⅰ上訴得對於判決之一部為之；未聲明為一部者，視為全部上訴。

Ⅱ對於判決之一部上訴者，其有關係之部分，視為亦已上訴。

❑ 實務見解

▶ 院字第 2510 號（32.05.01）

檢察官以某甲犯子丑兩罪提起公訴，第一審判決僅就子罪諭知罪刑，丑罪部分則未明白宣示，原檢察官遂專以丑罪漏判為理由提起上訴，某甲對於科刑判決並未聲明不服，斯時第二審審判之範圍，自應就子丑兩罪是否屬於裁判上之一罪而定，設使子丑兩罪係屬裁判上一罪，丑罪既經上訴，子罪部分應視為亦已上訴，祇須第一審判決理由內曾就丑罪之成立與否加以判斷，無論丑罪能否證明，或其行為應否處罰，主文內本不應分別諭知，若第二審對於子丑兩罪審認結果與第一審判決所認無異，自應將檢察官之上訴駁回。又如子丑兩罪係屬實質上數罪，則審判上並無不可分之關係，子罪因未上訴已經確定，第二審僅得就上訴之丑罪部分審判，第一審判決主文內未將丑罪明白諭知無罪，其判決固屬違法，**苟理由內業已明認丑罪犯行不能證明，或其行為不應處罰，究難謂第一審對之未加裁判，自與漏判情形有殊，倘第二審審理結果，仍與第一審所認相同，檢察官之上訴論旨雖不成立，而第一審判決既非適法，亦屬無可維持，應將第一審判決關於丑罪部分撤銷，自行諭知無罪**。

▶106 年度第 9 次刑事庭會議決議（106.07.18）

被告經原審法院認定其行為時因精神障礙，致不能辨識其行為違法，依刑法第十九條第一項規定，係屬不罰，而判決無罪，並依同法第八七條第一項之規定，諭知令入相當處所，施以監護之處分（下稱監護處分）。被告不服，以：本件應係不能證明被告犯罪，而非被告之行為不罰。被告之精神疾病業經接受治療並獲控制，應無施以監護之必要爲由，提起上訴。**上訴審法院得否以被告無上訴利益，逕以其上訴不合法予以駁回？**
決定：採乙說。
乙說：被告有上訴利益。
一、對精神障礙者之監護處分，其內容不以監督保護爲已足，並應注意治療及預防對社會安全之危害。依保安處分執行法第四七條之規定，經檢察官指定爲執行處所之精神病院、醫院，對於受監護處分者，除分別情形給予治療外，並應監視其行動。受監護處分者之行動既受監視，自難純以治療係爲使其回復精神常態及基於防衛公共安全之角度，而忽視人身自由保障之立場，否定監護係對其不利之處分。
二、刑法第八七條第一項規定之監護處分，係因被告有同法第十九條第一項所定之精神障礙，或其他心智缺陷致欠缺責任能力而不罰者，其情狀足認有再犯或有危害公共安全之虞時，始有其適用。法院依刑事訴訟法第三〇一條就此爲被告無罪之判決時，並應諭知其處分及期間。**是以，此項監護處分與無罪之諭知，具有不可分離之關係，不能割裂爲二事；其有無上訴利益，必須爲整體之觀察，無從分別判斷。**
三、題旨所示之原審無罪判決，**已同時諭知對被告不利之監護處分，而與僅單純宣告被告無罪之判決不同，自應認被告具有上訴利益**，不得逕以其無上訴利益而予駁回。

▶76 台上 2202（判例）

裁判上一罪案件之重罪部分得提起第三審上訴，**其輕罪部分雖不得上訴，依審判不可分原則，第三審法院亦應併予審判，但以重罪部分上訴合法爲前提，如該上訴爲不合法**，第三審法院應從程序上予以駁回，而無從爲實體上判決，對於輕罪部分自無從適用審判不可分原則，併爲實體上審判。

▶53 台上 289（判例）

二審法院認第一審對判決論罪不當，予以撤銷改判者，依罪刑不可分之原則，應將上訴之部分全部撤銷，不得僅將其罪名部分撤銷。

▶46 台上 914（判例）

戡亂時期竊盜犯贓物犯保安處分條例第四條所定之保安處分與罪有不可分離之關係，而罪與刑而又不能割裂爲二事，第二審法院如認第一審判決對於被告諭知保安處分爲不當，既應將罪刑與保安處分一併撤銷改判，不得將罪刑與保安處分分別爲撤銷及駁回上訴之判決，原判決將第一審判決關於保安處分部分撤銷，將罪刑部分之上訴駁回，自難謂無違誤。」

▶27 渝上 1663（判例）

不得上訴於第三審法院之罪與得上訴之罪爲牽連犯，而以不得上訴之罪爲重，得上訴之罪爲輕，雖依刑法第五十五條從不得上訴之重罪論科，惟其牽連之輕罪，原得上訴，而牽連犯罪之上訴又不可分，則對於該重罪亦應認爲得上訴於第三審法院。

▶107 台上 2183〇（判決）

按數罪併罰於同一判決分別宣告各罪之刑並定其應執行刑後，當事人表示僅就定應執行刑上訴者，**因應執行刑係依據各罪之宣告刑而來，又必須審酌全判決各宣告罪刑後始可決定，不能與所依據之各罪刑分離而單獨存在，且與各罪刑間在審判上具有無從分割之關係，故不受當事人僅對定執行刑部分上訴之主張所拘束**。換言之，基於上訴不可分之原則，**如僅對定執行刑上訴**，依刑事訴訟法第三四八條第二項之規定，有關係之各罪部分，亦應視爲均已全部上訴，而一併審理；否則即有已受請求之事項未予判決之違法。

▶106 台非 648〇（判決）

按上訴，係對下級法院之判決聲明不服之方法，而上訴審法院則藉由上訴聲明以特定審判之對象，是其範圍自應**以上訴權人之意思爲準**，倘原審判決之各部分**具有可分性、且當事人之眞意甚爲明確者**，即可對原審判決之一部分表示不服，此時自無適用刑事訴訟法第三四八條規定之餘地。**原審判決是否具可分性，其判別基準端視判決之各部分能否分割及是否會產生判決之歧異而定，其於上訴審得以僅審理聲明不服之部分，且該部分經撤銷或改判時，如未經聲明不服部分繼續維持原審判決所爲事實及法律上之認定，二者不致相互矛盾，自屬具審判上可分性。從而上訴權人合法聲明上訴部分，自應認其一部上訴聲明有效，上訴審即應受其拘束，以限定上訴審審理之範圍**。如此，不惟合乎上訴權人上訴之目的，當事人亦得僅針對該部分之爭點予以攻擊防禦，俾有助於法院訴訟資源之有效運用。刑法第四十二條第三項、第五 項罰金易服勞役之折算標準及期限，所應審究者，乃如何以新台幣（下同）一千元、二千元或三千元折算一日或以罰金總額與一年之日數比例折算，此與審理被告有罪、無罪或所犯何罪之程序，二者所要認定之事實不同，**衡諸易刑處分之裁量有其獨立性，復兼具執行事項之本質，本與罪刑無關**，倘上訴權人僅就易刑處分折算標準上訴，對原審論處之罪名及刑罰並無爭執，則上訴審僅就罰金易服勞役折算標準是否適法部分審判，既不致產生上訴審改判論知罰金易服勞役之折算標準與原審認定之罪名不相符合之情形，自不生罪刑不可分或上訴不可分關係可言。

第 349 條（上訴期間）

上訴期間爲二十日，自送達判決後起算。但判決宣示後送達前之上訴，亦有效力。

第 350 條（提起上訴之程式）
Ⅰ提起上訴，應以上訴書狀提出於原審法院爲之。
Ⅱ上訴書狀，應按他造當事人之人數，提出繕本。

☐ 實務見解

▶72 台上 4542（判例）

上訴人於原審審理時既經出庭應訊，而由受命推事曉諭檢察官之上訴意旨，於公判庭並曾由檢察官踐行論告之程序，是上訴人並非不能爲充分之防禦，縱令原審未將檢察官之上訴書繕本送達上訴人，其訴訟程序雖有違法，但於判決主旨顯然不生影響，依刑事訴訟法第三百八十條規定，即不得爲合法之上訴第三審理由。

第 351 條（在監所被告之上訴）
Ⅰ在監獄或看守所之被告，於上訴期間內向監所長官提出上訴書狀者，視爲上訴期間內之上訴。
Ⅱ被告不能自作上訴書狀者，監所公務員應爲之代作。
Ⅲ監所長官接受上訴書狀後，應附記接受之年、月、日、時，送交原審法院。
Ⅳ被告之上訴書狀，未經監所長官提出者，原審法院之書記官於接到上訴書狀後，應即通知監所長官。

第 352 條（上訴狀繕本之送達）
原審法院書記官，應速將上訴書狀之繕本，送達於他造當事人。

第 353 條（上訴權之捨棄）
當事人得捨棄其上訴權。

☐ 實務見解

▶31 抗 58（判例）

㈠刑事訴訟法第三百四十五條所謂捨棄上訴權，指當事人於原審判決宣示或送達後，在得行使上訴權之法定期間內，明示不爲上訴之謂。**至提起上訴後，僅得撤回上訴，無所謂捨棄上訴權**。
㈡提起上訴後，雖得於判決前撤回其上訴，但在上訴審判決後，即無撤回上訴之餘地。

第 354 條（上訴之撤回）
上訴於判決前，得撤回之。案件經第三審法院發回原審法院，或發交與原審法院同級之他法院者，亦同。

第 355 條（撤回上訴之限制—被告同意）
爲被告之利益而上訴者，非得被告之同意，不得撤回。

第 356 條（撤回上訴之限制—檢察官同意）
自訴人上訴者，非得檢察官之同意，不得撤回。

第 357 條（捨棄或撤回上訴之管轄）
Ⅰ捨棄上訴權，應向原審法院爲之。
Ⅱ撤回上訴，應向上訴審法院爲之。但於該案卷宗送交上訴審法院以前，得向原審法院爲之。

第 358 條（捨棄或撤回上訴之程式）
Ⅰ捨棄上訴權及撤回上訴，應以書狀爲之。但於審判期日，得以言詞爲之。
Ⅱ第三百五十一條之規定，於被告捨棄上訴權或撤回上訴準用之。

第 359 條（捨棄或撤回上訴之效力）
捨棄上訴權或撤回上訴者，喪失其上訴權。

☐ 實務見解

▶84 年度第 9 次刑事庭會議決議（84.12.05）

決議：採甲說。

被告上訴後，第一審判決即處於不確定狀況，至其撤回上訴時，因喪失其上訴權，始告確定，故應以撤回上訴日爲判決確定之日。

▶62 年度第 1 次刑事庭會議決議（62.07.24）

實質上或裁判上之一罪，僅撤回其一部上訴者，雖所餘者爲一部上訴，但因其有關係之部分，視爲亦已上訴（刑事訴訟法第三百四十八條第二項），上訴審法院仍應就其全部加以審判，故該一部撤回上訴等於未撤回。

▶46 台上 486（判例）

刑事案件撤回第二審上訴，應於二審裁判前爲之，經第三審發回更審後，即不得撤回。上訴於本院前次發回更審後，原審審理之日，以言詞請求撤回上訴，原審未予置理，而逕行裁判，並非違法。

第 360 條（捨棄或撤回上訴之通知）
捨棄上訴權或撤回上訴，書記官應速通知他造當事人。

第二章　第二審

第 361 條（第二審上訴之管轄）
Ⅰ不服地方法院之第一審判決而上訴者，應向管轄第二審之高等法院為之。
II 上訴書狀應敘述具體理由。
III 上訴書狀未敘述上訴理由者，應於上訴期間屆滿後二十日內補提理由書於原審法院。逾期未補提者，原審法院應定期間先命補正。

❖ 法學概念

上訴

所謂上訴，乃係對於下級法院未確定之「判決」直接向上級法院聲明不服而請求救濟之方法。因法院審判案件，難免有疏漏之處，致使認事用法或量刑上產生錯誤或不當之情事。如一經判決即無法更正，自非訴訟制度的目的。法為謀救濟之道，故將審判分為三級，而設上訴制度，以資救濟。使訴訟當事人及其他有上訴權人，對於判決不服者，於法定期間內，得聲請上級法院，撤銷或變更。

【陳宏毅、林朝雲，《刑事訴訟法新理論與實務》，五南，初版，2015.02，463 頁。】

☐ 實務見解

106 年度第 8 次刑事庭會議決議（106.07.04）

刑事訴訟法第三百六十一條第二項規定：「（第二審）上訴書狀應敘述具體理由。」所稱「具體理由」之標準如何認定？

決議：採乙說：

刑事訴訟法第三百六十一條第一項、第二項規定，不服地方法院之第一審判決而上訴者，須提出上訴書狀，並應敘述具體理由。就修法過程以觀，原草案為：「依前項規定提起上訴者，其上訴書狀應敘述理由，並引用卷內訴訟資料，具體指摘原審判決不當或違法之事實。其以新事實或新證據為上訴理由者，應具體記載足以影響判決結果之理由。」嗣經修正通過僅保留「上訴書狀應敘述具體理由」之文字，其餘則刪除，**故所稱「具體理由」，並不以其書狀應引用卷內訴訟資料，具體指摘原審判決不當或違法之事實，亦不以於以新事實或新證據為上訴理由時，應具體記載足以影響判決結果之情形為必要**。但上訴之目的，既在請求第二審法院撤銷或變更第一審之判決，所稱「具體」，當係抽象、空泛之反面，若僅泛言原判決認事用法不當、採證違法或判決不公、量刑過重等空詞，而無實際論述內容，即無具體可言。從而，上開法條規定上訴應敘述具體理由，係指須就不服判決之理由為具體之敘述而非空泛之指摘而言。倘上訴理由就其所主張第一審判決有違法或不當之情形，已舉出該案相關之具體事由足為其理由之所憑，即不能認係徒托空言或漫事指摘；縱其所舉理由經調查結果並非可採，要屬上訴有無理由之範疇，究不能遽謂未敘述具體理由。

第 362 條（原審對不合法上訴之處置—裁定駁回與補正）

原審法院認為上訴不合法律上之程式或法律上不應准許或其上訴權已經喪失者，應以裁定駁回之。但其不合法律上之程式可補正者，應定期間先命補正。

第 363 條（卷宗證物之送交與監所被告之解送）

I 除前條情形外，原審法院應速將該案卷宗及證物送交第二審法院。
II 被告在看守所或監獄而不在第二審法院所在地者，原審法院應命將被告解送第二審法院所在地之看守所或監獄，並通知第二審法院。

第 364 條（第一審程序之準用）

第二審之審判，除本章有特別規定外，準用第一審審判之規定。

第 365 條（上訴人陳述上訴要旨）

審判長依第九十四條訊問被告後，應命上訴人陳述之要旨。

☐ 實務見解

▸77 年度第 11 次刑事庭會議決議㈠（77.08.09）

刑事案件第二審與第三審調查證據及認定事實職權之界限與第三審自為判決之範圍：

壹、第二審與第三審對於調查證據及認定事實職權之界限。

依我國現制，第二審有調查證據認定事實之職權，而第三審就第二審關於證據之調查及事實之認定，是否違法，有審查之職權。惟第二審與第三審因其審級職務分配之不同，其查證認事之職權，亦有差異，茲舉其主要界限分述如下：

甲、關於第二審部分：

一、第二審採覆審制，應就第一審判決經上訴之部分為完全重覆之審理，是二審既有認定事實之職權，基於直接審理主義及言詞辯論主義之精神，對於第二審審理中所存在之證據，不問當事人所提出或聲請，或法院本於職權所發見，**如與待證事實有重要關係，在客觀上認為應行調查者，第二審自應盡調查之能事，以發揮事實覆審之機能，故不受第一審調查範圍之限制，亦不受當事人意思之拘束**。
二、無證據能力、未經合法調查之證據，第二審不得採為判決之證據資料，第二審調查之證據，應包括第一審已調查及未調查者，是故不特未經第一審調查之證據，應踐行調查之程序，即已經第一審調查之證據，仍應依法加以調查，然後本於直接調查之所得，以形成正確之心證，審認為第一審判決是否適當或有無違法，而為第二審之判決。

三、第二審就案內所證據本於調查所得心證，分別定其取捨，而釐事實之判斷，本為其職權之行使，苟與證據法則無違，不得加以指摘。又證據之證明力，亦即證據之價值判斷，由第二審法院本其自由心證而為之，但其心證應本於證據法則，而為合理之判斷，否則即屬違法。

四、第三審就發回更審所為法律上之判斷，固足以拘束原審法院，但所作發回意旨之指示，不影響原審法院眞實發見主義之要求，更審中對於當事人聲請調查，不以第三審發回所指者為限，第二審法院經審理結果，自得本於所得心證而為不同之判斷，據以重新為事實之認定。

五、連續犯之多次犯罪行為，事證已明，設如其中部分行為事實欠明，無從調查時，第二審可依法不列為犯罪事實並於理由內為必要之說明，以減少案件之發回。

▶**64年度第3次刑事庭會議決議（64.07.01）**

被告法定代理人對獨立上訴權是否存在，應以上訴時為準。其法定代理人合法上訴後，縱令死亡，並不影響其上訴之效力，第二審法院仍應予以裁判。又被告之父為被當之利益獨立上訴後死亡，刑事訴訟法並無得由其他法定代理人承受訴訟之規定。而同法第三百四十五條對獨立上訴權，係以被告之法定代理人或配偶之名義行之，與同法第三百四十六條所定原審代理人或辯護人之上訴，係以被告名義行之者迥異。故不得命被告之母或監護人承受訴訟，亦不能視被告為上訴人。況審判期日被告如已到庭，僅獨立上訴人未到庭者，實務上既不待上訴人陳述上訴要旨，得依法判決。獨立上訴人死亡時，更無法命其陳述上訴之要旨，自得依法判決。

▶**68台上2330（判例）**

審判期日之訴訟程序專以審判筆錄為證。又第二審審判長依刑事訴訟法第九十四條訊問被告後，應命上訴人陳述上訴之要旨，同法第四十七條第三百六十五條分別著有明文，本件原審法院於公開審判時，據審判筆錄之記載，**僅命為被告之上訴人陳述上訴理由，並無命另一上訴人即檢察官陳述上訴要旨之記載，檢察官亦未自行陳述，致無從明其上訴之範圍，揆諸首開說明，其所踐行之程序顯不合法，其基此所為之判決，自屬違背法令。**

第366條（第二審調查範圍）
第二審法院，應就原審判決經上訴之部分調查之。

□ 實務見解

▶**77年度第11次刑事庭會議決議㈠（77.08.09）**

刑事案件第二審與第三審調查證據認定事實職權之界限與第三審自為判決之範圍：

壹、第二審與第三審對於調查證據及認定事實職權之界限。

依我國現制，第二審有調查證據認定事實之職權，而第三審就第二審關於證據之調查及事實之認定，是否違法，有審查之職權。惟第二審與第三審因其審級職務分配之不同，其查證認事之職權，亦有差異，茲舉其主要界限分述如下：

甲、關於第二審部分：

一、第二審採覆審制，應就第一審判決經上訴之部分為完全重覆之審理，是第二審既有認定事實之職權，基於直接審理主義及言詞辯論主義之精神，對於第二審審理中所存在之證據，不問為當事人所提出或聲請，或法院本於職權所發見，如與待證事實有重要關係，在客觀上認為應行調查者，第二審當不受第一審調查範圍之限制，亦不受當事人意思之拘束。

二、無證據能力，未經合法調查之證據，第二審不得採為判決之證據資料，第二審調查之證據，應包括第一審已調查及未調查者，是故不特未經第一審調查之證據，應踐行調查之程序，即已經第一審調查之證據，仍應依法加以調查，然後本於直接調，然後本於直接調查之所以形成正確之心證，審認第一審判決是否適當或有無違法，而為第二審之判決。

三、第二審就案內所有證據本於調查所得心證，分別定其取捨，而為事實之判斷，本為其職權之行使，苟與證據法則無違，不得加以指摘。又證據之證明力，亦即證據之價值判斷，由第二審法院本其自由心證而為之，但其心證應本於證據法則，而為合理之判斷，否則即屬違法。

四、第三審就發回更審所為法律上之判斷，固足以拘束原審法院，但所作發回意旨之指示，不影響原審法院眞實發見主義之要求，更審中對於當事人聲請調，不以第三審發回所指者為限。第二審法院經審理結果，自得本於所得之心證而為不同之判斷，據以重新為事實之認定。

五、連續犯之多次犯罪行為，事證已明，設如其中部分行爲事實欠明，無從調查時，第二審可依法不列爲犯罪事實並於理由內爲必要之說明，以減少案件之發回。

編按：

本則決議於民國95年9月5日嗣經最高法院95年度第17次刑事庭會議決議修正壹、甲之一、決議文；壹、甲之五、不合時宜，不再供參考。

壹、甲之一

修正文字如下：第二審採覆審制，應就第一審判決經上訴之部分爲完全重覆之審理，是第二審既有認定事實之職權，基於直接審理主義及言詞辯論主義之精神，對於第二審審理中所存在之證據，不問爲當事人所提出或聲請，或法院本於職權所發見，如與待證事實有重要關係，在客觀上認爲應行調查者，第二審自應盡調查之能事，以發揮事實覆審之機能，故當不受第一審調查範圍之限制，亦不受當事人意思之拘束。

▸71 台上 3033（判例）

刑事訴訟法第三百六十六條明定第二審法院應就原審判決經上訴之部分調查之，是第二審對於未經上訴之事項自不得審判。本件第一審判決認爲被告蕭○輝所爲係犯共同連續行爲明知爲不實之事項，而使公務員登載於職務上所掌之公文書罪及連續行行僞造私文書罪，分別判處有期徒刑三月及八月，而被告僅就行爲僞造私文書部分提起上訴，至其行使公務員職務上所掌公文書登載不實部分並不屬於被告之上訴範圍，故除該部分與行使僞造私文書部分，具有審判不可分之關係應並予審判外，自非第二審法院所得審理裁判，乃原判決既未敘明第一審判決所判二罪之間具有審判不可分之關係，而就被告未提起上訴之行爲公務員職務上所掌公文書登載不實一部份一併審判，即係對未受請求之事項予以判決，自屬違背法令。

第367條（第二審對不合法上訴之處置—判決駁回補正）

第二審法院認爲上訴書狀未敘述理由或上訴有第三百六十二條前段之情形者，應以判決駁回之。但其情形可以補正而未經原審法院命其補正者，審判長應定期間先命補正。

❑ 實務見解

▸106 年度第 12 次刑事庭會議決議（106.08.29）

院長提議：

強制辯護案件，第一審判決後，未教示被告得請求原審辯護人提出上訴理由狀，致被告未經選任辯護人或指定辯護人的協助，逕行提起上訴，上訴後未重新選任辯護人，在該案件合法上訴於第二審法院而得以開始實體審理程序之前，第二審法院是否應爲被告另行指定辯護人，以協助被告提出其上訴之具體理由？

決議：採乙說。

乙說：**第二審應從程序上駁回其上訴，無庸進入實體審理程序，亦無爲被告指定辯護人爲其提起合法上訴或辯護之必要**。刑事訴訟法第三十條規定選任辯護人，應提出委任書狀；起訴後應於每審級提出於法院。是辯護人之選任，起訴後應於每審級法院爲之，於各審級合法選任或指定之辯護人，其辯護人之權責，應終於其受選任、指定爲辯護人之該當案件終局判決確定，或因上訴發生移審效力，脫離該審級，另合法繫屬於上級審而得重新選任、指定辯護人時止，俾強制辯護案件各審級辯護人權責範圍得互相銜接而無間隙，以充實被告之辯護依賴。再觀諸原審終局判決後，原審之辯護人仍得依刑事訴訟法第三四六條規定，爲被告之利益提起上訴，並爲上訴而檢閱卷宗及證物。**故原審終局判決後，於案件因合法上訴而繫屬於上級審法院之前，原審辯護人在訴訟法上之辯護人地位依然存在，而有爲被告利益上訴，並協助被告爲訴訟行爲之權責**，則其自當本其受委任從事爲被告辯護事務之旨，一如終局判決前，依憑其法律專業判斷，不待被告請求，主動積極於訴訟上予被告一切實質有效之協助，以保障其訴訟防禦權，維護被告訴訟上之正當利益。**從而，爲提起第二審上訴之被告撰寫上訴理由書狀，敘述具體理由，協助其爲合法、有效之上訴，同屬第一審選任或指定辯護人權責範圍內之事務，自不待言**。而強制辯護案件，被告提起第二審上訴，苟未重新選任辯護人，其於第一審原有合法選任或指定之辯護人，爲被告之利益，自得代爲撰寫上訴理由書狀等一切訴訟行爲，予其必要之協助，已合於強制辯護案件應隨時設有辯護人爲被告辯護之要求。故關於強制辯護案件，被告於第一審終局判決後，既已有原審之辯護人（包括選任辯護人及指定辯護人）可協助被告提起合法之上訴，在該案件合法上訴於第二審法院而得以開始實體審理程序之前，尙難認第二審法院有爲被告另行指定辯護人，以協助被告提出合法上訴或爲被告辯護之義務與必要。**至第一審選任或指定辯護人是否善盡協助被告上訴之職責，以及被告是否及如何要求第一審選任或指定辯護人代爲或協助其爲訴訟行爲，要與被告於第二審實體審理時未經辯護人爲其辯護之情形有別，亦非居於公平審判地位之法院所應介入**。況且，關於強制辯護案件之被告不服第一審判決提起上訴時所撰寫之上訴理由狀，如未具體指摘原判決有何違法或不當之情形時，法律並無明文規定第二審法院必須指定辯護人命其代爲提出上訴之具體理由。**尤其在被告已坦承犯罪，亦未認第**

一審判決採證認事或量刑有何違法或顯然不當，其上訴目的僅係在拖延訴訟或僅係概略性請求法院給予自新機會之情形下，亦無指定辯護人協助被告上訴或為其辯護之實益。更何況依刑事訴訟法第三六七條前段規定，上訴書狀未敘述（具體）理由者，第二審法院應以判決駁回之。此項規定旨在貫徹上訴制度之目的（即撤銷、變更第一審違法、不當之判決，以實現個案救濟），並節制濫行上訴；上開規定並未特別區分刑事案件之種類，故在解釋上自應一體適用，以充分實現上述規定之立法目的，尚不宜違反上述規定之文義與立法旨意，而任意限縮其適用之範圍。**準此以觀，上訴書狀應具體敘述上訴理由，為上訴合法之要件，如上訴欠缺此一要件，其上訴即非合法，應從程序上予以駁回**（此項不合法上訴與上訴逾期之法律效果相同）。則第二審既應從程序上駁回其上訴，而無庸進入實體審理程序，自無為被告指定辯護人為其提起合法上訴或辯護之必要。𡘙

▶80 年度第 5 次刑事庭會議決議 (80.11.05)

院長提議：關於司法院大法官會議釋字第二七一號解釋將本院二十五年上字第三二三一號判例變更後，本院審判上應如何適用？

決議：採甲說。

㈠刑事訴訟程序中上訴審法院，將合法之上訴，誤為不合法，而從程序上為駁回上訴之判決確定者，此種確定判決，既屬違法，應先依非常上訴程序撤銷後，再就合法上訴進行審判，早經司法院院字第七九〇號解釋在案：而所謂合法上訴，當與是否利益於被告無關，亦即不問是否利益於被告之合法上訴（利益於被告之上訴，例如被告人、其法定代理人、配偶、原審代理人、辯護人及檢察官對被告不利益之上訴是）均包括在內。

㈡司法院大法官會議釋字第二七一號解釋則明示刑事訴訟程序中不利益被告之上訴，上訴法院誤為不合法，而從程序上為駁回上訴之判決確定者，其判決固屬重大違背法令，惟既具判決之形式，仍應先依非常上訴程序將該確定判決撤銷後，始得回覆原訴訟程序，就合法上訴部分進行審判。足見此所謂之合法上訴，係指明為不利益於被告之合法上訴，與上述院字第七九〇號解釋不問此項合法上訴是否利益於被告者，自不相同；否則，即有院字第七九〇號解釋，又何待於釋字第二七一號解釋。

㈢因此，利益於被告之合法上訴，上訴法院誤為不合法而從程序上為駁回上訴之判決確定者，當不屬於釋字第二七一號解釋之範圍，仍應援用本院二十五年上字第三二三一號判例，亦即此程序上判決，不發生實質上之確定力，毋庸先依非常上訴程序撤銷，可逕依合法之上訴，進行審判，徵諸釋字第二七一號解釋文未僅謂：「最高法院二十五年上字第三二三一號判例於上開解釋範圍內，應不再援用」，益覺明顯。

㈣若謂釋字第二七一號解釋文中所謂不利益於被告之合法上訴，似應包括利益於被告之合法上訴在內，則本解釋之不同意見書中，原即有：「以有利益或不利益於被告，而異其處理方式及效果，使判例仍得使用，不免自相矛盾」等語之記載，故釋字第二七一號解釋何以不包括利益於被告之合法上訴在內，要屬另一問題。

▶25 上 3231（判例）

被告因傷害致人於死，經地方法院判決後，原辦檢察官於二月十三日接收判決書，同月十五日已具聲明上訴狀到達該院，其上訴本未逾越法定期間，第二審法院審理時，因第一審漏將該狀附卷呈送，致檢察官之合法上訴無從發見，並以其所補具上訴理由書係在同年三月四日，遂認為上訴逾期，判決駁回，此種程序上之判決，本不發生實質的確定力，原檢察官之上訴，並不因而失效，既據第一審法院首席檢察官，於判決後發具聲明上訴狀係呈送卷宗時漏未附卷，將原狀檢出呈報，則第二審法院自應仍就第一審檢察官之合法上訴，進而為實體上之裁判。

第 368 條（上訴無理由之判決）
第二審法院認為上訴無理由者，應以判決駁回之。

第 369 條（撤銷原判決—自為判決或發回）
Ⅰ第二審法院認為上訴有理由，或上訴雖無理由，而原判不當或違法者，應將原審判決經上訴之部分撤銷，就該案件自為判決。但因原審判決諭知管轄錯誤、免訴、不受理係不當而撤銷之者，得以判決將該案件發回原審法院。
Ⅱ第二審法院因原審判決未諭知管轄錯誤係不當而撤銷之者，如第二審法院有第一審管轄權，應為第一審之判決。

☐ 實務見解

▶71 台上 981（判例）

第一審判決認定上訴人有六次之詐欺犯罪行為，而原判決則認定上訴人有七次之詐欺犯罪行為，**其認定上訴人犯罪事實之範圍既已擴張，自應將第一審判決撤銷改判，方為適法**，復又為駁回上訴之適知，核與刑事訴訟法第三百六十九條第一項前段規定有違。

▶69 台上 2608（判例）

第二審法院撤銷第一審科刑判決改判，**應將第一**

審判決全部撤銷，若僅將第一審判決關於罪刑部分撤銷，另行改判被告無罪，則第一審判決所認定之犯罪事實與第二審法院所為無罪判決並存，於法即有違誤。本件被告因偽造文書案件，經第一審法院判處罪刑，提起上訴後，原審法院僅將第一審判決關於罪刑部分撤銷，而保留其所認定之犯罪事實，並改判被告無罪，自嫌違誤。

▶28 上 3559（判例）

第二審法院認為上訴有理由，而將原審判決經上訴之部分撤銷者，除第一審判決有諭知管轄錯誤、免訴、不受理係不當之情形外，依刑事訴訟法第三百六十一條第一項前段規定，應就該案件自為判決，不得發回第一審法院。

第 370 條（禁止不利益變更原則）

I 由被告上訴或為被告之利益而上訴者，第二審法院不得諭知較重於原審判決之刑。但因原審判決適用法條不當而撤銷之者，不在此限。

II 前項所稱刑，指宣告刑及數罪併罰所定應執行之刑。

III 第一項規定，於第一審或第二審數罪併罰之判決，一部上訴經撤銷後，另以裁定定其應執行之刑時，準用之。

❖ 法學概念

不利益變更禁止原則

本法第 370 條規定，即學理上所稱之「不利益變更禁止原則」。其立法目的在避免被告因上訴結果而較其原審判決更為不利，導致其不敢上訴救濟。此原則適用條件如下：

一、僅被告合法上訴

若檢察官或自訴人同時為被告之不利益提起合法上訴者，則無此原則之適用。但如檢察官或自訴人上訴不合法或無理由時，則仍有本原則之適用。

二、為被告之利益而上訴者

此種情形包括檢察官為被告之利益提起上訴（§344Ⅳ），亦有適用。

三、第二審判決

依本法第 370 條文義，此原則乃第二審判決時應注意的情形。但因同法第 439 條及第 447 條第 2 項但書規定可知再審及非常上訴亦有本原則之適用。至於第三審雖無明文，但學說上認為，就立法目的而言，本原則在於保護被告，避免本末倒置，為防止被告因為害怕上訴可能遭受更不利益而不上訴，不應限於第二審，並無區分第二審或第三審之必要。

四、第二審法院不得諭知較重於原審判決之刑

此種情形包括第三審撤銷發回二審更審時，本於立法目的的解釋，當亦有本原則之適用。所謂原審判決，係指第一審判決而言，並不包括經本院發回更審案件之第二審法院前次判決在內。是以，提起第三審上訴，經撤銷其上訴審部分之判決，發回原審法院更審，是該更審前該部分之第二審判決，既經本院撤銷，已失其效力，原審更審後之判決自不受其拘束，無其所謂不利益變更禁止之適用。也就是說，發回二審更審時，須受原第一審判決之拘束而非之前的第二審。

所謂的「刑」基本上是指主刑與從刑。過去的一般見解認為緩刑、易科罰金或保安處分部分不包括在內，但實務見解近來已改變，此外，實務尚認為，易服勞役之換刑處分與量刑之輕重無關，不受禁止不利益變更原則之拘束。至於褫奪公權，本書認為應屬較重之刑。

五、須非因原審判決適用法條不當

所謂適用法條不當，指凡對於第一審判決所引用之刑法法條所變更者，皆包含之，並非專指刑法分則上之法條而言。依我國實務，不論刑法總則或分則之法條變更，都屬於適用法條不當。例如：由未遂犯變更為既遂、教唆犯變更為共同正犯等等。論者有謂，此等實務見解過於廣泛，導致本原則大幅限縮無法合理適用。

【黃朝義，《刑事訴訟法》，新學林，五版，2017.09，765 頁；王兆鵬、張明偉、李榮耕，《刑事訴訟法（下）》，新學林，四版，2018.09，407 頁；最高法院 26 年渝上字第 988 號判例；最高法院 100 年度台上字第 2160 號判決。】

❐ 實務見解

▶103 年度第 14 次刑事庭會議決議㈡（103.09.02）

刑事訴訟法第三百七十條第二項、第三項，已針對第二審上訴案件之定應執行之刑，明定有不利益變更禁止原則之適用；**而分屬不同案件之數罪併罰，倘一裁判宣告數罪之刑，曾經定其執行刑，再與其他裁判宣告之刑定其執行刑時，在法理上亦應同受此原則之拘束**，本則判例（五十九年台抗字第三六七號判例）不合時宜，不再援用。此為本院所持法令上之見解變更，故對於本則判例公告不再援用前所為之確定裁判，自不得據以提起非常上訴，而使前之裁判受影響。

▶32 上 969（判例）

刑事訴訟第三百六十二條所謂適用法條不當，凡對於第一審判決所引用之刑法法條所變更者，皆包含之，並非專指刑法分則上之法條而言。

▶28 上 112（判例）

原審判決對於被告所以諭知較重於第一審判決之刑，係因被告提起第二審上訴後，**檢察官亦為該被告之不利益而提起上訴，並非因第一審適用法律之不當，惟查得因當事人對上訴而改判，必須以其上訴合法為前提，否則假使原判決量刑確定係不當，斷無改判之餘地**。本件原檢察官在第二審之上訴業已逾期，原審不將其上訴駁回，反因其上訴對於被告諭知較重於第一審判決之刑，顯係違誤。

▶108 台上 2274◯（判決）

由被告上訴或為被告之利益而上訴者，第二審法院不得諭知較重於原審判決之刑，刑事訴訟法第三七〇條第一項前段 定有明文，此即所謂「不利益禁止變更原則」，但此原則並非禁止第二審做出任何不利於被告之變更，而是僅止於禁止「原審判決之刑」之不利變更。依此，不利益禁止變更原則其功能僅在為第二審法院劃定量刑之外部界限，只要量刑結果未超出第一審判決之刑，即無不利益變更的問題。又按量刑之輕重，固屬事實審法院得依職權裁量之事項，惟仍應受罪刑相當、比例原則及公平原則之限制，始為適法，此即所謂「罪刑相當原則」。換言之，**縱使不論不利益變更禁止原則與否，在第二審法院量刑時本必須遵守實體法的規定，尤其宣告刑不得超出法定量刑空間，在此範圍內「科刑時應以行為人之責任為基礎，並審酌刑法第五十七條一切情狀」。倘若第二審認定被告之犯罪情節較第一審為輕微時，基於「罪刑相當原則」的要求，第二審 量刑亦應隨之減輕。是「不利益禁止變更原則」及「罪刑相當原則」雖分別出於保障程序上被告之上訴決定權或正確適用實體法的要求，兩者概念應有區別，惟在適用上彼此相互關連**。是若由被告上訴或為被告之利益而上訴第二審之案件，第二審所認定之犯罪情節，明顯輕於第一審者，若第二審之宣告刑猶等同於第一審，實際上無異諭知較重於第一審之宣告刑，即難謂與「不利益變更禁止原則」或「罪刑相當原則」無悖。

▶107 台上 3559◯（判決）

刑事訴訟法第三七〇條第一、二項有關不利益變更禁止原則之規定，係指由被告上訴或為被告之利益而上訴者，除因第一審判決適用法條不當而撤銷者外，第二審法院不得諭知較重於第一審判決之刑而言。**所謂「刑」，指宣告刑及數罪併罰所定應執行之刑，包括主刑及從刑。修正後刑法沒收已非從刑，係獨立於刑罰及保安處分以外之法律效果，其性質類似不當得利之衡平措施**；又宣告多數沒收之情形，並非數罪併罰，故已刪除現行法第五十一條第九款規定宣告多數沒收併執行之條文。是修正後刑法沒收已不具刑罰本質。又現行刑法第三十八條之一第一項關於犯罪所得之沒收，乃合併修正前刑法第三十八條第一項第三款後段及第三項對犯罪行為人犯罪所得之沒收規定，基於任何人都不得保有犯罪所得之原則，以避免被告因犯罪而坐享犯罪所得，顯失公平正義，而無法預防犯罪。倘於僅被告上訴或為被告之利益而上訴，而下級審就被告犯罪所得有所短計或漏算，**經上級審更正計算後若不得諭知較原審為重之所得數額沒收，即無法達到徹底剝奪犯罪所得，以根絕犯罪誘因之目的。故修正後刑法關於犯罪所得之沒收，並無刑事訴訟法第三七〇條第一、二項關於不利益變更禁止原則之適用**。從而，范綱彥指摘原判決就其所犯附表一編號 1 至 5、7 至 10、12、17、19、20 部分，量處較第一審為重之沒收從刑，有違不利益變更禁止原則云云，亦非上訴第三審之合法理由。

第 371 條（一造缺席判決）
被告合法傳喚，無正當之理由不到庭者，得不待其陳述，逕行判決。

❑ 實務見解

▶108 台上 172◯（判決）

刑事訴訟法第三七一條規定：被告經合法傳喚，無正當之理由不到庭者，得不待其陳述，逕行判決。其規範目的在於防止被告藉由上訴又不到庭的方式，延滯訴訟的進行。所謂無正當理由不到庭，係指依社會通常觀念，認為非正當之原因而不到庭者而言。被告有無不到庭的正當理由，解釋上應以可歸責於被告，由被告自行放棄到庭的權利者為限。又被告於審判期日不到庭的理由諸端（如突罹疾病、車禍交通受阻等），有時事出緊急、突然，若確有出於不可歸責於己的原因，縱未事先或及時通知法院，使法院於不知的情狀下為缺席判決，所踐行的程序仍屬違法。

第 372 條（言詞審理之例外）
第三百六十七條之判決及對於原審諭知管轄錯誤、免訴或不受理之判決上訴時，第二審法院認其為無理由而駁回上訴，或認為有理由而發回該案件之判決，得不經言詞辯論為之。

第 373 條（第一審判決書之引用）
第二審判決書，得引用第一審判決書所記載之事實、證據及理由，對案情重要事項第一審未予論述，或於第二審提出有利於被告之證據或辯解不予採納者，應補充記載其理由。

第 374 條（得上訴判決正本之記載方法）
第二審判決，被告或自訴人得為上訴者，應併將提出上訴理由書之期間，記載於送達之判決正本。

第三章　第三審

第 375 條（第三審上訴之管轄）
I 不服高等法院之第二審或第一審判決而上訴者，應向最高法院為之。
II 最高法院審判不服高等法院第一審判決之上

訴，亦適用第三審程序。

第376條（不得上訴第三審之判決）

I 下列各罪之案件，經第二審判決者，不得上訴於第三審法院。但第一審法院所為無罪、免訴、不受理或管轄錯誤之判決，經第二審法院撤銷並諭知有罪之判決者，被告或得為被告利益上訴之人得提起上訴：

一 最重本刑為三年以下有期徒刑、拘役或專科罰金之罪。

二 刑法第三百二十條、第三百二十一條之竊盜罪。

三 刑法第三百三十五條、第三百三十六條第二項之侵占罪。

四 刑法第三百三十九條、第三百四十一條之詐欺罪。

五 刑法第三百四十二條之背信罪。

六 刑法第三百四十六條之恐嚇罪。

七 刑法第三百四十九條第一項之贓物罪。

II 依前項但書規定上訴，經第三審法院撤銷並發回原審法院判決者，不得上訴於第三審法院。

❑ 實務見解

▶106年度第17次刑事庭會議決議(二)（106.11.14）

臨時提案：刑事訴訟法（下稱本法）第三百七十六條第三款至第七款所列案件，經第一審判決被告無罪，但第二審撤銷原審判決並自為有罪判決者，於司法院釋字第七五二號解釋公布日（一〇六年七月二十八日）起提起第三審上訴或上訴中尚未審結者（下稱系爭上訴），第二審法院依本法第三百八十四條前段裁定駁回第三審上訴者，如何補救？

決議：系爭上訴與釋字第七五二號解釋所指之本法第三百七十六條第一款、第二款上訴，有其共通性，實無不統一適用本號解釋之理（本號解釋基於不告不理原則，祇就第一、二款為解釋），故本院就系爭上訴，均暫時不審結，俟同法第三款至第七款修正條文施行後（已於一〇六年十一月七日經立法院三讀通過），**依新法所定為得提起第三審上訴之規定為審理。茲系爭上訴如第二審法院逕行裁定上訴駁回，與之相較，實違反平等原則。似可參照司法院釋字第七五二號解釋文第二段末「被告於本解釋公布前，已於前揭上訴期間內上訴而尚未裁判者，法院不得依刑事訴訟法第三百七十六條第一款及第二款規定駁回上訴。」**（將本解釋公布前，改為本法第三百七十六條第三款至第七款修正施行前）及解釋理由書末段「聲請人一就本解釋之原因案件，曾於上訴期間內提起上訴，經第二審法院以確定終局裁定駁回，該程序裁定，不生實質確定力。該法院應依本解釋意旨，就該第二審撤銷原審無罪判決並自為有罪判決部分之上訴，逕送第三審法院妥適審判」之旨，認該第二審駁回上訴之裁定，不生實質確定力（參照司法院釋字第二七一號解釋、本院八十年十一月五日八十年度第五次刑事庭會議決議、本院二十五年上字第三二三一號判例，亦為相同之解釋），如由原審法院將該案件移送本院審理，自應予受理。俾與未經第二審法院裁定駁回之系爭上訴為相同之處理。

▶103年度第17次刑事庭會議決議(一)（103.10.21）

經比較修正前後刑法第三百四十九條之規定，修正後規定已將贓物罪之法定刑度提高，依刑法第二條第一項規定比較新舊法結果，應適用舊法規定，而修正前刑法第三百四十九條第一項收受贓物罪，及同條第二項搬運、寄藏、故買、牙保贓物罪，分別屬刑事訴訟法第三百七十六條第一款、第七款所規定不得上訴於第三審法院之案件，某甲自不得上訴於第三審法院。

▶103年度第17次刑事庭會議決議(二)（103.10.21）

決議：採甲說（否定說）

文字修正如下：刑事訴訟法主要係關於程序性之規範，多屬於技術性之規定，因此其解釋，應當著重於法之目的，故在法律規定不明確或有明顯疏漏之情形，有時應超越形式之文義而為目的合理性之補充解釋。

刑法第三百四十九條之修正，係因立法委員提案修正提高其罰金刑，並將「牙保」改為「媒介」，於審議時，法務部提出書面意見，表示：「本部刑法研究修正小組研議後，認為現行條文第一項、第二項之行為態樣，行為人之惡性及不法內涵並無不同，基於罪刑相當原則，法定刑不應有所差異，建議將第一項、第二項合併，並配合罰金刑之刑罰級距，將罰金金額修正為五十萬元」，立法院乃據此而為條文之修正。可見修正結果，主要係採納該法主管機關法務部之意見，但因純粹從實體法之立場處理，並未顧及與之應互相配合之刑事訴訟法第三百七十六條第一款、第七款規定，致此程序法漏未一併修正，乃屬明顯而不爭之實情。觀諸刑事訴訟法第三百七十六條列舉不得上訴於第三審法院案件之規定，除第一款「最重本刑為三年以下有期徒刑、拘役或專科罰金之罪」（修正前之收受贓物罪屬之），係以法定刑作為區辨標準外，其餘各款悉以罪名定之。而修正後刑法第三百四十九條第二項「因贓物變得之財物，以贓物論」，僅係將原第三項移列。該項規定，係就非贓物之本體，但與贓物有密接關係，在社會觀念上視為相同之贓物變得財物，亦以贓物論，以保障被害人之追及或回復請求權，並杜爭議而設之補充規定，與罪名無涉。從而同條第七款所稱「刑法第三百四十九條第二項之贓物罪」，應係指修正前刑法第三百四十九條第二項所列舉之搬運、寄藏、故買、牙保贓物等罪。故修正後，各該罪雖已移至同條第一項，其中「牙保」一語，為使人易於了解，改以同義之現代通用語詞「媒介」代之，無非純屬條文項次及用語變更而已，實質上仍係上揭第七款所稱之贓物罪，自不得上訴於第三審法院。題旨所示甲觸犯之贓物罪，應不得上訴於第三審法院。

▶103 年度第 17 次刑事庭會議決議㈢（103.10.21）

決議：採乙說（否定說）。

文字修正如下：**修正後刑法第三百四十九條第一項之收受贓物罪，與搬運、寄藏、故買、媒介贓物等罪，法定刑雖然相同，但立法者祇從實體法立場著眼，並非有意將之提升，使之較諸傳統上認為情節較重之搬運等態樣，於程序法上受到更為寬厚而可以上訴至第三審法院之待遇。衡諸修正後之各類型贓物犯罪，既同屬侵害個人財產法益之犯罪，而搬運、寄藏、故買、媒介之態樣，依刑事訴訟法第三百七十六條第七款規定，皆不得上訴於第三審法院，則基於各該贓物罪彼此間衡平之體系性考量，自不宜拘泥文字表面，而應依其實質意涵，認為修正後之收受贓物罪，亦不得上訴於第三審法院**。至於或有認為採納本說，恐有剝奪人民上訴權之疑慮乙節，因修正前之收受贓物罪，依刑事訴訟法第三百七十六條第一款規定，係屬不得上訴於第三審之案件，修正後依本見解，同樣不得上訴於第三審，並無改變，既無所謂不利被告之情形存在，即不生從「有」變成「沒有」之剝奪上訴權問題；且本說因係細心尋覓立法意旨，而作演繹、闡明，自無侵害立法權之虞，均併予說明。

▶76 台上 2202（判例）

所謂裁判上一罪，其輕罪不得上訴於第三審法院，而重罪得提起上訴時，依審判不可分之原則，其輕罪之上訴亦不受合法上訴時，始有其適用。**苟如重罪部分之上訴為不合法，法院既應從程序上駁回該重罪之上訴而無從為實體上判決，則不得上訴第三審之輕罪部分**，自亦無從適用審判不可分之原則，併為實體上審判。

▶72 台上 5811（判例）

第一審檢察官雖係以加重竊盜之罪名起訴，但第二審檢察官提起第三審上訴，仍應以其上訴所爭執之罪名，為非刑法第六十一條所列各罪之罪名，始得為之。本件依檢察官上訴書之所載，對於原審論處被告普通竊盜之罪名，毫未爭執，僅就依法不得上訴第三審而與竊盜罪具有牽連關係之無故侵入住宅部分，指摘原審就該部分未予判決（實則欠缺追訴要件），難謂已符合第三審上訴之法定要件。**又告訴乃論之罪，係以有告訴權人提出合法告訴為追訴之條件，本件被告無故侵入住宅部分，既未經被害人合法提出告訴，自屬欠缺追訴之要件，則檢察官就竊盜之犯罪事實起訴，其效力應不及於無故侵入住宅部分，自無審判不可分原則之適用**。原審就欠缺追訴要件之無故侵入住宅部分，未併為審判，自無上訴意旨所指已受請求之事項未予判決違法之可言，該部分因非起訴效力之所及，原判決理由對此原毋庸加以說明，亦與所指理由不備之違法不相當。

▶48 台上 1000（判例）

檢察官在原審言詞辯論終結前，未就起訴法條有所爭執，即按確認之事實又非顯然不屬於刑法第六十一條之案件，既經原審判決，即不得上訴於第三審法院。

▶27 渝上 1663（判例）

不得上訴於第三審法院之罪與得**上訴之罪為牽連犯，而以不得上訴之罪為重，得上訴之罪為輕，雖依刑法第五十五條從不得上訴之重罪論科**，惟其牽連之輕罪，原得上訴，而牽連犯罪之上訴又不可分，則對於該重罪亦應認為得上訴於第三審法院。

▶109 台上 144○（判決）

刑事訴訟法第三七六條第一項各款所列之案件，經第二審判決者，除有同項但書之情形外，不得上訴於第三審法院，為該法條所明定。而依該條項但書規定，本法第三七六條第一項各款所列之案件，第一審法院為無罪、免訴、不受理或管轄錯誤之判決，經第二審法院撤銷並論知有罪之判決者，僅被告或得為被告利益上訴之人得提起第三審上訴。良以上開規定所列各款案件，經第二審撤銷第一審無罪、免訴、不受理或管轄錯誤之判決並自為有罪判決者，若不得上訴於第三審法院，使被告於初次受有罪判決後即告確定，無法以通常程序請求上訴審法院審查，以尋求救濟之機會。雖被告仍可向法院聲請再審或向檢察總長請求提起非常上訴以求救濟，然此特別救濟程序之要件甚為嚴格，且實務上踐行之門檻亦高，均不足以替代以上訴方式所為之通常救濟程序。此賦予被告或得為被告利益之人適當上訴第三審機會，既屬憲法第十六條訴訟權保障之核心內容，**故應提供其等至少一次上訴救濟之機會**，以避免錯誤或冤抑。則被告既係國家具體實現刑罰權之對象，係訴訟程序中檢察官追訴、法院審判之當事人，對於法院裁判所形成不利益之結果，應賦予被告聲明不服，請求救濟之管道。與此相對，檢察官之上訴權係源自於國家具體實現刑罰權之追訴權，其於刑事程序中因屬一造之當事人，其追訴權固含有請求權之權利性質，惟基於公益代表人之角色，**檢察官實質上仍負有客觀義務**，不僅不利於被告之事項，對被告有利之事項亦應一律注意。故檢察官得為被告之利益提起上訴；且檢察官對於自訴案件之判決，亦得獨立上訴（刑事訴訟法第三四四條第四項、第三四七條可資參照）。即使屬刑事訴訟法第三七六條第一項各款所列之案件，第一審判決有罪，經第二審法院撤銷並改諭知無罪者，即便案件尚未確定，檢察官之追訴權仍未完全耗盡，**然而作為當事人之檢察官既已於第二審盡其主張及調查證據之能事，猶無法說服法院確信被告有罪，則其基於追訴權而得行使上訴之範圍，應受推定無罪之阻隔。換言之，被告於無罪推定原則下，應享有受該無罪判決保護的安定地位，實不宜再容許檢察官提起上訴**。準此，上訴權對被告和檢察官之意義既有不同，前者在給予被告上訴權以資救濟；後者檢察官難認有任何權利受侵害或剝奪，充其量只是國家追訴犯罪之權益受到影響，縱檢察官於上訴權有所退讓，亦無違訴訟平等原則。則舉輕以明重，對於**刑事訴訟法第三七六條第一項各款所列之案件，第一審法院諭知無罪，經第二審法院撤銷並改判有罪者，倘檢察官係為被告不利益提起第三審上訴，仍受該法第三七六條第一項前段規定之限制，不得上訴於第三審法院**。本件被告所犯幫助詐欺取財未遂部分，原審係撤銷第一審關於此部分之無罪判決，改依刑法第三十條第一項前段、第三三九條第一項、第三項規定論處其罪刑，核屬刑事訴訟法第三七六條第一項第四款之案件，既經第二審判決，檢察官又非為被告利益提起上訴，自不得上訴於第三審法院。檢察官一併提起上訴，為法所不許，應併予駁回。

▸107 台上 3183◯（判決）

刑事訴訟法第三七六條第一項於民國一〇六年十一月十六日修正為「下列各罪之案件，經第二審判決者，不得上訴於第三審法院。但第一審法院所為無罪、免訴、不受理或管轄錯誤之判決，經第二審法院撤銷並諭知有罪之判決者，被告或得為被告利益上訴之人得提起上訴：……」，其修正目的，乃為本屬不得上訴第三審法院之輕罪案件，經第二審法院撤銷第一審法院所為無罪、免訴、不受理或管轄錯誤判決，並諭知有罪判決（含科刑判決及免刑判決）者，將使被告於初次受有罪判決後即告確定，而無法依通常程序請求上訴審法院審查，以尋求救濟之機會，與憲法第十六條保障人民訴訟權之意旨有違。為有效保障人民訴訟權，避免錯誤或冤抑，應予被告或得為被告利益上訴之人至少一次上訴救濟之機會。上開修法，雖未規定不得上訴第三審法院之罪，苟未經第一審法院判決，待上訴後，經第二審法院以第一審法院漏未判決，且與上訴部分，有裁判上一罪關係，經第二審法院併為有罪判決之情形，亦得提起第三審上訴。然訴訟權保障之核心內容，在人民權利遭受侵害時，必須給予向法院提起訴訟，請求依正當法律程序公平審判，以獲得「及時有效救濟」之機會。是為貫徹上開修法目的，及司法院釋字第七五二號解釋精神，使初次受有罪判決之被告或得為被告利益上訴之人，至少一次上訴救濟之機會，此種情形，亦應適用刑事訴訟法第三七六條第一項之規定，賦予被告或得為被告利益上訴之人得提起第三審上訴之機會。

▸107 台上 2696◯（判決）

按刑事訴訟法第三七六條所列各罪之案件，經第二審判決者，不得上訴於第三審法院。但第一審法院所為無罪、免訴、不受理或管轄錯誤之判決，經第二審法院撤銷並諭知有罪之判決者，被告或得為被告利益上訴之人得提起上訴，同法條第一項但書定有明文。揆其立法目的，係因上開案件經第二審法院撤銷第一審法院所為無罪、免訴、不受理或管轄錯誤判決，並諭知有罪判決（含科刑判決及免刑判決）者，因不得上訴第三審法院之結果，使被告於初次受有罪判決後即告確定，而無法依通常程序請求上訴審法院審查，以尋求救濟之機會，與憲法第十六條保障人民訴訟權之意旨有違（司法院釋字第七五二號解釋意旨參照）。為有效保障人民訴訟權，避免錯誤或冤抑，應予被告或得為被告利益上訴之人至少一次上訴救濟之機會。上開所謂無罪判決，係指經法院為實體之審理，不能證明被告犯罪或其行為不罰之實體判決而言。除單純一罪或數罪併罰案件以判決主文宣示者外，實質上或裁判上一罪，因在訴訟上只有一個訴權，基於審判不可分之原則，其一部判決效力及於全部，法院如認一部成立犯罪，其他被訴部分不能證明犯罪時，僅能為單一主文之有罪判決，其不能證明犯罪之部分，即於判決理由內說明因係被訴實質上或裁判上一罪，故不另為無罪諭知，此仍應屬已經實體審理之無罪判決。故倘檢察官係以實質上或裁判上一罪起訴而俱屬刑事訴訟法第三七六條所列各罪之案件，經第一審法院判決一部有罪，而於理由說明部分不另為無罪諭知，而檢察官 對於不另為無罪諭知部分提起上訴，經第二審法院撤銷並諭知該部分有罪判決者，因實質上同屬被告於判 決無罪後初次受有罪判決，為保障被告基本訴訟權，自應賦予其適當之救濟機會，認得就不另為無罪諭知 部分上訴於第三審法院。

▸107 台上 2391◯（判決）

按刑事訴訟法第三七六條第一項各款所規定之案件，經第二審判決者，除第二審法院係撤銷第一審法院所爲無罪、免訴、不受理或管轄錯誤之判決，並諭知有罪之判決，被告或得爲被告利益上訴之人得提起上訴外，其餘均不得上訴於第三審法院，爲該條項所明定。是不得上訴於第三審法院之案件，即以第二審爲終審法院。而案件是否屬於刑事訴訟法第三七六條第一項所列各罪之範圍，固不以起訴書所記載之法條爲據，亦不以第二審判決時所適用之法條，爲唯一之標準，而應以起訴書所記載之事實爲準，並應視當事人在第二審言詞辯論終結前對於罪名有無提出爭執，以爲審斷。**如檢察官在準備程序後、言詞辯論終結前固曾提出非屬於刑事訴訟法第三七六條第一項所列各款罪名之意見書，惟於最後言詞辯論檢察官論告時，又以起訴書所載之屬於刑事訴訟法第三七六條第一項所列各款之罪名爲主張及論告，基於論告乃檢察官在審判期日最重要之法庭活動，且在審判庭之論告程序中，檢察官必須針對犯罪事實及適用之法律，與被告及其辯護人爲辯論**，非唯影響法官對事實之認定及法律之適用，更攸關眞實之發現，其既於訴訟進行程度及個情節，日趨具體、明確後，在最後一次言詞辯論終結前未再就先前曾提出非屬於刑事訴訟法第三七六條第一項所列各款罪名之意見爭執、論告，而回復以起訴書所載之犯罪事實及屬於刑事訴訟法第三七六條第一項所列各款之罪名作爲論告及言詞辯論之所本，**自應認檢察官於最後一次言詞辯論終結前所提出者，已取代先前意見書之罪名爭執**，始符檢察官負舉證責任及保障被告防禦權之眞義，並藉以衡平當事人上訴第三審之限制。

第 377 條（上訴第三審理由—違背法令）
上訴於第三審法院，非以判決違背法令爲理由，不得爲之。

❑ 實務見解

▶70 台上 948（判例）

刑事訴訟法第三百七十七條規定，上訴於第三審法院，非以判決違背法令爲理由，不得爲之，是當事人提起第三審上訴，應以原判決違背法令爲理由，係屬法定要件，如果上訴理由並未指摘原判決有何違法，自應認其上訴爲違背法律上之程式，予以駁回。本件上訴人之上訴意旨，僅以家庭子女眾多賴伊扶養，請從輕量刑准予易科罰金爲惟「理由」而於原判決如何違背法令並無一語涉及，自屬違背法律上之程式，應予駁回。

第 378 條（違背法令之意義）
判決不適用法則或適用不當者，爲違背法令。

❖ 法學概念

判決不適用法則或適用不當

所稱「判決不適用法則」係指對於應適用實體法或程序法而不予適用。而所謂「判決適用法則不當」包含「適用實體法不當」、「適用程序法不當」及「適用經驗法則不當」，而顯然於判決有影響者。

【最高法院 53 年台上字第 1889 號判例；最高法院 39 年台上字第 183 號判例；最高法院 48 年台上字第 20 號判例；最高法院 47 年台上字第 569 號判例。】

學說上有認爲，所稱「法則」包含命令，行政程序法第 150 條所稱之法規命令，以及地方制度法第 25 條所稱之自治法規（分成自治條例及自治規則）、行政程序法第 159 條所稱之行政規則等廣義之行政命令。

【朱石炎，《刑事訴訟法》，三民，八版，2017.09，503 頁以下。】

但本書認爲，參照釋字第 137、216、407 等號解釋，法官依據法律獨立審判，憲法第 80 條載有明文。各機關依其職掌就有關法規爲釋示之行政命令，法官於審判案件時，固可予以引用，但仍得依據法律，表示適當之不同見解，並不受其拘束。既然法官審判案件時，僅須服從法律，**不受行政命令之拘束**，自然也就沒有違背法令的問題。

釋字第 530 號認爲，爲實現審判獨立，司法機關應有其自主性；本於司法自主性，最高司法機關就審理事項並有發布規則之權；又基於保障人民有依法定程序提起訴訟，受充分而有效公平審判之權利，以維護人民之司法受益權，最高司法機關自有司法行政監督之權限。司法自主性與司法行政監督權之行使，均應以維護審判獨立爲目標，因是最高司法機關於達成上述司法行政監督之目的範圍內，得發布命令。最高司法機關依司法自主性發布之上開規則，得就審理程序有關之細節性、技術性事項爲規定；本於司法行政監督權而發布之命令，除司法行政事務外，提供相關法令、有權解釋之資料或司法實務上之見解，作爲所屬司法機關人員執行職務之依據，亦屬法之所許。故依現行法制，司法院本於司法行政監督權之行使，發布「法院辦理刑事訴訟事件應行注意事項」，**其性質乃司法監督命令，與一般行政機關發布之命令有別。**

至於「判例」及「決議」是否仍該當司法監督命令？

按大法庭新制施行後，「判例」的地位依法院組織法第 57 條之 1 第 2 項、行政法院組織法第 16 條之 1 第 2 項之規定，有裁判全文可資查考而未經停止適用之判例，其效力與未經選編爲判例之最高法院、最高行政法院裁判相同，**已無通案之效力。**

而「決議」，參照司法院釋字第 374 號解釋，人民所受確定終局裁判援用之判例、決議，如發生牴觸憲法之疑義時，因判例、決議與命令相當，故得依司法院大法官審理案件法第5條第1項第2款之規定聲請解釋憲法。不過，在法院組織法修正後，原本「判例」及「決議」統一法律見解的功能，已有所變化。法院組織法、行政法院組織法有關大法庭制度之修正條文於108年7月4日公布施行之後，因未停止適用之判例見解已不具通案拘束力，縱使法官於確定終局裁判仍援用該等法律見解，但決議與未停用之判例之效力，已與命令不相當，司法院釋字第374號解釋的基礎已經變動，已無法再援引該號解釋，認為人民可以因確定終局裁判援用判例、決議有抵觸憲法之虞，聲請解釋憲法。因此，判決違背「判例」及「決議」的意旨，自不應再解為違背法令。

第379條（當然違背法令之事由）

有左列情形之一者，其判決當然違背法令：

一　法院之組織不合法者。

二　依法律或裁判應迴避之法官參與審判者。

三　禁止審判公開非依法律之規定者。

四　法院所認管轄之有無係不當者。

五　法院受理訴訟或不受理訴訟係不當者。

六　除有特別規定外，被告未於審判期日到庭而逕行審判者。

七　依本法應用辯護人之案件或已經指定辯護人之案件，辯護人未經到庭辯護而逕行審判者。

八　除有特別規定外，未經檢察官或自訴人到庭陳述而為審判者。

九　依本法應停止或更新審判而未經停止或更新者。

十　依本法應於審判期日調查之證據而未予調查者。

十一　未與被告以最後陳述之機會者。

十二　除本法有特別規定外，已受請求之事項未予判決，或未受請求之事項予以判決者。

十三　未經參與審理之法官參與判決者。

十四　判決不載理由或所載理由矛盾者。

❖ 法學概念

判決當然違背法令

判決，除所判內容違背法令外，尚有形成該判決之審判違背法令之情事。本法第377條所稱「判決違背法令」，係指判決所認定內容違背法令。至於形成判決之審判違背法令，係指案件之審判程序違背法令，又可分為「審理程序違背法令」及「判決程式違背法令」兩種。惟不論審理程序或判決程序違背法令，其結果有時均會導致判決內容違誤；因之，對於若干較為嚴重之審判程序違背法令，自有作為上訴於第三審法院理由的必要，以期能運用第三審程序尋求救濟。

【張麗卿，《刑事訴訟法理論與運用》，五南，十四版，2018.09，673頁。】

至於判決當然違背法令是否同時構成非常上訴之事由，不無疑問。依歷來的實務見解，目前刑訴法第379條各款中，實務以第4、5、6、7、10、12及14款可成為非常上訴之事由，理由大致是「判決違背法令與訴訟程序違背法令，二者理論上雖可分立，實際上時相牽連…，然於判決有影響」。然而，依照實務的操作模式，似乎不夠精準，有學者指出，刑訴法第379條第9、13款非無解釋同時構成判決違背法令的空間。

【王兆鵬、張明偉、李榮耕，《刑事訴訟法（下）》，瑞興，三版，2015.09，478頁。】

此外，更有論者主張，刑訴法第447條第1項第1款，所稱「判決違背法令」即包括第379條所列各款。蓋其乃基於違法情節特別嚴重並且免除個案判斷困擾之目的，而將其特別列為「判決當然違背法令」，其目的即在於廣開救濟之門。

【林鈺雄，《刑事訴訟法（下）》，新學林，八版，2017.09，557頁。】

❖ 法學概念

本條各款事由

案件之審判有下列之情事者，其判決當然為違背法令，而為上訴第三審法院之理由（本法§379）：

㈠法院之組織不合法（本法§379①）

依法院組織法及本法有關之規定，其不合法之情形，例如不足法定人數或非法官參與法院之審理。地方法院審判案件，以法官一人獨任或三人合議行之，為法院組織法第三條第一項所明定。故地方法院審判案件，如行合議審判，應以法官三人合議行之，始屬適法。而地方法院於審理個別案件時，經裁定行合議審判，並為準備審判起見，指定受命法官於審判期日前訊問被告及蒐集或調查證據後，該受理訴訟之（狹義）法院組織即確定，不容任意加以變更。因之，受命法官踰越權限，於訴訟程序中規避合議審判，僭行審判長職權逕自指定審判期日，自為審判長進行言詞辯論，定期宣判，其法院之組織及所踐行之審判程序，致法院組織不合法所為之審判，即非合法。

【最高法院89年台上字第1877號判例。】

㈡依法律或裁判應迴避之法官參與審判者（本法§379②）

即所謂此即指法官有本法第17條所列應自行迴避，第18條所定得聲請迴避業經裁定迴避之情形而不迴避，仍參與本案之審判者而言。若法官有同法第18條第2款所謂前條以外情形，足認其執行職務有偏頗之虞，僅得為當事人聲請迴避之原因，非經有應行迴避之裁判，縱令該法官參與審判，其判決仍非違法。

㈢禁止審判公開非依法律之規定（本法§379③）

訴訟之辯論及裁判之宣示，應公開法庭行之。但有妨害國家安全、公共秩序或善良風俗之虞時，法院得決定不予公開（法院組織法§§86、87）。法庭不公開時，審判長應將不公開之理由宣示。其禁止公開之理由，應記載於審判筆錄（本法§44Ⅰ④）。

㈣法院所認管轄之有無係不當（本法§379④）

此即法院，本有管轄權（本法§§4、5），但卻誤認為無管轄權而諭知管轄錯誤之判決（本法§304），或法院無管轄權卻誤認為有管轄權，而為實體上之判決，均屬之。實務認為同時屬於判決違背法令，得為非常上訴之事由。

【最高法院41年台非字第47號判例。】

㈤法院受理訴訟或不受理訴訟係不當者（本法§379⑤）

所謂「法院受理訴訟係不當」係指法院誤認本法不具備訴訟要件為具備訴訟要件之案件，竟為實體判決，而未諭知不受理判決。所稱「法院不受理訴訟係不當」則指案件本具備訴訟要件，但法院誤認其不備，竟諭知不受理之判決，而不為實體判決。包含法院受理案件考量本法第161條第4項、第303條各款、第329條第2項、第331條第2項及第334條是否不當者等情形。實務認為此款同時屬於判決違背法令，得為非常上訴之事由。

【林山田，《刑事程序法》，五南，五版，2004.09，406頁；最高法院47年台上1531號判例。】

㈥除有特別規定外，被告未於審判期日到庭而逕行審判（本法§379⑥）

所稱「特別規定」，包括許被告用代理人之案件（本法§281Ⅱ）及得不待被告陳述而逕行判決者，如：「被告心神喪失或雖因疾病不能到庭，但有顯應諭知無罪或免刑判決之情形者」（本法§294Ⅲ）、被告未受許可退庭（本法§305）、法院認為應科拘役、罰金或應諭知免刑或無罪之案件，被告經合法傳喚無正當理由不到庭者（本法§306）。上訴審被告經合法傳喚無正當理由不到庭者（本法§371）。至於第307條、第372條「得不經言詞辯論之判決」之情形，因被告本無須到庭，與本款無涉。實務認為，此款同時屬判決違背法令，可構成非常上訴之事由。

【最高法院91年度第7次刑事庭會議決議。】

㈦應用辯護人之案件或已經指定辯護人之案件，辯護人未到庭而逕行審判（本法§379⑦）

即檢察官以強制辯護案件起訴人無辯護人到庭而逕行審判。所稱「經辯護人到庭辯護」自應包括至遲於審判長開始調查證據程序，以迄宣示辯論終結前，辯護人均應始終在庭行使職務之情形，俾使被告倚賴辯護人為其辯護之權利，得以充分行使其防禦權。依實務見解認為，此款同時屬判決違背法令，可構成非常上訴之事由。

【最高法院91年度第7、8次刑事庭會議決議。】

㈧除有特別規定外，未經檢察官或自訴人到庭而逕行審判（本法§379⑧）

檢察官、自訴人為皆為原告，為實行訴訟，應到庭陳述起訴或自訴要旨與事實及法律上之理由，始得審判。所謂特別規定，如本法第372條、第307條、第331條第1項後段、第332條及第364條之準用規定等。所謂「特別規定」，即得不經言詞辯論或自訴人不到庭而得逕行判決之規定。自訴案件於刑事訴訟法2003年修正通過後，採取強制律師代理主義（本法§319Ⅱ），故應將本款解釋為，自訴人選任之自訴代理人應到庭陳述而為審判，若未到庭陳述而為審判者，即有本款適用。

【黃朝義，《刑事訴訟法》，新學林，五版，2017.09，786頁。】

㈨依本法應停止或更新審判而未經停止或更新（本法§379⑨）

被告心神喪失者，應於其回復以前停止審判；被告因疾病不能到庭者，應於其能到庭以前停止審判（本法§294Ⅰ、Ⅱ），均屬依法應停止審判之情形。再者，審判期日，應由參與之法官始終出庭，如有更易者，則應更新審判程序（本法§292Ⅰ）；審判非一次期日所能終結者，除有特別情形外，應於次日連續開庭；如下次開庭因事故間隔至十五日以上者，應更新審判程序（本法§293），均屬依法更新審判之情形。無論依法應停止審判而不停止或依法應更新審判而不更新，其訴訟程序違背法令。例如所參與審理之法官，不僅指審判開始或審判中曾經出庭，且必須繼續至辯論終結均經參與審理。故法官一經更易，凡未在最後之辯論日期出庭者，不得參與判決，依照法官應始終連續出庭之規定，自屬毫無疑義。

【張麗卿，《刑事訴訟法理論與運用》，五南，十四版，2018.09，675頁。】

㈩依本法應於審判期日調查之證據而未予調查（本法§379⑩）

本款在實務上發生之案例可謂居本法第379條判決當然違背法令之冠。其中之違法類型，包含「應蒐集而未蒐集證據之違法」、「證據能力與證據調查程序之違法」與「當事人聲請調查證據」。釋字第181號解釋認為，於審判期日調查之證據，未予調查，致適用法令違誤，而顯然於判決有影響者，為判決違背法令，可構成非常上訴之事由。但這個範圍過寬，因此釋字第238號解釋又做調整，即限於該證據在客觀上爲法院「認定事實」及「適用法律」之基礎者爲限，爲判決違背法令，才可構成非常上訴之事由。本書認爲，在2002年修法後上開實務見解應隨著當事人進行主義調整，即法院主動調查、蒐集證據之義務應受到限縮。

【黃朝義，《刑事訴訟法》，新學林，五版，2017.09，787頁以下。】

㈩未與被告以最後陳述之機會（本法§379⑪）

審判長宣示辯論終結前，最後應詢問被告有無意見（本法§290），其規範目的在於保障被告之聽審權，提升其防禦地位，其有無與被告以最後陳述之機會，以審判筆錄之記載爲準。

【林鈺雄，《刑事訴訟法（下）》，新學林，八版，2017.09，464頁。】

㈪除本法特別規定外已受請求事項未予判決或未受請求事項予以判決（本法§379⑫）

所稱「已受請求之事項未予判決」（本法§379Ⅰ前段），係指「漏未判決」，乃指該事項已經因爲訴訟繫屬而爲法院應行裁判之範圍，但卻未予裁判者而言（主要係在單一案件的情形：如接續犯、包括一罪等）。所謂「未受請求之事項予以判決」（本法§379Ⅰ後段）係指「訴外裁判」，乃指非屬於法院應行裁判之範圍而法院竟予裁判者而言，如就未經起訴或上訴之事項予以判決，或就起上訴效力所不及之範圍予以判決（主要發生在數案件，其中之一未起訴或上訴審理範圍超出起訴或上訴範圍）。實務認爲此款同時屬於判決違背法令，得爲非常上訴之事由。

【最高法院41年台非字第47號判例。】

㈫未經參與審理之法官參與判決（本法§379）

本款指的是，未參與案件審理的法官參與判決書的形成，不包括宣示判決之法官。此乃刑事訴訟程序之直接審理原則與言詞辯論原則之體現。

㈬判決不載理由或所載理由矛盾（本法§379）

所謂「判決不載理由」，包括判決完全不記載理由、雖有記載理由但記載不完備之情形。例如，未記載認定事實之證據、未記載科刑時就刑法第五十七條審酌之情形等。所謂「判決所載理由矛盾」，指判決所附之理由與主文不相符合，或與事實不相符合，或於理由與理由間有矛盾之情形。實務認爲此款同時構成判決違背法令，得爲非常上訴之事由。

【黃朝義，《刑事訴訟法》，新學林，五版，2017.09，790頁；最高法院41年台非47號判例。】

❑ 實務見解

▶91年度第7次刑事庭會議決議（91.06.11）

刑事訴訟法第三百七十九條第六款規定：「除有特別規定外，被告未於審判期日到庭而逕行審判者。」第七款規定：「依本法應用辯護人之案件或已經指定辯護人之案件，辯護人未經到庭辯護而逕行審判者。」其判決當然違背法令。在通常上訴程序，當然得爲上訴第三審之理由。在非常上訴程序，刑事訴訟法第四百四十一條**所謂「案件之審判係違背法令」，包括原判決違背法令及訴訟程序違背法令，後者係指判決本身以外之訴訟程序違背程序法之規定，與前者在實際上時相牽連，如認其判決前之訴訟程序違背上開第六、七款之規定，致有依法不應爲判決而爲判決之違誤，顯然於判決有影響者，該項確定判決，即屬判決違背法令**。本院二十九年二月二十二日刑庭庭推總會議關於非常上訴案件之總決議案中決議六及四十一年台非字第四七號判例、四十四年台非字第五四號判例，與本決議意旨不符部分，不再參考、援用。

第380條（上訴三審之限制—上訴理由）

除前條情形外，訴訟程序雖係違背法令而顯然於判決無影響者，不得爲上訴之理由。

❑ 實務見解

▶78台非90（判例）

刑事訴訟法第三百七十九條第十款所稱「依本法應於審判期日調查之證據」，乃指該證據在客觀上爲法院認定事實之適用法律之基礎者而言，若非上述情形之證據，其未予調查者，本不屬於上開第十款之範圍，縱其訴訟程序違背法令，如應受同法第三百八十條之限制者，仍不得據爲非常上訴之理由。有罪之判決所認定之事實而應記載於判決書者，乃指與論罪科刑暨適用法令有關之事實而言—如犯罪構成要件之事實、刑之加重減輕之事由、故意、過失等等。故事實欄所記載之部分，倘無關於論罪科刑或法律之適用者，既不屬於必要記載之事項，自亦非理由所應敘述之範圍，則該判決援用以認定此部分非必要記載之事實之證據，即令內容上與此部分之事實不相適合，亦因其不予記載原不生理由不備之違法，倘其予以記載，縱與客觀事實不符，本亦無礙於其應爲之論罪科刑與法條之適用，從而亦不構成理由矛盾之違法。

▶72台上4542（判例）

上訴人於原審審理時既經出庭應訊，而由受命推事曉諭檢察官之上訴意旨，於公判庭並曾由檢察官踐行論當之程序，是上訴上並非不能爲充分之防禦，縱令原審未將檢察官之上訴書繕本送達上訴人，其訴訟程序雖有違法，但於判決主旨顯然不生影響，依刑事訴訟法第三百八十條規定，即不得爲合法之上訴第三審理由。

第381條（上訴三審之理由—刑罰變更與廢止或免除）

原審判決後，刑罰有廢止、變更或免除者，得為上訴之理由。

第382條（上訴理由及理由書補提）

I 上訴書狀應敘述上訴之理由；其未敘述者，得於提起上訴後二十日內補提理由書於原審法院；未補提者，毋庸命其補提。

II 第三百五十條第二項、第三百五十一條及第三百五十二條之規定，於前項理由書準用之。

☐ 實務見解

▶69台上2724（判例）

上訴於第三審法院，非以判決違背法令為理由，不得為之。又上訴書狀應敘述上訴之理由。刑事訴訟法第三百七十七條，第三百八十二條第一項分別定有明文。**所謂上訴書狀應敘述上述之理由，係指上訴書狀本身應敘述上訴理由而言，非可引用或檢附其他文書代替，以為上訴之理由**。蓋刑事訴訟規定各種文書之制作，應具備一定之程式，其得引用其他文書者，必有特別之規定始可（例如刑事訴訟法第四十八條，第三百七十三條）。否則，即難認其上訴已合法律上之程式。

▶28上922（判例）

提起上訴在判決宣示後送達前者，其補提上訴理由書雖已在提起上訴之十日之後，如自送達判決之翌日起算，仍未逾越十日之上訴期間者，即應認其上訴為合法。

▶25上7341（判例）

補提第三審上訴理由書之期間係一種不變期間，依法不得延展，上訴人聲請展限而於法定期間外補提由書，其上訴仍難謂為合法。

第383條（答辯書之提出）

I 他造當事人接受上訴書狀或補提理由書之送達後，得於十日內提出答辯書於原審法院。

II 如係檢察官為他造當事人者，應就上訴之理由提出答辯書。

III 答辯書應提出繕本，由原審法院書記官送達於上訴人。

第384條（原審法院對不合法上訴之處置—裁定駁回與補正）

原審法院認為上訴不合法律上之程式或法律上不應准許或其上訴權已經喪失者，應以裁定駁回之。但其不合法律上之程式可補正者，應定期間先命補正。

第385條（卷宗及證物之送交第三審）

I 除前條情形外，原審法院於接受答辯書或提出答辯書之期間已滿後，應速將該案卷宗及證物，送交第三審法院之檢察官。

II 第三審法院之檢察官接受卷宗及證物後，應於七日內添具意見書送交第三審法院。但於原審法院檢察官提出之上訴書或答辯書外無他意見者，毋庸添具意見書。

III 無檢察官為當事人之上訴案件，原審法院應將卷宗及證物逕送交第三審法院。

第386條（書狀之補提）

I 上訴人及他造當事人，在第三審法院未判決前，得提出上訴理由書、答辯書、意見書或追加理由書於第三審法院。

II 前項書狀，應提出繕本，由第三審法院書記官送達於他造當事人。

第387條（第一審審判程序之準用）

第三審之審判，除本章有特別規定外，準用第一審審判之規定。

第388條（強制辯護規定之排除）

第三十一條之規定於第三審之審判不適用之。

第389條（言詞審理之例外）

I 第三審法院之判決，不經言詞辯論為之。但法院認為有必要者，得命辯論。

II 前項辯論，非以律師充任之代理人或辯護人，不得行之。

☐ 實務見解

▶85台上2057（判例）

查被告心神喪失者，依刑事訴訟法第二百九十四條第一項規定，固應於其回復前停止審判，但同法第三百零七條規定「第三百零二條至第三百零四條之判決，得不經言詞辯論為之」，**是得不經言詞辯論而為判決者，自毋庸停止審判。第三審法院之判決，依同法第三百八十九條第一項規定，除法院認為有必要者外，既不經言詞辯論而為之**，則第三審法院自無因被告心神喪失而停止審判之餘地。

第390條（指定受命法官及制作報告書）

第三審法院於命辯論之案件，得以庭員一人為受命法官，調查上訴及答辯之要旨，制作報告書。

第391條（朗讀報告書與陳述上訴意旨）

I 審判期日，受命法官應於辯論前，朗讀報告書。

II 檢察官或代理人、辯護人應先陳述上訴之意旨，再行辯論。

第 392 條（一造辯論與不行辯論）
審判期日，被告或自訴人無代理人、辯護人到庭者，應由檢察官或他造當事人之代理人、辯護人陳述後，即行判決。被告及自訴人均無代理人、辯護人到庭者，得不行辯論。

第 393 條（三審調查範圍—上訴理由事項）
第三審法院之調查，以上訴理由所指摘之事項為限。但左列事項，得依職權調查之：
一　第三百七十九條各款所列之情形。
二　免訴事由之有無。
三　對於確定事實援用法令之當否。
四　原審判決後刑罰之廢止、變更或免除。
五　原審判決後之赦免或被告死亡。

第 394 條（三審調查範圍—事實調查）
Ⅰ第三審法院應以第二審判決所確認之事實為判決基礎。但關於訴訟程序及得依職權調查之事項，得調查事實。
Ⅱ前項調查，得以受命法官行之，並得囑託他法院之法官調查。
Ⅲ前二項調查之結果，認為起訴程序違背規定者，第三審法院得命其補正；其法院無審判權而依原審判決後之法令有審判權者，不以無審判權論。

❑ 實務見解

▶77 年度第 11 次刑事庭會議決議㈠(77.08.09)

關於第三審部分：

一、第二審法院對於證據之判斷，與事實之認定，除刑事訴訟法另有明定之證據法則應行遵守外，通常皆以本於生活經驗上認為確實之經驗法則或論理法則上當然之論理法則等為其準據，關於原判決違背該等法則必須撤銷者，第三審法院應予具體指明。茲臚列經驗法則及論理法則之一般標準如下：

㈠對於事實證據之判斷，其自由裁量必須保持其合理性，如其證據與事理顯然矛盾，原審予以採用，即於經驗法則有違背。

㈡如何依經驗法則，從無數之事實證據中，擇其最接近真實之證據，此為證據之評價問題，但對於內容不明之證據，不得為證據之選擇對象。又對內容有疑義之證據，仍應調查其必要之證據，不得作為判決之唯一證據。

㈢證據本身存有瑕疵，在此瑕疵未能究明以前，選擇有罪判決之基礎，難謂於經驗法則無違。

㈣本證不足證明犯罪事實時，設若以反證或抗辯不成立，持為斷罪之論據，顯於經驗法則有違。

㈤供述證據，前後雖稍有參差或互相矛盾，事實審法院非不可本於經驗法則，斟酌其他情形，作合理之比較，定其取捨。又供述證據之一部，認為真實者，予以採取，亦非法則所不許。

㈥證據與事實必須具有關聯性，即是否適合犯罪事實之認定，不生關聯性之證據，欠缺適合性，資為認定事實之基礎，有違背論理法則。

㈦認定犯罪事實之證據，有判斷必須合理，否則即欠缺妥當性。如果徒以證人與被告非親即友，即謂其證言出於勾串，顯不合論理法則。

二、第三審法院調查第二審判決有無違背法令，而影響於事實之確定，係以該案件之訴訟卷宗及所附證據為其根據，即以第二審之資料，審查第二審判決之當否，僅憑書面之間接審理，故第三審於統一法令之適用外，並有具體救濟當事人對原審法院違法所確認事實錯誤之機能。然第三審不逕行調查證據，而為事實之認定，事實最後仍應由第二審確定，兩者對於事實之調查界限，不容混淆。

三、第二審判決雖係違背法令而不影響於事實之確定，可據以為裁判者，第三審法院應就該案件自為判決。但如原判決未記載某項事實或所記載事實不明，致其所確認之事實與論處罪刑所援用之法令不能適合，仍屬用法不當。又原判決因重要證據漏未調查等情形，影響於事實之確定，第三審無可據以為裁判者，均祇得撤銷原判決，將案件發回原審法院或發交與原審法院同級之他法院。

四、何種證據應予調查，其應調查之範圍如何？在未違背經驗法則、論理法則之範圍內，係專屬事實審法院得依職權自由裁量之事項。因之，原審法對於證據之取捨與依調查所得之證據以為事實之認定，倘未明顯違背經驗法院，論理法則，第三審毋庸依職權判斷其當否。

五、原審是否已依職權調查證據，必須上訴意旨就原審證據調查之結果，仍未得有充分之心證，且依其審理之結果，尚有其他證據足供調查，而此項證據復與待證事實有關，確屬發見真實所必要等，予以具體指明，第三審始得就其所予情形予以審查，並就第三審得依職權調查之事項而予調查。

六、除第三審得依職權調查之事項外，其他因原審未盡職責致判決違背法令情形，其未經上訴意旨所指摘者，既非屬第三審得依職權調查之範圍，則其雖經第三審判決確定，因第三審判決並無不當，自不得以確定判決違背法令為由，對第三審之判決提起非常上訴。

第395條（上訴不合法之判決—判決駁回）

第三審法院認為上訴有第三百八十四條之情形者，應以判決駁回之；其以逾第三百八十二條第一項所定期間，而於第三審法院未判決前，仍未提出上訴理由書狀者亦同。

第396條（上訴無理由之判決—判決駁回）

I 第三審法院認為上訴無理由者，應以判決駁回之。

II 前項情形，得同時諭知緩刑。

☐ 實務見解

▸67年度第4次刑庭庭推總會議決定㈡(67.04.18)

第二審法院因第一審判決喻知管轄錯誤、免訴、不受理係不當，依刑事訴訟法第三百六十九條第一項但書規定，判決予以撤銷，將該案件發回第一審法院者，除係刑法第六十一條所列各罪之案件，不得上訴於第三審法院外，如經當事人合法提起第三審上訴，本院應審查原判決有無違背法令（是否不適用法則或適用法則不當）。如原判決係違背法令，應依刑事訴訟法第三百九十七條、第四百零一條判決予以撤銷，發回原審判法院。否則，應依同法第三百九十六條第一項，判決駁回上訴。不能謂第一審判決一經第二審判決撤銷並發回第一審法院（第二審撤銷第一審判決之判決尚未確定），即當然回復第一審判決前之程序，而無提起第三審上訴之餘地。

第397條（上訴有理由之判決—撤銷原判）

第三審法院認為上訴有理由者，應將原審判決中經上訴之部份撤銷。

☐ 實務見解

▸30上2838（判例）

無效判決固無拘束任何人之效力，但該項判決既有重大之違背法令，自亦屬於違法判決之一種，如有合法之上訴，仍應予以撤銷。

第398條（撤銷原判—自為判決）

第三審法院因原審判決有左列情形之一而撤銷之者，應就該案件自為判決。但應為後二條之判決者，不在此限：

一　雖係違背法令，而不影響於事實之確定，可據以為裁判者。

二　應諭知免訴或不受理者。

三　有三百九十三條第四款或第五款之情形者。

☐ 實務見解

▸77年第11次刑事庭會議決議㈢(77.08.09)

刑事案件第二審與第三審調查證據認定事實職權之界限與第三審自為判決之範圍：

參、第三審法院自為判決減少發回更審。

依刑事訴訟法第三百九十八條所列各款之規定，第三審法院應撤銷原判決，為加強第二積極之功能，避免案件發回過多，應就刑事訴訟法現行條文為妥善之運作，以適應現時需要減少發回更審。

一、第三審應嚴格貫徹法律審，認為非以違背法令為上訴第三審之理由，而僅指摘原判決認定事實錯誤，取捨證據不當，法院裁量權行使欠妥，或單純理論之爭執，或所指摘與法定違法事由不相適合等事項為其上訴理由者，俱應認其上訴違背法律上之程式，逕予駁回。

二、第三審依訴訟卷宗內之證據資料，如認原判決有下列情形之重大違誤而撤銷者，並應就該案件自為判決。

㈠原判決對刑罰之量定，所為或未為裁判上酌減、免刑，裁量權之運用顯有違法者，第三審應自行量處適度之刑。

㈡刑事訴訟法第三百九十八條第一款所謂「不影響於事實之確定」，係指不影響於重要事實之確定而言，下列事實應認為重要事實。

*1.*犯罪構成要件之事實。

*2.*法定刑罰加重或減免之原因事實。

*3.*阻卻違法性事由之事實。

*4.*阻卻責任性事由之事實。

*5.*特別經驗法則（專指具有特別知識或經驗者始得知之事實）。

*6.*其他習慣、地方制定自治法規及外國法之類，依法應予適用者亦屬要證事實，自應經事實審調查證明為必要。

至於量定刑罰之事實，裁判上刑罰加重、減免之原因事實，訴訟法上之事實，公眾週知之事實及事實於法院已顯著或為其職務上所已知者等等，此或無庸舉證，或為第三審得依職權調查，或屬各級法院所得自由裁量，解釋上應不包括在內。

㈢對原判決諭知緩刑之要件不合者，第三審

應為撤銷之論知。

㈣依原判決所確認之事實，其行為顯屬不罰者，第三審應逕為無罪之論知。

㈤事實有記載理由內未記載加重之事由（如累犯）而其科處之刑超過法定刑度，或未庫明減輕事由（如未遂犯）而量處較法定最低度刑為輕之刑，或已認定為累犯而未予加重，認定屬自首而未予減輕等。

㈥應宣告褫奪公權（如妨害兵役治罪條例第二十六條），而未予宣告。或應諭知保護管束（如少年事件處理法第八十二條）而未予諭知者。

㈦應沒收（如違禁物，刑法第二百十九條等），竟未予沒收。

㈧連續行為之終了日期，在前犯之罪受有期徒刑之執行完畢或受無期徒刑或有期徒刑一部之執行而赦免後五年以內，或於假釋期滿後五年以內再犯有期徒刑以上之罪，未按累犯加重其刑。

㈨裁判上一罪，一部分犯罪已經因案發覺，竟因其於訊問中陳述另部分未發覺之犯罪行為，而依自首減輕其刑。

㈩由被告上訴或為被告之利益而上訴之案件，第一審判決適用法條並無不當，第二審竟予撤銷改判，論知較重之刑。

⑪從一重處斷之重罪，不在減刑之列，竟因其輕罪部分得減刑，而對重罪誤予減刑。

⑫認定事實無誤。如事實記載於某日下午三時侵入住宅行竊，所憑之證據與認定之理由亦無誤，乃依夜間侵入住宅竊盜論罪科刑。

⑬其他法律上之見解，與法律規定、解釋、判例之見解有違。

肆、下列情形，應認為於全案情節與判決本旨並無影響，可維持原判決毋庸改判。

一、原判決主文，關於論罪之用語不當，或欠周全，而其援用之科刑法條並無錯誤者（如結夥三人以上竊盜，已引用刑法第三百二十一條第一項第四款，而主文內僅揭明竊盜；又共同殺人已引用刑法第二十八條、第二百七十一條第一項，而主文僅記載殺人之類）。第三審判決祇須於理由內加以說明，不必改判。

二、據上論結部分，雖漏引該當法條，但其理由已敘及，而與科刑上並無出入者（如原判決理由已敘明被告之犯罪情狀可憫恕，應酌減其刑。或因身分或其他特定關係成立之罪，已載明某甲雖無此身分或特定關係，既與有該身分或特定關係之某乙共同實施犯罪，仍應以共犯論，而據上論結漏引刑法第五十九條或第三十一條第一項之類）。第三審判決補正其漏引之條文即可。

三、犯罪事實之細節雖欠完全，但不影響整個犯罪事實之認定者，例如被告所行使之文書已證明為其所偽造，惟對偽造之時間、地點因其堅不吐實，無法作進一步之調查，但本於吸收關係，其偽造後又復行使而行使之行為明確者，應依行使之高度行為處斷，自不必發回。

四、裁判上一罪，其輕罪部分非有顯著之違法情形或重大瑕疵存在時，得不予發回。

五、事實與理由文字之顯然誤寫，如殺人案件，原判決所採取之驗斷書等證物，顯示原判決誤寫被害人被刺殺之刀數及傷痕之大小，但既屬顯然誤寫，第三審得於判決內加以補正，毋庸以此作為發回更審之原因。

六、證據違法，屬於訴訟程序違背法令，除合於刑事訴訟法第三百七十九條第十款規定外，依同法第三百七十八條、第三百八十條之規定，須其違背法令於判決有影響，始得據為第三審上訴之合法理由。至其證據違法對於判決有無影響，應由第三審法院參酌原判決，卷存證據資料及上訴理由等加以判斷。左列證據違法情形，得認為於判決無影響，無庸將原判決撤銷。

㈠證據雖有瑕疵（如無證據能力，非經合法調查程序取得或內容不明確等），惟未採為判決之基礎，自於判決無影響。

㈡援用某項證據，固有不當，然除去該項證據，仍應為同一事實之認定者，即於判決無影響。

㈢當事人或其辯護人聲請調查之證據，或涉及其他應否依職權調查之證據，雖未予調查，但經第三審認為無調查之必要者，此項漏未調查，自非對判決有影響。

㈣查證或採證縱有違誤，惟僅涉及無關重要之枝節問題，而於判決之主文，尚無影響者。

伍、第三審對久懸未決重大刑事案件之處置。

重大刑事案件之犯罪事實，因案發之初，蒐集證據欠完備，或證據之憑信力有疑問，或積極證據與消極證據紛亂，致影響眞實之發見，事後歷經第一、二兩審法院審理，亦未能發見確鑿之證據，事實極欠明確，難為妥適之判決，此種案件設若已經第三審法院多次發回更審，即不宜再行撤銷發回，以免案件久懸多年不能定讞。

編按：

本則決議嗣後於民國95年9月5日經最高法院95年度第17次刑事庭會議決議修正伍、決議文。

文字修正如下：重大刑事案件之犯罪事實，因案發之初，搜集證據欠完備，或證據之憑信力有疑問，或積極證據與消極證據紛亂，致影響眞實之發見，事後歷經第一、二兩審法院審理，亦未能發見確鑿之證據，事實極欠明確，難爲妥適之判決，此種案件設若已經第三審法院多次發回更審，且就案內一切情況觀察，調查之途徑已窮，或屬無益之調查，似此，第三審法院不應再行撤銷發回，本證據裁判主義之原則，論罪之證據既甚爲薄弱，第三審即應爲有利於被告之判斷，而予判決使之確定，以免案件久懸多年不能定讞。

第 399 條（撤銷原判—發回更審）
第三審法院因原審判決諭知管轄錯誤、免訴或不受理係不當而撤銷之者，應以判決將該案件發回原審法院。但有必要時，得逕行發回第一審法院。

第 400 條（撤銷原判—發交審判）
第三審法院因原審法院未諭知管轄錯誤係不當而撤銷之者，應以判決將該案件發交該管第二審或第一審法院。但第四條所列之案件，經有管轄權之原審法院爲第二審判決者，不以管轄錯誤論。

第 401 條（撤銷原判—發回更審或發交審判）
第三審法院因前三條以外之情形而撤銷原審判決者，應以判決將該案件發回原審法院，或發交與原審法院同級之他法院。

□ 實務見解

▶22 非 39（判例）

第三審法院除依刑事訴訟法第四百十一條第二項及第四百十二條所定情形，得併將第一審判決撤銷發回或發交第一審法院更爲審判外，若因犯罪事實不能依據第二審判決而定，依同法第四百十三條規定，祇應撤銷第二審判決，發回或發交更審，不能併將第一審判決撤銷，致第二審之上訴失其根據，且有使第二審審級變爲第一審之嫌。

第 402 條（爲被告利益而撤銷原判決之效力）
爲被告之利益而撤銷原審判決時，如於共同被告有共同之撤銷理由者，其利益並及於共同被告。

第四編　抗　告

第 403 條（抗告權人及管轄法院）
Ⅰ當事人對於法院之裁定有不服者，除有特別規定外，得抗告於直接上級法院。
Ⅱ證人、鑑定人、通譯及其他非當事人受裁定者，亦得抗告。

第 404 條（抗告之限制及例外）
Ⅰ對於判決前關於管轄或訴訟程序之裁定，不得抗告。但下列裁定，不在此限：
一　有得抗告之明文規定者。
二　關於羈押、具保、責付、限制住居、限制出境、限制出海、搜索、扣押或扣押物發還、變價、擔保金、身體檢查、通訊監察、因鑑定將被告送入醫院或其他處所之裁定及依第一百零五條第三項、第四項所爲之禁止或扣押之裁定。
三　對於限制辯護人與被告接見或互通書信之裁定。
Ⅱ前項第二款、第三款之裁定已執行終結，受裁定人亦得提起抗告，法院不得以已執行終結而無實益爲由駁回。

第 405 條（抗告之限制）
不得上訴於第三審法院之案件，其第二審法院所爲裁定，不得抗告。

□ 實務見解

▶85 年度第 5 次刑事庭會議決議（85.03.26）

因其通常程序係依修正刑事訴訟法施行前之法定程序終結，**而得上訴於第三審法院**，於再審程序仍得抗告，故其抗告爲合法，應審究其抗告有無理由，從實體上裁定。

第 406 條（抗告期間）
抗告期間，除有特別規定外，爲五日，自送達裁定後起算。但裁定經宣示者，宣示後送達前之抗告，亦有效力。

第 407 條（抗告之程式）
提起抗告，應以抗告書狀，敘述抗告之理由，提出於原審法院爲之。

第 408 條（原審法院對於抗告之處置）
Ⅰ原審法院認爲抗告不合法律上之程式或法律上不應准許，或其抗告權已經喪失者，應以裁定駁回之。但其不合法律上之程式可補正者，應定期間先命補正。
Ⅱ原審法院認爲抗告有理由者，應更正其裁定；認爲全部或一部無理由者，應於接受抗告書狀後三日內，送交抗告法院，並得添具意見書。

第 409 條（抗告之效力）
Ⅰ抗告無停止執行裁判之效力。但原審法院於抗告法院之裁定前，得以裁定停止執行。
II抗告法院得以裁定停止裁判之執行。

第410條（卷宗及證物之送交及裁定期間）

I原審法院認為有必要者，應將該案卷宗及證物送交抗告法院。

II抗告法院認為有必要者，得請原審法院送交該案卷宗及證物。

III抗告法院收到該案卷宗及證物後，應於十日內裁定。

第411條（抗告法院對不合法抗告之處置）

抗告法院認為抗告有第四百零八條第一項前段之情形者，應以裁定駁回之。但其情形可以補正而未經原審法院命其補正者，審判長應定期間先命補正。

□ 實務見解

▶68年度第10次刑事庭會議決定㈠（68.09.04）

刑事訴訟法第四百零七條規定：「提起抗告，應以抗告書狀敘述抗告之理由，提出於原審法院為之。」倘抗告書狀未敘述抗告之理由，即屬不合法律上之程式，按其情形，既非不可以補正，如未經原審法院命其補正者，抗告法院應依同法第四百十一條但書規定，由審判長定期間先命補正，不得逕依同條前段予以駁回。

第412條（對無理由之抗告之裁定）

抗告法院認為抗告無理由者，應以裁定駁回之。

第413條（對有理由之抗告之裁定）

抗告法院認為抗告有理由者，應以裁定將原裁定撤銷；於有必要時，並自為裁定。

第414條（裁定之通知）

抗告法院之裁定，應速通知原審法院。

第415條（得再抗告之裁定）

I對於抗告法院之裁定，不得再行抗告。但對於其就左列抗告所為之裁定，得提起再抗告：

一　對於駁回上訴之裁定抗告者。
二　對於因上訴逾期聲請回復原狀之裁定抗告者。
三　對於聲請再審之裁定抗告者。
四　對於第四百七十七條定刑之裁定抗告者。
五　對於第四百八十六條聲明疑義或異議之裁定抗告者。
六　證人、鑑定人、通譯及其他非當事人對於所受之裁定抗告者。

II前項但書之規定，於依第四百零五條不得抗告之裁定，不適用之。

□ 實務見解

▶69台抗137（判例）

刑事訴訟法第四百十五條第一項規定，對於抗告法院之裁定，除該項但書所列情形外，不得再行抗告。縱令原審書記官在裁定正本上記載得為抗告字樣，亦不發生法律上之效力。

第416條（準抗告之範圍、聲請期間及其裁判）

I對於審判長、受命法官、受託法官或檢察官所為下列處分有不服者，受處分人得聲請所屬法院撤銷或變更之。處分已執行終結，受處分人亦得聲請，法院不得以已執行終結而無實益為由駁回：

一　關於羈押、具保、責付、限制住居、限制出境、限制出海、搜索、扣押或扣押物發還、變價、擔保金、因鑑定將被告送入醫院或其他處所之處分、身體檢查、通訊監察及第一百零五條第三項、第四項所為之禁止或扣押之處分。
二　對於證人、鑑定人或通譯科罰鍰之處分。
三　對於限制辯護人與被告接見或互通書信之處分。
四　對於第三十四條第三項指定之處分。

II前項之搜索、扣押經撤銷者，審判時法院得宣告所扣得之物，不得作為證據。

III第一項聲請期間為五日，自為處分之日起算，其為送達者，自送達後起算。

IV第四百零九條至第四百十四條規定，於本條準用之。

V第二十一條第一項規定，於聲請撤銷或變更受託法官之裁定者準用之。

第417條（準抗告之聲請程式）

前條聲請應以書狀敘述不服之理由，提出於該管法院為之。

第418條（準抗告之救濟及錯誤提起抗告或聲請準抗告）

I法院就第四百十六條之聲請所為裁定，不得抗告。但對於其就撤銷罰鍰之聲請而為者，得提起抗告。

II依本編規定得提起抗告，而誤為撤銷或變更之聲請者，視為已提抗告；其得為撤銷或變更之聲請而誤為抗告者，視為已有聲請。

□ 實務見解

▶78台抗133（判例）

不服檢察官沒入保證金之處分而聲請所屬法院撤

銷，**法院就該聲請所為之裁定，依照刑事訴訟法第四百十八條第一項前段之規定，不得抗告**，原法院未以其抗告不合法予以駁回，而以其抗告為無理由予以駁回，固有欠妥，但既不得抗告，自亦不得再行抗告，其提起再抗告，顯非法之所許，應依同法第四百十一條前段駁回其再抗告。

第 419 條（抗告準用上訴之規定）
抗告，除本章有特別規定外，準用第三編第一章關於上訴之規定。

第五編　再　審

第 420 條（為受判決人利益聲請再審之事由）

I 有罪之判決確定後，有下列情形之一者，為受判決人之利益，得聲請再審：

一　原判決所憑之證物已證明其為偽造或變造者。
二　原判決所憑之證言、鑑定或通譯已證明其為虛偽者。
三　受有罪判決之人，已證明其係被誣告者。
四　原判決所憑之通常法院或特別法院之裁判已經確定裁判變更者。
五　參與原判決或前審判決或判決前所行調查之法官，或參與偵查或起訴之檢察官，或參與調查犯罪之檢察事務官、司法警察官或司法警察，因該案件犯職務上之罪已經證明者，或因該案件違法失職已受懲戒處分，足以影響原判決者。
六　因發現新事實或新證據，單獨或與先前之證據綜合判斷，足認受有罪判決之人應受無罪、免訴、免刑或輕於原判決所認罪名之判決者。

II 前項第一款至第三款及第五款情形之證明，以經判決確定，或其刑事訴訟不能開始或續行非因證據不足者為限，得聲請再審。

III 第一項第六款之新事實或新證據，指判決確定前已存在或成立而未及調查斟酌，及判決確定後始存在或成立之事實、證據。

□ **實務見解**

▶104 年度第 5 次刑事庭會議決議㈢（104.03.24）

七十二年九月十三日七十二年度第十一次刑事庭會議決議刑事訴訟法第四百二十條第一項第六款及第四百二十二條第三款所稱新證據之意義仍採以往之見解，係指該項證據於事實審法院判決前已經存在，當時未能援用審酌，至其後始行發見者而言。惟判決以後成立之文書，其內容係根據另一證據而作成，而該另一證據係成立於事實審法院判決之前者，應認為有新證據之存在。至於其是否確實及是否足以動搖原確定判決，則屬事實之認定問題。

編按：

本則決議加註有關刑事訴訟法第 420 條第 1 項第 6 款部分，不再供參考。反面推論，有關不利被告之新事實新證據之部分，舊實務見解仍得繼續援用不受修法影響。

▶83 台抗 515（判例）

刑事訴訟法第四百二十條第一項第六款**所稱新證據，包括審判時未經注意之證據，其所謂未經注意，就書證而言，即指審判時雖已有文書存在，但法院未注意文書之意義與內容而言**，抗告人聲請再審，除提出相關之文書外，並就原確定判決如何未注意各該文書意義與內容，一一敘明在卷，為何不採，原裁定未予說明，其僅以該等文書早已存在，即謂該等文書非新證據，而置各該文書之意義與內容不顧，顯屬誤解。

▶75 台上 7151（判例）

判決以後成立之文書，**其內容係根據另一證據作成，而該另一證據係成立於事實審法院判決之前者，應認為有新證據之存在**。如出生證明係根據判決前早已存在之醫院病歷所作成：存款證明係根據判決前已存在之存款帳簿所作成而言，至若人證，係以證人之證書為證據資料，故以證人為證據方法，以其陳述為證明之作用者，除非其於另一訴訟中已為證言之陳述，否則，不能以其事後所製作記載見聞事實之文書，謂其係根據該人證成立於事實審法院判決之前，而認該「文書」為新證據。

▶72 台抗 270（判例）

依刑事訴訟法第四百二十條第一項第六款規定，因發見確實之新證據而為受判決人之利益，聲請再審者，**以該判決係實體上為有罪且已確定者為限**。本件抗告人因偽造文書案件，不服原法院所為有罪之判決，提起上訴，經本院以其上訴顯不合法，從程序上判決駁回其上訴，是上述原法院之實體上判決，始為抗告人之有罪確定判決，乃抗告人在原法院竟對本院之上述程序判決聲請再審，自難認為合法。

▶46 台抗 8（判例）

刑事訟訴法第四百十三條第一項第二款**所謂原判決所憑之證言已證明其為虛偽者，除已經確定判決證明為虛偽者外，必須有相當證據足以證明其為虛偽，始屬相符**，若僅以共同被告諭知無罪，而顯然不足以推翻原確定判決所憑之證據者，即非該款所規定之情形。

▶43 台抗 26（判例）

非常上訴旨在糾正法律上之錯誤，並不涉事實問題，其經非常上訴審認為有理由，依法應撤銷原確定判決另行改判時，僅依代替原審，**依據原所認定之事實，就其裁判時應適用之法律而為裁判，使違法者成為合法，核與再審係對確定判決之事實錯誤而為之救濟方法，迥不相牟**，因之對於非常上訴判決無聲請再審之餘地，再抗告人竟對非常上訴判決聲請再審，自屬於法不合。

▶41 台抗 1（判例）

刑事訟訴法第四百十三條第一項第六款所謂確實之新證據，須以可認為確實足以動搖原確定判決，而為受判決人有利之判決者為限。抗告人聲請再審，係請傳證人某甲等證明其在偵查中供述係受看守某乙所脅迫，既非判決後發現之新證據，而為抗告人於判決前所明知，又非不須調查之確實新證據，自不能謂為有再審之理由。

▶108 台抗 1297△（裁定）

按有罪之判決確定後，因發現新事實或新證據，單獨或與先前之證據綜合判斷，足認受有罪判決之人應受無罪、免訴、免刑或輕於原判決所認罪名之判決者，為受判決人之利益，始得聲請再審，刑事訴訟法第四二〇條第一項第六款規定甚明。所謂「足認」受有罪判決之人應受「免刑」之判決，係指有開啓再審之蓋然性而言，且應認係獨立之聲請再審事由：㈠從刑事訴訟法條文觀之，所謂足認受有罪判決之人應受「免刑」之判決，與「無罪」、「免訴」或「輕於原判決所認罪名」之判決，係併列為該條項得據以聲請再審的事由之一，**法文明定為「或」，自應認係獨立於「無罪」、「免訴」及「輕於原判決所認罪名」三種之外之聲請再審事由，不應與其他事由混淆審查**。㈡上開條項中「**足認**」乙詞，乃指有受改判之「**蓋然性**」而言。聲請再審之程序審查，不過為是否准許再審之開始條件，亦即將該新證據或新事實與原判決之確定事實對比觀察，或原已判決確定的事實，因新事實、新證據之提出或出現，而有動搖之蓋然性者而言。然而，此階段，尚僅係應否開始再審之判斷，而非本案實體之判斷。

第 421 條（為受判決人利益聲請再審之理由）

不得上訴於第三審法院之案件，除前條規定外，其經第二審確定之有罪判決，如就足生影響於判決之重要證據漏未審酌者，亦得為受判決人之利益，聲請再審。

☐ 實務見解

▶107 台抗 341△（裁定）

一〇四年二月四日修正公布之刑事訴訟法第四二〇條第三項增訂：「第一項第 六款之新事實或新證據，指判決確定前已存在或成立而未及調查斟酌，及判決確定後始存在或成立之事實、證據」。因此，**舉凡法院未經發現而不及調查審酌者，不論該證據之成立或存在，係在判決確定之前或之後，甚且法院已發現之證據，但就其實質之證據價值未加以判斷者，均具有新規性，大幅放寬聲請再審新證據之範圍。至同法第四二一條所稱「重要證據漏未審酌」，係指重要證據業已提出，或已發現而未予調查，或雖調查但未就調查之結果予以判斷並定取捨而言；其已提出之證據而被捨棄不採用，若未於理由內敘明其捨棄之理由者，亦應認為漏未審酌**。對於本條「重要證據漏未審酌」之見解，**實與刑事訴訟法第四二〇條第三項規定之再審新證據要件相仿，亦即指該證據實質之證據價值未加以判斷者而言**。是以，新法施行後，得上訴於第三審法院之案件，其以「重要證據漏未審酌」為理由聲請再審者，即應依修正刑事訴訟法第四二〇條第一項第六款、第三項之規定處理，不得認其聲請不合法，予以駁回。

第 422 條（為受判決人之不利益聲請再審之理由）

有罪、無罪、免訴或不受理之判決確定後，有左列情形之一者，為受判決人之不利益，得聲請再審：

一　有第四百二十條第一款、第二款、第四款或第五款之情形者。
二　受無罪或輕於相當之刑之判決，而於訴訟上或訴訟外自白，或發現確實之新證據，足認其有應受有罪或重刑判決之犯罪事實者。
三　受免訴或不受理之判決，而於訴訟上或訴訟外自述，或發見確實之新證據，足認其並無免訴或不受理之原因者。

☐ 實務見解

▶65 年度第 7 次刑庭庭推總會議決議㈠（65.11.30）

計程車司機甲因過失撞傷乙、經告訴提起公訴，判處傷害罪刑確定後，乙因該傷害死亡，檢察官依刑事訴訟第四百二十二條第二款聲請再審。按刑事訴訟法再審編所稱發見確實新證據，係指當時已經存在發見在後或審判時未經注意之證據，且能證明原確定判決所認定之事實為錯誤而言，與在認定事實後，因以論罪處刑所應依據之法律無涉（參照三十五年特抗字第二十一號判例）。本題甲以傷害判處罪刑確定前，既無乙死亡之事實，其證據當不存在，即非審判時未經注意之證據。質言之，原判決所認定之事實並無錯誤，自不得因事後發生之事實，聲請再審。（同甲說）

▶107 台抗 458（裁定）

刑事訴訟法第四二〇條第一項第六款及同條第三項，雖於一〇四年二月四日經修正及增訂，但同法第四二二條第二款並未併加修正，顯見立法者有意區別有利及不利於受判決人再審之要件，**並未擴大不利於受判決人再審之範圍。亦即後者所稱之新證據仍採以往判例限縮之解釋，此與前者於修法後放寬適用之要件，仍有差異，未可等同視之。故同法第四二二條第二款所稱之「發見確實之新證據」，應與修正前同法第四二○條第一項第六款所定「發現確實之新證據」為同一解釋，亦即須該項證據於事實審法院判決前已經存在，為法院、當事人所不知，不及調查斟酌，至其後始行發見（即「新規性」，亦有稱「嶄新性」），且就該證據本身形式上觀察，固不以絕對不須經過調查程序為條件，但必須顯然可認為確實具有足以動搖原確定判決（即「確實性」，亦有稱「顯著性」），而為受判決人有罪或重刑判決為限，始具備為受判決人之不利益聲請再審之要件**。至新證據有無符合「新規性」，乃再審之形式要件；而是否合於「確實性」，則為再審之實質要件。二者判斷之基礎既有不同，自應分別觀察審認，才得以維護刑事再審制度所應有之「法的安定性」，殊難謂符合「新規性」之形式要件時，即當然亦合於「確實性」之實質要件。

第423條（聲請再審之期間）
聲請再審於刑罰執行完畢後，或已不受執行時，亦得為之。

第424條（聲請再審之期間）
依第四百二十一條規定，因重要證據漏未審酌而聲請再審者，應於送達判決後二十日內為之。

第425條（聲請再審之期間）
為受判決人之不利益聲請再審，於判決確定後，經過刑法第八十條第一項期間二分之一者，不得為之。

第426條（再審之管轄法院）
I 聲請再審，由判決之原審法院管轄。
II 判決之一部曾經上訴，一部未經上訴，對於各該部分均聲請再審，而經第二審法院就其在上訴審確定之部分為開始再審之裁定者，其對於在第一審確定之部分聲請再審，亦應由第二審法院管轄之。
III 判決在第三審確定者，對於該判決聲請再審，除以第三審法院之法官有第四百二十條第一項第五款情形為原因者外，應由第二審法院管轄之。

第427條（聲請再審權人—為受判決人利益）
為受判決人之利益聲請再審，得由左列各人為之：
一 管轄法院之檢察官。
二 受判決人。
三 受判決人之法定代理人或配偶。
四 受判決人已死亡者，其配偶、直系血親、三親等內之旁系血親、二親等內之姻親或家長、家屬。

第428條（聲請再審權人—為受判決人不利益）
I 為受判決人之不利益聲請再審，得由管轄法院之檢察官及自訴人為之；但自訴人聲請再審者，以有第四百二十二條第一款規定之情形為限。
II 自訴人已喪失行為能力或死亡者，得由第三百十九條第一項所列得為提起自訴之人，為前項之聲請。

第429條（聲請再審之程序）
聲請再審，應以再審書狀敘述理由，附具原判決之繕本及證據，提出於管轄法院為之。但經釋明無法提出原判決之繕本，而有正當理由者，亦得同時請求法院調取之。

❐ 實務見解

▶109台抗158△（裁定）
按刑事訴訟法第四二九條、第四三三條業於民國一○九年一月八日修正公布，並於同年月十日生效。修正後第四二九條規定：「聲請再審，應以再審書狀敘述理由，附具原判決之繕本及證據，提出於管轄法院為之。**但經釋明無法提出原判決之繕本，而有正當理由者，亦得同時請求法院調取之。**」另修正後第四三三條則明定：「法院認為聲請再審之程序違背規定者，應以裁定駁回之。**但其不合法律上之程式可以補正者，應定期間先命補正。」是法律修正後，對程序違背規定之再審聲請，已由毋庸命補正即得逕予駁回之舊制，變更為應先依法命其補正，若仍未遵期補正，始得駁回**。修法前聲請再審之案件，尚未經裁定者，修法後，因程序從新，其程序之進行，自應依修正後之新法為之（中央法規標準法第十八條前段參照）；**已經裁定者**，若當事人提起抗告，由於抗告法院就抗告案件程序上是否具備合法要件、實體上有無理由等事項之審查，本應依職權為之，且其範圍不以原審法院之卷證為限，併及於原裁定後所發生之情事，法律變動即屬之，故應適用修正後再審規定。又再審制度係針對確定判決事實認定錯誤所設之除錯、救濟機制，修法後，於最高法院繫屬中之**再審抗告案件**，若因適用修正後新法，需裁定命其補正者，最高法院囿其法律審之屬性，職權行使之範圍不包括犯罪事實之調查、認定，且為維護案件當事人審級利益之考量，自應撤銷原裁定，由原審法院適用新法妥為處理。

第429條之1（聲請再審得委任律師為代理人及準用之規定）

Ⅰ聲請再審，得委任律師為代理人。

Ⅱ前項委任，應提出委任狀於法院，並準用第二十八條及第三十二條之規定。

Ⅲ第三十三條之規定，於聲請再審之情形，準用之。

第429條之2（聲請再審之通知到場義務）

聲請再審之案件，除顯無必要者外，應通知聲請人及其代理人到場，並聽取檢察官及受判決人之意見。但無正當理由不到場，或陳明不願到場者，不在此限。

□實務見解

▶109台抗263△（裁定）

按民國一〇九年一月八日修正公布，同月十日施行之刑事訴訟法增訂第四二九條之二前段規定，聲請再審之案件，除顯無必要者外，應通知聲請人及其代理人到場，並聽取檢察官及受判決人之意見。**其立法意旨係為釐清聲請再審是否合法及有無理由，故除顯無必要者外，如依聲請意旨，從形式上觀察，聲請顯有理由而應裁定開始再審；或顯無理由而應予駁回，例如提出之事實、證據，一望即知係在原確定判決審判中已提出之證據，經法院審酌後捨棄不採，而不具備新規性之實質要件，並無疑義者；或顯屬程序上不合法且無可補正，例如聲請已逾法定期間、非屬有權聲請再審之人、對尚未確定之判決為聲請、以撤回或法院認為無再審理由裁定駁回再審聲請之同一原因事實聲請再審等，其程序違背規定已明，而無需再予釐清，且無從命補正，當然無庸依上開規定通知到場聽取意見之必要，庶免徒然浪費有限之司法資源**。反之，聲請再審是否合法、有無理由尚未明朗，非僅憑聲請意旨即可一目瞭然、明確判斷，例如是否為同一原因之事實仍待釐清；提出之事實、證據是否具有新規性容有疑義；或雖具備新規性，惟顯著性之審查，涉及證據資料之評價究否足以動搖原確定判決，或有無必要依刑事訴訟法第四二九條之三規定調查證據，以判斷應否為開始再審之裁定仍非明確等，除聲請人已陳明不願到場者外，**均應通知聲請人及其代理人到場賦予陳述意見之機會，並聽取檢察官及受判決人之意見**，俾供再審法院憑判之參考。從而究否應通知上揭人員到場，當因**具體個案情形之不同**而有別。

▶109台抗95△（裁定）

原審裁定後，刑事訴訟法就再審程序已修正部分條文，於一〇九年一月八日公布施行，並於同年月十日生效，依「程序從新原則」，本件提起抗告後自應適用修正後之法律。其中同法增訂第四二九條之二規定：「聲請再審之案件，除顯無必要者外，應通知抗告人及其代理人到場，並聽取檢察官及受判決人之意見。但無正當理由不到場，或陳明不願到場者，不在此限。」依其立法理由謂：「再審制度之目的係發現眞實，避免冤抑，對於確定判決以有再審事由而重新開始審理，攸關當事人及被害人權益甚鉅。為釐清聲請是否合法及有無理由，除聲請顯屬程序上不合法或顯無理由而應逕予駁回，例如非聲請權人聲請再審，或聲請顯有理由，而應逕予裁定開啓再審者外，原則上應賦予抗告人及其代理人到庭陳述意見之機會，並聽取檢察官及受判決人之意見，俾供法院裁斷之參考；惟經通知後無正當理由不到場，或已陳明不願到場者，法院自得不予通知到場，爰增訂本條。」**亦即依新法規定，聲請再審原則上應踐行訊問程序，徵詢當事人之意見以供裁斷，惟基於司法資源之有限性，避免程序濫用（即「顯不合法」或「顯無理由」），或欠缺實益（即「顯有理由」），於顯無必要時，得例外不予開啓徵詢程序**。則此法文所指「顯不合法」或「顯無理由」，應係指聲請之不合法或無理由具有「顯然性」，亦即自形式觀察即得認其再審聲請係「不合法」或「無理由」，而屬重大明白者而言。再者，再審理由應依「**新規性**」及「**確實性**」，而為二階段之審查，**其中「新規性」，本得依事證之外觀而為形式審查，且應優先進行，已如前述，是以在「新規性」審查階段，如於形式上即得認所提出之再審事證，顯然業經確定判決調查斟酌，欠缺「未判斷資料性」時，自得認再審聲請「顯無理由」，而顯無開啓徵詢程序之必要**。本件聲請再審意旨所提事證，均經原確定判決法院調查斟酌，欠缺「新規性」，已如上述，自可認顯無必要，則原審未及適用新法規定開啓徵詢程序，尚無違誤，併予指明。

第429條之3（再審聲請人得聲請調查證據）

Ⅰ聲請再審得同時釋明其事由聲請調查證據，法院認有必要者，應為調查。

Ⅱ法院為查明再審之聲請有無理由，得依職權調查證據。

第430條（聲請再審之效力）

聲請再審，無停止刑罰執行之效力。但管轄法院之檢察官於再審之裁定前，得命停止。

第431條（再審聲請之撤回及其效力）
Ⅰ再審之聲請，於再審判決前，得撤回之。
Ⅱ撤回再審聲請之人，不得更以同一原因聲請再審。

第432條（撤回上訴規定之準用）
第三百五十八條及第三百六十條之規定，於聲請再審及其撤回準用之。

第433條（聲請不合法之裁定—裁定駁回）
法院認為聲請再審之程序違背規定者，應以裁定駁回之。但其不合法律上之程式可以補正者，應定期間先命補正。

第434條（聲請無理由之裁定—裁定駁回）
Ⅰ法院認為無再審理由者，應以裁定駁回之。
Ⅱ聲請人或受裁定人不服駁回聲請之裁定者，得於裁定送達後十日內抗告。
Ⅲ經前項裁定後，不得更以同一原因聲請再審。

□實務見解

▶25抗292（判例）

刑事訴訟法所謂再審經裁定駁回後，不得更以同一原因聲請者，係指就聲請再審之原因事實已為實體上之裁判者而言，若僅以其聲請之程序不合法，予以駁回，則以同一原因重行聲請，並非法所不許。

▶108台抗553△（裁定）

再審聲請若經法院以無再審理由而裁定駁回後，依刑事訴訟法第四三四條第二項規定，固不得更以同一原因聲請再審，此時再審無理由裁定將產生一種「禁止再訴」之效力，然上開業經審酌無再審理由並已列為「禁止再訴」之新事證，若重新增加其他未曾提出之新事證，經與卷內原有證據綜合評價後，如合理相信足以動搖原確定判決，使受有罪判決之人應受前揭較有利判決時，則應准許開啓再審程序，使受錯誤定罪之人能循再審程序獲得救濟之權利喚醒法院正視冤案救濟且符合修法後再審開始標準應從認定之本旨。換言之，**法院對於聲請人所夾陳曾經審酌並列為「禁止再訴」之事證及增添未曾判斷過之新事證提起再審時，應綜合判斷有無開啓再審之理由，不宜將曾經法院判斷無再審理由之證據，先割裂以本法第四三四條第二項規定認有違「禁止再訴」之效力予以剔除，再個別判斷該 新增未曾提出之新事證是否符合再審要件**。原裁定將抗告人提出之上開再審理由，分別依刑事訴訟法第四三四條第二項、第一項以聲請不合法或再審無理由予以駁回，而未一併與所提新證據及卷存資料予以綜合評價，固有悖於修法後再審程序應發揮個案救濟及邁向人權保障之立法初衷。惟經核除此之外，原裁定其餘論述於法尚無違誤。且經本院就抗告人所提前述二之至所謂新事證與卷內資料再予綜合判斷，仍無法使本院相信抗告人應受前揭較有利之判決，是原裁定前揭瑕疵論述部分，尚不影響全案之情節及裁判之本旨。

第435條（聲請有理由之裁定—開始再審之裁定）
Ⅰ法院認為有審理由者，應為開始再審之裁定。
Ⅱ為前項裁定後，得以裁定停止刑罰之執行。
Ⅲ對於第一項之裁定，得於三日內抗告。

第436條（再審之審判）
開始再審之裁定確定後，法院應依其審級之通常程序，更為審判。

第437條（言詞審理之例外）
Ⅰ受判決人已死亡者，為其利益聲請再審之案件，應不行言詞辯論，由檢察官或自訴人以書狀陳述意見後，即行判決。但自訴人已喪失行為能力或死亡者，得由第三百三十二條規定得為承受訴訟之人於一個月內聲請法院承受訴訟；如無承受訴訟之人或逾期不為承受者，法院得逕行判決，或通知檢察官陳述意見。
Ⅱ為受判決人之利益聲請再審之案件，受判決人於再審判決前死亡者，準用前項規定。
Ⅲ依前二項規定所為之判決，不得上訴。

□實務見解

▶80台非536（判例）

開始再審之裁定確定後，法院應依其審級之通常程序更為審判，受判決人已死亡者，為其利益聲請再審之案件，應不行言詞辯論，由檢察官或自訴人以書狀陳述意見後，即行判決，為受判決人之利益聲請再審之案件，受判決人再審判決前死亡者，準用前項之規定，刑事訴訟法第四百三十六條、第四百三十七條第一項前段、第二項定有明文。**準此以觀，受判決人既已死亡，既仍得為其利益聲請再審，則開始再審裁定後，受判決人死亡，仍應依其審級之通常程序為實體上之審判，否則如依刑事訴訟法第三百零三條第五款規定，逕為不受理之判決**，則同法第四百三十七條第二項規定準用第一項，由檢察官或自訴人以書狀陳述意見後即行判決，必將形同具文，顯見刑事訴訟法第四百三十七條為再審程序之特別規定，應排除第三百零三條第五款之適用。

第438條（終結再審程序）

為受判決人之不利益聲請再審之案件，受判決人於再審判決前死亡者，其再審之聲請及關於再審之裁定，失其效力。

第 439 條（禁止不利益變更原則）
為受判決人之利益聲請再審之案件，諭知有罪之判決者，不得重於原判決所諭知之刑。

第 440 條（再審諭知無罪判決之公示）
為受判決人之利益聲請再審之案件，諭知無罪之判決者，應將該判決書刊登公報或其他報紙。

第六編　非常上訴

第 441 條（非常上訴之原因及提起權人）
判決確定後，發見該案件之審判係違背法令者，最高法院檢察署檢察總長得向最高法院提起非常上訴。

❖ 法學概念

非常上訴之目的

一、統一解釋說

非常上訴專為糾正原確定判決適用法令之錯誤，俾利統一法令之適用，而不考慮原判決是否不利於被告，是以不問原判決之違背法令是否於被告有利，非常上訴判決之效力，均不及於被告。

二、保護被告說

非常上訴之目的，專為保護被告之利益而設，故僅於原判決不利於被告時，始有提起非常上訴之可能，如原確定判決對被告並無不利，自無提起非常上訴之餘地。

三、折衷說

非常上訴之目的，原則上係為統一適用法令為其主旨，其判決之效力並不及於被告，例外時，即原確定判決不利於被告時，非常上訴判決之效力始及於被告。從我國刑訴法第 447 條第 1 項、第 448 條規定來看，應係採此說。

【林俊益，《刑事訴訟法概論（下）》，新學林，十五版，2019.02，472 頁以下。】

☐ 實務見解

▶97 年度第 4 次刑事庭會議決議 (97.09.02)

一、非常上訴，乃對於審判違背法令之確定判決所設之非常救濟程序，以統一法令之適用為主要目的。必原判決不利於被告，經另行判決；或撤銷後由原審法院更為審判者，其效力始及於被告。此與通常上訴程序旨在糾正錯誤之違法判決，使臻合法妥適，其目的係針對個案為救濟者不同。兩者之間，應有明確之區隔。刑事訴訟法第四百四十一條對於非常上訴係採便宜主義，規定「得」提起，非「應」提起。**故是否提起，自應依據非常上訴制度之本旨，衡酌人權之保障、判決違法之情形及訴訟制度之功能等因素，而為正當合理之考量**。除與統一適用法令有關；或該判決不利於被告，非予救濟，不足以保障人權者外，倘原判決尚非不利於被告，且不涉及統一適用法令；或縱屬不利於被告，但另有其他救濟之道，並無礙於被告之利益者，即無提起非常上訴之必要性。亦即，縱有在通常程序得上訴於第三審之判決違背法令情形，並非均得提起非常上訴。

二、所謂與統一適用法令有關，係指涉及法律見解具有原則上之重要性者而言。詳言之，即所涉及之法律問題意義重大而有加以闡釋之必要，或對法之續造有重要意義者，始克相當。倘該違背法令情形，尚非不利於被告，且㈠法律已有明確規定，向無疑義，因疏失致未遵守者（例如應沒收，漏未諭知沒收。應褫奪公權，漏未宣告褫奪公權。應付保安處分，漏未宣付保安處分等）；或㈡司法院已有解釋可資依循，無再行闡釋之必要者（例如裁判確定後另犯他罪，不合數罪併罰之規定，誤為定執行刑。數罪併罰中，有得易科罰金之罪，有不得易科罰金之罪，於定執行刑時，誤為諭知易科罰金。對於與配偶共犯告訴乃論罪之人，誤認為不得提起自訴，而為不受理判決。顯係文字誤寫，不影響於全案情節與判決本旨，得以裁定更正等）；㈢其違背法令情形，業經本院著有判例、判決或作成決議、決定予以糾正在案，實務上並無爭議者（例如不合緩刑要件，誤為宣告緩刑。不合減刑或減輕其刑條件，誤為減刑或減輕其刑。合於累犯要件，未論以累犯。量刑或定執行刑，低於法定最低度刑。不得易科罰金之罪，誤為諭知易科罰金。裁判上一罪案件，已受請求之事項未予判決。應為實體判決，誤為不受理判決等）；㈣因「前提事實之誤認」，其過程並不涉及法令解釋錯誤之問題者（例如誤認有自首之事實，而減輕其刑。被害人或共犯為兒童或少年，誤認為非兒童、少年，或誤認被告未滿十八歲、已滿八十歲，致應加重未加重、不應減輕而減輕等）……諸情形，對於法律見解並無原則上之重要性或爭議，即不屬與統一適用法令有關之範圍，殊無反覆提起非常上訴之必要性。基於刑事訴訟法第四百四十一條係採便宜主義之法理，檢察總長既得不予提起，如予提起，本院自可不予准許。

三、不利於被告之違法判決（無論是否與統一適用法令有關），因非予救濟，不足以保障人權，原則上有提起非常上訴之必要性。但若另有其他救濟之道，並無礙於被告之利益者，則例外無提起非常上訴之必要性。例如「刑法第四十一條之易科罰金，如判決主文內漏未記載，……被告及檢察官均有聲請權（院字第一三五六號解釋）。」同理，依減刑條例規定應減刑而漏未減刑之情形，亦應認爲檢察官及被告均有權聲請裁定補充。類此情形者，既無礙於被告之利益，即無提起非常上訴之必要性，如予提起，本院自亦可不予准許。

四、司法院釋字第一八一號解釋雖以：「非常上訴，乃對於審判違背法令之確定判決所設之救濟方法。依法應於審判期日調查之證據，未予調查，致適用法令違誤，而顯然於判決有影響者，該項確定判決，即屬判決違背法令，應有刑事訴訟法第四百四十七條第一項第一款規定之適用。」惟於解釋理由書內另揭示：「爲兼顧被告之利益，得將原判決撤銷另行判決，具有實質上之效力。」及「……倘不予救濟，則無以維持國家刑罰權之正確行使，應有刑事訴訟法第四百四十七條第一項第一款之適用。」等語。綜觀上開內容，所謂「爲兼顧被告之利益，得將原判決撤銷另行判決，具有實質上之效力。」「倘不予救濟，則……」，係指不利於被告之判決而言，非不利於被告之判決，當不屬該解釋之範圍。又司法院釋字第一四六號解釋另以：「刑事判決確定後，發見該案件認定犯罪事實與所採用證據顯屬不符，自屬審判違背法令，得提起非常上訴。」惟所謂「認定犯罪事實與所採用證據顯屬不符」，該內容亦係以不利於被告之判決爲解釋基礎，其情形亦同。因之，確定判決雖屬違背法令，如非不利於被告，即不在上開二號解釋範圍內，仍依前述原則處理。

五、綜上所述，判決確定後，發見該案件之審判係違背法令，並與統一適用法令有關，具有原則上之重要性；或該判決不利於被告，非予救濟，不足以保障人權者，均依非常上訴程序以資糾正或救濟。至於原確定判決雖有違背法令情形，但尚非不利於被告，且不涉及統一適用法令，而無原則上之重要性；或縱屬不利於被告，但另有其他救濟之道，並無礙於被告之利益者，即無提起非常上訴之必要性，本院得以上訴無理由，判決駁回。本院判例、決議及決定，與本決議意旨不符部分，不再援用、供參考。

六、至於「無效」之確定判決，例如誤不合法之上訴爲合法，上級法院誤予撤銷發回；或誤合法之上訴爲不合法，從程序上予以駁回；或未受請求之事項予以判決（對未經起訴或上訴之事項，或起訴、上訴效力所不及之事項，爲訴外裁判）等情形者，各該判決均屬重大違背法令，固不生效力，惟既具有判決之形式，則仍分別依司法院釋字第一三五號、第二七一號解釋及本院二十九年二月二十二日總會決議二、八十年十一月五日八十年度第五次刑事庭會議決議㈠、八十六年一月二十一日八十六年度第一次刑事庭庭長會議決定等方式處理。此種「無效」之確定判決，因與前述「有效」之確定判決性質不同，且不涉及本決議內容，兩者有別，併此敘明。

▸60年度第1次民、刑庭總會會議決議㈠（60.06.15）

得上訴之案件，因被告死亡未經送達，或雖送達而被告在上訴期間內死亡，致未確定。或判決確定後，被告方死亡者，不得對之提起非常上訴（參看二十八年八月十五知刑庭總會決議，五十年八月八日、第四次民、刑庭總會會議決議）。但不得上訴之案件（如刑法第六十一條所最各罪案件之第二審判決，或煙毒案件之終審判決或第三審判決）一經判決即告確定，如被告在判決前死亡，仍得提起非常上訴。

▸91 台非 152（判例）

刑事訴訟法第四百四十一條之審判違背法令，包括判決違背法令及訴訟程序違背法令，後者係指判決本身以外之訴訟程序違背程序法之規定，與前者在理論上雖可分立，實際上時相牽連。第二審所踐行之訴訟程序違背同法第三百七十九條第七款、第二百八十四條之規定，固屬判決前之訴訟程序違背法令。但非常上訴審就個案之具體情形審查，如認判決前之訴訟程序違背被告防禦權之保障規定，致有依法不應爲判決而爲判決之違誤，顯然於判決有影響者，該確定判決，即屬判決違背法令。案經上訴第三審，非常上訴審就上開情形審查，如認其違法情形，第三審法院本應爲撤銷原判決之判決，尤予維持，致有違誤，顯然影響於判決者，應認第三審判決爲判決違背法令。

▸82 台非 84（判例）

本院按非常上訴之提起，**應以原確定判決違背法令者爲限**，此觀刑事訴訟法第四百十一條之規定自明，**而所謂違背法令，係指顯然違背法律明文所定者及其審判程序或判決所援用之法令有所違背者而言**。若法文上有發生解釋上之疑問，而僅依法律上所持之見解不同，而第三審法院，因適應社會之情勢，探討法律之眞義而爲適當之解釋者，自不得因其法律上之見解，即認其違背法令而據爲提起非常上訴之理由。

▶54 台抗 263（判例）

非常上訴**旨在糾正法律上之錯誤，並不涉及事實問題**，其經非常上訴審認爲有理由，依法應撤銷原確定判決另行改判，僅係代替原審，依據原所認定之事實，就其裁判時應適用之法律而爲裁判，使違法者成爲合法。核與再審係對確定判決之事實錯誤而爲救濟方法，迴不相牟，因之對於非常上訴判決殊無聲請再審之餘地。

▶109 台非 25〇（判決）

非常上訴制度，係爲糾正確定裁判之審判違背法令所設之救濟方法，以統一各級法院對於法令之解釋爲其主要目的。**所謂審判違背法令，係指審判程序或其判決（裁定）之援用法令與當時應適用之法令有所違背而言；故原確定裁判所援用之法令，如與當時應適用之法令並無違背，即難以其後法令變更或法院所持之法令上見解變更爲由，提起非常上訴，而使前之確定裁判受影響。**又數罪併罰，有二裁判以上者，依刑法第五十一條之規定，定其應執行之刑，同法第五十三條定有明文，而如何定其應執行刑，則應由法院視個案具體情節之不同，以其各罪所宣告之刑爲基礎，本其自由裁量之職權，依刑法第五十一條規定之方法爲之。而在本件裁定確定前，關於一裁判宣告數罪之刑，曾經定其執行刑，如再與其他裁判宣告之刑定其執行刑時，應以何者爲基礎，本院當時有效之法律見解爲「前定之執行刑當然失效，仍應以其各罪宣告之刑爲基礎，定其執行刑，不得以前之執行刑爲基礎，以與後裁判宣告之刑，定其執行刑。」（本院前五十九年台抗字第三六七號判例）雖本院於民國一〇三年九月二日第十四次刑事庭會議作成決議，**以刑事訴訟法第三七〇條第二項、第三項，已針對第二審上訴案件之定應執行之刑，明定有不利益變更禁止原則之適用；而分屬不同案件之數罪併罰，倘一裁判宣告數罪之刑，曾經定其執行刑，再與其他裁判宣告之刑定其執行刑時，在法理上亦應同受此原則之拘束**，上開判例不合時宜，不再援用。

▶107 台非 61〇（判決）

判決確定後，發見該案件之審判係違背法令者，始得提起非常上訴，爲刑事訴訟法第四四一條所明定。又依民國一〇五年七月一日修正施行之沒收新制規定，**沒收係刑罰及保安處分以外具有獨立性之法律效果，已非刑罰（從刑），具有獨立性，而得與罪刑部分，分別處理**。因之，第二審法院就被告所提起之上訴，關於沒收部分，**如漏未判決，應屬補行判決之問題**，該漏判部分，既未經判決，自不發生判決確定之情形，對之不得提起非常上訴。

▶107 台抗 447△（裁定）

刑事訴訟法上的再審，乃屬非常程序，本質上係爲救濟原確定判決之認定事實錯誤而設置的制度，與通常訴訟程序有別，亦因其爲非常程序，要不免與確定判決安定性的要求相違。因之，**再審聲請程序，屬於裁定程序，原則上，毋須經當事人的言詞辯論；除非法院於裁定前，「認爲有必要者」，才要調查事實**，乃係例外（刑事訴訟法第二二二條第二項參照）。是在聲請再審程序，法院是否開庭調查，係賦與法官基於案 件的具體情況而爲裁量，此屬「司法裁量」權限。而此項裁量權的行使，苟無違背法律規定及顯然濫用權限的情形，自不得任意指摘爲違法。

▶107 台抗 169△（裁定）

再審管轄法院對於再審之聲請，應審查其聲請是否合法及有無理由。所謂合法與否，係審查其再審之聲請是否違背程序之規定；所謂有無理由，則係依再審聲請人之主張就實質上再審原因之存否予以審查。若認再審之聲請程序違背規定而不合法，或雖合法，但實質上所主張之再審原因並不存在者，雖均應裁定駁回之，但前者係依刑事訴訟法第四三三條規定，以聲請程序不合法駁回，後者則依同法第四三四條規定，以聲請無理由予以駁回，二者之法律適用有別。又聲請再審之程式，刑事訴訟法第四二九條固規定應以再審書狀敘 述理由，附具原判決之繕本及證據，提出於管轄法院爲之。惟此之所謂「證據」，祇須指出足以證明所述 再審原因存在之證據方法或證據資料，供管轄法院調查，即足認符合聲請之法定程式，特別是無律師協助 維護聲請人訴訟上權益之情形，如已於其再審書狀敘述理由，具體指明特定卷存證據資料之實際內容，敘明其出處，應認已依上開規定附具所欲證明再審原因存在之證據。至於其所提出之證據能否證明所主張之 再審原因確實存在，應屬再審聲請有無理由之範疇，不能遽以聲請人未檢具該等資料，即以其聲請再審之 程序違背規定爲由，裁定駁回。

第 442 條（聲請提起非常上訴之程式）

檢察官發見有前條情形者，應具意見書將該案卷宗及證物送交最高法院檢察署檢察總長，聲請提起非常上訴。

第 443 條（提起非常上訴之程式）

提起非常上訴，應以非常上訴書敘述理由，提出於最高法院爲之。

❑ 實務見解

▶105 台非 80〇（判決）

我國非常上訴之提起權人採檢察總長獨占制，至於非常上訴是否提起，則係採便宜主義，檢察總長有裁量權。刑事訴訟法第四百四十二條規定，檢察官發見確定判決案件之審判有違背法令情形者，應具意見書將該案卷宗及證物送交最高法院檢察署檢察總長；第四百四十三條規定，提起非常上訴，應以非常上訴書敘述理由，提出於最高法院爲之。其**以言詞提出者，爲法所不許；且此非常上訴應敘述理由，此與通常訴訟程序之第三審上訴書狀，其理由與書狀可分別提出，即理由可於後補提者（刑事訴訟法第三百八十二條第一項參照）不同**。所謂敘述理由，即敘述原確定判決之案件，其審判有何違背法令之事實及證據而言，亦因其理由須爲此等事項之敘述，**是以於提起非常上訴時，應併將該案之卷宗及證物送交最高法院，此刑事訴訟法雖未規定，但解釋上必須如此**，否則，最高法院將無可據以爲審判也。從而，檢察總長提起非常上訴，應併將證明所指審判違背法令之情形所憑之相關卷宗及證物，送交最高法院，俾得據以審判，始爲適法。抑且，非常上訴顧名思義乃屬非常之救濟程序，衡以最高法院檢察署檢察官係屬法律專家，理應知悉於此，其未提出者，最高法院自無命補正之必要。經查，本件非常上訴（由被告請求檢察總長提起），僅檢送非常上訴書，並未檢附所憑之相關卷宗及證據，本院無從據以審認，揆諸上揭說明，即難謂適法。

第 444 條（言詞審理之例外）
非常上訴之判決，不經言詞辯論爲之。

第 445 條（調查之範圍）
I 最高法院之調查，以非常上訴理由所指摘之事項爲限。
II 第三百九十四條之規定，於非常上訴準用之。

☐ 實務見解

▶82 年度第 6 次刑事庭會議決議（82.07.06）

非常上訴，乃對於審判違背法令之確定判決所設之救濟方法。非常上訴審，應就非常上訴理由所指摘之事項，調查裁判之，此觀刑事訴訟法第四百四十五條第一項之規定自明，又依刑事訴訟法第四百四十五條第二項準用同法第三百九十四條之規定，關於訴訟程序及得依職權調查之事項，得調查事實。**刑事訴訟法第三百七十九條第十款所規定之「依本法應於審判日期調查之證據，而未予調查」，如致適用法令違誤，而顯然於判決有影響者，該項確定判決即屬判決違背法令**，應有刑事訴訟法第四百四十七條第一項第一款規定之適用，亦經司法院大法官會議釋字第一八一號解釋在案。被告曾否受有期徒刑以上刑之宣告；或前受有期徒刑以上刑之宣告，執行完畢或赦免後，五年以內未曾受有期徒刑以上刑之宣告，**依刑法第七十四條之規定，係屬被告得否宣告緩刑之前提事實，亦即屬得否適用刑法第七十四條之基礎事實，自具備調查之必要性，而屬刑事訴訟法第三百七十九條第十款所規定「依本法應於審判日期調查之證據」之範疇**。非常上訴意旨既指摘被告曾因犯罪受有期徒刑以上刑之宣告，有其前科資料或案卷可稽，**不得予以宣告緩刑，原確定判決竟予宣告緩刑爲違背法令，則不問其所指被告曾因犯罪受有期徒刑以上刑之宣告之前科資料或案卷。是否存在於原確定判決事實審訴訟案卷內而得考見者，非常上訴審均應就此調查裁判之**。原確定判決對於依法應於審判期日調查之證據而未予調查，致適用法令違誤，而顯然於判決有影響，即屬判決違背法令，非常上訴意旨執以指摘，洵有理由。因原確定判決尚非不利於被告，故僅將原確定判決關於宣告緩刑違背法令部分撤銷即可。

▶73 年度第 6 次刑事庭會議決議（73.06.19）

依刑事訴訟法第四百四十五條第一項規定意者，**刑事案件之確定判決，如有違背法令之情事，非常上訴審僅須就確定判決違法而經非常上訴指摘之部分爲審判，此與通常程序對於判決之一部上訴時，其有關係之部分，視爲亦已上訴者不同**。故違反票據法案件，確定判決所宣告之刑，有徒刑或拘役、併科罰金時，倘徒刑或拘役及罰金之宣告，均有違誤，且不利於被告，而非常上訴意旨僅對宣告罰金部分指摘時，本院祇須將宣告罰金部分撤銷改判，反之亦然。

▶79 台非 200（判例）

非常上訴審，應以原判決確定之事實爲基礎，以判斷其適用法律有無違誤，至非常上訴審所得調查之事實，亦僅以關於訴訟程序及得依職權調查之事實爲限，縱原確定判決疏於詳查，致所確認之事實發生疑義，除合於再審條件應依再審程序救濟外，非常上訴審殊無從進行調查其未經原判決所認定之事實，適用法令有無違背，即屬無憑判斷。

▶41 台非 47（判例）

非常上訴審依刑事訴訟法第四百三十八條第二項準用第三百八十六條之規定，**所謂準用與適用有別，適用係完全依其規定而適用之謂，準用則祇就某事項所定之法規，於性質不相牴觸之範圍內，適用於其他事項之謂，即準用有其自然之限度，依該條準用之規定，雖得調查事實，但因非常上訴特別程序之故，自應僅以關於訴訟程序及得依職權調查之事項爲限**，同法第三百七十一條所列各款情形，除第四款、第五款、第十二款及第十四款之因理由矛盾致適用法令違誤者，係屬判決違法外，其餘各款均屬訴訟違背法令，故非常上訴審亦僅得就其訴訟程序有無違背法令之事實以為調查，而同法第三編既無非常上訴得準用通常程序第三審審判之規定，則該案件非有第四百四十條第二項之情形，縱原確定判決因重要證據漏未調查，致所確認之事實發生疑義，除合於再審條件應依再審程序救濟外，非常上訴審殊無從進行調查其未經原確定判決認定之事實，適用法令有無違背，即屬無憑判斷，此乃基於非常上訴為特別程序所加於準用之自然限制，因之以調查此事項為前提之非常上訴，自難認為有理由。

編按：

本判例業經最高法院91年度第7次刑事庭會議決議部分不再援用參考。

第446條（非常上訴無理由之處置—駁回判決）

認為非常上訴無理由者，應以判決駁回之。

第447條（非常上訴有理由之處置）

I 認為非常上訴有理由者，應分別為左列之判決：

一　原判決違背法令者，將其違背之部分撤銷。但原判決不利於被告者，應就該案件另行判決。

二　訴訟程序違背法令者，撤銷其程序。

II 前項第一款情形，如係誤認為無審判權而不受理，或其他有維持被告審級利益之必要者，得將原判決撤銷，由原審法院依判決前之程序更為審判。但不得諭知較重於原確定判決之刑。

☐ 實務見解

▶91年度第8次刑事庭會議決議（91.06.25）

最輕本刑為三年以為有期徒刑之案件，於審判中未經選任辯護人者，審判長應指定公設辯護人為其辯護：依法應用辯護人之案件或已經指定辯護人之案件，辯護人未經到庭辯護而逕行審判者，其判決當然違背法令。刑事訴訟法第三十一條第一項、第三百七十九條第七款分別定有明文。**依法應用辯護人之案件依審判筆錄之記載僅有：義務辯護律師陳述「辯護意旨詳如辯護書所載」之字樣，但經查該律師並未提出任何辯護書狀，顯與辯護人未經到庭辯護而逕行審判者無異（本院六十八年台上字第一〇四六號判例）該案經上訴第三審**，本院未予糾正，予以維持，以上訴無理由駁回被告之第三審上訴，而告確定，自屬於法有違。

刑事訴訟法第四百四十一條所謂「案件之審判係違背法令」，包括原判決違背法令及訴訟程序違背法令，後者係指判決本身以外之訴訟程序違背程序法之規定，非常上訴審就上開情形審查，如認其違法情形，本院本應為撤銷原判決之判決，竟予維持，致有違誤，顯然影響於判決者，應認為本院判決為判決違背法令，而依法判決之。

▶81年度第2次刑事庭會議決議（81.05.05）

不可再為實體判決。原第一審法院所為公訴不受理之判決係對被告有利之判決，**非常上訴判決予以撤銷，其不利益不及於被告**。且非常上訴判決係對原判決關於違背法令「部分」撤銷，**既非全部撤銷，無從回復不受理判決前之原狀而更為實體判決**。

▶73年度第9次刑事庭會議決議（73.09.18）

自訴案件，本應為實體上之審判，而誤為不受理之判決，將來是否再行起訴，及應為實體判決之結果如何，尚不可知，而諭知不受理後，則本件訴訟即因而終結，自難認其違誤之不受理判決於被告不利。故本院辦理非常上訴案件，以第二審確定判決誤認自訴人非犯罪之被害人，其所為自訴不受理之諭知不當，有違背法令之情形時，非常上訴之判決，僅應將其違法之部分撤銷。此種情形，既非因誤認為無審判權而不受理，又與維持被告審級利益無關，當無刑事訴訟法第四百四十七條第二項之適用。至自訴人得依法另行訴求，不受一事不再理之拘束，自不待言。（同乙說）

第448條（非常上訴判決之效力）

非常上訴之判決，除依前條第一項第一款但書及第二項規定者外，其效力不及於被告。

第七編　簡易程序

第449條（簡易判決處刑之適用範圍）

I 第一審法院依被告在偵查中之自白或其他現存之證據，已足認定其犯罪者，得因檢察官之聲請，不經通常審判程序，逕以簡易判決處刑。但有必要時，應於處刑前訊問被告。

II 前項案件檢察官依通常程序起訴，經被告自白犯罪，法院認為宜以簡易判決處刑者，得不經通常審判程序，逕以簡易判決處刑。

III 依前二項規定所科之刑以宣告緩刑、得易科罰金或得易服社會勞動之有期徒刑及拘役或罰金為限。

第449條之1（簡易程序案件之辦理）

簡易程序案件，得由簡易庭辦理之。

第 450 條（法院之簡易判決—處刑及免刑判決）
I 以簡易判決處刑時，得併科沒收或為其他必要之處分。
II 第二百九十九條第一項但書之規定，於前項判決準用之。

第 451 條（簡易判決之聲請）
I 檢察官審酌案件情節，認為宜以簡易判決處刑者，應即以書面為聲請。
II 第二百六十四條之規定，於前項聲請準用之。
III 第一項聲請，與起訴有同一之效力。
IV 被告於偵查中自白者，得請求檢察官為第一項之聲請。

第 451 條之 1（檢察官得為具體之求刑）
I 前條第一項之案件，被告於偵查中自白者，得向檢察官表示願受科刑之範圍或願意接受緩刑之宣告，檢察官同意者，應記明筆錄，並即以被告之表示為基礎，向法院求刑或為緩刑宣告之請求。
II 檢察官為前項之求刑或請求前，得徵詢被害人之意見，並斟酌情形，經被害人同意，命被告為左列各款事項：
一　向被害人道歉。
二　向被害人支付相當數額之賠償金。
III 被告自白犯罪未為第一項之表示者，在審判中得向法院為之，檢察官亦得依被告之表示向法院求刑或請求為緩刑之宣告。
IV 第一項及前項情形，法院應於檢察官求刑或緩刑宣告請求之範圍內為判決，但有左列情形之一者，不在此限：
一　被告所犯之罪不合第四百四十九條所定得以簡易判決處刑之案件者。
二　法院認定之犯罪事實顯然與檢察官據以求處罪刑之事實不符，或於審判中發現其他裁判上一罪之犯罪事實，足認檢察官之求刑顯不適當者。
三　法院於審理後，認應為無罪、免訴、不受理或管轄錯誤判決之諭知者。
四　檢察官之請求顯有不當或顯失公平者。

第 452 條（審判程序）
檢察官聲請以簡易判決處刑之案件，經法院認為有第四百五十一條之一第四項但書之情形者，應適用通常程序審判之。

□ 實務見解

▸43 台非 231（判例）
刑法第六十一條所列各罪之案件，第一審法院依被告在偵查中之自白，或其他現存之證據，已足認定其犯罪者，**固得經檢察官之聲請，不經通常審判程序，逕以命令處刑**，但聲請以命令處刑之案件，經法院認為全部或一部不得或不宜以命令處刑者，仍應適用通常程序審判，依刑事訴訟法第四百四十五條之規定，為當然解釋。本件被告妨害自由等罪案件，檢察官係依刑法第三百零二條第一項、第二百七十七條第一項、第三百十條第一項聲請命令處刑，查同法第二百七十七條第一項及第三百十條第一項，固屬刑法第六十一條之案件，得以命令處理，但同法第三百零二條之最高本刑為五年以下有期徒刑，不屬同法第六十一條所列各罪之案件，不得以命令處刑，**依首開說明，自應適用通常程序辦理，方為適法**，原法院竟以處刑命令處罰，訴訴程序自屬違背法令。

第 453 條（法院之簡易判決—立即處分）
以簡易判決處刑案件，法院應立即處分。

第 454 條（簡易判決應記載事項）
I 簡易判決，應記載下列事項：
一　第五十一條第一項之記載。
二　犯罪事實及證據名稱。
三　應適用之法條。
四　第三百零九條各款所列事項。
五　自簡易判決送達之日起二十日內，得提起上訴之曉示。但不得上訴者，不在此限。
II 前項判決書，得以簡略方式為之，如認定之犯罪事實、證據及應適用之法條，與檢察官聲請簡易判決處刑書或起訴書之記載相同者，得引用之。

第 455 條（簡易判決正本之送達）
書記官接受簡易判決原本後，應立即製作正本為送達，並準用第三百十四條第二項之規定。

第 455 條之 1（對簡易判決不服之上訴）
I 對於簡易判決有不服者，得上訴於管轄之第二審地方法院合議庭。
II 依第四百五十一條之一之請求所為之科刑判決，不得上訴。
III 第一項之上訴，準用第三編第一章及第二章除第三百六十一條外之規定。
IV 對於適用簡易程序案件所為裁定有不服者，得抗告於管轄之第二審地方法院合議庭。
V 前項之抗告，準用第四編之規定。

□ 實務見解

▸91 台非 21（判例）
地方法院簡易庭對被告為簡易判決處刑後，經提起上訴，而地方法院合議庭認應為無罪判決之諭知者，依同法第四百五十五條之一第三項準用第三百六十九條第二項之規定意旨，應由該地方法院合議庭撤銷簡易庭之判決，逕依通常程序審判。其所爲判決，**應屬於「第一審判決」**，檢察官仍得依通常上訴程序上訴於管轄第二審之高等法院。

第七編之一　協商程序

第455條之2（協商程序之聲請）

Ⅰ除所犯爲死刑、無期徒刑、最輕本刑三年以上有期徒刑之罪或高等法院管轄第一審案件者外，案件經檢察官提起公訴或聲請簡易判決處刑，於第一審言詞辯論終結前或簡易判決處刑前，檢察官得於徵詢被害人之意見後，逕行或依被告或其代理人、辯護人之請求，經法院同意，就下列事項於審判外進行協商，經當事人雙方合意且被告認罪者，由檢察官聲請法院改依協商程序而爲判決：

一　被告願受科刑及沒收之範圍或願意接受緩刑之宣告。

二　被告向被害人道歉。

三　被告支付相當數額之賠償金。

四　被告向公庫支付一定金額，並得由該管檢察署依規定提撥一定比率補助相關公益團體或地方自治團體。

Ⅱ檢察官就前項第二款、第三款事項與被告協商，應得被害人之同意。

Ⅲ第一項之協商期間不得逾三十日。

Ⅳ第一項第四款提撥比率、收支運用及監督管理辦法，由行政院會同司法院另定之。

第455條之3（撤銷及撤回協商）

Ⅰ法院應於接受前條之聲請後十日內，訊問被告並告以所認罪名、法定刑及所喪失之權利。

Ⅱ被告得於前項程序終結前，隨時撤銷協商之合意。被告違反與檢察官協議之內容時，檢察官亦得於前項程序終結前，撤回協商程序之聲請。

第455條之4（不得爲協商判決之情形）

Ⅰ有下列情形之一者，法院不得爲協商判決：

一　有前條第二項之撤銷合意或撤回協商聲請者。

二　被告協商之意思非出於自由意志者。

三　協商之合意顯有不當或顯失公平者。

四　被告所犯之罪非第四百五十五條之二第一項所定得以聲請協商判決者。

五　法院認定之事實顯與協商合意之事實不符者。

六　被告有其他較重之裁判上一罪之犯罪事實者。

七　法院認應諭知免刑或免訴、不受理者。

Ⅱ除有前項所定情形之一者外，法院應不經言詞辯論，於協商合意範圍內爲判決。法院爲協商判決所科之刑，以宣告緩刑、二年以下有期徒刑、拘役或罰金爲限。

Ⅲ當事人如有第四百五十五條之二第一項第二款至第四款之合意，法院應記載於筆錄或判決書內。

Ⅳ法院依協商範圍爲判決時，第四百五十五條之二第一項第三款、第四款並得爲民事強制執行名義。

❑ 實務見解

▶103年度第11次刑事庭會議決議（103.07.15）

決議：採乙說（即否定說）。

協商判決之上訴，依第四百五十五條之十一第一項規定，除本編有特別規定外，準用第三編第一章及第二章之規定。既未準用第三編第三章關於第三審之規定，依明示其一，排斥其他原則，協商判決應不得上訴於第三審。況須有第四百五十五條之四第一項第一款、第二款、第四款、第六款、第七款情形之一，或協商判決違反同條第二項之規定者，方許提起第二審上訴。**其中第四百五十五條之四第一項第三款、第五款所定協商之合意顯有不當或失公平，及法院認定之事實顯與協商合意之事實不符者，即涉及事實認定與量刑之職權裁量，爲絕對不得上訴事項，無非在求裁判之迅速確定，而第二審則不涉此認定。加以同條第二項規定，協商判決例外可以上訴者，第二審法院之調查以上訴理由所指摘之事項爲限，爲事後審，非一般之覆審制，亦非續審制，第二審縱認上訴爲有理由，依同條第三項規定，亦僅能撤銷發回，不自爲審判，其功能及構造幾與第三審同，自無再許提起第三審上訴之必要**。蓋現行法增訂協商程序，立法目的乃因採改良式當事人進行主義制度後，第一審原則上採合議制，並行交互詰問，對有限之司法資源造成重大負荷，則對無爭執之非重罪案件，宜明案速判，以資配合，故原則上限制上訴，並在上訴審之第二審定爲事後審，排除第三審上訴程序之適用甚明。

第455條之5（公設辯護人或律師之指定）

Ⅰ協商之案件，被告表示所願受科之刑逾有期徒刑六月，且未受緩刑宣告，其未選任辯護人者，法院應指定公設辯護人或律師爲辯護人，協助進行協商。

Ⅱ辯護人於協商程序，得就協商事項陳述事實上及法律上之意見。但不得與被告明示之協商意見相反。

第 455 條之 6（裁定駁回）

I 法院對於第四百五十五條之二第一項協商之聲請，認有第四百五十五條之四第一項各款所定情形之一者，應以裁定駁回之，適用通常、簡式審判或簡易程序審判。

II 前項裁定，不得抗告。

第 455 條之 7（協商過程中之陳述不得於本案或其他案採爲對被告或共犯不利之證據）

法院未爲協商判決者，被告或其代理人、辯護人在協商過程中之陳述，不得於本案或其他案件採爲對被告或其他共犯不利之證據。

第 455 條之 8（協商判決書製作送達準用規定）

協商判決書之製作及送達，準用第四百五十四條、第四百五十五條之規定。

第 455 條之 9（宣示判決筆錄送達準用規定及其效力）

I 協商判決，得僅由書記官將主文、犯罪事實要旨及處罰條文記載於宣示判決筆錄，以代判決書。但於宣示判決之日起十日內，當事人聲請法院交付判決書者，法院仍應爲判決書之製作。

II 前項筆錄正本或節本之送達，準用第四百五十五條之規定，並與判決書之送達有同一之效力。

第 455 條之 10（不得上訴之除外情形）

I 依本編所爲之科刑判決，不得上訴。但有第四百五十五條之四第一項第一款、第二款、第四款、第六款、第七款所定情形之一，或協商判決違反同條第二項之規定者，不在此限。

II 對於前項但書之上訴，第二審法院之調查以上訴理由所指摘之事項爲限。

III 第二審法院認爲上訴有理由者，應將原審判決撤銷，將案件發回第一審法院依判決前之程序更爲審判。

第 455 條之 11（協商判決之上訴準用規定）

I 協商判決之上訴，除本編有特別規定外，準用第三編第一章及第二章之規定。

II 第一百五十九條第一項、第二百八十四條之一之規定，於協商程序不適用之。

第七編之二　沒收特別程序

第 455 條之 12（財產可能被沒收之第三人得聲請參與沒收程序）

I 財產可能被沒收之第三人得於本案最後事實審言詞辯論終結前，向該管法院聲請參與沒收程序。

II 前項聲請，應以書狀記載下列事項爲之：

一　本案案由及被告之姓名、性別、出生年月日、身分證明文件編號或其他足資辨別之特徵。

二　參與沒收程序之理由。

三　表明參與沒收程序之意旨。

III 第三人未爲第一項聲請，法院認有必要時，應依職權裁定命該第三人參與沒收程序。但該第三人向法院或檢察官陳明對沒收其財產不提出異議者，不在此限。

IV 前三項規定，於自訴程序、簡易程序及協商程序之案件準用之。

❑ 實務見解

▶108 台上大 3594（大法庭裁定）

主文

法院依刑事訴訟法第四五五條之十二第三項前段規定，裁定命第三人參與沒收程序，並依審理結果，諭知沒收與否之判決，不以經檢察官聲請爲必要。

理由

一、本案基礎事實

上訴人即被告等因違反證券交易法等罪案件，經檢察官起訴，並經第一審法院論罪科刑，而檢察官於民國一〇一年四月十九日起訴時，及其後審理中，皆未聲請沒收第三人財產，第二審法院審理中，以另上訴人即參與人等名下之證券交易帳戶財產與本案犯罪所得有關，財產可能被沒收，惟該等第三人 未聲請參與沒收程序，爲保障其等參與程序權，認有參與之必要，乃依刑事訴訟法第四五五條之十二第三項前段規定，依職 權裁定命其等參與沒收程序，而開啓第三人參與沒收程序，並爲第三人財產沒收之宣告。

二、本案法律爭議

檢察官未聲請沒收第三人財產，法院認爲有必要，得否依刑事訴訟法第四五五條之十二第三項前段規定，依職權裁定命該第三人參與沒收程序，而開啓第三人參與沒收程序，並爲第三人財產沒收之宣告？

三、本大法庭之見解

㈠任何人都不得保有犯罪所得，係公平正義理念之具體實踐，屬普世基本法律原則。爲貫徹此原則，俾展現財產變動關係之公平正義，並使財產犯罪行爲人或潛在行爲人無利可圖， 消弭其犯罪動機，以預防財產性質之犯罪、維護財產秩序之安全，刑法對犯罪所得採「義務沒收」之政策，並擴及對第三人犯罪所得之沒收。又為預防行為人不當移轉犯罪工具、犯罪產物，或於行為時由第三人以不當方式提供犯罪工具，而脫免沒收，造成預防犯罪之目的落空，對於犯罪工具、犯罪產物之沒收，亦擴大至對第三人沒收。故不論是對被告或第三人之沒收，皆與刑罰、保安處分同為法院於認定刑事違法（或犯罪）行為存在時，應賦予之一定法律效果。從而，於實體法上，倘法院依審理結果，認為第三人之財產符合刑法第三十八條第一項（違禁物）、第三十八條之一第二項（犯罪所得）法定要件之義務沒收，或第三十八條第三項（犯罪工具、犯罪產物）合目的性之裁量沒收，即有宣告沒收之義務。對應於此，在程序法上，本諸控訴原則，檢察官對特定之被告及犯罪事實提起公訴，其起訴之效力當涵括該犯罪事實相關之法律效果，故法院審判之範圍，除被告之犯罪事實外，自亦包 括所科處之刑罰、保安處分及沒收等法律效果之相關事實。進一步言，沒收既係附隨於行為人違法行為之法律效果，**則沒收之訴訟相關程序即應附麗於本案審理程序，無待檢察官聲請，而與控訴原則無違**。

㈡沒收，屬國家對人民財產權所為之干預處分，應循正當法律 程序為之。財產可能被沒收之第三人，並非刑事訴訟法所規定之當事人，未享有因被告之地位而取得之在場權、閱卷權、陳述權等防禦權，然既為財產可能被宣告沒收之人，倘未 給予與被告相當之訴訟權利，自有悖於平等原則；又基於「有權利即有救濟」之憲法原則，第三人雖非本案當事人，亦應有上訴救濟之權利。因此，鑑於上述第三人之財產權、聽審權、救濟權之保障，以及憲法平等原則之誡命，乃賦予財 產可能被沒收之第三人程序主體地位，將其引進本案之沒收程序，有附隨於本案程序參與訴訟之機會，故於刑事訴訟法第七編之二「沒收特別程序」中，規定「第三人參與沒收程序」（第四五五條之十二至第四五五條之三三），使第三人享有獲知 相關訊息之資訊請求權與表達訴訟上意見之陳述權，及不服沒收判決之上訴權，乃為實踐刑法第三人沒收規定之配套設計。

㈢為貫徹上揭賦予財產可能被沒收第三人程序主體地位之目的，刑事訴訟法第四五五條之十二第一項規定：「財產可能被沒收之第三人得於本案最後事實審言詞辯論終結前，向該管法院聲請參與沒收程序。」又第三人既是程序主體，其聲請參與，乃為權利，並非義務，自應尊重其程序選擇權，而有捨棄參與之決定權，同條第三項後段乃明文規定，若其「向法院或檢察官陳明對沒收其財產不提出異議」，法院無庸裁定命其參與。基於第三人欲聲請參與沒收程序，其聽審權之實踐，當以預見其財產可能遭受法院宣告沒收，以及知悉其有聲請參與之權利，作為前提。依刑事訴訟法第四五五條之十三第一項規定，檢察官於偵查中，有相當理由認應沒收第三人財產者，於提起公訴前，應通知該第三人，給予其陳述意見之機會；於提起公訴時，同條第二項規定，檢察官除應於起訴書記載沒收第三人財產之意旨，並應通知第三人各種相關事項，便利其向法院適時聲請參與沒收程序及為訴訟準備；而起訴後，同條第三項規定：「檢察官於審理中認應沒收第三人財產者，得以言詞或書面向法院聲請。」責令檢察官仍負協力義務，俾法院為適當之沒收調查與認定。倘依卷證，涉及第三人財產沒收，而檢察官未依上揭規定聲請，第三人亦未聲請者，因實體法第三人沒收要件成立時，法院即負有裁判沒收之義務，則為維護公平正義，並保障第三人之聽審權，基於法治國訴訟照料義務之法理，依刑事訴訟法第四五五條之十二第三項前段「第三人未為第一項聲請，法院認有必要時，應依職權裁定命該第三人參與沒收程序。」之規定，自應裁定命第三人參與沒收程序。立法理由第三點 更揭明法院應依職權裁定，不待檢察官聲請之旨。其歷史背景，係某些社會矚目之食品安全、重大經濟及金融等有關案件，國人多認有沒收不法財產所得，以維公平正義之必要，乃經立法形成。至於法院開啓第三人參與沒收程序後，檢察官仍負有舉證責任，而法院則本於全辯論意旨所得之心證，為適法公正之裁判，並不當然即應為第三人財產沒收之宣告，是法院職權裁定命參與，與法院之中立性，尚不相違。

㈣綜上，對第三人財產之沒收，乃刑法所明定，檢察官對特定被告及犯罪事實起訴之效力，涵括對被告及第三人沒收之法律效果，法院審理結果，認被告犯罪或有違法行為，且符合依法沒收之要件者，即有論知沒收之義務，尚無待檢察官之聲請。從而，如涉及第三人財產之沒收，而檢察官未於起訴書記載應沒收第三人財產之意旨，審理中，第三人亦未聲請參與沒收程序，檢察官復未聲請者，**法院為維護公平正義及保障第三人之聽審權，基於法治國訴訟照料義務之法理，認為有必要時**，應依刑事訴訟法第四五五條之十二第三項前段規定，**本於職權**，裁定命該第三人參與沒收程序，並依審理結果，而為沒收與否之判決。

編按：本爭議在於檢察官未聲請沒收第三人財產，法院認為有必要，得否依刑事訴訟法第四五五條之十二第三項前段規定，依職權裁定命該第三人參與沒收程序？之前最高法院有採否定的見解而認為，「刑法沒收修正後，既將沒收定位為獨立的法律效果，則檢察官對於被告起訴之效力，並不當然擴張及於第三人財產之沒收，如檢察官未聲請，法院不得依刑事訴訟法第四五五條之十二第三項 規定，依職權裁定命該第三人參與沒收程序，對該第三人財產諭知沒收。」（107年度台上字第2101號判決）也就是既然沒收是獨立的法律效果，基於控訴原則，在檢察官未聲請沒收第三人財產時，法院應先曉諭檢察官聲請，不得逕命第三人參與沒收程序，並諭知相關之沒收。

然依本號大法庭裁定的看法，認為法院依刑事訴訟法第四五五條之十二第三項前段規定，裁定命第三人參與沒收程序，再依審理結果，諭知沒收與否之判決，**不以經檢察官聲請為必要。亦即，肯認法院得依職權裁定命該第三人參與沒收程序。**

採肯定的看法主要在於，**法院為維護公平正義（貫徹沒收財產正義），並保障第三人聽審權，基於法治國訴訟照料義務法理，毋待檢察官聲請**，自應依法命第三人參與沒收程序，俾其充分行使防禦權，法院再本於全辯論意旨而為判決。

▶107 台上 3568〇（判決）

為建構修正後刑法新增剝奪被告以外第三人財產，擴大單獨聲請宣告沒收之適用範圍，及現行特別刑法中既有之沒收第三人財產等實體規範，所應恪遵之正當程序，參考德國、日本之立法例，刑事訴訟法增訂專編為第七編之二「沒收特別程序」第四五五條之十二至第四五五條之三七等規定，保障財產可能被沒收之第三人參與程序之權利，**明定其聲請參與沒收及法院依職權命參與沒收之前提、程式，並課予偵查中之檢察官、審判中之法院，對財產可能被沒收之第三人之通知義務，予其陳述意見之機會，賦予該第三人參與刑事訴訟程序與尋求救濟之權利**，同於一〇五年七月一日施行，俾與原有附隨於刑事本案沒收被告財產之一般沒收程序，相輔相成，以完備沒收法制之體系，並兼顧第三人參與訴訟之程序保障。從而，為保障財產可能被沒收之第三人之權益，法院自應遵循修正後刑事訴訟法「沒收特別程序」編之相關規定，**賦予該第三人參與刑事訴訟程序之機會後**，其裁判諭知沒收第三人財產，始為適法，否則其所踐行之訴訟程序即屬違法。此項程序之違法，**剝奪第三人參與訴訟之程序保障**，悖於正當程序，與憲法保障人民財產權、訴訟權之旨未合，顯欠缺裁判沒收第三人財產之正當性基礎，不能謂顯然於判決無影響。

▶107 台上 2101〇（判決）

刑法沒收修正後，既將沒收定位為獨立的法律效果，**則檢察官對於被告起訴之效力，並不當然擴張及於第三人財產之沒收**。是以，刑事訴訟法第四五五條之十三第二、三項乃分別規定，檢察官於起訴時或審理中，認應沒收第三人財產者，應於起訴書記載聲請沒收之旨，或於審理中向法院聲請沒收，並通知第三人，以便利第三人向法院聲請參與沒收程序及為訴訟準備。**至於刑事訴訟法第四五五條之十二第一、三項規定，主要在賦予財產可能被沒收之第三人參與刑事本案沒收程序之權限，確立其程序主體地位，以保障其權利**。上開條文規定之立法順序雖然倒置，但就體系解釋而言，必先充足刑事訴訟法第四五五條之十三所定檢察官向法院聲請沒收第三人財產，並通知第三人之前提要件，而有第三人未依刑事訴訟法第四五五條之十二第一、二項以書狀向該管法院聲請參與沒收程序之情形，法院始得啟動同條第三項前段之「認有必要時，應依職權裁定命該第三人參與沒收程序」，俾符 控訴原則。蓋非如此，刑事訴訟法第四五五條之十三將形同具文。**又刑事訴訟法第四五五條之十三第三項所指檢察官於審理中「得以言詞或書面向法院聲請」，係指檢察官於審理中聲請沒收第三人之財產**（法院辦理刑事訴訟案件應行注意事項第 一八一點參照），**而非聲請法院依職權通知第三人參與沒收程序**。從而，依卷證顯示本案沒收可能涉及第三人財產，而檢察官於提起公訴之同時，未於起訴書記載聲請沒收第三人財產之旨，亦未於審理中追加聲請者，法院即應曉諭檢察官為聲請，**如檢察官未聲請，法院不得依刑事訴訟法第四五五條之十二第三項規定，依職權裁定命該第三人參與沒收程序，對該第三人財產諭知沒收**。

編按：本號判決雖曾被列為具參考價值之裁判，但請注意最高法院刑事大法庭108年度台上大字第3594號裁定之變更見解。

▶107 台上 2049〇（判決）

依刑事訴訟法第四五五條之十二第一項、第三項規定，財產可能被沒收之第三人，得於本案最後事實審言詞辯論終結前，聲請參與沒收程序；如未聲請，法院認有必要，亦應依職權裁定命該第三人參與。而此所稱第三人，觀諸刑法第三十八條第三項及第三十八條之一第二項規定，應係指犯罪行為人以外之人（含自然人、法人或非法人團體），其與犯罪行為人所得之主體殊有不同，且參與沒收程序，因準用被告訴訟上權利，故就沒收財產事項，享有與被告相同之訴訟上權利。其就沒收其財產事項之辯論，應於刑事訴訟法第二八九條程序完畢後，依檢察官、被告、辯護人、參與人或代理人次序進行辯論。故如係對於第三人之沒收，自應踐行相關之開啓第三人參與沒收程序，裨益其對伸張權利或防禦具有重要性之事項，進行訴訟上攻防，以保障其程序上有參與之權限及請求救濟之機會。

第 455 條之 13（沒收第三人財產之通知義務）

I 檢察官有相當理由認應沒收第三人財產者，於提起公訴前應通知該第三人，予其陳述意見之機會。

II 檢察官提起公訴時認應沒收第三人財產者，應於起訴書記載該意旨，並即通知該第三人下列事項：

一　本案案由及其管轄法院。
二　被告之姓名、性別、出生年月日、身分證明文件編號或其他足資辨別之特徵。
三　應沒收財產之名稱、種類、數量及其他足以特定之事項。
四　構成沒收理由之事實要旨及其證據。
五　得向管轄法院聲請參與沒收程序之意旨。

III 檢察官於審理中認應沒收第三人財產者，得以言詞或書面向法院聲請。

第 455 條之 14（參與沒收程序聲請裁定前之通知義務）

法院對於參與沒收程序之聲請，於裁定前應通知聲請人、本案當事人、代理人、辯護人或輔佐人，予其陳述意見之機會。

第 455 條之 15（沒收之聲請顯不相當者法院得免予沒收）

I 案件調查證據所需時間、費用與沒收之聲請顯不相當者，經檢察官或自訴代理人同意後，法院得免予沒收。

II 檢察官或自訴代理人得於本案最後事實審言詞辯論終結前，撤回前項之同意。

第455條之16（聲請參與沒收程序之駁回）

I 法院認為聲請參與沒收程序不合法律上之程式或法律上不應准許或無理由者，應以裁定駁回之。但其不合法律上之程式可補正者，應定期間先命補正。

II 法院認為聲請參與沒收程序有理由者，應為准許之裁定。

III 前項裁定，不得抗告。

第 455 條之 17（法院所為第三人參與沒收程序之裁定應記載事項）

法院所為第三人參與沒收程序之裁定，應記載訴訟進行程度、參與之理由及得不待其到庭陳述逕行諭知沒收之旨。

第 455 條之 18（經法院裁定參與沒收程序者，適用通常程序審判）

行簡易程序、協商程序之案件，經法院裁定第三人參與沒收程序者，適用通常程序審判。

第 455 條之 19（參與人就沒收其財產事項之準用規定）

參與人就沒收其財產之事項，除本編有特別規定外，準用被告訴訟上權利之規定。

第 455 條之 20（審判期日及沒收財產事項文書之通知及送達）

法院應將審判期日通知參與人並送達關於沒收其財產事項之文書。

第 455 條之 21（參與人及委任代理人到場之準用規定）

I 參與人得委任代理人到場。但法院認為必要時，得命本人到場。

II 第二十八條至第三十條、第三十二條、第三十三條第一項及第三十五條第二項之規定，於參與人之代理人準用之。

III 第一項情形，如有必要命參與人本人到場者，應傳喚之；其經合法傳喚，無正當理由不到場者，得拘提之。

IV 第七十一條、第七十二條至第七十四條、第七十七條至第八十三條及第八十九條至第九十一條之規定，於前項參與人之傳喚及拘提準用之。

第 455 條之 22（審判長應於審判期日向到場之參與人告知事項）

審判長應於審判期日向到場之參與人告知下列事項：

一　構成沒收理由之事實要旨。
二　訴訟進行程度。
三　得委任代理人到場。

四　得請求調查有利之證據。
五　除本編另有規定外，就沒收其財產之事項，準用被告訴訟上權利之規定。

第 455 條之 23（參與沒收程序不適用交互詰問規則）
參與沒收程序之證據調查，不適用第一百六十六條第二項至第六項、第一百六十六條之一至第一百六十六條之六之規定。

第 455 條之 24（言詞辯論之順序及程序）
I 參與人就沒收其財產事項之辯論，應於第二百八十九條程序完畢後，依同一次序行之。
II 參與人經合法傳喚或通知而不到庭者，得不待其陳述逕行判決；其未受許可而退庭或拒絕陳述者，亦同。

第 455 條之 25（撤銷參與沒收程序之裁定）
法院裁定第三人參與沒收程序後，認有不應參與之情形者，應撤銷原裁定。

第 455 條之 26（判決及其應載事項）
I 參與人財產經認定應沒收者，應對參與人諭知沒收該財產之判決；認不應沒收者，應諭知不予沒收之判決。
II 前項判決，應記載其裁判之主文、構成沒收之事實與理由。理由內應分別情形記載認定事實所憑之證據及其認定應否沒收之理由、對於參與人有利證據不採納之理由及應適用之法律。
III 第一項沒收應與本案同時判決。但有必要時，得分別為之。

□ 實務見解

▶108 台上 2421〇（判決）
刑事訴訟法第四五五條之二六第一項規定，參與人財產經認定應沒收者，應對參與人諭知沒收該財產之判決；認不應沒收者，應諭知不予沒收之判決。惟該條規定之適用，**係以第三人成為參與人為前提**。本件檢察官已於起訴書記載聲請沒收甲車之旨，原審依其調查結果，認甲車係第三人所有，但有不予宣告沒收之理由，因認無命該第三人參與沒收程序之必要，**惟因檢察官已聲請沒收，基於有聲請即有准駁，因而於當事人欄併列該第三人，而於判決理由為說明**（法院辦理刑事訴訟案件應行注意事項第一八一點參照），**仍與駁回其沒收之聲請無殊**，亦於法無違。

▶106 台上 3464〇（判決）
沒收新制除確認沒收已無從屬主刑之特質，改採沒收獨立性法理外，並擴大沒收之主體範圍，從修正前對於犯罪行為人之沒收擴及至未參與犯罪之第三人，而增訂「第三人沒收」，於必要時亦可對被告以外之第三人宣告沒收，併於刑事訴訟法第七編之二增訂「沒收特別程序」，賦予第三人在刑事本案參與沒收之權限。且依刑事訴訟法第四五五條之二六第一項規定：「參與人財產經認定應沒收者，應對參與人諭知沒收該 財產之判決；認不應沒收者，應諭知不予沒收之判決」，為課予法院對有第三人參與本案沒收程序時，應分別為被告違法行為之「本案判決」及參與人持有被告犯罪所得之「沒收判決」之依據。該條第二項並規範「沒收判決」之應記載事項，除應於主文諭知外，尚應於判決中適當說明形成心證之理由，以法明文使「沒收判決」之應記載事項具體明確外，更確認國家對參與人沒收之事實、範圍等沒收效力所及之內容，故如對參與人應否沒收，法院未於判決主文諭知，則難認該沒收判決之訴訟繫屬業已消滅、已生實質確定力，不得認已為判決，應屬漏判。

第 455 條之 27（對判決提起上訴其效力應及於相關之沒收判決）
I 對於本案之判決提起上訴者，其效力及於相關之沒收判決；對於沒收之判決提起上訴者，其效力不及於本案判決。
II 參與人提起第二審上訴時，不得就原審認定犯罪事實與沒收其財產相關部分再行爭執。但有下列情形之一者，不在此限：
一　非因過失，未於原審就犯罪事實與沒收其財產相關部分陳述意見或聲請調查證據。
二　參與人以外得爭執犯罪事實之其他上訴權人，提起第二審上訴爭執犯罪事實與沒收參與人財產相關部分。
三　原審有第四百二十條第一項第一款、第二款、第四款或第五款之情形。

□ 實務見解

▶108 台上 680（判決）
刑法沒收新制修正後，沒收已非從刑，雖定性為「獨立之法律效果」，但其仍以犯罪（違法）行為之存在為前提，為避免沒收裁判確定後，其所依附之前提即關於犯罪（違法）行為之罪刑部分，於上訴後，經上訴審法院變更而動搖該沒收部分之基礎，產生裁判歧異，是以不論依刑事訴訟法第三四八條規定或依第四五五條之二七第一項前段之法理，**縱上訴權人僅聲明就罪刑部分上訴，倘其上訴合法者，其效力應及於沒收部分之判決。又沒收因已非刑罰，具有獨立性，其與犯罪（違法）行為並非絕對不可分離，即使對本案上訴，當原判決採證認事及刑之量定均無不合，僅沒收部分違法或不當，自可分離將沒收部分撤銷改判，其餘本案部分予以判決駁回**。反之，原判決論罪科刑有誤，而沒收部分無誤，亦可僅撤銷罪刑部分，其餘沒收部分予以判決駁回。

▶107 台上 3837〇（判決）

沒收固爲刑罰及保安處分以外之獨立法律效果，但仍以犯罪（違法）行爲存在爲前提，而具依附關係。**爲避免沒收裁判所依附之前提即罪刑部分，於上訴後，經上訴審法院變更而動搖沒收部分之基礎，造成裁判矛盾，不論依刑事訴訟法第三四八條規定或第四五五條之二七第一項前段之法理，上訴權人對於罪刑部分合法上訴者，其效力應及於沒收部分**。又現行法第二審採覆審制，第二審法院應就原審判決經上訴部分調查，並依調查證據結果，認定事實、適用法律。本件上訴人雖係以第一審判決罪刑部分量刑過重爲由，提起第二審上訴，其效力既及於沒收部分，且第一審判決關於不予沒收之法律適用，復有前述違誤，原判決予以撤銷改判，諭知沒收、追徵，即無不合同法第三七〇條第一項前段不利益變更禁止之規定可言。上訴意旨執以指摘，同非上訴第三審之合法理由。

▶107 台非 24（判決）

按刑事訴訟法第四五五條之二七第一項係置於「沒收特別程序」專編，並非規定於原有附隨於刑事本案沒收被告財產之一般沒收程序，且按諸該條立法理由說明，顯見該條第一項後段所謂：「對於沒收之判決提起上訴者，其效力不及於本案判決」，係爲避免因第三人參與沒收程序部分之程序延滯所生不利益，乃明定僅就參與人財產沒收事項之判決提起上訴者，其效力不及於本案判決部分，**並非指對於本案被告財產沒收事項之判決提起上訴者，其效力亦不及於本案判決部分**。又刑法沒收新制，本質上爲干預人民財產之處分，屬於刑法規定之一環，而就其應適用裁判時法之規定觀之，毋寧認其性質與非拘束人身自由之保安處分較爲相近，且除單獨宣告沒收之情形外，沒收與罪刑間即具有一定之依存關係，在訴訟上倘合一審判，而未割裂處理，自難謂爲違法。故而，刑事訴訟法第四五五條之二七第一項既僅規定在第三人參與沒收程序，**而無法直接適用於原有附隨於刑事本案沒收被告財產之一般沒收程序，則上訴權人縱使僅就沒收部分提起上訴，依刑事訴訟法第三四八條第二項規定，相關連之本案判決仍屬有關係之部分，亦應視爲已經上訴。此爲本院最近一致之見解**。

第 455 條之 28（參與沒收程序審判、上訴及抗告之準用規定）

參與沒收程序之審判、上訴及抗告，除本編有特別規定外，準用第二編第一章第三節、第三編及第四編之規定。

第 455 條之 29（第三人得聲請撤銷沒收之確定判決）

I 經法院判決沒收財產確定之第三人，非因過失，未參與沒收程序者，得於知悉沒收確定判決之日起三十日內，向諭知該判決之法院聲請撤銷。但自判決確定後已逾五年者，不得爲之。

II 前項聲請，應以書面記載下列事項：

一　本案案由。

二　聲請撤銷宣告沒收判決之理由及其證據。

三　遵守不變期間之證據。

第 455 條之 30（聲請撤銷沒收確定判決無停止執行之效力）

聲請撤銷沒收確定判決，無停止執行之效力。但管轄法院之檢察官於撤銷沒收確定判決之裁定前，得命停止。

第 455 條之 31（聲請撤銷沒收確定判決之陳述意見）

法院對於撤銷沒收確定判決之聲請，應通知聲請人、檢察官及自訴代理人，予其陳述意見之機會。

第 455 條之 32（聲請撤銷沒收確定判決之駁回）

I 法院認爲撤銷沒收確定判決之聲請不合法律上之程式或法律上不應准許或無理由者，應以裁定駁回之。但其不合法律上之程式可以補正者，應定期間先命補正。

II 法院認爲聲請撤銷沒收確定判決有理由者，應以裁定將沒收確定判決中經聲請之部分撤銷。

III 對於前二項抗告法院之裁定，得提起再抗告。

IV 聲請撤銷沒收確定判決之抗告及再抗告，除本編有特別規定外，準用第四編之規定。

第 455 條之 33（撤銷沒收確定判決之裁定確定後，更爲審判）

撤銷沒收確定判決之裁定確定後，法院應依判決前之程序，更爲審判。

第 455 條之 34（單獨宣告沒收之裁定）

單獨宣告沒收由檢察官聲請違法行爲地、沒收財產所在地或其財產所有人之住所、居所或所在地之法院裁定之。

❑ 實務見解

▶108 台抗 1089△（裁定）

就已死亡之被告或犯罪嫌疑人、行爲人應沒收之犯罪所得，雖因繼承發生而歸屬於其等繼承人所有，然於事實審言詞辯論終結前，**仍得由檢察官依法向法院聲請對繼承人宣告沒收，或法院於認有必要時，依職權裁定命繼承人參與沒收程序；或若無從一併或附隨於本案訴訟裁判，而有沒收之必要時，亦可由檢察官依刑事訴訟法第四五五條之三四、第四五五條之三五、第四五五條之三七等規定，準用第七編之二關於第三人參與沒收程序，向法院聲請對繼承人單獨宣告沒收，以避免第三人因他人違法行為而無償或以顯不相當對價取得犯罪行為人之犯罪所得而坐收獲利**。而該沒收程序，既係法律明文規定由檢察官向法院聲請之獨立程序，所適用裁判時之法律，當指各級法院所受理聲請案件裁判當時所依據應適用之法律，要非前案訴訟裁判時之法律，自屬當然。上開如附表所示共188萬4,316元，既係被告違法收受賄賂之犯罪所得，**因被告死亡之事實上原因致未能判決有罪，而無從以判決宣告沒收其犯罪所得**。又被告死亡後，其妻廖才蜜亦死亡，第三人沈信甫等三人為被告之子女，因繼承而無償取得上開犯罪所得，有其等個人戶籍資料、繼承系統表在卷可參。是揆諸前揭規定及說明，**沒收已修正為具獨立性之法律效果，如被告有犯罪所得，惟因法定事由經諭知不受理判決者，自可由檢察官依法向法院聲請單獨宣告沒收其犯罪所得**。

第455條之35（聲請單獨宣告沒收之書狀應載事項）

前條聲請，檢察官應以書狀記載下列事項，提出於管轄法院為之：

一 應沒收財產之財產所有人姓名、性別、出生年月日、住居所、身分證明文件編號或其他足資辨別之特徵。但財產所有人不明時，得不予記載。

二 應沒收財產之名稱、種類、數量及其他足以特定沒收物或財產上利益之事項。

三 應沒收財產所由來之違法事實及證據並所涉法條。

四 構成單獨宣告沒收理由之事實及證據。

第455條之36（聲請單獨宣告沒收之駁回）

I 法院認為單獨宣告沒收之聲請不合法律上之程式或法律上不應准許或無理由者，應以裁定駁回之。但其不合法律上之程式可以補正者，應定期間先命補正。

II 法院認為聲請單獨宣告沒收有理由者，應為准許之裁定。

III 對於前二項抗告法院之裁定，得提起再抗告。

❑ 實務見解

▶**108台抗458△（裁定）**

刑事訴訟法第四五五條之三六第二項固規定「法院認為聲請單獨宣告沒收有理由者，應為准許之裁定」，且依同法第二二一條規定，裁定不以經當事人言詞辯論為必要。惟檢察官聲請單獨宣告沒收，依同法第四五五條之三五規定，應以書狀記載「一、應沒收財產之財產所有人姓名、性別、出生年月日、住居所、身分證明文件編號或其他足資辨別之特徵。但財產所有人不明時，得不予記載。二、應沒收財產之名稱、種類、數量及其他足以特定沒收物或財產上利益之事項。三、應沒收財產所由來之違法事實及證據並所涉法條。四、構成單獨宣告沒收理由之事實及證據」，提出於管轄法院，嚴格要求檢察官聲請單獨宣告沒收，應敘明應沒收財產所由來之違法事實、構成單獨宣告沒收理由之事實及證據。又同法第四五五條之三七規定「本編關於第三人參與沒收程序之規定，於單獨宣告沒收程序準用之」（第三人參與沒收程序，依刑事訴訟法第四五五條之十九、第四五五條之二四及第四五五條之二六規定，參與人就沒收其財產之事項，準用被告訴訟上權利之規定，以及原則上應經言詞辯論程序，並應以判決諭知沒收或不予沒收），嚴謹規範法院就聲請單獨宣告沒收所應踐行之程序。**可見單獨宣告沒收，依法雖屬裁定，而非判決，惟為完足保障第三人之財產權及訴訟上權益**，並參酌刑事訴訟法第二二二條第二項規定「為裁定前有必要時，得調查事實」，且犯罪行為人究竟有無犯罪所得及犯罪所得若干、不論係屬嚴格證明或自由證明之事項，均應踐行調查證據程序。**故於單獨宣告沒收程序，倘未經實體確定判決依法調查證據，並就事實及法律辯論而為明確認定犯罪所得，允宜踐行實質之調查證據及言詞辯論**。尤以於有無犯罪所得而案情複雜、金額龐大，以及第三人就是否符合單獨宣告沒收之要件有重大爭議之情形，益加不容忽視。

第455條之37（準用第三人參與沒收程序之規定）

本編關於第三人參與沒收程序之規定，於單獨宣告沒收程序準用之。

第七編之三　被害人訴訟參與

第455條之38（犯罪被害人得聲請參與訴訟之資格及案件類型）

I 下列犯罪之被害人得於檢察官提起公訴後第二審言詞辯論終結前，向該管法院聲請參與本案訴訟：

一 因故意、過失犯罪行為而致人於死或致重傷之罪。

二 刑法第二百三十一條、第二百三十一條之一、第二百三十二條、第二百三十三條、

第二百四十條、第二百四十一條、第二百四十二條、第二百四十三條、第二百七十一條第一項、第二項、第二百七十二條、第二百七十三條、第二百七十五條第一項至第三項、第二百七十八條第一項、第三項、第二百八十條、第二百八十六條第一項、第二項、第二百九十一條、第二百九十六條、第二百九十六條之一、第二百九十七條、第二百九十八條、第二百九十九條、第三百條、第三百二十八條第一項、第二項、第四項、第三百二十九條、第三百三十條、第三百三十二條第一項、第二項第一款、第三款、第四款、第三百三十三條第一項、第二項、第三百三十四條第一項、第二項第一款、第三款、第四款、第三百四十七條第一項、第三項、第三百四十八條第一項、第二項第二款之罪。

三 性侵害犯罪防治法第二條第一項所定之罪。

四 人口販運防制法第三十一條至第三十四條、第三十六條之罪。

五 兒童及少年性剝削防制條例第三十二條至第三十五條、第三十六條第一項至第五項、第三十七條第一項之罪。

II 前項各款犯罪之被害人無行為能力、限制行為能力、死亡或因其他不得已之事由而不能聲請者，得由其法定代理人、配偶、直系血親、三親等內之旁系血親、二親等內之姻親或家長、家屬為之。但被告具前述身分之一，而無其他前述身分之人聲請者，得由被害人戶籍所在地之直轄市、縣（市）政府或財團法人犯罪被害人保護協會為之。被害人戶籍所在地不明者，得由其住（居）所或所在地之直轄市、縣（市）政府或財團法人犯罪被害人保護協會為之。

❖ 法學概念

聲請訴訟參與之主體

聲請訴訟參與，係以公訴案件為限。（自訴案件依本法第三一九條第一項之規定，犯罪被害人或該條項但書所列之人，本可委任律師提起自訴而取得訴訟當事人之地位，即無所謂參與訴訟可言。）而被害人一詞，對照本法第 232 條、第 233 條及第 319 條第 1 項之適用，係指因他人犯罪行為而直接受有損害之自然人或法人而言。如係間接受害人僅得依第四八七條規定提起附帶民事訴訟，不適用之。

茲有疑義的是，**然若被害人如已實行告訴權而成為告訴人時，是否仍然有權聲請參與訴訟？**

這個問題可從以下兩個面向來思考：如果與本法第三四四條第三項關於請求檢察官上訴之規定，係將告訴人及被害人併列者，兩相對照，似應採否定說。

然而，上述想法不為學者所採，其理由有三：第一，告訴人，除被害人以外，尚有得為獨立告訴之人在內。法條將告訴人併列為有權請求檢察官上訴之人，旨在包含被害人以外其他依法實行告訴者在內，使之亦得請求上訴，並無分別對待或相互排斥之意，尚難據此解為第 455 條之 38 被害人成為告訴人後即喪失其聲請權。第二，被害人成為告訴人後，仍非本案訴訟之當事人，依然有其參與訴訟之需要。雖可委任代理人於審判中行使一定之權利，與訴訟參與人之代理人相仿（§§271-1、455-41），**但告訴代理人並無辯論證據證明力及就科刑範圍表示意見之機會**（§§455-46、455-47），兩者仍有差別，不能等同視之。第三，本法第七編之三之增訂，旨在維護被害人合法權益，除非被害人委任律師提起自訴自任為當事人，否則，徒以被害人已成為告訴人而不許其聲請參與訴訟，自目的性解釋之立場言，殊有未合。

【朱石炎，〈被害人訴訟參與新制概要-附述「修復式司法」〉，《司法周刊》（上），第 1986 期，2020.01.10，第 2 版。】

本書認為，雖就法條文義比較來看，似應採否定說；惟，就體系及目的解釋而言，告訴權人所得行使的權限範圍與聲請參與訴訟之被害人不盡相同，如採否定說，將造成提起告訴表示訴追意思之被害人，其權利行使反受限制，應非本編立法本意。

❖ 法學概念

聲請訴訟參與之時期

本條所定「第二審言詞辯論終結前」之聲請時限，**非謂在此時限前隨時均可聲請，倘若其係於第一審辯論終結後，本案尚未判決確定前提出聲請時，除非再開辯論，否則已無訴訟可得參與**，如未再開辯論而予裁定准許參與訴訟，在文義上雖與上述時限相符，假如未有合法上訴，此項裁定即失其意義。在德國因其刑事訴訟法第 401 條第 1 項賦予「附加訴訟人」（Nebenkla ger）得就本案判決獨立上訴之權利，此時亦可參與訴訟。本法之訴訟參與人並無上訴權，自不能作相同解釋。學者建議，將來似宜仿照本法第四八八條之立法，明定「在第一審辯論終結後提起上訴前不得提出聲請」，以符實際。

【朱石炎，〈被害人訴訟參與新制概要-附述「修復式司法」（上）〉，《司法周刊》，第 1986 期，2020.01.10，第 2 版。】

第455條之39（聲請訴訟參與之法定程式及訴訟參與聲請書狀之應載事項）

Ⅰ聲請訴訟參與，應於每審級向法院提出聲請書狀。

Ⅱ訴訟參與聲請書狀，應記載下列事項：

一　本案案由。

二　被告之姓名、性別、出生年月日、身分證明文件編號或其他足資辨別之特徵。

三　非被害人者，其與被害人之身分關係。

四　表明參與本案訴訟程序之意旨及理由。

第455條之40（聲請訴訟參與之裁定）

Ⅰ法院對於前條之聲請，認爲不合法律上之程式或法律上不應准許者，應以裁定駁回之。但其不合法律上之程式可補正者，應定期間先命補正。

Ⅱ法院於徵詢檢察官、被告、辯護人及輔佐人之意見，並斟酌案件情節、聲請人與被告之關係、訴訟進行之程度及聲請人之利益，認爲適當者，應爲准許訴訟參與之裁定；認爲不適當者，應以裁定駁回之。

Ⅲ法院裁定准許訴訟參與後，認有不應准許之情形者，應撤銷原裁定。

Ⅳ前三項裁定，不得抗告。

第455條之41（訴訟參與人之選任代理人及指定代理人）

Ⅰ訴訟參與人得隨時選任代理人。

Ⅱ第二十八條至第三十條、第三十二條之規定，於訴訟參與人之代理人準用之；第三十一條第一項第三款至第六款、第二項至第四項之規定，於訴訟參與人未經選任代理人者並準用之。

❖ 法學概念

訴訟參與人之代理人

一、選任代理人

本條第1項之代理人並「非」必須以律師充任，所以此項代理人亦不以律師爲限。（倘若被害人不聲請參與訴訟而係提起自訴時，即應委任律師爲其自訴代理人。）而依本條第2項前段規定其準用範圍，包含代理人之人數、資格、選任程式及數代理人時之分別送達文書事項。

二、指定代理人

基於保障弱勢訴訟參與人之考量，同條第2項後段規定：「第三十一條第一項第三款至第六款、第二項至第四項之規定，於訴訟參與人未經選任代理人者並準用之。」此種情況，實乃強制代理之意。

【朱石炎，〈被害人訴訟參與新制概要-附述「修復式司法」（下）〉，《司法周刊》，第1987期，2020.01.10，第3版。】

第455條之42（訴訟參與人之資訊取得權）

Ⅰ代理人於審判中得檢閱卷宗及證物並得抄錄、重製或攝影。但代理人爲非律師者，於審判中對於卷宗及證物不得檢閱、抄錄、重製或攝影。

Ⅱ無代理人或代理人爲非律師之訴訟參與人於審判中得預納費用請求付與卷宗及證物之影本。但卷宗及證物之內容與被告被訴事實無關或足以妨害另案之偵查，或涉及當事人或第三人之隱私或業務秘密者，法院得限制之。

Ⅲ前項但書之限制，得提起抗告。

❖ 法學概念

卷證資訊獲知權

鑑於訴訟參與人與本案之審判結果具有利害關係，自應使其獲知本案訴訟卷證資訊，俾能及時有效行使其權益，本法爰以第455條之42針對卷證資訊獲知事項爲明確之規定。

須注意者係，本條規定雖與本法第33條內容類似，惟該條具有保障被告訴訟權之憲法意義，而本編係以保障被害人參與訴訟爲目的，與本編立法本旨有別，故遂設專條單獨規定，未採準用方式。

【朱石炎，〈被害人訴訟參與新制概要-附述「修復式司法」（下）〉，《司法周刊》，第1987期，2020.01.10，第3版。】

第455條之43（訴訟參與人於準備程序期日受通知、在場權及對準備程序事項陳述意見之權利）

Ⅰ準備程序期日，應通知訴訟參與人及其代理人到場。但經合法通知無正當理由不到場或陳明不願到場者，不在此限。

Ⅱ第二百七十三條第一項各款事項，法院應聽取訴訟參與人及其代理人之意見。

第455條之44（訴訟參與人於審判期日受通知及在場權之權利）

審判期日，應通知訴訟參與人及其代理人。但經合法通知無正當理由不到場或陳明不願到場者，不在此限。

第455條之45（有多數訴訟參與人之選定或指定代表人）

Ⅰ多數訴訟參與人得由其中選定一人或數人，代表全體或一部訴訟參與人參與訴訟。

Ⅱ未依前項規定選定代表人者，法院認爲必要時，得限期命為選定，逾期未選定者，法院得依職權指定之。
III前二項經選定或指定之代表人得更換、增減之。
IV本編所定訴訟參與之權利，由經選定或指定之代表人行使之。

第455條之46（訴訟參與人對證據表示意見及辯論證據證明力之權利）
I每調查一證據畢，審判長應詢問訴訟參與人及其代理人有無意見。
II法院應予訴訟參與人及其代理人，以辯論證據證明力之適當機會。

第455條之47（訴訟參與人就科刑範圍表示意見之權利）
審判長於行第二百八十九條關於科刑之程序前，應予訴訟參與人及其代理人、陪同人就科刑範圍表示意見之機會。

第八編 執 行

第456條（執行裁判之時期）
I裁判除關於保安處分者外，於確定後執行之。但有特別規定者，不在此限。
II前項情形，檢察官於必要時，得於裁判法院送交卷宗前執行之。

第457條（指揮執行之機關）
I執行裁判由為裁判法院對應之檢察署檢察官指揮之。但其性質應由法院或審判長、受命法官、受託法官指揮，或有特別規定者，不在此限。
II因駁回上訴抗告之裁判，或因撤回上訴、抗告而應執行下級法院之裁判者，由上級法院對應之檢察署檢察官指揮之。
III前二項情形，其卷宗在下級法院者，由下級法院對應之檢察署檢察官指揮執行。

第458條（指揮執行之方式）
指揮執行，應以指揮書附具裁判書或筆錄之繕本或節本為之。但執行刑罰或保安處分以外之指揮，毋庸制作指揮書者，不在此限。

第459條（主刑之執行順序）
二以上主刑之執行，除罰金外，應先執行其重者，但有必要時，檢察官得命先執行他刑。

第460條（死刑之執行—審核）
諭知死刑之判決確定後，檢察官應速將該案卷宗送交司法行政最高機關。

第461條（死刑之執行—執行時期與再審核）
死刑，應經司法行政最高機關令准，於令到三日內執行之。但執行檢察官發見案情確有合於再審或非常上訴之理由者，得於三日內電請司法行政最高機關，再加審核。

第462條（死刑之執行—場所）
死刑，於監獄內執行之。

第463條（死刑之執行—在場人）
I執行死刑，應由檢察官蒞視，並命書記官在場。
II執行死刑，除經檢察官或監獄長官之許可者外，不得入行刑場內。

第464條（死刑之執行—筆錄）
I執行死刑，應由在場之書記官制作筆錄。
II筆錄，應由檢察官及監獄長官簽名。

第465條（停止執行死刑事由及恢復執行）
I受死刑之諭知者，如在心神喪失中，由司法行政最高機關命令停止執行。
II受死刑諭知之婦女懷胎者，於其生產前，由司法行政最高機關命令停止執行。
III依前二項規定停止執行者，於其痊癒或生產後，非有司法行政最高機關命令，不得執行。

第466條（自由刑之執行）
處徒刑及拘役之人犯，除法律別有規定外，於監獄內分別拘禁之，令服勞役。但得因其情節，免服勞役。

第467條（停止執行自由刑之事由）
受徒刑或拘役之諭知而有左列情形之一者，依檢察官之指揮，於其痊癒或該事故消滅前，停止執行：
一 心神喪失者。
二 懷胎五月以上者。
三 生產未滿二月者。
四 現罹疾病，恐因執行而不能保其生命者。

第468條（停止執行受刑人之醫療）
依前條第一款及第四款情形停止執行者，檢察官得將受刑人送入醫院或其他適當之處所。

第469條（刑罰執行前之強制處分）

I 受罰金以外主刑之諭知，而未經羈押者，檢察官於執行時，應傳喚之；傳喚不到者，應行拘提。但經諭知死刑、無期徒刑或逾二年有期徒刑，而有相當理由認為有逃亡之虞者，得逕行拘提。
II 前項前段受刑人，檢察官得依第七十六條第一款及第二款之規定，逕行拘提，及依第八十四條之規定通緝之。

第 470 條（財產刑之執行）
I 罰金、罰鍰、沒收及沒入之裁判，應依檢察官之命令執行之。但罰金、罰鍰於裁判宣示後，如經受裁判人同意而檢察官不在場者，得由法官當庭指揮執行。
II 前項命令與民事執行名義有同一之效力。
III 罰金及沒收，得就受刑人之遺產執行。

第 471 條（民事裁判執行之準用及囑託執行）
I 前條裁判之執行，準用執行民事裁判之規定。
II 前項執行，檢察官於必要時，得囑託地方法院民事執行處為之。
III 檢察官之囑託執行，免徵執行費。

第 472 條（沒收物之處分機關）
沒收物，由檢察官處分之。

第 473 條（沒收物、追徵財產之聲請發還或給付）
I 沒收物、追徵財產，於裁判確定後一年內，由權利人聲請發還者，或因犯罪而得行使債權請求權之人已取得執行名義者聲請給付，除應破毀或廢棄者外，檢察官應發還或給付之；其已變價者，應給與變價所得之價金。
II 聲請人對前項關於發還、給付之執行不服者，準用第四百八十四條之規定。
III 第一項之變價、分配及給付，檢察官於必要時，得囑託法務部行政執行署所屬各分署為之。
IV 第一項之請求權人、聲請發還或給付之範圍、方式、程序與檢察官得發還或給付之範圍及其他應遵行事項之執行辦法，由行政院定之。

□ 實務見解

▸108 台上 954○（判決）

於一〇五年六月二十二日經修正公布，同年七月一日施行，依修正後第四七三條規定，沒收物、追徵財產，於裁判確定後一年內，權利人仍得本其所有權等物權上請求，聲請執行檢察官發還；而因犯罪而得行使請求權之人，如已取得執行名義，得向執行檢察官聲請受償，以免犯罪行為人經國家執行沒收後，已無清償能力，犯罪被害人因求償無門，致產生國家與民爭利之負面印象。惟為特別保護受害之證券投資人，證券交易法第一七一條於一〇七年一月三十一日經修正公布，其中第七項修正為：「犯第一項至第三項之罪，犯罪所得屬犯罪行為人或其以外之自然人、法人或非法人團體因刑法第三十八條之一第二項所列情形取得者，除應發還被害人、第三人或得請求損害賠償之人外，沒收之」。依其立法理由載稱：「刑法第三十八條之一第五項之犯罪所得發還對象為被害人，較原第七項規定之範圍限縮，被害人以外之證券投資人恐僅能依刑事訴訟法第四七三條規定，於沒收之裁判確定後一年內聲請發還或給付，保障較為不利，爰仍予維持明定。」等旨，復考諸其立法歷程，該條修正草案之提案機關即行政院金融監督管理委員會（下稱金管會）主任委員，於立法院財政委員會審查時說明修正緣由略以：因證券交易法相關規定涉及投資大眾之利益，倘依刑事訴訟法第四七三條規定，須在沒收之裁判確定後一年內提出執行名義，聲明參與分配犯罪所得，一年之後就不能再聲明參與分配，惟財團法人證券投資人及期貨交易人保護中心所提民事訴訟，常在刑事案件確定之後才進行，其進行可能要經過很長時間，無法在刑事沒收之裁判確定後一年內提出民事確定判決，當作執行名義聲明參與分配，故而提出修正草案，避免受到刑事訴訟法第四七三條所定一年期間之限制等語，**可見其立法意旨在使違反證券交易法之犯罪所得優先發還被害人、第三人或得請求損害賠償之人，不受刑事訴訟法第四七三條所定須於沒收裁判確定後一年內提出執行名義要件之限制**。又依其前開立法理由，係以刑法第三十八條之一第五項之犯罪所得優先發還對象侷限於被害人，不足以保障被害人以外之證券投資人等修正理由，因而將證券交易法第一七一條第七項所定之犯罪所得發還對象予以擴張，修正為「被害人、第三人或得請求損害賠償之人」，但並未排除修正後刑法第三十八條之一第五項以不法利得實際合法發還，作為封鎖沒收或追徵條件之適用，已不能認證券交易法上關於犯罪所得之沒收，並無上開新刑法封鎖沒收效力規定之適用。再自法規範體系之一貫而言，雖新刑法封鎖沒收效力規定，適用於實際發還被害人之情形，然此次修正證券交易法第一七一條第七項，對於發還犯罪所得事項，特別將得請求損害賠償之人、第三人與被害人並列保障，則三者就新刑法優先發還條款有關封鎖沒收效力之規定，自無異其適用之理，否則無異重蹈上述不法利得既不發還，亦未被沒收至國庫之覆轍，反而使金融犯罪行爲人繼續保有不法利得，而與修正後刑法第三十八條之一第五項之立法意旨相悖。因之，稽諸此次修正證券交易法第一七一條第七項之立法歷程及立法理由，並參酌刑法第三十八條之一第五項之立法精神爲整體觀察，依目的、體系及歷史解釋，證券交易法上關於犯罪所得之沒收，仍有修正後刑法第三十八條之一第五項以不法利得實際合法發還，作爲封鎖沒收或追徵條件之適用，且爲符合前開保障受害之證券投資人等求償權人之立法本旨，於犯罪所得未實際發還之情形，法院宣告沒收犯罪所得時，猶應同時諭知「除應發還被害人、第三人或得請求損害賠償之人外」之條件，俾利檢察官日後執行沒收裁判時，得以發還、給付被害人、第三人或得請求損害賠償之人。**換言之，經法院認定被告犯證券交易法第一七一條第一項至第三項之罪及其犯罪所得數額後，倘該犯罪所得尚未實際發還予被害人、第三人或得請求損害賠償之人，不論其等是否已取得民事執行名義，法院應於主文內宣告該犯罪所得數額，除應發還被害人、第三人或得請求損害賠償之人外，予以沒收之旨，俾使檢察官於日後執行沒收犯罪所得入國庫前，先發還或給付前開之人，縱使已入國庫，亦應許其等向執行檢察官聲請就沒收物、追徵財產發還或給付，而不受刑事訴訟法第四七三條所定須於沒收裁判確定後一年內提出執行名義之限制**，始符前述修正證券交易法第一七一條第七項規定之立法意旨，亦能落實刑法第三十八條之一第五項在使犯罪行爲人不得繼續保有不法利得之立法宗旨，庶免義務沒收規定形同具文之弊，並兼顧實務之需。至於上述被害人、第三人或得請求損害賠償之人於刑事執行程序聲請發還、給付，是否宜有期間限制，有待循立法途徑解決。

第 474 條（發還僞造變造物時之處置）

僞造或變造之物，檢察官於發還時，應將其僞造、變造之部分除去或加以標記。

第 475 條（扣押物不能發還之公告）

I 扣押物之應受發還人所在不明，或因其他事故不能發還者，檢察官應公告之；自公告之日起滿二年，無人聲請發還者，以其物歸屬國庫。

II 雖在前項期間內，其無價值之物得廢棄之；不便保管者，得命變價保管其價金。

第 476 條（撤銷緩刑宣告之聲請）

緩刑之宣告應撤銷者，由受刑人所在地或其最後住所地之地方法院檢察官聲請該法院裁定之。

第 477 條（更定其刑之聲請）

I 依刑法第四十八條應更定其刑者，或依刑法第五十三條及第五十四條應依刑法第五十一條第五款至第七款之規定，定其應執行之刑者，由該案犯罪事實最後判決之法院之檢察官，聲請該法院裁定之。

II 前項定其應執行之刑者，受刑人或其法定代理人、配偶，亦得請求前項檢察官聲請之。

第 478 條（免服勞役之執行）

依本法第四百六十六條但書應免服勞役者，由指揮執行之檢察官命令之。

第 479 條（易服勞動之服務對象及執行方式）

I 依刑法第四十一條、第四十二條及第四十二條之一易服社會勞動或易服勞役者，由指揮執行之檢察官命令之。

II 易服社會勞動，由指揮執行之檢察官命令向該管檢察署指定之政府機關、政府機構、行政法人、社區或其他符合公益目的之機構或團體提供勞動，並定履行期間。

第 480 條（易服勞役之分別執行與易服社會勞動之適用）

I 罰金易服勞役者，應與處徒刑或拘役之人犯，分別執行。

II 第四百六十七條及第四百六十九條之規定，於易服勞役準用之。

III 第四百六十七條規定，於易服社會勞動準用之。

第 481 條（保安處分之執行）

I 依刑法第八十六條第三項、第八十七條第三項、第八十八條第二項、第八十九條第二項、第九十條第二項或第九十八條第一項前段免其處分之執行，第九十條第三項許可延長處分，第九十三條第二項之付保護管束，或第九十八條第一項後段、第二項免其刑之執行，及第九十九條許可處分之執行，由檢察官聲請該案犯罪事實最後裁判之法院裁定之。第九十一條之一第一項之施以強制治療及同條第二項之停止強制治療，亦同。

II 檢察官依刑法第十八條第一項或第十九條第一項而爲不起訴之處分者，如認有宣告保安處分之必要，得聲請法院裁定之。

III 法院裁判時未併宣告保安處分，而檢察官認爲有宣告之必要者，得於裁判後三個月內，聲請法院裁定之。

第 482 條（易以訓誡之執行）

依刑法第四十三條易以訓誡者，由檢察官執行之。

第 483 條（聲明疑義—有罪判決之文義）
當事人對於有罪裁判之文義有疑義者，得向諭知該裁判之法院聲明疑義。

第 484 條（聲明異議—檢察官之執行指揮）
受刑人或其法定代理人或配偶以檢察官執行之指揮為不當者，得向諭知該裁判之法院聲明異議。

❑ **實務見解**

▶107 台抗 617△（裁定）

司法院釋字第六八一號解釋後段謂「受假釋人之假釋處分經撤銷者，依上開規定（指刑事訴訟法第四八四條）向法院聲明異議，須俟檢察官指揮執行殘餘刑期後，始得向法院提起救濟，對受假釋人訴訟權之保障尚非周全，相關機關應儘速予以檢討改進，俾使不服主管機關撤銷假釋之受假釋人，於入監執行殘餘刑期前，得適時向法院請求救濟」。本件法務部因抗告人之甲案、乙案數罪併罰，刑期變更為有期徒刑五年七月，致不符合假釋條件，而以一〇六年十二月二十六日法授矯字第〇〇〇〇〇〇〇〇〇〇號函「註銷」抗告人甲案之假釋，參照上開解釋意旨之法理，**就「註銷假釋」處分部分，因係由法務部為之，非檢察官之指揮執行，不得向法院聲明異議**，但就檢察官執行註銷假釋後重行核計之 刑期部分，則係檢察官之指揮執行，得向法院聲明異議。

▶107 台抗 448△（裁定）

按刑事法上「一事不再理原則」，係指就人民同一違法行為，禁止國家為重複之刑事追訴與審判處罰。此原則係植基於憲法第八條保障人身自由與正當法律程序之精神，體現在程序法上即是刑事訴訟法第三〇二條第一款、第三〇三條第二款、第七款等規定，且公民與政治權利國際公約第十四條第七項亦有明定，乃舉世普遍之法則。其目的在維護法的安定性暨實體裁判之權威性，及保護人民免於一再受訴訟程序的騷擾、折磨、消耗與負擔。是倘無置人民於重複之刑事追訴與審判處罰的危險之中者，除立法者基於遏止當事人濫訴、避免虛耗司法資源之考量，特別立法予以限制（如刑事訴訟法第四三四條第二項；刑事補償法第十七條第四項、第二十四條第二項、第二十五條第一項）外，即無一事不再理原則之適用，以免不當限制人民之訴訟權。而法院依刑事訴訟法第四八四條、第四八六條之規定，就聲明異議所為之裁定，其審查標的為檢察官執行之指揮有無不當，並無置受刑人於重複之刑事追訴與審判處 罰的危險之中，且法無明文禁止當事人以同一原因或事由再行聲明異議，自無一事不再理原則之適用。

第 485 條（疑義或異議之聲明及撤回）
Ⅰ聲明疑義或異議，應以書狀為之。
Ⅱ聲明疑義或異議，於裁判前得以書狀撤回之。
Ⅲ第三百五十一條之規定，於疑義或異議之聲明及撤回準用之。

第 486 條（疑義或異議聲明之裁定）
法院應就疑義或異議之聲明裁定之。

第九編　附帶民事訴訟

第 487 條（附帶民事訴訟之當事人及請求範圍）
Ⅰ因犯罪而受損害之人，於刑事訴訟程序得附帶提起民事訴訟，對於被告及依民法負賠償責任之人，請求回復其損害。
Ⅱ前項請求之範圍，依民法之規定。

❑ **實務見解**

▶52 年度第 3 次民、刑庭總會會議決議㈡（52.09.23）

甲保證乙在丙商店服務，乙侵占丙商款項，丙告訴乙侵占。甲係依契約以第三人之資格為乙保證代乙履行，**本身既未為侵權行為，且亦非依民法負賠償責任之人**（例如民法第一百八十七條之法定代理人及第一百八十八條之僱用人是），故不許丙對甲對附帶提起民事訴訟。

▶53 台上 43（判例）

刑事訴訟中之第三人，亦得為附帶民事訴訟之被告，**即凡依民法之規定，對於刑事被告之侵權行為，負有損害賠償之責任者，亦得為附帶民事訴訟之被告**。如刑事被告為限制行為能力人，其法定代理人：刑事被告為受僱人，其僱用人。

第 488 條（提起之期間）
提起附帶民事訴訟，應於刑事訴訟起訴後第二審辯論終結前為之。但在第一審辯論終結後提起上訴前，不得提起。

第 489 條（管轄法院）
Ⅰ法院就刑事訴訟為第六條第二項、第八條至第十條之裁定者，視為就附帶民事訴訟有同一之裁定。
Ⅱ就刑事訴訟諭知管轄錯誤及移送該案件者，應併就附帶民事訴訟為同一之諭知。

第 490 條（適用法律之準據—刑訴法）
附帶民事訴訟除本編有特別規定外，準用關於刑事訴訟之規定。但經移送或發回、發交於民事庭後，應適用民事訴訟法。

□ 實務見解

▶65年度第9次刑庭庭推總會議決議㈣(65.12.07)

刑事庭移送民事庭之附帶民事訴訟，僅移送後之訴訟程序應適用民事訴訟法，若移送前之訴訟行為，是否合法，仍應依刑事訴訟決之（本院四十一年台上第五〇號判例參照），**而宣告無罪之案件，關於附帶民事訴訟部分，雖可駁回原告之訴，但祇能從程序上駁回，不得以其實體上之請求為無理由而駁回之**（本院二十五年七月二十一日民、刑事總會決議㈣參照）。刑事法院之移送裁定既不合法（刑訴附帶民事訴訟，經刑事訴訟諭知無罪之判決，刑事法院未經原告之聲請，以裁定將附帶民事訴訟移送民事法院）。民事法院仍應以原告之訴提起不當，從程序上駁回，不得為實體上審理。（同乙說）

第491條（適用法律之準據—民訴法）

民事訴訟法關於左列事項之規定，於附帶民事訴訟準用之：

一　當事人能力及訴訟能力。
二　共同訴訟。
三　訴訟參加。
四　訴訟代理人及輔佐人。
五　訴訟程序之停止。
六　當事人本人之到場。
七　和解。
八　本於捨棄之判決。
九　訴及上訴或抗告之撤回。
十　假扣押、假處分及假執行。

第492條（提起之程式—訴狀）

Ⅰ提起附帶民事訴訟，應提出訴狀於法院為之。
Ⅱ前項訴狀，準用民事訴訟法之規定。

第493條（訴狀及準備書狀之送達）

訴狀及各當事人準備訴訟之書狀，應按他造人數提出繕本，由法院送達於他造。

第494條（當事人及關係人之傳喚）

刑事訴訟之審判期日，得傳喚附帶民事訴訟當事人及關係人。

第495條（提起之程式—言詞）

Ⅰ原告於審判期日到庭時，得以言詞提起附帶民事訴訟。
Ⅱ其以言詞起訴者，應陳述訴狀所應表明之事項，記載於筆錄。
Ⅲ第四十一條第二項至第四項之規定，於前項筆錄準用之。
Ⅳ原告以言詞起訴而他造不在場，或雖在場而請求送達筆錄者，應將筆錄送達於他造。

第496條（審理之時期）

附帶民事訴訟之審理，應於審理刑事訴訟後行之。但審判長如認為適當者，亦得同時調查。

第497條（檢察官之毋庸參與）

檢察官於附帶民事訴訟之審判，毋庸參與。

第498條（得不待陳述而為判決）

當事人經合法傳喚，無正當之理由不到庭或到庭不為辯論者，得不待其陳述而為判決；其未受許可而退庭者亦同。

第499條（調查證據之方法）

Ⅰ就刑事訴訟所調查之證據，視為就附帶民事訴訟亦經調查。
Ⅱ前項之調查，附帶民事訴訟當事人或代理人得陳述意見。

第500條（事實之認定）

附帶民事訴訟之判決，應以刑事訴訟判決所認定之事實為據。但本於捨棄而為判決者，不在此限。

第501條（判決期間）

附帶民事訴訟，應與刑事訴訟同時判決。

第502條（裁判—駁回或敗訴判決）

Ⅰ法院認為原告之訴不合法或無理由者，應以判決駁回之。
Ⅱ認為原告之訴有理由者，應依其關於請求之聲明，為被告敗訴之判決。

第503條（裁判—駁回或移送民庭）

Ⅰ刑事訴訟諭知無罪、免訴或不受理之判決者，應以判決駁回原告之訴。但經原告聲請時，應將附帶民事訴訟移送管轄法院之民事庭。
Ⅱ前項判決，非對於刑事訴訟之判決有上訴時，不得上訴。
Ⅲ第一項但書移送案件，應繳納訴訟費用。
Ⅳ自訴案件經裁定駁回自訴者，應以裁定駁回原告之訴，並準用前三項之規定。

□ 實務見解

▶29上48（判例）

檢察官以被告連續數行為而犯同一之罪名提起公訴者，法院如僅認其中一行為成立犯罪，固無須就犯罪不能證明部分，特於主文中諭知無罪，**惟刑事訴訟法第五百零七條第一項所謂刑事訴訟諭知無罪，按諸立法本旨，自係包含此種情形在內，故關於上述犯罪不能證明部分之附帶民事訴訟，亦應依同條項之規定，以判決駁回之**，此項判決，非對於刑事判決已有上訴，則依同條第二項之規定，亦不得上訴。

第 504 條（裁判—移送民庭）

I 法院認附帶民事訴訟確係繁雜，非經長久時日不能終結其審判者，得以合議裁定移送該法院之民事庭；其因不足法定人數不能合議者，由院長裁定之。

II 前項移送案件，免納裁判費。

III 對於第一項裁定，不得抗告。

第 505 條（裁判—移送民庭）

I 適用簡易訴訟程序案件之附帶民事訴訟，準用第五百零一條或五百零四條之規定。

II 前項移送案件，免納裁判費用。

III 對於第一項裁定，不得抗告。

第 506 條（上訴第三審之限制）

I 刑事訴訟之第二審判決不得上訴於第三審法院者，對於其附帶民事訴訟之第二審判決，得上訴於第三審法院。但應受民事訴訟法第四百六十六條之限制。

II 前項上訴，由民事庭審理之。

第 507 條（附帶民訴上訴三審理由之省略）

刑事訴訟之第二審判決，經上訴於第三審法院，對於其附帶民事訴訟之判決所提起之上訴，已有刑事上訴書狀之理由可資引用者，得不敘述上訴之理由。

第 508 條（第三審上訴之判決無理由駁回）

第三審法院認爲刑事訴訟之上訴無理由而駁回之者，應分別情形，就附帶民事訴訟之上訴，爲左列之判決：

一 附帶民事訴訟之原審判決無可爲上訴理由之違背法令者，應駁回其上訴。

二 附帶民事訴訟之原審判決有可爲上訴理由之違背法令者，應將其判決撤銷，就該案件自爲判決。但有審理事實之必要時，應將該案件發回原審法院之民事庭，或發交與原審法院同級之他法院民事庭。

第 509 條（第三審上訴之判決自爲判決）

第三審法院認爲刑事訴訟之上訴有理由，將原審判決撤銷而就該案件自爲判決者，應分別情形，就附帶民事訴訟之上訴爲左列之判決：

一 刑事訴訟判決之變更，其影響及於附帶民事訴訟，或附帶民事訴訟之原審判決有可爲上訴理由之違背法令者，應將原審判決撤銷，就該案件自爲判決。但有審理事實之必要時，應將該案件發回原審法院之民事庭，或發交與原審法院同級之他法院民事庭。

二 刑事訴訟判決之變更，於附帶民事訴訟無影響，且附帶民事訴訟之原審判決無可爲上訴理由之違背法令者，應將上訴駁回。

第 510 條（第三審上訴之判決—發回更審或發交審判）

第三審法院認爲刑事訴訟之上訴有理由，撤銷原審判決，而將該案件發回或發交原審法院或他法院者，應併就附帶民事訴訟之上訴，爲同一之判決。

第 511 條（裁判—移送民庭）

I 法院如僅應就附帶民事訴訟爲審判者，應以裁定將該案件移送該法院之民事庭。但附帶民事訴訟之上訴不合法者，不在此限。

II 對於前項裁定，不得抗告。

❒ 實務見解

▶67 年度第 13 次刑事庭會議決議（67.12.12）

提起附帶民事訴訟，**以有刑事訴訟之存在爲前提**，刑事訴訟程序終了後，即無提起附帶民事訴訟之餘地。**若果提起而經法院認爲不合法予以駁回，雖經合法上訴，上級法院亦無從爲實體上之審判**。此與合法提起之附帶民事訴訟，經合法上訴，而法院僅應就附帶民事訴訟審判且可爲實體上之審判者，迥不相同。如果予以移送民事庭於接受此項移送案件後，仍應認上訴爲不合法，而裁定駁回，毫無實益可言。本院二十五年十一月十日刑事庭總決議刑事訴訟法（舊法）第五百十五條（現行刑事訴訟法第五百十一條）所謂審判，專指實體上之審判而言，揆之立法本意，當亦如是。司法院院字第一九八四號解釋及本院第二十六年鄂附字第八四號、三十八年移字第二號及第三號判例所示意旨，均非指此種不合法之附帶民事訴訟之情形而言。本例情形（刑事訴訟程序終了後，提起附帶民事訴訟，法院認爲原告之訴不合法，依刑事訴訟法第五百零二條第一項規定，判決予以駁回，原告合法提起上訴。）上級法院刑事庭應認爲上訴無理由，逕以而判決駁回（此種因維持原審程序判決而駁回上訴之判決亦屬程序判決，非實體判決），無刑事訴訟法第五百十一條第一項前段之適用。

第 512 條（附帶民訴之再審）

對於附帶民事訴訟之判決聲請再審者，應依民事訴訟法向原判決法院之民事庭提起再審之訴。

刑事訴訟法施行法

1.中華民國24年4月1日國民政府制定公布全文16條；並自同年7月1日施行
2.中華民國56年1月28日總統令修正公布名稱及全文7條（原名稱：中華民國刑事訴訟法施行法）
3.中華民國79年8月3日總統令修正公布第5條條文
4.中華民國84年10月20日總統令修正公布第1、5條條文
5.中華民國86年12月19日總統令修正公布第4條條文
6.中華民國90年1月12日總統令增訂公布第7-1條條文
7.中華民國92年2月6日總統令增訂公布第7-2、7-3條條文
8.中華民國95年6月14日總統令增訂公布第7-4條條文；並自95年7月1日施行
9.中華民國96年7月4日總統令增訂公布第7-5條條文
10.中華民國98年7月8日總統令增訂公布第7-6條條文
11.中華民國103年6月18日總統令增訂公布第7-7條條文；並自公布後六個月施行
12.中華民國104年2月4日總統令增訂公布第7-8條條文
13.中華民國105年6月22日總統令增訂公布第7-9條條文；並自105年7月1日施行
14.中華民國106年4月26日總統令增訂公布第7-10條條文
15.中華民國108年6月19日總統令增訂公布第7-11條條文；並自修正公布後六個月施行
16.中華民國109年1月15日總統令增訂公布第7-12條條文

第1條（修正刑事訴訟法之意義）
本法稱修正刑事訴訟法者，謂中華民國八十四年十月五日修正後公布施行之刑事訴訟法。

第2條（程序從新原則）
修正刑事訴訟法施行前，已經開始偵查或審判之案件，除有特別規定外，其以後之訴訟程序，應依修正刑事訴訟法終結之。

第3條（公設辯護人及指定辯護人）
在未設置公設辯護人之法院，修正刑事訴訟法第三十一條之辯護人，由審判長指定律師或推事充之。

第4條（羈押之延長及撤銷）
Ⅰ刑事訴訟法關於羈押之規定於中華民國八十六年修正施行前羈押之被告，其延長及撤銷羈押，依修正後第一百零八條之規定，其延長羈押次數及羈押期間，連同施行前合併計算。
Ⅱ前項羈押之被告，於偵查中經檢察官簽發押票，或禁止接見、通信、受授書籍及其他物件，或命扣押書信物件，或核准押所長官為束縛被告身體之處分者，其效力不受影響。

第5條（程序從舊）
Ⅰ修正刑事訴訟法施行前，原得上訴於第三審之案件，已繫屬於各級法院者，仍依施行前之法定程序終結之。
Ⅱ修正刑事訴訟法施行前，已繫屬於各級法院之簡易程序案件，仍應依施行前之法定程序終結之。

第6條（程序從舊）
修正刑事訴訟法施行前，已繫屬於各級法院之附帶民事訴訟，仍應依施行前之法定程序終結之。

第7條（施行日）
本法自修正刑事訴訟法施行之日施行。

第7條之1（施行日）
中華民國九十年一月三日修正之刑事訴訟法，自九十年七月一日施行。

第7條之2（施行日）
中華民國九十二年一月十四日修正通過之刑事訴訟法第一百十七條之一、第一百十八條、第一百二十一條、第一百七十五條、第一百八十二條、第一百八十三條、第一百八十九條、第一百九十三條、第一百九十五條、第一百九十八條、第二百條、第二百零一條、第二百零五條、第二百二十九條、第二百三十六條之一、第二百三十六條之二、第二百五十八條之一、第二百七十一條之一、第三百零三條及第三百零七條自公布日施行；其他條文自中華民國九十二年九月一日施行。

第7條之3（修正前已繫屬各級法院案件之適用規定）
中華民國九十二年一月十四日修正通過之刑事訴訟法施行前，已繫屬於各級法院之案件，其以後之訴訟程序，應依修正刑事訴訟法終結之。但修正刑事訴訟法施行前已依法定程序進行之訴訟程序，其效力不受影響。

第7條之4（施行日）
中華民國九十五年五月二十三日修正通過之刑事訴訟法，自九十五年七月一日施行。

第7條之5（修正前不服地方法院第一審判而上訴者之適用規定）
中華民國九十六年六月十五日修正通過之刑事訴訟法施行前，不服地方法院第一審判決而上訴者，仍適用修正前第三百六十一條、第三百六十七條規定。

第7條之6（施行日）
中華民國九十八年六月十二日修正通過之刑事訴訟法第二百五十三條之二、第四百四十九條、第四百七十九條、第四百八十條，自九十八年九月一日施行；第九十三條自九十九年一月一日施行。

第7條之7（施行日及刑事保證金之處理）
Ⅰ中華民國一百零三年五月三十日修正通過之刑事訴訟法第一百十九條之一，自修正公布後六個月施行。
Ⅱ自繳納之翌日起至前項所定施行之日止已逾十年

之刑事保證金，於本法施行後經公告領取者，自公告之日起已滿二年，無人聲請發還者，歸屬國庫。

Ⅲ自繳納之翌日起至第一項所定施行之日止未逾十年之刑事保證金，於本法施行後經公告領取者，適用刑事訴訟法第一百十九條之一第一項後段之規定。

第7條之8（施行日）

Ⅰ中華民國一百零四年一月二十三日修正通過之刑事訴訟法施行前，以不屬於修正前刑事訴訟法第四百二十條第一項第六款之新事實、新證據，依該規定聲請再審，經聲請人依刑事訴訟法第四百三十一條第一項撤回，或經法院專以非屬事實審法院於判決前因未發現而不及調查斟酌之新證據為由，依刑事訴訟法第四百三十四條第一項裁定駁回，於施行後復以同一事實、證據聲請再審，而該事實、證據符合修正後規定者，不適用刑事訴訟法第四百三十一條第二項、第四百三十四條第二項規定。

Ⅱ前項情形，經聲請人依刑事訴訟法第四百三十一條第一項撤回，或經法院依刑事訴訟法第四百三十四條第一項裁定駁回後，仍適用刑事訴訟法第四百三十一條第二項、第四百三十四條第二項規定。

第7條之9（施行日）

Ⅰ中華民國一百零五年五月二十七日修正通過之刑事訴訟法，自一百零五年七月一日施行。

Ⅱ中華民國一百零五年五月二十七日修正通過之刑事訴訟法施行前，已繫屬於各級法院之案件，其以後之訴訟程序，應依修正刑事訴訟法終結之。但修正刑事訴訟法施行前已依法定程序進行之訴訟程序，其效力不受影響。

第7條之10（施行日）

Ⅰ中華民國一百零六年四月二十一日修正通過之刑事訴訟法第三十三條之一、第九十三條、第一百零一條，自公布日施行；第三十一條之一自一百零七年一月一日施行。

Ⅱ中華民國一百零六年四月二十一日修正通過之刑事訴訟法施行前，法院已受理之偵查中聲請羈押案件，其以後之訴訟程序，應依修正刑事訴訟法終結之。但修正刑事訴訟法施行前已依法定程序進行之訴訟程序，其效力不受影響。

第7條之11（施行日）

Ⅰ中華民國一百零八年五月二十四日修正通過之刑事訴訟法，自修正公布後六個月施行。

Ⅱ中華民國一百零八年五月二十四日修正通過之刑事訴訟法施行前，偵查或審判中經限制出境、出海者，應於生效施行之日起二個月內，依刑事訴訟法第八章之一規定重為處分，逾期未重為處分者，原處分失其效力。

Ⅲ依前項規定重為處分者，期間依刑事訴訟法第九十三條之三之規定重新起算。但犯最重本刑為有期徒刑十年以下之罪者，審判中之限制出境、出海期間，連同原處分期間併計不得逾五年。

第7條之12（施行日）

Ⅰ中華民國一百零八年十二月十七日修正通過之刑事訴訟法部分條文，除第三十八條之一、第五十一條第一項、第七十一條第二項、第八十五條第二項、第八十九條、第九十九條、第一百四十二條第三項、第一百九十二條、第二百八十九條自公布後六個月施行外，自公布日施行。

Ⅱ中華民國一百零八年十二月十七日修正通過之刑事訴訟法施行前，經宣告無期徒刑之案件，尚未依職權送交上級法院審判者，於施行後仍適用修正前第三百四十四條第五項規定。

Ⅲ再議期間及上訴期間，於中華民國一百零八年十二月十七日修正通過之刑事訴訟法施行時，依修正前之規定尚未屆滿者，適用修正後第二百五十六條、第二百五十六條之一及第三百四十九條之規定。

Ⅳ案件在第三審上訴中，於中華民國一百零八年十二月十七日修正通過之刑事訴訟法施行時，尚未判決者，其補提理由書期間，適用修正後第三百八十二條之規定。

提審法

1.中華民國 24 年 6 月 21 日國民政府制定公布全文 11 條；並自 35 年 3 月 15 日起施行
2.中華民國 37 年 4 月 26 日國民政府修正公布全文 10 條
3.中華民國 88 年 12 月 15 日總統令修正公布第 1、3、4、6、9 條條文
4.中華民國 103 年 1 月 8 日總統令修正公布全文 12 條；並自公布後六個月施行

第 1 條（提審之聲請）

Ⅰ人民被法院以外之任何機關逮捕、拘禁時，其本人或他人得向逮捕、拘禁地之地方法院聲請提審。但其他法律規定得聲請即時由法院審查者，依其規定。

Ⅱ前項聲請及第十條之抗告，免徵費用。

第 2 條（逮捕拘禁機關應書面告知之事項）

Ⅰ人民被逮捕、拘禁時，逮捕、拘禁之機關應即將逮捕、拘禁之原因、時間、地點及得依本法聲請提審之意旨，以書面告知本人及其指定之親友，至遲不得逾二十四小時。

Ⅱ本人或其親友亦得請求為前項之告知。

Ⅲ本人或其親友不通曉國語者，第一項之書面應附記其所理解之語文；有不能附記之情形者，應另以其所理解之語文告知之。

第 3 條（聲請提審書狀或言詞應陳明之事項）

Ⅰ聲請提審應以書狀或言詞陳明下列事項：

一　聲請人之姓名、性別、出生年月日、身分證明文件編號及住所或居所；他人為聲請時，並應記載被逮捕、拘禁人之姓名、性別或其他足資辨別之特徵。
二　已知逮捕、拘禁之原因、時間及地點。
三　逮捕、拘禁之機關或其執行人員之姓名。
四　受聲請之法院。
五　聲請之年、月、日。

Ⅱ前項情形，以言詞陳明者，應由書記官製作筆錄。

Ⅲ第一項聲請程式有欠缺者，法院應依職權查明。

第 4 條（地方法院依聲請提審意旨所述事實定其事務分配）

地方法院受理提審之聲請後，依聲請提審意旨所述事實之性質，定其事務分配，其辦法由司法院定之。

第 5 條（提審之聲請與駁回之事由）

Ⅰ受聲請法院，於繫屬後二十四小時內，應向逮捕、拘禁之機關發提審票，並即通知該機關之直接上級機關。但有下列情形之一者，得以裁定駁回之：

一　經法院逮捕、拘禁。
二　依其他法律規定得聲請即時由法院審查。
三　被逮捕、拘禁人已回復自由。
四　被逮捕、拘禁人已死亡。
五　經法院裁判而剝奪人身自由。
六　無逮捕、拘禁之事實。

Ⅱ受聲請法院，不得以無管轄權而裁定駁回之。

第 6 條（提審票應記載事項及送達）

Ⅰ提審票應記載下列事項：

一　逮捕、拘禁之機關及其所在地。
二　被逮捕、拘禁人之姓名、性別或其他足資辨別之特徵。
三　發提審票之法院。
四　應解交之法院。
五　發提審票之年、月、日。

Ⅱ提審票應以正本送達逮捕、拘禁之機關，並副知聲請人及被逮捕、拘禁人；發提審票之法院與應解交之法院非同一者，提審票正本應連同提審卷宗併送應解交之法院。

Ⅲ提審票、提審卷宗於必要時，得以電傳文件、傳真或其他電子文件代之。

第 7 條（被逮捕拘禁人之解交）

Ⅰ逮捕、拘禁之機關，應於收受提審票後，二十四小時內將被逮捕、拘禁人解交；如在收受提審票前已將該人移送他機關者，應即回復發提審票之法院，並即將該提審票轉送受移送之機關，由該機關於二十四小時內逕行解交；如法院自行迎提者，應立即交出。

Ⅱ前項情形，因特殊情況致解交或迎提困難，被逮捕、拘禁人所在與法院間有聲音及影像相互傳送之設備而得直接訊問，經法院認為適當者，得以該設備訊問，逮捕、拘禁之機關免予解交。

Ⅲ逮捕、拘禁之機關，在收受提審票前，被逮捕、拘禁人已回復自由或死亡者，應將其事由速即回復發提審票之法院。

Ⅳ第二項之視訊過程，應全程錄音錄影。

第 8 條（法院應就逮捕拘禁合法性之審查，並應予相關當事人到場陳述意見之機會）

Ⅰ法院審查逮捕、拘禁之合法性，應就逮捕、拘禁之法律依據、原因及程序為之。

Ⅱ前項審查，應予聲請人、被逮捕、拘禁人及逮捕、拘禁之機關到場陳述意見之機會。必要時，並得通知相關第三人到場陳述意見。

Ⅲ法院關於提審聲請之處理，除本法規定外，準用

其他相關法律規定之程序。

第 9 條（法院裁定釋放或解返原解交機關）

I 法院審查後，認為不應逮捕、拘禁者，應即裁定釋放；認為應予逮捕、拘禁者，以裁定駁回之，並將被逮捕、拘禁人解返原解交之機關。

II 前項釋放之裁定，不得聲明不服。

第 10 條（不服駁回聲請之救濟）

I 聲請人或受裁定人不服駁回聲請之裁定者，得於裁定送達後十日內，以書狀敘明理由，抗告於直接上級法院。

II 抗告法院認為抗告不合法或無理由者，應以裁定駁回之；認為抗告有理由者，應以裁定將原裁定撤銷，並即釋放被逮捕、拘禁人。

III 前項裁定，不得再抗告。

第 11 條（罰則）

I 逮捕、拘禁機關之人員，違反第二條第一項之規定者，科新臺幣十萬元以下罰金。

II 逮捕、拘禁機關之人員，違反第七條第一項之規定者，處三年以下有期徒刑、拘役或科或併科新臺幣十萬元以下罰金。

第 12 條（施行日）

本法自公布後六個月施行。

刑事妥速審判法

1.中華民國99年5月19日總統令制定公布全文14條；其中第5條第2～4項自公布後二年（即101年5月19日）施行；第9條自公布後一年（即100年5月19日）施行
中華民國99年5月19日司法院令發布定自99年9月1日施行
2.中華民國103年6月4日總統令修正公布第5、7條條文
中華民國103年6月4日司法院令發布定自103年6月6日施行
3.中華民國108年6月19日總統令修正公布第5、14條條文；第5條第3項自修正公布後一年施行；第5條第5項之刪除自修正公布後六個月施行

第1條（立法目的）
Ⅰ為維護刑事審判之公正、合法、迅速，保障人權及公共利益，特制定本法。
Ⅱ本法未規定者，適用其他法律之規定。

第2條（法院裁判品質）
法院應依法迅速周詳調查證據，確保程序之公正適切，妥慎認定事實，以為裁判之依據，並維護當事人及被害人之正當權益。

第3條（依誠信原則行使訴訟程序權利）
當事人、代理人、辯護人及其他參與訴訟程序而為訴訟行為者，應依誠信原則，行使訴訟程序上之權利，不得濫用，亦不得無故拖延。

第4條（落實準備程序行集中審理）
法院行準備程序時，應落實刑事訴訟法相關規定，於準備程序終結後，儘速行集中審理，以利案件妥速審理。

第5條（被告在押案件優先且密集集中審理、羈押期之年限）
Ⅰ法院就被告在押之案件，應優先且密集集中審理。
Ⅱ審判中之延長羈押，如所犯最重本刑為死刑、無期徒刑或逾有期徒刑十年者，第一審、第二審以六次為限，第三審以一次為限。
Ⅲ審判中之羈押期間，累計不得逾五年。
Ⅳ前項羈押期間已滿，仍未判決確定者，視為撤銷羈押，法院應將被告釋放。

第6條（貫徹無罪推定原則）
檢察官對於起訴之犯罪事實，應負提出證據及說服之實質舉證責任。倘其所提出之證據，不足為被告有罪之積極證明，或其指出證明之方法，無法說服法院以形成被告有罪之心證者，應貫徹無罪推定原則。

第7條（侵害速審權之法律效果）
自第一審繫屬日起已逾八年未能判決確定之案件，除依法應諭知無罪判決者外，法院依職權或被告之聲請，審酌下列事項，認侵害被告受迅速審判之權利，且情節重大，有予適當救濟之必要者，應減輕其刑：
一　訴訟程序之延滯，是否係因被告之事由。
二　案件在法律及事實上之複雜程度與訴訟程序延滯之衡平關係。
三　其他與迅速審判有關之事項。

□ 實務見解

▶99年度第9次刑事庭會議決議（99.09.21）

壹、本條規定旨在就久懸未決案件，從量刑補償機制予被告一定之救濟，以保障被告受妥速審判之權利。法院於審酌本條各款規定之事項後，認被告之速審權確已受侵害，且情節重大，有予適當救濟之必要時，始得酌量減輕其刑，並非案件逾八年未能判刑確定，即得當然減輕。

貳、本條僅限於仍在法院訴訟繫屬中之案件，始有其適用，對已經判刑確定之案件，不得提出酌減其刑之聲請。

參、本條所稱已逾八年未能確定之案件，自第一審繫屬日起算，第二審、第三審及發回更審之期間累計在內，並算至最後判決法院實體判決之日止。所稱第一審，包括高等法院管轄第一審之案件。其於再審或非常上訴之情形，自判決確定日起至更為審判繫屬前之期間，應予扣除，但再審或非常上訴前繫屬法院之期間，仍應計入。

肆、本條酌量減輕其刑，僅受科刑判決之被告有聲請權，法院不得依職權審酌。被告得以言詞或書面聲請，其於案件尚未逾八年聲請時，為不合法；但於該審級判決前已滿八年者，宜闡明是否依法聲請。其經合法聲請者，效力及於各審級。

伍、檢察官或被告之辯護人、代理人、輔佐人為被告之利益主張依本條酌減其刑者，法院宜適度闡明，以究明被告是否依法聲請。其以被告名義聲請，但書狀無被告簽章時，應先命補正。

陸、本條各款所定法院應審酌之事項，非犯罪構成要件之要素，以經自由證明為已足，惟須與卷存資料相符。

柒、被告提出聲請時，對於酌減其刑之事由毋庸釋明，事實審法院如認有調查之必要，應於被告被訴事實為訊問後行之，並給予當事人、辯護人、代理人、輔佐人表示意見之機會。但法院

認爲不合酌減之要件者，關於此部分之聲請，不得於本案或其他案件採爲對被告或其他共犯不利之證據。

捌、依本條酌減其刑者，應於裁判內記載衡酌之具體理由；數罪併罰案件，應就各別之數罪分別審酌。酌減其刑者，應援引本條爲適用法律之依據。

玖、本條酌量減輕其刑，得宣告法定本刑以下之刑期，仍得再適用刑法第五十九條酌減，然應符合罪刑相當原則。對於刑之減輕，適用刑法總則有關規定。

拾、案件於第二審判決前已逾八年，被告未聲請酌減其刑，或繫屬於第三審始逾八年，而於上訴第三審後爲聲請者，如第三審法院得自爲判決時，由第三審審酌是否酌減其刑；若案件經發回更審者，由事實審法院爲審酌。

第 8 條（無罪判決不得上訴最高法院）
案件自第一審繫屬日起已逾六年且經最高法院第三次以上發回後，第二審法院更審維持第一審所為無罪判決，或其所爲無罪之更審判決，如於更審前曾經同審級法院爲二次以上無罪判決者，不得上訴於最高法院。

第 9 條（上訴之限制）
I 除前條情形外，第二審法院維持第一審所爲無罪判決，提起上訴之理由，以下列事項爲限：
一　判決所適用之法令牴觸憲法。
二　判決違背司法院解釋。
三　判決違背判例。
II 刑事訴訟法第三百七十七條至第三百七十九條、第三百九十三條第一款規定，於前項案件之審理，不適用之。

第 10 條（本法施行前之法律適用）
前二條案件於本法施行前已經第二審法院判決而在得上訴於最高法院之期間內、已在上訴期間內提起上訴或已繫屬於最高法院者，適用刑事訴訟法第三編第三章規定。

第 11 條（相關機關之配合義務）
法院爲迅速審理需相關機關配合者，相關機關應優先儘速配合。

第 12 條（國家之義務）
爲達妥速審判及保障人權之目的，國家應建構有效率之訴訟制度，增加適當之司法人力，建立便於國民利用律師之體制及環境。

第 13 條（程序從新原則）
I 本法施行前已繫屬於法院之案件，亦適用本法。
II 第五條第二項至第四項施行前，被告經法院延長羈押者，其效力不受影響。

第 14 條（施行日）
I 第五條第二項至第四項，自公布後二年施行；第九條自公布後一年施行；其他條文施行日期由司法院定之。
II 中華民國一百零八年五月二十四日修正通過之第五條第三項，自修正公布後一年施行；第五條第五項之刪除，自修正公布後六個月施行，並適用中華民國一百零八年五月二十四日修正通過之刑事訴訟法施行法第七條之十一第二項、第三項規定。

刑事案件確定後去氧核醣核酸鑑定條例

中華民國105年11月16日總統令制定公布全文10條；並自公布日施行

第1條（立法目的）

I 爲維護刑事審判之正確，避免無辜之人受有冤抑，保障人權，維護正義，特制定本條例。

II 本條例未規定者，適用其他有關法律之規定。

第2條（聲請鑑定門檻）

有罪判決確定後，具備下列各款要件，而合理相信就本案相關聯之證物或檢體進行去氧核醣核酸鑑定之結果，可作爲刑事訴訟法第四百二十條第一項第六款之新事實或新證據者，得聲請就該證物或檢體進行去氧核醣核酸之鑑定：

一　聲請鑑定之證物或檢體爲政府機關保管。

二　聲請鑑定之證物或檢體未曾進行去氧核醣核酸之鑑定，或曾進行去氧核醣核酸之鑑定，但現已有新鑑定方法。

三　聲請進行鑑定之方法具有科學上合理性。

第3條（管轄法院）

依前條所爲之聲請，由判決之原審法院管轄。

第4條（聲請權人）

第二條之聲請，得由下列之人爲之：

一　受判決人。

二　受判決人之法定代理人或配偶。

三　受判決人已死亡者，其配偶、直系血親、三親等內之旁系血親、二親等內之姻親或家長、家屬。

第5條（聲請鑑定格式）

依第二條所爲之聲請，應以書狀敘述該條所列事項之具體理由及鑑定方法或技術，提出於管轄法院。

第6條（聽審程序）

法院認有必要時，得就第二條事項爲相當之調查，並通知聲請人、辯護人到庭陳述意見。

第7條（裁定程序）

I 法院對於第二條之聲請，認爲不合法律上之程式或無理由者，應以裁定駁回之。但其不合法律上之程式可以補正者，應定期間先命補正。

II 法院認爲聲請有理由者，應爲准許鑑定之裁定。

III 聲請人不服駁回聲請之裁定者，得於裁定送達後十日內，以書狀敘明理由，抗告於直接上級法院。

IV 抗告法院認爲抗告不合法或無理由者，應以裁定駁回之；認爲抗告有理由者，應以裁定將原裁定撤銷，並自爲准駁之裁定。

V 前項裁定，不得再抗告。

第8條（鑑定機關進行資料庫比對）

法院於鑑定結果對聲請人有利時，應命鑑定機關將鑑定結果送交去氧核醣核酸資料庫之主管機關，並由其進行比對。

第9條（偵查機關證據監管義務）

偵查機關就證物及檢體，應妥善採取、保管、移轉，以確保證物及檢體之正確無誤。

第10條（施行日）

本條例自公布日施行。

去氧核醣核酸採樣條例

1.中華民國 88 年 2 月 3 日總統令制定公布全文 14 條
2.中華民國 101 年 1 月 4 日總統令修正公布第 1、3、5～7、12、14 條條文；並自公布後六個月施行

第 1 條（立法目的）

I 為維護人民安全、協助司法鑑定、協尋失蹤人口、確定親子血緣、提昇犯罪偵查效能、有效防制犯罪，特制定本條例。

II 本條例未規定者，適用其他有關法律之規定。

第 2 條（主管機關）

本條例所稱之主管機關為內政部。

第 3 條（用詞定義）

本條例用詞定義如下：

一　去氧核醣核酸：指人體中記載遺傳訊息之化學物質。

二　去氧核醣核酸樣本：指採自人體含有去氧核醣核酸之生物樣本。

三　去氧核醣核酸紀錄：指將去氧核醣核酸樣本，以科學方法分析，所取得足以識別基因特徵之資料。

四　去氧核醣核酸型別出現頻率：指主管機關所採用之鑑定系統，在特定人口中，去氧核醣核酸型別重複出現之頻率。

五　去氧核醣核酸資料庫：指主管機關所建立儲存去氧核醣核酸紀錄之資料系統。

六　去氧核醣核酸人口統計資料庫：指主管機關所建立關於去氧核醣核酸型別出現頻率之資料系統。

第 4 條（主管機關之權責）

主管機關應指定或設立專責單位，辦理下列事項：

一　鑑定、分析及儲存去氧核醣核酸樣本。

二　蒐集、建立及維護去氧核醣核酸紀錄、型別出現頻率、資料庫及人口統計資料庫。

三　應檢察官、法院、軍事檢察官、軍事法庭或司法警察機關之請求，提供去氧核醣核酸紀錄及相關資料，或進行鑑定。

四　研究發展鑑定去氧核醣核酸之技術、程序及標準。

五　其他與去氧核醣核酸有關之事項。

第 5 條（應接受強制採樣之人）

I 犯下列各罪之被告或犯罪嫌疑人，應接受去氧核醣核酸之強制採樣：

一　刑法公共危險罪章第一百七十三條第一項與第三項、第一百七十四條第一項、第二項與第四項、第一百七十五條第一項。

二　刑法妨害性自主罪章第二百二十一條至第二百二十七條、第二百二十八條、第二百二十九條之罪。

三　刑法殺人罪章第二百七十一條之罪。

四　刑法傷害罪章第二百七十七條第二項、第二百七十八條之罪。

五　刑法搶奪強盜及海盜罪章第三百二十五條第二項、第三百二十六條至第三百三十四條之一之罪。

六　刑法恐嚇及擄人勒贖罪章之罪。

II 犯下列各罪經有罪判決確定，再犯本項各款之罪之被告或犯罪嫌疑人，應接受去氧核醣核酸之強制採樣：

一　刑法公共危險罪章第一百八十三條第一項與第四項、第一百八十四條第一項、第二項與第五項、第一百八十五條之一、第一百八十六條、第一百八十六條之一第一項、第二項與第四項、第一百八十七條、第一百八十七條之一、第一百八十八條、第一百八十九條第一項、第二項與第五項、第一百九十條第一項、第二項與第四項、第一百九十一條之一及故意犯第一百七十六條之罪。

二　刑法妨害自由罪章第二百九十六條、第二百九十六條之一及第三百零二條之罪。

三　刑法竊盜罪章第三百二十一條之罪。

四　刑法搶奪強盜及海盜罪章第三百二十五條第一項之罪。

五　槍砲彈藥刀械管制條例第七條、第八條、第十二條及第十三條之罪。

六　毒品危害防制條例第四條至第八條、第十條及第十二條之罪。

第 6 條（強制採樣對象及程序）

I 法院或檢察官認為有必要進行去氧核醣核酸比對時，應以傳票通知前條所列之人接受去氧核醣核酸採樣。

II 前項傳票應記載接受去氧核醣核酸採樣之事由。

III 受第一項傳票通知之人無正當理由拒絕去氧核醣核酸採樣者，法院或檢察官得拘提之並強制採樣。

IV 前項拘提應用拘票，拘票應記載接受去氧核醣核酸強制採樣之事由。

第 7 條（強制採樣之程序）

I 司法警察機關依第五條實施去氧核醣核酸強制採樣前，應以通知書通知犯罪嫌疑人或被告，經合法通知無正當理由不到場者，得報請檢察官核發拘票。

II前項通知書應記載下列事項，並由司法警察機關主管長官簽名：
一　被採樣人之姓名或足資識別之特徵、性別、年齡及住所或居所。
二　案由及接受去氧核醣核酸採樣之事由。
三　應到之日、時、處所。
四　無正當理由不到場者，得報請檢察官核發拘票。
III前項之通知書，準用刑事訴訟法第七十九條之規定。

第8條（被採樣人證明書之發給）
I司法警察機關、檢察官或法院執行採樣完畢後，應將去氧核醣核酸樣本送交主管機關之專責單位，並應發予被採樣人已接受採樣之證明書。
II依本條例應受採樣人得出具前項證明書拒絕採樣。但下列情形不在此限：
一　原採樣本無法取得足以識別基因特徵之資料。
二　有事實足認原採樣本可能非受採樣人所有。
三　由原採樣本取得之去氧核醣核酸紀錄滅失。

第9條（志願自費採樣）
I為尋找或確定血緣關係之血親者，得請求志願自費採樣。
II限制行為能力人或無行為能力人之請求，應經法定代理人、監護人、社會行政機關或警政機關協助。

第10條（執行採樣應注意事項）
去氧核醣核酸採樣，應依醫學上認可之程序及方法行之，並應注意被採樣人之身體及名譽。

第11條（去氧核醣核酸資料之儲存與保管）
I主管機關對依本條例取得之被告及經司法警察機關移送之犯罪嫌疑人之去氧核醣核酸樣本，應妥為儲存並建立紀錄及資料庫。
II前項樣本、紀錄及資料庫，主管機關非依本條例或其他法律規定，不得洩漏或交付他人；保管或持有機關亦同。

第12條（資料保存期限）
I依本條例採樣、儲存之去氧核醣核酸樣本、紀錄，前者至少應保存十年，後者至少應保存至被採樣人死亡後十年。
II依第五條接受採樣之人，受不起訴處分或經法院無罪判決確定者，主管機關應刪除其去氧核醣核酸樣本及紀錄；被採樣人亦得申請刪除。但涉及他案有應強制採樣情形者，得不予刪除。
III第八條第一項之證明書，應記載被採樣人前項之權利。
IV去氧核醣核酸樣本之採集準則，由主管機關定之。
V去氧核醣核酸樣本之鑑定、儲存、管理、銷毀與紀錄之建立、使用、提供、刪除及監督管理之辦法，由主管機關定之。

第13條（施行細則）
本條例施行細則，由主管機關定之。

第14條（施行日）
I本條例自公布後一年施行。
II本條例修正條文自公布後六個月施行。

去氧核醣核酸採樣條例施行細則

1.中華民國 89 年 7 月 18 日內政部令訂定發布全文 13 條；並自去氧核醣核酸採樣條例施行之日施行
2.中華民國 101 年 7 月 4 日內政部令修正發布全文 11 條；並自 101 年 7 月 4 日施行
中華民國 101 年 12 月 25 日行政院公告第 3 條所列屬「國防部憲兵司令部」之權責事項，自 102 年 1 月 1 日起改由「國防部憲兵指揮部」管轄
中華民國 103 年 12 月 26 日行政院公告第 3 條所列屬「內政部入出國及移民署」之權責事項，自 104 年 1 月 2 日起改由「內政部移民署」管轄
中華民國 107 年 4 月 27 日行政院公告第 3 條所列屬「行政院海岸巡防署」之權責事項，自 107 年 4 月 28 日起改由「海洋委員會海巡署及所屬機關（構）」管轄

第 1 條
本細則依去氧核醣核酸採樣條例（以下簡稱本條例）第十三條規定訂定之。

第 2 條
主管機關依本條例第四條規定，指定內政部警政署刑事警察局（以下簡稱刑事局）為專責單位。

第 3 條
本條例所稱司法警察機關，指行政院海岸巡防署、內政部警政署與各直轄市、縣（市）政府警察局、分局以上單位、內政部入出國及移民署、法務部調查局與所屬各縣（市）調查處（站）以上單位、憲兵司令部與所屬各地區憲兵隊以上單位及其他同級以上之司法警察機關。

第 4 條
Ⅰ有本條例第五條所定情形之少年被告，應接受去氧核醣核酸之強制採樣。
Ⅱ法院或檢察官認為有必要對少年被告進行去氧核醣核酸採樣時，得指揮司法警察機關執行之。
Ⅲ司法警察機關接獲法院處理少年事件裁定書後，如少年被告有第一項情形，應依本條例第七條規定以通知書通知少年被告接受去氧核醣核酸採樣。

第 5 條
Ⅰ依本條例第六條第一項、第三項或第七條第一項規定傳喚、拘提或通知到場之被採樣人，法院、軍事法院、檢察官、軍事檢察官或司法警察機關應即時執行採樣，並於採樣後十五日內，將去氧核醣核酸樣本連同傳票、拘票或通知書影本送交刑事局。
Ⅱ司法警察機關依前條第三項規定採集之少年被告去氧核醣核酸樣本，應連同法院裁定書影本一併送交刑事局。

第 6 條
依本條例第十條規定所採得之去氧核醣核酸樣本，應記載下列事項：
一　被採樣人之姓名、性別、出生年月日及國民身分證統一編號、護照或旅行證件號碼。
二　樣本之型態、數量、採樣時間及採樣地點。
三　採樣人之姓名、職稱及服務機關。

第 7 條
司法警察機關依第五條第一項規定，送交去氧核醣核酸樣本連同傳票、拘票或通知書影本後，於所涉案件移送時，應將移送書影本送交刑事局。

第 8 條
本條例第八條第一項所定證明書，應記載下列事項：
一　被採樣人之姓名、性別、出生年月日及國民身分證統一編號、護照或旅行證件號碼。
二　接受去氧核醣核酸採樣之案由或事由。
三　採樣時間及採樣地點。
四　採樣機關。
五　本條例第十二條第一項、第二項所定被採樣人之權利。

第 9 條
Ⅰ依本條例第九條規定請求志願自費採樣者，應先填妥申請書，向刑事局提出；其為限制行為能力人或無行為能力人者，由法定代理人、監護人、直轄市、縣（市）社會行政主管機關或警政機關代為申請。
Ⅱ前項請求人應依刑事局通知之時間，攜帶身分證明文件，親至刑事局繳納費用及採樣；其為限制行為能力人或無行為能力人者，應由代為申請之人或機關派員陪同前往。

第 10 條
法院、軍事法院、檢察官、軍事檢察官或司法警察機關對於依其他法律傳喚、通知、拘提、逮捕或自行到場之被告或犯罪嫌疑人，認有依本條例第五條規定強制採樣之必要時，仍應依本條例第六條第一項或第七條第一項規定，製作傳票或通知書當場交付。

第 11 條
本細則自中華民國一百零一年七月四日施行。

去氧核醣核酸樣本採集準則

中華民國 101 年 7 月 4 日內政部令訂定發布全文 11 條；並自 101 年 7 月 4 日施行

第 1 條
本準則依去氧核醣核酸採樣條例（以下簡稱本條例）第十二條第四項規定訂定之。

第 2 條
本準則適用於法院、軍事法院、檢察官、軍事檢察官及本條例施行細則第三條所定司法警察機關。

第 3 條
法院、軍事法院、檢察官、軍事檢察官及司法警察機關依本條例第六條、第七條執行去氧核醣核酸採樣前，應先確認下列事項：

一　被採樣人身分。
二　被採樣人在去氧核醣核酸資料庫中無資料。
三　少年被告之採樣，符合本條例施行細則第四條規定。

第 4 條
Ⅰ執行採樣時應優先採取唾液樣本，其次爲血液樣本，再其次爲毛髮樣本。唾液及毛髮樣本得由法院、軍事法院、檢察官、軍事檢察官、司法警察機關執行採取，血液樣本應由醫事人員採取。
Ⅱ執行採樣完畢後，執行採樣機關應製作去氧核醣核酸採樣證明書發給被採樣人，並於採得之去氧核醣核酸（以下簡稱 DNA）樣本記載本條例施行細則第六條規定事項。

第 5 條
DNA 樣本採取方式如下：

一　唾液採樣卡套組：採樣前先請被採樣人以清水漱口，滌除其口中之殘屑物，取套組中採取棒，先置於被採樣人舌下含溼後，再刮擦口腔二側黏膜細胞，取出採取棒，將其上唾液轉壓印至唾液採樣卡，待乾燥後置入套組中之保存袋保存。
二　唾液棉棒：採樣前先請被採樣人以清水漱口，滌除其口中之殘屑物。再以棉棒擦拭被採樣人口腔二側黏膜細胞，須採樣三枝棉棒，待棉棒陰乾後置入紙袋保存。
三　血液：由醫事人員對被採樣人進行抽血，應低溫冷藏存放。
四　毛髮：採取被採樣人有毛囊細胞或組織之頭髮五根至七根，先以紙張包裝後，再置入紙袋中保存。

第 6 條
執行採樣完畢後，執行採樣人員應於 DNA 樣本外包裝封口處封緘，並註明封緘日期，騎縫處應由執行採樣人員簽章；DNA 樣本之保管及運送應有相關紀錄。

第 7 條
Ⅰ法院、軍事法院、檢察官及軍事檢察官應於採樣後十五日內，將 DNA 樣本連同依本條例第六條第一項、第三項所發之傳票、拘票影本送交內政部警政署刑事警察局（以下簡稱刑事局）。
Ⅱ司法警察機關應於採樣後十五日內，將 DNA 樣本連同依本條例第七條第一項所發之通知書影本送交刑事局。於所涉案件移送時，應將移送書影本送交刑事局。送交少年被告 DNA 樣本，應將法院裁定書影本送交刑事局。
Ⅲ司法警察機關移送依本條例第五條規定應強制採樣之犯罪涉嫌人時，應於移送書之 DNA 採樣欄位內註明犯罪涉嫌人有無執行採樣等情形。

第 8 條
Ⅰ執行採樣或送驗機關應將 DNA 樣本儲存於管制及安全之場所，並依據 DNA 樣本性質存放於適當環境，以維護 DNA 樣本之完整。
Ⅱ未能即時送驗之 DNA 樣本應指派專責人員保管，並注意 DNA 樣本安全，非依本條例或其他法律規定，不得交付。
Ⅲ內政部警政署應每年定期督考所屬機關及各直轄市、縣（市）政府警察局之採樣作業；各直轄市、縣（市）政府警察局應每年定期督考所屬採樣單位之採樣作業。

第 9 條
Ⅰ刑事局及各直轄市、縣（市）政府警察局每年應定期舉辦 DNA 採樣訓練。
Ⅱ執行採樣人員，宜優先遴選曾接受 DNA 採樣訓練或講習之人員，並應定期接受教育訓練。

第 10 條
Ⅰ DNA 樣本有下列情形之一者，刑事局應通知原採樣機關補行採樣：

一　原採樣本無法取得足以識別基因特徵之資料。
二　有事實足認原採樣本可能非被採樣人所有。
三　由原採樣本取得之 DNA 紀錄滅失。

Ⅱ前項補行採樣，原採樣機關應製發傳票、通知書註明補行採樣事由，連同刑事局通知文件影本，一併通知被採樣人進行採樣。
Ⅲ第一項補行採樣因故無法執行者，原採樣機關報請刑事局核定後，得不進行採樣。

第 11 條
本準則自中華民國一百零一年七月四日施行。

法院辦理限制辯護人接見通信案件應行注意事項

中華民國99年6月23日司法院函訂定發布全文19點；並自99年6月25日生效。

一、辯護人與被告能在不受干預下充分自由溝通，爲辯護人協助被告行使防禦權之重要內涵，法院辦理限制辯護人與羈押之被告接見通信案件，自應依刑事訴訟法（以下簡稱本法）第三十四條第一項、第三十四條之一規定，確實審查是否具法定限制原因及符合比例原則，以保障被告之防禦權。

二、本法第三十四條第一項後段所謂「事證」，應有具體事實及證據。如僅係有湮滅、僞造、變造證據或勾串共犯或證人之虞，而無具體事實及證據者，即不得遽予限制。

三、本法第三十四條僅以辯護人對人身自由受拘束之被告或犯罪嫌疑人爲規範對象，至於人身自由未受拘束之被告或犯罪嫌疑人，辯護人本得與之自由接見或互通書信，而無該條之適用。

四、本法第三十四條之一應用限制書之規定，於限制辯護人與羈押之被告接見或互通書信時，始有適用。至辯護人與偵查中受拘提或逮捕之被告或犯罪嫌疑人接見或互通書信，依本法第三十四條第二項規定，不得限制，自無本法第三十四條之一之適用。

五、限制辯護人與羈押之被告接見或互通書信，審判中由法院依職權核發限制書；偵查中僅檢察官得聲請該管法院核發或補發限制書。司法警察機關僅得透過檢察官聲請，不得逕向法院聲請。

六、法院受理聲請核發或補發限制書案件，應隨到隨分，並確實載明收案之年月日及時分。

七、法院核發或補發限制書前，認有必要時，得先聽取當事人或被聲請限制辯護人之意見。

八、法院核發或補發限制書之程序，因偵查中特重急迫性及隱密性，應立即處理且審查內容不得公開；又其目的僅在判斷有無限制辯護人與羈押之被告接見或互通書信之必要，尚非認定被告有無犯罪之實體審判程序，依本法第一百五十九條第二項規定，無須嚴格證明，僅以自由證明爲已足。

九、檢察官依本法第三十四條之一第五項前段聲請限制，固無法院應於一定時間內審核之規定，惟因偵查具有時效性，法官仍宜儘速妥適辦理。同項但書法院應於受理後四十八小時內核復之規定，係法院辦理審查之最長時限，法官亦宜儘速妥適辦理。

十、法官對於檢察官聲請核發或補發限制書，認有必要時，得以電話、傳眞或其他簡便方式，通知檢察官補正，並作成紀錄備查，或逕行核復。

十一、法官對於聲請核發或補發限制書案件，應審核聲請書有無就本法第三十四條之一第二項第一款至第四款規定，爲具體之記載，尤應注意有無提出限制之具體理由及其所依據之事實，其僅抄錄法條規定，或爲抽象、空泛之記載者，不得遽予准許。

十二、法院受理補發限制書案件，應注意是否符合本法第三十四條之一第五項但書所稱之急迫情形，及檢察官是否於爲必要之處分後二十四小時內聲請。

十三、法院對於核發或補發限制書之聲請，得逕於聲請書上核復。書記官應依法官准駁之批示，辦理後續事宜：㈠法官核准簽發者，應即時製作限制書，由法官簽名。㈡法官駁回聲請者，應即時製作駁回通知書，另將聲請書影印，原本存查。㈢法官一部准許、一部駁回者，得僅在限制書備註欄內記載「其餘聲請駁回」，毋庸另爲駁回之通知。限制書及駁回通知書，應分別送達檢察官、看守所、辯護人及被告；駁回聲請者，聲請書影本，僅送達檢察官。

十四、法院核發或補發限制書，均應記載本法第三十四條之一第二項各款所列事項。

十五、本法第三十四條之一第二項第一款「辯護人之姓名」，係指接見或互通書信權利受限制之辯護人，不及於未受限制之辯護人。被告有數辯護人者，法院應具體審酌各辯護人是否有應予限制之原因及必要，並將有限制原因及必要之辯護人姓名記載於限制書。被告有數人時，亦同。

十六、本法第三十四條之一第二項第四款「具體之限制方法」，即係司法院釋字第六五四號解釋理由書所謂之限制方式及期間。至應採何種限制方法，偵查中應參酌檢察官於聲請書所記載具體之限制方法及理由，惟非必依據檢察官之意見，法官宜審酌個案情形，爲適當且具體明確之決定。另爲維持押所秩序之必要，於羈押之被告與其辯護人接見時，如僅予以監看而不與聞，參酌同號解釋意旨，尚未侵害其憲法保障之訴訟權，非屬本款之限制方法，毋庸經法院限制。

十七、本法第三十四條之一第二項第五款「如不服限制處分之救濟方法」，應視下列情形爲不同之記載：㈠如限制書係以法院裁定爲之者，依本法第四百零四條第三款提起抗告救濟之；㈡如限制書係由審判長或受命法官所爲者，依本法第四百十六條第一項第三款聲請所屬法院撤銷或變更之。

十八、本法對於偵查中檢察官聲請核發或補發限制書，並無次數之限制。檢察官對於聲請經駁回，或限制書已因所定期間屆滿而失效者，如認有應予限制之新事證，自得據以重新聲請，法院仍得予以審核，不生一事不再理之問題

十九、法院受理依本法第四百十六條第一項第四款規定之聲請時，應具體審核檢察官之指定，是否符合急迫情形且具有正當理由；其指定之時間及場所是否合理、妥適；有無妨害被告或犯罪嫌疑人之正當防禦及辯護人依本法第二百四十五條第二項前段規定之權利。

法院辦理聲請限制書案件作業流程表

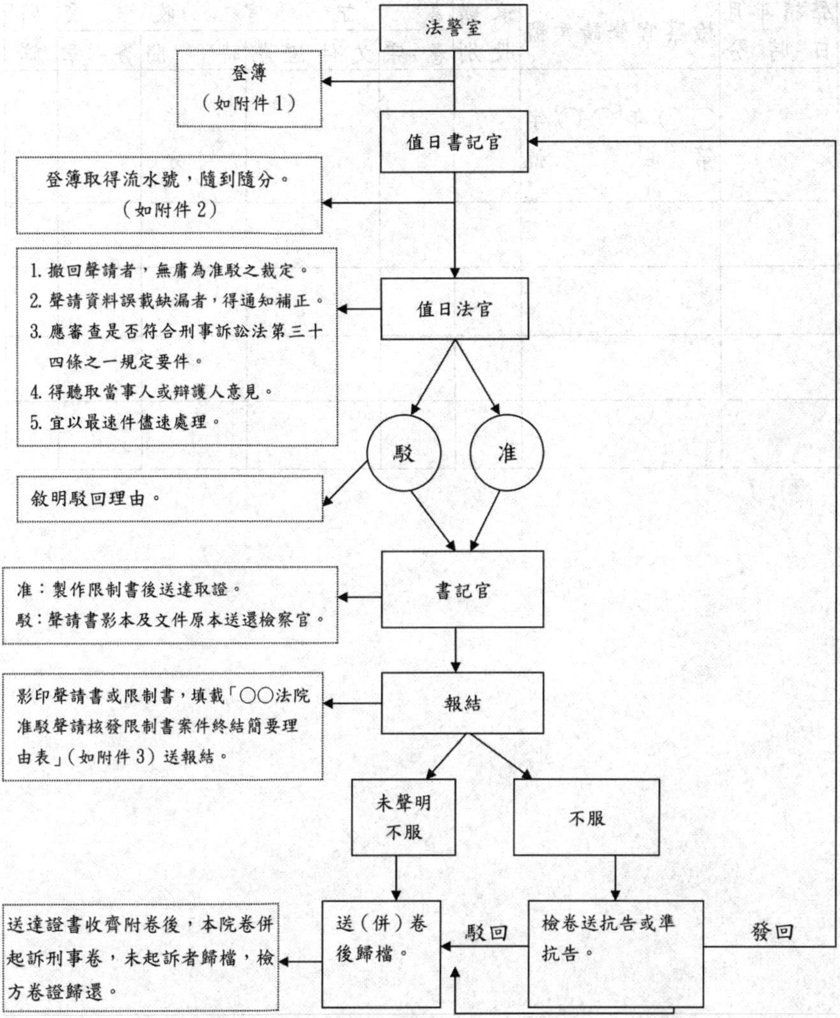

法警室
登簿
（如附件1）
值日書記官
登簿取得流水號，隨到隨分。
（如附件2）
1. 撤回聲請者，無庸為准駁之裁定。
2. 聲請資料誤載缺漏者，得通知補正。
3. 應審查是否符合刑事訴訟法第三十四條之一規定要件。
4. 得聽取當事人或辯護人意見。
5. 宜以最速件儘速處理。
值日法官
駁
准
敘明駁回理由。
書記官
准：製作限制書後送達取證。
駁：聲請書影本及文件原本送還檢察官。
報結
影印聲請書或限制書，填載「○○法院准駁聲請核發限制書案件終結簡要理由表」（如附件3）送報結。
未聲明不服
不服
送（併）卷後歸檔。
駁回
檢卷送抗告或準抗告。
發回
送達證書收齊附卷後，本院卷併起訴刑事卷，未起訴者歸檔，檢方卷證歸還。

附件1

○○法院受理聲請核（補）發限制書案件收案登記簿

聲請年月日時分	檢察官聲請案號	承辦股別	書記官收受				備註
			卷宗	文件證物	時間	簽章	
	○○年○○字第　號				時　分		

附件2

○○法院臨時分案簿

收案月日時分	分案日期	聲請案號	聲請人	承辦股別	准、駁	移交人	限制書或駁回通知送達檢察官時間	備註

附件 3

駁回聲請通知（送檢察官用）

檔號：

保存年限：

○○法院　通知

地　　址：

聯絡方式：

受文者：

發文日期：中華民國 99 年　月　日

發文字號：○○○○字第 09900 號

速別：

密等及解密條件：

附件：

主旨：貴署 99 年 00 年 00 月○○字第○○○○號聲請核（補）發限制書案件，業經本院駁回，特予通知。

說明：檢送法官批示之聲請書影本及檢還卷證、文件原本（均如附件）。

正本：○○法院檢察署○股檢察官

副本：

駁回通知（送看守所、辯護人及被告）

檔號：

保存年限：

○○法院　通知

地　　址：

聯絡方式：

受文者：

發文日期：中華民國99年　月　日

發文字號：○○○○字第09900　　號

速別：

密等及解密條件：

附件：

主旨：○○法院檢察署99年00月00日00字第○○○○號聲請核（補）發限制書案件，業經本院認○○○○○○○○○○○○○○（簡要理由）而予駁回，特此通知。

正本：○○看守所、辯護人○○○、被告○○○

副本：

附件4

○○法院准駁聲請核發限制書案件終結簡要理由表

年度　字第　號　股

勾選欄位	准駁	簡要理由	簽名或蓋章	備註
	駁回	不合法：＿＿＿＿＿＿＿＿＿。		
		無理由：＿＿＿＿＿＿＿＿＿。		
		其他：＿＿＿＿＿＿＿＿＿。		
	撤回			
	部分准駁	理由：＿＿＿＿＿＿＿＿＿。		
	准許	理由：有事證足認有□湮滅□偽造□變造證據或勾串□共犯□證人。		
	不服處分之救濟方法	(　)得於五日內以書狀敘述理由，向法院提出抗告。 (　)得於五日內以書狀敘述理由，向法院聲請撤銷或變更。		

偵查不公開作業辦法

1.中華民國 101 年 12 月 5 日司法院、行政院令會同訂定發布全文 11 條；並自發布日施行
2.中華民國 102 年 8 月 1 日司法院、行政院令會同修正發布第 8～10 條條文
3.中華民國 108 年 3 月 15 日司法院、行政院令會同修正發布全文 15 條；並自發布後三個月施行

第 1 條

本辦法依刑事訴訟法（以下簡稱本法）第二百四十五條第五項規定訂定之。

第 2 條

爲維護偵查程序之順利進行及眞實發現，與保障被告、犯罪嫌疑人、被害人或其他訴訟關係人之名譽、隱私、安全，並確保被告受公平審判之權利，以落實無罪推定原則，偵查不公開之。

第 3 條

I 本辦法所稱偵查程序，指偵查機關或偵查輔助機關因告訴、告發、自首或其他情事知有犯罪嫌疑開始偵查起至偵查終結止，對被告、犯罪嫌疑人、被害人或其他訴訟關係人所爲之偵查活動及計畫。

II 本辦法所稱偵查內容，指因偵查活動而蒐集、取得之被告、犯罪嫌疑人、被害人或其他訴訟關係人個人資料或相關之證據資料。

第 4 條

I 本辦法所稱公開，指一切足使不特定人或多數人得以見聞、知悉之行爲。

II 本辦法所稱揭露，指公開以外，揭示、提供或其他足使特定人或不特定人得以見聞、知悉之行爲。

第 5 條

I 應遵循偵查不公開原則之人員，指檢察官、檢察事務官、司法警察官、司法警察、辯護人、告訴代理人或其他於偵查程序依法執行職務之人員。

II 前項所稱其他於偵查程序依法執行職務之人員，指檢察官、檢察事務官、司法警察官、司法警察、辯護人及告訴代理人以外，依其法定職務於偵查程序爲訴訟行爲或從事輔助工作之人員。

第 6 條

檢察官、檢察事務官、司法警察官、司法警察得告知被告、犯罪嫌疑人、被害人或其他訴訟關係人關於偵查不公開之規定，並得曉示如公開或揭露偵查中所知悉程序或內容對案件之可能影響。

第 7 條

偵查不公開，包括偵查程序、內容及所得之心證均不公開。

第 8 條

I 案件在偵查中，有下列各款情形之一者，經審酌公共利益之維護或合法權益之保護，認有必要時，偵查機關或偵查輔助機關得適度公開或揭露偵查程序或偵查內容。但其他法律有不得公開或揭露資訊之特別規定者，從其規定：

一　對於國家安全、社會治安有重大影響、重大災難或其他社會矚目案件，有適度公開說明之必要。
二　越獄脫逃之人犯或通緝犯，經緝獲歸案。
三　影響社會大眾生命、身體、自由、財產之安全，有告知民眾注意防範之必要。
四　對於社會治安有重大影響之案件，依據查證，足認爲犯罪嫌疑人，而有告知民眾注意防範或有籲請民眾協助指認之必要。
五　對於社會治安有重大影響之案件，因被告或犯罪嫌疑人逃亡、藏匿或不詳，爲期早日查獲或防止再犯，籲請社會大眾協助提供偵查之線索及證物，或懸賞緝捕。
六　對於現時難以取得或調查之證據，爲被告、犯罪嫌疑人行使防禦權之必要，而請求社會大眾協助提供證據或資訊。
七　對於媒體查證、報導或網路社群傳述之內容與事實不符，影響被告、犯罪嫌疑人、被害人或其他訴訟關係人之名譽、隱私等重大權益或影響案件之偵查，認有澄清之必要。

II 前項第一款至第三款及第七款得適度公開或揭露之偵查程序及偵查內容，應經去識別化處理，且對於犯罪行爲不得作詳盡深刻之描述或加入個人評論。

第 9 條

I 前條得適度公開或揭露之案件，除法律另有規定外，下列事項不得公開或揭露之：

一　被告、少年或犯罪嫌疑人之具體供述及是否自首或自白。
二　有關尚未聲請或實施、應繼續實施之逮捕、羈押、搜索、扣押、限制出境、資金清查、通訊監察等偵查方法或計畫。
三　有關勘驗、現場模擬或鑑定之詳細時程及計畫。
四　有招致湮滅、僞造、變造證據之虞者。
五　被害人被挾持中尚未脫險，安全堪虞者。
六　偵查中之卷宗、筆錄、影音資料、照片、電磁紀錄或其他重要文件、物品。
七　被告或犯罪嫌疑人之犯罪前科資料。

八　被告、犯罪嫌疑人或訴訟關係人之性向、親屬關係、族群、交友狀況、宗教信仰或其他無關案情、公共利益等隱私事項。

九　有關被害人或其親屬之照片、姓名、其他足以識別其身分之資訊及有關其隱私或名譽之事項。

十　有關少年事件之資料、少年或兒童之照片、姓名、居住處所、就讀學校、家長、家屬姓名及其案件之內容，或其他足以識別其身分之資訊。

十一　檢舉人或證人之姓名、身分資料、居住處所、聯絡方式、其他足以識別其身分之資訊及其陳述之內容或所提出之證據。

II 前項第六款之影音資料、照片或物品，有前條第一項第一款、第七款之情形，而有特別說明或澄清之必要者，於以書面敘明理由，經機關首長核准，以去識別化處理後，得適度公開之。但為維護重大公共利益之情形，得不以去識別化處理。

III 被告或犯罪嫌疑人有前條第一項第四款至第六款之情形者，必要時得公開其聲音、面貌之圖畫、相片、影音、犯罪前科、犯罪情節或其他相類之資訊。

IV 案件在偵查中，不得帶同媒體辦案，或不當使被告、犯罪嫌疑人受媒體拍攝、直接採訪或藉由監視器畫面拍攝；亦不得發表公開聲明指稱被告或犯罪嫌疑人有罪，或對審判結果作出預斷。

第 10 條

I 偵查機關及偵查輔助機關應指定新聞發言人。

II 依第八條、前條第二項、第三項得公開之事項，應經各該機關首長、新聞發言人或依個案受指定人員審酌考量後，統一由發言人或受指定人員發布。

III 偵查機關及偵查輔助機關除前項人員外，對偵查中之案件，不得公開、揭露或發布新聞。

IV 偵查輔助機關對於已繫屬偵查機關之案件，偵查中有發布新聞之必要者，應事先徵詢偵查機關意見。

V 各機關應設置適當處所作為媒體採訪地點，並應劃定採訪禁制區。

第 11 條

I 偵查機關及偵查輔助機關首長，應指定該機關有關人員三人至五人，組成偵查不公開檢討小組，由機關首長或其指定之人負責召集，就當季媒體報導該機關有關偵查案件等之新聞加以檢討。遇有重大事故，得隨時召集之；當季無新聞者得免召開。偵查不公開檢討小組會議，必要時得報請上級機關派員列席。

II 上級機關首長應指定其有關人員三人至五人，組成偵查不公開督導小組，由上級機關首長為召集人，於發現所屬偵查機關或偵查輔助機關於偵查中有違反本辦法，認有必要時，應即予調查並採取有效防止措施。

III 偵查不公開檢討小組對未遵守本辦法之人員，應報請機關首長，依各該應負之行政、懲戒或其他法律規定之責任，送交各權責機關依法官法、公務員懲戒法、公務人員考績法或其他法律規定處理。如涉及刑事犯罪者，應向偵查機關告發。

IV 偵查機關及偵查輔助機關發現辯護人、告訴代理人或其他從事輔助工作之人員違反本辦法者，應送交權責機關依律師法或其他法律之規定處理。如涉及刑事犯罪者，應向偵查機關告發。

V 第一項檢討報告及第三項查辦處分情形，偵查機關及各偵查輔助機關應定期公布。

第 12 條

偵查機關及各偵查輔助機關應定期舉辦教育訓練，加強對偵查不公開原則之認識及落實。

第 13 條

偵查機關及偵查輔助機關不得將偵查案件之媒體曝光度，做為績效考評之依據。

第 14 條

被告、犯罪嫌疑人、被害人或其他訴訟關係人為少年或兒童時，除法律另有規定外，準用本辦法之規定。

第 15 條

本辦法自發布後三個月施行。

證人保護法

1.中華民國 89 年 2 月 9 日總統令制定公布全文 23 條
2.中華民國 95 年 5 月 30 日總統令修正公布第 2、14、23 條條文；並自 95 年 7 月 1 日施行
3.中華民國 103 年 6 月 18 日總統令修正公布第 2、14 條條文
4.中華民國 105 年 4 月 13 日總統令修正公布第 2、23 條條文
中華民國 105 年 12 月 14 日行政院令發布定自 106 年 1 月 1 日施行
5.中華民國 107 年 1 月 17 日總統令修正公布第 14 條條文
6.中華民國 107 年 6 月 13 日總統令修正公布第 2 條條文

第 1 條（立法目的）

I 為保護刑事案件及檢肅流氓案件之證人，使其勇於出面作證，以利犯罪之偵查、審判，或流氓之認定、審理，並維護被告或被移送人之權益，特制定本法。

II 本法未規定者，適用其他法律之規定。

第 2 條（刑事案件之範圍）

本法所稱刑事案件，以下列各款所列之罪為限：

一　最輕本刑為三年以上有期徒刑之罪。
二　刑法第一百條第二項之預備內亂罪、第一百零一條第二項之預備暴動內亂罪或第一百零六條第三項、第一百零九條第一項、第三項、第四項、第一百二十一條第一項、第一百二十二條第三項、第一百三十一條第一項、第一百四十二條、第一百四十三條第一項、第一百四十四條、第一百四十五條、第二百五十六條第一項、第三項、第二百五十七條第一項、第四項、第二百九十六條之一第三項、第二百九十八條第二項、第三百條、第三百三十九條、第三百三十九條之三或第三百四十六條之罪。
三　貪污治罪條例第十一條第一項、第二項之罪。
四　懲治走私條例第二條第一項、第二項或第三條之罪。
五　藥事法第八十二條第一項、第二項或第八十三條第一項、第三項之罪。
六　銀行法第一百二十五條之罪。
七　證券交易法第一百七十一條或第一百七十三條第一項之罪。
八　期貨交易法第一百十二條或第一百十三條第一項、第二項之罪。
九　槍砲彈藥刀械管制條例第八條第四項、第十一條第四項、第十二條第一項、第二項、第四項、第五項或第十三條第二項、第四項、第五項之罪。
十　公職人員選舉罷免法第八十八條第一項、第八十九條第一項、第二項、第九十條之一第一項、第九十一條第一項第一款或第九十一條之一第一項之罪。
十一　農會法第四十七條之一或第四十七條之二之罪。
十二　漁會法第五十條之一或第五十條之二之罪。
十三　兒童及少年性剝削防制條例第三十二條第一項、第三項、第四項之罪。
十四　洗錢防制法第十四條第一項、第二項、第十五條或第十七條之罪。
十五　組織犯罪防制條例第三條第一項後段、第二項、第五項、第七項、第八項、第四條、第六條或第十一條第三項之罪。
十六　營業秘密法第十三條之二之罪。
十七　陸海空軍刑法第四十二條第一項、第四十三條第一項、第四十四條第二項前段、第五項、第四十五條、第四十六條之罪。

第 3 條（保護證人之範圍）

依本法保護之證人，以願在檢察官偵查中或法院審理中到場作證，陳述自己見聞之犯罪或流氓事證，並依法接受對質及詰問之人為限。

第 4 條（保護書之核發、採取必要的保護措施及管轄法院）

I 證人或與其有密切利害關係之人因證人到場作證，致生命、身體、自由或財產有遭受危害之虞，而有受保護之必要者，法院於審理中或檢察官於偵查中得依職權或依證人、被害人或其代理人、被告或其辯護人、被移送人或其選任律師、輔佐人、司法警察官、案件移送機關、自訴案件之自訴人之聲請，核發證人保護書。但時間急迫，不及核發證人保護書者，得先採取必要之保護措施。

II 司法警察機關於調查刑事或流氓案件時，如認證人有前項受保護必要之情形者，得先採取必要之保護措施，並於七日內將所採保護措施陳報檢察官或法院。檢察官或法院如認該保護措施不適當者，得命變更或停止之。

III 聲請保護之案件，以該管刑事或檢肅流氓案件之法院，為管轄法院。

第 5 條（證人保護書應以書面記載之事項）

聲請核發證人保護書時，應以書面記載下列事項：

一　聲請人及受保護人之姓名、性別、出生年月日、住所、身分證統一編號或護照號碼。
二　作證之案件。
三　作證事項。
四　請求保護之事由。
五　有保護必要之理由。

六　請求保護之方式。

第6條（證人保護書應參酌之事項）

檢察官或法院依職權或依聲請核發證人保護書，應參酌下列事項定之：

一　證人或與其有密切利害關係之人受危害之程度及迫切性。
二　犯罪或流氓行爲之情節。
三　犯罪或流氓行爲人之危險性。
四　證言之重要性。
五　證人或與其有密切利害關係之人之個人狀態。
六　證人與犯罪或流氓活動之關連性。
七　案件進行之程度。
八　被告或被移送人權益受限制之程度。
九　公共利益之維護。

第7條（證人保護書應記載之事項）

I 檢察官或法院核發證人保護書，應記載下列事項：

一　聲請人及受保護人之姓名、性別、出生年月日、住所、身分證統一編號或護照號碼。
二　作證之案件。
三　保護之事由。
四　有保護必要之理由。
五　保護之措施。
六　保護之期間。
七　執行保護之機關。

II 前項第五款之保護措施，應就第十一條至第十三條所列方式酌定之。

第8條（證人保護之執行機關）

I 證人保護書，由檢察官或法院自行或發交司法警察機關或其他執行保護機關執行之。

II 前項執行機關，得依證人保護書之意旨，命受保護人遵守一定之事項，並得於管轄區域外，執行其職務。

III 所有參與核發及執行第一項保護措施之人，對保護相關事項，均負保密義務。

第9條（證人保護之停止或變更措施）

執行證人保護之案件有下列情形之一者，檢察官或法院得依職權或依第四條第一項之人或執行保護機關之聲請，停止或變更保護措施：

一　經受保護人同意者。
二　證人就本案有僞證或誣告情事，經有罪判決確定者。
三　受保護人違反前條第二項應遵守之事項者。
四　受保護人因案經羈押、鑑定留置、收容、觀察勒戒、強制戒治或移送監獄或保安處分處所執行者。
五　應受保護之事由已經消滅或已無保護之必要者。

第10條（保護及重新保護之措施）

I 保護措施之執行機關，應隨時檢討執行情形，如危害之虞已消失或無繼續保護之必要者，經法院、檢察官或司法警察官同意後，停止執行保護措施。但其因情事變更仍有繼續保護之必要者，得經法院、檢察官或司法警察官同意，變更原有之保護措施。

II 停止執行保護之案件，有重新保護之必要者，檢察官或法院得依職權或依第四條第一項之人或執行保護機關之聲請，再許可執行保護證人之措施。

第 11 條（料之處理及保密、訊問證人之方式）

I 有保密身分必要之證人，除法律另有規定者外，其眞實姓名及身分資料，公務員於製作筆錄或文書時，應以代號爲之，不得記載證人之年籍、住居所、身分證統一編號或護照號碼及其他足資識別其身分之資料。該證人之簽名以按指印代之。

II 載有保密證人眞實身分資料之筆錄或文書原本，應另行製作卷面封存之。其他文書足以顯示應保密證人之身分者，亦同。

III 前項封存之筆錄、文書，除法律另有規定者外，不得供閱覽或提供偵查、審判機關以外之其他機關、團體或個人。

IV 對依本法有保密身分必要之證人，於偵查或審理中爲訊問時，應以蒙面、變聲、變像、視訊傳送或其他適當隔離方式爲之。於其依法接受對質或詰問時，亦同。

第 12 條（保護及禁止或限制之裁定）

I 證人或與其有密切利害關係之人之生命、身體或自由有遭受立即危害之虞時，法院或檢察官得命司法警察機關派員於一定期間內隨身保護證人或與其有密切利害關係之人之人身安全。

II 前項情形於必要時，並得禁止或限制特定之人接近證人或與其有密切利害關係之人之身體、住居所、工作之場所或爲一定行爲。

III 法院或檢察官爲前項之禁止或限制時，應核發證人保護書行之，並載明下列事項：

一　受保護之人及保護地點。
二　受禁止或限制之特定人。
三　執行保護之司法警察機關。
四　禁止或限制特定人對受保護人爲特定行爲之內容。
五　執行保護之司法警察機關應對受保護人爲特定行爲之內容。

IV 前項證人保護書，應送達聲請人、應受禁止或限制之人及執行保護措施之司法警察或其他相關機關。

V 受禁止或限制之人，得對檢察官或法院第二項之命令或裁定聲明不服，其程序準用刑事訴訟法之規定。

第13條（短期生活安置）

Ⅰ證人或與其有密切利害關係之人之生命、身體、自由或財產有遭受危害之虞，且短期內有變更生活、工作地點及方式之確實必要者，法院或檢察官得命付短期生活安置，指定安置機關，在一定期間內將受保護人安置於適當環境或協助轉業，並給予生活照料。

Ⅱ前項期間最長不得逾一年。但必要時，經檢察官或法院之同意，得延長一年。所需安置相關經費，由內政部編列預算支應。

Ⅲ法院或檢察官為第一項短期生活安置之決定，應核發證人保護書行之，並應送達聲請人、安置機關及執行保護措施之相關機關。

第14條（證人免責協商）

Ⅰ第二條所列刑事案件之被告或犯罪嫌疑人，於偵查中供述與該案案情有重要關係之待證事項或其他正犯或共犯之犯罪事證，因而使檢察官得以追訴該案之其他正犯或共犯者，以經檢察官事先同意者為限，就其因供述所涉之犯罪，減輕或免除其刑。

Ⅱ被告或犯罪嫌疑人雖非前項案件之正犯或共犯，但於偵查中供述其犯罪之前手、後手或相關犯罪之網絡，因而使檢察官得以追訴與該犯罪相關之第二條所列刑事案件之被告者，參酌其犯罪情節之輕重、被害人所受之損害、防止重大犯罪危害社會治安之重要性及公共利益等事項，以其所供述他人之犯罪情節或法定刑較重於其本身所涉之罪且經檢察官事先同意者為限，就其因供述所涉之犯罪，得為不起訴處分。

Ⅲ被告或犯罪嫌疑人非第一項案件之正犯或共犯，於偵查中供述其犯罪之前手、後手或相關犯罪之網絡，因而使檢察官得以追訴與該犯罪相關之第二條所列刑事案件之被告，如其因供述所涉之犯罪經檢察官起訴者，以其所供述他人之犯罪情節或法定刑較重於其本身所涉之罪且曾經檢察官於偵查中為第二項之同意者為限，得減輕或免除其刑。

Ⅳ刑事訴訟法第二百五十五條至第二百六十條之規定，於第二項情形準用之。

□ 實務見解

▶108年度第1次刑事庭會議決議（108.01.21）

決議：採乙說。

證人保護法第十四條一項關於被告在偵查中供述重要待證事項或其他正犯或共犯之犯罪事證，使檢察官得以追訴其他正犯或共犯者，減輕或免除其刑之規定，單純就助益偵查、追訴犯罪之規範意旨來看，固確實如甲說所述，與貪污治罪條例第八條第二項之規定意旨係屬相同。**細究證人保護法第十四條第一項規定之法定要件，尚須有檢察官事先表示同意適用此條文減免其刑，方有其適用；而貪污治罪條例第八條第二項之規範意旨，尚寓有鼓勵公務員於犯貪污罪之後能勇於自新，若於偵、審中自動繳交全部所得財物，足認確有悛悔向善之意，始能獲邀減免之寬典，此均為二法減免其刑之要件不同之處。**二者之立法目的既然不全然相同，適用要件亦異，乃個別獨立減免其刑之規定。法院若認行為人同時存在此二情形，除應適用貪污治罪條例第八條第二項減免其刑外，尚應依證人保護法第十四條第一項之規定遞減免其刑。

第15條（告發人、告訴人或被害人之準用）

Ⅰ檢舉人、告發人、告訴人或被害人有保護必要時，準用保護證人之規定。

Ⅱ政府機關依法受理人民檢舉案件而認應保密檢舉人之姓名及身分資料者，於案件移送司法機關或司法警察機關時，得請求法院、檢察官或司法警察官依本法身分保密之規定施以保護措施。

第16條（洩密罪之處罰）

Ⅰ公務員洩漏或交付關於依本法應受身分保密證人之文書、圖畫、消息、相貌、身分資料或其他足資辨別證人之物品者，處一年以上七年以下有期徒刑。

Ⅱ前項之未遂犯，罰之。

Ⅲ因過失犯前兩項之罪者，處二年以下有期徒刑、拘役或科新臺幣三十萬元以下罰金。

Ⅳ非公務員因職務或業務知悉或持有第一項之文書、圖畫、消息、相貌、身分資料或其他足資辨別證人之物品，而洩漏或交付之者，處三年以下有期徒刑、拘役或科新臺幣五十萬元以下罰金。

第17條（違反禁或限制裁定之處罰）

受禁止或限制之人故意違反第十二條第二項之規定，經執行機關制止不聽者，處三年以下有期徒刑、拘役或科新臺幣五十萬元以下罰金。

第18條（報復證人到場作證之加重處罰）

意圖妨害或報復依本法保護之證人到場作證，而對受保護人實施犯罪行為者，依其所犯之罪，加重其刑至二分之一。

第19條（偽證罪之處罰）

依本法保護之證人，於案情有重要關係之事項，向該管公務員為虛偽陳述者，以偽證論，處一年以上七年以下有期徒刑。

第20條（訴訟辯論之不公開）

訴訟之辯論，有危害證人生命、身體或自由之虞者，法院得決定不公開。

第21條（軍事案件之準用）

本法之規定，於軍事法院及軍事法院檢察署檢察官受理之案件，準用之。

第22條（施行細則）

本法之施行細則，由行政院會同司法院定之。

第23條（施行日）

本法施行日期，除中華民國九十五年五月三十日修正公布之條文，自九十五年七月一日施行，及一百零五年三月二十五日修正之條文，由行政院定之外，自公布日施行。

少年事件處理法

1.中華民國 51 年 1 月 31 日總統令制定公布全文 80 條
2.中華民國 56 年 8 月 1 日總統令修正公布第 42、64 條條文
3.中華民國 60 年 5 月 14 日總統令修正公布全文 87 條
4.中華民國 65 年 2 月 12 日總統令修正公布第 3、12、13、18、19、22、23、26、27、39、42、43、45、50、55～57、59～61、74、77、81、84、85 及第三章第三節節名；並增訂第 23-1、64-1、83-1 及 85-1 條條文
5.中華民國 69 年 7 月 4 日總統令修正公布第 85-1、86 條條文
6.中華民國 86 年 10 月 29 日總統令修正公布全文 87 條
7.中華民國 89 年 2 月 2 日總統令修正公布第 13、27、43、49、54、55-3、68、78 條條文
8.中華民國 91 年 6 月 5 日總統令修正公布第 84 條條文
9.中華民國 94 年 5 月 18 日總統令修正公布第 24、29、42、61、84 條條文；並刪除第 68 條條文
10.中華民國 108 年 6 月 19 日總統令修正公布第 3、3-1、17～19、26、26-2、29、38、42、43、49、52、54、55-2、55-3、58、61、64-2、67、71、82、83-1、83-3、84、86、87 條條文；增訂 3-2～3-4 條條文；並刪除第 72、85-1 條條文；除第 18 條第 2～7 項自 112 年 7 月 1 日施行；第 42 條第 1 項第 3 款關於交付安置於適當之醫療機構、執行過渡性教育措施或其他適當措施之處所輔導部分及刪除之第 85-1 條自公布一年後施行外，餘自公布日施行

第一章　總　則

第 1 條（立法目的）

為保障少年健全之自我成長，調整其成長環境，並矯治其性格，特制定本法。

第 1 條之 1（本法適用範圍）

少年保護事件及少年刑事案件之處理，依本法之規定；本法未規定者，適用其他法律。

第 2 條（少年之定義）

本法稱少年者，謂十二歲以上十八歲未滿之人。

第 3 條（少年法院之管轄事件）

Ⅰ下列事件，由少年法院依本法處理之：

一　少年有觸犯刑罰法律之行為者。

二　少年有下列情形之一，而認有保障其健全自我成長之必要者：

㈠無正當理由經常攜帶危險器械。

㈡有施用毒品或迷幻物品之行為而尚未觸犯刑罰法律。

㈢有預備犯罪或犯罪未遂而為法所不罰之行為。

Ⅱ前項第二款所指之保障必要，應依少年之性格及成長環境、經常往來對象、參與團體、出入場所、生活作息、家庭功能、就學或就業等一切情狀而為判斷。

第 3 條之 1（成人陪同在場、兒童少年心理衛生或其他專業人士、通譯協助等表意權保障規定）

Ⅰ詢問或訊問少年時，應通知其法定代理人、現在保護少年之人或其他適當之人陪同在場。但經合法通知，無正當理由不到場或有急迫情況者，不在此限。

Ⅱ依法應於二十四小時內護送少年至少年法院之事件，等候前項陪同之人到場之時間不予計入，並應釋明其事由。但等候時間合計不得逾四小時。

Ⅲ少年因精神或其他心智障礙無法為完全之陳述者，必要時，得請兒童及少年心理衛生或其他專業人士協助。

Ⅳ少年不通曉詢問或訊問之人所使用之語言者，應由通譯傳譯之。其為聽覺、語言或多重障礙者，除由通譯傳譯外，並得以文字、手語或其他適當方式詢問或訊問，亦得許其以上開方式表達。

第 3 條之 2（詢問或訊問時應告知事項）

Ⅰ詢問或訊問少年時，應先告知下列事項：

一　所涉之觸犯刑罰法律事實及法條或有第三條第一項第二款各目事由；經告知後，認為應變更者，應再告知。

二　得保持緘默，無須違背自己之意思而為陳述。

三　得選任輔佐人；如依法令得請求法律扶助者，得請求之。

四　得請求調查有利之證據。

Ⅱ少年表示已選任輔佐人時，於被選任之人到場前，應即停止詢問或訊問。但少年及其法定代理人或現在保護少年之人請求或同意續行詢問或訊問者，不在此限。

第 3 條之 3（少年詢問、訊問、護送及等候過程，應與一般刑事案件嫌疑人或被告隔離）

詢問、訊問、護送少年或使其等候時，應與一般刑事案件之嫌疑人或被告隔離。但偵查、審判中認有對質、詰問之必要者，不在此限。

第 3 條之 4（連續詢問或訊問少年之限制）

Ⅰ連續詢問或訊問少年時，得有和緩之休息時間。

Ⅱ詢問或訊問少年，不得於夜間行之。但有下列情形之一者，不在此限：

一　有急迫之情形。

二　查驗其人有無錯誤。

三　少年、其法定代理人或現在保護少年之人請求立即詢問或訊問。

Ⅲ前項所稱夜間者，為日出前，日沒後。

第 4 條（應受軍事審判者之處理）
少年犯罪依法應受軍事審判者，得由少年法院依本法處理之。

第二章　少年法院之組織

第 5 條（少年法院之設置）
Ⅰ直轄市設少年法院，其他縣（市）得視其地理環境及案件多寡分別設少年法院。
Ⅱ尚未設少年法院地區，於地方法院設少年法庭。但得視實際情形，其職務由地方法院原編制內人員兼任，依本法執行之。
Ⅲ高等法院及其分院設少年法庭。

第 5 條之 1（少年法院各庭處室之設置）
少年法院分設刑事庭、保護庭、調查保護處、公設輔佐人室，並應配置心理測驗員、心理輔導員及佐理員。

第 5 條之 2（少年法院之組織、準用規定）
少年法院之組織，除本法有特別規定者外，準用法院組織法有關地方法院之規定。

第 5 條之 3（心理測驗員、輔導員及佐理員之職等）
Ⅰ心理測驗員、心理輔導員及佐理員配置於調查保護處。
Ⅱ心理測驗員、心理輔導員，委任第五職等至薦任第八職等。佐理員委任第三職等至薦任第六職等。

第 6 條（刪除）

第 7 條（院長、庭長及法官之遴選）
Ⅰ少年法院院長、庭長及法官、高等法院及其分院少年法庭庭長及法官、公設輔佐人，除須具有一般之資格外，應遴選具有少年保護之學識、經驗及熱忱者充之。
Ⅱ前項院長、庭長及法官遴選辦法，由司法院定之。

第 8 條（刪除）

第 9 條（少年調查官、少年保護官之職務）
Ⅰ少年調查官職務如左：
　一　調查、蒐集關於少年保護事件之資料。
　二　對於少年觀護所少年之調查事項。
　三　法律所定之其他事務。
Ⅱ少年保護官職務如左：
　一　掌理由少年保護官執行之保護處分。
　二　法律所定之其他事務。
Ⅲ少年調查官及少年保護官執行職務，應服從法官之監督。

第 10 條（處長之設置）
調查保護處置處長一人，由少年調查官或少年保護官兼任，綜理及分配少年調查及保護事務；其人數合計在六人以上者，應分組辦事，各組並以一人兼任組長，襄助處長。

第 11 條（心理測驗員、輔導員等人之職責）
心理測驗員、心理輔導員、書記官、佐理員及執達員隨同少年調查官或少年保護官執行職務者，應服從其監督。

第 12 條（刪除）

第 13 條（少年調查官、少年保護官之職等）
Ⅰ少年法院兼任處長或組長之少年調查官、少年保護官薦任第九職等或簡任第十職等，其餘少年調查官、少年保護官薦任第七職等至第九職等。
Ⅱ高等法院少年法庭少年調查官薦任第八職等至第九職等或簡任第十職等。

第三章　少年保護事件

第一節　調查及審理

第 14 條（土地管轄）
少年保護事件由行為地或少年之住所、居所或所在地之少年法院管轄。

第 15 條（移送管轄）
少年法院就繫屬中之事件，經調查後認為以由其他有管轄權之少年法院處理，可使少年受更適當之保護者，得以裁定移送於該管少年法院；受移受之法院，不得再行移送。

第 16 條（相牽連案件管轄之準用）
刑事訴訟法第六條第一項、第二項，第七條及第八條前段之規定，於少年保護事件準用之。

第 17 條（少年事件之報告）
不論何人知有第三條第一項第一款之事件者，得向該管少年法院報告。

第 18 條（少年事件之移送與處理之請求）
Ⅰ司法警察官、檢察官或法院於執行職務時，知有第三條第一項第一款之事件者，應移送該管少年法院。
Ⅱ司法警察官、檢察官或法院於執行職務時，知有第三條第一項第二款之情形者，得通知少年住所、居所或所在地之少年輔導委員會處理之。
Ⅲ對於少年有監督權人、少年之肄業學校、從事少年保護事業之機關或機構，發現少年有第三條第一項第二款之情形者，得通知少年住所、居所或所在地之少年輔導委員會處理之。
Ⅳ有第三條第一項第二款情形之少年，得請求住所、居所或所在地之少年輔導委員會協助之。
Ⅴ少年住所、居所或所在地之少年輔導委員會知悉少年有第三條第一項第二款情形之一者，應結合福利、教育、心理、醫療、衛生、戶政、警政、財政、金融管理、勞政、移民及其他相關資源，對少年施以適當期間之輔導。
Ⅵ前項輔導期間，少年輔導委員會如經評估認由少年法院處理，始能保障少年健全之自我成長者，得敘明理由並檢具輔導相關紀錄及有關資料，請求少年法院處理之，並持續依前項規定辦理。
Ⅶ直轄市、縣（市）政府少年輔導委員會應由具備社會工作、心理、教育、家庭教育或其他相關專業之人員，辦理第二項至第六項之事務；少年輔導委員會之設置、輔導方式、辦理事務、評估及請求少年法院處理等事項之辦法，由行政院會同司法院定之。
Ⅷ於中華民國一百十二年七月一日前，司法警察官、檢察官、法院、對於少年有監督權人、少年之肄業學校、從事少年保護事業之機關或機構，發現少年有第三條第一項第二款之情形者，得移送或請求少年法院處理之。

第19條（事件之調查）

Ⅰ少年法院接受移送、報告或請求之事件後，應先由少年調查官調查該少年與事件有關之行為、其人之品格、經歷、身心狀況、家庭情形、社會環境、教育程度以及其他必要之事項，於指定之期限內提出報告，並附具建議。
Ⅱ少年調查官調查之結果，不得採為認定事實之唯一證據。
Ⅲ少年調查官到庭陳述調查及處理之意見時，除有正當理由外，應由進行第一項之調查者為之。
Ⅳ少年法院訊問關係人時，書記官應製作筆錄。

第20條（審理獨任制）

少年法院審理少年保護事件，得以法官一人獨任行之。

第21條（傳喚與通知書之內容）

Ⅰ少年法院法官或少年調查官對於事件之調查，必要時得傳喚少年、少年之法定代理人或現在保護少年之人到場。
Ⅱ前項調查，應於相當期日前將調查之日、時及處所通知少年之輔佐人。
Ⅲ第一項之傳喚，應用通知書，記載左列事項，由法官簽名；其由少年調查官傳喚者，由少年調查官簽名：
一　被傳喚人之姓名、性別、年齡、出生地及住居所。
二　事由。
三　應到場之日、時及處所。
四　無正當理由不到場者，得強制其同行。
Ⅳ傳喚通知書應送達於被傳喚人。

第22條（同行書及其內容）

Ⅰ少年、少年之法定代理人或現在保護少年之人，經合法傳喚，無正當理由不到場者，少年法院法官得依職權或依少年調查官之請求發同行書，強制其到場。但少年有刑事訴訟法第七十六條所列各款情形之一，少年法院法官並認為必要時，得不經傳喚，逕發同行書，強制其到場。
Ⅱ同行書應記載左列事項，由法官簽名：
一　應同行人之姓名、性別、年齡、出生地、國民身分證字號、住居所及其他足資辨別之特徵。但年齡、出生地、國民身分證字號或住居所不明者，得免記載。
二　事由。
三　應與執行人同行到達之處所。
四　執行同行之期限。

第23條（同行書之執行）

Ⅰ同行書由執達員、司法警察官或司法警察執行之。
Ⅱ同行書應備三聯，執行同行時，應各以一聯交應同行人及其指定之親友，並應注意同行人之身體及名譽。
Ⅲ執行同行後，應於同行書內記載執行之處所及年、月、日；如不能執行者，記載其情形，由執行人簽名提出於少年法院。

第23條之1（協尋）

Ⅰ少年行蹤不明者，少年法院得通知各地區少年法院、檢察官、司法警察機關協尋之。但不得公告或登載報紙或以其他方法公開之。
Ⅱ協尋少年，應用協尋書，記載左列事項，由法官簽名：
一　少年之姓名、性別、年齡、出生地、國民身分證字號、住居所及其他足資辨別之特徵。但年齡、出生地、國民身分證字號或住居所不明者，得免記載。
二　事件之內容。
三　協尋之理由。
四　應護送之處所。
Ⅲ少年經尋獲後，少年調查官、檢察官、司法警察官或司法警察，得逕行護送少年至應到之處所。
Ⅳ協尋於其原因消滅或顯無必要時，應即撤銷。撤銷協尋之通知，準用第一項之規定。

第24條（刑訴法有關證據規定之準用）

刑事訴訟法關於人證、鑑定、通譯、勘驗、證據保全、搜索及扣押之規定，於少年保護事件性質不相違反者準用之。

第25條（執行職務之協助）

少年法院因執行職務，得請警察機關、自治團體、學校、醫院或其他機關、團體為必要之協助。

第26條（責付、觀護之處置）

少年法院於必要時，對於少年得以裁定為下列之處置：
一　責付於少年之法定代理人、家長、最近親屬、現在保護少年之人或其他適當之機關（構）、團體或個人，並得在事件終結前，交付少年調查官為適當之輔導。
二　命收容於少年觀護所進行身心評估及行為觀察，並提供鑑別報告。但以不能責付或以責付為顯不適當，而需收容者為限；少年、其法定代理人、現在保護少年之人或輔佐人，得隨時向少年法院聲請責付，以停止收容。

第 26 條之 1（收容書及其內容）

I 收容少年應用收容書。

II 收容書應記載左列事項，由法官簽名：

一　少年之姓名、性別、年齡、出生地、國民身分證字號、住居所及其他足資辨別之特徵。但年齡、出生地、國民身分證字號或住居所不明者，得免記載。

二　事件之內容。

三　收容之理由。

四　應收容之處所。

III 第二十三條第二項之規定，於執行收容準用之。

第 26 條之 2（收容之期間）

I 少年觀護所收容少年之期間，調查或審理中均不得逾二月。但有繼續收容之必要者，得於期間未滿前，由少年法院裁定延長之；延長收容期間不得逾一月，以一次為限。收容之原因消滅時，少年法院應依職權或依少年、其法定代理人、現在保護少年之人或輔佐人之聲請，將命收容之裁定撤銷之。

II 事件經抗告者，抗告法院之收容期間，自卷宗及證物送交之日起算。

III 事件經發回者，其收容及延長收容之期間，應更新計算。

IV 裁定後送交前之收容期間，算入原審法院之收容期間。

V 少年觀護所之人員，應於職前及在職期間接受包括少年保護之相關專業訓練；所長、副所長、執行鑑別及教導業務之主管人員，應遴選具有少年保護之學識、經驗及熱忱者充任。

VI 少年觀護所之組織、人員之遴聘及教育訓練等事項，以法律定之。

第 27 條（移送於檢察官之情形）

I 少年法院依調查之結果，認少年觸犯刑罰法律，且有左列情形之一者，應以裁定移送於有管轄權之法院檢察署檢察官。

一　犯最輕本刑為五年以上有期徒刑之罪者。

二　事件繫屬後已滿二十歲者。

II 除前項情形外，少年法院依調查之結果，認犯罪情節重大，參酌其品行、性格、經歷等情狀，以受刑事處分為適當者，得以裁定移送於有管轄權之法院檢察署檢察官。

III 前二項情形，於少年犯罪時未滿十四歲者，不適用之。

第 28 條（應不付審理之裁定）

I 少年法院依調查之結果，認為無付保護處分之原因或以其他事由不應付審理者，應為不付審理之裁定。

II 少年因心神喪失而為前項裁定者，得令入相當處所實施治療。

第 29 條（得不付審理之裁定）

I 少年法院依少年調查官調查之結果，認為情節輕微，以不付審理為適當者，得為不付審理之裁定，並為下列處分：

一　告誡。

二　交付少年之法定代理人或現在保護少年之人嚴加管教。

三　轉介福利、教養機構、醫療機構、執行過渡性教育措施或其他適當措施之處所為適當之輔導。

II 前項處分，均交由少年調查官執行之。

III 少年法院為第一項裁定前，得斟酌情形，經少年、少年之法定代理人及被害人之同意，轉介適當機關、機構、團體或個人進行修復，或使少年為下列各款事項：

一　向被害人道歉。

二　立悔過書。

三　對被害人之損害負賠償責任。

IV 前項第三款之事項，少年之法定代理人應負連帶賠償之責任，並得為民事強制執行之名義。

第 30 條（開始審理之裁定）

少年法院依調查之結果，認為應付審理者，應為開始審理之裁定。

第 31 條（輔佐人）

I 少年或少年之法定代理人或現在保護少年之人，得隨時選任少年之輔佐人。

II 犯最輕本刑為三年以上有期徒刑之罪，未經選任輔佐人者，少年法院應指定適當之人輔佐少年。其他案件認有必要者亦同。

III 前項案件，選任輔佐人無正當理由不到庭者，少年法院亦得指定之。

IV 前兩項指定輔佐人之案件，而該地區未設置公設輔佐人時，得由少年法院指定適當之人輔佐少年。

V 公設輔佐人準用公設辯護人條例有關規定。

VI 少年保護事件中之輔佐人，於與少年保護事件性質不相違反者，準用刑事訴訟法辯護人之相關規定。

第 31 條之 1（輔佐人之選任應得少年法院同意）

選任非律師為輔佐人者，應得少年法院之同意。

第 31 條之 2（協助促成少年健全成長）

輔佐人除保障少年於程序上之權利外，應協助少年法院促成少年之健全成長。

第 32 條（審理期日之傳喚及通知）

I 少年法院審理事件應定審理期日。審理期日應傳喚少年、少年之法定代理人或現在保護少年之人，並通知少年之輔佐人。

II 少年法院指定審理期日時，應考慮少年、少年之法定代理人、現在保護少年之人或輔佐人準備審理所需之期間。但經少年及其法定代理人或現在保護少年之人之同意，得及時開始審理。

III第二十一條第三項、第四項之規定，於第一項傳喚準用之。

第 33 條（審理筆錄之製作）

審理期日，書記官應隨同法官出席，製作審理筆錄。

第 34 條（秘密審理與旁聽人員）

調查及審理不公開。但得許少年之親屬、學校教師、從事少年保護事業之人或其他認爲相當之人在場旁聽。

第 35 條（審理態度）

審理應以和藹懇切之態度行之。法官參酌事件之性質與少年之身心、環境狀態，得不於法庭內進行審理。

第 36 條（法定代理人之陳述意見）

審理期日訊問少年時，應予少年之法定代理人或現在保護少年之人及輔佐人陳述意見之機會。

第 37 條（調查證據）

I審理期日，應調查必要之證據。

II少年應受保護處分之原因、事實，應依證據認定之。

第 38 條（陳述時之處置）

I少年法院認爲必要時，得爲下列處置：

一　少年爲陳述時，不令少年以外之人在場。

二　少年以外之人爲陳述時，不令少年在場。

II前項少年爲陳述時，少年法院應依其年齡及成熟程度權衡其意見。

第 39 條（少年調查官之陳述）

I少年調查官應於審理期日出庭陳述調查及處理之意見。

II年法院不採少年調查官陳述之意見者，應於裁定中記載不採之理由。

第 40 條（移送之裁定）

少年法院依審理之結果，認爲事件有第二十七條第一項之情形者，應爲移送之裁定；有同條第二項之情形者，得爲移送之裁定。

第 41 條（不付保護處分之裁定）

I少年法院依審理之結果，認爲事件不應或不宜付保護處分者，應裁定諭知不付保護處分。

II第二十八條第二項、第二十九條第三項、第四項之規定，於少年法院認爲事件不宜付保護處分，而依前項規定爲不付保護處分裁定之情形準用之。

第 42 條（保護處分及禁戒治療之裁定）

I少年法院審理事件，除爲前二條處置者外，應對少年以裁定諭知下列之保護處分：

一　訓誡，並得予以假日生活輔導。

二　交付保護管束並得命爲勞動服務。

三　交付安置於適當之福利、教養機構、醫療機構、執行過渡性教育措施或其他適當措施之處所輔導。

四　令入感化教育處所施以感化教育。

II少年有下列情形之一者，得於爲前項保護處分之前或同時諭知下列處分：

一　少年施用毒品或迷幻物品成癮，或有酗酒習慣者，令入相當處所實施禁戒。

二　少年身體或精神狀態顯有缺陷者，令入相當處所實施治療。

III第一項處分之期間，毋庸諭知。

IV第二十九條第三項、第四項之規定，於少年法院依第一項爲保護處分之裁定情形準用之。

V少年法院爲第一項裁定前，認有必要時，得徵詢適當之機關（構）、學校、團體或個人之意見，亦得召開協調、諮詢或整合符合少年所需之福利服務、安置輔導、衛生醫療、就學、職業訓練、就業服務、家庭處遇計畫或其他資源與服務措施之相關會議。

VI前項規定，於第二十六條、第二十八條、第二十九條第一項、第四十一條第一項、第四十四條第一項、第五十一條第三項、第五十五條第一項、第四項、第五十五條之二第二項至第五項、第五十五條之三　第五十六條第一項及第三項情形準用之。

第 43 條（沒收規定之準用）

I刑法及其他法律有關沒收之規定，於第二十八條、第二十九條、第四十一條及前條之裁定準用之。

II少年法院認供第三條第一項第二款各目行爲所用或所得之物不宜發還者，得沒收之。

第 44 條（觀察之裁定）

I少年法院爲決定宜否爲保護處分或應爲何種保護處分，認有必要時，得以裁定將少年交付少年調查官爲六月以內期間之觀察。

II前項觀察，少年法院得徵詢少年調查官之意見，將少年交付適當之機關、學校、團體或個人爲之，並受少年調查官之指導。

III少年調查官應將觀察結果，附具建議提出報告。

IV少年法院得依職權或少年調查官之請求，變更觀察期間或停止觀察。

第 45 條（另有裁判處分之撤銷）

I受保護處分之人，另受有期徒刑以上刑之宣告確定者，爲保護處分之少年法院，得以裁定將該處分撤銷之。

II受保護處分之人，另受保安處分之宣告確定者，爲保護處分之少年法院，應以裁定定其應執行之處分。

第 46 條（定應執行之處分與處分之撤銷）

I受保護處分之人，復受另件保護處分，分別確定者，後爲處分之少年法院，得以裁定定其應執行之處分。

II 依前項裁定為執行之處分者，其他處分無論已否開始執行，視為撤銷。

第 47 條（無審判權之撤銷保護處分）

I 少年法院為保護處分後，發見其無審判權者，應以裁定將該處分撤銷之，移送於有審判權之機關。

II 保護處分之執行機關，發見足認為有前項情形之資料者，應通知該少年法院。

第 48 條（裁定之送達）

少年法院所為裁定，應以正本送達於少年、少年之法定代理人或現在保護少年之人、輔佐人及被害人，並通知少年調查官。

第 49 條（送達方法）

I 文書之送達，除本法另有規定外，適用民事訴訟法關於送達之規定。

II 前項送達，對少年、少年之法定代理人、現在保護少年之人、輔佐人，及依法不得揭露足以識別其身分資訊之被害人或其法定代理人，不得為公示送達。

III 文書之送達，不得於信封、送達證書、送達通知書或其他對外揭示之文書上，揭露足以使第三人識別少年或其他依法應保密其身分者之資訊。

第二節　保護處分之執行

第 50 條（訓誡之執行及假日生活輔導）

I 對於少年之訓誡，應由少年法院法官向少年指明其不良行為，曉諭以將來應遵守之事項，並得命立悔過書。

II 行訓誡時，應通知少年之法定代理人或現在保護少年之人及輔佐人到場。

III 少年之假日生活輔導為三次至十次，由少年法院交付少年保護官於假日為之，對少年施以個別或群體之品德教育，輔導其學業或其他作業，並得命為勞動服務，使其養成勤勉習慣及守法精神；其次數由少年保護官視其輔導成效而定。

IV 前項假日生活輔導，少年法院得依少年保護官之意見，將少年交付適當之機關、團體或個人為之，受少年保護官之指導。

第 51 條（保護管束之執行）

I 對於少年之保護管束，由少年保護官掌理之；少年保護官應告少年以應遵守之事項，與之常保接觸，注意其行動，隨時加以指示；並就少年之教養、醫治疾病、謀求職業及改善環境，予以相當輔導。

II 少年保護官因執行前項職務，應與少年之法定代理人或現在保護少年之人為必要之洽商。

III 少年法院得依少年保護官之意見，將少年交付適當之福利或教養機構、慈善團體、少年之最近親屬或其他適當之人保護管束，受少年保護官之指導。

第 52 條（感化教育之執行）

I 對於少年之交付安置輔導及施以感化教育時，由少年法院依其行為性質、身心狀況、學業程度及其他必要事項，分類交付適當之福利、教養機構、醫療機構、執行過渡性教育措施、其他適當措施之處所或感化教育機構執行之，受少年法院之指導。

II 感化教育機構之組織及其教育之實施，以法律定之。

第 53 條（保護管束及感化教育之期間）

保護管束與感化教育之執行，其期間均不得逾三年。

第 54 條（轉介輔導及保護處分之限制）

I 少年轉介輔導處分及保護處分之執行，至多執行至滿二十一歲為止。

II 執行安置輔導之福利及教養機構之設置及管理辦法，由兒童及少年福利機構之中央主管機關定之。

第 55 條（保護管束之考核）

I 保護管束之執行，已逾六月，著有成效，認無繼續之必要者，或因事實上原因，以不繼續執行為宜者，少年保護官得檢具事證，聲請少年法院免除其執行。

II 少年、少年之法定代理人、現在保護少年之人認保護管束之執行有前項情形時，得請求少年保護官為前項之聲請，除顯無理由外，少年保護官不得拒絕。

III 少年在保護管束執行期間，違反應遵守之事項，不服從勸導達二次以上，而有觀察之必要者，少年保護官得聲請少年法院裁定留置少年於少年觀護所中，予以五日以內之觀察。

IV 少年在保護管束期間違反應遵守之事項，情節重大，或曾受前項觀察處分後，再違反應遵守之事項，足認保護管束難收效果者，少年保護官得聲請少年法院裁定撤銷保護管束，將所餘之執行期間令入感化處所施以感化教育，其所餘之期間不滿六月者，應執行至六月。

第 55 條之 1（勞動服務）

保護管束所命之勞動服務為三小時以上五十小時以下，由少年保護官執行，其期間視輔導之成效而定。

第 55 條之 2（安置輔導）

I 第四十二條第一項第三款之安置輔導為二月以上二年以下。

II 前項執行已逾二月，著有成效，認無繼續執行之必要者，或有事實上原因以不繼續執行為宜者，少年保護官、負責安置輔導之福利、教養機構、醫療機構、執行過渡性教育措施或其他適當措施之處所、少年、少年之法定代理人或現在保護少年之人得檢具事證，聲請少年法院免除其執行。

Ⅲ安置輔導期滿，少年保護官、負責安置輔導之福利、教養機構、醫療機構、執行過渡性教育措施或其他適當措施之處所、少年、少年之法定代理人或現在保護少年之人認有繼續安置輔導之必要者，得聲請少年法院裁定延長，延長執行之次數以一次為限，其期間不得逾二年。

Ⅳ第一項執行已逾二月，認有變更安置輔導之福利、教養機構、醫療機構、執行過渡性教育措施或其他適當措施之處所之必要者，少年保護官、少年、少年之法定代理人或現在保護少年之人得檢具事證或敘明理由，聲請少年法院裁定變更。

Ⅴ少年在安置輔導期間違反應遵守之事項，情節重大，或曾受第五十五條之三留置觀察處分後，再違反應遵守之事項，足認安置輔導難收效果者，少年保護官、負責安置輔導之福利、教養機構、醫療機構、執行過渡性教育措施或其他適當措施之處所、少年之法定代理人或現在保護少年之人得檢具事證，聲請少年法院裁定撤銷安置輔導，將所餘之執行期間令入感化處所施以感化教育，其所餘之期間不滿六月者，應執行至六月。

第 55 條之 3（聲請核發勸導書）

少年無正當理由拒絕接受第二十九條第一項或第四十二條第一項第一款、第三款之處分，少年調查官、少年保護官、少年之法定代理人或現在保護少年之人、福利、教養機構、醫療機構、執行過渡性教育措施或其他適當措施之處所，得聲請少年法院核發勸導書，經勸導無效者，各該聲請人得聲請少年法院裁定留置少年於少年觀護所中，予以五日內之觀察。

第 56 條（感化教育之免除或停止執行）

Ⅰ執行感化教育已逾六月，認無繼續執行之必要者，得由少年保護官或執行機關檢具事證，聲請少年法院裁定免除或停止其執行。

Ⅱ少年或少年之法定代理人認感化教育之執行有前項情形時，得請求少年保護官為前項之聲請，除顯無理由外，少年保護官不得拒絕。

Ⅲ第一項停止感化教育之執行者，所餘之執行時間，應由少年法院裁定交付保護管束。

Ⅳ第五十五條之規定，於前項之保護管束準用之；依該條第四項應繼續執行感化教育時，其停止期間不算入執行期間。

第 57 條（保護處分等之執行）

Ⅰ第二十九條第一項之處分、第四十二條第一項第一款之處分及第五十五條第三項或第五十五條之三之留置觀察，應自處分裁定之日起，二年內執行之；逾期免予執行。

Ⅱ第四十二條第一項第二款、第三款、第四款及同條第二項之處分，自應執行之日起，經過三年未執行者，非經少年法院裁定應執行時，不得執行之。

第 58 條（禁戒治療之期間及執行）

Ⅰ第四十二條第二項第一款、第二款之處分期間，以戒絕治癒或至滿二十歲為止。但認無繼續執行之必要者，少年法院得免除之。

Ⅱ前項處分與保護管束一併諭知者，同時執行之；與安置輔導或感化教育一併諭知者，先執行之。但其執行無礙於安置輔導或感化教育之執行者，同時執行之。

Ⅲ依禁戒或治療處分之執行，少年法院認為無執行保護處分之必要者，得免其保護處分之執行。

第 59 條（轉介處分、保護處分或留置觀察執行之通知）

Ⅰ少年法院法官因執行轉介處分、保護處分或留置觀察，於必要時，得對少年發通知書、同行書或請有關機關協尋之。

Ⅱ少年保護官因執行保護處分，於必要時得對少年發通知書。

Ⅲ第二十一條第三項、第四項、第二十二條第二項、第二十三條及第二十三條之一規定，於前二項通知書、同行書及協尋書準用之。

第 60 條（教養費用之負擔及執行）

Ⅰ少年法院諭知保護處分之裁定確定後，其執行保護處分所需教養費用，得斟酌少年本人或對少年負扶養義務人之資力，以裁定命其負擔全部或一部；其特殊清寒無力負擔者，豁免之。

Ⅱ前項裁定，得為民事強制執行名義，由少年法院囑託各該法院民事執行處強制執行，免徵執行費。

第三節　抗告及重新審理

第 61 條（抗告）

少年、少年之法定代理人、現在保護少年之人或輔佐人，對於少年法院所為下列之裁定有不服者，得提起抗告。但輔佐人提起抗告，不得與選任人明示之意思相反：

一　第二十六條第一款交付少年調查官為適當輔導之裁定。

二　第二十六條第二款命收容或駁回聲請責付之裁定。

三　第二十六條之二第一項延長收容或駁回聲請撤銷收容之裁定。

四　第二十七條第一項、第二項之裁定。

五　第二十九條第一項之裁定。

六　第四十條之裁定。

七　第四十二條之處分。

八　第五十五條第三項、第五十五條之三留置觀察之裁定及第五十五條第四項之撤銷保護管束執行感化教育之處分。

九　第五十五條之二第三項延長安置輔導期間之裁

定、第五項撤銷安置輔導執行感化教育之處分。
十　駁回第五十六條第一項聲請免除或停止感化教育執行之裁定。
十一　第五十六條第四項命繼續執行感化教育之處分。
十二　第六十條命負擔教養費用之裁定。

第62條（被害人之抗告）
Ⅰ少年行爲之被害人或其法定代理人，對於少年法院之左列裁定，得提起抗告：
一　依第二十八條第一項所爲不付審理之裁定。
二　依第二十九條第一項所爲不付審理，並爲轉介輔導、交付嚴加管教或告誡處分之裁定。
三　依第四十一條第一項諭知不付保護處分之裁定。
四　依第四十二條第一項諭知保護處分之裁定。
Ⅱ被害人已死亡或有其他事實上之原因不能提起抗告者，得由其配偶、直系血親、三親等內之旁系血親、二親等內之姻親或家長家屬提起抗告。

第63條（抗告管轄法院）
Ⅰ抗告以少年法院之上級法院爲管轄法院。
Ⅱ對於抗告法院之裁定，不得再行抗告。

第64條（刑訴法抗告之準用）
Ⅰ抗告期間爲十日，自送達裁定後起算。但裁定宣示後送達前之抗告亦有效力。
Ⅱ刑事訴訟法第四百零七條至第四百十四條及本章第一節有關之規定，於本節抗告準用之。

第64條之1（重新審理）
Ⅰ諭知保護處分之裁定確定後，有左列情形之一，認爲應不付保護處分者，少年保護官、少年、少年之法定代理人、現在保護少年之人或輔佐人得聲請爲保護處分之少年法院重新審理：
一　適用法規顯有錯誤，並足以影響裁定之結果者。
二　因發見確實之新證據，足認受保護處分之少年，應不付保護處分者。
三　有刑事訴訟法第四百二十條第一項第一款、第二款、第四款或第五款所定得爲再審之情形者。
Ⅱ刑事訴訟法第四百二十三條、第四百二十九條、第四百三十條前段、第四百三十一條至第四百三十四條、第四百三十五條第一項、第二項、第四百三十六條之規定，於前項之重新審理程序準用之。
Ⅲ爲保護處分之少年法院發見有第一項各款所列情形之一者，亦得依職權爲應重新審理之裁定。
Ⅳ少年受保護處分之執行完畢後，因重新審理之結果，須受刑事訴追者，其不利益不及於少年，毋庸裁定移送於有管轄權之法院檢察署檢察官。

第64條之2（重新審理）
Ⅰ諭知不付保護處分之裁定確定後有下列情形之一，認爲應諭知保護處分者，少年行爲之被害人或其法定代理人得聲請爲不付保護處分之少年法院重新審理：
一　有刑事訴訟法第四百二十二條第一款得爲再審之情形。
二　經少年自白或發見確實之新證據，足認其有第三條第一項行爲應諭知保護處分。
Ⅱ刑事訴訟法第四百二十九條、第四百三十一條至第四百三十四條、第四百三十五條第一項、第二項及第四百三十六條之規定，於前項之重新審理程序準用之。
Ⅲ爲不付保護處分之少年法院發見有第一項各款所列情形之一者，亦得依職權爲應重新審理之裁定。
Ⅳ第一項或前項之重新審理於諭知不付保護處分之裁定確定後，經過一年者不得爲之。

第四章　少年刑事案件

第65條（少年刑事案件之範圍及自訴之禁止）
Ⅰ對於少年犯罪之刑事追訴及處罰，以依第二十七條第一項、第二項移送之案件爲限。
Ⅱ刑事訴訟法關於自訴之規定，於少年刑事案件不適用之。
Ⅲ本章之規定，於少年犯罪後已滿十八歲者適用之。

第66條（開始偵查）
檢察官受理少年法院移送之少年刑事案件，應即開始偵查。

第67條（起訴與不起訴處分）
Ⅰ檢察官依偵查之結果，對於少年犯最重本刑五年以下有期徒刑之罪，參酌刑法第五十七條有關規定，認以不起訴處分而受保護處分爲適當者，得爲不起訴處分，移送少年法院依少年保護事件審理；認應起訴者，應向少年法院提起公訴。
Ⅱ前項經檢察官爲不起訴處分而移送少年法院依少年保護事件審理之案件，如再經少年法院裁定移送，檢察官不得依前項規定，再爲不起訴處分而移送少年法院依少年保護事件審理。

第68條（刪除）

第69條（同一事件之處理）
對於少年犯罪已依第四十二條爲保護處分者，不得就同一事件再爲刑事追訴或處罰。但其保護處分經依第四十五條或第四十七條之規定撤銷者，不在此限。

第70條（偵查及審判之程序）
少年刑事案件之偵查及審判，準用第三章第一節及第三節有關之規定。

第71條（羈押之限制）
Ⅰ少年被告非有不得已情形，不得羈押之。

II 少年被告應羈押於少年觀護所。於年滿二十歲時，應移押於看守所。
III 少年刑事案件，前於法院調查及審理中之收容，視爲未判決前之羈押，準用刑法第三十七條之二折抵刑期之規定。

第 72 條（刪除）

第 73 條（秘密審判）

I 審判得不公開之。
II 第三十四條但書之規定，於審判不公開時準用之。
III 少年、少年之法定代理人或現在保護少年之人請求公開審判者，除有法定不得公開之原因外，法院不得拒絕。

第 74 條（免刑及免刑後之處分）

I 法院審理第二十七條之少年刑事案件，對於少年犯最重本刑十年以下有期徒刑之罪，如顯可憫恕，認爲依刑法第五十九條規定減輕其刑仍嫌過重，且以受保護處分爲適當者，得免除其刑，諭知第四十二條第一項第二款至第四款之保護處分，並得同時諭知同條第二項各款之處分。
II 前項處分之執行，適用第三章第二節有關之規定。

第 75 條至第 77 條（刪除）

第 78 條（宣告褫奪公權之禁止）

I 對於少年不得宣告褫奪公權及強制工作。
II 少年受刑之宣告，經執行完畢或赦免者，適用關於公權資格之法令時，視爲未曾犯罪。

第 79 條（宣告緩刑之要件）

刑法第七十四條緩刑之規定，於少年犯罪受三年以下有期徒刑、拘役或罰金之宣告者適用之。

第 80 條（執行徒刑應注意事項）

少年受刑人徒刑之執行，應注意監獄行刑法第三條、第八條及第三十九條第二項之規定。

第 81 條（假釋之要件）

I 少年受徒刑之執行而有悛悔實據者，無期徒刑逾七年後，有期徒刑逾執行期三分之一後，得予假釋。
II 少年於本法施行前，已受徒刑之執行者，或在本法施行前受徒刑宣告確定之案件於本法施行後受執行者，準用前項之規定。

第 82 條（緩刑假釋中保護管束之執行）

I 少年在緩刑或假釋期中應付保護管束。
II 前項保護管束，於受保護管束人滿二十三歲前，由檢察官囑託少年法院少年保護官執行之。

第五章　附　則

第 83 條（少年事件之保密）

I 任何人不得於媒體、資訊或以其他公示方式揭示有關少年保護事件或少年刑事案件之記事或照片，使閱者由該項資料足以知悉其人爲該保護事件受調查、審理之少年或該刑事案件之被告。
II 違反前項規定者，由主管機關依法予以處分。

第 83 條之 1（紀錄之塗銷）

I 少年受第二十九條第一項之處分執行完畢二年後，或受保護處分或刑之執行完畢或赦免三年後，或受不付審理或不付保護處分之裁定確定後，視爲未曾受各該宣告。
II 少年有前項或下列情形之一者，少年法院應通知保存少年前案紀錄及有關資料之機關、機構及團體，將少年之前案紀錄及有關資料予以塗銷：
一　受緩刑之宣告期滿未經撤銷，或受無罪、免訴、不受理判決確定。
二　經檢察機關將緩起訴處分期滿，未經撤銷之事由通知少年法院。
三　經檢察機關將不起訴處分確定，毋庸移送少年法院依少年保護事件審理之事由通知少年法院。
III 前項紀錄及資料，除下列情形或本法另有規定外，少年法院及其他任何機關、機構、團體或個人不得提供：
一　爲少年本人之利益。
二　經少年本人同意，並應依其年齡及身心發展程度衡酌其意見；必要時得聽取其法定代理人或現在保護少年之人之意見。
IV 少年之前案紀錄及有關資料之塗銷、利用、保存、提供、統計及研究等相關事項之辦法，由司法院定之。

第 83 條之 2（未將紀錄塗銷之處罰）

違反前條規定未將少年之前科紀錄及有關資料塗銷或無故提供者，處六月以下有期徒刑、拘役或新臺幣三萬元以下罰金。

第 83 條之 3（驅逐出境）

I 外國少年受轉介處分、保護處分、緩刑或假釋期內交付保護管束者，少年法院得裁定以驅逐出境代之。
II 前項裁定，得由少年調查官或少年保護官聲請；裁定前，應予少年、其法定代理人或現在保護少年之人陳述意見之機會。但經合法通知，無正當理由不到場者，不在此限。
III 對於第一項裁定，得提起抗告，並準用第六十一條、第六十三條及第六十四條之規定。
IV 驅逐出境由司法警察機關執行之。

第 84 條（少年法定代理人或監護人之處罰）

I 少年之法定代理人，因忽視教養，致少年有第三條第一項之情形，而受保護處分或刑之宣告，或致保護處分之執行難收效果者，少年法院得裁定命其接受八小時以上五十小時以下之親職教育輔導，以強化其親職功能。
II 少年法院爲前項親職教育輔導裁定前，認爲必要時，得先命少年調查官就忽視教養之事實，提出調查報告並附具建議。

Ⅲ親職教育輔導之執行，由少年法院交付少年保護官為之，並得依少年保護官之意見，交付適當之機關、團體或個人為之，受少年保護官之指導。

Ⅳ親職教育輔導應於裁定之日起三年內執行之；逾期免予執行，或至多執行至少年滿二十歲為止。但因事實上原因以不繼續執行為宜者，少年保護官得檢具事證，聲請少年法院免除其執行。

Ⅴ拒不接受親職教育輔導或時數不足者，少年法院得裁定處新臺幣六千元以上三萬元以下罰鍰；經再通知仍不接受者，得按次連續處罰，至其接受為止。其經連續處罰三次以上者，並得裁定公告法定代理人之姓名。

Ⅵ前項罰鍰之裁定，得為民事強制執行名義，由少年法院囑託各該地方法院民事執行處強制執行之，免徵執行費。

Ⅶ少年之法定代理人或監護人有第一項情形，情況嚴重者，少年法院並得裁定公告其姓名。

Ⅷ第一項、第五項及前項之裁定，受處分人得提起抗告，並準用第六十三條、第六十四條之規定。

第 85 條（重懲成年犯之條件）

Ⅰ成年人教唆、幫助或利用未滿十八歲之人犯罪或與之共同實施犯罪者，依其所犯之罪，加重其刑至二分之一。

Ⅱ少年法院得裁定命前項之成年人負擔第六十條第一項教養費用全部或一部，並得公告其姓名。

第 85 條之 1（刪除）

第 86 條（補助法規之制定）

Ⅰ本法施行細則，由司法院會同行政院定之。

Ⅱ少年保護事件審理細則，由司法院定之。

Ⅲ少年法院與相關行政機關處理少年事件聯繫辦法，由司法院會同行政院定之。

Ⅳ少年偏差行為之輔導及預防辦法，由行政院會同司法院定之。

第 87 條（施行日）

Ⅰ本法自中華民國六十年七月一日施行。

Ⅱ本法修正條文，除中華民國一百零八年五月三十一日修正公布之第十八條第二項至第七項自一百十二年七月一日施行；第四十二條第一項第三款關於交付安置於適當之醫療機構、執行過渡性教育措施或其他適當措施之處所輔導部分及刪除第八十五條之一自公布一年後施行外，自公布日施行。

少年法院（庭）與司法警察機關處理少年事件聯繫辦法

1.中華民國 88 年 7 月 14 日司法院函修正發布名稱及全文 22 條；並自發布日起施行（原名稱：地方法院少年法庭與司法警察機關處理少年事件聯繫辦法）
2.中華民國 90 年 5 月 30 日司法院令修正發布第 2 條條文
3.中華民國 91 年 3 月 12 日司法院令修正發布第 4 條條文；並自發布日起施行
4.中華民國 92 年 1 月 22 日司法院、行政院令會銜修正發布第 1 條條文

第 1 條

少年法院（庭）依少年事件處理法處理少年事件與司法警察機關之聯繫，適用本辦法之規定；本辦法未規定者，準用檢察官與司法警察機關執行職務聯繫辦法之規定。

第 2 條

I 司法警察機關依少年事件處理法第十八條第一項，將少年事件移送少年法院（庭）處理時，應將該少年、少年之法定代理人或現在保護少年之人之姓名、出生年月日、出生地、國民身分證統一編號、住居所、電話號碼，及少年觸犯刑罰法律或虞犯之事實、證據，分別詳為記載，並附具該少年之素行調查表，連同贓證物品，隨案移送。

II 司法警察機關對於觸犯刑罰法律之少年，於其滿十八歲後，二十歲未滿前，應移送該管少年法院處理。

第 3 條

司法警察官或司法警察如需經法官同意始得於夜間詢問少年者，應先以電話、傳真或其他適當方式報請法官許可，並將許可之書面、電話紀錄或傳真覆函附於警卷內。

第 4 條

I 司法警察機關逮捕、拘提少年，應自逮捕、拘提時起二十四小時內，指派妥適人員，將少年連同卷證，送請少年法院（庭）處理。但法官命其即時解送者，應即解送。

II 前項情形，其關係人之談話筆錄或有關證據，如因情形緊急，不及蒐集調查者，得由原承辦之司法警察機關，於三日內補送之。

第 5 條

司法警察官、司法警察逮捕或接受符合刑事訴訟法第九十二條第二項但書所定之少年現行犯、準現行犯，得填載不解送報告書，以傳真或其他適當式，報請法官許可後，不予解送，逕行釋放。但法官未許可者，應即解送。

第 6 條

司法警察官、司法警察依前條規定不解送少年時，應將法官批示許可不解送報告書附於警卷內，檢同相關卷證於七日內將案件移送該管少年法院（庭）處理。

第 7 條

法官對於司法警察官或司法警察移送或報告之少年事件，認為調查未完備者，得於收案後十日內以書面敘明應調查或補足之部分，並指定期間將卷證發回命其補足或發交其他司法警察官或司法警察調查。司法警察官或司法警察應於限定之期間內補正。

第 8 條

少年事件與一般刑事案件相牽連者，司法警察機關應分別移送該管少年法院（庭）處理及該管檢察署偵辦，並應於各該移送書內分別敘明。證物如無法分別移送者，尤應註明其去處，並應製作影本、繕本或照片附卷。

第 9 條

司法警察機關將少年事件移送少年法院（庭）處理後，如續發現有關證據或其他可供參考之資料，應儘速調查蒐集補送。

第 10 條

少年法院（庭）為執行同行，實施勘驗、搜索、扣押，或因執行其他職務得以書面、言詞或其他適當方式，請求司法警察機關為必要之協助，司法警察機關應予協助。

第 11 條

司法警察官或司法警察執行同行時，應於同行書記載之期限內執行之。如不能執行者，應於同行書內記載其情形並簽名，於上開期限屆滿後三日內提出少年法院（庭）。

第 12 條

少年法院（庭）因少年行蹤不明，通知司法警察機關協尋，或因協尋原因消滅或顯無必要而撤銷協尋時，應將協尋或撤銷協尋書密送各地司法警察機關。

第 13 條

少年法院（庭）認為必要時，得將傳喚通知書或其他文件準用刑事訴訟文書送達有關規定，囑託司法警察機關送達。

第 14 條

司法警察機關接受少年法院（庭）通知塗銷少年前

科紀錄及有關資料時，應即塗銷。

第 15 條

司法警察機關接受少年法院（庭）通知執行外國少年驅逐出境時，應儘速執行。

第 16 條

少年調查官、少年保護官執行職務，請求司法警察機關協助時，司法警察機關應予協助。

第 17 條

司法警察機關處理少年事件，發生法律上疑義時，得隨時以書面、言詞、電話或傳真文件，請求法官解答或指示。

第 18 條

司法警察機關移送少年法院（庭）處理之少年事件，少年法院（庭）於事件終結時，應將裁判送達移送之司法警察機關。

第 19 條

少年法院（庭）與司法警察機關，對於辦理該管區少年事件，應隨時聯繫，必要時得召開聯席會。

第 20 條

少年法院（庭）法官處理少年保護事件，得準用調度司法警察條例之規定。

第 21 條

對於協助少年法院（庭）執行職務之司法警察官或司法警察，該管法院院長應依調度司法警察條例之規定，切實獎懲。

第 22 條

本辦法自發布日施行。

通訊保障及監察法

1.中華民國88年7月14日總統令制定公布全文34條；並自公布日起施行
2.中華民國95年5月30日總統令修正公布第5、34條條文；並自95年7月1日施行
3.中華民國96年7月11日總統令修正公布第5～7、11、12、14～17、32、34條條文；並自公布後五個月施行
4.中華民國103年1月29日總統令修正公布第1、5～7、12、13、15、16、18、27、32條條文；並增訂第3-1、11-1、16-1、18-1及32-1條條文；並自公布後五個月施行
5.中華民國105年4月13日總統令修正公布第5、34條條文
中華民國105年12月14日行政院令發布定自106年1月1日施行
6.中華民國107年5月23日總統令公布刪除第26條條文

第1條（立法目的）
為保障人民秘密通訊自由及隱私權不受非法侵害，並確保國家安全，維護社會秩序，特制定本法。

第2條（通訊監察之限度）
I 通訊監察，除為確保國家安全、維持社會秩序所必要者外，不得為之。
II 前項監察，不得逾越所欲達成目的之必要限度，且應以侵害最少之適當方法為之。

❖ 法學概念

通訊監察中之最小侵害原則

最小侵害原則的基本概念為，在諸多可以達成強制處分的手段中，必須要選擇對於相對人權益侵害最小的方式為之。若是以侵害較小的方式就可達成目的，則使用較強的手段便只是造成相對人不合理且過度的侵害，不當影響其基本權利而已，沒有任何正當性可言。舉例來說，刑事訴訟法第133條第2項規定，被搜索人依提出命令提出搜索票上記載應扣押之護照、證件或古董等類特定物件，執法人員若仍執意進行搜索，便屬不必要且不合理的隱私侵害。又如，已經扣得搜索票上所記載特定的贓車或印刷機具後，執法人員亦應立即停止搜索，退出該處所不能繼續翻箱倒櫃，否則亦屬違法。這可以說是，最小侵害原則於強制處分的體現。

最小侵害原則為所有執行強制處分時所必須遵循的程序規範，而通訊監察作為強制處分類型之一，自亦應最小化對於人民權益所會造成之影響及侵害。不過由於本質上的差異，與其他強制處分相比較，最小侵害原則於通訊監察中更為重要。而通訊監察與傳統搜索扣押間不同之處在於，在執行傳統的搜索扣押時，令狀上的記載，可以有效地特定及限縮搜索的範圍，避免不必要的隱私侵害。例如，應扣押物記載為行竊用的油壓剪時，就不得翻閱書本或帳冊，亦不得開啓書桌抽屜。除此之外，執法人員多能夠於搜索現場即時判斷所發現的物件是否為搜索票上所記載的應扣押之物，再決定是否扣押之，較不會有過度或不當扣押相對人財物的問題。相對地，通訊監察是監聽（錄）未來，尚未發生，但是預測其可能發生，且與本案有關的對話。是故，無論通訊監察書的記載再怎麼樣明確具體，執法官員都無法在聽聞其內容前，事先預測其是否與本案有關。也因此，在執行通訊監察時，就不得不容忍執法人員先接觸通訊內容，確認其是否與本案有關，再決定是否繼續進行監察。但是，這樣一來，偵查機關會無可避免地接觸到與本案無關，或甚至是無辜第三人的通訊，受監察人根本無法就違法的通訊監察即時聲明不服，且欠缺第三人在場監督的可能性，執法官員可能因而會肆無忌憚地藉通訊監察，不當侵害被監察人的通訊隱私。

有鑑於此，學者建議，法院於核發令狀時，可以依通保法第5條第2項，於通訊監察書上要求執法官員，必須以侵害最小的方式執行通訊監察，減少對於與本案無關之通訊的侵害。這樣的做法，可以促使執法官員注意最小侵害的要求，有助於人民隱私的保護。另外，法院也可以依同法第5條第4項之規定，於審查執法機關作成的事中報告時，仔細審查通訊監察之執行是否合於最小侵害原則之要求。執法人員執行時應採取「間續性通訊監察」（即執法人員先監聽（錄）通訊前的1到3分鐘，以確認其是否與本案相關。若是，則繼續監察；若否，則停止監察。無法判斷時，則應先中止1到3分鐘，再進行1至3分鐘的監察，反覆進行，直到能夠確認其內容是否與本案相關為止。）的方式，如此方能切實符合通保法第2條第2項之「最小侵害原則」的要求。

【李榮耕，〈通訊監察中之最小侵害原則〉，《臺北大學法學論叢》，第82期，2012.06，211頁以下。】

本書認為，上開學者的建議殊值可採，若特偵組能採「間續性通訊監察」方式，就不至於當時誤認立法院總機是私人電話，發生監聽國會總機的烏龍。

第3條（通訊之定義）

I 本法所稱通訊如下：
一　利用電信設備發送、儲存、傳輸或接收符號、文字、影像、聲音或其他信息之有線及無線電信。
二　郵件及書信。
三　言論及談話。
II 前項所稱之通訊，以有事實足認受監察人對其通訊內容有隱私或秘密之合理期待者爲限。

❖ 法學概念

通訊

本法中的「通訊」必須含有人的主觀意思或想法之內容交換。以 GPS 追蹤器進行科技定位監控，係將之安裝於特定人或物（車輛），就可以掌握特定人的位置。這種設控方式雖然涉及了通訊設備的使用，但是，仍不會構成通訊監察。其中原因在於此種方式只是取得機器設備按照程式設計及預設指令所傳送，訊號的取得也因而不會構成通訊監察。

【李榮耕，《通訊保障及監察法》，新學林，初版，2018.02，19 頁以下；薛智仁，〈GPS 跟監、隱私權與刑事法—評最高法院 106 年度台上字第 3788 號刑事判決〉，《月旦裁判時報》，第 70 期，2018.04，50 頁以下；許恒達，〈通訊隱私與刑法規制－論「通訊保障及監察法」的刑事責任〉，《東吳法律學報》，第 21 卷第 3 期，2010.01，119 頁以下。】

但自最高法院 106 年度台上字第 3788 號判決定位此種偵查方式爲強制處分須取得令狀後，目前部分地院以核發通訊監察書的方式准許 GPS 偵查，相信這是迫於無奈，亟待修法解決。

☐ 實務見解

▶107 台上 4581○（判決）

通訊保障及監察法所**指通訊，其範圍包括利用電信設備發送、儲存、傳輸或接收符號、文字、影像、聲音或其他信息之有線及無線電信者，且須以有事實足認受監察人對其通訊內容有隱私或秘密之合理期待者爲限**；而通訊監察之方法係以截收、監聽、錄音、錄影、攝影、開拆、檢查、影印或其他類似之必要方法爲之，該法第三條第一項第一款、同條第二項及第十三條第一項前段分別定有明文。司法警察機關依法定程序執行電信監聽取得之錄音，係以錄音設備之機械作用，眞實保存當時通訊之內容，在通訊監察之錄音過程中，無論係監聽電話通訊發、受話兩端之對話聲音、背景聲音，乃至於兩端或受監察人單端與其身旁人之對話內容，皆屬透過受監察電信設備目標所接收之音，符合監聽受監察人之目的，受監察人對此亦有合理的隱私期待，俱爲該法第三條第一項第一款所稱之「通訊」，仍屬合法通訊監察之範圍。司法警察實施通訊監察所側錄被告與他人之對話內容，若其對話本身即係被告進行犯罪中構成犯罪事實之部分內容，該對話內容於法律評價，應屬被告審判外之自白，其得否爲證據，應視其是否具備任意性與眞實性以爲斷，並仍應調查其他補強證據，以察其是否與事實相符。

第 3 條之 1（通信紀錄之定義）

I 本法所稱通信紀錄者，謂電信使用人使用電信服務後，電信系統所產生之發送方、接收方之電信號碼、通信時間、使用長度、位址、服務型態、信箱或位置資訊等紀錄。
II 本法所稱之通訊使用者資料，謂電信使用者姓名或名稱、身分證明文件字號、地址、電信號碼及申請各項電信服務所填列之資料。

第 4 條（受監察人之定義）

本法所稱受監察人，除第五條及第七條所規定者外，並包括爲其發送、傳達、收受通訊或提供通訊器材、處所之人。

第 5 條（通訊監察書之聲請及核發）

I 有事實足認被告或犯罪嫌疑人有下列各款罪嫌之一，並危害國家安全、經濟秩序或社會秩序情節重大，而有相當理由可信其通訊內容與本案有關，且不能或難以其他方法蒐集或調查證據者，得發通訊監察書。
一　最輕本刑爲三年以上有期徒刑之罪。
二　刑法第一百條第二項之預備內亂罪、第一百零一條第二項之預備暴動內亂罪或第一百零六條第三項、第一百零九條第一項、第三項、第四項、第一百二十一條第一項、第一百二十二條第三項、第一百三十一條第一項、第一百四十二條、第一百四十三條第一項、第一百四十四條、第一百四十五條、第二百零一條之一、第二百五十六條第一項、第三項、第二百五十七條第一項、第四項、第二百九十八條第二項、第三百條、第三百三十九條、第三百三十九條之三或第三百四十六條之罪。
三　貪污治罪條例第十一條第一項、第四項關於違背職務行爲之行賄罪。
四　懲治走私條例第二條第一項、第二項或第三條之罪。
五　藥事法第八十二條第一項、第四項或第八十三條第一項、第四項之罪。
六　證券交易法第一百七十三條第一項之罪。
七　期貨交易法第一百十二條或第一百十三條第一項、第二項之罪。
八　槍砲彈藥刀械管制條例第十二條第一項、第二項、第四項、第五項或第十三條第二項、第四項、第五項之罪。

九　公職人員選舉罷免法第一百零二條第一項第一款之罪。
十　農會法第四十七條之一或第四十七條之二之罪。
十一　漁會法第五十條之一或第五十條之二之罪。
十二　兒童及少年性剝削防制條例第三十二條第一項、第三項、第四項、第五項之罪。
十三　洗錢防制法第十一條第一項至第三項之罪。
十四　組織犯罪防制條例第三條第一項後段、第二項後段、第六條或第十一條第三項之罪。
十五　陸海空軍刑法第十四條第二項、第十七條第三項、第十八條第三項、第十九條第三項、第二十條第五項、第二十二條第四項、第二十三條第三項、第二十四條第二項、第四項、第五十八條第五項、第六十三條第一項之罪。
十六　營業秘密法第十三條之二第一項、第二項之罪。
十七　森林法第五十二條第一項、第二項之罪。
十八　廢棄物清理法第四十六條之罪。

II前項通訊監察書，偵查中由檢察官依司法警察機關聲請或依職權以書面聲請該管法院核發。聲請書應記載偵、他字案號及第十一條之事項，其監察對象非電信服務用戶，應予載明；並檢附相關文件及監察對象住居所之調查資料，釋明有相當理由可信其通訊內容與本案有關，且曾以其他方法調查仍無效果，或以其他方法調查，合理顯示為不能達成目的或有重大危險情形。檢察官受理聲請案件，應於四小時內核復；如案情複雜，得經檢察長同意延長四小時。法院於接獲檢察官核轉受理聲請案件，應於四十八小時內核復。審判中由法官依職權核發。法官並得於通訊監察書上對執行人員為適當之指示。

III前項聲請不合法定程序、不備理由、未經釋明或釋明不足者，法院應予駁回。其聲請經法院駁回者，不得聲明不服。

IV執行機關應於執行監聽期間內，每十五日至少作成一次以上之報告書，說明監聽行為之進行情形，以及有無繼續執行監聽之需要。檢察官或核發通訊監察書之法官並得隨時命執行機關提出報告。法官依據經驗法則、論理法則自由心證判斷後，發現有不應繼續執行監聽之情狀時，應撤銷原核發之通訊監察書。

V通訊監察書之聲請，應以單一監察對象為限，同一偵、他字或相牽連案件，得同時聲請數張通訊監察書。

❖ 法學概念

通訊監察採「令狀原則」（相對法官保留原則）

在2007年6月15日修法前，依據通保法第5條第2項規定，通訊監察書，偵查中由檢察官依司法警察機關聲請或依職權核發，審判中由法官依職權核發。惟在2007年修法後，通保法第5條第2項規定，**只有法院有權簽發通訊監察書。在偵查中，由檢察官聲請該管法院核發通訊監察書；審判中由法官依職權核發**。其理由在於舊法規定，使職司犯罪偵查之檢察官與司法警察機關，同時負責通訊監察書之聲請與核發，未設適當之機關間權力制衡機制，以防免憲法保障人民秘密通訊自由遭受不必要侵害，自難謂為合理、正當之程序規範，而與憲法第12條保障人民秘密通訊自由之意旨不符。

在2014年1月修法後，一般之通訊監察應「事先」向法院聲請核發通訊監察書，且法院必須在48小時內核復；但例外如「緊急」之通訊監察之情形，應於24小時內陳報該管法院「事後」補發通訊監察書，法院並應設置專責窗口受理上開聲請，並應於48小時內補發，未於48小時內補發者，應停止通訊監察，故屬「相對的法官保留原則」。

【張麗卿，〈通訊保障及監察法之修正與評析〉，《月旦法學雜誌》，第229期，2014.06，33頁。】

須注意者，偵查機關並非取得法院核發之通訊監察書，即符合令狀原則，所取得之證據即當然合法，例如在2013年「九月政爭」中，特偵組不斷強調監聽是合法的，但前中興大學校長黃東熊教授指出，「若是簽發監聽票的過程有瑕疵的話，就等於是不合法監聽，像這次監聽立法院的總機，簽發監聽票的法官只要稍微調查一下，就可以知道是立法院的總機，他沒有調查就發出監聽票，那根本是閉著眼睛在蓋橡皮圖章。」

【黃東熊，〈特偵組改隸北檢 層層監督防弊〉，《自由時報》，2013.10.28。】

在2014年1月修法後，從通保法第5條第3、4項的修正規定可知，通訊監察書聲請的審查已較修法前嚴謹，此外，新法第11條之1的增訂，亦將通聯資訊納入令狀原則的適用範圍。但是，**新法第5條第5項後段規定：「同一偵、他字或相牽連案件，得同時聲請數張通訊監察書。」似表示檢察官實施「他字案」調查，亦得向法院聲請核發通訊監察書**。然而，所謂的「他字案」，依據法務部核定、臺灣高檢署發布實施之「臺灣高等法院檢察署所屬各地方法院及分院檢察署辦理『他』案應行注意事項」第4點及第13點規定係指檢察機關為釐清檢舉案件有無特定人涉嫌犯罪嫌疑，得由檢察官先以「他」字案件進行調查，如發現有特定人涉嫌犯罪，應即改分偵案實施偵查。顯見「他字案」之調查，並不符合通保法第 5 條第 1 項所謂「有事實足認情節重大」之要件，學者質疑此種規定實有大開保障人民秘密通訊自由的倒車之嫌。

【陳運財，〈國家權力實施通訊監察之界限及其制衡〉，收錄於《偵查與人權》，元照，2014.04，364 頁以下；張麗卿，〈通訊保障及監察法之修正與評析〉，《月旦法學雜誌》，第 229 期，2014.06，34 頁。】

❖ 法學概念

重罪原則

通保法第 5 條第 1 項第 1 款可知，監聽原則上係以重罪爲主，例外如同條第 1 項第 2 款至第 18 款所列舉之罪名，始可監聽。本條項採取「法定刑模式」作爲重罪類型的判斷標準，直接沿用立法者對實體法規範效果建立的價值判斷。

相對的，新法第 5 條第 1 項第 2 款所列舉的則是「罪名模式」，不盡然都是法定刑爲三年以上的重罪。這些犯罪的共通性，在於行爲的隱密性。由於傳統蒐證方式已陷入瓶頸，因此必須透過通訊監察才能有所突破。罪名模式下的犯罪類型，是基於偵查的合目的性與手段之有效性所設定的標準。惟個案中，罪名模式下之犯罪，是否得發動通訊監察，必須嚴格審查是否符合第 5 條第 1 項所稱危害國家、經濟秩序或社會秩序情節重大的情況。若爲肯定，才符合重罪原則的要求。

具體言之，有些雖屬於最輕本刑 3 年以上有期徒刑之罪，但基本上並無實施監聽必要之情形，例如構成強制性交、傷害致死或遺棄致死之案件，一般而言其犯罪行爲過程不會涉及使用通訊之情形，應自始排除於得實施監聽之範圍，故得實施監聽之案件範圍，除了「重罪原則」外，於實際操作上，應再加上「有數人以上之共謀而可能利用通訊作爲犯罪連絡之手段者爲限」之要件，始得對之進行監聽。因爲，此種案件類型往往存在有數人共謀之情形，且常以通訊作爲犯罪之準備、實行或事後湮滅證據等行爲之聯絡或謀議。而同條項第 2 款至第 18 款中部分罪名，亦有必要從「比例原則」的觀點檢討是否予以排除適用。總之，對於得實施監聽之案件範圍，應以組織性、集團性或共謀犯罪型態，同時兼顧監聽補充性原則之思考，條文適用上，應加以限縮，而非以法定刑或罪名爲斷。

【陳運財，〈國家權力實施通訊監察之界限及其制衡〉，收錄於《偵查與人權》，元照，2014.04，364 頁以下；張麗卿，〈通訊保障及監察法之修正與評析〉，《月旦法學雜誌》，第 229 期，2014.06，34 頁。】

❖ 法學概念

相當性原則與最後手段原則（相關性原則與補充性原則）

監聽程序之開啓，不應由執法人員主觀臆測，應有「相當理由」可信其通訊內容與本案「有關」，方可爲之。實施監聽之相關性原則之判斷，應比刑訴法上搜索扣押之要件更爲嚴格，且應由偵查機關指出具有關連通訊之高度蓋然性。與搜索現存特定之有體物相較，監聽處分係對於尚未存在之對話，預測其將可能發生而予以監聽，尤其監聽電話之線路除了是供被告使用之外，無關第三人使用之可能性更高，由於實施監聽比傳統之搜索扣押更具有不當擴大侵害國民秘密通訊及隱私權之嚴重性。

而監聽雖屬有效之偵查犯罪手段，但因監聽影響國民通訊自由及隱私權益甚鉅，其濫用之危險性高，且監聽之執行將會對人民隱私權產生嚴重的侵犯，故應限於其他偵查手段無法蒐集或調查時，亦即不能或難以其他方法蒐集或調查證據而無法達成偵查目的，方得使用。有學者參考日本的法制、實務，認爲監聽必須符合：㈠限於涉及重大犯罪案件；㈡有充分理由足認嫌疑人犯罪；㈢可能藉由該電話聯繫相關犯罪事實之情況下；㈣實施通訊監聽以外之方法蒐集有關犯罪重要、必要證據有顯程度；㈤認爲通訊監聽的實施於犯罪偵查上不得不然等要件，方得實施。

【陳運財，〈國家權力實施通訊監察之界限及其制衡〉，收錄於《偵查與人權》，元照，2014.04，367 頁；林裕順，〈監聽爭議—大法官說法〉，《司法改革雜誌》，第 99 期，2013.12，28 頁。】

❖ 法學概念

監聽譯文證據能力之認定

由於實務上一般都會就監察所得的通訊內容作成譯文紙本，以作爲後續之偵查及審判程序之用。值得注意的是，實務的監聽證據相關案例，有一大部分非關證據禁止法則，而是爭執監聽節譯文（證據替代品）與監聽錄音帶（原始證據）內容不符。固然，遇此抗辯時，依嚴格證明及直接審理原則，就「審理事實之法院自應勘驗該錄音之內容，踐行調查程序，確認其譯文之眞實性（刑訴法第 165 條之 1 第 2 項），以定取捨，否則，即有應於審判期日調查之證據而未予調查之違誤（最高法院 95 年度台上字第 5684 號、101 年度台上字第 2331 號判決參照），這亦是最高法院經常撤銷發回更審之理由。

另外，最高法院 99 年度台上字第 5503 號判決認爲：「警察所爲監聽譯文如經勘驗結果，確與實際監聽錄音內容不符，即應『類推』刑事訴訟法第 100 條之 1 第 2 項規定，其不符之部分，不得作爲證據，應以實際錄音內容爲準，否則難謂符合證據法則」（本書認爲，這號判決可能是參考1968年，美國一件毒品監聽案的例子，「被告在電話中跟對方講，那一天賣給你多少毒品，檢察官指監聽有合法的監聽票，但聯邦最高法院則認爲，被告若知悉警察正在監聽，就不會在電話中講這些談話內容，因此被告在監聽中的談話內容得類推爲自白」）。

由於實務上監聽錄音帶時間長度往往驚人，每每當庭播放難免勞民傷財、耗費大量法官人力資源且曠日廢時。有學者建議，應「提前杜絕爭端」，即參考前述歐洲人權法院之要求，節譯文不再由偵查機關片面製作，而應於製作階段即引進程序性擔保，容許辯方參與並以公正程序監督製作過程。提早引進程序性擔保，在錄音帶後來滅失的情形，亦見其實益。

【林鈺雄，《刑事訴訟法（上）》，新學林，八版，2017.09，315頁；黃東熊，〈特偵組改隸北檢 層層監督防弊〉，《自由時報》，2013.10.28。】

也有實務見解認爲，監聽譯文有無證據能力，應取決於通訊監察是否合法執行。只要偵查機關所進行的通訊監察合法，監聽譯文就有證據能力的見解（如最高法院101年度台上字第167號、101年度台上字第285號判決），學說上認爲並不妥當。

部分學者指出，「監聽譯文」源自言語供述的轉化記載，並經偵查人員切割擷取、演繹潤飾，相關內容未經利害關係人說明驗證，難免有失之主觀、片面難以窺其全貌之情形。因此，美、日等國制度設計規範適用，概認「監聽譯文」如同「傳説」、「傳聞」或「流言」，司法實務上並非當然可用、可信。換言之，「監聽譯文」多是由執法人員聽取通訊內容後，再轉錄爲文字，即使是逐字記錄，其間仍可能帶有供述證據的各樣危險（感官能力、記憶能力、描述能力及忠實性等）問題，既然性質上屬於「傳聞證據」，除非合於傳聞法則之例外規定，否則沒有證據能力，不能作爲證據調查之用。

【林裕順，〈特偵組「剷巨惡」務先「立標竿」〉，《台灣法學雜誌》，第234期，2013.10，18頁；林裕順，〈監聽譯文 空口白話〉，《月旦法學教室》，第135期，2013.10，30～32頁；李榮耕，〈通訊監察的證據能力〉，《月旦法學教室》，第132期，2013.10，36～37頁。】

第6條（緊急通訊監察）

I 有事實足認被告或犯罪嫌疑人有犯刑法妨害投票罪章、公職人員選舉罷免法、總統副總統選舉罷免法、槍砲彈藥刀械管制條例第七條、第八條、毒品危害防制條例第四條、擄人勒贖罪或以投置炸彈、爆裂物或投放毒物方法犯恐嚇取財罪、組織犯罪條例第三條、洗錢防制法第十一條第一項、第二項、第三項、刑法第二百二十二條、第二百二十六條、第二百七十一條、第三百二十五條、第三百二十六條、第三百二十八條、第三百三十條、第三百三十二條及第三百三十九條，爲防止他人生命、身體、財產之急迫危險；或有事實足信有其他通訊作爲前條第一項犯罪連絡而情形急迫者，司法警察機關得報請該管檢察官以口頭通知執行機關先予執行通訊監察。但檢察官應告知執行機關第十一條所定之事項，並於二十四小時內陳報該管法院補發通訊監察書；檢察機關爲受理緊急監察案件，應指定專責主任檢察官或檢察官作爲緊急聯繫窗口，以利掌握偵辦時效。

II 法院應設置專責窗口受理前項聲請，並應於四十八小時內補發通訊監察書；未於四十八小時內補發者，應即停止監察。

❖ 法學概念

緊急監聽

稱「緊急監聽」者，乃係以無令狀（通訊監察書）所爲之監聽。爲因應通訊監察書改由法院核發，本條修正舊通保法緊急監聽範圍過於狹隘之缺點，擴張就選舉犯罪、組織犯罪、毒品犯罪、經濟狂犯罪及其他對人民造成重大危害之案件亦得爲緊急監聽。依本條之規定，應指定專責主任檢察官或檢察官作爲緊急聯繫窗口，以利掌握偵辦時效。此外，並明定司法警察機關得報請該管檢察官以口頭通知執行機關先予執行通訊監察，以符合實務運作實際。就法條之文義看來，緊急監聽之程序爲司法警察機關向該管檢察官聲請，再由檢察官向法院陳報，由法院補發通訊監察書。然而若檢察官主動偵查之案件，認爲有緊急監聽之必要時，得否逕行實施通訊監察，學者認爲，此點就文義解釋而言，應採否定之見解。

惟在目前法制之下，檢察官亦爲偵查機關，在解釋上當然應肯定其有實施緊急監聽之權限較爲合理，將來宜修法明定以杜絕爭議。檢察官陳報法院之時間，法條明定爲二十四小時，法院應設置專責窗口受理前項聲請，並應於四十八小時內補發通訊監察書；未於四十八小時內補發者，應即停止監察。從條文看來，當法院認爲不應通訊監察，似乎不用以裁定或其他任何表示，只要檢察官聲請後，法院未於四十八小時內核發，即代表法院不同意檢察官之聲請。然而，對於受監聽之對象而論，從發動到法院未核發，起碼已經經過七十二小時，若法院一收到檢察官之聲請，認爲監聽不合法，則似乎仍有數小時之空窗期。此種立法方式其實仍有檢討之必要，立法者主要認爲監聽處分往往有急迫性，所以規定在四十八小時內應爲准駁之決定。學者主張，在實務運作上法院若認爲檢察官之聲請不合法，宜以裁定之方式駁回之，早日確定此一強制處分發動與否。

【黃朝義，《刑事訴訟法》，新學林，五版，2017.09，

327 頁以下。】

第 7 條（國安通訊監察）

Ⅰ爲避免國家安全遭受危害，而有監察下列通訊，以蒐集外國勢力或境外敵對勢力情報之必要者，綜理國家情報工作機關首長得核發通訊監察書。

一　外國勢力、境外敵對勢力或其工作人員在境內之通訊。

二　外國勢力、境外敵對勢力或其工作人員跨境之通訊。

三　外國勢力、境外敵對勢力或其工作人員在境外之通訊。

Ⅱ前項各款通訊之受監察人在境內設有戶籍者，其通訊監察書之核發，應先經綜理國家情報工作機關所在地之高等法院專責法官同意。但情況急迫者不在此限。

Ⅲ前項但書情形，綜理國家情報工作機關應即將通訊監察書核發情形，通知綜理國家情報工作機關所在地之高等法院之專責法官補行同意；其未在四十八小時內獲得同意者，應即停止監察。

❖ 法學概念

國安監聽

依通保法第 7 條第 1 項規定，爲避免國家安全遭受危害，而有監察「外國勢力、境外敵對勢力或其工作人員在境內之通訊」、「外國勢力、境外敵對勢力或其工作人員跨境之通訊」及「外國勢力、境外敵對勢力或其工作人員在境外之通訊」等原因，以蒐集外國勢力或境外敵對勢力情報之必要者，綜理國家情報工作機關首長得核發通訊監察書。此種涉及國家安全之通訊監察，故稱之爲「國安監聽」。

【張麗卿，〈通訊保障及監察法之修正與評析〉，《月旦法學雜誌》，第 229 期，2014.06，36 頁註 12。】

而關於第 7 條第 1 項各款通訊之受監察人在境內設有户籍者，其通訊監察書之核發，應先經綜理國家情報工作機關所在地之高等法院專責法官同意。但情況急迫者不在此限（§7Ⅱ）。

但若遇有情況急迫情形，綜理國家情報工作機關應即將通訊監察書核發情形，通知綜理國家情報工作機關所在地之高等法院之專責法官補行同意；其未在四十八小時內獲得同意者，應即停止監察（§7Ⅲ）。

【黃朝義，《概說警察刑事訴訟法》，新學林，初版，2015.09，208 頁以下。】

第 8 條（外國勢力及境外敵對勢力之定義）

前條第一項所稱外國勢力或境外敵對勢力如下：

一　外國政府、外國或境外政治實體或其所屬機關或代表機構。

二　由外國政府、外國或境外政治實體指揮或控制之組織。

三　以從事國際或跨境恐怖活動爲宗旨之組織。

第 9 條（外國勢力或境外敵對勢力工作人員之定義）

第七條第一項所稱外國勢力或境外敵對勢力工作人員如下：

一　爲外國勢力或境外敵對勢力從事秘密情報蒐集活動或其他秘密情報活動，而有危害國家安全之虞，或教唆或幫助他人爲之者。

二　爲外國勢力或境外敵對勢力從事破壞行爲或國際或跨境恐怖活動，或教唆或幫助他人爲之者。

三　擔任外國勢力或境外敵對勢力之官員或受僱人或國際恐怖組織之成員者。

第 10 條（所得資料之運用及處置）

依第七條規定執行通訊監察所得資料，僅作爲國家安全預警情報之用。但發現有第五條所定情事者，應將所得資料移送司法警察機關、司法機關或軍事審判機關依法處理。

第 11 條（通訊監察書應載事項）

Ⅰ通訊監察書應記載下列事項：

一　案由及涉嫌觸犯之法條。

二　監察對象。

三　監察通訊種類及號碼等足資識別之特徵。

四　受監察處所。

五　監察理由。

六　監察期間及方法。

七　聲請機關。

八　執行機關。

九　建置機關。

Ⅱ前項第八款之執行機關，指蒐集通訊內容之機關。第九款之建置機關，指單純提供通訊監察軟硬體設備而未接觸通訊內容之機關。

Ⅲ核發通訊監察書之程序，不公開之。

❖ 法學概念

特定明確原則

本條爲通保法中特定明確原則明文化。除本條規定外，釋字第 631 號解釋理由書中也說明到，法院於核發通訊監察書時，必須明確記載「通訊監察之期間、『對象』、方式等事項」。準此，特定明確原則屬於通訊監察所應遵循的憲法規範。特定明確原則的要求，目的係在確保偵查機關所執行的通訊監察確實有相當理由，不會恣意侵害與本案無關或沒有必要的通訊內容。按照此一概念，執法機關只得監察令狀上記載之被通訊監察對象所參與，而與本案有關的通訊。非被監察對象所為，或與本案無關者，則非令狀所容許得監察之通訊，而不得監聽（錄）之，否則便屬監察令狀上所未記載之通訊，而為違法的通訊監察。此意涵與最小侵害原則相仿，並無二致。亦即，依據令狀原則所衍生的特定明確原則，執法官員僅得監察與本案有關之通訊，於執行時，必須要以對於監察對象侵害最小的方式為之。

【李榮耕，〈通訊監察中之最小侵害原則〉，《臺北大學法學論叢》，第82期，2012.06，216頁。】

例如，在2013年九月政爭事件中，特偵組檢察官於偵辦系爭案件時，雖依法定程序檢附相關證據資料向法院聲請監聽0972***235號（下簡稱0972門號）電話，明知其欲監聽之0972門號之電話基本資料申登人記載為「立法院」，卻未謹慎查證該記載立法院之電話究為何人持有使用，而誤認該門號持用人為立法委員柯建銘之助理，該聲請監聽案經總長審核時，亦未督導所屬檢察官深入查證，率予核准向法院聲請監聽，即違反了特定明確原則（檢察官評鑑委員會102年度檢評字第19號決議書參照。）

□ 實務見解

▶107台上172○（判決）

通訊保障及監察法（下稱通保法）第十一條第一項第二款規定「監察對象」為通訊監察書應記載之事項之一，**其目的係在規範聲請機關慎重將事，特定其監察對象，確立實施範圍，以確保人民權益，並釐清監察責任**。然關於受此強制處分人之記載方式，相較於傳票、拘票及押票須將「被告之姓名、性別、年齡、籍貫（或出生地）及住所或居所」（刑事訴訟法第七十一條第二項第一款、第七十七條第二項第一款、第一○二條第二項第一款），為翔實記載，尚屬有別，而較諸搜索票於被告或犯罪嫌疑人不明時，得不予記載（刑事訴訟法第一二八條第二項第二款但書），則較類似，**此乃傳票、拘票及押票係對已確定之人實施偵、審，重在維護其防禦權或供證義務；搜索票、通訊監察書則對尚未確定之事證為蒐集，重在隱密（被實施者事先不知情）及眞實之發現，兩者顯然有別**。故前者法條規定人別須確立，後者則可得而知或未知均屬無妨，應為當然之解釋。又關於監察對象（即受監察人），依通保法第四條規定，除同法第五條及第七條所規定者外，尚包括為被告或犯罪嫌疑人發送、傳達、收受通訊或 提供通訊器材、處所之人，在通訊監察之始，或因證據尚非明確、具體，致無從確認受監察人究為何人，或僅知其綽號，甚至不知發送、傳達、收受通訊者之姓名、綽號，亦所在多有，是倘因資料不足，致聲請通訊監察或核發通訊監察書時尚未能附具受監察人之眞實姓名、代號或姓名對照表等資料，自不得指為違法。

第11條之1（調取票之聲請及核發）

Ⅰ檢察官偵查最重本刑三年以上有期徒刑之罪，有事實足認通信紀錄及通信使用者資料於本案之偵查有必要性及關連性時，除有急迫情形不及事先聲請者外，應以書面聲請該管法院核發調取票。聲請書之應記載事項，準用前條第一項之規定。

Ⅱ司法警察官因調查犯罪嫌疑人犯罪情形及蒐集證據，認有調取通信紀錄之必要時，得依前項規定，報請檢察官許可後，向該管法院聲請核發調取票。

Ⅲ檢察官、司法警察官為偵辦最輕本刑十年以上有期徒刑之罪、強盜、搶奪、詐欺、恐嚇、擄人勒贖，及違反人口販運防制法、槍砲彈藥刀械管制條例、懲治走私條例、毒品危害防制條例、組織犯罪防制條例等罪，而有需要時，得由檢察官依職權或司法警察官向檢察官聲請同意後，調取通信紀錄，不受前二項之限制。

Ⅳ第一項之急迫原因消滅後，應向法院補行聲請調取票。

Ⅴ調取票，應記載下列事項：
一　案由。
二　應調取之通信紀錄或使用者資料。
三　有效期間，逾期不得執行調取及調取後應將調取票交回之意旨。

Ⅵ第一項、第二項及第四項之聲請經法院駁回者，不得聲明不服。

Ⅶ核發調取票之程序，不公開之。

Ⅷ有調取第七條之監察對象通信紀錄及通訊使用者資料必要者，由綜理國家情報工作機關向電信或郵政事業調取，不受前七項之限制。

第12條（監察通訊之期間及延長）

Ⅰ第五條、第六條之通訊監察期間，每次不得逾三十日，第七條之通訊監察期間，每次不得逾一年；其有繼續監察之必要者，應釋明具體理由，至遲於期間屆滿之二日前，提出聲請。但第五條、第六條繼續之監察期間，不得逾一年，執行機關如有繼續監察之必要者，應依第五條、第六條重行聲請。

Ⅱ第五條、第六條之通訊監察期間屆滿前，偵查中檢察官、審判中法官認已無監察之必要者，應即停止監察。

Ⅲ第七條之通訊監察期間屆滿前，綜理國家情報工作機關首長認已無監察之必要者，應即停止監察。

❖ 法學概念

期間逾越禁止原則

通保法第12條第1項規定：「第五條、第六條之通訊監察期間，每次不得逾『三十』日，第七條之通訊監察期間，每次不得逾一年；其有繼續監察之必要者，應釋明具體理由，至遲於期間屆滿之二日前，提出聲請。但第五條、第六條繼續之監察期間，不得逾『一年』，執行機關如有繼續監察之必要者，應依第五條、第六條重行聲請。」本條係爲有效保障受監察人權益，並使法官有合理時間審酌通訊監察期間屆滿後有無繼續監察必要，至於偵查或審判中之通訊監察有無停止之必要，偵查主體之檢察官或審理案件之法官知之甚詳，且停止監察並無侵害人權之虞，故第5條、第6條之通訊監察期間屆滿前，偵查中即得由檢察官、審判中由法官停止監察。

不過，這樣的規定有學者提出質疑，將通訊監察的期間限制爲一年，或許是爲避免長時間通訊監察所可能帶來的隱私嚴重侵害，但是卻又容許執行機關在有需要時，得依第5及6條向法院重新提出聲請，繼續進行通訊監察。就實際運作來說，恐怕與修正前並不會有太大差異。

通保法第12條第3項規定：「第七條之通訊監察期間屆滿前，由綜理國家情報工作機關首長認停止監察。」此亦爲期間逾越禁止原則的要求，立法者希望如無監察必要者，監察機關能主動停止，降低侵害通訊自由的程度。

【張麗卿，〈通訊保障及監察法之修正與評析〉，《月旦法學雜誌》，第229期，2014.06，36頁；李榮耕，〈簡評二〇一四年新修正的通訊保障及監察法——一次不知所爲何來的修法〉，《月旦法學雜誌》，第227期，2014.04，167頁。】

第13條（執行通訊監察之方法及其限制）

Ⅰ通訊監察以截收、監聽、錄音、錄影、攝影、開拆、檢查、影印或其他類似之必要方法爲之。但不得於私人住宅裝置竊聽器、錄影設備或其他監察器材。

Ⅱ執行通訊監察，除經依法處置者外，應維持通訊暢通。

Ⅲ執行機關除有正當理由者外，應至少每三日派員取回監錄內容。

Ⅳ前項監錄內容顯然與監察目的無關者，不得作成譯文。

第14條（執行機關及電信郵政機關之協助義務）

Ⅰ通訊監察之執行機關及處所，得依聲請機關之聲請定之。法官依職權核發通訊監察書時，由核發人指定之；依第七條規定核發時，亦同。

Ⅱ電信事業及郵政事業有協助執行通訊監察之義務；其協助內容爲執行機關得使用該事業之通訊監察相關設施與其人員之協助。

Ⅲ前項因協助執行通訊監察所生之必要費用，於執行後，得請求執行機關支付；其項目及費額由交通部會商有關機關訂定公告之。

Ⅳ電信事業之通訊系統應具有配合執行監察之功能，並負有協助建置機關建置、維持通訊監察系統之義務。但以符合建置時之科技及經濟上合理性爲限，並不得逾越期待可能性。

Ⅴ前項協助建置通訊監察系統所生之必要費用，由建置機關負擔。另因協助維持通訊監察功能正常作業所生之必要費用，由交通部會商有關機關訂定公告之。

第15條（結束時之主動通知義務）

Ⅰ第五條、第六條及第七條第二項通訊監察案件之執行機關於監察通訊結束時，應即敘明受監察人之姓名、住所或居所、該監察案件之第十一條第一項各款及通訊監察書核發機關文號、實際監察期間、有無獲得監察目的之通訊資料及救濟程序報由檢察官、綜理國家情報工作機關陳報法院通知受監察人。如認通知有妨害監察目的之虞或不能通知者，應一併陳報。

Ⅱ通訊監察結束後，檢察官、綜理國家情報工作機關逾一個月仍未爲前項之陳報者，法院應於十四日內主動通知受監察人。但不能通知者，不在此限。

Ⅲ法院對於第一項陳報，除有具體理由足認通知有妨害監察目的之虞或不能通知之情形外，應通知受監察人。

Ⅳ前項不通知之原因消滅後，執行機關應報由檢察官、綜理國家情報工作機關陳報法院補行通知。原因未消滅者，應於前項陳報後每三個月向法院補行陳報未消滅之情形。逾期未陳報者，法院應於十四日內主動通知受監察人。

Ⅴ關於執行機關陳報事項經法院審查後，交由司法事務官通知受監察人與該受監察之電信服務用戶。但不能通知者，不在此限。

Ⅵ前項受監察之電信服務用戶包括個人、機關（構）、或團體等。

❖ 法學概念

事後主動告知原則

由於「受告知權」爲正當法律程序之一環，但監聽本身有其特殊性，不適宜「事前」告知，只能在監聽結束後告知受監聽人，因此，通保法第15條第2、3項規定：「法院對於第一項陳報，除有具體理由足認通知有妨害監察目的之虞或不能通知之情形外，應通知受監察人。前項不通知之原因消滅後，執行機關應報由檢察官、綜理國家情報工作機關陳報法院補行通知。原因未消滅者，應於前項陳報後每三個月向法院補行陳報未消滅之情形。逾期未陳報者，法院應於十四日內主動通知受監察人。」

透過此項事後告知程序，除了讓當事人獲悉權利被侵害後，檢視通訊監察的適當性與合法性，也能使執行機關更能小心謹慎。除了事後主動告知義務外，依新法第18條，主管機關必須建立「連續流的偵程履歷紀錄」並與原本的通訊監察管理系統進行整合。此外，新法第32條之1尚設立了「國會監督機制」。這些規定，都以預防違法監聽爲目標，有利於事後監督。

【張麗卿，〈通訊保障及監察法之修正與評析〉，《月旦法學雜誌》，第229期，2014.06，37頁。】

第16條（執行機關之報告義務）

Ⅰ執行機關於監察通訊後，應按月向檢察官、核發通訊監察書之法官或綜理國家情報工作機關首長報告執行情形。檢察官、核發通訊監察書之法官或綜理國家情報工作機關首長並得隨時命執行機關提出報告。

Ⅱ第五條、第六條通訊監察之監督，偵查中由檢察機關、審判中由法院，第七條通訊監察之監督，由綜理國家情報工作機關，派員至建置機關，或使用電子監督設備，監督通訊監察執行情形。偵查中案件，法院應定期派員監督執行機關執行情形。

第16條之1（上網公告原則及其例外）

Ⅰ通訊監察執行機關、監督機關每年應製作該年度通訊監察之相關統計資料年報，定期上網公告並送立法院備查。

Ⅱ前項定期上網公告，於第七條規定之通訊監察，不適用之。

Ⅲ第一項統計資料年報應包含下列事項：

一　依第五條、第六條、第七條及第十二條第一項聲請及核准通訊監察之案由、監察對象數、案件數、線路數及線路種類。依第十一條之一之調取案件，亦同。

二　依第十二條第二項、第三項之停止監察案件，其停止情形。

三　依第十五條之通知或不通知、不通知之原因種類及原因消滅或不消滅之情形。

四　法院依前條規定監督執行機關執行之情形。

五　依第十七條資料銷燬之執行情形。

六　截聽紀錄之種類及數量。

第17條（監察所得資料之留存及銷燬）

Ⅰ監察通訊所得資料，應加封緘或其他標識，由執行機關蓋印，保存完整眞實，不得增、刪、變更，除已供案件證據之用留存於該案卷或爲監察目的有必要長期留存者外，由執行機關於監察通訊結束後，保存五年，逾期予以銷燬。

Ⅱ通訊監察所得資料全部與監察目的無關者，執行機關應即報請檢察官、依職權核發通訊監察書之法官或綜理國家情報工作機關首長許可後銷燬之。

Ⅲ前二項之資料銷燬時，執行機關應記錄該通訊監察事實，並報請檢察官、依職權核發通訊監察書之法官或綜理國家情報工作機關首長派員在場。

第18條（保密原則及其例外）

Ⅰ依本法監察通訊所得資料，不得提供與其他機關（構）、團體或個人。但符合第五條或第七條規定之監察目的或其他法律另有規定者，不在此限。

Ⅱ依第五條及第六條規定通訊監察書之聲請、核發、執行、通訊監察所得資料之保管、使用、銷燬，應就其經辦、調閱及接觸者，建立連續流程履歷紀錄，並應與臺灣高等法院通訊監察管理系統連線。

Ⅲ前項其他執行通訊監察之機關每月應將所有截聽紀錄以專線或保密方式傳遞至臺灣高等法院通訊監察管理系統。

第18條之1（偶然另案監聽及程序違反之證據能力）

Ⅰ依第五條、第六條或第七條規定執行通訊監察，取得其他案件之內容者，不得作爲證據。但於發現後七日內補行陳報法院，並經法院審查認可該案件與實施通訊監察之案件具有關連性或爲第五條第一項所列各款之罪者，不在此限。

Ⅱ依第五條、第六條或第七條規定執行通訊監察所取得之內容或所衍生之證據與監察目的無關者，不得作爲司法偵查、審判、其他程序之證據或其他用途，並依第十七條第二項規定予以銷燬。

Ⅲ違反第五條、第六條或第七條規定進行監聽行爲所取得之內容或所衍生之證據，於司法偵查、審判或其他程序中，均不得採爲證據或其他用途，並依第十七條第二項規定予以銷燬。

❖ 法學概念

另案監聽

不同於刑事訴訟法有明文規定「另案扣押」之要件及執行，在2014年1月修法前，通保法原無明文規定是否「允許另案監聽」以及「另案監聽所得可否作爲證據」等，因此，對於這種在偵查實務上並不罕見地執行監聽本案，卻另外監聽到他案內容時，監聽之合法性及監聽內容之證據能力等，便值得研究。關於此一問題，可以區分以下兩種基本類型：

一、偶然（意外）的另案監聽

倘若，在合法監聽本案的情形下，碰巧獲得他案的犯罪證據資料，屬於本案依法定程序監聽中偶然獲得之另案證據，如必須等待授權才能續行監聽的話，則重要通訊內容恐稍縱即逝。此種情形，應否容許其作爲另案之證據使用，依照最高法院 97 年度台上字第 2633 號判決之意旨，**基於與「另案扣押」相同之法理及善意例外原則，**倘若另案監聽亦屬於通保法第 5 條第 1 項規定得監察之犯罪，或雖非該條項所列舉之犯罪，但與**本案通訊監察書所記載之罪名有關聯性者，自應容許將該「另案監聽」所偶然獲得之資料作爲另案之證據使用。**學者認爲，此實務見解易受詬病者，係何謂基於與「另案扣押」相同之法理，爲不確定法律概念，此問題應屬執法人員如依法定程序亦有發現該證據之必然性（必然發現），或「事實上按照個案之情況存有合法蒐證之可能」之範疇，而允許另案監聽取得之證據。另案監聽之證據使用，應主要以立法者所劃定之允許通訊監察爲範圍，**亦即，偶然（意外）的另案監聽，仍必須符合「重罪列舉原則」或具有「關聯性犯罪」始可作爲證據使用。**

【楊雲驊，〈立委司法關說案衍生的「另案監聽」與「刑事證據程序外使用」等問題思考〉，《台灣法學雜誌》，第 233 期，2013.10，47 頁以下；傅美惠，《偵查法學》，元照，初版，2012.01，328 頁；林鈺雄，〈監聽法治化作爲政爭成果〉，《自由時報》，2013.10.07。】

二、惡意（蓄意）的另案監聽

如果偵查機關自始即利用以監聽「他案」爲目標，卻佯稱本案之監聽而聲請核發通訊監察書，以達另案監聽之效果，企圖規避檢察官或法官對他案監聽准許與否之審查，此種情形，無異於未經取得檢察官及法官之授權、核准，即由警察機關逕行實施監聽，間接違反令狀原則、列舉重罪原則及監察理由（如相關性原則、補充性原則）之審查，由於執行監聽機關之惡性重大，該監聽所得他案資料，**此種情形在學理上亦被稱爲「他案監聽」（亦有學者稱爲「聲東擊西式」的監聽）**。例如爲蒐集無明顯證據足以認定犯罪嫌疑人涉及某強盜案件之證據，偵查人員乃先以犯罪嫌疑人持有槍械之事證，取得監聽之通訊監察書（本案），進而利用此一通訊監察書以監聽犯罪嫌疑人有無涉及強盜罪之事證（他案）。此一監聽之過程，自始主要係爲偵查強盜罪之涉案情形，在形式上，偵查人員雖擁有對持有槍械之通訊監察書，惟該通訊監察書所載之內容並非以「強盜罪」（他案）爲監聽對象與範圍，根本上已屬非法監聽。

最高法院 97 年度台上字第 2633 號判決認爲，若「另案監聽」所取得之證據，如若係偵查機關自始即以有本案監聽之罪名而聲請核發通訊監察書，於其監聽過程中發現另案之證據者，因該監聽自始即不符正當法律程序，且執行機關之惡性重大，則其所取得之監聽資料及所衍生之證據，不論係在通保法第5條第5項增訂之前、後，悉應予「絕對排除」，不得作爲另案之證據使用。**此實務見解對違法監聽，惡性重大，採絕對排除其證據能力，無疑對保障人民秘密通訊自由邁出一大步，該判決極具標竿意義。**2007 年修法後，通保法明定違法監聽所得證據禁止之規定，「違反本條規定進行監聽行爲『情節重大』者，所取得之內容或所衍生之證據，於司法偵查、審判或其他程序中，均不得採爲證據（通保法第 5 條第 5 項、第 6 條第 3 項參照）。」但最高法院 97年度台上字第2743號判決卻認爲，違法監聽若「情節重大」，始適用「絕對排除法則」處理；至於違法監聽「情節非重大」，仍依「權衡理論」處理，亦即關於違法進行通訊監察行爲「情節重大者」，所取得之證據資料是否具有證據能力之判斷，自應優先適用通保法上述特別規定；至於僅在違反通保法進行通訊監察「情節並非重大」之情形，始回歸適用刑訴法相關之規定（如：第158條之4），以判斷其有無證據能力。學者認爲，在個案中，如確有發生，此種嚴重違法情況，自然不能以有效偵查蒐證爲由而掩飾其違法性，此時通保法第 5 條第 5 項已有證據禁止的明文規定，甚至不論是刑事案件、行政案件或監察案件，都已有明確依據，**起碼在偵查機關蓄意欺瞞法院進行違法監聽，應認爲構成「情節重大」，否則新法規定將形同虛設。**

【楊雲驊，〈立委司法關說案衍生的「另案監聽」與「刑事證據程序外使用」等問題思考〉，《台灣法學雜誌》，第 233 期，2013.10，48 頁；黃朝義，《概說警察刑事訴訟法》，新學林，初版，2015.09，206 頁以下；傅美惠，《偵查法學》，元照，初版，2012.01，326 頁；楊雲驊，〈另案監聽—評最高法院 97 年度台上字第 2633 號判決〉，《台灣法學雜誌》，第 116 期，2008.11，171 頁以下；吳景欽，〈有監聽票就合法嗎？〉，http://www.taiwancon.com/84585/%E6%9C%89%E7%9B%A3%E8%81%BD%E7%A5%A8%E5%B0%B1%E5%90%88%E6%B3%95%E5%97%8E%E2%97%8E%E5%90%B3%E6%99%AF%E6%AC%BD.htm，最後瀏覽日：2013.12.06。】

三、2014 年 1 月修法後

㈠「違反」第 5 及 6 或 7 條者證據能力絕對排除

在 2014 年 1 月修法後，立法者不區分「違反情節是否重大」，依修正後條文，只要是「違反」第 5 及 6 條所執行的通訊監察，無論是因而取得本案或非本案（另案）的通訊內容及其衍生

證據，都當然無證據能力，應與排除。

㈡「符合」第5、6或7條者仍須區分「本案」或「另案」

然而，若係「符合」第5、6或7條的規定所執行的通訊監察而取得的通訊內容及衍生證據有無證據能力，還是必須要區分其為「本案」或「另案」：

1. **若為「本案」之用，因通訊監察係依法執行，所以不會有依第18條之1排除的問題，自有證據能力。**
2. 若為「另案」（他案），原則上其無證據能力（第18條之1第1項本文），例外地在該另案（他案）通訊內容於七日內陳報於法院，經法院審查認可該另案與本案有關連性，或屬於第5條第1項所列各款之罪時，可以不被排除（第18條之1第1項但書）。換言之，另案（他案）通訊內容在具有「關連性」或「重罪」的前提下，且經法院認可，仍可作為證據之用。至於與依法執行監聽之本案之間有無關連性的判斷，應以該另案（他案）是否與本案具有實體法上之一罪關係，例如想像競合犯、結合犯；或雖無實體法上一罪關係，惟係出於本案被告整體或概括之犯意且與本案觸犯構成犯罪要件之罪名相同、或是與本案被告之犯行有方法或結果的牽連關係者；以及是否合於本案監察目的之共犯參與本案的謀議、實行或事後幫助的行為，以資認定。

反面推論，若係未受法院認可、與本案無關連性，或非屬重罪者，自無證據能力。例如，偶然監聽所得之另案（他案）犯罪內容，縱屬通保法所定得監聽之罪名，但與本案被告之犯罪事實並無關連性，或不具共犯關係之第三人之犯罪資訊，仍不得作為證據使用。

【李榮耕，〈簡評二○一四年新修正的通訊保障及監察法──一次不知所為何來的修法〉，《月旦法學雜誌》，第227期，2014.04，172頁；陳運財，〈國家權力實施通訊監察之界限及其制衡〉，收錄於《偵查與人權》，元照，2014.04，381頁。】

❑ 實務見解

▶108 台上 3611○（判決）

通訊保障及監察法於一○三年一月二十九日經修正公布，增訂第十八條之一，該條第一項規定：「依第五條、第六條或第七條規定執行通訊監察，取得其他案件之內容者，不得作為證據。但於發現後七日內補行陳報法院，並經法院審查認可該案件與實施通訊監察之案件具有關連性或為第五條第一項所列各款之罪者，不在此限。」**此項規定即為「另案監聽」之明文化，其所取得之內容有無證據能力，係採「原則排除、例外容許」之立法體例**。而本條項但書所定「**另案監聽**」內容得作為證據之要件有二，即實質要件係以「**重罪列舉原則**」（通訊保障及監察法第五條第一項所列各款之罪），**或非屬重罪但「與本案具有關連性之犯罪」**（輕罪）者為限，並輔以於發現後七日內補行陳報法院審查認可為程序要件。同條第三項則規定：「違反第五條、第六條或第七條規定進行監聽行為所取得之內容或所衍生之證據，於司法偵查、審判或其他程序中，均不得採為證據或其他用途，並依第十七條第二項規定予以銷燬」，**採取英美法制之毒樹果實理論，明文規定「違法監聽」所取得之內容或所衍生之證據，均應予排除，不得作為證據。至本條第一項「另案監聽」所衍生之證據，則不與焉。**蓋因本條第一項前段僅規定在合法監聽下所取得其他案件之內容，不得作為證據，並不及於所衍生之證據，此與第三項規定因「違法監聽」所取得之內容或所衍生之證據，及同條第二項規定所取得與監察目的無關之內容或所衍生之證據，均應予排除之情形，顯然有別，亦即依立法原意，**對於「另案監聽」所衍生之證據，不得引用「毒樹果實理論」而認為無證據能力，予以排除。從而，自亦不得復援引與「另案監聽」無關之第三項規定，作為「另案監聽」所衍生證據當然無證據能力之理由**。原判決以本件警方係基於合法通訊監察「林才豐」所屬販毒集團販賣毒品案件，因「另案監聽」得悉被告有施用第一級毒品之情形，惟未依通訊保障及監察法第十八條之一第一項但書規定，於發現被告施用毒品後之七日內補行陳報法院，因認上開「另案監聽」之通訊監察譯文並無證據能力云云。卻於理由內援引同條第三項規定，認為本件所採驗取得被告之尿液，實係基於違法監聽所取得之通訊監察譯文，其尿液及尿液檢驗報告，即屬該條項所稱「所衍生之證據」，自不得於本件中使用，亦即認因「另案監聽」取得衍生之證據，有通訊保障及監察法第十八條之一第三項規定之適用。惟原判決上開法律見解，除與該條項規定之文義不符外，亦與同條第一項規定未採「毒樹果實理論」之立法本旨有悖，其此部分理由之論敘，自有商榷之餘地。

▶107 台上 3407○（判決）

通保法的立法目的，依該法第一條規定，係為保障人民秘密通訊及隱私權不受非法侵害，並確保國家安全，維護社會秩序而制定。但為落實人權保障，該法於九十六年六月十五日修正時，增訂第五條第四項、第五項，規定：「執行機關應於執行監聽期間，至少作成一次以上之報告書，說明監聽行為之進行情形，以及有無繼續執行監聽之需要。法官依據經驗法則、論理法則自由心證判斷後，發現有不應繼續執行監聽之情狀時，應撤銷原核發之通訊監察書。」「違反本條規定進行監聽行為情節重大者，所取得之內容或所衍生之證據，於司法偵查、審判或其他程序中，均不得採為證據。」使執行機關應擔負於通訊監察期間，提出報告之義務，若發現無通訊監察之必要時，得由法院撤銷通訊監察書，儘早停止通訊監察，以維人權，並明定違反該條之相關規定，所執行監聽取得之證據，應予排除（見該條項修正立法理由），且於同年七月十一日公布，並自公布後五個月施行；嗣為更嚴厲防止濫權監聽、浮濫申請、草率核准通訊監察等情形，俾進一步確實保障人權，復於一〇三年一月十四日，將該法第五條第四項、第五項修正為：「執行機關應於執行監聽期間內，每十五日至少作成一次以上之報告書，說明監聽行為之進行情形，以及有無繼續執行監聽之需要。檢察官或核發通訊監察書之法官並得隨時命執行機關提出報告。法官依據經驗法則、論理法則自由心證判斷後，發現有不應繼續執行監聽之情狀時，應撤銷原核發之通訊監察書。」「通訊監察書之聲請，應以單一監察對象為限，同一偵、他字或相牽連案件，得同時聲請數張通訊監察書。」另增訂第十八條之一，該條第三項復規定：「違反第五條、第六條或第七條規定進行監聽行為所取得之內容或所衍生之證據，於司法偵查、審判或其他程序中，均不得採為證據或其他用途，並依第十七條第二項規定予以銷燬。」嗣於同年月二十九日公布，並自公布後五個月施行。**此項證據排除規定，既無但書或附加例外，又未授權法院作個案判斷其違法情節是否重大，顯然立法者係有意採取更為嚴格的態度，以釜底抽薪方式，抑制不法調查作為，將違反上開規定進行監聽所取得之證據，悉予排除；且經核此性質，即為刑事訴訟法第一五八條之四所稱「法律另有規定」的情形，自應優先適用。**原判決既認本件執行監聽的機關即雲林縣警察局刑事警察大隊，於報請臺灣雲林地方檢察署檢察官檢具相關資料，向第一審法院聲請對上訴人持用之門號 0000000000、0000000000 行動電話實施通訊監察，經該法院審酌後，認有事實足認上訴人涉犯販賣毒品罪嫌，並危害國家安全、經濟秩序或社會秩序，且情節重大而有相當理由可信其通訊內容與本案有關，難以其他方法蒐集或調查證據，乃依通保法第五條第一項第一款規定，核發本件通訊監察書，監察期間自一〇五年五月十三日十時起，至同年六月十一日十時止。**但前開執行監聽機關嗣卻未依同法第五條第四項規定，於其執行監聽期間內，每十五日至少作成一次以上之報告書，說明監聽行為之進行情形，及有無繼續執行監聽之需要等情。如果無訛，則依同法第十八條之一第三項規定，該監聽行為所取得的內容或所衍生的證據，於司法偵查、審判或其他程序中，均不得採為證據或其他用途，並應依同法第十七條第二項規定予以銷燬。**乃原判決理由卻謂：該執行監聽機關於開始監聽未逾十五日內取得之監聽資料，並無瑕疵，亦即尚無違反同法第五條第四項規定的情形，自得採為證據，故本件檢察官提出上訴人所持用門號 0000000000 行動電話的同年五月十三日至十五日通訊監察譯文，應有證據能力云云，似難認於法無違。

▶107 台上 3052〇（判決）

依通訊保障及監察法（下稱通保法）第十八條之一第一項之規定，另案監聽所取得之內容有無證據能力，**係採「原則排除、例外容許」**之立法體例。本條項但書所定另案監聽內容得作為證據之要件有二，即實質要件係以**「重罪列舉原則」**（通保法第五條第一項所列各款之罪），**或非屬重罪但「與本案具有關連性之犯罪」**（輕罪）者為限，並輔以於發現後七日內補行陳報法院審查認可為程序要件。此項於偵查中另案監聽應陳報法院事後審查之立法，與刑事訴訟法第一三一條第三項對於逕行搜索，應於實施或執行後三日內陳報該管法院或報告該管檢察官及法院，由法院審查之立法例相仿，**蓋另案監聽係依附於本案監聽而存在，本質上與逕行搜索同為無令狀之強制處分，且俱因急迫性併屬未及事先聲請令狀，為避免浮濫，故由法院介入先行審查。**逕行搜索以出於急迫之原因為要件，是否確係如此，一旦時過境遷，或不免將失去審查之機宜，而不利於被告，即令有未陳報或陳報後經法院撤銷之情形，其所扣押之物得否為證據，既仍容許於審判時再為權衡判斷，並不當然予以排除。**而另案監聽所得之內容，是否符合「重罪列舉原則」或「與本案具有關連性之犯罪」類型，純然為對於通訊內容之判別而已，較之於逕行搜索之該當要件，原不具有審查急迫性，甚至無予先行審查之必要性，即使有逾期或漏未陳報等違背法定程序之情形，受訴法院於審判時自仍得適用刑事訴訟法第一五八條之四規定，**再行審酌裁量其得否為證據。

▶107 台上 2345〇（判決）

通訊保障及監察法第十八條之一第一項規定施行起，被告本身因違反槍砲彈藥刀 械管制條例實施通訊監察後所得關於違反森林法之通訊監察譯文，均屬因其他案件所取得內容之「另案監聽」，而該部分均未經執行機關報由檢察官陳報法院審查認可。**通訊保障及監察法第十八條之一第一項本文之規定，並未排除刑事訴訟法第一五八條之四權衡原則之適用，**斟酌執行機關著重在被告違反槍砲彈藥刀械管制條例案件之偵查，並非利用他案合法監聽時而有意附帶達到監聽被告之目的，其未陳報法院審查係出於過失，並無故意不報請審查之意；而違反森林法第五十二條本屬通訊保障及監察法第五條第一項第十七款所得實施通訊監察之罪名，且竊取森林主產物對國家森林資源及水土保持與生態平衡均產生嚴重影響，是執行機關如依法定程序陳報法院審查認可，依形式觀之，法院應無不予認可之理由，基於另案扣押相同之法理及善意例外原則，均有證據能力。

第 19 條（洩漏監察所得資料之賠償）
I 違反本法或其他法律之規定監察他人通訊或洩漏、提供、使用監察通訊所得之資料者，負損害賠償責任。
II 被害人雖非財產上之損害，亦得請求賠償相當之金額；其名譽被侵害者，並得請求為回復名譽之適當處分。
III 前項請求權，不得讓與或繼承。但以金額賠償之請求權已依契約承諾或已起訴者，不在此限。

第 20 條（賠償金額之計算）
I 前條之損害賠償總額，按其監察通訊日數，以每一受監察人每日新臺幣一千元以上五千元以下計算。但能證明其所受之損害額高於該金額者，不在此限。
II 前項監察通訊日數不明者，以三十日計算。

第 21 條（損害賠償請求權之消滅時效）
損害賠償請求權，自請求權人知有損害及賠償義務人時起，因二年間不行使而消滅；自損害發生時起，逾五年者亦同。

第 22 條（執行職務洩漏資料之賠償）
I 公務員或受委託行使公權力之人，執行職務時違反本法或其他法律之規定監察他人通訊或洩漏、提供、使用監察通訊所得之資料者，國家應負損害賠償責任。
II 依前項規定請求國家賠償者，適用第十九條第二項、第三項及第二十條之規定。

第 23 條（補充法）
損害賠償除依本法規定外，適用民法及國家賠償法規定。

第 24 條（罰則㈠）
I 違法監察他人通訊者，處五年以下有期徒刑。
II 執行或協助執行通訊監察之公務員或從業人員，假借職務或業務上之權力、機會或方法，犯前項之罪者，處六月以上五年以下有期徒刑。
III 意圖營利而犯前二項之罪者，處一年以上七年以下有期徒刑。

第 25 條（罰則㈡）
I 明知為違法監察通訊所得之資料，而無故洩漏或交付之者，處三年以下有期徒刑。
II 意圖營利而犯前項之罪者，處六月以上五年以下有期徒刑。

第 26 條（刪除）

第 27 條（洩漏資料之刑罰及評鑑之移送）
I 公務員或曾任公務員之人因職務知悉或持有依本法或其他法律之規定監察通訊所得應秘密之資料，而無故洩漏或交付之者，處三年以下有期徒刑。
II 法官或檢察官執行本法而有法官法第三十條第二項或第八十九條第四項各款情事者，應移送個案評鑑。
III 公務員或曾任公務員之人違反第十八條之一第二項、第三項規定，將本案通訊監察資料挪作他用者，處三年以下有期徒刑。

❖ 法學概念

本條所稱之「無故」

通保法第 27 條公務員洩漏資料刑罰，除構成要件如同刑法第 132 條須為「應秘密」事項外，其構成要件包含必須係「無故」洩漏或交付者始足當之，而實務認為「無故」限於「無正當理由」者（最高法院 22 年上字第 891 號判例參照）始足當之。學者認為，如果檢察總長所交付記者會的監察資料，目的係在揭發民意代表以及司法官員等涉及司法重大關說弊案，則符合刑事訴訟法第 245 條第 3 項之「依法令或維護公共利益或保護合法權益必要」之要求，則其交付之行為既有正當事由，應不構成「無故」洩漏或交付之構成要件。進一步言之，檢察總長對於所交付記者會的監察有「判斷餘地」，法院不應以自己之判斷取代檢察總長之判斷，而下級檢察機關也不宜否定上級檢察機關之裁量。

【楊雲驊，〈刑事訴訟法偵查不公開與刑法洩漏國防以外機密罪之關係—以臺灣臺北地方法院 102 年度矚易字第 1 號判決為例〉，《月旦裁判時報》，第 27 期，2014.06，43 頁以下。】

依本書之見，如果認為「司法關說醜聞，實屬涉及重大公益事件，公眾在此應有知的權利，其召開記者會公開應屬有正當理由。」則檢察總長應自行決定「公布」，而不是在向總統「報告」後，方才決定公布。蓋檢察總長係總統提名，立法院同意後任命，更何況與總統之間並無組織上的隸屬關係，理應獨立行使職權。因此，總長「私下」向總統「報告」，其動機已經啓人疑竇，而「報告」後方予簽結，沒隔多久後隨即召開記者會，時間點的「巧合」，很難不令人有介入政爭的聯想，恐怕不是一句為「公共利益」之正當事由所能交待過去。

第 28 條（非公務員洩漏資料之處罰）

非公務員因職務或業務知悉或持有依本法或其他法律之規定監察通訊所得應秘密之資料，而無故洩漏或交付之者，處二年以下有期徒刑、拘役或新臺幣二萬元以下罰金。

第 29 條（不罰之情形）

監察他人之通訊，而有下列情形之一者，不罰：

一　依法律規定而為者。

二　電信事業或郵政機關（構）人員基於提供公共電信或郵政服務之目的，而依有關法令執行者。

三　監察者為通訊之一方或已得通訊之一方事先同意，而非出於不法目的者。

第 30 條（告訴乃論）

第二十四條第一項、第二十五條第一項及第二十八條之罪，須告訴乃論。

第 31 條（罰則）

有協助執行通訊監察義務之電信事業及郵政機關（構），違反第十四條第二項之規定者，由交通部處以新臺幣五十萬元以上二百五十萬元以下罰鍰；經通知限期遵行而仍不遵行者，按日連續處罰，並得撤銷其特許或許可。

第 32 條（軍事審判之準用）

軍事審判機關於偵查、審判現役軍人犯罪時，其通訊監察準用本法之規定。

第 32 條之 1（國會監督權之行使）

Ⅰ法務部每年應向立法院報告通訊監察執行情形。立法院於必要時，得請求法務部報告並調閱相關資料。

Ⅱ立法院得隨時派員至建置機關、電信事業、郵政事業或其他協助執行通訊監察之機關、事業及處所，或使用電子監督設備，監督通訊監察執行情形。

Ⅲ本法未規定者，依立法院職權行使法或其他法律之規定。

第 33 條（施行細則）

本法施行細則，由行政院會同司法院定之。

第 34 條（施行日）

本法施行日期，除中華民國九十五年五月三十日修正公布之條文，自九十五年七月一日施行；九十六年七月十一日及一百零三年一月二十九日修正公布之條文，自公布後五個月施行；一百零五年三月二十五日修正之條文，由行政院定之外，自公布日施行。

通訊保障及監察法施行細則

1.中華民國 89 年 3 月 15 日行政院、司法院令會同訂定發布全文 30 條；並自發布日起施行
2.中華民國 91 年 6 月 27 日行政院、司法院令修正發布第 25 條條文
3.中華民國 96 年 12 月 11 日行政院、司法院令會銜修正發布全文 36 條；並自 96 年 12 月 11 日施行
中華民國 101 年 12 月 25 日行政院公告第 3 條所列屬「國防部憲兵司令部」之權責事項，自 102 年 1 月 1 日起改由「國防部憲兵指揮部」管轄
4.中華民國 103 年 6 月 26 日行政院、司法院令會同修正發布第 3～5、8、16、20、27～30、35、36 條條文；增訂第 13-1、13-2、16-1、16-2、23-1 條條文；並自 103 年 6 月 29 日施行
中華民國 107 年 4 月 27 日行政院公告第 3 條所列屬「行政院海岸巡防署與所屬偵防查緝隊、各海巡隊、各機動查緝隊以上單位」之權責事項，自 107 年 4 月 28 日起改由「海洋委員會海巡署及所屬機關（構）」管轄

第 1 條
本細則依通訊保障及監察法（以下簡稱本法）第三十三條規定訂定之。

第 2 條
Ⅰ本法第三條第一項第一款所稱有線及無線電信，包括電信事業所設公共通訊系統及專用電信。
Ⅱ本法第三條第一項第二款所稱郵件及書信，指信函、明信片、特製郵簡、新聞紙、雜誌、印刷物、盲人文件、小包、包裹或以電子處理或其他具有通信性質之文件或物品。
Ⅲ本法第三條第一項第三款所稱言論及談話，指人民非利用通訊設備所發表之言論或面對面之對話；其以手語或其他方式表達意思者，亦包括在內。
Ⅳ本法第三條第二項所稱有事實足認受監察人對其通訊內容有隱私或秘密之合理期待者，應就客觀事實加以認定。

第 3 條
本法所稱司法警察機關，指內政部警政署與各直轄市、縣（市）警察局所屬分局或刑事警察大隊以上單位、法務部調查局與所屬各外勤調查處（站）、工作組以上單位、國防部憲兵指揮部與所屬各地區憲兵隊以上單位、行政院海岸巡防署與所屬偵防查緝隊、各海巡隊、各機動查緝隊以上單位及其他同級以上之司法警察機關。

第 4 條
Ⅰ檢察官依本法第五條或第六條規定聲請核發通訊監察書者，應備聲請書，載明偵、他字案號及本法第十一條第一項所列之事項，其監察對象非電信服務用戶，應予載明；並檢附相關文件及監察對象住居所之調查資料，釋明有相當理由可信其通訊內容與本案有關，且曾以其他方法調查仍無效果，或以其他方法調查，合理顯示為不能達成目的或有重大危險情形，向該管法院為之。
Ⅱ司法警察機關依本法第五條規定向檢察官提出聲請者，應備文載明本法第十一條第一項所列之事項，其監察對象非電信服務用戶，應予載明；並檢附前項後段所定相關文件與調查資料，及釋明有相當理由之情形，向有管轄權之檢察機關為之。
Ⅲ司法警察機關依本法第六條規定報請檢察官以口頭通知先予執行通訊監察者，應於十六小時內備妥前項文件陳報該管檢察官。

第 5 條
法院就核發通訊監察書之聲請，其准予核發者，應即製作通訊監察書交付聲請人；不予核發者，應以書面復知聲請人。就本法第十一條之一調取票聲請之准駁，亦同。

第 6 條
執行機關執行通訊監察時，如發現有危害國家安全情事者，應將相關資料移送綜理國家情報工作機關。

第 7 條
Ⅰ法官依本法第五條第四項規定撤銷原核發之通訊監察書者，應以書面通知檢察官。
Ⅱ前項情形，檢察官應立即通知執行機關，執行機關應立即停止監聽，填寫停止執行通知單送建置機關或協助執行之電信事業及其他協助執行機關，並陳報檢察官及法院。

第 8 條
Ⅰ檢察官依本法第六條第一項規定以口頭通知執行機關先予執行通訊監察者，執行機關應製作紀錄，載明通知之時間、方式、內容及檢察官之姓名，留存以備查考。
Ⅱ前項情形，檢察官應於通知執行機關之時起二十四小時內，備聲請書，載明第四條第一項所列事項，敘明具體理由及通知先予執行之時間，聲請該管法院補發通訊監察書，並副知執行機關。
Ⅲ執行機關依第一項規定先予執行通訊監察者，如經法院核復不予補發，或自檢察官向法院聲請之時起四十八小時未獲法院補發通訊監察書者，執行機關應立即停止監察，並陳報檢察官及法院。
Ⅳ前項情形，執行機關應即通知建置機關或協助執行之電信事業或郵政事業及其他協助執行機關停止監察。

第 9 條
本法第七條所稱綜理國家情報工作機關，指國家安全局。

第 10 條
依本法第十條但書規定將通訊監察所得資料移送司法警察機關、司法機關或軍事審判機關者，應移送有管轄權之機關，管轄權不明者，移送其直接上級機關依法處理。

第 11 條
依本法第五條或第六條規定聲請通訊監察者，其聲請書所載明本法第十一條第一項第五款之監察理由，應包括下列事項：
一　受監察人涉嫌本法第五條第一項或第六條第一項犯罪之具體事實。
二　受監察之通訊與上述犯罪具有關連性之具體事證。
三　就上述犯罪曾經嘗試其他蒐證方法而無效果之具體事實，或不能或難以其他方法蒐集或調查證據之具體理由。

第 12 條
綜理國家情報工作機關依本法第七條第二項及第三項規定，通知高等法院專責法官同意通訊監察者，應備聲請書並記載下列事項：
一　案由。
二　監察對象及其境內戶籍資料。
三　監察通訊種類及號碼等足資識別之特徵。
四　受監察處所。
五　監察理由及其必要性。
六　監察期間。
七　監察方法。
八　執行機關。
九　建置機關。

第 13 條
本法第七條第三項之停止監察，執行機關應立即填寫停止執行通知單送建置機關或協助執行之電信事業或郵政事業及其他協助執行機關，並陳報綜理國家情報工作機關首長及高等法院專責法官。

第 13 條之 1
Ⅰ本法第十一條之一第一項所稱通信使用者資料，指本法第三條之一第二項之通訊使用者資料。
Ⅱ檢察官依本法第十一條之一第一項聲請核發調取票者，應備聲請書並記載下列事項，向該管法院為之。但因急迫情形不及事先聲請而先為調取者，於取得相關資料後，應儘速向該管法院補發調取票：
一　案由及涉嫌觸犯之法條。
二　調取種類。
三　聲請理由。
四　執行機關。
Ⅲ司法警察官依本法第十一條之一第二項報請檢察官許可或依本法第十一條之一第三項聲請檢察官同意者，應備聲請書載明前項內容，向檢察機關為之。
Ⅳ檢察官受理司法警察官報請許可或聲請同意之案件，應儘速為准駁之核復。法院接獲檢察官聲請或核轉許可司法警察官聲請之案件，亦同。
Ⅴ法院核發調取票調取通信紀錄或通訊使用者資料者，執行機關應於調取完畢後，將調取票送繳法院。

第 13 條之 2
Ⅰ各情報機關依本法第十一條之一第八項報請綜理國家情報工作機關向電信或郵政事業調取通信紀錄及通訊使用者資料者，應備文載明下列事項為之：
一　案（事）由及涉嫌觸犯法條。但無觸犯法條者，得免記載。
二　調取種類。
三　申請理由。
四　執行機關。
Ⅱ前項調取所需費用，由電信或郵政事業向申請機關請求支付。

第 14 條
本法第十二條第一項通訊監察期間之起算，依通訊監察書之記載；未記載者，自通訊監察書核發日起算。但依本法第六條第一項先予執行通訊監察者，自通知先予執行之日起算；依本法第七條第二項但書先予核發通訊監察書者，自核發之日起算。

第 15 條
本法第十二條第二項、第三項之停止監察，執行機關應立即填寫停止執行通知單送建置機關或協助執行之電信事業或郵政事業及其他協助執行機關，並陳報檢察官、依職權核發通訊監察書之法官或綜理國家情報工作機關首長。

第 16 條
Ⅰ建置機關所屬人員不得接觸通訊內容，亦不得在現譯區域直接截收、聽取或以其他方法蒐集通訊內容。
Ⅱ本法第十三條第四項所定監錄內容顯然與監察目的無關者，不得作成譯文，不包含依本法第十八條之一第一項但書陳報法院審查其他案件之內容。

第 16 條之 1
Ⅰ本法第十八條之一第一項所稱其他案件，指與原核准進行通訊監察之監察對象或涉嫌觸犯法條不同者。
Ⅱ本法第十八條之一第一項但書所定之發現後七日內，自執行機關將該內容作成譯文並綜合相關事證研判屬其他案件之內容，報告檢察官時起算。執行機關為報告時，應以書面載明下列事項，報由檢察官陳報法院審查：

一　本案通訊監察之監察對象及涉嫌觸犯法條。
二　該其他案件之內容。
三　該其他案件之內容與實施通訊監察之案件有關連性或為本法第五條第一項所列各款之罪之理由。

III本法第十八條之一第一項但書所定之法院，於本法第七條第二項之通訊監察，為綜理國家情報工作機關所在地之高等法院之專責法官。

第 16 條之 2

本法第二十七條第三項所稱之挪作他用，指無故作不正當之使用。

第 17 條

I 執行電信監察之執行處所，應置監察機房工作日誌，由工作人員按日登載，並陳報機房所屬單位主管核閱。

II 前項執行處所，應訂定有關監察機房進出人員之資格限制、進出之理由及時間等規定，送上級機關備查。

第 18 條

執行機關於執行通訊監察時，發現有應予扣押之物，或有迅速處理之必要者，應即報告檢察官、依職權核發通訊監察書之法官或綜理國家情報工作機關首長。

第 19 條

執行機關執行通訊監察，應依通訊監察書所載內容，以通訊監察書及協助執行通知單通知建置機關或協助執行之電信事業或郵政事業及其他協助執行機關協助執行。但依本法第六條第一項規定先予執行通訊監察者，得僅以協助執行通知單通知之。

第 20 條

I 臺灣高等法院得建置通訊監察管理系統，供監督通訊監察之用。

II 建置機關應設置能立即自動傳輸全部上線及下線資訊之設備，即時將全部上線及下線之資訊，以專線或其他保密方式，傳輸至臺灣高等法院通訊監察管理系統。但軍事審判官核發之通訊監察書及依本法第七條規定無須經法院同意之通訊監察案件，不在此限。

第 21 條

I 電信事業為協助執行通訊監察，應將電信線路以專線接至建置機關監察機房。但專線不敷使用或無法在監察機房內實施時，執行機關得請求建置機關與電信事業協商後，派員進入電信機房附設之監錄場所執行。

II 執行機關依前項但書指派之人員，不得進入電信機房。

III第一項發生專線不敷使用情形時，電信事業應依執行機關或建置機關之需求，儘速擴增軟、硬體設施。

第 22 條

I 為監督執行機關執行情形，司法院於必要時，得提出需求，由電信事業設置能立即自動傳輸行動電信通訊監察上線及下線資訊之設備，即時將有關第二十條第二項前段全部行動通訊監察上線及下線資訊，以專線或其他保密方式，傳輸至台灣高等法院通訊監察管理系統。

II 行動以外電信有關前項通訊監察上線及下線資訊，電信事業應即時以專線或其他保密方式，傳輸至台灣高等法院通訊監察管理系統。

第 23 條

I 執行機關依第二十一條第一項但書規定派員至電信機房附設之監錄場所執行通訊監察時，應備函將該執行人員之姓名及職級通知該電信事業。

II 前項執行人員應遵守電信事業之門禁管制及機房管理相關規定；如有違反，電信事業得拒絕其進入機房附設之監錄場所，並得通知其所屬機關。

III因可歸責於第一項執行人員之事由致電信事業之機房設備損壞者，執行機關應負賠償責任。

第 23 條之 1

I 本法第三十二條之一第一項所定之調閱相關資料、第二項所定之監督通訊監察執行情形，均不包括偵查中之案件，且不得違反偵查不公開之規定。

II 依本法第三十二條之一第二項規定使用電子監督設備時，不得聽取尚在偵查中案件之內容。派員前往監督時，則應備文將所派人員之姓名及職級通知各該機關、事業，所派人員進出各該機關、事業所應遵守門禁管制及機房管理相關規定，如有違反，該機關及事業得拒絕之。

第 24 條

I 電信事業及郵政事業依本法第十四條第二項規定協助執行通訊監察時，以不影響其正常運作及通訊暢通為原則，且不得直接參與執行本法第十三條第一項所定之監察方法。

II 執行機關因特殊案件需要，得請求建置機關要求電信事業指派技術人員協助執行，並提供通訊系統及通訊網路等相關資料。電信事業如有正當理由無法提供協助，應以書面告知執行機關。

III電信事業之通訊系統應具有可立即以線路調撥執行通訊監察之功能；線路調撥後執行通訊監察所需之器材，由建置機關或執行機關自備。

第 25 條

I 執行機關透過郵政事業之協助執行通訊監察時，執行人員應持通訊監察書及協助執行通知單，會同該郵政事業指定之工作人員，檢出受監察人之郵件，並由郵政人員將該郵件之種類、號碼、寄件人及收件人之姓名、地址、原寄局名及交寄日期等資料，登入一式三份之清單，一份交執行人員簽收，二份由郵政事業留存。

II 受監察人之郵件應依通訊監察書所記載內容處

理，其時間以當班或二小時內放行為原則。放行之郵件應恢復原狀並保持完整，由郵政人員在留存之二份清單上簽名，並註明回收字樣，其中一份清單交執行人員收執，一份併協助執行通知單及通訊監察書由郵政事業存檔。

第 26 條

Ⅰ本法第十四條第二項所稱協助執行通訊監察之義務，指電信事業及郵政事業應使其通訊系統之軟硬體設備具有配合執行通訊監察時所需之功能，並於執行機關執行通訊監察時予以協助，必要時並應提供場地、電力及相關介接設備及本施行細則所定之其他配合事項。

Ⅱ國家通訊傳播委員會應將本細則施行前經特許或許可設置完成之第一類電信事業之通訊系統及通訊網路等相關資料，提供予法務部調查局或內政部警政署評估其所需之通訊監察功能後，由法務部調查局或內政部警政署依第一類電信事業之業務及設備設置情形，向第一類電信事業提出需求；第一類電信事業應即依該需求，擬定所需軟硬體設備、建置時程及費用之建置計畫，與法務部調查局或內政部警政署協商確定後辦理建置。必要時，由國家通訊傳播委員會協助之。

Ⅲ第一類電信事業於本細則施行前已經同意籌設或許可之新設、新增或擴充通訊系統，於本細則施行時尚未完成籌設或建置者，於其通訊系統開始運作前，應依前項之規定擬定配合執行通訊監察所需軟硬體設備、建置時程及費用之建置計畫及辦理建置，並於其通訊系統開始運作時同時協助執行通訊監察。本細則施行前交通部已公告受理特許經營之第一類電信業務，其經核可籌設者，亦同。

Ⅳ第一類電信事業新設、新增或擴充通訊系統者，為確認其通訊系統具有配合執行監察之功能，應由法務部調查局或內政部警政署提出監察需求，該電信事業儘速擬定應配合執行通訊監察所需軟硬體設備、建置時程及費用之建置計畫，經法務部調查局或內政部警政署與該電信事業協調確定後，由國家通訊傳播委員會核發建（架）設許可證（函）後辦理建置，並經國家通訊傳播委員會與法務部調查局或內政部警政署確認符合通訊監察功能後，於其通訊系統開始運作時同時協助執行通訊監察。

Ⅴ前三項建置計畫是否具有配合通訊監察所需之功能發生爭執時，由國家通訊傳播委員會認定並裁決之。第一類電信事業應即依裁決結果辦理。

Ⅵ第二類電信事業須設置通訊監察設備之業務種類，由國家通訊傳播委員會邀集法務部調查局或內政部警政署協調定之，並準用前四項規定辦理。

Ⅶ本法第十四條第三項所稱必要費用，指電信事業及郵政事業因協助執行而實際使用之設施及人力成本。

第 27 條

Ⅰ執行機關應於通訊監察結束後十五日內，依本法第十五條第一項規定，以書面載明該條第一項內容，報由檢察官、綜理國家情報工作機關於收文後十日內陳報法院審查。

Ⅱ前項所稱通訊監察結束，指該監察對象之監察期間全部結束日，且包括本法第五條第四項之撤銷原核發之通訊監察書、本法第十二條第一項通訊監察期間屆滿、本法第六條第二項、第七條第三項、第十二條第二項及第十二條第三項其受監察人在境內設有戶籍之停止監察之情形。

Ⅲ法院依本法第十五條第一項至第四項規定通知受監察人時，應以書面載明下列事項：

一　通訊監察書核發機關及文號。
二　案由。
三　監察對象。
四　監察通訊種類及號碼等足資識別之特徵。
五　受監察處所。
六　監察期間及方法。
七　聲請機關。
八　執行機關。
九　有無獲得監察目的之通訊資料。

第 28 條

法院依本法第十五條第一項至第四項通知受監察人時，應副知執行機關、檢察官或綜理國家情報工作機關首長。

第 29 條

Ⅰ執行機關依本法第十六條第一項規定按月向綜理國家情報工作機關首長報告通訊監察執行情形，應於次月七日前以書面載明本法第十五條第一項內容報告之；依本法第七條第二項但書先予核發通訊監察書者，自核發之日起算。

Ⅱ執行機關依本法第五條第四項每十五日為報告時，自通訊監察書核發之日起算。但依本法第六條第一項先予執行通訊監察者，自通知先予執行之日起算。

Ⅲ執行機關依前項規定向檢察官、核發通訊監察書之法官報告通訊監察執行情形時，應以書面敘明本法第十五條第一項內容。

第 30 條

Ⅰ執行機關依本法第七條之通訊監察書為通訊監察者，應於通訊監察結束或停止後七日內，以書面向綜理國家情報工作機關首長提出報告。綜理國家情報工作機關首長命執行機關報告者，執行機關應即報告。

Ⅱ前項書面，應載明本法第十五條第一項內容。

第 31 條

Ⅰ法院、檢察機關為使用電子監督設備執行監督，得建置相應之通訊監察線上查核系統。
II依本法第七條所為之通訊監察，其監督除由綜理國家情報工作機關首長派員為之外，亦得由高等法院專責法官會同監督。

第 32 條

電信事業或郵政事業與其他協助執行機關保管之通訊監察書及執行通知單等與通訊監察有關之文件，應妥善保管，並於通訊監察結束二年後依該事業或協助執行機關之規定辦理銷燬。

第 33 條

本法第二十條第二項所稱監察通訊日數不明，包括下列情形：

一　違反本法或其他法律規定監察他人通訊，而其監察通訊日數不明或無從計算者。

二　違反本法或其他法律規定洩漏、提供或使用通訊監察所得之資料，而無從計算其監察日數者。

第 34 條

I本法第三十二條所稱現役軍人，依軍事審判法之規定。
II本細則關於司法警察機關之規定，於軍法警察機關準用之。

第 35 條

I檢察官、法官、綜理國家情報工作機關首長於本法中華民國九十六年七月十一日修正之條文施行前依法核發通訊監察書，仍應依修正條文施行前之法定程序執行通訊監察、報告執行情形及通知受監察人。
II法官、綜理國家情報工作機關首長於本法中華民國一百零三年一月二十九日修正之條文施行前依法核發通訊監察書，仍應依修正條文施行前之法定程序執行通訊監察及報告執行情形。但本法第五條、第六條繼續之監察期間，於修正施行後已逾一年，執行機關於通訊監察書之監察期間屆滿後，得依本法重行聲請。

第 36 條

I本細則自中華民國九十六年十二月十一日施行。
II本細則修正條文自中華民國一百零三年六月二十九日施行。

警察偵查犯罪手冊

中華民國108年10月4日內政部警政署公告

第一章　總　則

一、內政部警政署（以下簡稱本署）爲因應警察偵查刑事案件（以下簡稱刑案）工作需要，特訂定本手冊。

二、司法警察官或司法警察偵查犯罪時，應穿著制服或刑警背心，或出示足資識別之證件或警徽，並告知事由。但進行不具干涉性之情報蒐集或有密行必要之偵查作爲，或情況急迫者，不在此限。著用刑警背心，應遵守刑警背心著用時機及應注意事項。

三、偵查犯罪，應遵守偵查不公開之規定，除符合偵查不公開作業辦法外，不得將因執行職務知悉之事項，公開或揭露予執行法定職務必要範圍以外之人員。另偵辦案件之新聞處理，應依警察機關偵辦刑案及處理新聞遵守偵查不公開原則注意要點辦理。

四、偵查犯罪應以現場爲基礎，運用科學器材與方法，合法取證。

五、執行偵查任務人員，必須公正無私，如與犯罪嫌疑人、被害人或關係人具有親屬關係，或足認將使執行職務有偏頗之虞時，應予迴避。

六、爲保護檢舉犯罪或提供破案線索之人之名譽、隱私或安全，不得公開或揭漏足資識別其身分之資訊，並應遵守證人保護法或偵查不公開作業辦法等關於保護證人、檢舉人或被害人之相關規定。

第二章　受理報案與通報管制及支援

第一節　受理報案應注意事項

七、司法警察官或司法警察受理報案，態度應誠懇和藹，不論本轄或他轄案件，應即受理並反應處置，且詳實記錄；非本轄案件，於受理及處置後，應依警察機關受理刑事案件報案單一窗口實施要點相關規定移轉管轄分局處理。

八、司法警察官或司法警察不論以書面或言詞受理告訴、告發或自首等案件，均應詳予記錄後即報告直屬長官，並注意是否有誣告或謊報等情事。

九、不論何人，知有犯罪嫌疑者，得爲告發，告發只需申告犯罪事實，不需知悉犯罪嫌疑人，亦不需請求處罰犯罪嫌疑人。

十、受理言詞告訴或告發時，應即時反應處置，並當場製作筆錄，詳載證據及線索，以利進行偵查。

十一、受理告訴乃論案件，除應詢問告訴人是否提出告訴，並記明筆錄外，尚應注意下列事項：

㈠告訴人具有告訴之權利，並應表明請求訴追之意旨；相對告訴乃論之罪，並應指明犯罪行爲人。

㈡由代理人代爲告訴者，應出具委任書狀。

㈢是否逾越六個月之告訴期間。但得爲告訴之人有數人者，其一人遲誤期間者，效力不及於他人。

㈣是否曾撤回告訴或經調解委員會調解成立。

㈤適時提醒告訴人，若欲撤回告訴，應於第一審辯論終結前爲之。

㈥犯罪被害人已死亡者，依刑事訴訟法第二百三十三條第二項規定，得爲告訴之人行使告訴權，不得與被害人明示之意思相反。

㈦告訴人或其代理人之意見。

㈧委任代理人代行告訴之案件，司法警察官或司法警察認爲必要時，得命告訴權人本人到場。

㈨告訴人係外國法人時，告訴代理人所提出之委任書狀應經公證程序及我國駐外單位驗證。但依現有資料可推定其委任爲眞實，且被告訴之人亦未爭執者，不在此限。

㈩告訴乃論案件經告訴權人表明暫不提告時，應載明於相關文書內，並得提醒其注意證據蒐集及保存與告訴時效。

十二、告訴乃論之罪，對於共犯之一人告訴或撤回告訴者，其效力及於其他共犯。但通姦罪，對配偶撤回告訴者，其效力不及於相姦人。

十三、受理告訴乃論案件後，爲減輕人民訟累，得協助民眾向鄉（鎮、市、區）調解委員會聲請調解。

前項案件經送鄉（鎮、市、區）調解委員調解後，應移送檢察官核辦。

十四、受理告訴乃論案件後，遇被害人死亡、無得為告訴之人、得為告訴之人不能行使告訴權或撤回告訴等情形之一者，均應移送檢察官核辦。

十五、犯罪行為人對未被發覺之犯罪，親自或委託他人，向檢察官或警察機關自承犯罪事實，並表明願受法律裁判者，為自首。

前項所謂未被發覺之犯罪，係指有偵查權之公務員未知犯罪事實，或雖知犯罪事實，但尚不知犯罪嫌疑人眞實身分者。如有偵查權之公務員已知悉犯罪嫌疑人時，即不生自首之效力。

十六、受理自首時，應詢明犯罪嫌疑人欲主動告知之犯罪行為，並載明於筆錄；如犯罪嫌疑人係對已被發覺之犯罪坦誠供述者，為自白，並非自首。

十七、自首案件應注意是否為他人頂替，或有無不正當之企圖，及其身心是否正常，以防疏誤。

第二節　逐級報告程序及時機

十八、分駐所、派出所或勤務單位受理報案或發現犯罪，其為特殊、重大刑案者，應立即通報分局及各有關單位處理；其為普通刑案者，亦應陳報分局管制。警察接獲報案，如為他轄案件，應先受理及作必要處置，緊急案件並應迅速通知管轄分局勤務指揮中心處理。

十九、分局受理報案或接獲分駐所、派出所或其他單位轉報發生之特殊刑案或重大刑案，應迅速通知所屬偵查隊偵辦，並立即報告主管，及轉報警察局勤務指揮中心列管。

二十、警察局受理報案或接獲分局轉報發生之刑案，其係特殊刑案、重大刑案或牽連廣泛之普通刑案，應列管督導或主持偵辦，並報告本署刑事警察局偵防犯罪指揮中心列管處理。

二一、通報本署刑事警察局偵防犯罪指揮中心列管之刑案，各警察單位於偵破後應立即報請撤銷管制。

各警察單位如發現謊報或虛報等情事，應循行政程序報請撤銷管制。

二二、刑案發生與破獲之報告時機如下：

㈠初報：發生或發現之初。

㈡續報：重大變化或重要階段告一段落時。

㈢結報：破獲後或結案時。

第三節　管轄及偵查責任區分

二三、刑事案件由犯罪地之警察機關管轄，但下列各款不在此限：

㈠犯罪行為之發生或結果橫跨二個以上警察機關管轄區域者，由受理報案或接獲通報在先之機關主辦，其他警察機關將有關資料送請併案偵辦。

㈡犯罪地屬專業警察機關管轄區域者，以該警察機關主辦為原則，其他相關警察機關配合之。惟保二、保三及保七總隊，僅管轄其專責任務案件。

㈢除機關間另訂有協調聯繫要點者外，捷運或輕軌移動車廂內發生之案件，由發生地之警察機關管轄，無法確認發生地時，則由被害人下車停靠站所在地警察機關管轄。

㈣詐欺案件：

1. 未涉及帳戶匯款之案件，由發生地之警察機關管轄。當面取款詐欺案件，由取款地之警察機關為主辦單位。
2. 涉及帳戶匯款案件，由帳戶開立人戶籍地之警察機關管轄，其他相關警察機關協同辦理。但同時涉及當面取款詐欺案件者，統一由取款地之警察機關為主辦單位。
3. 網路詐欺案件涉及帳戶匯款者，比照前目規定決定管轄機關；未涉及帳戶匯款者，適用一般網路犯罪之管轄區分。
4. 涉及境外匯款、外籍人士金融帳戶或無記名儲值卡之帳戶匯款案件，以被害人第一次匯款地之警察機關為主辦單位。

㈤恐嚇取財案件：

1. 竊車恐嚇取財：由車輛失竊地之警察機關管轄。
2. 網鴿恐嚇取財：由被害人現住地或鴿舍所在地之警察機關管轄。
3. 其他恐嚇取財案件：由發生地之警察機關管轄。

㈥網路犯罪案件：

1. 以犯罪被害人現住地或戶籍地之警察機關為管轄機關，並由受理報案在先之警察機關負責偵辦；無管轄責任之警察機關接獲報案後，應先受理及作必要處置，並迅速通報管轄之警察機關繼續偵辦。
2. 以網路犯罪被害人上網發生權益受損之上網所在地之警察機關為管轄機關。
3. 以犯罪嫌疑人現住地或戶籍地或上網從事犯罪行為之所在地之警察機關為

管轄機關（如被害人可提供懷疑對象）。

4.以被害人發生權益受損之網站資料、社群網站、部落格、即時通訊對話紀錄、網頁郵件、雲端儲存空間、點對點分享資料等各項網路服務及網路位址伺服器或業者實際營運場所之所在地之警察機關為管轄機關。

(七)境外犯罪案件，以被害人之現住地、工作地及家屬現住地之次序，決定管轄之警察機關。

案件無法依前項決定管轄或有爭議時，由共同上級警察機關或本署指定之。

二四、為兼顧被害者權益並有效運用偵查資源，刑案分為重大刑案、特殊刑案及普通刑案，要件區分如下：

(一)重大刑案：

1.暴力犯罪案件：

(1)故意殺人案件。

(2)強盜或海盜案件。

(3)搶奪案件。

(4)擄人勒贖案件。

(5)強制性交（指刑法第二百二十一條或第二百二十二條）案件。

(6)重大恐嚇取財（指已著手槍擊、下毒、縱火或爆炸等手段）案件。

(7)重傷害或傷害致死案件。

2.重大竊盜犯罪案件：

(1)失竊物總值新臺幣一百萬元以上案件。

(2)竊盜槍械、軍火、爆裂物或國防、交通、學術上之重要設施或器材案件。

(3)被害人為具外交身分之外籍人員，或來訪之外籍貴賓案件。

(4)竊盜重要儀器、文件等影響國家安全或社會秩序情節重大案件。

3.重大毒品犯罪案件：

(1)查獲走私毒品或原料。

(2)栽種罌粟或大麻。

(3)製造毒品案件(工廠)。

(4)查獲第一級毒品二百公克以上。

(5)查獲第二級毒品五百公克以上。

(6)查獲第三級或第四級毒品一千公克以上。

(7)查獲新興毒品分裝場所案件(不論重量)。

(8)查獲新興毒品(咖啡包)五百包以上。

(二)特殊刑案：

1.犯罪手段殘酷、情節離奇案件。

2.新發現嚴重犯罪手法，必須迅速偵破，予以遏制之案件。

3.深切影響社會治安、震撼社會人心之案件。

4.對物或場所之槍擊案件。

5.重大縱火、群毆械鬥案件。

6.於學校、醫院、公共場所或關鍵基礎設施放置炸彈（爆裂物）案件。

(三)普通刑案：重大刑案及特殊刑案以外之案件。

二五、普通刑案、重大刑案及特殊刑案偵查責任區分如下：

(一)普通刑案：由分局負責偵辦，並報告該管警察局列管。如發覺案情複雜，得報請警察局支援。

(二)重大刑案：

1.直轄市、各縣（市）警察局，由各分局負責偵辦，除得報請該管警察局支援外，必要時並得請求本署刑事警察局支援。

2.金門縣警察局、連江縣警察局及本署各專業警察機關，必要時得請求本署刑事警察局支援。

(三)特殊刑案：得由署長指派本署刑事警察局主動支援，全面協調、統一指揮，合力偵辦。本署刑事警察局亦得不經申請，逕行派員指導支援。

(四)前三款之規定於專業警察單位準用之。

二六、本署刑事警察局支援各警察機關時，負管轄責任之警察機關仍應保全現場，提供事證及有關資料，並盡力偵辦。

二七、重大或特殊刑案發生後不能即時獲得線索予以偵破，而必須有關單位協助偵查時，得成立專案小組負責偵查。專案小組之組成及權責，依下列規定執行：

(一)設於本署者，由本署刑事警察局局長為召集人，並邀同相關警察局局長及刑警大隊大隊長參加。

(二)設於直轄市、縣（市）警察局者，由局長或主管刑事業務之副局長親自主持或責由刑警大隊大隊長為召集人，並邀同相關分局分局長參加。

(三)設於警察分局者，由分局分局長或副分局長親自主持或責由偵查隊隊長為召集人，並邀同相關分局偵查隊隊長參加。

(四)專案小組參加人數由主持或召集人視實際需要決定之。

前項第二款及第三款之規定，於專業警察機關準用之。

二八、專案小組成立後，由召集人統一指揮督導偵查工作，並將有關之證據、資料及情報統一交由小組保管、運用及處理。

二九、未破重大刑案，經專案管制一年後，仍未偵破者，應將有關該案之文書、證據等相關卷宗及證物清冊併同未破重大刑案偵查報告書專卷建檔，並指定專責承辦人以專櫃或專有空間妥善保存，定期分析及整理相關卷宗及證物。

相關證物管制及重行調查方式，應依警察機關偵辦陳案管制作業規定辦理。

第四節　警察機關間聯繫及支援

三十、本署刑事警察局偵防犯罪指揮中心通報各級警察機關協助查尋犯罪嫌疑人、查贓或查扣車輛等事項時，接獲通報者，應立即辦理。對緊急之通報，應儘速轉知各勤務單位及人員注意查辦，遇有結果即行回報。

三一、司法警察官或司法警察於管轄區外執行搜索、逮捕或拘提等行動時，應通報當地警察機關知悉或會同辦理，如臨時變更地點，應及時通知原會同及變更擬往地點之警察機關。情形急迫者，得逕通報當地警察局或分局勤務指揮中心，惟事後應補辦通報事宜，執行時並應注意辨識，避免發生意外事故。但情報蒐集或探訪活動且未攜帶槍械者，得免通報。

接受請求會同辦案之警察機關，應即通報所屬刑警大隊（隊）、分局及分駐所或派出所，並派員協同辦理。

相關通報程序及其規定應依各級警察機關通報越區辦案應行注意要點辦理。

三二、警察機關因偵查犯罪之需要，得囑託他轄警察機關代為調查犯罪嫌疑人、蒐集證據、追查贓證物或詢問證人及犯罪嫌疑人等工作。案情急迫者，得以傳真通報方式辦理，受囑託之警察機關應給予必要協助或處理。

三三、警察機關因偵查犯罪之需要，除以本署各資訊系統查核資料外，必要時得向本署刑事警察局查詢犯罪資料及請求刊登犯罪通報。

三四、警察機關因偵查犯罪所蒐集之證據，得送請本署刑事警察局鑑識或請求派員支援蒐證。

三五、警察機關處理有關犯罪偵查情報或案件時，如有下列情形，應相互聯繫密切配合：

㈠發現他轄犯罪案件之犯罪嫌疑人或其他案件線索資料足供犯罪偵查參考時，除為必要之處理外，應迅速通知管轄之警察機關。

㈡破獲本轄發生之刑事案件，同時破獲他轄案件或發現他轄有同案其他正犯或共犯時，應會同當地警察機關協同辦理，擴大偵破。

三六、警察機關解送或解交人犯、查緝同案其他正犯或共犯或追查贓證物時，得請求當地警察機關代辦寄押人犯或其他協助，被請求之警察機關應協助辦理。

第三章　情報諮詢及查察

第一節　情報諮詢重點及原則

三七、司法警察官或司法警察基於偵防犯罪需要，應於其轄區內廣為情報諮詢布置，秘密掌握運用。

三八、遴選諮詢對象，應視實際需要審慎遴選，把握運用，慎防被反諮詢。

三九、情報諮詢布置應按工作性質，依下列原則辦理之：

㈠基於維護治安工作需要，於社會各階層及各行業遴選熱心公益及樂於協助維護社會治安等適當對象，積極布置。

㈡針對特殊治安工作或偵辦重大案件需要，專案諮詢布置。

四十、下列場所，應定為重點諮詢地點：

㈠酒家、茶肆、舞廳、旅館業、三溫暖、歌廳、網咖等資訊休閒服務業、撞球場、電子遊戲場、夜總會、KTV 等視聽中心、夜市、PUB 或其他特定遊樂營業及易為不法分子混跡藏匿之處所。

㈡港口、機場、醫院、診所等罪犯可能潛逃、藏匿之處所。

㈢當舖業、銀樓珠寶業、舊貨業、資源回收業、委託寄售業、車輛修配保管業、中古車輛買賣業等易為銷贓處所。

㈣其他有事實足認藏匿人犯或易於發生犯罪行為之處所。

四一、凡經遴選諮詢工作請求合作之對象，應注意其身分保密，並不得給予任何名義及證明文件。

四二、交付諮詢對象任務，應謹慎保密、講求方法，並應以蒐集危害國家安全、社會犯罪偵防有關情報為要點，不得使其直接參與辦案行動。

四三、司法警察官或司法警察應與諮詢對象加強聯繫，培養情感，增進良好關係，使能主動提供各種犯罪情報資料，協助偵防犯罪。與諮詢對象聯繫，應注意警察人員與特定對象接觸交往規定等相關規定。

四四、情報之處理，應依登記、分析、研判及運用等程序爲之。有運用價值之可靠情報，應派人循線偵查及蒐集證據。所報未詳盡者，應指導原報人繼續深入調查，或另交其他適當人員深入調查；不能運用者，得銷毀之。

四五、諮詢人員提供情報線索，應詳核其動機、目的與可靠性。因而及時防止治安事故發生，或偵破重大案件時，應立即簽報，予以適當獎勵及支應必要費用。

前項獎勵及費用之核發，應依警察機關獎勵民眾提供犯罪線索協助破案實施要點辦理。

四六、警察爲防止危害或犯罪，認對公共安全、公共秩序或個人生命、身體、自由、名譽或財產，將有危害行爲，或有觸犯刑事法律之虞者，得遴選第三人秘密蒐集其相關資料。

前項資料之蒐集，必要時，得及於與蒐集對象接觸及隨行之人。

有關遴選第三人秘密蒐集資料，及其他依警察職權行使法蒐集之資料，其保存、使用、註銷及銷毀，應依警察職權行使法、警察遴選第三人蒐集資料辦法或個人資料保護法辦理。

第二節　查察防制對象及作爲

四七、對有治安顧慮或犯罪傾向者，應列爲重點對象，依治安顧慮人口查訪之相關規定查察防制，俾能早期發現犯罪。

有關性侵害加害人之查訪，應依性侵害犯罪防治法及性侵害犯罪加害人登記報到查訪及查閱辦法辦理。

四八、查察防制對象，於發現有再犯或不法嫌疑時，應立即進行偵查，蒐集其犯罪證據。

四九、查察可疑之人、車及處所時，應遵守刑事訴訟法、警察職權行使法及警械使用條例等關於取締、盤查、檢查及搜索之規定。

五十、司法警察官或司法警察進行盤查時，應特別注意下列事項：

㈠要有沈著和藹的態度。

㈡提高警覺注意自身之安全。

㈢盤查、取締對象有二人以上時，應先將其分開，並注意監視對方之神色舉動，隨時準備應變。

㈣執行取締、盤查人民身分時，若有明顯事實足認其有攜帶足以自殺、自傷或傷害他人生命或身體之物者，得檢查其身體及所攜帶之物。

第四章　現場處理之偵查及勘察處置

第一節　救護傷患應有作爲

五一、司法警察官或司法警察抵達現場後，應視現場狀況，探查是否有人受傷。受傷者不論爲被害人或加害人，均應迅速予以救護或送醫，並視情形，作必要之保護或戒護。

五二、救護傷患時，應儘量避免破壞現場，如確屬無法避免時，應爲必要之記錄。

五三、司法警察官或司法警察護送犯罪嫌疑人以外之傷患就醫時，應於途中詢問案件發生之事實眞相，並爲必要之記錄。傷患衣物，應妥善保存，以利日後檢查需要。

第二節　犯罪嫌疑人緝捕及通報

五四、犯罪嫌疑人可能仍留於現場或混跡於圍觀群眾之中，初抵現場之人員，應縝密巡視觀察，俾利發現犯罪嫌疑人，並即時追捕。逮捕時應注意自身安危，並依警械使用條例使用警械。

五五、刑案現場逮捕犯罪嫌疑人，應注意下列事項：

㈠得附帶搜索其身體、隨身攜帶之物件、所使用之交通工具及立即可觸及之處所。

㈡得使用警械防止其脫逃、自殺或其他意外，並將其與被害人、目擊證人或其他參與犯罪者隔離。

㈢遇犯罪嫌疑人攜帶或藏放之武器或證物，應立即扣押或留存，並記錄其外觀及所在位置。

㈣於刑案現場逮捕犯罪嫌疑人時，應立即帶離；於刑案現場以外之處所逮捕時，不可帶回現場。

㈤記錄犯罪嫌疑人自發性之供述、身上形跡及任何不正常之舉止。必要時，並得會同鑑識人員檢視其身上可疑跡證。

五六、遇犯罪嫌疑人已逃離現場時，應即查明其身材、衣著、年貌、口音特徵、逃離現場之時間及方向、犯罪時所用之兇器或交通工具特徵及共犯人數，以利循線追緝，或通知鄰近警察、治安單位攔截拘提或逮捕。

第三節　現場封鎖及證物保全

五七、實施犯罪調查，必要時得封鎖犯罪現場，並爲即時之勘察。實施前項封鎖時，應派員於封鎖線外警戒。非經現場指揮官同意，任何人不得進入，經許可進入現場者，應著必要之防護裝備，避免破壞現場跡證。

五八、現場警戒人員，除執行警戒任務外，並應觀察圍觀群眾之可疑動靜，蒐集有利破案之情報線索。必要時，得以照相、錄影或錄音等方式為之。

五九、現場封鎖範圍及層數，應視現場環境及事實需要而定，初期封鎖之範圍應廣，待初步勘察後，視實際需要再行界定封鎖範圍。必要時，並得實施交通管制。

六十、現場封鎖得使用現場封鎖帶、標示牌、警示閃光燈或其他器材，以達成保全現場為原則。

六一、為免跡證遭受風吹、雨淋或日曬等自然力破壞，初抵現場人員應使用帳蓬、雨棚或其他物品保全跡證，或為適當之記錄後，移至安全地點。

第四節　現場查訪及調查

六二、初抵現場人員應對被害人、發現人、在場人或其他關係人，就案件發生或發現情形及現場人、物及跡證之現狀、位置及動態變化情形，進行初步查訪、記錄。

六三、遇有非病死或可疑為非病死案件，應即照相或錄影，並通報檢察官相驗。

前項情形經檢察官認顯無犯罪嫌疑，交由司法警察官會同法醫師、醫師或檢驗員相驗者，於相驗完畢後，應即將相關卷證陳報檢察官。

第二項所稱司法警察官係指警察分局刑事小隊長職務以上人員。

六四、重大刑案及特殊刑案由管轄警察分局長或其代理人擔任現場指揮官，督同所屬人員負責現場搜索與證物保全；刑警大隊大隊長、鑑識中心主任、鑑識科科長或其代理人督同所屬人員負責現場調查及勘察採證。普通刑案由分局偵查隊負責現場搜索、證物保全、調查及勘察採證。

分局長、刑警大隊大隊長、鑑識中心主任、鑑識科科長或其代理人抵達現場後，首應聽取最先抵達現場人員或分駐所或派出所所長報告現場發現或發生經過、初步處理及調查情形。

前二項規定，於專業警察機關準用之。

六五、現場應依任務需要，將現有人員（擔任警戒任務者外）區分為調查組及勘察組，人力不足時應請求支援。

六六、調查組由刑警大隊大隊長、偵查隊隊長或資深之偵查人員擔任組長，率同所屬人員負責現場及鄰近地區之調查、訪問、觀察、搜查，並作記錄，以蒐集刑案相關情資。具體任務如下：

㈠訪問被害人、報案人、發現人或其他關係人，瞭解案發時及案發前後，有無發現任何可疑之人、事、物等，俾發掘可能之線索。

㈡對於現場附近之環境、交通狀況及案發當時之天候、風向、氣溫、照明等進行必要之觀察，並注意週期性出現之人、事、物查訪。

㈢如案情需要，得於現場相關處所搜尋附近監視影像及其他可能遺留之各種跡證。

㈣其他現場調查相關任務。

第五節　現場勘察採證

六七、現場勘察得視現場狀況、案情、裝備及警力等資源彈性調整。

六八、勘察組由鑑識中心主任、鑑識科科長或股長或資深之鑑識人員擔任組長，率同所屬人員負責現場勘察。具體任務如下：

㈠運用科學技術與方法勘察採證，作為犯罪偵查及法庭審判之證據。

㈡採集各類跡證，依其特性分別記錄、包裝、封緘，審慎處理，避免污染，送請相關單位鑑定。

㈢研判犯罪嫌疑人之入出口、方法及關聯性。

㈣其他現場勘察相關任務。

經本署刑事警察局派員協助現場勘察時，以該局現場勘察編組組長擔任勘察組長，或依狀況協議之。

六九、除依法應以搜索或扣押方式為之者外，對於住宅或車輛本身或其內之物品實施勘察採證前，應先取得勘察採證標的權利人之同意。

前項同意，勘察採證人員應先向勘察採證標的權利人告知勘察採證之範圍，並請其於勘察採證同意書內簽名或蓋章（格式如附件一）。

勘察採證標的權利人不同意時，現場指揮官或其授權人員於審酌個案犯罪情節等因素後，仍認有實施之必要者，應依法改以搜索或扣押方式為之，或報請該管檢察官實施現地勘驗或核發鑑定許可書。

七十、勘察現場發現疑似爆裂物，遇裝備器材不足或技術上有困難時，應通報本署刑事警察局地區防爆隊至現場排除危害，確定無安全顧慮後，始由地區勘察人員續行勘察。

本署刑事警察局地區防爆隊安全排除危害後，應自爆裂物取樣少量火藥或炸藥，並交由管轄警察機關送驗。

已爆炸現場，應由本署刑事警察局地區防爆隊確定安全無虞後，會同地區勘察人員共同採集爆炸殘留物、裝置、碎片或其他相關物質。

七一、實施現場勘察後，應製作刑案現場勘察報告，並視案情檢附搜索票或鑑定許可書影本、搜索同意書（格式如附件二）或勘察採證同意書、證物清單、刑案現場照片、刑案現場測繪圖、刑事案件證物採驗紀錄表等相關資料（格式如附件三至六）。

七二、刑案現場勘察採證及送驗，應依刑事鑑識手冊及爆裂物案件處理要點等規定辦理。

第五章　被害保護及關懷協助

第一節　被害保護

七三、司法警察官或司法警察處理刑案應依本署刑案處理作業程序，以專業、效率之精神，處理現場及偵查案件，並秉持同理心及尊重態度，關懷協助被害人及家屬，適時提供相關資訊及服務。

七四、被害人未受傷案件，應安撫被害人情緒，協助至警察機關受理報案，並注意維護其隱私。

七五、被害人受傷案件，應儘速協助及護送就醫，並適時將送往之醫院通知其家屬；如被害人因傷住院，應前往其醫療院所或警察機關以外之適當場所詢問。

七六、被害人死亡現場應立即實施封鎖，以帷幕及屍布將屍體遮蔽，並應儘速通報檢察官及早進行現場勘驗及相驗工作。

七七、爲保護被害人家屬隱私，得依其要求，適當隔離媒體，減少不必要接觸，並提醒家屬偵查保密的重要性。必要時，得經其同意，協助接受新聞媒體採訪。

七八、製作筆錄時得視情況選擇適當場所詢問，並對被害人充分說明詢問案情之必要性；詢問受傷之被害人，應以救護爲先，採取影響傷情最小限度作爲。

爲減少重複陳述，降低被害人或其家屬二度傷害，得由分局偵查隊專責調查詢問，並得協請檢察官親自訊問。

性侵害案件，另依性侵害案件減少被害人重複陳述作業要點辦理。

第二節　被害慰問及關懷協助

七九、爲落實犯罪被害保護，署屬機關、直轄市、縣（市）政府警察局及所屬分局應擇適當人員擔任犯罪被害保護官，處理因暴力犯罪致被害人死亡、重傷或被害人數三人以上之社會矚目重大傷亡案件；遇被害人數較多，管轄機關得視情況請求被害人住居地所轄機關協助執行，受請求機關不得拒絕。

前項以外之案件，得視需要或警力許可比照辦理。

八十、犯罪被害保護官應提供下列協助：

㈠陪同及關懷被害人或家屬，適時給予陳述心聲之機會，告知被害人或家屬偵查審理程序及犯罪被害人保護法相關權利及措施。

㈡提供社政、衛政、勞政或教育等可申請支援救助之政府機關或民間機構資訊及相關援助事項。

㈢協請犯罪被害人保護協會提供法律服務、心理輔導及經濟救助等服務；或通知社會局指派社工爲輔佐人協助陪同在場、出庭及各種訴訟程序。

㈣協助被害人或其家屬向當地法律扶助基金會申請法律扶助、諮詢。

八一、被害人死亡案件發生逾三日或重大刑案或住宅竊盜案件發生逾十日未破案者，應由機關主官親自或指派適當人員給予慰問。

轄區員警或偵查人員則利用各種勤務時機，持續予以關心慰問，並妥適告知偵查進度，以爭取被害人及家屬信任。

被害人死亡、重大刑案及住宅竊盜案件移送後，應主動以適當方式告知被害人或其家屬偵辦情形、移送日期及案件繫屬等資訊。

第六章　實施偵查

第一節　案情研判

八二、案情研判應就調查、訪問、觀察、搜索及現場勘察所得之資料證據，進行分析辨證，並力求正確，以爲偵查工作之基礎。

八三、應從下列問題進行案情研判，以瞭解犯罪嫌疑人及其動機、犯行、過程或發展：

㈠犯罪之性質：案件性質之研判，爲偵查發展之基礎，如命案應依死者狀況、特徵，究明其爲自殺、他殺或意外死亡；如爲他殺並應究明係情殺、仇殺、或謀財害命；如爲財產犯罪，則應究明係強盜、搶奪或竊盜。

(二)犯罪之時間：時間乃最有力之證據，狡猾之犯罪嫌疑人，常利用時間作為脫罪之反證，故對犯罪發生時間及犯罪嫌疑人於案發時之行蹤，應詳予調查認定。

(三)犯罪之地點：從犯罪之現場，常可找到犯罪之證據及發掘破案之線索。如發現二個以上之現場時，應注意有無僞裝，並找到原始第一現場。

(四)犯罪之方法：此即如何實施犯罪問題，應瞭解犯罪之過程及究明犯罪嫌疑人進出路線、使用工具等。

(五)犯罪之動機：任何犯罪都必有其動機存在，惟其動機有直接原因，亦有間接原因，有近因亦有遠因，有潛伏之因素，亦有導致性之因素，須耐心反覆研判。

(六)犯罪之工具：犯罪嫌疑人如使用工具，常可從其所使用之工具，判定其職業身分。

(七)犯罪嫌疑人之範圍：從犯罪動機、方法、使用工具等，可以判定犯罪嫌疑人之範圍，以為偵查之對象。

(八)犯罪嫌疑人之人數：從現場情況及犯罪所生損害情形，可判定犯罪嫌疑人之多寡，當人數有二人以上時，其行蹤必易暴露。

(九)被害人之範圍：從被害人之交往、日常生活、感情、恩怨及財物等情形，可限縮偵查之範圍。

前項各款之分析、研究、判斷，應同時注意其相互因果關係，俾能瞭解案情之眞實，有利破案。

第二節　偵查計畫

八四、重大刑案發生除立即偵破外，均應訂定偵查計畫，以為偵查之準據。

八五、前點之偵查計畫，包括下列各款內容：

(一)犯罪發生或發現之時間。

(二)犯罪發生或發現之地點。

(三)被害人之嗜好、接觸人物及被害狀況等生活情形。

(四)發現經過或受理報案經過。

(五)現場勘察或跡證鑑定之情形。

(六)現場訪問調查或資料查對情形。

(七)案情研判。

(八)偵查對象、方向、方式、步驟及部署進度等偵查作為。

(九)偵查實施及分工。

(十)特殊狀況。

(十一)協調聯繫。

第三節　偵查要領

八六、偵查犯罪，須依據偵查計畫，運用科學器材與科技方法，歸納、分析、研究、判斷、貫徹執行，尋找破案線索。

八七、實施偵查，應循下列關係，清查發掘線索：

(一)被害人關係：被害人身分、財產、親友、部屬、僱傭、感情、恩怨及其他案發前後之動態關係與通信紀錄及通訊基地臺位置等。

(二)犯罪行為人關係：從現場勘察瞭解犯罪嫌疑人之犯行，依犯罪方法、習慣、時間、使用工具，研判其職業、身分；再依調查訪問所得，判斷犯罪嫌疑人之衣著、體格、年齡、面貌及特徵等，著手清查犯罪嫌疑人。如犯罪嫌疑人係慣犯，通常可從紀錄資料中發現。

(三)財物關係：從被害人所損失之財物、犯罪嫌疑人所用之物及犯罪行為人所得之物，依其關係著手清查。

(四)場所關係：從犯罪嫌疑人可能出入、活動、藏匿等場所及贓物可能寄藏銷售場所著手清查，尤應注意相關場所及周邊監視錄影系統。

八八、在人之清查中，下列五種對象，應特別注意：

(一)案件發生後，關係人或可疑人突告失蹤者。

(二)案件發生後，忽然態度失常者。

(三)對本案特別表現關懷者。

(四)案件發生後，突然生活奢華，吃喝玩樂不正常者。

(五)行狀異常、具刑案資料者及治安顧慮人口。尤應注意具地緣關係之人。

八九、偵查人員，應審慎勘察刑案現場，詳細採取指紋、體液、痕跡等證物，以確認犯罪嫌疑人。如須由被害人、檢舉人或目擊證人指認犯罪嫌疑人，應依警察機關實施指認犯罪嫌疑人注意事項辦理。

第四節　跟蹤及監視

九十、跟蹤及監視乃偵查人員對特定之人、車輛、處所或物品所為秘密、持續或週期性之觀察活動，目的在於發現犯罪嫌疑人之活動及身分等相關訊息；型式如下：

(一)跟蹤，屬流動或動態觀察，係偵查人員以徒步或車輛跟隨偵查對象。

(二)監視，屬固定或靜態觀察，為偵查人員從某些定點持續觀察特定處所、物品或人員之狀況。

跟蹤及監視，必要時得配合實施之。

九一、實施跟蹤應守秘密，注意本身安全，並隨時保持適當距離，不使對象脫離視線，尤須認識對象特徵，防止脫蹤。

實施跟蹤應針對不同時地等因素隨時變換僞裝，並運用適當之器材、交通工具，以免被發覺。

九二、跟蹤有單人、雙人、多人徒步跟蹤法、跳蛙跟蹤法、徒步與車輛併用跟蹤法、車輛跟蹤法及海陸空立體跟蹤法等，應因人、因時、因地制宜，並視案情需要與環境狀況及跟蹤對象等因素，靈活運用。

九三、跟蹤人員應防止被察覺，遇有不利情況時，應採取下列因應作爲：

㈠被跟蹤對象在行進間突然停止、轉身反顧、不時觀望、反身往回頭走或佯裝撿物品、打電話、購買物品等方式，暗中觀察是否有人監視跟蹤時，執行人員應若無其事，並保持自然行走狀態或佯裝向人問路、交談因應之，再視情況通知其他人員繼續跟蹤。

㈡被跟蹤對象搭乘大眾交通工具，僅乘坐一段即下車或騎乘汽機車故意繞行，試探執行人員有何行動時，執行人員應儘量避免與其正面接觸，以免引起其注意或提高警覺。

㈢被跟蹤對象突然進入建築物，經由另外出口或後門溜走，誤導並發覺執行人員跟蹤時，執行人員應視狀況立即停止跟蹤，重新部署或採取必要之措施。

㈣如被跟蹤對象已懷疑被跟蹤，且欲向執行人員詢問時，執行人員應保持鎮靜，並準備若干合理說詞及因應作爲，以資應變。

㈤被跟蹤對象製造突發事故，陷執行人員於不利時，執行人員應設法儘速撤離。必要時，得表明身分及採取反擊動作，並通知其他人員前往支援。

九四、發現對象脫蹤時，應依下列原則辦理：

㈠立即將脫蹤之時、地及情況報告負責之指揮官。

㈡立即派員前往對象經常停留之地點或處所暗中探聽或找尋其去向下落。

㈢對象進入機場、港口等入出國境之地區，應立即通報該地區之管轄單位，採取必要之處理。

九五、執行車輛跟蹤之汽車及機車，除速度須適合跟蹤任務外，外觀亦不宜引人注目。

機車具備機動、靈活、受交通及路況影響小之功能，爲最有效之跟蹤工具，能塡補汽車及徒步跟蹤執行之缺點及不足。惟須注意部分道路限制機車行駛，應以機車併用汽車及徒步跟蹤，並搭配電子監察。

九六、擔任監視任務，須攜帶紙筆、望遠鏡、錄音、錄影及照相器材等裝備，記錄觀察所得，分析監視對象之慣性，以利研判及調整監視時間及人力。必要時，並應照相或錄影。

監視工作不能中斷，所見所聞均應隨時記錄。

九七、跟蹤或監視人員於執行時，應注意下列事項：

㈠隨身攜帶之武器、通訊器材及其他裝備不得顯露。

㈡外表舉止應融合當地環境。必要時，實施僞裝，隨時保持自然。

㈢避免穿戴引人注目之特殊物件。

㈣應隨身攜帶簡便僞裝衣物，以利快速掩飾改裝。

㈤妥備各種適當之交通工具、金融卡或電話卡等，以應急需。

㈥執行人員應詳細記錄所蒐集之不法活動資料與有關情報，內容要詳實具體。

第五節　通知及詢問

九八、司法警察官或司法警察爲調查犯罪情形及蒐集證據，得使用通知書（格式如附件七），通知犯罪嫌疑人到場接受詢問。惟案件未經調查且非有必要，不得任意通知犯罪嫌疑人到場。

前項通知書，應記載下列事項，由地區警察分局長或其相當職務以上長官簽章，以派員或郵寄方式送達犯罪嫌疑人：

㈠犯罪嫌疑人之姓名、性別、年齡、出生地及住所或居所。

㈡涉嫌之罪名。

㈢應到之日、時及處所。

㈣特別事項，例如應攜帶物品等，得於注意欄內註明。

前項送達，對於無急迫性或時效性之案件，以郵務送達方式爲原則。通知書指派員警送達者，應於非例假日之日間行之。但應受送達人不拒絕收領或因案情需要經簽報主管長官核准者，不在此限。

通知書送達對象爲公司負責人、法人代表或機關團體負責人者，以送達該機關團體通訊地址爲原則，並得於通知書加註「或指定實際辦理／執行○○項業務之負責人說明」。

九九、送達人應製作送達證書（格式如附件八），交應受送達人簽名、蓋章或按指印；如未獲會晤應受送達人者，得將文書交予有辨別事理能力之同居人或受僱人代收。但同居人或受僱人爲他造當事人者，不得將文書交予之。如未獲會晤應受送達人或其同居人或受僱人者，得將文書寄存於送達地之自治或警察機關，另製作送達通知書二份(格式如附件九)，一份粘貼於應受送達人住所居所門首，另一份置於該送達處所信箱或其他適當位置，以爲送達。

寄存送達者，送達時效依刑事訴訟法第六二條送達文書準用民事訴訟法之規定，民事訴訟法第一百三八條第二項規定寄存送達，自寄存之日起，經過十日發生效力。

應受送達人無法律上理由而拒絕收領者，得將通知書留置於送達處所，將送達情形於送達證書記明後附卷。郵寄送達者，應將回執附卷備查。

一〇〇、犯罪嫌疑人經通知到場者，應依原定時間及處所即時詢問，不得無故拖延。

一〇一、經通知到場之犯罪嫌疑人，於詢問完畢後囑其返回，必要時由其家屬帶回或派員送返。但有刑事訴訟法第八八條之一第一項各款情形之一，且情況急迫不及報告檢察官者，得逕行拘提之。惟於執行後，應即報請檢察官簽發拘票，如檢察官不簽發拘票時，應即將被拘提人釋放。

一〇二、犯罪嫌疑人受合法通知，無正當理由不到場，警察機關主管長官得派員攜同拘票聲請書（格式如附件十），敘明犯罪嫌疑人涉嫌犯罪事實要旨及應予拘提之事由，連同送達證書及卷宗、證物，報請檢察官核發拘票。

一〇三、爲調查犯罪情形及蒐集證據之必要，警察機關得使用通知書通知被害人、被害人之親屬、告訴人、告發人、證人或關係人（以下簡稱證人或關係人等人）到場說明。

通知證人之通知書（格式如附件十一）應於命到場前二四小時送達之。但情形急迫或案情單純者，得以電話、傳眞或口頭等方式通知之。證人經通知到場者，應依原定時間及處所即時詢問，不得拖延。

一〇四、司法警察或司法警察官詢問證人或關係人等人時，如證人有下列情形之一者，應告知得拒絕證言：

㈠現爲或曾爲犯罪嫌疑人之配偶、直系血親、三親等內之血親、二親等內之姻親或家長、家屬者。

㈡與犯罪嫌疑人訂有婚約者。

㈢現爲或曾爲犯罪嫌疑人之法定代理人或現由或曾由犯罪嫌疑人爲其法定代理人者。

一〇五、司法警察官或司法警察於製作證人或關係人等人之指證筆錄時，應注意事項如下：

㈠證人或關係人因到場作證有生命、身體、自由或財產有遭受危害之虞時，得依證人保護法聲請保護。

㈡證人保護法規定之證人，係指其指證之案件爲證人保護法第二條之刑事案件，且願意在檢察官偵查中或法院審理中到場作證，陳述自己見聞之犯罪事證，並依法接受對質及詰問者。

㈢檢舉人、告發人、告訴人或被害人須於檢察官偵查中或法院審理中到場作證，而有保護必要者，比照證人保護法規定辦理；無須到場作證者，應依警察機關獎勵民眾提供犯罪線索協助破案實施要點規定辦理。

證人有依證人保護法規定施以保護之必要者，應請證人書立切結書（如附件十二），並向檢察官聲請核發證人保護書（如附件十三）。但時間急迫者，得先採取必要之保護措施，並於七日內將所採保護措施陳報檢察官。

證人保護法規定之保護措施有身分保密、人身隨身安全保護、禁止或限制特定人接近、短期生活安置，於聲請核發證人保護書時，應就個案狀況需要審慎選定之。

證人採取身分保密之保護措施時，應注意事項如下：

㈠製作筆錄或文書時，證人之眞實姓名及身分資料應以代號爲之，不得記載證人之年籍、住居所、身分證統一編號或護照號碼及其他足資識別其身分之資料；證人之簽名亦以按指印代之，並另製作代號及眞實姓名對照表（如附件十四），以密封套密封附卷。

㈡載有保密證人眞實身分資料之筆錄、文書原本或其他足以顯示應保密證人身分之文書，應另行製作卷面封存之；於移送檢察官偵辦時，不得與其他眞實姓名筆錄或文書同時裝訂於同一卷宗。

㈢封存之筆錄、文書，除法律另有規定者外，不得提供閱覽或提供偵查、審判機關以外之其他機關、團體或個人。

一〇六、經以證人或關係人等人之身分通知到場接受詢問後，認有犯罪嫌疑，應告知緣由及相關權利事項，俟其同意後，再就有關犯罪事實重新詢問。

一〇七、犯罪嫌疑人受司法警察官或司法警察調查時，得隨時提出委任書狀選任辯護人。

犯罪嫌疑人表示已選任辯護人者，應以電話將詢問時間及處所通知其辯護人。但犯罪嫌疑人係因拘提或逮捕到場者，等候其辯護人到場之時間，自通知時起，不得逾四小時。

一〇八、詢問開始前，詢問人員應先行瞭解全盤案情，另對受詢人之身分、個性、習癖及生活環境等，亦應作充分之瞭解。

一〇九、詢問應態度誠懇，秉持客觀，勿持成見，不可受外力左右，不得提示或暗示，並能尊重被詢人之人格，使能在自由意志下坦誠供述，且不得使用強暴、脅迫、利誘、詐欺、疲勞詢問或其他不正當之方法。

一一〇、詢問被告或犯罪嫌疑人時應全程連續錄音；必要時，應全程連續錄影。不得於筆錄製作完成後，始重新詢問並要求受詢問人照筆錄朗讀再予以錄音。

詢問犯罪嫌疑人之錄音及錄影，應自開始詢問其姓名、年齡、職業及住所或居所時起錄，至詢問完畢時停止，其間始末連續為之。

一一一、刑事訴訟法第九三條之一第一項所列各款法定障礙事由之經過時間內，不得詢問犯罪嫌疑人。

詢問犯罪嫌疑人，不得於夜間行之。但有刑事訴訟法第一百條之三第一項所列各款或第二項之情形者，不在此限。

一一二、實施詢問時應結合現場勘察、物證蒐採、檢驗結果、屍體解剖報告及調查訪問等所得情資，作為案情研判依據，並運用偵訊技巧為之。

一一三、詢問時應有耐心，切勿期望一次即可獲得正確而完整之供述。多次詢問應註明製作筆錄次數，研析前後所述矛盾之處，追根究底，求得供述之眞實。

一一四、詢問犯罪嫌疑人，應先詢其姓名、年齡、出生地、職業及住所或居所，以查驗其人有無錯誤。如係錯誤，應即釋放或請其離開。

依法拘提或逮捕之犯罪嫌疑人、被告或通緝犯，經令其出示相關身分證明文件，仍無法查驗身分，或無法出示相關證明文件，而有必要時，得循下列方式加強身分驗證：

㈠比對犯罪嫌疑人、被告或通緝犯於偵查或審判卷內之簽名及照片是否相符，其未帶國民身分證或其他身分證明文件者，並得命其立即設法通知其親友補送，或命其於指定之期日補送。

㈡採取指紋，循個人身分識別系統(PID)查驗。

㈢拍攝相片影像，調取口卡片、戶役政電子閘門系統、國民身分證相片影像資料系統之相片影像資料核對。

㈣通知被害人、告訴人、告發人、證人(關係人)、其他正犯或共犯，或通知被告、犯罪嫌疑人之家屬前來指認。

案件於移送時應將犯罪嫌疑人提出身分證明文件影存附卷。

詢問犯罪嫌疑人，應先給與權利告知書（格式如附件十五），或告知下列事項且記明於筆錄：

㈠犯罪嫌疑及所犯所有罪名。告知後，認為應變更者，應再告知。

㈡得保持緘默，無須違背自己之意思而為陳述。

㈢得選任辯護人。低收入戶、中低收入戶、原住民或其他依法令得請求法律扶助者，得請求之。

㈣得請求調查有利之證據。

無辯護人之犯罪嫌疑人表示已選任辯護人時，應即停止訊問。但犯罪嫌疑人同意續行訊問者，不在此限。

經通知到場之犯罪嫌疑人，若屬去氧核醣核酸採樣條例第五條所列應接受DNA採樣者，應依本署去氧核醣核酸採樣作業程序進行採樣。

一一五、詢問犯罪嫌疑人時，應給予辯明犯罪嫌疑之機會；如有辯明，應命其就始末連續陳述；其陳述有利之事實者，應命其指出證明之方法。

一一六、犯罪嫌疑人因精神障礙或其他心智缺陷無法為完全之陳述者，應通知其法定代理人、配偶、直系或三親等內旁系血親或家長、家屬等得為犯罪嫌疑人選任辯護人。但不能通知者，不在此限。

犯罪嫌疑人因精神障礙或其他心智缺陷無法為完全之陳述或具有原住民身分，於偵查中未經選任辯護人者，應通知依法設立之法律扶助機構指派律師到場為其辯護。但經犯罪嫌疑人主動請求立即詢問，或等候律師逾四小時未到場者，得逕行詢問。

犯罪嫌疑人因精神障礙或其他心智缺陷無法為完全之陳述者，應有第一項之人或其委託之人或主管機關指派之社工人員為輔佐人陪同在場。但經合法通知無正當理由不到場者，不在此限。

前三項所稱精神障礙或其他心智缺陷，係指依身心障礙者權益保障法規定，經鑑定符合衛生主管機關所訂等級之智能障礙，並領有身心障礙手冊之情形。

一一七、詢問二人以上可疑為共同實施犯罪行為之犯罪嫌疑人者，應決定其先後順序，隔離詢問，其未經詢問者不得在場。但為發現眞實，得命其對質（對質筆錄範例如附件十六）。

一一八、實施詢問，應當場製作調查筆錄（詢問犯罪嫌疑人之調查筆錄格式如附件十七、詢問關係人之調查筆錄格式如附件十八）。

一一九、詢問時應針對犯罪嫌疑人所犯罪名之構成要件事實逐一敘明，並與所調查之證據、相關聯事證及可參考之事實等相呼應。但與犯罪經過不相關之事項，應避免於筆錄中記載。

一二〇、實施詢問，應採問答方式，除依規定詢問其是否選任辯護人並記載於調查筆錄外，當場製作之調查筆錄，要點如下：

㈠姓名：以國民身分證記載者為準，並應記載國民身分證統一編號及化名、別名、筆名或綽號，同時注意身分證之眞偽。欄內不敷記載者，應另以問答寫明。

㈡年齡：應記載其出生年月日。尤對七歲、十二歲、十四歲、十六歲、十八歲、二歲及八歲之年齡（按周年計算非依曆年計算），更應愼重記載。

㈢職業：除記載其職業及稱謂外，必要時應詢明記載其所負職責，不得僅記工、商、公等。

㈣住址：應記載其現住地之街、路、巷、弄名稱、門牌號碼及聯絡電話；戶籍地與現住地不同時，應分別記載。軍人應記明其駐地及信箱號碼。

㈤教育程度：應記載其最高學歷、學校名稱、畢業或肄業。

㈥家庭狀況：應記載其家庭人數、稱謂、生活、經濟狀況以及與案情有關之親屬等。

㈦刑案資料：應記載其曾受有罪判決確定之判決時間、判決法院、刑罰種□及執行情形，得另以電腦查詢後列印附卷。

㈧犯意：係指犯罪之原因、目的、動機、精神狀態、故意或過失等。包括刑法上之正當防衛、緊急避難或激於義憤之主觀要素等。

㈨關於人的部分：包括正犯（直接正犯、間接正犯、共同正犯）、共犯（如教唆犯、幫助犯）及與犯罪行為有關之人。

㈩關於時的部分：應詳記預備、實施、發現、報案、被害人死亡時間與在犯罪發生時間內涉嫌人行蹤等，儘量詳細記載。

⑾關於地的部分：係指犯罪起、止、經過及其他有關之處所、區域。

⑿關於事的部分：係指犯罪全部經過及犯罪方式、方法、與被害人之關係、違反義務之程度等。

⒀關於物的部分：係指犯罪交通工具、贓物、證物或違禁物等。

⒁受詢問人之意見及犯罪後之表示。

⒂詢問所供是否實在。

⒃辯護人陳述之意見；如其有因刑事訴訟法第二百四五條第二項但書受限制或禁止在場之事實或有足以影響偵查秩序之不當行為者，亦應記載之。

一二一、筆錄不得竄改、挖補或留空行，如有增刪更改，應由製作人及受詢問人在其上蓋章或按指印，其刪除處應留存原字跡，並應於筆錄左方空白處記明更改字數。繕妥後應先交受詢問人閱覽或向其朗讀，並詢其有無錯誤及補充意見，如受詢問人請求記載增刪、變更者，應將其陳述附記於筆錄。

以電腦製作筆錄者，得引導受詢問人於電腦螢幕閱覽筆錄或向其朗讀，如有錯誤、補充意見或受詢問人請求記載增刪、變更者，立即於電腦檔修正之。

一二二、筆錄經受詢問人確認無誤後，應由受詢人於緊接其記載之末行簽名、蓋章或按指印（三者擇一，如按指印以左拇指為原則），再於次行由詢問人、記錄人、通譯及在場人等簽章（用職名章，如僅簽名，應記載職稱）。

辯護人在場者，應請其於筆錄內簽章。

一二三、筆錄有二頁以上者，應立即裝訂，並由製作人或受詢問人當場於騎縫處加蓋印章或按指印。

一二四、受詢問人拒絕回答或拒絕在筆錄上簽名、蓋章或按指印時，不得強制爲之，但應將其拒絕原因或理由記載於筆錄上，仍可發生筆錄之效力。

一二五、詢問犯罪嫌疑人之筆錄，應採一人詢問，另一人記錄之方式製作。但因情況急迫或事實上之原因不能爲之，而有全程錄音或錄影者，不在此限。惟應將具體事由記明於筆錄。

一二六、與其他司法警察機關共同偵辦刑案，對於在同一場所之司法警察或司法警察官間，如因人手不足，經彼此同意互相協力製作筆錄，對於同一犯罪嫌疑人之筆錄，可分由不同機關人員詢問及製作。

一二七、製作筆錄不必拘泥於文句辭藻，應力求通俗易解，可保留原語氣，或記載其所用之土語或俗語，藉以保持眞實，使與受詢問人眞意相符合。

一二八、詢問證人（關係人）應促其對所知或所見之犯罪事實或犯罪情況據實連續陳述，其無根據之個人意見或推測之詞可免予記錄。爲使其陳述明確或判斷其眞僞，得爲適當之詢問。但如證人拒絕作證時，不得勉強，可將其應作證之理由及其拒絕證言情形與原因，一併附送檢察官參考。

性侵害案件詢問關係人時，應運用繞道問法、僞裝成別種事件、或無法辨別犯罪被害人之說法，避免他人將案件與犯罪被害人串連，以維護其名譽、隱私。

一二九、調查最輕本刑三年以上有期徒刑之重罪或遇證人罹患重病或即將出國等狀況，於詢問證人時，得同時錄音。另對其重大或重要之陳述，應即請檢察官複訊。

一三〇、詢問犯罪嫌疑人，應在警察機關之偵詢室或其他適當處所爲之，並嚴密監護，以防止脫逃、施暴、自殺等意外情事。但遇犯罪嫌疑人不能到場或有其他必要情形，亦得就其所在詢問。

一三一、詢問犯罪嫌疑人，發現有下列情形時，應確實載明於筆錄：

㈠他人以不正方法取得犯罪嫌疑人之非任意性自白。

㈡違背刑事訴訟法第九三條之一禁止詢問期間之限制、第九五條第一項第二款及第三款應告知得保持緘默及選任辯護人之規定或第一條之三禁止夜間詢問之限制。

前項第二款情形，應調查是否符合刑事訴訟法第一五八條之二第一項但書所定，違背非出於惡意，且該自白係出於自由意志之要件，並將相關內容及證據載明及附於筆錄。

一三二、警察機關逮捕違反毒品危害防制條例處以刑事處罰之現行犯或通緝犯，應於製作筆錄時，詢問被告或犯罪嫌疑人有無監護或照顧未滿十二歲子女或兒童之情形，並調閱戶役政資料比對檢核，遇有兒童及少年福利與權益保障法第五三條第一項各款或第五四條之情事者，應依各該條規定，通報直轄市、縣（市）主管機關。

第六節　拘提及逮捕

一三三、司法警察官或司法警察依下列規定執行拘提：

㈠法官或檢察官主動交付拘票執行者。

㈡依照刑事訴訟法第七一條之一第一項規定，經合法通知無正當理由不到場，聲請檢察官核發拘票執行者。

㈢依照刑事訴訟法第七六條規定，犯罪嫌疑重大得不經通知，報請檢察官簽發拘票執行者。

㈣依照刑事訴訟法第八八條之一第一項各款，因急迫情況不及報告檢察官而逕行拘提者。但於執行後，應即報請檢察官簽發拘票。

一三四、犯罪嫌疑重大而有下列情形之一者，依刑事訴訟法第七六條，得不經通知逕向檢察官聲請簽發拘票，予以拘提到場：

㈠無一定之住所或居所者。

㈡逃亡或有事實足認爲有逃亡之虞者。

㈢有事實足認爲有湮滅、僞造、變造證據或勾串共犯或證人之虞者。

㈣所犯爲死刑、無期徒刑或最輕本刑爲五年以上有期徒刑之罪者。

前項聲請，應派員持聲請書（格式如附件十）連同案卷向檢察官說明之。

一三五、拘票有二聯，執行拘提時，應以一聯交被拘提人或其家屬，另一聯由執行人於執行完畢後，記載執行之處所及年、月、日、時，繳交法官或檢察官；不能執行者，應記載其事由，由執行人簽名後，繳交法官或檢察官。

一三六、拘提現役軍人，應知照該管機關長官協助執行。

一三七、偵查犯罪有下列情形之一，情況急迫，不及報告檢察官者，依刑事訴訟法第八八條之一，得逕行拘提之：

㈠因現行犯之供述，且有事實足認為正犯或共犯嫌疑重大者。

㈡在執行或在押中之脫逃者。

㈢有事實足認為犯罪嫌疑重大，經被盤查而逃逸者。但所犯顯係最重本刑為一年以下有期徒刑、拘役或專科罰金之罪者，不在此限。

㈣所犯為死刑、無期徒刑或最輕本刑為五年以上有期徒刑之罪，嫌疑重大，有事實足認為有逃亡之虞者。

依前項規定拘提犯罪嫌疑人時，應出示身分證件，並即告知其本人及其指定之家屬（告知本人通知書格式如附件十九、告知親友通知書格式如附件二），得選任辯護人到場，並應告知事由，記明筆錄，交被拘提人簽名、蓋章或按指印後附卷。

一三八、司法警察官或司法警察依刑事訴訟法第八八條之一執行逕行拘提後，應即將執行經過情形陳報所屬司法警察機關主管長官；其執行後不陳報者，應查究其責任。

前項司法警察機關應即以書面連同有關資料（格式如附件二一），報請執行地之該管檢察官簽發拘票，不得於移送時始一併聲請補發。司法警察機關依前項規定，報請檢察官簽發拘票之案件，經檢察官批駁者，應即將被拘提人釋放，並將釋放之時間記明筆錄，交被拘提人簽名、蓋章或按指印後附卷。

一三九、立法委員，除現行犯外，在會期中，非經立法院之許可，不得逮捕或拘禁，並應先報請管轄之司法機關依法處理。

直轄市議員、縣（市）議員、鄉（鎮、市）民代表，除現行犯、通緝犯外，在會期內，非經直轄市議會、縣（市）議會、鄉（鎮、市）民代表會之同意，不得逮捕或拘禁，並應先報請管轄之司法機關依法處理。

一四〇、執行拘提或逮捕之要領如下：

㈠執行前須深入了解案情、確認對象、熟悉環境、充分準備；尤須提高警覺、建立敵情觀念、講求執行技術、運用機智、剛柔並濟、掌握狀況及時果敢行動。

㈡於室內執行時，宜運用各種資訊、關係、誘開門戶、埋伏守候或直接破門，掌握機先、迅速行動。

一四一、執行拘提或逮捕，應注意下列事項：

㈠應顧及本身安全，講求團隊合作默契，切忌躁進、退縮或擅離職守。

㈡制伏歹徒應以智取，對付頑抗對象採取組合警力強攻外，亦應視情況運用策略俟機誘捕或策動投案。

㈢執行時，應顧及被拘提或逮捕人之身體名譽，對抗拒拘提或逮捕或脫逃者，得用強制力及依法使用警械，但不得逾必要之程度。

㈣執行時，應同時依法搜索及扣押有關犯罪贓物或證物，防止湮滅證據。

㈤執行後，應立即對受拘提或逮捕者執行附帶搜索，並注意戒護，防止脫逃、自殺或其他意外事端。

㈥對脫逃者，應迅速通報其特徵、逃逸方向、交通工具及注意事項等，請求相關單位支援攔截圍捕。

一四二、司法警察官或司法警察因調查犯罪情形及蒐集證據之必要，對於經拘提或逮捕到案之犯罪嫌疑人，得違反犯罪嫌疑人之意思，採取其指紋、掌紋、腳印，予以照相、測量身高或類似之行為；有相當理由認為採取毛髮、唾液、尿液、聲調或吐氣得作為犯罪之證據時，並得採取之。

對於非經拘提或逮捕到案之犯罪嫌疑人、被害人或關係人，有實施前項採證行為之必要者，除經本人於勘察採證同意書簽名或蓋章表示同意者外，應報請該管檢察官實施勘驗或核發鑑定許可書，強制採取。

依前項規定請求檢察官核發鑑定許可書時，應以書面為之（鑑定聲請書格式如附件二二）。但如案件已有檢察官指揮者，得以言詞為之。

一四三、圍捕任務常以持有槍械、挾持人質、危險性高之歹徒為對象，執行時應依據警察機關執行圍捕任務規範貫徹執行，俾發揮統合警力，達成維護社會治安使命。

一四四、逮捕到場之現行犯，其所犯最重本刑為一年以下有期徒刑、拘役或專科罰金之罪或告訴乃論或請求乃論之罪，其告訴或請求已經撤回或已逾告訴期間者，得報經檢察官准許免予解送。

犯罪嫌疑人未經拘提或逮捕者，不得解

送。

一四五、執行逮捕或拘禁之機關，應即將逮捕或拘禁之原因、時間、地點及得依提審法聲請提審之意旨，以書面告知受逮捕或拘禁之本人及其指定之親友（告知本人通知書格式如附件十九、告知親友通知書格式如附件二）。

前項告知，至遲不得逾二四小時，且本人或其親友亦得請求為該項告知。

本人或其親友不通曉國語者，第一項之書面應附記其所理解之語文；有不能附記之情形者，應另以其所理解之語文告知之。

逮捕或拘禁之機關，應於收受提審票後，二四小時內將被逮捕或拘禁人解交；如在收受提審票前已將該人移送他機關者，應即回復發提審票之法院，並即將該提審票轉送受移送之機關，由該機關於二四小時內逕行解交；如法院自行迎提者，應立即交出。

逮捕或拘禁之機關，在收受提審票前，被逮捕或拘禁人已回復自由或死亡者，應將其事由速即回復發提審票之法院。

第七節　偵查辯護

一四六、偵查中選任辯護人應以律師為限；每一犯罪嫌疑人選任之辯護人不得逾三人。

犯罪嫌疑人選任辯護人應提出委任書狀，不以司法狀紙為限。司法警察官收受委任書狀後，應即親自或指揮司法警察查對律師登錄名簿，合於規定者，應將詢問之日、時及處所通知辯護人。但情形急迫者，不在此限。

前項通知以電話為之者，應將通知人及受通知人之姓名、電話號碼及通知之時間，記載於公務電話紀錄表（格式如附件二三）陳送警察機關主管長官核閱後附卷；以書面為之者，應將送達證書或收據附卷。

檢察官發交繼續追查贓證或共犯之被告，如已委任辯護人者，於詢問時亦應通知該辯護人到場。

一四七、偵查中之辯護人於詢問犯罪嫌疑人時，得主張下列權限：

㈠除有刑事訴訟法第二百四十五條第二項但書情形外，得於司法警察官或司法警察詢問犯罪嫌疑人時在場，並得陳述意見及以手寫方式札記詢問要點等執行辯護工作之必要措施。

㈡得於詢問完畢後令犯罪嫌疑人閱覽筆錄時，協助閱覽。

辯護人有無於司法警察官或司法警察詢問犯罪嫌疑人時在場，應於詢問筆錄內記明。

一四八、辯護人請求調查證據、陳述意見或協助閱覽筆錄時，應將相關情形註記於該案犯罪嫌疑人之詢問筆錄，並請辯護人於筆錄內簽名。

一四九、辯護人得依刑事訴訟法第三四條第二項規定，接見受拘提或逮捕之犯罪嫌疑人，或與其互通書信，惟應受同條項但書規定之限制，接見時間不得逾一小時，且以一次為限。

一五〇、司法警察官或司法警察因調查犯罪及蒐集證據等正當事由，且情況急迫，而認有暫緩辯護人與受拘提或逮捕之犯罪嫌疑人第一次接見通信，以及指定適當接見時間及場所之必要時，應即報請檢察官為之。

司法警察官或司法警察依刑事訴訟法第二百四五條第二項但書規定，限制或禁止辯護人在場，務須審慎認定，並將限制或禁止之事實記明於卷內，及通知辯護人。

一五一、偵查中之辯護人不得檢閱、抄錄或攝影卷宗及證物，亦不得於執行搜索或扣押時在場。

一五二、辯護人接見受拘提或逮捕之犯罪嫌疑人時，司法警察官或司法警察應在場監看，以防止發生湮滅、偽造、變造證據或勾串共犯或證人等情事，惟應注意「監看不與聞」之要求，以確保受拘提或逮捕之犯罪嫌疑人獲得實質且有效之辯護協助。

一五三、非經證人同意或有必要，詢問證人時，犯罪嫌疑人及其辯護人不得在場；證人指認犯罪嫌疑人時，該犯罪嫌疑人之辯護人得在場，惟應注意證人之保護措施。

第八節　搜索及扣押

一五四、搜索係為發現被告或犯罪嫌疑人或犯罪證據物件及可得沒收之物，而對人身、物件、電磁紀錄、住宅或其他處所所實施之強制檢查處分。

一五五、司法警察官或司法警察執行搜索之原因及應遵守之程序如下：

㈠協助法官或檢察官實施搜索，或受檢察官依刑事訴訟法第一三一條第二項規定指揮執行。

㈡依刑事訴訟法第一二八條之一第二項規定，聲請該管法院核發搜索票而執行（格式如附件二四）。
㈢有刑事訴訟法第一三〇條之情形，雖無搜索票，得逕行搜索被告或犯罪嫌疑人之身體、隨身攜帶之物件、所使用之交通工具及立即可觸及之處所。
㈣有刑事訴訟法第一三一條第一項各款情形之一，雖無搜索票，得逕行搜索被告、犯罪嫌疑人之住宅或其他處所。但應於執行後三日內報告該管檢察官及法院。
㈤依刑事訴訟法第八八條之一第一項及第三項規定，因情況急迫而逕行拘提犯罪嫌疑人到場，雖無搜索票，得準用同法第一三〇條及第一三一條規定執行搜索。但應於執行後即報告該管檢察官及法院。
㈥依刑事訴訟法第一三一條之一規定，經受搜索人出於自願性同意者，得不使用搜索票。但執行人員應出示證件，並將其同意之意旨記載於筆錄。

一五六、在有人住居或看守之住宅或其他處所內行搜索或扣押者，應命住居人、看守人或可爲其代表之人在場，如無此人在場時，得請鄰居或就近自治團體之職員在場，並出示搜索票或扣押裁定。
前項搜索或扣押執行完畢，應迅將搜索票或扣押裁定連同搜索扣押結果報告，繳還法院。

一五七、搜索應保守秘密，並應注意受搜索人之名譽。

一五八、搜索婦女之身體，應由婦女行之。但不能由婦女行之者，不在此限。

一五九、受搜索人抗拒搜索者，得用強制力搜索之。但不得逾必要之程度。

一六〇、執行搜索及扣押得開啓鎖扃、封緘或爲其他必要之處分，搜索中止者，於必要時應將該處閉鎖，並派人看守。
執行搜索及扣押時，得封鎖現場，禁止在場人員離去，或禁止刑事訴訟法第一四三條所定之被告、犯罪嫌疑人或第三人以外之人進入該處所。
對於違反前項禁止命令者，得命其離開或交由適當之人看守至執行終了。

一六一、搜索政府機關或軍事處所，應通知該管長官或可爲其代表之人在場。搜索軍事處所，並應以會同該管憲兵單位執行爲原則。

一六二、有人住居或看守之住宅，或其他處所，不得於夜間入內搜索或扣押。但經住居人、看守人或可爲其代表之人承諾或有急迫情形時，不在此限，惟應記明其事由於搜索扣押筆錄。
日間已開始搜索或扣押者，得繼續至夜間。

一六三、下列處所，夜間亦得入內搜索或扣押：
㈠假釋人住居或使用者。
㈡旅店、飲食店或其他於夜間公眾可以出入之處所，仍在公開時間內者。
㈢常用爲賭博、妨害性自主或妨害風化之行爲者。

一六四、執行搜索、扣押後，應製作筆錄（格式如附件二五），將搜索、扣押過程、執行方法、在場之人及所扣押之物記明於筆錄附卷移送檢察官或法官，並應製作扣押物品收據或無應扣押之物證明書（格式如附件二六），付與扣押物所有人、持有人、保管人或受搜索人。
搜索或扣押執行完畢後而有扣押之物時，應將搜索票或扣押裁定正本及搜索扣押筆錄影本連同扣押物品目錄表（格式如附件二七）影本，以密件封緘註明法院核發搜索票或扣押裁定之日期、文號後，儘速函報核發搜索票或扣押裁定之法院，不得無故延宕；未查獲應扣押之物時，應於搜索扣押筆錄內敘明，連同搜索票或扣押裁定正本，一併函報核發搜索票或扣押裁定之法院（格式如附件二八）。其因故未能執行者，應以函文敘明未能執行之事由，並將搜索票或扣押裁定繳還核發之法院（格式如附件二九）。
司法警察官或司法警察依刑事訴訟法第一三一條第一項之規定執行逕行搜索，或依第一三三條之二第三項執行逕行扣押，或依第一三七條第一項之規定執行附帶扣押者，應於執行後三日內，將搜索扣押筆錄（如有扣押物須連同扣押物品目錄表）影本，以密件封緘註明「逕行搜索」、「逕行扣押」或「附帶扣押」字樣，同時分別函報該管檢察署檢察官及法院（逕行搜索執行完畢陳報函格式如附件三、逕行扣押或附帶扣押執行完畢陳報函格式如附件三一）。但依第八八條之一第三項之規定逕行搜索住宅及其他處所時，應即陳報該管檢察署檢察官及法院。檢察官自行聲請搜索票或扣押裁定交付司法警察官或司法警察執行搜索或扣押，或依刑事訴訟法第一三一條第二項後段規定指揮執行逕行搜索時，司法警察官或司法警察於執行完畢後，應於十二小時內以密件封緘回報，俾檢察官陳報法院。

一六五、法官或檢察官行訊問、搜索、扣押或勘驗時，如無書記官在場，得指定在場執行公務之司法警察官或司法警察製作筆錄。

一六六、執行搜索時，除有不得已之情形外，不得損毀房屋及器物；搜索完畢後，應儘可能恢復原狀。

一六七、執行搜索或扣押，應注意下列事項：

㈠須慎重選派執行人員及指定帶班幹部，並於出發前實施勤教及分工。

㈡執行前對搜索或扣押之目的與標的之基本資料及特性，應有充分之瞭解，妥爲計劃部署，備妥文書、器材、車輛、破門或突入工具等，並注意安全防護措施及行動保密。

㈢執行前，應確認攜帶搜索扣押筆錄、相關文件表格及照相機等蒐證器材。

㈣執行時，應戴手套，避免將自身跡證遺留於扣押物品上。

㈤爲防範湮滅標的物或使欲拘提或逮捕之人逃逸，或爲維護執行人員安全，應依現場時空因素，運用偵查技巧進入搜索場所。但不得逾必要程度。

㈥執行時，應迅速把握現場情形，確實辨識身分、專人警戒，防止犯罪嫌疑人脫逃、串供及湮滅證據。

㈦執行時，應注意被搜索人之表情，並觀察其心理反應、目光注視方向，配合適度偵訊以便發現其贓證可能藏匿處所。

㈧搜索係以智取而非力取，並應具空間概念，依順序進行，對於場所內外及物件之任何可疑表徵或僞裝，均應鉅細靡遺觀察。

㈨扣押物品收據（無應扣押之物證明書）及扣押物品目錄表，當場製作二份。

㈩搜索或扣押暫時中止者，於必要時，應將該處所閉鎖，並命人看守。

⑪數位證物之搜索及扣押，應確實依刑案現場數位證物蒐證手冊之規定辦理。

一六八、搜索發現可爲證據或得沒收之物，得扣押之。

扣押不動產、船舶、航空器，得以通知主管機關爲扣押登記之方法爲之。

扣押債權得以發扣押命令禁止向債務人收取或爲其他處分，並禁止向被告或第三人清償之方法爲之。

依刑事訴訟法所爲之扣押，具有禁止處分之效力，不妨礙民事假扣押、假處分及終局執行之查封、扣押。

一六九、司法警察官或司法警察執行扣押之原因及應遵守之程序如下：

㈠協助法官或檢察官實施扣押，或受檢察官依刑事訴訟法第一三三條之二第三項規定指揮執行。

㈡依刑事訴訟法第一三三條之二第二項規定，聲請該管法院核發扣押裁定而執行（格式如附件三二）。

㈢依刑事訴訟法第一三七條規定，發現本案應扣押之物爲搜索票或扣押裁定所未記載者，亦得扣押之，惟應於執行扣押後三日內報告該管檢察官及法院。

㈣依刑事訴訟法第一三三條之二第三項規定，於偵查中有相當理由認爲情況急迫，有立即扣押之必要時，雖無扣押裁定，得逕行扣押，惟應於執行扣押後三日內報告該管檢察官及法院。

㈤依刑事訴訟法第一三三條之一第一項及第二項規定，經受扣押標的權利人同意者，得不使用扣押裁定。但執行人員應出示證件，並先告知受扣押標的權利人得拒絕扣押，無須違背自己之意思而爲同意，並將其同意之意旨記載於筆錄。

㈥依刑事訴訟法第一五二條規定，實施扣押時，發現另案應扣押之物亦得扣押之，應分別送交該管法院或檢察官。

前項第三款、第四款之扣押，經法院撤銷者，應將扣押物發還所有人、持有人或保管人。

一七〇、執行搜索或扣押時，得命所有人、持有人或保管人提出或交付應扣押之物，無正當理由拒絕提出交付或抗拒扣押者，得用強制力扣押之。但扣押物係政府機關、公務員或曾爲公務員之人所持有或保管，且爲職務上應守秘密者，非經該管監督機關或公務員允許不得扣押。

被告、犯罪嫌疑人或第三人遺留在犯罪現場之物或所有人、持有人或保管人任意提出或交付之物，經留存者，應依刑事訴訟法第一三九條至第一四二條之規定處理。

一七一、扣押物應加封緘或其他標識，由扣押執行人簽證，並由在場人或受搜索或扣押人會同簽證或加蓋印章或指紋。

扣押物係金飾或珠寶等貴重物品，應記明其重量及特徵（如美鈔號碼或其他牌名等）；必要時，並應照相或錄影備查，及於封緘後妥善保管。

扣押物如爲證物時，除依前二項規定辦理外，並應加以編號、記載細目及逐一拍照存證。

一七二、扣押物，應以防其喪失或毀損之方式，爲適當之保管；不便搬運或保管者，得命人看守或交所有人或其他適當人保管，將保管單一併移送檢察官或法官。

一七三、扣押物爲無法保管之危險物品者，得於報請檢察官或法官許可後，予以照相或錄影並毀棄之。

一七四、實施搜索或扣押時，如須證人或關係人等人辨識指認者，得許其在場。

第九節　調取通信紀錄及通訊監察

一七五、調取通信紀錄及使用者資料之審核及管制作業，應依據通訊保障及監察法及其施行細則與警察機關調取通信紀錄及使用者資料管制作業要點辦理，

以確保民眾隱私權及秘密通訊自由。

一七六、偵辦最重本刑三年以上有期徒刑之罪，爲調查犯罪嫌疑人犯罪情形及蒐集證據，認有調取通信紀錄之必要時，得依通訊保障及監察法規定報請檢察官許可後，向該管法院聲請核發調取票。

一七七、偵辦最輕本刑十年以上有期徒刑之罪、強盜、搶奪、詐欺、恐嚇、擄人勒贖，及違反人口販運防制法、槍砲彈藥刀械管制條例、懲治走私條例、毒品危害防制條例、組織犯罪防制條例等罪，而有需要時，得依通訊保障及監察法規定，向檢察官聲請同意後，調取通信紀錄。

一七八、辦理調取通信紀錄及使用者資料之審核及管制作業，應依下列規定辦理：

㈠案件承辦人有調取需求者，應填具聲請書，經主官或主管審查核准，取得發文文號後，以公文或經電子連線由通信紀錄調取管理系統報請檢察官向法院聲請核發調取票，或於報請檢察官同意後，逕向法院聲請核發調取票。

㈡各警察機關主官或主管應確實從嚴審核、管制所屬調取通信紀錄或使用者資料，是否確屬調查犯罪情形及蒐集證據所需，不符法定聲請程序或要件者，應即退回案件承辦人補正資料。

㈢案件承辦人應將調取票掃描圖檔後上傳通信紀錄調取管理系統，由主官或主管或授權審核人員於線上核准後，傳送電信業者辦理調取。線上審核人員務必確認案件承辦人檢附調取票圖檔並上傳通信紀錄調取管理系統後，始得予以核准。

㈣夜間或假日遇案情特殊、情況急迫之案件，須緊急調取通信紀錄者，應報請檢察官許可後，先爲調取，並儘速聲請檢察官向法院聲請補發調取票。

㈤各警察機關於調取通信紀錄後，應將執行結果陳報許可或同意聲請之檢察官，經法院核發調取票調取通信紀錄者，應將調取票送繳法院。

㈥調取通信紀錄或使用者資料費用之核銷，應檢附相關公文等資料。

㈦爲利掌握調取情形，各警察機關之通訊監察組應於每月五日前，將前一個月之調取統計數據，製作統計表並簽陳主官核閱，另各警察機關並應按月將調取通信紀錄及使用者資料之筆數及核銷經費等統計資料，函送本署刑事警察局彙整。

㈧案件承辦人等相關人員非因調查犯罪情形及蒐集證據，不得任意下載、複製或以其他方式取得、列印本系統之聲請書或調取聲請單明細等資料。

㈨案件移送前，應由案件承辦人妥適保管相關資料，並整理成卷備檢，不得任意散置；運用時應愼防資料內容不當外洩。

㈩案件移送後，未隨案移送者，案件承辦人應將所有相關資料併卷歸檔。確因偵辦刑案或調查證據需要，有暫時留存必要者，應簽請所屬單位主管核准後，由案件承辦人妥適保管備檢，俟暫時留存原因消滅後，立即併卷歸檔存查。

⑪調取所得通信紀錄或使用者資料，不得提供予其他機關（構）、團體或個人。但其他法律另有規定者，不在此限。

⑫調取通信紀錄或使用者資料等除因案件偵辦目的有必要長期留存者外，保存五年，逾期予以銷毀。調取後發現全部資料與調取目的無關者，得經所屬單位主管察核准後銷毀之。

(十一)前款資料無論係書面、磁碟片或光碟之形式，逾保存年限或因全部資料與調取目的無關須執行銷毀時，均應依規定銷毀，並製作銷毀紀錄備查。

一七九、執行通訊監察作業，應依通訊保障及監察法及其施行細則與警察機關執行通訊監察管制作業要點辦理，本諸公平、公正原則，並嚴守業務機密，不得違法監察或洩漏提供、使用監察所得之資料。

一八〇、辦理通訊監察聲請案件應由機關首長、刑警大隊大隊長或分局長從嚴審核決行，不得先由業務單位主管代為決行後再補陳核閱，或逕予二層決行。

一八一、聲請通訊監察程序如下：

(一)案件承辦人聲請通訊監察案件，應先於通訊監察管制系統辦理通訊監察聲請登錄作業，取得聲請表管制編號，經通訊監察管制編組人員或專責人員於管制系統審核合格後，下載該聲請表陳核。

(二)案件承辦人檢附通訊監察聲請表、案情報告書、監察電話一覽表及監察對象前科表等資料，其監察對象非電信服務用戶，應予載明；並檢附相關文件及監察對象住居所之調查資料，釋明有相當理由可信其通訊內容與本案有關，且曾以其他方法調查仍無效果，或有事實足認以其他方法調查，不能達成目的或有重大危險之情形，備文報請檢察官向法院聲請核發通訊監察書。

一八二、各警察機關應依下列規定管制通訊監察之執行：

(一)法官核發通訊監察書後，案件承辦人應立即檢附通訊監察書影本，送通訊監察管制編組人員或專責人員登錄於通訊監察管制資料登記簿，並於通訊監察管制系統註登核發結果後，始得投單上線。

(二)通訊監察案件投單時，應檢附通訊監察書正本及上線登記表，並依警察機關執行民營行動及固網電信通訊監察作業規定辦理。

(三)檢察官依職權聲請法院核發或法官依職權核發通訊監察書交警察機關執行者，得僅登錄於通訊監察管制資料登記簿。

一八三、通訊監察執行期間，案件承辦人應至少每三日派員取回監錄內容；每十五日至少作成一次以上之報告書陳報法院，副本並陳送檢察官，同時登錄於管制系統，陳報時應注意以法院收文日期為準。

前項情形，遇法院於通訊監察書另有指示陳報期限者，從其規定。

一八四、各警察機關依據通訊保障及監察法第五條或第六條繼續之監察期間，不得逾一年；有繼續監察之必要者，應重行聲請。

一八五、執行通訊監察之警察機關，應依警察機關辦理陳報通知受監察人注意事項之規定，於執行通訊監察結束後十五日內（以檢察署收文日期為準），以通訊監察結束陳報通知或不通知受監察人報告書，載明通訊保障及監察法第十五條第一項之事項，報請檢察官陳報法院審查，並副知法院，同時登錄於通訊監察管制系統。

一八六、警察機關聲請通訊監察案件承辦人員於執行通訊監察完畢後，應將執行結果依規定於通訊監察管制系統確實填報。

一八七、各警察機關應依警察機關執行通訊監察所得資料保管銷燬規定，妥善保管監察所得資料。各警察機關應各自集中所屬單位已獲許可銷燬之案件資料，於每年一月、四月、七月及十月之第五日（如遇假日順延至上班日首日）集中銷燬，並依規定陳報檢察官或依職權核發通訊監察書之法官許可銷燬，同時登錄於通訊監察管制系統。

第十節　追查贓物及證物

一八八、犯罪事實應依證據認定之，無證據不得認定其犯罪事實。追查贓物或證物應把握時機，認真澈底，詳加查證，以蒐集及保全證據，並防止湮滅、毀損或藏匿。發現贓物或證物時，應依法予以扣押。

一八九、犯罪嫌疑人雖經自白，仍應調查其他證據以察其是否與事實相符。查證時，應嚴守秘密，並講求迅速、深入、澈底與完整。

一九〇、查證犯罪嫌疑人之供述是否實在，應注意下列情形：

(一)犯罪嫌疑人及其共同正犯或其他共犯之供述須合乎情理與經驗法則，且必須與現場實際情況及痕跡證物相吻合。

(二)所供犯罪動機及犯行經過，尤其是有關人、事、時、地、物等因素，均須逐項查證明確。

㈢主嫌犯與共犯及證人之供詞，如有矛盾不實，應深入查證明確。

一九一、證物採取送請鑑定時，應依刑事鑑識手冊、指紋鑑識作業手冊及爆裂物案件處理要點等相關規定辦理。

一九二、犯罪所得之贓物，不問其爲直接或間接得來，均爲犯罪主要證據，必須認眞追查。追查贓物所需相關整合資料，可至本署網際網路查詢。

一九三、追查贓物時，應先查明贓物之特徵，如廠牌、規格、體積、重量、數量、顏色、形狀、樣式、號碼、標籤與其他擦痕、火痕、水漬、破補、字跡及缺陷等，以利辨識。

一九四、追查贓物，除特定目標外，得配合一般勤務實施，並應將當舖業、舊貨業、委託寄售業、金飾珠寶業、汽車或機車修配或保管業及中古車輛買賣業等實體業者，列爲主要查察對象。

一九五、依犯罪嫌疑人之供述或第三者之舉發追查贓物，得由辦案人員親自或委託其他司法警察官或司法警察辦理；必要時，亦得帶同犯罪嫌疑人查證，惟應注意其安全及防止脫逃。

一九六、扣押物應隨案移送檢察官處理，如不便搬運或保管者，得命人看守或命所有人或其他適當人員保管，並應將保管單隨案移送。有關扣押物移送及暫保管處理原則如下：

㈠扣押物應立即隨案移送檢察署。其無法立即隨案移送之扣押物，應置放贓證物室暫保管，並應儘速移送檢察署或法院贓物庫。

㈡對於無法立即隨案移送而暫時保管之扣押物，應隨時請示承辦檢察官，以利儘速處理。

㈢汽車、機車、動力機械車、大型機械、農機具、電玩機臺等無法立即隨案移送之扣押物，應由移送單位簽陳單位主官，另覓暫保管扣押物之妥適處所，指定保管人並造冊列管。

㈣扣押物因所有人、持有人或保管人之請求，於簽報機關主官或主管批准，並報經檢察官核可後，始得依刑事訴訟法第一四二條第二項規定，將扣押物暫行發還請求人保管，並應注意下列情形：

1. 經查確係請求人所有或持有者。
2. 無他人主張權利者。
3. 扣押物與請求人說明之品名、規格及特徵等相符，並指認確定者。
4. 請求人應塡具扣押物認領保管單（格式如附件三三），詳記扣押物品名、規格、數量及特徵等一式二份，正本隨案附送檢察官，副本存卷備查。

第七章　案件移送及司法偵審

第一節　移送遞解

一九七、警察機關偵查刑案，有下列情形之一者，應將全案移送或報告管轄法院或檢察署：

㈠全案經調查完畢，認有犯罪嫌疑。

㈡全案雖未調查完畢，但經依法提起自訴或向檢察官告訴。

㈢檢察官命令移送。

㈣其他有即時移送必要。

一九八、警察機關偵查刑案，有下列情形之一者，得函送管轄法院或檢察署：

㈠告訴乃論案件，經撤回告訴，或尚未調查完竣，而告訴權人已向檢察官告訴。

㈡證據證明力薄弱或行爲事實是否構成犯罪顯有疑義。

㈢犯罪證據不明確，但被害人堅持提出告訴。

一九九、刑案移送用紙依刑事訴訟法第二百二九條及第二百三條、少年事件處理法第十八條與軍事審判法第一條及第二百三七條規定，格式如下：

㈠警政署、警察局或警察總隊用移送書（格式如附件三四）。

㈡警察分局、大隊、中隊或隊用報告書（格式同附件三四）。

㈢通緝或協尋案件無另犯他罪者，用通緝或協尋案件移送書（格式如附件三五）。

㈣少年事件用移送書（格式如附件三六）。

現役軍人於非戰時之犯罪依刑事訴訟法追訴或審判者，準用前項所定移送書或報告書；於戰時犯罪而應受軍事審判者，依軍事審判法第五八條及第五九條規定辦理。

二〇〇、獲案之犯罪嫌疑人，應先查明有無刑案資料或經發布通緝，附送供爲偵查審判之參考；如有通緝並應以移送書或報告書副本通知通緝機關。

二〇一、移送竊盜或贓物案件應注意事項：

㈠習慣犯合於宣告保安處分者，應於移送書或報告書對本案意見欄內註明擬請依法從重求刑並聲請宣告保安處分等意見。

㈡有刑事訴訟法第一〇一條第一項或第一〇一條之一第一項各款情形之一，而有羈押之必要者，應將其具體事實記明於移送書或報告書。

二〇二、同一案件有少年與非少年共同犯罪者，應分別繕寫移送書或報告書，移送該管少年法院（庭）及普通法院或軍事法院檢察署；且於移送書或報告書關係人欄處填註係同案犯嫌或少年，並於附記欄載明另案移送之機關及移送文號。

持有、施用毒品案件應另案分開一人一案移送。

二〇三、拘提或逮捕到案之犯罪嫌疑人，除符合刑事訴訟法第九二條規定，經填具免予解送報告書（格式如附件三七）傳眞檢察官核准免予解送者，應將核准免予解送報告書附卷移送外，均應隨案解送。

經檢察官核准免予解送之犯罪嫌疑人，仍應依刑事訴訟法第二〇五條之二規定對其執行拍照及按捺指紋等必要措施。

解送人犯應塡具解送人犯報告書（格式如附件三八），除應詳塡報告書內各欄外，解送前應查明其身分眞實性並注意安全。

二〇四、移送書或報告書所附案卷，應用刑事案件偵查卷宗卷面（格式如附件三九），裝訂整齊，並詳具目錄（格式如附件四），載明頁數以備查考。

二〇五、移送書或報告書各欄之填寫，應注意下列事項：

㈠詳塡犯罪嫌疑人資料及特徵；不知其眞實姓名者，得不予記載，於查明後再補行移送；因通知不到場或在逃者，應查明其戶籍記載情形塡註或影送，以利通緝或傳喚。被移送人有隨案解送或護送或另案在押者，應在備考欄內註明；其已先行解送者，應註明解送日期及文號。

㈡關係人：應載明刑事訴訟法上之關係，如告訴人、告發人、被害人、證人或同案之少年或一般正犯或共犯等。

㈢犯罪時間：應記載各犯罪行為之起止時間，以定追訴時效。對於影響罪責之加重條件、身分或其他特定關係，應一併記明。

㈣犯罪地點：犯罪之行爲地及結果地均應記載。

㈤拘提或逮捕之時間及地點：隨案移送案件，應載明拘提或逮捕到案日期、時間及地點。無拘提或逮捕行爲則免記載。

㈥犯罪事實：應敘明犯罪動機、緣由、行爲經過情形及據以認定之證據理由等。

㈦破案經過：敘明發覺犯罪（犯罪嫌疑人是否於犯罪發覺前自首）及偵查破案情形。

㈧所犯法條：認事用法、力求允當，除刑法分則及有關特別刑事法令外，其總則部分如累犯、未遂犯、保安處分等，可予併列。

㈨對本案意見：就犯罪嫌疑人犯罪情節輕重，建議應否羈押、從輕、從重求刑或聲請宣告保安處分，均應敘明理由。

㈩附送：載明附送之人犯、文件及贓物或證物等；數目繁多者，應另附目錄清單。

⑾各欄不敷塡寫者，得以附件或附表爲之。

二〇六、爲防止被告或犯罪嫌疑人於解送途中脫逃或發生自殺等情事，應視案情調派適當人員及交通工具。必要時，得使用警械或施用戒具；重要被告或犯罪嫌疑人，應運用警備車、偵防車或航空器等嚴加戒護。

二〇七、長途解送被告或犯罪嫌疑人需使用公用之交通工具時，解送途中，應注意下列事項：

㈠執行解送應顧及被告或犯罪嫌疑人之名譽及安全，使用戒具應儘量避免暴露。但需注意應有適當之防備，以防其有加害之行爲。

㈡解送途中，避免被告或犯罪嫌疑人見客、購物、飲酒及循其要求任意隨同他往。

㈢被告或犯罪嫌疑人要求如廁時，應嚴防脫逃，遇有二人同時要求如廁時，應分別前往。

㈣解送被告或犯罪嫌疑人應全神貫注，經過人群擁擠之處所時，應特別提高警覺，切實控制其行動，非因交通原因，途中不得逗留，縱已抵達解送處所，在未交接清楚前仍不得懈怠。

(五)解送途中發生困難時，得請求附近警察機關協助，被請求者不得拒絕。

(六)解送被告或犯罪嫌疑人乘坐車、船、航空器時，勿令其靠近門窗，行經出入處所時，應特別注意戒護。

(七)被告或犯罪嫌疑人在途中之特殊言行，隨時記錄提供辦案人員參考。

(八)人員不得接受被告或犯罪嫌疑人或其親友之招待或餽贈。

第二節　擴大偵破

二〇八、案件雖經偵破，仍應根據查證結果、犯罪模式及犯罪嫌疑人供述澈底追查，擴大偵破，並愼重處理新聞，以兼顧當事人隱私權與名譽之保障。

二〇九、破獲重大刑案，應立即通報本署刑事警察局偵防犯罪指揮中心，以便轉通報有關警察單位協同追查擴大偵破。

第三節　出庭作證

二一〇、司法警察官或司法警察出庭作證前，應熟悉作證案件之偵辦過程。必要時，得與檢方及院方聯繫，瞭解待證事項及案情，以利爲出庭作充分準備。

二一一、司法警察官或司法警察對偵辦案件之相關卷宗資料，應裝訂整齊，並予歸檔妥善保存。

第四節　檢警聯繫

二一二、司法警察官或司法警察知有犯罪嫌疑者，應即開始調查，並將調查情形報告直屬長官，或報請檢察官主持偵辦。

二一三、司法警察機關辦理刑案與檢察機關有聯繫必要時，應依檢察官與司法警察機關執行職務聯繫辦法辦理。

二一四、司法警察機關與案件管轄法院檢察署檢察官於辦理刑事案件時，應隨時交換意見，並指定人員切實聯繫。

二一五、司法警察官或司法警察執行職務，發生法律上之疑義時，得隨時以言詞或電話請求檢察官解答或指示。

二一六、司法警察官或司法警察需經檢察官同意始得於夜間詢問人犯者，應以電話、傳眞或其他適當方式報請檢察官許可，並將檢察官許可之書面、電話紀錄或傳眞函附於筆錄內。

二一七、司法警察官或司法警察拘提或逮捕犯罪嫌疑人後，除依刑事訴訟法第九二條規定得不解送者外，應於逮捕或拘提之時起十六小時內，將人犯解送檢察官訊問。但檢察官命其即時解送者，應即解送。

司法警察官或司法警察有繼續調查證據之必要，而不能於前項時限內解送人犯者，應報請檢察官許可後，於檢察官指定之時限內解交。

二一八、司法警察官或司法警察對於檢察官發回或發交案件，應於限定之時間內就指定調查或補足之事項，完成調查或補足後，重新移送或報告檢察官。

二一九、司法警察機關認有帶同其移送案件之受羈押被告或犯罪嫌疑人外出繼續追查贓物或證物或其他正犯或共犯之必要時，得報請檢察官核發偵查指揮書，交警察機關帶同被告或犯罪嫌疑人繼續查證，惟應於當日下午十一時前解交檢察官。

前項情形，警察機關應即通知被告或犯罪嫌疑人之選任辯護人。

二二〇、檢察事務官或法警拘提或逮捕人犯或執行搜索或扣押時，得憑證明文件請求當地警察機關協助，受請求之警察機關不得拒絕。

二二一、警察機關對於違反社會秩序維護法之行爲，認同時涉嫌違反刑事法律或少年事件處理法者，應於移送檢察官或少年法院(庭)審理時，於移送書或報告書上，以明顯戳記註明被移送人行爲同時違反社會秩序維護法。

第八章　特殊案件之處理

第一節　軍人身分案件之處理

二二二、現役軍人指依兵役法或其他法律服現役之軍官、士官及士兵。

二二三、現役軍人非戰時觸犯刑事法律，依刑事訴訟法追訴及處罰。戰時，係指爲抵禦侵略而由總統依憲法宣告作戰之期間；戰爭或叛亂發生而宣告戒嚴之期間，視同戰時。

二二四、現役軍人於戰時犯陸海空軍刑法或其特別法之罪者，係屬軍事法院審判權之範圍，警察機關應將全案移送該管軍事法院檢察署。

二二五、應由軍事審判機關追訴及審判之案件，警察機關應依軍事審判法規定，協助或受軍事檢察官指揮或命令偵查犯罪。

二二六、警察機關偵辦涉及毒品危害防制條例所定刑事或行政處罰之毒品案件，查獲現役軍人涉案者，應即將其姓名、國民身分證統一編號及案件類型，通報查獲地區之憲兵隊，並以電話、傳眞等方式確認。但有妨害案件偵辦或偵查之虞者，得免予或暫緩通報。

第二節　少年事件之處理

二二七、十二歲以上未滿十八歲之少年有觸犯刑罰法律之行爲者，應依少年事件處理法第十八條第一項及第三條第一項規定，移送該管少年法院（庭）。另刑事訴訟法第八八條之一逕行拘提，除未滿十四歲者外，亦比照適用。少年有下列情形之一，認有保障其健全自我成長之必要者，移送該管少年法院（庭）：

㈠無正當理由經常攜危險器械者。

㈡有施用毒品或迷幻物品之行爲而尚未觸犯刑罰法律者。

㈢有預備犯罪或犯罪未遂而爲法所不罰之行爲者。

前項所指之保障必要，應依少年之性格及成長環境、經常往來對象、參與團體、出入場所、生活作息、家庭功能、就學或就業等一切情狀而爲判斷。

七歲以上未滿十二歲之人，有觸犯刑罰法令之行爲者，應依少年事件處理法第八五條之一第一項移送該管少年法院（庭）適用保護事件之規定處理之。

二二八、警察機關於詢問遭強制同行、逮捕或尋獲到案之少年時，應通知其法定代理人、現在保護少年之人或其他適當之人陪同在場。但經合法通知，無正當理由不到場或有急迫情況者，不在此限。

依法應於二四小時內護送少年至少年法院(庭)之事件，等候前項陪同之人到場之時間不予計入，惟應釋明其事由。但等候時間合計不得逾四小時。

少年因精神或其他心智障礙無法爲完全之陳述者，必要時，得請兒童及少年心理衛生或其他專業人士協助。

少年不通曉詢問之人所使用之語言者，應由通譯傳譯之。其爲聽覺、語言或多重障礙者，除由通譯傳譯外，並得以文字、手語或其他適當方式詢問，亦得許其以上開方式表達。

二二九、詢問少年時，應先告知下列事項：

㈠所涉之觸犯刑罰法律事實及法條或有第三條第一項第二款各目事由；經告知後，認爲應變更者，應再告知。

㈡得保持緘默，無須違背自己之意思而爲陳述。

㈢得選任輔佐人；如依法令得請求法律扶助者，得請求之。

㈣得請求調查有利之證據。

少年表示已選任輔佐人時，於被選任之人到場前，應即停止詢問。但少年及其法定代理人或現在保護少年之人請求或同意續行詢問者，不在此限。

二三〇、詢問或護送少年或使其等候時，應與一般刑事案件之嫌疑人或被告隔離。但偵查中認有對質或詰問之必要者，不在此限。

二三一、連續詢問少年時，得有和緩之休息時間。

詢問少年，不得於夜間行之。但有下列情形之一者，不在此限：

㈠有急迫之情形。

㈡查驗其人有無錯誤。

㈢少年、其法定代理人或現在保護少年之人請求立即詢問或訊問。

二三二、少年行蹤不明，經少年法院（庭）通知協尋者，於尋獲後得逕行護送至應到之處所。

二三三、少年法院（庭）執行職務時，警察機關應依其請求爲必要之協助。

二三四、對少年、少年之法定代理人、現在保護少年之人、輔佐人，及依法不得揭露足以識別其身分資訊之被害人或其法定代理人送達文書時，不得爲公示送達。

文書之送達，不得於信封、送達證書、送達通知書或其他對外揭示之文書上，揭露足以使第三人識別少年或其他依法應保密其身分者之資訊。

第三節　性侵害及家庭暴力與兒童及少年性剝削案件之處理

二三五、性侵害案件之受理、陪同驗傷與證物送驗、詢問、案件調查、移送及知會等相關規定，應依警政婦幼安全工作手冊性侵害防治篇辦理。

家庭暴力案件之處理、保護令之聲請及執行，應依警政婦幼安全工作手冊家庭暴力防治篇辦理。

二三六、兒童及少年性剝削案件之勤務規劃及查察、案件處理、協調聯繫及業務管制，應依警察機關防制兒童及少年性剝削執行計畫辦理。

第四節　幫派涉組織犯罪案件之處理

二三七、各警察機關應就轄內幫派及其成員，落實調查其組織結構、經營各□行業狀況、經常活動處所、犯罪或不法活動狀況之預警情資，並依幫派組合調查處理實施要點辦理。

二三八、各警察機關就所蒐集之幫派活動情資彙整分析，針對危害風險進行評估，並依本署幫派組合危害風險評估實施計畫辦理。

發現或發生幫派動員群聚違法或包圍、抗議公署、衝突火拼、發生槍擊案件或其他重大治安事件，除立即壓制究辦外，應指派專人或專組人員加強蒐證，追查幕後並依法檢肅。

二三九、偵辦幫派涉組織犯罪案件時，應注意符合組織犯罪防制條例各種犯罪態樣之構成要件，並依治平專案實施規定辦理。

二四〇、偵辦幫派涉組織犯罪案件，除對相關犯罪事證予以搜索及扣押外，並應針對涉嫌人之數位設備，落實查扣及鑑識分析。

二四一、偵辦幫派涉組織犯罪案件，應對犯罪組織與其成員之不法所得、名下或實際支配相關第三人所有財產之來源及流向詳細查明，並依法扣押，以利法院宣告沒收或追徵。

二四二、幫派涉組織犯罪案件之偵查，除針對相關犯罪事證進行詢問外，並應對犯罪組織結構、幫派背景與成員身分及財產金流來源加以釐清，並載明於移送書或報告書。

對於複雜之犯罪組織結構與各犯罪嫌疑人相互間之關係，應附圖例表示，以明確事證。

二四三、對幫派涉組織犯罪案件之證人或與其有密切利害關係之人、檢舉人及被害人，應依證人保護法及組織犯罪防制條例規定，克盡保密與保護之責任，並注意公務員洩密之刑事責任。

二四四、幫派涉組織犯罪案件檢舉人身分資料，應另行封存，不得附入移送法院審理之文書；檢舉獎金之請發，依檢舉組織犯罪獎金給與辦法辦理。

第五節　網路犯罪案件之處理

二四五、偵辦網路犯罪案件必要時得請求各直轄市、縣（市）警察局刑事警察大隊科技犯罪專責隊（組）協助偵辦；涉及駭客入侵、網路攻擊、網路洗錢或惡意程式等特殊或跨轄案件者，得會同本署刑事警察局科技犯罪防制中心協助偵辦。

二四六、各警察機關得依個人資料保護法及通訊保障及監察法等相關法令規定，向網際網路服務業者、學校或相關業者查詢用戶個人資料或相關紀錄。

二四七、執行網路犯罪案件搜索前置作業應注意事項：

㈠依據民眾檢舉或主動上網發現非法網站，蒐集相關資料。

㈡調閱搜索對象基本資料：運用警察資訊系統、刑事資訊系統（如刑案知識庫）或其他資訊系統調閱搜索對象基本資料。

㈢決定搜索地點、對象與時間：依據搜索對象上網時間及地區，決定搜索地點。

㈣勘察搜索環境：確認搜索地點、電腦設備及其數量。

㈤擬訂搜索計畫：據以執行搜索任務。

㈥技術勤前講習：說明搜索任務、項目，模擬現場搜索狀況，講解人員示範如何操作電腦，自電腦內部取出犯罪證據，並由搜索人員親自實際操作演練。

二四八、網路犯罪案件之搜索計畫內容應包括下列事項：

㈠現場狀況：勘察現場、畫現場圖，載明現場人數、電腦數量及其系統。

㈡任務：搜索何種犯罪型態網站，如色情、盜賣非法光碟網站等。

㈢警力：依現場狀況，估計搜索警力，並分配任務。

㈣搜索項目：依據搜索之網站型態，擬訂搜索項目。

㈤交通：前進與離開路線。

㈥通信：回報搜索結果或請求支援。

二四九、對使用於網路犯罪之電腦執行搜索時，應注意下列事項：

㈠網路上身分極易偽造、變造、匿名及被冒用，搜索應審慎為之，以免影響受搜索人權益。

㈡應讓受搜索人與電腦保持適當距離，避免受搜索人接觸電腦刪除檔案、證據。

㈢勿安裝或拷貝任何程式、檔案至受搜索人的電腦中。

㈣電腦檔案之證據應當場列印，並請受搜索人簽名按指印。

㈤搜索對象如為學校，應會同該校主任秘書或相當職務人員執行之，搜索時應注意態度與技巧。

二五〇、對使用於網路犯罪之電腦執行扣押時，應注意下列事項：

㈠執行扣押時以扣押整套電腦設備為宜，包含電腦主機、螢幕、鍵盤、電源線等設備。
㈡扣押電腦應符合比例原則，尤其網路公司應特別注意其影響層面。
㈢扣押物品時最好使用原扣押物的包裝或紙箱以免扣押證物受損，影響其證據力，尤其是電腦主機內含所有重要證據，更須小心拆裝搬運。
㈣磁碟片、光碟片等電腦輔助記憶體之數量應確實清點，並詳載於扣押物品目錄表。

二五一、網路犯罪案件之證物處理及數位鑑識，應依刑案現場數位證物蒐證手冊及本署數位證物鑑識程序辦理。

二五二、涉及系統入侵或網路重大犯罪案件者，得由各直轄市、縣（市）政府警察局刑事警察大隊或刑事警察隊所屬科技犯罪偵查專責隊或專責組協助蒐證；必要時，並得請求本署刑事警察局科技犯罪防制中心支援。

二五三、網路犯罪案件訊問重點：
㈠平常如何上網（何時、地、使用何電話、何帳號）。
㈡擁有、使用網路服務公司之撥接帳號。
㈢擁有、使用網站、社群網站、部落格、即時通訊、網頁郵件、雲端儲存空間、點對點分享之帳號及代號（名稱、化名）。
㈣擁有、使用網路服務公司網頁之網址。

第六節　涉外及大陸地區案件之處理

二五四、發現涉外刑事案件，應先控制、保持現場或為必要處置後，立即會同外事警察人員偵辦，並指派適當人員擔任通譯工作；涉及國際刑案者，得請求本署刑事警察局協助偵辦。

二五五、警察偵查犯罪須進入下列處所，應依各款規定辦理：
㈠事先徵得使領館館長或駐華外國或國際機構負責人同意，方得進入使領館或享有外交豁免權之駐華外國或國際機構。
㈡事先徵得使用人或管理人同意，方得進入前款所屬具外交豁免權人員之住宅。

進入前項第一款處所後，除經館長或負責人同意，不得搜索、扣押、翻閱、借用或影存文件。

二五六、發現享有外交豁免權之外國大使、公使、使領館人員及享有與外交人員相當待遇之外國或國際機構人員（持有駐華外國、國際機構官員或職員證者）或其家屬涉有犯罪嫌疑者，應即報請檢察官指揮偵辦，並即陳報本署轉外交部核辦，不得逕予執行詢問、搜索、扣押或逮捕等強制處分；如無法確定其身分者，得逕向外交部禮賓司特權科求證。
但為我國籍之受僱職員者，依一般法定程序處理之。

二五七、涉案人為一般外國人者，依一般法定程序辦理，並告知得與其本國駐華使領館或駐華機構聯繫，請求必要之協助。

二五八、依法逮捕或拘提之一般外國人，於逮捕、拘提、收容或羈押後，應即時通知其本國駐華使領館或駐華機構。但被處分人明示反對通知者，不在此限。

二五九、警察機關處理刑事案件，遇有犯罪嫌疑人逃亡國外時，應檢具相關犯罪資料，取得院檢機關之通緝文書及相關行蹤情資，函送本署刑事警察局，以利聯繫駐外單位及國外執法機構協助遣返歸案。
遇有請求本署駐外警察聯絡組協助之需者，應洽請本署刑事警察局國際刑警科通報辦理；情況緊急者，得先通報駐外聯絡組辦理，後翌日起三日內補送公文備查。

二六〇、查獲大陸地區人民涉犯刑事案件或違反社會秩序維護法，而對其實施限制人身自由之強制處分（如拘提、逮捕、羈押或違反社會秩序維護法經法院裁定拘留者，經通知到案執行等）時，除涉及內亂、外患或妨害國家安全等罪外，移送單位應自其人身自由受限制之時起，十六小時內以傳真通報法務部，並副知本署。

二六一、發現大陸地區人民或尚未取得我國國民身分證之大陸地區配偶在臺灣地區非病死或可疑為非病死者，報驗單位應於報請檢察官相驗之時起，四小時內以傳真通報法務部，並副知本署。但死亡人數為二人以上者，應於確認大陸地區人民身分後，立即通報。

二六二、我國人民於大陸地區受人身自由限制，經大陸地區公安單位通報我方後，由本署依規定函請該管警察局即時通知其家屬。

二六三、警察機關受理事涉兩岸地區之刑事案件，以被害人或報案人現住地為管轄單位，不得以發生地或涉案人在大陸地區而拒絕受理。經研判案情可由我方查處項目，由分局偵查隊逕行偵辦；需由大陸地區協助查處項目，轉報本署洽請大陸地區主管部門協助偵處。

非屬刑事案件者，應轉告報案人或被害人逕洽財團法人海峽交流基金會辦理。

第七節　詐欺犯罪案件之處理

二六四、涉及帳戶匯款詐欺案件之設定警示帳戶及啓動金融機構聯防機制等相關規定，應依金融機構辦理警示帳戶聯防機制作業程序辦理。

二六五、偵破詐欺車手案件，相關偵查作為應依本署查獲詐欺車手案件注意事項辦理，並依本署查獲詐欺車手通報流程完成通報。

二六六、查緝詐欺機房及金融帳戶詐欺集團等案件，應依本署查緝電信詐欺機房處理原則及查獲金融帳戶詐欺集團案件注意事項辦理。

二六七、偵辦詐欺集團案件應向上溯源，追查集團核心、成員、資通面及金融面等共同正犯或共犯。

二六八、辦理詐欺案件移送時，應積極蒐集相關犯罪事證，並於移送書或報告書提出聲請羈押之相關要件及事證，供檢察官為羈押聲請之參考。

二六九、偵辦詐欺案件，應詳查犯罪證據及追回不法金流。

第九章　刑案紀錄及資料運用

二七〇、刑案紀錄之管理運用，係指查明刑案有關之人、事、時、地、物、原因、方法，經各級主官或主管嚴格審核後，輸入電腦建檔、分析及統計，有效運用於偵防犯罪工作。

二七一、刑案紀錄資料應於受理刑案發生或破獲移送之時起，四八小時內填輸，不得虛報、匿報或遲報；發現錯漏時，應依相關規定辦理補正。

二七二、警察機關接獲法院及檢察機關之各□司法文書後，應檢件分送被告之戶籍地分局留存，以備於保存年限內得隨時調取。

二七三、移送或函送法辦者，移送或函送單位應於發文日起二日內，將該移送書、報告書或函文之電子檔上傳本署刑事案件管理系統，並將案件卷宗送會業務承辦人，於發文日起三日內審核入檔；遇例假日或因不可抗力事故，致無法使用電腦時，得順延之。

二七四、本署刑案資料以提供警察機關偵防犯罪或勤業務需要，及受理各公務機關依法函請協助查詢為限。

前項刑案資料之查詢、提供及運用，應確實依個人資料保護法、少年事件處理法、警察刑事紀錄證明核發條例、刑案資訊系統作業規定及其他相關規定辦理。

二七五、警察機關受理失竊汽車、機車或動力機械車及其牌照失竊或遺失報案及尋獲發還處理程序，應依車輛協尋電腦輸入作業規定辦理。

已辦理報廢車輛、車身及引擎已出口或環保回收車輛之車牌、曳引車板架、拖車板牌、試字車牌、軍字車牌、使字車牌、外字車牌、領字車牌、車身或車牌失竊、遺失或尋獲者，受理單位應開立紙本四聯單及檢具相關資料函報本署刑事警察局偵查科辦理輸入查贓資訊處理系統作業，並副知轄區監理機關。

新車未領牌之車輛，依受理報案 e 化平臺一般刑案作業規定受理報案。

第十章　督導管理考核

二七六、普通刑案由該管警察局列管督導考核支援偵破；重大及特殊刑案，報由本署刑事警察局列管督導考核，並視案情需要全面協調支援偵破。

二七七、刑案發生及破獲，均應遵照規定立即逐級報告。遇有匿報、遲報或虛報等冀圖爭功諉過之情事，一經查明屬實者，有關人員應依警察人員獎懲標準及各級警察機關處理刑案逐級報告紀律規定議處。

二七八、警察機關對管轄責任區內列管案件，自發生後逾十日未能偵破者，應即依照警察機關偵辦未破重大刑案管制規定檢討案情，擬定偵查計畫積極部署偵辦，填報未破重大刑案偵查報告表連同相關資料專卷建檔，並將報告表一份副送本署刑事警察局備查。

直轄市、縣（市）警察局應依規定定期召開刑事工作檢討會報，檢討未破重大刑案，適時分析治安狀況，重擬偵查計畫，督屬儘速偵破。列管案件偵破時，應即層報撤銷管制。

警察機關應將管轄責任內未破案件（含

普通刑案等）之受理報案紀錄（含刑案紀錄表）、通報單、現場勘察與跡證鑑定紀錄表、被害人筆錄、相關查訪文書及證物等資料專卷建檔，並隨時詳加檢討及研擬後續偵查應注意事項。他單位破獲□似案件時，應即聯繫是否與本案有關，深入追查突破。

各級督導人員應落實督核，偵辦單位經查有工作不力，影響破案時機之情事，依相關規定追究議處。

二七九、刑事案件之撤銷管制，基準如下：

㈠犯罪嫌疑人全部緝獲，且贓物或證物齊全者。

㈡緝獲主要犯罪嫌疑人一人以上，並追回部分贓物或證物，經查證確鑿，全案移送法辦者。

㈢緝獲全部或部分犯罪嫌疑人，而贓物或證物無法追回，惟依其他證據，足以證明犯罪事實，並經查證確鑿，全案移送法辦者。

二八〇、重大刑案能迅速反應，處置得宜，或於現場勘察採獲重要證物，於二四小時內立即破案者，應從優敘獎；未能立即偵破，惟鍥而不舍並予破案者，亦得視其情節及出力事蹟從優核獎。

二八一、爲汲取重大或案情特殊刑案之偵辦經驗及教訓，於結案後，應由偵破機關或轄區警察機關於各級刑事工作檢討會報中提報檢討，或製成案例教育教材，函發員警閱讀，以提升刑案偵辦能力。

各級警察機關處理刑案逐級報告紀律規定

中華民國 106 年 12 月 25 日內政部警政署函修正發布

一、內政部警政署（以下簡稱本署）爲嚴格要求各級員警落實受理刑案報案，主動發現犯罪，迅速反應、通報，妥適處置，澈底根絕匿報、遲報、虛報等不當情事，並確實掌握最新治安狀況，適時調整規劃各項勤務部署，強化偵防作爲，嚴正報告紀律，厲行懲處，以達成維護治安任務，特訂定本規定。

二、本規定用詞，定義如下：

㈠特殊刑案，指有下列情形之一者：

1. 犯罪手段殘酷、情節離奇案件。
2. 新發現嚴重犯罪手法，必須迅速偵破，予以遏制之案件。
3. 深切影響社會治安、震撼社會人心之案件。
4. 對物或場所之槍擊案件。
5. 重大縱火、群毆械鬥案件。
6. 學校、醫院、公共場所或關鍵基礎設施放置炸彈（爆裂物）案件。

㈡重大刑案，指有下列情形之一者：

1. 暴力犯罪：
⑴故意殺人案件。
⑵強盜（含海盜）案件。
⑶搶奪案件。
⑷擄人勒贖案件。
⑸強制性交（指刑法第二百二十一或第二百二十二條）案件。
⑹重大恐嚇取財（指已著手槍擊、下毒、縱火或爆炸等手段）案件。
⑺重傷害（含傷害致死）案件。
2. 重大竊盜，指有下列情形之一者：
⑴失竊物總值新臺幣一百萬元以上案件。
⑵竊盜槍械、軍火、爆裂物或國防、交通、學術上之重要設施或器材案件。
⑶被害人爲具外交身分之外籍人員，或來訪之外籍貴賓案件。
⑷竊盜重要儀器、文件等影響國家安全或社會秩序情節重大案件。

㈢普通刑案，指特殊刑案及重大刑案以外之案件。

三、報告程序：

㈠各級警察機關或員警發現犯罪或受理報案，不論其爲特殊刑案、重大刑案或普通刑案，均應立即處置，迅速報告分局勤務指揮中心，層級列管，不得隱匿、延誤或作虛僞陳報，擅自結案。

㈡分局勤務指揮中心受理或接獲所屬單位或員警報告之各類刑案，除迅速通知偵查隊偵辦外，均應立即報告主管並轉報警察局勤務指揮中心列管處理。

㈢直轄市、縣（市）政府警察局勤務指揮中心受理或接獲分局勤務指揮中心報告之各類刑案，除迅速通知刑警(大)隊列管處理外，其認定係特殊刑案、重大刑案及普通刑案中牽連廣泛之案件，應立即報告本署刑事警察局偵防犯罪指揮中心（以下簡稱偵防中心）列管處理。

㈣通報本署刑事警察局偵防中心列管之刑案，各單位於破獲後，應立即報請撤銷管制。

㈤轄區發生重大治安狀況之報告及通報，依本署各級警察機關勤務指揮中心作業規範辦理。

四、刑案發生與破獲，應立即層級報告，其報告時機如下：

㈠刑案發生或發現之初時。

㈡刑案有重大變化或重要階段告一段落時。

㈢刑案破獲後或結案移送時。

㈣案情不盡明瞭，可先行初報，後續如有任何變化、發展或偵緝績效，應隨時續報。

各級警察機關得因案情之變化、發展，及時陳述理由更正，使刑案發生、破獲紀錄表塡報內容一致。

經本署刑事警察局偵防中心轉達署長、副署長及刑事警察局局長對偵辦刑案之指示、案情查詢或其他問題，受命單位應切實執行，並將執行情形適時回報。

五、各級單位或員警個人接獲報案，如非屬其管轄責任之案件，仍應先予受理作必要處置，並迅速通知管轄分局勤務指揮中心處理。

各級刑事警察單位應與各該警察機關勤務指揮中心保持密切聯繫。

各級刑事警察單位偵辦刑案過程，應落實初報、續報與結報之報告紀律；與有關單位配合時，應逕行聯絡，必要時，得報請上級機關請求協調、督導或支援。

六、刑案匿報、虛報、遲報之認定基準：

㈠匿報：

1. 重大刑案之發生與破獲，有下列情形之一者，為匿報：
⑴隱匿刑案之發生與破獲，未依規定通報偵防中心，且未填報刑案紀錄表。
⑵受理報案發現刑案未報，破案始報，且發生至破獲期間相隔四十八小時以上。
2. 普通刑案之發生與破獲雖無須通報偵防中心，但經發現未填報刑案紀錄表。
3. 以各種方式拒絕或推諉製作報案筆錄，且未通報及填輸刑案紀錄表，以匿報論，並加重懲處。

㈡虛報：陳報偏頗不實（以大報小或以小報大）者。
㈢遲報：
1. 重大刑案之發生與破獲，有下列情形之一者，為遲報：
⑴逾二小時通報偵防中心及本署勤務指揮中心。
⑵逾四十八小時填報刑案紀錄表。
⑶按時通報偵防中心及本署勤務指揮中心，但逾時填報刑案紀錄；或按時填報紀錄表，但逾時通報偵防中心及本署勤務指揮中心。
2. 普通刑案之發生及破獲，雖不必通報偵防中心，但逾四十八小時填報刑案紀錄表。

七、重大刑案及特殊刑案之通報方式，規定如下：
㈠本轄案件發生，應於被害人或報案人完成筆錄（含檢察官指揮偵辦案件）後二小時內填輸通報單；受理他轄發生案件，應即時通報管轄機關並傳送相關資料，管轄機關應於接獲通報後二小時內填輸發生通報單，後續偵辦發現初報有誤時，應續報更正。
㈡案件破獲通報時間，應於製作犯罪嫌疑人（以下簡稱犯嫌）筆錄完成後二小時內通報。
㈢破獲他轄未通報之案件，除應依單一窗口規定通報發生地轄區分局外，由破獲單位代填輸發破通報單。
㈣刑案紀錄表應於案件發生及破獲後四十八小時內填輸，逾時依認定基準懲處。
㈤屬他轄經本署核定治平專案檢肅目標代號管制中之案件，有影響後續偵查之虞者，應於治平專案檢肅目標移送檢察官偵查或由本署撤銷管制後，依本規定辦理通報。

受理案件屬急迫性、連續性、跨轄性或犯嫌有潛逃滅證之虞者，於發現犯罪或接獲報案後，除依第三點規定之報告程序辦理外，應立即依下列規定處置：
㈠分局偵查隊：接獲或受理是類案件後，應即先以電話等或適當方式將發生時間、地點、初步概況、犯嫌人數、特徵、是否請求支援及實施攔截圍捕等事項，向刑事警察大隊報告。
㈡刑事警察大隊：接獲通報後，就分局偵查隊所通報及請求事項應立即處置，並以電話或適當方式，將相關事項向本署刑事警察局偵防中心報告。
㈢本署刑事警察局偵防中心：接獲通報後，應即向主官報告，並就刑事警察大隊所通報及請求事項立即處置；案件經審認有執行攔截圍捕、邊境管制或請求本署刑事警察局各偵查大隊支援之必要者，應即通報鄰近直轄市、縣（市）政府警察局、專業警察機關及邊境管制單位等，立即實施相關勤務作為，並進行追蹤管制。
㈣專業警察機關比照第一款及第二款規定辦理。

各級警察機關應確實依上揭規定辦理，未依規定辦理致生不當後果者，依警察人員獎懲標準辦理懲處。

八、強化查察功能：
㈠成立「一一〇報案」複查小組：
1. 各直轄市、縣（市）政府警察局應由勤務指揮中心、督察室（科）及刑警（大）隊編組成立複查小組，查核各受命處理單位處理民眾報案登記處理情形，並由該小組審查有否填報通報單、刑案紀錄表或開具報案三聯單或四聯單，並依複查日期、案類編訂查核結果備查；分局比照辦理。
2. 複查小組由主管刑事業務副主官擔任召集人，指定秘書作業單位負責推動，定期抽檢一一〇報案登記、報案三聯單或四聯單及刑案紀錄表等資料，並公布督導情形；分局比照辦理。

㈡各級督察人員應隨時查察、督導受理報案單位有無將受理案情填報資料，送回刑案紀錄表承辦人登記核對並認定刑案等級，及是否填報重大刑案通報單、刑案發生紀錄表或報案三聯單或四聯單，依規定時效陳報或故為延壓情事。
㈢各單位涉有匿報、遲報、虛報之刑案，由本署交查案件，一律交由直轄市、縣(市)政府警察局督察室（科）指派督察人員查處；自檢案件得由警察局（分局）督察人員調卷分析、實地查處。

(四)各級警察機關勤務指揮中心及本署刑事警察局偵防中心，應注意審核、接獲報案之各類刑案，發現有匿報、遲報、虛報等情事，應即依本規定簽報查究有關人員失職責任議處。

九、違反報告紀律，依警察人員獎懲標準規定辦理，其懲處規定如附件「違反刑案逐級報告紀律懲處基準」。

十、各級警察機關主官（管）應加強督導、考核所屬員警處理刑案，不得有匿報、遲報、虛報、拒絕或推諉受理刑案報案等情事。

各級警察機關督察、刑事主管人員，應隨時派員抽查各該管地區發生之各類刑案，經查明確實有匿報、遲報、虛報等情事者，均應依本規定簽報議處。

各級警察機關執行本規定之成效優劣，作為各該主官（管）之考核及遷調參考。

十一、各專業警察單位，比照本規定辦理。

附件　違反刑案逐級報告紀律懲處基準

一、考核監督責任層級區分：

考核監督 層級區分 / 單位對象	違反刑案逐級報告人員	第一層	第二層	第三層	備　考
刑警大隊（含其他直屬（大）隊）	受理員警	小隊長、分隊長、隊長（中隊長）	大隊長	局長	
刑警隊（含其他直屬隊）	受理員警	小隊長、分隊長、組長	隊長	局長	
分局（偵查隊、組）	受理員警	小隊長、分隊長、組長、隊長	分局長	局長	
分駐（派出）所	受理員警	所長	分局長	局長	

附註：

一、各單位凡於表列第一層主官（管）以下尚有各級主管職務者，其考核監督責任比照第一層處分。

二、副大隊長、副隊長、副分局長、副局長、副主管考核責任比照單位主官（管）次一等之處分。（授權單位主官依所負一一〇報案複查小組實際抽檢成效辦理）。

三、如違紀當事人為表列第一層之主官（管）者，得加重其處分。

四、駐區督察人員（含查勤巡官）、承辦業務人員之監督責任比照駐區（查勤區）單位主官（管）次一等之處分（授權單位主官依所負一一〇報案複查小組實際抽檢成效辦理）。但有下列情形之一者，得視情節予以免除其監督不周之連帶行政責任：

㈠凡本署交查疑似違反刑案逐級報告紀律案件，由各直轄市、縣（市）政府警察局指派督察室（科）督察人員調查情節屬實者。

㈡各直轄市、縣（市）政府警察局自檢所屬疑似違反刑案逐級報告紀律案件，交由分局查處，經查勤巡官調查情節屬實者。

二、懲處基準：

<table>
<tr><th colspan="2">處分規定 層級 / 項目</th><th>違反報告紀律具體事實</th><th>受理員警</th><th>第一層</th><th>第二層</th><th>第三層</th><th>備考</th></tr>
<tr><td rowspan="4">遲報</td><td rowspan="2">通報單</td><td>遲報四小時以上，二十四小時以內者。</td><td>申誡一次</td><td></td><td></td><td></td><td rowspan="5">一、本懲處基準適用重大刑案通報單及刑案紀錄表規定，刑案紀錄表應於案件發生、破獲後四十八小時內塡輸，適時依本基準懲處。
二、未經上級機關發現查處前，主動通報或陳報者，依懲處基準降一層級處分。
三、第三層主官之懲處，視對強化「一一〇報案」複查小組作為，個案辦理。</td></tr>
<tr><td>超過一日以上未逾二日報告，未達匿報程度者。</td><td>申誡二次</td><td>申誡一次</td><td></td><td></td></tr>
<tr><td rowspan="2">刑案紀錄表</td><td>遲報七日以內塡報者。</td><td>申誡一次</td><td></td><td></td><td></td></tr>
<tr><td>超過七日以上塡報者。</td><td>申誡二次</td><td>申誡一次</td><td></td><td></td></tr>
<tr><td colspan="2">虛報</td><td>陳報偏頗不實以大報小、以小報大，尚未構成犯罪者。</td><td>申誡二次</td><td>申誡一次</td><td></td><td></td></tr>
</table>

層級 處分規定 項目	違反報告紀律具體事實	受理員警	第一層	第二層	第三層	備考
匿報	隱匿刑案，尚未構成犯罪者。	記過一次	申誡二次	申誡一次	視情節另案辦理	
拒絕受理報案	拒絕或推諉受理刑案報案者。	記過二次	記過一次	申誡二次	視情節另案辦理	

三、備註：

㈠違反報告紀律，情節重大者，得加重處分。

㈡各單位違反報告紀律，經查有連續、經常違犯情事或未強化「一一〇報案」複查小組作爲者，得衡量情節，加重各層級責任。

㈢違反刑案逐級報告紀律之各項具體事實，非受理員警層級責任，而係其他層級責任者，應追究上級主官（管）責任；其由上級長官授意並查證屬實者，則按懲由上而下原則加重處分。

㈣各單位自檢案件，得視查處出力事實，依層級酌予減輕或免除連帶責任。

㈤各級主官（管）對所屬員警違反報告紀律案件，事前確已盡防範之責，其考核監督責任得視情節酌予減輕或免除，其防範之責以強化「一一〇報案」複查小組執行情形作爲衡量基準。

㈥各級警察機關勤務指揮中心人員違反報告紀律經查屬實者，比照本準懲處。

㈦各專業警察單位，比照本基準辦理。

警察機關辦理性侵害案件處理原則

中華民國106年10月25日內政部警政署函修正發布

一、內政部警政署為規範警察機關處理性侵害案件，特訂定本處理原則。

二、直轄市、縣（市）政府警察局應指定經專業訓練之專責人員處理性侵害案件；被害人指定專責人員性別時，應充分尊重其意願；必要時，得通知婦幼警察隊派員協助。

前項專責人員，每年應至少接受性侵害防治專業訓練課程六小時以上。

三、詢問性侵害案件被害人，應依檢察暨司法警察機關偵辦性侵害犯罪案件參考要領辦理，並注意下列事項：

㈠選擇適當處所，並採隔離方式詢問。

㈡應以懇切態度耐心為之。

㈢以一次詢畢為原則，非有必要，不得再次詢問。

㈣對於兒童、心智障礙或其他陳述有困難之被害人，應給予充分陳述之機會，並詳細調查；必要時，得洽請直轄市、縣（市）政府性侵害防治中心提供相關專業人士在場協助詢問。

㈤有對質或指認必要時，應採取保護被害人之適當措施。

接獲被害人報案，或經檢察機關、軍事檢察機關、法院、軍事法院或其他網絡單位通報，認有必要時，應採取保護被害人之安全措施。

四、受理性侵害案件，應注意現場跡證之勘驗蒐證，並依性侵害犯罪防治法第十一條之規定，協助被害人驗傷及取證。

前項驗傷及取證，除依刑事訴訟法、軍事審判法之規定或被害人無意識或無法表意者外，應經被害人同意；必要時，得由其指定性別之專責人員陪同至醫療院所為之；被害人為受監護宣告或未滿十二歲之人時，應經其監護人或法定代理人之同意。

五、依前點規定採集之證物，應保全於證物袋內，依袋上說明正確處理，並於包裝外註明案由、證物種類、特性、採證時間及採證人姓名等資料立即送驗，並於十五日內送達鑑定實驗室。

性侵害案件經告訴、自訴或警察機關移送者，證物袋及相關證物應連同鑑定書函送或移送檢察機關、軍事檢察機關、法院或軍事法院；其屬告訴乃論者，尚未提出告訴或自訴時，應將證物移送犯罪發生地之直轄市、縣（市）政府性侵害防治中心保管。

六、警察機關辦理性侵害案件時，因調查犯罪情形或蒐集證據之必要，通知犯罪嫌疑人到場接受詢問或執行搜索、扣押者，通知書或搜索扣押證明筆錄等文書，不得揭露足資識別被害人身分之資訊。

通知被害人到場說明者，其通知之文書不得記載案由。

七、警察機關製作之性侵害案件文書，除法律另有規定外，不得揭露足資識別被害人身分之資訊；被害人姓名應以代號稱之，並以對照表方式密封附卷，避免洩漏被害人身分。

八、警察機關辦理性侵害案件，發現被害人有心理治療、輔導、緊急安置、法律服務或就醫診療之需要時，應即通知當地直轄市、縣（市）政府性侵害防治中心協助處理。

直轄市、縣（市）政府警察局、警察分局接獲性侵害防治中心、醫療機構或相關單位通報請求協助處理性侵害案件時，應立即派遣專責人員到場協助處理。

九、警察人員因執行職務或業務所知悉或持有被害人姓名、出生年月日、住居所及其他足資識別其身分之資料者，除法律另有規定外，應予保密。

十、受理性侵害案件，被害人為兒童或少年者，應視案件性質，配合兒童及少年福利與權益保障法第五十三條或兒童及少年性剝削防制條例第七條及第十五條規定辦理。

十一、本處理原則於專業警察機關辦理性侵害案件時，準用之。

警察機關偵辦刑案新聞處理應行注意要點

中華民國101年7月5日內政部警政署函修正

一、內政部警政署（以下簡稱本署）為合理規範各警察機關刑案新聞之發布，以確實遵守無罪推定原則及偵查不公開原則，並兼顧治安維護與民眾知的權利，特訂定本要點。

二、警察機關應設置新聞發布室，由首長或其指定之新聞發言人或其代理人於新聞發布室發布刑案偵查新聞。新聞發言人除公開（含書面）說明外，不得私下循媒體要求，透漏或提供任何消息予媒體。

警察人員應依本要點及警察機關偵辦刑案發布新聞作業程序（附件）規定發布新聞，不得私下透漏偵查內容予媒體，或任意對辦案無關之人員透漏與案情相關之訊息，並應以適當之方法妥善保管證物。

三、警察機關應設置記者休息室或適當處所作為媒體採訪地點。

四、警察人員不得帶同媒體辦案，不得公布蒐證之錄影、錄音；對於下列事項應加保密，不得透漏或發布新聞：

㈠被告或犯罪嫌疑人是否自首或自白及其內容。

㈡有關傳訊、通訊監察、拘提、羈押、搜索、扣押、勘驗、現場模擬、刑事鑑定、限制出境、資金清查等，尚未實施或應繼續實施之偵查方法。

㈢實施偵查之方向、進度、內容、技巧及所得心證。

㈣足使被告或犯罪嫌疑人逃亡，或有湮滅、偽造、變造證據或勾串共犯或證人之虞。

㈤被害人被挾持中尚未脫險，安全堪虞者。

㈥偵查中之卷宗、筆錄、錄音帶、錄影帶、照片、電磁紀錄或其他重要文件及物品。

㈦犯罪情節攸關被告或犯罪嫌疑人、其親屬或配偶之隱私與名譽。

㈧有關被害人之隱私或名譽及性侵害案件被害人之照片、姓名或其他足以識別其身分之資訊。

㈨有關少年犯之照片、姓名、居住處所、就讀學校、家屬姓名及其案件之內容。

㈩檢舉人及證人之姓名、身分資料、居住處所、電話及其供述之內容或所提出之證據。

⑪偵查刑案期間與各機關討論案件之任何訪客資料、會談紀錄等內容。

⑫刑案現場蒐證錄影帶、採證相片、勘察採證所得知案件內容。

⑬其他足以影響偵查之事項。

五、為維護公共利益或保護合法權益，併遵守偵查不公開原則，於下列情形，認有必要時，得經警察機關首長或新聞發言人核可後，適度發布新聞：

㈠現行犯或準現行犯，已經逮捕，其犯罪事實查證明確者。

㈡越獄脫逃之人犯或通緝犯，經緝獲歸案者。

㈢對於社會治安有重大影響或重大經濟、民生犯罪之案件，被告於偵查中之自白，經調查與事實相符，且無勾串共犯或證人之虞者。

㈣依據共犯或有關告訴人、被害人、證人之供述及物證，足以認定行為人涉嫌犯罪，對於偵查已無妨礙者。

㈤影響社會大眾生命、身體、自由、財產之安全，有告知民眾注意防範之必要者。

㈥對於社會治安有重大影響之案件，依據查證，足以認定為犯罪嫌疑人，而有告知民眾注意防範或有籲請民眾協助指認之必要時，得發布犯罪嫌疑人聲音、面貌之圖畫、相片、影像或其他類似之訊息資料。

㈦對於社會治安有重大影響之案件，因被告或犯罪嫌疑人逃亡、藏匿或不詳，為期早日查獲，宜請社會大眾協助提供偵查之線索及證物，或懸賞緝捕者。

依前項發布新聞之內容，對於犯罪行為不宜作詳盡深刻之描述，亦不得加入個人評論。

依本要點發布之新聞，除有應秘密之原因外，得公布查獲之贓證物，並得於實施防止指紋及相關跡證混同措施後，提供查扣物品予媒體拍照、攝影，且不得示範操作或說明。

六、警察機關之新聞宣導帶，除違反社會秩序維護法案件及取締妨害風化案件、一般賭博案件嚴禁提供外，不得有下列畫面或談話內容：

㈠於公共場所或合法進入之場所，查證在場人民身分時，受檢人出示身分證件內容之畫面。

㈡與犯罪嫌疑人或關係人之查證對話。

㈢犯罪嫌疑人接受偵詢之畫面或談話。
㈣搜索贓證物或提示證物之畫面或談話。
㈤詢問犯罪嫌疑人或關係人有關證物藏匿地點、使用方式或來源之畫面或談話。

七、警察機關於偵查刑案之前、中、後階段，應採取下列措施：
㈠偵查前：禁止媒體跟隨拍攝警方攻堅逮捕、臨檢取締及偵訊犯罪嫌疑人等過程。
㈡偵查中：
1. 偵辦刑案中之辦公處所或偵詢室，嚴禁媒體實地或藉由監視器畫面拍攝。
2. 不得任犯罪嫌疑人供媒體拍攝、直接接受採訪或藉由監視器畫面拍攝。
3. 對於妨害性自主、兒童及少年性交易、兒童及少年福利等案件或少年保護事件，應遵守性侵害犯罪防治法第十二條、兒童及少年福利與權益保障法第六十九條或少年事件處理法第八十三條等規定，不得揭露受各條文保護之對象身分。
㈢偵查後：
1. 查獲未滿十八歲之犯罪嫌疑人，於進行逮捕或押解移送等公開場合時，應配戴頭套，以確保身分之保密。
2. 執行圍捕重大案犯任務之現場指揮官，應考量民眾、記者等之人身安全，及兼顧執行圍捕任務之遂行，建立封鎖區域，並得依署頒警察機關執行圍捕任務規範規定，於第三層之封鎖線內之安全地段設置新聞採訪點，依本注意要點之相關規定，擔任或指派新聞發言人適度說明圍捕情形。
3. 非有偵查之必要，禁止實施刑案現場模擬，如法院或檢察官依刑事訴訟法規定而認為確有必要，或偵查單位認有需要且報請該管檢察官同意，而實施刑案現場模擬或勘驗時，應嚴格遵守偵查不公開原則，不得洩漏偵查秘密及現場模擬之時間、地點及實施方式，並事先做好現場保全維護與建立封鎖區域，嚴禁被告或犯罪嫌疑人以外之第三人在場，以防範私刑毆打行為；發生私刑毆打之犯罪行為時，應依現行犯立即蒐證、逮捕法辦。

八、警察機關發布新聞時，應事先報請首長指定或由新聞發言人對外發言，媒體臨時採訪不及請示，或承辦人員於機關外發生臨時狀況而有說明案情必要時，應遵守前開發布新聞規定。

九、警察機關勤務指揮中心（偵防中心）應設專責人員，負責蒐集、側錄本機關偵查刑案之新聞報導資料（電子媒體），認媒體報導與事實不符者，應立即交由相關單位查證，並循行政程序陳報首長或新聞發言人後，由公關室以發布新聞稿、召開記者會、去函或以傳真稿傳真電子媒體更正等方式為之，並提醒媒體注意不宜對偵查細節進行揣測性之報導；有因犯罪預防宣導或澄清說明之必要時，經首長或新聞發言人核可後，得指派專人參加相關訪問或座談。
各機關平時應加強注意偵查保密措施，發現本機關人員有違反偵查不公開原則情事時，應立即交由督察單位進行查處。

十、各警察機關新聞發言人或代理人、督察室、勤務指揮中心（偵防中心）、公關室及刑事警察（大）隊等人員，為新聞處理檢討小組成員，每月須至少召開一次新聞檢討會，以檢討當月媒體報導本機關有關偵查刑案之新聞，遇有重大事故時，應隨時召集開會，妥適因應。
各機關應將主動查處違反偵查不公開原則情事，併新聞處理檢討會議紀錄，逐月陳報本署核定。

十一、辦理新聞處理檢討會議及逐月陳報會議紀錄承辦人員，每半年嘉獎二次，主管嘉獎一次；經本署發現應召開而未召開，或應陳報會議紀錄而未陳報者，不予獎勵，並追究相關人員責任。

十二、警察機關主動查處本機關違反偵查不公開原則之案件，並陳報本署核定後，每查處二案屬實得予嘉獎一次，個人每半年獎勵累計不得超過記功一次。

十三、警察機關未主動查處本機關違反偵查不公開原則之案件，而經本署監看新聞發現及查證屬實者，除議處疏失人員外，對於違反情節重大或半年內發生違失二件者，承辦人申誡一次；發生違失三件者，新聞處理檢討小組召集人及承辦人各申誡一次；四件以上者，視情形加重並追查新聞處理檢討小組相關成員督導疏失責任。

十四、本署勤務指揮中心、督察室、刑事警察局之側錄、交查等工作之獎勵比照上述規定辦理，另專責辦理偵查不公開原則之業務單位相關人員，每半年於嘉獎二次以下辦理定期獎勵。

十五、本署得不定期派員檢視各警察機關執行偵查不公開相關業務辦理情形，並依規定進行查察疏失與懲處。

警察詢問犯罪嫌疑人錄音錄影要點

中華民國102年12月17日內政部警政署函修正發布

一、為落實刑事訴訟法增訂詢問犯罪嫌疑人全程連續錄音、錄影規定，訂定本要點。

二、詢問犯罪嫌疑人時，應全程連續錄音，必要時並應全程連續錄影。但有急迫情形且經記明筆錄者，不在此限。

有下列情形之一者，應全程連續錄影：

㈠引起社會大眾關注之重大刑案。

㈡具有爭議性之案件。

㈢其他認為有錄影之必要者。

三、詢問犯罪嫌疑人之錄音、錄影，應自開始詢問其姓名、年齡、職業、住、居所時起錄，至詢問完畢時停止，其間連續始末為之。

起錄後應即踐行刑事訴訟法第九十五條第一項規定之告知事項：

㈠犯罪嫌疑及所犯所有罪名。罪名經告知後，認為應變更者，應再告知。

㈡得保持緘默，無須違背自己之意思而為陳述。

㈢得選任辯護人。如為低收入戶、中低收入戶、原住民或其他依法令得請求法律扶助者，得請求之。

㈣得請求調查有利之證據。

四、犯罪嫌疑人有數人時，應分別全程連續錄音，必要時並應分別全程連續錄影。但實施對質時不在此限。

五、詢問中遇有切換錄音（影）帶時，應於恢復詢問時，先行以口頭敘明中斷事由及時間。

錄音、錄影遇有犯罪嫌疑人身體健康突發之事由或不同意夜間繼續接受詢問及其他事由，致事實上詢問無法繼續時，應即口頭敘明中斷事由及時間。恢復詢問時，悉應口頭敘明開始詢問時間。

六、製作筆錄實施錄音、錄影時，不必拘泥於文句辭藻，應求其通俗易解，保留原語氣，登載於筆錄內時，應與受詢人真意相符。

七、受詢人如拒絕回答或拒絕在筆錄上簽名、蓋章或捺指印時，應將其拒絕原因或理由記載於筆錄上，並由詢問人以口頭敘明事由，全程連續錄音，必要時全程連續錄影。

八、詢問筆錄經交受詢問人閱覽或向其朗讀後，受詢人請求將記載增、刪、變更者，應將其陳述附記於筆錄，並應同時全程連續錄音，必要時全程連續錄影。

九、錄音、錄影製作完成後，應做好防護消音、消影措施。

錄音、錄影帶上應載明受詢人姓名、所犯罪名、詢問之起、訖時間、詢問地點，加封緘後由錄製者及受詢人簽名捺印。

十、詢問犯罪嫌疑人之錄音、錄影帶，應隨案移送地檢署或法院。

十一、各警察局、分局、分駐（派出）所應置錄音、錄影設備，以供詢問犯罪嫌疑人之用。

前項規定於專業警察機關比照辦理。

詢問犯罪嫌疑人所需錄音、錄影設備及錄音、錄影帶之經費，由各警察機關自行編列預算支應。

警察機關執行搜索扣押應行注意要點

1.中華民國 90 年 6 月 13 日內政部警政署函訂頒全文 22 點
2.中華民國 90 年 7 月 4 日內政部警政署函修正發布第 17、18 點
3.中華民國 90 年 8 月 3 日內政部警政署函修正發布第 19 點
4.中華民國 91 年 4 月 4 日內政部警政署函修正發布第 14 點

一、爲使警察人員審慎執行搜索、扣押，確實保障人權，特訂定本注意要點。

二、警察人員偵查犯罪，認有必要執行搜索、扣押時，其執行程序除依刑事訴訟法（以下簡稱本法）、軍事審判法及警察偵查犯罪規範規定外，應依本注意要點規定辦理。

三、警察人員執行搜索、扣押，應嚴格遵守偵查不公開規定，並依比例原則、最小損害原則，擇其適當方法，審慎執行之。

四、警察人員偵查犯罪，於必要時，得對犯罪嫌疑人之身體、物件、電磁紀錄、住宅或其他處所執行搜索。所稱「必要時」，係指一般合理之人依其正常判斷，可認爲有犯罪證據存在之相當可能性之情形而言。此種相當可能性，雖無要求達到充分可信或確定程度之必要，惟須以有相當或然性存在爲條件。

五、警察人員偵查犯罪，認有相當理由可信爲被告或犯罪嫌疑人或應扣押之物或電磁紀錄存在時，得對第三人之身體、物件、電磁紀錄、住宅或其他處所執行搜索。所稱「有相當理由」，非以搜索者主觀標準判斷，尚須有客觀之事實爲依據，其所認定有犯罪證據存在之相當可能性，程度必須較第四點之「必要時」爲高，以區別對第三人與對犯罪嫌疑人發動搜索要件之不同。

六、偵查中之案件需聲請搜索票時，如係地方法院管轄之案件，應向該管地方法院檢察署檢察官及地方法院聲請；如係高等法院或其分院管轄之案件，應向該管高等法院（分院）檢察署檢察官及高等法院（分院）聲請。關於相牽連之案件，認有在管轄區域外實施搜索之必要者，得逕向有管轄權之任一檢察署檢察官及法院聲請核發搜索票。

七、聲請核發搜索票時，應備妥聲請書（格式詳如附件一），此係參照本法第一百二十二條、第一百二十八條第二項、第一百二十八條之一第二項之規定而設計之表格，應逐一記載，力求具體明確，如上列事項因有正當理由無法或難以具體載明時，仍應記載其可得特定之範圍。第四點、第五點所訂執行搜索之「必要性」或「相當理由」，尤應於聲請理由欄內敘明。

八、搜索票聲請書，應由分局長（含刑警隊長、大隊長、港警所刑事組長、刑事警察局偵查隊長）以上之司法警察官具名，並由案件承辦人或熟悉案情之人攜帶警察人員服務證，親自持聲請書及有關事證資料，先向檢察官聲請許可後，再向管轄法院值日法官聲請簽發，以便於必要時得就案情及聲請之理由適時加以解說。

九、聲請核發搜索票，經檢察官或法院通知補正必要之理由或資料者，應儘速依其指示補正；經檢察官不予許可或法院駁回者，如認爲確有執行搜索之必要時，得再補充相關事證後，重新提出聲請。

十、執行搜索時，除依法得不用搜索票之情形外，應先出示搜索票，使受搜索人明瞭執行搜索、扣押之案由及應受搜索、扣押之人及範圍。執行搜索、扣押後，應製作筆錄（格式詳如附件二），將搜索、扣押過程、執行方法、在場之人及所扣押之物記明於筆錄；並應製作扣押物品收據或無應扣押之物證明書（格式詳如附件三、四），付與扣押物所有人、持有人、保管人或受搜索人。

十一、執行搜索或扣押時，應遵守搜索票上法官對執行人員所爲之指示，針對案情內容之需要執行搜索，不應爲漫無目標之搜索。

十二、依本法第一百三十條執行附帶搜索時，如係針對受搜索人之住居所或所使用之公共交通工具爲之者，應以立即可控制之範圍爲限（例如：非指整棟樓房或整部公共汽車、整列火車、整架飛機、整艘輪船）。

十三、檢察官依本法第一百三十一條第二項指揮警察人員執行逕行搜索，應請其簽發指揮書，如以言詞爲之者，應將其指揮內容詳載於公務電話紀錄簿，執行完竣後應請求補發指揮書。警察人員於偵查中認有本法第一百三十一條第二項所定之情事，得主動報請值日檢察官或指揮偵辦該案件之檢察官，指揮執行逕行搜索。

十四、警察人員依本法第一百三十一條第一項第一款、第二款因執行逮捕、拘提而逕行搜索住宅或處所時，應斟酌是否具有急迫性及必要性，於實施前，應依客觀之事實判斷，必須足認犯罪嫌疑人或被告確實在

內，始得爲之，以避免不必要之廣泛式、地毯式搜索。第一項第三款有人在內犯罪而情形急迫之逕行搜索，限於有明顯事實足信有此情況，始得爲之。

依本法第一百三十一條執行逕行搜索時，應出示證件，並告知逕行搜索之理由及本法第一百二十八條第二項第一款至第三款之搜索票應記載事項，且將上揭告知意旨載明於搜索筆錄。

十五、依本法第一百三十一條之一經受搜索人自願性同意之搜索，應注意同意人其對受搜索之標的，有無同意之權，並斟酌同意當時之客觀情境、同意人之精神狀態、理解能力等一切情狀予以判斷，必須受搜索人實質上具有同意之能力，方得爲之；執行搜索人員對受搜索人，不得施以任何強暴脅迫、詐欺或其他不正之方法，使其同意；並將其同意之意旨記載於搜索筆錄。

十六、執行搜索、扣押，於有必要時，得開啓鎖扃、封緘、封鎖現場、禁止有關人員在場或離去，對於不聽從制止者，執行人員得命令其離去或交由適當之人看守，迄執行終了。但對於扣押時所採行之限制措施，不得逾越必要之程度，且均應記明於搜索、扣押筆錄。

十七、搜索票執行完畢後，如有扣押之物，應將搜索票正本與搜索扣押筆錄影本連同扣押物品目錄表影本，以密件封緘並於信封上註明法院核發搜索票之日期、文號後，儘速函報核發搜索票之法院，不得無故延宕。如未查獲應扣押之物，應將該事由在搜索扣押筆錄內敘明，連同搜索票正本，一併函報核發搜索票之法院（格式詳如附件五）。其於核發搜索票後因故未能執行者，應以函文敘明未能執行之事由（格式詳如附件六），並將搜索票繳還核發之法院。

十八、警察人員依本法第一百三十一條第一項之規定執行逕行搜索，或依本法第一百三十七條第一項之規定執行附帶扣押，應於執行後三日內，將搜索扣押筆錄（如有扣押物須連同扣押物品目錄表）影本，以密件封緘並於信封上註明「逕行搜索」字樣，同時分別函報該管檢察署檢察官及法院（格式詳如附件七）。但依本法第八十八條之一第三項之規定逕行搜索住宅及其他處所，應即陳報該管檢察署檢察官及法院。

十九、檢察官自行聲請搜索票交付警察人員執行搜索或依本法第一百三十一條第二項後段之規定指揮執行逕行搜索，警察人員於執行完畢後，應於十二小時內以密件封緘回報，俾檢察官陳報法院。

二十、警察人員執行逕行搜索完畢，將結果陳報法院後，如經法院爲撤銷之裁定，得於收受該裁定送達後五日內，依本法第四百零四條第二款之規定提起抗告。

二一、逕行搜索如經法院裁定撤銷者，其因搜索所扣押之物是否仍得爲證據，須由將來爲審判之法院審酌人權保障與公眾利益之均衡維護認定之，該扣押之物應否發還，應報請檢察官視所偵辦案件之具體情節，斟酌該扣押物之性質、對於公眾利益之影響及日後是否具有作爲證據之可能性等因素決定之。但檢察官之扣押或關於扣押物發還之處分，如經法院依法撤銷者，該扣押物應即發還。

二二、警察人員執行搜索、扣押後，如確有對外發布新聞之必要時，應由警察機關首長或其指定之發言人爲之，執行搜索之警察人員不得自行發布新聞或召開記者會。

警察機關通報越區辦案應行注意事項

中華民國 101 年 5 月 14 日內政部警政署函修正發布

一、內政部警政署（以下簡稱本署）為提升打擊犯罪能力，發揮各級警察機關整體偵防力量，避免於越區辦案時因配合不當，致生不良後果，特訂定本注意事項。

二、通報越區辦案，應依下列規定辦理：

㈠於管轄區外執行搜索、逮捕、拘提時（以下簡稱搜捕）等行動時，應依第三點所定程序通報當地警察機關會同辦理（傳真通報格式如附件）。

㈡臨時變更地點時，應及時通知原會同及變更擬往地點之警察機關。

㈢情況急迫者，得於事後會知，惟執行時應注意辨識，避免發生意外事故。

㈣情報蒐集及探訪活動，未攜帶槍械者，得免通報。

接受請求會同辦案之警察機關，應即通報所屬刑事警察（大）隊、分局或分駐（派出）所，派員協同辦理。

三、越區辦案之通報程序如下：

㈠警政署刑事警察局執行搜捕時，應報告其機關主管長官，並由偵防中心通報預定前往執行地點所轄警察局或專業警察機關之勤務指揮中心知照或請求派員會同執行。

㈡各警察局所屬分局、隊（大隊）之員警越區至同一警察局其他分局轄區執行搜捕行動時，應報告其機關主管長官，並由勤務指揮中心通報預定前往執行地點所屬警察分局勤務中心知照或請求派員會同執行。

跨越警察局轄區者，應通報警察局勤務指揮中心，警察局勤務指揮中心受理報告後，應即報告局長，並轉報前往辦案地之警察局或專業警察機關之勤務指揮中心知照或請求派員會同執行。

㈢其他各專業警察總隊、局、所、大隊、隊所屬員警越區執行搜捕時，應報告其機關主管長官，並由勤務指揮中心通報預定前往執行地點所轄警察局或專業警察機關之勤務指揮中心知照或請求派員會同執行。

㈣越區辦案員警遇情況急迫時，得逕通報當地警察局或分局勤務指揮中心，請求派員會同執行，受理通報機關應即派員會同，但事後應補辦通報事宜。

四、越區查捕逃犯除依警察機關查捕逃犯作業規定辦理外，有關通報部分仍應遵照本注意事項規定執行。

五、各警察機關應確實遵照本注意事項辦理通報，違反者，經調查屬實後，依警察人員獎懲標準及其他相關規定從重議處。

解送人犯辦法

1.中華民國 32 年 9 月 30 日行政院令訂定發布
2.中華民國 36 年 3 月 28 日行政院令修正發布第 2 條條文
3.中華民國 37 年 3 月 25 日行政院令修正發布第 5、16 條條文
4.中華民國 46 年 7 月 27 日行政院令修正發布第 16 條條文
5.中華民國 55 年 5 月 26 日行政院令修正發布全文 18 條
6.中華民國 59 年 8 月 25 日行政院令修正發布全文 18 條
7.中華民國 61 年 4 月 15 日行政院令修正發布第 5 條條文

第 1 條
解送人犯依本辦法之規定。

第 2 條
解送人犯有車船直達時，應由原起解機關負責直接解送至接收機關驗收，但在火車、汽車、輪船不通地方，或中途必須轉車換船始能到達者，得移送當地或轉車換船所在地之縣市政府遞解。

第 3 條
縣市政府對於前條遞解之人犯，不得因接收機關遙遠或不在其省界內，而拒收或退回，但對於應直解而誤爲遞解之人犯，得以收受後向原移送機關釋明理由，請其繼續直解，原移送機關對於此項請求，經相當期間未予答覆時，該縣市政府請示上級機關依法處理。

第 4 條
各機關如因解犯過多，或直達之水陸路程過長，致財力不足時，應呈請該管主管機關另行撥給。

第 5 條
Ⅰ解送人犯在二名以下者，派解送員警二人，三名以上者，每增加人犯二名，得加派員警一人。死刑或特別重要人犯應單獨解送，必要時並得酌量增派員警。長途解送前應經醫務人員詳爲檢查其身體有無異狀，必要時得施以戒具。
Ⅱ夜間或長途解送人犯，應指派當日未服勤或體格強壯之員警擔任之。解送人犯二人時應派員警三人，人犯在三人以上者，應酌量增派員警。
Ⅲ解送途中發生困難時，得請求當地憲警機關協助，被請求者，不得拒絕。

第 6 條
解送人犯，出發前應注意左列事項：
一　準備解送人犯必需之戒具，並檢查途中有無毀損之可能。
二　檢查人犯身上有無匿藏兇器、藥物或其他足以破壞戒具之物件。
三　令人犯先行如廁，以減少其途中藉口脫逃之機會。
四　解送員警必要時，得攜帶警械。
五　清點公文及資料與贓證附件，以免錯漏。
六　需購車船票者，應先備妥，並提早起程，以免臨時慌亂，致生意外。
七　人犯攜帶金錢或貴重物品，應冊交解送人員保管，到達目的地後，點交接收機關。
八　其他應行注意之事項由主管人員詳細告知執行解送員警。

第 7 條
解送人犯，應將已決犯之身分簿、指紋紙、及未決犯之指紋一併移送。

第 8 條
Ⅰ遞解人犯，應由起解機關先將人犯姓名、性別、年齡、籍貫、被告事由，及罪名、刑期、解送方法起解日期等，逕行通知接收機關，一面備文並造具解犯清單一式二份，連同人犯發交押解員警至遞解之縣市政府驗收後，將解犯清單一份蓋用印信，退還押解員警帶回繳銷。縣市政府遞解時，應補抄解犯清單一份，連同原件及人犯解至受遞解之縣市政府或接收機關驗收後，在補抄之解犯清單上蓋印回銷。接收機關接收人犯時，應與指紋紙核對無誤後，函復起解機關。
Ⅱ前項解犯清單應載明人犯姓名、性別、年齡、籍貫、特徵、起解機關、接收機關及地址。

第 9 條
接收機關接到解犯通知後，如逾相當期間人犯尚未解到或解到人犯有不符情事者，應向原解送機關清查。

第 10 條
人犯直接解送者，其解送手續準用前二條之規定。

第 11 條
解送人犯之員警，於解送途中應注意左列事項：
一　執行解送，應顧及人犯之名譽及安全，使用戒具，應儘量避免暴露，但須注意應有適當之防備，以防人犯有加害之行爲。
二　解送途中，應避免人犯見客、購物、飲酒、及徇人犯要求任意隨同他適。
三　人犯要求如廁時，應嚴防藉機脫逃，若有二人以上同時要求如廁者，應著其分批前往。
四　解送人犯應全神貫注，凡經過車站、船埠、橋樑或其他人群擁擠之處所時，應特別提高警覺，切實控制人犯之行動，非因交通運送途中不得逗留。縱抵解送處所，在未交接清楚前，不得懈怠。
五　解送人犯未到達應解送處所前，需在中途夜宿時，應向就近監所或警察機關申請寄押，並請求協助戒護，被請求機關不得拒絕。

六　解送人犯乘坐車船時，勿令人犯靠近門窗，行經出入口處所時，應特別注意防範。
七　同時解送二人以上人犯時，應視案情予以隔離防止勾串。
八　人犯特殊言行，隨時密予紀錄提供辦案人員參考。
九　解送人犯不得接受人犯或其親友之招待或餽贈。

第 12 條

解送人犯，如有中途脫逃、死亡或其他重大事故時，押解員警應即報請當地治安機關協助辦理，並報告解送機關轉知原起解機關及接收機關。

第 13 條

I 解送人犯，如在中途發生障礙，仍應設法繞道解送，無法繞道時，直解者，應送由經過地之縣市政官驗收，遞解者，應由中途驗收轉解之縣市政府停解，並斟酌情形，商准起解機關或接收機關依法處理。

II 前項規定，如認爲確有困難，或有不能處理之情形，仍應俟可解時，繼續轉解驗收遞送。

第 14 條

I 直接解送之費用，由起解機關負擔。

II 遞解費用，由遞解之縣市政府負擔。

III 前二項所需之費用，由各機關編列「解送人犯」年度預算，其支報手續仍按規定手續辦理。

第 15 條

I 押解員警之膳宿雜支各費，依各該機關出差旅費之規定支給。

II 步行一日，以六十市里（三十公里）爲準，三十市里爲半日，餘數滿十市里以上者，以半日計。乘坐車船，依其實際所需時間計算，不滿一日或超出一日者，在正午以前以半日計，正午以後以一日計。

III 人犯之膳宿雜支費，不得超過解送員警之規定。

第 16 條

I 解送人犯，乘坐公營車船，以乘一般直達快車爲原則，並一律照規定價格半價納費，如無公營交通工具地方，得照規定價格納費，乘坐民營車船。

II 解送重要人犯必要時或遇交通中斷而有時間性者，得搭航空器或指派專車船解送，以策安全。

第 17 條

押解人犯之員警，如因違反本辦法之規定，致人犯脫逃、死亡或發生其他重大事故，或向人犯或其家屬需索財物，或侮辱或虐待人犯等情事者，應視其情節重輕，分別予以刑事或行政處分。

第 18 條

本辦法自公布日施行。

檢察及司法警察機關使用錄音錄影及錄製之資料保管注意要點

中華民國 93 年 3 月 9 日法務部函訂定發布全文 15 點

一、為落實檢察官訊問或檢察事務官、司法警察官或司法警察詢問時，妥慎實施錄音、錄影，俾確保筆錄之公信力，並依刑事訴訟法第一百條之一第三項規定錄音、錄影資料之保存方法，特訂定本要

二、檢察及司法警察機關應備置錄音、錄影之設備及儲存錄音、錄影內容之材料，作為實施訊問或詢問時之輔助記錄。

三、訊問被告或詢問犯罪嫌疑人時，應依刑事訴訟法第一百條之一全程連續錄音；必要時，並應全程連續錄影。但有急迫情況且經記明筆錄者，不在此限。訊問被告以外之人或詢問犯罪嫌疑人以外之人時，為便於審判中證明其陳述具有可信性，於必要時，應依前項規定辦理。

四、錄音、錄影應自開始訊問或詢問時起錄，迄訊問或詢問完畢時停止，其間應連續始末為之。每次訊問或詢問前，應宣讀訊問或詢問之日、時及處所；如檢察機關已分案者，應一併宣讀案號及案由。

訊問或詢問中，如遇有切換錄音帶、錄影帶、數位磁碟或遇有偶發之事由致事實上訊問或詢問無法繼續進行時，宜於恢復訊問或詢問並繼續錄音、錄影時，先以口頭敘明中斷之事由及時間。

五、訊問或詢問時實施錄音、錄影，應遵守偵查不公開之規定，慎防錄音、錄影內容之不當外洩。

六、筆錄經向受訊問人或受詢問人朗讀或交其閱覽而無異議者，無庸播放錄音、錄影之內容。其有異議者，如認異議為有理由，書記官或製作筆錄之公務人員，應即更正或補充筆錄之記載；如認異議為無理由，應當場播放錄音、錄影之內容予以核對，並依據核對之內容，更正或補充筆錄之記載或僅於筆錄內附記其異議之事由。

七、錄音、錄影製作完成後，應妥適採取防護消音、消影之措施。錄音、錄影帶、數位磁碟外部應載明受訊問人或受詢問人之姓名、訊問或詢問之起、訖時間及地點，如檢察機關已分案者，應將案由、案號一併載明；於不予續錄時，應加以封緘後由錄製者簽名。

八、檢察及司法警察機關對於輔助紀錄之錄音帶、錄影帶、數位磁碟，應妥為保管，為防範遭受損毀或內容遭到消磁，應備適當防止壓損之儲存卷袋置放，併同案卷妥適保管，必要時應另行備份。

九、司法警察機關將案件移送或報告檢察機關時，應將該案相關之錄音帶、錄影帶、數位磁碟隨同卷宗證物一併送交。

檢察機關收受司法警察機關隨案送交之錄音帶、錄影帶、數位磁碟時，應清點數量與移送書或報告書所載之數量是否相符，並檢查封緘是否完整，錄製者有無簽名；如發現有數量不符、未封緘或不完整、錄製者未簽名之情形，應命更正或補正，如不能更正或補正者，應記明其事由。

十、檢察機關對於案件經提起公訴或聲請簡易判決處刑者，應將該案件必要之錄音帶、錄影帶、數位磁碟連同相關卷證一併移送該管法院。

十一、檢察機關對於案件經裁判確定或不起訴處分確定或緩起訴處分確定且期間屆滿者，該案之錄音帶、錄影帶、數位磁碟保存期間與該案卷之保存期限同。

十二、檢察及司法警察機關執行錄音、錄影事務之人員，應隨時注意錄音、錄影之起錄及停止，並確保所錄內容之完整清晰。如因故意或過失未錄音、錄影或錄音、錄影之內容有空白、不完整之情形時，該管監督長官應查明原因，並對失職人員按其情節予以議處。

十三、檢察及司法警察機關對於錄音、錄影設備，應指定專人保管維護，以維持錄音、錄影設備之使用功能正常。

十四、各級檢察及司法警察機關首長應監督所屬及下級機關對於訊問或詢問時之錄音、錄影事務，應妥適正確辦理，除得隨時抽查辦理情形外，並應列為上級機關對下級機關之業務檢查項目。業務檢查於必要時，得調取錄音帶、錄影帶、數位磁碟播放。

十五、本要點於軍事檢察及軍法警察機關辦理刑事案件使用錄音、錄影時，準用之。

檢察機關與司法警察機關辦理刑事案件防範冒名頂替應行注意事項

1.中華民國75年10月30日法務部令訂定發布全文9點
2.中華民國85年4月18日法務部令修正發布
3.中華民國94年12月5日法務部函修正發布名稱及全文13點；並自94年12月9日起實施（原名稱：檢察官司法警察機關辦理刑事案件防範冒名應訊應行注意事項）
4.中華民國99年3月17日法務部函修正發布第1、6點；並自99年3月17日生效
5.中華民國103年7月3日法務部函修正發布全文14點；並自103年7月3日生效

一、檢察官、檢察事務官、司法警察官或司法警察，對於到案之被告、犯罪嫌疑人，應確實踐行人別訊（詢）問，除應核對其國民身分證或其他身分證明文件，以訊（詢）問其姓名、年齡（出生年月日）、國民身分證統一編號、出生地、職業、住居所或役別外，並可訊（詢）問其學經歷、宗教信仰、前科素行、家世背景、電話號碼及其他足資辨別之特徵等，以查驗是否確為其本人。必要時，除命其於訊（詢）問筆錄中按捺指紋外，並得調取口卡片、戶役政電子閘門系統、刑案智慧查詢系統之相片影像資料、影印其國民身分證附卷，或傳喚被害人、告訴人、告發人、證人、其他正犯或共犯，或通知被告、犯罪嫌疑人之家屬前來指認。經命被告、犯罪嫌疑人具保或責付時，亦應併就具保人或受責付者訊明該被告、犯罪嫌疑人是否確為其本人。

二、司法警察機關對於到案之被告、犯罪嫌疑人未帶證件，無法查明身分時，應即為被告、犯罪嫌疑人拍照、採取指紋及調取口卡，查核確為其本人後始行移送，並將照片、指紋卡及口卡片（影本）隨案移送，否則應於案件移送後一週內補送，並應於移送書內載明補送之旨。

三、檢察官、檢察事務官、司法警察官或司法警察應將訊（詢）問到案之被告、犯罪嫌疑人有無攜帶身分證明文件及所帶證件之種類等情形，詳細記明於訊（詢）問筆錄，並應切實比對到案被告、犯罪嫌疑人於警察、偵查卷內之簽名及照片與其本人是否相符，其未帶國民身分證或其他身分證明文件者，並得命其立即設法通知其親友補送，或命其於指定之期日補送。如仍無法查明其身分時，應為其拍照及採取指紋，將指紋卡送有關機關鑑定，並迅速調取其口卡核對。

四、檢察官、檢察事務官受理司法警察機關移送之刑事案件，對司法警察機關初步偵查結果，應傳訊被告先行確定人別，並就被告有利及不利之情形詳為查證，不得僅憑司法警察機關之移送意旨及初步偵查結果即行起訴，俾得以發現眞實，而期無所枉縱。

五、檢察官、檢察事務官對於經傳喚、拘提未到案之被告而依偵查所得之證據足認有犯罪嫌疑者，為避免發生起訴對象錯誤情事，應即調取其口卡片或戶役政電子閘門系統、刑案智慧查詢系統之相片影像資料，供被害人、告訴人、告發人、證人、共犯或被告家屬指認無訛後，始行提起公訴。於認被告已逃亡或藏匿而發布通緝時，亦同。

六、司法警察官或司法警察詢問經拘提、通緝到案之被告、犯罪嫌疑人時，如堅決主張其並非犯罪之人者，縱經人別詢問無誤，仍應速與命拘提或通緝之檢察機關聯繫後再行解送。

七、經傳喚、拘提或通緝到案之被告、犯罪嫌疑人於檢察官、檢察事務官訊（詢）問時，如堅決主張其並非犯罪之人者，縱經人別訊（詢）問無誤，仍應立即調取原卷確實查證，並為必要之處置，以免發生傳喚、拘提或通緝對象錯誤之情事。

八、檢察官、檢察事務官、司法警察官或司法警察訊（詢）問被告、犯罪嫌疑人時，應令其就犯罪始末連續陳述，不宜於訊（詢）問內容告知所涉犯罪事實，令其答稱有或無、是或不是、對或不對，或僅訊（詢）問對於移送事實有何意見。

九、檢察官在審判程序到庭實行公訴時，應隨時注意促請法官注意有無冒名頂替之情事。如發現到庭之被告與偵查階段之被告不同時，應即主動簽請分案偵查。

十、書記官對於到案之受刑人，應查明其姓名、性別、年齡（出生年月日）、職業、住居所、在監、在押等事項及有無攜帶國民身分證或其他身分證明文件與所帶證件種類，並應核對其所攜帶之身分證明文件與確定裁判所載被告年籍資料是否一致，另應切實比對警察、偵查及審判卷內之簽名及照片與到案

受刑人本人及其於執行筆錄之簽名是否相符。未帶國民身分證或其他身分證明文件者，應報由檢察官命其立即設法通知其親友補送，或命其於指定之期日補送。必要時，得查明其出生地、役別、學經歷、宗教信仰、前科素行、家世背景、電話號碼或其他足資識別之特徵，或使其陳述所涉犯罪事實，以查明其是否爲確定裁判所載之人，上開查明過程均應詳實記載於執行筆錄，以免發生執行對象錯誤之情事。

依前項方式仍無法查明到案受刑人之身分者，書記官應報由檢察官命其於執行筆錄上按捺指紋，並爲其拍照及採取指紋，將指紋卡送有關機關鑑定，另應迅速調取口卡片、戶役政電子閘門系統、刑案智慧查詢系統之相片影像資料或影印其國民身分證或其他身分證明文件核對並附卷。

拘提或通緝中之受刑人，如有自行到案而應發監執行者，除依前二項規定辦理外，檢察官應命採取受刑人之指紋比對，或通知司法警察機關查明有無冒名頂替情事。

檢察官、檢察事務官對於經傳喚、拘提或通緝到案之受刑人，如堅決主張其並非確定判決所指犯罪之人者，縱經核對人別無誤，仍應立即調取原卷確實查證，並爲必要之處置，以免發生執行對象錯誤之情事。

司法警察機關對於拘提或通緝到案之受刑人，應核對其國民身分證或其他身分證明文件，並詢問其姓名、年齡（出生年月日）、國民身分證統一編號、出生地、職業、住居所或役別，以確認其所攜帶之身分證明文件與拘票或通緝書記載之受刑人年籍資料是否一致，並可詢問其學經歷、宗教信仰、前科素行、家世背景、電話號碼、受確定裁判之內容或其他足資辨別之特徵等，以查驗是否確爲其本人，並將上開查明之過程記明於詢問筆錄。受刑人未帶證件無法查明身分或有必要時，除命其於詢問筆錄中按捺指紋外，並得調取口卡片、戶役政電子閘門系統、刑案智慧查詢系統之相片影像資料、影印其國民身分證或其他身分證明文件併同解送人犯報告書及詢問筆錄檢送地檢署。如受刑人堅決主張其並非確定判決所指犯罪之人者，縱經核對人別無誤，仍應速與命拘提或通緝之檢察機關聯繫後再行解送。

十一、檢察官囑託其他檢察署檢察官代爲執行，除函送判決書外，應另檢附偵、審筆錄簽名、照片、口卡片等資料。如需發監執行者，應採取受刑人之指紋，以供比對查核。

十二、檢察官之傳票及司法警察機關之通知書內備註欄所載「帶國民身分證」等字，應以紅字大一號字體印製，以提醒被告、犯罪嫌疑人、受刑人及證人攜帶國民身分證到案。

十三、檢察官、檢察事務官、司法警察官或司法警察，對於到案之被告、犯罪嫌疑人或受刑人所提出之國民身分證或其他身分證明文件有無僞造或變造認爲可疑時，應依法扣案，並送有關機關鑑定或核對。

十四、檢察機關與司法警察機關所屬人員辦理刑事案件確實查獲冒名頂替者，應由各該機關酌予獎勵。

檢察機關與司法警察機關勘驗屍傷應行注意事項

1.中華民國 91 年 4 月 29 日法務部令修正發布名稱及全文 23 點；並自 91 年 5 月 1 日起實施（原名稱：檢察官司法警察機關勘驗屍傷應行注意事項）
2.中華民國 93 年 11 月 5 日法務部函修正發布第 13 點；並自 93 年 11 月 1 日起實施
3.中華民國 100 年 7 月 12 日法務部函修正發布第 14 點；並自 100 年 7 月 12 日生效
4.中華民國 103 年 3 月 17 日法務部函修正發布第 19 點附件六、附件七；並自 103 年 3 月 17 日生效
5.中華民國 105 年 8 月 31 日法務部函修正發布第 19 點附件六、附件七；並自 105 年 8 月 31 日生效

一、檢察官知悉管轄區域有非病死或可疑為非病死者，應速到場或命檢察事務官或調度司法警察官前往相驗。

二、司法警察機關發現管轄區域有非病死、可疑為非病死者，或接受人民申請檢驗屍體時，應即派員前往屍體停放處所作初步調查，並製作相驗案件初步調查報告暨報驗書（如附件一），以傳真或其他方式，迅速報請該管檢察機關處理。

三、司法警察機關依第二點所為之現場初步調查，應注意下列事項：
㈠死者姓名、年齡、出生地、住居所等項及其他特徵。
㈡屍體停放處所。
㈢發現經過。
㈣死亡經過。
㈤現場遺留物品。
㈥通知死者家屬及現場目擊證人聽候訊問。
㈦無名屍體之採取指紋及攝影。
㈧對於屍體之掩蔽及保全措施。
㈨應維持現場之完整，不得任意破壞，而影響案件之進行。

四、檢察官依據司法警察機關製作之相驗案件初步調查報告暨報驗書等資料內容，認該相驗案件顯無犯罪嫌疑者，得填發相驗案件指揮書（如附件二）調度司法警察官會同法醫師、檢驗員或經指定之醫師前往停屍地點相驗。

五、司法警察機關應指派經驗豐富之刑事組刑事小隊長以上之司法警察官，依檢察官核發之相驗案件指揮書執行相驗。

六、檢察官相驗屍體，如發現有犯罪嫌疑，應縝密勘驗現場，搜集有關犯罪證據，凡可供作證或發現線索之關係人，應即時調查訊問，製作勘（相）驗筆錄（如附件三）及訊問筆錄，詳載勘驗及訊問結果，不得含糊或遺漏，以防嗣後有湮滅偽造變造證據或勾串證人之情事，其犯罪線索及證據無法立即調查者，應提示要點，指揮司法警察偵查之，並隨時密切聯繫，督導進行。

七、檢察事務官或司法警察官相驗屍體，依現場跡證或家屬之意見認屬無爭議或無須複驗、解剖之案件，應製作勘（相）驗筆錄、相驗勘察筆錄（如附件四）。
檢察事務官或司法警察官執行相驗結果，為確認死因或死因有疑義，認宜複驗、解剖時，應即將有繼續勘驗及調查必要之情形，當場以電話報告檢察官，以利迅速發動必要之偵查作為（如定期複驗或解剖屍體），不宜遽發相驗屍體證明書。

八、依第六點及第七點製作之勘（相）驗筆錄或相驗勘察筆錄，應載明下列事項：
㈠執行之年月日及時間。
㈡執行之地點。
㈢死者之年籍資料。
㈣屍體外觀及勘（相）驗情形。
㈤其他必要之處分。
㈥勘（相）驗人員及在場人員。
執行勘（相）驗所取得之圖畫或照片，應一併附於前項筆錄。

九、檢察事務官、司法警察官相驗完畢後，應即製作檢查表（如附件五）載明有無繼續勘驗及調查必要之意旨，彙整相關卷證，最遲於相驗後三日內陳報檢察官。

十、兇殺、車禍、醫療糾紛及其他重大繁難之相驗案件，檢察官宜親自前往相驗，該管司法警察機關亦應指派刑事組長或其他適當人員率屬到場，聽候檢察官之指揮，縝密勘查犯罪場所及蒐集有關證據。檢察官應迅速趕至現場勘驗所留之痕跡、遺物、並蒐集必要之證據。為明瞭實況起見，應繪具現場圖詳載位置等相關事項，或拍照、攝影留存，其足供為證據或得沒收之物，亦得依刑事訴訟法相關規定扣押之。
檢察官對於受傷者應指揮司法警察立即送醫院治療，在不妨害其治療情形之下，儘速製

作筆錄。對於在場目擊肇事情形之證人，更應當場調查訊問，製作筆錄。

十一、檢驗屍體，應命法醫師、醫師或檢驗員為之。對於致死原因，如自殺、他殺等，均應細心辨別，如係毒殺，須立即搜索有無殘餘毒物留存，如係姦殺，應採取被害人或涉嫌人體液或分泌物以供檢驗。

解剖屍體，檢察官應命法醫師或醫師為之，並應親自、始終在場監督。對於屍體剖驗結果，認有複驗之必要者，應即另行指定法醫師或醫學專門人員複驗。

十二、因調查證據，非檢驗、解剖屍體及開棺發掘墳墓，難以斷定死因或犯罪事實之眞象者，不問死者配偶或其親屬是否到場與同意，均應進行。但以調查證據所必要者為限，不得輕率為之。

依前項規定為檢驗、解剖屍體及開棺發掘墳墓時，應事先通知死者之配偶或其他同居之親屬到場。

十三、檢驗或解剖屍體前，應先查明屍體有無錯誤，命其配偶、親屬或其他相識之人辨認，或就其身分證、其他可資辨識之證件所載各項特徵及其他方法辨認之。

在河流、曠野、道途所發現之屍體，應立即檢查隨身有無身分證明文件，迅速通知其配偶或親屬到場辨識屍體之身分後，始得為檢驗或解剖屍體。但因事實原因，不能待其到場者，不在此限。惟應於檢驗或解剖後，將屍體暫行留置，以供死者之配偶或親屬認領。

屍體姓名無法查明者，除採取指紋、拍照或攝影外，並應於勘（相）驗筆錄或相驗勘察筆錄詳細記明死者容貌、年齡、性別、特徵（如髮式、鑲牙、瘡疤、黑痣及其他身體上特異之處）及衣著，並儘速採取相關檢體送鑑定。

前項之無名屍體，經查無他殺嫌疑，驗畢或解剖後之屍體並應標示特徵，暫冰存於殯儀館，經司法警察機關依各市（縣）處理無名屍體相關法令公告後，於公告期滿時，核發相驗屍體證明書，並依前開法令處理屍體，不宜遽予埋葬。但有他殺嫌疑之無名屍體，檢察官應綜合全部事實、證據，審慎核發相驗屍體證明書，不受上開公告期間之限制。

十四、醫師、法醫師或檢驗員檢驗屍體後，應製作檢驗報告書。

醫師、法醫師解剖屍體後，應製作解剖報告書；鑑定死因後，應製作鑑定報告書。

十五、檢驗或解剖屍體，遇有案情複雜，預計法醫師、醫師或檢驗員一人之力不足勝任，或為正確及昭公信起見，得指定醫學專業人員會同檢驗或剖驗，命各別或共同提出鑑定報告。

十六、檢察機關因法醫師或檢驗員人力不足時，對於屍傷之檢驗，得委託當地醫院、學校選定適當之醫師或其他醫學專門人員協助辦理。

十七、司法警察機關受理人民報請檢驗病死屍體，應協助其申請當地衛生機關為行政相驗。

如在偏僻、交通不便地區或當地衛生所無醫師者，應協助其向衛生機關所指定之開業醫師請求檢驗屍體，發給死亡證明書。

十八、屬行政相驗之病死屍體，不須報請檢察官到場。但衛生或司法警察機關為行政相驗時，發現有可疑為非病死或有犯罪嫌疑者，仍應依第二點之規定報請該管檢察機關相驗。

十九、屍體檢驗或解剖後，應由執行之檢察官（格式如附件六）、檢察事務官或司法警察官（格式如附件七）出具相驗屍體證明書，交付其配偶或親屬收領殯葬；其無配偶或親屬者，交由地方衛生自治或慈善機關殯葬之。

第一項人員出具前項之相驗屍體證明書，除有為保全證據必要之情形外，不可限制其配偶或親屬埋葬屍體之方式。

二十、檢察機關、司法警察機關及其他參與相驗或行政相驗人員，執行上開業務時，不得接受任何招待，並應注意迅速便民。

二一、檢察官受理檢驗傷害案件，應立即督同法醫師、醫師或檢驗員檢驗，並親自察看受傷部位，詳載於筆錄中。

司法警察機關受理前項案件，應會同合格醫師檢驗之，並將檢驗經過陳報檢察官。

二二、檢察官受理傷害案件，認告訴人提出之診斷證明書可疑、保全證據或其他必要狀況，應督同法醫師、醫師或檢驗員複驗受傷部位，詳載於筆錄中。

被害人之傷勢已痊癒且無創痕可檢驗者，應傳訊原檢驗醫師或以其他方法調查證據，以認定告訴人指訴之事實是否屬實。

二三、對重傷之鑑定或體內傷勢（如肋骨斷裂，內臟受傷、處女膜破裂、懷孕受震等）之檢查，應由檢察官督同法醫師或醫師為之。必要時，並得命至醫院檢驗。

警察機關實施指認犯罪嫌疑人注意事項

1.中華民國 106 年 1 月 26 日內政部警政署函修正發布名稱及全文 10 點（原名稱：警察機關實施指認犯罪嫌疑人程序要領）
2.中華民國 107 年 8 月 10 日內政部警政署函修正發布全文 10 點；並自即日生效

一、內政部警政署為確保被害人、檢舉人、證人或其他關係人指認犯罪嫌疑人之正確性，以期保障人權，特訂定本注意事項。

二、實施指認，應指派非案件偵辦人員辦理。但因情況急迫或事實上之原因不能為之，而有全程連續錄音及錄影者，不在此限。

指認應於設置單面鏡之偵詢室或適當處所進行，並全程連續錄音及錄影。但有急迫情況且經記明事由者，不在此限。

三、指認前應由指認人先就犯罪嫌疑人特徵進行陳述，並詢問指認人與犯罪嫌疑人之關係及雙方實際接觸之時間地點，以確認指認人對於犯罪嫌疑人之知覺記憶為客觀可信。

四、指認前不得向指認人提供任何具暗示或誘導性之指示或資訊，並應告知指認人，犯罪嫌疑人未必存在於被指認人之中。

五、實施指認，應依指認人描述之犯罪嫌疑人特徵，安排六名以上於外型無重大差異之被指認人，供指認人進行真人選擇式列隊指認。

但犯罪嫌疑人係社會知名人士、與指認人互為熟識、曾與指認人長期近距離接觸或為經當場或持續追緝而逮捕之現行犯或準現行犯者，得以單一指認方式為之。

六、實施真人指認時，應使被指認人以不同之角度接受指認，並逐一拍攝被指認人照片。

七、實施照片指認時，不得以單一照片提供指認，並應以較新且較清晰之照片為之，避免使用時間久遠、規格差異過大或具有暗示效果之照片。

實施監視錄影畫面指認或其他資料指認時，應參考前項要旨為之。

八、二名以上指認人就同一犯罪嫌疑人進行指認時，應予區隔，並先後為之。

九、指認程序準備中，發現未具備第二點至第八點所定實施指認之條件者，應即終止指認，待條件完備後，再行安排指認。

十、實施指認程序時，應製作指認犯罪嫌疑人紀錄表，並附被指認人照片。

對於不同指認人或不同被指認人之指認程序，皆不得以同一份指認犯罪嫌疑人紀錄表實施指認。

警察機關執行通訊監察管制作業要點

1.中華民國 93 年 8 月 26 日內政部警政署函訂定發布
2.中華民國 96 年 12 月 4 日內政部警政署函修正發布
3.中華民國 101 年 1 月 12 日內政部警政署函修正發布
4.中華民國 102 年 5 月 27 日內政部警政署函修正發布全文 23 點
5.中華民國 103 年 6 月 26 日內政部警政署函修正發布全文 24 點

一、內政部警政署（以下簡稱本署）為落實通訊監察管制作業，確保通訊監察之合法性，維護人民秘密通訊自由與隱私權，特訂定本要點。

二、警察機關應依層級成立通訊監察管制編組：

㈠本署：由刑事警察局（以下簡稱刑事局）通訊監察科負責警察機關執行通訊監察案件之管制、分析、協調及通報等事宜。

㈡各直轄市、縣（市）政府警察局：應指定專責單位，刑事警察大隊（以下簡稱刑警大隊）與分局所屬偵查隊應指定管制人員，負責所屬單位聲請通訊監察案件之審核、管制、統計分析、協調及通報等事宜。

㈢本署所屬警察機關、單位：應指定管制單位或人員，負責所屬單位聲請通訊監察案件之審核、管制、統計分析、協調及通報等事宜，無通訊監察相關業務者，得免指定。

三、本署建置電腦化之通訊監察管制系統（以下簡稱管制系統），提供登錄聲請通訊監察、製作期中報告、陳報（暫不）通知受監察人、報請許可銷燬監察通訊所得資料等程序之管制功能，警察機關聲請、執行通訊監察，均應依通訊監察流程，於系統操作建檔。

管制系統依警察機關層級與勤務、業務等不同需求，區分使用權限如下：

㈠甲權限：指刑事局通訊監察科總管制人員，具有管制系統操作、問題排除最高權限。

㈡乙權限：指本署各單位、刑事局外勤單位及警察機關之通訊監察管制人員，負責所屬單位之通訊監察管制、聲請情形報表列印及未依規定執行通訊監察程序訊息查詢、同單位聲請表審查、獲准核發通訊監察書（或駁回）後之結果註登（僅可針對同單位案件辦理結果註登），以及協助丙權限、丁權限人員辦理應登載之作業。

㈢丙權限：指警察機關所屬一級、二級單位內之通訊監察管制人員，負責同單位之通訊監察管制、聲請表審查、獲准核發通訊監察書（或駁回）後之結果註登、未依規定執行通訊監察程序訊息查詢，以及協助丁權限人員辦理應登載之作業。

㈣丁權限：指聲請執行通訊監察之案件承辦人，負責自行承辦案件之聲請表建檔、下載、列印陳核，以及辦理期中報告、陳報（暫不）通知受監察人、監察所得資料銷燬登載等作業。

四、警察機關執行通訊監察作業，應依通訊保障及監察法（以下簡稱本法）本諸公平、公正原則，循管制系統使用權限辦理，並嚴守業務機密，不得違法監察或洩漏提供、使用監察所得之資料。

五、警察機關應繕造通訊監察管制編組人員名冊陳報本署備查；其所屬刑警大隊、分局偵查隊應將專責單位或人員名冊陳報警察局通訊監察管制編組備查。各該列冊人員或專責單位異動時，亦同。

前項通訊監察管制編組及專責人員應具備警察人員資格。

六、通訊監察管制編組人員或專責人員應確實逐案審核通訊監察聲請案件是否符合法定聲請程序、要件，並注意有無夾帶與個案無關之電話門號。不符法定聲請程序或要件者，應即退回原簽辦單位承辦人補正資料。

七、通訊監察聲請案件應由機關首長、刑警大隊大隊長或分局長從嚴審核決行，不得先由業務單位主管代為決行後再補陳核閱，或逕予二層決行。

八、警察機關聲請通訊監察程序如下：

㈠案件承辦人聲請通訊監察案件，應先於管制系統辦理通訊監察聲請登錄作業，取得聲請表管制編號（未於管制系統登錄者，無法操作後續流程），經通訊監察管制編組人員或專責人員於管制系統審核合格後，下載該聲請表陳核。

㈡案件承辦人檢附通訊監察聲請表（頁首載有刑事局之標章及管制編號刑管聲字○號等）、案情報告書、監察電話一覽表及監察對象前科表等資料，其監察對象非電信服務用戶，應予載明；並檢附相關文件及監察對象住居所之調查資料，釋明有相當理由可信其通訊內容與本案有關，且曾以其他方法調查仍無效果，或以其他方法調查，合理顯示為不能達成目的或有重大危險情形，備文（如附件一）報請檢察官向法院聲請核發通訊監察書。

九、警察機關應依下列規定管制通訊監察之執行：

㈠法官核發通訊監察書後，案件承辦人應立即檢附通訊監察書影本，送通訊監察管制編組人員或專責人員登錄於通訊監察管制資料登記簿（如附件二），並於管制系統註登核發結果後，始得投單上線。

㈡通訊監察案件投單時，應檢附通訊監察書正本及上線登記表（應登記主辦單位及主辦人），並依警察機關執行民營行動及固網電信通訊監察作業規定辦理。

㈢檢察官依職權聲請法院核發或法官依職權核發通訊監察書交警察機關執行者，得僅登錄於通訊監察管制資料登記簿。

十、通訊監察執行期間，案件承辦人應每十五日至少作成一次以上之報告書陳報法院（如附件三），副本並陳送檢察官，同時登錄於管制系統，陳報時應注意以法院收文日期為準。

前項情形，遇有法院於通訊監察書另指示陳報期限者，從其規定。

十一、案件承辦人依本法第五條、第六條繼續之監察期間，不得逾一年，如有繼續監察之必要者，應重行聲請，其程序比照第八點規定辦理。

十二、執行機關於監察通訊結束後，應依警察機關辦理陳報通知受監察人注意事項，填具通訊監察結束陳報通知受監察人報告書（如附件四），七日內報由檢察官（以檢察署收文日期為準，並副知法院）陳報法院（暫不）通知受監察人，同時登錄於管制系統。

十三、警察機關所屬刑警大隊、分局通訊監察管制專責人員應於每月三日前，填報上月通訊監察案件績效分析月報表（如附件五），傳真或以電子郵件傳送各警察機關通訊監察管制編組，各該管制編組應於每月五日前以電子郵件傳送刑事局通訊監察科。

十四、警察機關應依本署函頒之警察機關執行通訊監察所得資料保管銷燬規定，妥善保管監察所得資料，並依規定陳報檢察官或依職權核發通訊監察書之法官許可銷燬，同時登錄於管制系統。

十五、未透過投單作業管理系統執行之通訊監察及其他臨時監察案件，其聲請至執行結束之陳報通知、監察所得資料銷燬等之管制，比照第十二點、第十四點規定辦理。

檢察官依職權聲請法院核發或法官依職權核發通訊監察書交警察機關執行時，指示期中報告、陳報通知受監察人及監察所得資料保管銷燬等由警察機關辦理者，警察機關應於管制系統辦理相關作業。

十六、警察機關及所屬刑警大隊、分局均應設通訊監察管制資料登記簿，依案件逐案編號登記。

通訊監察管制編組應按月將聲請通訊監察情形調查表（由管制系統列印）、通訊監察案件績效分析月報表於通訊監察管制資料登記簿依序裝訂成專卷備檢。

十七、刑事局通訊監察科應建立全國警察機關通訊監察案件統計資料；警察機關應建立所轄單位聲請執行通訊監察案件統計資料。

十八、警察機關發現所聲請通訊監察之對象或電話號碼，曾有其他單位聲請監察或曾執行監察，但已下線時，應經檢察官或依職權核發通訊監察書之法官同意後，再將該項情資分別通知相關單位，俾利犯罪情資整合、運用及節省通訊監察資源。

十九、聲請通訊監察案件承辦人員於執行通訊監察完畢後，應將執行結果依規定於管制系統確實填報。

二十、警察機關通訊監察管制編組辦理審核、管制承辦人員，應不定期實地至所屬單位或於管制系統線上抽檢、查核管制情形，督察室並應指派專人督導。

本署駐區督察及刑事局分區督察，應將前項審核、管制業務列為不定期督導項目。

二一、本署刑事局得不定期派員實地或線上查核各警察機關通訊監察管制情形，並依實際評核結果辦理獎懲；其評核及獎懲基準，另定之。

二二、警察機關通訊監察管制業務，每半年視管制件數依下列基準辦理獎懲：

㈠通訊監察管制業務承辦人員、組長，辦理審核、管制、結果回報、統計分析、抽檢工作，每半年辦理通訊監察件數累積十三件至二十五件，承辦人嘉獎一次；累積二十六件至五十一件，承辦人嘉獎二次，組長嘉獎一次；累積五十二件以上，承辦人記功一次，組長嘉獎二次，單位主管嘉獎一次。同一年度上半年未達敘獎基準之部分，得併入下半年度辦理敘獎。

㈡警察機關所屬刑案偵辦單位（隊或組）管理通訊監察管制資料登記簿之專責人員，每半年於嘉獎二次以下範圍內核實敘獎。

㈢本署刑事局辦理統計、分析、抽檢等工作承辦人、組長及單位主管等，每半年依出力事蹟於嘉獎二次範圍內核實敘獎，總嘉獎數四次。

㈣通訊監察案件之聲請人或檢察官依職權聲請後交付執行之執行人，未依規定陳報相關報告，經催辦仍未如期辦理者，依警察機關未依規定執行通訊監察各項程序懲處基準相關規定辦理（如附件六）。

㈤經抽檢發現通訊監察管制編組有未依規定辦理審核、管制、統計成果作業之情形者，依規定追究工作不力人員責任。

二三、警察機關受理其他機關（構）、團體或個人查詢有關通訊監察資料，應確認符合本法第十八條但書規定，並經檢察官或依職權核發通訊監察書之法官同意，始得查復。

二四、警察機關受理通訊監察損害賠償案件時，應依本法第十九條至第二十三條規定辦理。

調度司法警察條例

1.中華民國 34 年 4 月 10 日國民政府制定公布全文 14 條
2.中華民國 36 年 11 月 27 日國民政府修正公布第 1、2 條條文
3.中華民國 69 年 7 月 4 日總統令修正公布第 12、13 條條文

第 1 條（指揮命令權之歸屬）
檢察官因辦理偵查執行事件，有指揮司法警察官，命令司法警察之權；推事於辦理刑事案件時亦同。
第 2 條（司法警察官）
左列各員，於其管轄區域內爲司法警察官，有協助檢察官、推事執行職務之責：
一　市長、縣長、設治局長。
二　警察廳長、警保處長、警察局長或警察大隊長以上長官。
三　憲兵隊營長以上長官。
第 3 條（司法警察官）
Ⅰ左列各員爲司法警察官，應聽檢察官、推事之指揮，執行職務：
一　警察分局長或警察隊長以下官長。
二　憲兵隊連長以下官長。
三　鐵路、森林、漁業、礦業或其他各種專業警察機關之警察官長。
四　海關、鹽場之巡緝隊官長。
Ⅱ前項第三款、第四款人員受檢察官、推事之指揮，以與其職務有關之事項爲限。
第 4 條（司法警察）
Ⅰ左列各員爲司法警察，應受檢察官、推事之命令，執行職務：
一　警長、警士。
二　憲兵。
三　鐵路、森林、漁業、礦業或其他各種專業警察機關之警長、警士。
四　海關、鹽場之巡緝員警。
Ⅱ前項第三款、第四款人員受檢察官、推事之命令，以與其職務有關之事項爲限。
第 5 條（其他應受指揮命令之人員）
區長、鄉鎮長，或其他依法令關於特定事項得執行司法警察官或司法警察職務之人員，就與其職務有關及該特定事項，應受檢察官、推事之指揮命令。
第 6 條（商請協助）
檢察官、推事辦理刑事案件，於必要時，得商請所在地保安機關、警備機關協助。
第 7 條（指揮命令之方法）
檢察官、推事請求協助或爲指揮命令時，得以書面或提示指揮證以言詞行之；必要時得以電話行之。
第 8 條（指揮證）
指揮證由行政院制定頒行之。
第 9 條（受指揮命令者應即照辦）
受檢察官、推事之指揮命令者，應即照辦，不得藉詞延擱。
第 10 條（檢警聯繫辦法）
檢察官與司法警察機關關於職務之執行，應密切聯繫；其辦法由行政院定之。
第 11 條（獎懲）
本條例第三條及第四條規定之司法警察官及司法警察，辦理本條例規定事項，著有成績或有廢弛職務之情形者，該管首席檢察官或法院院長得逕予嘉獎、記功、記大功或申誡、記過、記大過，其廢弛職務情節重大者，並得函請該管長官予以撤職或其他處分。
第 12 條（獎懲事件之通報）
依前條逕行獎懲之事件，該管首席檢察官或法院院長，除應通知受獎懲人之主管長官外，應陳報法務部或司法院，並分送主管銓敘機關登記。
第 13 條（該管長官對轉請獎懲事件之處理）
本條例第二條規定之司法警察官，辦理本條例規定事項，著有成績或有廢弛職務之情形者，由該管首席檢察官陳請上級檢察長官或法務部，或由該管法院院長陳請上級法院或司法院，轉請其該管長官予以獎懲，該管長官應即切實辦理函復。
第 14 條（施行日）
本條例自公布日施行。

檢察官與司法警察機關執行職務聯繫辦法

1.中華民國 34 年 11 月 9 日行政院令訂定發布全文 19 條
2.中華民國 37 年 1 月 21 日行政院令修正發布
3.中華民國 37 年 7 月 16 日行政院令修正發布第 17 條條文
4.中華民國 58 年 5 月 31 日行政院令修正發布第 3 條條文
5.中華民國 62 年 8 月 28 日行政院令修正發布全文 25 條
6.中華民國 70 年 3 月 12 日行政院令修正發布全文 24 條
7 中華民國 70 年 6 月 24 日行政院令修正發布第 9 條條文
8.中華民國 85 年 9 月 4 日行政院令修正發布第 2、3、5、16～21、23 條條文
9.中華民國 87 年 11 月 11 日行政院令修正發布全文 28 條
中華民國 101 年 12 月 25 日行政院公告第 2 條第 1 項第 1 款所列屬「國防部憲兵司令部」之權責事項，自 102 年 1 月 1 日起改由「國防部憲兵指揮部」管轄

第 1 條
本辦法依調度司法警察條例第十條規定訂定之。

第 2 條
Ⅰ各級法院檢察署檢察官與司法警察機關辦理刑事案件，應隨時交換意見，並指定人員切實聯繫。
Ⅱ檢察機關與司法警察機關為加強聯繫，應定期舉行下列檢警聯席會議：
一　全國高層檢警聯席會議：每年一至二次由最高法院檢察署檢察總長召集所屬各級法院檢察署檢察長與警政署、調查局、憲兵司令部及其所屬機關相關首長、主管，分別或聯合舉行會議，就犯罪偵查及預防之政策性問題或地區檢警聯席會議提報之通盤性問題討論研商。
二　地區檢警聯席會議：各地方法院檢察署與各直轄市、縣（市）警察局每年輪流舉辦一次，由地方法院檢察署檢察長召集檢察機關及相關司法警察機關代表舉行會議，並邀請該管地方法院代表列席，就犯罪偵查及預防之各項問題討論研商。
Ⅲ檢察官或司法警察官因偵辦案件認為有必要時，亦得按事件性質之不同，請求所屬機關首長依前項規定召開臨時檢警聯席會議。

第 3 條
Ⅰ各級檢察機關及司法警察機關對於前條第二項、第三項之檢警聯席會議決議事項應切實執行，並於下次之檢警聯席會議召開前，將執行情形提報該會檢討。
Ⅱ前項檢察機關或司法警察機關對於檢警聯席會議之決議事項，努力執行，成效卓著者，得經全國高層檢警聯席會議決議，報請其上級主管機關對有功人 員予以獎勵。對前開會議之決議事項執行不力，致影響偵查業務之推動者，得經全國高層檢警聯席會議決議，報請其上級主管機關對失職人員予以懲處。

第 4 條
各級法院檢察署檢察官及該區司法警察官，應相互列席業務檢討會議。

第 5 條
司法警察官或司法警察執行職務，發生法律上之疑義時，得隨時以言詞或電話請求檢察官解答或指示。

第 6 條
司法警察官或司法警察需經檢察官同意始得於夜間詢問人犯者，應以電話、傳真或其他適當方式報請檢察官許可，並將檢察官許可之書面、電話紀錄或傳真復函附於筆錄內。

第 7 條
Ⅰ司法警察官、司法警察逮捕或接受現行犯，認符合刑事訴訟法第九十二條得不予解送之規定者，得填載不解送報告書，以傳真或其他適當方式報請檢察官許可後，不予解送，逕行釋放。但檢察官未許可者，應即解送。
Ⅱ司法警察官、司法警察逮捕或拘提犯罪嫌疑人後，除依前項規定得不解送者外，應於逮捕或拘提之時起十六小時內，將人犯解送檢察官訊問。但檢察官命其即時解送者，應即解送。
Ⅲ司法警察官或司法警察如有繼續調查證據之必要，不能於前項時限內解送人犯時，應報請檢察官許可後，於檢察官指定之時限內解交。

第 8 條
Ⅰ司法警察官、司法警察依前條第一項規定不解送人犯時，應將檢察官批示許可之不解送報告書附於警卷內，檢同相關卷證依規定將案件移送檢察官處理。
Ⅱ司法警察官、司法警察依前條第二項、第三項規定解送人犯時，除經檢察官許可者外，應隨案檢附相關筆錄、必要證物及解送人犯報告書，法院檢察署應不受辦公時間限制，隨到隨收。

第 9 條
Ⅰ檢察官對於被告經法院羈押之案件，認為有帶同被告外出繼續追查贓證、共犯之必要時，得填發偵查指揮書，交司法警察官或司法警察帶同被告繼續查證。
Ⅱ前項情形，檢察官及司法警察官或司法警察應即通知被告之選任辯護人。

第 10 條
司法警察機關對於該機關移送之案件被告經法院羈

押者，於偵查中認為有帶同外出繼續追查贓證、共犯之必要時，得派員攜同公文向檢察官報告，檢察官認為確有必要時，得按前條規定辦理。

第 11 條

司法警察人員帶同被告外出繼續追查贓證、共犯，應於當日下午十一時前解交檢察官。

第 12 條

檢察官依第九條第一項或第十條規定將被告發交由司法警察官或司法警察帶同外出查證時，應由該管檢察官簽發提票交由法警執行。法警提到被告時，應即報請檢察官訊問被告，並核對司法警察官或司法警察身分證明後，始可交付。

第 13 條

司法警察官、司法警察帶同被告前往轄區外追查贓證共犯，預計不能於當日返回者，應事先請准該管檢察官檢附原押票影本行文當地法院檢察署看守所，將被告暫寄押於該看守所，但其寄押期間不得逾三日。

第 14 條

司法警察人員查訊被告或帶同外出追查贓證、共犯，應將辦理結果報告該管檢察官及該管司法警察官。

第 15 條

被告帶回時，應由檢察官訊問後解還押所。

第 16 條

檢察官認為必要時，得將傳票、拘票、搜索票或其他文件直接交司法警察機關代為執行。

第 17 條

司法警察機關為協助檢察官偵查犯罪，應配合檢察官辦理專責案件之需要，設立專責小組，辦理指定之案件，並接受檢察官之指揮調度。

第 18 條

I 檢察官對於司法警察官或司法警察移送或報告之案件，認為調查未完備者，得以書面敘明應調查或補足之部分，並指定期間，將卷證發回或發交原移送之司法警察官、司法警察，或命其他司法警察官、司法警察繼續調查或補足證據。

II 司法警察官、司法警察應於檢察官限定之時間內就檢察官指定調查或補足之事項，完成調查或補足後，再行移送或報告檢察官。

III 司法警察機關對於司法警察官、司法警察依第一項規定所為之調查或補足，應予登記查考，並將辦理情形列入績效考核。

第 19 條

I 現役軍人與非軍人共同犯罪，為司法警察機關一併捕獲時，除軍人及屬於軍法機關審判之案件，應移送該管軍法機關外，非軍人移送該管檢察官。但得視案情，先將全案移送該管檢察官偵查，再由檢察官將軍人部分轉解軍法機關辦理。

II 前項情形，如法令另有規定或由軍法機關囑託傳拘者，不在此限。

第 20 條

司法警察機關應與當地法院檢察署交換工作人員職銜名冊。

第 21 條

法院檢察署應將領得之指揮司法警察證樣本，分發各該地司法警察機關，曉示全體員警，使能普遍認識，便利使用。

第 22 條

法院檢察署法警拘捕人犯或執行搜索扣押時，得憑證明文件請求司法警察機關協助，司法警察機關不得以任何理由拒絕。

第 23 條

I 檢察官辦理偵查或執行案件，發現有犯罪習慣之人犯時，均應隨時通知警察機關俾得防範。

II 警察機關移送檢察機關偵查之案件，經於移送書上以戳記註明被移送人行為同時違反社會秩序維護法者，檢察官應於案件不起訴處分確定時，儘速通知警察機關依法處理。

第 24 條

法院檢察署及司法警察機關舉辦各種訓練時，應相互邀請適當人員出席演講或擔任講授有關課程。

第 25 條

依調度司法警察條例第十一條，對司法警察官或司法警察逕予獎懲時，應依下列規定核實辦理：

一　司法警察官或司法警察有下列情事之一者，視其情節嘉獎或記功一次：

㈠維持勘驗秩序因而消弭事端者。

㈡營救被害人得力者。

㈢協助偵破重大案件勤勞卓著者。

㈣排除困難完成重要任務者。

㈤查獲在逃要犯者。

二　司法警察官或司法警察有下列情事之一者，記大功一次：

㈠查獲妨害國家重大法益之在逃要犯者。

㈡冒險犯難協助偵查刑事重大案件著有績效者。

三　司法警察官或司法警察有下列情事之一者，視其情節申誡或記過一次：

㈠玩忽命令或措置不當致貽誤要公者。

㈡拘提人犯或其他飭辦事項工作不力屢戒不悛者。

㈢不協調配合致影響工作者。

㈣無故延擱公文致貽誤要公者。

四　司法警察官或司法警察有下列情事之一者，記大過一次：

㈠違抗命令不聽指揮者。

㈡廢弛職務情節重大者。

㈢故意不遵守法令或秩序情節重大者。

㈣處理案件故為出入者。

第 26 條
其他應予獎懲而為前條所未列舉者，得酌情比照前條之規定辦理。
第 27 條
Ⅰ本辦法之逕予獎懲，由該管檢察長列敘具體獎懲事實，通知受獎懲人之主管長官後，函報法務部，記一大功或大過者，並送銓敘部核備。
Ⅱ受獎懲人之主管長官，接到前項通知應予登記，並於年度終了時，列入考績考成。
第 28 條
本辦法自發布日施行。

刑事鑑識手冊

中華民國103年3月11日內政部警政署公告

壹、總　則

一、內政部警政署（以下簡稱本署）為指導各警察機關辦理刑事鑑識工作，提供鑑識實務參考做法，提升刑案現場勘察採證品質，特訂定本手冊。

二、本手冊所稱刑事鑑識之範圍如下：

(一)槍彈鑑識。

(二)化學鑑識。

(三)微物鑑識。

(四)文書鑑識。

(五)影音鑑識。

(六)測謊鑑識。

(七)行為科學。

(八)指紋鑑識。

(九)生物鑑識。

(十)綜合鑑識。

三、本手冊所稱鑑識單位如下：

(一)本署刑事警察局刑事鑑識中心（以下簡稱刑事局鑑識中心）：

1. 鑑識科：槍彈、化學、微物、文書鑑定、影音、測謊、行為科學及綜合等八股。

2. 生物科：檢驗、建檔及品管等三股。

3. 指紋科：鑑定、分析及綜合等三股。

(二)直轄市及準用直轄市規定之縣政府警察局刑事鑑識中心（以下簡稱警察局鑑識中心）。

(三)臺灣省各縣（市）政府警察局鑑識科、課（以下簡稱警察局鑑識科、課）。

貳、刑事鑑識工作項目

四、槍彈鑑識工作項目如下：

(一)槍枝、子彈、彈頭（殼）之鑑定。

(二)號碼重現、解析之鑑定。

(三)其他槍彈證物之鑑定。

(四)槍彈鑑識之研究發展。

五、化學鑑識工作項目如下：

(一)油漆之鑑定。

(二)纖維之鑑定。

(三)火炸藥之鑑定。

(四)射擊殘跡之鑑定。

(五)玻璃之鑑定。

(六)毒品之鑑定。

(七)其他化學證物之鑑定。

(八)化學鑑識之研究發展。

六、微物鑑識工作項目如下：

(一)毒性藥物之微量鑑定。

(二)人體體液等生物檢體內毒性化學物質鑑定。

(三)人體體液內酒精濃度之鑑定。

(四)其他毒物證物之鑑定。

(五)毒物鑑識之研究發展。

七、文書鑑識工作項目如下：

(一)字跡鑑定。

(二)印文鑑定。

(三)偽（變）造文件鑑定。

(四)其他文書類證物之鑑定。

(五)文書鑑識之研究發展。

八、影音鑑識工作項目如下：

(一)支援重大或特殊刑案現場及物證攝影。

(二)影像鑑定。

(三)錄影帶鑑定。

(四)數位影音處理。

(五)其他影像證物之鑑定。

(六)影音鑑識之研究發展。

九、測謊鑑識工作項目如下：

(一)刑案測謊。

(二)測謊鑑識之研究發展。

十、行為科學工作項目如下：

(一)刑案行為科學之分析。

(二)行為科學相關技術之研究發展。

十一、綜合鑑識工作項目如下：

(一)特殊、重大刑案現場勘察與重建。

(二)型態性跡證之詮釋與重建。

(三)鞋類印痕、輪胎印痕、工具痕跡及其他痕跡證物之鑑定。

(四)刑案現場勘察技術之研究發展。

十二、指紋鑑識工作項目如下：

(一)十指紋卡之蒐集、分析、校對、儲存、建檔。

(二)支援刑案現場指紋採證。

(三)指紋、掌紋、足紋鑑定。

(四)指紋電腦系統之規劃、執行。

(五)指紋採驗技術之研究發展。

十三、生物鑑識工作項目如下：

(一)辦理去氧核醣核酸採樣條例相關事項：

1. 鑑定、分析及儲存去氧核醣核酸樣本。

2.蒐集、建立及維護去氧核醣核酸紀錄、型別出現頻率、資料庫及人口統計資料庫。
3.應檢察官、法院、軍事檢察官、軍事法院或司法警察機關之請求，提供去氧核醣核酸紀錄及相關資料或進行鑑定。
4.研究發展鑑定去氧核醣核酸之技術、程序及標準。
5.親子血緣關係之鑑定。
6.其他與去氧核醣核酸採樣條例有關之事項。

㈡性侵害及其他刑案生物跡證之鑑定。
㈢生物跡證鑑識之研究發展。

十四、警察局鑑識中心及鑑識科、課鑑識工作項目如下：
㈠重大或特殊刑案現場勘察採證及重建。
㈡刑案證物初篩及處理。
㈢配合本署規劃辦理刑事鑑識相關工作。
㈣規劃及督導警察分局偵查隊辦理刑案現場勘察採證、證物保管及送鑑等事項。
㈤勘察採證技術及刑事鑑識之研究發展。

十五、警察分局偵查隊刑案現場勘察工作項目如下：
㈠刑案現場勘察採證。
㈡刑案現場勘察證物之保管及送鑑。
㈢配合警察局規劃辦理刑事鑑識相關工作。

參、刑案現場初步處理

十六、警察人員到達刑案現場後，宜先觀察全場，瞭解發生之事故，並注意下列事項：
㈠現場為室內時，應注意犯罪嫌疑人進入和逃離現場之路線及方法。
㈡注意犯罪嫌疑人是否藏匿於現場或混雜於圍觀群眾中。
㈢注意在現場之所有人員是否與本案有關。
㈣注意現場跡證及其關係位置，並特別注意：
1.現場物件之異常狀況。
2.門、窗、電燈、電視、音響等設備之原始狀況。
3.溫度、氣味、顏色、聲音等易於消失之跡證。

十七、警察人員實施刑案現場保全，得視案件情況及人員裝備，採取下列措施：
㈠立即實施現場封鎖，非經現場指揮官同意，任何人不得進入。必要時派員於封鎖線外警戒。
㈡進入現場者，須著必要之防護裝備（如帽套、手套、鞋套等），以免破壞現場跡證。
㈢室外現場宜使用帳篷、雨棚或其他物品保全跡證，或為適當之記錄後，移至安全處所，以免跡證遭受自然力如風吹、雨淋、日曬等所破壞。

十八、警察人員實施刑案現場封鎖，得視現場環境及事實需要，採取下列措施：
㈠得使用現場封鎖帶、警戒繩索、標示牌、警示閃光燈或其他器材，以達成保全現場為原則。
㈡封鎖範圍以三道封鎖線為原則，必要時得實施交通管制。
㈢初期封鎖之範圍宜廣，待初步勘察後，視實際需要再行界定封鎖範圍。

十九、現場勘察人員抵達現場後，應注意現場封鎖範圍是否妥當，必要時得報告現場指揮官再予調整，以達成現場保全之目的。

肆、刑案現場勘察

二十、現場勘察人員之主要任務如下：
㈠運用科學技術與方法勘察現場、採集證物，作為犯罪偵查及法庭審判之證據。
㈡採集各類跡證，依其特性分別記錄、陰乾、包裝、封緘、冷藏，審慎處理，避免污染，並掌握時效，送請警察局鑑識中心、鑑識科（課）或相關單位鑑定。
㈢研判犯罪嫌疑人進出刑案現場路線、犯罪時間、方法、手段、工具、犯行、過程等，以明瞭犯罪事實。

二一、現場勘察人員對於住宅或車輛實施勘察採證，除有急迫情形或出於自願性同意者外，應用搜索票或鑑定許可書。
前項有急迫情形者，應報請檢察官指揮實施勘察採證；經同意者，對於同意之意旨及勘察採證之範圍應告知同意人，並請其於勘察採證同意書（如附件一）內簽名或蓋章。
請求管轄檢察官核發鑑定許可書時，應以書面為之（鑑定聲請書格式如附件二）。但案件已有檢察官指揮者，得以言詞為之。
對第一項以外之物體（件）實施勘察採證而有侵犯相對人財產、隱私之虞或對被告、犯罪嫌疑人或第三人有實施採證之必要時，除法律另有規定者外，準用前三項之規定。

二二、實施現場勘察注意事項如下：
㈠進入現場應著刑案現場勘察服，及必要

之防護裝備（如帽套、口罩、手套、鞋套等），避免將自身跡證轉移至現場。但進入性侵害或其他敏感性案件，現場不宜穿著現場勘察服，並嚴守保密規定，以維護被害人之隱私。

㈡處理重大案件現場，宜設明確動線，以保全現場跡證。

㈢勘察人員對於可疑之處所或跡證，得實施必要之搜尋或採證。

㈣勘察現場時，須冷靜判斷、客觀分析事實眞相。

㈤命案現場屍體之勘察，除初步瞭解身分及必要之紀錄外，速報請檢察官處理。

㈥對於勘察所知悉之事項，除爲偵查作爲所必要者外，應確實保密。

㈦勘察現場發現爆裂物或疑似爆裂物時，應先通報刑事局爆裂物處理人員至現場排除，確定無安全顧慮後，始續行勘察。

㈧爆裂物爆炸現場應會同刑事局爆裂物處理人員處理。

二三、現場勘察之步驟參考如下：

㈠由外而內：從戶外逐步勘察及於戶內現場中心。

㈡由近而遠：以現場爲中心，向外延伸，由點而線，由平面至立體，追蹤發現可疑跡證。

㈢由低而高：由地面開始勘察，依次是門、窗、牆壁，而後及於天花板。現場範圍廣闊者，宜尋找制高點，進行全面觀察。

㈣由右而左或由左而右：無論由右而左或由左而右，宜按步就班，不能忽左忽右。

㈤由顯至潛：現場跡證明顯者先行勘察，再逐步發掘潛伏之跡證。

二四、實施勘察採證注意原則如下：

㈠勘察人員發現重要跡證時，應迅速報告勘察組長。

㈡採取跡證前宜先瞭解跡證之種類、性狀、型態及其與案情之關係。

㈢重要跡證在採取或製模前宜先照相。

㈣採取跡證應使用適當工具，避免沾染其他物質，干擾原有跡證。

㈤採取跡證宜顧及鑑定之需要量，需全部採取者，全部採取，無法採取足夠數量時，應予註明。

㈥採取時同時採取鑑定所需比對樣品。

㈦無法採取之跡證，將原物妥善包裝，送請鑑定。

二五、現場勘察得視實際需要攜帶下列器材：

㈠照相、錄影及照明器材。

㈡測繪器材。

㈢採證器材、試劑。

㈣包裝、封緘、保存器材。

㈤其他必要器材。

二六、實施勘察時，由勘察組長先行進入現場，觀察現場內外情況，全般瞭解後，對各明顯之跡證或認爲需要細密勘察之位置，宜先爲適當之標示（例如放置號碼牌或箭號指示），並向組員爲重點提示後，始進行現場記錄與採證工作。

二七、現場記錄之方法如下：

㈠照相。

㈡錄影。

㈢筆記。

㈣測繪。

㈤錄音。

二八、現場照相注意事項如下：

㈠照相前，勿觸碰或移動現場跡證。

㈡拍攝重要跡證爲顯示其大小，應於其旁放置比例尺。

㈢重大複雜之刑案現場，宜增用錄影記錄現場原貌。

㈣數位原始檔案，製作備份，並注意保密。

二九、現場照片應求眞、求實，並足以傳達下列訊息：

㈠現場全貌：宜從不同之角度與地點拍攝。

㈡現場相關位置：宜拍攝現場四周環境景象。

㈢現場內重要跡證。

三十、命案現場照相要領如下：

㈠外圍環境：宜由不同方向分別拍攝。

㈡室內陳設：宜拍攝各房間之陳設及原始狀態。

㈢陳屍處所：宜由不同方向拍攝，以瞭解現場全貌及屍體、物證相關位置。

㈣跡證：拍攝重要跡證在現場之位置、外觀、特徵，有比對需要時，應分別拍攝不放置與放置比例尺之垂直近攝照片。

㈤屍體：於相驗前宜先拍攝屍體整體情況；另協助配合法醫師解剖之重點，拍攝創傷之形狀、大小，有顯示大小之必要時，應放置比例尺。

三一、侵入住宅竊盜、汽車竊盜、殺人、傷害、槍擊、縱火、性侵害、車禍等案件之照相要領，請參照刑案現場照相基本要項（如附件三）。

三二、現場筆記必要時得以錄音器材輔助記錄；

其記載內容參考如下：

㈠發生（現）及報案之日期、時間、地點及人員。

㈡抵達現場之日期、時間、地點及人員。

㈢記錄抵達現場時之情形如光線、天氣、溫度、味道、在場人員及門窗、抽屜、電器開關情形等暫時性、情況性、型態性、轉移性、關連性之跡證。

㈣記錄現場發現之重要跡證。

㈤記錄與被害人、證人、犯罪嫌疑人及其他相關人員之談話內容。

㈥經由觀察或他人供述所獲得之相關資料。

三三、現場測繪要領如下：

㈠測繪順序宜先從現場周圍開始，其次為現場，最後為重要跡證之相關位置。

㈡現場分散數個地方時，宜分別測繪。

㈢測繪時宜避免移動現場物品，減少誤差。

㈣現場測繪圖應註明案名、時間、比例及方位等。

㈤現場測繪和現場筆記資料在離開現場前，宜再確認。

三四、現場勘察人員宜注意暫時性、情況性、型態性、轉移性及關連性之跡證，並視各類刑案現場之特性及位置，搜尋可能之跡證。

三五、現場可能進入路線跡證之搜尋，應注意鞋印、輪胎印、工具痕跡等跡證及犯罪嫌疑人可能遺留之物品。

三六、現場入口處跡證之搜尋，應注意觀察門窗開關等情況性跡證，並搜尋有無指紋、痕跡、鞋印、微物、生物等跡證，以及嫌犯遺留之物品等。

三七、室內現場跡證之搜尋，注意事項如下：

㈠可能行經之路徑，注意搜尋指紋、鞋印、痕跡、微物等跡證。

㈡可能觸摸過或握持過之物品，注意搜尋指紋跡證，並留意採取生物跡證之可能。

㈢犯罪嫌疑人在現場可能留下之生物跡證、工具痕跡或造成如血跡型態等各種型態性跡證，應注意搜尋。

三八、室外現場跡證之搜尋，應注意犯罪嫌疑人丟棄之衣物、鞋印、輪胎印等痕跡、工具痕跡或微物等跡證。

三九、現場出口處跡證之搜尋，應注意指紋、鞋印、輪胎印等痕跡、微物等跡證，以及犯罪嫌疑人可能遺留在出口附近之兇器、工具、贓物等物件。

四十、現場可能逃離路線跡證之搜尋，應注意鞋印、輪胎印等痕跡及微物跡證等，以及犯罪嫌疑人沿路遺落或拋棄之兇器、工具、衣服等物件。

四一、車輛跡證之搜尋，注意事項如下：

㈠犯罪嫌疑人在車內犯罪時，注意車輛門窗開關、上鎖情形，並搜尋車門、後視鏡上可能之指紋、痕跡、工具痕跡或微物等跡證，車內則以搜尋生物、指紋等跡證為重點。

㈡犯罪嫌疑人利用車輛作為交通工具時，在車內以搜尋犯罪工具、兇器、贓物以及各種可能之轉移性跡證為重點。

㈢涉嫌肇事逃逸之車輛，宜特別注意車輛底盤、輪胎及在前方保險桿上搜尋生物跡證、印痕、布紋、油漆等微物跡證，以連結現場或被害人之關係。

四二、勘察暴力犯罪案件被害人之屍體，注意事項如下：

㈠記錄陳屍之位置。

㈡研判陳屍之地點是遇害地點或是死後移屍。

㈢配合法醫師檢驗或解剖屍體，並為必要之記錄。

㈣於屍體上、衣服上或陳屍地面附近仔細搜尋印痕、微物、生物等跡證。

伍、刑案證物採取與處理

四三、刑案現場採證標的如下：

㈠因犯罪所用之物。如嫌犯使用之兇器、工具、車輛等。

㈡因犯罪所生之物。如指紋、足跡、輪胎痕跡、工具痕跡、液體、污跡、布痕、織物纖維、泥土、毛髮等。

㈢因犯罪所得之物。如損失之財物等。

㈣因犯罪所變之物。如家具陳設被移動等。

㈤因犯罪所毀損之物。如被破壞之門窗、被撬開之櫥櫃、被撕破之衣服等。

㈥因犯罪所藏匿或湮沒之物。如著用之衣物、損失之財物、犯罪之工具、兇器等。

㈦因犯罪所遺留或遺棄之物。如嫌犯遺留之包裝紙，不便攜帶之犯罪工具、贓物等。

㈧其他與案件相關而有必要採取鑑定者。

四四、槍枝證物之處理原則如下：

㈠現場槍枝採取前宜先記錄其原始狀態，確認安全無虞後，放入證物袋或證物盒中保存。

㈡槍枝宜視個案情況及必要性，採取指紋、射擊殘跡或生物跡證等，有同時採取二種以上跡證之需要者，應注意採證之順序。

㈢警察機關查獲涉槍案件，宜由查獲單位或委由查獲地警察機關進行槍枝初步檢視。

四五、子彈、彈頭（殼）證物之處理原則如下：

㈠現場子彈、彈頭（殼）採取前宜先記錄其原始狀態，並以適當之方法採取。

㈡現場彈頭（殼）宜視個案情況留意其上可能之微物跡證，必要時，宜先採集鑑定。

㈢避免以金屬器具直接夾取子彈、彈頭（殼）。

㈣彈頭（殼）宜以證物袋分別包裝，避免彼此碰撞。

㈤有供比對用之同廠牌子彈者，應準備三顆以上送鑑。

四六、車禍現場之油漆、玻璃、塑（橡）膠等跡證之處理原則如下：

㈠採集現場遺留之油漆片、玻璃片及塑（橡）膠片，並妥善保存，以利與肇事車輛進行拼合比對。

㈡注意碰撞接觸面轉印型態痕跡及轉移跡證，並妥善保存其原貌。

㈢附著或刮擦於車體上之油漆痕或塑（橡）膠，宜深入刮取至車體底漆部位，使成片狀採集物或拆卸跡證所附著之車體部位，包妥送鑑；為防污染，採取不同部位時，宜更換採取工具。

㈣採取標準樣品：宜採集鄰近撞擊部位之標準樣品供比對，有多處撞擊點時，宜分別採取，並分別包裝標示封緘。

㈤送鑑大型車體證物，應明確標示待鑑跡證位置，並妥善保護跡證表面，避免送鑑過程因摩擦振動耗損。

㈥涉案車輛均屬同色系外觀時，應採取、送鑑雙方車輛之標準漆供排除比對。

㈦委託鑑定文件宜註明各項車禍跡證間之比對關係及其優先比對順序，並同時檢附彩色現場照片、採證位置照片、道路交通事故調查報告表（或現場勘察報告表）、相關筆錄影本等資料，供鑑定單位備參。

四七、纖維證物之處理原則如下：

㈠可目視之證物，以鑷子採取裝入紙張內包妥。

㈡微量之根狀纖維，宜以低黏性膠帶黏住纖維一端後，將膠帶固定於與纖維顏色對比之乾淨紙張上或以乾淨護貝膜固定封住纖維附著所在之物體。

㈢於可疑纖維樣品採集處，宜同時注意有無遺留織物編織紋痕、印染圖紋可供比對。

㈣委託鑑定文件宜註明各項跡證間之比對關係及其優先比對順序。

四八、火（炸）藥及爆炸遺留物之處理原則如下：

㈠火（炸）藥送鑑時宜先由爆裂物處理人員酌採零點五公克，以紙張包妥後置入塑膠證物袋內，嚴禁直接以塑膠夾鏈袋、金屬、玻璃、陶瓷或其他硬質容器封裝，運送過程並避免碰撞、摩擦、高溫等狀況發生。

㈡爆裂物應由爆裂物處理專業權責單位就近先行安全拆解後，再依規定採集適量火炸藥送鑑。

㈢爆炸點周遭疑為火（炸）藥附著物，宜全部採集送鑑。

㈣爆炸後爆裂物或碎片宜全量採取送鑑。

四九、射擊殘跡證物之處理原則如下：

㈠採取射擊殘跡，應以黏有雙面碳膠之鋁（銅）座分別黏取不同部位並分別標示其採證位置。

㈡採取手部射擊殘跡，宜於案發後八小時內儘速採集未經清洗、擦拭、救護之手部殘跡。

㈢採取其他相關之射擊殘跡，宜於案發後十二小時內儘速採集未經清洗、血跡污染之最外層衣物表面殘跡。

㈣同案查獲槍彈證物，宜同時採取其彈殼內射擊殘跡備驗。

㈤同案有槍彈證物可供鑑定者，以槍彈證物之鑑定為優先，並將射擊殘跡證物暫時保存，視案情需要，再行送鑑。槍擊事實明確時，亦同。

五十、玻璃證物之處理原則如下：

㈠注意玻璃周圍及其碎片上是否留有指紋、血跡、微物等跡證，必要時應先行採取。

㈡玻璃碎片宜採集送鑑。

㈢採取標準樣品：宜採集標準樣品供比對，具比對價值的標準品，宜整塊採集，並分別採取及包裝標示封緘，避免運送過程再破裂。

五一、毒品、管制藥品及其器具之處理原則如下：

㈠查獲可疑之毒品、管制藥品及其使用之器具時，宜注意容器外可能遺留指紋、血液、唾液等跡證。

㈡查獲疑似毒品製造工廠時，現場相關物

質宜全部採集、秤重，並酌採十公克（顆），不滿十公克（顆）者，得全數送鑑；器具、設備所殘留物質，以乾淨工具刮取或以適當溶劑洗滌採取，均包裝封緘後送鑑；標籤脫落之化學藥品、試劑，酌採十公克並包裝封緘後送鑑；現場相關標示明確藥品、試劑、化學物等先封妥保存，視司法偵審需求，再行送鑑。

㈢粉末、晶體、藥錠、膠囊、液體等型態毒品，應就持有人別、顏色、外觀型態、包裝模式分類採集裝妥，送鑑數量均以重量註明或以包、袋、瓶、罐、桶單位載明。

五二、微物證物之處理原則如下：

㈠含毒水液：以適當之塑膠或玻璃容器裝盛，謹防滲漏，專人送鑑。

㈡帶有針頭之針筒：以針頭蓋或適當器具保護針頭並以適當之硬式容器包裝，並於包裝外加註警語。

五三、尿液證物之處理原則如下：

㈠尿液檢體依採驗尿液實施辦法及濫用藥物尿液檢驗作業準則辦理。

㈡尿液檢體之初步檢驗及複驗說明如下：

1. 初步檢驗應送至行政院衛生署認可之濫用藥物尿液檢驗機關（構）。

2. 複驗應由管轄檢察官或法院決定之。

五四、文書證物之處理原則如下：

㈠字跡：蒐集犯罪嫌疑人與案發時期相近之日常書寫筆跡（如申請單、帳簿、電話本、日記等）。無該等資料者，則令犯罪嫌疑人當場書寫，儘可能採相同文具與書寫方式，並以事前擬妥之類同文稿，令犯罪嫌疑人聽寫後抽存，反覆多次書寫。

㈡印文：待鑑定或供比對之印文需為原本，且以蓋印時間相近者為宜，並將原始印章一併送鑑。

㈢偽（變）造文件：除原件送鑑外，連同標準樣本一併送鑑。

五五、影音證物之處理原則如下：

㈠數位檔案以未壓縮檔案格式轉檔為宜，並備份或燒錄成光碟。

㈡數位視訊檔案須轉檔成常用格式，無法轉檔者，併附解碼程式送鑑；勿以翻拍螢幕畫面之檔案送鑑。

㈢送鑑證物應妥善包裝與保存，遠離磁場干擾。

五六、痕跡證物之處理原則如下：

㈠輪胎、鞋類印痕之採取：除一般之現場攝影外，先放置比例尺垂直近攝印痕之細部紋路，以利比鑑，並視印痕特性以適當方法採取之。

㈡刑案現場輪胎紋路之拓印：先拍攝車輛之整體外觀與胎紋之細部紋路，並注意附著其上之生物跡證應先行採取，胎紋拓印以不取下輪胎，再鋪適當厚度之墊襯物後，逕壓印輪印於透明片、紙板或紙張為宜，採足全輪與側緣印，註明車號、車輪位置、內外側、行進方向、拓印時間、採證人員等相關資料。

㈢刑案現場可疑之鞋類宜送請鑑定單位拓印鞋底紋。

㈣刑案現場工具痕跡之採取：先放置比例尺拍攝相關位置及紋路後，將痕跡所在之物體取下，並註明待鑑處等相關資料；倘無法取下時，宜塑製待鑑痕跡模型，連同相片等資料送鑑。

㈤送鑑相關工具痕跡及物證，注意防潮、避免碰撞。

五七、指紋證物之處理原則如下：

㈠採取刑案現場指紋宜採用適當方法處理，相關規定請參閱指紋鑑識作業手冊。

㈡送鑑指紋證物應符合現場指紋翻拍作業規定及警察機關辦理指紋鑑驗案件作業規定，提升指紋鑑定效率及品質。

㈢採獲刑案現場指紋案件，應取得可能遺留指紋之被害人、關係人等之同意，填具勘察採證同意書，捺印其指紋一併送鑑以利排除。

陸、生物跡證

五八、生物跡證之保存原則如下：

㈠現場生物跡證先陰乾，再置於紙袋保存。

㈡血液、尿液等液態證物，冷藏保存。

㈢肌肉、骨骼、人體組織等，宜冷凍保存；立即送鑑者，可冷藏暫存。

五九、生物跡證參考檢體之處理原則如下：

㈠採取參考檢體前，除法律另有規定外，應取得被採樣人之同意，並填具勘察採證同意書。被採樣人為受監護宣告或未成年之人者，應取得監護人或法定代理人之同意。

㈡執行採取時，優先採取唾液檢體，其次為血液檢體，採取方法如下：

1. 唾液檢體：採樣前先請被採樣人以清水漱口，滌除其口中之殘屑物，再以棉棒擦拭被採樣人口腔二側黏膜細胞，須採樣三枝棉棒，待棉棒陰乾後置入紙袋保存。

2. 血液檢體：人體血液採取應由醫事人員爲之，取至少二毫升血液，置於含有 EDTA 抗凝劑試管（紫色瓶蓋）內並冷藏保存。被採樣人曾接受骨髓移植或採取前曾因急救接受輸血者，宜避免採取血液檢體。

㈢送鑑時註明被採樣人之姓名、出生年月日、身分證統一號碼，並注意個人資料保護。

㈣參考檢體鑑定完畢，除案件後續偵審留用或依法律規定應留存外，依下列方式處理：

1. 實驗室鑑定後得檢還原送鑑單位或定期辦理銷毀。

2. 採樣單位得檢還被採樣人或定期辦理銷毀。

六十、死者參考檢體之處理原則如下：

㈠採取方式：

1. 得採取唾液、血液，或以乾淨棉棒轉移死者傷口血液。死者曾接受過骨髓移植或死亡前因急救接受輸血者，宜避免採取血液檢體。

2. 屍體有腐敗情形者，宜採取骨骼檢體；呈白骨化者，則採取大腿骨或未蛀牙之牙齒。

3. 法醫師、醫師及檢驗員於相驗或解剖時未採取者，經檢察官同意後，得由現場勘察人員採取死者唾液或傷口上血液。

㈡送鑑時註明死者之姓名、出生年月日、身分證統一號碼，並注意個人資料保護。

㈢死者參考檢體鑑定完畢，依下列方式處理：

1. 死者唾液棉棒或血跡棉棒檢還原送鑑單位。

2. 死者血液由鑑定單位製成血斑後檢還送鑑單位。

3. 小型骨骼於實驗室鑑定後保存六個月後銷毀，送鑑單位認爲有領回之必要者，於期限內向鑑定單位領取。

4. 大型骨骼由送鑑單位向鑑定單位領回。

六一、現場體液、體液斑跡或微量跡證之採取原則如下：

㈠現場體液證物：得以乾淨棉棒或紗布吸取體液證物後陰乾，裝入紙袋中保存，量多時（約五毫升以上），得以針筒抽取，置入無菌試管中保存。

㈡現場體液斑跡證物：得以乾淨棉棒或紗布沾生理食鹽水或蒸餾水擦拭證物斑跡後陰乾，裝入紙袋中保存。

㈢微量跡證或沾有體液斑跡之證物：得直接剪取、採取，或以其他適當方法採取之。

六二、各類生物跡證之處理原則如下：

㈠毛髮：分開包裝，避免破壞毛囊組織。

㈡菸蒂、檳榔渣、吸管、牙籤、口香糖等：陰乾後，每一個（根）分開包裝。

㈢飲料瓶：以乾淨棉棒沾取生理食鹽水或蒸餾水轉移其瓶口斑跡後，送鑑轉移棉棒檢體。

㈣衛生紙、衣物、凶器等沾有血液或其他體液證物：陰乾後分項包裝。凶器陰乾後，以乾淨紙張包裹後，裝入合適的證物袋（箱）包裝。

㈤組織、骨骼：以乾淨之鑷子或穿戴乾淨手套採取證物後，放入適當容器中冷藏或冷凍保存。

㈥帶有針頭之針筒：以針頭蓋或適當器具保護針頭並以適當之硬式容器包裝，並於包裝外加註警語。

六三、性侵害案件證物之處理原則如下：

㈠依衛生福利部保護服務司及本署製發之疑似性侵害案件證物袋採證流程，由各責任醫院醫護人員進行採證。

㈡員警受理性侵害案件，陪同被害人驗傷採證，或依性侵害防治中心或責任醫院之請求，前往醫療院所取回證物袋時，應依證物袋內採集單內容，清點證物，有任何疑問均查明、記錄。

㈢證物清點後，應將同意書第二聯取出併受理單位紀錄存參。證物袋送鑑時，檢附相關案情資料，供鑑定單位參酌。證物袋宜室溫妥適保存，胚胎需冷藏或冷凍保存，尿液需冷藏保存。

㈣爲符合性侵害案件保密原則，案由一律以被害人姓名代碼代替之，以利辨明案別。該案件前已有證物送鑑，於再次送鑑該案證物或涉嫌人進行比對時，宜於公文主旨敘明前案刑事警察局生物科案件編號，以利併案比對。

六四、疑似性侵害案件證物袋及相關證物鑑定後保管及後續處理流程如下：

㈠送鑑單位收受鑑定完畢檢還之證物，應列冊妥善保管。

㈡被害人血液及胚胎，於鑑定後由實驗室保存六個月後銷毀。有領回之必要者，於期限內向實驗室領取。

㈢案件經告訴、自訴或警察機關移送者，證物袋及相關證物應連同鑑定書函（移）送檢察機關或法院。

㈣性侵害犯罪案件屬告訴乃論者，尚未提出告訴或自訴時，由犯罪發
生地之直轄市、縣（市）政府主管機關保管，除未能知悉犯罪嫌疑人外，證物保管六個月後得逕行銷毀。

㈤非告訴乃論案件，犯罪事實明確，僅係未查獲犯罪嫌疑人時，應依未破刑案證物之處理規定辦理，由警察機關併未破刑案證物保管。案情不完整之案件，經進一步偵查認該證物無保存價值者，則簽結處理。

㈥性侵害案件被害人採證後無法聯繫或未報案者，其證物袋及相關證物送刑事局鑑定後，鑑定書依法保存。證物袋及相關證物自採樣蒐集起，存放保管一年六個月後，仍無法聯繫被害人或查無其他證據者，證物得進行銷毀。

㈦警察局、分局保存性侵害案件證物及鑑定書流向紀錄。

六五、執行去氧核醣核酸採樣條例強制採樣程序如下：

㈠執行去氧核醣核酸採樣前，應先確認下列事項：

1. 被採樣人身分。
2. 被採樣人在去氧核醣核酸資料庫中無資料。
3. 少年被告之採樣，司法警察機關應於接獲法院處理少年事件裁定書後，通知少年被告接受採樣。

㈡司法警察機關依去氧核醣核酸採樣條例第五條實施去氧核醣核酸強制採樣前，應以通知書通知犯罪嫌疑人或被告。

㈢去氧核醣核酸採樣通知書（如附件四）應由警察分局長以上機關主官簽名，並送達被採樣人；受強制採樣之人已自行到場者，仍應製作通知書當場交付。

㈣通知書經合法送達，被採樣人無正當理由不到場者，得報請檢察官核發拘票。依照執行犯罪嫌疑人拘提作業程序，於拘提到案後執行採樣程序。

㈤執行採樣時應優先採取唾液樣本，其次為血液樣本，再其次為毛髮樣本。唾液及毛髮樣本得由司法警察機關執行採取，血液樣本應由醫事人員採取。

㈥執行採樣完畢後，執行採樣機關應製作去氧核醣核酸採樣證明書（如附件五）發給被採樣人。

㈦去氧核醣核酸（以下簡稱DNA）樣本採取方式如下：

1. 唾液採樣卡套組：採樣前先請被採樣人以清水漱口，滌除其口中之殘屑物，取套組中採取棒，先置於被採樣人舌下含溼後，再刮擦口腔二側黏膜細胞，取出採取棒，將其上唾液轉壓印至唾液採樣卡，待乾燥後置入套組中之保存袋保存。
2. 唾液棉棒：採樣前先請被採樣人以清水漱口，滌除其口中之殘屑物。再以棉棒擦拭被採樣人口腔二側黏膜細胞，須採樣三枝棉棒，待棉棒陰乾後置於同一紙袋保存。
3. 血液：由醫事人員對被採樣人進行抽血，應低溫冷藏存放。
4. 毛髮：採取被採樣人有毛囊細胞或組織之頭髮五根至七根，先以紙張包裝後，再置入紙袋中保存。

㈧執行採樣完畢後，執行採樣人員應於DNA樣本外包裝封口處封緘，並註明封緘日期，騎縫處應由執行採樣人員簽章；DNA樣本之保管及運送應有相關紀錄。

㈨司法警察機關應於採樣後十五日內，將DNA樣本連同採樣通知書影本送交刑事警察局。於所涉案件移送時，應將移送書影本送交刑事局。送交少年被告DNA樣本，應將法院裁定書影本送交刑事局。

㈩司法警察機關應於移送書之DNA採樣欄位內註明犯罪嫌疑人有無執行採樣等情形。

⑪被採樣人所涉案件有證物需鑑定比對時，宜將DNA樣本連同證物一併送鑑，或所涉案件證物已送鑑定，補送樣本時應告知證物相關資訊，以利比對。

柒、刑案證物包裝、封緘、保管與送鑑

六六、刑案證物之包裝、封緘、保管、送鑑等處理原則如下：

㈠刑案證物應依其特性適當採取，避免相互污染，分開包裝、封緘，包裝外註明案由、證物名稱、採證位置、數量及採證人姓名等資料。

㈡刑案現場證物採取後，應即製作證物清單，所有人、保管人、持有人在場者，應付與其證物清單，並請其簽名確認。

㈢刑案證物自發現、採取、保管、送鑑至移送檢察機關或法院，每一階段交接流程（如交件人、收件人、交接日期時間、保管處所、負責保管之人等）應記錄明確，完備證物交接管制程序。

㈣警察局刑事鑑識中心、刑警大隊、鑑識科、課及分局偵查隊，應設置刑案證物室，其證物管理依照本署函頒警察機關刑案證物室證物管理作業規定辦理。

㈤刑案證物採取後應先進行初篩程序，並評估證物之鑑定必要性，以決定送鑑之先後順序。未送鑑之證物，仍應妥善保存，視案情需要，再行送鑑。

㈥刑案證物除有特殊情形外，應派專人送鑑及領回。送鑑時效除有特別規定者外，應於採證後十五日內送鑑。因延誤送鑑致生不良後果者，視情節依警察人員獎懲標準追究責任。

指紋鑑識作業手冊

中華民國 103 年 3 月 14 日內政部警政署公告

壹、總則

一、內政部警政署（以下簡稱本署）為提升刑事鑑識水準，確保刑案現場指紋勘察採證品質，完備相關法律程序，作為犯罪偵查之證據，特訂定本手冊。

二、本手冊適用範圍如下：

㈠犯罪嫌疑人或被告之指紋、掌紋及腳印。

㈡現場指紋。

㈢指紋鑑定。

㈣文書上指紋。

㈤屍體指紋。

㈥其他依法規捺印之指紋。

㈦指紋電腦系統作業。

三、指紋卡片分為犯罪嫌疑人（被告）十指紋卡（以下簡稱十指紋卡）及屍體指紋卡二種，其印製規格如附件一。

貳、犯罪嫌疑人指紋、掌紋及腳印

四、採取犯罪嫌疑人或被告之指紋、掌紋或腳印，應依下列各款規定為之：

㈠司法警察官或司法警察因調查犯罪情形及蒐集證據之必要，對於經拘提或逮捕到案之犯罪嫌疑人或被告，得違反犯罪嫌疑人或被告意思，採取其指紋、掌紋、腳印。

㈡犯罪嫌疑人或被告出於自願性同意者，得採取其指紋、掌紋。執行人員應出示證件，並使其於勘察採證同意書內簽名捺印後再捺印。

㈢司法警察官或司法警察因調查犯罪情形及蒐集證據之必要，得請求審判長、受命法官或檢察官核發鑑定許可書，採取犯罪嫌疑人或被告之指紋、掌紋。

五、各警察機關採取犯罪嫌疑人或被告之指紋、掌紋，應使用十指紋卡（如附件二），並依下列規定寄送：

㈠各直轄市、縣（市）政府警察局：每月十五日及二十五日前填列附件三名冊，以掛號逕寄本署刑事警察局（以下簡稱刑事局）。

㈡金門縣警察局、福建省連江縣警察局及辦理刑事業務之專業警察機關：每月十五日前填列附件三名冊，以掛號逕寄刑事局。

六、十指紋卡各欄位資料之列印或填寫，應於捺印指紋前為之，不得先將指紋印好，再行列印資料，以免錯誤。

十指紋卡各欄位資料之填寫，規定如下：

㈠單位代碼：依刑案紀錄作業手冊及刑事案件移送（報告）書電子化作業計畫填註所用單位代碼。

㈡流水編號：與刑事案件移送書上統一流水編號相同，以阿拉伯數字表示。例如：民國九十四年一月第一百號，則編為「〇九四〇一〇一〇〇」。通緝人犯十指紋卡應於編號末加一「緝」字，以示區別。

㈢姓名：依一般慣例填寫其姓名。

㈣性別：應填「男」或「女」。

㈤出生地：應依國民身分證所記載之出生地填寫。

㈥出生日期：以阿拉伯數字填記民前或民國〇〇〇年〇〇月〇〇日。

㈦身分證統一編號：填記國民身分證之統一編號。

㈧住址：填記〇〇市（縣）〇〇區（鄉、鎮、市）〇〇 里（村）〇 鄰〇〇 街（路）〇段〇巷〇弄〇號〇樓。數字均以阿拉伯數字填寫。

㈨填寫姓名、出生地、出生日期、身分證統一編號各欄位時，應同時查驗國民身分證，或以電話與當地派出所勤區警員連絡，核對被捺印人真實身分，不可輕易聽信自述，以防冒名頂替，而損及他人權益。

㈩捺辦單位：加蓋捺填單位長戳。

⑪捺印時間：捺印的時間。

⑫捺印人：應蓋職名章。

七、十指紋卡捺印之方法如下：

㈠於十指紋卡列印或填寫完畢，立即唱名捺印，以免發生錯誤。

㈡捺印指紋，必須使用黑色油墨，濃淡均勻，力求清晰完整。

㈢捺印指紋應有次序，先右手，後左手，由拇指至小指。依規定按照三面印法及平面印法兩種行之。

㈣捺印人員與被捺印人分站於捺印台之兩邊，約成直角，捺印人若於被捺印人左側則用右食指及拇指緊握被捺印人手指之中節兩側，左食指及拇指將其指頭壓於油墨板上，使著油墨。採三面印法時，除指甲外，其餘三面均需著墨。

㈤三面印法：捺印範圍須超過手指之第一關節，由指甲邊緣一次滾轉至另一邊緣，應將指紋之中心及三角印出，並注意勿往返捺印及偏斜。捺印不全或模糊者，應換卡重印，力求完整。

㈥平面印法：捺印人員以右手緊握被捺印人之手腕，令其四指靠攏平伸，著墨後壓於紙上，同時捺印人員再用力壓其手背。十指紋卡下方，應加捺左右拇指及左右四指平面指紋。

㈦十指紋卡背面（以下簡稱掌紋卡）之掌紋捺印：

1. 有掌紋捺印滾筒設備：捺印人用右手握住被捺印人之手腕，令其手指自然伸張，以左手輕握被捺印人手掌兩側，手平放於油墨板上，使整個手掌自腕部到手指均充分著墨，或以油墨滾軸使之完全著墨，再移置於掌紋卡上，就滾筒上順勢一推。即可印得清晰捺印之掌紋。
2. 無掌紋捺印滾筒設備：整片玻璃均勻著墨後，並則將掌紋卡平放於桌上，將掌紋著墨後以右手用力壓其手背平印於掌紋卡上即可。

㈧指紋活體掃描器之捺印方法：不必使用油墨，直接於指紋掃描器上依設定之順序捺印；操作方法請參閱第六十五點指紋活體掃描器作業事項或指紋活體掃描器操作手冊。

八、指尖紋之捺印，規定如下：

㈠以十指紋卡捺印指尖紋時，應先於十指紋卡正面填寫年籍資料後，將被捺印人手指拭淨。捺印完十指指紋後，續捺指尖紋者，應先滌除油墨。

㈡捺印指尖紋之次序，先右手，後左手，均由拇指至小指，每指再依左半面、正面、右半面及指尖三面印順序採印。

㈢捺印時，先將油墨調勻，捺印人以右拇指及食指輕握被捺印人手指關節處，左拇指及食指則輕輕固定指頭處以免滑動。捺印正面及右半面之方法亦然。捺印指尖三面時，則先使指尖三面著墨，再自左面四十五度角轉印至右面四十五度角即可。

九、腳印之捺印，規定如下：

㈠取一張可供捺印腳印之白紙，並於白紙上先填寫年籍資料，註明左右腳。

㈡以黑色油墨在大塊玻璃上塗布均勻，將玻璃及白紙平放於地上，將腳均勻著墨後，平放捺印於白紙上。

㈢腳印之捺印，應參考欲比對之腳印位置，確實捺印。若捺印不清楚時，立即重印，以確保腳印比對之順利進行。

十、捺印應注意事項如下：

㈠遇有傷病或其他不能捺印（如手指不足十指或多生一小指等）之指頭，細查其紋形特徵，將其記載於捺印格內，以利分析查考。

㈡遇有傷殘或缺指時，須將其欄位位置空出，註明「缺」字，不宜將手指之第二指節印上。

㈢捺印指紋宜小心謹慎，不急躁，並詳細檢查，有錯誤或紋線不清楚時，須立即重行捺印。

㈣捺印完畢須將器材擦拭乾淨。

㈤使用指紋活體掃描器應注意事項，請參考指紋活體掃描器作業手冊。

參、刑案現場指紋

十一、刑案現場指紋（以下簡稱現場指紋）依其存在的狀態可區分如下：

㈠明顯紋：指以眼睛即可觀察到的平面狀指紋，如手指在沾染墨跡、血跡、污泥水等，當接觸他物時所轉印之指紋。

㈡成型紋：指手指接觸柔軟，無彈性的物面時所遺留之立體狀指紋，如在黏土、蠟燭、未乾油漆面、水泥面、濕軟泥土、灰塵上以手輕觸而留下的凹凸狀指紋。

㈢潛伏紋：指手指指脊上汗腺分泌的物質因接觸物體表面時所遺留眼睛不易察覺的紋線，如手指觸摸紙張、玻璃等物表面所遺留之指紋。

十二、現場指紋之採驗原則如下：

㈠採取現場指紋應運用科學技術，循精實的勘察順序，有效地採取遺留於刑案現場的指紋。

㈡採取人員對於現場指紋應細心耐心，保持冷靜，客觀地分析事實眞相，依現場狀況研判犯罪過程，而依序仔細澈底地偵檢現場指紋，並仔細勘察採驗，對於可疑之處所或跡證，應爲必要之搜尋或採證，不可因報案人、被害人或其他相關人員之說明而有先入爲主的觀念，以致影響採驗之區域或採驗之方法。

㈢現場指紋之採取不應侷限於刑案現場，宜擴大偵檢範圍，現場指紋與刑案現場、採取處所或採取物體等之關連性若不明確，則價值盡失。因此，發現現場指紋，在採取之前應先就物體所在位置及指紋之位置進行照相或記錄，而後以適當方法採取。

㈣刑案現場發現指紋、掌紋、指尖紋或腳印時，應先以相機對指紋、掌紋、指尖紋或腳印及其周邊全景拍照後，再就單獨紋線拍照，以判別指、掌紋相關位置。進入現場時應著必要之防護裝備（如帽套、手套、鞋套），避免留下指紋或在不知不覺中破壞指紋。薄塑膠手套經使用一段時間後，因汗液常見滲出來，影響處理效果，故不宜長期重複使用。

㈤以多波域光源或紫光燈拍攝指紋時，針對其螢光反應情形增減時間，增加其顏色對比。有變質之虞的物品宜優先處理，並注意適當的保護措施。

㈥送鑑現場指紋照片應注意對準焦距並放置比例尺，送鑑前檢查現場指紋沖洗是否正確，避免正反倒置。

㈦採取現場指紋前先做周延觀察，活用器材及器具，配合選用最適當的採取方法。若因天氣之變化、環境影響而使採證有困難時，先拍照存證後，將物品移至室內再進行採證工作。

十三、現場指紋之處理原則如下：

㈠為排除無價值之現場指紋，縮小比對範圍，於採取現場指紋後，同時捺印被害人、家屬、同住人及其他曾移動現場遺留物體之關係人之指紋資料，以進行比對。

㈡檢送犯罪嫌疑人、被告及現場相關人之指紋，應注意其部位形狀，須與現場指紋之部位形狀相符合。現場採獲指尖紋、掌紋或腳印時，應分別捺印相關人之指尖紋、掌紋或腳印，以資比對。

㈢現場指紋、在場人及犯罪嫌疑人之指紋，應詳細檢查後，裝入現場證物袋，依包裝封緘相關規定辦理。

㈣其他足認犯罪之證物，或有助於偵查案件之遺留物品，亦同時蒐集。

十四、現場指紋採驗之方法如下：

㈠明顯紋：由於明顯紋以眼睛即可觀察，因此，可利用照相的方法記錄保存。照相時，先以不同角度光源照射，找出指紋與背景陰陽差最大的角度拍攝。有時選擇適當的濾色鏡可加強對比效果。

㈡成型紋：

1. 照相法：發現成型紋時，應先照相。其原則可參照前款明顯紋的處理法。清晰紋線的照片可直接與油墨印指紋比對。

2. 矽膠法：利用採取痕跡的矽膠法處理。即依矽膠產品說明書上規定，按氣溫及品質種類的不同，調配適度比例的矽膠與硬化劑，塗布於檢體上，待乾後剝離即可。

㈢潛伏紋：

1. 粉末法。
2. 碘處理法。
3. 艾恩斯法。
4. 寧海德林法。
5. 氰丙烯酸酯法。
6. 龍膽紫法。
7. 硝酸銀法。
8. 鄰苯二醛法。
9. 四甲基聯苯胺法。
10. 微粒子懸浮液法。
11. 多波域光源法。
12. 其他。

十五、粉末法適用於光滑非吸水性檢體（如玻璃），其採驗規定如下：

㈠指紋粉種類：常用的指紋粉包括銀粉（即鋁粉）、黑粉（即碳粉）、螢光粉、磁性粉（鐵粉）等。

㈡處理方式：

1. 刷掃法：即以毛刷沾上指紋粉末，在檢體上輕輕刷掃，使指紋顯現，再將多餘的粉末刷除。
2. 噴霧法：以噴壺（或類似之噴霧器）將指紋粉末噴在檢體上，再以毛刷刷除多餘粉末，指紋即顯現。
3. 滾動法：把指紋粉末置於檢體的一端，將該端輕輕提起使指紋粉末順勢滾下，換另一端重複動作，來回數次後，再以毛刷輕掃的方式除去多餘粉末。
4. 磁性法：即以磁性檢出器（磁鐵）吸取磁性粉，輕輕在檢體上掠過，再吸除多餘的磁性粉即可。

㈢保存方法：

1. 照相法：以上述粉末法顯現出的指紋，先以照相紀錄其存在之相關位置，再予採取。
2. 固定法：則以透明膠紙，貼附於顯出之指紋上，再輕輕撕起，使粉末黏附於膠紙上，接著，再貼在光面襯紙上。

㈣注意事項：

1. 襯紙的顏色選擇依粉末的顏色而異，若採深色粉末（如黑粉）者，宜選白色襯紙。反之，採銀粉者，則選用黑色襯紙，以增強對比，銀色粉末所採之指紋千萬不可貼在白色襯紙上，使鑑定人員無法判別指紋紋線。

2.膠紙、照片紙背面並應載明案件類型、採取時間、地點、位置及採取人、在場證明人姓名，以完備採證公正性。

3.膠紙或照片有多張時，亦應分別順序編號，號碼不可重複。尤其正面與背面之編號應一致。

4.採取位置不易以文字表示時，可以繪圖顯示取代。

5.現場指紋採取時，一次不要用太多粉末，以免造成指紋模糊。

6.現場指紋膠片貼上襯紙時，注意避免將氣泡貼在襯紙上；若已有氣泡時，可用力向膠片邊緣將其擠出。

7.遺留時間稍久或存在環境乾燥之指紋，可適時利用哈氣方式潤濕，稍待再採取。

8.遇有遺留之現場指紋為一手之二指頭以上連接時，以同一膠紙採取以利判斷指別。

9.採取現場指紋使用之膠片，長寬應各在五公分以上，以利比對。

十六、碘處理法適用於油脂多之指紋或吸水性檢體（如木器、傳眞紙），其採驗規定如下：

㈠處理方法：

1.基本法：將證物置於碘燻器內，另以一小金屬容器盛碘晶體置於加熱板上，利用高溫使碘蒸氣迅速形成，經與潛伏指紋反應之後顯出棕色指紋。

2.固定法：即利用化學試藥固定碘燻法所顯出之指紋，是在碘燻法處理後顯現出指紋用。固定法一般係用 7,8-benzoflavone 溶液噴灑在檢體上即可，可保存二天至七天不褪色。

3.碘固定溶液法：直接將碘配成溶液，再與 7,8-benzoflavone 溶液混合，噴在檢體上即可。

㈡保存方法：應以照相方式記錄保存

㈢注意事項：

1.以碘燻法顯現之指紋短時間內會褪色，必須立即照相。

2.碘是劇毒物質，要在通風良好地方使用，避免吸入其蒸氣。

碘處理法之試藥配製如下：

㈠前項第一款第二目溶液：將一克 7,8-benzoflavone 溶於十毫升的二氯甲烷內，取一毫升該溶液加入五毫升的醋酸及三十毫升的三氟三氯乙烷則可。

㈡前項第一款第三目溶液：

1.碘溶液：〇．一克的碘溶於二毫升的乙醇中，加入九十八毫升的三氟三氯乙烷攪拌。

2.7,8-benzoflavone 溶液：〇．二克的 7,8-benzoflavone 溶液溶於二毫升的二氯甲烷內。

3.混合溶液：將前二目溶液混合。

十七、艾恩斯法（8-Anilino-1-naphthalenesulfonic acid ammoniumsalt，簡稱 ANS）適用於油脂指紋及在紫光燈下深暗背景之檢體上潛伏指紋，其採驗規定如下：

㈠試藥配製：〇．一克艾恩斯溶於一毫升乙醇中，加入九十八毫升石油醚混合。

㈡處理方法：直接將溶液噴灑在檢體上，待乾後，置於暗室中，以紫光燈照射，若有指紋則呈淺黃色螢光。

㈢保存方法：利用照相方式記錄保存。

㈣注意事項：若檢體本身有螢光時，則會干擾指紋之呈現，故採用此方法化驗前，找同一材質之檢體先行試驗，若會產生強烈螢光時，則避免採用此方法化驗。

十八、寧海德林法（Ninhydrin）適用於紙張、木器、淺色水泥漆等吸水性檢體上潛伏指紋及一般血跡指紋，其採驗規定如下：

㈠試藥配製：一克寧海德林溶於四毫升甲醇（或乙醇），再加入九十六毫升石油醚混合，靜置時可見溶液分成兩層，使用時取上層無色澄清溶液，下層之黃色溶液則棄之。

㈡處理方法：

1.噴霧法：將溶液置於噴霧器之容器內，利用高壓氣體將溶液形成霧狀帶出，噴灑在檢體上，待乾後，置於烤箱內，以攝氏五十度的溫度加熱五分鐘，則可見紫紅色指紋顯出。

2.浸潤法：即將檢體全部浸於寧海德林溶液內，取出風乾後，再同前法加熱處理。

3.灑覆法：即以吸管吸取溶液，再灑覆於檢體上，加熱處理方式同前。

㈢保存方法：由於寧海德林法處理顯現之指紋在數星期後會逐漸褪色，故欲長期保存仍需以照相法記錄保存。

㈣注意事項：

1.石油醚易燃，故加熱前需待石油醚全部揮發時，始可放於烤箱或加熱器中加熱，以免危險。

2.泡製後之寧海德林溶液，下層黃色溶液應棄之，若以證物觸及時，會留下痕跡，破壞現場指紋。

3.寧海德林需與甲醇充分溶解才能得到良好效果。

4.經以寧海德林法化驗後之檢體，不可再以手接觸，因多餘之寧海德林試劑仍存在檢體上，一旦觸之，可能留下接觸者之指紋。

5.寧海德林法加熱時，溫度的控制非常重要，加熱時不可超過攝氏六十度，以免焦化而破壞檢體。

6.加熱使用恆溫恆溼器時，相對溼度保持在百分之六十至百分之七十間，指紋顯現之效果較佳。

7.若無加熱器材時，可將檢體靜置於室內，直到潛伏指紋自然呈現。

㈤除去化驗顯現之指紋：經寧海德林法處理過所顯現之紫紅色指紋，可以漂白水配成百分之一，同樣以浸泡方法將檢體浸在溶液中，紫紅色指紋便會慢慢消失。

十九、氰丙烯酸酯法（Cyanoacrylate Adhesive，又稱瞬間接著劑法、三秒膠法）適用於塑膠、皮革類檢體，其採驗規定如下：

㈠處理方法：將檢體置於密閉容器或空間內，再將氰丙烯酸酯置於加熱盤上加熱，使氰丙烯酸酯蒸發，直到白色指紋顯現為止。當煙燻一段時間後，取出檢體並檢視其上之潛伏指紋，若紋線不足時，可視情形重複煙燻多次，直到反應完全為止。

㈡保存方法：可利用照相法或以投影片覆於其上，下襯以黑色光面紙保存。

㈢注意事項：

1.以氰丙烯酸酯法化驗時，氣體會刺激眼睛及呼吸道，故化驗時化驗人員戴上安全裝備，並在通風地方處理，或以風櫃將氣體抽出，以免造成危險。

2.氰丙烯酸酯法的加熱若超過攝氏四百度時，會產生有毒氣體且易造成火災，故加熱時，宜採加熱溫度不高之加熱器或加熱盤以維安全。

3.若使用氰丙烯酸酯不慎沾到皮膚時，會將皮膚灼傷，故應立刻以大量清水沖洗。

4.以本法化驗後之槍枝，會影響其後續槍枝之檢驗，故在化驗前將彈腔開口（如轉輪手槍之圓筒彈腔及槍管）以膠帶封住。

5.在密閉容器中燻蒸指紋時，須注意不同接觸面與加熱器相關位置，因直接面對加熱器部分反應較快，而較遠部分則反應較慢，故於化驗一段時間後將檢體調整位置，使其獲得較均勻之效果。

6.化驗之煙燻箱若可調節溼度時，理想之溼度為百分之六十至百分之八十，可增加其顯現指紋之效果。

㈣煙燻過度之處理：

1.對金屬、皮革、玻璃、瓷器、硬塑膠等表面之檢體，可以氯仿、丙酮、乙醇以一：四：六的比例調配，以浸泡、滴液方法處理，直到指紋清晰為止。

2.合成皮、合成纖維、染色布料等檢體，可以氯仿、丙酮、乙醇以一：一：四的比例調配溶液，處理方式如上項。

3.聚乙烯產品及塑膠袋等檢體，依氯仿、丙酮、乙醇以一：二：四的比例調配，處理方式如上項。

二十、龍膽紫法（Violet Crystal 或 Gentien Violet Crystal）適用於淺色膠帶粘膠面上指紋，其採驗規定如下：

㈠試藥配製：〇．一克龍膽紫溶於一公升的水中。

㈡處理方法：將檢體浸於溶液中，利用漂染方式到指紋清晰呈現即可。若不慎漂染過度，用水輕輕除去過多的染液。如果漂染不足致顏色過淺，可再置於溶液中繼續漂染。

㈢保存方法：利用照相法記錄保存或將投影片輕輕覆在檢體上。

㈣注意事項：龍膽紫溶液可以重複使用。

二一、硝酸銀法多用於銅製的檢體（如鎖具、子彈），其採驗規定如下：

㈠試藥配製：〇．一克的硝酸銀溶於一百毫升的水中。

㈡處理方法：將檢體浸泡於硝酸銀溶液內，或以刷掃方式使檢體與溶劑反應，直至指紋顯現。

㈢保存方法：照相方式記錄保存。

㈣注意事項：

1.化驗子彈時，可以細線打結後，將子彈套入，浸入硝酸銀溶液中化驗。或以塑膠套之夾子拿取子彈浸入溶液中浸泡，直到反應完全為止。不可以鐵製夾子拿取子彈，以免影響子彈後續之檢驗。

2.以硝酸銀法化驗時，因反應時間快，應即刻檢查指紋顯現之情形，否則會導致檢體顏色過黑而破壞指紋。

二二、鄰苯二醛法（O-phthalaldehyde 簡稱 OPA 法）適用於紫光燈下深色背景之檢體上潛伏指紋或血跡指紋，其採驗規定如下：

㈠試藥配製：〇．四克之鄰苯二醛溶於十毫升之甲醇中，加入五百毫升之氯仿（或石油醚），再加入五毫升之三乙胺及一毫升之 2-mercaptoethanol。

㈡處理方法：以噴霧法處理，待乾後置於暗室中，利用長波長紫光燈照射，若有潛伏指紋，則呈淡黃色螢光。

㈢保存方法：利用照相方式記錄保存。

㈣注意事項：

1.以此法化驗螢光產生後，會漸漸消失，故要儘快拍照保存。

2.若檢體本身有螢光時，則會干擾指紋之呈現，故採用此方法化驗前，找同一材質之檢體先行試驗，若會產生強烈螢光時，則避免採用此方法化驗。

二三、四甲基聯苯胺法（Tetramethylbenzidine，簡稱 TMB 法）適用於微弱、不明顯之血跡指紋，其採驗規定如下：

㈠試藥配製：

1.一克四甲基聯苯胺及〇．五克過硼酸鈉溶於十毫升的醋酸中。

2.在二百五十毫升的三氟三氯乙烷中加入二克凡士林（Vaseline）或油脂（Grease），充分攪拌一分鐘至二分鐘。

3.將第一目溶液倒入第二目溶液中混合，隨後加入分子篩（Molecular Sieve 3A），以濾紙過濾或用分液漏斗取下層液。

㈡處理方法：以噴霧器將溶液噴灑在檢體上，若有血跡指紋立即呈藍綠色。

㈢保存方法：以照相方式記錄保存。

㈣注意事項：

1.在進行四甲基聯苯胺化驗前，應先進行血跡化驗，以免干擾血跡化驗之結果。

2.化驗時穿戴防護衣帽進行，以維工作人員之安全。

3.若有可見之血跡指紋，先拍照，再對不明顯之血跡指紋噴灑試劑，增加其對比顏色。

4.噴試劑時，不可太近，亦不可噴灑過多，以免反應過度造成紋路不清。

5.進行化驗時須在通風處或在抽風櫃內進行。

二四、微粒子懸浮液法適用於潮濕吸水性及非吸水性物面上之潛伏指紋或使成形指紋更清楚可見，其採驗規定如下：

㈠處理方法：以微粒子懸浮液浸泡法或噴霧法處理，在室溫下風乾。

㈡保存方法：以照相方式記錄保存。

㈢注意事項：噴灑時，以最小孔並在一定距離外噴灑，以獲得最佳效果。

二五、多波域光源法（Alternate Light Source）採驗方式細分如下：

㈠直接觀察。

㈡螢光粉末法。

㈢氰丙烯酸酯／螢光粉末處理法。

㈣氰丙烯酸酯／羅丹明染料溶液處理法（Cyanoacrylate Adhesive/Rhodamine 6G Staining）。

㈤染料漂染法。

㈥寧海德林（或寧海德林衍生物如：5-Methoxyninhydrin 或 Benzo（f-ninhydrin）／氯化鋅法。

㈦帝弗歐（1, 8-Diazafluoren-9-one，簡稱 DFO）。

㈧ 1, 2-Indanedione。

以多波域方法激發之潛伏指紋，均利用照相方式記錄保存，並注意下列事項：

㈠操作多波域光源時宜特別注意眼睛的安全。為避免受到傷害，由受過訓練的人員操作，操作人員需戴安全濾色鏡，禁止以光線直照他人眼睛。

㈡各種粉末或試劑螢光反應不同，故視各別情形配合多波域光源或濾色鏡選擇最適合者。

㈢有打開多波域光源作內部檢查之必要時，應先關掉開關，拔下插頭，避免接觸到高壓電。

二六、直接觀察採驗規定如下：

㈠適用對象：各類檢體。

㈡處理方法：證物未經處理前，均可以多波域光源直接透過濾色鏡檢查是否有潛伏指紋。

二七、螢光粉末法採驗規定如下：

㈠適用對象：光滑非吸水性檢體，或背景複雜者。

㈡處理方法：使用螢光粉末（如 Redwop power）以刷掃法在檢體上輕輕刷掃，使指紋顯現。再以多波域光源激發，透過濾色鏡檢查。

二八、氰丙烯酸酯、螢光粉末處理法採驗規定如下：

㈠適用對象：塑膠、皮革或粗糙非吸水性檢體、屍體皮膚上指紋。

㈡處理方法：檢體先經氰丙烯酸酯法燻蒸後，再以螢光粉末（如Redwop power）以刷掃法在檢體上輕輕刷掃，使指紋顯現。再以多波域光源激發，透過濾色鏡檢查。

二九、氰丙烯酸酯／羅丹明染料溶液處理法採驗規定如下：

㈠適用對象：塑膠、皮革或粗糙非吸水性檢體。

㈡試藥配製：羅丹明一克溶於一千毫升的乙醇中。

㈢處理方法：檢體先經氰丙烯酸酯法燻蒸後，再浸於羅丹明溶液中漂染，取出待乾，再以多波域光源激發，透過濾色鏡檢查。

三十、染料漂染法採驗規定如下：

㈠適用對象：光滑面、油脂指紋、塑膠類或膠帶上指紋。

㈡保存方法：檢體先以透明投影片貼住，防止黏著在其他物體上，再以照相方式記錄保存。

染料漂染法之試藥配製及處理方法如下：

㈠羅丹明溶液：

1. 試藥配製：羅丹明一克溶於一千毫升的乙醇中。
2. 處理方法：將檢體直接浸於羅丹明溶液中漂染，取出待乾後再以多波域光源激發。

㈡ Basis Yellow 40：

1. 試藥配製：Basis Yellow 40 二克溶於一千毫升的乙醇中。
2. 處理方法：將檢體直接浸於 Basis Yellow 40 溶液中漂染，取出待乾後再以多波域光源激發。

㈢ Ardrox：

1. 試藥配製：Ardrox 一毫升，加入異丙醇九十五毫升，加入 Acetonitrile 五毫升溶解。
2. 處理方法：將檢體直接浸於 Ardrox 溶液中漂染，取出待乾後再以多波域光源激發。

三一、寧海德林、氯化鋅法採驗規定如下：

㈠適用對象：經寧海德林或寧海德林衍生物處理後，指紋紋線不明晰者。

㈡試藥配製：

1. 寧海德林試藥之配製法同上。
2. 氯化鋅試藥配製：將二克的氯化鋅先溶於二毫升乙醇中，再加入三毫升醋酸及九十五毫升的三氟三氯乙烷，以分液漏斗分離，取下層液。

㈢處理方法：檢體先以寧海德林試藥處理，並加熱產生紫藍色的指紋後，再噴上氯化鋅溶液，待乾後加熱，指紋會轉為橙色。此時，利用雷射或多波域光源激發，則可看見指紋螢光。

三二、帝弗歐（簡稱 DFO）採驗規定如下：

㈠適用對象：用於顯現多孔性表面的潛伏指紋（如紙、紙板、包裝紙及塗上漆之木材）。

㈡試藥配製：○．一克的帝弗歐先放入燒杯中，先加入四毫升的甲醇，溶解後再加入三毫升的醋酸充分溶解，加入一百毫升的石油醚，攪拌後靜置二分鐘，使用時取上層石油醚溶液層。

㈢處理方法：可以使用浸泡法或噴霧法處理過後，必須放置於攝氏一百度的烤箱中二十分鐘。若沒有烤箱也可以使用乾式的熨斗。以多波域光源照射，便可發現螢光指紋。

㈣注意事項：

1. 檢體欲與寧海德林法同時進行處理時，須先以帝弗歐處理，再以寧海德林法化驗。
2. 使用此法化驗時，溼度過高會造成背景螢光，故不可用溼度控制。

三三、1, 2-Indanedione 採驗規定如下：

㈠適用對象：用於顯現多孔性表面的潛伏指紋（如紙、紙板、包裝紙及上漆之木材）。

㈡試藥配製：將○．二五克 1, 2-Indanedione 先溶解於九十毫升乙酸乙酯及十毫升乙酸中完全溶解，慢慢加入九百毫升石油醚到混合溶液中。

㈢處理方法：使用浸泡法或噴霧法處理過後，必須放置於攝氏一百度的烤箱中二十分鐘。若沒有烤箱也可以使用乾式的熨斗。以多波域光源照射，便可發現螢光指紋。

㈣注意事項：

1. 檢體經寧海德林法化驗後，再以本化驗法化驗時，無法產生螢光反應。
2. 以 1, 2-Indanedione 化驗之結果，以多波域光源照射時，潛伏指紋之效果較帝弗歐強，故在採驗現場指紋時可優先選擇。

三四、各類檢體適用之指紋顯現技術如下：

㈠先觀察：先觀察檢體，發現明顯紋或成

型紋時，則分別依明顯紋或成型紋處理法處理。

(二)輔助光源檢查：在進行各類潛伏指紋採證方法以前，先以多波域光源或紫光燈檢查是否有潛伏指紋。

(三)觀察是否受潮：各類檢體在處理前，觀察檢體表面是否受潮，表面受潮者，得以下列方式進行：

1. 將檢體放在室內通風處陰乾，或以電風扇吹乾，再視檢體種類採用適當方法。

2. 可用微粒子懸浮液法採取指紋。

(四)觀察是否有油脂：檢體有油脂污染情形者，則依檢體顏色深淺及器材試葯選擇下列方式：

1. 檢體顏色淺者：碘處理法、或龍膽紫法處理。

2. 檢體顏色深者：艾恩斯法、或螢光染料漂染法處理。

(五)檢體未受油脂污染者：依檢體性質劃分為下列類別：

1. 第一類：平滑非吸水性檢體，如玻璃、光滑金屬面。

2. 第二類：粗糙非吸水性檢體，如粗糙、油漆過之木板等。

3. 第三類：紙張。

4. 第四類：塑膠包裝袋材質。

5. 第五類：聚氯乙烯塑膠，橡膠及皮革。

6. 第六類：血跡指紋。

7. 第七類：蠟及蠟質表面。

8. 第八類：金屬。

9. 第九類：黏著性表面。

三五、前點第五款第一類平滑非吸水性檢體處理方式如下：

(一)採粉末法（螢光粉末）處理，其次可利用氰丙烯酸酯法處理。

(二)濕的檢體可利用微粒子懸浮液法處理。

(三)含油脂類之檢體可利用龍膽紫法處理。

三六、指紋捺印順序：

如捺印人有左拇指傷殘或缺指情形時，改以右手拇指捺印代替；左右手拇指俱係傷殘或缺指時，應依下列順序捺印指紋一枚：左食指、左中指、左環指、左小指、右食指、右中指、右環指、右小指。依規定按捺之指紋，由捺印人員或承辦人附註該指名稱。

三七、第三十四點第五款第三類紙張處理方式如下：

(一)選擇寧海德林法、寧海德林／氯化鋅法、帝弗歐、1, 2-Indanedione。

(二)化驗之檢體為恐嚇信函時，可將原件先行影印，將影本交由偵查人員辦理，恐嚇信函原件則依前款方法化驗，以爭取時效。

(三)相紙、撲克牌及銅版紙表面光滑之紙張，則可先以氰丙烯酸酯法處理，再以寧海德林法處理為宜。

(四)紅包袋、紅色廣告紙可以寧海德林／氯化鋅法、帝弗歐、1, 2-Indanedione 處理。

三八、第三十四點第五款第四類塑膠包裝袋材質處理方式如下：

(一)檢體乾者：採氰丙烯酸酯法處理。

(二)檢體濕者：採微粒子懸浮液法處理。

三九、第三十四點第五款第五類聚氯乙烯塑膠、橡膠及皮革處理方式如下：

(一)檢體乾者：採氰丙烯酸酯法、粉末法處理。

(二)檢體濕者：採微粒子懸浮液法處理。

四十、第三十四點第五款第六類血跡指紋處理方式如下：

(一)血跡指紋清晰者，可逕行照相。

(二)檢體濕者：室溫下乾燥。

(三)檢體乾者：於吸水性表面者，採寧海德林法處理；於非吸水性表面者，採粉末法處理。

四一、第三十四點第五款第七類蠟及蠟質表面處理方式如下：

(一)檢體乾者：採氰丙烯酸酯法、粉末法處理。

(二)檢體濕者：採微粒子懸浮液法處理。

四二、第三十四點第五款第八類金屬，採氰丙烯酸酯法、粉末法處理。

四三、第三十四點第五款第九類黏著性表面處理方式如下：

(一)膠帶非黏膠面：

1. 為紙類時：以寧海德林法處理。

2. 為塑膠類時：以氰丙烯酸酯法處理。

(二)膠帶黏膠面：

1. 檢體為淺色者：採龍膽紫法。

2. 檢體顏色深者：以染料漂染法，配合多波域光源處理為宜。

四四、指位研判之目的與基本原則如下：

(一)指位研判之目的：在以最短時間最快的速度排除無關人員遺留的現場指、掌紋，確定現場指紋的參考價值，進一步與犯罪嫌疑人指掌紋比對，以爭取破案的時效。

(二)現場指紋指別研判之基本原則如下：

1. 指紋紋線流向原則。

2. 手指自然生態原則。

3.手指活動習性原則。

四五、指紋紋線流向原則如下：

㈠箕形紋：

1.正箕形箕口方向，遵循「右手向右傾，左手向左傾」的原理。

2.反箕形紋出現最多的指位是左右食指。

㈡斗形紋：

1.斗形紋旋轉者，依「左手順時針，右手反時針旋轉」之原則研判。

2.囊形紋則依其傾斜方向，遵循「左手向左傾，右手向右傾」之原則。

3.雙箕形紋其下位箕傾斜方向，遵循「左手向左傾，右手向右傾」之原則。

4.斗形紋、囊形紋、雙箕形紋之追跡線，依「右手爲外斗，左手爲內斗」原則研判。

㈢弧形、帳形紋：以手指末梢關節處橫紋爲基線，劃一通過弧形線隆起部最高點之垂直線，則可發現隆起部分偏左或偏右，依「左手向左傾，右手向右傾」之原則研判。

㈣拇指頂端指尖紋線亦有「左手向左傾，右手向右傾」之現象。

四六、手指自然生態原則如下：

㈠長短：中指最長，環指、食指其次，拇指、小指最短。

㈡指面面積：拇指最大，中指爲次，食、環指居中，小指最小。

㈢關節：拇指兩節，其餘各三節。

㈣順序：右手從左至右，左手從右至左，依序爲拇指、食指、中指、環指、小指。

㈤紋線粗細：拇指紋線最粗、間距最大，面幅最寬廣，食、中、環指則居中，小指最細窄。

四七、手指活動習性原則如下：

㈠一般使用右手的機會多於左手。

㈡拇指分離與其他四指併用。

㈢拇指活動最頻繁，食指次之。

四八、掌紋紋線大致可分爲三區，小魚際區、拇指球區及指底區。其紋線之特性如下：

㈠小魚際區：即俗稱之感情線下緣近尺骨側之部位。由多數平行線構成中間或中下部位間雜類箕形、斗形或其他紋形出現。

㈡拇指球區：即俗稱之生命線至橈骨側之紋線。爲多數之弧形線所構成偶有類箕形、斗形或其他紋形出現，在本區另可發現有一些平行或井字形小皺紋呈現。

㈢指底區：即俗稱感情線至手指關節處之紋線。在各指下緣均有三角紋線，在小指與環指，或環指與中指間下方常有類箕形、斗形或其他紋形出現。

㈣在拇指球區與小魚際區交會近腕關節處有一三角紋線。

四九、指紋證物之包裝與寄送，規定如下：

㈠送鑑未經處理證物，因表面上之潛伏指紋易遭破壞，因此，拿取物品時選取其中不可能留有指紋處，以免破壞指紋。

㈡尚未採取指紋之證物送至刑事局時，證物應分門別類，分開包裝。

㈢平滑表面之證物，如玻璃、塑膠製品，宜放置於一堅固容器內，避免物品與包裝容器間之磨擦接觸。

㈣具吸水性之乾燥證物，如紙張類，則直接放入現場指紋袋或塑膠袋內，避免物品與包裝容器間之磨擦接觸。

㈤血跡指紋應充分陰乾後，放入紙袋中送驗。

㈥黏性膠帶，鬆置於容器內即可，注意勿使其黏住紙類等物質，以免徒增處理困難。

㈦容器類證物，仍留有溶液時，應注意密封，勿使滲漏。

肆、指紋鑑定

五十、指紋鑑定程序如下：

㈠指位研判：依前章所列原則研判。

㈡紋型比較：若紋型不符，則指紋必不相同，唯需注意不完整指紋中之雙箕形及中心呈橢圓之斗形紋，可能造成誤判。紋形相同則再進一步比對。

㈢內端至三角間所夾紋線數比較，紋線數差距過多則予排除，否則再進一步比對其特徵點。

㈣刀傷皺紋參考：遇因刀傷、皺紋所形成之特殊紋線，可作爲參考基準點。

㈤特徵點之形態如下：

1.點形線：

2.短線或棒線：

3.分歧線：

4.眼形線：

5.介在線（端線）：

伍、文書上指紋

五一、凡契約、票據、借據、領單及其他一切公私文書上以捺印指紋代替簽章，在法律上用以證明個人身分者，稱爲文書上指紋。

五二、各級警察機關辦理刑案，遇有需要鑑別文書上指紋與特定人士之指紋是否相符時，須提供該當事人之指紋，送各直轄市、縣（市）政府警察局鑑識單位鑑定，必要時送刑事局鑑定。

五三、原始文書上之指紋為指尖紋時，除捺取當事人十指之三面印指紋外，尚須捺取其十指之指尖紋。

五四、凡依法以指印代簽名或遇有使用指印之必要者，均捺印左手拇指指紋。

五五、指紋捺印順序，規定如下：

㈠捺印人有左拇指傷殘或缺指情形時，改以右手拇指捺印代替。

㈡左右手拇指俱係傷殘或缺指時，應依下列順序捺印指紋一枚：左食指、左中指、左環指、左小指、右食指、右中指、右環指、右小指。

依前項規定按捺之指紋，由捺印人員或承辦人附註該指名稱。

陸、屍體指紋

五六、警察機關在轄區內發現非病死或可疑為非病死之無名屍體，於勘（相）驗時，經檢察官或其指派為勘（相）驗者之同意，捺印屍體指紋二份（如附件四），送刑事局比對指紋，查明身分。

五七、捺印屍體指紋，應注意下列事項：

㈠無法捺印屍體指紋時，得報請檢察官核准，請法醫或檢驗員將屍體手指切下，分別裝入容器中，標示指位，送該轄警察局鑑識單位採驗。

㈡捺印時應注意指位順序及紋線清晰，捺印不清時，宜增捺數份，以免屍體埋葬後，無法補救。

㈢捺印完妥之屍體指紋，應依序貼於指紋卡上，並覆以廣面透明膠紙，以利分析比對。

五八、屍體指紋之捺印方法如下：

㈠死者組織仍柔軟時：先用滾軸將油墨塗於屍體手指面上，再將屍體指紋卡，夾在凹形夾紙器上，就死者的手指依序滾印。

㈡死者手指肌肉組織太過軟化：將死者手指置於百分之十至百分之十五的甲醇或乙醇溶液中浸泡約一小時（勿用百分之百甲醇溶液），使皮膚堅硬後再行捺印。

㈢死者手指握拳僵硬：在關節處輕微扭動，使其較為鬆軟後，用手指夾直器，將死者手指扳直，或將死者手掌反扳，待死者手指伸直，再由另一人著墨依第一款方法捺印。

㈣死者因體內水分蒸發致指面乾燥：可塗甘油於指面使恢復潤澤再行捺印；指面有縮皺情況時，可於手指第一關節或指尖處注射 TISSUEBUILDER，使之膨脹後再行捺印。

㈤死者手指肌肉組織已部分分解致表皮易於剝離：剝下手指表皮，註明指位，清潔消毒後，套在捺印人的手上，依序著墨捺印。

㈥死者曾浸泡水中：以布或棉花沾少許乙醇擦拭指面，待乾後著墨再印；若因浸泡水中過久致手皮極易剝離，則可將手皮整隻剝下，用乙醇清潔消毒後，依序剪下手指反套在捺印人手上著墨捺印。

㈦死者手指乾燥、縮皺、堅固如化石：應請求檢察官允許後，將手指切下，浸泡於碳酸鈉溶液（十克之碳酸鈉加三百十六毫升之乙醇，加六百八十四毫升蒸餾水）。

㈧火災現場屍體之指紋，因火烤後硬化時：以碳酸鈉溶液（十克之碳酸鈉加三百十六毫升之乙醇，加六百八十四毫升蒸餾水）浸泡，待組織軟化；或以百分之二十七之氫氧化氨溶液軟化組織後，著墨捺印。

㈨其他：無法以前八款方法捺印指紋時，可直接針對各個指面照相並註明指位。惟須注意，照相之屍體指紋與捺印之指紋左右方向相反，應於送鑑時特別註明。

柒、依法申請捺印之指紋

五九、依法申請捺印指紋之申請人，應攜帶申請人印章、二吋相片一張、戶口名簿及身心障礙手冊，並親領申請人至各直轄市、縣（市）政府警察局、分局申請捺印指紋。（如附件五）。

六十、各直轄市、縣（市）政府警察局應於每月十五日前，將依法申請捺印之指紋卡分別列冊寄送刑事局。（名冊如附件六）。

六一、申請人應確實填寫申請書（如附件七），填寫當事人及申請人之基本資料，並貼二吋正面照片一份，留各直轄市、縣（市）政府警察局建檔保存。

六二、捺印指紋時應使用十指紋卡，並依第六點規定填寫。

捺印部位以雙手指紋及掌紋為原則。無法捺印指紋時，應於指紋卡片上註明原因，並增印一張腳印，其腳印捺印位置在指紋卡背面掌紋紙部分。

六三、於十指紋卡流水編號後，應分別加蓋身心障礙兒童、智障人士、精神病患等章戳，以資區別。

前項章戳以橫式書寫，大小為長三公分、寬〇・八公分。

捌、指紋電腦系統作業

六四、指紋電腦系統作業項目包括下列各款：

(一)指紋活體掃描器作業。

(二)指紋身分比對作業。

(三)指紋網路送鑑作業。

六五、指紋活體掃描器作業事項如下：

(一)輸入帳號、密碼進入犯罪嫌疑人年籍資料建檔系統。

(二)填寫相關資料：包含警察局（分局）單位代碼、流水編號、姓名、性別、出生地、出生年月日、身分證統一編號、住址。

(三)流水編號以阿拉伯數字表示。有移送書者，同移送書之編號；無移送書者，依下列模式自行編號：

1. 上傳案件：年月九□□□。例如：九十四年一月份第一個自行編號之案件，流水編號以〇九四〇一九〇〇一表示。
2. 不上傳案件：年月九九□□。例如：九十四年一月份第一個被害人指紋編號之案件，流水編號以九四〇一九九〇一表示。

(四)進入指紋捺印系統：依電腦指示之指位次序、捺印位置、依次捺印指紋。

(五)捺印員警完成指紋捺印，電腦存檔後列印二張指紋卡，一張隨案存檔、一張隨案移送檢察署等司法機關。

(六)指紋業務承辦人彙整指紋資料，可逐筆上傳或每星期至少上傳一次。

六六、指紋身分比對作業事項如下：

(一)電腦桌面選擇 PID 系統簽入。

(二)輸入使用者帳號、密碼，選擇指紋－無、滑鼠按確定二下。

(三)於工具列上點選－掃描器圖，進入遠端身分辨認子系統掃描畫面。

(四)把右手拇指放在掃描器之玻璃板上擷取指紋影像、並依次擷取右食指、左拇指、左食指紋影像，於工具列上點選－OK，進入資料建檔比對畫面。

(五)進行指紋比對：

1. 點選－確認－：一比對者，請填寫身分證統一編號或姓名、出生年月日，再點選－確認。
2. 點選－確認－：N比對者，請直接點選－確認。

(六)檢核確認比對結果：

1. 指紋比對屬於一：一比對項目者，直接檢核比對結果。
2. 屬於一：N比對項目者，必須由持有指紋比對鑑定合格證書者，確認比對結果。

(七)注意事項：

1. 系統比對結果指紋相符者，只能確認二者是同一人，但電腦提供之姓名、年籍資料仍必須查核，以防止冒名之可能性。
2. 比對結果仍無法確認指紋是否相符者，於上班時間電洽刑事局複鑑。

六七、指紋網路送鑑作業事項如下：

(一)點選－ Email 系統登入。

(二)輸入使用者帳號、密碼，點選－登入，進入刑事案件證物採驗紀錄表。

(三)填寫刑事案件證物採驗紀錄表內容：包括下拉清單點選－警察局（分局）、案類、日期、文號，輸入被（加）害人姓名，點選－現場指紋或十指紋比對，點選－證物種類（照片）、逐一插入指紋照片圖檔，新增欄位點選－證物種類（照片）、逐一插入指紋照片圖檔…，填妥內容、全數指紋照片圖檔插入後存檔。

(四)按下預覽列印及存檔按鈕，列印刑事案件證物採驗紀錄表用印，並上傳該筆案件。

(五)確定該筆資料完成上傳，以電話聯絡刑事局辦理該案。

(六)將已用印之刑事案件證物採驗紀錄表連同現場指紋膠片（照片）、指紋卡等證物送刑事局鑑定。

六八、有關指紋電腦系統作業之操作方法，得參考指紋活體掃描器作業手冊、指紋身分比對作業手冊、指紋網路送鑑作業手冊等操作手冊。

刑案現場數位證物蒐證手冊

中華民國102年10月24日內政部警政署公告

一、內政部警政署（以下簡稱本署）為指導各機關於刑案現場對數位證物進行蒐證，提供實務參考作法，提升警察機關對數位證物處理之能量，特訂定本手冊。

二、本手冊所稱數位證物，範圍如下：

㈠電腦主機：桌上型電腦、筆記型電腦及伺服器。

㈡行動裝置：行動電話及平板電腦等。

㈢儲存裝置：外接硬碟、隨身碟、記憶卡及光碟片等。

㈣網路設備。

㈤數位錄影錄音設備：行車紀錄器、監視器及錄音筆等。

㈥電磁紀錄。

三、刑案現場之數位證物，蒐證標的如下：

㈠網頁瀏覽紀錄。

㈡電子郵件。

㈢即時通訊紀錄。

㈣多媒體檔案：圖像及影音。

㈤文字文件。

㈥工作表。

㈦監視錄影影像。

㈧揮發性資料：記憶體、處理程序及網路連線狀態等。

㈨系統日誌檔及應用程式日誌檔。

㈩其他與案情相關之電磁紀錄。

四、刑案現場之數位證物，應依本手冊進行蒐證作業。涉及系統入侵或網路重大犯罪案件者，得請求下列單位協助蒐證：

㈠本署刑事警察局（以下簡稱刑事局）科技犯罪防制中心。

㈡直轄市、縣（市）政府警察局刑事警察（大）隊科技偵查專責組。

五、警察人員在執行刑案現場數位證物蒐證作業前，應瞭解案件需求，確認現場之數位證物及蒐證標的，並檢視數位證物蒐證工具是否備齊。

六、警察人員到達刑案現場後，應注意下列事項：

㈠到達現場後，應立即隔離犯罪嫌疑人與數位證物之接觸，避免犯罪嫌疑人修改數位證物之資料。

㈡照相、錄影或繪製現場圖，記載現場相關設備之使用者及設備連結情形。

㈢記錄現場數位證物連接之設備，並以標籤標示，以利後續進行現場重組。

㈣搜尋現場，檢視是否有記錄帳號、密碼之紙條、便利貼、記事本等。

㈤搜尋現場，檢視是否有遺漏之儲存媒體（如隨身碟、記憶卡等）。

㈥執行數位證物之蒐證，有採集指紋、DNA等跡證之必要時，應優先採集。

㈦詢問犯罪嫌疑人之相關資料，其資訊可能有助於破解犯罪嫌疑人未提供之密碼。

七、刑案現場數位證物，主要處理原則如下：

㈠現場數位證物須小心操作，避免修改證物儲存之資料，並注意設備之電量及揮發性資料之保存。

㈡取得並記錄數位證物（含電腦、行動裝置、電子郵件帳戶、檔案等）之密碼，以利後續進行鑑識分析。

㈢勿安裝或複製任何程式、檔案至數位證物中。

㈣蒐證過程發現與案情相關之證據，應撰寫現場數位證物蒐證報告（如附件一）；證物為電腦主機時，應另填寫現場電腦主機蒐證紀錄表（如附件二）。

㈤以標籤方式標示數位證物之廠牌、型號、序號及所有人（保管人）等資訊。

八、刑案現場數位證物，其他處理注意事項如下（處理流程如附件三）：

㈠電腦主機：現場電腦應視其為開機或關機狀態，採取不同處理方式；蒐證伺服器時，宜指出取證範圍，並注意有時效性資料之取得。現場蒐證完畢後，移除電源及其他連接線材。

㈡行動裝置：現場查扣行動裝置，應開啟飛航模式或隔絕其通訊及網路功能，並注意行動裝置之電量。

㈢儲存裝置：勿複製任何檔案至儲存裝置，以保持證物完整性。

㈣網路設備：維持網路設備運作，查看所有連接之設備（注意以無線方式連接之行動裝置），並蒐集相關資料；確認無其他需蒐集之資料後，中斷網路。

㈤數位錄影錄音設備：應避免操作錄製動作，以防止錄製時蓋寫儲存媒體現有紀錄。

㈥電磁紀錄：刑案現場電腦為網路連線狀態時，應擷取與案情相關之資料，包含網站資料、社群網站、部落格、即時通訊對話紀錄、網頁郵件、雲端儲存空間、點對點分享資料（Peer-to-Peer，P2P）等。系統入侵或駭客攻擊之案件，應注意揮發性資料之蒐集（記憶體資料、處理程序、網路連線狀態等）。

九、刑案現場數位證物之扣押，應注意事項如下：

㈠執行扣押時，以扣押整套電腦設備為宜，包含電腦主機、螢幕、鍵盤、電源線及其他連接線等設備。

㈡扣押電腦應符合比例原則，尤其網路公司應特別注意其影響層面。

㈢扣押物品時，最好使用原扣押物的包裝或紙箱，以免扣押證物受損，影響其證據力，尤其是電腦主機內含所有重要證據，更須小心拆裝搬運。

㈣光碟片、記憶卡、隨身碟等電腦輔助記憶體之數量應確實清點，詳載於扣押物品目錄表，並避免置於強光、高溫、磁場附近及灰塵場所。

㈤數位證物查扣、代保管或搬運，應於包裝盒或機體上足以改變其內資料之接口施以封緘，證物交接並應維持證物監督鏈之完整。

數位證物採取後應先進行初篩程序，並評估證物送鑑刑事局之必要性，以決定送鑑之先後順序。未送鑑之證物，仍應妥善保存，視案情需要，再行送鑑。

十、數位證物之蒐證，應符合刑事訴訟法第十一章搜索及扣押相關規定及警察職權行使法第二章身分查證及資料蒐集規定辦理。

採驗尿液實施辦法

1.中華民國 93 年 1 月 7 日行政院令訂定發布全文 18 條；並自發布日施行
2.中華民國 94 年 1 月 21 日行政院令修正發布第 11 條條文
3.中華民國 96 年 12 月 26 日行政院令修正發布第 9 條條文
中華民國 102 年 7 月 19 日行政院公告第 16 條第 1 項所列屬「行政院衛生署管制藥品管理局」之權責事項，自 102 年 7 月 23 日起改由「衛生福利部食品藥物管理署」管轄
4.中華民國 102 年 9 月 2 日行政院令修正發布第 5 條條文
5.中華民國 106 年 11 月 14 日行政院令修正發布第 4、6、12、13、15、16 條條文
6.中華民國 107 年 10 月 2 日行政院令修正發布第 16 條條文

第 1 條
本辦法依毒品危害防制條例（以下簡稱本條例）第二十五條第三項規定訂定之。

第 2 條
本辦法所稱應受尿液採驗人之範圍如下：
一　本條例第二十五條第一項之受保護管束者。
二　本條例第二十五條第二項所定得由警察機關採驗尿液之人員。

第 3 條
依本條例第二十五條第一項或第二項規定辦理尿液採驗事務，應備置必要器材及設備之採尿室，並指派專人辦理。

第 4 條
採尿人員執行尿液採驗，應注意應受尿液採驗人之身體安全及名譽，並不得逾必要之程度。

第 5 條
應受尿液採驗人爲女性時，應指定女性人員採驗其尿液。

第 6 條
採尿人員因職務知悉檢驗機關（構）名稱、地址、檢體編號或應受尿液採驗人等資料，不得洩漏。

第 7 條
爲確保尿液檢體採驗之正確及運送與保管之安全，應採取必要之安全防範措施。

第 8 條
Ⅰ執行保護管束者依本條例第二十五條第一項規定，於保護管束期間內執行定期尿液採驗者，其採驗期間如下：
一　保護管束期間開始後前二個月內，每二週採驗一次。
二　保護管束期間開始後第三個月至第五個月，每一個月採驗一次。
三　所餘月份，每二個月採驗一次。
Ⅱ犯本條例第十條之罪與他罪合併定執行刑之假釋付保護管束者，其定期採驗尿液期間，爲一年六個月。期間內之尿液採驗次數，依前項規定辦理。
Ⅲ前項保護管束期間不滿一年六個月者，採驗尿液期間至保護管束期滿止；保護管束期間超過一年六個月者，超過部分，執行保護管束者於必要時，仍得採驗尿液。

第 9 條
Ⅰ警察機關依本條例第二十五條第二項規定執行定期尿液採驗，每三個月至少採驗一次。
Ⅱ警察機關通知採驗尿液，應以書面爲之。通知書應載明無正當理由不到場者，得依法強制採驗之意旨。

第 10 條
於應受尿液採驗人有事實可疑爲施用毒品時，警察機關或執保護管束者除依前二條規定執行定期採驗外，得隨時採驗。

第 11 條
Ⅰ應受尿液採驗人經合法通知而無正當理由不到場，或到場而拒絕採驗者，警察機關或執行保護管束者得報請檢察官或少年法院（地方法院少年法庭）許可，強制採驗。但有正當理由，並經警察機關或執行保護管束者同意者，得另定期日採驗。
Ⅱ前項強制採驗，須強制到場者，由警察機關協助執行到場。但不得逾必要之程度。
Ⅲ第一項強制採驗之執行結果，應通知許可強制採驗之檢察官或少年法院（地方法院少年法庭）。

第 12 條
Ⅰ應受尿液採驗人應遵守下列事項：
一　報到時，應接受採尿人員查驗身分。
二　於採尿人員發給之檢體監管紀錄表等相關表格資料之正確欄位簽名。
三　採尿時，不得攜入個人物品。
四　採尿前，應先洗手、烘乾。
五　尿液檢體須達六十毫升。
六　有下列情形之一，應重新採尿：
㈠尿液檢體溫度未達攝氏三十二度或超過攝氏三十八度或內有浮懸物存在或顏色顯有異常者。
㈡其他於採尿人員認有必要，且經執行保護管束者或警察機關主管長官許可者。
Ⅱ應受尿液採驗人所採尿液未達前項第五款之量時，採尿人員應提供充足飲用水。

第 13 條
Ⅰ採尿人員應全程監控尿液採驗過程，並注意下列

事項：

一　尿液檢體應分別裝入二瓶尿液容器，每瓶尿液量須達三十毫升，並由應受尿液採驗人按捺左大拇指指紋封緘。

二　每一尿液檢體應製作檢體監管紀錄表，記載自採集至運送檢驗機關（構）所經過之各項作業處理程序、時間、人員、目的及尿液檢體之資訊、重要特殊跡象等，連同尿液檢體（含可疑攙假之尿液檢體），一併送驗。

三　尿液檢體送驗前應置於攝氏六度以下之冷藏櫃加鎖保管，並隨時檢視之。

II 應受尿液採驗人左大拇指無法按捺指紋時，應依右手大拇指、左食指、左中指、左環指、左小指、右食指、右中指、右環指、右小指之順序捺印指紋，並由採尿人員附註該指名稱。但依其情形不適合按捺指紋，且經採尿人員註明者，不在此限。

第 14 條

尿液檢體之檢驗項目爲鴉片代謝物（嗎啡、可待因）及安非他命類藥物（安非他命、甲基安非他命）。必要時，得勘酌應受尿液採驗人之具體情狀，調整或增加之。

第 15 條

I 警察機關或執行保護管束者爲監督受託檢驗機構之檢驗品質，應以盲績效監測檢體實施測試。

II 警察機關或執行保護管束者送往受託檢驗機構檢驗之檢體，前三個月必須包括占總檢體數百分之三以上之盲績效監測檢體；三個月後送驗之檢體必須包括百分之一以上之盲績效監測檢體。

III 盲績效監測檢體，其中百分之八十應爲陰性檢體，百分之二十應爲陽性檢體。陽性尿液檢體以待測藥物爲主；待測藥物濃度應介於閾值之一點五倍至二倍之間，且其結果判定以陽性及陰性爲主。

第 16 條

I 警察機關或執行保護管束者發現盲績效監測檢體有僞陽性結果時，除警察機關應通知內政部警政署，執行保護管束者應通知高等檢察署外，並應通知受託檢驗機構及衛生福利部食品藥物管理署處理。

II 受託檢驗機構接獲前項通知時，應查明原因，並以書面函復。僞陽性結果係因檢驗技術或方法失誤所致者，應將該批尿液檢體全部重新檢驗。

第 17 條

對於檢驗機關（構）之檢驗結果有疑義時，得要求重新檢驗，或送其他尿液檢驗機關（構）檢驗。

第 18 條

本辦法自發布日施行。

警察機關執行毒品犯罪嫌疑人尿液採驗作業規定

1.中華民國 96 年 9 月 12 日內政部警政署函訂頒
2.中華民國 97 年 9 月 19 日內政部警政署函修正發布全文 26 點

一、內政部警政署（以下簡稱本署）為律定警察機關對毒品犯罪嫌疑人執行尿液採集、檢體保管、送驗及銷毀之作業，確保尿液採驗程序之完備，落實管理監督機制，特訂定本作業規定。

二、本作業規定適用對象為毒品犯罪嫌疑人。
毒品危害防制條例第二十五條第二項所定應受尿液採驗人之尿液採驗，應依「警察機關執行採驗尿液作業規定」辦理。

三、採集犯罪嫌疑人尿液應於採尿室或適當處所為之，並應注意於馬桶水槽內加入藍色清潔劑，且無其他水源。

四、採集尿液前，應使犯罪嫌疑人脫去足以夾藏攙假物質之衣物後洗手並烘乾或擦乾，不得將個人物品攜入採集尿液處所。

五、犯罪嫌疑人進入採集尿液處所，一次以一人為限。
採集尿液時，應由同性別之警察人員全程在場監控、指導及協助，防止尿液檢體攙假。

六、採集尿液後，應於採尿處所立即將尿液檢體裝入甲、乙二瓶尿液容器，每瓶尿液量須達三十毫升，由提供尿液之犯罪嫌疑人按捺左大拇指指紋封緘，採尿人員及第一層主管或副主管並應於封緘條核章。
前項封緘條登載內容應包含採尿人員及第一層主管或副主管核章、採尿時間、尿液檢體編號及受檢人捺印。

七、尿液檢體於封緘前應檢視溫度、顏色及是否有浮懸物；如認顯有異常，應重新採集。

八、採集尿液人員有行政程序法第三十二條各款情形之一者，應自行迴避。

九、尿液檢體應指定專責人員負責管理、送驗、保管、追蹤及管制等流程。

十、每一尿液檢體應製作管制紀錄，其內容應記載採集至銷毀各項作業流程之經手人員及處理時間等，參考範例如附件。

十一、各單位專責人員應於每年年度開始，依序編設尿液檢體編號。
尿液採集後，應即依編設之尿液檢體編號填入檢體容器之封緘條，該編號不得洩漏予受檢人。

十二、尿液檢體應於採集封緘後，儘速交由專責人員冰存於攝氏六度以下之冷藏櫃加鎖保管，不得有不必要之延遲。

十三、專責人員接受尿液檢體冰存時，應審核檢體容器之封緘是否封妥及封緘條是否詳實登載；封緘登載內容應包含採尿人員及第一層主管或副主管核章、採尿時間、尿液檢體編號及受檢人捺印。

十四、尿液檢體非簽奉單位主官核可，不得攜離儲存場所。

十五、尿液檢體應於七日內送交行政院衛生署認可之濫用藥物尿液檢驗機關（構）辦理。

十六、尿液檢體之複驗應由檢察官或法院決定之。

十七、每一尿液檢體應製作檢體監管紀錄表，其內容應記載自採集至運送檢驗機關（構）所經過之各項作業處理程序、時間、人員、目的及尿液檢體之資訊、重要特殊跡象等，連同尿液檢體，一併送驗。

十八、送至檢驗機關（構）檢體及檢體監管紀錄表聯，不得有受檢人姓名、身分證統一編號等足以辨認個人身分之資料。

十九、專責人員應統一收受委驗機構製作之檢驗結果通知，將檢驗結果詳載於監管紀錄，於收受後七日內交案件承辦人簽收。
案件承辦人應於收受尿液鑑驗通知十四日內，依檢驗結果簽辦後續偵查、函送地檢署（法院）等作為。

二十、尿液檢體應於裁判、不起訴處分確定或緩起訴期間期滿無撤銷之情形，始行銷毀。
單純施用之案件，檢驗結果呈陰性反應者，如無保存之必要，其檢體得於自查獲日起逾三個月後，簽奉單位主官核可銷毀之。

二一、各單位應每半年清點尿液檢體數量，並辦理銷毀作業。
尿液檢體之銷毀作業，應由督察室派員會同辦理，並作成紀錄。

二二、管制紀錄、監管紀錄及銷毀紀錄均應至少保存五年，以備查考。

二三、各機關應循主官、督察及業務系統將本項作業流程列入平時督導重點。

二四、各機關應對所屬單位每半年實施定期督考，績優單位取三分之一辦理獎勵，核予承辦人嘉獎二次；執行不力人員，視個案予以懲處。

二五、各機關辦理本項作業流程成效良好，承辦人每半年核予嘉獎二次；執行不力人員，視個案予以懲處。

二六、本署對各警察機關得實施不定期督導，執行人員視成效另案簽辦獎勵。

參、警察行政法暨其相關法規

警察法

1.中華民國 42 年 6 月 15 日總統令制定公布全文 20 條
2.中華民國 75 年 7 月 2 日總統令修正公布第 15 條條文
3.中華民國 86 年 4 月 23 日總統令修正公布第 15 條條文
4.中華民國 91 年 5 月 15 日總統令修正公布第 3、4、15、16 條條文；並刪除第 7 條條文
5.中華民國 91 年 6 月 12 日總統令修正公布第 18 條條文

第 1 條（立法依據）
本法依憲法第一百零八條第一項第十七款制定之。

第 2 條（警察任務）
警察任務爲依法維持公共秩序，保護社會安全，防止一切危害，促進人民福利。

❖ 法學概念

行政警察與司法警察

海洋法系的國家由於法院體系一元化，例如美國法並不依警察職務劃分「行政警察」與「司法警察」，而係給予警察作用統稱的單一身分，再就警察執法之內容目的，判斷警察作用屬「行政目的活動」或「刑事目的活動」。然而，或因令狀原則相當寬鬆、防止危害及預防犯罪目的之糾纏等種種原因，造成警方肆無忌憚地假藉行政檢查名義，實際從事蒐集犯罪證據，缺點是可能造成警察對不特定人民從事預防犯罪之檢查行爲，或者警察利用行政檢查名義發動犯罪證據之搜索行爲，而與無罪推定原則相悖。

然而，警察機關的核心任務在於公共安全之危害防止，在公眾安全的概念下，危害防止之於特定法益的威脅實屬緊密相連。我國又係繼受大陸法系國家，若採「行政警察」與「司法警察」不必要說，試圖將偵查規範全部套用到行政警察作用的階段，顯然過於跳躍，係忽略警察法上賦予偵查犯罪以外的其他警察職權存在的事實。因此，在承認「行政警察」存在的前提下，大致上來說，「偵查」與「犯罪嫌疑人的逮捕」可歸類於犯罪發生後司法警察的工作，至於維持社會秩序與預防犯罪之活動則屬行政警察之範疇。

【張瑋心，〈行政「檢查」與「搜索」之界線〉，《檢察新論》，第 18 期，2015 年 7 月，209 頁以下；Kueelmann, Polizei- und Ordnungsrecht, 2. Aufl., 2011, §5Rn. 32；陳運財，〈偵查之基本原則與任意偵查之界限〉，收錄於《偵查與人權》，元照，初版，2014 年 8 月，11 頁；白取祐司，《刑事訴訟法》，日本評論社，第 9 版，2017.03，55 頁以下。】

第 3 條（警察法制之立法與執行）
Ⅰ警察官制、官規、教育、服制、勤務制度及其他全國性警察法制，由中央立法並執行之，或交由直轄市、縣（市）執行之。
Ⅱ有關直轄市警政、警衛及縣（市）警衛之實施事項，其立法及執行，應分屬於直轄市、縣（市）。

第 4 條（全國警察行政之掌理及指揮監督）
內政部掌理全國警察行政，並指導監督各直轄市警政、警衛及縣（市）警衛之實施。

第 5 條（警政署）
內政部設警政署（司），執行全國警察行政事務並掌理左列全國性警察業務：
一　關於拱衛中樞、準備應變及協助地方治安之保安警察業務。
二　關於保護外僑及處理涉外案件之外事警察業務。
三　關於管理出入國境及警備邊疆之國境警察業務。
四　關於預防犯罪及協助偵查內亂外患重大犯罪之刑事警察業務。
五　關於防護連跨數省河湖及警衛領海之水上警察業務。
六　關於防護國營鐵路、航空、工礦、森林、漁鹽等事業設施之各種專業警察業務。

第 6 條（保安警察、刑事警察、專業警察之其他規定）
前條第一款保安警察，遇有必要派往地方執行職務時，應受當地行政首長之指揮、監督；第四款刑事警察兼受當地法院檢察官之指揮、監督；六款各種專業警察，得由各該事業主管機關視業務需要、商准內政部依法設置，並由各該事業主管機關就其主管業務指揮、監督之。

第 7 條（刪除）

第 8 條（警察局設立及職掌）
直轄市政府設市警察局，縣（市）政府設縣（市）警察局（科），掌理各該管區之警察行政及業務。

第 9 條（警察之職權）

警察依法行使左列職權：
一　發佈警察命令。
二　違警處分。
三　協助偵查犯罪。
四　執行搜索、扣押、拘提及逮捕。
五　行政執行。
六　使用警械。
七　有關警察業務之保安、正俗、交通、衛生、消防、救災、營業建築、市容整理、戶口查察、外事處理等事項。
八　其他應執行法令事項。

❖ 法學概念

刑事強制處分與警職法臨檢之界限

警察臨檢雖可代替犯罪偵查，但其仍有所不同：

一、以是否進入住宅爲界限

原則上，公共場所與公眾得出入之場所，爲警察臨檢法制之規範地點，住宅則屬刑事訴訟法之規範地點，**兩法以住宅爲界，互不侵犯。是故，警察行使職權之場所依警職法之規定，原則上應解讀爲限於「公共場所或公眾得出入之場所」，「住宅」仍應受嚴格保障，**除非有警職法第26條規定之住宅內有「人民生命、身體、財產之迫切危害」之情事者，否則不得進入。因此，以「住宅」爲準，當做區分警察職權行使法及刑事訴訟法之適用地點，應合乎警職法規定。

二、以是否已達到「強制」程度爲界限

若從「質同量不同」的角度觀察，臨檢權和犯罪偵查的第二個區別在於「是否已達強制程度」。因「臨檢」既屬警察行政行爲的領域，則有關警察執法時的幾個基本原則，諸如比例原則、禁止不當連結原則等，**仍可作爲臨檢權限是否超過其限度的抽象原則，然後再依個案去具體判斷。**除此之外，「社會通念原則」亦屬重要，因爲，這一原則與警察的社會形象息息相關，兩者可謂成反比的狀況，若警察的社會形象佳，則社會通念的檢驗標準必低，反之則正好相反。故重視這一標準，理論上應可使警察爲提升自我形象，而謹慎發動臨檢權，即使發動也會充分照顧被臨檢者的權利。

【洪文玲、蔡震榮、鄭善印，《警察法規》，國立空中大學印行，修訂再版，2011.08，306頁以下。】

第10條（行政救濟之提起）
警察所爲之命令或處分，如有違法或不當時，人民得依法訴請行政救濟。

第11條（警察之官職）
警察官職採分立制，其官等爲警監、警正、警佐。

第12條（警察基層人員）
警察基層人員得採警員制，其施行程序，由內政部定之。

第13條（警察行政人員之任用）
警察行政人員之任用，以曾受警察教育或經中央考銓合格者爲限。其任用程序另定之。

第14條（刑事警察之懲處）
刑事警察受檢察官之命執行職務時，如有廢弛職務情事，其主管長官應接受檢察官之提請依法予以懲處。

第15條（警察學校之設立）
中央設警察大學、警察專科學校，辦理警察教育。

第16條（地方警察機關預算及經費之補助）
Ⅰ地方警察機關預算標準，由中央按各該地區情形分別規劃之。
Ⅱ前項警察機關經費，如確屬不足時，得陳請中央補助。

第17條（警察機關之設備標準）
各級警察機關之設備標準，由中央定之。

第18條（武器彈藥之調配）
各級警察機關、警察大學、警察專科學校之武器彈藥，其統籌調配辦法，由內政部定之。

第19條（施行細則）
本法施行細則，由內政部定之。

第20條（施行日）
本法自公布日施行。

警察法施行細則

1.中華民國 45 年 11 月 27 日內政部令訂定發布全文 16 條
2.中華民國 81 年 9 月 2 日內政部令修正發布第 10、16 條條文；並刪除第 11、12 條條文
3.中華民國 89 年 1 月 25 日內政部令修正發布第 5、6、7、10、13 條條文；並刪除第 4、8 條條文
4.中華民國 89 年 11 月 22 日內政部令修正發布第 2、10 條條文；並刪除第 15 條條文

第 1 條
本細則依警察法（以下簡稱本法）第十九條訂定之。
第 2 條
本法第二條規定之警察任務，區分如左：
一　依法維持公共秩序，保護社會安全，防止一切危害爲警察之主要任務。
二　依法促進人民福利爲警察之輔助任務。
第 3 條
本法第三條第一項由中央立法事項如左：
一　警察官制，指中央與地方各級警察機關之組織、編制等事項。
二　警察官規，指中央與地方各級警察人員之官等、俸給、職務等階、及官職之任免、遷調、服務、請假、獎懲、考績、退休、撫卹等事項。
三　警察教育制度，指警察教育之種類階段及師資、教材之標準等事項。
四　警察服制，指各級警察人員平日集會、及執行職務時，著用服式等事項。
五　警察勤務制度，指警察勤務之單位組合勤務方式之基本原則事項。
六　其他全國性警察法制，指有關全國性警察業務之保安、正俗、交通、衛生、消防、救災、營業建築、市容整理、戶口查察、外事處理及上列五款以外之有全國一致性之法制。
第 4 條（刪除）
第 5 條
本法第三條第二項由縣（市）立法事項如左：
一　關於警察勤務機構設置、裁併及勤務之實施事項。
二　關於警察常年訓練之實施事項。
三　關於縣（市）警察業務之實施事項。
四　關於縣（市）義勇警察、駐衛警察之組設、編練、派遣、管理等事項。
五　其他關於縣（市）警衛之實施事項。
第 6 條
本法第三條第二項由直轄市立法事項如左：
一　關於警察勤務機構設置、裁併及勤務之實施事項。
二　關於警察常年訓練之實施事項。
三　關於直轄市警察業務之實施事項。
四　關於直轄市義勇警察、駐衛警察之組設、編練、派遣、管理等事項。
五　其他關於直轄市警政及警衛之實施事項。
第 7 條
本法第六條規定之保安警察派駐地方執行職務時，兼受直轄市、縣（市）長指揮監督。其與當地警察機關之聯繫，依左列規定：
一　保安警察依指揮監督機關首長之命令，執行特定警察業務，對當地警察機關居於輔助地位。
二　保安警察與當地警察機關基於治安或業務需要，得互請協助，關於勤務分配應會商行之。
三　保安警察協助配駐地方警察行政業務，應受當地警察機關首長之指導。
第 8 條（刪除）
第 9 條
本法第八條所稱縣（市）政府設警局（科）者，謂以設警察局爲主。如全縣（市）人口未滿四萬，警額未滿八十人，縣之鄉鎮（市）未滿八個，市之區未滿四個者，得設警察科。
第 10 條
I 本法第九條所稱依法行使職權之警察，爲警察機關與警察人員之總稱，其職權行使如左：
一　發布警察命令，中央由內政部、直轄市由直轄市政府、縣（市）由縣（市）政府爲之。
二　違警處分權之行使，依警察法令規定之程序爲之。
三　協助偵查犯罪與執行搜索、扣押、拘提及逮捕，依刑事訴訟法及調度司法警察條例之規定行之。
四　行政執行依行政執行法之規定行之。
五　使用警械依警械使用條例之規定行之。
六　有關警察業務之保安、正俗、交通、衛生、救災、營業、建築、市容整理、戶口查察、外事處理等事項，以警察組織法令規定之職掌爲主。
七　其他應執行法令事項，指其他有關警察業務。
II 前項第三款協助偵查犯罪及第六款有關警察業務事項，警察執行機關應編列警察事業費預算。
第 11 條（刪除）
第 12 條（刪除）

第 13 條
本法第十六條地方警察機關預算標準，由內政部報請行政院核定施行，地方警察機關經費不足時，得陳請補助之程序；直轄市報由內政部轉請行政院核定；縣（市）報由內政部警政署轉請內政部核定。
第 14 條
本法第十七條各級警察機關之設備，分建築物場地、交通工具、槍械彈藥電訊裝置、刑事器材、消防防護、衛生用具、教育器材、檔案記錄、圖表、體育康樂用具、服勤用品等類，其標準由內政部定之。
第 15 條（刪除）
第 16 條
本細則自發布日施行。

警察人員人事條例

1.中華民國 65 年 1 月 17 日總統令制定公布全文 42 條
2.中華民國 72 年 11 月 21 日總統令修正公布第 22 條之附表
3.中華民國 86 年 5 月 21 日總統令修正公布第 1、11～14、17、18、22、23、26、27、29～31、33、36 條條文；並增訂第 14-1 條條文
4.中華民國 91 年 7 月 10 日總統令修正公布第 9、10、16、21、34 條條文
5.中華民國 91 年 12 月 11 日總統令修正公布第 6、20、31 條條文；並增訂第 37-1、40-1 條條文
6.中華民國 93 年 9 月 1 日總統令修正公布第 35、36 條條文；並增訂第 35-1、36-1 條條文
7.中華民國 96 年 7 月 11 日總統令修正公布名稱及第 2、5、6、13～14-1、17、18、20、22、28～31、33、37、39、40-1 條條文；並增訂第 10-1、30-1、35-2、39-1 條條文（原名稱：警察人員管理條例）
中華民國 107 年 4 月 27 日行政院公告第 39-1 條所列屬「海岸巡防機關」之權責事項原由「行政院海岸巡防署及所屬機關」管轄，自 107 年 4 月 28 日起改由「海洋委員會及所屬機關（構）」管轄
8.中華民國 107 年 6 月 6 日總統令修正公布第 22 條之附表一

第一章　總　則

第 1 條（立法依據）
本條例依公務人員任用法第三十二條及警察法第三條規定制定之。

第 2 條（警察人員管理之規定）
警察人員人事事項，依本條例之規定，本條例未規定者，適用有關法律之規定。

第 3 條（警察人員）
本條例所稱警察人員，指依本條例任官授階執行警察任務之人員。

第 4 條（警察官職分立）
警察官、職分立，官受保障，職得調任，非依法不得免官或免職。

第 5 條（警察官等）
警察官等分為警監、警正、警佐。警監官等分為特、一、二、三、四階，以特階為最高階；警正及警佐官等各分一、二、三、四階，均以第一階為最高階。

第 6 條（警察官任職之身家調查及考量）
Ⅰ擬任警察官前，其擬任機關、學校應就其個人品德、忠誠、素行經歷及身心健康狀況實施查核；必要時，得洽請有關機關協助辦理。
Ⅱ前項查核之對象、項目、方式及其他相關事項之辦法，由內政部定之。
Ⅲ警察官於任職前，應注意其智力、體能、學識、經驗及領導才能，並考量其對任職之地區、語言、風俗、習慣、民情等適應能力。

第 7 條（警察官之誓詞）
初任警察官時應宣誓，誓詞如左：
「余誓以至誠，恪遵國家法令，盡忠職守，報效國家；依法執行任務，行使職權；勤謹謙和，為民服務。如違誓言，願受最嚴厲之處罰，謹誓。」

第 8 條（職稱之規定）
警察人員之職稱，依各級警察機關組織法規之規定。

第 9 條（警察人員之遴用及管理）
警察人員由內政部管理，或交由直轄市政府管理。

第二章　任　官

第 10 條（初任警察官之年齡）
Ⅰ初任警察官之年齡，不得超過左列規定：
一　警佐四十歲。
二　警正四十五歲。
三　警監五十歲。
Ⅱ升官等任用者，不受前項限制。

第 10 條之 1（警察官之消極資格）
Ⅰ第六條人員經查核有下列情形之一者，不得任用：
一　公務人員任用法第二十八條第一項各款情形之一。
二　曾服公職依公務人員考績法受免職處分或依公務員懲戒法受撤職處分或其他違法犯紀行為依法予以免職處分。
三　曾列警察職權行使法第十五條第一項各款之治安顧慮人口。
四　曾犯刑法第二百六十八條、中華民國九十五年七月一日刑法修正施行前第二百六十七條、第三百五十條之罪，經有罪判決確定。
五　依刑事訴訟程序被羈押或通緝中。
六　曾經中央警察大學、中央警官學校、臺灣警察專科學校、臺灣警察學校、軍事院校勒令退學或開除學籍。
七　依其他法律規定不得為公務人員。
Ⅱ於任警察官後發現其於任用時有前項各款情事之一者，應撤銷其任用。
Ⅲ前項撤銷任用人員，其任職期間之職務行為、俸給及依第六條第一項查核結果之處理，依公務人員任用法之規定辦理。

第 11 條（警察官任官資格）
Ⅰ警察官之任官資格如左：
一　警察人員考試及格者。
二　曾任警察官，經依法升官等任用者。

三　本條例施行前曾任警察官，依法銓敘合格者。

II 警察官之任用，除具備前項各款資格之一外，職務等階最高列警正三階以上，應經警察大學或警官學校畢業或訓練合格；職務等階最高列警正四階以下，應經警察大學、警官學校、警察專科學校或警察學校畢業或訓練合格。

第 12 條（警察人員考試及格之任官資格）

I 警察人員考試及格者，取得任官資格如左：

一　高等考試一級考試或特種考試警察人員考試一等考試及格者，取得警正一階任官資格。

二　高等考試二級考試或特種考試警察人員考試二等考試及格者，取得警正三階任官資格。

三　高等考試三級考試或特種考試警察人員考試三等考試及格者，取得警正四階任官資格。

四　普通考試或特種考試警察人員考試四等考試及格者，取得警佐三階任官資格。

五　初等考試或特種考試警察人員考試五等考試及格者，取得警佐四階任官資格。

II 前項第一款至第三款所列各等級考試及格人員，如無相當官階職務可資任官時，得先以低一官階任官。

第 13 條（晉階之規定）

警察人員官階之晉升，準用公務人員考績升職等之規定。

第 14 條（升等任官資格）

I 警察人員之晉升官等，須經升官等考試及格。

II 警察人員具有下列資格之一，並經銓敘部銓敘審定合格實授現任警正一階職務，最近三年年終考績二年列甲等、一年列乙等以上，敘警正一階本俸最高級，且經晉升警監官等訓練合格者，取得升任警監四階任官資格，不受前項規定之限制：

一　經高等考試或相當於高等考試之特種考試警察人員考試及格，並任合格實授警正一階職務滿三年。

二　經警察大學或警官學校四年學制以上畢業，並任合格實授警正一階職務滿六年。

III 前項警察人員如有特殊情形，報經主管機關核准，得先予調派警監職務，並於一年內補訓合格，不受應先經升官等訓練，始取得警監任官資格之限制。但特殊情形之補訓，以本條文中華民國九十六年六月十五日修正施行後五年內為限。

IV 前項應予補訓人員，如未依規定補訓或補訓成績不合格，應予註銷警監任官資格，並回任警正職務。

V 警察人員具有下列資格之一，並經銓敘部銓敘審定合格實授現任警佐一階職務，最近三年年終考績二年列甲等、一年列乙等以上，敘警佐一階本俸最高級，且經晉升警正官等訓練合格者，取得升任警正四階任官資格，不受第一項規定之限制：

一　經普通考試、特種考試警察人員考試四等考試或相當委任第三職等以上銓定資格考試警察人員考試及格，並任合格實授警佐一階職務滿三年。

二　警察學校或警察專科學校警員班畢業，並任合格實授警佐一階職務滿十年，或警察專科學校專科警員班或警官學校、警察大學專修科畢業，並任合格實授警佐一階職務滿八年，或警官學校、警察大學四年學制以上畢業，並任合格實授警佐一階職務滿六年。

VI 前項升任警正官等人員，應受第十一條第二項規定之限制，並以擔任職務等階最高為警正三階以下之職務為限。但具有碩士以上學位且最近五年警正三階職務年終考績四年列甲等、一年列乙等以上者，得擔任職務等階最高為警正二階以下之職務。

VII 第二項及第五項晉升官等訓練期間、實施方式、受訓資格、名額分配與遴選、成績考核、延訓、停訓、免訓、廢止受訓資格、保留受訓資格、訓練費用及其他相關事項之辦法，由考試院定之。

第 14 條之 1（曾任一般行政及技術職務之年資考績併計）

警察機關、學校組織法規中所定警察官與具有警察官任用資格之一般行政人員及技術人員，其相當官等官階（職等）之年資、考績得相互採計，依第十三條、前條第二項、第五項及公務人員考績法第十一條第一項、公務人員任用法第十七條第二項、第五項規定，相互取得任官（用）資格。

第 15 條（官等之改任）

本條例施行前，經依法銓敘合格現任警察官之官等，依左列規定改任：

一　簡任改任警監。

二　薦任改任警正。

三　委任改任警佐。

第 16 條（任官程序）

警察官初任各官等及警監各官階時均應任官，程序如左：

一　警監、警正由內政部核轉銓敘部銓敘審定合格後，呈請總統任官。

二　警佐由內政部核轉銓敘部銓敘審定合格後任官，或由直轄市政府核轉銓敘部銓敘審定合格後，報內政部任官。

第三章　任　職

第 17 條（初任警察職務之試用與實習）

I 初任各官等警察人員，未具與擬任職務職責程度相當或低一官階之經驗六個月以上者，應先予試用六個月。試用期滿成績及格，予以實授；試用期滿成績不及格，予以解職。

II試用人員於試用期間有公務人員任用法第二十條第二項情事或有本條例第二十八條授權訂定之警察人員獎懲標準一次記一大過情形之一者，爲試用成績不及格。

III警察大學、警官學校、警察專科學校及警察學校學生經實習期滿畢業，考試及格分發任職者，免予試用。

第18條（警察官之任職）

I警察官任職，依各該機關、學校組織法規之規定，官階應與職務等階相配合。本官階無適當人員調任時，得以同官等低一官階資深績優人員權理。

II遇有特殊情形，亦得以高一官階人員調任。警察官職務，應就其工作職責及所需資格，列入職務等階表，必要時一職務得列二個至三個官階。

III前項職務等階表，依職責程度、業務性質及機關層次，由銓敘部會商行政院有關機關擬訂，報請考試院核定。

IV依法應適用本條例之機關及人員，於本條文中華民國八十六年五月二十一日修正施行前，其組織法規所列職務之官等與職務等階表牴觸時，暫先適用職務等階表規定。但各機關、學校組織法律於本條文中華民國八十六年五月二十一日修正施行後制定或修正者，仍依組織法律之規定。

第19條（升職教育與專業訓練）

各級警察機關主管及專門性職務人員，得經升職教育或專業訓練培育之。

第20條（警察職務之調任）

I警察人員之陞遷，應本人與事適切配合之旨，考量機關、學校特性及職務需要，依資績並重、內陞與外補兼顧原則，並與教育訓練及考核相配合，採公開、公平、公正方式，擇優陞任或遷調歷練，以拔擢及培育人才。

II警察人員具有特殊功績者，應予陞職。並由內政部警政署召開會議公開審議之。

III前項應予陞職人員未具陞職任用資格者，應俟其取得資格後辦理之；其所具任用資格未達擬任職務等階表所列該職務最低官階者，應予晉階，並以晉一階爲限，不受第十三條規定之限制。

IV警察人員之陞遷，不適用公務人員陞遷法之規定；其實施範圍、辦理方式、限制條件及其他相關事項之辦法，由內政部定之。

第21條（警察職務之遴任）

警察職務之遴任權限，劃分如左：

一　警監職務，由內政部遴任或報請行政院遴任。

二　警正、警佐職務，由內政部遴任或交由直轄市政府遴任。

第四章　俸　給

第22條（警察人員之俸給）

I警察人員之俸給，分本俸（年功俸）及加給，均以月計。

II本俸、年功俸之俸級及俸額，依附表一之規定。

III警察人員與一般行政人員及技術人員相互轉任時，除依本條例規定者外，適用公務人員任用法、公務人員俸給法之規定；其相當官等、官階（職等）及俸級之對照換敘，依附表二之規定。

第23條（本俸之支給）

本俸之支給，初任警正或警佐者，其等級起敘規定如左：

一　高等考試一級考試或特種考試警察人員考試一等考試及格，以警正一階任用，自一階三級起敘，先以警正二階任用者，自二階一級起敘。

二　高等考試二級考試或特種考試警察人員考試二等考試及格，以警正三階任用，自三階三級起敘，先以警正四階任用者，自四階一級起敘。

三　高等考試三級考試或特種考試警察人員考試三等考試及格，以警正四階任用，自四階三級起敘，先以警佐一階任用者，自一階一級起敘。

四　普通考試或特種考試警察人員考試四等考試及格，以警佐三階任用，自三階三級起敘。

五　初等考試或特種考試警察人員考試五等考試及格，自警佐四階六級起敘。

第24條（現職人員改任之俸給）

依第十五條改任之現職人員，按其改任之等階，換敘俸級，原敘俸級高於改任官階最高俸級者，仍支原俸給。

第25條（本俸年功俸之準用）

本俸及年功俸之晉級，準用第三十二條之規定。

第26條（晉階或升等之警察官之俸給）

I晉階之警察官，核敘所晉官階本俸最低級；原敘俸級高於所晉官階本俸最低級者，換敘同數額之本俸或年功俸。

II升任高一官等警察官，自所升官等最低官階本俸最低級起敘；原敘俸級高於起敘俸級者，換敘同數額之本俸或年功俸。

III調任同官等低官階職務之警察官，仍以原官階任用並敘原俸級。

第27條（警察人員之加給）

警察人員加給分勤務加給、技術加給、專業加給、職務加給、地域加給；其各種加給之給與，由行政院定之。

第五章　考核與考績

第28條（警察人員之考核）

I警察人員平時考核之獎懲種類，適用公務人員考績法之規定。

II警察人員平時考核之功過，依公務人員考績法第十二條規定抵銷後，尚有記一大功二次人員，考績不得列乙等以下；記一大功以上人員，考績不得列丙等以下；記一大過以上人員，考績不得列乙等以上。

III第一項獎懲事由、獎度、懲度、考核監督責任及其他相關事項之標準，除依本條例規定外，由內政部定之。

第 29 條（警察人員之停職）

I 警察人員有下列情形之一者，應即停職：

一　動員戡亂時期終止後，涉嫌犯內亂罪、外患罪，經提起公訴於第一審判決前。

二　涉嫌犯貪污罪、瀆職罪、強盜罪，經提起公訴於第一審判決前。但犯瀆職罪最重本刑三年以下有期徒刑者，不包括在內。

三　涉嫌假借職務上之權力、機會或方法，犯詐欺、侵占、恐嚇罪，經提起公訴於第一審判決前。但犯最重本刑三年以下有期徒刑之罪者，不包括在內。

四　涉嫌犯前三款之罪經法院判決有罪尚未確定；或撤銷判決發回更審或發交審判案件，其撤銷前之各級法院判決均為有罪尚未確定。

五　涉嫌犯第一款至第三款以外之罪，經法院判處有期徒刑以上之刑尚未確定，未宣告緩刑或得易科罰金；或嗣經撤銷判決發回更審或發交審判，前一審級法院判處有期徒刑以上之刑尚未確定，未宣告緩刑或得易科罰金。

六　依刑事訴訟程序被通緝或羈押。但犯內亂罪、外患罪、貪污罪、強盜罪被通緝者，依第三十一條第一項第二款或第三款規定辦理。

II警察人員其他違法情節重大，有具體事實者，得予以停職。

III第一項停職人員，由遴任機關或其授權之機關、學校核定。前項停職人員，由主管機關核定。

第 30 條（停職人員之復職）

I 停職人員經不起訴、緩起訴處分或判決確定，且其行政責任尚未構成法定免職情事者，應准予復職。

II停職人員有下列各款情形之一者，得先予復職：

一　經法院判決無罪尚未確定。

二　經法院以犯前條第一項第一款至第三款以外之罪，判處有期徒刑以上之刑，經宣告緩刑或得易科罰金尚未確定。

三　經撤銷通緝或釋放且無前條第一項第一款至第五款及第二項情形。

III前項第一款及第二款先予復職人員，其判決確定前不適用前條第一項第四款及第五款規定。

IV第一項及第二項復職人員，由遴任機關或其授權之機關、學校核定。

第 30 條之 1（申請復職）

I 依前條第二項規定得先予復職人員，應以書面經由服務機關向原核定停職之機關、學校提出申請。

II原核定停職之機關、學校受理前項申請，應於受理之日起二個月內作成決定；必要時，得延長之，並通知申請人。延長以一次為限，最長不得逾二個月。

III經核定先予復職者，應於復職通知達到之日起三十日內復職；逾限者，除有不可歸責於申請人之事由外，應廢止先予復職通知，繼續停職。

第 31 條（警察人員之免職）

I 警察人員有下列各款情形之一者，遴任機關或其授權之機關、學校應予以免職：

一　公務人員任用法第二十八條第一項第一款、第二款及第六款所定情形之一。

二　動員戡亂時期終止後，犯內亂罪、外患罪，經有罪判決確定或通緝。

三　犯貪污罪、強盜罪，經有罪判決確定或通緝。

四　犯前二款以外之罪，經處有期徒刑以上刑之判決確定，未宣告緩刑或未准予易科罰金。

五　依刑事確定判決，受褫奪公權之宣告。

六　公務人員考績法所定一次記二大過情事之一。

七　犯第二款及第三款以外之罪，經通緝逾六個月未撤銷通緝。

八　持械恐嚇或傷害長官、同事，情節重大，有具體事實，嚴重影響警譽。

九　假借職務上之權勢，意圖敲詐、勒索，有具體事實，嚴重影響警譽。

十　假借職務上之權勢，庇護竊盜、贓物、流氓、娼妓、賭博，有具體事實，嚴重影響警譽。

十一　同一考績年度中，其平時考核獎懲互相抵銷後累積已達二大過。

十二　依其他法律規定應予免職或喪失服公職權利。

II前項第六款至第十一款免職處分於確定後執行，未確定前應先行停職。

III依第一項免職者，並予免官。

第 32 條（警察人員考績之適用）

警察人員之考績，除依本條例規定者外，適用公務人員考績法之規定。

第 33 條（警察人員晉至本階職務最高俸級之獎勵）

警察人員任本官階職務滿十年未能晉階或升官等任用，而已晉至本官階職務最高俸級者，其考績列甲等、乙等之獎勵，依下列規定：

一　甲等：晉年功俸一級，給與一又半個月俸給總額之一次獎金；已晉至年功俸最高俸額者，給與二個月俸給總額之一次獎金。

二　乙等：晉年功俸一級，給與一個月俸給總額之一次獎金；已晉至年功俸最高俸額者，給與一又半個月俸給總額之一次獎金。

第 34 條（辦理考績程序）

辦理考績程序如左：

一　內政部警政署與所屬警察機關、學校、各縣（市）警察局及警察大學警察人員之考績，由內政部或授權之警察機關、學校核定後，送銓敘部銓敘審定。

二　直轄市政府警察局警監人員之考績，由直轄市政府核定後，送內政部轉銓敘部銓敘審定；其餘人員之考績，由直轄市政府核定後，送銓敘部銓敘審定。

第六章　退休與撫卹

第 35 條（警察人員之退休）

Ⅰ警察人員之退休，除依左列規定外，適用公務人員退休法之規定：

一　警正以下擔任具有危險及勞力等特殊性質職務者，其退休年齡，得依照公務人員退休法之規定酌予降低。

二　在執行勤務中遭受暴力或意外危害，致身心障礙，不堪勝任職務並依公務人員退休法命令退休者，其退休金除依規定按因公傷病標準給與外，另加發五至十五個基數。基數內涵均依所任職務最高等階年功俸最高俸級計算。

三　領有勳章、獎章者，得加發退休金。

Ⅱ警察人員在本條例中華民國九十三年八月十九日修正之條文施行前，有前項第二款情形，現仍支領或兼領月退休金者，其月退休金之給與，自修正條文施行之日起準用本條例之規定。

Ⅲ第一項第二款及第三款加發退休金之對象、基數、金額及其他相關事項之標準，由行政院、考試院會同定之。

Ⅳ第一項第二款及第二項人員依所任職務最高等階年功俸最高俸級計算之退休金高於銓敘審定合格等級計算之退休金者，其差額由主管機關編列預算支給。

第 35 條之 1（醫療照護及安置就養）

Ⅰ警察人員在執行勤務中遭受暴力或意外危害，致全殘廢或半殘廢者，應給與醫療照護及安置就養，並由主管機關編列預算，給與終身照護。

Ⅱ警察人員在本條例中華民國九十三年八月十九日修正之條文施行前，有前項情形者，自修正施行之日起，給與照護。

Ⅲ前二項之照護標準、方式及其他相關事項之辦法，由行政院定之。

第 35 條之 2（受禁治產宣告或有精神疾病者應辦理退休或資遣）

警察官於任用後，有公務人員任用法第二十八條第一項第八款或第九款所定情形之一者，應依規定辦理退休或資遣。

第 36 條（警察人員之撫卹）

Ⅰ警察人員之撫卹，除依左列規定外，適用公務人員撫卹法之規定：

一　在執行勤務中殉職者，其撫卹金基數內涵依其所任職務最高等階年功俸最高俸級計算，並比照戰地殉職人員加發撫卹金。

二　領有勳章、獎章者，得加發撫卹金。

Ⅱ警察人員在本條例中華民國九十三年八月十九日修正之條文施行前，有前項第一款情形，其遺族現仍支領年撫卹金者，其年撫卹金之給與，自修正條文施行之日起準用本條例之規定。

Ⅲ第一項第二款加發撫卹金標準，在不重領原則下，比照退休金加發標準發給。

Ⅳ第一項第一款及第二項依所任職務最高等階年功俸最高俸級計算之撫卹金高於銓敘審定合格等級計算之撫卹金者，其差額由主管機關編列預算支給。

第 36 條之 1（因公範圍與慰問金發給）

Ⅰ警察人員因公受傷、殘廢、死亡或殉職者，應從優發給慰問金；全殘廢者，比照殉職之標準。其在執行勤務中遭受暴力或意外危害致全殘廢、死亡或殉職者之慰問金不得低於公務人員因公傷殘死亡發給慰問金之二倍。

Ⅱ前項因公範圍與慰問金發給對象、金額及其他相關事項之辦法，由行政院定之。

Ⅲ警察人員在執行勤務中，遭受暴力或意外危害，致全殘廢、半殘廢或在執行勤務中殉職者，其子女應給與教養至成年。如已成年仍在學者，繼續教養至大學畢業爲止。

Ⅳ警察人員在本條例中華民國九十三年八月十九日修正之條文施行前，有前項情形者，其子女自修正施行之日起，給與教養。

Ⅴ前二項之教養對象、方式及其他相關事項之辦法，由行政院定之。

第七章　附　則

第 37 條（特別休假）

警察人員有特別貢獻或特殊功績者，予以特別休假；其事蹟、日數、核定機關、學校及其他相關事項之辦法，由內政部訂定發布後，並送銓敘部備查。

第 37 條之 1（互助共濟事項之辦理）

警察機關爲激勵警察人員士氣，促進團結，得辦理互助共濟事項；其辦法，由內政部定之。

第 38 條（現職警察人員之進修）

警察機關爲適應業務發展需要，得保送現職警察人員，至國內外大學或專科學校進修。其辦法由內政部會同教育部定之。

第 39 條（一般行政人員之準用）

Ⅰ依警察機關、學校組織法規所定之一般行政人員及技術人員，除任用、退休及撫卹外，準用本條例之規定。

Ⅱ中華民國七十四年九月二十三日前經警察機關、學校依有關法令進用之現職同委任及委任待遇人員，其任免遷調、獎懲考成、薪給、退休撫卹及其他相關事項之辦法，由內政部定之。

第 39 條之 1（海岸巡防及消防機關列警察官人員之人事辦理）

海岸巡防機關及消防機關列警察官人員之人事事項，由各該主管機關依本條例之規定辦理。

第 40 條（設置駐衛警察管理辦法）

各機關、學校、團體駐衛警察設置管理辦法，由內政部定之。

第 40 條之 1（暫支領警佐待遇人員管理辦法之訂定）

Ⅰ中華民國八十七年以前入學之警察大學、警官學校學生，或中華民國八十八年以前入學之警察專科學校、警察學校學生，畢業後未取得任官資格者，得暫支領警佐待遇，於警察官監督下，協助執行勤務。

Ⅱ前項暫支領警佐待遇人員之勤務、任免遷調、獎懲考成、薪給、退休撫卹及其他相關事項之辦法，由內政部定之。

Ⅲ本條例中華民國九十六年六月十五日修正之條文施行前，經依有關法令進用之其他現職警佐待遇人員，準用前項辦法。

第 41 條（施行細則）

本條例施行細則，由內政部、銓敘部會同定之。

第 42 條（施行日）

本條例自公布日施行。

警察人員人事條例施行細則

1.中華民國65年7月15日內政部、銓敘部令會銜訂定發布全文26條
2.中華民國80年3月27日內政部、銓敘部令會銜發布刪除第12、13條條文
3.中華民國91年1月24日內政部、銓敘部令會銜修正發布全文19條
4.中華民國92年9月15日內政部、銓敘部令會銜修正發布第14、18條條文；並刪除第3、7條條文
5.中華民國94年12月26日內政部、銓敘部令會銜修正發布第14、16、17、19條條文；增訂第17-1、17-2條條文；並自93年9月3日施行
6.中華民國96年12月10日內政部、銓敘部令會銜修正發布名稱及第1、14條條文；並刪除第8條條文（原名稱：警察人員管理條例施行細則）
中華民國107年4月27日行政院公告第14條第2項所列屬「海岸巡防機關」之權責事項原由「行政院海岸巡防署及所屬機關」管轄，自107年4月28日起改由「海洋委員會海巡署及所屬機關（構）」管轄；各該規定所列屬「行政院海岸巡防署」之權責事項，自107年4月28日起改由「海洋委員會」管轄；第17-2條所列屬「行政院海岸巡防署」之權責事項，自107年4月28日起改由「海洋委員會及所屬機關（構）」管轄
7.中華民國107年10月2日內政部、銓敘部令會銜修正發布第17條條文

第1條
本細則依警察人員人事條例（以下簡稱本條例）第四十一條規定訂定之。

第2條
本條例第四條所定警察官職分立，凡現任警察人員經離職而未免官者，應不支俸給。

第3條（刪除）

第4條
Ⅰ本條例第十一條第一項第一款所稱警察人員考試及格，指依公務人員考試法所舉行之高等考試、普通考試、初等考試或特種考試之警察人員考試及格。同項第二款所稱依法升官等任用，指在本條例施行前後，依法取得升官等任用資格者而言。
Ⅱ本條例第十一條第二項所稱訓練合格，指接受下列期間不少於四個月之教育或訓練，且成績及格者：
一　警察教育條例所定之進修教育及深造教育。
二　前項警察人員考試錄取人員之訓練。

第5條
本條例施行前，依法取得升官等任用資格之警察官，於升官等任用時，其俸級比照本條例第二十六條規定辦理。

第6條
本條例施行前，依法銓敘合格警察官，於復任時，其俸級比照本條例第二十四條規定辦理。

第7條（刪除）

第8條（刪除）

第9條
本條例第十五條所定現任警察官改任之官等，在本條例施行前依法取得升官等任用資格者，於升任時適用之。

第10條
現任警察官之改任，其作業要點，由銓敘部定之。

第11條
本條例第十九條所稱主管職務，指警察機關組織法規中正副首長及各級單位正副主管。所稱專門性職務，指刑事、外事及其他需具專門學能之職務。

第12條
本條例第二十四條所稱改任之等階，其官階由銓敘部按改任人員原經依法敘定之本俸俸級，就警察人員俸表所列認定之。

第13條
Ⅰ依前條規定改任之警察官，按其原經依法敘定之本俸俸級，就警察人員俸表所列同等階任官。
Ⅱ前項改任後之官階，高於所在機關組織法規所定二階以上者，不得申請調任同官階之職務。

第14條
Ⅰ本條例第二十九條第三項、第三十五條第四項、第三十五條之一第一項及第三十六條第四項所稱主管機關，為內政部警政署。
Ⅱ海岸巡防機關、消防機關列警察官人員及中央警察大學之警察人員有本條例第二十九條情形者，其主管機關分別為行政院海岸巡防署、內政部消防署、直轄市政府、縣（市）政府及中央警察大學；有本條例第三十五條、第三十五條之一及第三十六條情形者，其主管機關分別為行政院海岸巡防署、內政部消防署及中央警察大學。

第15條
Ⅰ本條例第三十三條所稱警察人員任本官階職務滿十年，以參加考績者為準，其改任之現職人員，原連續任該項職務之年資得合併計算。
Ⅱ警察官曾任警察機關組織法規所定之一般行政及技術職務，其相當官等、職等之年資，得併計前項年資。

第16條
本條例第三十五條第一項第二款、第三十五條之一第一項、第三十六條第一項第一款、第三十六條之一第一項及第三項所稱執行勤務中，指開始執行下

列勤務至勤務終了時之狀態：
一　交通指揮或稽查。
二　處理爆炸物品。
三　搶救災害或參與演習。
四　擔任特定警衛任務。
五　巡邏或埋伏。
六　拘提或逮捕案犯。
七　其他依有關法令規定之勤務。

第 17 條

Ⅰ本條例第三十六條第一項第一款、第三十六條之一第一項及第三項所稱殉職者，指有下列情事之一者：
一　執行搶救災害、拘提或逮捕案犯勤務，遭受暴力或意外危害，以致死亡。
二　執行前條各款所定勤務之一，處理對其生命有高度危險之事故，遭受暴力或意外危害，以致死亡。

Ⅱ警察人員於本細則中華民國一百零七年十月二日修正施行前有前項各款情事之一，其撫卹尚未經審定者，其撫卹之審定，適用修正後之規定。

第 17 條之 1

本條例第三十五條第一項第二款、第四項、第三十六條第一項第一款及第四項所定所任職務最高等階年功俸最高俸級，係依退休人員最後在職或撫卹人員死亡時，所適用之警察官職務等階表及警察人員俸表規定之等級為準。

第 17 條之 2

依本條例第三十五條第一項第二款及第三十六條第一項第一款辦理退休、撫卹案件，應由服務機關檢具相關文件及內政部警政署、消防署、中央警察大學或行政院海岸巡防署出具之事實審核證明，循行政程序彙轉銓敘部審定。

第 18 條

本條例第三十九條所稱一般行政人員，指主計、人事、文書、庶務及其他非執行警察勤務而依各警察機關組織法規所定簡、薦、委任人員及適用現職雇員管理要點之人員。所稱技術人員，指各警察機關組織法規定有官等、職等，歸列技術職系職務之人員。所稱準用本條例之規定，指除其俸給、考績應與任用資格配合，適用各相關法規外，得依本條例有關事項辦理。

第 19 條

本細則自發布日施行。但中華民國九十一年一月二十四日修正發布之第四條及第十五條，自中華民國八十六年五月二十三日施行；中華民國九十四年十二月二十六日修正發布之條文，自中華民國九十三年九月三日施行。

警察勤務條例

1.中華民國61年8月27日總統令制定公布全文31條
2.中華民國75年11月10日總統令修正公布全文29條
3.中華民國89年7月5日總統令修正公布第6～8條條文
4.中華民國96年7月4日總統令修正公布第11條條文
5.中華民國97年7月2日總統令修正公布第5～7、11、12、15、17、19、24、25條條文

第一章　總　則

第1條（本法之依據）
本條例依警察法第三條規定制定之。
第2條（本法之作用）
警察機關執行勤務，依本條例行之。
第3條（警察勤務之實施）
警察勤務之實施，應晝夜執行，普及轄區，並以行政警察爲中心，其他各種警察配合之。

第二章　勤務機構

第4條（警察勤務機構之區分）
警察勤務機構，區分爲基本單位、執行機構及規劃監督機構。
第5條（警勤區之意義）
警察勤務區（以下簡稱警勤區），爲警察勤務基本單位，由員警一人負責。
第6條（警勤區之劃分）
I 警勤區依下列規定劃分：
一　依自治區域，以一村里劃設一警勤區；村里過小者，得以二以上村里劃設一警勤區；村里過大者，得將一村里劃設二以上警勤區。
二　依人口疏密，以二千人口或五百戶以下劃設一警勤區。
II 前項警勤區之劃分，應參酌治安狀況、地區特性、警力多寡、工作繁簡、面積廣狹、交通電信設施及未來發展趨勢等情形，適當調整之。
III 刑事、外事警察，得配合警勤區劃分其責任區。
第7條（勤務執行機關）
I 警察分駐所、派出所爲勤務執行機構，負責警勤區之規劃、勤務執行及督導。
II 前項分駐所、派出所設置基準，由內政部警政署定之。
III 偏遠警勤區不能與其他警勤區聯合實施共同勤務者，得設警察駐在所，由員警單獨執行勤務。
第8條（勤務隊及警衛派出所）
I 直轄市、縣（市）警察機關，於都市人口稠密或郊區治安特殊區域，因應警察設備情況及警力需要，得集中機動使用，免設分駐所、派出所，將勤務人員集中於警察分局，編爲勤務隊（組），輪流服勤。
II 警察局於必要時，得設警衛派出所，在特定地區執行守護任務。
第9條（警察分局之任務）
警察分局爲勤務規劃監督及重點性勤務執行機構，負責規劃、指揮、管制、督導及考核轄區各勤務執行機構之勤務實施，並執行重點性勤務。
第10條（警察局之任務）
警察局爲勤務規劃監督機構，負責轄區警察勤務之規劃、指揮、管制、督導及考核，並對重點性勤務，得逕爲執行。

第三章　勤務方式

第11條（警察勤務之方式）
警察勤務方式如下：
一　勤區查察：於警勤區內，由警勤區員警執行之，以家戶訪查方式，擔任犯罪預防、爲民服務及社會治安調查等任務；其家戶訪查辦法，由內政部定之。
二　巡邏：劃分巡邏區（線），由服勤人員循指定區（線）巡視，以查察奸宄，防止危害爲主；並執行檢查、取締、盤詰及其他一般警察勤務。
三　臨檢：於公共場所或指定處所、路段，由服勤人員擔任臨場檢查或路檢，執行取締、盤查及有關法令賦予之勤務。
四　守望：於衝要地點或事故特多地區，設置崗位或劃定區域，由服勤人員在一定位置瞭望，擔任警戒、警衛、管制；並受理報告、解釋疑難、整理交通秩序及執行一般警察勤務。
五　値班：於勤務機構設置値勤臺，由服勤人員値守之，以擔任通訊連絡、傳達命令、接受報告爲主；必要時，並得站立門首瞭望附近地帶，擔任守望等勤務。
六　備勤：服勤人員在勤務機構內整裝待命，以備突發事件之機動使用，或臨時勤務之派遣。
第12條（勤區查察及共同勤務）
I 勤區查察爲個別勤務，由警勤區員警專責擔任。巡邏、臨檢、守望、値班及備勤爲共同勤務，由服勤人員按勤務分配表輪流交替互換實施之。
II 前項共同勤務得視服勤人數及轄區治安情形，採用巡邏及其他方式互換之，但均以巡邏爲主。
第13條（巡邏勤務之實施）
I 巡邏勤務應視轄區面積及治安、地理、交通情

形，分別採用步巡、車巡、騎巡、船巡、空中巡邏等方式實施之。

II 巡邏勤務應視需要彈性調整巡邏區（線），採定線及不定線；並注意逆線、順線，於定時、不定時交互行之。

第 14 條（機動隊之編組）

各級勤務機構因治安需要，得指派人員編組機動隊（組），運用組合警力，在指定地區執行巡邏、路檢、臨檢等勤務以達成取締、檢肅、查緝等法定任務；並得保留預備警力，機動使用。

第四章　勤務時間

第 15 條（勤務時間及劃分）

I 每日勤務時間爲二十四小時，其起迄時間自零時起至二十四時止。零時至六時爲深夜勤，十八時至二十四時爲夜勤，餘爲日勤。勤務交接時間，由警察局定之。

II 服勤人員每日勤務以八小時爲原則；必要時，得視實際情形酌量延長之。

III 服勤人員每週輪休全日二次，遇有臨時事故得停止之；並得視治安狀況需要，在勤務機構待命服勤。

IV 前項延長服勤、停止輪休或待命服勤之時間，酌予補假。

第 16 條（服勤時間之分配）

I 服勤時間之分配，以勤四、息八爲原則，或採其他適合實際需要之時間分配。

II 聯合服勤時間各種勤務方式互換，應視警力及工作量之差異，每次二至四小時，遇有特殊情形，得縮短或延伸之。但勤區查察時間，得斟酌勞逸情形每日二至四小時。服勤人員每日應有連續八小時之睡眠時間，深夜勤務以不超過四小時爲度。但有特殊任務，得變更之。

第五章　勤務規劃

第 17 條（勤務規範）

I 勤務規劃監督機構對勤務執行機構服勤人員之編組、服勤方式之互換及服勤時間之分配，應妥予規劃，訂定勤務基準表，互換輪流實施，並注意下列事項：

一　勤務時間必須循環銜接，不留空隙。

二　勤務方式應視需要互換，使每人普遍輪流服勤。

三　分派勤務，力求勞逸平均，動靜工作務使均勻，藉以調節精神體力。

四　經常控制適當機動警力，以備缺勤替班，並協助突發事件之處理。

五　每人須有進修或接受常年訓練之時間。

II 前項勤務編配，採行三班輪替或其他適合實際需要之分班服勤。如勤務執行機構人員置三人至五人者，得另採半日更替制；置二人者，得另採全日更替制；其夜間值班，均改爲值宿。

第 18 條（勤務執行）

勤務執行機構應依勤務基準表，就治安狀況及所掌握之警力，按日排定勤務分配表執行之，並陳報上級備查；變更時亦同。

第 19 條（個別勤務與共同勤務之分別實施）

警察局基於事實需要，須將個別勤務與共同勤務分別實施時，得以分局或分駐所、派出所爲單位，指派員警專責執行勤區查察；必要時，得將其警勤區擴大之，並另指派員警輪服共同勤務。

第 20 條（專屬勤務）

警察局或分局設有各種警察隊（組）者，應依其任務，分派人員，服行各該專屬勤務，構成轄區點、線、面，整體勤務之實施。

第 21 條（執行特別勤務）

勤務機構因臨時執行特別勤務，必須變更平時勤務編配者，服勤人員應依其上級命令服行之。

第 22 條（勤務指揮中心之工作）

各級警察機關之勤務指揮中心，統一調度、指揮、管制所屬警力，執行各種勤務。轄區內發生重大災害、事故或其他案件時，得洽請非所屬或附近他轄區警力協助之。

第 23 條（裝備機具之配備）

I 警察勤務之裝備機具，按需要配備之。

II 前項裝備機具配備標準，由內政部警政署定之。

第六章　勤前教育

第 24 條（勤前教育之種類）

勤務執行前，應舉行勤前教育，其種類區分如下：

一　基層勤前教育：以分駐所、派出所爲實施單位。

二　聯合勤前教育：以分局爲實施單位。

三　專案勤前教育：於執行專案或臨時特定勤務前實施。

第 25 條（勤前教育之內容）

I 勤前教育施教內容如下：

一　檢查儀容、服裝、服勤裝備及機具。

二　宣達重要政令。

三　勤務檢討及當日工作重點提示。

II 前項勤前教育之實施，由警察機關視所轄勤務機構實際情形，規定其實施方式、時間及次數。

第七章　勤務督導

第 26 條（督導及獎懲）

I 各級警察機關爲激勵服勤人員工作士氣，指導工作方法及考核勤務績效，應實施勤務督導及獎懲。

II 黎明、黃昏、暴風、雨、雪、重要節日及特殊地區，應加強勤務督導。

第八章　附　則

第 27 條（專業警察機關執勤之準用）

本條例之規定，於各專業警察機關執行各該專屬勤務時準用之。

第 28 條（施行細則）

各級警察機關應擬訂實施細則，陳報其上級警察機關核准施行。

第 29 條（施行日）

本條例自公布日施行。

警察勤務區訪查辦法

1.中華民國96年12月13日內政部令訂定發布全文17條；並自發布日施行
2.中華民國107年4月11日內政部令修正發布名稱及全文11條；並自發布日施行（原名稱：警察勤務區家戶訪查辦法）

第1條
本辦法依警察勤務條例第十一條第一款規定訂定之。

第2條
Ⅰ警察勤務區（以下簡稱警勤區）員警依本辦法規定執行訪查。但治安顧慮人口之查訪，依治安顧慮人口查訪相關法令規定辦理。
Ⅱ警勤區訪查之目的爲達成犯罪預防、爲民服務及社會治安調查等任務。

第3條
警勤區員警訪查時，得實施下列事項：
一　犯罪預防：從事犯罪預防宣導，指導社區治安，並鼓勵社區居民參與，共同預防犯罪。
二　爲民服務：發現、諮詢及妥適處理社區居民治安需求，並依其他法規執行有關行政協助事項。
三　社會治安調查：透過與社區居民、組織、團體或相關機關（構）之聯繫及互動，諮詢社區治安相關問題及建議事項。

第4條
警勤區員警實施訪查，應遵守下列事項：
一　尊重當事人權益，並以誠實信用方法爲之。
二　不得逾越訪查目的之必要範圍，並應與訪查目的具有正當合理之關聯。
三　嚴守行政中立，依法公正執行職務，並保持政治中立。
四　非有正當理由，不得爲差別待遇。

第5條
Ⅰ警勤區員警實施訪查，應著制服或出示警察服務證表明身分，並告知訪查目的。
Ⅱ警勤區員警未依前項規定執行訪查時，受訪查者得拒絕之。

第6條
Ⅰ訪查應就警勤區內之住所、居所、事業處所、營業場所、共同生活戶、共同事業戶及其他有關之處所實施之。
Ⅱ執行警勤區訪查時，應經受訪查之住居人、代表人、事業負責人或可爲事業代表之人同意並引導，始得進入其適當處所。

第7條
Ⅰ警勤區員警實施訪查，應依勤務分配表編配時間，於日間爲之。但與受訪查者另有約定訪查時間者，不在此限。
Ⅱ前項訪查時間，應避免干擾受訪查者生活及事業之正常作息。

第8條
Ⅰ警勤區員警實施訪查，以實地個別訪查爲原則；必要時，得以聯合訪查或座談會方式實施。
Ⅱ警勤區訪查，以座談會方式實施者，應將訪查時間及地點，於訪查日三日前，以書面通知受訪查者。

第9條
警勤區員警實施訪查，得以下列方法與社區居民聯繫及諮詢：
一　運用社群網路、電子、平面媒體或表單等刊登治安簡訊，載明犯罪預防措施、爲民服務及社會治安調查等需求事項，並提供有關維護社區治安之聯繫、諮詢服務、反映及回復管道。
二　遞送警勤區員警聯繫卡片，載明與警察聯繫方法。
三　警勤區員警爲指導家戶及社區治安，得提供治安評估服務，協力維護社區治安。

第10條
Ⅰ警勤區員警執行訪查得建立資料檔案，記錄受訪查者之姓名、住居所、職業、國民身分證統一編號、聯絡方式與其他爲達成犯罪預防、爲民服務及社會治安調查之必要事項。
Ⅱ前項資料檔案之蒐集、處理及利用，應遵守個人資料保護相關法令規定。
Ⅲ警勤區員警於訪查所建立之資料檔案，應依相關規定保密。

第11條
本辦法自發布日施行。

警察勤務區訪查作業規定

中華民國108年10月28日內政部警政署函發布。

一、內政部警政署（以下簡稱本署）為規範警察勤務區（以下簡稱警勤區）員警執行警勤區訪查工作，特訂定本規定。

二、本規定用詞定義如下：

㈠治安顧慮人口：依警察職權行使法第十五條及治安顧慮人口查訪辦法第二條規定，得定期實施查訪對象。

㈡記事人口：依法令規定得定期或不定期實施查訪之對象。

1. 依性侵害犯罪防治法第二十三條規定，應登記、報到之加害人。
2. 依家庭暴力防治法第四十八條規定，應實施查訪之相對人（加害人）。

㈢一般人口：治安顧慮人口及記事人口以外之人。

㈣諮詢對象：須定期聯繫拜訪之村（里）鄰長、守望相助隊人員、社區（大樓）保全（管理）人員、各級民意代表與其他熱心為民服務及維護地方治安之人。

三、警勤區訪查工作項目如下：

㈠犯罪預防：

1. 查訪治安顧慮人口及記事人口，有效掌握其動態。
2. 傳遞治安訊息，提高民眾自主防衛意識。
3. 發掘影響治安、婦幼、交通、安寧秩序之問題及事項，並與民眾合力解決及防範。
4. 輔導民眾加強安全防護能力，提供安全評估、安全設備建議、推展巡守組織及提倡守望相助精神，共同預防犯罪。

㈡為民服務：

1. 受理轄區民眾對影響治安、婦幼、交通、安寧秩序與其他有關警政問題之通報及建議。
2. 執行失蹤人口查尋、拾得遺失物處理、長者訪視、急難救助通報、弱勢居民與被害人之關懷及其他警政服務事項。
3. 參與轄區集會、公益或社團活動，宣導警政工作及為民服務事項，促進警民合作。

㈢社會治安調查：

1. 定期與諮詢對象聯繫互動，處理有關治安、婦幼、交通、安寧秩序與其他警政問題及建議事項。
2. 清查影響轄區治安、婦幼、交通及安寧秩序等因素，作為預防事故參考。
3. 蒐集轄區與警政工作有關之訊息，作為後續規劃、修正參考。

㈣執行其他法定事項。

四、分局每年依警力配置及轄區狀況檢討劃分警勤區，並區分為繁雜警勤區及一般警勤區，經警察局核定後實施。

警勤區員警由分局遴派適任員警擔任，有調整者，名冊應送警察局備查。

警勤區員警缺額者，分駐所或派出所（以下簡稱派出所）所長應指定專人或其他警勤區員警代理，每一員警以代理一缺額為限，並填寫警勤區代理申請表送分局核備；缺額逾一年未能派補時，分局應於一個月內重新辦理警勤區劃分，檢討合併警勤區事宜。

五、警勤區經營作為如下：

㈠提供民眾警勤區員警聯繫卡，載明服務事項及聯繫方法。

㈡運用會議、社群媒體及網路平臺等，建立與轄區民眾之溝通聯繫管道。

㈢提供民眾安全防護措施及防止被害等處置建議。

㈣清查與列管轄區易生犯罪、交通事故及妨害安寧秩序之處（場）所，供勤務規劃參考。

㈤擇定轄區治安、交通熱點、偏僻地區或重要地點，設置二處以上巡邏箱或電子巡邏箱，按時巡簽。

㈥按時查訪治安顧慮人口及記事人口。

㈦建立轄區機關（構）、團體、學校與軍事單位等基本資料及聯繫窗口。

㈧受理民眾對警政反映及建議事項，並積極處理，回復提案人；對急需關懷協助之民眾，通報有關單位及分局處理。

六、勤區查察處理系統（以下簡稱勤查系統）建置以下警勤區電子簿冊及表單：

㈠一圖：指警勤區轄境圖，標示警勤區之道路、橋梁、金融機構、機關、重點人口或重要人士住居所與其他重要治安及交通熱點。

㈡二表：

1. 警勤區概況表：呈現轄區人、地、事、物概況之資料。
2. 腹案日誌表（以下簡稱日誌表）：預擬

規劃訪查對象、時間及地點。

㈢三簿冊：

*1.*警勤區訪查簿：登錄轄區人口之訪查資料。

*2.*警勤區記事簿：登錄治安顧慮人口及記事人口之查訪資料。

*3.*警勤區手冊：由勤查系統自動彙整警勤區訪查簿、記事簿及相關人事地物等資料，以供瞭解轄區概況。

㈣其他警勤區經營運用之表單。

七、訪查對象包括治安顧慮人口、記事人口、諮詢對象及一般人口；訪查地點包括易發生犯罪及事故之處（場）所。

治安顧慮人口及記事人口之查訪，依其相關法令規定辦理。

八、訪查期程如下：

㈠治安顧慮人口：自刑期執行完畢或假釋出獄後，每個月查訪一次，查訪三年，期滿改列一般人口；必要時，得增加查訪次數。

㈡記事人口：於登記或通知後開始查訪，查訪次數依各警察局婦幼業務主管單位規劃辦理；記事人口增減時，由業務主管單位循業務系統通知相關單位及人員辦理。

㈢村（里）長每月聯繫拜訪一次以上；其他諮詢對象及一般人口得視需要實施訪查。

九、警勤區每月應編排十二小時以上訪查時數，其基準由分局定之，得視勤務需要檢討調整，並送警察局備查。

勤區查察勤務排定後，遇有重大事件或特殊原因，所長得變更之，並送分局備查。

員警代理警勤區期間，每月應增加訪查時數三分之一以上。

對於新到任警勤區員警，得於三十日內增加其訪查時數，以瞭解轄區狀況及建立警民關係。

十、實施警勤區訪查前，應預擬填寫日誌表，送所長核准後實施。

十一、警勤區訪查以單警個別查察爲原則；必要時，得以聯合查察或座談會方式實施。

訪查時應著制服或出示服務證表明身分，並告知訪查目的；經由所長核准以社區座談會方式實施訪查者，於訪查日三日前以書面通知受訪查者。

訪查時間應於日間爲之，以避免干擾訪查對象正常作息；但與訪查對象約定者，得於二十二時前爲之。

執行警勤區訪查時，應經受訪查之住居人、代表人、事業負責人或可為事業代表之人同意並引導，始得進入。

十二、警勤區訪查應勤裝備依相關規定辦理；警勤區員警聯繫卡、社區治安及爲民服務意見表、社區治安簡訊及政令宣導等相關資料，視需要攜帶之。

警勤區員警聯繫卡由警察局或分局統一印製。

十三、警勤區巡簽治安、交通重點方式如下：

㈠繞巡警勤區治安要點及查簽巡邏簽章表；巡簽完畢後，與民眾聯絡互動，以瞭解轄區人、事、地、物之動靜態狀況，蒐集治安資訊及進行犯罪預防工作。

㈡對於難以實施個別查察之處（場）所，經所長核准，得結合其他警勤區實施聯合查察。

㈢訪查所得資料由各警勤區員警分別註記於勤查系統之戶卡片或記事卡（副頁）。

十四、實施訪查注意事項如下：

㈠實施訪查應尊重當事人權益，以誠實信用方法爲之，符合比例原則，不得逾越訪查目的之必要範圍，並應嚴守行政中立，依法公正執行職務，保持政治中立。

㈡治安顧慮人口或記事人口拒絕查訪時，得以側訪或其他方式實施。

㈢發覺可疑犯罪跡象或無法實施查訪時，得以間接方式觀察並記錄可疑處後，提供所長列爲勤務規劃重點。

㈣發現有犯罪情事時，應依刑事訴訟法、刑法及相關法規辦理。

十五、警勤區員警訪查後，得提前三十分鐘返所，將當日訪查概況註記於勤查系統之戶卡片副頁或記事卡副頁，至遲於翌日前完成。

勤查系統註記資料，依警察機關勤區查察處理系統作業規定辦理。

對於民眾反映意見、報案、通知或重要資訊，應處理回復，並提供派出所、分局或其他機關參考；遇急迫事件時，應即報告所長處置。

十六、訪查諮詢所得資料之註記方式如下：

㈠發現未設籍之他轄治安顧慮人口或記事人口，應建立暫住人口戶卡片，依規定執行查訪。

㈡實施聯繫拜訪或查察後，訪談內容註記於戶卡片或戶卡片副頁。

㈢受理民眾陳情、報案或反映之具體建議事項，依第五點第八款規定辦理，並摘要註記於戶卡片副頁。

派出所應按月彙整諮詢對象及一般人口訪查情形，填報訪查次數統計表送分局；分局業務單位得查核各警勤區戶卡片副頁；各級督導人員得利用勤查系統進行抽檢。

十七、員警於職務異動前，應整理警勤區相關資料，由派出所所長確實檢核並辦理監交；警勤區缺額未派補前，資料由代理警勤區員警保管；未指定代理前，由所長保管。

十八、警勤區各種簿冊表卡資料檔案之蒐集、處理及利用，應遵守個人資料保護相關法令規定。

警勤區訪查督帶勤報告之保存年限為二年，巡邏簽章表為一年，期滿依規定銷毀。

十九、所長對新到任警勤區員警辦理事項如下：

㈠擔任監交人，交接轄區訪查對象及重要處（場）所，並宣達警勤區應注意事項及重要法規政策。

㈡指派專人指導勤查系統相關操作。

㈢以督帶勤方式加強員警對警勤區概況之瞭解。

二十、警察局及分局因應警勤區訪查法規修正、勤查系統操作方式調整、重要政策推動或警勤區員警全面檢討調整時，得辦理警勤區訪查教育訓練。

二一、警察局及各級督導人員以第三點工作項目為督導重點，實地抽查警勤區靜態資料更新及動態訪查資料註記情形，並針對發現之問題，協助解決或適時反映。

警察局及分局業務單位應將督導人員反映之問題，即時通知相關單位辦理。

二二、分局業務單位人員、所長及副所長，每人每月應以督帶勤方式，抽訪一個或二個警勤區。但偏遠地區或治安狀況特殊時，得調整抽訪數量。

分局業務單位每月應排定督帶勤分配表，並實施抽訪。

二三、警察局及分局督導人員，應於督導後七日內，將督導報告送達業務單位處理；督導所見優劣情形之獎懲，以溯至前一年度為原則。但有重大出力或不力情事，得專案辦理。

二四、警察局應按月彙整所轄分局勤區查察時數，並於每季次月十五日前，將該季勤查時數統計表送本署備查。

派出所每月勤區查察時數未達基準時數時，分局應查明原因並檢討改進。

二五、執行警勤區訪查工作有得（不）力事蹟獎懲者，得優先適用各相關法令規定；同一事由符合本規定及其他獎懲規定者，獎勵擇優懲處擇輕適用。

二六、執行警勤區訪查工作，依下列規定辦理獎懲：

㈠治安顧慮人口及記事人口查訪工作，依其相關規定辦理獎懲。

㈡研提警勤區經營創新作為有助於勤業務改善精進，經上級採用推行者，於記功範圍內辦理獎勵。

㈢執行第三點工作有優良事蹟者，得依警察人員獎懲標準辦理獎勵。

㈣警勤區員警實施訪查，資料註記完整並保持常新，經警察局或上級機關督導查核屬實者，於嘉獎範圍內敘獎；每半年以嘉獎二次為限。

㈤發現未設籍之他轄記事人口，經建立暫住人口戶卡片（記事卡），並通報戶籍地警察機關者，每二件嘉獎一次；每半年以嘉獎二次為限。

㈥訪查聯繫及註記轄區一般人口或諮詢對象，每半年累計四十戶（次）以上未滿八十戶（次）者，嘉獎一次；八十戶（次）以上者，嘉獎二次。但訪查內容註記簡略，未能記明人、事、時、地及物者，不予計入訪查數。

㈦收受各項應轉記新增訊息資料，未於七日內確認，且無正當理由者，每六則申誡一次；每半年以申誡二次為限。

㈧未依勤查系統擬訂之日誌表實施警勤區訪查，且無正當理由者，每六處申誡一次；每半年以申誡二次為限。

㈨未於勤查系統之戶卡片或記事卡（副頁）註記訪查所得資料、應通報而未通報或註記內容不實者，每六件申誡一次；每半年以申誡二次為限。

㈩派出所每月有三分之一警勤區勤區查察時數未達分局律定時數基準，且無正當理由者，所長申誡一次；每半年以申誡二次為限。

前項第六款上半年累計未達獎勵基準之戶（次）數，得併下半年核計。但不得跨年累計。

二七、警察局及分局辦理警勤區訪查相關業務之獎懲規定如下：

㈠辦理警勤區訪查業務工作，每半年承辦人嘉獎二次，業務主管及協辦人一人各嘉獎一次，並視執行成效辦理。

㈡辦理勤查資料統計彙整無錯漏者，每半年承辦人於嘉獎範圍內核實敘獎。

㈢業務人員未依規定辦理業務或執行不力者，於申誡範圍內懲處，其直屬第一層主管，視情節議處。

二八、本規定獎懲未盡事項，依警察人員獎懲標準辦理。

警察教育條例

1.中華民國 49 年 11 月 10 日總統令制定公布全文 22 條
2.中華民國 61 年 4 月 1 日總統令修正公布第 9～11 條條文
3.中華民國 71 年 6 月 9 日總統令修正公布第 6、7 條條文
4.中華民國 75 年 7 月 2 日總統令修正公布全文 13 條
5.中華民國 91 年 6 月 5 日總統令修正公布第 2～7、9～11 條條文；並增訂第 5-1～5-3 條條文

第 1 條（立法依據）
本條例依警察法第三條及第十五條制定之。

第 2 條（警察教育及辦理學校）
Ⅰ警察教育，分養成教育、進修教育、深造教育；分別由警察學校、警察專科學校、警察大學辦理。
Ⅱ前項學校之組織，另以法律定之。

第 3 條（警員班及預備班之設立及應考資格）
Ⅰ警察學校設警員班及預備班。
Ⅱ警員班修業年限一年，應考資格須公立或已立案之私立高級中學或同等學校畢業，或具有同等學力者。
Ⅲ預備班修業年限三年，成績及格者，比敘高級中學畢業資格，經甄試合格升入警察專科學校專科警員班，其成績特優者，得經考選保送警察大學。
Ⅳ其應考資格須公立或已立案之私立國民中學或同等學校畢業，或具有同等學力者。
Ⅴ前項預備班設置辦法及比敘高級中學畢業資格辦法，由內政部會同教育部定之。

第 4 條（專科警員班之設立及應考資格）
Ⅰ警察專科學校設專科警員班，修業年限二年，成績及格者，依法取得專科畢業資格。其應考資格須公立或已立案之私立高級中學或同等學校畢業，或具有同等學力者。
Ⅱ前條警員班、預備班，於未設置警察學校之省（市），為應警察員額需求，得經內政部會同教育部核准，由警察專科學校辦理。
Ⅲ前二項各班之招生規定，由警察專科學校擬訂，層報內政部核定後，轉報教育部備查。
Ⅳ警察專科學校得甄試具特殊專長人員入學；其入學資格、條件、名額及甄試程序之辦法，由內政部定之。

第 5 條（警察大學系所之設立）
Ⅰ警察大學設下列系、所：
一　學系：
㈠四年制各學系：修業年限四年，成績及格者，依法授予學士學位。
㈡二年制技術系：修業年限二年，成績及格者，依法授予學士學位。
二　研究所：修業年限碩士班一至四年，博士班二至七年，成績及格，符合學位授予法者，分別授予碩士或博士學位。
Ⅱ前項各系、所之招生規定，由警察大學擬訂，層報內政部核定後，轉報教育部備查。
Ⅲ警察大學各學系及二年制技術系，得甄選或甄試警察專科學校成績特優或具特殊專長人員入學；其入學資格、條件、名額及甄選或甄試程序之辦法，由內政部定之。

第 5 條之 1（身家調查）
警察專科學校各班及警察大學各系、所初試錄取人員，應經身家調查合格，始得入學；其項目、標準及實施程序之調查辦法，由內政部定之。

第 5 條之 2（開除、退學、退訓、留校察看等之規則）
警察專科學校、警察大學學（員）生教育期間，有關開除學籍、勒令退學、退訓、留校察看及功過之獎懲規則，由內政部定之。

第 5 條之 3（外國現職警察之研習）
外國現職警察人員來中華民國研習警政，由內政部送請教育部審定後，分發警察專科學校或警察大學入學；其在校修業期間之協助輔導、公費待遇及補助等事項之辦法，由內政部定之。

第 6 條（進修教育及深造教育）
警察大學得設警佐班、專業班等，辦理現職人員進修教育；得設警正班、警監班、研究班等，辦理現職人員深造教育；其實施辦法，由內政部定之。

第 7 條（校長、教育長及教務、訓導主管人員之資格）
警察學校、警察專科學校、警察大學之校長、教育長及教務、訓導主管人員資格，除依法律規定外，須曾受第五條警察教育，並曾任警察教育或行政工作五年以上者。

第 8 條（教授、副教授、講師、助教之資格）
警察教育之教授、副教授、講師、助教資格，依照教育法令規定辦理；教官資格，由內政部會同教育部定之。

第 9 條（公費待遇及津貼）
Ⅰ警察專科學校、警察大學受養成教育之學生，得享受公費待遇及津貼；其辦法，由內政部定之。
Ⅱ警察專科學校、警察大學畢業學生，依法任警察官人員，應依規定服務滿一定年限，服務年限未滿者，應賠償在學期間之教育費用；其賠償內容、標準、程序及服務年限期間之辦法，由內政

部定之。

第 10 條（課程標準及教育科目之訂定）

I 警察學校之課程標準，由內政部定之。

II 警察專科學校及警察大學之教育科目，由內政部會同教育部定之。

第 11 條（教育計畫之核備及備查）

警察學校教育計畫，應報內政部核備。警察專科學校及警察大學教育計畫，應報請內政部核轉教育部備查。

第 12 條（警察常年訓練之辦法）

各級警察機關應實施警察常年訓練，其辦法由內政部定之。

第 13 條（施行日）

本條例自公布日施行。

警察人員進修及深造教育實施辦法

1.中華民國 72 年 11 月 29 日內政部令訂定發布全文 10 條
2.中華民國 75 年 11 月 5 日內政部令修正發布名稱及全文 11 條（原名稱：警察人員升職講習實施辦法）
3.中華民國 89 年 9 月 1 日內政部令修正發布全文 10 條；並自發布日起施行
4.中華民國 93 年 3 月 22 日內政部令修正發布第 6 條條文
5.中華民國 96 年 4 月 10 日內政部令修正發布第 6 條之附表
6.中華民國 101 年 3 月 30 日內政部令修正發布第 6 條之附表
7.中華民國 101 年 12 月 28 日內政部令修正發布第 6 條之附表
8.中華民國 102 年 12 月 5 日內政部令修正發布第 6 條之附表
9.中華民國 104 年 2 月 3 日內政部令修正發布第 6 條之附表
10.中華民國 105 年 11 月 1 日內政部令修正發布第 6 條之附表
11.中華民國 107 年 7 月 24 日內政部令修正發布第 6 條之附表；並自 107 年 7 月 20 日施行
12.中華民國 108 年 3 月 7 日內政部令修正發布第 6 條之附表

第 1 條
本辦法依警察教育條例第六條規定訂定之。
第 2 條
各級警察人員應依其官階，接受進修或深造教育。
第 3 條
進修教育之區分及期間如下：
一　巡佐班：三個月以下。
二　警佐班：四個月至十二個月。
三　專業班：三個月以下。
第 4 條
深造教育除中央警察大學各研究所依教育法令辦理外，其區分及期間如下：
一　警正班：四個月至六個月。
二　警監班：四個月至六個月。
三　研究班：六個月以下。
第 5 條
進修及深造教育由中央警察大學辦理。但巡佐班、專業班得由警察專科學校辦理。
第 6 條
警察人員接受進修或深造教育，除專業班依實際需要遴選外，巡佐班、警佐班、警正班、警監班、研究班等班期應具備之資格條件，如附表。
第 7 條
中央警察大學、警察專科學校於每期學員結業後，應將結業成績，冊送內政部警政署登記人事資料，並轉知其服務機關作爲人事升遷之重要參考。
第 8 條
進修或深造教育所需經費，由中央警察大學、警察專科學校編列年度預算。
第 9 條
進修或深造教育人員准予帶職帶薪，入學及結業時之往返旅費，由原服務機關依規定發給。
第 10 條
本辦法自發布日施行。

附表

班期		資格條件
巡佐班		一、經銓敘審定合格實授之現任警員、隊員、巡佐或同序列職務人員。 二、未曾受巡佐班或警佐警察人員晉升警正官等訓練合格。 三、最近一年內未曾受懲戒處分。 四、最近一年內未因工作受記大過以上懲處處分或因違反品操風紀受記過二次以上懲處處分。 五、最近二年內未因違反品操風紀受記大過以上懲處處分。 六、無重大違法違紀未結案件。 七、非現列教育輔導對象。 八、最近一年常年訓練成績符合一般員警規定。但懷孕、生產或因公失能，經服務機關核准免常年訓練而無成績者，不在此限。
警佐班	第一類	一、具下列資格之一者： ㈠經銓敘審定合格實授之現任巡佐、小隊長、警務佐、教育班長或偵查佐。 ㈡曾經銓敘審定警察官合格實授之現任警察機關委任第三職等至第五職等、第四職等至第五職等或薦任第六職等至第七職等職務人員。 二、任前款各目職務合計滿三年。但曾任警員、隊員或偵查員年資，不予併計。 三、連續任警察工作滿十年。 四、臺灣警察專科學校、警察學校警員班畢業或訓練合格。 五、年齡未滿五十六歲。 六、最近二年年終考績，一年列甲等、一年列乙等以上。 七、最近二年內獎多於懲，且未受記大過以上懲處或懲戒處分，或因違反品操風紀受記過以上懲處或懲戒處分。 八、無重大違法違紀未結案件。 九、最近一年常年訓練成績符合一般員警規定。但懷孕、生產或因公失能，經服務機關核准免常年訓練而無成績者，不在此限。 十、符合中央警察大學警佐班招生簡章所定體格檢查規定。
警佐班	第二類	一、具下列資格之一者： ㈠經銓敘審定合格實授之現任巡佐、小隊長、警務佐、教育班長、偵查佐、警員或隊員。 ㈡曾經銓敘審定警察官合格實授之現任警察機關薦任第六職等至第七職等以下職務人員。 二、具公務人員特種考試警察人員考試三等（乙等）考試或警佐警察人員晉升警正官等考試及格。 三、具教育部核准設立之專科以上學校畢業（或同等學歷）或臺灣警察專科學校巡佐班結業。 四、年齡未滿五十六歲。 五、最近二年內獎多於懲，且未受記大過以上懲處或懲戒處分，或因違反品操風紀受記過以上懲處或懲戒處分。 六、無重大違法違紀未結案件。 七、最近一年常年訓練成績符合一般員警規定。但懷孕、生產或因公失能，經服務機關核准免常年訓練而無成績者，不在此限。 八、符合中央警察大學警佐班招生簡章所定體格檢查規定。
警佐班	第三類	一、具下列資格之一者： ㈠經銓敘審定合格實授之現任刑事小隊長或偵查佐，併計巡佐或同序列職務合計滿三年。 ㈡經銓敘審定合格實授之現任巡佐或同序列職務合計滿三年，且曾任刑事小隊長、刑事巡佐、偵查佐、偵查員或刑警隊員等職務年資滿五年。 二、連續任警察工作滿十年。 三、臺灣警察專科學校、警察學校警員班畢業或訓練合格。 四、年齡未滿五十六歲。 五、最近二年年終考績，一年列甲等、一年列乙等以上。 六、最近二年內獎多於懲，且未受記大過以上懲處或懲戒處分，或因違反品操風紀受記過以上懲處或懲戒處分。 七、無重大違法違紀未結案件。

		八、最近一年常年訓練成績符合刑事警察人員規定。但懷孕、生產或因公失能，經服務機關核准免常年訓練而無成績者，不在此限。 九、符合中央警察大學警佐班招生簡章所定體格檢查規定。
警佐班	第四類	一、具下列資格之一者： ㈠司法院釋字第七六〇號解釋聲請人，未具警正三階任用資格。 ㈡中華民國九十九年以前公務人員特種考試警察人員考試三等（乙等）考試及格，未經中央警察大學、中央警官學校畢業或訓練合格之現職人員，未具警正三階任用資格。 二、最近二年內獎多於懲，且未受記大過以上懲處或懲戒處分，或因違反品操風紀受記過以上懲處或懲戒處分。 三、無重大違法違紀未結案件。 四、符合中央警察大學警佐班第四類訓練計畫所定體格檢查規定。
警正班		一、具下列資格之一者： ㈠現任第四序列職務。 ㈡現任第五序列職務一年以上或併計第六序列職務五年以上。 ㈢現任第六序列（中華民國八十六年五月二十三日後改派警正官等者，自改派之日起算，下同）正、副主管職務併計同序列職務三年以上。 ㈣現任第六序列非主管職務併計同序列職務五年以上。 ㈤現任縣（市）政府警察局副分局長、副大隊長、副隊長、警察所所長一年以上或併計縣（市）政府警察局同序列職務三年以上；現任縣（市）政府警察局局員、秘書併計縣（市）政府警察局同序列職務三年以上。 ㈥中央警察大學編制內人員符合前五目所定資格之一之相當職務及服務年資。 二、中央警察大學、中央警官學校畢業或訓練合格。 三、年齡未滿五十歲。 四、最近二年年終考績，一年列甲等、一年列乙等以上，且獎多於懲。 五、最近五年內未因違反品操風紀受懲處或懲戒處分，且最近三年內未因工作或考核監督不周受記大過以上懲處或懲戒處分。 六、無重大違法違紀未結案件。 七、符合中央警察大學警正班招生簡章所定體格檢查規定。
警監班		一、現任警正一階一級或薦任第九職等職務滿三年。 二、具有相當於高等考試之公務人員特種考試警察人員考試及格或中央警察大學、中央警官學校畢業或訓練合格。 三、年齡未滿六十歲。 四、最近三年年終考績，二年列甲等、一年列乙等以上，且獎多於懲。 五、最近五年內未因違反品操風紀受懲處或懲戒處分，且最近三年內未因工作或考核監督不周受記大過以上懲處或懲戒處分。 六、無重大違法違紀未結案件。
研究班		一、現任警監或簡任職務。 二、中央警察大學、中央警官學校畢業或訓練合格。 三、年齡未滿六十二歲。 四、最近三年年終考績，二年列甲等、一年列乙等以上，且獎多於懲。 五、最近五年內未因違反品操風紀受懲處或懲戒處分，且最近三年內未因工作或考核監督不周受記大過以上懲處或懲戒處分。 六、無重大違法違紀未結案件。

附註：

一、警正班資格條件第一款第一目至第五目所稱序列，指警察人員陞遷辦法第五條附件一全國警察機關陞遷序列表所定序列。

二、警正班資格條件第一款第六目所稱相當職務，指經銓敘審定合格實授之官等官階、職等及職務歷練順序等相當於警正班資格條件第一款第一目至第五目所定序列職務。

警察常年訓練辦法

中華民國92年4月16日內政部令訂定發布全文16條；並自發布日施行

第1條

本辦法依警察教育條例第十二條規定訂定之。

第2條

警察機關為維護警察紀律、鍛鍊員警體能及充實其實務知能，應實施常年訓練，以因應社會環境及工作需求，有效遂行警察職務。

第3條

Ⅰ各級警察機關辦理常年訓練之權責區分如下：

一　內政部警政署（以下簡稱本署）：負責全國性警察訓練之策劃、督導、考核事宜。

二　直轄市、縣（市）警察局：負責所屬警察訓練之策劃、督導、考核事宜。

三　直轄市、縣（市）警察局所屬分局：負責所屬警察訓練之執行及測驗事宜。

Ⅱ本署所屬警察機關比照前項規定為之。

第4條

常年訓練區分為一般訓練及專案訓練，其目標如下：

一　一般訓練：

㈠個人訓練：以員警個人為對象，銜接學校養成教育，吸收新知新技、陶冶品德修養、鍛鍊強壯體魄及充實各項勤（業）務執勤職能。

㈡組合訓練：以組合警力為對象，充實組合警力之執勤要領及技能。

㈢業務訓練：以各級業務人員為對象，充實專業知識及勤（業）務能力。

㈣幹部訓練：以中央警察大學、臺灣警察專科學校應屆畢業生及分駐（派出）所以上各級主官（管）為對象，充實工作經驗、技能，傳授幹部領導之能力。

㈤其他訓練：前四目以外之一般性訓練。

二　專案訓練：

㈠特定任務訓練：針對任（勤）務之特性及工作條件，設計課程施教，以充實特定任務執勤能力。

㈡特殊任務警力訓練：針對特殊任務警力，設計課程施教，以充實其打擊重大暴力、組織犯罪及遂行其他特殊任務之能力。

㈢其他訓練：前二目以外之專案性訓練。

第5條

個人訓練內容包括學科訓練及術科訓練，其範圍如下：

一　學科訓練：以陶冶品德修養、專業知識、法令規章及執勤要領為主。

二　術科訓練：以鍛鍊體魄、執勤技能及各種武器射擊技術為主。

第6條

學科訓練實施方式如下：

一　自行研讀：本署編撰教材，由員警自行研讀；各單位並得視地區特性、勤（業）務需要，自行編印補充教材。

二　集中實施：每季集中實施一次；每次一天，每天八小時。

第7條

術科訓練為射擊訓練及體技訓練。每人每月集中訓練八小時。

第8條

射擊訓練項目為基本射擊、應用射擊及戰鬥射擊，由本署律定訓練進度，各單位依測驗成績分組實施並管制執行。

第9條

體技訓練項目為綜合逮捕術、跆步、柔道、跆拳道、綜合應用拳技或其他應勤技術訓練，並依任務特性編組實施。

第10條

Ⅰ組合訓練實施方式如下：

一　日常訓練：結合日常勤務，由派遣單位之主官（管）或指派教官，循任務提示、警棋推演、現地指導（演練）、勤畢集中檢討等經常實施。

二　機會訓練：利用集結地區、集中待命時或其他機會，指派教官講解、指導編組隊形，實施警棋推演或實警演練。

Ⅱ每月術科訓練時，得集中辦理組合訓練，並置重點於勤務檢討、案例教育。

第11條

業務訓練由各業務單位，依業務特性及需求，策訂訓練計畫實施。

第12條

幹部訓練由各單位針對幹部勤（業）務需要，策訂訓練計畫實施。

第13條

特定任務訓練，各單位在特定時間內，針對勤（任）務特性策訂計畫，採講授、研討、現地偵察（演練）、警棋推演等方式實施。

第14條

特殊任務警力訓練實施方式如下：

一　基礎訓練：由本署規劃集中訓練。
二　保持訓練：由各單位依本署訂定課目基準，定期實施。
三　定期複訓：由本署規劃，每年定期實施重點課目複訓。

第 15 條

常年訓練所需師資，由本署定期培（複）訓。

第 16 條

本辦法自發布日施行。

中央警察大學臺灣警察專科學校畢業學生服務年限及教育費用賠償辦法

1.中華民國 92 年 1 月 1 日內政部令訂定發布全文 10 條；並自發布日施行
2.中華民國 107 年 7 月 9 日內政部令修正發布全文 11 條；並自發布日施行

第 1 條

本辦法依警察教育條例第九條第二項規定訂定之。

第 2 條

Ⅰ中央警察大學及臺灣警察專科學校（以下簡稱各校）畢業學生服務年限規定如下：

一　中央警察大學學士班四年制各學系爲四年。
二　中央警察大學學士班四年制轉學生爲二年。
三　臺灣警察專科學校專科警員班各科爲二年。
四　各校帶職帶薪全時進修人員畢業後，其服務年限，依公務人員訓練進修法規定辦理。

Ⅱ各校畢業學生於入學前爲中央警察大學、中央警官學校或臺灣警察專科學校服務年限未滿之各科、系、班、組畢業學生者，畢業後，除依前項服務年限規定服務外，並應另補足其服務年限。

Ⅲ前二項服務年限之計算，自到職之日起算。但不包括服兵役期間在內。

Ⅳ各校畢業學生在服務年限內，因病、痼疾，不能執行公務，經公立醫院證明，並經內政部核准者，得不受第一項之限制。

第 3 條

Ⅰ各校畢業學生在服務年限內，合於下列情形之一，得經服務機關層報內政部申請進修；經核准者，應於進修期滿後補足服務年限：

一　經政府核准選送國內外進修。
二　中央警察大學學士班四年制各學系畢業學生服務滿三年以上；碩士班全時在職畢業學生、學士班四年制轉學生及二年制技術系畢業學生服務滿一年六個月以上；臺灣警察專科學校專科警員班各科畢業學生服務滿一年六個月以上，至國內外學術研究機構自費進修與警政或其本職具有密切關係之科目，並持有入學許可證等必要文件。

Ⅱ前項進修人員於進修碩士或博士學位前，應覓具連帶保證人塡具進修保證書（如附件），保證國外進修二年以內；國內進修三年以內，期滿應立即補足其服務年限；未補足者，應依尚未服務期滿年限之比例，賠償其在學期間之教育費用。

Ⅲ第一項第一款人員，選送機關另有增加服務年限規定者，從其規定；其增加之服務年限，自本辦法規定之服務年限期滿之日起算。

第 4 條

各校畢業學生經分發職務後，在服務年限內離職者，應依尚未服務期滿年限之比例，賠償在學期間之教育費用。

第 5 條

Ⅰ賠償教育費用項目內容規定如下：

一　生活津貼：以在學期間實際所領數額計算。
二　主副食費：自入學起至畢業之日止，以月份計算實際領受數額計算。
三　服裝費：自入學起至畢業之日止，依實際領用種類及數量之價格計算。
四　書籍費：以在學期間實際領用數額計算。
五　見學費及實習費：按實際使用數額計算。

Ⅱ賠償教育費用計算標準，依畢業學生在學期間實際領用前項金額，並按其尚未服務期滿年限之比例計算，以月爲採計單位，未滿一月者不計，由各校分別核算及公告之。

第 6 條

Ⅰ教育費用之賠償，應由各校以書面通知畢業學生及連帶保證人限期繳納，並通知其原服務單位。屆期未繳納者，由各校依法追繳。

Ⅱ畢業學生或連帶保證人應於接獲各校前項書面通知後三個月內繳納。但有具體事實無法一次繳納者，應於接到通知之次日起一個月內，以書面敘明理由，以每月爲一期，至多三十六期向各校申請分期繳納。畢業學生或連帶保證人申請時爲低收入戶、中低收入戶戶內人口，得延長一倍之分期繳納期數。

Ⅲ前項經分期繳納期數有一期未繳，未到期之期數，視爲均已到期。

第 7 條

Ⅰ各校學生註冊入學時，應塡具入學志願書，並由連帶保證人塡具入學保證書各一份，送學校保存。

Ⅱ前項入學志願書及保證書，由各校於招生簡章內定之。

第 8 條

各校畢業學生服務年限及教育費用賠償規定，應於各校招生簡章內定之。

第 9 條

各校畢業學生在服務年限內離職，涉及兵役者，依有關法令規定冊報回役。

第 10 條

本辦法中華民國一百零七年七月九日修正施行前離職之各校畢業學生，仍適用修正施行前服務年限之規定。

第 11 條

本辦法自發布日施行。

中央警察大學臺灣警察專科學校養成教育學生公費待遇及津貼辦法

中華民國92年1月15日內政部令訂定發布全文5條；並自發布日施行

第1條
本辦法依警察教育條例第九條第一項規定訂定之。
第2條
Ⅰ中央警察大學、臺灣警察專科學校公費待遇項目如下：
一　服裝費。
二　主副食費。
三　書籍費。
四　平安保險費。
五　見學費。
六　實習費。
Ⅱ中央警察大學、臺灣警察專科學校學生享受津貼係指生活津貼。
Ⅲ前二項公費待遇及津貼之數額，由中央警察大學、臺灣警察專科學校按規定編列預算核實發給，並公告之。
第3條
下列班別學生在校修業期間享受公費待遇及津貼如下：
一　中央警察大學四年制各學系、臺灣警察專科學校專科警員班正期學生組學生：服裝費、主副食費、書籍費、平安保險費、見學費、實習費及生活津貼。
二　中央警察大學研究所碩士班全時在職生、二年制技術系、臺灣警察專科學校專科警員班進修學生組學生：服裝費、主副食費、書籍費、見學費、實習費。
第4條
學生休學期間或逾修業年限不得領受公費待遇及津貼。
第5條
本辦法自發布日施行。

警察人員升官等考試規則

1.中華民國 73 年 6 月 13 日考試院令訂定發布全文 12 條
2.中華民國 87 年 10 月 27 日考試院令修正發布名稱及全文 14 條（原名稱：警察人員升等考試規則）
3.中華民國 89 年 5 月 3 日考試院令修正發布全文 14 條；並自 89 年 7 月 1 日起施行
4.中華民國 90 年 11 月 23 日考試院令修正發布全文 13 條
5.中華民國 92 年 5 月 13 日考試院令修正發布第 7 條條文及第 3 條之附表
6.中華民國 93 年 1 月 27 日考試院令修正發布第 3 條之附表
7.中華民國 95 年 8 月 1 日考試院令修正發布第 8 條條文及第 3 條之附表
8.中華民國 97 年 5 月 20 日考試院令修正發布第 1、4～7 條條文
9.中華民國 98 年 11 月 25 日考試院令修正發布第 3 條之附表
10.中華民國 105 年 10 月 14 日考試院令修正發布第 1、11、12 條條文
11.中華民國 106 年 3 月 24 日考試院令刪除發布第 11、12 條條文；原第 13 條移列至第 11 條；並自發布日施行
12.中華民國 107 年 4 月 23 日考試院令修正發布第 6 條條文
13.中華民國 107 年 5 月 11 日考試院令修正發布第 8 條條文

第 1 條

警察人員升官等考試（以下簡稱本考試）規則，依公務人員升官等考試法第十條規定訂定之。

第 2 條

本考試分下列二官等：

一　警監警察官升官等考試。

二　警正警察官升官等考試。

第 3 條

本考試類科及其應試科目，依附表之規定。

第 4 條

現任警正一階警察官四年以上，已敘警正一階本俸最高級，並經警察大學、警官學校畢業或四個月以上訓練合格者，得應警監警察官之升官等考試。

第 5 條

I 現任警佐一階警察官滿三年，已敘警佐一階本俸最高級，並經警察大學、警官學校、警察專科學校或警察學校畢業或四個月以上訓練合格者，得應警正警察官之升官等考試。

II 依警察人員人事條例第十四條第五項及第六項之規定，經晉升警正官等訓練合格，現任警正四階至二階人員，並經警察大學、警官學校、警察專科學校或警察學校畢業或四個月以上訓練合格者，得應前項考試。

第 6 條

本規則第四條、第五條所定年資之採計，指經銓敘部銓敘審定有案之同官階年資合併計算至考試舉行前一日爲止，並以在警察機關、學校或適用警察人員人事條例之海洋委員會、消防機關及其所屬機關（構）任職者爲限；所稱四個月以上訓練合格，指依警察人員人事條例施行細則所定之相關教育訓練合格者。

第 7 條

I 現職人員考試舉行前最近三年之年終考績成績，一年列甲等，二年列乙等以上，且其平均成績高於考試成績者，合併計算爲總成績，占百分之三十，考試成績占百分之七十。考試成績高於考績平均成績者，或最近三年年終考績成績未達一年列甲等，二年列乙等以上者，其考績成績不列入總成績計算，並以考試成績爲總成績。

II 前項考試舉行前最近三年之年終考績，其期間中斷者，得依次向前推算遞補之，低一官等考績不予採計。但依本規則第五條第二項規定應警正警察官升官等考試者，得採計低一官等之年終考績。

III 第一項考試成績依下列規定計算：

一　警監警察官升官等考試，筆試成績占百分之八十五，口試成績占百分之十五，合併計算爲考試成績。其筆試成績，普通科目成績以每科成績乘以百分之十後之總和計算之；專業科目成績以各科目成績總和除以科目數再乘以所占剩餘百分比計算之。

二　警正警察官升官等考試筆試成績，以普通科目成績加專業科目成績合併計算之，普通科目成績以每科成績乘以百分之十後之總和計算之；專業科目成績以各科目成績總和除以科目數再乘以所占剩餘百分比計算之。

IV 警監警察官升官等考試之口試，依口試規則辦理。

第 8 條

I 本考試之錄取標準，由典試委員會定之。但錄取人數不得逾各等級各類科全程到考人數百分之三十三。錄取人數之計算結果如有小數，一律進位取其整數。

II 本考試總成績未達五十分，或筆試科目有一科成績爲零分者，不予錄取。缺考之科目，視爲零分。

第 9 條

本考試及格者，取得警察人員升官等任官資格。

第 10 條

本考試得視需要，集中或分區舉行。

第 11 條

本規則自發布日施行。

警察服制條例

1.中華民國 26 年 7 月 2 日國民政府制定公布全文 39 條
2.中華民國 36 年 11 月 13 日國民政府修正公布全文 34 條
3.中華民國 66 年 11 月 24 日總統令修正公布全文 8 條
4.中華民國 76 年 12 月 4 日總統令修正公布第 6 條條文及第 5 條之附件
5.中華民國 87 年 10 月 29 日總統令修正發布第 6 條條文及第 5 條之附件
6.中華民國 90 年 5 月 30 日總統令修正公布第 5 條之附件
7.中華民國 105 年 4 月 27 日總統令修正公布第 5 條條文

第 1 條（警察服制規定）
警察服制依本條例之規定。
第 2 條（警察服制分類）
警察制服分爲禮服、常服及便服三種，現任警察人員依規定服用之。
第 3 條（警察人員服用禮服時間）
I 警察人員服用禮服時間如左：
一　參加本國或友邦大典及宴會時。
二　晉謁總統或友邦元首時。
三　正式訪問或回訪友邦文武官員時。
四　參加警察各種重要典禮或校閱部隊時。
II 前項第四款禮服得以常服代之。
第 4 條（平日執行職務及參加集會服制）
I 警察人員平日執行職務及參加集會時，除以服用常服爲適當者外，均得服用便服。但因任務需要，得不服用制服。
II 依前項規定服用制服時，因氣候寒冷或下雨，得加服大衣或雨衣。
第 5 條（警察制服及標識）
I 警察制服式樣及應佩帶之標識，由內政部定之。
II 前項警察制服及標識，由各級警察機關統籌製發。
第 6 條（警察服制制定機關）
警察機關行政人員、中央警察大學、警察專科學校及警察學校學員、學生、警察儀隊、警察樂隊、特殊作業之工作人員、警察機關管理之駐衛警察或編訓之義勇警察等人員；其服式、標識與警察人員之雨衣、雨鞋及執行特種勤務之服式，由內政部定之。
第 7 條（警察服裝之換季）
警察服裝換季時間，由內政部警政署依各地氣候季節情形規定之。
第 8 條（施行日）
本條例自公布日施行。

中央法規標準法

1.中華民國 59 年 8 月 31 日總統令制定公布全文 26 條
2.中華民國 93 年 5 月 19 日總統令修正公布第 8 條條文

第一章　總　則

第 1 條（本法之適用）
中央法規之制定、施行、適用、修正及廢止，除憲法規定外，依本法之規定。

第 2 條（法律之名稱）
法律得定名爲法、律、條例或通則。

第 3 條（命令之名稱）
各機關發布之命令，得依其性質，稱規程、規則、細則、辦法、綱要、標準或準則。

第二章　法規之制定

第 4 條（法律之制定）
法律應經立法院通過，總統公布。

第 5 條（應以法律規定之事項）
左列事項應以法律定之：
一　憲法或法律有明文規定，應以法律定之者。
二　關於人民之權利、義務者。
三　關於國家各機關之組織者。
四　其他重要事項之應以法律定之者。

第 6 條（禁止以命令規定之事項）
應以法律規定之事項，不得以命令定之。

第 7 條（命令之發布）
各機關依其法定職權或基於法律授權訂定之命令，應視其性質分別下達或發布，並即送立法院。

第 8 條（條文之書寫方式）
Ⅰ法規條文應分條書寫，冠以「第某條」字樣，並得分爲項、款、目。項不冠數字，空二字書寫，款冠以一、二、三等數字，目冠以㈠、㈡、㈢等數字，並應加具標點符號。
Ⅱ前項所定之目再細分者，冠以 1、2、3 等數字，並稱爲第某目之 1、2、3。

第 9 條（法規章節之劃分）
法規內容繁複或條文較多者，得劃分爲第某編、第某章、第某節、第某款、第某目。

第 10 條（修正之方式）
Ⅰ修正法規廢止少數條文時，得保留所廢條文之條次，並於其下加括弧，註明「刪除」二字。
Ⅱ修正法規增加少數條文時，得將增加之條文，列在適當條文之後，冠以前條「之一」、「之二」等條次。
Ⅲ廢止或增加編、章、節、款、目時，準用前二項之規定。

第 11 條（法之位階）
法律不得牴觸憲法，命令不得牴觸憲法或法律，下級機關訂定之命令不得牴觸上級機關之命令。

第三章　法規之施行

第 12 條（施行日期之規定）
法規應規定施行日期，或授權以命令規定施行日期。

第 13 條（生效日期）
法規明定自公布或發布日施行者，自公布或發布之日起算至第三日起發生效力。

第 14 條（生效日期）
法規特定有施行日期，或以命令特定施行日期者，自該特定日起發生效力。

第 15 條（施行區域）
法規定有施行區域或授權以命令規定施行區域者，於該特定區域內發生效力。

第四章　法規之適用

第 16 條（特別法優於普通法）
法規對其他法規所規定之同一事項而爲特別之規定者，應優先適用之。其他法規修正後，仍應優先適用。

第 17 條（法規修正後之適用或準用）
法規對某一事項規定適用或準用其他法規之規定者，其他法規修正後，適用或準用修正後之法規。

第 18 條（從新從優原則）
各機關受理人民聲請許可案件適用法規時，除依其性質應適用行爲時之法規外，如在處理程序終結前，據以准許之法規有變更者，適用新法規。但舊法規有利於當事人而新法規未廢除或禁止所聲請之事項者，適用舊法規。

第 19 條（法規適用之停止或恢復）
Ⅰ法規因國家遭遇非常事故，一時不能適用者，得暫停適用其一部或全部。
Ⅱ法規停止或恢復適用之程序，準用本法有關法規廢止或制定之規定。

第五章　法規之修正與廢止

第 20 條（修正之情形及程序）
Ⅰ法規有左列情形之一者，修正之：
一　基於政策或事實之需要，有增減內容之必要者。
二　因有關法規之修正或廢止而應配合修正者。
三　規定之主管機關或執行機關已裁併或變更

者。

四　同一事項規定於二以上之法規，無分別存在之必要者。

II 法規修正之程序，準用本法有關法規制定之規定。

第 21 條（廢止情形）

法規有左列情形之一者，廢止之：

一　機關裁併，有關法規無保留之必要者。

二　法規規定之事項已執行完畢，或因情勢變遷，無繼續施行之必要者。

三　法規因有關法規之廢止或修正致失其依據，而無單獨施行之必要者。

四　同一事項已定有新法規，並公布或發布施行者。

第 22 條（廢止程序及失效日期）

I 法律之廢止，應經立法院通過，總統公布。

II 命令之廢止，由原發布機關為之。

III 依前二項程序廢止之法規，得僅公布或發布其名稱及施行日期；並自公布或發布之日起，算至第三日起失效。

第 23 條（當然廢止）

法規定有施行期限者，期滿當然廢止，不適用前條之規定。但應由主管機關公告之。

第 24 條（延長施行之程序）

I 法律定有施行期限，主管機關認為需要延長者，應於期限屆滿一個月前送立法院審議。但其期限在立法院休會期內屆滿者，應於立法院休會一個月前送立法院。

II 命令定有施行期限，主管機關認為需要延長者，應於期限屆滿一個月前，由原發布機關發布之。

第 25 條（機關裁併後命令之廢止或延長）

命令之原發布機關或主管機關已裁併者，其廢止或延長，由承受其業務之機關或其上級機關為之。

第六章　附　則

第 26 條（施行日）

本法自公布日施行。

公務人員保障法

1.中華民國 85 年 10 月 16 日總統令制定公布全文 35 條
2.中華民國 92 年 5 月 28 日總統令修正公布全文 104 條；並自公布日施行
3.中華民國 104 年 12 月 23 日總統令修正公布第 76 條條文
4.中華民國 106 年 6 月 14 日總統令修正公布第 3、10、11、17、21、22、26、43、51、71、74、77、78、80、83、85～88、91、93～95、100～103 條條文；並增訂第 9-1、11-1、11-2、12-1、24-1 條條文

第一章　總　則

第 1 條（立法目的）
爲保障公務人員之權益，特制定本法。本法未規定者，適用其他有關法律之規定。

第 2 條（適用範圍）
公務人員身分、官職等級、俸給、工作條件、管理措施等有關權益之保障，適用本法之規定。

第 3 條（公務人員之定義）
本法所稱公務人員，係指法定機關（構）及公立學校依公務人員任用法律任用之有給專任人員。

第 4 條（權益救濟）
I 公務人員權益之救濟，依本法所定復審、申訴、再申訴之程序行之。
II 公務人員提起之復審、再申訴事件（以下簡稱保障事件），由公務人員保障暨培訓委員會（以下簡稱保訓會）審議決定。
III 保障事件審議規則，由考試院定之。

第 5 條（不得爲更不利之處分）
保訓會對於保障事件，於復審人、再申訴人表示不服之範圍內，不得爲更不利於該公務人員之決定。

第 6 條（行政處分）
I 各機關不得因公務人員依本法提起救濟而予不利之行政處分、不合理之管理措施或有關工作條件之處置。
II 公務人員提起保障事件，經保訓會決定撤銷者，自決定書送達之次日起三年內，該公務人員經他機關依法指名商調時，服務機關不得拒絕。

第 7 條（自行迴避情形）
I 審理保障事件之人員有下列各款情形之一者，應自行迴避：
一　與提起保障事件之公務人員有配偶、前配偶、四親等內血親、三親等內姻親、家長、家屬或曾有此關係者。
二　曾參與該保障事件之行政處分、管理措施、有關工作條件之處置或申訴程序者。
三　現爲或曾爲該保障事件當事人之代理人、輔佐人者。
四　於該保障事件，曾爲證人、鑑定人者。
五　與該保障事件有法律上利害關係者。
II 前項迴避，於協助辦理保障事件人員準用之。
III 前二項人員明知應迴避而不迴避者，應依法移送懲戒。
IV 有關機關副首長兼任保訓會之委員者，不受第一項第二款迴避規定限制。但涉及本機關有關保障事件之決定，無表決權。
V 復審人、再申訴人亦得備具書狀敘明理由向保訓會申請迴避。

第 8 條（保障事件之查證）
保障事件審理期間，如有查證之必要，經保訓會委員會議之決議得派員前往調閱相關文件及訪談有關人員；受調閱機關或受訪談人員應予必要之協助；受指派人員應將查證結果向保訓會委員會議提出報告。

第二章　實體保障

第 9 條（身分保障）
公務人員之身分應予保障，非依法律不得剝奪。基於身分之請求權，其保障亦同。

第 9 條之 1（停職、休職或留職停薪期間之身分）
I 公務人員非依法律，不得予以停職。
II 公務人員於停職、休職或留職停薪期間，仍具公務人員身分。但不得執行職務。

第 10 條（申請復職及查催通知）
I 經依法停職之公務人員，於停職事由消滅後三個月內，得申請復職；服務機關或其上級機關，除法律另有規定者外，應許其復職，並自受理之日起三十日內通知其復職。
II 依前項規定復職之公務人員，服務機關或其上級機關應回復原職務或與原職務職等相當或與其原敘職等俸級相當之其他職務；如仍無法回復職務時，應依公務人員任用法及公務人員俸給法有關調任之規定辦理。
III 經依法停職之公務人員，於停職事由消滅後三個月內，未申請復職者，服務機關或其上級機關人事單位應負責查催；如仍未於接到查催通知之日起三十日內申請復職，除有不可歸責於該公務人員之事由外，視爲辭職。

第 11 條（停職處分經撤銷之復職）
I 受停職處分之公務人員，其停職處分經撤銷者，除得依法另爲處理者外，其服務機關或其上級機關應予復職，並準用前條第二項之規定。

II前項之公務人員於復職報到前，仍視爲停職。
III依第一項應予復職之公務人員，於接獲復職令後，應於三十日內報到，並於復職報到後，回復其應有之權益；其未於期限內報到者，除經核准延長或有不可歸責於該公務人員之事由外，視爲辭職。

第 11 條之 1（留職停薪之復職準用規定）

留職停薪原因消滅後或期間屆滿，有關復職之事項，除法規另有規定者外，準用第十條之規定。

第 11 條之 2（休職之復職準用規定）

經依法休職之公務人員，有關復職之事項，除法律另有規定者外，準用第十條之規定。

第 12 條（轉任或派職）

I公務人員因機關裁撤、組織變更或業務緊縮時，除法律另有規定者外，其具有考試及格或銓敘合格之留用人員，應由上級機關或承受其業務之機關辦理轉任或派職，必要時先予輔導、訓練。
II依前項規定轉任或派職時，除自願降低官等者外，其官等職等應與原任職務之官等職等相當，如無適當職缺致轉任或派職同官等內低職等職務者，應依公務人員任用法及公務人員俸給法有關調任之規定辦理。

第 12 條之 1（提出辭職之申請）

I公務人員之辭職，應以書面爲之。除有危害國家安全之虞或法律另有規定者外，服務機關或其上級機關不得拒絕之。
II服務機關或其上級機關應於收受辭職書之次日起三十日內爲准駁之決定。
III逾期未爲決定者，視爲同意辭職，並以期滿之次日爲生效日。但公務人員指定之離職日逾三十日者，以該日爲生效日。

第 13 條（官等職等之保障）

公務人員經銓敘審定之官等職等應予保障，非依法律不得變更。

第 14 條（俸級之保障）

公務人員經銓敘審定之俸級應予保障，非依法律不得降級或減俸。

第 15 條（法定加給之保障）

公務人員依其職務種類、性質與服務地區，所應得之法定加給，非依法令不得變更。

第 16 條（依法執行職務）

公務人員之長官或主管對於公務人員不得作違法之工作指派，亦不得以強暴脅迫或其他不正當方法，使公務人員爲非法之行爲。

第 17 條（命令違法有報告義務）

I公務人員對於長官監督範圍內所發之命令有服從義務，如認爲該命令違法，應負報告之義務；該管長官如認其命令並未違法，而以書面署名下達時，公務人員即應服從；其因此所生之責任，由該長官負之。但其命令有違反刑事法律者，公務人員無服從之義務。
II前項情形，該管長官非以書面署名下達命令者，公務人員得請求其以書面署名爲之，該管長官拒絕時，視爲撤回其命令。

第 18 條（設備與環境）

各機關應提供公務人員執行職務必要之機具設備及良好工作環境。

第 19 條（執勤安全之防護）

公務人員執行職務之安全應予保障。各機關對於公務人員之執行職務，應提供安全及衛生之防護措施；其有關辦法，由考試院會同行政院定之。

第 20 條（職務暫停執行之情況）

公務人員執行職務時，現場長官認已發生危害或明顯有發生危害之虞者，得視情況暫時停止執行。

第 21 條（國家賠償）

I公務人員因機關提供之安全及衛生防護措施有瑕疵，致其生命、身體或健康受損時，得依國家賠償法請求賠償。
II公務人員執行職務時，發生意外致受傷、失能或死亡者，應發給慰問金。但該公務人員有故意或重大過失情事者，得不發或減發慰問金。
III前項慰問金發給辦法，由考試院會同行政院定之。

第 22 條（職務涉訟之辯護及協助）

I公務人員依法執行職務涉訟時，服務機關應輔助其延聘律師爲其辯護及提供法律上之協助。
II前項情形，其涉訟係因公務人員之故意或重大過失所致者，應不予輔助；如服務機關已支付涉訟輔助費用者，應予追還。
III第一項之涉訟輔助辦法，由考試院會同行政院定之。

第 23 條（給予加班費、補休假或相當之補償）

公務人員經指派於上班時間以外執行職務者，服務機關應給予加班費、補休假、獎勵或其他相當之補償。

第 24 條（墊支費用請求償還）

公務人員執行職務墊支之必要費用，得請求服務機關償還之。

第 24 條之 1（公法上財產請求權消滅時效期間）

下列公務人員之公法上財產請求權，其消滅時效期間依本法行之：

一　因十年間不行使而消滅者：
　㈠執行職務時，發生意外致受傷、失能或死亡應發給之慰問金。
　㈡依法執行職務涉訟輔助之費用。
二　因二年間不行使而消滅者：
　㈠經服務機關核准實施公務人員一般健康檢查之費用。
　㈡經服務機關核准之加班費。

㈢執行職務墊支之必要費用。

第三章　復審程序

第25條（復審）

Ⅰ公務人員對於服務機關或人事主管機關（以下均簡稱原處分機關）所為之行政處分，認為違法或顯然不當，致損害其權利或利益者，得依本法提起復審。非現職公務人員基於其原公務人員身分之請求權遭受侵害時，亦同。

Ⅱ公務人員已亡故者，其遺族基於該公務人員身分所生之公法上財產請求權遭受侵害時，亦得依本法規定提起復審。

第26條（拒絕申請之復審）

Ⅰ公務人員因原處分機關對其依法申請之案件，於法定期間內應作為而不作為，或予以駁回，認為損害其權利或利益者，得提起請求該機關為行政處分或應為特定內容之行政處分之復審。

Ⅱ前項期間，法令未明定者，自機關受理申請之日起為二個月。

第27條（復審期間）

Ⅰ原處分機關告知之復審期間有錯誤時，應由該機關以通知更正之，並自通知送達之次日起算法定期間。

Ⅱ如未告知復審期間，或告知錯誤未通知更正，致受處分人遲誤者，如於處分書送達之次日起一年內提起復審，視為復審期間內所為。

第28條（原處分機關）

原處分機關之認定，以實施行政處分時之名義為準。但上級機關本於法定職權所為行政處分，交由下級機關執行者，以該上級機關為原處分機關。

第29條（原處分機關裁撤或改組）

原處分機關裁撤或改組，應以承受其業務之機關視為原處分機關。

第30條（復審之提起）

Ⅰ復審之提起，應自行政處分達到之次日起三十日內為之。

Ⅱ前項期間，以原處分機關收受復審書之日期為準。

Ⅲ復審人誤向原處分機關以外機關提起復審者，以該機關收受之日，視為提起復審之日。

第31條（申請回復原狀）

Ⅰ復審人因天災或其他不應歸責於己之事由，致遲誤前條之復審期間者，於其原因消滅後十日內，得以書面敘明理由向保訓會申請回復原狀。但遲誤復審期間已逾一年者，不得為之。

Ⅱ申請回復原狀，應同時補行期間內應為之復審行為。

第32條（扣除在途期間）

Ⅰ復審人不在原處分機關所在地住居者，計算法定期間，應扣除在途期間。但有復審代理人住居原處分機關所在地，得為期間內應為之復審行為者，不在此限。

Ⅱ前項扣除在途期間之辦法，由保訓會定之。

第33條

期日期間，除本法另有規定外，準用行政程序法之規定。

第34條（復審能力）

Ⅰ能獨立以法律行為負義務者，有復審能力。

Ⅱ無復審能力人應由其法定代理人代為復審行為。

Ⅲ關於復審之法定代理，依民法之規定。

第35條（選定代表人）

多數人對於同一原因事實之行政處分共同提起復審時，得選定三人以下之代表人；其未選定代表人者，保訓會得限期通知其選定代表人；逾期不選定者，保訓會得依職權指定之。

第36條（代表人之選定、更換或增減）

代表人之選定、更換或增減，應提出文書證明並通知保訓會，始生效力。

第37條（復審行為）

Ⅰ代表人經選定或指定後，由其代表全體復審人為復審行為。但撤回復審，非經全體復審人書面同意，不得為之。

Ⅱ代表人有二人以上者，均得單獨代表共同復審人為復審行為。

Ⅲ代表人之代表權不因其他共同復審人死亡、喪失復審能力或法定代理變更而消滅。

第38條（復審代理人）

Ⅰ復審人得委任熟諳法律或有專業知識之人為代理人，每一復審人委任者以不超過三人為限，並應於最初為復審代理行為時，向保訓會提出委任書。

Ⅱ保訓會認為復審代理人不適當時，得禁止之，並以書面通知復審人。

Ⅲ復審代理人之更換、增減或解除，非以書面通知保訓會，不生效力。

Ⅳ復審委任之解除，由復審代理人提出者，自為解除意思表示之日起十五日內，仍應為維護復審人權利或利益之必要行為。

第39條（復審代理權）

Ⅰ復審代理人就其受委任之事件，得為一切復審行為。但撤回復審，非受特別委任不得為之。

Ⅱ復審代理人有二人以上者，均得單獨代理復審人。

Ⅲ違反前項規定而為委任者，其復審代理人仍得單獨代理。

Ⅳ復審代理人事實上之陳述，經到場之復審人本人即時撤銷或更正者，不生效力。

Ⅴ復審代理權不因復審人本人死亡、破產、喪失復審能力或法定代理變更而消滅。

第40條（輔佐人）

Ⅰ復審人或復審代理人經保訓會之許可，得於期日偕同輔佐人到場。
Ⅱ保訓會認爲必要時，亦得命復審人或復審代理人偕同輔佐人到場。
Ⅲ前二項之輔佐人，保訓會認爲不適當時，得廢止其許可或禁止其續爲輔佐。
Ⅳ輔佐人到場所爲之陳述，復審人或復審代理人不即時撤銷或更正者，視爲其所自爲。

第 41 條（審議紀錄附卷之製作）

Ⅰ復審事件之文書，保訓會應編爲卷宗保存。
Ⅱ保訓會審議復審事件，應指定人員製作審議紀錄附卷，並得以錄音或錄影輔助之；其經言詞辯論者，應另行製作辯論要旨，編爲審議紀錄之附件。

第 42 條（拒絕閱覽、抄錄、影印或攝錄卷內文書之情形）

Ⅰ復審人或其代理人得向保訓會請求閱覽、抄錄、影印或攝錄卷內文書，或預納費用請求付與繕本、影本或節本。但以維護其法律上利益有必要者爲限。
Ⅱ保訓會對前項之請求，除有下列情形之一者外，不得拒絕：
一　復審事件決定擬辦之文稿。
二　復審事件決定之準備或審議文件。
三　爲第三人之正當權益有保密之必要者。
四　其他依法律或基於公益，有保密之必要者。
Ⅲ第一項之收費標準，由保訓會定之。

第 43 條（復審書應載明事項）

Ⅰ提起復審應具復審書，載明下列事項，由復審人或其代理人簽名或蓋章：
一　復審人之姓名、出生年月日、住居所、國民身分證統一編號或身分證明文件及字號。有代理人者，其姓名、出生年月日、職業、住居所或事務所、國民身分證統一編號或身分證明文件及字號。
二　復審人之服務機關、職稱、官職等。
三　原處分機關。
四　復審請求事項。
五　事實及理由。
六　證據。其爲文書者，應添具影本或繕本。
七　行政處分達到之年月日。
八　提起之年月日。
Ⅱ提起復審應附原行政處分書影本。
Ⅲ依第二十六條第一項規定提起復審者，第一項第三款、第七款所列事項，載明應爲行政處分之機關、申請之年月日，並附原申請書之影本及受理申請機關收受證明。

第 44 條（復審）

Ⅰ復審人應繕具復審書經由原處分機關向保訓會提起復審。
Ⅱ原處分機關對於前項復審應先行重新審查原行政處分是否合法妥當，其認爲復審爲有理由者，得自行變更或撤銷原行政處分，並函知保訓會。
Ⅲ原處分機關自收到復審書之次日起二十日內，不依復審人之請求變更或撤銷原行政處分者，應附具答辯書，並將必要之關係文件，送於保訓會。
Ⅳ原處分機關檢卷答辯時，應將前項答辯書抄送復審人。
Ⅴ復審人向保訓會提起復審者，保訓會應將復審書影本或副本送交原處分機關依第二項至第四項規定辦理。

第 45 條（決定）

原處分機關未於前條第三項期間內處理者，保訓會得依職權或依復審人之申請，通知原處分機關於十五日內檢送相關卷證資料；逾期未檢送者，保訓會得逕爲決定。

第 46 條（不服原行政處分之表示）

復審人在第三十條第一項所定期間向原處分機關或保訓會爲不服原行政處分之表示者，視爲已在法定期間內提起復審。但應於三十日內補送復審書。

第 47 條（復審撤回）

復審提起後，於保訓會復審決定書送達前，復審人得撤回之。復審經撤回後，不得再提起同一之復審。

第 48 條（繼承人或依法得繼受之人承受復審）

Ⅰ復審提起後，復審人死亡或喪失復審能力者，得由其繼承人或其他依法得繼受原行政處分所涉權利或利益之人承受復審程序。但已無取得復審決定之法律上利益或依其性質不得承受者，不在此限。
Ⅱ依前項規定承受復審者，應於事實發生之日起三十日內，向保訓會檢送繼受權利之證明文件。

第 49 條（復審書補正）

保訓會認爲復審書不合法定程式，而其情形可補正者，應通知復審人於二十日內補正。

第 50 條（意見陳述）

Ⅰ復審就書面審查決定之。
Ⅱ保訓會必要時，得通知復審人或有關人員到達指定處所陳述意見並接受詢問。
Ⅲ復審人請求陳述意見而有正當理由者，應予到達指定處所陳述意見之機會。

第 51 條（指定人員到場聽取陳述）

保訓會得指定副主任委員、委員聽取前條到場人員之陳述。

第 52 條（言詞辯論）

保訓會必要時，得依職權或依復審人之申請，通知復審人或其代表人、復審代理人、輔佐人及原處分機關派員於指定期日到達指定處所言詞辯論。

第 53 條（言詞辯論之主持）

言詞辯論由保訓會主任委員或其指定之副主任委

員、委員主持之。

第54條（言詞辯論之程序）

Ⅰ言詞辯論之程序如下：

一　主持人或其指定之人員陳述事件要旨。

二　復審人或其代理人就事件為事實上及法律上之陳述。

三　原處分機關就事件為事實上及法律上之陳述。

四　有關機關或人員之陳述。

五　復審人或原處分機關對他方之陳述或答辯，為再陳述或再答辯。

六　保訓會委員對復審人及原處分機關或有關人員提出詢問。

七　復審人之最後陳述。

Ⅱ言詞辯論未完備者，得再為辯論。

第55條（證據書類或證物之提出）

復審人得提出證據書類或證物。保訓會限定於一定期間內提出者，應於該期間內提出。

第56條（物件之調閱及留置）

Ⅰ保訓會必要時，得依職權或依復審人之申請，命文書或其他物件之持有人提出該物件，並得留置之。

Ⅱ公務人員或機關掌管之文書或其他物件，保訓會得調閱之。

Ⅲ前項情形，除有妨害國家機密者外，該公務人員或機關不得拒絕。

第57條（必要物件證據之檢驗、勘驗或鑑定）

Ⅰ保訓會必要時，得依職權或囑託有關機關、學校、團體或具專門知識經驗者，就必要之物件、證據，實施檢驗、勘驗或鑑定。

Ⅱ前項所需費用由保訓會負擔。

Ⅲ保訓會依第一項檢驗、勘驗或鑑定之結果，非經賦予復審人表示意見之機會，不得採為對之不利之復審決定之基礎。

Ⅳ復審人願自行負擔費用而請求依第一項規定實施檢驗、勘驗或鑑定時，保訓會非有正當理由不得拒絕。

Ⅴ依前項規定檢驗、勘驗或鑑定所得結果，據為復審人有利之決定或裁判時，復審人得於事件確定後三十日內，請求保訓會償還必要之費用。

第58條（鑑定書陳述意見）

Ⅰ鑑定人依前條所為之鑑定，應具鑑定書陳述意見。保訓會必要時，並得請其到達指定處所說明。

Ⅱ鑑定人有數人時，得共同陳述意見。但意見不同者，保訓會應使其分別陳述意見。

Ⅲ鑑定所需資料在原處分機關或保訓會者，保訓會應告知鑑定人准其利用，並得限制其利用之範圍及方法。

第59條（證據資料之閱覽、抄錄或影印）

Ⅰ原處分機關應將據以處分之證據資料提出於保訓會。

Ⅱ對於前項之證據資料，復審人或其代理人得請求閱覽、抄錄或影印之。保訓會非有正當理由，不得拒絕。

Ⅲ第一項證據資料之閱覽、抄錄或影印，保訓會應指定日、時、處所。

第60條（行政訴訟）

復審人對保訓會於復審程序進行中所為之程序上處置不服者，應併同復審決定提起行政訴訟。

第61條（復審事件不受理決定之情形）

Ⅰ復審事件有下列各款情形之一者，應為不受理決定：

一　復審書不合法定程式不能補正或經酌定相當期間通知補正逾期不補正者。

二　提起復審逾法定期間或未於第46條但書所定期間，補送復審書者。

三　復審人無復審能力而未由法定代理人代為復審行為，經通知補正逾期不補正者。

四　復審人不適格者。

五　行政處分已不存在者。

六　對已決定或已撤回之復審事件重行提起復審者。

七　對不屬復審救濟範圍內之事項，提起復審者。

Ⅱ前項第五款情形，如復審人因該處分之撤銷而有可回復之法律上利益時，不得為不受理之決定。

Ⅲ第一項第七款情形，如屬應提起申訴、再申訴事項，公務人員誤提復審者，保訓會應移轉申訴受理機關依申訴程序處理，並通知該公務人員，不得逕為不受理決定。

第62條（合併審議，合併決定）

分別提起之數宗復審事件係基於同一或同種類之事實上或法律上之原因者，保訓會得合併審議，並得合併決定。

第63條（復審無理由之決定駁回）

Ⅰ復審無理由者，保訓會應以決定駁回之。

Ⅱ原行政處分所憑之理由雖屬不當，但依其他理由認為正當者，應以復審為無理由。

Ⅲ復審事件涉及地方自治團體之地方自治事務者，保訓會僅就原行政處分之合法性進行審查決定。

第64條（原行政處分違法或顯然不當者之指明）

提起復審因逾法定期間而為不受理決定時，原行政處分顯屬違法或顯然不當者，保訓會應於決定理由中指明。

第65條（發回原處分機關另為處分）

Ⅰ復審有理由者，保訓會應於復審人表示不服之範圍內，以決定撤銷原行政處分之全部或一部，並得視事件之情節，發回原處分機關另為處分。但原處分機關於復審人表示不服之範圍內，不得為更不利益之處分。
II前項發回原處分機關另為處分，原處分機關未於規定期限內依復審決定意旨處理，經復審人再提起復審時，保訓會得逕為變更之決定。

第66條（行政處分）

I對於依第二十六條第一項提起之復審，保訓會認為有理由者，應指定相當期間，命應作為之機關速為一定之處分。
II保訓會未為前項決定前，應作為之機關已為行政處分者，保訓會應認為復審無理由，以決定駁回之。

第67條（復審駁回）

I保訓會發現原行政處分雖屬違法或顯然不當，但其撤銷或變更於公益有重大損害，經斟酌復審人所受損害、賠償程度、防止方法及其他一切情事，認原行政處分之撤銷或變更顯與公益相違背時，得駁回其復審。
II前項情形，應於決定主文中載明原行政處分違法或顯然不當。

第68條（賠償協議）

I保訓會為前條決定時，得斟酌復審人因違法或顯然不當行政處分所受損害，於決定理由中載明由原處分機關與復審人進行賠償協議。
II前項協議，與國家賠償法之協議有同一之效力。

第69條（復審決定期間）

I復審決定應於保訓會收受原處分機關檢卷答辯之次日起三個月內為之；其尚待補正者，自補正之次日起算，未為補正者，自補正期間屆滿之次日起算；復審人係於表示不服後三十日內補送復審書者，自補送之次日起算，
II未為補送者，自補送期間屆滿之次日起算；復審人於復審事件決定期間內續補具理由者，自最後補具理由之次日起算。
III復審事件不能於前項期間內決定者，得予延長，並通知復審人。延長以一次為限，最長不得逾二個月。

第70條（停止復審程序進行）

I復審之決定以他法律關係是否成立為準據，而該法律關係在訴訟或行政救濟程序進行中者，於該法律關係確定前，保訓會得停止復審程序之進行，並即通知復審人。
II保訓會依前項規定停止復審程序之進行者，前條所定復審決定期間，自該法律關係確定之日起，重行起算。

第71條（復審決定書應載明事項）

I復審決定書，應載明下列事項：
一　復審人之姓名、出生年月日、服務機關、職稱、住居所、國民身分證統一編號或身分證明文件及字號。
二　有法定代理人或復審代理人者，其姓名、出生年月日、住居所、國民身分證統一編號或身分證明文件及字號。
三　主文、事實及理由；其係不受理決定者，得不記載事實。
四　決定機關及其首長。
五　年、月、日。
II復審決定書之正本應於決定後十五日內送達復審人及原處分機關。

第72條（司法救濟）

I保訓會復審決定依法得聲明不服者，復審決定書應附記如不服決定，得於決定書送達之次日起二個月內，依法向該管司法機關請求救濟。
II前項附記錯誤時，應通知更正，並自更正通知送達之次日起，計算法定期間。
III如未附記救濟期間，或附記錯誤未通知更正，致復審人遲誤者，如於復審決定書送達之次日起一年內請求救濟，視為於第一項之期間內所為。

第73條（復審事件不予處理之情形）

復審事件有下列情形之一者，不予處理：
一　無具體之事實內容者。
二　未具真實姓名、服務機關或住所者。

第74條（送達）

I對於無復審能力人為送達者，應向其法定代理人為之。
II法定代理人有二人以上者，送達得僅向其中一人為之。

第75條（送達）

復審代理人除受送達之權限受有限制者外，送達應向該代理人為之。但保訓會認為必要時，得送達於復審人本人。

第76條（復審事件文書之送達）

I復審事件文書之送達，應註明復審人或其代表人、代理人之住居所、事務所，交付郵務機構以復審事件文書郵務送達證書發送。
II復審事件文書不能為前項之送達時，得由保訓會派員或囑託原處分機關、公務人員服務機關送達，並由執行送達人作成送達證書。
III復審事件文書之送達，除前二項規定外，準用行政訴訟法第六十七條至第六十九條、第七十一條至第八十三條之規定。

第四章　申訴及再申訴程序

第77條（申訴、再申訴）

I公務人員對於服務機關所為之管理措施或有關工作條件之處置認為不當，致影響其權益者，得依本法提起申訴、再申訴。
II公務人員離職後，接獲原服務機關之管理措施或處置者，亦得依前項規定提起申訴、再申訴。

第78條（再申訴）

I 申訴之提起，應於管理措施或有關工作條件之處置達到之次日起三十日內，向服務機關爲之。不服服務機關函復者，得於復函送達之次日起三十日內，向保訓會提起再申訴。

II 前項之服務機關，以管理措施或有關工作條件之處置之權責處理機關爲準。

第 79 條（誤提申訴之處理）

I 應提起復審之事件，公務人員誤提申訴者，申訴受理機關應移由原處分機關依復審程序處理，並通知該公務人員。

II 應提起復審之事件，公務人員誤向保訓會逕提再申訴者，保訓會應函請原處分機關依復審程序處理，並通知該公務人員。

第 80 條（申訴、再申訴書應載明事項）

I 申訴應以書面爲之，載明下列事項，由申訴人或其代理人簽名或蓋章：

一 申訴人之姓名、出生年月日、住居所、國民身分證統一編號或身分證明文件及字號、服務機關、職稱、官職等。有代理人者，其姓名、出生年月日、職業、住居所或事務所、國民身分證統一編號或身分證明文件及字號。

二 請求事項。

三 事實及理由。

四 證據。

五 管理措施或有關工作條件之處置達到之年月日。

六 提起之年月日。

II 前項規定，於再申訴準用之。

第 81 條（申訴、再申訴之處理時限）

I 服務機關對申訴事件，應於收受申訴書之次日起三十日內，就請求事項詳備理由函復，必要時得延長二十日，並通知申訴人。逾期未函復，申訴人得逕提再申訴。

II 申訴復函應附記如不服函復者，得於三十日內向保訓會提起再申訴之意旨。

III 再申訴決定應於收受再申訴書之次日起三個月內爲之。必要時得延長一個月，並通知再申訴人。

第 82 條（查詢再申訴案件之回復）

I 各機關對於保訓會查詢之再申訴事件，應於二十日內將事實、理由及處理意見，並附有關資料，回復保訓會。

II 各機關對於再申訴事件未於前項規定期間內回復者，保訓會得逕爲決定。

第 83 條（再申訴決定書應載明事項）

再申訴決定書，應載明下列事項：

一 再申訴人之姓名、出生年月日、服務機關及職稱、住居所、國民身分證統一編號或身分證明文件及字號。

二 有再申訴代理人者，其姓名、出生年月日、住居所、國民身分證統一編號或身分證明文件及字號。

三 主文、事實及理由；其係不受理決定者，得不記載事實。

四 決定機關及其首長。

五 年、月、日。

六 附記對於保訓會所爲再申訴之決定不得以同一事由復提再申訴。

第 84 條（準用規定）

申訴、再申訴除本章另有規定外，準用第三章第二十六條至第四十二條、第四十三條第三項、第四十四條第四項、第四十六條至第五十九條、第六十一條至第六十八條、第六十九條第一項、第七十條、第七十一條第二項、第七十三條至第七十六條之復審程序規定。

第五章 調處程序

第 85 條（調處）

I 保障事件審理中，保訓會得依職權或依申請，指定副主任委員或委員一人至三人，進行調處。

II 前項調處，於多數人共同提起之保障事件，其代表人非徵得全體復審人或再申訴人之書面同意，不得爲之。

第 86 條（調處程序）

I 保訓會進行調處時，應以書面通知復審人、再申訴人，或其代表人、代理人及有關機關，於指定期日到達指定處所行之。

II 前項之代理人，應提出經特別委任之授權證明，始得參與調處。

III 復審人、再申訴人，或其代表人、經特別委任之代理人及有關機關，無正當理由，於指定期日不到場者，視爲調處不成立。但保訓會認爲有成立調處之可能者，得另定調處期日。

IV 調處之過程及結果應製作紀錄，由參與調處之人員簽名；其拒絕簽名者，應記明其事由。

第 87 條（調處書應記載事項）

I 保障事件經調處成立者，保訓會應作成調處書，記載下列事項，並函知復審人、再申訴人、代表人、經特別委任之代理人及有關機關：

一 復審人或再申訴人之姓名、出生年月日、服務機關及職稱、住居所、國民身分證統一編號或身分證明文件及字號。

二 有代表人或經特別委任之代理人者，其姓名、出生年月日、住居所、國民身分證統一編號或身分證明文件及字號。

三 參與調處之副主任委員、委員姓名。

四 調處事由。

五 調處成立之內容。

六 調處成立之場所。

七 調處成立之年月日。

Ⅱ前項經調處成立之保障事件，保訓會應終結其審理程序。

第88條（審議決定）

保障事件經調處不成立者，保訓會應逕依本法所定之復審程序或再申訴程序爲審議決定。

第六章 執 行

第89條（停止執行）

Ⅰ原行政處分、管理措施或有關工作條件之處置，不因依本法所進行之各項程序而停止執行。

Ⅱ原行政處分、管理措施或有關工作條件之處置合法性顯有疑義者，或其執行將發生難以回復之損害，且有急迫情事，並非爲維護重大公共利益所必要者，保訓會、原處分機關或服務機關得依職權或依申請，就原行政處分、管理措施或有關工作條件之處置全部或一部，停止執行。

第90條（停止執行之撤銷）

停止執行之原因消滅，或有其他情事變更之情形，保訓會、原處分機關或服務機關得依職權或依申請撤銷停止執行。

第91條（拘束力）

Ⅰ保訓會所爲保障事件之決定確定後，有拘束各關係機關之效力；其經保訓會作成調處書者，亦同。

Ⅱ原處分機關應於復審決定確定之次日起二個月內，將處理情形回復保訓會。必要時得予延長，但不得超過二個月，並通知復審人及保訓會。

Ⅲ服務機關應於收受再申訴決定書之次日起二個月內，將處理情形回復保訓會。必要時得予延長，但不得超過二個月，並通知再申訴人及保訓會。

Ⅳ保障事件經調處成立者，原處分機關或服務機關應於收受調處書之次日起二個月內，將處理情形回復保訓會。

第92條（處分及罰鍰）

Ⅰ原處分機關、服務機關於前條規定期限內未處理者，保訓會應檢具證據將違失人員移送監察院依法處理。但違失人員爲薦任第九職等以下人員，由保訓會通知原處分機關或服務機關之上級機關依法處理。

Ⅱ前項違失人員如爲民意機關首長，由保訓會處新臺幣十萬元以上一百萬元以下罰鍰，並公布違失事實。

Ⅲ前項罰鍰，經通知限期繳納，逾期不繳納者，依法移送強制執行。

第93條（定期刊登公報並公布於機關網站）

保障事件決定書及其執行情形，應定期刊登政府公報並公布於機關網站。

第七章 再審議

第94條（申請再審議之情形）

Ⅰ保障事件經保訓會審議決定，除復審事件復審人已依法向司法機關請求救濟者外，於復審決定或再申訴決定確定後，有下列情形之一者，原處分機關、服務機關、復審人或再申訴人得向保訓會申請再審議：

一 適用法規顯有錯誤者。

二 決定理由與主文顯有矛盾者。

三 決定機關之組織不合法者。

四 依本法應迴避之委員參與決定者。

五 參與決定之委員關於該保障事件違背職務，犯刑事上之罪者。

六 復審、再申訴之代理人或代表人，關於該復審、再申訴有刑事上應罰之行爲，影響於決定者。

七 證人、鑑定人或通譯就爲決定基礎之證言、鑑定或通譯爲虛僞陳述者。

八 爲決定基礎之證物，係僞造或變造者。

九 爲決定基礎之民事、刑事或行政訴訟判決或行政處分，依其後之確定裁判或行政處分已變更者。

十 發現未經斟酌之證物或得使用該證物者。但以如經斟酌可受較有利益之決定者爲限。

十一 原決定就足以影響於決定之重要證物漏未斟酌者。

Ⅱ前項申請於原行政處分、原管理措施、原工作條件之處置及原決定執行完畢後，亦得爲之。

Ⅲ第一項第五款至第八款情形，以宣告有罪之判決已確定，或其刑事訴訟不能開始或續行非因證據不足者爲限。

第95條（申請再審議期間）

Ⅰ申請再審議應於三十日之不變期間內爲之。

Ⅱ前項期間自復審決定或再申訴決定確定時起算。但再審議之理由知悉在後者，自知悉時起算。

Ⅲ再審議之申請，自復審決定或再申訴決定確定時起，如逾五年者，不得提起。

第96條（再審議資料）

申請再審議應以書面敘述理由，附具繕本，連同原決定書影本及證據，向保訓會提起。

第97條（撤回）

Ⅰ再審議之申請，於保訓會作成決定前得撤回之。

Ⅱ爲前項撤回者，不得更以同一原因申請再審議。

第98條（不受理決定）

保訓會認爲申請再審議程序不合法者，應爲不受理決定。

第99條（決定駁回）

Ⅰ保訓會認爲再審議無理由者，應以決定駁回之。

Ⅱ經前項決定後，不得更以同一原因申請再審議。

第100條（撤銷或變更原復審決定或再申訴決定）

保訓會認爲再審議有理由者，應撤銷或變更原復審決定或再申訴決定。

第 101 條（再審議準用規定）

再審議，除本章另有規定外，準用第三章復審程序、第四章再申訴程序及第六章執行之規定。

第八章　附　則

第 102 條（準用本法之對象）

I 下列人員準用本法之規定：

一　教育人員任用條例公布施行前已進用未經銓敘合格之公立學校職員。

二　私立學校改制為公立學校未具任用資格之留用人員。

三　公營事業依法任用之人員。

四　各機關依法派用、聘用、聘任、僱用或留用人員。

五　應各種公務人員考試錄取參加訓練之人員，或訓練期滿成績及格未獲分發任用之人員。

II 前項第五款應各種公務人員考試錄取參加訓練之人員，不服保訓會所為之行政處分者，有關其權益之救濟，依訴願法之規定行之。

第 103 條（尚未終結案件之辦理規定）

本法修正施行前，尚未終結之保障事件，其以後之程序，依修正之本法規定終結之。

第 104 條（施行日）

本法自公布日施行。

公務員服務法

1.中華民國 28 年 20 月 23 日國民政府制定公布全文 25 條
2.中華民國 32 年 1 月 4 日國民政府修正公布第 13、22～24 條條文
3.中華民國 36 年 7 月 11 日國民政府修正公布第 12、13 條條文
4.中華民國 85 年 1 月 15 日總統令修正公布第 13、14 條條文；並增訂第 14-1、14-2、14-3、22-1 條條文
5.中華民國 89 年 7 月 19 日總統令修正公布第 11 條條文

第 1 條（忠實義務）
公務員應恪守誓言，忠心努力，依法律命令所定，執行其職務。

第 2 條（服從義務）
長官就其監督範圍以內所發命令，屬官有服從之義務。但屬官對於長官所發命令，如有意見，得隨時陳述。

第 3 條（不同長官所發命令之效力）
公務員對於兩級長官同時所發命令，以上級長官之命令為準，主管長官與兼管長官同時所發命令，以主管長官之命令為準。

第 4 條（保密義務）
Ⅰ公務員有絕對保守政府機關機密之義務，對於機密事件無論是否主管事務，均不得洩漏，退職後亦同。
Ⅱ公務員未得長官許可，不得以私人或代表機關名義，任意發表有關職務之談話。

第 5 條（保持品位義務）
公務員應誠實清廉，謹慎勤勉，不得有驕恣貪惰，奢侈放蕩，及冶遊賭博，吸食毒等，足以損失名譽之行為。

第 6 條（濫權之禁止）
公務員不得假借權力，以圖本身或他人之利益，並不得利用職務上之機會，加損害於人。

第 7 條（執行職務之準則）
公務員執行職務，應力求切實，不得畏難規避，互相推諉，或無故稽延。

第 8 條（就職期間）
公務員接奉任狀後，除程期外，應於一個月內就職。但具有正當事由，經主管高級長官特許者，得延長之。其延長期間以一個月為限。

第 9 條（奉派出差之注意規定）
公務員奉派出差，至遲應於一星期內出發，不得藉故遲延，或私自回籍，或往其他地方逗留。

第 10 條（堅守崗位之義務）
公務員未奉長官核准，不得擅離職守，其出差者亦同。

第 11 條（依法定時間辦公）
Ⅰ公務員辦公，應依法定時間，不得遲到早退，其有特別職務經長官許可者，不在此限。
Ⅱ公務員每週應有二日之休息，作為例假。業務性質特殊之機關，得以輪休或其他彈性方式行之。
Ⅲ前項規定自民國九十年一月一日起實施，其辦法由行政院會同考試院定之。

第 12 條（請假事由）
Ⅰ公務員除因婚喪疾病分娩或其他正當事由外，不得請假。
Ⅱ公務員請假規則，以命令定之。

第 13 條（經商之禁止）
Ⅰ公務員不得經營商業或投機事業。但投資於非屬其服務機關監督之農、工、礦、交通或新聞出版事業，為股份有限公司股東，兩合公司之有限責任股東，或非執行業務之有限公司股東，而其所有股份總額未超過其所投資公司股本總額百分之十者，不在此限。
Ⅱ公務員非依法不得兼公營事業機關或公司代表官股之董事或監察人。
Ⅲ公務員利用權力、公款或公務上之秘密消息而圖利者，依刑法第一百三十一條處斷；其他法令有特別處罰規定者，依其規定。其離職者，亦同。
Ⅳ公務員違反第一項、第二項或第三項之規定者，應先予撤職。

第 14 條（兼職之限制）
Ⅰ公務員除法令所規定外，不得兼任他項公職或業務。其依法令兼職者，不得兼薪及兼領公費。
Ⅱ依法令或經指派兼職者，於離去本職時，其兼職亦應同時免兼。

第 14 條之 1（離職後兼職之限制）
公務員於其離職後三年內，不得擔任與其離職前五年內之職務直接相關之營利事業董事、監察人、經理、執行業務之股東或顧問。

第 14 條之 2（兼任之許可）
Ⅰ公務員兼任非以營利為目的之事業或團體之職務，受有報酬者，應經服務機關許可。機關首長應經上級主管機關許可。
Ⅱ前項許可辦法，由考試院定之。

第 14 條之 3（兼任之許可）
公務員兼任教學或研究工作或非以營利為目的之事業或團體之職務，應經服務機關許可。機關首長應經上級主管機關許可。

第 15 條（推薦人員及關說之禁止）
公務員對於屬官不得推薦人員，並不得就其主管事件，有所關說或請託。

第16條（贈送財物之禁止）

Ⅰ公務員有隸屬關係者，無論涉及職務與否，不得贈受財物。

Ⅱ公務員於所辦事件，不得收受任何餽贈。

第17條（執行職務之迴避）

公務員執行職務時，遇有涉及本身或其家族之利害事件，應行迴避。

第18條（視察接受招待餽贈之禁止）

公務員不得利用視察調查等機會，接受地方官民之招待或餽贈。

第19條（任意動用公物公款之禁止）

公務員非因職務之需要，不得動用公物或支用公款。

第20條（公務員保管文書財務之責任）

公務員職務上所保管之文書財物，應盡善良保管之責，不得毀損變換私用或借給他人使用。

第21條（互惠之禁止）

公務員對於左列各款與其職務有關係者，不得私相借貸，訂立互利契約，或享受其他不正利益：

一　承辦本機關或所屬機關之工程者。

二　經營本機關或所屬事業來往款項之銀行錢莊。

三　承辦本機關或所屬事業公用物品之商號。

四　受有官署補助費者。

第22條（罰則）

公務員有違反本法者，應按情節輕重，分別予以懲處，其觸犯刑事法令者，並依各該法令處罰。

第22條之1（違反兼職之懲處）

Ⅰ離職公務員違反本法第十四條之一者，處二年以下有期徒刑，得併科新台幣一百萬元以下罰金。

Ⅱ犯前項之罪者，所得之利益沒收之。如全部或一部不能沒收時，追徵其價額。

第23條（包庇屬官之懲處）

公務員有違反本法之行為，該管長官知情而不依法處置者，應受懲處。

第24條（適用本法之其他人員）

本法於受有俸給之文武職公務員，及其他公營事業機關服務人員，均適用之。

第25條（施行日）

本法自公布日施行。

公務人員考績法

1.中華民國 75 年 1 月 11 日總統令制定公布全文 12 條；並自 76 年 1 月 16 日起施行
2.中華民國 79 年 12 月 28 日總統令修正公布第 7、8、11、12 條條文
3.中華民國 86 年 6 月 4 日總統令修正公布第 3、7、11、12、14、16、18、19、23 條條文；並刪除第 17 條條文
4.中華民國 90 年 6 月 20 日總統令修正公布第 4、6、7、10～12、14、18、25 條條文
5.中華民國 96 年 3 月 21 日總統令修正公布第 14 條條文

第 1 條（適用範圍）
公務人員之考績，依本法行之。
第 2 條（考績原則）
公務人員之考績，應本綜覈名實、信賞必罰之旨，作準確客觀之考核。
第 3 條（考績之區分）
公務人員考績區分如左：
一　年終考績：係指各官等人員，於每年年終考核其當年一至十二月任職期間之成績。
二　另予考績：係指各官等人員，於同一考績年度內，任職不滿一年，而連續任職已達六個月者辦理之考績。
三　專案考績：係指各官等人員，平時有重大功過時，隨時辦理之考績。
第 4 條（應予考績之公務人員）
Ｉ公務人員任現職，經銓敘審定合格實授至年終滿一年者，予以年終考績；不滿一年者，如係升任高一官等職務，得以前經銓敘審定有案之低一官等職務合併計算，辦理高一官等之年終考績；如係調任同一官等或降調低一官等職務，得以前經銓敘審定有案之同官等或高官等職務合併計算，辦理所敘官等職等之年終考績。但均以調任並繼續任職者為限。
II具有公務人員任用資格之政務人員、教育人員或公營事業人員轉任公務人員，經銓敘審定合格實授者，其轉任當年未辦理考核及未採計提敘官職等級之年資，得比照前項經銓敘審定合格實授之年資，合併計算參加年終考績。
第 5 條（年終考績之依據）
Ｉ年終考績應以平時考核為依據。平時考核就其工作、操行、學識、才能行之。
II前項考核之細目，由銓敘機關訂定。但性質特殊職務之考核得視各職務需要，由各機關訂定，並送銓敘機關備查。
第 6 條（年終考績之等級）
Ｉ年終考績以一百分為滿分，分甲、乙、丙、丁四等，各等分數如左：
甲等：八十分以上。
乙等：七十分以上，不滿八十分。
丙等：六十分以上，不滿七十分。
丁等：不滿六十分。
II考列甲等之條件，應於施行細則中明定之。
III除本法另有規定者外，受考人在考績年度內，非有左列情形之一者，不得考列丁等：
一　挑撥離間或誣控濫告，情節重大，經疏導無效，有確實證據者。
二　不聽指揮，破壞紀律，情節重大，經疏導無效，有確實證據者。
三　怠忽職守，稽延公務，造成重大不良後果，有確實證據者。
四　品行不端，或違反有關法令禁止事項，嚴重損害公務人員聲譽，有確實證據者。
第 7 條（年終考績之獎懲）
Ｉ年終考績獎懲依左列規定：
一　甲等：晉本俸一級，並給與一個月俸給總額之一次獎金；已達所敘職等本俸最高俸級或已敘年功俸級者，晉年功俸一級，並給與一個月俸給總額之一次獎金；已敘年功俸最高俸級者，給與二個月俸給總額之一次獎金。
二　乙等：晉本俸一級，並給與半個月俸給總額之一次獎金；已達所敘職等本俸最高俸級或已敘年功俸級者，晉年功俸一級，並給與半個月俸給總額之一次獎金；已敘年功俸最高俸級者，給與一個半月俸給總額之一次獎金。
三　丙等：留原俸級。
四　丁等：免職。
II前項所稱俸給總額，指公務人員俸給法所定之本俸、年功俸及其他法定加給。
第 8 條（年終考績之獎懲）
另予考績人員之獎懲，列甲等者，給與一個月俸給總額之一次獎金；列乙等者，給與半個月俸給總額之一次獎金；列丙等者，不予獎勵；列丁等者，免職。
第 9 條（考績之比較範圍）
公務人員之考績，除機關首長由上級機關長官考績外，其餘人員應以同官等為考績之比較範圍。
第 10 條（年終考績與晉敘）
年終考績應晉俸級，在考績年度內已依法晉敘俸級或在考績年度內升任高一官等、職等職務已敘較高俸級，其以前經銓敘審定有案之低官等、職等職務合併計算辦理高一官等、職等之年終考績者，考列

乙等以上時，不再晉敘。但專案考績不在此限。

第 11 條（同官等高一職等任用資格之取得）

Ⅰ各機關參加考績人員任本職等年終考績，具有左列各款情形之一者，取得同官等高一職等之任用資格：

一　二年列甲等者。

二　一年列甲等二年列乙等者。

Ⅱ前項所稱任本職等年終考績，指當年一至十二月任職期間均任同一職等辦理之年終考績。另予考績及以不同官等職等併資辦理年終考績之年資，均不得予以併計取得高一職等升等任用資格。但以不同官等職等併資辦理年終考績之年資，得予以併計取得該併資之較低官等高一職等升等任用資格。

第 12 條（辦理平時考核及專案考績之規定）

Ⅰ各機關辦理公務人員平時考核及專案考績，分別依左列規定：

一　平時考核：獎勵分嘉獎、記功、記大功；懲處分申誡、記過、記大過。於年終考績時，併計成績增減總分。平時考核獎懲得互相抵銷，無獎懲抵銷而累積達二大過者，年終考績應列丁等。

二　專案考績，於有重大功過時行之；其獎懲依左列規定：

㈠一次記二大功者，晉本俸一級，並給與一個月俸給總額之獎金；已達所敘職等本俸最高俸級或已敘年功俸級者，晉年功俸一級，並給與一個月俸給總額之獎金；已敘至年功俸最高俸級者，給與二個月俸給總額之獎金。但在同一年度內再因一次記二大功辦理專案考績者，不再晉敘俸級，改給二個月俸給總額之一次獎金。

㈡一次記二大過者，免職。

Ⅱ前項第二款一次記二大功之標準，應於施行細則中明定之。專案考績不得與平時考核功過相抵銷。

Ⅲ非有左列情形之一者，不得為一次記二大過處分：

一　圖謀背叛國家，有確實證據者。

二　執行國家政策不力，或怠忽職責，或洩漏職務上之機密，致政府遭受重大損害，有確實證據者。

三　違抗政府重大政令，或嚴重傷害政府信譽，有確實證據者。

四　涉及貪污案件，其行政責任重大，有確實證據者。

五　圖謀不法利益或言行不檢，致嚴重損害政府或公務人員聲譽，有確實證據者。

六　脅迫、公然侮辱或誣告長官，情節重大，有確實證據者。

七　挑撥離間或破壞紀律，情節重大，有確實證據者。

八　曠職繼續達四日，或一年累積達十日者。

第 13 條（考績評分之依據及限制）

平時成績紀錄及獎懲，應為考績評定分數之重要依據。平時考核之功過，除依前條規定抵銷或免職者外，曾記二大功人員，考績不得列乙等以下；曾記一大功人員，考績不得列丙等以下；曾記一大過人員，考績不得列乙等以上。

第 14 條（考績之執行）

Ⅰ各機關對於公務人員之考績，應由主管人員就考績表項目評擬，遞送考績委員會初核，機關長官覆核，經由主管機關或授權之所屬機關核定，送銓敘部銓敘審定。但非於年終辦理之另予考績或長官僅有一級，或因特殊情形報經上級機關核准不設置考績委員會時，除考績免職人員應送經上級機關考績委員會考核外，得逕由其長官考核。

Ⅱ考績委員會對於考績案件，認為有疑義時，得調閱有關考核紀錄及案卷，並得向有關人員查詢。

Ⅲ考績委員會對於擬予考績列丁等及一次記二大過人員，處分前應給予當事人陳述及申辯之機會。

Ⅳ第一項所稱主管機關為總統府、國家安全會議、五院、各部（會、處、局、署與同層級之機關）、省政府、省諮議會、直轄市政府、直轄市議會、縣（市）政府及縣（市）議會。

第 15 條（考績委員會）

各機關應設考績委員會，其組織規程，由考試院定之。

第 16 條（違反考績法規之處分）

公務人員考績案，送銓敘部銓敘審定時，如發現有違反考績法規情事者，應照原送案程序，退還原考績機關另為適法之處分。

第 17 條（刪除）

第 18 條（年終考績與專案考績執行）

年終辦理之考績結果，應自次年一月起執行；一次記二大功專案考績及非於年終辦理之另予考績，自主管機關核定之日起執行。但考績應予免職人員，自確定之日起執行；未確定前，應先行停職。

第 19 條（對考績辦理不公人員之懲處）

各機關辦理考績人員如有不公或徇私舞弊情事時，其主管機關應查明責任予以懲處，並通知原考績機關對受考人重加考績。

第 20 條（考績之保留）

辦理考績人員，對考績過程應嚴守秘密，並不得遺漏舛錯，違者按情節輕重予以懲處。

第 21 條（派用人員之考成）

派用人員之考成，準用本法之規定。

第 22 條（不受任用資格限制人員等之考成）

不受任用資格限制人員及其他不適用本法考績人員之考成，得由各機關參照本法之規定辦理。

第 23 條（教育人員及公營事業人員之考績）
教育人員及公營事業人員之考績，均另以法律定之。
第 24 條（施行細則）
本法施行細則，由考試院定之。
第 25 條（施行日）
Ⅰ本法施行日期，由考試院以命令定之。
Ⅱ本法修正條文自公布日施行。

公務員懲戒法

1.中華民國 20 年 6 月 8 日國民政府制定公布全文 28 條
2.中華民國 22 年 6 月 27 日國民政府修正公布第 10 條條文
3.中華民國 22 年 12 月 1 日國民政府修正公布第 3 條條文
4.中華民國 37 年 4 月 15 日國民政府修正公布全文 27 條
5.中華民國 74 年 5 月 3 日總統令修正公布全文 41 條
6.中華民國 104 年 5 月 20 日總統令修正公布全文 80 條
中華民國 105 年 3 月 7 日司法院令發布定自 105 年 5 月 2 日施行
7.中華民國 109 年 6 月 10 日總統令修正公布全文 103 條；施行日期，由司法院定之
中華民國 109 年 6 月 15 日司法院院令發布定自 109 年 7 月 17 日施行

第一章　總則

第 1 條

Ⅰ公務員非依本法不受懲戒。但法律另有規定者，從其規定。

Ⅱ本法之規定，對退休（職、伍）或其他原因離職之公務員於任職期間之行為，亦適用之。

第 2 條

公務員有下列各款情事之一，有懲戒之必要者，應受懲戒：

一　違法執行職務、怠於執行職務或其他失職行為。

二　非執行職務之違法行為，致嚴重損害政府之信譽。

第 3 條

公務員之行為非出於故意或過失者，不受懲戒。

第 4 條

公務員有下列各款情形之一者，其職務當然停止：

一　依刑事訴訟程序被通緝或羈押。

二　依刑事確定判決，受褫奪公權之宣告。

三　依刑事確定判決，受徒刑之宣告，在監所執行中。

第 5 條

Ⅰ懲戒法庭對於移送之懲戒案件，認為情節重大，有先行停止職務之必要者，得裁定先行停止被付懲戒人之職務，並通知被付懲戒人所屬主管機關。

Ⅱ前項裁定於送達被付懲戒人所屬主管機關之翌日起發生停止職務效力。

Ⅲ主管機關對於所屬公務員，依第二十四條規定送請監察院審查或懲戒法院審理而認為有免除職務、撤職或休職等情節重大之虞者，亦得依職權先行停止其職務。

Ⅳ懲戒法庭第一審所為第一項之裁定，得為抗告。

第 6 條

依前二條規定停止職務之公務員，在停職中所為之職務上行為，不生效力。

第 7 條

Ⅰ依第四條第一款或第五條規定停止職務之公務員，於停止職務事由消滅後，未經懲戒法庭判決或經判決未受免除職務、撤職或休職處分，且未在監所執行徒刑中者，得依法申請復職。服務機關或其上級機關，除法律另有規定外，應許其復職，並補給其停職期間之本俸（年功俸）或相當之給與。

Ⅱ前項公務員死亡者，應補給之本俸（年功俸）或相當之給與，由依法得領受撫卹金之人具領之。

第 8 條

Ⅰ公務員經依第二十三條、第二十四條移送懲戒，或經主管機關送請監察院審查者，在不受懲戒、免議、不受理判決確定、懲戒處分生效或審查結束前，不得資遣或申請退休、退伍。

Ⅱ監察院或主管機關於依第二十三條、第二十四條第一項辦理移送懲戒或送請審查時，應通知銓敘部或該管主管機關。

第二章　懲戒處分

第 9 條

Ⅰ公務員之懲戒處分如下：

一　免除職務。

二　撤職。

三　剝奪、減少退休（職、伍）金。

四　休職。

五　降級。

六　減俸。

七　罰款。

八　記過。

九　申誡。

Ⅱ前項第三款之處分，以退休（職、伍）或其他原因離職之公務員為限。

Ⅲ第一項第七款得與第三款、第六款以外之其餘各款併為處分。

Ⅳ第一項第四款、第五款及第八款之處分於政務人員不適用之。

第 10 條

懲戒處分時，應審酌一切情狀，尤應注意下列事項，為處分輕重之標準：

一　行為之動機。

二　行為之目的。

三　行爲時所受之刺激。
四　行爲之手段。
五　行爲人之生活狀況。
六　行爲人之品行。
七　行爲人違反義務之程度。
八　行爲所生之損害或影響。
九　行爲後之態度。

第 11 條
免除職務，免其現職，並不得再任用爲公務員。

第 12 條
Ⅰ撤職，撤其現職，並於一定期間停止任用；其期間爲一年以上、五年以下。
Ⅱ前項撤職人員，於停止任用期間屆滿，再任公務員者，自再任之日起，二年內不得晉敘、陞任或遷調主管職務。

第 13 條
Ⅰ剝奪退休（職、伍）金，指剝奪受懲戒人離職前所有任職年資所計給之退休（職、伍）或其他離職給與；其已支領者，並應追回之。
Ⅱ減少退休（職、伍）金，指減少受懲戒人離職前所有任職年資所計給之退休（職、伍）或其他離職給與百分之十至百分之二十；其已支領者，並應追回之。
Ⅲ前二項所定退休（職、伍）金，應按最近一次退休（職、伍）或離職前任職年資計算。但公教人員保險養老給付、軍人保險退伍給付、公務員自行繳付之退撫基金費用本息或自提儲金本息，不在此限。

第 14 條
Ⅰ休職，休其現職，停發俸（薪）給，並不得申請退休、退伍或在其他機關任職；其期間爲六個月以上、三年以下。
Ⅱ休職期滿，許其回復原職務或相當之其他職務。自復職之日起，二年內不得晉敘、陞任或遷調主管職務。
Ⅲ前項復職，得於休職期滿前三十日內提出申請，並準用公務人員保障法之復職規定辦理。

第 15 條
Ⅰ降級，依受懲戒人現職之俸（薪）級降一級或二級改敘；自改敘之日起，二年內不得晉敘、陞任或遷調主管職務。
Ⅱ受降級處分而無級可降者，按每級差額，減其月俸（薪）；其期間爲二年。

第 16 條
減俸，依受懲戒人現職之月俸（薪）減百分之十至百分之二十支給；其期間爲六個月以上、三年以下。自減俸之日起，一年內不得晉敘、陞任或遷調主管職務。

第 17 條
罰款，其金額爲新臺幣一萬元以上、一百萬元以下。

第 18 條
記過，得爲記過一次或二次。自記過之日起一年內，不得晉敘、陞任或遷調主管職務。一年內記過累計三次者，依其現職之俸（薪）級降一級改敘；無級可降者，準用第十五條第二項之規定。

第 19 條
申誡，以書面爲之。

第 20 條
Ⅰ應受懲戒行爲，自行爲終了之日起，至案件繫屬懲戒法院之日止，已逾十年者，不得予以休職之懲戒。
Ⅱ應受懲戒行爲，自行爲終了之日起，至案件繫屬懲戒法院之日止，已逾五年者，不得予以減少退休（職、伍）金、降級、減俸、罰款、記過或申誡之懲戒。
Ⅲ前二項行爲終了之日，指公務員應受懲戒行爲終結之日。但應受懲戒行爲係不作爲者，指公務員所屬服務機關或移送機關知悉之日。

第 21 條
受降級或減俸處分而在處分執行前或執行完畢前離職者，於其再任職時，依其再任職之級俸執行或繼續執行之。

第 22 條
Ⅰ同一行爲，不受懲戒法院二次懲戒。
Ⅱ同一行爲已受刑罰或行政罰之處罰者，仍得予以懲戒。其同一行爲不受刑罰或行政罰之處罰者，亦同。
Ⅲ同一行爲經主管機關或其他權責機關爲行政懲處處分後，復移送懲戒，經懲戒法院爲懲戒處分、不受懲戒或免議之判決確定者，原行政懲處處分失其效力。

第三章　審判程序

第一節　第一審程序

第 23 條
監察院認爲公務員有第二條所定情事，應付懲戒者，應將彈劾案連同證據，移送懲戒法院審理。

第 24 條
Ⅰ各院、部、會首長，省、直轄市、縣（市）行政首長或其他相當之主管機關首長，認爲所屬公務員有第二條所定情事者，應由其機關備文敘明事由，連同證據送請監察院審查。但對於所屬薦任第九職等或相當於薦任第九職等以下之公務員，得逕送懲戒法院審理。
Ⅱ依前項但書規定逕送懲戒法院審理者，應提出移送書，記載被付懲戒人之姓名、職級、違法或失職之事實及證據，連同有關卷證，一併移送，並應按被付懲戒人之人數，檢附移送書之繕本。

第 25 條
同一違法失職案件，涉及之公務員有數人，其隸屬同一主管機關者，移送監察院審查或懲戒法院審理時，應全部移送；其隸屬不同主管機關者，由共同上級機關全部移送；無共同上級機關者，由各主管機關分別移送。

第 26 條
Ⅰ懲戒法庭認移送之懲戒案件無受理權限者，應依職權以裁定移送至有受理權限之機關。
Ⅱ當事人就懲戒法院有無受理權限有爭執者，懲戒法庭應先爲裁定。
Ⅲ前二項裁定作成前，懲戒法庭得先徵詢當事人之意見。

第 27 條
Ⅰ除法律別有規定外，法官有下列情形之一者，應自行迴避，不得執行職務：
一　爲被付懲戒人受移送懲戒行爲之被害人。
二　現爲或曾爲被付懲戒人或被害人之配偶、八親等內之血親、五親等內之姻親或家長、家屬。
三　與被付懲戒人或被害人訂有婚約。
四　現爲或曾爲被付懲戒人或被害人之法定代理人。
五　曾爲該懲戒案件被付懲戒人之代理人或辯護人，或監察院之代理人。
六　曾爲該懲戒案件之證人或鑑定人。
七　曾參與該懲戒案件相牽涉之彈劾、移送懲戒或公務人員保障法、公務人員考績法相關程序。
八　曾參與該懲戒案件相牽涉之民、刑事或行政訴訟裁判。
九　曾參與該懲戒案件再審前之裁判。但其迴避以一次爲限。
十　曾參與該懲戒案件之前審裁判。
Ⅱ法官曾參與懲戒法庭第二審確定判決者，於就該確定判決提起之再審訴訟，毋庸迴避。

第 28 條
Ⅰ有下列情形之一者，被付懲戒人或移送機關得聲請法官迴避：
一　法官有前條所定之情形而不自行迴避。
二　法官有前條所定以外之情形，足認其執行職務有偏頗之虞。
Ⅱ當事人如已就該案件有所聲明或陳述後，不得依前項第二款聲請法官迴避。但聲請迴避之原因發生在後或知悉在後者，不在此限。

第 29 條
Ⅰ聲請迴避，應以書狀舉其原因向懲戒法院爲之。但於審理期日或受訊問時，得以言詞爲之。
Ⅱ聲請迴避之原因及前條第二項但書之事實，應釋明之。
Ⅲ被聲請迴避之法官，得提出意見書。
Ⅳ法官被聲請迴避者，在該聲請事件終結前，應停止審理程序。但其聲請因違背第一項、第二項，或前條第二項之規定，或顯係意圖延滯審理程序而爲者，不在此限。
Ⅴ依前項規定停止審理程序中，如有急迫情形，仍應爲必要處分。

第 30 條
Ⅰ法官迴避之聲請，由懲戒法庭裁定之。被聲請迴避之法官，不得參與裁定。其因不足法定人數不能合議者，由並任懲戒法院院長之法官裁定之。
Ⅱ被聲請迴避之法官，以該聲請爲有理由者，毋庸裁定，應即迴避。
Ⅲ聲請法官迴避經懲戒法庭第一審裁定駁回者，得爲抗告。其以聲請爲正當者，不得聲明不服。

第 31 條
法官有第二十八條第一項第二款之情形者，經懲戒法院院長同意，得迴避之。

第 32 條
法官迴避之規定，於書記官及通譯準用之。

第 33 條
移送機關於懲戒案件，得委任下列之人爲代理人：
一　律師。
二　所屬辦理法制、法務或與懲戒案件相關業務者。

第 34 條
Ⅰ被付懲戒人得選任辯護人爲其辯護。
Ⅱ辯護人應由律師充之。但經審判長許可者，亦得選任非律師爲辯護人。
Ⅲ每一被付懲戒人選任辯護人，不得逾三人。
Ⅳ辯護人有數人者，送達文書應分別爲之。

第 35 條
Ⅰ被付懲戒人應親自到場。但經審判長許可者，得委任代理人一人到場。
Ⅱ前項代理人，準用前條第二項之規定。

第 36 條
Ⅰ選任辯護人，應向懲戒法庭提出委任書。
Ⅱ前項規定，於代理人準用之。

第 37 條
Ⅰ懲戒法庭收受移送案件後，應將移送書繕本送達被付懲戒人，並命其於十日內提出答辯狀。但應爲免議或不受理之判決者，不在此限。
Ⅱ言詞辯論期日，距移送書之送達，至少應有十日爲就審期間。但有急迫情形時，不在此限。
Ⅲ移送機關、被付懲戒人、代理人及辯護人，得聲請閱覽、抄錄、重製或攝影卷證。

第 38 條
Ⅰ被付懲戒人因精神障礙或其他心智缺陷，無法答辯者，懲戒法庭應於其回復前，裁定停止審理程序。

II 被付懲戒人因疾病不能到場者，懲戒法庭應於其能到場前，裁定停止審理程序。
III 被付懲戒人顯有應爲不受懲戒、免議或不受理判決之情形，或依第三十五條委任代理人者，不適用前二項之規定。

第 39 條

I 同一行爲，在刑事偵查或審判中者，不停止審理程序。但懲戒處分牽涉犯罪是否成立者，懲戒法庭認有必要時，得裁定於第一審刑事判決前，停止審理程序。
II 依前項規定停止審理程序之裁定，懲戒法庭得依聲請或依職權撤銷之。

第 40 條

I 審判長指定期日後，書記官應作通知書，送達於移送機關、被付懲戒人、代理人、辯護人或其他人員。但經審判長面告以所定之期日命其到場，或其曾以書狀陳明屆期到場者，與送達有同一之效力。
II 前項通知書，應記載下列事項：
一　案由。
二　應到場人姓名、住居所。
三　應到場之原因。
四　應到之日、時、處所。
III 第一項之期日爲言詞辯論期日者，通知書並應記載不到場時之法律效果。

第 41 條

訊問被付懲戒人、證人、鑑定人及通譯，應當場製作筆錄，記載下列事項：
一　對於受訊問人之訊問及其陳述。
二　證人、鑑定人或通譯如未具結者，其事由。
三　訊問之年、月、日及處所。
II 前項筆錄應向受訊問人朗讀或令其閱覽，詢以記載有無錯誤。
III 受訊問人請求將記載增、刪、變更者，應將其陳述附記於筆錄。
IV 筆錄應命受訊問人緊接其記載之末行簽名、蓋章或按指印。

第 42 條

懲戒法庭審理案件，應依職權自行調查之，並得囑託法院或其他機關調查。受託法院或機關應將調查情形以書面答覆，並應附具調查筆錄及相關資料。

第 43 條

懲戒法庭審理案件，必要時得向有關機關調閱卷宗，並得請其爲必要之說明。

第 44 條

I 懲戒法庭審理案件，應公開法庭行之。但有妨害國家安全或當事人聲請不公開並經許可者，不在此限。
II 前項規定，於第四十二條囑託調查證據時，準用之。

第 45 條

I 移送機關於第一審判決前，得撤回移送案件之全部或一部。
II 前項撤回，被付懲戒人已爲言詞辯論者，應得其同意。
III 移送案件之撤回，應以書狀爲之。但在期日得以言詞爲之。
IV 於期日所爲之撤回，應記載於筆錄，如被付懲戒人不在場，應將筆錄送達。
V 移送案件之撤回，被付懲戒人於期日到場，未爲同意與否之表示者，自該期日起；其未於期日到場或係以書狀撤回者，自前項筆錄或撤回書狀送達之日起，十日內未提出異議者，視爲同意撤回。
VI 案件經撤回者，同一移送機關不得更行移送。

第 46 條

I 懲戒法庭應本於言詞辯論而爲判決。但就移送機關提供之資料及被付懲戒人書面或言詞答辯，已足認事證明確，或應爲不受懲戒、免議或不受理之判決者，不在此限。
II 前項情形，經被付懲戒人、代理人或辯護人請求進行言詞辯論者，不得拒絕。

第 47 條

審判長於必要時，得指定受命法官先行準備程序，爲下列各款事項之處理：
一　闡明移送懲戒效力所及之範圍。
二　訊問被付懲戒人、代理人或辯護人。
三　整理案件及證據重要爭點。
四　調查證據。
五　其他與審判有關之事項。

第 48 條

第三十四條第二項、第三十五條第一項、第三十七條第一項、第四十條第一項、第四十二條至第四十四條關於懲戒法庭或審判長權限之規定，於受命法官行準備程序時準用之。

第 49 條

I 言詞辯論期日，以朗讀案由爲始。
II 審判長訊問被付懲戒人後，移送機關應陳述移送要旨。
III 陳述移送要旨後，被付懲戒人應就移送事實爲答辯。
IV 被付懲戒人答辯後，審判長應調查證據，並應命依下列次序，就事實及法律辯論之：
一　移送機關。
二　被付懲戒人。
三　辯護人。
已辯論者，得再爲辯論；審判長亦得命再行辯論。
V 審判長於宣示辯論終結前，最後應訊問被付懲戒人有無陳述。

第 50 條
言詞辯論終結後，宣示判決前，如有必要得命再開言詞辯論。
第 51 條
Ⅰ言詞辯論期日應由書記官製作言詞辯論筆錄，記載下列事項及其他一切程序：
一　辯論之處所及年、月、日。
二　法官、書記官之姓名及移送機關或其代理人、被付懲戒人或其代理人並辯護人、通譯之姓名。
三　被付懲戒人未到場者，其事由。
四　如不公開審理，其理由。
五　移送機關陳述之要旨。
六　辯論之意旨。
七　證人或鑑定人之具結及其陳述。
八　向被付懲戒人提示證物或文書。
九　當場實施之勘驗。
十　審判長命令記載及依訴訟關係人聲請許可記載之事項。
十一　最後曾予被付懲戒人陳述之機會。
十二　判決之宣示。
Ⅱ第四十一條第二項、第三項之規定，於前項言詞辯論筆錄準用之。
第 52 條
Ⅰ言詞辯論期日，當事人之一造無正當理由不到場者，得依到場者之聲請，由其一造辯論而為判決；不到場者，經再次通知而仍不到場，並得依職權由一造辯論而為判決。
Ⅱ如以前已為辯論或證據調查或未到場人有準備書狀之陳述者，為前項判決時，應斟酌之；未到場人以前聲明證據，其必要者，並應調查之。
第 53 條
有下列各款情形之一者，懲戒法庭應以裁定駁回前條聲請，並延展辯論期日：
一　不到場之當事人未於相當時期受合法之通知。
二　當事人之不到場，可認為係因天災或其他正當理由。
三　到場之當事人於懲戒法庭應依職權調查之事項，不能為必要之證明。
四　到場之當事人所提出之聲明、事實或證據，未於相當時期通知他造。
第 54 條
當事人於辯論期日到場拒絕辯論者，得不待其陳述，依他造當事人之聲請，由其一造辯論而為判決。
第 55 條
被付懲戒人有第二條情事之一，並有懲戒必要者，應為懲戒處分之判決；其無第二條情事或無懲戒必要者，應為不受懲戒之判決。
第 56 條
懲戒案件有下列情形之一者，應為免議之判決：
一　同一行為，已受懲戒法院之判決確定。
二　受褫奪公權之宣告確定，認已無受懲戒處分之必要。
三　已逾第二十條規定之懲戒處分行使期間。
第 57 條
懲戒案件有下列各款情形之一者，應為不受理之判決。但其情形可補正者，審判長應定期間先命補正：
一　移送程序或程式違背規定。
二　被付懲戒人死亡。
三　違背第四十五條第六項之規定，再行移送同一案件。
第 58 條
Ⅰ判決應公告之；經言詞辯論之判決，應宣示之，但當事人明示於宣示期日不到場或於宣示期日未到場者，不在此限。
Ⅱ宣示判決應於辯論終結之期日或辯論終結時指定之期日為之。
Ⅲ前項指定之宣示期日，自辯論終結時起，不得逾三星期。但案情繁雜或有特殊情形者，不在此限。
Ⅳ宣示判決不以參與審理之法官為限；不問當事人是否在場，均有效力。
Ⅴ公告判決，應於懲戒法院公告處或網站公告其主文，書記官並應作記載該事由及年、月、日、時之證書附卷。
第 59 條
判決書應分別記載主文、事實、理由及適用法條。但不受懲戒、免議及不受理之判決，毋庸記載事實。
第 60 條
Ⅰ判決原本，應於判決宣示後，當日交付書記官；其於辯論終結之期日宣示判決者，應於五日內交付之。
Ⅱ書記官應於判決原本內，記明收領期日並簽名。
第 61 條
Ⅰ判決書正本，書記官應於收領原本時起十日內送達移送機關、被付懲戒人、代理人及辯護人，並通知銓敘部及該管主管機關。
Ⅱ前項移送機關為監察院者，應一併送達被付懲戒人之主管機關。
Ⅲ第一項判決書，主管機關應送登公報或以其他適當方式公開之。但其他法律另有規定者，依其規定。
第 62 條
判決，於上訴期間屆滿時確定。但於上訴期間內有合法之上訴者，阻其確定。
第 63 條
Ⅰ經言詞辯論之裁定，應宣示之。但當事人明示於宣示期日不到場或於宣示期日未到場者，以公告代之。

II 終結訴訟之裁定，應公告之。

III 第五十八條第二項至第五項、第六十條、第六十一條第一項、第二項規定，於裁定準用之。

第二節　上訴審程序

第 64 條

當事人對於懲戒法庭第一審之終局判決不服者，得於判決送達後二十日之不變期間內，上訴於懲戒法庭第二審。但判決宣示或公告後送達前之上訴，亦有效力。

第 65 條

I 當事人於懲戒法庭第一審判決宣示、公告或送達後，得捨棄上訴權。

II 捨棄上訴權應以書狀向原懲戒法庭為之，書記官應速通知他造當事人。

III 捨棄上訴權者，喪失其上訴權。

第 66 條

I 對於懲戒法庭第一審判決之上訴，非以判決違背法令為理由，不得為之。

II 判決不適用法規或適用不當者，為違背法令。

III 有下列各款情形之一者，其判決當然違背法令：

一　判決懲戒法庭之組織不合法。

二　依法律或裁判應迴避之法官參與審判。

三　懲戒法庭對於權限之有無辨別不當。

四　當事人於訴訟未經合法辯護、代理或代表。

五　判決不備理由或理由矛盾，足以影響判決之結果。

第 67 條

I 提起上訴，應以上訴狀表明下列各款事項，提出於原懲戒法庭為之：

一　當事人。

二　第一審判決，及對於該判決上訴之陳述。

三　對於第一審判決不服之程度，及應如何廢棄或變更之聲明。

四　上訴理由。

II 前項上訴理由應表明下列各款事項：

一　原判決所違背之法令及其具體內容。

二　依訴訟資料合於該違背法令之具體事實。

III 第一項上訴狀內並應添具關於上訴理由之必要證據。

第 68 條

I 上訴狀內未表明上訴理由者，上訴人應於提起上訴後二十日內提出理由書於原懲戒法庭；未提出者，毋庸命其補正，由原懲戒法庭以裁定駁回之。

II 判決宣示或公告後送達前提起上訴者，前項期間應自判決送達後起算。

第 69 條

I 上訴不合法而其情形不能補正者，原懲戒法庭應以裁定駁回之。

II 上訴不合法而其情形可以補正者，原懲戒法庭應定期間命其補正；如不於期間內補正，原懲戒法庭應以裁定駁回之。

第 70 條

I 上訴未經依前條規定駁回者，原懲戒法庭應速將上訴狀送達被上訴人。

II 被上訴人得於上訴狀或第六十八條第一項理由書送達後十五日內，提出答辯狀於原懲戒法庭。

III 原懲戒法庭送交訴訟卷宗於懲戒法庭第二審，應於收到答辯狀或前項期間已滿，及各當事人之上訴期間已滿後為之。

第 71 條

I 被上訴人在懲戒法庭第二審未判決前得提出答辯狀及其追加書狀於懲戒法庭第二審，上訴人亦得提出上訴理由追加書狀。

II 懲戒法庭第二審認有必要時，得將前項書狀送達於他造。

第 72 條

I 上訴不合法者，懲戒法庭第二審應以裁定駁回之。但其情形可以補正者，審判長應定期間先命補正。

II 上訴不合法之情形，已經原懲戒法庭命其補正而未補正者，得不行前項但書之程序。

第 73 條

懲戒法庭第二審調查原判決有無違背法令，不受上訴理由之拘束。

第 74 條

I 懲戒法庭第二審之判決，應經言詞辯論為之。但懲戒法庭第二審認為不必要者，不在此限。

II 前項言詞辯論實施之辦法，由懲戒法院定之。

第 75 條

I 除別有規定外，懲戒法庭第二審應以懲戒法庭第一審判決確定之事實為判決基礎。

II 以違背訴訟程序之規定為上訴理由時，所舉違背之事實，及以違背法令確定事實或遺漏事實為上訴理由時，所舉之該事實，懲戒法庭第二審得斟酌之。

III 依前條規定行言詞辯論所得闡明或補充訴訟關係之資料，懲戒法庭第二審亦得斟酌之。

第 76 條

I 懲戒法庭第二審認上訴為無理由者，應為駁回之判決。

II 原判決依其理由雖屬不當，而依其他理由認為正當者，應以上訴為無理由。

第 77 條

I 懲戒法庭第二審認上訴為有理由者，應廢棄原判決。

II 因違背訴訟程序之規定廢棄原判決者，其違背之訴訟程序部分，視為亦經廢棄。

第 78 條

除第六十六條第三項之情形外，懲戒法庭第一審判決違背法令而不影響裁判之結果者，不得廢棄。

第 79 條

經廢棄原判決而有下列各款情形之一者，懲戒法庭第二審應就該案件自為判決：

一　因基於確定之事實或依法得斟酌之事實，不適用法規或適用不當廢棄原判決，而案件已可依該事實為裁判。

二　原判決就訴不合法之案件誤為實體判決。

第 80 條

Ⅰ除別有規定外，經廢棄原判決者，懲戒法庭第二審應將該案件發回懲戒法庭第一審。

Ⅱ前項發回判決，就懲戒法庭第一審應調查之事項，應詳予指示。

Ⅲ懲戒法庭第一審應以懲戒法庭第二審所為廢棄理由之法律上判斷為其判決基礎。

第 81 條

Ⅰ上訴人於終局判決宣示或公告前得將上訴撤回。

Ⅱ撤回上訴者，喪失其上訴權。

Ⅲ上訴之撤回，應以書狀為之。但在言詞辯論時，得以言詞為之。

Ⅳ於言詞辯論時所為上訴之撤回，應記載於言詞辯論筆錄，如他造不在場，應將筆錄送達。

第 82 條

Ⅰ懲戒法庭第二審判決，於宣示時確定；不宣示者，於公告主文時確定。

Ⅱ除本節別有規定外，第一節之規定，於上訴審程序準用之。

第三節　抗告程序

第 83 條

Ⅰ對於懲戒法庭第一審案件之裁定得提起抗告。但別有不許抗告之規定者，不在此限。

Ⅱ訴訟程序進行中所為之裁定，除別有規定外，不得抗告。

Ⅲ提起抗告，應於裁定送達後十日之不變期間內為之。但送達前之抗告亦有效力。

Ⅳ關於捨棄上訴權及撤回上訴之規定，於抗告準用之。

第 84 條

Ⅰ抗告，由懲戒法庭第二審裁定。

Ⅱ對於懲戒法庭第二審之裁定，不得再為抗告。

Ⅲ行政訴訟法第二百六十六條、第二百六十九條、第二百七十一條、第二百七十二條之規定，於本節準用之。

第四章　再審

第 85 條

Ⅰ有下列各款情形之一者，原移送機關或受判決人得提起再審之訴，對於確定終局判決聲明不服。但原移送機關或受判決人已依上訴主張其事由或知其事由而不為主張者，不在此限：

一　適用法規顯有錯誤。

二　判決懲戒法庭之組織不合法。

三　依法律或裁定應迴避之法官參與裁判。

四　參與裁判之法官關於該訴訟違背職務，犯刑事上之罪已經證明，或關於該訴訟違背職務受懲戒處分，足以影響原判決。

五　原判決所憑之證言、鑑定、通譯或證物，已證明係虛偽或偽造、變造。

六　同一行為其後經不起訴處分確定，或為判決基礎之民事或刑事判決及其他裁判或行政處分，依其後之確定裁判或行政處分已變更。

七　發現確實之新證據，足認應變更原判決。

八　就足以影響原判決之重要證據，漏未斟酌。

九　確定判決所適用之法律或命令，經司法院大法官解釋為牴觸憲法。

Ⅱ前項第四款及第五款情形之證明，以經判決確定，或其刑事訴訟不能開始或續行非因證據不足者為限，得提起再審之訴。

Ⅲ判決確定後受判決人已死亡者，其配偶、直系血親、三親等內之旁系血親、二親等內之姻親或家長、家屬，得為受判決人之利益，提起再審之訴。

Ⅳ再審之訴，於原判決執行完畢後，亦得提起之。

第 86 條

Ⅰ提起再審之訴，應於下列期間內為之：

一　依前條第一項第一款至第三款、第八款為理由者，自原判決確定之翌日起三十日內。但判決於送達前確定者，自送達之翌日起算。

二　依前條第一項第四款至第六款為理由者，自相關之裁判或處分確定之翌日起三十日內。但再審之理由知悉在後者，自知悉時起算。

三　依前條第一項第七款為理由者，自發現新證據之翌日起三十日內。

四　依前條第一項第九款為理由者，自解釋公布之翌日起三十日內。

Ⅱ再審之訴自判決確定時起，如已逾五年者，不得提起。但以前條第一項第四款至第七款、第九款情形為提起再審之訴之理由者，不在此限。

Ⅲ對於再審判決不服，復提起再審之訴者，前項所定期間，自原判決確定時起算。但再審之訴有理由者，自該再審判決確定時起算。

第 87 條

Ⅰ再審之訴，專屬為判決之原懲戒法庭管轄。

Ⅱ對於懲戒法庭就同一事件所為之第一審、第二審判決提起再審之訴者，由第二審合併管轄之。

Ⅲ對於懲戒法庭之第二審判決，本於第八十五條第一項第五款至第八款事由聲明不服者，雖有前二項之情形，仍專屬懲戒法庭第一審管轄。

第 88 條

再審之訴，應以訴狀表明下列各款事項，並添具確定判決繕本，提出於懲戒法院為之：

一　當事人。

二　聲明不服之判決及提起再審之訴之陳述。

三　再審理由及關於再審理由並遵守不變期間之證據。

第 89 條

Ⅰ懲戒法庭受理再審之訴後，應將書狀繕本及附件，函送原移送機關或受判決人於指定期間內提出意見書或答辯狀。但認其訴為不合法者，不在此限。

Ⅱ原移送機關或受判決人無正當理由，逾期未提出意見書或答辯狀者，懲戒法庭得逕為裁判。

第 90 條

Ⅰ懲戒法庭認為再審之訴不合法者，應以裁定駁回之。

Ⅱ懲戒法庭認為再審之訴無理由者，以判決駁回之；如認為顯無再審理由者，得不經言詞辯論為之。

Ⅲ懲戒法庭認為再審之訴有理由者，應廢棄原判決更為判決。但再審之訴雖有理由，如認原判決為正當者，應以判決駁回之。

Ⅳ再審判決變更原判決應予復職者，適用第七條之規定。其他有減發俸（薪）給之情形者，亦同。

第 91 條

Ⅰ受判決人已死亡者，為其利益提起再審之訴之案件，應不行言詞辯論，於通知監察院或主管機關於一定期間內陳述意見後，即行判決。受判決人於再審判決前死亡者，亦同。

Ⅱ為受判決人之不利益提起再審之訴，受判決人於再審判決前死亡者，關於本案視為訴訟終結。

第 92 條

為受判決人之利益提起再審之訴，為懲戒處分之判決，不得重於原判決之懲戒處分。

第 93 條

Ⅰ再審之訴，於懲戒法庭判決前得撤回之。

Ⅱ再審之訴，經撤回或判決者，不得更以同一事由提起再審之訴。

第 94 條

提起再審之訴，無停止懲戒處分執行之效力。

第 95 條

Ⅰ再審之訴，除本章規定外，準用第三章關於各該審級訴訟程序之規定。

Ⅱ裁定已經確定，而有第八十五條第一項之情形者，得準用本章之規定，聲請再審。

第五章　執　行

第 96 條

Ⅰ懲戒法庭第一審懲戒處分之判決，因上訴期間屆滿、未經合法之上訴、當事人捨棄上訴或撤回上訴而確定者，書記官應即製作判決確定證明書，於送達受懲戒人主管機關之翌日起發生懲戒處分效力。

Ⅱ懲戒法庭第二審懲戒處分之判決，於送達受懲戒人主管機關之翌日起發生懲戒處分效力。

Ⅲ受懲戒人因懲戒處分之判決而應為金錢之給付，經主管機關定相當期間催告，逾期未履行者，主管機關得以判決書為執行名義，移送行政執行機關準用行政執行法強制執行。

Ⅳ主管機關收受剝奪或減少退休（職、伍）金處分之判決後，應即通知退休（職、伍）金之支給機關（構），由支給機關（構）依前項規定催告履行及移送強制執行。

Ⅴ第三項及前項情形，於退休（職、伍）或其他原因離職人員，並得對其退休（職、伍）金或其他原因離職之給與執行。受懲戒人死亡者，就其遺產強制執行。

第 97 條

受懲戒人因懲戒處分之判決而應為金錢之給付，自懲戒處分生效之日起，五年內未經行政執行機關執行者，不再執行；其於五年期間屆滿前已開始執行者，仍得繼續執行。但自五年期間屆滿之日起已逾五年尚未執行終結者，不得再執行。

第 98 條

公務員懲戒判決執行辦法，由司法院會同行政院、考試院定之。

第六章　附　則

第 99 條

行政訴訟法之規定，除本法別有規定外，與懲戒案件性質不相牴觸者，準用之。

第 100 條

Ⅰ本法中華民國一百零九年五月二十二日修正之條文施行前已繫屬於公務員懲戒委員會之懲戒案件，於修正施行時尚未終結者，除法律別有規定外，由懲戒法庭第一審適用第一審程序繼續審理。但修正施行前已依法進行之程序，其效力不受影響。

Ⅱ本法中華民國一百零九年五月二十二日修正之條文施行後，被付懲戒人之應付懲戒事由、懲戒種類及其他實體規定，依行為時之規定。但修正施行後之規定有利於被付懲戒人者，依最有利於被付懲戒人之規定。

第 101 條

Ⅰ本法中華民國一百零九年五月二十二日修正之條文施行後，對本法修正施行前公務員懲戒委員會之議決或裁判提起再審之訴，由懲戒法庭依修正施行後之程序審理。

II前項再審之訴，不適用本法第二十七條第一項第九款之迴避事由。

III第一項再審之訴，其再審期間及再審事由依議決或原判決時之規定。

第 102 條

本法中華民國一百零四年五月一日修正之條文施行前，公務員懲戒委員會之議決，未經執行或尚未執行終結者，依該次修正施行前之規定執行。

第 103 條

本法施行日期，由司法院定之。

中央行政機關組織基準法

1.中華民國93年6月23日總統令制定公布全文39條；並自公布日施行
2.中華民國97年7月2日總統令修正公布第2條條文
3.中華民國99年2月3日總統令修正公布第2、3、7、16、20、21、25、29～33、36、39條條文
中華民國99年2月5日行政院令發布定自99年2月5日施行

第一章　總　則

第1條（立法目的）
爲建立中央行政機關組織共同規範，提升施政效能，特制定本法。

第2條（適用範圍）
Ⅰ本法適用於行政院及其所屬各級機關（以下簡稱機關）。但國防組織、外交駐外機構、警察機關組織、檢察機關、調查機關及海岸巡防機關組織法律另有規定者，從其規定。
Ⅱ行政院爲一級機關，其所屬各級機關依層級爲二級機關、三級機關、四級機關。但得依業務繁簡、組織規模定其層級，明定隸屬指揮監督關係，不必逐級設立。

第3條（名詞定義）
本法用詞定義如下：
一　機關：就法定事務，有決定並表示國家意思於外部，而依組織法律或命令（以下簡稱組織法規）設立，行使公權力之組織。
二　獨立機關：指依據法律獨立行使職權，自主運作，除法律另有規定外，不受其他機關指揮監督之合議制機關。
三　機構：機關依組織法規將其部分權限及職掌劃出，以達成其設立目的之組織。
四　單位：基於組織之業務分工，於機關內部設立之組織。

第4條（機關組織之法令授權）
Ⅰ下列機關之組織以法律定之，其餘機關之組織以命令定之：
一　一級機關、二級機關及三級機關。
二　獨立機關。
Ⅱ前項以命令設立之機關，其設立、調整及裁撤，於命令發布時，應即送立法院。

第二章　機關組織法規及名稱

第5條（機關組織法規之名稱）
Ⅰ機關組織以法律定之者，其組織法律定名爲法。但業務相同而轄區不同或權限相同而管轄事務不同之機關，其共同適用之組織法律定名爲通則。
Ⅱ機關組織以命令定之者，其組織命令定名爲規程。但業務相同而轄區不同或權限相同而管轄事務不同之機關，其共同適用之組織命令定名爲準則。
Ⅲ本法施行後，除本法及各機關組織法規外，不得以作用法或其他法規規定機關之組織。

第6條（行政機關之名稱）
Ⅰ行政機關名稱定名如下：
一　院：一級機關用之。
二　部：二級機關用之。
三　委員會：二級機關或獨立機關用之。
四　署、局：三級機關用之。
五　分署、分局：四級機關用之。
Ⅱ機關因性質特殊，得另定名稱。

第7條（組織法規應包括之事項）
機關組織法規，其內容應包括下列事項：
一　機關名稱。
二　機關設立依據或目的。
三　機關隸屬關係。
四　機關權限及職掌。
五　機關首長、副首長之職稱、官職等及員額。
六　機關置政務職務者，其職稱、官職等及員額。
七　機關置幕僚長者，其職稱、官職等。
八　機關依職掌設有次級機關者，其名稱。
九　機關有存續期限者，其期限。
十　屬獨立機關者，其合議之議決範圍、議事程序及決議方法。

第8條（內部單位及業務分工）
Ⅰ機關組織以法律制定者，其內部單位之分工職掌，以處務規程定之；機關組織以命令定之者，其內部單位之分工職掌，以辦事細則定之。
Ⅱ各機關爲分層負責，逐級授權，得就授權範圍訂定分層負責明細表。

第三章　機關設立、調整及裁撤

第9條（不得設置機關之條件）
有下列各款情形之一者，不得設立機關：
一　業務與現有機關職掌重疊者。
二　業務可由現有機關調整辦理者。
三　業務性質由民間辦理較適宜者。

第10條（機關及內部調整或裁撤之條件）
機關及其內部單位具有下列各款情形之一者，應予調整或裁撤：
一　階段性任務已完成或政策已改變者。

二　業務或功能明顯萎縮或重疊者。
三　管轄區域調整裁併者。
四　職掌應以委託或委任方式辦理較符經濟效益者。
五　經專案評估績效不佳應予裁併者。
六　業務調整或移撥至其他機關或單位者。

第 11 條（機關組織以法律定之者應踐行之程序）
Ⅰ機關組織依本法規定以法律定之者，其設立依下列程序辦理：
一　一級機關：逕行提案送請立法院審議。
二　二級機關、三級機關、獨立機關：由其上級機關或上級指定之機關擬案，報請一級機關轉請立法院審議。
Ⅱ機關之調整或裁撤由本機關或上級機關擬案，循前項程序辦理。

第 12 條（機關組織以命令定之者應踐行之程序）
機關組織依本法規定以命令定之者，其設立、調整及裁撤依下列程序辦理：
一　機關之設立或裁撤：由上級機關或上級機關指定之機關擬案，報請一級機關核定。
二　機關之調整：由本機關擬案，報請上級機關核轉一級機關核定。

第 13 條（定期組織評鑑）
一級機關應定期辦理組織評鑑，作為機關設立、調整或裁撤之依據。

第四章　機關權限、職掌及重要職務設置

第 14 條（上級機關對隸屬機關之指揮監督）
Ⅰ上級機關對所隸屬機關依法規行使指揮監督權。
Ⅱ不相隸屬機關之指揮監督，應以法規有明文規定者為限。

第 15 條（中央二三級機關派出地方分支機關之權限）
二級機關及三級機關於其組織法律規定之權限、職掌範圍內，基於管轄區域及基層服務需要，得設地方分支機關。

第 16 條（附屬機構之設立）
Ⅰ機關於其組織法規規定之權限、職掌範圍內，得設附屬之實（試）驗、檢驗、研究、文教、醫療、社福、矯正、收容、訓練等機構。
Ⅱ前項機構之組織，準用本法之規定。

第 17 條（首長為機關之代表人）
機關首長綜理本機關事務，對外代表本機關，並指揮監督所屬機關及人員。

第 18 條（機關首長之稱謂）
Ⅰ首長制機關之首長稱長或主任委員，合議制機關之首長稱主任委員。但機關性質特殊者，其首長職稱得另定之。
Ⅱ一級、二級機關首長列政務職務；三級機關首長除性質特殊且法律有規定得列政務職務外，其餘應為常務職務；四級機關首長列常務職務。
Ⅲ機關首長除因性質特殊法規另有規定者外，應為專任。

第 19 條（機關副首長人數及職務列等）
Ⅰ一級機關置副首長一人，列政務職務。
Ⅱ二級機關得置副首長一人至三人，其中一人應列常任職務，其餘列政務職務。
Ⅲ三級機關以下得置副首長一人或二人，均列常任職務。

第 20 條（機關幕僚長稱謂、職務列等及權責）
Ⅰ一級機關置幕僚長，稱秘書長，列政務職務；二級以下機關得視需要，置主任秘書或秘書，綜合處理幕僚事務。
Ⅱ一級機關得視需要置副幕僚長一人至三人，稱副秘書長；其中一人或二人得列政務職務，至少一人應列常任職務。

第 21 條（獨立機關合議制成員之任命及同黨比例）
Ⅰ獨立機關合議制之成員，均應明定其任職期限、任命程序、停職、免職之規定及程序。但相當二級機關之獨立機關，其合議制成員中屬專任者，應先經立法院同意後任命之；其他獨立機關合議制成員由一級機關首長任命之。
Ⅱ一級機關首長為前項任命時，應指定成員中之一人為首長，一人為副首長。
Ⅲ第一項合議制之成員，除有特殊需要外，其人數以五人至十一人為原則，具有同一黨籍者不得超過一定比例。

第五章　內部單位

第 22 條（機關內部單位設立或調整之原則）
機關內部單位應依職能類同、業務均衡、權責分明、管理經濟、整體配合及規模適中等原則設立或調整之。

第 23 條（機關內部單位之分類）
機關內部單位分類如下：
一　業務單位：係指執行本機關職掌事項之單位。
二　輔助單位：係指辦理秘書、總務、人事、主計、研考、資訊、法制、政風、公關等支援服務事項之單位。

第 24 條（機關內部單位名稱之訂定）
政府機關內部單位之名稱，除職掌範圍為特定區者得以地區命名外，餘均應依其職掌內容定之。

第 25 條（機關內部單位之層級）
Ⅰ機關之內部單位層級分為一級、二級，得定名如下：
一　一級內部單位：

㈠處：一級機關、相當二級機關之獨立機關及二級機關委員會之業務單位用之。
㈡司：二級機關部之業務單位用之。
㈢組：三級機關業務單位用之。
㈣科：四級機關業務單位用之。
㈤處、室：各級機關輔助單位用之。
二　二級內部單位：科。

II機關內部單位層級之設立，得因機關性質及業務需求彈性調整，不必逐級設立。但四級機關內部單位之設立，除機關業務繁重、組織規模龐大者，得於科下分股辦事外，以設立一級為限。

III機關內部單位因性質特殊者，得另定名稱。

第26條（輔助單位）

I輔助單位依機關組織規模、性質及層級設立，必要時其業務得合併於同一單位辦理。

II輔助單位工作與本機關職掌相同或兼具業務單位性質，報經該管一級機關核定者，不受前項規定限制，或得視同業務單位。

第27條（機關設立調查、審議及訴願單位）

一級機關、二級機關及三級機關，得依法設立掌理調查、審議、訴願等單位。

第28條（任務編組之設立）

機關得視業務需要設任務編組，所需人員，應由相關機關人員派充或兼任。

第六章　機關規模與建制標準

第29條（各部主管事務之劃分依據）

I行政院依下列各款劃分各部主管事務：
一　以中央行政機關應負責之主要功能為主軸，由各部分別擔任綜合性、統合性之政策業務。
二　基本政策或功能相近之業務，應集中由同一部擔任；相對立或制衡之業務，則應由不同部擔任。
三　各部之政策功能及權限，應儘量維持平衡。

II部之總數以十四個為限。

第30條（各部組織規模建制標準）

I各部組織規模建制標準如下：
一　業務單位設六司至八司為原則。
二　各司設四科至八科為原則。

II前項司之總數以一百十二個為限。

第31條（各委員會之設立及組織規模建制標準）

I行政院基於政策統合需要得設委員會。

II各委員會組織規模建制標準如下：
一　業務單位以四處至六處為原則。
二　各處以三科至六科為原則。

III第一項委員會之總數以八個為限。

第32條（獨立機關組織規模建制標準）

I相當二級機關之獨立機關組織規模建制標準如下：
一　業務單位以四處至六處為原則。
二　各處以三科至六科為原則。

II前項獨立機關總數以三個為限。

III第一項以外之獨立機關，其內部單位之設立，依機關掌理事務之繁簡定之。

第33條（署、局之設立及組織規模建制標準）

I二級機關為處理技術性或專門性業務需要得設附屬之機關署、局。

II署、局之組織規模建制標準如下：
一　業務單位以四組至六組為原則。
二　各組以三科至六科為原則。

III相當二級機關之獨立機關為處理第一項業務需要得設附屬之機關，其組織規模建制標準準用前項規定。

IV第一項及第三項署、局之總數除地方分支機關外，以七十個為限。

第34條（行政院及各級機關輔助單位之數量）

行政院及各級機關輔助單位不得超過六個處、室，每單位以三科至六科為原則。

第七章　附　則

第35條（與本法規定不符相關組織法規之限期修正）

I行政院應於本法公布後三個月內，檢討調整行政院組織法及行政院功能業務與組織調整暫行條例，函送立法院審議。

II本法公布後，其他各機關之組織法律或其他相關法律，與本法規定不符者，由行政院限期修正，並於行政院組織法修正公布後一年內函送立法院審議。

第36條（暫行組織規程之訂定及存續期限）

I一級機關為因應突發、特殊或新興之重大事務，得設臨時性、過渡性之機關，其組織以暫行組織規程定之，並應明定其存續期限。

II二級機關及三級機關得報經一級機關核定後，設立前項臨時性、過渡性之機關。

第37條（行政法人之設立）

為執行特定公共事務，於國家及地方自治團體以外，得設具公法性質之行政法人，其設立、組織、營運、職能、監督、人員進用及其現職人員隨同移轉前、後之安置措施及權益保障等，應另以法律定之。

第38條（行政院以外機關之準用）

本法於行政院以外之中央政府機關準用之。

第39條（施行日）

I本法自公布日施行。

II本法中華民國九十九年一月十二日修正之條文，其施行日期由行政院定之。

警察職權行使法

1.中華民國92年6月25日總統令制定公布全文32條；並自92年12月1日施行
2.中華民國100年4月27日總統令修正公布第15條條文

第一章 總 則

第1條（立法目的）
為規範警察依法行使職權，以保障人民權益，維持公共秩序，保護社會安全，特制定本法。

❖ 問題釋疑
本法之定位及適用

一、本法係警察職權作用法，亦為警察職權行使之基本規範，凡警察行使職權時，應依本法之規定；職權行使事項如未在本法規範而在其他法律另有特別規定者，例如集會遊行法、警械使用條例、社會秩序維護法、國家安全法、道路交通管理處罰條例、檢肅流氓條例等，則適用各該法律之規定。

二、本法所定事項，主要係針對現行警察法律中，有關警察行使職權時，採取必要強制手段、措施而涉及人民權利、義務，特別是干預、限制人民自由權利部分缺乏明確授權者，予以明文規範，使警察在行使職權，有明確之法律授權依據，以落實法律保留原則之精神，並能與現行警察職權行使之其他相關法律規定，達到相輔相成的功用，二者尚不致因發生競合而造成適用上之問題。

【《警察職權行使法逐條釋義》，內政部警政署印行，2003.08，第1條部分。】

❖ 問題釋疑
本法之性質為何？

一、本法規範警察行使職權時，所採各項必要之措施規定，如查證身分、資料蒐集及即時強制等，其內容涉及行政權與國家及人民間權利義務之關係，故屬行政法性質。

二、本法所定內容，係為達成警察防止危害任務所為之必要行為，特別是對於強制性之行政行為，具體明確規定其要件與程序，且有可預見性，故亦屬行政法中之作用法性質。

三、現行警察行使職權所涉法律，如警察勤務條例（臨檢、治安人口查察）、集會遊行法（資料蒐集、不得攜帶物品之扣留）等，其相關要件、程序尚缺乏明文規定，不符法律明確性原則；透過本法之制定，將使警察行使上述職權，有明確之法律依據，本法與各該法律有互為補充之作用。

【《警察職權行使法逐條釋義》，內政部警政署印行，2003.08，第1條部分。】

第2條（名詞定義）
I 本法所稱警察，係指警察機關與警察人員之總稱。
II 本法所稱警察職權，係指警察為達成其法定任務，於執行職務時，依法採取查證身分、鑑識身分、蒐集資料、通知、管束、驅離、直接強制、物之扣留、保管、變賣、拍賣、銷毀、使用、處置、限制使用、進入住宅、建築物、公共場所、公眾得出入場所或其他必要之公權力之具體措施。
III 本法所稱警察機關主管長官，係指地區警察分局長或其相當職務以上長官。

❖ 問題釋疑
有哪些警察職權之行使，須由地區警察分局長以上長官核准後，方可實施？

一、目前警察職權之行使，係依各相關法律規定，如集會遊行之申請、刑事案件之移送，均以分局長之名義行之；另法未明定部分而由地區警察分局長以上長官核准者，於警察勤務中較常見者，為臨檢處所、路段之指定。

二、依據警察偵查犯罪規範第06013條規定：為調查犯罪嫌疑人犯罪情形及蒐集證據，得使用通知書，通知其到場接受詢問。通知書應由司法警察機關分局長、大隊長、隊長以上主管長官簽章。

【《警察職權行使法逐條釋義》，內政部警政署印行，2003.08，第2條部分。】

❖ 問題釋疑
本法所稱「警察職權」之範圍為何？

一、職權與權限之用語，在國內常混為一談。前者係指機關為達成其法定任務，所採取公權力之具體措施，在性質上是屬於行政作用法之範疇；後者係指機關為達成其法定任務，所得採取公權力措施之範圍與界限，在性質上是屬於行政組織法之範圍。

二、警察為達成法定任務，得採取之作用或行為方式與類型極多，大致上可類分為意思表示之決定，如警察命令、警察處分等；以及物理措施，如攔停、查證身分、鑑識措施、通知等。

三、本法旨在規範警察為達成法定任務，所採取之各項物理措施。明定警察職權之概念範圍：指警察為達成其法定任務，於執行職務時，依法採取查證身分、鑑識身分、蒐集資料、通知、管束、驅離、直接強制、物之扣留、保管、變賣、拍賣、銷毀、使用、處置、限制使用、進入住宅、建築物、公共場所、公眾得出入場所或其他必要之公權力之具體措施。

【《警察職權行使法逐條釋義》，內政部警政署印行，2003.08，第 2 條部分。】

第 3 條（比例原則）

I 警察行使職權，不得逾越所欲達成執行目的之必要限度，且應以對人民權益侵害最少之適當方法為之。

II 警察行使職權已達成其目的，或依當時情形，認為目的無法達成時，應依職權或因義務人、利害關係人之申請終止執行。

III 警察行使職權，不得以引誘、教唆人民犯罪或其他違法之手段為之。

❖ 問題釋疑

何謂「比例原則」？

一、比例原則，**係指公益上之必要與人民權利或自由之侵害間，應保持正當之比例**。亦即關於公權力涉及人權時，行政措施所欲達成之「目的」與其所使用的「手段」（方法）之間，要有合理比例關係（例如：用大砲打小鳥，係屬小題大作，不符比例）。

二、由於比例原則旨在規範行政目的與手段之合理聯結，因之，學理上通常將其細分為「適合性」、「必要性」及「比例性」等三大原則。詳言之，即「採取之方法應有助於目的之達成」、「有多種同樣能達成目的之方法時，應選擇對人民權益損害最小者」及「採取之方法所造成之損害不得與欲達成目的之利益顯失均衡」。

三、我國實定法上將比例原則予以法制化者，如社會秩序維護法第 19 條第 2 項規定「勒令歇業或停止營業之裁處，應符合比例原則」。同法第 22 條第 3 項規定「供違反本法行為所用之物，以行為人所有者為限，得沒入之。但沒入應符合比例原則」。由於社會秩序維護法直接以「比例原則」作為規範用語，其含義宜參照其文義，詮釋為對於勒令歇業、停止營業或沒入之裁處，應公平合理考量違反本法行為人權利與社會秩序之均衡維護，審慎為之，不得逾越所欲達成執行目的之必要限度。

四、我國實定法除社會秩序維護法直接以「比例原則」作為規範用語外，其他法律則多將比例原則之整體內涵，以具體文字加以規範。其中較具典型者為集會遊行法第 26 條規定「集會遊行之不予許可、限制或命令解散，應公平合理考量人民集會、遊行權利與其他法益間之均衡維護，以適當之方法為之，不得逾越所欲達成執行目的之必要限度。」此外，警械使用條例第 6 條「警察人員應基於急迫需要，合理使用槍械，不得逾越必要程度。」之規定，亦屬適例。

五、司法院釋字第 535 號解釋亦揭示警察執行臨檢勤務應符合比例原則。警察人員執行場所之臨檢勤務，應限於已發生危害或依客觀、合理判斷易生危害之處所、交通工具或公共場所為之，其中處所為私人居住之空間者，並應受住宅相同之保障；對人實施之臨檢則須以有相當理由足認其行為已構成或即將發生危害者為限，且均應遵守比例原則，不得逾越必要程度，儘量避免造成財物損失、干擾正當營業及生活作息。

【《警察職權行使法逐條釋義》，內政部警政署印行，2003.08，第 3 條部分。】

❖ 問題釋疑

警察職權行使時有何限制？

一、警察實務上所使用類似「釣魚」之偵查方法，常引發爭議，本次立法院通過之「警察職權行使法」，係參酌美國、日本及我國司法實務上之判例、判決見解，明定警察行使職權，不得以引誘、教唆等違法（即對原無犯意之人民實施「誘捕」行為）之手段為之，俾對人權有所保障。

二、此外，本法也於各職權條款明定其行使要件與程序，避免因任意行使職權而侵害人民權益，且於第 3 條明定比例原則及目的性考量，警察行使職權若已達成執行目的或認為目的無法達成時，應即停止其職權之行使，以避免不當之繼續行使，造成不成比例之傷害。

【《警察職權行使法逐條釋義》，內政部警政署印行，2003.08，第 3 條部分。】

依實務見解（以最高法院 92 年度台上字第 4558 號判決為代表；併參照 106 年度台上字第 683 號判決）區分為：

㈠若屬於犯意誘發型，則屬於「陷害教唆」，若已經逾越了偵查必要且違憲法之基本人權，應無證據能力。

㈡若為機會提供型，係刑事偵查技術上所謂之「釣魚」則有證據能力。

❖ 問題釋疑

警察實施「誘捕偵查」，是否構成「陷害教唆（引誘、教唆人民犯罪）」之違法行為？

一、「陷害教唆」在美國是州法發展出的一種「積極抗辯」，指警察對原無犯意之人，鼓動或引誘其犯罪，再加以逮捕之謂，屬陪審團得判被告無罪之法定原因之一。「陷害教唆」與「誘捕」不同之處，在於「誘捕」係警方對原已有犯意之人，提供再次犯案之機會，然後再加以逮捕。故若行為人本來就有犯意，縱或警察有積極提供其機會，行爲人仍不得主張「陷害教唆」。而且，一旦行爲人被判定爲原已有犯罪意圖時，警察之「提供犯罪機會之手段」幾乎不受限制。

二、如在販毒案中，小盤毒販經警方破獲後爲求減刑，即配合警方佯爲再次交易，等上游毒販現身後再行逮捕，此種情形上游毒犯之犯意是「本來就存在」，因此並非爲「陷害教唆」。其次，在網路援交案中，如果行爲人是自己先上網廣告，警方依其提供之聯絡方式佯爲召妓逮捕之，而該行爲人之犯意亦是本來就有。此外，在機車搶劫案中，女警佯裝爲某柔弱婦女，故意在搶犯經常出沒之處所單獨夜行，「引誘」搶犯現身行搶，再由埋伏在旁之同仁加以逮捕，行爲人的犯意也是本來就有，均非所謂「陷害教唆」。質言之，警察之「誘捕偵查」有無構成違法，端視被誘捕對象有無犯意而定。

【《警察職權行使法逐條釋義》，內政部警政署印行，2003.08，第3條部分。】

第4條（出示證件表明身分）

I 警察行使職權時，應著制服或出示證件表明身分，並應告知事由。

II 警察未依前項規定行使職權者，人民得拒絕之。

❖ 問題釋疑

警察穿制服執勤，民衆仍有質疑時，是否必須同時出示證件？

本條文雖規定「應著制服或出示證件表明身分」，惟爲化解民眾疑慮，如民眾有所要求且未妨礙職權行使，以出示證件爲宜。另刑事警察人員執勤時，均應出示「刑警證」或「刑警徽」（司法院釋字第535號解釋亦揭示：「臨檢進行前應對受臨檢人、公共場所、交通工具或處所所有人、使用人等在場者告以實施之事由，並出示證件表明其爲執行人員之身分。」）。

【《警察職權行使法逐條釋義》，內政部警政署印行，2003.08，第4條部分。】

第5條（行使職權致人受傷之救助或送醫救護）

警察行使職權致人受傷者，應予必要之救助或送醫救護。

第二章　身分查證及資料蒐集

第6條（身分查證）

I 警察於公共場所或合法進入之場所，得對於下列各款之人查證其身分：

一　合理懷疑其有犯罪之嫌疑或有犯罪之虞者。

二　有事實足認其對已發生之犯罪或即將發生之犯罪知情者。

三　有事實足認爲防止其本人或他人生命、身體之具體危害，有查證其身分之必要者。

四　滯留於有事實足認有陰謀、預備、著手實施重大犯罪或有人犯藏匿之處所者。

五　滯留於應有停（居）留許可之處所，而無停（居）留許可者。

六　行經指定公共場所、路段及管制站者。

II 前項第六款之指定，以防止犯罪，或處理重大公共安全或社會秩序事件而有必要者爲限。其指定應由警察機關主管長官爲之。

III 警察進入公眾得出入之場所，應於營業時間爲之，並不得任意妨礙其營業。

❖ 問題釋疑

何謂合法進入之場所？

係指警察依刑事訴訟法、行政執行法、社會秩序維護法等相關法律規定進入之場所，或其他「已發生危害或依客觀合理判斷易生危害」之場所（參照釋字第535號解釋）。至於私人居住之空間，應受住宅相同之保障，警察非依法不得以臨檢手段任意爲之。

【《警察職權行使法逐條釋義》，內政部警政署印行，2003.08，第6條部分。】

❖ 問題釋疑

何謂「合理懷疑」？

「合理懷疑」係指必須有客觀之事實作爲判斷基礎，根據當時的事實，依據專業（警察執法）經驗，所做成的合理推論或推理，而非單純的臆測。合理懷疑之事實基礎有：

一、情報判斷之合理懷疑

例如警察由曾經提供情報的線民口中得知，某人於假釋期間仍隨身攜帶武器且車上藏匿毒品，因而對其實施攔車盤查。

二、由現場觀察之合理懷疑

例如警察深夜於曾經發生縱火地區巡邏，發現某人手持打火機並提著一桶汽油，在騎樓下逗留徘徊，而懷疑其可能從事縱火犯罪。

三、由環境與其他狀況綜合研判之合理懷疑

例如警察於濱海公路執行夜間巡邏，發現某車內滿座有衣著特異之乘客，其駕駛人見警巡邏有企圖逃避或怪異之駕駛行爲，且該車輛顯現超載或車內有人企圖藏匿；又當時濱海地區的海象狀況正適合船隻接駁靠岸，因而懷疑該車內可能載有大陸偷渡人民。

四、由可疑行爲判斷之合理懷疑

例如警察於深夜時段，在一個高犯罪區域的街道上，發現某人所離開之公寓，是曾多次藏匿武器或毒品罪犯之犯罪處所，且該某看到警察時，立刻將小紙袋藏入衣內，神色慌張，迅速走避，而懷疑該某有藏匿毒品的嫌疑。

【《警察職權行使法逐條釋義》，內政部警政署印行，2003.08，第 6 條部分。】

❖ 問題釋疑

「滯留於應有停（居）留許可之處所，而無停（居）留許可者」究何所指？

係指未經主管機關許可而進入停留、居留之處所，例如大陸地區人民、外國人未經許可來台停留或居留，及外勞停留或居留於未經申請許可之工作處所等。

【《警察職權行使法逐條釋義》，內政部警政署印行，2003.08，第 6 條部分。】

❖ 問題釋疑

「指定公共場所、路段及管制站」如何產生？

有關公共場所、路段及管制站之指定，係由警察分局長或其相當職務以上長官依據轄區全部治安狀況、過去犯罪紀錄、經常發生刑案之地點及「治安斑點圖」等綜合研判分析所得。例如某地區發生刑案或重大治安事故，而其逃逸必經之路線、關口等。

【《警察職權行使法逐條釋義》，內政部警政署印行，2003.08，第 6 條部分。】

❖ 問題釋疑

特定營業場所未經指定，可否進入臨檢及盤查人民身分？

警察進入特定營業場所必須符合正當性及目的性，亦即只要依法（刑事訴訟法、行政執行法、社會秩序維護法等相關法律規定）進入，或獲悉該場所已發生危害或依客觀合理判斷易生危害之情況下，即可進入，並對符合本條第 1 項第 1 款至第 5 款之人實施身分查證。至於是否須經指定或報備，係屬警察機關內部勤務編排及管制問題。

【《警察職權行使法逐條釋義》，內政部警政署編印，2003.08，第 6 條部分。】

❖ 問題釋疑

現行警察勤務條例第 11 條第 3 款規定，公共場所之臨檢、盤查不須指定，何以本條規定應經警察機關主管長官之指定？

一、現行警察勤務條例第 11 條第 3 款有關臨檢之規定，因缺乏相關要件及程序，爰經司法院釋字第 535 號解釋不符法律保留原則，本法的制定正是彌補其缺漏。

二、公共場所為人潮聚集、進出頻繁之場所，警察於公共場所實施臨檢、盤查所採取的封鎖、管制作為如有不當，將嚴重影響民眾之日常生活秩序。因此，於本條第 2 項明定其指定層級及相關要件。

【《警察職權行使法逐條釋義》，內政部警政署印行，2003.08，第 6 條部分。】

❖ 問題釋疑

何謂管制站？

所謂管制站，係指臨時設置者而言。此措施係一種封鎖，可在此攔停人、車，並於特定目的及範圍內，檢視該人及其所攜帶之物品或其使用之交通工具。

【《警察職權行使法逐條釋義》，內政部警政署印行，2003.08，第 6 條部分。】

❖ 學者評釋

依本法第 6 條第 1 項第 6 款之指定要件，於同條第 2 項明定防止犯罪，或處理重大公共安全或社會秩序事件而有必要者為限。故依此規定，警察機關主管長官指定公共場所、路段及管制站者，除必須有「防止犯罪，或處理重大公共安全或社會秩序事件」之要件合致外，尚須考慮比例原則之適用。因此，警察機關依據本法固可實施全面攔停進行治安檢查，但其決定地點之程序與要件均須受到本款之拘束，否則，不問時間、地點、或對象之設置管制站作全面攔檢，或不加判斷其合理性要件之任意或隨機攔檢，均非合法，亦為司法院大法官第 535 號解釋所無法肯認。

【蔡庭榕等編，《警察職權行使法逐條釋論》，五南，初版三刷，2010.02，127 頁。】

❖ 問題釋疑

警察到 PUB、酒店等公眾出入場所能否查證在場所有相關人的身分？

依本法規定，警察若合理懷疑人民有犯罪嫌疑或有犯罪之虞，或認為其滯留有事實足認有陰謀、預備著手實施重大犯罪或有人犯藏匿的處所者，都可查驗相關人的身分，也就是說如查獲搖頭丸，在一定認知下，可對在場者盤查身分，同時臨檢時間，以該場所實際營業時間才可進行。

【《警察職權行使法逐條釋義》，內政部警政署印行，2003.08，第 6 條部分。】

❖ 問題釋疑

警察可否任意盤查車輛或行人？

警察基於防止犯罪或處理重大公共安全、社會秩序事件的需要，可在警察分局長以上長官同意後，在指定地點、路段攔停人、車，實施身分查證。若民眾拒不配合，員警可將民眾帶到勤務處所查證，但應立即向警察勤務指揮中心報告，並通知該民眾所指定的親友或律師到場，且其時間從攔停起不得逾 3 小時。

【《警察職權行使法逐條釋義》，內政部警政署印行，2003.08，第 6 條部分。】

❖ 問題釋疑

有關警察權發動，國外有何規範？

以美國為例，有關警察權之發動，區分以下四個層次：

一、為「純屬臆測」（mere suspicion）

只能做背景調查。

二、為「合理的懷疑」（reasonable suspicion）

合理的懷疑最典型的警察作爲，就是盤查，其證據強度約 30%以上。美國判例一直尊重必須要把警察本身「專業知識與多年經驗」列入考量，因此，「合理的懷疑」有下列原則參考：

㈠警察本人之觀察（police observation）。

㈡剛發生之犯罪現場附近（location near scene of recent crime）。

㈢線民（informant）提供之情報。

㈣警方通報（police channel）。

㈤計畫性掃蕩犯罪（a plan）。

三、爲「相當理由」（probable cause）

在美國有 probable cause，此時可以逮捕、搜索或監聽（包括令狀與無令狀）、羈押及提起公訴，都是同一個層次，其證據強度約 45%以上。

四、爲「無任何合理之疑問」（beyond the reasonable doubt）與「有事實足認」相當

可爲有罪判決，其證據強度必須超過 80%以上。

【《警察職權行使法逐條釋義》，內政部警政署印行，2003.08，第 6 條部分。】

第 7 條（查證身分必要措施）

I 警察依前條規定，爲查證人民身分，得採取下列之必要措施：

一　攔停人、車、船及其他交通工具。

二　詢問姓名、出生年月日、出生地、國籍、住居所及身分證統一編號等。

三　令出示身分證明文件。

四　若有明顯事實足認其有攜帶足以自殺、自傷或傷害他人生命或身體之物者，得檢查其身體及所攜帶之物。

II 依前項第二款、第三款之方法顯然無法查證身分時，警察得將該人民帶往勤務處所查證；帶往時非遇抗拒不得使用強制力，且其時間自攔停起，不得逾三小時，並應即向該管警察勤務指揮中心報告及通知其指定之親友或律師。

❖ 法學概念

逮捕與攔停、留置的關係（併參照本書刑事訴訟法第 88 條法學概念部分）

在憲法比例原則下，當國家有充分理由時，得爲侵犯性較強之強制處分；反之，當國家之理由不夠充分時，僅得爲侵犯性較弱之強制處分，甚至不能爲任何強制處分。國家有「相當理由」相信某人犯罪，即達到發動拘捕之實質要件，得對人民爲比較長時間的拘束自由，「合理的懷疑」而未達相當理由時，其所能爲之強制處分，限縮爲「短時間的留置」。亦即，如只有「合理懷疑」（指的是僅具備臨檢發動門檻），卻對人民爲拘捕之長時間拘束自由，構成違法行爲，將產生證據排除的效果。

逮捕與攔停的差別，應依一切情狀綜合判斷，如攔停留置的手段、地點（現場或警察局）、時間（短暫或長時間）。例如警察以槍指著人民，要人民將手舉起，雖只有短短兩分鐘，應認爲警察行爲已構成逮捕，而非攔停或留置，若無相當理由，應認爲警察行爲違法；反之，若警察要人民暫時不要走開，讓其進行相關調查，在一段顯著的時間內，人民不斷問警察得否離去，警察皆言「不准走」，雖然警察未使用任何強制力，但人民因此「畏懼」地不敢離去，而又經過顯著的「長」時間，應認爲已構成逮捕，而非留置。而依照警職法第 7 條第 2 項的文義，似乎表示只要留置時間未超過三小時，都屬於合法之「留置」，而非「逮捕」。然學者指出，對照警職法第 3 條的比例原則中的禁止過度原則，即令在三個小時內，如已達成目的，或無法達成目的時，應不得再留置人民，也就是說超過三個小時的留置，即爲非法之留置。

【王兆鵬、張明偉、李榮耕，《刑事訴訟法（上）》，瑞興，三版，2015.09，323 頁以下。】

❖ 法學概念

臨檢與身分查核（併參照本書刑事訴訟法第 88 條法學概念部分）

警察在一般臨檢盤查時，僅得實施「目視檢查」，惟如有本條第 1 項第 4 款所定要件，即有明顯事實足認當事人有攜帶足以自殺、自傷或傷害他人生命或身體之物者，亦得實施「拍搜檢查」（frisk），以符合比例原則。

【李修安，《警察情境實務》，一品，初版，2011.10，117 頁。】

另外，警察在攔停人民時，常會查核身分，警察既有「查明身分」權，若人民拒不出示證件或身分不能辨明時，釋字第 535 號似認爲警察得命令人民同行。警察職權行使法第 7 條第 2 項亦規定，若無法查證身分時，警察得將該人民帶往勤務處查證。王兆鵬教授認爲，警察臨檢時將人民強行帶回，幾乎已等同於逮捕，實已逾越臨檢之權限，甚爲不妥。雖然警察在盤查時得詢問人民，但學說上咸認爲人民無回答之義務，不得僅僅因爲人民拒絕回答而予以逮捕。基於人民對於政府之詢問，有「不自證己罪」的緘默權，刑事訴訟法第 95 條亦明文承認緘默權。

【王兆鵬、張明偉、李榮耕，《刑事訴訟法（上）》，瑞興，三版，2015.09，309 頁；陳運財，〈論緘默權之保障〉，《刑事訴訟與正當法律程序》，月旦，1998，342 頁以下。】

而我國行政上前階段之人別查證與後階段之刑事程序，其實相當緊密連結，難以分割。從而，在學理上而言，既承認當事人在刑事偵查程序中之不自證己罪之權利，在行政上似亦應承認當事人對於警察之人別詢問時保持沉默，而享有行政上之緘默權，依現行警職法第7條第1項第2款及第2項之文義及體系解釋，人民對於警察查證身分時，似未享有「行政上之緘默權」，然而這是否符合憲法上之比例原則？是否過度侵害人民之隱私權？容有商榷之餘地！是以，警職法第7條第2項「強制帶回警局」之要件應再行檢討，不宜變相成爲無令狀之「行政逮捕」。

【林明鏘，〈警察行使職權與身分查證問題〉，《警察法學研究》，新學林，2011.07，359、362頁。】

而我國刑訴法學者即主張，對於警察盤查時的詢問，若拒絕回答，應不得加以處罰。否則與緘默權之法理完全違背。從而，我國社會秩序維護法第67條第1項第2款規定，有違憲（憲法第8條）之疑慮。

【王兆鵬、張明偉、李榮耕，《刑事訴訟法（上）》，瑞興，三版，2015.09，310頁；陳運財，〈論緘默權之保障〉，《刑事訴訟與正當法律程序》，月旦，1998，342頁以下。】

❖ 法學概念

刑事強制處分與警職法臨檢之界限為何？

一、以是否進入住宅爲界限：

警察行使職權之場所依警職法之規定原則上應限於「公共場所或公眾得出入之場所」，不及於「住宅」，除非有警職法第26條規定之住宅內有「人民生命、身體、財產之迫切危害」之情事者，否則不得進入。因此，以「住宅」爲準，當做區分警察職權行使法及刑事訴訟法之適用分野，除非有警職法第26條「即時強制」的情形，否則不論警察找「人」或找「物」，皆應遵守刑事訴訟法有關搜索之規定。

二、以是否已達到「強制」程度爲界限：

「臨檢」和「犯罪偵查」的第二個區別在於「是否已達強制程度」。警察實施臨檢乃積極、主動探求犯罪發生可能事跡，如同受理告訴、告發、自首消極被動接被動接收犯罪發生訊息。即便遇緊急必要之情況，但相關臨檢盤查強力作爲仍應偈於「任意處分」。不過，若執勤過程另發現犯罪行爲，自可依刑訴法相關規定實施強制處分如搜索、勘驗等等保全證據等。須注意者，不論臨檢盤查是否被賦予強制力，並不影響國家權力作用的保障，行爲人若妨害國家權力作用之行使，仍可構成刑法上的妨害公務罪。

由於「臨檢」既屬警察行政行爲的領域，則有關警察執法時的幾個基本原則，諸如比例原則、禁止不當連結原則等，仍可作爲臨檢權限是否超過其限度的抽象原則，然後再依個案去具體判斷。若以量化爲喻，依照警職法第6條、臨檢的發動門檻爲「合理的懷疑」（reasonable suspicion）：合理的懷疑最典型的警察作爲，就是盤查，其證據強度約30%以上；而刑訴法強制處分的發動門檻爲「相當理由」（probable cause）：在美國只要有probable cause，就可以逮捕、搜索或監聽、羈押等，其證據強度約45%以上。又臨檢權既屬警察行政行爲的領域，則有關警察執法時的幾個基本原則，例如：比例原則、禁止不當連結原則等，仍可作爲臨檢權是否超過其限度的抽象原則，然後再依個案判斷。此外，社會通念原則亦屬重要，因爲，這一原則與警察的社會形象息息相關，兩者可謂成反比的狀況，若警察的社會形象佳，則社會通念的檢驗標準必低，反之則正好相反。故重視這一標準，理論上應可使警察爲提升自我形象，而謹慎發動臨檢權，即使發動也應充分照顧被臨檢者的權利。

【釋字第535號解釋、洪文玲、蔡震榮、鄭善印，《警察法規》，國立空中大學印行，修訂再版，2011.08，306頁以下。內政部警政署印行，《警察職權行使法逐條釋義》，2003.8，第6條部分；林裕順，〈臨檢盤查「半推半就」〉，《月旦法學教室》，第148期，2015.02，24頁以下；羅傳賢，《警察法規概論》，五南，初版，2018.01，241頁。】

❖ 問題釋疑

警察可否強制將人民帶往勤務處所查證身分？

警察依本條規定措施顯然無法查證人民身分（例如人民拒絕回答或不出示證件）時，得將該人民帶往勤務處所查證；帶往時非遇抗拒不得使用強制力，且其時間自攔停起，不得逾三小時，並應即向該管警察勤務指揮中心報告及通知其指定之親友或律師。

【《警察職權行使法逐條釋義》，內政部警政署印行，2003.08，第7條部分。】

❖ 學者評釋

原則上，同行必須先有依法得進行查證身分之要件爲前提，始得爲之。惟兩者規定尚有不同的是上述警職法所規定之「同行」係以能否達成目的性原則（以「顯然無法查證身分」爲考量），而未考慮是否對當事人將有不利影響或妨礙交通、安寧之情形等，或其他因素不適合在現場查證時，亦得要求「同行」。因其並非顯然不能查證，而是在場查證對當事人將有顯然不利之情形。再者，依據警職法之同行規定，僅以「詢問」或「令出示證件」之方法而顯然無法查身分，作爲要求同行之要件，然參考日本「警察官職務執行法」第2條係以「對當事人不利」或「妨礙交通」爲要件，或者釋字第535號亦揭示四項要件，亦即「非經受臨檢人同意或無從確定其身分或現場爲之對該受臨檢人將有不利影響或妨礙交通、安寧者，不得要求其同行至警察局、派出所進行盤查。」以之作爲是否要求同行之決定基礎，較符合實務需要，值得未來修法時參考採納。

由於現行法令上並未有強制規定人民有攜帶

國民身分證之義務，而且依據户籍法第 8 條第 1 項之規定，「人民年滿十四歲者，應請領國民身分證。」然並無罰則或強制規定，以致尚有人可能並未有身分證及其證件或攜帶之，而無法出示。若該等人經詢問後，告知姓名等基本資料，則此時應由在場警察依無線電查證或其他可能方式爲之，查證責任應在警察，若無法進一步查證，亦無其他實害違法，應讓其自由離開，實不得以所告知之姓名資料無法查證，而將之帶往警所。

【蔡庭榕等編，《警察職權行使法逐條釋論》，五南，初版三刷，2010.02，172 頁；李翔甫，《警察法規》，新學林，初版，2008.09，175 頁。】

❖ 問題釋疑

警察得將人民帶往勤務處所查證身分之時間自攔停起，不得逾三小時；其時間考量依據為何？

係參酌德國警察法選擇草案第 23 條第 4 款「爲查證身分而剝奪人身自由，至遲十二小時後開釋」、韓國警察官職務執行法第 3 條「同行留置三小時」之規定及考量警察實務之需要。

【《警察職權行使法逐條釋義》，內政部警政署印行，2003.08，第 7 條部分。】

❖ 問題釋疑

查獲冒用他人身分者，如何處理？

冒用他人身分證明文件者，已構成違序行爲，得依社會秩序維護法第 66 條第 2 款規定，移送法院簡易庭裁定處以三日以下拘留或新台幣一萬八千元以下之罰鍰。

【《警察職權行使法逐條釋義》，內政部警政署印行，2003.08，第 7 條部分。】

❖ 問題釋疑

本條第 1 項第 4 款所定檢查的界限為何？

一、本法所定之「檢查」爲警察基於行政權之作用，有別於「行政搜索」（海關緝私條例參照）及「司法搜索」（刑事訴訟法參照）。因此，檢查時尚不得有侵入性（例如以手觸摸身體衣服內部或未得當事人同意逕行取出其所攜帶之物品）而涉及搜索之行爲。

二、檢查的態樣可概分爲：

㈠由當事人身體外部及所攜帶物品的外部觀察，並對其內容進行盤問，即一般學理上所稱的「目視檢查」，僅能就目視所及範圍加以檢視。

㈡要求當事人任意提示，並對其提示物品的內容進行盤問，相當於「目視檢查」的範圍。

㈢未得當事人同意，即以手觸摸其身體衣服及所攜帶物品外部，相當於美國警察實務上所稱的「拍搜檢查」（frisk）。

警察在一般臨檢盤查時，僅得實施「目視檢查」；惟如有本條第 1 項第 4 款所定要件，即有明顯事實足認當事人有攜帶足以自殺、自傷或傷害他人生命或身體之物者，亦得實施「拍搜檢查」（frisk），以符合比例原則。

【《警察職權行使法逐條釋義》，內政部警政署印行，2003.08，第 7 條部分。】

第 8 條（攔停交通工具採行措施）

Ⅰ警察對於已發生危害或依客觀合理判斷易生危害之交通工具，得予以攔停並採行下列措施：

一　要求駕駛人或乘客出示相關證件或查證其身分。

二　檢查引擎、車身號碼或其他足資識別之特徵。

三　要求駕駛人接受酒精濃度測試之檢定。

Ⅱ警察因前項交通工具之駕駛人或乘客有異常舉動而合理懷疑其將有危害行爲時，得強制其離車；有事實足認其有犯罪之虞者，並得檢查交通工具。

❖ 法學概念

路檢

警職法第 8 條規定，必須是先有合理懷疑相信「已發生危害或易生危害之交通工具」爲前提，始得合法攔停交通工具，在攔停交通工具後才能檢查證件、檢查引擎號碼、或酒精檢測；而不是爲了檢查證件、檢查引擎號碼、或酒精檢測，得任意攔停交通工具，不可本末倒置。

依警職法第 6 條第 2 項、第 7 條規定，如爲「防止犯罪，或處理重大公共安全或社會秩序事件而有必要者」，警察機關主管長官得指定「路段及管制站」，對於行經之車輛，警察得攔停、詢問身分、令出示證件。此種「路檢」，只得詢問身分、令人民出示證件，但不得依第 8 條規定要求人民爲酒精檢測，因爲第 8 條必須是針對是否「已發生危害或依客觀合理判斷易生危害之交通工具」爲前提要件。

【王兆鵬、張明偉、李榮耕，《刑事訴訟法（上）》，瑞興，三版，2015.09，315 頁。】

❖ 問題釋疑

何謂「客觀合理判斷」？

係指警察行使職權時（以臨檢爲例）須有「特殊且明顯之事實」，經合理的推論，認爲該場所等已發生危害或易生危害，但其懷疑之程度以具有合理之懷疑爲已足，即必須「根據客觀事實」加以判斷，不得恣意行之。其所指之客觀事實和狀況，因爲社會環境錯綜複雜，欲對其逐一作明確規範，實有困難，必須從實施臨檢當時「從個案中加以審查」以確定所爲之判斷是否合理、客觀。例如：接獲相關單位通報或民眾檢舉，知有通緝犯或犯罪嫌疑人駕駛車輛朝某方向逃逸，對其所可能經由之路段及利用之相同類型車輛，予以實施攔檢，即是基於客觀合理之判斷。

【《警察職權行使法逐條釋義》，內政部警政署印行，2003.08，第8條部分。】

❖ 問題釋疑

民眾可否拒絕酒測？甚至拒絕搖下車窗接受檢查？

警察對於發生車禍或認爲駕駛人有危險駕駛時，可要求駕駛人接受酒測、檢查引擎、車身號碼，或是要求乘客出示相關證件，而駕駛人或乘客如待在車內拒絕酒測或是不肯搖下車窗，警察依本條第2項規定，可強制其離車。

【《警察職權行使法逐條釋義》，內政部警政署印行，2003.08，第8條部分。】

❖ 問題釋疑

警察可否扣留危險駕車（酒醉駕車）者之車輛？

危險駕車應依道路交通管理處罰條例第43條舉發，當場禁止其駕駛，並可依該條例第85條之2移置保管該車輛。

【《警察職權行使法逐條釋義》，內政部警政署印行，2003.08，第8條部分。】

❖ 問題釋疑

警察可否於特定路段實施路檢，檢測酒醉駕車？

警察基於維護公共安全或社會秩序，對於經常發生飆車、酒後肇事等路段，得經由分局長或其相當職務以上長官，依本法第8條第2項規定予以指定，實施酒醉駕車之檢測。

【《警察職權行使法逐條釋義》，內政部警政署印行，2003.08，第8條部分。】

道路交通管理處罰條例第35條並未賦予諸如攔停、檢查車輛、令出示相關證件、酒測檢定等個別之稽查手段，以致出現空有取締權卻無個別稽查手段之窘境，無法確保該條例所定行政目的之實現。所幸，警職法立法時已考量及此，爲妥適之銜接、因應，使本質上屬警察職權行使之一的交通稽查程序，於涉及警察職權之行使時，得適用警職法之規定。因此，警察爲稽查取締酒駕，自可依警職法第8條規定，對於例如未依規定任意變換車道、忽快忽慢或夜間行車未開啓頭燈等，依客觀合理判斷易生危害之車輛予以攔停，**如發現駕駛人有酒味或臉色潮紅等酒駕之徵兆者，並得依同條第1項第3款規定，自得要求接受酒精濃度測試之檢定**。惟道路交通管理處罰條例之稽查取締與警職法第8條之交通工具攔停權限，均係以「**客觀有法規違反**」或「**易生危險異常狀況**」爲前提，尚難作爲「全面」攔檢之授權依據。

【陳景發，〈論取締酒駕全面攔檢之法律根據〉，《中央警察大學法學論集》，第25期，2013.10，145頁以下。】

編按：

有關酒駕檢測的處理程序請參照本書刑事訴訟法第205條之1、道路交通管理處罰條例第35條及刑法第185條之3「取締酒駕拒測處理程序」的部分。

第9條（以攝影、錄音或科技工具蒐集資料）

I 警察依事實足認集會遊行或其他公共活動參與者之行爲，對公共安全或秩序有危害之虞時，於該活動期間，得予攝影、錄音或以其他科技工具，蒐集參與者現場活動資料。資料蒐集無法避免涉及第三人者，得及於第三人。

II 依前項規定蒐集之資料，於集會遊行或其他公共活動結束後，應即銷毀之。但爲調查犯罪或其他違法行爲，而有保存之必要者，不在此限。

III 依第二項但書規定保存之資料，除經起訴且審判程序尚未終結或違反組織犯罪防制條例案件者外，至遲應於資料製作完成時起一年內銷毀之。

❖ 問題釋疑

對於集會遊行或其他公共活動參與者所蒐集之資料，至遲應於資料製成後一年內銷毀；該「一年」之訂定依據為何？

參考德國集會法第12a條規定：「資料至遲應於製成後三年內銷毀」，另參考通訊保障及監察法第17條第1項規定：「監察通訊所得資料，保存五年，逾期銷毀」，爲應實際需要，爰規定資料製成後一年內銷毀。

【《警察職權行使法逐條釋義》，內政部警政署印行，2003.08，第9條部分。】

❖ 問題釋疑

何謂「其他公共活動」？

係指集會遊行法所定集會、遊行以外之活動，例如選舉期間依公職人員選舉罷免法舉行之競選活動。

【《警察職權行使法逐條釋義》，內政部警政署印行，2003.08，第9條部分。】

第10條（以攝影、科技工具或裝設監視器蒐集資料）

I 警察對於經常發生或經合理判斷可能發生犯罪案件之公共場所或公眾得出入之場所，爲維護治安之必要時，得協調相關機關（構）裝設監視器，或以現有之攝影或其他科技工具蒐集資料。

II 依前項規定蒐集之資料，除因調查犯罪嫌疑或其他違法行爲，有保存之必要者外，至遲應於資料製作完成時起一年內銷毀之。

❖ 問題釋疑

現今各街道路口、社區巷弄裝設攝（錄）影機，其裝設之目的為何？有無侵害人權？

一、現行交通法令對於各交通幹道路口裝設攝（錄）影機，尚無明確規範，惟交通部編審之「交通工程手冊」第二章交通調查第二、三、五節載有「錄影或照相偵測法」，其主要目的在於記錄車輛流動狀況及瞭解各式車輛交通進出情形，俾作爲交通管理的參考。因該項設備費用較高，國內大部分裝設於主要幹道或重要路口，世界各國先進交通控制系統亦採用爲輔助設施，以瞭解掌握實際交通狀況，迄今並無爭議發生。

二、目前各地所裝設之錄影監視系統，除部分由中央或地方各級政府寬列經費補助裝設外，大部分均由民間自行裝設，政府僅依據內政部「建立全國社區治安維護體系—守望相助再出發推行方案」推廣裝設，其目的係爲積極改善社會治安，有效監控治安死角，藉以強化社區犯罪預防及加強偵查、蒐證犯罪功能，以期達到預防、嚇阻犯罪之最大效果。

三、一般而言，公共場所或公眾得出入之場所，對人民並無秘密及合理的隱私期待（亦即爲公開之活動）。因此，尚不致侵害人民之隱私權。

【《警察職權行使法逐條釋義》，內政部警政署印行，2003.08，第10條部分。】

第11條（以目視或科技工具蒐集資料）

I 警察對於下列情形之一者，爲防止犯罪，認有必要，得經由警察局長書面同意後，於一定期間內，對其無隱私或秘密合理期待之行爲或生活情形，以目視或科技工具，進行觀察及動態掌握等資料蒐集活動：

一 有事實足認其有觸犯最輕本刑五年以上有期徒刑之罪之虞者。

二 有事實足認其有參與職業性、習慣性、集團性或組織性犯罪之虞者。

II 前項之期間每次不得逾一年，如有必要得延長之，並以一次爲限。已無蒐集必要者，應即停止之。

III 依第一項蒐集之資料，於達成目的後，除爲調查犯罪行爲，而有保存之必要者外，應即銷毀之。

❖ 問題釋疑

何謂「無秘密或合理隱私期待之行為或生活情形」？

一、所謂「無秘密或合理隱私期待之行爲或生活情形」，係指一個人對其行爲或生活情形，在主觀上，並無保持秘密或有隱私之期待，而在客觀上（即從一般社會觀念來看）亦屬合理的。例如：一個人在公共電話亭打電話，不把門拉上，且講話時旁若無人；此時，其電話中談論內容，即不得主張有秘密或合理隱私期待。又如，一個人在家裏裸露身體，未將窗簾拉起來，且其房間玻璃又是透明的，正巧被其對面鄰居看到，則其裸露行爲，亦屬無秘密或合理的隱私期待可言。

二、美國法院有一著名案例—垃圾案：美國加州警察去撿嫌犯放在院子垃圾桶裏面的東西，天天去蒐集，結果有一天發現毒品分裝袋，警察就拿該分裝袋去化驗，結果有毒品反應，即據以向法官聲請搜索票，後來被告律師主張警察翻閱院子裏的垃圾桶是非法搜索，因爲被告對垃圾桶有隱私期待。這個案子，加州最高法院認定是非法搜索，不過被美國聯邦最高法院推翻，因美國聯邦最高法院認爲放在院子内的垃圾隨時可能被貓、狗咬出，根本不可能有秘密或合理的隱私期待。

【《警察職權行使法逐條釋義》，內政部警政署印行，2003.08，第11條部分。】

❖ 問題釋疑

可否進入私人住宅，運用錄影、錄音或其他科技工具，秘密蒐集特定人活動資料？

人民之住居自由係受憲法之明文保障，非依法不得隨便進入。本條係規定對特定人無秘密或合理隱私期待之行爲或生活情形，始得利用目視或其他科技工具（如錄影、錄音等），對其進行靜態觀察或動態行蹤掌握等資料蒐集活動，故不容許進入私人住宅裝設竊聽、錄影設備，以進行秘密蒐集資料活動。

【《警察職權行使法逐條釋義》，內政部警政署印行，2003.08，第11條部分。】

❖ 問題釋疑

何謂「職業性」犯罪？

係指以職業之意思傾向，反覆實行同種行爲之犯罪。另參照最高法院85年度台上字第510號判例，「刑法上所謂常業犯，係指反覆以同種類行爲爲目的之社會活動之職業性犯罪而言，至於犯罪所得之多寡，是否恃此犯罪爲唯一之謀生職業，則非所問，縱令兼有其他職業，仍無礙於常業犯罪之成立。」

❖ 問題釋疑

何謂「習慣性」犯罪？

係指以習慣性之意思傾向，反覆實行同種行爲之犯罪；其具有機會就犯之企圖、意圖或不務正業等習性，以排除偶發、突然、一時間之犯罪態樣。例如一般所稱的「竊盜慣犯」、「煙毒慣犯」等即是。

【《警察職權行使法逐條釋義》，內政部警政署印行，2003.08，第11條部分。】

❖ 問題釋疑

何謂「集團性」犯罪？

係指以集體行動或分工方式，從事不法行爲之犯罪態樣；其具有以眾暴寡之特性，必須要有三人以上共同從事犯罪之事實，排除個別不法行爲與偶發共犯。例如竊車犯罪集團，其犯罪成員包括竊盜、贓物、僞造文書及走私等罪犯；另目前的信用卡盜刷案件，亦多屬集團性之經濟犯罪。

【《警察職權行使法逐條釋義》，內政部警政署印行，2003.08，第11條部分。】

❖ 問題釋疑

何謂「組織性」犯罪？

係指以組織型態從事犯罪而言；該犯罪組織內部結構階層化，並有嚴密之控制關係。例如組織犯罪防制條例，所規範之犯罪即是；該條例所稱犯罪組織，依其第2條定義，係指三人以上，有內部管理結構，以犯罪爲宗旨或以其成員從事犯罪活動，具有集團性、常習性及脅迫性或暴力性之組織。

【《警察職權行使法逐條釋義》，內政部警政署印行，2003.08，第11條部分。】

❖ 問題釋疑

職業性、習慣性犯罪與刑法所規定之常業犯有何不同？

刑法所規定之「常業犯」，指行爲人意圖於一定期間內取得固定之收入來源，並以重複同種類之刑罰行爲爲之者，如刑法第322條常業竊盜罪、第331條常業強盜罪、第340條常業詐欺罪等，本條第1項第2款所列之職業性、習慣性犯罪者，亦屬「常業犯」之犯罪態樣之一。

【《警察職權行使法逐條釋義》，內政部警政署印行，2003.08，第11條部分。】

❖ 問題釋疑

連續犯、繼續犯與「習慣性犯罪」有何不同？

一、「連續犯」係指有關數個獨立之犯罪行爲，基於一個概括之犯意，反覆爲之，而觸犯構成要件相同之罪名者，在法律上擬制其爲一罪，在裁判處罰上並規定得加重其刑至二分之一（2005年已刪除連續犯之規定，改數罪併罰）。

二、「繼續犯」則指行爲人之意思，足以決定行爲所造成違法情狀之久暫的犯罪，並且立法者之非價重點，在於行爲人以其意思決定此一違法狀態之期間。如妨害居住自由罪、擄人勒贖罪等。

三、「習慣性犯罪」係指以習慣之意思傾向，反覆實行同種行爲之犯罪，其具有機會就犯之企圖、意圖或不務正業等習性，以排除偶發、突然、一時間之犯罪態樣。例如一般所稱的「竊盜慣犯」、「煙毒慣犯」等即是。

四、由以上定義可知，「習慣性犯罪」與「連續犯」及「繼續犯」有其區別。

【《警察職權行使法逐條釋義》，內政部警政署印行，2003.08，第11條部分。】

❖ 法學概念

目視跟監與GPS定位追縱

目視「跟監」爲警方常使用犯罪偵查手段，由於法無明文，是否合法，不無疑問。最高法院認爲，此係調查及蒐集犯罪證據方法之「任意偵查」活動，不具強制性，苟「跟監」後所爲利用行爲與其初始之目的相符，自無違法可言。

利用衛星定位系統（G1obal Positioning System，即GPS），能夠克服傳統單純目視觀察在距離與空間上的限制，甚至可以掌握被追蹤目標無所遺漏，警察機關認爲是一種犯罪偵查與預防強化跟監的利器。過去實務上常運用衛星定位系統GPS作爲犯罪偵查與行政上風紀查察的方式，例如民國91年台北市政府警察局北投分局鄧姓組長（已婚），與該分局洪姓女巡官涉有不正常交往關係之傳聞，警政署督察室爲瞭解實情，經多次跟監均無所獲，於91年4月間裝設衛星定位追蹤器於鄧員座車底盤輔助跟監，終於掌握渠之具體事證。民國94年追捕槍擊要犯張錫銘時，檢警專案小組特別在張錫銘友人車輛裝上衛星定位系統，才有辦法追出張躲到土城的落腳地點進一步掌握張上網帳號，最後透過網路IP位址，在台中攻堅逮捕張錫銘。

【黃清德，〈警察利用衛星定位系統跟監追蹤與基本人權保障之研究〉，《中央警察大學法學論集》，第18期，2010.04，136頁以下。】

但近年來用於偵查犯罪，係「強制偵查」或「任意偵查」屢有爭議。參考外國的案例，如美國聯邦最高法院於2012年，九位大法官一致認爲，安裝GPS追蹤器在汽車偵查犯罪是一種「搜索」（Search）的行爲，依照該國的聯邦憲法增修條文第4條，必須取得令狀，否則就是違法搜索。

日本關於此問題也是有長年的爭議，近例如大阪府的岩切勝志，涉嫌夥同其他三名共犯，在大阪、兵庫等六府縣犯下多起竊盜案。大阪府警方在偵辦過程中，偷偷在岩切等竊嫌共19輛的汽車及機車上裝設GPS，再利用手機監視竊嫌行蹤、取得犯罪證據。2017年最高裁判所認爲，使用GPS衛星定位器是強制偵查手段，因爲全球定位系統的偵查是一種通過在未經用户同意的情況下，將GPS終端秘密附著到車輛上來檢測和掌握位置信息的偵查手段，警方秘密將侵犯個人隱私的設備隱藏在其所有物中，不符合理隱私的期待，這無疑是一種侵犯私人領域的犯罪調查方法，屬於偵查中的強制處分，依照該國憲法第35條、刑訴法第197條，沒有令狀不得爲之，認定以GPS蒐證若未聲請請令狀則屬違法。此外，判決書也提及希望以立法手段解決其中的爭議。

在德國，各邦警察法對上述採取的科技工具的的錄音、錄影，又與場所是否在住宅內外，區分兩種不同的核准程序，以 Sachsen-Anbalt 邦爲例，該邦公共安全與秩序法第 17 條第 2 項規定，三個月以內之「當事人不知悉情形下，裝設利用科技工具的錄音、錄影」只要機關首長同意即可。超過三個月則需經由內政部長同意。至於住宅、工作場所、辦公室以外之錄音、錄影等情形，除於情況急迫有立即排除必要時外，應取得當地法院法官之令狀。

【蔡震榮，《警察職權行使法概論》，五南，三版，2016.06，168 頁。】

我國最高法院於 2017 年 12 月，也首次對類似的 GPS 爭議案件，採美、日等國法院實務相同見解，大意是偵查機關非法安裝 GPS 追蹤器於他人車上，已違反他人意思，而屬於藉由公權力侵害私領域的偵查，且因必然持續而全面地掌握車輛使用人的行蹤，明顯已侵害憲法所保障的隱私權，自該當於「強制偵查」，故而倘無法律依據，自屬違法而不被允許。使用 GPS 追蹤器與現實跟監追蹤比較，除取得的資訊量較多以外，從取得資料可以長期記錄、保留，而且可全面而任意地監控，並無跟監跟丟可能等情形觀察，二者仍有本質上的差異，不能以上述資訊也可以經由跟監方式收集，即謂無隱密性可言。

由上述可知，我國近年的實務見解，大致與學說相同。儘管以刑事立法隨時規制新型態的強制處分並不容易，但是法院判決對於是否定位爲強制偵查，還是要隨著科技的發展，與時俱進，對新的偵查方式仍爲必須充分有效的對應尋求解決，亦即，有無「強制力」的行使不再是唯一的判斷標準，尚須視偵查手段侵犯人民基本權的強度、是否重大綜合判斷之。

【最高法院 102 年度台上字第 3522 號判決；United States v. Jones, 132 S.Ct. 945 (2012)；最高裁平成 28 年（あ）第 442? 大法廷判決（2017 年 3 月 15 日）；最高法院 106 年度台上字第 3788 號判決；井上正仁，《強制捜查と任意捜查》，新版，2014.12，29 頁。】

美國在聯邦刑事訴訟規則已定有以追蹤器 (tracking device) 爲名之令狀（Federal Rules of Criminal Procedure, Rule 41 (a) (2) (E) (2006)。該規則有官有權核發令狀授權認有相當理由得安裝及使用追蹤器。至於授權使用之期間及其延長、執行程序，令狀繳還、通知義務與事後救濟等亦均有相關規定。

【黃朝義，《刑事訴訟法》，新學林，五版，2017.09，361 頁。】

本書認爲，日本及我國實務都建議應以立法手段規制 GPS 定位追縱的法律問題，我國立法者不應怠惰，應該儘速將 GPS 定位追縱的條文增訂於刑事訴訟法，畢竟現行部分實務以通保法來核發 GPS 定位追縱的令狀是有爭議的，因爲「位置資訊」與「通訊」（意指具有雙方主觀思想交換之內容）不相同。我們應師法德國儘量將法條適用之單純化，不需要太多的特別法，甚至一併將通保法整併於刑訴法中，亦不失爲明確之做法。

❖ 問題釋疑

「以目視或科技工具，進行觀察及動態掌握等資料蒐集活動」，是否會與通訊保障及監察法、刑法第 315 條之 1 規定產生競合？

一、本條規定並不包含通訊監察，警察如須實施通訊監察自應依「通訊保障及監察法」相關規定辦理。

二、刑法第 315 條之 1 窺視竊聽竊錄罪，以無故（即無正當理由）利用工具或設備窺視、竊聽、竊錄他人非公開之活動、言論或談話，爲構成要件；而依本條規定，爲秘密蒐集他人活動之相關資料，係有法律明定「爲防止重大危害或重大犯罪必要」之正當理由，而非無故爲之，故不致構成刑法第 315 條之 1 窺視竊聽竊錄罪。

【《警察職權行使法逐條釋義》，內政部警政署印行，2003.08，第 11 條部分。】

然而新近判決認爲，「刑法第 315 條之 1 所謂之「電磁紀錄」，係指以電子、磁性、光學或其他相類之方式所製成，而供電腦處理之紀錄；而所謂「竊錄」，則指暗中錄取之意，亦即行爲人以某種設備置於被錄者難以查覺之暗處，暗中錄取被錄者之聲音、影像或其他不欲人知之資訊而言，不以錄取者須爲聲音或影像爲限。查 GPS 追蹤器之追蹤方法，係將自人造衛星所接收之資料透過通訊系統傳至接受端電腦，顯示被追蹤對象之定位資訊，透過通訊網路傳輸，結合地理資訊系統對於個人所在位置進行比對分析，而獲取被追蹤對象之所在位置、移動方向、移動速度以及滯留時間之電磁紀錄，固非爲捕捉個人之聲音、影像，但仍屬本條所規範之「竊錄」行爲無疑。（最高法院 106 年度台上字第 3788 號判決）。

編按：

依據憲法第 80 條，法官依據法律獨立審判；釋字第 137、216 號，法官審判不受行政釋示的拘束。

❖ 問題釋疑

為何規定「觸犯最輕本刑五年以上有期徒刑之罪」？

本條規定對「爲防止犯罪，認有必要……以目視或科技工具，進行觀察及動態掌握等資料蒐集活動」宜審愼爲之，故參考刑事訴訟法第 76 條第 1 項第 4 款規定限於重大犯罪情形始實施。

【《警察職權行使法逐條釋義》，內政部警政署印行，

2003.08，第11條部分。】

第12條（第三人秘密蒐集資料）

I 警察為防止危害或犯罪，認對公共安全、公共秩序或個人生命、身體、自由、名譽或財產，將有危害行為，或有觸犯刑事法律之虞者，得遴選第三人秘密蒐集其相關資料。

II 前項資料之蒐集，必要時，得及於與蒐集對象接觸及隨行之人。

III 第一項所稱第三人，係指非警察人員而經警察遴選，志願與警察合作之人。經遴選為第三人者，除得支給實際需要工作費用外，不給予任何名義及證明文件，亦不具本法或其他法規賦予警察之職權。其從事秘密蒐集資料，不得有違反法規之行為。

IV 第三人之遴選、聯繫運用、訓練考核、資料評鑑及其他應遵行事項之辦法，由內政部定之。

❖ 問題釋疑

目前警察機關對於第三人（線民）的運用有何規範？

一、依「警察偵查犯罪規範」第二章第一節及「警察機關獎勵民眾提供犯罪線索協助破案實施要點」等規定辦理。

二、有關第三人（線民）之遴選、聯繫運用、訓練考核、資料評鑑及其他應遵行事項，內政部（警政署刑事警察局）將依本條第4項之授權，訂定辦法規範之（警察遴選第三人蒐集資料辦法）。

【《警察職權行使法逐條釋義》，內政部警政署印行，2003.08，第12條部分。】

該第三人秘密蒐集資料之行為，係受警察委託而非純粹私人行為，雖不被賦予警察「職權」，卻執行警察「權限」內之工作，而其工作並不得以自己名義對外公開行之，亦非在警察具體指令下行之。因此性質上究屬受託獨立行使公權力之私人（行政程序法第16條第1項），或屬行政助手，或介於上述兩者間的另外一種類型，需視個別情形而定。

【李震山，《警察行政法論－自由與秩序之折衝》，元照，四版，2016.10，318頁。】

❖ 法學概念

臥底偵查

所謂「臥底偵查」其實就是司法警察隱藏自己眞正的身分，而長期地以假名、假證件至特定的犯罪集團、組織或圈子臥底，掌握犯罪資訊並協助破案者。據此，臥底警察與不具警察身分的線民，概念有所不同，立法政策的考量也不同臥底警探引發的問題還不僅於此。由於臥底警探往往必須「幹一票」來「取信」幫派組織，這些臥底警探本身的犯罪如何評價（犯案時究竟係出於自由意志或迫於無奈很難查知），迄今仍無定論。此外，通常還會伴隨陷害教唆、是否能出庭作證等問題。

【林鈺雄，《刑事訴訟法（上）》，新學林，八版，2017.09，467頁。】

不過，基於國民有出庭作證的義務，出席審判庭，具結並陳述意見。基本上，這個義務對於臥底警察也不例外。不過，為了保護臥底警察，在不妨害法院發現眞實的情況下，臥底警察應該可以使用原來的化名，出庭陳述意見。學者建議，為偵查犯罪而安置臥底警探，應該緊守一些程序上的原則，才不至於造成臥底手段的濫用。1.對付重大犯罪；2.最後手段性，且有明確的偵查結果可資期待；3.臥底偵查的目標必須具體確定；4.由檢察官或法官授權臥底。因為臥底警察所為者，是調查證據的工作。而調查證據是廣義的強制處分。德國臥底警察的規定，就是安排在搜索扣押有關的章節裡（也就是在強制處分的體系），建議可以考慮在我國刑事訴訟法第153條之後。

【林東茂，〈臥底警探的程序法上問題〉，收錄於《一個知識論上的刑法學思考》，五南，三版，2007.10，316頁以下。】

最高法院認為：「現今社會，某些類型之犯罪，例如販賣毒品、槍械、人口或洗錢、嚴重貪污等，不乏具有嚴密組織或集團性情形，為打擊是類犯罪，在外國有發展出一般所謂「臥底偵查」之方式者；在我國，雖然尚未引進此一法制（法務部曾研擬出「臥底偵查法」草案，其中第十條規定：「臥底偵查員於臥底期間，為實施臥底偵查任務之必要，所為經最高法院檢察署檢察總長核可實施之……行為，不罰。」採阻卻違法主義），然實際上，檢察官或司法警察（官）運用線民「臥底」（但與上揭草案之「臥底偵查員」，專指司法警察官及司法警察而已，尚不相同），以破獲犯罪集團，並非全無。衡諸「臥底」者，站在犯罪集團之立場以觀，類似其叛徒，其人為避免遭發覺、陷入險境，自須多所權宜應變，始能通達無礙、順利完成其「臥底」探密之目的、計畫，所作所為，既要神秘進行，當然不可能事事預先請示，必獲核准而後從事。自此角度而言，其應變時之客觀作為，若有觸犯刑罰規範情形，卻不符合緊急避難之法定要件，而必欲予以課責、論處，當與社會通念之正義不相適合。易言之，法律、義理、人情既相衝突，則在法律制定、修正之前，仍應儘量尋求解決、調和之道，從而，依個案之具體情形，檢視被告主觀上是否存有犯罪之故意，容係適當。（103年度台上字第3404號判決）

❖ 問題釋疑

有關警察「臥底辦案」，為何不在本法加以規範，予以法制化？

一、我國限於地狹人多，資訊便捷，對於身分之保密不易，且「臥底辦案」涉及警察身分之轉換，以及其權利、義務、安全保障等諸多法律關係，並非本法所能完全涵蓋。

二、有關「臥底辦案」法制化問題，法務部已研擬「臥底偵查法」予以專法規範。

【《警察職權行使法逐條釋義》，內政部警政署印行，2003.08，第12條部分。】

❖ 問題釋疑

警察運用第三人（線民）蒐集資料，如侵害他人權益，有無連帶責任？

第三人（線民）之運用僅在蒐集資料，並未從事實際偵查犯罪工作，且其從事秘密蒐集資料工作，不得有違反法規之行爲，如其侵害他人權益者，應自負其責，警察無連帶責任。

【《警察職權行使法逐條釋義》，內政部警政署印行，2003.08，第12條部分。】

❖ 問題釋疑

警察機關與第三人（線民）之間，究屬何種法律關係？

第三人（線民）係指一個身處於相關環境以及犯罪組織的關係下，在某些程度上可得到這些資料資訊的人，故線民不同於其他人力資源，必須在警察機關之控制或指導下才可提供的消息，另第三人（線民）之運用僅在蒐集資料，並未實際從事偵查犯罪工作，且其從事秘密蒐集資料工作，不得有違反法規行爲，如其侵害他人權益者，應自負其責。參酌刑事訴訟法規定，第三人（線民）如同刑事案件中之「告發人」或「證人」。

【《警察職權行使法逐條釋義》，內政部警政署印行，2003.08，第12條部分。】

第13條（警察與第三人之合作關係）

I 警察依前條規定遴選第三人秘密蒐集特定人相關資料，應敘明原因事實，經該管警察局長或警察分局長核准後實施。

II 蒐集工作結束後，警察應與第三人終止合作關係。但新發生前條第一項原因事實，而有繼續進行蒐集必要且經核准者，得繼續合作關係。

III 依前條第一項所蒐集關於涉案對象及待查事實之資料，如於相關法律程序中作爲證據使用時，應依相關訴訟法之規定。該第三人爲證人者，適用關於證人保護法之規定。

❖ 問題釋疑

運用第三人（線民），須經「該管警察局長或警察分局長」核准後實施，專業警察機關可否比照辦理？

本條之立法原意，係考量地區警察局運用第三人（線民）之情形較爲普遍，爰明文規定須經「該管警察局長或警察分局長」核准後實施。至專業警察機關如有符合本法第12條所定運用第三人（線民）之要件，比照地區警察局核准層級辦理，尚不致違背立法原意。

【《警察職權行使法逐條釋義》，內政部警政署印行，2003.08，第13條部分。】

第14條（以口頭或書面敘明事由通知到場之人）

I 警察對於下列各款之人，得以口頭或書面敘明事由，通知其到場：

一　有事實足認其能提供警察完成防止具體危害任務之必要資料者。

二　有事實足認爲防止具體危害，而有對其執行非侵入性鑑識措施之必要者。

II 依前項通知到場者，應即時調查或執行鑑識措施。

❖ 問題釋疑

「通知到場」是否任何警察均可為之？是否具有強制力？

一、依本法第2條第3項說明意旨，「警察行使職權，涉及人民自由權利者，必須由具有相當層級之警察長官核准後方得爲之」。因此，如有符合本條規定得通知人民到場之情形時，原則上應報經警察機關主管長官（地區警察分局長或其相當職務以上長官）核准後實施。

二、因本條並無「得使用強制力」之明文，故依本條規定通知到場，尚不得使用強制力。

【《警察職權行使法逐條釋義》，內政部警政署印行，2003.08，第14條部分。】

❖ 問題釋疑

通知書之格式？

一、本條之通知僅規定敘明事由，且得以口頭或書面爲之，並未嚴格要求一定的要式記載。因此只要敘明事由及到場之時間、地點爲已足；惟如以口頭通知，宜有書面紀錄（例如電話紀錄），以明權責。

二、又行政程序法第39條規定「行政機關基於調查事實及證據之必要，得以書面通知相關之人陳述意見。通知書中應記載詢問目的、時間、地點、得否委託他人到場及不到場所生之效果」，亦可爲參照。

【《警察職權行使法逐條釋義》，內政部警政署印行，2003.08，第14條部分。】

第15條（治安顧慮人口之定期查訪）

I 警察爲維護社會治安，並防制下列治安顧慮人口再犯，得定期實施查訪：

一　曾犯殺人、強盜、搶奪、放火、妨害性自主、恐嚇取財、擄人勒贖、竊盜、詐欺、妨害自由、組織犯罪之罪，經執行完畢或假釋出獄者。

二　受毒品戒治人或曾犯製造、運輸、販賣、持有毒品或槍砲彈藥之罪，經執行完畢或假釋出獄者。

II前項查訪期間，以刑執行完畢或假釋出獄後三年內爲限。但假釋經撤銷者，其假釋期間不列入計算。

III治安顧慮人口查訪項目、方式及其他應遵行事項之辦法，由內政部定之。

❖ 問題釋疑

犯過罪，服過刑的民衆，警察能否到其家裡查訪？

對於曾犯殺人、強盜、毒品、槍砲等重大犯罪者，以及流氓，警察可以到其住所實施查訪，但以刑執行完畢、感訓處分執行完畢、流氓輔導期滿或假釋出獄後三年內爲限。

【《警察職權行使法逐條釋義》，內政部警政署印行，2003.08，第15條部分。】

❖ 問題釋疑

警察對治安顧慮人口定期實施查訪，是否有「標籤化」的疑慮及有違更生保護原則？

一、依據犯罪資料統計分析，目前社會上大部分之犯罪，係由少數職業慣犯所爲，尤其影響民心至深且鉅之竊盜、強盜、搶奪、性侵害及毒品等犯罪，絕大多數均爲累犯所爲，造成社會動盪不安，基於維護治安及使社會大眾有免於恐懼之自由，本法案於立法院審議時，委員主動連署提案，於本法明定警察對於社區危害較大之治安顧慮人口，得定期實施查訪，以防制其再犯。

二、本法對前述查訪期間，以刑執行完畢、感訓處分執行完畢、流氓輔導期滿或假釋出獄後三年內爲限（但假釋經撤銷者，其假釋期間不列入計算）。對查訪期間有明確之限制，以利更生輔導。況且內政部將依本法之授權另訂辦法，明確規範治安顧慮人口查訪項目、方式及其他應遵行事項，以資周延。

三、本法於立法之際，多數女性立委甚爲關切，認爲應明文規定「對婦女及善良百姓有侵犯顧慮治安人口的查訪工作」，以確保婦女及多數善良同胞生命、財產的安全。

【《警察職權行使法逐條釋義》，內政部警政署印行，2003.08，第15條部分。】

第16條（傳遞個人資料）

I警察於其行使職權之目的範圍內，必要時，得依其他機關之請求，傳遞與個人有關之資料。其他機關亦得依警察之請求，傳遞其保存與個人有關之資料。

II前項機關對其傳遞個人資料之正確性，應負責任。

❖ 問題釋疑

依通訊保障及監察法第18條規定「監察通訊所得資料，不得提供與其他機關（構）、團體或個人」，本條文是否會與上開法律規定發生牴觸？

本條係規範警察依本法規定所蒐集個人資料之傳遞對象，至警察以「監察通訊」方式所蒐集之資料，當依通訊保障及監察法規定辦理。此外，通訊保障及監察法第18條但書亦規定「符合第5條（犯罪監察）或第7條（國家安全情報監察）之監察目的或其他法律另有規定者，不在此限」，故兩者尚不致發生牴觸。

【《警察職權行使法逐條釋義》，內政部警政署印行，2003.08，第16條部分。】

❖ 問題釋疑

警察得將所蒐集之資料傳遞予其他機關的情形為何？

目前蒐集之各項資料傳遞可分警察機關與非警察機關兩部分：

一、各警察機關部分

每月、每半年、每年定期或不定期提供失竊車輛等各類統計分析及資料報表，作爲辦案參考。

二、非警察機關部分

配合其業務需求，提供國人入出境作業等資料：

㈠國人入出境作業資料：提供各戶政事務所、區公所、法院、地檢署、高檢署、法務部調查局、國稅局、中華電信及交通部觀光局等機關。

㈡外僑入出境作業資料：提供各戶政事務所、區公所、法院、地檢署、高檢署、法務部調查局、國稅局、中華電信及交通部觀光局等機關。

㈢居留外僑動態管理資料：提供勞委會。

㈣刑案資料：提供法務部資訊處。

㈤查捕逃犯資料：提供法務部資訊處。

㈥遺失身分證資料：提供戶役政資訊系統運用。

㈦查尋人口資料：提供戶役政資訊系統、老人資料管理中心及童少資料管理中心等機關。

㈧輟學學生查獲資料：提供教育部。

警察對依本法規定所蒐集資料之傳遞，應與蒐集之特定目的相符、爲避免重複蒐集與節省人力，始得傳遞運用，例如蒐集之資料因發現犯罪嫌疑，移送檢察機關偵辦等。另爲防止資料洩密，將參照機密檔案之管理，保管蒐集之資料。

【《警察職權行使法逐條釋義》，內政部警政署印行，2003.08，第16條部分。】

第17條（蒐集資料之利用）

警察對於依本法規定所蒐集資料之利用，應於法令職掌之必要範圍內爲之，並須與蒐集之特定目的相符。但法律有特別規定者，不在此限。

❖ **問題釋疑**

本條但書所指「法律有特別規定」為何？

原係指電腦處理個人資料保護法第8條但書規定（現爲個人資料保護法第16條），其條文如下：

公務機關對個人資料之利用，除第6條第1項所規定資料外，應於執行法定職務必要範圍內爲之，並與蒐集之特定目的相符。但有下列情形之一者，得爲特定目的外之利用：

一、法律明文規定。

二、爲維護國家安全或增進公共利益。

三、爲免除當事人之生命、身體、自由或財產上之危險。

四、爲防止他人權益之重大危害。

五、公務機關或學術研究機構基於公共利益爲統計或學術研究而有必要，且資料經過提供者處理後或蒐集者依其揭露方式無從識別特定之當事人。

六、有利於當事人權益。

七、經當事人書面同意。

【《警察職權行使法逐條釋義》，內政部警政署印行，2003.08，第17條部分。】

第18條（資料註銷或銷毀）

I 警察依法取得之資料對警察之完成任務不再有幫助者，應予以註銷或銷毀。但資料之註銷或銷毀將危及被蒐集對象值得保護之利益者，不在此限。

II 應註銷或銷毀之資料，不得傳遞，亦不得爲不利於被蒐集對象之利用。

III 除法律另有特別規定者外，所蒐集之資料，至遲應於資料製作完成時起五年內註銷或銷毀之。

❖ **問題釋疑**

資料之「註銷」與「銷毀」有何區別？

一、「註銷」一詞，就文義及現行立法例上的意義而言，係指有權機關對於以書面表示之資格、決議、權利及證照等，使之失其效力。本條所謂資料之「註銷」，係指將警察蒐集之個人資料，自登記（列管）簿冊或電腦檔案中註記移除；其意義如同少年事件處理法第83條之1規定，對於少年前科紀錄及有關資料之「塗銷」，而與上述情形有別。

二、「銷毀」一詞，係指將警察蒐集之個人資料，完全消除或毀滅而言。參照機關檔案保存年限及銷毀辦法第12條規定，檔案銷毀之方法如下：

㈠化爲碎紙或溶爲紙漿。

㈡焚化。

㈢擊碎至檔案內容無法辨識。

㈣化爲粉末。

㈤消磁。

㈥消除電子檔或重新格式化。

㈦其他足以完全消除或毀滅檔案內容之方法。

【《警察職權行使法逐條釋義》，內政部警政署印行，2003.08，第18條部分。】

❖ **問題釋疑**

本條第1項但書所稱「被蒐集對象值得保護之利益」究何所指？

所謂「被蒐集對象值得保護之利益」，係指資料之註銷或銷毀，將涉及被蒐集對象個人權利及法律上之利益主張等情形而言。

【《警察職權行使法逐條釋義》，內政部警政署印行，2003.08，第18條部分。】

第三章　即時強制

第19條（得爲管束之情形）

I 警察對於有下列情形之一者，得爲管束：

一　瘋狂或酒醉，非管束不能救護其生命、身體之危險，或預防他人生命、身體之危險。

二　意圖自殺，非管束不能救護其生命。

三　暴行或鬥毆，非管束不能預防其傷害。

四　其他認爲必須救護或有危害公共安全之虞，非管束不能救護或不能預防危害。

II 警察爲前項管束，應於危險或危害結束時終止管束，管束時間最長不得逾二十四小時；並應即時以適當方法通知或交由其家屬或其他關係人，或適當之機關（構）或人員保護。

III 警察依第一項規定爲管束時，得檢查受管束人之身體及所攜帶之物。

❖ **問題釋疑**

本法即時強制與行政執行法之適用關係為何？

一、行政執行法第1條：「行政執行，依本法之規定；本法未規定者，適用其他法律之規定。」係將該法定位爲基本法，於該法作一般性規定，若在該法中無規定者，才適用其他法律，故未來行政機關遇有行政強制執行事務時，如該法及其他法律均有規定，且其規定「不同」時，則應優先適用該法（行政執行法）之規定。如二者規定均相同時，則適用任何一種，其結果均無差異。

二、本法爲警察行使職權之基本規範，明定警察行使職權之一般性規定，警察行使職權應依本法之規定，本法中無規定而其他法律有特別規定者，則適用各該法律之規定。

三、本法第三章所規定即時強制部分，雖與行政執行法第四章即時強制有重複規定情形，惟因不論適用任何一種，其結果均無差異，尚不致發生適用問題，僅屬重複立法情形而已；至於行政執行法未規定而本法有特別規定部分，因行政執行法第1條後段已規定「……；本法未規定者，適用其他法律之規定。」，對於行政執行法未規定部分，並未排除適用其他法律之特別規定，則本章有關即時強制之不同規定部分，可以認係行政執行法之補充規定而加以適用，將不致發生法律適用問題。

【《警察職權行使法逐條釋義》，內政部警政署印行，2003.08，第19條部分。】

❖ 問題釋疑

本法「即時強制」部分條文，大都仿行政執行法規定，且內容幾近相同，何以重複規定？

本章部分條文係仿行政執行法即時強制章條文，於本法審議階段，曾有部分機關代表及學者質疑有無重複立法的必要。因行政機關一般具強制性之公權力措施，大多爲警察在執行，且先進民主國家亦不乏將「即時強制」規範於警察法之立法例（例如德國聯邦與各邦統一警察法標準草案、日本警察官職務執行法、韓國警察官職務執行法等），爲完備警察職權法制，爰將行政執行法有關「即時強制」部分，納入本法並針對警察特性予以補充增列部分相關條文。

【《警察職權行使法逐條釋義》，內政部警政署印行，2003.08，第19條部分。】

❖ 問題釋疑

本條第2項所稱「適當之機關（構）或人員」，究何所指？

例如警察執行勤務中，查獲中輟學生、逃學（家）或涉及性交易之兒童、青少年，則應通知社政、教育機關（構）或社工人員予以保護。

【《警察職權行使法逐條釋義》，內政部警政署印行，2003.08，第19條部分。】

第20條（使用警銬或戒具之情形）

I 警察依法留置、管束人民，有下列情形之一者，於必要時，得對其使用警銬或其他經核定之戒具：

一　抗拒留置、管束措施時。

二　攻擊警察或他人，毀損執行人員或他人物品，或有攻擊、毀損行爲之虞時。

三　自殺、自傷或有自殺、自傷之虞時。

II 警察對人民實施查證身分或其他詢問，不得依管束之規定，令其供述。

第21條（扣留危險物品）

警察對軍器、凶器或其他危險物品，爲預防危害之必要，得扣留之。

❖ 問題釋疑

軍器、凶器或其他危險物品之範圍？

軍器，係指軍方各種制式武器；凶器，泛指對人民生命、身體構成傷害，或對社會安全秩序造成危害之器械，例如槍砲彈藥及公告查禁之刀械；至於其他危險物品，則指軍器、凶器以外，對社會公共安全構成危害之物品，諸如社會秩序維護法規定之查禁物及其他法令所規定之違禁物品。

【《警察職權行使法逐條釋義》，內政部警政署印行，2003.08，第21條部分。】

第22條（扣留物清單）

I 警察對於依法扣留之物，應簽發扣留物清單，載明扣留之時間、處所、扣留物之名目及其他必要之事項，交付該物之所有人、持有人或保管人；依情況無法交付清單時，應製作紀錄，並敘明理由附卷。

II 依法扣留之物，應加封緘或其他標示妥善保管。因物之特性不適於由警察保管者，得委託其他機關或私人保管之，並通知所有人、持有人或保管人。必要時，得以處分之相對人爲保管人。

III 前項扣留之物，除依法應沒收、沒入、毀棄或應變價發還者外，期間不得逾三十日；扣留原因未消失時，得延長之，其延長期間不得逾二個月。

第23條（變賣扣留物之情形）

I 有下列情形之一者，扣留之物得予變賣：

一　有腐壞或價值重大減損之虞。

二　保管、照料或持有所費過鉅或有其困難。

三　扣留期間逾六個月，無法返還所有人、持有人或保管人，且不再合於扣留之要件。

四　經通知三個月內領取，且註明未於期限內領取，將予變賣，而所有人、持有人或保管人未於期限內領取。

II 前項之物變賣前，應將變賣之程序、時間及地點通知所有人、持有人或保管人。但情況急迫者，不在此限。

III 物之變賣，採公開方式行之。因物之性質認難以賣出，或估計變賣之費用超出變賣所得時，得不經公開方式逕行處置之。第一項第三款、第四款之物，於六個月內未賣出者，歸屬各該級政府所有，並得將該物提供公益目的使用；其屬第一項第四款之物者，應將處理情形通知所有人、持有人或保管人。

IV 扣留之物因腐壞、腐敗等理由而不能變賣者，得予銷毀之。
V第二項通知之規定，於前項情形準用之。

❖ 問題釋疑

本條所稱扣留之物有腐壞或價值重大減損之情形為何？

例如依法扣留之車輛，當事人逾期未領取而有銹蝕損壞之情形等。

【《警察職權行使法逐條釋義》，內政部警政署印行，2003.08，第23條部分。】

第24條（扣留物之返還）

I扣留之物無繼續扣留之必要者，應將該物返還所有人、持有人或保管人；所有人、持有人或保管人不明時，得返還其他能證明對該物有權利之人。

II扣留及保管費用，由物之所有人、持有人或保管人負擔。扣留之物返還時，得收取扣留及保管費用。

III物經變賣後，於扣除扣留費、保管費、變賣費及其他必要費用後，應返還其價金與第一項之人。第一項之人不明時，經公告一年期滿無人申請發還者，繳交各該級政府之公庫。

第25條（使用、處置人民之土地住宅或建築物等）

警察遇有天災、事變或交通上或公共安全上有危害情形，非使用或處置人民之土地、住宅、建築物、物品或限制其使用，不能達防護之目的時，得使用、處置或限制其使用。

第26條（進入住宅救護）

警察因人民之生命、身體、財產有迫切之危害，非進入不能救護時，得進入住宅、建築物或其他處所。

第27條（驅離或禁止進入）

警察行使職權時，為排除危害，得將妨礙之人、車暫時驅離或禁止進入。

第28條（行使職權或採取措施之限制）

I警察為制止或排除現行危害公共安全、公共秩序或個人生命、身體、自由、名譽或財產之行為或事實狀況，得行使本法規定之職權或採取其他必要之措施。

II警察依前項規定，行使職權或採取措施，以其他機關就該危害無法或不能即時制止或排除者為限。

第四章 救 濟

第29條（異議）

I義務人或利害關係人對警察依本法行使職權之方法、應遵守之程序或其他侵害利益之情事，得於警察行使職權時，當場陳述理由，表示異議。

II前項異議，警察認為有理由者，應立即停止或更正執行行為；認為無理由者，得繼續執行，經義務人或利害關係人請求時，應將異議之理由製作紀錄交付之。

III義務人或利害關係人因警察行使職權有違法或不當情事，致損害其權益者，得依法提起訴願及行政訴訟。

❖ 問題釋疑

本法有關「救濟」條文與其他法律之關係如何？

一、基於警察行使職權具有即時性，本法特別明定義務人或利害關係人得於警察行使職權時，當場陳述理由，表示異議，並明定警察對於該異議，認無理由時，得繼續行使職權；經義務人或利害關係人之請求，應將其異議之理由作成紀錄交付之。因當場表示異議，其目的在於保障義務人或利害關係人表示意見之權利，強化警察即時反省及反應能力，不影響其依法提起行政救濟之權利，故同時明定警察行使職權有違法或不當情事，致損害其權益者，得依法提起訴願及行政訴訟。

二、本法明定人民因警察依法行使職權（含即時強制），致其生命、身體或財產遭受特別損失或特別犧牲時，得請求公平合理之補償，並明定損失補償之方式、請求期間及不服損失補償決定之救濟方式，係仿照行政執行法第41條規定，依行政執行法第1條規定「行政執行，依本法之規定；本法未規定者，適用其他法律之規定。」，原本應優先適用行政執行法有關損失補償，惟因二者規定內容並無差異，不論適用任何一種，均不會影響當事人權益，僅涉及重複立法情事，其目的在使本法更為周延完整，並促使員警知所遵循，尚不致發生法律適用問題。

三、警察人員行使職權時，係以公務員身分行使國家公權力，如發生損害賠償情事時，受損害人自得依國家賠償法請求損害賠償，本法規定採取與國家賠償法現行規定內容並無差異，非屬特別規定，並未排除國家賠償法之適用，其目的在於促使警察人員注意並兼顧人民權益之維護。

【《警察職權行使法逐條釋義》，內政部警政署印行，2003.08，第29條部分。】

第30條（損害賠償）

警察違法行使職權，有國家賠償法所定國家負賠償責任之情事者，人民得依法請求損害賠償。

第 31 條（損失補償）

Ⅰ警察依法行使職權，因人民特別犧牲，致其生命、身體或財產遭受損失時，人民得請求補償。但人民有可歸責之事由時，法院得減免其金額。

Ⅱ前項損失補償，應以金錢爲之，並以補償實際所受之特別損失爲限。

Ⅲ對於警察機關所爲損失補償之決定不服者，得依法提起訴願及行政訴訟。

Ⅳ損失補償，應於知有損失後，二年內向警察機關請求之。但自損失發生後，經過五年者，不得爲之。

第五章　附則

第 32 條（施行日）

本法自中華民國九十二年十二月一日施行。

警察遴選第三人蒐集資料辦法

1.中華民國 92 年 11 月 17 日內政部令訂定發布全文 13 條；並自 92 年 12 月 1 日施行
2.中華民國 108 年 9 月 17 日內政部令修正發布第 11、13 條條文；並自發布日施行

第 1 條
本辦法依警察職權行使法（以下簡稱本法）第十二條第四項規定訂定之。

第 2 條
Ⅰ警察遴選第三人時，應以書面敘明下列事項，陳報該管警察局長或警察分局長核准後實施：
一　遴選第三人蒐集資料之原因事實。
二　蒐集對象之基本資料。
三　蒐集資料之項目。
四　第三人個人資料及適任理由。
五　指定專責聯繫運用之人員（以下簡稱專責人員）及其理由。
Ⅱ第三人之眞實姓名及身分應予保密，並以代號或化名爲之，警察製作文書時不得記載第三人之年齡、住居所、國民身分證統一編號或護照號碼及其他足資識別其身分之資料。第三人之簽名以捺指印代之。
Ⅲ專業警察遴選第三人及核准程序，準用前二項規定。

第 3 條
警察遴選第三人，應查核下列事項：
一　忠誠度及信賴度。
二　工作及生活背景。
三　合作意願及動機。

第 4 條
Ⅰ遴選第三人經核准後，除最近二年內曾任第三人者外，應實施下列訓練：
一　蒐集資料之方法及技巧。
二　保密作爲。
三　狀況之處置。
四　相關法律程序及法律責任。
五　本法規定及其他注意事項。
Ⅱ前項訓練由專責人個別指導。

第 5 條
第三人完成訓練後，應以口頭或其他適當方式交付任務，並告知下列事項：
一　簡要案情狀況。
二　蒐集對象資料及其可能從事之危害或犯罪行爲。
三　蒐集資料項目。
四　任務起迄時間。
五　聯繫方法。
六　其他應行注意之事項。

第 6 條
警察遴選第三人蒐集資料之期間不得逾一年。認有繼續蒐集必要時，得於期間屆滿前依第二條第一項程序報准延長之。但延長期間不得逾一年，以一次爲限。

第 7 條
警察遴選第三人蒐集資料，有下列情形之一者，應依第二條第一項程序，報請終止合作關係，並即告知第三人：
一　原因事實消失者。
二　蒐集目的達成者。
三　有事實足認不適任者。

第 8 條
Ⅰ警察與第三人聯繫，應注意保密，並主動探詢其蒐集資料情形。
Ⅱ第三人之陳述有保全之必要，得經其同意後，予以錄音留存；其交付之證據資料，應載明取得之過程與方法。
Ⅲ第二項之錄音紀錄或證據資料，應依第十一條規定管理。

第 9 條
Ⅰ警察應隨時考核第三人之忠誠度及信賴度，並適時檢討其工作成效。
Ⅱ前項工作成效未達預期者，得視案情狀況，加強其蒐集資料技巧及方法之訓練。
Ⅲ第三人之忠誠度、信賴度或工作成效經評估認爲已不適任者，應停止執行，並依第七條報請終止合作關係。

第 10 條
Ⅰ警察對第三人所蒐集之資料，應客觀判斷其取得過程及方法，參酌經驗及結果事實情況，評鑑其可信性。
Ⅱ前項資料經研判認爲可信，且具證據價值者，應依下列方式處理：
一　資料欠詳盡者，應告知繼續蒐集；必要時，應予適當之指導。
二　資料足資證明特定人有危害或犯罪行爲者，應依法處理。
Ⅲ第一項資料經研判認爲不可信者，依前條規定處理。

第 11 條
Ⅰ警察遴選第三人及第三人蒐集之資料，應注意保密，專案建檔，並指定專人依機密檔案管理辦法

管理之。
II 前項檔案文件，除法律另有規定者外，不得供閱覽或提供偵查、審判機關以外之其他機關、團體或個人。
III 第一項文件供閱覽時，應由啓封者及傳閱者在卷面騎縫處簽章，載明啓封及傳閱日期，並由啓封者併前手封存卷面，重新製作卷面封存之。

第 12 條

I 依本法第十二條第三項規定支給第三人實際工作需要費用時，應以專責人員名義具領後，親自交付第三人。
II 前項經費由各警察機關自行編列預算支應。

第 13 條

I 本辦法自中華民國九十二年十二月一日施行。
II 本辦法修正條文自發布日施行。

治安顧慮人口查訪辦法

1.中華民國 92 年 11 月 27 日內政部令訂定發布全文 10 條；並自 92 年 12 月 1 日施行
2.中華民國 101 年 1 月 4 日內政部令修正發布第 2、4、10 條條文；並自發布日施行

第 1 條
本辦法依警察職權行使法（以下簡稱本法）第十五條第三項規定訂定之。

第 2 條
I 依本法第十五條第一項規定得定期實施查訪對象如下：
一　曾犯刑法第二百七十一條或第二百七十二條之殺人罪者。
二　曾犯刑法第三百二十八條至第三百三十二條之強盜罪者。
三　曾犯刑法第三百二十五條至第三百二十七條之搶奪罪者。
四　曾犯刑法第一百七十三條第一項、第一百七十四條第一項、第一百七十五條第一項或第二項之放火罪者。
五　曾犯刑法第二百二十一條、第二百二十二條、第二百二十四條至第二百二十七條、第二百二十八條或第二百二十九條之妨害性自主罪者。
六　曾犯刑法第三百四十六條之恐嚇取財罪者。
七　曾犯刑法第三百四十七條或第三百四十八條之擄人勒贖罪者。
八　曾犯刑法第三百二十條或第三百二十一條之竊盜罪者。
九　曾犯刑法第三百三十九條、第三百三十九條之一、第三百三十九條之二、第三百三十九條之三或第三百四十一條之詐欺罪者。
十　曾犯刑法第二百九十六條、第二百九十六條之一、第三百零二條、第三百零四條或第三百零五條之妨害自由罪者。
十一　曾犯組織犯罪防制條例之罪者。
十二　毒品危害防制條例第二十五條第二項所定之受毒品戒治人。
十三　曾犯毒品危害防制條例所定製造、運輸、販賣、持有毒品之罪者。
十四　曾犯槍砲彈藥刀械管制條例所定製造、運輸、販賣、持有槍砲彈藥之罪者。

II 前項查訪期間，以刑執行完畢或假釋出獄後三年內爲限。

第 3 條
警察實施查訪項目如下：
一　查訪對象之工作、交往及生活情形。
二　其他有助於維護社會治安及防制查訪對象再犯之必要資料。

第 4 條
I 治安顧慮人口由戶籍地警察機關每個月實施查訪一次。必要時，得增加查訪次數。
II 戶籍地警察機關發現查訪對象不在戶籍地時，應查明及通知所在處所之警察機關協助查訪；其爲行方不明者，應通報直轄市、縣（市）政府警察局協尋。

第 5 條
警察實施查訪，應選擇適當之時間、地點，以家戶訪問或其他適當方式爲之，並應注意避免影響查訪對象之工作及名譽。

第 6 條
警察實施查訪，應於日間爲之。但與查訪對象約定者，不在此限。

第 7 條
警察實施查訪時，應著制服或出示證件表明身分，並應告知事由。

第 8 條
警察發現查訪對象有違法之虞時，應以勸告或其他適當方法，促其不再犯。

第 9 條
警察依本法第六條至第十條規定實施身分查證及資料蒐集，發現行方不明治安顧慮人口之第三條所定資料時，應通報其戶籍地警察機關。

第 10 條
I 本辦法自中華民國九十二年十二月一日施行。
II 本辦法修正條文自發布日施行。

治安顧慮人口查訪作業規定

中華民國 107 年 12 月 6 日內政部警政署公告

一、內政部警政署（以下簡稱本署）為嚴密治安顧慮人口之列管、查訪及防制再犯作為，落實治安顧慮人口查訪工作，特訂定本規定。

二、本規定用詞，定義如下：

㈠刑事責任區(以下簡稱刑責區)：為執行犯罪偵防之基本單位，得配合警察勤務區（以下簡稱警勤區）劃分其責任區。

㈡高再犯之虞治安顧慮人口：指行方不明、同時具治安顧慮人口查訪辦法第二條第一項所定二款情形以上或經分析有再犯之虞者。

三、治安顧慮人口查訪作業，由戶籍地警察局負責核定、督導及考核；警察分局（以下簡稱分局）辦理規劃、審核、列管及建檔；刑責區及警勤區員警執行查訪、登錄及核對。

四、治安顧慮人口查訪辦法（以下簡稱本辦法）第二條所定查訪期間之計算，依行政程序法第四十八條規定辦理，治安顧慮人口查訪對象（以下簡稱查訪對象）以刑之執行完畢或假釋出獄後三年內為限。但假釋經撤銷者，其假釋期間不列入計算。

五、查訪對象之個案資料，應確實保密，不得發布新聞或公開；其對治安維護不再有幫助者，至遲應於資料製作完成後五年內，由本署資訊室將治安顧慮人口資訊系統（以下簡稱本系統）相關電磁紀錄刪除之。

六、戶籍地分局接獲本系統與勤區查察處理系統（以下簡稱勤查系統）新增查訪對象，及各監獄、戒治所及輔育院出監所（釋放）通報名單時，應依下列規定辦理：

㈠審核查訪對象身分及出監所狀況。

㈡前款資料核對清查無誤者，應於五日內完成分派及初審；警察局應接續於五日內完成核定等列管作業。

㈢每月五日前，應將前月查訪對象列冊陳報警察局核定並列管。

七、刑責區與警勤區員警於本系統及勤查系統接獲分派之查訪對象時，應核對其基本資料，並將查訪資料分別詳實註記於本系統及勤查系統，以利掌握查訪對象最新動態。

八、查訪對象未居住本轄時，應依下列規定辦理:

㈠戶籍地分局有具體情資，研判查訪對象活動於他轄分局時，應填具治安顧慮人口動態通報單（以下簡稱動態通報單），通報他轄分局查訪確認。

㈡他轄分局接獲通報後，應先由警勤區員警五日內實施現地查訪二次；無法確認行蹤時，再由刑責區員警五日內查訪二次，以確認查訪對象動態。接獲通報十日內，應填具協查治安顧慮人口動態通報（回復）單（以下簡稱協查動態通報單）回復原通報分局註記查考。

㈢警勤區及刑責區員警執勤時，發現他轄分局查訪對象居住本轄超過一個月或有其他活動事實，應即時以動態通報單通報戶籍地分局確認處理。

㈣查訪對象經以動態通報單或協查動態通報單確認動態後，列管查訪資料應由戶籍地分局刑責區與警勤區員警，分別註記本系統及勤查系統。

㈤前四款之各類通報及回復表單，均應副知警察局備查。

㈥戶籍地分局每月五日前應填具治安顧慮人口異動管制表，列冊陳報警察局。警察局及分局應加強控管所屬查訪他轄列管查訪對象流程，避免發生脫管情事。

九、查訪對象有下列情形之一者，刑責區及警勤區員警應填具動態通報單，通報分局列為行方不明人口：

㈠入監後戶籍逕遷監獄所在地戶政事務所，且出監後未遷出，致無法查明其行蹤。

㈡刑責區及警勤區員警實施查訪，未遇查訪對象，且於一個月內連續查訪二次，仍無法得知去向，於本系統有查訪資料可稽。分局就前項行方不明人口，應於本系統查訪欄註記審核意見，經審核通過後，勾選行方不明欄位，於每月五日前將名冊陳報警察局。

分局應指派刑責區員警專責查訪第一項行方不明人口，並就其交往、生活情形瞭解其可能去向，定期於本系統更新追查動態資料。

十、員警接獲他轄分局通報行方不明查訪對象行蹤時，依下列規定辦理：

㈠刑責區員警應立即查訪；以其他必要之偵查方法，確定其所在地時，應通報其所在地分局加強協查。

㈡所在地分局於接獲協查通報後，應指派刑責區員警立即查訪，並於十日內回復查訪情形；經尋獲確認於所在地者，應依規定列管協助查訪。

㈢刑責區或警勤區員警於轄內查訪，發現通報行方不明查訪對象行蹤時，應蒐集其現況動態資料，詳填治安顧慮人口動態資料紀錄表（以下簡稱動態資料紀錄表），於三日內報請所屬分局通報戶籍地分局撤銷。

㈣戶籍地分局接獲通報資料後，應將資料登錄於本系統動態欄位，並依第八點規定協助查訪及回復；結果屬實且能掌握行蹤動態，應塡具動態通報單回復尋獲通報單位，並陳報警察局備查。

㈤查訪後，仍無法掌握行蹤動態，不得撤銷協尋。

㈥警察局應落實列管轄內行方不明治安顧慮人口，規劃具體策進作爲積極協尋，並配合聯合查察或其他專案勤務加強清查。

十一、查訪對象戶籍遷出時，遷出地分局應於本系統轉派及通報遷入地分局。查訪對象因行方不明致戶籍逕遷入戶政事務所時，該戶政事務所轄區分局應持續查訪其行蹤。

十二、戶籍地分局列管查訪對象有入伍、在押、服刑、技能訓練、接受感化教育或出境逾三個月等動態，於查明日期、地點及起迄時間後，得暫停定期查訪，改爲定期聯繫；聯繫情形應註記於本系統及勤查系統，俟事由消失後，恢復定期查訪。

十三、查訪對象死亡時，戶籍地分局應於本系統及勤查系統註記，並檢附相關文件傳送警察局辦理註銷列管。

十四、戶籍地分局應於每月五日前製作治安顧慮人口統計表，陳報警察局彙整後，由警察局於每月十日前送本署刑事警察局備查。

十五、刑責區員警查訪工作應著重於查訪對象之犯罪習慣、交友狀況、經常活動處所、轄內幫派組合交往情況等資料之調查，避免列管對象有再犯情事。刑責區員警針對高再犯之虞治安顧慮人口，每月實施查訪一次。但得依據情節輕重報經分局核定增加查訪次數，並以每三個月爲一期實施評估。經評估仍爲高再犯之虞者，得繼續實施查訪；無再犯之虞者，得免予查訪，核定查訪名冊由分局彙整後，陳報警察局備查。

十六、警勤區員警應落實查訪對象之身分、住址、特徵、聯絡方式、經濟來源及交通工具等基本資料維護，並確實更新。警勤區員警針對查訪對象每月實施查訪一次。但有下列情形之一者，得報經分局核定增加查訪次數爲每月二次以上：

㈠轄區發生特殊或重大刑案或犯罪率增加。

㈡其他機關請求協助查訪。

㈢臨時性專案另有規定。

㈣其他有防制再犯必要。

前項查訪以每三個月爲一期實施評估，經評估仍爲高再犯之虞者，得繼續增加查訪次數，無再犯之虞者，回歸爲每月查訪一次；增加查訪次數名冊應由分局彙整後陳報警察局備查。

十七、戶籍地分局偵查隊及分駐所或派出所應編排查訪勤務，陳報分局核定後，交由刑責區及警勤區員警實施查訪；無法實施時，應以其他適當方式爲之。

十八、刑責區及警勤區員警實施查訪時，應著制服或出示證件表明身分，並注意避免影響查訪對象之工作及名譽；查訪對象有法令查詢、違失舉發或權益維護之陳情案件時，應迅速確實依職權爲輔導、協助及處理。

十九、執勤員警實施身分查證及資料蒐集，發現列管查訪對象或他轄治安顧慮人口有犯罪之虞時，應將蒐集之資料塡載於動態資料紀錄表，通報戶籍地分局登錄於本系統動態欄位。

二十、戶籍地分局應主動與觀護單位聯繫，瞭解假釋之查訪對象報到及其紀錄情形，並於刑責區手冊電子化平臺建立保護管束（假釋）人名冊。發現查訪對象違反假釋應遵守規定事項時，應主動通報檢察官聲請撤銷假釋或爲適當之處理。

二一、刑責區員警應就列管查訪對象，每三個月主動與警勤區員警交換動態情資一次以上，內容應詳塡於治安顧慮人口資料核對會簽表及治安顧慮人口分析研判報告表並簽章，由分局彙整後陳報警察局備查。

二二、警勤區員警發現查訪對象有再犯或違法之虞時，除適時關懷、勸告或以其他適當方法促其不再犯外，應陳報分局責由刑責區員警進行複查；發現確有再犯或違法行爲者，應依法偵辦。

二三、各級督導人員應將治安顧慮人口查訪工作列爲督導重點，督導方式以實地督帶勤執行現地查訪爲主，登錄本系統與勤查系統線上查核及核對其他相關資料爲輔，並以行方不明及異動人口查訪工作爲督導重點。

二四、本署每月對直轄市、縣（市）政府警察局列管治安顧慮人口查訪情形實施稽核一次，經稽核連續三次未查訪率皆爲前三名者，業務承辦人申誡二次，業務主管、副主管及業務組長各申誡一次。但未查訪率爲百分之一以下者，得免予處分。

二五、直轄市、縣（市）政府警察局應擬訂工作績效評核計畫，陳報本署核定後，每年據以對所屬分局辦理工作績效評核一次。

二六、評核項目分爲基本作業與動態通報、資料註記彙報、防制再犯方法及業務督考等四項，評核要求標準及考核內容由直轄市、縣（市）政府警察局依轄區狀況自行訂定。評核時不得列同分，成績等次區分如下：

㈠優等：九十分以上者。

㈡甲等：八十分以上未達九十分者。

㈢乙等：七十分以上未達八十分者。

㈣丙等：六十分以上未達七十分者。

㈤丁等：未達六十分者。

二七、直轄市、縣（市）政府警察局辦理分局年度評核獎懲，獎懲對象及額度如下：

㈠第一名：業務主管嘉獎二次，承辦人記功一次。

㈡列名前三分之一且第二名：業務主管嘉獎一次，承辦人嘉獎二次。

㈢其他列名前三分之一分局：承辦人嘉獎一次。

㈣丙等：承辦人申誡一次。

㈤丁等：業務主管申誡一次，承辦人申誡二次。

二八、執行治安顧慮人口查訪工作，依下列規定辦理獎懲，其以半年累計獎勵者，上半年成績未達獎勵標準，得併下半年成績辦理。

㈠迅速確實依職權爲輔導、協助及處理查訪對象違失舉發或權益維護，經核有資料可稽者，警勤區員警每六件、刑責區員警每十三件，各予嘉獎一次。但每半年累計，最高以嘉獎二次爲限。

㈡主動通報他轄之協查查訪對象者，警勤區員警每十三名、刑責區員警每二十六名，各予嘉獎一次。但每半年累計，最高以嘉獎二次爲限。

㈢主動蒐集或提供列管查訪對象脫查或漏查資料，內容完整，並於本系統完成登錄者，警勤區員警每十三名、刑責區員警每二十六名、分局承辦人每一百三十名，各予嘉獎一次。但每半年累計，最高以嘉獎二次爲限。

㈣尋獲行方不明查訪對象，依下列規定辦理獎勵：

1. 通報資料完整，且接獲原通報單位之查證屬實協查動態通報單或通報撤銷協尋函，每二名各予嘉獎一次；另所犯案類爲最輕本刑五年以上有期徒刑之罪或列管時間達半年以上之行方不明人口，每名各予嘉獎一次。但每季累計，最高以嘉獎二次爲限。
2. 通報資料完整，惟經原通報單位查證仍無法掌握行蹤動態，致無法撤銷協尋者，每二名各予嘉獎一次。但每半年累計，最高以嘉獎二次爲限。

㈤發現具假釋身分之查訪對象，違反保護管束期間應遵守事項或有再犯傾向，主動聯繫觀護人或通報該管檢察官，因而撤銷假釋者，警勤區員警每三名、刑責區員警每五名，各予嘉獎一次。但每半年累計，最高以嘉獎二次爲限。

㈥分局警勤區員警列管查訪總人數占分駐所、派出所列管數二分之一以上，或單一警勤區列管人數超過三名；刑責區員警列管總人數占分局列管數二分之一以上，或單一刑責區列管人數超過三名，且列管查訪工作無缺失者，每半年各予嘉獎二次。

㈦本署、直轄市、縣（市）政府警察局及分局辦理本項業務承辦人、業務單位主管、副主管、業務組長各一人及治安顧慮人口資訊作業建檔電腦操作人員，每半年得於嘉獎範圍內核實敘獎。

㈧警勤區及刑責區員警未依規定查訪者，每件申誡一次；查訪後未依規定註記者，每半年漏記六名，各申誡一次。但每半年累計，以申誡六次爲限。

㈨未依規定辦理治安顧慮人口異動通報者，警勤區及刑責區員警每半年未通報人數達六名，各申誡一次。對於列管人戶籍遷出，警勤區及刑責區員警未依規定將資料於查訪後七日內自本系統轉派遷入地警察機關接管者，每名申誡一次，每半年以申誡二次爲限。

㈩警勤區及刑責區員警查獲他轄治安顧慮人口犯罪者，應通報戶籍地分局註記，每通報六名，嘉獎一次，每半年以嘉獎二次爲限。

(十一)警勤區及刑責區員警註記本系統列管治安顧慮人口動態欄位，應包含聯絡方式、使用交通工具、交友狀況、經濟來源、經常活動處所、與轄內幫派組合交往情況等資料，每缺少六筆申誡一次，每人每半年以申誡二次爲限。但行方不明人口不在此限。

前項有關員警之獎懲，另訂有獎懲規定者，僅得擇優擇輕適用。

二九、各類紙本查訪資料應於查訪對象之查訪年限結束後立即銷毀。

三十、直轄市、縣（市）政府警察局應依據本規定及轄區治安特性，策訂治安顧慮人口查訪工作計畫報署核備；其獎懲基準依本規定辦理之。

警械使用條例

1.中華民國22年9月25日國民政府制定公布全文11條
2.中華民國57年11月22日總統令修正公布全文14條
3.中華民國74年1月18日總統令修正公布第3～5、12條條文
4.中華民國91年5月15日總統令修正公布第10條條文
5.中華民國91年5月29日總統令修正公布第13條條文
6.中華民國91年6月26日總統令修正公布全文15條；並自公布日施行

第1條（執行職務之警械、器械、制服及證件）

Ⅰ警察人員執行職務時，所用警械為棍、刀、槍及其他經核定之器械。

Ⅱ警察人員依本條例使用警械時，須依規定穿著制服，或出示足資識別之警徽或身分證件。但情況急迫時，不在此限。

Ⅲ第一項警械之種類及規格，由行政院定之。

第2條（使用警棍指揮之情形）

警察人員執行職務時，遇有下列各款情形之一者，得使用警棍指揮：

一　指揮交通。
二　疏導群眾。
三　戒備意外。

第3條（使用警棍制止之情形）

警察人員執行職務時，遇有下列各款情形之一者，得使用警棍制止：

一　協助偵查犯罪，或搜索、扣押、拘提、羈押及逮捕等須以強制力執行時。
二　依法令執行職務，遭受脅迫時。
三　發生第四條第一項各款情形之一，認為以使用警棍制止為適當時。

第4條（使用警刀或槍械之情形）

Ⅰ警察人員執行職務時，遇有下列各款情形之一者，得使用警刀或槍械：

一　為避免非常變故，維持社會治安時。
二　騷動行為足以擾亂社會治安時。
三　依法應逮捕、拘禁之人拒捕、脫逃，或他人助其拒捕、脫逃時。
四　警察人員所防衛之土地、建築物、工作物、車、船、航空器或他人之生命、身體、自由、財產遭受危害或脅迫時。
五　警察人員之生命、身體、自由、裝備遭受強暴或脅迫，或有事實足認為有受危害之虞時。
六　持有兇器有滋事之虞者，已受警察人員告誡拋棄，仍不聽從時。
七　有前條第一款、第二款之情形，非使用警刀、槍械不足以制止時。

Ⅱ前項情形於必要時，得併使用其他經核定之器械。

第5條（執行取締盤查勤務時採之措施）

警察人員依法令執行取締、盤查等勤務時，如有必要得命其停止舉動或高舉雙手，並檢查是否持有兇器。如遭抗拒，而有受到突擊之虞時，得依本條例規定使用警械。

第6條（合理使用警械）

警察人員應基於急迫需要，合理使用槍械，不得逾越必要程度。

❖ 法學概念

警械使用之比例原則

警械使用之應遵守之原則，最重要的就是典型警察法之比例原則，亦即警械使用應合乎目的性、妥適性以及狹義之比例性原則。在我國《警械使用條例》第6條至第9條所規定的就是警械使用制約原則。該法第6條針對使用警械之必要性予以規定，第7條規定，警察人員使用警械之原因已消滅者，應立即停止使用，第8條規定，警察人員使用警械時應注意勿傷及其他之人，第9條規定，警察人員使用警械時，如非情況急迫，應注意勿傷及其人致命之部位，上述這些規定均在廣義比例原則上原理範圍內。警械使用之行政性質應是屬於物理上之動作，尤其射擊行為，是一種即時性行為，且在短時間完成行為，因為只要扣下板機成功將子彈射出，此射擊行為即告完成。針對警械使用而言，在德國依其性質視為直接強制，一般討論重點在於射擊武器之使用，其被視為在直接強制中最為強烈之形式。

另在警察射擊行為中，有一種特殊型態，即為針對死亡目的之射擊，被稱為警察致命射擊，因關係人民之生命權，在程序要件上應極為嚴格。我國警察射擊行為之法律依據焦警械使用條例，因此論及警察致命射擊之法律要件亦應從該條例探討，然而依據該條例各條規定，從用槍時機與法律要件及原則等觀察下，並無明確警察致命射擊之基本概念，僅僅相關者為該條例第9條規定，警察人員使用警械時，如非情況急迫，應注意勿傷及其人致命之部位。因此僅能從該條反面推論，若是在情況急迫時似乎可以針對人的致命部位射擊。另除了第9條規定外，可以推論倘若警察實施致命射擊應先符合警察射擊之要件，所以在我國另一法律要件應為該條例第4條第5項：「警察人員之生命、身體、自由、裝備遭

受強暴或脅迫，或有事實足認爲有受危害之虞時」。在此情況下又有第9條規定之配套，可以視爲現行我國警察致命射擊之法律要件。參考德國警察法標準草案（這裡的草案是示範條款的意思）第41條第2項第2款之規定，各邦也完全依據該規定或者只是稍微改變去參照引用：「在安全上極有可能致命之射擊，僅於無他法防止目前生命危害或身體之重傷害時，方得行使之。」值得探討的是「立即生命危害」，可以解釋爲在緊急狀態下，因物之狀況或人的行爲，極有可能對於生命造成損害之一種情況。此一不確定法律概念之判斷須借助參考實務案例，例如一個殺人狂在街上亂開槍或用刀亂砍、劫持飛機之歹徒揚言殺害人質或炸毀飛機等等。

【陳正根，〈從基本人權之保障探討警械之使用〉，收錄於氏著《警察與秩序法研究(二)：干預行政與基本人權之保障》，五南，初版，2013.08，266頁以下。】

第7條（警械使用之停止）

警察人員使用警械之原因已消滅者，應立即停止使用。

第8條（使用警械注意事項）

警察人員使用警械時，應注意勿傷及其他之人。

第9條（使用警械勿傷及致命部位）

警察人員使用警械時，如非情況急迫，應注意勿傷及其人致命之部位。

❖ 法學概念

致命部位

警械使用之應遵守之原則，最重要的就是典型警察法之比例原則，亦即警械使用應合乎目的性、妥適性警察人員使用警械時，如非情況急迫，應注意勿傷及其人致命之部位。使用警械時，除遇有當時情況急迫之外，則仍以勿傷及其致命部位（例如頭部、胸部及腹部等），始爲適當。因此，人之四肢是使用警械之適宜部位。

【羅傳賢，《警察法規概論》，五南，初版，2018.01，395頁。】

第10條（使用警械之經過報告及例外）

警察人員使用警械後，應將經過情形，即時報告該管長官。但使用警棍指揮者，不在此限。

第11條（依法使用警械致人傷亡之醫療費、喪葬費、慰撫金、補償金之規定）

Ⅰ警察人員依本條例規定使用警械，因而致第三人受傷、死亡或財產損失者，應由各該級政府支付醫療費、慰撫金、補償金或喪葬費。

Ⅱ警察人員執行職務違反本條例使用警械規定，因而致人受傷、死亡或財產損失者，由各該級政府支付醫療費、慰撫金、補償金或喪葬費；其出於故意之行爲，各該級政府得向其求償。

Ⅲ前二項醫療費、慰撫金、補償金或喪葬費之標準，由內政部定之。

❖ 法學概念

第三人

依內政部解釋函令，警械使用條例第11條第1項規定中所稱之「第三人」須爲警察人員合法使用警械對象以外之人，亦即無辜之善意第三人。例如：（1）路過之民眾；⑵遭歹徒挾持之人；（3）同車之人，單純之駕駛與乘客關係。反之，駕駛人與乘客若爲共犯關係，具有拒捕、脫逃等之犯意聯絡，甚至乘客教唆駕駛人衝撞員警等情事，則難謂該乘客爲本條所稱之「第三人」。

【羅傳賢，《警察法規概論》，五南，初版，2018.01，396頁。】

第12條（使用警械之合法性）

警察人員依本條例使用警械之行爲，爲依法令之行爲。

第13條（司法警察、軍法警察、駐衛警察之準用）

Ⅰ本條例於其他司法警察人員及憲兵執行司法警察、軍法警察職務或經內政部核准設置之駐衛警察執行職務時，準用之。

Ⅱ駐衛警察使用警械管理辦法，由內政部定之。

第14條（警械定製、售賣持有之規定）

Ⅰ警械非經內政部或其授權之警察機關許可，不得定製、售賣或持有，違者由警察機關沒入。但法律另有規定者，從其規定。

Ⅱ前項許可定製、售賣或持有之警械種類規格、許可條件、許可之申請、審查、註銷、撤銷或廢止及其他應遵行事項之辦法，由內政部定之。

第15條（施行日）

本條例自公布日施行。

警察人員使用槍械規範

中華民國105年8月8日內政部警政署公告

一、內政部警政署（以下簡稱本署）為迅速排除對社會治安及人民之急迫危害，並保障警察人員執勤安全，使警察人員合理、合法使用槍械，特訂定本規範。

二、各機關對於警察人員使用槍械適法性之判斷基準，應以用槍當時警察人員之合理認知為主，事後調查或用槍結果為輔。

三、警察人員執行職務使用槍械，應就現場所認知之全般情況，審酌下列綜合判斷：

㈠使用對象：

1. 暴力行為或犯罪危害程度。
2. 持有武器或危險物品種類。
3. 有無使用酒類或毒品。
4. 當時心理及精神狀態。

㈡現場參與人數多寡。

㈢現場人、車及建築物等密集程度。

㈣使用其他非致命性武器或攔截圍捕等替代方式之可行性。

四、警察人員執行各項職務時，研判自身或他人可能遭受襲擊時，得持槍警戒。

五、警察人員執行職務時，遇有下列各款情形之一者，得鳴槍制止：

㈠發生暴力犯罪且持續進行時。

㈡群眾聚集挑釁、叫囂、互毆或意圖包圍警察人員，情勢混亂時。

㈢犯罪嫌疑人意圖逼近、挾持、攻擊警察人員或他人，或有其他不當舉動時。

㈣犯罪嫌疑人意圖駕駛交通工具攻擊警察人員或他人，或駕駛行為將危及其他人、車時。

㈤犯罪嫌疑人持有兇器或其他危險物品，受警察人員告誡拋棄，仍不遵從時。

㈥警察人員防衛之重要設施有遭受危害之虞時。

㈦其他治安事件於警察人員或他人有遭受危害之虞時。

六、警察人員執行職務時，遇有下列各款情形之一者，得逕行射擊：

㈠持有致命性武器或危險物品或以暴力、交通工具等攻擊、傷害、挾持、脅迫警察人員或他人時。

㈡有理由認為犯罪嫌疑人持有致命性武器或危險物品或以暴力、交通工具等意圖攻擊警察人員或他人，不及時制止將危及警察人員或他人生命或身體安全時。

㈢持有致命性武器或危險物品之犯罪嫌疑人拒捕脫逃，將危及警察人員或他人生命或身體安全時。

㈣意圖奪取警察人員配槍或其他可能致人傷亡之裝備時。

㈤其他危害警察人員或他人生命或身體安全，情況急迫時。

七、警察人員使用槍械後，應於用槍現場為下列之即時處置：

㈠現場有人員傷亡時，應迅速通報救護或送醫，並作必要之保護或戒護。

㈡通報並協助保全現場及蒐集證據。

㈢將經過情形報告該管長官。

八、警察人員用槍致人傷亡時，所屬警察機關應立即辦理下列事項：

㈠通知受傷或死亡者之家屬或指定之親友。

㈡成立處理小組進行事實調查及用槍適法性之審查。

㈢指派專人協助警察人員涉訟法律輔助，並提供心理諮商輔導。

㈣依法進行賠償或補償等相關事宜。

九、各警察機關辦理用槍教育訓練，應結合警械使用條例及本規範之規定。遇有使用槍械造成重大或敏感之案件，應主動撰寫案例，報由本署彙編訓練教材，以辦理射擊教官講習及提供各警察機關實施訓練，增進警察人員正當、合理用槍之正確觀念，及加強現場執勤時之快速反應能力。

警察人員使用警械致人傷亡財產損失醫療費慰撫金補償金喪葬費支給標準

中華民國 91 年 12 月 25 日內政部令訂定發布全文 8 條；並自發布日施行

第 1 條

本標準依警械使用條例（以下簡稱本條例）第十一條第三項規定訂定之。

第 2 條

Ⅰ警察人員執行職務依本條例規定使用警械致第三人受傷或死亡者，其醫療費、慰撫金及喪葬費依下列規定辦理：

一　受傷者：除支付醫療費外，並給與慰撫金，最高以新臺幣五十萬元為限。

二　身心障礙者：除支付醫療費外，並依下列規定給與一次慰撫金：

㈠極重度障礙者：新臺幣二百五十萬元。

㈡重度障礙者：新臺幣一百五十萬元。

㈢中度障礙者：新臺幣一百萬元。

㈣輕度障礙者：新臺幣七十萬元。

三　死亡者：除給與一次慰撫金新臺幣二百五十萬元外，並核實支付喪葬費，最高以新臺幣三十萬元為限。

四　因受傷或身心障礙死亡者，依前款規定補足一次慰撫金差額，並支付喪葬費。

Ⅱ前項第一款、第二款醫療費，除病房費以保險病房為準外，核實支付。

Ⅲ第一項第二款所稱障礙等級之鑑定，依身心障礙者保護法及相關規定辦理。

第 3 條

警察人員執行職務依本條例規定使用警械致第三人之財產損失者，應以金錢補償其實際所受之財產損失。

第 4 條

警察人員執行職務違反本條例規定使用警械致人受傷、死亡或財產損失者，其醫療費、慰撫金、補償金及喪葬費支付標準，依前二條規定辦理。

第 5 條

Ⅰ第二條醫療費之支付，以就醫於公立醫療院所或全民健康保險特約醫院者為限。但傷勢嚴重必須急救者，得就近於私立醫療院所急救治療。

Ⅱ急救五日內之醫療費核實支付，超過五日者，由該管警察單位專案報請所屬警察機關核定。

第 6 條

死亡者之慰撫金，由其繼承人具領，其具領順序依民法繼承編之規定，喪葬費由實際支出者具領。

第 7 條

本標準所定醫療費、慰撫金、補償金及喪葬費，由各該級政府編列預算支應。

第 8 條

本標準自發布日施行。

警察機關配備警械種類及規格表

1.中華民國75年6月27日行政院函
2.中華民國95年5月30日行政院函

警察機關配備警械種類及規格表

種類		規格	備考
棍	警棍	木質警棍	
		膠質警棍	
		鋼（鐵）質伸縮警棍	
刀	警刀	各式警刀	
槍	手槍	各式手槍	
	衝鋒槍	各式衝鋒槍	
	步槍	半自動步槍	
		自動步槍	
	霰彈槍	各式霰彈槍	
	機槍	輕機槍	
		重機槍	
	火砲	迫擊砲	
		無後座力砲	
		戰防砲	
其他器械	瓦斯器械	瓦斯噴霧器（罐）	
		瓦斯槍	
		瓦斯警棍（棒）	
		瓦斯電氣警棍（棒）	
		瓦斯噴射筒	
		瓦斯手榴彈	
		煙幕彈（罐）	
		鎮撼（閃光）彈	
	電氣器械	電氣警棍（棒）（電擊器）	
		擊昏槍	
		擊昏彈包	

	噴射器械	瓦斯粉沫噴射車	
		高壓噴水噴瓦斯車	
		噴射裝甲車	
	應勤器械	警銬	
		警繩	
		防暴網	

駐衛警察使用警械管理辦法

1.中華民國 75 年 7 月 14 日內政部令訂定發布全文 11 條
2.中華民國 89 年 1 月 7 日內政部令修正發布第 4 條條文
3.中華民國 91 年 11 月 13 日內政部令修正發布第 1、10 條條文

第 1 條
本辦法依警械使用條例（以下簡稱本條例）第十三條第二項規定訂定之。
第 2 條
本辦法所稱駐衛警察，係指各機關學校團體駐衛警察設置管理辦法核准設置者為限。
第 3 條
駐衛警察執行職務，遇有本條例第二條至第四條所列情形時，得使用警械。其使用警械之種類、時機與程序及應注意事項等，悉依本條例之規定。
第 4 條
I 駐衛警察執行職務時，以使用警棍為原則；其需用其他警械者，應由設置單位向直轄市、縣（市）警政機關申請配發。
II 當地警察局（分局）於治安狀況特殊或情況急迫時，得對駐衛警察逕行配發警械。
第 5 條
駐衛警察配用警棍，得自行購置，並列冊報當地警察局（分局）備查。
第 6 條
駐衛警察對配發之警械，應分類造冊登記，按季報當地警察局（分局）備查。
第 7 條
駐衛警察保管警械，應遵守警政機關之規定。
第 8 條
I 駐衛警察使用警槍，應隨帶駐衛警警槍執照。
II 前項執照，由設置單位向當地警察局（分局）申請核發之。
第 9 條
駐衛警察使用警械之訓練、監督、考核，由當地警察局（分局）辦理。
第 10 條
駐衛警察使用警械，因而致人受傷、死亡或財產損失者，由設置單位依本條例第十一條規定辦理。
第 11 條
本辦法自發布日施行。

警械許可定製售賣持有管理辦法

1.中華民國 91 年 11 月 6 日內政部令訂定發布全文 15 條；並自發布日施行
2.中華民國 97 年 8 月 22 日內政部令修正發布全文 17 條；並自發布日施行

第 1 條
本辦法依警械使用條例第十四條第二項規定訂定之。

第 2 條
Ⅰ本辦法規定得申請許可定製、售賣、持有之警械以警棍、警銬、電氣警棍（棒）（電擊器）、防暴網爲限。
Ⅱ前項警械之許可，內政部（以下簡稱本部）得授權內政部警政署（以下簡稱警政署）或直轄市、縣（市）政府警察局辦理。
Ⅲ本辦法所稱廠商以公司爲限。

第 3 條
Ⅰ申請製造、售賣警棍、警銬、電氣警棍（棒）（電擊器）、防暴網之廠商，應檢附下列文件經直轄市、縣（市）政府警察局層報本部許可：
一　申請書。
二　負責人資料卡。
三　公司登記證明文件影本。
四　製造廠商應附工廠登記證明文件影本；售賣廠商應附經銷合約書及製造廠商許可文件影本。
五　產品圖示及中文說明書（含型號、圖片）。
六　電氣警棍（棒）（電擊器）、防暴網應附產品樣品。
七　電氣警棍（棒）（電擊器）應附相關政府機關測試結果報告；防暴網應附拋射物單位面積發射動能報告。
Ⅱ依前項規定申請製造、售賣之防暴網，發射動力不得爲裝填子彈式，發射裝置亦不得有類似槍枝之撞針結構。
Ⅲ第一項廠商經審查合格後，由本部發給許可文件，許可文件不得影印散發、出租、頂讓、抵押或轉借他人使用。
Ⅳ廠商應自許可之次日起六個月內，申請變更公司登記，增列許可營業項目；製造廠商應變更工廠登記，增列許可營業項目。逾期未申請登記者，廢止其許可。
Ⅴ完成前項登記之廠商，應檢附公司登記證明文件影本；製造廠商另附工廠登記證明文件影本經直轄市、縣（市）政府警察局層報本部備查。
Ⅵ前項經完成備查之製造廠商於製造、售賣新式樣電氣警棍（棒）（電擊器）、防暴網時，應先檢附產品中文說明書及產品樣品；電氣警棍（棒）（電擊器）並附相關政府機關測試結果報告，防暴網並附拋射物單位面積發射動能報告，送經直轄市、縣（市）政府警察局層報本部核准。
Ⅶ製造、售賣電氣警棍（棒）（電擊器）防暴網前，應逐次送經直轄市、縣（市）政府警察局核准。

第 4 條
Ⅰ完成前條程序之廠商，申請輸出警棍、警銬，應檢附下列文件向直轄市、縣（市）政府警察局申請核准：
一　申請（具結）書。
二　輸入國家信用狀。
三　外銷訂單（附中文譯本）。
四　產品中文說明書。
五　公司登記證明文件影本。
六　許可文件影本。
Ⅱ前項申請核准之製造廠商，應另附工廠登記證明文件影本。
Ⅲ完成前條程序之廠商，申請輸出電氣警棍（棒）（電擊器）、防暴網，應檢附前二項文件經直轄市、縣（市）政府警察局轉報警政署核准。
Ⅳ廠商通關出口後向出口地海關申請出口副報單（出口證明聯），並應於七日內經直轄市、縣（市）政府警察局轉報警政署備查。

第 5 條
Ⅰ完成第三條程序之廠商，留存警棍、警銬或電氣警棍（棒）（電擊器）、防暴網樣品，每種不得超過十枝（付）爲限，售賣場所陳列樣品，每種以一枝（付）爲限，每枝（付）均應烙印樣品字樣，並應向直轄市、縣（市）政府警察局報備列管。
Ⅱ前項廠商向國外地區寄送警棍、警銬或電氣警棍（棒）（電擊器）、防暴網樣品，應向直轄市、縣（市）政府警察局申請核准，其寄送樣品每一國家或地區每次每種以二枝（付）爲限。

第 6 條
Ⅰ完成第三條程序之廠商，製造警棍、警銬或電氣警棍（棒）（電擊器）、防暴網應逐一打造廠商名稱及編號，並不得超量製造及非法推銷。
Ⅱ前項廠商應詳細記載警械製造數量及出售對象，於每月十日前填具上月製售月報表送經直轄市、縣（市）政府警察局轉報警政署備查。

第 7 條

Ⅰ僱（任）用警衛、保全人員、巡守人員或依法執行稽查公務人員之機關、機構、學校、公司、行號、工廠、民間守望相助組織，得檢附下列文件向直轄市、縣（市）政府警察局申請許可購置警棍、電氣警棍（棒）（電擊器）、防暴網；其設有分支機構者，應由各該分支機構向直轄市、縣（市）政府警察局申請許可：
一　申請書。
二　申請單位證明文件。
三　許可廠商產品中文說明書。
四　申請購置電氣警棍（棒）（電擊器）、防暴網加附使用人在職證明文件及照片三張。

Ⅱ未僱用警衛之金銀珠寶業者，其負責人得依前項規定申請許可購置電氣警棍（棒）（電擊器）、防暴網。

Ⅲ前二項申請許可購置電擊器屬拋射式者，以運送保全人員為限。

第 8 條

Ⅰ經依前條申請許可購置之警棍、電氣警棍（棒）（電擊器）或防暴網，應集中保管，並列冊送直轄市、縣（市）政府警察局備查。異動時，亦同。

Ⅱ電氣警棍（棒）（電擊器）、防暴網不得轉讓或借與他人使用，並由直轄市、縣（市）政府警察局核發警械執照。

Ⅲ警械執照應每二年換領一次。持有人應隨身攜帶，並不得轉讓或借與他人使用，如有毀損、遺失或滅失，應即向直轄市、縣（市）政府警察局申請補發。

第 9 條

完成第三條程序之廠商歇業或解散時，由警政署廢止其許可，廠商應將原請領許可文件，送由直轄市、縣（市）政府警察局層報警政署註銷。原留存之電氣警棍（棒）（電擊器）、防暴網應自行銷毀，並報請直轄市、縣（市）政府警察局監毀。

第 10 條

Ⅰ依第七條第一項規定申請許可購置警棍、電氣警棍（棒）（電擊器）、防暴網之機關、機構、學校、公司、行號、工廠、民間守望相助組織歇業或解散時，應將警械執照繳回直轄市、縣（市）政府警察局註銷，並廢止其許可。原購置之電氣警棍（棒）（電擊器）、防暴網應自行銷毀，並報請直轄市、縣（市）政府警察局監毀。

Ⅱ前項機關、機構、學校、公司、行號、工廠、民間守望相助組織僱（任）用之警衛、保全人員、巡守人員或依法執行稽查公務人員離職時，應將警械執照繳回直轄市、縣（市）政府警察局註銷；其有繼任人員者，應依第 8 條第二項規定重新申請警械執照。

Ⅲ警棍、電氣警棍（棒）（電擊器）、防暴網已廢置者，準用第一項規定辦理。

第 11 條

Ⅰ廠商、經營金銀珠寶業負責人、申請購置單位僱（任）用警衛、保全人員、巡守人員、依法執行稽查公務人員有下列情形之一者，不得申請定製、售賣、持有警棍或電氣警棍（棒）（電擊器）、防暴網；申請者，不予許可：
一　動員戡亂時期終止後，犯內亂、外患罪經判決有罪確定。
二　犯故意殺人、重傷害、強盜（奪）、妨害性自主、擄人勒贖、毒品危害防制條例、組織犯罪防制條例、槍砲彈藥刀械管制條例或洗錢防制法等案件，經判決有罪確定。
三　經認定為流氓或受流氓感訓處分裁定確定。
四　最近五年內犯第一款或第二款以外之罪，判處有期徒刑以上之刑確定，未受緩刑宣告或易科罰金。
五　無行為能力、限制行為能力或精神異常。
六　吸食或施用毒品或麻醉藥品以外迷幻物品之違反社會秩序維護法行為，經二次以上裁定處罰確定。

Ⅱ經許可後，發現有前項所列情形之一者，得撤銷或廢止其許可。

第 12 條

Ⅰ警政署及直轄市、縣（市）政府警察局得對廠商、機關、機構、學校、公司、行號、工廠、民間守望相助組織，實施警棍、警銬、電氣警棍（棒）（電擊器）、防暴網製造、售賣、保管及使用情形之檢查；必要時，並得要求提供相關資料。

Ⅱ前項受檢單位及人員非有正當理由，不得拒絕、妨害或規避。

第 13 條

警政署為辦理警械鑑驗及認定事項，得設審議會，其委員由警政署遴選之。

第 14 條

Ⅰ違反第三條第六項、第七項、第四條至第六條、第八條、第九條、第十條或第十二條，經通知限期改善，逾期仍未改善者，廢止其許可，並註銷警械執照。

Ⅱ經撤銷或廢止之許可製造、售賣廠商及其負責人，五年內不得再提出申請。

Ⅲ經撤銷、廢止許可或註銷警械執照者，其所有或保管之警械應自行銷毀，並報請直轄市、縣（市）政府警察局監毀。

第 15 條

Ⅰ本辦法修正施行前已製造、售賣或持有防暴網者，應將其數量、規格及保管處所等相關事項報直轄市、縣（市）政府警察局列管。

Ⅱ前項防暴網保管及使用情形之檢查，準用第十二條規定辦理。

第 16 條

本辦法所定書、表格式，由警政署定之。

第 17 條

本辦法自發布日施行。

警械使用條例第十一條第一項所稱第三人之解釋令

中華民國100年5月18日內政部函公告

一、警械使用條例第十一條第一項規定「警察人員依本條例規定使用警械，因而致第三人受傷、死亡或財產損失者，應由各該級政府支付醫療費、慰撫金、補償金或喪葬費。」參據警械使用條例之立法意旨及支付賠（補）償費用之精神，本條規定之「第三人」，須爲警察人員合法使用警械對象以外之人，亦即無辜之善意第三人。如路過之民眾、遭歹徒挾持之人等；又，同車之人，如係單純之駕駛與乘客關係，即雙方並無意思聯絡，則駕駛人衝撞員警，導致員警開槍，並致所搭載之乘客受有槍傷，該乘客仍可謂之無辜善意第三人，惟如駕駛人與乘客爲共犯關係，具有拒捕、脫逃之犯意聯絡，甚至乘客教唆駕駛人衝撞員警等情，則難謂該乘客爲本條所稱之第三人。

二、本解釋令自即日生效。

集會遊行法

1.中華民國77年1月20日總統令制定公布全文35條
2.中華民國81年7月27日總統令修正公布名稱及第1、4、9、18、22、27、28、30、31條條文（原名稱：動員戡亂時期集會遊行法）
3.中華民國91年6月26日總統令修正公布第6、9、11、15、16、25條條文

第1條（立法目的）

I 爲保障人民集會、遊行之自由，維持社會秩序，特制定本法。

II 本法未規定者，適用其他法律之規定。

第2條（集會與遊行之意義）

I 本法所稱集會，係指於公共場所或公眾得出入之場所舉行會議、演說或其他聚眾活動。

II 本法所稱遊行，係指於市街、道路、巷弄或其他公共場所或公眾得出入之場所之集體行進。

第3條（主管機關）

I 本法所稱主管機關，係指集會、遊行所在地之警察分局。

II 集會、遊行所在地跨越二個以上警察分局之轄區者，其主管機關爲直轄市、縣（市）警察局。

第4條（禁止事項）

集會遊行不得主張共產主義或分裂國土。

第5條（妨害合法集會遊行之禁止）

對於合法舉行之集會、遊行，不得以強暴、脅迫或其他非法方法予以妨害。

第6條（禁止集會遊行地區及例外）

I 集會、遊行不得在左列地區及其週邊範圍舉行。但經主管機關核准者，不在此限：

一　總統府、行政院、司法院、考試院、各級法院及總統、副總統官邸。

二　國際機場、港口。

三　重要軍事設施地區。

四　各國駐華使領館、代表機構、國際組織駐華機構及其館長官邸。

II 前項第一款、第二款地區之週邊範圍，由內政部劃定公告；第三款地區之週邊範圍，由國防部劃定公告。但均不得逾三百公尺。第四款地區之週邊範圍，由外交部劃定公告。但不得逾五十公尺。

第7條（負責人）

I 集會、遊行應有負責人。

II 依法設立之團體舉行之集會、遊行，其負責人爲該團體之代表人或其指定之人。

第8條（室外集會遊行之申請）

I 室外集會、遊行，應向主管機關申請許可。但左列各款情形不在此限：

一　依法令規定舉行者。

二　學術、藝文、旅遊、體育競賽或其他性質相類之活動。

三　宗教、民俗、婚、喪、喜、慶活動。

II 室內集會無須申請許可。但使用擴音器或其他視聽器材足以形成室外集會者，以室外集會論。

❖ 法學概念

許可制

所謂許可制，指主管機關對於所陳報（未生效）之事項，必須加以合法性及適當性審查，並作成決定。許可制的基本就是「主管機關說可以才可以」，亦即集會遊行需要主管機關的允許才能進行。亦即許可制需「審核」，警方會依申請的範圍或規劃，視對交通影響、警力的配置，適當的給予建議或「限縮」，如申請者申請台北市忠孝東路一段至七段、兩車道的遊行，警方即可適當的建議「限縮」爲一車道。許可制需在六天前申請，警政署表示，遊行的交通管制、改道、維安要「布置」，六天的時間也較足夠。許可制屢遭社運團體及部分學者質疑是一項惡法，而要求廢除之。但負責執行的警察機關仍堅持許可制，其所持主要理由在於我國經常有大型的集會遊行，需要有充分準備以爲因應，如運送大型拒馬等。

我國集會遊行法所採雖爲許可制，惟其性質非屬特許而係準則主義，尚未血憲法第23條所定防止妨礙他人自由、避免緊急危難、維持社會秩序或增進公共利益所必要之程度。準則主義乃指針對某種行爲，法律設有一定之條件，符合該條件者，即可爲某種行爲，不須事前經過許可。例如集會遊行法第8條但書（室外集會遊行不須申請許可之情形）即屬此類規定。

【羅傳賢，《警察法規概論》，五南，初版，2018.01，406頁以下。】

編按：請讀者併參照釋字第445、第718號解釋。

第9條（申請書應載事項及申請期間）

I 室外集會、遊行，應由負責人填具申請書，載明左列事項，於六日前向主管機關申請許可。但因不可預見之重大緊急事故，且非即刻舉行，無法達到目的者，不受六日前申請之限制：

一　負責人或其代理人、糾察員姓名、性別、職業、出生年月日、國民身分證統一編號、住居所及電話號碼。

二　集會、遊行之目的、方式及起訖時間。

三　集會處所或遊行之路線及集合、解散地點。
四　預定參加人數。
五　車輛、物品之名稱、數量。

II前項第一款代理人，應檢具代理同意書；第三款集會處所，應檢具處所之所有人或管理人之同意文件；遊行，應檢具詳細路線圖。

第10條（負責人代理人或糾察員之消極資格）
有左列情形之一者，不得爲應經許可之室外集會、遊行之負責人、其代理人或糾察員：
一　未滿二十歲者。
二　無中華民國國籍者。
三　經判處有期徒刑以上之刑確定，尚未執行或執行未畢者。但受緩刑之宣告者，不在此限。
四　受保安處分或感訓處分之裁判確定，尚未執行或執行未畢者。
五　受禁治產宣告尚未撤銷者。

第11條（室外集會遊行不予許可之情形）
申請室外集會、遊行，除有左列情事之一者外，應予許可：
一　違反第六條或第十條規定者。
二　有明顯事實足認爲有危害國家安全、社會秩序或公共利益者。
三　有明顯事實足認爲有危害生命、身體、自由或對財物造成重大損壞者。
四　同一時間、處所、路線已有他人申請並經許可者。
五　未經依法設立或經撤銷、廢止許可或命令解散之團體，以該團體名義申請者。
六　申請不合第九條規定者。

第12條（申請准駁之通知）
I室外集會、遊行申請之許可或不許可，主管機關應於收受申請書之日起三日內以書面通知負責人。
II依第九條第一項但書之規定提出申請者，主管機關應於收受申請書之時起二十四小時內，以書面通知負責人。
III主管機關未在前二項規定期限內通知負責人者，視爲許可。

第13條（許可通知書應記載事項）
I室外集會、遊行許可之通知書，應載明左列事項：
一　負責人姓名、出生年月日、住居所；有代理人者，其姓名、出生年月日、住居所。
二　目的及起訖時間。
三　集會處所或遊行之路線及集合、解散地點。
四　參加人數。
五　車輛、物品之名稱、數量。
六　糾察員人數及其姓名。
七　限制事項。
八　許可機關及年月日。

II室外集會、遊行不予許可之通知書，應載明理由及不服之救濟程序。

第14條（許可限制事項）
主管機關許可室外集會、遊行時，得就左列事項爲必要之限制：
一　關於維護重要地區、設施或建築物安全之事項。
二　關於防止妨礙政府機關公務之事項。
三　關於維持交通秩序或公共衛生之事項。
四　關於維持機關、學校等公共場所安寧之事項。
五　關於集會、遊行之人數、時間、處所、路線事項。
六　關於妨害身分辨識之化裝事項。

第15條（室外集會遊行許可之撤銷、廢止或變更）
I室外集會、遊行經許可後，因天然災變或重大事故，主管機關爲維護社會秩序、公共利益或集會、遊行安全之緊急必要，得廢止許可或變更原許可之時間、處所、路線或限制事項。其有第十一條第一款至第六款情事之一者，應撤銷、廢止許可。
II前項之撤銷、廢止或變更，應於集會、遊行前以書面載明理由，通知負責人；集會、遊行時，亦同。

第16條（對主管機關不予許可等之申復）
I室外集會、遊行之負責人，於收受主管機關不予許可、許可限制事項、撤銷、廢止許可、變更許可事項之通知後，其有不服者，應於收受通知書之日起二日內以書面附具理由提出於原主管機關向其上級警察機關申復。但第十二條第二項情形，應於收受通知書之時起二十四小時內提出。
II原主管機關認爲申復有理由者，應即撤銷或變更原通知；認爲無理由者，應於收受申復書之日起二日內連同卷證檢送其上級警察機關。但第十二條第二項情形，應於收受申復書之時起十二小時內檢送。
III上級警察機關應於收受卷證之日起二日內決定，並以書面通知負責人。但第十二條第二項情形，應於收受卷證之時起十二小時內決定，並通知負責人。

❖ 法學概念

申復

所謂申復者，乃室外集會、遊行之負責人，對於集會遊行主管機關之處分，包括不予許可、許可限制事項、撤銷許可、變更許可等事項，認爲違反集會遊行法，致妨礙其集會、遊行之申請事項，依法定程序提出於原處分主管機關向其上級警察機關，請求審查該處分之是否適法，以決定撤銷或變更原處分之先行救濟程序（此即所謂的訴願先行程序）。對負責人因不服主管機關核定不許可、許可限制事項、撤銷或變更許可事項所提出之申復案件，應依集會遊行法第16條第2、3項規定處理；其不服申復之決定提起訴願者，依訴願法之規定程序辦理。室外集會、遊行之負責人，於收受主管機關不予許可、許可限制事項、撤銷、廢止許可、變更許可事項之通知後，其有不服者，應於收受通知書之日起2日內（不可預見者24小時內）以書面附具理由提出於原主管機關向其上級警察機關申復。但集會遊行法第12條第2項情形，應於收受通知書之時起24小時內提出。

【羅傳賢，《警察法規概論》，五南，初版，2018.01，416頁以下。】

第17條（申復之效力）

依前條規定提出之申復，不影響原通知之效力。

第18條（負責人親自主持維持秩序並清理污染）

集會、遊行之負責人，應於集會、遊行時親自在場主持，維持秩序；其集會處所、遊行路線於使用後遺有廢棄物或污染者，並應負責清理。

第19條（代理人代爲主持並維持秩序）

I 集會、遊行之負責人，因故不能親自在場主持或維持秩序時，得由代理人代理之。

II 前項代理人之權責與負責人同。

第20條（指定糾察員維持秩序）

I 集會、遊行之負責人，得指定糾察員協助維持秩序。

II 前項糾察員在場協助維持秩序時，應佩戴「糾察員」字樣臂章。

第21條（維持秩序與排除妨害）

I 集會、遊行之參加人，應服從負責人或糾察員關於維持秩序之指揮。

II 對於妨害集會遊行之人，負責人或糾察員得予以排除。受排除之人，應立即離開現場。

第22條（宣布中止或結束集會遊行）

I 集會、遊行之負責人，宣布中止或結束集會、遊行時，參加人應即解散。

II 宣布中止或結束後之行爲，應由行爲人負責。但參加人未解散者，負責人應負疏導勸離之責。

第23條（危險物品之禁止攜帶）

集會、遊行之負責人，其代理人或糾察員及參加人均不得攜帶足以危害他人生命、身體、自由或財產安全之物品。

❖ 法學概念

危險物品

依內政部警政署函，類似拐杖之木棍、竹棒、鐵棍、汽油彈等物，若經認定足以危害他人生身體、自由或財產，得依集會遊行法第23條及行政執行法第38條規定處理。

【羅傳賢，《警察法規概論》，五南，初版，2018.01，411頁。】

第24條（警察人員之維持秩序等）

I 集會、遊行時，警察人員得到場維持秩序。

II 主管機關依負責人之請求，應到場疏導交通及維持秩序。

第25條（主管機關之警告、制止或命令解散）

I 有左列情事之一者，該管主管機關得予警告、制止或命令解散：

一 應經許可之集會、遊行未經許可或其許可經撤銷、廢止而擅自舉行者。

二 經許可之集會、遊行而有違反許可事項、許可限制事項者。

三 利用第八條第一項各款集會、遊行，而有違反法令之行爲者。

四 有其他違反法令之行爲者。

II 前項制止、命令解散，該管主管機關得強制爲之。

第26條（公平合理考量而爲准駁限制等）

集會遊行之不予許可、限制或命令解散，應公平合理考量人民集會、遊行權利與其他法益間之均衡維護，以適當之方法爲之，不得逾越所欲達成目的之必要限度。

第27條（罰則）

經許可集會、遊行之負責人或代理人違反第十八條規定者，處新台幣三萬元以下罰鍰。

第28條（罰則）

I 集會、遊行，經該管主管機關命令解散而不解散者，處集會、遊行負責人或其代理人或主持人新台幣三萬元以上十五萬元以下罰鍰。

II 集會遊行負責人未盡第二十二條第二項但書之責，致集會遊行繼續進行者，處新台幣三萬元以下罰鍰。

第29條（罰則）

集會、遊行經該管主管機關命令解散而不解散，仍繼續舉行經制止而不遵從，首謀者處二年以下有期徒刑或拘役。

第30條（罰則）

集會、遊行時，以文字、圖畫、演說或他法，侮辱、誹謗公署、依法執行職務之公務員或他人者，處二年以下有期徒刑、拘役或科或併科新台幣六萬元以下罰金。

第31條（罰則）

違反第五條之規定者，處二年以下有期徒刑、拘役或科或併科新台幣三萬元以下罰金。

第32條（連帶責任）

集會、遊行時，糾察員不法侵害他人之權利者，由負責人與行爲人連帶負損害賠償責任。但行爲人基於自己意思之行爲而引起損害者，由行爲人自行負責。

第33條（危險物品之扣留）

第二十三條規定之物品，不問屬於何人所有，均得扣留並依法處理。

第 34 條（罰鍰之強制執行）

依本法所處罰鍰，經通知繳納逾期不繳納者，移送法院強制執行。

第 35 條（施行日）

本法自公布日施行。

偶發性及緊急性集會遊行認定處理原則

中華民國 103 年 12 月 29 日內政部令訂定發布全文 9 點；並自 104 年 1 月 1 日生效

一、為使警察機關於因應司法院釋字第七一八號解釋，於集會遊行法（以下簡稱本法）修正施行前，執行偶發性及緊急性集會、遊行事項有所遵循，特訂定本原則。

二、本原則用詞，定義如下：

㈠偶發性集會、遊行：指因特殊原因未經召集而自發聚集，且事實上無發起人或負責人之集會、遊行。

㈡緊急性集會、遊行：指因事起倉卒，且非即刻舉行無法達其目的之集會、遊行。

三、偶發性集會、遊行符合下列各款情形者，無須申請許可：

㈠聚集舉行集會、遊行前，具有特殊原因。

㈡因特殊原因而自發性聚集，事實上未經召集。

㈢聚集舉行集會、遊行前，事實上無發起人或負責人。

四、緊急性集會、遊行之申請許可，主管機關應於收受申請書即時核定，並以書面通知負責人。

五、偶發性集會、遊行，依法令不得有下列情事：

㈠於依本法第六條規定公告之地區週邊範圍舉行。

㈡於車道舉行且妨害交通秩序。

㈢於已有他人舉行或即將舉行集會、遊行之同一時間、場所、路線舉行。

有前項各款情事之一者，認屬本法第二十五條第一項第四款所定違反法令之行為。

六、本法規定，集會、遊行應有負責人；負責人在場主持或維持秩序。偶發性集會、遊行於現場實際主持或指揮活動之人，為集會、遊行負責人，應宣布集會、遊行之中止或結束；參加人未解散者，應負疏導勸離之責。

七、本法規定，集會、遊行時，警察人員得到場維持秩序。偶發性及緊急性集會、遊行，亦同。

八、應經許可之集會、遊行，未經許可或利用偶發性集會、遊行，而有違反法令之行為者，主管機關應依法處理。

九、偶發性及緊急性集會、遊行之處理，應公平合理考量人民集會、遊行權利與其他法益間之均衡維護，以適當之方法為之，不得逾越所欲達成目的之

警察機關辦理人民申請集會遊行作業規定

1.中華民國 81 年 9 月 1 日內政部函訂頒全文 13 點
2.中華民國 92 年 5 月 1 日內政部警政署函修正發布第 8 點

一、為統一各警察機關依據「集會遊行法」（以下簡稱本法）辦理人民申請集會遊行案件，特訂定本規定。

二、室外集會、遊行應申請許可（申請書格式如附件一）。但依法令規定舉行或學術、藝文、旅遊、體育競賽、宗教、民俗、婚、喪、喜、慶等活動不必申請。

三、室內集會無須申請許可，但使用擴音器或其他視聽器材足以形成室外集會者，視為室外集會，應經申請許可。

四、集會遊行不得在經公告之禁制區及其週邊範圍舉行，但經主管（警察）機關徵求禁制區之管理機關同意者，不在此限。

五、室外集會、遊行應向所在地警察分局申請，如集會、遊行跨越二個以上警察分局之轄區者，應向警察局申請；跨越二個以上警察局轄區者，應分別向各該轄區警察局（或分局）申請。

六、警察機關受理人民申請集會、遊行案件，應隨到隨辦，如申請書記載不明或資料不足，應一次告知申請人補正。

七、室外集會、遊行，除有本法第十一條各款情事之一或違反其他法令規定者，不予許可外，應予許可。

八、對室外集會、遊行之許可或不許可，應於法定期間內，以書面通知負責人（通知書格式如附件二），並副送上級警察機關、轄區分局、分駐（派出）所及有關單位。

九、對室外集會、遊行不許可、撤銷或變更許可之通知書（格式如附件三），應審慎詳核敘明理由，並迅速、確實依限送達，不得逾期。如逾期即視為許可。

十、對負責人因不服主管機關核定不許可、許可限制事項、撤銷或變更許可事項所提出之申復案件，應依本法第十六條第二項、第三項規定處理；其不服申復之決定提起訴願者，依訴願法之規定程序辦理。

十一、依本法第二十七條、第二十八條所為之罰鍰，應製作行政處分書（格式如附件四）。並將影本副送上級警察機關。

十二、有本法第二十九條至第三十一條之情事或其他犯罪之行為者，依刑事訴訟法等有關規定辦理。

十三、受理人民申請集會遊行案件（含不許可案件），主管警察局（分局）應依警政署函頒電腦作業規定輸入電腦建檔備查。

社會秩序維護法

1.中華民國 80 年 6 月 29 日總統令制定公布全文 94 條；並自公布日施行
2.中華民國 99 年 5 月 19 日總統令修正公布第 79 條條文
3.中華民國 100 年 11 月 4 日總統令修正公布第 53、80、81、93 條條文；增訂第 91-1 條條文；並刪除第 47 條條文
4.中華民國 105 年 5 月 25 日總統令修正公布第 91-1 條條文；並增訂第 18-1 條條文
5.中華民國 105 年 6 月 1 日總統令修正公布第 85 條條文
6.中華民國 108 年 12 月 31 日總統令修正公布第 20 條條文；並刪除第 21 條條文

第一編　總　則

第一章　法　例

第 1 條（立法目的）
為維護公共秩序，確保社會安寧，特制定本法。

第 2 條（罪刑法定主義）
違反社會秩序行為之處罰，以行為時本法有明文規定者為限。

第 3 條（從新、從輕主義）
行為後本法有變更者，適用裁處時之規定。但裁處前之規定有利於行為人者，適用最有利於行為人之規定。

第 4 條（屬地主義）
Ⅰ在中華民國領域內違反本法者，適用本法。
Ⅱ在中華民國領域外之中華民國船艦或航空器內違反本法者，以在中華民國領域內違反論。

第 5 條（以上、以下、以內之定義）
稱以上、以下、以內者，俱連本數計算。

第 6 條（書面主義）
本法規定之解散命令、檢查命令、禁止或勸阻，應以書面為之。但情況緊急時，得以口頭為之。

第二章　責　任

第 7 條（責任要件）
違反本法行為，不問出於故意或過失，均應處罰。但出於過失者，不得罰以拘留，並得減輕之。

第 8 條（無責任能力之人）
Ⅰ左列各款之人之行為，不罰：
一　未滿十四歲人。
二　心神喪失人。
Ⅱ未滿十四歲人有違反本法之行為者，得責由其法定代理人或其他相當之人加以管教；無人管教時，得送交少年或兒童福利機構收容。
Ⅲ心神喪失人有違反本法之行為者，得責由其監護人加以監護；無人監護或不能監護時，得送交療養處所監護或治療。

第 9 條（限制責任能力之人）
Ⅰ左列各款之人之行為，得減輕處罰：
一　十四歲以上未滿十八歲人。
二　滿七十歲人。
三　精神耗弱或瘖啞人。
Ⅱ前項第一款之人，於處罰執行完畢後，得責由其法定代理人或其他相當之人加以管教。
Ⅲ第一項第三款之人，於處罰執行完畢後，得責由其監護人加以監護；無人監護或不能監護時，得送交療養處所監護或治療。

第 10 條（法定代理人或監護人）
未滿十八歲人，心神喪失人或精神耗弱人，因其法定代理人或監護人疏於管教或監護，致有違反本法之行為者，除依前兩條規定處理外，按其違反本法之行為處罰其法定代理人或監護人。但其處罰以罰鍰或申誡為限。

第 11 條（依法令之行為）
依法令之行為，不罰。

第 12 條（正當防衛）
對於現在不法之侵害，而出於防衛自己或他人權利之行為，不罰。

第 13 條（緊急避難）
因避免自己或他人之緊急危難，而出於不得已之行為，不罰。

第 14 條（不可抗力之免責）
因不可抗力之行為，不罰。

第 15 條（共犯之處罰）
二人以上，共同實施違反本法之行為者，分別處罰。其利用他人實施者，依其所利用之行為處罰之。

第 16 條（教唆之處罰）
教唆他人實施違反本法之行為者，依其所教唆之行為處罰。

第 17 條（從犯之處罰）
幫助他人實施違反本法之行為者，得減輕處罰。

第 18 條（營業負責人之處罰）
Ⅰ經營特種工商業者之代表、受雇人或其他從業人員關於業務上違反本法之行為，得併罰其營業負責人。
Ⅱ前項特種工商業，指與社會秩序或善良風俗有關之營業；其範圍，由內政部定之。

第 18 條之 1（公司、有限合夥或商業勒令歇業之情形）
Ⅰ公司、有限合夥或商業之負責人、代表人、受僱

人或其他從業人員，因執行業務而犯刑法妨害風化罪、妨害自由罪、妨害秘密罪，或犯人口販運防制法、通訊保障及監察法之罪，經判決有期徒刑以上之刑者，得處該公司、有限合夥或商業勒令歇業。

II 前項情形，其他法律已有勒令歇業規定者，從其規定。

第三章 處 罰

第 19 條（處罰之種類）

I 處罰之種類如左：

一 拘留：一日以上，三日以下；遇有依法加重時，合計不得逾五日。

二 勒令歇業。

三 停止營業：一日以上，二十日以下。

四 罰鍰：新臺幣三百元以上，三萬元以下；遇有依法加重時，合計不得逾新臺幣六萬元。

五 沒入。

六 申誡：以書面或言詞爲之。

II 勒令歇業或停止營業之裁處，應符合比例原則。

❖ 法學概念

拘留

拘留係社會秩序維護法處罰種類之一，屬行政罰，即將被處罰人拘禁於拘留所內，以拘束其身體自由之處罰。寓有「閉門悔過、自我教育」作用，亦爲該法最嚴重之處罰，其期間在一日以上，三日以下；遇有依法加重時，合計不得逾五日。因拘留屬自由罰，依法律保留原則僅能由法院裁定之，對於限制人身自由的拘留處罰，依本法規定不能逕行由警察機關裁定，而須交由簡易法庭法官裁定。拘留在裁處上得與沒入、停止營業併同裁處。

【羅傳賢，《警察法規概論》，五南，初版，2018.01，312 頁。】

❖ 法學概念

罰鍰

罰鍰係指對違序人科以一定數額的金錢之處罰或制裁。性質上屬財產罰，依社會秩序維護法規定，法院或警察機關均得裁處之，其數額爲新臺幣 300 元以上、3 萬元以下；遇有依法加重，合計不得逾新臺幣 6 萬元。沒入，申誡、拘留均不得易科罰鍰。依內政部警政署 82 年函：分則各條款之法定罰鍰額度，上下限幅度相差甚大，裁量之空間極爲寬廣，爲避免同類案件量罰差距過大，警察機關於裁處罰緩時，如無加重、減輕或從重、從輕之特別情狀時，其宣告罰宜以違反條款法定罰上限二分之一至三分之一範圍內予以量定爲其裁量基準。至於「罰金」刑罰的種類之一，屬財產刑。其乃是命令犯人繳納一定金額的刑罰。刑法總則規定罰金的最低額達爲新臺幣 1,000 元以上，以百元計算之。其最高額則於刑法分則中分別依各種犯罪行爲而爲規定。

【羅傳賢，《警察法規概論》，五南，初版，2018.01，313 頁。】

❖ 法學概念

沒入

沒入之係指裁處機關剝奪行爲人對特定物之所有權。亦即裁處機關剝奪違序人對於與違序行爲有特定關係之特定物（例如：滋事所持之棍棒等※之所有權或非法取得權，加以沒入充公之處罰或制裁。就查禁物之沒入而言，不論是否屬於行爲人均沒入。沒入得由法院或警察機關裁處，屬財產罰。就沒入物品之處分而言：⑴依社會秩序維護法規定沒入之物品，於裁處確定後由原處分或原移送之警察機關處分。但上級警察機關認有必要時，得指定所屬警察機關處分之；⑵沒入物品，應留作公用、拍賣或變賣、廢棄或銷燬、移送有關機關等方法分別處分之；⑶違反社會秩序維護法案件應沒入之物，警察機關作成處分時，漏未併予沒入，依法務部釋示意見，除有得單獨宣告沒入之情形外，不得再另爲沒入之處分。

須與區別者係，「沒收」刑法用語，屬刑法中之從刑，由法院於有罪判決中併予宣告。

【羅傳賢，《警察法規概論》，五南，初版，2018.01，314 頁。】

❖ 法學概念

申誡

申誡乃裁處機關對違序人以書面或言詞之方式，屬於精神罰，乃裁處機關對違序人以書面或言詞之方式，予以申明告誡，規勸其向善之處罰，其侵害程度最低。法院或警察機關均得裁處之。

【羅傳賢，《警察法規概論》，五南，初版，2018.01，315 頁。】

第 20 條（罰鍰之完納期限及分期繳納）

I 罰鍰應於裁處確定之翌日起十日內完納。

II 被處罰人依其經濟狀況不能即時完納者，得准許其於三個月內分期完納。但遲誤一期不繳納者，以遲誤當期之到期日爲餘額之完納期限。

第 21 條（刪除）

第 22 條（沒入物）

I 左列之物沒入之：

一 因違反本法行爲所生或所得之物。

二 查禁物。

II 前項第一款沒入之物，以屬於行爲人所有者爲限；第二款之物，不問屬於行爲人與否，沒入之。

III 供違反本法行爲所用之物，以行爲人所有者爲限，得沒入之。但沒入，應符合比例原則。

第23條（沒入之宣告）
沒入，與其他處罰併宣告之。但有左列各款情形之一者，得單獨宣告沒入：
一　免除其他處罰者。
二　行爲人逃逸者。
三　查禁物。

第24條（數行爲之併罰及從一重處罰）
Ⅰ違反本法之數行爲，分別處罰。但於警察機關通知單送達或逕行通知前，違反同條款之規定者，以一行爲論，並得加重其處罰。
Ⅱ一行爲而發生二以上之結果者，從一重處罰；其違反同條款之規定者，從重處罰。

❖ 法學概念
多次違序
指同一個違序行爲人，在未經由法律裁處前，或裁處後處罰未執行完畢前，或裁處後處罰未執行完畢前，又做出另一個違序之行爲:而被查獲，並且二者行爲間其違序法規各獨立。多次違序之之處罰依本法第24條、或第25條規定分別處業罰，即分別裁處、分別執行。
【羅傳賢，《警察法規概論》，五南，初版，2018.01，324頁。】

第25條（分別裁處、分別執行及數罪處罰）
違反本法之數行爲，分別裁處並分別執行，但執行前之數確定裁處，依左列各款規定執行之：
一　裁處多數拘留者，併執行之，合計不得逾五日。
二　裁處多數勒令歇業，其營業處所相同者，執行其一；營業處所不同者，併執行之。
三　裁處多數停止營業者，併執行之；同一營業處所停止營業之期間，合計不得逾二十日。
四　分別裁處勒令歇業及停止營業，其營業處所相同者，僅就勒令歇業執行之；營業處所不同者，併執行之。
五　裁處多數罰鍰者，併執行之，合計不得逾新臺幣六萬元；如易以拘留，合計不得逾五日。
六　裁處多數沒入者，併執行之。
七　裁處多數申誡者，併一次執行之。
八　裁處不同種類之處罰者，併執行之。其中有勒令歇業及停止營業者，依第四款執行之。

第26條（加重處罰之行爲）
經依本法處罰執行完畢，三個月內再有違反本法行爲者，得加重處罰。

❖ 法學概念
累次違序
指違序行爲人已經由裁定違序處罰，且執行處罰完畢，仍不悔改，在完畢之日算起3個月內，再次做出違反本法之行爲；其處罰方式規定於本法之總則中，依本法第26條規定，經依本法處罰執行完畢，3個月內再有如違反本法行爲者，得加重定處罰。
【羅傳賢，《警察法規概論》，五南，初版，2018.01，324頁。】

第27條（自首）
違反本法之行爲人，於其行爲未被發覺以前自首而受裁處者，減輕或免除其處罰。

第28條（量罰輕重之事由）
違反本法之案件，量罰時應審酌一切情狀，尤應注意左列事項，爲量罰輕重之標準：
一　違反之動機、目的。
二　違反時所受之刺激。
三　違反之手段。
四　行爲人之生活狀況。
五　行爲人之品行。
六　行爲人之智識程度。
七　行爲人與被害人之關係。
八　行爲人違反義務之程度。
九　行爲所生之危險或損害。
十　行爲後之態度。

第29條（裁決酌減）
Ⅰ違反本法行爲之情節可憫恕者，得減輕或免除其處罰。
Ⅱ依法令加重或減輕者，仍得依前項之規定，減輕其處罰。

第30條（處罰之加減標準）
本法處罰之加重或減輕標準如左：
一　拘留或罰鍰之加重或減輕，得加至或減至本罰之二分之一。
二　因處罰之加重或減輕，致拘留有不滿一日、罰鍰不滿新臺幣三百元之零數者，其零數不算。
三　因處罰之減輕，致拘留不滿一日、罰鍰不滿新臺幣三百元者，易處申誡或免除之。

第四章　時　效

第31條（訊問、處罰之時效期間）
Ⅰ違反本法行爲，逾二個月者，警察機關不得訊問、處罰，並不得移送法院。
Ⅱ前項期間，自違反本法行爲成立之日起算。但其行爲有連續或繼續之狀態者，自行爲終了之日起算。

第32條（執行時效）
Ⅰ違反本法行爲之處罰，其爲停止營業、罰鍰、沒入、申誡者，自裁處確定之日起，逾三個月未執行者，免予執行；爲拘留、勒令歇業者，自裁處確定之日起，逾六個月未執行者，免予執行。
Ⅱ分期繳納罰鍰而遲誤者，前項三個月之期間，自其遲誤當期到期日之翌日起算。其經易以拘留者，自法院裁定易以拘留確定之日起，逾三個月未執行者，免予執行。

第二編　處罰程序

第一章　管　轄

第 33 條（管轄機關）

違反本法之案件，由行爲地或行爲人之住所、居所或所在地之地方法院或其分院或警察機關管轄。

第 34 條（土地管轄）

在中華民國領域外之中華民國船艦或航空器內違反本法者，船艦本籍地、航空器出發地或行爲後停泊地之地方法院或其分院或警察機關有管轄權。

第 35 條（警察機關之管轄）

Ⅰ警察局及其分局，就該管區域內之違反本法案件有管轄權。

Ⅱ在地域遼闊交通不便地區，得由上級警察機關授權該管警察所、警察分駐所行使其管轄權。

Ⅲ專業警察機關，得經內政部核准就該管區域內之違反本法案件行使其管轄權。

第 36 條（簡易庭及普通庭之設置）

地方法院或其分院爲處理違反本法案件，視警察轄區及實際需要，分設簡易庭及普通庭。

第 37 條（簡易庭及普通庭之組織）

Ⅰ地方法院或其分院簡易庭（以下簡稱簡易庭），以法官一人獨任行之。

Ⅱ地方法院或其分院普通庭（以下簡稱普通庭），以法官三人合議行之。

第 38 條（與刑事法律或少年事件處理法相牽連之管轄）

違反本法之行爲，涉嫌違反刑事法律或少年事件處理法者，應移送檢察官或少年法庭依刑事法律或少年事件處理法規定辦理。但其行爲應處停止營業、勒令歇業、罰鍰或沒入之部分，仍依本法規定處罰。

第二章　調　查

第 39 條（調查原因）

警察機關因警察人員發現、民眾舉報、行爲人自首或其他情形知有違反本法行爲之嫌疑者，應即開始調查。

第 40 條（應妥予保管可爲證據或應予沒入之物）

可爲證據或應予沒入之物，應妥予保管。但在裁處確定後，保管物未經沒入者，予以發還所有人、持有人或保管人；如無所有人、持有人或保管人者，依法處理。

第 41 條（傳喚）

Ⅰ警察機關爲調查違反本法行爲之事實，應通知嫌疑人，並得通知證人或關係人。

Ⅱ前項通知書應載明左列事項：

一　被通知人之姓名、性別、出生年月日、籍貫及住所或居所。

二　事由。

三　應到之日、時、處所。

四　無正當理由不到場者，得逕行裁處之意旨。

五　通知機關之署名。

Ⅲ被通知人之姓名不明或因其他情形有必要時，應記載其足資辨別之特徵；其出生年月日、籍貫、住所或居所不明者，得免記載。

Ⅳ訊問嫌疑人，應先告以通知之事由，再訊明姓名、出生年月日、職業、住所或居所，並給予申辯之機會。

Ⅴ嫌疑人於審問中或調查中得委任代理人到場。但法院或警察機關認爲必要時，仍得命本人到場。

第 42 條（對行爲人逕行傳喚與強制到場）

對於現行違反本法之行爲人，警察人員得即時制止其行爲，並得逕行通知到場；其不服通知者，得強制其到場。但確悉其姓名、住所或居所而無逃亡之虞者，得依前條規定辦理。

第三章　裁　處

第 43 條（處分書之製作）

Ⅰ左列各款案件，警察機關於訊問後，除有繼續調查必要者外，應即作成處分書：

一　違反本法行爲專處罰鍰或申誡之案件。

二　違反本法行爲選擇處罰鍰或申誡之案件。

三　依第一款、第二款之處分，併宣告沒入者。

四　單獨宣告沒入者。

五　認爲對第一款、第二款之案件應免除處罰者。

Ⅱ前項處分書應載明左列事項：

一　行爲人之姓名、性別、出生年月日、國民身分證統一號碼、職業、住所或居所。

二　主文。

三　事實及理由，得僅記載其要領。

四　適用之法條。

五　處分機關及年、月、日。

六　不服處分者，得於處分書送達之翌日起五日內，以書狀敘述理由，經原處分之警察機關，向該管簡易庭聲明異議。

❖ 法學概念

即時處分

爲速辦速決，依本第 43 條之規定，警辦察機關於訊問後，除有繼即續調查必要者外，下列各款應即作成處分書：(1)違和反本法行爲專處罰鍰或申誡之案件；(2)違反本法行之卡爲選擇處罰鍰或申誡之案或件；(3)依第 1 款、第 2 款之處分，併宣告沒入者；(4)獨宣告沒入者；(5)認爲案對第 1 款、第 2 款之案件應逕行爬免除處罰者。

【羅傳賢，《警察法規概論》，五南，初版，2018.01，336。】

第 44 條（直接逕行處分）

警察機關對於情節輕微而事實明確之違反本法案

件，得不經通知、訊問逕行處分。但其處罰以新臺幣一千五百元以下罰鍰或申誡爲限。

❖ 法學概念

逕行處分

俗語說「芝麻小事簡單辦」。即遇有行爲人違序行爲情節輕微且事實明確之案件，警察機關不須再經調查和訊問，可逕行處分，但僅能宣告罰鍰案或申誡。即本法第44條規定，但其處罰以新臺幣1,500元以下罰鍰或申誡爲限。

【羅傳賢，《警察法規概論》，五南，初版，2018.01，336。】

第45條（即時裁定）

I 第四十三條第一項所列各款以外之案件，警察機關於訊問後，應即移送該管簡易庭裁定。

II 前項警察機關移請裁定之案件，該管簡易庭認爲不應處罰或以不處拘留、勒令歇業、停止營業爲適當者，得逕爲不罰或其他處罰之裁定。

❖ 法學概念

罰鍰易以拘留

一、警察機關聲請：罰鍰逾期不完納易以拘留者，警察機關應依社會秩序維護法第45條第1項規定以聲請書移送該管簡易庭裁定。二、被處罰人請求：被處罰請求易以拘留者，應以書面載明請求意旨，提出於原處分或原移送機關依本法第45條第1項規定移送該管簡易庭裁定。聲請易以拘留案件，被處罰人欲完納罰鍰者，應予准許。

【羅傳賢，《警察法規概論》，五南，初版，2018.01，316頁。】

第46條（裁定書之制作）

I 法院受理警察機關移送之違反本法案件後，除須審問或調查者外，應迅速制作裁定書。

II 前項裁定書應載明左列事項：

一　行爲人之姓名、性別、出生年月日、國民身分證統一號碼、職業、住所或居所。
二　主文。
三　事實及理由，得僅記載其要領。
四　適用之法條。
五　裁定機關及年、月、日。
六　不服裁定者，得於裁定書送達之翌日起五日內，以書狀敘述理由，經原裁定之簡易庭，向同法院普通庭提起抗告。

第47條（刪除）

第48條（對嫌疑人逕行強制到場）

警察機關對於違反本法之嫌疑人，經合法通知，無正當理由不到場者，得逕行裁處之。

❖ 法學概念

逕行處分

所謂「法律不保護權利睡眠」者，當警察「等無人」時，得以不得已之方式逕行對案嫌疑人裁處，即本法第48條規定：警察機關對於違反本法之嫌疑人，經合法通知，無正當理由不到場者，得逕行裁處之。

【羅傳賢，《警察法規概論》，五南，初版，2018.01，336。】

第49條（裁定書或處分書之交付）

I 違反本法案件之裁定書或處分書作成時，受裁定人或受處分人在場者，應宣示或宣告之，並當場交付裁定書或處分書。

II 未經當場宣示或宣告或不經訊問而逕行裁處之案件，其裁定書或處分書，應由警察機關於五日內送達之。

III 前二項之裁定書並應送達原移送之警察機關。

第四章　執　行

第50條（執行機關）

處罰之執行，由警察機關爲之。

第51條（處罰之執行）

違反本法案件之處罰，於裁處確定後執行。

第52條（拘留之執行）

裁定拘留確定，經通知執行，無正當理由不到場者，強制其到場。

第53條（拘留執行之處所）

拘留，應在拘留所內執行之。

第54條（拘留之釋放及其時間限制）

I 拘留之執行，即時起算，並以二十四小時爲一日。

II 前項執行，期滿釋放。但於零時至八時間期滿者，得經本人同意於當日八時釋放之。

第五章　救　濟

第55條（救濟之方式與期限）

I 被處罰人不服警察機關之處分者，得於處分書送達之翌日起五日內聲明異議。

II 聲明異議，應以書狀敘明理由，經原處分之警察機關向該管簡易庭爲之。

第56條（原處分之警察機關對於聲明異議案件之處理程序）

原處分之警察機關認爲聲明異議有理由者，應撤銷或變更其處分；認爲不合法定程式或聲明異議權已經喪失或全部或一部無理由者，應於收受聲明異議書狀之翌日起三日內，送交簡易庭，並得添具意見書。

第57條（簡易庭受理聲明異議案件之處理）

I 簡易庭認爲聲明異議不合法定程式或聲明異議權已經喪失者，應以裁定駁回之。但其不合法定程式可補正者，應定期先命補正。

II 簡易庭認爲聲明異議無理由者，應以裁定駁回之。認爲有理由者，以裁定將原處分撤銷或變更之。

III對於簡易庭關於聲明異議所爲之裁定，不得抗告。

第 58 條（抗告）

受裁定人或原移送之警察機關對於簡易庭就第四十五條移送之案件所爲之裁定，有不服者，得向同法院普通庭提起抗告；對於普通庭之裁定，不得再行抗告。

第 59 條（抗告之期間及其方式）

I 抗告期間爲五日，自送達裁定之翌日起算。

II 提起抗告，應以書狀敘述理由提出於簡易庭爲之。

第 60 條（捨棄之管轄及其程式）

I 被處罰人或原移送之警察機關，得捨棄其抗告權。

II 前項捨棄，應以書狀向原裁定機關爲之。

第 61 條（撤回及其程式）

I 聲明異議或抗告，於裁定前得撤回之。

II 撤回聲明異議或抗告，應以書狀向受理機關爲之。但於該案卷宗送交受理機關以前，得向原裁處機關爲之。

第 62 條（捨棄之效力）

捨棄抗告權、撤回聲明異議或抗告者，喪失其聲明異議或抗告權。

第三編　分　則

第一章　妨害安寧秩序

第 63 條（妨害安寧秩序之處罰）

I 有左列各款行爲之一者，處三日以下拘留或新臺幣三萬元以下罰鍰：

一　無正當理由攜帶具有殺傷力之器械、化學製劑或其他危險物品者。

二　無正當理由鳴槍者。

三　無正當理由，攜帶用於開啓或破壞門、窗、鎖或其他安全設備之工具者。

四　放置、投擲或發射有殺傷力之物品而有危害他人身體或財物之虞者。

五　散佈謠言，足以影響公共之安寧者。

六　蒙面僞裝或以其他方法驚嚇他人有危害安全之虞者。

七　關於製造、運輸、販賣、貯存易燃、易爆或其他危險物品之營業，未經主管機關許可；或其營業設備及方法，違反法令規定者。

八　製造、運輸、販賣、攜帶或公然陳列經主管機關公告查禁之器械者。

II 前項第七款、第八款，其情節重大或再次違反者，處或併處停止營業或勒令歇業。

❖ 法學概念

再次違序

指其違序行爲皆違反本法同一條款的情況下，無論本次違序行爲與前次違序行爲中間相隔多少時間，或是其處罰是否執行完畢，均依再次違序之型態加重，可處罰種類規定於本法之分則中。經由裁定確定後，得處或併處停行止營業或勒令歇業、罰鍰等。例如本法第 63 第 2 項、76 條第 2 項規定：「前項第一款其情節重大或第再次違反者，處或併處停止營業罰，或勒令歇業。」即屬再次違序。

【羅傳賢，《警察法規概論》，五南，初版，2018.01，324 頁。】

第 64 條（妨害安寧秩序之處罰）

有左列各款行爲之一者，處三日以下拘留或新臺幣一萬八千元以下罰鍰：

一　意圖滋事，於公園、車站、輪埠、航空站或其他公共場所，任意聚眾，有妨害公共秩序之虞，已受該管公務員解散命令，而不解散者。

二　非供自用，購買運輸、遊樂票券而轉售圖利者。

三　車、船、旅店服務人員或搬運工人或其他接待人員，糾纏旅客或強行攬載者。

四　交通運輸從業人員，於約定報酬後，強索增加，或中途刁難或雖未約定，事後故意訛索，超出慣例者。

五　主持、操縱或參加不良組織有危害社會秩序者。

第 65 條（妨害安寧秩序之處罰）

有左列各款行爲之一者，處三日以下拘留或新臺幣一萬八千元以下罰鍰：

一　船隻當狂風之際或黑夜航行有危險之虞，而不聽禁止者。

二　對於非病死或可疑爲非病死或來歷不明之屍體，未經報請相驗，私行殮葬或移置者。

三　無正當理由，攜帶類似眞槍之玩具槍，而有危害安全之虞者。

四　不注意燃料物品之堆置使用，或在燃料物品之附近攜用或放置易起火警之物，不聽禁止者。

第 66 條（妨害安寧秩序之處罰）

有左列各款行爲之一者，處三日以下拘留或新臺幣一萬八千元以下罰鍰：

一　吸食或施打煙毒或麻醉藥品以外之迷幻物品者。

二　冒用他人身分或能力之證明文件者。

❖ 法學概念

迷幻物品

依內政部警政署的函釋，按「迷幻物」究何所指，本法並無立法解釋，經查係指吸食或施打後，除有生理反應外，並產生心理上之變化；能使個人知覺、經驗改變，情緒極端變化，與現實脫節，甚至有精神或驅體分離之感等情形而言。例如，「甲苯」係屬苯類有機溶劑，且爲強力膠之主要成分，一般人於吸食後，心理與生理上會產生上述諸種現象，如有吸食之者，當有本法第66條第1款之適用。

【羅傳賢，《警察法規概論》，五南，初版，2018.01，347頁。】

第67條（妨害安寧秩序之處罰）

I 有左列各款行為之一者，處三日以下拘留或新臺幣一萬二千元以下罰鍰：

一　禁止特定人涉足之場所之負責人或管理人，明知其身分不加勸阻而不報告警察機關者。

二　於警察人員依法調查或查察時，就其姓名、住所或居所為不實之陳述或拒絕陳述者。

三　意圖他人受本法處罰而向警察機關誣告者。

四　關於他人違反本法，向警察機關為虛偽之證言或通譯者。

五　藏匿違反本法之人或使之隱避者。

六　偽造、變造、湮滅或隱匿關係他人違反本法案件之證據者。

II 因圖利配偶、五親等內之血親或三親等內之姻親，而為前項第四款至第六款行為之一者，處以申誡或免除其處罰。

第68條（妨害安寧秩序之處罰）

有左列各款行為之一者，處三日以下拘留或新臺幣一萬二千元以下罰鍰：

一　無正當理由，於公共場所、房屋近旁焚火而有危害安全之虞者。

二　藉端滋擾住戶、工廠、公司行號、公共場所或公眾得出入之場所者。

三　強買、強賣物品或強索財務者。

第69條（妨害安寧秩序之處罰）

有左列各款行為之一者，處三日以下拘留或新臺幣一萬二千元以下罰鍰：

一　渡船、橋樑或道路經主管機關定有通行費額，而超額收費或藉故阻礙通行者。

二　無票或不依定價擅自搭乘公共交通工具或進入遊樂場所，不聽勸阻或不照章補票或補價者。

第70條（妨害安寧秩序之處罰）

有左列各款行為之一者，處三日以下拘留或新臺幣一萬二千元以下罰鍰：

一　畜養危險動物，影響鄰居安全者。

二　畜養之危險動物，出入有人所在之道路、建築物或其他場所者。

三　驅使或縱容動物嚇人者。

第71條（妨害安寧秩序之處罰）

於主管機關明示禁止出入之處所，擅行出入不聽勸阻者，處新臺幣六千元以下罰鍰。

第72條（妨害安寧秩序之處罰）

有左列各款行為之一者，處新臺幣六千元以下罰鍰：

一　於公共場所或公眾得出入之場所，酗酒滋事、謾罵喧鬧，不聽禁止者。

二　無正當理由，擅吹警笛或擅發其他警號者。

三　製造噪音或深夜喧嘩，妨害公眾安寧者。

第73條（妨害安寧秩序之處罰）

有左列各款行為之一者，處新臺幣六千元以下罰鍰：

一　於學校、博物館、圖書館、展覽會、運動會或其他公共場所，口角紛爭或喧嘩滋事，不聽禁止者。

二　於自己經營地界內，當通行之處，有溝、井、坎、穴等，不設覆蓋或防圍者。

三　於發生災變之際，停聚圍觀，妨礙救助或處理，不聽禁止者。

四　污損祠宇、教堂、墓碑或公眾紀念之處所或設施者。

第74條（妨害安寧秩序之處罰）

有左列各款行為之一者，處新臺幣六千元以下罰鍰：

一　深夜遊蕩，行跡可疑，經詢無正當理由，不聽禁止而有危害安全之虞者。

二　無正當理由，隱藏於無人居住或無人看守之建築物、礦坑、壕洞、車、船或航空器內，而有危害安全之虞者。

三　收容或僱用身分不明之人，未即時向警察機關報告，而有危害安全之虞者。

四　未經警察機關許可，在公路兩旁，燃燒草木、雜物，有礙車輛駕駛人視線，影響交通安全者。

五　婚喪喜慶、迎神賽會結眾而行，未將經過路線報告警察機關，致礙公眾通行者。

六　無正當理由，停屍不殮、停厝不葬或藉故抬棺或抬屍滋擾者。

第75條（妨害安寧秩序之處罰）

有左列各款行為之一者，處新臺幣六千元以下罰鍰：

一　擅自操縱路燈或交通號誌者。

二　毀損路燈、交通號誌、道旁樹木或其他公共設施者。

第76條（妨害安寧秩序之處罰）

I 有左列各款行為之一者，處新臺幣三萬元以下罰鍰：

一　當舖、各種加工、寄存、買賣、修配業，發現來歷不明之物品，不迅即報告警察機關者。

二　發現槍械、彈藥或其他爆裂物，而不報告警察機關者。

II 前項第一款其情節重大或再次違反者，處或併處停止營業或勒令歇業。

第77條（妨害安寧秩序之處罰）

公共遊樂場所之負責人或管理人，縱容兒童、少年於深夜聚集其內，而不即時報告警察機關者，處新臺幣一萬五千元以下罰鍰；其情節重大或再次違反者，處或併處停止營業或勒令歇業。

第 78 條（妨害安寧秩序之處罰）

有左列各款行爲之一者，處新臺幣一萬五千元以下罰鍰：

一　影印、縮印、放大通用之紙幣，並散布或販賣者。

二　製造、散布或販賣通用紙幣、硬幣之仿製品者。

第 79 條（妨害安寧秩序之處罰）

有下列各款行爲之一者，處新臺幣三千元以下罰鍰或申誡：

一　於公共場所任意叫賣物品，妨礙交通，不聽禁止。

二　跨越巷、道或在通道晾掛衣、物，不聽禁止。

三　虐待動物，不聽勸阻。

第二章　妨害善良風俗

第 80 條（妨害善良風俗之處罰）

有下列各款行爲之一者，處新臺幣三萬元以下罰鍰：

一　從事性交易。但符合第九十一條之一第一項至第三項之自治條例規定者，不適用之。

二　在公共場所或公眾得出入之場所，意圖與人性交易而拉客。

❖ 法學概念

性交易

指一種以金錢換取性交、口交或者手交等與性器官接觸或者具備性意涵的服務。提供性服務的行業稱爲賣淫，性工作者依其性別，稱爲妓女或者男妓；以金錢換取性服務的行爲俗稱買春或嫖妓，進行者俗稱爲嫖客。故俗稱全套、半套等等行爲，均爲社會秩序維護法第 80 條第 1 款之涵攝，但若雙方僅止於「合意」之階段，依法自不能予以處罰。另依違反社會秩序維護法案件處理辦法第 30 條規定「違反本法行爲之事實，應依證據認定之。行爲人或嫌疑人之自白，非出於不正方法，且經調查與事實相符者，得爲證據。」綜上，不宜僅以違序行爲人之自白爲唯一之證據，仍應有其他補強證據可資佐證始合乎相關規定。（司法院研究結論）

【羅傳賢，《警察法規概論》，五南，初版，2018.01，363 頁以下。】

第 81 條（妨害善良風俗之處罰）

有下列各款行爲之一者，處三日以下拘留，併處新臺幣一萬元以上五萬元以下罰鍰；其情節重大者，得加重拘留至五日：

一　媒合性交易。但媒合符合前條第一款但書規定之性交易者，不適用之。

二　在公共場所或公眾得出入之場所，意圖媒合性交易而拉客。

第 82 條（妨害善良風俗之處罰）

Ⅰ有左列各款行爲之一者，處三日以下拘留或新臺幣一萬二千元以下罰鍰：

一　於公共場所或公眾得出入之場所，乞討叫化不聽勸阻者。

二　於公共場所或公眾得出入之場所唱演或播放淫詞、穢劇或其他妨害善良風俗之技藝者。

Ⅱ前項第二款唱演或播放之處所，爲戲院、書場、夜總會、舞廳或同類場所，其情節重大或再次違反者，得處或併處停止營業或勒令歇業。

第 83 條（妨害善良風俗之處罰）

有左列各款行爲之一者，處新臺幣六千元以下罰鍰：

一　故意窺視他人臥室、浴室、廁所、更衣室，足以妨害其隱私者。

二　於公共場所或公眾得出入之場所，任意裸體或爲放蕩之姿勢，而有妨害善良風俗，不聽勸阻者。

三　以猥褻之言語、舉動或其他方法，調戲異性者。

第 84 條（妨害善良風俗之處罰）

於非公共場所或非公眾得出入之職業賭博場所，賭博財物者，處新臺幣九千元以下罰鍰。

第三章　妨害公務

第 85 條（妨害公務之處罰）

有左列各款行爲之一者，處拘留或新臺幣一萬二千元以下罰鍰：

一　於公務員依法執行職務時，以顯然不當之言詞或行動相加，尚未達強暴脅迫或侮辱之程度者。

二　於公務員依法執行職務時，聚眾喧嘩，致礙公務進行者。

三　故意向該公務員謊報災害者。

四　無故撥打警察機關報案專線，經勸阻不聽者。

第 86 條（妨害公務之處罰）

於政府機關或其他辦公處所，任意喧嘩或兜售物品，不聽禁止者，處新臺幣三千元以下罰鍰或申誡。

第四章　妨害他人身體財產

第 87 條（妨害他人身體財產之處罰）

有左列各款行爲之一者，處三日以下拘留或新臺幣一萬八千元以下罰鍰：

一　加暴行於人者。

二　互相鬥毆者。

三　意圖鬥毆而聚眾者。

第 88 條（妨害他人身體財產之處罰）

有左列各款行爲之一者，處新臺幣三千元以下罰鍰：

一　未經他人許可，釋放他人之動物、船筏或其他物品，或擅駛他人之車、船者。

二　任意採折他人竹木、菜果、花卉或其他植物者。

第 89 條（妨害他人身體財產之處罰）

有左列各款行爲之一者，處新臺幣三千元以下罰鍰或申誡：

一　無正當理由，爲人施催眠術或施以藥物者。

二　無正當理由，跟追他人，經勸阻不聽者。

❖ 法學概念

跟追

指以尾隨、盯梢、守候或其他類似方式，持續接近他人或即知悉他人行蹤，跟追他人之後，或徘徊於前方與左右，不論徒步、乘車皆包括在內。

【羅傳賢，《警察法規概論》，五南，初版，2018.01，374 頁。】

大法官認爲，社會秩序維護法第 89 條第 2 款規定，旨在保護個人之行動自由、免於身心傷害之身體權、及於公共場域中得合理期待不受侵擾之自由與個人資料自主權，而處罰無正當理由，且經勸阻後仍繼續跟追之行爲，與法律明確性原則尚無牴觸。於此範圍內，縱有限制新聞採訪行爲，其限制並未過當而符合比例原則，與憲法第 11 條保障新聞採訪自由及第 15 條保障人民工作權之意旨尚無牴觸。又系爭規定以警察機關爲裁罰機關，亦難謂與正當法律程序原則有違（釋字第 689 號參照）。

第 90 條（妨害他人身體財產之處罰）

有左列各款行爲之一者，處新臺幣三千元以下罰鍰或申誡：

一　污損他人之住宅題誌、店舖招牌或其他正當之告白或標誌者。

二　未經他人許可，張貼、塗抹或畫刻於他人之交通工具、圍牆、房屋或其他建築物者。

第 91 條（妨害他人身體財產之處罰）

有左列各款行爲之一者，處新臺幣一千五百元以下罰鍰或申誡：

一　污濕他人之身體、衣著或物品而情節重大者。

二　故意踐踏他人之田園或縱入牲畜者。

三　於他人之土地內，擅自釣魚、牧畜，不聽勸阻者。

四　於他人之土地內，擅自挖掘土石、棄置廢棄物或取水，不聽勸阻者。

第四編　附　則

第 91 條之 1（地方政府規劃得從事性交易之區域及其管理）

I 直轄市、縣（市）政府得因地制宜，制定自治條例，規劃得從事性交易之區域及其管理。

II 前項自治條例，應包含下列各款規定：

一　該區域於都市計畫地區，限於商業區範圍內。

二　該區域於非都市土地，限於以供遊憩爲主之遊憩用地範圍內。但不包括兒童或青少年遊憩場。

三　前二款之區域，應與學校、幼兒園、寺廟、教會（堂）等建築物保持適當之距離。

四　性交易場所應辦理登記及申請執照，未領有執照，不得經營性交易。

五　曾犯刑法第二百三十一條、第二百三十一條之一、第二百三十三條、第二百四十條、第二百四十一條、第二百九十六條之一、兒童及少年性交易防制條例第二十三條至第二十七條、兒童及少年性剝削防制條例第三十二條至第三十七條或人口販運防制法之罪，經判決有罪者，不得擔任性交易場所之負責人。

六　性交易場所之負責人犯前款所定之罪，經判決有罪者，撤銷或廢止性交易場所執照。

七　性交易服務者，應辦理登記及申請證照，並定期接受健康檢查。性交易場所負責人，亦應負責督促其場所內之性交易服務者定期接受健康檢查。

八　性交易服務者犯刑法第二百八十五條或人類免疫缺乏病毒傳染防治及感染者權益保障條例第二十一條之罪者，撤銷或廢止其證照。

九　性交易服務者經健康檢查發現有前款所定之疾病者，吊扣其證照，依法通知其接受治療，並於治療痊癒後發還證照。

十　不得有意圖性交易或媒合性交易，於公共場所或公眾得出入之場所廣告之行爲。

III 本法中華民國一百年十一月四日修正之條文施行前，已依直轄市、縣（市）政府制定之自治條例管理之性交易場所，於修正施行後，得於原地址依原自治條例之規定繼續經營。

IV 依前二項規定經營性交易場所者，不適用刑法第二百三十一條之規定。

V 直轄市、縣（市）政府應依第八十條、本條第一項及第二項性交易服務者之申請，提供輔導轉業或推介參加職業訓練。

第 92 條（本法規定外準用刑事訴訟法）

法院受理違反本法案件，除本法有規定者外，準用刑事訴訟法之規定。

第 93 條（各子法之訂定機關）

I 違反本法案件處理辦法，由行政院會同司法院定之。

II 拘留所設置管理辦法、沒入物品處分規則，由行政院定之。

第 94 條（施行日）

本法自公布日施行。

違反社會秩序維護法案件處理辦法

1.中華民國 81 年 2 月 21 日行政院、司法院令會同訂定發布全文 65 條
2.中華民國 101 年 6 月 21 日行政院、司法院令會同修正發布第 33、50 條條文；並刪除第 12、34～37、60 條條文

第一章　總　則

第 1 條

本辦法依社會秩序維護法（以下簡稱本法）第九十三條第一項規定訂定之。

第 2 條

Ⅰ本法規定之解散命令、檢查命令、禁止或勸阻，由警察機關或該管公務員爲之。

Ⅱ因他人違反本法行爲致其權益直接遭受危害之人，亦得爲口頭勸阻。

第 3 條

依本法第八條第二項、第三項或第九條第二項、第三項規定責由法定代理人、監護人或其他相當之人加以管教或監護者，應以書面通知之。

第 4 條

處罰有二種以上之加重或減輕者，遞加或遞減之。

第 5 條

本法所稱裁處確定，係指左列各款情形而言：

一　經警察機關處分之案件，受處分人未依法聲明異議者，其處分自處分送達之翌日起，至第五日期滿時確定。

二　地方法院或其分院簡易庭（以下簡稱簡易庭）關於聲明異議案件之裁定，於裁定宣示或送達時確定。

三　簡易庭就本法第四十五條案件所爲之裁定，受裁定人及原移送之警察機關未依法提起抗告者，其裁定自裁定書送達之翌日起，至第五日期滿時確定。

四　地方法院或其分院普通庭（以下簡稱普通庭）關於抗告案件之裁定，於裁定宣示或送達時確定。

五　捨棄抗告權、撤回聲明異議或抗告之案件，其裁處於捨棄或撤回書狀到達受理機關或原裁處機關時確定。

第 6 條

本法所稱查禁物，係指刑法第三十八條第一項第一款所定違禁物以外，依法令禁止製造、運輸、販賣、陳列或持有之物。

第 7 條

本法第二十六條所稱再有違反本法行爲者，不以前後兩次行爲均違反本法同條款之規定爲限。

第 8 條

本法分則各章條文中所稱再次違反，係指行爲人前次行爲與本次行爲均違反本法同一條款之規定而言。

第 9 條

本法所稱深夜，係指淩晨零時至五時而言。

第 10 條

本法所稱情節重大，應審酌左列事項認定之：

一　手段與實施之程度。

二　被害之人數與受害之程度。

三　違反義務之程度。

四　行爲所生危險或損害之程度。

五　行爲破壞社會秩序之程度。

第 11 條

本法第七十二條第三款所稱噪音，係指噪音管制法令規定之管制標準以外，不具持續性或不易量測而足以妨害他人生活安寧之聲音。

第 12 條（刪除）

第 13 條

本法第八十四條所稱職業賭博場所，係指具有營利性之賭博場所而言。

第二章　警察機關之管轄

第 14 條

本法第四十三條第一項各款所列由警察機關處分之案件如左：

一　所稱違反本法行爲選擇處罰鍰或申誡之案件，係指本法分則條文法定本罰爲選處罰鍰或申誡之案件。

二　所稱併宣告沒入者，係指本法第四十三條第一項第一款、第二款之案件，而依本法第二十三條前段規定併宣告沒入之案件。

三　所稱單獨宣告沒入者，係指依本法第二十三條但書規定得單獨宣告沒入之案件。但依同條第一款規定單獨宣告沒入者，以本法第四十三條第一項第一款、第二款規定之案件爲限。

四　所稱認爲應免除處罰之案件，係指本法第四十三條第一項第一款、第二款之案件，而依本法規定免除其處罰或得免除其處罰之案件。

第 15 條

違反本法案件，數警察機關有管轄權者，由受理在先之警察機關管轄、但其有繼續調查必要不能及時處分，而行爲人之住居所不在其轄區內者，得移由其住居所地之警察機關處理。

第 16 條

警察機關管轄案件有爭議者，由共同直接上級警察機關指定其管轄。

第 17 條

警察機關對於違反本法案件，認無管轄權者，應即移送有管轄權之警察機關，並副知當事人。

第 18 條

I 本法第三十八條所稱違反本法之行爲涉嫌違反刑事法律或少年事件處理法者，係指同一之行爲或牽連之行爲涉嫌違反刑事法律或少年事件處理法而言。

II 前項案件，警察機關之處理程序如左：

一　違反刑事法律或少年事件處理法部分，應即依本法第三十八條規定，移送該管檢察官或少年法庭依法辦理。

二　違反本法應依本法第三十八條但書規定處罰部分，依本法第四十三條第一項及第四十五條第一項規定處理。

第三章　警察機關之調查程序

第 19 條

I 查獲可爲證據或應予沒入之物，應帶案處理並妥爲保管，行爲人逃逸而遺留現場者亦同。

II 前項情形，應當場製作紀錄，除行爲人逃逸而遺留現場者外，並以一份交所有人、持有人、保管人或其他在場有關之人。

第 20 條

證人或關係人經合法通知，有正當理由不能到場者，得許其以書面陳述意見。

第 21 條

依本法規定強制行爲人到場者，應注意其身體及名譽，並不得逾必要之程度。

第 22 條

I 警察人員因發現、受理民眾舉報、行爲人自首或其他情形知有違反本法行爲之嫌疑者，除應經必要調查者外，應即塡具違反本法案件報告單，報請有管轄權之警察機關依法處理。

II 前項違反本法之行爲人應隨案送交者，以其現行違反本法行爲經逕行通知到場或強制到場，且其姓名、住所或居所不明，或有逃亡之虞者爲限。

第 23 條

訊問，應出於懇切之態度，不得用強暴、脅迫、利誘、詐欺或其他不正之方法。

第 24 條

證人、關係人或違反本法之行爲人、嫌疑人到場後，應即時訊問，並將到場時間及訊問起訖時間記明筆錄。

第 25 條

訊問，應在警察機關內實施。但有左列情形之一者，得於其他適當處所爲之：

一　現行違反本法之行爲人，非即時訊問，證據有散失或湮滅之虞者。

二　證人、關係人或違反本法之行爲人、嫌疑人不能到場而有訊問之必要者。

第 26 條

實施訊問，應採問答方式，並當場製作筆錄，其記載要點如左：

一　受訊問人之姓名、性別、出生年月日、國民身分證統一編號職業、住所或居所。

二　違反行爲之事實。

三　訊問之年月日時及處所。

第 27 條

違反本法之行爲人或嫌疑人接受訊問時如有申辯者，應告知就其始末連續陳述，其陳述有利之事實者，並應告知其指出證明之方法。

第 28 條

違反本法之行爲人或嫌疑人有數人時，得隔離訊問之；爲發現眞實之必要，得命其對質；其有請求對質者，除顯無必要外，不得拒絕。

第 29 條

I 筆錄不得竄改或挖補，如有增刪、更改或附記者，應由製作人及受訊問人在其上簽名、蓋章或按指印，其刪除處應留存原字跡，並於眉欄處記明其字數。製作後應向受訊問人朗讀或令其閱覽，詢以記載有無錯誤。受訊問人請求將記載增刪、變更者，應將其陳述附記於筆錄。

II 筆錄經受訊問人認明無誤後，應令受訊問人於緊接其記載之末行簽名、蓋章或按指印，再於其次行由訊問人、記錄人及通譯等依序簽名、蓋章或按指印。

III 筆錄有二頁以上者，應立即裝訂，並由製作人及受訊問人當場於騎縫處加蓋印章或按指印。

IV 受訊問人如拒絕在筆錄簽名、蓋章或按指印時，不得強制爲之。但應將其拒絕之事實或理由附記於筆錄。

第 30 條

I 違反本法行爲之事實，應依證據認定之。

II 前項行爲經警察人員當場發現者，其書面報告得爲證據。

III 行爲人或嫌疑人之自白，非出於不正方法，且經調查與事實相符者，得爲證據。

第 31 條

I 證據，應由警察機關依職權審愼調查；行爲人或嫌疑人亦得請求調查。

II 警察機關因調查證據之必要，得命行爲人或嫌疑人提供必要之文書、資料或物品。但因其職業或職務上應守秘密者，不在此限。

第四章　移　送

第 32 條

警察機關受理違反本法案件，除依本法第四十三條第一項規定應自行處分者外，應依本法規定移送該管簡易庭。

第 33 條

Ⅰ警察機關依本法移送案件時，應檢具證物或其他可供參考之資料，並以移送書載明下列事項：

一　被移送人之姓名、性別、出生年月日、國民身分證統一編號、職業、住所或居所，及其他足資辨別之特徵。

二　具體事實。

三　被移送人所涉法條。

四　對本案之意見。

五　移送機關之主管長官署名蓋章。

Ⅱ前項證物附送顯有困難或安全之虞者，得僅附送證物目錄、照片或影本。

Ⅲ第一項被移送人須隨案移送者，以其現行違反本法行爲經逕行通知或強制到場，且其姓名、住所或居所不明，或有逃亡之虞者爲限。

第五章　裁　處

第 34 條至第 37 條（刪除）

第 38 條

Ⅰ處分之宣告，應朗讀主文，並告以處分之簡要理由及不服之救濟程序。

Ⅱ處分書於宣告後，當場交付受處分人者，應命其於送達證書上簽名、蓋章或按指印；拒絕簽名、蓋章或按指印者，記明其事由。

第 39 條

Ⅰ處分書主文以外之內容，如有誤寫、誤算或其他類似之顯然錯誤者，原處分之警察機關應更正之。

Ⅱ前項更正，應製作表示更正意旨之通知送達受處分人。

Ⅲ受處分人對第一項之錯誤，亦得申請更正。

第六章　救　濟

第 40 條

聲明異議應提出異議書狀，載明左列事項：

一　聲明異議人之姓名、性別、出生年月日、國民身分證統一編號、職業及住所或居所。

二　聲明異議之事實或理由。

三　證據。

四　原處分之警察機關及處分書之字號。

第 41 條

Ⅰ原處分之警察機關收受異議書狀後，如認異議有理由者，應於收受之翌日起三日內，撤銷或變更原處分；並應於五日內將撤銷或變更原處分之處分書送達受處分人。

Ⅱ原處分之警察機關收受異議書狀後，如認異議不合法定程序或聲明異議權已經喪失或全部或一部無理由者，應於收受之翌日起三日內，連同有關卷宗送交該管簡易庭，並得添具意見書。

第 42 條

簡易庭受理聲明異議之案件，發現違反本法行爲非屬本法第四十三條第一項各款所列之案件者，應裁定撤銷警察機關之處分，並通知該警察機關依本法第四十五條第一項之規定重行移送簡易庭審理。

第 43 條

簡易庭審理依本法第四十五條第一項移送之案件，發現違反本法行爲係屬本法第三十一條第一項或第四十三條第一項各款所列之案件者，應將該案件退回原移送之警察機關處理。

第 44 條

Ⅰ被處罰人之住所或居所不在法院所在地者，計算聲明異議期間時，準用司法院所定當事人在途期間表扣除在途期間。

Ⅱ被處罰人非因過失遲誤聲明異議之期間者，於原因消滅後五日內，得聲請回復原狀。

Ⅲ前項聲請，應以書狀釋明非因過失遲誤期間之原因及其原因消滅之時期，檢同聲明異議書狀，向原處分之警察機關提出。

Ⅳ原處分之警察機關接受回復原狀之聲請，應即繕具意見書，一併送交簡易庭裁定。

Ⅴ簡易庭受理回復原狀之聲請，應與補行之聲明異議合併裁定。

Ⅵ回復原狀之聲請，於裁定前，警察機關或簡易庭得停止原處分之執行。

第七章　易以拘留

第 45 條

Ⅰ罰鍰逾期不完納易以拘留者，警察機關應依本法第四十五條第一項規定以聲請書移送該管簡易庭裁定。

Ⅱ被處罰人請求易以拘留者，應以書面載明請求意旨，提出於原處分或原移送機關依本法第 45 條第一項規定移送該管簡易庭裁定。

第 46 條

Ⅰ聲請易以拘留案件，被處罰人欲完納罰鍰者，應予准許。

Ⅱ前項情形尙未裁定者，警察機關應即向簡易庭撤回易以拘留之聲請。

第八章　執　行

第 47 條

Ⅰ違反本法案件之處罰，由原處分或原移送之警察機關執行之。

Ⅱ簡易庭或普通庭受理違反本法案件，經裁定確定或終結後，應執行者，通知前項警察機關執行之。

第 48 條

Ⅰ執行前之數確定裁處，由繫屬在先行之警察機關依本法第二十五條規定，製作合併執行書定其應執行之處罰，交付被處罰人，並執行之。

II執行中或執行後發覺有應合併執行之處罰而未合併者，應更定其應執行之處罰並就未執行部分執行之。更定之合併執行書，發覺在執行中者當場交付，在執行後者送達之。

III前二項定其應執行之處罰者，被處罰人或其法定代理人、配偶，亦得請求繫屬在先之警察機關辦理之。

IV第一項、第二項執行情形應通知有關警察機關。

第 49 條

I被處罰人之住、居所或所在地非在前二條執行之警察機關轄區內者，得以處分書、裁定書或合併執行書之副本或影本，囑託被處罰人住、居所或所在地之警察機關代為執行。

II受託之警察機關應將執行情形回復囑託機關。

第 50 條

I裁定拘留確定之案件，警察機關應於確定後即以執行通知單，通知被處罰人到場執行，其無正當理由不到場接受執行者，得以執行到場通知單強制其到場。

II前項被處罰人到場後，警察機關應作人別訊問，製作筆錄，送交拘留所執行之。

III執行拘留，應由警察機關於二十四小時內，以書面通知被處罰人指定之親友；其不願指定或不能指定者，記錄其事由，並命被處罰人簽名、蓋章或按指印後，附卷備查。

IV被處罰人為現役軍人者，警察機關應依職權通知當地憲兵隊及該軍人所屬機關、部隊。

第 51 條

執行拘留有左列情形之一者，於其事故消滅前，停止其執行。

一　生產或流產後未滿二個月者。
二　懷胎滿五個月者。
三　被拘留人之父母、配偶或子女重病或喪亡，須其親自處理者。
四　現罹疾病，因執行致身體健康有重大影響者。

第 52 條

依本法第五十四條第二項但書之規定執行至當日八時前釋放者，應取具被處罰人之同意書備查。

第 53 條

罰鍰及沒入款項之收繳，依一般法定程序辦理。

第 54 條

沒入物品之處理，依沒入物品處分規則之規定。

第 55 條

裁處罰鍰確定之案件，警察機關應於確定後即以執行通知單，通知被處罰人依限完納。

第 56 條

I被處罰人依其經濟狀況不能即時完納罰鍰者，得於執行通知單送達之日起五日內，向執行之警察機關申請許可分期繳納。

II警察機關應於接受申請之日起五日內，斟酌被處罰人之經濟狀況，為分期繳納之准駁，並製作通知書送達之；其准以分期繳納者，並應載明每期應繳納之日期、金額及不按期繳納之法律效果。

III前項分期繳納罰鍰，以十五日為一期，並以罰鍰總額平均分二至六期繳納之。

第 57 條

I裁定停止營業或勒令歇業確定之案件，警察機關應於確定後即以執行通知單，命被處罰人於通知送達之翌日起，停止或歇閉其營業。

II被處罰人經通知後未停止或歇閉其營業者，得製作公告張貼於營業場所之明顯處或以其他適當方法強制其停業或歇業。

第 58 條

申誡之執行，被處罰人在場者，以言詞予以告誡，其未在場者，應將處分書或裁定書送達之。

第 59 條

執行通知單，應載明左列事項：

一　應受執行人之姓名、性別、出生年月日、國民身分證統一編號、職業、住所或居所。
二　應受執行之處罰。
三　裁處機關、裁定書或處分書字號及裁處確定之日期。
四　應受執行之時間、處所及違反之法律效果。
五　其他應告知應受執行人之記載事項。
六　通知機關及年月日。

第 60 條（刪除）

第九章　附　則

第 61 條

警察機關處理違反本法案件，應設置「處理違反社會秩序維護法案件登記簿」登記之。

第 62 條

警察機關處理違反本法案件，應就每一案件編訂卷宗；其保存屆滿三年者，得予銷燬。

第 63 條

警察機關處理違反本法案件之書表格式，由內政部警政署訂之。

第 64 條

警察機關處理違反本法案件，有關文書送達之程序，準用刑事訴訟法之規定。

第 65 條

本辦法自發布日施行。

沒入物品處分規則

中華民國 81 年 5 月 11 日行政院令訂定發布全文 9 條

第 1 條
本規則依社會秩序維護法（以下簡稱本法）第九十三條第二項規定訂定之。

第 2 條
依本法規定沒入之物品，於裁處確定後由原處分或原移送之警察機關處分。但上級警察機關認有必要時，得指定所屬警察機關處分之。

第 3 條
警察機關對於沒入物品，應備置違反社會秩序維護法案件沒入物品登記簿，載明編號、被處罰人姓名、物品名稱、單位、數（重）量、材質、規格、特徵、處分書或裁定書字號、收受年月日、保管處所、處分情形等，妥爲保管。貴重物品應妥爲封存，由被處罰人及承辦人簽名蓋章，以資證明。

第 4 條
沒入物品，依左列方法分別處分之：
一　留作公用。
二　拍賣或變賣。
三　廢棄或銷燬。
四　移送有關機關。

第 5 條
沒入物品留作公用者，應估定價額，報請上級警察機關核定後價購；其爲查禁物者，得專案報請上級警察機關核准留用後，依公用物品之規定予以管理。

第 6 條
沒入物品拍賣者，應預定拍賣日期公告之；其爲貴重物品價格不易確定者，應請有專門知識經驗之人鑑定之；其爲易腐壞者，得不經拍賣程序，依職權變賣之。

第 7 條
Ⅰ沒入物品無利用價值者，得廢棄或銷燬之。
Ⅱ沒入物品爲查禁物者，得銷燬、留作公用或移送有關機關處理。
Ⅲ前二項廢棄或銷燬，應製作紀錄存案，並請該管簡易庭派員監視。

第 8 條
Ⅰ警察機關對於沒入物品，應每三個月處分一次。必要時，得隨時處分之。
Ⅱ前項處分情形，應於處分後十日內開具沒入物品處分清冊，載明編號、被處罰人姓名、物品名稱、單位、數（重）量、材質、規格、特徵、處分書或裁字書字號、收受年月日、處分方法等，陳報上級警察機關核備。

第 9 條
本規則自發布日施行。

拘留所設置管理辦法

1.中華民國 81 年 9 月 25 日行政院令訂定發布全文 54 條
2.中華民國 103 年 1 月 7 日行政院令修正發布第 15 條條文

第一章　總　則

第 1 條
本辦法依社會秩序維護法第九十三條第二項規定訂定之。

第 2 條
各警察機關爲拘留違反社會秩序維護法之被拘留人，應設拘留所。

第 3 條
拘留之執行，應尊重被拘留人之基本人權，對其自由權利之拘束與限制，應以公平合理之方法爲之，不得逾越所欲達成管理目的之必要限度。

第二章　設置基準

第 4 條
拘留所設於警察機關內之適當處所，並應符合安全、衛生及便於管理之要求。

第 5 條
拘留所應分內外二區，內區設拘留室、保護室、盥洗室；外區設接見室、備勤室；並得酌設其他設施。

第 6 條
Ⅰ拘留所之構造、格局及設備，依拘留所設置基準設置之。
Ⅱ前項設置基準，由內政部警政署定之。

第三章　人員配置及勤務管理

第 7 條
拘留所之管理，由該管警察機關主管長官指揮監督之。

第 8 條
Ⅰ拘留所置主任一人，由該管警察機關刑事業務單位主管或副主管兼任之。
Ⅱ拘留所主任承主管長官之命管理全所事務。

第 9 條
Ⅰ拘留所應配置員警三人至十人，並指派專人襄助拘留所主任管理全所事務。但必要時，得視實際需要酌予增減。
Ⅱ前項員警之配置，由有關警察機關現有員額內調配。

第 10 條
Ⅰ拘留所服勤員警之調配，每人每日服勤時間以八小時爲度，每次服勤不得連續逾四小時。
Ⅱ拘留所被拘留人較多時，應酌予增加看守或備勤人員。

第 11 條
服勤員警應穿著整齊制服，不得擅離職守或在勤睡覺、假眠，或有其他違反勤務紀律之情事。

第 12 條
看守員警除於值班台看守外，應隨時巡視拘留室等處所，密切注意被拘留人動靜；遇有突發事故，應先使用警鈴等呼援設備請求支援，並即採取應變之措施。

第 13 條
Ⅰ看守員警勤務交接時，應將被拘留人、保管財物、有關簿冊及拘留所鑰匙等逐一點交，並將應特別注意之事項交付清楚後始得退勤。
Ⅱ看守員警勤務，雖已逾交接時間而接班之員警未到前，不得擅離。

第 14 條
Ⅰ各警察機關主管長官、副主管長官、執勤官、刑事業務主管、副主管、拘留所主任、督察人員、各級查勤人員及業務承辦人員，應負拘留所勤務督導檢查之責。
Ⅱ拘留所勤務督導由業務單位先編排督導計畫表，經主管長官核定後採機動方式實施。於收容被拘留人期間每日日勤、夜勤及深夜勤均不得少於一人次爲原則。

第四章　入所及出所

第 15 條
Ⅰ拘留所應有該管警察機關主管長官出具之入、出所通知單始得收容或釋放被拘留人。
Ⅱ被拘留人請求攜帶未滿三歲之子女入所者，得准許之。
Ⅲ被拘留人入、出所應登載於被拘留人紀錄表及被拘留人身分資料簿，並通報勤務指揮中心。
Ⅳ第一項入、出所通知單及前項之紀錄表均應編號妥爲保存以備查核；被拘留人身分資料簿應按日陳報主管長官核閱。

第 16 條
被拘留人入、出所時送、提案人員應協助看守員警檢查被拘留人身體、保管、發還被拘留人財物及辦理其他入、出所手續。

第 17 條
Ⅰ被拘留人入所應先核對其身分及捺印指紋，並應檢查其身體、衣類及攜帶物品；檢查婦女之身體應命女警行之。但不能由女警行之者，應由其他適當之人陪同在場。

II 前項檢查發現其身體有外傷、疾病或其他異常情形者，除應詳細記錄其原因、狀況等於被拘留人紀錄表外，並應報告該管警察機關主管長官。

III 第一項之檢查，於提訊、接見後返所時，亦同。

第 18 條

I 被拘留人隨身攜帶之財物，於入所時應逐件清點登記於被拘留人財物收發保管簿，出所發還時應經其核符後簽章或捺指印。

II 前項保管之財物，如有貴重物品應由看守員警會同送案人員檢視，另行收納於財物保管袋，詳實登記彌封，並由看守員警、被拘留人及送案人員簽章或捺指印於封口處後，妥爲保管；發還時亦應由看守員警、提案人員、被拘留人會同拆封保管袋清點，核符後分別簽章或捺指印。拆封時並應注意保持封口原簽名或捺印指紋之完整。拆封後之保管袋應留存。

第 19 條

I 前條經保管之財物，被拘留人有使用其全部或一部之必要時，應經拘留所主任之許可；其請求將財物領回交付家屬者，亦同。

II 前項使用、領回情形，應明確記錄於被拘留人財物收發保管簿，由被拘留人及看守員警簽章備查。

第 20 條

被拘留人隨身攜帶之物品，有不適宜保管者，得指示其交付家屬攜回或爲適當之處理；如屬違禁物、查禁物或其他有危害安全之虞者，應報請該管警察機關主管長官依法處理。

第 21 條

I 看守員警應注意被拘留人之拘留期限，如將屆滿仍未獲釋放通知時，除報告拘留所主任外，應迅即與該案承辦人員聯繫。

II 前項報告或聯繫情形，應記錄於被拘留人紀錄表備考欄。

第 22 條

I 被拘留人之提訊應由該案承辦人員塡具報告單，經該管警察機關主管長官核准後始得爲之，並應將提訊起訖時間記錄於被拘留人紀錄表。

II 提訊除有急迫之情形外，應於辦公時間內爲之。

第五章　安全管理

第 23 條

I 拘留所對於男女被拘留人應隔離拘留之。

II 同一案件或相牽連案件之被拘留人同時有數人時，得隔離拘留之。

第 24 條

I 拘留室容納被拘留人之人數，應按其面積大小作適當調配，不得過分擁擠。

II 被拘留人過多致拘留所無法容納時，應洽請其他警察機關或報請上級警察機關指定其他警察機關代爲執行。

第 25 條

被拘留人盥洗、沐浴時，應視實際需要加派員警加強戒護。

第 26 條

拘留所內外門戶及拘留室應隨時保持上鎖之狀態。

第 27 條

拘留室內不得存放任何玻璃、鐵器、木棍、繩索或其他足以致傷害或供脫逃之器物。

第 28 條

I 拘留所主任或其指定員警，至少於每日上午八時至九時，應就拘留所之安全設備、保健衛生及其他管理情形檢查一次，如發現異常時，應立即採取必要措施。

II 前項檢查結果，應詳記於拘留所檢查簿，陳報該管警察機關主管長官核閱。

第 29 條

任何人非因公務或經該管警察機關主管長官或拘留所主任之許可者，不得進入拘留所。

第 30 條

I 當天災事變在所內認爲有危險或無法防避時，應將在所內被拘留人護送於相當處所，並得酌情將被拘留人暫行釋放。

II 前項被釋放者，於天災事變原因消滅後，由該管警察機關通知其到場繼續接受執行。

第六章　檢　束

第 31 條

I 被拘留人入所時，應告知遵守左列事項：

一　不得有喧嘩、爭吵、鬥毆、強暴或脫逃之行爲。

二　不得有吸菸、飲酒或賭博之行爲。

三　不得有藏匿違禁物、查禁物或危險物品之行爲。

四　不得有違抗命令或妨害秩序之行爲。

五　不得有塗抹污染或其他破壞環境之行爲。

六　其他應行遵守之行爲。

II 前項遵守事項，應懸掛於拘留所內易見處所。

III 被拘留人違反第一項應遵守事項時，應先予制止，並得報經該管警察機關主管長官核准，分別施以訓斥或停止接見之懲罰。

第 32 條

被拘留人有脫逃、自殺、暴行或其他妨害秩序行爲之虞者，得報經該管警察機關主管長官核准使用警銬、警繩、腳鐐戒具或收容於保護室。但情況緊急時，得先使用，並即報告該管主管長官。

第 33 條

前二條之懲罰及戒具之使用，應告知其事由。執行中已有悔改情狀或使用戒具原因消滅時，應即報經該管警察機關主管長官核准終止其懲罰或停止使用戒具。並將懲罰及使用戒具情形詳細記錄於被拘留人紀錄表。

第 34 條

拘留所應備置教誨作用之書籍供被拘留人閱讀；被拘留人自備書籍閱讀者，應經檢查許可。

第七章　衣食及衛生

第 35 條

被拘留人之膳食、飲水、被褥、臥具等由拘留所供給，其請求自備者，應經檢查許可。

第 36 條

被拘留人主副食費用，由各警察機關編列預算支應。

第 37 條

被拘留人拒絕飲食，經勸告不聽而有生命危險或顯然影響健康者，得由醫師施以強制營養。

第 38 條

看守員警應按時令被拘留人盥洗、沐浴。

第 39 條

拘留所環境及被拘留人使用之被褥、臥具、衣物、器具、廁所、便器等，應經常保持清潔，按時曬掃、洗濯、消毒；並得視實際需要命被拘留人為之。

第 40 條

I 被拘留人罹病須延醫或帶同外出診治者，應報經該管警察機關主管長官核准後始得為之。但情況危急時，得先行延醫或送醫，並即報告該管主管長官及通知家屬。

II 前項被拘留人診治時應注意戒護，並將診治情形詳細記錄於被拘留人紀錄表。

III 第一項醫療費用，如經查明患病者及其家屬確無支付能力時，由警察機關負擔。

第 41 條

拘留所應備置一般外傷急用之醫療用品。

第 42 條

看守員警發現被拘留人有法定傳染病或疑似法定傳染病時，應即報告該管警察機關主管長官，並應採取必要之隔離措施；同時通知當地衛生主管機關到場處理。

第 43 條

被拘留人在拘留所死亡者，該管警察機關主管長官應即通知檢察官相驗及通知其家屬，並報請上級警察機關備查。

第八章　通信及接見

第 44 條

I 被拘留人發受書信應經必要之檢查，除認為有妨害安全之虞者外，應准予發受。

II 前項情形應記錄於被拘留人紀錄表。

第 45 條

I 請求接見被拘留人者，應提出身分證明，填具申請書，經該管警察機關主管長官或拘留所主任核准後始得接見。

II 前項接見情形應記錄於被拘留人紀錄表。

第 46 條

請求接見，有左列情形之一者，得拒絕之：

一　請求接見人形跡可疑者。

二　三人以上同時請求接見同一被拘留人者。

三　被拘留人同日已接見二次者。

四　非在辦公時間內接見者。

五　被拘留人經禁止接見者。

第 47 條

接見，應在接見室為之，每次接見時間不得逾三十分鐘。但情形特殊經該管警察機關主管長官許可者，不在此限。

第 48 條

接見時應遵守左列事項：

一　不得為被拘留人夾帶違禁物、查禁物或其他危險物品。

二　送給被拘留人之財物，應經檢查登記許可後始得轉交。

三　不得使用暗語、符號。除外國人外，不得使用外國語言。

四　聽從監視或看守員警指導，接見時間屆滿後應即離去。

第 49 條

I 接見時應派員在場監視，並得摘錄其談話內容或予以錄音、錄影。接見中有違反規定者應即加以勸告，勸告不聽者，得停止其接見。

II 前項情形應記錄於被拘留人紀錄表。

第 50 條

請求接見手續及接見應遵守事項，應張貼（掛）於適當處所。

第九章　附　則

第 51 條

I 拘留所除一般應勤簿冊外，應備置左列簿冊：

一　拘留所檢查簿。

二　被拘留人身分資料簿。

三　被拘留人紀錄表。

四　被拘留人財物收發保管簿及保管袋。

II 前項簿冊及所內應用書表之格式，由內政部警政署定之。

第 52 條

拘留所主任及員警績效優良者，每半年定期檢討獎勵；其有違反規定者，視情節予以懲處。

第 53 條

警察機關依其他法律所為之拘留，適用本辦法之規定。

第 54 條

本辦法自發布日施行。

拘留所設置基準

中華民國81年10月27日內政部警政署函訂頒全文15點

一、拘留所之設置應適應地形、配合環境，除考慮安全、衛生及便於管理外，並應注意左列事項：
㈠避免人犯進出為一般人所易見。
㈡通風、採光。
㈢避免與道路、空地緊鄰。
二、拘留所配置與構造
㈠所內分內外二區，內區設拘留室四間及保護室一間為原則，採扇型配置，於各室柵欄上方標示其類別，並設值班臺、盥洗室。拘留室四週應留設〇．八公尺以上淨寬通道，使與外牆隔離；外區設接見室、備勤室、儲藏室及其他必要設施。
㈡內外二區應設兩道以上單扇內開式鐵門，外區鐵門設內外側均能操作之門鎖，及從內側開閉之附蓋防爆玻璃小窗（規格十五公分乘十五公分）。
㈢構造應使用鋼骨或鋼筋混凝土造，門窗均應加裝不鏽鋼柵欄，玻璃均應為不鏽鋼線入防爆玻璃以堅牢耐久為原則，所內建材均應為防火時效一小時以上。
㈣所內照明設備應置於拘留室外，以燈反射光線至各拘留室；並應注意光線照射角度，避免值班臺光線過亮。除一般照明外，應備有緊急照明設備。
㈤所內色調應力求調和，以明亮而安定之色彩為原則。
三、拘留室
㈠室外四週通道外牆得酌設採光窗，並於內側裝設不鏽鋼柵欄。
㈡室內地板應比地面高約三十公分，使用高硬度、不易燃、乾燥、稍具彈性之板料，其合縫處應採企口接合，不可稍有空隙，並留設適當防潮、通風設施。
㈢面向值班臺前後均為中心間距十五公分之柵欄，以五公分直徑實心不鏽鋼棒為主構材，被覆玻璃纖維或 PU（聚氨基甲酸乙脂）等堅固、不自燃且富彈性之材料。不得留設水平方向之構材，隔間牆採用鋼筋混凝土造或磚造。
㈣柵欄門必須大小適度，高度以人犯能俯身進出為原則，不可過高或過低，裝鎖處須有鐵板遮蔽。
㈤室內廁所設置要求如左：
1. 所採蹲式沖水便器，其沖水設備應採油壓式；水壓不足地區應於室外裝設水箱，水箱之拉水閂採用堅固鋼棒。
2. 蹲式廁所上方木板應採平蓋式一吋厚以上硬質木料，附堅固鉸鏈活動開關方式，開啓時可遮蔽如廁人下體，但必須使其肩部以上露出板外，關閉後與地板保持平面完整無隙。
3. 便坑週圍以磨石子地坪築成，四週邊緣應設排水設備。
4. 廁所後方柵欄以鋼筋混凝土包覆，以高出地板四十公分為度。
四、保護室
㈠室內人犯可及處均應設防撞設施，牆面被覆玻璃纖維或PU等堅固，不自燃且富彈性之材料。
㈡室內應有拘束被保護人之適當設施。
㈢其他構造同拘留室。
五、值班臺
㈠位置應避免緊臨拘留室，其視線應能綜瞰全部拘留室及保護人犯。
㈡應裝設通訊、監視及門禁管制設備。
㈢備置醫藥箱。
六、盥洗室
㈠牆及門高約一．五公尺，離地〇．五公尺高度應予挑空，採用彈簧鉸鏈，門扇不設門鎖及門栓。
㈡沐浴採淋浴式，不設浴缸，並考慮排水、通風等設施。
㈢熱水器應設於室外適當處所，採用非電熱能源時並應設於通風處。
七、接見室
㈠設於拘留所入口處與拘留室視線需阻絕。
㈡接見室應將被接見人與接見人分隔，其隔牆地板面〇．七公尺以上到一．七公尺以下應裝設柵欄及不鏽鋼線入透明膠合防爆玻璃（柵欄使用五公分直徑實心不鏽鋼棒，中心間距十五公分，膠合玻璃厚度為十公厘加十公厘，膠合膜厚〇．八公厘）。
㈢接見室與拘留室間聲音需能阻絕。
㈣應裝置接見用之對講機並設置隱密不易破壞之監聽錄設備。
㈤接見室之座椅須為堅固固定式。

八、備勤室

㈠依服勤員警人數需要定其空間，並酌留採光及通風設備。

㈡室內應設置盥洗室、臥舖、辦公桌椅、櫥櫃、通訊設備，並酌設休閒等設備。

九、儲藏室

依儲藏物品種類、儲藏量，視實際需要設置之。

十、監視設備

拘留所與勤務指揮中心、刑警隊（刑事組）及保安隊（警備隊）間均應裝設閉路電視監視系統。

十一、通訊設備

㈠拘留所應設置通達勤務指揮中心、刑警隊（刑事組）及保安隊（警備隊）之秘密警鈴；其按鈕分別設於值班臺、備勤室等之隱匿易按處所。

㈡值班臺與拘留所出入口間應裝設電視對講機。

㈢值班臺應裝設警用電話。

十二、財務保管設備

拘留所內應設財物保管櫃及貴重物品保險箱並予分格編號，分別上鎖。

十三、消防設備

拘留所適當位置應裝設消防栓箱，滅火器及火警自動警報設備連接火警受訊總機。看守員警應熟悉使用方法，並經常檢視，保持隨時可用之狀況。

十四、門禁管制系統

㈠拘留所內各出入門及財務保管設備門均應分別編號以鑰匙、卡片、密碼鎖方式開啓，並留有備用鑰匙。

㈡可由機關主管或其授權人設定開啓人之等級，准許其開啓之門、時間及範圍。修改時亦同。

㈢啓閉時自動紀錄開啓人、門編號、啓閉時間以便查考。

㈣觸發防破壞裝置或企圖非法進入時，啓動警報設備。

㈤門禁管制設備主機裝設於勤務指揮中心，終端機分別設於刑警隊（刑事組）、保安隊（警備隊）、值班臺。

㈥應具不斷電系統。

㈦應可獨立作業或電腦連線作業。

十五、拘留所平面標準示意圖詳附件。

地方法院與警察機關處理違反社會秩序維護法案件聯繫辦法

1.中華民國 83 年 1 月 24 日行政院、司法院令會同訂定發布全文 17 條
2.中華民國 101 年 5 月 29 日行政院、司法院令會同修正發布第 3 條條文

第 1 條
爲地方法院（以下簡稱法院）與警察機關加強聯繫，妥速處理違反社會秩序維護法（以下簡稱本法）案件，特訂定本辦法。

第 2 條
警察機關依本法第四十五條第一項移送案件，應確實依違反社會秩序維護法案件處理辦法第三十三條第一項、第二項之規定辦理，並應記載被移送人有無違反本法前案資料。

第 3 條
警察機關隨案移送被移送人時，應確實依違反社會秩序維護法案件處理辦法第三十三條第三項之規定辦理；其被移送人人數眾多時，應於移送前先與該管法院聯繫；移送後，仍應與該管法院密切聯繫。

第 4 條
I 法院受理違反本法案件，實施勘驗、搜索、扣押、鑑定或其他處分時，得依本法第九十二條準用刑事訴訟法之規定，以言詞、書面或其他適當方式，請求警察機關爲必要之協助。
II 前項情形，警察機關應依刑事訴訟法之規定配合辦理。

第 5 條
爲期發現眞實，法院得通知查獲員警提出書面報告；移送之警察機關於必要時，亦得聲請派員到庭陳述意見。

第 6 條
法院對違反本法之案件，如認有繼續查證或追查其他共同行爲人之必要，得通知移送之警察機關繼續追查；警察機關應迅速處理並以書面回報結果。

第 7 條
警察機關移送案件後，發現有其他事證可供法院參考或有本法第二十四條第一項但書規定之情形須併案裁處時，應儘速補送，必要時並應先行通知法院。

第 8 條
法院受理警察機關移送案件，其裁定書除當場交付者外，應迅速囑託原移送機關送達受裁定人；受裁定人之住所、居所地非在原移送警察機關之轄區內者，得逕行囑託其住所、居所地之警察機關送達之。

第 9 條
法院囑託送達之裁定書，警察機關應於五日內送達，並於送達後三日內將送達證書繳還該管法院。

第 10 條
警察機關隨案移送人者，該管法院於宣示拘留裁定後，如經受裁定人與警察機關捨棄抗告權而確定者，法院應即製作移送執行通知書，交付原移送機關執行。

第 11 條
I 法院受理違反本法案件，經裁定確定或終結後，應即通知原處分或原移送之警察機關依法處理。
II 前項案件如有隨案移送之物品者，法院應同時發還警察機關處理。

第 12 條
違反本法之行爲，如同時涉嫌違反刑事法律或少年事件處理法，移送檢察官偵查或少年法庭審理時，警察機關應於移送書上，以明顯戳記註明被移送人行爲同時違反本法，如經處分不起訴或判決無罪、不受理、免訴或裁定不付審理、不付管訓處分確定時，檢察署或法院應速通知警察機關。

第 13 條
警察機關對於罰鍰易以拘留之案件，如被處罰人已完納罰鍰者，應先以電話通知法院暫緩裁處，並於三日內撤回易以拘留之聲請。

第 14 條
警察機關廢棄或銷燬沒入物品，應通知該管法院派員到場監視。

第 15 條
警察機關處理違反本法案件發生法律上之疑義時，得隨時以書面、言詞或電話請求法官解答或指示。

第 16 條
各法院及警察機關辦理違反本法案件，均應指定專職聯絡人與專線電話，隨時保持聯繫及交換意見，並於每年七月至九月間召開聯繫會議一次。

第 17 條
本辦法自發布日施行。

特種工商業範圍表

中華民國 81 年 6 月 26 日內政部公告

種　　類	範　　　圍	備考
爆竹煙火業	指製造、販賣爆竹煙火類物品之營業。	
委託寄售及舊貨業	指接受不特定人委託寄售物品或收售舊貨物之營業。	
汽機車修配保管業	指修配或保管汽、機車之營業。	
公共危險物品及高壓氣體業	指製造、運輸、販賣、儲存、分裝公共危險物品及高壓氣體之營業。	
旅宿業	指設有房間、寢具或提供場所供不特定人住宿或休息之營業。如旅館、旅社、客棧、賓館等。（不包括觀光旅館）	
理髮業	指對不特定人提供理髮、洗髮、修面、理容等服務之營業。如理髮店（廳）、觀光理髮、美容院、視聽理容等。	
當舖業	指經營貸款於客戶，取得質權並收取利息之營業。如當舖等。	
沐浴業	指設有冷、熱水池、洗滌、蒸烤等設備，供不特定人沐浴之營業。如浴室、浴池、澡堂、三溫暖等。	
酒家業	指提供場所，備有服務生陪侍，供應酒菜、飲料物、飲食物之營業。	
酒吧業	指對不特定人提供酒類、飲料及僱用服務生陪侍之營利事業。（不備菜飯）	
特種咖啡茶室業	指對不特定人供應飲料及僱用服務生陪侍之營利事業。（不備茶飯）	
舞廳業	指提供場所，備有舞伴，供不特定人跳舞之營業。	
舞場業	指以營利爲目的，提供場所，不僱用舞伴，供不特定人跳舞之場所。	
歌廳、戲劇院業	指經由廣播、電視、電影播映以外之音樂、戲劇、舞蹈、雜藝等演技，公開供人作現場視聽觀賞之營業。如戲劇院、歌廳等。	
視聽歌唱業	指提供場所及伴唱視聽設備，供人唱歌之營業事業。如 KTV 等。	
隔間式錄影節目帶播映場業	指以營利爲目的，提供隔間或視聽室，備置視聽機具，播映錄影節目，供不特定人觀賞之場所。如 MTV 等。	
電動玩具類遊藝場業	指經營電動玩具、小鋼珠（柏青哥）等供不特定人遊樂之營業。（不包括球類、標射類）	
按摩業	指以輕擦、揉捏、指壓、叩打、震顫、曲手、運動、壓迫及其他特殊手技爲不特定人服務之營業。	
妓女戶	指提供場所供登記許可之妓女接客者。	
警械業	指製造、運輸、販賣或陳列警械之營業。	
附　記	本表所列各特種工商業，不論登記與否，依其所營業務性質，凡符合各該營業種類與範圍者均屬之。	

保全業法

1.中華民國 80 年 12 月 30 日總統令制定公布全文 23 條
2.中華民國 89 年 7 月 5 日總統令修正公布第 2 條條文
3.中華民國 92 年 1 月 22 日總統令修正公布第 8、14、16、17 條條文；並增訂第 4-1、4-2、10-1、10-2 條條文
4.中華民國 100 年 11 月 23 日總統令修正公布第 10-1、13、16 條條文
中華民國 101 年 6 月 25 日行政院公告第 9 條第 1 項所列屬「財政部」之權責事項，經行政院公告自 93 年 7 月 1 日起變更為「行政院金融監督管理委員會」管轄，自 101 年 7 月 1 日起改由「金融監督管理委員會」管轄
5.中華民國 105 年 12 月 14 日總統令修正公布第 10-1 條條文
6.中華民國 106 年 6 月 14 日總統令修正公布第 10-1 條條文
7.中華民國 108 年 6 月 21 日總統令修正公布第 9 條條文

第 1 條（立法目的）
為健全保全業之發展，確保國民生命、財產之安全，特制定本法；本法未規定者，依其他法律之規定。

第 2 條（主管機關）
本法所稱主管機關：在中央為內政部；在直轄市為直轄市政府；在縣（市）為縣（市）政府。

第 3 條（保全業之定義）
本法所稱保全業，係指依本法許可，並經依法設立經營保全業務之股份有限公司。

第 4 條（主管業務）
保全業得經營左列業務：
一　關於辦公處所、營業處所、廠場、倉庫、演藝場所、競賽場所、住居處所、展示及閱覽場所、停車場等防盜、防火、防災之安全防護。
二　關於現金或其他貴重物品運送之安全維護。
三　關於人身之安全維護。
四　其他經中央主管機關核定之保全業務。

第 4 條之 1（治安事故之通報）
保全業執行業務時，發現強盜、竊盜、火災或其他與治安有關之事故，應立即通報當地警察機關處理。

第 4 條之 2（報備及檢查）
Ⅰ保全業應自開業之日起七日內報請當地主管機關備查。
Ⅱ前項主管機關應於收到報備文後十日內派員檢查其執行業務情形。

第 5 條（保全業之許可登記）
經營保全業務者，應檢附申請書、營業計畫書，向中央主管機關申請許可，於取得許可證後，始得申請公司設立登記；其設立分公司者，亦同。

第 6 條（逾期未登記之撤銷）
保全業經中央主管機關許可經營保全業務，於許可後逾六個月未辦妥公司設立登記者，由中央主管機關撤銷其許可。

第 7 條（最低資本額之訂定）
保全業應實收之最低資本額，由中央主管機關定之。

第 8 條（保全業應有之設備）
Ⅰ經營保全業應有左列設備：
一　固定專用之營業處所。
二　自動通報紀錄情況管制系統設備。
三　巡迴服務車。
四　運鈔車：經營第四條第二款之業務者，應有特殊安全裝置運鈔車。
五　其他經中央主管機關依經營項目核定應有之設備。
Ⅱ前項第三款巡迴服務車及第四款特殊安全裝置運鈔車應有之設備，由中央主管機關定之。

第 9 條（保全業之賠償責任）
Ⅰ保全業因執行保全業務，應負賠償之責任，應向金融監督管理委員會核准之保險公司投保責任保險；其投保金額，由中央主管機關定之。
Ⅱ前項責任保險，應於開業前辦理投保，未經中央主管機關同意，不得中途退保。

第 10 條（保全人員之僱用）
保全業應置保全人員，執行保全業務，並於僱用前檢附名冊，送請當地主管機關審查合格後僱用之。必要時，得先行僱用之；但應立即報請當地主管機關查核。

第 10 條之 1（保全人員之消極資格）
Ⅰ有下列情形之一者，不得擔任保全人員。但其情形發生於本法中華民國九十二年一月二十二日修正施行前且已擔任保全人員者，不在此限：
一　未滿二十歲或逾七十歲。
二　曾犯組織犯罪防制條例、肅清煙毒條例、麻醉藥品管理條例、毒品危害防制條例、槍砲彈藥刀械管制條例、貪污治罪條例、兒童及少年性交易防制條例、兒童及少年性剝削防制條例、人口販運防制法、洗錢防制法之罪，或刑法之第一百七十三條至第一百八十條、第一百八十五條之一、第一百八十五條之二、第一百八十六條之一、第一百九十條、第一百九十一條之一、妨害性自主罪章、妨害風化罪章、第二百七十一條至第二百七十五條、第二百七十七條第二項及第二百七十八條之罪、妨害自由罪章、竊盜罪章、搶奪強盜及海盜罪章、侵占罪章、詐欺

背信及重利罪章、恐嚇及擄人勒贖罪章、贓物罪章之罪，經判決有罪，受刑之宣告。但受緩刑宣告，或其刑經易科罰金、易服社會勞動、易服勞役、受罰金宣告執行完畢，或判決無罪確定者，不在此限。

三　因故意犯前款以外之罪，受有期徒刑逾六個月以上刑之宣告確定，尚未執行或執行未畢或執行完畢未滿一年。但受緩刑宣告者，不在此限。

四　曾受保安處分之裁判確定，尚未執行或執行未畢。

五　曾依檢肅流氓條例認定為流氓或裁定交付感訓。但經撤銷流氓認定、裁定不付感訓處分確定者，不在此限。

II保全業知悉所屬保全人員，有前項各款情形之一者，應即予解職。

第 10 條之 2（保全人員之訓練）

保全業僱用保全人員應施予一週以上之職前專業訓練；對現職保全人員每個月應施予四小時以上之在職訓練。

第 11 條（董事、監察人或經理人之消極資格）

I有公司法第三十條第二款至第六款情事之一者，不得充任保全業之董事、監察人或經理人；已充任者，解任之，並由主管機關通知經濟部撤銷其董事、監察人或經理人登記。

II保全業應將董事、監察人或經理人之名冊，自任職之日起七日內，報請當地主管機關備查；異動時，亦同。

第 12 條（保全業之要式性）

I保全業受任辦理保全業務，應訂立書面契約。

II前項書面契約應記載事項，由中央主管機關定之。

第 13 條（主管機關得派員隨時檢查保全業務）

I主管機關得隨時派員攜帶證明文件，檢查保全業業務情形，並得要求其提供相關資料。

II保全業之董事、監察人、經理人或從業人員，對前項之檢查及要求，不得拒絕。

III主管機關應定期查核保全人員資格，其有第十條之一第一項各款情形之一者，應通知所屬保全業即予解職。

第 14 條（保全人員執行業務之著裝及安全裝備）

I保全人員於執行保全業務時，應穿著定式服裝，避免與軍警人員之服裝相同或類似，並隨身攜帶身分證明文件及通訊、安全防護裝備。

II前項服裝之式樣、顏色、標誌，應報請中央主管機關備查；通訊、安全裝備之種類、規格及使用，由中央主管機關定之。

第 15 條（保全業之無過失賠償責任）

I保全業應負責監督所僱用之保全人員，並防範其侵害委任人權益。

II保全業於其保全人員因執行職務不法侵害委任人之權益時，與行為人負無過失之連帶損害賠償責任。

第 16 條（處罰）

I保全業有下列情事之一者，主管機關得處新臺幣十萬元以上五十萬元以下罰鍰：

一　違反第八條規定，未備應有之設備。

二　違反第九條規定，不為投保責任保險或中途退保。

三　違反第十條規定，對僱用之保全人員不送審查、經審查不合格而仍僱用或未送查核。

四　違反第十條之一第二項規定，對於應予解職之保全人員，未予解職。

五　違反第十條之二規定，對僱用之保全人員未依規定施予職前專業訓練或在職訓練。

II有前項各款情事之一，經限期改善，而屆期未改善或再次違反者，主管機關得處停止營業一個月以上一年以下；其情節重大者，廢止其許可。

第 17 條（處罰）

I有左列情事之一者，主管機關得處新臺幣六萬元以上三十萬元以下罰鍰：

一　違反第四條之一規定，未依規定程序通報有關機關處理者。

二　違反第四條之二規定，未於開業之日起七日內報請當地主管機關備查者。

三　違反第十一條規定，選用董事、監察人或經理人，或未將董事、監察人或經理人之名冊於限期內報請備查者。

II有左列情事之一者，主管機關得處新臺幣二十萬元以上一百萬元以下罰鍰：

一　違反第十三條規定，拒絕接受檢查或不提供資料者。

二　違反第十五條規定，發生侵害委任人權益之情事者。

III有前二項各款情事之一，經限期改善，而屆期不改善或再次違反者，主管機關得處停止營業一個月以上一年以下。

第 18 條（處罰）

I有左列情事之一者，主管機關得視情節，對該保全業為警告之處分，或處新臺幣九千元以上九萬元以下罰鍰，並限期改善：

一　違反第十二條第一項規定者。

二　違反第十四條第一項規定，未著定式服裝者。

II前項之罰鍰處分，得連續按次為之。

第 19 條（處罰）

未經許可或已經撤銷許可而仍經營保全業務者，應勒令歇業，並得處新臺幣三萬元以上三十萬元以下罰鍰。

第 20 條（施行前保全業之申請）
本法施行前已經營保全業者，應於本法施行後一年內，依本法規定，向中央主管機關申請許可；逾期未辦理者，由主管機關通知經濟部撤銷其公司登記或部分登記事項。
第 21 條（罰鍰之強制執行）
Ⅰ依本法所處之罰鍰，由當地主管機關爲之。
Ⅱ前項罰鍰，經通知繳納，逾期不繳納者，移送法院強制執行。
第 22 條（施行細則）
本法施行細則，由中央主管機關定之。
第 23 條（施行日）
本法自公布日施行。

當舖業法

1.中華民國90年6月6日總統令制定公布全文38條；並自公布日施行
2.中華民國97年11月26日總統令修正公布第4、11、38條條文
中華民國98年3月12日行政院令發布定自98年4月13日施行
3.中華民國99年12月29日總統令修正公布第11條條文
中華民國101年6月25日行政院公告第12條第1項所列屬「財政部」之權責事項，經行政院公告自93年7月1日起變更爲「行政院金融監督管理委員會」管轄，自101年7月1日起改由「金融監督管理委員會」管轄
4.中華民國109年1月15日總統令修正公布第5、12條條文

第一章　總　則

第1條（立法目的及適用範圍）
爲健全當舖業之經營輔導與管理，特制定本法。本法未規定者，依其他法律之規定。

第2條（主管機關）
本法所稱主管機關：在中央爲內政部；在直轄市爲直轄市政府；在縣（市）爲縣（市）政府。

第3條（用詞定義）
本法用詞定義如下：
一　當舖業：指依本法申請許可，專以經營質當爲業之公司或商號。
二　當舖業負責人：指依公司法或商業登記法規定之負責人。
三　持當人：指以動產爲擔保，向當舖業借款之人。
四　質當：指持當人以動產爲擔保，並交付於當舖業，向其借款、支付利息之行爲。
五　收當：指當舖業就持當人提供擔保借款之動產，貸與金錢之行爲。
六　轉當：指當舖業以收當之質當物持向其他當舖業質當之行爲。
七　取贖：指清償債務，取回質當物之行爲。
八　質當物：指持當人提供當舖業擔保借款之動產。
九　流當物：指滿當期日屆滿五日後，仍未取贖或順延質當之質當物。
十　當票：指當舖業於收當質當物後，開立予持當人收執，作爲取贖之憑證。
十一　質當金額：指當舖業就質當物估價後，貸與持當人之金額。
十二　滿當期日：指約定取贖之最後日期。

第二章　登記管理

第4條（檢附申請書應載明事項）
Ⅰ經營當舖業應檢附申請書，向當地主管機關申請籌設。但不得設立分支機構。
Ⅱ前項申請書，應載明下列事項：
一　公司或商號名稱。
二　負責人。
三　營業所在地與保存質當物庫房所在地及安全設備。
四　投保責任保險金額及契約書內容摘要。
五　資本額。
Ⅲ前項第一款之名稱，應列有當舖二字。
Ⅳ當舖業之核准籌設家數，依其所在地之直轄市、縣（市）人口數，自本法施行後，第一年每增加三萬人籌設一家，第二年起每增加二萬人籌設一家爲基準。但本法施行前已經主管機關核准設立者，不列入計算。
Ⅴ第一項申請籌設，由當地主管機關審查核可後，發給籌設同意書。
Ⅵ前項申請者取得籌設同意書後，應按指定之期限籌設完成，並向當地主管機關申請勘驗，經勘驗合格取得許可證後，應於六個月內辦妥公司設立登記或商業登記。
Ⅶ前項籌設經勘驗不合格，且未能於指定之期限改善並申請複勘者，由當地主管機關廢止籌設同意書。
Ⅷ前二項之籌設或依法登記或限期改善，如因正當理由，無法於指定期限完成，得於期限屆滿前敘明理由向當地主管機關申請展期，並以一次爲限。
Ⅸ未依第六項所定六個月期限辦妥登記，且未申請展期者，或申請展期後仍未辦妥登記者，由當地主管機關廢止許可。
Ⅹ第一項、第二項、第五項至第七項之審核籌設申請、審核發給籌設同意書、勘驗、許可及廢止作業程序，由中央主管機關定之。

第5條（負責人之消極資格）
有下列情事之一者，不得充當舖業之負責人，其已充任者，當然解任，並由主管機關通知商業或公司主管機關，廢止其負責人登記：
一　曾犯組織犯罪防制條例規定之罪，經有罪判決確定者。
二　曾犯貪污治罪條例、洗錢防制法規定之罪、竊盜罪、搶奪罪、強盜罪、擄人勒贖罪、贓物罪、詐欺罪、背信罪、侵占罪或重利罪，經有罪判決確定，尚未執行、執行未畢或執行完畢未滿五年者。

三　受破產宣告，尚未復權者。
四　使用票據經拒絕往來尚未期滿者。
五　曾爲當舖業之負責人，因其經營之當舖業違反第二十八條規定被廢止許可者。

第 6 條（許可證之換發、補發及註銷）

I 許可證如有毀損或遺失時，應於十五日內報請當地主管機關換發或補發。

II 當舖業解散、歇業前或廢止許可後，應將許可證及籌設同意書報請當地主管機關辦理註銷。

第 7 條（最低資本額）

當舖業之最低資本額，由中央主管機關定之。

第 8 條（營業場所及庫房之設置基準）

I 當舖業應有固定之營業場所及儲藏質當物之庫房；其設置基準，由中央主管機關定之。

II 當舖業經營當舖業務，應於登記之營業所在地爲之；保存質當物，應於登記之庫房所在地爲之。

III 前項保存質當物之庫房，因受營業場所之限制須增設庫房者，得於向當地主管機關報備後增設之。

IV 當舖業應以善良管理人之注意義務，保管質當物，並不得轉當。

第 9 條（申請變更許可事項）

當舖業開業後擬變更下列事項，應向當地主管機關申請變更許可：
一　公司或商號名稱。
二　負責人。
三　營業所在地與保存質當物庫房所在地及安全設備。
四　資本額。

第 10 條（停業申請書）

I 當舖業停業一個月以上時，應檢附停業申請書，報請當地主管機關審核；復業前，亦同。

II 當舖業於前項停業前，如尚有未取贖之質當物，應於停業前五日告知持當人，且停業期間，不得計收利息，並應按停業時間，順延滿當期日。

第 11 條（營業場所揭示事項）

I 當舖業應於營業場所之明顯處，將下列事項揭示：
一　許可證。
二　負責人或營業人員之姓名。
三　以年率爲準之利率。
四　利息計算方式。
五　營業時間。

II 前項第三款之年率，最高不得超過百分之三十。

第 12 條（責任保險之投保）

I 當舖業應向金融監督管理委員會核准之保險公司投保責任保險；其投保金額，由中央主管機關會同金融監督管理委員會定之。

II 前項責任保險，應於開業前辦理投保，並持續維持有效保險契約，不得中斷。

第 13 條（質當物毀損、滅失之查驗）

I 當舖業如遭受不可抗力之災害，致質當物毀損、滅失時，應即通知持當人，並造列清冊，通報當地主管機關、保險公司及當地同業公會會同查驗，並封存賸餘質當物，由當事人協議處理之。

II 當舖業與持當人約定因可歸責於自己之事由，致質當物滅失、毀損或被盜時，持當人應放棄損害賠償請求權者，其約定爲無效。

第 14 條（當票記載事項）

I 當舖業應備當票，記載下列事項：
一　質當物之名稱、件數及特徵。
二　質當金額。
三　利率及所需費用。
四　滿當期日。
五　持當人之姓名、國民身分證、駕駛執照、護照或居留證之編號。
六　當舖業牌號及營業地址。
七　遺失當票時之辦理手續。
八　責任保險內容。
九　其他經主管機關規定之事項。

II 前項當票應備有正副二聯，正聯交持當人收執，副聯爲存根，並應編號順序使用。

第三章　營業管理

第 15 條（查驗證件並捺指紋）

I 當舖業收當物品時，應查驗持當人之身分證件，並由持當人於當票副聯內捺指紋，始可收當。

II 前項所捺指紋，應爲左手大拇指之三面清晰指紋，如殘缺左手大拇指時，應捺印左手或右手其他手指指紋，並註明所捺之手指指名。但無手指者，不在此限。

第 16 條（不得收當之物）

I 當舖業不得收當下列物品：
一　違禁物。
二　有價證券及各種存款憑證。
三　機關印信及其他政府機關管理之財物。
四　軍警制服及其他附屬物品。
五　政府核發之證照及私人身分證明文件。
六　其他經政府明令禁止及管制買賣之物品。

II 當舖業於收當物品時發現前項第一款、第三款、第四款、第六款或其他非法持有之物品時，應通報當地警察機關。

第 17 條（不得收當無行爲能力人及限制行爲能力人之質當物）

當舖業不得收當無行爲能力人及限制行爲能力人之質當物。但限制行爲能力人經其法定代理人同意者，不在此限。

第 18 條（當票取贖及掛失）

I 當票持有人在滿當期日前，得於當舖業營業時間隨時持當票取贖質當物；取贖時，應將當票繳回當舖業，並於當票副聯簽註已取贖質當物。

II 持當人於當票遺失、破損，應向原當舖業辦理掛失手續。未辦理掛失者，如由第三人持票取贖者，當舖業不負損害賠償責任。

第 19 條（質當物利息計算及費用）

質當物於一個月內取贖者，概以一個月計算利息及費用；逾月後之最初五日不計算，超過五日者以半個月計算，超過十五日者以一個月計算。但不得預扣利息及費用。

第 20 條（利息及倉棧費之收取）

I 當舖業除計收利息及倉棧費外，不得收取其他費用。

II 前項倉棧費之最高額，不得超過收當金額百分之五。

第 21 條（滿當期限及滿期後之處理方式）

當舖業之滿當期限，不得少於三個月，少於三個月者，概以三個月計之；滿期後五日內仍得取贖或付清利息順延質當；屆期不取贖或順延質當者，質當物所有權移轉於當舖業。

第 22 條（登記簿及流當物清冊備查）

當舖業應備登記簿，登記持當人及收當物品等資料，每二星期以影印本二份送主管機關備查；收當物品於逾滿當期日五日後，仍未取贖或順延質當者，應即填具流當物清冊，備主管機關查核，其流當物得拍賣或陳列出售。

第 23 條（查察）

當地警察機關對於當舖業，得視需要予以查察。

第 24 條（報警處理）

當舖業收當物品時，如對持當人之身分或物品認有可疑時，除拒絕收當外，並應立即報告附近警察機關處理。

第 25 條（報警處理）

當舖業接到警察機關通報失物查尋資料後，應與收當物品詳細核對，如發現有相似或可疑時，立即通知附近警察機關處理。

第 26 條（贓物物主之取回方式）

I 當舖業之負責人或其營業人員依本法規定收當之物品，經查明係贓物時，其物主得以質當金額贖回。

II 當舖業之負責人或其營業人員非依本法規定收當之物品，經查明係贓物時，應無償發還原物主；原物主已先贖回者，應將其贖回金額發還。

第四章　罰　則

第 27 條（違法營業之處罰）

未經許可或已廢止許可或擅自設立分支機構，而經營當舖業業務者，除命令停止營業外，並處新臺幣三萬元以上十五萬元以下罰鍰。

第 28 條（處罰）

當舖業違反第二十二條規定者，處新臺幣二萬元以上十萬元以下罰鍰，並通知限期改善；屆期仍未完成改善者，按次連續處罰，必要時，並得命其停業或廢止其許可。

第 29 條（妨礙、拒絕查察之處罰）

規避、妨礙或拒絕第二十三條之查察者，處新臺幣二萬元以上十萬元以下罰鍰。

第 30 條（處罰）

當舖業違反第五條、第十五條或第十六條規定者，處新臺幣二萬元以上十萬元以下罰鍰。

第 31 條（罰鍰）

當舖業有下列情事之一者，處新臺幣一萬元以上五萬元以下罰鍰，並通知限期改善；屆期仍未完成改善者，按次連續處罰：

一　違反第八條第一項未設固定營業場所或庫房，或第九條規定未申請變更許可者。

二　違反第十一條規定未為揭示者。

三　違反第十二條第二項規定中斷保險契約者。

四　違反第十四條規定未備當票或其格式不符者。

第 32 條（罰鍰）

當舖業有下列情事之一者，處新臺幣一萬元以上五萬元以下罰鍰：

一　違反第八條第四項、第十條第二項或第十九條至第二十一條規定之一者。

二　違反第十三條第一項規定未通知持當人、造列清冊、通報會同查驗或封存賸餘質當物者。

第 33 條（罰鍰）

當舖業有下列情事之一者，處新臺幣六千元以上三萬元以下罰鍰：

一　違反第六條第一項規定未報請換發或補發許可證者。

二　違反第十條第一項規定未於停業、復業前報請審核者。

第 34 條（強制執行）

I 依本法所處之罰鍰，由當地主管機關為之。

II 前項罰鍰，經限期繳納，屆期仍不繳納者，依法移送強制執行。

第五章　附　則

第 35 條（證照申請換發）

I 本法施行前已經許可、登記之當舖業，應於本法施行後二年內，檢附原證照向當地主管機關申請換發新證照。但其資本額及責任保險應符合本法規定。

II 屆期未依前項規定辦理者，廢止其原許可。

III 本法施行前，各直轄市政府已設立之公營質借機構，準用本法之規定辦理，並不得增設。

IV 前項公營質借機構，應自負盈虧，不得以公務預算負擔其人事、業務及房地租賃等費用。

第 36 條（許可證費額之訂定）

核發、換發及補發當舖業之許可證費用，其費額，由中央主管機關定之。

第37條（各種書表格式之訂定）

本法所規定之各種書表格式，由中央主管機關定之。

第38條（施行日）

Ⅰ本法自公布日施行。

Ⅱ本法中華民國九十七年十一月七日修正之條文，其施行日期由行政院定之。

道路交通管理處罰條例

1.中華民國 75 年 5 月 21 日總統令修正公布全文 93 條
中華民國 76 年 5 月 29 日行政院令發布定自 76 年 7 月 1 日起施行
2.中華民國 86 年 1 月 22 日總統令修正公布第 3、7、8、12、15～17、24、27、29～31、33、35～38、44、55～57、59、60、62～65、67、86、87、90 條條文；並增訂第 7-1、63-1、83-1、82-1、85-1 條條文
中華民國 86 年 2 月 24 日行政院令發布定自 86 年 3 月 1 日起施行
3.中華民國 86 年 4 月 23 日總統令修正公布第 12、14 條條文
中華民國 86 年 5 月 26 日行政院令發布自 86 年 6 月 1 日起施行
4.中華民國 88 年 4 月 21 日總統令修正公布第 37 條條文
中華民國 88 年 6 月 24 日行政院令發布定自 88 年 7 月 1 日施行
5.中華民國 90 年 1 月 17 日總統令增訂公布第 18-1、21-1、29-1、29-2、31-1、85-2～85-4、90-1、90-2 條條文；刪除第 64、77、79 條條文；並修正第 8、9、12～14、19、21、25、28～31、33～35、37、39～41、43、45、47、51～53、55～57、60、61、63、67、75、78、80～84、87、90、93 條條文
中華民國 90 年 4 月 3 日行政院令發布定自 90 年 6 月 1 日施行
6.中華民國 91 年 7 月 3 日總統令修正公布第 4、9、12、16、21-1、24、29、30、33、35、37、62、82-1、85-1、85-2、92 條條文；並增訂第 7-2、9-1、29-3、29-4 條條文
中華民國 91 年 8 月 14 日行政院令發布定自 91 年 9 月 1 日施行
7.中華民國 92 年 1 月 2 日總統令增訂公布第 92-1 條條文
中華民國 92 年 5 月 12 日行政院令發布定自 92 年 6 月 1 日施行
8.中華民國 93 年 4 月 21 日總統令修正公布第 61 條條文
中華民國 93 年 6 月 30 日行政院令發布定自 93 年 7 月 1 日施行
9.中華民國 94 年 2 月 5 日總統令修正公布第 56 條條文
中華民國 94 年 7 月 5 日行政院令發布定自 94 年 9 月 1 日施行
10.中華民國 94 年 12 月 14 日總統令修正公布第 68 條條文
中華民國 95 年 2 月 27 日行政院令發布定自 95 年 3 月 1 日施行
11.中華民國 94 年 12 月 28 日總統令修正公布第 3、5、7-2、8～10、12～16、18、20～26、29、29-2、29-3、30、31、32、33、35～38、40、42～50、53～55、57～63、65～67、69、71～74、76、78、80、82、83～85-1、85-3、90-2、92 條條文；增訂第 31-2、32-1、67-1、90-3 條條文；並刪除第 28 條條文
中華民國 95 年 6 月 23 日行政院令發布第 29-2、31、31-2、32-1、42、73、82、83、84 條定自 96 年 1 月 1 日施行，餘定自 95 年 7 月 1 日施行
12.中華民國 96 年 1 月 29 日總統令修正公布第 9-1、92 條條文
中華民國 96 年 9 月 13 日行政院令發布定自 96 年 11 月 1 日施行
13.中華民國 96 年 7 月 4 日總統令修正公布第 69 條條文；並增訂第 69-1 條條文
中華民國 97 年 4 月 11 日行政院令發布定自 97 年 4 月 15 日施行
14.中華民國 97 年 5 月 28 日總統令修正公布第 65 條條文
中華民國 97 年 8 月 25 日行政院令發布定自 97 年 9 月 1 日施行
15.中華民國 99 年 5 月 5 日總統令修正公布第 68 條條文
中華民國 99 年 8 月 31 日行政院令發布定自 99 年 9 月 1 日施行
16.中華民國 100 年 1 月 19 日總統令修正公布第 35 條條文
中華民國 100 年 2 月 15 日行政院令發布定自 100 年 2 月 15 日施行
17.中華民國 100 年 5 月 11 日總統令修正公布第 31 條條文
中華民國 100 年 7 月 4 日行政院令定自 100 年 8 月 1 日施行
18.中華民國 100 年 5 月 18 日總統令修正公布第 45、55、78 條條文
中華民國 100 年 7 月 18 日行政院令定自 100 年 8 月 1 日施行
19.中華民國 100 年 11 月 23 日總統令修正公布第 65、85-3、87、92 條條文；並刪除第 88、89、90-2 條條文
中華民國 101 年 6 月 19 日行政院令發布第 92 條定自 101 年 7 月 1 日施行，餘定自 101 年 9 月 6 日施行
20.中華民國 101 年 5 月 30 日總統令修正公布第 3、4、7-2、21、21-1、22、27、31、31-1、33、35、43、45、54、85-2、90-3、91、92 條條文
中華民國 101 年 10 月 12 日行政院令發布定自 101 年 10 月 15 日施行
21.中華民國 102 年 1 月 30 日總統令修正公布第 8、35、67 條條文
中華民國 102 年 2 月 26 日行政院令發布定自 102 年 3 月 1 日施行
22.中華民國 102 年 5 月 8 日總統令修正公布第 14、25、31 條條文
中華民國 102 年 7 月 9 日行政院令發布定自 102 年 7 月 15 日施行
中華民國 102 年 7 月 19 日行政院公告第 92 條第 5 項所列屬「行政院衛生署」之權責事項，自 102 年 7 月 23 日起改由「衛生福利部」管轄
23.中華民國 103 年 1 月 8 日總統令修正公布第 7-2、9、31-1、43、45、73、74 條條文
中華民國 103 年 3 月 27 日行政院令發布定自 103 年 3 月 31 日施行
24.中華民國 103 年 6 月 18 日總統令修正公布第 7-1、48、91 條條文
中華民國 103 年 8 月 11 日行政院令發布定自 103 年 8 月 15 日施行
25.中華民國 104 年 1 月 7 日總統令修正公布第 4、9、9-1、12、31、31-1、33、56、69、85-3 條條文
中華民國 104 年 6 月 8 日行政院令發布定自 104 年 7 月 1 日施行
26.中華民國 104 年 5 月 20 日總統令修正公布第 3、4、7-2、45、50、63、74、76、80 條條文；並增訂第 7-3、8-1、53-1、85-5 條條文
中華民國 104 年 8 月 10 日行政院令發布定自 104 年 8 月 15 日施行

27.中華民國 105 年 11 月 9 日總統令修正公布第 37 條條文
中華民國 105 年 12 月 30 日行政院令發布定自 106 年 1 月 1 日施行
28.中華民國 105 年 11 月 16 日總統令修正公布第 29-2、54、63、69 條條文；並增訂第 56-1 條條文
中華民國 106 年 5 月 10 日行政院令發布定自 106 年 7 月 1 日施行
29.中華民國 107 年 5 月 23 日總統令修正公布第 60 條條文
中華民國 107 年 7 月 23 日行政院令發布定自 107 年 9 月 1 日施行
30.中華民國 107 年 6 月 13 日總統令修正公布第 61、63 條條文
中華民國 107 年 7 月 23 日行政院令發布定自 107 年 9 月 1 日施行
31.中華民國 108 年 4 月 17 日總統令修正公布第 35、37、45、67、73、85-2、87 條條文；並增訂第 35-1、35-2 條條文
中華民國 108 年 5 月 31 日行政院令發布第 37、87 條定自 108 年 6 月 1 日施行；第 35、35-2、45、73、85-2 條、第 67 條第 1～4、7、8 項定自 108 年 7 月 1 日施行；第 35-1 條、第 67 條第 5、6 項定自 109 年 3 月 1 日施行
32.中華民國 108 年 5 月 22 日總統令修正公布第 44、48、74、82 條條文
33.中華民國 108 年 6 月 19 日總統令修正公布第 69、72、73、76 條條文；並增訂第 72-1 條條文
34.中華民國 109 年 6 月 10 日總統令修正公布第 30、55、90 條條文；施行日期，由行政院以命令定之

第一章　總　則

第 1 條（立法目的）

爲加強道路交通管理，維護交通秩序，確保交通安全，制定本條例。

第 2 條（適用範圍）

道路交通管理、處罰，依本條例規定；本條例未規定者，依其他法律規定。

第 3 條（用詞定義）

本條例用詞，定義如下：

一　道路：指公路、街道、巷衖、廣場、騎樓、走廊或其他供公眾通行之地方。

二　車道：指以劃分島、護欄或標線劃定道路之部分，及其他供車輛行駛之道路。

三　人行道：指爲專供行人通行之騎樓、走廊，及劃設供行人行走之地面道路，與人行天橋及人行地下道。

四　行人穿越道：指在道路上以標線劃設，供行人穿越道路之地方。

五　標誌：指管制道路交通，表示警告、禁制、指示，而以文字或圖案繪製之標牌。

六　標線：指管制道路交通，表示警告、禁制、指示，而在路面或其他設施上劃設之線條、圖形或文字。

七　號誌：指管制道路交通，表示行進、注意、停止，而以手勢、光色、音響、文字等指示之訊號。

八　車輛：指非依軌道電力架設，而以原動機行駛之汽車（包括機車）、慢車及其他行駛於道路之動力車輛。

九　大眾捷運系統車輛：指大眾捷運法所定大眾捷運系統使用之專用動力車輛。

十　臨時停車：指車輛因上、下人、客，裝卸物品，其停止時間未滿三分鐘，保持立即行駛之狀態。

十一　停車：指車輛停放於道路兩側或停車場所，而不立即行駛。

第 4 條（道路安全設施之設置與管理及遵守；違反時應負之刑責）

Ⅰ道路標誌、標線、號誌及其他相關設施之設置與管理，應提供車輛、大眾捷運系統車輛駕駛人及行人有關道路路況之警告、禁制、指示等資訊，以便利行旅並確保交通安全。

Ⅱ駕駛人駕駛車輛、大眾捷運系統車輛或行人在道路上，應遵守道路交通標誌、標線、號誌之指示、警告、禁制規定，並服從執行交通勤務之警察或依法令執行指揮交通及交通稽查任務人員之指揮。

Ⅲ前項道路交通標誌、標線、號誌之指示、警告、禁制規定、樣式、標示方式、設置基準及設置地點等事項之規則，由交通部會同內政部定之。

Ⅳ駕駛人駕駛車輛、大眾捷運系統車輛或行人違反第二項規定肇事或致人肇事因而致人受傷或死亡者，應依法負其刑事責任。但因執行交通勤務之警察或依法令執行指揮交通及交通稽查任務人員之指揮有明顯過失而致之者，不在此限。

第 5 條（道路通行之禁止或限制）

爲維護道路交通安全與暢通，公路或警察機關於必要時，得就下列事項發布命令：

一　指定某線道路或某線道路區段禁止或限制車輛、行人通行，或禁止穿越道路，或禁止停車及臨時停車。

二　劃定行人徒步區。

第 6 條（道路通行之禁止或限制）

道路因車輛或行人臨時通行量顯著增加，或遇突發事故，足使交通陷於停滯或混亂時，警察機關或執行交通勤務之警察，得調撥車道或禁止、限制車輛或行人通行。

第 7 條（稽查及違規紀錄之執行）

Ⅰ道路交通管理之稽查，違規紀錄，由交通勤務警察，或依法令執行交通稽查任務人員執行之。

Ⅱ前項稽查，得由交通助理人員協助執行，其稽查項目爲違規停車者，並得由交通助理人員逕行執行之；其設置、訓練及執行之辦法，由內政部會同交通部定之。

第7條之1（民眾舉發之相關規定）

對於違反本條例之行爲者，民眾得敘明違規事實或檢具違規證據資料，向公路主管或警察機關檢舉，經查證屬實者，應即舉發。但行爲終了日起逾七日之檢舉，不予舉發。

❖ 法學概念

警察舉發與人民舉發

警察舉發係機關舉發之一環，有別於人民舉發，「機關」舉發與「人民舉發，在舉發行爲之本質定義範圍有所不同，因人民舉發前所爲之行爲仍屬於私法行爲，而非公法行爲。警察舉發係屬機關舉發之一環，其與人民舉發之不同，應從舉發行爲之定義範圍著手區別。另一重點係爲警察舉發之特色，由於依據警察任務法基礎理論，警察負有「危害防止」（Gefahrenabwehr）與「犯行追緝」（Verfolgung von Stradaten）之雙重任務，所負危害防止任務係爲行政法上之作用，而犯行追緝則爲刑事司法作用，警察機關包含著行政調查，然而當警察機關實施行政調查時，後續發現犯罪事實，實施行爲將從行政程序轉換爲犯罪偵查程序，則產生典型任務競合。警察舉發時應遵守與實踐正當法律程序，包含「形式上正當程序」與「實質上正當程序」。從「形式上正當程序」而言，廣義警察行政上之舉發應遵守法規範程序上之規定，此後規範即爲憲法與各相關行政法律與命令，而憲法係上位規範，並無具體規定，對於行政之正當法律程序規定，均集中於法律與命令，在此針對警察舉發，除了所依據個別法規，重要者應爲行政程序法、行政罰法與警察職權行使法。至於針對「實質上正當程序」，主要應依據各項行政法原則。因此警察舉發係爲行政行爲之一環，首先應遵守行政程序法，而行政罰法第八章規定「裁處程序」，其實大多係爲違規取締調查之權，其規定主要重點爲：表明身分及告知事由（第33條）、必要處置（第34條）、查證身分措施(第35條）、物之扣留與處理（第36條至第41條）、陳述意見與聽證程序（第42條與第43條）、送達（第44條）。又前述行政程序法之授權，並非警察主動取締調查勤務之權力依據，僅作爲相關行政處分或裁處業務之調查授權規定，而外勤警察取締調查常採主動出擊方式，尚須依據警察職權行使法或相關規定爲之。

【陳正根，〈論警察法上舉發之行爲〉，收錄於氏著《警察與秩序法研究(二)：干預行政與基本人權之保障》，五南，初版，2013.08，238頁以下。】

第7條之2（逕行舉發與例外）

I 汽車駕駛人之行爲有下列情形之一，當場不能或不宜攔截製單舉發者，得逕行舉發：

一　闖紅燈或平交道。

二　搶越行人穿越道。

三　在道路收費停車處所停車，不依規定繳費。

四　不服指揮稽查而逃逸，或聞消防車、救護車、警備車、工程救險車、毒性化學物質災害事故應變車之警號不立即避讓。

五　違規停車或搶越行人穿越道，經各級學校交通服務隊現場導護人員簽證檢舉。

六　行經設有收費站、地磅之道路，不依規定停車繳費或過磅。

七　經以科學儀器取得證據資料證明其行爲違規。

II 前項第七款之科學儀器應採固定式，並定期於網站公布其設置地點。但汽車駕駛人之行爲屬下列情形之一者，不在此限：

一　蛇行、危險方式駕車或二輛以上之汽車競駛或競技。

二　行駛路肩。

三　違規超車。

四　違規停車而駕駛人不在場。

五　未依規定行駛車道。

六　未依規定變換車道。

七　未保持安全距離。

八　跨越禁止變換車道線或槽化線。

九　行車速度超過規定之最高速限或低於規定之最低速限。

十　汽車駕駛人或乘客未依規定繫安全帶。

十一　機車駕駛人或附載座人未依規定戴安全帽。

III 對於前項第九款之違規行爲，採用固定或非固定式科學儀器取得證據資料證明者，於一般道路應於一百公尺至三百公尺間，於高速公路、快速公路應於三百公尺至一千公尺間，明顯標示之；其定點當場攔截製單舉發者，亦同。

IV 第一項逕行舉發，應記明車輛牌照號碼、車型等可資辨明之資料，以汽車所有人爲被通知人製單舉發。

❖ 法學概念

交通違規之逕行舉發

所謂「逕行舉發」，又稱「逕行告發」，係指針對汽車駕駛人違反道路交通管理事件，因當場不能或不宜攔截製單舉發，由道路交通執法人員記明該違規車輛之牌照號碼、車型、車身顏色等，先向交通資料機構查對後，再行製單舉發一種交通違規舉發制度。良以取締交通違規，固以及時攔停違規車輛予以舉發爲宜，但如駕駛人違規後逃逸，或因違當時，受客觀環境之限制，不能或不宜攔截製單舉發時，設若無其他救濟方式，則對法令效果與交通執法人員權威，即「法律秩序上之嚇阻性」勢將受到嚴重之破壞，乃有逕行舉發制度產生。而交通違規逕行舉發之要件與其適用之案件類型，規定於道路交通管理處罰條例第7條之2各款。然而，交通違規行爲態樣萬千，種類繁雜，當警察取締違規時，究應當場舉發或逕行舉發，有時眞正需要考量者，並非違規行爲之類型，而是在執法現場之各種主、客觀環境，加以綜合判斷分析，才能決定是否當場攔停舉發或事後逕行舉發。因此學者認爲，道路交通管理處罰條例以違規行爲類型作爲當場舉發或逕行舉發之主要考量因素，對於執法人員而言缺乏裁量空間，相關規定要求應一律當場舉發，可能造成執法人員安全上之疑慮，並增加駕駛人、用路人及其他道路參與者之風險，爲解決上述執法上之困境，相關規定實有進一步檢討修正之必要。

【陳正根，〈論警察法上舉發之行爲〉，收錄於氏著《警察與秩序法研究(二)：干預行政與基本人權之保障》，五南，初版，2013.08，265頁以下。】

總之，條例第7條2第1項所謂「當場不能或不宜攔截製單舉發」之情形。例如發警察眼見『稍縱即逝』之闖紅燈嚴重違規行爲，根本『不及』攔查或攔查反造成更具交通危害之情形，或即使得追逐攔停，惟相較違規態樣，顯不符經濟效益及成本，依行政法上之比例原則，即應採取逕行舉發而非攔停舉發，以免採取之手段與所欲達成之目的間，顯失均衡。警察之任務在於「防止危害」而非「製造危險」。惟實務上警察舉發交通違規行爲，並非應於一定距離前設置或標示明顯之標誌或告示。惟本案之舉發地點與交通標誌間，但應給予一般駕駛人充分反應時間，俾採取合法或改善之作爲即加以取締，否則有違行政法上「誠信原則」。

【李寧修，〈逕行舉發要件之再檢證〉，《台灣法學雜誌》，第298期，2016.06，150頁以下；蔡震榮，〈未依規定使用燈光逕行舉發案例分析〉，《台灣法學雜誌》，第142期，2009.12，210頁以下。】

第7條之3（對大眾捷運系統車輛之逕行舉發）

大眾捷運系統車輛駕駛人之行爲，有前條第一項所列得逕行舉發之情形者，應記明其車輛違規地點、時間、行駛方向等可資辨明之資料，以其營運機構爲被通知人製單舉發。

第8條（處罰機關）

I違反本條例之行爲，由下列機關處罰之：

一　第十二條至第六十八條及第九十二條第七項、第八項由公路主管機關處罰。

二　第六十九條至第八十四條由警察機關處罰。

II前項處罰於裁決前，應給予違規行爲人陳述之機會。

III第一項第一款之處罰，公路主管機關應設置交通裁決單位辦理；其組織規程由交通部、直轄市政府定之。

第8條之1（大眾捷運系統車輛違規準用汽車行駛規定之處罰）

大眾捷運系統車輛行駛共用通行道路，其駕駛人違反第二章汽車行駛規定條文者，依各該條規定處罰。

第9條（罰鍰之處罰）

I本條例所定罰鍰之處罰，受處罰人接獲違反道路交通管理事件通知單後，於三十日內得不經裁決，逕依第九十二條第四項之罰鍰基準規定，向指定之處所繳納結案；不服舉發事實者，應於三十日內，向處罰機關陳述意見；其不依通知所定期限前往指定處所聽候裁決，且未依規定期限繳納罰鍰結案或向處罰機關陳述意見者，處罰機關得逕行裁決之。

II本條例之罰鍰，應提撥一定比例專款專用於改善道路交通；其分配、提撥比例及運用等事項之辦法，由交通部會同內政部、財政部定之。

第9條之1（繳清尚未結案之罰鍰）

汽車所有人或駕駛人應於向公路監理機關辦理車輛過戶、停駛、復駛、繳交牌照、註銷牌照、換發牌照或駕駛執照前，繳清其所有違反本條例第二章、第三章尚未結案之罰鍰。

第10條（刑責部分之移送）

車輛所有人、駕駛人、行人、道路障礙者，違反道路交通管理，依法應負刑事責任者，分別移送該管地方法院檢察署、地方法院少年法庭或軍事機關處理。

第11條（軍用車輛及駕駛人之適用）

I軍用車輛及軍用車輛駕駛人，應遵守本條例有關道路交通管理之規定，並服從執行交通勤務之警察及憲兵指揮。

II國軍編制內之軍用車輛及軍用車輛駕駛人，違反前項規定之處罰，由國防部定之。

第二章　汽　車

第12條（無照行駛、停車之處罰）

I汽車有下列情形之一者，處汽車所有人新臺幣三千六百元以上一萬零八百元以下罰鍰，並禁止其行駛：

一　未領用牌照行駛。

二　拼裝車輛未經核准領用牌證行駛，或已領用牌證而變更原登檢規格、不依原規定用途行駛。

三　使用僞造、變造或矇領之牌照。

四　使用吊銷、註銷之牌照。

五　牌照借供他車使用或使用他車牌照。

六　牌照吊扣期間行駛。

七　已領有號牌而未懸掛或不依指定位置懸掛。

八　牌照業經繳銷、報停、吊銷、註銷，無牌照仍行駛。

九　報廢登記之汽車仍行駛。
十　號牌遺失不報請公路主管機關補發，經舉發後仍不辦理而行駛。

II 前項第一款中屬未依公路法規定取得安全審驗合格證明，及第二款、第九款之車輛並沒入之；第三款、第四款之牌照扣繳之；第五款至第七款之牌照吊銷之。

III 第一項第四款、第六款及第八款之汽車當場移置保管，並通知汽車所有人限期領回之。

IV 汽車未領用有效牌照、懸掛他車號牌或未懸掛號牌於道路停車者，依第一項規定處罰，汽車並當場移置保管及扣繳其牌照。

第 13 條（汽車所有人之處罰—牌照及標明事項之違規）

汽車行駛有下列情形之一者，處汽車所有人新臺幣二千四百元以上四千八百元以下罰鍰，並責令申請換領牌照或改正：

一　損毀或變造汽車牌照、塗抹污損牌照，或以安裝其他器具之方式，使不能辨認其牌號。
二　塗改客、貨車身標明之載客人數、載重量、總重量或總聯結重量，與原核定數量不符。
三　引擎號碼或車身號碼，與原登記位置或模型不符。

第 14 條（牌照行照違規之處罰）

I 汽車行駛應隨車攜帶行車執照、拖車使用證或預備引擎使用證。

II 汽車行駛有下列情形之一者，處汽車所有人新臺幣三百元以上六百元以下罰鍰，並責令改正、補換牌照或禁止其行駛：

一　牌照遺失或破損，不報請公路主管機關補發、換發或重新申請。
二　號牌污穢，不洗刷清楚或為他物遮蔽，非行車途中因遇雨、雪道路泥濘所致。

第 15 條（未依規定換照或繳回之處罰）

I 汽車有下列情形之一者，處汽車所有人或領用人新臺幣九百元以上一千八百元以下罰鍰：

一　經通知而不依規定期限換領號牌，又未申請延期，仍使用。
二　領用試車或臨時牌照，期滿未繳還。
三　領用試車或臨時牌照，載運客貨，收費營業。
四　領用試車牌照，不在指定路線或區域內試車。
五　行車執照及拖車使用證有效期屆滿，不依規定換領而行駛。

II 前項第一款情形經再通知後逾期仍不換領號牌，其牌照應予註銷；第二款、第三款之牌照應扣繳註銷；第四款應責令改正；第五款之牌照應扣繳並責令換領。

第 16 條（異動申報、安全及營業設備違規之處罰）

I 汽車有下列情形之一者，處汽車所有人新臺幣九百元以上一千八百元以下罰鍰：

一　各項異動，不依規定申報登記。
二　除頭燈外之燈光、雨刮、喇叭、照後鏡、排氣管、消音器設備不全或損壞不予修復，或擅自增、減、變更原有規格致影響行車安全。
三　未依規定於車身標明指定標識。
四　計程車，未依規定裝置自動計費器、車頂燈、執業登記證插座或在前、後兩邊玻璃門上，黏貼不透明反光紙。
五　裝置高音量喇叭或其他產生噪音器物。

II 前項第一款至第四款並應責令改正、反光紙並應撤除；第五款除應依最高額處罰外，該高音量喇叭或噪音器物並應沒入。

第 17 條（違反定期檢驗之處罰）

I 汽車不依限期參加定期檢驗或臨時檢驗者，處汽車所有人新臺幣九百元以上一千八百元以下罰鍰；逾期一個月以上者並吊扣其牌照，至檢驗合格後發還，逾期六個月以上者，註銷其牌照。

II 經檢驗不合格之汽車，於一個月內仍未修復並申請覆驗，或覆驗仍不合格者，吊扣其牌照。

第 18 條（汽車所有人之處罰—基本設備之變換、修復未檢驗）

I 汽車車身、引擎、底盤、電系等重要設備變更或調換，或因交通事故遭受重大損壞修復後，不申請公路主管機關施行臨時檢驗而行駛者，處汽車所有人新臺幣二千四百元以上九千六百元以下罰鍰，並責令其檢驗。

II 汽車所有人在一年內違反前項規定二次以上者，並吊扣牌照三個月；三年內經吊扣牌照二次，再違反前項規定者，吊銷牌照。

第 18 條之 1（汽車所有人之處罰—未裝設行車紀錄器）

I 汽車未依規定裝設行車紀錄器者，處汽車所有人新臺幣一萬二千元以上二萬四千元以下罰鍰。

II 汽車裝設之行車紀錄器無法正常運作，未於行車前改善，仍繼續行車者，處汽車所有人新臺幣九千元以上一萬八千元以下罰鍰。

III 未依規定保存行車紀錄卡或未依規定使用、不當使用行車紀錄器致無法正確記錄資料者，處汽車所有人新臺幣九千元以上一萬二千元以下罰鍰。

IV 違反前三項之行為，應責令其參加臨時檢驗。

第 19 條（汽車所有人之處罰—煞車失靈）

汽車煞車，未調整完妥靈活有效，或方向盤未保持穩定準確，仍准駕駛人使用者，處汽車所有人新臺幣一千八百元以上三千六百元以下罰鍰，並責令調整或修復。

第20條（汽車所有人之處罰—設備損壞之未修復）

汽車引擎、底盤、電系、車門損壞，行駛時顯有危險而不即行停駛修復者，處汽車所有人新臺幣一千八百元以上三千六百元以下罰鍰，並扣留其牌照，責令修復檢驗合格後發還之。檢驗不合格，經確認不堪使用者，責令報廢。

第21條（汽車駕駛人之處罰—未領駕照）

Ⅰ汽車駕駛人，有下列情形之一者，處新臺幣六千元以上一萬二千元以下罰鍰，並當場禁止其駕駛：

一　未領有駕駛執照駕駛小型車或機車。

二　領有機車駕駛執照，駕駛小型車。

三　使用偽造、變造或矇領之駕駛執照駕駛小型車或機車。

四　駕駛執照業經吊銷、註銷仍駕駛小型車或機車。

五　駕駛執照吊扣期間駕駛小型車或機車。

六　領有學習駕駛證，而無領有駕駛執照之駕駛人在旁指導，在駕駛學習場外學習駕車。

七　領有學習駕駛證，在駕駛學習場外未經許可之學習駕駛道路或規定時間駕車。

八　未領有駕駛執照，以教導他人學習駕車為業。

九　其他未依駕駛執照之持照條件規定駕車。

Ⅱ前項第九款駕駛執照之持照條件規定，由交通部定之。

Ⅲ未滿十八歲之人，違反第一項第一款或第三款規定者，汽車駕駛人及其法定代理人或監護人，應同時施以道路交通安全講習。

Ⅳ第一項第三款、第四款之駕駛執照，均應扣繳之；第五款並吊銷其駕駛執照。

Ⅴ汽車所有人允許第一項第一款至第五款之違規駕駛人駕駛其汽車者，除依第一項規定之罰鍰處罰外，並記該汽車違規紀錄一次。但如其已善盡查證駕駛人駕駛執照資格之注意，或縱加以相當注意而仍不免發生違規者，不在此限。

第21條之1（汽車駕駛人之處罰—未領駕照）

Ⅰ汽車駕駛人駕駛聯結車、大客車、大貨車，有下列情形之一者，汽車所有人及駕駛人各處新臺幣四萬元以上八萬元以下罰鍰，並當場禁止其駕駛：

一　未領有駕駛執照駕車。

二　領有機車駕駛執照駕車。

三　領有小型車駕駛執照駕車。

四　領有大貨車駕駛執照，駕駛大客車、聯結車或持大客車駕駛執照，駕駛聯結車。

五　駕駛執照業經吊銷、註銷仍駕車。

六　使用偽造、變造或矇領之駕駛執照駕車。

七　駕駛執照吊扣期間駕車。

Ⅱ前項第五款、第六款之駕駛執照，均應扣繳之；第七款並吊銷其駕駛執照。

Ⅲ違反第一項情形，並記該汽車違規紀錄一次。

Ⅳ汽車所有人如已善盡查證駕駛人駕駛執照資格之注意，或縱加以相當之注意而仍不免發生違規者，汽車所有人不受本條之處罰。

第22條（汽車駕駛人之處罰—駕駛違規使用）

Ⅰ汽車駕駛人，有下列情形之一者，處新臺幣一千八百元以上三千六百元以下罰鍰，並禁止其駕駛：

一　領有普通駕駛執照，駕駛營業汽車營業。

二　領有普通駕駛執照，以駕駛為職業。

三　領有軍用車駕駛執照，駕駛非軍用車。

四　領有聯結車、大客車、大貨車或小型車駕駛執照，駕駛重型機車。

五　領有普通重型機車駕駛執照，駕駛大型重型機車。

六　領有輕型機車駕駛執照，駕駛重型機車。

七　駕駛執照逾有效期間仍駕車。

Ⅱ前項第七款之駕駛執照並應扣繳之。

Ⅲ汽車所有人允許第一項違規駕駛人駕駛其汽車者，除依第一項規定之罰鍰處罰外，並記該汽車違規紀錄一次。但如其已善盡查證駕駛人駕駛執照資格之注意，或縱加以相當注意而仍不免發生違規者，不在此限。

第23條（汽車駕駛人之處罰—駕照借人）

汽車駕駛人，有下列情形之一者，吊扣其駕駛執照三個月：

一　將駕駛執照借供他人駕車。

二　允許無駕駛執照之人，駕駛其車輛。

第24條（接受安全講習之情形及不參加之處罰）

Ⅰ汽車駕駛人，有下列情形之一者，應接受道路交通安全講習：

一　違規肇事受吊扣駕駛執照處分。

二　有第三十五條第一項規定之情形。

三　有第四十三條規定之情形。

四　有第五十四條規定之情形。

五　依第六十三條第三項前段規定受吊扣駕駛執照處分。

六　其他違反本條例之行為，經該管公路主管機關基於轄區交通管理之必要，公告應接受講習。

Ⅱ公路主管機關對於道路交通法規之重大修正或道路交通安全之重要措施，必要時，得通知職業汽車駕駛人參加道路交通安全講習。

Ⅲ汽車駕駛人有第一項各款、第二項情形之一或本條例其他條款明定應接受道路交通安全講習者，無正當理由，不依規定接受道路交通安全講習者，處新臺幣一千八百元罰鍰。經再通知依限參加講習，逾期六個月以上仍不參加者，吊扣其駕駛執照六個月。

IV前項如無駕駛執照可吊扣者，其於重領或新領駕駛執照後，執行吊扣駕駛執照六個月再發給。

第25條（汽車駕駛人之處罰—不變更登記、駕照遺毀）

I駕駛汽車應隨身攜帶駕駛執照。

II汽車駕駛人，有下列情形之一者，處新臺幣三百元以上六百元以下罰鍰，並責令補辦登記、補照、換照或禁止駕駛：

一　姓名、出生年、月、日、住址，依法更改而不報請變更登記。

二　駕駛執照遺失或損毀，不報請公路主管機關補發或依限期申請換發。

第26條（汽車駕駛人之處罰—未參加職業駕照審驗）

I職業汽車駕駛人，不依規定期限，參加駕駛執照審驗者，處新臺幣三百元以上六百元以下罰鍰；逾期一年以上者，逕行註銷其駕駛執照。

II前項經逕行註銷駕駛執照之職業汽車駕駛人，得申請換發同等車類之普通駕駛執照。

第27條（不依規定繳費之處罰）

I汽車行駛於應繳費之公路或橋樑，汽車所有人或駕駛人未繳費者，應補繳通行費；主管機關應書面通知補繳，逾期再不繳納，處新臺幣三百元罰鍰。

II汽車行駛於應繳費之公路，強行闖越收費站逃避繳費者，處汽車所有人或駕駛人新臺幣三千元以上六千元以下罰鍰，並追繳欠費。

III汽車駕駛人因前項行為，致收費人員受傷或死亡者，吊銷其駕駛執照。

第28條（刪除）

第29條（違反汽車裝載之處罰）

I汽車裝載時，有下列情形之一者，處汽車所有人新臺幣三千元以上九千元以下罰鍰，並責令改正或禁止通行：

一　裝載貨物超過規定之長度、寬度、高度。

二　裝載整體物品有超重、超長、超寬、超高，而未請領臨時通行證，或未懸掛危險標識。

三　裝載危險物品，未請領臨時通行證、未依規定懸掛或黏貼危險物品標誌及標示牌、罐槽車之罐槽體未檢驗合格、運送人員未經專業訓練合格或不遵守有關安全之規定。

四　貨車或聯結汽車之裝載，不依規定。

五　汽車牽引拖架或附掛拖車，不依規定。

六　大貨車裝載貨櫃超出車身之外，或未依規定裝置聯鎖設備。

七　未經核准，附掛拖車行駛。

II汽車裝載，違反前項第一款至第四款規定者，並記汽車違規紀錄一次。

III第一項第一款至第四款情形，應歸責於汽車駕駛人時，除依第一項處汽車駕駛人罰鍰及依第六十三條第一項第二款記點外；汽車所有人仍應依前項規定記該汽車違規紀錄一次。

IV汽車駕駛人有第一項情形，因而致人受傷者，吊扣駕駛執照一年；致人重傷或死亡者，吊銷其駕駛執照。

第29條之1（違規使用專用車輛或車廂之處罰）

I裝載砂石、土方未依規定使用專用車輛或其專用車廂未合於規定或變更車廂者，處汽車所有人新臺幣四萬元以上八萬元以下罰鍰，並當場禁止通行。

II前項專用車廂未合於規定或變更車廂者，並處車廂打造或改裝業者新臺幣四萬元以上八萬元以下罰鍰。

第29條之2（違規超載之處罰）

I汽車裝載貨物超過核定之總重量、總聯結重量者，處汽車所有人罰鍰，並記汽車違規紀錄一次，其應歸責於汽車駕駛人時，除依第三項規定處汽車駕駛人罰鍰及依第六十三條第一項第二款規定記點外，並記該汽車違規紀錄一次。

II汽車裝載貨物超過所行駛橋樑規定之載重限制者，處汽車駕駛人罰鍰，其應歸責於汽車所有人時，除依第三項規定處汽車所有人罰鍰及記該汽車違規紀錄一次外，汽車駕駛人仍應依第六十三條第一項第二款規定記違規點數二點。

III有前二項規定之情形者，應責令改正或當場禁止通行，並處新臺幣一萬元罰鍰，超載十公噸以下者，以總超載部分，每一公噸加罰新臺幣一千元；超載逾十公噸至二十公噸以下者，以總超載部分，每一公噸加罰新臺幣二千元；超載逾二十公噸至三十公噸以下者，以總超載部分，每一公噸加罰新臺幣三千元；超載逾三十公噸者，以總超載部分，每一公噸加罰新臺幣五千元。未滿一公噸以一公噸計算。

IV汽車裝載貨物行經設有地磅處所五公里內路段，未依標誌、標線、號誌指示或不服從交通勤務警察或依法令執行交通稽查任務人員之指揮過磅者，處汽車駕駛人新臺幣九萬元罰鍰，並得強制其過磅。其應歸責於汽車所有人時，除處汽車所有人罰鍰及記該汽車違規紀錄一次外，汽車駕駛人仍應依第六十三條第一項第二款規定記違規點數二點。

V汽車駕駛人有第一項、第二項情形，因而致人受傷者，吊扣其駕駛執照一年；致人重傷或死亡者，吊銷其駕駛執照。

第29條之3（危險物品之運送）

I危險物品運送人員，應經交通部許可之專業訓練機構訓練合格，並領有訓練證明書，始得駕駛裝載危險物品之汽車。

Ⅱ前項危險物品運送人員專業訓練方式、專業訓練機構資格、訓練許可、訓練場所、設備、課程、訓練證明書格式、訓練有效期限、查核及管理等事項之辦法，由交通部會商有關機關定之。

Ⅲ依本條例規定吊銷駕駛執照時，其領有之第一項訓練證明書亦失其效力，且其不得參加訓練之期間，依第六十七條不得考領駕駛執照之期限辦理。

Ⅳ危險物品運送人員專業訓練機構未依規定辦理訓練、核發訓練證明書或不遵守有關訓練之規定者，依其情節，停止其辦理訓練三個月至六個月或廢止該專業訓練機構之訓練許可。

Ⅴ前項未依規定核發之訓練證明書不生效力；經廢止訓練許可之訓練機構，三年內不得再申請訓練許可。

第29條之4（罐槽車之管理）

Ⅰ罐槽車之罐槽體屬常壓液態罐槽車罐槽體者，應經交通部許可之檢驗機構檢驗合格並發給檢驗合格證明書，始得裝載危險物品。

Ⅱ前項常壓液態罐槽車罐槽體檢驗方式、檢驗機構資格、檢驗許可、檢驗場所條件、檢測儀器設備、檢測人員資格、檢驗標準、檢驗合格證明書格式、檢驗有效期限、查核及管理等事項之辦法，由交通部會商有關機關定之。

Ⅲ常壓液態罐槽車罐槽體檢驗機構未依規定辦理罐槽體檢驗、核發檢驗合格證明書或不遵守有關檢驗之規定者，依其情節，停止其辦理檢驗三個月至六個月或廢止該檢驗機構之檢驗許可。

Ⅳ前項未依規定核發之檢驗合格證明書不生效力；經廢止檢驗許可之檢驗機構，三年內不得再申請檢驗許可。

第30條（違反汽車裝載之處罰）

Ⅰ汽車裝載時，有下列情形之一者，處汽車駕駛人新臺幣三千元以上一萬八千元以下罰鍰，並責令改正或禁止通行：

一　裝載整體物品有超重、超長、超寬、超高情形，而未隨車攜帶臨時通行證或未依規定路線、時間行駛。

二　所載貨物滲漏、飛散、脫落、掉落或氣味惡臭。

三　貨車運送途中附載作業人員，超過規定人數，或乘坐不依規定。

四　載運人數超過核定數額。但公共汽車於尖峰時刻載重未超過核定總重量，不在此限。

五　小客車前座或貨車駕駛室乘人超過規定人數。

六　車廂以外載客。

七　載運人客、貨物不穩妥，行駛時顯有危險。

八　裝載危險物品未隨車攜帶臨時通行證、罐槽車之罐槽體檢驗合格證明書、運送人員訓練證明書或未依規定車道、路線、時間行駛。

Ⅱ前項各款情形，應歸責於汽車所有人時，除依前項處汽車所有人罰鍰及記該汽車違規紀錄一次外，汽車駕駛人仍應依第六十三條第一項第二款規定記違規點數二點。

Ⅲ前二項情形，因而致人受傷者，吊扣其駕駛執照一年；致人重傷或死亡者，吊銷其駕駛執照。

第31條（未繫安全帶、未安置幼童安全椅、兒童單獨留置車內、未戴安全帽及違規附載之處罰）

Ⅰ汽車行駛於道路上，其駕駛人、前座或小型車後座乘客未依規定繫安全帶者，處駕駛人新臺幣一千五百元罰鍰。但營業大客車、計程車或租賃車輛代僱駕駛人已盡告知義務，乘客仍未繫安全帶時，處罰該乘客；有關其安全帶之正確使用、實施方式、因特殊事由未能依規定繫安全帶之處理、宣導及其他應遵行事項之辦法，由交通部定之。

Ⅱ汽車行駛於高速公路或快速公路違反前項規定者，處駕駛人新臺幣三千元以上六千元以下罰鍰。但營業大客車、計程車或租賃車輛代僱駕駛人已盡告知義務，乘客仍未繫安全帶時，處罰該乘客。

Ⅲ小型車附載幼童未依規定安置於安全椅者，處駕駛人新臺幣一千五百元以上三千元以下罰鍰；有關其幼童安置方式、宣導及其他應遵行事項之辦法，由交通部會商內政部等有關機關定之。

Ⅳ汽車駕駛人對於六歲以下或需要特別看護之兒童，單獨留置於車內者，處駕駛人新臺幣三千元罰鍰，並施以四小時道路交通安全講習。

Ⅴ機車附載人員或物品未依規定者，處駕駛人新臺幣三百元以上六百元以下罰鍰。

Ⅵ機車駕駛人或附載座人未依規定戴安全帽者，處駕駛人新臺幣五百元罰鍰。

第31條之1（有礙安全駕駛之電子產品或其應用程式之處罰）

Ⅰ汽車駕駛人於行駛道路時，以手持方式使用行動電話、電腦或其他相類功能裝置進行撥接、通話、數據通訊或其他有礙駕駛安全之行為者，處新臺幣三千元罰鍰。

Ⅱ機車駕駛人行駛於道路時，以手持方式使用行動電話、電腦或其他相類功能裝置進行撥接、通話、數據通訊或其他有礙駕駛安全之行為者，處新臺幣一千元罰鍰。

Ⅲ汽機車駕駛人行駛於道路，手持香菸、吸食、點燃香菸致有影響他人行車安全之行為者，處新臺幣六百元罰鍰。

Ⅳ警備車、消防車及救護車之駕駛人，依法執行任務所必要或其他法令許可者，得不受第一項及第二項之限制。

V第一項及第二項實施及宣導辦法，由交通部定之。

第 31 條之 2（幼童之定義）

第三十一條第三項所稱幼童，係指年齡在四歲且體重在十八公斤以下之兒童。

第 32 條（無證行駛動力機械之處罰）

I非屬汽車範圍而行駛於道路上之動力機械，未依規定請領臨時通行證，或其駕駛人未依規定領有駕駛執照者，處所有人或駕駛人新臺幣三千元以上九千元以下罰鍰，並禁止其行駛。

II前項動力機械駕駛人，未攜帶臨時通行證者，處新臺幣三百元罰鍰，並禁止其行駛。

III第一項動力機械行駛道路，違反本章汽車行駛規定條文者，依各該條規定處罰。

第 32 條之 1（行駛或使用動力器具之處罰）

非屬汽車及動力機械範圍之動力載具、動力運動休閒器材或其他相類之動力器具，於道路上行駛或使用者，處行為人新臺幣一千二百元以上三千六百元以下罰鍰，並禁止其行駛或使用。

第 33 條（不遵道路管制規則之處罰）

I汽車行駛於高速公路、快速公路或設站管制之道路，不遵使用限制、禁止、行車管制及管理事項之管制規則而有下列行為者，處汽車駕駛人新臺幣三千元以上六千元以下罰鍰：

一　行車速度超過規定之最高速限或低於規定之最低速限。
二　未保持安全距離。
三　未依規定行駛車道。
四　未依規定變換車道。
五　站立乘客。
六　不依規定使用燈光。
七　違規超車、迴車、倒車、逆向行駛。
八　違規減速、臨時停車或停車。
九　未依規定使用路肩。
十　未依施工之安全設施指示行駛。
十一　裝置貨物未依規定覆蓋、捆紮。
十二　未依標誌、標線、號誌指示行車。
十三　進入或行駛禁止通行之路段。
十四　連續密集按鳴喇叭、變換燈光或其他方式迫使前車讓道。
十五　行駛中向車外丟棄物品或廢棄物。
十六　車輪、輪胎膠皮或車輛機件脫落。
十七　輪胎胎紋深度不符規定。

II前項道路內車道應為超車道，超車後，如有安全距離未駛回原車道，致堵塞超車道行車者，處汽車駕駛人新臺幣六千元以上一萬二千元以下罰鍰。

III除前二項外，其他違反管制規定之行為，處駕駛人新臺幣六百元以上一千二百元以下罰鍰。

IV不得行駛或進入第一項道路之人員、車輛或動力機械，而行駛或進入者，處新臺幣三千元以上六千元以下罰鍰。

V前四項之行為，本條例有較重之處罰規定者，適用該規定。

VI第一項之管制規則，由交通部會同內政部定之。

第 34 條（汽車駕駛人之處罰—連續駕車超時）

汽車駕駛人，連續駕車超過八小時經查屬實，或患病足以影響安全駕駛者，處新臺幣一千二百元以上二千四百元以下罰鍰，並禁止其駕駛；如應歸責於汽車所有人者，得吊扣其汽車牌照三個月。

第 35 條（汽機車駕駛人之處罰—酒駕、吸毒駕駛）

I汽機車駕駛人，駕駛汽機車經測試檢定有下列情形之一，機車駕駛人處新臺幣一萬五千元以上九萬元以下罰鍰，汽車駕駛人處新臺幣三萬元以上十二萬元以下罰鍰，並均當場移置保管該汽機車及吊扣其駕駛執照一年至二年；附載未滿十二歲兒童或因而肇事致人受傷者，並吊扣其駕駛執照二年至四年；致人重傷或死亡者，吊銷其駕駛執照，並不得再考領：

一　酒精濃度超過規定標準。
二　吸食毒品、迷幻藥、麻醉藥品及其相類似之管制藥品。

II汽車駕駛人有前項應受吊扣情形時，駕駛營業大客車者，吊銷其駕駛執照；因而肇事且附載有未滿十二歲兒童之人者，按其吊扣駕駛執照期間加倍處分。

III本條例中華民國一百零八年三月二十六日修正條文施行之日起，汽機車駕駛人於五年內第二次違反第一項規定者，依其駕駛車輛分別依第一項所定罰鍰最高額處罰之，第三次以上者按前次違反本項所處罰鍰金額加罰新臺幣九萬元，並均應當場移置保管該汽機車、吊銷其駕駛執照及施以道路交通安全講習；如肇事致人重傷或死亡者，吊銷其駕駛執照，並不得再考領。

IV汽機車駕駛人有下列各款情形之一者，處新臺幣十八萬元罰鍰，並當場移置保管該汽機車、吊銷其駕駛執照及施以道路交通安全講習；如肇事致人重傷或死亡者，吊銷其駕駛執照，並不得再考領：

一　駕駛汽機車行經警察機關設有告示執行第一項測試檢定之處所，不依指示停車接受稽查。
二　拒絕接受第一項測試之檢定。

V本條例中華民國一百零八年三月二十六日修正條文施行之日起，汽機車駕駛人於五年內第二次違反第四項規定者，處新臺幣三十六萬元罰鍰，第三次以上者按前次違反本項所處罰鍰金額加罰新臺幣十八萬元，並均應當場移置保管該汽機車、吊銷其駕駛執照及施以道路交通安全講習；如肇事致人重傷或死亡者，吊銷其駕駛執照，並不得再考領。

Ⅵ汽機車駕駛人肇事拒絕接受或肇事無法實施第一項測試之檢定者，應由交通勤務警察或依法令執行交通稽查任務人員，將其強制移由受委託醫療或檢驗機構對其實施血液或其他檢體之採樣及測試檢定。

Ⅶ汽機車所有人，明知汽機車駕駛人有第一項各款情形，而不予禁止駕駛者，依第一項規定之罰鍰處罰，並吊扣該汽機車牌照三個月。

Ⅷ汽機車駕駛人，駕駛汽機車經測試檢定吐氣所含酒精濃度達每公升零點二五毫克或血液中酒精濃度達百分之零點零五以上，年滿十八歲之同車乘客處新臺幣六百元以上三千元以下罰鍰。但年滿七十歲、心智障礙或汽車運輸業之乘客，不在此限。

Ⅸ汽機車駕駛人有第三項、第四項、第五項之情形，肇事致人重傷或死亡，得依行政罰法第七條、第二十一條、第二十二條、第二十三條規定沒入該車輛。

Ⅹ汽機車駕駛人有第一項、第三項或第四項之情形，同時違反刑事法律者，經移置保管汽機車之領回，不受第八十五條之二第二項，應同時檢附繳納罰鍰收據之限制。

Ⅺ前項汽機車駕駛人，經裁判確定處以罰金低於第九十二條第四項所訂最低罰鍰基準規定者，應依本條例裁決繳納不足最低罰鍰之部分。

❖ 法學概念

酒駕攔檢

實務上，由於屢有酒後駕駛人拒絕停車接受稽查之情形，故為有效防杜駕駛人拒絕車接受稽查執法人員安全，爰於 2013 年 1 月 14 日修正通過之道路交通管理處罰條例第 35 條第 4 項規定：「汽車駕駛人，駕駛汽車行經警察機關設有告示執行第 1 項測試檢定之處所，不依指示停車接受稽查，或拒絕接受第 1 項測試之檢定者，處新臺幣九萬元罰鍰，並當場移置保管該汽車、吊銷該駕駛執照及施以道路交通安全講習；如肇事致人重傷或死亡者，吊銷該駕駛執照，並不得再考領。」因此，警察機關於關於執行酒駕擴大臨檢時，如欲依本條項規定，處罰不依指示汽車駕駛人者，須以警察機關於臨檢處所設有「告示」之標示為前提。否則，僅得依同條例第 60 條第 2 項第 1 款規定:「不服從交通勤務警察或依法令執行交通指、稽查任務人員之指揮或稽查」處新臺幣九百元以上上一千八百元以下罰鍰。」由於二者之法律效果相差達百倍之多，故此「告示」標示究應如何設置，例如應由誰決定設置以及設置地點與標示之大小等等問題，尤顯格外重要。可惜，本條例均付闕如。

為免因設置決定層級過低致有恣意濫權之虞，酒駕擴大臨檢既屬計劃性勤務，由分局長指定實施，則告示標示之設置，由分局長於指定臨檢時間與地點之同時決定，兼顧慎重性，應屬可行。不過，全面攔檢之主要適法性問題，仍是在物理方法所牽涉之「強制性」與所有行經臨檢點之對象車輛之輛之「非限定性」，就此學者認為，應謀求立法或修法解決，始為釜底抽薪之辦法。在修法前，建議取締酒駕應仍以依客觀上易生危害之疑似酒駕車輛為原則，倘不得已採全面攔檢之方式，則於攔檢對象上，建議改以抽樣攔檢之方式，例如每隔十輛或二十輛攔檢一輛，而不採現行逐一攔儉方式，以降低對人權干預程度。

【陳景發，〈論取締酒駕全面攔檢之法律根據〉，《中央警察大學法學論集》，第 25 期，2013.10，156 頁以下。】

❑ 實務見解

▶ 釋字第 699 號解釋理由書（節錄）

為強化取締酒後駕車，維護交通安全，立法者於八十八年四月二十一日增訂刑法第一百八十五條之三規定。惟依內政部警政署八十八年至九十年間之統計數字卻顯示，酒後駕車肇事傷亡事件有逐年上升之趨勢。鑑於汽車駕駛人拒絕接受酒測，或係為逃避其酒後駕車致可能受刑法第一百八十五條之三公共危險罪之處罰。立法者遂於九十年一月十七日修正系爭條例第三十五條提高拒絕酒測之罰責（參考立法院公報第九十一卷第四十期，第五七七頁以下，立法委員章孝嚴等之提案說明），以防堵酒駕管制之漏洞，有效遏阻酒後駕車行為。系爭規定所採手段，具有杜絕此種僥倖心理，促使汽車駕駛人接受酒測之效果，且尚乏可達成相同效果之較溫和手段，自應認系爭規定係達成前述立法目的之必要手段。

系爭規定之處罰，固限制駕駛執照持有人受憲法保障之行動自由，惟駕駛人本有依法配合酒測之義務，且由於酒後駕駛，不只危及他人及自己之生命、身體、健康、財產，亦妨害公共安全及交通秩序，是其所限制與所保護之法益間，尚非顯失均衡。縱對於以駕駛汽車為職業之駕駛人或其他工作上高度倚賴駕駛汽車為工具者（例如送貨員、餐車業者）而言，除行動自由外，尚涉工作權之限制，然作為職業駕駛人，本應更遵守道路交通安全法規，並具備較一般駕駛人為高之駕駛品德。故職業駕駛人因違反系爭規定而受吊銷駕駛執照之處罰者，即不得因工作權而受較輕之處罰。況在執行時警察亦已先行勸導並告知拒絕之法律效果，顯見受檢人已有將受此種處罰之認知，仍執意拒絕接受酒測，是系爭規定之處罰手段尚未過當。綜上所述，尚難遽認系爭規定牴觸憲法第二十三條之比例原則，其與憲法保障人民行動自由及工作權之意旨尚無違背。

第35條之1（汽車駕駛人之處罰—不依規定駕駛或使用配備車輛點火自動鎖定裝置）

Ⅰ汽車駕駛人經依第六十七條第五項規定考領駕駛執照後，不依規定駕駛或使用配備車輛點火自動鎖定裝置汽車者，處新臺幣六千元以上一萬二千元以下罰鍰，並當場移置保管該汽車。

Ⅱ前項車輛點火自動鎖定裝置由他人代為使用解鎖者，處罰行為人新臺幣六千元以上一萬二千元以下罰鍰。

Ⅲ第一項車輛點火自動鎖定裝置之規格功能、應配置車種、配置期間、管理及其他應遵行事項之辦法，由交通部會同內政部定之。

第35條之2（職業駕駛人執行職務違反規定之賠償責任及懲罰性損害賠償金之請求權）

Ⅰ汽車運輸業所屬之職業駕駛人因執行職務，駕駛汽車有違反第三十五條第一項、第三項、第四項或第五項之情形，致他人受有損害而應負賠償責任者，法院得因被害人之請求，依侵害情節，酌定損害額三倍以下之懲罰性損害賠償金令該汽車運輸業者賠償。但選任受僱人及監督其職務之執行，已盡相當之注意而仍不免發生損害者，汽車運輸業者不負賠償責任。

Ⅱ前項懲罰性損害賠償金請求權，自請求權人知有損害及賠償義務人時起二年間不行使而消滅；自賠償原因發生之日起逾五年者，亦同。

第36條（計程車駕駛人未辦理執業登記之處罰）

Ⅰ計程車駕駛人，未向警察機關辦理執業登記，領取執業登記證，即行執業者，處新臺幣一千五百元以上三千六百元以下罰鍰。

Ⅱ計程車駕駛人，不依規定辦理執業登記，經依前項處罰仍不辦理者，吊銷其駕駛執照。

Ⅲ計程車駕駛人，不依規定期限，辦理執業登記事項之異動申報，或參加年度查驗者，處新臺幣一千二百元罰鍰；逾期六個月以上仍不辦理者，廢止其執業登記。

Ⅳ計程車駕駛人經依前項之規定廢止執業登記者，未滿一年不得再行辦理執業登記。

Ⅴ第一項執業登記證，未依規定安置車內指定之插座或以他物遮蔽者，處新臺幣一千五百元罰鍰。

第37條（計程車駕駛人之消極資格）

Ⅰ曾犯下列各罪之一，經有罪判決確定，或曾依檢肅流氓條例裁定應為交付感訓確定者，不得辦理計程車駕駛人執業登記：

一　故意殺人、故意重傷、搶劫、搶奪、強盜、恐嚇取財或擄人勒贖。

二　刑法第一百八十四條、第一百八十五條或第一百八十五條之三。

三　刑法第二百二十一條至第二百二十九條、兒童及少年性交易防制條例第二十四條至第二十七條或兒童及少年性剝削防制條例第三十三條至第三十七條。

四　槍砲彈藥刀械管制條例第七條或第八條。

五　懲治走私條例第四條至第六條。

六　組織犯罪防制條例第三條、第四條或第六條。

七　毒品危害防制條例。

Ⅱ犯前項第三款以外各款之罪，而有下列情形之一，於申請執業登記前十二年以內未再受刑之宣告或執行，不受前項規定之限制：

一　緩刑期滿，而緩刑之宣告未經撤銷。

二　受有期徒刑之宣告，經執行完畢或赦免，或曾依檢肅流氓條例裁定應為交付感訓期滿。

Ⅲ計程車駕駛人，犯第一項所列各罪之一，經第一審法院判決有罪後，吊扣其執業登記證。其經法院判處有罪判決確定者，廢止其執業登記。除符合前項規定之情形外，不得再辦理計程車駕駛人執業登記與執業。

Ⅳ計程車駕駛人犯故意傷害、刑法第二百三十一條之一至第二百三十五條及第三百十五條之一各罪之一，或利用職務上機會，犯竊盜、詐欺、妨害自由，經第一審法院判決有期徒刑以上之刑者，吊扣其執業登記證。其經法院判決有期徒刑逾六個月確定而未受緩刑之宣告者，廢止其執業登記，且三年內不得辦理。利用職務上機會犯侵占罪，經第一審法院判決有罪者，吊扣其執業登記證；其經法院判處有罪判決確定者，廢止其執業登記，且三年內不得辦理。

Ⅴ計程車駕駛人，受前二項吊扣執業登記證之處分，未將執業登記證送交發證警察機關者，廢止其執業登記。

Ⅵ計程車駕駛人違反前條及本條規定，應廢止其執業登記或吊扣其執業登記證者，由警察機關處罰，不適用第八條第一項第一款規定。

Ⅶ經廢止執業登記者，其執業登記證由警察機關收繳之。

Ⅷ計程車駕駛人執業資格、執業登記、測驗、執業前、在職講習與講習費用收取、登記證核發及管理等事項之辦法，由內政部會同交通部定之。

第38條（違規攬客、拒載、繞道之處罰）

Ⅰ汽車駕駛人，於鐵路、公路車站或其他交通頻繁處所，違規攬客營運，妨害交通秩序者，處新臺幣一千五百元以上三千元以下罰鍰；其所駕駛之汽車，如屬營業大客車者，並記該汽車違規紀錄一次。

Ⅱ計程車駕駛人，任意拒載乘客或故意繞道行駛者，處新臺幣六百元以上一千二百元以下罰鍰。

第 39 條（汽車駕駛人之處罰—靠左駕駛）

汽車駕駛人，不在未劃分標線道路之中央右側部分駕車者，處新臺幣六百元以上一千二百元以下罰鍰。但單行道或依規定超車者，不在此限。

第 40 條（違反速限之處罰）

汽車駕駛人，行車速度，超過規定之最高時速，或低於規定之最低時速，除有第四十三條第一項第二款情形外，處新臺幣一千二百元以上二千四百元以下罰鍰。

第 41 條（汽車駕駛人之處罰—按鳴喇叭）

汽車駕駛人，按鳴喇叭不依規定，或按鳴喇叭超過規定音量者，處新臺幣三百元以上六百元以下罰鍰。

第 42 條（汽車駕駛人之處罰—燈光使用）

汽車駕駛人，不依規定使用燈光者，處新臺幣一千二百元以上三千六百元以下罰鍰。

第 43 條（汽車駕駛人之處罰—危險駕駛及噪音）

I 汽車駕駛人，駕駛汽車有下列情形之一者，處新臺幣六千元以上二萬四千元以下罰鍰，並當場禁止其駕駛：

一　在道路上蛇行，或以其他危險方式駕車。

二　行車速度，超過規定之最高時速六十公里。

三　任意以迫近、驟然變換車道或其他不當方式，迫使他車讓道。

四　非遇突發狀況，在行駛途中任意驟然減速、煞車或於車道中暫停。

五　拆除消音器，或以其他方式造成噪音。

II 前項情形因而肇事者，並吊銷其駕駛執照。

III 二輛以上之汽車共同違反第一項規定，或在道路上競駛、競技者，處汽車駕駛人新臺幣三萬元以上九萬元以下罰鍰，並當場禁止其駕駛及吊銷其駕駛執照。

IV 汽車駕駛人有第一項第一款至第四款或前項行為者，並吊扣該汽車牌照三個月；經受吊扣牌照之汽車再次提供為違反第一項第一款、第三款、第四款或前項行為者，沒入該汽車。

V 汽車駕駛人違反第一項、第三項規定者，應接受道路交通安全講習；未滿十八歲之人，其與法定代理人或監護人依第二十一條規定應同時施以道路交通安全講習，並得由警察機關公布其法定代理人或監護人姓名。

第 44 條（違反減速慢行之處罰）

I 汽車駕駛人，駕駛汽車有下列情形之一者，處新臺幣六百元以上一千八百元以下罰鍰：

一　行近鐵路平交道，不將時速減至十五公里以下。

二　行近未設行車管制號誌之行人穿越道，不減速慢行。

三　行經設有彎道、坡路、狹路、狹橋或隧道標誌之路段或道路施工路段，不減速慢行。

四　行經設有學校、醫院標誌之路段，不減速慢行。

五　未依標誌、標線、號誌指示減速慢行。

六　行經泥濘或積水道路，不減速慢行，致污濕他人身體、衣物。

七　因雨、霧視線不清或道路上臨時發生障礙，不減速慢行。

II 汽車駕駛人，駕駛汽車行經行人穿越道有行人穿越時，不暫停讓行人先行通過者，處新臺幣一千二百元以上三千六百元以下罰鍰。

III 汽車駕駛人，駕駛汽車行近行人穿越道遇有攜帶白手杖或導盲犬之視覺功能障礙者時，不暫停讓視覺功能障礙者先行通過者，處新臺幣二千四百元以上七千二百元以下罰鍰。

第 45 條（汽車駕駛人之處罰—爭道行駛及聞警號車不避讓）

I 汽車駕駛人，爭道行駛有下列情形之一者，處新臺幣六百元以上一千八百元以下罰鍰：

一　不按遵行之方向行駛。

二　在單車道駕車與他車並行。

三　不依規定駛入來車道。

四　在多車道不依規定駕車。

五　插入正在連貫行駛汽車之中間。

六　駕車行駛人行道。

七　行至無號誌之圓環路口，不讓已進入圓環之車輛先行。

八　行經多車道之圓環，不讓內側車道之車輛先行。

九　支線道車不讓幹線道車先行。少線道車不讓多線道車先行。車道數相同時，左方車不讓右方車先行。

十　起駛前，不讓行進中之車輛、行人優先通行。

十一　聞消防車、救護車、警備車、工程救險車、毒性化學物質災害事故應變車之警號，在後跟隨急駛，或駛過在救火時放置於路上之消防水帶。

十二　任意駛出邊線，或任意跨越兩條車道行駛。

十三　機車不在規定車道行駛。

十四　遇幼童專用車、校車不依規定禮讓，或減速慢行。

十五　行經無號誌交叉路口及巷道不依規定或標誌、標線指示。

十六　佔用自行車專用道。

十七　聞或見大眾捷運系統車輛之聲號或燈光，不依規定避讓或在後跟隨迫近。

II 聞消防車、救護車、警備車、工程救險車、毒性化學物質災害事故應變車之警號，不立即避讓者，處汽車駕駛人新臺幣三千六百元罰鍰，並吊銷駕駛執照。

III前項情形致人死傷者，處汽車駕駛人新臺幣六千元以上九萬元以下罰鍰，並吊銷駕駛執照。

第46條（汽車駕駛人之處罰—違規交會）

汽車駕駛人交會時，有下列情形之一者，處新臺幣六百元以上一千八百元以下罰鍰：

一　未保持適當之間隔。

二　在峻狹坡路，下坡車未讓上坡車先行，或上坡車在坡下未讓已駛至中途之下坡車駛過，而爭先上坡。

三　在山路行車，靠山壁車輛，未讓道路外緣車優先通過。

第47條（汽車駕駛人之處罰—違規超車）

汽車駕駛人超車時，有下列情形之一者，處新臺幣一千二百元以上二千四百元以下罰鍰：

一　駕車行經設有彎道、陡坡、狹橋、隧道、交岔路口標誌之路段或道路施工地段超車。

二　在學校、醫院或其他設有禁止超車標誌、標線處所、地段或對面有來車交會或前行車連貫二輛以上超車。

三　在前行車之右側超車，或超車時未保持適當之間隔，或未行至安全距離即行駛入原行路線。

四　未經前行車表示允讓或靠邊慢行，即行超車。

五　前行車聞後行車按鳴喇叭或見後行車顯示超車燈光，如車前路況無障礙，無正當理由，不表示允讓或靠邊慢行。

第48條（汽車駕駛人之處罰—違規轉彎或變換車道）

I汽車駕駛人轉彎或變換車道時，有下列情形之一者，處新臺幣六百元以上一千八百元以下罰鍰：

一　不注意來、往行人，或轉彎前未減速慢行。

二　不依標誌、標線、號誌指示。

三　行經交岔路口未達中心處，佔用來車道搶先左轉彎。

四　在多車道右轉彎，不先駛入外側車道，或多車道左轉彎，不先駛入內側車道。

五　道路設有劃分島，劃分快、慢車道，在慢車道上左轉彎或在快車道右轉彎。但另設有標誌、標線或號誌管制者，應依其指示行駛。

六　轉彎車不讓直行車先行。

七　設有左、右轉彎專用車道之交岔路口，直行車佔用最內側或最外側或專用車道。

II汽車駕駛人轉彎時，除禁止行人穿越路段外，不暫停讓行人優先通行者，處新臺幣一千二百元以上三千六百元以下罰鍰。

III汽車駕駛人轉彎時，除禁止行人穿越路段外，行近攜帶白手杖或導盲犬之視覺功能障礙者時，不暫停讓視覺功能障礙者先行通過者，處新臺幣二千四百元以上七千二百元以下罰鍰。

第49條（汽車駕駛人之處罰—違規迴車）

汽車駕駛人迴車時，有下列情形之一者，處新臺幣六百元以上一千八百元以下罰鍰：

一　在設有彎道、坡路、狹路、狹橋或隧道標誌之路段迴車。

二　在設有禁止迴車標誌或劃有分向限制線、禁止超車線或禁止變換車道線之路段迴車。

三　在禁止左轉路段迴車。

四　行經圓環路口，不繞行圓環迴車。

五　迴車前，未依規定暫停，顯示左轉燈光，或不注意來、往車輛、行人，仍擅自迴轉。

第50條（汽車駕駛人之處罰—違規倒車）

汽車駕駛人倒車時，有下列情形之一者，處新臺幣六百元以上一千二百元以下罰鍰：

一　在設有彎道、坡路、狹路、狹橋、隧道、圓環、單行道標誌之路段、快車道或大眾捷運系統車輛共用通行交岔路口且為大眾捷運系統車輛導引路線上倒車。

二　倒車前未顯示倒車燈光，或倒車時不注意其他車輛或行人。

三　大型汽車無人在後指引時，不先測明車後有足夠之地位，或促使行人避讓。

第51條（汽車駕駛人之處罰—違規上下坡）

汽車駕駛人，駕車行經坡道，上坡時蛇行前進，或下坡時將引擎熄火、空檔滑行者，處新臺幣六百元以上一千二百元以下罰鍰。

第52條（汽車駕駛人之處罰—違規行經渡口）

汽車駕駛人，駕車行經渡口不依規定者，處新臺幣六百元以上一千二百元以下罰鍰。

第53條（汽車駕駛人之處罰—闖紅燈）

I汽車駕駛人，行經有燈光號誌管制之交岔路口闖紅燈者，處新臺幣一千八百元以上五千四百元以下罰鍰。

II前項紅燈右轉行為者，處新臺幣六百元以上一千八百元以下罰鍰。

第53條之1（汽車駕駛人之處罰—行經有燈光號誌管制之大眾捷運系統車輛共用通行交岔路口闖紅燈或紅燈右轉）

I汽車駕駛人，行經有燈光號誌管制之大眾捷運系統車輛共用通行交岔路口闖紅燈者，處新臺幣三千六百元以上一萬零八百元以下罰鍰。

II前項紅燈右轉行為者，處新臺幣一千二百元以上三千六百元以下罰鍰。

第54條（汽車駕駛人之處罰—平交道違規）

汽車駕駛人，駕車在鐵路平交道有下列情形之一者，處新臺幣一萬五千元以上九萬元以下罰鍰，並吊扣其駕駛執照一年。因而肇事者，吊銷其駕駛執照：

一　不遵守看守人員之指示，或警鈴已響、閃光號誌已顯示，或遮斷器開始放下，仍強行闖越。

二　在無看守人員管理或無遮斷器、警鈴及閃光號誌設備之鐵路平交道，設有警告標誌或跳動路面，不依規定暫停，逕行通過。

三　在鐵路平交道超車、迴車、倒車、臨時停車或停車。

第55條（違規臨時停車之處罰與例外）

Ⅰ汽車駕駛人，臨時停車有下列情形之一者，處新臺幣三百元以上六百元以下罰鍰：

一　在橋樑、隧道、圓環、障礙物對面、人行道、行人穿越道、快車道臨時停車。

二　在交岔路口、公共汽車招呼站十公尺內或消防車出、入口五公尺內臨時停車。

三　在設有禁止臨時停車標誌、標線處所臨時停車。

四　不依順行之方向，或不緊靠道路右側，或單行道不緊靠路邊，或併排臨時停車。

五　在道路交通標誌前臨時停車，遮蔽標誌。

Ⅱ接送未滿七歲之兒童、行動不便之人上、下車者，臨時停車不受三分鐘之限制。

第56條（違規、併排停車之處罰）

Ⅰ汽車駕駛人停車時，有下列情形之一者，處新臺幣六百元以上一千二百元以下罰鍰：

一　在禁止臨時停車處所停車。

二　在設有彎道、險坡、狹路標誌之路段、槽化線、交通島或道路修理地段停車。

三　在機場、車站、碼頭、學校、娛樂、展覽、競技、市場、或其他公共場所出、入口或消防栓之前停車。

四　在設有禁止停車標誌、標線之處所停車。

五　在顯有妨礙其他人、車通行處所停車。

六　不依順行方向，或不緊靠道路右側，或單行道不緊靠路邊停車。

七　於路邊劃有停放車輛線之處所停車營業。

八　自用汽車在營業汽車招呼站停車。

九　停車時間、位置、方式、車種不依規定。

十　於身心障礙專用停車位違規停車。

Ⅱ汽車駕駛人停車時，有併排停車之情事者，處汽車駕駛人新臺幣二千四百元罰鍰。

Ⅲ汽車駕駛人在道路收費停車處所停車，未依規定繳費，主管機關應書面通知駕駛人於七日內補繳，並收取必要之工本費用，逾期再不繳納，處新臺幣三百元罰鍰。

Ⅳ第一項及第二項情形，交通勤務警察、依法令執行交通稽查任務人員或交通助理人員，應責令汽車駕駛人將車移置適當處所；如汽車駕駛人不予移置或不在車內時，得由該交通勤務警察、依法令執行交通稽查任務人員或交通助理人員為之。

Ⅴ第一項第十款應以最高額處罰之，第三項之欠費追繳之。

Ⅵ在圓環、交岔路口十公尺內，公路主管機關、市區道路主管機關或警察機關得在不妨害行人通行或行車安全無虞之原則，設置必要之標誌或標線另行規定汽車之停車處所。

第56條之1（汽車駕駛人之處罰—違規開啓或關閉車門）

汽車駕駛人臨時停車或停車時，駕駛人或乘客未依規定開啓或關閉車門因而肇事者，處汽車駕駛人新臺幣一千二百元以上三千六百元以下罰鍰。但計程車駕駛人或租賃車輛代僱駕駛人已盡告知義務，乘客仍未依規定開啓或關閉車門因而肇事者，處罰該乘客。

第57條（汽車買賣業、修理業違規停車之處罰）

Ⅰ汽車所有人、汽車買賣業或汽車修理業，在道路上停放待售或承修之車輛者，處新臺幣二千四百元以上四千八百元以下罰鍰。

Ⅱ前項情形，交通勤務警察或依法令執行交通稽查任務人員於必要時，並應令汽車所有人、業者將車移置適當場所；如汽車所有人、業者不予移置，應由該交通勤務警察或依法令執行交通稽查任務人員逕為之，並收取移置費。

第58條（汽車駕駛人之處罰—未保持車距等）

汽車駕駛人，駕駛汽車有下列情形之一者，處新臺幣六百元以上一千二百元以下罰鍰：

一　不依規定保持前、後車距離。

二　行至有號誌之交岔路口，遇紅燈不依車道連貫暫停而逕行插入車道間，致交通擁塞，妨礙其他車輛通行。

三　行至有號誌之交岔路口，遇有前行或轉彎之車道交通擁塞而逕行駛入交岔路口內，致號誌轉換後仍未能通過，妨礙其他車輛通行。

第59條（駕車時故障未依規定處理之處罰）

汽車駕駛人，駕駛汽車發生故障不能行駛，不設法移置於無礙交通之處，或於移置前，未依規定在車輛前、後適當距離樹立車輛故障標誌或事後不除去者，處新臺幣一千五百元以上三千元以下罰鍰。

第60條（汽車駕駛人之處罰—概括規定）

Ⅰ汽車駕駛人，駕駛汽車有違反本條例之行為，經交通勤務警察或依法令執行交通稽查任務人員制止時，不聽制止或拒絕停車接受稽查而逃逸者，除按各該條規定處罰外，處新臺幣一萬元以上三萬元以下罰鍰，並吊扣其駕駛執照六個月；汽車駕駛人於五年內違反本項規定二次以上者，處新臺幣三萬元罰鍰，並吊扣其駕駛執照一年。

Ⅱ汽車駕駛人，駕駛汽車有下列情形之一，而本章各條無處罰之規定者，處新臺幣九百元以上一千八百元以下罰鍰：

一　不服從交通勤務警察或依法令執行交通指揮、稽查任務人員之指揮或稽查。

二　不遵守公路或警察機關，依第五條規定所發布命令。

三　不遵守道路交通標誌、標線、號誌之指示。

四　計程車之停車上客，不遵守主管機關之規定。

第61條（汽車駕駛人之處罰—駕車犯罪）

I汽車駕駛人，駕駛汽車有下列情形之一者，吊銷其駕駛執照：

一　利用汽車犯罪，經判決有期徒刑以上之刑確定。

二　抗拒執行交通勤務之警察或依法令執行交通稽查人員之稽查或有第六十條第一項之情形，因而引起傷害或死亡。

三　撞傷正在執行勤務中之警察或依法令執行指揮交通及交通稽查任務人員。

四　違反道路交通安全規則、第三十三條之管制規則，因而肇事致人死亡。

II汽車駕駛人，駕駛汽車有前項第二款、第三款情形之一者，並處新臺幣九萬元以上十五萬元以下罰鍰及施以道路交通安全講習；汽車駕駛人於五年內違反前項第二款、第三款規定二次以上者，並處新臺幣十五萬元罰鍰及施以道路交通安全講習。

III汽車駕駛人，駕駛汽車違反道路交通安全規則、第三十三條之管制規則，因而肇事致人受傷者，記違規點數三點；致人重傷者，吊扣其駕駛執照三個月至六個月。

IV第一項第一款情形，在判決確定前，得視情形暫扣其駕駛執照，禁止其駕駛。

第62條（肇事後處理不當之處罰）

I汽車駕駛人駕駛汽車肇事，無人受傷或死亡而未依規定處置者，處新臺幣一千元以上三千元以下罰鍰；逃逸者，並吊扣其駕駛執照一個月至三個月。

II前項之汽車尚能行駛，而不儘速將汽車位置標繪移置路邊，致妨礙交通者，處駕駛人新臺幣六百元以上一千八百元以下罰鍰。

III汽車駕駛人駕駛汽車肇事致人受傷或死亡者，應即採取救護措施及依規定處置，並通知警察機關處理，不得任意移動肇事汽車及現場痕跡證據，違反者處新臺幣三千元以上九千元以下罰鍰。但肇事致人受傷案件當事人均同意時，應將肇事汽車標繪後，移置不妨礙交通之處所。

IV前項駕駛人肇事致人受傷而逃逸者，吊銷其駕駛執照；致人重傷或死亡而逃逸者，吊銷其駕駛執照，並不得再考領。

V第一項及前項肇事逃逸案件，經通知汽車所有人到場說明，無故不到場說明，或不提供汽車駕駛人相關資料者，吊扣該汽車牌照一個月至三個月。

VI肇事車輛機件及車上痕跡證據尚須檢驗、鑑定或查證者，得予暫時扣留處理，其扣留期間不得超過三個月；未經扣留處理之車輛，其駕駛人或所有人不予或不能即時移置，致妨礙交通者，得逕行移置之。

VII肇事車輛機件損壞，其行駛安全堪虞者，禁止其行駛。

第63條（違規之記點）

I汽車駕駛人有下列各款所列條款之一者，除依原條款處罰鍰外，並予記點：

一　有第三十三條第一項、第二項、第三十八條第一項、第四十條、第四十五條、第四十七條第一款至第三款、第四十八條、第四十九條或第六十條第二項第一款、第二款情形之一者，各記違規點數一點。

二　有第二十九條第一項第一款至第四款、第二十九條之二第一項、第二項、第四項、第三十條第一項第一款、第二款情形之一者，各記違規點數二點。

三　有第四十三條、第五十三條或第五十三條之一情形之一者，各記違規點數三點。

II依前項各條款，已受吊扣或吊銷駕駛執照處分者，不予記點。

III汽車駕駛人在六個月內，違規記點共達六點以上者，吊扣駕駛執照一個月；一年內經吊扣駕駛執照二次，再違反第一項各款所列條款之一者，吊銷其駕駛執照。

第63條之1（違規紀錄達三次以上之處罰）

汽車依本條例規定記違規紀錄於三個月內共達三次以上者，吊扣其汽車牌照一個月。

第64條（刪除）

第65條（未依裁決繳照繳款之處理）

I汽車所有人、駕駛人違反本條例，經主管機關裁決書送達後逾三十日之不變期間未向管轄之地方法院行政訴訟庭提起撤銷訴訟，或其訴訟經法院裁判確定，而不繳納罰鍰或不繳送汽車牌照、駕駛執照者，依下列規定處理之：

一　經處分吊銷汽車牌照或駕駛執照者，由公路主管機關逕行註銷。

二　經處分吊扣汽車牌照或駕駛執照者，按其吊扣期間加倍處分；仍不依限期繳送汽車牌照或駕駛執照者，吊銷其汽車牌照或駕駛執照。

三　罰鍰不繳納者，依法移送強制執行。

II於九十五年六月三十日前，十年內，汽車所有人、駕駛人因違反前項第三款修正前罰鍰不繳納，經易處吊銷汽車牌照或駕駛執照者，得於五年內繳清罰款後，申請核發。

第66條（牌照經吊、註銷之再行請領）

汽車牌照，經吊銷或註銷者，非經公路主管機關檢驗合格，不得再行請領。但依前條第一款之規定註銷者，非滿六個月不得再行請領。

第 67 條（汽車駕駛人考領駕照之消極資格）

Ⅰ汽車駕駛人，曾依第二十七條第三項、第二十九條之二第五項、第三十五條第一項、第三項後段、第四項後段、第五項後段、第五十四條、第六十一條第一項第一款、第二款、第六十二條第四項後段規定吊銷駕駛執照者，終身不得考領駕駛執照。但有第六十七條之一所定情形者，不在此限。

Ⅱ汽車駕駛人，曾依第二十九條第四項、第三十條第三項、第三十五條第三項前段、第四項前段、第四十三條第二項、第三項、第四十五條第三項、第六十一條第一項第三款、第四款後段、第六十二條第四項前段規定吊銷駕駛執照者，三年內不得考領駕駛執照；汽車駕駛人駕駛營業大客車，曾依第三十五條第二項規定吊銷駕駛執照者，四年內不得考領駕駛執照；依第三十五條第五項前段規定吊銷駕駛執照者，五年內不得考領駕駛執照。

Ⅲ汽車駕駛人，曾依本條例其他各條規定吊銷駕駛執照者，一年內不得考領駕駛執照。

Ⅳ汽車駕駛人，曾依第二項及前項規定吊銷駕駛執照，不得考領駕駛執照期間計達六年以上者，終身不得考領駕駛執照。但有第六十七條之一所定情形者，不在此限。

Ⅴ汽車駕駛人，曾依第三十五條規定吊銷駕駛執照，未依規定完成酒駕防制教育或酒癮治療，不得申請考領駕駛執照。

Ⅵ前項酒駕防制教育及酒癮治療之實施對象、教育或治療實施機構、方式、費用收取、完成酒駕防制教育及酒癮治療之認定標準及其他應遵行事項之辦法，由交通部會商衛生福利部定之。

Ⅶ第一項至第四項不得考領駕駛執照規定，於汽車駕駛人係無駕駛執照駕車者，亦適用之。

Ⅷ汽車駕駛人違反本條例規定，應受吊扣駕駛執照處分，於汽車駕駛人係無駕駛執照駕車者，在所規定最長吊扣期間內，不得考領駕駛執照。

第 67 條之 1（吊銷駕照之重新申請考照）

Ⅰ前條第一項及第四項規定情形，符合特定條件，得於下列各款所定期間後，向公路主管機關申請考領駕駛執照：

一　肇事致人死亡案件，受處分人經吊銷駕駛執照處分執行已逾十二年。

二　肇事致人重傷案件，受處分人經吊銷駕駛執照處分執行已逾十年。

三　肇事致人受傷案件，受處分人經吊銷駕駛執照處分執行已逾八年。

四　其他案件，受處分人經吊銷駕駛執照處分執行已逾六年。

Ⅱ依前項規定申請者，公路主管機關得於其測驗合格後發給有效期間較短之駕駛執照，其期滿換領駕駛執照，應依主管機關所定條件辦理。

Ⅲ前二項所定有關特定條件、換領駕駛執照之種類、駕駛執照有效期間、換領條件等事項之辦法，由交通部會商內政部及有關機關定之。

第 68 條（吊扣、吊銷駕照處分效力之擴大）

Ⅰ汽車駕駛人，因違反本條例及道路交通安全規則之規定，受吊銷駕駛執照處分時，吊銷其執有各級車類之駕駛執照。

Ⅱ領有汽車駕駛執照之汽車駕駛人，除駕駛聯結車、大客車、大貨車外之非其駕駛執照種類之車輛，違反本條例及道路交通安全規則之規定，應受吊扣駕駛執照情形時，無因而肇事致人受傷或重傷者，記違規點數五點。但一年內違規點數共達六點以上或再次應受吊扣駕駛執照情形者，併依原違反本條例應受吊扣駕駛執照處分規定，吊扣其駕駛執照。

第三章　慢　車

第 69 條（慢車種類、名稱及無照駕駛）

Ⅰ慢車種類及名稱如下：

一　自行車：

㈠腳踏自行車。

㈡電動輔助自行車：指經型式審驗合格，以人力為主、電力為輔，最大行駛速率在每小時二十五公里以下，且車重在四十公斤以下之二輪車輛。

㈢電動自行車：指經型式審驗合格，以電力為主，最大行駛速率在每小時二十五公里以下，且車重不含電池在四十公斤以下或車重含電池在六十公斤以下之二輪車輛。

二　其他慢車：

㈠人力行駛車輛：指客、貨車、手拉（推）貨車等。包含以人力為主、電力為輔，最大行駛速率在每小時二十五公里以下，且行駛於指定路段之慢車。

㈡獸力行駛車輛：指牛車、馬車等。

Ⅱ其他慢車未依規定向直轄市、縣（市）政府辦理登記，領取證照即行駛道路者，處所有人新臺幣三百元罰鍰，並禁止其通行。

Ⅲ前項其他慢車登記、發給證照、規格、指定行駛路段、時間及其他管理事項之辦法，由直轄市、縣（市）政府定之。

第 69 條之 1（電動輔助自行車及電動自行車之檢測及型式審驗）

Ⅰ電動輔助自行車及電動自行車應經檢測及型式審驗合格，並粘貼審驗合格標章後，始得行駛道路。

Ⅱ前項電動輔助自行車及電動自行車之檢測基準、檢測方式、型式審驗、品質一致性、申請資格、審驗合格證明書有效期限、查核及監督管理等事項之辦法，由交通部定之。交通部並得委託車輛專業技術研究機構辦理之。

第70條（慢車所有人之處罰—行駛淘汰車）

慢車經依規定淘汰並公告禁止行駛後仍行駛者，沒入後銷毀之。

第71條（慢車所有人之處罰—未攜證照）

慢車證照，未隨身攜帶者，處慢車所有人新臺幣一百八十元罰鍰。

第72條（慢車所有人之處罰—安全裝置違規）

I慢車未經核准，擅自變更裝置，或不依規定保持煞車、鈴號、燈光及反光裝置等安全設備之良好與完整者，處慢車所有人新臺幣一百八十元罰鍰，並責令限期安裝或改正。

II電動自行車於道路行駛或使用，擅自增、減、變更電子控制裝置或原有規格，處電動自行車所有人新臺幣一千八百元以上五千四百元以下罰鍰，並責令改正。

第72條之1（電動自行車駕駛人之處罰—超速）

電動自行車於道路行駛或使用，行駛速率超過型式審驗合格允許之最大行駛速率每小時二十五公里者，處電動自行車駕駛人新臺幣九百元以上一千八百元以下罰鍰。

第73條（慢車駕駛人之處罰）

I慢車駕駛人，有下列情形之一者，處新臺幣三百元以上六百元以下罰鍰：

一　不在劃設之慢車道通行，或無正當理由在未劃設慢車道之道路不靠右側路邊行駛。

二　不在規定之地區路線或時間內行駛。

三　不依規定轉彎、超車、停車或通過交岔路口。

四　在道路上爭先、爭道或其他危險方式駕車。

五　在夜間行車未開啓燈光。

六　行進間以手持方式使用行動電話、電腦或其他相類功能裝置進行撥接、通話、數據通訊或其他有礙駕駛安全之行爲。

II慢車駕駛人，駕駛慢車經測試檢定酒精濃度超過規定標準者，處新臺幣六百元以上一千二百元以下罰鍰。

III慢車駕駛人拒絕接受前項測試之檢定者，處新臺幣二千四百元罰鍰。

IV電動自行車駕駛人未依規定戴安全帽者，處駕駛人新臺幣三百元罰鍰。

第74條（慢車駕駛人之處罰）

I慢車駕駛人，有下列情形之一者，處新臺幣三百元以上六百元以下罰鍰：

一　不服從執行交通勤務警察之指揮或不依標誌、標線、號誌之指示。

二　在同一慢車道上，不按遵行之方向行駛。

三　不依規定，擅自穿越快車道。

四　不依規定停放車輛。

五　在人行道或快車道行駛。

六　聞消防車、警備車、救護車、工程救險車、毒性化學物質災害事故應變車之警號不立即避讓。

七　行經行人穿越道有行人穿越或行駛至交岔路口轉彎時，未讓行人優先通行。

八　於設置有必要之標誌或標線供慢車行駛之人行道上，未讓行人優先通行。

九　聞或見大眾捷運系統車輛之聲號或燈光，不依規定避讓或在後跟隨迫近。

II慢車駕駛人行近行人穿越道，遇有攜帶白手杖或導盲犬之視覺功能障礙者時，不暫停讓視覺功能障礙者先行通過者，處新臺幣六百元以上一千二百元以下罰鍰。

III慢車駕駛人有第一項第五款或第八款之情形，導致視覺功能障礙者受傷或死亡者，處新臺幣一千二百元以上二千四百元以下罰鍰。

第75條（慢車駕駛人之處罰—闖越平交道）

慢車駕駛人，駕車在鐵路平交道有第五十四條各款情形之一者，處新臺幣一千二百元以上二千四百元以下罰鍰。

第76條（慢車駕駛人之處罰—違規載運客貨及幼童）

I慢車駕駛人，載運客、貨有下列情形之一者，處新臺幣三百元以上六百元以下罰鍰：

一　乘坐人數超過規定數額。

二　裝載貨物超過規定重量或超出車身一定限制。

三　裝載容易滲漏、飛散、有惡臭氣味及危險性貨物不嚴密封固或不爲適當之裝置。

四　裝載禽、畜重疊或倒置。

五　裝載貨物不捆紮結實。

六　上、下乘客或裝卸貨物不緊靠路邊妨礙交通。

七　牽引其他車輛或攀附車輛隨行。

II腳踏自行車及電動輔助自行車駕駛人附載幼童有下列情形之一者，處新臺幣三百元以上六百元以下罰鍰：

一　駕駛人未滿十八歲。

二　附載之幼童年齡或體重超過規定。

三　不依規定使用合格之兒童座椅、腳踏自行車或電動輔助自行車。

四　未依規定附載幼童。

III前項附載幼童之腳踏自行車、電動輔助自行車應遵行事項及兒童座椅之檢驗方式，由交通部定之。

第77條（刪除）

第四章　行　人

第78條（行人之處罰與例外）

Ⅰ行人在道路上有下列情形之一者，處新臺幣三百元罰鍰：
一　不依標誌、標線、號誌之指示或警察指揮。
二　不在劃設之人行道通行，或無正當理由，在未劃設人行道之道路不靠邊通行。
三　不依規定，擅自穿越車道。
四　於交通頻繁之道路或鐵路平交道附近任意奔跑、追逐、嬉遊或坐、臥、蹲、立，足以阻礙交通。
Ⅱ使用行動輔具之身心障礙者，因人行道有障礙物致違反前項第二款規定者，不予處罰。

第 79 條（刪除）

第 80 條（行人之處罰—闖越平交道）

行人行近鐵路平交道，有下列情形之一者，處新臺幣二千四百元罰鍰：
一　不遵守看守人員之指示，或遮斷器開始放下，或警鈴已響、閃光號誌已顯示，仍強行闖越。
二　在無看守人員管理或無遮斷器、警鈴及閃光號誌設備之鐵路平交道，不依規定暫停、看、聽、有無火車駛來，逕行通過。

第 81 條（行人之處罰—攀跳行車）

在車輛行駛中攀登、跳車或攀附隨行者，處新臺幣五百元罰鍰。

第 81 條之 1（違規攬客之處罰）

於鐵路公路車站或其他交通頻繁處所，違規攬客，妨害交通秩序者，處新臺幣一千五百元以上三千元以下罰鍰。

第五章　道路障礙

第 82 條（阻礙交通之處罰）

Ⅰ有下列情形之一者，除責令行為人即時停止並消除障礙外，處行為人或其雇主新臺幣一千二百元以上二千四百元以下罰鍰：
一　在道路堆積、置放、設置或拋擲足以妨礙交通之物。
二　在道路兩旁附近燃燒物品，發生濃煙，足以妨礙行車視線。
三　利用道路為工作場所。
四　利用道路放置拖車、貨櫃或動力機械。
五　興修房屋使用道路未經許可，或經許可超出限制。
六　經主管機關許可挖掘道路而不依規定樹立警告標誌，或於事後未將障礙物清除。
七　擅自設置或變更道路交通標誌、標線、號誌或其類似之標識。
八　未經許可在道路設置石碑、廣告牌、綵坊或其他類似物。
九　未經許可在道路舉行賽會或擺設筵席、演戲、拍攝電影或其他類似行為。
十　未經許可在道路擺設攤位。
十一　交通勤務之警察、依法令執行指揮交通、交通稽查任務及各級學校交通服務隊現場導護人員以外之人員，於道路上攔阻人、車通行，妨礙交通。
Ⅱ前項第一款妨礙交通之物、第八款之廣告牌、經勸導行為人不即時清除或行為人不在場，視同廢棄物，依廢棄物法令清除之。第十款之攤棚、攤架得沒入之。
Ⅲ行為人在高速公路或高速公路兩旁，有第一項第一款、第二款情事者，處新臺幣三千元以上六千元以下罰鍰；致發生交通事故者，加倍處罰。
Ⅳ行為人在行人穿越道，有第一項各款情事者，處新臺幣三千元以上六千元以下罰鍰；致人受傷或死亡者，加倍處罰。

第 82 條之 1（廢棄車輛之處理）

Ⅰ占用道路之廢棄車輛，經民眾檢舉或由警察機關、環境保護主管機關查報後，由警察機關通知車輛所有人限期清理；車輛所有人屆期未清理，或有車輛所有人行方不明無法通知或無法查明該車輛所有人情形，環境保護主管機關應先行移置或委託民間單位移置，並得向車輛所有人收取移置費及保管費。該車輛經公告一個月仍無人認領者，由該環境保護主管機關依廢棄物清除。
Ⅱ前項廢棄車輛之認定基準與查報處理辦法，由交通部會同內政部、法務部、行政院環境保護署定之；收取移置費及保管費之基準，由直轄市、縣（市）政府定之。

第 83 條（阻礙交通之處罰）

有下列情形之一不聽勸阻者，處行為人或雇主新臺幣三百元以上六百元以下罰鍰，並責令撤除：
一　在車道或交通島上散發廣告物、宣傳單或其相類之物。
二　在車道上、車站內、高速公路服務區休息站，任意販賣物品妨礙交通。

第 84 條（阻礙交通之處罰）

疏縱或牽繫禽、畜、寵物在道路奔走，妨害交通者，處所有人或行為人新臺幣三百元以上六百元以下罰鍰。

第六章　附　則

第 85 條（處罰應歸責者之原則）

Ⅰ本條例之處罰，受舉發違反道路交通管理事件之受處罰人，認為受舉發之違規行為應歸責他人者，應於舉發違反道路交通管理事件通知單應到案日期前，檢附相關證據及應歸責人相關證明文件，向處罰機關告知應歸責人，處罰機關應即另行通知應歸責人到案依法處理。逾期未依規定辦理者，仍依本條例各該違反條款規定處罰。
Ⅱ本條例之處罰，其為吊扣或吊銷車輛牌照者，不因處分後該車輛所有權移轉、質押、租賃他人或租賃關係終止而免於執行。

III本條例規定沒入之物，不問屬於受處罰人與否，沒入之。

IV依本條例規定逕行舉發或同時併處罰其他人之案件，推定受逕行舉發人或該其他人有過失。

第85條之1（汽車駕駛人、汽車買賣業、修理業違規之處理）

I汽車駕駛人、汽車所有人、汽車買賣業或汽車修理業違反第五十六條第一項或第五十七條規定，經舉發後，不遵守交通勤務警察或依法令執行交通稽查任務人員責令改正者，得連續舉發之。

II第七條之二之逕行舉發案件有下列情形之一者，得連續舉發：

一　逕行舉發汽車行車速度超過規定之最高速限或低於規定之最低速度或有第三十三條第一項、第二項之情形，其違規地點相距六公里以上、違規時間相隔六分鐘以上或行駛經過一個路口以上。但其違規地點在隧道內者，不在此限。

二　逕行舉發汽車有第五十六條第一項或第五十七條規定之情形，而駕駛人、汽車所有人、汽車買賣業、汽車修理業不在場或未能將汽車移置每逾二小時。

第85條之2（車輛移置保管之領回）

I車輛所有人或駕駛人依本條例規定應予禁止通行、禁止其行駛、禁止其駕駛者，交通勤務警察或依法令執行交通稽查任務人員應當場執行之，必要時，得逕行移置保管其車輛。

II前項車輛所有人或其委託之第三人得於保管原因消失後，持保管收據及行車執照領回車輛。其違反本條例第三十五條規定者，應同時檢附繳納罰鍰收據。但初次違反規定且未發生交通事故者，得檢附分期繳納罰鍰收據領回車輛。

III依第三十五條規定被逕行移置保管之車輛屬租賃車業者之車輛，得由車輛所有人檢具租賃契約書、違規駕駛人姓名、住址並具結後，據以取回被移置保管車輛。

第85條之3（移置保管、公告拍賣處理）

I第十二條第三項及第四項、第三十五條、第五十六條第四項、第五十七條第二項、第六十二條第六項及前條第一項之移置或扣留，得由交通勤務警察、依法令執行交通稽查任務人員逕行移置或扣留，其屬第五十六條第四項之移置，得由交通助理人員逕行為之。上述之移置或扣留，得使用民間拖吊車拖離之。

II前項移置或扣留，得向汽車所有人收取移置費及保管費；其不繳納者，追繳之。

III第一項移置保管或扣留之車輛，經通知車輛所有人限期領回；屆期未領回或無法查明車輛所有人，經公告三個月，仍無人認領者，由移置保管機關拍賣之，拍賣所得價款應扣除違反本條例規定應行繳納之罰鍰、移置費、保管費及其他必要費用後，依法提存。

IV前項公告無人認領之車輛，符合廢棄車輛認定標準者，依廢棄物清理法及其相關法規規定清除之。依本條例應沒入之車輛或其他之物經裁決或裁判確定者，視同廢棄物，依廢棄物清理法及其相關法規規定清除。

V前四項有關移置保管、收取費用、公告拍賣、移送處理之辦法，在中央由交通部及內政部，在地方由直轄市、縣（市）政府依其權責分別定之。

第85條之4（未滿十四歲之人違規之處罰）

未滿十四歲之人違反本條例之規定，處罰其法定代理人或監護人。

第85條之5（違規大眾捷運系統車輛之移置或扣留通知）

大眾捷運系統車輛駕駛人違反本條例規定，有依第八十五條之二或第八十五條之三規定應予移置或扣留車輛之情形，其車輛之移置或扣留，得通知其營運機構處理。

第86條（刑責之加重及減輕）

I汽車駕駛人，無駕駛執照駕車、酒醉駕車、吸食毒品或迷幻藥駕車、行駛人行道或行經行人穿越道不依規定讓行人優先通行，因而致人受傷或死亡，依法應負刑事責任者，加重其刑至二分之一。

II汽車駕駛人，在快車道依規定駕車行駛，因行人或慢車不依規定，擅自進入快車道，而致人受傷或死亡，依法應負刑事責任者，減輕其刑。

第87條（提起訴訟及撤銷期間之限制）

受處分人不服第八條或第三十七條第六項處罰之裁決者，應以原處分機關為被告，逕向管轄之地方法院行政訴訟庭提起訴訟；其中撤銷訴訟之提起，應於裁決書送達後三十日之不變期間內為之。

第88條（刪除）

第89條（刪除）

第90條（肇事責任不明之免予執行）

違反本條例之行為，自行為成立之日起；行為有連續或繼續之狀態者，自行為終了之日起，逾二個月不得舉發。但汽車肇事致人受傷或死亡案件，因肇事責任不明，已送鑑定者，其期間自鑑定終結之日起算；未送鑑定而須分析研判者，逾三個月不得舉發。

第90條之1（拒絕道路交通安全講習之處罰）

慢車駕駛人、行人不依規定接受道路交通安全講習者，處新臺幣六百元以上一千二百元以下罰鍰。

第90條之2（刪除）

第90條之3（必要標誌或標線之設置）

I在圓環、人行道、交岔路口十公尺內，公路主管機關、市區道路主管機關或警察機關得在不妨害行人通行或行車安全無虞之原則，設置必要之標誌或標線另行規定機車、慢車之停車處所。

II 公路主管機關、市區道路主管機關或警察機關得在不妨害行人通行或行車安全無虞之原則，於人行道設置必要之標誌或標線供慢車行駛。

第 91 條（應予獎勵之機構或人員）

下列機構或人員，應予獎勵；其辦法由交通部、內政部會同有關機關定之：

一 對促進交通安全著有成效之學校、大眾傳播業或公、私汽車駕駛人訓練機構。

二 檢舉汽車肇事或協助救護汽車肇事受傷者之人員。

三 優良駕駛人。

四 檢舉違反第四十三條第一項第一款至第四款規定行為經查證屬實之人員。

第 92 條（道路交通安全規則之訂定）

I 車輛分類、汽車牌照申領、異動、管理規定、汽車載重噸位、座位立位之核定、汽車檢驗項目、基準、檢驗週期規定、汽車駕駛人執照考驗、換發、證照效期與登記規定、車輛裝載、行駛規定、汽車設備變更規定、動力機械之範圍、駕駛資格與行駛規定、車輛行駛車道之劃分、行人通行、道路障礙及其他有關道路交通安全等事項之規則，由交通部會同內政部定之。

II 機車禁止行駛高速公路。但汽缸排氣量五百五十立方公分以上大型重型機車，得依交通部公告規定之路段及時段行駛高速公路，其駕駛人應有得駕駛汽缸排氣量五百五十立方公分以上大型重型機車駕駛執照一年以上及小型車以上之駕駛執照。

III 道路交通安全講習之方式、內容、時機、時數、執行單位等事項之辦法，由交通部會同內政部定之。

IV 本條例之罰鍰基準、舉發或輕微違規勸導、罰鍰繳納、向處罰機關陳述意見或裁決之處理程序、分期繳納之申請條件、分期期數、不依限期繳納之處理、分期處理規定及繳納機構等事項之處理細則，由交通部會同內政部定之。

V 道路交通事故駕駛人、肇事人應處置作為、現場傷患救護、管制疏導、肇事車輛扣留、移置與發還及調查處理之辦法，由內政部會同交通部、行政院衛生署定之。

VI 大型重型機車，除本條例另有規定外，比照小型汽車適用其行駛及處罰規定；其駕駛執照考驗及行駛規定，由交通部會同內政部定之。

VII 汽缸排氣量五百五十立方公分以上之大型重型機車行駛高速公路，有下列行為者，處駕駛人新臺幣三千元以上六千元以下罰鍰，並記違規點數一點：

一 行駛未經公告允許之路段。

二 未依公告允許時段規定行駛。

三 領有駕駛執照，未符合第二項規定。

四 同車道併駛、超車，或未依規定使用路肩。

五 未依規定附載人員或物品。

六 未依規定戴安全帽。

VIII 汽缸排氣量五百五十立方公分以上大型重型機車違反前項第四款規定或汽車行駛高速公路有前項第四款前段之行為，處駕駛人新臺幣六千元罰鍰。

❖ 法學概念

交通違規與職權不舉發

交通違規取締之舉發，在實務上應以違規臨時停車屬最為常見之交通違規態樣之一，其與超速分別居靜態與動態交通違規行為之冠。此類汽車駕駛人多以為，只是臨時停車購物並不會造成交通阻礙或危險，或只是短暫裝卸貨物馬上離開，而認為違規情節輕微，應不具可罰性並應免予被舉發。然而是類違規行為，終究是所欲處罰之具體危險的交通行為，不因其違規情節輕微乃至尚未造成實害而認為不具違法性。惟針對違規輕微之案件，若毫無彈性予以處罰，從處罰相當性、社會妥當性之觀點觀之，亦有檢討空間。實務上，警察機關應對輕微交通違規行為，於兼顧法、理、情，並避免不必要警民對立之原則下，多以柔性勸導，待不聽勸導後，始開單舉發。針對上述交通違規與職權不舉發之問題，現行依據行政罰法第 19 條第 1 項規定：「違反行政法上義務應受法定最高額新台幣三千元以下罰鍰之處罰，其情節輕微，認以不處罰為適當者，得免予處罰。」

而為配合行政罰法之制定施行，《道路交通管理處罰》條例亦新增「職權不舉發」之規定，在此同時考量交通違規事件之數量與種類繁多，且違規原因亦不一，或因出於故意或疏忽，亦可能是為閃避突發狀況、或因測試儀器之誤差等態樣多端，故而，酌具體的違規情狀訂定有關得為勸導代替舉發之執法依據。依據《道路交通管理處罰條例》第 92 條第 4 項規定：「本條例舉發或輕微違規勸導一等事項之處理細則，由交通部會同內政部定之。」授權內政部警政署訂定之處理細則第 12 條第 1 項乃針對交通輕微違規等 1 情形，規定於未嚴重危害交通安全、秩序或發生交通事故，且情節輕微而以不舉發為適當時，得由警察對其施以勸導免於舉發。

【陳正根，〈論警察法上舉發之行為〉，收錄於氏著《警察與秩序法研究(二)：干預行政與基本人權之保障》，五南，初版，2013.08，266 頁以下。】

第 92 條之 1（處罰）

處罰機關裁決職業汽車駕駛人吊扣、吊（註）銷駕駛執照時，得應雇主之請求，以書面或其他方式通知違規當時所駕駛汽車之所有人。

第 93 條（施行日）

本條例施行日期，由行政院以命令定之。

違反道路交通管理事件統一裁罰基準及處理細則

1.中華民國95年6月30日交通部、內政部令會銜修正發布全文81條；並自95年7月1日施行
2.中華民國95年9月14日交通部、內政部令會銜修正發布第12條條文；並自95年9月16日施行
3.中華民國95年12月29日交通部、內政部令會銜修正發布第15、19條條文及第2條附件；並自96年1月1日施行
4.中華民國96年9月21日交通部、內政部令會銜修正發布第1、2、44條條文；並自96年11月1日施行
5.中華民國96年10月31日交通部、內政部令會銜修正發布第2條附表；並自96年11月1日施行
6.中華民國97年4月14日交通部、內政部令會銜修正發布第2條附表；並自97年4月15日施行
7.中華民國98年3月10日交通部、內政部令會銜修正發布第64條條文及第2條附表；並自發布日施行
8.中華民國98年6月26日交通部、內政部令會銜修正發布第61、62條條文；並自98年7月1日施行
9.中華民國99年3月5日交通部、內政部令會銜修正發布第2條附表；並自發布日施行
10.中華民國99年7月1日交通部、內政部令會銜修正發布第64條條文；並自發布日施行
11.中華民國100年2月22日交通部、內政部令會銜修正發布第64條條文；並自100年3月1日施行
12.中華民國100年7月28日交通部、內政部令會銜修正發布第2條附表；並自100年8月1日施行
13.中華民國101年6月1日交通部、內政部令會銜修正發布第12、16、25、64條條文及第2條附表；並自發布日施行
14.中華民國101年6月29日交通部、內政部令會銜修正發布第2、7條條文及附件；並自101年7月1日施行
15.中華民國101年8月30日交通部、內政部令會銜修正發布第45、65～67、71、73條條文及第九章章名；增訂第65-1條條文；並自101年9月6日施行
16.中華民國101年10月12日交通部、內政部令會銜修正發布第2、16條條文及附表；並自101年10月15日施行
17.中華民國102年1月22日交通部、內政部令會銜修正發布第2條附表；並自即日生效
18.中華民國102年2月27日交通部、內政部令會銜修正發布第16條條文及第2條附表；增訂第19-1條條文；並自102年3月1日施行
19.中華民國102年6月11日交通部、內政部令會銜修正發布第2條附表；並自102年6月13日施行
20.中華民國102年7月11日交通部、內政部令會銜修正發布第12、64條條文及第2條附表；並自102年7月15日施行
21.中華民國103年3月27日交通部、內政部令會銜修正發布第12、15、34～36、59條條文及第2條附表；增訂第19-2條條文；並自103年3月31日施行
22.中華民國103年8月14日交通部、內政部令會銜修正發布第23條條文；並自103年8月15日施行
23.中華民國104年6月30日交通部、內政部令會銜修正發布第12、16、64條條文及第2條附表；增訂第12-1、16-1條條文；並自104年7月1日施行
24.中華民國104年8月14日交通部、內政部令會銜修正發布第2、10、11、15、25、61、70條條文；並自104年8月15日施行
25.中華民國104年12月29日交通部、內政部令會銜修正發布第2條附表；並自105年1月1日施行
26.中華民國105年8月31日交通部、內政部令會銜修正發布第2條附表；並自105年9月1日施行
27.中華民國106年6月30日交通部、內政部令會銜修正發布第19條條文及第2條附表；增訂第12-2條條文；並自106年7月1日施行
28.中華民國106年8月25日交通部、內政部令會銜修正發布第2條附表；並自106年9月1日施行
29.中華民國107年6月29日交通部、內政部令會銜修正發布第2條附表；並自107年7月1日施行
30.中華民國107年8月31日交通部、內政部令會銜修正發布第2條附表；並自107年9月1日施行
31.中華民國107年12月10日交通部、內政部令會銜修正發布第12、20～23條條文；並自108年1月1日施行
32.中華民國108年6月28日交通部、內政部令會銜修正發布第16、19-2、67條條文；增訂第19-3、43-1條條文；並自108年7月1日施行
33.中華民國108年10月1日交通部、內政部令會銜修正發布第12條條文及第2條附表；並自發布日施行
34.中華民國109年2月27日交通部令、內政部令會銜修正發布第2條條文之附表；並自109年3月1日施行

第一章　總　則

第1條

本細則依道路交通管理處罰條例（以下簡稱本條例）第九十二條第四項規定訂定之。

第2條

Ⅰ處理違反道路交通管理事件之程序及統一裁罰基準依本細則之規定辦理。

Ⅱ前項統一裁罰基準，如附件違反道路交通管理事件統一裁罰基準表（以下簡稱基準表）。

Ⅲ大型重型機車違反本條例規定之處罰，除基準表另有規定外，應比照小型車之裁罰基準辦理。

Ⅳ大眾捷運系統車輛行駛共用通行道路，其駕駛人違反本條例第二章汽車行駛規定條文者，依各該條規定處罰。

第3條

Ⅰ二以上違反道路交通管理之行為，應分別舉發、處罰。但其違反行為，經責令其於一定期間內修復、改正或補辦手續者，不在此限。

Ⅱ一行為同時觸犯刑事法律及違反本條例規定者，依刑事法律處罰之。但其行為依本條例規定處罰

鍰以外之其他種類處罰，或得沒入之物而未經法院宣告沒收者，仍應依規定裁處之。

第 4 條

處理違反道路交通管理事件人員，凡執行職務時，均應服裝整齊，儀容端正，態度和藹，言語懇切。

第 5 條

處理違反道路交通管理事件，有關文書送達之程序，依行政程序法之規定。

第二章　權責劃分

第 6 條

Ⅰ道路交通管理之稽查，違規紀錄，由交通勤務警察，或依法令執行交通稽查任務人員執行之。

Ⅱ公路主管及警察機關就其主管業務，查獲違反道路交通管理之行為者，應本於職權舉發或處理之。

第 7 條

依本條例第二章各條款或第九十二條第六項至第八項規定舉發之違反道路交通管理事件，得由中央及直轄市公路主管機關委任所屬機關處罰。

第 8 條

Ⅰ依本條例第三章至第五章及第九十條之一各條款規定舉發之違反道路交通管理事件，由警察機關處罰，其於直轄市或縣（市），由直轄市、縣（市）警察局或委任所屬分局或經授予違反社會秩序維護法處罰權之分駐（派出）所處理。

Ⅱ直轄市、縣（市）警察局處理計程車駕駛人有本條例第三十六條或第三十七條之情形，應廢止其執業登記或吊扣執業登記證之案件，得比照前項規定辦理。

第 9 條

各專業警察機關對於違反道路交通管理事件之稽查及管轄權責劃分，得比照第六條、第八條規定辦理。

第三章　稽查及民眾檢舉

第 10 條

Ⅰ交通勤務警察或依法令執行交通稽查任務人員，對於違反道路交通管理事件之稽查，應認眞執行；其有不服稽查而逃逸之人、車，得追蹤稽查之。

Ⅱ前項稽查，查獲違反道路交通管理事件之舉發方式如下：

一　當場舉發：違反本條例行為經攔停之舉發

二　逕行舉發：依本條例第七條之二規定之舉發。

三　職權舉發：依第六條第二項規定之舉發。

四　肇事舉發：發生道路交通事故，肇事原因或肇事責任不明，經分析研判或鑑定後，確認有違反本條例行為之舉發。

五　民眾檢舉舉發：就民眾依本條例第七條之一規定檢舉違反本條例之行為，經查證屬實之舉發。

第 11 條

Ⅰ行為人有本條例之情形者，應填製舉發違反道路交通管理事件通知單（以下簡稱通知單），並於被通知人欄予以勾記，其通知聯依下列規定辦理：

一　當場舉發者，應填記駕駛人或行為人姓名、性別、出生年月日、地址、身分證統一編號及車主姓名、地址、車牌號碼、車輛種類。被查獲之駕駛人或行為人為受處分人時，應於填記通知單後將通知聯交付該駕駛人或行為人簽名或蓋章收受之；拒絕簽章者，仍應將通知聯交付該駕駛人或行為人收受，並記明其事由及交付之時間；拒絕收受者，應告知其應到案時間及處所，並記明事由與告知事項，視為已收受。

二　非當場舉發案件或受處分人非該當場被查獲之駕駛人或行為人，舉發機關應另行送達之。

三　駕駛人或行為人未滿十四歲者，應於通知單上另行查填其法定代理人或監護人之姓名、身分證統一編號及地址，並送達其法定代理人或監護人。

四　逕行舉發者，應按已查明之資料填註車牌號碼、車輛種類、車主姓名及地址，並於通知單上方空白處加註逕行舉發之文字後，由舉發機關送達被通知人。

五　大眾捷運系統車輛駕駛人之行為，有本條例第七條之二第一項所列得逕行舉發之情形者，應記明其車輛違規地點、時間、行駛方向等可資辨明之資料，以其營運機構為被通知人製單舉發。

Ⅱ交通勤務警察或依法令執行交通稽查任務人員依前項規定舉發時，應告知駕駛人或行為人之違規行為及違反之法規。對於依規定須責令改正、禁止通行、禁止其行駛、禁止其駕駛者、補換牌照、駕照等事項，應當場告知該駕駛人或同車之汽車所有人，並於通知單記明其事項或事件情節及處理意見，供裁決參考。

Ⅲ當場舉發違反道路交通管理事件，除有駕駛人或行為人未滿十四歲之情形外，如交通勤務警察或依法令執行交通稽查任務人員使用電腦列印通知單時，得僅列印違反駕駛人或行為人之身分證統一編號及出生年月日。

第 12 條

Ⅰ行為人有下列情形之一，而未嚴重危害交通安全、秩序，且情節輕微，以不舉發為適當者，交通勤務警察或依法令執行交通稽查任務人員得對其施以勸導，免予舉發：

一　有本條例第十四條第二項第二款、第二十五條第二項、第三十一條第五項、第三十一條之一第三項、第四十一條、第四十四條第一項第一款、第三款至第七款、第五十二條、第六十九條第二項、第七十一條、第七十二條第一項、第七十三條第一項第一款至第三款、第五款、第七十四條第一項、第七十六條、第八十一條、第八十二條第一項第一款或第八十四條之情形。

二　駕駛四輪以上汽車於號誌燈號變換之際，因未能依號誌指示及時停止，致前懸部分伸越在機車停等區內，惟前輪尚未進入該停等區內。

三　駕駛汽車於號誌燈號變換之際，因未能依號誌指示及時停止，致前懸部分伸越停止線，惟前輪尚未超越該停止線。

四　駕駛大型車輛在多車道右轉彎，因車輛本身、道路或交通狀況等限制，如於外側車道顯無法安全完成，致未能先駛入外側車道。

五　駕駛汽車因上、下客、貨，致有本條例第五十五條之情形，惟尚無妨礙其他人、車通行。

六　深夜時段（零至六時）停車，有本條例第五十六條第一項之情形。但於身心障礙專用停車位違規停車或停車顯有妨礙消防安全之虞，或妨礙其他人車通行經人檢舉者，不在此限。

七　駕駛汽車因交通管制設施設置不明確或受他物遮蔽，致違反該設施之指示。

八　駕駛汽車在交通管制設施變換之處所，致無法即時依變換後之設施指示行駛。

九　駕駛汽車隨行於大型車輛後方，因視線受阻，致無法即時依標誌、標線、號誌之指示行駛。

十　駕駛汽車因緊急救護傷患或接送身心障礙者上、下車，致違反本條例規定。

十一　駕駛汽車行車速度超過規定之最高時速未逾十公里。

十二　駕駛汽車或慢車經測試檢定，其吐氣所含酒精濃度超過規定之標準值未逾每公升零點零二毫克。

十三　駕駛汽車裝載貨物超過核定之總重量或總聯結重量，未逾百分之十。

十四　駕駛汽車因閃避突發之意外狀況，致違反本條例規定。

十五　因客觀具體事實，致違反本條例規定係出於不得已之行為。

十六　其他經交通部及內政部會商核定之情形。

II行為人發生交通事故有前項規定行為，除本條例第十四條第二項第二款、第二十五條第二項、第六十九條第二項或第七十一條之情形外，仍得舉發。

III執行前二項之勸導，依下列規定辦理：

一　應先斟酌個案事實、違反情節及行為人之陳述，是否符合得施以勸導之規定。

二　對得施以勸導之對象，應當場告知其違規事實，指導其法令規定與正確之駕駛或通行方法，並勸告其避免再次違反。

三　施以勸導時，應選擇於無礙交通之處實施，並作成書面紀錄，請其簽名。

IV對於不聽勸導者，必要時，仍得舉發，並於通知單記明其事件情節及處理意見，供裁決參考。

V第一項及第二項之情形，有客觀事實足認無法當場執行勸導程序時，得免予勸導。

第 12 條之 1

行為人有違反本條例第二十七條第一項規定屬情節輕微，以不舉發為適當者，公路主管機關得以寄發通知方式對其施以勸導，免予舉發。但對於不聽勸導者，仍得舉發。

第 12 條之 2

年滿七十五歲汽車駕駛人違反本條例第二十二條第一項第七款規定，受舉發後經公路監理機關以寄發通知方式施以勸導，於三個月內依規定完成換發新照或自願繳回駕駛執照者，免予處罰。

第 13 條

I填製通知單，應就其違反行為簡要明確記載於違規事實欄內，並記明其違反條款及應到案處所。

II前項違反行為須責令定期改正、修復或補辦手續者，除依規定應請領臨時通行證外，依其實際所需時間記明「限於○月○日○時前辦理」等字樣，其期間得酌定於四日以內。但貨車超載應責令當場卸貨分裝，如無法當場卸貨分裝者，其超載重量未逾核定總重量百分之二十者，責令其於二小時內改正之，逾二小時不改正者，得連續舉發；其超載重量逾核定總重量百分之二十者，當場禁止其通行。

III逕行舉發汽車行車速度超過規定之最高速限或低於規定之最低速度或有本條例第三十三條第一項、第二項之情形，其違規地點相距六公里以上、違規時間相隔六分鐘以上或行駛經過一個路口以上，得連續舉發。但其違規地點在隧道內者，不受時間或距離之限制。

IV逕行舉發汽車有本條例第五十六條第一項或第五十七條規定之情形，而駕駛人、汽車所有人、汽車買賣業者、汽車修理業者不在場或未能將汽車移置者，每逾二小時，得連續舉發之。

V汽車駕駛人、汽車所有人、汽車買賣業者或汽車修理業者有本條例第五十六條第一項或第五十七條規定之情形，經交通勤務警察、依法令執行交通稽查任務人員或交通助理人員舉發後，而不遵責令改正者，得連續舉發之。

第 14 條

二以上違反道路交通管理之行為，應於通知單之「違規事實」欄分別填記。但處罰機關不同或應處罰對象不同時，均應分別填製通知單。

第 15 條

填製通知單，應到案日期應距舉發日三十日。但下列案件，其應到案之日期距舉發日為四十五日：

一　逕行舉發。

二　職權舉發。

三　肇事舉發。

四　民眾檢舉舉發。

五　受處分人非該當場被查獲之駕駛人或行為人。

第 16 條

I 舉發汽車所有人、駕駛人違反道路交通管理事件，依下列規定當場暫代保管物件：

一　當場暫代保管其車輛牌照：

㈠使用偽造、變造或矇領之牌照。

㈡使用吊銷或註銷之牌照。

㈢牌照借供他車使用或使用他車牌照。

㈣已領有號牌而未懸掛或不依指定位置懸掛。

㈤不依規定期限換領號牌經再通知後逾期仍不換領。

㈥領用試車或臨時牌照，期滿未繳還或載運客貨收費營業。

㈦汽車不依限期參加定期檢驗或臨時檢驗逾期六個月以上。

㈧汽車引擎、底盤、電系、車門損壞，行駛時顯有危險而不即行停駛修復。

二　行車執照或拖車使用證有效期間屆滿，不依規定換領而行駛者，代保管其行車執照或拖車使用證。

三　當場暫代保管其駕駛執照：

㈠使用偽造、變造、矇領、吊銷或註銷之駕駛執照駕車。

㈡持逾期之駕駛執照駕車。

㈢職業汽車駕駛人逾期審驗一年以上。

㈣汽車駕駛人駕車於應繳費之公路，強行闖越收費站逃避繳費，致收費人員受傷或死亡。

㈤汽車駕駛人有本條例第二十九條第一項各款、第二十九條之二第一項、第二項、第三十條第一項各款、第二項之情形因而致人重傷或死亡。

㈥汽車駕駛人酒精濃度超過規定標準、吸食毒品、迷幻藥、麻醉藥品及其相類似之管制藥品因而肇事致人重傷或死亡。

㈦汽車駕駛人有本條例第三十五條第二項、第三項前段之情形。

㈧汽車駕駛人，駕駛汽車行經警察機關設有告示執行本條例第三十五條第一項測試檢定之處所，不依指示停車接受稽查，或拒絕接受本條例第三十五條第一項之測試檢定。

㈨汽車駕駛人有本條例第四十三條第二項、第三項之情形。

㈩汽車駕駛人有本條例第四十五條第二項、第三項之情形。

⑾汽車駕駛人有本條例第五十四條各款之情形因而肇事。

⑿汽車駕駛人有本條例第六十一條第一項各款之情形。

⒀汽車駕駛人駕駛汽車肇事致人受傷或死亡而逃逸。

四　當場暫代保管其計程車駕駛人執業登記證（以下簡稱執業登記證）：

㈠有本條例第三十六條或第三十七條之情形，應受吊扣執業登記證或廢止執業登記處分。

㈡受吊扣執業登記證或廢止執業登記處分，而未將執業登記證送交其辦理執業登記之警察機關。

五　當場暫代保管其車輛：

㈠拼裝車輛未經核准領用牌證行駛，或已領用牌證而變更原登檢規格、不依原規定用途行駛。

㈡報廢登記之汽車仍行駛。

㈢未領用牌照且未依公路法規定取得安全審驗合格證明行駛。

㈣有本條例第三十五條第九項之情形。

㈤有本條例第四十三條第四項後段之情形。

㈥慢車經依規定淘汰並公告禁止行駛後仍行駛。

六　未經許可在道路擺設攤位者，暫代保管其攤棚、攤架。

II 前項暫代保管物件，應於通知單之代保管物件欄，明確記載該代保管物件之名稱、數量、證照號碼、引擎或車身號碼，或物件之特徵；第一款第五目至第七目代保管汽車號牌者，並記明「限當日駛回」，違反者依本條例第十二條第一項第七款規定舉發。

III 第一項當場暫代保管物件，由交通勤務警察或依法執行交通稽查任務人員辦理之。

第 16 條之 1

I 本條例第八十五條之三第一項所定移置或扣留之車輛，因未懸掛號牌或號牌不符，無法經由開啓車門以外之方式查知所有人者，得開啓車門查證引擎號碼、車身號碼或車內留存證件，查知車輛所有人。
II 前項開啓車門及查證過程應全程錄影存證。

第17條
交通勤務警察或依法執行交通稽查任務人員舉發違反道路交通管理事件，應當場查記車輛牌照及駕駛人之駕駛執照號碼（或身分證統一編號），除依前條規定應代保管其物件者外，經驗明並填製通知單後，即將執照發還之。

第18條
稽查未領有駕駛執照駕駛汽車時，除填製通知單外，並依下列規定處理：
一 當場禁止其駕駛。
二 汽車所有人或駕駛人允許未領有駕駛執照之人駕駛其車輛，經未領有駕駛執照駕駛人指證或交通執法人員查證屬實者，應同時舉發之。
三 汽車所有人與駕駛人隨車同行者，推定其有故意或過失，逕行認定其允許未領有駕駛執照者駕車之事實。

第19條
I 汽車裝載貨物行經設有地磅處所路程五公里內之路段，未依標誌、標線、號誌指示或不服從交通勤務警察或依法令執行交通稽查任務人員之指揮過磅者，除依法舉發外，並得強制其過磅。
II 前項汽車駕駛人不服從稽查逕行離開現場或棄車逃逸者，交通勤務警察或依法令執行交通稽查任務之人員，得爲下列處置：
一 對該汽車逕行強制過磅，記錄其總重量或總聯結重量。
二 依本條例第七條之二第一項第六款及第四項規定，逕行舉發汽車所有人。
三 該汽車有本條例第二十九條之二第一項至第三項規定之情形者，應一併依法舉發。
III 執行交通勤務警察或依法令執行交通稽查任務人員發現汽車裝載定量包裝之物顯然超載者，得不經地磅測量，依照定式基準核算其超過規定之重量，依法舉發之。

第19條之1
I 汽車駕駛人駕駛汽車行經警察機關設有告示執行本條例第三十五條第一項測試檢定之處所，不依指示停車接受稽查，除依法舉發外，並當場移置保管汽車。
II 前項汽車駕駛人不服從指揮或稽查逕行離開現場或棄車逃逸者，交通勤務警察或依法令執行交通稽查任務之人員得爲下列處置：
一 依本條例第七條之二第一項第四款及第四項規定，逕行舉發汽車所有人。
二 棄車逃逸者，並逕行移置保管該汽車。

第19條之2
I 對汽車駕駛人實施本條例第三十五條第一項第一款測試之檢定時，應以酒精測試儀器檢測且實施檢測過程應全程連續錄影，並依下列程序處理：
一 實施檢測，應於攔檢現場爲之。但於現場無法或不宜實施檢測時，得向受測者說明，請其至勤務處所或適當場所檢測。
二 詢問受測者飲用酒類或其他類似物結束時間，其距檢測時已達十五分鐘以上者，即予檢測。但遇有受測者不告知該結束時間或距該結束時間未達十五分鐘者，告知其可於漱口或距該結束時間達十五分鐘後進行檢測；有請求漱口者，提供漱口。
三 告知受測者儀器檢測之流程，請其口含吹嘴連續吐氣至儀器顯示取樣完成。受測者吐氣不足致儀器無法完成取樣時，應重新檢測。
四 因儀器問題或受測者未符合檢測流程，致儀器檢測失敗，應向受測者說明檢測失敗原因，請其重新接受檢測。
II 實施前項檢測後，應告知受測者檢測結果，並請其在儀器列印之檢測結果紙上簽名確認。拒絕簽名時，應記明事由。
III 實施第一項檢測成功後，不論有無超過規定標準，不得實施第二次檢測。但遇檢測結果出現明顯異常情形時，應停止使用該儀器，改用其他儀器進行檢測，並應留存原異常之紀錄。
IV 有客觀事實足認受測者無法實施吐氣酒精濃度檢測時，得於經其同意後，送由受委託醫療或檢驗機構對其實施血液之採樣及測試檢定。
V 汽車駕駛人拒絕配合實施本條例第三十五條第一項第一款檢測者，應依下列規定處理：
一 告知拒絕檢測之法律效果：
㈠拒絕接受酒精濃度測試檢定者，處新臺幣十八萬元罰鍰，吊銷駕駛執照；肇事致人重傷或死亡者，並得沒入車輛。
㈡如於五年內第二次違反本條例第三十五條第四項第一款或第二款規定者，處新臺幣三十六萬元罰鍰，第三次以上者按前次違反本項所處罰鍰金額加罰新臺幣十八萬元，吊銷駕駛執照；肇事致人重傷或死亡者，並得沒入車輛。
二 依本條例第三十五條第四項或第五項製單舉發。
三 有肇事者，強制移由受委託醫療或檢驗機構對其實施血液或其他檢體之採樣及測試檢定。

第19條之3
本條例第三十五條第八項所稱心智障礙，係指領有身心障礙者權益保障法第五條第一款身心障礙證明文件或檢附專科醫師開立之相關診斷證明文件者。

第20條
I 違反本條例之行爲，自行爲終了日起未逾七日者，民眾得以言詞或其他方式，向公路主管或警察機關敘明下列事項，檢舉違反道路交通管理事件：

一　檢舉人姓名、國民身分證統一編號、住址及電話號碼或其他連絡方法。
二　違規行爲發生地點、日期、時間及違規事實內容。
三　違規車輛牌照號碼、車型或足以辨識車輛之特徵。但檢舉對象爲未懸掛號牌之車輛、行人或道路障礙者，得提供違規人姓名或商號名稱、住址等。

II前項檢舉，如有違規證據資料，並請檢具。

第 21 條
公路主管或警察機關受理民眾檢舉違反道路交通管理事件後，如非屬管轄機關時，應依第七條、第八條規定，移請該管機關處理，並通知檢舉人。

第 22 條
I 公路主管或警察機關機關處理民眾檢舉違反道路交通管理事件，應派員查證，經查證屬實者，應予舉發，並將處理情形回復檢舉人。
II前項檢舉違規證據係以科學儀器取得，足資認定違規事實者，得逕行舉發之。
III公路主管或警察機關機關爲查證民眾檢舉違反道路交通管理事件，必要時得通知檢舉人或被檢舉人到場說明。

第 23 條
民眾檢舉違反道路交通管理事件，有下列情形之一者，公路主管或警察機關機關應不予舉發：
一　違反本條例之行爲，自行爲成立之日起；行爲有連續或繼續之狀態，自行爲終了之日起，已逾七日之檢舉。
二　同一違規行爲再重複檢舉。
三　匿名檢舉或不能確認檢舉人身分。
四　檢舉資料欠缺具體明確，致無法查證。

第 24 條
公路主管或警察機關受理民眾檢舉違反道路交通管理事件，不得洩漏檢舉人個人資料。

第四章　移　送

第 25 條
I 舉發汽車違反道路交通管理事件，以汽車所有人爲處罰對象者，移送其車籍地處罰機關處理；以駕駛人或乘客爲處罰對象者，移送其駕籍地處罰機關處理；駕駛人或乘客未領有駕駛執照者，移送其戶籍地處罰機關處理。但有下列情形之一者，移送行爲地處罰機關處理：
一　汽車肇事致人傷亡。
二　抗拒稽查致傷害。
三　汽車駕駛人或乘客未領有駕駛執照且無法查明其戶籍所在地。
四　汽車買賣業或汽車修理業違反本條例第五十七條規定。
五　汽車駕駛人違反本條例第三十五條規定。
II計程車駕駛人有本條例第三十六條或第三十七條之情形，應受吊扣執業登記證或廢止執業登記處分者，移送其辦理執業登記之警察機關處理。
III以大眾捷運系統營運機構爲被通知人舉發違反道路交通管理事件者，移送其營運機構監督機關所在地處罰機關處理。

第 26 條
舉發慢車、行人及道路障礙之違反道路交通管理事件後，應由行爲地警察機關處理。

第 27 條
軍用車輛及軍用車輛駕駛人或軍人違反道路交通管理事件者，應由交通勤務警察或依法令執行交通稽查任務人員，逕行或以書面通知駐地憲兵機關處理後回復。但軍用車輛違反道路交通管理事件未能及時處理者，應填用「檢舉軍用車違規意見卡」，郵寄該卡所載機關處理之。

第 28 條
I 舉發違反道路交通管理事件後，舉發單位應於舉發當日或翌日午前，將該舉發違反道路交通管理事件有關文書或電腦資料連同有暫代保管物件者之物件送由該管機關，於舉發之日起四日內移送處罰機關。
II前項移送期間其屬逕行舉發者，自違反行爲日起三十日內爲之。如有查證必要者，得延長之，但不得逾三個月。
III一行爲同時觸犯刑事法律及違反本條例規定，經移送地方法院檢察署偵辦，並依本條例規定舉發者，舉發機關應於通知單移送聯記明移送書之日期文號，或以移送書副本或其他適當方式通知處罰機關。

第 29 條
I 依前條規定應行移送之文書等物件，其由公路主管機關舉發者，由該管機關辦理移送，警察機關舉發者，由該管警察局或其分局辦理移送。
II各專業警察機關比照前項規定辦理。

第 30 條
I 依前條規定辦理移送之機關，收受舉發單位送交違反道路交通管理事件後，應審查該事件填記內容是否符合規定、附件是否齊全；發現不符規定或附件欠缺者，應即協調補正後再行移送；其屬填記錯誤者，並應即日通知被通知人更正。
II前項移送違反道路交通管理事件，並應設簿登記或輸入電腦資料檔案，以備查考。

第五章　受　理

第 31 條
處罰機關收到舉發違反道路交通管理事件有關文書等物件後，應設簿或輸入電腦登記；其以電腦傳輸違反道路交通管理事件資料者，應核對代保管物件之註記，與收到之附件相符後，再按順序放置。

第 32 條

處罰機關受理前條移送之舉發違反道路交通管理事件，發現管轄錯誤，應即塡用移轉違反道路交通管理事件通知單，連同應移轉之文書、代保管物件等，移轉有權管轄之機關處理，並副知原移送機關及被通知人。

第 33 條

I 處罰機關受理移送之舉發違反道路交通管理事件時，發現應塡記內容不符規定，或所列附件漏未移送者，應即洽請原移送機關更正或補送。

II 違反道路交通管理事件，處罰機關受理後發現舉發錯誤或要件欠缺，可補正或尙待查明者，退回原舉發機關查明補正後依法處理；其錯誤屬實且無可補正者，由受理機關依權責簽結，並將簽結之理由，連同該事件有關文件書函請原舉發單位之上級機關查究。

第 34 條

I 處罰機關受理移送之舉發違反道路交通管理事件，發現單一通知單舉發二以上違反行爲，而非屬同一機關管轄者，應就有權處理部分先處理後，迅將他轄部分錄案，連同應移轉之附件，移轉該管機關，並副知原移送機關及被通知人。

II 前項移轉案件應由原處罰機關酌定移轉後之應到案日期，其期間自移轉之日起不得逾四十五日。

第 35 條

I 被通知人持通知單於指定應到案日期到案，而處罰機關尙未收到該移送事件時，應催請原舉發機關速即移送；其有代保管物件或被通知人不願先行繳納罰鍰結案者，並應於其持之通知單上加蓋「本件已依指定應到案日期到案，因案件未移到，請順延三十日至年月日再到案」字樣戳記及處罰機關、日期及承辦人姓名之章戳後，交還被通知人。

II 車輛肇事案件，被通知人已依指定應到案日期到案，因肇事責任尙待鑑定，無法即時裁決，須另行延長其到案日期者，準用前項規定辦理；逾四十五日其事故責任未確定無法裁決者，得經被通知人請求先發還其代保管物件，並於其通知單上加蓋「代保管物件已發還，另候通知處理」之戳記後，交還被通知人，俟該事件責任確定後，再行通知到案處理。

第 36 條

I 本條例之處罰，受舉發違反道路交通管理事件之被通知人，認爲受舉發之違規行爲應歸責他人者，應於通知單記載之應到案日期前，檢附相關證據及足資辨識、通知應歸責人之證明文件，向處罰機關告知應歸責人，處罰機關應即另行通知應歸責人到案依法處理。逾期未依規定辦理者，仍依本條例各該違反條款規定處罰。

II 租賃期一年以上之租賃業汽車，其以汽車所有人逕行舉發之違反道路交通管理事件，處罰機關即得以該已申請歸責登記之租用人爲應歸責人，通知其到案依法處理。

第六章　裁　決

第 37 條

違反道路交通管理事件之處罰機關，得於適當地點設置陳述室，供違規行爲人於裁決前，陳述被舉發之違規事實。

第 38 條

被通知人依指定應到案日期到案者，處罰機關應即處理；其提前到案，而該案件已移到者，亦應處理之。

第 39 條

有代保管物件之違反道路交通管理事件，處罰機關於裁罰時，應檢查其所有案件併予處理。

第 40 條

違反本條例行爲之處罰，處罰機關於裁決前，應給予違規行爲人陳述之機會；違規行爲人陳述時，得交付違反道路交通管理事件陳述單，請其自行塡明或由處罰機關指定人員代爲塡寫，並由陳述人簽章後處理之。

第 41 條

I 本條例所定罰鍰之處罰事件已依限期到案，除有繼續調查必要外，其有下列情形之一者，得不經裁決逕依基準表期限內自動繳納之規定收繳罰鍰結案：

一　行爲人對舉發事實承認無訛。

二　行爲人委託他人到案接受處罰。

II 行爲人逾指定應到案日期後到案，而有前項第一款、第二款情形者，得逕依基準表逾越繳納期限之規定，收繳罰鍰結案。

III 處罰機關依前二項規定收繳罰鍰時，應於通知單或違規查詢報表內，塡註其違反法條及罰鍰金額，並加蓋有裁決員職名及日期之章戳，以備查核。

IV 但以電腦傳輸違反道路交通管理事件資料者，得於電腦檔案輸入裁罰條款、金額、日期、操作員代號等資料代之。

V 處罰機關對於非屬第一項情形之案件，或行爲人到案陳述不服舉發者，應使用違反道路交通管理事件裁決書裁決之。

第 42 條

處罰機關對於有代保管物件之違反道路交通管理事件，於收繳罰鍰時，應將原舉發機關製發之通知單通知聯收繳附卷；通知聯遺失者，應由受處分人或其委託人切結附卷。

第 43 條

I 違反道路交通管理事件之裁決，應參酌舉發違規事實、違反情節、稽查人員處理意見及受處分人陳述，依基準表裁處，不得枉縱或偏頗。

II 違反道路交通管理事件裁決書處罰主文欄，應依基準表記明處罰種類，並依下列規定塡註：
一　罰鍰金額應以中文大寫記載。
二　沒入處分應記明沒入物名稱、及可資辨識該沒入物之資料（型號、規格、尺寸等）。
三　吊扣汽車牌照、駕駛執照或執業登記證處分，應記明應受吊扣之汽車牌照、駕駛執照或執業登記證名稱、號碼及吊扣期間。
四　吊銷、註銷或扣繳汽車牌照、駕駛執照或廢止執業登記等處分，應記明各該處分種類及標的名稱、號碼。

III 前項裁決書內容有增、刪、塗改之部分應加蓋處罰機關校正章戳。

第 43 條之 1

I 本條例第三十五條第三項至第五項肇事致人重傷或死亡案件，符合下列情形之一者，沒入該車輛：
一　行爲時汽機車駕駛人同時爲車輛所有人。
二　車輛所有人雖非汽機車駕駛人，但車輛所有人提供該車輛予駕駛人時，明知該駕駛人已有飲酒或吸食毒品、迷幻藥、麻醉藥品及其相類似之管制藥品行爲或駕駛人有本條例第三十五條第一項規定行爲時，車輛所有人亦搭乘該車輛。
三　其他符合行政罰法第二十二條規定得處罰沒入之情形。

II 車輛所有人明知該車輛得沒入，爲規避沒入之處罰而取得所有權者仍得沒入之。

III 得沒入之車輛，受處罰者或車輛所有人於受裁處沒入前，予以處分、使用或以他法致不能裁處沒入者，得裁處沒入其車輛之價額；其致車輛之價值減損者，得裁處沒入其車輛及減損之差額。

IV 得沒入之車輛，受處罰者或車輛所有人於受裁處沒入後，予以處分、使用或以他法致不能執行沒入者，得追徵其車輛之價額；其致車輛之價值減損者，得另追徵其減損之差額。

第 44 條

I 違反道路交通管理事件行爲人，未依規定自動繳納罰鍰，或未依規定到案聽候裁決，處罰機關應依基準表於通知單送達且逾越應到案期限六十日之三個月內，逕行裁決之。但警察機關管轄部分，應於通知單送達且逾越應到案期限之三個月內，逕行裁決之。

II 慢車所有人及駕駛人者，違反道路交通管理事件尚未處結者，警察機關就受處分人有汽車牌照或駕駛執照可資管制者，得通知公路監理機關依本條例第九條之一規定辦理。

III 依本條例規定應處罰法定代理人或監護人之尚未處結案件，及未滿十八歲之人與其法定代理人或監護人應同時接受道路交通安全講習在其未依規定接受講習前，得依本條例第九條之一規定辦理。

第 45 條

I 違反道路交通管理事件，於行爲人到案聽候裁決者，處罰機關經裁決後，應宣示裁決內容，並應告知，如不服裁決，應於裁決書送達後三十日內，向地方法院行政訴訟庭提起行政訴訟，且記載於裁決書。

II 違反道路交通管理事件，行爲人不依規定自動繳納罰鍰，或不依通知限期到案，處罰機關逕行裁決者，得不宣示。但應依前項規定於裁決書載明應記載事項，並送達受處分人。

第 46 條

I 裁決書於當場宣示後交付受處分人，並於送達簿上簽名或蓋章；拒絕簽收者，記明其事由，視同已交付。

II 逾期不到案逕行裁決者，裁決書應於裁決後三日內派員送達或掛號郵寄受處分人。派員送達者，並取具送達證附卷。

第 47 條

汽車所有人、駕駛人違反道路交通管理事件，依本條例第六十三條至第六十八條規定，對於汽車重領牌照限制，及汽車違規紀錄、駕駛人違規記點或有重考駕駛執照限制者，處罰機關應併引用該法條規定裁決之。

第七章　自動繳納罰鍰

第 48 條

I 違反道路交通管理事件，行爲人認爲舉發之事實與違規情形相符者，得於接獲通知單後，親自或委託他人持該通知單，不經裁決向指定之處所，逕依裁罰基準執行並繳納罰鍰結案。

II 前項違反道路交通管理事件，未暫代保管物件或吊扣駕照、牌照處分者，行爲人得以郵寄匯票、郵局與公路監理電腦系統連線即時銷案（以下簡稱郵局即時銷案）、郵政劃撥、金融卡、信用卡轉帳、電話語音轉帳或向經委託代收罰鍰之金融機構繳納罰鍰、或其他經管轄機關委託辦理收繳罰鍰之機構，繳納罰鍰結案。

III 前二項違反行爲，依法規應併執行罰鍰及其他處分者，處罰機關於收到其繳納之罰鍰後，應逕行裁決該其他處分，並於裁決書處罰主文註明罰鍰已收繳，送達受處分人。

IV 汽車駕駛人、汽車所有人、汽車買賣業者或汽車修理業者有本條例第五十六條、第五十七條之情形，經使用拖吊車移置保管車輛者，如認舉發之事實與違規情形相符，得於領回車輛時，向管轄機關委託收繳罰鍰之機構一併繳納交通違規罰鍰。

第 49 條
違反道路交通管理事件行為人，以郵寄匯票方式繳納罰鍰者，依下列規定辦理：
一 行為人應依通知單所載「違規事實」及「舉發違反法條」，對照基準表內各該違反條款罰鍰金額，向郵局請購國內匯票（不得郵寄現款），連同通知單掛號郵寄（以郵戳為憑）該通知單所載應到案處所。
二 匯票請購單上之受款人、匯款人名稱、地址及信封上之收件人、寄件人名稱、地址應書寫明確，並在信封左上角註明「繳納交通罰鍰」字樣。
三 以匯票匯費計數單及掛號郵件收據為繳款憑證，處罰機關不另寄發收據及採證照片。

第 50 條
慢車所有人、駕駛人、行人或道路障礙者違反道路交通管理事件，以郵政劃撥方式繳納罰鍰者，依下列規定辦理：
一 行為人應依通知單所載「違規事實」及「舉發違反法條」，對照基準表內各該違反條款罰鍰最低額，向郵局窗口索取郵政劃撥儲金存款單，將應繳罰鍰款項填入存款單「金額」欄，並將其他應填各欄填妥後，連同款項及通知單交郵局窗口受理，由郵局製給劃撥存款收據存執，處罰機關不另寄發收據。
二 郵局於受理繳款轉存入收款之處罰機關帳戶當天即應填製劃撥儲金收支日結單，連同每筆之劃撥存款通知單及通知單，寄送收款之處罰機關。

第 51 條
違反道路交通管理事件行為人，以郵局即時銷案方式繳納罰鍰者，依下列規定辦理：
一 行為人應依通知單所載「違規事實」及「舉發違反法條」，對照基準表內各該違反條款罰鍰金額，連同款項、手續費及通知單交郵局窗口受理，由郵局製給收據存執，處罰機關不另寄發收據。
二 郵局於受理繳款轉存入收款之處罰機關帳戶當天即應填製郵政劃撥儲金帳戶收支詳情表，寄送收款之處罰機關。

第 52 條
違反道路交通管理事件行為人，向委託代收罰鍰之金融機構繳納罰鍰者，依下列規定辦理：
一 行為人持通知單至指定應到案之處罰機關所委託代收罰鍰之金融機構指定窗口，按通知單所載「違規事實」及「舉發違反法條」，對照基準表，查明各該違反條款罰鍰金額，連同手續費一併繳納。
二 金融機構收款人員於收取罰鍰後，應填製收據，一聯交繳款人收執，一聯存查，一聯連同通知單罰鍰款項及日報表於解繳期限前，解繳委託之處罰機關辦理。

第 53 條
I 除前三條規定外，處罰機關委託其他機構辦理金融卡、信用卡轉帳或其他方式繳納罰鍰業務者，應報請該管公路主管機關核准。
II 處罰機關委託其他機構代收罰鍰者，其作業方式應訂約辦理之。
III 前項委託之契約，應報請該管公路主管機關備查並公告後實施。

第 54 條
郵局及代收罰鍰金融機構應將違反道路交通管理事件行為人自動繳納罰鍰程序、基準表及各地處罰機關名稱、地址、劃撥帳號一覽表由交通部統一印製。

第 55 條
處罰機關收受違反道路交通管理事件行為人依第四十八條至第五十二條規定繳納之罰鍰，發現罰鍰應寄達之處所、劃撥帳號、戶名或適用法條錯誤，或繳款不符者，應另行限期補正結案；逾期未補正者，逕行裁決之。

第 56 條
有第四十八條第一項之情形者，依規定須責令改正、禁止其行駛或補、換汽車牌照、駕駛執照者，仍應責令改正、禁止其行駛，或在通知單記明，限於一定期間補、換汽車牌照、駕駛執照。

第 57 條
有第四十八條第一項情形或第三十六條責任明確歸屬者，其違反行為應依本條例規定記汽車違規紀錄或駕駛人違規記點，其累計違規記次或記點數達吊扣汽車牌照或吊扣、吊銷駕駛執照處分，或依本條例規定應接受道路交通安全講習者，另依規定辦理。

第 58 條
有第四十八條第一項之情形者，行為人已親自或委託他人到案，而尚未收到原舉發機關移送案件，得收繳其應繳納罰鍰，製給收據予以登記，俟該案件移到時再行併案處結；行為人已依第四十八條至第五十二條規定繳納罰鍰，處罰機關尚未收到移送之案件者，應先將罰鍰暫予登記，俟案件移到後再併案處理。

第 59 條
I 行為人逾應到案期限，始向代收機構繳納罰鍰者，代收機構不得收繳罰鍰。但以代收機構即時銷案、信用卡或金融卡轉帳等其他方式繳納罰鍰者，不在此限。
II 依第四十八條第一項辦理經繳納罰鍰後，若有不服者，得於三十日內向處罰機關陳述。

第八章　分期繳納罰鍰

第60條
違反道路交通管理事件受處罰人有下列情形之一，無法一次完納罰鍰，得敘明理由向處罰機關申請分期繳納：
一　義務人依其經濟狀況，無法一次完納本條例罰鍰。
二　因天災、事變或其他不可抗力，致遭受重大財產損失。
第61條
I 分期繳納期間，每期以一個月計算，總分期繳納期限不得逾十八期，除最後一期外，每期繳納罰鍰金額，不得低於新臺幣五百元。核准後應即繳納第一期罰鍰金額。
II 受處罰人於分期繳納罰鍰期間因故無法按期繳納者，得於當期屆滿前，向處罰機關申請延期繳納剩餘期數之罰鍰；申請延期繳納以一次為限，延期繳納期間並不得超過一個月。
第62條
I 處罰機關應設置專責窗口或人員受理分期繳納罰鍰及提供諮詢，並於受理申請分期繳納後，應先就分期案件製發裁決書並完成送達。
II 處罰機關於受理前項分期案件，對應施以道路交通安全講習者，一併製發道路交通安全講習知單交由受處罰人或其受委託人簽收。
第63條
經核准辦理分期之受處罰人，如有一期違約未按時繳納，視同全部到期，尚未繳納之罰鍰，移送強制執行。
第64條
I 分期繳納期間，汽車所有人或駕駛人於繳納第一期罰鍰金額後，公路監理機關得先註記其申請除車輛過戶外之車輛停駛、復駛、繳交牌照、註銷牌照、換發牌照或駕駛執照。
II 移送強制執行之違反道路交通管理事件，經行政執行機關核准分期繳納並於繳納第一期罰鍰金額後，亦得依前項規定辦理。
III 違反本條例第三十五條規定申請分期繳納罰鍰者，應於繳清全部罰鍰後，始得同時檢附繳納罰鍰收據領回其經移置保管之車輛。但初次違反規定且未發生交通事故者，於申請分期繳納第一期罰鍰金額後，得檢附繳納罰鍰收據領回車輛。分期繳納期間，移置保管機關仍得依規定收取保管費用。
IV 汽車駕駛人依本條例有受限期不得考領駕駛執照處分者，於期間屆滿後，始得依第一項規定申請駕駛執照考驗登記。

第九章　不服裁決之處理

第65條
I 違反道路交通管理事件，受處分人不服處罰，依法提起行政訴訟者，處罰機關應於收受法院送達之起訴狀繕本後二十日內，由承辦人會同法制單位或專責人員就原裁決是否合法妥當重新審查。
II 處罰機關重新審查後，應分別為如下之處置：
一　受處分人提起撤銷之訴，重新審查結果認原裁決違法或不當者，應自行撤銷或變更原裁決。但不得為更不利益之處分。
二　受處分人提起確認之訴，重新審查結果認原裁決無效或違法者，應為確認。
三　受處分人合併提起給付之訴，重新審查結果認受處分人請求有理由者，應即返還。
四　重新審查結果，不依受處分人之請求處置者，應附具答辯狀，並將重新審查之紀錄及其他必要之關係文件，一併提出於管轄之地方法院行政訴訟庭。
III 處罰機關依前項第一款至第三款規定為處置者，應即陳報管轄之地方法院行政訴訟庭。
IV 受處分人起訴有行政訴訟法第二百三十七條之一第二項情形者，準用前三項之規定。
第65條之1
受處分人因處罰機關未為告知或告知錯誤，致誤向處罰機關遞送行政訴訟起訴狀者，處罰機關應即將起訴狀移送管轄之地方法院行政訴訟庭。
第66條
I 提起行政訴訟事件除法院已為停止執行之裁定外，原裁決依下列規定處理之：
一　原裁決罰鍰或追繳欠費者，所收繳之罰鍰及欠費暫予登記。
二　原裁決吊扣汽車牌照、駕駛執照或執業登記證者，仍依規定執行；如執行吊扣期間已屆滿而法院尚未裁判確定者，應即發還該汽車牌照、駕駛執照或執業登記證。
三　原裁決吊銷汽車牌照、駕駛執照或廢止計程車駕駛人執業登記者，應暫予保管各該應受吊銷或廢止處分之證、照。
四　原裁決沒入其車輛、高音量喇叭或噪音器物、攤棚攤架者，均應暫予保管。
五　原裁決施以講習者，暫不予講習。
II 前項各款，應俟法院裁判確定後，依其裁判處理。

第十章　執　行

第67條
I 違反道路交通管理事件，受處分人於法定救濟期間經過後或訴訟經法院駁回確定後，而不繳納罰鍰或不繳送汽車牌照、駕駛執照或執業登記證者，依下列規定處理：
一　罰鍰不繳者，依法移送強制執行。
二　經處分吊扣汽車牌照、駕駛執照者，按其吊扣期間加倍處分，受處分人仍不於十五日限期內繳送汽車牌照或駕駛執照者，吊銷其汽車牌照或駕駛執照。

三　經處分吊銷、註銷汽車牌照、駕駛執照者，由處罰機關逕行註銷。

四　受吊扣執業登記證之處分，未將執業登記證送交發證警察機關者，廢止其執業登記。

五　經處分廢止執業登記，其執業登記證由警察機關收繳之。

六　經處分沒入之高音量喇叭或噪音器物、攤棚、攤架者，於裁決確定後銷燬。

七　經處分沒入之車輛，於裁決確定後依本條例第八十五條之三第四項、第五項規定辦理。

八　經處分追繳欠費者，於裁決確定後，將裁決書抄本移送應收欠費之機關以憑追繳欠費。

II 依前項各款所為之處罰事項及繳納（送）期限，均應於裁決書處罰主文內填記明確。

第 68 條

I 違反道路交通管理事件罰鍰之收繳，依一般法定程序辦理，其收據無法交付者，附卷備查。

II 罰鍰及其他處分標的收繳後，有代保管物件依法規應發還者，立即發還，並由受處分人或委託人簽收領回及載明發還時間。

第 69 條

I 汽車牌照或駕駛執照受處罰吊扣、吊銷、註銷者，執行時應分別收繳汽車牌照或駕駛執照後，製發執行單交付被處分人收執。

II 前項執行吊扣、吊銷、註銷汽車牌照者，應同時繳送其車輛號牌及行車執照。

III 第一項之執行單為吊扣處分者，於吊扣期滿，被處分人領回汽車牌照或駕駛執照時，處罰機關應將執行單收回附卷；如執行單遺失者，應由受處分人或其委託之人切結附卷。

IV 計程車駕駛人受吊扣執業登記證或廢止執業登記處分者，由其辦理執業登記之警察機關收繳保管或銷毀。

第 70 條

I 汽車駕駛人違規記點資料，汽車、機車應分別處理，並分別執行吊扣、吊銷其駕駛執照處分。

II 汽車駕駛執照點數計算，包含駕駛大眾捷運系統車輛違規點數。

第 71 條

不服處罰機關裁決依法提起行政訴訟，而已執行之違反道路交通管理事件，經法院判決撤銷或變更原處分確定者，處罰機關應依法院之判決處理。

第 72 條

I 執行汽車牌照或駕駛執照之吊扣、吊銷、註銷處分，由處罰機關登錄於公路監理電腦資料檔案，並按日列印電腦報表以備檢閱查核。

II 前項吊扣處分，並應設置吊扣汽車牌照、駕駛執照處分登記簿，登記其吊扣之起迄日期及發還日期，以備檢閱查核。

第 73 條

處罰機關執行吊銷、註銷汽車牌照或駕駛執照時，俟裁決或裁判確定後，應將收繳之汽車牌照或駕駛執照移送該管公路監理機關銷燬。

第 74 條

汽車所有人、駕駛人違反道路交通管理行為，經執行吊扣、吊銷汽車牌照或駕駛執照或經逕行註銷其汽車牌照、駕駛執照而不繳交到案者，公路主管或警察機關發現仍繼續駕駛或行駛者，應依本條例第十二條、第二十一條或第二十一條之一規定處理。

第十一章　回復及催辦

第 75 條

處罰機關對受理之違反道路交通管理事件應儘速處結，並將處結情形於次月十五日前彙案回復原移送機關。但處罰機關與原移送機關有電腦連線作業者，其回復作業得以電子資料處理之。

第 76 條

I 移送機關於移出違反道路交通管理事件後，得視案情需要向受理機關催辦；經催辦後逾七日仍未回復者，應再催辦，經再催辦逾七日仍未回復者，函請其上級機關查究。

II 前項規定，於受理機關對移送機關之催辦，準用之。

第十二章　附　則

第 77 條

I 處理違反道路交通管理事件之通知單、裁決書等有關文書之格式、及應登記、列管之各項簿冊等，由交通部會商內政部另定之。

II 前項通知單由公路主管或警察機關統籌印製、統一編號後分發使用、管理。

第 78 條

處罰機關應按月處理違反道路交通管理事件情形填製統計報告表，送請該管上級機關備查，統計報表格式由交通部及內政部警政署分別訂之。

第 79 條

處理違反道路交通管理事件之有關資料、簿冊等應妥為保存，保存屆滿一年者，得予銷毀。但未結案或涉及刑事責任之有關文件，仍繼續保存。

第 80 條

稽查及處理違反道路交通管理事件人員，於執行職務時，應遵照本細則之規定。如有卓著績效或違背職務之事蹟，其上級機關應視其情節，依有關法令予以獎懲。

第 81 條

本細則施行日期，由交通部會同內政部定之。

違反道路交通管理事件統一裁罰基準表

一、公路主管機關管轄部分

違反事件	法條依據（道路交通管理處罰條例）	法定罰鍰額度（新臺幣：元）或其他處罰	違規車種類別或違規情節	統一裁罰基準（新臺幣：元） 期限內繳納或到案聽候裁決者。	逾越應到案期限三十日內，繳納罰鍰或到案聽候裁決者。	逾越應到案期限三十日以上六十日以內，繳納罰鍰或到案聽候裁決者。	逾越應到案期限六十日以上，繳納罰鍰或逕行裁決處罰者。	備註
未領用牌照行駛	第十二條第一項第一款	3600－10800		3600	3900	4600	5400	並禁止其行駛，未依公路法規定取得安全審驗合格證明之車輛並沒入。
拼裝車輛，未經核准領用牌照行駛	第十二條第一項第二款	3600－10800		3600	3900	4600	5400	並禁止其行駛，車輛並沒入之。
拼裝車輛已領用牌證而變更原登檢規格不依原規定用途行駛	第十二條第一項第二款	3600－10800		3600	3900	4600	5400	並禁止其行駛，車輛並沒入之。
使用僞造、變造或矇領之牌照	第十二條第一項第三款	3600－10800		10800	10800	10800	10800	並禁止其行駛，牌照扣繳。
使用吊銷、註銷之牌照	第十二條第一項第四款	3600－10800	機車	3600	3900	4600	5400	並禁止其行駛，牌照扣繳，汽車當場移置保管，並通知汽車所有人限期領回。
			小型車	5400	5900	7000	8100	
			大型車	10800	10800	10800	10800	
牌照借供他車使用或使用他車牌照	第十二條第一項第五款	3600－10800	機車	5400	5900	7000	8100	並禁止其行駛，牌照吊銷。
			小型車	7200	7900	9300	10800	
			大型車	10800	10800	10800	10800	
牌照吊扣期間行駛	第十二條第一項第六款	3600－10800	機車	5400	5900	7000	8100	並禁止其行駛，牌照吊銷，汽車當場移置保管，並通知汽車所有人限期領回。
			小型車	7200	7900	9300	10800	
			大型車	10800	10800	10800	10800	
已領有號牌而未懸掛或不依指定位置懸掛	第十二條第一項第七款	3600－10800		5400	5900	7000	8100	並禁止其行駛，牌照吊銷。
牌照業經繳銷、報停、吊銷、註銷，無牌照仍行駛	第十二條第一項第八款	3600－10800	機車	5400	5900	7000	8100	並禁止其行駛，車輛當場移置保管，並通知汽車所有人限期領回之。
			小型車	7200	7900	9300	10800	
			大型車	10800	10800	10800	10800	
報廢登記之汽車仍行駛	第十二條第一項第九款	3600－10800	機車	5400	5900	7000	8100	並禁止其行駛，車輛並沒入之。
			小型車	7200	7900	9300	10800	
			大型車	10800	10800	10800	10800	
號牌遺失不報請公路主管機關補發，經舉發後仍不辦理而行駛	第十二條第一項第十款	3600－10800		5400	5900	7000	8100	
汽車未領用有效牌照於道路停車	第十二條第四項	3600－10800		3600	3900	4600	5400	汽車並當場移置保管及扣繳其牌照。
汽車懸掛他車號牌或未懸掛號牌於道路停車	第十二條第四項	3600－10800		5400	5900	7000	8100	汽車並當場移置保管及扣繳其牌照。
損毀或變造汽車牌照、塗抹污損牌照，或以安裝其他器具之方式，使不能辨認其牌號	第十三條第一款	2400－4800		3000	3300	3600	3900	並責令申請換領牌照或改正。

塗改客、貨車身標明之載客人數、載重量、總重量或總聯結重量，與原核定數量不符	第十三條第二款	2400－4800		2400	2600	2800	3100	並責令改正。
引擎號碼或車身號碼，與原登記位置或模型不符	第十三條第二款	2400－4800		3000	3300	3600	3900	並責令申請換領牌照或改正。
			有二次以上本款行為	3600	3900	4300	4800	
牌照遺失或破損，不報請公路主管機關補發、換發或重新申請	第十四條第二項第一款	300－600		300	400	500	600	責令改正、補發牌照或禁止其行駛。
號牌污穢，不洗刷清楚或為他物遮蔽，非行車途中因遇雨，雪道路泥濘所致	第十四條第二項第二款	300－600		600	600	600	600	責令改正、補發牌照或禁止其行駛。
經通知而不依規定期限換領號牌，又未申請延期，仍使用	第十五條第一項第一款	900－1800		900	1000	1100	1200	經再通知後逾期仍不換領號牌，其牌照應予註銷。
領用試車或臨時牌照，期滿未繳還	第十五條第一項第二款	900－1800		900	1000	1100	1200	牌照應扣繳註銷。
領用試車或臨時牌照，載運客貨，收費營業	第十五條第一項第三款	900－1800	小型車	900	1000	1100	1200	牌照應扣繳註銷。
			大型車	1400	1500	1600	1800	
領用試車牌照，不在指定路線或區域內試車	第十五條第一項第四款	900－1800		900	1000	1100	1200	並應責令改正。
行車執照及拖車使用證有效期屆滿，不依規定換領而行駛	第十五條第一項第五款	900－1800		900	1000	1100	1200	牌照應扣繳並責令換領。
各項異動，不依規定申報登記	第十六條第一項第一款	900－1800		900	1000	1100	1200	並應責令改正。
除頭燈外之燈光、雨刮、喇叭、照後鏡、排氣管、消音器設備不全，或損壞不予修復，或擅自增、減、變更原有規格致影響行車安全	第十六條第一項第二款	900－1800		900	1000	1100	1200	並應責令改正。
未依規定於車身標明指定標識	第十六條第一項第三款	900－1800		900	1000	1100	1200	並應責令改正。
計程車，未依規定裝置自動計費器、車頂燈、執業登記證插座或在前、後兩邊玻璃門上，黏貼不透明反光紙	第十六條第一項第四款	900－1800		900	1000	1100	1200	並應責令改正，反光紙並應撤除。
裝置高音量喇叭或其他產生噪音器物者	第十六條第一項第五款	1800		1800	1800	1800	1800	除應依最高額處罰外，其高音量喇叭或噪音器物並應沒入。
汽車不依限期參加定期檢驗或臨時檢驗	第十七條第一項	900－1800	機車或自用汽車	900	1000	1100	1200	一、逾期一個月以上者並吊扣其牌照，至檢驗合格後發還，逾期六個月以上者，註銷其牌照。 二、經檢驗不合格之汽車，於一個月內仍未修復並申請覆驗，或覆驗仍不合格者，吊扣其牌照。
			營業小型車	1300	1400	1500	1600	
			營業大型車	1500	1600	1700	1800	
			高壓罐槽車	1800	1800	1800	1800	

汽車車身、引擎、底盤、電系等重要設備因交通事故遭受重大損壞修復後不申請公路主管機關施行臨時檢驗而行駛	第十八條	2400－9600			2400	2600	3100	3600	一、並責令其檢驗。 二、汽車所有人在一年內違反本條第一項規定二次以上者，並吊扣牌照三個月；三年內經吊扣牌照二次，再違反前項規定者，吊銷牌照。
汽車車身、引擎、底盤、電系等重要設備變更或調換，不申請公路主管機關施行臨時檢驗而行駛	第十八條	2400－9600	機車	可變更設備	2400	2600	3100	3600	一、並責令其檢驗。 二、汽車所有人在一年內違反本條第一項規定二次以上者，並吊扣牌照三個月；三年內經吊扣牌照二次，再違反前項規定者，吊銷牌照。
				不可變更設備	3600	3900	4600	5400	
			大型重型機車及汽車	可變更設備	3600	3900	4600	5400	
				不可變更設備	7200	7900	9300	9600	
汽車未依規定裝設行車紀錄器	第十八條之一第一項	12000－24000	自用車		12000	13000	15000	18000	應責令其參加臨時檢驗。
			營業車		14000	15000	18000	21000	
			一年內有二次以上本款行爲		18000	19000	23000	24000	
汽車裝設之行車紀錄器無法正常運作，未於行車前改善，仍繼續行車	第十八條之一第二項	9000－18000			9000	9900	11000	13000	應責令其參加臨時檢驗。
			一年內有二次以上本款行爲		14000	15000	18000	18000	
未依規定保存行車紀錄卡或未依規定使用、不當使用行車紀錄器致無法正確記錄資料	第十八條之一第三項	9000－12000			9000	9900	11000	12000	應責令其參加臨時檢驗。
汽車煞車，未調整完妥靈活有效，或方向盤未保持穩定準確，仍准駕駛人使用	第十九條	1800－3600	機車或小型車		1800	1900	2100	2300	並責令調整或修復。
			大型車		2800	3000	3300	3600	
汽車引擎、底盤、電系、車門損壞，行駛時顯有危險而不即行停駛修復	第二十條	1800－3600	機車或小型車		1800	1900	2100	2300	並扣留其牌照，責令修復檢驗合格後發還之。檢驗不合格，經確認不堪使用者，責令報廢。
			大型車		2800	3000	3300	3600	
未領有駕駛執照駕駛小型車或機車	第二十一條第一項第一款	6000－12000	駕駛機車者		6000	6600	7800	9000	一、並當場禁止其駕駛。 二、未滿十八歲之人，違反第一項第一款規定者，汽車駕駛人及其法定代理人或監護人，應同時施以道路交通安全講習。
			駕駛小型車者		8400	9200	10900	12000	
領有機車駕駛執照，駕駛小型車者	第二十一條第一項第二款	6000－12000			6000	6600	7800	9000	並當場禁止其駕駛。
使用僞造、變造或矇領之駕駛執照駕駛小型車或機車	第二十一條第一項第三款	6000－12000			9000	9900	11000	12000	一、並當場禁止其駕駛。 二、未滿十八歲之人，違反第一項第三款規定者，汽車駕駛人及其法定代理人或監護人，應同時施以道路交通安全講習。
駕駛執照業經吊銷、註銷仍駕駛小型車或機車	第二十一條第一項第四款	6000－12000	機車		6000	6600	7800	9000	並當場禁止其駕駛，駕駛執照應扣繳之。
			小型車		9000	9900	11000	12000	

駕駛執照吊扣期間駕駛小型車或機車	第二十一條第一項第五款	6000－12000	機車	6000	6600	7800	9000	當場禁止其駕駛，並吊銷駕駛執照。
			小型車	9000	9900	11000	12000	
領有學習駕駛證，而無領有駕駛執照之駕駛人在旁指導，在駕駛學習場外學習駕車。	第二十一條第一項第六款	6000－12000		6000	6600	7800	9000	並當場禁止其駕駛。
領有學習駕駛證，在駕駛學習場外未經許可之學習駕駛道路或規定時間駕車。	第二十一條第一項第七款	6000－12000		6000	6600	7800	9000	並當場禁止其駕駛。
未領有駕駛執照，以教導他人學習駕車爲業	第二十一條第一項第八款	6000－12000		6000	6600	7800	9000	並當場禁止其駕駛。
其他未依駕駛執照之持照規定駕車	第二十一條第一項第九款	6000－12000		6000	6600	7800	9000	並當場禁止其駕駛。
未滿十八歲之人，違反第二十一條第一項第一款或第三款規定者，汽車駕駛人及其法定代理人或監護人，應同時施以道路交通安全講習。	第二十一條第三項	道路交通安全講習		道路交通安全講習	道路交通安全講習	道路交通安全講習	道路交通安全講習	道路交通安全講習。
汽車所有人允許第二十一條第一項第一款至第五款之違規駕駛人駕駛其汽車	第二十一條第五項			依第二十一條第一項第一款至第五款規定辦理	依第二十一條第一項第一款至第五款規定辦理	依第二十一條第一項第一款至第五款規定辦理	依第二十一條第一項第一款至第五款規定辦理	一、並記該汽車違規紀錄一次。 二、但如其已善盡查證駕駛人駕駛執照資格之注意，或縱加以相當注意而仍不免發生違規者，不在此限。
未領有駕駛執照駕駛聯結車、大客車、大貨車	第二十一條之一第一項第一款	40000－80000		60000	64000	72000	80000	一、並當場禁止其駕駛，汽車所有人及駕駛人各處罰鍰，並記該汽車違規紀錄一次。 二、汽車所有人如已善盡查證駕駛人駕駛執照資格之注意，或縱加以相當之注意而仍不免發生違規者，汽車所有人不受本條之處罰。
領有機車駕駛執照駕駛聯結車、大客車、大貨車其汽車所有人及駕駛人各處罰鍰	第二十一條之一第一項第二款	40000－80000		60000	64000	72000	80000	一、並當場禁止其駕駛，汽車所有人及駕駛人各處罰鍰，並記該汽車違規紀錄一次。 二、汽車所有人如已善盡查證駕駛人駕駛執照資格之注意，或縱加以相當之注意而仍不免發生違規者，汽車所有人不受本條之處罰。
領有小型車駕駛執照駕駛聯結車、大客車、大貨車	第二十一條之一第一項第三款	40000－80000		40000	44000	52000	60000	一、並當場禁止其駕駛，汽車所有人及駕駛人各處罰鍰，並記該汽車違規紀錄一次。 二、汽車所有人如已善盡查證駕駛人駕駛執照資格之注意，或縱加以相當之注意而仍不免發生違規者，汽車所有人不受本條之處罰。

領用大貨車駕駛執照，駕駛大客車、聯結車或持大客車駕駛執照，駕駛聯結車	第二十一條之一第一項第四款	40000－80000		40000	44000	52000	60000	一、並當場禁止其駕駛，汽車所有人及駕駛人各處罰鍰，並記該汽車違規紀錄一次。 二、汽車所有人如已善盡查證駕駛人駕駛執照資格之注意，或縱加以相當之注意而仍不免發生違規者，汽車所有人不受本條之處罰。
駕駛執照業經吊銷、註銷仍駕駛聯結車、大客車、大貨車	第二十一條之一第一項第五款	40000－80000		60000	64000	72000	80000	一、並當場禁止其駕駛，駕駛執照應扣繳之。 二、汽車所有人及駕駛人各處罰鍰，並記該汽車違規紀錄一次。 三、汽車所有人如已善盡查證駕駛人駕駛執照資格之注意，或縱加以相當之注意而仍不免發生違規者，汽車所有人不受本條之處罰。
使用僞造、變造或矇領之駕駛執照駕駛聯結車、大客車、大貨車	第二十一條之一第一項第六款	40000－80000		60000	64000	72000	80000	一、並當場禁止其駕駛，駕駛執照應扣繳之。 二、汽車所有人及駕駛人各處罰鍰，並記該汽車違規紀錄一次。 三、汽車所有人如已善盡查證駕駛人駕駛執照資格之注意，或縱加以相當之注意而仍不免發生違規者，汽車所有人不受本條之處罰。
駕駛執照吊扣期間駕駛聯結車、大客車、大貨車	第二十一條之一第一項第七款	40000－80000		60000	64000	72000	80000	一、當場禁止其駕駛，並吊銷駕駛執照。 二、汽車所有人及駕駛人各處罰鍰，並記該汽車違規紀錄一次。 三、汽車所有人如已善盡查證駕駛人駕駛執照資格之注意，或縱加以相當之注意而仍不免發生違規者，汽車所有人不受本條之處罰。
領有普通駕駛執照，駕駛營業汽車營業	第二十二條第一項第一款	1800－3600		1800	1900	2100	2300	禁止其駕駛。
領有普通駕駛執照，以駕駛爲職業	第二十二條第一項第二款	1800－3600		1800	1900	2100	2300	禁止其駕駛。
領有軍用車駕駛執照，駕駛非軍用車	第二十二條第一項第三款	1800－3600		1800	1900	2100	2300	禁止其駕駛。
領有聯結車、大客車、大貨車或小型車駕駛執照，駕駛重型機車	第二十二條第一項第四款	1800－3600	普通重型	1800	1900	2100	2300	禁止其駕駛。
			大型重型	2800	3000	3300	3600	
領有普通重型機車駕駛執照，駕駛大型重型機車	第二十二條第一項第五款	1800－3600		1800	1900	2100	2300	禁止其駕駛。

領有輕型機車駕駛執照，駕駛重型機車	第二十二條第一項第六款	1800－3600	普通重型	1800	1900	2100	2300	禁止其駕駛。
			大型重型	2800	3000	3300	3600	
駕駛執照逾有效期限仍駕車	第二十二條第一項第七款	1800－3600		1800	1900	2100	2300	並禁止其駕駛，駕駛執照應扣繳之。
汽車所有人允許第二十二條第一項違規駕駛人駕駛其汽車	第二十二條第三項			依第二十二條第一項各款規定辦理	依第二十二條第一項各款規定辦理	依第二十二條第一項各款規定辦理	依第二十二條第一項各款規定辦理	一、並記該汽車違規紀錄一次。 二、但如其已善盡查證駕駛人駕駛執照資格之注意，或縱加以相當注意而仍不免發生違規者，不在此限。
將駕駛執照借供他人駕車	第二十三條第一款	吊扣其駕駛執照三個月		吊扣其駕駛執照三個月	吊扣其駕駛執照三個月	吊扣其駕駛執照三個月	吊扣其駕駛執照三個月	
允許無駕駛執照之人，駕駛其車輛	第二十三條第二款	吊扣其駕駛執照三個月		吊扣其駕駛執照三個月	吊扣其駕駛執照三個月	吊扣其駕駛執照三個月	吊扣其駕駛執照三個月	
汽車駕駛人或依本條例明定應接受道路交通安全講習者，無正當理由，不依規定接受道路交通安全講習。	第二十四條第三項前段	1800		1800	1800	1800	1800	再通知依限參加道路安全講習。
汽車駕駛人或依本條例明定應接受道路交通安全講習者，經再通知依限參加講習，逾期六個月以上仍不參加	第二十四條第三項後段	吊扣駕駛執照六個月		吊扣駕駛執照六個月	吊扣駕駛執照六個月	吊扣駕駛執照六個月	吊扣駕駛執照六個月	如無駕駛執照可吊扣者，其於重領或新領駕駛執照後，執行吊扣駕駛執照六個月後再發給。
姓名、出生年、月、日、住址，依法更改而不報請變更登記	第二十五條第二項第一款	300－600		300	400	500	600	並責令補辦登記、補照、換照或禁止駕駛。
駕駛執照遺失或損毀，不報請公路主管機關補發或依限期申請換發	第二十五條第二項第二款	300－600		300	400	500	600	並責令補辦登記、補照、換照或禁止駕駛。
職業汽車駕駛人，不依規定期限，參加駕駛執照審驗	第二十六條	300－600		300	400	500	600	一、逾期一年以上者，逕行註銷其駕駛執照。 二、經逕行註銷駕駛執照之職業汽車駕駛人，得申請換發同等車類之普通駕駛執照。
汽車行駛於應繳費之公路或橋樑，汽車所有人或駕駛人未繳費，經主管機關應書面通知補繳，逾期再不繳納	第二十七條第一項	300		300	300	300	300	
汽車行駛於應繳費之公路，強行闖越收費站逃避繳費	第二十七條第二項第三項	3000－6000		3000	3300	3900	4500	一、並追繳欠費。 二、汽車駕駛人逃避繳費，致收費人員受傷或死亡者，吊銷其駕駛執照。
			因而肇事致人受傷或死亡	6000	6000	6000	6000	
汽車裝載貨物超過規定之長度、寬度、高度	第二十九條第一項第一款	3000－9000	小型車	3000	3300	3900	4500	一、並責令改正或禁止通行。 二、並記該汽車違規紀錄一次。 三、汽車駕駛人因而致人受傷者，吊扣其駕駛執照一年；致人重傷或死亡者，吊銷其駕駛執照。
			大型車	4500	4900	5800	6700	
			因而肇事致人受傷	6000	6600	7800	9000	
			因而肇事致人重傷或死亡	9000	9000	9000	9000	

汽車裝載整體物品有超重、超長、超寬、超高，而未請領臨時通行證，或未懸掛危險標識	第二十九條 第一項 第二款	3000－9000	小型車	3000	3300	3900	4500	一、並責令改正或禁止通行。 二、並記該汽車違規紀錄一次。 三、汽車駕駛人因而致人受傷者，吊扣其駕駛執照一年；致人重傷或死亡者，吊銷其駕駛執照。
			大型車	4500	4900	5800	6700	
			因而有妨礙交通或肇事致人受傷	6000	6600	7800	9000	
			因而肇事致人重傷或死亡	9000	9000	9000	9000	
汽車裝載危險物品，未請領臨時通行證、罐槽車之罐槽體未檢驗合格、運送人員未經專業訓練合格	第二十九條 第一項 第三款	3000－9000		9000	9000	9000	9000	一、並責令改正或禁止通行。 二、並記汽車違規紀錄一次。 三、汽車駕駛人因而致人受傷者，吊扣其駕駛執照一年；致人重傷或死亡者，吊銷其駕駛執照。
汽車裝載危險物品，未依規定懸掛或黏貼危險物品標誌及標示牌或不遵守有關安全之規定	第二十九條 第一項 第三款	3000－9000	小型車	3000	3300	3900	4500	一、並責令改正或禁止通行。 二、並記汽車違規紀錄一次。 三、汽車駕駛人因而致人受傷者，吊扣其駕駛執照一年；致人重傷或死亡者，吊銷其駕駛執照。
			大型車	4500	4900	5800	6700	
			因而肇事致人受傷	6000	6600	7800	9000	
			因而肇事致人重傷或死亡	9000	9000	9000	9000	
貨車或聯結汽車之裝載，不依規定	第二十九條 第一項 第四款	3000－9000		3000	3300	3900	4500	一、並責令改正或禁止通行。 二、並記汽車違規紀錄一次。 三、汽車駕駛人因而致人受傷者，吊扣其駕駛執照一年；致人重傷或死亡者，吊銷其駕駛執照。
汽車牽引拖架或附掛拖車，不依規定	第二十九條 第一項 第五款	3000－9000	小型車	3000	3300	3900	4500	一、並責令改正或禁止通行。 二、汽車駕駛人因而致人受傷者，吊扣其駕駛執照一年；致人重傷或死亡者，吊銷其駕駛執照。
			大型車	4500	4900	5800	6700	
大貨車裝載貨櫃超出車身之外，或未依規定裝置聯鎖設備	第二十九條 第一項 第六款	3000－9000		3000	3300	3900	4500	一、並責令改正或禁止通行。 二、汽車駕駛人因而致人受傷者，吊扣其駕駛執照一年；致人重傷或死亡者，吊銷其駕駛執照。
汽車未經核准，附掛拖車行駛	第二十九條 第一項 第七款	3000－9000	小型車	3000	3300	3900	4500	一、並責令改正或禁止通行。 二、汽車駕駛人因而致人受傷者，吊扣其駕駛執照一年；致人重傷或死亡者，吊銷其駕駛執照。
			大型車	4500	4900	5800	6700	
第二十九條第一項第一款至第四款應歸責汽車駕駛人	第二十九條 第三項	3000－9000		依第二十九第一項第一款至第四款規定辦理	依第二十九第一項第一款至第四款規定辦理	依第二十九第一項第一款至第四款規定辦理	依第二十九第一項第一款至第四款規定辦理	一、汽車駕駛人記違規點數二點。 二、汽車所有人仍應記該汽車違規紀錄一次。 三、汽車駕駛人因而致人受傷者，吊扣其駕駛執照一年；致人重傷或死亡者，吊銷其駕駛執照。

載砂石、土方未依規定使用專用車廂或其專用車輛未合於規定或變更車廂	第二十九條之一第一項	40000－80000	專用車廂未合於規定或變更車廂	40000	44000	52000	60000	並當場禁止通行。
			未依規定使用專用車輛	60000	66000	78000	80000	
前項專用車廂未合於規定或變更車廂者，並處車廂打造或改裝業者	第二十九條之一第二項	40000－80000	車身打造廠以外之改裝業者	40000	44000	52000	60000	
			車身打造廠	60000	66000	78000	80000	
汽車裝載貨物超過核定之總重量、總聯結重量	第二十九條之二第一項及第三項	10000元（超載十公噸以下者，以總超載部分，每一公噸加罰新臺幣一千元；超載逾十公噸至二十公噸以下者，以總超載部分，每一公噸加罰新臺幣二千元；超載逾二十公噸至三十公噸以下者，以總超載部分，每一公噸加罰新臺幣三千元；超載逾三十公噸者，以總超載部分，每一公噸加罰新臺幣五千元。未滿一公噸以一公噸計算。）		依據本條文法定罰鍰額度計算裁處	依據本條文法定罰鍰額度計算裁處	依據本條文法定罰鍰額度計算裁處	依據本條文法定罰鍰額度計算裁處	一、並責令改正或禁止通行。 二、並記汽車違規紀錄一次。 三、汽車駕駛人因而致人受傷者，吊扣其駕駛執照一年；致人重傷或死亡者，吊銷其駕駛執照。
汽車裝載貨物超過所行駛橋樑規定之載重限制	第二十九條之二第二項及第三項	10000元（超載十公噸以下者，以總超載部分，每一公噸加罰新臺幣一千元；超載逾十公噸至二十公噸以下者，以總超載部分，每一公噸加罰新臺幣二千元；超載逾二十公噸至三十公噸以下者，以總超載部分，每一公噸加罰新臺幣三千元；超載逾三十公噸者，以總超載部分，每一公噸加罰新臺幣五千元。未滿一公噸以一公噸計算。）		依據本條文法定罰鍰額度計算裁處	依據本條文法定罰鍰額度計算裁處	依據本條文法定罰鍰額度計算裁處	依據本條文法定罰鍰額度計算裁處	一、並責令改正或禁止通行。 二、並記汽車違規紀錄一次。 三、汽車駕駛人因而致人受傷吊扣其駕駛執照一年；致人重傷或死亡者，吊銷其駕駛執照。

第二十九條之二第一項、第三項應歸責汽車駕駛人，或第二項、第三項歸責汽車所有人	第二十九條之二第一項、第二項及第三項	10000元（超載十公噸以下者，以總超載部分，每一公噸加罰新臺幣一千元；超載逾十公噸至二十公噸以下者，以總超載部分，每一公噸加罰新臺幣二千元；超載逾二十公噸至三十公噸以下者，以總超載部分，每一公噸加罰新臺幣三千元；超載逾三十公噸者，以總超載部分，每一公噸加罰新臺幣五千元。未滿一公噸以一公噸計算。）		依據本條文法定罰鍰額度計算裁處	依據本條文法定罰鍰額度計算裁處	依據本條文法定罰鍰額度計算裁處	依據本條文法定罰鍰額度計算裁處	一、汽車駕駛人記違規點數二點。 二、汽車所有人仍應記該汽車違規紀錄一次。 三、汽車駕駛人因而致人受傷吊扣其駕駛執照一年；致人重傷或死亡者，吊銷其駕駛執照。
汽車裝載貨物行經設有地磅處所五公里內路段，未依標誌、標線、號誌指示或不服從交通勤務警察或依法令執行交通稽查任務人員之指揮過磅	第二十九條之二第四項	90000		90000	90000	90000	90000	一、並得強制過磅。 二、記違規點數二點。
第二十九條之二第四項應歸責汽車所有人	第二十九條之二第四項	90000		90000	90000	90000	90000	一、並得強制過磅。 二、記該汽車違規紀錄一次。 三、汽車駕駛人仍應記違規點數二點。
危險物品運送人員專業訓練機構未依規定辦理訓練、核發訓練證明書或不遵守有關訓練之規定	第二十九條之三第四項	停止其辦理訓練三個月至六個月或廢止該專業訓練機構之訓練許可		依其情節，停止其辦理訓練三個月至六個月或廢止該專業訓練機構之訓練許可	依其情節，停止其辦理訓練三個月至六個月或廢止該專業訓練機構之訓練許可	依其情節，停止其辦理訓練三個月至六個月或廢止該專業訓練機構之訓練許可	依其情節，停止其辦理訓練三個月至六個月或廢止該專業訓練機構之訓練許可	未依規定核發之訓練證明書不生效力。經廢止訓練許可之訓練機構，三年內不得再申請訓練許可。
常壓液態罐槽車罐槽體檢驗機構未依規定辦理罐槽體檢驗、核發檢驗合格證明書或不遵守有關檢驗之規定	第二十九條之四第三項	停止其辦理檢驗三個月至六個月或廢止檢驗機構之檢驗許可		依其情節，停止其辦理訓練三個月至六個月或廢止該專業訓練機構之訓練許可	依其情節，停止其辦理訓練三個月至六個月或廢止該專業訓練機構之訓練許可	依其情節，停止其辦理訓練三個月至六個月或廢止該專業訓練機構之訓練許可	依其情節，停止其辦理訓練三個月至六個月或廢止該專業訓練機構之訓練許可	一、未依規定核發之檢驗合格證明書不生效力。 二、經廢止檢驗許可之檢驗機構，三年內不得再申請檢驗許可。
裝載整體物品有超重、超長、超寬、超高情形，未隨車攜帶臨時通行證，或未依規定路線、時間行駛	第三十條第一項第一款	3000－9000		3000	3300	3900	4500	一、並責令改正或禁止通行。 二、應歸責於汽車所有人時，除依第一項處汽車所有人罰鍰及記該汽車違規紀錄一次外；汽車駕駛人仍應記違規點數二點。 三、汽車駕駛人因而致人受傷者，吊扣其駕駛執照一年；致人重傷或死亡者，吊銷其駕駛執照。
			未依規定路線、時間行駛因而肇事致人受傷	4500	4900	5800	6700	
			未依規定路線、時間行駛因而肇事致人重傷或死亡	6000	6600	7800	9000	

所載貨物滲漏、飛散或氣味惡臭	第三十條第一項第二款	3000－9000	一般道路	4500	4900	5800	6700	一、並責令改正或禁止通行。 二、應歸責於汽車所有人時，除依第一項處汽車所有人罰鍰及記該汽車違規紀錄一次外；汽車駕駛人仍應記違規點數二點。 三、汽車駕駛人因而致人受傷者，吊扣其駕駛執照一年；致人重傷或死亡者，吊銷其駕駛執照。
			高、快速公路	9000	9000	9000	9000	
貨車運送途中附載作業人員，超過規定人數，或乘坐不依規定	第三十條第一項第三款	3000－9000		3000	3300	3900	4500	一、並責令改正或禁止通行。 二、應歸責於汽車所有人時，依第一項處汽車所有人罰鍰及記該汽車違規紀錄一次。 三、汽車駕駛人因而致人受傷者，吊扣其駕駛執照一年；致人重傷或死亡者，吊銷其駕駛執照。
載運人數超過核定數額。但公共汽車於尖峰時刻載重未超過核定總重量，不在此限	第三十條第一項第四款	3000－9000		3000	3300	3900	4500	一、並責令改正或禁止通行。 二、應歸責於汽車所有人時，依第一項處汽車所有人罰鍰及記該汽車違規紀錄一次。 三、汽車駕駛人因而致人受傷者，吊扣其駕駛執照一年；致人重傷或死亡者，吊銷其駕駛執照。
小客車前座或貨車駕駛室乘人超過規定人數	第三十條第一項第五款	3000－9000		3000	3300	3900	4500	一、並責令改正或禁止通行。 二、應歸責於汽車所有人時，依第一項處汽車所有人罰鍰及記該汽車違規紀錄一次。 三、汽車駕駛人因而致人受傷者，吊扣其駕駛執照一年；致人重傷或死亡者，吊銷其駕駛執照。
車廂以外載客	第三十條第一項第六款	3000－9000		3000	3300	3900	4500	一、並責令改正或禁止通行。 二、應歸責於汽車所有人時，依第一項處汽車所有人罰鍰及記該汽車違規紀錄一次。 三、汽車駕駛人因而致人受傷者，吊扣其駕駛執照一年；致人重傷或死亡者，吊銷其駕駛執照。
載運人客、貨物不穩妥，行駛時顯有危險	第三十條第一項第七款	3000－9000		3000	3300	3900	4500	一、並責令改正或禁止通行。 二、應歸責於汽車所有人時，依第一項處汽車所有人罰鍰及記該汽車違規紀錄一次。 三、汽車駕駛人因而致人受傷者，吊扣其駕駛執照一年；致人重傷或死亡者，吊銷其駕駛執照。

裝載危險物品未隨車攜帶臨時通行證、罐槽車之罐槽體檢驗合格證明書、運送人員訓練證明書或未依規定路線、時間行駛	第三十條第一項第八款	3000－9000		9000	9000	9000	9000	一、並責令改正或禁止通行。 二、應歸責於汽車所有人時，依第一項處汽車所有人罰鍰及記該汽車違規紀錄一次。 三、汽車駕駛人因而致人受傷者，吊扣其駕駛執照一年；致人重傷或死亡者，吊銷其駕駛執照。
四輪以上汽車行駛於一般道路上，其汽車駕駛人、前座或小型車後座乘客未依規定繫安全帶	第三十一條第一項	1500		1500	1500	1500	1500	但營業大客車、計程車或租賃車輛代僱駕駛人已善盡告知義務，乘客仍未繫安全帶時，處罰該乘客。
汽車行駛於高速公路或快速公路上，其汽車駕駛人、前座或小型車後座乘客未依規定繫安全帶	第三十一條第二項	3000－6000	一人	3000	3300	3900	4500	但營業大客車、計程車或租賃車輛代僱駕駛人已善盡告知義務，乘客仍未繫安全帶時，處罰該乘客。
			二人以上	4500	4900	5800	6000	
			計程車、租賃車輛乘客或營業大客車前座乘客（每一人）	3000	3300	3900	4500	
小型車附載幼童未依規定安置於安全椅	第三十一條第三項	1500－3000	未依規定安置於安全椅	1500	1600	1800	1900	
			因而致幼童受傷或死亡	3000	3000	3000	3000	
汽車駕駛人對於六歲以下或需要特別看護之兒童，單獨留置於車內	第三十一條第四項	3000，並施以四小時道路交通安全講習		3000	3000	3000	3000	並施以四小時道路交通安全講習。
機車附載人員或物品未依規定	第三十一條第五項	300－600		300	400	500	600	
機車駕駛人或附載座人未依規定戴安全帽	第三十一條第六項	500		500	500	500	500	
汽車駕駛人於行駛道路時，以手持方式使用行動電話、電腦或其他相類功能裝置進行撥接、通話、數據通訊或其他有礙駕駛安全之行為	第三十一條之一第一項	3000		3000	3000	3000	3000	
機車駕駛人行駛於道路時，以手持方式使用行動電話、電腦或其他相類功能裝置進行撥接、通話、數據通訊或其他有礙駕駛安全之行為	第三十一條之一第二項	1000		1000	1000	1000	1000	
汽機車駕駛人行駛於道路，手持香菸、吸食、點燃香菸致有影響他人行車安全	第三十一條之一第三項	600		600	600	600	600	
非屬汽車範圍而行駛於道路上之動力機械，未依規定請領臨時通行證，或其駕駛人未依規定領有駕駛執照	第三十二條第一項	3000－9000	未依規定請領臨時通行證	3000	3300	3900	4500	並禁止其行駛。
			駕駛人未依規定領有駕駛執照	6000	6600	7800	9000	
動力機械駕駛人，未攜帶臨時通行證	第三十二條第二項	300		300	300	300	300	並禁止其行駛。

非屬汽車及動力機械範圍之動力載具、動力運動休閒器材或其他相類之動力器具，於道路上行駛或使用	第三十二條之一	1200－3600	於快車道以外之道路範爲行駛或使用	1200	1300	1400	1500	並禁止行駛或使用。
			於快車道行駛或使用	2000	2200	2400	2600	
			因而肇事	2800	3000	3300	3600	
行駛高、快速公路行車速度超過規定之最高速限二十公里以內	第三十三條第一項第一款	3000－6000	小型車	3000	3300	3900	4500	一、高速公路及快速公路交通管制規則第五條。 二、應記違規點數一點。
			大型車	3500	3800	4500	5200	
			載運危險物品車輛	6000	6000	6000	6000	
行駛高、快速公路行車速度超過規定之最高速限逾二十公里至四十公里以內	第三十三條第一項第一款	3000－6000	小型車	3500	3800	4500	5200	一、高速公路及快速公路交通管制規則第五條。 二、應記違規點數一點。
			大型車	4500	4900	5800	6000	
			載運危險物品車輛	6000	6000	6000	6000	
行駛高、快速公路行車速度超過規定之最高速限逾四十公里至六十公里以內	第三十三條第一項第一款	3000－6000	小型車	5000	5500	6000	6000	一、高速公路及快速公路交通管制規則第五條。 二、應記違規點數一點。
			大型車	6000	6000	6000	6000	
			載運危險物品車輛	6000	6000	6000	6000	
行駛高、快速公路行車速度低於規定之最低速限未滿二十公里	第三十三條第一項第一款	3000－6000		3000	3300	3900	4500	一、高速公路及快速公路交通管制規則第五條。 二、應記違規點數一點。
行駛高、快速公路行車速度低於規定之最低速限二十公里以上	第三十三條第一項第一款	3000－6000		4000	4400	5200	6000	一、高速公路及快速公路交通管制規則第五條。 二、應記違規點數一點。
行駛高、快速公路未依規定與前車保持安全距離	第三十三條第一項第二款	3000－6000	小型車	3000	3300	3900	4500	一、高速公路及快速公路交通管制規則第六條、第十六條第三款。 二、應記違規點數一點。
			大型車	4000	4400	5200	6000	
			載運危險物品車輛	6000	6000	6000	6000	
行駛高、快速公路未依規定行駛車道者－小型車未以規定之最高速度行駛內側車道	第三十三條第一項第三款	3000－6000		3000	3300	3900	4500	一、高速公路及快速公路交通管制規則第八條。 二、應記違規點數一點。
行駛高、快速公路未依規定行駛車道者－慢速小型車及大型車違規行駛內側車道以外之車道	第三十三條第一項第三款	3000－6000		4000	4400	5200	6000	一、高速公路及快速公路交通管制規則第八條。 二、慢速小型車指最高速限每小時九十公里以上之路段，行駛速率低於每小時八十公里之小型車。 三、應記違規點數一點。
行駛高、快速公路未依規定行駛車道－慢速小型車及大型車違規行駛內側車道	第三十三條第一項第三款	3000－6000		5000	5500	6000	6000	一、高速公路及快速公路交通管制規則第八條。 二、慢速小型車指最高速限每小時九十公里以上之路段，行駛速率低於每小時八十公里之小型車。 三、應記違規點數一點。
行駛高、快速公路未依規定行駛車道－大型重型機車行駛快速公路，同車道併駛	第三十三條第一項第三款	3000－6000		4000	4400	5200	6000	一、高速公路及快速公路交通管制規則第二十條第一款。 二、應記違規點數一點。
行駛高、快速公路未依規定變換車道	第三十三條第一項第四款	3000－6000	小型車	3000	3300	3900	4500	一、高速公路及快速公路交通管制規則第十一條。 二、應記違規點數一點。
			大型車	4500	4900	5800	6000	
			載運危險物品車輛	6000	6000	6000	6000	

行駛高、快速公路車內有站立乘客	第三十三條第一項第五款	3000－6000		3000	3300	3900	4500	一、高速公路及快速公路交通管制規則第九條第一項第七款。 二、應記違規點數一點。
行駛高、快速公路不依規定使用燈光－同向前方一百公尺內有車輛行駛，仍使用遠光燈者或隧道內未開亮頭燈	第三十三條第一項第六款	3000－6000		3000	3300	3900	4500	一、高速公路及快速公路交通管制規則第九條第一項第九款、第十六條第一項第一款。 二、應記違規點數一點。
行駛高、快速公路不依規定使用燈光－夜間未使用燈光	第三十三條第一項第六款	3000－6000		4500	4900	5800	6000	一、高速公路及快速公路交通管制規則第九條第一項第九款。 二、應記違規點數一點。
大型重型機車行駛高、快速公路，未開亮頭燈	第三十三條第一項第六款	3000－6000		3000	3300	3900	4500	一、高速公路及快速公路交通管制規則第二十條第三款。 二、應記違規點數一點。
行駛高、快速公路違規超車、迴車、倒車	第三十三條第一項第七款	3000－6000		3000	3300	3900	4500	一、高速公路及快速公路交通管制規則第九條第一項第一、三、四款。 二、應記違規點數一點。
			載運危險物品車輛	6000	6000	6000	6000	
行駛高、快速公路逆向行駛	第三十三條第一項第七款	3000－6000		6000	6000	6000	6000	一、高速公路及快速公路交通管制規則第九條第一項第一款。 二、應記違規點數一點。
大型重型機車行駛快速公路，同車道超車	第三十三條第一項第七款	3000－6000		3000	3300	3900	4500	一、高速公路及快速公路交通管制規則第二十條第一款。 二、應記違規點數一點。
行駛高、快速公路違規減速－無故驟然減速	第三十三條第一項第八款	3000－6000		3000	3300	3900	4500	一、高速公路及快速公路交通管制規則第十條。 二、應記違規點數一點。
行駛高、快速公路違規臨時停車或停車－於路肩外違規停車	第三十三條第一項第八款	3000－6000		3000	3300	3900	4500	一、高速公路及快速公路交通管制規則第十二條。 二、違規停車妨礙交通者，並予拖、吊、移置、保管、處理。 三、應記違規點數一點。
行駛高、快速公路違規臨時停車或停車－於中央分隔帶、隧道內、交流道、路肩違規停車	第三十三條第一項第八款	3000－6000		4000	4400	5200	6000	一、高速公路及快速公路交通管制規則第十二條。 二、違規停車妨礙交通者，並予拖、吊、移置、保管、處理。 三、應記違規點數一點。
行駛高、快速公路違規臨時停車或停車者－無故於車道上停車或臨時停車	第三十三條第一項第八款	3000－6000		6000	6000	6000	6000	一、高速公路及快速公路交通管制規則第十二條。 二、違規停車妨礙交通者，並予拖、吊、移置、保管、處理。 三、應記違規點數一點。
行駛高、快速公路違規行駛路肩	第三十三條第一項第九款	3000－6000	小型車	4000	4400	5200	6000	一、高速公路及快速公路交通管制規則第九條第一項第二款。 二、應記違規點數一點。
			大型車	6000	6000	6000	6000	
行駛高、快速公路未依施工之安全設施指示行駛	第三十三條第一項第十款	3000－6000		3000	3300	3900	4500	一、高速公路及快速公路交通管制規則第九條第一項第十二款。 二、應記違規點數一點。
行駛高、快速公路裝置貨物未依規定覆蓋、捆紮	第三十三條第一項第十一款	3000－6000		4000	4400	5200	6000	一、高速公路及快速公路交通管制規則第二十一條第一項第一款。 二、應記違規點數一點。

行駛高、快速公路未依標誌、標線、號誌指示行車	第三十三條第一項第十二款	3000－6000		3000	3300	3900	4500	一、高速公路及快速公路交通管制規則第二十四條及第二十四條之一。 二、應記違規點數一點。
進入或行駛高、快速公路禁止通行之路段	第三十三條第一項第十三款	3000－6000	小型車	3000	3300	3900	4500	一、高速公路及快速公路交通管制規則第十九條第三項、第四項。 二、應記違規點數一點。
			大型車、聯結車	4000	4400	5200	6000	
			載運危險物品車輛	5000	5500	6000	6000	
行駛高、快速公路連續密集按鳴喇叭、變換燈光或其他方式迫使前車讓道	第三十三條第一項第十四款	3000－6000	小型車	3000	3300	3900	4500	一、高速公路及快速公路交通管制規則第九條第一項第十一款。 二、應記違規點數一點。
			大型車	4000	4400	5200	6000	
行駛高、快速公路向車外丟棄物品或廢棄物	第三十三條第一項第十五款	3000－6000		3000	3300	3900	4500	一、高速公路及快速公路交通管制規則第九條第一項第十四款。 二、應記違規點數一點。
行駛高、快速公路車輪、輪胎膠皮或車輛機件脫落	第三十三條第一項第十六款	3000－6000	小型車	3000	3300	3900	4500	一、高速公路及快速公路交通管制規則第十四條第二款。 二、應記違規點數一點。
			大型車	4500	4900	5800	6000	
行駛高、快速公路輪胎胎紋深度不符規定	第三十三條第一項第十七款	3000－6000	小型車	3000	3300	3900	4500	一、高速公路及快速公路交通管制規則第十四條第三款。 二、應記違規點數一點。
			大型車	4500	4900	5800	6000	
行駛高、快速公路利用內側車道超車，超車後，如有安全距離未駛回原車道，且未以最高速限行駛，致堵塞超車道	第三十三條第二項	6000－12000	小型車	6000	6600	7800	9000	一、高速公路及快速公路交通管制規則第八條第一項第三款。 二、應記違規點數一點。
			大型車	8000	8800	10400	12000	
擅自開啓或穿越高、快速公路中央分隔帶分向設施	第三十三條第三項	600－1200		600	700	800	900	高速公路及快速公路交通管制規則第九條第一項第五款。
行駛高、快速公路車輛輪胎粘附泥沙致污染路面	第三十三條第三項	600－1200		600	700	800	900	高速公路及快速公路交通管制規則第九條第一項第八款。
行駛高、快速公路拖拉故障車輛，使用非鋼質連杆	第三十三條第三項	600－1200		600	700	800	900	高速公路及快速公路交通管制規則第九條第一項第十款。
非高乘載車道允許通行車輛，行駛高乘載車道	第三十三條第三項	600－1200		600	700	800	900	高速公路及快速公路交通管制規則第九條第一項第十五款。
行駛高、快速公路途中缺水、缺電或缺燃料	第三十三條第三項	600－1200		600	700	800	900	高速公路及快速公路交通管制規則第十四條第一款。
行駛高、快速公路之大型車，使用之輪胎未依規定	第三十三條第三項	600－1200		1200	1200	1200	1200	高速公路及快速公路交通管制規則第十九條之一。
行經高、快速公路，停放服務區、休息站內之車輛逾四小時	第三十三條第三項	600－1200		600	700	800	900	高速公路及快速公路交通管制規則第二十五條第一項第二款。
行經高、快速公路，停放車道路肩之故障車輛逾一小時	第三十三條第三項	600－1200		600	700	800	900	高速公路及快速公路交通管制規則第二十五條第一項第一款。
未經高、快速公路管理機關登記許可之拖、吊車輛，擅自在高、快速公路沿線路權範圍內營業	第三十三條第三項	600－1200		1200	1200	1200	1200	高速公路及快速公路交通管制規則第二十六條。

行駛高、快速公路裝載超長物品，其後伸部分，遮擋車後燈光、牌號	第三十三條第三項	600－1200		600	700	800	900	高速公路及快速公路交通管制規則第二十一條第一項第三款。
大型重型機車行駛快速公路，駕駛人及附載座人未依規定配戴安全帽	第三十三條第三項	600－1200		1200	1200	1200	1200	高速公路及快速公路交通管制規則第二十條第二款。
在指定場所以外之路段裝卸貨物或上下乘客	第三十三條第三項	600－1200		1200	1200	1200	1200	高速公路及快速公路交通管制規則第二十二條。
行人、部隊行軍或演習、慢車進入高、快速公路	第三十三條第四項	3000－6000		3000	3300	3900	4500	高速公路及快速公路交通管制規則第十九條。
機車、三輪汽車或馬達三輪車、農耕機、非屬汽車範圍之動力機械、拖有非於高、快速高公路故障之車輛，行駛高、快速公路	第三十三條第四項	3000－6000		4000	4400	5200	6000	高速公路及快速公路交通管制規則第十九條。
汽車駕駛人，連續駕車超過八小時經查屬實，或患病足以影響安全駕駛	第三十四條	1200－2400	一般道路	1200	1300	1400	1500	並禁止其駕駛；如應歸責於汽車所有人者，得吊扣其汽車牌照三個月。
			高、快速公路	1800	1900	2100	2400	
			載運危險物品之汽車駕駛人	2400	2400	2400	2400	
酒精濃度超過規定標準 駕駛人其吐氣所含酒精濃度達每公升〇・一五毫克以上未滿〇・二五毫克或血液中酒精濃度達百分之〇・〇三以上未滿〇・〇五	第三十五條第一項第一款第二項	15000－120000	機車	15000	16500	19500	22500	一、並當場移置保管該汽機車及吊扣其駕駛執照機車一年、汽車二年。附載未滿十二歲兒童或因而肇事致人受傷者，並吊扣駕駛執照機車二年、汽車四年；致人重傷或死亡者，吊銷其駕駛執照，並不得再考領。 二、駕駛營業大客車者，吊銷其駕駛執照。 三、因而肇事且附載有未滿十二歲兒童之人者，按其吊扣駕駛執照期間加倍處分。 四、應接受道路交通安全講習。 五、汽機車駕駛人肇事拒絕接受或肇事無法實施測試之檢定者，應由交通勤務或依法令執行交通稽查任務人員，將其強制移由受委託醫療或檢驗機構對其實施血液或其他檢體之採樣及測試檢定。 六、同時違反刑事法律者，經裁判確定處以罰金低於本條例第九十二條第四項所訂最低罰鍰基準規定者，應依本條例裁決繳納不足最低罰鍰之部分。
			小型車	30000	33000	39000	45000	
			大型車	33000	36000	42500	49000	
酒精濃度超過規定標準 駕駛人其吐氣所含酒精濃度達每公升〇・二五毫克以上未滿〇・四毫克或血液中酒精濃度達百分之〇・〇五以上未滿〇・八	第三十五條第一項第一款第二項	15000－120000	機車	22500	24500	29000	33500	
			小型車	37500	40500	47500	54500	
			大型車	42000	46000	54000	62000	
酒精濃度超過規定標準 駕駛人其吐氣所含酒精濃度達每公升〇・四毫克以上未滿〇・五五毫克或血液中酒精濃度達百分之〇・〇八以上未滿〇・一一	第三十五條第一項第一款第二項	15000－120000	機車	45000	49500	58500	67500	
			小型車	60000	66000	78000	90000	
			大型車	65000	71500	84000	97000	
酒精濃度超過規定標準 駕駛人其吐氣所含酒精濃度達每公升〇・五五毫克以上或血液中酒精濃度達百分之〇・一一以上	第三十五條第一項第一款第二項	15000－120000	機車	67500	74000	87500	90000	
			小型車	85000	93500	110000	120000	
			大型車	100000	110000	120000	120000	

汽車駕駛人，駕駛汽車經測試檢定有吸食毒品、迷幻藥、麻醉藥品及其相類似之管制藥品	第三十五條第一項第二款第二項	15000－120000	機車	90000	90000	90000	90000	一、並當場移置保管該汽機車及吊扣其駕駛執照機車一年、汽車二年。附載未滿十二歲兒童或因而肇事致人受傷者，並吊扣駕駛執照機車二年、汽車四年；致人重傷或死亡者，吊銷其駕駛執照，並不得再考領。 二、駕駛營業大客車者，吊銷其駕駛執照。 三、因而肇事且附載有未滿十二歲兒童之人者，按其吊扣駕駛執照期間加倍處分。 四、應接受道路交通安全講習。 五、汽機車駕駛人肇事拒絕接受或肇事無法實施測試之檢定者，應由交通勤務或依法令執行交通稽查任務人員，將其強制移由受委託醫療或檢驗機構對其實施血液或其他檢體之採樣及測試檢定。 六、同時違反刑事法律者，經裁判確定處以罰金低於本條例第九十二條第四項所訂最低罰鍰基準規定者，應依本條例裁決繳納不足最低罰鍰之部分。
			汽車	120000	120000	120000	120000	
汽車駕駛人於五年內第二次違反第一項規定	第三十五條第三項第九項	90000	機車	90000	90000	90000	90000	一、並當場移置保管該汽機車及吊扣其駕駛執照；如肇事致人重傷或死亡者，吊銷其駕駛執照，並不得再考領。 二、應接受道路交通安全講習。 三、肇事致人重傷或死亡，得依規定沒入該車輛。 四、同時違反刑事法律者，經裁判確定處以罰金低於本條例第九十二條第四項所訂最低罰鍰基準規定者，應依本條例裁決繳納不足最低罰鍰之部分。
			汽車	120000	120000	120000	120000	
汽機車駕駛人於五年內違反第一項規定第三次以上者	第三十五條第三項第九項	90000以上		第三次以上者按前次違反本項所處罰鍰金額加罰90000	第三次以上者按前次違反本項所處罰鍰金額加罰90000	第三次以上者按前次違反本項所處罰鍰金額加罰90000	第三次以上者按前次違反本項所處罰鍰金額加罰90000	
汽機車駕駛人，駕駛汽機車行經警察機關設有告示執行第三十五條第一項測試檢定之處所，不依指示停車接受稽查	第三十五條第四項第一項第九項	180000		180000	180000	180000	180000	一、並當場移置保管該汽機車及吊扣其駕駛執照；如肇事致人重傷或死亡者，吊銷其駕駛執照，並不得再考領。 二、應接受道路交通安全講習。 三、肇事致人重傷或死亡，得依規定沒入該車輛。 四、同時違反刑事法律者，經裁判確定處以罰金低於本條例第九十二條第四項所訂最低罰鍰基準規定者，應依本條例裁決

								繳納不足最低罰鍰之部分。
拒絕接受第三十五條第一項各款測試之檢定	第三十五條第四項第二項第九項	180000		180000	180000	180000	180000	一、並當場移置保管該汽機車及吊扣其駕駛執照；如肇事致人重傷或死亡者，吊銷其駕駛執照，並不得再考領。 二、應接受道路交通安全講習。 三、肇事致人重傷或死亡，得依規定沒入該車輛。 四、同時違反刑事法律者，經裁判確定處以罰金低於本條例第九十二條第四項所訂最低罰鍰基準規定者，應依本條例裁決繳納不足最低罰鍰之部分。
汽機車駕駛人於五年內第二次違反第四項規定	第三十五條第五項第九項	360000		360000	360000	360000	360000	一、並當場移置保管該汽機車及吊銷其駕駛執照；如肇事致人重傷或死亡者，吊銷其駕駛執照，並不得再考領。 二、應接受道路交通安全講習。 三、肇事致人重傷或死亡，得依規定沒入該車輛。 四、違反第三十五條第四項第一款、第二款者合併計算累計次數。
汽機車駕駛人於五年內違反第四項規定第三次以上者	第三十五條第五項第九項	360000以上		第三次以上者按前次違反本項所處罰鍰金額加罰180000	第三次以上者按前次違反本項所處罰鍰金額加罰180000	第三次以上者按前次違反本項所處罰鍰金額加罰180000	第三次以上者按前次違反本項所處罰鍰金額加罰180000	
汽機車所有人，明知汽機車駕駛人有第一項各款情形，而不予禁止駕駛	第三十五條第七項			依第三十五條第一項各款規定辦理	依第三十五條第一項各款規定辦理	依第三十五條第一項各款規定辦理	依第三十五條第一項各款規定辦理	並吊扣該汽機車牌照三個月。
汽機車駕駛人，駕駛汽機車經測試檢定吐氣所含酒精濃度達每公升〇．二五毫克以上未滿〇．五五毫克或血液中酒精濃度達百分之〇．〇五以上未滿〇．一一，年滿十八歲之同車乘客	第三十五條第八項	600－3000	機車	600	700	800	900	但年滿七十歲、心智障礙或汽車運輸業之乘客，不在此限。
			小型車	1200	1400	1600	1800	
			大型車	2000	2200	2400	2600	
汽機車駕駛人，駕駛汽機車經測試檢定吐氣所含酒精濃度達每公升〇．五五毫克或血液中酒精濃度達百分之〇．一一以上，年滿十八歲之同車乘客	第三十五條第八項	600－3000	機車	900	1000	1100	1200	但年滿七十歲、心智障礙或汽車運輸業之乘客，不在此限。
			小型車	1800	2000	2200	2400	
			大型車	2400	2600	2800	3000	
汽車駕駛人經依第六十七條第五項規定考領駕駛執照後，不依規定駕駛或使用配備車輛點火自動鎖定裝置汽車者	第三十五條之一第一項	6000－12000	自用車	6000	6600	7800	9000	移置保管該汽車
			營業車	9000	9900	11000	12000	
			一年內有二次以上本項行爲	12000	12000	12000	12000	
前項車輛點火自動鎖定裝置由他人代爲使用解鎖者	第三十五條之一第二項	6000－12000	自用車	6000	6600	7800	9000	
			營業車	9000	9900	11000	12000	

計程車駕駛人，未向警察機關辦理執業登記，領取登記證，即行執業	第三十六條第一項	1500－3600	領有職業駕駛執照	1500	1600	1800	2000	
			未領有職業駕駛執照	2800	3000	3300	3600	
計程車駕駛人，不依規定辦理執業登記，經依前項處罰仍不辦理	第三十六條第二項	吊銷其駕駛執照		吊銷其駕駛執照	吊銷其駕駛執照	吊銷其駕駛執照	吊銷其駕駛執照	
計程車駕駛人，不依規定期限，辦理執業登記事項之異動申報，或參加年度查驗	第三十六條第三項	1200		1200	1200	1200	1200	
執業登記證，未依規定安置車內指定之插座或以他物遮蔽	第三十六條第五項	1500		1500	1500	1500	1500	
汽車駕駛人，於鐵路、公路車站或其他交通頻繁處所，違規攬客營運，妨害交通秩序	第三十八條第一項	1500－3000	大客車	2100	2400	2700	3000	記違規點數一點，屬營業大客車者並記該汽車違規紀錄一次。
			大客車以外之其他汽車	1500	1600	1800	1900	記違規點數一點。
計程車駕駛人，任意拒載乘客或故意繞道行駛	第三十八條第二項	600－1200	任意拒載乘客	600	700	800	900	
			故意繞道行駛	900	1000	1100	1200	
汽車駕駛人，不在未劃分標線道路之中央右側部分駕車	第三十九條	600－1200	機車或小型車	600	700	800	900	但單行道或依規定超車者，不在此限。
			大型車	900	1000	1100	1200	
駕駛人行車速度，超過規定之最高時速二十公里以內	第四十條	1200－2400	機車	1200	1300	1400	1500	記違規點數一點。
			汽車	1600	1700	1900	2000	
			載運危險物品車輛	2400	2400	2400	2400	
駕駛人行車速度，超過規定之最高時速逾二十公里至四十公里以內	第四十條	1200－2400	機車	1400	1500	1600	1800	記違規點數一點。
			汽車	1800	1900	2100	2300	
			載運危險物品車輛	2400	2400	2400	2400	
駕駛人行車速度，超過規定之最高時速逾四十公里至六十公里以內	第四十條	1200－2400	機車	1600	1700	1900	2000	記違規點數一點。
			汽車	2000	2200	2400	2400	
			載運危險物品車輛	2400	2400	2400	2400	
汽車駕駛人，行車速度，低於規定之最低時速	第四十條	1200－2400		1200	1300	1400	1500	記違規點數一點。
汽車駕駛人，按鳴喇叭不依規定，或按鳴喇叭超過規定音量者	第四十一條	300－600		300	400	500	600	
汽車駕駛人，不依規定使用燈光	第四十二條	1200－3600	機車或小型車	1200	1300	1400	1500	道路交通安全規則第一百零九條第一項。
			大型車	2800	3000	3300	3600	
				1200	1200	1200	1200	
汽車駕駛人在道路上蛇行，或以其他危險方式駕車	第四十三條第一項第一款第二項第五項	6000－24000	機車	12000	13200	15600	18000	一、並當場禁止其駕駛。 二、記違規點數三點。 三、因而肇事者，並吊銷其駕駛執照。 四、應接受道路交通安全講習；未滿十八歲之人與其法定代理人或監護人應同時施以道路交通安全講習，並得由警察機關公布其法定代理人或監護人姓名。
			汽車	18000	19800	23400	24000	
			一年內有二次以上第一項第一款、第三款或第四款行為	24000	24000	24000	24000	

行車速度，超過規定之最高時速逾六十公里至八十公里以內	第四十三條第一項第二款第二項第五項	6000－24000	機車或小型車	8000	8800	10400	12000	一、並當場禁止其駕駛。 二、記違規點數三點。 三、因而肇事者，並吊銷其駕駛執照。 四、應接受道路交通安全講習；未滿十八歲之人與其法定代理人或監護人應同時施以道路交通安全講習，並得由警察機關公布其法定代理人或監護人姓名。
			大型車	12000	13200	15600	18000	
			載運危險物品車輛	24000	24000	24000	24000	
行車速度，超過規定之最高時速逾八十公里至一〇〇公里以內	第四十三條第一項第二款第二項第五項	6000－24000	機車或小型車	12000	13200	15600	18000	
			大型車	16000	17600	20800	24000	
			載運危險物品車輛	24000	24000	24000	24000	
行車速度，超過規定之最高時速逾一〇〇公里	第四十三條第一項第二款第二項第五項	6000－24000		24000	24000	24000	24000	
汽車駕駛人任意以迫近、驟然變換車道或其他不當方式，迫使他車讓道	第四十三條第一項第三款第二項第五項	6000－24000	機車	12000	13200	15600	18000	一、並當場禁止其駕駛。 二、記違規點數三點。 三、因而肇事者，並吊銷其駕駛執照。 四、應接受道路交通安全講習；未滿十八歲之人與其法定代理人或監護人應同時施以道路交通安全講習，並得由警察機關公布其法定代理人或監護人姓名。
			汽車	18000	19800	23400	24000	
			一年內有二次以上第一項第一款、第三款或第四款行爲	24000	24000	24000	24000	
汽車駕駛人非遇突發狀況，在行駛途中任意驟然減速、煞車或於車道中暫停	第四十三條第一項第四款第二項第五項	6000－24000	機車	12000	13200	15600	18000	一、並當場禁止其駕駛。 二、記違規點數三點。 三、因而肇事者，並吊銷其駕駛執照。 四、應接受道路交通安全講習；未滿十八歲之人與其法定代理人或監護人應同時施以道路交通安全講習，並得由警察機關公布其法定代理人或監護人姓名。
			汽車	18000	19800	23400	24000	
			一年內有二次以上第一項第一款、第三款或第四款行爲	24000	24000	24000	24000	
汽車駕駛人，駕駛汽車拆除消音器，或以其他方式造成噪音	第四十三條第一項第五款第二項第五項	6000－24000		6000	6600	7800	9000	一、並當場禁止其駕駛。 二、記違規點數三點。 三、因而肇事者，並吊銷其駕駛執照。 四、應接受道路交通安全講習；未滿十八歲之人與其法定代理人或監護人應同時施以道路交通安全講習，並得由警察機關公布其法定代理人或監護人姓名。
二輛以上之汽車共同違反第一項規定，或在道路上競駛、競技	第四十三條第三項第五項	30000－90000	機車或小型車	30000	33000	39000	45000	一、並當場禁止其駕駛及吊銷其駕駛執照。 二、應接受道路交通安全講習；未滿十八歲之人與其法定代理人或監護人應同時施以道路交通安全講習，並得由警察機關公布其法定代理人或監護人姓名。
			大型車	66000	72600	85800	90000	
			一年內有二次以上第三項行爲	90000	90000	90000	90000	
汽車所有人提供	第四十三條第四項（前段）			吊扣該汽車牌照三個月	吊扣該汽車牌照三個月	吊扣該汽車牌照三個月	吊扣該汽車牌照三個月	

汽車駕駛人有第四十三條第一項第一款至第四款、第三項行爲之汽車	第四十三條第四項（後段）	經受吊扣牌照之汽車再次提供爲違反第一項第一款、第三款、第四款、第三項行爲		沒入該汽車	沒入該汽車	沒入該汽車	沒入該汽車	
行近鐵路平交道，不將時速減至十五公里以下	第四十四條第一項第一款	600－1800		600	700	800	900	
行近未設行車管制號誌之行人穿越道，不減速慢行	第四十四條第一項第二款	600－1800	機車或小型車	1200	1300	1400	1500	
			大型車	1400	1500	1600	1800	
行經設有彎道、坡路、狹路、狹橋或隧道號誌之路段或道路施工路段，不減速慢行	第四十四條第一項第三款	600－1800		600	700	800	900	
行經設有學校、醫院標誌之路段，不減速慢行	第四十四條第一項第四款	600－1800		600	700	800	900	
未依標誌、標線、號誌指示減速慢行	第四十四條第一項第五款	600－1800		600	700	800	900	
行經泥濘或積水道路，不減速慢行，致污濕他人身體、衣物	第四十四條第一項第六款	600－1800		600	700	800	900	
因雨、霧視線不清或道路上臨時發生障礙，不減速慢行	第四十四條第一項第七款	600－1800		600	700	800	900	
駕駛汽車行經行人穿越道有行人穿越時，不暫停讓行人先行通過	第四十四條第二項	1200－3600	機車	1200	1300	1400	1500	
			小型車	2000	2200	2400	2600	
			大型車	2800	3000	3300	3600	
汽車駕駛人，駕駛汽車行近行人穿越道遇有攜帶白手杖或導盲犬之視覺功能障礙者時，不暫停讓視覺功能障礙者先行通過	第四十四條第三項	2400－7200	機車	2400	2600	2800	3100	
			小型車	3600	3900	4600	5400	
			大型車	4500	5000	6000	7200	
不按遵行之方向行駛	第四十五條第一項第一款	600－1800		900	1000	1100	1200	記違規點數一點。
在單車道駕車與他車並行	第四十五條第一項第二款	600－1800		900	1000	1100	1200	記違規點數一點。
不依規定駛入來車道	第四十五條第一項第三款	600－1800	機車或小型車	900	1000	1100	1200	記違規點數一點。
			大型車	1400	1500	1600	1800	
在多車道不依規定駕車	第四十五條第一項第四款	600－1800	機車或小型車	600	700	800	900	記違規點數一點。
			大型車	900	1000	1100	1200	
插入正在連貫行駛汽車之中間	第四十五條第一項第五款	600－1800		900	1000	1100	1200	記違規點數一點。

駕車行駛人行道	第四十五條第一項第六款	600－1800		600	700	800	900	記違規點數一點。
行至無號誌之圓環路口，不讓已進入圓環之車輛先行	第四十五條第一項第七款	600－1800		600	700	800	900	記違規點數一點。
行經多車道之圓環，不讓內側車道之車輛先行	第四十五條第一項第八款	600－1800		600	700	800	900	記違規點數一點。
支線道車不讓幹線道車先行。少線道車不讓多線道車先行。車道數相同時，左方車不讓右方車先行	第四十五條第一項第九款	600－1800		600	700	800	900	記違規點數一點。
起駛前，不讓行進中之車輛、行人優先通行	第四十五條第一項第十款	600－1800		600	700	800	900	記違規點數一點。
聞消防車、救護車、警備車、工程救險車、毒性化學物質災害事故應變車之警號，在後跟隨急駛，或駛過在救火時放置於路上之消防水帶	第四十五條第一項第十一款	600－1800	機車或小型車	900	1000	1100	1200	記違規點數一點。
			大型車	1800	1800	1800	1800	
任意駛出邊線，或任意跨越兩條車道行駛	第四十五條第一項第十二款	600－1800		600	700	800	900	記違規點數一點。
機車，不在規定車道行駛	第四十五條第十三款	600－1800		600	700	800	900	記違規點數一點。
遇幼童專用車、校車不依規定禮讓，或減速慢行	第四十五條第一項第十四款	600－1800		1800	1800	1800	1800	記違規點數一點。
行經無號誌交叉路口及巷道不依規定或標誌、標線指示	第四十五條第一項第十五款	600－1800		600	700	800	900	記違規點數一點。
佔用自行車專用道	第四十五條第一項第十六款	600－1800	機車或小型車	600	700	800	900	記違規點數一點。
			大型車	900	1000	1100	1200	
聞或見大眾捷運系統車輛之聲號或燈光，不依規定避讓或在後跟隨迫近	第四十五條第一項第十七款	600－1800	機車或小型車	900	1000	1100	1200	記違規點數一點。
			大型車	1400	1500	1600	1800	
聞消防車、救護車、警備車、工程救險車、毒性化學物質災害事故應變車之警號，不立即避讓	第四十五條第二項	3600		3600	3600	3600	3600	並吊銷駕駛執照。
有第四十五條第二項情形致人死傷者	第四十五條第三項	6000－90000	受傷 機車	6000	6600	7800	9000	並吊銷駕駛執照。
			受傷 小型車	10000	11000	13000	15000	
			受傷 大型車	15000	16500	19500	22500	
			重傷 機車	25000	27500	32500	37500	
			重傷 小型車	35000	38500	45500	52500	
			重傷 大型車	45000	49500	58500	67500	
			死亡	90000	90000	90000	90000	

汽車駕駛人交會時，未保持適當之間隔	第四十六條第一款	600－1800		600	700	800	900	
在峻狹坡路，下坡車未讓上坡車先行，或上坡車在坡下未讓已駛至中途之下坡車駛過，而爭先上坡	第四十六條第二款	600－1800	機車或小型車	600	700	800	900	
			大型車	1400	1500	1600	1800	
在山路行車，靠山壁車輛，未讓道路外緣車優先通過	第四十六條第三款	600－1800		600	700	800	900	
駕車行經設有彎道、陡坡、狹橋、隧道、交岔路口標誌之路段或道路施工地段超車	第四十七條第一款	1200－2400	機車或小型車	1200	1300	1400	1500	記違規點數一點。
			大型車	1800	1900	2100	2400	
			載運危險物品車輛	2400	2400	2400	2400	
在學校、醫院或其他設有禁止超車標誌、標線處所、地段或對面有來車交會或前行車連貫二輛以上超車	第四十七條第二款	1200－2400	機車或小型車	1200	1300	1400	1500	記違規點數一點。
			大型車	1800	1900	2100	2400	
			載運危險物品車輛	2400	2400	2400	2400	
在前行車之右側超車，或超車時未保持適當之間隔，或未行至安全距離即行駛入原行路線	第四十七條第三款	1200－2400	機車或小型車	1200	1300	1400	1500	記違規點數一點。
			大型車	1800	1900	2100	2400	
			載運危險物品車輛	2400	2400	2400	2400	
未經前行車表示允讓或靠邊慢行，即行超車	第四十七條第四款	1200－2400		1200	1300	1400	1500	
			載運危險物品車輛	2400	2400	2400	2400	
前行車聞後行車按鳴喇叭或見後行車顯示超車燈光，如車前路況無障礙，無正當理由，不表示允讓或靠邊慢行	第四十七條第五款	1200－2400		1200	1300	1400	1500	
			載運危險物品車輛	2400	2400	2400	2400	
不注意來、往行人或轉彎前未減速慢行	第四十八條第一項第一款	600－1800		900	1000	1100	1200	記違規點數一點。
			載運危險物品車輛	1800	1800	1800	1800	
不依標誌、標線、號誌指示	第四十八條第一項第二款	600－1800		600	700	800	900	記違規點數一點。
行經交岔路口未達中心處，佔用來車道搶先左轉彎	第四十八條第一項第三款	600－1800		600	700	800	900	記違規點數一點。
在多車道右轉彎，不先駛入外側車道，或多車道左轉彎，不先駛入內側車道	第四十八條第一項第四款	600－1800		600	700	800	900	記違規點數一點。
道路設有劃分島，劃分快、慢車道，在慢車道上左轉彎或在快車道右轉彎	第四十八條第一項第五款	600－1800		600	700	800	900	記違規點數一點。
轉彎車不讓直行車先行	第四十八條第一項第六款	600－1800	機車或小型車	900	1000	1100	1200	記違規點數一點。
			大型車	1400	1500	1600	1800	
			載運危險物品車輛	1800	1800	1800	1800	
設有左、右轉彎專用車道之交岔路口，直行車佔用最內側或最外側或專用車道	第四十八條第一項第七款	600－1800		600	700	800	900	記違規點數一點。

汽車駕駛人轉彎時，除禁止行人穿越路段外，不暫停讓行人優先通行	第四十八條第二項	1200－3600	機車	1200	1300	1400	1500	記違規點數一點。
			小型車	2000	2200	2400	2600	
			大型車	2800	3000	3300	3600	
汽車駕駛人轉彎時，除禁止行人穿越路段外，行近攜帶白手杖或導盲犬之視覺功能障礙者時，不暫停讓視覺功能障礙者先行通過	第四十八條第三項	2400－7200	機車	2400	2600	2800	3100	記違規點數一點。
			小型車	3600	3900	4600	5400	
			大型車	4500	5000	6000	7200	
在設有彎道、坡路、狹路、狹橋或隧道標誌之路段迴車	第四十九條第一款	600－1800	機車或小型車	900	1000	1100	1200	記違規點數一點。
			大型車	1400	1500	1600	1800	
在設有禁止迴車標誌或劃有分向限制線、禁止超車線或禁止變換車道線之路段迴車	第四十九條第二款	600－1800	機車或小型車	900	1000	1100	1200	記違規點數一點。
			大型車	1400	1500	1600	1800	
在禁止左轉路段迴車	第四十九條第三款	600－1800		900	1000	1100	1200	記違規點數一點。
行經圓環路口，不繞行圓環迴車	第四十九條第四款	600－1800		900	1000	1100	1200	記違規點數一點。
迴車前，未依規定暫停，顯示左轉燈光，或不注意來、往車輛、行人，仍擅自迴轉	第四十九條第五款	600－1800		600	700	800	900	記違規點數一點。
在設有彎道、坡路、狹路、狹橋、隧道、圓環、單行道標誌之路段、快車道或大眾捷運系統車輛共用通行交岔路口且為大眾捷運系統車輛導引路線上倒車	第五十條第一款	600－1200	機車或小型車	600	700	800	900	
			大型車	900	1000	1100	1200	
倒車前未顯示倒車燈光，或倒車時不注意其他車輛或行人	第五十條第二款	600－1200		600	700	800	900	
大型汽車無人在後指引時，不先測明車後有足夠之地位，或促使行人避讓	第五十條第三款	600－1200		600	700	800	900	
汽車駕駛人，駕車行經坡道，上坡時蛇行前進，或下坡時將引擎熄火、空檔滑行	第五十一條	600－1200	機車或小型車	600	700	800	900	
			大型車	900	1000	1100	1200	
汽車駕駛人，駕車行經渡口不依規定	第五十二條	600－1200	機車或小型車	600	700	800	900	
			大型車	900	1000	1100	1200	
汽車駕駛人，行經有燈光號誌管制之交岔路口闖紅燈	第五十三條第一項	1800－5400	機車	1800	1900	2300	2700	記違規點數三點。
			小型車	2700	2900	3500	4000	
			大型車	3600	3900	4600	5400	
			載運危險物品車輛	5400	5400	5400	5400	
汽車駕駛人，行經有燈光號誌管制之交岔路口紅燈右轉行為	第五十三條第二項	600－1800	機車或小型車	600	700	800	900	記違規點數三點。
			大型車	1400	1500	1600	1800	

汽車駕駛人，行經有燈光號誌管制之大眾捷運系統車輛共用通行交岔路口闖紅燈	第五十三條之一第一項	3600－10800	機車	3600	3900	4600	5400	記違規點數三點。
			小型車	5400	5900	7000	8100	
			大型車	10800	10800	10800	10800	
汽車駕駛人，行經有燈光號誌管制之大眾捷運系統車輛共用通行交岔路口紅燈右轉	第五十三條之一第二項	1200－3600	機車	1200	1300	1400	1500	記違規點數三點。
			小型車	2000	2200	2400	2600	
			大型車	2800	3000	3300	3600	
不遵守看守人員之指示，或警鈴已響、閃光號誌已顯示，或遮斷器開始放下，仍強行闖越	第五十四條第一款	15000－90000	機車	67500	70000	74500	79000	一、吊扣其駕駛執照一年。 二、因而肇事者，並吊銷其駕駛執照。 三、應接受道路交通安全講習。
			小型車	74500	76500	81000	85500	
			大型車	90000	90000	90000	90000	
在無看守人員管理或無遮斷器、警鈴及閃光號誌設備之鐵路平交道，設有警告標誌或跳動路面，不依規定暫停，逕行通過	第五十四條第二款	15000－90000	機車	45000	49500	58500	67500	一、吊扣其駕駛執照一年。 二、因而肇事者，並吊銷其駕駛執照。 三、應接受道路交通安全講習。
			小型車	52000	57000	67500	78000	
			大型車	90000	90000	90000	90000	
在鐵路平交道超車、迴車、倒車、臨時停車或停車	第五十四條第三款	15000－90000	機車	15000	20000	29500	34000	一、吊扣其駕駛執照一年。 二、因而肇事者，並吊銷其駕駛執照。 三、應接受道路交通安全講習。
			小型車	34000	36000	40500	45000	
			大型車	90000	90000	90000	90000	
在橋樑、隧道、圓環、障礙物對面、人行道、行人穿越道、快車道臨時停車	第五十五條第一款	300－600	機車	500	600	600	600	
			汽車	600	600	600	600	
在交岔路口、公共汽車招呼站十公尺內或消防車出、入口五公尺內臨時停車	第五十五條第二款	300－600	機車	500	600	600	600	
			汽車	600	600	600	600	
在設有禁止臨時停車標誌、標線處所臨時停車	第五十五條第三款	300－600		300	400	500	600	
不依順行之方向，或不緊靠道路右側，或單行道不緊靠路邊臨時停車	第五十五條第四款	300－600		300	400	500	600	
併排臨時停車	第五十五條第四款	300－600	機車	500	600	600	600	
			汽車	600	600	600	600	
在道路交通標誌前臨時停車，遮蔽標誌	第五十五條第五款	300－600		300	400	500	600	
在公共汽車招呼站十公尺內以外之禁止臨時停車處所停車	第五十六條第一項第一款	600－1200	機車	600	700	800	900	交通勤務警察、依法令執行交通稽查任務人員或交通助理人員，應責令汽車駕駛人將車移置適當處所；如汽車駕駛人不予移置或不在車內時，得由該交通勤務警察、依法令執行交通稽查任務人員或交通助理人員為之，或使用民間拖吊車拖離之，並收取移置費。
			小型車	900	1000	1100	1200	
			大型車	1200	1200	1200	1200	
在公共汽車招呼站十公尺內停車	第五十六條第一項第一款	600－1200	機車	900	1000	1100	1200	
			汽車	1200	1200	1200	1200	
在設有彎道、險坡、狹路標誌之路段、槽化線、交通島或道路修理地段停車	第五十六條第一項第二款	600－1200	機車	600	700	800	900	
			小型車	900	1000	1100	1200	
			大型車	1200	1200	1200	1200	

在機場、車站、碼頭、學校、娛樂、展覽、競技、市場或其他公共場所出、入口或消防栓之前停車	第五十六條第一項第三款	600－1200	機車	600	700	800	900	
			小型車	900	1000	1100	1200	
			大型車	1200	1200	1200	1200	
在設有禁止停車標誌、標線之處所停車	第五十六條第一項第四款	600－1200	機車	600	700	800	900	
			小型車	900	1000	1100	1200	
			大型車	1200	1200	1200	1200	
在顯有妨礙其他人、車通行處所停車	第五十六條第一項第五款	600－1200	機車	600	700	800	900	
			小型車	900	1000	1100	1200	
			大型車	1200	1200	1200	1200	
不依順行方向，或不緊靠道路右側，或單行道不緊靠路邊停車	第五十六條第一項第六款	600－1200	機車	600	700	800	900	
			小型車	900	1000	1100	1200	
			大型車	1200	1200	1200	1200	
於路邊劃有停放車輛線之處所停車營業	第五十六條第一項第七款	600－1200		600	700	800	900	
自用汽車在營業汽車招呼站停車	第五十六條第一項第八款	600－1200		600	700	800	900	
停車時間、位置、方式、車種不依規定	第五十六條第一項第九款	600－1200		600	700	800	900	
於身心障礙專用停車位違規停車	第五十六條第一項第十款	1200		1200	1200	1200	1200	
併排停車	第五十六條第二項	2400		2400	2400	2400	2400	
在道路收費停車處所停車，未依規定繳費，經主管機關書面通知於七日內補繳，逾期再不繳納	第五十六條第三項	300		300	300	300	300	
汽車駕駛人臨時停車或停車時，駕駛人或乘客未依規定開啓或關閉車門因而肇事	第五十六條之一	1200－3600	小型車	1200	1300	1400	1500	但計程車或租賃車輛代僱駕駛人已盡告知義務，乘客仍未依規定開啓或關閉車門因而肇事者，處罰該乘客。
			大型車	2000	2200	2400	2600	
			致人重傷或死亡	3600	3600	3600	3600	
汽車所有人、汽車買賣業或汽車修理業，在道路上停放待售或承修之車輛	第五十七條第一項	2400－4800	停放待售或承修之車輛三輛以下	2400	2600	2800	3100	交通勤務警察或依法令執行交通稽查任務人員於必要時，並應令汽車所有人、業者將車移置適當場所；如汽車所有人、業者不予移置，應由該交通勤務警察或依法令執行交通稽查任務人員逕爲之，並收取移置費。
			停放待售或承修之車輛四輛以上	4800	4800	4800	4800	
不依規定保持前、後車距離	第五十八條第一款	600－1200		600	700	800	900	
行至有號誌之交岔路口，遇紅燈不依車道連貫暫停而逕行插入車道間，致交通擁塞，妨礙其他車輛通行	第五十八條第二款	600－1200		600	700	800	900	

行至有號誌之交岔路口，遇有前行或轉彎之車道交通擁塞而逕行駛入交岔路口內，致號誌轉換後仍未能通過，妨礙其他車輛通行	第五十八條第三款	600－1200		900	1000	1100	1200	
汽車駕駛人，駕駛汽車發生故障不能行駛，不設法移置於無礙交通之處，或於移置前，未依規定在車輛前、後適當距離樹立車輛故障標誌或事後不除去	第五十九條	1500－3000	一般道路	1500	1600	1800	1900	
			高、快速公路	2000	2200	2400	2600	一、本條例第三十三條第五項。 二、高速公路及快速公路交通管制規則第十五條。
			隧道內	3000	3000	3000	3000	一、本條例第三十三條第五項。 二、高速公路及快速公路交通管制規則第十六條第二款、第三款。
汽車駕駛人，駕駛汽車有違反本條例之行為，經交通勤務警察或依法令執行交通稽查任務人員制止時，不聽制止或拒絕停車接受稽查而逃逸	第六十條第一項	10000－30000	機車	10000	11000	13000	15000	除按各該條規定處罰外，並吊扣其駕駛執照六個月。
			大型重型機車及汽車	20000	22000	26000	30000	
			五年內違反本項規定二次以上者	30000	30000	30000	30000	除按各該規定處罰外，並吊扣其駕駛執照一年。
不服從交通勤務警察或依法令執行交通指揮、稽查任務人員之指揮或稽查	第六十條第二項第一款	900－1800	機車或小型車	900	1000	1100	1200	並記違規點數一點。
			大型車	1400	1500	1600	1800	
不遵守公路或警察機關，依第五條規定所發布命令	第六十條第二項第二款	900－1800		900	1000	1100	1200	並記違規點數一點。
不遵守道路交通標誌、標線、號誌之指示	第六十條第二項第三款	900－1800		900	1000	1100	1200	
計程車之停車上客，不遵守主管機關之規定	第六十條第二項第四款	900－1800		900	1000	1100	1200	
利用汽車犯罪，經判決有期徒刑以上之刑確定	第六十一條第一項第一款	吊銷其駕駛執照		吊銷其駕駛執照	吊銷其駕駛執照	吊銷其駕駛執照	吊銷其駕駛執照	在判決確定前，得視情形暫扣其駕駛執照，禁止其駕駛。
抗拒執行交通勤務之警察或依法令執行交通稽查人員之稽查或有第六十條第一項之情形，因而引起傷害或死亡	第六十一條第一項第二款及第二項	90000－150000吊銷其駕駛執照	致人受傷	100000	110000	120000	130000	吊銷其駕駛執照，並施以道安講習。
			致人死亡	150000	150000	150000	150000	
			五年內違反本條第一項第二款規定二次以上者	150000	150000	150000	150000	
撞傷正在執行勤務中之警察或依法令執行指揮交通及交通稽查任務人員	第六十一條第一項第三款及第二項	90000－150000吊銷其駕駛執照	致人受傷	90000	100000	110000	120000	吊銷其駕駛執照，並施以道安講習。
			致人死亡	150000	150000	150000	150000	
			五年內違反本條第一項第二款規定二次以上者	150000	150000	150000	150000	
違反道路交通安全規則、第三十三條之管制規則，因而肇事致人死亡	第六十一條第一項第四款	吊銷其駕駛執照		吊銷其駕駛執照	吊銷其駕駛執照	吊銷其駕駛執照	吊銷其駕駛執照	
汽車駕駛人，駕駛汽車違反道路交通安全規則、第三十三條之管制規則，因而肇事致人受傷	第六十一條第三項	吊扣其駕駛執照三個月至六個月	肇事致人受傷	記違規點數三點	記違規點數三點	記違規點數三點	記違規點數三點	
			肇事致人重傷	吊扣駕駛執照三個月	吊扣駕駛執照四個月	吊扣駕駛執照五個月	吊扣駕駛執照六個月	應接受道路交通安全講習。

汽車駕駛人駕駛汽車肇事，無人受傷或死亡而未依規定處置	第六十二條第一項（前段）	1000－3000		1000	1100	1200	1300	一、肇事車輛機件及車上痕跡證據尚須檢驗、鑑定或查證者，得予暫時扣留處理，其扣留期間不得超過三個月；未經扣留處理之車輛，其駕駛人或所有人不予或不能即時移置，致妨礙交通者，得逕行移置之。 二、肇事車輛機件損壞，其行駛安全堪虞者，禁止其行駛。
汽車駕駛人駕駛汽車肇事，無人受傷或死亡而未依規定處置逃逸	第六十二條第一項（後段）	1000－3000並吊扣駕駛執照一個月至三個月		3000吊扣駕駛執照一個月	3000吊扣駕駛執照二個月	3000吊扣駕駛執照三個月	3000吊扣駕駛執照三個月	一、肇事車輛機件及車上痕跡證據尚須檢驗、鑑定或查證者，得予暫時扣留處理，其扣留期間不得超過三個月；未經扣留處理之車輛，其駕駛人或所有人不予或不能即時移置，致妨礙交通者，得逕行移置之。 二、肇事車輛機件損壞，其行駛安全堪虞者，禁止其行駛。 三、應接受道路交通安全講習。
汽車駕駛人駕駛汽車肇事，無人受傷或死亡且車輛尚能行駛，而不儘速將汽車位置標繪移置路邊，致妨礙交通	第六十二條第二項	600－1800	一般道路	600	700	800	900	
			高、快速公路	1400	1500	1600	1800	
汽車駕駛人駕駛汽車肇事致人受傷或死亡者，未依規定處置，並通知警察機關處理，或任意移動肇事汽車及現場痕跡證據	第六十二條第三項	3000－9000		3000	3300	3900	4500	肇事致人受傷案件當事人均同意時，應將肇事汽車標繪後，移置不妨礙交通之處所。
汽車駕駛人駕駛汽車肇事致人受傷或死亡者，未即採取救護措施	第六十二條第三項	3000－9000		4000	4400	5200	6000	
汽車駕駛人駕駛汽車肇事致人受傷而逃逸	第六十二條第三項及第四項前段	3000－9000吊銷駕駛執照		6000吊銷駕駛執照	6600吊銷駕駛執照	7800吊銷駕駛執照	9000吊銷駕駛執照	
汽車駕駛人駕駛汽車肇事致人重傷或死亡，而逃逸	第六十二條第三項及第四項後段	3000－9000吊銷駕駛執照		9000吊銷駕駛執照	9000吊銷駕駛執照	9000吊銷駕駛執照	9000吊銷駕駛執照	並不得再考領。
第一項及前項肇事逃逸案件，經通知汽車所有人到場說明，無故不到場說明，或不提供汽車駕駛人相關資料	第六十二條第五項	吊扣該汽車牌照一個月至三個月	無人受傷或死亡	吊扣該汽車牌照一個月	吊扣該汽車牌照二個月	吊扣該汽車牌照三個月	吊扣該汽車牌照三個月	
			有人受傷或死亡	吊扣該汽車牌照三個月	吊扣該汽車牌照三個月	吊扣該汽車牌照三個月	吊扣該汽車牌照三個月	
汽缸排氣量五百五十立方公分以上之大型重型機車行駛高速公路未經公告允許之路段	第九十二條第七項第一款	3000－6000		4000	4400	5200	6000	記違規點數一點。

汽缸排氣量五百五十立方公分以上之大型重型機車行駛高速公路未依公告允許時段規定行駛	第九十二條第七項第二款	3000－6000		4000	4400	5200	6000	記違規點數一點。
汽缸排氣量五百五十立方公分以上之大型重型機車行駛高速公路駕駛人領有駕駛執照未符合規定	第九十二條第七項第三款	3000－6000	領有得駕駛汽缸排氣量五百五十立方公分以上之大型重型機車駕駛執照滿一年但未領有小型車以上之駕駛執照	3000	3300	3900	4500	記違規點數一點。
			領有得駕駛汽缸排氣量五百五十立方公分以上之大型重型機車駕駛執照未滿一年但領有小型車以上之駕駛執照	4000	4400	5200	6000	
			領有得駕駛汽缸排氣量五百五十立方公分以上之大型重型機車駕駛執照未滿一年且未領有小型車以上之駕駛執照	6000	6000	6000	6000	
汽缸排氣量五百五十立方公分以上之大型重型機車行駛高速公路同車道併駛、超車，或未依規定使用路肩	第九十二條第七項第四款第八項	6000		6000	6000	6000	6000	記違規點數一點。
汽缸排氣量五百五十立方公分以上之大型重型機車行駛高速公路未依規定附載人員或物品	第九十二條第七項第五款	3000－6000		3000	3300	3900	4500	記違規點數一點。
汽缸排氣量五百五十立方公分以上之大型重型機車行駛高速公路駕駛人未依規定戴安全帽	第九十二條第七項第六款	3000－6000		6000	6000	6000	6000	記違規點數一點。
汽車行駛高速公路與汽缸排氣量五百五十立方公分以上之大型重型機車同車道併駛或超車	第九十二條第八項	6000		6000	6000	6000	6000	

二、警察機關管轄部分

違反事件		法條依據（道路交通管理處罰條例）	法定罰鍰額度（新臺幣：元）或其他處罰	統一裁罰基準（新臺幣：元）		備註
				其限內自動繳納或到案	逾期到案或逕行裁決	
計程車駕駛人，逾期六個月以上不辦理執業登記事項之異動申報或參加年度查驗		第三十六條第三項	廢止執業登記	廢止執業登記	廢止執業登記	一、收繳執業登記證。 二、限制一年內不得辦理執業登記。
計程車駕駛人，犯故意殺人、故意重傷、搶劫、搶奪、強盜、恐嚇取財、擄人勒贖、刑法第一百八十四條、第一百八十五條、第一百八十五條之三、第二百二十一條至第二百二十九條、兒童及少年性交易防制條例第二十四條至第二十七條、兒童及少年性剝削防制條例第三十三條至第三十七條、槍砲彈藥刀械管制條例第七條、第八條、懲治走私條例第四條至第六條、組織犯罪防制條例第三條、第四條、第六條或毒品危害防制條例各罪之一	經第一審法院判決有罪或裁定交付感訓處分	第三十七條第三項前段	吊扣執業登記證	吊扣執業登記證	吊扣執業登記證	未將執業登記證送交發證警察機關者，廢止其執業登記。
	經法院判處罪刑或交付感訓處分確定	第三十七條第三項後段	廢止執業登記	廢止執業登記	廢止執業登記	除符合第三十七條第二項規定之情形外，不得再辦理計程車駕駛人執業登記。
計程車駕駛人犯故意傷害、刑法第二百三十一條之一至第二百三十五條及第三百十五條之一各罪之一，或利用職務上機會，犯竊盜、詐欺、妨害自由	經第一審法院判決有期徒刑以上之刑	第三十七條第四項前段	吊扣執業登記證	吊扣執業登記證	吊扣執業登記證	未將執業登記證送交發證警察機關者，廢止其執業登記。
	經法院判決有期徒刑逾六個月確定而未受緩刑之宣告	第三十七條第四項中段	廢止執業登記並吊銷其駕駛執照	廢止執業登記並吊銷其駕駛執照	廢止執業登記並吊銷其駕駛執照	三年內不得辦理計程車駕駛人執業登記與執業。
計程車駕駛人利用職務上機會犯侵占罪。	經第一審法院判決有罪	第三十七條第四項後段	吊扣執業登記證	吊扣執業登記證	吊扣執業登記證	未將執業登記證送交發證警察機關者，廢止其執業登記。
	經法院判處有罪判決確定	第三十七條第四項後段	廢止執業登記	廢止執業登記	廢止執業登記	三年內不得辦理計程車駕駛人執業登記與執業。
其他慢車未依規定辦理登記，領取證照即行駛道路		第六十九條第二項	300	300	300	禁止其通行並限期登記，領取證照。
慢車經依規定淘汰並公告禁止行駛後仍行駛		第七十條	沒入銷毀	沒入銷毀	沒入銷毀	
慢車證照未隨身攜帶		第七十一條	180	180	180	
慢車未經核准擅自變更裝置或不依規定保持煞車、鈴號、燈光及反光裝置等安全設備之良好與完整		第七十二條第一項	180	180	180	責令限期安裝或改正。
電動自行車於道路行駛或使用，擅自增、減、變更行駛速率以外之電子控制裝置或原有規格		第七十二條第二項	1800－5400	1800	2100	請電動自行車所有人責令改正。
電動自行車於道路行駛或使用，擅自增、減、變更行駛速率相關之電子控制裝置或原有規格		第七十二條第二項	1800－5400	3600	5400	
電動自行車於道路行駛或使用，行駛速率超過每小時二十五公里未達四十公里。		第七十二條之一	900－1800	900	1200	
電動自行車於道路行駛或使用，行駛速率超過每小時四十公里以上未達六十公里。		第七十二條之一	900－1800	1200	1500	
電動自行車於道路行駛或使用，行駛速率超過每小時六十公里以上。		第七十二條之一	900－1800	1500	1800	
慢車不在劃設之慢車道通行或無正當理由在未劃設慢車道之道路不靠右側路邊行駛		第七十三條第一項第一款	300－600	300	500	
慢車不在規定地區路邊或時間內行駛		第七十三條第一項第二款	300－600	300	500	
慢車不依規定轉彎、超車、停車或通過交岔路口		第七十三條第一項第三款	300－600	300	500	

慢車在道路上爭先、爭道或其他危險方式駕車	第七十三條第一項第四款	300－600	400	600	
慢車在夜間未開啓燈光	第七十三條第一項第五款	300－600	300	600	
慢車駕駛人在行進間以手持方式使用行動電話、電腦或其他相類功能裝置進行撥接、通話、數據通訊或其他有礙駕駛安全之行爲	第七十三條第一項第六款	300－600	300	500	
慢車駕駛人吐氣所含酒精濃度達每公升零點一五毫克以上未滿零點二五毫克或血液中酒精濃度達百分之零點零三以上未滿零點零五	第七十三條第二項	600－1200	600	800	
慢車駕駛人吐氣所含酒精濃度達每公升零點二五毫克以上未滿零點五五毫克或血液中酒精濃度達百分之零點零五以上未滿零點一一	第七十三條第二項	600－1200	800	1000	
慢車駕駛人吐氣所含酒精濃度達每公升零點五五毫克以上或血液中酒精濃度達百分之零點一一以上	第七十三條第二項	600－1200	1200	1200	
慢車駕駛人拒絕接受酒精濃度測試檢定	第七十三條第三項	2400	2400	2400	
電動自行車駕駛人未依規定戴安全帽	第七十三條第四項	300	300	300	
慢車駕駛人不服從執行交通勤務警察指揮或不依標誌、標線、號誌之指示	第七十四條第一項第一款	300－600	300	500	
慢車在同一慢車道上不按遵行之方向行駛	第七十四條第一項第二款	300－600	300	500	
慢車不依規定擅自穿越快車道	第七十四條第一項第三款	300－600	300	500	
慢車駕駛人不依規定停放車輛	第七十四條第一項第四款	300－600	300	300	
慢車在人行道或快車道行駛	第七十四條第一項第五款	300－600	300	500	
慢車駕駛人聞消防車、警備車、救護車、工程救險車、毒性化學物質災害事故應變車之警號不立即避讓	第七十四條第一項第六款	300－600	600	600	
慢車駕駛人行經行人穿越道有行人穿越或行駛至交岔路口轉彎時，未讓行人優先通行	第七十四條第一項第七款	300－600	300	500	
慢車駕駛人於設置有必要之標誌或標線供慢車行駛之人行道上，未讓行人優先通行	第七十四條第一項第八款	300－600	300	500	
慢車駕駛人聞或見大眾捷運系統車輛之聲號或燈光，不依規定避讓或在後跟隨迫近	第七十四條第一項第九款	300－600	600	600	
慢車駕駛人行近行人穿越道，遇有攜帶白手杖或導盲犬之視覺功能障礙者時，不暫停讓視覺功能障礙者先行通過	第七十四條第二項	600－1200	600	1200	
慢車駕駛人有第七十四條第一項第五款或第八款之情形，導致視覺功能障礙者受傷者	第七十四條第三項	1200－2400	1200	1800	
慢車駕駛人有第七十四條第一項第五款或第八款之情形，導致視覺功能障礙者死亡者	第七十四條第三項	1200－2400	1800	2400	
慢車駕駛人，駕車在鐵路平交道有第五十四條各款情況之一　未肇事	第七十五條	1200－2400	1200	1500	
慢車駕駛人，駕車在鐵路平交道有第五十四條各款情況之一　因而肇事	第七十五條	1200－2400	2400	2400	
慢車乘坐人數超過規定數額	第七十六條第一項第一款	300－600	300	500	
慢車裝載貨物超過規定重量或超出車身一定限制	第七十六條第一項第二款	300－600	300	500	

慢車裝載容易滲漏、飛散、有惡臭氣味及危險性貨物不嚴密封固或不爲適當之裝置		第七十六條第一項第三款	300－600	300	500	
慢車裝載禽、畜重疊或倒置		第七十六條第一項第四款	300－600	300	300	
慢車裝載貨物不捆紮結實		第七十六條第一項第五款	300－600	300	500	
慢車上、下車乘客或裝卸貨物不緊靠路邊防礙交通		第七十六條第一項第六款	300－600	300	500	
慢車牽引其他車輛或攀附車輛隨行		第七十六條第一項第七款	300－600	600	600	
腳踏自行車及電動輔助自行車駕駛人附載幼童，駕駛人未滿十八歲		第七十六條第二項第一款	300－600	300	500	
腳踏自行車及電動輔助自行車駕駛人附載之幼童年齡或體重超過規定		第七十六條第二項第二款	300－600	300	500	
腳踏自行車及電動輔助自行車駕駛人附載幼童，不依規定使用合格之兒童座椅、腳踏自行車或電動輔助自行車		第七十六條第二項第三款	300－600	600	600	
腳踏自行車及電動輔助自行車駕駛人違反第七十六條第二項第一款至第三款以外附載幼童之規定		第七十六條第二項第四款	300－600	300	500	
行人不依標誌、標線、號誌之指示或警察指揮		第七十八條第一款	300	300	300	
行人不在劃設之人行道通行或無正當理由在未劃設人行道之道路不靠邊通行		第七十八條第二款	300	300	300	
行人不依規定，擅自穿越車道		第七十八條第三款	300	300	300	
行人於交通頻繁之道路或鐵路平交道附近任意奔跑、追逐、嬉戲或坐、臥、蹲、立，足以阻礙交通		第七十八條第四款	300	300	300	
行人不遵守鐵路平交道看守人員指示，或遮斷器開始放下，或警鈴已響、閃光號誌已顯示，仍強行闖越		第八十條第一款	2400	2400	2400	
行人在無看守人員管理或無遮斷器、警鈴及閃光號誌設備之鐵路平交道，不依規定暫停、看、聽，有無火車駛來逕行通過		第八十條第二款	2400	2400	2400	
行人在車輛行駛中，攀登、跳車或攀附隨行		第八十一條	500	500	500	
於鐵路、公路車站或其他交通頻繁處所，違規攬客或妨害交通秩序	第一次	第八十一條之一	1500	1500	1800	
	二次以上	第八十一條之一	3000	3000	3000	
在道路堆積、放置、設置或拋擲足以妨礙交通之物		第八十二條第一項第一款、第二項	1200－2400	1200	1500	除責令行爲人即時停止並消除障礙妨礙交通之物，經勸導行爲人不即時清除或行爲人不在場，視同廢棄物，依廢棄物法令清除之。
在道路兩旁附近燃燒物品，發生濃煙，足以妨礙行車視線		第八十二條第一項第二款	1200－2400	1800	2100	除責令行爲人即時停止並消除障礙。
利用道路爲工作場所		第八十二條第一項第三款	1200－2400	1500	1800	除責令行爲人即時停止並消除障礙。
利用道路放置拖車、貨櫃或動力機械		第八十二條第一項第四款	1200－2400	2400	2400	除責令行爲人即時停止並消除障礙。
興修房屋使用道路未經許可，或經許可超出限制		第八十二條第一項第五款	1200－2400	2400	2400	除責令行爲人即時停止並消除障礙。

經主管機關許可挖掘道路而不依規定樹立警告標誌，或於事後未將障礙物清除	第八十二條第一項第六款	1200－2400	2400	2400	除責令行爲人即時停止並消除障礙。
擅自設置或變更道路交通標誌、標線、號誌或其他類似之標識	第八十二條第一項第七款	1200－2400	2400	2400	除責令行爲人即時停止並消除障礙。
未經許可在道路設置石碑、廣告牌、綵坊或其他類似物	第八十二條第一項第八款、第二項	1200－2400	1200	1500	除責令行爲人即時停止並消除障礙廣告牌，經勸導行爲人不即時清除或行爲人不在場，視同廢棄物，依廢棄物法令清除之。
未經許可在道路舉行賽會或擺攤筵席、演戲、拍攝電影或其他類似行爲	第八十二條第一項第九款	1200－2400	1500	1800	除責令行爲人即時停止並消除障礙。
未經許可在道路擺設攤位	第八十二條第一項第十款、第二項	1200－2400	1200	1500	除責令行爲人即時停止並消除障礙，攤架、攤棚得沒入之。
交通勤務之警察、依法令執行指揮交通、交通稽查任務及各級學校交通服務隊現場導護人員以外之人員，於道路上攔阻人、車通行，妨礙交通	第八十二條第一項第十一款	1200－2400	1200	1500	
在高速公路，堆積、置放、設置或抛擲足以妨礙交通之物	第八十二條第三項	3000－6000	3000	3500	致發生事故者，加倍處罰。
在行人穿越道堆積、置放、設置或抛擲足以妨礙交通之物	第八十二條第四項	3000－6000	3000	3500	致人受傷或死亡者，加倍處罰。
在行人穿越道兩旁附近燃燒物品，發生濃煙，足以妨礙行車視線	第八十二條第四項	3000－6000	3000	3500	
利用行人穿越道爲工作場所	第八十二條第四項	3000－6000	3000	3500	
利用行人穿越道放置拖車、貨櫃或動力機械	第八十二條第四項	3000－6000	6000	6000	
興修房屋使用行人穿越道未經許可，或經許可超出限制	第八十二條第四項	3000－6000	6000	6000	
經主管機關許可挖掘行人穿越道而不依規定樹立警告標誌，或於事後未將障礙物清除	第八十二條第四項	3000－6000	6000	6000	
擅自設置或變更行人穿越道交通標誌、標線、號誌或其類似之標識	第八十二條第四項	3000－6000	6000	6000	
未經許可在行人穿越道設置石碑、廣告牌、綵坊或其他類似物。	第八十二條第四項	3000－6000	3000	3500	
未經許可在行人穿越道舉行賽會或擺設筵席、演戲、拍攝電影或其他類似行爲	第八十二條第四項	3000－6000	3000	3500	
未經許可在行人穿越道擺設攤位	第八十二條第四項	3000－6000	3000	3500	
交通勤務之警察、依法令執行指揮交通、交通稽查任務及各級學校交通服務隊現場導護人員以外之人員，於行人穿越道上攔阻人、車通行，妨礙交通	第八十二條第四項	3000－6000	3000	3500	
不聽勸阻，在車道或交通島上散發廣告物、宣傳單、或其他相類之物	第八十三條第一款	300－600	300	500	並責令撤除。
不聽勸阻，在車道上、車站內、高速公路服務區休息站，任意販售物品妨礙交通	第八十三條第二款	300－600	400	600	並責令撤除。
疏縱或牽繫禽、畜在道路奔走，妨害交通	第八十四條	300－600	300	600	

道路交通安全規則

1.中華民國106年12月29日交通部、內政部令會銜修正發布第11、54、84、101、129條條文及第16條附件一之一；並自107年1月1日施行
2.中華民國107年6月29日交通部、內政部令會銜修正發布第16、39、39-1、50、63、80-1條條文；並自107年7月1日施行
3.中華民國107年12月24日交通部、內政部令會銜修正發布第20、38、84、102、111、112條條文及第23條附件十五；增訂第39-4條條文；並自108年1月1日施行
4.中華民國108年3月29日交通部、內政部令會銜修正發布第15、16、23、39-3、52-2、55、57、61～65、69、72、74～76、78、80、86、114、120、122條條文；增訂第76-1條條文；並自108年4月1日施行
5.中華民國108年10月1日交通部、內政部令會銜修正發布第6、24、39、39-1、65、77、79、88、93、103、109、115、119、122、126、138條條文；並自108年10月1日施行
6.中華民國109年1月2日交通部、內政部令會銜修正發布第42條條文；並自109年1月1日施行
7.中華民國109年2月27日交通部令、內政部令會銜修正發布第38～39-1、62、63、83-2、122條條文及第83-1條條文之附件十八；增訂第80-2條條文；並自109年3月1日施行
8.中華民國109年6月30日交通部令、內政部令會銜修正發布第52-1、60、61-1、64-1、76、84、144條條文；並定自109年7月1日施行
9.中華民國109年9月4日交通部令、內政部令會銜修正發布第2、3、39、39-1、64、65、76條條文；增訂第52-3條條文；並定自中華民國109年9月4日施行

第一章　總　則

第1條

本規則依道路交通管理處罰條例第九十二條第一項規定訂定之。

第2條

Ⅰ本規則用詞，定義如下：

一　汽車：指在道路上不依軌道或電力架線而以原動機行駛之車輛（包括機車）。
二　客車：指載乘人客四輪以上之汽車。
三　貨車：指裝載貨物四輪以上之汽車。
四　客貨兩用車：指兼載人客及貨物之汽車。
五　代用客車：指不載貨時代替客車使用之貨車。
六　幼童專用車：指專供載運二歲以上未滿七歲兒童之客車。
七　特種車：指有特種設備供專門用途而異於一般汽車之車輛，包括吊車、救濟車、消防車、救護車、警備車、憲警巡邏車、工程車、教練車、身心障礙者用特製車、灑水車、郵車、垃圾車、清掃車、水肥車、囚車、殯儀館運靈車及經交通部核定之其他車輛。
八　曳引車：指專供牽引其他車輛之汽車。
九　拖車：指由汽車牽引，其本身並無動力之車輛；依其重量等級區分，總重量逾七百五十公斤者為重型拖車，七百五十公斤以下者為輕型拖車。
十　全拖車：指具有前後輪，其前端附掛於汽車之拖車。
十一　半拖車：指具有後輪，其前端附掛於曳引車第五輪之拖車。
十二　拖架：指專供裝運十公尺以上超長物品並以物品本身連結曳引車之架形拖車。
十三　聯結車：指汽車與重型拖車所組成之車輛。但不包括小型車附掛總重逾七百五十公斤至三千公斤以下拖車。
十四　全聯結車：指一輛曳引車或一輛汽車與一輛或一輛以上重型全拖車所組成之車輛。
十五　半聯結車：指一輛曳引車與一輛重型半拖車所組成之車輛。
十六　車重：指車輛未載客貨及駕駛人之空車重量。
十七　載重：指車輛允許載運客貨之重量。
十八　總重：指車重與載重之全部重量。
十九　總聯結重量：指曳引車及拖車之車重與載重之全部重量。
二十　雙軸軸組：兩個車軸其相鄰車軸中心點之距離小於二點四公尺，且由廠商宣告所形成之車軸組合。
二一　參軸軸組：三個車軸其相鄰車軸中心點之距離小於二點四公尺，且由廠商宣告所形成之車軸組合。
二二　第五輪載重量：指曳引車轉盤所承受之重量。
二三　市區雙層公車：指具有上下兩層座位及通道，專供市區汽車客運業作為公共汽車使用之客車。
二四　雙節式大客車：指由兩節剛性車廂相互鉸接組成，專供市區汽車客運業於主管機關核准路線作為公共汽車使用之客車。
二五　大眾捷運系統車輛：指大眾捷運法所定大眾捷運系統使用之專用動力車輛。

Ⅱ前項第一款所指之汽車，如本規則同一條文或相關條文就機車另有規定者，係指除機車以外四輪

以上之車輛。

第 3 條

汽車依其使用性質，分為下列各類：

一　客車：

㈠大客車：座位在十座以上或總重量逾三千五百公斤之客車、座位在二十五座以上或總重量逾三千五百公斤之幼童專用車。其座位之計算包括駕駛人、幼童管理人及營業車之服務員在內。

㈡小客車：座位在九座以下之客車或座位在二十四座以下之幼童專用車。其座位之計算包括駕駛人及幼童管理人在內。

二　貨車：

㈠大貨車：

1. 總重量逾三千五百公斤之貨車。

2. 自中華民國一百零九年九月四日起，新登檢領照總重量逾三千五百公斤至五千公斤且全長逾六公尺之貨車。

㈡小貨車：

1. 總重量在三千五百公斤以下之貨車。

2. 自中華民國一百零九年九月四日起，新登檢領照總重量逾三千五百公斤至五千公斤且全長六公尺以下之貨車。

三　客貨兩用車：

㈠大客貨兩用車：總重量逾三千五百公斤，並核定載人座位，或全部座位在十座以上，並核定載重量之汽車。

㈡小客貨兩用車：總重量在三千五百公斤以下，或全部座位在九座以下，並核定載人座位及載重量，其最後一排座椅固定後，後方實際之載貨空間達一立方公尺以上之汽車。

四　代用客車：

㈠代用大客車：大貨車兼供代用客車者，為代用大客車，其載客人數包括駕駛人在內不得超過二十五人。

㈡代用小客車：小貨車兼供代用客車者，為代用小客車，其載客人數包括駕駛人在內不得超過九人。

五　特種車：

㈠大型特種車：總重量逾三千五百公斤，或全部座位在十座以上之特種車。

㈡小型特種車：總重量在三千五百公斤以下，或全部座位在九座以下之特種車。

六　機車：

㈠重型機車：

1. 普通重型機車：

⑴汽缸總排氣量逾五十立方公分且在二百五十立方公分以下之二輪或三輪機車。

⑵電動機車之馬達及控制器最大輸出馬力逾五馬力且在四十馬力（HP）以下之二輪或三輪機車。

2. 大型重型機車：

⑴汽缸總排氣量逾二百五十立方公分之二輪或三輪機車。

⑵電動機車之馬達及控制器最大輸出馬力逾四十馬力（HP）之二輪或三輪機車。

㈡輕型機車：

1. 普通輕型機車：

⑴汽缸總排氣量在五十立方公分以下之二輪或三輪機車。

⑵電動機車之馬達及控制器最大輸出馬力在五馬力（HP）以下、一點三四馬力（電動機功率一千瓦）以上或最大輸出馬力小於一點三四馬力（電動機功率小於一千瓦），且最大行駛速率逾每小時四十五公里之二輪或三輪機車。

2. 小型輕型機車：電動機車之馬達及控制器最大輸出馬力小於一點三四馬力（電動機功率小於一千瓦），且最大行駛速率在每小時四十五公里以下之二輪或三輪機車。

㈢前二目三輪機車以車輪為前一後二或前二後一對稱型式排列之機車為限。

第 4 條

汽車依其使用目的，分為下列二類：

一　自用：機關、學校、團體、公司、行號或個人自用而非經營客貨運之車輛。

二　營業：汽車運輸業以經營客貨貨運為目的之車輛。

第 5 條

汽車駕駛人分類如下：

一　職業駕駛人：指以駕駛汽車為職業者。

二　普通駕駛人：指以駕駛自用車而非駕駛汽車為職業者。

第 6 條

Ⅰ慢車種類及名稱如下：

一　自行車：

㈠腳踏自行車。

㈡電動輔助自行車：指經型式審驗合格，以人力為主，電力為輔，最大行駛速率在每小時二十五公里以下，且車重在四十公斤以下之二輪車輛。

㈢電動自行車：指經型式審驗合格，以電力為主，最大行駛速率在每小時二十五公里以下，且車重不含電池在四十公斤以下或車重含電池在六十公斤以下之二輪車輛。

二　其他慢車：

㈠人力行駛車輛：指客、貨車、手拉（推）貨車等。包含以人力為主、電力為輔，最大行駛速率在每小時二十五公里以下，且行駛於指定路段之慢車。

㈡獸力行駛車輛：指牛車、馬車等。

第7條

車輛所有人、駕駛人、行人或其他使用道路之行爲人，違反本規則之規定者，依道路交通管理處罰條例之規定處罰；道路交通管理處罰條例未規定者，依社會秩序維護法、公路法、市區道路條例及其他有關法律之規定處罰。

第二章　汽車牌照

第8條

汽車牌照包括號牌、行車執照及拖車使用證，爲行車之許可憑證，由汽車所有人向公路監理機關申請登記，依本條例第九條之一規定繳清其違反道路交通管理處罰條例第二章、第三章尙未結案之罰鍰及未繳納之汽車燃料使用費並檢驗合格後發給之。但拖車號牌及拖車使用證得由使用人申請之。

第9條

I 汽車號牌之型式、顏色及編號，按其種類由交通部定之。

II 前項汽車號牌之型式、顏色及編號變更時，公路監理機關應通知汽車所有人限期換領新型號牌，逾期未換領又未申請延期者，其牌照不得使用，經再通知逾期仍不換領號牌，其牌照應予註銷。

第10條

汽車牌照不得僞造、變造或矇領，並不得借供他車使用或使用他車牌照行駛。

第11條

I 汽車號牌懸掛位置，除原設有固定位置外，應依下列規定懸掛固定：

一　汽車號牌每車兩面，應正面懸掛於車輛前後端之明顯適當位置。

二　曳引車號牌每車二面，應正面懸掛於車輛前後端之明顯適當位置。

三　機車及拖車號牌每車一面，應正面懸掛於車輛後端之明顯適當位置。但汽缸總排氣量五百五十立方公分以上或電動機車之馬達及控制器最大輸出馬力五十四馬力（HP）以上之大型重型機車號牌每車二面，應正面懸掛於車輛前後端之明顯適當位置；其前方號牌並得以直式或橫式之懸掛或黏貼方式爲之。

四　汽車及曳引車臨時號牌每車二面，應黏貼於車輛前後端之適當位置，機車及拖車臨時號牌每車一面，應黏貼於車輛後端之明顯適當位置。

五　汽車及曳引車試車號牌每車二面，應懸掛於車輛前後端明顯適當位置，機車及拖車試車號牌每車一面，應懸掛於車輛後端之明顯適當位置。

II 汽車號牌不得變造損毀、塗抹或黏貼其他材料、加裝邊框或霓虹燈、裝置旋轉架、顚倒懸掛或以安裝其他器具之方式使不能辨認其牌號，並不得以他物遮蔽，如有污穢，致不能辨認其牌號時，應洗刷清楚。但因應電子收費需要加裝邊框而未遮蔽號牌字號與圖案標示者，不在此限。

III 汽車號牌有裁剪或扭曲懸掛者，以損毀號牌論。

第12條

汽車行車執照、拖車使用證應隨車攜帶，以備查驗。

第13條

I 汽車號牌之一面或二面如遺失或損壞時，汽車所有人應向公路監理機關，重新申領牌照。但汽車號牌遺失者，應檢附警察機關車牌遺失證明單。

II 汽車行車執照或拖車使用證如遺失或損壞時，應由汽車所有人或拖車使用人申請補發或換發。

第14條

I 汽車行車執照、拖車使用證每三年換發一次，機車行車執照每二年換發一次，自原發照之日起算，期滿前後一個月內，須申請換領新照始得行駛。但自中華民國一百零二年一月一日起，下列車輛之證照免申請換發：

一　校車、幼童專用車及救護車以外之自用汽車行車執照。

二　機車行車執照。

三　自用拖車使用證。

II 前項免申請換發證照之車輛，其已領有之證照有效期間屆滿後，仍屬有效，並得免換發之。

第15條

I 汽車新領牌照應申請登記。

II 汽車有下列情事之一者，應申請異動登記：

一　過戶。

二　變更。

三　停駛。

四　復駛。

五　報廢。

六　繳銷牌照。

七　註銷牌照。

III 汽車辦理第一項、前項第一款及第四款登記時，得申請汽車主要駕駛人登記。

第16條

I 汽車所有人依前條規定申請者，應塡具申請書，並依下列規定提出證明文件：

一　以個人名義申請登記者，應繳驗國民身分證或軍人身分證或僑民居留證明。如繳驗證件不能清楚辨認者，並應繳驗有效之駕駛執照或全民健康保險卡或護照等第二身分證明文件。

二　以機關、學校或團體名義申請登記者，除應有該機關、學校或團體正式證明文件外，並應提具財稅機關編配之統一編號。如其證明文件爲影本者，應另繳驗統一編號編配通知書影本。

三　以公司、行號名義申請登記者，應繳驗公司、行號主管機關核准登記之公文（公司含登記表）或公司、行號主管機關核發之登記證明書，並應提具財稅機關編配之統一編號，如係以公司、行號之聯絡處、辦事處或通信處名義登記者，除應憑總公司、行號之證明外，亦應提具總公司、行號之財稅機關編配之統一編號。但其繳驗之證明文件爲影本者，另繳驗該公司、行號最近一期繳納營業稅證明文件影本。

四　以執行業務者名義申請登記者，應繳驗該執行業務者負責人身分證影本及執業證明文件或所屬公會出具之證明，並提具統一編號編配通知書影本。

五　個人經營計程車客運業及計程車運輸合作社社員，應繳驗國民身分證、有效計程車駕駛人執業登記證及該管公路主管機關核發之同意文件。

六　申請汽車主要駕駛人登記，應繳驗主要駕駛人符合登記車種之有效駕駛執照正本。

Ⅱ前項第一款至第四款，原汽車所有人委託汽車買賣業代辦過戶者，得憑各該款規定之證明文件影本及委託汽車買賣業代辦過戶之委託書或當地汽車商業同業公會開具之證明書申請登記，並另繳驗汽車買賣業之商業登記證明文件、汽車商業同業公會會員證及代辦人身分證，始得辦理。以當地汽車商業同業公會開具之證明書申請登記者，其商業登記證明文件得以影本審驗。

Ⅲ前項委託汽車買賣業代辦過戶，如係辦理機車過戶者，其證明書並得由當地機車修理業職業工會開具。但其繳驗之工會會員證與商業登記證明文件上之負責人應屬同一人。

Ⅳ前二項之汽車買賣業，應依法辦妥公司或行號登記，並經當地公路監理機關登記列管，且無僞造、變造證件或虛僞不實之情事者，方得辦理受託代辦過戶業務。

Ⅴ汽車所有人委託汽車買賣業以外之他人代辦汽車過戶者，除繳驗第一項第一款規定之證明文件外，應另繳驗代辦人身分證與汽車所有人有效之駕駛執照或全民健康保險卡或護照等證明文件。但汽車所有人有效之駕駛執照或全民健康保險卡或護照等證明文件得以經法院或民間公證人認證文件代替之。

Ⅵ從事汽車運輸業者，不得領用與其經營性質相同種類之自用車牌照。但因行政或修護需要者，公路監理機關得以其營業車輛每五十輛發給一付之比例，發給自用小型車牌照一付，十輛以上未滿五十輛者以一付計。

Ⅶ自用大客車、自用大貨車、自用大客貨兩用車、自用小貨車或幼童專用車牌照，不得以個人名義申請登記。但有下列情形之一，經公路監理機關依附件一及附件一之一審核核准者，不在此限：

一　以直接從事生產，需裝載本身所需或生產之物品時，得申請領用自用大貨車、自用小貨車牌照。

二　從事休閒遊憩露營活動得申請領用自用小貨車牌照，並以一付爲限。

Ⅷ申領身心障礙者專用車輛牌照，以個人名義領照使用之自用小客車及自用小客貨兩用車爲限，其審核規定如附件一之二。

Ⅸ申領車廂爲部分或全部無車頂之大客車牌照，以經主管機關核准行駛路線，並專供市區汽車客運業作爲公共汽車使用之車輛爲限。

第 16 條之 1

以個人名義申請機車新領牌照登記，如係委託機車商業同業公會會員代辦，得憑車主國民身分證影本及當地機車商業同業公會開具之證明書申請登記，並另繳驗代辦業者之商業登記證明文件、機車商業同業公會會員證及代辦人身分證正本，始得辦理。以當地機車商業同業公會開具之證明書申請者，其商業登記證明文件得以影本審驗。

第 17 條

Ⅰ汽車所有人申請新領牌照登記應依下列規定繳驗車輛來歷憑證，經檢驗合格後發給牌照：

一　國內製造之車輛，應繳驗車輛出廠與貨物稅完（免）稅照證及統一發票。

二　國內製造之車身，應繳驗車身出廠與貨物稅完（免）稅照證及車身之統一發票。

三　進口之車輛：

㈠向貿易商或經銷商購買新車者，應繳驗海關進口與貨物稅完（免）稅證明書、出廠證明、貿易商或經銷商開立之統一發票。

㈡購買免稅進口轉售車輛者，應繳驗海關進口與貨物稅完（免）稅證明書、補繳貨物稅之完稅照或免稅證明及讓渡書。

㈢公司、行號、法人團體或個人輸入自行使用之車輛，應繳驗海關進口與貨物稅完（免）稅證明書及出廠證明。

四　機關、學校、團體標售或拍賣者，應繳驗該機關、學校或團體正式證明文件，其原屬免稅車輛者，並應繳驗補繳貨物稅之完稅照。

五　軍用車輛換領普通牌照者，應有軍車管理機關證明文件及補繳貨物稅之完稅照或免稅證明。

Ⅱ國產及進口之車輛均應符合交通部規定之安全檢驗標準，並應經車輛型式安全檢測及審驗合格，取得安全審驗合格證明書，始得辦理登記、檢驗、領照。

Ⅲ公路監理機關辦理車輛發照時，除應查驗前項車輛規格審查或審驗合格文件外，並應依相關規定登記檢驗合格後，始予發照。

第 17 條之 1

I 機車、小客車、小客貨兩用車及小貨車所有人申請新領牌照登記，應繳交車輛製造廠、代理商或進口商出具，經內政部認可，施加於車輛特定零組件之防竊辨識碼完工證明文件，始得辦理新登檢領照。

II 前項實施日期、特定零組件項目、實施車種、防竊辨識碼技術及完工證明文件之申請與核發作業規定，由內政部訂定公告之。

第 18 條

汽車在未領有正式牌照前，如有下列情形之一者，應申領臨時牌照：

一　駛往海關驗關繳稅。
二　駛往公路監理機關接受新領牌照前檢驗。
三　買賣試車時。
四　因出售或進口由甲地駛往乙地時。
五　准許過境之外國汽車。

第 19 條

I 汽車臨時牌照使用期限，依下列規定：

一　依前條第一款至第三款申領者，均不得超過五日。但有正當理由申請再領者，各以一次爲限。
二　依前條第四款申領者，得視行程需要核定。但在同一省市不得超過一五日。
三　准許過境之外國汽車，應由入境之公路監理機關核發臨時牌照，最多不得超過三個月，並於出境時繳回。

II 臨時牌照使用期限屆滿後，應即將該牌照向公路監理機關繳銷之。

III 領用臨時牌照之車輛，不得載運客貨收費營業。

第 20 條

I 汽車買賣業、汽車製造業或汽車研究機構，因業務需要試行汽車時，得向公路監理機關申領試車牌照憑用，並應遵守下列規定：

一　不得載運客貨收費營業。
二　應在指定路線或區域內行駛。
三　按季或按年領用，期滿仍需續用時，應於期滿十日內向原發照機關換領新照。
四　請領試車牌照時，應按規定費率繳納押牌費、租牌費。
五　試車牌照領用期滿或不予繼續使用時，應將所領牌照繳還原發照機關。

II 前項試車牌照屬於機車使用者，限由機車製造業及研究機構申領，並須遵守前項各款規定。

III 依法領有公司、商業或工廠登記證明文件之業者或汽車研究機構，因研究、測試業務而有試行有條件自動化、高度自動化及完全自動化駕駛車輛需要，得依附件二十一規定申領試車牌照及行駛，且行駛時應有適當管制措施，並遵守相關道路交通安全之規定。

第 21 條

I 汽車所有人具有同一型式之汽車在五輛以上或汽車修理廠備置新品引擎者，得向公路監理機關申領預備引擎使用證。

II 預備引擎限換用於同一型式之汽車，換用時免辦變更登記手續。但須將預備引擎使用證連同行車執照隨車攜帶。

III 汽車預備引擎應經公路監理機關檢驗合格登記後，發給使用證。

IV 汽車預備引擎使用證有效期限一年，期滿後如換領新證時，仍應依照前項規定檢驗。

第 22 條

I 汽車過戶登記應由讓與人與受讓人共同填具汽車過戶登記書，向公路監理機關申請，並應繳驗下列證件。

一　原領之汽車新領牌照登記書車主聯。
二　行車執照。

II 公路監理機關於審核各項應備證件相符後，即予辦理過戶登記，換發新行車執照。

第 23 條

I 汽車車身式樣、輪胎隻數或尺寸、燃料種類、座位、噸位、引擎、車架、車身、頭燈等設備或使用性質、顏色、汽車所有人名稱、汽車主要駕駛人、地址等如有變更，均應向公路監理機關辦理登記。

II 前項變更登記，除汽車所有人名稱、汽車主要駕駛人、地址等變更時，免予檢驗外，餘均須檢驗合格。

III 引擎或車架變更，以型式及燃料種類相同者爲限。

IV 第一項汽車設備規格之變更應符合附件十五之規定。

第 23 條之 1

I 汽車下列設備規格不得變更：

一　底盤設備：
　㈠方向盤位置。
　㈡傳動系統設備：指汽車之排檔型式、驅動方式、變速箱及齒輪箱。
　㈢煞車作用設備：指煞車作用種類（總泵、分泵及油管）及防滑煞車系統。
　㈣懸吊系統：指支臂、三角架與連桿機構。
　㈤軸距規格。
二　引擎設備：指引擎之機械或渦輪增壓系統、氮氣導入裝置設備。
三　車身設備：
　㈠車身外附加燈飾。
　㈡車燈噴色或貼膠紙。但黏貼電子收費裝置後符合規定者，不在此限。

四　其他經主管機關核定之項目。

II 機車下列設備規格不得變更：

一　引擎設備：指引擎之機械或渦輪增壓系統、氮氣導入裝置設備。

二　車身設備：車燈噴色或貼膠紙。

三　排氣管數量或其左右側安裝位置。

四　其他經主管機關核定之項目。

第 24 條

I 汽車變更登記，應由汽車所有人塡具異動登記書，檢同行車執照及原領之汽車新領牌照登記書車主聯，向公路監理機關申請，如變更引擎或車身者，並應繳驗來歷證件。

II 依第二十三條辦理汽車設備規格變更者，另應依附件十五規定繳驗相關證明文件。

III 使用中車輛經依規定取得車輛安全審驗合格報告者，得向公路監理機關辦理使用液化石油氣爲燃料（含單、雙燃料）、設置輪椅區或迴轉式座椅、車輛後懸部分大樑、附掛拖車、軸組荷重及總重量或總聯結重量變更登記檢驗。

IV 中華民國九十五年十月一日至一百零九年六月三十日新登檢領照之小貨車得另辦理載重變更登記檢驗。

V 前二項作業規定由交通部定之。

VI 公路監理機關於審核各項應備證件相符後，即予辦理變更登記，並換發新行車執照，變更記錄如與行車執照上所載項目無關者，免換行車執照。

第 24 條之 1

I 計程車得設置車頂廣告看板架。

II 計程車設置車頂廣告看板架者，應檢具下列證明文件，向公路監理機關申請檢驗及變更登記：

一　經交通部認可之專業機構審驗合格之車頂廣告看板架型式審驗報告。

二　行車執照。

三　汽車新領牌照登記書。

四　異動登記書二份。

III 安裝車頂廣告看板架者應投保責任保險，並應於保險到期前辦理續保手續。

IV 前項保險以每一型式產品爲一投保單位，每一投保單位之最低保險金額應包含下列各條件：

一　每一個人身體傷亡新臺幣一百五十萬元。

二　每一意外事故傷亡新臺幣四百五十萬元。

三　每一意外事故財產損失新臺幣五十萬元。

四　設置車頂廣告看板架審驗作業規定如附件十四。

第 25 條

汽車因故停駛或依法令規定責令停駛時，應塡具異動登記書向公路監理機關辦理停駛登記，並將號牌及行車執照繳存。

第 26 條

I 汽車因故停駛期限最多不得超過一年，逾期即將牌照註銷。

II 超過停駛期限註銷牌照之車輛，如須復駛時，應依規定向公路監理機關重新申領牌照。

第 27 條

停駛車輛復駛時應塡具異動登記書向原登記停駛之公路監理機關申請認可並予登記後，發還牌照。

第 28 條

汽車因機件損壞停駛或停駛期間在三個月以上者，於復駛時，應經檢驗合格後，始得將牌照發還。

第 29 條

I 汽車引擎、底盤、電系、車門損壞應即停駛修護，其不堪修護使用時，應申請報廢。

II 公路監理機關實施定期檢驗或臨時檢驗發現汽車有前項情事經覆驗不合格時，應責令報廢。

第 30 條

I 汽車報廢，應塡具異動登記書，向公路監理機關辦理報廢登記，並同時將牌照繳還。

II 廢棄車輛經由警察、環保機關（構）處理者，行政院環境保護署認可之環保機構應通知公路監理機關逕予以報廢登記；其通知作業規定，由交通部會商行政院環境保護署、內政部另定之。

III 出廠已逾一定年限以上之汽車，經公路監理機關通知汽車所有人確認切結報廢者，由公路監理機關逕予報廢登記。

IV 報廢之汽車，不得再行申請登記檢驗領照使用。

第 31 條

汽車因新領牌照、過戶或變更地址而非屬同一公路監理機關管轄者，應依照第十七條、第二十二條或第二十四條之規定向公路監理機關申請辦理，登記之公路監理機關於辦妥新領、過戶或變更登記後，除將新領牌照登記書、過戶登記書或異動登記書留存一聯備查外，應即將其車籍之電腦資料移轉管轄之公路監理機關列管。

第 32 條

I 汽車牌照之登記主體已不存在及融資性租賃車輛租用人登記主體不存在或其領用資格喪失者，其繼承人、負責人、清算人、承受人或出租人應向公路監理機關申請異動登記。

II 汽車牌照不需使用時，得向公路監理機關申請繳銷。

III 汽車繳銷牌照後重行申領執照時，應繳驗已辦妥之異動登記書及原新領牌照登記書。

第 33 條

I 前條第一項應申請異動登記之義務人未辦理異動登記者，公路監理機關得催告該義務人於十五日內辦理異動登記，逾期未辦理者，或繼承人未於被繼承人死亡後一年內辦理異動登記，或經有關機關（構）依法公告後仍無人認領之車輛，公路監理機關應逕行註銷該車輛牌照。

II 前項繼承登記，義務人不能如期辦理者，得於期限屆滿前，以書面敘明理由申請延長六個月，並以一次爲限。

III汽車牌照受註銷處分者，由公路監理機關逕予登記註銷，除第一項因未辦理繼承之異動登記之情形外，應以汽車牌照註銷處分書通知汽車所有人，並將資料提供警察機關及稅捐機關。

IV汽車所有人於汽車失竊時，應檢附警察機關車輛失竊證明單並塡具異動登記書，向管轄之公路監理機關申辦註銷牌照登記。

V經註銷牌照之汽車重行申領牌照時，應繳驗異動登記書或牌照註銷處分書及原領牌照登記書車主聯。如係失竊註銷牌照車輛，並應繳驗向司法或警察機關領回車輛之證明，註銷時原牌照未繳回者，並應同時追繳。

第 34 條

汽車牌照登記書或過戶登記書如有遺失，應申請補發。

第 35 條

汽車檢驗分爲申請牌照檢驗、定期檢驗及臨時檢驗三種。

第 36 條

汽車檢驗應按指定日期將車輛駛往公路監理機關檢驗場所或指定地點接受檢驗。

第 37 條

汽車丈量量計方法，應依下列規定：

一　車長：自前保險桿至車尾最末端之長度。

二　車寬：車身左右最大之寬度。

三　車高：自地面至車身最高點之高度。

四　輪距：左右輪胎中心線之距離，雙輪者以左右雙輪中心線之距離爲準。

五　軸距：前軸中心點與後軸中心點間之距離，多軸者，以前軸或前軸組中心點與最後軸中心點間之距離爲準；半拖車以第五輪中心至最後軸中心點間之距離爲準。

六　最遠軸距：車輛最前軸中心點與最後軸中心點間之距離。

七　後懸：最後軸中心點與車尾間之距離，但保險桿不計在內。

八　段差：汽車車寬小於所附掛之拖車時，拖車單邊超出汽車部分之尺寸；其量度以兩車中心線爲準。

第 38 條

I車輛尺度、軸重、總重、後懸及段差之限制應依下列規定：

一　尺度之限制：

㈠全長：

1. 大客車不得超過十二點二公尺；雙節式大客車不得超過十八點七五公尺。
2. 大貨車不得超過十二公尺。
3. 全聯結車不得超過二十公尺。
4. 半聯結車不得超過十八公尺。
5. 小型車附掛之拖車不得超過七公尺。
6. 汽缸總排氣量五百五十立方公分以上或電動機車之馬達及控制器最大輸出馬力五十四馬力（HP）以上之機車不得超過四公尺；汽缸總排氣量未滿五百五十立方公分或電動機車之馬達及控制器最大輸出馬力未滿五十四馬力（HP）之機車不得超過二點五公尺。

㈡全寬：

1. 汽車全寬不得超過二點五公尺，其後輪胎外緣與車身內緣之距離，大型車不得超過十五公分，小型車不得超過十公分。
2. 機車除身心障礙者用特製車外：
   ⑴大型重型二輪、普通重型及普通輕型機車不得超過一點三公尺。
   ⑵小型輕型機車不得超過一公尺。
   ⑶大型重型三輪機車不得超過二公尺。

㈢全高：

1. 市區雙層公車不得超過四點四公尺。但上層車廂爲全部無車頂者，不得超過四公尺。
2. 自中華民國八十七年十二月一日起經車輛型式安全審驗之前單軸後單軸大客車不得超過三點六公尺。但自中華民國八十八年七月一日起，新登檢領照之前單軸後單軸大客車均不得超過三點六公尺。自中華民國九十六年七月一日起經車輛型式安全審驗之新型式大客車不得超過三點五公尺。但自中華民國九十七年一月一日起，新登檢領照之大客車均不得超過三點五公尺。
3. 具有混凝土輸送設備專供混凝土壓送作業之特種大貨車不得超過四公尺。
4. 其餘各類大型車不得超過三點八公尺。
5. 小型車不得超過全寬之一點五倍，其最高不得超過二點八五公尺。
6. 機車不得超過二公尺。

二　軸組荷重之限制：

㈠單軸：軸荷重每組不得超過十公噸。

㈡雙軸：軸荷重每組不得超過十四點五公噸。

㈢經車輛型式安全審驗之車輛軸組荷重限制如下：

1. 單軸：軸荷重每軸不得超過十公噸；驅動軸軸荷重每軸不得超過十一點五公噸。
2. 雙軸軸組：軸組荷重每組不得超過十七點五公噸。

3.參軸軸組：軸組荷重每組不得超過二十二公噸。

三　總重或總聯結重量之限制：

㈠前後均為單軸車輛總重量不得超過十五公噸。

㈡前單軸後雙軸車輛總重量不得超過二十一公噸。

㈢前雙軸後單軸車輛總重量不得超過二十公噸。

㈣全聯結車：總聯結重量不得超過四十二公噸。

㈤半聯結車：總聯結重量不得超過三十五公噸。

㈥經車輛型式安全審驗之汽車，應符合附件十一之規定。但雙節式大客車總重量不得超過二十八公噸。

四　後懸：

㈠客車不得超過軸距百分之六十。

㈡貨車及客貨兩用車不得超過軸距百分之五十。

㈢具有特種裝置之特種車不得超過軸距百分之六十六點六。但承載客貨部分不得超過軸距百分之五十。

五　段差：小型車及其所附掛之拖車，段差不得超過十五公分。

經內政部核定之消防車得使用前雙軸後雙軸式，且不受前項之限制。但仍應依下列規定：

一　尺度之限制：

㈠全長不得超過十五公尺。

㈡全寬不得超過二點六公尺。

㈢全高不得超過四點二公尺。

二　軸組荷重之限制：

㈠單軸：軸荷重每組不得超過十二公噸。

㈡雙軸軸組：軸荷重每組不得超過二十公噸。

㈢ 3-4 參軸軸組：軸組荷重每組不得超過二十二公噸。

三　總重不得超過四十公噸。

四　後懸不得超過軸距百分之六十六點六。但承載客貨部分不得超過軸距百分之五十。

第 39 條

汽車申請牌照檢驗之項目及基準，依下列規定：

一　引擎或車身（架）號碼及拖車標識牌應與來歷憑證相符。除小型車附掛之拖車外，拖車標識牌及車身（架）號碼打刻應符合附件十七之規定。

二　消音器作用正常，排氣管完好，排放空氣污染物符合管制規定。

三　方向盤應在左側。

四　腳煞車、手煞車效能、平衡度合於規定。

五　著地輪應為四輪以上，最前軸著地應為二輪。前輪側滑度合於規定。

六　各種喇叭應合於規定且不得裝設可發出不同音調之喇叭。

七　各種燈光應符合附件七規定。

八　車輛尺度、顏色、車身式樣與紀錄相符，車身標識合於第四十二條之規定。

九　車窗、擋風玻璃未黏貼不透明反光紙，計程車車窗玻璃除依規定標識車號外，並不得黏貼不透明之色紙或隔熱紙。

十　雨刮、照後鏡完備，平頭大型車有前照鏡。

十一　座位符合第四十一條規定。各類車前排、貨車及小客車全部座位應裝置安全帶。自中華民國九十六年七月一日起經車輛型式安全審驗之新型式大客車及自中華民國九十七年一月一日起新登檢領照之大客車全部座位應裝置安全帶。

十二　大客車、大貨車、曳引車、小型車附掛之廂式拖車、露營車及幼童專用車應備有合於規定之滅火器，其規定如附件五，使用之滅火器應為內政部登錄機構認可之車用滅火器，且大客車應於車輛後半段乘客取用方便之處，另設一具車用滅火器。雙節式大客車各節車廂及市區雙層公車各層車廂，應依前述規定分別設有對應數量之車用滅火器。

十三　計程車執業登記證插座完好，位置合於規定。

十四　曳引車、經核可附掛拖車之小型車及拖車除依照一般汽車檢驗規定外，其聯結設備應完善；拖車煞車效能平衡度合於規定；煞車燈、方向燈、號牌燈、車寬燈、倒車燈、尾燈、危險警告燈及反光標識良好，位置合於規定。

十五　大貨車及拖車左右兩側之防止捲入裝置與後方之安全防護裝置（或保險槓）合於規定。自中華民國一百零九年九月四日起，新登檢領照總重量逾三千五百公斤至五千公斤且全長六公尺以下之小貨車，亦同。

十六　車高三點五公尺以上之汽車傾斜穩定度合於規定。自中華民國九十六年七月一日起經車輛型式安全審驗車高三點四公尺以上之新型式大客車及自中華民國九十七年一月一日起新登檢領照車高三點四公尺以上之大客車，亦同。

十七　車輛之車身變更打造全高為三點四公尺以上大客車或三點五公尺以上其他車輛或特種車者，應檢附汽車底盤製造廠之符合安全書面證明文件，特種設備應符合規定，並取得合法車身打造工廠之施工證明。

十八　隨車有車輛故障標誌。
十九　使用燃料爲液化石油氣者，其各項裝備應符合附件十之規定；使用燃料爲壓縮天然氣者，其各項裝備應符合附件十三之規定。
二十　裝載砂石、土方之傾卸式大貨車、傾卸式半拖車及其貨廂應符合附件二十二規定。
二一　大客車尺度除全長、全寬、全高應符合前條規定外，其車身各部規格應符合附件六之規定；自中華民國九十三年七月一日起大客車其車身各部規格應符合附件六之一規定；雙節式大客車應符合附件六之三規定；市區雙層公車應符合附件六之四規定。
二二　使用自動排檔之小客車及小客貨兩用車，自中華民國八十八年一月一日起，國內產製者以出廠日爲準，進口者以裝船日爲準，應裝設未踩煞車踏板無法由停車檔排出檔位之自動排檔鎖定裝置。
二三　小型車附掛之拖車前後端尖角、側面突出物應合乎規定。
二四　總聯結重量及總重量在二十公噸以上之新登檢領照汽車，應裝設具有連續記錄汽車瞬間行駛速率及行車時間功能之行車紀錄器（以下簡稱行車紀錄器）。自中華民國九十年一月一日起新登檢領照之八公噸以上未滿二十公噸汽車、自中華民國九十六年七月一日起經車輛型式安全審驗及自中華民國九十七年一月一日起新登檢領照之八公噸以下營業大客車，亦同。並應檢附行車紀錄器經審驗合格之證明。
二五　應查驗罐槽車之罐槽體檢驗（查）合格之有效證明書。高壓罐槽車之罐槽體應依勞動部所定有關高壓容器檢查之法令辦理；常壓液態罐槽車之罐槽體應依常壓液態罐槽車罐槽體檢驗及管理辦法規定辦理。
二六　裝載砂石、土方之傾卸框式半拖車及裝載砂石、土方且總重量在二十公噸以上之傾卸框式大貨車，自中華民國九十年七月一日起新登檢領照，應裝設具有顯示車輛載重功能且合於規定之載重計。
二七　裝載砂石、土方之傾卸框式大貨車及半拖車，自中華民國九十年七月一日起新登檢領照，應裝設合於規定之轉彎及倒車警報裝置。自中華民國一百零七年一月一日起總聯結重量及總重量十二公噸以上大貨車、總聯結重量三點五公噸以上拖車及總重量五公噸以上大客車，亦同。
二八　幼童專用車及校車之車身左右兩側與後方車身標示之倒三角形黃色部分，自中華民國九十年七月一日起新登檢領照，應使用合於規定之反光識別材料。
二九　幼童專用車之車身各部規格，應符合附件十二之規定。
三十　自中華民國一百零三年一月一日起，各類車輛其所使用輪胎之胎面未磨損至中華民國國家標準CNS1431 汽車用外胎（輪胎）標準或CNS4959 卡客車用翻修輪胎標準所訂之任一胎面磨耗指示點。
三一　自中華民國一百零七年一月一日起新登檢領照之大客車與大貨車，應裝設合於規定之行車視野輔助系統。自中華民國一百零九年九月四日起，新登檢領照總重量逾三千五百公斤至五千公斤且全長六公尺以下之小貨車，亦同。
三二　自中華民國一百零八年一月一日起大客車電氣設備數量及位置應與安全審驗合格證明書紀錄相符。

第 39 條之 1

汽車定期檢驗之項目及基準，依下列規定：
一　引擎或車身（架）號碼及拖車標識牌與紀錄相符，號牌完好，並依規定懸掛。除小型車附掛之拖車外，拖車標識牌及車身（架）號碼打刻應符合附件十七之規定。
二　消音器作用正常，排氣管完好，排放空氣污染物符合管制規定。
三　腳煞車、手煞車效能、平衡度合於規定。
四　前輪側滑度合於規定。
五　各種喇叭應合於規定且不得裝設可發出不同音調之喇叭。
六　各種燈光完備，作用正常。依第二十三條規定辦理頭燈設備變更者，其燈光應符合附件十五之變更檢驗規定。
七　車輛尺度、顏色、車身式樣與紀錄相符，車身標識完好合於第四十二條之規定，自中華民國九十四年一月一日起，大客車車重應與紀錄相符。
八　車窗、擋風玻璃未黏貼不透明反光紙，計程車車窗玻璃除依規定標識車號外，並不得黏貼不透明之色紙或隔熱紙。
九　雨刮、照後鏡完備，平頭大型車有前照鏡。
十　座位數應與行車執照登載核定數相符。中華民國八十年七月一日以後新登記領照之各類車前排、貨車及小客車全部座位安全帶完備。自中華民國九十六年二月一日起營業大客車全部座位應裝置安全帶。但中華民國九十六年十二月三十一日前登檢領照且不行駛高速公路、快速公路、快速道路或標高五百公尺以上山區道路之市區公車及一般公路客運車輛，除前排座位外，得免裝設。
十一　大客車、大貨車、曳引車、小型車附掛之廂式拖車、露營車及幼童專用車應備有合於規定之滅火器，其規定如附件五，使用之滅火器應為內政部登錄機構認可之車用滅火器，且大客車應於車輛後半段乘客取用方便之處，另設一具車用滅火器。雙節式大客車各節車廂及市區雙層公車各層車廂，應依前述規定分別設有對應數量之車用滅火器。

十二　計程車執業登記證插座完好，位置合於規定；應依規定裝設計費表者，其正面黏貼有效期限內之輪行檢定合格單。

十三　曳引車、經核可附掛拖車之小型車及拖車除依照一般汽車檢驗規定外，其聯結設備應完善；拖車煞車效能平衡度合於規定；煞車燈、方向燈、號牌燈、車寬燈、倒車燈、尾燈、危險警告燈及反光標識良好，位置合於規定。

十四　大貨車及拖車左右兩側之防止捲入裝置與後方之安全防護裝置（或保險槓）合於規定。自中華民國一百零九年九月四日起，新登檢領照總重量逾三千五百公斤至五千公斤且全長六公尺以下之小貨車，亦同。

十五　使用燃料為液化石油氣者，應檢附一個月內經合格工廠檢測合格之紀錄表。使用燃料為壓縮天然氣者，應檢附一個月內經車輛專業技術研究機構依附件十三壓縮天然氣汽車燃料系統定期檢驗規定檢驗之壓縮天然氣燃料系統定期檢驗合格紀錄表。

十六　裝載砂石、土方之傾卸式大貨車、傾卸式半拖車及其貨廂應符合附件二十二規定。

十七　大客車尺度除全長、全寬、全高應符合第三十八條規定外，中華民國九十三年六月三十日以前新登記領照之大客車，其車身各部規格應符合附件六之二規定；中華民國九十三年七月一日以後新登記領照之大客車，其車身各部規格應符合附件六之一規定；雙節式大客車應符合附件六之三規定；市區雙層公車應符合附件六之四規定。

十八　總聯結重量及總重量在二十公噸以上之新登檢領照汽車，自中華民國八十八年九月二十三日本規則修正發布施行日起，應裝設行車紀錄器；其為八公噸以上未滿二十公噸之新登檢領照汽車，自中華民國九十年一月一日起，亦同。自中華民國九十六年二月一日起營業大客車應裝設行車紀錄器。並應檢附行車紀錄器經定期檢測合格之證明。

十九　應查驗罐槽車之罐槽體檢驗（查）合格之有效證明書。

二十　裝載砂石、土方之傾卸框式半拖車及裝載砂石、土方且總重量在二十公噸以上之傾卸框式大貨車，應依規定裝設載重計，其實施日期由交通部另定之。

二一　裝載砂石、土方之傾卸框式大貨車及半拖車，自中華民國九十一年一月一日起，應裝設合於規定之轉彎及倒車警報裝置。總聯結重量及總重量十二公噸以上大貨車、總聯結重量三點五公噸以上拖車及總重量五公噸以上大客車，自中華民國一百零九年一月一日起，亦同。

二二　幼童專用車及校車之車身左右兩側與後方車身標示之倒三角形黃色部分，自中華民國九十一年一月一日起，應使用合於規定之反光識別材料。

二三　幼童專用車之車身各部規格，應符合附件十二之規定。

二四　營業大客車應檢附依法領有公司、商業或工廠登記證明文件之合法汽車修理業者出具四個月內保養紀錄表（卡），其保養檢查項目如附件十六。

二五　自中華民國一百零三年一月一日起，各類車輛其所使用輪胎之胎面未磨損至中華民國國家標準CNS1431汽車用外胎（輪胎）標準或CNS4959卡客車用翻修輪胎標準所訂之任一胎面磨耗指示點。

二六　自中華民國一百零九年一月一日起，大客車與大貨車應裝設合於規定之行車視野輔助系統或以下任一裝置，自中華民國一百零九年九月四日起，新登檢領照總重量逾三千五百公斤至五千公斤且全長六公尺以下之小貨車，亦同：

㈠左右兩側視野鏡頭及可顯示車身兩側影像之車內螢幕。

㈡於車輛右側裝設一個外部近側視鏡並於車輛右前側裝設雷達警示系統。

㈢可顯示車輛四周影像之環景顯示系統。

二七　自中華民國一百零八年一月一日起，大客車電氣設備數量應與紀錄相符，初次登記或增加電氣設備時，應出具電氣設備經依法領有公司、商業或工廠登記證明文件之合法汽車（底盤）製造廠、汽車代理商、汽車車體（身）打造業或汽車修理業者出具之檢查紀錄。

第39條之2

Ｉ機車申請牌照檢驗項目及基準如下：

一　引擎或車身號碼與來歷憑證相符。

二　前後煞車效能合於規定。

三　前後輪左右偏差合於規定。

四　各種喇叭合於規定且不得裝設可發出不同音調之喇叭。

五　各種燈光與標誌應符合附件七規定。

六　車輛型式、顏色與紀錄相符。

七　左右兩側之照後鏡、擋泥板合於規定。

八　各部機件齊全作用正常。
九　不得加掛邊車。
十　小型輕型機車車輛空重（含電池）應在七十公斤以下。
十一　小型輕型機車之輪胎直徑應在三百公釐以上，四百二十公釐以下，輪胎寬度應在七十五公釐以上，一百公釐以下。
十二　小型輕型機車之超速斷電功能應合於車速超過每小時四十五公里，電動機電源應能於三秒內自動暫停供電之規定。小型輕型機車之故障斷電功能應合於控制系統超速訊號輸入線短路或斷路，三秒內電動機電源應能自動斷電之規定。
十三　車輛尺度應合於第三十八條規定。
十四　輪胎之胎面未磨損至中華民國國家標準CNS 4879機車用輪胎標準所定之任一胎面磨耗指示平臺。

II大型重型機車定期檢驗之項目及基準依前項申請牌照檢驗規定辦理。

第39條之3

I汽車臨時檢驗之基準，依定期檢驗之規定；機車臨時檢驗之基準，依申請牌照檢驗之規定。

II汽車所有人除依規定接受車輛檢驗外，應依原廠規定時間自行實施保養及檢查。

第39條之4

遊覽車客運業依汽車運輸業管理規則規定申請遊覽車車輛安全查驗者，應依第三十九條之一實施檢驗，並依下列規定完成查驗及繳交證明文件：
一　底盤安全檢修查驗，應由原底盤製造廠或其代理商或其指定汽車修理業者進行底盤全面安全檢修及繳驗交通部委託之車輛專業技術研究機構出具六個月內之審查證明書。
二　車身重新打造查驗，應繳驗已取得大客車車身結構強度檢測基準審查報告之汽車車體（身）打造業者出具六個月內已重新打造車體之證明文件與統一發票。

第40條

汽車載重噸位之核定，應依下列規定：
一　車重將空車過磅按實際重量登記。
二　載重
㈠原廠車輛說明書上未列載重量，僅列總重量者，應將總重量減去空車重量後核定載重量。
㈡無總重量而僅有載重量說明書者，按載重量噸位核定。
㈢有總重量及載重量者，按實際車身重量增減，使與總重量相符。
三　總重參照原廠說明書載明之總重量核定。但經交通部另行核定者，依其核定辦理。

第41條

I汽車座位立位之核定，應依下列規定：
一　小客車不得設立位，每一座位不得少於三十八公分寬、六十五公分深。但駕駛人座位之寬度不得少於六十公分。
二　大客車每一座位不得少於四十公分寬、七十公分深；每一立位前後以二十五公分、左右以四十公分計算。但車內高度未達一百八十五公分、市區雙層公車之下層車內高度未達一百八十公分者或車廂爲部分或全部無車頂之區域，不得設立位。
三　幼童專用車不得設立位，其幼童座位應符合附件十二之規定。但駕駛人及幼童管理人之座位，應依第一款之規定爲準。
四　貨車駕駛室每一座位之寬度，不得少於三十八公分；駕駛人座位寬度不得少於六十公分，連駕駛人座位不得超過三個座位。但貨車駕駛室具前後二排座位且另有不同車身做爲載貨空間使用者，小貨車連駕駛人座位不得超過七個座位，大貨車連駕駛人座位不得超過九個座位。

II前項第二款之大客車並應核定其總重量。

第42條

I車輛車身顏色及加漆標識，應依下列規定：
一　大客車、大貨車、小貨車、拖車、大型客貨兩用車及特種車，應於車廂兩邊顯明位置標示汽車所有人名稱，融資性租賃車輛應標示租用人名稱；其爲平板式汽車或車廂兩邊無法標示者，得於兩邊車門。但以個人名義領照使用之車輛、車身兩邊無法標示之拖車及執行特殊任務有保密必要之公務車輛經所屬機關核可並敘明該車用途向車籍所在地公路監理機關申請於行車執照或牌照登記書上註記「免標示所有人名稱」者，得不須標示。
二　大客車應於門旁標示牌照號碼及乘客人數，營業大客車應於車門旁標示出廠年份及依附件六之一標示大客車分類，並應於乘客人數下標示載重量及於車內駕駛座旁或上下車門顯明處標示駕駛人姓名、公司服務電話及該管公路主管機關申訴電話，車外尾部汽車牌照上方顯明處標示該管公路主管機關申訴電話；遊覽車於車內上下車門顯明處標示儲存有車輛設備規格及出廠年份等可聯結監理車輛資訊之數位化條碼或標識者，得免標示出廠年份。
三　計程車應於兩側後門或後葉子板標示牌照號碼及公司行號、運輸合作社或個人名稱，後窗玻璃標示牌照號碼。但多元化計程車不在此限。計程車車身兩側及多元化計程車車身範圍（均不含車窗）於不影響辨識及視線安全下，得以平面漆繪或穩固黏貼方式張貼廣告，並應符合各目的事業主管機關及地方政府相關廣告物管理之法令規定辦理。申請設置輪椅區之計程車，另應依規定於車輛前、後、左及右方設有載運輪椅使用者車輛之識別標示。

四　大貨車、小貨車及曳引車應於兩邊車門或顯著位置標示牌照號碼及總重量或總聯結重量。全拖車及拖架車身兩側顯明位置應標示總重量；半拖車車身兩側顯明位置應標示總聯結重量。大貨車、小貨車及拖車應於後方標示牌照號碼，其字體尺度、字樣及標示方式由交通部另定之。

五　大型客貨兩用車應於兩邊車門或顯明位置標示牌照號碼、乘客人數及載重噸位。

六　救護車漆白色並應於車身兩側標示紅十字。

七　消防車漆大紅色。

八　教練車車廂兩邊顯明位置標示駕訓班班名及斑馬紋，車身前後並應加掛標示有「教練車」之附牌或標示「教練車」之字樣。

九　幼童專用車及專供載運學生之校車車身顏色及標識應符合相關目的事業主管機關之規定。

十　汽車車身顏色不得與警用巡邏車相同。

十一　新領牌照、汰舊換新及變更顏色之計程車，其車身顏色應使用台灣區塗料油漆工業同業公會塗料色卡編號一之十八號純黃顏色。

十二　申請牌照與變更顏色之轎式、旅行式或廂式自用小客車及多元化計程車，車身顏色不得與前款計程車車身顏色相同。

十三　遊覽車客運業專辦交通車業務之車輛，應於車身兩側車窗下緣以台灣區塗料油漆工業同業公會塗料色卡編號一之十八號純黃顏色加漆一條三十公分寬之水平帶狀標識條紋。

十四　汽車貨運業專辦搬家業務之車輛，車身顏色應使用純白顏色，並於車身兩側貨廂標示「專營搬家」字樣，字體不得小於二十五公分見方，且於擋風玻璃張貼「搬家貨運業執業證明」標識。

十五　裝載砂石、土方之傾卸框式大貨車及半拖車，應於貨廂兩邊之前方標示貨廂內框尺寸，其字體尺度、字樣及標示方式由交通部另定之。

十六　裝載砂石、土方之傾卸框式大貨車及半拖車，貨廂外框顏色應使用台灣區塗料油漆工業同業公會塗料色卡編號一之十九號黃顏色。其他傾卸框式大貨車及半拖車之貨廂外框顏色，不得使用該顏色。

十七　使用燃料為壓縮天然氣者，應於車身前後汽車號牌附近顯明位置處標示「壓縮天然氣汽車」。

十八　免徵使用牌照稅特種車之車身顏色及標識，應符合各該中央目的事業主管機關規定。

II計程車應於儀錶板上右側與右前座椅背設置執業登記證插座，並於右前座椅背標示牌照號碼；未經核定之標識及裝置不得設置。

III第一項各款標識材質應為防水漆料或粘貼牢固之材料，其顏色應依規定或為其標示處底色之明顯對比色，且應以正楷字體標明。字體尺度除另有規定者外，應依下列規定：

一　標示於車廂兩邊之汽車所有人，大型車每字至少二十五公分見方，小型車每字至少十六公分見方；標示於兩邊車門之汽車所有人，大型車每字至少八公分見方，小型車每字至少五公分見方。

二　標示於車門或車廂兩邊之總聯結重量、總重量、載重之噸位、乘客人數、出廠年份、大客車分類及牌照號碼，大型車每字至少四公分見方，小型車每字至少三公分見方。

三　標示於車內之駕駛人姓名、公司服務電話、公路主管機關申訴電話每字至少長四公分、寬二公分；標示於車外尾部之公路主管機關申訴電話每字至少長十公分、寬五公分。

第43條

申請新領牌照之汽車，應於檢驗後將檢驗結果記錄於新領牌照登記書內。

第44條

I領有牌照之汽車，其出廠年份，自用小客車未滿五年者免予定期檢驗，五年以上未滿十年者，每年至少檢驗一次，十年以上者每年至少檢驗二次。

II租賃期一年以上租賃自用小客車或租賃自用小客貨兩用車未滿三年者免予定期檢驗，三年以上未滿六年者，每年至少檢驗一次，六年以上者每年至少檢驗二次。但自用小客車使用液化石油氣及壓縮天然氣為燃料、其他自用車及營業車未滿五年者，每年至少檢驗一次，五年以上者每年至少檢驗二次。但出廠年份逾十年之營業大客車或高壓罐槽車每年至少檢驗三次。

III逾十年之營業大客車或高壓罐槽車所有人應於指定日期前一個月內、其他汽車所有人應於指定日期前後一個月內持行車執照、新領牌照登記書向公路監理機關申請檢驗。但自用小型車申請檢驗，免持新領牌照登記書。

IV領有牌照之拖車，每年至少定期檢驗一次，拖車所有人應於指定日期前後一個月內持拖車使用證、新領牌照登記書向公路監理機關申請檢驗。

V個人經營計程車客運業者應於指定日期前後一個

月內持行車執照、新領牌照登記書及其本人有效計程車駕駛人執業登記證申請檢驗其營業車輛。

Ⅵ領有牌照之大型重型機車，自中華民國九十二年一月一日起，其出廠年份未滿五年者免予定期檢驗，五年以上未滿十年者，每年至少檢驗一次，十年以上者每年至少檢驗二次。大型重型機車所有人應於指定日期前後一個月內持行車執照向公路監理機關申請檢驗。

Ⅶ自中華民國九十六年一月一日起新登檢領照之幼童專用車，其出廠未滿五年者，每年至少檢驗一次，五年以上者每年至少檢驗二次；使用中幼童專用車，自指定檢驗日期後亦同。

Ⅷ已領牌照之普通重型及輕型機車實施臨時檢驗。

第 45 條

Ⅰ汽車或拖車有下列情形之一者，應申請實施臨時檢驗：

一　車身、引擎、底盤、電系或其他重要設備變更調換。

二　因交通事故遭受重大損壞，經送廠修復。

三　出廠十年以上，辦理轉讓過戶。

Ⅱ機車出廠六年以上，辦理轉讓過戶者，應申請實施臨時檢驗。但自中華民國九十五年六月十五日起，機車出廠五年以上辦理轉讓過戶者，亦同。

Ⅲ公路監理機關於必要時，得實施臨時檢驗。對於出廠十年以上或行駛有安全之虞之汽車及拖車，應按所轄管之汽車數量比例訂定年度計畫，實施臨時檢驗。

第 46 條

Ⅰ檢驗不合格之汽車，責令於一個月內整修完善申請覆驗。

Ⅱ前項檢驗不合格部分如為傳動、制動或轉向系統者，應即扣留其牌照，由公路監理機關發給當日有效之進廠修理證，憑以駛赴修理。

Ⅲ汽車修復後得憑修理廠所領之試車牌照駛赴覆驗，修理廠未領有試車牌照者，得向公路監理機關申請發給覆驗證，以當日為有效期間。

第 47 條

汽車之檢驗得委託公民營汽車製造廠、修理廠、加油站代辦，其辦法另定之。

第 48 條（刪除）

第 49 條

汽車檢驗作業程序，由交通部另定之。

第三章　汽車駕駛人與技工執照登記及考驗

第 50 條

Ⅰ汽車駕駛執照為駕駛汽車之許可憑證，由駕駛人向公路監理機關申請登記，考驗及格後發給之。汽車駕駛人經考驗及格，未領取駕駛執照前，不得駕駛汽車。

Ⅱ汽車駕駛人受終身不得考領駕駛執照處分，得依道路交通管理處罰條例第六十七條之一規定，向公路監理機關申請汽車駕駛執照考驗。

Ⅲ軍事專業駕駛人於退役後一年內，得憑軍事運輸主管機關發給之軍事專業駕駛證明，換發同等車類之普通或職業駕駛執照。

Ⅳ前項軍事專業駕駛人於服役期間，因社會發生緊急事件或重大事故時，為應客貨運輸之需要，得經過適當訓練後憑軍事運輸主管機關繕造之名冊及核發之軍事專業駕駛證明，由公路監理機關專案換發同等車類之職業駕駛執照，並由軍事運輸主管機關統一集中保管，於執行緊急疏運支援任務時分發軍事專業駕駛人攜帶備查，於任務結束時繳還；並俟於軍事專業駕駛人退伍時發給作為民間駕駛之用。

Ⅴ持有外國政府、大陸地區、香港或澳門所發有效之正式駕駛執照（證）並取得經許可停留或居留六個月以上之證明（件）者，得於入境之翌日起依平等互惠原則免考換發同等車類之普通駕駛執照。但持有該有效之正式駕駛執照者而具有中華民國國籍時，得免考換發同等車類之普通駕駛執照。

Ⅵ汽車駕駛人辦理前項換發手續時，應先經體格檢查合格，並檢同下列文件，向公路監理機關申請：

一　汽車駕駛執照申請書。

二　具中華民國國籍在臺灣地區設有戶籍之我國國民，應檢附國民身分證或軍人身分證。

三　臺灣地區無戶籍之國民、外國人、大陸地區人民、香港或澳門居民，應檢附經許可停留或居留六個月以上之證明（件）。

四　大陸地區所發駕駛證，應經行政院設立或指定機構或委託之民間團體驗證。

五　香港或澳門所發駕駛執照，應經行政院於香港或澳門設立或指定機構或委託之民間團體驗證。

六　其他國家或地區所發駕駛執照，應經我駐外使領館、代表處、辦事處，或經外國駐華使領館、經外國政府或地區授權並經我國外交部同意辦理文件證明業務之外國駐華機構之驗證。

七　前款之駕駛執照為英文以外之外文者，應附中文譯本，並經我駐外使領館、代表處、辦事處或國內公證人驗證，或經外國駐華使領館、經外國政府或地區授權並經我外交部同意辦理文件證明業務之外國駐華機構之驗證。

第 51 條

Ⅰ汽車駕駛執照及技工執照之型式、顏色及編號，按其種類分別由交通部定之。

II國際駕駛執照之型式、顏色及許可駕駛之車類，依國際道路交通公約之規定。

第 52 條

I汽車駕駛執照自發照之日起每滿六年換發一次，汽車駕駛人應於有效期間屆滿前後一個月內向公路監理機關申請換發新照。但年滿六十歲之職業駕駛人經依第六十四條之一規定體格檢查判定合格者，換發有效期限一年之新照，或於原領職業駕駛執照以每年加註方式延長有效期間，至年滿六十五歲止。

II逾六十五歲之職業駕駛人，前一年內未受吊扣駕駛執照處分且依第六十四條之一規定體格檢查判定合格者，得換發有效期間一年之小型車職業駕駛執照，或於小型車職業駕駛執照以每年加註方式延長有效期間，至年滿六十八歲止。

III依前二項規定以加註方式延長有效期間之駕駛執照，仍應依第一項前段規定辦理駕駛執照之換發。

IV汽車駕駛人受終身不得考領駕駛執照處分重新申請考驗合格後領有一年有效期間駕駛執照，其換發新照之有效期間，另依受終身不得考領駕駛執照處分重新申請考驗辦法規定辦理。

V臺灣地區無戶籍之國民、外國人、大陸地區人民、香港或澳門居民考領換領我國汽車駕駛執照之有效期間及換發，依第一項規定辦理。但於汽車駕駛執照有效期間屆滿時，應檢附第五十條第六項規定之經許可停留或居留證明文件，始得申請換發新照。

VI中華民國九十六年六月一日前領有輕型機車駕駛執照者，得換發爲普通輕型機車駕駛執照。

VII自中華民國一百零二年七月一日起，新領或已領有之各類普通駕駛執照，除第四項及第五項規定情形外，免再依第一項前段規定期間申請換發；其已領有之駕駛執照有效期間屆滿後，仍屬有效，並得免換發之；外國人取得外僑永久居留證者，亦同。但本規則對特定年齡以上之汽車駕駛人另有規定其普通駕駛執照有效期間及申請換發新照規定時，應依規定辦理之。

VIII除前項免再依規定申請換發之情形外，汽車駕駛執照逾期未換發新照者，不得駕駛汽車。

第 52 條之 1

I逾六十八歲小型車職業駕駛人及汽車運輸業所屬逾六十五歲大型車職業駕駛人，前一年內未受吊扣駕駛執照處分且依第六十四條之一規定體格檢查判定合格者，經檢附通過汽車駕駛人認知功能測驗或無患有失智症證明文件，得換發有效期間一年之職業駕駛執照，或於職業駕駛執照以每年加註方式延長有效期間，小型車職業駕駛執照至年滿七十歲止；大型車職業駕駛執照至年滿六十八歲止。

II職業駕駛人依前項規定換發職業駕駛執照後，駕駛汽車違反本規則、依本條例第三十三條第六項授權訂定之管制規則，因而肇事致人受傷未受吊銷駕駛執照處分者，應於公路監理機關通知後兩個月內，依前項規定重新辦理體格檢查判定合格及檢附無患有失智症證明文件後，始得繼續領有該職業駕駛執照。

III第一項規定之汽車駕駛人認知功能測驗由公立醫院、衛生機關爲之，或由公路監理機關指定之醫院、診所、團體或人員爲之。汽車駕駛人認知功能測驗依附件十九規定。

IV中華民國一百零九年七月一日前已年滿六十五歲未滿六十八歲之大型車職業駕駛人，因屆齡換領同等車類普通駕駛執照，得依第一項規定換發新職業駕駛執照；未繳回職業駕駛執照致註銷而領有普通駕駛執照，須補考職業駕駛執照應考之科目後，始得依第一項規定領取有效期限一年之大型車職業駕駛執照。

第 52 條之 2

I自中華民國一百零六年七月一日起，新領或未逾七十五歲駕駛人已領有之普通駕駛執照有效期間至年滿七十五歲止，其後應每滿三年換發一次，駕駛人應於有效期間屆滿前後一個月內，經第六十四條規定體格檢查合格，並檢附通過第五十二條之一所定汽車駕駛人認知功能測驗或檢附無患有中度以上失智症證明文件，向公路監理機關申請換發新照，或於駕駛執照以加註方式延長有效期間。但年滿七十五歲駕駛人首次換照，得於有效期間屆滿前一個月至屆滿後三年內辦理；未換發新照而受違規記點或吊扣駕駛執照處分者，應於公路監理機關通知後三個月內辦理換照。

II中華民國一百零六年七月一日前已年滿七十五歲之駕駛人，其已領有之駕駛執照有效期間屆滿後，仍屬有效，並得免換發之。但自中華民國一百零六年七月一日起受違規記點或吊扣駕駛執照處分者，應於公路監理機關通知後三個月內，依前項規定辦理換照。

III年滿七十五歲申請汽車駕駛執照考驗者，應符合第六十四條規定，並檢附通過第五十二條之一所定認知功能測驗或無患有中度以上失智症證明文件，始得向公路監理機關申請考驗，及格後核發三年有效期間之駕駛執照。

第 52 條之 3

I患有癲癇疾病符合第六十四條第一項第一款第六目之 1 但書規定者，得申請機車或普通小型車駕駛執照考驗，其駕駛執照並自發照之日起每滿二年換發一次。

II前項駕駛人應於駕駛執照有效期限屆滿前後一個月內，檢具最近三個月內由醫療院所之神經內科、神經外科或兒科且曾參加神經相關專業訓練醫師（以下簡稱醫療院所醫師）出具最近二年內未癲癇發作並加註專科醫師證照號碼之診斷證明書，向公路監理機關申請換發駕駛執照，或於原領駕駛執照以加註方式延長有效期間；其以加註延長者，並應依第五十二條第一項前段規定辦理駕駛執照之換發。

第 53 條

汽車駕駛執照分為下列各類：

一　小型車普通駕駛執照。
二　大貨車普通駕駛執照。
三　大客車普通駕駛執照。
四　聯結車普通駕駛執照。
五　小型車職業駕駛執照。
六　大貨車職業駕駛執照。
七　大客車職業駕駛執照。
八　聯結車職業駕駛執照。
九　國際駕駛執照。
十　輕型機車駕駛執照。
十一　小型輕型機車駕駛執照。
十二　普通輕型機車駕駛執照。
十三　重型機車駕駛執照。
十四　普通重型機車駕駛執照。
十五　大型重型機車駕駛執照。

第 54 條

I 職業汽車駕駛人之駕駛執照，應自發照之日起，每滿三年審驗一次，並於審驗日期前後一個月內向公路監理機關申請審驗，審驗時並應檢附經第六十四條規定體格檢查合格證明。審驗不合格者，扣繳其駕駛執照，俟審驗合格後發還之。但年滿六十歲職業汽車駕駛人駕駛執照審驗時，應檢附經第六十四條之一規定體格檢查合格證明，並應每年審驗一次。

II 駕駛人因患病、出國、服兵役、駕照被吊扣、羈押、服刑或受保安、感訓處分之執行，不能按時審驗者，得於病癒、回國、退役、駕照吊扣期滿、撤銷羈押、出獄或保安、感訓處分執行完畢六個月內持原照及有關證明向公路監理機關申請審驗。

III 職業汽車駕駛人得憑因逾期審驗被註銷之職業駕駛執照，申請換發同等車類之普通駕駛執照。但在未換發普通駕駛執照前，不得駕駛汽車。

第 55 條

I 國際駕駛執照之換領及簽證，依下列規定：

一　已領有駕駛執照之汽車駕駛人於有效期間內，得憑原駕駛執照向公路監理機關申請換領同等車類之國際駕駛執照。
二　換領國際駕駛執照，應塡具異動登記書，並繳驗第五十條第六項第二款至第四款規定之身分證明文件及原駕駛執照。
三　持有互惠國所發有效之國際駕駛執照，在我國境內作三十天以內之短期停留者，准予免辦簽證駕駛汽車；如停留超過三十天者，仍應向公路監理機關辦理簽證。
四　國際駕駛執照之簽證最長為一年，若原照或停居留證明（件）有效期間未滿一年者，以先屆滿之日期為準，逾期不得駕駛汽車。

II 汽車駕駛人依前項第一款規定申請換領國際駕駛執照，同時申請換發新照者，得不受第五十二條第一項應於有效期間屆滿前一個月內向公路監理機關申請換發新照規定之限制。

第 55 條之 1

I 外國政府或地區所發有效之正式駕駛執照，得依平等互惠原則在我國使用，並准予在我國境內駕駛同等車類之汽車。

II 前項互惠原則、使用方式、駕駛車類、有效期間及施行日期等事項，交通部應公告及刊登政府公報或新聞紙。

第 56 條

學習小型汽車駕駛，應向公路監理機關申領學習駕駛證，學習大型車汽車駕駛，應領有小型車駕駛執照。

第 57 條

申請汽車學習駕駛證者，須年滿十八歲，並須體格檢查及體能測驗合格。

第 58 條

I 學習汽車駕駛，以在駕駛學習場內學習駕駛為原則。在學習路線駕駛時，應依公路或市區道路主管機關指定之道路及時間內為之，並應由領有學習車類駕照之汽車駕駛人在旁指導監護。

II 汽車駕駛執照路考考驗之道路路線或路段，由公路監理機關指定後，送請公路主管或市區道路主管機關備查；該路線或路段並得為學習路線。

第 59 條

學習駕駛證之學習駕車有效期間，自領證之日起以一年為限。

第 60 條

I 申請汽車駕駛執照考驗者，應具有下列資格：

一　年齡：
㈠考領普通駕駛執照、輕型或普通重型機車駕駛執照須年滿十八歲，最高年齡不受限制。
㈡考領大型重型機車駕駛執照須年滿二十歲，最高年齡不受限制。
㈢考領職業駕駛執照須年滿二十歲，最高年齡不得超過六十五歲。但依第五十二條之一第四項規定辦理者，最高年齡不得超過六十八歲。

二　經歷：
㈠應考輕型或普通重型機車駕駛執照者，無經歷之限制。

㈡應考大型重型機車駕駛執照者，須領有普通重型機車駕駛執照一年以上之經歷，並經立案之駕駛訓練機構駕駛訓練結業。

㈢應考小型車普通駕駛執照者，須有學習駕駛三個月以上之經歷。

㈣應考小型車職業駕執照者，須有學習駕駛六個月以上之經歷。

㈤應考大貨車普通駕駛執照者，須領有小型車普通駕駛執照一年以上之經歷。

㈥應考大貨車職業駕駛執照者，須領有小型車職業駕駛執照一年以上之經歷。

㈦應考大客車普通駕駛執照者，須領有大貨車普通駕駛執照一年以上之經歷；或領有小型車普通駕駛執照二年以上之經歷，並經立案之駕駛訓練機構小型車逕升大客車駕駛訓練結業者。

㈧應考大客車職業駕駛執照者，須領有大貨車職業駕駛執照一年以上之經歷；或領有小型車職業駕駛執照二年以上之經歷，並經立案之駕駛訓練機構小型車逕升大客車駕駛訓練結業者。

㈨應考聯結車普通駕駛執照者，須領有大客車普通駕駛執照一年以上或領有大貨車普通駕駛執照二年以上之經歷。

㈩應考聯結車職業駕駛執照者，須領有大客車職業駕駛執照一年以上或領有大貨車職業駕駛執照二年以上之經歷。

⑪應考小型車附掛總重逾七百五十公斤至三千公斤以下拖車駕駛資格者，須領有小型車駕駛執照一年以上之經歷或領有大貨車或大客車駕駛執照，並經立案之駕駛訓練機構駕駛訓練結業。

Ⅱ前項第二款各目之經歷，如經公立或立案之私立駕駛訓練機構依照民營汽車駕駛人訓練機構管理辦法之規定訓練結業者，得由交通部按照其登記領照之教練車數量予以核定，不受其限制，並准集體報考。

Ⅲ領有普通駕駛執照滿三個月之駕駛人，得報考同級車類之職業駕照，除應具備報考之資格外，並應補考職業駕駛執照應考之科目。

Ⅳ汽車駕駛人受終身不得考領駕駛執照處分，重新申請考驗合格後領有或換發一年有效期間之駕駛執照及其受終身吊銷駕駛執照處分前之經歷，不予採計。

第 61 條

Ⅰ汽車駕駛人取得高一級車類之駕駛資格者，應換發駕駛執照，並准其駕駛較低級車類之車輛，其規定如下：

一　已領有聯結車駕駛執照者，得駕駛大客車（含雙節式大客車）、大貨車、代用大客車、大客貨兩用車、曳引車、小型車（含小型車附掛拖車）、輕型機車。自中華民國九十六年二月一日起已領有大貨車駕駛執照二年以上之經歷申請考驗取得聯結車駕駛執照者，不得駕駛大客車、代用大客車、大客貨兩用車。

二　已領有大客車駕駛執照者，得駕駛大貨車、代用大客車、大客貨兩用車、曳引車、小型車、輕型機車。但不得駕駛雙節式大客車。

三　已領有大貨車駕駛執照者，得駕駛小型車、輕型機車。

四　已領有小型車駕駛執照者，得駕駛輕型機車。

五　已領有大型重型機車駕駛執照者，得駕駛普通重型機車、輕型機車。

六　已領有普通重型機車駕駛執照者，得駕駛輕型機車。

七　已領有重型機車駕駛執照者，得駕駛普通重型機車、輕型機車。

八　已領有普通輕型機車駕駛執照者，得駕駛小型輕型機車。

九　已領有輕型機車駕駛執照者，得駕駛普通輕型機車、小型輕型機車。

Ⅱ已領有大客車、大貨車或小型車駕駛執照者，得駕駛小型車附掛輕型拖車。

Ⅲ已領有大客車、大貨車或小型車駕駛執照，經小型車附掛總重逾七百五十公斤至三千公斤以下拖車駕駛資格考驗合格者，得駕駛小型車附掛總重逾七百五十公斤至三千公斤以下拖車。

Ⅳ原領有職業駕駛執照之駕駛人，取得高一級車類之普通駕駛執照資格滿三個月者，得換領同級車類之職業駕駛執照。

Ⅴ機車駕駛執照於吊扣期間或經吊銷後，不得持汽車駕駛執照駕駛輕型機車。

第 61 條之 1

Ⅰ道路交通管理處罰條例第二十一條第二項所稱之持照條件係指駕駛人取得駕車之行車條件，除前條規定外，包括下列規定：

一　汽車駕駛人應依駕駛執照所載之持照條件駕車。

二　領有小型輕型機車駕駛執照者，不得駕駛普通輕型機車。

三　領有重型機車駕駛執照者，不得駕駛大型重型機車。

四　領有限制駕駛未滿汽缸總排氣量五百五十立方公分之大型重型機車駕駛執照者，不得駕駛汽缸總排氣量五百五十立方公分以上或電動機車之馬達及控制器最大輸出馬力五十四馬力（HP）以上之大型重型機車。

五　受終身不得考領駕駛執照處分，重新申請考驗合格後領有或換發一年有效期間駕駛執照逾期，不得使用駕車。

六　領有大客車以上職業駕駛執照駕駛遊覽車，應符合汽車運輸業管理規則第八十六條所定之經歷及專業訓練條件。

七　領有大客車、大貨車或小型車駕駛執照者，未經考驗合格不得駕駛小型車附掛總重逾七百五十公斤至三千公斤以下拖車。

八　汽車運輸業所屬逾六十五歲大型車職業駕駛人駕駛大型營業車輛，除遊覽車客運業、汽車貨運業及汽車貨櫃貨運業依汽車運輸業管理規則第十九條之七第三項規定申經核准者外，限於上午六時至下午六時之時段行駛。

II領有得駕駛汽缸排氣量五百五十立方公分以上之大型重型機車駕駛執照一年以上及小型車以上之駕駛執照者，始得駕駛汽缸排氣量五百五十立方公分以上之大型重型機車，依交通部公告規定之路段及時段行駛高速公路。駕駛大眾捷運系統車輛駕駛人，應持有小型車以上職業駕駛執照。

第62條

I有下列各款情事之一者，不得參加汽車駕駛執照考驗：

一　受終身不得考領駕駛執照之處分。

二　受吊銷駕駛執照處分尚未屆滿限制報考期限。

三　受吊扣駕駛執照之處分尚未期滿。

四　已領有同等級駕駛執照。

五　曾依本條例第三十五條規定吊銷駕駛執照，未依本條例第六十七條規定完成酒駕防制教育或酒癮治療。

II汽車駕駛人受吊扣、吊銷駕駛執照處分尚未確定執行前，不得參加汽車駕駛執照之晉級考驗，如參加考驗取得高一級之駕駛執照資格者，該項資格於受執行吊扣或吊銷駕駛執照之處分時，一併吊扣或吊銷，但持有機車駕駛執照報考小型汽車駕駛執照者，不在此限。

第63條

I申請汽車駕駛執照考驗者，均應先經體格檢查及體能測驗合格，並檢同下列文件向公路監理機關報名：

一　汽車駕駛執照申請書。

二　本人最近二年內拍攝之一吋光面素色背景脫帽五官清晰正面半身彩色相片三張，並不得使用合成相片。

三　具中華民國國籍在臺灣地區設有戶籍之我國國民，應檢附國民身分證、僑民居留證明或其他有效之駕駛執照。

四　臺灣地區無戶籍之國民、外國人、大陸地區人民、香港或澳門居民，應檢附經許可停留或居留六個月以上之證明（件）。

五　駕駛經歷證件。

六　曾依本條例第三十五條規定吊銷駕駛執照者，應檢附本條例第六十七條規定完成酒駕防制教育或酒癮治療之證明（件）。

II申請輕型或普通重型機車駕駛執照考驗者，免辦體能測驗。

第64條

I汽車駕駛人除身心障礙者及年滿六十歲職業駕駛者外，其體格檢查及體能測驗合格基準依下列規定：

一　體格檢查：

㈠視力：兩眼裸視力達零點六以上，且每眼各達零點五以上，或矯正後兩眼視力達零點八以上，且每眼各達零點六以上。

㈡辨色力：能辨別紅、黃、綠色。

㈢聽力：能辨別音響。

㈣四肢：四肢健全無缺損。

㈤活動能力：全身及四肢關節活動靈敏。

㈥無下列疾病情形：

1. 癲癇。但檢具醫療院所醫師出具最近二年以上未發作診斷證明書者，不在此限。

2. 有客觀事實足以認定其身心狀況影響汽車駕駛之虞，經專科醫師診斷認定者。

3. 其他足以影響汽車駕駛之疾病。

㈦其他：無酒精、麻醉劑及興奮劑中毒。

二　體能測驗：

㈠視野左右兩眼各達一百五十度以上。但年滿六十歲之駕駛人，視野應各達一百二十度以上。

㈡夜視無夜盲症。

II前項體格檢查及體能測驗應由公立醫院或衛生機關或公路監理機關指定醫院為之，或由附設有檢查設備及檢定合格醫事人員之公路監理機關或指定之診所、團體為之，但申請學習駕駛證時已經體格檢查合格者，一年內免再檢查。身心障礙者報考汽車、機車駕駛執照之規定，由交通部另定之。

第64條之1

I年滿六十歲職業駕駛人，應每年至中央衛生主管機關評鑑合格醫院作體格檢查一次，其合格基準除依第六十四條規定外，並經醫師判定符合下列合格基準：

一　血壓：收縮壓未達一百六十毫米汞柱（mm／Hg）；舒張壓未達一百毫米汞柱（mm／Hg）。

二　胸部X光大片檢查：合於健康基準。

三　心電圖檢查：合於健康基準或輕微異常不影響健康安全。

四　無下列任一疾病：

㈠患有高血壓，經臨床診斷不足以勝任緊急事故應變，經休息三十分鐘後，平均血壓之收縮壓達一百六十毫米汞柱（mm ／ Hg）或舒張壓達一百毫米汞柱（mm ／ Hg）。

㈡患有糖尿病且血糖無法控制良好。

㈢患有冠狀動脈疾病及其他心臟疾病，經臨床診斷不足以勝任緊急事故應變。

㈣患有癲癇、腦中風、眩暈症、重症肌無力等身體障礙致不堪勝任工作。

㈤患有呼吸道疾病史者肺功能用力肺活量（FVC ）或一秒最大呼氣量（FEV1 ／ FVC ）低於百分之六十之預測值。

㈥有客觀事實足以認定其身心狀況不能處理日常事務、有明顯傷害他人或自己之虞或有傷害行為，經專科醫師診斷認定者。

㈦患有慢性酒精中毒及藥物依賴成癮。

㈧患有經常性打呼合併白天嗜睡者，白天嗜睡指數大於十二。但接受多功能睡眠檢查評估治療有效者，不在此限。

㈨其他：患有法定傳染病未經治癒且須強制隔離治療，或患有其他疾病致不堪勝任工作。

II 適六十八歲之小型車職業駕駛人及汽車運輸業所屬適六十五歲之大型車職

III 業駕駛人並應符合下列體格檢查之合格基準：

一　睡眠品質（PSQI）問卷評估：小於五分以下者為合格；不在此範圍值內但接受多功能睡眠生理檢查評估治療有效者，亦可評為合格。

二　運動心電圖檢查：合於健康基準或輕微異常不影響健康安全。

三　尿液檢驗、血液檢驗、生化檢驗：合於健康基準或輕微異常不影響健康安全。

第 65 條

I 申請汽車駕駛執照考驗者，其應考科目為筆試及路考。

II 筆試不及格者，不得參加路考，但依第六十九條核准在原訓練機構辦理考驗者，其結業學員得先參加路考，及格後再行筆試。

III 筆試包括交通規則及機械常識，報考普通駕駛執照者，免考機械常識。各科考驗成績最高分均為一百分，其及格基準為交通規則八十五分，機械常識六十分，路考七十分。

IV 路考之評分基準表由交通部另定之。

V 第一項筆試得以口試代替，聽覺功能障礙、聲音功能或語言功能障礙應考人並得以手語代替。

VI 前項口試及手語之通譯人員應由公路監理機關指定之公正人士為之。

VII 依第七十六條第一項第五款及第八款規定繳回汽車駕駛執照者，除依身心障礙者報考汽車駕駛執照之規定辦理外，其考驗之規定如下：

一　體格基準有下列情形之一者，得免考驗，逕予核發新照，不受第一項規定之限制：

㈠視覺功能障礙，其優眼視力裸視達零點六以上或矯正後達零點八以上或視野達一百五十度以上。

㈡聽覺功能障礙，其優耳聽力損失在九十分貝以上。

㈢聲音功能或語言功能障礙，其聲音功能或語言功能喪失，完全無法以聲音與人溝通（即重度障礙）。

㈣最近二年以上未有癲癇發作，經醫療院所醫師出具診斷證明書。

二　體格基準有下列情形之一者，得免予筆試：

㈠雙手手指缺損且其中一手手指或手掌未全缺。

㈡四肢中欠缺任何一肢，經加裝輔助器具後操作方向盤自如。

㈢軀幹及四肢未欠缺，惟受先天性及後天性之病害致功能障礙者（如四肢不全麻痺、軀幹功能障礙致站立或步行困難者等）經加裝輔助器具後，能自力行走。

第 65 條之 1

I 自中華民國一百零六年五月一日起，申請小型車駕駛執照考驗之路考，應實施場考及道路駕駛考驗，場考不及格者，不得參加道路駕駛考驗。

II 申請小型車駕駛執照考驗者，依前項規定實施道路駕駛考驗時，應由考驗員在旁考核下，依第五十八條第二項指定之道路路線或路段上駕駛考驗用車進行考驗，並應遵守第四章汽車行駛管理各項規定、服從考驗員之重新、接續、終止考驗指示及考驗規定，其考驗規定如附件二十。

第 66 條

I 考驗用車除考領機車駕駛執照及普通小型車駕駛執照之場考，得以自備車應考外，餘由公路監理機關供應，並按下列各款收取考驗車使用費：

一　聯結車按十公升高級柴油之市價收費。

二　大客車、大貨車按八公升高級柴油之市價收費。

三　小型車路考之場考及道路駕駛考驗各按四公升九五無鉛汽油之市價收費。但小型車經交通部指定考驗特定項目者，另加二公升九五無鉛汽油之市價收費。

四　機車按一公升九五無鉛汽油之市價收費。

II 身心障礙者報考小型車駕駛執照時，不受前項之限制，得自備經公路監理機關檢驗合格之自動排擋車輛或特製車應考。

III 執行小型車道路駕駛考驗之考驗用車，應加掛標示「道路駕駛考驗中」之標識牌並投保，其標識牌式樣及保險內容如附件二十。

第 67 條

I 申請汽車駕駛執照筆試、路考，經考驗不合格申請再考驗者，距上次考驗之時間不得少於七日。

II 申請汽車駕駛執照考驗路考未及格者，得於下次申請考驗時免考筆試，其免考期限為一年；小型車場考及格而道路駕駛考驗未及格者，於下次申請考驗時免考場考，其免考期限亦同。

第 68 條（刪除）

第 69 條

政府設立之汽車技術人員訓練機構及私立之汽車駕駛人員訓練機構，其師資、設備、教學及教材符合交通部所定基準者，其結業學員得由公路監理機關報請該管公路主管機關核准在原訓練機構使用其車輛辦理考驗。

第 70 條

I 申請汽車駕駛執照考驗，不依規定或利用不正當手段報名參加應考者，其考試資格應予取銷，已考領駕駛執照者無效，由公路監理機關註銷並追繳之。

II 託人代考者，取銷報考人之考試資格，報考人及代考人如已領有駕駛執照者，由公路監理機關吊銷其駕駛執照，並註銷之。

III 報考人及代考人均自查獲之日起五年內不得再行報考。

第 71 條

汽車修護技工執照，為修護汽車之執業憑證，由公路監理機關考驗合格後發給，其考驗日期由公路監理機關公告之。

第 72 條

I 申請汽車修護技工執照考驗者，應具有下列之資格：

一　年齡滿十八歲。

二　學歷或經歷合於下列各目之一：

㈠高中（職）或相當高中（職）之軍事以上學校之汽車、農機、重機械或機械科畢業。

㈡高中（職）或相當高中（職）之軍事以上學校非前目所列之科系畢業，並從事汽車修護相關工作一年以上。

㈢領有丙級以上汽車修護技術士證。

㈣接受政府立案之訓練機構辦理之汽車修護訓練累計一千六百小時以上，並從事汽車修護相關工作一年以上。

㈤從事汽車修護相關工作四年以上。

II 前項第二款所指從事汽車修護相關工作不包括學習與實習，由政府立案汽車廠商證明之。

第 73 條

申請汽車修護技工執照考驗者，應檢同下列文件，向公路監理機關辦理：

一　汽車修護技工執照考驗登記書。

二　本人最近正面脫帽半身一吋光面紙照片五張。

三　國民身分證及學經歷證件。

第 74 條

I 申請汽車修護技工執照考驗者，其應考科目分為學科筆試及術科實務操作兩項。筆試不及格者，不得參加術科考驗。

II 學科及術科考驗成績最高分均為一百分，其及格基準均為七十分，但術科考驗如有其中任何一站缺考、棄考或零分亦評為不及格。

III 學科之題庫、配題及術科之試題、配分基準由交通部另定之。

第 75 條

汽車駕駛人或汽車修護技工申請變更、換照、補照、登記，規定如下：

一　汽車駕駛人或汽車修護技工之姓名、國民身分證統一編號、外來人口統一證號、出生年、月、日、住址有變更者應填具異動登記書，檢同身分證或戶口名簿、停留或居留證明，向公路監理機關申請。

二　變更姓名、國民身分證統一編號、外來人口統一證號、出生年、月、日者，應將原照註銷，換發新照；變更住址，就原照背面地址欄簽註之。

三　汽車駕駛執照或汽車修護技工執照遺失或損毀時，應填具異動登記書，並繳驗第五十條第六項第二款至第四款規定之身分證明文件或有效之汽車駕駛執照向公路監理機關申請補發或換發。

第 75 條之 1

汽車駕駛人依前條規定申請補發或換發駕駛執照之有效期間規定如下：

一　除取得外僑永久居留證外之外國人、大陸地區人民、香港或澳門居民或臺灣地區無戶籍之國民考領換領我國汽車駕駛執照者，換發或補發有效期間六年之新照。

二　受終身不得考領駕駛執照處分重新申請考驗合格領有一年有效期間者，依原效期補發或換發。

三　未滿六十歲之職業駕駛人依原效期補發或換發。但依規定審驗合格者，補發或換發最多六年有效期間之駕駛執照。

四　年滿六十歲以上之職業駕駛人，依其原效期補發或換發。但經依規定體格檢查判定合格者，得補發或換發最多一年有效期間之新照。

第 76 條

I 有下列各款情形之一者，駕駛人或技工或關係人應迅速將駕駛執照或技工執照繳回當地公路監理機關：

一　執照受吊銷、註銷或吊扣處分。

二　執照失效或過期。
三　汽車駕駛人或技工死亡。
四　職業駕駛人年滿六十五歲。但依第五十二條第二項及第五十二條之一第一項規定換發小型車職業駕駛執照者年滿七十歲；換發大型車職業駕駛執照者年滿六十八歲。
五　汽車駕駛人之體格及體能變化已不合於第六十四條及第六十四條之一規定合格基準之一。
六　年滿六十八歲小型車及汽車運輸業所屬逾六十五歲大型車職業駕駛人不依第五十二條之一第二項規定辦理。
七　受違規記點或吊扣駕駛執照處分之年滿七十五歲駕駛人，不依第五十二條之二第一項及第二項規定辦理。
八　依第五十二條之三規定取得駕駛執照之駕駛人，有癲癇發作情形或未依該規定辦理定期換照。

II前項第四款至第八款汽車駕駛人不得駕駛汽車；未將執照繳回者，由公路監理機關逕行公告註銷並追繳之。職業汽車駕駛人得憑其因逾法定年齡而失效之職業駕駛執照，申請換發同等車類之普通駕駛執照。但在未換發普通駕駛執照前，不得駕駛汽車。

第 76 條之 1

I汽車駕駛人得自願申請註銷駕駛執照或改領較低等級駕駛執照。但受吊扣駕駛執照處分者，於吊扣期滿後始得申請。

II汽車駕駛人依前項規定自願註銷或改領較低等級駕駛執照後，有再駕駛原等級車輛需求者，應依規定重新考領取得原等級車類駕駛執照。

第四章　汽車裝載行駛

第 77 條

汽車裝載時，除機車依第八十八條規定外，應依下列規定：

一　裝置容易滲漏、飛散、氣味惡臭之貨物，能防止其發洩者，應嚴密封固，裝置適當。
二　載運人客、貨物必須穩妥，車門應能關閉良好，物品應捆紮牢固，堆放平穩。
三　貨車駕駛室或小客車之前座乘人不得超過規定之人數。
四　車廂以外不得載客。
五　後車廂之貨物上不得附載人員。
六　框式貨車後車廂不得載人。
七　特種車除因其專門用途使用時必須附載之人員物品外，不得用以裝載客貨行駛。
八　小型汽車應依核定附掛拖車，且附掛之拖車應僅限於裝載露營、休閒遊憩、防疫及救災用具使用，且其車門應能關閉良好，物品應捆紮牢固，堆放平穩，行駛中不得附載人員及其側面車窗不得向外開啓。
九　裝載貨物行經設有地磅處所，應依標誌、標線、號誌指示，或交通勤務警察或依法令執行交通稽查任務人員之指揮停車過磅。
十　小型汽車置放架，其使用應依下列規定：
㈠置放架及裝載物應固定妥適。如裝置於車輛後側，其長度不應超過後側車身外五十公分；如裝置於車頂，其含置放架之車輛全高應依第三十八條第一項之規定。
㈡置放架及裝載物不得遮蔽車輛之號牌與車輛後方燈光。

第 78 條

客車之載運，應依下列規定：

一　載運乘客不得超過核定之人數。但公共汽車於尖峰時刻載重未超過核定總重量者，不在此限。
二　計程車不得任意拒載乘客或故意繞道行駛。
三　計程車在設有停車上客處標誌之路段，應在指定之上客處搭載乘客，不得沿途攬載。

第 79 條

I貨車之裝載，應依下列規定：

一　裝載貨物不得超過核定之總重量或行駛橋樑規定之載重限制。
二　依第二十四條第四項規定變更載重登記之小貨車，不得超過登記之載重限制。
三　裝載物必須在底板分配平均，不得前伸超過車頭以外，體積或長度非框式車廂所能容納者，伸後長度最多不得超過車輛全長百分之三十，並應在後端懸掛危險標識，日間用三角紅旗，夜間用紅燈或反光標識。廂式貨車裝載貨物不得超出車廂以外。
四　裝載貨物寬度不得超過車身。
五　裝載貨物高度自地面算起，大型車不得超過四公尺，小型車不得超過二點八五公尺。
六　以大貨車裝載貨櫃者，除應有聯鎖裝置外，不得超出車身以外。
七　不符合規定之傾卸框式大貨車不得裝載砂石、土方。

II除前項第二款之情形外，車身欄板應扣牢。

第 80 條

I貨車裝載整體物品有下列情形之一者，應填具申請書，繪製裝載圖，向起運地或車籍所在地公路監理機關申請核發臨時通行證，憑證行駛：

一　裝載整體物品之長度、高度、寬度超過前條之規定者。
二　裝載整體物品之軸重、總重量或總聯結重量超過第三十八條第一項第二款、第三款限制者。

II前項裝載整體物品行駛於高速公路之汽車，其長度超過第三十八條第一項第一款規定，重量超過前項第二款規定，寬度超過三點二五公尺，高度超過四點二公尺者，接受申請之公路監理機關應先洽經高速公路管理機關認可後，始得核發通行證。

III同一事業機構或公司行號，經常以同一汽車裝載同一性質規格之物品時，得依前二項規定申請核發六個月以內之臨時通行證。

IV裝載第一項、第二項物品，應於車輛前後端懸掛危險標識；日間用三角紅旗，夜間用紅燈或紅色反光標識，紅旗每邊之長度，不得少於三十公分。

V如公路監理機關或警察機關對該項物品之裝載行駛有特別規定者，應遵守其規定。

VI裝載第一項、第二項物品之汽車，行駛路線經過不同之省（市）時，其臨時通行證之核發，應經該管公路主管機關之同意，經過高速公路時，除有特殊狀況外，應行駛外側車道，並禁止變換車道。

第 80 條之 1

政府機關（構）、公營事業、公用事業專供治安、防疫、環保、公共輸變電架線工程、探採工程及道路、橋樑、隧道之修建養護，或鐵路、大眾捷運系統營運機構專供軌道、橋樑、隧道之修建養護等用途之特殊規格車輛，得經主管機關報經交通部核定，比照前條規定向公路監理機關申請核發臨時通行證，憑證行駛。

第 81 條

聯結車輛之裝載，應依下列規定：

一　半聯結車裝載之總聯結重量，不得超過曳引車及半拖車核定之總聯結重量。

二　全聯結車裝載之總聯結重量，不得超過兼供曳引大貨車核定之總聯結重量。

三　全拖車裝載之總重量不得超過核定之總重量及兼供曳引大貨車裝載之總重量。

四　兼供曳引大貨車裝載之總重量不得超過核定之總重量。

五　裝載之貨物及貨櫃不得伸出車尾以外，裝載貨櫃時，並應與拖車固定聯結。

六　不符合規定之傾卸框式半拖車不得裝載砂石、土方。

第 82 條

I曳引車牽引拖架時，應依下列規定：

一　裝載物之長度未達十公尺以上者，禁止使用拖架。

二　裝載後全長不得超過十八公尺。

三　裝載物品之長度自曳引車第五輪中心線至裝載物品前端間之距離不得超過一公尺；自拖架輪軸中心線至裝載物品後端間之距離不得超過三公尺。

四　裝載物品後不得超過曳引車核定之總聯結重量及拖架核定之總重量。

II拖架裝載整體物品超過前項第二款、第四款之規定者，應依照貨車裝載整體物品之規定向公路監理機關申請核發臨時通行證，憑證行駛。

第 83 條

I非屬汽車範圍之動力機械，係指下列各款之一之機械：

一　不經曳引而能以原動機行駛之工程重機械。

二　屬裝配起重機械專供起重用途且無載貨容量之起重機車或其他自力推動機械。

三　其他特定用途設計製造，不經曳引而能以原動機行駛之機械。

II動力機械應先向公路監理機關申請登記領用牌證，並比照第八十條之規定申請核發臨時通行證後，方得憑證行駛道路。

III動力機械申請登記領用牌證，依其總重量及規格分為下列各類：

一　普通動力機械：總重量四十二公噸以下且其全長、全寬及全高尺度符合第三十八條規定大貨車尺度限制之動力機械。

二　重型動力機械：總重量逾四十二公噸但在七十五公噸以下，或四十二公噸以下其全長、全寬及全高尺度逾第三十八條規定大貨車尺度限制之動力機械。

三　大型重型動力機械：總重量逾七十五公噸之動力機械。

IV進口第一項第二款裝有輪式輪胎之動力機械，其方向盤應在左側。但於中華民國一百零四年十二月三十一日以前進口者，不在此限。

V依前項但書規定，自中華民國一百年四月十五日起，各年得進口製造未逾十五年方向盤非在左側之動力機械總量，依下列規定：

一　一百年：一千一百輛。

二　一百零一年：九百輛。

三　一百零二年：七百輛。

四　一百零三年：五百輛。

五　一百零四年：三百輛。

第 83 條之 1

I動力機械應依下列規定向公路監理機關申請登記領用牌證：

一　以裝有輪胎且方向盤在左側及確實無法使用車輛載運者為限。但於中華民國一百零四年十二月三十一日以前進口者，其方向盤得非在左側。

二　應繳驗公司或行號登記證明文件及檢附動力機械來歷憑證、諸元規格資料、加註尺度之照片。

三　屬勞工安全衛生法規定之危險性機械者，應檢附勞動檢查機構核發之檢查合格證明。

II 動力機械轉讓時，應由受讓人向公路監理機關申請變更登記。

III 動力機械應依前條第二項及下列規定申請核發臨時通行證：

一　以向公路監理機關已申請登記領用牌證者為限。

二　應檢附依法領有公司、商業或工廠登記證明文件之合法汽車修理業者出具四個月內保養紀錄表，其保養檢查項目如附件十八。

三　屬勞工安全衛生法規定之危險性機械者，應檢附勞動檢查機構核發之檢查合格證明。

四　顯有損壞道路、橋梁之虞者，不得核發臨時通行證。

IV 動力機械牌證之型式、顏色及編號，按其種類由交通部會商相關機關訂定之。

第 83 條之 2

I 動力機械行駛於道路時，其駕駛人必須領有小型車以上之駕駛執照。但自中華民國九十六年一月一日起，總重量逾三點五公噸之動力機械，其駕駛人應領有大貨車以上之駕駛執照；自中華民國一百零一年一月一日起，重型及大型重型之動力機械，其駕駛人應領有聯結車駕駛執照。

II 動力機械行駛於道路時，除應依臨時通行證所核定之路線、時間、速限行駛外，並應遵守下列規定：

一　遵守道路交通標誌、標線、號誌之指示、警告、禁制規定，並服從交通指揮人員之指揮。

二　動力機械牌證應懸掛固定於前後端之明顯適當位置；駕駛人並應攜帶臨時通行證。

三　在同向二車道以上之道路，應行駛於最外側車道。

四　應裝置符合規定之帶狀反光標識、輪廓邊界標識燈、照後鏡、照地鏡及防止捲入裝置；於日間並應開啓頭燈及輪廓邊界標識燈。

五　大型重型動力機械或方向盤非在左側之重型動力機械，應配備標識前導及後衛之車輛隨行。方向盤非在左側之普通動力機械，自中華民國一百十五年一月一日起，亦同。

六　應遵守本章汽車行駛管理各項規定。

第 83 條之 3

非屬汽車及動力機械範圍之動力載具、動力運動休閒器材或其他相類之動力器具，不得於道路上行駛或使用。

第 84 條

I 車輛裝載危險物品應遵守下列事項：

一　廠商貨主運送危險物品，應備具危險物品道路運送計畫書及安全資料表向起運地或車籍所在地公路監理機關申請核發臨時通行證，該臨時通行證應隨車攜帶之，其交由貨運業者運輸者，應會同申請，並責令駕駛人依規定之運輸路線及時間行駛。

二　車頭及車尾應懸掛布質三角紅旗之危險標識，每邊不得少於三十公分。

三　裝載危險物品車輛之左、右兩側及後方應懸掛或黏貼危險物品標誌及標示牌，其內容及應列要項如附件八。危險物品標誌及標示牌應以反光材料製作，運輸過程中並應不致產生變形、磨損、褪色及剝落等現象而能辨識清楚。

四　裝載危險物品罐槽車之罐槽體，應依主管機關規定檢驗合格，並隨車攜帶有效之檢驗（查）合格證明書。

五　運送危險物品之駕駛人或隨車護送人員應經專業訓練，並隨車攜帶有效之訓練證明書。

六　裝載危險物品車輛應隨車攜帶未逾時效之滅火器，攜帶之數量比照第三十九條第一項第十二款有關大貨車攜帶滅火器之規定。

七　應參照安全資料表及危險物品之性質，隨車攜帶適當之個人防護裝備。

八　裝載危險物品應隨車攜帶所裝載物品之安全資料表，其格式及填載應依勞動部訂定之危害性化學品標示及通識規則之規定，且隨車不得攜帶非所裝載危險物品之安全資料表。

九　行駛中罐槽體之管口、人孔及封蓋，以及裝載容器之管口及封蓋應密封、鎖緊。

十　裝載之危險物品，應以嚴密堅固之容器裝置，且依危險物品之特性，採直立或平放，並應綑紮穩妥，不得使其發生移動。

十一　危險物品不得與不相容之其他危險物品或貨物同車裝運；裝載爆炸物，不得同時裝載爆管、雷管等引爆物。

十二　危險物品運送途中，遇惡劣天候時，應停放適當地點，不得繼續行駛。

十三　裝卸時，除應依照危險物品之特性採取必要之安全措施外，並應小心謹慎，不得撞擊、磨擦或用力拋放。

十四　裝載危險物品，應注意溫度、濕度、氣壓、通風等，以免引起危險。

十五　裝載危險物品車輛停駛時，應停放於空曠陰涼場所，與其他車輛隔離，禁止非作業人員接近。並嚴禁在橋樑、隧道、火場一百公尺範圍內停車。

十六　裝載危險物品如發現外洩、滲漏或發生變化，應即停車妥善處理，如發生事故或災變並應迅即通知貨主及警察機關派遣人員與器材至事故災變現場處理，以及通報相關主管機關。並於車輛前後端各三十公尺至一百公尺處豎立車輛故障標誌。

十七　行經高速公路及快速公路時，除另有規定外，應行駛外側車道，並禁止變換車道。但行經公告之交流道區前後路段，得暫時利用緊鄰外側車道之車道超越前車。

II裝載危險物品車輛，行駛路線經高速公路時，接受申請之公路監理機關應依高速公路管理機關認可之路段、時段核發臨時通行證並以副本分送高速公路管理機關及公路警察機關。

III前二項所稱危險物品，係指歸屬於中華民國國家標準CNS 6864危險物運輸標示之危險物品、有害事業廢棄物、依毒性及關注化學物質管理法公告之第一類至第三類毒性化學物質、具有危害性之關注化學物質。

IV輕型機車不得裝載危險物品，重型機車裝載液化石油氣之淨重未逾六十公斤及罐槽車以外之貨車裝載危險物品之淨重未逾下列數量者，得不適用第一項第一款至第七款規定：

一　氣體：五十公斤。
二　液體：一百公斤。
三　固體：二百公斤。

V車輛裝載第三項規定之危險物品，除應符合本條規定外，並應符合各目的事業主管機關所定相關法令及檢附各目的事業主管核准證明文件，始得向公路監理機關申請核發臨時通行證。

VI危險物品道路運送計畫書及車輛裝載危險物品臨時通行證格式如附件三及四。

第85條

汽車非經公路監理機關核准，不得擅自附掛拖車行駛。但故障車輛應以救濟車或適當車輛牽引，牽引裝置應牢固，兩車前後相隔距離不得超過五公尺，牽引車前端，故障車後端及牽引裝置應懸掛危險標識。

第86條

I貨車必須附載隨車作業人員者，除駕駛人外，應依下列規定，並須隨時注意行車安全。

一　大貨車不得超過四人，小貨車不得超過二人。
二　工程或公用事業機構人員，佩帶有服務單位之證章或其他明顯識別之標記者，搭乘大貨車不得超過二十人，小貨車不得超過八人。
三　漁民攜帶大型捕魚工具，非客車所能容納者，搭載大貨車不得超過十六人，小貨車不得超過八人。
四　大貨車載運劇團道具附載演員不得超過十六人，小貨車不得超過八人。
五　大貨車載運魚苗附載拍水人員不得超過十二人。
六　大貨車載運棺柩附載人員不得超過十六人。
七　大貨車載運神轎附載人員不得超過十六人。

II前項附載人員連同裝載物不得超過核定之總重量，如貨車為廂型貨車時，應在車廂之內。框型貨車其裝載總高度已達三公尺之貨物上不得附載人員。

第87條

I客貨兩用車，應依下列規定：

一　載客與載貨空間應裝設固定式或隨車配附非固定式之間隔裝置，載貨空間之車窗應裝設固定式金屬欄杆。
二　載人不得超過核定之人數，載貨不得超過核定之載重量，兼載客、貨時其載貨與載客空間，應完整裝置固定間隔，並不得超過核定之總重量。

II代用客車，應依下列規定：

一　代用大客車車身應為金屬或木製之固定廂式，車身設門及固定扶梯，加設立位者，應裝拉桿。
二　代用小客車車身得為金屬或木製之固定廂式，後車門得加裝踏板，不須裝扶梯。但不得設立位。
三　駕駛室與後車廂應隔開，代用客車如其中間或後車廂左右兩邊開有車窗者，應加裝金屬欄杆。
四　車身內兩側設置固定翻動式座椅。
五　載人不得超過核定之座位及立位人數，兼載客、貨時，不得超過核定之總重量。

III原經交通部車型審查通過之國內量產中之小客貨兩用車，自中華民國八十八年一月一日起出廠者，應符合第一項第一款及第三條第三款第二目後段之規定。

第88條

I機車附載人員或物品，應依下列規定：

一　載物者，小型輕型不得超過二十公斤；普通輕型不得超過五十公斤；重型不得超過八十公斤，高度不得超過駕駛人肩部，寬度不得超過把手外緣十公分，長度自座位後部起不得向前超伸，伸出車尾部分，自後輪軸起不得超過半公尺；具封閉式貨箱之電動三輪重型機車不得超過二百公斤，裝載貨物不得超出貨箱以外。
二　小型輕型機車不得附載人員，重型及普通輕型機車在駕駛人後設有固定座位者，得附載一人。
三　附載坐人後，不得另載物品。但零星物品不影響駕駛人及附載人員之安全者，不在此限。
四　附載坐人不得側坐。
五　駕駛人及附載坐人均應戴安全帽。
六　裝載容易滲漏、飛散、氣味惡臭之貨物，能防止其發洩者，應嚴密封固，裝置適當。
七　附載坐人、載運貨物必須穩妥，物品應捆紮牢固，堆放平穩。

II機車駕駛人及附載座人應依下列規定配戴安全

帽：

一　安全帽應為乘坐機車用之安全帽，經經濟部標準檢驗局檢驗合格，並於帽體貼有商品檢驗標識。

二　帽體及相關配件必須齊全，並無毀損、鬆脫或變更之情事。

三　配帶時安全帽應正面朝前及位置正確，於顎下繫緊扣環，安全帽並應適合頭形，穩固戴在頭上，不致上下左右晃動，且不可遮蔽視線。

第 89 條

I 行車前應注意之事項，依下列規定：

一　方向盤、煞車、輪胎、燈光、雨刮、喇叭、照後鏡及依規定應裝設之行車紀錄器、載重計與轉彎、倒車警報裝置等須詳細檢查確實有效。

二　行車執照、駕駛執照及其他依法令規定必須隨車攜帶之證件，均應攜帶。

三　隨車工具須準備齊全。

四　兒童須乘坐於小客車之後座。

五　駕駛人、前座、小型車後座及大客車車廂為部分或全部無車頂區域之乘客均應繫妥安全帶。

六　起駛前應關閉汽車駕駛人視線範圍內之娛樂性顯示設備。但提供行車輔助顯示，不在此限。

七　起駛前應顯示方向燈，注意前後左右有無障礙或車輛行人，並應讓行進中之車輛行人優先通行。

II 前項第一款應裝設行車紀錄器之汽車，未依規定裝設或經檢查未能正確運作或未使用紀錄卡或未按時更換紀錄卡時，不得行駛。前段紀錄卡應妥善保存一年備查。

III 第一項第一款應裝設載重計或轉彎、倒車警報裝置之車輛，未依規定裝設或經檢查未能正確運作或載重計其鉛封破損不完整時，不得行駛。

第 90 條

I 駕駛人駕駛汽車，除應遵守道路交通標誌、標線、號誌之指示，並服從交通指揮人員之指揮外，並應遵守下列規定：

一　禁止操作或觀看娛樂性顯示設備。

二　禁止操作行車輔助顯示設備。

三　禁止以手持方式使用行動電話、電腦或其他相類功能裝置進行撥接、通話、數據通訊或其他有礙駕駛安全之行為。

II 警備車、消防車及救護車之駕駛人，依法執行任務所必要或其他法令許可者，得不受前項第三款之限制。

第 91 條

I 行車遇有轉向、減速暫停、讓車、倒車、變換車道等情況時所用之燈光及駕駛人之手勢，應依下列規定：

一　右轉彎時，應先顯示車輛前後之右邊方向燈光，或由駕駛人表示左臂向上，手掌向右微曲之手勢。

二　左轉彎時，應先顯示車輛前後之左邊方向燈光，或由駕駛人表示左臂平伸，手掌向下之手勢。

三　減速暫停時，應顯示燈光，或由駕駛人表示左臂向下垂伸，手掌向後之手勢。

四　允讓後車超越時，應顯示右邊方向燈光，或由駕駛人表示左臂向下四五度垂伸，手掌向前並前後擺動之手勢。

五　倒車時，應顯示倒車燈光，或由駕駛人表示左臂平伸，手掌向後並前後擺動之手勢。

六　變換車道時，應先顯示欲變換車道方向之燈光或手勢。

II 汽車行駛時，不得任意以迫近、驟然變換車道或其他不當方式，迫使他車讓道。

第 92 條

I 汽車除有下列情事之一者外，不得按鳴喇叭：

一　行近急彎，上坡道頂端視距不良者。

二　在郊外道路同一車道上行車欲超越前行車時。

三　遇有緊急或危險情況時。

II 前項按鳴喇叭，應以單響為原則，並不得連續按鳴三次，每次時間不得超過半秒鐘。

第 93 條

I 行車速度，依速限標誌或標線之規定，無速限標誌或標線者，應依下列規定：

一　行車時速不得超過五十公里。但在設有快慢車道分隔線之慢車道，時速不得超過四十公里，未劃設車道線、行車分向線或分向限制線之道路，時速不得超過三十公里。

二　行經設有彎道、坡路、狹路、狹橋、隧道、學校、醫院標誌之路段、道路施工路段、泥濘或積水道路、無號誌之交岔路口及其他人車擁擠處所，或因雨霧致視線不清或道路發生臨時障礙，均應減速慢行，作隨時停車之準備。

三　應依減速慢行之標誌、標線或號誌指示行駛。

II 消防車、救護車、警備車、工程救險車及毒性化學物質災害事故應變車執行任務時，得不受前項行車速度之限制，且於開啟警示燈及警鳴器執行緊急任務時，得不受標誌、標線及號誌指示之限制。

第 94 條

I 汽車在同一車道行駛時，除擬超越前車外，後車與前車之間應保持隨時可以煞停之距離，不得任意以迫近或其他方式，迫使前車讓道。

II汽車除遇突發狀況必須減速外，不得任意驟然減速、煞車或於車道中暫停。前車如須減速暫停，駕駛人應預先顯示燈光或手勢告知後車，後車駕駛人應隨時注意前車之行動。

III汽車行駛時，駕駛人應注意車前狀況及兩車並行之間隔，並隨時採取必要之安全措施，不得在道路上蛇行，或以其他危險方式駕車。

IV汽車行駛於大眾捷運系統車輛共用通行之車道時，聞或見大眾捷運系統車輛臨近之聲號或燈光時，應即依規定變換車道，避讓其優先通行，並不得在後跟隨迫近。但道路主管機關另有規定者，不在此限。

第 95 條

I汽車除行駛於單行道或指定行駛於左側車道外，在未劃分向線或分向限制線之道路，應靠右行駛。但遇有特殊情況必須行駛左側道路時，除應減速慢行外，並注意前方來車及行人。

II四輪以上汽車及大型重型機車在劃有快慢車道分隔線之道路行駛，除起駛、準備轉彎、準備停車或臨時停車，不得行駛慢車道。但設有快慢車道分隔島之道路不在此限。

第 96 條

汽車在單行道行駛時，應在快車道上按遵行方向順序行駛，劃有路面邊線者，除起駛、準備停車或臨時停車外，不得駛出路面邊線。

第 97 條

I汽車在未劃設慢車道之雙向二車道行駛時，應依下列規定：

一　均應在遵行車道內行駛。

二　在劃有分向限制線之路段，不得駛入來車之車道內。

三　在劃有行車分向線之路段，超車時得駛越，但不能並行競駛。

四　除準備停車或臨時停車外，不得駛出路面邊線。

II汽車在設有慢車道之雙向二車道，除應依前項各款規定行駛外，於快慢車道間變換車道時，應顯示方向燈，讓直行車先行，並注意安全距離。

第 98 條

I汽車在同向二車道以上之道路（車道數計算，不含車種專用車道、機車優先道及慢車道），除應依標誌或標線之指示行駛外，並應遵守下列規定：

一　大型汽車在同向三車道以上之道路，除準備左轉彎外，不得在內側車道行駛。

二　小型汽車內外側車道均可行駛，行駛速度較慢時，應在外側車道行駛，但不得任意變換車道行駛。

三　執行任務中之消防車、救護車、警備車、工程救險車，內外側車道均可行駛。

四　由同向二車道進入一車道，應讓直行車道之車輛先行，無直行車道者，外車道之車輛應讓內車道之車輛先行。但在交通壅塞時，內、外側車道車輛應互爲禮讓，逐車交互輪流行駛，並保持安全距離及間隔。

五　除準備停車或臨時停車外，不得駛出路面邊線或跨越兩條車道行駛。

六　變換車道時，應讓直行車先行，並注意安全距離。

II設有左右轉彎專用車道之交岔路口，直行車不得占用轉彎專用車道。

III汽車在調撥車道或雙向車道數不同之道路，除依第一項各款規定行駛外，並應依道路交通標誌、標線、號誌之指示行駛。

第 99 條

I機車行駛之車道，應依標誌或標線之規定行駛；無標誌或標線者，依下列規定行駛：

一　在未劃分快慢車道之道路，應在最外側二車道行駛；單行道應在最左、右側車道行駛。

二　在已劃分快慢車道之道路，雙向道路應在最外側快車道及慢車道行駛；單行道道路應在慢車道及與慢車道相鄰之快車道行駛。

三　變換車道時，應讓直行車先行，並注意安全距離。

四　由同向二車道進入一車道，應讓直行車道之車輛先行，無直行車道者，外車道之車輛應讓內車道之車輛先行。但在交通壅塞時，內、外側車道車輛應互爲禮讓，逐車交互輪流行駛，並保持安全距離及間隔。

五　除起駛、準備停車或臨時停車外，不得駛出路面邊線。

六　不得在人行道行駛。

II機車行駛至交岔路口，其轉彎，應依標誌或標線之規定行駛；無標誌或標線者，應依第一百零二條及下列規定行駛：

一　內側車道設有禁行機車標誌或標線者，應依兩段方式進行左轉，不得由內側或其他車道左轉。

二　在三快車道以上單行道道路，行駛於右側車道或慢車道者，應以兩段方式進行左轉彎；行駛於左側車道或慢車道者，應以兩段方式進行右轉彎。

III機車不得在道路上蛇行，或僅以後輪著地或以其他危險方式駕車，亦不得拆除消音器或以其他方式造成噪音。

IV執行任務之警備或巡邏機車，得不受第一項、第二項及第九十九條之一之限制；並得行駛快速公路、市區快速道路，不受標誌或標線之限制，但應開啟警示燈。

第 99 條之 1

大型重型機車，比照小型汽車適用其行駛規定。但另設有標誌、標線或號誌特別管制者，應依其指示行駛。

第 100 條

汽車交會時，應依下列規定：

一　在未劃有分向標線之道路，或鐵路平交道，或不良之道路交會時，應減速慢行。

二　在山路交會時，靠山壁車輛應讓道路外緣車優先通過。

三　在峻狹坡路交會時，下坡車應停車讓上坡車先行駛過。但上坡車尚在坡下而下坡車已駛至坡道中途者，上坡車應讓下坡車駛過後，再行上坡。

四　雙向車道上之單車道橋樑，設有號誌或行車管制人員者，應依其指示行駛；未設號誌或行車管制人員者，如同時有車輛自兩端行近橋口時，應先暫停並視情況，由一方亮停車燈或以手勢表示允讓後，他方始得行駛通過。

五　會車相互之間隔不得少於半公尺。

六　夜間會車應用近光燈。

七　單車道之橋樑及隧道不得交會。

第 101 條

I 汽車超車時，應依下列規定：

一　行經設有彎道、陡坡、狹橋、隧道、交岔路口標誌之路段或鐵路平交道、道路施工地段，不得超車。

二　在設有學校、醫院標誌或其他設有禁止超車標誌、標線之處所、地段或對面有來車交會或前行車連貫二輛以上者，不得超車。

三　欲超越同一車道之前車時，須先按鳴喇叭二單響或變換燈光一次，不得連續密集按鳴喇叭或變換燈光迫使前車允讓。

四　前行車駕駛人聞後行車按鳴喇叭或見後行車顯示超車燈光時，如車前路況無障礙，應即減速靠邊或表示允讓，並注意後行車超越時之行駛狀況。

五　前行車減速靠邊或以手勢或亮右方向燈表示允讓後，後行車始得超越。超越時應顯示左方向燈並於前車左側保持半公尺以上之間隔超過，行至安全距離後，再顯示右方向燈駛入原行路線。

II 汽車遇幼童專用車、校車、身心障礙者用特製車、教練車或執行道路駕駛考驗之考驗用車時，應予禮讓。

III 汽車聞有消防車、救護車、警備車、工程救險車、毒性化學物質災害事故應變車等執行緊急任務車輛之警號時，應依下列規定避讓行駛：

一　聞有執行緊急任務車輛之警號時，不論來自何方，均應立即避讓，並不得在後跟隨急駛、併駛或超越，亦不得駛過在救火時放置於路上之消防水帶。

二　在同向或雙向僅有一車道之路段，應即減速慢行向右緊靠道路右側避讓，並暫時停車於適當地點，供執行緊急任務車輛超越。

三　在同向二車道以上路段，與執行緊急任務車輛同車道之前車，應即向相鄰車道或路側避讓，相鄰車道之車輛應減速配合避讓，並作隨時停車之準備。

四　執行緊急任務車輛得利用相鄰二車道間之車道線行駛，而在車道線左右兩側車道之車輛，應即減速慢行分向左右兩側車道避讓，並作隨時停車之準備。

五　執行緊急任務車輛行經交岔路口時，已進入路口之車輛應駛離至不妨害執行緊急任務車輛行進動線之地點；同向以外未進入路口車輛應減速暫停，不得搶快進入路口，以避讓執行緊急任務車輛先行。

第 102 條

I 汽車行駛至交岔路口，其行進、轉彎，應依下列規定：

一　應遵守燈光號誌或交通指揮人員之指揮，遇有交通指揮人員指揮與燈光號誌並用時，以交通指揮人員之指揮爲準。

二　行至無號誌或號誌故障而無交通指揮人員指揮之交岔路口，支線道車應暫停讓幹線道車先行。未設標誌、標線或號誌劃分幹、支線道者，少線道車應暫停讓多線道車先行；車道數相同時，轉彎車應暫停讓直行車先行；同爲直行車或轉彎車者，左方車應暫停讓右方車先行。但在交通壅塞時，應於停止線前暫停與他方雙向車輛互爲禮讓，交互輪流行駛。

三　由同向二車道進入一車道，應讓直行車道之車輛先行，無直行車道者，外車道之車輛應讓內車道之車輛先行。但在交通壅塞時，內、外側車道車輛應互爲禮讓，逐車交互輪流行駛，並保持安全距離及間隔。

四　右轉彎時，應距交岔路口三十公尺前顯示方向燈或手勢，換入外側車道、右轉車道或慢車道，駛至路口後再行右轉。但由慢車道右轉彎時應於距交岔路口三十至六十公尺處，換入慢車道。

五　左轉彎時，應距交岔路口三十公尺前顯示方向燈或手勢，換入內側車道或左轉車道，行至交岔路口中心處左轉，並不得占用來車道搶先左轉。

六　設有劃分島劃分快慢車道之道路，在慢車道上行駛之車輛不得左轉，在快車道行駛之車輛不得右轉彎。但另設有標誌、標線或號誌管制者，應依其指示行駛。

七　轉彎車應讓直行車先行。
八　對向行駛之左右轉車輛已轉彎須進入同一車道時，右轉彎車輛應讓左轉彎車輛先行，如進入二以上之車道者，右轉彎車輛應進入外側車道，左轉彎車輛應進入內側車道。
九　行至無號誌之圓環路口時，應讓已進入圓環車道之車輛先行。
十　行經多車道之圓環，應讓內側車道之車輛先行。
十一　交岔路口因特殊需要另設有標誌、標線者，並應依其指示行車。
十二　行至有號誌之交岔路口，遇紅燈應依車道連貫暫停，不得逕行插入車道間，致交通擁塞，妨礙其他車輛通行。
十三　行至有號誌之交岔路口，遇有前行或轉彎之車道交通擁塞時，應在路口停止線前暫停，不得逕行駛入交岔路口內，致號誌轉換後，仍未能通過妨礙其他車輛通行。

II前項第二款之車道數，以進入交岔路口之車道計算，含快車道、慢車道、左、右轉車道、車種專用車道、機車優先道及調撥車道。

III同向有二以上之車道者，左側車道為內側車道，右側車道為外側車道。

第 103 條

I汽車行近未設行車管制號誌之行人穿越道前，應減速慢行。

II汽車行近行人穿越道，遇有行人穿越、攜帶白手杖或導盲犬之視覺功能障礙者時，無論有無交通指揮人員指揮或號誌指示，均應暫停讓行人、視覺功能障礙者先行通過。

III汽車行近未劃設行人穿越道之交岔路口，遇有行人、攜帶白手杖或導盲犬之視覺功能障礙者穿越道路時，無論有無交通指揮人員指揮或號誌指示，均應暫停讓行人、視覺功能障礙者先行通過。

第 104 條

I汽車行駛中，駕駛人看到鐵路平交道標誌或標線後，應即將速度減低至時速十五公里以下，接近平交道時，應依下列規定：
一　鐵路平交道設有遮斷器或看守人員管理者，如警鈴已響、閃光號誌已顯示或遮斷器已開始放下或看守人員表示停止時，應即暫停，俟遮斷器開放或看守人員表示通行後，始得通過。如遮斷器未放下或看守人員未表示停止時，仍應看、聽鐵路兩方無火車駛來，始得通過。
二　鐵路平交道設有警鈴及閃光號誌者，警鈴已響，閃光號誌已顯示，駕駛人應暫停俟火車通過後，看、聽鐵路兩方確無火車駛來，始得通過。如警鈴未響，閃光號誌未顯示，仍應看、聽鐵路兩方無火車駛來，始得通過。
三　鐵路平交道上無看守人員管理或無遮斷器、警鈴、閃光號誌之設備者駕駛人應在軌道外三至六公尺前暫停、看、聽鐵路兩方無火車來時，始得通過。

II汽車駛至鐵路平交道前，如前面有車輛時，應俟前車駛離鐵路平交道適當距離而後車能安全通過後，始得通過。

第 104 條之 1

汽車行駛至有大眾捷運系統車輛共用通行之交岔路口，除應依標誌、標線或號誌之指示行駛外，並應遵守下列規定：
一　行至設有聲光號誌之交岔路口，警鈴已響，閃光號誌已顯示，駕駛人應暫停俟大眾捷運系統車輛通過後，看、聽兩方無大眾捷運系統車輛駛來，始得通過。
二　行至聲光號誌故障而無交通指揮人員指揮之交岔路口時，駕駛人應暫停、看、聽兩方無大眾捷運系統車輛駛來，始得通過。

第 105 條

汽車行駛於高速公路、快速公路或設站管制之道路，應遵守其管制之規定。

第 106 條

汽車迴車時，應依下列規定：
一　在設有彎道、坡路、狹路、狹橋、隧道標誌之路段或鐵路平交道不得迴車。
二　在設有禁止迴車標誌或劃有分向限制線，禁止超車線、禁止變換車道線之路段，不得迴車。
三　禁止左轉路段，不得迴車。
四　行經圓環路口，除設有專用迴車道者外，應繞圓環迴車。
五　汽車迴車前，應暫停並顯示左轉燈光或手勢，看清無來往車輛，並注意行人通過，始得迴轉。
六　聯結車不得迴轉。

第 107 條

汽車行經坡道，上坡時不得蛇行前進，下坡時不得將引擎熄火，空檔滑行。

第 108 條

汽車行經渡口時，應依下列規定：
一　除有特別規定外，應按指定碼頭及到達先後次序過渡，不得爭先搶渡。
二　待渡車輛，須靠路邊右側停放，順序排列。
三　待渡車輛駕駛人員，應坐於駕駛室內，受渡口管理人員之調度，嚴守秩序。
四　客車過渡，乘客一律下車。
五　貨車過渡，其總重量超過渡船規定之重量者，須將逾重物品卸下，分別渡過。

第 109 條

I汽車行駛時，應依下列規定使用燈光：

一　受夜間應開亮頭燈。
二　行經隧道、調撥車道應開亮頭燈。
三　遇濃霧、雨、雪、天色昏暗或視線不清時，應開亮頭燈。
四　非遇雨、霧時，不得使用霧燈。
五　行經公路主管機關或警察機關公告之山區或特殊路線之路段，涵洞或車行地下道，應依標誌指示使用燈光。
六　夜間會車時，或同向前方一百公尺內有車輛行駛，除第一百零一條第三款之情形外，應使用近光燈。

II汽車駕駛人，應依下列規定使用方向燈：
一　起駛前應顯示方向燈。
二　左（右）轉彎時，應先顯示車輛前後之左（右）邊方向燈光；變換車道時，應先顯示欲變換車道方向之燈光，並應顯示至完成轉彎或變換車道之行為。
三　超越同一車道之前車時應顯示左方向燈並至與前車左側保持半公尺以上之間隔超過，行至安全距離後，再顯示右方向燈駛入原行路線。

第 110 條

汽車倒車時，應依下列規定：
一　在設有彎道、狹路、坡路、狹橋、圓環、隧道、單行道標誌之路段或鐵路平交道、快車道、大眾捷運系統車輛共用通行交岔路口且為大眾捷運系統車輛導引路線上等危險地帶，不得倒車。但因讓車、停車或起駛有倒車必要者，不在此限。
二　應顯示倒車燈光或手勢後，謹慎緩慢後倒，並應注意其他車輛及行人。
三　大型汽車須派人在車後指引，如無人在車後指引時，應先測明車後有足夠之地位，並促使行人及車輛避讓。

第 111 條

I汽車臨時停車時，應依下列規定：
一　橋樑、隧道、圓環、障礙物對面、鐵路平交道、人行道、行人穿越道、快車道等處，不得臨時停車。
二　交岔路口、公共汽車招呼站十公尺內、消防栓、消防車出入口五公尺內不得臨時停車。
三　設有禁止臨時停車標誌、標線處所不得臨時停車。
四　道路交通標誌前不得臨時停車。
五　不得併排臨時停車。

II汽車臨時停車時，應依車輛順行方向緊靠道路邊緣，其前後輪胎外側距離緣石或路面邊緣不得逾六十公分。但大型車不得逾一公尺。

III大型重型機車及機車臨時停車時，應依車輛順行方向緊靠道路邊緣停放，其前輪或後輪外側距離緣石或路面邊緣不得逾四十公分。

第 112 條

I汽車停車時，應依下列規定：
一　禁止臨時停車處所不得停車。
二　在設有彎道、險坡、狹路標誌之路段、槽化線、交通島或道路修理地段不得停車。
三　機場、車站、碼頭、學校、娛樂、展覽、競技、市場或其他公共場所出、入口及消防栓之前，不得停車。
四　設有禁止停車標誌、標線之處所不得停車。
五　在設有身心障礙者專用停車標誌處所，非身心障礙者用車不得停放。
六　汽車所有人、汽車買賣業或汽車修理業不得在道路上停放待售或承修之車輛。
七　路邊劃有停放車輛線之處所不得停車營業。
八　自用汽車不得於營業汽車招呼站停車。
九　顯有妨礙其他人、車通行處所，不得停車。
十　不得併排停車。
十一　於坡道不得已停車時應切實注意防止車輛滑行。
十二　停於路邊之車輛，遇視線不清時，或在夜間無燈光設備或照明不清之道路，均應顯示停車燈光或反光標識。
十三　在停車場內或路邊准停車處所停車時，應依規定停放，不得紊亂。
十四　一個小型車停車格位得停放一輛以上之大型重型機車。
十五　停車時間、位置、方式及車種，如公路主管機關、市區道路主管機關或警察機關有特別規定時，應依其規定。

II汽車停車時應依車輛順行方向緊靠道路邊緣，其前後輪胎外側距離緣石或路面邊緣不得逾四十公分。

III大型重型機車及機車停車時，應依車輛順行方向緊靠道路邊緣平行、垂直或斜向停放，其前輪或後輪外側距離緣石或路面邊緣不得逾三十公分。但公路主管機關、市區道路主管機關或警察機關另有特別規定時，應依其規定。

IV汽車發生故障不能行駛，應即設法移置於無礙交通之處，在未移置前或移置後均應依下列規定豎立車輛故障標誌，車輛駛離現場時，應即拆除：
一　在行車時速四十公里以下之路段，應豎立於車身後方五公尺至三十公尺之路面上，車前適當位置得視需要設置。
二　在行車時速逾四十公里之路段，應豎立於車身後方三十公尺至一百公尺之路面上，車前適當位置得視需要設置。
三　交通擁擠之路段，應懸掛於車身之後部，車前適當位置得視需要設置。

V汽車臨時停車或停車，汽車駕駛人或乘客開啓或關閉車門時，應遵守下列規定：
一　應於汽車停妥後開啓或關閉車門。
二　乘客應由右側開啓或關閉車門，但在單行道准許左側停車者，應由左側開啓或關閉車門。車輛後方設有輪椅置放區者得由後方開啓或關閉車門。
三　應注意行人、其他車輛，並讓其先行。
四　確認安全無虞後，再將車門開啓至可供出入幅度，迅速下車並關上車門。

第 113 條
消防車、警備車、救護車、工程救險車、外交部禮賓車、公用事業機構之工程車、垃圾車及傳遞郵件電報等車輛，於執行任務時，其臨時停車及停車地點得不受前二條之限制。但公路主管機關、市區道路主管機關或警察機關另有特別規定者，應依其規定。

第 114 條
汽車駕駛人有下列情形之一者，不得駕車：
一　連續駕車超過八小時。
二　飲用酒類或其他類似物後其吐氣所含酒精濃度達每公升零點一五毫克或血液中酒精濃度達百分之零點零三以上。
三　吸食毒品、迷幻藥、麻醉藥品或其相類似管制藥品。
四　患病影響安全駕駛。
五　計程車駕駛人未向警察機關請領執業登記證，或雖已領有而未依規定放置車內指定之插座。

第五章　慢　車

第 115 條
I 其他慢車未依規定向直轄市、縣（市）政府辦理登記，領取證照，不得行駛道路。
II 前項之證照，駕駛人應隨身攜帶。

第 115 條之 1
電動輔助自行車及電動自行車，應經檢測及型式審驗合格，並粘貼審驗合格標章後，始得行駛道路。

第 115 條之 2
電動自行車駕駛人應依下列規定配戴安全帽：
一　安全帽應為乘坐機車用或自行車用之安全帽，經經濟部標準檢驗局檢驗合格，並於帽體貼有商品檢驗標識。
二　帽體及相關配件必須齊全，並無毀損、鬆脫或變更之情事。
三　配帶時安全帽應正面朝前及位置正確，於顎下繫緊扣環，安全帽並應適合頭形，穩固戴在頭上，不致上下左右晃動，且不可遮蔽視線。

第 116 條
各直轄市、縣（市）政府因地方交通發展，對各種慢車認為須予淘汰者，報請行政院核定後公告禁止行駛。

第 117 條（刪除）
第 118 條（刪除）
第 119 條
I 慢車不得擅自變更裝置，並應保持煞車、鈴號、燈光及反光裝置等安全設備之良好與完整。
II 電動輔助自行車及電動自行車之安全設備，應符合電動輔助自行車及電動自行車安全檢測基準，不得擅自增、減、變更電子控制裝置或原有規格。
III 其他慢車，其安全設備應符合直轄市、縣（市）政府依道路交通管理處罰條例第六十九條第三項授權另定之管理辦法規定。
IV 慢車擅自加裝補助引擎或馬達行駛者，依汽車之拼裝車輛處理。

第 120 條
I 慢車駕駛人有下列情事之一者，不得駕駛或推拉車輛：
一　患有妨害作業之疾病。
二　身心狀況或體力不能對所駕車輛為正常之控制。
三　飲用酒類或其他類似物後其吐氣所含酒精濃度達每公升零點一五毫克或血液中酒精濃度達百分之零點零三以上。
II 慢車行駛於道路時，駕駛人不得以手持方式使用行動電話、電腦或其他相類功能裝置進行撥接、通話、數據通訊或其他有礙駕駛安全之行為。

第 121 條（刪除）
第 122 條
I 慢車之裝載，應依下列規定：
一　自行車不得附載坐人。但腳踏自行車或電動輔助自行車依規定附載一名幼童者，不在此限。
二　自行車載物高度不得超過駕駛人肩部，重量不得超過二十公斤，長度不得伸出前輪，並不得伸出車後一公尺，寬度不得超過車把手。
三　三輪客車載客不得超過二人。
四　三輪貨車載重不得超過五百公斤，高度不得超過駕駛人肩部，寬度不得伸出車身兩側，長度不得伸出車後二公尺。並不得附載乘客。
五　手拉（推）貨車載重不得超過一千公斤，高度自地面起不得超過二．五公尺，寬度不得伸出車身兩側，連同載物全長不得超過四公尺。
六　獸力行駛車輛載重不得超過二千公斤，高度自地面起不得超過二．五公尺，寬度不得伸出車身兩側，載物全長不得超過四公尺。
七　裝載容易滲漏、飛散、有惡臭氣味及危險性之貨物，應予嚴密封固或適當裝置。

八　裝載禽獸不得重疊或倒置。
九　裝載貨物應捆紮結實。

II 年滿十八歲駕駛人使用合格腳踏自行車或電動輔助自行車，並安裝合格兒童座椅之前座椅者，以附載一歲以上四歲以下且重量十五公斤以下幼童爲限；其屬安裝後座椅者，以附載一歲以上六歲以下且重量二十二公斤以下幼童爲限。

III 腳踏自行車或電動輔助自行車應標示合格標章後始得依前項規定附載幼童行駛道路。

IV 第二項所稱合格腳踏自行車、電動輔助自行車及自行車兒童座椅係指符合附件二十三規定並標示合格標章者。

V 附載幼童之腳踏自行車、電動輔助自行車、自行車兒童座椅製造商及進口商，應於其產品中文使用說明書中加註附載幼童之相關安全使用注意事項。

第 123 條

慢車上下乘客或裝卸貨物，應緊靠路邊，不得妨礙交通。但公路主管機關、市區道路主管機關或警察機關對停車之時間、地點有特別規定者，應依其規定。

第 124 條

I 慢車起駛前應注意前後左右有無障礙或車輛行人，並應讓行進中之車輛行人優先通行。

II 慢車行駛，應遵守道路交通標誌、標線、號誌之指示，並服從交通指揮人員之指揮。

III 慢車行駛之車道，應依標誌或標線之規定行駛；無標誌或標線者，應依下列規定行駛：

一　應在劃設之慢車道上靠右順序行駛，在未劃設慢車道之道路，應靠右側路邊行駛。但公路主管機關、市區道路主管機關或警察機關對行駛地區、路線或時間有特別規定者，應依其規定。
二　單行道道路應在最左、右側車道行駛。
三　不得侵入快車道或人行道行駛。
四　不得在禁止穿越地段穿越道路。

IV 慢車在同一車道行駛時，後車與前車之間應保持隨時可以煞停之距離；變換車道時，應讓直行車先行，並應注意安全之距離。

V 慢車行駛時，駕駛人應注意車前狀況及與他車行駛間隔，並隨時採取必要之安全措施。

第 124 條之 1

公路主管機關、市區道路主管機關或警察機關得在不妨礙通行或行車安全無虞之原則，於人行道設置必要之標誌或標線供慢車行駛。慢車應依標誌或標線之指示行駛，並應讓行人優先通行。

第 125 條

I 慢車行駛至交岔路口，其行進或轉彎，應依標誌、標線或號誌之規定行駛，無標誌、標線或號誌者，應依第一百零二條及下列規定行駛：

一　直行時，應順其遵行方向直線通過，不得蛇行搶先。
二　右轉彎時，應靠右側路邊右轉。但行駛於二車道以上之單行道左側車道或左側慢車道者，應採兩段方式右轉。
三　左轉彎時，應繞越道路中心處左轉進入規定行駛車道內行進。但行駛於同向二車道以上之單行道右側車道或右側慢車道者，應依兩段方式進行左轉。
四　在設有交通島劃分行車方向或快慢車道之道路行駛，不得左轉。
五　應讓行人優先通行。

II 慢車迴車時，除應依第一百零六條規定外，迴車前並應暫停，看清無來往車輛，並注意行人通過，始得迴轉。

第 126 條

I 慢車行近行人穿越道或未劃設行人穿越道之交岔路口，遇有行人穿越、攜帶白手杖或導盲犬之視覺功能障礙者時，無論有無交通指揮人員指揮或號誌指示，均應暫停讓行人、視覺功能障礙者先行通過。

II 慢車行駛，不得爭先、爭道、並行競駛或以其他危險方式駕駛。

III 慢車超車時，應在慢車道可容超越前車之處，沿前車左邊超越，再駛入原行路線。

IV 第二項所稱之其他危險方式駕駛，如包括吸食毒品、迷幻藥、麻醉藥品或其相類似管制藥品，或服用藥物不能對所駕車輛爲正常控制等之駕駛行爲。

V 慢車行駛於大眾捷運系統車輛共用通行之車道時，聞或見大眾捷運系統車輛臨近之聲號或燈光時，應即依規定變換車道，避讓其優先通行，並不得在後跟隨迫近。但道路主管機關另有規定者，不在此限。

第 127 條

慢車不得牽引其他車輛或攀附車輛隨行。

第 128 條

慢車在夜間行駛應開啓燈光。

第 129 條

慢車行駛或停止時，聞消防車、警備車、救護車、工程救險車、毒性化學物質災害事故應變車之警號，應立即靠道路右側避讓；於單行道應靠道路兩側避讓，並暫時停車於適當地點，供執行緊急任務車輛超越。

第 130 條

慢車行經鐵路平交道，應依下列規定：

一　鐵路平交道設有遮斷器或看守人員管理者，如警鈴已響、閃光號誌已顯示或遮斷器已開始放下或看守人員表示停止時，應即靠邊暫停，俟遮斷器開放或看守人員表示通行後，始得通過。如遮斷器未放下或看守人員未表示停止時，仍應看、聽鐵路兩方無火車駛來，始得通過。
二　鐵路平交道設有警鈴及閃光號誌者，警鈴已響，閃光號誌已顯示，駕駛人應靠邊暫停俟火車通過後，看、聽鐵路兩方確無火車駛來始得通過。如警鈴未響，閃光號誌未顯示，仍應看、聽鐵路兩方確無火車駛來，始得通過。
三　鐵路平交道無看守人員管理或無遮斷器、警鈴、閃光號誌之設備者，駕駛人應靠邊暫停，看、聽鐵路兩方無火車駛來時，始得通過。
四　在鐵路平交道上，不得超車、迴車、倒車或臨時停車。

第 130 條之 1

慢車行經大眾捷運系統車輛共用通行之交岔路口，除應依標誌、標線或號誌之指示行駛外，並應遵守下列規定：
一　行至設有聲光號誌之交岔路口，警鈴已響，閃光號誌已顯示，駕駛人應暫停俟大眾捷運系統車輛通過後，看、聽兩方無大眾捷運系統車輛駛來，始得通過。
二　行至聲光號誌故障而無交通指揮人員指揮之交岔路口時，駕駛人應暫停、看、聽兩方無大眾捷運系統車輛駛來，始得通過。

第 131 條

Ｉ慢車不得任意停放，應在規定地點或劃設之標線以內，順序排列。
II在未設置自行車停車設施之處所，自行車得比照大型重型機車以外之機車停放。

第 132 條（刪除）

第六章　行　人

第 133 條

行人應在劃設之人行道行走，在未劃設人行道之道路，應靠邊行走，並不得在道路上任意奔跑、追逐、嬉戲或坐、臥、蹲、立，阻礙交通。

第 134 條

行人穿越道路，應依下列規定：
一　設有行人穿越道、人行天橋或人行地下道者，必須經由行人穿越道、人行天橋或人行地下道穿越，不得在其一百公尺範圍內穿越道路。
二　未設有前款設施之交岔路口，行人穿越道路之範圍，應於人行道之延伸線內；未設人行道，而有劃設停止線者，應於停止線前至路緣以內；未設有人行道及劃設停止線者，應於路緣延伸線往路段起算三公尺以內。
三　在禁止穿越、劃有分向限制線、設有劃分島或護欄之路段或三快車道以上之單行道，不得穿越道路。
四　行人穿越道路，有交通指揮人員指揮或有燈光號誌指示者，應依交通指揮人員之指揮或號誌之指示前進。無交通指揮人員指揮又無號誌指示者，應小心迅速通行。
五　行人穿越道設有行人穿越專用號誌者，應依號誌之指示迅速穿越。
六　在未設第一款行人穿越設施，亦非禁止穿越之路段穿越道路時，應注意左右無來車，始可小心迅速穿越。

第 135 條

行人通過鐵路平交道，應依下列規定：
一　鐵路平交道設有遮斷器或看守人員管理或警鈴及閃光號誌者，如遮斷器已開始放下或看守人員表示停止或警鈴已響，閃光號誌顯示時，應即靠邊停止，不得通過。
二　鐵路平交道無看守人員管理或無遮斷器警鈴閃光號誌之設備者，應看、聽鐵路兩方確無火車駛來，始得通過。
三　行人如持有長形物品通過電氣化鐵路平交道時，其總高度不得高出軌面四公尺；各該平交道設有限高標誌者，依限高標誌之規定。

第 135 條之 1

行人通過大眾捷運系統車輛共用通行之交岔路口、行人穿越道及行人徒步區，除應依標誌、標線或號誌之指示通過外，並應遵守下列規定：
一　行至設有聲光號誌之交岔路口，聲光號誌已顯示時，應即靠邊停止，不得通過。
二　行至聲光號誌故障而無交通指揮人員指揮之交岔路口時，應暫停、看、聽兩方無大眾捷運系統車輛駛來，始得通過。

第 136 條

行人乘車時，應依下列規定：
一　購票或候車，應在適當地點或指定之區界內，按先後次序，排列等候，不得爭先恐後擾亂秩序。
二　應按次序上下車，不得爭先擁擠。
三　車未停妥，不得上下車。
四　應由右側車門上下車。但在單行道准許左側停車者，應由左側車門上下車。
五　車輛行駛中，不得攀登跳車或攀附隨行。
六　乘車時，頭手不得伸出車外。

第 137 條

Ｉ行人結隊成行而行者，應靠路邊行進，並應依交通指揮人員之指揮或其所指定區間分段保持適當距離通行。
II民間婚、喪、喜慶、迎神賽會或其他類似之聚眾行為等須結隊成行通行者，應事先向警察機關申請核准。

第 138 條

行人行走時遇有攜帶白色手杖或導盲犬之視覺功能障礙者時應禮讓其先行通過。

第 139 條

父母或監護人不得疏縱未滿十四歲之人，擅自穿越車道，或於交通頻繁之道路或鐵路平交道附近任意奔跑、追逐、嬉戲或坐、臥、蹲、立，阻礙交通。

第七章　道路障礙

第 140 條

任何人不得有下列行為：

一　利用道路堆積、置放、設置或拋擲足以妨礙交通之物品。

二　在道路兩旁附近燃燒物品，發生濃煙，妨礙行車視線。

三　利用道路為工作場所。

四　利用道路放置拖車、貨櫃或動力機械。

五　未經許可在道路擺設攤位。

六　擅自設置或變更道路交通標誌、標線、號誌或其他類似之標識。

七　疏縱或牽繫畜、禽或寵物在道路奔走，妨害交通。

八　在車道或交通島上散發廣告物、宣傳單或其相類之物。

九　在車道上、車站內、高速公路服務區，任意販賣物品妨礙交通。

第 141 條

興修房屋或其他工程，未經公路主管機關或市區道路主管機關許可，不得使用道路；其經許可者，不得超出限制。

第 142 條

未經警察機關許可，不得在道路上舉行賽會、擺設筵席、拍攝影片、演戲、運動或其他類似之行為。

第 143 條

挖掘道路，應事先向公路主管或市區道路主管機關申請許可，主管機關許可時，應知會當地警察機關；工程進行中，並應樹立警告標誌，夜間並安裝警告燈；工程完竣後，應立即撤除並將障礙物清除。

第八章　附　則

第 144 條

I 有關汽車檢驗、登記、發照及駕駛人、技工考驗、登記、發照，公路監理機關於必要時，得委託相關團體協助辦理，其委託作業及監督要點，由交通部另定之。

II 前項各項業務所需各種書、表、證、照格式，由交通部另定之。

第 145 條（刪除）

第 146 條

本規則施行日期另定之。

道路交通事故處理辦法

1.中華民國92年9月24日內政部、交通部、行政院衛生署令會銜訂定發布全文14條；並自發布日施行
2.中華民國95年7月10日內政部、交通部、行政院衛生署令會銜修正發布全文15條；並自95年7月1日施行
3.中華民國103年5月2日內政部、交通部、衛生福利部令會銜修正發布第1、15條條文；並自發布日施行
4.中華民國104年11月11日內政部、交通部、衛生福利部令會銜修正發布第2、9、12、14條條文

第1條
本辦法依道路交通管理處罰條例（以下簡稱本條例）第九十二條第五項規定訂定之。

第2條
本辦法用詞，定義如下：
一　道路交通事故：指車輛、動力機械或大眾捷運系統車輛在道路上行駛，致有人受傷或死亡，或致車輛、動力機械、大眾捷運系統車輛、財物損壞之事故。
二　重大道路交通事故：指道路交通事故有下列情形之一者：
㈠死亡人數在三人以上，或死亡及受傷人數在十人以上，或受傷人數在十五人以上。
㈡運送之危險物品發生爆炸、燃燒或有毒液（氣）體、放射性物質洩漏等事故。

第3條
發生道路交通事故，駕駛人或肇事人應先為下列處置：
一　事故地點在車道或路肩者，應在適當距離處豎立車輛故障標誌或其他明顯警告設施，事故現場排除後應即撤除。
二　有受傷者，應迅予救護，並儘速通知消防機關。
三　發生火災者，應迅予撲救，防止災情擴大，並儘速通知消防機關。
四　不得任意移動肇事車輛及現場痕跡證據。但無人傷亡且車輛尚能行駛，或有人受傷且當事人均同意移置車輛時，應先標繪車輛位置及現場痕跡證據後，將車輛移置不妨礙交通之處所。
五　通知警察機關。但無人受傷或死亡且當事人當場自行和解者，不在此限。

第4條
I 前條第一款規定適當距離如下：
一　高速公路：於事故地點後方一百公尺處。
二　快速道路或最高速限超過六十公里之路段：於事故地點後方八十公尺處。
三　最高速限超過五十公里至六十公里之路段：於事故地點後方五十公尺處。
四　最高速限五十公里以下之路段：於事故地點後方三十公尺處。
五　交通壅塞或行車時速低於十公里以下之路段：於事故地點後方五公尺處。

II 前項各款情形，遇雨霧致視線不清時，適當距離應酌予增加；其有雙向或多向車流通過，應另於前方或周邊適當處所為必要之放置。

第5條
車輛所有人接獲警察機關查處肇事逃逸案件通知後，應依通知日期時間到場說明或提供車輛駕駛人相關資料。

第6條
消防機關獲知道路交通事故，應即指派救護、救災人員趕赴事故地點，對傷病患施以緊急救護，儘速送達就近醫院、診所救治。

第7條
I 醫院、診所對因道路交通事故送醫之傷病患，均應儘速救治，不得拒絕；其須轉診者，應先作適當之急救處置。

II 醫院、診所救治道路交通事故之傷病患，應登記送醫者及傷病患之姓名、國民身分證統一編號、住址及聯絡電話。

第8條
道路交通事故，除下列規定者外，由警察機關處理：
一　事故車輛係軍用車輛者，由憲兵機關處理，警察機關協助。
二　事故車輛係軍用車輛，且發生於高速公路者，由內政部警政署國道公路警察局儘速處理並通知憲兵隊，事後依其管轄移辦。
三　事故當事人或事故車輛一方為軍人或軍用車輛者，由警察機關與憲兵機關會同處理。但先行到達之機關人員應先予處理，事後依其管轄移辦。

第9條
I 警察機關獲知道路交通事故，應視情況迅為下列處置：
一　記錄報案時間、詢明報案人身分、事故時地、傷亡狀況、有無採取救護措施及現場概況等。
二　派員趕赴事故地點，並作有關救護、支援、會辦等必要之通報聯絡。
三　儘速通報消防機關護送傷病患送達就近醫院、診所救治，並通知其家屬。
四　現場適當距離處，應放置明顯標識警告通行車輛，並於周圍設置警戒物，保護現場。

五　現場道路應予適當管制，疏導人、車通行，除參加救援相關人員外，應管制民眾駐足圍觀；必要時，得全部封鎖交通。
六　現場必須變動時，應將未移動前之人、車、物狀態標繪及攝影存證。
七　現場完成勘察、蒐證後，將屍體移置適當之處所加以遮蓋，並通知其家屬及報請檢察官相驗。
八　會同現場有關人員清點受傷或死亡者之行李、財物，加以簽封暫時保管，並通知其家屬領回。
九　事故車輛無檢驗、鑑定或查證必要者，由其駕駛人或所有人自行處理；其駕駛人或所有人不予或不能即時移置，致妨礙交通者，得由警察機關逕行移置；大眾捷運系統車輛之移置，得通知營運機構處理。

II 警察機關於事故地點發現有疑似身心障礙者時，應即時通知當地社政主管機關予以協助。

III 警察機關處理運送危險物品車輛發生道路交通事故案件，應先確認危險物品種類，適當管制現場，並儘速通報相關目的事業主管機關、業者及消防機關到場處理。

IV 發生重大道路交通事故案件，處理之警察機關應迅即報告內政部警政署，並通報交通部道路交通安全督導委員會及當地公路監理機關等有關單位。

第 10 條

I 警察機關對道路交通事故現場，應就下列事項詳加勘察、蒐證、詢問關係人，據以分析研判：
一　事故地點、通向、交通情況及周圍環境狀況。
二　地面因事故形成之各項痕跡及散落物狀況。
三　駕駛人身心狀況與人、車損傷之痕跡、程度及附著物之狀況。
四　事故當事人、車輛位置及形態。
五　事故過程中之人、車動態及各關係地點。

II 前項各款之勘察、蒐證，應儘量使事故當事人及證人在場說明，並以現場圖及攝影作成紀錄，詳實填寫道路交通事故調查報告表，對事故當事人及證人陳述作成紀錄或筆錄。現場圖由當事人或在場人簽名。

III 事故當事人因故無法在場陳述事故發生情形或其陳述內容有再查證必要者，警察機關得通知車輛所有人、當事人或相關人員到場說明。

IV 肇事之汽車駕駛人拒絕接受或無法實施酒精濃度測試，或疑似吸食毒品、迷幻藥、麻醉藥品及其相類似之管制藥品者，警察機關應將其強制移由受委託醫療或檢驗機構對其實施血液或其他檢體之採樣及測試檢定。

第 11 條

事故地點勘察、蒐證工作完成後，警察機關應即通知有關單位清理現場，並撤除管制，迅速恢復交通。

第 12 條

I 事故車輛機件及車上痕跡證據尚須檢驗、鑑定或查證者，警察機關得暫時扣留處理，扣留期間不得超過三個月。

II 前項扣留之車輛應製給收據，詳記車牌號碼或引擎號碼、車輛種類、型式及扣留之原因。扣留原因消滅後，應即通知車輛所有人限期領回。屆期未領回或無法查明車輛所有人者，由扣留機關依本條例第八十五條之三規定處理。

III 大眾捷運系統車輛之扣留，得通知營運機構處理。

IV 事故車輛機件損壞，其行駛安全堪虞者，禁止其行駛。

第 13 條

I 道路交通事故案件當事人或利害關係人，得於下列期間向警察機關申請閱覽或提供相關資料：
一　於事故現場得申請提供道路交通事故當事人登記聯單。
二　於事故七日後得申請閱覽或提供現場圖、現場照片。
三　於事故三十日後得申請提供道路交通事故初步分析研判表。

II 前項資料之閱覽應於警察機關之辦公處所為之，不得攜出或塗改增刪；警察機關得以複印或備份方式提供現場照片。

III 申請提供資料所需費用，由申請人負擔。

第 14 條

動力機械或大眾捷運系統車輛發生道路交通事故，其駕駛人或所有人應依本辦法規定處理。

第 15 條

I 本辦法自中華民國九十五年七月一日施行。

II 本辦法修正條文自發布日施行。

交通違規稽查與輕微違規勸導作業注意事項

中華民國 103 年 4 月 23 日內政部警政署函修正名稱及全文 11 點（原名稱：內政部警政署交通違規稽查與輕微違規勸導作業注意事項）

一、為統一規範員警執行交通違規稽查與輕微違規勸導之作業處理方式，導正員警執法觀念，提升員警執法品質，增進警民互動，特訂定本注意事項。

二、違規事實認定應慎重，不可僅憑直覺或意氣用事，舉發應說明原因及法令規定，使違規人心服口服。

三、輕微違規勸導，應符合勸導適用條款及項目規定。

四、態度應尊重謙和，用語應簡明扼要，避免使用傷及當事人自尊之言詞。

五、交通違規稽查之具體作法

㈠逕行舉發

1.汽車駕駛人之行為有下列情形之一，當場不能或不宜攔截製單舉發者，得逕行舉發：

⑴闖紅燈或平交道。

⑵搶越行人穿越道。

⑶在道路收費停車處所停車，不依規定繳費。

⑷不服指揮稽查而逃逸，或聞消防車、救護車、警備車、工程救險車之警號不立即避讓者。

⑸違規停車或搶越行人穿越道，經各級學校交通服務隊現場導護人員簽證檢舉。

⑹行經設有收費站、地磅之道路，不依規定停車繳費過磅。

⑺經以科學儀器取得證據資料證明其行為違規。

2.以「非固定式」科學儀器採證取締違規項目以下列為限：

⑴蛇行、危險方式駕車或二輛以上之汽車競駛或競技。

⑵行駛路肩。

⑶違規超車。

⑷違規停車而駕駛人不在場。

⑸未依規定行駛車道。

⑹未依規定變換車道。

⑺未保持安全距離。

⑻跨越禁止變換車道線或槽化線。

⑼行車速度超過規定之最高速限或低於規定之最低速限。

⑽汽車駕駛人或乘客未依規定繫安全帶。

⑾機車駕駛人或附載座人未依規定戴安全帽。

3.以「非固定式」科學儀器採證違規時：

⑴執勤地點、項目應經主管核定。

⑵應著制服，並將違規要件完整攝入，非經主官核准，不得以「便衣執勤」。

4.取締「嚴重超速（超速四十公里以上）」、「行駛路肩（高速公路）」、「大型車、慢速車不依規定行駛外側車道（高速公路）」、「蛇行（任意變換車道、危險駕駛）、大型車惡意逼迫小車（未保持行車安全距離）（高速公路）」等四項，應穿著制服，並得使用偵防車隨著車流巡邏或者在「制高點」運用科學儀器「照相」、「錄影」蒐證舉發。

5.以「固定式」科學儀器採證違規時，應每三個月於警察局網站公布其設置地點，如有異動並隨時更新公布。

6.逕行舉發，應記明車輛牌照號碼、車型等可資辨明之資料，以汽車所有人為被通知人製單舉發。

7.逕行舉發案件應確實查明車主資料，並慎重審核採證相片，相片不清晰或顯示二以上違規車輛時，確認違規車輛有爭議時，避免舉發。

㈡攔停舉發

1.擔服交通稽查勤務應穿著制服。

2.取締交通違規之攔停位置應考量駕駛人反應時間及適當空間，注意勿引起事故。

3.「攔停違規車輛」或「夜間實施規劃性交通稽查」，巡邏汽車應開啓警示燈。

4.以「非巡邏車」或實施「便衣交通稽查」，須經主官核准或指派。

5.攔檢時應選擇不妨礙交通處所，並注意本身及當事人安全，非經客觀、合理判斷有明顯違規者，避免任意攔車稽查；車輛攔停後，應即告知駕駛人或行為人違規行為或違反之法令規定。

6.經明確指揮制止攔檢不停車輛，應避免追車，依規定逕行舉發。

7.依違規事實舉發，禁止任意變更法條，以免觸法。

8.不服稽查取締事實之認定必須經攔停稽查且有下列情事之一者，方得舉發：

(1)拒絕出示駕照、行照或提供足資稽查身分之資料。

(2)拒絕停靠路邊接受稽查者。

(3)在稽查中藉故叫囂，尚未達妨害公務程度者。

(4)以消極行爲，不服從稽查者。

(5)警察以警鳴器、警笛、喊話器呼叫路邊停車，仍不靠邊停車接受稽查或逃逸者。

(三)注意事項

1.超速

(1)固定桿測速照相設備外箱至基座間之桿以黃黑相間斜紋線漆劃，設置地點不得被橋樑、標誌、樹木等遮蔽。

(2)固定測速照相地點應經警察機關規劃，並透過縣市道安會報或交通主管機關決議設置。

(3)以固定或非固定式器材取締超速或低於規定之最低速限時，應於前方設立明顯告示牌，於一般道路應於一百公尺至三百公尺間，於高速公路、快速公路應於三百公尺至一千公尺間；其定點當場攔截製單舉發者，亦同。

(4)最高速限降低時，除經統計分析爲易肇事路段並經主官核定外，不得在速限標誌後方，高、快速公路五百公尺內、一般道路三百公尺內取締超速。

(5)執行非固定式測速照相人員須穿著制服，使用非巡邏車輛執勤時，車輛需有明顯標識。

(6)執勤單位應訂定「固定式及非固定式測速照相執勤標準作業程序」，作管理及考核依據。

(7)各單位應依據取締件數及肇事率定期（固定式每半年、非固定式每個月）檢討評估成效，並視需要調整設置或執勤地點。

2.未領有駕駛執照駕車

(1)無法出示有效證件者，應確實查明車、駕籍資料及違規人身分，防止駕駛人冒名頂替，不可未經查證而逕以無照駕駛舉發。

(2)駕駛人出示先前遭舉發之舉發單，仍應確實查證其身分，不得逕依已遭舉發之舉發單抄錄，致舉發錯誤。

(3)未領有駕駛執照駕駛大型車輛，而駕駛人與所有人非同一人時，應分別製單舉發。

3.違規（臨時）停車

(1)違規（臨時）停車，如駕駛人在場或到場，應當場製單舉發，並責令其將車移至適當場所，不得逕行舉發。

(2)逕行舉發違規停車應先置放舉發標示單，照片應隨舉發通知單送達。

(3)違規停車拖吊應以重點違規爲主要執行項目，並應嚴格要求執行人員依規定程序拖吊，違規汽車雖完成上架尚未移離原來位置，違規人到場者，不得拖吊，當場舉發。

(4)各警察機關駐地應協調交通主管機關劃設警備車停車格位，依法停放，違反規定者並依法舉發。

六、輕微違規勸導之具體作法

(一)行爲人有下列情形之一（項目及條款，如附表一），而未嚴重危害交通安全、秩序，且情節輕微，以不舉發爲適當者，交通勤務警察、依法令執行交通稽查任務人員得對其施以勸導，免予舉發：

1.有道路交通管理處罰條例（以下簡稱本條例）第十四條第二項第二款、第二十五條第二項、第三十一條第五項、第四十一條、第四十四條第一項第一款、第三款至第七款、第五十二條、第六十九條第二項、第七十一條、第七十二條、第七十三條第一項第一款至第三款、第五款、第七十四條、第七十六條、第八十一條、第八十二條第一項第一款或第八十四條之情形。

2.汽車駕駛人，有下列情形之一者：

(1)駕駛四輪以上汽車於號誌燈號變換之際，因未能依號誌指示及時停止，致前懸部分伸越在機車停等區內，惟前輪尙未進入該停等區。

(2)駕駛汽車於號誌燈號變換之際，因未能依號誌指示及時停止，致前懸部分伸越停止線，惟前輪尙未超越停止線。

(3)駕駛大型車輛在多車道右轉彎，因車輛本身、道路或交通狀況等限制，如於外側車道顯無法安全完成，致未能先駛入外側車道。

(4)駕駛汽車因上、下客、貨，致有本條例第五十五條之情形，惟尙無妨礙其他人、車通行。

(5)深夜時段（零至六時）停車，有本條例第五十六條第一項之情形。但併排停車、於身心障礙專用停車位違規停車或停車顯有妨礙消防安全之虞，或妨礙其他人車通行經人檢舉者，不在此限。

⑹駕駛汽車因交通管制設施設置不明確（如標誌、標線衝突、設置不清或規劃不當等）或受他物遮蔽，致違反該設施之指示。

⑺駕駛汽車在交通管制設施變換之處所（如禁行機車道、專用車道入口處，速限轉換區，或於近交岔路口舉發跨越雙黃線行駛等），致無法即時依變換後之設施指示行駛。

⑻駕駛汽車隨行於大型車輛後方，因視線受阻，致無法即時依標誌、標線、號誌之指示行駛。

⑼駕駛汽車因閃避突發之意外狀況，致違反本條例規定。

⑽駕駛汽車因緊急救護傷患或接送身心障礙者上、下車，致違反本條例之規定。

⑾因客觀具體事實，致違反本條例係出於不得已之行爲。

3.汽車駕駛人違規幅度在下列範圍以內者：

⑴超過最高速限在十公里以下。

⑵呼氣酒精濃度超過規定標準值每公升〇．〇二毫克以下，慢車亦同。

⑶裝載超重，在核定總重量或總聯結重量百分之十以下。

4.其他經交通部與內政部會商核定之項目。

㈡前款所列違規行爲，如已嚴重危害交通安全、交通秩序，或發生交通事故者，仍應依權責舉發之。

㈢行爲人發生交通事故有第一款所列違規行爲，除本條例第十四條第二項第二款、第二十五條第二項、第六十九條第二項或第七十一條之情形外，仍得舉發。

㈣注意事項

1.必須審視當時事實及行爲人陳述理由，認爲以勸導爲宜者。

2.經考量認以實施勸導爲宜者，應立即執行勸導，不得猶豫而衍生困擾。

3.應當場告知其違規事實，指導其法令規定與正確之駕駛或通行方法，並勸告其避免再次違反。

4.執行勸導，應於無礙交通之處實施，並作成書面紀錄。

5.對於不聽勸導者，必要時，仍得舉發，並於通知單記明其事件情節及處理意見，供裁決參考。

㈤輕微違規勸導作業程序及勸導單書面紀錄格式：如附表二、三。

七、交通執法態度

㈠稽查用語範例參考

1.攔停時

先生（小姐），您剛才（說明違規事實）之駕駛行爲已違反交通法規，請您將車輛停靠路邊，出示駕、行照或提供身分證明資料及保險證。謝謝您的合作！

2.塡製舉發單時

您違反道路交通管理處罰條例第△△條規定，我們將依法舉發您（說明違規事實）違規。

3.請當事人簽名時

⑴先生（小姐），請您在舉發單上簽名，並請於舉發單上應到案日期內以前，自動繳納罰鍰或至應到案處所（△△△裁決所、監理所或分局繳納罰鍰。

⑵代保管物件者

先生（小姐），您違反道路交通管理處罰條例第△△條規定，我們將依法暫代管您的物件（車輛牌照、駕駛執照、應沒入車輛或物品），我們已於舉發單上代保管物件欄註明，請您在舉發單上簽名，並請於應到案日期月△日以前，自動至應到案處所（△△△裁決所或監理所）聽候裁決。」

⑶如不服舉發事實者，可於三十日內向處罰機關（即舉發通知單記載之應到案處所）陳述意見或提出陳述書。

4.駕駛人否認違規

您剛剛有△△△之行爲，已違反道路交通管理處罰條例第△△△規定，警察人員是執法者，需依法執法，請您諒解！

5.駕駛人要求免開罰單

這是法令的規定，警察人員是執法者，需依法執法，希望您能諒解！

6.口出惡言態度蠻橫者

先生（小姐）對不起，這不是我找您麻煩，爲了維護交通安全，我們不得不這樣做，請您支持！

㈡交通服務

1.於發現交通事故、交通障礙、交通阻塞、交通管制、號誌故障、道路施工等路況資訊後，除依權責得即予處理者外，應即通知有關單位迅予處理排除障礙，同時報告警察局（分局）交通路況報導中心轉警廣交通專業電台播報，障礙排除後，亦應即回報，續予廣播。

2.遇民眾有急難，如急病、待產或交通事故傷患，經報備勤務指揮中心得以巡邏車護送至附近之特約醫院。

3.詢問路況、路向等，應熱忱指引；發現故障車主動查詢，設法解決駕駛人行車需求。

4.要求服務速度，做到「當民眾需要警察時，警察馬上就到」。

5.民眾申辦或請求協助事項，應立即受理，並儘速告知辦理情形。

八、動員，各級主官（管）及督察人員應將本項工作列為督導重點，其表現優異者，優予獎勵，欠佳者，嚴予懲處。

九、各警察機關利用勤前教育、常年訓練或集會機會加強教育員警，執行公權力時立場應明確、態度宜委婉，建立為民服務觀念之共識，並參照署頒「改善員警服務態度做法範例」，適時辦理服務熱忱示範演練及表揚服務態度優良員警。

十、各警察機關應採不定期、不預警實施查測、督導，必要時抽（訪）查報案（被害）人，發掘事實眞相；發現缺失，應追蹤督導至改善為止。

十一、各警察機關應經常以測試、實地考核、民情訪問、電話查測等方式考核員警，每半年並應舉行檢討會一次。

取締一般交通違規作業程序

一、依據：

㈠道路交通管理處罰條例。

㈡社會秩序維護法第六十七條第一項第二款。

㈢警察職權行使法第四條、第八條、第二十九條。

㈣道路交通安全規則。

㈤違反道路交通管理事件統一裁罰基準及處理細則。

二、分駐（派出）所流程：

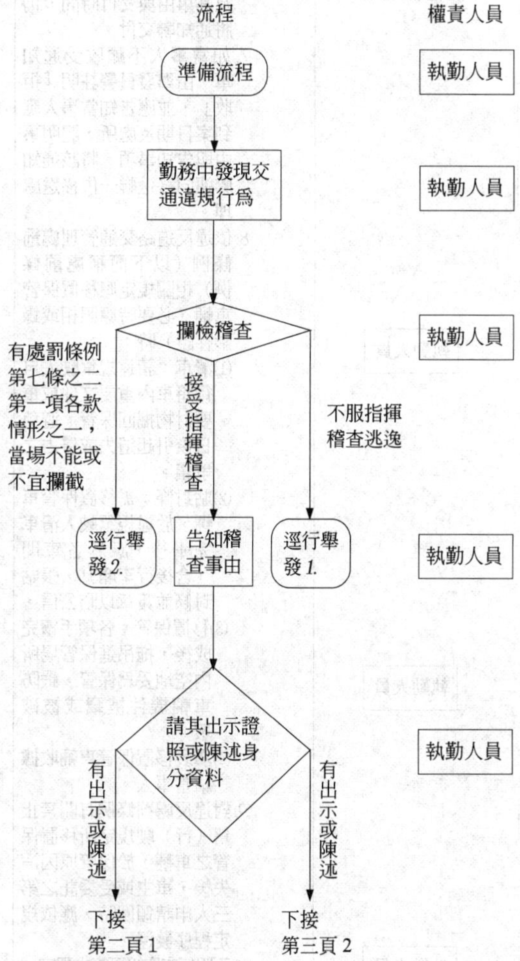

作業內容

一、準備階段：

㈠執行勤務時，應服裝整齊，儀容端正，攜帶必要之應勤裝備。

㈡裝備（視需要增減）：警笛、防彈衣、無線電、反光背心、槍械彈藥、手銬、舉發單、警用行動電腦、手電筒、指揮棒、酒精測試器、酒精檢知器、照相機、錄音機、攝影機、交通錐、警示燈、交通違規勸導單及警察行使職權民眾異議紀錄表。

二、執行階段：

㈠攔停舉發：

1. 於勤務中發現交通違規行為。
2. 攔檢稽查時應告知事由，請其出示證照或陳述提供相關身分資料。
3. 查核是否屬得予勸導免予舉發之情形（依違反道路交通管理事件統一裁罰基準及處理細則第十二條）。如屬得勸導免予舉發之情形，依該條規定處理；非屬得勸導之違規情形，填製「舉發違反道路交通管理事件通知單」（以下簡稱通知單）舉發。
4. 查核物件是否應當場暫代保管（依違反道路交通管理事件統一裁罰基準及處理細則第十六條）。
5. 當場代保管物件時，應於通知單之「代保管物件欄」

流程	權責人員	作業內容

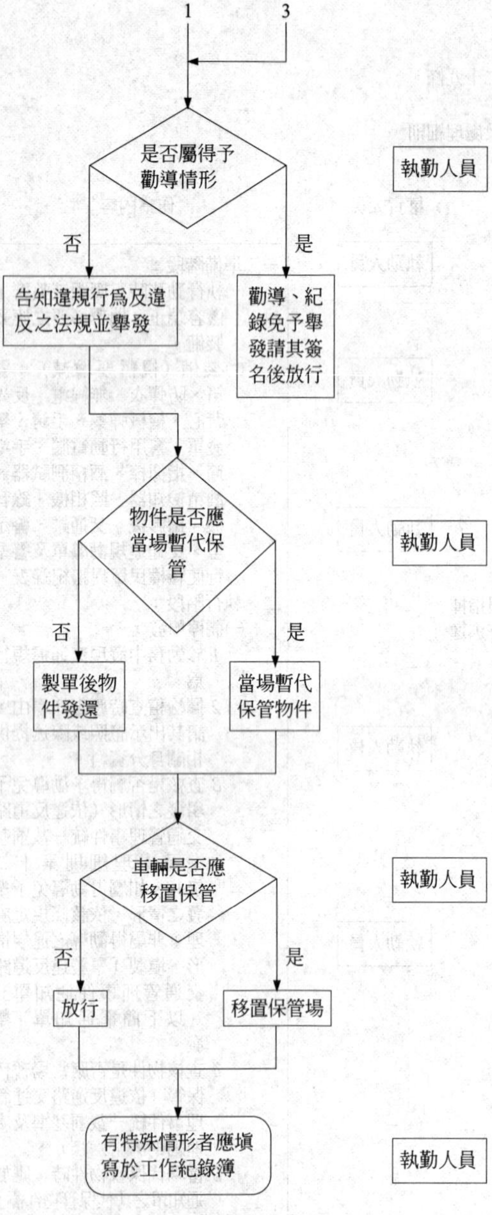

填註代保管物品及數量；代保管號牌者，並記明「限當日駛回」。

6. 請當事人於通知單上簽名，如當事人不願簽名，由舉發員警註明「拒簽」及其事由與交付時間，仍將通知聯交付。

7. 如當事人不願收受通知單，由舉發員警註明「拒收」，並應告知當事人應到案日期及處所，記明事由與告知事項，將該通知聯連同移送聯一併移送處理。

8. 依違反道路交通管理處罰條例（以下簡稱處罰條例）相關規定應移置保管車輛（必要時應照相或錄影存證）時：

⑴清車：請違規駕駛人自行將車內重要文件或重要財物攜回保管，避免日後引起遺失或侵占之爭議。

⑵貼封條：需移置保管車輛，於違規駕駛人清車完畢後，應於各車門（含後行李廂），張貼封條並簽章以昭公信。

⑶移置保管：各項手續完成後，拖吊進保管場所內空地妥為保管，嚴防車輛機件被竊或被破壞。

⑷填製移置保管車輛收據給當事人。

9. 對違反處罰條例有關禁止駕（行）駛規定所移置保管之車輛，於保管原因消失後，車主或受委託之第三人申請領回時，應依規定程序發還。

10. 不服稽查取締事實之認定：

⑴拒絕出示駕照、行照及陳述提供足資稽查身分

流程	權責人員	作業內容

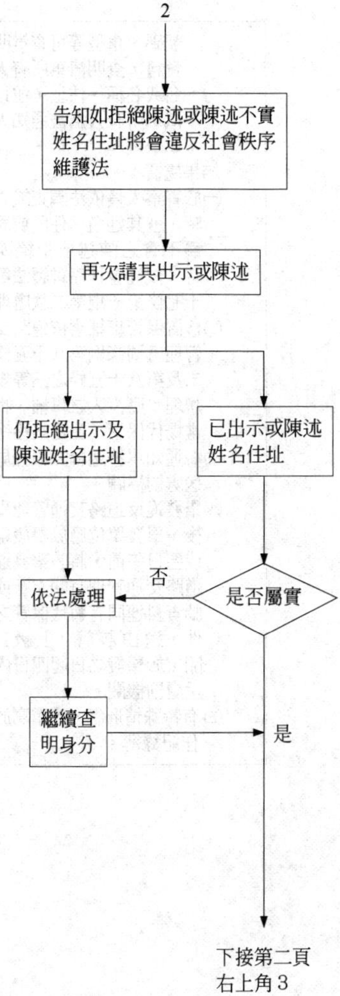

權責人員：執勤人員；執勤人員；執勤人員；執勤人員；執勤人員

之資料者。

⑵拒絕停靠路邊接受稽查者。

⑶在稽查中藉故叫囂，尚未達妨害公務程度者。

⑷以消極行為，不服從稽查者。

⑸警察以警鳴器、警笛、喊話器呼叫靠邊停車，仍不靠邊停車接受稽查或逃逸者。

11. 駕駛人或行為人對交通稽查之方法、程序或其他侵害當事人利益情事，提出異議時，依下列規定給予表單：

⑴對於交通違規稽查有異議者，應於通知單記明其事件情節及處理意見。

⑵對於非屬交通違規稽查行使職權部分，受盤查人當場陳述理由，表示異議，並經其請求時，應填具警察行使職權民眾異議紀錄表交予當事人。

㈡逕行舉發：

1. 汽車駕駛人，駕駛汽車有違反處罰條例之行為，經制止時，不聽制止或拒絕停車接受稽查而逃逸者，應於「違規事實」欄分別記明違反處罰條例之行為，及不聽制止或拒絕停車接受稽查而逃逸之事實，並援引處罰條例規定條文及第六十條第一項於「違反條款」欄填記，依處罰條例第七條之二第一項第四款逕行舉發。

2. 有處罰條例第七條之二第一項各款所列情形之一，當場不能或不宜攔截製單之違規車輛，依規定逕行舉發者，應記明車輛牌照

流程	權責人員	作業內容
		號碼、車型等可資辨明之資料，查明汽車所有人姓名或名稱、住址，並以該汽車所有人為被通知人製單舉發。 三、結果處置： ㈠於警察人員依法調查或查察時，就其姓名、住所或居所為不實之陳述或拒絕陳述時，依社會秩序維護法第六十七條第一項第二款處理。 ㈡移置保管車輛應依道路交通管理處罰條例第八十五條之二及第八十五條之三等規定辦理；應沒入之車輛、物品當場代保管，並隨案移送。 ㈢將通知單移送聯陳報分局移送處罰機關。 ㈣舉發違反道路交通管理事件後，舉發單位應於舉發當日或翌日午前，將該舉發違反道路交通管理有關文書或電腦資料連同有暫代保管之物件，送由該管（上級）機關，於舉發之日起四日內移送處罰機關。 ㈤有特殊情形者，應填寫於工作紀錄簿。

三、分局流程：無。

四、使用表單：

㈠舉發違反道路交通管理事件通知單。

㈡交通違規勸導單。

㈢工作紀錄簿。

㈣警察行使職權民眾異議紀錄表。

五、注意事項：無。

取締酒後駕車作業程序

一、依據：

㈠警察職權行使法。

㈡刑法第一百八十五條之三。

㈢道路交通管理處罰條例第七條之二、第三十五條、第六十七條及第八十五條之二。

㈣道路交通安全規則第一百十四條。

㈤違反道路交通管理事件統一裁罰基準及處理細則第十條至第十二條、第十六條、第十九條之一及第十九條之二。

㈥刑事訴訟法第八十八條、第九十五條及第一百條之三。

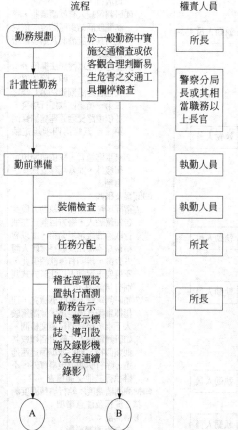

二、分駐（派出）所流程：

流程

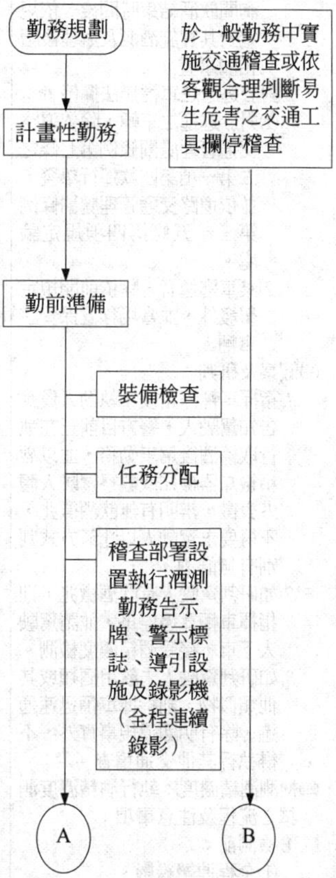

權責人員

所長

警察分局長或其相當職務以上長官

執勤人員

執勤人員

所長

所長

作業內容

一、勤務規劃：計畫性勤務應由地區警察分局長或其相當職務以上長官，指定轄區內經分析研判易發生酒後駕車或酒後肇事之時間及地點。

二、準備階段：

㈠裝備（視需要增減）：警笛、防彈頭盔、防彈衣、無線電、反光背心、槍械、彈藥、手銬、警用行動電腦、手電筒、指揮棒、酒精測試器、酒精檢知器、照相機、攝影機、交通錐、警示燈、告示牌（執行酒測勤務）、刺胎器、舉發單、刑法第一百八十五條之三第一項第二款案件測試觀察紀錄表、警察行使職權民眾異議紀錄表。

㈡任務分配：以四人一組為原則，分別擔任警戒、指揮攔車、盤查、酒測及舉發，並得視實際需要增加。

㈢計畫性勤務稽查部署：

1. 稽查地點前方應設置告示牌及警示設施（如警示燈、交通錐），告知駕駛人警察在執行取締酒後駕車勤務。

2. 視道路條件、交通量及車種組成等，得以「縮減車道方式」，執行酒測勤務，並設置警示、導引設施，指揮車輛減速、觀察，並注意維護人車安全。

3. 於稽查地點適當位置設置攝影機，全程錄影蒐證。

三、執行階段：

㈠過濾、攔停車輛：

過濾、攔停車輛應符合比例原則，有疑似酒後駕車者，始由指揮人員指揮其暫停、觀察，其餘車輛應指揮迅速通過。

㈡行經設有告示執行酒測勤務處所，未依指示停車接受酒測稽查之車輛：

1. 對於逃逸之車輛經攔停者：

流程　　權責人員　　作業內容

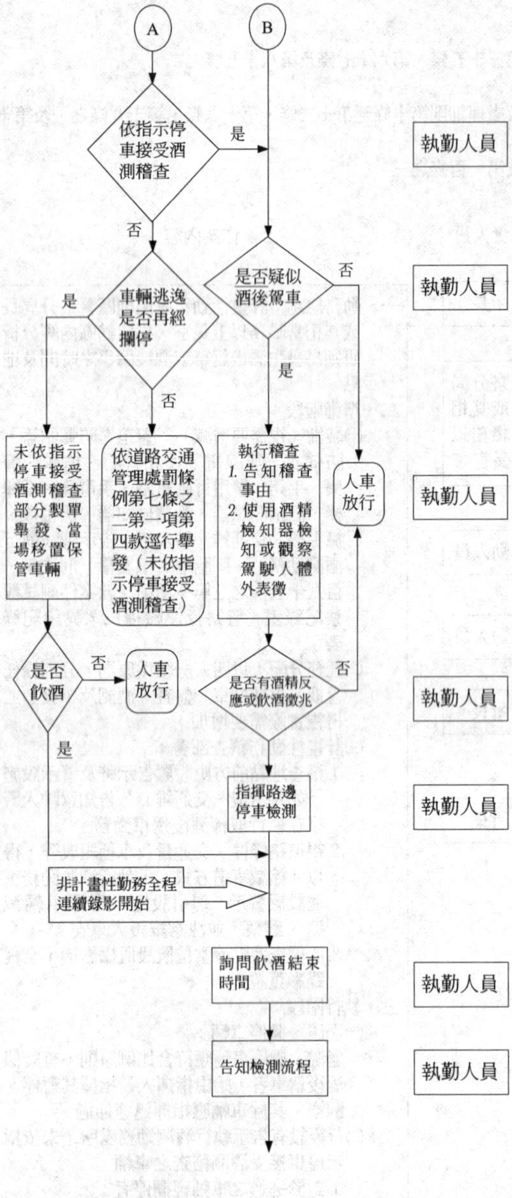

⑴員警出示證件表明身分，告知其行經設有告示執行酒測勤務處所，未依指示停車接受酒測稽查。

⑵針對未依指示停車接受酒測稽查部分製單舉發，並當場移置保管其車輛。

⑶研判駕駛人無飲酒徵兆，人員放行。

⑷研判駕駛人有飲酒徵兆，經詢問飲酒結束時間後，依規定對其實施酒測及辦理後續相關事宜。

2.對於逃逸之車輛無法攔停者：

⑴對於逃逸之車輛，除依道路交通管理處罰條例第七條之二第一項第四款逕行舉發，並依道路交通管理處罰條例第三十五條第四項規定論處。

⑵棄車逃逸者，除依前開規定舉發外，並當場移置保管該車輛。

㈢觀察及研判：

1.指揮車輛停止後，執勤人員應告知駕駛人，警方目前正在執行取締酒後駕車勤務，並以酒精檢知器檢知或觀察駕駛人體外表徵，辨明有無飲酒徵兆，不得要求駕駛人以吐氣方式判別有無飲酒。

2.如研判駕駛人有飲酒徵兆，則指揮車輛靠邊停車，並請駕駛人下車，接受酒精濃度檢測。

3.如研判駕駛人未飲用酒類或其他類似物，則指揮車輛迅速通過，除有明顯違規事實外，不得執行其他交通稽查。

㈣檢測酒精濃度：執行酒精濃度測試之流程及注意事項：

1.檢測前：

⑴全程連續錄影。

⑵詢問受測者飲用酒類或其他類似物結束時間，其距檢測時已達十五分鐘以上者，即予檢測。但遇有受測者不告

流程	權責人員	作業內容

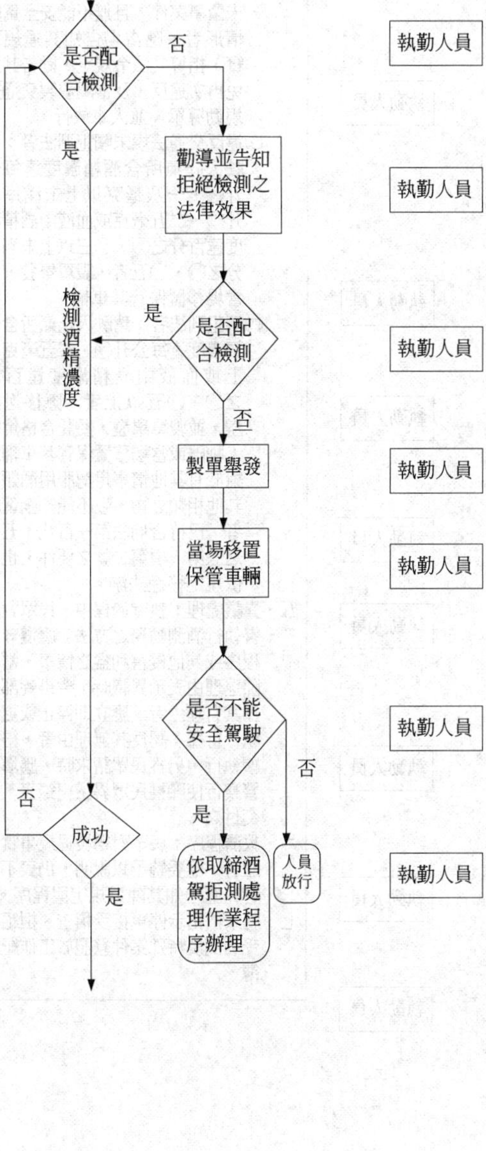

知該結束時間或距該結束時間未達十五分鐘者，告知其可於漱口或距該結束時間達十五分鐘後進行檢測；有請求漱口者，提供漱口。

(3)準備酒精測試器，並取出新吹嘴。

(4)應告知受測者事項：

A.告知儀器檢測之流程及注意事項。

B.請其口含吹嘴連續吐氣至儀器顯示取樣完成。受測者吐氣不足致儀器無法完成取樣時，應重新檢測。

2.檢測開始：插上新吹嘴，請駕駛人口含吹嘴吐氣。

3.檢測結果：

(1)成功：儀器取樣完成。

(2)失敗：因儀器問題或受測者未符合檢測流程，致儀器檢測失敗，應向受測者說明檢測失敗原因，請其重新接受檢測。

(五)告知檢測結果：告知受測人檢測結果，請其在儀器列印之檢測結果紙上簽名確認。拒絕簽名時，應記明事由，並依規定黏貼管制，俾利日後查核。

(六)駕駛人拒測：經執勤人員勸導並告知拒測之法律效果（處新臺幣九萬元罰鍰、當場移置保管車輛、並吊銷駕駛執照，三年不得再考領及施以道路交通安全講習）後，如受測人仍拒絕接受檢測，即依道路交通管理處罰條例第三十五條第四項規定製單舉發；對於有其他情事足認服用酒類或其他相類之物，致不能安全駕駛者，已符合刑法第一百八十五條之三第一項第二款之要件，應依規定移送法辦。

四、結果處置：

(一)無飲用酒類或其他類似物或未超過標準者：人車放行。

流程　權責人員　作業內容

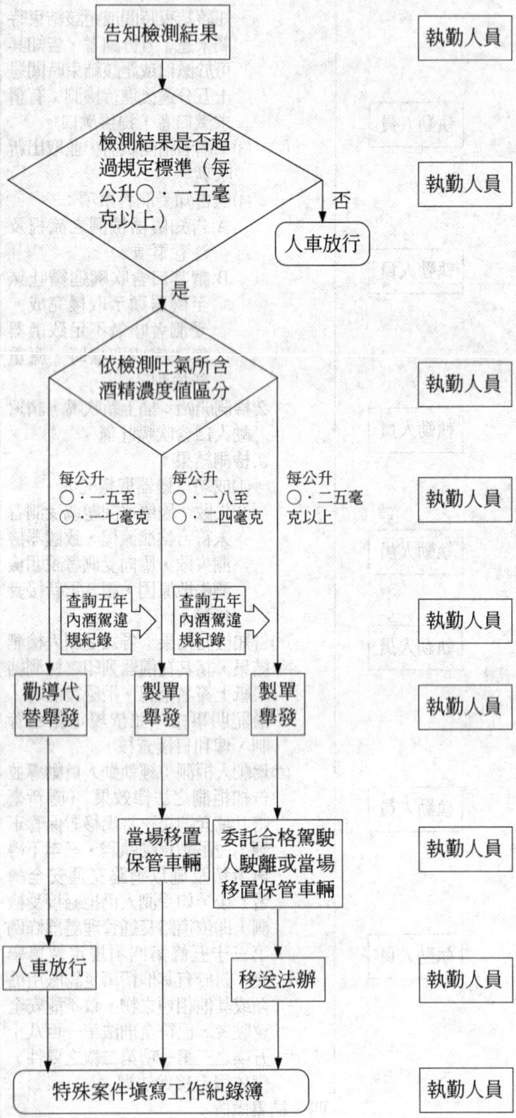

㈡勸導代替舉發：駕駛人吐氣所含酒精濃度達每公升〇．一五毫克以上未滿每公升〇．一八毫克之未肇事案件，且無不能安全駕駛情形者，應當場告知其違規事實，指導其法令規定，勸告其避免再次違反，及當場塡製交通違規勸導單，並人車放行。

㈢違反交通法規未觸犯刑法者：駕駛人吐氣所含酒精濃度達每公升〇．一八毫克以上未滿每公升〇．二五毫克或血液中酒精濃度達百分之〇．〇三以上未滿百分之〇．〇五者，製單舉發，並當場移置保管其車輛。

㈣觸犯刑法者：駕駛人吐氣所含酒精濃度達每公升〇．二五毫克以上或血液中酒精濃度達百分之〇．〇五以上者，應移送法辦，並製單舉發，委託合格駕駛人駛離或當場移置保管其車輛；對於有其他情事足認服用酒類或其他相類之物，致不能安全駕駛者，已符合刑法第一百八十五條之三第一項第二款之要件，也應依規定移送法辦。

五、異議處理：執行過程中，民眾對員警執行酒測勤務之方法、應遵守之程序或其他侵害利益之情事，當場陳述理由表示異議時，帶班幹部認爲其有理由者，應立即停止或更正執行行爲；認爲其無理由者，得繼續執行，另經民眾請求時，應塡製警察行使職權民眾異議紀錄表，並交付之。

六、救濟程序：民眾對舉發違規事實不服者，應委婉予以說明，仍表不服者，應告知其陳述規定與程序。

七、將未依指示停車接受稽查、拒絕接受酒測及特殊案件登記於工作紀錄簿。

三、分局流程：無。
四、使用表單：
㈠舉發違反道路交通管理事件通知單。
㈡交通違規勸導單。
㈢受理各類案件紀錄表。
㈣刑法第一百八十五條之三第一項第二款案件測試觀察紀錄表。
㈤警察行使職權民眾異議紀錄表。
㈥工作紀錄簿。
五、注意事項：
㈠操作酒精測試器應注意事項：
1.出勤前應先檢查日期、時間是否正確，經濟部標準檢驗局「檢定合格標章」是否逾期、污損及「檢驗合格證書」（影本）是否隨機攜帶。
2.實施檢測，應於攔檢現場為之，且實施檢測過程應全程連續錄影。但於現場無法或不宜實施檢測時，得向受測者說明，請其至勤務處所或適當場所檢測。如受測者拒絕，應予勸告將依道路交通管理處罰條例第三十五條第四項規定處罰。而除有法律規定之依據或其有客觀事實足以顯示其有觸犯刑法第一百八十五條之三之情節外，不得任意將受測者強制帶離。
3.駕駛人吐氣所含酒精濃度經執勤員警依本作業程序完成檢測後，不論有無超過規定標準，不得實施第二次檢測。但遇檢測結果出現明顯異常情形時，應停止使用該儀器，改用其他儀器進行檢測，並應留存原異常之紀錄。
4.有客觀事實足認受測者無法實施吐氣酒精濃度檢測時，得於經其同意後，送由受委託醫療或檢驗機構對其實施血液之採樣及測試檢定。
5.酒精測試器每年須送經濟部標準檢驗局檢驗一次，或使用一千次後必須送廠商校正及檢定，以符施檢規範之規定。
㈡移送法辦應注意事項：
1.逮捕現行犯或準現行犯：
⑴依刑事訴訟法第八十八條規定予以逮捕。
⑵逮捕詢問時，應先告知其犯罪嫌疑及所犯所有罪名（如涉嫌觸犯刑法第一百八十五條之三）、得保持緘默、得選任辯護人、得請求調查有利證據等事項。
2.對於駕駛人酒後駕車，有刑法第一百八十五條之三情形，依下列說明事項辦理：
⑴有刑法第一百八十五條之三第一項第一款（吐氣所含酒精濃度達每公升〇・二五毫克或血液中酒精濃度達百分之〇・〇五以上）之情形者，其經測試（檢測）事證明確，則檢具相關事證移送法辦，無需再檢附「刑法第一百八十五條之三第一項第二款案件測試觀察紀錄表」。
⑵有刑法第一百八十五條之三第一項第二款（其他情事足認服用酒類或其他相類之物，致不能安全駕駛）之情形者，或經員警攔檢駕駛人拒絕吐氣酒精濃度測試，且有「刑法第一百八十五條之三第一項第二款案件測試觀察紀錄表」所列之客觀情事，判斷足認其有不能安全駕駛之情形，均需檢附該紀錄表及相關佐證資料，依法移送法辦。
2.對已達移送標準事證明確，顯不能安全駕駛者，輔以錄音、錄影（照相）方式存證，連同調查筆錄、吐氣或血液酒精濃度檢測數值資料，併案移送。
3.調查違法事證時，應依相關規定辦理，佐以犯罪嫌疑人（駕駛人）不能安全駕駛之客觀情事，記載於筆錄，以強化證據力，提供辦案參考。
4.調查詢問，應遵守刑事訴訟法第一百條之三規定：「司法警察官或司法警察詢問犯罪嫌疑人，不得於夜間行之。但有下列情形之一者，不在此限：⑴經受詢問人明示同意者。⑵於夜間經拘提或逮捕到場而查驗其人有無錯誤者。⑶經檢察官或法官許可者。⑷有急迫之情形者。犯罪嫌疑人請求立即詢問者，應即時為之。稱夜間者，為日出前，日沒後。」
5.完成詢問後，將犯罪嫌疑人連同筆錄、舉發違反道路交通管理事件通知單（移送聯影本）、酒精測定紀錄單二份（影本）及刑法第一百八十五條之三第一項第二款案件測試觀察紀錄表依刑案程序移送該分局偵查隊處理。
㈢汽車駕駛人肇事拒絕接受檢測或肇事無法實施吐氣酒精濃度檢測者，應將其強制移由受委託醫療或檢驗機構對其實施血液或其他檢體之採樣及測試檢定。
㈣「酒駕肇事駕駛人移送法辦原則」如下：
1.吐氣所含酒精濃度未達每公升〇・一五毫克或血液中酒精濃度未達百分之〇・〇三者：原則上不依刑法第一百八十五條之三規定移（函）送檢察機關。但如有其他證據足以證明其確實不能安全駕駛者，應向當地管轄地檢署檢察官報告，並依其指示辦理。
2.吐氣所含酒精濃度達每公升〇・一五毫克

以上或血液中酒精濃度達百分之〇・〇三以上者：移（函）送檢察機關。

㈤駕駛人因不勝酒力於路旁車上休息，未當場查獲有駕駛行爲者，應補充相關證據足可證明其有駕駛行爲，始得依法舉發；如駕駛人係因發覺警察執行稽查勤務，始行駛至路邊休息，仍應依規定實施檢測。

㈥執勤技巧：

1. 出勤前應落實勤前教育，帶班幹部應明確任務分工，並確實檢查應勤裝備、停車受檢警示燈及酒測器是否正常運作。
2. 攜帶足夠之安全器材（如交通錐、警示燈、指示牌、刺胎器等），並擺放於明顯、容易辨識之位置，確實開啓車輛警示燈，並依規定擺放停車受檢指示牌（警示燈）、交通錐等設備，使駕駛人能提前發現攔檢點，並依序停車受檢。
3. 攝影機取景宜涵蓋現場全貌，並將執行酒測勤務告示牌、車輛通行過程、車牌號碼完整入鏡，俾利完整蒐證不依指示停車接受酒測稽查逃逸車輛之違規事實。
4. 執勤人員路檢盤查駕駛人時，應離開車道至安全處所，並以警車在後戒護，以達到安全維護措施。
5. 路檢盤查勤務，應有敵情觀念，擔任警戒人員，應提高警覺，防範駕駛人無預警襲擊，攔檢時發現車速過快車輛，特別注意人身安全，保持安全反應距離，遇攔檢不停車輛應迅速閃避，不可強行攔阻，以維自身安全。
6. 攔下受檢車輛，應讓受檢車輛靠路邊停放，避免他車追撞，造成傷亡，或避免突然於高速行駛中攔車，以免發生危險或造成交通壅塞。
7. 執勤人員攔檢車輛時，以觀察駕駛人外貌辨明有無飲酒徵兆爲主，不得將頭探入車窗內，以避免危害自身安全。
8. 執行取締酒駕勤務遇夜間、陰雨、起霧等天候不佳或視線不良時，需有更充足的夜間照明、導引及反光設備，避免民眾無法明確目視員警攔停手勢，致接近路檢點時才緊急煞車致生危險。
9. 善用執法裝備器材，對於錄影、錄音等應勤裝備應確實攜帶，並注意執勤態度，遇有酒醉藉故滋事之駕駛人，應注意使用錄影器材全程蒐證，以確保同仁及民眾應有權益。
10. 常訓課程應落實實施，教導員警酒駕路檢盤查要領，並模擬取締酒後駕車可能發生之危害狀況與危機處理應注意事項，內容包含警械使用條例、警察職權行使法、取締酒後駕車程序與執勤技巧等，使每位執勤員警熟稔相關法令與標準作業程序。
11. 酒醉者常有失控及具攻擊性之行爲，處理時應小心應對，對酒後駕車當事人依法有執行逮捕、管束或強制到場之必要時，應加強注意戒護，防止脫逃、自殺或其他意外事端，並注意自身安全，避免遭受傷害；當事人如有傷痕或生命危險時，應注意蒐證，避免日後糾紛。
12. 對於依法應予逮捕而抗拒逮捕或逃逸者，得使用強制力及依法使用警械，但應符合比例原則，不得逾越必要程度。

㈦駕駛人拒絕停車受檢，意圖衝撞路檢點及執勤員警時應注意事項：

1. 勤前教育時應明確分配各路檢人員任務（包含指揮管制、檢查、警戒、蒐證等）及其站立位置。
2. 攔檢車輛之執勤地點，應選擇空曠且明亮位置。
3. 到達稽查點，帶班人員應考量執勤地點之道路狀況，妥適安排現場巡邏車及警示設施之擺放位置，並開啓警示燈及依序擺放電子告示牌、交通錐或預防衝撞設施（如刺胎器）等，擺放時應面向車流，注意往來行車狀況，以確保自身安全。
4. 攔檢點警示燈及路檢告示牌至巡邏車擺設距離，應保持適當之安全距離，擺放要明顯且齊全，員警應注意自身及民眾站立之相關位置，並立於安全警戒區內，以利即時反應、迴避任何突發危險狀況。
5. 路檢時員警應提高警覺，注意被攔檢車輛動態，採取必要措施，勿以身體擋車強行攔停，且每一次攔檢以一部車輛爲原則。
6. 攔檢指揮管制手勢要明確，對於行車不穩、顯有酒後駕車徵兆之車輛，以手勢配合警笛聲指揮並攔停檢查。
7. 使用錄影（音）設備蒐證。

㈧如屬非專責取締酒後駕車勤務時，得不受前揭專屬於固定地點執勤所需之各項裝備器材等規範限制，惟仍應提高警覺注意安全。

取締酒駕拒測處理作業程序

一、依據：

㈠警察職權行使法。

㈡刑法第一百八十五條之三。

㈢道路交通管理處罰條例第三十五條、第八十五條之二。

㈣道路交通安全規則第一百十四條。

㈤刑事訴訟法第八十八條、第二百零四條之一、第二百零五條之一、第二百零五條之二。

㈥本署一零二年六月十三日警署交字第一〇二〇一〇四八四二號函頒「取締酒後駕車作業程序」。

㈦檢察機關辦理刑事訴訟案件應行注意事項第八十二點。

二、分局及分駐（派出）所流程：

流程

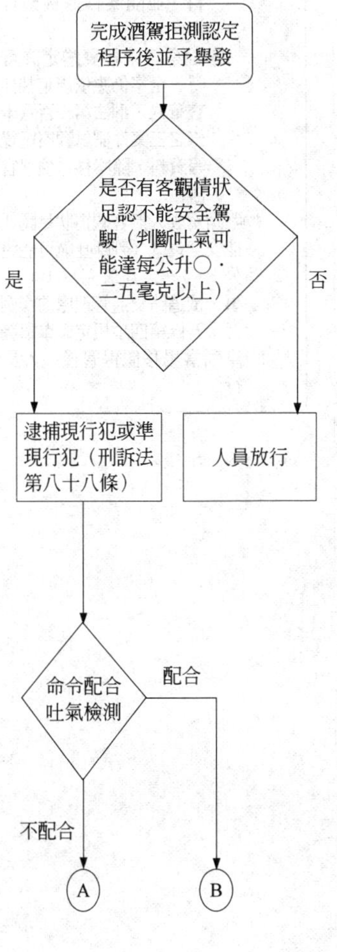

權責人員

執勤人員

執勤人員

執勤人員

執勤人員

作業內容

一、依「取締酒後駕車作業程序」完成酒駕拒測及舉發。拒測認定過程中一併告知駕駛人涉嫌違反刑法第一百八十五條之三，將以現行犯或準現行犯逮捕。

二、執行階段：

㈠客觀情狀足認不能安全駕駛：依駕駛人有車行不穩、蛇行、語無倫次、口齒不清或有其他異常行爲、狀況等客觀情事，判斷足認有不能安全駕駛（駕駛人酒精濃度有達每公升〇·二五毫克以上之可能）之情形。

㈡逮捕現行犯或準現行犯：依刑事訴訟法第八十八條規定予以逮捕。

㈢命令其作吐氣檢測：依刑事訴訟法第二百零五條之二規定。

1. 犯罪嫌疑人配合：完成吐氣檢測後，依規定製作調查筆錄及刑法第一百八十五條之三案件測試觀察紀錄表及吐氣酒精濃度檢測數值等資料，並隨案移送檢察官偵辦。

2. 犯罪嫌疑人不配合：

⑴告知如仍拒不接受吐氣檢測將依刑事訴訟法第二百零五條之一規定，陳報檢察官實施強制抽血檢測。

⑵若當事人仍堅持不配合實施吐氣檢測，則檢附不能安全駕駛或可能達每公升〇·二五毫克以上相關資料（時間、

流程　權責人員　作業內容

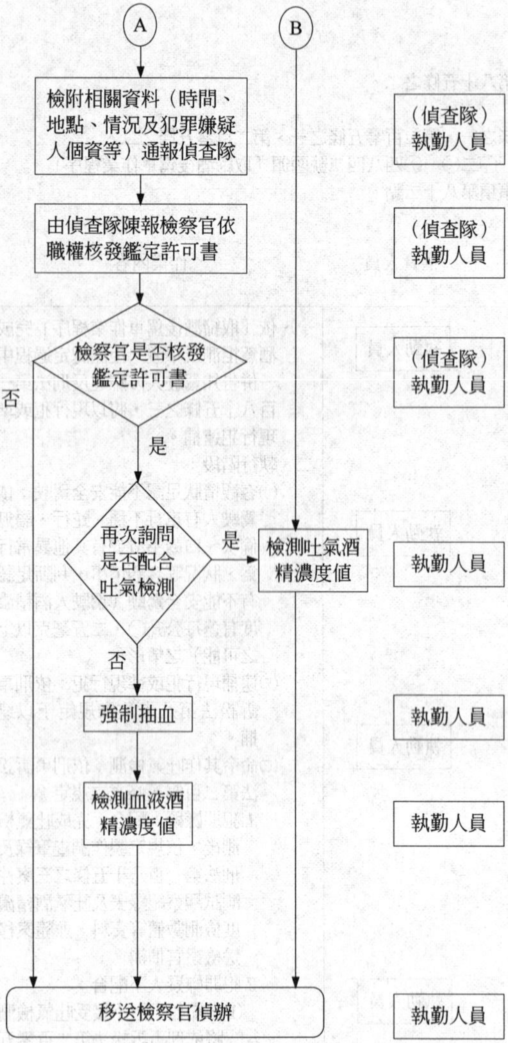

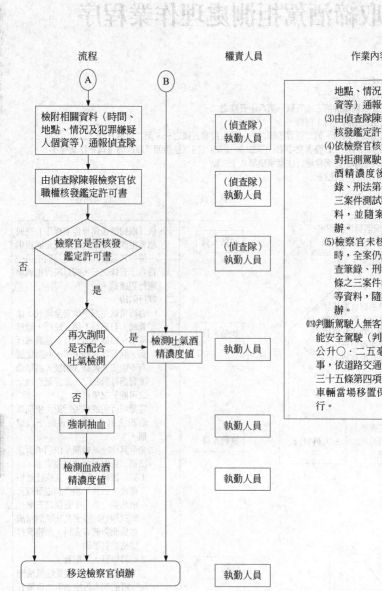

地點、情況及犯罪嫌疑人個資等）通報偵查隊處理。

(3)由偵查隊陳報檢察官依職權核發鑑定許可書。

(4)依檢察官核發鑑定許可書，對拒測駕駛人強制抽血檢驗酒精濃度後，製作調查筆錄、刑法第一百八十五條之三案件測試觀察紀錄表等資料，並隨案移送檢察官偵辦。

(5)檢察官未核發鑑定許可書時，全案仍應依規定製作調查筆錄、刑法第一百八十五條之三案件測試觀察紀錄表等資料，隨案移送檢察官偵辦。

(四)判斷駕駛人無客觀情狀足認「不能安全駕駛（判斷吐氣可能達每公升〇．二五毫克以上）」情事，依道路交通管理處罰條例第三十五條第四項規定製單舉發，車輛當場移置保管後，人員放行。

三、使用表單：

㈠工作紀錄簿。

㈡刑案陳報單。

㈢逕行逮捕通知書。

㈣調查筆錄。

㈤刑法第一百八十五條之三案件測試觀察紀錄表。

四、注意事項：

㈠為強化證據力，對於酒後駕車當事人拒絕酒測時，應全程錄音、錄影，蒐集相關事證，並佐以駕駛人精神狀態（如胡言亂語、意識不清）等行為，記載於筆錄或刑法第一百八十五條之三案件測試觀察紀錄表，提供司法機關參考。

㈡對於拒絕酒測已逮捕之準現行犯，勤務單位需檢附之相關資料除時間、地點、情況外，應有犯罪嫌疑人之姓名、性別、出生年月日、身分證統一編號、住居所及應鑑定事項等資料通報偵查隊，由偵查隊陳報檢察官依職權核發採取血液鑑定許可書。

㈢檢察官核發鑑定許可書後，由偵查隊將許可書通報勤務單位，勤務單位立即將犯罪嫌疑人帶至指定鑑定機關強制抽血後，依規定製作調查筆錄、刑法第一百八十五條之三案件測試觀察紀錄表等資料，併同鑑定報告書及相關證物，解送至偵查隊辦理移送作業。

㈣如檢察官未核發鑑定許可書時，仍應於調查完畢後檢附相關調查筆錄、刑法第一百八十五條之三案件測試觀察紀錄表、證物等，隨案解送至偵查隊辦理移送事宜。

㈤犯罪嫌疑人移送至偵查隊辦理移送作業前，勤務單位仍應注意本身及人犯安全。

警察機關受理報案 e 化平臺作業要點

中華民國 103 年 11 月 19 日內政部警政署函訂定發布全文 12 點

一　內政部警政署（以下簡稱本署）為推動各級警察機關受理報案 e 化平臺作業，以簡化員警受理報案工作，縮減民眾報案時間及便利提供報案資訊，特訂定本要點。

二　受理報案 e 化平臺作業，係指員警受理報案時，運用受理報案平臺資訊系統（以下簡稱本系統），進行案件受理、資料輸登、通報及查詢等處理工作，全程以電腦管制作業。

三　本系統將前端文書與後端處理系統整合，其使用由員警登入受理報案平臺，並進入下列系統進行作業（以下簡稱作業系統）：

㈠一般刑案作業系統：一般刑事案件受理、筆錄製作、報案三聯單製作及刑案紀錄表輸入等作業。

㈡失車作業系統：汽機車失竊案類之受理、筆錄製作、四聯單製作及刑案紀錄表輸入等作業。

㈢兒少擅離安置作業系統：兒少擅離安置案件受理、筆錄製作及相關表單輸入等作業。

㈣查捕逃犯作業系統：查捕逃犯之查詢、緝獲登輸、通報及要案專刊查尋等作業。

㈤違反社會秩序維護法作業系統：違反社會秩序維護法案件之登輸、處理、管制及統計等作業。

㈥失蹤人口作業系統：失蹤人口案件查尋、受理、筆錄製作及相關表單輸入等作業。

㈦身分不明作業系統：身分不明案件查尋、受（處）理、筆錄製作及相關表單輸入等作業。

㈧其他案類作業系統：受理民眾檢舉、陳情等報案之登錄、處理、通報及管制等作業。

四　本系統之權責分工如下：

㈠本署資訊室負責本系統之建置、維護及諮詢。

㈡本署下列業管單位負責各該作業系統管理，並規劃督導上線使用及系統功能：

1. 刑事警察局：負責一般刑案作業系統、失車作業系統、查捕逃犯作業系統及違反社會秩序維護法作業系統。
2. 防治組：負責兒少擅離安置作業系統、失蹤人口作業系統及身分不明作業系統。
3. 勤務指揮中心：負責其他案類（含共通部分）作業系統。

五　本系統建置之主要工作項目如下：

㈠標準化各類受（處）理案件表格、彙整各類案件所需偵訊資訊及標準作業程序。

㈡建置受理報案工作平臺。

㈢整合後端各處理系統。

六　本系統之作業模式規定如下：

㈠案件於本系統離線版之受理報案輸入軟體處理（以下簡稱離線版）：即單機不須網路連線即可受理報案，其作業功能包含系統登入、報案資料新增作業、共同筆錄製作、基本資料維護作業、版本更新作業、案件上傳及表單列印。

㈡案件於本系統連線版之網際網路系統處理（以下簡稱連線版）：即須網路連線至警政知識聯網始可作業，其系統功能包含案件查詢、修改、刪除、傳送處理紀錄、案件上傳失敗紀錄、案件管理、與刑案紀錄處理系統介接連結、匯出資料至全國治安管制系統及移送書處理系統。

㈢案件於離線版受理登輸列印完成及交付民眾後，需啓動連線上傳檔案；案件上傳後，無法於離線版進行修改，須俟檔案上傳完成約十分鐘後始能至連線版進行查詢及修改。

七　各作業系統因天災或不可抗力等因素，無法於線上受理報案時，得先以人工製單方式交予民眾，並於系統恢復使用二十四小時內補登後，列印電腦表單併人工表單陳報所屬上級機關（構）。

各作業系統權責單位於必要時，得就各案類性質另訂其他人工作業方式。

八　各作業系統管理權責單位，應會同行政組、資訊室及法制室訂定相關作業規定；其內容應有系統帳號、密碼、系統使用權限之申請使用、登錄作業與資料運用及保存等基本規範；並應適時辦理教育訓練，使員警熟悉操作及上線使用。

九　本系統使用者帳號、密碼及使用權限之配賦原則應依下列規定辦理：

㈠使用者帳號及密碼：員警僅能擁有一組單一帳號，填具本署資訊系統業務使用者異動申請表，向各所屬資訊單位申請。

㈡系統使用權限：依員警執行勤務及業務性質予以配賦，並依各作業規定之權限授權，填具各案類系統使用者權限申請表，向各案類所屬業務單位申請。

十　各級警察機關行政科（課）應負責協調各業務權責單位推動受理報案ｅ化平臺作業，實施督導，適時提出檢討與策進。本署必要時得實施警察機關受理報案ｅ化平臺作業績效評比，並依警察人員獎懲標準辦理獎懲。

十一　本署資訊室應於警政知識聯網設立專區，公布系統功能常見問題及其解決方法；各業務權責單位所業管之作業系統功能有問題時，逕與本署資訊室會商解決。

十二　本系統各項資料之使用，應依相關保密規定辦理；有洩密情事時，追究有關責任。

行政執行法

1.中華民國 21 年 12 月 28 日國民政府制定公布全文 12 條
2.中華民國 32 年 12 月 1 日國民政府修正公布第 5 條條文
3.中華民國 36 年 11 月 11 日國民政府修正公布第 5 條條文
4.中華民國 87 年 11 月 11 日總統令修正公布全文 44 條
中華民國 89 年 10 月 17 日行政院令發布自 90 年 1 月 1 日起施行
5.中華民國 89 年 6 月 21 日總統令修正公布第 39 條條文
中華民國 89 年 10 月 17 日行政院令發布自 90 年 1 月 1 日起施行
6.中華民國 94 年 6 月 22 日總統令修正公布第 17、19 條條文
中華民國 94 年 7 月 15 日行政院令發布定自 94 年 7 月 28 日施行
7.中華民國 96 年 3 月 21 日總統令修正公布第 7 條條文
中華民國 96 年 4 月 16 日行政院令發布定自 96 年 5 月 1 日施行
8.中華民國 98 年 4 月 29 日總統令修正公布第 17 條條文
中華民國 98 年 5 月 15 日行政院令發布定自 98 年 6 月 1 日施行
9.中華民國 98 年 12 月 30 日總統令修正公布第 24、44 條條文；並自 98 年 11 月 23 日施行
10.中華民國 99 年 2 月 3 日總統令修正公布第 17 條條文；並增訂第 17-1 條條文
中華民國 99 年 5 月 10 日行政院令發布第 17 條定自 99 年 5 月 10 日施行
中華民國 99 年 6 月 3 日行政院令發布第 17-1 條定自 99 年 6 月 3 日施行
中華民國 100 年 12 月 16 日行政院公告第 4 條第 1、2 項、第 11 條第 1 項、第 12 條、第 13 條第 1 項、第 14～16 條、第 17 條第 1、3、6～10 項、第 17-1 條第 1、3～6 項、第 18 條、第 19 條第 1～4 項、第 20 條第 1 項、第 21～23 條、第 34 條、第 42 條第 2 項所列屬「行政執行處」之權責事項，自 101 年 1 月 1 日起改由「行政執行分署」管轄

第一章 總 則

第 1 條（適用範圍）
行政執行，依本法之規定；本法未規定者，適用其他法律之規定。

第 2 條（種類）
本法所稱行政執行，指公法上金錢給付義務、行為或不行為義務之強制執行及即時強制。

第 3 條（原則及限度）
行政執行，應依公平合理之原則，兼顧公共利益與人民權益之維護，以適當之方法為之，不得逾達成執行目的之必要限度。

第 4 條（執行機關）
Ⅰ行政執行，由原處分機關或該管行政機關為之。但公法上金錢給付義務逾期不履行者，移送法務部行政執行署所屬行政執行處執行之。
Ⅱ法務部行政執行署及其所屬行政執行處之組織，另以法律定之。

第 5 條（執行時間之限制）
Ⅰ行政執行不得於夜間、星期日或其他休息日為之。但執行機關認為情況急迫或徵得義務人同意者，不在此限。
Ⅱ日間已開始執行者，得繼續至夜間。
Ⅲ執行人員於執行時，應對義務人出示足以證明身分之文件；必要時得命義務人或利害關係人提出國民身分證或其他文件。

第 6 條（執行機關得請求其他機關協助之情形）
Ⅰ執行機關遇有下列情形之一者，得於必要時請求其他機關協助之：
一　須在管轄區域外執行者。
二　無適當之執行人員者。
三　執行時有遭遇抗拒之虞者。
四　執行目的有難於實現之虞者。
五　執行事項涉及其他機關者。
Ⅱ被請求協助機關非有正當理由，不得拒絕；其不能協助者，應附理由即時通知請求機關。
Ⅲ被請求協助機關因協助執行所支出之費用，由請求機關負擔之。

第 7 條（執行期間之限制）
Ⅰ行政執行，自處分、裁定確定之日或其他依法令負有義務經通知限期履行之文書所定期間屆滿之日起，五年內未經執行者，不再執行；其於五年期間屆滿前已開始執行者，仍得繼續執行。但自五年期間屆滿之日起已逾五年尚未執行終結者，不得再執行。
Ⅱ前項規定，法律有特別規定者，不適用之。
Ⅲ第一項所稱已開始執行，如已移送執行機關者，係指下列情形之一：
一　通知義務人到場或自動清繳應納金額、報告其財產狀況或為其他必要之陳述。
二　已開始調查程序。
Ⅳ第三項規定，於本法中華民國九十六年三月五日修正之條文施行前移送執行尚未終結之事件，亦適用之。

第 8 條（得終止執行之情形）
Ⅰ行政執行有下列情形之一者，執行機關應依職權或因義務人、利害關係人之申請終止執行：
一　義務已全部履行或執行完畢者。
二　行政處分或裁定經撤銷或變更確定者。
三　義務之履行經證明為不可能者。
Ⅱ行政處分或裁定經部分撤銷或變更確定者，執行

機關應就原處分或裁定經撤銷或變更部分終止執行。

第9條（對執行行為聲明異議）

I 義務人或利害關係人對執行命令、執行方法、應遵守之程序或其他侵害利益之情事，得於執行程序終結前，向執行機關聲明異議。

II 前項聲明異議，執行機關認其有理由者，應即停止執行，並撤銷或更正已為之執行行為；認其無理由者，應於十日內加具意見，送直接上級主管機關於三十日內決定之。

III 行政執行，除法律另有規定外，不因聲明異議而停止執行。但執行機關因必要情形，得依職權或申請停止之。

□ 實務見解

▶ 最高行政法院97年12月份第3次庭長法官聯席會議決議(三)（97.12.26）

行政執行法第九條規定：「義務人或利害關係人對執行命令、執行方法、應遵守之程序或其他侵害利益之情事，得於執行程序終結前，向執行機關聲明異議。前項聲明異議，執行機關認其有理由者，應即停止執行，並撤銷或更正已為之執行行為；認其無理由者，應於十日內加具意見，送直接上級主管機關於三十日內決定之。行政執行，除法律另有規定外，不因聲明異議而停止執行。但執行機關因必要情形，得依職權或申請停止之。」旨在明定義務人或利害關係人對於執行命令、執行方法、應遵守之程序或其他侵害利益之情事，如何向執行機關聲明異議，以及執行機關如何處理異議案件之程序，並無禁止義務人或利害關係人於聲明異議而未獲救濟後向法院聲明不服之明文規定，自不得以該條規定作為限制義務人或利害關係人訴訟權之法律依據，是在法律明定行政執行行為之特別司法救濟程序之前，義務人或利害關係人如不服該直接上級主管機關所為異議決定者，仍得依法提起行政訴訟，至何種執行行為可以提起行政訴訟或提起何種類型之行政訴訟，應依執行行為之性質及行政訴訟法相關規定，個案認定。其具行政處分之性質者，應依法踐行訴願程序，自不待言。

第10條（涉國家賠償情事得請求賠償）

行政執行，有國家賠償法所定國家應負賠償責任之情事者，受損害人得依該法請求損害賠償。

第二章　公法上金錢給付義務之執行

第11條（義務人逾期不履行公法上金錢給付義務之處置）

I 義務人依法令或本於法令之行政處分或法院之裁定，負有公法上金錢給付義務，有下列情形之一，逾期不履行，經主管機關移送者，由行政執行處就義務人之財產執行之：

一　其處分文書或裁定書定有履行期間或有法定履行期間者。

二　其處分文書或裁定書未定履行期間，經以書面限期催告履行者。

三　依法令負有義務，經以書面通知限期履行者。

II 法院依法律規定就公法上金錢給付義務為假扣押、假處分之裁定經主管機關移送者，亦同。

第12條（公法上金錢給付義務執行事件之辦理）

公法上金錢給付義務之執行事件，由行政執行處之行政執行官、執行書記官督同執行員辦理之，不受非法或不當之干涉。

第13條（移送行政執行處應檢附之文件）

I 移送機關於移送行政執行處執行時，應檢附下列文件：

一　移送書。

二　處分文書、裁定書或義務人依法令負有義務之證明文件。

三　義務人之財產目錄。但移送機關不知悉義務人之財產者，免予檢附。

四　義務人經限期履行而逾期仍不履行之證明文件。

五　其他相關文件。

II 前項第一款移送書應載明義務人姓名、年齡、性別、職業、住居所，如係法人或其他設有管理人或代表人之團體，其名稱、事務所或營業所，及管理人或代表人之姓名、性別、年齡、職業、住居所；義務發生之原因及日期；應納金額。

第14條（為辦理執行事件得為之行為）

行政執行處為辦理執行事件，得通知義務人到場或自動清繳應納金額、報告其財產狀況或為其他必要之陳述。

第15條（對義務人遺產強制執行）

義務人死亡遺有財產者，行政執行處得逕對其遺產強制執行。

第16條（再行查封財產之限制）

執行人員於查封前，發見義務人之財產業經其他機關查封者，不得再行查封。行政執行處已查封之財產，其他機關不得再行查封。

第17條（得命義務人提供擔保並限制住居之情形）

I 義務人有下列情形之一者，行政執行處得命其提供相當擔保，限期履行，並得限制其住居：

一　顯有履行義務之可能，故不履行。

二　顯有逃匿之虞。

三　就應供強制執行之財產有隱匿或處分之情事。

四　於調查執行標的物時，對於執行人員拒絕陳述。

五　經命其報告財產狀況，不為報告或為虛偽之報告。

六　經合法通知，無正當理由而不到場。

II前項義務人有下列情形之一者，不得限制住居：

一　滯欠金額合計未達新臺幣十萬元。但義務人已出境達二次者，不在此限。

二　已按其法定應繼分繳納遺產稅款、罰鍰及加徵之滯納金、利息。但其繼承所得遺產超過法定應繼分，而未按所得遺產比例繳納者，不在此限。

III義務人經行政執行處依第一項規定命其提供相當擔保，限期履行，屆期不履行亦未提供相當擔保，有下列情形之一，而有強制其到場之必要者，行政執行處得聲請法院裁定拘提之：

一　顯有逃匿之虞。

二　經合法通知，無正當理由而不到場。

IV法院對於前項聲請，應於五日內裁定；其情況急迫者，應即時裁定。

V義務人經拘提到場，行政執行官應即訊問其人有無錯誤，並應命義務人據實報告其財產狀況或為其他必要調查。

VI行政執行官訊問義務人後，認有下列各款情形之一，而有管收必要者，行政執行處應自拘提時起二十四小時內，聲請法院裁定管收之：

一　顯有履行義務之可能，故不履行。

二　顯有逃匿之虞。

三　就應供強制執行之財產有隱匿或處分之情事。

四　已發見之義務人財產不足清償其所負義務，於審酌義務人整體收入、財產狀況及工作能力，認有履行義務之可能，別無其他執行方法，而拒絕報告其財產狀況或為虛偽之報告。

VII義務人經通知或自行到場，經行政執行官訊問後，認有前項各款情形之一，而有聲請管收必要者，行政執行處得將義務人暫予留置；其訊問及暫予留置時間合計不得逾二十四小時。

VIII拘提、管收之聲請，應向行政執行處所在地之地方法院為之。

IX法院受理管收之聲請後，應即訊問義務人並為裁定，必要時得通知行政執行處指派執行人員到場為一定之陳述或補正。

X行政執行處或義務人不服法院關於拘提、管收之裁定者，得於十日內提起抗告；其程序準用民事訴訟法有關抗告程序之規定。

XI抗告不停止拘提或管收之執行。但准拘提或管收之原裁定經抗告法院裁定廢棄者，其執行應即停止，並將被拘提或管收人釋放。

XII拘提、管收，除本法另有規定外，準用強制執行法、管收條例及刑事訴訟法有關訊問、拘提、羈押之規定。

第 17 條之 1（禁奢條款）

I義務人為自然人，其滯欠合計達一定金額，已發現之財產不足清償其所負義務，且生活逾越一般人通常程度者，行政執行處得依職權或利害關係人之申請對其核發下列各款之禁止命令，並通知應予配合之第三人：

一　禁止購買、租賃或使用一定金額以上之商品或服務。

二　禁止搭乘特定之交通工具。

三　禁止為特定之投資。

四　禁止進入特定之高消費場所消費。

五　禁止贈與或借貸他人一定金額以上之財物。

六　禁止每月生活費用超過一定金額。

七　其他必要之禁止命令。

II前項所定一定金額，由法務部定之。

III行政執行處依第一項規定核發禁止命令前，應以書面通知義務人到場陳述意見。義務人經合法通知，無正當理由而不到場者，行政執行處關於本條之調查及審核程序不受影響。

IV行政執行處於審酌義務人之生活有無逾越一般人通常程度而核發第一項之禁止命令時，應考量其滯欠原因、滯欠金額、清償狀況、移送機關之意見、利害關係人申請事由及其他情事，為適當之決定。

V行政執行處於執行程序終結時，應解除第一項之禁止命令，並通知應配合之第三人。

VI義務人無正當理由違反第一項之禁止命令者，行政執行處得限期命其清償適當之金額，或命其報告一定期間之財產狀況、收入及資金運用情形；義務人不為清償、不為報告或為虛偽之報告者，視為其顯有履行義務之可能而故不履行，行政執行處得依前條規定處理。

第 18 條（行政執行處得逕就擔保人之財產執行之情形）

擔保人於擔保書狀載明義務人逃亡或不履行義務由其負清償責任者，行政執行處於義務人逾前條第一項之限期仍不履行時，得逕就擔保人之財產執行之。

第 19 條（拘提管收）

I法院為拘提之裁定後，應將拘票交由行政執行處派執行員執行拘提。

II拘提後，有下列情形之一者，行政執行處應即釋放義務人：

一　義務已全部履行。

二　義務人就義務之履行已提供相當擔保。

三　不符合聲請管收之要件。

III法院為管收之裁定後，應將管收票交由行政執行處派執行員將被管收人送交管收所；法院核發管收票時義務人不在場者，行政執行處得派執行員持管收票強制義務人同行並送交管收所。

IV管收期限，自管收之日起算，不得逾三個月。有管收新原因發生或停止管收原因消滅時，行政執行處仍得聲請該管法院裁定再行管收。但以一次為限。

V義務人所負公法上金錢給付義務，不因管收而免除。

第20條（被管收人之提詢及送返程式）

I行政執行處應隨時提詢被管收人，每月不得少於三次。

II提詢或送返被管收人時，應以書面通知管收所。

第21條（不得管收及停止管收之情形）

義務人或其他依法得管收之人有下列情形之一者，不得管收；其情形發生管收後者，行政執行處應以書面通知管收所停止管收：

一　因管收而其一家生計有難以維持之虞者。
二　懷胎五月以上或生產後二月未滿者。
三　現罹疾病，恐因管收而不能治療者。

第22條（應釋放被管收人之情形）

有下列情形之一者，行政執行處應即以書面通知管收所釋放被管收人：

一　義務已全部履行或執行完畢者。
二　行政處分或裁定經撤銷或變更確定致不得繼續執行者。
三　管收期限屆滿者。
四　義務人就義務之履行已提供確實之擔保者。

第23條（應提報告之執行行為）

行政執行處執行拘提管收之結果，應向裁定法院提出報告。提詢、停止管收及釋放被管收人時，亦同。

第24條（適用義務人拘提管收等規定之人）

關於義務人拘提管收及應負義務之規定，於下列各款之人亦適用之：

一　義務人為未成年人或受監護宣告之人者，其法定代理人。
二　商號之經理人或清算人；合夥之執行業務合夥人。
三　非法人團體之代表人或管理人。
四　公司或其他法人之負責人。
五　義務人死亡者，其繼承人、遺產管理人或遺囑執行人。

第25條（執行費用）

有關本章之執行，不徵收執行費。但因強制執行所支出之必要費用，由義務人負擔之。

第26條（強制執行法之準用）

關於本章之執行，除本法另有規定外，準用強制執行法之規定。

第三章　行為或不行為義務之執行

第27條（限期履行行為或不行為義務）

I依法令或本於法令之行政處分，負有行為或不行為義務，經於處分書或另以書面限定相當期間履行，逾期仍不履行者，由執行機關依間接強制或直接強制方法執行之。

II前項文書，應載明不依限履行時將予強制執行之意旨。

第28條（間接強制方法及直接強制方法）

I前條所稱之間接強制方法如下：

一　代履行。
二　怠金。

II前條所稱之直接強制方法如下：

一　扣留、收取交付、解除占有、處置、使用或限制使用動產、不動產。
二　進入、封閉、拆除住宅、建築物或其他處所。
三　收繳、註銷證照。
四　斷絕營業所必須之自來水、電力或其他能源。
五　其他以實力直接實現與履行義務同一內容狀態之方法。

第29條（代為履行行為義務及代履行費用）

I依法令或本於法令之行政處分，負有行為義務而不為，其行為能由他人代為履行者，執行機關得委託第三人或指定人員代履行之。

II前項代履行之費用，由執行機關估計其數額，命義務人繳納；其繳納數額與實支不一致時，退還其餘額或追繳其差額。

第30條（不為且不能代為履行之義務，處以怠金）

I依法令或本於法令之行政處分，負有行為義務而不為，其行為不能由他人代為履行者，依其情節輕重處新臺幣五千元以上三十萬元以下怠金。

II依法令或本於法令之行政處分，負有不行為義務而為之者，亦同。

第31條（連續處以怠金）

I經依前條規定處以怠金，仍不履行其義務者，執行機關得連續處以怠金。

II依前項規定，連續處以怠金前，仍應依第27條之規定以書面限期履行。但法律另有特別規定者，不在此限。

第32條（得直接強制執行之情況）

經間接強制不能達成執行目的，或因情況急迫，如不及時執行，顯難達成執行目的時，執行機關得依直接強制方法執行之。

第33條（物之交付義務之強制執行）

關於物之交付義務之強制執行，依本章之規定。

第34條（逾期未繳代履行費用或怠金）

代履行費用或怠金，逾期未繳納者，移送行政執行處依第二章之規定執行之。

第35條（本章準用之規定）

強制執行法第三章、第四章之規定於本章準用之。

第四章　即時強制

第36條（即時強制之時機及方法）

Ⅰ行政機關爲阻止犯罪、危害之發生或避免急迫危險，而有即時處置之必要時，得爲即時強制。
Ⅱ即時強制方法如下：
一　對於人之管束。
二　對於物之扣留、使用、處置或限制其使用。
三　對於住宅、建築物或其他處所之進入。
四　其他依法定職權所爲之必要處置。

第37條（對於人之管束之限制）
Ⅰ對於人之管束，以合於下列情形之一者爲限：
一　瘋狂或酗酒泥醉，非管束不能救護其生命、身體之危險，及預防他人生命、身體之危險者。
二　意圖自殺，非管束不能救護其生命者。
三　暴行或鬥毆，非管束不能預防其傷害者。
四　其他認爲必須救護或有害公共安全之虞，非管束不能救護或不能預防危害者。
Ⅱ前項管束，不得逾二十四小時。

第38條（危險物之扣留）
Ⅰ軍器、凶器及其他危險物，爲預防危害之必要，得扣留之。
Ⅱ扣留之物，除依法應沒收、沒入、毀棄或應變價發還者外，其扣留期間不得逾三十日。但扣留之原因未消失時，得延長之，延長期間不得逾兩個月。
Ⅲ扣留之物無繼續扣留必要者，應即發還；於一年內無人領取或無法發還者，其所有權歸屬國庫；其應變價發還者，亦同。

第39條（得使用、處置或限制使用土地等之情形）
遇有天災、事變或交通上、衛生上或公共安全上有危害情形，非使用或處置其土地、住宅、建築物、物品或限制其使用，不能達防護之目的時，得使用、處置或限制其使用。

第40條（對於進入建物等處所之限制）
對於住宅、建築物或其他處所之進入，以人民之生命、身體、財產有迫切之危害，非進入不能救護者爲限。

第41條（即時強制而致損失得請求補償）
Ⅰ人民因執行機關依法實施即時強制，致其生命、身體或財產遭受特別損失時，得請求補償。但因可歸責於該人民之事由者，不在此限。
Ⅱ前項損失補償，應以金錢爲之，並以補償實際所受之特別損失爲限。
Ⅲ對於執行機關所爲損失補償之決定不服者，得依法提起訴願及行政訴訟。
Ⅳ損失補償，應於知有損失後，二年內向執行機關請求之。但自損失發生後，經過五年者，不得爲之。

第五章　附　則

第42條（本法修正後之適用）
Ⅰ法律有公法上金錢給付義務移送法院強制執行之規定者，自本法修正條文施行之日起，不適用之。
Ⅱ本法修正施行前之行政執行事件，未經執行或尚未執行終結者，自本法修正條文施行之日起，依本法之規定執行之；其爲公法上金錢給付義務移送法院強制執行之事件，移送該管行政執行處繼續執行之。
Ⅲ前項關於第七條規定之執行期間，自本法修正施行日起算。

第43條（施行細則）
本法施行細則，由行政院定之。

第44條（施行日）
Ⅰ本法自公布日施行。
Ⅱ本法修正條文之施行日期，由行政院以命令定之。但中華民國九十八年十二月十五日修正之條文，自九十八年十一月二十三日施行。

行政執行法施行細則

1.中華民國 89 年 1 月 12 日行政院令訂定發布全文 43 條；並自行政執行法修正條文施行之日起施行
2.中華民國 90 年 9 月 19 日行政院令修正發布第 43 條條文；增訂第 6-1 條條文；並自發布日施行
3.中華民國 95 年 1 月 6 日行政院令修正發布第 29 條條文
4.中華民國 99 年 6 月 15 日行政院令修正發布第 20、28、29 條條文
中華民國 100 年 12 月 16 日行政院公告第 6-1 條、第 10 條第 2 項、第 19 條、第 20 條第 1～3 項、第 21、22～28 條、第 29 條第 1、2 項、第 42 條所列屬「行政執行處」之權責事項，自 101 年 1 月 1 日起改由「行政執行分署」管轄

第 1 條
本細則依行政執行法（以下簡稱本法）第 43 條規定訂定之。

第 2 條
本法第二條所稱公法上金錢給付義務如下：
一　稅款、滯納金、滯報費、利息、滯報金、怠報金及短估金。
二　罰鍰及怠金。
三　代履行費用。
四　其他公法上應給付金錢之義務。

第 3 條
本法第三條所定以適當之方法為之，不得逾達成執行目的之必要限度，指於行政執行時，應依下列原則為之：
一　採取之執行方法須有助於執行目的之達成。
二　有多種同樣能達成執行目的之執行方法時，應選擇對義務人、應受執行人及公眾損害最少之方法為之。
三　採取之執行方法所造成之損害不得與欲達成執行目的之利益顯失均衡。

第 4 條
本法第四條第一項所稱原處分機關，其認定以實施行政處分時之名義為準。但上級機關本於法定職權所為之行政處分，交由下級機關執行者，以該上級機關為原處分機關。

第 5 條
本法第四條第一項所稱該管行政機關，指相關法令之主管機關或依法得為即時強制之機關。

第 6 條
本法第四條第一項所定之原處分機關或該管行政機關經裁撤或改組時，以承受其業務之機關為執行機關；無承受其業務之機關者，以其上級機關為執行機關。

第 6 條之 1
法務部行政執行署所屬行政執行處為執行本法第四條第一項之公法上金錢給付義務事項，得將權限之一部分委託民間團體或個人辦理。

第 7 條
本法第五條第一項所稱其他休息日，指應放假之紀念日及其他由中央人事主管機關規定應放假之日。

第 8 條
本法第五條第一項及第二項所稱夜間，指日出前、日沒後。

第 9 條
行政執行應作成執行筆錄。但直接強制或即時強制，因情況急迫或其他原因，不能作成執行筆錄者，得以報告書代之。

第 10 條
Ⅰ行為或不行為義務之執行及即時強制之執行筆錄，應載明下列事項：
一　執行所依據之行政處分或法令規定及其內容。
二　義務人或應受執行人之姓名、性別、出生年月日、國民身分證統一編號、職業及居住所；其為法人或其他設有負責人、管理人或代表人之團體者，其名稱、事務所或營業所，及負責人、管理人或代表人之姓名、性別、出生年月日、國民身分證統一編號、職業及住居所。
三　應執行標的所在地、種類、數量、品質及其他應記明事項。
四　執行方法。轉換執行方法或終止執行者，其事由。
五　聲明異議者，異議人之姓名、關係、異議事由及對聲明異議之處置。
六　請求協助執行者，其事由及被請求協助機關名稱。
七　執行人員及在場之人簽名。在場之人拒簽者，其事由。
八　執行處所及執行之年、月、日、時。
Ⅱ公法上金錢給付義務逾期不履行，經移送行政執行處執行者，其執行筆錄應記載之事項，準用強制執行法有關規定。

第 11 條
執行機關依本法第五條第一項但書規定於夜間、星期日或其他休息日執行者，應將情況急迫或徵得義務人同意之情形，記明於執行筆錄或報告書。

第 12 條
執行人員於行為或不行為義務之強制執行及即時強制時，應由義務人或可為其代表之人在場；如無此

等人在場時，得由鄰居或就近自治團體之職員在場。

第 13 條

執行機關爲依本法第六條規定於必要時請求其他機關協助執行，得視事實需要會商相關機關訂定協調聯繫注意事項。

第 14 條

I 執行機關執行時，應依職權調查有無本法第八條第一項各款所定情形。

II 行政執行有本法第八條第一項各款所定情形之一者，義務人或利害關係人得陳明理由並檢附有關文件，申請執行機關終止執行。

III 執行機關終止執行時，應通知義務人及利害關係人。

第 15 條

義務人或利害關係人依本法第九條第一項規定聲明異議者，應以書面爲之。但執行時得當場以言詞爲之，並由執行人員載明於執行筆錄。

第 16 條

本法第九條第二項所稱直接上級主管機關，於公法上金錢給付義務執行事件，係指法務部行政執行署。

第 17 條

I 直接上級主管機關對於執行機關依本法第九條第二項規定送請決定之聲明異議事件，認其異議有理由者，應命執行機關停止執行，並撤銷或更正已爲之執行行爲；認其異議無理由者，應附理由駁回之。

II 前項決定，應以書面通知原執行機關及異議人。

III 不服中央各院之行政執行而聲明異議，經各該院認其異議無理由者，由該院附具理由駁回之，並以書面通知異議人。

第 18 條

公法上金錢給付義務之執行事件，第三人就執行標的物認有足以排除執行之權利時，得於執行程序終結前，依強制執行法第十五條規定向管轄法院提起民事訴訟。

第 19 條

公法上金錢給付義務事件移送行政執行處執行前，除法令另有規定或以執行憑證移送執行者外，宜由原處分機關或該管行政機關儘量催繳。

第 20 條

I 公法上金錢給付義務之執行，應以執行標的物所在地之該管行政執行處爲執行機關；其不在同一行政執行處轄區者，得向其中任一行政執行處爲之。

II 應執行之標的物所在地不明者，由義務人之住居所、公務所、事務所或營業所所在地之行政執行處管轄。

III 受理公法上金錢給付義務執行事件之行政執行處，須在他行政執行處轄區內爲執行行爲時，應囑託該他行政執行處爲之。

第 21 條

行政執行處依本法第十一條第一項規定，對於主管機關移送之公法上金錢給付義務執行事件，就義務人財產爲執行時，移送機關應指派熟諳業務法令之人員協助配合執行。

第 22 條

公法上金錢給付義務執行事件移送該管行政執行處時，應以一執行名義爲一案，並以一案爲一號。

第 23 條

移送機關移送行政執行處執行之移送書及相關文件之格式，由法務部行政執行署定之。

第 24 條

公法上金錢給付義務執行事件移送該管行政執行處後，移送機關得於執行終結前撤回之。但於拍定後拍賣物所有權移轉前撤回者，應得拍定人之同意。

第 25 條

行政執行處就已查封之財產不再繼續執行時，如有執行法院函送併辦之事件，應維持已實施之執行程序原狀，並依強制執行法第三十三條之一第三項規定將有關卷宗送由執行法院繼續執行。

第 26 條

行政執行處依強制執行法第三十三條之二第一項規定將執行事件函送執行法院併辦時，應敘明如執行法院就已查封之財產不再繼續執行時，應依同條第二項規定維持已實施之執行程序原狀，並將有關卷宗送由行政執行處繼續執行之意旨。

第 27 條

義務人依其經濟狀況或因天災、事變致遭受重大財產損失，無法一次完納公法上金錢給付義務者，行政執行處於徵得移送機關同意後，得酌情核准其分期繳納。經核准分期繳納，而未依限繳納者，行政執行處得廢止之。

第 28 條

行政執行處依本法第十七條第一項規定限制義務人之住居者，應通知義務人及有關機關。

第 29 條

I 行政執行處依本法第十七條第三項、第六項規定向法院聲請拘提、管收，應具聲請書及聲請拘提、管收所必要之相關證明文件影本，並釋明之。

II 行政執行處向法院聲請管收時，應將被聲請管收人一併送交法院。

第 30 條

拍賣、鑑價、估價、查詢、登報、保管及其他因強制執行所支出之必要費用，移送機關應代爲預納，並依本法第二十五條但書規定向義務人取償。

第 31 條

執行機關依本法第二十八條第二項第二款規定執行

處分文書及封閉範圍之圖說明顯揭示於該封閉處所，並於各出入口設置障礙物。
第 32 條
執行機關依本法第二十九條第一項規定，委託第三人或指定人員代履行時，應以文書載明下列事項，送達於義務人：
一　執行機關及義務人。
二　受委託之第三人或指定之人員。
三　代履行之標的。
四　代履行費用之數額、繳納處所及期限。
五　代履行之期日。
第 33 條
受委託之第三人於代履行時，有本法第六條第一項第三款至第五款規定情事者，應即通知執行機關。
第 34 條
執行機關依本法第三十條或第三十一條規定處以怠金時，應以文書載明下列事項送達於義務人：
一　執行機關及義務人。
二　應履行之行爲或不行爲義務與其依據及履行期限。
三　處以怠金之事由及金額。
四　怠金之繳納期限及處所。
五　不依限繳納時將予強制執行之意旨。
第 35 條
依本法第三十七條執行對於人之管束時，執行人員應即將管束原因及概略經過報告主管長官；執行機關並應儘速將管束原因，告知本人及其配偶、法定代理人、指定之親友或其他適當之機關（構）。但不能告知者，不在此限。
第 36 條
對於人之管束，應注意其身體及名譽。執行人員以強制力實施者，不得逾必要之程度。
第 37 條
Ⅰ依本法第三十八條執行物之扣留時，執行機關應製作收據，詳載扣留物之名稱、數量，付與所有人、持有人或保管人。
Ⅱ前項扣留物不便保管或搬運者，得予封存，命所有人、持有人或保管人出據看守或保管。
第 38 條
Ⅰ扣留之物，依法應沒收、沒入、毀棄或應變價發還者，執行機關應即自行或移送有關機關依相關法令規定程序辦理，並通知所有人、持有人或保管人。
Ⅱ扣留之物，依本法第三十八條第二項但書規定延長扣留期間者，應將其原因通知所有人、持有人或保管人。
第 39 條
扣留之物，依本法第三十八條第三項規定應發還或變價發還者，執行機關應以書面通知所有人、持有人或保管人出據具領；其經封存者，應予啓封。
第 40 條
依本法第四十一條請求，特別損失之補償時，請求人或其代理人應以書面載明下列事項，並於簽名或蓋章後，向執行機關提出：
一　請求人之姓名、性別、出生年月日、國民身分證統一編號、職業及住居所。
二　有代理人者，其姓名、性別、出生年月日、國民身分證統一編號、職業及住居所或事務所。
三　請求補償之原因事實、理由及證據。
四　請求補償之金額。
五　執行機關。
六　年、月、日。
第 41 條
Ⅰ執行機關對於特別損失補償之請求，應於收到請求書後三十日內決定之。
Ⅱ執行機關爲補償之決定者，應以書面載明補償之金額，通知請求人或其代理人出據具領；爲不予補償之決定者，應以書面載明理由，通知請求人或其代理人。
第 42 條
本法修正施行前之公法上金錢給付義務強制執行事件，於本法修正施行後尚未移送法院強制執行者，由主管機關移送該管行政執行處依本法規定執行之；其已移送法院強制執行尚未終結者，繫屬之法院應維持已實施之執行程序原狀，並將有關卷宗送由該管行政執行處依本法規定繼續執行之。
第 43 條
Ⅰ本細則自本法修正條文施行之日施行。
Ⅱ本細則修正條文自發布日施行。

行政罰法

1.中華民國94年2月5日總統令制定公布全文46條；並自公布後一年施行
2.中華民國100年11月23日總統令修正公布第26、27、32、45、46條條文；並自公布日施行

第一章　法　例

第1條（立法目的）
違反行政法上義務而受罰鍰、沒入或其他種類行政罰之處罰時，適用本法。但其他法律有特別規定者，從其規定。

第2條（其他種類行政罰之要件）
本法所稱其他種類行政罰，指下列裁罰性之不利處分：

一　限制或禁止行為之處分：限制或停止營業、吊扣證照、命令停工或停止使用、禁止行駛、禁止出入港口、機場或特定場所、禁止製造、販賣、輸出入、禁止申請或其他限制或禁止為一定行為之處分。

二　剝奪或消滅資格、權利之處分：命令歇業、命令解散、撤銷或廢止許可或登記、吊銷證照、強制拆除或其他剝奪或消滅一定資格或權利之處分。

三　影響名譽之處分：公布姓名或名稱、公布照片或其他相類似之處分。

四　警告性處分：警告、告誡、記點、記次、講習、輔導教育或其他相類似之處分。

第3條（行為人之定義）
本法所稱行為人，係指實施違反行政法上義務行為之自然人、法人、設有代表人或管理人之非法人團體、中央或地方機關或其他組織。

第4條（處罰法定主義）
違反行政法上義務之處罰，以行為時之法律或自治條例有明文規定者為限。

❑ 實務見解

▶ **最高行政法院95年1月份庭長法官聯席會議決議（95.01.24）**

依八十四年八月二日修正公布之建築法第九十條第一項（相當於現行建築法第九十一條第一項第一款）之規定，對於違反同法第七十三條後段（相當於現行建築法第七十三條第二項）規定擅自變更使用者，其處罰之對象為建築物所有權人或使用人。建築主管機關究應對建築物所有權人或使用人處罰，應就其查獲建築物違規使用之實際情況，於符合建築法之立法目的為必要裁量，並非容許建築主管機關恣意選擇處罰之對象，擇一處罰，或兩者皆予處罰。又行政罰係處罰行為人為原則，處罰行為人以外之人則屬例外。建築主管機關如對行為人處罰，已足達成行政目的時，即不得對建築物所有權人處罰。於本題情形，擅自變更使用者為乙，如建築主管機關已對乙處罰，並已足達成行政目的時，即不得對甲處罰。

第5條（從新從輕原則）
行為後法律或自治條例有變更者，適用行政機關最初裁處時之法律或自治條例。但裁處前之法律或自治條例有利於受處罰者，適用最有利於受處罰者之規定。

第6條（行為地或結果地之效力）
Ⅰ在中華民國領域內違反行政法上義務應受處罰者，適用本法。
Ⅱ在中華民國領域外之中華民國船艦、航空器或依法得由中華民國行使管轄權之區域內違反行政法上義務者，以在中華民國領域內違反論。
Ⅲ違反行政法上義務之行為或結果，有一在中華民國領域內者，為在中華民國領域內違反行政法上義務。

第二章　責　任

第7條（有責任始有處罰原則）
Ⅰ違反行政法上義務之行為非出於故意或過失者，不予處罰。
Ⅱ法人、設有代表人或管理人之非法人團體、中央或地方機關或其他組織違反行政法上義務者，其代表人、管理人、其他有代表權之人或實際行為之職員、受僱人或從業人員之故意、過失，推定為該等組織之故意、過失。

❑ 實務見解

▶ **最高行政法院100年8月份第2次庭長法官聯席會議決議（100.08.23）**

民法第二百二十四條本文規定：「債務人之代理人或使用人，關於債之履行有故意或過失者，債務人應與自己之故意或過失，負同一責任。」乃民法自己行為責任原則之例外規定。債務人使用代理人或使用人，擴大其活動領域，享受使用代理人或使用人之利益，亦應負擔代理人或使用人在為其履行債務過程所致之不利益，對債務人之代理人或使用人，關於債之履行之故意或過失，負同一故意或過失之責任。人民參與行政程序，就行政法上義務之履行，類於私法上債務關係之履行。人民由其使用人或委任代理人參與行政程序，擴大其活動領域，

享受使用使用人或代理人之利益，亦應負擔使用人或代理人之參與行政程序行為所致之不利益。是以行政罰法施行前違反行政法上義務之人，如係由其使用人或委任代理人參與行政程序，因使用人或代理人之故意或過失致違反行政法上義務，於行政罰法施行前裁處者，應類推適用民法第二百二十四條本文規定，該違反行政法上義務之人應負同一故意或過失責任。惟行政罰法施行後（包括行政罰法施行前違反行政法上義務行為於施行後始裁處之情形），同法第七條第二項：「法人、設有代表人或管理人之非法人團體、中央或地方機關或其他組織違反行政法上義務者，其代表人、管理人、其他有代表權之人或實際行為之職員、受僱人或從業人員之故意、過失，推定為該等組織之故意、過失。」法人等組織就其機關（代表人、管理人、其他有代表權之人）之故意、過失，僅負推定故意、過失責任，人民就其使用人或代理人之故意、過失所負之責任，已不應超過推定故意、過失責任，否則有失均衡。再法人等組織就其內部實際行為之職員、受僱人或從業人員之故意、過失，係負推定故意、過失責任。此等組織實際行為之職員、受僱人或從業人員，為法人等組織參與行政程序，係以法人等組織之使用人或代理人之地位為之。此際，法人等組織就彼等之故意、過失，係負推定故意、過失責任，則除行政罰法第七條第二項情形外，人民以第三人為使用人或委任其為代理人參與行政程序，具有類似性，應類推適用行政罰法第七條第二項規定，即人民就該使用人或代理人之故意、過失負推定故意、過失責任。

第 8 條（排除卸責藉口）

不得因不知法規而免除行政處罰責任。但按其情節，得減輕或免除其處罰。

第 9 條（責任能力）

I 未滿十四歲人之行為，不予處罰。

II 十四歲以上未滿十八歲人之行為，得減輕處罰。

III 行為時因精神障礙或其他心智缺陷，致不能辨識其行為違法或欠缺依其辨識而行為之能力者，不予處罰。

IV 行為時因前項之原因，致其辨識行為違法或依其辨識而行為之能力，顯著減低者，得減輕處罰。

V 前二項規定，於因故意或過失自行招致者，不適用之。

第 10 條（防止之義務）

I 對於違反行政法上義務事實之發生，依法有防止之義務，能防止而不防止者，與因積極行為發生事實者同。

II 因自己行為致有發生違反行政法上義務事實之危險者，負防止其發生之義務。

第 11 條（職務命令）

I 依法令之行為，不予處罰。

II 依所屬上級公務員職務命令之行為，不予處罰。但明知職務命令違法，而未依法定程序向該上級公務員陳述意見者，不在此限。

第 12 條（正當防衛或防衛過當）

對於現在不法之侵害，而出於防衛自己或他人權利之行為，不予處罰。但防衛行為過當者，得減輕或免除其處罰。

第 13 條（緊急避難）

因避免自己或他人生命、身體、自由、名譽或財產之緊急危難而出於不得已之行為，不予處罰。但避難行為過當者，得減輕或免除其處罰。

第三章　共同違法及併同處罰

第 14 條（故意共同違法）

I 故意共同實施違反行政法上義務之行為者，依其行為情節之輕重，分別處罰之。

II 前項情形，因身分或其他特定關係成立之違反行政法上義務行為，其無此身分或特定關係者，仍處罰之。

III 因身分或其他特定關係致處罰有重輕或免除時，其無此身分或特定關係者，仍處以通常之處罰。

第 15 條（私法人違法之處罰）

I 私法人之董事或其他有代表權之人，因執行其職務或為私法人之利益為行為，致使私法人違反行政法上義務應受處罰者，該行為人如有故意或重大過失時，除法律或自治條例另有規定外，應並受同一規定罰鍰之處罰。

II 私法人之職員、受僱人或從業人員，因執行其職務或為私法人之利益為行為，致使私法人違反行政法上義務應受處罰者，私法人之董事或其他有代表權之人，如對該行政法上義務之違反，因故意或重大過失，未盡其防止義務時，除法律或自治條例另有規定外，應並受同一規定罰鍰之處罰。

III 依前二項並受同一規定處罰之罰鍰，不得逾新臺幣一百萬元。但其所得之利益逾新臺幣一百萬元者，得於其所得利益之範圍內裁處之。

第 16 條（私法組織違法之準用）

前條之規定，於設有代表人或管理人之非法人團體，或法人以外之其他私法組織，違反行政法上義務者，準用之。

第 17 條（公法組織之處罰）

中央或地方機關或其他公法組織違反行政法上義務者，依各該法律或自治條例規定處罰之。

第四章　裁處之審酌加減及擴張

第 18 條（裁處罰鍰之審酌、加減及期間）

I 裁處罰鍰，應審酌違反行政法上義務行為應受責難程度、所生影響及因違反行政法上義務所得之利益，並得考量受處罰者之資力。

II前項所得之利益超過法定罰鍰最高額者，得於所得利益之範圍內酌量加重，不受法定罰鍰最高額之限制。

III依本法規定減輕處罰時，裁處之罰鍰不得逾法定罰鍰最高額之二分之一，亦不得低於法定罰鍰最低額之二分之一；同時有免除處罰之規定者，不得逾法定罰鍰最高額之三分之一，亦不得低於法定罰鍰最低額之三分之一。但法律或自治條例另有規定者，不在此限。

IV其他種類行政罰，其處罰定有期間者，準用前項之規定。

第19條（不處罰之要件及處理）

I違反行政法上義務應受法定最高額新臺幣三千元以下罰鍰之處罰，其情節輕微，認以不處罰為適當者，得免予處罰。

II前項情形，得對違反行政法上義務者施以糾正或勸導，並作成紀錄，命其簽名。

第20條（不當得利之追繳）

I為他人利益而實施行為，致使他人違反行政法上義務應受處罰者，該行為人因其行為受有財產上利益而未受處罰時，得於其所受財產上利益價值範圍內，酌予追繳。

II行為人違反行政法上義務應受處罰，他人因該行為受有財產上利益而未受處罰時，得於其所受財產上利益價值範圍內，酌予追繳。

III前二項追繳，由為裁處之主管機關以行政處分為之。

第21條（沒入物之所有人）

沒入之物，除本法或其他法律另有規定者外，以屬於受處罰者所有為限。

第22條（沒入之裁處）

I不屬於受處罰者所有之物，因所有人之故意或重大過失，致使該物成為違反行政法上義務行為之工具者，仍得裁處沒入。

II物之所有人明知該物得沒入，為規避沒入之裁處而取得所有權者，亦同。

第23條（沒入物價額或減損差額之追徵）

I得沒入之物，受處罰者或前條物之所有人於受裁處沒入前，予以處分、使用或以他法致不能裁處沒入者，得裁處沒入其物之價額；其致物之價值減損者，得裁處沒入其物及減損之差額。

II得沒入之物，受處罰者或前條物之所有人於受裁處沒入後，予以處分、使用或以他法致不能執行沒入者，得追徵其物之價額；其致物之價值減損者，得另追徵其減損之差額。

III前項追徵，由為裁處之主管機關以行政處分為之。

第五章　單一行為及數行為之處罰

第24條（一行為違反數個行政法上義務規定而應處罰鍰之法律效果）

I一行為違反數個行政法上義務規定而應處罰鍰者，依法定罰鍰額最高之規定裁處。但裁處之額度，不得低於各該規定之罰鍰最低額。

II前項違反行政法上義務行為，除應處罰鍰外，另有沒入或其他種類行政罰之處罰者，得依該規定併為裁處。但其處罰種類相同，如從一重處罰已足以達成行政目的者，不得重複裁處。

III一行為違反社會秩序維護法及其他行政法上義務規定而應受處罰，如已裁處拘留者，不再受罰鍰之處罰。

第25條（分別處罰）

數行為違反同一或不同行政法上義務之規定者，分別處罰之。

第26條（一行為同時違反刑事法律及行政法上義務規定之處罰及適用範圍）

I一行為同時觸犯刑事法律及違反行政法上義務規定者，依刑事法律處罰之。但其行為應處以其他種類行政罰或得沒入之物而未經法院宣告沒收者，亦得裁處之。

II前項行為如經不起訴處分、緩起訴處分確定或為無罪、免訴、不受理、不付審理、不付保護處分、免刑、緩刑之裁判確定者，得依違反行政法上義務規定裁處之。

III第一項行為經緩起訴處分或緩刑宣告確定且經命向公庫或指定之公益團體、地方自治團體、政府機關、政府機構、行政法人、社區或其他符合公益目的之機構或團體，支付一定之金額或提供義務勞務者，其所支付之金額或提供之勞務，應於依前項規定裁處之罰鍰內扣抵之。

IV前項勞務扣抵罰鍰之金額，按最初裁處時之每小時基本工資乘以義務勞務時數核算。

V依第二項規定所為之裁處，有下列情形之一者，由主管機關依受處罰者之申請或依職權撤銷之，已收繳之罰鍰，無息退還：

一　因緩起訴處分確定而為之裁處，其緩起訴處分經撤銷，並經判決有罪確定，且未受免刑或緩刑之宣告。

二　因緩刑裁判確定而為之裁處，其緩刑宣告經撤銷確定。

第六章　時　效

第27條（行政罰裁處權之時效）

I行政罰之裁處權，因三年期間之經過而消滅。

II前項期間，自違反行政法上義務之行為終了時起算。但行為之結果發生在後者，自該結果發生時起算。

III前條第二項之情形，第一項期間自不起訴處分、緩起訴處分確定或無罪、免訴、不受理、不付審理、不付保護處分、免刑、緩刑之裁判確定日起算。
IV行政罰之裁處因訴願、行政訴訟或其他救濟程序經撤銷而須另為裁處者，第一項期間自原裁處被撤銷確定之日起算。
第28條（裁處權時效之停止）
I裁處權時效，因天災、事變或依法律規定不能開始或進行裁處時，停止其進行。
II前項時效停止，自停止原因消滅之翌日起，與停止前已經過之期間一併計算。

第七章　管轄機關

第29條（主管管轄機關）
I違反行政法上義務之行為，由行為地、結果地、行為人之住所、居所或營業所、事務所或公務所所在地之主管機關管轄。
II在中華民國領域外之中華民國船艦或航空器內違反行政法上義務者，得由船艦本籍地、航空器出發地或行為後在中華民國領域內最初停泊地或降落地之主管機關管轄。
III在中華民國領域外之外國船艦或航空器於依法得由中華民國行使管轄權之區域內違反行政法上義務者，得由行為後其船艦或航空器在中華民國領域內最初停泊地或降落地之主管機關管轄。
IV在中華民國領域外依法得由中華民國行使管轄權之區域內違反行政法上義務者，不能依前三項規定定其管轄機關時，得由行為人所在地之主管機關管轄。
第30條（主管機關之共同管轄權）
故意共同實施違反行政法上義務之行為，其行為地、行為人之住所、居所或營業所、事務所或公務所所在地不在同一管轄區內者，各該行為地、住所、居所或所在地之主管機關均有管轄權。
第31條（管轄權競合之處理方式及移送管轄）
I一行為違反同一行政法上義務，數機關均有管轄權者，由處理在先之機關管轄。不能分別處理之先後者，由各該機關協議定之；不能協議或有統一管轄之必要者，由其共同上級機關指定之。
II一行為違反數個行政法上義務而應處罰鍰，數機關均有管轄權者，由法定罰鍰額最高之主管機關管轄。法定罰鍰額相同者，依前項規定定其管轄。
III一行為違反數個行政法上義務，應受沒入或其他種類行政罰者，由各該主管機關分別裁處。但其處罰種類相同者，如從一重處罰已足以達成行政目的者，不得重複裁處。
IV第一項及第二項情形，原有管轄權之其他機關於必要之情形時，應為必要之職務行為，並將有關資料移送為裁處之機關；為裁處之機關應於調查終結前，通知原有管轄權之其他機關。
第32條（案件之移送）
I一行為同時觸犯刑事法律及違反行政法上義務規定者，應將涉及刑事部分移送該管司法機關。
II前項移送案件，司法機關就刑事案件為不起訴處分、緩起訴處分確定或為無罪、免訴、不受理、不付審理、不付保護處分、免刑、緩刑、撤銷緩刑之裁判確定，或撤銷緩起訴處分後經判決有罪確定者，應通知原移送之行政機關。
III前二項移送案件及業務聯繫之辦法，由行政院會同司法院定之。

第八章　裁處程序

第33條（行政機關執行職務時應有之作為）
行政機關執行職務之人員，應向行為人出示有關執行職務之證明文件或顯示足資辨別之標誌，並告知其所違反之法規。
第34條（現行違反行政法上義務之行為人得為之處置）
I行政機關對現行違反行政法上義務之行為人，得為下列之處置：
一　即時制止其行為。
二　製作書面紀錄。
三　為保全證據之措施。遇有抗拒保全證據之行為且情況急迫者，得使用強制力排除其抗拒。
四　確認其身分。其拒絕或規避身分之查證，經勸導無效，致確實無法辨認其身分且情況急迫者，得令其隨同到指定處所查證身分；其不隨同到指定處所接受身分查證者，得會同警察人員強制為之。
II前項強制，不得逾越保全證據或確認身分目的之必要程度。
第35條（行為人對強制到指定處所處置之救濟）
I行為人對於行政機關依前條所為之強制排除抗拒保全證據或強制到指定處所查證身分不服者，得向該行政機關執行職務之人員，當場陳述理由表示異議。
II行政機關執行職務之人員，認前項異議有理由者，應停止或變更強制排除抗拒保全證據或強制到指定處所查證身分之處置；認無理由者，得繼續執行。經行為人請求者，應將其異議要旨製作紀錄交付之。
第36條（可為證據之物之扣留）
I得沒入或可為證據之物，得扣留之。
II前項可為證據之物之扣留範圍及期間，以供檢查、檢驗、鑑定或其他為保全證據之目的所必要者為限。
第37條（強制扣留）
對於應扣留物之所有人、持有人或保管人，得要求其提出或交付；無正當理由拒絕提出、交付或抗拒扣留者，得用強制力扣留之。

第 38 條（扣留紀錄及收據）

I 扣留，應作成紀錄，記載實施之時間、處所、扣留物之名目及其他必要之事項，並由在場之人簽名、蓋章或按指印；其拒絕簽名、蓋章或按指印者，應記明其事由。

II 扣留物之所有人、持有人或保管人在場或請求時，應製作收據，記載扣留物之名目，交付之。

第 39 條（扣留物之安全、拍賣、毀棄）

I 扣留物，應加封緘或其他標識，並為適當之處置；其不便搬運或保管者，得命人看守或交由所有人或其他適當之人保管。得沒入之物，有毀損之虞或不便保管者，得拍賣或變賣而保管其價金。

II 易生危險之扣留物，得毀棄之。

第 40 條（扣留物之發還）

I 扣留物於案件終結前無留存之必要，或案件為不予處罰或未為沒入之裁處者，應發還之；其經依前條規定拍賣或變賣而保管其價金或毀棄者，發還或償還其價金。但應沒入或為調查他案應留存者，不在此限。

II 扣留物之應受發還人所在不明，或因其他事故不能發還者，應公告之；自公告之日起滿六個月，無人申請發還者，以其物歸屬公庫。

第 41 條（扣留之救濟程序）

I 物之所有人、持有人、保管人或利害關係人對扣留不服者，得向扣留機關聲明異議。

II 前項聲明異議，扣留機關認有理由者，應發還扣留物或變更扣留行為；認無理由者，應加具意見，送直接上級機關決定之。

III 對於直接上級機關之決定不服者，僅得於對裁處案件之實體決定聲明不服時一併聲明之。但第一項之人依法不得對裁處案件之實體決定聲明不服時，得單獨對第一項之扣留，逕行提起行政訴訟。

IV 第一項及前項但書情形，不影響扣留或裁處程序之進行。

第 42 條（不給予陳述意見機會之例外情形）

行政機關於裁處前，應給予受處罰者陳述意見之機會。但有下列情形之一者，不在此限：

一　已依行政程序法第三十九條規定，通知受處罰者陳述意見。

二　已依職權或依第四十三條規定，舉行聽證。

三　大量作成同種類之裁處。

四　情況急迫，如給予陳述意見之機會，顯然違背公益。

五　受法定期間之限制，如給予陳述意見之機會，顯然不能遵行。

六　裁處所根據之事實，客觀上明白足以確認。

七　法律有特別規定。

第 43 條（舉行聽證及其例外情形）

行政機關為第二條第一款及第二款之裁處前，應依受處罰者之申請，舉行聽證。但有下列情形之一者，不在此限：

一　有前條但書各款情形之一。

二　影響自由或權利之內容及程度顯屬輕微。

三　經依行政程序法第一百零四條規定，通知受處罰者陳述意見，而未於期限內陳述意見。

第 44 條（裁處書之送達）

行政機關裁處行政罰時，應作成裁處書，並為送達。

第九章　附　則

第 45 條（裁處權之時效）

I 本法施行前違反行政法上義務之行為應受處罰而未經裁處，於本法施行後裁處者，除第十五條、第十六條、第十八條第二項、第二十條及第二十二條規定外，均適用之。

II 前項行政罰之裁處權時效，自本法施行之日起算。

III 本法中華民國一百年十一月八日修正之第二十六條第三項至第五項規定，於修正施行前違反行政法上義務之行為同時觸犯刑事法律，經緩起訴處分確定，應受行政罰之處罰而未經裁處者，亦適用之；曾經裁處，因訴願、行政訴訟或其他救濟程序經撤銷，而於修正施行後為裁處者，亦同。

IV 本法中華民國一百年十一月八日修正施行前違反行政法上義務之行為同時觸犯刑事法律，於修正施行後受免刑或緩刑之裁判確定者，不適用修正後之第二十六條第二項至第五項、第二十七條第三項及第三十二條第二項之規定。

第 46 條（施行日）

I 本法自公布後一年施行。

II 本法修正條文自公布日施行。

行政程序法

1.中華民國 88 年 2 月 3 日總統令制度公布全文 175 條；並自 90 年 1 月 1 日施行
2.中華民國 89 年 12 月 27 日總統令增訂公布第 174-1 條條文
3.中華民國 90 年 6 月 20 日總統令修正公布第 174-1 條條文
4.中華民國 90 年 12 月 28 日總統令修正公布第 174-1 條條文
5.中華民國 94 年 12 月 28 日總統令公布刪除第 44、45 條條文
6.中華民國 102 年 5 月 22 日總統令修正公布第 131 條條文
7.中華民國 104 年 12 月 30 日總統令修正公布第 127、175 條條文；並自公布日施行

第一章 總 則

第一節 法 例

第 1 條（立法目的）
爲使行政行爲遵循公正、公開與民主之程序，確保依法行政之原則，以保障人民權益，提高行政效能，增進人民對行政之信賴，特制定本法。

第 2 條（行政程序與行政機關之定義）
Ｉ本法所稱行政程序，係指行政機關作成行政處分、締結行政契約、訂定法規命令與行政規則、確定行政計畫、實施行政指導及處理陳情等行爲之程序。
II本法所稱行政機關，係指代表國家、地方自治團體或其他行政主體表示意思，從事公共事務，具有單獨法定地位之組織。
IV受託行使公權力之個人或團體，於委託範圍內，視爲行政機關。

第 3 條（適用範圍）
Ｉ行政機關爲行政行爲時，除法律另有規定外，應依本法規定爲之。
II下列機關之行政行爲，不適用本法之程序規定：
一　各級民意機關。
二　司法機關。
三　監察機關。
III下列事項，不適用本法之程序規定：
一　有關外交行爲、軍事行爲或國家安全保障事項之行爲。
二　外國人出、入境、難民認定及國籍變更之行爲。
三　刑事案件犯罪偵查程序。
四　犯罪矯正機關或其他收容處所爲達成收容目的所爲之行爲。
五　有關私權爭執之行政裁決程序。
六　學校或其他教育機構爲達成教育目的之內部程序。
七　對公務員所爲之人事行政行爲。
八　考試院有關考選命題及評分之行爲。

第 4 條（一般法律原則）
行政行爲應受法律及一般法律原則之拘束。

第 5 條（行政行爲之內容）
行政行爲之內容應明確。

第 6 條（行政行爲之平等原則）
行政行爲，非有正當理由，不得爲差別待遇。

第 7 條（行政行爲之比例原則）
行政行爲，應依下列原則爲之：
一　採取之方法應有助於目的之達成。
二　有多種同樣能達成目的之方法時，應選擇對人民權益損害最少者。
三　採取之方法所造成之損害不得與欲達成目的之利益顯失均衡。

第 8 條（行政行爲之誠信原則）
行政行爲，應以誠實信用之方法爲之，並應保護人民正當合理之信賴。

第 9 條（行政程序對當事人有利及不利之情形）
行政機關就該管行政程序，應於當事人有利及不利之情形，一律注意。

第 10 條（行政裁量之界限）
行政機關行使裁量權，不得逾越法定之裁量範圍，並應符合法規授權之目的。

❖ 法學概念

警察裁量

一、意義

公務員執行職務在法律授權許可範圍內，在適用法規時，基於行政目的，於數種可能的法律效果選擇一適當方式爲之，即所謂「行政裁量權」。亦即，法令賦予行政機關就各種行政行爲在適用確定法律概念之原則外，亦享有判斷餘地，以補充法規範之不足。

而以行政裁量的階段而言，可分爲「決定裁量」（Entschliesungsennessen）與「選擇裁量」（Auswahlermessen）。決定裁量是行政機關決定「是否」採取措施的選擇。選擇裁量又稱爲「手段裁量」乃是決定要採取措施以後，採取如何的具體措施，例如：交通警察面對大幅違規停車的情形，在「決定」是否取締時，屬決定裁量；開罰單或進行拖吊，則屬手段裁量。在法律結構購方面，包括構成要件與法律效果的裁量，但實際上，法律效果之裁量較爲常見，例如：汽車駕駛人，不按遵行之方向爭道行駛者，處新臺幣六百

元以上一千八百元以下罰鍰，六百至上一千八百元之內的罰鍰，就是一種效果裁量。

【李惠宗，《行政法要義》，元照，七版，2016 年 9 月，155 頁以下。】

構成要件是否該當合致，需根據事實證據判斷認定；但應處多少罰鍰或還處誡」即爲法律效果裁量。立法者在法條中授權警察機關於法定要件該當時，再依個刑具體情況，決定法律效果之是否發生或如何發生，即稱爲「警察裁量」

【洪文玲、蔡震榮、鄭善印，《警察法規》，國立空中大學印行，修訂再版，2011.08，306 頁以下。】

例如在集會遊行事件，警察機關依據現場狀況行使裁量權做出警告、制止、命令解散，以保障民眾集會權的行政行爲。如果警察的裁量標準是以概括的集會遊行法第26條來規定，違反「解散命令」就當然構成行政罰（同法第28條）與刑罰（同法第29條）的要件。現實上，「解散」這種「即時執行完畢」的行政處分，很難受到司法審查。就算較有判斷力的檢察官或法官，在第 26 條的概括空洞標準下，多半也都會尊重警察裁量。

【羅傳賢，《警察法規概論》，五南，初版，2018.01，420 頁。】

二、行使的界限

就行政裁量界限而言，並非完全自由，須受到「法」的拘束 。換句話說，行政機關依「行政裁量權」在作一個行政決定、處分時，並非完全之放任而無限制，除法律及行政命令外，通常行政機關仍然遵循諸如：法律優越原則、法律保留原則及一般法律原則之拘束。警察面臨各種複雜的情況，即使沒有法律明文依據，但還是應根據當時情勢判斷作成之決定善用「警察裁量權」，同時亦應遵守行政程序法第10條規定：「行政機關行使裁量權，不得逾越法定之裁量範圍，並應符合法規授權之目的。」之前提下，避免機械式執法，僵化適用法條，始得以隨機應變，法、理、情兼顧。

基於分配正義的法理，原則上警察在法條授予裁量權的情形（例如：法條規定「得」...），應充分行使裁量權，以實現個案正義爲目標就個案仔細審酌，依個案情節輕重決定法律效果，始爲合義務的裁量。假使爲了省時、便宜，怠爲此裁量之義務，即屬「裁量怠惰」，其行政處分不合法。雖然在大量同性質的違規案件，爲使裁量標準可以統一，上級機關通常會訂立以「裁量基準」爲名稱的行政規則（法條依據是行政程序法第 159 條第 2 項），設定處罰之標準，供其參考，例如：《道路交通管理事件統一裁罰基準及處理細則》。然而，在具體的個案上，一般裁量容易流於「裁量怠惰」，無法充分考慮個案情形，故如個案情形特殊，可不受一般裁量準則之拘束。

【李惠宗，《行政法要義》，元照，七版，2016 年 9 月，155 頁；吳志光，《行政法》，新學林，八版，2017 年 9 月，71 頁。】

誠如大法官釋字第 344 號解釋理由書所言「…惟裁量基準，乃係斟酌一般情形而爲規定，在個別案件，如有確切事證，證明其與眞實正常種植狀況相差懸殊時，仍應由主管機關依據專業知識與經驗，妥愼認定。」因此，《道路交通管理事件統一裁罰基準及處理細則》特別在第 12 條規定，「…未嚴重危害交通安全、秩序，且情節輕微，以不舉發爲適當者，交通勤務警察或依法令執行交通稽查任務人員得對其施以勸導，免予舉發。」除落實釋字第 344 號解釋之意旨外，亦在期勉警察人員，勿機械執法，遇有違規情形應審酌個案情節輕重，確實針對個案作出適當之裁量，實現個案正義，而非按表操課的「法匠」。

第二節　管　轄

第 11 條（行政機關之管轄權及管轄權不得隨意設定或變更）

Ⅰ行政機關之管轄權，依其組織法規或其他行政法規定之。

Ⅱ行政機關之組織法規變更管轄權之規定，而相關行政法規所定管轄機關尚未一併修正時，原管轄機關得會同組織法規變更後之管轄機關公告或逕由其共同上級機關公告變更管轄之事項。

Ⅲ行政機關經裁併者，前項公告得僅由組織法規變更後之管轄機關爲之。

Ⅳ前二項公告事項，自公告之日起算至第三日起發生移轉管轄權之效力。但公告特定有生效日期者，依其規定。

Ⅴ管轄權非依法規不得設定或變更。

第 12 條（管轄權之補充規定）

不能依前條第一項定土地管轄權者，依下列各款順序定之：

一　關於不動產之事件，依不動產之所在地。

二　關於企業之經營或其他繼續性事業之事件，依經營企業或從事事業之處所，或應經營或應從事之處所。

三　其他事件，關於自然人者，依其住所地，無住所或住所不明者，依其居所地，無居所或居所不明者，依其最後所在地。關於法人或團體者，依其主事務所或會址所在地。

四　不能依前三款之規定定其管轄權或有急迫情形者，依事件發生之原因定之。

第 13 條（行政機關管轄權競合時之解決方法）

Ⅰ同一事件，數行政機關依前二條之規定均有管轄權者，由受理在先之機關管轄，不能分別受理之先後者，由各該機關協議定之，不能協議或有統一管轄之必要時，由其共同上級機關指定管轄。無共同上級機關時，由各該上級機關協議定之。

II 前項機關於必要之情形時，應為必要之職務行為，並即通知其他機關。

第14條（行政機關管轄權爭議之解決方法）

I 數行政機關於管轄權有爭議時，由其共同上級機關決定之，無共同上級機關時，由各該上級機關協議定之。

II 前項情形，人民就其依法規申請之事件，得向共同上級機關申請指定管轄，無共同上級機關者，得向各該上級機關之一為之。受理申請之機關應自請求到達之日起十日內決定之。

III 在前二項情形未經決定前，如有導致國家或人民難以回復之重大損害之虞時，該管轄權爭議之一方，應依當事人申請或依職權為緊急之臨時處置，並應層報共同上級機關及通知他方。

IV 人民對行政機關依本條所為指定管轄之決定，不得聲明不服。

第15條（行政機關將其權限委託或委任其他機關）

I 行政機關得依法規將其權限之一部分，委任所屬下級機關執行之。

II 行政機關因業務上之需要，得依法規將其權限之一部分，委託不相隸屬之行政機關執行之。

III 前二項情形，應將委任或委託事項及法規依據公告之，並刊登政府公報或新聞紙。

第16條（行政機關將其權限委託民間或個人處理）

I 行政機關得依法規將其權限之一部分，委託民間團體或個人辦理。

II 前項情形，應將委託事項及法規依據公告之，並刊登政府公報或新聞紙。

III 第一項委託所需費用，除另有約定外，由行政機關支付之。

第17條（行政機關對管轄權之有無之處置）

I 行政機關對事件管轄權之有無，應依職權調查；其認無管轄權者，應即移送有管轄權之機關，並通知當事人。

II 人民於法定期間內提出申請，依前項規定移送有管轄權之機關者，視同已在法定期間內向有管轄權之機關提出申請。

第18條（管轄權變更之處理）

行政機關因法規或事實之變更而喪失管轄權時，應將案件移送有管轄權之機關，並通知當事人。但經當事人及有管轄權機關之同意，亦得由原管轄機關繼續處理該案件。

第19條（執行職權時得請求其他機關協助及有不同意見之解決方法）

I 行政機關為發揮共同一體之行政機能，應於其權限範圍內互相協助。

II 行政機關執行職務時，有下列情形之一者，得向無隸屬關係之其他機關請求協助：

一　因法律上之原因，不能獨自執行職務者。
二　因人員、設備不足等事實上之原因，不能獨自執行職務者。
三　執行職務所必要認定之事實，不能獨自調查者。
四　執行職務所必要之文書或其他資料，為被請求機關所持有者。
五　由被請求機關協助執行，顯較經濟者。
六　其他職務上有正當理由須請求協助者。

III 前項請求，除緊急情形外，應以書面為之。

IV 被請求機關於有下列情形之一者，應拒絕之：

一　協助之行為，非其權限範圍或依法不得為之者。
二　如提供協助，將嚴重妨害其自身職務之執行者。

V 被請求機關認有正當理由不能協助者，得拒絕之。

VI 被請求機關認為無提供行政協助之義務或有拒絕之事由時，應將其理由通知請求協助機關。請求協助機關對此有異議時，由其共同上級機關決定之，無共同上級機關時，由被請求機關之上級機關決定之。

VII 被請求機關得向請求協助機關要求負擔行政協助所需費用。其負擔金額及支付方式，由請求協助機關及被請求機關以協議定之；協議不成時，由其共同上級機關定之。

第三節　當事人

第20條（當事人之範圍）

本法所稱之當事人如下：

一　申請人及申請之相對人。
二　行政機關所為行政處分之相對人。
三　與行政機關締結行政契約之相對人。
四　行政機關實施行政指導之相對人。
五　對行政機關陳情之人。
六　其他依本法規定參加行政程序之人。

第21條（行政程序當事人之範圍）

有行政程序之當事人能力者如下：

一　自然人。
二　法人。
三　非法人之團體設有代表人或管理人者。
四　行政機關。
五　其他依法律規定得為權利義務之主體者。

第22條（得為有效行政程序行為之資格）

I 有行政程序之行為能力者如下：

一　依民法規定，有行為能力之自然人。
二　法人。

三　非法人之團體由其代表人或管理人爲行政程序行爲者。

四　行政機關由首長或其代理人、授權之人爲行政程序行爲者。

五　依其他法律規定者。

Ⅱ無行政程序行爲能力者，應由其法定代理人代爲行政程序行爲。

Ⅲ外國人依其本國法律無行政程序之行爲能力，而依中華民國法律有行政程序之行爲能力者，視爲有行政程序之行爲能力。

第 23 條（通知參加爲當事人）

因程序之進行將影響第三人之權利或法律上利益者，行政機關得依職權或依申請，通知其參加爲當事人。

第 24 條（委任代理）

Ⅰ當事人得委任代理人。但依法規或行政程序之性質不得授權者，不得爲之。

Ⅱ每一當事人委任之代理人，不得逾三人。

Ⅲ代理權之授與，及於該行政程序有關之全部程序行爲。但申請之撤回，非受特別授權，不得爲之。

Ⅳ行政程序代理人應於最初爲行政程序行爲時，提出委任書。

Ⅴ代理權授與之撤回，經通知行政機關後，始對行政機關發生效力。

第 25 條（單獨代理原則）

Ⅰ代理人有二人以上者，均得單獨代理當事人。

Ⅱ違反前項規定而爲委任者，其代理人仍得單獨代理。

Ⅲ代理人經本人同意得委任他人爲複代理人。

第 26 條（代理權之效力）

代理權不因本人死亡或其行政程序行爲能力喪失而消滅。法定代理有變更或行政機關經裁併或變更者，亦同。

第 27 條（當事人之選定或指定）

Ⅰ多數有共同利益之當事人，未共同委任代理人者，得選定其中一人至五人爲全體爲行政程序行爲。

Ⅱ未選定當事人，而行政機關認有礙程序之正常進行者，得定相當期限命其選定；逾期未選定者，得依職權指定之。

Ⅲ經選定或指定爲當事人者，非有正當理由不得辭退。

Ⅳ經選定或指定當事人者，僅得由該當事人爲行政程序行爲，其他當事人脫離行政程序。但申請之撤回、權利之拋棄或義務之負擔，非經全體有共同利益之人同意，不得爲之。

第 28 條（選定或指定當事人單獨行使職權）

選定或指定當事人有二人以上時，均得單獨爲全體爲行政程序行爲。

第 29 條（選定或指定當事人之更換或增減）

Ⅰ多數有共同利益之當事人於選定或經指定當事人後，仍得更換或增減之。

Ⅱ行政機關對於其指定之當事人，爲共同利益人之權益，必要時，得更換或增減之。

Ⅲ依前二項規定喪失資格者，其他被選定或指定之人得爲全體爲行政程序行爲。

第 30 條（選定、指定、更換或增減當事人之生效要件）

Ⅰ當事人之選定、更換或增減，非以書面通知行政機關不生效力。

Ⅱ行政機關指定、更換或增減當事人者，非以書面通知全體有共同利益之當事人，不生效力。但通知顯有困難者，得以公告代之。

第 31 條（輔佐人之規定）

Ⅰ當事人或代理人經行政機關之許可，得偕同輔佐人到場。

Ⅱ行政機關認爲必要時，得命當事人或代理人偕同輔佐人到場。

Ⅲ前二項之輔佐人，行政機關認爲不適當時，得撤銷其許可或禁止其陳述。

Ⅳ輔佐人所爲之陳述，當事人或代理人未立即提出異議者，視爲其所自爲。

第四節　迴　避

第 32 條（公務員應自行迴避的事由）

公務員在行政程序中，有下列各款情形之一者，應自行迴避：

一　本人或其配偶、前配偶、四親等內之血親或三親等內之姻親或曾有此關係者爲事件之當事人時。

二　本人或其配偶、前配偶，就該事件與當事人有共同權利人或共同義務人之關係者。

三　現爲或曾爲該事件當事人之代理人、輔佐人者。

四　於該事件，曾爲證人、鑑定人者。

第 33 條（當事人申請公務員迴避之理由及其相關）

Ⅰ公務員有下列各款情形之一者，當事人得申請迴避：

一　有前條所定之情形而不自行迴避者。

二　有具體事實，足認其執行職務有偏頗之虞者。

Ⅱ前項申請，應舉其原因及事實，向該公務員所屬機關爲之，並應爲適當之釋明；被申請迴避之公務員，對於該申請得提出意見書。

Ⅲ不服行政機關之駁回決定者，得於五日內提請上級機關覆決，受理機關除有正當理由外，應於十日內爲適當之處置。

Ⅳ被申請迴避之公務員在其所屬機關就該申請事件爲准許或駁回之決定前，應停止行政程序。但有急迫情形，仍應爲必要處置。

V公務員有前條所定情形不自行迴避，而未經當事人申請迴避者，應由該公務員所屬機關依職權命其迴避。

第五節　程序之開始

第34條（行政程序之開始）

行政程序之開始，由行政機關依職權定之。但依本法或其他法規之規定有開始行政程序之義務，或當事人已依法規之規定提出申請者，不在此限。

第35條（當事人向行政機關提出申請之方式）

當事人依法向行政機關提出申請者，除法規另有規定外，得以書面或言詞爲之。以言詞爲申請者，受理之行政機關應作成紀錄，經向申請人朗讀或使閱覽，確認其內容無誤後由其簽名或蓋章。

第六節　調查事實及證據

第36條（行政機關應依職權調查證據）

行政機關應依職權調查證據，不受當事人主張之拘束，對當事人有利及不利事項一律注意。

第37條（當事人得自行提出證據及向行政機關申請調查）

當事人於行政程序中，除得自行提出證據外，亦得向行政機關申請調查事實及證據。但行政機關認爲無調查之必要者，得不爲調查，並於第四十三條之理由中敘明之。

第38條（行政機關調查後得製作書面紀錄）

行政機關調查事實及證據，必要時得據實製作書面紀錄。

第39條（行政機關得通知相關之人到場陳述）

I行政機關基於調查事實及證據之必要，得以書面通知相關之人陳述意見。

II通知書中應記載詢問目的、時間、地點、得否委託他人到場及不到場所生之效果。

第40條（行政機關得要求提供文書、資料或物品）

行政機關基於調查事實及證據之必要，得要求當事人或第三人提供必要之文書、資料或物品。

第41條（選定鑑定人）

I行政機關得選定適當之人爲鑑定。

II以書面爲鑑定者，必要時，得通知鑑定人到場說明。

第42條（行政機關得實施勘驗）

I行政機關爲瞭解事實眞相，得實施勘驗。

II勘驗時應通知當事人到場。但不能通知者，不在此限。

第43條（行政機關採證之法則）

行政機關爲處分或其他行政行爲，應斟酌全部陳述與調查事實及證據之結果，依論理及經驗法則判斷事實之眞僞，並將其決定及理由告知當事人。

第七節　資訊公開

第44條（刪除）

第45條（刪除）

第46條（申請閱覽卷宗）

I當事人或利害關係人得向行政機關申請閱覽、抄寫、複印或攝影有關資料或卷宗。但以主張或維護其法律上利益有必要者爲限。

II行政機關對前項之申請，除有下列情形之一者外，不得拒絕：

一　行政決定前之擬稿或其他準備作業文件。

二　涉及國防、軍事、外交及一般公務機密，依法規規定有保密之必要者。

三　涉及個人隱私、職業秘密、營業秘密，依法規規定有保密之必要者。

四　有侵害第三人權利之虞者。

五　有嚴重妨礙有關社會治安、公共安全或其他公共利益之職務正常進行之虞者。

III前項第二款及第三款無保密必要之部分，仍應准許閱覽。

IV當事人就第一項資料或卷宗內容關於自身之記載有錯誤者，得檢具事實證明，請求相關機關更正。

第47條（公務員與當事人進行行政程序外之接觸）

I公務員在行政程序中，除基於職務上之必要外，不得與當事人或代表其利益之人爲行政程序外之接觸。

II公務員與當事人或代表其利益之人爲行政程序外之接觸時，應將所有往來之書面文件附卷，並對其他當事人公開。

III前項接觸非以書面爲之者，應作成書面紀錄，載明接觸對象、時間、地點及內容。

第八節　期日與期間

第48條（期間之計算）

I期間以時計算者，即時起算。

II期間以日、星期、月或年計算者，其始日不計算在內。但法律規定即日起算者，不在此限。

III期間不以星期、月或年之始日起算者，以最後之星期、月或年與起算日相當日之前一日爲期間之末日。但以月或年定期間，而於最後之月無相當日者，以其月之末日爲期間之末日。

IV期間之末日爲星期日、國定假日或其他休息日者，以該日之次日爲期間之末日；期間之末日爲星期六者，以其次星期一上午爲期間末日。

V期間涉及人民之處罰或其他不利行政處分者，其始日不計時刻以一日論；其末日爲星期日、國定假日或其他休息日者，照計。但依第二項、第四項規定計算，對人民有利者，不在此限。

第49條（郵送期間之扣除）
基於法規之申請，以掛號郵寄方式向行政機關提出者，以交郵當日之郵戳爲準。
第50條（回復原狀之申請）
Ⅰ因天災或其他不應歸責於申請人之事由，致基於法規之申請不能於法定期間內提出者，得於其原因消滅後十日內，申請回復原狀。如該法定期間少於十日者，於相等之日數內得申請回復原狀。
Ⅱ申請回復原狀，應同時補行期間內應爲之行政程序行爲。
Ⅲ遲誤法定期間已逾一年者，不得申請回復原狀。
第51條（行政機關對人民申請之處理期間）
Ⅰ行政機關對於人民依法規之申請，除法規另有規定外，應按各事項類別，訂定處理期間公告之。
Ⅱ未依前項規定訂定處理期間者，其處理期間爲二個月。
Ⅲ行政機關未能於前二項所定期間內處理終結者，得於原處理期間之限度內延長之，但以一次爲限。
Ⅳ前項情形，應於原處理期間屆滿前，將延長之事由通知申請人。
Ⅴ行政機關因天災或其他不可歸責之事由，致事務之處理遭受阻礙時，於該項事由終止前，停止處理期間之進行。

第九節　費　用

第52條（行政程序所生費用之負擔）
Ⅰ行政程序所生之費用，由行政機關負擔。但專爲當事人或利害關係人利益所支出之費用，不在此限。
Ⅱ因可歸責於當事人或利害關係人之事由，致程序有顯著之延滯者，其因延滯所生之費用，由其負擔。
第53條（證人或鑑定人得請求給付費用）
Ⅰ證人或鑑定人得向行政機關請求法定之日費及旅費，鑑定人並得請求相當之報酬。
Ⅱ前項費用及報酬，得請求行政機關預行酌給之。
Ⅲ第一項費用，除法規另有規定外，其標準由行政院定之。

第十節　聽證程序

第54條（適用聽證程序）
依本法或其他法規舉行聽證時，適用本節規定。
第55條（聽證之通知及公告）
Ⅰ行政機關舉行聽證前，應以書面記載下列事項，並通知當事人及其他已知之利害關係人，必要時並公告之：
一　聽證之事由與依據。
二　當事人之姓名或名稱及其住居所、事務所或營業所。
三　聽證之期日及場所。
四　聽證之主要程序。
五　當事人得選任代理人。
六　當事人依第六十一條所得享有之權利。
七　擬進行預備程序者，預備聽證之期日及場所。
八　缺席聽證之處理。
九　聽證之機關。
Ⅱ依法規之規定，舉行聽證應預先公告者，行政機關應將前項所列各款事項，登載於政府公報或以其他適當方法公告之。
Ⅲ聽證期日及場所之決定，應視事件之性質，預留相當期間，便利當事人或其代理人參與。
第56條（變更聽證期日或場所）
Ⅰ行政機關得依職權或當事人之申請，變更聽證期日或場所，但以有正當理由爲限。
Ⅱ行政機關爲前項之變更者，應依前條規定通知並公告。
第57條（聽證之主持人）
聽證，由行政機關首長或其指定人員爲主持人，必要時得由律師、相關專業人員或其他熟諳法令之人員在場協助之。
第58條（聽證之預備程序）
Ⅰ行政機關爲使聽證順利進行，認爲必要時，得於聽證期日前，舉行預備聽證。
Ⅱ預備聽證得爲下列事項：
一　議定聽證程序之進行。
二　釐清爭點。
三　提出有關文書及證據。
四　變更聽證之期日、場所與主持人。
Ⅲ預備聽證之進行，應作成紀錄。
第59條（聽證公開之原則及例外）
聽證，除法律另有規定外，應公開以言詞爲之。
有下列各款情形之一者，主持人得依職權或當事人之申請，決定全部或一部不公開：
一　公開顯然有違背公益之虞者。
二　公開對當事人利益有造成重大損害之虞者。
第60條（聽證之開始）
Ⅰ聽證以主持人說明案由爲始。
Ⅱ聽證開始時，由主持人或其指定之人說明事件之內容要旨。
第61條（聽證當事人之權利）
當事人於聽證時，得陳述意見、提出證據，經主持人同意後並得對機關指定之人員、證人、鑑定人、其他當事人或其代理人發問。
第62條（聽證主持人之職權）
Ⅰ主持人應本中立公正之立場，主持聽證。
Ⅱ主持人於聽證時，得行使下列職權：
一　就事實或法律問題，詢問當事人、其他到場人，或促其提出證據。

二　依職權或當事人之申請，委託相關機關為必要之調查。
三　通知證人或鑑定人到場。
四　依職權或申請，通知或允許利害關係人參加聽證。
五　許可當事人及其他到場人之發問或發言。
六　為避免延滯程序之進行，禁止當事人或其他到場之人發言；有妨礙聽證程序而情節重大者，並得命其退場。
七　當事人一部或全部無故缺席者，逕行開始、延期或終結聽證。
八　當事人曾於預備聽證中提出有關文書者，得以其所載內容視為陳述。
九　認為有必要時，於聽證期日結束前，決定繼續聽證之期日及場所。
十　如遇天災或其他事故不能聽證時，得依職權或當事人之申請，中止聽證。
十一　採取其他為順利進行聽證所必要之措施。

III主持人依前項第九款決定繼續聽證之期日及場所者，應通知未到場之當事人及已知之利害關係人。

第63條（當事人申明異議）

I當事人認為主持人於聽證程序進行中所為之處置違法或不當者，得即時聲明異議。

II主持人認為異議有理由者，應即撤銷原處置，認為無理由者，應即駁回異議。

第64條（聽證紀錄之作成及內容）

I聽證，應作成聽證紀錄。

II前項紀錄，應載明到場人所為陳述或發問之要旨及其提出之文書、證據，並記明當事人於聽證程序進行中聲明異議之事由及主持人對異議之處理。

III聽證紀錄，得以錄音、錄影輔助之。

IV聽證紀錄當場製作完成者，由陳述或發問人簽名或蓋章；未當場製作完成者，由主持人指定日期、場所供陳述或發問人閱覽，並由其簽名或蓋章。

V前項情形，陳述或發問人拒絕簽名、蓋章或未於指定日期、場所閱覽者，應記明其事由。

VI陳述或發問人對聽證紀錄之記載有異議者，得即時提出。主持人認異議有理由者，應予更正或補充；無理由者，應記明其異議。

第65條（聽證之終結）

主持人認當事人意見業經充分陳述，而事件已達可為決定之程度者，應即終結聽證。

第66條（行政機關得再為聽證）

聽證終結後，決定作成前，行政機關認為必要時，得再為聽證。

第十一節　送　達

第67條（送達由行政機關為之）

送達，除法規另有規定外，由行政機關依職權為之。

第68條（送達方式及送達人）

I送達由行政機關自行或交由郵政機關送達。

II行政機關之文書依法規以電報交換、電傳文件、傳眞或其他電子文件行之者，視為自行送達。

III由郵政機關送達者，以一般郵遞方式為之。但文書內容對人民權利義務有重大影響者，應為掛號。

IV文書由行政機關自行送達者，以承辦人員或辦理送達事務人員為送達人；其交郵政機關送達者，以郵務人員為送達人。

V前項郵政機關之送達準用依民事訴訟法施行法第三條訂定之郵政機關送達訴訟文書實施辦法。

第69條（對無行為能力人之送達）

I對於無行政程序之行為能力人為送達者，應向其法定代理人為之。

II對於機關、法人或非法人之團體為送達者，應向其代表人或管理人為之。

III法定代理人、代表人或管理人有二人以上者，送達得僅向其中之一人為之。

IV無行政程序之行為能力人為行政程序之行為，未向行政機關陳明其法定代理人者，於補正前，行政機關得向該無行為能力人為送達。

第70條（對外國法人之送達）

I對於在中華民國有事務所或營業所之外國法人或團體為送達者，應向其在中華民國之代表人或管理人為之。

II前條第三項規定，於前項送達準用之。

第71條（對代理人之送達）

行政程序之代理人受送達之權限未受限制者，送達應向該代理人為之。但行政機關認為必要時，得送達於當事人本人。

第72條（送達之處所）

I送達，於應受送達人之住居所、事務所或營業所為之。但在行政機關辦公處所或他處會晤應受送達人時，得於會晤處所為之。

II對於機關、法人、非法人之團體之代表人或管理人為送達者，應向其機關所在地、事務所或營業所行之。但必要時亦得於會晤之處所或其住居所行之。

III應受送達人有就業處所者，亦得向該處所為送達。

第73條（補充送達及留置送達）

I於應送達處所不獲會晤應受送達人時，得將文書付與有辨別事理能力之同居人、受雇人或應送達處所之接收郵件人員。

II前項規定於前項人員與應受送達人在該行政程序上利害關係相反者，不適用之。

III應受送達人或其同居人、受雇人、接收郵件人員無正當理由拒絕收領文書時，得將文書留置於應送達處所，以為送達。

第 74 條（寄存送達）

I 送達，不能依前二條規定為之者，得將文書寄存送達地之地方自治或警察機關，並作送達通知書兩份，一份黏貼於應受送達人住居所、事務所、營業所或其就業處所門首，另一份交由鄰居轉交或置於該送達處所信箱或其他適當位置，以為送達。

II 前項情形，由郵政機關為送達者，得將文書寄存於送達地之郵政機關。

III寄存機關自收受寄存文書之日起，應保存三個月。

第 75 條（對不特定人之送達方式）

行政機關對於不特定人之送達，得以公告或刊登政府公報或新聞紙代替之。

第 76 條（送達證書之製作及附卷）

I 送達人因證明之必要，得製作送達證書，記載下列事項並簽名：

一　交送達之機關。

二　應受送達人。

三　應送達文書之名稱。

四　送達處所、日期及時間。

五　送達方法。

II 除電子傳達方式之送達外，送達證書應由收領人簽名或蓋章；如拒絕或不能簽名或蓋章者，送達人應記明其事由。

III送達證書，應提出於行政機關附卷。

第 77 條（對第三人送達之處理方式）

送達係由當事人向行政機關申請對第三人為之者，行政機關應將已為送達或不能送達之事由，通知當事人。

第 78 條（公示送達之原因與方式）

I 對於當事人之送達，有下列各款情形之一者，行政機關得依申請，准為公示送達：

一　應為送達之處所不明者。

二　於有治外法權人之住居所或事務所為送達而無效者。

三　於外國或境外為送達，不能依第八十六條之規定辦理或預知雖依該規定辦理而無效者。

II 有前項所列各款之情形而無人為公示送達之申請者，行政機關為避免行政程序遲延，認為有必要時，得依職權命為公示送達。

III當事人變更其送達之處所而不向行政機關陳明，致有第一項之情形者，行政機關得依職權命為公示送達。

第 79 條（行政機關依職權之公示送達）

依前條規定為公示送達後，對於同一當事人仍應為公示送達者，依職權為之。

第 80 條（公示送達之方式）

公示送達應由行政機關保管送達之文書，而於行政機關公告欄黏貼公告，告知應受送達人得隨時領取；並得由行政機關將文書或其節本刊登政府公報或新聞紙。

第 81 條（公示送達之生效日期）

公示送達自前條公告之日起，其刊登政府公報或新聞紙者，自最後刊登之日起，經二十日發生效力；於依第七十八條第一項第三款為公示送達者，經六十日發生效力。但第七十九條之公示送達，自黏貼公告欄翌日起發生效力。

第 82 條（公示送達證書之附卷）

為公示送達者，行政機關應製作記載該事由及年、月、日、時之證書附卷。

第 83 條（送達代收人之送達）

I 當事人或代理人經指定送達代收人，向行政機關陳明者，應向該代收人為送達。

II 郵寄方式向行政機關提出者，以交郵地無住居所、事務所及營業所者，行政機關得命其於一定期間內，指定送達代收人。

III如不於前項期間指定送達代收人並陳明者，行政機關得將應送達之文書，註明該當事人或代理人之住居所、事務所或營業所，交付郵政機關掛號發送，並以交付文書時，視為送達時。

第 84 條（得為送達之時間）

送達，除第六十八條第一項規定交付郵政機關或依第二項之規定辦理者外，不得於星期日或其他休息日或日出前、日沒後為之。但應受送達人不拒絕收領者，不在此限。

第 85 條（不能為送達時之處理方式）

不能為送達者，送達人應製作記載該事由之報告書，提出於行政機關附卷，並繳回應送達之文書。

第 86 條（於外國或境外送達之方式）

I 於外國或境外為送達者，應囑託該國管轄機關或駐在該國之中華民國使領館或其他機構、團體為之。

II 不能依前項規定為送達者，得將應送達之文書交郵政機關以雙掛號發送，以為送達，並將掛號回執附卷。

第 87 條（對駐外人員之送達）

對於駐在外國之中華民國大使、公使、領事或其他駐外人員為送達者，應囑託外交部為之。

第 88 條（對現役軍人之送達）

對於在軍隊或軍艦服役之軍人為送達者，應囑託該管軍事機關或長官為之。

第 89 條（對在監所人之送達）

對於在監所人為送達者，應囑託該監所長官為之。

第 90 條（對有治外法權人之送達）

於有治外法權人之住居所或事務所為送達者，得囑託外交部為之。

第91條（對囑託送達結果通知之處理）
受囑託之機關或公務員，經通知已爲送達或不能爲送達者，行政機關應將通知書附卷。

第二章　行政處分

第一節　行政處分之成立

第92條（行政處分與一般處分之定義）
I 本法所稱行政處分，係指行政機關就公法上具體事件所爲之決定或其他公權力措施而對外直接發生法律效果之單方行政行爲。
II 前項決定或措施之相對人雖非特定，而依一般性特徵可得確定其範圍者，爲一般處分，適用本法有關行政處分之規定。有關公物之設定、變更、廢止或其一般使用者，亦同。

❖ 法學概念

警察處分

我國警察行政法學者陳立中認爲警察處分是警察機關基於職權，就特定之具體事件所爲之表示而發生法律效果之謂。氏將警察行政處分簡稱爲警察處分，即認爲警察處分與警察行政處分並無區別，惟在警察法理論發源地之德國是有區別的，早期德國法認爲。警察處分乃是警察機關對某一特定人或某一特定多數人所作，包含命令、禁止或拒絕、限制或撤回法定警察許可或證明。」那麼從此可知，警察處分之範圍是比警察行政處分還小，惟不能概括整個警察行政處分。學者陳正根教授，將警察處分限縮定義爲，「警察機關行使具有干預性之公權力具體措施，包含預防性的警察行政行爲以及壓制性警察行政行爲，亦即依據我國警察職權行使法規定所行使的防制犯罪的各項措施或者依據警察機關各項法規所爲之行政處分。」。警察處分包含命令與禁止之主要型態。前者乃命令人民爲一定之行爲處分，例如巡邏警員對自行車附載他人時，告知副座人自動下車。又如告知旅館送閱旅客姓名登記簿、命令解散應經許可而未經許可之集會遊行，均是命令之警察處分。後者之不作爲處分乃禁止人民爲某種特定之行爲處分，即命令人民不得爲一定行爲之處分。而警察職權行使法第2條第2項規定所爲之警察各項措施並非全然是警察處分，例如攔停、查證身分等屬之；有些屬事實行爲，例如：檢查人車之行爲、資料蒐集之行爲、警察即時強制措施。

【陳正根，〈論警察行政處分之概念與特性〉，收錄於氏著《警察與秩序法研究㈠：干預行政與基本人權之保障》，五南，初版，2013.08，210頁以下。】

另警察處分得以口頭、文字或符號發布，也有許多是機器所作之警察行政處分。由於科技發展與事實需要，警察處分已不再是以人之行爲爲限，即所謂「機器製作之行政行爲」之觀念。例如，道路上紅綠燈號誌之交通指揮，視如交通警察之手勢指揮，仍爲行政處分之一種，此種性質之行政處分符合我國行政程序法92條第2項規定：「前項決定或措施之相對人雖非特定，而依一般性特徵可得確定其範圍者。」視爲一般處分。例如：攔停、查證身分、帶往、暫時驅離或禁止進入等，皆爲警察處分之概念。

行使警察處分應遵守正當法律程序，尤其是指限制人身自由之相關警察處分，相較於上述所提一般法律要件，在此「正當法律程序」所包含最重要的是「形式程序上，首先值得注意的是「臨檢行爲」，它是一項非常重要之警察干預措施，然而並不是一項單一行爲，而是許多行爲組合而成。其中行爲在實務上運用最多者無非「攔停」與「檢查」二者，其餘配合措施亦有查證身分、詢問等措施。整體而言，臨檢行爲所包含行爲當中，其中「攔停」行爲居於主要地位，因此「臨檢」之法律性質似可在警察行政行爲中概括視爲警察處分。

【陳正根，〈論警察處分行使之法律要件與原則〉，收錄於氏著《警察與秩序法研究㈠：干預行政與基本人權之保障》，五南，初版，2013.08，7頁以下。】

第93條（行政處分附款之容許性及種類）
I 行政機關作成行政處分有裁量權時，得爲附款。無裁量權者，以法律有明文規定或爲確保行政處分法定要件之履行而以該要件爲附款內容者爲限，始得爲之。
II 前項所稱之附款如下：
　一　期限。
　二　條件。
　三　負擔。
　四　保留行政處分之廢止權。
　五　保留負擔之事後附加或變更。

第94條（行政處分附款之限制）
前條之附款不得違背行政處分之目的，並應與該處分之目的具有正當合理之關聯。

第95條（行政處分之方式）
I 行政處分除法規另有要式之規定者外，得以書面、言詞或其他方式爲之。
II 以書面以外方式所爲之行政處分，其相對人或利害關係人有正當理由要求作成書面時，處分機關不得拒絕。

第96條（書面行政處分之應記載事項）
I 行政處分以書面爲之者，應記載下列事項：
　一　處分相對人之姓名、出生年月日、性別、身分證統一號碼、住居所或其他足資辨別之特徵；如係法人或其他設有管理人或代表人之團體，其名稱、事務所或營業所，及管理人或代表人之姓名、出生年月日、性別、身分證統一號碼、住居所。
二　主旨、事實、理由及其法令依據。
三　有附款者，附款之內容。
四　處分機關及其首長署名、蓋章，該機關有代理人或受任人者，須同時於其下簽名。但以自動機器作成之大量行政處分，得不經署名，以蓋章爲之。
五　發文字號及年、月、日。
六　表明其爲行政處分之意旨及不服行政處分之救濟方法、期間及其受理機關。

II 前項規定於依前條第二項作成之書面，準用之。

第 97 條（書面行政處分得不記明理由之情形）

書面之行政處分有下列各款情形之一者，得不記明理由：
一　未限制人民之權益者。
二　處分相對人或利害關係人無待處分機關之說明已知悉或可知悉作成處分之理由者。
三　大量作成之同種類行政處分或以自動機器作成之行政處分依其狀況無須說明理由者。
四　一般處分經公告或刊登政府公報或新聞紙者。
五　有關專門知識、技能或資格所爲之考試、檢定或鑑定等程序。
六　依法律規定無須記明理由者。

第 98 條（告知救濟期間錯誤之處理及未告知救濟期間或告知錯誤未爲更正之效果）

I 處分機關告知之救濟期間有錯誤時，應由該機關以通知更正之，並自通知送達之翌日起算法定期間。

II 處分機關告知之救濟期間較法定期間爲長者，處分機關雖以通知更正，如相對人或利害關係人信賴原告知之救濟期間，致無法於法定期間內提起救濟，而於原告知之期間內爲之者，視爲於法定期間內所爲。

III 處分機關未告知救濟期間或告知錯誤未爲更正，致相對人或利害關係人遲誤者，如自處分書送達後一年內聲明不服時，視爲於法定期間內所爲。

第 99 條（未告知受理聲明不服之管轄機關或告知錯誤）

I 對於行政處分聲明不服，因處分機關未爲告知或告知錯誤致向無管轄權之機關爲之者，該機關應於十日內移送有管轄權之機關，並通知當事人。

II 前項情形，視爲自始向有管轄權之機關聲明不服。

第 100 條（行政處分之通知）

I 書面之行政處分，應送達相對人及已知之利害關係人；書面以外之行政處分，應以其他適當方法通知或使其知悉。

II 一般處分之送達，得以公告或刊登政府公報或新聞紙代替之。

第 101 條（行政處分之更正）

I 行政處分如有誤寫、誤算或其他類此之顯然錯誤者，處分機關得隨時或依申請更正之。

II 前項更正，附記於原處分書及其正本，如不能附記者，應製作更正書，以書面通知相對人及已知之利害關係人。

第二節　陳述意見及聽證

第 102 條（作成限制或剝奪人民自由或權利之行政處分前給予相對人陳述）

行政機關作成限制或剝奪人民自由或權利之行政處分前，除已依第三十九條規定，通知處分相對人陳述意見，或決定舉行聽證者外，應給予該處分相對人陳述意見之機會。但法規另有規定者，從其規定。

第 103 條（無須給予相對人陳述意見之情形）

有下列各款情形之一者，行政機關得不給予陳述意見之機會：
一　大量作成同種類之處分。
二　情況急迫，如予陳述意見之機會，顯然違背公益者。
三　受法定期間之限制，如予陳述意見之機會，顯然不能遵行者。
四　行政強制執行時所採取之各種處置。
五　行政處分所根據之事實，客觀上明白足以確認者。
六　限制自由或權利之內容及程度，顯屬輕微，而無事先聽取相對人意見之必要者。
七　相對人於提起訴願前依法律應向行政機關聲請再審查、異議、復查、重審或其他先行程序者。
八　爲避免處分相對人隱匿、移轉財產或潛逃出境，依法律所爲保全或限制出境之處分。

第 104 條（通知相對人陳述意見之方式）

I 行政機關依第一百零二條給予相對人陳述意見之機會時，應以書面記載下列事項通知相對人，必要時並公告之：
一　相對人及其住居所、事務所或營業所。
二　將爲限制或剝奪自由或權利行政處分之原因事實及法規依據。
三　得依第一百零五條提出陳述書之意旨。
四　提出陳述書之期限及不提出之效果。
五　其他必要事項。

II 前項情形，行政機關得以言詞通知相對人，並作成紀錄，向相對人朗讀或使閱覽後簽名或蓋章；其拒絕簽名或蓋章者，應記明其事由。

第 105 條（陳述書之內容及不提出陳述書之效果）

I 行政處分之相對人依前條規定提出之陳述書，應爲事實上及法律上陳述。

Ⅱ利害關係人亦得提出陳述書，為事實上及法律上陳述，但應釋明其利害關係之所在。
Ⅲ不於期間內提出陳述書者，視為放棄陳述之機會。

第 106 條（相對人或利害關係人得以言詞代替陳述書）
Ⅰ行政處分之相對人或利害關係人得於第一百零四條第一項第四款所定期限內，以言詞向行政機關陳述意見代替陳述書之提出。
Ⅱ以言詞陳述意見者，行政機關應作成紀錄，經向陳述人朗讀或使閱覽確認其內容無誤後，由陳述人簽名或蓋章；其拒絕簽名或蓋章者，應記明其事由。陳述人對紀錄有異議者，應更正之。

第 107 條（聽證之範圍）
行政機關遇有下列各款情形之一者，舉行聽證：
一　法規明文規定應舉行聽證者。
二　行政機關認為有舉行聽證之必要者。

第 108 條（經聽證作成處分應斟酌之事項）
Ⅰ行政機關作成經聽證之行政處分時，除依第四十三條之規定外，並應斟酌全部聽證之結果。但法規明定應依聽證紀錄作成處分者，從其規定。
Ⅱ前項行政處分應以書面為之，並通知當事人。

第 109 條（不服經聽證作成處分之救濟）
不服依前條作成之行政處分者，其行政救濟程序，免除訴願及其先行程序。

第三節　行政處分之效力

第 110 條（行政處分之效力）
Ⅰ書面之行政處分自送達相對人及已知之利害關係人起；書面以外之行政處分自以其他適當方法通知或使其知悉時起，依送達、通知或使知悉之內容對其發生效力。
Ⅱ一般處分自公告日或刊登政府公報、新聞紙最後登載日起發生效力。但處分另訂不同日期者，從其規定。
Ⅲ行政處分未經撤銷、廢止，或未因其他事由而失效者，其效力繼續存在。
Ⅳ無效之行政處分自始不生效力。

第 111 條（行政處分無效之判斷標準）
行政處分有下列各款情形之一者，無效：
一　不能由書面處分中得知處分機關者。
二　應以證書方式作成而未給予證書者。
三　內容對任何人均屬不能實現者。
四　所要求或許可之行為構成犯罪者。
五　內容違背公共秩序、善良風俗者。
六　未經授權而違背法規有關專屬管轄之規定或缺乏事務權限者。
七　其他具有重大明顯之瑕疵者。

第 112 條（行政處分一部無效之效力範圍）
行政處分一部分無效者，其他部分仍為有效。但除去該無效部分，行政處分不能成立者，全部無效。

第 113 條（行政處分無效之確認程序）
Ⅰ行政處分之無效，行政機關得依職權確認之。
Ⅱ行政處分之相對人或利害關係人有正當理由請求確認行政處分無效時，處分機關應確認其為有效或無效。

第 114 條（瑕疵行政處分之補正）
Ⅰ違反程序或方式規定之行政處分，除依第一百十一條規定而無效者外，因下列情形而補正：
一　須經申請始得作成之行政處分，當事人已於事後提出者。
二　必須記明之理由已於事後記明者。
三　應給予當事人陳述意見之機會已於事後給予者。
四　應參與行政處分作成之委員會已於事後作成決議者。
五　應參與行政處分作成之其他機關已於事後參與者。
Ⅱ前項第二款至第五款之補正行為，僅得於訴願程序終結前為之；得不經訴願程序者，僅得於向行政法院起訴前為之。
Ⅲ當事人因補正行為致未能於法定期間內聲明不服者，其期間之遲誤視為不應歸責於該當事人之事由，其回復原狀期間自該瑕疵補正時起算。

第 115 條（違反土地管轄之效果）
行政處分違反土地管轄之規定者，除依第一百十一條第六款規定而無效者外，有管轄權之機關如就該事件仍應為相同之處分時，原處分無須撤銷。

第 116 條（違法行政處分之轉換）
Ⅰ行政機關得將違法行政處分轉換為與原處分具有相同實質及程序要件之其他行政處分。但有下列各款情形之一者，不得轉換：
一　違法行政處分，依第一百十七條但書規定，不得撤銷者。
二　轉換不符作成原行政處分之目的者。
三　轉換法律效果對當事人更為不利者。
Ⅱ羈束處分不得轉換為裁量處分。
Ⅲ行政機關於轉換前應給予當事人陳述意見之機會。但有第一百零三條之事由者，不在此限。

第 117 條（行政處分之撤銷及其限制）
違法行政處分於法定救濟期間經過後，原處分機關得依職權為全部或一部之撤銷；其上級機關，亦得為之。但有下列各款情形之一者，不得撤銷：
一　撤銷對公益有重大危害者。
二　受益人無第一百十九條所列信賴不值得保護之情形，而信賴授予利益之行政處分，其信賴利益顯然大於撤銷所欲維護之公益者。

第 118 條（行政處分撤銷之效力）
違法行政處分經撤銷後，溯及既往失其效力。但為維護公益或為避免受益人財產上之損失，為撤銷之機關得另定失其效力之日期。

第 119 條（信賴不值得保護之情形）

受益人有下列各款情形之一者，其信賴不值得保護：

一　以詐欺、脅迫或賄賂方法，使行政機關作成行政處分者。

二　對重要事項提供不正確資料或為不完全陳述，致使行政機關依該資料或陳述而作成行政處分者。

三　明知行政處分違法或因重大過失而不知者。

第 120 條（違法授益處分經撤銷後之信賴補償）

I 授予利益之違法行政處分經撤銷後，如受益人無前條所列信賴不值得保護之情形，其因信賴該處分致遭受財產上之損失者，為撤銷之機關應給予合理之補償。

II 前項補償額度不得超過受益人因該處分存續可得之利益。

III 關於補償之爭議及補償之金額，相對人有不服者，得向行政法院提起給付訴訟。

第 121 條（撤銷權之除斥期間與受益人信賴補償請求權之時效）

I 第一百十七條之撤銷權，應自原處分機關或其上級機關知有撤銷原因時起二年內為之。

II 前條之補償請求權，自行政機關告知其事由時起，因二年間不行使而消滅；自處分撤銷時起逾五年者，亦同。

第 122 條（非授益處分之廢止）

非授予利益之合法行政處分，得由原處分機關依職權為全部或一部之廢止。但廢止後仍應為同一內容之處分或依法不得廢止者，不在此限。

第 123 條（授益處分之廢止）

授予利益之合法行政處分，有下列各款情形之一者，得由原處分機關依職權為全部或一部之廢止：

一　法規准許廢止者。

二　原處分機關保留行政處分之廢止權者。

三　附負擔之行政處分，受益人未履行該負擔者。

四　行政處分所依據之法規或事實事後發生變更，致不廢止該處分對公益將有危害者。

五　其他為防止或除去對公益之重大危害者。

第 124 條（授益處分行行使廢止權之除斥期間）

前條之廢止，應自廢止原因發生後二年內為之。

第 125 條（行政處分廢止之效力）

合法行政處分經廢止後，自廢止時或自廢止機關所指定較後之日時起，失其效力。但受益人未履行負擔致行政處分受廢止者，得溯及既往失其效力。

第 126 條（廢止授益處分之信賴補償）

I 原處分機關依第一百二十三條第四款、第五款規定廢止授予利益之合法行政處分者，對受益人因信賴該處分致遭受財產上之損失，應給予合理之補償。

II 第一百二十條第二項、第三項及第一百二十一條第二項之規定，於前項補償準用之。

第 127 條（受益人不當得利返還義務）

I 授予利益之行政處分，其內容係提供一次或連續之金錢或可分物之給付者，經撤銷、廢止或條件成就而有溯及既往失效之情形時，受益人應返還因該處分所受領之給付。其行政處分經確認無效者，亦同。

II 前項返還範圍準用民法有關不當得利之規定。

III 行政機關依前二項規定請求返還時，應以書面行政處分確認返還範圍，並限期命受益人返還之。

IV 前項行政處分未確定前，不得移送行政執行。

第 128 條（申請撤銷、廢止或變更處分之要件與期間）

I 行政處分於法定救濟期間經過後，具有下列各款情形之一者，相對人或利害關係人得向行政機關申請撤銷、廢止或變更之。但相對人或利害關係人因重大過失而未能在行政程序或救濟程序中主張其事由者，不在此限：

一　具有持續效力之行政處分所依據之事實事後發生有利於相對人或利害關係人之變更者。

二　發生新事實或發現新證據者，但以如經斟酌可受較有利益之處分者為限。

三　其他具有相當於行政訴訟法所定再審事由且足以影響行政處分者。

II 前項申請，應自法定救濟期間經過後三個月內為之；其事由發生在後或知悉在後者，自發生或知悉時起算。但自法定救濟期間經過後已逾五年者，不得申請。

第 129 條（申請撤銷、廢止或變更原處分之處置）

行政機關認前條之申請為有理由者，應撤銷、廢止或變更原處分；認申請為無理由或雖有重新開始程序之原因，如認為原處分為正當者，應駁回之。

第 130 條（證書與物品之繳還）

I 行政處分經撤銷或廢止確定，或因其他原因失其效力後，而有收回因該處分而發給之證書或物品之必要者，行政機關得命所有人或占有人返還之。

II 前項情形，所有人或占有人得請求行政機關將該證書或物品作成註銷之標示後，再予發還。但依物之性質不能作成註銷標示，或註銷標示不能明顯而持續者，不在此限。

第 131 條（公法上請求權之時效與中斷）

I 公法上之請求權，於請求權人為行政機關時，除法律另有規定外，因五年間不行使而消滅；於請求權人為人民時，除法律另有規定外，因十年間不行使而消滅。

II 公法上請求權，因時效完成而當然消滅。

Ⅲ前項時效，因行政機關為實現該權利所作成之行政處分而中斷。

第132條（時效不中斷）

行政處分因撤銷、廢止或其他事由而溯及既往失效時，自該處分失效時起，已中斷之時效視為不中斷。

第133條（時效之重行起算）

因行政處分而中斷之時效，自行政處分不得訴請撤銷或因其他原因失其效力後，重行起算。

第134條（重行起算之時效期間）

因行政處分而中斷時效之請求權，於行政處分不得訴請撤銷後，其原有時效期間不滿五年者，因中斷而重行起算之時效期間為五年。

第三章　行政契約

第135條（行政契約的容許性）

公法上法律關係得以契約設定、變更或消滅之。但依其性質或法規規定不得締約者，不在此限。

第136條（締結和解契約之特別要件）

行政機關對於行政處分所依據之事實或法律關係，經依職權調查仍不能確定者，為有效達成行政目的，並解決爭執，得與人民和解，締結行政契約，以代替行政處分。

第137條（雙務契約之特別要件）

Ⅰ行政機關與人民締結行政契約，互負給付義務者，應符合下列各款之規定：

一　契約中應約定人民給付之特定用途。

二　人民之給付有助於行政機關執行其職務。

三　人民之給付與行政機關之給付應相當，並具有正當合理之關聯。

Ⅱ行政處分之作成，行政機關無裁量權時，代替該行政處分之行政契約所約定之人民給付，以依第九十三條第一項規定得為附款者為限。

Ⅲ第一項契約應載明人民給付之特定用途及僅供該特定用途使用之意旨。

第138條（締約前之公告與意見表示）

行政契約當事人之一方為人民，依法應以甄選或其他競爭方式決定該當事人時，行政機關應事先公告應具之資格及決定之程序。決定前，並應予參與競爭者表示意見之機會。

第139條（締結行政契約之方式）

行政契約之締結，應以書面為之。但法規另有其他方式之規定者，依其規定。

第140條（行政契約之特別生效要件）

Ⅰ行政契約依約定內容履行將侵害第三人之權利者，應經該第三人書面之同意，始生效力。

Ⅱ行政處分之作成，依法規之規定應經其他行政機關之核准、同意或會同辦理者，代替該行政處分而締結之行政契約，亦應經該行政機關之核准、同意或會同辦理，始生效力。

第141條（行政契約無效之原因）

Ⅰ行政契約準用民法規定之結果為無效者，無效。

Ⅱ行政契約違反第一百三十五條但書或第一百三十八條之規定者，無效。

第142條（代替行政處分之行政契約構成無效原因之特別規定）

代替行政處分之行政契約，有下列各款情形之一者，無效：

一　與其內容相同之行政處分為無效者。

二　與其內容相同之行政處分，有得撤銷之違法原因，並為締約雙方所明知者。

三　締結之和解契約，未符合第一百三十六條之規定者。

四　締結之雙務契約，未符合第一百三十七條之規定者。

第143條（行政契約之一部無效）

行政契約之一部無效者，全部無效。但如可認為欠缺該部分，締約雙方亦將締結契約者，其他部分仍為有效。

第144條（行政機關之指導與協助）

行政契約當事人之一方為人民者，行政機關得就相對人契約之履行，依書面約定之方式，為必要之指導或協助。

第145條（契約外公權力行使之損失補償）

Ⅰ行政契約當事人之一方為人民者，其締約後，因締約機關所屬公法人之其他機關於契約關係外行使公權力，致相對人履行契約義務時，顯增費用或受其他不可預期之損失者，相對人得向締約機關請求補償其損失。但公權力之行使與契約之履行無直接必要之關聯者，不在此限。

Ⅱ締約機關應就前項請求，以書面並敘明理由決定之。

Ⅲ第一項補償之請求，應自相對人知有損失時起一年內為之。

Ⅳ關於補償之爭議及補償之金額，相對人有不服者，得向行政法院提起給付訴訟。

第146條（行政機關單方調整或終止契約之權利）

Ⅰ行政契約當事人之一方為人民者，行政機關為防止或除去對公益之重大危害，得於必要範圍內調整契約內容或終止契約。

Ⅱ前項之調整或終止，非補償相對人因此所受之財產上損失，不得為之。

Ⅲ第一項之調整或終止及第二項補償之決定，應以書面敘明理由為之。

Ⅳ相對人對第一項之調整難為履行者，得以書面敘明理由終止契約。

Ⅴ相對人對第二項補償金額不同意時，得向行政法院提起給付訴訟。

第147條（情事變更後契約之調整或終止）

I 行政契約締結後，因有情事重大變更，非當時所得預料，而依原約定顯失公平者，當事人之一方得請求他方適當調整契約內容。如不能調整，得終止契約。
II 前項情形，行政契約當事人之一方為人民時，行政機關為維護公益，得於補償相對人之損失後，命其繼續履行原約定之義務。
III 第一項之請求調整或終止與第二項補償之決定，應以書面敘明理由為之。
IV 相對人對第二項補償金額不同意時，得向行政法院提起給付訴訟。

第 148 條（自願接受執行之約定）

I 行政契約約定自願接受執行時，債務人不為給付時，債權人得以該契約為強制執行之執行名義。
II 前項約定，締約之一方為中央行政機關時，應經主管院、部或同等級機關之認可；締約之一方為地方自治團體之行政機關時，應經該地方自治團體行政首長之認可；契約內容涉及委辦事項者，並應經委辦機關之認可，始生效力。
III 第一項強制執行，準用行政訴訟法有關強制執行之規定。

第 149 條（行政契約準用民法之相關規定）

行政契約，本法未規定者，準用民法相關之規定。

第四章　法規命令及行政規則

第 150 條（法規命令之定義）

I 本法所稱法規命令，係指行政機關基於法律授權，對多數不特定人民就一般事項所作抽象之對外發生法律效果之規定。
II 法規命令之內容應明列其法律授權之依據，並不得逾越法律授權之範圍與立法精神。

第 151 條（法規命令程序之適用範圍）

I 行政機關訂定法規命令，除關於軍事、外交或其他重大事項而涉及國家機密或安全者外，應依本法所定程序為之。但法律另有規定者，從其規定。
II 法規命令之修正、廢止、停止或恢復適用，準用訂定程序之規定。

第 152 條（法規命令之提議）

I 法規命令之訂定，除由行政機關自行草擬者外，並得由人民或團體提議為之。
II 前項提議，應以書面敘明法規命令訂定之目的、依據及理由，並附具相關資料。

第 153 條（法規命令提議之處理原則）

受理前條提議之行政機關，應依下列情形分別處理：
一　非主管之事項，依第十七條之規定予以移送。
二　依法不得以法規命令規定之事項，附述理由通知原提議者。
三　無須訂定法規命令之事項，附述理由通知原提議者。
四　有訂定法規命令之必要者，著手研擬草案。

第 154 條（法規命令之預告程序）

I 行政機關擬訂法規命令時，除情況急迫，顯然無法事先公告周知者外，應於政府公報或新聞紙公告，載明下列事項：
　一　訂定機關之名稱，其依法應由數機關會同訂定者，各該機關名稱。
　二　訂定之依據。
　三　草案全文或其主要內容。
　四　任何人得於所定期間內向指定機關陳述意見之意旨。
II 行政機關除為前項之公告外，並得以適當之方法，將公告內容廣泛周知。

第 155 條（行政機關得依職權舉行聽證）

行政機關訂定法規命令，得依職權舉行聽證。

第 156 條（聽證前應行預告之事項及內容）

行政機關為訂定法規命令，依法舉行聽證者，應於政府公報或新聞紙公告，載明下列事項：
一　訂定機關之名稱，其依法應由數機關會同訂定者，各該機關之名稱。
二　訂定之依據。
三　草案之全文或其主要內容。
四　聽證之日期及場所。
五　聽證之主要程序。

第 157 條（法規命令之發布）

I 法規命令依法應經上級機關核定者，應於核定後始得發布。
II 數機關會同訂定之法規命令，依法應經上級機關或共同上級機關核定者，應於核定後始得會銜發布。
III 法規命令之發布，應刊登政府公報或新聞紙。

第 158 條（法規命令無效之事由及一部無效之處理原則）

I 法規命令，有下列情形之一者，無效：
　一　牴觸憲法、法律或上級機關之命令者。
　二　無法律之授權而剝奪或限制人民之自由、權利者。
　三　其訂定依法應經其他機關核准，而未經核准者。
II 法規命令之一部分無效者，其他部分仍為有效。但除去該無效部分，法規命令顯失規範目的者，全部無效。

第 159 條（行政規則之定義）

I 本法所稱行政規則，係指上級機關對下級機關，或長官對屬官，依其權限或職權為規範機關內部秩序及運作，所為非直接對外發生法規範效力之一般、抽象之規定。
II 行政規則包括下列各款之規定：
　一　關於機關內部之組織、事務之分配、業務處理方式、人事管理等一般性規定。

二　爲協助下級機關或屬官統一解釋法令、認定事實、及行使裁量權，而訂頒之解釋性規定及裁量基準。

第 160 條（行政規則之下達與發布）

Ⅰ行政規則應下達下級機關或屬官。

Ⅱ行政機關訂定前條第二項第二款之行政規則，應由其首長簽署，並登載於政府公報發布之。

第 161 條（行政規則之效力）

有效下達之行政規則，具有拘束訂定機關、其下級機關及屬官之效力。

第 162 條（行政規則之廢止）

Ⅰ行政規則得由原發布機關廢止之。

Ⅱ行政規則之廢止，適用第一百六十條規定。

第五章　行政計畫

第 163 條（行政計畫之定義）

本法所稱行政計畫，係指行政機關爲將來一定期限內達成特定之目的或實現一定之構想，事前就達成該目的或實現該構想有關之方法、步驟或措施等所爲之設計與規劃。

第 164 條（行政計畫確定程序之適用範圍及程序）

Ⅰ行政計畫有關一定地區土地之特定利用或重大公共設施之設置，涉及多數不同利益之人及多數不同行政機關權限者，確定其計畫之裁決，應經公開及聽證程序，並得有集中事權之效果。

Ⅱ前項行政計畫之擬訂、確定、修訂及廢棄之程序，由行政院另定之。

第六章　行政指導

第 165 條（行政指導之定義）

本法所稱行政指導，謂行政機關在其職權或所掌事務範圍內，爲實現一定之行政目的，以輔導、協助、勸告、建議或其他不具法律上強制力之方法，促請特定人爲一定作爲或不作爲之行爲。

第 166 條（行政指導之原則）

Ⅰ行政機關爲行政指導時，應注意有關法規規定之目的，不得濫用。

Ⅱ相對人明確拒絕指導時，行政機關應即停止，並不得據此對相對人爲不利之處置。

第 167 條（行政指導明示之方法）

Ⅰ行政機關對相對人爲行政指導時，應明示行政指導之目的、內容、及負責指導者等事項。

Ⅱ前項明示，得以書面、言詞或其他方式爲之。如相對人請求交付文書時，除行政上有特別困難外，應以書面爲之。

第七章　陳　情

第 168 條（陳情之定義）

人民對於行政興革之建議、行政法令之查詢、行政違失之舉發或行政上權益之維護，得向主管機關陳情。

第 169 條（陳情之方式）

Ⅰ陳情得以書面或言詞爲之；其以言詞爲之者，受理機關應作成紀錄，並向陳情人朗讀或使閱覽後命其簽名或蓋章。

Ⅱ陳情人對紀錄有異議者，應更正之。

第 170 條（陳情案件之處理原則）

Ⅰ行政機關對人民之陳情，應訂定作業規定，指派人員迅速、確實處理之。

Ⅱ人民之陳情有保密必要者，受理機關處理時，應不予公開。

第 171 條（陳情案件之處理方式）

Ⅰ受理機關認爲人民之陳情有理由者，應採取適當之措施；認爲無理由者，應通知陳情人，並說明其意旨。

Ⅱ受理機關認爲陳情之重要內容不明確或有疑義者，得通知陳情人補陳之。

第 172 條（行政機關的告知義務）

Ⅰ人民之陳情應向其他機關爲之者，受理機關應告知陳情人。但受理機關認爲適當時，應即移送其他機關處理，並通知陳情人。

Ⅱ陳情之事項，依法得提起訴願、訴訟或請求國家賠償者，受理機關應告知陳情人。

第173條（對人民陳情案件得不處理之情形）

人民陳情案有下列情形之一者，得不予處理：

一　無具體之內容或未具眞實姓名或住址者。

二　同一事由，經予適當處理，並已明確答覆後，而仍一再陳情者。

三　非主管陳情內容之機關，接獲陳情人以同一事由分向各機關陳情者。

第八章　附　則

第 174 條（不服行政機關之行政程序行爲之救濟方法）

當事人或利害關係人不服行政機關於行政程序中所爲之決定或處置，僅得於對實體決定聲明不服時一併聲明之。但行政機關之決定或處置得強制執行或本法或其他法規另有規定者，不在此限。

第 174 條之 1（職權命令）

本法施行前，行政機關依中央法規標準法第 7 條訂定之命令，須以法律規定或以法律明列其授權依據者，應於本法施行後二年內，以法律規定或以法律明列其授權依據後修正或訂定；逾期失效。

第 175 條（施行日）

Ⅰ本法自中華民國九十年一月一日施行。

Ⅱ本法修正條文自公布日施行。

訴願法

1.中華民國 19 年 3 月 24 日國民政府制定公布全文 14 條
2.中華民國 26 年 1 月 8 日國民政府修正公布全文 13 條
3.中華民國 59 年 12 月 23 日總統令修正公布全文 28 條
4.中華民國 68 年 12 月 7 日總統令修正公布第 26 條條文
5.中華民國 84 年 1 月 16 日總統令修正公布第 26 條條文
6.中華民國 87 年 10 月 28 日總統令修正公布全文 101 條
中華民國 88 年 7 月 31 日行政院令發布定自 89 年 7 月 1 日起施行
7.中華民國 89 年 6 月 14 日總統令修正公布第 4、9、41 條條文；並自 89 年 7 月 1 日起施行
8.中華民國 101 年 6 月 27 日總統令修正公布第 90 條條文
中華民國 101 年 7 月 12 日行政院令發布定自 101 年 9 月 6 日施行

第一章　總　則

第一節　訴願事件

第 1 條（認為違法或不當之行政處分得提起訴願）

I 人民對於中央或地方機關之行政處分，認為違法或不當，致損害其權利或利益者，得依本法提起訴願。但法律另有規定者，從其規定。

II 各級地方自治團體或其他公法人對上級監督機關之行政處分，認為違法或不當，致損害其權利或利益者，亦同。

第 2 條（對申請案件應作為而不作為得提起訴願）

I 人民因中央或地方機關對其依法申請之案件，於法定期間內應作為而不作為，認為損害其權利或利益者，亦得提起訴願。

II 前項期間，法令未規定者，自機關受理申請之日起為二個月。

第 3 條（行政處分）

I 本法所稱行政處分，係指中央或地方機關就公法上具體事件所為之決定或其他公權力措施而對外直接發生法律效果之單方行政行為。

II 前項決定或措施之相對人雖非特定，而依一般性特徵可得確定其範圍者，亦為行政處分。有關公物之設定、變更、廢止或一般使用者，亦同。

第二節　管　轄

第 4 條（訴願之管轄）

訴願之管轄如左：

一　不服鄉（鎮、市）公所之行政處分者，向縣（市）政府提起訴願。

二　不服縣（市）政府所屬各級機關之行政處分者，向縣（市）政府提起訴願。

三　不服縣（市）政府之行政處分者，向中央主管部、會、行、處、局、署提起訴願。

四　不服直轄市政府所屬各級機關之行政處分者，向直轄市政府提起訴願。

五　不服直轄市政府之行政處分者，向中央主管部、會、行、處、局、署提起訴願。

六　不服中央各部、會、行、處、局、署所屬機關之行政處分者，向各部、會、行、處、局、署提起訴願。

七　不服中央各部、會、行、處、局、署之行政處分者，向主管院提起訴願。

八　不服中央各院之行政處分者，向原院提起訴願。

第 5 條（提起訴願應按管轄等級為之）

I 人民對於前條以外之中央或地方機關之行政處分提起訴願時，應按其管轄等級，比照前條之規定為之。

II 訴願管轄，法律另有規定依其業務監督定之者，從其規定。

第 6 條（對共為行政處分之不同機關提起訴願）

對於二以上不同隸屬或不同層級之機關共為之行政處分，應向其共同之上級機關提起訴願。

第 7 條（對原委託機關提起訴願）

無隸屬關係之機關辦理受託事件所為之行政處分，視為委託機關之行政處分，其訴願之管轄，比照第四條之規定，向原委託機關或其直接上級機關提起訴願。

第 8 條（對受委任機關提起訴願）

有隸屬關係之下級機關依法辦理上級機關委任事件所為之行政處分，為受委任機關之行政處分，其訴願之管轄，比照第四條之規定，向受委任機關或其直接上級機關提起訴願。

第 9 條（對受委辦機關之上級機關提起訴願）

直轄市政府、縣（市）政府或其所屬機關及鄉（鎮、市）公所依法辦理上級政府或其所屬機關委辦事件所為之行政處分，為受委辦機關之行政處分，其訴願之管轄，比照第四條之規定，向受委辦機關之直接上級機關提起訴願。

第 10 條（向原委託機關提起訴願）

依法受中央或地方機關委託行使公權力之團體或個人，以其團體或個人名義所為之行政處分，其訴願之管轄，向原委託機關提起訴願。

第 11 條（向承受業務機關提起訴願）

原行政處分機關裁撤或改組，應以承受其業務之機關視為原行政處分機關，比照前七條之規定，向承受其業務之機關或其直接上級機關提起訴願。

第 12 條（管轄權爭議之確定）

I 數機關於管轄權有爭議或因管轄不明致不能辨明有管轄權之機關者，由其共同之直接上級機關確定之。

II 無管轄權之機關就訴願所為決定，其上級機關應依職權或依申請撤銷之，並命移送於有管轄權之機關。

第 13 條（原行政處分機關之認定）

原行政處分機關之認定，以實施行政處分時之名義為準。但上級機關本於法定職權所為之行政處分，交由下級機關執行者，以該上級機關為原行政處分機關。

第三節　期日及期間

第 14 條（訴願之提起限期）

I 訴願之提起，應自行政處分達到或公告期滿之次日起三十日內為之。

II 利害關係人提起訴願者，前項期間自知悉時起算。但自行政處分達到或公告期滿後，已逾三年者，不得提起。

III 訴願之提起，以原行政處分機關或受理訴願機關收受訴願書之日期為準。

IV 訴願人誤向原行政處分機關或受理訴願機關以外之機關提起訴願者，以該機關收受之日，視為提起訴願之日。

第 15 條（訴願人遲誤訴願期間得申請回復原狀）

I 訴願人因天災或其他不應歸責於己之事由，致遲誤前條之訴願期間者，於其原因消滅後十日內，得以書面敘明理由向受理訴願機關申請回復原狀。但遲誤訴願期間已逾一年者，不得為之。

II 申請回復原狀，應同時補行期間內應為之訴願行為。

第 16 條（在途期間之扣除）

I 訴願人不在受理訴願機關所在地住居者，計算法定期間，應扣除其在途期間。但有訴願代理人住居受理訴願機關所在地，得為期間內應為之訴願行為者，不在此限。

II 前項扣除在途期間辦法，由行政院定之。

第 17 條（期間之計算）

期間之計算，除法律另有規定外，依民法之規定。

第四節　訴願人

第 18 條（提起訴願）

自然人、法人、非法人之團體或其他受行政處分之相對人及利害關係人得提起訴願。

第 19 條（訴願能力）

能獨立以法律行為負義務者，有訴願能力。

第 20 條（法定代理）

I 無訴願能力人應由其法定代理人代為訴願行為。

II 地方自治團體、法人、非法人之團體應由其代表人或管理人為訴願行為。

III 關於訴願之法定代理，依民法規定。

第 21 條（共同提起訴願）

I 二人以上得對於同一原因事實之行政處分，共同提起訴願。

II 前項訴願之提起，以同一機關管轄者為限。

第 22 條（共同提起訴願得選定代表人）

I 共同提起訴願，得選定其中一人至三人為代表人。

II 選定代表人應於最初為訴願行為時，向受理訴願機關提出文書證明。

第 23 條（未選定代表人）

共同提起訴願，未選定代表人者，受理訴願機關得限期通知其選定；逾期不選定者，得依職權指定之。

第 24 條（代表人代表全體為訴願行為）

代表人經選定或指定後，由其代表全體訴願人為訴願行為。但撤回訴願，非經全體訴願人書面同意，不得為之。

第 25 條（代表人之更換或增減）

I 代表人經選定或指定後，仍得更換或增減之。

II 前項代表人之更換或增減，非以書面通知受理訴願機關，不生效力。

第 26 條（二人以上之代表人）

代表人有二人以上者，均得單獨代表共同訴願人為訴願行為。

第 27 條（代表權）

代表人之代表權不因其他共同訴願人死亡、喪失行為能力或法定代理變更而消滅。

第 28 條（與訴願人利害關係相同之人得參加訴願）

I 與訴願人利害關係相同之人，經受理訴願機關允許，得為訴願人之利益參加訴願。受理訴願機關認有必要時，亦得通知其參加訴願。

II 訴願決定因撤銷或變更原處分，足以影響第三人權益者，受理訴願機關應於作成訴願決定之前，通知其參加訴願程序，表示意見。

第 29 條（申請參加訴願應以書面為之）

I 申請參加訴願，應以書面向受理訴願機關為之。

II 參加訴願應以書面記載左列事項：

一　本訴願及訴願人。

二　參加人與本訴願之利害關係。

三　參加訴願之陳述。

第 30 條（通知參加訴願）

I 通知參加訴願，應記載訴願意旨、通知參加之理由及不參加之法律效果，送達於參加人，並副知訴願人。

II受理訴願機關為前項之通知前，得通知訴願人或得參加訴願之第三人以書面陳述意見。

第31條（訴願決定對參加人亦有效力）

訴願決定對於參加人亦有效力。經受理訴願機關通知其參加或允許其參加而未參加者，亦同。

第32條（委任代理人進行訴願）

訴願人或參加人得委任代理人進行訴願。每一訴願人或參加人委任之訴願代理人不得超過三人。

第33條（訴願代理人）

I左列之人，得為訴願代理人：

一　律師。

二　依法令取得與訴願事件有關之代理人資格者。

三　具有該訴願事件之專業知識者。

四　因業務或職務關係為訴願人之代理人者。

五　與訴願人有親屬關係者。

II前項第三款至第五款之訴願代理人，受理訴願機關認為不適當時，得禁止之，並以書面通知訴願人或參加人。

第34條（提出委任書）

訴願代理人應於最初為訴願行為時，向受理訴願機關提出委任書。

第35條（訴願代理人得為一切訴願行為）

訴願代理人就其受委任之事件，得為一切訴願行為。但撤回訴願，非受特別委任不得為之。

第36條（單獨代理）

I訴願代理人有二人以上者，均得單獨代理訴願人。

II違反前項規定而為委任者，其訴願代理人仍得單獨代理。

第37條（訴願代理人陳述之效力）

訴願代理人事實上之陳述，經到場之訴願人本人即時撤銷或更正者，不生效力。

第38條（訴願代理權）

訴願代理權不因訴願人本人死亡、破產或喪失訴願能力而消滅。法定代理有變更、機關經裁撤、改組或公司、團體經解散、變更組織者，亦同。

第39條（訴願委任之解除）

訴願委任之解除，應由訴願人、參加人或訴願代理人以書面通知受理訴願機關。

第40條（訴願代理人提出訴願委任之解除）

訴願委任之解除，由訴願代理人提出者，自為解除意思表示之日起十五日內，仍應為維護訴願人或參加人權利或利益之必要行為。

第41條（輔佐人）

I訴願人、參加人或訴願代理人經受理訴願機關之許可，得於期日偕同輔佐人到場。

II受理訴願機關認為必要時，亦得命訴願人、參加人或訴願代理人偕同輔佐人到場。

III前二項之輔佐人，受理訴願機關認為不適當時，得廢止其許可或禁止其續為輔佐。

第42條（輔佐人陳述之效力）

輔佐人到場所為之陳述，訴願人、參加人或訴願代理人不即時撤銷或更正者，視為其所自為。

第五節　送　達

第43條（送達）

送達除別有規定外，由受理訴願機關依職權為之。

第44條（向法定代理人送達）

I對於無訴願能力人為送達者，應向其法定代理人為之；未經陳明法定代理人者，得向該無訴願能力人為送達。

II對於法人或非法人之團體為送達者，應向其代表人或管理人為之。

III法定代理人、代表人或管理人有二人以上者，送達得僅向其中一人為之。

第45條（外國法人或團體為送達者）

I對於在中華民國有事務所或營業所之外國法人或團體為送達者，應向其在中華民國之代表人或管理人為之。

II前項代表人或管理人有二人以上者，送達得僅向其中一人為之。

第46條（向訴願代理人送達）

訴願代理人除受送達之權限受有限制者外，送達應向該代理人為之。但受理訴願機關認為必要時，得送達於訴願人或參加人本人。

第47條（訴願文書之送達）

I訴願文書之送達，應註明訴願人、參加人或其代表人、訴願代理人住、居所、事務所或營業所，交付郵政機關以訴願文書郵務送達證書發送。

II訴願文書不能為前項送達時，得由受理訴願機關派員或囑託原行政處分機關或該管警察機關送達，並由執行送達人作成送達證書。

III訴願文書之送達，除前二項規定外，準用行政訴訟法第六十七條至第六十九條、第七十一條至第八十三條之規定。

第六節　訴願卷宗

第48條（訴願文書應編為卷宗）

關於訴願事件之文書，受理訴願機關應保存者，應由承辦人員編為卷宗。

第49條（訴願人等得請求閱覽卷宗）

I訴願人、參加人或訴願代理人得向受理訴願機關請求閱覽、抄錄、影印或攝影卷內文書，或預納費用請求付與繕本、影本或節本。

II前項之收費標準，由主管院定之。

第50條（第三人經許可得閱覽卷宗）

第三人經訴願人同意或釋明有法律上之利害關係，經受理訴願機關許可者，亦得為前條之請求。

第51條（應拒絕閱覽請求之文書）

左列文書，受理訴願機關應拒絕前二條之請求：
一　訴願決定擬辦之文稿。
二　訴願決定之準備或審議文件。
三　爲第三人正當權益有保密之必要者。
四　其他依法律或基於公益，有保密之必要者。

第二章　訴願審議委員會

第 52 條（訴願審議委員會之設置）
I 各機關辦理訴願事件，應設訴願審議委員會，組成人員以具有法制專長者爲原則。
II 訴願審議委員會委員，由本機關高級職員及遴聘社會公正人士、學者、專家擔任之；其中社會公正人士、學者、專家人數不得少於二分之一。
III 訴願審議委員會組織規程及審議規則，由主管院定之。

第 53 條（訴願決定應經委員會決議）
訴願決定應經訴願審議委員會會議之決議，其決議以委員過半數之出席，出席委員過半數之同意行之。

第 54 條（審議應製作審議紀錄附卷）
I 訴願審議委員會審議訴願事件，應指定人員製作審議紀錄附卷。委員於審議中所持與決議不同之意見，經其請求者，應列入紀錄。
II 訴願審議經言詞辯論者，應另行製作筆錄，編爲前項紀錄之附件，並準用民事訴訟法第二百十二條至第二百十九條之規定。

第 55 條（主任委員或委員對審議之迴避）
訴願審議委員會主任委員或委員對於訴願事件有利害關係者，應自行迴避，不得參與審議。

第三章　訴願程序

第一節　訴願之提起

第 56 條（訴願書載明事項）
I 訴願應具訴願書，載明左列事項，由訴願人或代理人簽名或蓋章：
一　訴願人之姓名、出生年月日、住、居所、身分證明文件字號。如係法人或其他設有管理人或代表人之團體，其名稱、事務所或營業所及管理人或代表人之姓名、出生年月日、住、居所。
二　有訴願代理人者，其姓名、出生年月日、住、居所、身分證明文件字號。
三　原行政處分機關。
四　訴願請求事項。
五　訴願之事實及理由。
六　收受或知悉行政處分之年、月、日。
七　受理訴願之機關。
八　證據。其爲文書者，應添具繕本或影本。
九　年、月、日。
II 訴願應附原行政處分書影本。
III 依第二條第一項規定提起訴願者，第一項第三款、第六款所列事項，載明應爲行政處分之機關、提出申請之年、月、日，並附原申請書之影本及受理申請機關收受證明。

第 57 條（補送訴願書）
訴願人在第十四條第一項所定期間向訴願管轄機關或原行政處分機關作不服原行政處分之表示者，視爲已在法定期間內提起訴願。但應於三十日內補送訴願書。

第 58 條（提起訴願程序）
I 訴願人應繕具訴願書經由原行政處分機關向訴願管轄機關提起訴願。
II 原行政處分機關對於前項訴願應先行重新審查原處分是否合法妥當，其認訴願爲有理由者，得自行撤銷或變更原行政處分，並陳報訴願管轄機關。
III 原行政處分機關不依訴願人之請求撤銷或變更原行政處分者，應儘速附具答辯書，並將必要之關係文件，送於訴願管轄機關。
IV 原行政處分機關檢卷答辯時，應將前項答辯書抄送訴願人。

第 59 條（訴願人向受理訴願機關提起訴願）
訴願人向受理訴願機關提起訴願者，受理訴願機關應將訴願書影本或副本送交原行政處分機關依前條第二項至第四項規定辦理。

第 60 條（撤回訴願）
訴願提起後，於決定書送達前，訴願人得撤回之。訴願經撤回後，不得復提起同一之訴願。

第 61 條（訴願人誤向管轄機關以外之機關提起訴願）
I 訴願人誤向訴願管轄機關或原行政處分機關以外之機關作不服原行政處分之表示者，視爲自始向訴願管轄機關提起訴願。
II 前項收受之機關應於十日內將該事件移送於原行政處分機關，並通知訴願人。

第 62 條（訴願書之補正）
受理訴願機關認爲訴願書不合法定程式，而其情形可補正者，應通知訴願人於二十日內補正。

第二節　訴願審議

第 63 條（訴願就書面審查決定）
I 訴願就書面審查決定之。
II 受理訴願機關必要時得通知訴願人、參加人或利害關係人到達指定處所陳述意見。
III 訴願人或參加人請求陳述意見而有正當理由者，應予到達指定處所陳述意見之機會。

第 64 條（聽取訴願人等之陳述）
訴願審議委員會主任委員得指定委員聽取訴願人、參加人或利害關係人到場之陳述。

第 65 條（言詞辯論）
受理訴願機關應依訴願人、參加人之申請或於必要時，得依職權通知訴願人、參加人或其代表人、訴願代理人、輔佐人及原行政處分機關派員於指定期日到達指定處所言詞辯論。
第 66 條（言詞辯論之程序）
I 言詞辯論之程序如左：
一　受理訴願機關陳述事件要旨。
二　訴願人、參加人或訴願代理人就事件為事實上及法律上之陳述。
三　原行政處分機關就事件為事實上及法律上之陳述。
四　訴願或原行政處分機關對他方之陳述或答辯，為再答辯。
五　受理訴願機關對訴願人及原行政處分機關提出詢問。
II 前項辯論未完備者，得再為辯論。
第 67 條（實施調查）
I 受理訴願機關應依職權或囑託有關機關或人員，實施調查、檢驗或勘驗，不受訴願人主張之拘束。
II 受理訴願機關應依訴願人或參加人之申請，調查證據。但就其申請調查之證據中認為不必要者，不在此限。
III 受理訴願機關依職權或依申請調查證據之結果，非經賦予訴願人及參加人表示意見之機會，不得採為對之不利之訴願決定之基礎。
第 68 條（提出證據或證物）
訴願人或參加人得提出證據書類或證物。但受理訴願機關限定於一定期間內提出者，應於該期間內提出。
第 69 條（交付鑑定）
I 受理訴願機關得依職權或依訴願人、參加人之申請，囑託有關機關、學校、團體或有專門知識經驗者為鑑定。
II 受理訴願機關認無鑑定之必要，而訴願人或參加人願自行負擔鑑定費用時，得向受理訴願機關請求准予交付鑑定。受理訴願機關非有正當理由不得拒絕。
III 鑑定人由受理訴願機關指定之。
IV 鑑定人有數人者，得共同陳述意見。但意見不同者，受理訴願機關應使其分別陳述意見。
第 70 條（鑑定書）
鑑定人應具鑑定書陳述意見。必要時，受理訴願機關得請鑑定人到達指定處所說明。
第 71 條（鑑定所需資料之利用）
I 鑑定所需資料在原行政處分機關或受理訴願機關者，受理訴願機關應告知鑑定人准其利用。但其利用之範圍及方法得限制之。
II 鑑定人因行鑑定得請求受理訴願機關調查證據。
第 72 條（鑑定費用）
I 鑑定所需費用由受理訴願機關負擔，並得依鑑定人之請求預行酌給之。
II 依第六十九條第二項規定交付鑑定所得結果，據為有利於訴願人或參加人之決定或裁判時，訴願人或參加人得於訴願或行政訴訟確定後三十日內，請求受理訴願機關償還必要之鑑定費用。
第 73 條（文書或物件之調取）
I 受理訴願機關得依職權或依訴願人、參加人之申請，命文書或其他物件之持有人提出該物件，並得留置之。
II 公務員或機關掌管之文書或其他物件，受理訴願機關得調取之。
III 前項情形，除有妨害國家機密者外，不得拒絕。
第 74 條（實施勘驗）
I 受理訴願機關得依職權或依訴願人、參加人之申請，就必要之物件或處所實施勘驗。
II 受理訴願機關依前項規定實施勘驗時，應將日、時、處所通知訴願人、參加人及有關人員到場。
第 75 條（提出據以處分之證據資料）
I 原行政處分機關應將據以處分之證據資料提出於受理訴願機關。
II 對於前項之證據資料，訴願人、參加人或訴願代理人得請求閱覽、抄錄或影印之。受理訴願機關非有正當理由，不得拒絕。
III 第一項證據資料之閱覽、抄錄或影印，受理訴願機關應指定日、時、處所。
第 76 條（訴願人等對訴願程序處置不服）
訴願人或參加人對受理訴願機關於訴願程序進行中所為之程序上處置不服者，應併同訴願決定提起行政訴訟。

第三節　訴願決定

第 77 條（訴願事件應為不受理決定之情形）
訴願事件有左列各款情形之一者，應為不受理之決定：
一　訴願書不合法定程式不能補正或經通知補正逾期不補正者。
二　提起訴願逾法定期間或未於第五十七條但書所定期間內補送訴願書者。
三　訴願人不符合第十八條之規定者。
四　訴願人無訴願能力而未由法定代理人代為訴願行為，經通知補正逾期不補正者。
五　地方自治團體、法人、非法人之團體，未由代表人或管理人為訴願行為，經通知補正逾期不補正者。
六　行政處分已不存在者。
七　對已決定或已撤回之訴願事件重行提起訴願者。
八　對於非行政處分或其他依法不屬訴願救濟範圍內之事項提起訴願者。

第78條（同種類數宗訴願得合併審議及決定）
分別提起之數宗訴願係基於同一或同種類之事實上或法律上之原因者，受理訴願機關得合併審議，並得合併決定。

第79條（無理由訴願應以駁回）
I 訴願無理由者，受理訴願機關應以決定駁回之。
II 原行政處分所憑理由雖屬不當，但依其他理由認爲正當者，應以訴願爲無理由。
III 訴願事件涉及地方自治團體之地方自治事務者，其受理訴願之上級機關僅就原行政處分之合法性進行審查決定。

第80條（不得撤銷或變更不受理決定之訴願之情形）
I 提起訴願因逾法定期間而爲不受理決定時，原行政處分顯屬違法或不當者，原行政處分機關或其上級機關得依職權撤銷或變更之。但有左列情形之一者，不得爲之：
一　其撤銷或變更對公益有重大危害者。
二　行政處分受益人之信賴利益顯然較行政處分撤銷或變更所欲維護之公益更值得保護者。
II 行政處分受益人有左列情形之一者，其信賴不值得保護：
一　以詐欺、脅迫或賄賂方法，使原行政處分機關作成行政處分者。
二　對重要事項提供不正確資料或爲不完全陳述，致使原行政處分機關依該資料或陳述而作成行政處分者。
三　明知原行政處分違法或因重大過失而不知者。
III 行政處分之受益人值得保護之信賴利益，因原行政處分機關或其上級機關依第一項規定撤銷或變更原行政處分而受有損失者，應予補償。但其補償額度不得超過受益人因該處分存續可得之利益。

第81條（決定撤銷原行政處分或另爲處分）
I 訴願有理由者，受理訴願機關應以決定撤銷原行政處分之全部或一部，並得視事件之情節，逕爲變更之決定或發回原行政處分機關另爲處分。但於訴願人表示不服之範圍內，不得爲更不利益之變更或處分。
II 前項訴願決定撤銷原行政處分，發回原行政處分機關另爲處分時，應指定相當期間命其爲之。

第82條（命應作爲之機關速爲一定之處分）
I 對於依第二條第一項提起之訴願，受理訴願機關認爲有理由者，應指定相當期間，命應作爲之機關速爲一定之處分。
II 受理訴願機關未爲前項決定前，應作爲之機關已爲行政處分者，受理訴願機關應認訴願爲無理由，以決定駁回之。

第83條（撤銷或變更原行政處分於公益有損，得予以駁回）
I 受理訴願機關發現原行政處分雖屬違法或不當，但其撤銷或變更於公益有重大損害，經斟酌訴願人所受損害、賠償程度、防止方法及其他一切情事，認原行政處分之撤銷或變更顯與公益相違背時，得駁回其訴願。
II 前項情形，應於決定主文中載明原行政處分違法或不當。

第84條（原行政處分機關與訴願人進行協議）
I 受理訴願機關爲前條決定時，得斟酌訴願人因違法或不當處分所受損害，於決定理由中載明由原行政處分機關與訴願人進行協議。
II 前項協議，與國家賠償法之協議有同一效力。

第85條（訴願之決定限期）
I 訴願之決定，自收受訴願書之次日起，應於三個月內爲之；必要時，得予延長，並通知訴願人及參加人。延長以一次爲限，最長不得逾二個月。
II 前項期間，於依第五十七條但書規定補送訴願書者，自補送之次日起算，未爲補送者，自補送期間屆滿之次日起算；其依第六十二條規定通知補正者，自補正之次日起算；未爲補正者，自補正期間屆滿之次日起算。

第86條（訴願決定之準據）
I 訴願之決定以他法律關係是否成立爲準據，而該法律關係在訴訟或行政救濟程序進行中者，於該法律關係確定前，受理訴願機關得停止訴願程序之進行，並即通知訴願人及參加人。
II 受理訴願機關依前項規定停止訴願程序之進行者，前條所定訴願決定期間，自該法律關係確定之日起，重行起算。

第87條（承受訴願）
I 訴願人死亡者，由其繼承人或其他依法得繼受原行政處分所涉權利或利益之人，承受其訴願。
II 法人因合併而消滅者，由因合併而另立或合併後存續之法人，承受其訴願。
III 依前二項規定承受訴願者，應於事實發生之日起三十日內，向受理訴願機關檢送因死亡繼受權利或合併事實之證明文件。

第88條（受讓證明文件）
受讓原行政處分所涉權利或利益之人，得檢具受讓證明文件，向受理訴願機關申請許其承受訴願。

第89條（訴願決定書應載事項）
I 訴願決定書，應載明左列事項：
一　訴願人姓名、出生年月日、住、居所、身分證明文件字號。如係法人或其他設有管理人或代表人之團體，其名稱、事務所或營業所，管理人或代表人之姓名、出生年月日、住、居所、身分證明文件字號。
二　有法定代理人或訴願代理人者，其姓名、出生年月日、住、居所、身分證明文件字號。
三　主文、事實及理由。其係不受理決定者，得不記載事實。
四　決定機關及其首長。
五　年、月、日。
II 訴願決定書之正本，應於決定後十五日內送達訴願人、參加人及原行政處分機關。

第 90 條（附記不服決定之處理）

訴願決定書應附記，如不服決定，得於決定書送達之次日起二個月內向行政法院提起行政訴訟。

第 91 條（訴願決定機關附記錯誤之處理）

I 對於得提起行政訴訟之訴願決定，因訴願決定機關附記錯誤，向非管轄機關提起行政訴訟，該機關應於十日內將行政訴訟書狀連同有關資料移送管轄行政法院，並即通知原提起行政訴訟之人。
II 有前項規定之情形，行政訴訟書狀提出於非管轄機關者，視爲自始向有管轄權之行政法院提起行政訴訟。

第 92 條（附記提起行政訴訟期間錯誤之通知更正）

I 訴願決定機關附記提起行政訴訟期間錯誤時，應由訴願決定機關以通知更正之，並自更正通知送達之日起，計算法定期間。
II 訴願決定機關未依第九十條規定爲附記，或附記錯誤而未依前項規定通知更正，致原提起行政訴訟之人遲誤行政訴訟期間者，如自訴願決定書送達之日起一年內提起行政訴訟，視爲於法定期間內提起。

第 93 條（原行政處分之執行不因提起訴願而停止）

I 原行政處分之執行，除法律另有規定外，不因提起訴願而停止。
II 原行政處分之合法性顯有疑義者，或原行政處分之執行將發生難以回復之損害，且有急迫情事，並非爲維護重大公共利益所必要者，受理訴願機關或原行政處分機關得依職權或依申請，就原行政處分之全部或一部，停止執行。
III 前項情形，行政法院亦得依聲請，停止執行。

第 94 條（停止執行之原因消滅，得撤銷停止執行之裁定）

I 停止執行之原因消滅，或有其他情事變更之情形，受理訴願機關或原行政處分機關得依職權或依申請撤銷停止執行。
II 前項情形，原裁定停止執行之行政法院亦得依聲請，撤銷停止執行之裁定。

第 95 條（訴願之決定確定後具拘束力）

訴願之決定確定後，就其事件，有拘束各關係機關之效力；就其依第十條提起訴願之事件，對於受委託行使公權力之團體或個人，亦有拘束力。

第 96 條（重爲處分應依訴願決定意旨爲之）

原行政處分經撤銷後，原行政處分機關須重爲處分者，應依訴願決定意旨爲之，並將處理情形以書面告知受理訴願機關。

第四章　再審程序

第 97 條（得聲請再審之情形）

I 於有左列各款情形之一者，訴願人、參加人或其他利害關係人得對於確定訴願決定，向原訴願決定機關申請再審。但訴願人、參加人或其他利害關係人已依行政訴訟主張其事由或知其事由而不爲主張者，不在此限：
一　適用法規顯有錯誤者。
二　決定理由與主文顯有矛盾者。
三　決定機關之組織不合法者。
四　依法令應迴避之委員參與決定者。
五　參與決定之委員關於該訴願違背職務，犯刑事上之罪者。
六　訴願之代理人，關於該訴願有刑事上應罰之行爲，影響於決定者。
七　爲決定基礎之證物，係僞造或變造者。
八　證人、鑑定人或通譯就爲決定基礎之證言、鑑定爲虛僞陳述者。
九　爲決定基礎之民事、刑事或行政訴訟判決或行政處分已變更者。
十　發見未經斟酌之證物或得使用該證物者。
II 前項聲請再審，應於三十日內提起。
III 前項期間，自訴願決定確定時起算。但再審之事由發生在後或知悉在後者，自知悉時起算。

第五章　附　則

第 98 條（書件應以中文書寫）

I 依本法規定所爲之訴願、答辯及應備具之書件，應以中文書寫；其科學名詞之譯名以國立編譯館規定者爲原則，並應附註外文原名。
II 前項書件原係外文者，並應檢附原外文資料。

第 99 條（本法修正施行前尚未終結之訴願及再訴願事件之終結）

I 本法修正施行前，尚未終結之訴願事件，其以後之訴願程序，依修正之本法規定終結之。
II 本法修正施行前，尚未終結之再訴願案件，其以後之再訴願程序，準用修正之本法有關訴願程序規定終結之。

第 100 條（公務人員涉刑事或行政責任之處理）

公務人員因違法或不當處分，涉有刑事或行政責任者，由最終決定之機關於決定後責由該管機關依法辦理。

第 101 條（施行日）

I 本法自公布日施行。
II 本法修正條文之施行日期，由行政院以命令定之。

行政訴訟法

1.中華民國21年11月17日國民政府制定公布全文27條；並自22年6月23日施行
2.中華民國26年1月8日國民政府修正公布全文29條
3.中華民國31年7月27日國民政府修正公布全文30條
4.中華民國58年11月5日總統令修正公布第24條條文
5.中華民國64年12月12日總統令修正公布全文34條
6.中華民國87年10月28日總統令修正公布全文308條
中華民國88年7月8日司法院令定自89年7月1日起施行
7.中華民國96年7月4日總統令修正公布第49、98～100、103、104、107、276條條文；並增訂第12-1～12-4、98-1～98-6條條文
中華民國96年7月31日司法院令定自96年8月15日施行
8.中華民國99年1月13日總統令修正公布第6、12-2、12-4、15、16、18～20、24、37、39、43、57、59、62、64、67、70、73、75、77、81、83、96、97、100、104～106、108、111、112、121、128、129、131、132、141、145、146、149、151、154、163、166、176、189、196、200、204、209、229、230、243、244、253、259、272、273、277、286條條文；並增訂第12-5、15-1、15-2、274-1、307-1條條文
中華民國99年4月23日司法院令定自99年5月1日施行
9.中華民國100年5月25日總統令修正公布第73、229條條文；並增訂第241-1條條文
中華民國100年12月26日司法院函定自101年9月6日施行
10.中華民國100年11月23日總統令修正公布第4～6、8、16、21、42、55、63、75、76、106、107、113、114、120、143、148、169、175、183～185、194、199、216、217、219、229、230、233、235、236、238、244、246、248、267、269、275、294、299、300、305～307條條文、第二編編名及第一章、第二章章名；增訂第3-1、98-7、104-1、114-1、125-1、175-1、178-1、235-1、236-1、236-2、237-1～237-9、256-1條條文及第二編第三章章名；並刪除第252條條文
中華民國100年12月26日司法院函定自101年9月6日施行
11.中華民國102年1月9日總統令修正公布第131條條文；並增訂第130-1條條文
中華民國102年6月7日司法院函定自102年6月10日施行
12.中華民國103年6月18日總統令修正公布第49、73、204、229條條文；並增訂第237-10～237-17條條文及第二編第四章章名
中華民國103年6月18日司法院令第49、73、204條定自公布日施行
中華民國104年2月4日司法院令第229條及第二編第四章（第237-10～237-17條）定自104年2月5日施行
中華民國103年12月26日行政院公告第229條第2項第5款、第237-12條第1、2項、第237-13條第2項及第237-16條第1項涉及「內政部入出國及移民署」之權責事項，自104年1月2日起改由「內政部移民署」管轄
13.中華民國107年6月13日總統令修正公布第82、98-6條條文
中華民國107年6月20日司法院令發布定自公布日後六個月施行
14.中華民國107年11月28日總統令修正公布第204、205、207、233條條文
中華民國107年11月28日司法院令發布定自107年11月30日施行
15.中華民國109年1月15日總統令修正公布第98-5、263條條文；增訂第237-18～237-31條條文及第二編第五章章名
中華民國109年1月17日司法院令發布定自109年7月1日施行

第一編　總　則

第一章　行政訴訟事件

第1條（立法宗旨）
行政訴訟以保障人民權益，確保國家行政權之合法行使，增進司法功能為宗旨。

第2條（行政訴訟審判權之範圍）
公法上之爭議，除法律別有規定外，得依本法提起行政訴訟。

第3條（行政訴訟之種類）
前條所稱之行政訴訟，指撤銷訴訟、確認訴訟及給付訴訟。

第3條之1（行政法院）
辦理行政訴訟之地方法院行政訴訟庭，亦為本法所稱之行政法院。

第4條（撤銷訴訟之要件）
I 人民因中央或地方機關之違法行政處分，認為損害其權利或法律上之利益，經依訴願法提起訴願而不服其決定，或提起訴願逾三個月不為決定，或延長訴願決定期間逾二個月不為決定者，得向行政法院提起撤銷訴訟。
II 逾越權限或濫用權力之行政處分，以違法論。
III 訴願人以外之利害關係人，認為第一項訴願決定，損害其權利或法律上之利益者，得向行政法院提起撤銷訴訟。

第5條（請求應為行政處分之訴訟）
I 人民因中央或地方機關對其依法申請之案件，於法令所定期間內應作為而不作為，認為其權利或法律上利益受損害者，經依訴願程序後，得向行政法院提起請求該機關應為行政處分或應為特定內容之行政處分之訴訟。
II 人民因中央或地方機關對其依法申請之案件，予以駁回，認為其權利或法律上利益受違法損害

者，經依訴願程序後，得向行政法院提起請求該機關應為行政處分或應為特定內容之行政處分之訴訟。

第 6 條（確認訴訟之要件）

Ⅰ確認行政處分無效及確認公法上法律關係成立或不成立之訴訟，非原告有即受確認判決之法律上利益者，不得提起之。其確認已執行而無回復原狀可能之行政處分或已消滅之行政處分為違法之訴訟，亦同。

Ⅱ確認行政處分無效之訴訟，須已向原處分機關請求確認其無效未被允許，或經請求後於三十日內不為確答者，始得提起之。

Ⅲ確認訴訟，於原告得提起或可得提起撤銷訴訟、課予義務訴訟或一般給付訴訟者，不得提起之。但確認行政處分無效之訴訟，不在此限。

Ⅳ應提起撤銷訴訟、課予義務訴訟，誤為提起確認行政處分無效之訴訟，其未經訴願程序者，行政法院應以裁定將該事件移送於訴願管轄機關，並以行政法院收受訴狀之時，視為提起訴願。

第 7 條（損害賠償或財產給付之請求）

提起行政訴訟，得於同一程序中，合併請求損害賠償或其他財產上給付。

第 8 條（給付訴訟之要件）

Ⅰ人民與中央或地方機關間，因公法上原因發生財產上之給付或請求作成行政處分以外之其他非財產上之給付，得提起給付訴訟。因公法上契約發生之給付，亦同。

Ⅱ前項給付訴訟之裁判，以行政處分應否撤銷為據者，應於依第四條第一項或第三項提起撤銷訴訟時，併為請求。原告未為請求者，審判長應告以得為請求。

第 9 條（維護公益訴訟）

人民為維護公益，就無關自己權利及法律上利益之事項，對於行政機關之違法行為，得提起行政訴訟。但以法律有特別規定者為限。

第 10 條（選舉罷免訴訟）

選舉罷免事件之爭議，除法律別有規定外，得依本法提起行政訴訟。

第 11 條（準用訴訟有關規定）

前二條訴訟依其性質，準用撤銷、確認或給付訴訟有關之規定。

第 12 條（民刑訴訟與行政爭訟程序之關係）

Ⅰ民事或刑事訴訟之裁判，以行政處分是否無效或違法為據者，應依行政爭訟程序確定之。

Ⅱ前項行政爭訟程序已經開始者，於其程序確定前，民事或刑事法院應停止其審判程序。

第 12 條之 1（一事不再理）

Ⅰ起訴時法院有受理訴訟權限者，不因訴訟繫屬後事實及法律狀態變更而受影響。

Ⅱ訴訟繫屬於行政法院後，當事人不得就同一事件向其他不同審判權之法院更行起訴。

第 12 條之 2（訴訟權限）

Ⅰ行政法院認其有受理訴訟權限而為裁判經確定者，其他法院受該裁判之羈束。

Ⅱ行政法院認其無受理訴訟權限者，應依職權以裁定將訴訟移送至有受理訴訟權限之管轄法院。數法院有管轄權而原告有指定者，移送至指定之法院。

Ⅲ移送之裁定確定時，受移送之法院認其亦無受理訴訟權限者，應以裁定停止訴訟程序，並聲請司法院大法官解釋。

Ⅳ受移送之法院經司法院大法官解釋無受理訴訟權限者，應再行移送至有受理訴訟權限之法院。

Ⅴ當事人就行政法院有無受理訴訟權限有爭執者，行政法院應先為裁定。

Ⅵ前項裁定，得為抗告。

Ⅶ行政法院為第二項及第五項之裁定前，應先徵詢當事人之意見。

第 12 條之 3（移送訴訟前有急迫情形之必要處分）

Ⅰ移送訴訟前如有急迫情形，行政法院應依當事人聲請或依職權為必要之處分。

Ⅱ移送訴訟之裁定確定時，視為該訴訟自始即繫屬於受移送之法院。

Ⅲ前項情形，行政法院書記官應速將裁定正本附入卷宗，送交受移送之法院。

第 12 條之 4（訴訟費用之徵收）

Ⅰ行政法院將訴訟移送至其他法院者，依受移送法院應適用之訴訟法定其訴訟費用之徵收。移送前所生之訴訟費用視為受移送法院訴訟費用之一部分。

Ⅱ應行徵收之訴訟費用，行政法院未加徵收、徵收不足額或溢收者，受移送法院應補行徵收或退還溢收部分。

第 12 條之 5（訴訟費用之徵收）

Ⅰ其他法院將訴訟移送至行政法院者，依本法定其訴訟費用之徵收。移送前所生之訴訟費用視為行政法院訴訟費用之一部分。

Ⅱ應行徵收之訴訟費用，其他法院未加徵收、徵收不足額或溢收者，行政法院應補行徵收或退還溢收部分。

第二章　行政法院

第一節　管　轄

第 13 條（法人、機關及團體之普通審判籍）

Ⅰ對於公法人之訴訟，由其公務所所在地之行政法院管轄。其以公法人之機關為被告時，由該機關所在地之行政法院管轄。

Ⅱ對於私法人或其他得為訴訟當事人之團體之訴

訟，由其主事務所或主營業所所在地之行政法院管轄。

III對於外國法人或其他得為訴訟當事人之團體之訴訟，由其在中華民國之主事務所或主營業所所在地之行政法院管轄。

第14條（自然人之普通審判籍）

I前條以外之訴訟，由被告住所地之行政法院管轄，其住所地之行政法院不能行使職權者，由其居所地之行政法院管轄。

II被告在中華民國現無住所或住所不明者，以其在中華民國之居所，視為其住所；無居所或居所不明者，以其在中華民國最後之住所，視為其住所；無最後住所者，以中央政府所在地，視為其最後住所地。

III訴訟事實發生於被告居所地者，得由其居所地之行政法院管轄。

第15條（因不動產徵收徵用或撥用之訴訟之管轄法院）

I因不動產徵收、徵用或撥用之訴訟，專屬不動產所在地之行政法院管轄。

II除前項情形外，其他有關不動產之公法上權利或法律關係涉訟者，得由不動產所在地之行政法院管轄。

第15條之1（關於公務員職務關係之訴訟之管轄法院）

關於公務員職務關係之訴訟，得由公務員職務所在地之行政法院管轄。

第15之2條（因公法上之保險事件涉訟之管轄法院）

I因公法上之保險事件涉訟者，得由為原告之被保險人、受益人之住居所地或被保險人從事職業活動所在地之行政法院管轄。

II前項訴訟事件於投保單位為原告時，得由其主事務所或主營業所所在地之行政法院管轄。

第16條（指定管轄之情形）

I有下列各款情形之一者，直接上級行政法院應依當事人之聲請或受訴行政法院之請求，指定管轄：

一　有管轄權之行政法院因法律或事實不能行審判權者。

二　因管轄區域境界不明，致不能辨別有管轄權之行政法院者。

三　因特別情形由有管轄權之行政法院審判，恐影響公安或難期公平者。

II前項聲請得向受訴行政法院或直接上級行政法院為之。

第17條（管轄恆定原則）

定行政法院之管轄以起訴時為準。

第18條（準用之規定）

民事訴訟法第三條、第六條、第十五條、第十七條、第二十條至第二十二條、第二十八條第一項、第三項、第二十九條至第三十一條之規定，於本節準用之。

第二節　法官之迴避

第19條（法官應自行迴避之情形）

法官有下列情形之一者，應自行迴避，不得執行職務：

一　有民事訴訟法第三十二條第一款至第六款情形之一。

二　曾在中央或地方機關參與該訴訟事件之行政處分或訴願決定。

三　曾參與該訴訟事件相牽涉之民刑事裁判。

四　曾參與該訴訟事件相牽涉之公務員懲戒事件議決。

五　曾參與該訴訟事件之前審裁判。

六　曾參與該訴訟事件再審前之裁判。但其迴避以一次為限。

第20條（準用之規定）

民事訴訟法第三十三條至第三十八條之規定，於本節準用之。

第21條（司法事務官、書記官及通譯準用之規定）

前二條規定於行政法院之司法事務官、書記官及通譯準用之。

第三章　當事人

第一節　當事人能力及訴訟能力

第22條（當事人能力）

自然人、法人、中央及地方機關、非法人之團體，有當事人能力。

第23條（訴訟當事人之範圍）

訴訟當事人謂原告、被告及依第四十一條與第四十二條參加訴訟之人。

第24條（被告機關）

經訴願程序之行政訴訟，其被告為下列機關：

一　駁回訴願時之原處分機關。

二　撤銷或變更原處分時，為撤銷或變更之機關。

第25條（被告機關—受託團體或個人）

人民與受委託行使公權力之團體或個人，因受託事件涉訟者，以受託之團體或個人為被告。

第26條（被告機關—直接上級機關）

被告機關經裁撤或改組者，以承受其業務之機關為被告機關；無承受其業務之機關者，以其直接上級機關為被告機關。

第27條（訴訟能力）

I能獨立以法律行為負義務者，有訴訟能力。

II法人、中央及地方機關、非法人之團體，應由其代表人或管理人為訴訟行為。

Ⅲ前項規定於依法令得為訴訟上行為之代理人準用之。

第 28 條（準用之規定）

民事訴訟法第四十六條至第四十九條、第五十一條之規定，於本節準用之。

第二節　選定當事人

第 29 條（選定或指定當事人）

Ⅰ多數有共同利益之人得由其中選定一人至五人為全體起訴或被訴。

Ⅱ訴訟標的對於多數有共同利益之人，必須合一確定而未為前項選定者，行政法院得限期命為選定，逾期未選定者，行政法院得依職權指定之。

Ⅲ訴訟繫屬後經選定或指定當事人者，其他當事人脫離訴訟。

第 30 條（更換或增減選定或指定當事人）

Ⅰ多數有共同利益之人於選定當事人或由行政法院依職權指定當事人後，得經全體當事人之同意更換或增減之。

Ⅱ行政法院依前條第二項指定之當事人，如有必要，得依職權更換或增減之。

Ⅲ依前兩項規定更換或增減者，原被選定或指定之當事人喪失其資格。

第 31 條（選定或指定之人喪失資格之救濟）

被選定或被指定之人中有因死亡或其他事由喪失其資格者，他被選定或被指定之人得為全體為訴訟行為。

第 32 條（應通知他造當事人）

第二十九條及第三十條訴訟當事人之選定、指定及其更換、增減應通知他造當事人。

第 33 條（選定當事人為訴訟行為之限制）

被選定人非得全體之同意，不得為捨棄、認諾、撤回或和解。但訴訟標的對於多數有共同利益之各人非必須合一確定，經原選定人之同意，就其訴之一部為撤回或和解者，不在此限。

第 34 條（選定當事人之證明）

訴訟當事人之選定及其更換、增減，應以文書證之。

第 35 條（為公益提起訴訟）

Ⅰ以公益為目的之社團法人，於其章程所定目的範圍內，由多數有共同利益之社員，就一定之法律關係，授與訴訟實施權者，得為公共利益提起訴訟。

Ⅱ前項規定於以公益為目的之非法人之團體準用之。

Ⅲ前二項訴訟實施權之授與，應以文書證之。

Ⅳ第三十三條之規定，於第一項之社團法人或第二項之非法人之團體，準用之。

第 36 條（準用之規定）

民事訴訟法第四十八條、第四十九條之規定，於本節準用之。

第三節　共同訴訟

第 37 條（共同訴訟之要件）

Ⅰ二人以上於下列各款情形，得為共同訴訟人，一同起訴或一同被訴：

一　為訴訟標的之行政處分係二以上機關共同為之者。

二　為訴訟標的之權利、義務或法律上利益，為其所共同者。

三　為訴訟標的之權利、義務或法律上利益，於事實上或法律上有同一或同種類之原因者。

Ⅱ依前項第三款同種類之事實上或法律上原因行共同訴訟者，以被告之住居所、公務所、機關、主事務所或主營業所所在地在同一行政法院管轄區域內者為限。

第 38 條（通常共同訴訟人間之關係）

共同訴訟中，一人之行為或他造對於共同訴訟人中一人之行為及關於其一人所生之事項，除別有規定外，其利害不及於他共同訴訟人。

第 39 條（必要共同訴訟人間之關係）

訴訟標的對於共同訴訟之各人，必須合一確定者，適用下列各款之規定：

一　共同訴訟人中一人之行為有利益於共同訴訟人者，其效力及於全體；不利益者，對於全體不生效力。

二　他造對於共同訴訟人中一人之行為，其效力及於全體。

三　共同訴訟人中之一人，生有訴訟當然停止或裁定停止之原因者，其當然停止或裁定停止之效力及於全體。

第 40 條（續行訴訟權）

Ⅰ共同訴訟人各有續行訴訟之權。

Ⅱ行政法院指定期日者，應通知各共同訴訟人到場。

第四節　訴訟參加

第 41 條（必要共同訴訟之獨立參加）

訴訟標的對於第三人及當事人一造必須合一確定者，行政法院應以裁定命該第三人參加訴訟。

第 42 條（利害關係人獨立參加訴訟）

Ⅰ行政法院認為撤銷訴訟之結果，第三人之權利或法律上利益將受損害者，得依職權命其獨立參加訴訟，並得因該第三人之聲請，裁定允許其參加。

Ⅱ前項參加，準用第三十九條第三款規定。參加人並得提出獨立之攻擊或防禦方法。

Ⅲ前二項規定，於其他訴訟準用之。

Ⅳ訴願人已向行政法院提起撤銷訴訟，利害關係人就同一事件再行起訴者，視為第一項之參加。

第 43 條（參加訴訟之程序）

Ⅰ第三人依前條規定聲請參加訴訟者，應向本訴訟繫屬之行政法院提出參加書狀，表明下列各款事項：

一　本訴訟及當事人。

二　參加人之權利或法律上利益，因撤銷訴訟之結果將受如何之損害。

三　參加訴訟之陳述。

Ⅱ行政法院認前項聲請不合前條規定者，應以裁定駁回之。

Ⅲ關於前項裁定，得為抗告。

Ⅳ駁回參加之裁定未確定前，參加人得為訴訟行為。

第 44 條（命行政機關參加訴訟）

Ⅰ行政法院認其他行政機關有輔助一造之必要者，得命其參加訴訟。

Ⅱ前項行政機關或有利害關係之第三人亦得聲請參加。

第 45 條（命參加之裁定及其程序）

Ⅰ命參加之裁定應記載訴訟程度及命參加理由，送達於訴訟當事人。

Ⅱ行政法院為前項裁定前，應命當事人或第三人以書狀或言詞為陳述。

Ⅲ對於命參加訴訟之裁定，不得聲明不服。

第 46 條（必要共同訴訟參加人之地位）

第四十一條之參加訴訟，準用第三十九條之規定。

第 47 條（本訴訟判決效力之擴張）

判決對於經行政法院依第四十一條及第四十二條規定，裁定命其參加或許其參加而未為參加者，亦有效力。

第 48 條（準用之規定）

民事訴訟法第五十九條至第六十一條、第六十三條至第六十七條之規定，於第四十四條之參加訴訟準用之。

第五節　訴訟代理人及輔佐人

第 49 條（訴訟代理人之限制）

Ⅰ當事人得委任代理人為訴訟行為。但每一當事人委任之訴訟代理人不得逾三人。

Ⅱ行政訴訟應以律師為訴訟代理人。非律師具有下列情形之一者，亦得為訴訟代理人：

一　稅務行政事件，具備會計師資格。

二　專利行政事件，具備專利師資格或依法得為專利代理人。

三　當事人為公法人、中央或地方機關、公法上之非法人團體時，其所屬專任人員辦理法制、法務、訴願業務或與訴訟事件相關業務。

四　交通裁決事件，原告為自然人時，其配偶、三親等內之血親或二親等內之姻親；原告為法人或非法人團體時，其所屬人員辦理與訴訟事件相關業務。

Ⅲ委任前項之非律師為訴訟代理人者，應得審判長許可。

Ⅳ第二項之非律師為訴訟代理人，審判長許其為本案訴訟行為者，視為已有前項之許可。

Ⅴ前二項之許可，審判長得隨時以裁定撤銷之，並應送達於為訴訟委任之人。

Ⅵ訴訟代理人委任複代理人者，不得逾一人。前四項之規定，於複代理人適用之。

第 50 條（委任書）

訴訟代理人應於最初為訴訟行為時提出委任書。但由當事人以言詞委任經行政法院書記官記明筆錄者，不在此限。

第 51 條（訴訟代理人之權限）

Ⅰ訴訟代理人就其受委任之事件，有為一切訴訟行為之權。但捨棄、認諾、撤回、和解、提起反訴、上訴或再審之訴及選任代理人，非受特別委任不得為之。

Ⅱ關於強制執行之行為或領取所爭物，準用前項但書之規定。

Ⅲ如於第一項之代理權加以限制者，應於前條之委任書或筆錄內表明。

第 52 條（各別代理權）

Ⅰ訴訟代理人有二人以上者，均得單獨代理當事人。

Ⅱ違反前項之規定而為委任者，仍得單獨代理之。

第 53 條（訴訟代理權之效力）

訴訟代理權不因本人死亡、破產或訴訟能力喪失而消滅。法定代理有變更或機關經裁撤、改組者，亦同。

第 54 條（訴訟委任之終止）

Ⅰ訴訟委任之終止，應以書狀提出於行政法院，由行政法院送達於他造。

Ⅱ由訴訟代理人終止委任者，自為終止之意思表示之日起十五日內，仍應為防衛本人權利所必要之行為。

第 55 條（輔佐人）

Ⅰ當事人或訴訟代理人經審判長之許可，得於期日偕同輔佐人到場。但人數不得逾二人。

Ⅱ審判長認為必要時亦得命當事人或訴訟代理人偕同輔佐人到場。

Ⅲ前二項之輔佐人，審判長認為不適當時，得撤銷其許可或禁止其續為訴訟行為。

第 56 條（準用之規定）

民事訴訟法第七十二條、第七十五條及第七十七條之規定，於本節準用之。

第四章　訴訟程序

第一節　當事人書狀

第 57 條（當事人書狀應記載事項）
當事人書狀，除別有規定外，應記載下列各款事項：
一　當事人姓名、性別、年齡、身分證明文件字號、職業及住所或居所；當事人為法人、機關或其他團體者，其名稱及所在地、事務所或營業所。
二　有法定代理人、代表人或管理人者，其姓名、性別、年齡、身分證明文件字號、職業、住所或居所，及其與法人、機關或團體之關係。
三　有訴訟代理人者，其姓名、性別、年齡、身分證明文件字號、職業、住所或居所。
四　應為之聲明。
五　事實上及法律上之陳述。
六　供證明或釋明用之證據。
七　附屬文件及其件數。
八　行政法院。
九　年、月、日。

第 58 條（書狀之簽名）
當事人、法定代理人、代表人、管理人或訴訟代理人應於書狀內簽名或蓋章；其以指印代簽名者，應由他人代書姓名，記明其事由並簽名。

第 59 條（準用之規定）
民事訴訟法第一百十六條第三項、第一百十八條至第一百二十一條之規定，於本節準用之。

第 60 條（以筆錄代書狀）
Ⅰ於言詞辯論外，關於訴訟所為之聲明或陳述，除依本法應用書狀者外，得於行政法院書記官前以言詞為之。
Ⅱ前項情形，行政法院書記官應作筆錄，並於筆錄內簽名。
Ⅲ前項筆錄準用第五十七條及民事訴訟法第一百十八條至第一百二十條之規定。

第二節　送　達

第 61 條（送達）
送達除別有規定外，由行政法院書記官依職權為之。

第 62 條（送達之執行）
Ⅰ送達由行政法院書記官交執達員或郵務機構行之。
Ⅱ由郵務機構行送達者，以郵務人員為送達人；其實施辦法由司法院會同行政院定之。

第 63 條（囑託送達—於管轄區域外之送達）
行政法院得向送達地之地方法院為送達之囑託。

第 64 條（對無訴訟能力人之送達）
Ⅰ對於無訴訟能力人為送達者，應向其全體法定代理人為之。但法定代理人有二人以上，如其中有應為送達處所不明者，送達得僅向其餘之法定代理人為之。
Ⅱ對於法人、中央及地方機關或非法人之團體為送達者，應向其代表人或管理人為之。
Ⅲ代表人或管理人有二人以上者，送達得僅向其中一人為之。
Ⅳ無訴訟能力人為訴訟行為，未向行政法院陳明其法定代理人者，於補正前，行政法院得向該無訴訟能力人為送達。

第 65 條（對外國法人或團體之送達）
Ⅰ對於在中華民國有事務所或營業所之外國法人或團體為送達者，應向其在中華民國之代表人或管理人為之。
Ⅱ前項代表人或管理人有二人以上者，送達得僅向其中一人為之。

第 66 條（送達應向訴訟代理人為之）
訴訟代理人除受送達之權限受有限制者外，送達應向該代理人為之。但審判長認為必要時，得命送達於當事人本人。

第 67 條（指定送達代收人）
當事人或代理人經指定送達代收人，向受訴行政法院陳明者，應向該代收人為送達。但審判長認為必要時，得命送達於當事人本人。

第 68 條（送達代收人之效力）
送達代收人經指定陳明後，其效力及於同地之各級行政法院。但該當事人或代理人別有陳明者，不在此限。

第 69 條（指定送達代收人）
當事人或代理人於中華民國無住居所、事務所及營業所者，應指定送達代收人向受訴行政法院陳明。

第 70 條（付郵送達）
當事人或代理人未依前條規定指定送達代收人者，行政法院得將應送達之文書交付郵務機構以掛號發送。

第 71 條（送達處所）
Ⅰ送達，於應受送達人之住居所、事務所或營業所行之。但在他處會晤應受送達人時，得於會晤處所行之。
Ⅱ對於法人、機關、非法人之團體之代表人或管理人為送達者，應向其事務所、營業所或機關所在地行之。但必要時亦得於會晤之處所或其住居所行之。
Ⅲ應受送達人有就業處所者，亦得向該處所為送達。

第 72 條（補充送達）
Ⅰ送達於住居所、事務所、營業所或機關所在地不獲會晤應受送達人者，得將文書付與有辨別事理能力之同居人、受雇人或願代為收受而居住於同一住宅之主人。
Ⅱ前條所定送達處所之接收郵件人員，視為前項之同居人或受雇人。
Ⅲ如同居人、受雇人、居住於同一住宅之主人或接收郵件人員為他造當事人者，不適用前二項之規定。
第 73 條（寄存送達）
Ⅰ送達不能依前二條規定為之者，得將文書寄存於送達地之自治或警察機關，並作送達通知書二份，一份黏貼於應受送達人住居所、事務所或營業所門首，一份交由鄰居轉交或置於應受送達人之信箱或其他適當之處所，以為送達。
Ⅱ前項情形，如係以郵務人員為送達人者，得將文書寄存於附近之郵務機構。
Ⅲ寄存送達，自寄存之日起，經十日發生效力。
Ⅳ寄存之文書自寄存之日起，寄存機關或機構應保存三個月。
第 74 條（留置送達）
Ⅰ應受送達人拒絕收領而無法律上理由者，應將文書置於送達處所，以為送達。
Ⅱ前項情形，如有難達留置情事者，準用前條之規定。
第 75 條（送達之時間）
Ⅰ送達，除由郵務機構行之者外，非經審判長或受命法官、受託法官或送達地地方法院法官之許可，不得於星期日或其他休息日或日出前、日沒後為之。但應受送達人不拒絕收領者，不在此限。
Ⅱ前項許可，書記官應於送達之文書內記明。
第 76 條（自行交付送達之證明）
行政法院書記官於法院內將文書付與應受送達人者，應命受送達人提出收據附卷。
第 77 條（囑託送達—於外國或境外為送達者）
Ⅰ於外國或境外為送達者，應囑託該國管轄機關或駐在該國之中華民國使領館或其他機構、團體為之。
Ⅱ不能依前項之規定為囑託送達者，得將應送達之文書交郵務機構以雙掛號發送，以為送達。
第 78 條（囑託送達—駐外人員為送達者）
對於駐在外國之中華民國大使、公使、領事或其他駐外人員為送達者，應囑託外交部為之。
第 79 條（囑託送達—服役之軍人為送達者）
對於在軍隊或軍艦服役之軍人為送達者，應囑託該管軍事機關或長官為之。
第 80 條（囑託送達—在監所人為送達者）
對於在監所人為送達者，應囑託該監所長官為之。
第 81 條（公示送達之事由）
行政法院對於當事人之送達，有下列情形之一者，得依聲請或依職權為公示送達：
一　應為送達之處所不明。
二　於有治外法權人住居所或事務所為送達而無效。
三　於外國為送達，不能依第七十七條之規定辦理或預知雖依該條規定辦理而無效。
第 82 條（公示送達生效之起始日）
公示送達，自將公告或通知書黏貼牌示處之日起，公告於法院網站者，自公告之日起，其登載公報或新聞紙者，自最後登載之日起，經二十日發生效力；於依前條第三款為公示送達者，經六十日發生效力。但對同一當事人仍為公示送達者，自黏貼牌示處之翌日起發生效力。
第 83 條（準用之規定）
民事訴訟法第一百二十六條、第一百三十一條、第一百三十五條、第一百四十一條、第一百四十二條、第一百四十四條、第一百四十八條、第一百五十一條、第一百五十三條及第一百五十三條之一之規定，於本節準用之。

第三節　期日及期間

第 84 條（期日之指定及限制）
Ⅰ期日，除別有規定外，由審判長依職權定之。
Ⅱ期日，除有不得已之情形外，不得於星期日或其他休息日定之。
第 85 條（期日之告知）
審判長定期日後，行政法院書記官應作通知書，送達於訴訟關係人。但經審判長面告以所定之期日命其到場，或訴訟關係人曾以書狀陳明屆期到場者，與送達有同一之效力。
第 86 條（期日應為之行為）
期日應為之行為於行政法院內為之。但在行政法院內不能為或為之而不適當者，不在此限。
第 87 條（變更或延展期日）
Ⅰ期日，以朗讀案由為始。
Ⅱ期日，如有重大理由，得變更或延展之。
Ⅲ變更或延展期日，除別有規定外，由審判長裁定之。
第 88 條（裁定期間之酌定及起算）
Ⅰ期間，除法定者外，由行政法院或審判長酌量情形定之。
Ⅱ行政法院或審判長所定期間，自送達定期間之文書時起算，無庸送達者，自宣示定期間之裁判時起算。
Ⅲ期間之計算，依民法之規定。
第 89 條（在途期間之扣除）
Ⅰ當事人不在行政法院所在地住居者，計算法定期間，應扣除其在途之期間，但有訴訟代理人住居行政法院所在地，得為期間內應為之訴訟行為者，不在此限。
Ⅱ前項應扣除之在途期間，由司法院定之。
第 90 條（伸長或縮短期間）
Ⅰ期間，如有重大理由得伸長或縮短之。但不變期間不在此限。

II伸長或縮短期間由行政法院裁定。但期間係審判長所定者，由審判長裁定。

第 91 條（回復原狀之聲請）

I因天災或其他不應歸責於己之事由，致遲誤不變期間者，於其原因消滅後一個月內，如該不變期間少於一個月者，於相等之日數內，得聲請回復原狀。

II前項期間不得伸長或縮短之。

III遲誤不變期間已逾一年者，不得聲請回復原狀，遲誤第一百零六條之起訴期間已逾三年者，亦同。

IV第一項之聲請應以書狀為之，並釋明遲誤期間之原因及其消滅時期。

第 92 條（聲請回復原狀之程序）

I因遲誤上訴或抗告期間而聲請回復原狀者，向為裁判之原行政法院為之；遲誤其他期間者，向管轄該期間內應為之訴訟行為之行政法院為之。

II聲請回復原狀，應同時補行期間內應為之訴訟行為。

第 93 條（回復原狀之聲請與補行之訴訟行為合併裁判）

I回復原狀之聲請，由受聲請之行政法院與補行之訴訟行為合併裁判之。但原行政法院認其聲請應行許可，而將上訴或抗告事件送交上級行政法院者，應由上級行政法院合併裁判。

II因回復原狀而變更原裁判者，準用第二百八十二條之規定。

第 94 條（準用之規定）

I受命法官或受託法官關於其所為之行為，得定期日及期間。

II第八十四條至第八十七條、第八十八條第一項、第二項及第九十條之規定，於受命法官或受託法官定期日及期間者，準用之。

第四節　訴訟卷宗

第 95 條（訴訟文書之保存）

I當事人書狀、筆錄、裁判書及其他關於訴訟事件之文書，行政法院應保存者，應由行政法院書記官編為卷宗。

II卷宗滅失事件之處理，準用民刑事訴訟卷宗滅失案件處理法之規定。

第 96 條（訴訟文書之利用）

I當事人得向行政法院書記官聲請閱覽、抄錄、影印或攝影卷內文書，或預納費用請求付與繕本、影本或節本。

II第三人經當事人同意或釋明有法律上之利害關係，而為前項之聲請者，應經行政法院裁定許可。

III當事人、訴訟代理人、第四十四條之參加人及其他經許可之第三人之閱卷規則，由司法院定之。

第 97 條（訴訟文書利用之限制）

裁判草案及其準備或評議文件，除法律別有規定外，不得交當事人或第三人閱覽、抄錄、影印或攝影，或付與繕本、影本或節本；裁判書在宣示或公告前，或未經法官簽名者，亦同。

第五節　訴訟費用

第 98 條（裁判費以外訴訟費用負擔之原則）

I訴訟費用指裁判費及其他進行訴訟之必要費用，由敗訴之當事人負擔。但為第一百九十八條之判決時，由被告負擔。

II起訴，按件徵收裁判費新臺幣四千元。適用簡易訴訟程序之事件，徵收裁判費新臺幣二千元。

第 98 條之 1（訴之合併應徵收之裁判費）

以一訴主張數項標的，或為訴之變更、追加或提起反訴者，不另徵收裁判費。

第 98 條之 2（上訴應徵收之裁判費）

I上訴，依第九十八條第二項規定，加徵裁判費二分之一。

II發回或發交更審再行上訴，或依第二百五十七條第二項為移送，經判決後再行上訴者，免徵裁判費。

第 98 條之 3（再審之訴應徵收之裁判費）

I再審之訴，按起訴法院之審級，依第九十八條第二項及前條第一項規定徵收裁判費。

II對於確定之裁定聲請再審者，徵收裁判費新臺幣一千元。

第 98 條之 4（抗告應徵收之裁判費）

抗告，徵收裁判費新臺幣一千元。

第 98 條之 5（徵收裁判費之聲請）

聲請或聲明，不徵收裁判費。但下列聲請，徵收裁判費新臺幣一千元：

一　聲請參加訴訟或駁回參加。

二　聲請回復原狀。

三　聲請停止執行或撤銷停止執行之裁定。

四　起訴前聲請證據保全。

五　聲請重新審理。

六　聲請假扣押、假處分或撤銷假扣押、假處分之裁定。

七　第二百三十七條之三十聲請事件。

第 98 條之 6（其他訴訟費用之徵收）

I下列費用之徵收，除法律另有規定外，其項目及標準由司法院定之：

一　影印費、攝影費、抄錄費、翻譯費、運送費、公告法院網站費及登載公報新聞紙費。

二　證人及通譯之日費、旅費。

三　鑑定人之日費、旅費、報酬及鑑定所需費用。

四　其他進行訴訟及強制執行之必要費用。

II郵電送達費及行政法院人員於法院外為訴訟行為

之食、宿、交通費，不另徵收。

第98條之7（裁判費別有規定之優先適用）

交通裁決事件之裁判費，第二編第三章別有規定者，從其規定。

第99條（參加訴訟人應負擔之訴訟費用）

Ⅰ因可歸責於參加人之事由致生無益之費用者，行政法院得命該參加人負擔其全部或一部。

Ⅱ依第四十四條參加訴訟所生之費用，由參加人負擔。但他造當事人依第九十八條第一項及準用民事訴訟法第七十九條至第八十四條規定應負擔之訴訟費用，仍由該當事人負擔。

第100條（必要費用之預納及徵收）

Ⅰ裁判費除法律別有規定外，當事人應預納之。其未預納者，審判長應定期命當事人繳納；逾期未納者，行政法院應駁回其訴、上訴、抗告、再審或其他聲請。

Ⅱ進行訴訟之必要費用，審判長得定期命當事人預納。逾期未納者，由國庫墊付，並於判決確定後，依職權裁定，向應負擔訴訟費用之人徵收之。

Ⅲ前項裁定得為執行名義。

第101條（訴訟救助）

當事人無資力支出訴訟費用者，行政法院應依聲請，以裁定准予訴訟救助。但顯無勝訴之望者，不在此限。

第102條（聲請訴訟救助）

Ⅰ聲請訴訟救助，應向受訴行政法院為之。

Ⅱ聲請人無資力支出訴訟費用之事由應釋明之。

Ⅲ前項釋明，得由受訴行政法院管轄區域內有資力之人出具保證書代之。

Ⅳ前項保證書內，應載明具保證書人於聲請訴訟救助人負擔訴訟費用時，代繳暫免之費用。

第103條（訴訟救助之效力）

准予訴訟救助者，暫行免付訴訟費用。

第104條（準用之規定）

民事訴訟法第七十七條之二十六、第七十九條至第八十五條、第八十七條至第九十四條、第九十五條、第九十六條至第一百零六條、第一百零八條、第一百零九條之一　第一百十一條至第一百十三條、第一百十四條第一項及第一百十五條之規定，於本節準用之。

第二編　第一審程序

第一章　高等行政法院通常訴訟程序

第一節　起　訴

第104條之1（高等行政法院通常訴訟程序）

適用通常訴訟程序之事件，以高等行政法院為第一審管轄法院。

第105條（起訴之程式）

Ⅰ起訴，應以訴狀表明下列各款事項，提出於行政法院為之：

一　當事人。

二　起訴之聲明。

三　訴訟標的及其原因事實。

Ⅱ訴狀內宜記載適用程序上有關事項、證據方法及其他準備言詞辯論之事項；其經訴願程序者，並附具決定書。

第106條（訴訟之提起期間）

Ⅰ第四條及第五條訴訟之提起，除本法別有規定外，應於訴願決定書送達後二個月之不變期間內為之。但訴願人以外之利害關係人知悉在後者，自知悉時起算。

Ⅱ第四條及第五條之訴訟，自訴願決定書送達後，已逾三年者，不得提起。

Ⅲ不經訴願程序即得提起第四條或第五條第二項之訴訟者，應於行政處分達到或公告後二個月之不變期間內為之。

Ⅳ不經訴願程序即得提起第五條第一項之訴訟者，於應作為期間屆滿後，始得為之。但於期間屆滿後，已逾三年者，不得提起。

第107條（訴訟要件之審查及補正）

Ⅰ原告之訴，有下列各款情形之一者，行政法院應以裁定駁回之。但其情形可以補正者，審判長應定期間先命補正：

一　訴訟事件不屬行政訴訟審判之權限者。但本法別有規定者，從其規定。

二　訴訟事件不屬受訴行政法院管轄而不能請求指定管轄，亦不能為移送訴訟之裁定者。

三　原告或被告無當事人能力者。

四　原告或被告未由合法之法定代理人、代表人或管理人為訴訟行為者。

五　由訴訟代理人起訴，而其代理權有欠缺者。

六　起訴逾越法定期限者。

七　當事人就已起訴之事件，於訴訟繫屬中更行起訴者。

八　本案經終局判決後撤回其訴，復提起同一之訴者。

九　訴訟標的為確定判決或和解之效力所及者。

十　起訴不合程式或不備其他要件者。

Ⅱ撤銷訴訟及課予義務訴訟，原告於訴狀誤列被告機關者，準用第一項規定。

Ⅲ原告之訴，依其所訴之事實，在法律上顯無理由者，行政法院得不經言詞辯論，逕以判決駁回之。

第108條（將訴狀送達被告並命答辯）

Ⅰ行政法院除依前條規定駁回原告之訴或移送者外，應將訴狀送達於被告。

Ⅱ並得命被告以答辯狀陳述意見。

III原處分機關、被告機關或受理訴願機關經行政法院通知後，應於十日內將卷證送交行政法院。

第 109 條（言詞辯論期日之指定）

I 審判長認已適於為言詞辯論時，應速定言詞辯論期日。

II 前項言詞辯論期日，距訴狀之送達，至少應有十日為就審期間。但有急迫情形者，不在此限。

第 110 條（當事人恆定與訴訟繼受主義）

I 訴訟繫屬中，為訴訟標的之法律關係雖移轉於第三人，於訴訟無影響。但第三人如經兩造同意，得代當事人承當訴訟。

II 前項情形，僅他造不同意者，移轉之當事人或第三人得聲請行政法院以裁定許第三人承當訴訟。

III前項裁定得為抗告。

IV行政法院知悉訴訟標的有移轉者，應即以書面將訴訟繫屬情形通知第三人。

V 訴願決定後，為訴訟標的之法律關係移轉於第三人者，得由受移轉人提起撤銷訴訟。

第 111 條（應准許訴之變更或追加之情形）

I 訴狀送達後，原告不得將原訴變更或追加他訴。但經被告同意或行政法院認為適當者，不在此限。

II 被告於訴之變更或追加無異議，而為本案之言詞辯論者，視為同意變更或追加。

III有下列情形之一者，訴之變更或追加，應予准許：

一　訴訟標的對於數人必須合一確定，追加其原非當事人之人為當事人。

二　訴訟標的之請求雖有變更，但其請求之基礎不變。

三　因情事變更而以他項聲明代最初之聲明。

四　應提起確認訴訟，誤為提起撤銷訴訟。

五　依第一百九十七條或其他法律之規定，應許為訴之變更或追加。

IV前三項規定，於變更或追加之新訴為撤銷訴訟而未經訴願程序者不適用之。

V 對於行政法院以訴為非變更追加，或許訴之變更追加之裁判，不得聲明不服。但撤銷訴訟，主張其未經訴願程序者，得隨同終局判決聲明不服。

第 112 條（被告得提起反訴）

I 被告於言詞辯論終結前，得在本訴繫屬之行政法院提起反訴。但對於撤銷訴訟及課予義務訴訟，不得提起反訴。

II 原告對於反訴，不得復行提起反訴。

III反訴之請求如專屬他行政法院管轄，或與本訴之請求或其防禦方法不相牽連者，不得提起。

IV被告意圖延滯訴訟而提起反訴者，行政法院得駁回之。

第 113 條（訴訟撤回之要件及程序）

I 原告於判決確定前得撤回訴之全部或一部。但於公益之維護有礙者，不在此限。

II 前項撤回，被告已為本案之言詞辯論者，應得其同意。

III訴之撤回，應以書狀為之。但於期日得以言詞為之。

IV以言詞所為之撤回，應記載於筆錄，如他造不在場，應將筆錄送達。

V 訴之撤回，被告於期日到場，未為同意與否之表示者，自該期日起；其未於期日到場或係以書狀撤回者，自前項筆錄或撤回書狀送達之日起，十日內未提出異議者，視為同意撤回。

第 114 條（訴訟撤回之限制）

I 行政法院就前條訴之撤回認有礙公益之維護者，應以裁定不予准許。

II 前項裁定不得抗告。

第 114 條之 1（訴訟之裁定移送）

適用通常訴訟程序之事件，因訴之變更或一部撤回，致其訴之全部屬於簡易訴訟程序或交通裁決事件訴訟程序之範圍者，高等行政法院應裁定移送管轄之地方法院行政訴訟庭。

第 115 條（準用之規定）

民事訴訟法第二百四十五條、第二百四十六條、第二百四十八條、第二百五十二條、第二百五十三條、第二百五十七條、第二百六十一條、第二百六十三條及第二百六十四條之規定，於本節準用之。

第二節　停止執行

第 116 條（行政訴訟不停止執行之原則）

I 原處分或決定之執行，除法律另有規定外，不因提起行政訴訟而停止。

II 行政訴訟繫屬中，行政法院認為原處分或決定之執行，將發生難於回復之損害，且有急迫情事者，得依職權或依聲請裁定停止執行。但於公益有重大影響，或原告之訴在法律上顯無理由者，不得為之。

III於行政訴訟起訴前，如原處分或決定之執行將發生難於回復之損害，且有急迫情事者，行政法院亦得依受處分人或訴願人之聲請，裁定停止執行。但於公益有重大影響者，不在此限。

IV行政法院為前二項裁定前，應先徵詢當事人之意見。如原處分或決定機關已依職權或依聲請停止執行者，應為駁回聲請之裁定。

V 停止執行之裁定，得停止原處分或決定之效力、處分或決定之執行或程序之續行之全部或部份。

第 117 條（行政訴訟不停止執行之原則）

前條規定，於確認行政處分無效之訴訟準用之。

第 118 條（撤銷停止執行之裁定）

停止執行之原因消滅，或有其他情事變更之情形，行政法院得依職權或依聲請撤銷停止執行之裁定。

第 119 條（抗告）

關於停止執行或撤銷停止執行之裁定，得為抗告。

第三節　言詞辯論

第120條（言詞辯論）
I原告因準備言詞辯論之必要，應提出準備書狀。
II被告因準備言詞辯論，宜於未逾就審期間二分之一以前，提出答辯狀。

第121條（得於言詞辯論前所為之處置）
I行政法院因使辯論易於終結，認為必要時，得於言詞辯論前，為下列各款之處置：
一　命當事人、法定代理人、代表人或管理人本人到場。
二　命當事人提出圖案、表冊、外國文文書之譯本或其他文書、物件。
三　行勘驗、鑑定或囑託機關、團體為調查。
四　通知證人或鑑定人，及調取或命第三人提出文書、物件。
五　使受命法官或受託法官調查證據。
II行政法院因闡明或確定訴訟關係，於言詞辯論時，得為前項第一款至第三款之處置，並得將當事人或第三人提出之文書、物件暫留置之。

第122條（言詞辯論以聲明起訴事項為始）
I言詞辯論，以當事人聲明起訴之事項為始。
II當事人應就訴訟關係為事實上及法律上之陳述。
III當事人不得引用文件以代言詞陳述。但以舉文件之辭句為必要時，得朗讀其必要之部分。

第123條（調查證據之期日）
I行政法院調查證據，除別有規定外，於言詞辯論期日行之。
II當事人應依第二編第一章第四節之規定，聲明所用之證據。

第124條（審判長之職權—言詞辯論指揮權）
I審判長開始、指揮及終結言詞辯論，並宣示行政法院之裁判。
II審判長對於不服從言詞辯論之指揮者，得禁止發言。
III言詞辯論須續行者，審判長應速定其期日。

第125條（行政法院職權調查事實及審判長之闡明權）
I行政法院應依職權調查事實關係，不受當事人主張之拘束。
II審判長應注意使當事人得為事實上及法律上適當完全之辯論。
III審判長應向當事人發問或告知，令其陳述事實、聲明證據，或為其他必要之聲明及陳述；其所聲明或陳述有不明瞭或不完足者，應令其敘明或補充之。
IV陪席法官告明審判長後，得向當事人發問或告知。

第125條之1（司法事務官得參與訴訟程序）
I行政法院為使訴訟關係明確，必要時得命司法事務官就事實上及法律上之事項，基於專業知識對當事人為說明。
II行政法院因司法事務官提供而獲知之特殊專業知識，應予當事人辯論之機會，始得採為裁判之基礎。

第126條（受命法官之指定及行政法院之囑託）
I凡依本法使受命法官為行為者，由審判長指定之。
II行政法院應為之囑託，除別有規定外，由審判長行之。

第127條（同種類之訴訟得合併辯論）
I分別提起之數宗訴訟係基於同一或同種類之事實上或法律上之原因者，行政法院得命合併辯論。
II命合併辯論之數宗訴訟，得合併裁判之。

第128條（言詞辯論筆錄應記載事項）
行政法院書記官應作言詞辯論筆錄，記載下列各款事項：
一　辯論之處所及年、月、日。
二　法官、書記官及通譯姓名。
三　訴訟事件。
四　到場當事人、法定代理人、代表人、管理人、訴訟代理人、輔佐人及其他經通知到場之人姓名。
五　辯論之公開或不公開；如不公開者，其理由。

第129條（言詞辯論筆錄實質上應記載事項）
言詞辯論筆錄內，應記載辯論進行之要領，並將下列各款事項記載明確：
一　訴訟標的之捨棄、認諾、自認及訴之撤回。
二　證據之聲明或撤回，及對於違背訴訟程序規定之異議。
三　當事人所為其他重要聲明或陳述，及經告知而不為聲明或陳述之情形。
四　依本法規定應記載筆錄之其他聲明或陳述。
五　證人或鑑定人之陳述，及勘驗所得之結果。
六　審判長命令記載之事項。
七　不作裁判書附卷之裁判。
八　裁判之宣示。

第130條（筆錄之朗讀或閱覽）
I筆錄或筆錄內所引用附卷或作為附件之文書內所記前條第一款至第六款事項，應依聲請於法庭向關係人朗讀或令其閱覽，並於筆錄內附記其事由。
II關係人對於筆錄所記有異議者，行政法院書記官得更正或補充之。如以異議為不當，應於筆錄內附記其異議。
III以機器記錄言詞辯論之進行者，其實施辦法由司法院定之。

第130條之1（視訊審理與文書傳送）
I當事人、代理人之所在處所或所在地法院與行政法院間，有聲音及影像相互傳送之科技設備而得直接審理者，行政法院認爲適當時，得依聲請或依職權以該設備審理之。
II前項情形，其期日通知書記載之應到處所爲該設備所在處所。
III依第一項進行程序之筆錄及其他文書，須陳述人簽名者，由行政法院傳送至陳述人所在處所，經陳述人確認內容並簽名後，將筆錄及其他文書以電信傳真或其他科技設備傳回行政法院。
IV第一項之審理及前項文書傳送之辦法，由司法院定之。

第 131 條（受命法官之權限）
第四十九條第三項至第六項、第五十五條、第六十六條但書、第六十七條但書、第一百條第一項前段、第二項、第一百零七條第一項但書、第一百十條第四項、第一百二十一條第一項第一款至第四款、第二項、第一百二十四條、第一百二十五條、第一百三十條之一及民事訴訟法第四十九條、第七十五條第一項、第一百二十條第一項、第一百二十一條第一項、第二項、第二百條、第二百零七條、第二百零八條、第二百十三條第二項、第二百十三條之一、第二百十四條、第二百十七條、第二百六十八條、第二百六十八條之一第二項、第三項、第二百六十八條之二第一項、第三百七十一條第一項、第二項及第三百七十二條關於法院或審判長權限之規定，於受命法官行準備程序時準用之。

第 132 條（準用之規定）
民事訴訟法第一百九十五條至第一百九十七條、第二百條、第二百零一條、第二百零四條、第二百零六條至第二百零八條、第二百十條、第二百十一條、第二百十四條、第二百十五條、第二百十七條至第二百十九條、第二百六十五條至第二百六十八條之一、第二百六十八條之二、第二百七十條至第二百七十一條之一、第二百七十三條至第二百七十六條之規定，於本節準用之。

第四節　證　據

第 133 條（調查證據）
行政法院於撤銷訴訟，應依職權調查證據；於其他訴訟，爲維護公益者，亦同。

第 134 條（自認之限制）
前條訴訟，當事人主張之事實，雖經他造自認，行政法院仍應調查其他必要之證據。

第 135 條（認他造證據之主張應證之事實爲眞實）
I當事人因妨礙他造使用，故意將證據滅失、隱匿或致礙難使用者，行政法院得審酌情形認他造關於該證據之主張或依該證據應證之事實爲眞實。
II前項情形，於裁判前應令當事人有辯論之機會。

第 136 條（準用之規定）
除本法有規定者外，民事訴訟法第二百七十七條之規定於本節準用之。

第 137 條（當事人對行政法院不知者有舉證之責）
習慣及外國之現行法爲行政法院所不知者，當事人有舉證之責任。但行政法院得依職權調查之。

第 138 條（囑託調查證據）
行政法院得囑託普通法院或其他機關、學校、團體調查證據。

第 139 條（受命法官調查或囑託調查）
行政法院認爲適當時，得使庭員一人爲受命法官或囑託他行政法院指定法官調查證據。

第 140 條（製作調查證據筆錄）
I受訴行政法院於言詞辯論前調查證據，或由受命法官、受託法官調查證據者，行政法院書記官應作調查證據筆錄。
II第一百二十八條至第一百三十條之規定，於前項筆錄準用之。
III受託法官調查證據筆錄，應送交受訴行政法院。

第 141 條（調查證據後行政法院應爲之處置）
I調查證據之結果，應告知當事人爲辯論。
II於受訴行政法院外調查證據者，當事人應於言詞辯論時陳述其調查之結果。但審判長得令行政法院書記官朗讀調查證據筆錄代之。

第 142 條（爲證人之義務）
除法律別有規定外，不問何人，於他人之行政訴訟有爲證人之義務。

第 143 條（裁定不到場證人以罰鍰）
I證人受合法之通知，無正當理由而不到場者，行政法院得以裁定處新臺幣三萬元以下罰鍰。
II證人已受前項裁定，經再次通知仍不到場者，得再處新臺幣六萬元以下罰鍰，並得拘提之。
III拘提證人，準用刑事訴訟法關於拘提被告之規定；證人爲現役軍人者，應以拘票囑託該管長官執行。
IV處證人罰鍰之裁定，得爲抗告，抗告中應停止執行。

第 144 條（公務員爲證人之特則）
I以公務員、中央民意代表或曾爲公務員、中央民意代表之人爲證人，而就其職務上應守秘密之事項訊問者，應得該監督長官或民意機關之同意。
II前項同意，除有妨害國家高度機密者外，不得拒絕。
III以受公務機關委託承辦公務之人爲證人者，準用前二項之規定。

第 145 條（得拒絕證言之事由）
證人恐因陳述致自己或下列之人受刑事訴追或蒙恥辱者，得拒絕證言：
一　證人之配偶、前配偶或四親等內之血親、三親等內之姻親或曾有此親屬關係或與證人訂有婚約者。

二　證人之監護人或受監護人。

第 146 條（得拒絕證言之事由）

Ⅰ證人有下列各款情形之一者，得拒絕證言：

一　證人有第一百四十四條之情形。

二　證人為醫師、藥師、藥商、助產士、宗教師、律師、會計師或其他從事相類業務之人或其業務上佐理人或曾任此等職務之人，就其因業務所知悉有關他人秘密之事項受訊問。

三　關於技術上或職業上之秘密受訊問。

Ⅱ前項規定，於證人秘密之責任已經免除者，不適用之。

第 147 條（得拒絕證言者之告之）

依前二條規定，得拒絕證言者，審判長應於訊問前或知有該項情形時告知之。

第 148 條（不陳明原因而拒絕證言得處罰鍰）

Ⅰ證人不陳明拒絕之原因事實而拒絕證言，或以拒絕為不當之裁定已確定而仍拒絕證言者，行政法院得以裁定處新臺幣三萬元以下罰鍰。

Ⅱ前項裁定得為抗告，抗告中應停止執行。

第 149 條（命證人具結）

Ⅰ審判長於訊問前，應命證人各別具結。但其應否具結有疑義者，於訊問後行之。

Ⅱ審判長於證人具結前，應告以具結之義務及偽證之處罰。

Ⅲ證人以書狀為陳述者，不適用前二項之規定。

第 150 條（不得命具結者）

以未滿十六歲或因精神障礙不解具結意義及其效果之人為證人者，不得令其具結。

第 151 條（得不命具結者）

以下列各款之人為證人者，得不令其具結：

一　證人為當事人之配偶、前配偶或四親等內之血親、三親等內之姻親或曾有此親屬關係或與當事人訂有婚約。

二　有第一百四十五條情形而不拒絕證言。

三　當事人之受雇人或同居人。

第 152 條（得拒絕具結之事由）

證人就與自己或第一百四十五條所列之人有直接利害關係之事項受訊問者，得拒絕具結。

第 153 條（拒絕具結準用之規定）

第一百四十八條之規定，於證人拒絕具結者準用之。

第 154 條（當事人之聲請發問及自行發問）

Ⅰ當事人得就應證事實及證言信用之事項，聲請審判長對於證人為必要之發問，或向審判長陳明後自行發問。

Ⅱ前項之發問，與應證事實無關、重複發問、誘導發問、侮辱證人或有其他不當情形，審判長得依聲請或依職權限制或禁止。

Ⅲ關於發問之限制或禁止有異議者，行政法院應就其異議為裁定。

第 155 條（發給證人日費及旅費）

Ⅰ行政法院應發給證人法定之日費及旅費；證人亦得於訊問完畢後請求之。但被拘提或無正當理由拒絕具結或證言者，不在此限。

Ⅱ前項關於日費及旅費之裁定，得為抗告。

Ⅲ證人所需之旅費，得依其請求預行酌給之。

第 156 條（鑑定準用之規定）

鑑定，除別有規定外，準用本法關於人證之規定。

第 157 條（有為鑑定人之義務）

從事於鑑定所需之學術、技藝或職業，或經機關委任有鑑定職務者，於他人之行政訴訟有為鑑定人之義務。

第 158 條（拘提之禁止）

鑑定人不得拘提。

第 159 條（拒絕鑑定）

鑑定人拒絕鑑定，雖其理由不合於本法關於拒絕證言之規定，如行政法院認為正當者，亦得免除其鑑定義務。

第 160 條（報酬之請求）

Ⅰ鑑定人於法定之日費、旅費外，得請求相當之報酬。

Ⅱ鑑定所需費用，得依鑑定人之請求預行酌給之。

Ⅲ關於前二項請求之裁定，得為抗告。

第 161 條（囑託鑑定準用之規定）

行政法院依第一百三十八條之規定，囑託機關、學校或團體陳述鑑定意見或審查之者，準用第一百六十條及民事訴訟法第三百三十五條至第三百三十七條之規定。其鑑定書之說明，由該機關、學校或團體所指定之人為之。

第 162 條（專業法律問題之徵詢意見）

Ⅰ行政法院認有必要時，得就訴訟事件之專業法律問題徵詢從事該學術研究之人，以書面或於審判期日到場陳述其法律上意見。

Ⅱ前項意見，於裁判前應告知當事人使為辯論。

Ⅲ第一項陳述意見之人，準用鑑定人之規定。但不得令其具結。

第 163 條（當事人有提出義務之文書）

下列各款文書，當事人有提出之義務：

一　該當事人於訴訟程序中曾經引用者。

二　他造依法律規定，得請求交付或閱覽者。

三　為他造之利益而作者。

四　就與本件訴訟關係有關之事項所作者。

五　商業帳簿。

第 164 條（調取文書）

Ⅰ公務員或機關掌管之文書，行政法院得調取之。如該機關為當事人時，並有提出之義務。

Ⅱ前項情形，除有妨害國家高度機密者外，不得拒絕。

第 165 條（當事人不從提出文書之命）

I 當事人無正當理由不從提出文書之命者，行政法院得審酌情形認他造關於該文書之主張或依該文書應證之事實爲眞實。

II 前項情形，於裁判前應令當事人有辯論之機會。

第 166 條（聲請命第三人提出文書）

I 聲明書證係使用第三人所執之文書者，應聲請行政法院命第三人提出或定由舉證人提出之期間。

II 民事訴訟法第三百四十二條第二項、第三項之規定，於前項聲請準用之。

III 文書爲第三人所執之事由及第三人有提出義務之原因，應釋明之。

第 167 條（裁定命第三人提出文書）

I 行政法院認應證之事實重要且舉證人之聲請正當者，應以裁定命第三人提出文書或定由舉證人提出文書之期間。

II 行政法院爲前項裁定前，應使該第三人有陳述意見之機會。

第 168 條（第三人提出文書準用之規定）

關於第三人提出文書之義務，準用第一百四十四條至第一百四十七條及第一百六十三條第二款至第五款之規定。

第 169 條（第三人不從提出文書命令之制裁）

I 第三人無正當理由不從提出文書之命者，行政法院得以裁定處新臺幣三萬元以下罰鍰；於必要時，並得爲強制處分。

II 前項強制處分之執行，適用第三百零六條規定。

III 第一項裁定得爲抗告，抗告中應停止執行。

第 170 條（第三人之權利）

I 第三人得請求提出文書之費用。

II 第一百五十五條之規定，於前項情形準用之。

第 171 條（文書眞僞之辨別）

I 文書之眞僞，得依核對筆跡或印跡證之。

II 行政法院得命當事人或第三人提出文書，以供核對。核對筆跡或印跡，適用關於勘驗之規定。

第 172 條（鑑別筆跡之方法）

I 無適當之筆跡可供核對者，行政法院得指定文字，命該文書之作成名義人書寫，以供核對。

II 文書之作成名義人無正當理由不從前項之命者，準用第一百六十五條或第一百六十九條之規定。

III 因供核對所書寫之文字應附於筆錄；其他供核對之文件不須發還者，亦同。

第 173 條（準文書）

I 本法關於文書之規定，於文書外之物件，有與文書相同之效用者，準用之。

II 文書或前項物件，須以科技設備始能呈現其內容或提出原件有事實上之困難者，得僅提出呈現其內容之書面並證明其內容與原件相符。

第 174 條（勘驗準用之規定）

第一百六十四條至第一百七十條之規定，於勘驗準用之。

第 175 條（保全證據之管轄法院）

I 保全證據之聲請，在起訴後，向受訴行政法院爲之；在起訴前，向受訊問人住居地或證物所在地之地方法院行政訴訟庭爲之。

II 遇有急迫情形時，於起訴後，亦得向前項地方法院行政訴訟庭聲請保全證據。

第 175 條之 1（司法事務官協助調查證據）

行政法院於保全證據時，得命司法事務官協助調查證據。

第 176 條（準用之規定）

民事訴訟法第二百十五條、第二百十七條至第二百十九條、第二百七十八條、第二百八十一條、第二百八十二條、第二百八十二條之一、第二百八十四條至第二百八十六條、第二百九十一條至第二百九十三條、第二百九十五條、第二百九十六條、第二百九十六條之一、第二百九十八條至第三百零一條、第三百零四條、第三百零五條、第三百零九條、第三百十條、第三百十三條、第三百十三條之一、第三百十六條至第三百十九條、第三百二十一條、第三百二十二條、第三百二十五條至第三百二十七條、第三百三十一條至第三百三十七條、第三百三十九條、第三百四十一條至第三百四十三條、第三百五十二條至第三百五十八條、第三百六十一條、第三百六十四條至第三百六十六條、第三百六十八條、第三百七十條至第三百七十六條之二之規定，於本節準用之。

第五節　訴訟程序之停止

第 177 條（裁定停止—裁判以他訴法律關係爲據）

I 行政訴訟之裁判須以民事法律關係是否成立爲準據，而該法律關係已經訴訟繫屬尚未終結者，行政法院應以裁定停止訴訟程序。

II 除前項情形外，有民事、刑事或其他行政爭訟牽涉行政訴訟之裁判者，行政法院在該民事、刑事或其他行政爭訟終結前，得以裁定停止訴訟程序。

第 178 條（裁定停止—受理訴訟之權限見解有異）

行政法院就其受理訴訟之權限，如與普通法院確定裁判之見解有異時，應以裁定停止訴訟程序，並聲請司法院大法官解釋。

第 178 條之 1（聲請司法院大法官解釋）

I 行政法院就其受理事件，對所適用之法律，確信有牴觸憲法之疑義時，得聲請司法院大法官解釋。

II 前項情形，行政法院應裁定停止訴訟程序。

第 179 條（當然停止）

I 本於一定資格，以自己名義爲他人任訴訟當事人之人，喪失其資格或死亡者，訴訟程序在有同一資格之人承受其訴訟以前當然停止。

II依第二十九條規定，選定或指定爲訴訟當事人之人全體喪失其資格者，訴訟程序在該有共同利益人全體或新選定或指定爲訴訟當事人之人承受其訴訟以前當然停止。

第 180 條（當然停止之例外規定）

第一百七十九條之規定，於有訴訟代理人時不適用之。但行政法院得酌量情形裁定停止其訴訟程序。

第 181 條（承受訴訟之聲明）

I 訴訟程序當然停止後，依法律所定之承受訴訟之人，於得爲承受時，應即爲承受之聲明。

II他造當事人亦得聲明承受訴訟。

第 182 條（當然或裁定停止之效力）

I 訴訟程序當然或裁定停止間，行政法院及當事人不得爲關於本案之訴訟行爲。但於言詞辯論終結後當然停止者，本於其辯論之裁判得宣示之。

II訴訟程序當然或裁定停止者，期間停止進行；自停止終竣時起，其期間更始進行。

第 183 條（當事人合意停止訴訟程序）

I 當事人得以合意停止訴訟程序。但於公益之維護有礙者，不在此限。

II前項合意，應由兩造向受訴行政法院陳明。

III行政法院認第一項之合意有礙公益之維護者，應於兩造陳明後，一個月內裁定續行訴訟。

IV前項裁定不得聲明不服。

V不變期間之進行不因第一項合意停止而受影響。

第 184 條（合意停止之期間及次數之限制）

除有前條第三項之裁定外，合意停止訴訟程序之當事人，自陳明合意停止時起，如於四個月內不續行訴訟者，視爲撤回其訴；續行訴訟而再以合意停止訴訟程序者，以一次爲限。如再次陳明合意停止訴訟程序，視爲撤回其訴。

第 185 條（擬制合意停止）

I 當事人兩造無正當理由遲誤言詞辯論期日，除有礙公益之維護者外，視爲合意停止訴訟程序。如於四個月內不續行訴訟者，視爲撤回其訴。但行政法院認有必要時，得依職權續行訴訟。

II行政法院依前項但書規定續行訴訟，兩造如無正當理由仍不到者，視爲撤回其訴。

III行政法院認第一項停止訴訟程序有礙公益之維護者，除別有規定外，應自該期日起，一個月內裁定續行訴訟。

IV前項裁定不得聲明不服。

第 186 條（準用之規定）

民事訴訟法第一百六十八條至第一百七十一條、第一百七十三條、第一百七十四條、第一百七十六條至第一百八十一條、第一百八十五條至第一百八十七條之規定，於本節準用之。

第六節　裁　判

第 187 條（裁判之方式）

裁判，除依本法應用判決者外，以裁定行之。

第 188 條（判決之形式要件，言詞審理、直接審理）

I 行政訴訟除別有規定外，應本於言詞辯論而爲裁判。

II法官非參與裁判基礎之辯論者，不得參與裁判。

III裁定得不經言詞辯論爲之。

IV裁定前不行言詞辯論者，除別有規定外，得命關係人以書狀或言詞爲陳述。

第 189 條（裁判之實質要件）

I 行政法院爲裁判時，應斟酌全辯論意旨及調查證據之結果，依論理及經驗法則判斷事實之眞僞。但別有規定者，不在此限。

II當事人已證明受有損害而不能證明其數額或證明顯有重大困難者，法院應審酌一切情況，依所得心證定其數額。

III得心證之理由，應記明於判決。

第 190 條（終局判決）

行政訴訟達於可爲裁判之程度者，行政法院應爲終局判決。

第 191 條（一部之終局判決）

I 訴訟標的之一部，或以一訴主張之數項標的，其一達於可爲裁判之程度者，行政法院得爲一部之終局判決。

II前項規定，於命合併辯論之數宗訴訟，其一達於可爲裁判之程度者，準用之。

第 192 條（中間判決）

各種獨立之攻擊或防禦方法，達於可爲裁判之程度者，行政法院得爲中間判決；請求之原因及數額俱有爭執時，行政法院以其原因爲正當者，亦同。

第 193 條（中間裁定）

行政訴訟進行中所生程序上之爭執，達於可爲裁判之程度者，行政法院得先爲裁定。

第 194 條（逕爲判決之情形）

行政訴訟有關公益之維護者，當事人兩造於言詞辯論期日無正當理由均不到場時，行政法院得依職權調查事實，不經言詞辯論，逕爲判決。

第 195 條（判決及不利益變更之禁止）

I 行政法院認原告之訴爲有理由者，除別有規定外，應爲其勝訴之判決；認爲無理由者，應以判決駁回之。

II撤銷訴訟之判決，如係變更原處分或決定者，不得爲較原處分或決定不利於原告之判決。

第 196 條（撤銷判決中命爲回復原狀之處置）

I 行政處分已執行者，行政法院爲撤銷行政處分判決時，經原告聲請，並認爲適當者，得於判決中命行政機關爲回復原狀之必要處置。

II撤銷訴訟進行中，原處分已執行而無回復原狀可能或已消滅者，於原告有即受確認判決之法律上利益時，行政法院得依聲請，確認該行政處分為違法。

第197條（撤銷訴訟之代替判決）

撤銷訴訟，其訴訟標的之行政處分涉及金錢或其他代替物之給付或確認者，行政法院得以確定不同金額之給付或以不同之確認代替之。

第198條（情況判決）

I 行政法院受理撤銷訴訟，發現原處分或決定雖屬違法，但其撤銷或變更於公益有重大損害，經斟酌原告所受損害、賠償程度、防止方法及其他一切情事，認原處分或決定之撤銷或變更顯與公益相違背時，得駁回原告之訴。

II 前項情形，應於判決主文中諭知原處分或決定違法。

第199條（因情況判決而受損害之救濟）

I 行政法院為前條判決時，應依原告之聲明，將其因違法處分或決定所受之損害，於判決內命被告機關賠償。

II 原告未為前項聲明者，得於前條判決確定後一年內，向行政法院訴請賠償。

第200條（請求應為行政處分之訴訟之判決方式）

行政法院對於人民依第五條規定請求應為行政處分或應為特定內容之行政處分之訴訟，應為下列方式之裁判：

一 原告之訴不合法者，應以裁定駁回之。
二 原告之訴無理由者，應以判決駁回之。
三 原告之訴有理由，且案件事證明確者，應判命行政機關作成原告所申請內容之行政處分。
四 原告之訴雖有理由，惟案件事證尚未臻明確或涉及行政機關之行政裁量決定者，應判命行政機關遵照其判決之法律見解對於原告作成決定。

第201條（對違法裁量行為之審查）

行政機關依裁量權所為之行政處分，以其作為或不作為逾越權限或濫用權力者為限，行政法院得予撤銷。

第202條（捨棄及認諾判決）

當事人於言詞辯論時為訴訟標的之捨棄或認諾者，以該當事人具有處分權及不涉及公益者為限，行政法院得本於其捨棄或認諾為該當事人敗訴之判決。

第203條（情事變更原則）

I 公法上契約成立後，情事變更，非當時所得預料，而依其原有效果顯失公平者，行政法院得依當事人聲請，為增、減給付或變更、消滅其他原有效果之判決。

II 為當事人之行政機關，因防止或免除公益上顯然重大之損害，亦得為前項之聲請。

III 前二項規定，於因公法上其他原因發生之財產上給付，準用之。

第204條（宣示判決與公告判決）

I 判決應公告之；經言詞辯論之判決，應宣示之，但當事人明示於宣示期日不到場或於宣示期日未到場者，不在此限。

II 宣示判決應於辯論終結之期日或辯論終結時指定之期日為之。

III 前項指定之宣示期日，自辯論終結時起，不得逾三星期。但案情繁雜或有特殊情形者，不在此限。

IV 公告判決，應於行政法院公告處或網站公告其主文，行政法院書記官並應作記載該事由及年、月、日、時之證書附卷。

第205條（宣示判決之效力及主文之公告）

I 宣示判決，不問當事人是否在場，均有效力。

II 判決經宣示或公告後，當事人得不待送達，本於該判決為訴訟行為。

第206條（判決之羈束力）

判決經宣示後，為該判決之行政法院受其羈束；其不宣示者，經公告主文後，亦同。

第207條（宣示及公告）

I 經言詞辯論之裁定，應宣示之。但當事人明示於宣示期日不到場或於宣示期日未到場者，以公告代之。

II 終結訴訟之裁定，應公告之。

第208條（裁定之羈束力）

裁定經宣示後，為該裁定之行政法院、審判長、受命法官或受託法官受其羈束；不宣示者，經公告或送達後受其羈束。但關於指揮訴訟或別有規定者，不在此限。

第209條（判決書應記載事項）

I 判決應作判決書記載下列各款事項：

一 當事人姓名、性別、年齡、身分證明文件字號、住所或居所；當事人為法人、機關或其他團體者，其名稱及所在地、事務所或營業所。
二 有法定代理人、代表人、管理人者，其姓名、住所或居所及其與法人、機關或團體之關係。
三 有訴訟代理人者，其姓名、住所或居所。
四 判決經言詞辯論者，其言詞辯論終結日期。
五 主文。
六 事實。
七 理由。
八 年、月、日。
九 行政法院。

II 事實項下，應記載言詞辯論時當事人之聲明及所提攻擊或防禦方法之要領；必要時，得以書狀、筆錄或其他文書作為附件。

III 理由項下，應記載關於攻擊或防禦方法之意見及法律上之意見。

第 210 條（判決正本應送達當事人）
I 判決，應以正本送達於當事人。
II 前項送達，自行政法院書記官收領判決原本時起，至遲不得逾十日。
III 對於判決得為上訴者，應於送達當事人之正本內告知其期間及提出上訴狀之行政法院。
IV 前項告知期間有錯誤時，告知期間較法定期間為短者，以法定期間為準；告知期間較法定期間為長者，應由行政法院書記官於判決正本送達後二十日內，以通知更正之，並自更正通知送達之日起計算法定期間。
V 行政法院未依第三項規定為告知，或告知錯誤未依前項規定更正，致當事人遲誤上訴期間者，視為不應歸責於己之事由，得自判決送達之日起一年內，適用第九十一條之規定，聲請回復原狀。

第 211 條（對不得上訴之判決作錯誤告知）
不得上訴之判決，不因告知錯誤而受影響。

第 212 條（判決之確定）
I 判決，於上訴期間屆滿時確定。但於上訴期間內有合法之上訴者，阻其確定。
II 不得上訴之判決，於宣示時確定；不宣示者，於公告主文時確定。

第 213 條（判決之確定力）
訴訟標的於確定之終局判決中經裁判者，有確定力。

第 214 條（確定判決之效力）
I 確定判決，除當事人外，對於訴訟繫屬後為當事人之繼受人者及為當事人或其繼受人占有請求之標的物者，亦有效力。
II 對於為他人而為原告或被告者之確定判決，對於該他人亦有效力。

第 215 條（撤銷或變更原處分判決之效力）
撤銷或變更原處分或決定之判決，對第三人亦有效力。

第 216 條（判決之拘束力）
I 撤銷或變更原處分或決定之判決，就其事件有拘束各關係機關之效力。
II 原處分或決定經判決撤銷後，機關須重為處分或決定者，應依判決意旨為之。
III 前二項判決，如係指摘機關適用法律之見解有違誤時，該機關即應受判決之拘束，不得為相左或歧異之決定或處分。
IV 前三項之規定，於其他訴訟準用之。

第 217 條（裁定準用之規定）
第二百零四條第二項至第四項、第二百零五條、第二百十條及民事訴訟法第二百二十八條規定，於裁定準用之。

第 218 條（準用之規定）
民事訴訟法第二百二十四條、第二百二十七條、第二百二十八條、第二百三十條、第二百三十二條、第二百三十三條、第二百三十六條、第二百三十七條、第二百四十條、第三百八十五條至第三百八十八條、第三百九十六條第一項、第二項及第三百九十九條之規定，於本節準用之。

第七節　和　解

第 219 條（試行和解）
I 當事人就訴訟標的具有處分權且其和解無礙公益之維護者，行政法院不問訴訟程度如何，得隨時試行和解。受命法官或受託法官，亦同。
II 第三人經行政法院之許可，得參加和解。行政法院認為必要時，得通知第三人參加。

第 220 條（試行和解得命當事人等到場）
因試行和解，得命當事人、法定代理人、代表人或管理人本人到場。

第 221 條（和解筆錄）
I 試行和解而成立者，應作成和解筆錄。
II 第一百二十八條至第一百三十條、民事訴訟法第二百十四條、第二百十五條、第二百十七條至第二百十九條之規定，於前項筆錄準用之。
III 和解筆錄應於和解成立之日起十日內，以正本送達於當事人及參加和解之第三人。

第 222 條（和解之效力）
和解成立者，其效力準用第二百十三條、第二百十四條及第二百十六條之規定。

第 223 條（請求繼續審判）
和解有無效或得撤銷之原因者，當事人得請求繼續審判。

第 224 條（請求繼續審判之時限）
I 請求繼續審判，應於三十日之不變期間內為之。
II 前項期間，自和解成立時起算。但無效或得撤銷之原因知悉在後者，自知悉時起算。
III 和解成立後經過三年者，不得請求繼續審判。但當事人主張代理權有欠缺者，不在此限。

第 225 條（駁回繼續審判之請求）
I 請求繼續審判不合法者，行政法院應以裁定駁回之。
II 請求繼續審判顯無理由者，得不經言詞辯論，以判決駁回之。

第 226 條（變更和解內容之準用規定）
因請求繼續審判而變更和解內容者，準用第二百八十二條之規定。

第 227 條（第三人參加和解）
I 第三人參加和解成立者，得為執行名義。
II 當事人與第三人間之和解，有無效或得撤銷之原因者，得向原行政法院提起宣告和解無效或撤銷和解之訴。
III 前項情形，當事人得請求就原訴訟事件合併裁判。

第 228 條（準用之規定）

第二百二十四條至第二百二十六條之規定，於前條第二項情形準用之。

第二章　地方法院行政訴訟庭簡易訴訟程序

第 229 條（適用簡易程序之行政訴訟事件）

Ⅰ適用簡易訴訟程序之事件，以地方法院行政訴訟庭爲第一審管轄法院。

Ⅱ下列各款行政訴訟事件，除本法別有規定外，適用本章所定之簡易程序：

一　關於稅捐課徵事件涉訟，所核課之稅額在新臺幣四十萬元以下者。

二　因不服行政機關所爲新臺幣四十萬元以下罰鍰處分而涉訟者。

三　其他關於公法上財產關係之訴訟，其標的之金額或價額在新臺幣四十萬元以下者。

四　因不服行政機關所爲告誡、警告、記點、記次、講習、輔導教育或其他相類之輕微處分而涉訟者。

五　關於內政部入出國及移民署（以下簡稱入出國及移民署）之行政收容事件涉訟，或合併請求損害賠償或其他財產上給付者。

六　依法律之規定應適用簡易訴訟程序者。

Ⅲ前項所定數額，司法院得因情勢需要，以命令減爲新臺幣二十萬元或增至新臺幣六十萬元。

Ⅳ第二項第五款之事件，由受收容人受收容或曾受收容所在地之地方法院行政訴訟庭管轄，不適用第十三條之規定。但未曾受收容者，由被告機關所在地之地方法院行政訴訟庭管轄。

第 230 條（簡易訴訟之變更、追加或反訴）

前條第二項第一款至第三款之訴，因訴之變更，致訴訟標的之金額或價額逾新臺幣四十萬元者，其辯論及裁判改依通常訴訟程序之規定，地方法院行政訴訟庭並應裁定移送管轄之高等行政法院；追加之新訴或反訴，其訴訟標的之金額或價額逾新臺幣四十萬元，而以原訴與之合併辯論及裁判者，亦同。

第 231 條（起訴及聲明以言詞爲之）

Ⅰ起訴及其他期日外之聲明或陳述，概得以言詞爲之。

Ⅱ以言詞起訴者，應將筆錄送達於他造。

第 232 條（簡易訴訟程序之實行）

簡易訴訟程序在獨任法官前行之。

第 233 條（通知書之送達）

Ⅰ言詞辯論期日之通知書，應與訴狀或第二百三十一條第二項之筆錄一併送達於他造。

Ⅱ簡易訴訟程序事件行言詞辯論終結者，指定宣示判決之期日，自辯論終結時起，不得逾二星期。但案情繁雜或有特殊情形者，不在此限。

第 234 條（判決書之簡化）

判決書內之事實、理由，得不分項記載，並得僅記載其要領。

第 235 條（上訴或抗告）

Ⅰ對於簡易訴訟程序之裁判不服者，除本法別有規定外，得上訴或抗告於管轄之高等行政法院。

Ⅱ前項上訴或抗告，非以原裁判違背法令爲理由，不得爲之。

Ⅲ對於簡易訴訟程序之第二審裁判，不得上訴或抗告。

第 235 條之 1（裁定移送及裁定發回）

Ⅰ高等行政法院受理前條第一項訴訟事件，認有確保裁判見解統一之必要者，應以裁定移送最高行政法院裁判之。

Ⅱ前項裁定，不得聲明不服。

Ⅲ最高行政法院認高等行政法院裁定移送之訴訟事件，並未涉及裁判見解統一之必要者，應以裁定發回。受發回之高等行政法院，不得再將訴訟事件裁定移送最高行政法院。

第 236 條（簡易訴訟程序適用之規定）

簡易訴訟程序除本章別有規定外，仍適用通常訴訟程序之規定。

第 236 條之 1（上訴或抗告理由狀內應記載事項）

對於簡易訴訟程序之裁判提起上訴或抗告，應於上訴或抗告理由中表明下列事由之一，提出於原地方法院行政訴訟庭爲之：

一　原裁判所違背之法令及其具體內容。

二　依訴訟資料可認爲原裁判有違背法令之具體事實。

第 236 條之 2（準用規定）

Ⅰ應適用通常訴訟程序之事件，第一審誤用簡易訴訟程序審理並爲判決者，受理其上訴之高等行政法院應廢棄原判決，逕依通常訴訟程序爲第一審判決。但當事人於第一審對於該程序誤用已表示無異議或無異議而就該訴訟有所聲明或陳述者，不在此限。

Ⅱ前項但書之情形，高等行政法院應適用簡易訴訟上訴審程序之規定爲裁判。

Ⅲ簡易訴訟程序之上訴，除第二百四十一條之一規定外，準用第三編規定。

Ⅳ簡易訴訟程序之抗告、再審及重新審理，分別準用第四編至第六編規定。

第 237 條（準用規定）

民事訴訟法第四百三十條、第四百三十一條及第四百三十三條之規定，於本章準用之。

第三章　交通裁決事件訴訟程序

第 237 條之 1（交通裁決事件之範圍及合併提起非交通裁決事件之處置）

Ⅰ本法所稱交通裁決事件如下：

一　不服道路交通管理處罰條例第 8 條及第 37 條

第五項之裁決，而提起之撤銷訴訟、確認訴訟。

二　合併請求返還與前款裁決相關之已繳納罰鍰或已繳送之駕駛執照、計程車駕駛人執業登記證、汽車牌照。

II合併提起前項以外之訴訟者，應適用簡易訴訟程序或通常訴訟程序之規定。

III第二百三十七條之二、第二百三十七條之三、第二百三十七條之四第一項及第二項規定，於前項情形準用之。

第 237 條之 2（交通裁決事件之管轄法院）

交通裁決事件，得由原告住所地、居所地、所在地或違規行為地之地方法院行政訴訟庭管轄。

第 237 條之 3（撤銷訴訟起訴期間之限制）

I交通裁決事件訴訟之提起，應以原處分機關為被告，逕向管轄之地方法院行政訴訟庭為之。

II交通裁決事件中撤銷訴訟之提起，應於裁決書送達後三十日之不變期間內為之。

III前項訴訟，因原處分機關未為告知或告知錯誤，致原告於裁決書送達三十日內誤向原處分機關遞送起訴狀者，視為已遵守起訴期間，原處分機關並應即將起訴狀移送管轄法院。

第 237 條之 4（被告收受起訴狀繕本後之處置）

I地方法院行政訴訟庭收受前條起訴狀後，應將起訴狀繕本送達被告。

II被告收受起訴狀繕本後，應於二十日內重新審查原裁決是否合法妥當，並分別為如下之處置：

一　原告提起撤銷之訴，被告認原裁決違法或不當者，應自行撤銷或變更原裁決。但不得為更不利益之處分。

二　原告提起確認之訴，被告認原裁決無效或違法者，應為確認。

三　原告合併提起給付之訴，被告認原告請求有理由者，應即返還。

四　被告重新審查後，不依原告之請求處置者，應附具答辯狀，並將重新審查之紀錄及其他必要之關係文件，一併提出於管轄之地方法院行政訴訟庭。

III被告依前項第一款至第三款規定為處置者，應即陳報管轄之地方法院行政訴訟庭；被告於第一審終局裁判生效前已完全依原告之請求處置者，以其陳報管轄之地方法院行政訴訟庭時，視為原告撤回起訴。

第 237 條之 5（各項裁判費之徵收標準）

I交通裁決事件，按下列規定徵收裁判費：

一　起訴，按件徵收新臺幣三百元。

二　上訴，按件徵收新臺幣七百五十元。

三　抗告，徵收新臺幣三百元。

四　再審之訴，按起訴法院之審級，依第一款、第二款徵收裁判費；對於確定之裁定聲請再審者，徵收新臺幣三百元。

五　本法第九十八條之五各款聲請，徵收新臺幣三百元。

II依前條第三項規定，視為撤回起訴者，法院應依職權退還已繳之裁判費。

第 237 條之 6（非屬交通裁決事件範圍者改依其他程序審理）

因訴之變更、追加，致其訴之全部或一部，不屬於交通裁決事件之範圍者，地方法院行政訴訟庭應改依簡易訴訟程序審理；其應改依通常訴訟程序者，並應裁定移送管轄之高等行政法院。

第 237 條之 7（交通裁決事件之裁判不採言詞辯論主義）

交通裁決事件之裁判，得不經言詞辯論為之。

第 237 條之 8（訴訟費用）

I行政法院為訴訟費用之裁判時，應確定其費用額。

II前項情形，行政法院得命當事人提出費用計算書及釋明費用額之文書。

第 237 條之 9（交通裁決事件準用規定）

I交通裁決事件，除本章別有規定外，準用簡易訴訟程序之規定。

II交通裁決事件之上訴，準用第二百三十五條、第二百三十五條之一、第二百三十六條之一、第二百三十六條之二第一項至第三項及第二百三十七條之八規定。

III交通裁決事件之抗告、再審及重新審理，分別準用第四編至第六編規定。

第四章　收容聲請事件程序

第 237 條之 10（收容聲請事件之種類）

本法所稱收容聲請事件如下：

一　依入出國及移民法、臺灣地區與大陸地區人民關係條例及香港澳門關係條例提起收容異議、聲請續予收容及延長收容事件。

二　依本法聲請停止收容事件。

第 237 條之 11（收容聲請事件之管轄法院）

I收容聲請事件，以地方法院行政訴訟庭為第一審管轄法院。

II前項事件，由受收容人所在地之地方法院行政訴訟庭管轄，不適用第十三條之規定。

第 237 條之 12（收容聲請事件之審理程序）

I行政法院審理收容異議、續予收容及延長收容之聲請事件，應訊問受收容人；入出國及移民署並應到場陳述。

II行政法院審理前項聲請事件時，得徵詢入出國及移民署為其他收容替代處分之可能，以供審酌收容之必要性。

第 237 條之 13（聲請法院停止收容）

Ⅰ行政法院裁定續予收容或延長收容後，受收容人及得提起收容異議之人，認爲收容原因消滅、無收容必要或有得不予收容情形者，得聲請法院停止收容。

Ⅱ行政法院審理前項事件，認有必要時，得訊問受收容人或徵詢入出國及移民署之意見，並準用前條第二項之規定。

第237條之14（收容聲請事件之裁定方式）

Ⅰ行政法院認收容異議、停止收容之聲請爲無理由者，應以裁定駁回之。認有理由者，應爲釋放受收容人之裁定。

Ⅱ行政法院認續予收容、延長收容之聲請爲無理由者，應以裁定駁回之。認有理由者，應爲續予收容或延長收容之裁定。

第237條之15（裁定之宣示及送達）

行政法院所爲續予收容或延長收容之裁定，應於收容期間屆滿前當庭宣示或以正本送達受收容人。未於收容期間屆滿前爲之者，續予收容或延長收容之裁定，視爲撤銷。

第237條之16（收容聲請事件裁定之救濟程序）

Ⅰ聲請人、受裁定人或入出國及移民署對地方法院行政訴訟庭所爲收容聲請事件之裁定不服者，應於裁定送達後五日內抗告於管轄之高等行政法院。對於抗告法院之裁定，不得再爲抗告。

Ⅱ抗告程序，除依前項規定外，準用第四編之規定。

Ⅲ收容聲請事件之裁定已確定，而有第二百七十三條之情形者，得準用第五編之規定，聲請再審。

第237條之17（收容聲請事件之訴訟費用相關規定）

Ⅰ行政法院受理收容聲請事件，不適用第一編第四章第五節訴訟費用之規定。但依第九十八條之六第一項第一款之規定徵收者，不在此限。

Ⅱ收容聲請事件，除本章別有規定外，準用簡易訴訟程序之規定。

第五章　都市計畫審查程序

第237條之18（原被告適格與訴訟要件等規定）

Ⅰ人民、地方自治團體或其他公法人認爲行政機關依都市計畫法發布之都市計畫違法，而直接損害、因適用而損害或在可預見之時間內將損害其權利或法律上利益者，得依本章規定，以核定都市計畫之行政機關爲被告，逕向管轄之高等行政法院提起訴訟，請求宣告該都市計畫無效。

Ⅱ前項情形，不得與非行本章程序之其他訴訟合併提起。

第237條之19（管轄權之相關規定）

前條訴訟，專屬都市計畫區所在地之高等行政法院管轄。

第237條之20（起訴期間之規定）

本章訴訟，應於都市計畫發布後一年之不變期間內提起。但都市計畫發布後始發生違法之原因者，應自原因發生時起算。

第237條之21（重新自我省查程序）

Ⅰ高等行政法院收受起訴狀後，應將起訴狀繕本送達被告。

Ⅱ被告收受起訴狀繕本後，應於二個月內重新檢討原告請求宣告無效之都市計畫是否合法，並分別依下列規定辦理：

一　如認其違反作成之程序規定得補正者，應爲補正，並陳報高等行政法院。

二　如認其違法者，應將其違法情形陳報高等行政法院，並得爲必要之處置。

三　如認其合法者，應於答辯狀說明其理由。

Ⅲ被告應附具答辯狀，並將原都市計畫與重新檢討之卷證及其他必要文件，一併提出於管轄之高等行政法院。如有與原告請求宣告無效之都市計畫具不可分關係者，亦應一併陳報。

第237條之22（排除總則編訴訟參加之適用）

高等行政法院受理都市計畫審查程序事件，不適用前編第三章第四節訴訟參加之規定。

第237條之23（第三人參加訴訟之規定）

Ⅰ高等行政法院認爲都市計畫如宣告無效、失效或違法，第三人之權利或法律上利益將直接受損害者，得依職權命其參加訴訟，並得因該第三人之聲請，裁定允許其參加。

Ⅱ前項情形，準用第四十二條第二項、第四十三條、第四十五條及第四十七條規定。

Ⅲ依第一項參加訴訟之人爲訴訟當事人。

第237條之24（輔助一造參加訴訟之規定）

Ⅰ都市計畫審查程序事件，高等行政法院認爲具利害關係之第三人有輔助一造之必要者，得命其參加訴訟。有利害關係之第三人亦得聲請參加。

Ⅱ前項情形，準用民事訴訟法第五十九條至第六十一條及第六十三條至第六十七條之規定。

第237條之25（陳述意見之規定）

高等行政法院審理都市計畫審查程序事件，應依職權通知都市計畫之擬定機關及發布機關於期日到場陳述意見，並得通知權限受都市計畫影響之行政機關於期日到場陳述意見。權限受都市計畫影響之行政機關亦得聲請於期日到場陳述意見。

第237條之26（裁定停止訴訟程序）

都市計畫審查程序事件已經訴訟繫屬尚未終結，同一都市計畫經聲請司法院大法官解釋者，高等行政法院在解釋程序終結前，得以裁定停止訴訟程序。

第237條之27（審理及裁判之範圍—爲原告之訴駁回判決）

高等行政法院認都市計畫未違法者，應以判決駁回原告之訴。都市計畫僅違反作成之程序規定，而已於第一審言詞辯論終結前合法補正者，亦同。

第 237 條之 28（審理及裁判之範圍—爲宣告都市計畫無效、失效或違法等判決）

I 高等行政法院認原告請求宣告無效之都市計畫違法者，應宣告該都市計畫無效。同一都市計畫中未經原告請求，而與原告請求宣告無效之部分具不可分關係，經法院審查認定違法者，併宣告無效。

II 前項情形，都市計畫發布後始發生違法原因者，應宣告自違法原因發生時起失效。

III 都市計畫違法，而依法僅得爲違法之宣告者，應宣告其違法。

IV 前三項確定判決，對第三人亦有效力。

V 第一項情形，高等行政法院認與原告請求宣告無效之部分具不可分關係之不同都市計畫亦違法者，得於判決理由中一併敘明。

第 237 條之 29（判決之效力）

I 都市計畫經判決宣告無效、失效或違法確定者，判決正本應送達原發布機關，由原發布機關依都市計畫發布方式公告判決主文。

II 因前項判決致刑事確定裁判違背法令者，得依刑事訴訟法規定提起非常上訴。

III 前項以外之確定裁判，其效力不受影響。但該裁判尚未執行或執行未完畢者，自宣告都市計畫無效或失效之判決確定之日起，於無效或失效之範圍內不得強制執行。

IV 適用第一項受無效或失效宣告之都市計畫作成之行政處分確定者，其效力與後續執行準用前項之規定。

V 依前條第三項宣告都市計畫違法確定者，相關機關應依判決意旨爲必要之處置。

第 237 條之 30（保全程序）

I 於爭執之都市計畫，爲防止發生重大之損害或避免急迫之危險而有必要時，得聲請管轄本案之行政法院暫時停止適用或執行，或爲其他必要之處置。

II 前項情形，準用第二百九十五條至第二百九十七條、第二百九十八條第三項、第四項、第三百零一條及第三百零三條之規定。

III 行政法院裁定准許第一項之聲請者，準用前條第一項規定。該裁定經廢棄、變更或撤銷者，亦同。

第 237 條之 31（都市計畫審查程序準用之規定）

都市計畫審查程序，除本章別有規定外，準用本編第一章之規定。

第三編　上訴審程序

第 238 條（上訴審程序）

I 對於高等行政法院之終局判決，除本法或其他法律別有規定外，得上訴於最高行政法院。

II 於上訴審程序，不得爲訴之變更、追加或提起反訴。

第 239 條（上訴之範圍）

前條判決前之裁判，牽涉該判決者，並受最高行政法院之審判。但依本法不得聲明不服或得以抗告聲明不服者，不在此限。

第 240 條（捨棄上訴權）

I 當事人於高等行政法院判決宣示、公告或送達後，得捨棄上訴權。

II 當事人於宣示判決時，以言詞捨棄上訴權者，應記載於言詞辯論筆錄；如他造不在場，應將筆錄送達。

第 241 條（上訴期間）

提起上訴，應於高等行政法院判決送達後二十日之不變期間內爲之。但宣示或公告後送達前之上訴，亦有效力。

第 241 條之 1（上訴審訴訟代理人）

I 對於高等行政法院判決上訴，上訴人應委任律師爲訴訟代理人。但有下列情形之一者，不在此限：

一　上訴人或其法定代理人具備律師資格或爲教育部審定合格之大學或獨立學院公法學教授、副教授者。

二　稅務行政事件，上訴人或其法定代理人具備會計師資格者。

三　專利行政事件，上訴人或其法定代理人具備專利師資格或依法得爲專利代理人者。

II 非律師具有下列情形之一，經最高行政法院認爲適當者，亦得爲上訴審訴訟代理人：

一　上訴人之配偶、三親等內之血親、二親等內之姻親具備律師資格者。

二　稅務行政事件，具備會計師資格者。

三　專利行政事件，具備專利師資格或依法得爲專利代理人者。

四　上訴人爲公法人、中央或地方機關、公法上之非法人團體時，其所屬專任人員辦理法制、法務、訴願業務或與訴訟事件相關業務者。

III 民事訴訟法第四百六十六條之一第三項、第四項、第四百六十六條之二及第四百六十六條之三之規定，於前二項準用之。

第 242 條（上訴之理由）

對於高等行政法院判決之上訴，非以其違背法令爲理由，不得爲之。

第 243 條（判決違背法令之情形）

I 判決不適用法規或適用不當者，爲違背法令。

II 有下列各款情形之一者，其判決當然違背法令：

一　判決法院之組織不合法。
二　依法律或裁判應迴避之法官參與裁判。
三　行政法院於權限之有無辨別不當或違背專屬管轄之規定。
四　當事人於訴訟未經合法代理或代表。
五　違背言詞辯論公開之規定。
六　判決不備理由或理由矛盾。

第 244 條（上訴狀應表明事項）

Ⅰ提起上訴，應以上訴狀表明下列各款事項，提出於原高等行政法院為之：
一　當事人。
二　高等行政法院判決，及對於該判決上訴之陳述。
三　對於高等行政法院判決不服之程度，及應如何廢棄或變更之聲明。
四　上訴理由。

Ⅱ前項上訴狀內並應添具關於上訴理由之必要證據。

第 245 條（補齊上訴理由書之期間）

Ⅰ上訴狀內未表明上訴理由者，上訴人應於提起上訴後二十日內提出理由書於原高等行政法院；未提出者，毋庸命其補正，由原高等行政法院以裁定駁回之。

Ⅱ判決宣示或公告後送達前提起上訴者，前項期間應自判決送達後起算。

第 246 條（原審對不合法上訴之處置）

Ⅰ上訴不合法而其情形不能補正者，原高等行政法院應以裁定駁回之。

Ⅱ上訴不合法而其情形可以補正者，原高等行政法院應定期間命其補正；如不於期間內補正，原高等行政法院應以裁定駁回之。

第 247 條（上訴狀之送達及答辯狀之提出）

Ⅰ上訴未經依前條規定駁回者，高等行政法院應速將上訴狀送達被上訴人。

Ⅱ被上訴人得於上訴狀或第二百四十五條第一項理由書送達後十五日內，提出答辯狀於原高等行政法院。

Ⅲ高等行政法院送交訴訟卷宗於最高行政法院，應於收到答辯狀或前項期間已滿，及各當事人之上訴期間已滿後為之。

Ⅳ前項應送交之卷宗，如為高等行政法院所需者，應自備繕本、影本或節本。

第 248 條（補提書狀於最高行政法院）

Ⅰ被上訴人在最高行政法院未判決前得提出答辯狀及其追加書狀於最高行政法院，上訴人亦得提出上訴理由追加書狀。

Ⅱ最高行政法院認有必要時，得將前項書狀送達於他造。

第 249 條（對不合法上訴之處置）

Ⅰ上訴不合法者，最高行政法院應以裁定駁回之。但其情形可以補正者，審判長應定期間先命補正。

Ⅱ上訴不合法之情形，已經原高等行政法院命其補正而未補正者，得不行前項但書之程序。

第 250 條（上訴聲明之限制）

上訴之聲明不得變更或擴張之。

第 251 條（調查之範圍）

Ⅰ最高行政法院應於上訴聲明之範圍內調查之。

Ⅱ最高行政法院調查高等行政法院判決有無違背法令，不受上訴理由之拘束。

第 252 條（刪除）

第 253 條（判決得行言詞辯論之情形）

Ⅰ最高行政法院之判決不經言詞辯論為之。但有下列情形之一者，得依職權或依聲請行言詞辯論：
一　法律關係複雜或法律見解紛歧，有以言詞辯明之必要。
二　涉及專門知識或特殊經驗法則，有以言詞說明之必要。
三　涉及公益或影響當事人權利義務重大，有行言詞辯論之必要。

Ⅱ言詞辯論應於上訴聲明之範圍內為之。

第 254 條（判決基礎）

Ⅰ除別有規定外，最高行政法院應以高等行政法院判決確定之事實為判決基礎。

Ⅱ以違背訴訟程序之規定為上訴理由時，所舉違背之事實，及以違背法令確定事實或遺漏事實為上訴理由時，所舉之該事實，最高行政法院得斟酌之。

Ⅲ依前條第一項但書行言詞辯論所得闡明或補充訴訟關係之資料，最高行政法院亦得斟酌之。

第 255 條（無理由上訴之判決）

Ⅰ最高行政法院認上訴為無理由者，應為駁回之判決。

Ⅱ原判決依其理由雖屬不當，而依其他理由認為正當者，應以上訴為無理由。

第 256 條（上訴有理由之判決）

Ⅰ最高行政法院認上訴為有理由者，就該部分應廢棄原判決。

Ⅱ因違背訴訟程序之規定廢棄原判決者，其違背之訴訟程序部分，視為亦經廢棄。

第 256 條之 1（適用上訴審之情形）

Ⅰ應適用簡易訴訟程序或交通裁決訴訟程序之事件，最高行政法院不得以高等行政法院行通常訴訟程序而廢棄原判決。

Ⅱ前項情形，應適用簡易訴訟或交通裁決訴訟上訴審程序之規定。

第 257 條（將事件移送管轄法院）

Ⅰ最高行政法院不得以高等行政法院無管轄權而廢棄原判決。但違背專屬管轄之規定者，不在此限。

II因高等行政法院無管轄權而廢棄原判決者，應以判決將該事件移送於管轄行政法院。

第 258 條（原判決雖違背法令仍不得廢棄之例外規定）

除第二百四十三條第二項第一款至第五款之情形外，高等行政法院判決違背法令而不影響裁判之結果者，不得廢棄原判決。

第 259 條（自爲判決之情形）

經廢棄原判決而有下列各款情形之一者，最高行政法院應就該事件自爲判決：

一　因基於確定之事實或依法得斟酌之事實，不適用法規或適用不當廢棄原判決，而事件已可依該事實爲裁判。

二　因事件不屬行政法院之權限，而廢棄原判決。

三　依第二百五十三條第一項行言詞辯論。

第 260 條（發回或發交判決）

I除別有規定外，經廢棄原判決者，最高行政法院應將該事件發回原高等行政法院或發交其他高等行政法院。

II前項發回或發交判決，就高等行政法院應調查之事項，應詳予指示。

III受發回或發交之高等行政法院，應以最高行政法院所爲廢棄理由之法律上判斷爲其判決基礎。

第 261 條（發回或發交所應爲之處置）

爲發回或發交之判決者，最高行政法院應速將判決正本附入卷宗，送交受發回或發交之高等行政法院。

第 262 條（撤回上訴）

I上訴人於終局判決宣示或公告前得將上訴撤回。

II撤回上訴者，喪失其上訴權。

III上訴之撤回，應以書狀爲之。但在言詞辯論時，得以言詞爲之。

IV於言詞辯論時所爲上訴之撤回，應記載於言詞辯論筆錄，如他造不在場，應將筆錄送達。

第 263 條（上訴審程序準用之規定）

除本編別有規定外，前編第一章及第五章之規定，於上訴審程序準用之。

第四編　抗告程序

第 264 條（得抗告之裁定）

對於裁定得爲抗告。但別有不許抗告之規定者，不在此限。

第 265 條（程序中裁定不得抗告之原則）

訴訟程序進行中所爲之裁定，除別有規定外，不得抗告。

第 266 條（準抗告）

I受命法官或受託法官之裁定，不得抗告。但其裁定如係受訴行政法院所爲而依法得爲抗告者，得向受訴行政法院提出異議。

II前項異議，準用對於行政法院同種裁定抗告之規定。

III受訴行政法院就異議所爲之裁定，得依本編之規定抗告。

IV繫屬於最高行政法院之事件，受命法官、受託法官所爲之裁定，得向受訴行政法院提出異議。其不得上訴最高行政法院之事件，高等行政法院受命法官、受託法官所爲之裁定，亦同。

第 267 條（抗告法院）

I抗告，由直接上級行政法院裁定。

II對於抗告法院之裁定，不得再爲抗告。

第 268 條（抗告期間）

提起抗告，應於裁定送達後十日之不變期間內爲之。但送達前之抗告亦有效力。

第 269 條（提起抗告之程序）

I提起抗告，應向爲裁定之原行政法院或原審判長所屬行政法院提出抗告狀爲之。

II關於訴訟救助提起抗告，及由證人、鑑定人或執有證物之第三人提起抗告者，得以言詞爲之。

第 270 條（抗告捨棄及撤回準用之規定）

關於捨棄上訴權及撤回上訴之規定，於抗告準用之。

第 271 條（擬制抗告或異議）

依本編規定，應爲抗告而誤爲異議者，視爲已提起抗告；應提出異議而誤爲抗告者，視爲已提出異議。

第 272 條（準用之規定）

民事訴訟法第四百九十條至第四百九十二條及第四百九十五條之一第一項之規定，於本編準用之。

第五編　再審程序

第 273 條（再審之事由）

I有下列各款情形之一者，得以再審之訴對於確定終局判決聲明不服。但當事人已依上訴主張其事由或知其事由而不爲主張者，不在此限：

一　適用法規顯有錯誤。

二　判決理由與主文顯有矛盾。

三　判決法院之組織不合法。

四　依法律或裁判應迴避之法官參與裁判。

五　當事人於訴訟未經合法代理或代表。

六　當事人知他造之住居所，指爲所在不明而與涉訟。但他造已承認其訴訟程序者，不在此限。

七　參與裁判之法官關於該訴訟違背職務，犯刑事上之罪。

八　當事人之代理人、代表人、管理人或他造或其代理人、代表人、管理人關於該訴訟有刑事上應罰之行爲，影響於判決。

九　爲判決基礎之證物係僞造或變造。

十　證人、鑑定人或通譯就爲判決基礎之證言、鑑定或通譯爲虛僞陳述。

十一　爲判決基礎之民事或刑事判決及其他裁判或行政處分，依其後之確定裁判或行政處分已變更。
十二　當事人發現就同一訴訟標的在前已有確定判決或和解或得使用該判決或和解。
十三　當事人發現未經斟酌之證物或得使用該證物。但以如經斟酌可受較有利益之裁判爲限。
十四　原判決就足以影響於判決之重要證物漏未斟酌。

II確定終局判決所適用之法律或命令，經司法院大法官依當事人之聲請解釋爲牴觸憲法者，其聲請人亦得提起再審之訴。

III第一項第七款至第十款情形，以宣告有罪之判決已確定，或其刑事訴訟不能開始或續行非因證據不足者爲限，得提起再審之訴。

第274條（爲判決基礎之裁判有再審原因）

爲判決基礎之裁判，如有前條所定之情形者，得據以對於該判決提起再審之訴。

第274條之1（判決駁回後不得提起再審之訴）

再審之訴，行政法院認無再審理由，判決駁回後，不得以同一事由對於原確定判決或駁回再審之訴之確定判決，更行提起再審之訴。

第275條（再審之專屬管轄法院）

I再審之訴專屬爲判決之原行政法院管轄。

II對於審級不同之行政法院就同一事件所爲之判決提起再審之訴者，專屬上級行政法院合併管轄之。

III對於最高行政法院之判決，本於第二百七十三條第一項第九款至第十四款事由聲明不服者，雖有前二項之情形，仍專屬原高等行政法院管轄。

第276條（再審之訴提起期間）

I再審之訴應於三十日之不變期間內提起。

II前項期間自判決確定時起算，判決於送達前確定者，自送達時起算；其再審之理由發生或知悉在後者，均自知悉時起算。

III依第二百七十三條第二項提起再審之訴者，第一項期間自解釋公布當日起算。

IV再審之訴自判決確定時起，如已逾五年者，不得提起。但以第二百七十三條第一項第五款、第六款或第十二款情形爲再審之理由者，不在此限。

V對於再審確定判決不服，復提起再審之訴者，前項所定期間，自原判決確定時起算。但再審之訴有理由者，自該再審判決確定時起算。

第277條（提起再審之程式）

I再審之訴，應以訴狀表明下列各款事項，並添具確定終局判決繕本，提出於管轄行政法院爲之：
一　當事人。
二　聲明不服之判決及提起再審之訴之陳述。
三　應於如何程度廢棄原判決及就本案如何判決之聲明。
四　再審理由及關於再審理由並遵守不變期間之證據。

II再審訴狀內，宜記載準備本案言詞辯論之事項。

第278條（駁回再審之訴）

I再審之訴不合法者，行政法院應以裁定駁回之。

II再審之訴顯無再審理由者，得不經言詞辯論，以判決駁回之。

第279條（本案審理範圍）

本案之辯論及裁判，以聲明不服之部分爲限。

第280條（雖有再審理由仍應以判決駁回）

再審之訴雖有再審理由，行政法院如認原判決爲正當者，應以判決駁回之。

第281條（各審程序之準用）

除本編別有規定外，再審之訴訟程序準用關於各該審級訴訟程序之規定。

第282條（再審判決之效力）

再審之訴之判決，對第三人因信賴確定終局判決以善意取得之權利無影響。但顯於公益有重大妨害者，不在此限。

第283條（準再審）

裁定已經確定，而有第二百七十三條之情形者，得準用本編之規定，聲請再審。

第六編　重新審理

第284條（重新審理之聲請）

I因撤銷或變更原處分或決定之判決，而權利受損害之第三人，如非可歸責於己之事由，未參加訴訟，致不能提出足以影響判決結果之攻擊或防禦方法者，得對於確定終局判決聲請重新審理。

II前項聲請，應於知悉確定判決之日起三十日之不變期間內爲之。但自判決確定之日起已逾一年者，不得聲請。

第285條（重新審理之管轄法院）

重新審理之聲請準用第二百七十五條第一項、第二項管轄之規定。

第286條（聲請重新審理之程式）

I聲請重新審理，應以聲請狀表明下列各款事項，提出於管轄行政法院爲之：
一　聲請人及原訴訟之兩造當事人。
二　聲請重新審理之事件，及聲請重新審理之陳述。
三　就本案應爲如何判決之聲明。
四　聲請理由及關於聲請理由並遵守不變期間之證據。

II聲請狀內，宜記載準備本案言詞辯論之事項。

第287條（聲請不合法之駁回）

聲請重新審理不合法者，行政法院應以裁定駁回之。

第 288 條（聲請合法之處置）
行政法院認爲第二百八十四條第一項之聲請有理由者，應以裁定命爲重新審理；認爲無理由者，應以裁定駁回之。
第 289 條（撤回聲請）
Ⅰ聲請人於前二條裁定確定前得撤回其聲請。
Ⅱ撤回聲請者，喪失其聲請權。
Ⅲ聲請之撤回，得以書狀或言詞爲之。
第 290 條（回復原訴訟程序）
Ⅰ開始重新審理之裁定確定後，應即回復原訴訟程序，依其審級更爲審判。
Ⅱ聲請人於回復原訴訟程序後，當然參加訴訟。
第 291 條（不停止執行之原則）
聲請重新審理無停止原確定判決執行之效力。但行政法院認有必要時，得命停止執行。
第 292 條（重新審理準用之規定）
第二百八十二條之規定於重新審理準用之。

第七編　保全程序

第 293 條（假扣押之要件）
Ⅰ爲保全公法上金錢給付之強制執行，得聲請假扣押。
Ⅱ前項聲請，就未到履行期之給付，亦得爲之。
第 294 條（假扣押之管轄法院）
Ⅰ假扣押之聲請，由管轄本案之行政法院或假扣押標的所在地之地方法院行政訴訟庭管轄。
Ⅱ管轄本案之行政法院爲訴訟已繫屬或應繫屬之第一審法院。
Ⅲ假扣押之標的如係債權，以債務人住所或擔保之標的所在地，爲假扣押標的所在地。
第 295 條（本訴之提起）
假扣押裁定後，尚未提起給付之訴者，應於裁定送達後十日內提起；逾期未起訴者，行政法院應依聲請撤銷假扣押裁定。
第 296 條（假扣押裁定撤銷之效力）
Ⅰ假扣押裁定因自始不當而撤銷，或因前條及民事訴訟法第五百三十條第三項之規定而撤銷者，債權人應賠償債務人因假扣押或供擔保所受之損害。
Ⅱ假扣押所保全之本案請求已起訴者，前項賠償，行政法院於言詞辯論終結前，應依債務人之聲明，於本案判決內命債權人爲賠償；債務人未聲明者，應告以得爲聲明。
第 297 條（假扣押程序準用之規定）
民事訴訟法第五百二十三條、第五百二十五條至第五百二十八條及第五百三十條之規定，於本編假扣押程序準用之。
第 298 條（假處分之要件）
Ⅰ公法上之權利因現狀變更，有不能實現或甚難實現之虞者，爲保全強制執行，得聲請假處分。
Ⅱ於爭執之公法上法律關係，爲防止發生重大之損害或避免急迫之危險而有必要時，得聲請爲定暫時狀態之處分。
Ⅲ前項處分，得命先爲一定之給付。
Ⅳ行政法院爲假處分裁定前，得訊問當事人、關係人或爲其他必要之調查。
第 299 條（假處分之限制）
得依第一百十六條請求停止原處分或決定之執行者，不得聲請爲前條之假處分。
第 300 條（假處分之管轄法院）
假處分之聲請，由管轄本案之行政法院管轄。但有急迫情形時，得由請求標的所在地之地方法院行政訴訟庭管轄。
第 301 條（假處分原因之釋明）
關於假處分之請求及原因，非有特別情事，不得命供擔保以代釋明。
第 302 條（假處分準用假扣押之規定）
除別有規定外，關於假扣押之規定，於假處分準用之。
第 303 條（假處分程序準用之規定）
民事訴訟法第五百三十五條及第五百三十六條之規定，於本編假處分程序準用之。

第八編　強制執行

第 304 條（撤銷判決之執行）
撤銷判決確定者，關係機關應即爲實現判決內容之必要處置。
第 305 條（給付裁判之執行）
Ⅰ行政訴訟之裁判命債務人爲一定之給付，經裁判確定後，債務人不爲給付者，債權人得以之爲執行名義，聲請地方法院行政訴訟庭強制執行。
Ⅱ地方法院行政訴訟庭應先定相當期間通知債務人履行；逾期不履行者，強制執行。
Ⅲ債務人爲中央或地方機關或其他公法人者，並應通知其上級機關督促其如期履行。
Ⅳ依本法成立之和解，及其他依本法所爲之裁定得爲強制執行者，或科處罰鍰之裁定，均得爲執行名義。
第 306 條（執行機關與執行程序）
Ⅰ地方法院行政訴訟庭爲辦理行政訴訟強制執行事務，得囑託民事執行處或行政機關代爲執行。
Ⅱ執行程序，除本法別有規定外，應視執行機關爲法院或行政機關而分別準用強制執行法或行政執行法之規定。
Ⅲ債務人對第一項囑託代爲執行之執行名義有異議者，由地方法院行政訴訟庭裁定之。
第 307 條（強制執行之訴訟之受理法院）
債務人異議之訴，依其執行名義係適用簡易訴訟程序或通常訴訟程序，分別由地方法院行政訴訟庭或高等行政法院受理；其餘有關強制執行之訴訟，由普通法院受理。

第 307 條之 1（準用之規定）

民事訴訟法之規定，除本法已規定準用者外，與行政訴訟性質不相牴觸者，亦準用之。

第九編　附　則

第 308 條（施行日）

Ⅰ本法自公布日施行。

Ⅱ本法修正條文施行日期，由司法院以命令定之。

國家賠償法

1.中華民國69年7月2日總統令制定公布全文17條；並自70年7月1日施行
2.中華民國108年12月18日總統令修正公布第3、8、9、17條條文；並自公布日施行

第1條（立法依據）
本法依中華民國憲法第二十四條制定之。
第2條（國家賠償責任）
Ⅰ本法所稱公務員者，謂依法令從事於公務之人員。
Ⅱ公務員於執行職務行使公權力時，因故意或過失不法侵害人民自由或權利者，國家應負損害賠償責任。公務員怠於執行職務，致人民自由或權利遭受損害者亦同。
Ⅲ前項情形，公務員有故意或重大過失時，賠償義務機關對之有求償權。
第3條（國家就公共設施設置或管理有欠缺致損害所負賠償責任之要件）
Ⅰ公共設施因設置或管理有欠缺，致人民生命、身體、人身自由或財產受損害者，國家應負損害賠償責任。
Ⅱ前項設施委託民間團體或個人管理時，因管理欠缺致人民生命、身體、人身自由或財產受損害者，國家應負損害賠償責任。
Ⅲ前二項情形，於開放之山域、水域等自然公物，經管理機關、受委託管理之民間團體或個人已就使用該公物為適當之警告或標示，而人民仍從事冒險或具危險性活動，國家不負損害賠償責任。
Ⅳ第一項及第二項情形，於開放之山域、水域等自然公物內之設施，經管理機關、受委託管理之民間團體或個人已就使用該設施為適當之警告或標示，而人民仍從事冒險或具危險性活動，得減輕或免除國家應負之損害賠償責任。
Ⅴ第一項、第二項及前項情形，就損害原因有應負責任之人時，賠償義務機關對之有求償權。
第4條（視同公務員）
Ⅰ受委託行使公權力之團體，其執行職務之人於行使公權力時，視同委託機關之公務員。受委託行使公權力之個人，於執行職務行使公權力時亦同。
Ⅱ前項執行職務之人有故意或重大過失時，賠償義務機關對受委託之團體或個人有求償權。
第5條（補充法）
國家損害賠償，除依本法規定外，適用民法規定。
第6條（特別法）
國家損害賠償，本法及民法以外其他法律有特別規定者，適用其他法律。
第7條（賠償方法）
Ⅰ國家負損害賠償責任者，應以金錢為之。但以回復原狀為適當者，得依請求，回復損害發生前原狀。
Ⅱ前項賠償所需經費，應由各級政府編列預算支應之。
第8條（損害賠償請求權及求償權之消滅時效）
Ⅰ賠償請求權，自請求權人知有損害時起，因二年間不行使而消滅；自損害發生時起，逾五年者亦同。
Ⅱ第二條第三項、第三條第五項及第四條第二項之求償權，自支付賠償金或回復原狀之日起，因二年間不行使而消滅。
第9條（賠償義務機關）
Ⅰ依第二條第二項請求損害賠償者，以該公務員所屬機關為賠償義務機關。
Ⅱ依第三條第一項請求損害賠償者，以該公共設施之設置或管理機關為賠償義務機關；依第三條第二項請求損害賠償者，以委託機關為賠償義務機關。
Ⅲ前二項賠償義務機關經裁撤或改組者，以承受其業務之機關為賠償義務機關。無承受其業務之機關者，以其上級機關為賠償義務機關。
Ⅳ不能依前三項確定賠償義務機關，或於賠償義務機關有爭議時，得請求其上級機關確定之。其上級機關自被請求之日起逾二十日不為確定者，得逕以該上級機關為賠償義務機關。
第10條（書面請求及協議書）
Ⅰ依本法請求損害賠償時，應先以書面向賠償義務機關請求之。
Ⅱ賠償義務機關對於前項請求，應即與請求權人協議。協議成立時，應作成協議書，該項協議書得為執行名義。
第11條（訴訟）
Ⅰ賠償義務機關拒絕賠償，或自提出請求之日起逾三十日不開始協議，或自開始協議之日起逾六十日協議不成立時，請求權人得提起損害賠償之訴。但已依行政訴訟法規定，附帶請求損害賠償者，就同一原因事實，不得更行起訴。
Ⅱ依本法請求損害賠償時，法院得依聲請為假處分，命賠償義務機關暫先支付醫療費或喪葬費。
第12條（訴訟之補充法）
損害賠償之訴，除依本法規定外，適用民事訴訟法

之規定。

第 13 條（有審判職務公務員侵害人民權利）

有審判或追訴職務之公務員，因執行職務侵害人民自由或權利，就其參與審判或追訴案件犯職務上之罪，經判決有罪確定者，適用本法規定。

第 14 條（公法人之準用）

本法於其他公法人準用之。

第 15 條（外國人之適用）

本法於外國人為被害人時，以依條約或其本國法令或慣例，中華民國人得在該國與該國人享受同等權利者為限，適用之。

第 16 條（施行細則）

本法施行細則，由行政院定之。

第 17 條（施行日）

Ⅰ本法自中華民國七十年七月一日施行。

Ⅱ本法修正條文自公布日施行。

國家賠償法施行細則

1.中華民國 70 年 6 月 10 日行政院令訂定發布全文 45 條；並自 70 年 7 月 1 日施行
2.中華民國 85 年 12 月 11 日行政院令修正發布第 3-1、12、17、19、22～24、27、35、36、41、41-1、41-2、45 條條文；並自發布日施行
3.中華民國 88 年 9 月 29 日行政院令修正發布第 24 條條文
4.中華民國 107 年 8 月 20 日行政院令修正發布第 22、39 條條文
5.中華民國 109 年 6 月 8 日行政院令修正發布第 16、24、28、41 條條文

第一章　總　則

第 1 條
本細則依國家賠償法（以下簡稱本法）第十六條之規定訂定之。

第 2 條
依本法第二條第二項、第三條第一項之規定，請求國家賠償者，以公務員之不法行為、公有公共設施設置或管理之欠缺及其所生損害均在本法施行後者為限。

第 3 條
依本法第九條第四項請求確定賠償義務機關時，如其上級機關不能確定，應由其再上級機關確定之。

第 3 條之 1
本法第八條第一項所稱知有損害，須知有損害事實及國家賠償責任之原因事實。

第二章　預算之編列與支付

第 4 條
本法第七條第二項之經費預算，由各級政府依預算法令之規定編列之。

第 5 條
I 請求權人於收到協議書、訴訟上和解筆錄或確定判決後，得即向賠償義務機關請求賠償。
II 賠償義務機關收到前項請求後，應於三十日內支付賠償金或開始回復原狀。
III 前項賠償金之支付或為回復原狀所必需之費用，由編列預算之各級政府撥付者，應即撥付。

第 6 條
請求權人領取賠償金或受領原狀之回復時，應填具收據或證明原狀已回復之文件。

第三章　協　議

第一節　代理人

第 7 條
I 請求權人得委任他人為代理人，與賠償義務機關進行協議。
II 同一損害賠償事件有多數請求權人者，得委任其中一人或數人為代理人，與賠償義務機關進行協議。
III 前二項代理人應於最初為協議行為時，提出委任書。

第 8 條
I 委任代理人就其受委任之事件，有為一切協議行為之權，但拋棄損害賠償請求權、撤回損害賠償之請求、領取損害賠償金、受領原狀之回復或選任代理人，非受特別委任，不得為之。
II 對於前項之代理權加以限制者，應於前條之委任書內記明。

第 9 條
I 委任代理人有二人以上者，均得單獨代理請求權人。
II 違反前項之規定而為委任者，對於賠償義務機關不生效力。

第 10 條
委任代理人事實上之陳述，經到場之請求權人即時撤銷或更正者，失其效力。

第 11 條
委任代理權不因請求權人死亡、破產、喪失行為能力、或法定代理權變更而消滅。

第 12 條
委任代理之解除，非由委任人到場陳述或以書面通知賠償義務機關不生效力。

第 13 條
I 協議由法定代理人進行時，該法定代理人應於最初為協議行為時，提出法定代理權之證明。
II 前項法定代理，依民法及其他法令之規定。

第 14 條
賠償義務機關如認為代理權有欠缺而可以補正者，應定七日以上之期間，通知其補正，但得許其暫為協議行為，逾期不補正者，其協議不生效力。

第二節　協議之進行

第 15 條
I 同一賠償事件，數機關均應負損害賠償責任時，被請求之賠償義務機關，應以書面通知未被請求之賠償義務機關參加協議。
II 未被請求之賠償義務機關未參加協議者，被請求之賠償義務機關，應將協議結果通知之，以為處理之依據。

第 16 條

賠償義務機關應以書面通知為侵害行為之所屬公務員或受委託行使公權力之團體、個人，或公共設施因設置或管理有欠缺，致人民生命、身體、人身自由或財產受損害，而就損害原因有應負責之人，於協議期日到場陳述意見。

第 17 條

I 損害賠償之請求，應以書面載明左列各款事項，由請求權人或代理人簽名或蓋章，提出於賠償義務機關。

一 請求權人之姓名、性別、出生年月日、出生地、身分證統一編號、職業、住所或居所。請求權人為法人或其他團體者，其名稱、主事務所或主營業所及代表人之姓名、性別、住所或居所。

二 有代理人者，其姓名、性別、出生年月日、出生地、身分證統一編號、職業、住所或居所。

三 請求賠償之事實、理由及證據。

四 請求損害賠償之金額或回復原狀之內容。

五 賠償義務機關。

六 年、月、日。

II 損害賠償之請求，不合前項所定程式者，賠償義務機關應即通知請求權人或其代理人於相當期間內補正。

第 18 條

I 數機關均應負損害賠償責任時，請求權人得對賠償義務機關中之一機關，或數機關，或其全體同時或先後，請求全部或一部之損害賠償。

II 前項情形，請求權人如同時或先後向賠償義務機關請求全部或一部之賠償時，應載明其已向其他賠償義務機關請求賠償之金額或申請回復原狀之內容。

第 19 條

被請求賠償損害之機關，認非賠償義務機關或無賠償義務者，得不經協議，於收到請求權人之請求起三十日內，以書面敘明理由拒絕之，並通知有關機關。

第 20 條

賠償義務機關於協議前，應就與協議有關之事項，蒐集證據。

第 21 條

I 賠償義務機關為第一次協議之通知，至遲應於協議期日五日前，送達於請求權人。

II 前項通知所載第一次之協議期日為開始協議之日。

第 22 條

I 賠償義務機關於協議時，得按事件之性質，洽請具有專門知識經驗之人陳述意見，並支給旅費及出席費。

II 請求賠償之金額或回復原狀之費用，在同一事件達一定之金額時，該管地方檢察署應賠償義務機關之請，得指派檢察官提供法律上之意見。

III 前項一定之金額由法務部擬訂，報請行政院核定之。

第 23 條

I 賠償義務機關應指派所屬職員，記載協議紀錄。

II 協議紀錄應記載左列各款事項：

一 協議之處所及年、月、日。

二 到場之請求權人或代理人。賠償義務機關之代表人或其指定代理人、第十五條、第十六條及第二十二條所定之人員。

三 協議事件之案號、案由。

四 請求權人請求損害賠償之金額或回復原狀之內容及請求之事實理由。

五 賠償義務機關之意見。

六 第十五條、第十六條及第二十二條所定人員之意見。

七 其他重要事項。

八 協議結果。

III 前項第二款人員應緊接協議紀錄之末行簽名或蓋章。

第 24 條

I 賠償義務機關得在一定金額限度內，逕行決定賠償金額。

II 前項金額限度，中央政府各機關，由行政院依機關等級定之；縣（市）、鄉（鎮、市），由縣（市）定之；直轄市，由其自行定之。

第 25 條

I 賠償義務機關認應賠償之金額，超過前條所定之限度時，應報請其直接上級機關核定後，始得為賠償之決定。

II 前項金額如超過其直接上級機關，依前條規定所得決定之金額限度時，該直接上級機關應報請再上級機關核定。

III 有核定權限之上級機關，於接到前二項請求時，應於十五日內為核定。

第 26 條

I 自開始協議之日起逾六十日協議不成立者，賠償義務機關應依請求權人之申請，發給協議不成立證明書。

II 請求權人未依前項規定申請發給協議不成立證明書者，得請求賠償義務機關繼續協議，但以一次為限。

第 27 條

I 協議成立時，應作成協議書，記載左列各款事項，由到場之請求權人或代理人及賠償義務機關之代表人或其指定代理人簽名或蓋章，並蓋機關之印信：

一 請求權人之姓名、性別、出生年月日、出生地、身分證統一編號、職業、住所或居所。請求權人為法人或其他團體者，其名稱、主事務所或主營業所及代表人之姓名、性別、住所或居所。

二　有代理人者，其姓名、性別、出生年月日、出生地、身分證統一編號、職業、住所或居所。

三　賠償義務機關之名稱及所在地。

四　協議事件之案由及案號。

五　損害賠償之金額或回復原狀之內容。

六　請求權人對於同一原因事實所發生之其他損害，願拋棄其損害賠償請求權者，其拋棄之意旨。

七　年、月、日。

II前項協議書，應由賠償義務機關於協議成立後十日內送達於請求權人。

第 28 條

I協議文書得由賠償義務機關派員或交由郵務機構送達，並應由送達人作成送達證書。

II協議文書之送達，除前項規定外，準用民事訴訟法關於送達之規定。

第三節　協議之期日及期間

第 29 條

協議期日，由賠償義務機關指定之。

第 30 條

期日，除經請求權人之同意或有不得已之情形外，不得於星期日、國定紀念日或其他休息日定之。

第 31 條

賠償義務機關指定期日後，應即製作通知書，送達於協議關係人。但經面告以所定期日並記明協議紀錄，或經協議關係人以書面陳明屆期到場者，與送達有同一之效力。

第 32 條

期日應為之行為，於賠償義務機關為之。但賠償義務機關認為在其他處所進行協議為適當者，得在其他處所行之。

第 33 條

期日如有正當事由，賠償義務機關得依申請或依職權變更之。

第 34 條

期日及期間之計算，依民法之規定。

第四章　訴訟及強制執行

第 35 條

法院依本法第十一條第二項規定為假處分，命賠償義務機關暫先支付醫療費或喪葬費者，賠償義務機關於收受假處分裁定時，應立即墊付。

第 36 條

I前條暫先支付之醫療費或喪葬費，應於給付賠償金額時扣除之。

II請求權人受領前條暫先支付之醫療費或喪葬費後，有左列情形之一者，應予返還：

一　協議不成立，又不請求繼續協議。

二　協議不成立，又不提起損害賠償之訴。

三　請求權人受敗訴判決確定。

四　暫先支付之醫療費或喪葬費，超過協議、訴訟上和解或確定判決所定之賠償總金額者，其超過部分。

第 37 條

I請求權人因賠償義務機關拒絕賠償，或協議不成立而起訴者，應於起訴時提出拒絕賠償或協議不成立之證明書。

II請求權人因賠償義務機關逾期不開始協議或拒不發給前項證明書而起訴者，應於起訴時提出已申請協議或已請求發給證明書之證明文件。

第 38 條

請求權人就同一原因事實所受之損害，同時或先後向賠償義務機關請求協議及向公務員提起損害賠償之訴，或同時或先後向賠償義務機關及公務員提起損害賠償之訴者，在賠償義務機關協議程序終結或損害賠償訴訟裁判確定前，法院應以裁定停止對公務員損害賠償訴訟程序之進行。

第 39 條

該管檢察機關應賠償義務機關之請，得指派檢察官為訴訟上必要之協助。

第 40 條

I請求權人於取得執行名義向賠償義務機關請求賠償或墊付醫療費或喪葬費時，該賠償義務機關不得拒絕或遲延履行。

II前項情形，賠償義務機關拒絕或遲延履行者，請求權人得聲請法院強制執行。

第 41 條

I本法第二條第三項，第四條第二項所定之故意或重大過失，賠償義務機關應審慎認定之。

II賠償義務機關依本法第二條第三項、第三條第五項或第四條第二項規定行使求償權前，得清查被求償之個人或團體可供執行之財產，並於必要時依法聲請保全措施。

III賠償義務機關依本法第二條第三項、第三條第五項或第四條第二項規定行使求償權時，應先與被求償之個人或團體進行協商，並得酌情許其提供擔保分期給付。

IV前項協商如不成立，賠償義務機關應依訴訟程序行使求償權。

第 41 條之 1

賠償義務機關於請求權人起訴後，應依民事訴訟法規定，將訴訟告知第十六條所定之個人或團體，得於該訴訟繫屬中參加訴訟。

第 41 條之 2

I 賠償義務機關得在第二十四條第二項所定之金額限度內逕爲訴訟上之和解。

II 賠償義務機關認應賠償之金額，超過前項所定之限度時，應逐級報請該管上級權責機關核定後，始得爲訴訟上之和解。

第五章　附　則

第 42 條

各級機關應指派法制（務）或熟諳法律人員，承辦國家賠償業務。

第 43 條

各機關應於每年一月及七月底，將受理之國家賠償事件及其處理情形，列表送其上級機關及法務部，其成立協議、訴訟上和解或已判決確定者，並應檢送協議書、和解筆錄或歷審判決書影本。

第 44 條

I 賠償義務機關承辦國家賠償業務之人員，應就每一國家賠償事件，編訂卷宗。

II 法務部於必要時，得調閱賠償義務機關處理國家賠償之卷宗。

第 45 條

I 本細則自中華民國七十年七月一日施行。

II 本細則修正條文自發布日施行。

公務人員行政中立法

1.中華民國 98 年 6 月 10 日總統令制定公布全文 20 條；並自公布日施行
2.中華民國 103 年 11 月 26 日總統令修正公布第 5、9、17 條條文

第 1 條（立法目的）
Ⅰ為確保公務人員依法行政、執行公正、政治中立，並適度規範公務人員參與政治活動，特制定本法。
Ⅱ公務人員行政中立之規範，依本法之規定；本法未規定或其他法律另有嚴格規定者，適用其他有關之法律。

第 2 條（公務人員之定義）
本法所稱公務人員，指法定機關依法任用、派用之有給專任人員及公立學校依法任用之職員。

第 3 條（依法執行職務）
公務人員應嚴守行政中立，依據法令執行職務，忠實推行政府政策，服務人民。

第 4 條（執行職務之中立原則）
公務人員應依法公正執行職務，不得對任何團體或個人予以差別待遇。

第 5 條（參與政治活動之權限）
Ⅰ公務人員得加入政黨或其他政治團體。但不得兼任政黨或其他政治團體之職務。
Ⅱ公務人員不得利用職務上之權力、機會或方法介入黨派紛爭。
Ⅲ公務人員不得兼任公職候選人競選辦事處之職務。

第 6 條（利用職務之禁止行為）
公務人員不得利用職務上之權力、機會或方法，使他人加入或不加入政黨或其他政治團體；亦不得要求他人參加或不參加政黨或其他政治團體有關之選舉活動。

第 7 條（從事政治活動之時間限制及例外）
Ⅰ公務人員不得於上班或勤務時間，從事政黨或其他政治團體之活動。但依其業務性質，執行職務之必要行為，不在此限。
Ⅱ前項所稱上班或勤務時間，指下列時間：
一　法定上班時間。
二　因業務狀況彈性調整上班時間。
三　值班或加班時間。
四　因公奉派訓練、出差或參加與其職務有關活動之時間。

第 8 條（捐助及募款活動之禁止）
公務人員不得利用職務上之權力、機會或方法，為政黨、其他政治團體或擬參選人要求、期約或收受金錢、物品或其他利益之捐助；亦不得阻止或妨礙他人為特定政黨、其他政治團體或擬參選人依法募款之活動。

第 9 條（從事政治活動或行為之禁止）
Ⅰ公務人員不得為支持或反對特定之政黨、其他政治團體或公職候選人，從事下列政治活動或行為：
一　動用行政資源編印製、散發、張貼文書、圖畫、其他宣傳品或辦理相關活動。
二　在辦公場所懸掛、張貼、穿戴或標示特定政黨、其他政治團體或公職候選人之旗幟、徽章或服飾。
三　主持集會、發起遊行或領導連署活動。
四　在大眾傳播媒體具銜或具名廣告。但公職候選人之配偶及二親等以內血親、姻親只具名不具銜者，不在此限。
五　對職務相關人員或其職務對象表達指示。
六　公開為公職候選人站台、助講、遊行或拜票。但公職候選人之配偶及二親等以內血親、姻親，不在此限。
Ⅱ前項第一款所稱行政資源，指行政上可支配運用之公物、公款、場所、房舍及人力等資源。
Ⅲ第一項第四款及第六款但書之行為，不得涉及與該公務人員職務上有關之事項。

第 10 條（妨害投票權行使之禁止）
公務人員對於公職人員之選舉、罷免或公民投票，不得利用職務上之權力、機會或方法，要求他人不行使投票權或為一定之行使。

第 11 條（選舉期間候選人之請假規定）
Ⅰ公務人員登記為公職候選人者，自候選人名單公告之日起至投票日止，應依規定請事假或休假。
Ⅱ公務人員依前項規定請假時，長官不得拒絕。

第 12 條（受理申請事項之平等原則）
公務人員於職務上掌管之行政資源，受理或不受理政黨、其他政治團體或公職候選人依法申請之事項，其裁量應秉持公正、公平之立場處理，不得有差別待遇。

第 13 條（選舉期間辦公處所競選活動之禁止）
各機關首長或主管人員於選舉委員會發布選舉公告日起至投票日止之選舉期間，應禁止政黨、公職候選人或其支持者之造訪活動；並應於辦公、活動場所之各出入口明顯處所張貼禁止競選活動之告示。

第 14 條（違反中立行為之舉發）
Ⅰ長官不得要求公務人員從事本法禁止之行為。
Ⅱ長官違反前項規定者，公務人員得檢具相關事證

向該長官之上級長官提出報告，並由上級長官依法處理；未依法處理者，以失職論，公務人員並得向監察院檢舉。

第 15 條（救濟管道及保障）

I 公務人員依法享有之權益，不得因拒絕從事本法禁止之行為而遭受不公平對待或不利處分。

II 公務人員遭受前項之不公平對待或不利處分時，得依公務人員保障法及其他有關法令之規定，請求救濟。

第 16 條（違反之懲戒或懲處）

公務人員違反本法，應按情節輕重，依公務員懲戒法、公務人員考績法或其他相關法規予以懲戒或懲處；其涉及其他法律責任者，依有關法律處理之。

第 17 條（準用對象）

下列人員準用本法之規定：

一　公立學校校長及公立學校兼任行政職務之教師。

二　教育人員任用條例公布施行前已進用未納入銓敘之公立學校職員及私立學校改制為公立學校未具任用資格之留用職員。

三　公立社會教育機構專業人員及公立學術研究機構兼任行政職務之研究人員。

四　各級行政機關具軍職身分之人員及各級教育行政主管機關軍訓單位或各級學校之軍訓教官。

五　各機關及公立學校依法聘用、僱用人員。

六　公營事業對經營政策負有主要決策責任之人員。

七　經正式任用為公務人員前，實施學習或訓練人員。

八　行政法人有給專任人員。

九　代表政府或公股出任私法人之董事及監察人。

第 18 條（獨立行使職權之政務人員準用本法）

憲法或法律規定須超出黨派以外，依法獨立行使職權之政務人員，準用本法之規定。

第 19 條（施行細則）

本法施行細則，由考試院定之。

第 20 條（施行日）

本法自公布日施行。

公務人員行政中立法施行細則

1.中華民國98年11月13日考試院令訂定發布全文11條；並自發布日施行
2.中華民國104年2月9日考試院令修正發布第6、9條條文
3.中華民國107年5月7日考試院令修正發布第2條條文

第1條
本細則依公務人員行政中立法（以下簡稱本法）第十九條規定訂定之。
第2條
Ⅰ本法所稱政黨，指依政黨法規定完成備案及人民團體法第四十五條規定備案成立之團體；所稱政治團體，指依人民團體法規定經許可設立之政治團體。
Ⅱ本法及本細則所稱公職候選人，指依總統副總統選舉罷免法規定申請登記為總統、副總統之候選人，以及依公職人員選舉罷免法規定申請登記為公職人員之候選人。
第3條
本法第六條所稱政黨或其他政治團體有關之選舉活動，其範圍如下：
一　總統副總統選舉罷免法及公職人員選舉罷免法規定之選舉、罷免活動。
二　推薦公職候選人所舉辦之活動。
三　內部各項職務之選舉活動。
第4條
本法第七條第一項所稱政黨或其他政治團體之活動，指由政黨或政治團體所召集之活動及與其他團體共同召集之活動，包括於政府機關內部，成立或運作政黨之黨團及從事各種黨務活動等；所稱依其業務性質，執行職務之必要行為，指依相關法令規定執行職務所應為之行為。
第5條
本法第八條所稱擬參選人，依政治獻金法第二條規定認定之。
第6條
Ⅰ本法第九條第一項第六款所稱所稱公開為公職候選人遊行，指為公職候選人帶領遊行或為遊行活動具銜具名擔任相關職務。所稱公開為公職候選人拜票，指透過各種公開活動或具銜具名經由資訊傳播媒體，向特定或不特定人拜票之行為。
Ⅱ本法第九條第三項所稱職務上有關之事項，指動用行政資源、行使職務權力、利用職務關係或使用職銜名器等。
第7條
本法第十條公務人員對於公民投票，不得利用職務上之權力、機會或方法，要求他人不行使投票權或為一定行使之規定，包括提案或不提案、連署或不連署之行為。
第8條
依本法第十一條第一項規定請事假或休假之人員，如於請事假或休假期間，有公務人員請假規則所定其他假別之事由，仍得依規定假別請假。
第9條
Ⅰ本法第十七條第六款所稱公營事業對經營政策負有主要決策責任之人員，指公營事業機構董事長、總經理、代表公股之董事、監察人及其他對經營政策負有主要決策責任等人員。
Ⅱ本法第十七條第八款所稱行政法人有給專任人員，指行政法人有給專任之董（理）事長、首長、董（理）事、監事、繼續任用人員及契約進用人員。
第10條
Ⅰ各機關（構）及學校應加強辦理公務人員行政中立相關規定之宣導或講習。
Ⅱ銓敘部為順利推動本法，並解決適用本法及本細則之疑義，必要時，得邀請學者、專家或相關機關組成諮詢小組，提供諮詢意見。
第11條
本細則自發布日施行。

肆、司法院大法官解釋文彙編

釋字第1號解釋

立法委員依憲法第七十五條之規定不得兼任官吏，如願就任官吏，即應辭去立法委員，其未經辭職而就任官吏者，亦顯有不繼續任立法委員之意思，應於其就任官吏之時，視為辭職。（38、1、6）

釋字第2號解釋

憲法第七十八條規定司法院解釋憲法，並有統一解釋法律及命令之權。其於憲法則曰解釋，其於法律及命令則曰統一解釋，兩者意義顯有不同。憲法第一百七十三條規定憲法之解釋由司法院為之，故中央或地方機關於其職權上適用憲法發生疑義時，即得聲請司法院解釋。法律及命令與憲法有無牴觸發生疑義時亦同。至適用法律或命令發生其他疑義時，則有適用職權之中央或地方機關，皆應自行研究，以確定其意義，而為適用，殊無許其聲請司法院解釋之理由。惟此項機關適用法律或命令時，所持見解與本機關或他機關適用同一法律或命令時所已表示之見解有異者，苟非該機關依法應受本機關或他機關見解之拘束，或得變更其見解，則對同一法律或命令之解釋，必將發生歧異之結果，於是乃有統一解釋之必要，故限於有此種情形時，始得聲請統一解釋。本件行政院轉請解釋，未據原請機關說明，所持見解與本機關或他機關適用同一法律時所已表示之見解有異，應不予解釋。（38、1、6）

釋字第3號解釋

監察院關於所掌事項，是否得向立法院提出法律案，憲法無明文規定，而同法第八十七條則稱考試院關於所掌事項，得向立法院提出法律案。論者因執「省略規定之事項應認為有意省略」以及「明示規定其一者應認為排除其他」之拉丁法諺，認為監察院不得向立法院提案，實則此項法諺並非在任何情形之下均可援用。如法律條文顯有闕漏，或有關法條尚有解釋之餘地時，則此項法諺，即不復適用。我國憲法間有闕文，例如憲法上由選舉產生之機關，對於國民大會代表及立法院立法委員之選舉，憲法則以第三十四條、第六十四條第二項載明「以法律定之」。獨對於監察院監察委員之選舉，則並無類似之規定，此項闕文，自不能認為監察委員之選舉，可無需法律規定，或憲法對此有意省略，或故予排除，要甚明顯。

憲法第七十一條，即憲草第七十三條，原規定「立法院開會時，行政院院長及各部會首長得出席陳述意見」，經制憲當時出席代表提出修正，將「行政院院長」改為「關係院院長」。其理由為：「考試院、司法院、監察院就其主管事項之法律案，關係院院長自得列席立法院陳述意見」。經大會接受修正如今文，足見關係院院長係包括立法院以外之各院院長而言。又憲法第八十七條，即憲草第九十二條，經出席代表提案修正，主張將該條所定「考試院關於所掌事項提出法律案時，由考試院秘書長出席立法院說明之」予以刪除。其理由即為：「考試院關於主管事項之法律案，可向立法院提送，與他院同。如須出席立法院說明，應由負責之院長或其所派人員出席，不必於憲法中規定秘書長出席」足徵各院皆可提案，為當時制憲代表所不爭。遍查國民大會實錄，及國民大會代表全部提案，對於此項問題，曾無一人有任何反對或相異之言論，亦無考試院應較司法、監察兩院有何特殊理由，獨需提案之主張。

我國憲法依據　孫中山先生創立中華民國之遺教而制定，載在前言。依憲法第五十三條（行政）、第六十二條（立法）、第七十七條（司法）、第八十三條（考試）、第九十條（監察）等規定，建置五院。本憲法原始賦與之職權，各於所掌範圍內，為國家最高機關獨立行使職權，相互平等，初無軒輊；以職務需要言，監察、司法兩院各就所掌事項，需向立法院提案，與考試院同。考試院對於所掌事項，既得向立法院提出法律案，憲法對於司法、監察兩院，就其所掌事項之提案，亦初無有意省略，或故予排除之理由。法律案之議決，雖為專屬立法院之職權，而其他各院關於所掌事項，知之較稔，得各向立法院提出法律案，以為立法意見之提供者，於理於法均無不合。

綜上所述，考試院關於所掌事項，依憲法第八十七條，既得向立法院提出法律案，基於五權分治，平等相維之體制，參以該條及第七十一條之制訂經過，監察院關於所掌事項，得向立法院提出法律案，實與憲法之精神相符。（41、5、21）

釋字第4號解釋

聯合國韓國委員會我國副代表，既係由政府派充，且定有一年任期，不問其機構為臨時抑屬常設性質，應認其係憲法第七十五條所稱之官吏。（41、6、20）

釋字第5號解釋

行憲後，各政黨辦理黨務人員，不能認為刑法上所稱之公務員。（41、8、16）

釋字第6號解釋

公務員對於新聞紙類及雜誌之發行人、編輯人，除法令別有規定外，依公務員服務法第十四條第一項之規定，不得兼任。（41、9、29）

釋字第7號解釋

行憲後，各政黨、各級黨部之書記長，不得認為公務員。（41、9、29）

釋字第 8 號解釋

原呈所稱之股份有限公司，政府股份既在百分之五十以上，縱依公司法組織，亦係公營事業機關，其依法令從事於該公司職務之人員，自應認爲刑法上所稱之公務員。（41、10、27）

釋字第 9 號解釋

一、裁判如有違憲情形，在訴訟程序進行中，當事人自得於理由內指摘之。

二、來文所稱第二點，未據說明所持見解與本機關或其他機關所已表示之見解有何歧異，核與大法官會議規則第四條之規定不合，礙難解答。（41、10、27）

釋字第 10 號解釋

公私營事業機關所敷設之鐵道，事實上已負公共運輸責任，又同受交通主管機關之監督管理者，其器材被盜，在戰時自得適用戰時交通器材防護條例之規定。至輕便軌道（俗稱擡車線），既有別於通常鐵道，即不得併予援用。（41、11、22）

編註：該條例業已廢止，改適用「戰時交通電業設備及器材防護條例」。

釋字第 11 號解釋

公務員不得兼任新聞紙類及雜誌之編輯人、發行人，業經本院釋字第六號解釋有案。至社長、經理、記者及其他職員，依公務員服務法第十四條第一項之規定，自亦不得兼任。（41、11、22）

釋字第 12 號解釋

某甲收養某丙，同時以女妻之，此種將女抱男習慣，其相互間原無生理上之血統關係，自不受民法第九百八十三條之限制。（41、12、20）

釋字第 13 號解釋

憲法第八十一條所稱之法官，係指同法第八十條之法官而言，不包含檢察官在內。但實任檢察官之保障，依同法第八十二條及法院組織法第四十條第二項之規定，除轉調外，與實任推事同。（42、1、31）

釋字第 14 號解釋

查憲法與本問題有關之第九十七條、第九十八條、第九十九條，係由憲法草案第一百零二條、第一百零三條、第一百零四條而來。第一百零二條原稱：監察院對於行政院或其各部會人員，認爲有違法失職情事，得提出彈劾案。第一百零三條則爲中央及地方行政人員之彈劾。第一百零四條則爲法官及考試院人員之彈劾。在制憲會議中，若干代表認爲監察院彈劾權行使之對象，應包括立法委員、監察委員在內。曾經提出修正案數起，主張將第一百零二條行政院或其各部會人員，改爲各院及其各部會人員，包括立法院、監察院人員在內，並將第一百零四條有關法官及考試院人員之條文刪去。討論結果，對此毫無疑義之修正文均未通過，即所以表示立監委員係屬除外。若謂同時復以中央公務人員字樣，可藉解釋之途徑，使立監委員包括在內，殊難自圓其說。在制憲者之意，當以立監委員爲直接或間接之民意代表，均不認其爲監察權行使之對象。至立監兩院其他人員，與國民大會職員、總統府及其所屬機關職員，自應屬監察權行使範圍。故憲法除規定行政、司法、考試三院外，復於第九十七條第二項及第九十八條另有中央公務人員之規定。國民大會代表爲民意代表，其非監察權行使對象更不待言。憲法草案及各修正案，對於國大代表均無可以彈劾之擬議，與立監委員包括在內之各修正案不予採納者，實爲制憲時一貫之意思。

自治人員之屬於議事機關者，如省縣議會議員，亦爲民意代表，依上述理由，自亦非監察權行使之對象。（42、3、21）

釋字第 15 號解釋

國民大會代表，代表國民行使政權，自係公職。依憲法第一百零三條之規定，監察委員不得兼任。查憲法第一百條及第二十七條，將對於總統、副總統之彈劾與罷免劃分由監察院與國民大會分別行使。若監察委員得兼任國民大會代表，由同一人行使彈劾權與罷免權，是與憲法劃分其職權之原意相違，其不應兼任更屬明顯。再查憲法草案第二十六條第一款及第二款，原列立法委員、監察委員得爲國民大會代表，嗣有代表多人認爲於理無當，提出修正案若干起，制憲大會依綜合審查委員會之意見，將該條第一、第二兩款刪去，亦可爲不得兼任之佐證。（42、4、24）

釋字第 16 號解釋

強制執行法施行後，強制執行僅得由法院爲之。行政官署依法科處之罰鍰，除依法移送法院辦理外，不得逕就抗不繳納者之財產而爲強制執行。本院院解字第三三〇八號解釋，仍應適用。（42、5、15）

釋字第 17 號解釋

國立編譯館編纂，按照該館組織條例規定，係屬公職。依憲法第一百零三條，監察委員不得兼任。（42、5、15）

釋字第 18 號解釋

查大法官會議第九次會議，臨時動議第一案決議：「中央或地方機關，對於行憲前司法院所爲之解釋發生疑義聲請解釋時，得認爲合於司法院大法官會議規則第四條之規定。」本案最高法院對本院院字第七五零號解釋發生疑義，依照上項決議，自應予以解答。

夫妻之一方，於同居之訴判決確定後，仍不履行同居義務，在此狀態繼續存在中，而又無不能同居之正當理由者，裁判上固得認為合於民法第一千零五十二條第五款情形，至來文所稱某乙與某甲結婚後，歸寧不返，迭經某甲託人邀其回家同居，某乙仍置若罔聞。此項情形，尚難遽指為上項條款所謂以惡意遺棄他方之規定。（42、5、29）

釋字第 19 號解釋

憲法第一百零三條所稱不得兼任其他公職，與憲法第七十五條之專限制兼任官吏者有別，其含義不僅以官吏為限。（42、6、3）

釋字第 20 號解釋

省黨部、省婦女工作委員會，均係人民團體，其主任委員及理事，自非憲法第一百零三條所謂公職。至醫務人員，既須領證書始得執業，且經常受主管官廳之監督，其業務與監察職權顯不相容，應認係同條所稱之業務。公立醫院為國家或地方醫務機關，其院長及醫生並係公職，均在同條限制之列。（42、7、10）

釋字第 21 號解釋

憲法第四十七條規定總統任期為六年，同法第二十九條規定國民大會於每屆總統任滿前九十日集會。憲法實施以後，首屆總統係於民國三十七年五月二十日就職，應至民國四十三年五月二十日任滿。所謂任滿前九十日，應自總統任滿前一日起算，以算足九十日為準。（42、7、10）

釋字第 22 號解釋

立法委員、監察委員係依法行使憲法所賦予之職權，自屬公職。既依法支領歲費、公費，應認為有給職。（42、8、4）

釋字第 23 號解釋

商標法第三條前段規定，二人以上於同一商品，以相同或近似之商標各別呈請註冊時，應准在中華民國境內實際最先使用並無中斷者註冊，係為審查准駁之實質標準，如利害關係人在同法第二十六條審定後之六個月公告期間內另以與他人審定商標相同或近似之商標呈請註冊，並以自己之商標實際使用在先而未中斷為理由，對他人已審定商標提出異議，自應依異議程序及同法第三條規定辦理。（42、8、4）

釋字第 24 號解釋

公營事業機關之董事、監察人及總經理與受有俸給之文武職公務員，均適用公務員服務法之規定，應屬於憲法第一百零三條、第七十五條所稱公職及官吏範圍之內，監察委員、立法委員均不得兼任。（42、9、3）

釋字第 25 號解釋

一、省銀行之董事及監察人，均為公營事業機關之服務人員，立法委員、監察委員不得兼任，已見本院釋字第二十四號解釋。

二、來文所列第一、第三、第四、第五各點，事屬統一法令解釋問題，既未據說明所持見解與本機關或他機關所已表示之見解有何歧異，核與大法官會議規則第四條之規定不合，礙難解答。（42、9、3）

釋字第 26 號解釋

典押當業既係受主管官署管理並公開營業，其收受典押物，除有明知為贓物而故為收受之情事外，應受法律之保護。典押當業管理規則第十七條之規定，旨在調和回復請求權人與善意占有人之利害關係，與民法第九百五十條之立法精神尚無違背，自不發生與同法第九百四十九條之牴觸問題。（42、10、9）

釋字第 27 號解釋

查大法官會議第二十九次會議臨時動議第一案決議：「中央或地方機關，就其職權上適用法律或命令，對於本會議所為之解釋發生疑義，聲請解釋時，得認為合於本會議規則第四條之規定」。本件係對於本院釋字第六及第十一兩號解釋發生疑義，依照上項決議，認為應予解答。

公營事業機關服務人員均適用公務員服務法，為該法第二十四條所明定。中央信託局係國營事業機關，其依法令在該局服務人員，自屬公務員服務法上之公務員，仍應受本院釋字第六號及第十一號解釋之限制。（42、11、27）

釋字第 28 號解釋

最高法院對於非常上訴所為之判決，係屬終審判決，自有拘束該訴訟之效力。惟關於本件原附判決所持引用法條之理由，經依大法官會議規則第十七條向有關機關徵詢意見，據最高法院覆稱，該項判決係以司法院院字第二七四七號及院解字第三零零四號解釋為立論之根據。復據最高法院檢察署函復：「如該項判決所持見解，係由大院行憲前之解釋例演繹而來，亦請重為適當之解釋，以便今後統一適用」各等語。是本件係對於行憲前，本院所為上述解釋發生疑義，依四十一年八月十六日本會議第九次會議臨時動議第一案之決議，認為應予解答。

養子女與本生父母及其兄弟姊妹，原屬民法第九百六十七條所定之直系血親與旁系血親。其與養父母之關係，縱因民法第一千零七十七條所定：「除法律另有規定外，與婚生子女同」而成為擬制血親，惟其與本生父母方面之天然血親，仍屬存在。同法第一千零八十三條所稱養子女自收養關係終止時起，回復其與本生父母之關係，所謂回復者，係指回復其相互間之權利義務，其固有之天然血親，自無待於回復。

當養父母與養子女利害相反，涉及訴訟時，依民事訴訟法第五百八十二條規定，其本生父母得代爲訴訟行爲，可見雖在收養期間，本生父母對於養子女之利益，仍得依法加以保護。就本件而論，刑事訴訟法第二百十四條後段所稱被害人之血親得獨立告訴，尤無排斥其天然血親之理由。本院院字第二七四七號及院解字第三零零四號解釋，僅就養父母方面之親屬關係立論，初未涉及其與本生父母方面之法律關係，應予補充解釋。（42、12、16）

釋字第29號解釋

國民大會遇有憲法第三十條列舉情形之一，召集臨時會時，其所行使之職權，仍係國民大會職權之一部分，依憲法第二十九條召集之國民大會，自得行使之。（42、12、29）

釋字第30號解釋

憲法第七十五條雖僅限制立法委員不得兼任官吏，但並非謂官吏以外任何職務即得兼任，仍須視其職務之性質與立法委員職務是否相容。同法第二十七條規定，國民大會複決立法院所提之憲法修正案，並制定辦法行使創制、複決兩權。若立法委員得兼國民大會代表，是以一人而兼具提案與複決兩種性質不相容之職務，且立法委員既行使立法權，復可參與中央法律之創制與複決，亦顯與憲法第二十五條及第六十二條規定之精神不符，故立法委員不得兼任國民大會代表。（43、1、15）

釋字第31號解釋

憲法第六十五條規定立法委員之任期爲三年。第九十三條規定監察委員之任期爲六年。該項任期本應自其就職之日起，至屆滿憲法所定之期限爲止。惟值國家發生重大變故，事實上不能依法辦理次屆選舉時，若聽任立法、監察兩院職權之行使陷於停頓，則顯與憲法樹立五院制度之本旨相違，故在第二屆委員未能依法選出集會與召集以前，自應仍由第一屆立法委員、監察委員繼續行使其職權。（43、1、29）

釋字第32號解釋

本院釋字第十二號解釋所謂將女抱男之習慣，係指於收養同時以女妻之，而其間又無血統關係者而言。此項習慣實屬招贅行爲，並非民法上之所謂收養。至被收養爲子女後，而另行與養父母之婚生子女結婚者，自應先行終止收養關係。（43、3、26）

釋字第33號解釋

查民意代表並非監察權行使對象，業經本院釋字第十四號解釋有案。省縣議會爲民意代表機關，其由議員互選之議長，雖有處理會務之責，但其民意代表身分並無變更，應不屬憲法第九十七條第二項及第九十八條所稱之公務人員。至議長處理會務如有不當情事，應由議會本身予以制裁。（43、4、2）

釋字第34號解釋

母之養女與本身之養子係輩分不相同之擬制血親，依民法第九百八十三條第一項第二款之規定，不得結婚。本院釋字第十二號解釋與此情形有別，自不能援用。（43、4、28）

釋字第35號解釋

對人民財產爲強制執行，非有強制執行法第四條所列之執行名義，不得爲之。行政機關依法科處罰鍰之公文書，如法律定有送由法院強制執行或得移送法院辦理者，自得認爲同法第四條第六款所規定之執行名義，否則不能逕據以爲強制執行。（43、6、14）

釋字第36號解釋

稅務機關之稅戳蓋於物品上用以證明繳納稅款者，依刑法第二百二十條之規定，應以文書論。用僞造稅戳蓋於其所私宰之牛肉從事銷售，成立刑法第二百十六條之行使僞造公文書罪，應依同法第二百十一條處斷。本院院解字第三三六四號解釋所謂公印文書之印字，當係衍文。（43、6、23）

釋字第37號解釋

執行機關執行特種刑事案件沒收之財產，對於受刑人所負債務，固非當然負清償之責。惟揆諸憲法第十五條保障人民財產權之精神，如不知情之第三人，就其合法成立之債權有所主張時，依刑事訴訟法第四百七十五條之規定，應依強制執行法有關各條規定辦理。（43、7、23）

釋字第38號解釋

憲法第八十條之規定，旨在保障法官獨立審判，不受任何干涉。所謂依據法律者，係以法律爲審判之主要依據，並非除法律以外，與憲法或法律不相牴觸之有效規章，均行排斥而不用。至縣議會行使縣立法之職權時，若無憲法或其他法律之根據，不得限制人民之自由權利。（43、8、27）

釋字第39號解釋

依法應予發還當事人各種案款，經傳案及限期通告後，仍無人具領者，依本院院解字第三二三九號解釋，固應由法院保管設法發還，惟此項取回提存物之請求權，提存法既未設有規定，自應受民法第一百二十五條消滅時效規定之限制。（43、8、27）

釋字第40號解釋

行政訴訟法第一條規定，人民因中央或地方官署之違法處分，致損害其權利者，得依法定程序提起行政訴訟。是僅人民始得爲行政訴訟之原告。臺灣省物資局依其組織規程，係隸屬於臺灣省政府之官署，與本院院解字第二九九零號解釋所稱之鄉鎮自治機關不同，自不能類推適用此項解釋。至海關緝私條例第三十二條，對於提起行政訴訟之原告並無特別規定，要非官署所得引爲提起行政訴訟之根據。（43、10、6）

釋字第41號解釋

國營事業轉投於其他事業之資金，應視爲政府資本。如其數額超過其他事業資本百分之五十者，該其他事業即屬於國營事業管理法第三條第一項第三款之國營事業。（43、10、20）

釋字第42號解釋

憲法第十八條所稱之公職，涵義甚廣，凡各級民意代表、中央與地方機關之公務員，及其他依法令從事於公務者皆屬之。（43、11、17）

釋字第43號解釋

來呈所稱：原判誤被告張三爲張四，如全案關係人中，別有張四其人，而未經起訴，其判決自屬違背法令，應分別情形，依上訴非常上訴及再審各程序糾正之。如無張四其人，即與刑事訴訟法第二百四十五條之規定未符，顯係文字誤寫，而不影響於全案情節與判決之本旨，除判決宣示前，得依同法第四十條增刪予以訂正外，其經宣示或送達者，得參照民事訴訟法第二百三十二條，依刑事訴訟法第一百九十九條，由原審法院依聲請或本職權以裁定更正，以昭鄭重。（43、12、29）

釋字第44號解釋

契約當事人雙方約定以白米給付房租，核與民法第四百二十一條第二項尚無牴觸，除其他法令別有禁止之規定外，自非法所不許。（44、2、21）

釋字第45號解釋

主刑宣告緩刑之效力，依本院院字第七八一號解釋雖及於從刑，惟參以刑法第三十九條所定「得專科沒收」與第四十條所定「得單獨宣告沒收」，足證沒收雖原爲從刑，但與主刑並非有必然牽連關係。其依法宣告沒收之物，或係法定必予沒收者，或係得予沒收而經認定有沒收必要者，自與刑法第七十四條所稱以暫不執行爲適當之緩刑本旨不合，均應不受緩刑宣告之影響。（44、3、11）

釋字第46號解釋

審計部對於各機關編送之決算，有最終審定權。徵收機關核定公營事業之所得額與審計部審定同一事業之盈餘如有歧異，自應以決算書所載審計部審定之數目爲準。（44、5、9）

釋字第47號解釋

刑事訴訟法第八條之主要用意，係避免繫屬於有管轄權之數法院，對於同一案件均予審判之弊。據來呈所稱，某甲在子縣行竊，被在子縣法院提起公訴後，復在丑縣行竊，其在丑縣行竊之公訴部分，原未繫屬於子縣法院，自不發生該條之適用問題。又丑縣法院係被告所在地之法院，對於某甲在子縣法院未經審判之前次犯行，依同法第五條之規定，得併案受理，其判決確定後，子縣法院對於前一犯行公訴案件，自應依同法第二百九十四條第一款規定，諭知免訴之判決。（44、6、20）

釋字第48號解釋

一、告訴乃論之罪，其告訴不合法或依法不得告訴而告訴者，檢察官應依刑事訴訟法第二百三十四條第一項之規定爲不起訴處分。如未經告訴，自不生處分問題，院字第二二九二號解釋所謂應予變更部分，自係指告訴不合法及依法不得告訴而告訴者而言。

二、告訴不合法之案件，經檢察官爲不起訴處分後，如另有告訴權人合法告訴者，得更行起訴，不受刑事訴訟法第二百三十九條之限制。（44、7、11）

釋字第49號解釋

印花稅法所定罰鍰，係純粹行政罰。納稅義務人如有違法事實，即應依法按其情節輕重，分別科處罰鍰。其違法行爲之成立，並不以故意爲要件，本院院字第一四六四號解釋，係就當時特定情形立論，應予變更。（44、7、27）

釋字第50號解釋

頂替他人姓名而服兵役，係屬違法行爲，自難認其有軍人身分。本院院字第二六八四號解釋，仍應予以維持。（44、8、13）

釋字第51號解釋

士兵未經核准，離營已逾一個月者，依兵役法第二十條第一項第三款規定，已失現役軍人身分，如其另犯他罪，依非軍人之例，定其審判機關。本院院字第二八二二號解釋，應予變更。（44、8、13）

釋字第52號解釋

實任檢察官依法院組織法第四十條第二項規定，除轉調外，應受保障，並經本院釋字第十三號解釋有案。惟此項保障，係適用於能執行職務之檢察官，其因病請假逾一定期間，事實上不能執行職務者，在未經依據此項保障精神另定辦法前，自得依公務員請假規則第十條暫令退職。（44、8、20）

釋字第53號解釋

檢察官發見原告訴人爲誣告者，固得逕就誣告起

訴，毋庸另對被誣告人為不起訴處分。但原告訴人對原告訴事件，如有聲請時，檢察官仍應補為不起訴處分書。（44、9、23）

釋字第 54 號解釋

現行遺產稅法既無明文規定溯及既往，則該法第八條但書，對於繼承開始在該法公布以前之案件，自不適用。（44、10、24）

釋字第 55 號解釋

質權人因有民法第八百九十三條情形而拍賣質物者，仍應依照本院院字第九八零號解釋辦理。如不自行拍賣而聲請法院拍賣時，即應先取得執行名義。（44、10、24）

釋字第 56 號解釋

公務員被判褫奪公權，而其主刑經宣告緩刑者，在緩刑期內，除別有他項消極資格之限制外，非不得充任公務員。（44、11、21）

釋字第 57 號解釋

民法第一千一百四十條所謂代位繼承，係以繼承人於繼承開始前死亡或喪失繼承權者為限。來文所稱，某甲之養女乙拋棄繼承，並不發生代位繼承問題。惟該養女乙及其出嫁之女，如合法拋棄其繼承權時，其子既為民法第一千一百三十八條第一款之同一順序繼承人，依同法第一千一百七十六條第一項前段規定，自得繼承某甲之遺產。（45、1、6）

釋字第 58 號解釋

查民法第一千零八十條終止收養關係須雙方同意，並應以書面為之者，原係以昭鄭重。如養女既經養親主持與其婚生子正式結婚，則收養關係人之雙方同意變更身分，已具同條第一項終止收養關係之實質要件。縱其養親未踐行同條第二項之形式要件，旋即死亡，以致踐行該項程式陷於不能，則該養女之一方，自得依同法第一千零八十一條第六款，聲請法院為終止收養關係之裁定，以資救濟。（45、2、10）

釋字第 59 號解釋

依公司法第二十三條之規定，公司除依其他法律或公司章程規定以保證為業務者外，不得為任何保證人。公司負責人如違反該條規定，以公司名義為人保證，既不能認為公司之行為，對於公司自不發生效力。（45、3、21）

釋字第 60 號解釋

最高法院所為之確定判決有拘束訴訟當事人之效力，縱有違誤，亦僅得按照法定途徑，聲請救濟。惟本件關於可否得以上訴於第三審法院，在程序上涉及審級之先決問題，既有歧異見解，應認為合於本會議規則第四條之規定予以解答。查刑法第六十一條所列各罪之案件，經第二審判決者，不得上訴於第三審法院，刑事訴訟法第三百六十八條定有明文。倘第二審法院判決後，檢察官原未對原審法院所適用之法條有所爭執而仍上訴，該案件與其他得上訴於第三審之案件亦無牽連關係，第三審法院不依同法第三百八十七條予以駁回，即與法律上之程式未符。至案件是否屬於刑法第六十一條所列各罪之範圍，尚有爭執者，應視當事人在第二審言詞辯論終結前是否業已提出，如當事人本已主張非刑法第六十一條所列各罪，第二審仍為認係該條各罪之判決者，始得上訴於第三審法院。（45、4、2）

釋字第 61 號解釋

軍人逃亡，如僅佩帶本人符號，尚難認為與陸海空軍刑法第九十五條所謂携帶其他重要物品之情形相當，應以普通逃亡論罪。本院院字第二零四四號關於該部分之解釋，應予變更。（45、8、13）

釋字第 62 號解釋

律師法第三十七條所稱之司法人員，依律師法施行細則第十二條之規定雖列有書記官在內，然此係指依法院組織法任用，並辦理司法事務之書記官而言。主計機關派駐各法院辦理會計事務之書記官，自不包括在內。（45、8、13）

釋字第 63 號解釋

妨害國幣懲治條例第三條所稱偽造變造之幣券，係指國幣幣券而言。新臺幣為地方性之幣券，如有偽造變造情事，應依刑法處斷。（45、8、29）

編註：不同見解請參見釋字第九十九號解釋。

釋字第 64 號解釋

法律施行日期條例第一條所謂依限應到達各主管官署之日，係指依法律施行到達日期表所列之日期而言。凡明定自公布日施行之法律，除依法另有規定外，仍應自該表所列之日起發生效力。（45、9、14）

編註：中央法規標準法公布施行後，本解釋已不適用，參見該法第十三條。

釋字第 65 號解釋

監督寺廟條例第三條第二款所謂地方公共團體，係指依法令或習慣。在一定區域內，辦理公共事務之團體而言。（45、10、1）

釋字第 66 號解釋

考試法第八條第一項第二款及公務人員任用法第十七條第二款所列情事，均屬本院釋字第五十六號解釋所謂他項消極資格。其曾服公務而有貪污行為，經判決確定者，雖受緩刑之宣告，仍須俟緩刑期滿而緩刑之宣告並未撤銷時，始得應任何考試或任為公務人員。（45、11、2）

釋字第 67 號解釋

凡在政府機關，曾任薦任審計職務三年以上，經銓敘合格者，均應認為合於會計師法第二條第一項第四款之規定。（45、11、14）

釋字第 68 號解釋

凡曾參加叛亂組織者，在未經自首或有其他事實證明其確已脫離組織以前，自應認為係繼續參加。如其於民國三十八年六月二十一日懲治叛亂條例施行後，仍在繼續狀態中，則因法律之變更並不在行為之後，自無刑法第二條之適用。至罪犯赦免減刑令，原以民國三十五年十二月三十一日以前之犯罪為限，如在以後仍在繼續犯罪中，即不能援用。（45、11、26）

釋字第 69 號解釋

公務員服務法第十四條第二項，所謂依法令兼職者不得兼薪及兼領公費，當係指兼職之公務員，僅能支領本職之薪及公費而言。其本職無公費而兼職有公費者，自得支領兼職之公費。（45、12、5）

釋字第 70 號解釋

養子女與養父母之關係為擬制血親，本院釋字第二十八號解釋已予說明。關於繼承人在繼承開始前死亡時之繼承問題，與釋字第五十七號解釋，繼承人拋棄繼承之情形有別。來文所稱，養子女之婚生子女、養子女之養子女，以及婚生子女之養子女，均得代位繼承。至民法第一千零七十七條所謂法律另有規定者，係指法律對於擬制血親定有例外之情形而言，例如同法第一千一百四十二條第二項之規定是。（45、12、17）

釋字第 71 號解釋

本院釋字第六號及第十一號解釋，係依公務員服務法第十四條第一項所定限制而為解釋。如公務員於公餘兼任外籍機構臨時工作，祗須其工作與本職之性質或尊嚴有妨礙者，無論是否為通常或習慣上所稱之業務，均應認為該條精神之所不許。（46、1、9）

釋字第 72 號解釋

商標局應送達於呈請人或關係人之書件，如呈請人或關係人係在淪陷區域，即屬無從送達之件，自得依商標法施行細則第三十條第二項之規定，於公報公示之。（46、1、23）

釋字第 73 號解釋

依公司法組織之公營事業，縱於移轉民營時，已確定其盈虧及一切權利義務之移轉日期，仍應俟移轉後之民股超過百分之五十以上時，該事業方得視為民營。惟在尚未實行交接之前，其原有依法令服務之人員，仍係刑法上之公務員。（46、3、13）

釋字第 74 號解釋

國民大會代表，係各在法定選舉單位當選，依法集會，代表全國國民行使政權；而省縣議會議員乃分別依法集會，行使屬於各該省縣之立法權。為貫徹憲法分別設置各級民意機關賦予不同職權之本旨，國民大會代表自不得兼任省縣議會議員。（46、3、22）

釋字第 75 號解釋

查制憲國民大會，對於國民大會代表不得兼任官吏，及現任官吏不得當選為國民大會代表之主張，均未採納；而憲法第二十八條第三項，僅限制現任官吏不得於其任所所在地之選舉區，當選為國民大會代表。足見制憲當時，並無限制國民大會代表兼任官吏之意，故國民大會代表非不得兼任官吏。（46、4、8）

釋字第 76 號解釋

我國憲法係依據　孫中山先生之遺教而制定，於國民大會外，並建立五院，與三權分立制度本難比擬。國民大會代表全國國民行使政權，立法院為國家最高立法機關，監察院為國家最高監察機關，均由人民直接間接選舉之代表或委員所組成。其所分別行使之職權，亦為民主國家國會重要之職權。雖其職權行使之方式，如每年定期集會、多數開議、多數決議等，不盡與各民主國家國會相同，但就憲法上之地位及職權之性質而言，應認國民大會、立法院、監察院共同相當於民主國家之國會。（46、5、3）

編註：本解釋於監察院部分依釋字第三二五號解釋應不再適用。

釋字第 77 號解釋

憲法第一百六十四條所謂教育科學文化之經費，在市縣不得少於其預算總額百分之三十五，原係指編製預算時，在歲出總額所佔之比例數而言。至追加預算，實因預算執行中，具有預算法第五十三條所定情事，始得提出者，自不包括在該項預算總額之內。（46、6、24）

釋字第 78 號解釋

耕地租約在租佃期限未屆滿前，非有耕地三七五減租條例第十七條所定各款情形，不得終止。如承租人自動放棄耕作權時，依同條第二款規定，亦須確有因遷徙或轉業之正當事由。（46、8、9）

釋字第 79 號解釋

本院釋字第六十七號解釋，所謂銓敘合格一語，係指經銓敘部銓敘合格者而言。其在國防部擔任薦任審計職務三年以上，並經銓敘部審查登記者，亦應認為合於會計師法第二條第一項第四款之規定。（46、10、7）

釋字第 80 號解釋

一、參加叛亂組織案件。在戒嚴地域犯之者。依懲治叛亂條例第十條後段之規定。既不論身分。概由軍事機關審判。則有無參加叛亂組織及是否繼續之事實。均應由有權審判之軍事機關認定之。

二、本院釋字第六十八號解釋，係爲曾參加叛亂組織，未經自首或無其他事實證明其確已脫離組織者而發。如已由有權審判之軍事機關，認其不屬於懲治叛亂條例上之犯罪，自不適用。（47、11、26）

釋字第 81 號解釋

民營公司之董事、監察人及經理人所執行之業務，應屬於憲法第一百零三條所稱執行業務範圍之內。（47、12、17）

釋字第 82 號解釋

僞造公印，刑法第二百十八條既有獨立處罰之規定，且較刑法第二百十二條之處罰爲重，則於僞造刑法第二百十二條之文書同時僞造公印者，即難僅論以該條之罪，而置刑法第二百十八條處刑較重之罪於不問。本院院解字第三零二零號第三項解釋，於立法本旨並無違背，尙無變更之必要。（48、6、17）

釋字第 83 號解釋

地方法院所在地有代理國庫之銀行時，法院收受提存之金錢、有價證券或貴重物品，應交由該銀行之國庫部門保管，並依提存法第八條之規定，給付利息。（48、10、21）

釋字第 84 號解釋

公務員依刑事確定判決，受褫奪公權刑之宣告者，雖同時諭知緩刑，其職務亦當然停止。（48、12、2）

釋字第 85 號解釋

憲法所稱國民大會代表總額，在當前情形，應以依法選出，而能應召集會之國民大會代表人數，爲計算標準。（49、2、12）

釋字第 86 號解釋

憲法第七十七條所定司法院爲國家最高司法機關，掌理民事、刑事訴訟之審判，係指各級法院民事、刑事訴訟之審判而言。高等法院以下各級法院及分院，既分掌民事、刑事訴訟之審判，自亦應隸屬於司法院。（49、8、15）

釋字第 87 號解釋

收養子女，違反民法第一千零七十三條收養者之年齡應長於被收養者二十歲以上之規定者，僅得請求法院撤銷之，並非當然無效。本院院解字第三一二零號第五項，就此部分所爲之解釋，應予維持。（49、12、9）

釋字第 88 號解釋

民法第七百二十五條所定之公示催告程序，乃以保障無記名證券合法持有人之利益。中華民國四十八年短期公債發行條例第三條，僅有「不得掛失」之規定，自不能據以排除上開民法條文之適用。（49、12、21）

釋字第 89 號解釋

行政官署依臺灣省放領公有耕地扶植自耕農實施辦法，將公有耕地放領於人民，其因放領之撤銷或解除所生之爭執，應由普通法院管轄。（50、2、10）

釋字第 90 號解釋

一、憲法上所謂現行犯，係指刑事訴訟法第八十八條第二項之現行犯，及同條第三項以現行犯論者而言。

二、遇有刑事訴訟法第八十八條所定情形，不問何人，均得逕行逮捕之，不以有偵查權人未曾發覺之犯罪爲限。

三、犯瀆職罪收受之賄賂，應認爲刑事訴訟法第八十八條第三項第二款所稱之贓物。賄賂如爲通貨，依一般觀察可認爲因犯罪所得，而其持有並顯可疑爲犯罪人者，亦有上述條款之適用。（50、4、26）

釋字第 91 號解釋

養親死亡後，養子女之一方無從終止收養關係，不得與養父母之婚生子女結婚。但養親收養子女時，本有使其與婚生子女結婚之眞意者，不在此限。（50、6、21）

釋字第 92 號解釋

公營事業機關代表民股之董事、監察人，應有公務員服務法之適用。（50、8、16）

釋字第 93 號解釋

輕便軌道，除係臨時敷設者外，凡繼續附着於土地，而達其一定經濟上之目的者，應認爲不動產。（50、12、6）

釋字第 94 號解釋

公務員因同一行爲經宣告褫奪公權者，其應受撤職之懲戒處分，已爲褫奪公權所吸收，初非無律師法第二條第四款之適用，本院院字第二六五八號解釋應予補充。（51、2、14）

釋字第 95 號解釋

公務人員任用法第十七條第二款所定之限制，即在任用後發生者，亦有其適用。（51、2、28）

釋字第 96 號解釋

刑法第一百二十二條第三項之行賄行爲，性質上不屬於瀆職罪，其幫助或教唆者亦同。（51、6、27）

釋字第97號解釋
行政官署對於人民所為之行政處分，製作以處分為內容之通知。此項通知，原為公文程式條例所稱處理公務文書之一種，除法律別有規定者外，自應受同條例關於公文程式規定之適用及限制，必須其文書本身具備法定程式，始得謂為合法之通知。（51、9、7）

釋字第98號解釋
裁判確定後另犯他罪，不在數罪併罰規定之列。雖緩刑期內更犯者，其所科之刑，亦應於緩刑撤銷後，合併執行。（51、10、17）

釋字第99號解釋
臺灣銀行發行之新臺幣，自中央銀行委託代理發行之日起，如有偽造變造等行為者，亦應依妨害國幣懲治條例論科。（51、12、19）

釋字第100號解釋
公司法第二百四十六條第二項及第二百六十四條所定股東會之出席股東人數與表決權數，均係指所需之最低額而言。如公司訂立章程規定股東出席人數及表決權數，較法定所需之最低額為高時，自非法所不許。（52、2、27）

釋字第101號解釋
本院釋字第九十二號解釋，所稱公營事業機關代表民股之董事、監察人，應有公務員服務法之適用者，係指有俸給之人而言。（52、5、22）

釋字第102號解釋
船舶發生海難，輪船公司董事長、總經理，並不因頒發開航通知書，而當然負刑法上業務過失責任。但因其過失催促開航，致釀成災害者，不在此限。（52、8、14）

釋字第103號解釋
行政院依懲治走私條例第二條第二項專案指定管制物品及其數額之公告，其內容之變更，對於變更前走私行為之處罰，不能認為有刑法第二條之適用。（52、10、23）

釋字第104號解釋
商標法第二條第八款所稱世所共知，係指中華民國境內，一般所共知者而言。（53、3、11）

釋字第105號解釋
出版法第四十條、第四十一條所定定期停止發行或撤銷登記之處分，係為憲法第二十三條所定必要情形，而對於出版自由所設之限制，由行政機關逕行處理，以貫徹其限制之目的，尚難認為違憲。（53、10、7）

釋字第106號解釋
國家總動員法第十六條、第十八條所得加以限制之規定，並非僅指政府於必要時，祇能對全體人民或全體銀行、公司、工廠之行使債權履行債務加以限制，亦得對特定地區或特種情形之某種事業為之。行政院依上開法條規定頒發重要事業救濟令，明定凡合於該令所定情形及所定種類事業之股份有限公司，均得適用，尚難認為於法有違。至對於債權行使及債務履行所加限制之範圍，雖應按實際情形處理，難有具體標準，然應以達成該法所定任務之必要者為其限度。（54、2、12）

釋字第107號解釋
已登記不動產所有人之回復請求權，無民法第一百二十五條消滅時效規定之適用。（54、6、16）

釋字第108號解釋
告訴乃論之罪，其犯罪行為有連續或繼續之狀態者，其六個月之告訴期間，應自得為告訴之人，知悉犯人最後一次行為或行為終了之時起算。本院院字第一二三二號解釋應予變更。（54、7、28）

釋字第109號解釋
以自己共同犯罪之意思，參與實施犯罪構成要件以外之行為，或以自己共同犯罪之意思，事先同謀，而由其中一部分人實施犯罪之行為者，均為共同正犯。本院院字第一九〇五號、第二〇三〇號之一、第二二〇二號前段等解釋，其旨趣尚屬一致。（54、11、3）

釋字第110號解釋
一、需用土地人及土地所有人對於被徵收土地之應補償費額，均未表示異議者，主管地政機關不得援用土地法第二百四十七條逕自廢棄原公告之估定地價，而提交標準地價評議委員會評定之。
二、需用土地人不於公告完畢後十五日內，將應補償地價及其他補償費額繳交主管地政機關發給完竣者，依照本院院字第二七〇四號解釋，其徵收土地核准案固應從此失其效力。但於上開期間內，因對補償之估定有異議，而由該管市縣地政機關依法提交標準地價評議委員會評定，或經土地所有人同意延期繳交有案者，不在此限。
三、徵收土地補償費額經標準地價評議委員會評定後，應由主管地政機關即行通知需用土地人，並限期繳交轉發土地所有人，其限期酌量實際情形定之，但不得超過土地法第二百三十三條所規定十五日之期限。（54、12、29）

釋字第111號解釋
本院院解字第三八二七號解釋所稱，認為聲請退休或命令退休，僅就其事件在中華民國三十二年

公布之公務員退休法施行中發生者，有其適用。（55、1、5）

釋字第 112 號解釋

行政官署對於違反行政執行法第四條所定行爲或不行爲義務者，經依該法規定反覆科處罰鍰，而仍不履行其義務時，尚非該法第十一條所稱不能行間接強制處分。自難據以逕行直接強制處分。（55、4、27）

釋字第 113 號解釋

雇員之管理，除法令別有規定外，準用公務員服務法之規定。本院院解字第二九零三號所爲雇員不受公務員服務法第十三條第一項限制之解釋，不再有其適用。（55、5、11）

釋字第 114 號解釋

公務員懲戒法第四條第二項所定休職期滿之復職，不因其在懲戒處分議決前，曾被停止職務，而排除其適用。（55、7、6）

釋字第 115 號解釋

政府依實施耕者有其田條例所爲之耕地徵收與放領，人民僅得依行政救濟程序請求救濟，不得以其權利受有損害爲理由，提起民事訴訟，請求返還土地。普通法院對此事件所爲之相反判決不得執行。（55、9、16）

釋字第 116 號解釋

支付國外廠商分期付款，訂有利息者，其利息所得，仍應由扣繳義務人於給付時扣繳應納稅款。（55、9、30）

釋字第 117 號解釋

第一屆國民大會代表出缺遞補補充條例第三條第一款及第四條之規定，與憲法尚無牴觸。（55、11、9）

釋字第 118 號解釋

本院釋字第四十三號解釋之更正裁定，不以原判決推事之參與爲必要。（55、12、7）

釋字第 119 號解釋

所有人於其不動產上設定抵押權後，復就同一不動產上與第三人設定典權，抵押權自不因此而受影響。抵押權人屆期未受清償，實行抵押權拍賣抵押物時，因有典權之存在，無人應買或出價不足清償抵押債權，執行法院得除去典權負擔，重行估價拍賣。拍賣之結果，清償抵押債權有餘時，典權人之典價，對於登記在後之權利人，享有優先受償權。執行法院於發給權利移轉證書時，依職權通知地政機關塗銷其典權之登記。（56、2、1）

釋字第 120 號解釋

新聞紙雜誌發行人執行之業務，應屬於憲法第一百零三條所稱業務範圍之內。（56、3、1）

釋字第 121 號解釋

刑法第四十一條之易科罰金，第四十二條第二項之易服勞役，其折算一日之原定金額，如依戡亂時期罰金罰鍰裁判費執行費公證費提高標準條例提高二倍，應爲以三元、六元或九元折算一日。（56、5、10）

釋字第 122 號解釋

地方議會議員在會議時所爲之言論，應如何保障，憲法未設有規定。本院院解字第三七三五號解釋，尚不發生違憲問題。（56、7、5）

釋字第 123 號解釋

審判中之被告經依法通緝者，其追訴權之時效，固應停止進行，本院院字第一九六三號解釋並未有所變更。至於執行中之受刑人經依法通緝，不能開始或繼續執行時，其行刑權之時效亦應停止進行，但仍須注意刑法第八十五條第三項之規定。（57、7、10）

釋字第 124 號解釋

依耕地三七五減租條例第十五條第一項之規定，承租人於耕地出賣或出典時，有優先承受之權。必須出租人將賣典條件以書面通知承租人後，始有表示承受或放棄承受之可言。此項規定，自不因承租人事先有拋棄優先承受權之意思表示而排除其適用。（57、8、23）

釋字第 125 號解釋

依耕地三七五減租條例訂立之租約，在租佃期限未屆滿前，得終止之情形，同條例第十七條已有規定，無土地法第一百十四條及民法第四百三十八條有關終止租約規定之適用。（57、10、30）

釋字第 126 號解釋

依照貨物稅條例，新稅貨物有市場批發價格者，其完稅價格爲未經含有稅款及運費之出廠價格。其無市場批發價格，而由產製廠商所支出之運費已包含於出廠價格之內者，其完稅價格，自不得扣除是項運費計算課徵。（58、2、21）

釋字第 127 號解釋

公務人員犯貪污罪，緩刑期滿，緩刑之宣告未經撤銷，或犯他罪，刑期執行完畢始被發覺者，均仍應予免職。（58、9、5）

釋字第 128 號解釋

行政機關就耕地三七五減租條例第十九條所爲耕地准否收回自耕之核定與調處，出租人、承租人如有不服，應循行政訟爭程序請求救濟。（59、4、17）

釋字第 129 號解釋

未滿十四歲人參加叛亂組織，於滿十四歲時，尚

未經自首，亦無其他事實證明其確已脫離者，自應負刑事責任。本院釋字第六十八號解釋並應有其適用。（59、10、30）

釋字第 130 號解釋

憲法第八條第二項所定「至遲於二十四小時內移送」之時限，不包括因交通障礙，或其他不可抗力之事由所生不得已之遲滯，以及在途解送等時間在內。惟其間不得有不必要之遲延，亦不適用訴訟法上關於扣除在途期間之規定。（60、5、21）

釋字第 131 解釋

公務員服務法上之公務員，不得兼任私立學校之董事長或董事，但法律或命令規定得兼任者，不在此限。本院院字第二三二〇號解釋應予補充釋明。（60、9、24）

釋字第 132 號解釋

本院釋字第三十九號解釋所謂之提存，不包括債務人爲債權人依民法第三百二十六條所爲之清償提存在內。惟清償提存人如依法得取回其提存物時，自仍有民法第一百二十五條規定之適用。（61、2、11）

釋字第 133 號解釋

本院院解字第三五三四號解釋所稱「免除其刑」，係指因赦免權作用之減刑，而免除其刑者而言，不包括其他之免除其刑在內。（61、6、9）

釋字第 134 號解釋

自訴狀應按被告人數提出繕本，其未提出而情形可以補正者，法院應以裁定限期補正，此係以書狀提起自訴之法定程序，如故延不遵，應諭知不受理之判決。惟法院未將其繕本送達於被告，而被告已受法院告知自訴內容，經爲合法之言詞辯論時，即不得以自訴狀繕本之未送達而認爲判決違法。本院院字第一三二〇號解釋之㈡應予補充釋明。（61、12、1）

釋字第 135 號解釋

民刑事訴訟案件下級法院之判決，當事人不得聲明不服而提出不服之聲明，或未提出不服之聲明而上級法院誤予廢棄或撤銷發回更審者，該項上級法院之判決及發回更審後之判決，均屬重大違背法令，固不生效力，惟既具有判決之形式，得分別依上訴、再審、非常上訴及其他法定程序辦理。（62、6、22）

釋字第 136 號解釋

假扣押假處分之執行，得依民事訴訟費用法第二十三條之規定，徵收執行費，於本案確定執行徵收執行費時，予以扣除，本院院解字第三九九一號解釋應予變更。（62、8、3）

釋字第 137 號解釋

法官於審判案件時，對於各機關就其職掌所作有關法規釋示之行政命令，固未可逕行排斥而不用，但仍得依據法律表示其合法適當之見解。（62、12、14）

釋字第 138 號解釋

案經提起公訴或自訴，且在審判進行中，此時追訴權既無不行使之情形，自不發生時效進行之問題。（63、5、10）

釋字第 139 號解釋

不動產所有人於同一不動產設定典權後，在不妨害典權之範圍內，仍得爲他人設定抵押權。本院院字第一九二號解釋毋庸變更。（63、10、4）

釋字第 140 號解釋

案經起訴繫屬法院後，復由檢察官違法從實體上予以不起訴處分，經告訴人合法聲請再議，上級法院首席檢察官或檢察長，應將原不起訴處分撤銷。（63、11、15）

釋字第 141 號解釋

共有之房地，如非基於公同關係而共有，則各共有人自得就其應有部分設定抵押權。（63、12、13）

釋字第 142 號解釋

營利事業匿報營業額逃漏營業稅之事實，發生在民國五十四年十二月三十日修正營業稅法全文公布施行生效之日以前者，自該日起五年以內未經發現，以後即不得再行課徵。（64、2、7）

釋字第 143 號解釋

關於購買火車票轉售圖利是否構成詐欺罪，要應視其實際有無以詐術使人陷於錯誤，具備詐欺罪之各種構成要件而定。如自己並不乘車，而混入旅客群中買受車票，並以之高價出售者，仍須視其實際是否即係使用詐術，使售票處因而陷于錯誤，合於詐欺罪之各種構成要件以爲斷。本院院解字第二九二〇號暨第三八〇八號解釋據來文所稱之套購，應係意指使用詐術之購買而言。惟後一解釋，重在對於旅客之詐財；前一解釋，重在對於售票處之詐欺得利；故應分別適用刑法第三百三十九條第一項及第二項之規定。（64、6、20）

釋字第 144 號解釋

數罪併罰中之一罪，依刑法規定得易科罰金，若因與不得易科之他罪併合處罰結果，而不得易科罰金時，原可易科部分所處之刑，自亦無庸爲易科折算標準之記載。（64、12、5）

釋字第 145 號解釋

本院院字第二〇三三號解釋所謂多數人，係包括

特定之多數人在內，至其人數應視立法意旨及實際情形已否達於公然之程度而定。應予補充釋明。（65、4、30）

釋字第 146 號解釋

刑事判決確定後，發見該案件認定犯罪事實與所採用證據顯屬不符，自屬審判違背法令，得提起非常上訴；如具有再審原因者，仍可依再審程序聲請再審。（65、7、23）

釋字第 147 號解釋

夫納妾，違反夫妻互負之貞操義務，在是項行為終止以前，妻主張不履行同居義務，即有民法一千零一條但書之正當理由；至所謂正當理由，不以與同法第一千零五十二條所定之離婚原因一致為必要。本院院字第七七〇號解釋㈡所謂妻請求別居，即係指此項情事而言，非謂提起別居之訴，應予補充解釋。（65、12、24）

釋字第 148 號解釋

主管機關變更都市計劃，行政法院認非屬於對特定人所為之行政處分，人民不得對之提起行政訴訟，以裁定駁回。該項裁定，縱與同院判例有所未合，尚不發生確定終局裁判適用法律或命令是否牴觸憲法問題。（66、5、6）

釋字第 149 號解釋

當事人對於更審判決提起上訴時，其第一次上訴應繳之裁判費尚未繳納或未繳足額，法院應向第一次上訴人徵足。如於該事件之裁判有執行力後，仍未繳足，應依職權以裁定確定裁判費之數額，命負擔訴訟費用之一造補繳之。本院院解字第二九三六號解釋㈡有關裁判費部分，應予補充。（66、6、17）

釋字第 150 號解釋

動員戡亂時期臨時條款第六項，並無變更憲法所定中央民意代表任期之規定。行政院有關第一屆立法委員遇缺停止遞補之命令，與憲法尚無牴觸。（66、9、16）

釋字第 151 號解釋

查帳徵稅之產製機車廠商所領蓋有「查帳徵稅代用」戳記之空白完稅照，既係暫代出廠證使用，如有遺失，除有漏稅情事者，仍應依法處理外，依租稅法律主義，稅務機關自不得比照貨物稅稽徵規則第一百二十八條關於遺失查驗證之規定補徵稅款。（66、12、23）

釋字第 152 號解釋

刑法第五十六條所謂「同一之罪名」，係指基於概括之犯意，連續數行為，觸犯構成犯罪要件相同之罪名者而言。本院院字第二一八五號解釋，關於「同一之罪名」之認定標準及成立連續犯之各例，與上開意旨不合部分應予變更。（67、5、12）

釋字第 153 號解釋

提起抗告，未繳納裁判費者，審判長應定期命其補正，不得逕以裁定駁回。最高法院五十年台抗字第二四二號判例，雖與此意旨不符，惟法院就本案訴訟標的未為裁判，當事人依法既得更行起訴，則適用上開判例之確定裁定，尚不發生確定終局裁判所適用之法律或命令是否牴觸憲法問題。（67、7、7）

釋字第 154 號解釋

行政法院四十六年度裁字第四十一號判例所稱：「行政訴訟之當事人對於本院所為裁定，聲請再審，經駁回後，不得復以同一原因事實，又對駁回再審聲請之裁定，更行聲請再審。」旨在遏止當事人之濫訴，無礙訴訟權之正當行使，與憲法並無牴觸。（67、9、29）

釋字第 155 號解釋

考試院為國家最高考試機關，得依其法定職權訂定考試規則及決定考試方式；「六十三年特種考試臺灣省基層公務人員考試規則」第八條關於實習之規定暨「六十三年特種考試臺灣省基層公務人員考試錄取人員實習辦法」之核定，均未逾越考試院職權之範圍，對人民應考試之權亦無侵害，與憲法並不牴觸。（67、12、22）

釋字第 156 號解釋

主管機關變更都市計畫，係公法上之單方行政行為，如直接限制一定區域內人民之權利、利益或增加其負擔，即具有行政處分之性質，其因而致特定人或可得確定之多數人之權益遭受不當或違法之損害者，自應許其提起訴願或行政訴訟以資救濟，本院釋字第一四八號解釋，應予補充釋明。（68、3、16）

釋字第 157 號解釋

私立學校法施行後，對於私立學校不具監督權之公務員，除法律或命令另有規定外，亦不得兼任私立學校之董事長或董事。本院釋字第一三一號解釋，仍應有其適用。（68、4、13）

釋字第 158 號解釋

行賄行為，不論行賄人之身分如何，其性質均與貪污行為有別，不適用公務人員任用法第十五條第二款之規定，本院釋字第九十六號解釋仍予維持。（68、6、22）

釋字第 159 號解釋

刑事訴訟法第三百十五條所定：「將判決書全部或一部登報，其費用由被告負擔」之處分，法院應以裁定行之。如被告延不遵行，由檢察官準用同法第四百七十條及第四百七十一條之規定執行。本院院字第一七四四號解釋，應予補充。

（68、9、21）

釋字第 160 號解釋

民事訴訟法第四百六十六條第一項：「對於財產權上訴之第二審判決，如因上訴所得受之利益，不逾八千元者，不得上訴」之規定，與憲法並無牴觸。（68、12、21）

釋字第 161 號解釋

中央法規標準法第十三條所定法規生效日期之起算，應將法規公布或發布之當日算入。（69、1、18）

釋字第 162 號解釋

一、行政法院院長、公務員懲戒委員會委員長，均係綜理各該機關行政事務之首長，自無憲法第八十一條之適用。

二、行政法院評事、公務員懲戒委員會委員，就行政訴訟或公務員懲戒案件，分別依據法律，獨立行使審判或審議之職權，不受任何干涉，依憲法第七十七條、第八十條規定，均應認係憲法上所稱之法官。其保障，應本發揮司法功能及保持法官職位安定之原則，由法律妥為規定，以符憲法第八十一條之意旨。（69、4、25）

釋字第 163 號解釋

出租耕地經依法編為建築用地者，出租人為收回自行建築或出售作為建築使用，而終止租約時，依法給與承租人該土地地價三分之一之補償金，於依具體事實，扣除必要費用及實際所受損失後，如仍有所得，應依所得稅法第十四條第一項第九類課徵所得稅。（69、6、20）

釋字第 164 號解釋

已登記不動產所有人之除去妨害請求權，不在本院釋字第一〇七號解釋範圍之內，但依其性質，亦無民法第一百二十五條消滅時效規定之適用。（69、7、18）

釋字第 165 號解釋

地方議會議員在會議時就有關會議事項所為之言論，應受保障，對外不負責任。但就無關會議事項所為顯然違法之言論，仍難免責。本院釋字第一二二號解釋，應予補充。（69、9、12）

釋字第 166 號解釋

違警罰法規定，由警察官署裁決之拘留、罰役、係關於人民身體自由所為之處罰，應迅改由法院依法定程序為之，以符憲法第八條第一項之本旨。（69、11、7）

釋字第 167 號解釋

有限公司依公司法規定變更其組織為股份有限公司，其法人人格之存續不受影響，就該公司之不動產權利變更為股份有限公司之名義時，無契稅條例第二條第一項之適用。依租稅法律主義，自不應課徵契稅。但非依法變更組織者，其不動產權利之移轉，不在此限。（70、3、13）

釋字第 168 號解釋

已經提起公訴或自訴之案件，在同一法院重行起訴者，應諭知不受理之判決，刑事訴訟法第三百零三條第二款，定有明文。縱先起訴之判決，確定在後，如判決時，後起訴之判決，尚未確定，仍應就後起訴之判決，依非常上訴程序，予以撤銷，諭知不受理。（70、5、8）

釋字第 169 號解釋

聲請人指為違憲之命令，於其請求裁判之事項發生時，業經廢止者，該命令既已失其效力，縱令法院採為裁判之依據，亦僅係可否依訴訟程序請求救濟，尚不發生是否牴觸憲法問題。（70、7、31）

釋字第 170 號解釋

行政訴訟法第十四條第一項：「行政法院審查訴狀，認為不應提起行政訴訟或違背法定程序者，應附理由以裁定駁回之」之規定，與憲法第十六條並無牴觸。（70、9、25）

釋字第 171 號解釋

民法第一千零九十條：「父母濫用其對於子女之權利時，其最近尊親屬或親屬會議，得糾正之。糾正無效時，得請求法院宣告停止其權利之全部或一部」之規定，所稱其最近尊親屬之「其」字，係指父母本身而言，本院院字第一三九八號解釋，應予維持。（70、10、23）

釋字第 172 號解釋

內政部令頒「更正戶籍登記出生年月日辦法」第三條第一項第六款及同條第二項，申請更正戶籍登記之出生年月日所提出之其他足資證明文件，以可資採信之原始證件為限之規定，旨在求更正之正確，並未逾越內政部法定職權，對憲法所保障人民之工作權及服公職之權，亦無侵害，尚難謂為與憲法有何牴觸。（70、12、18）

釋字第 173 號解釋

土地為無償移轉者，土地增值稅之納稅義務人為取得所有權人，土地稅法第五條第一項第二款定有明文。共有土地之分割，共有人因分割所取得之土地價值，與依其應有部分所算得之價值較少而未受補償時，自屬無償移轉之一種，應向取得土地價值增多者，就其增多部分課徵土地增值稅。財政部㈥台財稅第三四八九六號函，關於徵收土地增值稅之部分，與首開規定並無不符，亦難認為與憲法第十九條有所牴觸。（71、3、5）

釋字第 174 號解釋

本院解釋，其所依據之法令內容變更者，在未經變更解釋前，若新舊法令之立法本旨一致，法理相同，解釋之事項尚存或解釋之內容有補充新法之功用者，仍有其效力。依法令從事公務之人員侵占職務上持有之非公用私有財物者，爲貪污行爲，應分別按戡亂時期貪污治罪條例第六條第三款或第四款論罪。如其情節輕微，而其所得或所圖得財物在三千元以下者，應有同條例第十二條第一項之適用。本院院解字第三〇八〇號及院解字第三〇一五號解釋，應予補充解釋。（71、4、16）

釋字第175號解釋

司法院爲國家最高司法機關，基於五權分治彼此相維之憲政體制，就其所掌有關司法機關之組織及司法權行使之事項，得向立法院提出法律案。（71、5、25）

釋字第176號解釋

刑法第五條第五款所列第二百十六條之罪，不包括行使第二百十條、第二百十二條及第二百十五條之文書，但包括行使第二百十三條之文書。（71、8、13）

釋字第177號解釋

確定判決消極的不適用法規，顯然影響裁判者，自屬民事訴訟法第四百九十六條第一項第一款所定適用法規顯有錯誤之範圍，應許當事人對之提起再審之訴，以貫徹憲法保障人民權益之本旨。最高法院六十年度台再字第一七〇號判例，與上述見解未洽部分，應不予援用。惟確定判決消極的不適用法規，對於裁判顯無影響者，不得據爲再審理由，就此而言，該判例與憲法並無牴觸。本院依人民聲請所爲之解釋，對聲請人據以聲請之案件，亦有效力。（71、11、5）

釋字第178號解釋

刑事訴訟法第十七條第八款所稱推事曾參與前審之裁判，係指同一推事，就同一案件，曾參與下級審之裁判而言。（71、12、31）

釋字第179號解釋

民事訴訟法施行法第九條所定上訴人有律師爲訴訟代理人，而未繳納裁判費者，法院得不定期間命其補正。乃在避免延滯訴訟，與人民訴訟權之行使及人民在法律上地位之平等，尚無妨礙。對於第三審或第二審確定判決提起再審之訴，應否準用上開規定，係裁判上適用法律之問題，要難認爲牴觸憲法。（72、2、25）

釋字第180號解釋

平均地權條例第四十七條第二項、土地稅法第三十條第一項關於土地增值稅徵收及土地漲價總數額計算之規定，旨在使土地自然漲價之利益歸公，與憲法第十五條、第十九條及第一百四十三條並無牴觸。惟是項稅款，應向獲得土地自然漲價之利益者徵收，始合於租稅公平之原則。（72、5、6）

釋字第181號解釋

非常上訴，乃對於審判違背法令之確定判決所設之救濟方法。依法應於審判期日調查之證據，未予調查，致適用法令違誤，而顯然於判決有影響者，該項確定判決，即屬判決違背法令，應有刑事訴訟法第四百四十七條第一項第一款規定之適用。（72、7、1）

釋字第182號解釋

強制執行程序開始後，除法律另有規定外，不停止執行，乃在使債權人之債權早日實現，以保障人民之權利。最高法院六十三年度台抗字第五十九號判例，認債務人或第三人不得依假處分程序聲請停止執行，係防止執行程序遭受阻礙。抵押人對法院許可拍賣抵押物之裁定，主張有不得強制執行之事由而提起訴訟時，亦得依法聲請停止執行，從而上開判例即不能謂與憲法第十六條有所牴觸。（72、8、26）

釋字第183號解釋

本院釋字第一七七號解釋文所稱「本院依人民聲請所爲之解釋」，係指人民依司法院大法官會議法第四條第一項第二款之規定，聲請所爲之解釋而言。至本院就中央或地方機關行使職權適用憲法、法律或命令發生疑義或爭議時，依其聲請所爲解釋之效力，係另一問題。（72、10、7）

釋字第184號解釋

地方政府依審計法第三十四條第四項規定編製之年度總決算，經審計機關審核後所提出之審核報告，地方各級議會準用決算法第二十七條對之審議時，固得通知審計機關提供資料，但不包括審計機關依審計法第三十六條及第七十一條審定之原始憑證在內。（72、12、23）

釋字第185號解釋

司法院解釋憲法，並有統一解釋法律及命令之權，爲憲法第七十八條所明定。其所爲之解釋，自有拘束全國各機關及人民之效力，各機關處理有關事項，應依解釋意旨爲之，違背解釋之判例，當然失其效力。確定終局裁判所適用之法律或命令，或其適用法律、命令所表示之見解，經本院依人民聲請解釋認爲與憲法意旨不符，其受不利確定終局裁判者，得以該解釋爲再審或非常上訴之理由，已非法律見解歧異問題。行政法院六十二年判字第六一〇號判例，與此不合部分應不予援用。（73、1、27）

釋字第186號解釋

宣告股票無效之除權判決經撤銷後，原股票應回復其效力。但發行公司如已補發新股票，並經善意受讓人依法取得股東權時，原股票之效力，即難回復。其因上述各情形喪失權利而受損害者，得依法請求損害賠償或為不當得利之返還。本院院字第二八一一號解釋，應予補充。（73、3、9）

釋字第 187 號解釋

公務人員依法辦理退休請領退休金，乃行使法律基於憲法規定所賦予之權利，應受保障。其向原服務機關請求核發服務年資或未領退休金之證明，未獲發給者，在程序上非不得依法提起訴願或行政訴訟。本院院字第三三九號及院字第一二八五號解釋有關部分，應予變更。行政法院五十年判字第九十八號判例，與此意旨不合部分，應不再援用。（73、5、18）

釋字第 188 號解釋

中央或地方機關就其職權上適用同一法律或命令發生見解歧異，本院依其聲請所為之統一解釋，除解釋文內另有明定者外，應自公布當日起發生效力。各機關處理引起歧見之案件及其同類案件，適用是項法令時，亦有其適用。惟引起歧見之該案件，如經確定終局裁判，而其適用法令所表示之見解，經本院解釋為違背法令之本旨時，是項解釋自得據為再審或非常上訴之理由。（73、8、3）

釋字第 189 號解釋

臺灣省工廠工人退休規則關於工人自願退休之規定，與憲法尚無牴觸。（73、10、5）

釋字第 190 號解釋

平均地權條例第四十八條第二款之規定，旨在促使納稅義務人按期納稅，防止不實之申報，以達漲價歸公之目的，與憲法第十五條、第十九條及第一百四十三條第三項各規定，均無牴觸。（73、11、2）

釋字第 191 號解釋

行政院衛生署於六十九年七月十八日所發衛署藥字第二八六四〇三號函，關於藥師開設藥局從事調劑外，並經營藥品之販賣業務者，應辦理藥商登記及營利事業登記之命令，旨在管理藥商、健全藥政，對於藥師之工作權尚無影響，與憲法第十五條並無牴觸。（73、11、30）

釋字第 192 號解釋

法院命補繳裁判費，係訴訟程序進行中所為之裁定，依民事訴訟法第四百八十三條規定不得抗告之判例，乃在避免訴訟程序進行之延滯，無礙人民訴訟權之適當行使，與憲法第十六條並無牴觸。（73、12、14）

釋字第 193 號解釋

行政法院六十二年判字第六一〇號判例，除一部分業經本院釋字第一八五號解釋為不應再予援用外，其餘部分與憲法第七條並無牴觸；至本院釋字第一七七號解釋所稱：「本院依人民聲請所為之解釋，對聲請人據以聲請之案件，亦有效力」，於聲請人以同一法令牴觸憲法疑義而已聲請解釋之各案件，亦可適用。（74、2、8）

釋字第 194 號解釋

戡亂時期肅清煙毒條例第五條第一項規定：販賣毒品者，處死刑。立法固嚴，惟係於戡亂時期，為肅清煙毒，以維護國家安全及社會秩序之必要而制定，與憲法第二十三條並無牴觸，亦無牴觸憲法第七條之可言。（74、3、22）

釋字第 195 號解釋

中華民國六十七年之獎勵投資條例施行細則第二十五條第二項之規定，有欠明晰，易滋所得稅法第十五條之誤用，致與獎勵投資條例之立法精神有所不符，惟尚不發生牴觸憲法第十九條之問題。（74、5、31）

釋字第 196 號解釋

土地稅法施行細則第三十四條規定：「依本法第三十二條規定計算土地漲價總數額時，應按土地權利人及義務人向當地地政事務所申報移轉現值收件當時最近一個月已公告之一般躉售物價指數調整原規定地價及前次移轉時核計土地增值稅之現值」，旨在使土地漲價總數額之計算，臻於公平合理，與憲法第十九條並無牴觸。（74、6、14）

釋字第 197 號解釋

行政法院六十一年裁字第二十三號判例略以：原判決適用法規有無錯誤，當事人於收受判決之送達時，即已知悉，不生知悉在後之問題。此項判例，並未涉及本院就確定終局裁判適用之法規依人民聲請而為解釋後，該聲請人據以依法請求再審期間之計算，尚不發生牴觸憲法問題。（74、7、26）

釋字第 198 號解釋

所得稅法第七條第二項，係明定同法所稱「中華民國境內居住之個人」之意義，以便利納稅義務人依法自行辦理結算申報，符合租稅法律主義，與憲法第十九條並無牴觸。（74、8、30）

釋字第 199 號解釋

國民大會組織法第四條規定之宣誓，係行使職權之宣誓。依動員戡亂時期臨時條款增加名額選出之國民大會代表，既與國民大會原有代表依法共同行使職權，自應依上開規定宣誓。（74、9、27）

釋字第200號解釋

寺廟登記規則第十一條撤換寺廟管理人之規定，就募建之寺廟言，與監督寺廟條例第十一條立法意旨相符，乃為保護寺廟財產，增進公共利益所必要，與憲法保障人民財產權之本旨，並無牴觸。（74、11、1）

釋字第201號解釋

公務人員依法辦理退休請領退休金，非不得提起訴願或行政訴訟，經本院釋字第一八七號解釋予以闡釋在案。行政法院五十三年判字第二二九號判例前段所稱：「公務員以公務員身分受行政處分，純屬行政範圍，非以人民身分因官署處分受損害者可比，不能按照訴願程序提起訴願」等語，涵義過廣，與上開解釋意旨不符部分，於該解釋公布後，當然失其效力。至上開判例，有關軍人申請停役退伍事件部分，並未涉及公務人員依法辦理退休請領退休金，與本件聲請意旨無關，不在解釋範圍。（75、1、3）

釋字第202號解釋

裁判確定後另犯他罪，不在數罪併罰規定之列，業經本院釋字第九十八號解釋闡釋在案，故裁判確定後，復受有期徒刑之宣告者，前後之有期徒刑，應予合併執行，不受刑法第五十一條第五款但書關於有期徒刑不得逾二十年之限制。至刑法第三十三條第三款但書，乃係就實質上或處斷上一罪之法定刑加重所為不得逾二十年之規定，與裁判確定後另犯他罪應合併執行之刑期無關，本院院字第六二六號解釋有關第五部分，已無從適用。

受前項有期徒刑之合併執行而有悛悔實據者，其假釋條件不應較無期徒刑為嚴，宜以法律明定之。（75、2、14）

釋字第203號解釋

臺灣省政府於中華民國六十七年八月二十四日修正發布之臺灣省省縣市立各級學校教職員遴用辦法，其第五十二條關於各學校對於聘約期限屆滿不續聘之教員，應開具名冊，敘明原由，報請主管教育行政機關備查之規定，旨在督促學校對教員之不續聘，應審慎辦理，與憲法並無牴觸。（75、2、28）

釋字第204號解釋

票據法第一百四十一條第二項有關刑罰之規定，旨在防止發票人濫行簽發支票，確保支票之流通與支付功能。施行以來，已有被利用以不當擴張信用之缺失，唯僅係該項規定是否妥善問題，仍未逾立法裁量之範圍，與憲法第十五條及第二十二條尚無牴觸。（75、4、11）

釋字第205號解釋

七十二年特種考試退除役軍人轉任公務人員考試，原係因應事實上之特殊需要，有其依序安置退除役官兵就業之特定目的。其應考須知內所載乙等考試及格人員之分發以軍官為限，前經安置就業之現職人員不予重新分發之規定，係主管機關依有關輔導退除役官兵就業法令而為，旨在使考試及格者依原定任用計畫分別得以就業或取得任用資格，與憲法保障人民平等權及應考試服公職之權之規定尚無牴觸。至該項考試中乙等考試之應考人，既包括士官在內，而分發則以軍官為限，不以考試成績之順序為原則，雖未盡妥洽，亦不生牴觸憲法問題。（75、5、23）

釋字第206號解釋

醫師法第二十八條之一規定：「未取得合法醫師資格為醫療廣告者，由衛生主管機關處以五千元以上五萬元以下罰鍰。」旨在禁止未取得合法醫師資格者為屬於醫師業務之醫療廣告，既未限制鑲牙生懸掛鑲補牙業務之市招，自不致影響其工作機會，與憲法第十五條、第二十二條、第二十三條及第一百五十二條之規定，尚無牴觸。（75、6、20）

釋字第207號解釋

民意代表可否兼任他職，須視憲法或與憲法不相牴觸之法規有無禁止規定，或該項職務之性質與民意代表之職權是否相容而定。私立學校校（院）長責重事繁，私立學校法第五十一條第三項規定：「校（院）長應專任，除擔任本校（院）教課外，不得兼任他職」，旨在健全校務以謀教育事業之發展；省及院轄市議會議員、議長自不得兼任之。其在本解釋公布前已兼任者，應於兩項職務中辭去一項職務。（75、7、18）

釋字第208號解釋

為貫徹扶植自耕農與自行使用土地人及保障農民生活，以謀國計民生均足之基本國策，平均地權條例第十一條規定，依法徵收及撥用之土地為出租耕地時，應就扣除土地增值稅後，補償地價餘款之三分之一補償耕地承租人，其所稱耕地承租人指承租耕地實際自任耕作之自然人及合作農場而言。惟在本解釋公布前，法院就該法條文義所持裁判上之見解，尚難認係適用法規有錯誤，不得據為再審理由，併予說明。（75、8、15）

釋字第209號解釋

確定終局裁判適用法律或命令所持見解，經本院解釋認為違背法令之本旨時，當事人如據以為民事訴訟再審之理由者，其提起再審之訴或聲請再審之法定不變期間，參照民事訴訟法第五百條第二項但書規定，應自該解釋公布當日起算，惟民事裁判確定已逾五年者，依同條第三項規定，仍不得以其適用法規顯有錯誤而提起再審之訴或聲

請再審，本院釋字第一八八號解釋應予補充。（75、9、12）

釋字第 210 號解釋

中華民國六十九年十二月三十日修正公布之獎勵投資條例第二十三條第三項第一款，關於限額免納所得稅之利息，係規定「除郵政存簿儲金及短期票券以外之各種利息」，並未排除私人間無投資性之借款利息，而中華民國七十年八月三十一日發布之獎勵投資條例施行細則第二十七條認該款「所稱各種利息，包括公債、公司債、金融債券、金融機構之存款及工商企業借入款之利息」，財政部(70)台財稅字第三七九三〇號函並認「不包括私人間借款之利息。」縱符獎勵投資之目的，惟逕以命令訂定，仍與當時有效之首述法條「各種利息」之明文規定不合，有違憲法第十九條租稅法律主義之本旨。（75、10、17）

釋字第 211 號解釋

憲法第七條所定之平等權，係為保障人民在法律上地位之實質平等，並不限制法律授權主管機關，斟酌具體案件事實上之差異及立法之目的，而為合理之不同處置。海關緝私條例第四十九條：「聲明異議案件，如無扣押物或扣押物不足抵付罰鍰或追繳稅款者，海關得限期於十四日內繳納原處分或不足金額二分之一保證金或提供同額擔保，逾期不為繳納或提供擔保者，其異議不予受理」之規定，旨在授權海關審酌具體案情，為適當之處分，以防止受處分人藉故聲明異議，拖延或逃避稅款及罰鍰之執行，為貫徹海關緝私政策、增進公共利益所必要，與憲法第七條及第十六條尚無牴觸。又同條例所定行政爭訟程序，猶有未盡週詳之處，宜予檢討修正，以兼顧執行之保全與人民訴願及訴訟權之適當行使。（75、12、5）

釋字第 212 號解釋

各級政府興辦公共工程，由直接受益者分擔費用，始符公平之原則，工程受益費徵收條例本此意旨，於第二條就符合徵收工程受益費要件之工程，明定其工程受益費為應徵收，並規定其徵收之最低限額，自係應徵收。惟各級地方民意機關依同條例第五條審定工程受益費徵收計畫書時，就該項工程受益費之徵收，是否符合徵收要件，得併予審查。至財政收支劃分法第二十二條第一項係指得以工程受益費作為一種財政收入，而為徵收工程受益費之相關立法，不能因此而解為上開條例規定之工程受益費係得徵收而非應徵收。（76、1、16）

釋字第 213 號解釋

一、中華民國四十九年五月十二日修正公布之專利法第一百零一條有關新型專利異議程序之規定，及同法第一百十條準用同法第二十六條第一項關於專利之申請及其他程序延誤法定期間者，其行為為無效之規定，旨在審慎專利權之給予，並防止他人藉故阻礙，使專利申請案件早日確定，不能認係侵害人民之訴訟權及財產權，與憲法尚無牴觸。

二、行政訴訟法第二十八條未將民事訴訟法第四百九十七條所稱「確定之判決，如就足影響於判決之重要證物，漏未斟酌」之情形列為再審原因，雖有欠週全，惟行政院受理再審之訴，審查其有無前揭第二十八條所列各款之再審原因時，對於與該條再審原因有關而確定判決漏未斟酌之重要證物，仍應同時併予審酌，乃屬當然。行政法院四十九年裁字第五十四號、五十年裁字第八號、五十四年裁字第九十五號等判例，認民事訴訟法第四百九十七條（修正前第四百九十三條）所定再審之原因，不得援以對於行政訴訟判決提起再審之訴，與上述意旨無違，尚難認與憲法保障人民訴訟權之規定牴觸。

三、行政法院二十七年判字第二十八號及三十年判字第十六號判例，係因撤銷行政處分為目的之訴訟，乃以行政處分之存在為前提，如在起訴時或訴訟進行中，該處分事實上已不存在時，自無提起或續行訴訟之必要；首開判例，於此範圍內，與憲法保障人民訴訟權之規定，自無牴觸。惟行政處分因期間之經過或其他事由而失效者，如當事人因該處分之撤銷而有可回復之法律上利益時，仍應許其提起或續行訴訟，前開判例於此情形，應不再援用。（76、3、20）

釋字第 214 號解釋

信用合作社經營部分銀行業務，屬於金融事業，應依法受國家之管理。行政院五十三年七月廿四日台五十三財字第五一四八號關於「信用合作社在鄉鎮不得再設立」之命令及財政部五十九年六月五日以台財錢第一三九五七號令訂定之「金融主管機關受託統一管理信用合作社暫行辦法」，乃係依其法定職權及授權，斟酌社會經濟與金融之實際需要，為管理金融機構所採之措施，參酌銀行法第二十六條、第二十九條，合作社法第五條、第十條各規定意旨，與憲法第十四條及第一百四十五條第二項並無牴觸。（76、4、17）

釋字第 215 號解釋

市區道路條例係為改善市區道路交通，增進公共利益而制定。市區道路所需土地，如為私人所有，依該條例第十條，得依法徵收。同條例第十一條對於用地範圍內之原有障礙建築物，已特別明定其處理程序，並無應予徵收之規定，關於其補償及爭議之救濟程序，既未排除相關法令之適用，足以兼顧人民權利之保障，與憲法第十五條及第一百四十三條並無牴觸。（76、4、29）

釋字第 216 號解釋

法官依據法律獨立審判，憲法第八十條載有明文。各機關依其職掌就有關法規爲釋示之行政命令，法官於審判案件時，固可予以引用，但仍得依據法律，表示適當之不同見解，並不受其拘束，本院釋字第一三七號解釋即係本此意旨；司法行政機關所發司法行政上之命令，如涉及審判上之法律見解，僅供法官參考，法官於審判案件時，亦不受其拘束。惟如經法官於裁判上引用者，當事人即得依司法院大法官會議法第四條第一項第二款之規定聲請解釋。

就關稅未繳清之貨物取得動產抵押權者，其擔保利益自不能存在於該貨物未繳之關稅上，此觀關稅法第三十一條第二項、第三項規定甚明。前司法行政部六十五年十一月十五日台⑹函民字第〇九九八二號及六十七年七月廿二日台⑹函民字第〇六三九二號函提示執行法院，於拍賣關稅記帳之進口貨物時，應將該貨物未繳關稅情形，於拍賣公告內載明，並敘明應由買受人繳清關稅，始予點交，此項函示，核與上開法條意旨相符，不屬同法第五十五條第三項規定之範圍，既未侵害動產抵押權人之權益，亦爲確保關稅之稽徵所必要，與憲法保障人民財產權之本旨，並無牴觸。（76、6、19）

釋字第 217 號解釋

憲法第十九條規定人民有依法律納稅義務，係指人民僅依法律所定之納稅主體稅目、稅率、納稅方法及納稅期間等項而負納稅之義務。至於課稅原因事實之有無及有關證據之證明力如何，乃屬事實認定問題，不屬於租稅法律主義之範圍。財政部中華民國七十二年二月二十四日⑿台財稅字第三一二二九號函示所屬財稅機關，對於設定抵押權爲擔保之債權，並載明約定利息者，得依地政機關抵押權設定及塗銷登記資料，核計債權人之利息所得，課徵所得稅，當事人如主張其未收取利息者，應就其事實負舉證責任等語，係對於稽徵機關本身就課稅原因事實之認定方法所爲之指示，既非不許當事人提出反證，法院於審判案件時，仍應斟酌全辯論意旨及調查證據之結果，判斷事實之眞僞，並不受其拘束，尙難謂已侵害人民權利，自不牴觸憲法第十五條、第十九條規定。（76、7、17）

釋字第 218 號解釋

人民有依法律納稅之義務，憲法第十九條定有明文。國家依法課徵所得稅時，納稅義務人應自行申報，並提示各種證明所得額之帳簿、文據，以便稽徵機關查核。凡未自行申報或提示證明文件者，稽徵機關得依查得之資料或同業利潤標準，核定其所得額。此項推計核定方法，與憲法首開規定之本旨並不牴觸。惟依此項推計核定方法估計所得額時，應力求客觀、合理，使與納稅義務人之實際所得相當，以維租稅公平原則。至於個人出售房屋，未能提出交易時實際成交價格及原始取得之實際成本之證明文件者，財政部於六十七年四月七日所發⑹台財稅字第三二二五二號及於六十九年五月二日所發⒆台財稅字第三三五二三號等函釋示：「一律以出售年度房屋評定價格之百分之二十計算財產交易所得」，不問年度、地區、經濟情況如何不同，概按房屋評定價格，以固定不變之百分比，推計稅義務人之所得額自難切近實際，有失公平合理，且與所得稅法所定推計核定之意旨未盡相符，應自本解釋公布之日起六個月內停止適用。（76、8、14）

釋字第 219 號解釋

財政部中華民國六十五年十月十六日修正發布之海關管理貨櫃辦法，其第十六條係依關稅法第三十條盛裝貨物用之容器進口後在限期內復運出口者免徵關稅，及同法第四條貨物之持有人爲納稅義務人之意旨而訂定。此種貨櫃如未於限期內復運出口，則向該貨櫃本身進口當時爲其持有人之運送人或其代理人課徵關稅，與憲法第十九條租稅法律主義並無牴觸。（76、9、25）

釋字第 220 號解釋

動員戡亂期間勞資糾紛處理辦法第八條前段規定：「勞資評斷委員會之裁決，任何一方有不服從時，主管機關得強制執行。」係指當事人不依裁決意旨辦理時，該管行政機關得依法爲行政上之執行而言，如有爭議，仍得依法定程序請求救濟。是前開規定並未限制人民之訴訟權，與憲法尙無牴觸。至行政法院六十年判字第五六八號判例，不分爭議性質如何，認爲上述評斷概爲最終之裁決，不容再事爭執，與上開解釋意旨不符，不得再行援用。（76、12、23）

釋字第 221 號解釋

遺產及贈與稅法施行細則第十三條規定：「被繼承人死亡前因重病無法處理事務期間舉債或出售財產，而其繼承人對該項借款或價金不能證明其用途者，該項借款或價金，仍應列入遺產課稅。」旨在貫徹遺產及贈與稅法第一條及第十七條第一項第八款之規定，以求認定課稅遺產之正確，爲防止遺產稅之逃漏及維持課稅之公平所必要，並未增加法律所定人民之納稅義務，與憲法第十九條並無牴觸。至具體案件應稅遺產之有無，仍應依舉證責任分配之法則，分由稅捐稽徵機關或納稅義務人盡舉證責任，併予指明。

（77、1、27）

釋字第222號解釋

財政部證券管理委員會於中華民國七十二年七月七日發布之「會計師辦理公開發行公司財務報告查核簽證核准準則」，係證券交易法第三十七條第一項授權訂定之命令，其第二條規定：公開發行公司之財務報告，應由聯合會計師事務所之開業會計師二人以上共同查核簽證；第四條則對聯合會計師事務所組成之條件有所規定，旨在使會計師辦理公開發行公司財務報告查核簽證之制度，臻於健全，符合上開法律授權訂定之目的，爲保護投資大眾、增進公共利益所必要，與憲法尙無牴觸。惟該準則制定已歷數年，社會環境及證券交易情形，均在不斷演變，會計師檢覈辦法亦經修正，前開準則關於檢覈免試取得會計師資格者，組成聯合會計師事務所之條件，與其他會計師不同之規定，其合理性與必要性是否繼續存在，宜由主管機關檢討修正，或逕以法律定之，以昭愼重，併予指明。（77、2、12）

釋字第223號解釋

金門戰地政務委員會七四擇建字第三二一七號函就金門地區行車速度所爲之限制，其中有關該地區各路段行車速度，在郊外道路之時速，除限制爲六十公里或五十公里者外，其他路段及戰備道不得超過四十公里之規定，乃爲因應戰地特殊路況，維護交通安全所必要，與憲法尙無牴觸。（77、3、23）

釋字第224號解釋

稅捐稽徵法關於申請復查，以繳納一定比例之稅款或提供相當擔保爲條件之規定，使未能繳納或提供相當擔保之人，喪失行政救濟之機會，係對人民訴願及訴訟權所爲不必要之限制，且同法又因而規定，申請復查者，須於行政救濟程序確定後始予強制執行，對於未經行政救濟程序者，亦有欠公平，與憲法第七條、第十六條、第十九條之意旨有所不符，均應自本解釋公布之日起，至遲於屆滿二年時失其效力。在此期間，上開規定應連同稅捐之保全與優先受償等問題，通盤檢討修正，以貫徹憲法保障人民訴願、訴訟權及課稅公平之原則。（77、4、22）

釋字第225號解釋

民事訴訟係當事人請求司法機關確定其私權之程序，繳納裁判費乃爲起訴之要件，原告於提起訴訟後撤回其訴，自應負擔因起訴而生之訴訟費用。民事訴訟法第八十三條第一項：「原告撤回其訴者，訴訟費用由原告負擔」之規定，與憲法第十五條尙無牴觸。（77、4、29）

釋字第226號解釋

中華民國六十五年六月二十四日內政部發布施行之工廠法施行細則第三條規定：「本法所稱工人，係指受僱從事工作獲致工資者。」臺灣省政府於中華民國六十八年三月二十三日修正臺灣省工廠工人退休規則，其第三條所稱工人，與上開規定相同，並不以從事製造、加工、修理、解體等工作者爲限，來函所稱「事務性工人」，如係受雇主僱用而於工廠之作業場所或事業場所從事工作而獲致工資者，亦包括在內。（77、5、20）

釋字第227號解釋

動產擔保交易法第三十八條之罪，係以動產擔保交易之債務人爲犯罪主體，並不包括其保證人在內。（77、6、17）

釋字第228號解釋

國家賠償法第十三條規定：「有審判或追訴職務之公務員，因執行職務侵害人民自由或權利，就其參與審判或追訴案件犯職務上之罪，經判決有罪確定者，適用本法規定。」係針對審判與追訴職務之特性所爲之特別規定，尙未逾越立法裁量範圍，與憲法並無牴觸。（77、6、17）

釋字第229號解釋

一、民事訴訟法規定之訴訟救助制度，乃在使有伸張或防衛權利必要而無資力支出訴訟費用之人，仍得依法行使其訴訟權。又恐當事人濫用此項制度，進行無益之訴訟程序，徒增訟累，故於該法第一百零七條但書規定「但顯無勝訴之望者，不在此限」。此爲增進公共利益所必要，與憲法第十六條並無牴觸。

二、訴訟上和解與確定判決有同一之效力，和解成立後請求繼續審判，將使已終結之訴訟程序回復，爲維持法律秩序之安定，自應有期間之限制。民事訴訟法第三百八十條第三項，就同條第二項之請求繼續審判，準用第五百條提起再審之訴不變期間之規定，與憲法第十六條亦無牴觸。（77、7、29）

釋字第230號解釋

提起訴願，依訴願法第一條規定，以有行政處分存在爲前提，行政處分之定義，同法第二條亦有明文規定。行政法院六十二年裁字第四十一號判例：「官署所爲單純的事實敘述或理由說明，並非對人民之請求有所准駁，既不因該項敘述或說明而生法律上之效果，非訴願法上之行政處分，人民對之提起訴願，自非法之所許」。係前開訴願法條文之當然詮釋，與憲法第十六條並無牴觸。（77、8、5）

釋字第231號解釋

憲法第一百六十四條所謂「預算總額」，係指政府編製年度總預算時所列之歲出總額而言，並不

包括因有緊急或重大情事而提出之特別預算在內。（77、10、7）

釋字第232號解釋

公有土地參加依平均地權條例第五十八條之土地所有權人自行組織重劃會辦理市地重劃，其實質意義與主管機關依同條例第五十六條辦理市地重劃，而將公有土地核定屬重劃區範圍予以重劃同，係爲實現憲法平均地權之政策而設，並非土地所有權人以自己之意思使權利發生變更之處分行爲，自無土地法第二十五條之適用。（77、11、4）

釋字第233號解釋

刑事訴訟法第一百零八條第一項關於法院裁定延長羈押之規定，與憲法第八條並無牴觸。（77、12、9）

釋字第234號解釋

國稅與省稅、縣稅之劃分，依憲法第一百零七條第七款規定，由中央立法並執行之。財政收支劃分法第十二條第二項及第三項就有關營業稅與印花稅統籌分配之規定，符合憲法第一百四十七條謀求地方經濟平衡發展之意旨，與憲法並無牴觸。（78、3、3）

釋字第235號解釋

中華民國憲法採五權分立制度，審計權乃屬監察權之範圍，應由中央立法並執行之，此觀憲法第九十條及第一百零七條第十三款規定自明。隸屬於監察院之審計部於省（市）設審計處，並依審計法第五條辦理各該省（市）政府及其所屬機關財務之審計，與憲法並無牴觸。（78、3、17）

釋字第236號解釋

土地法第二百十九條規定：「徵收私有土地後，不依核准計劃使用，或於徵收完畢一年後不實行使用者，其原土地所有權人得照原徵收價額收回其土地。」所謂「不依核准計劃使用」或「不實行使用」，應依徵收目的所爲土地使用之規劃，就所徵收之全部土地整體觀察之，在有明顯事實，足認屬於相關範圍者，不得爲割裂之認定，始能符合公用徵收之立法本旨。行政法院六十八年判字第五十二號判例及行政院五十三年六月三十日台(53)內四五三四號令，即係本此意旨，與憲法第十五條並不牴觸。（78、3、17）

釋字第237號解釋

支票本爲支付證券，得代替現金使用。票據法第一百二十八條第二項雖規定：「支票在票載發票日前，執票人不得爲付款之提示」。但票載日期後之支票，仍爲見票即付，此觀同條第一項規定自明。財政部六十九年九月二十日修正之統一發票使用辦法第十七條規定：「依本法營業稅分類計徵標的表規定，凡以收款時爲開立統一發票之期限者，其所受之遠期支票，得於票載發票日開立統一發票」，係顧及收受未屆票載發票日支票之營業人利益而設，符合當時之營業稅法第十二條第一項之立法意旨，與憲法第二十三條規定，並無牴觸。（78、3、17）

釋字第238號解釋

刑事訴訟法第三百七十九條第十款所稱「依本法應於審判期日調查之證據」，指該證據在客觀上爲法院認定事實及適用法律之基礎者而言。此種證據，未予調查，同條特明定其判決爲當然違背法令。其非上述情形之證據，未予調查者，本不屬於上開第十款之範圍，縱其訴訟程序違背法令，惟如應受同法第三百八十條之限制者，既不得據以提起第三審上訴，自不得爲非常上訴之理由。中華民國二十九年二月二十二日最高法院民、刑庭總會議決議關於「訴訟程序違法不影響判決者，不得提起非常上訴」之見解，就證據部分而言，即係本此意旨，尚屬於法無違，與本院釋字第一八一號解釋，亦無牴觸。（78、3、31）

釋字第239號解釋

中華民國四十二年七月七日公布施行之臺灣省內菸酒專賣暫行條例，係以當時包括高雄市在內之臺灣省所屬各縣市爲施行區域，此項法律施行區域未依法定程序變更前，仍應繼續適用於改制後之高雄市。（78、5、12）

釋字第240號解釋

民事訴訟法第一百六十二條第一項規定：「當事人不在法院所在地住居者，計算法定期間，應扣除其在途之期間。但有訴訟代理人住居法院所在地，得爲期間內應爲之訴訟行爲者，不在此限」。其但書部分，乃爲求當事人爲訴訟行爲之法定期間實際相同，於人民訴訟權之行使不生影響，與憲法第十六條、第二十三條並無牴觸。（78、5、12）

釋字第241號解釋

財政部中華民國六十六年七月二十五日台財稅字第三四八一九號函稱：「在六十二年九月六日都市計畫法修正公布前，經編爲公共設施保留地，並已規定地價；但在該法修正公布後曾發生繼承移轉者，於被徵收時，不適用平均地權條例第四十二條第一項但書規定」，係基於都市計劃法修正公布後，已有因繼承而移轉之事實，於該土地被徵收時，既以繼承開始時之公告土地現值爲計算土地漲價總數額之基礎，則其土地增值稅負在一般情形已獲減輕，故應依上開條例第四十二條第一項前段規定減徵土地增值稅百分之四十，不適用同條但書減徵土地增值稅百分之七十之規定。上開財政部函符合前述法條之立法意旨於租

稅法律主義及公平原則無違，並不牴觸憲法。（78、5、26）

釋字第 242 號解釋

中華民國七十四年六月三日修正公布前之民法親屬編，其第九百八十五條規定：「有配偶者，不得重婚」；第九百九十二條規定：「結婚違反第九百八十五條之規定者，利害關係人得向法院請求撤銷之。但在前婚姻關係消滅後，不得請求撤銷」，乃維持一夫一妻婚姻制度之社會秩序所必要，與憲法並無牴觸。惟國家遭遇重大變故，在夫妻隔離，相聚無期之情況下所發生之重婚事件，與一般重婚事件究有不同，對於此種有長期實際共同生活事實之後婚姻關係，仍得適用上開第九百九十二條之規定予以撤銷，嚴重影響其家庭生活及人倫關係，反足妨害社會秩序，就此而言，自與憲法第二十二條保障人民自由及權利之規定有所牴觸。（78、6、23）

釋字第 243 號解釋

中央或地方機關依公務人員考績法或相關法規之規定，對公務員所為之免職處分，直接影響其憲法所保障之服公職權利，受處分之公務員自得行使憲法第十六條訴願及訴訟之權。該公務員已依法向該管機關申請復審及向銓敘機關申請再復審或以類此之程序謀求救濟者，相當於業經訴願、再訴願程序，如仍有不服，應許其提起行政訴訟，方符有權利即有救濟之法理。行政法院五十一年判字第三九八號、五十三年判字第二二九號、五十四年裁字第十九號、五十七年判字第四一四號判例與上開意旨不符部分，應不再援用。至公務人員考績法之記大過處分，並未改變公務員之身分關係，不直接影響人民服公職之權利，上開各判例不許其以訴訟請求救濟，與憲法尚無牴觸。

行政法院四十年判字第十九號判例，係對公務員服務法第二條及第二十四條之適用，所為之詮釋，此項由上級機關就其監督範圍內所發布之職務命令，並非影響公務員身分關係之不利益處分，公務員自不得訴請救濟，此一判例，並未牴觸憲法。（78、7、19）

釋字第 244 號解釋

行政法院五十五年度裁字第三十六號判例，認法律上之見解，非為中華民國五十七年二月一日修正前民事訴訟法第四百九十二條第一項第十一款所稱之證物，不得據以提起再審之訴，與憲法並無牴觸。惟民事訴訟法及行政訴訟法於五十七年二月一日及六十四年十二月十二日相繼修正後，已將確定判決適用法規顯有錯誤，列為再審理由，併予指明。（78、7、26）

釋字第 245 號解釋

受刑人或其他有異議權人對於檢察官不准易科罰金執行之指揮認為不當，依刑事訴訟法第四百八十四條向諭知科刑裁判之法院聲明異議，法院認為有理由而為撤銷之裁定者，除依裁定意旨得由檢察官重行為適當之斟酌外，如有必要法院自非不得於裁定內同時諭知准予易科罰金，此與本院院解字第二九三九號及院字第一三八七號解釋所釋情形不同。（78、7、28）

釋字第 246 號解釋

公務人員之退休及養老，依法固有請領退休金及保險養老給付之權利，惟其給付標準如何，乃屬立法政策事項，仍應由法律或由法律授權之命令定之。公務人員退休法第八條第二項就同條第一項所稱「其他現金給與」之退休金應發給數額，授權考試院會同行政院定之。公務人員保險法第二十四條授權訂定之同法施行細則第十五條第一項規定「本法第八條及第十四條所稱被保險人每月俸給或當月俸給，暫以全國公教人員待遇標準支給月俸額為準」，而中華民國七十年六月十二日行政院訂頒之全國軍公教人員待遇支給辦法第七條則對工作津貼及軍職幹部服勤加給、主官獎助金，不列入退休（役）保險俸額內計算，以及對於不服勤人員不予支給加以規定，乃係斟酌國家財力、人員服勤與否或保險費繳納情形等而為者，尚未逾越立法或立法授權之裁量範圍，與憲法並無牴觸。至行政院台(59)人政肆字第一七八九七號函載「因案停職人員在停職期間，既未正式服勤，關於停職半薪及復職補薪，均不包括工作補助費計支」，則係兼顧有服勤工作始應支給補助費之特性所為之說明，與憲法亦無牴觸。（78、9、29）

釋字第 247 號解釋

稽徵機關已依所得稅法第八十條第二項核定各該業所得額標準者，納稅義務人申報之所得額，如在上項標準以上，依同條第三項規定，即以其原申報額為準，旨在簡化稽徵手續，期使繳納兩便，並非謂納稅義務人申報額在標準以上者，即不負誠實申報之義務。故倘有匿報、短細或漏報等情事，仍得依所得稅法第一百零三條、第一百一十條、稅捐稽徵法第二十一條及第三十條等規定，調查課稅資料，予以補繳或裁罰。財政部發布之營利事業所得稅結算申報書面審核案件抽查辦法、營利事業所得稅結算申報查核準則及中華民國五十九年五月十八日台財稅字第二三七九八號令即係為執行該等法律之規定而訂定，就此而言，與憲法尚無牴觸。惟前述抽查辦法第三條、第四條查核準則第二條及上開令示，與所得稅法第八十條第三項之規定，文義上易滋誤解，應予檢討修正。（78、10、27）

釋字第 248 號解釋

財政部於中華民國七十三年五月一日核定發布之小規模營利事業營業稅查定作業要點、小規模營利事業查定課徵營業稅費用標準及小規模營利事業查定課徵營業稅專用費用率，係依據中華民國六十九年六月二十九日修正公布施行之營業稅法第十七條而訂定。該法於中華民國七十四年十一月十五日修正公布，並於次年四月一日施行後，財政部另又依據該法第四十條第三項合併訂定營業稅特種稅額查定辦法一種。均係用「費用還原法」，依營業費用除以費用率之計算公式，推計銷售額據以課稅，以簡化對於小規模營業人之課稅手續，既已兼顧不同地區之不同經濟情形，以期切合實際，而小規模營業人如不願依此特種方法計算稅額，仍得自行申請依一般方法計算稅額，符合租稅公平原則。是上開法令與憲法並無牴觸。（78、11、24）

釋字第 249 號解釋

告發人為刑事訴訟當事人以外之第三人，法院如認為有命其作證之必要時，自得依刑事訴訟法第一百七十八條關於證人之規定傳喚之，無正當理由而不到場者，並得加以拘提，強制其到場作證，以達發見眞實之目的。基此，本院院字第四十七號解釋，認對告發人得適用當時之刑事訴訟法第九十五條即現行刑事訴訟法第一百七十八條之規定辦理，與憲法並無牴觸。（78、11、24）

釋字第 250 號解釋

憲法第一百四十條規定：「現役軍人，不得兼任文官」，係指正在服役之現役軍人不得同時兼任文官職務，以防止軍人干政，而維民主憲政之正常運作。現役軍人因故停役者，轉服預備役，列入後備管理，為後備軍人，如具有文官法定資格之現役軍人，因文職機關之需要，在未屆退役年齡前辦理外職停役，轉任與其專長相當之文官，既與現役軍人兼任文官之情形有別，尚難謂與憲法牴觸。惟軍人於如何必要情形下始得外職停役轉任文官，及其回役之程序，均涉及文武官員之人事制度，現行措施宜予通盤檢討，由法律直接規定，併此指明。（79、1、5）

釋字第 251 號解釋

違警罰法規定由警察官署裁決之拘留、罰役，係關於人民身體自由所為之處罰，應迅改由法院依法定程序為之，以符憲法第八條第一項之本旨，業經本院於中華民國六十九年十一月七日作成釋字第一六六號解釋在案。依違警罰法第二十八條規定所為「送交相當處所，施以矯正或令其學習生活技能」之處分，同屬限制人民之身體自由，其裁決由警察官署為之，亦與憲法第八條第一項之本旨不符，應與拘留、罰役之裁決程序，一併改由法院依法定程序為之。前述解釋之拘留、罰役及本件解釋之處分裁決程序規定，至遲應於中華民國八十年七月一日起失其效力，並應於此期限前修訂相關法律。本院釋字第一六六號解釋應予補充。（79、1、19）

釋字第 252 號解釋

財政部中華民國六十九年八月八日㈥台財稅字第三六六二四號函，認為營利事業銷售貨物，不對直接買受人開立統一發票，而對買受人之客戶開立統一發票，應依稅捐稽徵法第四十四條規定論處。此項命令，核與上述法律規定，係為建立營利事業正確課稅憑證制度之意旨相符，與憲法尚無牴觸。（79、2、16）

釋字第 253 號解釋

司法院七十一年十月十八日修正發布之辦理強制執行事件應行注意事項，其中第五十則㈤關於拍賣不動產期日通知書，應記載：「於再行拍賣期日前，債權人聲明願負擔再行拍賣之費用者，仍得照前次拍賣之最低價額承受之」之規定，係依強制執行法第九十一條及第九十二條意旨所為，乃在求人民權利之從速實現，與憲法尚無牴觸。（79、3、2）

釋字第 254 號解釋

國民大會組織法第四條規定之宣誓，係行使職權之宣誓，業經本院釋字第一九九號解釋釋示在案，國民大會代表未為宣誓或故意不依法定方式及誓詞完成宣誓者，自不得行使職權。本院上開解釋，應予補充。（79、3、16）

釋字第 255 號解釋

在實施都市計畫範圍內，道路規畫應由主管機關依都市計畫法之規定辦理，已依法定程序定有都市計畫並完成細部計畫之區域，其道路之設置，即應依其計畫實施，而在循法定程序規畫道路系統時，原即含有廢止非計畫道路之意，於計畫道路開闢完成可供公眾通行後，此項非計畫道路，無繼續供公眾通行必要時，主管機關自得本於職權或依申請廢止之。內政部中華民國六十六年六月十日台內營字第七三〇二七五號、六十七年一月十八日台內營字第七五九五一七號，關於廢止非都市計畫巷道函及台北市非都市計畫巷道廢止或改道申請須知，既與上述意旨相符，與憲法保障人民權利之本旨尚無牴觸。（79、4、4）

釋字第 256 號解釋

民事訴訟法第三十二條第七款關於法官應自行迴避之規定，乃在使法官不得於其曾參與之裁判之救濟程序執行職務，以維審級之利益及裁判之公平。因此，法官曾參與訴訟事件之前審裁判或更審前之裁判者，固應自行迴避。對於確定終局判決提起再審之訴者，其參與該確定終局判決之法官，依同一理由，於再審程序，亦應自行迴避。惟各法院法官員額有限，參考行政訴訟法第六條第四款規定意旨，其迴避以一次為限。最高法院二十六年上字第三六二號判例，與上述意旨不符部分，應不再援用，以確保人民受公平審判之訴訟權益。（79、4、4）

釋字第 257 號解釋

貨物稅條例修正前第四條第一項第十六款㈢，係就「凡用電力調節氣溫之各種冷氣機、熱氣機等」電器類課徵貨物稅之規定。行政院於中華民國六十四年七月二十一日修正發布之貨物稅稽徵規則第一百零三條之一第二項第六款規定，對於國外進口裝配汽車冷暖氣機用之壓縮機，按冷暖氣機類徵收貨物稅，固與貨物稅條例首開條文之用語未盡相符。惟該規則係以此種壓縮機不僅為冷暖氣機之主要機件，且祗能供裝配汽車冷暖氣機之用，仍屬上開條例所規定之電器類範圍，而於冷暖氣機裝配完成後，並不再課徵貨物稅，無加重人民納稅義務之虞。上述規則將汽車冷暖氣機用之壓縮機，依冷暖氣機類課徵貨物稅，亦為簡化稽徵手續，防止逃漏稅捐及維持課稅公平所必要，與憲法第十九條尚無牴觸。（79、4、6）

釋字第 258 號解釋

憲法第一百六十四條關於教育、科學、文化之經費，在中央不得少於其預算總額百分之十五，在省不得少於其預算總額百分之二十五，在市、縣不得少於其預算總額百分之三十五之規定，旨在確定各級政府編製平常施政年度總預算時，該項經費應佔歲出總額之比例數。直轄市在憲法上之地位，與省相當；其教育、科學、文化之經費所佔預算總額之比例數，應比照關於省之規定。（79、4、6）

釋字第 259 號解釋

直轄市之自治，以法律定之，為憲法第一百十八條所明定。惟上開法律迄未制定，現行直轄市各級組織及實施地方自治事項，均係依據中央頒行之法規行之。為貫徹憲法實施地方自治之意旨，自應斟酌當前實際狀況，制定直轄市自治之法律。在此項法律未制定前，現行由中央頒行之法規，應繼續有效。（79、4、13）

釋字第 260 號解釋

依中華民國憲法有關地方制度之規定，中央尚無得逕就特定之省議會及省政府之組織單獨制定法律之依據，現時設置之省級民意機關亦無逕行立法之權限。（79、4、19）

釋字第 261 號解釋

中央民意代表之任期制度為憲法所明定，第一屆中央民意代表當選就任後，國家遭遇重大變故，因未能改選而繼續行使職權，乃為維繫憲政體制所必要。惟民意代表之定期改選，為反映民意，貫徹民主憲政之途徑，而本院釋字第三十一號解釋、憲法第二十八條第二項及動員戡亂時期臨時條款第六項第二款、第三款，既無使第一屆中央民意代表無限期繼續行使職權或變更其任期之意，亦未限制次屆中央民意代表之選舉。事實上，自中華民國五十八年以來，中央政府已在自由地區辦理中央民意代表選舉，逐步充實中央民意機構。為適應當前情勢，第一屆未定期改選之中央民意代表除事實上已不能行使職權或經常不行使職權者，應即查明解職外，其餘應於中華民國八十年十二月三十一日以前終止行使職權，並由中央政府依憲法之精神、本解釋之意旨及有關法規，適時辦理全國性之次屆中央民意代表選舉，以確保憲政體制之運作。（79、6、21）

釋字第 262 號解釋

監察院對軍人提出彈劾案時，應移送公務員懲戒委員會審議。至軍人之過犯，除上述彈劾案外，其懲罰仍依陸海空軍懲罰法行之。（79、7、6）

釋字第 263 號解釋

懲治盜匪條例為特別刑法，其第二條第一項第九款對意圖勒贖而擄人者，不分犯罪情況及結果如何，概以死刑為法定刑，立法甚嚴，惟依同條例第八條之規定，若有情輕法重之情形者，裁判時本有刑法第五十九條酌量減輕其刑規定之適用，其有未經取贖而釋放被害人者，復得依刑法第三百四十七條第五項規定減輕其刑，足以避免過嚴之刑罰，與憲法尚無牴觸。（79、7、19）

釋字第 264 號解釋

憲法第七十條規定：「立法院對於行政院所提預算案，不得為增加支出之提議」，旨在防止政府預算膨脹，致增人民之負擔。立法院第八十四會期第二十六次會議決議：「請行政院在本（七十九）年度再加發半個月公教人員年終工作獎金，以激勵士氣，其預算再行追加」，係就預算案為增加支出之提議，與上述憲法規定牴觸，自不生效力。（79、7、27）

釋字第 265 號解釋

動員戡亂時期國家安全法第三條第二項第二款關於入境限制之規定，乃為維持社會秩序所必要，與憲法並無牴觸。至該法施行細則第十二條第六款前段，關於未在自由地區居住一定期間，得不予許可入境之規定，係對主管機關執行上述法律時，提供認定事實之準則，以為行使裁量權之參考，與該法確保國家安全、維護社會安定之立法意旨尚屬相符。惟上述細則應斟酌該法第三條第二項第二款規定之意旨，隨情勢發展之需要，檢

討修正。（79、10、5）

釋字第266號解釋

依公務人員考績法所為之免職處分，因改變公務員身分關係，直接影響人民服公職之權利，依本院釋字第二四三號解釋，得許受處分之公務員提起行政訴訟。對於未改變公務員身分之其他考績結果有所不服，仍不許以行政訴訟請求救濟。惟公務人員基於已確定之考績結果，依據法令規定為財產上之請求而遭拒絕者，影響人民之財產權，參酌本院釋字第一八七號及第二〇一號解釋，尚非不得依法提起訴願或行政訴訟，行政法院四十八年判字第十一號判例與上述意旨不符部分，應不再援用。至是否係基於已確定之考績結果所得為之財產上請求，係事實問題，應就具體事件依法認定，不在本件解釋範圍，併予說明。（79、10、5）

釋字第267號解釋

房屋稅條例第十五條第二項第一款規定，政府平價配售之平民住宅房屋稅減半徵收，旨在對於低收入人民之住宅給予租稅優惠，財政部依據此項立法意旨，參酌當時社會經濟狀況，於中華民國六十四年十月二十七日以台財稅字第三七六三九號函，說明此種平民住宅之涵義，與憲法尚無牴觸。（79、10、11）

釋字第268號解釋

中華民國五十一年八月廿九日修正公布之考試法第七條規定：「公務人員考試與專門職業及技術人員考試，其應考資格及應試科目相同者，其及格人員同時取得兩種考試之及格資格」，如認此項規定有欠週全，應先修正法律，而在法律未修正前，考試院於中華民國七十一年六月十五日修正發布之考試法施行細則第九條第二項則規定：「公務人員考試及格人員，同時取得專門職業及技術人員考試及格資格者，其考試總成績，須達到專門職業及技術人員考試之錄取標準」，增設法律所無之限制，顯與首述法律使及格人員同時取得兩種資格之規定不符，並有違憲法保障人民權利之意旨，依憲法第一百七十二條之規定，應不予適用。（79、11、9）

釋字第269號解釋

依法設立之團體，如經政府機關就特定事項依法授與公權力者，以行使該公權力為行政處分之特定事件為限，有行政訴訟之被告當事人能力。行政法院六十年裁字第二三二號判例，與此意旨不符部分，嗣後不再援用。至關於勞動基準法第八十四條之爭執，究應提起行政訴訟，或提起民事訴訟，與上開判例無涉，不在本件解釋範圍內；其當事人如已提起民事訴訟經判決確定者，自無訴訟權受侵害之可言，併此說明。（79、12、7）

釋字第270號解釋

公營事業人員之任用，依公務人員任用法第三十三條，應另以法律定之。在此項法律制定前，依公務人員退休法第二條及該法施行細則第二條規定，公營事業人員無從依公務人員退休法辦理退休。行政院於中華民國七十年一月二十三日核定修正發布之「經濟部所屬事業人員退休、撫卹及資遣辦法」第十七條第二項有關訂定分等限齡退休標準之規定，在公營事業人員任用及退休法律制定前，乃為促進經濟部所屬國營事業人事新陳代謝及企業化經營而設，不生牴觸憲法問題，惟公營事業人員之任用及退休，關係此等人員之權利義務，仍應從速以法律定之。（79、12、7）

釋字第271號解釋

刑事訴訟程序中不利益於被告之合法上訴，上訴法院誤為不合法，而從程序上為駁回上訴之判決確定者，其判決固屬重大違背法令，惟既具有判決之形式，仍應先依非常上訴程序將該確定判決撤銷後，始得回復原訴訟程序，就合法上訴部分進行審判。否則即與憲法第八條第一項規定人民非依法定程序不得審問處罰之意旨不符。最高法院二十五年上字第三二三一號判例，於上開解釋範圍內，應不再援用。（79、12、20）

釋字第272號解釋

人民除現役軍人外，不受軍事審判，憲法第九條定有明文。戒嚴法第八條、第九條規定，非現役軍人得由軍事機關審判，則為憲法承認戒嚴制度而生之例外情形。解嚴後，依同法第十條規定，對於上述軍事機關之判決，得於解嚴之翌日起依法上訴，符合首開憲法規定之意旨。惟動員戡亂時期國家安全法第九條第二款前段規定，戒嚴時期戒嚴地域內經軍事審判機關審判之非現役軍人刑事案件已確定者，於解嚴後不得向該管法院上訴或抗告，係基於此次戒嚴與解嚴時間相隔三十餘年之特殊情況，並謀裁判之安定而設，亦為維持社會秩序所必要。且對有再審或非常上訴原因者，仍許依法聲請再審或非常上訴，已能兼顧人民權利，與憲法尚無牴觸。至戒嚴非屬於此次特殊情況者，無本解釋之適用，合併指明。（80、1、18）

釋字第273號解釋

內政部於中華民國六十八年五月四日修正發布之都市計畫樁測定及管理辦法第八條後段「經上級政府再行複測決定者，不得再提異議」之規定，足使人民依訴願法及行政訴訟法提起行政救濟之權利受其限制，就此部分而言，與憲法第十六條之意旨不符，應不予適用。（80、2、1）

釋字第274號解釋

考試院於中華民國五十一年七月二十五日修正發布之公務人員保險法施行細則第六十八條規定：「被保險人請准保留保險年資者，其時效以五年為限，逾期再行參加保險者，以新加入保險論」，與當時有效之公務人員保險法第二十一條第二項：「合於前項退費規定，不為申請退費而申請保留保險年資者，續保時，其原有年資全部有效」之規定不符，增加法律所無之期間限制，有違憲法保障人民權利之意旨，應不予適用。（80、2、22）

釋字第 275 號解釋

人民違反法律上之義務而應受行政罰之行為，法律無特別規定時，雖不以出於故意為必要，仍須以過失為其責任條件。但應受行政罰之行為，僅須違反禁止規定或作為義務，而不以發生損害或危險為其要件者，推定為有過失，於行為人不能舉證證明自己無過失時，即應受處罰。行政法院六十二年度判字第三〇號判例謂：「行政罰不以故意或過失為責任條件」，及同年度判字第三五〇號判例謂：「行政犯行為之成立，不以故意為要件，其所以導致僞報貨物品質價值之等級原因為何，應可不問」，其與上開意旨不符部分，與憲法保障人民權利之本旨牴觸，應不再援用。（80、3、8）

釋字第 276 號解釋

合作社法第五十五條第一項第六款規定之解散命令，乃解散合作社之處分，對於此種處分之要件及程序如何，該法未為明確之規定，宜由主管機關妥為檢討修正。內政部於中華民國六十九年二月二十六日修正發布之合作事業獎勵規則，關於合作事業成績考列戊等者，由縣市合作社主管機關令飭解散之規定，應配合上開法律一併檢討修正。（80、3、8）

釋字第 277 號解釋

財政收支劃分法第七條後段關於省及直轄市、縣（市）（局）稅課立法，由中央制定各該稅法通則，以為省、縣立法依據之規定，係中央依憲法第一百零七條第七款為實施國稅與省稅、縣稅之劃分，並貫徹租稅法律主義而設，與憲法尚無牴觸。因此中央應就劃歸地方之稅課，依財政收支劃分法前開規定，制定地方稅法通則，或在各該稅法內訂定可適用於地方之通則性規定，俾地方得據以行使憲法第一百零九條第一項第七款及第一百十條第一項第六款賦予之立法權。目前既無地方稅法通則，現行稅法又有未設上述通則性規定者，應從速制定或增訂。在地方未完成立法前，仍應依中央有關稅法辦理。至中央與地方財政收支劃分之規定，中央自應斟酌實際情形，適時調整，以符憲法兼顧中央與地方財政均衡之意旨，併予說明。（80、3、22）

釋字第 278 號解釋

中華民國七十九年十二月十九日修正公布之教育人員任用條例第二十一條規定，學校職員之任用資格，應經學校行政人員考試及格或經高普考試相當類科考試及格，與憲法第八十五條所定公務人員非經考試及格不得任用之意旨相符。同條關於在該條例施行前已遴用之各類學校現任職員，其任用資格「適用各該原有關法令」之規定，並不能使未經考試及格者取得與考試及格者相同之公務人員任用資格，因之，僅能繼續在原學校任職。考試院對此類學校職員，仍得以考試定其資格。（80、5、17）

釋字第 279 號解釋

勞工保險條例第十五條，有關各類勞工保險費由省（市）政府補助之規定，所稱「省（市）政府」，係指該省（市）有勞工為同條第二款至第四款規定之被保險人者而言，與該省（市）政府是否直接設立勞工保險局無關。（80、5、17）

釋字第 280 號解釋

領取一次退休金之公教人員，再任依契約僱用而由公庫支給報酬之編制外員工，其退休金及保險養老給付之優惠存款每月所生利息，如不能維持退休人員之基本生活（例如低於編制內委任一職等一級公務人員月俸額）其優惠存款自不應一律停止。銓敘部中華民國七十四年六月十二日(74)台華特三字第二二八五四號函，與上述意旨不符部分，應停止適用。（80、6、14）

釋字第 281 號解釋

關稅法第三十五條之一第二項規定：「保稅工廠所製造或加工之產品及依前項規定免徵關稅之原料，非經海關核准並按貨品出廠形態報關繳稅，不得出廠內銷。」同法第五十一條之一規定：「違反第三十五條之一第二項之規定，將保稅工廠之產品或免徵關稅之原料出廠內銷者，以私運貨物進口論，以海關緝私條例有關規定處罰。」旨在防止逃漏關稅，維持課稅公平，為增進公共利益所必要，與憲法並無牴觸。（80、6、28）

釋字第 282 號解釋

國民大會代表，依憲法所定職務之性質，不經常集會，並非應由國庫定期支給歲費、公費等待遇之職務，故屬無給職。本院釋字第七十六號解釋所稱：「就憲法上之地位及職權之性質而言，應認國民大會、立法院、監察院共同相當於民主國家之國會」，非謂各該機關在我國憲法上之性質、職權或其人員之待遇相同。本院上開解釋，應予補充。至國民大會代表在特定情形下，例如集會行使職權時，所得受領之報酬，亦應與其他中央民意代表之待遇，分別以法律明定其項目及標準，始得據以編列預算支付之。
國民大會代表在同一時期所得受領之報酬，應歸一律。依動員戡亂時期臨時條款增加名額選出之國民大會代表，其所得受領之報酬，應與第二屆國民大會代表相同，乃屬當然。
本解釋自中華民國八十一年一月一日起生效。（80、7、12）

釋字第 283 號解釋

總統依憲法第四十條及赦免法第三條後段規定所為罪刑宣告無效之特赦，對於已執行之刑，不生溯及既往之效力。其經宣告褫奪公權者，自赦免令生效之日起，回復其公權。至因有罪判決確定而喪失之公職，有向將來回復之可能；者，得由當事人聲請主管機關，依有關法令處理之。（80、8、6）

釋字第 284 號解釋

道路交通管理處罰條例第六十二條第二項規定：「汽車駕駛人如肇事致人受傷或死亡，應即採取救護或其他必要措施，並向警察機關報告，不得逃逸，違者吊銷其駕駛執照。」旨在增進行車安全，保護他人權益，以維持社會秩序，為憲法第二十三條之所許，與憲法尚無牴觸。（80、9、13）

釋字第 285 號解釋

學校教職員退休條例所稱月薪額，性質上本無從包括「公教人員之眷屬喪葬補助費」，行政院中華民國六十九年四月十六日台(69)人政肆字第七四九八號函未將此項補助費列入退休金之範圍，與該條例之立法意旨無違。又中央公教人員生活津貼支給要點，係行政院為安定現職公教人員生活而訂定，乃主管機關依職權所為之裁量措施，原不適用於非現職人員，退休人員自不得據以請領眷屬喪葬補助費，上述行政院函及要點與憲法均無牴觸。（80、9、27）

釋字第 286 號解釋

憲法第一百四十三條第三項規定：「土地價值非因施以勞力資本而增加者，應由國家徵收土地增值稅，歸人民共享之」，旨在實施土地自然漲價歸公政策。中華民國六十六年二月二日修正公布之平均地權條例第三十五條、第三十六條第一項、第二項及同年四月一日行政院發布之同條例施行細則第五十三條規定，土地所有權人於申報地價後之土地自然漲價，應依照土地漲價總數額，減去土地所有權人為改良土地已支付之全部費用後之餘額計算，徵收土地增值稅；其間縱有因改良土地而增加之價值，亦因認定及計算不易，難以將之與自然漲價部分明確劃分，且土地增值稅並未就漲價部分全額徵收，已足以兼顧其利益，與憲法第十五條及第一百四十三條第三項規定之意旨尚無牴觸。（80、11、29）

釋字第 287 號解釋

行政主管機關就行政法規所為之釋示，係闡明法規之原意，固應自法規生效之日起有其適用。惟在後之釋示如與在前之釋示不一致時，在前之釋示並非當然錯誤，於後釋示發布前，依前釋示所為之行政處分已確定者，除前釋示確有違法之情形外，為維持法律秩序之安定，應不受後釋示之影響。財政部中華民國七十五年三月二十一日台財稅字第七五三〇四四七號函說明四：「本函發布前之案件，已繳納營利事業所得稅確定者，不再變更；尚未確定或已確定而未繳納或未開徵之案件，應依本函規定予以補稅免罰」，符合上述意旨，與憲法並無牴觸。（80、12、13）

釋字第 288 號解釋

中華民國七十九年一月二十四日修正前之貨物稅條例第二十條第三項：「受處分人提出抗告時，應先向該管稅務稽徵機關提繳應納罰鍰或其沒入貨價之同額保證金，或覓具殷實商保」之規定，使未能依此規定辦理之受處分人喪失抗告之機會，係對人民訴訟權所為不必要之限制，與憲法第十六條保障人民訴訟權之意旨有所牴觸。（80、12、13）

釋字第 289 號解釋

稅法規定由法院裁定之罰鍰，其處理程序應以法律定之，以符合憲法保障人民權利之意旨。本院院解字第三六八五號、第四〇〇六號解釋及行政院於中華民國六十一年十月十二日修正發布之財務案件處理辦法，係法制未備前之措施，均應自本解釋公布之日起，至遲於屆滿二年時失其效力。（80、12、27）

釋字第 290 號解釋

中華民國七十八年二月三日修正公布之動員戡亂時期公職人員選舉罷免法（八十年八月二日法律名稱修正為公職人員選舉罷免法）第三十二條第一項有關各級民意代表候選人學、經歷之限制，與憲法尚無牴觸。惟此項學、經歷之限制，應隨國民之教育普及加以檢討，如認為仍有維持之必要，亦宜重視其實質意義，並斟酌就學有實際困難者，而為適當之規定，此當由立法機關為合理之裁量。
人民對於行政處分有所不服，應循訴願及行政訴訟程序請求救濟。惟現行國家賠償法對於涉及前提要件之行政處分是否違法，其判斷應否先經行政訴訟程序，未設明文，致民事判決有就行政處分之違法性併為判斷者，本件既經民事確定終局判決，故仍予受理解釋，併此說明。（81、1、24）

題，如原審辯護人已為被告之利益提起上訴，而僅未於上訴書狀內表明以被告名義上訴字樣者，其情形既非不可補正，自應依法先定期間命為補正，如未先命補正，即認其上訴為不合法者，應予依法救濟。最高法院與上述判例相關連之六十九年台非字第二〇號判例，認該項程式欠缺之情形為無可補正，與前述意旨不符，應不予援用。（81、10、16）

釋字第 307 號解釋

警察制度，依憲法第一百零八條第一項第十七款規定，由中央立法並執行之或交由省縣執行之，中央就其交由省縣執行之事項，自得依法定程序編列預算，省縣無須重複編列。但省警政及縣警衛之實施，依憲法第一百零九條第一項第十款、第一百十條第一項第九款規定，則屬省縣之權限，省縣得就其業務所需經費依法定程序編列預算，如確屬不足時，得依警察法第十六條第二項規定呈請補助，省（直轄市）由中央補助，縣（市）由省補助。（81、10、30）

釋字第 308 號解釋

公立學校聘任之教師不屬於公務員服務法第二十四條所稱之公務員。惟兼任學校行政職務之教師，就其兼任之行政職務，則有公務員服務法之適用。本院院解字第二九八六號解釋，應予補充。至專任教師依教育人員任用條例第三十四條規定，除法令另有規定外，仍不得在外兼職。（81、11、13）

釋字第 309 號解釋

中華民國七十一年十二月三十日修正公布之所得稅法第八十三條之一規定：「稽徵機關或財政部指定之調查人員進行調查時，如發現納稅義務人有重大逃漏稅嫌疑，得視案情需要，報經財政部核准，就納稅義務人資產淨值、資金流程及不合營業常規之營業資料進行調查。」「稽徵機關就前項資料調查結果，證明納稅義務人有逃漏稅情事時，納稅義務人對有利於己之事實，應負舉證之責。」係對有重大逃漏稅嫌疑之案件，以法律明定其調查方法，如依調查結果，認為足以證明有逃漏稅情事時，並許納稅義務人提出反證，以維護其權益，與憲法尚無牴觸。（81、11、27）

釋字第 310 號解釋

勞工保險條例規定之傷病給付，乃對勞工因傷病不能工作，致未能取得原有薪資所為之補助，與老年給付係對勞工因退職未能獲取薪資所為之給付，兩者性質相同，其請領老年給付者，自不應重複請領傷病給付。內政部中華民國六十九年六月十三日台內社字第一七七三一號函示：「被保險人退職，依規定退保，並請領老年給付者，自不得再依勞工保險條例第二十條規定，請領傷病給付」，與上述意旨相符，尚不牴觸憲法。（81、12、11）

釋字第 311 號解釋

遺產稅之徵收，其遺產價值之計算，以被繼承人死亡時之時價為準，遺產及贈與稅法第十條第一項前段定有明文。對逾期申報遺產稅者，同項但書所為：如逾期申報日之時價，較死亡日之時價為高者，以較高者為準之規定，固以杜絕納稅義務人取巧觀望為立法理由，惟其以遺產漲價後之時價為遺產估價之標準，與同法第四十四條之處罰規定並列，易滋重複處罰之疑慮，應從速檢討修正。至稅捐稽徵法第四十八條之一第一項但書規定加計利息，一併徵收，乃因納稅義務人遲繳稅款獲有消極利益之故，與憲法尚無牴觸。（81、12、23）

釋字第 312 號解釋

公務人員之公法上財產請求權，遭受損害時，得依訴願或行政訴訟程序請求救濟。公務人員退休，依據法令規定請領福利互助金，乃為公法上財產請求權之行使，如有爭執，自應依此意旨辦理。本院釋字第一八七號、第二〇一號及第二六六號解釋應予補充。（82、1、29）

釋字第 313 號解釋

對人民違反行政法上義務之行為科處罰鍰，涉及人民權利之限制，其處罰之構成要件及數額，應由法律定之。若法律就其構成要件，授權以命令為補充規定者，授權之內容及範圍應具體明確，然後據以發布命令，始符憲法第二十三條以法律限制人民權利之意旨。民用航空運輸業管理規則雖係依據民用航空法第九十二條而訂定，惟其中因違反該規則第二十九條第一項規定，而依同規則第四十六條適用民用航空法第八十七條第七款規定處罰部分，法律授權之依據，有欠明確，與前述意旨不符，應自本解釋公布日起，至遲於屆滿一年時，失其效力。（82、2、12）

釋字第 314 號解釋

憲法為國家根本大法，其修改關係憲政秩序之安定及國民之福祉至鉅，應使國民預知其修改之目的並有表達意見之機會。國民大會臨時會係依各別不同之情形及程序而召集，其非以修憲為目的而召集之臨時會，自不得行使修改憲法之職權，本院釋字第二十九號解釋應予補充。（82、2、25）

釋字第 315 號解釋

關於公司超過票面金額發行股票之溢額所得，應否免稅及免稅之範圍如何，立法機關依租稅法律主義，得為合理之裁量。獎勵投資條例第二十五條僅規定：「生產事業依公司法規定，將發行股票超過票面金額之溢價作為公積時，免予計入所得額」，行政院中華民國五十六年十二月七日台經字第九四九四號令及財政部同年月十日台財稅發字第一三〇五五號令乃釋示，非生產事業之上述溢額所得並無免稅規定，不在免稅之列，與憲法所定之租稅法律主義尚無牴觸。（82、3、12）

釋字第316號解釋

公務人員保險法第三條規定之疾病、傷害與殘廢乃屬不同之保險事故。被保險人在保險有效期間發生保險事故時，自應依同法第十四條予以殘廢給付。其於領取殘廢給付後，承保機關在何種情形下仍應負擔其醫療費用，係另一問題。銓敘部七十九年十月六日(79)台華特一字第〇四七〇七七七號函謂「植物人」之大腦病變可終止治療，如屬無誤，則已合於殘廢給付之條件，乃又以其引起之併發症無法終止治療為由而不予核給，將殘廢給付與疾病、傷害給付混為同一保險事故，增加法律所無之條件，與憲法實施社會保險照護殘廢者生活，以保障人民權利之意旨尚有不符，應不再援用。惟「植物人」之大腦病變縱可終止治療，其所需治療以外之專門性照護，較殘廢給付更為重要，現行公務人員保險就專業照顧欠缺規定，應迅予檢討改進。又大腦病變之「植物人」於領取殘廢給付後，如因大腦病變以外之其他傷病而有治療之必要者，既非屬同一傷病之範圍，承保機關仍應負擔醫療費用，乃屬當然，併予說明。（82、5、7）

釋字第317號解釋

中華民國七十六年十二月三十日修正公布之所得稅法第一百十一條第二項，關於私人團體或事業，違反第八十九條第三項之規定，未依限填報或未據實申報者，處該團體或事業五百元罰鍰之規定，係對稅款扣繳義務人違反法律上作為義務所為之制裁，以確實掌握課稅資料，為增進公共利益所必要，與憲法並無牴觸。（82、5、21）

釋字第318號解釋

中華民國五十二年一月二十九日修正公布之所得稅法第十五條、第十七條第一項，關於納稅義務人應與其有所得之配偶及其他受扶養親屬合併申報課徵綜合所得稅之規定，就申報之程序而言，與憲法尚無牴觸。惟合併課稅時，如納稅義務人與有所得之配偶及其他受扶養親屬合併計算稅額，較之單獨計算稅額，增加其稅負者，即與租稅公平原則有所不符。首開規定雖已於中華民國七十八年十二月三十一日作部分修正，主管機關仍宜隨時斟酌相關法律及社會經濟情況，檢討改進。（82、5、21）

釋字第319號解釋

考試機關依法舉行之考試，其閱卷委員係於試卷彌封時評定成績，在彌封開拆後，除依形式觀察，即可發現該項成績有顯然錯誤者外，不應循應考人之要求任意再行評閱，以維持考試之客觀與公平。考試院於中華民國七十五年十一月十二日修正發布之「應考人申請複查考試成績處理辦法」，其第八條規定「申請複查考試成績，不得要求重新評閱、提供參考答案、閱覽或複印試卷。亦不得要求告知閱卷委員之姓名或其他有關資料」，係為貫徹首開意旨所必要，亦與典試法第二十三條關於「辦理考試人員應嚴守秘密」之規定相符，與憲法尚無牴觸。惟考試成績之複查，既為兼顧應考人之權益，有關複查事項仍宜以法律定之。（82、6、4）

釋字第320號解釋

戰士授田憑據處理條例，係為收回已依反共抗俄戰士授田條例領取之戰士授田憑據，分別情形給予不同基數之補償金而制定。該授田條例雖於中華民國四十年十月十八日生效，但依其第五條、第十一條第二項規定之意旨，關於作戰受傷致成殘廢，並不以該日以後發生者為限。戰士授田憑據處理條例施行細則第三條第一項謂殘廢以四十年十月十八日以後發生者，始發給殘廢標準之補償金，致在該日以前作戰受傷致成殘廢，而已領有授田憑據之人員，失其依該條例所定殘廢標準領取補償金之機會，與法律規定不符，有違憲法保障人民權利之意旨，應不予適用。至此項人員負傷所由致之作戰，其範圍如何，應由主管機關依各該條例立法意旨予以界定，乃屬當然。（82、6、18）

釋字第321號解釋

中華民國七十五年六月二十九日修正公布之關稅法第二十三條之規定，使納稅義務人未能按海關核定稅款於期限內全數繳納或提供相當擔保者，喪失行政救濟之機會，係對人民訴訟權所為不必要之限制，與憲法第十六條保障人民訴訟權之意旨有所牴觸。（82、6、18）

釋字第322號解釋

中華民國三十五年四月二十九日修正公布之土地法第二百十七條規定：「徵收土地之殘餘部分面積過小，或形勢不整，致不能為相當之使用時，所有權人得要求一併徵收」，對於要求一併徵收之期間未予明定，內政部為貫徹同法第二百十九條關於徵收完畢後限一年內使用之意旨，六十八年十月九日臺內地字第三〇二七四號函謂：「要求一併徵收，宜自協議時起，迄於徵收完畢一年內為之，逾期應不受理」，係為執行上開土地法第二百十七條所必要，與憲法並無牴觸。（82、6、18）

釋字第323號解釋

各機關擬任之公務人員，經人事主管機關任用審查，認爲不合格或降低原擬任之官等者，於其憲法所保障服公職之權利有重大影響，如經依法定程序申請復審，對復審決定仍有不服時，自得依法提起訴願或行政訴訟，以謀求救濟。行政法院五十九年度判字第四○○號判例，與上開意旨不符部分，應不再援用。（82、6、18）

釋字第324號解釋

財政部中華民國七十四年六月十八日修正發布之海關管理貨櫃辦法，其第二十六條前段，關於貨櫃集散站由於非人力所不能抗拒之原因，致貨物短少時，海關得於一定期間停止受理其申報進儲業務之規定，旨在確保海關對於存站貨物之監視效果，防止走私，爲增進公共利益所必要。惟上述一定期間，未設最長期間之限制，究須如何規範，應參酌航業法第六十三條之規定，以法律或法律授權之命令定之，並應於中華民國八十三年十二月三十一日以前制定施行，逾期上開規定應停止適用。又該辦法尙涉及公法契約之問題，關於公法契約之基本規範，亦宜由有關機關儘速立法，妥爲訂定。（82、7、16）

釋字第325號解釋

本院釋字第七十六號解釋認監察院與其他中央民意機構共同相當於民主國家之國會，於憲法增修條文第十五條規定施行後，監察院已非中央民意機構，其地位及職權亦有所變更，上開解釋自不再適用於監察院。惟憲法之五院體制並未改變，原屬於監察院職權中之彈劾、糾舉、糾正權及爲行使此等職權，依憲法第九十五條、第九十六條具有之調查權，憲法增修條文亦未修改，此項調查權仍應專由監察院行使。立法院爲行使憲法所賦予之職權，除依憲法第五十七條第一款及第六十七條第二項辦理外，得經院會或委員會之決議，要求有關機關就議案涉及事項提供參考資料，必要時並得經院會決議調閱文件原本，受要求之機關非依法律規定或其他正當理由不得拒絕。但國家機關獨立行使職權受憲法之保障者，如司法機關審理案件所表示之法律見解、考試機關對於應考人成績之評定、監察委員爲糾彈或糾正與否之判斷，以及訴訟案件在裁判確定前就偵查、審判所爲之處置及其卷證等，監察院對之行使調查權，本受有限制。基於同一理由，立法院之調閱文件，亦同受限制。（82、7、23）

釋字第326號解釋

都市計畫法第四十二條第一項第一款所稱之河道，係指依同法第三條就都市重要設施作有計畫之發展，而合理規劃所設置之河道而言。至於因地勢自然形成之河流，及因之而依水利法公告之原有「行水區」，雖在都市計畫使用區之範圍，仍不包括在內。（82、10、8）

釋字第327號解釋

所得稅法第一百十四條第二款前段：「扣繳義務人已依本法扣繳稅款，而未依第九十二條規定之期限按實填報或填發扣繳憑單者，除限期責令補報或填發外，應按扣繳稅額處百分之二十之罰鍰，但最低不得少於一千五百元；逾期自動申報或填發者，減半處罰」，旨在掌握稅源資料，維護租稅公平，就違反此項法律上作爲義務應予制裁部分，爲增進公共利益所必要，與憲法尙無牴觸。惟對於扣繳義務人已將所扣稅款依限向國庫繳清，僅逾期申報或填發扣繳憑單者，仍依應扣繳稅額固定之比例處以罰鍰，又無合理最高額之限制，應由有關機關檢討修正。（82、10、8）

釋字第328號解釋

中華民國領土，憲法第四條不採列舉方式，而爲「依其固有之疆域」之概括規定，並設領土變更之程序，以爲限制，有其政治上及歷史上之理由。其所稱固有疆域範圍之界定，爲重大之政治問題，不應由行使司法權之釋憲機關予以解釋。（82、11、26）

釋字第329號解釋

憲法所稱之條約係指中華民國與其他國家或國際組織所締結之國際書面協定，包括用條約或公約之名稱，或用協定等名稱而其內容直接涉及國家重要事項或人民之權利義務且具有法律上效力者而言。其中名稱爲條約或公約或用協定等名稱而附有批准條款者，當然應送立法院審議，其餘國際書面協定，除經法律授權或事先經立法院同意簽訂，或其內容與國內法律相同者外，亦應送立法院審議。（82、12、24）

釋字第330號解釋

遺產及贈與稅法第二十三條第一項前段規定，被繼承人死亡遺有財產者，納稅義務人應於被繼承人死亡之日起六個月內，向戶籍所在地主管稽徵機關辦理遺產稅申報。其受死亡之宣告者，在判決宣告死亡前，納稅義務人無從申報，故同法施行細則第二十一條就被繼承人爲受死亡之宣告者，規定其遺產稅申報期間應自判決宣告之日起算，符合立法目的及宣告死亡者遺產稅申報事件之本質，與憲法第十九條意旨，並無牴觸。（82、12、24）

釋字第331號解釋

依中華民國憲法增修條文第四條規定，僑居國外國民及全國不分區之中央民意代表，係按該次選舉政黨得票總數比例方式產生，而非由選舉區之選民逕以投票方式選出，自無從由選舉區之選民以投票方式予以罷免，公職人員選舉罷免法第六十九條第二項規定：「全國不分區、僑居國外國民選舉之當選人，不適用罷免之規定」，與憲法並無牴觸。惟此種民意代表如喪失其所由選出之政黨黨員資格時，自應喪失其中央民意代表之資格，方符憲法增設此一制度之本旨，其所遺缺額之遞補，應以法律定之。（82、12、30）

釋字第 332 號解釋

學校教職員退休條例第六條所稱「繼續服務」，係指學校之教員或校長，於辦理退休時之職務，與其連續任職二十年之資歷相銜接而無間斷之情形而言。（82、12、30）

釋字第 333 號解釋

教育部於中華民國七十九年五月十五日發布之(79)人字第二二〇六四號函釋：「曾任各級政府設立之托兒所教保人員，服務當時如已具幼稚園教師資格，其服務年資於轉任公立幼稚園教師時，得每滿一年提敘一級支薪，並應受本職最高薪之限制」。其就提敘以具有幼稚園教師資格者之服務年資為限，與憲法並無牴觸。（83、1、14）

釋字第 334 號解釋

廣義之公債，係指包括政府賒借在內之一切公共債務而言。而中央政府建設公債發行條例所稱之公債，則指依法以債票方式發行之建設公債。惟為維護國家財政之健全，國家全部舉債之上限，宜綜合考量以法律定之，併予指明。（83、1、14）

釋字第 335 號解釋

民法第三百三十條規定：「債權人關於提存物之權利，自提存後十年間不行使而消滅，其提存物屬於國庫」、提存法施行細則第七條前段規定：「關於民法第三百三十條所規定之期間，自提存之翌日起算」，旨在使提存物之權利狀態早日確定，以維持社會秩序之安定，與憲法並無牴觸。惟提存物歸屬國庫，影響債權人之財產權，故提存之事實應由提存人依法通知債權人或由提存所將提存通知書送達或公告，其未踐行上述程序者，應於前述期間屆滿前相當期間內，補行送達或公告。上開施行細則應通盤檢討修正，以保障人民之財產權。（83、1、28）

釋字第 336 號解釋

中華民國七十七年七月十五日修正公布之都市計畫法第五十條，對於公共設施保留地未設取得期限之規定，乃在維護都市計畫之整體性，為增進公共利益所必要，與憲法並無牴觸。至為兼顧土地所有權人之權益，主管機關應如何檢討修正有關法律，係立法問題。（83、2、4）

釋字第 337 號解釋

營業稅法第五十一條第五款規定，納稅義務人虛報進項稅額者，除追繳稅款外，按所漏稅額處五倍至二十倍罰鍰，並得停止其營業。依此規定意旨，自應以納稅義務人有虛報進項稅額，並因而逃漏稅款者，始得據以追繳稅款及處罰。財政部中華民國七十六年五月六日台財稅字第七六三七三七六號函，對於有進貨事實之營業人，不論其是否有虛報進項稅額，並因而逃漏稅款，概依首開條款處罰，其與該條款意旨不符部分，有違憲法保障人民權利之本旨，應不再援用。至首開法條所定處罰標準，尚未逾越立法裁量範圍，與憲法並無牴觸。（83、2、4）

釋字第 338 號解釋

主管機關對公務人員任用資格審查，認為不合格或降低原擬任之官等者，於其憲法所保障服公職之權利有重大影響，公務員如有不服，得依法提起訴願及行政訴訟，業經本院釋字第三二三號解釋釋示在案。其對審定之級俸如有爭執，依同一意旨，自亦得提起訴願及行政訴訟。行政法院五十七年判字第四一四號及五十九年判字第四〇〇號判例應不再援用。本院上開解釋，應予補充。（83、2、25）

釋字第 339 號解釋

中華民國六十年一月九日修正公布之貨物稅條例第十八條第一項，關於同條項第十二款，應貼於包件上或容器上之完稅或免稅照證，不遵規定實貼者，不問有無漏稅事實，概處比照所漏稅額二倍至十倍之罰鍰之規定（現已修正），顯已逾越處罰之必要程度，不符憲法保障人民權利之意旨；財政部六十六年十二月二十日台財稅字第三八五七二號函釋「凡未按規定貼查驗證者，不再問其有無漏稅，均應按該條文規定以漏稅論處」，均應不予援用。（83、2、25）

釋字第 340 號解釋

公職人員選舉罷免法第三十八條第二項規定：「政黨推薦之區域、山胞候選人，其保證金減半繳納。但政黨撤回推薦者，應全額繳納」，無異使無政黨推薦之候選人，須繳納較高額之保證金，形成不合理之差別待遇，與憲法第七條之意旨有違，應不再適用。（83、2、25）

釋字第 341 號解釋

七十九年特種考試臺灣省基層公務人員考試規則係考試院依其法定職權訂定，該規則第三條規定，本項考試採分區報名、分區錄取及分區分發，並規定錄取人員必須在原報考區內服務滿一定期間，係因應基層機關人力需求及考量應考人員志願，所採之必要措施，與憲法第七條平等權之規定，尚無牴觸。（83、3、11）

釋字第 342 號解釋

立法院審議法律案，須在不牴觸憲法之範圍內，依其自行訂定之議事規範為之。法律案經立法院移送總統公布者，曾否踐行其議事應遵循之程序，除明顯牴觸憲法者外，乃其內部事項，屬於議會依自律原則應自行認定之範圍，並非釋憲機關審查之對象。是以總統依憲法第七十二條規定，因立法院移送而公布之法律，縱有與其議事規範不符之情形，然在形式上既已存在，仍應依中央法規標準法第十三條之規定，發生效力。法律案之立法程序有不待調查事實即可認定為牴觸憲法，亦即有違反法律成立基本規定之明顯重大瑕疵者，則釋憲機關仍得宣告其為無效。惟其瑕疵是否已達足以影響法律成立之重大程度，如尚有爭議，並有待調查者，即非明顯，依現行體制，釋憲機關對於此種事實之調查受有限制，仍應依議會自律原則，謀求解決。關於依憲法增修條文第九條授權設置之國家安全會議、國家安全局及行政院人事行政局之組織法律，立法院於中華民國八十二年十二月三十日移送總統公布施行，其通過各該法律之議事錄，雖未經確定，但尚不涉及憲法關於法律成立之基本規定。除此之外，其曾否經議決通過，因尚有爭議，非經調查，無從確認。依前開意旨，仍應由立法院自行認定，並於相當期間內議決補救之。若議決之結果與已公布之法律有異時，仍應更依憲法第七十二條之規定，移送總統公布施行。（83、4、8）

釋字第 343 號解釋

依遺產及贈與稅法第三十條第二項規定，遺產稅本應以現金繳納，必須現金繳納確有困難時，始得以實物抵繳。是以申請以實物抵繳，是否符合上開要件及其實物是否適於抵繳，自應由稅捐稽徵機關予以調查核定。同法施行細則第四十三條規定，抵繳之實物以易於變價或保管，且未經設定他項權利者為限。財政部中華民國七十一年十月四日(71)台財稅字第三七二七七號函謂已成道路使用之土地，非經都市計畫劃為道路預定地，而由私人設置者，不得用以抵繳遺產稅，係因其變價不易，符合上開法律規定之意旨，均為貫徹稅法之執行，並培養誠實納稅之風氣所必要，與憲法尚無牴觸。（83、4、22）

釋字第 344 號解釋

臺北市辦理徵收土地農作物及魚類補償遷移費查估基準，係臺北市政府基於主管機關之職權，為執行土地法第二百四十一條之規定而訂定，其中有關限制每公畝種植花木數量，對超出部分不予補償之規定，乃為防止土地所有人於徵收前故為搶植或濫種，以取得不當利益而設，為達公平補償目的所必要，與憲法並無牴觸。但有確切事證，證明其眞實正常種植狀況與基準相差懸殊時，仍應由主管機關依據專業知識與經驗，就個案妥慎認定之，乃屬當然，併此說明。（83、5、6）

釋字第 345 號解釋

行政院於中華民國七十三年七月十日修正發布之「限制欠稅人或欠稅營利事業負責人出境實施辦法」，係依稅捐稽徵法第二十四條第三項及關稅法第二十五條之一第三項之授權所訂定，其第二條第一項之規定，並未逾越上開法律授權之目的及範圍，且依同辦法第五條規定，有該條所定六款情形之一時，應即解除其出境限制，已兼顧納稅義務人之權益。上開辦法為確保稅收，增進公共利益所必要，與憲法尚無牴觸。（83、5、6）

釋字第 346 號解釋

憲法第十九條規定人民有依法律納稅之義務，係指有關納稅之義務應以法律定之，並未限制其應規定於何種法律。法律基於特定目的，而以內容具體、範圍明確之方式，就徵收稅捐所為之授權規定，並非憲法所不許。國民教育法第十六條第一項第三款及財政收支劃分法第十八條第一項關於徵收教育捐之授權規定，依上開說明，與憲法尚無牴觸。（83、5、6）

釋字第 347 號解釋

內政部中華民國七十五年十一月二十五日及七十九年六月二十二日修正發布之自耕能力證明書之申請及核發注意事項，係基於主管機關之權限，為執行土地法第三十條及耕地三七五減租條例第十九條等規定而訂定，其中關於申請人住所與所承受農地或收回農地之位置，有所限制，係本於當時農地農有並自耕之土地政策，兼顧一般耕作工具之使用狀況而設，作為承辦機關辦理是項業務之依據，與憲法尚無牴觸。至上開注意事項所定以住所或現耕農地與所承受之農地是否屬同一縣市或毗鄰鄉鎮，為認定能否自耕之準據，仍應斟酌農業發展政策之需要、耕作方式及交通狀況之改進，隨時檢討修正，以免損害實際上有自耕能力農民之權益，併此說明。（83、5、20）

釋字第 348 號解釋

行政院中華民國六十七年元月二十七日台(67)教字第八二三號函核准，由教育部發布之「國立陽明醫學院醫學系公費學生待遇及畢業後分發服務實施要點」，係主管機關為解決公立衛生醫療機構醫師缺額補充之困難而訂定，並作為與自願接受公費醫學教育學生，訂立行政契約之準據。依該要點之規定，此類學生得享受公費醫學及醫師養成教育之各種利益，其第十三點及第十四點因而定有公費學生應負擔於畢業後接受分發公立衛生醫療機構服務之義務，及受服務未期滿前，其專業證書先由分發機關代為保管等相關限制，乃為達成行政目的所必要，亦未逾越合理之範圍，且已成為學校與公費學生間所訂契約之內容。公費學生之權益受有限制，乃因受契約拘束之結果，並非該要點本身規定之所致。前開要點之規定，與憲法尚無牴觸。（83、5、20）

釋字第349號解釋

最高法院四十八年度台上字第一〇六五號判例，認為「共有人於與其他共有人訂立共有物分割或分管之特約後，縱將其應有部分讓與第三人，其分割或分管契約，對於受讓人仍繼續存在」，就維持法律秩序之安定性而言，固有其必要，惟應有部分之受讓人若不知悉有分管契約，亦無可得而知之情形，受讓人仍受讓與人所訂分管契約之拘束，有使善意第三人受不測損害之虞，與憲法保障人民財產權之意旨有違，首開判例在此範圍內，嗣後應不再援用。至建築物為區分所有，其法定空地應如何使用，是否共有共用或共有專用，以及該部分讓與之效力如何，應儘速立法加以規範，併此說明。（83、6、3）

釋字第350號解釋

內政部於中華民國七十七年八月十七日函頒之時效取得地上權登記審查要點第八點第一項、第二項規定，占有人申請登記時，應填明土地所有權人或管理人之姓名及住址等項，係因地上權為存在於所有權上之限制物權，該規定之本身乃保護土地所有權人之權益所必要，與憲法並無牴觸。惟如未予填明，依土地登記規則第四十八條第二款、第四十九條第一項第四款規定，應命補正，不補正者駁回其登記之申請。是前開要點乃為該規則之補充規定，二者結合適用，足使能確實證明在客觀上有不能查明所有權人或管理人之姓名、住址而為補正之情形者，因而無法完成其地上權之登記，即與憲法保障人民財產權之意旨有違，在此範圍內，應不予援用。（83、6、3）

釋字第351號解釋

公營事業移轉民營條例第八條第二項係就不隨同移轉之從業人員所作之規定，其第三項則係就繼續留用之從業人員所作之規定，依該第三項前段規定，僅在就繼續留用人員之原有年資辦理結算範圍內，始依前項（第二項）所定結算標準辦理。綜觀該條全文立法意旨，在移轉民營當時，對於繼續留用人員之給與，並不包括第二項關於加發六個月薪給在內，以維持不隨同移轉人員與繼續留用人員待遇之平衡。（83、6、13）

釋字第352號解釋

土地登記專業代理人係屬專門職業，依憲法第八十六條第二款規定，其執業資格應依法考選銓定之。中華民國七十八年十二月二十九日修正公布之土地法第三十七條之一第二項規定，符合上開意旨，與憲法並無牴觸。（83、6、17）

釋字第353號解釋

人民向行政法院請求停止原處分之執行，須已依法提起行政訴訟，在訴訟繫屬中者始得為之，此觀行政訴訟法第十二條（修正前第十一條）之規定甚明。行政法院四十七年度裁字第二十六號判例與此意旨相符，並未限制人民之訴訟權，與憲法尚無牴觸。（83、7、1）

釋字第354號解釋

在臺離營之無職軍官，依行政院於中華民國四十八年七月十四日核准由國防部發布之陸海空軍無軍職軍官處理辦法等相關規定，在四十年十月十八日反共抗俄戰士授田條例公布後，雖具有軍籍，但因該條例之授田憑據以在營軍人為發給對象，致此等軍官因未在營而不能領取授田憑據，七十九年四月二十三日公布之戰士授田憑據處理條例第十條：「反共抗俄戰士授田條例公布實行前，曾參加反共抗俄作戰，除因有叛國行為或逃亡而被判有期徒刑以上之刑者外，其餘在臺離營之退除役無職軍官，領有退伍除役證明書，且現居住臺灣地區者，視同已發給授田憑據，依本條例之規定處理」，係就上述情況，公平考量所為之規定，並非針對軍官與士兵身分不同，而作差別待遇，與憲法第七條尚無牴觸。（83、7、1）

釋字第355號解釋

最高法院二十九年度上字第一〇〇五號判例：「民事訴訟法第四百九十二條第一項第十一款（現行法第四百九十六條第一項第十三款）所謂當事人發見未經斟酌之證物，係指前訴訟程序事實審之言詞辯論終結前已存在之證物，因當事人不知有此，致未經斟酌，現始知之者而言。若在前訴訟程序事實審言詞辯論終結前，尚未存在之證物，本無所謂發見，自不得以之為再審理由。」乃為促使當事人在前訴訟程序事實審言詞辯論終結前，將已存在並已知悉而得提出之證物全部提出，以防止當事人於判決發生既判力後，濫行提起再審之訴，而維持確定裁判之安定性，與憲法並無牴觸。至事實審言詞辯論終結後始存在之證物，雖不得據為再審理由，但該證物所得證明之事實，是否受確定判決既判力之拘束，則應依個案情形定之，併予說明。（83、7、1）

釋字第356號解釋

營業稅法第四十九條就營業人未依該法規定期限申報銷售額或統一發票明細表者，應加徵滯報金、怠報金之規定，旨在促使營業人履行其依法申報之義務，俾能確實掌握稅源資料，建立合理之查核制度。加徵滯報金、怠報金，係對營業人違反作為義務所為之制裁，其性質為行為罰，此與逃漏稅捐之漏稅罰乃屬兩事。上開規定，為增進公共利益所必要，與憲法並無牴觸。惟在營業人已繳納其應納稅款之情形下，行為罰仍依應納稅額固定之比例加徵滯報金與怠報金，又無合理最高額之限制，依本院大法官釋字第三二七號解釋意旨，主管機關應注意檢討修正，併此說明。（83、7、8）

釋字第 357 號解釋

依中華民國憲法第一百零四條設置於監察院之審計長，其職務之性質與應隨執政黨更迭或政策變更而進退之政務官不同。審計部組織法第三條關於審計長任期為六年之規定，旨在確保其職位之安定，俾能在一定任期中，超然獨立行使職權，與憲法並無牴觸。（83、7、8）

釋字第 358 號解釋

各共有人得隨時請求分割共有物，固為民法第八百二十三條第一項前段所規定。惟同條項但書又規定，因物之使用目的不能分割者，不在此限。其立法意旨在於增進共有物之經濟效用，並避免不必要之紛爭。區分所有建築物之共同使用部分，為各區分所有人利用該建築物所不可或缺，其性質屬於因物之使用目的不能分割者。內政部中華民國六十一年十一月七日㈥台內地字第四九一六六〇號函，關於太平梯、車道及亭子脚為建築物之一部分，不得分割登記之釋示，符合上開規定之意旨，與憲法尚無牴觸。（83、7、15）

釋字第 359 號解釋

財政部中華民國七十九年三月十五日台財稅字第七八〇四三七九一一號、八十年四月二十日台財稅字第八〇〇一二八一六一號及同年六月四日台財稅字第八〇〇一七四〇四一號等函，係基於主管機關之職權對於土地稅法第五十五條之二罰鍰數額之計算所為之釋示，符合該法條規定之意旨，為遏阻違法使用農地，以增進公共利益所必要，與憲法並無牴觸。（83、7、15）

釋字第 360 號解釋

土地法第三十七條之一第二項係依憲法第八十六條第二款而制定，與憲法並無牴觸，業經本院釋字第三五二號解釋釋示在案。內政部於中華民國七十九年六月二十九日發布之土地登記專業代理人管理辦法，則係依據上開法條第四項授權訂定，其第四條：合於左列資格之一者，得請領專業代理人證書：一、經專業代理人考試或檢覈及格者。二、領有直轄市、縣（市）政府核發土地代書人登記合格證明者。三、領有直轄市、縣（市）政府核發代理他人申辦土地登記案件專業人員登記卡者」之規定，並未逾越法律授權範圍，與憲法亦無牴觸。（83、7、29）

釋字第 361 號解釋

個人出售房屋交易所得，係所得稅法第九條財產交易所得之一種。行政院於中華民國七十七年五月三十日修正發布之所得稅法施行細則第十七條之二，關於個人出售房屋所得額核定方法之規定，與租稅法定主義並無違背。依該條規定，個人出售房屋未申報或未能提出證明文件者，其所得額由主管稽徵機關參照當年度實際經濟情況及房屋市場交易情形擬訂，報請財政部核定其標準，依該標準核定之。嗣財政部依據臺北市國稅局就七十六年度臺北市個人出售房屋所得額多數個案取樣調查結果擬訂之標準，於七十七年六月二十七日以台財稅字第七七〇五五三一〇五號函，核定七十六年度臺北市個人出售房屋交易所得，按房屋稅課稅現值百分之二十計算，係經斟酌年度、地區、經濟情況所核定，並非依固定之百分比訂定，符合本院釋字第二一八號解釋之意旨，與憲法並無牴觸。（83、7、29）

釋字第 362 號解釋

民法第九百八十八條第二款關於重婚無效之規定，乃所以維持一夫一妻婚姻制度之社會秩序，就一般情形而言，與憲法尚無牴觸。惟如前婚姻關係已因確定判決而消滅，第三人本於善意且無過失，信賴該判決而與前婚姻之一方相婚者，雖該判決嗣後又經變更，致後婚姻成為重婚；究與一般重婚之情形有異，依信賴保護原則，該後婚姻之效力，仍應予以維持。首開規定未兼顧類此之特殊情況，與憲法保障人民結婚自由權利之意旨未盡相符，應予檢討修正。在修正前，上開規定對於前述因信賴確定判決而締結之婚姻部分，應停止適用。如因而致前後婚姻關係同時存在，則重婚者之他方，自得依法請求離婚，併予指明。（83、8、29）

釋字第 363 號解釋

地方行政機關為執行法律，得依其職權發布命令為必要之補充規定，惟不得與法律牴觸。臺北市政府於中華民國七十年七月二十三日發布之臺北市獎勵投資興建零售市場須知，對於申請投資興建市場者，訂有須「持有市場用地內全部私有土地使用權之私人或團體」之條件，係增加都市計畫法第五十三條所無之限制，有違憲法保障人民權利之意旨，應不予適用。至在獎勵投資條例施行期間申請興建公共設施，應符合該條例第三條之規定，乃屬當然。（83、8、29）

釋字第 364 號解釋

以廣播及電視方式表達意見，屬於憲法第十一條所保障言論自由之範圍。為保障此項自由，國家應對電波頻率之使用為公平合理之分配，對於人民平等「接近使用傳播媒體」之權利，亦應在兼顧傳播媒體編輯自由原則下，予以尊重，並均應

以法律定之。（83、9、23）

釋字第 365 號解釋

民法第一千零八十九條，關於父母對於未成年子女權利之行使意思不一致時，由父行使之規定部分，與憲法第七條人民無分男女在法律上一律平等，及憲法增修條文第九條第五項消除性別歧視之意旨不符，應予檢討修正，並應自本解釋公布之日起，至遲於屆滿二年時，失其效力。（83、9、23）

釋字第 366 號解釋

裁判確定前犯數罪，分別宣告之有期徒刑均未逾六個月，依刑法第四十一條規定各得易科罰金者，因依同法第五十一條併合處罰定其應執行之刑逾六個月，致其宣告刑不得易科罰金時，將造成對人民自由權利之不必要限制，與憲法第二十三條規定未盡相符，上開刑法規定應檢討修正。對於前述因併合處罰所定執行刑逾六個月之情形，刑法第四十一條關於易科罰金以六個月以下有期徒刑為限之規定部分，應自本解釋公布之日起，至遲於屆滿一年時失其效力。（83、9、30）

釋字第 367 號解釋

營業稅法第二條第一款、第二款規定，銷售貨物或勞務之營業人、進口貨物之收貨人或持有人為營業稅之納稅義務人，依同法第三十五條之規定，負申報繳納之義務。同法施行細則第四十七條關於海關、法院及其他機關拍賣沒收、沒入或抵押之貨物時，由拍定人申報繳納營業稅之規定，暨財政部發布之「法院、海關及其他機關拍賣或變賣貨物課徵營業稅作業要點」第二項有關不動產之拍賣、變賣由拍定或成交之買受人繳納營業稅之規定，違反上開法律，變更申報繳納之主體，有違憲法第十九條及第二十三條保障人民權利之意旨，應自本解釋公布之日起至遲於屆滿一年時失其效力。（83、11、11）

釋字第 368 號解釋

行政訴訟法第四條「行政法院之判決，就其事件有拘束各關係機關之效力」，乃本於憲法保障人民得依法定程序，對其爭議之權利義務關係，請求法院予以終局解決之規定。故行政法院所為撤銷原決定及原處分之判決，如係指摘事件之事實尚欠明瞭，應由被告機關調查事證另為處分時，該機關即應依判決意旨或本於職權調查事證。倘依重為調查結果認定之事實，認前處分適用法規並無錯誤，雖得維持已撤銷之前處分見解；若行政法院所為撤銷原決定及原處分之判決，係指摘其適用法律之見解有違誤時，該管機關即應受行政法院判決之拘束。行政法院六十年判字第三十五號判例謂：「本院所為撤銷原決定及原處分之裁判，如於理由內指明由被告官署另為復查者，該官署自得本於職權調查事證，重為復查之決定，其重為復查之結果，縱與已撤銷之前決定持相同之見解，於法亦非有違」，其中與上述意旨不符之處，有違憲法第十六條保障人民訴訟權之意旨，應不予適用。（83、12、9）

釋字第 369 號解釋

憲法第十九條規定「人民有依法律納稅之義務」，係指人民有依法律所定要件負繳納稅捐之義務或享減免繳納之優惠而言。至法律所定之內容於合理範圍內，本屬立法裁量事項，是房屋稅條例第一條、第五條、第六條及第十五條之規定與憲法並無牴觸。又房屋稅係依房屋現值按法定稅率課徵，為財產稅之一種，同條例第十五條第一項第九款就房屋稅之免稅額雖未分別就自住房屋與其他住家用房屋而為不同之規定，仍屬立法機關裁量之範疇，與憲法保障人民平等權及財產權之本旨，亦無牴觸。惟土地法第一百八十七條規定：「建築改良物為自住房屋時，免予徵稅」，而房屋稅條例第一條則規定：「各直轄市及各縣（市）（局）未依土地法徵收土地改良物稅之地區均依本條例之規定徵收房屋稅」，對自住房屋並無免予課徵房屋稅之規定，二者互有出入，適用時易滋誤解，應由相關主管機關檢討房屋租稅之徵收政策修正之。（83、12、23）

釋字第 370 號解釋

依商標法第五十二條第一項、第三十七條第一項第十二款規定，商標圖樣相同或近似於他人同一商品或類似商品之註冊商標者，利害關係人得申請商標主管機關評定其註冊為無效，係為維持市場商品交易秩序，保障商標專用權人之權益及避免消費大眾對於不同廠商之商品發生誤認致受損害而設。關於其申請評定期間，參諸同法第五十二條第三項及第二十五條第二項第一款規定之意旨，可知其須受註冊滿十年即不得申請之限制，已兼顧公益與私益之保障，與憲法第十五條保障人民財產權之規定並無牴觸。（84、1、6）

釋字第 371 號解釋

憲法為國家最高規範，法律牴觸憲法者無效，法律與憲法有無牴觸發生疑義而須予以解釋時，由司法院大法官掌理，此觀憲法第一百七十一條、第一百七十三條、第七十八條及第七十九條第二項規定甚明。又法官依據法律獨立審判，憲法第八十條定有明文，故依法公布施行之法律，法官應以其為審判之依據，不得認定法律為違憲而逕行拒絕適用。惟憲法之效力既高於法律，法官有優先遵守之義務，法官於審理案件時，對於應適用之法律，依其合理之確信，認為有牴觸憲法之疑義者，自應許其先行聲請解釋憲法，以求解決。是遇有前述情形，各級法院得以之為先決問題裁定停止訴訟程序，並提出客觀上形成確信法律為違憲之具體理由，聲請本院大法官解釋。司法院大法官審理案件法第五條第二項、第三項之規定，與上開意旨不符部分，應停止適用。（84、1、20）

釋字第 372 號解釋

維護人格尊嚴與確保人身安全，為我國憲法保障人民自由權利之基本理念。增進夫妻情感之和諧，防止家庭暴力之發生，以保護婚姻制度，亦為社會大眾所期待。民法第一千零五十二條第一項第三款所稱「不堪同居之虐待」，應就具體事件，衡量夫妻之一方受他方虐待所受侵害之嚴重性，斟酌當事人之教育程度、社會地位及其他情事，是否已危及婚姻關係之維繫以為斷。若受他方虐待已逾越夫妻通常所能忍受之程度而有侵害人格尊嚴與人身安全者，即不得謂非受不堪同居之虐待。最高法院二十三年上字第四五五四號判例謂：「夫妻之一方受他方不堪同居之虐待，固得請求離婚，惟因一方之行為不檢而他方一時忿激，致有過當之行為，不得即謂不堪同居之虐待」，對於過當之行為逾越維繫婚姻關係之存續所能忍受之範圍部分，並未排除上述原則之適用，與憲法尚無牴觸。（84、2、24）

釋字第 373 號解釋

工會法第四條規定：「各級政府行政及教育事業、軍火工業之員工，不得組織工會」，其中禁止教育事業技工、工友組織工會部分，因該技工、工友所從事者僅係教育事業之服務性工作，依其工作之性質，禁止其組織工會，使其難以獲致合理之權益，實已逾越憲法第二十三條之必要限度，侵害從事此項職業之人民在憲法上保障之結社權，應自本解釋公布之日起，至遲於屆滿一年時，失其效力。惟基於教育事業技工、工友之工作性質，就其勞動權利之行使有無加以限制之必要，應由立法機關於上述期間內檢討修正，併此指明。（84、2、24）

釋字第 374 號解釋

依土地法第四十六條之一至第四十六條之三之規定所為地籍圖重測，純為地政機關基於職權提供土地測量技術上之服務，將人民原有土地所有權範圍，利用地籍調查及測量等方法，將其完整正確反映於地籍圖，初無增減人民私權之效力。故縱令相鄰土地所有權人於重新實施地籍測量時，均於地政機關通知之期限內到場指界，毫無爭議，地政機關依照規定，已依其共同指定之界址重新實施地籍測量。則於測量結果公告期間內即令土地所有權人以指界錯誤為由，提出異議，測量結果於該公告期間屆滿後即行確定，地政機關應據以辦理土地標示變更登記。惟有爭執之土地所有權人尚得依法提起民事訴訟請求解決，法院應就兩造之爭執，依調查證據之結果予以認定，不得以原先指界有誤，訴請另定界址為顯無理由，為其敗訴之判決。最高法院七十五年四月二十二日第八次民事庭會議決議㈠略謂：為貫徹土地法整理地籍之土地政策，免滋紛擾，不許原指界之當事人又主張其原先指界有誤，訴請另定界址，應認其起訴顯無理由云云，與上開意旨不符，有違憲法保障人民財產權及訴訟權之規定，應不予適用。（84、3、17）

釋字第 375 號解釋

農業發展條例第三十一條前段規定：「家庭農場之農業用地，其由能自耕之繼承人一人繼承或承受，而繼續經營農業生產者，免徵遺產稅或贈與稅」，其目的在於有二人以上之繼承人共同繼承農業用地時，鼓勵其協議由繼承人一人繼承或承受，庶免農地分割過細，妨害農業發展。如繼承人僅有一人時，既無因繼承而分割或移轉為共有之虞，自無以免稅鼓勵之必要。同條例施行細則第二十一條前段規定：「本條例第三十一條所稱由繼承人一人繼承或承受，指民法第一千一百三十八條規定之共同繼承人有二人以上時，協議由繼承人一人繼承或承受」，與上開意旨相符，並未逾越法律授權範圍，且為增進公共利益所必要，與憲法尚無牴觸。（84、3、17）

釋字第 376 號解釋

化學合成麻醉藥品類及其製劑為麻醉藥品管理條例所稱麻醉藥品之一種，為同條例第二條第四款所明定。安非他命係以化學原料合成而具有成癮性之藥品，行政院衛生署中華民國七十九年十月九日衛署藥字第九〇四一四二號公告，將安非他命列入麻醉藥品管理條例所稱化學合成麻醉藥品類，係在公告確定其列為管理之項目，並非增列處罰規定或增加人民之義務，與憲法並無牴觸。（84、3、31）

釋字第 377 號解釋

個人所得之歸屬年度，依所得稅法第十四條及第八十八條規定並參照第七十六條之一第一項之意旨，係以實際取得之日期為準，亦即年度綜合所得稅之課徵，僅以已實現之所得為限，而不問其所得原因是否發生於該年度。財政部賦稅署六十年六月二日台稅一發字第三六八號箋函關於納稅義務人因案停職後，於復職時服務機關一次補發其停職期間之薪金，應以實際給付之日期為準，按實際給付之總額，課徵綜合所得稅之釋示，符合上開所得稅法之意旨，與憲法尚無牴觸。（84、3、31）

釋字第 378 號解釋

依律師法第四十一條及第四十三條所設之律師懲

戒委員會及律師懲戒覆審委員會，性質上相當於設在高等法院及最高法院之初審與終審職業懲戒法庭，與會計師懲戒委員會等其他專門職業人員懲戒組織係隸屬於行政機關者不同。律師懲戒覆審委員會之決議即屬法院之終審裁判，並非行政處分或訴願決定，自不得再行提起行政爭訟，本院釋字第二九五號解釋　應予補充。（84、4、14）

釋字第 379 號解釋

私有農地所有權之移轉，其承受人以能自耕者爲限，乃土地法第三十條第一項前段所明定。申請農地所有權移轉登記者，依土地登記規則第八十二條第一項第一款前段規定，應提出承受人自耕能力證明書，登記機關既應就所提自耕能力證明書爲形式上的審查，則其於登記完畢後，經該管鄉（鎮、市、區）公所查明承受人不具備自耕能力而撤銷該自耕能力證明書時，其原先所有權移轉登記所據「具有自耕能力」之事由，已失所附麗，原登記機關自得撤銷前此准予登記之處分，逕行塗銷其所有權移轉登記。（84、5、12）

釋字第 380 號解釋

憲法第十一條關於講學自由之規定，係對學術自由之制度性保障；就大學教育而言，應包括研究自由、教學自由及學習自由等事項。大學法第一條第二項規定：「大學應受學術自由之保障，並在法律規定範圍內，享有自治權」，其自治權之範圍，應包含直接涉及研究與教學之學術重要事項。大學課程如何訂定，大學法未定有明文，然因直接與教學、學習自由相關，亦屬學術之重要事項，爲大學自治之範圍。憲法第一百六十二條固規定：「全國公私立之教育文化機關，依法律受國家監督。」則國家對於大學自治之監督，應於法律規定範圍內爲之，並須符合憲法第二十三條規定之法律保留原則。大學之必修課程，除法律有明文規定外，其訂定亦應符合上開大學自治之原則，大學法施行細則第二十二條第三項規定：「各大學共同必修科目，由教育部邀集各大學相關人員共同研訂之。」惟大學法並未授權教育部邀集各大學共同研訂共同必修科目，大學法施行細則所定內容即不得增加大學法所未規定之限制。又同條第一項後段「各大學共同必修科目不及格者不得畢業」之規定，涉及對畢業條件之限制，致使各大學共同必修科目之訂定實質上發生限制畢業之效果，而依大學法第二十三條、第二十五條及學位授予法第二條、第三條規定，畢業之條件係屬大學自治權範疇。是大學法施行細則第二十二條第一項後段逾越大學法規定，同條第三項未經大學法授權，均與上開憲法意旨不符，應自本解釋公布之日起，至遲於屆滿一年時，失其效力。（84、5、26）

釋字第 381 號解釋

憲法第一百七十四條第一款關於憲法之修改，由國民大會代表總額三分之二之出席及出席代表四分之三之決議之規定，係指國民大會通過憲法修改案時，必須之出席及贊成之人數。至於憲法修改案應經何種讀會暨各次讀會之出席及議決人數，憲法及法律皆未規定。修改憲法所進行之一讀會程序，並非通過憲法修改案，其開議出席人數究採國民大會組織法第八條代表總額三分之一，或採憲法第一百七十四條第一款所定三分之二之出席人數，抑或參照一般會議規範所定出席人數爲之，係屬議會自律之事項，均與憲法無違。至自律事項之決定，應符合自由民主憲政秩序之原則，乃屬當然，併此指明。（84、6、9）

釋字第 382 號解釋

各級學校依有關學籍規則或懲處規定，對學生所爲退學或類此之處分行爲，足以改變其學生身分並損及其受教育之機會，自屬對人民憲法上受教育之權利有重大影響，此種處分行爲應爲訴願法及行政訴訟法上之行政處分。受處分之學生於用盡校內申訴途徑，未獲救濟者，自得依法提起訴願及行政訴訟。行政法院四十一年判字第六號判例，與上開意旨不符部分，應不予援用，以符憲法保障人民受教育之權利及訴訟權之意旨。（84、6、23）

釋字第 383 號解釋

經濟部或省（直轄市）主管機關，認爲礦業申請地有妨害公益或無經營之價值時，得不予核准；經濟部爲探勘礦產調整礦區或調節產銷時，得指定某區域內之礦，停止接受申請，礦業法第三十四條有明文規定，是對於探採礦產之申請，主管機關本有准駁之裁量權。經濟部六十一年八月四日經㈥礦字第二一五一六號令稱：今後凡被撤銷或註銷礦業權之煤礦，除有特殊原因，可予單獨開放人民申領者，一律應予暫行保留，以備有礦利關係之鄰接礦區調整增區促使擴大規模，趨於合理化經營，而增加保安之管理等語；復於七十五年八月十五日以經㈤礦字第三五九〇六號函，就礦種中包含煤礦者，一併暫予保留，不開放人民申請一事，重申前令，均係中央主管機關依上開規定，對下級主管機關就臺灣地區煤礦之探採所爲之準則性釋示，與憲法尚無牴觸。（84、7、7）

釋字第 384 號解釋

憲法第八條第一項規定：「人民身體之自由應予保障。除現行犯之逮捕由法律另定外，非經司法或警察機關依法定程序，不得逮捕拘禁。非由法院依法定程序，不得審問處罰。非依法定程序之逮捕，拘禁，審問，處罰，得拒絕之。」其所稱「依法定程序」，係指凡限制人民身體自由之處置，不問其是否屬於刑事被告之身分，國家機關所依據之程序，須以法律規定，其內容更須實質正當，並符合憲法第二十三條所定相關之條件。檢肅流氓條例第六條及第七條授權警察機關得逕行強制人民到案，無須踐行必要之司法程序；第十二條關於秘密證人制度，剝奪被移送裁定人與證人對質詰問之權利，並妨礙法院發見眞實；第二十一條規定使受刑之宣告及執行者，無論有無特別預防之必要，有再受感訓處分而喪失身體自由之虞，均逾越必要程度，欠缺實質正當，與首開憲法意旨不符。又同條例第五條關於警察機關認定爲流氓並予告誡之處分，人民除向內政部警政署聲明異議外，不得提起訴願及行政訴訟，亦與憲法第十六條規定意旨相違。均應自本解釋公布之日起，至遲於中華民國八十五年十二月三十一日失其效力。（84、7、28）

釋字第 385 號解釋

憲法第十九條規定人民有依法律納稅之義務，固係指人民有依據法律所定之納稅主體、稅目、稅率、納稅方法及納稅期間等項而負納稅義務之意，然課人民以繳納租稅之法律，於適用時，該法律所定之事項若權利義務相關連者，本於法律適用之整體性及權利義務之平衡，當不得任意割裂適用。獎勵投資條例施行期間內，經依該條例第三條核准受獎勵之外國公司，於該條例施行期間屆滿後，既仍得繼續適用該條例享受租稅優惠，自應一併依同條例第十六條第三項之規定，於其稅後盈餘給付總公司時，扣繳百分之二十所得稅，方符立法原意。財政部八十年九月二十四日台財稅字第八〇〇三五六〇三二號對此之函釋，符合上開意旨，與憲法並無牴觸。（84、9、8）

釋字第 386 號解釋

中央政府建設公債發行條例第八條前段規定：「本公債債票遺失、被盜或滅失者，不得掛失止付，並不適用民法第七百二十條第一項但書、第七百二十五條及第七百二十七條之規定。」使人民合法持有之無記名公債債票於遺失、被盜或滅失時，無從依民法關於無記名證券之規定請求權利保護，亦未提供其他合理之救濟途徑，與憲法第十五條、第十六條保障人民權利之意旨不符，應自本解釋公布之日起，於其後依該條例發行之無記名公債，停止適用。（84、9、29）

釋字第 387 號解釋

行政院設院長、副院長各一人，各部會首長若干人，及不管部會政務委員若干人；行政院院長由總統提名，經立法院同意任命之；行政院副院長、各部會首長及不管部會之政務委員，由行政院院長提請總統任命之。憲法第五十四條、第五十五條第一項、第五十六條定有明文。行政院對立法院負責，憲法第五十七條亦規定甚詳。行政院院長既須經立法院同意而任命之，且對立法院負政治責任，基於民意政治與責任政治之原理，立法委員任期屆滿改選後第一次集會前，行政院院長自應向總統提出辭職。行政院副院長、各部會首長及不管部會之政務委員係由行政院院長提請總統任命，且係出席行政院會議成員，參與行政決策，亦應隨同行政院院長一併提出辭職。（84、10、13）

釋字第 388 號解釋

憲法第五十二條規定，總統除犯內亂或外患罪外，非經罷免或解職，不受刑事上之訴究。此係憲法基於總統爲國家元首，對內肩負統率全國陸海空軍等重要職責，對外代表中華民國之特殊身分所爲之尊崇與保障。現職總統競選連任時，其競選活動固應受總統副總統選舉罷免法有關規定之規範，惟其總統身分並未因參選而變更，自仍有憲法第五十二條之適用。（84、10、27）

釋字第 389 號解釋

勞工保險條例第四十四條規定，醫療給付不包括美容外科。又同條例第十九條第一項規定，被保險人或其受益人，於保險效力開始後停止前發生保險事故者，始得依該條例規定，請領保險給付。勞工保險診療費用支付標準表係依據勞工保險條例第五十一條第二項授權訂定，其第九部第四節第二項關於顎骨矯正手術，載明「限外傷或顳顎關節疼痛者專案報准後施行」，乃因有此情形，始同時符合保險效力開始後停止前所發生之保險事故，以及非屬美容外科之要件。若勞工於加入勞工保險前發生之先天性痼疾或畸形，即不在勞工保險承保範圍。其不支付診療費用，並未逾越該條例授權範圍，與憲法尙無牴觸。（84、11、10）

釋字第 390 號解釋

對於人民設立工廠而有違反行政法上義務之行爲，予以停工或勒令歇業之處分，涉及人民權利之限制，依憲法第二十三條及中央法規標準法第五條第二款規定，應以法律定之；若法律授權以命令爲補充規定者，授權之目的、內容及範圍，應具體明確，始得據以發布命令。工廠設立登記規則第十九條第一項規定：「工廠不依照本規則之規定申請設立登記，或不依照核定登記事項經營，或違反其他工廠法令者，得由省（市）建設廳（局）予以局部或全部停工或勒令歇業之處分」，涉及人民權利之限制，欠缺法律授權之依據，與前述意旨不符，應自本解釋公布之日起，

至遲於屆滿一年時失其效力。（84、11、10）

釋字第 391 號解釋

立法院依憲法第六十三條之規定有審議預算案之權，立法委員於審議中央政府總預算案時，應受憲法第七十條「立法院對於行政院所提預算案，不得為增加支出之提議」之限制及本院相關解釋之拘束，雖得為合理之刪減，惟基於預算案與法律案性質不同，尚不得比照審議法律案之方式逐條逐句增刪修改，而對各機關所編列預算之數額，在款項目節間移動增減並追加或削減原預算之項目。蓋就被移動增加或追加原預算之項目言，要難謂非上開憲法所指增加支出提議之一種，復涉及施政計畫內容之變動與調整，易導致政策成敗無所歸屬，責任政治難以建立，有違行政權與立法權分立，各本所司之制衡原理，應為憲法所不許。（84、12、8）

釋字第 392 號解釋

司法權之一之刑事訴訟、即刑事司法之裁判、係以實現國家刑罰權為目的之司法程序，其審判乃以追訴而開始，追訴必須實施偵查，迨判決確定，尚須執行始能實現裁判之內容。是以此等程序悉與審判、處罰具有不可分離之關係，亦即偵查、訴追、審判、刑之執行均屬刑事司法之過程，其間代表國家從事「偵查」「訴追」「執行」之檢察機關，其所行使之職權，目的既亦在達成刑事司法之任務，則在此一範圍內之國家作用，當應屬廣義司法之一。憲法第八條第一項所規定之「司法機關」，自非僅指同法第七十七條規定之司法機關而言，而係包括檢察機關在內之廣義司法機關。

憲法第八條第一項、第二項所規定之「審問」，係指法院審理之訊問，其無審判權者既不得為之，則此兩項所稱之「法院」，當指有審判權之法官所構成之獨任或合議之法院之謂。法院以外之逮捕拘禁機關，依上開憲法第八條第二項規定，應至遲於二十四小時內，將因犯罪嫌疑被逮捕拘禁之人民移送該管法院審問。是現行刑事訴訟法第一百零一條、第一百零二條第三項準用第七十一條第四項及第一百二十條等規定，於法院外復賦予檢察官羈押被告之權；同法第一百零五條第三項賦予檢察官核准押所長官命令之權；同法第一百二十一條第一項、第二百五十九條第一項賦予檢察官撤銷羈押、停止羈押、再執行羈押、繼續羈押暨其他有關羈押被告各項處分之權，與前述憲法第八條第二項規定之意旨均有不符。

憲法第八條第二項僅規定：「人民因犯罪嫌疑被逮捕拘禁時，其逮捕拘禁機關應將逮捕拘禁原因，以書面告知本人及其本人指定之親友，並至遲於二十四小時內移送該管法院審問。本人或他人亦得聲請該管法院，於二十四小時內向逮捕之機關提審。」並未以「非法逮捕拘禁」為聲請提審之前提要件，乃提審法第一條規定：「人民被法院以外之任何機關非法逮捕拘禁時，其本人或他人得向逮捕拘禁地之地方法院或其所隸屬之高等法院聲請提審。」以「非法逮捕拘禁」為聲請提審之條件，與憲法前開之規定有所違背。

上開刑事訴訟法及提審法有違憲法規定意旨之部分，均應自本解釋公布之日起，至遲於屆滿二年時失其效力；本院院解字第四〇三四號解釋，應予變更。至於憲法第八條第二項所謂「至遲於二十四小時內移送」之二十四小時，係指其客觀上確得為偵查之進行而言。本院釋字第一三〇號之解釋固仍有其適用，其他若有符合憲法規定意旨之法定障礙事由者，自亦不應予以計入，併此指明。（84、12、22）

釋字第 393 號解釋

憲法第十六條規定，人民訴訟權應予保障，至訴訟救濟應循之審級、程序及相關要件，應由立法機關衡量訴訟之性質，以法律為正當合理之規定。行政訴訟法第二十八條第七款規定「為判決基礎之證物係偽造或變造者」得據以提起再審之訴，係指該證物確係偽造或變造而言，非謂僅須再審原告片面主張其為偽造或變造，即應重開訴訟程序而予再審。而所謂證物確係偽造或變造，則又以其偽造或變造經宣告有罪之判決已確定，或其刑事訴訟不能開始或續行，非因證據不足者為限。此乃因再審係對確定裁判之非常救濟程序，影響法秩序之安定，故對其提起要件應有所限制。行政法院七十六年判字第一四五一號判例，符合上開意旨，與憲法第十六條保障人民訴訟權之規定尚無牴觸。（85、1、5）

釋字第 394 號解釋

建築法第十五條第二項規定：「營造業之管理規則，由內政部定之」，概括授權訂定營造業管理規則。此項授權條款雖未就授權之內容與範圍為明確之規定，惟依法律整體解釋，應可推知立法者有意授權主管機關，就營造業登記之要件、營造業及其從業人員之行為準則、主管機關之考核管理等事項，依其行政專業之考量，訂定法規命令，以資規範。至於對營造業者所為裁罰性之行政處分，固與上開事項有關，但究涉及人民權利之限制，其處罰之構成要件與法律效果，應由法律定之；法律若授權行政機關訂定法規命令予以規範，亦須為具體明確之規定；始符憲法第二十三條法律保留原則之意旨。營造業管理規則第三十一條第一項第九款，關於「連續三年內違反本規則或建築法規規定達三次以上者，由省（市）

主管機關報請中央主管機關核准後撤銷其登記證書，並刊登公報」之規定部分，及內政部中華民國七十四年十二月十七日(74)台內營字第三五七四二九號關於「營造業依營造業管理規則所置之主（專）任技師，因出國或其他原因不能執行職務，超過一個月，其狀況已消失者，應予警告處分」之函釋，未經法律具體明確授權，而逕行訂定對營造業者裁罰性行政處分之構成要件及法律效果，與憲法保障人民權利之意旨不符，自本解釋公布之日起，應停止適用。（85、1、5）

釋字第395號解釋

懲戒案件之議決，有法定事由者，原移送機關或受懲戒處分人得移請或聲請再審議，公務員懲戒法第三十三條第一項定有明文。其中所謂「懲戒案件之議決」，自應包括再審議之議決在內。公務員懲戒委員會再審字第三三五號案例及其他類似案例，與上開解釋意旨不符，對公務員訴訟上之權利為逾越法律規定之限制部分，有違憲法第二十三條法律保留原則之規定，應自本解釋公布之日起不再援用。（85、2、2）

釋字第396號解釋

憲法第十六條規定人民有訴訟之權，惟保障訴訟權之審級制度，得由立法機關視各種訴訟案件之性質定之。公務員因公法上職務關係而有違法失職之行為，應受懲戒處分者，憲法明定為司法權之範圍；公務員懲戒委員會對懲戒案件之議決，公務員懲戒法雖規定為終局之決定，然尚不得因其未設通常上訴救濟制度，即謂與憲法第十六條有所違背。懲戒處分影響憲法上人民服公職之權利，懲戒機關之成員既屬憲法上之法官，依憲法第八十二條及本院釋字第一六二號解釋意旨，則其機關應採法院之體制，且懲戒案件之審議，亦應本正當法律程序之原則，對被付懲戒人予以充分之程序保障，例如採取直接審理、言詞辯論、對審及辯護制度，並予以被付懲戒人最後陳述之機會等，以貫徹憲法第十六條保障人民訴訟權之本旨。有關機關應就公務員懲戒機關之組織、名稱與懲戒程序，併予檢討修正。（85、2、2）

釋字第397號解釋

財政部中華民國七十五年二月二十日台財稅字第七五二一四三五號令發布之「兼營營業人營業稅額計算辦法」係基於營業稅法第十九條第三項具體明確之授權而訂定，並未逾越法律授權之目的及範圍，與租稅法律主義並無牴觸。又財政部七十七年七月八日台財稅字第七六一一五三九一九號函釋稱兼營投資業務之營業人於年度中取得之股利，應於年度結束時彙總列入當年度最後乙期免稅銷售額申報，並依兼營營業人營業稅額計算辦法之規定，按當期或當年度進項稅額不得扣抵銷項稅額之比例計算調整應納稅額，併同繳納，僅釋示兼營營業人股利所得如何適用上開辦法計算其依法不得扣抵之進項稅額，並未認股利收入係營業稅之課稅範圍，符合營業稅法意旨，與憲法尚無違背。惟不得扣抵比例之計算，在租稅實務上既有多種不同方法，財政部雖於八十一年八月二十五日有所修正，為使租稅益臻公平合理，主管機關仍宜檢討改進。（85、2、16）

釋字第398號解釋

農會係以保障農民權益、提高農民知識技能、促進農業現代化、增加生產收益、改善農民生活、發展農村經濟為宗旨，得由居住農會組織區域內，實際從事農業之人依法參加為會員。農會既以其組織區域內之農民為服務對象，其會員資格之認定自以「居住農會組織區域內」及「實際從事農業」為要件。農會法第十八條第四款規定農會會員住址遷離原農會組織區域者為出會之原因，係屬法律效果之當然規定，與憲法第七條及第十條亦無牴觸。惟農會會員住址遷離原農會組織區域者，如仍從事農業工作，參酌農民健康保險條例第六條規定，其為農民健康保險被保險人之地位不應因而受影響，仍得依規定交付保險費，繼續享有同條例所提供之保障。主管機關發布有關命令應符合此意旨，以維護農民健康保險條例保障農民健康之目的。（85、3、22）

釋字第399號解釋

姓名權為人格權之一種，人之姓名為其人格之表現，故如何命名為人民之自由，應為憲法第二十二條所保障。姓名條例第六條第一項第六款規定命名文字字義粗俗不雅或有特殊原因經主管機關認定者，得申請改名。是有無申請改名之特殊原因，由主管機關於受理個別案件時，就具體事實認定之。姓名文字與讀音會意有不可分之關係，讀音會意不雅，自屬上開法條所稱得申請改名之特殊原因之一，內政部中華民國六十五年四月十九日台內戶字第六八二二六六號函釋「姓名不雅，不能以讀音會意擴大解釋」，與上開意旨不符，有違憲法保障人格權之本旨，應不予援用。（85、3、22）

釋字第400號解釋

憲法第十五條關於人民財產權應予保障之規定，旨在確保個人依財產之存續狀態行使其自由使用、收益及處分之權能，並免於遭受公權力或第三人之侵害，俾能實現個人自由發展人格及維護尊嚴。如因公用或其他公益目的之必要，國家機關雖得依法徵收人民之財產，但應給予相當之補償，方符憲法保障財產權之意旨。既成道路符合一定要件而成立公用地役關係者，其所有權人對土地既已無從自由使用收益，形成因公益而特別犧牲其財產上之利益，國家自應依法律之規定辦理徵收給予補償，各級政府如因經費困難，不能對上述道路全面徵收補償，有關機關亦應訂定期限籌措財源逐年辦理或以他法補償。若在某一道路範圍內之私有土地均辦理徵收，僅因既成道路有公用地役關係而以命令規定繼續使用，毋庸同時徵收補償，顯與平等原則相違。至於因地理環境或人文狀況改變，既成道路喪失其原有功能者，則應隨時檢討並予廢止。行政院中華民國六十七年七月十四日台㈥內字第六三〇一號函及同院六十九年二月二十三日台㈥內字第二〇七二號函與前述意旨不符部分。應不再援用。（85、4、12）

釋字第 401 號解釋

憲法第三十二條及第七十三條規定國民大會代表及立法委員言論及表決之免責權，係指國民大會代表在會議時所為之言論及表決，立法委員在立法院內所為之言論及表決，不受刑事訴追，亦不負民事賠償責任，除因違反其內部所訂自律之規則而受懲戒外，並不負行政責任之意。又罷免權乃人民參政權之一種，憲法第一百三十三條規定被選舉人得由原選舉區依法罷免之。則國民大會代表及立法委員因行使職權所為言論及表決，自應對其原選舉區之選舉人負政治上責任。從而國民大會代表及立法委員經國內選舉區選出者，其原選舉區選舉人得以國民大會代表及立法委員所為言論及表決不當為理由，依法罷免之，不受憲法第三十二條及第七十三條規定之限制。（85、4、26）

釋字第 402 號解釋

對人民違反行政法上義務之行為予以裁罰性之行政處分，涉及人民權利之限制，其處分之構成要件與法律效果，應由法律定之，法律雖得授權以命令為補充規定，惟授權之目的、範圍及內容必須具體明確，然後據以發布命令，方符憲法第二十三條之意旨。保險法第一百七十七條規定：「代理人、經紀人、公證人及保險業務員管理規則，由財政部另訂之」，主管機關固得依此訂定法規命令，對該等從業人員之行為為必要之規範，惟保險法並未就上述人員違反義務應予處罰之構成要件與法律效果為具體明確之授權，則其依據上開法條訂定發布之保險代理人經紀人公證人管理規則第四十八條第一項第十一款，對於保險代理人、經紀人及公證人等從屆人員違反義務之行為，訂定得予裁罰性之行政處分，顯與首開憲法保障人民權利之意旨不符，應自本解釋公布日起，至遲於屆滿一年時，失其效力。（85、5、10）

釋字第 403 號解釋

民事強制執行須依執行名義為之。強制執行程序開始後，除法律另有規定外，不停止執行，強制執行法第四條第一項、第十八條第一項定有明文。同法第十八條第二項規定，於一定情形下，法院因債務人之聲請，定相當並確實之擔保，得為停止強制執行之裁定，債務人本此裁定所供擔保，係以擔保債權人因債務人聲請停止強制執行不當可能遭受之損害得獲賠償為目的，已兼顧債權人與債務人之權益，並非增加債務人之額外負擔，此與債權人聲請民事強制執行須依執行名義為之有所不同，與憲法第七條規定，尚無牴觸。（85、5、24）

釋字第 404 號解釋

憲法第十五條規定人民之工作權應予保障，故人民得自由選擇工作及職業，以維持生計。惟人民之工作與公共福祉有密切關係，為增進公共利益之必要，對於人民從事工作之方法及應具備之資格或其他要件，得以法律為適當之限制，此觀憲法第二十三條規定自明。醫師法為強化專業分工、保障病人權益及增進國民健康，使不同醫術領域之醫師提供專精之醫療服務，將醫師區分為醫師、中醫師及牙醫師。醫療法第四十一條規定醫療機構之負責醫師應督導所屬醫事人員依各該醫事專門職業法規規定執行業務，均屬增進公共利益所必要。中醫師之醫療行為應依中國傳統之醫術為之，若中醫師以「限醫師指示使用」之西藥製劑或西藥成藥處方，為人治病，顯非以中國傳統醫術為醫療方法，有違醫師專業分類之原則及病人對中醫師之信賴。行政院衛生署七十一年三月十八日衛署醫字第三七〇一六七號函釋：「三、中醫師如使用『限醫師指示使用』之西藥製劑，核為醫師業務上之不正當行為，應依醫師法第二十五條規定論處。四、西藥成藥依藥物藥商管理法之規定，其不待醫師指示，即可供治療疾病。故使用西藥成藥為人治病，核非中醫師之業務範圍。」要在闡釋中醫師之業務範圍，符合醫師法及醫療法之立法意旨，與憲法保障工作權之規定，尚無牴觸。（85、5、24）

釋字第 405 號解釋

憲法第八十五條規定，公務人員之選拔，應實行公開競爭之考試制度，非經考試及格者不得任用，明示考試用人之原則。學校職員之任用資格，自應經學校行政人員考試或經高等、普通考試相當類科考試及格。中華民國七十九年十二月十九日修正公布之教育人員任用條例第二十一條所稱「適用各該原有關法令」，並不能使未經考試及格者取得與考試及格者相同之公務人員任用資格，故僅能繼續在原學校任職，亦經本院釋字第二七八號解釋在案。八十三年七月一日修正公布之教育人員任用條例第二十一條第二項中，關於「並得在各學校間調任」之規定，使未經考試及格者與取得公務人員任用資格者之法律地位幾近相同，與憲法第八十五條、第七條及前開解釋意旨不符，應自本解釋公布之日起失其效力。（85、6、7）

釋字第 406 號解釋

都市計畫法第十五條第一項第十款所稱「其他應加表明之事項」，係指同條項第一款至第九款以外與其性質相類而須表明於主要計畫書之事項，對於法律已另有明文規定之事項，自不得再依該款規定爲限制或相反之表明或規定。都市計畫法第十七條第二項但書規定：「主要計畫公布已逾二年以上，而能確定建築線或主要公共設施已照主要計畫興建完成者，得依有關建築法令之規定，由主管建築機關指定建築線，核發建築執照」，旨在對於主要計畫公布已逾二年以上，因細部計畫未公布，致受不得建築使用及變更地形（同條第二項前段）限制之都市計畫土地，在可指定建築線之情形下，得依有關建築法令之規定，申請指定建築線，核發建築執照，解除其限建，以保障人民自由使用財產之憲法上權利。內政部中華民國七十三年二月二十日(73)台內營字第二一三三九二號函釋略謂：即使主要計畫發布實施已逾滿二年，如其（主要）計畫書內有「應擬定細部計畫後，始得申請建築使用，並應儘可能以市地重劃方式辦理」之規定者，人民申請建築執照，自可據以不准等語，顯係逾越首開規定，另作法律所無之限制。與憲法保障人民財產權之意旨不符，應不適用。（85、6、21）

釋字第 407 號解釋

主管機關基於職權因執行特定法律之規定，得爲必要之釋示，以供本機關或下級機關所屬公務員行使職權時之依據。行政院新聞局中華民國八十一年二月十日(81)強版字第〇二二七五號函係就出版品記載內容觸犯刑法第二百三十五條猥褻罪而違反出版法第三十二條第三款之禁止規定，所爲例示性解釋，並附有足以引起性慾等特定條件，而非單純刊登文字、圖畫即屬相當，符合上開出版法規定之意旨，與憲法尙無牴觸。惟猥褻出版品，乃指一切在客觀上，足以刺激或滿足性慾，並引起普通一般人羞恥或厭惡感而侵害性的道德感情，有礙於社會風化之出版品而言。猥褻出版品與藝術性、醫學性、教育性等出版品之區別，應就出版品整體之特性及其目的而爲觀察，並依當時之社會一般觀念定之。又有關風化之觀念，常隨社會發展、風俗變異而有所不同，主管機關所爲釋示，自不能一成不變，應基於尊重憲法保障人民言論出版自由之本旨，兼顧善良風俗及青少年身心健康之維護，隨時檢討改進。至於個別案件是否已達猥褻程度，法官於審判時應就具體案情，依其獨立確信之判斷，認定事實，適用法律，不受行政機關函釋之拘束，乃屬當然。（85、7、5）

釋字第 408 號解釋

民法第八百三十二條規定，稱地上權者，謂以在他人土地上有建築物，或其他工作物，或竹木爲目的而使用其土地之權，故設定地上權之土地，以適於建築房屋或設置其他工作物或種植竹林者爲限。其因時效取得地上權而請求登記者亦同。土地法第八十二條前段規定，凡編爲某種使用地之土地，不得供其他用途之使用。占有土地屬農業發展條例第三條第十一款所稱之耕地者，性質上既不適於設定地上權，內政部於中華民國七十七年八月十七日以台內地字第六二一四六四號函訂頒時效取得地上權登記審查要點第三點第二款規定占有人占有上開耕地者，不得申請時效取得地上權登記，與憲法保障人民財產權之意旨，尙無牴觸。（85、7、5）

釋字第 409 號解釋

人民之財產權應受國家保障，惟國家因公用需要得依法限制人民土地所有權或取得人民之土地，此觀憲法第二十三條及第一百四十三條第一項之規定自明。徵收私有土地，給予相當補償，即爲達成公用需要手段之一種，而徵收土地之要件及程序，憲法並未規定，係委由法律予以規範，此亦有憲法第一百零八條第一項第十四款可資依據。土地法第二百零八條第九款及都市計畫法第四十八條係就徵收土地之目的及用途所爲之概括規定，但並非謂合於上述目的及用途者，即可任意實施徵收，仍應受土地法相關規定及土地法施行法第四十九條比例原則之限制。是上開土地法第二百零八條第九款及都市計畫法第四十八條，與憲法保障人民財產權之意旨尙無牴觸。然徵收土地究對人民財產權發生嚴重影響，法律就徵收之各項要件，自應詳加規定，前述土地法第二百零八條各款用語有欠具體明確，徵收程序之相關規定亦不盡周全，有關機關應檢討修正，併此指明。（85、7、5）

釋字第 410 號解釋

民法親屬編施行法第一條規定「關於親屬之事件，在民法親屬編施行前發生者，除本施行法有特別規定外，不適用民法親屬編之規定。其在修正前發生者，除本施行法有特別規定外，亦不適用修正後之規定」，旨在尊重民法親屬編施行前或修正前原已存在之法律秩序，以維護法安定之要求，同時對於原已發生之法律秩序認不應仍繼續維持或須變更者，則於該施行法設特別規定，以資調和，與憲法並無牴觸。惟查關於夫妻聯合財產制之規定，民國七十四年六月三日修正前民法第一千零十七條第一項規定：「聯合財產中，妻於結婚時所有之財產，及婚姻關係存續中因繼承或其他無償取得之財產，爲妻之原有財產，保有其所有權」，同條第二項規定：「聯合財產中，夫之原有財產及不屬於妻之原有財產部分，爲夫所有」，第三項規定：「由妻之原有財產所生之孳息，其所有權歸屬於夫」，及最高法院五十五年度台抗字第一六一號判例謂「妻於婚姻關係存續中始行取得之財產，如不能證明其爲特有或原有財產，依民法第一千零十六條及第一千零十七條第二項之規定，即屬聯合財產，其所有權應屬於夫」，基於憲法第七條男女平等原則之考量，民法第一千零十七條已於七十四年六月三日予以修正，上開最高法院判例亦因適用修正後之民法，而不再援用。由於民法親屬編施行法對於民法第一千零十七條夫妻聯合財產所有權歸屬之修正，未設特別規定，致使在修正前已發生現尚存在之聯合財產，仍適用修正前之規定，由夫繼續享有權利，未能貫徹憲法保障男女平等之意旨。對於民法親屬編修正前已發生現尚存在之聯合財產中，不屬於夫之原有財產及妻之原有財產部分，應如何處理，俾符男女平等原則，有關機關應儘速於民法親屬編施行法之相關規定檢討修正。至遺產及贈與稅法第十六條第十一款被繼承人配偶及子女之原有財產或特有財產，經辦理登記或確有證明者，不計入遺產總額之規定，所稱「被繼承人之配偶」並不分夫或妻，均有其適用，與憲法第七條所保障男女平等之原則，亦無牴觸。（85、7、19）

釋字第 411 號解釋

經濟部會同內政部、交通部、行政院農業委員會、行政院勞工委員會、行政院衛生署、行政院環境保護署（下稱經濟部等七部會署）於中華民國八十年四月十九日以經㊇工字第〇一五五二二號等令訂定「各科技師執業範圍」，就中對於土木工程科技師之執業範圍，限制「建築物結構之規劃、設計、研究、分析業務限於高度三十六公尺以下」部分，係技師之中央主管機關及目的事業主管機關爲劃分土木工程科技師與結構工程科技師之執業範圍，依技師法第十二條第二項之規定所訂，與憲法對人民工作權之保障，尚無牴觸。又行政院於六十七年九月十九日以台六十七經字第八四九二號令與考試院於六十七年九月十八日以㊅考台秘一字第二四一四號令會銜訂定「技師分科類別」及「技師分科類別執屆範圍說明」，就結構工程科之技師執業範圍特別訂明「在尚無適當數量之結構工程科技師開業之前，建築物結構暫由開業之土木技師或建築技師負責辦理。」乃係因應當時社會需要所訂之暫時性措施。迨七十六年十月二日始由行政院及考試院會銜廢止。則經濟部等七部會署嗣後以首揭令訂定「各科技師執業範圍」，於土木工程科執業範圍「備註」欄下註明「於民國六十七年九月十八日以前取得土木技師資格，並於七十六年十月二日以前具有三十六公尺以上高度建築物結構設計經驗者，不受上列建築物結構高度之限制。」其於六十七年九月十九日以後取得土木工程科技師資格者，仍應受執業範圍規定之限制，要屬當然。（85、7、19）

釋字第 412 號解釋

後備軍人轉任公職考試比敘條例第六條授權考試院訂定施行細則，考試院乃於中華民國七十七年一月十一日考量公務人員任用法及公務人員俸給法已於七十五年重新制定，並於七十六年一月十六日施行，於後備軍人轉任公職考試比敘條例施行細則第十條第五項明定將其適用範圍限於七十六年一月十六日以後之轉任人員，係爲配合新制公務人員人任用法及公務人員俸給法，並斟酌各種情況之差異所爲之規定，尚未違反後備軍人轉任公職考試比敘條例授權之意旨，與憲法有關工作權之平等保障，亦無牴觸。（85、8、2）

釋字第 413 號解釋

非中華民國境內居住之個人，經依華僑回國投資條例或外國人投資條例核准在中華民國境內投資，並擔任該事業之董事、監察人或經理人者，如因經營或管理其投資事業需要，於一定課稅年度內在中華民國境內居留期間超過所得稅法第七條第二項第二款所定一百八十三天時，其自該事業所分配之股利，即有獎勵投資條例（現已失效）第十六條第一項第一款及促進產業升級條例第十一條第一項之適用，按所定稅率就源扣繳，不適用所得稅法結算申報之規定，此觀獎勵投資條例第十七條及促進產業升級條例第十一條第二項之規定甚明。行政法院六十三年判字第六七三號判例：「所得稅法第二條第二項及獎勵投資條例第十七條暨同條例施行細則第二十五條之㈠所稱就源扣繳，係指非中華民國境內居住之個人，且無配偶居住國內之情形而言。若配偶之一方居住國內，爲中華民國之納稅義務人，則他方縱居住國外，其在國內之所得，仍應適用所得稅法第十五條規定合併「申報課稅」，增列無配偶居住國內之情形，添加法律所無之限制，有違憲法所定租稅法律主義之本旨，應不予適用。（85、9、20）

釋字第 414 號解釋

藥物廣告係爲獲得財產而從事之經濟活動，涉及財產權之保障，並具商業上意見表達之性質，惟因與國民健康有重大關係，基於公共利益之維護，應受較嚴格之規範。藥事法第六十六條第一項規定：藥商刊播藥物廣告時，應於刊播前將所有文字、圖畫或言詞，申請省（市）衛生主管機關核准，旨在確保藥物廣告之眞實，維護國民健康，爲增進公共利益所必要，與憲法第十一條及第十五條尙屬相符。又藥事法施行細則第四十七條第二款規定：藥物廣告之內容，利用容器包裝換獎或使用獎勵方法，有助長濫用藥物之虞者，主管機關應予刪除或不予核准，係依藥事法第五百零五條之授權，就同法第六十六條相關事宜爲具體之規定，符合立法意旨，並未逾越母法之授權範圍，與憲法亦無牴觸。（85、11、8）

釋字第 415 號解釋

所得稅法有關個人綜合所得稅「免稅額」之規定，其目的在以稅捐之優惠使納稅義務人對特定親屬或家屬盡其法定扶養義務。同法第十七條第一項第一款第四目規定：「納稅義務人其他親屬或家屬，合於民法第一千一百十四條第四款及第一千一百二十三條第三項之規定，未滿二十歲或滿六十歲以上無謀生能力，確係受納稅義務人扶養者」，得於申報所得稅時按受扶養之人數減除免稅額，固須以納稅義務人與受扶養人同居一家爲要件，惟家者，以永久共同生活之目的而同居爲要件，納稅義務人與受扶養人是否爲家長家屬，應取決於其有無共同生活之客觀事實，而不應以是否登記同一戶籍爲唯一認定標準。所得稅法施行細則第二十一條之二規定：「本法第十七條第一項第一款第四目關於減除扶養親屬免稅額之規定，其爲納稅義務人之其他親屬或家屬者，應以與納稅義務人或其配偶同一戶籍，且確係受納稅義務人扶養爲限」，其應以與納稅義務人或其配偶「同一戶籍」爲要件，限縮母法之適用，有違憲法第十九條租稅法律主義，其與上開解釋意旨不符部分應不予援用。（85、11、8）

釋字第 416 號解釋

最高法院七十一年台上字第三一四號判例所稱：「當事人依民事訴訟法第四百六十八條規定以第二審判決有不適用法規或適用法規不當爲上訴理由時，其上訴狀或理由書應有具體之指摘，並揭示該法規之條項或其內容，若係成文法以外之法則，應揭示該法則之旨趣，倘爲司法院解釋或本院之判例，則應揭示該判解之字號或其內容，如依民事訴訟法第四百六十九條所列各款事由提起第三審上訴者，其上訴狀或理由書應揭示合於該條款之事實，上訴狀或理由書如未依此項方法表明，即難認爲已對第二審判決之違背法令有具體之指摘，其上訴自難認爲合法。」係基於民事訴訟法第四百七十條第二項、第四百七十六條規定之意旨，就條文之適用，所爲文義之闡析及就判決違背法令具體表明方法之說明，並未增加法律所未規定之限制，無礙人民訴訟權之正當行使，與憲法尙無抵觸。（85、12、6）

釋字第 417 號解釋

道路交通管理處罰條例第七十八條第三款規定：行人在道路上不依規定，擅自穿越車道者，處一百二十元罰鍰，或施一至二小時之道路交通安全講習，係爲維持社會秩序及公共利益所必需，與憲法尙無牴觸。依同條例授權訂定之道路交通安全規則第一百三十四條第一款規定：行人穿越道路設有行人穿越道，人行天橋或人行地下道者，必須經由行人穿越道，人行天橋或人行地下道穿越，不得在其三〇公尺範圍內穿越道路，係就上開處罰之構成要件爲必要之補充規定，固符合該條例之立法意旨；惟行人穿越道，人行天橋及人行地下道之設置，應選擇適當之地點，注意設置之必要性及大眾穿越之方便與安全，並考慮殘障人士或其他行動不便者及天候災變等難以使用之因素，參酌同條例第七十八條第二款對有正當理由不能穿越天橋，地下道之行人不予處罰之意旨，檢討修正上開規則。（85、12、6）

釋字第 418 號解釋

憲法第十六條保障人民有訴訟之權，旨在確保人民有依法定程序提起訴訟及受公平審判之權利。至於訴訟救濟，究應循普通訴訟程序抑依行政訴訟程序爲之，則由立法機關依職權衡酌訴訟案件之性質及既有訴訟制度之功能等而爲設計。道路交通管理處罰條例第八十七條規定，受處分人因交通違規事件，不服主管機關所爲之處罰，得向管轄地方法院聲明異議；不服地方法院對聲明異議所爲之裁定，得爲抗告，但不得再抗告。此項程序，既已給予當事人申辯及提出證據之機會，符合正當法律程序，與憲法第十六條保障人民訴訟權之意旨尙無牴觸。（85、12、20）

釋字第 419 號解釋

一、副總統得否兼任行政院院長憲法並無明文規定，副總統與行政院院長二者職務性質亦非顯不相容，惟此項兼任如遇總統缺位或不能視事時，將影響憲法所規定繼任或代行職權之設計，與憲法設置副總統及行政院院長職位分由不同之人擔任之本旨未盡相符。引發本件解釋之事實，應依上開解釋意旨爲適當之處理。

二、行政院院長於新任總統就職時提出總辭，係基於尊重國家元首所爲之禮貌性辭職，並非其憲法上之義務。對於行政院院長非憲法上義務之辭職應如何處理，乃總統之裁量權限，爲學理上所稱統治行爲之一種，非本院應作合憲性審查之事項。

三、依憲法之規定，向立法院負責者爲行政院，立法院除憲法所規定之事項外，並無決議要求總統爲一定行爲或不爲一定行爲之權限。故立法院於中華民國八十五年六月十一日所爲「咨請總統儘速重新提名行政院院長，並咨請立法院同意」之決議，逾越憲法所定立法院之職權，僅屬建議性質，對總統並無憲法上之拘束力。（85、12、31）

釋字第 420 號解釋

涉及租稅事項之法律，其解釋應本於租稅法律主義之精神，依各該法律之立法目的，衡酌經濟上之意義及實質課稅之公平原則爲之。行政法院中華民國八十一年十月十四日庭長、評事聯席會議所爲：「獎勵投資條例第二十七條所指『非以有價證券買賣爲專業者』，應就營利事業實際營業情形，核實認定。公司登記或商業登記之營業項目，雖未包括投資或其所登記投資範圍未包括有價證券買賣，然其實際上從事龐大有價證券買賣，其非營業收入遠超過營業收入時，足證其係以買賣有價證券爲主要營業，即難謂非以有價證券買賣爲專業」不在停徵證券交易所得稅之範圍之決議，符合首開原則，與獎勵投資條例第二十七條之規定並無不符，尚難謂與憲法第十九條租稅法律主義有何牴觸。（86、1、17）

釋字第 421 號解釋

中華民國八十三年八月一日公布之憲法增修條文第一條第八項規定，國民大會自第三屆國民大會起設議長、副議長，由國民大會代表互選之。國民大會議長對外代表國民大會，對內綜理會務，並於開會時主持會議，屬經常性之職位，與一般國民大會代表有異，自得由國庫支給固定報酬。至報酬之項目及額度，在合理限度內係屬立法機關之權限。是立法院通過八十六年度中央政府總預算中，關於議長、副議長之歲費、公費及特別費部分，與憲法尚無牴觸。

國民大會議長、副議長，既爲憲法上之國家機關，對外代表國民大會，且屬經常性之職位，復受有國庫依其身分，職務定期支給相當之報酬，除法律另有規定外，自不得兼任其他公職或執行業務，併此敘明。（86、2、21）

釋字第 422 號解釋

憲法第十五條規定，人民之生存權應予保障；第一百五十三條復明定，國家爲改良農民之生活，增進其生產技能，應制定保護農民之法律，實施保護農民之政策，明確揭示國家負有保障農民生存及提昇其生活水準之義務。耕地三七五減租條例即屬上開憲法所稱保護農民之法律，其第十九條第一項第三款規定，出租人因收回耕地，致承租人失其家庭生活依據者，耕地租約期滿時，出租人不得收回自耕，目的即在保障佃農，於租約期滿時不致因出租人收回耕地，嚴重影響其家庭生活及生存權利。行政院於中華民國四十九年十二月二十三日以台㈣內字第七二二六號令及內政部七十三年十一月一日㈦台內地字第二六六七七九號函，關於承租人全年家庭生活費用之核計方式，逕行準用臺灣省（臺北市、高雄市）辦理役種區劃現行最低生活費支出標準計算審核表（原役種區劃適用生活標準表）中，所列最低生活費支出標準金額之規定，以固定不變之金額標準，推計承租人之生活費用，而未斟酌承租人家庭生活之具體情形及實際所生之困窘狀況，難謂切近實際，有失合理，與憲法保護農民之意旨不符，應不再援用。（86、3、7）

釋字第 423 號解釋

行政機關行使公權力，就特定具體之公法事件所爲對外發生法律上效果之單方行政行爲，皆屬行政處分，不因其用語、形式以及是否有後續行爲或記載不得聲明不服之文字而有異。若行政機關以通知書名義製作，直接影響人民權利義務關係，且實際上已對外發生效力者，如以仍有後續處分行爲，或載有不得提起訴願，而視其爲非行政處分，自與憲法保障人民訴願及訴訟權利之意旨不符。行政法院四十八年判字第九六號判例僅係就訴願法及行政訴訟法相關規定，所爲之詮釋，與憲法尚無牴觸。

空氣污染防制法第二十三條第一項規定：「交通工具排放空氣污染物，應符合排放標準。」同法第四十三條第一項對違反前開規定者，明定其處罰之方式與罰鍰之額度；同條第三項並授權中央主管機關訂定罰鍰標準。交通工具排放空氣污染物罰鍰標準第五條，僅以當事人接到違規舉發通知書後之「到案時間及到案與否」，爲設定裁決罰鍰數額下限之唯一準據，並非根據受處罰之違規事實情節，依立法目的所爲之合理標準。縱其罰鍰之上限並未逾越法律明定得裁罰之額度，然以到案之時間爲標準，提高罰鍰下限之額度，與母法授權之目的未盡相符，且損及法律授權主管機關裁量權之行使。又以秩序罰罰鍰數額倍增之形式而科罰，縱有促使相對人自動繳納罰鍰、避免將來強制執行困擾之考量，惟母法既無規定復未授權，上開標準創設相對人於接到違規通知書起十日內到案接受裁罰及逾期倍增之規定，與法律保留原則亦屬有違，其與本解釋意旨不符部分，應自本解釋公布之日起，至遲於屆滿六個月時失其效力。（86、3、21）

釋字第 424 號解釋

財政部中華民國八十三年二月十六日台財稅字第

八二二三〇四八五〇號函釋：「贈與人所有之全部農業用地，經分次贈與能自耕之具有繼承人身分中之同一人，且繼續經營農業生產者，全部農地均准免徵贈與稅，惟最後一次以前各該次贈與仍應先予核課贈與稅，俟最後一次為贈與，全部農業用地均歸同一受贈人後，再辦理退稅」，係主管機關為執行遺產及贈與稅法第二十條第五款及農業發展條例第三十一條規定之必要，就家庭農場之農業用地免徵贈與稅之作業，對所屬機關所為之釋示，與上開法律規定之意旨相符，於憲法第十九條之規定尚無牴觸。（86、3、21）

釋字第425號解釋

土地徵收，係國家因公共事業之需要，對人民受憲法保障之財產權，經由法定程序予以剝奪之謂。規定此項徵收及其程序之法律必須符合必要性原則，並應於相當期間內給予合理之補償。被徵收土地之所有權人於補償費發給或經合法提存前雖仍保有該土地之所有權，惟土地徵收對被徵收土地之所有權人而言，係為公共利益所受特別犧牲，是補償費之發給不宜遷延過久。本此意旨，土地法第二百三十三條明定補償費應於「公告期滿後十五日內」發給。此法定期間除對徵收補償有異議，已依法於公告期間內向該管地政機關提出，並經該機關提交評定或評議或經土地所有權人同意延期繳交者外，應嚴格遵守（參照本院釋字第一一〇號解釋）。內政部中華民國七十八年一月五日台內字第六六一九九一號令發布之「土地徵收法令補充規定」，係主管機關基於職權，為執行土地法之規定所訂定，其中第十六條規定：「政府徵收土地，於請求法律解釋期間，致未於公告期滿十五日內發放補償地價，應無徵收無效之疑義」，與土地法第二百三十三條之規定未盡相符，於憲法保障人民財產權之意旨亦屬有違，其與本解釋意旨不符部分，應不予適用。（86、4、11）

釋字第426號解釋

空氣污染防制費收費辦法係主管機關根據空氣污染防制法第十條授權訂定，依此徵收之空氣污染防制費，性質上屬於特別公課，與稅捐有別。惟特別公課亦係對義務人課予繳納金錢之負擔，其徵收目的、對象、用途自應以法律定之，如由法律授權以命令訂定者，其授權符合具體明確之標準，亦為憲法之所許。上開法條之授權規定，就空氣污染防制法整體所表現之關聯性意義判斷，尚難謂有欠具體明確。又已開徵部分之費率類別，既由主管機關依預算法之規定，設置單位預算「空氣污染防制基金」加以列明，編入中央政府年度總預算，經立法院審議通過後實施，與憲法尚無違背。有關機關對費率類別、支出項目等，如何為因地制宜之考量，仍須檢討改進，逕以法律為必要之規範。至主管機關徵收費用之後，應妥為管理運用，俾符合立法所欲實現之環境保護政策目標，不得悖離徵收之目的，乃屬當然。

空氣污染防制法所防制者為排放空氣污染物之各類污染源，包括裝置於公私場所之固定污染源及機動車輛排放污染物所形成之移動污染源，此觀該法第八條、第二十三條至第二十七條等相關條文甚明。上開收費辦法第四條規定按移動污染源之排放量所使用油（燃）料之數量徵收費用，與法律授權意旨無違，於憲法亦無牴觸。惟主管機關自中華民國八十四年七月一日起僅就油（燃）料徵收，而未及固定污染源所排放之其他污染物，顯已違背公課公平負擔之原則，有關機關應迅予檢討改進，併此指明。（86、5、9）

釋字第427號解釋

營利事業所得之計算，係以其本年度收入總額減除各項成本費用、損失及稅捐後之純益額為所得額，以往年度營業之虧損，不得列入本年度計算，所得稅法第二十四條第一項及第三十九條前段定有明文。同法第三十九條但書旨在建立誠實申報納稅制度，其扣除虧損只適用於可扣抵期間內未發生公司合併之情形，若公司合併者，則應以合併基準時為準，更始計算合併後公司之盈虧，不得追溯扣抵合併前各該公司之虧損。財政部中華民國六十六年九月六日台財稅字第三五九九五號函與上開法條規定意旨相符，與憲法並無牴觸。至公司合併應否給予租稅優惠，則屬立法問題。（86、5、9）

釋字第428號解釋

公用事業，以公營為原則，憲法第一百四十四條前段定有明文。國家基於對人民生存照顧之義務、達成給付行政之功能，經營各類公用事業，期以合理之費率，普遍而穩定提供人民所需之各項服務，得對公用事業因經營所生之損失補償或損害賠償責任予以相當之限制，惟因涉及人民之權利，自須符合憲法第二十三條之規定。郵政法第二十五條各類掛號郵件之補償僅限於遺失或被竊，而不及於毀損，旨在維持郵政事業之經營，為增進公共利益所必要，尚未逾越立法權自由形成之範圍，與憲法並無牴觸。惟對於特殊類型郵件之投遞與交寄程序、收費標準、保管方式、損失補償要件與範圍等須否加以規定，應由主管機關檢討改進。又郵政規則第二百二十七條及第二百二十八條之規定，乃在確定郵件損失補償責任之要件，並未逾越郵政法第二十七條之授權，亦未增加郵政法關於郵件補償規定所無之限制，與憲法亦無牴觸。（86、5、23）

釋字第 429 號解釋

中華民國七十五年一月二十四日公布之公務人員考試法第二十一條第一項規定：「公務人員高等考試與普通考試及格者，按錄取類、科，接受訓練，訓練期滿成績及格者，發給證書，分發任用。」（現行法第二十條第一項之規定意旨亦同）是公務人員高普考試筆試及格後，須經訓練，訓練期滿成績及格，始完成考試程序。訓練既為法定考試程序之一部分，除法令另有規定外，自不得抵免。公務人員高等暨普通考試訓練辦法第四條第二項就實務訓練無免除之規定，符合上述立法意旨，與憲法尚無牴觸。（86、6、6）

釋字第 430 號解釋

憲法第十六條規定人民有訴願及訴訟之權，人民之權利或法律上利益遭受損害，不得僅因身分或職業關係，即限制其依法律所定程序提起訴願或訴訟。因公務員身分受有行政處分得否提起行政爭訟，應視其處分內容而定，迭經本院解釋在案。軍人為廣義之公務員，與國家間具有公法上之職務關係，現役軍官依有關規定聲請續服現役未受允准，並核定其退伍，如對之有所爭執，既係影響軍人身分之存續，損及憲法所保障服公職之權利，自得循訴願及行政訴訟程序尋求救濟，行政院四十八年判字第十一號判例與上開意旨不符部分，應不予援用。（86、6、6）

釋字第 431 號解釋

戰士授田憑據處理條例對同條第十條之「無職軍官」未規定其定義及範圍，該條例施行細則第三條第十六款：「無職軍官指依行政院四十八年七月十四日台⑷⑻防字第三八八二號令訂定之陸海空軍無軍職軍官處理辦法，於四十八年十月十八日以前在國防部登記處理有案，發給退除役令，並經國防部人事參謀次長室認定符合無職軍官身分者」，係就無職軍官身分之認定所為之補充規定，並未違背該條例之立法意旨，與憲法亦無牴觸。（86、6、6）

釋字第 432 號解釋

專門職業人員違背其職業上應遵守之義務，而依法應受懲戒處分者，必須使其能預見其何種作為或不作為構成義務之違反及所應受之懲戒為何，方符法律明確性原則。對於懲戒處分之構成要件，法律雖以抽象概念表示，不論其為不確定概念或概括條款，均須無違明確性之要求。法律明確性之要求，非僅指法律文義具體詳盡之體例而言，立法者於立法定制時，仍得衡酌法律所規範生活事實之複雜性及適用於個案之妥當性，從立法上適當運用不確定法律概念或概括條款而為相應之規定。有關專門職業人員行為準則及懲戒之立法使用抽象概念者，苟其意義非難以理解，且為受規範者所得預見，並可經由司法審查加以確認，即不得謂與前揭原則相違。會計師法第三十九條第六款規定：「其他違反本法規定者」，以違反會計師法為構成會計師之懲戒事由，其範圍應屬可得確定。同法第十七條規定：「會計師不得對於指定或委託事件，有不正當行為或違反或廢弛其業務上應盡之義務」，係在確立會計師之行為標準及注意義務所為之規定，要非會計師作為專門職業人員所不能預見，亦係維護會計師專業素質，增進公共利益所必要，與法律明確性原則及憲法第十五條保障人民工作權之意旨尚無違背。（86、7、11）

釋字第 433 號解釋

國家對於公務員懲戒權之行使，係基於公務員與國家間公法上之職務關係，與對犯罪行為科予刑罰之性質未盡相同，對懲戒處分之構成要件及其法律效果，立法機關自有較廣之形成自由。公務員懲戒法第二條及第九條雖就公務員如何之違法、廢弛職務或其他失職行為為應受何種類之懲戒處分僅設概括之規定，與憲法尚無抵觸。至同法第十一條、第十二條關於撤職及休職處分期間之規定，旨在授權懲戒機關依同法第十條所定之標準，就具體個案為適當之處分，於憲法亦無違背。惟撤職停止任用期間及休職期間該法均無上限之規定，對公務員權益不無影響，應由有關機關檢討修正，俾其更能符合憲法保障公務員之意旨。（86、7、25）

釋字第 434 號解釋

公務人員保險係國家為照顧公務人員生老病死及安養，運用保險原理而設之社會福利制度，凡法定機關編制內之有給人員及公職人員均為被保險人。被保險人應按公務人員保險法第八條第一項及第九條規定繳付保險費，承保機關按同法第三條規定提供生育、疾病、傷害、殘廢、養老、死亡及眷屬喪葬七項給付，前三項給付於全民健康保險法施行後，已列入全民健康保險。公務人員保險法規定之保險費，係由被保險人與政府按一定之比例負擔，以為承保機關保險給付之財務基礎。該項保險費，除為被保險人個人提供保險給付之資金來源外，並用以分擔保險團體中其他成員之危險責任。且保險費經繳付後，該法未規定得予返還，與憲法並無牴觸。惟被保險人所繳付之保險費中，關於養老保險部分，承保機關依財政部核定提存準備辦法規定，應提撥一定比率為養老給付準備，此項準備之本利類似全體被保險人存款之累積。公務人員保險法於第十六條第一項關於養老給付僅規定依法退休人員有請領之權，對於其他離職人員則未規定，與憲法第十五

條保障人民財產權之意旨不符，應即檢討修正。（86、7、25）

釋字第435號解釋

憲法第七十三條規定立法委員在院內所為之言論及表決，對院外不負責任，旨在保障立法委員受人民付託之職務地位，並避免國家最高立法機關之功能遭致其他國家機關之干擾而受影響。為確保立法委員行使職權無所瞻顧，此項言論免責權之保障範圍，應作最大程度之界定，舉凡在院會或委員會之發言、質詢、提案、表決以及與此直接相關之附隨行為，如院內黨團協商、公聽會之發言等均屬應予保障之事項。越此範圍與行使職權無關之行為，諸如蓄意之肢體動作等，顯然不符意見表達之適當情節致侵害他人法益者，自不在憲法上開條文保障之列。至於具體個案中，立法委員之行為是否已逾越保障之範圍，於維持議事運作之限度內，固應尊重議會自律之原則，惟司法機關為維護社會秩序及被害人權益，於必要時亦非不得依法行使偵審之權限。（86、8、1）

釋字第436號解釋

憲法第八條第一項規定，人民身體之自由應予保障，非由法院依法定程序不得審問處罰；憲法第十六條並規定人民有訴訟之權。現役軍人亦為人民，自應同受上開規定之保障。又憲法第九條規定：「人民除現役軍人外，不受軍事審判」，乃因現役軍人負有保衛國家之特別義務，基於國家安全與軍事需要，對其犯罪行為得設軍事審判之特別訴訟程序，非謂軍事審判機關對於軍人之犯罪有專屬之審判權。至軍事審判之建制，憲法未設明文規定，雖得以法律定之，惟軍事審判機關所行使者，亦屬國家刑罰權之一種，其發動與運作，必須符合正當法律程序之最低要求，包括獨立、公正之審判機關與程序，並不得違背憲法第七十七條、第八十條等有關司法權建制之憲政原理；規定軍事審判程序之法律涉及軍人權利之限制者，亦應遵守憲法第二十三條之比例原則。本於憲法保障人身自由、人民訴訟權利及第七十七條之意旨，在平時經終審軍事審判機關宣告有期徒刑以上之案件，應許被告直接向普通法院以判決違背法令為理由請求救濟。軍事審判法第十一條、第一百三十三條第一項、第三項、第一百五十八條及其他不許被告逕向普通法院以判決違背法令為理由請求救濟部分，均與上開憲法意旨不符，應自本解釋公布之日起，至遲於屆滿二年時失其效力。有關機關應於上開期限內，就涉及之關係法律，本此原則作必要之修正，並對訴訟救濟相關之審級制度為配合調整，且為貫徹審判獨立原則，關於軍事審判之審檢分立、參與審判軍官之選任標準及軍法官之身分保障等事項，亦應一併檢討改進，併此指明。（86、10、13）

釋字第437號解釋

繼承因被繼承人死亡而開始。繼承人自繼承開始時，除民法另有規定及專屬於被繼承人本身之權利義務外，承受被繼承人財產上之一切權利義務，無待繼承人為繼承之意思表示。繼承權是否被侵害，應以繼承人繼承原因發生後，有無被他人否認其繼承資格並排除其對繼承財產之占有、管理或處分為斷。凡無繼承權而於繼承開始時或繼承開始後僭稱為真正繼承人或真正繼承人否認其他共同繼承人之繼承權，並排除其占有、管理或處分者，均屬繼承權之侵害，被害人或其法定代理人得依民法第一千一百四十六條規定請求回復之，初不限於繼承開始時自命為繼承人而行使遺產上權利者，始為繼承權之侵害。最高法院五十三年臺上字第五九二號判例之本旨，係認自命為繼承人而行使遺產上權利之人，必須於被繼承人死亡時即已有侵害繼承地位事實之存在，方得謂為繼承權被侵害態樣之一；若於被繼承人死亡時，其繼承人間對於彼此為繼承人之身分並無爭議，迨事後始發生侵害遺產之事實，則其侵害者，為繼承人已取得之權利，而非侵害繼承權，自無民法第一千一百四十六條繼承回復請求權之適用。在此範圍內，該判例並未增加法律所無之限制，與憲法尚無牴觸。（86、10、17）

釋字第438號解釋

財政部於中華民國八十二年十二月三十日發布之營利事業所得稅查核準則，係規定有關營利事業所得稅結算申報之調查、審核等事項。該準則第九十二條第五款第五目規定「在臺以新臺幣支付國外佣金者，應在不超過出口貨物價款百分之三範圍內，取具國外代理商或代銷商名義出具之收據為憑予以認定」，乃對於佣金之認定與舉證方式等技術性、細節性事項加以規定，為簡化稽徵作業、避免國外佣金浮濫列報所必要，並未逾越所得稅法等相關之規定，亦未加重人民稅負，與憲法第十五條、第十九條與第二十三條尚無牴觸。對於在臺灣地區以新臺幣支付國外佣金，與同準則第九十二條中其他規定之國外佣金，僅就認定標準為斟酌事實情況差異所為之不同規定，與憲法第七條之平等原則亦無違背。（86、10、30）

釋字第439號解釋

海關緝私條例第四十九條：「聲明異議案件，如無扣押物或扣押物不足抵付罰鍰或追徵稅款者，海關得限期於十四日內繳納原處分或不足金額二分之一保證金或提供同額擔保，逾期不為繳納或提供擔保者，其異議不予受理」之規定，使未能於法定期限內繳納保證金或提供同額擔保之聲明異議人喪失行政救濟之機會，係對人民訴願及訴訟權利所爲不必要之限制，與憲法第十六條所保障之人民權利意旨牴觸，應不再適用。本院釋字第二一一號解釋相關部分應予變更。（86、10、30）

釋字第 440 號解釋

人民之財產權應予保障，憲法第十五條設有明文。國家機關依法行使公權力致人民之財產遭受損失，若逾其社會責任所應忍受之範圍，形成個人之特別犧牲者，國家應予合理補償。主管機關對於既成道路或都市計畫道路用地，在依法徵收或價購以前埋設地下設施物妨礙土地權利人對其權利之行使，致生損失，形成其個人特別之犧牲，自應享有受相當補償之權利。臺北市政府於中華民國六十四年八月二十二日發布之臺北市市區道路管理規則第十五條規定：「既成道路或都市計畫道路用地，在不妨礙其原有使用及安全之原則下，主管機關埋設地下設施物時，得不徵購其用地，但損壞地上物應予補償。」其中對使用該地下部分，既不徵購又未設補償規定，與上開意旨不符者，應不再援用。至既成道路或都市計畫道路用地之徵收或購買，應依本院釋字第四〇〇號解釋及都市計畫法第四十八條之規定辦理，併此指明。（86、11、14）

釋字第 441 號解釋

爲獎勵生產事業從事研究發展，提升技術水準，增進生產能力，行政院於中華民國七十四年九月十八日，依獎勵投資條例第三十四條之一授權訂定之生產事業研究發展費用適用投資抵減辦法，其第二條第八款規定，生產事業爲研究新產品，委託大專校院、研究機構辦理研究工作所支出之費用，爲研究發展費用，得抵減當年度應納營利事業所得稅額。所稱研究機構，依財政部七十五年八月十六日台財稅字第七五四九四六四號函釋，係指經政府核准登記有案之財團法人所屬之研究機構而言，僅就私法人而爲說明，固欠周延。惟上開辦法第二條抵減事由共有十款，經政府核准登記有案之財團法人所屬研究機構以外之研究機構，仍得依該辦法同條第十款規定申請專案認定獲致減免，未影響生產事業租稅優惠之權益，是財政部該號函釋與上開辦法並未牴觸，於憲法第十九條亦無違背。至生產事業委託研究之選擇自由因而受限及不在抵減範圍之研究機構可能遭受不利影響，仍應隨時檢討改進。（86、11、28）

釋字第 442 號解釋

憲法第十六條規定人民有訴訟之權，旨在確保人民得依法定程序提起訴訟及受公平之審判。至於訴訟救濟應循之審級制度及相關程序，立法機關自得衡量訴訟性質以法律爲合理之規定。中華民國八十三年七月二十三日修正公布之公職人員選舉罷免法第一百零九條規定，選舉訴訟採二審終結不得提起再審之訴，係立法機關自由形成之範圍，符合選舉訴訟事件之特性，於憲法保障之人民訴訟權尚無侵害，且爲增進公共利益所必要，與憲法第二十三條亦無牴觸。（86、12、12）

釋字第 443 號解釋

憲法第十條規定人民有居住及遷徙之自由，旨在保障人民有任意移居或旅行各地之權利。若欲對人民之自由權利加以限制，必須符合憲法第二十三條所定必要之程度，並以法律定之或經立法機關明確授權由行政機關以命令訂定。限制役男出境係對人民居住遷徙自由之重大限制，兵役法及兵役法施行法均未設規定，亦未明確授權以命令定之。行政院發布之徵兵規則，委由內政部訂定役男出境處理辦法，欠缺法律授權之依據，該辦法第八條規定限制事由，與前開憲法意旨不符，應自本解釋公布日起至遲於屆滿六個月時，失其效力。（86、12、26）

釋字第 444 號解釋

區域計畫法係爲促進土地及天然資源之保育利用、改善生活環境、增進公共利益而制定，其第二條後段謂：「本法未規定者，適用其他法律」，凡符合本法立法目的之其他法律，均在適用之列。內政部訂定之非都市土地使用管制規則即本此於第六條第一項規定：「經編定爲某種使用之土地，應依容許使用之項目使用。但其他法律有禁止或限制使用之規定者，依其規定。」中華民國八十四年六月七日修正發布之臺灣省非都市土地容許使用執行要點第二十五點規定：「在水質、水量保護區規定範圍內，不得新設立畜牧場者，不得同意畜牧設施使用」，係爲執行自來水法及水污染防治法，乃按本項但書之意旨，就某種使用土地應否依容許使用之項目使用或應否禁止或限制其使用爲具體明確之例示規定，此亦爲實現前揭之立法目的所必要，並未對人民權利增加法律所無之限制，與憲法第十五條保障人民財產權之意旨及第二十三條法律保留原則尚無牴觸。（87、1、9）

釋字第 445 號解釋

憲法第十四條規定人民有集會之自由，此與憲法第十一條規定之言論、講學、著作及出版之自由，同屬表現自由之範疇，爲實施民主政治最重要的基本人權。國家爲保障人民之集會自由，應提供適當集會場所，並保護集會、遊行之安全，使其得以順利進行。以法律限制集會、遊行之權利，必須符合明確性原則與憲法第二十三條之規定。集會遊行法第八條第一項規定室外集會、遊行除同條項但書所定各款情形外，應向主管機關申請許可。同法第十一條則規定申請室外集會、遊行除有同條所列情形之一者外，應予許可。其中有關時間、地點及方式等未涉及集會、遊行之目的或內容之事項，為維持社會秩序及增進公共利益所必要，屬立法自由形成之範圍，於表現自由之訴求不致有所侵害，與憲法保障集會自由之意旨尚無牴觸。

集會遊行法第十一條第一款規定違反同法第四條規定者，為不予許可之要件，乃對「主張共產主義或分裂國土」之言論，使主管機關於許可集會、遊行以前，得就人民政治上之言論而為審查，與憲法保障表現自由之意旨有違；同條第二款規定：「有事實足認為有危害國家安全、社會秩序或公共利益之虞者」，第三款規定：「有危害生命、身體、自由或對財物造成重大損壞之虞者」，有欠具體明確，對於在舉行集會、遊行以前，尚無明顯而立即危險之事實狀態，僅憑將來有發生之可能，即由主管機關以此作為集會、遊行准否之依據部分，與憲法保障集會自由之意旨不符，均應自本解釋公布之日失其效力。

集會遊行法第六條規定集會遊行之禁制區，係為保護國家重要機關與軍事設施之安全、維持對外交通之暢通；同法第十條規定限制集會、遊行之負責人、其代理人或糾察員之資格；第十一條第四款規定同一時間、處所、路線已有他人申請並經許可者，為不許可集會、遊行之要件；第五款規定未經依法設立或經撤銷許可或命令解散之團體，以該團體名義申請者得不許可集會、遊行；第六款規定申請不合第九條有關責令申請人提出申請書塡具之各事項者為不許可之要件，係為確保集會、遊行活動之和平進行，避免影響民眾之生活安寧，均屬防止妨礙他人自由、維持社會秩序或增進公共利益所必要，與憲法第二十三條規定並無牴觸。惟集會遊行法第九條第一項但書規定：「因天然災變或其他不可預見之重大事故而有正當理由者，得於二日前提出申請。」對此偶發性集會、遊行，不及於二日前申請者不予許可，與憲法保障人民集會自由之意旨有違，亟待檢討改進。

集會遊行法第二十九條對於不遵從解散及制止命令之首謀者科以刑責，為立法自由形成範圍，與憲法第二十三條之規定尚無牴觸。（87、1、23）

釋字第446號解釋

公務員懲戒法第三十四條第二款規定移請或聲請再審議，應自相關之刑事裁判確定之日起三十日內為之。其期間之起算點，就得聲明不服之第一審及第二審裁判言，固應自裁判確定之日起算；惟對於第一審、第二審不得聲明不服之裁判或第三審之裁判，因一經宣示或經評決而為公告，不待裁判書之送達，即告確定，受懲戒處分人即難依首開規定為聲請。是其聲請再審議之期間，應自裁判書送達之日起算，方符憲法第十六條保障人民訴訟權之意旨，公務員懲戒委員會再審字第四三一號議決案例及其他類似案例與此意旨不合部分，應不再援用。（87、2、13）

釋字第447號解釋

現行法上政務官退職酬勞金之計算，依政務官退職酬勞金給與條例第四條第二項規定，以月俸額為計算基準，而政務官每月所支領之俸額，依總統副總統及特任人員月俸公費支給暫行條例規定，包括月俸及公費。參照中華民國八十二年一月二十日修正前之公務人員退休法第八條第一項：「本法所稱月俸額，包括實領本俸及其他現金給與」，可知公務人員退休法規上所稱之月俸額與本俸有別，月俸額除本俸或月俸外，尚包括其他現金給與在內。是以計算政務官退職酬勞金基準之「月俸額」，除月俸外亦應包括「其他現金給與」部分。（87、2、27）

釋字第448號解釋

司法院為國家最高司法機關，掌理民事、刑事、行政訴訟之審判及公務員之懲戒，憲法第七十七條定有明文，可知民事與行政訴訟之審判有別。又依憲法第十六條人民固有訴訟之權，惟訴訟應由如何之法院受理及進行，應由法律定之，業經本院釋字第二九七號解釋在案。我國關於行政訴訟與民事訴訟之審判，依現行法律之規定，係採二元訴訟制度，分由不同性質之法院審理。關於因公法關係所生之爭議，由行政法院審判，因私法關係所生之爭執，則由普通法院審判。行政機關代表國庫出售或出租公有財產，並非行使公權力對外發生法律上效果之單方行政行為，即非行政處分，而屬私法上契約行為，當事人若對之爭執，自應循民事訴訟程序解決。行政法院五十八年判字第二七〇號判例及六十一年裁字第一五九號判例，均旨在說明行政機關代表國庫出售或出租公有財產所發生之爭議，應由普通法院審判，符合現行法律劃分審判之規定，無損於人民訴訟權之行使，與憲法並無牴觸。（87、2、27）

釋字第449號解釋

臺北市獎勵投資興建零售市場須知，對於申請投資興建市場者，訂有須「持有市場用地內全部私有土地使用權之私人或團體」之條件，係增加都市計畫法第五十三條所無之限制，應不予適用，業經本院釋字第三六三號解釋在案。至該解釋文末段所稱：「在獎勵投資條例施行期間申請興建公共設施，應符合該條例第三條之規定」，係指該條第一項第十一款之興闢業而言。土地所有權人為自然人而未組織股份有限公司者，雖得依該條例第五十八條之一第一項規定優先投資，惟能否享有各種優惠，仍應按該條例規定處理。本院上開解釋，應予補充。（87、3、13）

釋字第 450 號解釋

大學自治屬於憲法第十一條講學自由之保障範圍，舉凡教學、學習自由有關之重要事項，均屬大學自治之項目，又國家對大學之監督除應以法律明定外，其訂定亦應符合大學自治之原則，業經本院釋字第三八〇號解釋釋示在案。大學於上開教學研究相關之範圍內，就其內部組織亦應享有相當程度之自主組織權。各大學如依其自主之決策認有提供學生修習軍訓或護理課程之必要者，自得設置與課程相關之單位，並依法聘任適當之教學人員。惟大學法第十一條第一項第六款及同法施行細則第九條第三項明定大學應設置軍訓室並配置人員，負責軍訓及護理課程之規劃與教學，此一強制性規定，有違憲法保障大學自治之意旨，應自本解釋公布之日起，至遲於屆滿一年時失其效力。（87、3、27）

釋字第 451 號解釋

時效制度係為公益而設，依取得時效制度取得之財產權應為憲法所保障，業經本院釋字第二九一號解釋釋示在案。地上權係以在他人土地上有建築物，或其他工作物，或竹木為目的而使用其土地之權，故地上權為使用他人土地之權利，屬於用益物權之一種。土地之共有人按其應有部分，本於其所有權之作用，對於共有物之全部雖有使用收益之權，惟共有人對共有物之特定部分使用收益，仍須徵得他共有人全體之同意。共有物亦得因共有人全體之同意而設定負擔，自得為共有人之一人或數人設定地上權。於公同共有之土地上為公同共有人之一人或數人設定地上權者亦同。是共有人或公同共有人之一人或數人以在他人之土地上行使地上權之意思而占有共有或公同共有之土地者，自得依民法第七百七十二條準用同法第七百六十九條及第七百七十條取得時效之規定，請求登記為地上權人。內政部中華民國七十七年八月十七日台內地字第六二一四六四號函發布時效取得地上權登記審查要點第三點第五款規定，共有人不得就共有土地申請時效取得地上權登記，與上開意旨不符，有違憲法保障人民財產權之本旨，應不予適用。（87、3、27）

釋字第 452 號解釋

民法第一千零零二條規定，妻以夫之住所為住所，贅夫以妻之住所為住所。但約定夫以妻之住所為住所，或妻以贅夫之住所為住所者，從其約定。本條但書規定，雖賦予夫妻雙方約定住所之機會，惟如夫或贅夫之妻拒絕為約定或雙方協議不成時，即須以其一方設定之住所為住所。上開法律未能兼顧他方選擇住所及具體個案之特殊情況，與憲法上平等及比例原則尚有未符，應自本解釋公布之日起，至遲於屆滿一年時失其效力。又夫妻住所之設定與夫妻應履行同居之義務尚有不同，住所乃決定各項法律效力之中心地，非民法所定履行同居義務之唯一處所。夫妻縱未設定住所，仍應以永久共同生活為目的，而互負履行同居之義務，要屬當然。（87、4、10）

釋字第 453 號解釋

商業會計事務，依商業會計法第二條第二項規定，謂依據一般公認會計原則從事商業會計事務之處理及據以編制財務報表，其性質涉及公共利益與人民財產權益，是以辦理商業會計事務為職業者，須具備一定之會計專業知識與經驗，始能勝任。同法第五條第四項規定：「商業會計事務，得委由會計師或經中央主管機關認可之商業會計記帳人辦理之；其認可及管理辦法，由中央主管機關定之」，所稱「商業會計記帳人」既在辦理商業會計事務，係屬專門職業之一種，依憲法第八十六條第二款之規定，其執業資格自應依法考選銓定之。商業會計法第五條第四項規定，委由中央主管機關認可商業會計記帳人之資格部分，有違上開憲法之規定，應不予適用。（87、5、20）

釋字第 454 號解釋

憲法第十條規定人民有居住及遷徙之自由，旨在保障人民有自由設定住居所、遷徙、旅行，包括出境或入境之權利。對人民上述自由或權利加以限制，必須符合憲法第二十三條所定必要之程度，並以法律定之。中華民國八十三年四月二十日行政院台內字第一三五五七號函修正核定之「國人入境短期停留長期居留及戶籍登記作業要點」第七點規定（即原八十二年六月十八日行政院台內字第二〇〇七七號函修正核定之同作業要點第六點），關於在臺灣地區無戶籍人民申請在臺灣地區長期居留得不予許可、撤銷其許可、撤銷或註銷其戶籍，並限期離境之規定，係對人民居住及遷徙自由之重大限制，應有法律或法律明確授權之依據。除其中第一項第三款及第二項之相關規定，係為執行國家安全法等特別法所必要者外，其餘各款及第二項戶籍登記之相關規定、第三項關於限期離境之規定，均與前開憲法意旨不符，應自本解釋公布之日起，至遲於屆滿一年時失其效力。關於居住大陸及港澳地區未曾在臺灣地區設籍之人民申請在臺灣地區居留及設定戶籍，各該相關法律設有規定者，依其規定，併予指明。（87、5、22）

釋字第 455 號解釋

國家對於公務員有給予俸給、退休金等維持其生活之義務。軍人為公務員之一種，自有依法領取退伍金、退休俸之權利，或得依法以其軍中服役年資與任公務員之年資合併計算為其退休年資；其中對於軍中服役年資之採計並不因志願役或義務役及任公務員之前、後服役而有所區別。軍人及其家屬優待條例第三十二條第一項規定，「後備軍人轉任公職時，其原在軍中服役之年資，應予合併計算。」即係本於上開意旨依憲法上之平等原則而設。行政院人事行政局六十三年五月十一日(63)局肆字第〇九六四六號函釋，關於「留職停薪之入伍人員，於退伍復職後，依規定須補辦考績，並承認其年資」，致服義務役軍人僅得於任公務員後服役者始得併計公務員退休年資，與上開意旨不符。此項年資之採計對擔任公務員者之權利有重大影響，應予維護，爰依司法院大法官審理案件法第十七條第二項，諭知有關機關於本解釋公布之日起一年內，基於本解釋意旨，逕以法律規定或由行政院會同考試院，依上開條例第三十二條第二項之授權妥為訂定。（87、6、5）

釋字第 456 號解釋

憲法第一百五十三條規定國家應實施保護勞工之政策。政府為保障勞工生活，促進社會安全，乃制定勞工保險條例。同條例第六條第一項第一款至第五款規定之員工或勞動者，應以其雇主或所屬團體或所屬機關為投保單位，全部參加勞工保險為被保險人；第八條第一項第一款及第二款規定之員工亦得準用同條例之規定參加勞工保險。對於參加勞工保險為被保險人之員工或勞動者，並未限定於專任員工始得為之。同條例施行細則於中華民國八十五年九月十三日修正前，其第二十五條第一項規定：「依本條例第六條第一項第一款至第五款及第八條第一項第一款、第二款規定加保者，以專任員工為限。」以此排除非專任員工或勞動者之被保險人資格，雖係防杜不具勞工身分者掛名加保，巧取保險給付，以免侵蝕保險財務為目的，惟對於符合同條例所定被保險人資格之非專任員工或勞動者，則未能顧及其權益，與保護勞工之上開意旨有違。前揭施行細則第二十五條第一項規定就同條例所未限制之被保險人資格，逾越法律授權訂定施行細則之必要範圍，限制其適用主體，與憲法第二十三條規定之意旨未符，應不適用。（87、6、5）

釋字第 457 號解釋

中華民國人民，無分男女，在法律上一律平等；國家應促進兩性地位之實質平等，憲法第七條暨憲法增修條文第十條第六項定有明文。國家機關為達成公行政任務，以私法形式所為之行為，亦應遵循上開憲法之規定。行政院國軍退除役官兵輔導委員會發布之「本會各農場有眷場員就醫、就養或死亡開缺後房舍土地處理要點」，固係基於照顧榮民及其遺眷之生活而設，第配耕國有農場土地，為對榮民之特殊優惠措施，與一般國民所取得之權利或法律上利益有間。受配耕榮民與國家之間，係成立使用借貸之法律關係。配耕榮民死亡或借貸之目的使用完畢時，主管機關原應終止契約收回耕地，俾國家資源得合理運用。主管機關若出於照顧遺眷之特別目的，繼續使其使用、耕作原分配房舍暨土地，則應考量眷屬之範圍應否及於子女，並衡酌其謀生、耕作能力，是否確有繼續輔導之必要，依男女平等原則，妥為規劃。上開房舍土地處理要點第四點第三項：「死亡場員之遺眷如改嫁他人而無子女者或僅有女兒，其女兒出嫁後均應無條件收回土地及眷舍，如有兒子准由兒子繼承其權利」，其中規定限於榮民之子，不論結婚與否，均承認其所謂繼承之權利，與前述原則不符。主管機關應於本解釋公布之日起六個月內，基於上開解釋意旨，就相關規定檢討，妥為處理。（87、6、12）

釋字第 458 號解釋

財政部中華民國六十六年十二月十四日台財稅字第三八四五二號函：「生產事業除自行生產產品所發生之所得外，如有兼營其他非自行生產產品買賣業務所發生之所得暨非營業收入者，該項買賣業務所發生之所得及非營業收入，不適用獎勵投資條例納稅限額之規定」，係主管機關基於職權，為執行獎勵投資條例第十五條及行政院依同條例第三條授權所發布之「生產事業獎勵類目及標準」，對受獎勵之生產事業營業及其他收入計算全年課稅所得額所為之釋示，與該條例對稅捐減免優惠以受獎勵生產事業自行生產獎勵類目產品所發生之所得為限之意旨相符，並未變更法律所定稅賦優惠規定，亦未增加生產事業之租稅負擔，與憲法租稅法定主義並無牴觸。（87、6、26）

釋字第 459 號解釋

兵役體位之判定，係徵兵機關就役男應否服兵役及應服何種兵役所為之決定而對外直接發生法律效果之單方行政行為，此種決定行為，對役男在憲法上之權益有重大影響，應為訴願法及行政訴訟法上之行政處分。受判定之役男，如認其判定有違法或不當情事，自得依法提起訴願及行政訴訟。司法院院字第一八五〇號解釋，與上開意旨不符，應不再援用，以符憲法保障人民訴訟權之意旨。至於兵役法施行法第六十九條係規定免役、禁役、緩徵、緩召應先經主管機關之核定及複核，並未限制人民爭訟之權利，與憲法並無牴觸；其對複核結果不服者，仍得依法提起訴願及

行政訴訟。（87、6、26）

釋字第460號解釋

土地稅法第六條規定，爲發展經濟，促進土地利用，增進社會福利，對於宗教及合理之自用住宅等所使用之土地，得予適當之減免；同條後段並授權由行政機關訂定其減免標準及程序。同法第九條雖就自用住宅用地之定義設有明文，然其中關於何謂「住宅」，則未見規定。財政部中華民國七十二年三月十四日台財稅字第三一六二七號函所稱「地上建物係供神壇使用，已非土地稅法第九條所稱之自用『住宅』用地」，乃主管機關適用前開規定時就住宅之涵義所爲之消極性釋示，符合土地稅法之立法目的且未逾越住宅概念之範疇，與憲法所定租稅法定主義尚無牴觸。又前開函釋並未區分不同宗教信仰，均有其適用，復非就人民之宗教信仰課予賦稅上之差別待遇，亦與憲法第七條、第十三條規定之意旨無違。（87、7、10）

釋字第461號解釋

中華民國八十六年七月二十一日公布施行之憲法增修條文第三條第二項第一款規定行政院有向立法院提出施政方針及施政報告之責，立法委員在開會時，有向行政院院長及行政院各部會首長質詢之權，此爲憲法基於民意政治及責任政治之原理所爲制度性之設計。國防部主管全國國防事務，立法委員就行政院提出施政方針及施政報告關於國防事務方面，自得向行政院院長及國防部部長質詢之。至參謀總長在行政系統爲國防部部長之幕僚長，直接對國防部部長負責，自非憲法規定之部會首長，無上開條文之適用。

立法院爲國家最高立法機關，有議決法律、預算等議案及國家重要事項之權。立法院爲行使憲法所賦予上開職權，得依憲法第六十七條規定，設各種委員會，邀請政府人員及社會上有關係人員到會備詢。鑑諸行政院應依憲法規定對立法院負責，故凡行政院各部會首長及其所屬公務員，除依法獨立行使職權，不受外部干涉之人員外，於立法院各種委員會依憲法第六十七條第二項規定邀請到會備詢時，有應邀說明之義務。參謀總長爲國防部部長之幕僚長，負責國防之重要事項，包括預算之擬編及執行，與立法院之權限密切相關，自屬憲法第六十七條第二項所指政府人員，除非因執行關係國家安全之軍事業務而有正當理由外，不得拒絕應邀到會備詢，惟詢問內容涉及重要國防機密事項者，免予答覆。至司法、考試、監察三院院長，本於五院間相互尊重之立場，並依循憲政慣例，得不受邀請備詢。三院所屬非獨立行使職權而負行政職務之人員，於其提出之法律案及有關預算案涉及之事項，亦有上開憲法規定之適用。（87、7、24）

釋字第462號解釋

各大學校、院、系（所）教師評審委員會關於教師升等評審之權限，係屬法律在特定範圍內授予公權力之行使，其對教師升等通過與否之決定，與教育部學術審議委員會對教師升等資格所爲之最後審定，於教師之資格等身分上之權益有重大影響，均應爲訴願法及行政訴訟法上之行政處分。受評審之教師於依教師法或訴願法用盡行政救濟途徑後，仍有不服者，自得依法提起行政訴訟，以符憲法保障人民訴訟權之意旨。行政法院五十一年判字第三九八號判例，與上開解釋不符部分，應不再適用。

大學教師升等資格之審查，關係大學教師素質與大學教學、研究水準，並涉及人民工作權與職業資格之取得，除應有法律規定之依據外，主管機關所訂定之實施程序，尙須保證能對升等申請人專業學術能力及成就作成客觀可信、公平正確之評量，始符合憲法第二十三條之比例原則。且教師升等資格評審程序既爲維持學術研究與教學之品質所設，其決定之作成應基於客觀專業知識與學術成就之考量，此亦爲憲法保障學術自由眞諦之所在。故各大學校、院、系（所）教師評審委員會，本於專業評量之原則，應選任各該專業領域具有充分專業能力之學者專家先行審查，將其結果報請教師評審委員會評議。教師評審委員會除能提出具有專業學術依據之具體理由，動搖該專業審查之可信度與正確性，否則即應尊重其判斷。受理此類事件之行政救濟機關及行政法院自得據以審查其是否遵守相關之程序，或其判斷、評量有無違法或顯然不當之情事。現行有關各大學、獨立學院及專科學校教師資格及升等評審程序之規定，應本此解釋意旨通盤檢討修正。（87、7、31）

釋字第463號解釋

憲法第一百六十四條明確規範中央及地方之教育科學文化之預算，須達預算總額之一定比例，以確保國家及各地方自治團體對於人民之教育、科學與文化生活得有穩定而必要的公共支出，此係憲法重視教育科學文化發展所設之規定。本條所謂「預算總額」，並不包括追加預算及特別預算在內，業經本院釋字第七十七號及第二三一號解釋在案。政府就未來一年間之計畫所預期之收入及支出編列預算，以使國家機關正常運作，並規範國家之財政，原則上應制定單一之預算。惟爲因應特殊緊急情況，有預算法第七十五條各款規定之情形時，行政院得於年度總預算外另提出特別預算，其審議依預算法第七十六條爲之。至憲法第一百六十四條所稱教育科學文化經費之具體內容如何、平衡省市預算基金等項目，是否應計入預算總額發生之爭論，中華民國八十六年七月二十一日修正公布之憲法增修條文第十條第八項既規定：「教育、科學、文化之經費，尤其國民教育之經費應優先編列，不受憲法第一百六十四條規定之限制。」有關該等預算之數額、所佔比例、編列方式、歸屬範圍等問題，自應由立法者本其政治責任而為決定。是以與憲法第一百六十四條之所謂「預算總額」及教育、科學、文化等經費所佔中央、地方預算之比例等相關問題，已無再行解釋之必要。（87、9、11）

釋字第464號解釋

陸海空軍軍官服役條例第二十七條附表「附註」四之㈡之五，關於退休俸支領之規定，旨在避免受領退休俸（包含其他補助）之退役軍官，於就任由公庫支薪之公職時，重複領取待遇，致違一人不得兩俸之原則，加重國家財政之負擔。該附表所稱之擔任「公務員」，係指擔任「有給之公職」之意，不問其職稱之如何，亦不問其待遇之多寡，均屬之。行政院於中華民國六十八年一月十九日以㊿台人政肆字第〇一三七九號函修訂發布之「退休俸及生活補助費人員自行就任公職支領待遇注意事項」關於所定就任公職之職務類別，既係主管機關為執行上開條例未盡明確之附表所為必要之補充規定，與立法意旨無所違背，其於憲法保障生存權、財產權亦無牴觸。（87、9、11）

釋字第465號解釋

行政院農業委員會中華民國七十八年八月四日公告之保育類野生動物名錄，指定象科為瀕臨絕種保育類野生動物並予公告，列其為管制之項目，係依據同年六月二十三日制定公布之野生動物保育法第四條第二項之授權，其授權之內容及範圍，同法第三條第五款及第四條第一項已有具體明確之規定，於憲法尚無違背。又同法第三十三條（八十三年十月二十九日修正為第四十條）對於非法買賣前開公告之管制動物及製品者予以處罰，乃為保育瀕臨絕種及珍貴稀有野生動物之必要，以達維護環境及生態之目標，亦非增訂處罰規定而溯及的侵害人民身體之自由權及財產權，且未逾增進公共利益所必要之範圍，與憲法並無牴觸。至公告列為瀕臨絕種保育類野生動物前，經已合法進口之野生動物或其屍體、角、骨、牙、皮、毛、卵、器官及其製品，於公告後因而不得買賣、交換、或意圖販賣而陳列，致人民財產權之行使受有限制，有關機關自應分別視實際受限制程度等具體情狀，檢討修訂相關規定為合理之補救，以符憲法保障人民財產權之意旨。（87、9、25）

釋字第466號解釋

憲法第十六條規定人民有訴訟之權，旨在確保人民得依法定程序提起訴訟及受公平之審判。至於訴訟救濟究應循普通訴訟程序抑或依行政訴訟程序為之，則由立法機關依職權衡酌訴訟案件之性質及既有訴訟制度之功能等而為設計。我國關於民事訴訟與行政訴訟之審判，依現行法律之規定，分由不同性質之法院審理，係採二元訴訟制度。除法律別有規定外，關於因私法關係所生之爭執，由普通法院審判；因公法關係所生之爭議，則由行政法院審判之。

國家為提供公務人員生活保障，制定公務人員保險法，由考試院銓敘部委託行政院財政部所屬之中央信託局辦理公務人員保險，並於保險事故發生時予以現金給付。按公務人員保險為社會保險之一種，具公法性質，關於公務人員保險給付之爭議，自應循行政爭訟程序解決。惟現行法制下，行政訴訟除附帶損害賠償之訴外，並無其他給付類型訴訟，致公務人員保險給付爭議縱經行政救濟確定，該當事人亦非必然即可獲得保險給付。有關機關應儘速完成行政訴訟制度之全盤修正，於相關法制尚未完備以前，為提供人民確實有效之司法救濟途徑，有關給付之部分，經行政救濟程序之結果不能獲得實現時，應許向普通法院提起訴訟謀求救濟，以符首開憲法規定之意旨。（87、9、25）

釋字第467號解釋

中華民國八十六年七月二十一日公布之憲法增修條文第九條施行後，省為地方制度層級之地位仍未喪失，惟不再有憲法規定之自治事項，亦不具備自主組織權，自非地方自治團體性質之公法人。符合上開憲法增修條文意旨制定之各項法律，若未劃歸國家或縣市等地方自治團體之事項，而屬省之權限且得為權利義務之主體者，於此限度內，省自得具有公法人資格。（87、10、22）

釋字第468號解釋

憲法第四十六條規定：總統、副總統之選舉，以法律定之。立法機關依此制定法律，規範總統、副總統之選舉程序，應符合公平合理之原則。總統副總統選舉罷免法第二十三條第二項及第四項規定，總統、副總統候選人須於法定期間內尋求最近一次中央民意代表選舉選舉人總數百分之一點五以上之連署，旨在採行連署制度，以表達被連署人有相當程度之政治支持，藉與政黨推薦候選人之要件相平衡，並防止人民任意參與總統、副總統之候選，耗費社會資源，在合理範圍內所為適當之規範，尚難認為對總統、副總統之被選舉權為不必要之限制，與憲法規定之平等權亦無違背。又爲保證連署人數確有同條第四項所定人數二分之一以上，由被連署人依同條第一項提供保證金新臺幣一百萬元，並未逾越立法裁量之範圍，與憲法第二十三條規定尚無違背。總統副總統選舉連署及查核辦法係主管機關依總統副總統選舉罷免法第二十三條第九項授權所訂定，其授權有明確之目的及範圍，同辦法第二條第三項關於書件不全、不符規定或保證金不足者，中央選舉委員會應拒絕受理其申請之規定，符合法律授權之意旨，與憲法並無牴觸。惟關於上開被選舉權行使之要件，應隨社會變遷及政治發展之情形，適時檢討改進，以副憲法保障人民參政權之本旨，乃屬當然。（87、10、22）

釋字第 469 號解釋

法律規定之內容非僅屬授予國家機關推行公共事務之權限，而其目的係爲保護人民生命、身體及財產等法益，且法律對主管機關應執行職務行使公權力之事項規定明確，該管機關公務員依此規定對可得特定之人所負作爲義務已無不作爲之裁量餘地，猶因故意或過失怠於執行職務，致特定人之自由或權利遭受損害，被害人得依國家賠償法第二條第二項後段，向國家請求損害賠償。最高法院七十二年台上字第七〇四號判例謂：「國家賠償法第二條第二項後段所謂公務員怠於執行職務，係指公務員對於被害人有應執行之職務而怠於執行者而言。換言之，被害人對於公務員爲特定職務行爲，有公法上請求權存在，經請求其執行而怠於執行，致自由或權利遭受損害者，始得依上開規定，請求國家負損害賠償責任。若公務員對於職務之執行，雖可使一般人民享有反射利益，人民對於公務員仍不得請求爲該職務之行爲者，縱公務員怠於執行該職務，人民尚無公法上請求權可資行使，以資保護其利益，自不得依上開規定請求國家賠償損害。」對於符合一定要件，而有公法上請求權，經由法定程序請求公務員作爲而怠於執行職務者，自有其適用，惟與首開意旨不符部分，則係對人民請求國家賠償增列法律所無之限制，有違憲法保障人民權利之意旨，應不予援用。（87、11、20）

釋字第 470 號解釋

中華民國八十一年五月二十八日修正公布之憲法增修條文第十三條第一項規定司法院設院長、副院長各一人，大法官若干人，由總統提名，經國民大會同意任命之，不適用憲法第七十九條之有關規定，自此監察院已無行使同意之權。總統並分別於八十二年四月二日及八十三年七月三十日依前開增修條文規定，提名司法院院長、副院長、大法官，經國民大會同意任命。八十三年八月一日修正公布之憲法增修條文將上開同條文條次變更爲第四條第一項。八十六年七月二十一日修正公布之憲法增修條文雖針對前開增修條文加以修正，改列爲第五條第一項而異其內容，但明定自九十二年起實施。是在此之前所提名之司法院院長、副院長及大法官，自無從適用。未屆九十二年以前，司法院院長、副院長及本屆大法官出缺致影響司法院職權之正常運作時，其任命之程序如何，現行憲法增修條文漏未規定，要屬修憲之疏失，總統如行使提名權，應適用八十三年八月一日修正公布之憲法增修條文第四條規定程序爲之。（87、11、27）

釋字第 471 號解釋

人民身體之自由應予保障，憲法第八條設有明文。限制人身自由之法律，其內容須符合憲法第二十三條所定要件。保安處分係對受處分人將來之危險性所爲拘束其身體、自由等之處置，以達教化與治療之目的，爲刑罰之補充制度。本諸法治國家保障人權之原理及刑法之保護作用，其法律規定之內容，應受比例原則之規範，使保安處分之宣告，與行爲人所爲行爲之嚴重性、行爲人所表現之危險性，及對於行爲人未來行爲之期待性相當。槍砲彈藥刀械管制條例第十九條第一項規定：「犯第七條、第八條、第十條、第十一條、第十二條第一項至第三項、第十三條第一項至第三項之罪，經判處有期徒刑者，應於刑之執行完畢或赦免後，令入勞動場所，強制工作，其期間爲三年。」此項規定不問對行爲人有無預防矯治其社會危險性之必要，一律宣付強制工作三年，限制其中不具社會危險性之受處分人之身體、自由部分，其所採措施與所欲達成預防矯治之目的及所需程度，不合憲法第二十三條所定之比例原則。犯上開條例第十九條所定之罪，不問對行爲人有無預防矯治其社會危險性之必要，一律宣付強制工作三年之部分，與本解釋意旨不符，應自本解釋公布之日起不予適用。犯該條例第十九條第一項所列舉之罪，依個案情節符合比例原則部分，固應適用該條例宣告保安處分；至不符合部分而應宣告保安處分者，則仍由法院斟酌刑法第九十條第一項規定之要件，依職權爲之，於此，自無刑法第二條第二項之適用，亦即仍有從新從輕原則之適用。（87、12、18）

釋字第 472 號解釋

國家爲謀社會福利，應實施社會保險制度；國家爲增進民族健康，應普遍推行衛生保健事業及公醫制度，憲法第一百五十五條及第一百五十七條分別定有明文。又國家應推行全民健康保險，復爲憲法增修條文第十條第五項所明定。中華民國八十三年八月九日公布、八十四年三月一日施行之全民健康保險法即爲實現上開憲法規定而制定。該法第十一條之一、第六十九條之一及第八十七條有關強制納保、繳納保費，係基於社會互助、危險分攤及公共利益之考量，符合憲法推行全民健康保險之意旨；同法第三十條有關加徵滯納金之規定，則係促使投保單位或被保險人履行其繳納保費義務之必要手段。全民健康保險法上開條文與憲法第二十三條亦無牴觸。惟對於無力繳納保費者，國家應給予適當之救助，不得逕行拒絕給付，以符憲法推行全民健康保險，保障老弱殘廢、無力生活人民之旨趣。

已依法參加公、勞、農保之人員亦須強制其加入全民健康保險，係增進公共利益所必要，難謂有違信賴保護原則。惟有關機關仍應本於全民健康保險法施行時，該法第八十五條限期提出改制方案之考量，依本解釋意旨，並就保險之營運（包括承保機構之多元化）、保險對象之類別、投保金額、保險費率、醫療給付、撙節開支及暫行拒絕保險給付之當否等，適時通盤檢討改進，併此指明。（88、1、29）

釋字第 473 號解釋

全民健康保險法第十八條規定同法第八條所定第一類至第四類被保險人及其眷屬之保險費，依被保險人之投保金額及其保險費率計算之。此項保險費係為確保全民健康保險制度之運作而向被保險人強制收取之費用，屬於公法上金錢給付之一種，具分擔金之性質，保險費率係依預期損失率，經精算予以核計。其衡酌之原則以塡補國家提供保險給付支出之一切費用為度，鑑於全民健康保險為社會保險，對於不同所得者，收取不同保險費，以符量能負擔之公平性，並以類型化方式合理計算投保金額，俾收簡化之功能，全民健康保險法第二十一條第一項乃規定授權主管機關訂定被保險人投保金額之分級表，為計算被保險人應負擔保險費之依據。依同法第二十二條第一項第三款及第三項規定專門職業及技術人員自行執業而無固定所得者，其投保金額由該被保險人依投保金額分級表所定數額自行申報。準此，全民健康保險法施行細則第四十一條第一項第四款規定，專門職業及技術人員自行執業者，其投保金額以分級表最高一級為上限，以勞工保險投保薪資分級表最高一級為下限，係基於法律規定衡量被保險人從事職業之性質，符合母法授權之意旨，與憲法保障財產權之旨趣，並不違背。（88、1、29）

釋字第 474 號解釋

公務人員參加公務人員保險，於保險事故發生時，有依法請求保險金之權利，該請求權之消滅時效，應以法律定之，屬於憲法上法律保留事項。中華民國四十七年八月八日考試院訂定發布之公務人員保險法施行細則第七十條（八十四年六月九日考試院、行政院令修正發布之同施行細則第四十七條），逕行規定時效期間，與上開意旨不符，應不予適用。在法律未明定前，應類推適用公務人員退休法、公務人員撫卹法等關於退休金或撫卹金請求權消滅時效期間之規定。至於時效中斷及不完成，於相關法律未有規定前，亦應類推適用民法之規定，併此指明。（88、1、29）

釋字第 475 號解釋

國民大會為因應國家統一前之需要，制定憲法增修條文，其第十一條規定：「自由地區與大陸地區間人民權利義務關係及其他事務之處理，得以法律為特別之規定。」

政府於中華民國三十八年以前在大陸地區發行之國庫債券，係基於當時國家籌措財源之需要，且以包括當時大陸地區之稅收及國家資產為清償之擔保，其金額至鉅。嗣因國家發生重大變故，政府遷臺，此一債券擔保之基礎今已變更，目前由政府立即清償，勢必造成臺灣地區人民稅負之沈重負擔，顯違公平原則。立法機關乃依憲法增修條文第十一條之授權制定「臺灣地區與大陸地區人民關係條例」，於第六十三條第三項規定：一、民國三十八年以前在大陸發行尚未清償之外幣債券及民國三十八年黃金短期公債；二、國家行局及收受存款之金融機構在大陸撤退前所有各項債務，於國家統一前不予處理，其延緩債權人對國家債權之行使，符合上開憲法增修條文之意旨，與憲法第二十三條限制人民自由權利應遵守之要件亦無牴觸。（88、1、29）

釋字第 476 號解釋

人民身體之自由與生存權應予保障，固為憲法第八條、第十五條所明定；惟國家刑罰權之實現，對於特定事項而以特別刑法規定特別之罪刑所為之規範，倘與憲法第二十三條所要求之目的正當性、手段必要性、限制妥當性符合，即無乖於比例原則，要不得僅以其關乎人民生命、身體之自由，遂執兩不相侔之普通刑法規定事項，而謂其係有違於前開憲法之意旨。

中華民國八十一年七月二十七日修正公布之「肅清煙毒條例」、八十七年五月二十日修正公布之「毒品危害防制條例」，其立法目的，乃特別為肅清煙毒、防制毒品危害，藉以維護國民身心健康，進而維持社會秩序，俾免國家安全之陷於危殆。因是拔其貽害之本，首予杜絕流入之途，即著重煙毒來源之截堵，以求禍害之根絕；而製造、運輸、販賣行為乃煙毒禍害之源，其源不斷，則流毒所及，非僅多數人之生命、身體受其侵害，并社會、國家之法益亦不能免，為害之距，當非個人一己之生命、身體法益所可比擬。對於此等行為之以特別立法嚴厲規範，當已符合比例原則；抑且製造、運輸、販賣煙毒之行為，除有上述高度不法之內涵外，更具有暴利之特質，利之所在，不免羣趨僥倖，若僅藉由長期自由刑措置，而欲達成肅清、防制之目的，非但成效難期，要亦有悖於公平與正義。肅清煙毒條例第五條第一項：「販賣、運輸、製造毒品、鴉片或麻煙者，處死刑或無期徒刑。」毒品危害防制條例第四條第一項：「製造、運輸、販賣第一級毒品者，處死刑或無期徒刑；處無期徒刑者，得併科新臺幣一千萬元以下罰金。」其中關於死刑、無期徒刑之法定刑規定，係本於特別法嚴禁毒害之目的而為之處罰，乃維護國家安全、社會秩序及增進公共利益所必要，無違憲法第二十三條之規定，與憲法第十五條亦無牴觸。（88、1、29）

釋字第477號解釋

臺灣地區在戒嚴時期刑事案件之審判權由軍事審判機關行使者，其適用之程序與一般刑事案件有別，救濟功能亦有所不足，立法機關乃制定戒嚴時期人民受損權利回復條例，對犯內亂罪及外患罪，符合該條例所定要件之人民，回復其權利或給予相當賠償，而明定限於犯外患罪、內亂罪之案件，係基於此類犯罪涉及政治因素之考量，在國家處於非常狀態，實施戒嚴之情況下，軍事審判機關所為認事用法容有不當之處。至於其他刑事案件不在上開權利回復條例適用之列，要屬立法裁量範圍，與憲法尚無牴觸。

戒嚴時期人民受損權利回復條例第六條適用對象，以「受無罪之判決確定前曾受羈押或刑之執行者」為限，未能包括不起訴處分確定前或後、經治安機關逮捕以罪嫌不足逕行釋放前、無罪判決確定後、有罪判決（包括感化、感訓處分）執行完畢後，受羈押或未經依法釋放之人民，係對權利遭受同等損害，應享有回復利益者，漏未規定，顯屬立法上之重大瑕疵，若仍適用該條例上開規定，僅對受無罪判決確定前喪失人身自由者予以賠償，反足以形成人民在法律上之不平等，就此而言，自與憲法第七條有所牴觸。是凡屬上開漏未規定之情形，均得於本解釋公布之日起二年內，依該條例第六條規定請求國家賠償。（88、1、12）

釋字第478號解釋

土地稅法第三十五條第一項第一款所定「自用住宅用地」，依同法第九條規定，係指「為土地所有權人或其配偶、直系親屬於該地辦竣戶籍登記，且無出租或供營業用之住宅用地」，並未以須經稽徵機關核准按自用住宅用地稅率課徵地價稅為認定之標準。財政部中華民國七十三年十二月二十七日台財稅第六五六三四號函謂：「土地所有權人出售自用住宅用地，於二年內重購土地者，除自完成移轉登記之日起，不得有出租或營業情事外，並須經稽徵機關核准按自用住宅用地稅率課徵地價稅者，始准依土地稅法第三十五條第一項第一款規定，退還已納土地增值稅」，其以「須經稽徵機關核准按自用住宅用地稅率課徵地價稅」為申請退稅之要件部分，係增加土地稅法第三十五條第一項第一款所無之限制，有違憲法第十九條租稅法律主義，應不予援用。（88、3、19）

釋字第479號解釋

憲法第十四條規定人民有結社自由，旨在保障人民為特定目的，以共同之意思組成團體並參與其活動之自由。就中關於團體名稱之選定，攸關其存立之目的、性質、成員之認同及與其他團體之識別，自屬結社自由保障之範圍。對團體名稱選用之限制，亦須符合憲法第二十三條所定之要件，以法律或法律明確授權之命令始得為之。

人民團體法第五條規定人民團體以行政區域為組織區域；而第十二條僅列人民團體名稱、組織區域為章程應分別記載之事項，對於人民團體名稱究應如何訂定則未有規定。行政機關依其職權執行法律，雖得訂定命令對法律為必要之補充，惟其僅能就執行母法之細節性、技術性事項加以規定，不得逾越母法之限度，迭經本院解釋釋示在案。內政部訂定之「社會團體許可立案作業規定」第四點關於人民團體應冠以所屬行政區域名稱之規定，逾越母法意旨，侵害人民依憲法應享之結社自由，應即失其效力。（88、4、1）

釋字第480號解釋

促進產業升級條例第十六條第二款規定，公司以其未分配盈餘增資償還因增置或更新同條第一款所定之機器、設備或運輸設備之貸款或未付款者，其股東因而取得之新發行記名股票，免予計入該股東當年度綜合所得額；其股東為營利事業者，免予計入當年度營利事業所得額課稅。適用上開條文之公司應依中華民國八十二年十月二十七日修正發布之同條例施行細則第三十二條之一第二項第八款（現行細則第三十八條第二項第八款）規定，於核定本次增資償還計畫之期限內完成償還貸款或未付款，並於完成後六個月內檢具清償證明影本或經會計師查核簽證之清償證明文件，向原核備機關申請核發完成證明。如因實際需要得依同細則第三十四條第二項（現行細則第四十四條第二項）規定，於原核備完成期限前向原計畫核備機關申請展延至四年。上開施行細則有關六個月申請期間之規定，對納稅義務人而言，雖屬較短之期限，惟原計畫已准其有一定完成之期限，茲復有四年延展期間之設，如無一定申請期間之限制，稅捐核課之目的即難以落實。而此等期間之規定，除已斟酌適用本條例之公司之實際需要外，並係兼顧稅捐稽徵法第二十一條租稅核課期間及商業會計法第三十八條會計憑證保存期限而設，為執行母法及相關法律所必要。是上開細則有關六個月之規定，符合立法意旨且未逾越母法之限度，與憲法第十九條及第二十三條並無牴觸。（88、4、16）

釋字第481號解釋

中華民國八十一年五月二十八日修正公布之中華民國憲法增修條文第十七條，授權以法律訂定省縣地方制度，同條第一款、第三款規定，省設省議會及省政府，省置省長一人，省議員與省長分別由省民選舉之，係指事實上能實施自治之省，應受上述法律規範，不受憲法相關條文之限制。省縣自治法遂經憲法授權而制定，該法第六十四條規定，轄區不完整之省，其議會與政府之組織，由行政院另定之。行政院據此所訂定之福建省政府組織規程，未規定由人民選舉省長及省議會議員，乃斟酌福建省之特殊情況所為之規定，為事實上所必需，符合母法授權之意旨，與憲法第七條人民在法律上平等之原則亦無違背。（88、4、16）

釋字第482號解釋

民事訴訟法第五百零一條第一項第四款規定，提起再審之訴，應表明再審理由及關於再審理由並遵守不變期間之證據。其中關於遵守不變期間之證據，係屬提出書狀時，應添具之文書物件，與同法第一百二十一條第一項規定之書狀不合程式之情形不同，自不生程式欠缺補正之問題。惟當事人於再審書狀中已表明再審理由並提出再審理由之證據，而漏未表明其遵守不變期間之證據時，法院為行使闡明權，非不得依具體個案之情形，裁定命其提出證據。最高法院六十年台抗字第五三八號判例，符合上開意旨，與憲法保障人民訴訟權之規定並無牴觸。（88、4、30）

釋字第483號解釋

公務人員依法銓敘取得之官等俸級，非經公務員懲戒機關依法定程序之審議決定，不得降級或減俸，此乃憲法上服公職權利所受之制度性保障，亦為公務員懲戒法第一條、公務人員保障法第十六條及公務人員俸給法第十六條之所由設。公務人員任用法第十八條第一項第三款前段規定：「經依法任用人員，除自願者外，不得調任低一官等之職務；在同官等內調任低職等職務者，仍以原職等任用」，有任免權之長官固得據此將高職等之公務人員調任為較低官等或職等之職務；惟一經調任，依公務人員俸給法第十三條第二項及同法施行細則第七條之規定，此等人員其所敘俸級已達調任職等年功俸最高級者，考績時不再晉敘，致高資低用人員縱於調任後如何戮力奉公，成績卓著，又不論其原敘職等是否已達年功俸最高級，亦無晉敘之機會，則調任雖無降級或減俸之名，但實際上則生類似降級或減俸之懲戒效果，與首開憲法保障人民服公職權利之意旨未盡相符，主管機關應對上開公務人員任用法、公務人員俸給法及附屬法規從速檢討修正。（88、5、14）

釋字第484號解釋

契稅條例第二條第一項規定：「不動產之買賣、承典、交換、贈與、分割或因占有面取得所有權者，均應購用公定契紙，申報繳納契稅。」同條例第十八條第一項規定：「主管稽徵機關收到納稅義務人契稅申報案件，應於十五日內審查完竣，查定應納稅額，發單通知納稅義務人依限繳納。」又同條例第二十三條規定：「凡因不動產之買賣、承典、交換、贈與、分割及占有而辦理所有權登記者，地政機關應憑繳納契稅收據辦理權利變更登記。」是申報繳納契稅關係人民財產權之行使及取得。財政部中華民國七十年八月十九日台財稅字第三六八八九號關於「同一建物、土地先後有數人申報，且各有其合法依據時，為避免日後可能發生糾紛起見，稅捐稽徵機關得通知各有關當事人自行協調，在當事人未達成協議或訴請司法機關確認所有權移轉登記權利前，稅捐稽徵機關得暫緩就申報案件核發納稅通知書」之函示，逾越上開法律規定之意旨，指示稅捐稽徵機關得暫緩就申報案件核發稅捐稽徵通知書，致人民無從完成納稅手續憑以辦理所有權移轉登記，妨害人民行使財產上之權利，與憲法第十五條保障人民財產權之意旨不符，應不再援用。（88、5、14）

釋字第485號解釋

憲法第七條平等原則並非指絕對、機械之形式上平等，而係保障人民在法律上地位之實質平等，立法機關基於憲法之價值體系及立法目的，自得斟酌規範事物性質之差異而為合理之區別對待。促進民生福祉乃憲法基本原則之一，此觀憲法前言、第一條、基本國策及憲法增修條文第十條之規定自明。立法者基於社會政策考量，尚非不得制定法律，將福利資源為限定性之分配。國軍老舊眷村改進條例及其施行細則分別規定，原眷戶享有承購依同條例興建之住宅及領取由政府給與輔助購宅款之優惠，就自備款部分得辦理優惠利率貸款，對有照顧必要之原眷戶提供適當之扶助，其立法意旨與憲法第七條平等原則尚無抵觸。
惟鑑於國家資源有限，有關社會政策之立法，必須考量國家之經濟及財政狀況，依資源有效利用之原則，注意與一般國民間之平等關係，就福利資源為妥善之分配，並應斟酌受益人之財力、收入、家計負擔及須照顧之必要性妥為規定，不得僅以受益人之特定職位或身分作為區別對待之唯一依據；關於給付方式及額度之規定，亦應力求與受益人之基本生活需求相當，不得超過達成目的所需必要限度而給予明顯過度之照顧。立法機關就上開條例與本解釋意旨未盡相符之部分，應通盤檢討改進。（88、5、28）

釋字第 486 號解釋

憲法上所保障之權利或法律上之利益受侵害者，其主體均得依法請求救濟。中華民國七十八年五月二十六日修正公布之商標法第三十七條第一項第十一款（現行法為第三十七條第十一款）前段所稱「其他團體」，係指自然人及法人以外其他無權利能力之團體而言，其立法目的係在一定限度內保護該團體之人格權及財產上利益。自然人及法人為權利義務之主體，固均為憲法保護之對象；惟為貫徹憲法對人格權及財產權之保障，非具有權利能力之「團體」，如有一定之名稱、組織而有自主意思，以其團體名稱對外為一定商業行為或從事事務有年，已有相當之知名度，為一般人所知悉或熟識，且有受保護之利益者，不論其是否從事公益，均為商標法保護之對象，而受憲法之保障。商標法上開規定，商標圖樣，有其他團體之名稱，未得其承諾者，不得申請註冊，目的在於保護各該團體之名稱不受侵害，並兼有保護消費者之作用，與憲法第二十二條規定之意旨尚無牴觸。（88、6、11）

釋字第 487 號解釋

冤獄賠償法為國家賠償責任之特別立法，憲法第二十四條規定：「凡公務員違法侵害人民之自由或權利者，除依法律受懲戒外，應負刑事及民事責任。被害人民就其所受損害，並得依法律向國家請求賠償」，立法機關據此有制定有關國家賠償法律之義務，而此等法律對人民請求各類國家賠償要件之規定，並應符合憲法上之比例原則。刑事被告之羈押，係為確保訴訟程序順利進行，於被告受有罪判決確定前，拘束其身體自由於一定處所之強制處分，乃對人民身體自由所為之嚴重限制，故因羈押而生之冤獄賠償，尤須尊重憲法保障人身自由之精神。冤獄賠償法第二條第二款前段，僅以受害人之行為違反公共秩序或善良風俗為由，剝奪其請求賠償之權利，未能以其情節是否重大，有無逾越社會通常觀念所能容忍之程度為衡量標準，與前述憲法意旨未盡相符。上開法律第二條第二款與本解釋不合部分，應不予適用。（88、7、9）

釋字第 488 號解釋

憲法第十五條規定，人民財產權應予保障。對人民財產權之限制，必須合於憲法第二十三條所定必要程度，並以法律定之，其由立法機關明確授權行政機關以命令訂定者，須據以發布之命令符合立法意旨且未逾越授權範圍時，始為憲法之所許，迭經本院解釋在案。信用合作社法第二十七條第一項及銀行法第六十二條第一項係為保障存款人權益，並兼顧金融秩序之安定而設，金融機構監管接管辦法第十一條第一項第三款及第十四條第四款雖亦有銀行法第六十二條第三項授權之依據，惟基於保障人民權利之考量，法律規定之實體內容固不得違背憲法，其為實施實體內容之程序及提供適時之司法救濟途徑，亦應有合理規定，方符憲法維護人民權利之意旨；法律授權行政機關訂定之命令，為適當執行法律之規定，尤須對採取影響人民權利之行政措施時，其應遵行之程序作必要之規範。前述銀行法、信用合作社法及金融機構監管接管辦法所定之各種措施，對銀行、信用合作社之股東（社員）、經營者及其他利害關係人，既皆有重大影響，該等法規僅就主管機關作成行政處分加以規定，未能對作成處分前，如何情形須聽取股東、社員、經營者或利害關係人陳述之意見或徵詢地方自治團體相關機關（涉及各該地方自治團體經營之金融機構）之意見設置明文。又上開辦法允許主管機關逕行指派機關（機構）或人員為監管人或接管人，並使接管人取得經營權及財產管理處分權，復由接管人及主管機關決定概括讓與全部或部分屆務及資產負債，或與他金融機構合併，無須斟酌受接管之金融機構股東或社員大會決議之可行性，亦不考慮該金融機構能否適時提供相當資金、擔保或其他解決其資產不足清償債務之有效方法，皆與憲法保障人民財產權之意旨未盡相符。前述法規主管機關均應依本解釋儘速檢討修正。（88、7、30）

釋字第 489 號解釋

信用合作社法第二十七條第一項及銀行法第六十二條第一項、第二項所稱主管機關對違反法令、章程或無法健全經營而損及社員及存款人權益之合作社或因業務或財務狀況顯著惡化之銀行，得分別為撤銷決議、撤換職員、限制發給理、監事酬勞或停止、解除其職務，停止業務限期清理、派員監管、接管、合併、命令解散、撤銷許可及其他必要處置。其中必要處置係指在符合信用合作社法第二十七條第一項「無法健全經營而有損及社員及存款人權益之虞時」或銀行法第六十二條第一項「銀行因業務或財務狀況顯著惡化，不能支付其債務或有損及存款人利益之虞時」之前提下，因情況急迫，縱然採取上開法律所舉之措施，勢將不能實現預期效果時，所為不得已之合理手段而言。主管機關對財務狀況顯著惡化、無法健全經營之銀行或信用合作社促使其由其他金融機構概括承受，應合於前述要件外，尚須被概括承受之銀行或信用合作社未能適時提供相當資金、擔保或其他解決其資產不足清償債務之有效方法時，經依相關法令規定辦理概括承受之程序，始符合必要處置之意旨。（88、7、30）

釋字第490號解釋

人民有依法律服兵役之義務，為憲法第二十條所明定。惟人民如何履行兵役義務，憲法本身並無明文規定，有關人民服兵役之重要事項，應由立法者斟酌國家安全、社會發展之需要，以法律定之。憲法第十三條規定：「人民有信仰宗教之自由。」係指人民有信仰與不信仰任何宗教之自由，以及參與或不參與宗教活動之自由；國家不得對特定之宗教加以獎勵或禁制，或對人民特定信仰畀予優待或不利益。立法者鑒於男女生理上之差異及因此種差異所生之社會生活功能角色之不同，於兵役法第一條規定：中華民國男子依法皆有服兵役之義務，係為實踐國家目的及憲法上人民之基本義務而為之規定，原屬立法政策之考量，非為助長、促進或限制宗教而設，且無助長、促進或限制宗教之效果。復次，服兵役之義務，並無違反人性尊嚴亦未動搖憲法價值體系之基礎，且為大多數國家之法律所明定，更為保護人民，防衛國家之安全所必需，與憲法第七條平等原則及第十三條宗教信仰自由之保障，並無牴觸。又兵役法施行法第五十九條第二項規定：同條第一項判處徒刑人員，經依法赦免、減刑、緩刑、假釋後，其禁役者，如實際執行徒刑時間不滿四年時，免除禁役。故免除禁役者，倘仍在適役年齡，其服兵役之義務，並不因此而免除，兵役法施行法第五十九條第二項因而規定，由各該管轄司法機關通知其所屬縣（市）政府處理。若另有違反兵役法之規定而符合處罰之要件者，仍應依妨害兵役治罪條例之規定處斷，並不構成一行為重複處罰問題，亦與憲法第十三條宗教信仰自由之保障及第二十三條比例原則之規定，不相牴觸。（88、10、1）

釋字第491號解釋

憲法第十八條規定人民有服公職之權利，旨在保障人民有依法令從事於公務之權利，其範圍不惟涉及人民之工作權及平等權，國家應建立相關制度，用以規範執行公權力及履行國家職責之行為，亦應兼顧對公務人員之權益之保護。公務人員之懲戒乃國家對其違法、失職行為之制裁。此項懲戒得視其性質，於合理範圍內，以法律規定由其長官為之。中央或地方機關依公務人員考績法或相關法規之規定對公務人員所為免職之懲處處分，為限制人民服公職之權利，實質上屬於懲戒處分，其構成要件應由法律定之，方符憲法第二十三條之意旨。公務人員考績法第十二條第一項第二款規定各機關辦理公務人員之專案考績，一次記二大過者免職。同條第二項復規定一次記二大過之標準由銓敘部定之，與上開解釋意旨不符。又懲處處分之構成要件，法律以抽象概念表示者，其意義須非難以理解，且為一般受規範者所得預見，並可經由司法審查加以確認，方符法律明確性原則。對於公務人員之免職處分既係限制憲法保障人民服公職之權利，自應踐行正當法律程序，諸如作成處分應經機關內部組成立場公正之委員會決議，處分前並應給予受處分人陳述及申辯之機會，處分書應附記理由，並表明救濟方法、期間及受理機關等，設立相關制度予以保障。復依公務人員考績法第十八條規定，服務機關對於專案考績應予免職之人員，在處分確定前得先行停職。受免職處分之公務人員既得依法提起行政爭訟，則免職處分自應於確定後方得執行。相關法令應依本解釋意旨檢討改進，其與本解釋不符部分，應自本解釋公布之日起，至遲於屆滿二年時失其效力。（88、10、15）

釋字第492號解釋

人民之財產權應予保障，為憲法第十五條所明定。商標專用權屬於人民財產權之一種，亦在憲法保障之列。惟商標專用權人結束營業，且並無於結束營業前或其後就同一商標專用權授權他人使用或移轉他人繼續營業之可能時，因其已喪失存在之目的，自無再予保障之必要。中華民國七十二年一月二十六日修正公布之商標法第三十三條第一款規定，商標專用權人於商標專用期間內廢止營業者，其商標專用權當然消滅，即係本此意旨所為對人民財產權之限制；商標專用權人倘僅係暫時停止營業；或權利人本人雖結束營業，而仍有移轉他人繼續營業之可能時，其商標既有繼續使用之價值，即難謂與廢止營業相同，而使其商標專用權當然消滅。公司法第二十五條規定，解散之公司於清算範圍內，視為尚未解散，即法人尚未消滅；同法第二十六條規定，解散之公司在清算時期，得為了結現務及便利清算之目的，暫時經營業務。故解散之公司事實上據此規定倘尚在經營業務中，且係繼續原有之營業者，既不能認已廢止營業，從而其享有之商標專用權，要亦不能認為已當然消滅。於此，其為了結現務及便利清算之目的，自得將商標專用權與其商品經營一併移轉他人。經濟部七十四年八月二十日經⒁商字第三六一一一〇號關於「依公司法爲解散登記或撤銷登記者」即係「廢止營業」之函釋部分，其對於人民財產權之限制，顯已逾越上述商標法第三十三條第一款所定之限度，與憲法保障人民財產權之意旨有違，應不予援用。（88、10、29）

釋字第 493 號解釋

營利事業所得之計算，係以其本年度收入總額減除各項成本費用、損失及稅捐後之純益額爲所得額，爲所得稅法第二十四條第一項所明定。依所得稅法第四條之一前段規定，自中華民國七十九年一月一日起，證券交易所得停止課徵所得稅；公司投資收益部分，依六十九年十二月三十日修正公布之所得稅法第四十二條，公司組織之營利事業，投資於國內其他非受免徵營利事業所得稅待遇之股份有限公司組織者，其中百分之八十免予計入所得額課稅；則其相關成本費用，按諸收入與成本費用配合之上揭法律規定意旨及公平原則，自亦不得歸由其他應稅之收入項下減除。至應稅收入及免稅收入應分攤之相關成本費用，除可直接合理明確歸屬者得個別歸屬，應自有價證券出售收入項下減除外，因投資收益及證券交易收入源自同一投入成本，難以投入成本比例作爲分攤基準。財政部八十三年二月八日台財稅第八三一五八二四七二號函說明三，採以收入比例作爲分攤基準之計算方式，符合上開法條規定意旨，與憲法尚無牴觸。惟營利事業成本費用及損失等之計算涉及人民之租稅負擔，爲貫徹憲法第十九條之意旨，仍應由法律明確授權主管機關訂立爲宜。（88、10、29）

釋字第 494 號解釋

國家爲保障勞工權益，加強勞雇關係，促進社會與經濟發展，而制定勞動基準法，規定勞工勞動條件之最低標準，並依同法第三條規定適用於同條第一項各款所列之行業。事業單位依其事業性質以及勞動態樣，固得與勞工另訂定勞動條件，但不得低於勞動基準法所定之最低標準。關於延長工作時間之加給，自勞動基準法施行後，凡屬於該法適用之各業自有該法第二十四條規定之適用，俾貫徹法律保護勞工權益之意旨。至監視性、間歇性或其他性質特殊工作，不受上開法律有關工作時間、例假、休假等規定之限制，係中華民國八十五年十二月二十七日該法第八十四條之一所增訂，對其生效日期前之事項，並無適用餘地。（88、11、18）

釋字第 495 號解釋

凡規避檢查、偷漏關稅或逃避管制，未經向海關申報而運輸貨物進、出國境者，海關應予查緝，海關緝私條例第一條及第三條定有明文。同條例第三十一條之一規定：「船舶、航空器、車輛或其他運輸工具所載進口貨物或轉運本國其他港口之轉運貨物，經海關查明與艙口單、載貨清單、轉運艙單或運送契約文件所載不符者，沒入其貨物。但經證明確屬誤裝者，不在此限」，係課進、出口人遵循國際貿易及航運常規程序，就貨物與艙口單、載貨清單、轉運艙單或運送契約文件，誠實記載及申報之義務，並對於能舉證證明確屬誤裝者，免受沒入貨物之處分，其責任條件未排除本院釋字第二七五號解釋之適用，爲增進公共利益所必要，與憲法第二十三條尚無牴觸。（88、11、18）

釋字第 496 號解釋

憲法第十九條規定「人民有依法律納稅之義務」，係指人民有依法律所定要件負繳納稅捐之義務或享減免繳納之優惠而言。稅法之解釋，應本於租稅法律主義之精神，依各該法律之立法目的，衡酌經濟上之意義及實質課稅之公平原則爲之。財政部中華民國五十九年九月二日台財稅發第二六六五六號令及七十七年五月十八日台財稅第七七〇六五六一五一號函，核發修正獎勵減免營利事業所得稅計算公式，乃主管機關爲便利徵納雙方徵繳作業，彙整獎勵投資條例及所得稅法相關規定所爲之釋示，其中規定「非營業收入小於非營業損失時，應視爲零處理」，係爲避免產生非免稅產品所得亦不必繳稅之結果，以期符合該條例獎勵項目之產品其所得始可享受稅捐優惠之立法意旨。惟相關之非營業損失，如可直接合理明確定其歸屬者，應據以定其歸屬，倘難以區分時，則依免稅產品銷貨（業務）收入與應稅產品銷貨（業務）收入之比例予以推估，始符合租稅公平原則。有關機關應依本解釋意旨從速檢討修正相關法令，併此指明。（88、12、3）

釋字第 497 號解釋

中華民國八十一年七月三十一日公布之臺灣地區與大陸地區人民關係條例係依據八十年五月一日公布之憲法增修條文第十條（現行增修條文改列爲第十一條）「自由地區與大陸地區間人民權利義務關係及其他事務之處理，得以法律爲特別之規定」所制定，爲國家統一前規範臺灣地區與大陸地區間人民權利義務之特別立法。內政部依該條例第十條及第十七條之授權分別訂定「大陸地區人民進入臺灣地區許可辦法」及「大陸地區人民在臺灣地區定居或居留許可辦法」，明文規定大陸地區人民進入臺灣地區之資格要件、許可程序及停留期限，係在確保臺灣地區安全與民眾福祉，符合該條例之立法意旨，尚未逾越母法之授權範圍，爲維持社會秩序或增進公共利益所必要，與上揭憲法增修條文無違，於憲法第二十三

條之規定亦無牴觸。（88、12、3）

釋字第 498 號解釋

地方自治為憲法所保障之制度。基於住民自治之理念與垂直分權之功能，地方自治團體設有地方行政機關及立法機關，其首長與民意代表均由自治區域內之人民依法選舉產生，分別綜理地方自治團體之地方事務，或行使地方立法機關之職權，地方行政機關與地方立法機關間依法並有權責制衡之關係。中央政府或其他上級政府對地方自治團體辦理自治事項、委辦事項，依法僅得按事項之性質，為適法或適當與否之監督。地方自治團體在憲法及法律保障之範圍內，享有自主與獨立之地位，國家機關自應予以尊重。立法院所設各種委員會，依憲法第六十七條第二項規定，雖得邀請地方自治團體行政機關有關人員到會備詢，但基於地方自治團體具有自主、獨立之地位，以及中央與地方各設有立法機關之層級體制，地方自治團體行政機關公務員，除法律明定應到會備詢者外，得衡酌到會說明之必要性，決定是否到會。於此情形，地方自治團體行政機關之公務員未到會備詢時，立法院不得因此據以為刪減或擱置中央機關對地方自治團體補助款預算之理由，以確保地方自治之有效運作，及符合憲法所定中央與地方權限劃分之均權原則。（88、12、31）

釋字第 499 號解釋

一、憲法為國家根本大法，其修改關係憲政秩序之安定及全國國民之福祉至鉅，應由修憲機關循正當修憲程序為之。又修改憲法乃最直接體現國民主權之行為，應公開透明為之，以滿足理性溝通之條件，方能賦予憲政國家之正當性基礎。國民大會依憲法第二十五條、第二十七條第一項第三款及中華民國八十六年七月二十一日修正公布之憲法增修條文第一條第三項第四款規定，係代表全國國民行使修改憲法權限之唯一機關。其依修改憲法程序制定或修正憲法增修條文須符合公開透明原則，並應遵守憲法第一百七十四條及國民大會議事規則有關之規定，俾副全國國民之合理期待與信賴。是國民大會依八十三年八月一日修正公布憲法增修條文第一條第九項規定訂定之國民大會議事規則，其第三十八條第二項關於無記名投票之規定，於通過憲法修改案之讀會時，適用應受限制。而修改憲法亦係憲法上行為之一種，如有重大明顯瑕疵，即不生其應有之效力。所謂明顯，係指事實不待調查即可認定；所謂重大，就議事程序而言則指瑕疵之存在已喪失其程序之正當性，而違反修憲條文成立或效力之基本規範。國民大會於八十八年九月四日三讀通過修正憲法增修條文，其修正程序牴觸上開公開透明原則，且衡諸當時有效之國民大會議事規則第三十八條第二項規定，亦屬有違。依其議事錄及速記錄之記載，有不待調查即可發現之明顯瑕疵，國民因而不能知悉國民大會代表如何行使修憲職權，國民大會代表依憲法第一百三十三條規定或本院釋字第三三一號解釋對選區選民或所屬政黨所負政治責任之憲法意旨，亦無從貫徹。此項修憲行為有明顯重大瑕疵，已違反修憲條文發生效力之基本規範。

二、國民大會為憲法所設置之機關，其具有之職權亦為憲法所賦予，基於修憲職權所制定之憲法增修條文與未經修改之憲法條文雖處於同等位階，惟憲法中具有本質之重要性而為規範秩序存立之基礎者，如聽任修改條文予以變更，則憲法整體規範秩序將形同破毀，該修改之條文即失其應有之正當性。憲法條文中，諸如：第一條所樹立之民主共和國原則、第二條國民主權原則、第二章保障人民權利、以及有關權力分立與制衡之原則，具有本質之重要性，亦為憲法整體基本原則之所在。基於前述規定所形成之自由民主憲政秩序，乃現行憲法賴以存立之基礎，凡憲法設置之機關均有遵守之義務。

三、第三屆國民大會八十八年九月四日通過之憲法增修條文第一條，國民大會代表第四屆起依比例代表方式選出，並以立法委員選舉各政黨所推薦及獨立參選之候選人得票之比例分配當選名額，係以性質不同、職掌互異之立法委員選舉計票結果，分配國民大會代表之議席，依此種方式產生之國民大會代表，本身既未經選舉程序，僅屬各黨派按其在立法院席次比例指派之代表，與憲法第二十五條國民大會代表全國國民行使政權之意旨，兩不相容，明顯構成規範衝突。若此等代表仍得行使憲法增修條文第一條以具有民選代表身分為前提之各項職權，將牴觸民主憲政之基本原則，是增修條文有關修改國民大會代表產生方式之規定，與自由民主之憲政秩序自屬有違。

四、上開增修條文第一條第三項後段規定：「第三屆國民大會代表任期至第四屆立法委員任期屆滿之日止」，復於第四條第三項前段規定：「第四屆立法委員任期至中華民國九十一年六月三十日止」，計分別延長第三屆國民大會代表任期二年又四十二天及第四屆立法委員任期五個月。按國民主權原則，民意代表之權限，應直接源自國民之授權，是以代議民主之正當性，在於民意代表行使選民賦予之職權須遵守與選民約定，任期屆滿，除有不能改選之正當理由外應即改選，乃約定之首要者，否則將失其代表性。本院釋字第二六一號解釋：「民意代表之定期改選，爲反映民意，貫徹民主憲政之途徑」亦係基於此一意旨。所謂不能改選之正當理由，須與本院釋字第三十一號解釋所指：「國家發生重大變故，事實上不能依法辦理次屆選舉」之情形相當。本件關於國民大會代表及立法委員任期之調整，並無憲政上不能依法改選之正當理由，逕以修改上開增修條文方式延長其任期，與首開原則不符。而國民大會代表之自行延長任期部分，於利益迴避原則亦屬有違，俱與自由民主憲政秩序不合。

五、第三屆國民大會於八十八年九月四日第四次會議第十八次大會以無記名投票方式表決通過憲法增修條文第一條、第四條、第九條暨第十條之修正，其程序違背公開透明原則及當時適用之國民大會議事規則第三十八條第二項規定，其瑕疵已達明顯重大之程度，違反修憲條文發生效力之基本規範；其中第一條第一項至第三項、第四條第三項內容並與憲法中具有本質重要性而爲規範秩序賴以存立之基礎，產生規範衝突，爲自由民主憲政秩序所不許。上開修正之第一條、第四條、第九條暨第十條應自本解釋公布之日起失其效力，八十六年七月二十一日修正公布之原增修條文繼續適用。（89、3、24）

釋字第 500 號解釋

營業稅法第一條規定，在中華民國境內銷售貨物或勞務，均應依本法規定課徵營業稅。又涉及租稅事項之法律，其解釋應本於租稅法律主義之精神，依各該法律之立法目的，衡酌經濟上之意義及實質課稅之公平原則爲之，亦經本院釋字第四二〇號解釋在案。財政部七十九年六月四日台財稅字第七九〇六六一三〇三號函釋示：「高爾夫球場（俱樂部）向會員收取入會費或保證金，如於契約訂定屆滿一定期間退會者，准予退還；未屆滿一定期間退會者，不予退還之情形，均應於收款時開立統一發票，課徵營業稅及娛樂稅。迨屆滿一定期間實際發生退會而退還入會費或保證金時，准予檢附有關文件向主管稽徵機關申請核實退還已納稅款。」係就實質上屬於銷售貨物或勞務代價性質之「入會費」或「保證金」如何課稅所爲之釋示，並未逾越營業稅法第一條課稅之範圍，符合課稅公平原則，與上開解釋意旨無違，於憲法第七條平等權及第十九條租稅法律主義，亦無牴觸。（89、4、7）

釋字第 501 號解釋

行政、教育、公營事業人員相互轉任採計年資提敘官職等級辦法係依公務人員任用法第十六條授權訂定，旨在促使行政、教育、公營事業三類不同任用制度間，具有基本任用資格之專業人員相互交流，以擔任中、高級主管職務。該辦法第七條規定，爲上開三類人員相互轉任採計年資、提敘官職等級之標準所必須，符合法律授權之意旨，且係爲配合公務人員俸給法第二條、第九條暨其施行細則第四條第三項、第十五條所訂定。又中華民國七十六年一月十四日發布之公務人員俸給法施行細則第十五條第三項，係因不同制度人員間原係適用不同之任用、敘薪、考績（成）、考核等規定，於相互轉任時，無從依其原敘俸（線）級逕予換敘，基於人事制度之衡平性所爲之設計，均未違背公務人員俸給法第十六條及中央法規標準法第十一條之規定，與憲法第七條亦無牴觸。惟前開辦法第七條規定轉任人員採計年資僅能至所敘定職等之本俸（薪）最高級爲止，已與八十四年十二月二十六日以還歷次修正發布之公務人員俸給法施行細則按年核計加級，均以至其所敘定職等之年功俸最高級爲止之規定，有欠一致，應予檢討改進。（89、4、7）

釋字第 502 號解釋

民法第一千零七十三條關於收養者之年齡應長於被收養者二十歲以上，及第一千零七十九條之一關於違反第一千零七十三條者無效之規定，符合我國倫常觀念，爲維持社會秩序、增進公共利益所必要，與憲法保障人民自由權利之意旨並無牴觸。收養者與被收養者之年齡合理差距，固屬立法裁量事項，惟基於家庭和諧並兼顧養子女權利之考量，上開規定於夫妻共同收養或夫妻之一方收養他方子女時，宜有彈性之設，以符合社會生活之實際需要，有關機關應予檢討修正。（89、4、7）

釋字第 503 號解釋

納稅義務人違反作爲義務而被處行爲罰，僅須其有違反作爲義務之行爲即應受處罰；而逃漏稅捐之被處漏稅罰者，則須具有處罰法定要件之漏稅事實方得爲之。二者處罰目的及處罰要件雖不相同，惟其行爲如同時符合行爲罰及漏稅罰之處罰要件時，除處罰之性質與種類不同，必須採用不同之處罰方法或手段，以達行政目的所必要者外，不得重複處罰，乃現代民主法治國家之基本原則。是違反作爲義務之行爲，同時構成漏稅行爲之一部或係漏稅行爲之方法而處罰種類相同者，如從其一重處罰已足達成行政目的時，即不得再就其他行爲併予處罰，始符憲法保障人民權利之意旨。本院釋字第三五六號解釋，應予補

充。（89、4、20）

釋字第 504 號解釋

司法院於中華民國八十五年十一月十一日修正發布之辦理強制執行事件應行注意事項第七十點規定：「在假扣押或假處分中之財產，如經政府機關依法強制採購或徵收者，執行法院應將其價金或補償金額提存之」，此一旨意曾經本院院字第二三一五號解釋在案，其目的僅在宣示原查封禁止債務人任意處分財產之效力，繼續存在於該財產因政府機關強制購買或徵收後之代位物或代替利益，以保全債權人將來債權之實現，尚不因提存而生債務消滅之效果，且未另外限制債務人之權利，或使其陷於更不利之地位，符合強制執行法第五十一條、第一百十三條、第一百三十四條、第一百四十條規定之意旨，自無牴觸中央法規標準法第五條規定可言，與憲法保障人民財產權之本旨亦無違背。（89、5、5）

釋字第 505 號解釋

中華民國七十六年一月二十六日修正公布之獎勵投資條例（七十九年十二月三十一日因施行期間屆滿而當然廢止）第六條第二項規定，合於第三條獎勵項目及標準之生產事業，經增資擴展供生產或提供勞務之設備者，得就同條項所列獎勵擇一適用。同條例授權行政院訂定之施行細則第十一條第一項第二款復規定，增資擴展選定免徵營利事業所得稅四年者，應於其新增設備開始作業或開始提供勞務之次日起一年內，檢齊應附文件，向財政部申請核定之，此與公司辦理增資變更登記係屬兩事。財政部六十四年三月五日台財稅第三一六一三號函謂：生產事業依獎勵投資條例第六條第二項規定申請獎勵，應在擴展之新增設備開始作業或提供勞務以前，辦妥增資變更登記申請手續云云，核與前開施行細則之規定不合，係以職權發布解釋性行政規則對人民依法律享有之權利增加限制之要件，與憲法第二十三條法律保留原則牴觸，應不予適用。（89、5、5）

釋字第 506 號解釋

所得稅法關於營利事業所得稅之課徵客體，係採概括規定，凡營利事業之營業收益及其他收益，除具有法定減免事由外，均應予以課稅，俾實現租稅公平負擔之原則。中華民國七十年三月二十六日修正發布之所得稅法施行細則第七十條第一項：「公司利用未分配盈餘增資時，其對股東所增發之股份金額，除應依獎勵投資條例第十三條之規定辦理者外，應由公司於配發時按盈餘分配扣繳稅款，並由受配股東計入增資年度各股東之所得額申報納稅」，尚未逾越六十六年元月三十日修正公布之所得稅法第七十六條之一第二項及同法相關規定授權之目的及範圍，與憲法並無違背。財政部六十四年二月二十日台財稅第三一二三五號函稱：公司當年度如有依獎勵投資條例第十二條（按即六十九年十二月三十日修正公布之獎勵投資條例第十三條，與現行促進產業升級條例第十六條及第十七條規範內容相當）及第十五條規定所取得之增資股票，及出售持有滿一年以上股票之收益，或其他法令得免予計入當年度所得課稅之所得，雖可依法免予計入當年度課稅所得，課徵營利事業所得稅；惟該項所得仍應計入該公司全年所得額內，計算未分配盈餘等語，係主管機關本於職權爲執行有關稅法規定所爲必要之釋示，符合上開法規之意旨，與促進產業升級條例之規範目的無違，於憲法第十九條之租稅法律主義亦無牴觸。（89、5、5）

釋字第 507 號解釋

憲法第十六條規定人民有訴訟之權，此項權利之保障範圍包括人民權益遭受不法侵害有權訴請司法機關予以救濟在內，惟訴訟權如何行使，應由法律予以規定。法律爲防止濫行興訟致妨害他人自由，或爲避免虛耗國家有限之司法資源，對於告訴或自訴自得爲合理之限制，惟此種限制仍應符合憲法第二十三條之比例原則。中華民國八十三年一月二十一日修正公布之專利法第一百三十一條第二項至第四項規定：「專利權人就第一百二十三條至第一百二十六條提出告訴，應檢附侵害鑑定報告與侵害人經專利權人請求排除侵害之書面通知。未提出前項文件者，其告訴不合法。司法院與行政院應協調指定侵害鑑定專業機構。」依此規定被害人必須檢附侵害鑑定報告，始得提出告訴，係對人民訴訟權所爲不必要之限制，違反前述比例原則。是上開專利法第一百三十一條第二項應檢附侵害鑑定報告及同條第三項未提出前項侵害鑑定報告者，其告訴不合法之規定，應自本解釋公布之日起不予適用。（89、5、19）

釋字第 508 號解釋

中華民國八十二年二月五日修正公布之所得稅法第二條第一項規定：「凡有中華民國來源所得之個人，應就其中華民國來源之所得，依本法規定，課徵綜合所得稅。」依法徵收之土地爲出租耕地時，依七十八年十月三十日修正公布之平均地權條例第十一條第一項規定應給與承租人之補償費，核屬所得稅法第八條第十一款規定之所得，應依同法第十四條第一項第九類所稱之其他所得，計算個人之綜合所得總額。財政部七十四年四月二十三日台財稅第一四八九四號函謂：「佃農承租之土地，因政府徵收而終止租約，其依平均地權條例第十一條規定，由土地所有權人所得之補償地價扣除土地增值稅後餘額之三分之一給予佃農之補償費，應比照地主收回土地適用所得稅法第十四條第三項變動所得之規定，以補償費之半數作爲當年度所得，其餘半數免稅。」係基於課稅公平原則及減輕耕地承租人稅負而爲之函釋，符合所得稅法上開各規定之意旨，與憲法第十五條、第十九條、第二十三條規定並無牴觸。前述第一四八九四號函釋，係對耕地承租人因政府徵收出租耕地自出租人取得之補償，如何計算當年度所得，作成之釋示；而該部六十六年七月十五日台財稅第三四六一六號函：「個人出售土地，除土地價款外，另自買受人取得之建物以外之地上物之補償費，免課所得稅。該項補償費如係由耕作地上物之佃農取得者，亦可免納所得稅。」係就土地買賣時，佃農取得之耕作地上物補償費免納所得稅所爲之詮釋，前者係其他收益所得，後者爲損失補償，二者之性質互異，自難相提並論，與憲法第七條平等原則並無違背。（89、6、9）

釋字第 509 號解釋

言論自由爲人民之基本權利，憲法第十一條有明文保障，國家應給予最大限度之維護，俾其實現自我、溝通意見、追求眞理及監督各種政治或社會活動之功能得以發揮。惟爲兼顧對個人名譽、隱私及公共利益之保護，法律尙非不得對言論自由依其傳播方式爲合理之限制。刑法第三百十條第一項及第二項誹謗罪即係保護個人法益而設，爲防止妨礙他人之自由權利所必要，符合憲法第二十三條規定之意旨。至刑法同條第三項前段以對誹謗之事，能證明其爲眞實者不罰，係針對言論內容與事實相符者之保障，並藉以限定刑罰權之範圍，非謂指摘或傳述誹謗事項之行爲人，必須自行證明其言論內容確屬眞實，始能免於刑責。惟行爲人雖不能證明言論內容爲眞實，但依其所提證據資料，認爲行爲人有相當理由確信其爲眞實者，即不能以誹謗罪之刑責相繩，亦不得以此項規定而免除檢察官或自訴人於訴訟程序中，依法應負行爲人故意毀損他人名譽之舉證責任，或法院發現其爲眞實之義務。就此而言，刑法第三百十條第三項與憲法保障言論自由之旨趣並無牴觸。（89、7、7）

釋字第 510 號解釋

憲法第十五條規定人民之工作權應予保障，人民從事工作並有選擇職業之自由。惟其工作與公共利益密切相關者，於符合憲法第二十三條比例原則之限度內，對於從事工作之方式及必備之資格或其他要件，得以法律或視工作權限制之性質，以有法律明確授權之命令加以規範。中華民國七十三年十一月十九日修正公布之民用航空法第二十五條規定，民用航空局對於航空人員之技能、體格或性行，應爲定期檢查，且得爲臨時檢查，經檢查不合標準時，應限制、暫停或終止其執業，並授權民用航空局訂定檢查標準（八十四年一月二十七日修正公布之同法第二十五條及八十七年一月二十一日修正公布之第二十六條規定意旨亦同）。民用航空局據此授權於八十二年八月二十六日修正發布之「航空人員體格檢查標準」，其第四十八條第一項規定，航空人員之體格，不合該標準者，應予不及格，如經特別鑑定後，認其行使職務藉由工作經驗，不致影響飛航安全時，准予缺點免計；第五十二條規定：「爲保障民航安全，對於准予體格缺點免計者，應予時間及作業之限制。前項缺點免計之限制，該航空人員不得執行有該缺點所不能執行之任務」，及第五十三條規定：「對缺點免計受檢者，至少每三年需重新評估乙次。航空體檢醫師或主管，認爲情況有變化時，得隨時要求加以鑑定」，均係爲維護公眾利益，基於航空人員之工作特性，就職業選擇自由個人應具備條件所爲之限制，非涉裁罰性之處分，與首開解釋意旨相符，於憲法保障人民工作權之規定亦無牴觸。（89、7、20）

釋字第 511 號解釋

爲加強道路交通管理，維護交通秩序，確保道路交通安全，道路交通管理處罰條例對違反該條例之行爲定有各項行政罰。同條例第九條第一項規定應受罰鍰處罰之行爲人接獲違反道路交通管理事件通知單後，得於十五日內逕依各該條款罰鍰最低額，自動繳納結案。依同條例第九十二條授權訂定之違反道路交通管理事件統一裁罰標準及處理細則第四十一條第一項及第四十八條第一項僅係就上開意旨爲具體細節之規定，並未逾越母法之授權，與法律保留原則亦無違背，就此部分與本院釋字第四二三號解釋所涉聲請事件尙屬有間。至上開細則第四十一條第二項規定，行爲人逾指定應到案日期後到案，另同細則第四十四條第一項規定，違反道路交通管理事件行爲人未依規定自動繳納罰鍰，或未依規定到案聽候裁決者，處罰機關即一律依標準表規定之金額處以罰鍰，此屬法律授權主管機關就裁罰事宜所訂定之裁量基準，其罰鍰之額度並未逾越法律明定得裁罰之上限，且寓有避免各行政機關於相同事件恣意爲不同裁罰之功能，亦非法所不許。上開細則，於憲法保障人民財產權之意旨並無牴觸。至行爲人對主管機關之裁罰不服，法院就其聲明異議案件，如認原裁決有違法或不當之情事，縱行爲人有未依指定到案日期或委託他人到案者，仍得爲變更處罰之裁判，乃屬當然。（89、7、27）

釋字第 512 號解釋

憲法第十六條保障人民有訴訟之權，旨在確保人民有依法定程序提起訴訟及受公平審判之權利，至訴訟救濟應循之審級、程序及相關要件，應由立法機關衡量訴訟案件之種類、性質、訴訟政策目的，以及訴訟制度之功能等因素，以法律爲正當合理之規定。中華民國八十一年七月二十七日修正公布之「肅清煙毒條例」（八十七年五月二十日修正公布名稱爲：「毒品危害防制條例」）第十六條前段規定：「犯本條例之罪者，以地方法院或其分院爲初審，高等法院或其分院爲終審」，對於判處有期徒刑以下之罪，限制被告上訴最高法院，係立法機關鑑於煙毒危害社會至鉅，及其犯罪性質有施保安處分之必要，爲強化刑事嚇阻效果，以達肅清煙毒、維護國民身心健康之目的，所設特別刑事訴訟程序，尙屬正當合理限制。矧刑事案件，上訴於第三審法院非以違背法令爲理由不得爲之。確定判決如有違背法令，得依非常上訴救濟，刑事訴訟法第三百七十七條、第四百四十一條定有明文。就第二審法院所爲有期徒刑以下之判決，若有違背法令之情形，亦有一定救濟途徑。對於被告判處死刑、無期徒刑之案件則依職權送最高法院覆判，顯已顧及其利益，尙未逾越立法機關自由形成之範圍，於憲法保障之人民訴訟權亦無侵害，與憲法第七條及第二十三條亦無牴觸。（89、9、15）

釋字第513號解釋

都市計畫法制定之目的，依其第一條規定，係爲改善居民生活環境，並促進市、鎮、鄉街有計畫之均衡發展。都市計畫一經公告確定，即發生規範之效力。除法律別有規定外，各級政府所爲土地之使用或徵收，自應符合已確定之都市計畫，若爲增進公共利益之需要，固得徵收都市計畫區域內之土地，惟因其涉及對人民財產權之剝奪，應嚴守法定徵收土地之要件、踐行其程序，並遵照都市計畫法之相關規定。都市計畫法第五十二條前段：「都市計畫範圍內，各級政府徵收私有土地或撥用公有土地，不得妨礙當地都市計畫。」依其規範意旨，中央或地方興建公共設施，須徵收都市計畫中原非公共設施用地之私有土地時，自應先踐行變更都市計畫之程序，再予徵收，未經變更都市計畫即遽行徵收非公共設施用地之私有土地者，與上開規定有違。其依土地法辦理徵收未依法公告或不遵守法定三十日期間者，自不生徵收之效力。若因徵收之公告記載日期與實際公告不符，致計算發生差異者，非以公告文載明之公告日期，而仍以實際公告日期爲準，故應於實際徵收公告期間屆滿三十日時發生效力。（89、9、29）

釋字第514號解釋

人民營業之自由爲憲法上工作權及財產權所保障。有關營業許可之條件，營業應遵守之義務及違反義務應受之制裁，依憲法第二十三條規定，均應以法律定之，其內容更須符合該條規定之要件。若其限制，於性質上得由法律授權以命令補充規定時，授權之目的、內容及範圍應具體明確，始得據以發布命令，迭經本院解釋在案。教育部中華民國八十一年三月十一日台(81)參字第一二五〇〇號令修正發布之遊藝場業輔導管理規則，係主管機關爲維護社會安寧、善良風俗及兒童暨少年之身心健康，於法制未臻完備之際，基於職權所發布之命令，固有其實際需要，惟該規則第十三條第十二款關於電動玩具業不得容許未滿十八歲之兒童及少年進入其營業場所之規定，第十七條第三項關於違反第十三條第十二款規定者，撤銷其許可之規定，涉及人民工作權及財產權之限制，自應符合首開憲法意旨。相關之事項已制定法律加以規範者，主管機關尤不得沿用其未獲法律授權所發布之命令。前述管理規則之上開規定，有違憲法第二十三條之法律保留原則，應不予援用。（89、10、13）

釋字第515號解釋

中華民國七十九年十二月二十九日公布之促進產業升級條例第三十八條關於興辦工業人租購工業區土地或標準廠房，未依該條例第三十五條於核准設廠之日起一年內，按照核定計畫開始使用，或未於第三十六條所定延展期間內開始使用，或不依核定計畫使用者，得由工業主管機關照土地或廠房原購買價格（其屬廠房或自行興建之建築改良物者，則應扣除房屋折舊）強制收買之規定，係爲貫徹工業區之土地廠房應爭取時效作符合產業升級及發展經濟目的而使用，並避免興辦工業人利用國家開發之工業區及給予租稅優惠等獎勵措施，購入土地廠房轉售圖利或作不合目的之使用，乃增進公共利益所必要，符合憲法第二十三條之比例原則，與憲法保障財產權之意旨並無牴觸。

上開條例第三十四條第一項規定，工業主管機關依本條例開發之工業區，除社區用地外，其土地、標準廠房或各種建築物出售時，應由承購人分別按土地承購價額或標準廠房、各種建築物承購價額百分之三或百分之一繳付工業區開發管理基金。此一基金係專對承購工業區土地、廠房及其他建築物興辦工業人課徵，用於挹注工業區開發及管理之所需，性質上相當於對有共同利益群體者所課徵之特別公課及使用規費，並非原購買土地或廠房等價格之一部分，該條例施行細則第九十六條：「本條例第三十八條第一項第一款所稱原購買地價及原購買價格，不包括承購時隨價繳付之工業區開發管理基金」，此對購買土地及廠房後未能於前開一年內使用而僅繳付價金者，固無不合。惟興辦工業人承購工業區土地或廠房後，工業主管機關依上開條例第三十八條之規定強制買回，若係由於非可歸責於興辦工業人之事由者，其自始既未成爲特別公課徵收對象共同利益群體之成員，亦不具有繳納規費之利用關係，則課徵工業區開發管理基金之前提要件及目的均已消失，其課徵供作基金款項之法律上原因遂不復存在，成爲公法上之不當得利。依上開細則之規定，該管機關僅須以原價買回，對已按一定比例課徵作爲基金之款項，不予返還，即與憲法保障人民權利之意旨有違，該細則此部分規定，並不排除上述返還請求權之行使。至興辦工業人有無可歸責事由，是否已受領其他相當之補償，係屬事實認定問題，不在本解釋範圍，併此指明。（89、10、26）

釋字第 516 號解釋

國家因公用或其他公益目的之必要，雖得依法徵收人民之財產，但應給予合理之補償。此項補償乃因財產之徵收，對被徵收財產之所有人而言，係爲公共利益所受之特別犧牲，國家自應予以補償，以塡補其財產權被剝奪或其權能受限制之損失。故補償不僅需相當，更應儘速發給，方符憲法第十五條規定，人民財產權應予保障之意旨。準此，土地法第二百三十三條明定，徵收土地補償之地價及其他補償費，應於「公告期滿後十五日內」發給。此項法定期間，雖或因對徵收補償有異議，由該管地政機關提交評定或評議而得展延，然補償費額經評定或評議後，主管地政機關仍應即行通知需用土地人，並限期繳交轉發土地所有權人，其期限亦不得超過土地法上述規定之十五日（本院院字第二七〇四號、釋字第一一〇號解釋參照）。倘若應增加補償之數額過於龐大，應動支預備金，或有其他特殊情事，致未能於十五日內發給者，仍應於評定或評議結果確定之日起於相當之期限內儘速發給之，否則徵收土地核准案，即應失其效力。行政法院八十五年一月十七日庭長評事聯席會議決議略謂：司法院釋字第一一〇號解釋第三項，固謂徵收土地補償費額經標準地價評議委員會評定後，主管機關通知並轉發土地所有權人，不得超過土地法第二百三十三條所規定之十五日期限，然縱已逾十五日期限，無從使已確定之徵收處分溯及發生失其效力之結果云云，其與本解釋意旨不符部分，於憲法保障人民財產權之旨意有違，應不予適用。（86、10、26）

釋字第 517 號解釋

人民有依法律服兵役之義務，爲憲法第二十條所明定。惟兵役制度及其相關之兵員召集、徵集如何實施，憲法並無明文規定，有關人民服兵役、應召集之事項及其違背義務之制裁手段，應由立法機關衡酌國家安全、社會發展之需要，以法律定之。妨害兵役治罪條例第十一條第一項第三款規定後備軍人居住處所遷移，無故不依規定申報者，即處以刑事罰，係爲確保國防兵員召集之有效實現、維護後備軍人召集制度所必要。其僅課予後備軍人申報義務，並未限制其居住遷徙之自由，與憲法第十條之規定尚無違背。同條例第十一條第三項規定後備軍人犯第一項之罪，致使召集令無法送達者，按召集種類於國防安全之重要程度分別依同條例第六條、第七條規定之刑度處罰，乃係因後備軍人違反申報義務已產生妨害召集之結果，嚴重影響國家安全，其以意圖避免召集論罪，仍屬立法機關自由形成之權限，與憲法第二十三條之規定亦無牴觸。至妨害兵役治罪條例第十一條第三項雖規定致使召集令無法送達者，以意圖避免召集論，但仍不排除責任要件之適用，乃屬當然。（89、11、10）

釋字第 518 號解釋

農田水利會爲公法人，凡在農田水利會事業區域內公有、私有耕地之承租人、永佃權人，私有耕地之所有權人、典權人或公有耕地之管理機關或使用機關之代表人或其他受益人，依農田水利會組織通則第十四條規定，均爲當然之會員，其法律上之性質，與地方自治團體相當，在法律授權範圍內，享有自治之權限。同通則第十五條第一項規定：會員在各該農田水利會內，有享有水利設施及其他依法令或該會章程規定之權利，並負擔繳納會費及其他依法令或該會章程應盡之義務。第二十二條又規定：農田水利會之組織、編制、會務委員會之召開與其議事程序、各級職員之任用、待遇及管理等事項，除本通則已有規定外，由省（市）主管機關擬訂，報請中央主管機關核定之，係爲增進公共利益所必要，且符合法律授權之意旨，與憲法第十五條財產權保障及第二十三條基本權利限制之規定，並無牴觸。惟農田水利會所屬水利小組成員間之掌水費及小給水路、小排水路之養護歲修費，其分擔、管理與使用，基於臺灣農田水利事業長久以來之慣行，係由各該小組成員，以互助之方式爲之，並自行管理使用及決定費用之分擔，適用關於私權關係之原理，如有爭執自應循民事訴訟程序解決。因此，中華民國七十五年一月三十一日修正發布之臺灣省農田水利會組織規程第三十一條第二項雖規定掌水費用由小組會員負擔，第三十三條亦規定小給水路及小排水路之養護、歲修，由水利會儘量編列預算支應，不足部分得由受益會員出工或負擔，要屬前項慣行之確認而已，並未變更其屬性，與憲法保障財產權之意旨無違。（89、12、7）

釋字第 519 號解釋

財政部中華民國七十六年八月三十一日台財稅字第七六二三三〇〇號函示所稱：「免稅出口區內之外銷事業、科學工業園區內之園區事業、海關管理之保稅工廠或保稅倉庫，銷售貨物至國內課稅區，其依有關規定無須報關者，應由銷售貨物之營業人開立統一發票，並依營業稅法第三十五條之規定報繳營業稅」，係主管機關基於法定職權，為執行營業稅法關於營業稅之課徵，避免保稅區事業銷售無須報關之非保稅貨物至國內課稅區時逃漏稅捐而為之技術性補充規定，此與營業稅法第五條第二款所稱進口及第四十一條第二項前段對於進口供營業用之貨物，於進口時免徵營業稅均屬有間，符合營業稅法之意旨，尚未違背租稅法定主義，與憲法第十九條及營業稅法第二條、第五條第二款、第四十一條第一項前段規定均無牴觸。（89、12、22）

釋字第 520 號解釋

預算案經立法院通過及公布手續為法定預算，其形式上與法律相當，因其內容、規範對象及審議方式與一般法律案不同，本院釋字第三九一號解釋曾引學術名詞稱之為措施性法律。主管機關依職權停止法定預算中部分支出項目之執行，是否當然構成違憲或違法，應分別情況而定。諸如維持法定機關正常運作及其執行法定職務之經費，倘停止執行致影響機關存續者，即非法之所許；若非屬國家重要政策之變更且符合預算法所定要件，主管機關依其合義務之裁量，自得裁減經費或變動執行。至於因施政方針或重要政策變更涉及法定預算之停止執行時，則應本行政院對立法院負責之憲法意旨暨尊重立法院對國家重要事項之參與決策權，依照憲法增修條文第三條及立法院職權行使法第十七條規定，由行政院院長或有關部會首長適時向立法院提出報告並備質詢。本件經行政院會議決議停止執行之法定預算項目，基於其對儲備能源、環境生態、產業關連之影響，並考量歷次決策過程以及一旦停止執行善後處理之複雜性，自屬國家重要政策之變更，仍須儘速補行上開程序。其由行政院提議為上述報告者，立法院有聽取之義務。行政院提出前述報告後，其政策變更若獲得多數立法委員之支持，先前停止相關預算之執行，即可貫徹實施。倘立法院作成反對或其他決議，則應視決議之內容，由各有關機關依本解釋意旨，協商解決方案或根據憲法現有機制選擇適當途徑解決僵局，併此指明。（90、1、22）

釋字第 521 號解釋

法律明確性之要求，非僅指法律文義具體詳盡之體例而言，立法者仍得衡酌法律所規範生活事實之複雜性及適用於個案之妥當性，運用概括條款而為相應之規定，業經本院釋字第四三二號解釋闡釋在案。為確保進口人對於進口貨物之相關事項為誠實申報，以貫徹有關法令之執行，海關緝私條例第三十七條第一項除於前三款處罰虛報所運貨物之名稱、數量及其他有關事項外，並於第四款以概括方式規定「其他違法行為」亦在處罰之列，此一概括規定，係指報運貨物進口違反法律規定而有類似同條項前三款虛報之情事而言。就中關於虛報進口貨物原產地之處罰，攸關海關緝私、貿易管制有關規定之執行，觀諸海關緝私條例第一條、第三條、第四條、貿易法第五條、第十一條及臺灣地區與大陸地區人民關係條例第三十五條之規定自明，要屬執行海關緝私及貿易管制法規所必須，符合海關緝私條例之立法意旨，在上述範圍內，與憲法第二十三條並無牴觸。至於依海關緝私條例第三十六條、第三十七條規定之處罰，仍應以行為人之故意或過失為其責任條件，本院釋字第二七五號解釋應予以適用，併此指明。（90、2、9）

釋字第 522 號解釋

對證券負責人及業務人員違反其業務上禁止、停止或限制命令之行為科處刑罰，涉及人民權利之限制，其刑罰之構成要件，應由法律定之；若法律就其構成要件，授權以命令為補充規定者，其授權之目的、內容及範圍應具體明確，而自授權之法律規定中得預見其行為之可罰，方符刑罰明確性原則。中華民國七十七年一月二十九日修正公布之證券交易法第一百七十七條第三款規定：違反主管機關其他依本法所為禁止、停止或限制命令者，處一年以下有期徒刑、拘役或科或併科十萬元以下罰金。衡諸前開說明，其所為授權有科罰行為內容不能預見，須從行政機關所訂定之行政命令中，始能確知之情形，與上述憲法保障人民權利之意旨不符，自本解釋公布日起，應停止適用。證券交易法上開規定於八十九年七月十九日經修正刪除後，有關違反主管機關依同法所為禁止、停止或限制之命令，致影響證券市場秩序之維持者，何者具有可罰性，允宜檢討為適當之規範，併此指明。（90、3、9）

釋字第 523 號解釋

凡限制人民身體自由之處置，不問其是否屬於刑事被告之身分，國家機關所依據之程序，須依法律規定，其內容更須實質正當，並符合憲法第二十三條所定相關之條件，方符憲法第八條保障人身自由之意旨，迭經本院解釋在案。

檢肅流氓條例第十一條第一項規定：「法院對被移送裁定之人，得予留置，其期間不得逾一月。但有繼續留置之必要者，得延長一月，以一次為限。」此項留置處分，係為確保感訓處分程序順利進行，於被移送裁定之人受感訓處分確定前，拘束其身體自由於一定處所之強制處分，乃對人民人身自由所為之嚴重限制，惟同條例對於法院得裁定留置之要件並未明確規定，其中除第六條、第七條所定之事由足認其有逕行拘提之原因而得推論具備留置之正當理由外，不論被移送裁定之人是否有繼續嚴重破壞社會秩序之虞，或有逃亡、湮滅事證或對檢舉人、被害人或證人造成威脅等足以妨礙後續審理之虞，均委由法院自行裁量，逕予裁定留置被移送裁定之人，上開條例第十一條第一項之規定，就此而言已逾越必要程度，與憲法第八條、第二十三條及前揭本院解釋意旨不符，應於本解釋公布之日起一年內失其效力。於相關法律為適當修正前，法院為留置之裁定時，應依本解釋意旨妥為審酌，併予指明。（90、3、22）

釋字第524號解釋

全民健康保險為強制性之社會保險，攸關全體國民之福祉至鉅，故對於因保險所生之權利義務應有明確之規範，並有法律保留原則之適用。若法律就保險關係之內容授權以命令為補充規定者，其授權應具體明確，且須為被保險人所能預見。又法律授權主管機關依一定程序訂定法規命令以補充法律規定不足者，該機關即應予以遵守，不得捨法規命令不用，而發布規範行政體系內部事項之行政規則為之替代。倘法律並無轉委任之授權，該機關即不得委由其所屬機關逕行發布相關規章。全民健康保險法第三十九條係就不在全民健康保險給付範圍之項目加以規定，其立法用意即在明確規範給付範圍，是除該條第一款至第十一款已具體列舉不給付之項目外，依同條第十二款規定：「其他經主管機關公告不給付之診療服務及藥品」，主管機關自應參酌同條其他各款相類似之立法意旨，對於不給付之診療服務及藥品，事先加以公告。又同法第三十一條規定：「保險對象發生疾病、傷害或生育事故時，由保險醫事服務機構依本保險醫療辦法，給予門診或住院診療服務；醫師並得交付處方箋予保險對象至藥局調劑。」「前項醫療辦法，由主管機關擬訂，報請行政院核定後發布之。」「第一項藥品之交付，依藥事法第一百零二條之規定辦理。」內容指涉廣泛，有違法律明確性原則，其授權相關機關所訂定之健康保險醫療辦法，應屬關於門診或住院診療服務之事項，中華民國八十四年二月二十四日發布之全民健康保險醫療辦法，不僅其中有涉及主管機關片面變更保險關係之基本權利義務事項，且在法律無轉委任之授權下，該辦法第三十一條第二項，逕將高科技診療項目及審查程序，委由保險人定之，均已逾母法授權之範圍。另同法第四十一條第三款：「經保險人事前審查，非屬醫療必需之診療服務及藥品」，對保險對象所發生不予給付之個別情形，既未就應審查之項目及基準為明文規定，亦與保險對象權益應受保障之意旨有違。至同法第五十一條所謂之醫療費用支付標準及藥價基準，僅係授權主管機關對醫療費用及藥價之支出擬訂合理之審核基準，亦不得以上開基準作為不保險給付範圍之項目依據。上開法律及有關機關依各該規定所發布之函令與本解釋意旨不符部分，均應於本解釋公布之日起兩年內檢討修正。（90、4、20）

釋字第525號解釋

信賴保護原則攸關憲法上人民權利之保障，公權力行使涉及人民信賴利益而有保護之必要者，不限於授益行政處分之撤銷或廢止（行政程序法第一百十九條、第一百二十條及第一百二十六條參照），即行政法規之廢止或變更亦有其適用。行政法規公布施行後，制定或發布法規之機關依法定程序予以修改或廢止時，應兼顧規範對象信賴利益之保護。除法規預先定有施行期間或因情事變遷而停止適用，不生信賴保護問題外，其因公益之必要廢止法規或修改內容致人民客觀上具體表現其因信賴而生之實體法上利益受損害，應採取合理之補救措施，或訂定過渡期間之條款，俾減輕損害，方符憲法保障人民權利之意旨。至經廢止或變更之法規有重大明顯違反上位規範情形，或法規（如解釋性、裁量性之行政規則）係因主張權益受害者以不正當方法或提供不正確資料而發布者，其信賴即不值得保護；又純屬願望、期待而未有表現其已生信賴之事實者，則欠缺信賴要件，不在保護範圍。

銓敘部中華民國七十六年六月四日台華甄四字第九七〇五五號函將後備軍人轉任公職考試比敘條例第三條第一款適用對象常備軍官，擴張及於志願服四年預備軍官現役退伍之後備軍人，有違上開條例之意旨，該部乃於八十四年六月六日以台中審一字第一一五二二四八號函釋規定：「本部民國六十四年十一月十五日六四台謨甄四字第三五〇六四號函暨七十六年六月四日七六台華甄四字第九七〇五五號函，同意軍事學校專修班畢業服預備軍官役及大專畢業應召入伍復志願轉服四年制預備軍官役依法退伍者，比照『後備軍人轉任公職考試比敘條例』比敘相當俸級之規定，自即日起停止適用」，未有過渡期間之設，可能導致服役期滿未及參加考試，比敘規定已遭取銷之情形，衡諸首開解釋意旨固有可議。惟任何行政法規皆不能預期其永久實施，受規範對象須已在因法規施行而產生信賴基礎之存續期間，對構成信賴要件之事實，有客觀上具體表現之行為，始受信賴之保護。前述銓敘部七十六年六月四日函件雖得爲信賴之基礎，但並非謂凡服完四年預備軍官役者，不問上開規定是否廢止，終身享有考試、比敘之優待，是以在有關規定停止適用時，倘尙未有客觀上具體表現信賴之行爲，即無主張信賴保護之餘地。就本件而言，其於比敘優待適用期間，未參與轉任公職考試或取得申請比敘資格者，與前述要件不符。主管機關八十四年六月六日之函釋停止適用後備軍人轉任公職考試比敘條例有關比敘之規定，符合該條例之意旨，不生牴觸憲法問題。（90、5、4）

釋字第 526 號解釋

考試院、行政院中華民國八十四年十月十七日會同發布之公教人員退休金其他現金給與補償金發給辦法，係適用於一般公教人員之退休金補償事宜。至改制前行政院經濟建設委員會等機關之人員，其任用程序、薪給制度與行政機關之一般公務人員均有不同。是改制前之上開人員，除改制時起至八十四年六月三十日止之年資外，尙無上揭辦法之適用。銓敘部八十五年八月十五日⒅台中特二字第一三四四一七二號函，認行政院經濟建設委員會所屬人員自七十四年一月九日改制時起至八十四年六月三十日止之年資，始得依上開辦法發給補償金；至於改制前之年資，因改制時曾領取退休金差額，且所領退休金、撫卹金基數內涵及退休金差額已高出一般公務人員甚多，基於公務人員權益整體平衡之考量，不得再核給補償金等語，符合上開辦法訂定之意旨，與憲法保障財產權之規定亦無牴觸。（90、6、1）

釋字第 527 號解釋

一、地方自治團體在受憲法及法律規範之前提下，享有自主組織權及對自治事項制定規章並執行之權限。地方自治團體及其所屬機關之組織，應由地方立法機關依中央主管機關所擬訂之準則制定組織自治條例加以規定，復爲地方制度法第二十八條第三款、第五十四條及第六十二條所明定。在該法公布施行後，凡自治團體之機關及職位，其設置自應依前述程序辦理。惟職位之設置法律已有明確規定，倘訂定相關規章須費相當時日者，先由各該地方行政機關依地方制度法相關規定設置並依法任命人員，乃爲因應業務實際需要之措施，於過渡期間內，尙非法所不許。至法律規定得設置之職位，地方自治團體既有自主決定設置與否之權限，自應有組織自治條例之依據方可進用，乃屬當然。

二、地方制度法第四十三條第一項至第三項規定各級地方立法機關議決之自治事項，或依同法第三十條第一項至第四項規定之自治法規，與憲法、法律、中央法規或上級自治團體自治法規牴觸者無效。同法第四十三條第五項及第三十條第五項均有：上述各項情形有無牴觸發生疑義得聲請司法院解釋之規定，係指就相關業務有監督自治團體權限之各級主管機關對決議事項或自治法規是否牴觸憲法、法律或其他上位規範尙有疑義，而未依各該條第四項逕予函告無效，向本院大法官聲請解釋而言。地方自治團體對函告無效之內容持不同意見時，應視受函告無效者爲自治條例抑自治規則，分別由該地方自治團體之立法機關或行政機關，就事件之性質聲請本院解釋憲法或統一解釋法令。有關聲請程序分別適用司法院大法官審理案件法第八條第一項、第二項之規定，於此情形，無同法第九條規定之適用。至地方行政機關對同級立法機關議決事項發生執行之爭議時，應依地方制度法第三十八條、第三十九條等相關規定處理，尙不得逕向本院聲請解釋。原通過決議事項或自治法規之各級地方立法機關，本身亦不得通過決議案又同時認該決議有牴觸憲法、法律、中央法規或上級自治團體自治法規疑義而聲請解釋。

三、有監督地方自治團體權限之各級主管機關，依地方制度法第七十五條對地方自治團體行政機關（即直轄市、縣、市政府或鄉、鎮、市公所）辦理該條第二項、第四項及第六項之自治事項，認有違背憲法、法律或其他上位規範尙有疑義，未依各該項規定予以撤銷、變更、廢止或停止其執行者，得依同條第八項規定聲請本院解釋。地方自治團體之行政機關對上開主管機關所爲處分行爲，認爲已涉及辦理自治事項所依據之自治法規因違反上位規範而生之效力問題，且該自治法規未經上級主管機關函告無效，無從依同法第三十條第五項聲請解釋，自治團體之行政機關亦得依同法第七十五條第八項逕向本院聲請解釋。其因處分行爲而構成司法院大法官審理案件法第五條第一項第一款之疑義或爭議時，則另得直接聲請解釋憲法。如上述處分行爲有損害地方自治團體之權利或法律上利益情事，其行政機關得代表地方自治團體依法提起行政訴訟，於窮盡訴訟之審級救濟後，若仍發生法律或其他上位規範違憲疑義，而合於司法院大法官審理案件法第五條第一項第二款之要件，亦非不得聲請本院解釋。至若無關地方自治團體決議事項或自治法規效力問題，亦不屬前開得提起行政訴訟之事項，而純為中央與地方自治團體間或上下級地方自治團體間之權限爭議，則應循地方制度法第七十七條規定解決之，尚不得逕向本院聲請解釋。（90、6、15）

釋字第 528 號解釋

刑事法保安處分之強制工作，旨在對有犯罪習慣或以犯罪為常業或因遊蕩或怠惰成習而犯罪者，令入勞動場所，以強制從事勞動方式，培養其勤勞習慣、正確工作觀念，習得一技之長，於其日後重返社會時，能自立更生，期以達成刑法教化、矯治之目的。組織犯罪防制條例第三條第三項：「犯第一項之罪者，應於刑之執行完畢或赦免後，令入勞動場所，強制工作，其期間為三年；犯前項之罪者，其期間為五年。」該條例係以三人以上，有內部管理結構，以犯罪為宗旨或其成員從事犯罪活動，具有集團性、常習性、脅迫性或暴力性之犯罪組織為規範對象。此類犯罪組織成員間雖有發起、主持、操縱、指揮、參與等之區分，然以組織型態從事犯罪，內部結構階層化，並有嚴密控制關係，其所造成之危害、對社會之衝擊及對民主制度之威脅，遠甚於一般之非組織性犯罪。是故組織犯罪防制條例第三條第三項乃設強制工作之規定，藉以補充刑罰之不足，協助其再社會化；此就一般預防之刑事政策目標言，並具有防制組織犯罪之功能，為維護社會秩序、保障人民權益所必要。至於針對個別受處分人之不同情狀，認無強制工作必要者，於同條第四項、第五項已有免其執行與免予繼續執行之規定，足供法院斟酌保障人權之基本原則，為適當、必要與合理之裁量，與憲法第八條人民身體自由之保障及第二十三條比例原則之意旨不相牴觸。（90、6、29）

釋字第 529 號解釋

金馬地區役齡男子檢定為已訓乙種國民兵實施辦法，於中華民國八十一年十一月七日因戰地政務終止而廢止時，該地區役齡男子如已符合該辦法第二條第一項第二款及同條第二項之要件者，既得檢定為已訓乙種國民兵，按諸信賴保護原則（本院釋字第五二五號解釋參照），對於尚未及申請檢定之人，自不因其是否年滿十八歲而影響其權益。主管機關廢止該辦法時，應採取合理之補救措施，或訂定過渡期間之條款，俾免影響其依法規所取得之實體法上地位。國防部八十一年十一月五日⑻仰依字第七五一二號函、內政部台⑻內役字第八一八三八三〇號函及行政院八十五年八月二十三日台⑻內字第二八七八四號函釋，不問是否符合檢定為已訓乙種國民兵要件，而概以六十四年次男子為金馬地區開始徵兵之對象部分，應不予適用。（90、7、13）

釋字第 530 號解釋

憲法第八十條規定法官須超出黨派以外，依據法律獨立審判，不受任何干涉，明文揭示法官從事審判僅受法律之拘束，不受其他任何形式之干涉；法官之身分或職位不因審判之結果而受影響；法官唯本良知，依據法律獨立行使審判職權。審判獨立乃自由民主憲政秩序權力分立與制衡之重要原則，為實現審判獨立，司法機關應有其自主性；本於司法自主性，最高司法機關就審理事項並有發布規則之權；又基於保障人民有依法定程序提起訴訟，受充分而有效公平審判之權利，以維護人民之司法受益權，最高司法機關自有司法行政監督之權限。司法自主性與司法行政監督權之行使，均應以維護審判獨立為目標，因是最高司法機關於達成上述司法行政監督之目的範圍內，雖得發布命令，但不得違反首揭審判獨立之原則。最高司法機關依司法自主性發布之上開規則，得就審理程序有關之細節性、技術性事項為規定；本於司法行政監督權而發布之命令，除司法行政事務外，提供相關法令、有權解釋之資料或司法實務上之見解，作為所屬司法機關人員執行職務之依據，亦屬法之所許。惟各該命令之內容不得牴觸法律，非有法律具體明確之授權亦不得對人民自由權利增加法律所無之限制；若有涉及審判上之法律見解者，法官於審判案件時，並不受其拘束，業經本院釋字第二一六號解釋在案。司法院本於司法行政監督權之行使所發布之各注意事項及實施要點等，亦不得有違審判獨立之原則。檢察官偵查刑事案件之檢察事務，依檢察一體之原則，檢察總長及檢察長有法院組織法第六十三條及第六十四條所定檢察事務指令權，是檢察官依刑事訴訟法執行職務，係受檢察總長或其所屬檢察長之指揮監督，與法官之審判獨立尚屬有間。關於各級法院檢察署之行政監督，依法院組織法第一百十一條第一款規定，法務部部長監督各級法院及分院檢察署，從而法務部部長就檢察行政監督發布命令，以貫徹刑事政策及迅速有效執行檢察事務，亦非法所不許。憲法第七十七條規定：「司法院為最高司法機關，掌理民事、刑事、行政訴訟之審判及公務員之懲戒。」惟依現行司法院組織法規定，司法院設置大法官十七人，審理解釋憲法及統一解釋法令案件，並組成憲法法庭，審理政黨違憲之解散事項；於司法院之下，設各級法院、行政法院及公務員懲戒委員會。是司法院除審理上開事項之大法官外，其本身僅具最高司法行政機關之地位，致使最高司法審判機關與最高司法行政機關分離。為期符合司法院為最高審判機關之制憲本旨，司法院組織法、法院組織法、行政法院組織法及公務員懲戒委員會組織法，應自本解釋公布

之日起二年內檢討修正，以副憲政體制。（90、10、5）

釋字第 531 號解釋

中華民國七十五年五月二十一日修正公布之道路交通管理處罰條例第六十二條第二項（本條項已於八十六年一月二十二日修正併入第六十二條第一項）規定，汽車駕駛人駕駛汽車肇事致人受傷或死亡，應即採取救護或其他必要措施，並向警察機關報告，不得逃逸，違者吊銷駕駛執照。其目的在增進行車安全，保護他人權益，以維護社會秩序，與憲法第二十三條並無牴觸（本院釋字第二八四號解釋參照）。又道路交通管理處罰條例第六十七條第一項明定，因駕車逃逸而受吊銷駕駛執照之處分者，不得再行考領駕駛執照（本條項業於九十年一月十七日修正公布為終身不得考領駕駛執照）。該規定係為維護車禍事故受害人生命安全、身體健康必要之公共政策，且在責令汽車駕駛人善盡行車安全之社會責任，屬維持社會秩序及增進公共利益所必要，與憲法第二十三條尚無違背。惟凡因而逃逸者，吊銷其駕駛執照後，對於吊銷駕駛執照之人已有回復適應社會能力或改善可能之具體事實者，是否應提供於一定條件或相當年限後，予肇事者重新考領駕駛執照之機會，有關機關應就相關規定一併儘速檢討，使其更符合憲法保障人民權益之意旨。（90、10、19）

釋字第 532 號解釋

中華民國八十三年九月十六日發布之臺灣省非都市土地山坡地保育區、風景區、森林區丁種建築（窯業）用地申請同意變更作非工（窯）業使用審查作業要點，係臺灣省政府本於職權訂定之命令，其中第二、三點規定，山坡地保育區、風景區、森林區丁種建築（窯業）用地若具備㈠廠地位於水庫集水區或水源水質水量保護區範圍內經由政府主動輔導遷廠或㈡供作公共（用）設施使用或機關用地使用等要件之一，並檢具證明已符合前述要件之書件者，得申請同意將丁種建築（窯業）用地變更作非工（窯）業使用。其內容已逾越母法之範圍，創設區域計畫法暨非都市土地使用管制規則關於非都市土地使用分區內使用地變更編定要件之規定，違反非都市土地分區編定、限制使用並予管制之立法目的，且增加人民依法使用其土地權利之限制，與憲法第二十三條法律保留原則有違，應不予適用。（90、11、2）

釋字第 533 號解釋

憲法第十六條規定，人民之訴訟權應予保障，旨在確保人民於其權利受侵害時，得依法定程序提起訴訟以求救濟。中央健康保險局依其組織法規係國家機關，為執行其法定之職權，就辦理全民健康保險醫療服務有關事項，與各醫事服務機構締結全民健康保險特約醫事服務機構合約，約定由特約醫事服務機構提供被保險人醫療保健服務，以達促進國民健康、增進公共利益之行政目的，故此項合約具有行政契約之性質。締約雙方如對契約內容發生爭議，屬於公法上爭訟事件，依中華民國八十七年十月二十八日修正公布之行政訴訟法第二條：「公法上之爭議，除法律別有規定外，得依本法提起行政訴訟。」第八條第一項：「人民與中央或地方機關間，因公法上原因發生財產上之給付或請求作成行政處分以外之其他非財產上之給付，得提起給付訴訟。因公法上契約發生之給付，亦同。」規定，應循行政訴訟途徑尋求救濟。保險醫事服務機構與中央健康保險局締結前述合約，如因而發生履約爭議，經該醫事服務機構依全民健康保險法第五條第一項所定程序提請審議，對審議結果仍有不服，自得依法提起行政爭訟。（90、11、6）

釋字第 534 號解釋

人民依法取得之土地所有權，應受法律之保障與限制，為憲法第一百四十三條第一項所明定。土地徵收係國家因公共事業之需要，對人民受憲法保障之財產權，經由法定程序予以強制取得之謂，相關法律所規定之徵收要件及程序，應符合憲法第二十三條所定必要性之原則。土地法第二百十九條第一項第一款規定，私有土地經徵收後，自徵收補償發給完竣屆滿一年，未依徵收計畫開始使用者，原土地所有權人得於徵收補償發給完竣屆滿一年之次日起五年內，向該管市、縣地政機關（中華民國八十九年一月二十六日修正為「直轄市或縣（市）地政機關」，下同）聲請照徵收價額收回其土地，原係防止徵收機關為不必要之徵收，或遷延興辦公共事業，特為原土地所有權人保留收回權。是以需用土地機關未於上開期限內，依徵收計畫開始使用徵收之土地者，如係因可歸責於原土地所有權人或為其占有該土地之使用人之事由所致，即不得將遷延使用徵收土地之責任，歸由徵收有關機關負擔；其不能開始使用係因可歸責於其他土地使用人之事由所致，而與原土地所有權人無涉者，若市、縣地政機關未會同有關機關於徵收補償發給完竣一年內，依土地法第二百十五條第三項規定逕行除去改良物，亦未依同法第二百三十八條規定代為遷移改良物，開始使用土地；需用土地人於上開期間內復未依徵收計畫之使用目的提起必要之訴訟，以求救濟，應不妨礙原土地所有權人聲請收回其土地。土地法第二百十九條第三項規定之適用，於上開意旨範圍內，不生牴觸憲法之問題。（90、11、30）

釋字第 535 號解釋

警察勤務條例規定警察機關執行勤務之編組及分工，並對執行勤務得採取之方式加以列舉，已非單純之組織法，實兼有行爲法之性質。依該條例第十一條第三款，臨檢自屬警察執行勤務方式之一種。臨檢實施之手段：檢查、路檢、取締或盤查等不問其名稱爲何，均屬對人或物之查驗、干預，影響人民行動自由、財產權及隱私權等甚鉅，應恪遵法治國家警察執勤之原則。實施臨檢之要件、程序及對違法臨檢行爲之救濟，均應有法律之明確規範，方符憲法保障人民自由權利之意旨。

上開條例有關臨檢之規定，並無授權警察人員得不顧時間、地點及對象任意臨檢、取締或隨機檢查、盤查之立法本意。除法律另有規定外，警察人員執行場所之臨檢勤務，應限於已發生危害或依客觀、合理判斷易生危害之處所、交通工具或公共場所爲之，其中處所爲私人居住之空間者，並應受住宅相同之保障；對人實施之臨檢則須以有相當理由足認其行爲已構成或即將發生危害者爲限，且均應遵守比例原則，不得逾越必要程度。臨檢進行前應對在場者告以實施之事由，並出示證件表明其爲執行人員之身分。臨檢應於現場實施，非經受臨檢人同意或無從確定其身分或現場爲之對該受臨檢人將有不利影響或妨礙交通、安寧者，不得要求其同行至警察局、所進行盤查。其因發現違法事實，應依法定程序處理者外，身分一經查明，即應任其離去，不得稽延。

前述條例第十一條第三款之規定，於符合上開解釋意旨範圍內，予以適用，始無悖於維護人權之憲法意旨。現行警察執行職務法規有欠完備，有關機關應於本解釋公布之日起二年內依解釋意旨，且參酌社會實際狀況，賦予警察人員執行勤務時應付突發事故之權限，俾對人民自由與警察自身安全之維護兼籌並顧，通盤檢討訂定，併此指明。（90、12、14）

釋字第 536 號解釋

遺產及贈與稅法第十條第一項規定：「遺產及贈與財產價值之計算，以被繼承人死亡時或贈與人贈與時之時價爲準。」爲執行上開條文所定時價之必要，同法施行細則第二十八條第一項乃明定：「凡已在證券交易所上市（以下稱上市）或證券商營業處所買賣（以下稱上櫃）之有價證券，依繼承開始日或贈與日該項證券之收盤價估定之。」又同細則第二十九條第一項：「未上市或上櫃之股份有限公司股票，除前條第二項規定情形外，應以繼承開始日或贈與日該公司之資產淨值估定之」，係因未上市或未上櫃公司股票，於繼承或贈與日常無交易紀錄，或縱有交易紀錄，因非屬公開市場之買賣，難以認定其客觀市場價值而設之規定。是於計算未上市或上櫃公司之資產時，就其持有之上市股票，因有公開市場之交易，自得按收盤價格調整上市股票價值，而再計算其資產淨值。財政部中華民國七十九年九月六日台財稅字第七九〇二〇一八三三號函：「遺產及贈與稅法施行細則第二十九條規定『未公開上市之公司股票，以繼承開始日或贈與日該公司之資產淨值估定之』。稽徵機關於核算該法條所稱之資產淨值時，對於公司轉投資持有之上市公司股票價值，應依遺產及贈與稅法施行細則第二十八條規定計算」，乃在闡明遺產及贈與稅法施行細則第二十九條規定，符合遺產及贈與稅法第十條第一項之立法意旨，與憲法第十九條所定租稅法律主義及第十五條所保障人民財產權，尚無牴觸。惟未上市或上櫃公司之股票價值之估算方法涉及人民之租稅負擔，仍應由法律規定或依法律授權於施行細則訂定，以貫徹上揭憲法所規定之意旨。（90、12、28）

釋字第 537 號解釋

合法登記之工廠供直接生產使用之自有房屋，依中華民國八十二年七月三十日修正公布施行之房屋稅條例第十五條第二項第二款規定，其房屋稅有減半徵收之租稅優惠。同條例第七條復規定：「納稅義務人應於房屋建造完成之日起三十日內，向當地主管稽徵機關申報房屋現值及使用情形；其有增建、改建、變更使用或移轉承典時亦同」。此因租稅稽徵程序，稅捐稽徵機關雖依職權調查原則而進行，惟有關課稅要件事實，多發生於納稅義務人所得支配之範圍，稅捐稽徵機關掌握困難，爲貫徹公平合法課稅之目的，因而課納稅義務人申報協力義務。財政部七十一年九月九日台財稅第三六七一二號函所稱：「依房屋稅條例第七條之規定，納稅義務人所有之房屋如符合減免規定，應將符合減免之使用情形並檢附有關證件（如工廠登記證等）向當地主管稽徵機關申報，申報前已按營業用稅率繳納之房屋稅，自不得依第十五條第二項第二款減半徵收房屋稅」，與上開法條規定意旨相符，於憲法上租稅法律主義尚無牴觸。（91、10、11）

釋字第 538 號解釋

建築法第十五條第二項規定：「營造業之管理規則，由內政部定之」，概括授權訂定營造業管理規則。此項授權條款雖未就授權之內容與範圍爲規定，惟依法律整體解釋，應可推知立法者有意授權主管機關，就營造業登記之要件、營造業及其從業人員準則、主管機關之考核管理等事項，依其行政專業之考量，訂定法規命令，以資規範（本院釋字第三九四號解釋參照）。

內政部於中華民國八十二年六月一日修正公布之營造業管理規則第七條、第八條與第九條，對於申請登記之營造業，依資本額之大小、專業工程人員之員額，以及工程實績多寡等條件，核發甲、乙、丙三等級之登記證書，並按登記等級分別限制其得承攬工程之限額（同規則第十六條參照），係對人民營業自由所設之規範，目的在提高營造業技術水準，確保營繕工程施工品質，以維護人民生命、身體及財產安全，為增進公共利益所必要。又同規則增訂之第四十五條之一規定：「福建省金門縣、連江縣依金門戰地政務委員會管理營造業實施規定、連江縣營造業管理暫行規定登記之營造業，應於中華民國八十二年六月一日本規則修正施行日起三年內，依同日修正施行之第七條至第九條之規定辦理換領登記證書，逾期未辦理換領者，按其與本規則相符之等級予以降等或撤銷其登記證書」，乃因八十一年十一月七日福建省金門縣及連江縣戰地政務解除後，營造業原依金門戰地政務委員會管理營造業實施規定及連江縣營造業管理暫行規定，領有之登記證書，已失法令依據，故須因應此項法規之變更而設。上開規定為實施營造業之分級管理，謀全國營造業之一致性所必要，且就原登記證書准依營造業管理規則第七條至第九條規定換領登記證書，並設有過渡期間，以為緩衝，已兼顧信賴利益之保護，並係就福建省金門、連江縣之營造業一律適用，尚未違反建築法第十五條第二項之意旨，於憲法第七條、第二十三條及有關人民權利保障之規定，亦無違背。惟營造業之分級條件及其得承攬工程之限額等相關事項，涉及人民營業自由之重大限制，為促進營造業之健全發展並貫徹憲法關於人民權利之保障，仍應由法律或依法律明確授權之法規命令規定為妥。（91、1、22）

釋字第539號解釋

憲法第八十條規定：「法官須超出黨派以外，依據法律獨立審判，不受任何干涉。」除揭示司法權獨立之原則外，並有要求國家建立完備之維護審判獨立制度保障之作用。又憲法第八十一條明定：「法官為終身職，非受刑事或懲戒處分或禁治產之宣告，不得免職，非依法律，不得停職、轉任或減俸。」旨在藉法官之身分保障，以維護審判獨立。凡足以影響因法官身分及其所應享有權利或法律上利益之人事行政行為，固須依據法律始得為之，惟不以憲法明定者為限。若未涉及法官身分及其應有權益之人事行政行為，於不違反審判獨立原則範圍內，尚非不得以司法行政監督權而為合理之措置。

依法院組織法及行政法院組織法有關之規定，各級法院所設之庭長，除由兼任院長之法官兼任者外，餘由各該審級法官兼任。法院組織法第十五條、第十六條等規定庭長監督各該庭（處）之事務，係指為審判之順利進行所必要之輔助性司法行政事務而言。庭長於合議審判時雖得充任審判長，但無庭長或庭長有事故時，以庭員中資深者充任之。充任審判長之法官與充當庭員之法官共同組成合議庭時，審判長除指揮訴訟外，於審判權之行使，及對案件之評決，其權限與庭員並無不同。審判長係合議審判時為統一指揮訴訟程序所設之機制，與庭長職務之屬於行政性質者有別，足見庭長與審判長乃不同功能之兩種職務。憲法第八十一條所保障之身分對象，應限於職司獨立審判之法官，而不及於監督司法行政事務之庭長。又兼任庭長之法官固比其他未兼行政職務之法官具有較多之職責，兼任庭長者之職等起敘雖亦較法官為高，然二者就法官本職所得晉敘之最高職等並無軒輊，其在法律上得享有之權利及利益皆無差異。

司法院以中華民國八十四年五月五日(84)院台人一字第〇八七八七號函訂定發布之「高等法院以下各級法院及其分院法官兼庭長職期調任實施要點」（八十九年七月二十八日(89)院台人二字第一八三一九號函修正為「高等法院以下各級法院及其分院、高等行政法院法官兼庭長職期調任實施要點」），其中第二點或第三點規定於庭長之任期屆滿後，令免兼庭長之人事行政行為，僅免除庭長之行政兼職，於其擔任法官職司審判之本職無損，對其既有之官等、職等、俸給亦無不利之影響，故性質上僅屬機關行政業務之調整。司法行政機關就此本其組織法上之職權為必要裁量並發布命令，與憲法第八十一條法官身分保障之意旨尚無牴觸。

健全之審判周邊制度，乃審判公平有效遂行之必要條件，有關審判事務之司法行政即為其中一環。庭長於各該庭行政事務之監督及處理，均有積極輔助之功能。為貫徹憲法第八十二條法院組織之法律保留原則，建立審判獨立之完備司法體制，有關庭長之遴選及任免等相關人事行政事項，仍以本於維護審判獨立之司法自主性（本院釋字第五三〇號解釋參照），作通盤規劃，以法律規定為宜，併此指明。（91、1、8）

釋字第540號解釋

國家為達成行政上之任務，得選擇以公法上行為或私法上行為作為實施之手段。其因各該行為所生爭執之審理，屬於公法性質者歸行政法院，私法性質者歸普通法院。惟立法機關亦得依職權衡酌事件之性質、既有訴訟制度之功能及公益之考量，就審判權歸屬或解決紛爭程序另為適當之設計。此種情形一經定為法律，即有拘束全國機關及人民之效力，各級審判機關自亦有遵循之義務。中華民國七十一年七月三十日制定公布之國民住宅條例，對興建國民住宅解決收入較低家庭居住問題，採取由政府主管機關興建住宅以上述家庭爲對象，辦理出售、出租、貸款自建或獎勵民間投資興建等方式爲之。其中除民間投資興建者外，凡經主管機關核准出售、出租或貸款自建，並已由該機關代表國家或地方自治團體與承購人、承租人或貸款人分別訂立買賣、租賃或借貸契約者，此等契約即非行使公權力而生之公法上法律關係。上開條例第二十一條第一項規定：國民住宅出售後有該條所列之違法情事者，「國民住宅主管機關得收回該住宅及基地，並得移送法院裁定後強制執行」，乃針對特定違約行爲之效果賦予執行力之特別規定，此等涉及私權法律關係之事件爲民事事件，該條所稱之法院係指普通法院而言。對此類事件，有管轄權之普通法院民事庭不得以行政訴訟新制實施，另有行政法院可資受理爲理由，而裁定駁回強制執行之聲請。事件經本院解釋係民事事件，認提起聲請之行政法院無審判權者，該法院除裁定駁回外，並依職權移送有審判權限之普通法院，受移送之法院應依本院解釋對審判權認定之意旨，回復事件之繫屬，依法審判，俾保障人民憲法上之訴訟權。（91、3、15）

釋字第 541 號解釋

中華民國八十九年四月二十五日修正公布之憲法增修條文第五條第一項前段規定，司法院設大法官十五人，並以其中一人爲院長、一人爲副院長，由總統提名，經立法院同意任命之，自中華民國九十二年起實施，不適用憲法第七十九條之規定。關於司法院第六屆大法官於九十二年任期屆滿前，大法官及司法院院長、副院長出缺時，其任命之程序，現行憲法增修條文未設規定。惟司法院院長、副院長及大法官係憲法所設置，並賦予一定之職權，乃憲政體制之一環，爲維護其機制之完整，其任命程序如何，自不能無所依循。司法院院長、副院長及大法官由總統提名，經民意機關同意後任命之，係憲法及其增修條文之一貫意旨，亦爲民意政治基本理念之所在。現行憲法增修條文既已將司法、考試、監察三院人事之任命程序改由總統提名，經立法院同意任命，基於憲法及其歷次增修條文之一貫意旨與其規範整體性之考量，人事同意權制度設計之民意政治原理，司法院第六屆大法官於九十二年任期屆滿前，大法官及司法院院長、副院長出缺時，其任命之程序，應由總統提名，經立法院同意任命之。（91、4、4）

釋字第 542 號解釋

人民有居住及遷徙之自由，憲法第十條設有明文。對此自由之限制，不得逾憲法第二十三條所定必要之程度，且須有法律之明文依據，業經本院作成釋字第四四三號、第四五四號等解釋在案。自來水法第十一條授權行政機關得爲「劃定公布水質水量保護區域，禁止在該區域內一切貽害水質與水量之行爲」，主管機關依此授權訂定公告「翡翠水庫集水區石碇鄉碧山、永安、格頭三村遷村作業實施計畫」，雖對人民居住遷徙自由有所限制，惟計畫遷村之手段與水資源之保護目的間尚符合比例原則，要難謂其有違憲法第十條之規定。行政機關訂定之行政命令，其屬給付性之行政措施具授與人民利益之效果者，亦應受相關憲法原則，尤其是平等原則之拘束。系爭作業實施計畫中關於安遷救濟金之發放，係屬授與人民利益之給付行政，並以補助集水區內居民遷村所需費用爲目的，既在排除村民之繼續居住，自應以有居住事實爲前提，其認定之依據，設籍僅係其一而已，上開計畫竟以設籍與否作爲認定是否居住於該水源區之唯一標準，雖不能謂有違平等原則，但未顧及其他居住事實之證明方法，有欠周延。相關領取安遷救濟金之規定應依本解釋意旨儘速檢討改進。（91、4、4）

釋字第 543 號解釋

憲法增修條文第二條第三項規定：「總統爲避免國家或人民遭遇緊急危難或應付財政經濟上重大變故，得經行政院會議之決議發布緊急命令，爲必要之處置，不受憲法第四十三條之限制。但須於發布命令後十日內提交立法院追認，如立法院不同意時，該緊急命令立即失效。」由此可知，緊急命令係總統爲應付緊急危難或重大變故，直接依憲法授權所發布，具有暫時替代或變更法律效力之命令，其內容應力求周延，以不得再授權爲補充規定即可逕予執行爲原則。若因事起倉促，一時之間不能就相關細節性、技術性事項鉅細靡遺悉加規範，而有待執行機關以命令補充，方能有效達成緊急命令之目的者，則應於緊急命令中明文規定其意旨，於立法院完成追認程序後，再行發布。此種補充規定應依行政命令之審查程序送交立法院審查，以符憲政秩序。又補充規定應隨緊急命令有效期限屆滿而失其效力，乃屬當然。（91、5、3）

釋字第 544 號解釋

國家對個人之刑罰，屬不得已之強制手段，選擇以何種刑罰處罰個人之反社會性行爲，乃立法自由形成之範圍。就特定事項以特別刑法規定特別罪刑，倘與憲法第二十三條所要求之目的正當性、手段必要性、限制妥當性符合者，即無乖於比例原則，業經本院釋字第四七六號解釋闡釋在案。自由刑涉及對人民身體自由之嚴重限制，除非必須對其採強制隔離施以矯治，方能維護社會秩序時，其科處始屬正當合理，而刑度之制定尤應顧及行為之侵害性與法益保護之重要性。施用毒品，足以戕害身心，滋生其他犯罪，惡化治安，嚴重損及公益，立法者自得於抽象危險階段即加以規範。中華民國八十一年七月二十七日修正公布肅清煙毒條例第九條第一項規定，對於施用毒品或鴉片者，處三年以上七年以下有期徒刑，及八十四年一月十三日修正公布之麻醉藥品管理條例第十三條之一第二項第四款規定，非法施打吸用麻醉藥品者，處三年以下有期徒刑、拘役或一萬元以下罰金，雖以所施用之毒品屬煙毒或麻醉藥品為其規範對象，未按行為人是否業已成癮為類型化之區分，就行為對法益危害之程度亦未盡顧及，但究其目的，無非在運用刑罰之一般預防功能以嚇阻毒品之施用，挽社會於頹廢，與首揭意旨尚屬相符，於憲法第八條、第二十三條規定並無牴觸。前開肅清煙毒條例及麻醉藥品管理條例於八十七年及八十八年相繼修正，對經勒戒而無繼續施用毒品傾向者，改採除刑不除罪，對初犯者以保安處分替代刑罰，已更能符合首揭意旨。由肅清煙毒條例修正之毒品危害防制條例第三十五條第四款，將判決確定尚未執行或執行中之案件排除其適用，此固與刑法第二條第三項無乖離之處，惟為深化新制所揭櫫之刑事政策，允宜檢討及之。（91、5、17）

釋字第 545 號解釋

中華民國七十五年十二月二十六日公布之醫師法第二十五條規定：「醫師於業務上如有違法或不正當行為，得處一個月以上一年以下停業處分或撤銷其執業執照。」所謂「業務上之違法行為」係指醫師於醫療業務，依專業知識，客觀上得理解不為法令許可之行為，此既限於執行醫療業務相關之行為而違背法令之規定，並非泛指醫師之一切違法行為，其範圍應屬可得確定；所謂「業務上之不正當行為」則指醫療業務行為雖未達違法之程度，但有悖於醫學學理及醫學倫理上之要求而不具正當性應予避免之行為。法律就前揭違法或不正當行為無從鉅細靡遺悉加規定，因以不確定法律概念予以規範，惟其涵義於個案中並非不能經由適當組成之機構依其專業知識及社會通念加以認定及判斷，並可由司法審查予以確認，則與法律明確性原則尚無不合，於憲法保障人民權利之意旨亦無牴觸。首揭規定就醫師違背職業上應遵守之行為規範，授權主管機關得於前開法定行政罰範圍內，斟酌醫師醫療業務上違法或不正當行為之於醫療安全、國民健康及全民健康保險對象暨財務制度之危害程度，而為如何懲處之決定，係為維護醫師之職業倫理，維持社會秩序，增進公共利益所必要，與憲法第二十三條規定之意旨無違。（91、5、17）

釋字第 546 號解釋

本院院字第二八一〇號解釋：「依考試法舉行之考試，對於應考資格體格試驗，或檢覈經決定不及格者，此項決定，自屬行政處分。其處分違法或不當者，依訴願法第一條之規定，應考人得提起訴願。惟為訴願決定時，已屬無法補救者，其訴願為無實益，應不受理，依訴願法第七條應予駁回。」旨在闡釋提起行政爭訟，須其爭訟有權利保護必要，即具有爭訟之利益為前提，倘對於當事人被侵害之權利或法律上利益，縱經審議或審判之結果，亦無從補救，或無法回復其法律上之地位或其他利益者，即無進行爭訟而為實質審查之實益。惟所謂被侵害之權利或利益，經審議或審判結果，無從補救或無法回復者，並不包括依國家制度設計，性質上屬於重複發生之權利或法律上利益，人民因參與或分享，得反覆行使之情形。是人民申請為公職人員選舉候選人時，因主管機關認其資格與規定不合，而予以核駁，申請人不服提起行政爭訟，雖選舉已辦理完畢，但人民之被選舉權，既為憲法所保障，且性質上得反覆行使，若該項選舉制度繼續存在，則審議或審判結果對其參與另次選舉成為候選人資格之權利仍具實益者，並非無權利保護必要者可比，此類訴訟相關法院自應予以受理，本院上開解釋，應予補充。（91、5、31）

釋字第 547 號解釋

憲法第八十六條第二款規定，專門職業及技術人員執業資格，應經考試院依法考選銓定之。醫師從事醫療行為，不僅涉及病患個人之權益，更影響國民健康之公共利益，自須具備專門之醫學知識與技能，醫師既屬專門職業人員，其執業資格即應按首開規定取得。中華民國三十二年九月二十二日公布之醫師法第一條明定：「中華民國人民經醫師考試及格者，得充醫師」（八十一年七月二十九日修正為：「中華民國人民經醫師考試及格並依本法領有醫師證書者，得充醫師」）。第醫師應如何考試，涉及醫學上之專門知識，醫師法已就應考資格等重要事項予以規定，其屬細節性與技術性事項，自得授權考試機關及業務主管機關發布命令為之補充。關於中醫師考試，醫師法對其應考資格已定有明文，至於中醫師檢覈之科目、方法、程序等事項，則授權考試院會同行政院依其專業考量及斟酌中醫之傳統醫學特性，訂定中醫師檢覈辦法以資規範，符合醫師法與專門職業及技術人員考試法之意旨，與授權明確性原則無違。

考試院會同行政院於七十一年八月三十一日修正發布之中醫師檢覈辦法第八條第一項規定：「中

醫師檢覈除審查證件外，得舉行面試或實地考試。但以第二條第三款之資格應檢覈者，一律予以面試」，同條第二項又規定：「華僑聲請中醫師檢覈依前項規定應予面試者，回國執業時應行補試」。嗣因配合七十五年一月二十四日專門職業及技術人員考試法之公布，考試院乃重新訂定，於七十七年八月二十二日會同行政院發布中醫師檢覈辦法，其第六條規定申請中醫師檢覈者，予以筆試，並於第十條規定：「已持有『僑』字中醫師考試及格證書者，回國執業時，仍應依照第六條之規定補行筆試」。此一規定，依法律整體規定之關聯意義為綜合判斷，僅屬專門職業及技術人員考試法暨醫師法所授權訂定之中醫師檢覈辦法中關於考試技術之變更，並不影響華僑依中醫師檢覈辦法所已取得「僑」字中醫師及格證書及「僑中」字中醫師證書之效力，更無逾越前開法律授權之範圍或增加母法所無之限制，與憲法保障人民權利之意旨並無違背。

次按憲法上所謂平等原則，係指實質上之平等而言，若為因應事實上之需要及舉辦考試之目的，就有關事項，依法自得酌為適當之限制。華僑申請中醫師檢覈，其未回國參加面試者，於審查證件合格後，即發給「僑」字中醫師考試及格證書及「僑中」字中醫師證書，此種證書之發給性質上為具體行政行為，惟其適用地之效力受到限制。其既未依中醫師檢覈辦法回國參加面試或筆試，即不得主張取得與參加面試或筆試及格者所得享有在國內執行中醫師業務之權利，否則反而造成得以規避面試或筆試而取得回國執行中醫師業務之資格，導致實質上之不平等。是上開中醫師檢覈辦法將中醫師檢覈分成兩種類別而異其規定，並未違背憲法平等原則及本院歷來解釋之旨意。又「面試」包括一、筆試，二、筆試及口試，是考試之方法雖有面試、筆試、口試等之區別，但無非均為拔擢人才、銓定資格之方式，苟能在執行上力求客觀公平，並不影響當事人之權益或法律上地位，其領有「僑中」字中醫師證書者，本未取得在國內執業之資格，尚無值得保護之信賴利益可言。則前開辦法重新訂定發布後，即依中央法規標準法第十三條規定，自發布日起算至第三日起發生效力而無過渡期間之規定，並無違背信賴保護原則。至九十一年一月十六日修正之醫師法第三條第四項：「已領有僑中字中醫師證書者，應於中華民國九十四年十二月三十一日前經中醫師檢覈筆試及格，取得台中字中醫師證書，始得回國執業」，亦係為配合八十八年十二月二十九日修正公布之專門職業及技術人員考試法已廢止檢覈制度所為之過渡規定，對其依法所已取得之權利，並無影響，與憲法保障人民權利之意旨亦無違背，併此指明。（91、6、28）

釋字第548號解釋

主管機關基於職權因執行特定法律之規定，得為必要之釋示，以供本機關或下級機關所屬公務員行使職權時之依據，業經本院釋字第四〇七號解釋在案。行政院公平交易委員會中華民國八十六年五月十四日(86)公法字第〇一六七二號函發布之「審理事業發侵害著作權、商標權或專利權警告函案件處理原則」，係該會本於公平交易法第四十五條規定所為之解釋性行政規則，用以處理事業對他人散發侵害智慧財產權警告函之行為，有無濫用權利，致生公平交易法第十九條、第二十一條、第二十二條、第二十四條等規定所禁止之不公平競爭行為。前揭處理原則第三點、第四點規定，事業對他人散發侵害各類智慧財產權警告函時，倘已取得法院一審判決或公正客觀鑑定機構鑑定報告，並事先通知可能侵害該事業權利之製造商等人，請求其排除侵害，形式上即視為權利之正當行使，認定其不違公平交易法之規定；其未附法院判決或前開侵害鑑定報告之警告函者，若已據實敘明各類智慧財產權明確內容、範圍及受侵害之具體事實，且無公平交易法各項禁止規定之違反情事，亦屬權利之正當行使。事業對他人散發侵害專利權警告函之行為，雖係行使專利法第八十八條所賦予之侵害排除與防止請求權，惟權利不得濫用，乃法律之基本原則，權利人應遵守之此項義務，並非前揭處理原則所增。該處理原則第三點、第四點係行政院公平交易委員會為審理事業對他人散發侵害智慧財產權警告函案件，是否符合公平交易法第四十五條行使權利之正當行為所為之例示性函釋，未對人民權利之行使增加法律所無之限制，於法律保留原則無違，亦不生授權是否明確問題，與憲法尚無牴觸。（91、7、12）

釋字第549號解釋

勞工保險係國家為實現憲法第一百五十三條保護勞工及第一百五十五條、憲法增修條文第十條第八項實施社會保險制度之基本國策而建立之社會安全措施。保險基金係由被保險人繳納之保險費、政府之補助及雇主之分擔額所形成，並非被保險人之私產。被保險人死亡，其遺屬所得領取之津貼，性質上係所得替代，用以避免遺屬生活無依，故應以遺屬需受扶養為基礎，自有別於依法所得繼承之遺產。勞工保險條例第二十七條規定：「被保險人之養子女戶籍登記未滿六個月者，不得享有保險給付之權利。」固有推行社會安全暨防止詐領保險給付之意，而同條例第六十三條至第六十五條有關遺屬津貼之規定，雖係基於倫常關係及照護扶養遺屬之原則，惟為貫徹國家負生存照顧義務之憲法意旨，並兼顧養子女及其他遺屬確受被保險人生前扶養暨無謀生能力之事實，勞工保險條例第二十七條及第六十三條至第六十五條規定應於本解釋公布之日起二年內予以修正，並依前述解釋意旨就遺屬津貼等保險給付及與此相關事項，參酌有關國際勞工公約及社會安全如年金制度等通盤檢討設計。（91、8、2）

釋字第 550 號解釋

國家爲謀社會福利，應實施社會保險制度；國家爲增進民族健康，應普遍推行衛生保健事業及公醫制度，憲法第一百五十五條第一百五十七條分別定有明文。國家應推行全民健康保險，重視社會救助福利服務社會保險及醫療保健等社會福利工作，復爲憲法增修條文第十條第五項第八項所明定。國家推行全民健康保險之義務，係兼指中央與地方而言。又依憲法規定各地方自治團體有辦理衛生慈善公益事項等照顧其行政區域內居民生活之義務，亦得經由全民健康保險之實施，而獲得部分實現。中華民國八十三年八月九日公布八十四年三月一日施行之全民健康保險法，係中央立法並執行之事項。有關執行全民健康保險制度之行政經費，固應由中央負擔，本案爭執之同法第二十七條責由地方自治團體補助之保險費，非指實施全民健康保險法之執行費用，而係指保險對象獲取保障之對價，除由雇主負擔及中央補助部分保險費外，地方政府予以補助，符合憲法首開規定意旨。

地方自治團體受憲法制度保障，其施政所需之經費負擔乃涉及財政自主權之事項，固有法律保留原則之適用，但於不侵害其自主權核心領域之限度內，基於國家整體施政之需要，對地方負有協力義務之全民健康保險事項，中央依據法律使地方分擔保險費之補助，尙非憲法所不許。關於中央與地方辦理事項之財政責任分配，憲法並無明文。財政收支劃分法第三十七條第一項第一款雖規定，各級政府支出之劃分，由中央立法並執行者，歸中央負擔，固非專指執行事項之行政經費而言，惟法律於符合上開條件下，尙非不得爲特別之規定，就此而言，全民健康保險法第二十七條即屬此種特別規定。至全民健康保險法該條所定之補助各類被保險人保險費之比例屬於立法裁量事項，除顯有不當者外，不生牴觸憲法之問題。

法律之實施須由地方負擔經費者，如本案所涉全民健康保險法第二十七條第一款第一二目及第二三五款關於保險費補助比例之規定，於制定過程中應予地方政府充分之參與。行政主管機關草擬此類法律，應與地方政府協商，以避免有片面決策可能造成之不合理情形，並就法案實施所需財源事前妥爲規劃；立法機關於修訂相關法律時，應予地方政府人員列席此類立法程序表示意見之機會。（91、10、4）

釋字第 551 號解釋

人民身體之自由與生存權應予保障，爲憲法第八條、第十五條所明定，國家爲實現刑罰權，將特定事項以特別刑法規定特別之罪刑，其內容須符合目的正當性、手段必要性、限制妥當性，方符合憲法第二十三條之規定，業經本院釋字第四七六號解釋闡釋在案。民國八十七年五月二十日修正公布之毒品危害防制條例，其立法目的係爲肅清煙毒、防制毒品危害，維護國民身心健康，藉以維持社會秩序及公共利益，乃以特別法加以規範。有關栽贓誣陷或捏造證據誣告他人犯該條例之罪者，固亦得於刑法普通誣告罪之外，斟酌立法目的而爲特別處罰之規定。然同條例第十六條規定：「栽贓誣陷或捏造證據誣告他人犯本條例之罪者，處以其所誣告之罪之刑」，未顧及行爲人負擔刑事責任應以其行爲本身之惡害程度予以非難評價之刑法原則，強調同害之原始報應刑思想，以所誣告罪名反坐，所採措置與欲達成目的及所需程度有失均衡；其責任與刑罰不相對應，罪刑未臻相當，與憲法第二十三條所定比例原則未盡相符。有關機關應自本解釋公布之日起兩年內通盤檢討修正，以兼顧國家刑罰權之圓滿正確運作，並維護被誣告者之個人法益；逾期未爲修正者，前開條例第十六條誣告反坐之規定失其效力。（91、11、22）

釋字第 552 號解釋

本院釋字第三六二號解釋謂：「民法第九百八十八條第二款關於重婚無效之規定，乃所以維持一夫一妻婚姻制度之社會秩序，就一般情形而言，與憲法尙無牴觸。惟如前婚姻關係已因確定判決而消滅，第三人本於善意且無過失，信賴該判決而與前婚姻之一方相婚者，雖該判決嗣後又經變更，致後婚姻成爲重婚，究與一般重婚之情形有異，依信賴保護原則，該後婚姻之效力，仍應予以維持。首開規定未兼顧類此之特殊情況，與憲法保障人民結婚自由權利之意旨未盡相符，應予檢討修正。」其所稱類此之特殊情況，並包括協議離婚所導致之重婚在內。惟婚姻涉及身分關係之變更，攸關公共利益，後婚姻之當事人就前婚姻關係消滅之信賴應有較爲嚴格之要求，僅重婚相對人之善意且無過失，尙不足以維持後婚姻之效力，須重婚之雙方當事人均爲善意且無過失時，後婚姻之效力始能維持，就此本院釋字第三六二號解釋相關部分，應予補充。如因而致前後婚姻關係同時存在時，爲維護一夫一妻之婚姻制度，究應解消前婚姻或後婚姻、婚姻被解消之當事人及其子女應如何保護，屬立法政策考量之問題，應由立法機關衡酌信賴保護原則、身分關係之本質、夫妻共同生活之圓滿及子女利益之維護等因素，就民法第九百八十八條第二款等相關規定儘速檢討修正。在修正前，對於符合前開解釋意旨而締結之後婚姻效力仍予維持，民法第九百八十八條第二款之規定關此部分應停止適用。在本件解釋公布之日前，僅重婚相對人善意且無過失，而重婚人非同屬善意且無過失者，此種重婚在本件解釋後仍為有效。如因而致前後婚姻關係同時存在，則重婚之他方，自得依法向法院請求離婚，併此指明。（91、12、13）

釋字第553號解釋

本件係臺北市政府因決定延期辦理里長選舉，中央主管機關內政部認其決定違背地方制度法第八十三條第一項規定，經報行政院依同法第七十五條第二項予以撤銷；臺北市政府不服，乃依同條第八項規定逕向本院聲請解釋。因臺北市為憲法第一百十八條所保障實施地方自治之團體，且本件事關修憲及地方制度法制定後，地方與中央權限劃分及紛爭解決機制之釐清與確立，非純屬機關爭議或法規解釋之問題，亦涉及憲法層次之民主政治運作基本原則與地方自治權限之交錯，自應予以解釋。

地方制度法第八十三條第一項規定：「直轄市議員、直轄市長、縣（市）議員、縣（市）長、鄉（鎮、市）民代表、鄉（鎮、市）長及村（里）長任期屆滿或出缺應改選或補選時，如因特殊事故，得延期辦理改選或補選。」其中所謂特殊事故，在概念上無從以固定之事故項目加以涵蓋，而係泛指不能預見之非尋常事故，致不克按法定日期改選或補選，或如期辦理有事實足認將造成不正確之結果或發生立即嚴重之後果或將產生與實現地方自治之合理及必要之行政目的不符等情形者而言。又特殊事故不以影響及於全國或某一縣市全部轄區為限，即僅於特定選區存在之特殊事故如符合比例原則之考量時，亦屬之。上開法條使用不確定法律概念，即係賦予該管行政機關相當程度之判斷餘地，蓋地方自治團體處理其自治事項與承中央主管機關之命辦理委辦事項不同，前者中央之監督僅能就適法性為之，其情形與行政訴訟中之法院行使審查權相似（參照訴願法第七十九條第三項）；後者除適法性之外，亦得就行政作業之合目的性等實施全面監督。本件既屬地方自治事項又涉及不確定法律概念，上級監督機關為適法性監督之際，固應尊重該地方自治團體所為合法性之判斷，但如其判斷有恣意濫用及其他違法情事，上級監督機關尚非不得依法撤銷或變更。

憲法設立釋憲制度之本旨，係授予釋憲機關從事規範審查（參照憲法第七十八條），除由大法官組成之憲法法庭審理政黨違憲解散事項外（參照憲法增修條文第五條第四項），尚不及於具體處分行為違憲或違法之審理。本件行政院撤銷臺北市政府延期辦理里長選舉之決定，涉及中央法規適用在地方自治事項時具體個案之事實認定、法律解釋，屬於有法效性之意思表示，係行政處分，臺北市政府有所不服，乃屬與中央監督機關間公法上之爭議，惟既屬行政處分是否違法之審理問題，為確保地方自治團體之自治功能，該爭議之解決，自應循行政爭訟程序處理。臺北市如認行政院之撤銷處分侵害其公法人之自治權或其他公法上之利益，自得由該地方自治團體，依訴願法第一條第二項、行政訴訟法第四條提起救濟請求撤銷，並由訴願受理機關及行政法院就上開監督機關所為處分之適法性問題為終局之判斷。（91、12、20）

釋字第554號解釋

婚姻與家庭為社會形成與發展之基礎，受憲法制度性保障（參照本院釋字第三六二號、第五五二號解釋）。婚姻制度植基於人格自由，具有維護人倫秩序、男女平等、養育子女等社會性功能，國家為確保婚姻制度之存續與圓滿，自得制定相關規範，約束夫妻雙方互負忠誠義務。性行為自由與個人之人格有不可分離之關係，固得自主決定是否及與何人發生性行為，惟依憲法第二十二條規定，於不妨害社會秩序公共利益之前提下，始受保障。是性行為之自由，自應受婚姻與家庭制度之制約。婚姻關係存續中，配偶之一方與第三人間之性行為應為如何之限制，以及違反此項限制，應否以罪刑相加，各國國情不同，應由立法機關衡酌定之。刑法第二百三十九條對於通姦者、相姦者處一年以下有期徒刑之規定，固對人民之性行為自由有所限制，惟此為維護婚姻、家庭制度及社會生活秩序所必要。為免此項限制過嚴，同法第二百四十五條第一項規定通姦罪為告訴乃論，以及同條第二項經配偶縱容或宥恕者，不得告訴，對於通姦罪附加訴追條件，此乃立法者就婚姻、家庭制度之維護與性行為自由間所為價值判斷，並未逾越立法形成自由之空間，與憲法第二十三條比例原則之規定尚無違背。（91、12、27）

釋字第555號解釋

戒嚴時期人民受損權利回復條例第三條規定之適用範圍，其中關於公務人員涵義之界定，涉及我國法制上對依法令從事公務之人員使用不同名稱之解釋問題。依憲法第八十六條及公務人員任用法規定觀之，稱公務人員者，係指依法考選銓定取得任用資格，並在法定機關擔任有職稱及官等之人員。是公務人員在現行公務員法制上，乃指常業文官而言，不含武職人員在內。戒嚴時期人民受損權利回復條例施行細則第三條第一項規定：「本條例第三條第一項第二款所稱公務人員，指各機關組織法規中，除政務官、民選人員及聘僱人員外，受有俸（薪）給之文職人員」，係對該條例第三條第一項第二款所稱「任公務人員、教育人員及公職人員之資格」中有關公務人員涵義之界定，不包括武職人員，乃基於事物本質之差異，於平等原則無違，亦未逾越母法之授權，與憲法規定尚無牴觸。至任武職人員之資格應否回復，爲立法機關裁量形成範圍，併此敘明。（92、1、10）

釋字第 556 號解釋

犯罪組織存在，法律所保護之法益，即有受侵害之危險，自有排除及預防之必要。組織犯罪防制條例乃以防制組織型態之犯罪活動爲手段，達成維護社會秩序及保障個人法益之目的。該條例第三條第一項及第三項所稱之參與犯罪組織，指加入犯罪組織成爲組織之成員，而不問參加組織活動與否，犯罪即屬成立，至其行爲是否仍在繼續中，則以其有無持續參加組織活動或保持聯絡爲斷，此項犯罪行爲依法應由代表國家追訴犯罪之檢察官負舉證責任。若組織成員在參與行爲未發覺前自首，或長期未與組織保持聯絡亦未參加活動等事實，足以證明其確已脫離犯罪組織者，即不能認其尚在繼續參與。本院釋字第六十八號解釋前段：「凡曾參加叛亂組織者，在未經自首或有其他事實證明其確已脫離組織以前，自應認爲係繼續參加」，係針對懲治叛亂條例所爲之釋示，茲該條例已經廢止，上開解釋併同與該號解釋相同之本院其他解釋（院字第六六七號、釋字第一二九號解釋），關於參加犯罪組織是否繼續及對舉證責任分擔之釋示，與本件解釋意旨不符部分，應予變更。又組織犯罪防制條例第十八條第一項所爲過渡期間之規定，其適用並未排除本解釋前開意旨，與憲法保障人身自由之規定並無牴觸。（92、1、24）

釋字第 557 號解釋

行政機關、公立學校或公營事業機構，爲安定現職人員生活，提供宿舍予其所屬人員任職期間居住，本屬其依組織法規管理財物之權限內行爲；至因退休、調職等原因離職之人員，原應隨即歸還其所使用之宿舍，惟爲兼顧此等人員生活，非不得於必要時酌情准其暫時續住以爲權宜措施，行政院基於全國最高行政機關之職責，盱衡國家有限資源之分配，依公教人員、公營事業機構服務人員任用法規、俸給結構之不同，自得發布相關規定爲必要合理之規範，以供遵循，行政院於中華民國四十九年十二月一日以台㈣人字第六七一九號令，准許已退休人員得暫時續住現住宿舍，俟退休人員居住房屋問題處理辦法公布後再行處理，繼於五十六年十月十二日以台㈤人字第八〇五三號令，將上開令文所稱退休人員限於依法任用並依公務人員退休法辦理退休之公務人員爲其適用範圍，又於七十四年五月十八日以台㈦人政肆字第一四九二七號函稱：對於事務管理規則修正前配住宿舍，而於該規則修正後退休之人員准於續住至宿舍處理時爲止等語，並未改變前述函令關於退休人員適用範圍之涵義，臺灣省菸酒公賣局爲公營事業機構，其職員之任用非依公務人員任用法，其退休亦非依公務人員退休法辦理，自非行政院台㈣人字第六七一九號令及台㈦人政肆字第一四九二七號函適用之對象。（92、3、7）

釋字第 558 號解釋

憲法第十條規定人民有居住、遷徙之自由，旨在保障人民有自由設定住居所、遷徙、旅行，包括入出國境之權利，人民爲構成國家要素之一，從而國家不得將國民排斥於國家疆域之外，於臺灣地區設有住所而有戶籍之國民得隨時返回本國，無待許可，惟爲維護國家安全及社會秩序，人民入出境之權利，並非不得限制，但須符合憲法第二十三條之比例原則，並以法律定之，動員戡亂時期國家安全法制定於解除戒嚴之際，其第三條第二項第二款係爲因應當時國家情勢所爲之規定，適用於動員戡亂時期，雖與憲法尚無牴觸（參照本院釋字第二六五號解釋），惟中華民國八十一年修正後之國家安全法第三條第一項仍泛指人民入出境均應經主管機關之許可，未區分國民是否於臺灣地區設有住所而有戶籍，一律非經許可不得入境，並對未經許可入境者，予以刑罰制裁（參照該法第六條），違反憲法第二十三條規定之比例原則，侵害國民得隨時返回本國之自由，國家安全法上揭規定，與首開解釋意旨不符部分，應自立法機關基於裁量權限，專就入出境所制定之法律相關規定施行時起，不予適用。（92、4、18）

釋字第 559 號解釋

基於法治國家之基本原則，凡涉及人身自由之限制事項，應以法律定之；涉及財產權者，則得依其限制之程度，以法律或法律明確授權之命令予以規範，惟法律本身若已就人身之處置爲明文之規定者，應非不得以法律具體明確之授權委由主管機關執行之，至主管機關依法律概括授權所發布之命令若僅屬細節性、技術性之次要事項者，並非法所不許，家庭暴力防治法第二十條第一項規定保護令之執行機關及金錢給付保護令之強制執行程序，對警察機關執行非金錢給付保護令之程序及方法則未加規定，僅以同法第五十二條爲概括授權：「警察機關執行保護令及處理家庭暴力案件辦法，由中央主管機關定之，」雖不生牴觸憲法問題，然對警察機關執行上開保護令得適用之程序及方法均未加規定，且未對辦法內容爲具體明確之授權，保護令既有涉及人身之處置或財產之強制執行者（參照家庭暴力防治法第十三條及第十五條），揆諸前開解釋意旨，應分別情形以法律或法律具體明確授權之命令定之，有關機關應從速修訂相關法律，以符憲法保障人民權利之本旨，行政執行法之執行機關除金錢給付之執行爲法務部行政執行署所屬行政執行處外，其餘事件依其性質分由原處分機關或該管機關爲之（參照行政執行法第四條），依上述家庭暴力防治法規定，警察機關有執行金錢給付以外保護令之職責，其於執行具體事件應適用之程序，在法律未依上開解釋修改前，警察機關執行保護令得準用行政執行法規定之程序而採各種適當之執行方法。（92、5、2）

釋字第 560 號解釋

勞工保險乃立法機關本於憲法保護勞工、實施社會保險之基本國策所建立之社會福利制度，旨在保障勞工生活安定、促進社會安全。勞工保險制度設置之保險基金，除由被保險人繳納之保險費、雇主分擔額所構成外，另有各級政府按一定比例之補助在內。依勞工保險條例規定，其給付主要係基於被保險人本身發生之事由而提供之醫療、傷殘、退休及死亡等之給付。同條例第六十二條就被保險人之父母、配偶、子女死亡可請領喪葬津貼之規定，乃爲減輕被保險人因至親遭逢變故所增加財務負擔而設，自有別於一般以被保險人本人發生保險事故之給付，兼具社會扶助之性質，應視發生保險事故者是否屬社會安全制度所欲保障之範圍決定之。中華民國八十一年五月八日制定公布之就業服務法第四十三條第五項，就外國人眷屬在勞工保險條例實施區域以外發生死亡事故者，限制其不得請領喪葬津貼，係爲社會安全之考量所爲之特別規定，屬立法裁量範圍，與憲法第七條、第十五條規定意旨尚無違背。（92、7、4）

釋字第 561 號解釋

臺灣省耕地租約登記辦法係基於耕地三七五減租條例第六條第二項授權而訂定，該辦法第六條第二項第三款規定，出租人依上開條例第十七條第一項第三款申請租約終止登記者，除應塡具申請書外，並應檢具租約、欠租催告書、逾期不繳地租終止租約通知書及送達證明文件，或耕地租佃委員會調解、調處成立證明文件，或法院確定判決書。此係主管機關基於法律授權發布命令就申請人應檢具證明文件等細節性、技術性次要事項爲必要補充規定，尚非憲法所不許。耕地三七五減租條例第一條規定：「耕地之租佃，依本條例之規定；本條例未規定者，依土地法及其他法律之規定。」民法第四百四十條第一項關於承租人租金支付有遲延者，出租人得定相當期限，催告承租人支付租金之規定，於出租人依本條例第十七條第一項第三款終止契約時，亦適用之。是前開耕地租約登記辦法第六條第二項第三款關於應檢具欠租催告書等規定，並未逾越法律授權，亦未增加法律所無之限制，與憲法尚無牴觸。（92、7、4）

釋字第 562 號解釋

土地法第三十四條之一第一項規定：「共有土地或建築改良物，其處分、變更及設定地上權、永佃權、地役權或典權，應以共有人過半數及其應有部分合計過半數之同意行之。但其應有部分合計逾三分之二者，其人數不予計算。」同條第五項規定：「前四項規定，於公同共有準用之。」其立法意旨在於兼顧共有人權益之範圍內，促進共有物之有效利用，以增進公共利益。同條第一項所稱共有土地或建築改良物之處分，如爲讓與該共有物，即係讓與所有權；而共有物之應有部分，係指共有人對共有物所有權之比例，性質上與所有權並無不同。是不動產之應有部分如屬公同共有者，其讓與自得依土地法第三十四條之一第五項準用第一項之規定。內政部七十七年八月十八日台(77)內地字第六二一七六七號函頒修正之土地法第三十四條之一執行要點第十二點規定：「分別共有土地或建物之應有部分爲數人所公同共有，公同共有人就該應有部分爲處分、變更或設定負擔，無本法條第一項之適用」，於上開範圍內，就公同共有人公同共有不動產所有權之行使增加土地法上揭規定所無之限制，應不予適用。（92、7、11）

釋字第 563 號解釋

憲法第十一條之講學自由賦予大學教學、研究與學習之自由，並於直接關涉教學、研究之學術事項，享有自治權。國家對於大學之監督，依憲法第一百六十二條規定，應以法律爲之，惟仍應符合大學自治之原則。是立法機關不得任意以法律強制大學設置特定之單位，致侵害大學之內部組織自主權；行政機關亦不得以命令干預大學教學之內容及課程之訂定，而妨礙教學、研究之自由，立法及行政措施之規範密度，於大學自治範圍內，均應受適度之限制（參照本院釋字第三八〇號及第四五〇號解釋）。

碩士學位之頒授依中華民國八十三年四月二十七日修正公布之學位授予法第六條第一項規定，應於研究生「完成碩士學位應修課程，提出論文，經碩士學位考試委員會考試通過」後，始得爲之，此乃國家本於對大學之監督所爲學位授予之基本規定。大學自治既受憲法制度性保障，則大學爲確保學位之授予具備一定之水準，自得於合理及必要之範圍內，訂定有關取得學位之資格條件。國立政治大學於八十五年六月十四日訂定之國立政治大學研究生學位考試要點規定，各系所得自訂碩士班研究生於提出論文前先行通過資格考核（第二點第一項），該校民族學系並訂定該系碩士候選人資格考試要點，辦理碩士候選人學科考試，此項資格考試之訂定，未逾越大學自治之範疇，不生憲法第二十三條之適用問題。

大學學生退學之有關事項，八十三年一月五日修正公布之大學法未設明文。爲維持學術品質，健全學生人格發展，大學有考核學生學業與品行之權責，其依規定程序訂定有關章則，使成績未符一定標準或品行有重大偏差之學生予以退學處分，亦屬大學自治之範疇；立法機關對有關全國性之大學教育事項，固得制定法律予以適度之規範，惟大學於合理範圍內仍享有自主權。國立政治大學暨同校民族學系前開要點規定，民族學系碩士候選人兩次未通過學科考試者以退學論處，係就該校之自治事項所爲之規定，與前開憲法意旨並無違背。大學對學生所爲退學之處分行爲，關係學生權益甚鉅，有關章則之訂定及執行自應遵守正當程序，其內容並應合理妥適，乃屬當然。（92、7、25）

釋字第 564 號解釋

人民之財產權應予保障，憲法第十五條設有明文。惟基於增進公共利益之必要，對人民依法取得之土地所有權，國家並非不得以法律爲合理之限制。道路交通管理處罰條例第八十二條第一項第十款規定，在公告禁止設攤之處擺設攤位者，主管機關除責令行爲人即時停止並消除障礙外，處行爲人或其雇主新臺幣一千二百元以上二千四百元以下罰鍰，就私有土地言，雖係限制土地所有人財產權之行使，然其目的係爲維持人車通行之順暢，且此限制對土地之利用尚屬輕微，未逾越比例原則，與憲法保障財產權之意旨並無牴觸。

行政機關之公告行爲如對人民財產權之行使有所限制，法律就該公告行爲之要件及標準，須具體明確規定，前揭道路交通管理處罰條例第八十二條第一項第十款授予行政機關公告禁止設攤之權限，自應以維持交通秩序之必要爲限。該條例第三條第一款所稱騎樓既屬道路，其所有人於建築之初即負有供公眾通行之義務，原則上未經許可即不得擺設攤位，是主管機關依上揭條文爲禁止設攤之公告或爲道路擺設攤位之許可（參照同條例第八十三條第二款），均係對人民財產權行使之限制，其公告行爲之作成，宜審酌准否設攤地區之交通流量、道路寬度或禁止之時段等因素而爲之，前開條例第八十二條第一項第十款規定尚欠具體明確，相關機關應儘速檢討修正，或以其他法律爲更具體之規範。（92、8、8）

釋字第 565 號解釋

憲法第十九條規定：「人民有依法律納稅之義務。」第七條規定：「中華民國人民，無分男女、宗教、種族、階級、黨派，在法律上一律平等。」國家對人民稅捐之課徵或減免，係依據法律所定要件或經法律具體明確授權行政機關發布之命令，且有正當理由而爲合理之差別規定者，與租稅法定主義、平等原則即無違背。

財政部於中華民國七十七年十月二十九日以台財稅字第七七〇六六五一四〇號函發布經行政院核定之證券交易所得課徵所得稅注意事項第五項規定：「個人出售民國七十八年一月一日以後取得之上市股票，其全年出售總金額不超過新臺幣壹千萬元者，其交易所得自民國七十八年一月一日起至七十九年十二月三十一日止，繼續停徵所得稅兩年。但停徵期間所發生之證券交易損失，不得自財產交易所得中扣除」，係依據獎勵投資條例（已於七十九年十二月三十一日因施行期間屆滿而當然廢止）第二十七條授權行政機關視經濟發展、資本形成之需要及證券市場之狀況，對個人出售證券，在一定範圍內，就其交易所得所採行之優惠規定，與憲法第十九條所定租稅法定主義尚無牴觸。又此項停徵證券交易所得稅，係行政機關依法律授權，爲增進公共利益，權衡經濟發展階段性需要與資本市場實際狀況，本於專業之判斷所爲合理之差別規定，與憲法第七條平等原則亦無違背。（92、8、15）

釋字第 566 號解釋

中華民國七十二年八月一日修正公布之農業發展條例第三十一條前段規定，家庭農場之農業用地，其由能自耕之繼承人繼承或承受，而繼續經營農業生產者，免徵遺產稅或贈與稅。七十三年九月七日修正發布之同條例施行細則第二十一條後段關於「家庭農場之農業用地，不包括於繼承或贈與時已依法編定爲非農業使用者在內」之規定，以及財政部七十三年十一月八日台財稅第六二七一七號函關於「被繼承人死亡或贈與事實發生於修正農業發展條例施行細則發布施行之後者，應依該細則第二十一條規定，即凡已依法編定爲非農業使用者，即不得適用農業發展條例第三十一條及遺產及贈與稅法第十七條、第二十條規定免徵遺產稅及贈與稅」之函釋，使依法編爲非農業使用之土地，於其所定之使用期限前，仍繼續為從來之農業使用者，不能適用七十五年一月六日修正公布之農業發展條例第三十一條免徵遺產稅或贈與稅之規定及函釋，均係增加法律所無之限制，違反憲法第十九條租稅法律主義，亦與憲法保障人民財產權之意旨暨法律保留原則有違，應不再適用。（92、9、26）

釋字第567號解釋

人民身體之自由應予保障，非由法院依法定程序，不得審問、處罰，憲法第八條設有明文。戒嚴時期在戒嚴地域內，最高司令官固得於必要範圍內以命令限制人民部分之自由，惟關於限制人身自由之處罰，仍應以法律規定，且其內容須實質正當，並經審判程序，始得為之。戡亂時期預防匪諜再犯管教辦法第二條規定：「匪諜罪犯判處徒刑或受感化教育，已執行期滿，而其思想行狀未改善，認有再犯之虞者，得令入勞動教育場所，強制工作嚴加管訓（第一項）。前項罪犯由執行機關報請該省最高治安機關核定之（第二項）。」未以法律規定必要之審判程序，而係依行政命令限制人民身體之自由，不論其名義係強制工作或管訓處分，均為嚴重侵害人身自由之處罰。況該條規定使國家機關僅依思想行狀考核，認有再犯之虞，即得對已服刑期滿之人民再行交付未定期限之管訓，縱國家處於非常時期，出於法律之規定，亦不符合最低限度之人權保障，與憲法第八條及第二十三條之規定有所牴觸，應不予適用。

戒嚴時期人民受損權利回復條例第六條第一項第四款規定，人民於戒嚴時期因犯內亂、外患、懲治叛亂條例或檢肅匪諜條例之罪，於有罪判決或交付感化教育、感訓處分，執行完畢後，未依法釋放者，得聲請所屬地方法院準用冤獄賠償法相關規定，請求國家賠償，係指於有罪判決或感化教育、感訓處分裁判執行完畢後，任意繼續延長執行，或其他非依法裁判所為限制人身自由之處罰，未予釋放，得請求國家賠償之情形而言，從而上開規定與憲法平等保障人民權利之意旨，尚無不符。（92、10、24）

釋字第568號解釋

勞工依法參加勞工保險及因此所生之公法上權利，應受憲法保障。關於保險效力之開始、停止、終止及保險給付之履行等事由，係屬勞工因保險關係所生之權利義務事項，攸關勞工權益至鉅，其權利之限制，應以法律定之，且其立法目的與手段，亦須符合憲法第二十三條之規定。若法律授權行政機關發布命令為補充規定者，該命令須符合立法意旨且未逾越母法授權之範圍，始為憲法所許。勞工保險條例施行細則第十八條關於投保單位有歇業、解散、破產宣告情事或積欠保險費及滯納金經依法強制執行無效果者，保險人得以書面通知退保；投保單位積欠保險費及滯納金，經通知限期清償，逾期仍未清償，有事實足認顯無清償可能者，保險人得逕予退保之規定，增加勞工保險條例所未規定保險效力終止之事由，逾越該條例授權訂定施行細則之範圍，與憲法第二十三條規定之意旨未符，應不予適用。（92、11、14）

釋字第569號解釋

憲法第十六條明定人民有訴訟之權，旨在確保人民權益遭受不法侵害時，有權訴請司法機關予以救濟。惟訴訟權如何行使，應由法律規定；法律於符合憲法第二十三條意旨之範圍內，對於人民訴訟權之實施自得為合理之限制。

刑事訴訟法第三百二十一條規定，對於配偶不得提起自訴，係為防止配偶間因自訴而對簿公堂，致影響夫妻和睦及家庭和諧，乃為維護人倫關係所為之合理限制，尚未逾越立法機關自由形成之範圍；且人民依刑事訴訟法相關規定，並非不得對其配偶提出告訴，其憲法所保障之訴訟權並未受到侵害，與憲法第十六條及第二十三條之意旨尚無牴觸。刑事訴訟法第三百二十一條規定固限制人民對其配偶之自訴權，惟對於與其配偶共犯告訴乃論罪之人，並非不得依法提起自訴。本院院字第三六四號及院字第一八四四號解釋相關部分，使人民對於與其配偶共犯告訴乃論罪之人亦不得提起自訴，並非為維持家庭和諧及人倫關係所必要，有違憲法保障人民訴訟權之意旨，應予變更；最高法院二十九年上字第二三三三號判例前段及二十九年非字第一五號判例，對人民之自訴權增加法律所無之限制，應不再援用。（92、12、12）

釋字第570號解釋

人民自由及權利之限制，依憲法第二十三條規定，應以法律定之。其得由法律授權以命令為補充規定者，則授權之目的、內容及範圍應具體明確，始得據以發布命令。

中華民國八十一年十二月十八日經濟部及內政部會銜修正發布之玩具槍管理規則（已廢止），其第八條之一規定：「玩具槍類似真槍而有危害治安之虞者，由內政部公告禁止之」。內政部乃於八十二年一月十五日發布台(82)內警字第八二七〇〇二〇號公告（已停止適用）：「一、為維護公共秩序，確保社會安寧，保障人民生命財產安全，自公告日起，未經許可不得製造、運輸、販賣、攜帶或公然陳列類似真槍之玩具槍枝，如有違反者，依社會秩序維護法有關條文處罰」，均係主管機關基於職權所發布之命令，固有其實際需要，惟禁止製造、運輸、販賣、攜帶或公然陳列類似眞槍之玩具槍枝，並對違反者予以處罰，涉及人民自由權利之限制，應由法律或經法律明確授權之命令規定。上開職權命令未經法律授權，限制人民之自由權利，其影響又非屬輕微，與憲法第二十三條規定之法律保留原則不符，均應不予適用。（92、12、16）

釋字第 571 號解釋

憲法增修條文第二條第三項規定，總統爲避免國家或人民遭遇緊急危難或應付財政經濟上重大變故，得經行政院會議之決議發布緊急命令，爲必要之處置。又對於人民受非常災害者，國家應予以適當之扶助與救濟，憲法第一百五十五條亦定有明文。此項扶助與救濟，性質上係國家對受非常災害之人民，授與之緊急救助，關於救助之給付對象、條件及範圍，國家機關於符合平等原則之範圍內，得斟酌國家財力、資源之有效運用及其他實際狀況，採取合理必要之手段，爲妥適之規定。臺灣地區於中華民國八十八年九月二十一日發生罕見之強烈地震，人民遭遇緊急之危難，對於災區及災民，爲實施緊急之災害救助、災民安置及災後重建，總統乃於同年月二十五日依上開憲法規定之意旨，發布緊急命令。行政院爲執行該緊急命令，繼而特訂「中華民國八十八年九月二十五日緊急命令執行要點」（以下簡稱執行要點）。該緊急命令第一點及執行要點第三點第一項第四款規定目的之一，在對受災戶提供緊急之慰助。內政部爲其執行機關之一，基於職權發布八十八年九月三十日台⒅內社字第八八八五四六五號、八十八年十月一日台⒅內社字第八八八二三三九號及八十八年十月三十日台⒅內社字第八八八五七一一號函，對於九二一大地震災區住屋全倒、半倒者，發給慰助金之對象，以設籍、實際居住於受災屋與否作爲判斷依據，並設定申請慰助金之相當期限，旨在實現前開緊急命令及執行要點規定之目的，並未逾越其範圍。且上述設限係基於實施災害救助、慰問之事物本質，就受非常災害之人民生存照護之緊急必要，與非實際居住於受災屋之人民，尙無提供緊急救助之必要者，作合理之差別對待，已兼顧震災急難救助之目的達成，手段亦屬合理，與憲法第七條規定無違。又上開函釋旨在提供災害之緊急慰助，並非就人民財產權加以限制，故亦不生違反憲法第二十三條之問題。（92、1、2）

釋字第 572 號解釋

按法官於審理案件時，對於應適用之法律，依其合理之確信，認爲有牴觸憲法之疑義者，各級法院得以之爲先決問題，裁定停止訴訟程序，並提出客觀上形成確信法律爲違憲之具體理由，聲請大法官解釋，業經本院釋字第三七一號解釋在案。其中所謂「先決問題」，係指審理原因案件之法院，確信系爭法律違憲，顯然於該案件之裁判結果有影響者而言；所謂「提出客觀上形成確信法律爲違憲之具體理由」，係指聲請法院應於聲請書內詳敘其對系爭違憲法律之闡釋，以及對據以審查之憲法規範意涵之說明，並基於以上見解，提出其確信系爭法律違反該憲法規範之論證，且其論證客觀上無明顯錯誤者，始足當之。如僅對法律是否違憲發生疑義，或系爭法律有合憲解釋之可能者，尙難謂已提出客觀上形成確信法律爲違憲之具體理由。本院釋字第三七一號解釋，應予補充。（93、2、6）

釋字第 573 號解釋

依中華民國十八年五月十四日國民政府公布之法規制定標準法（以下簡稱「前法規制定標準法」）第一條：「凡法律案由立法院三讀會之程序通過，經國民政府公布者，定名爲法。」第二條第三款所稱，涉及人民權利義務關係之事項，經立法院認爲有以法律規定之必要者，爲法律案，應經立法院三讀會程序通過之，以及第三條：「凡條例、章程或規則等之制定，應根據法律。」等規定觀之，可知憲法施行前之訓政初期法制，已寓有法律優越及法律保留原則之要求，但有關人民之權利義務關係事項，亦得以未具法律位階之條例等規範形式，予以規定，且當時之立法院並非由人民直接選舉之成員組成。是以當時法律保留原則之涵義及其適用之範圍，均與行憲後者未盡相同。本案系爭之監督寺廟條例，雖依前法規制定標準法所制定，但特由立法院逐條討論通過，由國民政府於十八年十二月七日公布施行，嗣依三十六年一月一日公布之憲法實施之準備程序，亦未加以修改或廢止，而仍持續沿用，並經行憲後立法院認其爲有效之法律，且迭經本院作爲審查對象在案，應認其爲現行有效規範人民權利義務之法律。

人民之宗教信仰自由及財產權，均受憲法之保障，憲法第十三條與第十五條定有明文。宗教團體管理、處分其財產，國家固非不得以法律加以規範，惟應符合憲法第二十三條規定之比例原則及法律明確性原則。監督寺廟條例第八條就同條例第三條各款所列以外之寺廟處分或變更其不動產及法物，規定須經所屬教會之決議，並呈請該管官署許可，未顧及宗教組織之自主性、內部管理機制之差異性，以及爲宗教傳布目的所爲財產經營之需要，對該等寺廟之宗教組織自主權及財產處分權加以限制，妨礙宗教活動自由已逾越必要之程度；且其規定應呈請該管官署許可部分，就申請之程序及許可之要件，均付諸闕如，已違反法律明確性原則，遑論採取官署事前許可之管制手段是否確有其必要性，與上開憲法規定及保障人民自由權利之意旨，均有所牴觸；又依同條例第一條及第二條第一項規定，第八條規範之對象，僅適用於部分宗教，亦與憲法上國家對宗教應謹守中立之原則及宗教平等原則相悖。該條例第八條及第二條第一項規定應自本解釋公布日起，至遲於屆滿二年時，失其效力。（93、2、27）

釋字第 574 號解釋

憲法第十六條所規定之訴訟權，係以人民於其權利遭受侵害時，得依正當法律程序請求法院救濟爲其核心內容。而訴訟救濟應循之審級、程序及相關要件，則由立法機關衡量訴訟案件之種類、性質、訴訟政策目的，以及訴訟制度之功能等因素，以法律爲正當合理之規定。民事訴訟法第四百六十六條對於有關財產權訴訟上訴第三審之規定，以第二審判決後，當事人因上訴所得受之利益是否逾一定之數額，而決定得否上訴第三審之標準，即係立法者衡酌第三審救濟制度之功能及訴訟事件之屬性，避免虛耗國家有限之司法資源，促使私法關係早日確定，以維持社會秩序所爲之正當合理之限制，與憲法第十六條、第二十三條尙無違背。

民事訴訟法第四百六十六條修正提高第三審上訴利益之數額時，當事人於法律修正生效後，始對第二審判決提起上訴者，原則上應適用修正後民事訴訟法第四百六十六條規定，並非法律溯及適用。惟第二審判決後，上訴期間進行中，民事訴訟法第四百六十六條修正提高第三審上訴利益之數額，致當事人原已依法取得上訴權，得提起而尙未提起上訴之事件，依新修正之規定而不得上訴時，雖非法律溯及適用，對人民之信賴利益，難謂無重大影響，爲兼顧公共利益並適度保護當事人之信賴，民事訴訟法施行法第八條規定：「修正民事訴訟法施行前所爲之判決，依第四百六十六條所定不得上訴之額數，於修正民事訴訟法施行後有增加時，而依增加前之法令許之者，仍得上訴」，以爲過渡條款，與法治國之法律不溯及既往原則及信賴保護原則，並無違背。

最高法院民國七十四年台抗字第一七四號判例及最高法院八十六年一月十四日第一次民事庭會議決議：「民事訴訟法第四百六十六條第一項所定不得上訴之額數有增加時，依民事訴訟法施行法第八條規定，以其聲明不服之判決，係在增加前爲之者，始依原定額數定其上訴之准許與否。若其判決係在增加後爲之者，縱係於第三審法院發回後所爲之更審判決，皆應依增加後之額數定其得否上訴。」乃在闡釋民事訴訟法第四百六十六條第一項及民事訴訟法施行法第八條規定之內容，與上開憲法意旨並無不符，自難謂牴觸憲法第七條、第十六條及第二十三條，與法治國之法律不溯及既往原則與信賴保護原則，亦均無違背。（93、3、12）

釋字第 575 號解釋

憲法第十八條規定人民有服公職之權利，旨在保障人民有依法令從事於公務，暨由此衍生享有之身分保障、俸給與退休金等權利。機關因改組、解散或改隸致對公務人員之憲法所保障服公職之權利產生重大不利影響，應設適度過渡條款或其他緩和措施，以資兼顧。

中華民國六十二年七月十七日修正公布之戶籍法第七條第二項規定：「動員戡亂時期，戶政事務所得經行政院核准，隸屬直轄市、縣警察機關；其辦法由行政院定之。」爲因應動員戡亂時期之終止，八十一年六月二十九日修正公布之戶籍法第七條將上開規定刪除，並修正同條第一項及該法施行細則第三條，回復戶警分立制度，乃配合國家憲政秩序回歸正常體制所爲機關組織之調整。戶政單位回歸民政系統後，戶政人員之任用，自應依公務人員任用法、各戶政單位員額編制表及相關人事法令規定爲之。

原辦理戶政業務之警察人員，其不具一般公務人員資格者，即不得留任，顯已對該等人員服公職權利產生重大不利影響。爲謀緩和，內政部於八十一年六月十日以台(81)內戶字第八一〇三五三六號函發布、同年七月一日實施之「戶警分立實施方案」，使原辦理戶政業務之警政人員或可於五年內留任原職或回任警職；或可不受考試資格限制而換敘轉任爲一般公務人員，已充分考量當事人之意願、權益及重新調整其工作環境所必要之期限，應認國家已選擇對相關公務員之權利限制最少、亦不至於耗費過度行政成本之方式以實現戶警分立。當事人就職缺之期待，縱不能盡如其意，相對於回復戶警分立制度之重要性與必要性，其所受之不利影響，或屬輕微，或爲尊重當事人個人意願之結果，並未逾越期待可能性之範圍，與法治國家比例原則之要求，尙屬相符。

前開實施方案相關規定，涉及人民權利而未以法律定之，固有未洽，然因其內容非限制人民之自由權利，尙難謂與憲法第二十三條規定之法律保留原則有違。惟過渡條款若有排除或限制法律適用之效力者，仍應以法律定之，方符法治國家權力分立原則，併此指明。

七十二年十一月二十一日修正公布之警察人員管理條例第二十二條第二項附表附註，就警察人員轉任非警察官職務按其原敘俸級，換敘轉任職務之相當俸級至最高年功俸爲止，超出部分仍予保留，係因不同制度人員間原適用不同人事法令而須重新審定俸級之特別規定，乃維護公務人員人事制度健全與整體平衡所爲之必要限制，與憲法保障平等權之意旨亦無牴觸。（93、4、2）

釋字第 576 號解釋

契約自由為個人自主發展與實現自我之重要機制，並為私法自治之基礎，除依契約之具體內容受憲法各相關基本權利規定保障外，亦屬憲法第二十二條所保障其他自由權利之一種。惟國家基於維護公益之必要，尚非不得以法律對之為合理之限制。

保險法第三十六條規定：「複保險，除另有約定外，要保人應將他保險人之名稱及保險金額通知各保險人。」第三十七條規定：「要保人故意不為前條之通知，或意圖不當得利而為複保險者，其契約無效。」係基於損害填補原則，為防止被保險人不當得利、獲致超過其財產上損害之保險給付，以維護保險市場交易秩序、降低交易成本與健全保險制度之發展，而對複保險行為所為之合理限制，符合憲法第二十三條之規定，與憲法保障人民契約自由之本旨，並無牴觸。

人身保險契約，並非為填補被保險人之財產上損害，亦不生類如財產保險之保險金額是否超過保險標的價值之問題，自不受保險法關於複保險相關規定之限制。最高法院七十六年台上字第一一六六號判例，將上開保險法有關複保險之規定適用於人身保險契約，對人民之契約自由，增加法律所無之限制，應不再援用。（93、4、23）

釋字第 577 號解釋

憲法第十一條保障人民有積極表意之自由，及消極不表意之自由，其保障之內容包括主觀意見之表達及客觀事實之陳述。商品標示為提供商品客觀資訊之方式，應受言論自由之保障，惟為重大公益目的所必要，仍得立法採取合理而適當之限制。

國家為增進國民健康，應普遍推行衛生保健事業，重視醫療保健等社會福利工作。菸害防制法第八條第一項規定：「菸品所含之尼古丁及焦油含量，應以中文標示於菸品容器上。」另同法第二十一條對違反者處以罰鍰，對菸品業者就特定商品資訊不為表述之自由有所限制，係為提供消費者必要商品資訊與維護國民健康等重大公共利益，並未逾越必要之程度，與憲法第十一條保障人民言論自由及第二十三條比例原則之規定均無違背。又於菸品容器上應為上述之一定標示，縱屬對菸品業者財產權有所限制，但該項標示因攸關國民健康，乃菸品財產權所具有之社會義務，且所受限制尚屬輕微，未逾越社會義務所應忍受之範圍，與憲法保障人民財產權之規定，並無違背。另上開規定之菸品標示義務及責任，其時間適用之範圍，以該法公布施行後之菸品標示事件為限，並無法律溯及適用情形，難謂因法律溯及適用，而侵害人民之財產權。至菸害防制法第八條第一項規定，與同法第二十一條合併觀察，足知其規範對象、規範行為及法律效果，難謂其規範內容不明確而違反法治國家法律明確性原則。另各類食品、菸品、酒類等商品對於人體健康之影響層面有異，難有比較基礎，立法者對於不同事物之處理，有先後優先順序之選擇權限，相關法律或有不同規定，與平等原則尚無違背。（93、5、7）

釋字第 578 號解釋

國家為改良勞工之生活，增進其生產技能，應制定保護勞工之法律，實施保護勞工之政策，憲法第一百五十三條第一項定有明文，勞動基準法即係國家為實現此一基本國策所制定之法律。至於保護勞工之內容與方式應如何設計，立法者有一定之自由形成空間，惟其因此對於人民基本權利構成限制時，則仍應符合憲法上比例原則之要求。

勞動基準法第五十五條及第五十六條分別規定雇主負擔給付勞工退休金，及按月提撥勞工退休準備金之義務，作為照顧勞工生活方式之一種，有助於保障勞工權益，加強勞雇關係，促進整體社會安全與經濟發展，並未逾越立法機關自由形成之範圍。其因此限制雇主自主決定契約內容及自由使用、處分其財產之權利，係國家為貫徹保護勞工之目的，並衡酌政府財政能力、強化受領勞工勞力給付之雇主對勞工之照顧義務，應屬適當；該法又規定雇主違反前開強制規定者，分別科處罰金或罰鍰，係為監督雇主履行其給付勞工退休金之義務，以達成保障勞工退休後生存安養之目的，衡諸立法之時空條件、勞資關係及其干涉法益之性質與影響程度等因素，國家採取財產刑罰作為強制手段，尚有其必要，符合憲法第二十三條規定之比例原則，與憲法保障契約自由之意旨及第十五條關於人民財產權保障之規定並無牴觸。

勞動基準法課雇主負擔勞工退休金之給付義務，除性質上確有窒礙難行者外，係一體適用於所有勞雇關係，與憲法第七條平等權之保障，亦無牴觸；又立法者對勞工設有退休金制度，係衡酌客觀之社會經濟情勢、國家資源之有效分配，而為不同優先順序之選擇與設計，亦無違憲法第七條關於平等權之保障。復次，憲法並未限制國家僅能以社會保險之方式，達成保護勞工之目的，故立法者就此整體勞工保護之制度設計，本享有一定之形成自由。勞工保險條例中之老年給付與勞動基準法中之勞工退休金，均有助於達成憲法保障勞工生活之意旨，二者性質不同，尚難謂兼採兩種制度即屬違憲。惟立法者就保障勞工生活之立法選擇，本應隨社會整體發展而隨時檢討，勞動基準法自中華民國七十三年立法施行至今，為保護勞工目的而設之勞工退休金制度，其實施成效如何，所採行之手段應否及如何隨社會整體之變遷而適時檢討改進，俾能與時俱進，符合憲法所欲實現之勞工保護政策目標，以及國內人口年齡組成之轉變，已呈現人口持續老化現象，未來將對社會經濟、福利制度等產生衝擊，因此對既有勞工退休制度及社會保險制度，應否予以整合，由於攸關社會資源之分配、國家財政負擔能力等全民之整體利益，仍屬立法形成之事項，允宜在兼顧現制下勞工既有權益之保障與雇主給付能力、企業經營成本等整體社會條件之平衡，由相關機關根據我國憲法保障勞工之基本精神及國家對人民興辦之中小型經濟事業應扶助並保護其生存與發展之意旨，參酌有關國際勞工公約之規定，並衡量國家總體發展，通盤檢討，併此指明。（93、5、21）

釋字第 579 號解釋

人民之財產權應予保障，憲法第十五條定有明文。國家因公用或其他公益目的之必要，得依法徵收人民之財產，對被徵收財產之權利人而言，係為公共利益所受之特別犧牲，國家應給予合理之補償，且補償與損失必須相當。國家依法徵收土地時，對該土地之所有權人及該土地之其他財產權人均應予以合理補償，惟其補償方式，立法機關有一定之自由形成空間。

耕地承租人之租賃權係憲法上保障之財產權，於耕地因徵收而消滅時，亦應予補償。且耕地租賃權因物權化之結果，已形同耕地之負擔。平均地權條例第十一條第一項規定，依法徵收之土地為出租耕地時，應由土地所有權人以所得之補償地價，扣除土地增值稅後餘額之三分之一，補償耕地承租人；第二項規定，前項補償承租人之地價，應由主管機關於發放補償或依法提存時，代為扣交，係出租之耕地因公用徵收時，立法機關依憲法保障財產權及保護農民之意旨，審酌耕地所有權之現存價值及耕地租賃權之價值，採用代位總計各別分算代償之方法，將出租耕地上負擔之租賃權價值代為扣交耕地承租人，以為補償，其於土地所有權人財產權之保障，尚不生侵害問題。惟近年來社會經濟發展、產業結構顯有變遷，為因應農地使用政策，上開為保護農民生活而以耕地租賃權為出租耕地上負擔並據以推估其價值之規定，應儘速檢討修正，以符憲法意旨，併予指明。（93、6、25）

釋字第 580 號解釋

基於個人之人格發展自由，個人得自由決定其生活資源之使用、收益及處分，因而得自由與他人為生活資源之交換，是憲法於第十五條保障人民之財產權，於第二十二條保障人民之契約自由。惟因個人生活技能強弱有別，可能導致整體社會生活資源分配過度不均，為求資源之合理分配，國家自得於不違反憲法第二十三條比例原則之範圍內，以法律限制人民締約之自由，進而限制人民之財產權。

憲法第一百四十三條第四項扶植自耕農之農地使用政策，以及憲法第一百五十三條第一項改良農民生活之基本國策，均係為合理分配農業資源而制定。民國四十年六月七日制定公布之耕地三七五減租條例（以下稱減租條例），旨在秉承上開憲法意旨，為三十八年已開始實施之三七五減租政策提供法律依據，並確保實施該政策所獲致之初步成果。其藉由限制地租、嚴格限制耕地出租人終止耕地租約及收回耕地之條件，重新建構耕地承租人與出租人之農業產業關係，俾合理分配農業資源並奠定國家經濟發展方向，立法目的尚屬正當。雖未設置保護出租人既有契約利益之過渡條款，惟因減租條例本在實現憲法規定國家對於土地之分配與整理暨扶植自耕農之意旨，且於條例制定之前，減租政策業已積極推行數年，出租人得先行於過渡時期熟悉減租制度，減租條例對出租人契約自由及財產權之限制，要非出租人所不能預期，衡諸特殊之歷史背景及合理分配農業資源之非常重大公共利益，尚未違背憲法上之信賴保護原則。

減租條例第五條前段關於租賃期限不得少於六年，以及同條例第六條第一項暨第十六條第一項關於締約方式與轉租禁止之規定，均為穩定租賃關係而設；同條例第十七條第一項第一款規定租賃期限內，承租人死亡無人繼承耕作之法定終止租約事由，並保留出租人收回耕地之彈性。上開規定皆有利於實現扶植自耕農及改善農民生活之基本國策，縱於出租人之契約自由及財產權有所限制，衡諸立法目的，其手段仍屬必要而且適當，亦兼顧承租人與出租人雙方之利益，與憲法第二十三條比例原則、第二十二條契約自由、第十五條財產權及第七條平等權之保障並無違背。

減租條例第十九條第一項第一款之規定，為實現憲法第一百四十三條第四項扶植自耕農之意旨所必要，惟另依憲法第一百四十六條及憲法增修條文第十條第一項發展農業工業化及現代化之意旨，所謂出租人之自任耕作，不以人力親自實施耕作為限，為農業科技化及企業化經營之自行耕作或委託代耕者亦屬之。減租條例第十九條第一項第二款規定出租人於所有收益足以維持一家生活者不得收回自耕，使租約變相無限期延長，惟立法機關嗣於七十二年十二月二十三日增訂之第二項，規定為擴大家庭農場經營規模得收回與其自耕地同一或鄰近地段內之耕地自耕，已放寬對於出租人財產權之限制。同條項第三款規定，如出租人收回耕地，承租人將失其家庭生活依據者，亦不得收回耕地，係為貫徹憲法第一百五十三條第一項保護農民政策之必要手段；且如出租人亦不能維持其一家生活，尚得申請耕地租佃委員會調處，以兼顧出租人與承租人之實際需要。衡諸憲法第一百四十三條第四項扶植自耕農、第一百四十六條與憲法增修條文第十條第一項發展農業工業化及現代化，以及憲法第一百五十三條第一項改善農民生活之意旨，上開三款限制耕地出租人收回耕地之規定，對於耕地所有權之限制，尚屬必要，與憲法第二十三條比例原則及第十五條保障人民財產權規定之意旨要無不符。七十二年十二月二十三日增訂之減租條例第十七條第二項第三款關於租約期限尚未屆滿而農地因土地編定或變更為非耕地時，應以土地公告現值扣除土地增值稅後餘額之三分之一補償承租人之規定，乃限於依土地法第八十三條所規定之使用期限前得繼續為從來之使用者，方有其適用。土地法所規定之繼續使用期限，係為保護土地使用人既有之法律地位而設之過渡條款，耕地出租人如欲於期前終止租約，減租條例第十七條第二項第三款即賦予補償承租人之義務，乃為平衡雙方權利義務關係，對出租人耕地所有權所為之限制，尚無悖於憲法第十五條保障財產權之本旨。惟不問情狀如何，補償額度一概為三分之一之規定，有關機關應衡酌憲法第二十二條保障契約自由之意旨及社會經濟條件之變遷等情事，儘速予以檢討修正。七十二年十二月二十三日增訂之減租條例第十九條第三項規定，耕地租約期滿時，出租人為擴大家庭農場經營規模、提升土地利用效率而收回耕地時，準用同條例第十七條第二項第三款之規定，應以終止租約當期土地公告現值扣除土地增值稅餘額後之三分之一補償承租人。惟契約期滿後，租賃關係既已消滅，如另行課予出租人補償承租人之義務，自屬增加耕地所有權人不必要之負擔，形同設置出租人收回耕地之障礙，與鼓勵擴大家庭農場經營規模，以促進農業現代化之立法目的顯有牴觸。況耕地租約期滿後，出租人仍須具備自耕能力，且於承租人不致失其家庭生活依據時，方得為擴大家庭農場經營規模而收回耕地。按承租人之家庭生活既非無依，竟復令出租人負擔承租人之生活照顧義務，要難認有正當理由。是上開規定準用同條例第十七條第二項第三款部分，以補償承租人作為收回耕地之附加條件，不當限制耕地出租人之財產權，難謂無悖於憲法第一百四十六條與憲法增修條文第十條第一項發展農業之意旨，且與憲法第二十三條比例原則及第十五條保障人民財產權之規定不符，應自本解釋公布日起，至遲於屆滿二年時，失其效力。減租條例第二十條規定租約屆滿時，除法定收回耕地事由外，承租人如有續約意願，出租人即有續約義務，為出租人依法不得收回耕地時，保障承租人續約權利之規定，並未於不得收回耕地之諸種事由之外，另行增加耕地出租人不必要之負擔，與憲法第二十三條規定之比例原則及第十五條保障財產權之規定尚無不符。（93、7、9）

釋字第 581 號解釋

「自耕能力證明書之申請及核發注意事項」（以下稱注意事項）係中華民國六十五年一月二十六日內政部為執行土地法第三十條之規定（八十九年一月二十六日刪除）所訂定。七十九年六月二十二日修正之注意事項第四點規定，公私法人、未滿十六歲或年逾七十歲之自然人、專任農耕以外之職業者及在學之學生（夜間部學生不在此限），皆不得申請自耕能力證明書，致影響實質上具有自任耕作能力者收回耕地之權利，對出租人財產權增加法律所無之限制，與憲法第二十三條法律保留原則以及第十五條保障人民財產權之意旨不符，上開注意事項之規定，應不予適用。本院釋字第三四七號解釋相關部分應予變更。（93、7、16）

釋字第 582 號解釋

憲法第十六條保障人民之訴訟權，就刑事被告而言，包含其在訴訟上應享有充分之防禦權。刑事被告詰問證人之權利，即屬該等權利之一，且屬憲法第八條第一項規定「非由法院依法定程序不得審問處罰」之正當法律程序所保障之權利。為確保被告對證人之詰問權，證人於審判中，應依法定程序，到場具結陳述，並接受被告之詰問，其陳述始得作為認定被告犯罪事實之判斷依據。刑事審判上之共同被告，係為訴訟經濟等原因，由檢察官或自訴人合併或追加起訴，或由法院合併審判所形成，其間各別被告及犯罪事實仍獨立存在。故共同被告對其他共同被告之案件而言，為被告以外之第三人，本質上屬於證人，自不能因案件合併關係而影響其他共同被告原享有之上開憲法上權利。最高法院三十一年上字第二四二三號及四十六年台上字第四一九號判例所稱共同被告不利於己之陳述得採為其他共同被告犯罪（事實認定）之證據一節，對其他共同被告案件之審判而言，未使該共同被告立於證人之地位而為陳述，逕以其依共同被告身分所為陳述採為不利於其他共同被告之證據，乃否定共同被告於其他共同被告案件之證人適格，排除人證之法定調查程序，與當時有效施行中之中華民國二十四年一月一日修正公布之刑事訴訟法第二百七十三條規定牴觸，並已不當剝奪其他共同被告對該實具證人適格之共同被告詰問之權利，核與首開憲法意旨不符。該二判例及其他相同意旨判例，與上開解釋意旨不符部分，應不再援用。

刑事審判基於憲法正當法律程序原則，對於犯罪事實之認定，採證據裁判及自白任意性等原則。刑事訴訟法據以規定嚴格證明法則，必須具證據能力之證據，經合法調查，使法院形成該等證據已足證明被告犯罪之確信心證，始能判決被告有罪；為避免過分偏重自白，有害於眞實發見及人權保障，並規定被告之自白，不得作為有罪判決之唯一證據，仍應調查其他必要之證據，以察其是否與事實相符。基於上開嚴格證明法則及對自白證明力之限制規定，所謂「其他必要之證據」，自亦須具備證據能力，經合法調查，且就其證明力之程度，非謂自白為主要證據，其證明力當然較為強大，其他必要之證據為次要或補充性之證據，證明力當然較為薄弱，而應依其他必要證據之質量，與自白相互印證，綜合判斷，足以確信自白犯罪事實之眞實性，始足當之。最高法院三十年上字第三〇三八號、七十三年台上字第五六三八號及七十四年台覆字第一〇號三判例，旨在闡釋「其他必要之證據」之意涵、性質、證明範圍及程度，暨其與自白之相互關係，且強調該等證據須能擔保自白之眞實性，俾自白之犯罪事實臻於確信無疑，核其及其他判例相同意旨部分，與前揭憲法意旨，尚無牴觸。（93、7、23）

釋字第 583 號解釋

憲法第十八條規定人民有服公職之權，旨在保障人民得依法擔任一定職務從事公務，國家自應建立相關制度予以規範。國家對公務員違法失職行為應予懲罰，惟為避免對涉有違失之公務員應否予以懲戒，長期處於不確定狀態，懲戒權於經過相當期間不行使者，即不應再予追究，以維護公務員權益及法秩序之安定。公務員懲戒法第二十五條第三款規定，懲戒案件自違法失職行為終了之日起，至移送公務員懲戒委員會之日止，已逾十年者，公務員懲戒委員會應為免議之議決，即本此意旨而制定。公務人員經其服務機關依中華民國七十九年十二月二十八日修正公布之公務人員考績法第十二條第一項第二款規定所為免職之懲處處分，實質上屬於懲戒處分，為限制人民服公職之權利，未設懲處權行使期間，有違前開意旨。為貫徹憲法上對公務員權益之保障，有關公務員懲處權之行使期間，應類推適用公務員懲戒法相關規定。又查公務員懲戒法概以十年為懲戒權行使期間，未分別對公務員違法失職行為及其懲戒處分種類之不同，而設合理之規定，與比例原則未盡相符，有關機關應就公務員懲戒構成要件、懲戒權行使期間之限制通盤檢討修正。公務人員考績法有關懲處之規定亦應一併及之，附此指明。（93、9、17）

釋字第 584 號解釋

人民之工作權為憲法第十五條規定所保障，其內涵包括人民選擇職業之自由。人民之職業與公共福祉有密切關係，故對於從事一定職業應具備之資格或其他要件，於符合憲法第二十三條規定之限度內，得以法律或法律明確授權之命令加以限制。中華民國八十八年四月二十一日修正公布之道路交通管理處罰條例第三十七條第一項規定：「曾犯故意殺人、搶劫、搶奪、強盜、恐嚇取財、擄人勒贖或刑法第二百二十一條至第二百二十九條妨害性自主之罪，經判決罪刑確定者，不准辦理營業小客車駕駛人執業登記。」乃基於營業小客車營運及其駕駛人工作之特性，就駕駛人個人應具備之主觀條件，對人民職業選擇自由所為之限制，旨在保障乘客之安全，確保社會之治安，及增進營業小客車之職業信賴，與首開憲法意旨相符，於憲法第二十三條之規定，尚無牴觸。又營業小客車營運之管理，因各國國情與治安狀況而有不同。相關機關審酌曾犯上述之罪者，其累再犯比率偏高，及其對乘客安全可能之威脅，衡量乘客生命、身體安全等重要公益之維護，與人民選擇職業應具備主觀條件之限制，而就其選擇職業之自由為合理之不同規定，與憲法第七條之平等原則，亦屬無違。惟以限制營業小客車駕駛人選擇職業之自由，作為保障乘客安全、預防犯罪之方法，乃基於現階段營業小客車管理制度所採取之不得已措施，但究屬人民職業選擇自由之限制，自應隨營業小客車管理，犯罪預防制度之發展或其他制度之健全，就其他較小限制替代措施之建立，隨時檢討改進；且若已有方法證明曾犯此等犯罪之人對乘客安全不具特別危險時，即應適時解除其駕駛營業小客車執業之限制，俾於維護公共福祉之範圍內，更能貫徹憲法人民工作權之保障及平等原則之意旨，併此指明。（93、9、17）

釋字第 585 號解釋

立法院為有效行使憲法所賦予之立法職權，本其固有之權能自得享有一定之調查權，主動獲取行使職權所需之相關資訊，俾能充分思辯，審慎決定，以善盡民意機關之職責，發揮權力分立與制衡之機能。立法院調查權乃立法院行使其憲法職權所必要之輔助性權力，基於權力分立與制衡原則，立法院調查權所得調查之對象或事項，並非毫無限制。除所欲調查之事項必須與其行使憲法所賦予之職權有重大關聯者外，凡國家機關獨立行使職權受憲法之保障者，即非立法院所得調查之事物範圍。又如行政首長依其行政權固有之權能，對於可能影響或干預行政部門有效運作之資訊，均有決定不予公開之權力，乃屬行政權本質所具有之行政特權。立法院行使調查權如涉及此類事項，即應予以適當之尊重。如於具體案件，就所調查事項是否屬於國家機關獨立行使職權或行政特權之範疇，或就屬於行政特權之資訊應否接受調查或公開而有爭執時，立法院與其他國家機關宜循合理之途徑協商解決，或以法律明定相關要件與程序，由司法機關審理解決之。

立法院調查權行使之方式，並不以要求有關機關就立法院行使職權所涉及事項提供參考資料或向有關機關調閱文件原本之文件調閱權為限，必要時並得經院會決議，要求與調查事項相關之人民或政府人員，陳述證言或表示意見，並得對違反協助調查義務者，於科處罰鍰之範圍內，施以合理之強制手段，本院釋字第三二五號解釋應予補充。惟其程序，如調查權之發動及行使調查權之組織、個案調查事項之範圍、各項調查方法所應遵守之程序與司法救濟程序等，應以法律為適當之規範。於特殊例外情形，就特定事項之調查有委任非立法委員之人士協助調查之必要時，則須制定特別法，就委任之目的、委任調查之範圍、受委任人之資格、選任、任期等人事組織事項、特別調查權限、方法與程序等妥為詳細之規定，並藉以為監督之基礎。各該法律規定之組織及議事程序，必須符合民主原則。其個案調查事項之範圍，不能違反權力分立與制衡原則，亦不得侵害其他憲法機關之權力核心範圍，或對其他憲法機關權力之行使造成實質妨礙。如就各項調查方法所規定之程序，有涉及限制人民權利者，必須符合憲法上比例原則、法律明確性原則及正當法律程序之要求。

茲就中華民國九十三年九月二十四日公布施行之「三一九槍擊事件眞相調查特別委員會條例」（以下稱眞調會條例），有關三一九槍擊事件眞相調查特別委員會（以下稱眞調會）之組織、職權範圍、行使調查權之方法、程序與強制手段等相關規定，是否符合上開憲法意旨，分別指明如下：

一、眞調會條例第二條第一項前段「本會置委員十七人，由第五屆立法院各政黨（團）推薦具有專業知識、聲譽卓著之公正人士組成之，並由總統於五日內任命」、第二項後段「各政黨（團）應於本條例公布後五日內提出推薦人選，逾期未提出者，視為放棄推薦，其缺額由現額委員選出之召集委員於五日內逕行遴選後，由總統任命」、第十五條第二項「本會委員除名或因故出缺時，由原推薦之政黨（團）於五日內推薦其他人選遞補之；其逾期未提出推薦人選者，由召集委員逕行遴選後，總統於五日內任命之」暨第十六條「第二條及第十五條應由總統任命者，總統應於期限內任命；逾期未任命，視為自動生效」等規定有關眞調會委員之任命，應經立法院院會決議並由立法院院長為之，方為憲法之所許。

二、同條例雖未規定眞調會委員之任期，惟於符合立法院屆期不連續原則之範圍內，尚不生違憲問題。第十一條第二項規定「本會所需經費由行政院第二預備金項下支應，行政院不得拒絕」，於符合預算法令規定範圍內，亦不生違憲問題。

三、同條例第四條規定「本會及本會委員須超出黨派以外，依法公正獨立行使職權，對全國人民負責，不受其他機關之指揮監督，亦不受任何干涉」，其中「不受其他機關之指揮監督」係指「不受立法院以外機關之指揮監督」之意；第十五條第一項「本會委員有喪失行為能力、違反法令或其他不當言行者，得經本會全體委員三分之二以上同意，予以除名」，關於眞調會委員除名之規定，並非排除立法院對眞調會委員之免職權，於此範圍內，核與憲法尚無違背。

四、同條例第十五條第一項「本會委員有喪失行為能力、違反法令或其他不當言行者，得經本會全體委員三分之二以上同意，予以除名」之規定，以「違反法令或其他不當言行」為除名事由，與法律明確性原則不盡相符，應予檢討修正。

五、同條例第八條第一項前段「三一九槍擊事件所涉及之刑事責任案件，其偵查專屬本會管轄」、同條第二項「本會於行使前項職權，有檢察官、軍事檢察官依據法律所得行使之權限」；第十三條第一項「本會調查結果，如有涉及刑事責任者，由調用之檢察官或軍事檢察官逕行起訴」等規定，逾越立法院調查權所得行使之範圍，違反權力分立與制衡原則。

六、同條例第十三條第三項規定「本會調查結果，與法院確定判決之事實歧異者，得為再審之理由」，違反法律平等適用之法治基本原則，並逾越立法院調查權所得行使之範圍。

七、同條例第十二條第一項規定「本會對於調查之事件，應於三個月內向立法院提出書面調查報告，並公布之。如眞相仍未查明，應繼續調查，每三個月向立法院及監察院提出報告，並公布之」，其中關於向監察院報告部分，與憲法機關各有所司之意旨不盡相符，應予檢討修正。

八、同條例第八條第三項規定「本條例公布之日，各機關所辦理專屬本會管轄案件，應即檢齊全部案卷及證物移交本會」、同條第四項規定「本會行使職權，不受國家機密保護法、營業秘密法、刑事訴訟法及其他法律規定之限制。受請求之機關、團體或人員不得以涉及國家機密、營業秘密、偵查保密、個人隱私或其他任何理由規避、拖延或拒絕」、同條第六項規定「本會或本會委員行使職權，得指定事項，要求有關機關、團體或個人提出說明或提供協助。受請求者不得以涉及國家機密、營業秘密、偵查保密、個人隱私或其他任何理由規避、拖延或拒絕」，其中關於專屬管轄、移交卷證與涉及國家機關獨立行使職權而受憲法保障者之部分，有違權力分立與制衡原則，並逾越立法院調查權所得行使之範圍。

九、同條例第八條第六項規定「本會或本會委員行使職權，得指定事項，要求有關機關、團體或個人提出說明或提供協助。受請求者不得以涉及國家機密、營業秘密、偵查保密、個人隱私或其他任何理由規避、拖延或拒絕」，其中規定涉及國家機密或偵查保密事項，一概不得拒絕之部分，應予適當修正。

十、同條例第八條第四項前段規定「本會行使職權，不受國家機密保護法、營業秘密法、刑事訴訟法及其他法律規定之限制」、同條第六項規定「本會或本會委員行使職權，得指定事項，要求有關機關、團體或個人提出說明或提供協助。受請求者不得以涉及國家機密、營業秘密、偵查保密、個人隱私或其他任何理由規避、拖延或拒絕」，其中規定涉及人民基本權利者，有違正當法律程序、法律明確性原則。

十一、同條例第八條第七項「違反第一項、第二項、第三項、第四項或第六項規定者，處機關首長及行為人新臺幣十萬元以上一百萬元以下罰鍰，經處罰後仍繼續違反者，得連續處罰之」及第八項前段：機關首長、團體負責人或有關人員拒絕眞調會或其委員調查，影響重大，或為虛偽陳述者，依同條第七項之規定處罰等規定，有違正當法律程序及法律明確性原則。

十二、同條例第八條第八項後段規定「機關首長、團體負責人或有關人員拒絕本會或本會委員調查，影響重大，或為虛偽陳述者……並依刑法第一百六十五條、第二百十四條等相關規定追訴處罰」，係指上開人員若因受調查而涉有犯罪嫌疑者，應由檢察機關依法偵查追訴，由法院依法審判而言；上開規定應本此意旨檢討修正。

十三、同條例第八條第九項規定「本會或本會委員行使職權，認有必要時，得禁止被調查人或與其有關人員出境」，逾越立法院之調查權限，並違反比例原則。

上開五、六、八、十、十一、十三項有違憲法意旨部分，均自本解釋公布之日起失其效力。

司法院大法官依憲法規定獨立行使憲法解釋及憲法審判權，為確保其解釋或裁判結果實效性之保全制度，乃司法權核心機能之一，不因憲法解釋、審判或民事、刑事、行政訴訟之審判而有異。本件暫時處分之聲請，雖非憲法所不許，惟本案業經作成解釋，已無須予以審酌。（93、12、15）

釋字第 586 號解釋

財政部證券管理委員會（後更名為財政部證券暨期貨管理委員會），於中華民國八十四年九月五日訂頒之「證券交易法第四十三條之一第一項取得股份申報事項要點」，係屬當時之證券交易主管機關基於職權，為有效執行證券交易法第四十三條之一第一項規定之必要而為之解釋性行政規則，固有其實際需要，惟該要點第三條第二款「本人及其配偶、未成年子女及二親等以內親屬持有表決權股份合計超過三分之一之公司或擔任過半數董事、監察人或董事長、總經理之公司取得股份者」亦認定為共同取得人之規定及第四條相關部分，則逾越母法關於「共同取得」之文義可能範圍，增加母法所未規範之申報義務，涉及憲法所保障之資訊自主權與財產權之限制，違反憲法第二十三條之法律保留原則，應自本解釋公布之日起，至遲於屆滿一年時，失其效力。（93、12、17）

釋字第 587 號解釋

子女獲知其血統來源，確定其眞實父子身分關係，攸關子女之人格權，應受憲法保障。民法第一千零六十三條規定：「妻之受胎，係在婚姻關係存續中者，推定其所生子女為婚生子女。前項推定，如夫妻之一方能證明妻非自夫受胎者，得提起否認之訴。但應於知悉子女出生之日起，一年內為之。」係為兼顧身分安定及子女利益而設，惟其得提起否認之訴者僅限於夫妻之一方，子女本身則無獨立提起否認之訴之資格，且未顧及子女得獨立提起該否認之訴時應有之合理期間及起算日，是上開規定使子女之訴訟權受到不當限制，而不足以維護其人格權益，在此範圍內與憲法保障人格權及訴訟權之意旨不符。最高法院二十三年上字第三四七三號及同院七十五年台上字第二〇七一號判例與此意旨不符之部分，應不再援用。有關機關並應適時就得提起否認生父之訴之主體、起訴除斥期間之長短及其起算日等相關規定檢討改進，以符前開憲法意旨。

確定終局裁判所適用之法規或判例，經本院依人民聲請解釋認爲與憲法意旨不符時，其受不利確定終局裁判者，得以該解釋爲基礎，依法定程序請求救濟，業經本院釋字第一七七號、第一八五號解釋闡釋在案。本件聲請人如不能以再審之訴救濟者，應許其於本解釋公布之日起一年內，以法律推定之生父爲被告，提起否認生父之訴。其訴訟程序，準用民事訴訟法關於親子關係事件程序中否認子女之訴部分之相關規定，至由法定代理人代爲起訴者，應爲子女之利益爲之。

法律不許親生父對受推定爲他人之婚生子女提起否認之訴，係爲避免因訴訟而破壞他人婚姻之安定、家庭之和諧及影響子女受教養之權益，與憲法尚無牴觸。至於將來立法是否有限度放寬此類訴訟，則屬立法形成之自由。（93、12、30）

釋字第588號解釋

立法機關基於重大之公益目的，藉由限制人民自由之強制措施，以貫徹其法定義務，於符合憲法上比例原則之範圍內，應爲憲法之所許。行政執行法關於「管收」處分之規定，係在貫徹公法上金錢給付義務，於法定義務人確有履行之能力而不履行時，拘束其身體所爲間接強制其履行之措施，尚非憲法所不許。惟行政執行法第十七條第二項依同條第一項規定得聲請法院裁定管收之事由中，除第一項第一、二、三款規定：「顯有履行義務之可能，故不履行者」、「顯有逃匿之虞」、「就應供強制執行之財產有隱匿或處分之情事者」，難謂其已逾必要之程度外，其餘同項第四、五、六款事由：「於調查執行標的物時，對於執行人員拒絕陳述者」、「經命其報告財產狀況，不爲報告或爲虛僞之報告者」、「經合法通知，無正當理由而不到場者」，顯已逾越必要程度，與憲法第二十三條規定之意旨不能謂無違背。

行政執行法第十七條第二項依同條第一項得聲請拘提之各款事由中，除第一項第二款、第六款：「顯有逃匿之虞」、「經合法通知，無正當理由而不到場」之情形，可認其確係符合比例原則之必要條件外，其餘同項第一款、第三款、第四款、第五款：「顯有履行義務之可能，故不履行者」、「就應供強制執行之財產有隱匿或處分之情事者」、「於調查執行標的物時，對於執行人員拒絕陳述者」、「經命其報告財產狀況，不爲報告或爲虛僞之報告者」規定，顯已逾越必要程度，與前揭憲法第二十三條規定意旨亦有未符。

人身自由乃人民行使其憲法上各項自由權利所不可或缺之前提，憲法第八條第一項規定所稱「法定程序」，係指凡限制人民身體自由之處置，不問其是否屬於刑事被告之身分，除須有法律之依據外，尚須分別踐行必要之司法程序或其他正當法律程序，始得爲之。此項程序固屬憲法保留之範疇，縱係立法機關亦不得制定法律而遽予剝奪；惟刑事被告與非刑事被告之人身自由限制，畢竟有其本質上之差異，是其必須踐行之司法程序或其他正當法律程序，自非均須同一不可。管收係於一定期間內拘束人民身體自由於一定之處所，亦屬憲法第八條第一項所規定之「拘禁」，其於決定管收之前，自應踐行必要之程序、即由中立、公正第三者之法院審問，並使法定義務人到場爲程序之參與，除藉之以明管收之是否合乎法定要件暨有無管收之必要外，並使法定義務人得有防禦之機會，提出有利之相關抗辯以供法院調查，期以實現憲法對人身自由之保障。行政執行法關於管收之裁定，依同法第十七條第三項，法院對於管收之聲請應於五日內爲之，亦即可於管收聲請後，不予即時審問，其於人權之保障顯有未週，該「五日內」裁定之規定難謂周全，應由有關機關檢討修正。又行政執行法第十七條第二項：「義務人逾前項限期仍不履行，亦不提供擔保者，行政執行處得聲請該管法院裁定拘提管收之」、第十九條第一項：「法院爲拘提管收之裁定後，應將拘票及管收票交由行政執行處派執行員執行拘提並將被管收人逕送管收所」之規定，其於行政執行處合併爲拘提且管收之聲請，法院亦爲拘提管收之裁定時，該被裁定拘提管收之義務人既尚未拘提到場，自不可能踐行審問程序，乃法院竟得爲管收之裁定，尤有違於前述正當法律程序之要求。另依行政執行法第十七條第二項及同條第一項第六款：「經合法通知，無正當理由而不到場」之規定聲請管收者，該義務人既猶未到場，法院自亦不可能踐行審問程序，乃竟得爲管收之裁定，亦有悖於前述正當法律程序之憲法意旨。

憲法第八條第一項所稱「非經司法或警察機關依法定程序，不得逮捕、拘禁」之「警察機關」，並非僅指組織法上之形式「警察」之意，凡法律規定，以維持社會秩序或增進公共利益爲目的，賦予其機關或人員得使用干預、取締之手段者均屬之，是以行政執行法第十九條第一項關於拘提、管收交由行政執行處派執行員執行之規定，核與憲法前開規定之意旨尚無違背。

上開行政執行法有違憲法意旨之各該規定，均應自本解釋公布之日起至遲於屆滿六個月時失其效力。（94、1、28）

釋字第589號解釋

法治國原則爲憲法之基本原則，首重人民權利之維護、法秩序之安定及信賴保護原則之遵守。行政法規公布施行後，制定或發布法規之機關依法定程序予以修改或廢止時，應兼顧規範對象信賴利益之保護。受規範對象如已在因法規施行而產生信賴基礎之存續期間內，對構成信賴要件之事實，有客觀上具體表現之行為，且有值得保護之利益者，即應受信賴保護原則之保障。至於如何保障其信賴利益，究係採取減輕或避免其損害，或避免影響其依法所取得法律上地位等方法，則須衡酌法秩序變動所追求之政策目的、國家財政負擔能力等公益因素及信賴利益之輕重、信賴利益所依據之基礎法規所表現之意義與價值等為合理之規定。如信賴利益所依據之基礎法規，其作用不僅在保障私人利益之法律地位而已，更具有藉該法律地位之保障以實現公益之目的者，則因該基礎法規之變動所涉及信賴利益之保護，即應予強化以避免其受損害，俾使該基礎法規所欲實現之公益目的，亦得確保。

憲法對特定職位為維護其獨立行使職權而定有任期保障者，其職務之性質與應隨政黨更迭或政策變更而進退之政務人員不同，此不僅在確保個人職位之安定而已，其重要意義，乃藉任期保障，以確保其依法獨立行使職權之目的而具有公益價值。故為貫徹任期保障之功能，對於因任期保障所取得之法律上地位及所生之信賴利益，即須充分加以保護，避免其受損害，俾該等人員得無所瞻顧，獨立行使職權，始不違背憲法對該職位特設任期保障之意旨，並與憲法上信賴保護原則相符。

憲法增修條文第七條第五項規定：「監察委員須超出黨派以外，依據法律獨立行使職權。」為維護監察權之獨立行使，充分發揮監察功能，我國憲法對監察委員之任期明定六年之保障（憲法第九十三條及憲法增修條文第七條第二項規定參照）。查第三屆監察委員之任期六年，係自中華民國八十八年二月一日起，至九十四年一月三十一日止。該屆監察委員開始任職時，七十四年十二月十一日修正公布之政務官退職酬勞金給與條例尚無落日條款之規定，亦即第三屆監察委員就任時，係信賴其受任期之保障，並信賴於其任期屆滿後如任軍、公、教人員年資滿十五年者，有依該給與條例第四條擇領月退職酬勞金之公法上財產權利。惟為改革政務人員退職制度，而於九十三年一月七日另行制定公布政務人員退職撫卹條例（以下簡稱「退撫條例」），並溯自同年月一日施行。依新退撫條例，政務人員與常務人員服務年資係截然區分，分段計算，並分別依各該退休（職）法規計算退休（職）金，並且政務人員退撫給與，以一次發給為限，而不再有月退職酬勞金之規定。雖該退撫條例第十條設有過渡條款，對於新退撫條例公布施行前，已服務十五年以上者，將來退職時仍得依相關退職酬勞金給與條例，選擇月退職酬勞金。但對於受有任期保障以確保其依法獨立行使職權之政務人員於新退撫條例公布施行前、後接續任年資合計十五年者，卻無得擇領月退職酬勞金之規定，顯對其應受保護之信賴利益，並未有合理之保障，與前開憲法意旨有違。有關機關應即依本解釋意旨，使前述人員於法律上得合併退撫條例施行前後軍、公、教年資及政務人員年資滿十五年者，亦得依上開政務官退職酬勞金給與條例及八十八年六月三十日修正公布之政務人員退職酬勞金給與條例之規定擇領月退職酬勞金，以保障其信賴利益。（94、1、28）

釋字第 590 號解釋

法官於審理案件時，對於應適用之法律，依其合理之確信，認為有牴觸憲法之疑義者，各級法院得以之為先決問題，裁定停止訴訟程序，並提出客觀上形成確信法律為違憲之具體理由，聲請本院大法官解釋。此所謂「法官於審理案件時」，係指法官於審理刑事案件、行政訴訟事件、民事事件及非訟事件等而言，因之，所稱「裁定停止訴訟程序」自亦包括各該事件或案件之訴訟或非訟程序之裁定停止在內。裁定停止訴訟或非訟程序，乃法官聲請釋憲必須遵循之程序。惟訴訟或非訟程序裁定停止後，如有急迫之情形，法官即應探究相關法律之立法目的、權衡當事人之權益及公共利益、斟酌個案相關情狀等情事，為必要之保全、保護或其他適當之處分。本院釋字第三七一號及第五七二號解釋，應予補充。（94、2、25）

釋字第 591 號解釋

憲法第十六條所保障之訴訟權，旨在確保人民於其權利受侵害時，有依法定程序提起訴訟，並受法院公平審判之權利。惟訴訟應循之程序及相關要件，立法機關得衡量訴訟案件之種類、性質、訴訟制度之功能及訴訟外解決紛爭之法定途徑等因素，為正當合理之規定；倘其規範內容合乎上開意旨，且有其必要性者，即與憲法保障訴訟權之意旨無違。

民事紛爭事件之類型，因社會經濟活動之變遷趨於多樣化，為期定分止爭，國家除設立訴訟制度外，尚有仲裁及其他非訴訟之機制。基於國民主權原理及憲法對人民基本權利之保障，人民既為私法上之權利主體，於程序上亦應居於主體地位，俾其享有程序處分權及程序選擇權，於無礙公益之一定範圍內，得以合意選擇循訴訟或其他法定之非訴訟程序處理爭議。仲裁係人民依法律之規定，本於契約自由原則，以當事人合意選擇依訴訟外之途徑處理爭議之制度，兼有程序法與實體法之雙重效力，具私法紛爭自主解決之特性，為憲法之所許。

中華民國八十七年六月二十四日修正公布之仲裁法規定「仲裁判斷書應附理由而未附者」，當事人得對於他方提起撤銷仲裁判斷之訴（第四十條第一項第一款、第三十八條第二款前段），雖未將仲裁判斷之理由矛盾列為得提起訴訟之事由，要屬立法機關考量仲裁之特性，參酌國際商務仲裁之通例，且為維護仲裁制度健全發展之必要所為之制度設計，尚未逾越立法機關自由形成之範圍，與憲法第十六條保障人民訴訟權之本旨並無牴觸。（94、3、4）

釋字第 592 號解釋

本院釋字第五八二號解釋，並未於解釋文內另定應溯及生效或經該解釋宣告違憲之判例應定期失效之明文，故除聲請人據以聲請之案件外，其時間效力，應依一般效力範圍定之，即自公布當日起，各級法院審理有關案件應依解釋意旨為之。至本院釋字第五八二號解釋公布前，已繫屬於各級法院之刑事案件，該號解釋之適用應以個案事實認定涉及以共同被告之陳述，作為其他共同被告論罪之證據者為限。（94、3、30）

釋字第 593 號解釋

國家基於一定之公益目的，對特定人民課予繳納租稅以外之金錢義務，涉及人民受憲法第十五條保障之財產權，其課徵目的、對象、額度應以法律定之，或以法律具體明確之授權，由主管機關於授權範圍內以命令為必要之規範。該法律或命令規定之課徵對象，如係斟酌事物性質不同所為之合目的性選擇，其所規定之課徵方式及額度如與目的之達成具有合理之關聯性，即未牴觸憲法所規定之平等原則與比例原則。

中華民國七十三年一月二十三日修正公布之公路法第二十七條第一項規定：「公路主管機關，為公路養護、修建及安全管理所需經費，得徵收汽車燃料使用費；其徵收費率，不得超過燃料進口或出廠價格百分之五十」，已就汽車燃料使用費之徵收目的、對象及額度上限予以明定；同條第二項並具體明確授權交通部會商財政部，訂定汽車燃料使用費徵收及分配辦法，其授權之目的、範圍及內容均有明確之規定，與授權明確性原則並無不合。主管機關基於上開授權於八十六年九月二十六日修正發布汽車燃料使用費徵收及分配辦法，其第二條規定：「凡行駛公路或市區道路之各型汽車，除第四條規定免徵之車輛，均依本辦法之規定，徵收汽車燃料使用費」。第三條規定：「汽車燃料使用費按各型汽車每月耗油量，依附表費額，由交通部或委託省（市）分別代徵之。其費率如下：一、汽油每公升新臺幣二點五元。二、柴油每公升新臺幣一點五元（第一項）。前項耗油量，按各型汽車之汽缸總排氣量、行駛里程及使用效率計算之（第二項）。」均未逾越公路法之授權範圍，符合憲法第二十三條法律保留原則之要求。上開辦法第二條所定之徵收對象、第三條所定之徵收方式，並未牴觸憲法第七條之平等原則與第二十三條之比例原則。汽車燃料使用費與使用牌照稅之徵收亦不生雙重課稅之問題。（94、4、8）

釋字第 594 號解釋

人民身體之自由與財產權應予保障，固為憲法第八條、第十五條所明定；惟國家以法律明確規定犯罪之構成要件與法律效果，對於特定具社會侵害性之行為施以刑罰制裁而限制人民之身體自由或財產權者，倘與憲法第二十三條規定之意旨無違，即難謂其牴觸憲法第八條及第十五條之規定，本院釋字第四七六號、第五五一號解釋足資參照。

商標權為財產權之一種，依憲法第十五條之規定，應予保障。又商標或標章權之註冊取得與保護，同時具有揭示商標或標章所表彰之商品或服務來源，以保障消費者利益，維護公平競爭市場正常運作之功能。中華民國八十二年十二月二十二日修正公布之商標法第七十七條準用第六十二條第二款規定，旨在保障商標權人之權利，並避免因行為人意圖欺騙他人，於有關同一商品或類似商品之廣告、標帖、說明書、價目表或其他文書，附加相同或近似於他人註冊商標圖樣而陳列或散布，致一般消費者對商品或服務之來源、品質發生混淆誤認而權益受有損害，故以法律明定之犯罪構成要件，處行為人三年以下有期徒刑、拘役或科或併科新臺幣二十萬元以下罰金，符合法律明確性之要求，且為保障商標權人權利、消費者利益及市場秩序所必要，並未牴觸憲法第二十三條規定，與憲法第八條、第十五條保障人民身體自由及財產權之意旨，尚無違背。（94、4、15）

釋字第 595 號解釋

勞動基準法第二十八條第一項、第二項規定，雇主應繳納一定數額之積欠工資墊償基金（以下簡稱墊償基金）；於雇主歇業、清算或破產宣告時，積欠勞工之工資，未滿六個月部分，由該基金墊償，以保障勞工權益，維護其生活之安定。同條第四項規定「雇主積欠之工資，經勞工請求未獲清償者，由積欠工資墊償基金墊償之；雇主應於規定期限內，將墊款償還積欠工資墊償基金」，以及「積欠工資墊償基金提繳及墊償管理辦法」（以下簡稱墊償管理辦法）第十四條第一項前段規定：「勞保局依本法第二十八條規定墊償勞工工資後，得以自己名義，代位行使最優先受清償權（以下簡稱工資債權）」，據此以觀，勞工保險局以墊償基金所墊償者，原係雇主對於勞工私法上之工資給付債務；其以墊償基金墊償後取得之代位求償權（即民法所稱之承受債權，下同），乃基於法律規定之債權移轉，其私法債權之性質，並不因由國家機關行使而改變。勞工保險局與雇主間因歸墊債權所生之私法爭執，自應由普通法院行使審判權。（94、5、6）

釋字第 596 號解釋

憲法第七條規定，中華民國人民在法律上一律平等，其內涵並非指絕對、機械之形式上平等，而係保障人民在法律上地位之實質平等；立法機關基於憲法之價值體系及立法目的，自得斟酌規範事物性質之差異而爲合理之差別對待。國家對勞工與公務人員退休生活所爲之保護，方法上未盡相同；其間差異是否牴觸憲法平等原則，應就公務人員與勞工之工作性質、權利義務關係及各種保護措施爲整體之觀察，未可執其一端，遽下論斷。勞動基準法未如公務人員退休法規定請領退休金之權利不得扣押、讓與或供擔保，係立法者衡量上開性質之差異及其他相關因素所爲之不同規定，屬立法自由形成之範疇，與憲法第七條平等原則並無牴觸。（94、5、13）

釋字第 597 號解釋

憲法第十九條規定，人民有依法律納稅之義務。所謂依法律納稅，係指租稅主體、租稅客體、稅基、稅率等租稅構成要件，均應依法律明定之。各該法律之內容且應符合量能課稅及公平原則。遺產及贈與稅法第一條第一項規定，凡經常居住中華民國境內之中華民國國民死亡時遺有財產者，應就其全部遺產，依法課徵遺產稅；又所得稅法第十三條及中華民國八十六年十二月三十日修正前同法第十四條第一項第四類規定，利息應併入個人綜合所得總額，課徵個人綜合所得稅。財政部八十六年四月二十三日台財稅第八六一八九三五八八號函釋示，關於被繼承人死亡日後所孳生之利息，係屬繼承人之所得，應扣繳個人綜合所得稅等語，符合前開遺產及贈與稅法與所得稅法之立法意旨，與憲法所定租稅法律主義並無牴觸，尚未逾越對人民正當合理之稅課範圍，不生侵害人民受憲法第十五條保障之財產權問題。（94、5、20）

釋字第 598 號解釋

土地法第六十九條規定：「登記人員或利害關係人，於登記完畢後，發見登記錯誤或遺漏時，非以書面聲請該管上級機關查明核准後，不得更正」；爲執行本條更正登記之意旨，中華民國八十四年七月十二日修正發布，同年九月一日施行之土地登記規則第一百二十二條第一項規定：「登記人員或利害關係人於登記完畢後，發見登記錯誤或遺漏時，應申請更正登記。登記機關於報經上級地政機關查明核准後更正之」；此一規定，符合母法意旨，且對於人民之財產權並未增加法律所無之限制，與憲法第十五條及第二十三條之規定，均無牴觸。

上開土地登記規則第一百二十二條第二項規定：「前項登記之錯誤或遺漏，如純屬登記人員記載時之疏忽，並有原始登記原因證明文件可稽者，上級地政機關得授權登記機關逕行更正之」；同條第三項：「前項授權登記機關逕行更正之範圍，由其上級地政機關定之」；及同規則第二十九條第一項第一款：「依第一百二十二條第二項規定而爲更正登記」者，「得由登記機關逕爲登記」，無須報經上級機關之核准。此等權限授予之規定，逾越六十四年七月二十四日修正公布之土地法第三十七條第二項之範圍，並牴觸同法第六十九條之規定，與憲法第二十三條法律保留及第一百七十二條法律優位原則有違，均應自本解釋公布之日起，至遲於屆滿一年時，失其效力。（94、6、3）

釋字第 599 號解釋

司法院大法官依據憲法獨立行使憲法解釋及憲法審判權，爲確保其解釋或裁判結果實效性之保全制度，乃司法權核心機能之一，不因憲法解釋、審判或民事、刑事、行政訴訟之審判而異。如因系爭憲法疑義或爭議狀態之持續、爭議法令之適用或原因案件裁判之執行，可能對人民基本權利、憲法基本原則或其他重大公益造成不可回復或難以回復之重大損害，而對損害之防止事實上具急迫必要性，且別無其他手段可資防免時，即得權衡作成暫時處分之利益與不作成暫時處分之不利益，並於利益顯然大於不利益時，依聲請人之聲請，於本案解釋前作成暫時處分以定暫時狀態。據此，聲請人就戶籍法第八條第二項及第三項規定所爲暫時處分之聲請，應予准許。戶籍法第八條第二項、第三項及以按捺指紋始得請領或換發新版國民身分證之相關規定，於本案解釋公布之前，暫時停止適用。本件暫時處分應於本案解釋公布時或至遲於本件暫時處分公布屆滿六個月時，失其效力。

另就中華民國九十四年七月一日起依法應請領或得申請國民身分證，或因正當理由申請補換發之人民，有關機關仍應製發未改版之國民身分證或儘速擬定其他權宜措施，俾該等人民於戶籍法第八條第二項及第三項停止效力期間仍得取得國民身分證明之文件，併此指明。

聲請人就戶籍法第八條所爲暫時處分之聲請，於同條第一項之部分應予駁回。（94、6、10）

釋字第 600 號解釋

依土地法所為之不動產物權登記具有公示力與公信力，登記之內容自須正確真實，以確保人民之財產權及維護交易之安全。不動產包括土地及建築物，性質上為不動產之區分所有建築物，因係數人區分一建築物而各有其一部，各所有人所享有之所有權，其關係密切而複雜，故就此等建築物辦理第一次所有權登記時，各該所有權客體之範圍必須客觀明確，方得據以登記，俾貫徹登記制度之上述意旨。內政部於中華民國八十四年七月十二日修正發布之土地登記規則與八十七年二月十一日修正發布之地籍測量實施規則分別係依土地法第三十七條第二項及第四十七條之授權所訂定。該登記規則第七十五條第一款乃係規定區分所有建築物共用部分之登記方法。上開實施規則第二百七十九條第一項之規定，旨在確定區分所有建築物之各區分所有權客體及其共用部分之權利範圍及位置，與建築物區分所有權移轉後之歸屬，以作為地政機關實施區分所有建築物第一次測量及登記之依據。是上開土地登記規則及地籍測量實施規則之規定，並未逾越土地法授權範圍，亦符合登記制度之首開意旨，為辦理區分所有建築物第一次測量、所有權登記程序所必要，且與民法第七百九十九條、第八百十七條第二項關於共用部分及其應有部分推定規定，各有不同之規範功能及意旨，難謂已增加法律所無之限制，與憲法第十五條財產權保障及第二十三條規定之法律保留原則及比例原則，尚無牴觸。

建築物（包含區分所有建築物）與土地同為法律上重要不動產之一種，關於其所有權之登記程序及其相關測量程序，涉及人民權利義務之重要事項者，諸如區分所有建築物區分所有人對於共用部分之認定、權屬之分配及應有部分之比例、就登記權利於當事人未能協議或發生爭議時之解決機制等，於土地法或其他相關法律未設明文，本諸憲法保障人民財產權之意旨，尚有未周，應檢討改進，以法律明確規定為宜。（94、7、22）

釋字第 601 號解釋

司法院大法官由總統提名，經立法院同意後任命，為憲法第八十條規定之法官，本院釋字第三九二號、第三九六號、第五三〇號、第五八五號等解釋足資參照。為貫徹憲法第八十條規定「法官須超出黨派以外，依據法律獨立審判，不受任何干涉」之意旨，大法官無論其就任前職務為何，在任期中均應受憲法第八十一條關於法官「非受刑事或懲戒處分，或禁治產之宣告，不得免職。非依法律，不得停職、轉任或減俸」規定之保障。法官與國家之職務關係，因受憲法直接規範與特別保障，故與政務人員或一般公務人員與國家之職務關係不同。

憲法第八十一條關於法官非依法律不得減俸之規定，依法官審判獨立應予保障之憲法意旨，係指法官除有懲戒事由始得以憲法第一百七十條規定之法律予以減俸外，各憲法機關不得以任何其他理由或方式，就法官之俸給，予以刪減。

司法院大法官之俸給，依中華民國三十八年一月十七日公布之總統副總統及特任人員月俸公費支給暫行條例第二條規定及司法院組織法第五條第四項前段、司法人員人事條例第四十條第三項、第三十八條第二項之規定以觀，係由本俸、公費及司法人員專業加給所構成，均屬依法支領之法定經費。立法院審議九十四年度中央政府總預算案時，刪除司法院大法官支領司法人員專業加給之預算，使大法官既有之俸給因而減少，與憲法第八十一條規定之上開意旨，尚有未符。

司法院院長、副院長，依憲法增修條文第五條第一項規定，係由大法官並任，其應領取司法人員專業加給，而不得由立法院於預算案審議中刪除該部分預算，與大法官相同；至司法院秘書長職司者為司法行政職務，其得否支領司法人員專業加給，自應依司法人員人事條例第三十九條等相關法令個案辦理，併予指明。（94、7、22）

釋字第 602 號解釋

中華民國八十年二月四日制定公布之公平交易法第二十三條第一項規定：「多層次傳銷，其參加人如取得佣金、獎金或其他經濟利益，主要係基於介紹他人加入，而非基於其所推廣或銷售商品或勞務之合理市價者，不得為之。」其中所稱「主要」、「合理市價」之認定標準，係以參加人取得經濟利益之來源，推廣或銷售商品或勞務之價格為判斷，其範圍應屬可得確定。且多層次傳銷之營運計畫或組織之訂定，傳銷行為之統籌規劃，係由多層次傳銷事業為之，則不正當多層次傳銷事業之行為人，對於該事業之參加人所取得之經濟利益，主要係基於介紹他人加入，而非基於參加人所推廣或銷售商品或勞務之合理市價，依其專業知識及社會通念，非不得預見，並可由司法審查予以認定及判斷，符合法律明確性原則。又同法第三十五條明定，以違反上開第二十三條第一項規定為犯罪構成要件，與罪刑法定原則中之構成要件明確性原則及罪刑相當原則尚無不符，且為維護社會交易秩序，健全市場機能，促進經濟之安定與繁榮所必要，並未牴觸憲法第二十三條之規定，與憲法第八條、第十五條保障人民身體自由及財產權之意旨，尚無違背。

上開公平交易法第二十三條第二項規定：「多層次傳銷之管理辦法，由中央主管機關定之。」中央主管機關行政院公平交易委員會依據上開授權，於八十一年二月二十八日訂定發布多層次傳銷管理辦法，其第五條（已刪除）規定，涉及人民退出多層次傳銷計畫或組織之權利義務事項，已非單純行政機關對事業行使公權力之管理辦法，顯然逾越上開公平交易法第二十三條第二項授權之範圍，違背憲法第二十三條規定之法律保留原則，應不予適用。（94、7、30）

釋字第 603 號解釋

維護人性尊嚴與尊重人格自由發展，乃自由民主憲政秩序之核心價值。隱私權雖非憲法明文列舉之權利，惟基於人性尊嚴與個人主體性之維護及人格發展之完整，並為保障個人生活私密領域免於他人侵擾及個人資料之自主控制，隱私權乃為不可或缺之基本權利，而受憲法第二十二條所保障（本院釋字第五八五號解釋參照）。其中就個人自主控制個人資料之資訊隱私權而言，乃保障人民決定是否揭露其個人資料、及在何種範圍內、於何時、以何種方式、向何人揭露之決定權，並保障人民對其個人資料之使用有知悉與控制權及資料記載錯誤之更正權。惟憲法對資訊隱私權之保障並非絕對，國家得於符合憲法第二十三條規定意旨之範圍內，以法律明確規定對之予以適當之限制。

指紋乃重要之個人資訊，個人對其指紋資訊之自主控制，受資訊隱私權之保障。而國民身分證發給與否，則直接影響人民基本權利之行使。戶籍法第八條第二項規定：依前項請領國民身分證，應捺指紋並錄存。但未滿十四歲請領者，不予捺指紋，俟年滿十四歲時，應補捺指紋並錄存。第三項規定：請領國民身分證，不依前項規定捺指紋者，不予發給。對於未依規定捺指紋者，拒絕發給國民身分證，形同強制按捺並錄存指紋，以作為核發國民身分證之要件，其目的為何，戶籍法未設明文規定，於憲法保障人民資訊隱私權之意旨已有未合。縱用以達到國民身分證之防偽、防止冒領、冒用、辨識路倒病人、迷途失智者、無名屍體等目的而言，亦屬損益失衡、手段過當，不符比例原則之要求。戶籍法第八條第二項、第三項強制人民按捺指紋並予錄存否則不予發給國民身分證之規定，與憲法第二十二條、第二十三條規定之意旨不符，應自本解釋公布之日起不再適用。至依據戶籍法其他相關規定換發國民身分證之作業，仍得繼續進行，自不待言。

國家基於特定重大公益之目的而有大規模蒐集、錄存人民指紋、並有建立資料庫儲存之必要者，則應以法律明定其蒐集之目的，其蒐集應與重大公益目的之達成，具有密切之必要性與關聯性，並應明文禁止法定目的外之使用。主管機關尤應配合當代科技發展，運用足以確保資訊正確及安全之方式為之，並對所蒐集之指紋檔案採取組織上與程序上必要之防護措施，以符憲法保障人民資訊隱私權之本旨。（94、9、28）

釋字第 604 號解釋

道路交通管理處罰條例係為加強道路交通管理，維護交通秩序，確保交通安全而制定。依中華民國八十六年一月二十二日增訂公布第八十五條之一規定，係對於汽車駕駛人違反同條例第五十六條第一項各款而為違規停車之行為，得為連續認定及通知其違規事件之規定，乃立法者對於違規事實一直存在之行為，考量該違規事實之存在對公益或公共秩序確有影響，除使主管機關得以強制執行之方法及時除去該違規事實外，並得藉舉發其違規事實之次數，作為認定其違規行為之次數，從而對此多次違規行為得予以多次處罰，並不生一行為二罰之問題，故與法治國家一行為不二罰之原則，並無牴觸。

立法者固得以法律規定行政機關執法人員得以連續舉發及隨同多次處罰之遏阻作用以達成行政管制之目的，但仍須符合憲法第二十三條之比例原則及法律授權明確性原則。鑑於交通違規之動態與特性，則立法者欲藉連續舉發以警惕及遏阻違規行為人任由違規事實繼續存在者，得授權主管機關考量道路交通安全等相關因素，將連續舉發之條件及前後舉發之間隔及期間以命令為明確之規範。

道路交通管理處罰條例第八十五條之一得為連續舉發之規定，就連續舉發時應依何種標準為之，並無原則性規定。雖主管機關依道路交通管理處罰條例第九十二條之授權，於九十年五月三十日修正發布「違反道路交通管理事件統一裁罰標準及處理細則」，其第十二條第四項規定，以「每逾二小時」為連續舉發之標準，衡諸人民可能因而受處罰之次數及可能因此負擔累計罰鍰之金額，相對於維護交通秩序、確保交通安全之重大公益而言，尚未逾越必要之程度。惟有關連續舉發之授權，其目的與範圍仍以法律明定為宜。

道路交通管理處罰條例第五十六條第二項關於汽車駕駛人不在違規停放之車內時，執法人員得於舉發其違規後，使用民間拖吊車拖離違規停放之車輛，並收取移置費之規定，係立法者衡量各種維護交通秩序之相關因素後，合理賦予行政機關裁量之事項，不能因有此一規定而推論連續舉發並為處罰之規定，違反憲法上之比例原則。（94、10、21）

釋字第 605 號解釋

憲法第十八條規定人民有服公職之權利，旨在保障人民有依法令從事於公務，暨由此衍生享有之身分保障、俸給與退休金等權利。公務人員依法銓敘取得之官等俸級，基於憲法上服公職之權利，受制度性保障（本院釋字第五七五號、第四八三號解釋參照），惟其俸給銓敘權利之取得，係以取得公務人員任用法上之公務人員資格爲前提。
中華民國八十八年十一月二十五日修正發布之公務人員俸給法施行細則（以下簡稱八十八年施行細則）第十五條第三項修正規定，區別各類年資之性質，使公務人員曾任聘用人員之公務年資，僅得提敘至本俸最高級爲止，與憲法第七條保障平等權之意旨並無牴觸。
八十八年施行細則第十五條第三項修正規定，使公務人員原任聘用人員年資，依八十四年十二月二十六日修正發布之公務人員俸給法施行細則（以下簡稱八十四年施行細則）及八十七年一月十五日修正發布之公務人員俸給法施行細則（以下簡稱八十七年施行細則）第十五條第二項、第三項規定，得按年提敘俸級至年功俸最高級者，僅得提敘至本俸最高級爲止。並另以指定施行日期方式，訂定過渡條款。衡量此項修正，乃爲維護公務人員文官任用制度之健全、年功俸晉敘公平之重大公益，並有減輕聘用人員依八十八年修正前舊法規得受保障之利益所受損害之措施，已顧及憲法上之信賴保護原則，與平等原則亦尚無違背。
上開施行細則旨在提供公務人員於依法任用之後，其未具公務人員任用資格前所曾任之公務年資，酌予核計爲公務人員年資之優惠措施，本質上並非限制人民之財產權，故不生違反憲法第二十三條之問題。（94、11、9）

釋字第 606 號解釋

中華民國七十九年十二月二十九日制定公布之促進產業升級條例第十六條第三款規定，公司以未分配盈餘增資轉投資於同條例第八條所規定之重要事業者，其股東因而取得之新發行記名股票，免予計入該股東當年度綜合所得額；其股東爲營利事業者，免予計入當年度營利事業所得額課稅。主管機關於八十六年九月二十四日修正發布之同條例施行細則第四十二條規定，公司以未分配盈餘增資轉投資於該條例第八條所規定之重要事業者，應於公司登記主管機關核准增資後六個月內，檢附相關文件向管轄稽徵機關申請該次增資發放予股東之股票股利免計入股東當年度所得課稅，乃屬執行該條例第十六條第三款規定所必要，符合首開法律規定之意旨，並未逾越母法之限度，與憲法第十五條及第二十三條並無牴觸。（94、12、2）

釋字第 607 號解釋

憲法第十九條規定，人民有依法律納稅之義務，係指國家課人民以繳納稅捐之義務或給予人民減免稅捐之優惠時，應就租稅主體、租稅客體、稅基、稅率等租稅構成要件，以法律明定之。各該法律規定之內容且應符合租稅公平原則。財政部中華民國八十二年七月十九日台財稅第八二一四九一六八一號函、八十四年八月十六日台財稅第八四一六四一六三九號函、八十七年九月二十三日台財稅第八七一九六六五一六號函，符合所得稅法第三條及第二十四條第一項規定之意旨，並未違背租稅法律主義及憲法第七條規定之平等原則，與憲法第十五條保障人民財產權之意旨亦無牴觸。（94、12、30）

釋字第 608 號解釋

遺產稅之課徵，其遺產價值之計算，以被繼承人死亡時之時價爲準，遺產及贈與稅法第十條第一項前段定有明文；依中華民國八十四年一月二十七日修正公布之所得稅法第四條第十七款前段規定，因繼承而取得之財產，免納所得稅；八十六年十二月三十日修正公布之所得稅法第十四條第一項第一類規定，公司股東所獲分配之股利總額屬於個人之營利所得，應合併計入個人之綜合所得總額，課徵綜合所得稅。財政部六十七年十月五日台財稅字第三六七六一號函：「繼承人於繼承事實發生後所領取之股利，係屬繼承人之所得，應課徵繼承人之綜合所得稅，而不視爲被繼承人之遺產」，係主管機關基於法定職權，爲釐清繼承人於繼承事實發生後所領取之股利，究屬遺產稅或綜合所得稅之課徵範圍而爲之釋示，符合前述遺產及贈與稅法、所得稅法規定之意旨，不生重複課稅問題，與憲法第十九條之租稅法律主義及第十五條保障人民財產權之規定，均無牴觸。（95、1、13）

釋字第 609 號解釋

勞工依法參加勞工保險及因此所生之公法上權利，應受憲法保障。關於保險效力之開始、停止、終止、保險事故之種類及保險給付之履行等，攸關勞工或其受益人因保險關係所生之權利義務事項，或對其權利之限制，應以法律或法律明確授權之命令予以規範，且其立法之目的與手段，亦須符合憲法第二十三條之規定，始爲憲法所許。中華民國八十四年二月二十八日修正之勞工保險條例第十九條第一項規定：「被保險人或其受益人，於保險效力開始後，停止前發生保險事故者，得依本條例規定，請領保險給付。」依同條例第六十二條至第六十四條之規定，死亡給付之保險事故，除法律有特別排除規定外（同條例第二十三條、第二十六條參照），係指被保險人或其父母、配偶、子女死亡而言，至其死亡之原因何時發生，應非所問。惟若被保險人於加保時已無工作能力，或以詐欺、其他不正當行爲領取保險給付等情事，則屬應取消其被保險人之資格，或應受罰鍰處分，並負民、刑事責任之問題

（同條例第二十四條、第七十條參照）。行政院勞工委員會七十七年四月十四日台(77)勞保二字第六五三〇號函及七十九年三月十日台(79)勞保三字第四四五一號函，就依法加保之勞工因罹患癌症等特定病症或其他傷病，於保險有效期間死亡者，以各該傷病須在保險有效期間發生為條件，其受益人始得請領死亡給付，乃對於受益人請領死亡保險給付之權利，增加勞工保險條例所無之限制，與憲法第二十三條所定法律保留原則有違，於此範圍內，應不再適用。（95、1、27）

釋字第 610 號解釋

公務員懲戒法第三十四條第二款規定，依同法第三十三條第一項第四款為原因，移請或聲請再審議者，應自相關之刑事裁判確定之日起三十日內為之。該期間起算日之規定，於受懲戒處分人為該刑事裁判之被告，而其對該裁判不得聲明不服，僅他造當事人得聲明不服；以及受懲戒處分人非該刑事裁判之被告，僅其與該裁判相關等情形；因現行刑事訴訟法制就檢察官或自訴人何時收受裁判之送達、其得聲明不服而未聲明不服以及該等裁判於何時確定等事項，並無法院、檢察官（署）或自訴人應通知被告及關係人等之規定，致該等受懲戒處分人未能知悉該類裁判確定之日，據以依首開規定聲請再審議。是上開期間起算日之規定，未區分受懲戒處分人於相關刑事確定裁判之不同訴訟地位，及其於該裁判確定時是否知悉此事實，一律以該裁判確定日為再審議聲請期間之起算日，與憲法第七條及第十六條人民訴訟權之平等保障意旨不符。上開受懲戒處分人以相關之刑事確定裁判聲請再審議之法定期間，應自其知悉該裁判確定之日起算，方符上開憲法規定之本旨。首開規定與此解釋意旨不符部分，應不再適用。本院釋字第四四六號解釋，應予補充。（95、3、3）

釋字第 611 號解釋

憲法第十八條保障人民服公職之權利，包括公務人員任職後依法令晉敘陞遷之權。晉敘陞遷之重要內容應以法律定之。主管機關依法律授權訂定施行細則時，為適用相關任用及晉敘之規定而作補充性之解釋，如無違於一般法律解釋方法，於符合相關憲法原則及法律意旨之限度內，即與法律保留原則無所牴觸。

中華民國八十五年十二月十日修正發布之公務人員任用法施行細則，係依公務人員任用法第三十九條授權所訂定，該細則第十五條第二項規定「本法第十七條第四項所稱『薦任第七職等以下職務』，指職務之列等最高為薦任第七職等者而言」，乃主管機關就同年十一月十四日修正公布之公務人員任用法第十七條第四項規定所為補充性之解釋，尚在母法合理解釋範圍之內，與憲法第十八條保障人民服公職權利及第二十三條法律保留原則均無違背。（95、5、26）

釋字第 612 號解釋

憲法第十五條規定人民之工作權應予保障，人民從事工作並有選擇職業之自由，如為增進公共利益，於符合憲法第二十三條規定之限度內，對於從事工作之方式及必備之資格或其他要件，得以法律或經法律授權之命令限制之。其以法律授權主管機關發布命令為補充規定者，內容須符合立法意旨，且不得逾越母法規定之範圍。其在母法概括授權下所發布者，是否超越法律授權，不應拘泥於法條所用之文字，而應就該法律本身之立法目的，及整體規定之關聯意義為綜合判斷，迭經本院解釋闡明在案。

中華民國七十四年十一月二十日修正公布之廢棄物清理法第二十一條規定，公、民營廢棄物清除、處理機構管理輔導辦法及專業技術人員之資格，由中央主管機關定之。此一授權條款雖未就專業技術人員資格之授權內容與範圍為明確之規定，惟依法律整體解釋，應可推知立法者有意授權主管機關，除就專業技術人員資格之認定外，尚包括主管機關對於專業技術人員如何適當執行其職務之監督等事項，以達成有效管理輔導公、民營廢棄物清除、處理機構之授權目的。

行政院環境保護署依據前開授權於八十六年十一月十九日訂定發布之公民營廢棄物清除處理機構管理輔導辦法（已廢止），其第三十一條第一款規定：清除、處理技術員因其所受僱之清除、處理機構違法或不當營運，致污染環境或危害人體健康，情節重大者，主管機關應撤銷其合格證書，係指廢棄物清除、處理機構有導致重大污染環境或危害人體健康之違法或不當營運情形，而在清除、處理技術員執行職務之範圍內者，主管機關應撤銷清除、處理技術員合格證書而言，並未逾越前開廢棄物清理法第二十一條之授權範圍，乃為達成有效管理輔導公、民營廢棄物清除、處理機構之授權目的，以改善環境衛生，維護國民健康之有效方法，其對人民工作權之限制，尚未逾越必要程度，符合憲法第二十三條之規定，與憲法第十五條之意旨，亦無違背。（95、6、16）

釋字第 613 號解釋

行政院為國家最高行政機關，憲法第五十三條定有明文，基於行政一體，須為包括國家通訊傳播委員會（以下簡稱通傳會）在內之所有行政院所屬機關之整體施政表現負責，並因通傳會施政之良窳，與通傳會委員之人選有密切關係，因而應擁有對通傳會委員之人事決定權。基於權力分立原則，行使立法權之立法院對行政院有關通傳會委員之人事決定權固非不能施以一定限制，以為制衡，惟制衡仍有其界限，除不能牴觸憲法明白規定外，亦不能將人事決定權予以實質剝奪或逕行取而代之。國家通訊傳播委員會組織法（以下簡稱通傳會組織法）第四條第二項通傳會委員「由各政黨（團）接受各界舉薦，並依其在立法院所占席次比例共推薦十五名、行政院院長推薦三名，交由提名審查委員會（以下簡稱審查會）審查。各政黨（團）應於本法施行日起十五日內完成推薦」之規定、同條第三項「審查會應於本法施行日起十日內，由各政黨（團）依其在立法院所占席次比例推薦十一名學者、專家組成。審查會應於接受推薦名單後，二十日內完成審查，本項審查應以聽證會程序公開為之，並以記名投票表決。審查會先以審查會委員總額五分之三以上為可否之同意，如同意者未達十三名時，其缺額隨即以審查會委員總額二分之一以上為可否之同意」及同條第四項「前二項之推薦，各政黨（團）未於期限內完成者，視為放棄」關於委員選任程序部分之規定，及同條第六項「委員任滿三個月前，應依第二項、第三項程序提名新任委員；委員出缺過半時，其缺額依第二項、第三項程序辦理，繼任委員任期至原任期屆滿為止」關於委員任滿提名及出缺提名之規定，實質上幾近完全剝奪行政院之人事決定權，逾越立法機關對行政院人事決定權制衡之界限，違反責任政治暨權力分立原則。又上開規定等將剝奪自行政院之人事決定權，實質上移轉由立法院各政黨（團）與由各政黨（團）依其在立法院所占席次比例推薦組成之審查會共同行使，影響人民對通傳會應超越政治之公正性信賴，違背通傳會設計為獨立機關之建制目的，與憲法所保障通訊傳播自由之意旨亦有不符。是上開規定應自本解釋公布之日起，至遲於中華民國九十七年十二月三十一日失其效力。失去效力之前，通傳會所作成之行為，並不因前開規定經本院宣告違憲而影響其適法性，人員與業務之移撥，亦不受影響。

通傳會組織法第四條第三項後段規定通傳會委員由行政院院長任命之部分，及同條第五項「本會應於任命後三日內自行集會成立，並互選正、副主任委員，行政院院長應於選出後七日內任命。主任委員、副主任委員應分屬不同政黨（團）推薦人選；行政院院長推薦之委員視同執政黨推薦人選」等規定，於憲法第五十六條並無牴觸。

通傳會組織法第十六條第一項規定：「自通訊傳播基本法施行之日起至本會成立之日前，通訊傳播相關法規之原主管機關就下列各款所做之決定，權利受損之法人團體、個人，於本會成立起三個月內，得向本會提起覆審。但已提起行政救濟程序者，不在此限：一、通訊傳播監理政策。二、通訊傳播事業營運之監督管理、證照核發、換發及廣播、電視事業之停播、證照核發、換發或證照吊銷處分。三、廣播電視事業組織及其負責人與經理人資格之審定。四、通訊傳播系統及設備之審驗。五、廣播電視事業設立之許可與許可之廢止、電波發射功率之變更、停播或吊銷執照之處分、股權之轉讓、名稱或負責人變更之許可。」係立法者基於法律制度變革等政策考量，而就特定事項為特殊之救濟制度設計，尚難謂已逾越憲法所容許之範圍。而通傳會於受理覆審申請，應否撤銷違法之原處分，其具體標準通傳會組織法並未規定，仍應受行政程序法第一百十七條但書之規範。同條第二項規定：「覆審決定，應回復原狀時，政府應即回復原狀；如不能回復原狀者，應予補償。」則屬立法者配合上開特殊救濟制度設計，衡酌法安定性之維護與信賴利益之保護所為之配套設計，亦尚未逾越憲法所容許之範圍。

又本件聲請人聲請於本案解釋作成前為暫時處分部分，因本案業經作成解釋，已無審酌之必要。

（95、7、21）

釋字第614號解釋

憲法上之法律保留原則乃現代法治國原則之具體表現，不僅規範國家與人民之關係，亦涉及行政、立法兩權之權限分配。給付行政措施如未限制人民之自由權利，固尚難謂與憲法第二十三條規定之限制人民基本權利之法律保留原則有違，惟如涉及公共利益或實現人民基本權利之保障等重大事項者，原則上仍應有法律或法律明確之授權為依據，主管機關始得據以訂定法規命令（本院釋字第四四三號解釋理由書參照）。公務人員曾任公營事業人員者，其服務於公營事業之期間，得否併入公務人員年資，以為退休金計算之基礎，憲法雖未規定，立法機關仍非不得本諸憲法照顧公務人員生活之意旨，以法律定之。在此類法律制定施行前，主管機關依法律授權訂定之法規命令，或逕行訂定相關規定為合理之規範以供遵循者，因其內容非限制人民之自由權利，尚難謂與憲法第二十三條規定之法律保留原則有違。惟曾任公營事業人員轉任公務人員時，其退休相關權益乃涉及公共利益之重大事項，仍應以法律或法律明確授權之命令定之為宜，併此指明。

主管機關依法律授權所訂定之法規命令，其屬給付性質者，亦應受相關憲法原則，尤其是平等原則之拘束（本院釋字第五四二號解釋參照）。考試院依據公務人員退休法第十七條授權訂定之施行細則，於中華民國八十七年十一月十三日修正發布該施行細則第十二條第三項，就公營事業之人員轉任為適用公務人員退休法之公務人員後，如何併計其於公營事業任職期間年資之規定，與同條第二項就政務人員、公立學校教育人員或軍職人員轉任時，如何併計年資之規定不同，乃主管機關考量公營事業人員與適用公務人員退休法之公務人員及政務人員、公立學校教育人員、軍職人員之薪給結構、退撫基金之繳納基礎、給付標準等整體退休制度之設計均有所不同，所為之合理差別規定，尚難認係恣意或不合理，與憲法第七條平等原則亦無違背。（95、7、28）

釋字第 615 號解釋

所得稅法施行細則第二十五條第二項規定，納稅義務人選定適用標準扣除額者，於其結算申報案件經稽徵機關核定應納稅額之後，不得要求變更適用列舉扣除額，並未逾越九十年一月三日修正公布之所得稅法第十七條第一項第二款之規範目的；財政部八十一年二月十一日台財稅字第八〇一七九九九七三號及八十七年三月十九日台財稅字第八七一九三四六〇六號函釋，係就上開規定之適用原則，依法定職權而為闡釋，並未增加該等規定所無之限制，均與憲法第十九條租稅法律原則無違。（95、7、28）

釋字第 616 號解釋

中華民國七十八年十二月三十日修正公布之所得稅法第一百零八條第一項規定：「納稅義務人違反第七十一條及第七十二條規定，未依限辦理結算申報，但已依第七十九條第一項規定補辦結算申報，經稽徵機關據以調查核定其所得額及應納稅額者，應按核定應納稅額另徵百分之十滯報金。滯報金之金額，不得少於一千五百元。」八十六年十二月三十日增訂公布之同法第一百零八條之一第一項規定：「營利事業違反第一百零二條之二規定，未依限辦理未分配盈餘申報，但已依第一百零二條之三第二項規定補辦申報，經稽徵機關據以調查核定其未分配盈餘及應加徵之稅額者，應按核定應加徵之稅額另徵百分之十滯報金。滯報金之金額，不得少於一千五百元。」乃對納稅義務人未於法定期限內履行申報義務之制裁，其違規情節有區分輕重程度之可能與必要者，自應根據違反義務本身情節之輕重程度為之。上開規定在納稅義務人已繳納其應納稅款之情形下，行為罰仍依應納稅額固定之比例加徵滯報金，又無合理最高額之限制，顯已逾越處罰之必要程度而違反憲法第二十三條之比例原則，與憲法第十五條保障人民財產權之意旨有違，應自本解釋公布之日起，至遲於屆滿一年時，失其效力。（95、9、15）

釋字第 617 號解釋

憲法第十一條保障人民之言論及出版自由，旨在確保意見之自由流通，使人民有取得充分資訊及實現自我之機會。性言論之表現與性資訊之流通，不問是否出於營利之目的，亦應受上開憲法對言論及出版自由之保障。惟憲法對言論及出版自由之保障並非絕對，應依其性質而有不同之保護範疇及限制之準則，國家於符合憲法第二十三條規定意旨之範圍內，得以法律明確規定對之予以適當之限制。

為維持男女生活中之性道德感情與社會風化，立法機關如制定法律加以規範，則釋憲者就立法者關於社會多數共通價值所為之判斷，原則上應予尊重。惟為貫徹憲法第十一條保障人民言論及出版自由之本旨，除為維護社會多數共通之性價值秩序所必要而得以法律加以限制者外，仍應對少數性文化族群依其性道德感情與對社會風化之認知而形諸為性言論表現或性資訊流通者，予以保障。

刑法第二百三十五條第一項規定所謂散布、播送、販賣、公然陳列猥褻之資訊或物品，或以他法供人觀覽、聽聞之行為，係指對含有暴力、性虐待或人獸性交等而無藝術性、醫學性或教育性價值之猥褻資訊或物品為傳布，或對其他客觀上足以刺激或滿足性慾，而令一般人感覺不堪呈現於眾或不能忍受而排拒之猥褻資訊或物品，未採取適當之安全隔絕措施而傳布，使一般人得以見聞之行為；同條第二項規定所謂意圖散布、播送、販賣而製造、持有猥褻資訊、物品之行為，亦僅指意圖傳布含有暴力、性虐待或人獸性交等而無藝術性、醫學性或教育性價值之猥褻資訊或物品而製造、持有之行為，或對其他客觀上足以刺激或滿足性慾，而令一般人感覺不堪呈現於眾或不能忍受而排拒之猥褻資訊或物品，意圖不採取適當安全隔絕措施之傳布，使一般人得以見聞而製造或持有該等猥褻資訊、物品之情形，至對於製造、持有等原屬散布、播送及販賣等之預備行為，擬制為與散布、播送及販賣等傳布性資訊或物品之構成要件行為具有相同之不法程度，乃屬立法之形成自由；同條第三項規定針對猥褻之文字、圖畫、聲音或影像之附著物及物品，不問屬於犯人與否，一概沒收，亦僅限於違反前二項規定之猥褻資訊附著物及物品。依本解釋意旨，上開規定對性言論之表現與性資訊之流通，並未為過度之封鎖與歧視，對人民言論及出版自由之限制尚屬合理，與憲法第二十三條之比例原則要無不符，並未違背憲法第十一條保障人民言論及出版自由之本旨。

刑法第二百三十五條規定所稱猥褻之資訊、物品，其中「猥褻」雖屬評價性之不確定法律概念，然所謂猥褻，指客觀上足以刺激或滿足性慾，其內容可與性器官、性行為及性文化之描繪與論述聯結，且須以引起普通一般人羞恥或厭惡感而侵害性的道德感情，有礙於社會風化者爲限（本院釋字第四〇七號解釋參照），其意義並非一般人難以理解，且爲受規範者所得預見，並可經由司法審查加以確認，與法律明確性原則尚無違背。（95、10、26）

釋字第618號解釋

中華民國人民，無分男女、宗教、種族、階級、黨派，在法律上一律平等，爲憲法第七條所明定。其依同法第十八條應考試服公職之權，在法律上自亦應一律平等。惟此所謂平等，係指實質上之平等而言，立法機關基於憲法之價值體系，自得斟酌規範事物性質之差異而爲合理之區別對待，本院釋字第二〇五號解釋理由書足資參照。且其基於合理之區別對待而以法律對人民基本權利所爲之限制，亦應符合憲法第二十三條規定比例原則之要求。中華民國八十年五月一日制定公布之憲法增修條文第十條（八十六年七月二十一日修正公布改列爲第十一條）規定：「自由地區與大陸地區間人民權利義務關係及其他事務之處理，得以法律爲特別之規定。」臺灣地區與大陸地區人民關係條例（以下簡稱兩岸關係條例），即爲國家統一前規範臺灣地區與大陸地區間人民權利義務關係及其他事務處理之特別立法。

八十九年十二月二十日修正公布之兩岸關係條例第二十一條第一項前段規定，大陸地區人民經許可進入臺灣地區者，非在臺灣地區設有戶籍滿十年，不得擔任公務人員部分，乃係基於公務人員經國家任用後，即與國家發生公法上職務關係及忠誠義務，其職務之行使，涉及國家之公權力，不僅應遵守法令，更應積極考量國家整體利益，採取一切有利於國家之行爲與決策；並鑒於兩岸目前仍處於分治與對立之狀態，且政治、經濟與社會等體制具有重大之本質差異，爲確保臺灣地區安全、民眾福祉暨維護自由民主之憲政秩序，所爲之特別規定，其目的洵屬合理正當。基於原設籍大陸地區人民設籍臺灣地區未滿十年者，對自由民主憲政體制認識與其他臺灣地區人民容有差異，故對其擔任公務人員之資格與其他臺灣地區人民予以區別對待，亦屬合理，與憲法第七條之平等原則及憲法增修條文第十一條之意旨尚無違背。又系爭規定限制原設籍大陸地區人民，須在臺灣地區設有戶籍滿十年，作爲擔任公務人員之要件，實乃考量原設籍大陸地區人民對自由民主憲政體制認識之差異，及融入臺灣社會需經過適應期間，且爲使原設籍大陸地區人民於擔任公務人員時普遍獲得人民對其所行使公權力之信賴，尤需有長時間之培養，系爭規定以十年爲期，其手段仍在必要及合理之範圍內，立法者就此所爲之斟酌判斷，尚無明顯而重大之瑕疵，難謂違反憲法第二十三條規定之比例原則。（95、11、3）

釋字第619號解釋

對於人民違反行政法上義務之行爲處以裁罰性之行政處分，涉及人民權利之限制，其處罰之構成要件及法律效果，應由法律定之，以命令爲之者，應有法律明確授權，始符合憲法第二十三條法律保留原則之意旨（本院釋字第三九四號、第四〇二號解釋參照）。土地稅法第五十四條第一項第一款所稱「減免地價稅」之意義，因涉及裁罰性法律構成要件，依其文義及土地稅法第六條、第十八條第一項與第三項等相關規定之體系解釋，自應限於依土地稅法第六條授權行政院訂定之土地稅減免規則所定標準及程序所爲之地價稅減免而言。土地稅法施行細則第十五條規定：「適用特別稅率之原因、事實消滅時，土地所有權人應於三十日內向主管稽徵機關申報，未於期限內申報者，依本法第五十四條第一項第一款之規定辦理」，將非依土地稅法第六條及土地稅減免規則規定之標準及程序所爲之地價稅減免情形，於未依三十日期限內申報適用特別稅率之原因、事實消滅者，亦得依土地稅法第五十四條第一項第一款之規定，處以短匿稅額三倍之罰鍰，顯以法規命令增加裁罰性法律所未規定之處罰對象，復無法律明確之授權，核與首開法律保留原則之意旨不符，牴觸憲法第二十三條規定，應於本解釋公布之日起至遲於屆滿一年時失其效力。（95、11、10）

釋字第620號解釋

憲法第十九條規定，人民有依法律納稅之義務，係指國家課人民以繳納稅捐之義務或給予人民減免稅捐之優惠時，應就租稅主體、租稅客體、稅基、稅率等租稅構成要件，以法律或法律明確授權之命令定之，迭經本院闡釋在案。

中華民國七十四年六月三日增訂公布之民法第一千零三十條之一（以下簡稱增訂民法第一千零三十條之一）第一項規定：「聯合財產關係消滅時，夫或妻於婚姻關係存續中所取得而現存之原有財產，扣除婚姻關係存續中所負債務後，如有剩餘，其雙方剩餘財產之差額，應平均分配。但因繼承或其他無償取得之財產，不在此限」。該項明定聯合財產關係消滅時，夫或妻之剩餘財產差額分配請求權，乃立法者就夫或妻對家務、教養子女及婚姻共同生活貢獻所爲之法律上評價。因此夫妻於婚姻關係存續中共同協力所形成之聯合財產中，除因繼承或其他無償取得者外，於配偶一方死亡而聯合財產關係消滅時，其尚存之原有財產，即不能認全係死亡一方之遺產，而皆屬遺產稅課徵之範圍。

夫妻於上開民法第一千零三十條之一增訂前結婚，並適用聯合財產制，其聯合財產關係因配偶一方死亡而消滅者，如該聯合財產關係消滅之事實，發生於七十四年六月三日增訂民法第一千零三十條之一於同年月五日生效之後時，則適用消滅時有效之增訂民法第一千零三十條之一規定之結果，除因繼承或其他無償取得者外，凡夫妻於婚姻關係存續中取得，而於聯合財產關係消滅時現存之原有財產，並不區分此類財產取得於七十四年六月四日之前或同年月五日之後，均屬剩餘財產差額分配請求權之計算範圍。生存配偶依法行使剩餘財產差額分配請求權者，依遺產及贈與稅法之立法目的，以及實質課稅原則，該被請求之部分即非屬遺產稅之課徵範圍，故得自遺產總額中扣除，免徵遺產稅。

最高行政法院九十一年三月二十六日庭長法官聯席會議決議，乃以決議縮減法律所定得為遺產總額之扣除額，增加法律所未規定之租稅義務，核與上開解釋意旨及憲法第十九條規定之租稅法律主義尚有未符，應不再援用。（95、12、6）

釋字第621號解釋

行政執行法第十五條規定：「義務人死亡遺有財產者，行政執行處得逕對其遺產強制執行」，係就負有公法上金錢給付義務之人死亡後，行政執行處應如何強制執行，所為之特別規定。罰鍰乃公法上金錢給付義務之一種，罰鍰之處分作成而具執行力後，義務人死亡並遺有財產者，依上開行政執行法第十五條規定意旨，該基於罰鍰處分所發生之公法上金錢給付義務，得為強制執行，其執行標的限於義務人之遺產。（95、12、22）

釋字第622號解釋

憲法第十九條規定所揭示之租稅法律主義，係指人民應依法律所定之納稅主體、稅目、稅率、納稅方法及納稅期間等項而負納稅之義務，迭經本院解釋在案。中華民國六十二年二月六日公布施行之遺產及贈與稅法第十五條第一項規定，被繼承人死亡前三年內贈與具有該項規定身分者之財產，應視為被繼承人之遺產而併入其遺產總額課徵遺產稅，並未規定以繼承人為納稅義務人，對其課徵贈與稅。最高行政法院九十二年九月十八日庭長法官聯席會議決議關於被繼承人死亡前所為贈與，如至繼承發生日止，稽徵機關尚未發單課徵贈與稅者，應以繼承人為納稅義務人，發單課徵贈與稅部分，逾越上開遺產及贈與稅法第十五條之規定，增加繼承人法律上所未規定之租稅義務，與憲法第十九條及第十五條規定之意旨不符，自本解釋公布之日起，應不予援用。（95、12、29）

釋字第623號解釋

憲法第十一條保障人民之言論自由，乃在保障意見之自由流通，使人民有取得充分資訊及自我實現之機會，包括政治、學術、宗教及商業言論等，並依其性質而有不同之保護範疇及限制之準則。商業言論所提供之訊息，內容為眞實，無誤導性，以合法交易為目的而有助於消費大眾作出經濟上之合理抉擇者，應受憲法言論自由之保障。惟憲法之保障並非絕對，立法者於符合憲法第二十三條規定意旨之範圍內，得以法律明確規定對之予以適當之限制，業經本院釋字第四一四號、第五七七號及第六一七號解釋在案。

促使人為性交易之訊息，固為商業言論之一種，惟係促使非法交易活動，因此立法者基於維護公益之必要，自可對之為合理之限制。中華民國八十八年六月二日修正公布之兒童及少年性交易防制條例第二十九條規定：「以廣告物、出版品、廣播、電視、電子訊號、電腦網路或其他媒體，散布、播送或刊登足以引誘、媒介、暗示或其他促使人為性交易之訊息者，處五年以下有期徒刑，得併科新臺幣一百萬元以下罰金」，乃以科處刑罰之方式，限制人民傳布任何以兒童少年性交易或促使其為性交易為內容之訊息，或向兒童少年或不特定年齡之多數人，傳布足以促使一般人為性交易之訊息。是行為人所傳布之訊息如非以兒童少年性交易或促使其為性交易為內容，且已採取必要之隔絕措施，使其訊息之接收人僅限於十八歲以上之人者，即不屬該條規定規範之範圍。上開規定乃為達成防制、消弭以兒童少年為性交易對象事件之國家重大公益目的，所採取之合理與必要手段，與憲法第二十三條規定之比例原則，尚無牴觸。惟電子訊號、電腦網路與廣告物、出版品、廣播、電視等其他媒體之資訊取得方式尚有不同，如衡酌科技之發展可嚴格區分其閱聽對象，應由主管機關建立分級管理制度，以符比例原則之要求，併此指明。（96、1、26）

釋字第624號解釋

憲法第七條規定，人民在法律上一律平等。立法機關制定冤獄賠償法，對於人民犯罪案件，經國家實施刑事程序，符合該法第一條所定要件者，賦予身體自由、生命或財產權受損害之人民，向國家請求賠償之權利。凡自由、權利遭受同等損害者，應受平等之保障，始符憲法第七條規定之意旨。

冤獄賠償法第一條規定，就國家對犯罪案件實施刑事程序致人民身體自由、生命或財產權遭受損害而得請求國家賠償者，依立法者明示之適用範圍及立法計畫，僅限於司法機關依刑事訴訟法令受理案件所致上開自由、權利受損害之人民，未包括軍事機關依軍事審判法令受理案件所致該等自由、權利受同等損害之人民，係對上開自由、權利遭受同等損害，應享有冤獄賠償請求權之人民，未具正當理由而為差別待遇，若仍令依軍事審判法令受理案件遭受上開冤獄之受害人，不能依冤獄賠償法行使賠償請求權，足以延續該等人民在法律上之不平等，自與憲法第七條之本旨有所牴觸。司法院與行政院會同訂定發布之辦理冤獄賠償事件應行注意事項（下稱注意事項）第二點規定，雖符合冤獄賠償法第一條之意旨，但依其規定內容，使依軍事審判法令受理案件遭受冤獄之人民不能依冤獄賠償法行使賠償請求權，同屬不符平等原則之要求。為符首揭憲法規定之本旨，在冤獄賠償法第一條修正施行前，或規範軍事審判所致冤獄賠償事項之法律制定施行前，凡自中華民國四十八年九月一日冤獄賠償法施行後，軍事機關依軍事審判法令受理之案件，合於冤獄賠償法第一條之規定者，均得於本解釋公布之日起二年內，依該法規定請求國家賠償。（96、4、27）

釋字第 625 號解釋

地價稅之稽徵，係以土地所有權人在同一直轄市或縣（市）所有之土地之地價及面積所計算之地價總額為課稅基礎，並按照地政機關編送之地價歸戶冊及地籍異動通知資料核定之。因地籍依法重測之結果，如與重測前之土地登記標示之面積有出入者，除非否定重測之結果或確認實施重測時作業有瑕疵，否則，即應以重測確定後所為土地標示變更登記所記載之土地面積為準。而同一土地如經地政機關於實施重測時發現與鄰地有界址重疊之情形而經重測後面積減少者，即表示依重測前之土地登記標示之面積為計算基礎而核列歸戶冊之地價總額並不正確，其致土地所有權人因而負擔更多稅負者，亦應解為係屬稅捐稽徵法第二十八條所規定之「因計算錯誤溢繳之稅款」，方與實質課稅之公平原則無違。

財政部中華民國六十八年八月九日台財稅第三五五二一號函主旨以及財政部六十九年五月十日台財稅第三三七五六號函說明二前段所載，就地籍重測時發現與鄰地有界址重疊，重測後面積減少，亦認為不適用稅捐稽徵法第二十八條規定退稅部分之釋示，與本解釋意旨不符，應自本解釋公布之日起不再援用。依本解釋意旨，於適用稅捐稽徵法第二十八條予以退稅時，至多追溯至最近五年已繳之地價稅為限，併此指明。

釋字第 626 號解釋

憲法第七條規定，人民在法律上一律平等；第一百五十九條復規定：「國民受教育之機會，一律平等。」旨在確保人民享有接受各階段教育之公平機會。中央警察大學九十一學年度研究所碩士班入學考試招生簡章第七點第二款及第八點第二款，以有無色盲決定能否取得入學資格之規定，係為培養理論與實務兼備之警察專門人才，並求教育資源之有效運用，藉以提升警政之素質，促進法治國家之發展，其欲達成之目的洵屬重要公共利益；因警察工作之範圍廣泛、內容繁雜，職務常須輪調，隨時可能發生判斷顏色之需要，色盲者因此確有不適合擔任警察之正當理由，是上開招生簡章之規定與其目的間尚非無實質關聯，與憲法第七條及第一百五十九條規定並無牴觸。（96、6、18）

釋字第 627 號解釋

一、總統之刑事豁免權

憲法第五十二條規定，總統除犯內亂或外患罪外，非經罷免或解職，不受刑事上之訴究。此係憲法基於總統為國家元首，對內肩負統率全國陸海空軍等重要職責，對外代表中華民國之特殊身分所為之尊崇與保障，業經本院釋字第三八八號解釋在案。

依本院釋字第三八八號解釋意旨，總統不受刑事上之訴究，乃在使總統涉犯內亂或外患罪以外之罪者，暫時不能為刑事上訴究，並非完全不適用刑法或相關法律之刑罰規定，故為一種暫時性之程序障礙，而非總統就其犯罪行為享有實體之免責權。是憲法第五十二條規定「不受刑事上之訴究」，係指刑事偵查及審判機關，於總統任職期間，就總統涉犯內亂或外患罪以外之罪者，暫時不得以總統為犯罪嫌疑人或被告而進行偵查、起訴與審判程序而言。但對總統身分之尊崇與職權之行使無直接關涉之措施，或對犯罪現場之即時勘察，不在此限。

總統之刑事豁免權，不及於因他人刑事案件而對總統所為之證據調查與證據保全。惟如因而發現總統有犯罪嫌疑者，雖不得開始以總統為犯罪嫌疑人或被告之偵查程序，但得依本解釋意旨，為必要之證據保全，即基於憲法第五十二條對總統特殊身分尊崇及對其行使職權保障之意旨，上開因不屬於總統刑事豁免權範圍所得進行之措施及保全證據之處分，均不得限制總統之人身自由，例如拘提或對其身體之搜索、勘驗與鑑定等，亦不得妨礙總統職權之正常行使。其有搜索與總統有關之特定處所以逮捕特定人、扣押特定物件或電磁紀錄之必要者，立法機關應就搜索處所之限制、總統得拒絕搜索或扣押之事由，及特別之司法審查與聲明不服等程序，增訂適用於總統之特別規定。於該法律公布施行前，除經總統同意者外，無論上開特定處所、物件或電磁紀錄是否涉及國家機密，均應由該管檢察官聲請高等法院或其分院以資深庭長為審判長之法官五人組成特別合議庭審查相關搜索、扣押之適當性與必要性，非經該特別合議庭裁定准許，不得為之，但搜索之處所應避免總統執行職務及居住之處所。其抗告程序，適用刑事訴訟法相關規定。

總統之刑事豁免權，亦不及於總統於他人刑事案件為證人之義務。惟以他人為被告之刑事程序，刑事偵查或審判機關以總統為證人時，應準用民事訴訟法第三百零四條：「元首為證人者，應就其所在詢問之」之規定，以示對總統之尊崇。

總統不受刑事訴究之特權或豁免權，乃針對總統之職位而設，故僅擔任總統一職者，享有此一特權；擔任總統職位之個人，原則上不得拋棄此一特權。

二、總統之國家機密特權

總統依憲法及憲法增修條文所賦予之行政權範圍內，就有關國家安全、國防及外交之資訊，認為其公開可能影響國家安全與國家利益而應屬國家機密者，有決定不予公開之權力，此為總統之國家機密特權。其他國家機關行使職權如涉及此類資訊，應予以適當之尊重。

總統依其國家機密特權，就國家機密事項於刑事訴訟程序應享有拒絕證言權，並於拒絕證言權範圍內，有拒絕提交相關證物之權。立法機關應就其得拒絕證言、拒絕提交相關證物之要件及相關程序，增訂適用於總統之特別規定。於該法律公布施行前，就涉及總統國家機密特權範圍內國家機密事項之訊問、陳述，或該等證物之提出、交付，是否妨害國家之利益，由總統釋明之。其未能合理釋明者，該管檢察官或受訴法院應審酌具體個案情形，依刑事訴訟法第一百三十四條第二項、第一百七十九條第二項及第一百八十三條第二項規定為處分或裁定。總統對檢察官或受訴法院駁回其上開拒絕證言或拒絕提交相關證物之處分或裁定如有不服，得依本解釋意旨聲明異議或抗告，並由前述高等法院或其分院以資深庭長為審判長之法官五人組成之特別合議庭審理之。特別合議庭裁定前，原處分或裁定應停止執行。其餘異議或抗告程序，適用刑事訴訟法相關規定。

總統如以書面合理釋明，相關證言之陳述與證物之提交，有妨害國家利益之虞者，檢察官及法院應予以尊重。總統陳述相關證言或提交相關證物是否有妨害國家利益之虞，應僅由承辦檢察官或審判庭法官依保密程序為之。總統所陳述相關證言或提交相關證物，縱經保密程序進行，惟檢察官或法院若以之作為終結偵查之處分或裁判之基礎，仍有造成國家安全危險之合理顧慮者，應認為有妨害國家利益之虞。

法院審理個案，涉及總統已提出之資訊者，是否應適用國家機密保護法及「法院辦理涉及國家機密案件保密作業辦法」相關規定進行其審理程序，應視總統是否已依國家機密保護法第二條、第四條、第十一條及第十二條規定核定相關資訊之機密等級及保密期限而定；如尚未依法核定為國家機密者，無從適用上開規定之相關程序審理。惟訴訟程序進行中，總統如將系爭資訊依法改核定為國家機密，或另行提出其他已核定之國家機密者，法院即應改依上開規定之相關程序續行其審理程序。其已進行之程序，並不因而違反國家機密保護法及「法院辦理涉及國家機密案件保密作業辦法」相關之程序規定。至於審理總統核定之國家機密資訊作為證言或證物，是否妨害國家之利益，應依前述原則辦理。又檢察官之偵查程序，亦應本此意旨為之。

三、暫時處分部分

本件暫時處分之聲請，因本案業經作成解釋，已無須予以審酌，併予指明。（96、6、15）

釋字第628號解釋

農田水利會係由法律設立之公法人，為地方水利自治團體，在法律授權範圍內享有自治之權限。農田水利事業之餘水管理乃農田水利會自治事項之一，農田水利會並得依法徵收餘水使用費（農田水利會組織通則第十條第一款、第二十八條規定參照）。是關於餘水管理，農田水利會組織通則已授予農田水利會得訂定自治規章以限制人民自由權利之自治權限。依該通則第二十九條（中華民國五十四年七月二日制定公布）規定，徵收餘水使用費之標準及辦法固係授權省（市）主管機關訂定，臺灣省政府據此並已就餘水使用費訂定一定之徵收標準及程序，然若有規範未盡部分，農田水利會訂定自治規章予以補充，並報請主管機關核備者，尚符合上開通則第二十九條規定之意旨。臺灣省石門農田水利會灌溉蓄水池使用要點（臺灣省政府建設廳水利處八十七年五月七日㈧水農字第Ａ八七五〇一七四七六號函核備）第四點之規定，乃該會依正當程序本於其徵收餘水使用費之自治權限，在法律授權得徵收餘水使用費範圍內，分別依餘水使用之不同情形，確定餘水使用費之徵收對象所為具體規定之自治規章，符合水資源有效利用及使用者付費之立法意旨，手段亦屬合理及必要，未逾越臺灣省政府就農田水利會徵收餘水使用費訂定命令之範圍，亦未牴觸上開法律及其授權規定，於憲法第十五條保障之財產權、第二十三條規定之法律保留原則與比例原則，尚無違背。（96、6、22）

釋字第629號解釋

最高行政法院中華民國九十年十一月份庭長法官聯席會議暨法官會議決議：「行政訴訟法簡易程序之金額（價額）於九十一年一月一日提高為十萬元後，訴訟標的金額（價額）逾三萬元至十萬元間之事件，於提高後始提起行政訴訟者，依簡易程序審理。提高前已繫屬各高等行政法院而於提高後尚未終結者，改分為簡字案件，並通知當事人，仍由原股依簡易程序繼續審理；於提高前已終結者以及於提高前已提起上訴或抗告者，均仍依通常程序辦理。」符合行政訴訟法第二百二十九條第二項規定及司法院九十年十月二十二日(90)院台廳行一字第二五七四六號令之意旨，與法律保留原則、法安定性原則與法明確性原則均無違背，於憲法第十六條、第二十三條規定尚無牴觸。（96、7、6）

釋字第 630 號解釋

刑法第三百二十九條之規定旨在以刑罰之手段，保障人民之身體自由、人身安全及財產權，免受他人非法之侵害，以實現憲法第八條、第二十二條及第十五條規定之意旨。立法者就竊盜或搶奪而當場施以強暴、脅迫者，僅列舉防護贓物、脫免逮捕或湮滅罪證三種經常導致強暴、脅迫行為之具體事由，係選擇對身體自由與人身安全較為危險之情形，視為與強盜行為相同，而予以重罰。至於僅將上開情形之竊盜罪與搶奪罪擬制為強盜罪，乃因其他財產犯罪，其取財行為與強暴、脅迫行為間鮮有時空之緊密連接關係，故上開規定尚未逾越立法者合理之自由形成範圍，難謂係就相同事物為不合理之差別對待。經該規定擬制為強盜罪之強暴、脅迫構成要件行為，乃指達於使人難以抗拒之程度者而言，是與強盜罪同其法定刑，尚未違背罪刑相當原則，與憲法第二十三條比例原則之意旨並無不符。（96、7、13）

釋字第 631 號解釋

憲法第十二條規定：「人民有秘密通訊之自由。」旨在確保人民就通訊之有無、對象、時間、方式及內容等事項，有不受國家及他人任意侵擾之權利。國家採取限制手段時，除應有法律依據外，限制之要件應具體、明確，不得逾越必要之範圍，所踐行之程序並應合理、正當，方符憲法保護人民秘密通訊自由之意旨。中華民國八十八年七月十四日制定公布之通訊保障及監察法第五條第二項規定：「前項通訊監察書，偵查中由檢察官依司法警察機關聲請或依職權核發」，未要求通訊監察書原則上應由客觀、獨立行使職權之法官核發，而使職司犯罪偵查之檢察官與司法警察機關，同時負責通訊監察書之聲請與核發，難謂為合理、正當之程序規範，而與憲法第十二條保障人民秘密通訊自由之意旨不符，應自本解釋公布之日起，至遲於九十六年七月十一日修正公布之通訊保障及監察法第五條施行之日失其效力。（96、7、20）

釋字第 632 號解釋

「監察院為國家最高監察機關，行使彈劾、糾舉及審計權」，「監察院設監察委員二十九人，並以其中一人為院長、一人為副院長，任期六年，由總統提名，經立法院同意任命之」，為憲法增修條文第七條第一項、第二項所明定。是監察院係憲法所設置並賦予特定職權之國家憲法機關，為維繫國家整體憲政體制正常運行不可或缺之一環，其院長、副院長與監察委員皆係憲法保留之法定職位，故確保監察院實質存續與正常運行，應屬所有憲法機關無可旁貸之職責。為使監察院之職權得以不間斷行使，總統於當屆監察院院長、副院長及監察委員任期屆滿前，應適時提名繼任人選咨請立法院同意，立法院亦應適時行使同意權，以維繫監察院之正常運行。總統如消極不為提名，或立法院消極不行使同意權，致監察院無從行使職權、發揮功能，國家憲政制度之完整因而遭受破壞，自為憲法所不許。引發本件解釋之疑義，應依上開解釋意旨為適當之處理。（96、8、15）

釋字第 633 號解釋

一、中華民國九十五年五月一日修正公布之三一九槍擊事件眞相調查特別委員會條例（以下簡稱眞調會條例）第四條第二項、第八條、第八條之一、第八條之二第一項、第二項、第三項關於報告並公布部分、第五項、第六項、第八條之三、第十一條第二項關於調用行政機關人員部分、第四項、第十五條第一項規定，與憲法及本院釋字第五八五號解釋意旨並無不符。

二、同條例第八條之二第三項關於罰鍰部分、第四項規定，與本院釋字第五八五號解釋意旨不符；第十一條第三項規定與憲法所要求之權力分立制衡原則不符，均應自本解釋公布之日起失其效力。

三、本件暫時處分之聲請，關於同條例上開規定部分因本案業經作成解釋，已無須予以審酌；同條例其他條文部分之釋憲聲請既應不受理，則該部分暫時處分之聲請亦失所附麗，併予指明。（96、9、28）

釋字第 634 號解釋

中華民國七十七年一月二十九日修正公布之證券交易法第十八條第一項原規定應經主管機關核准之證券投資顧問事業，其業務範圍依該規定之立法目的及憲法保障言論自由之意旨，並不包括僅提供一般性之證券投資資訊，而非以直接或間接從事個別有價證券價值分析或推介建議為目的之證券投資講習。八十九年十月九日修正發布之證券投資顧問事業管理規則已停止適用）第五條第一項第四款規定，於此範圍內，與憲法保障人民職業自由及言論自由之意旨尚無牴觸。（96、11、16）

釋字第 635 號解釋

中華民國七十八年十月三十日修正公布之土地稅法第三十九條之二第一項規定所為租稅之差別對待，符合憲法平等原則之要求。又財政部八十二年十月七日台財稅第八二一四九八七九一號函，係主管機關依其法定職權就上開規定所為之闡釋，符合立法意旨及國家農業與租稅政策，並未逾越對人民正當合理之稅課範圍，與法律明確性原則及憲法第七條、第十九條之規定，均無牴觸，亦未侵害人民受憲法第十五條保障之財產權。（96、11、30）

釋字第 636 號解釋

檢肅流氓條例（以下簡稱本條例）第二條第三款關於敲詐勒索、強迫買賣及其幕後操縱行為之規定，同條第四款關於經營、操縱職業性賭場，私設娼館，引誘或強逼良家婦女為娼，為賭場、娼館之保鏢或恃強為人逼討債務行為之規定，第六條第一項關於情節重大之規定，皆與法律明確性原則無違。第二條第三款關於霸佔地盤、白吃白喝與要挾滋事行為之規定，雖非受規範者難以理解，惟其適用範圍，仍有未盡明確之處，相關機關應斟酌社會生活型態之變遷等因素檢討修正之。第二條第三款關於欺壓善良之規定，以及第五款關於品行惡劣、遊蕩無賴之規定，與法律明確性原則不符。

本條例第二條關於流氓之認定，依據正當法律程序原則，於審查程序中，被提報人應享有到場陳述意見之權利；經認定為流氓，於主管之警察機關合法通知而自行到案者，如無意願隨案移送於法院，不得將其強制移送。

本條例第十二條第一項規定，未依個案情形考量採取其他限制較輕微之手段，是否仍然不足以保護證人之安全或擔保證人出於自由意志陳述意見，即得限制被移送人對證人之對質、詰問權與閱卷權之規定，顯已對於被移送人訴訟上之防禦權，造成過度之限制，與憲法第二十三條比例原則之意旨不符，有違憲法第八條正當法律程序原則及憲法第十六條訴訟權之保障。

本條例第二十一條第一項相互折抵之規定，與憲法第二十三條比例原則並無不符。同條例第十三條第二項但書關於法院毋庸諭知感訓期間之規定，有導致受感訓處分人身體自由遭受過度剝奪之虞，相關機關應予以檢討修正之。

本條例第二條第三款關於欺壓善良，第五款關於品行惡劣、遊蕩無賴之規定，及第十二條第一項關於過度限制被移送人對證人之對質、詰問權與閱卷權之規定，與憲法意旨不符部分，應至遲於本解釋公布之日起一年內失其效力。（97、2、1）

釋字第 637 號解釋

公務員服務法第十四條之一規定：「公務員於其離職後三年內，不得擔任與其離職前五年內之職務直接相關之營利事業董事、監察人、經理、執行業務之股東或顧問。」旨在維護公務員公正廉明之重要公益，而對離職公務員選擇職業自由予以限制，其目的洵屬正當；其所採取之限制手段與目的達成間具實質關聯性，乃為保護重要公益所必要，並未牴觸憲法第二十三條之規定，與憲法保障人民工作權之意旨尚無違背。（97、2、22）

釋字第 638 號解釋

中華民國八十六年五月十三日修正發布之公開發行公司董事、監察人股權成數及查核實施規則第八條：「全體董事或監察人未依第四條及第五條規定期限補足第二條所定持股成數時，依證券交易法第一百七十八條第一項第四款規定處罰全體董事或監察人（第一項）。董事或監察人以法人身份當選者，處罰該法人負責人；以法人代表人身份當選者，處罰該代表人（第二項）。」其第一項及第二項後段規定，乃就違反主管機關依證券交易法第二十六條第二項所定之公開發行公司董事、監察人股權成數及查核實施規則，而應依八十九年七月十九日修正公布之證券交易法第一百七十八條第一項第四款規定處罰時之處罰對象及違反行政法上義務之人為多數時之歸責方式所為之規定，涉及人民權利之限制，並無法律依據或法律具體明確之授權，與憲法第二十三條規定之法律保留原則尚有未符，應於本解釋公布之日起六個月內失其效力。（97、3、7）

釋字第 639 號解釋

憲法第八條所定之法院，包括依法獨立行使審判權之法官。刑事訴訟法第四百十六條第一項第一款就審判長、受命法官或受託法官所為羈押處分之規定，與憲法第八條並無牴觸。刑事訴訟法第四百十六條第一項第一款及第四百十八條使羈押之被告僅得向原法院聲請撤銷或變更該處分，不得提起抗告之審級救濟，為立法機關基於訴訟迅速進行之考量所為合理之限制，未逾立法裁量之範疇，與憲法第十六條、第二十三條尚無違背。且因向原法院聲請撤銷或變更處分之救濟仍係由依法獨立行使職權之審判機關作成決定，故已賦予人身自由遭羈押處分限制者合理之程序保障，尚不違反憲法第八條之正當法律程序。至於刑事訴訟法第四百零三條、第四百零四條第二款、第四百十六條第一項第一款與第四百十八條之規定，使羈押被告之決定，得以裁定或處分之方式作成，並因而形成羈押之被告得否抗告之差別待遇，與憲法第七條保障之平等權尚無牴觸。（97、3、21）

釋字第 640 號解釋

中華民國五十二年一月二十九日修正公布之所得稅法第八十條第三項前段所定，納稅義務人申報之所得額如在稽徵機關依同條第二項核定各該業所得額之標準以上者，即以其原申報額爲準，係指以原申報資料作爲進行書面審查所得額之基準，稽徵機關自不得逕以命令另訂查核程序，調閱帳簿、文據及有關資料，調查核定之。財政部臺灣省北區國稅局於八十六年五月二十三日訂定之財政部臺灣省北區國稅局書面審核綜合所得稅執行業務者及補習班幼稚園托兒所簡化查核要點第七點：「適用書面審查案件每年得抽查百分之十，並就其帳簿文據等有關資料查核認定之。」對申報之所得額在主管機關核定之各該業所得額之標準以上者，仍可實施抽查，再予個別查核認定，與所得稅法第八十條第三項前段規定顯不相符，增加人民法律所未規定之租稅程序上負擔，自有違憲法第十九條租稅法律主義，應自本解釋公布之日起至遲一年內失效。本院釋字第二四七號解釋應予補充。（97、4、3）

釋字第 641 號解釋

菸酒稅法第二十一條規定：「本法施行前專賣之米酒，應依原專賣價格出售。超過原專賣價格出售者，應處每瓶新臺幣二千元之罰鍰。」其有關處罰方式之規定，使超過原專賣價格出售該法施行前專賣之米酒者，一律處每瓶新臺幣二千元之罰鍰，固已考量販售數量而異其處罰程度，惟採取劃一之處罰方式，於個案之處罰顯然過苛時，法律未設適當之調整機制，對人民受憲法第十五條保障之財產權所爲限制，顯不符妥當性而與憲法第二十三條之比例原則尚有未符，有關機關應儘速予以修正，並至遲於本解釋公布之日起屆滿一年時停止適用。

系爭規定修正前，依該規定裁罰及審判而有造成個案顯然過苛處罰之虞者，應依菸酒稅法第二十一條規定之立法目的與個案實質正義之要求，斟酌出售價格、販賣數量、實際獲利情形、影響交易秩序之程度，及個案其他相關情狀等，依本解釋意旨另爲符合比例原則之適當處置，併予指明。（97、4、18）

釋字第 642 號解釋

稅捐稽徵法第四十四條規定營利事業依法應保存憑證而未保存者，應就其未保存憑證經查明認定之總額，處百分之五罰鍰。營利事業如確已給與或取得憑證且帳簿記載明確，而於行政機關所進行之裁處或救濟程序終結前，提出原始憑證或取得與原應保存憑證相當之證明者，即已符合立法目的，而未違背保存憑證之義務，自不在該條規定處罰之列。於此範圍內，該條有關處罰未保存憑證之規定，與憲法第二十三條比例原則及第十五條保護人民財產權之意旨尚無牴觸。

財政部中華民國八十四年七月二十六日台財稅字第八四一六三七七一二號函示，營利事業未依法保存憑證，須於未經檢舉及未經稽徵機關或財政部指定之調查人員進行調查前，取得與原應保存憑證相當之證明者，始得免除相關處罰，其與本解釋意旨不符部分，自本解釋公布之日起，應不予援用。（97、5、9）

釋字第 643 號解釋

工商團體會務工作人員管理辦法第四十五條第二項規定：「前項退休金，應視團體財力，按服務年資，每滿一年發給二個月薪給之一次退休金，未滿一年部分按比例計算之；發給金額最高以不超過六十個月之薪給總額並以申領一次爲限。」係主管機關爲健全商業團體之人事組織，以維護公益，就會務工作人員退休金給付標準，所訂定之準則性規定，尚未逾越商業團體法第七十二條之授權範圍，對人民財產權及契約自由之限制亦未過當，與憲法第二十三條規定之意旨尚無牴觸。

關於商業團體會務工作人員之管理及財務之處理，涉及商業團體財產權及契約自由之限制，且關係退休會務工作人員權益之保障，乃有關人民權利義務之重要事項，爲貫徹憲法保護人民權利之意旨，自以法律明文規定爲宜，主管機關應儘速通盤檢討修正，併予指明。（97、5、30）

釋字第 644 號解釋

人民團體法第二條規定：「人民團體之組織與活動，不得主張共產主義，或主張分裂國土。」同法第五十三條前段關於「申請設立之人民團體有違反第二條……之規定者，不予許可」之規定部分，乃使主管機關於許可設立人民團體以前，得就人民「主張共產主義，或主張分裂國土」之政治上言論之內容而爲審查，並作爲不予許可設立人民團體之理由，顯已逾越必要之程度，與憲法保障人民結社自由與言論自由之意旨不符，於此範圍內，應自本解釋公布之日起失其效力。（97、6、20）

釋字第 645 號解釋

一、公民投票法第十六條第一項規定：「立法院對於第二條第二項第三款之事項，認有進行公民投票之必要者，得附具主文、理由書，經立法院院會通過後，交由中央選舉委員會辦理公民投票。」旨在使立法院就重大政策之爭議，而有由人民直接決定之必要者，得交付公民投票，由人民直接決定之，並不違反我國憲政體制爲代議民主之原則，亦符合憲法主權在民與人民有創制、複決權之意旨；此一規定於立法院行使憲法所賦予之權限範圍內，且不違反憲法權力分立之基本原則下，與憲法尚無牴觸。

二、公民投票法第三十五條第一項規定：「行政院公民投票審議委員會，置委員二十一人，任期三年，由各政黨依立法院各黨團席次比例推荐，送交主管機關提請總統任命之。」關於委員之任命，實質上完全剝奪行政院依憲法應享有之人事任命決定權，顯已逾越憲法上權力相互制衡之界限，自屬牴觸權力分立原則，應自本解釋公布之日起，至遲於屆滿一年時，失其效力。（97、7、11）

釋字第646號解釋

電子遊戲場業管理條例（以下簡稱本條例）第二十二條規定：「違反第十五條規定者，處行為人一年以下有期徒刑、拘役或科或併科新臺幣五十萬元以上二百五十萬元以下罰金。」對未辦理營利事業登記而經營電子遊戲場業者，科處刑罰，旨在杜絕業者規避辦理營利事業登記所需之營業分級、營業機具、營業場所等項目之查驗，以事前防止諸如賭博等威脅社會安寧、公共安全與危害國民，特別是兒童及少年身心健全發展之情事，目的洵屬正當，所採取之手段對目的之達成亦屬必要，符合憲法第二十三條比例原則之意旨，與憲法第八條、第十五條規定尚無牴觸。（97、9、5）

釋字第647號解釋

遺產及贈與稅法第二十條第一項第六款規定，配偶相互贈與之財產不計入贈與總額，乃係對有法律上婚姻關係之配偶間相互贈與，免徵贈與稅之規定。至因欠缺婚姻之法定要件，而未成立法律上婚姻關係之異性伴侶未能享有相同之待遇，係因首揭規定為維護法律上婚姻關係之考量，目的正當，手段並有助於婚姻制度之維護，自難認與憲法第七條之平等原則有違。（97、10、9）

釋字第648號解釋

進出口貨物查驗準則第十五條第一項前段規定：「進口貨物如有溢裝，或實到貨物與原申報不符，或夾雜其他物品進口情事，除係出於同一發貨人發貨兩批以上，互相誤裝錯運，經舉證證明，並經海關查明屬實者，准予併案處理，免予議處外，應依海關緝私條例有關規定論處。」限定同一發貨人發貨兩批以上之互相誤裝錯運，其進口人始得併案處理免予議處，至於不同發貨人發貨兩批以上之互相誤裝錯運，其進口人應依海關緝私條例有關規定論處，尚未違背憲法第七條平等原則。（97、10、24）

釋字第649號解釋

中華民國九十年十一月二十一日修正公布之身心障礙者保護法第三十七條第一項前段規定：「非本法所稱視覺障礙者，不得從事按摩業。」（九十六年七月十一日該法名稱修正為身心障礙者權益保障法，上開規定之「非本法所稱視覺障礙者」，經修正為「非視覺功能障礙者」，並移列為第四十六條第一項前段，規定意旨相同）與憲法第七條平等權、第十五條工作權及第二十三條比例原則之規定不符，應自本解釋公布之日起至遲於屆滿三年時失其效力。（97、10、31）

釋字第650號解釋

財政部於中華民國八十一年一月十三日修正發布之營利事業所得稅查核準則第三十六條之一第二項規定，公司之資金貸與股東或任何他人未收取利息，或約定之利息偏低者，應按當年一月一日所適用臺灣銀行之基本放款利率計算利息收入課稅。稽徵機關據此得就公司資金貸與股東或他人而未收取利息等情形，逕予設算利息收入，課徵營利事業所得稅。上開規定欠缺所得稅法之明確授權，增加納稅義務人法律所無之租稅義務，與憲法第十九條規定之意旨不符，應自本解釋公布之日起失其效力。（97、10、31）

釋字第651號解釋

中華民國九十年十二月三十日修正發布之軍用物品進口免稅辦法第八條第一項規定：「軍事機關依政府採購法辦理招標，由得標廠商進口之軍品，招標文件上應書明得依關稅法、貨物稅條例、加值型及非加值型營業稅法及本辦法規定申請免稅。得標價格應不含免徵之稅款。」係財政部依九十年十月三十一日修正公布之關稅法第四十四條第三項（嗣於九十三年五月五日修正移列為第四十九條第三項）授權所為之補充規定，並未逾越授權範圍，與憲法第十九條租稅法律主義尚無牴觸。（97、11、14）

釋字第652號解釋

憲法第十五條規定，人民之財產權應予保障，故國家因公用或其他公益目的之必要，雖得依法徵收人民之財產，但應給予合理之補償，且應儘速發給。倘原補償處分已因法定救濟期間經過而確定，且補償費業經依法發給完竣，嗣後直轄市或縣（市）政府始發現其據以作成原補償處分之地價標準認定錯誤，原發給之補償費短少，致原補償處分違法者，自應於相當期限內依職權撤銷該已確定之補償處分，另為適法之補償處分，並通知需用土地人繳交補償費差額轉發原土地所有權人。逾期未發給補償費差額者，原徵收土地核准案即應失其效力，本院釋字第五一六號解釋應予補充。（97、12、5）

釋字第653號解釋

羈押法第六條及同法施行細則第十四條第一項之

規定，不許受羈押被告向法院提起訴訟請求救濟之部分，與憲法第十六條保障人民訴訟權之意旨有違，相關機關至遲應於本解釋公布之日起二年內，依本解釋意旨，檢討修正羈押法及相關法規，就受羈押被告及時有效救濟之訴訟制度，訂定適當之規範。（97、12、26）

釋字第654號解釋

羈押法第二十三條第三項規定，律師接見受羈押被告時，有同條第二項應監視之適用，不問是否爲達成羈押目的或維持押所秩序之必要，亦予以監聽、錄音，違反憲法第二十三條比例原則之規定，不符憲法保障訴訟權之意旨；同法第二十八條之規定，使依同法第二十三條第三項對受羈押被告與辯護人接見時監聽、錄音所獲得之資訊，得以作爲偵查或審判上認定被告本案犯罪事實之證據，在此範圍內妨害被告防禦權之行使，牴觸憲法第十六條保障訴訟權之規定。前開羈押法第二十三條第三項及第二十八條規定，與本解釋意旨不符部分，均應自中華民國九十八年五月一日起失其效力。

看守所組織通則第一條第二項規定：「關於看守所羈押被告事項，並受所在地地方法院及其檢察署之督導。」屬機關內部之行政督導，非屬執行監聽、錄音之授權規定，不生是否違憲之問題。

聲請人就上開羈押法第二十三條第三項及第二十八條所爲暫時處分之聲請，欠缺權利保護要件，應予駁回。（98、1、23）

釋字第655號解釋

記帳士係專門職業人員，依憲法第八十六條第二款規定，其執業資格應經考試院依法考選之。記帳士法第二條第二項之規定，使未經考試院依法考試及格之記帳及報稅代理業務人取得與經依法考選爲記帳士者相同之資格，有違上開憲法規定之意旨，應自本解釋公布之日起失其效力。（98、2、20）

釋字第656號解釋

民法第一百九十五條第一項後段規定：「其名譽被侵害者，並得請求回復名譽之適當處分。」所謂回復名譽之適當處分，如屬以判決命加害人公開道歉，而未涉及加害人自我羞辱等損及人性尊嚴之情事者，即未違背憲法第二十三條比例原則，而不牴觸憲法對不表意自由之保障。（98、4、3）

釋字第657號解釋

所得稅法施行細則第八十二條第三項規定：「營利事業帳載應付未付之費用或損失，逾二年而尚未給付者，應轉列其他收入科目，俟實際給付時，再以營業外支出列帳。」營利事業所得稅查核準則第一百零八條之一規定：「營利事業機構帳載應付未付之費用或損失，逾二年而尚未給付者，應轉列『其他收入』科目，俟實際給付時再以營業外支出列帳。」上開規定關於營利事業應將帳載逾二年仍未給付之應付費用轉列其他收入，增加營利事業當年度之所得及應納稅額，顯非執行法律之細節性或技術性事項，且逾越所得稅法之授權，違反憲法第十九條租稅法律主義，應自本解釋公布之日起至遲於一年內失其效力。（98、4、3）

釋字第658號解釋

公務人員退休法施行細則第十三條第二項有關已領退休（職、伍）給與或資遣給與者再任公務人員，其退休金基數或百分比連同以前退休（職、伍）金基數或百分比或資遣給與合併計算，以不超過公務人員退休法第六條及第十六條之一第一項所定最高標準爲限之規定，欠缺法律具體明確授權；且其規定內容，並非僅係執行公務人員退休法之細節性、技術性事項，而係就再任公務人員退休年資採計及其採計上限等屬法律保留之事項爲規定，進而對再任公務人員之退休金請求權增加法律所無之限制，與憲法第二十三條法律保留原則有違，應自本解釋公布之日起至遲於屆滿二年時失其效力。（98、4、10）

釋字第659號解釋

中華民國八十六年六月十八日修正公布之私立學校法第三十二條第一項規定：「董事會因發生糾紛，致無法召開會議或有違反教育法令情事者，主管教育行政機關得限期命其整頓改善；逾期不爲整頓改善或整頓改善無效果時，得解除全體董事之職務。但其情節重大且情勢急迫時，主管教育行政機關得經私立學校諮詢委員會決議解除全體董事之職務或停止其職務二個月至六個月，必要時得延長之。」關於董事會因發生糾紛，致無法召開會議或有違反教育法令情事部分，其意義依法條文義及立法目的，非受規範之董事難以理解，並可經由司法審查加以確認，與法律明確性原則尚無違背。上開但書規定，旨在維護私立學校之健全發展，保障學生之受教權利及教職員之工作權益等重要公益，目的洵屬正當，所採取之限制手段，乃爲達成目的所必要，並未牴觸憲法第二十三條之比例原則，與憲法保障人民工作權之意旨尚無違背。（98、5、1）

釋字第660號解釋

財政部中華民國八十九年十月十九日台財稅字第八九〇四五七二五四號函，就加值型及非加值型營業稅法施行細則第五十二條第二項第一款有關如何認定同法第五十一條第三款漏稅額之規定，釋示納稅義務人短報或漏報銷售額，於經查獲後始提出合法進項稅額憑證者，稽徵機關於計算其漏稅額時不宜准其扣抵銷項稅額部分，符合該法第三十五條第一項、第四十三條第一項第四款及第五十一條第三款之立法意旨，與憲法第十九條之租稅法律主義尚無牴觸。（98、5、22）

釋字第 661 號解釋

財政部中華民國八十六年四月十九日台財稅字第八六一八九二三一一號函說明二釋稱：「汽車及船舶客運業係以旅客運輸服務收取代價爲業，其因行駛偏遠或服務性路線，致營運量不足發生虧損，所領受政府按行車（船）次數及里（浬）程計算核發之補貼收入，係基於提供運輸勞務而產生，核屬具有客票收入之性質，……應依法報繳營業稅。」逾越七十四年十一月十五日修正公布之營業稅法第一條及第三條第二項前段之規定，對受領偏遠路線營運虧損補貼之汽車及船舶客運業者，課以法律上所未規定之營業稅義務，與憲法第十九條規定之意旨不符，應不予適用。（98、6、12）

釋字第 662 號解釋

中華民國九十四年二月二日修正公布之現行刑法第四十一條第二項，關於數罪併罰，數宣告刑均得易科罰金，而定應執行之刑逾六個月者，排除適用同條第一項得易科罰金之規定部分，與憲法第二十三條規定有違，並與本院釋字第三六六號解釋意旨不符，應自本解釋公布之日起失其效力。

本件二聲請人就刑法第四十一條第二項所爲暫時處分之聲請部分，因本案業經作成解釋，已無審酌必要；又其中一聲請人關於刑法第五十三條之釋憲聲請部分，既應不受理，則該部分暫時處分之聲請亦失所附麗，均應予駁回。（98、6、19）

釋字第 663 號解釋

稅捐稽徵法第十九條第三項規定，爲稽徵稅捐所發之各種文書，「對公同共有人中之一人爲送達者，其效力及於全體。」此一規定，關於稅捐稽徵機關對公同共有人所爲核定稅捐之處分，以對公同共有人中之一人爲送達，即對全體公同共有人發生送達效力之部分，不符憲法正當法律程序之要求，致侵害未受送達之公同共有人之訴願、訴訟權，與憲法第十六條之意旨有違，應自本解釋公布日起，至遲於屆滿二年時，失其效力。（98、7、10）

釋字第 664 號解釋

少年事件處理法第三條第二款第三目規定，經常逃學或逃家之少年，依其性格及環境，而有觸犯刑罰法律之虞者，由少年法院依該法處理之，係爲維護虞犯少年健全自我成長所設之保護制度，尚難逕認其爲違憲；惟該規定仍有涵蓋過廣與不明確之嫌，應儘速檢討改進。又少年事件處理法第二十六條第二款及第四十二條第一項第四款規定，就限制經常逃學或逃家虞犯少年人身自由部分，不符憲法第二十三條之比例原則，亦與憲法第二十二條保障少年人格權之意旨有違，應自本解釋公布之日起，至遲於屆滿一個月時，失其效力。（98、7、31）

釋字第 665 號解釋

一、臺灣臺北地方法院刑事庭分案要點第十點及第四十三點規定，與憲法第十六條保障人民訴訟權之意旨，尚無違背。

二、刑事訴訟法第一百零一條第一項第三款規定，於被告犯該款規定之罪，犯罪嫌疑重大，且有相當理由認爲有逃亡、湮滅、僞造、變造證據或勾串共犯或證人之虞，非予羈押，顯難進行追訴、審判或執行者，得羈押之。於此範圍內，該條款規定符合憲法第二十三條之比例原則，與憲法第八條保障人民身體自由及第十六條保障人民訴訟權之意旨，尚無牴觸。

三、刑事訴訟法第四百零三條第一項關於檢察官對於審判中法院所爲停止羈押之裁定得提起抗告之規定部分，與憲法第十六條保障人民訴訟權之意旨，並無不符。

四、本件關於聲請命臺灣臺北地方法院停止審理九十七年度金矚重訴字第一號刑事案件，改依該法院中華民國九十七年十二月十二日之分案結果進行審理之暫時處分部分，已無審酌必要；關於聲請命該法院立即停止羈押聲請人之暫時處分部分，核與本院釋字第五八五號及第五九九號解釋意旨不符，均應予駁回。（98、10、16）

釋字第 666 號解釋

社會秩序維護法第八十條第一項第一款就意圖得利與人姦、宿者，處三日以下拘留或新臺幣三萬元以下罰鍰之規定，與憲法第七條之平等原則有違，應自本解釋公布之日起至遲於二年屆滿時，失其效力。（98、11、6）

釋字第 667 號解釋

訴願法第四十七條第三項準用行政訴訟法第七十三條，關於寄存送達於依法送達完畢時，即生送達效力部分，尚與憲法第十六條保障人民訴願及訴訟權之意旨無違。（98、11、20）

釋字第 668 號解釋

民法繼承編施行法第八條規定：「繼承開始在民法繼承編施行前，被繼承人無直系血親卑親屬，依當時之法律亦無其他繼承人者，自施行之日起，依民法繼承編之規定定其繼承人。」其所定「依當時之法律亦無其他繼承人者」，應包含依當時之法律不能產生選定繼承人之情形，故繼承開始於民法繼承編施行前，依當時之法規或習慣得選定繼承人者，不以在民法繼承編施行前選定爲限。惟民法繼承編施行於臺灣已逾六十四年，爲避免民法繼承編施行前開始之繼承關係久懸不決，有礙民法繼承法秩序之安定，凡繼承開始於民法繼承編施行前，而至本解釋公布之日止，尚未合法選定繼承人者，自本解釋公布之日起，應適用現行繼承法制，辦理繼承事宜。（98、12、11）

釋字第 669 號解釋

槍砲彈藥刀械管制條例第八條第一項規定：「未經許可，製造、販賣或運輸鋼筆槍、瓦斯槍、麻醉槍、獵槍、空氣槍或第四條第一項第一款所定其他可發射金屬或子彈具有殺傷力之各式槍砲者，處無期徒刑或五年以上有期徒刑，併科新臺幣一千萬元以下罰金。」其中以未經許可製造、販賣、運輸具殺傷力之空氣槍爲處罰要件部分，不論行爲人犯罪情節之輕重，均以無期徒刑或五年以上有期徒刑之重度自由刑相繩，對違法情節輕微、顯可憫恕之個案，法院縱適用刑法第五十九條規定酌減其刑，最低刑度仍達二年六月以上之有期徒刑，無從具體考量行爲人所應負責任之輕微，爲易科罰金或緩刑之宣告，尚嫌情輕法重，致罪責與處罰不相對應。首揭規定有關空氣槍部分，對犯該罪而情節輕微者，未併爲得減輕其刑或另爲適當刑度之規定，對人民受憲法第八條保障人身自由權所爲之限制，有違憲法第二十三條之比例原則，應自本解釋公布之日起至遲於一年屆滿時，失其效力。（98、12、25）

釋字第 670 號解釋

受無罪判決確定之受害人，因有故意或重大過失行爲致依刑事訴訟法第一百零一條第一項或軍事審判法第一百零二條第一項受羈押者，依冤獄賠償法第二條第三款規定，不得請求賠償，並未斟酌受害人致受羈押之行爲，係涉嫌實現犯罪構成要件或係妨礙、誤導偵查審判，亦無論受害人致受羈押行爲可歸責程度之輕重及因羈押所受損失之大小，皆一律排除全部之補償請求，並非避免補償失當或浮濫等情事所必要，不符冤獄賠償法對個別人民身體之自由，因實現國家刑罰權之公共利益，受有超越一般應容忍程度之特別犧牲時，給予所規範之補償，以符合憲法保障人民身體自由及平等權之立法意旨，而與憲法第二十三條之比例原則有違，應自本解釋公布之日起至遲於屆滿二年時失其效力。（99、1、29）

釋字第 671 號解釋

憲法第十五條關於人民財產權應予保障之規定，旨在確保個人依財產之存續狀態行使其自由使用、收益及處分之權能，不得因他人之法律行爲而受侵害。分別共有不動產之應有部分，於設定抵押權後，共有物經分割者，其抵押權不因此而受影響（民法第八百二十五條及第八百六十八條規定參照）。於分割前未先徵得抵押權人同意者，於分割後，自係以原設定抵押權而經分別轉載於各宗土地之應有部分，爲抵押權之客體。是強制執行時，係以分割後各宗土地經轉載抵押權之應有部分爲其執行標的物。於拍定後，因拍定人取得抵押權客體之應有部分，由拍定人與其他共有人，就該不動產全部回復共有關係，其他共有人回復分割前之應有部分，經轉載之應有部分抵押權因已實行而消滅，從而得以維護其他共有人及抵押權人之權益。準此，中華民國九十年九月十四日修正發布之土地登記規則第一百零七條之規定，符合民法規定之意旨，亦與憲法第十五條保障人民財產權之規定，尚無牴觸。（99、1、29）

釋字第 672 號解釋

管理外匯條例第十一條、第二十四條第三項及財政部中華民國九十二年三月二十一日台財融㈤字第〇九二五〇〇〇〇七五號令，關於攜帶外幣出入國境須報明登記，違反者應予沒入之規定，與憲法第十五條保障人民財產權、第二十三條之比例原則及法律明確性原則，尚無牴觸。（99、2、12）

釋字第 673 號解釋

中華民國七十八年十二月三十日修正公布之所得稅法第八十九條第一項第二款前段，有關以機關、團體之主辦會計人員爲扣繳義務人部分，及八十八年二月九日修正公布與九十五年五月三十日修正公布之同條款前段，關於以事業負責人爲扣繳義務人部分，與憲法第二十三條比例原則尚無牴觸。

七十八年十二月三十日修正公布及九十年一月三日修正公布之所得稅法第一百十四條第一款，有關限期責令扣繳義務人補繳應扣未扣或短扣之稅款及補報扣繳憑單，暨就已於限期內補繳應扣未扣或短扣之稅款及補報扣繳憑單，按應扣未扣或短扣之稅額處一倍之罰鍰部分；就未於限期內補繳應扣未扣或短扣之稅款，按應扣未扣或短扣之稅額處三倍之罰鍰部分，尚未牴觸憲法第二十三條比例原則，與憲法第十五條保障人民財產權之意旨無違。

上開所得稅法第一百十四條第一款後段，有關扣繳義務人不按實補報扣繳憑單者，應按應扣未扣或短扣之稅額處三倍之罰鍰部分，未賦予稅捐稽徵機關得參酌具體違章狀況，按情節輕重裁量罰鍰之數額，其處罰顯已逾越必要程度，就此範圍內，不符憲法第二十三條之比例原則，與憲法第十五條保障人民財產權之意旨有違，應自本解釋公布之日起停止適用。有關機關對未於限期內按實補報扣繳憑單，而處罰尚未確定之案件，應斟酌個案情節輕重，並參酌稅捐稽徵法第四十八條之三之規定，另爲符合比例原則之適當處置，併予指明。（99、3、26）

釋字第 674 號解釋

財政部於中華民國八十二年十二月十六日發布之台財稅字第八二〇五七〇九〇一號函明示：「不能單獨申請建築之畸零地，及非經整理不能建築之土地，應無土地稅法第二十二條第一項第四款課徵田賦規定之適用」；內政部九十三年四月十二日台內地字第〇九三〇〇六九四五〇號令訂定發布之「平均地權條例第二十二條有關依法限制建築、依法不能建築之界定作業原則」第四點規定：「畸零地因尚可協議合併建築，不得視爲依法限制建築或依法不能建築之土地」。上開兩項命令，就都市土地依法不能建築，仍作農業用地使用之畸零地適用課徵田賦之規定，均增加法律所無之要件，違反憲法第十九條租稅法律主義，其與本解釋意旨不符部分，應自本解釋公布之日起不再援用。（99、4、2）

釋字第 675 號解釋

中華民國九十四年六月二十二日修正公布之行政院金融重建基金設置及管理條例第四條第五項，關於「本條例修正施行後，主管機關或農業金融中央主管機關處理經營不善金融機構時，該金融機構非存款債務不予賠付」之規定，就非存款債務不予賠付部分，旨在增進行政院金融重建基金之使用效益，保障金融機構存款人權益及穩定金融信用秩序，其目的洵屬正當，該手段與立法目的之達成具有合理關聯性，與憲法第七條規定尚無牴觸。（99、4、9）

釋字第 676 號解釋

中華民國八十四年八月二日修正發布之全民健康保險法施行細則第四十一條第一項第七款：「無一定雇主或自營作業而參加職業工會……者，按投保金額分級表第六級起申報。」及八十八年十一月十八日修正發布之同施行細則同條款：「無一定雇主或自營作業而參加職業工會者，按投保金額分級表第六級起申報。」之規定（九十一年十一月二十九日修正改列第四款），與憲法第十五條保障人民財產權、第二十三條法律保留原則，以及法律授權明確性原則，尚無牴觸。惟於被保險人實際所得未達第六級時，相關機關自應考量設立適當之機制，合理調降保險費，以符社會保險制度中量能負擔之公平性及照顧低所得者之互助性，落實國家推行全民健康保險之憲法意旨，上開規定應本此意旨檢討改進，併予指明。（99、4、30）

釋字第 677 號解釋

監獄行刑法第八十三條第一項關於執行期滿者，應於其刑期終了之次日午前釋放之規定部分，使受刑人於刑期執行期滿後，未經法定程序仍受拘禁，侵害其人身自由，有違正當法律程序，且所採取限制受刑人身體自由之手段亦非必要，牴觸憲法第八條及第二十三條之規定，與本解釋意旨不符部分，應自中華民國九十九年六月一日起失其效力。有關機關應儘速依本解釋意旨，就受刑人釋放事宜予以妥善規範。相關規定修正前，受刑人應於其刑期終了當日之午前釋放。

本件聲請人就上開監獄行刑法第八十三條第一項規定所爲暫時處分之聲請部分，因本案業經作成解釋，無作成暫時處分之必要，應予駁回。（99、5、14）

釋字第 678 號解釋

電信法第四十八條第一項前段、第五十八條第二項及第六十條關於未經核准擅自使用無線電頻率者，應予處罰及沒收之規定部分，與憲法第二十三條之比例原則尚無牴觸，亦與憲法第十一條保障人民言論自由、第十五條保障人民財產權之意旨無違。（99、7、2）

釋字第 679 號解釋

本院院字第二七〇二號及釋字第一四四號解釋與憲法第二十三條尚無牴觸，無變更之必要。（99、7、16）

釋字第 680 號解釋

懲治走私條例第二條第一項規定：「私運管制物品進口、出口逾公告數額者，處七年以下有期徒刑，得併科新臺幣三百萬元以下罰金。」第三項規定：「第一項所稱管制物品及其數額，由行政院公告之。」其所爲授權之目的、內容及範圍尚欠明確，有違授權明確性及刑罰明確性原則，應自本解釋公布之日起，至遲於屆滿二年時，失其效力。（99、7、30）

釋字第 681 號解釋

最高行政法院中華民國九十三年二月份庭長法官聯席會議決議：「假釋之撤銷屬刑事裁判執行之一環，爲廣義之司法行政處分，如有不服，其救濟程序，應依刑事訴訟法第四百八十四條之規定，即俟檢察官指揮執行該假釋撤銷後之殘餘徒刑時，再由受刑人或其法定代理人或配偶向當初諭知該刑事裁判之法院聲明異議，不得提起行政爭訟。」及刑事訴訟法第四百八十四條規定：「受刑人或其法定代理人或配偶以檢察官執行之指揮爲不當者，得向諭知該裁判之法院聲明異議。」並未剝奪人民就撤銷假釋處分依法向法院提起訴訟尋求救濟之機會，與憲法保障訴訟權之意旨尚無牴觸。惟受假釋人之假釋處分經撤銷者，依上開規定向法院聲明異議，須俟檢察官指揮執行殘餘刑期後，始得向法院提起救濟，對受假釋人訴訟權之保障尚非周全，相關機關應儘速予以檢討改進，俾使不服主管機關撤銷假釋之受假釋人，於入監執行殘餘刑期前，得適時向法院請求救濟。（99、9、10）

釋字第 682 號解釋

中華民國九十年七月二十三日修正發布之專門職業及技術人員考試法施行細則第十五條第二項規定：「前項總成績滿六十分及格……者，若其應試科目有一科成績為零分、專業科目平均不滿五十分、特定科目未達規定最低分數者，均不予及格。」（九十七年五月十四日修正發布之現行施行細則第十條第二項規定亦同）、專門職業及技術人員考試總成績計算規則第三條第一項規定：「……採總成績滿六十分及格……者，其應試科目有一科成績為零分，或專業科目平均成績不滿五十分，或特定科目未達規定最低分數者，均不予及格；……」及九十年七月二十五日修正發布之專門職業及技術人員特種考試中醫師考試規則第九條第三項規定：「本考試應試科目有一科成績為零分或專業科目平均成績未滿五十分或專業科目中醫內科學成績未滿五十五分或其餘專業科目有一科成績未滿四十五分者，均不予及格。」尚未牴觸憲法第二十三條法律保留原則、比例原則及第七條平等權之保障，與憲法第十五條保障人民工作權及第十八條保障人民應考試權之意旨無違。（99、11、19）

釋字第 683 號解釋

中華民國八十五年九月十三日修正發布之勞工保險條例施行細則第五十七條規定：「被保險人或其受益人申請現金給付手續完備經審查應予發給者，保險人應於收到申請書之日起十日內發給之。」旨在促使勞工保險之保險人儘速完成勞工保險之現金給付，以保障被保險勞工或其受益人於保險事故發生後之生活，符合憲法保護勞工基本國策之本旨。（99、12、24）

釋字第 684 號解釋

大學為實現研究學術及培育人才之教育目的或維持學校秩序，對學生所為行政處分或其他公權力措施，如侵害學生受教育權或其他基本權利，即使非屬退學或類此之處分，本於憲法第十六條有權利即有救濟之意旨，仍應許權利受侵害之學生提起行政爭訟，無特別限制之必要。在此範圍內，本院釋字第三八二號解釋應予變更。（100、1、17）

釋字第 685 號解釋

財政部中華民國九十一年六月二十一日台財稅字第九一〇四五三九〇二號函，係闡釋營業人若自己銷售貨物，其銷售所得之代價亦由該營業人自行向買受人收取，即為該項營業行為之銷售貨物人；又行政法院（現改制為最高行政法院）八十七年七月份第一次庭長評事聯席會議決議，關於非交易對象之人是否已按其開立發票之金額報繳營業稅額，不影響銷售貨物或勞務之營業人補繳加值型營業稅之義務部分，均符合加值型及非加值型營業稅法（營業稅法於九十年七月九日修正公布名稱為加值型及非加值型營業稅法，以下簡稱營業稅法）第二條第一款、第三條第一項、第三十二條第一項前段之立法意旨，與憲法第十九條之租稅法律主義尚無牴觸。七十九年一月二十四日修正公布之稅捐稽徵法第四十四條關於營利事業依法規定應給與他人憑證而未給與，應自他人取得憑證而未取得者，應就其未給與憑證、未取得憑證，經查明認定之總額，處百分之五罰鍰之規定，其處罰金額未設合理最高額之限制，而造成個案顯然過苛之處罰部分，逾越處罰之必要程度而違反憲法第二十三條之比例原則，與憲法第十五條保障人民財產權之意旨有違，應不予適用。（100、3、4）

釋字第 686 號解釋

本院就人民聲請解釋之案件作成解釋公布前，原聲請人以外之人以同一法令牴觸憲法疑義聲請解釋，雖未合併辦理，但其聲請經本院大法官決議認定符合法定要件者，其據以聲請之案件，亦可適用本院釋字第一七七號解釋所稱「本院依人民聲請所為之解釋，對聲請人據以聲請之案件，亦有效力」。本院釋字第一九三號解釋應予補充。（100、3、25）

釋字第 687 號解釋

中華民國六十五年十月二十二日制定公布之稅捐稽徵法第四十七條第一款規定：「本法關於納稅義務人……應處徒刑之規定，於左列之人適用之：一、公司法規定之公司負責人。」（即九十八年五月二十七日修正公布之同條第一項第一款）係使公司負責人因自己之刑事違法且有責之行為，承擔刑事責任，與無責任即無處罰之憲法原則並無牴觸。至「應處徒刑之規定」部分，有違憲法第七條之平等原則，應自本解釋公布日起，至遲於屆滿一年時，失其效力。（100、5、27）

釋字第 688 號解釋

加值型及非加值型營業稅法（下稱營業稅法）之營業人開立銷售憑證時限表，有關包作業之開立憑證時限規定為「依其工程合約所載每期應收價款時為限」，尚無悖於憲法第七條平等原則及第二十三條比例原則，而與第十五條保障人民財產權及營業自由之意旨無違。惟營業人開立銷售憑證之時限早於實際收款時，倘嗣後買受人因陷於無資力或其他事由，致營業人無從將已繳納之營業稅，轉嫁予買受人負擔，此際營業稅法對營業人已繳納但無從轉嫁之營業稅，宜為適當處理，以符合營業稅係屬消費稅之立法意旨暨體系正義。主管機關應依本解釋意旨就營業稅法相關規定儘速檢討改進。（100、6、10）

釋字第 689 號解釋

社會秩序維護法第八十九條第二款規定，旨在保護個人之行動自由、免於身心傷害之身體權、及於公共場域中得合理期待不受侵擾之自由與個人資料自主權，而處罰無正當理由，且經勸阻後仍繼續跟追之行為，與法律明確性原則尚無牴觸。新聞採訪者於有事實足認特定事件屬大眾所關切並具一定公益性之事務，而具有新聞價值，如須以跟追方式進行採訪，其跟追倘依社會通念認非不能容忍者，即具正當理由，而不在首開規定處罰之列。於此範圍內，首開規定縱有限制新聞採訪行為，其限制並未過當而符合比例原則，與憲法第十一條保障新聞採訪自由及第十五條保障人民工作權之意旨尚無牴觸。又系爭規定以警察機關為裁罰機關，亦難謂與正當法律程序原則有違。（100、7、29）

釋字第 690 號解釋

中華民國九十一年一月三十日修正公布之傳染病防治法第三十七條第一項規定：「曾與傳染病病人接觸或疑似被傳染者，得由該管主管機關予以留驗；必要時，得令遷入指定之處所檢查，或施行預防接種等必要之處置。」關於必要之處置應包含強制隔離在內之部分，對人身自由之限制，尚不違反法律明確性原則，亦未牴觸憲法第二十三條之比例原則，與憲法第八條依正當法律程序之意旨尚無違背。

曾與傳染病病人接觸或疑似被傳染者，於受強制隔離處置時，人身自由即遭受剝奪，為使其受隔離之期間能合理而不過長，仍宜明確規範強制隔離應有合理之最長期限，及決定施行強制隔離處置相關之組織、程序等辦法以資依循，並建立受隔離者或其親屬不服得及時請求法院救濟，暨對前述受強制隔離者予以合理補償之機制，相關機關宜儘速通盤檢討傳染病防治法制。（100、9、30）

釋字第 691 號解釋

受刑人不服行政機關不予假釋之決定者，其救濟有待立法為通盤考量決定之。在相關法律修正前，由行政法院審理。（100、10、21）

釋字第 692 號解釋

中華民國九十年一月三日及九十二年六月二十五日修正公布之所得稅法第十七條第一項第一款第二目均規定，納稅義務人之子女滿二十歲以上，而因在校就學受納稅義務人扶養者，納稅義務人依該法規定計算個人綜合所得淨額時，得減除此項扶養親屬免稅額。惟迄今仍繼續援用之財政部八十四年十一月十五日台財稅第八四一六五七八九六號函釋：「現階段臺灣地區人民年滿二十歲，就讀學歷未經教育部認可之大陸地區學校，納稅義務人於辦理綜合所得稅結算申報時，不得列報扶養親屬免稅額。」限縮上開所得稅法之適用，增加法律所無之租稅義務，違反憲法第十九條租稅法律主義，應自本解釋公布之日起不再援用。（100、11、4）

釋字第 693 號解釋

財政部中華民國八十六年十二月十一日台財稅第八六一九二二四六四號函前段謂：「認購（售）權證發行人於發行時所取得之發行價款，係屬權利金收入」，意指該發行價款係權利金收入，而非屬證券交易收入，無所得稅法第四條之一之適用，與憲法第十九條之租稅法律主義尚無違背。同函中段謂：「認購（售）權證發行人於發行後，因投資人行使權利而售出或購入標的股票產生之證券交易所得或損失，應於履約時認列損益，並依所得稅法第四條之一規定辦理。」及財政部八十六年七月三十一日台財稅第八六一九〇九三一一號函稱：「認購（售）權證持有人如於某一時間或特定到期日，以現金方式結算者……並依前開所得稅法規定停止課徵所得稅。」與憲法第十九條之租稅法律主義並無牴觸，亦不生違反憲法第七條平等原則之問題。（100、12、9）

釋字第 694 號解釋

中華民國九十年一月三日修正公布之所得稅法第十七條第一項第一款第四目規定：「按前三條規定計得之個人綜合所得總額，減除下列免稅額及扣除額後之餘額，為個人之綜合所得淨額：一、免稅額：納稅義務人按規定減除其本人、配偶及合於下列規定扶養親屬之免稅額；……㈣納稅義務人其他親屬或家屬，合於民法第一千一百十四條第四款及第一千一百二十三條第三項之規定，未滿二十歲或滿六十歲以上無謀生能力，確係受納稅義務人扶養者。……」其中以「未滿二十歲或滿六十歲以上」為減除免稅額之限制要件部分（一百年一月十九日修正公布之所得稅法第十七條第一項第一款第四目亦有相同限制），違反憲法第七條平等原則，應自本解釋公布日起，至遲於屆滿一年時，失其效力。（100、12、30）

釋字第 695 號解釋

行政院農業委員會林務局所屬各林區管理處對於人民依據國有林地濫墾地補辦清理作業要點申請訂立租地契約未為准許之決定，具公法性質，申請人如有不服，應依法提起行政爭訟以為救濟，其訴訟應由行政法院審判。（100、12、30）

釋字第 696 號解釋

中華民國七十八年十二月三十日修正公布之所得稅法第十五條第一項規定：「納稅義務人之配偶，及合於第十七條規定得申報減除扶養親屬免稅額之受扶養親屬，有前條各類所得者，應由納稅義務人合併報繳。」（該項規定於九十二年六月二十五日修正，惟就夫妻所得應由納稅義務人合併報繳部分並無不同。）其中有關夫妻非薪資所得強制合併計算，較之單獨計算稅額，增加其稅負部分，違反憲法第七條平等原則，應自本解釋公布之日起至遲於屆滿二年時失其效力。
財政部七十六年三月四日台財稅第七五一九四六三號函：「夫妻分居，如已於綜合所得稅結算申報書內載明配偶姓名、身分證統一編號，並註明已分居，分別向其戶籍所在地稽徵機關辦理結算申報，其歸戶合併後全部應繳納稅額，如經申請分別開單者，准按個人所得總額占夫妻所得總額比率計算，減除其已扣繳及自繳稅款後，分別發單補徵。」其中關於分居之夫妻如何分擔其全部應繳納稅額之計算方式規定，與租稅公平有違，應不予援用。（101、1、20）

釋字第 697 號解釋

貨物稅條例（下稱本條例）第二條第一項第二款規定：「貨物稅於應稅貨物出廠或進口時徵收之。其納稅義務人如左：……二、委託代製之貨物，為受託之產製廠商。」與法律明確性原則尚無違背。惟於委託多家廠商分工之情形，立法機關宜考量產製之分工、製程及各種委託製造關係，明定完成應稅貨物之產製階段，作為認定受託產製廠商之依據，適時檢討相關規定改進之。
本條例第八條第一項規定：「飲料品：凡設廠機製之清涼飲料品均屬之。其稅率如左：一、稀釋天然果蔬汁從價徵收百分之八。二、其他飲料品從價徵收百分之十五」。其中有關清涼飲料品之規定，與法律明確性原則尚無不合。又上開規定僅對設廠機製之清涼飲料品課徵貨物稅，而未對非設廠機製者課徵貨物稅，並不違反憲法第七條之平等原則。
財政部中華民國七十九年十一月一日台財稅第七九〇三六七三二四號函，以內含固體量是否達到百分之五十作為飲料品之認定標準，及財政部八十四年十一月二十四日台財稅第八四一六六〇九六一號函，對廠商進口或產製之燕窩類飲料，認屬貨物稅條例第八條規定之應稅飲料品，尚不違反租稅法律主義之意旨。
八十六年五月七日修正公布，九十一年一月一日施行之貨物稅條例第三十二條第一款規定：「納稅義務人有左列情形之一者，除補徵稅款外，按補徵稅額處五倍至十五倍罰鍰：一、未依第十九條規定辦理登記，擅自產製應稅貨物出廠者。」（九十八年十二月三十日修正為一倍至三倍罰鍰）與憲法比例原則並無牴觸。（101、3、2）

釋字第 698 號解釋

貨物稅條例第十一條第一項第二款規定：「電器類之課稅項目及稅率如左：……二、彩色電視機：從價徵收百分之十三。」與憲法第七條平等原則並無牴觸。
財政部中華民國九十六年六月十四日台財稅字第〇九六〇四五〇一八七〇號令：「一、貨物稅條例第十一條第一項第二款規定之彩色電視機須同時具備彩色顯示器及電視調諧器二大主要部分。二、廠商產製（或進口）之彩色顯示器，本體不具有電視調諧器（TV Tuner）裝置，且產品名稱、功能型錄及外包裝未標示有電視字樣，亦未併同具有電視調諧器功能之機具出廠（或進口）者，因無法直接接收電視視頻訊號及播放電視節目，核非屬彩色電視機之範圍，免於出廠（或進口）時課徵貨物稅。三、廠商產製（或進口）電視調諧器或具有電視調諧器功能之機具，本體不具有影像顯示功能，且未併同彩色顯示器出廠（或進口）者，亦免於出廠（或進口）時課徵貨物稅。」部分，與租稅法律主義及平等原則尚屬無違。（101、3、23）

釋字第 699 號解釋

道路交通管理處罰條例第三十五條第四項前段規定，汽車駕駛人拒絕接受同條第一項第一款酒精濃度測試之檢定者，吊銷其駕駛執照。同條例第六十七條第二項前段復規定，汽車駕駛人曾依第三十五條第四項前段規定吊銷駕駛執照者，三年內不得考領駕駛執照。又中華民國九十四年十二月十四日修正公布之同條例第六十八條另規定，汽車駕駛人因第三十五條第四項前段規定而受吊銷駕駛執照處分者，吊銷其持有各級車類之駕駛執照。上開規定與憲法第二十三條比例原則尚無牴觸，而與憲法保障人民行動自由及工作權之意旨無違。（101、5、18）

釋字第 700 號解釋

財政部中華民國八十九年十月十九日台財稅第八九〇四五七二五四號函說明三，就同年六月七日修正發布之營業稅法施行細則第五十二條第二項第一款，有關如何認定八十四年八月二日修正公布，同年九月一日施行之營業稅法第五十一條第一款漏稅額所為釋示，符合該法第十五條第一項、第三十三條、第三十五條第一項、第四十三條第一項第三款及第五十一條第一款規定之立法意旨，與憲法第十九條之租稅法律主義尚無牴觸。（101、6、29）

釋字第 701 號解釋

中華民國九十四年十二月二十八日修正公布之所得稅法第十七條第一項第二款第二目之 3 前段規定：「……㈡列舉扣除額：……3.醫藥……費：納稅義務人及其配偶或受扶養親屬之醫藥費……，以付與公立醫院、公務人員保險特約醫院、勞工保險特約醫療院、所，或經財政部認定其會計紀錄完備正確之醫院者爲限」（上開規定之「公務人員保險特約醫院、勞工保險特約醫療院、所」，於九十七年十二月二十六日經修正公布爲「全民健康保險特約醫療院、所」，規定意旨相同），就身心失能無力自理生活而須長期照護者（如失智症、植物人、極重度慢性精神病、因中風或其他重症長期臥病在床等）之醫藥費，亦以付與上開規定之醫療院所爲限始得列舉扣除，而對於付與其他合法醫療院所之醫藥費不得列舉扣除，與憲法第七條平等原則之意旨不符，在此範圍內，系爭規定應不予適用。（101、7、6）

釋字第 702 號解釋

中華民國九十八年十一月二十五日修正公布之教師法第十四條第一項規定，教師除有該項所列各款情形之一者外，不得解聘、停聘或不續聘，其中第六款（即一〇一年一月四日修正公布之同條第一項第七款）所定「行爲不檢有損師道，經有關機關查證屬實」之要件，與憲法上法律明確性原則之要求尚無違背。又依同條第三項（即一〇一年一月四日修正公布之同條第三項，意旨相同）後段規定，已聘任之教師有前開第六款之情形者，應報請主管教育行政機關核准後，予以解聘、停聘或不續聘，對人民職業自由之限制，與憲法第二十三條比例原則尚無牴觸，亦與憲法保障人民工作權之意旨無違。惟同條第三項前段使違反前開第六款者不得聘任爲教師之規定部分，與憲法第二十三條比例原則有違，應自本解釋公布之日起，至遲於屆滿一年時失其效力。（101、7、27）

釋字第 703 號解釋

財政部賦稅署中華民國八十四年十二月十九日台稅一發第八四一六六四〇四三號函一（五）決議 1 與 3，關於財團法人醫院或財團法人附屬作業組織醫院依教育文化公益慈善機關或團體免納所得稅適用標準第二條第一項第八款規定之免稅要件，就其爲醫療用途所購置之建物、設備等資產之支出，選擇全額列爲購置年度之資本支出，於計算課稅所得額時，應自銷售貨物或勞務以外之收入中減除及以後年度不得再提列折舊部分，違反憲法第十九條租稅法律主義，應自本解釋公布之日起不再援用。（101、10、5）

釋字第 704 號解釋

中華民國九十一年十一月二十七日修正發布之陸海空軍軍官士官志願留營入營甄選服役規則第七條（九十五年十一月十三日全文修正，條次、內容無異），關於後備役軍官志願入營服役期滿而志願繼續服現役者，應依志願留營規定辦理，其中應經之核准程序規定，適用於經考試院特種考試及格志願入營服役，而尚未經核准得服現役至最大年限（齡）之軍事審判官部分，以及陸海空軍軍官士官服役條例第十七條關於服現役期滿予以解除召集之規定，適用於上開情形部分，與司法權建制之審判獨立憲政原理及憲法第十六條保障人民訴訟權之意旨不符，應自本解釋公布之日起至遲於屆滿二年時，對於上開類型軍事審判官不予適用。爲保障上開類型軍事審判官之身分，有關機關應於上開期限內，依本解釋意旨，修正相關法律，明定適用於上開類型軍事審判官志願留營之甄選標準及應遵循之正當法律程序。（101、11、16）

釋字第 705 號解釋

財政部中華民國九十二年六月三日、九十三年五月二十一日、九十四年二月十八日、九十五年二月十五日、九十六年二月七日、九十七年一月三十日發布之台財稅字第〇九二〇四五二四六四號、第〇九三〇四五一四三二號、第〇九四〇四五〇〇〇七〇號、第〇九五〇四五〇七六八〇號、第〇九六〇四五〇四八五〇號、第〇九七〇四五一〇五三〇號令，所釋示之捐贈列舉扣除額金額之計算依財政部核定之標準認定，以及非屬公共設施保留地且情形特殊得專案報部核定，或依土地公告現值之百分之十六計算部分，與憲法第十九條租稅法律主義不符，均應自本解釋公布之日起不予援用。（101、11、21）

釋字第 706 號解釋

財政部中華民國七十七年六月二十八日修正發布之修正營業稅法實施注意事項（一〇〇年八月十一日廢止）第三點第四項第六款：「營業人報繳營業稅，以載有營業稅額之進項憑證扣抵銷項稅額者，除本法施行細則第三十八條所規定者外，包括左列憑證：六、……法院……拍賣貨物，由稽徵機關填發之營業稅繳款書第三聯（扣抵聯）。」（改列於一〇〇年六月二十二日修正發布之加値型及非加値型營業稅法施行細則第三十八條第一項第十一款：「……法院……拍賣或變賣貨物，由稽徵機關填發之營業稅繳款書扣抵聯。」一〇一年三月六日再度修正發布該條款，此部分相同）及八十五年十月三十日台財稅第八五一九二一六九九號函：「……二、法院拍賣或變賣之貨物屬應課徵營業稅者，稽徵機關應於取得法院分配之營業稅款後，就所分配稅款塡發『法院拍賣或變賣貨物營業稅繳款書』，……如買受人屬依營業稅法第四章第一節計算稅額之營業人，其扣抵聯應送交買受人作爲進項憑證，據以申報扣抵銷項稅額。三、至未獲分配之營業稅款，……如已徵起者，對買受人屬依營業稅法第四章第一節計算稅額之營業人，應通知其就所徵起之稅額專案申報扣抵銷項稅額。」部分，均違反憲法第十九條租稅法律主義，應不予援用。（101、12、21）

釋字第707號解釋

教育部於中華民國九十三年十二月二十二日修正發布之公立學校教職員敘薪辦法（含附表及其所附說明），關於公立高級中等以下學校教師部分之規定，與憲法上法律保留原則有違，應自本解釋公布之日起，至遲於屆滿三年時失其效力。（101、12、28）

釋字第708號解釋

中華民國九十六年十二月二十六日修正公布之入出國及移民法第三十八條第一項：「外國人有下列情形之一者，入出國及移民署得暫予收容……」（即一〇〇年十一月二十三日修正公布同條項：「外國人有下列情形之一，……入出國及移民署得暫予收容……」）之規定，其因遣送所需合理作業期間之暫時收容部分，未賦予受暫時收容人即時之司法救濟；又逾越上開暫時收容期間之收容部分，非由法院審查決定，均有違憲法第八條第一項保障人民身體自由之意旨，應自本解釋公布之日起，至遲於屆滿二年時，失其效力。（102、2、6）

釋字第709號解釋

中華民國八十七年十一月十一日制定公布之都市更新條例第十條第一項（於九十七年一月十六日僅爲標點符號之修正）有關主管機關核准都市更新事業概要之程序規定，未設置適當組織以審議都市更新事業概要，且未確保利害關係人知悉相關資訊及適時陳述意見之機會，與憲法要求之正當行政程序不符。同條第二項（於九十七年一月十六日修正，同意比率部分相同）有關申請核准都市更新事業概要時應具備之同意比率之規定，不符憲法要求之正當行政程序。九十二年一月二十九日修正公布之都市更新條例第十九條第三項前段（該條於九十九年五月十二日修正公布將原第三項分列爲第三項、第四項）規定，並未要求主管機關應將該計畫相關資訊，對更新單元內申請人以外之其他土地及合法建築物所有權人分別爲送達，且未規定由主管機關以公開方式舉辦聽證，使利害關係人得到場以言詞爲意見之陳述及論辯後，斟酌全部聽證紀錄，說明採納及不採納之理由作成核定，連同已核定之都市更新事業計畫，分別送達更新單元內各土地及合法建築物所有權人、他項權利人、囑託限制登記機關及預告登記請求權人，亦不符憲法要求之正當行政程序。上開規定均有違憲法保障人民財產權與居住自由之意旨。相關機關應依本解釋意旨就上開違憲部分，於本解釋公布之日起一年內檢討修正，逾期未完成者，該部分規定失其效力。

九十二年一月二十九日及九十七年一月十六日修正公布之都市更新條例第二十二條第一項有關申請核定都市更新事業計畫時應具備之同意比率之規定，與憲法上比例原則尚無牴觸，亦無違於憲法要求之正當行政程序。惟有關機關仍應考量實際實施情形、一般社會觀念與推動都市更新需要等因素，隨時檢討修正之。

九十二年一月二十九日修正公布之都市更新條例第二十二條之一（該條於九十四年六月二十二日爲文字修正）之適用，以在直轄市、縣（市）主管機關業依同條例第七條第一項第一款規定因戰爭、地震、火災、水災、風災或其他重大事變遭受損壞而迅行劃定之更新地區內，申請辦理都市更新者爲限；且係以不變更其他幢（或棟）建築物區分所有權人之區分所有權及其基地所有權應有部分爲條件，在此範圍內，該條規定與憲法上比例原則尚無違背。（102、4、26）

釋字第710號解釋

中華民國九十二年十月二十九日修正公布之臺灣地區與大陸地區人民關係條例第十八條第一項規定：「進入臺灣地區之大陸地區人民，有下列情形之一者，治安機關得逕行強制出境。……」（該條於九十八年七月一日爲文字修正）除因危害國家安全或社會秩序而須爲急速處分之情形外，對於經許可合法入境之大陸地區人民，未予申辯之機會，即得逕行強制出境部分，有違憲法正當法律程序原則，不符憲法第十條保障遷徙自由之意旨。同條第二項規定：「前項大陸地區人民，於強制出境前，得暫予收容……」（即九十八年七月一日修正公布之同條例第十八條第三項），未能顯示應限於非暫予收容顯難強制出境者，始得暫予收容之意旨，亦未明定暫予收容之事由，有違法律明確性原則；於因執行遣送所需合理作業期間內之暫時收容部分，未予受暫時收容人即時之司法救濟；於逾越前開暫時收容期間之收容部分，未由法院審查決定，均有違憲法正當法律程序原則，不符憲法第八條保障人身自由之意旨。又同條例關於暫予收容未設期間限制，有導致受收容人身體自由遭受過度剝奪之虞，有違憲法第二十三條比例原則，亦不符憲法第八條保障人身自由之意旨。前揭第十八條第一項與本解釋意旨不符部分及第二項關於暫予收容之規定均應自本解釋公布之日起，至遲於屆滿二年時失其效力。

臺灣地區與大陸地區人民關係條例施行細則第十五條規定：「本條例第十八條第一項第一款所定未經許可入境者，包括持偽造、變造之護照、旅行證或其他相類之證書、有事實足認係通謀虛偽結婚經撤銷或廢止其許可或以其他非法之方法入境者在內。」九十三年三月一日訂定發布之大陸地區人民申請進入臺灣地區面談管理辦法第十條第三款規定：「大陸地區人民接受面談，有下列情形之一者，其申請案不予許可；已許可者，應撤銷或廢止其許可：……三、經面談後，申請人、依親對象無同居之事實或說詞有重大瑕疵。」（即九十八年八月二十日修正發布之同辦法第十四條第二款）及第十一條規定：「大陸地區人民抵達機場、港口或已入境，經通知面談，有前條各款情形之一者，其許可應予撤銷或廢止，並註銷其入出境許可證件，逕行強制出境或限令十日內出境。」（九十八年八月二十日修正發布之同辦法第十五條刪除「逕行強制出境或限令十日內出境」等字）均未逾越九十二年十月二十九日修正公布之臺灣地區與大陸地區人民關係條例第十八條第一項之規定，與法律保留原則尚無違背。

八十八年十月二十七日訂定發布之大陸地區人民及香港澳門居民強制出境處理辦法第五條規定：「強制出境前，有下列情形之一者，得暫予收容。一、前條第二項各款所定情形。二、因天災或航空器、船舶故障，不能依規定強制出境者。三、得逕行強制出境之大陸地區人民、香港或澳門居民，無大陸地區、香港、澳門或第三國家旅行證件者。四、其他因故不能立即強制出境者。」（九十九年三月二十四日修正發布移列為同辦法第六條：「執行大陸地區人民、香港或澳門居民強制出境前，有下列情形之一者，得暫予收容：一、因天災或航空器、船舶故障，不能依規定強制出境。二、得逕行強制出境之大陸地區人民、香港或澳門居民，無大陸地區、香港、澳門或第三國家旅行證件。三、其他因故不能立即強制出境。」）未經法律明確授權，違反法律保留原則，應自本解釋公布之日起，至遲於屆滿二年時失其效力。（102、7、5）

釋字第711號解釋

藥師法第十一條規定：「藥師經登記領照執業者，其執業處所應以一處為限。」未就藥師於不違反該條立法目的之情形下，或於有重大公益或緊急情況之需要時，設必要合理之例外規定，已對藥師執行職業自由形成不必要之限制，有違憲法第二十三條比例原則，與憲法第十五條保障工作權之意旨相牴觸，應自本解釋公布之日起，至遲於屆滿一年時失其效力。

改制前之行政院衛生署（現已改制為衛生福利部）中華民國一百年四月一日衛署醫字第一〇〇〇〇〇七二四七號函限制兼具藥師及護理人員資格者，其執業場所應以同一處所為限，違反憲法第二十三條法律保留原則，應自本解釋公布之日起不再援用。（102、7、31）

釋字第712號解釋

臺灣地區與大陸地區人民關係條例第六十五條第一款規定：「臺灣地區人民收養大陸地區人民為養子女，……有下列情形之一者，法院亦應不予認可：一、已有子女或養子女者。」其中有關臺灣地區人民收養其配偶之大陸地區子女，法院亦應不予認可部分，與憲法第二十二條保障收養自由之意旨及第二十三條比例原則不符，應自本解釋公布之日起失其效力。（102、10、4）

釋字第713號解釋

財政部中華民國九十一年六月二十日修正發布之稅務違章案件減免處罰標準第六條第一項第二款規定：「依所得稅法第一百十四條第一款規定應處罰鍰案件，有下列情事之一者，減輕或免予處罰：……二、扣繳義務人已於期限內補繳應扣未扣或短扣之稅款，未在期限內補報扣繳憑單，於裁罰處分核定前已按實補報者，按應扣未扣或短扣之稅額處一．五倍之罰鍰」（一百年五月二十七日修正刪除），關於裁處罰鍰數額部分，已逾越必要程度，就此範圍內，不符憲法第二十三條之比例原則，與憲法第十五條保障人民財產權之意旨有違，應自本解釋公布之日起不再適用。（102、10、18）

釋字第714號解釋

中華民國八十九年二月二日制定公布之土壤及地下水污染整治法第四十八條規定：「第七條、第十二條、第十三條、第十六條至第十八條、第三十二條、第三十六條、第三十八條及第四十一條之規定，於本法施行前已發生土壤或地下水污染之污染行為人適用之。」其中有關「於本法施行前已發生土壤或地下水污染之污染行為人適用之」部分，係對該法施行後，其污染狀況仍繼續存在之情形而為規範，尚未牴觸法律不溯及既往原則及憲法第二十三條之比例原則，與憲法第十五條保障人民工作權及財產權之意旨均無違背。（102、11、15）

釋字第715號解釋

中華民國九十九年國軍志願役專業預備軍官預備

士官班考選簡章壹、二、（二）規定：「曾受刑之宣告……者，不得報考。……」與憲法第二十三條法律保留原則無違。惟其對應考試資格所為之限制，逾越必要程度，牴觸憲法第二十三條比例原則，與憲法第十八條保障人民服公職之權利意旨不符。相關機關就嗣後同類考試應依本解釋意旨妥為訂定招生簡章。（102、12、20）

釋字第716號解釋

公職人員利益衝突迴避法第九條規定：「公職人員或其關係人，不得與公職人員服務之機關或受其監督之機關為買賣、租賃、承攬等交易行為。」尚未牴觸憲法第二十三條之比例原則，與憲法第十五條、第二十二條保障人民工作權、財產權及契約自由之意旨均無違背。惟於公職人員之關係人部分，若因禁止其參與交易之競爭，將造成其他少數參與交易者之壟斷，反而顯不利於公共利益，於此情形，苟上開機關於交易過程中已行公開公平之程序，而有充分之防弊規制，是否仍有造成不當利益輸送或利益衝突之虞，而有禁止公職人員之關係人交易之必要，相關機關應儘速通盤檢討改進。

公職人員利益衝突迴避法第十五條規定：「違反第九條規定者，處該交易行為金額一倍至三倍之罰鍰。」於可能造成顯然過苛處罰之情形，未設適當之調整機制，其處罰已逾越必要之程度，不符憲法第二十三條之比例原則，與憲法第十五條保障人民財產權之意旨有違，應自本解釋公布之日起，至遲於屆滿一年時失其效力。（102、12、27）

釋字第717號解釋

銓敘部中華民國九十五年一月十七日增訂發布、同年二月十六日施行之退休公務人員公保養老給付金額優惠存款要點（已廢止）第三點之一第一項至第三項、第七項及第八項、教育部九十五年一月二十七日增訂發布、同年二月十六日施行之學校退休教職員公保養老給付金額優惠存款要點（已廢止）第三點之一第一項至第三項、第七項及第八項，有關以支領月退休金人員之每月退休所得，不得超過依最後在職同等級人員現職待遇計算之退休所得上限一定百分比之方式，減少其公保養老給付得辦理優惠存款金額之規定，尚無涉禁止法律溯及既往之原則。上開規定生效前退休或在職之公務人員及學校教職員對於原定之優惠存款利息，固有值得保護之信賴利益，惟上開規定之變動確有公益之考量，且衡酌其所欲達成之公益及退休或在職公教人員應受保護之信賴利益，上開規定所採措施尚未逾越必要合理之程度，未違反信賴保護原則及比例原則。（103、2、19）

釋字第718號解釋

集會遊行法第八條第一項規定，室外集會、遊行應向主管機關申請許可，未排除緊急性及偶發性集會、遊行部分，及同法第九條第一項但書與第十二條第二項關於緊急性集會、遊行之申請許可規定，違反憲法第二十三條比例原則，不符憲法第十四條保障集會自由之意旨，均應自中華民國一〇四年一月一日起失其效力。本院釋字第四四五號解釋應予補充。（103、3、21）

釋字第719號解釋

原住民族工作權保障法第十二條第一項、第三項及政府採購法第九十八條，關於政府採購得標廠商於國內員工總人數逾一百人者，應於履約期間僱用原住民，人數不得低於總人數百分之一，進用原住民人數未達標準者，應向原住民族綜合發展基金之就業基金繳納代金部分，尚無違背憲法第七條平等原則及第二十三條比例原則，與憲法第十五條保障之財產權及其與工作權內涵之營業自由之意旨並無不符。（103、4、18）

釋字第720號解釋

羈押法第六條及同法施行細則第十四條第一項之規定，不許受羈押被告向法院提起訴訟請求救濟之部分，業經本院釋字第六五三號解釋，以其與憲法第十六條保障人民訴訟權之意旨有違，宣告相關機關至遲應於解釋公布之日起二年內，依解釋意旨，檢討修正羈押法及相關法規，就受羈押被告及時有效救濟之訴訟制度，訂定適當之規範在案。在相關法規修正公布前，受羈押被告對有關機關之申訴決定不服者，應許其準用刑事訴訟法第四百十六條等有關準抗告之規定，向裁定羈押之法院請求救濟。本院釋字第六五三號解釋應予補充。（103、5、16）

釋字第721號解釋

憲法增修條文第四條第一項及第二項關於單一選區兩票制之並立制、政黨比例代表席次及政黨門檻規定部分，並未違反現行憲法賴以存立之自由民主憲政秩序。公職人員選舉罷免法第六十七條第二項關於並立制及政黨門檻規定部分，與上開增修條文規定內容相同，亦不生牴觸憲法之疑義。（103、6、6）

釋字第722號解釋

執行業務所得查核辦法第十條第二項規定：「聯合執行業務者或執行業務收入經由公會代收轉付者，得按權責發生制計算所得，惟須於年度開始一個月前，申報該管稽徵機關核准，變更者亦同。」未涵蓋業務收支跨年度、經營規模大且會計事項複雜而與公司經營型態相類之單獨執行業務者在內，其差別待遇之手段與目的之達成間欠

缺合理關聯，在此範圍內，與憲法第七條平等原則之意旨不符。（103、6、27）

釋字第 723 號解釋

中華民國八十九年十二月二十九日修正發布之全民健康保險醫事服務機構醫療服務審查辦法第六條第一項規定：「保險醫事服務機構申報醫療服務點數，逾前條之申報期限二年者，保險人應不予支付。」（該辦法於九十一年三月二十二日修正發布全文，該條項規定並未修正，一〇一年十二月二十四日修正刪除）有違法律保留原則，侵害人民之財產權，與憲法第十五條及第二十三條規定之意旨不符，應不予適用。

聲請人聲請暫時處分部分，因本案業經作成解釋，無作成暫時處分之必要，應予駁回。（103、7、25）

釋字第 724 號解釋

內政部中華民國九十五年六月十五日修正發布之督導各級人民團體實施辦法第二十條第一項：「人民團體經主管機關限期整理者，其理事、監事之職權應即停止」規定部分，違反憲法第二十三條法律保留原則，侵害憲法第十四條、第十五條保障之人民結社自由及工作權，應自本解釋公布之日起，至遲於屆滿一年時，失其效力。（103、8、1）

釋字第 725 號解釋

本院就人民聲請解釋憲法，宣告確定終局裁判所適用之法令於一定期限後失效者，聲請人就聲請釋憲之原因案件即得據以請求再審或其他救濟，檢察總長亦得據以提起非常上訴；法院不得以該法令於該期限內仍屬有效為理由駁回。如本院解釋諭知原因案件具體之救濟方法者，依其諭知；如未諭知，則俟新法令公布、發布生效後依新法令裁判。本院釋字第一七七號及第一八五號解釋應予補充。最高行政法院九十七年判字第六一五號判例與本解釋意旨不符部分，應不再援用。行政訴訟法第二百七十三條第二項得提起再審之訴之規定，並不排除確定終局判決所適用之法令經本院解釋為牴觸憲法而宣告定期失效之情形。（103、10、24）

釋字第 726 號解釋

勞動基準法第八十四條之一有關勞雇雙方對於工作時間、例假、休假、女性夜間工作有另行約定時，應報請當地主管機關核備之規定，係強制規定，如未經當地主管機關核備，該約定尚不得排除同法第三十條、第三十二條、第三十六條、第三十七條及第四十九條規定之限制，除可發生公法上不利於雇主之效果外，如發生民事爭議，法院自應於具體個案，就工作時間等事項另行約定而未經核備者，本於落實保護勞工權益之立法目的，依上開第三十條等規定予以調整，並依同法第二十四條、第三十九條規定計付工資。（103、11、21）

釋字第 727 號解釋

中華民國八十五年二月五日制定公布之國軍老舊眷村改建條例（下稱眷改條例）第二十二條規定：「規劃改建之眷村，其原眷戶有四分之三以上同意改建者，對不同意改建之眷戶，主管機關得逕行註銷其眷舍居住憑證及原眷戶權益，收回該房地，並得移送管轄之地方法院裁定後強制執行。」（九十六年一月三日修正公布將四分之三修正為三分之二，並改列為第一項）對於不同意改建之原眷戶得逕行註銷其眷舍居住憑證及原眷戶權益部分，與憲法第七條之平等原則尚無牴觸。惟同意改建之原眷戶除依眷改條例第五條第一項前段規定得承購住宅及輔助購宅款之權益外，尚得領取同條例施行細則第十三條第二項所定之搬遷補助費及同細則第十四條所定之拆遷補償費，而不同意改建之原眷戶不僅喪失前開承購住宅及輔助購宅款權益，並喪失前開搬遷補助費及拆遷補償費；況按期搬遷之違占建戶依眷改條例第二十三條規定，尚得領取拆遷補償費，不同意改建之原眷戶竟付之闕如；又對於因無力負擔自備款而拒絕改建之極少數原眷戶，應為如何之特別處理，亦未有規定。足徵眷改條例尚未充分考慮不同意改建所涉各種情事，有關法益之權衡並未臻於妥適，相關機關應儘速通盤檢討改進。（104、2、6）

釋字第 728 號解釋

祭祀公業條例第四條第一項前段規定：「本條例施行前已存在之祭祀公業，其派下員依規約定之。」並未以性別為認定派下員之標準，雖相關規約依循傳統之宗族觀念，大都限定以男系子孫（含養子）為派下員，多數情形致女子不得為派下員，但該等規約係設立人及其子孫所為之私法上結社及財產處分行為，基於私法自治，原則上應予尊重，以維護法秩序之安定。是上開規定以規約認定祭祀公業派下員，尚難認與憲法第七條保障性別平等之意旨有違，致侵害女子之財產權。（104、3、20）

釋字第 729 號解釋

檢察機關代表國家進行犯罪之偵查與追訴，基於權力分立與制衡原則，且為保障檢察機關獨立行使職權，對於偵查中之案件，立法院自不得向其調閱相關卷證。立法院向檢察機關調閱已偵查終結而不起訴處分確定或未經起訴而以其他方式結案之案件卷證，須基於目的與範圍均屬明確之特定議案，並與其行使憲法上職權有重大關聯，且非屬法律所禁止者為限。如因調閱而有妨害另案偵查之虞，檢察機關得延至該另案偵查終結後，再行提供調閱之卷證資料。其調閱偵查卷證之文件原本或與原本內容相同之影本者，應經立法院院會決議；要求提供參考資料者，由院會或其委員會決議為之。因調閱卷證而知悉之資訊，其使用應限於行使憲法上職權所必要，並注意維護關係人之權益（如名譽、隱私、營業秘密等）。本院釋字第三二五號解釋應予補充。（104、5、1）

釋字第 730 號解釋

學校教職員退休條例施行細則第十九條第二項有關已領退休（職、伍）給與或資遣給與者再任或轉任公立學校教職員重行退休時，其退休金基數或百分比連同以前退休（職、伍）基數或百分比或資遣給與合併計算，以不超過同條例第五條及第二十一條之一第一項所定最高標準為限之規定，欠缺法律具體明確之授權，對上開人員依同條例請領退休金之權利，增加法律所無之限制，侵害其受憲法第十五條保障之財產權，與憲法第二十三條法律保留原則有違，應自本解釋公布之日起，至遲於屆滿一年時失其效力。（104、6、18）

釋字第 731 號解釋

中華民國八十九年二月二日制定公布之土地徵收條例第四十條第一項規定：「實施區段徵收時，原土地所有權人不願領取現金補償者，應於徵收公告期間內，檢具有關證明文件，以書面向該管直轄市或縣（市）主管機關申請發給抵價地。……」（該條於一〇一年一月四日修正公布，惟該項規定並未修正；下稱系爭規定）關於應於公告期間內申請部分，於上開主管機關依同條例第十八條規定以書面通知土地所有權人，係在徵收公告日之後送達者，未以送達日之翌日為系爭規定申請期間起算日，而仍以徵收公告日計算申請期間，要求原土地所有權人在徵收公告期間內為申請之規定，不符憲法要求之正當行政程序，有違憲法第十五條保障人民財產權之意旨，應自本解釋公布之日起一年內檢討修正。逾期未修正者，該部分失其效力。（104、7、31）

釋字第 732 號解釋

中華民國九十年五月三十日修正公布之大眾捷運法（下稱九十年捷運法）第七條第四項規定：「大眾捷運系統……其毗鄰地區辦理開發所需之土地……，得由主管機關依法報請徵收。」七十七年七月一日制定公布之大眾捷運法（下稱七十七年捷運法）第七條第三項規定：「聯合開發用地……，得徵收之。」七十九年二月十五日訂定發布之大眾捷運系統土地聯合開發辦法（下稱開發辦法）第九條第一項規定：「聯合開發之用地取得……，得由該主管機關依法報請徵收……。」此等規定，許主管機關為土地開發之目的，依法報請徵收土地徵收條例（下稱徵收條例）第三條第二款及土地法第二百零八條第二款所規定交通事業所必須者以外之毗鄰地區土地，於此範圍內，不符憲法第二十三條之比例原則，與憲法保障人民財產權及居住自由之意旨有違，應自本解釋公布之日起不予適用。（104、9、25）

釋字第 733 號解釋

人民團體法第十七條第二項關於「由理事就常務理事中選舉一人為理事長，其不設常務理事者，就理事中互選之」之規定部分，限制職業團體內部組織與事務之自主決定已逾必要程度，有違憲法第二十三條所定之比例原則，與憲法第十四條保障人民結社自由之意旨不符，應自本解釋公布之日起，至遲於屆滿一年時，失其效力。（104、10、30）

釋字第 734 號解釋

廢棄物清理法第二十七條第十一款規定：「在指定清除地區內嚴禁有下列行為：……十一、其他經主管機關公告之污染環境行為。」與憲法第二十三條之法律授權明確性原則尚無違背。

臺南市政府中華民國九十一年十二月九日南市環廢字第〇九一〇四〇二三四三一號公告之公告事項一、二（該府改制後於一〇〇年一月十三日以南市府環管字第一〇〇〇〇五〇七〇一〇號公告重行發布，內容相當），不問設置廣告物是否有礙環境衛生與國民健康，及是否已達與廢棄物清理法第二十七條前十款所定行為類型污染環境相當之程度，即認該設置行為為污染行為，概予禁止並處罰，已逾越母法授權之範圍，與法律保留原則尚有未符。應自本解釋公布之日起，至遲於屆滿三個月時失其效力。（104、12、18）

釋字第 735 號解釋

中華民國憲法增修條文第三條第二項第三款規定：「行政院依左列規定，對立法院負責，……三、立法院得經全體立法委員三分之一以上連署，對行政院院長提出不信任案。不信任案提出七十二小時後，應於四十八小時內以記 名投票表決之。……」旨在規範不信任案應於上開規定之時限內，完成記名投票表決，避免懸宕影響政局安定，未限制不信任案須於立法院常會提出。憲法第六十九條規定：「立法院遇有左列情事之一時，得開臨時會：一、總統之咨請。二、立法委員四分之一以上之請求。」僅規範立法院臨時會召開之程序，未限制臨時會得審 議之事項。是立法院於臨時會中審議不信任案，非憲法所不許。立法院組織法第六條第一項規定：「立法院臨時會，依憲法第六十九條規定行之，並以決議召集臨時 會之特定事項爲限。」與上開憲法規定意旨不符部分，應不再適用。如於立法院休會期間提出不信任案，立法院應即召開臨時會審議之。（105、2、4）

釋字第 736 號解釋

本於憲法第十六條有權利即有救濟之意旨，教師認其權利或法律上利益因學校具體措施遭受侵害時，得依行政訴訟法或民事訴訟法等有關規定，向法院請求救濟。教師法第三十三條規定：「教師不願申訴或不服申訴、再申訴決定者，得按其性質依法提起訴訟或依訴願法或行政訴訟法或其他保障法律等有關規定，請求救濟。」僅係規定教師權利或法律上利益受侵害時之救濟途徑，並未限制公立學校教師提起行政訴訟之權利，與憲法第十六條保障人民訴訟權之意旨尚無違背。（105、3、18）

釋字第 737 號解釋

本於憲法第八條及第十六條人身自由及訴訟權應予保障之意旨，對人身自由之剝奪尤應遵循正當法律程序原則。偵查中之羈押審查程序，應以適當方式及時使犯罪嫌疑人及其辯護人獲知檢察官據以聲請羈押之理由；除有事實 足認有湮滅、偽造、變造證據或勾串共犯或證人等危害偵查目的或危害他人生命、身體之虞，得予限制或禁止者外，並使其獲知聲請羈押之有關證據，俾利其有效行 使防禦權，始符憲法正當法律程序原則之要求。其獲知之方式，不以檢閱卷證並抄錄或攝影爲必要。刑事訴訟法第三十三條第一項規定：「辯護人於審判中得檢閱卷 宗及證物並得抄錄或攝影。」同法第一百零一條第三項規定：「第一項各款所依據之事實，應告知被告及其辯護人，並記載於筆錄。」整體觀察，偵查中之犯罪嫌疑人及其辯護人僅受告知羈押事由所據之事實，與上開意旨不符。有關機關應於本解釋公布之日起一年內，基於本解釋意旨，修正刑事訴訟法妥爲規定。逾期未完成修 法，法院之偵查中羈押審查程序，應依本解釋意旨行之。（105、4、29）

釋字第 738 號解釋

電子遊戲場業申請核發電子遊戲場業營業級別證作業要點第二點第一款第一目規定電子遊戲場業之營業場所應符合自治條例之規定，尚無牴觸法律保留原則。臺北市電子遊戲場業設置管理自治條例第五條第一項第二款規定：「電子遊戲場業之營業場所應符合下列規定：……二 限制級：……應距離幼稚園、國民中、小學、高中、職校、醫院、圖書館一千公尺以上。」臺北縣電子遊戲場業設置自治條例第四條第一項規定：「前條營業場所（按指電子遊戲場業營業場所，包括普通級與限制級），應距離國民中、小學、高中、職校、醫院九百九十公尺以上。」（已失效）及桃園縣電子遊戲場業設置自治條例（於中華民國一〇三年十二月二十五日公告自同日起繼續適用）第四條第一項規定：「電子遊戲場業之營業場所，應距離國民中、小學、高中、職校、醫院八百公尺以上。」皆未違反憲法中央與地方權限劃分原則、法律保留原則及比例原則。惟各地方自治團體就電子遊戲場業營業場所距離限制之規定，允宜配合客觀環境及規範效果之變遷，隨時檢討而爲合理之調整，以免產生實質阻絕之效果，併此指明。（105、6、24）

釋字第 739 號解釋

獎勵土地所有權人辦理市地重劃辦法第八條第一項發起人申請核定成立籌備會之要件，未就發起人於擬辦重劃範圍內所有土地面積之總和應占擬辦重劃範圍內土地總面積比率爲規定；於以土地所有權人七人以上爲發起人時，復未就該人數與所有擬辦重劃範圍內土地所有權人總數之比率爲規定，與憲法要求之正當行政程序不符。同辦法第九條第三款、第二十條第一項規定由籌備會申請核定擬辦重劃範圍，以及同辦法第九條第六款、第二十六條第一項規定由籌備會爲重劃計畫書之申請核定及公告，並通知土地所有權人等，均屬重劃會之職權，卻交由籌備會爲之，與平均地權條例第五十八條第一項規定意旨不符，且超出同條第二項規定之授權目的與範圍，違反法律保留原則。同辦法關於主管機關核定擬辦重劃範圍之程序，未要求主管機關應設置適當組織爲審議、於核定前予利害關係人陳述意見之機會，以及分別送達核定處分於重劃範圍內申請人以外之其他土地所有權人；同辦法關於主管機關核准實施重劃計畫之程序，未要求主管機關應設置適當組織爲審議、將重劃計畫相關資訊分別送達重劃範圍內申請人以外之其他土地所有權人，及以公開方式舉辦聽證，使利害關係人得到場以言詞爲意見之陳述及論辯後，斟酌全部聽證紀錄，說明採納及不採納之理由作成核定，連同已核准之市地重劃計畫，分別送達重劃範圍內各土地所有權人及他項權利人等，均不符憲法要求之正當行政程序。上開規定，均有違憲法保障人民財產權與居住自由之意旨。相關機關應依本解釋意旨就上開違憲部分，於本解釋公布之日起一年內檢討修正，逾期未完成者，該部分規定失其效力。

平均地權條例第五十八條第三項規定，尚難遽謂違反比例原則、平等原則。（105、7、29）

釋字第 740 號解釋

保險業務員與其所屬保險公司所簽訂之保險招攬勞務契約，是否爲勞動基準法第二條第六款所稱勞動契約，應視勞務債務人（保險業務員）得否自由決定勞務給付之方式（包含工作時間），並自行負擔業務風險（例如按所招攬之保險收受之保險費爲基礎計算其報酬）以爲斷，不得逕以保險業務員管理規則爲認定依據。（105、10、21）

釋字第741號解釋

凡本院曾就人民聲請解釋憲法，宣告聲請人據以聲請之確定終局裁判所適用之法令，於一定期限後失效者，各該解釋之聲請人均得就其原因案件據以請求再審或其他救濟，檢察總長亦得據以提起非常上訴，以保障釋憲聲請人之權益。本院釋字第七二五號解釋前所爲定期失效解釋之原因案件亦有其適用。本院釋字第七二五號解釋應予補充。（105、11、11）

釋字第742號解釋

都市計畫擬定計畫機關依規定所爲定期通盤檢討，對原都市計畫作必要之變更，屬法規性質，並非行政處分。惟如其中具體項目有直接限制一定區域內特定人或可得確定多數人之權益或增加其負擔者，基於有權利即有救濟之憲法原則，應許其就該部 分提起訴願或行政訴訟以資救濟，始符憲法第十六條保障人民訴願權與訴訟權之意旨。本院釋字第一五六號解釋應予補充。

都市計畫之訂定（含定期通盤檢討之變更），影響人民權益甚鉅。立法機關應於本解釋公布之日起二年內增訂相關規定，使人民得就違法之都市計畫，認爲損害其權利或法律上利益者，提起訴訟以資救濟。如逾期未增訂，自本解釋公布之日起二年後發布之都市計畫（含定期通盤檢討之變更），其救濟應準用訴願法及行政訴訟 法有關違法行政處分之救濟規定。（105、12、9）

釋字第743號解釋

主管機關依中華民國七十七年七月一日制定公布之大眾捷運法第六條，按相關法律所徵收大眾捷運系統需用之土地，不得用於同一計畫中依同法第七條第一項規定核定辦理之聯合開發。

依大眾捷運法第六條徵收之土地，應有法律明確規定得將之移轉予第三人所有，主管機關始得爲之，以符憲法保障人民財產權之意旨。（105、12、30）

釋字第744號解釋

化粧品衛生管理條例第二十四條第二項規定：「化粧品之廠商登載或宣播廣告時，應於事前……請中央或直轄市衛生主管機關核准……。」同條例第三十條第一項規定：「違反第二十四條……第二項規定者，處新臺幣五萬元以下罰鍰……。」係就化粧品廣告所爲之事前審查，限制化粧品廠商之言論自由，已逾越必要程度，不符憲法第二十三條之比例原則，與憲法第十一條保障人民言論自由之意旨有違，應自本解釋公布之日起失其效力。（106、1、6）

釋字第745號解釋

所得稅法第十四條第一項第三類第一款及第二款、同法第十七條第一項第二款第三目之二關於薪資所得之計算，僅許薪資所得者就個人薪資收入，減除定額之薪資所得特別扣除額，而不許薪資所得者於該年度之必要費用超過法定扣除額時，得以列舉或其他方式減除必要費用，於此範圍內，與憲法第七條平等權保障之意旨不符，相關機關應自本解釋公布之日起二年內，依本解釋之意旨，檢討修正所得稅法相關規定。

財政部中華民國七十四年四月二十三日台財稅第一四九一七號函釋關於大專院校兼任教師授課鐘點費亦屬薪資所得部分，與憲法第十九條租稅法律主義及第二十三條規定尚無牴觸。（106、2、8日）

釋字第746號解釋

稅捐稽徵法第二十條規定：「依稅法規定逾期繳納稅捐應加徵滯納金者，每逾二日按滯納數額加徵百分之一滯納金；逾三十日仍未繳納者……。」及遺產及贈與稅法第五十一條第一項規定：「納稅義務人，對於核定之遺產稅或贈與稅應納稅額，逾第三十條規定期限繳納者，每逾二日加徵應納稅額百分之一滯納金；逾期三十日仍未繳納者……。」係督促人民於法定期限內履行繳納稅捐義務之手段，尚難認違反憲法第二十三條之比例原則而侵害人民受憲法第十五條保障之財產權。

財政部中華民國八十年四月八日台財稅第七九〇四四五四二二號函及八十一年十月九日台財稅第八一一六八〇二九一號函，就復查決定補徵之應納稅額逾繳納期限始繳納半數者應加徵滯納金部分所爲釋示，符合稅捐稽徵法第二十條、第三十九條第一項、第二項第一款及遺產及贈與稅法第五十一條第一項規定之立法意旨，與憲法第十九條之租稅法律主義尚無牴觸。

遺產及贈與稅法第五十一條第二項規定：「前項應納稅款及滯納金，應自滯納期限屆滿之次日起，至納稅義務人繳納之日止，依郵政儲金匯業局一年期定期存款利率，按日加計利息，一併徵收。」就應納稅款部分加徵利息，與憲法財產權之保障尚無牴觸；惟就滯納金部分加徵利息，欠缺合理性，不符憲法比例原則，與憲法保障人民財產權之意旨有違，應自本解釋公布之日起失其效力。（106、2、24）

釋字第747號解釋

人民之財產權應予保障，憲法第十五條定有明文。需用土地人因興辦土地徵收條例第三條規定之事業，穿越私有土地之上空或地下，致逾越所有權人社會責任所應忍受範圍，形成個人之特別犧牲，而不依徵收規定向主管機關申請徵收地上權者，土地所有權人得請求需用土地人向主管機關申請徵收地上權。中華民國八十九年二月二日制定公布之同條例第十一條規定：「需用土地人申請徵收土地……前，應先與所有人協議價購或以其他方式取得；所有人拒絕參與協議或經開會未能達成協議者，始得依本條例申請徵收。」（一〇一年一月四日修正公布之同條第一項主要意旨相同）第五十七條第一項規定：「需用土地人因興辦第三條規定之事業，需穿越私有土地之上空或地下，得就需用之空間範圍協議取得地上權，協議不成時，準用徵收規定取得地上權。……」未就土地所有權人得請求需用土地人向主管機關申請徵收地上權有所規定，與上開意旨不符。有關機關應自本解釋公布之日起一年內，基於本解釋意旨，修正土地徵收條例妥為規定。逾期未完成修法，土地所有權人得依本解釋意旨，請求需用土地人向主管機關申請徵收地上權。（106、3、17）

釋字第 748 號解釋

民法第四編親屬第二章婚姻規定，未使相同性別二人，得為經營共同生活之目的，成立具有親密性及排他性之永久結合關係，於此範圍內，與憲法第二十二條保障人民婚姻自由及第七條保障人民平等權之意旨有違。有關機關應於本解釋公布之日起二年內，依本解釋意旨完成相關法律之修正或制定。至於以何種形式達成婚姻自由之平等保護，屬立法形成之範圍。逾期未完成相關法律之修正或制定者，相同性別二人為成立上開永久結合關係，得依上開婚姻章規定，持二人以上證人簽名之書面，向戶政機關辦理結婚登記。（106、5、24）

釋字第 749 號解釋

道路交通管理處罰條例第三十七條第三項規定：「計程車駕駛人，在執業期中，犯竊盜、詐欺、贓物、妨害自由或刑法第二百三十條至第二百三十六條各罪之一，經第一審法院判決有期徒刑以上之刑後，吊扣其執業登記證。其經法院判決有期徒刑以上之刑確定者，廢止其執業登記，並吊銷其駕駛執照。」僅以計程車駕駛人所觸犯之罪及經法院判決有期徒刑以上之刑為要件，而不問其犯行是否足以顯示對乘客安全具有實質風險，均吊扣其執業登記證、廢止其執業登記，就此而言，已逾越必要程度，不符憲法第二十三條比例原則，與憲法第十五條保障人民工作權之意旨有違。有關機關應於本解釋公布之日起二年內，依本解釋意旨妥為修正；逾期未修正者，上開規定有關吊扣執業登記證、廢止執業登記部分失其效力。於上開規定修正前，為貫徹原定期禁業之目的，計程車駕駛人經廢止執業登記者，三年內不得再行辦理執業登記。

上開條例第三十七條第三項有關吊銷駕駛執照部分，顯逾達成定期禁業目的之必要程度，不符憲法第二十三條比例原則，與憲法第十五條保障人民工作權及第二十二條保障人民一般行為自由之意旨有違，應自本解釋公布之日起失其效力。從而，自不得再以違反同條例第三十七條第三項為由，適用同條例第六十八條第一項（即中華民國九十九年五月五日修正公布前之第六十八條）之規定，吊銷計程車駕駛人執有之各級車類駕駛執照。

上開條例第六十七條第二項規定：「汽車駕駛人，曾依……第三十七條第三項……規定吊銷駕駛執照者，三年內不得考領駕駛執照……。」因同條例第三十七條第三項有關吊銷駕駛執照部分既經本解釋宣告失其效力，應即併同失效。（106、6、2）

釋字第 750 號解釋

行政院衛生署（改制後為衛生福利部）中華民國九十八年九月十六日修正發布之醫師法施行細則第一條之一，及考試院九十八年十月十四日修正發布之專門職業及技術人員高等考試醫師牙醫師考試分試考試規則「附表一：專門職業及技術人員高等考試醫師牙醫師考試分試考試應考資格表」牙醫師類科第一款，關於國外牙醫學畢業生參加牙醫師考試之應考資格部分之規定，尚未牴觸憲法第二十三條法律保留原則、比例原則，與憲法第十五條工作權及第十八條應考試權之保障意旨無違，亦不違反憲法第七條平等權之保障。（106、7、7）

釋字第 751 號解釋

行政罰法第二十六條第二項規定：「前項行為如經……緩起訴處分確定……者，得依違反行政法上義務規定裁處之。」及財政部中華民國九十六年三月六日台財稅字第〇九六〇〇〇九〇四四〇號函，就緩起訴處分確定後，仍得依違反行政法上義務規定裁處之釋示，其中關於經檢察官命被告履行刑事訴訟法第二百五十三條之二第一項第四款及第五款所定事項之緩起訴處分部分，尚未牴觸憲法第二十三條，與憲法第十五條保障人民財產權之意旨無違。

同法第四十五條第三項規定：「本法中華民國一百年十一月八日修正之第二十六條第三項至第五項規定，於修正施行前違反行政法上義務之行為同時觸犯刑事法律，經緩起訴處分確定，應受行政罰之處罰而未經裁處者，亦適用之⋯⋯。」其中關於適用行政罰法第二十六條第三項及第四項部分，未牴觸法治國之法律不溯及既往及信賴保護原則，與憲法第十五條保障人民財產權之意旨無違。
統一解釋部分，九十五年二月五日施行之行政罰法第二十六條第二項雖未將「緩起訴處分確定」明列其中，惟緩起訴處分實屬附條件之便宜不起訴處分，故經緩起訴處分確定者，解釋上自得適用九十五年二月五日施行之行政罰法第二十六條第二項規定，依違反行政法上義務規定裁處之。（106、7、21）

釋字第752號解釋

刑事訴訟法第三百七十六條第一款及第二款規定：「下列各罪之案件，經第二審判決者，不得上訴於第三審法院：一、最重本刑為三年以下有期徒刑、拘役或專科罰金之罪。二、刑法第三百二十條、第三百二十一條之竊盜罪。」就經第一審判決有罪，而第二審 駁回上訴或撤銷原審判決並自為有罪判決者，規定不得上訴於第三審法院部分，屬立法形成範圍，與憲法第十六條保障人民訴訟權之意旨尚無違背。惟就第二審撤銷原審無罪判決並自為有罪判決者，被告不得上訴於第三審法院部分，未能提供至少一次上訴救濟之機會，與憲法第十六條保障人民訴訟權之意旨有違，應自本解釋公布之日起失其效力。
上開二款所列案件，經第二審撤銷原審無罪判決並自為有罪判決，於本解釋公布之日，尚未逾上訴期間者，被告及得為被告利益上訴之人得依法上訴。原第二審法院，應裁定曉示被告得於該裁定送達之翌日起十日內，向該法院提出第三審上訴之意旨。被告於本解釋公布前，已於前揭上訴期間內上訴而尚未裁判者，法院不得依刑事訴訟法第三百七十六條第一款及第二款規定駁回上訴。（106、7、28）

釋字第753號解釋

中華民國八十三年八月九日制定公布之全民健康保險法第五十五條第二項規定：「前項保險醫事服務機構之特約及管理辦法，由主管機關定之。」及一百年一月二十六日修正公布之同法第六十六條第一項規定：「醫事服務機構得申請保險人同意特約為保險醫事服務機構，得申請特約為保險醫事服務機構之醫事服務機構種類與申請特約之資格、程序、審查基準、不予特約之條件、違約之處理及其他有關事項之辦法，由主管機關定之。」均未牴觸法治國之法律授權明確性原則，與憲法第十五條保障人民工作權及財產權之意旨尚無違背。
九十六年三月二十日修正發布之全民健康保險醫事服務機構特約及管理辦法第六十六條第一項第八款規定：「保險醫事服務機構於特約期間有下列情事之一者，保險人應予停止特約一至三個月，或就其違反規定部分之診療科別或服務項目停止特約一至三個月：⋯⋯八、其他以不正當行為或以虛偽之証明、報告或陳述，申報醫療費用。」九十五年二月八日修正發布之同辦法第七十條前段規定：「保險醫事服務機構受停止⋯⋯特約者，其負責醫事人員或負有行為責任之醫事人員，於停止特約期間⋯⋯，對保險對象提供之醫療保健服務，不予支付。」九十九年九月十五日修正發布之同辦法第三十九條第一項規定：「依前二條規定所為之停約⋯⋯，有嚴重影響保險對象就醫權益之虞或為防止、除去對公益之重大危害，服務機構得報經保險人同意，僅就其違反規定之服務項目或科別分別停約⋯⋯，並得以保險人第一次處分函發文日期之該服務機構前一年該服務項目或該科申報量及各該分區總額最近一年已確認之平均點值核算扣減金額，抵扣停約⋯⋯期間。」（上開條文，均於一〇一年十二月二十八日修正發布，依序分別為第三十九條第四款、第四十七條第一項、第四十二條第一項，其意旨相同）均未逾越母法之授權範圍，與法律保留原則尚無不符，亦未牴觸憲法第二十三條比例原則，與憲法第十五條保障人民工作權及財產權之意旨尚無違背。
一〇一年十二月二十八日修正發布之同辦法第三十七條第一項第一款規定：「保險醫事服務機構有下列情事之一者，以保險人公告各該分區總額最近一季確認之平均點值計算，扣減其申報之相關醫療費用之十倍金額：一、未依處方箋⋯⋯之記載提供醫事服務。」未逾越母法之授權範圍，與法律保留原則尚無不符，與憲法第十五條保障人民工作權及財產權之意旨並無違背。（106、10、6）

釋字第754號解釋

最高行政法院一百年度五月份第二次庭長法官聯席會議有關：「⋯⋯進口人填具進口報單時，需分別填載進口稅、貨物稅及營業稅相關事項，向海關遞交，始完成進口稅、貨物稅及營業稅之申報，故實質上為三個申報行為，而非一行為。如未據實申報，致逃漏進口稅、貨物稅及營業稅，合於海關緝私條例第三十七條第一項第四款、貨物稅條例第三十二條第十款暨營業稅法第五十一條第七款規定者，應併合處罰，不生一行為不二罰之問題」之決議，與法治國一行為不二罰之原則並無牴觸。（106、10、20）

釋字第755號解釋

監獄行刑法第六條及同法施行細則第五條第一項

第七款之規定，不許受刑人就監獄處分或其他管理措施，逾越達成監獄行刑目的所必要之範圍，而不法侵害其憲法所保障之基本權利且非顯屬輕微時，得向法院請求救濟之部分，逾越憲法第二十三條之必要程度，與憲法第十六條保障人民訴訟權之意旨有違。相關機關至遲應於本解釋公布之日起二年內，依本解釋意旨檢討修正監獄行刑法及相關法規，就受刑人及時有效救濟之訴訟制度，訂定適當之規範。

修法完成前，受刑人就監獄處分或其他管理措施，認逾越達成監獄行刑目的所必要之範圍，而不法侵害其憲法所保障之基本權利且非顯屬輕微時，經依法向監督機關提起申訴而不服其決定者，得於申訴決定書送達後三十日之不變期間內，逕向監獄所在地之地方法院行政訴訟庭起訴，請求救濟。其案件之審理準用行政訴訟法簡易訴訟程序之規定，並得不經言詞辯論。（106、12、1）

釋字第 756 號解釋

監獄行刑法第六十六條規定：「發受書信，由監獄長官檢閱之。如認爲有妨害監獄紀律之虞，受刑人發信者，得述明理由，令其刪除後再行發出；受刑人受信者，得述明理由，逕予刪除再行收受。」其中檢查書信部分，旨在確認有無夾帶違禁品，於所採取之檢查手段與目的之達成間，具有合理關聯之範圍內，與憲法第十二條保障秘密通訊自由之意旨尚無違背。其中閱讀書信部分，未區分書信種類，亦未斟酌個案情形，一概許監獄長官閱讀書信之內容，顯已對受刑人及其收發書信之相對人之秘密通訊自由，造成過度之限制，於此範圍內，與憲法第十二條保障秘密通訊自由之意旨不符。至其中刪除書信內容部分，應以維護監獄紀律所必要者爲限，並應保留書信全文影本，俟受刑人出獄時發還之，以符比例原則之要求，於此範圍內，與憲法保障秘密通訊及表現自由之意旨尚屬無違。

監獄行刑法施行細則第八十二條第一款、第二款及第七款規定：「本法第六十六條所稱妨害監獄紀律之虞，指書信內容有下列各款情形之一者：一、顯爲虛僞不實、誘騙、侮辱或恐嚇之不當陳述，使他人有受騙、造成心理壓力或不安之虞。二、對受刑人矯正處遇公平、適切實施，有妨礙之虞。……七、違反第十八條第一項第一款至第四款及第六款、第七款、第九款受刑人入監應遵守事項之虞。」其中第一款部分，如受刑人發送書信予不具受刑人身分之相對人，以及第七款所引同細則第十八條第一項各款之規定，均未必與監獄紀律之維護有關。其與監獄紀律之維護無關部分，逾越母法之授權，與憲法第二十三條法律保留原則之意旨不符。

監獄行刑法施行細則第八十一條第三項規定：「受刑人撰寫之文稿，如題意正確且無礙監獄紀律及信譽者，得准許投寄報章雜誌。」違反憲法第二十三條之法律保留原則。另其中題意正確及監獄信譽部分，均尚難謂係重要公益，與憲法第十一條保障表現自由之意旨不符。其中無礙監獄紀律部分，未慮及是否有限制較小之其他手段可資運用，就此範圍內，亦與憲法第十一條保障表現自由之意旨不符。

前開各該規定與憲法規定意旨有違部分，除監獄行刑法施行細則第八十一條第三項所稱題意正確及無礙監獄信譽部分，自本解釋公布之日起失其效力外，其餘部分應自本解釋公布之日起，至遲於屆滿二年時，失其效力。（106、12、1）

釋字第 757 號解釋

本件聲請人就本院釋字第七〇六號解釋之原因案件，得自本解釋送達之日起三個月內，依本院釋字第七〇六號解釋意旨，以執行法院出具載明拍賣或變賣物種類與其拍定或承受價額之收據，或以標示拍賣或變賣物種類與其拍定或承受價額之拍賣筆錄等文書爲附件之繳款收據，作爲聲請人進項稅額憑證，據以申報扣抵銷項稅額。本院釋字第七〇六號解釋應予補充。（106、12、15）

釋字第 758 號解釋

土地所有權人依民法第七百六十七條第一項請求事件，性質上屬私法關係所生之爭議，其訴訟應由普通法院審判，縱兩造攻擊防禦方法涉及公法關係所生之爭議，亦不受影響。（106、12、22）

釋字第 759 號解釋

（前）臺灣省自來水股份有限公司依（前）「臺灣地區省（市）營事業機構人員遴用暫行辦法」遴用之人員，依據「臺灣省政府所屬省營事業機構人員退休撫卹及資遣辦法」請求發給撫卹金發生爭議，其訴訟應由普通法院審判之。（106、12、29）

釋字第 760 號解釋

警察人員人事條例第十一條第二項未明確規定考試訓練機構，致實務上內政部警政署得將公務人員特種考試警察人員考試三等考試筆試錄取之未具警察教育體系學歷之人員，一律安排至臺灣警察專科學校受考試錄取人員訓練，以完足該考試程序，使一百年之前上開考試及格之未具警察教育體系學歷人員無從取得職務等階最高列警正三階以上職務任用資格，致其等應考試服公職權遭受系統性之不利差別待遇，就此範圍內，與憲法第七條保障平等權之意旨不符。

行政院應會同考試院，於本解釋公布之日起六個月內，基於本解釋意旨，採取適當措施，除去聲

請人所遭受之不利差別待遇。（107、1、26）

釋字第 761 號解釋

智慧財產案件審理法第五條規定：「技術審查官之迴避，依其所參與審判之程序，分別準用民事訴訟法、刑事訴訟法、行政訴訟法關於法官迴避之規定。」與法律保留原則及法律明確性原則尚無牴觸。

同法第三十四條第二項規定：「辦理智慧財產民事訴訟或刑事訴訟之法官，得參與就該訴訟事件相牽涉之智慧財產行政訴訟之審判，不適用行政訴訟法第十九條第三款之規定。」與憲法第十六條保障訴訟權之意旨亦無牴觸。

聲請人聲請暫時處分部分，應予駁回。（107、2、9）

釋字第 762 號解釋

刑事訴訟法第三十三條第二項前段規定：「無辯護人之被告於審判中得預納費用請求付與卷內筆錄之影本」，未賦予有辯護人之被告直接獲知卷證資訊之權利，且未賦予被告得請求付與卷內筆錄以外之卷宗及證物影本之權利，妨害被告防禦權之有效行使，於此範圍內，與憲法第十六條保障訴訟權之正當法律程序原則意旨不符。有關機關應於本解釋公布之日起一年內，依本解釋意旨妥為修正。逾期未完成修正者，法院應依審判中被告之請求，於其預納費用後，付與全部卷宗及證物之影本。

本件暫時處分之聲請，應予駁回。（107、3、9）

釋字第 763 號解釋

土地法第二百十九條第一項規定逕以「徵收補償發給完竣屆滿一年之次日」為收回權之時效起算點，並未規定該管直轄市或縣（市）主管機關就被徵收土地之後續使用情形，應定期通知原土地所有權人或依法公告，致其無從及時獲知充分資訊，俾判斷是否行使收回權，不符憲法要求之正當行政程序，於此範圍內，有違憲法第十五條保障人民財產權之意旨，應自本解釋公布之日起二年內檢討修正。

於本解釋公布之日，原土地所有權人之收回權時效尚未完成者，時效停止進行；於該管直轄市或縣（市）主管機關主動依本解釋意旨通知或公告後，未完成之時效繼續進行；修法完成公布後，依新法規定。（107、5、4）

釋字第 764 號解釋

公營事業移轉民營條例第八條第三項前段規定：「移轉為民營後繼續留用人員，得於移轉當日由原事業主就其原有年資辦理結算，其結算標準依前項規定辦理。」就適用於原具公務人員身分之留用人員部分，未牴觸憲法第二十三條比例原則，與憲法第十八條服公職權之保障意旨尚無違背，亦不違反憲法第七條平等權之保障。（107、5、25）

釋字第 765 號解釋

內政部中華民國九十一年四月十七日訂定發布之土地徵收條例施行細則第五十二條第一項第八款規定：「區段徵收範圍內必要之管線工程所需工程費用……，由需用土地人與管線事業機關（構）依下列分擔原則辦理：……八、新設自來水管線之工程費用，由需用土地人與管線事業機關（構）各負擔二分之一。」（九十五年十二月八日修正發布為同細則第五十二條第一項第五款規定：「五、新設自來水管線之工程費用，由需用土地人全數負擔。」於適用於需用土地人為地方自治團體之範圍內）無法律明確授權，逕就攸關需用土地人之財政自主權及具私法人地位之公營自來水事業受憲法保障之財產權事項而為規範，與法律保留原則有違，應自本解釋公布之日起，至遲於屆滿二年時，不再適用。（107、6、15）

釋字第 768 號解釋

醫事人員人事條例第一條規定：「醫事人員人事事項，依本條例之規定；本條例未規定者，適用其他有關法律之規定。」與法律明確性原則尚屬無違。

醫事人員人事條例第一條及公務人員任用法第二十八條第一項第二款本文及第二項規定：「（第一項）有下列情事之一者，不得任用為公務人員：……二、具中華民國國籍兼具外國國籍。……（第二項）公務人員於任用後，有前項第一款至第八款規定情事之一者，應予免職......。」適用於具中華民國國籍兼具外國國籍之醫師，使其不得擔任以公務人員身分任用之公立醫療機構醫師，已任用者應予免職之部分，與憲法第二十三條之比例原則無違，並未牴觸憲法第十八條保障人民服公職權之意旨。

國籍法第二十條第一項及醫事人員人事條例，未就具中華民國國籍兼具外國國籍者，設例外規定，以排除其不得擔任以公務人員身分任用之公立醫療機構醫師之限制，與憲法第 7 條保障平等權之意旨，尚無違背。（107、10、5）

釋字第 769 號解釋

地方制度法第四十四條第一項前段規定：「……縣（市）議會置議長、副議長……由……縣（市）議員……以記名投票分別互選或罷免之。」及第四十六條第一項第三款規定：「……縣（市）議會議長、副議長……之罷免，依下列之規定：……三、……由出席議員……就同意罷免或不同意罷免，以記名投票表決之。」其中有關記名投票規定之部分，符合憲法增修條文第九條第一項所定由中央「以法律定之」之規範意旨。
縣（市）議會議長及副議長之選舉及罷免，非憲法第一百二十九條所規範，前開地方制度法有關記名投票規定之部分，自不生違背憲法第一百二十九條之問題。（107、11、9）

釋字第770號解釋

企業併購法第四條第三款規定：「合併：指依本法或其他法律規定參與之公司全部消滅，由新成立之公司概括承受消滅公司之全部權利義務；或參與之其中一公司存續，由存續公司概括承受消滅公司之全部權利義務，並以……現金……作爲對價之行爲。」以及中華民國九十一年二月六日制定公布之同法第十八條第五項規定：「公司持有其他參加合併公司之股份，或該公司或其指派代表人當選爲其他參加合併公司之董事者，就其他參與合併公司之合併事項爲決議時，得行使表決權。」然該法一〇四年七月八日修正公布前，未使因以現金作爲對價之合併而喪失股權之股東，及時獲取合併對公司利弊影響暨有前揭企業併購法第十八條第五項所列股東及董事有關其利害關係之資訊，亦未就股份對價公平性之確保，設置有效之權利救濟機制，上開二規定於此範圍內，與憲法第十五條保障人民財產權之意旨有違。
聲請人得於本解釋送達之日起二個月內，以書面列明其主張之公平價格，向法院聲請爲價格之裁定。法院應命原因案件中合併存續之公司提出會計師查核簽證之公司財務報表及公平價格評估說明書，相關程序並準用一〇四年七月八日修正公布之企業併購法第十二條第八項至第十二項規定辦理。（107、11、30）

釋字第771號解釋

繼承回復請求權與個別物上請求權係屬眞正繼承人分別獨立而併存之權利。繼承回復請求權於時效完成後，眞正繼承人不因此喪失其已合法取得之繼承權；其繼承財產如受侵害，眞正繼承人仍得依民法相關規定排除侵害並請求返還。然爲兼顧法安定性，眞正繼承人依民法第七百六十七條規定行使物上請求權時，仍應有民法第一百二十五條等有關時效規定之適用。於此範圍內，本院釋字第一〇七號及第一六四號解釋，應予補充。
最高法院四十年台上字第七三〇號民事判例：「繼承回復請求權，……如因時效完成而消滅，其原有繼承權即已全部喪失，自應由表見繼承人取得其繼承權。」有關眞正繼承人之「原有繼承權即已全部喪失，自應由表見繼承人取得其繼承權」部分，及本院三十七年院解字第三九九七號解釋：「自命爲繼承人之人於民法第一千一百四十六條第二項之消滅時效完成後行使其抗辯權者，其與繼承權被侵害人之關係即與正當繼承人無異，被繼承人財產上之權利，應認爲繼承開始時已爲該自命爲繼承人之人所承受。……」關於被繼承人財產上之權利由自命爲繼承人之人承受部分，均與憲法第十五條保障人民財產權之意旨有違，於此範圍內，應自本解釋公布之日起，不再援用。
本院院字及院解字解釋，係本院依當時法令，以最高司法機關地位，就相關法令之統一解釋，所發布之命令，並非由大法官依憲法所作成。於現行憲政體制下，法官於審判案件時，固可予以引用，但仍得依據法律，表示適當之不同見解，並不受其拘束。本院釋字第一〇八號及第一七四號解釋，於此範圍內，應予變更。（107、12、14）

釋字第772號解釋

財政部國有財產局（於中華民國一〇二年一月一日起更名爲財政部國有財產署）或所屬分支機構，就人民依國有財產法第五十二條之二規定，申請讓售國有非公用財產類不動產之准駁決定，屬公法性質，人民如有不服，應依法提起行政爭訟以爲救濟，其訴訟應由行政法院審判。（107、12、28）

釋字第773號解釋

未辦理繼承登記土地或建築改良物之合法使用人就其使用範圍，對財政部國有財產署或所屬分支機構所爲之公開標售，依土地法第七十三條之一第三項前段規定行使優先購買權而訴請確認優先購買權存在事件，性質上屬私法關係所生之爭議，其訴訟應由普通法院審判。（107、12、28）

釋字第774號解釋

都市計畫個別變更範圍外之人民，如因都市計畫個別變更致其權利或法律上利益受侵害，基於有權利即有救濟之憲法原則，應許其提起行政訴訟以資救濟，始符憲法第十六條保障人民訴訟權之意旨。本院釋字第一五六號解釋應予補充。（108、1、11）

釋字第775號解釋

刑法第四十七條第一項規定：「受徒刑之執行完畢，或一部之執行而赦免後，五年以內故意再犯有期徒刑以上之罪者，爲累犯，加重本刑至二分之一。」有關累犯加重本刑部分，不生違反憲法一行爲不二罰原則之問題。惟其不分情節，基於累犯者有其特別惡性及對刑罰反應力薄弱等立法理由，一律加重最低本刑，於不符合刑法第五十九條所定要件之情形下，致生行爲人所受之刑罰超過其所應負擔罪責之個案，其人身自由因此遭受過苛之侵害部分，對人民受憲法第八條保障之人身自由所為限制，不符憲法罪刑相當原則，牴觸憲法第二十三條比例原則。於此範圍內，有關機關應自本解釋公布之日起二年內，依本解釋意旨修正之。於修正前，為避免發生上述罪刑不相當之情形，法院就該個案應依本解釋意旨，裁量是否加重最低本刑。

刑法第四十八條前段規定：「裁判確定後，發覺為累犯者，依前條之規定更定其刑。」與憲法一事不再理原則有違，應自本解釋公布之日起失其效力。

刑法第四十八條前段規定既經本解釋宣告失其效力，刑事訴訟法第四百七十七條第一項規定：「依刑法第四十八條應更定其刑者……由該案犯罪事實最後判決之法院之檢察官，聲請該法院裁定之。」應即併同失效。（108、2、22）

釋字第776號解釋

建築物所有人為申請變更使用執照需增設停車空間於鄰地空地，而由鄰地所有人出具土地使用權同意書者，該同意書應許附期限；鄰地所有人提供之土地使用權同意書附有期限者，如主管機關准予變更使用執照，自應發給定有相應期限之變更使用執照，而僅對鄰地為該相應期限之套繪管制；另同意使用土地之關係消滅時（如依法終止土地使用關係等），主管機關亦得依職權或依鄰地所有人之申請，廢止原核可之變更使用執照，並解除套繪管制，始符憲法第十五條保障人民財產權之意旨。

內政部中華民國七十八年八月二十四日台⑺內營字第七二七二九一號函釋示：「主旨：關於建築物申請變更使用……說明：……二、增設停車空間設置於鄰地空地，若其使用上無阻礙，經套繪列管無重複使用之虞，且經鄰地所有權人同意使用者，准依建築技術規則設計施工編（按：應為『建築技術規則建築設計施工編』）第五十九條、第五十九條之一之規定辦理」，暨內政部八十年三月二十二日台⑻內營字第九〇七三八〇號函釋示：「主旨：有關建築法第三十條規定應備具之土地權利證明文件－土地使用權同意書得否有使用期限之標示案……說明：……二、……一般申請建築案件，基於建築物使用期限不確定，其土地使用同意書似不宜附有同意使用期限。」實務上擴及於「變更使用執照」之申請部分，二者合併適用結果，使鄰地所有人無從出具附有期限之土地使用權同意書，致其土地受無期限之套繪管制，且無從於土地使用關係消滅時申請廢止原核可之變更使用執照，並解除套繪管制，限制其財產權之行使，與上開憲法保障人民財產權意旨不符，於此範圍內，應自本解釋公布之日起不再援用。（108、4、12）

釋字第777號解釋

中華民國八十八年四月二十一日增訂公布之刑法第一百八十五條之四規定：「駕駛動力交通工具肇事，致人死傷而逃逸者，處六月以上五年以下有期徒刑。」（一〇二年六月十一日修正公布同條規定，提高刑度為一年以上七年以下有期徒刑，構成要件均相同）其中有關「肇事」部分，可能語意所及之範圍，包括「因駕駛人之故意或過失」或「非因駕駛人之故意或過失」（因不可抗力、被害人或第三人之故意或過失）所致之事故，除因駕駛人之故意或過失所致之事故為該條所涵蓋，而無不明確外，其餘非因駕駛人之故意或過失所致事故之情形是否構成「肇事」，尚非一般受規範者所得理解或預見，於此範圍內，其文義有違法律明確性原則，此違反部分，應自本解釋公布之日起失其效力。

八十八年上開規定有關刑度部分，與憲法罪刑相當原則尚無不符，未違反比例原則。一〇二年修正公布之上開規定，一律以一年以上七年以下有期徒刑為其法定刑，致對犯罪情節輕微者無從為易科罰金之宣告，對此等情節輕微個案構成顯然過苛之處罰，於此範圍內，不符憲法罪刑相當原則，與憲法第二十三條比例原則有違。此違反部分，應自本解釋公布之日起，至遲於屆滿二年時，失其效力。（108、5、31）

釋字第778號解釋

藥事法第一百零二條第二項規定：「全民健康保險實施二年後，前項規定以在中央或直轄市衛生主管機關公告無藥事人員執業之偏遠地區或醫療急迫情形為限。」限制醫師藥品調劑權，尚未牴觸憲法第二十三條比例原則，與憲法第十五條保障人民工作權之意旨，尚無違背。

藥事法施行細則第五十條及行政院衛生署食品藥物管理局（現已改制為衛生福利部食品藥物管理署）中華民國一百年四月十二日FDA藥字第一〇〇〇〇一七六〇八號函說明三對於藥事法第一百零二條第二項醫療急迫情形之解釋部分，均為增加法律所無之限制，逾越母法之規定，與憲法第二十三條法律保留原則之意旨不符。上開施行細則規定應自本解釋公布之日起，失其效力；上開函應自本解釋公布之日起，不再援用。（108、6、14）

釋字第779號解釋

土地稅法第三十九條第二項關於免徵土地增值稅之規定，僅就依都市計畫法指定之公共設施保留地，免徵其土地增值稅；至非都市土地經編定為交通用地，且依法核定為公共設施用地者，則不予免徵土地增值稅，於此範圍內，與憲法第七條保障平等權之意旨不符。相關機關應自本解釋公布之日起二年內，依本解釋意旨，檢討修正土地稅法相關規定。

財政部中華民國九十年十一月十三日台財稅字第〇九〇〇四五七二〇〇號函關於非都市土地地目爲道之交通用地，無土地稅法第三十九條第二項免徵土地增值稅規定之適用部分，應自本解釋公布之日起不再援用。

行政院農業委員會九十年二月二日(90)農企字第九〇〇一〇二八九六號函關於公路法之公路非屬農業用地範圍，無農業發展條例第三十七條第一項不課徵土地增值稅之適用部分，與憲法第十九條租稅法律主義及第二十三條法律保留原則尚無牴觸。（108、7、5）

釋字第 780 號解釋

中華民國一〇一年五月三十日修正公布之道路交通管理處罰條例第五十四條第一款規定：「汽車駕駛人，駕車在鐵路平交道有下列情形之一者，處新臺幣一萬五千元以上六萬元以下罰鍰。因而肇事者，並吊銷其駕駛執照：一、……警鈴已響、閃光號誌已顯示，或遮斷器開始放下，仍強行闖越。」同條例第六十七條第一項規定：「汽車駕駛人，曾依……第五十四條……規定吊銷駕駛執照者，終身不得考領駕駛執照。但有第六十七條之一所定情形者，不在此限。」及同條例第二十四條第一項第四款規定：「汽車駕駛人，有下列情形之一者，應接受道路交通安全講習：……四、有第五十四條規定之情形。」均未牴觸憲法第二十三條比例原則，與憲法第十五條保障人民之工作權、財產權，及憲法第二十二條保障人民一般行爲自由之意旨尚無違背。

同條例第五十四條第一款上開規定之適用，係以「警鈴已響、閃光號誌已顯示，或遮斷器開始放下」爲要件，相關機關關於警鈴、閃光號誌與遮斷器之運作，就兩列以上列車交會或續行通過平交道之情形，未就前一列車通過後警報解除，至次一列車來臨前警報啓動，設最低之合理安全間隔時間，應依本解釋意旨儘速檢討改進，併此指明。（108、7、26）

釋字第 781 號解釋

陸海空軍軍官士官服役條例第三條、第二十六條第二項第一款、第二款、第三項、第四項前段及第四十六條第四項第一款規定，無涉法律不溯及既往原則，亦與信賴保護原則、比例原則尚無違背。

同條例第二十六條第四項規定，與憲法保障服公職權、生存權之意旨尚無違背。

同條例第二十九條第二項規定，無涉法律不溯及既往原則及工作權之保障，亦未牴觸比例原則，與憲法保障人民財產權之意旨尚無違背。

同條例第四十六條第五項規定，與憲法保障財產權之意旨尚無違背。

同條例第四十七條第三項規定，無違法律不溯及既往原則，與信賴保護原則及比例原則均尚無違背。

同條例第五十四條第二項規定，與受規範對象受憲法保障之財產權無涉。

同條例第三十四條第一項第三款規定：「支領退休俸或贍養金之軍官、士官，有下列情形之一時，停止領受退休俸或贍養金，至原因消滅時恢復之：……三、就任或再任私立大學之專任教師且每月支領薪酬總額超過公務人員委任第一職等本俸最高俸額及專業加給合計數額者。」與憲法保障平等權之意旨有違，應自本解釋公布之日起，失其效力。

同條例第三十九條第一項前段規定：「軍官、士官退伍除役後所支領退休俸、贍養金及遺族所支領之遺屬年金，得由行政院會同考試院，衡酌國家整體財政狀況、人口與經濟成長率、平均餘命、退撫基金準備率與其財務投資績效及消費者物價指數調整之」，與同條例第二十六條設定現階段合理俸率之改革目的不盡一致，相關機關應依本解釋意旨儘速修正，於消費者物價指數變動累積達一定百分比時，適時調整退休俸、贍養金及遺屬年金，俾符憲法上體系正義之要求。

本件暫時處分之聲請，應予駁回。（108、8、23）

釋字第 782 號解釋

公務人員退休資遣撫卹法第七條第二項規定無涉法律不溯及既往原則及工作權之保障，亦未牴觸比例原則，與憲法保障人民財產權之意旨尚無違背。

同法第四條第六款、第三十九條第二項規定，與憲法保障服公職權、生存權之意旨尚無違背。

同法第四條第四款、第五款、第十八條第二款、第三款、第三十六條、第三十七條、第三十八條及第三十九條第一項規定，無涉法律不溯及既往原則，與信賴保護原則、比例原則尚無違背。

相關機關至遲應於按同法第九十二條爲第一次定期檢討時，依本解釋意旨，就同法附表三中提前達成現階段改革效益之範圍內，在不改變該附表所設各年度退休所得替代率架構之前提下，採行適當調整措施，俾使調降手段與現階段改革效益目的達成間之關聯性更爲緊密。

同法第六十七條第一項前段規定：「公務人員退休後所領月退休金，或遺族所領之月撫卹金或遺屬年金，得由考試院會同行政院，衡酌國家整體財政狀況、人口與經濟成長率、平均餘命、退撫基金準備率與其財務投資績效及消費者物價指數調整之」，與同法第三十六條至第三十九條設定現階段合理退休所得替代率之改革目的不盡一致，相關機關應依本解釋意旨儘速修正，於消費者物價指數變動累積達一定百分比時，適時調整月退休金、月撫卹金或遺屬年金，俾符憲法上體系正義之要求。

同法第七十七條第一項第三款規定：「退休人員經審定支領或兼領月退休金再任有給職務且有下列情形時，停止領受月退休金權利，至原因消滅時恢復之：……三、再任私立學校職務且每月支領薪酬總額超過法定基本工資。」與憲法保障平等權之意旨有違，應自本解釋公布之日起，失其效力。

本件暫時處分之聲請，應予駁回。（108、8、23）

釋字第783號解釋

公立學校教職員退休資遣撫卹條例第八條第二項規定無涉法律不溯及既往原則及工作權之保障，亦未牴觸比例原則，與憲法保障人民財產權之意旨尚無違背。

同條例第四條第六款、第三十九條第二項規定，與憲法保障生存權及教育工作者生活之意旨尚無違背。

同條例第四條第四款、第五款、第十九條第二款、第三款、第三十六條、第三十七條、第三十八條及第三十九條第一項規定，無涉法律不溯及既往原則，與信賴保護原則、比例原則尚無違背。

相關機關至遲應於按同條例第九十七條為第一次定期檢討時，依本解釋意旨，就同條例附表三中提前達成現階段改革效益之範圍內，在不改變該附表所設各年度退休所得替代率架構之前提下，採行適當調整措施，俾使調降手段與現階段改革效益目的達成間之關聯性更為緊密。

同條例第六十七條第一項前段規定：「教職員退休後所領月退休金，或遺族所領之月撫卹金或遺屬年金，得由行政院會同考試院，衡酌國家整體財政狀況、人口與經濟成長率、平均餘命、退撫基金準備率與其財務投資績效及消費者物價指數調整之」，與同條例第三十六條至第三十九條設定現階段合理退休所得替代率之改革目的不盡一致，相關機關應依本解釋意旨儘速修正，於消費者物價指數變動累積達一定百分比時，適時調整月退休金、月撫卹金或遺屬年金，俾符憲法上體系正義之要求。

同條例第七十七條第一項第三款規定：「退休教職員經審定支領或兼領月退休金再任有給職務且有下列情形時，停止領受月退休金權利，至原因消滅時恢復之：……三、再任私立學校職務且每月支領薪酬總額超過法定基本工資。」與憲法保障平等權之意旨有違，應自本解釋公布之日起，失其效力。

本件暫時處分之聲請，應予駁回。（108、8、23）

釋字第784號解釋

本於憲法第十六條保障人民訴訟權之意旨，各級學校學生認其權利因學校之教育或管理等公權力措施而遭受侵害時，即使非屬退學或類此之處分，亦得按相關措施之性質，依法提起相應之行政爭訟程序以為救濟，無特別限制之必要。於此範圍內，本院釋字第三八二號解釋應予變更。（108、10、25）

釋字第785號解釋

本於憲法第十六條有權利即有救濟之意旨，人民因其公務人員身分，與其服務機關或人事主管機關發生公法上爭議，認其權利遭受違法侵害，或有主張權利之必要，自得按相關措施與爭議之性質，依法提起相應之行政訴訟，並不因其公務人員身分而異其公法上爭議之訴訟救濟途徑之保障。中華民國九十二年五月二十八日修正公布之公務人員保障法第七十七條第一項、第七十八條及第八十四條規定，並不排除公務人員認其權利受違法侵害或有主張其權利之必要時，原即得按相關措施之性質，依法提起相應之行政訴訟，請求救濟，與憲法第十六條保障人民訴訟權之意旨均尚無違背。

公務員服務法第十一條第二項規定：「公務員每週應有二日之休息，作為例假。業務性質特殊之機關，得以輪休或其他彈性方式行之。」及公務人員週休二日實施辦法第四條第一項規定：「交通運輸、警察、消防、海岸巡防、醫療、關務等機關（構），為全年無休服務民眾，應實施輪班、輪休制度。」並未就業務性質特殊機關實施輪班、輪休制度，設定任何關於其所屬公務人員服勤時數之合理上限、服勤與休假之頻率、服勤日中連續休息最低時數等攸關公務人員服公職權及健康權保護要求之框架性規範，不符憲法服公職權及健康權之保護要求。於此範圍內，與憲法保障人民服公職權及健康權之意旨有違。相關機關應於本解釋公布之日起三年內，依本解釋意旨檢討修正，就上開規範不足部分，訂定符合憲法服公職權及健康權保護要求之框架性規範。

高雄市政府消防局八十八年七月二十日高市消防指字第七七六五號函訂定發布之高雄市政府消防局勤務細部實施要點第七點第三款規定：「勤務實施時間如下：……㈢依本市消防人力及轄區特性需要，本局外勤單位勤休更替方式為服勤一日後輪休一日，勤務交替時間為每日上午八時。」與憲法法律保留原則、服公職權及健康權保障意旨尚無違背。惟相關機關於前開框架性規範訂定前，仍應基於憲法健康權最低限度保護之要求，就外勤消防人員服勤時間及休假安排有關事項，諸如勤務規劃及每日勤務分配是否於服勤日中給予符合健康權保障之連續休息最低時數等節，隨時檢討改進。
公務人員保障法第二十三條規定：「公務人員經指派於上班時間以外執行職務者，服務機關應給予加班費、補休假、獎勵或其他相當之補償。」及其他相關法律，並未就業務性質特殊機關所屬公務人員（如外勤消防人員）之服勤時數及超時服勤補償事項，另設必要合理之特別規定，致業務性質特殊機關所屬公務人員（如外勤消防人員）之超時服勤，有未獲適當評價與補償之虞，影響其服公職權，於此範圍內，與憲法第十八條保障人民服公職權之意旨有違。相關機關應於本解釋公布之日起三年內，依本解釋意旨檢討修正，就業務性質特殊機關所屬公務人員之服勤時數及超時服勤補償事項，如勤務時間二十四小時之服勤時段與勤務內容，待命服勤中依其性質及勤務提供之強度及密度為適當之評價與補償等，訂定必要合理之框架性規範。
內政部九十六年七月二十五日內授消字第〇九六〇八二二〇三三號函修正發布之消防機關外勤消防人員超勤加班費核發要點第四點、高雄市政府消防局九十九年十二月二十七日高雄市政府消防局外勤消防人員超勤加班費核發要點第五點及第七點規定，對外勤消防人員超時服勤之評價或補償是否適當，相關機關應於前開超時服勤補償事項框架性規範訂定後檢討之。（108、11、29）

釋字第 786 號解釋

中華民國八十九年七月十二日制定公布之公職人員利益衝突迴避法第十四條前段規定：「違反第七條……規定者，處新臺幣一百萬元以上五百萬元以下罰鍰」同法第十六條規定：「違反第十條第一項規定者，處新臺幣一百萬元以上五百萬元以下罰鍰。」惟立法者未衡酌違規情節輕微之情形，一律處以一百萬元以上之罰鍰，可能造成個案處罰顯然過苛而有情輕法重之情形，不符責罰相當原則，於此範圍內，牴觸憲法第二十三條比例原則，與憲法第十五條保障人民財產權之意旨有違，應自本解釋公布之日起，不予適用。又本解釋聲請案之原因案件，及適用上開規定處罰，於本解釋公布之日尚在行政救濟程序中之其他案件，法院及相關機關應依本解釋意旨及一〇七年六月十三日修正公布之公職人員利益衝突迴避法規定辦理。（108、12、13）

釋字第 787 號解釋

退除役軍職人員與臺灣銀行股份有限公司訂立優惠存款契約，因該契約所生請求給付優惠存款利息之事件，性質上屬私法關係所生之爭議，其訴訟應由普通法院審判。（108、12、27）

釋字第 788 號解釋

廢棄物清理法第十六條第一項中段所定之回收清除處理費，係國家對人民所課徵之金錢負擔，人民受憲法第十五條保障之財產權因此受有限制。其課徵目的、對象、費率、用途，應以法律定之。考量其所追求之政策目標、不同材質廢棄物對環境之影響、回收、清除、處理之技術及成本等各項因素，涉及高度專業性及技術性，立法者就課徵之對象、費率，非不得授予中央主管機關一定之決定空間。故如由法律授權以命令訂定，且其授權符合具體明確之要求者，亦為憲法所許。
同法第十五條及其授權訂定之行政院環境保護署中華民國九十三年十二月三十一日環署廢字第〇九三〇〇九七六〇七號公告、九十九年十二月二十七日環署廢字第〇九九〇一一六〇一八號公告修正「應由製造、輸入業者負責回收、清除、處理之物品或其容器，及應負回收、清除、處理責任之業者範圍」，有關應繳納容器回收清除處理費之物品或其包裝、容器，及應負回收、清除、處理責任之業者範圍，與法律保留原則及平等保障之意旨均尚無違背。
同法第十六條第一項中段有關責任業者所應繳納回收清除處理費之費率，未以法律明文規定，而以同條第五項授權中央主管機關具體決定，尚未違反法律保留原則及授權明確性原則。
行政院環境保護署九十六年六月二十日環署基字第〇九六〇〇四四七六〇號公告之「容器回收清除處理費費率」附表註二及一〇一年五月二十一日環署基字第一〇一〇〇四二二一一號公告之「容器回收清除處理費費率」公告事項三，以容器與附件之總重量為繳費計算標準，課徵回收清除處理費，與憲法第七條平等保障之意旨尚無違背。
前開九十六年費率表公告附表註二及一〇一年費率表之公告事項三，就容器瓶身以外之附件使用聚氯乙烯（Polyvinyl Chloride, PVC）材質者，加重費率一〇〇%，其對責任業者財產權及營業自由之干預，尚不牴觸憲法第二十三條比例原則。（109、1、31）

釋字第 789 號解釋

中華民國九十四年二月五日修正公布之性侵害犯罪防治法第十七條第一款規定：「被害人於審判中有下列情形之一，其於檢察事務官、司法警察官或司法警察調查中所為之陳述，經證明具有可信之特別情況，且爲證明犯罪事實之存否所必要者，得爲證據：一、因性侵害致身心創傷無法陳述者。」旨在兼顧性侵害案件發現眞實與有效保護性侵害犯罪被害人之正當目的，爲訴訟上採爲證據之例外與最後手段，其解釋、適用應從嚴爲之。法院於訴訟上以之作爲證據者，爲避免被告訴訟上防禦權蒙受潛在不利益，基於憲法公平審判原則，應採取有效之訴訟上補償措施，以適當平衡被告無法詰問被害人之防禦權損失。包括在調查證據程序上，強化被告對其他證人之對質、詰問權；在證據評價上，法院尤不得以被害人之警詢陳述爲被告有罪判決之唯一或主要證據，並應有其他確實之補強證據，以支持警詢陳述所涉犯罪事實之眞實性。於此範圍內，系爭規定與憲法第八條正當法律程序及第十六條訴訟權之保障意旨均尚無違背。（109、2、27）

釋字第 790 號解釋

毒品危害防制條例第十二條第二項規定：「意圖供製造毒品之用，而栽種大麻者，處五年以上有期徒刑，得併科新臺幣五百萬元以下罰金。」不論行爲人犯罪情節之輕重，均以五年以上有期徒刑之重度自由刑相繩，對違法情節輕微、顯可憫恕之個案，法院縱適用刑法第五十九條規定酌減其刑，最低刑度仍達二年六月之有期徒刑，無從具體考量行爲人所應負責任之輕微，爲易科罰金或緩刑之宣告，尚嫌情輕法重，致罪責與處罰不相當。上開規定對犯該罪而情節輕微者，未併爲得減輕其刑或另爲適當刑度之規定，於此範圍內，對人民受憲法第八條保障人身自由權所爲之限制，與憲法罪刑相當原則不符，有違憲法第二十三條比例原則。相關機關應自本解釋公布之日起一年內，依本解釋意旨修正之；逾期未修正，其情節輕微者，法院得依本解釋意旨減輕其法定刑至二分之一。

毒品危害防制條例第十七條第二項減輕其刑規定，未包括犯同條例第十二條第二項之罪，與憲法第七條保障平等權之意旨，尚無違背。（109、3、20）

釋字第 791 號解釋

刑法第二三九條規定：「有配偶而與人通姦者，處一年以下有期徒刑。其相姦者亦同。」對憲法第二十二條所保障性自主權之限制，與憲法第二十三條比例原則不符，應自本解釋公布之日起失其效力；於此範圍內，本院釋字第五五四號解釋應予變更。

刑事訴訟法第二三九條但書規定：「但刑法第二三九條之罪，對於配偶撤回告訴者，其效力不及於相姦人。」與憲法第七條保障平等權之意旨有違，且因刑法第二三九條規定業經本解釋宣告違憲失效而失所依附，故亦應自本解釋公布之日起失其效力。（109、5、29）

釋字第 792 號解釋

最高法院二十五年非字第一二三號刑事判例稱：「……販賣鴉片罪，……以營利爲目的將鴉片購入……其犯罪即經完成……」及六十七年台上字第二五〇〇號刑事判例稱：「所謂販賣行爲，......祇要以營利爲目的，將禁藥購入……，其犯罪即爲完成......屬犯罪既遂。」部分，與毒品危害防制條例第四條第一項至第四項所定販賣毒品既遂罪，僅限於「銷售賣出」之行爲已完成始足該當之意旨不符，於此範圍內，均有違憲法罪刑法定原則，牴觸憲法第八條及第十五條保障人民人身自由、生命權及財產權之意旨。（109、6、19）

釋字第 793 號解釋

政黨及其附隨組織不當取得財產處理條例規範政黨財產之移轉及禁止事項，不涉及違憲政黨之解散，亦未剝奪政黨賴以存續、運作之財產，並非憲法所不許。

同條例第 2 條第 1 項規定：「行政院設不當黨產處理委員會……爲本條例之主管機關，不受中央行政機關組織基準法規定之限制。」與憲法增修條文第 3 條第 3 項及第 4 項規定尚屬無違。

同條例第 2 條第 1 項規定及同條第 2 項規定：「本會依法進行政黨、附隨組織及其受託管理人不當取得財產之調查、返還、追徵、權利回復及本條例所定之其他事項。」第 8 條第 5 項前段規定：「本會得主動調查認定政黨之附隨組織及其受託管理人」，第 14 條規定：「本會依第 6 條規定所爲之處分，或第 8 條第 5 項就政黨之附隨組織及其受託管理人認定之處分，應經公開之聽證程序。」尚無違反權力分立原則。

同條例第 4 條第 1 款規定：「一、政黨：指於中華民國 76 年 7 月 15 日前成立並依動員戡亂時期人民團體法規定備案者。」與憲法第 7 條平等原則尚屬無違。

同條例第 4 條第 2 款規定：「二、附隨組織：指獨立存在而由政黨實質控制其人事、財務或業務經營之法人、團體或機構；曾由政黨實質控制其人事、財務或業務經營，且非以相當對價轉讓而脫離政黨實質控制之法人、團體或機構。」與法律明確性原則、憲法第 7 條平等原則及第 23 條比例原則尚無違背；同款後段規定與法律不溯及既往原則尚屬無違。（109、8、28）

釋字第 794 號解釋

菸害防制法第 2 條第 4 款及第 5 款、同法第 9 條第 8 款規定，與法律明確性原則均尚無違背。

同法第 9 條第 8 款規定，與憲法保障言論自由及平等權之意旨尚無違背。

衛生福利部國民健康署中華民國 102 年 10 月 11 日國健菸字第 1029911263 號函說明二部分，與法律保留原則、法律不溯及既往原則、信賴保護原則及比例原則，均尚無違背。（109、8、28）

伍、附錄——實務常用表格

<table>
<tr><th colspan="6">勘察採證同意書</th></tr>
<tr><td>執行時間</td><td colspan="2">年　月　日　時　分</td><td>執行單位</td><td colspan="2"></td></tr>
<tr><td>執行地點</td><td colspan="5">□同下列住居所
□其他：</td></tr>
<tr><td rowspan="4">同意人</td><td>姓名</td><td colspan="4"></td></tr>
<tr><td>性別</td><td>□男　□女</td><td>出生年月日</td><td colspan="2">年　月　日</td></tr>
<tr><td colspan="2">國民身分證統一編號</td><td colspan="3"></td></tr>
<tr><td>住居所</td><td colspan="4"></td></tr>
<tr><td>告知事項</td><td colspan="5">執行人員已依規定出示身分證件，並告知下列事項：
執行理由：因＿＿＿＿＿＿＿＿＿＿＿＿＿＿＿＿案，
有實施勘察採證之必要。
勘察範圍：□處所：（同執行地點）
□身體：（同意人）　□唾液棉棒　□指紋
□車輛：
□其他：
採證標的：與本案犯罪有關之證物（採證標的必要時應含其附著物）
※唾液棉棒或指紋檢體驗畢後，除案件後續偵審留用外，無留存必要者，逕由警察機關銷毀。
同意人確實瞭解上述告知內容並出於自願同意：
＿＿＿＿＿＿＿＿＿＿＿＿（簽名或蓋章）</td></tr>
<tr><td>執行人員</td><td colspan="5">
中華民國　年　月　日</td></tr>
</table>

（警察機關全銜）鑑定聲請書

發文日期：　　　　　　　　　　承辦人：
發文字號：　　　　　　　　　　聯絡電話：
附件：

案由		預定執行期間	年　月　日起 年　月　日止
聲請選任鑑定人（機關）		預定執行處所	

鑑定對象之身分：　□犯罪嫌疑人或被告　□被害人　□被告以外之人

鑑定對象姓名	性別	出生年月日	身分證統一編號	住　居　所	備考

應鑑定事項：

鑑定之處分：
□檢查身體（部位及方式）：
□解剖屍體：
□毀壞物體：
□欲進入之住宅或處所：
採取：□分泌物　□排泄物　□血液　□毛髮　□其他出自或附著身體之物：
採取：□指紋　□腳印　□聲調　□筆跡　□照相　□其他相類之行為：

聲請理由、事實及依據：
（相關資料如附件）

上列鑑定對象因　　　　案件，認有（相當理由）實施鑑定之必要，爰依刑事訴訟法第二百零四條、第二百零五條、第二百零五條之一第一項之規定，聲請選任鑑定人並發給許可書，以便執行。

此　致

臺灣　　　地方法院檢察署

司法警察官　（職稱、姓名）

檢察官審查結果：
選任鑑定人（機關）：
□發給許可書（發給時間：　年　月　日　時　分）
□不發給許可書之要旨：

刑案現場照相基本要項

◎	侵入住宅竊盜	汽車竊盜	殺人/傷害案件	槍擊案件	縱火案件	性侵害案件	車禍案件
1	現場全貌	現場全貌	現場全貌	現場全貌	現場全貌	現場全貌	現場全貌
2	周遭環境	失竊處所	周遭環境	周遭環境	燃燒形態	入/出口	周遭環境
3	入/出口	進入/逃離路徑	入/出口	可能行經路徑	起火點	主要現場	撞擊點
4	可能行經路徑	破壞情形	可能行經路徑	交通工具	縱火劑	遺留物	車輛外觀/車損情形
5	主要現場	鞋印	主要現場	槍枝	容器	指紋	煞車痕/刮地痕
6	破壞情形	指紋	犯罪工具	子彈/彈頭/彈殼	點火器具	鞋印	散落物
7	鞋印	遺留物	屍體/傷口	鞋印	指紋	破壞衣物	痕跡
8	指紋		血跡	指紋	鞋印	傷痕	衣物
9	工具痕跡		鞋印	射入口		犯罪工具	屍體
10	遺留物		指紋	射出口		藥/毒物	相驗情形
11			遺留物				
12			交通工具				
13			解剖				

注意事項：

1. 本表係例示各類刑案現場證物照相之基本要項，拍攝時仍應視案件特性與案情需要增刪必要之項目。
2. 發現證物應拍攝其與現場之關聯性，並宜有現場全景、中景及近照。證物照相應以垂直拍攝為原則，並輔以其他適當角度拍攝，重要之跡證需加置比例尺拍攝。

證物清單

案　　號：＿＿＿＿＿＿＿＿ 頁　　次：＿＿＿＿＿＿

案　　由：＿＿＿＿＿＿＿＿＿＿＿＿＿＿＿＿＿＿

發生日期：＿＿＿＿＿＿＿＿ 採證日期：＿＿＿＿＿＿

被 害 人：＿＿＿＿／＿＿＿＿／＿＿＿＿

嫌 疑 人：＿＿＿＿／＿＿＿＿／＿＿＿＿

編　　號	證物內容	數 量	備 考
＝＝＝＝	＝＝＝＝＝＝＝＝＝＝＝＝＝	＝＝＝＝	＝＝＝＝

上項證物經點收無誤

	交件人	收件人	日期／時間		交件人	收件人	日期／時間
1				4			
2				5			
3				6			

刑案現場測繪圖

年	月	警察局	分局	案次編號	案由	

比例尺 1：

方向

圖例											說明					
											製圖人職級		姓名		時間	年　月　日　時

（○○○警察局）指認犯罪嫌疑人紀錄表	
時　　間	年　　月　　日　　時　　分
執行單位	
執行人員	
執行地點	
詢問事項	一、現因　　　　　　案件，須請你指認犯罪嫌疑人。 □現場指認 □相片指認 二、請你敘述有關犯罪嫌疑人之特徵： 三、被指認人共有　　名，犯罪嫌疑人並不一定存在於被指認人之中。 四、經你指認結果，確定照片中從左至右算起排列第　　　名（姓名為　　　　　，出生　年　月　日，身分證統一編號　　　　　）為犯罪嫌疑人無誤後，始簽名捺印。 指認人：（簽名捺印）
被指認人照片	

<table>
<tr><td colspan="5">（司法警察機關）送達證書</td></tr>
<tr><td colspan="1">案由</td><td colspan="4">案件</td></tr>
<tr><td>應送達之文書</td><td colspan="4">通知一件</td></tr>
<tr><td>應受送達人</td><td colspan="4">先生
女士</td></tr>
<tr><td>一</td><td></td><td colspan="3">已將文書交與應受送達人本人。</td></tr>
<tr><td rowspan="3">二</td><td rowspan="3"></td><td colspan="3">未會晤本人，已將文書交予下列有辨別事理能力之人。</td></tr>
<tr><td>同居人</td><td></td><td>與本人關係</td></tr>
<tr><td>受僱人</td><td></td><td>與本人關係</td></tr>
<tr><td>三</td><td></td><td colspan="3">未會晤本人亦無收領文書之同居人、受僱人，已將文書寄存於＿＿＿＿＿＿＿＿＿＿＿，並作送達通知書兩份，一份粘貼於應受送達人住居所、事務所、營業所或其就業處所門首，另一份置於該送達處所信箱或其他位置。</td></tr>
<tr><td rowspan="2">四</td><td rowspan="2"></td><td colspan="3">□本人　　□同居人　　□受僱人</td></tr>
<tr><td colspan="3">無正當理由拒絕收領，已將文書留置於該處。</td></tr>
<tr><td>五</td><td></td><td colspan="3">收領人拒絕或不能簽名蓋章及捺指印。</td></tr>
<tr><td colspan="5">收領人簽名蓋章或捺指印：</td></tr>
<tr><td>送達之時日</td><td colspan="4">中華民國　年　月　日　午　時</td></tr>
<tr><td>送達之處所</td><td colspan="4"></td></tr>
<tr><td colspan="5">中華民國　年　月　日製作
司法警察（職稱、姓名）：</td></tr>
</table>

注意：

一、「一」、「二」、「三」、「四」、「五」等欄所載各方法中，係依其何種方法將文書送達，應在該欄數字右方之空格內打勾為記。

二、如係同居人、受僱人應載其姓名及與本人之關係。

<table>
<tr><td colspan="3">（司法警察機關）拘票聲請書</td></tr>
<tr><td colspan="2">發文日期字號</td><td>中華民國　　年　　月　　日　　字第　　　號</td></tr>
<tr><td rowspan="10">犯罪嫌疑人</td><td>姓　　名</td><td></td></tr>
<tr><td>性　　別</td><td></td></tr>
<tr><td>年　　齡</td><td></td></tr>
<tr><td>出　　生
年　月　日</td><td></td></tr>
<tr><td>出生地</td><td></td></tr>
<tr><td>職　　業</td><td></td></tr>
<tr><td>身分證統
一編號</td><td></td></tr>
<tr><td>住居所</td><td></td></tr>
<tr><td>前科紀錄</td><td></td></tr>
<tr><td>備　　註</td><td></td></tr>
<tr><td>涉嫌犯罪事實摘要</td><td colspan="2"></td></tr>
<tr><td>涉嫌觸犯法條</td><td colspan="2"></td></tr>
<tr><td>附件</td><td colspan="2">（一）案　　卷：　　　宗、證物　　　件
（二）送達證書：　　　紙</td></tr>
</table>

上開犯罪嫌疑人於　　年　　月　　日受合法通知，無正當理由不到場。爰依刑事訴訟法第七十六條、第七十一條之一第一項之規定，報請核發拘票，以便拘提強制到場。 　　　　此致 臺灣　　　　　地方法院檢察署檢察官 　　　　　　　　　　　　　　　　司法警察機關主管長官　　　（簽章）

檢察官批示	

（司法警察機關）證人通知書

發文日期字號	中華民國　年　月　日　字第　號	
事由		
被通知人姓名		
性別		
出生年月日		
住居所		
應到時日	年　月　日　午　時　分	
應到處所		
聯絡人	職稱姓名	
	聯絡電話	
注意	一、應帶本通知書及國民身分證準時報到。 二、此通知書不收任何費用。	

（司法警察機關主管長官簽章）

註：一、本通知書非經簽發之司法警察機關主管長官蓋章或簽名者無效。
二、發文機關應存稿並判行備查。

女士
先生

台端因為涉嫌　　　　　　　　　　　　　　　　罪名，必須接受偵訊，在接受偵查訊問時，可以行使下列權利：

一、可以保持緘默，不需要違背自己的意思而為陳述。

二、可以選任辯護人。

三、可以請求調查有利的證據。

被　　告　　知　　人：

司法警察官或司法警察：

告知時間：　　年　　月　　日　　時　　分

註：本告知單一式二聯，一聯交被告知人，一聯存查。

對　質　筆　錄　第　次

時間	自　年　月　日　時　分起至　年　月　日　時　分止
地點	
對質要旨	

對質人	代號	姓名	性別	出生 年	出生 月	出生 日	身分證統一編號	何種關係	現住地址

問	（提出對質問題）
甲答	
乙答	
問	（提出甲乙說詞之不同點）
甲答	
乙答	
問	（針對甲乙說詞疑點，再深入探詢）
甲答	
乙答	
問	（請甲乙就陳述不同部分，提出證明）
甲答	
乙答	

上開對質筆錄經對質人親自閱讀確認無訛，始請其簽名捺印
對質人甲：
對質人乙：
詢問人：
記錄人：

一、犯罪嫌疑人間、犯罪嫌疑人與關係人、關係人間之對質，應使用本筆錄格式。

二、對質人之代號以甲、乙、丙稱之、其問答以甲問、乙問、甲答、乙答……方式標示。

<table>
<tr><td colspan="8">調　查　筆　錄　第　次</td></tr>
<tr><td rowspan="2">詢問</td><td>時　間</td><td colspan="6">自　年　月　日　時　分　起
至　年　月　日　時　分　止</td></tr>
<tr><td>地　點</td><td colspan="6"></td></tr>
<tr><td colspan="2">案　由</td><td colspan="6"></td></tr>
<tr><td rowspan="14">受詢問人</td><td>姓　名</td><td colspan="6"></td></tr>
<tr><td>別（綽）號</td><td colspan="6"></td></tr>
<tr><td>性　別</td><td colspan="6"></td></tr>
<tr><td>出生年月日</td><td colspan="6"></td></tr>
<tr><td>出生地</td><td colspan="6"></td></tr>
<tr><td>職　業</td><td colspan="6"></td></tr>
<tr><td>身分證統一編號</td><td colspan="6"></td></tr>
<tr><td>戶籍地址</td><td colspan="6"></td></tr>
<tr><td>現住地址</td><td colspan="6"></td></tr>
<tr><td>教育程度</td><td colspan="6"></td></tr>
<tr><td>電話號碼</td><td colspan="6"></td></tr>
<tr><td rowspan="2">家庭經濟狀況</td><td>貧寒</td><td>勉持</td><td>小康</td><td>中產</td><td colspan="2">富裕</td></tr>
<tr><td></td><td></td><td></td><td></td><td colspan="2"></td></tr>
<tr><td colspan="1"></td><td colspan="7"></td></tr>
<tr><td>應告知事項</td><td colspan="7">你涉嫌　　　　案，於受詢問時，得行使下列權利：
一、得保持沉默，無須違背自己之意思而為陳述。
二、得選任辯護人。
三、得請求調查有利之證據。

受詢問人：</td></tr>
<tr><td>問</td><td colspan="7">現在是夜間　時　分，你是否同意接受詢問？（夜間詢問時使用）</td></tr>
<tr><td>答</td><td colspan="7"></td></tr>
</table>

問	警方於拘捕你時有無告知「得保持沉默，無須違背自己意思而為陳述」及「得選任辯護人」等二項權利？（拘捕時使用）
答	
問	
答	
問	
答	
問	
答	
問	
答	
問	
答	

上開筆錄經受詢問人親閱無訛後始簽名捺印

受詢問人：

詢 問 人：

記 錄 人：

本筆錄製作因　　　（情況急迫）、　　　（事實不能）之原因，無法由行詢問以外之人記錄。

一、詢問犯罪嫌疑人，應使用本筆錄格式。
二、應告知事項於告知後，請受詢問人在「應告知事項」欄內簽名捺印。
三、夜間詢問犯罪嫌疑人，應經其明示同意，並載明筆錄，請其緊接「同意」之文字後簽名或捺印。
四、犯罪嫌疑人筆錄之製作，如由一人自問自錄方式製作時，應將情況急迫或事實不能之原因等具體事由記明筆錄。
五、拘捕人犯時應告知被拘捕人「得保持緘默，無須違背自己之意思而為陳述」、「得選任辯護人」二項權利，並於筆錄製作開端記明告知情形。

調　查　筆　錄　第　次						
詢問	時間	自　年　月　日　時　分　起 至　年　月　日　時　分　止				
詢問	地點					
案由						
受詢問人	姓名					
受詢問人	別（綽）號					
受詢問人	性別					
受詢問人	出生年月日					
受詢問人	出生地					
受詢問人	職業					
受詢問人	身分證統一編號					
受詢問人	戶籍地址					
受詢問人	現住地址					
受詢問人	教育程度					
受詢問人	電話號碼					
受詢問人	家庭經濟狀況	貧寒	勉持	小康	中產	富裕
受詢問人	家庭經濟狀況					
問						
答						
問						
答						
上開筆錄經受詢問人親閱無訛後始簽名捺印						
受詢問人：						
詢問人：						

詢問關係人，應使用本筆錄格式。

（司法警察機關）逮捕通知			
發文日期字號	中華民國　年　月　日　字第　號		
先生 女士 因　　案件，經　　警察局　　分局（隊） 依刑事訴訟法 □第八十七條規定，逕行逮捕，特此通知。 □第八十八條規定，逕行逮捕，特此通知。 □第八十八條之一規定，逕行拘提，特此通知。			
被通知人姓名			
被通知人通知時間			
被通知人簽名捺印			
通知人	司法警察（官）職稱姓名		
	聯絡電話		

註：一、上述□欄位應依條文規定及實際情形正確勾選。

二、本通知由執行之司法警察（官）蓋用職名章，不必蓋用機關印信。

<table>
<tr><td colspan="9">（司法警察機關）拘提犯罪嫌疑人報告書</td></tr>
<tr><td>發文日期字號</td><td colspan="8"></td></tr>
<tr><td>犯罪嫌疑人</td><td>性別</td><td>別(綽)號</td><td>出生年月日</td><td>職業</td><td>出生地</td><td>國民身分證統一編號</td><td>前科調查</td><td>備註</td></tr>
<tr><td></td><td></td><td></td><td></td><td></td><td></td><td></td><td></td><td></td></tr>
<tr><td colspan="2">拘提理由</td><td colspan="7">依刑事訴訟法第八十八條之一第一項第　款規定</td></tr>
<tr><td colspan="2">拘提時間</td><td colspan="7"></td></tr>
<tr><td colspan="2">拘提地點</td><td colspan="7"></td></tr>
<tr><td colspan="2">執行拘提人員職稱姓名</td><td colspan="7"></td></tr>
<tr><td colspan="2">執行拘提時其他在場人姓名地址</td><td colspan="7"></td></tr>
<tr><td colspan="2">涉嫌犯罪及逕行拘提事實摘要</td><td colspan="7"></td></tr>
<tr><td colspan="2">筆錄及證物</td><td colspan="7"></td></tr>
<tr><td colspan="9">此致
分局長　　　　（簽章）</td></tr>
</table>

<table>
<tr><td rowspan="4">檢察官批示</td><td>簽發拘票乙紙
（簽章）
年　月　日　時　分</td></tr>
<tr><td>收到拘票乙紙無訛。
受領人簽署：
（簽章）
年　月　日　時　分</td></tr>
<tr><td>不予簽發拘票，應即將被拘提人釋放。
（簽章）
年　月　日　時　分</td></tr>
<tr><td>逾示時間即予釋放。
受領人簽署：
（簽章）
年　月　日　時　分</td></tr>
</table>

陳判

承辦單位	核稿	批示

（警察機關全銜）搜索票聲請書

發文日期字號	中華民國　年　月　日　字第　號	
案由		
預定執行搜索日期	年　月　日起 年　月　日止	
受搜索人	身分	□被告　□犯罪嫌疑人　□第三人
	姓名	
	性別	
	出生年月日	
	身分證統一編號	
	住居所	
	備註	
搜索範圍	□處所	
	□身體	
	□物件	
	□電磁紀錄	

<table>
<tr><td>應扣押之物</td><td></td></tr>
<tr><td>聲請理由事實依據</td><td>（偵查報告等資料另如附件）</td></tr>
<tr><td colspan="2">上列受搜索人因　　　　　案件，認有執行搜索之必要，爰依刑事訴訟法第一百二十二條、第一百二十八條、第一百二十八條之一規定，聲請核發搜索票，以便執行。
此　　致
臺灣○○地方法院檢察署
臺灣○○地方法院

司法警察官：（分局長○○○）</td></tr>
<tr><td>檢察官審查結果</td><td>□不許可，理由：

□許可

民國　　　年　　　月　　　日　　　時　　　分</td></tr>
</table>

法院裁定結果	□不核發，理由： □核發 民國　　　年　　　月　　　日　　　時　　　分

承辦人姓名：　　　　　　　電話：　　　　　　　傳真：

搜索票簽收人：

<table>
<tr><td colspan="3">（ 警 察 機 關 全 銜 ）</td><td>□ 搜 索 筆 錄
□ 扣 押 筆 錄</td></tr>
<tr><td>執行
時間</td><td colspan="3">自 年 月 日 時 分 起
至 年 月 日 時 分 止</td></tr>
<tr><td>執行
處所</td><td colspan="3"></td></tr>
<tr><td rowspan="8">受
執
行
人</td><td>身 分</td><td colspan="2">□受搜索人□扣押物所有人□扣押物持有人□扣押物保管人</td></tr>
<tr><td>姓 名</td><td colspan="2"></td></tr>
<tr><td>性 別</td><td colspan="2"></td></tr>
<tr><td>出 生
年 月 日</td><td colspan="2"></td></tr>
<tr><td>身 分 證
統一編號</td><td colspan="2"></td></tr>
<tr><td>住 居 所</td><td colspan="2"></td></tr>
<tr><td>是否在場</td><td colspan="2"></td></tr>
<tr><td>執
行
之
依
據</td><td colspan="3">□出示搜索票實施之。
（臺灣 地方法院 年度聲搜字第 號搜索票）
□依刑事訴訟法第一百三十條執行附帶搜索。
□依刑事訴訟法第一百三十一條第一項第 款執行逕行搜索。
理由說明如下：
□依檢察官之指揮執行逕行搜索。
（臺灣 地方法院檢察署 年 月 日 年度 字第 號逕行搜索指揮書或 年 月 日 時以口頭／公務電話指揮執行）
□依刑事訴訟法第一百三十一條之一經受搜索人同意執行搜索。
（受搜索人簽名： ）
□命所有人、持有人或保管人提出或交付應扣押物予以扣押。
□所有人或保管人任意提出或交付之物予以扣押。
□被告、犯罪嫌疑人或第三人遺留在犯罪現場之物予以扣押。
□係本案應扣押之物為搜索票未記載，依刑事訴訟法第一百三十七條執行附帶扣押。
□係另案應扣押之物，依刑事訴訟法第一百五十二條執行另案扣押。</td></tr>
</table>

執行時告知事項	執行理由： 執行對象：□被告　　　　　　□犯罪嫌疑人　　　　　　□第三人 執行範圍：□處所：（同上）　□身體（同上受執行人） 　　　　　□物件：　　　　　□電磁紀錄 應扣押之物：
執行經過情形	□執行人員有出示證件表明身分。 □搜索婦女之身體，有命婦女行之。但不能以婦女行之者，原因： □軍事上應秘密之處所，有得該管長官之允許。 □對抗拒搜索者，有使用強制力搜索之，未逾必要之程度。 □有開啟鎖扃、封緘或為其他必要之處分。 □有封鎖現場、禁止在場人員離去，或禁止第三人進入現場。 □對於違反禁止命令者，有命其離開或交由適當之人看管至執行終了。 □有人住居或看守之住宅或其他處所，於夜間入內搜索或扣押，有經住居人、看守人或可為代表之人承諾或有急迫之情形者。 □搜索右開住宅、處所或船艦，有命住居人或看守人或可為其代表人在場，其不能在場者，有命該住宅、處所或船艦內之人或其鄰居之人或就近自治團體之職員在場，並將搜索票出示在場之人。 □對於政府機關公務員或曾為公務員之人所持有或保管之文書及其他物件，為其職務上應守密者，有經該管監督機關或公務員之允許。 □其他：
結果	□經搜索未發現應行扣押物，並付與無應扣押之物證明書。 （受搜索人簽名捺印：　　　　　　　　） □發現應行扣押物，已扣押並付與扣押物收據，經扣押之物詳如扣押物品目錄表（如附件）。 （受執行人簽名捺印：　　　　　　　　） □其他：

上開筆錄經受搜索人或受扣押人及在場人親自閱覽或告以要旨確認無訛後，始命其簽捺如後：

受執行人：

在 場 人：

住　　所：

執 行 人：

紀 錄 人：

中　華　民　國　　　　　　　年　　　　　　　月　　　　　　　日

一、本筆錄可供執行搜索扣押或未經搜索之單純扣押之用，請依實際執行情形翔實填寫。

二、經受搜索人出於自願性同意搜索者，應請受搜索人簽名捺印。

三、執行結果付與無應扣押之物證明書或扣押物收據，應請受執行人簽名捺印。

【警察機關全銜】扣押物品收據／無應扣押之物證明書

本分局（局）○○○派出所（刑警隊）之人員，因偵辦○○年○字第○○號○○案件，對受執行人○○○在○○○○○○○○○○○處所，已執行□搜索□扣押完畢。

□認附件目錄表所載之物品，係應扣押之物品，乃依法予以扣押，並付與本收據。

□經搜索未發現應扣押之物品，乃付與本證明書。

執行人員：

中　華　民　國　○　○　年　○　○　月　○　○　日

【警察機關全銜】扣 押 物 品 目 錄 表

品　　　名	單　位	數　量	所有人／持有人／保管人	備　考

（可視實際需要增列）

（機關全銜）通緝案件移送書

發文日期：中華民國　年　月　日　發文字號：　　　　　　字第　　　　　號

單位代碼 流水編號							
被通緝人姓名	性別	出生年月日	出生地	部隊名稱	職業	身分證統一編號	
住（居）所							
通緝	機關						
	日期						
	文號						
	案由						
原刊犯罪通報案號							
逃亡	原因						
	日期						
	地點						
	經過						
緝獲	日期						
	地點						
	職級						
	姓名						
附件	人犯						
	附卷						
備註							

上案敬請查辦

此　致

機關首長

副本抄送：臺灣高等法院檢察署、內政部警政署刑事警察局

陸、索引

刑法及相關法規實務見解索引

—司法院解釋

字號	條次
院字第 534 號(20.08.07)	第 309 條
院字第 634 號(20.12.03)	第 333 條
院字第 678 號(21.02.20)	第 253 條
院字第 1435 號(25.02.22)	第 304 條
院字第 1479 號(25.04.18)	第 268 條
院字第 1491 號(25.04.30)	第 266 條
院字第 1605 號(25.12.25)	第 245 條
院字第 1637 號(26.02.24)	第 266 條
院字第 1863 號(28.03.17)	第 309 條
院字第 2067 號(29.09.27)	第 155 條
院字第 2095 號(29.11.25)	第 130 條
院字第 2179 號(30.05.05)	第 309 條、第 310 條
院字第 2306 號(31.03.20)	第 169 條
院字第 3859 號(37.02.20)	第 240 條
院解字第 3406 號(36.03.14)	第 273 條
釋字第 775 號(108.02.22)	第 47 條
釋字第 777 號(108.05.31)	第 185 條之 4
釋字第 792 號(109.06.19)	第 1 條
釋字第 791 號解釋理由書節錄(109.05.29)	第 239 條

表 2 刑法及相關法規實務見解索引—大法庭裁定

刑法及相關法規實務見解索引

—大法庭裁定

字號	條次
108 台上大 2306	第 55 條、第 339 條之 4、組犯第 3 條
108 台上大 3563	第 62 條

刑法及相關法規實務見解索引

—決議

字 號	條 次
17 年度決議㈠ (17.10.13)	第 224 條
17 年度決議㈠ (17.10.17)	第 293 條
24 年度總會決議㈣ (24.07)	第 157 條
25 年度決議(25.02.22)	第 10 條
25 年度決議㈠(25.04.21)	第 164 條
26 年度決議㈠ (26.01.05)	第 272 條
30 年度刑庭庭長決議(30.03.18)	第 298 條
30 年度刑庭庭長決議㈡ (30.06.10)	第 356 條
58 年度第 1 次民刑庭總會會議決議㈡ (58.08.25)	第 3 條
62 年度第 1 次刑庭庭長會議決議㈣(62.02.20)	第 57 條
62 年度第 1 次刑庭庭推總會議決議㈢(62.07.24)	第 227 條
63 年度第 4 次刑庭庭推總會議決議㈦(63.11.05)	第 210 條
66 年度第 6 次刑庭庭推總會議決議㈡(66.08.09)	第 352 條
67 年度第 3 次刑庭庭推總會議決定㈡(67.03.13)	第 302 條
67 年度第 10 次刑庭庭推總會議決議㈠(67.09.19)	第 28 條
67 年度第 10 次刑庭庭推總會議決議(67.09.19)	第 237 條
68 年度第 2 次刑庭庭推總會議決議(68.02.20)	第 332 條
73 年度第 5 次刑事庭會議決定㈠(73.05.15)	第 27 條
73 年度第 5 次刑事庭會議決定㈢(73.05.15)	第 272 條
73 年度第 12 次刑事庭會議決定㈠(73.12.11)	第 227 條
73 年度第 12 次刑事庭會議決定㈡(73.12.11)	第 240 條
74 年度第 5 次刑事庭會議決議(74.05.14)	第 50 條
76 年度第 7 次刑事庭會議決定(76.04.07)	第 28 條
80 年度第 4 次刑事庭會議決議(80.08.06)	第 346 條
82 年度第 1 次刑事庭會議決議㈢(82.03.16)	第 231 條
82 年度第 2 次刑事庭會議決議㈡(82.04.13)	第 321 條
85 年度第 2 次刑事庭會議決議(85.01.23)	第 332 條
85 年度第 4 次刑事庭會議決議(85.03.12)	第 257 條
87 年度第 6 次刑事庭會議決議(87.06.16)	第 55 條
89 年度第 5 次刑事庭會議決議(89.05.09)	第 2 條
90 年度第 6 次刑事庭會議決議(90.07.03)	第 143 條
90 年度第 8 次刑事庭會議決議(90.10.09)	第 55 條
91 年度第 17 次刑事庭會議決議(91.11.26)	第 214 條
92 年度第 1 次刑事庭會議決議(92.01.07)	第 57 條
92 年度第 18 次刑事庭會議決議(92.11.25)	第 74 條
93 年度第 2 次刑事庭會議決議(93.04.13)	第 210 條
95 年度第 8 次刑事庭會議決議(95.05.23)	第 2 條

表 4 刑法及相關法規實務見解索引—決議

字號	條次
95 年度第 19 次刑事庭會議決議(95.09.26)	第 210 條
95 年度第 21 次刑事庭會議決議(95.11.07)	第 2 條、第 5 條
96 年度第 3 次刑事庭會議決議(96.02.06)	第 2 條、第 91 條之 1
96 年度第 5 次刑事庭會議決議(96.06.12)	第 214 條
96 年度第 9 次刑事庭會議決議(96.08.21)	第 2 條
97 年度第 2 次刑事庭會議決議(97.04.22)	第 2 條
99 年度第 5 次刑事庭會議決議㈠(99.06.29)	第 144 條
99 年度第 7 次刑事庭會議決議(99.09.07)	第 222 條
101 年度第 4 次刑事庭會議決議㈡ (101.04.24)	第 62 條
101 年度第 10 次刑事庭會議決議㈠(101.11.06)	第 55 條
101 年度第 11 次刑事庭會議決議(101.11.27)	第 28 條
102 年度第 3 次刑事庭會議決議(102.03.26)	第 131 條
102 年度第 14 次刑事庭會議決議㈠(102.10.01)	第 28 條
103 年度第 1 次刑事庭會議決議(103.01.07)	第 79 條之 1
103 年度第 8 次刑事庭會議決議(103.05.13)	貪污第 4 條
103 年度第 10 次刑事庭會議決議(103.06.24)	第 10 條
103 年度第 13 次刑事庭會議決議㈠(103.08.12)	第 10 條
103 年度第 13 次刑事庭會議決議㈡(103.08.12)	第 10 條
103 年度第 18 次刑事庭會議決議(103.11.04)	第 49 條
104 年度第 6 次刑事庭會議決議(104.04.07)	第 47 條
104 年度第 14 次刑事庭會議決議㈡(104.09.01)	第 132 條
105 年度第 10 次刑事庭會議決議(105.06.21)	第 55 條
106 年度第 13 次刑事庭會議決議(106.09.12)	第 347 條
106 年度第 16 次刑事庭會議決議(106.10.31)	第 48 條
107 年度第 3 次刑事庭會議決議(107.04.17)	第 219 條
107 年度第 7 次刑事庭會議決議㈠(107.08.21)	第 42 條
107 年度第 7 次刑事庭會議決議㈡(107.08.21)	貪污第 15 條
108 年度第 5 次刑事庭會議決議(108.04.09)	第 10 條
108 年度第 7 次刑事庭會議決議(108.03.26)	毒害第 19 條

刑法及相關法規實務見解索引

—判例

字號	條次
20非94	第13條、第23條
20上1183	第320條
22上674	第277條
23非71	第293條
24上1295	第249條
24上2246	第279條
24上2868	第328條
24上3283	第349條
25上312	第138條
25上492	第306條
25上2257	第142條
25上4445	第29條
25上7119	第228條
25上7249	第253條
25上7340	第330條
25上7374	第320條
25非101	第47條
26渝非15	第305條
26渝上237	第19條
26渝上341	第308條
26渝上893	第169條
26上2919	第295條
27上429	第196條
27上1554	第134條
27上1722	第328條
27上1765	第294條
27上1887	第321條
27上2826	第247條
28上621	第283條
28上733	第2條
28上896	第195條
28上1008	第13條
28上1093	第162條
28上1984	第329條
28上2240	第274條
28上2382	第303條
28上2464	第342條

表 6 刑法及相關法規實務見解索引—判例

字號	條次
28 上 2536	第 31 條、第 336 條
28 上 2782	第 325 條
28 上 2974	第 302 條
28 上 3069	第 271 條
28 上 3441	第 31 條
28 上 3428	第 150 條
28 上 3650	第 304 條
28 上 4020	第 231 條
28 非 43	第 329 條
29 上 66	第 173 條
29 上 348	第 21 條
29 上 509	第 23 條
29 上 721	第 21 條
29 上 1156	第 339 條
29 上 1403	第 321 條
29 上 1648	第 196 條
29 上 2014	第 275 條
29 上 2155	第 196 條
29 上 2305	第 298 條
29 上 2388	第 173 條
29 上 2553	第 302 條
29 上 2857	第 12 條
29 上 3120	第 291 條
29 上 3777	第 294 條
30 上 463	第 353 條
30 上 465	第 210 條
30 上 597	第 29 條
30 上 668	第 328 條
30 上 684	第 25 條
30 上 955	第 135 條
30 上 1070	第 21 條
30 上 1148	第 276 條
30 上 1787	第 286 條
30 上 1930	第 291 條
30 上 2084	第 125 條
30 上 2293	第 302 條
30 上 2562	第 129 條
30 上 2606	第 172 條
30 上 2671	第 25 條
30 上 2898	第 130 條
30 上 3023	第 328 條
30 上 3608	第 169 條
30 非 57	第 349 條

字號	條次
31 上 288	第 132 條
31 上 1038	第 320 條
31 上 1156	第 273 條
31 上 1372	第 321 條
31 上 1664	第 296 條
31 上 2204	第 126 條
31 上 2550	第 163 條
32 上 2051	第 125 條
32 上 2180	第 27 條
33 上 99	第 279 條
33 上 483	第 216 條
33 上 1134	第 320 條
33 上 1666	第 272 條
33 上 1732	第 273 條
33 非 17	第 24 條
37 上 2192	第 272 條
37 上 2318	第 271 條、第 284 條
37 上 2454	第 321 條
39 台上 315	第 25 條
40 台非 22	第 218 條
41 台非 19	第 161 條
41 台非 21	第 253 條
41 台非 36	第 349 條
41 台非 38	第 321 條
42 台上 124	第 162 條
43 台上 337	第 211 條
43 台上 487	第 228 條
43 台上 675	第 335 條
43 台非 28	第 139 條
43 台非 157	第 217 條
44 台上 147	第 195 條
44 台上 400	第 161 條
44 台上 892	第 169 條
45 台上 922	第 131 條
45 台上 1296	第 187 條、第 305 條
45 台上 1450	第 346 條
45 台上 1489	第 241 條
46 台上 366	第 321 條
46 台上 377	第 213 條
46 台上 947	第 199 條
47 台上 28	第 186 條
47 台上 270	第 133 條
47 台上 515	第 215 條

表 8 刑法及相關法規實務見解索引—判例

字 號	條 次
47 台上 919	第 169 條
47 台上 920	第 17 條
47 台上 1027	第 47 條
47 台上 1249	第 57 條
47 台非 34	第 354 條
48 台上 33	第 271 條
48 台上 166	第 330 條
48 台上 715	第 281 條
48 台上 860	第 17 條
48 台上 910	第 225 條、第 306 條
48 台上 1072	第 354 條
48 台上 1348	第 26 條
49 台上 517	第 135 條、第 161 條
49 台上 678	第 220 條
49 台上 1052	第 18 條、第 63 條
49 台上 1473	第 220 條
49 台上 1530	第 342 條
50 台上 49	第 243 條
50 台上 1268	第 210 條
50 台上 1690	第 13 條
50 台上 2031	第 337 條
51 台上 58	第 342 條
51 台上 87	第 349 條
51 台上 159	第 2 條
51 台上 588	第 221 條
51 台上 600	第 278 條
51 台上 750	第 131 條
51 台上 899	第 59 條
51 台上 1111	第 211 條
51 台上 1291	第 271 條
51 台上 1718	第 233 條
51 台上 2128	第 241 條
51 台上 2272	第 241 條
51 台非 76	第 2 條
52 台上 232	第 201 條
52 台上 751	第 305 條
52 台上 1418	第 335 條
52 台上 1436	第 25 條
52 台上 2437	第 134 條、第 213 條
53 台上 1810	第 201 條
53 台上 2910	第 336 條
54 台上 246	第 124 條
54 台上 1404	第 211 條

字　號	條　次
55 台上 1703	第 278 條
55 台上 2853	第 57 條
56 台上 622	第 353 條
57 台上 1017	第 329 條
57 台上 1846	第 232 條
58 台上 884	第 121 條
59 台上 1746	第 277 條
59 台上 2588	第 210 條
59 台上 2861	第 26 條
60 台上 2159	第 30 條
61 台上 289	第 17 條、第 278 條
62 台上 2090	第 221 條
62 台上 2820	第 240 條
62 台上 3454	第 10 條
62 台上 3539	第 321 條
63 台上 292	第 342 條
63 台上 2104	第 23 條
64 台上 422	第 138 條
64 台上 1165	第 325 條
65 台上 3356	第 347 條
65 台上 3696	第 14 條
66 台上 662	第 27 條
66 台上 1961	第 210 條、第 220 條
66 台非 139	第 18 條
67 台上 2662	第 335 條
68 台上 198	第 221 條、第 302 條
68 台上 2772	第 329 條
69 台上 156	第 7 條
69 台上 413	第 1 條
69 台上 595	第 213 條
69 台上 1414	第 121 條
69 台上 1506	第 168 條
69 台上 2427	第 168 條
69 台上 2685	第 5 條
69 台上 2982	第 214 條
69 台上 3945	第 321 條
70 台上 1081	第 232 條
70 台上 1082	第 31 條
70 台上 1107	第 216 條
70 台上 1186	第 121 條
70 台上 2481	第 31 條、第 336 條
70 台上 3333	第 248 條
70 台上 5753	第 4 條

表 10 刑法及相關法規實務見解索引—判例

字　號	條　次
71 台上 280	第 302 條
71 台上 754	第 38 條
71 台上 1562	第 224 條
71 台上 1831	第 218 條
71 台上 2304	第 335 條
71 台上 2837	第 55 條
71 台上 8127	第 168 條
72 台上 3311	第 168 條、第 172 條
72 台上 4709	第 211 條
72 台上 5872	第 5 條
73 台上 1710	第 214 條
73 台上 2616	第 29 條
73 台上 3885	第 211 條
74 台上 4219	第 14 條
74 台上 4225	第 12 條
75 台上 635	第 47 條
75 台上 1634	第 62 條
75 台上 1685	第 276 條
75 台上 5498	第 212 條
76 台上 192	第 14 條
76 台上 2972	第 321 條
76 台上 7210	第 321 條
77 台上 2135	第 28 條
79 台上 342	第 225 條
79 台上 1471	第 173 條
79 台上 2250	第 185 條
79 台上 4769	第 348 條
79 台上 5253	第 321 條
81 台非 233	第 266 條
84 台上 1134	第 176 條
84 台上 1426	第 210 條
84 台上 1550	第 205 條
84 台上 5360	第 14 條、第 276 條
84 台上 6294	第 235 條
84 台非 195	第 95 條
84 台非 214	第 323 條
86 台上 3295	第 217 條
87 台上 1568	第 243 條
87 台上 2395	第 294 條
88 台上 6831	第 188 條
90 台非 165	第 91 條之 1
91 台上 50	第 17 條
91 台上 64	第 2 條

字 號	條 次
92 台上 893	第 144 條
92 台上 3677	第 215 條
93 台非 94	第 14 條
96 台上 1436	第 136 條

刑法及相關法規實務見解索引
—裁判

字號	條次
103 台上 3611（判決）	貪污第 6 條
103 台上 3893（判決）	第 315 條之 1
103 台上 757（判決）	貪污第 6 條
104 台上 2837（判決）	第 294 條
104 台上 3392（判決）	第 359 條
104 台上 76（判決）	貪污第 5 條
104 台非 97（判決）	第 47 條
105 台上 1244（判決）	第 10 條
105 台上 142○（判決）	第 173 條
105 台上 383（判決）	第 24 條
105 台上 383（判決）	第 332 條
105 台上 88○（判決）	第 15 條
105 台上 88○（判決）	第 28 條
105 台上 88○（判決）	第 30 條
106 台上 1009（判決）	第 38 條之 1
106 台上 1131○（判決）	第 38 條之 1
106 台上 1374○（判決）	第 38 條
106 台上 1395○（判決）	第 144 條
106 台上 2695 號（判決）	第 231 條
106 台上 2790○（判決）	第 329 條
106 台上 2862（判決）	第 268 條
106 台上 2862○（判決）	第 270 條
106 台上 3111○（判決）	第 38 條之 1
106 台上 3122○（判決）	貪污第 5 條
106 台上 3352○（判決）	第 28 條
106 台上 3464○（判決）	第 38 條之 1
106 台上 3479○（判決）	第 213 條
106 台上 3788○（判決）	第 315 條之 1
106 台抗 226△（裁定）	第 48 條
106 台非 164（判決）	第 38 條之 2
107 台上 1066（判決）	第 339 條之 1
107 台上 1075 號（判決）	第 224 條
107 台上 1094○（判決）	第 30 條
107 台上 1096（判決）	第 339 條之 4
107 台上 1096○（判決）	第 359 條
107 台上 1109○（判決）	第 38 條
107 台上 1155○（判決）	第 201 條

字　號	條　次
107 台上 1289○（判決）	第 16 條
107 台上 1362○（判決）	第 294 條
107 台上 1447 號（判決）	第 228 條
107 台上 1568○（判決）	貪污第 4 條
107 台上 1572○（判決）	第 38 條之 1
107 台上 1602○（判決）	第 38 條
107 台上 1753○（判決）	第 210 條
107 台上 1831○（判決）	第 38 條之 1
107 台上 1836○（判決）	第 17 條
107 台上 1862○（判決）	第 215 條
107 台上 2049○（判決）	第 38 條之 1
107 台上 2052○（判決）	貪污第 5 條
107 台上 2101○（判決）	第 38 條之 1
107 台上 2545○（判決）	貪污第 5 條
107 台上 2697○（判決）	第 38 條
107 台上 2797○（判決）	第 57 條
107 台上 2968○（判決）	第 23 條
107 台上 3038○（判決）	第 210 條
107 台上 3348○（判決）	第 221 條
107 台上 3589○（判決）	組犯第 3 條
107 台上 4009○（判決）	第 38 條之 1
107 台上 4319（判決）	第 2 條
107 台上 4587○（判決）	第 14 條
107 台上 719○（判決）	第 217 條
107 台上 847○（判決）	第 13 條
107 台上 907（判決）	第 339 條之 4
107 台上 927○（判決）	第 219 條
107 台抗 445△（裁定）	第 38 條之 3
107 台抗 891（裁定）	第 42 條
107 台非 174○（判決）	第 266 條
108 台上 1292（○判決）	第 19 條
108 台上 1409○（判決）	毒品第 17 條
108 台上 1467○（判決）	第 55 條
108 台上 1800○（判決）	第 224 條
108 台上 2191○（判決）	第 57 條
108 台上 2421○（判決）	第 38 條之 2
108 台上 2649○（判決）	第 27 條
108 台上 2686○（判決）	第 57 條
108 台上 2719○（判決）	第 248 條
108 台上 2875○（判決）	貪污第 8 條
108 台上 334○（判決）	第 4 條
108 台上 3460○（判決）	第 90 條
108 台上 3728○（判決）	第 57 條

表 14 刑法及相關法規實務見解索引—裁判

字號	條次
108 台上 3908○（判決）	第 38 條之 1
108 台上 397○（判決）	第 2 條
108 台上 4127○（判決）	第 339 條
108 台上 954○（判決）	第 38 條之 1
108 台抗 1089△（裁定）	第 40 條
108 台抗 458△（裁定）	第 38 條之 1
108 台抗 536△（裁定）	第 41 條
108 台非 148○（判決）	第 266 條
108 台聲 108△（裁定）	第 38 條之 1
109 台上 1041○（判決）	第 25 條
109 台上 1665○（判決）	第 185 條之 3
109 台抗 58△（裁定）	第 42 條
109 台抗 58△（裁定）	第 51 條
109 台抗 91△（裁定）	第 19 條

刑法及相關法規法學概念索引

■刑法

第 10 條	刑法上之公務員
第 10 條	法定職務權限
第 10 條	毀敗或嚴重減損
第 10 條	重大不治或難治
第 10 條	性交
第 14 條	過失犯因果關係之判斷
第 14 條	醫療過失刑責之認定
第 15 條	「純正不作爲犯」與「不純正不作爲犯」之比較
第 16 條	正當理由之內涵
第 16 條	本條所稱「無法避免」應如何詮釋？
第 16 條	包攝錯誤
第 17 條	結果加重犯（erfolgsqualifizierte Delikte）
第 19 條	麻醉狀態下之違法行爲
第 21 條	依法令之行爲
第 21 條	上級公務員命令之職務上行爲
第 22 條	業務上之正當行爲
第 22 條	專斷醫療
第 23 條	誤想防衛
第 24 條	「正當防衛」與「緊急避難」之比較
第 24 條	無期待可能性
第 25 條	既未遂認定時點
第 25 條	正犯與共犯的既未遂認定時點
第 27 條	中止犯
第 27 條	準中止犯
第 28 條	正犯與共犯（參與犯）的區分標準
第 28 條	共謀共同正犯
第 30 條	幫助犯
第 30 條	是否承認幫助的預備犯或陰謀犯？
第 30 條	中性幫助行爲
第 31 條	本條所稱「身分」之涵義
第五章之一	沒收新制概述
第 38 條之 2	沒收之過苛調節條款
第 56 條	包括一罪
第 121 條	「賄賂」與「不正利益」之區分
第 121 條	不違背職務之行賄罪
第 122 條	賄賂階段之論罪

表 16 刑法及相關法規法學概念索引

第 122 條	「政治獻金」與「賄賂」之界分
第 130 條	本罪之主體
第 130 條	本罪所稱之「廢弛職務」
第 130 條	本罪所稱之「釀成災害」
第 131 條	明知違背法令
第 132 條	應秘密
第 135 條	本罪所稱之「強暴脅迫」
第 135 條	「妨害公務」之內涵
第 136 條	本罪所稱之「聚眾」
第 149 條	解散命令
第 150 條	本罪之成罪要件
第 150 條	意圖供行使之用攜帶兇器或其他危險物品
第 151 條	恐嚇公眾
第 153 條	煽惑
第 162 條	公務員縱放人犯罪
第 164 條	藏匿
第 164 條	使之「隱避」
第 164 條	本罪所稱之「犯人」
第 164 條	本罪所稱之「頂替」
第十一章	「具體危險犯」與「抽象危險犯」
第 173 條	本罪之行為主體
第 173 條	放火
第 173 條	燒燬
第 173 條	現供人使用之住宅或現有人所在之建築物等
第 177 條	本罪所指之「氣體」
第 177 條	本罪所稱之「漏逸」或「間隔」
第 185 條	妨害公眾往來安全罪
第 185 條之 3	醉態駕駛的主體
第 185 條之 3	不能安全駕駛
第 185 條之 3	本罪加重結果犯的適用界限
第 190 條之 1	本罪之競合
第 191 條	本罪「妨害衛生」之認定
第 191 條	本罪之競合
第 201 條之 1	金融卡、儲值卡或其他相類作為簽帳、提款、轉帳或支付工具
第 210 條	本罪「文書」之認定
第 213 條	本罪所稱之「偽造文書」
第 216 條	本罪與詐欺罪之競合
第 222 條	妨害性自主罪章之犯罪類型
第 227 條	本條中被害人的年齡是否應為行為人所認識？
第 238 條	本罪與重婚罪之競合

第 239 條	本罪與重婚罪之競合
第 240 條	準略誘罪加重處罰的理由
第 241 條	「略誘」與「和誘」之區別
第 273 條	當場激於義憤
第 275 條	死亡協助與加工自殺
第 287 條	醫療暴力屬非告訴乃論罪
第 291 條	本罪與他罪之競合
第 292 條	本罪與婦女墮胎罪之關係
第 294 條	本罪保護義務的範圍
第 298 條	本罪之行為客體
第 309 條	本罪所稱之「公然」
第 309 條	本罪所稱之「侮辱」
第 309 條	加重公然侮辱
第 315 條之 1	本罪所稱之「非公開」所指為何？
第 321 條	結夥三人竊盜的實體認定與程序處理
第 325 條	「竊盜」與「搶奪」之界分
第 329 條	脫免逮捕及湮滅罪證的意圖
第 332 條	結合犯
第 339 條之 3	本罪所指之「電腦或其相關設備」
第 339 條之 4	加重詐欺罪
第 342 條	背信罪
第 358 條	本罪的性質
第 358 條	本罪之罪數認定與他罪之競合
第 359 條	本罪所保護的法益
第 359 條	本罪所稱的「無故」
第 359 條	單純瀏覽他人電腦檔案是否構成本罪？
第 359 條	本罪與他罪之競合
第 360 條	本罪所稱的「干擾」
第 362 條	本罪與其他電腦犯罪之競合

■貪污治罪條例

第 4 條	重度貪污罪
第 5 條	中度貪污罪
第 5 條	「職務密切關聯行為」與「功能性關聯理論」
第 6 條	輕度貪污罪
第 6 條之 1	公務員財產來源不明罪

刑訴及相關法規實務見解索引

—司法院解釋

字號	條次
院字第 569 號(20.08.24)	第 266 條
院字第 1098 號(23.08.01)	第 266 條
院字第 1576 號(25.11.17)	第 256 條
院字第 1605 號(25.12.25)	第 238 條
院字第 1729 號(27.05.30)	第 266 條
院字第 1755 號(27.07.27)	第 30 條
院字第 2292 號(31.02.04)	第 255 條
院字第 2306 號(31.03.20)	第 324 條
院字第 2510 號(32.05.01)	第 348 條
院字第 2550 號(32.08.03)	第 262 條
釋字第 789 號解釋理由書節錄(109.02.27)	第 159 條
釋字第 791 號解釋理由書節錄(109.05.29)	第 239 條

刑訴及相關法規實務見解索引
—決議

字 號	條 次
52 年度第 3 次民、刑庭總會會議決議㈡(52.09.23)	第 487 條
60 年度第 1 次民、刑庭總會會議決議㈠(60.06.15)	第 441 條
62 年度第 1 次刑事庭會議決議(62.07.24)	第 359 條
63 年度第 3 次刑事庭會議決議(63.08.13)	第 66 條
64 年度第 3 次刑事庭會議決議(64.07.01)	第 365 條
65 年度第 5 次刑庭庭推總會議決議(65.06.22)	第 319 條
65 年度第 7 次刑庭庭推總會議決議㈠(65.11.30)	第 422 條
65 年度第 9 次刑庭庭推總會議決議㈣(65.12.07)	第 490 條
67 年度第 4 次刑庭庭推總會議決定㈡(67.04.18)	第 396 條
67 年度第 6 次刑事庭會議決議(67.06.13)	第 109 條
67 年度第 13 次刑事庭會議決議(67.12.12)	第 511 條
68 年度第 10 次刑事庭會議決定㈠(68.09.04)	第 411 條
71 年度第 2 次刑事庭會議決議(71.02.09)	第 40 條
73 年度第 4 次刑事庭會議決定(73.08.25)	第 116 條
73 年度第 6 次刑事庭會議決定(73.06.19)	第 445 條
73 年度第 9 次刑事庭會議決議(73.09.18)	第 447 條
74 年度第 6 次刑事庭會議決議(74.06.11)	第 239 條
75 年度第 14 次刑事庭會議決議(75.07.15)	第 17 條
77 年度第 11 次刑事庭會議決議㈠(77.08.09)	第 365 條、第 366 條、第 394 條
77 年度第 11 次刑事庭會議決議㈡(77.08.09)	第 163 條之 2
77 年度第 11 次刑事庭會議決議㈢(77.08.09)	第 398 條
80 年度第 3 次刑事庭會議決議(80.06.30)	第 319 條
80 年度第 5 次刑事庭會議決議(80.11.05)	第 367 條
81 年度第 2 次刑事庭會議決議(81.05.05)	第 447 條
82 年度第 4 次刑事庭會議決議㈠(82.05.11)	第 302 條
82 年度第 6 次刑事庭會議決議(82.07.06)	第 445 條
84 年度第 9 次刑事庭會議決議(84.12.05)	第 359 條
85 年度第 5 次刑事庭會議決議(85.03.26)	第 405 條
91 年度第 4 次刑事庭會議決議(91.04.30)	第 161 條
91 年度第 7 次刑事庭會議決議(91.06.11)	第 379 條
91 年度第 8 次刑事庭會議決議(91.06.25)	第 31 條、第 447 條
94 年度第 6、7 次刑事庭會議決議(94.04.26)	第 319 條
95 年度第 3 次刑事庭會議決議(95.03.14)	第 121 條
96 年度第 9 次刑事庭會議決議(99.08.21)	第 267 條
97 年度第 4 次刑事庭會議決議(97.09.02)	第 441 條
99 年度第 5 次刑事庭會議決議㈠(99.06.29)	第 267 條
99 年度第 9 次刑事庭會議決議(99.09.21)	速審第 7 條

表 20 刑訴及相關法規實務見解索引—決議

字號	條次
100 年度第 1 次刑事庭會議決議(100.03.15)	第 253 條之 3
100 年度第 2 次刑事庭會議決議㈢(100.05.10)	第 163 條
101 年度第 2 次刑事庭會議決議㈠(101.01.17)	第 163 條
101 年度第 2 次刑事庭會議決議㈡(101.01.17)	第 163 條
101 年度第 2 次刑事庭會議決議㈢(101.01.17)	第 163 條
101 年度第 5 次刑事庭會議決議(101.07.24)	第 303 條
102 年度第 13 次刑事庭會議決議(102.09.03)	第 158 條之 3
103 年度第 11 次刑事庭會議決議(103.07.15)	第 455 條之 4
103 年度第 14 次刑事庭會議決議㈡(103.09.02)	第 370 條
103 年度第 17 次刑事庭會議決議㈠(103.10.21)	第 376 條
103 年度第 17 次刑事庭會議決議㈡(103.10.21)	第 376 條
103 年度第 17 次刑事庭會議決議㈢(103.10.21)	第 376 條
104 年度第 3 次刑事庭會議決議(104.02.10)	第 159 條之 5
104 年度第 5 次刑事庭會議決議㈢(104.03.24)	第 420 條
106 年度第 5 次刑事庭會議決議(106.05.09)	第 10 條
106 年度第 8 次刑事庭會議決議(106.07.04)	第 361 條
106 年度第 9 次刑事庭會議決議(106.07.18)	第 348 條
106 年度第 12 次刑事庭會議決議(106.08.29)	第 366 條
106 年度第 17 次刑事庭會議決議㈡(106.11.14)	第 376 條
107 年度第 1 次刑事庭會議決議(107.01.23)	第 159 條之 3
108 年度第 1 次刑事庭會議決議(108.01.21)	證人第 14 條

刑訴及相關法規實務見解索引
—判例

表22 刑訴及相關法規實務見解索引—判例

字號	條次
41台上113	第267條
41台上438	第291條
41台抗1	第420條
41台非47	第445條
43台上62	第300條
43台上1356	第284條
43台抗26	第420條
43台非231	第452條
44台上702	第155條
44台抗3	第56條
46台上419	第156條
46台上486	第359條
46台上772	第296條
46台上914	第348條
46台上1305	第319條
46台抗8	第420條
47台上778	第306條
48台上228	第300條
48台上1000	第376條
51台上594	第266條
52台上1048	第260條
53台上43	第487條
53台上289	第348條
53台上2067	第155條
54台抗263	第441條
59台上2142	第307條
62台上1286	第345條
65台上1556	第291條
68台上2330	第365條
68台非50	第302條
69台上1139	第260條
69台上1802	第300條
69台上2608	第369條
69台上2623	第272條
69台上2724	第382條
69台抗137	第415條
70台上101	第266條
70台上948	第377條
70台上6859	第232條、第238條
71台上981	第369條
71台上3033	第366條
71台上7884	第346條
72台上629	第232條

字 號	條 次
72 台上 4542	第 350 條、第 380 條
72 台上 5811	第 376 條
72 台上 5894	第 5 條
72 台抗 270	第 420 條
72 台抗 518	第 40 條、第 220 條
73 台上 1107	第 338 條
73 台上 4314	第 242 條
74 台上 1281	第 232 條
74 台覆 10	第 156 條
75 台上 5555	第 208 條
75 台上 7151	第 420 條
76 台上 2202	第 348 條、第 376 條
76 台上 4079	第 344 條
76 台上 4986	第 154 條
78 台抗 133	第 418 條
78 台非 90	第 380 條
79 台抗 318	第 17 條
79 台非 200	第 445 條
80 台上 2007	第 220 條
80 台非 536	第 437 條
82 台上 2723	第 62 條
82 台非 84	第 441 條
83 台抗 270	第 7 條、第 265 條
83 台抗 515	第 420 條
83 台非 69	第 268 條
85 台上 2057	第 389 條
85 台抗 278	第 20 條
86 台上 6213	第 157 條
87 台上 16	第 268 條
87 台上 540	第 343 條
88 台非 57	第 302 條
91 台上 2908	第 156 條
91 台非 21	第 455 條之 1
91 台非 152	第 441 條
92 台上 128	第 161 條
93 台上 664	第 158 條之 4
93 台上 2033	第 279 條
93 台上 5185	第 276 條
93 台上 6578	第 158 條之 3
94 台上 1998	第 163 條之 2
94 台上 4929	第 150 條、第 219 條
94 台非 215	第 260 條

刑訴及相關法規實務見解索引
—裁判

字號	條次
103 台上 900（判決）	第 2 條
105 台上 411○（判決）	第 198 條
105 台上 757○（判決）	第 159 條
105 台非 80○（判決）	第 443 條
106 台上 3788○（判決）	第 228 條
106 台上 1373○（判決）	第 205 條
106 台上 2180○（判決）	第 39 條
106 台上 2370○（判決）	第 156 條
106 台上 287○（判決）	第 159 條之 2
106 台上 3464○（判決）	第 455 條之 26
106 台上 3594○（判決）	第 161 條
106 台上 3701（判決）	第 155 條
106 台上 4085○（判決）	第 93 條
106 台非 259○（判決）	第 133 條之 1
106 台非 648○（判決）	第 348 條
107 台上○3183（判決）	第 376 條
107 台上 1322○（判決）	第 33 條
107 台上 1646○（判決）	第 303 條
107 台上 1700○（判決）	第 158 條之 4
107 台上 172○（判決）	通保第 11 條
107 台上 1860○（判決）	第 95 條
107 台上 2049○（判決）	第 455 條之 12
107 台上 2101○（判決）	第 455 條之 12
107 台上 2183○（判決）	第 348 條
107 台上 2345○（判決）	通保第 18 條之 1
107 台上 2391○（判決）	第 376 條
107 台上 2696○（判決）	第 376 條
107 台上 2819○（判決）	第 158 條之 4
107 台上 2850○（判決）	第 131 條之 1
107 台上 3052○（判決）	通保第 18 條之 1
107 台上 3182○（判決）	第 155 條
107 台上 3407○（判決）	通保第 18 條之 1
107 台上 3559○（判決）	第 370 條
107 台上 3568○（判決）	第 455 條之 12
107 台上 3724○（判決）	第 155 條
107 台上 3837○（判決）	第 455 條之 27
107 台上 3884○（判決）	第 309 條

字　號	條　次
107 台上 4581○（判決）	通保第 3 條
107 台上 764○（判決）	第 15 條
107 台抗 169△（裁定）	第 441 條
107 台抗 341△（裁定）	第 421 條
107 台抗 438△（裁定）	第 67 條
107 台抗 447△（裁定）	第 441 條
107 台抗 448△（裁定）	第 484 條
107 台抗 458（裁定）	第 422 條
107 台抗 547（裁定）	第 108 條
107 台抗 617△（裁定）	第 484 條
107 台非 24（判決）	第 455 條之 27
107 台非 61○（判決）	第 441 條
107 年台非 142（判決）	第 142 條
108 台上 1409○（判決）	第 156 條
108 台上 172○（判決）	第 371 條
108 台上 2254○（判決）	第 146 條
108 台上 2274○（判決）	第 370 條
108 台上 2421○（判決）	第 455 條之 26
108 台上 2670○（判決）	第 288 條之 3
108 台上 2817○（判決）	第 131 條之 1
108 台上 3146○（判決）	第 228 條
108 台上 3388○（判決）	第 155 條
108 台上 3611○（判決）	第 228 條
108 台上 3611○（判決）	通保第 18 條之 1
108 台上 3717○（判決）	第 156 條
108 台上 3886○（判決）	第 158 條之 4
108 台上 4091○（判決）	第 155 條
108 台上 4094○（判決）	第 158 條之 4
108 台上 4094○（判決）	第 182 條
108 台上 4365○（判決）	第 265 條
108 台上 559○（判決）	第 155 條
108 台上 627（判決）	第 159 條
108 台上 627（判決）	第 159 條
108 台上 650○（判決）	第 99 條
108 台上 680（判決）	第 455 條之 27
108 台上 954○（判決）	第 473 條
108 台上大 3594（大法庭裁定）	第 455 條之 12
108 台抗 1074（△裁定）	第 33 條
108 台抗 1089△（裁定）	第 455 條之 34
108 台抗 1297△（裁定）	第 420 條
108 台抗 1489（△裁定）	第 33 條
108 台抗 458△（裁定）	第 455 條之 36
108 台抗 553△（裁定）	第 434 條

表 26 刑訴及相關法規實務見解索引—裁判

字 號	條 次
108 台抗 921△（裁定）	第 18 條
108 台非 80○（判決）	第 300 條
108 台聲 11△（裁定）	第 10 條
109 台上 1309○（判決）	第 181 條
109 台上 144○（判決）	第 376 條
109 台上 2446（判決）	第 271 條
109 台上 259○（判決）	第 131 條之 1
109 台上 259○（判決）	第 152 條
109 台上 279○（判決）	第 6 條
109 台上 598○（判決）	第 181 條
109 台抗 116△（裁定）	第 258 條之 1
109 台抗 116△（裁定）	第 33 條之 1
109 台抗 129△（裁定）	第 33 條
109 台抗 157△（裁定）	第 17 條
109 台抗 158△（裁定）	第 429 條
109 台抗 204△（裁定）	第 93 條之 2
109 台抗 249（裁定）	第 93 條之 2
109 台抗 263△（裁定）	第 429 條之 2
109 台抗 95△（裁定）	第 429 條之 2
109 台非 25○（判決）	第 441 條

刑訴及相關法規法學概念索引

■刑事訴訟法

表 28 刑訴及相關法規法學概念索引

第 131 條之 1	同意搜索之自願性同意
第 133 條	對媒體搜索及扣押的限制
第 137 條	附帶扣押
第 137 條	一目瞭然法則（plain view doctrine）
第 152 條	另案扣押
第 154 條	無罪推定原則
第 154 條	罪疑唯輕原則（有疑應利於被告原則）
第 155 條	證據能力與證據之證明力區別
第 155 條	證據能力與嚴格證明法則
第 155 條	品格證據
第 155 條	嚴格證明與自由證明法則
第 155 條	刑訴法第 155 條所謂無證據能力所指爲何？
第 155 條	供述證據與非供述證據
第 156 條	不正方法（訊）問之類型
第 156 條	毒樹果實原則（fruit of the poisonous tree doctrine）及其例外
第 158 條之 3	審判外指認
第 158 條之 4	自白法則與違法證據排除原則之區別
第 159 條	「傳聞」之定義
第 159 條	對質詰問之權限制與其容許例外
第 159 條之 1	法官面前所爲之陳述
第 159 條之 1	檢察官面前所爲之陳述
第 159 條之 2	先前不一致的陳述
第 159 條之 3	不能到庭之警詢陳述
第 159 條之 4	特信性文書
第 159 條之 5	當事人同意的傳聞陳述
第 166 條之 1	詰問順序
第 181 條	不自證己罪權利（Privilege Against Self-Incrimination）
第 182 條	新聞記者之拒絕證言權
第 204 條	對第三人檢查身體之鑑定處分
第 205 條之 1	對嫌犯檢查身體之鑑定處分
第 205 條之 2	強制採樣處分
第 208 條	測謊鑑定
第 212 條	「鑑定」、「勘驗」與「相驗」之比較
第五節	證據保全
第 228 條	偵查發動之原因
第 228 條	強制偵查與任意偵查
第 228 條	目視跟監與 GPS 定位追蹤
第 228 條	知有犯罪嫌疑
第 230 條	檢警關係
第 230 條	雙偵查主體

■通訊保障監察法

警察行政及其相關法規實務見解索引

—最高行政法院決議

字號	條次
95 年 1 月份庭長法官聯席會議決議(95.01.24)	行罰第 4 條
97 年 12 月份第 3 次庭長法官聯席會議決議(三)(97.12.26)	行執第 9 條
100 年 8 月份第 2 次庭長法官聯席會議決議(100.08.23)	行罰第 7 條

警察行政法及其相關法規
法學概念、問題釋疑索引

表 32 警察行政法及其相關法規法學概念、問題釋疑索引

警職法第 8 條	民眾可否拒絕酒測？甚至拒絕搖下車窗接受檢查？
警職法第 8 條	警察可否扣留危險駕車(酒醉駕車)者之車輛？
警職法第 8 條	警察可否於特定路段實施路檢，檢測酒醉駕車？
警職法第 9 條	對於集會遊行或其他公共活動參與者所蒐集之資料，至遲應於資料製成後一年內銷毀；該「一年」之訂定依據爲何？
警職法第 9 條	何謂「其他公共活動」？
警職法第 10 條	現今各街道路口、社區巷弄裝設攝（錄）影機，其裝設之目的爲何？有無侵害人權？
警職法第 11 條	何謂「無秘密或合理隱私期待之行爲或生活情形」？
警職法第 11 條	可否進入私人住宅，運用錄影、錄音或其他科技工具，祕密蒐集特定人活動資料？
警職法第 11 條	何謂「職業性」犯罪？
警職法第 11 條	何謂「習慣性」犯罪？
警職法第 11 條	何謂「集團性」犯罪？
警職法第 11 條	何謂「組織性」犯罪？
警職法第 11 條	職業性、習慣性犯罪與刑法所規定之常業犯有何不同？
警職法第 11 條	連續犯、繼續犯與「習慣性犯罪」有何不同？
警職法第 11 條	目視跟監與 GPS 定位追蹤
警職法第 11 條	「以目視或科技工具，進行觀察及動態掌握等資料蒐集活動」，是否會與通訊保障及監察法、刑法三百十五條之一規定產生競合？（參照最高法院 106 年度台上字第 3788 號判決）
警職法第 11 條	爲何規定「觸犯最輕本刑五年以上有期徒刑之罪」？
警職法第 12 條	目前警察機關對於第三人（線民）的運用有何規範？
警職法第 12 條	臥底偵查？（併參照最高法院 103 年度台上字第 3404 號判決）
警職法第 12 條	有關警察「臥底辦案」，爲何不在本法加以規範，予以法制化
警職法第 12 條	警察運用第三人（線民）蒐集資料，如侵害他人權益，有無連帶責任？
警職法第 12 條	警察機關與第三人（線民）之間，究屬何種法律關係？
警職法第 13 條	運用第三人(線民)，須經「該管警察局長或警察分局長」核准後實施，專業警察機關可否比照辦理？
警職法第 14 條	「通知到場」是否任何警察均可爲之？是否具有強制力？
警職法第 14 條	通知書之格式？
警職法第 15 條	「預測」特定人有「再犯之虞」
警職法第 15 條	犯過罪，服過刑的民眾，警察能否到其家裡查訪？
警職法第 15 條	「預測」特定人有「再犯之虞」
警職法第 15 條	警察對治安顧慮人口定期實施查訪，是否有「標籤化」的疑慮及有違更生保護原
警職法第 16 條	依通訊保障及監察法第 18 條規定「監察通訊所得資料，不得提供與其他機關（構）、團體或個人」，本條文是否會與上開法律規定發生牴觸？
警職法第 17 條	警察得將所蒐集之資料傳遞予其他機關的情形爲何？
警職法第 17 條	本條但書所指「法律有特別規定」爲何？
警職法第 18 條	資料之「註銷」與「銷毀」有何區別？
警職法第 18 條	本條第 1 項但書所稱「被蒐集對象值得保護之利益」究何所指？
警職法第 19 條	本法即時強制與行政執行法之適用關係爲何？

警職法第 19 條	本法「即時強制」部分條文，大都仿行政執行法規定，且內容幾近相同，何以重覆規定？
警職法第 19 條	本條第 2 項所稱「適當之機關（構）或人員」，究何所指？
警職法第 21 條	軍器、凶器或其他危險物品之範圍？
警職法第 23 條	本條所稱扣留之物有腐壞或價值重大減損之情形爲何？
警職法第 29 條	本法有關「救濟」條文與其他法律之關係如何？
警職法第 31 條	何謂特別損失？
警職法第 31 條	人民如何請求損失補償？警察機關如何處理？
警械條例第 6 條	警械使用之比例原則
警械條例第 9 條	致命部位
警械條例第 11 條	第三人
社維法第 19 條	拘留
社維法第 19 條	罰鍰
社維法第 19 條	沒入
社維法第 19 條	申誡
社維法第 24 條	多次違序
社維法第 26 條	累次違序
社維法第 43 條	即時處分
社維法第 44 條	逕行處分
社維法第 45 條	罰鍰易以拘留
社維法第 48 條	逕行處分
社維法第 63 條	再次違序
社維法第 66 條	迷幻物品
社維法第 80 條	性交易（參照釋字第 666 號）
社維法第 89 條	跟追（參照釋字第 689 號）
道交條例第 7 條之 1	警察舉發與人民舉發
道交條例第 7 條之 2	交通違規之逕行舉發
道交條例第 35 條	酒駕攔檢
道交條例第 92 條	交通違規與職權不舉發

國家圖書館出版品預行編目資料

解說式：警察法典 / 林朝雲、竇寅編著.
--三版.--臺北市：五南, 2020. 09
面；公分
ISBN 978-986-522-191-1（平裝）

1. 警政法規

575.81 109011818

1QB4

解說式—警察法典

編　著　林朝雲、竇寅

出版者　五南圖書出版股份有限公司
發行人　楊榮川
地　　址：台北市大安區 106
和平東路二段 339 號 4 樓
電　　話：(02)27055066（代表號）
傳　　真：(02)27066100
劃　　撥：0106895-3
網　　址：http://www.wunan.com.tw
電子郵件：wunan@wunan.com.tw
顧　問　林勝安律師事務所　林勝安律師

版　刷　2020 年 9 月三版一刷

定　價　500 元整